a phrase and sentence
dictionary of spoken

RUSSIAN

Russian-English
English-Russian

Dover Publications, Inc.
New York

Published in Canada by General Publishing Company, Ltd., 30 Lesmill Road, Don Mills, Toronto, Ontario.

Published in the United Kingdom by Constable and Company, Ltd., 10 Orange Street, London, W.C. 2.

This new Dover edition first published in 1958 is an unabridged republication of the War Department Technical Manual TM30-944, *Dictionary of Spoken Russian.*

International Standard Book Number: 0-486-20496-0
Library of Congress Catalog Card Number: 58-59928

Manufactured in the United States of America
Dover Publications, Inc.
180 Varick Street
New York, N.Y. 10014

Foreword

Tʜᴇ *Dictionary of Spoken Russian* differs somewhat from the average dictionary, for it is a dictionary of woɪds only secondarily. The basic unit of communication is the phrase or sentence. These phrases and sentences, the fundamentals of language activity, are indexed by word entries. Some words are not illustrated by sentences; the word *April*, for instance, equating with **апре́ль**, needs no special illustration for anyone familiar with the basic patterns of the languages involved. On the other hand, words like *do, make,* or **чем, быть** require extensive illustration for any but native speakers.

The vast majority of the illustrative sentences in the *Dictionary of Spoken Russian* are on the standard colloquial level; but some slang is involved, and some purely formal or "literary" expressions, if they are common in daily life, as in newspapers, documents, signs, and correspondence. Proverbs are included when they form part of everyday speech habits. Rare, archaic, precious, or provincial expressions are left out simply because there is no room for them in a dictionary of this scope. The Russian is the colloquial speech of Moscow or Leningrad, with D. M. Ushakov's Толковый Словарь Русского Языка, Moscow, 1935–1940, as the basic authority. The English is general American colloquial. Usage in English and Russian was determined by a consensus of a large number of native speakers in both languages. A conscious attempt has been made not to be arbitrary in usage, and to be descriptive, not prescriptive. A dictionary of a spoken language must always catalog what is said, not what certain individuals think people should say.

This dictionary has an English-Russian side consisting of four thousand common word entries, together with subentries (phrases and idioms) and illustrative sentences. The Russian-English side consists of 7,700 word entries, with subentries and illustrative sentences. In addition, the dictionary contains a grammatical summary of Russian to which irregularly inflected Russian words are coded, and appendixes dealing with weights and measures, signs, proper names, foods, holidays, and so forth.

A schema of the arrangement of material within a word entry follows with examples. By "word translations" is meant fairly close word-for-word correspondences, as **апре́ль.** "Subentries" covers special uses of an entry word or locutions, involving an entry word; *accounts* and *on account of* are subentries under *account.* "Sentence translations" refers to a group where no word-for-word correspondence exists; "I'm ahead in my work" equates with Russian: "Моя́ рабо́та идёт скоре́е, чем я предполага́л" (literally: "My work is going faster than I expected"). This might be called a "situational" translation. The plan for the English-Russian side is:

> word entry
>   1. word translations
>   2. subentries
>   3. sentence translations

Example:

ahead перед. Look ahead of you. Смотри́те пря́мо перед собо́й. • впереди́. Are there any detours up ahead? Есть впереди́ каки́е-нибудь объе́зды?

☐ **go ahead** продолжа́йте. Go ahead and write your letter; I'll wait. Продолжа́йте писа́ть ва́ше письмо́, я подожду́. — Go ahead and tell him if you want to. Пожа́луйста, скажи́те ему́ э́то, е́сли хоти́те.

☐ Who's ahead? Кто выи́грывает? • I'm ahead in my work. Моя́ рабо́та идёт скоре́е, чем я предполага́л.

A bullet (•) separates different glosses within the first two sections, and pairs of sentences within the third; an open square (☐) separates the sections themselves. An asterisk (*) before a Russian sentence indicates a rigid idiomatic expression.

For the Russian-English side, the plan is:

> word entry
>   1. word translations
>   2. subentries
>   3. sentence translations
>   4. reflexives (in the case of verbs)
>   A. word translations
>   B. subentries
>   C. sentence translations

Example:

держа́ть (держу́, де́ржит) to hold. Она́ всю доро́гу держа́ла ребёнка на рука́х. She held the baby in her arms the whole trip. • to keep. Держи́те э́то лека́рство в холо́дном ме́сте. Keep this medicine in a cold place. • to stop. Иди́те, вас никто́ не де́ржит. You're free to go. Nobody's stopping you. • to carry. Галантере́и в э́той ла́вке не де́ржат. This store doesn't carry haberdashery.

☐ **держа́ть корректу́ру** to proofread. Он сам де́ржит корректу́ру свое́й ре́чи. He's proofreading his speech himself.

держа́ть пари́ to bet. Держу́ пари́! I'll bet you!

☐ *С ним на́до держа́ть у́хо востро́. You've got to watch your step with that guy.

-ся to hold on. Держи́тесь за пери́ла. Hold on to the banister. • to hold out. Кре́пость держа́лась два ме́сяца. The fortress held out for two months. • to wear. Э́ти ста́рые башмаки́ ещё хорошо́ де́ржатся. These old shoes are still wearing well.

☐ **держа́ться на нога́х** to stand on one's feet. Он так слаб, что едва́ на нога́х де́ржится. He's so weak that he can hardly stand on his feet.

☐ Рабо́тать вас там заста́вят — то́лько держи́сь. They'll make you work your head off over there.

In Russian verb entries where either (*no pct*) or (*no dur*) immediately precedes a sentence, the verb in that meaning is used only in the aspect indicated.

The correspondence between punctual and durative verbs is not always reciprocal; when it is not, the following indications are made: укла́дываться (*dur of* уложи́ться) to pack; укла́-дываться (*dur of* уле́чься) to go to bed, to lie down.

Proverbs are translated as a unit, not as isolated words. "Всё хорошо́, что хорошо́ конча́ется" happens to have a word-for-word translation of "all's well that ends well", but "На безры́бьи, и рак ры́ба" (literally: "For lack of fish, a crawfish is a fish") is translated by "Any port in a storm." The meaning of a word or phrase is always the sum of the situations in which a word or phrase is used. Translations therefore must have a situational correspondence. A word-for-word translation is sometimes interesting, but generally outlandish.

As this dictionary is the first of its kind in English-Russian lexicography, it naturally has many faults and shortcomings, but the pressure of time explains all this, and the gap it will fill condones it.

iv

CONTENTS

Abbreviations Used in Part I

n	noun
v	verb
adj	adjective
adv	adverb

DICTIONARY OF SPOKEN RUSSIAN

RUSSIAN - ENGLISH
ENGLISH - RUSSIAN

PART I
English-Russian

A

a (an).
   ☐ Do you have a stamp, an envelope and some paper? Есть у вас ма́рка, конве́рт и бума́га? — These pencils are eighty kopeks a dozen. Эти каранда́ши сто́ят во́семьдесят копе́ек дю́жина. — I'm waiting for an answer. Я жду отве́та. — These melons are three for a ruble. Эти ды́ни сто́ят рубль за три шту́ки. — Is there a drugstore near here? Есть здесь побли́зости апте́ка?

abandon поки́нуть. The captain gave commands to abandon the ship. Капита́н о́тдал прика́з поки́нуть су́дно. • бро́сить. She abandoned her child. Она́ бро́сила своего́ ребёнка.

ability спосо́бности. He has the ability to do the job, but not the desire. У него́ есть спосо́бности что́бы сде́лать э́ту рабо́ту, но нет жела́ния.

able спосо́бный. He is a very able assistant. Он о́чень спосо́бный сотру́дник. • квалифици́рованный. We need three hundred able men immediately. Нам ну́жно три́ста квалифици́рованных рабо́чих неме́дленно. • (быть) в состоя́нии. Were you able to continue the work? Вы бы́ли в состоя́нии продолжа́ть рабо́ту?
   ☐ **to be able** мочь. He isn't able to understand it. Он не мо́жет э́того поня́ть. • смочь. Will you be able to come? Вы смо́жете придти́?

about о, об. What's he talking about? О чём он говори́т? — They were talking about the war. Они́ говори́ли о войне́. • почти́. Dinner is about ready. Обе́д почти́ гото́в. • о́коло. It will take you about ten minutes. Это займёт у вас о́коло десяти́ мину́т. • собира́ться. I was about to go when he came. Я собира́лся уходи́ть, когда́ он пришёл.
   ☐ **about to** сейча́с. The train is about to leave. По́езд сейча́с тро́нется.
   what about как насчёт. What about dinner? Как насчёт обе́да?

above над. How far above sea level are we? На како́й высоте́ над у́ровнем мо́ря мы нахо́димся? • бо́льше. Don't go above five rubles. Не дава́йте бо́льше пяти́ рубле́й. • вы́ше. He is above average height. Он вы́ше сре́днего ро́ста.
   ☐ **above all** са́мое гла́вное. Above all, remember to be on time. Са́мое гла́вное, не забу́дьте быть во́-время.

abroad в чужи́х стра́нах. He's been abroad for six years now. Он уже́ шесть лет живёт в чужи́х стра́нах. • заграни́цу. When do you expect to go abroad? Когда́ вы собира́етесь заграни́цу?

absence отсу́тствовать (to be absent). Have you a record of her absences? У вас запи́сано, ско́лько раз она́ отсу́тствовала? • отсу́тствие. I was struck by the total absence of sincerity in his speech. Меня́ порази́ло по́лное отсу́тствие и́скренности в его́ ре́чи.

absent отсу́тствовать. Three members of the committee were absent because of illness. Три чле́на комите́та отсу́тствовали по боле́зни.

absolute абсолю́тный. That's the absolute truth. Это абсолю́тная пра́вда. • неопровержи́мый. It's an absolute fact that he made that statement. То, что он сде́лал э́то заявле́ние — неопровержи́мый факт.
   ☐ **absolute ruler** самодержец. He's one of the few absolute rulers left. Он оди́н из немно́гих оста́вшихся самоде́ржцев.

absolutely соверше́нно. I'm absolutely certain of my facts. Я соверше́нно уве́рен в достове́рности приводи́мых мно́ю фа́ктов.

abuse (as in *juice*) ру́гань. That child got more abuse than affection. Этот ребёнок ви́дел бо́льше ру́гани, чем ла́ски. • злоупотребле́ние. It's not the law so much as the abuse of it which I object to. Я протесту́ю не сто́лько про́тив зако́на, ско́лько про́тив злоупотребле́ния им. • дурно́е. You can't hold one person responsible for all the abuses in the country. Нельзя́ одного́ челове́ка счита́ть отве́тственным за всё дурно́е, что де́лается в стране́.

abuse (as in *fuze*) злоупотребля́ть. I advise you not to abuse any of the privileges we have here. Я сове́тую вам не злоупотребля́ть преиму́ществами, кото́рыми мы здесь по́льзуемся. • оби́деть. Do you really feel you were abused? Вы на са́мом де́ле ду́маете, что вас оби́дели? • руга́ть. We heard her abuse her sister in no uncertain terms. Мы слы́шали, как она́ руга́тельски руга́ла свою́ сестру́.

accent ударе́ние. Where is the accent in this word? Где в э́том сло́ве ударе́ние? • де́лать ударе́ние. Accent the first syllable of this word. В э́том сло́ве де́лайте ударе́ние на пе́рвом сло́ге. • акце́нт. He speaks English with a Russian accent. Он говори́т по-англи́йски с ру́сским акце́нтом.

accept приня́ть. He accepted the money I offered him. Он при́нял де́ньги, кото́рые я ему́ предложи́л. • принима́ть. Do you accept American money? Вы принима́ете америка́нские де́ньги?

acceptable *adj* прие́млемый.

acceptance принима́ть (to accept). Have you sent your acceptance of his invitation? Вы сообщи́ли ему́, что принима́ете его́ приглаше́ние?

accepted (See also **accept**) общепри́нятый. Her pronunciation is not the accepted one. Её вы́говор ра́знится от общепри́нятого.

accident несча́стный слу́чай. In case of accident, notify the manager. О вся́ком несча́стном слу́чае уведомля́йте управля́ющего. • катастро́фа. Was the automobile accident serious? Что, э́то была́ серьёзная автомоби́льная катастро́фа?

1

☐ **by accident** случа́йно. I met him by accident. Я его́ встре́тил случа́йно.

accidental случа́йный. My meeting her was purely accidental. Моя́ встре́ча с ней была́ соверше́нно случа́йной.

accidentally неча́янно. I dropped the plate accidentally. Я неча́янно урони́л таре́лку.

accommodate помести́ть. We can only accommodate three more people. Мы мо́жем помести́ть ещё то́лько трёх челове́к. • угоди́ть. The store made every effort to accommodate us. В э́том магази́не вся́чески стара́лись нам угоди́ть.

accommodation помеще́ние. We'll have to wire ahead for accommodations at the hotel. Нам на́до бу́дет зара́нее телеграфи́ровать, что́бы нам пригото́вили помеще́ние в гости́нице.

accompany проводи́ть. May I accompany you home? Разреши́те проводи́ть вас домо́й?

accomplish вы́полнить. He accomplished his purpose quickly. Он бы́стро вы́полнил свою́ зада́чу. • зако́нченный. He is an accomplished musician. Он зако́нченный музыка́нт.

accomplishment успе́хи. His mother was proud of the boy's musical accomplishment. Мать горди́лась успе́хами ма́льчика в му́зыке. • достиже́ние. Carrying out the plan was a great accomplishment. Проведе́ние в жизнь э́того пла́на бы́ло больши́м достиже́нием. • выполне́ние. He was congratulated on the accomplishment of his assignment. Его́ поздравля́ли с уда́чным выполне́нием возло́женного на него́ поруче́ния. • соверше́нство. I still don't like her in spite of all her accomplishments. Несмотря́ на все её соверше́нства, она́ мне всё-таки не нра́вится.

accord

☐ **of one's own accord** по со́бственному побужде́нию. He wrote to me of his own accord. Он мне написа́л по со́бственному побужде́нию.

to accord recognition призна́ть. The government accorded the new ambassador full recognition. Прави́тельство призна́ло полномо́чия но́вого посла́.

to be in accord сходи́ться. His ideas on politics are in accord with mine. В полити́ческих вопро́сах мы с ним схо́димся.

accordance n согла́сие.

according согла́сно. According to my orders I must leave tomorrow. Согла́сно инстру́кциям, я до́лжен уе́хать за́втра. • су́дя. According to the latest rumor, there will be a change in their policy. Су́дя по после́дним слу́хам, в их поли́тике предстоя́т переме́ны.

accordingly соотве́тственно. He gave us instructions and we acted accordingly. Он дал нам указа́ния, и мы поступи́ли соотве́тственно.

account отчёт. His account of the accident is different from yours. Его́ отчёт об э́том несча́стном слу́чае не совпада́ет с ва́шим.

☐ **accounts** счетово́дство. The company's accounts were in good order. Счетово́дство э́той фи́рмы бы́ло в по́лном поря́дке.

on account of из-за. The game was postponed on account of rain. Состяза́ние бы́ло отло́жено из-за дождя́.

on no account ни в ко́ем слу́чае. On no account must you mention the subject in his presence. В его́ прису́тствии вы ни в ко́ем слу́чае не должны́ каса́ться э́того вопро́са.

to account for объясни́ть. How do you account for that? Как вы э́то объясни́те?

to take into account счита́ться с. One has to take all the facts into account. На́до счита́ться со все́ми фа́ктами. • приня́ть в расчёт. He didn't take into account the fact that there might be difficulties with the passport. Он не при́нял в расчёт, что мо́гут быть затрудне́ния с па́спортом.

☐ **Is everybody accounted for?** Все на учёте?

accuse обвиня́ть. You have no right to accuse me of not taking care of the house. Вы не име́ете никако́го пра́ва обвиня́ть меня́ в том, что я не слежу́ за до́мом.

☐ **to be accused** обвиня́ться. He was accused of murder. Он обвиня́лся в уби́йстве.

accustom привы́кнуть. I'm not accustomed to such treatment. Я не привы́к к тако́му обраще́нию.

to accustom oneself привы́кнуть. He can't accustom himself to strict discipline. Он ника́к не мо́жет привы́кнуть к стро́гой дисципли́не.

ache боль. My headache is getting worse. Моя́ головна́я боль уси́ливается. • боле́ть. My tooth aches. У меня́ боли́т зуб.

☐ **Have you got a headache?** У вас боли́т голова́?

acid кислота́. The water here has a high acid content. Вода́ здесь соде́ржит мно́го кисло́т.

☐ **acid indigestion** изжо́га. She suffers from acid indigestion. Она́ страда́ет постоя́нными изжо́гами.

acknowledge призна́ть. Why don't you want to acknowledge that you're wrong? Почему́ вы не хоти́те призна́ть, что вы непра́вы? — The court acknowledged my claims. Суд призна́л мои́ тре́бования. • подтверди́ть. They haven't acknowledged the receipt of the letter. Они́ не подтверди́ли получе́ния э́того письма́.

acknowledgment благода́рственное письмо́. Have you sent out acknowledgments of the gifts? Вы уже́ посла́ли благода́рственные пи́сьма за пода́рки? • оцени́ть по заслу́гам (to acknowledge). He was grateful for our acknowledgment of his fine work. Он нам был о́чень благода́рен за то, что мы оцени́ли по заслу́гам его́ прекра́сную рабо́ту. • подтверди́ть (to acknowledge). Please send me an acknowledgment of this letter. Подтверди́те, пожа́луйста, получе́ние э́того письма́.

acquaint познако́мить. She acquainted us with the new regulation. Она́ нас познако́мила с но́выми пра́вилами. • знако́мый (acquainted). I couldn't invite him; we're not well acquainted. Я не мог его́ пригласи́ть; мы с ним недоста́точно знако́мы.

acquaintance поня́тие. I have no acquaintance with court procedure. Я не име́ю никако́го поня́тия о суде́бной процеду́ре. • знако́мый. She is an old acquaintance of mine. Она́ моя́ ста́рая знако́мая.

☐ **to make someone's acquaintance** познако́миться. I'm very happy to make your acquaintance. О́чень прия́тно познако́миться.

acquainted (*See also* **acquaint**) знако́мый. I know her, but I'm not acquainted with the rest of the family. Её я зна́ю, но с остальны́ми чле́нами семьи́ я не знако́м.

acquire получи́ть. We acquired the property when our uncle died. Мы получи́ли э́то иму́щество по́сле сме́рти дя́ди. • приобрести́. After playing tennis all summer I've acquired considerable skill. Я игра́л всё ле́то в те́ннис и приобрёл большу́ю сноро́вку.

acre акр. There are 640 acres in a square mile. В квадра́тной ми́ле шестьсо́т со́рок а́кров.

across че́рез. Walk across the bridge. Иди́те че́рез мост. • напро́тив. The restaurant is across the street from the hotel. Этот рестора́н напро́тив гости́ницы.

act посту́пок. That was a very kind act. Это был о́чень хоро́ший посту́пок. • акт. I don't want to miss the first act. Я не хочу́ пропусти́ть пе́рвый акт. • де́йствовать. Now is the time to act. Тепе́рь вре́мя де́йствовать. • поступи́ть. He acted on your suggestion. Он поступи́л так, как вы ему́ сове́товали. • постановле́ние. It will take an act of Congress to change that law. Чтоб измени́ть э́тот зако́н, ну́жно постановле́ние Конгре́сса. • вести́ себя́. Don't act like a child. Не веди́те себя́ как ребёнок.
□ When will this be acted upon? Когда́ э́тим займу́тся? • Who is acting as head? Кто стои́т во главе́?

action де́йствие. He is a man of action. Он челове́к де́йствия. • де́ло. He proved that actions speak louder than words. Он доказа́л э́то не на слова́х, а на де́ле.
□ Has any action been taken on my case? Бы́ло что-нибудь предпри́нято по моему́ де́лу? • Where did he see action? В каки́х боя́х он уча́ствовал?

active акти́вн ий He leads an active life. Он ведёт акти́вную жизнь. — Are you an active member of the union? Вы акти́вный член сою́за?
□ **social activities** развлече́ния. With all these social activities, when do you get a chance to study? Как вы ещё умудря́етесь учи́ться, тра́тя сто́лько вре́мени на развлече́ния?
□ There's verv little activity around here Sundays. По воскресе́ньям тут о́чень ти́хо.

actual действи́тельный. What's the actual cost? Какова́ действи́тельная сто́имость?

actually на са́мом де́ле. You don't actually believe that story? Неуже́ли вы на са́мом де́ле ве́рите э́той ба́сне? • со́бственно говоря́. She works here but her office is actually on the second floor. Она́ рабо́тает здесь, но, со́бственно говоря́, её конто́ра нахо́дится на второ́м этаже́.

add приба́вить. Add it to my bill. Приба́вьте э́то к моему́ счёту. • доба́вить. Add water to the soup. Доба́вьте к су́пу воды́.
□ **to add up** подсчита́ть. Add up this list of figures. Подсчита́йте э́ти ци́фры.

addition сложе́ние. The addition is correct but there is an error in your subtraction. Сложе́ние пра́вильно, но в вычита́нии есть оши́бка. • пополне́ние. We need many additions to our staff. Наш персона́л нужда́ется в значи́тельном пополне́нии.
□ **additional** доба́вочный. This additional work will take about two hours more. На э́ту доба́вочную рабо́ту уйдёт ещё два часа́.
in addition в доверше́ние. In addition to my other worries, this has to happen. В доверше́ние всех мои́х бед, ещё э́то должно́ бы́ло случи́ться. • Do you need anything in addition? Вам ну́жно ещё что-нибудь?

address а́дрес. My address is.... Мой а́дрес.... — Send the package to this address. Пошли́те паке́т по э́тому а́дресу. — What is your address? Как ваш а́дрес? • адресова́ть. How shall I address this letter? Как мне адресова́ть э́то письмо́? • речь. Tonight we are going to hear an address by our chairman. Сего́дня ве́чером мы услы́шим речь на́шего председа́теля. • вы́ступить с ре́чью. The president of the university addressed the students yesterday. Ре́ктор университе́та вчера́ вы́ступил с ре́чью перед

студе́нтами. • обраща́ться. How should he be addressed: "citizen" or "comrade?" Как к нему́ обраща́ться: граждани́н и́ли това́рищ?

adjective *n* прилага́тельное.

adjust попра́вить. Adjust your tie! Попра́вьте га́лстук! • приспосо́биться. I can't adjust myself to the climate here. Я ника́к не могу́ приспосо́биться к зде́шнему кли́мату. • ула́живать. The manager's business is to adjust all complaints of the customers. На обя́занности заве́дующего лежи́т ула́живать все жа́лобы покупа́телей.

adjustment регули́рование. The adjustment of the machinery was taken care of by engineers. Инжене́ры взя́ли на себя́ регули́рование маши́н.
□ **to make adjustment** приспосо́биться. She made a quick adjustment to her new job. Она́ бы́стро приспосо́билась к но́вой рабо́те.

administration управле́ние. They complained about the city administration. Они́ бы́ли недово́льны городски́м управле́нием. — They sent us to the administration office of the factory. Они́ посла́ли нас в заводско́е управле́ние. • пребыва́ние у вла́сти During his administration a great many new laws were passed. В пери́од его́ пребыва́ния у вла́сти бы́ло проведено́ мно́го но́вых зако́нов. • прави́тельство. The administration is opposed to these new taxes. Прави́тельство про́тив э́того но́вого нало́га • примене́ние. The administration of a new drug curbed the epidemic. Примене́ние но́вого лека́рства прекрати́ло эпиде́мию.

admirable *adj* восхити́тельный.

admiration *n* восхище́ние.

admire любова́ться. I was admiring the view. Я любова́лся э́тим ви́дом. • восхища́ться. I admire his wit. Я восхища́юсь его́ остроу́мием.

admission вход. How much is the admission? Ско́лько за вход? — "No admission." "Вход воспреща́ется". • призна́ние. He made a frank admission. Он сде́лал открове́нное призна́ние.

admit впусти́ть. Ask for me and you will be admitted. Сошли́тесь на меня́ и вас впу́стят. • приня́ть. When were you admitted to the university? Когда́ вы бы́ли при́няты в университе́т? • призна́ть. I admit that I was wrong. Признаю́, что я был непра́в.

adopt усынови́ть. This child has been adopted. Э́того ребёнка усынови́ли. • приня́ть. I can't adopt your view. Я не могу́ приня́ть ва́шей то́чки зре́ния.

adore *r* обожа́ть.

adult взро́слый. Adults only. То́лько для взро́слых. — Children must be accompanied by adults. Де́ти должны́ быть в сопровожде́нии взро́слых.
□ **adult education** внешко́льное образова́ние. There are classes in foreign languages in our adult education project. Програ́мма внешко́льного образова́ния включа́ет ку́рсы иностра́нных языко́в.

advance вперёд. Advance marsh! • повыша́ться. There is an advance in price after six o'clock. По́сле шести́ часо́в це́ны повыша́ются. • успе́х. What advances have been made in medicine recently? Каки́е успе́хи бы́ли сде́ланы в медици́не в после́днее вре́мя? • дать вперёд. Could you advance me some money? Вы не могли́ бы мне дать немно́го де́нег вперёд?
□ **in advance** зара́нее. Let me know in advance if you are coming. Е́сли вы придёте, да́йте мне знать зара́нее.

advantage преиму́щество. You have an advantage over him.

У вас есть перед ним преимущество. • плюс. This procedure has advantages and disadvantages. Этот метод имеет свои плюсы и минусы.

□ **to take advantage of** воспользоваться. I wish to take advantage of your offer. Я хочу воспользоваться вашим предложением. • пользоваться. Take advantage of every opportunity. Пользуйтесь каждым удобным случаем. • эксплоатировать. Don't let people take advantage of you. Не позволяйте никому эксплоатировать вас.

advantageous благоприятный. We did this under very advantageous conditions. Мы это сделали при очень благоприятных условиях.

adventure приключенческий, авантюрный. Do you like adventure stories? Вы любите приключенческие романы? • предприятие. It may prove to be a risky adventure. Это может оказаться очень рискованным предприятием.

adverb n наречие.

advertise объявлять. The store is advertising a sale. Этот магазин объявляет о распродаже. • дать объявление. They are advertising for a cook. Они дали объявление, что ищут кухарку. • поместить объявление. Where can I advertise for a used car? Где можно поместить объявление о покупке подержанной машины?

advertisement реклама. Her clothes are the best advertisement for her dressmaker. Её платья лучшая реклама для её портнихи. • объявление. The play ran a big advertisement in the newspapers. Об этой пьесе были большие объявления в газетах.

advertising рекламный. He's connected with advertising in Los Angeles. Он работает в рекламном деле в Лос Анжелесе.

□ **advertising firm** контора по сбору объявлений. She works for a big advertising firm in New York. Она работает в большой нью-йоркской конторе по сбору объявлений.

advice совет. My advice to you is to leave immediately. Мой совет вам — уезжайте немедленно.

□ **to be advisable** следовать. It may be advisable to go later. Может быть, следовало бы пойти попозже.

advise советовать. What do you advise me to do? Что вы мне советуете делать?

adviser советчик. I don't need advisers! Мне не нужно советчиков! • советник. He was appointed adviser to the board. Он был назначен советником при комитете.

aerial антенна. The aerial on our radio needs fixing. На нашем радио надо починить антенну. • воздушный. The town was subjected to an aerial attack. Город подвергся воздушному нападению.

affair дело. He handled the affairs of the company badly. Он плохо вёл дела фирмы. — Why don't you tend to your own affairs? *Почему вы суёте нос не в своё дело? • событие. The dance was the most brilliant affair of the season. Этот бал был самым блестящим событием сезона. • роман. She had a very unhappy affair. У неё был очень неудачный роман.

affect вредить. The damp weather affects his health. Сырая погода вредит его здоровью. • притворяться. He always affects indifference when you mention her. Он всегда притворяется равнодушным, когда упоминают её имя. • изменить. Her husband's success hasn't affected her attitude toward old friends. Успех мужа нисколько не изменил её отношения к старым друзьям. • произвести впечатление. I wasn't a bit affected by the news of his

death. Известие о его смерти не произвело на меня никакого впечатления.

□ She affects a foreign accent. Она говорит с деланным иностранным акцентом.

affection привязанность. Everyone knows his affection for that dog. Всем известна его привязанность к этой собаке.

□ He shows warm affection for his children. Видно, что он очень любит своих детей.

affectionate нежный. She smiled in response to his affectionate glance. Она улыбнулась в ответ на его нежный взгляд. • любящий. He's a very affectionate father. Он очень любящий отец.

affectionately adv нежно.

afford позволить себе. He can't afford to have his reputation hurt. Он не может себе позволить рисковать своей репутацией.

□ I really can't afford to buy this dress. Это платье мне не по средствам.

afraid

□ **to be afraid** бояться. Don't be afraid! Не бойтесь! — He's not afraid of anyone. Он никого не бойтся. — I'm afraid it's too late. Я боюсь, что уже слишком поздно.

African n африканец; adj африканский.

after после. Come any time after nine. Приходите в любое время после девяти. — Can you see me after supper? Могу я с вами поговорить после ужина? • потом. What happened after that? Что было потом? • за. Will you go after the mail? Вы пойдёте за почтой?

□ **after all** в конечном счёте. You are right, after all. В конечном счёте, вы правы. • как никак. After all, he's your boss. Как никак, он ваш начальник.

day after tomorrow послезавтра. I'll see you the day after tomorrow. Я увижу вас послезавтра.

to look after присмотреть. Is there anyone to look after the children? Есть там кто-нибудь, чтоб присмотреть за детьми?

□ What is the next street after this? Какая следующая улица? • We tried store after store, but were unable to find what we wanted. Мы ходили из магазина в магазин, но не могли найти того, что хотели. • Wait until after I come back. Ждите, пока я не вернусь. • The police are after him. Его ищет полиция.

afternoon после обеда. I'm leaving in the afternoon. Я уезжаю после обеда. — Can you come this afternoon or tomorrow afternoon? Можете вы прийти сегодня или завтра после обеда?

afterwards потом. Come and see me afterwards. Зайдите ко мне потом. • после этого. He waited until ten and left shortly afterwards. Он ждал до десяти, и вскоре после этого ушёл.

again снова. I hope to see you again. Надеюсь встретиться с вами снова. • опять. He forgot it again. Что было потом? • больше. Never again will I make that mistake. Никогда больше я не сделаю этой ошибки. • ещё. Try once again. Попробуйте ещё раз.

□ **again and again** снова и снова. He read the letter again and again. Он снова и снова перечитывал письмо.

time and time again много раз. He tried to talk to her time and time again. Он много раз пытался с ней заговорить.

against к. Lean it against the wall. Прислоните это к стене. • против. Are you for or against the proposal? Вы за или против (этого предложения)? — The boat is

4

going against the current. Ло́дка плывёт про́тив тече́ния. — Is everyone against him? Все про́тив него́?
□ We're fighting against time. *Мы ле́зем из ко́жи вон, что́бы (за)ко́нчить во́-время.

age во́зраст. What is your age and profession? Ваш во́зраст и род заня́тий? — Excitement is not good for a man of my age. Челове́ку в моём во́зрасте вре́дно волнова́ться. • эпо́ха. We are living in the age of invention. Мы живём в эпо́ху изобрете́ний. • постаре́ть. He has aged a great deal lately. Он о́чень постаре́л за после́днее вре́мя.
□ **of age** совершенноле́тний. He will come of age next year. В бу́дущем году́ он ста́нет совершенноле́тним.

agency n аге́нтство.

agent представи́тель. Your agent has already called on me. Ваш представи́тель уже́ заходи́л ко мне. • а́гент. He is an insurance agent for a New York company. Он а́гент нью-йо́ркского страхово́го о́бщества.

ago тому́ наза́д. I was here two months ago. Я был здесь два ме́сяца тому́ наза́д.
□ **a while ago** неда́вно. He left a while ago. Он неда́вно ушёл.
□ How long ago did it happen? Как давно́ э́то случи́лось?

agree быть согла́сным. Do you agree with me? Вы со мной согла́сны? • согласи́ться. We have agreed on everything. Мы во всём согласи́лись. — He agreed to your terms. Он согласи́лся на ва́ши усло́вия. • совпада́ть. The two statements don't agree. Эти два утвержде́ния не совпада́ют.

agreeable прия́тный. She has an agreeable disposition. У неё прия́тный хара́ктер. • согла́сный. Is everyone agreeable to the plan? Все согла́сны с э́тим пла́ном?

agreement соглаше́ние. Two big powers have signed a secret agreement. Две вели́ких держа́вы подписа́ли та́йное соглаше́ние.
□ **to be in agreement** быть согла́сным. I'm in complete agreement with everything he said. Я вполне́ согла́сен со всем, что он сказа́л.
to come to an agreement договори́ться. I hope my partner can come to an agreement with you. Я наде́юсь, что мой компаньо́н смо́жет с ва́ми договори́ться.

agricultural adj сельскохозя́йственный.

agriculture n се́льское хозя́йство.

ahead перед. Look ahead of you. Смотри́те пря́мо перед собо́й. • впереди́. Go straight ahead. Иди́те пря́мо впереди́. • впереди́. Are there any detours up ahead? Есть впереди́ каки́е нибудь объе́зды?
□ **go ahead** продолжа́йте. Go ahead and write your letter; I'll wait. Продолжа́йте писа́ть ва́ше письмо́, я подожду́. • пожа́луйста. Go ahead and tell him if you want to. Пожа́луйста, скажи́те ему́ э́то, е́сли хоти́те.
□ Who's ahead? Кто выи́грывает? • I'm ahead in my work. Моя́ рабо́та идёт скоре́е, чем я предполага́л.

aid по́мощь. I'd appreciate any aid. Я бу́ду благода́рен за вся́кую по́мощь. • помо́чь. Let me aid you. Позво́льте мне помо́чь вам.
□ **first aid** пе́рвая по́мощь.

aim це́литься. Is your aim good? Вы хорошо́ це́литесь? — Aim higher. Це́льтесь вы́ше. • цель. What is your aim in life? Кака́я у вас в жи́зни цель? • хоте́ть. What do you aim to be? Кем вы хоти́те быть?

air во́здух. The air in this room is not good. В э́той ко́мнате дурно́й во́здух. — I'm going out for some fresh air. Я иду́ подыша́ть све́жим во́здухом. • прове́трить. Would you

please air the room while I'm out? Бу́дьте добры́ прове́трить мою́ ко́мнату, пока́ меня́ не бу́дет.
□ **to go by air** лете́ть. I want to go by air, if possible. Е́сли возмо́жно, я хоте́л бы лете́ть.
□ There was an air of mystery about the whole affair. Всё э́то де́ло бы́ло оку́тано таи́нственностью.

airplane n самолёт.
□ **to go by airplane** лете́ть (на самолёте).

alarm трево́га. What was that alarm for? Из-за чего́ была́ э́та трево́га? • буди́льник (clock). Set the alarm for six. Поста́вьте буди́льник на шесть часо́в. • всполоши́ть. The noise alarmed the whole town. Этот шум всполоши́л весь го́род.
□ **alarm clock** буди́льник. Do you sell alarm clocks? Вы продаёте буди́льники?
to be alarmed трево́житься. Don't be alarmed; he's not hurt badly. Не трево́жьтесь, его́ ра́на не опа́сна.

alike одина́ковый. These houses are all alike. Эти дома́ соверше́нно одина́ковы. • одина́ково. We treat all visitors alike. Мы обраща́емся со все́ми посети́телями одина́ково.

alive живо́й. Is he still alive? Он ещё жив?
□ **to keep alive** подде́рживать. I kept the fire alive all night. Я всю ночь подде́рживал ого́нь.
□ I feel more dead than alive. Я полумёртвый от уста́лости. • I'm very much alive to the danger. Я вполне́ сознаю́ э́ту опа́сность.

all весь. I've been waiting for you all day. Я ждал вас весь день. — The coffee is all gone. Ко́фе весь вы́шел. • всё. That's all. Это всё. — All I said was true. Всё, что я сказа́л, пра́вда. — Is it all over? Всё уже́ ко́нчилось? • все. Did you all go? Вы все пошли́?
□ **all alone** оди́н. I can't do this all alone. Я не могу́ сде́лать э́то оди́н.
all at once вдруг. All at once something happened. Вдруг что́-то случи́лось.
all the better тем лу́чше. If that's so, all the better. Е́сли э́то так, тем лу́чше.
all the same всё равно́. It's all the same to me. Мне всё равно́.
at all вообще́. I'll be there before eight, if at all. Я бу́ду там к восьми́, е́сли я вообще́ приду́.
in all всего́. How many are there in all? Ско́лько их всего́?
not at all не́ за что. "Thank you." "Not at all." "Спаси́бо". "Не́ за что" • совсе́м не. I'm not at all tired. Я совсе́м не уста́л.
once and for all раз навсегда́. Once and for all, let's get this over with. Дава́йте поко́нчим с э́тим раз навсегда́.
□ All right. Хорошо́ or Ла́дно.

allow разреши́ть. Allow me to help. Разреши́те мне помо́чь. • дать. How much will you allow me for this? Ско́лько вы мне за э́то дади́те?
□ **to allow for** учесть. How much should I allow for traveling expenses? Ско́лько я должна́ ассигнова́ть на путевы́е расхо́ды? • учесть or принима́ть во внима́ние. You have to allow for human weakness. Вы должны́ уче́сть сла́бости челове́ческой приро́ды.

allowance (де́ньги) на расхо́ды. I live on an allowance from my family. Семья́ посыла́ет мне на расхо́ды.
□ **to make allowance** сде́лать исключе́ние. Very well, we'll make allowance in your case. Хорошо́, мы сде́лаем для вас исключе́ние.

to make allowance for находи́ть оправда́ние. Why does he always make allowances for her conduct? Почему́ э́то он всегда́ нахо́дит оправда́ние её посту́пкам? • принима́ть во внима́ние. You make no allowance for his youth. Вы не принима́ете во внима́ние его́ мо́лодость.

☐ The dealer gave us an allowance on our old truck. При поку́пке но́вого грузовика́ торго́вец отсчита́л от цены́ сто́имость на́шей ста́рой маши́ны.

almost *adv* почти́.

alone оди́н. Do you live alone? Вы живёте оди́н? — She was at home alone. Она́ была́ одна́ до́ма. — You alone can help me. Вы оди́н мо́жете мне помо́чь. • сам. Can you do it alone? Вы мо́жете э́то сде́лать са́ми?

☐ **to let alone** оста́вить в поко́е. Let me alone. Оста́вьте меня́ в поко́е.

along вдоль. A fence runs along the road. Вдоль доро́ги тя́нется и́згородь.

☐ **to take along** взять с собо́й. How much money should I take along with me? Ско́лько де́нег мне взять с собо́й? ☐ Come along with me. Идёмте со мной. • Get along, now. Расходи́тесь!

aloud вслух. Read the story aloud. Прочти́те э́тот расска́з вслух.

alphabet *n* алфави́т.

already уже́. You've probably seen that already. Вы, вероя́тно, уже́ ви́дели э́то. — Have you finished already? Вы уже́ ко́нчили?

also та́кже. Give me some sugar also. Да́йте мне та́кже и са́хару. • то́же. You may also come. Вы то́же мо́жете придти́.

alter переде́лать. The skirt didn't fit so I had to alter it. Ю́бка пло́хо сиде́ла и мне пришло́сь её переде́лать. • меня́ть. I'm tired of altering my plans every time you change your mind. Мне надое́ло меня́ть свои́ пла́ны вся́кий раз, что вам взбредёт в го́лову что́-нибудь но́вое.

although хотя́. I'll be there, although I may be late. Я там бу́ду, хотя́, мо́жет быть, и опозда́ю.

altogether соверше́нно. This is altogether different. Это соверше́нно друго́е де́ло. • вполне́. I don't understand it altogether, but I'll try to do what I can. Я не вполне́ э́то понима́ю, но постара́юсь сде́лать, что могу́.

always всегда́. Are you always busy? Вы всегда́ за́няты? • постоя́нно. She's always smiling. Она́ постоя́нно улыба́ется. • ка́ждый раз (each time). Must I always go through this? Неуже́ли я ка́ждый раз до́лжен всё э́то проде́лывать?

am *See* **be.**

ambition честолю́бие. He has no ambition. У него́ соверше́нно нет честолю́бия.

☐ My greatest ambition is to be an opera singer. Преде́л мои́х мечта́ний—стать о́перным певцо́м.

ambitious *adj* честолюби́вый.

ambulance каре́та ско́рой по́мощи. He's hurt! Call an ambulance! Он ра́нен, вы́зовите каре́ту ско́рой по́мощи. • санита́рный автомоби́ль. He was an ambulance driver in the war. Во вре́мя войны́ он был шофёром санита́рного автомоби́ля.

amendment *n* попра́вка.

American америка́нский. I am an American citizen. Я америка́нский граждани́н. • америка́нец *m* He is an American. Он америка́нец. • америка́нка *f* Is your wife

American or Russian? Ва́ша жена́ америка́нка и́ли ру́сская?

among среди́. You're among friends. Вы среди́ друзе́й. — Look among the papers. Поищи́те среди́ бума́г. • ме́жду. They quarreled among themselves. Они́ ссо́рились ме́жду собо́й. — Divide this among yourselves. Подели́те э́то ме́жду собо́й.

☐ **among ourselves** ме́жду на́ми. Just among ourselves, I don't think he's going to succeed. Ме́жду на́ми, я не ду́маю, что ему́ э́то уда́стся.

amount коли́чество. We need a large amount of coal. Нам ну́жно большо́е коли́чество угля́. • су́мма. What does the bill amount to? На каку́ю су́мму э́тот счёт?

☐ My knowledge of Russian doesn't amount to much. Моё зна́ние ру́сского языка́ весьма́ ограни́чено.

ample доста́точный. Why do you keep saying there's ample time? Почему́ вы всё повторя́ете, что у нас доста́точно вре́мени?

amuse забавля́ть. That amuses me very much. Это меня́ о́чень забавля́ет. • заба́вный. I saw an amusing comedy last night. Я вчера́ ви́дел заба́вную коме́дию.

amusement развлече́ние. Are there any amusements here? Есть здесь каки́е-нибудь развлече́ния?

an *See* **a.**

ancient дре́вний. I've become very interested in ancient art. Я о́чень заинтересова́лся дре́вним иску́сством. • ста́рый. Oh, that's ancient history! Поми́луйте, э́то ведь ста́рая исто́рия!

and и. The room had only a bed, a table, and a chair. В ко́мнате стоя́ли то́лько крова́ть, стол и стул.

☐ Let's wait and see. Поживём — уви́дим. • Try and find out when the train leaves. Постара́йтесь узна́ть, когда́ по́езд ухо́дит.

angel *n* а́нгел.

anger *n* гнев.

angle у́гол. Measure each angle of the triangle. Изме́рьте все углы́ треуго́льника. • у́гол зре́ния. Let's not discuss that angle of the problem. Дава́йте не бу́дем рассма́тривать вопро́с под э́тим угло́м зре́ния.

angry

☐ **to be angry** серди́ться. What are you angry about? Чего́ вы се́рдитесь? — Are you angry at him? Вы на него́ се́рдитесь?

animal зверь. Don't feed the animals. Звере́й корми́ть воспреща́ется. • живо́тное. Do you have any farm animals? Есть у вас сельскохозя́йственные живо́тные?

ankle *n* щи́колотка, лоды́жка.

announce сообщи́ть. They just announced that on the radio. Это то́лько что сообщи́ли по ра́дио. • доложи́ть. Shall I announce you? Доложи́ть о вас? • объяви́ть. They just announced their engagement. Они́ то́лько что объяви́ли, что собира́ются пожени́ться.

announcement *n* объявле́ние.

annual годово́й. What's your annual income? Како́й ваш годово́й дохо́д? • ежего́дный. His annual visit is always looked forward to. Его́ ежего́дного прие́зда всегда́ ждут с нетерпе́нием.

another друго́й. I don't like this room; may I have another? Мне не нра́вится э́та ко́мната; могу́ я получи́ть другу́ю? • ещё оди́н. Please give me another cup of coffee. Пожа́луйста, да́йте мне ещё одну́ ча́шку ко́фе.

☐ **one another** друг дру́га. They hated one another. Они́ ненави́дели друг дру́га.

answer отве́т. What is your answer? Како́в ваш отве́т? — In answer to your letter of January first . . . В отве́т на ва́ше письмо́ от пе́рвого января́ . . . • отве́тить. Please answer by return mail. Пожа́луйста, отве́тьте обра́тной по́чтой. — I can't answer that question. Я не могу́ отве́тить на э́тот вопро́с.

ant *n* мураве́й.

anticipate предполага́ть. There was a larger crowd at the concert than we had anticipated. На конце́рте бы́ло бо́льше наро́да, чем мы предполага́ли. • предви́деть. I couldn't anticipate that that would happen. Я не мог предви́деть, что э́то случи́тся. • позабо́титься зара́нее. The attendants anticipated all our needs. Служа́щие зара́нее позабо́тились обо всех на́ших ну́ждах.

antiseptic *n* антисепти́ческое сре́дство; *adj* антисепти́ческий.

anxious беспоко́иться (to worry). I've been anxious about you. Я о вас беспоко́ился.

☐ I'm anxious to succeed. Мне о́чень хо́чется доби́ться успе́ха.

any вся́кий. I'll take any job you can offer me. Я возьму́ вся́кую рабо́ту, каку́ю вы мо́жете мне предложи́ть. • ка́ждый. Any policeman can direct you. Ка́ждый милиционе́р мо́жет вам указа́ть доро́гу. • любо́й. He may come at any time. Он мо́жет придти́ в любо́е вре́мя.

☐ **any more** ещё. Do you have any more questions? Есть у вас ещё вопро́сы?

☐ Do you have any money? Есть у вас де́ньги?

anybody кто́-нибудь. Will anybody be at the station to meet me? Кто́-нибудь встре́тит меня́ на вокза́ле?

☐ Everybody who was anybody was there. Там бы́ли все, кто то́лько что́-нибудь из себя́ представля́ет.

anyhow всё-таки. It might rain but I'm going anyhow. Да́же е́сли бу́дет дождь, я всё-таки пойду́.

anyone кто́-нибудь. If anyone calls, take the message. Е́сли кто́-нибудь позвони́т, спроси́те, в чём де́ло.

anything что́-нибудь. Is there anything for me? Есть что́-нибудь для меня́? — Can't anything be done? Нельзя́ ли что́-нибудь сде́лать? • всё. Take anything you like. Возьми́те всё, что вам нра́вится.

anyway всё-таки. It's raining, but we'll go anyway. Хотя́ идёт дождь, но мы всё-таки пойдём. • всё равно́. I didn't want to go anyway. Я всё равно́ не хоте́л идти́.

anywhere никуда́. I don't want to go anywhere tonight. Сего́дня ве́чером я никуда́ не хочу́ идти́.

apart в стороне́. The house stands apart from the others. Э́тот дом стои́т в стороне́ от други́х. • отде́льно. I keep this bottle apart from all the others. Я держу́ э́ту буты́лку отде́льно. • на ча́сти. Take it apart if necessary. Е́сли ну́жно, разбери́те э́то на ча́сти.

☐ **to set apart** отложи́ть. Set this apart for me. Отложи́те э́то для меня́.

to tell apart различа́ть. How do you tell them apart? Как вы их различа́ете?

apartment кварти́ра. We want to rent an apartment in the city. Мы хоти́м снять кварти́ру в го́роде.

apparatus прибо́р. What kind of apparatus do you have in your gymnasium? Каки́е у вас есть прибо́ры в гимна́стическом за́ле? • ору́дие. Where do you keep your gardening apparatus? Где вы де́ржите ва́ши садо́вые ору́дия? • апара́т. The physics laboratory has the best apparatus I've ever seen. В э́той физи́ческой лаборато́рии лу́чшие апара́ты, кото́рые я когда́-либо ви́дел.

apparent я́сно. It's quite apparent that you don't want to do this for me. Соверше́нно я́сно, что вы не хоти́те мне помо́чь.

apparently *adv* очеви́дно.

appeal призва́ть. The chairman made an appeal for contributions. Председа́тель призва́л к пожа́ртвованиям. • нра́виться. That kind of story appeals to me. Мне нра́вятся таки́е расска́зы. • пода́ть апелляцио́нную жа́лобу. The lawyer decided to appeal the case. Правозасту́пник реши́л пода́ть апелляцио́нную жа́лобу по э́тому де́лу. • апелляцио́нная жа́лоба. The defendant was granted an appeal. Подсуди́мому разреши́ли пода́ть апелляцио́нную жа́лобу.

☐ **to have appeal** нра́виться. The novel has general appeal. Э́тот рома́н нра́вится широ́кой пу́блике.

☐ He appealed to his friends for sympathy. Он иска́л сочу́вствия у друзе́й.

appear выходи́ть. The paper appears every day. Э́та газе́та выхо́дит ежедне́вно. • ка́жется. He appears to be very sick. Он, ка́жется, о́чень бо́лен. — It appears to be correct. Ка́жется, э́то ве́рно. • появи́ться. He appeared suddenly. Он появи́лся внеза́пно.

appearance вне́шность. Try to improve your appearance. Позабо́тьтесь немно́го о свое́й вне́шности.

☐ **to make an appearance** появи́ться. At least make an appearance for a few minutes. Появи́тесь, по кра́йней ме́ре, на не́сколько мину́т.

☐ By all means, keep up appearances. Во вся́ком слу́чае, сде́лайте вид, что все в поря́дке.

appetite аппети́т. After all that candy, I have no appetite left. У меня́ соверше́нно пропа́л аппети́т по́сле всех э́тих сласте́й. • интере́с. I have no appetite for detective stories. У меня́ нет никако́го интере́са к детекти́вным рома́нам.

apple я́блоко.

☐ **apple pie** я́блочный пиро́г.

application заявле́ние. Your application has been received. Ва́ше заявле́ние бы́ло полу́чено. • компре́сс. If you have a headache, cold applications will help you. Е́сли у вас боли́т голова́, холо́дные компре́ссы вам помо́гут.

☐ Fill out this application blank. Запо́лните э́тот бланк.

applied (See also **apply**) прикладно́й. He's working in the field of applied chemistry. Он рабо́тает по прикладно́й хи́мии.

apply прикла́дывать. Apply a hot compress every two hours. Прикла́дывайте горя́чий компре́сс ка́ждые два часа́. • относи́ться. This order applies to all citizens. Э́тот прика́з отно́сится ко всем гра́жданам.

☐ I'd like to apply for the position. Я хочу́ пода́ть заявле́ние о приёме на рабо́ту.

appoint назна́чить. He was appointed to the position. Он был назна́чен на э́ту до́лжность.

appointment свида́ние. I have an appointment to meet him at six o'clock. У меня́ с ним свида́ние в шесть часо́в.

☐ **to get an appointment** получи́ть рабо́ту. She's been very happy since she got her appointment as a teacher. Она́ о́чень сча́стлива с тех пор, как получи́ла рабо́ту учи́тельницы.

appreciate быть благода́рным. I appreciate what you've done for me. Я вам о́чень благода́рен за то, что вы для меня́ сде́лали.

appreciation благода́рность. Everyone expressed appreciation for what he had done. Все выража́ли ему́ благода́рность за то, что он сде́лал. • понима́ние. She has a deep appreciation of art. У неё глубо́кое понима́ние иску́сства.

approach подхо́д. The approaches to the bridge are under repair. Подхо́ды к мосту́ ремонти́руются. — He is using the right approach. У него́ пра́вильный подхо́д к де́лу. • приближа́ться. We are approaching the end. Мы приближа́емся к концу́. • обрати́ться. Is it all right to approach him about this matter? Мо́жно к нему́ обрати́ться по э́тому де́лу?

approval одобре́ние. I wouldn't like to do anything without my parents' approval. Я не хочу́ ничего́ де́лать без одобре́ния роди́телей.

approve одобря́ть. I don't approve of his conduct. Я не одобря́ю его́ поведе́ния. • приня́ть Has this plan been approved? Этот план был при́нят?

approximate *adj* приблизи́тельный.

approximately *adv* приблизи́тельно.

April *n* апре́ль *m.*

apron *n* пере́дник.

arch пролёт. The bridge has a tremendous arch. У э́того моста́ огро́мный пролёт. • а́рка. A very beautiful arch was erected at the entrance to the fair. У вхо́да на я́рмарку была́ воздви́гнута великоле́пная а́рка.
　□ **fallen arches** пло́ская ступня́. How did you get into the army with fallen arches? Как вас взя́ли в а́рмию, ведь у вас пло́ская ступня́?
　□ She arched her eyebrows. Она́ подняла́ бро́ви.

are *See* **be.**

area пло́щадь. What's the area of the park? Какова́ пло́щадь э́того па́рка? • о́бласть. What area is he working in? В како́й о́бласти он рабо́тает?

argue дока́зывать. I argued that taking the train would save us a lot of time. Я дока́зывал, что мы сэконо́мим вре́мя, е́сли пое́дем по́ездом. • спо́рить. No matter what we say he finds some cause to argue. Чтó бы мы ни сказа́ли, он всегда́ умудря́ется спо́рить. — Let's not argue the point. Дава́йте об э́том не спо́рить. • убеди́ть. You can't argue me into going there again. Вы меня́ не убеди́те опя́ть пойти́ туда́.

argument аргуме́нт. That's a strong argument in his favor. Это си́льный аргуме́нт в его́ по́льзу. • до́вод. I don't follow your argument. Я не понима́ю ва́ших до́водов.
　□ Let's not have an argument. Не бу́дем спо́рить.

arise (arose, arisen) возни́кнуть. The problem of how to reach land arose. Возни́к вопро́с о том, как добра́ться до бе́рега.

arisen *See* **arise.**

arm рука́. He broke his arm yesterday. Он вчера́ слома́л себе́ ру́ку. • ру́чка. This chair has only one arm. У э́того кре́сла то́лько одна́ ру́чка. • зали́в. This is an arm of the White Sea. Это—зали́в Бе́лого мо́ря. • вооружи́ть. Were they armed? Они́ бы́ли вооружены́? • ору́жие. Do you have any arms in the house? Есть у вас в до́ме ору́жие?
　□ Can you carry the package under your arm? Вы мо́жете нести́ э́тот паке́т подмы́шкой?

armor броня́. The tanks are heavily armored. Эти та́нки покры́ты тяжёлой бронёй. — These shells can't penetrate the heavy armor of a battleship. Эти снаря́ды не мо́гут проби́ть тяжёлой брони́ линко́ра.

arms вооруже́ние. Our arms are far superior to the enemy's. На́ше вооруже́ние значи́тельно лу́чше вооруже́ния проти́вника.
　□ **to bear arms** носи́ть ору́жие. All men able to bear arms were mobilized for defense. Все мужчи́ны, спосо́бные носи́ть ору́жие, бы́ли мобилизо́ваны для оборо́ны.
to be up in arms протестова́ть. The students were up in arms at the new restrictions. Студе́нты протестова́ли про́тив но́вых ограничи́тельных пра́вил.
to carry arms ноше́ние (carrying) ору́жия. In this city you need a license to carry arms. В э́том го́роде тре́буется разреше́ние на ноше́ние ору́жия.
under arms под ружьём. All the able-bodied men were under arms. Все приго́дные к вое́нной слу́жбе бы́ли под ружьём.

army а́рмия. Did you serve in the army? Вы служи́ли в а́рмии?

arose *See* **arise.**

around вокру́г. How many kilometers is it around the lake? Ско́лько киломе́тров бу́дет вокру́г о́зера? — Look around you. Посмотри́те вокру́г (себя́). • о́коло. I have around twenty rubles. У меня́ о́коло двадцати́ рубле́й. • где́-нибудь. Are there any soldiers around here? Тут где́-нибудь есть солда́ты? • где́-то. It's somewhere around the house. Это где́-то в до́ме. • за. The store is around the corner. Этот магази́н за угло́м.
　□ **to turn around.** оберну́ться (of persons); поверну́ть (of vehicles).
　□ We'll have to make a detour around the town. Нам придётся объе́хать го́род. • I'll have to look around for it. Мне придётся э́то поиска́ть.

arouse разбуди́ть. I was aroused during the night by the fire engines passing our house. Этой но́чью меня́ разбуди́ли проезжа́вшие ми́мо до́ма пожа́рные. • возбуди́ть. His strange actions aroused my suspicion. Его́ стра́нное поведе́ние возбуди́ло моё подозре́ние.

arrange расста́вить. Who arranged the books on the shelves? Кто расста́вил кни́ги на по́лках? • устро́ить. Everything has been arranged. Всё устро́ено. — Can you arrange this for me? Мо́жете вы мне э́то устро́ить?

arrangement приготовле́ние. Have you completed all arrangements for the trip? Вы уже́ зако́нчили все приготовле́ния к пое́здке? • аранжиро́вка. How do you like the latest arrangement of that song? Как вам нра́вится но́вая аранжиро́вка э́той пе́сни? • расставля́ть (to arrange). The arrangement of the furniture was very inconvenient. Ме́бель была́ расста́влена о́чень неуда́чно.
　□ **to make arrangements** устро́ить. They made arrangements for his lecture at our college. Они́ устро́или ему́ ле́кцию у нас в ву́зе.

arrest аре́ст. The police made two arrests. Мили́ция произвела́ два аре́ста. • арестова́ть. Why have you been arrested? За что вас арестова́ли?
　□ **under arrest** под аре́стом. He's been under arrest for three days. Он был под аре́стом три дня.
　□ You're under arrest. Вы аресто́ваны.

arrival прие́зд. The arrival of the ambassador was considered a hopeful sign. Прие́зд посла́ сочли́ благоприя́тным предзнаменова́нием. • прибы́вший. There isn't enough room for the new arrivals. Для вновь прибы́вших не хвата́ет ме́ста.

8

arrive приéхать. When will we arrive in Moscow? Когдá мы приéдем в Москвý? ● придтú. Don't wait until we arrive. Не ждúте, покá мы придём.

☐ **to arrive at** придтú (к). Did they arrive at a decision? Пришлú онú к какóму-нибудь решéнию?

arrow *n* стрелá.

art искýсство. This building contains many works of art. В э́том здáнии мнóго произведéний искýсства. — He came here to study the history of art. Он приéхал сюдá изучáть истóрию искýсства. ● умéние. There's an art to it. Э́то трéбует умéния.

article предмéт. I have no articles of value to declare. У меня́ нет никакúх предмéтов подлежáщих тамóженному обложéнию. ● статья́. Article 3 is not clear to me. Статья́ трéтья мне не ясна́. — There was an interesting article about it in the newspaper. Об э́том былá интерéсная статья́ в газéте.

artificial искýсственный. You could tell that the flowers she was wearing were artificial. Срáзу вúдно бы́ло, что на ней искýсственные цветы́. — They had to use artificial respiration to revive him. Пришлóсь прибéгнуть к искýсственному дыхáнию, чтóбы егó оживúть. ● фальшúвый. Her smile is so artificial that I don't trust her. У неё такáя фальшúвая улы́бка, что я ей не вéрю.

artist *n* худóжник.

artistic *adj* артистúческий.

as как. He is late as usual. Он, как всегдá, опáздывает. — Do as you please. Дéлайте, как хотúте. ● так, как. Leave it as it stands. Остáвьте э́то так, как онó есть. ● так как. I must go, as it is late. Я должнá идтú, так как ужé пóздно. ● когдá. Did you see anyone as you came in? Вы когó-нибудь вúдели, когдá вы вошлú?

☐ **as. . .as** такóй же. . .как. My younger brother is as tall as I am. Мой млáдший брат такóй же высóкий, как я. ● так же . . .как. She knows English as well as you. Онá знáет англúйский так же хорошó, как вы.

as far as до. I'll go with you as far as the door. Я вас провожý до дверéй. ● наскóлько. As far as I know, they haven't decided yet. Наскóлько я знáю, онú ещё не прúняли решéния.

as for that по э́тому пóводу. As for that, I have nothing to add. По э́тому пóводу мне нéчего добáвить.

as if как бýдто. Act as if nothing happened. Дéйствуйте, как бýдто ничегó не случúлось.

as soon as как тóлько. I'll tell you as soon as I know it. Я скажý вам, как тóлько узнáю об э́том.

as to что касáется. As to that, I don't know. Что касáется э́того, я не знáю.

as yet покá ещё. Nothing has happened as yet. Покá ещё ничегó не случúлось.

so as to чтóбы. We must start early so as to be on time. Мы должны́ отпрáвиться рáно, чтóбы поспéть вó-время.

☐ I regard it as important. Я считáю э́то вáжным. ● Do you have anything just as good? Есть у вас чтó-нибудь такóе же хорóшее? ● Things are bad enough as it is. И без тогó делá ужé достáточно плóхи.

ascend *v* поднимáться.

ash золá. Will you help me carry the ashes out of the cellar? Помогúте мне, пожáлуйста, вы́нести золý из подвáла. ● пéпел. Don't drop ashes all over the rug. Не рассыпáйте пéпла по всемý коврý.

☐ **ash tree** я́сень. Is that an ash tree? Э́то я́сень?

ashamed.

☐ **to be ashamed** стесня́ться. I was ashamed to ask for a second helping. Я стесня́лся попросúть вторýю пóрцию. ☐ They were ashamed of him. Им бы́ло сты́дно за негó.

aside в стóрону. All joking aside, I intend to go. Шýтки в стóрону, я хочý уйтú.

☐ **aside from** éсли бы не. Aside from the long hours, this is a pleasant job. Э́то былá бы приятная рабóта, éсли бы рабóчий день нé был такóй длúнный.

to put aside отложúть. Let's put our work aside for a while and go and get a drink. Давáйте-ка отлóжим рабóту на часóк и пойдём вы́пьем.

to set aside отложúть. I think we have enough money set aside for the trip. Я дýмаю, что у нас отлóжено достáточно дéнег на поéздку.

ask спросúть. Did you ask him his name? Вы егó спросúли, как егó úмя? ● справля́ться. Your friend is asking about trains. Ваш друг справля́ется о расписáнии поездóв. ● попросúть. He asked for permission. Он попросúл разрешéния. — Ask him in. Попросúте егó войтú.

☐ **to ask a question** задавáть вопрóс. May I ask you a question? Мóжно мне задáть вам вопрóс?

asleep спать (to sleep). I must have been asleep. Я, кáжется, спал.

☐ **to fall asleep** заснýть. He has fallen asleep. Он заснýл.

aspect сторонá. Have you considered every aspect of the problem? Вы всесторóнне обдýмали э́тот вопрóс? ● вид. The house has a gloomy aspect. У э́того дóма мрáчный вид.

assemble собрáться. The boy scouts assembled around the flagpole. Бой-скáуты собралúсь вокрýг флагштóка. ● сбóрка. He's an expert at assembling airplane motors. Он специалúст по сбóрке авиациóнных мотóров.

assembly собрáние. He spoke before an assembly of lawyers. Он говорúл на собрáнии правозастýпников. ● óбщее собрáние. We have assembly at ten o'clock in our school. Сегóдня в дéсять часóв у нас в шкóле óбщее собрáние. ● палáта депутáтов (штáта). He's the delegate to the assembly from our district. Он явля́ется депутáтом от нáшего óкруга в палáту депутáтов.

☐ **assembly line** конвéер. I worked on the assembly line in an automobile factory. Я рабóтал на конвéере на автомобúльном завóде.

assign задáть. I'll assign your lessons for tomorrow. Я вам задáм урóки на зáвтра. ● назнáчить. Who was assigned to the job? Кто был назнáчен на э́ту рабóту?

assignment задáние. The editor gave me an interesting assignment to cover. Редáктор дал мне óчень интерéсное задáние. ● урóк. Our teacher gave us a big assignment for Monday. Учúтель задáл нам на понедéльник óчень мнóго урóков. ● назначéние. I was surprised at his assignment to such an important position. Я был óчень удивлён егó назначéнием на такóй отвéтственный пост.

assist помогáть. Who assisted you? Кто вам помогáл?

assistance пóмощь. Without your assistance I could never have gotten the job done on time. Без вáшей пóмощи я бы никогдá не кóнчил рабóты вó-время.

assistant *n* помóщник.

associate *n* компаньóн. He's been an associate of mine for many years. Мнóгие гóды он был мойм компаньóном.

associate *v* связáть. His name has been associated with a recent scandal. Егó úмя бы́ло свя́зано с недáвим сканде́лом. • связа́ть ме́жду собо́й. ‘Our two firms have always been associated. На́ши фи́рмы всегда́ бы́ли свя́заны ме́жду собо́й. • быть бли́зким. She never did associate very closely with us. Она́ никогда́ не была́ осо́бенно близка́ с на́ми.

association связь. My association with this group didn't last long. Моя́ связь с э́той гру́ппой продолжа́лась недо́лго. • о́бщество. I don't think I'll join the association. Нет, я скоре́е всего́ не войду́ в чле́ны э́того о́бщества. • ассоциа́ция. This picture doesn't bring up any associations for me. Э́та карти́на не вызыва́ет во мне никаки́х ассоциа́ций.

assume нести́ на себе́. I've always had to assume the family's responsibilities.‘ Я всегда́ нёс на себе́ отве́тственность за семью́. • сде́лать. She assumed an air of innocence. Она́ сде́лала неви́нное лицо́. • ду́мать. I assume that dinner will be on time. Я ду́маю, обе́д бу́дет гото́в во́-время. • предположи́ть. Let's assume it's true. Предполо́жим, что э́то так.

assurance ве́ра. He works with complete assurance that he will succeed. Он рабо́тает с по́лной ве́рой в успе́х. • сло́во. He gave us his assurance that he would pay on time. Он нам дал сло́во, что запла́тит во́-время. • уве́ренность. I wouldn't want to start this business without the assurance that it'll be a success. Мне бы не хоте́лось начина́ть де́ла без уве́ренности в успе́хе.

assure уверя́ть. That's not so, I assure you. Я вас уверя́ю, что э́то не так. — He assured us that he would be there. Он нас уверя́л, что он там бу́дет.

astonish v удивля́ть.

at на. He is at the office. Он на слу́жбе. • у. We were at the Brown's yesterday. Мы вчера́ бы́ли у Бра́унов. • в. Aim at that tree over there. Це́льтесь вон в то де́рево. — I'm not good at that. Я в э́том не силён. — In the morning, at noon, and at night. Утром, в по́лдень и ве́чером. — Be there at ten o'clock. Бу́дьте там в де́сять часо́в. • к. We haven't yet arrived at a decision. Мы пока́ ещё не пришли́ к реше́нию. • над. They were laughing at him. Они́ смея́лись над ним. • по. The gloves sell at five rubles a pair. Э́ти перча́тки продаю́тся по пяти́ рубле́й па́ра.

☐ **at all** соверше́нно. I haven't got any money at all. У меня́ соверше́нно нет де́нег.

at all costs во что́ бы то ни ста́ло. We must do it, at all costs. Мы должны́ сде́лать э́то во что́ бы то ни ста́ло.

at best в лу́чшем слу́чае. It will take three days at best. В лу́чшем слу́чае э́то займёт три дня. — This car will go only 45 miles per hour, or at best, 50. Э́та маши́на мо́жет де́лать со́рок пять миль в час, в лу́чшем слу́чае—пятьдеся́т.

at first снача́ла. At first we didn't like the town. Снача́ла го́род нам не понра́вился.

at home до́ма. I will be at home. Я бу́ду до́ма.

at last наконе́ц. At last the train has arrived. Наконе́ц, по́езд пришёл.

at least по ме́ньшей ме́ре. There were at least a hundred people present. Там бы́ло, по ме́ньшей ме́ре, сто челове́к.

at most са́мое бо́льшее. Give me a dozen, or at most 20. Да́йте мне дю́жину и́ли, са́мое бо́льшее, два́дцать штук. • не бо́льше. At most, it will take only three hours. На э́то уйдёт не бо́льше трёх часо́в.

at once сейча́с же. I'll leave at once for Moscow. Я сейча́с же уезжа́ю в Москву́.

at that в о́бщем. You know, it's been a very pleasant day at that. В о́бщем, мы провели́ денёк не ду́рно.

☐ What are you laughing at? Чего́ вы смеётесь? • I'm only guessing at that. Э́то то́лько моё предположе́ние. • I was surprised at the size of the book. Я был поражён разме́ром э́той кни́ги. • At ease! Во́льно! • Be ready to leave at a moment's notice. Бу́дьте гото́вы уе́хать в любо́й моме́нт. • They come and go at will. Они́ прихо́дят и ухо́дят, когда́ им взду́мается.

ate *See* **eat.**

athletic *adj* атлети́ческий.

athletics *n* атле́тика.

atmosphere атмосфе́ра. I can't work in such an unpleasant atmosphere. Я не могу́ рабо́тать в тако́й неприя́тной атмосфе́ре. — The atmosphere is very thin on the top of the mountain. На верши́не горы́ атмосфе́ра си́льно разреже́на.

attach прикрепи́ть. If you'd attached your belt securely to your dress you wouldn't have lost it. Е́сли бы вы прикрепи́ли по́яс к пла́тью, вы бы его́ не потеря́ли. • прикомандирова́ть. He's been attached to the embassy for many years. Он уж мно́го лет прикомандиро́ван к посо́льству. • наложи́ть аре́ст. When I was unable to pay up, my creditors attached my salary. Когда́ я не мог плати́ть долго́в, кредито́ры наложи́ли аре́ст на мою́ зарпла́ту. • привяза́ться. I've only known him a month, but have become very much attached to him. Я зна́ю его́ всего́ ме́сяц, но я к нему́ уже́ о́чень привяза́лся.

☐ I'd like to give you this necklace, but I'm too attached to it. Я подари́ла бы вам э́то ожере́лье, но оно́ мне о́чень до́рого.

attack атакова́ть. Our troops attacked the enemy. На́ши войска́ атакова́ли проти́вника. • напа́сть. He was attacked by two robbers. На него́ напа́ли два банди́та. • припа́док. I've had an attack of appendicitis. У меня́ был припа́док аппендици́та. • напада́ть. There was a violent attack on him in the newspapers. Газе́ты на него́ отча́янно напада́ли.

attain v достига́ть.

attempt попы́тка. He made a desperate attempt to save her. Он сде́лал отча́янную попы́тку спасти́ её. • покуше́ние. An attempt was made on his life. На его́ жизнь бы́ло совершено́ покуше́ние.

☐ Don't attempt too much. Не бери́тесь за то, что вам не по си́лам.

attend прису́тствовать. He didn't attend yesterday's meeting. Он на вчера́шнем собра́нии не прису́тствовал. • по́льзовать. What doctor attended you? Како́й до́ктор вас по́льзовал?

☐ I have some things to attend to. У меня́ есть ко́е-каки́е дела́.

attendance посеща́емость. We've had very poor attendance at these meetings. Посеща́емость у нас на собра́ниях о́чень ни́зкая. • прису́тствие. My attendance will hardly be necessary. Моё прису́тствие вря́д ли потре́буется.

attention внима́ние. I can't get anyone's attention. Я ни от кого́ не могу́ доби́ться внима́ния.

☐ **at attention** сми́рно. The men stood at attention. Солда́ты стоя́ли сми́рно.

☐ Please give me your complete attention. Пожа́луйста слу́шайте меня́ о́чень внима́тельно

attitude отношéние. His attitude toward the work has changed lately. Егó отношéние к рабóте измени́лось за послéднее врéмя. • пози́ция. What's his attitude on politics? Какáя егó полити́ческая пози́ция?

attorney правозасту́пник. The attorney prepared the case thoroughly. Правозасту́пник основáтельно подготóвил э́то дéло.

☐ **power of attorney** довéренность. When he joined the army he gave his mother power of attorney. Когдá он вступи́л в áрмию, он вы́дал мáтери довéренность.

attract привлекáть. This offer doesn't attract me at all. Это предложéние меня́ ничу́ть не привлекáет. • обращáть. She attracts a lot of attention by the way she dresses. Онá обращáет на себя́ внимáние своéй манéрой одевáться.

attraction привлекáть (to attract). Swimming in such cold weather has no attraction for me. Купáнье в такóй хóлод меня́ нискóлько не привлекáет. • аттракциóн. Her dancing is the big attraction in the show. Её тáнцы — глáвный аттракциóн в э́том спектáкле. • нóмер программы. We got to the movies just in time for the main attraction. Мы пришли́ в кинó как раз к глáвному нóмеру прогрáммы.

attractive привлекáтельный. What an attractive smile she has! Какáя у неё привлекáтельная улы́бка!

☐ They sell good shoes at attractive prices at that store. В э́том магази́не хорóшие боти́нки и недóрого.

audience пу́блика. The moment the curtain fell, the audience broke into applause. Как тóлько упáл зáнавес, пу́блика разрази́лась аплодисмéнтами.

☐ **to grant an audience** приня́ть. If you go early enough he may grant you an audience. Éсли вы пойдёте к нему́ порáньше, он, мóжет быть, вас при́мет.

☐ She's so vain she always has to have an audience. Онá так тщеслáвна, что ей всегдá нужны́ лю́ди, котóрые бы éю восхищáлись.

August *n* áвгуст.

aunt тётка, тётя. I'd like you to meet my aunt and uncle. Я хочу́ познакóмить вас с мои́ми тётей и дя́дей.

author писáтель. He has always wanted to be an author. Он всегдá хотéл быть писáтелем. • áвтор. He's the author of our new plan for increased production. Он — áвтор нáшего нóвого плáна увеличéния произвóдства. — Who's the author of that book? Кто áвтор э́той кни́ги?

authority полномóчие. What authority have you to do this? Кто вам дал полномóчие э́то дéлать? • авторитéт. He is an authority in that field. Он авторитéт в э́той óбласти.

☐ **authorities** влáсти. I'll speak to the authorities. Я поговорю́ с властя́ми.

☐ Who has authority here? Кто здесь распоряжáется?

authorize дать прáво. Who authorized you to spend that money? Кто вам дал прáво трáтить э́ти дéньги? • допускáть. The dictionary authorizes both spellings. Словáрь допускáет óба правописáния.

☐ **authorized** разрешённый. This was an authorized leave. Этот óтпуск был разрешён.

auto *n* автó, маши́на.

automatic *adj* автомати́ческий.

automobile автомоби́ль. Can one go there by automobile? Мóжно тудá поéхать на автомоби́ле? • маши́на. My automobile broke down. Моя́ маши́на испóртилась. • автомоби́льный. She had an automobile accident on the

way over here. По дорóге сюдá у неё былá автомоби́льная катастрóфа.

autumn (*See also* **fall**) óсень. I hope to stay through the autumn. Я надéюсь пробы́ть здесь всю óсень. • осéнний. The autumn leaves are falling. Пáдают осéнние ли́стья.

avail.

☐ **of no avail** напрáсный. All the doctor's efforts to save him were of no avail. Все уси́лия врачá спасти́ егó окáзались напрáсными.

to avail oneself of испóльзовать. Avail yourself of every opportunity while you're at school. Испóльзуйте все возмóжности покá вы в шкóле.

available имéющийся в распоряжéнии. Every available car was being used. Все имéющиеся в нáшем распоряжéнии маши́ны были испóльзованы.

☐ She's not available for any new work until she finishes this job. Её нельзя́ заполучи́ть для нóвой рабóты, покá онá не закóнчит э́той.

avenue авéнью. My address in New York is 246 Third Avenue. Мой áдрес в Нью Йóрке: Трéтье Авéнью, дом нóмер двéсти сóрок шесть.

average у́ровень. The average of the class is lower than usual. У́ровень э́того клáсса ни́же, чем обыкновéнно. • срéдний. What is the average temperature here? Какáя здесь срéдняя температу́ра? — He is below average height. Он ни́же срéднего рóста. • урáвниваться. It averages out in the end. К концу́ э́то всё урáвнивается. • вы́водить срéднее. Average this column of figures for me. Вы́ведите срéднее из э́тих чи́сел.

☐ **on the average** в срéднем. On the average I go to the movies once a week. В срéднем, я хожу́ в кинó раз в недéлю.

avoid избегáть. Avoid that at all costs. Избегáйте э́того во что бы то ни стáло. — He avoided her. Он избегáл её.

await ждать. We await your reply. Мы ждём вáшего отвéта.

awake проснýться. I'm not wide awake yet. Я ещё не совсéм проснýлся. — Is he awake yet? Он ужé проснýлся?

☐ I was awake most of last night. Я сегóдня почти́ всю ночь не спал.

awaken разбуди́ть. I was awakened at five o'clock. Меня́ разбуди́ли в пять часóв. • пробуди́ться. When is he going to awaken to his responsibilities? Когдá в нём пробуди́тся чу́вство отвéтственности?

aware осведомлённый. He's well aware of what is going on at the office. Он прекрáсно осведомлён о том, что происхóдит в контóре.

☐ **to be aware** знать. He's aware of his shortcomings. Он знáет свои́ недостáтки.

away отсю́да. It is thirty kilometers away. Это в тридцати́ киломéтрах отсю́да.

☐ **to be away** отсу́тствовать. How long have you been away? Как дóлго вы отсу́тствовали? • уезжáть. Have you been away? Вы уезжáли?

to give away отдавáть. We are giving this away free. Мы отдаём э́то дáром.

to take away убрáть. Please take this away. Пожáлуйста, убери́те э́то.

to throw away выбрáсывать. Don't throw anything away. Ничегó не выбрáсывайте.

☐ Go away! Уходи́те!

awful ужáсный. An awful accident happened yesterday. Вчерá произошёл ужáсный слу́чай. • ужáсно. He looks

11

awful. Он ужа́сно пло́хо вы́глядит. • отврати́тельный. We have been having awful weather. У нас стои́т отврати́тельная пого́да.
□ What an awful shame! Ах, как жа́лко! Ах, кака́я доса́да!

awfully ужа́сно. He behaved so awfully that I was ashamed. Он так ужа́сно себя́ вёл, что мне бы́ло сты́дно. — It's awfully hot in here. Здесь ужа́сно жа́рко.
awhile *adv* недо́лго.
ax *n* топо́р.

B

baby ребёнок. Whose baby is this? Чей э́то ребёнок? • де́тский. She is sewing baby clothes. Она́ шьёт де́тские ве́щи. • балова́ть. We must baby her until she gets well again. Нам придётся балова́ть её, пока́ она́ не попра́вится.

back спина́. He lay on his back. Он лежа́л на спине́. — He turned his back on them and left the room. Он поверну́лся к ним спино́й и вы́шел из ко́мнаты. — They told stories about her behind her back. За её спино́й они́ расска́зывали о ней вся́кие ве́щи. • спи́нка. This chair has a high back. У э́того сту́ла высо́кая спи́нка. • поддержа́ть. We will back him in his request. Мы поддержи́м его́ про́сьбу. • наза́д. Move back a little. Подви́ньтесь немно́го наза́д.
□ **to get back** верну́ться. They got back from their journey. Они́ верну́лись из путеше́ствия.
to hold back скрыва́ть. Tell everything; don't hold anything back. Расскажи́те всё, ничего́ не скрыва́йте. • уде́рживать. The police held the crowd back. Мили́ция уде́рживает толпу́.
□ Please back your car slowly. *Пожа́луйста, да́йте за́дний ход (маши́не) ме́дленно. • Repeat the numbers back to us. Повтори́те нам э́ти ци́фры. • Pull the curtain back. Отодви́ньте занаве́ску. • Let's hurry back to our hotel. Вернёмся скоре́й в гости́ницу. • We must pay back what we owe him. Мы должны́ верну́ть ему́ наш долг.

backward наза́д. Step backward a bit so I can get you in the picture. Отойди́те немно́го наза́д, чтобы вы попа́ли на сни́мок. • за́дом наперёд. You've got that sweater on backward. Вы наде́ли сви́тер за́дом наперёд. • отста́лый. She runs a school for backward children. Она́ заве́дует шко́лой для у́мственно отста́лых дете́й. — They are very backward in their methods of agriculture. У них о́чень отста́лые ме́тоды се́льского хозя́йства.
□ **to be backward** стесня́ться. He's very backward about asking for anything. Он о́чень стесня́ется, когда́ ему́ на́до о чём-нибудь попроси́ть.
□ He glanced backward over his shoulder and waved good-by. Он огляну́лся и помаха́л руко́й на проща́ние.

bad плохо́й. He became sick from eating bad food. Он заболе́л от плохо́й пи́щи. — The weather has been bad for two weeks. Уже́ две неде́ли как стои́т плоха́я пого́да. • неуда́чный. It was a bad idea to wait so long. Это была́ неуда́чная иде́я ждать так до́лго.
□ **from bad to worse** ху́же и ху́же. His affairs went from bad to worse. Его́ дела́ шли всё ху́же и ху́же.
to go bad испо́ртиться. The butter went bad. Ма́сло испо́ртилось.
□ It's not a bad idea. Это неплоха́я мысль. • I caught a bad cold. Я схвати́л си́льную просту́ду. • We must take the bad along with the good. *Нет ро́зы без шипо́в.
bade *See* bid.

bag мешо́к. This bag is not big enough. Этот мешо́к недоста́точно вели́к. — Put it into a paper bag. Положи́те э́то в бума́жный мешо́к. • чемода́н. Bring my bags up to my room. Отнеси́те чемода́ны в мою́ ко́мнату.
□ **barracks bag** вещево́й мешо́к. Pack your barracks bag. Упаку́йте ваш вещево́й мешо́к.
□ He let the cat out of the bag. Он проболта́лся. • He was left holding the bag. *Он оста́лся на боба́х.

baggage бага́ж. I want to send my baggage on ahead. Я хочу́ отпра́вить мой бага́ж вперёд. • бага́жный. The baggage car is at the head of the train. Бага́жный ваго́н в нача́ле по́езда.

bake испе́чь. This bread was baked this morning. Этот хлеб был испечён сего́дня у́тром. • печь. Do you bake every day? Вы печёте ка́ждый день? • печёный. Baked potato. Печёная карто́шка.

balance баланси́роваться. Does this account balance? Этот счёт баланси́руется? • сбаланси́ровать. He balanced his bank account. Он сбаланси́ровал свой счёт в ба́нке. • оста́ток. What is my balance? Како́й оста́ток у меня́ на счету́? — Pay one third down and the balance in monthly installments. Уплати́те одну́ треть неме́дленно, а оста́ток ежеме́сячными взно́сами. • равнове́сие. I lost my balance and fell down the stairs. Я потеря́л равнове́сие и упа́л с ле́стницы.
□ His whole future hung in the balance. Вся его́ бу́дущность реша́лась.

ball мяч. Where is my ball? Где мой мяч? — The children played ball. Де́ти игра́ли в мяч. • бал. They are giving a big ball at the American Embassy tonight. Сего́дня в америка́нском посо́льстве большо́й бал.
□ **to get balled up** сби́ться с то́лку. He got all balled up. *Он соверше́нно сби́лся с то́лку.

balloon возду́шный шар. The little girl was crying when her balloon flew away. Де́вочка заплака́ла, когда́ её возду́шный шар улете́л. • балло́нный. Has this bicycle got balloon tires? На э́том велосипе́де балло́нные ши́ны? • аэроста́т. Were you ever up in a balloon? Вы когда́-нибудь поднима́лись на аэроста́те?

banana *n* бана́н.

band орке́стр. The band played a march. Орке́стр игра́л марш. • ле́нта. I need a new hat band. Мне нужна́ но́вая ле́нта для шля́пы.
□ **to band together** соедини́ться. They banded together to hire a guide. Они́ соедини́лись, чтоб наня́ть ги́да.

bandage бинт. The women spent the morning rolling bandages. Же́нщины всё у́тро ска́тывали бинты́. • забинтова́ть. You'd better bandage the wound at once. Вы бы лу́чше сра́зу забинтова́ли ра́ну.

bang уда́р. She was startled by a loud bang. Она́ вздро́гнула от гро́мкого уда́ра. • швырну́ть. He banged

the book down on the table. Он швырну́л кни́гу на стол.
• бараба́нить. Stop banging on the piano! Переста́ньте бараба́нить на роя́ле!

□ The party went over with a bang. Вечери́нка прошла́ блестя́ще.

bank бе́рег. The river overflowed its banks. Река́ залила́ берега́. • банк. We should deposit this money in a bank. Нам сле́довало бы положи́ть э́ти де́ньги в банк. — I would like to open a bank account. Я хоте́л бы откры́ть счёт в ба́нке. • сугро́б. There was a bank of snow near the door. У двере́й лежа́л сугро́б сне́га. • ку́ча. Please remove this bank of sand. Пожа́луйста, убери́те э́ту ку́чу песку́. • накрени́ть. He banked the airplane when he turned. При вира́же он накрени́л самолёт. • приглуши́ть. Please bank the fire at night. Пожа́луйста, на ночь приглуши́те ого́нь в пе́чке. • рассчи́тывать. I wouldn't bank on it if I were you. На ва́шем ме́сте я бы на э́то не рассчи́тывал.

banker n банки́р.

banquet пир. That was some banquet she served! Ну и пир она́ закати́ла! • банке́т. They gave a banquet in his honor. Они́ да́ли банке́т в его́ честь.

bar брусо́к. Where's that bar of soap? Где э́тот брусо́к мы́ла? • пли́тка. He bought a bar of chocolate. Он купи́л пли́тку шокола́да. • засо́в. Put the bar across the door. Закро́йте дверь на засо́в. • запере́ть на засо́в. He forgot to bar the gate. Он забы́л запере́ть воро́та на засо́в. • запреща́ть вход. He was barred from entering this restaurant. Ему́ запрещён вход в э́тот рестора́н. • прегради́ть. The fallen tree barred our way. Свали́вшееся де́рево прегради́ло нам доро́гу. • такт. He played a few bars of my favorite waltz. Он сыгра́л не́сколько та́ктов моего́ люби́мого ва́льса. • сто́йка. He was standing at the bar when I walked into the club. Когда́ я вошёл в клуб, он стоя́л у сто́йки. • бар. Meet me in the bar. Дава́йте встре́тимся в ба́ре.

□ I knew he would pass his examination for the bar. Я был уве́рен, что он вы́держит экза́мен на правозасту́пника. • Anyone in the class could have answered the question, bar none. Все в кла́ссе, без еди́ного исключе́ния, могли́ бы отве́тить на э́тот вопро́с.

barber парикма́хер. Where is there a barber? Где здесь парикма́хер?

□ **barber shop** парикма́херская. Can you direct me to a barber shop? Пожа́луйста, укажи́те мне каку́ю-нибудь парикма́херскую.

bare го́лый. Don't touch the pot with bare hands. He хвата́йте кастрю́лю го́лой руко́й. • пусто́й. The apartment was completely bare when we moved in. Когда́ мы въе́хали в э́ту кварти́ру, она́ была́ соверше́нно пуста́я. • обнажи́ть. When the flag passed, they bared their heads. Когда́ проноси́ли флаг, они́ обнажи́ли го́ловы.

□ **bare truth** чи́стая пра́вда. I'm telling you the bare truth. Я говорю́ вам чи́стую пра́вду.

□ He won the race by a bare second. Он вы́играл го́нки на одну́ секу́нду.

bargain соглаше́ние. I will make a bargain with you. Дава́йте заключи́м с ва́ми соглаше́ние. • вы́годная поку́пка. You'll find many bargains there. Вы мо́жете там сде́лать мно́го вы́годных поку́пок. • угово́р. According to our bargain, you have to pay half. Согла́сно на́шему угово́ру, вы должны́ уплати́ть полови́ну.

□ **bargain day** распрода́жа. Tomorrow is bargain day at this store. За́втра в э́том магази́не бу́дет распрода́жа. • This book was a great bargain. Э́та кни́га была́ ку́плена по дешёвке.

bark кора́. Don't scrape the bark off that tree. He сдира́йте кору́ с э́того де́рева. • ободра́ть. She barked her shins. Она́ ободрала́ себе́ но́ги. • ля́ять. Try to make the dog stop barking. Постара́йтесь, что́бы соба́ка переста́ла ля́ять.

□ That dog's bark wouldn't even scare off a baby. Лай э́той соба́ки не испуга́ет и ребёнка.

barn n амба́р.

barrel бо́чка. The truck was loaded with barrels of beer. Грузови́к был нагру́жен бо́чками пи́ва. • ствол. Clean the barrel of this rifle. Вы́чистите ствол э́той винто́вки.

base пьедеста́л. The statue is on a marble base. Э́та ста́туя стои́т на мра́морном пьедеста́ле. • ба́за. The soldiers were sent back to their base. Солда́ты бы́ли ото́сланы обра́тно на ба́зу. — He got on base safely. Он благополу́чно добежа́л до ба́зы. • бази́ровать. He based his report on the available statistics. Он бази́ровал свой отчёт на име́ющихся статисти́ческих да́нных.

□ You're not going to get to first base if you do it that way. Е́сли вы бу́дете де́йствовать таки́м о́бразом, вы не сдви́нетесь с ме́ста.

baseball бейсбо́л. Who won the baseball game? Кто вы́играл состяза́ние в бейсбо́л? • бейсбо́льный мяч. They've gone to buy a baseball. Они́ пошли́ покупа́ть бейсбо́льный мяч.

basin таз. You can wash your hands in the basin. Вы мо́жете вы́мыть ру́ки в тазу́.

basis основа́ние. What's your basis for saying this. На како́м основа́нии вы э́то говори́те?

basket n корзи́на, корзи́нка.

basketball n баскетбо́л.

bat бита́. He hit the ball so hard he split the bat. Он так си́льно уда́рил мяч, что расщепи́л биту́. • уда́рить бито́й. He batted the ball over the fence. Уда́ром бито́й он переки́нул мяч че́рез забо́р. • лету́чая мышь. I'm afraid of bats. Я бою́сь лету́чих мыше́й.

□ Who's at bat? Чей уда́р?

bath ва́нна. Please fill the bath half full. Пожа́луйста, напо́лните ва́нну то́лько наполови́ну. • ва́нная. Does this room have a bath? При э́той ко́мнате есть отде́льная ва́нная?

□ **steam baths** ба́ня. The steam baths are open on Saturdays. Ба́ня откры́та по суббо́там.

to take a bath вы́купаться. Where can I take a bath? Где я могу́ вы́купаться?

bathe купа́ть. What time do you usually bathe the baby? В кото́ром часу́ вы купа́ете ребёнка? • купа́ться. We went bathing in the lake. Мы пошли́ купа́ться в о́зере.

bathrobe n купа́льный хала́т.

bathroom n ва́нная.

bath towel n купа́льное полоте́нце.

bathtub n ва́нна.

battery батаре́я. My radio needs a new battery. Мне нужна́ но́вая батаре́я для ра́дио. — They silenced the enemy battery. Они́ заста́вили замолча́ть неприя́тельскую батаре́ю. • побо́и. They charged him with assault and battery. Ему́ бы́ло предъя́влено обвине́ние в нанесе́нии побо́ев.

battle бой. The battle was fought by the river. Бой происходи́л у реки́.

□ He battled against heavy odds. Он вёл нера́вную борьбу́.

bay зали́в (big bay); бу́хта (small bay).

be (am, are, is) быть. He will be here tomorrow. Он бу́дет здесь за́втра — Try to be on time. Постара́йтесь быть во́-время. — Be there at five o'clock. Бу́дьте там в пять часо́в. — He must be punished. Он до́лжен быть нака́зан. — You may be right. Мо́жет быть, вы пра́вы. — You should have been here earlier. Вы должны́ бы́ли бы быть здесь ра́ньше. — It would have been better if you had waited yesterday. Бы́ло бы лу́чше, е́сли бы вы вчера́ подожда́ли. — Where have you been? Где вы бы́ли? — We will have been here a year this coming Friday. В бу́дущую пя́тницу бу́дет ро́вно год, как мы здесь. — By the time you arrive, all arrangements will have been made. К тому́ вре́мени, когда́ вы прие́дете, все приготовле́ния бу́дут уже́ зако́нчены.

□ for the time being пока́ что. Let the matter rest for the time being. Пока́ что, не бу́дем э́того каса́ться.

□ Being stubborn won't help you. Упря́мство вам не помо́жет. • Who are you? Кто вы? — We are your friends. Мы ва́ши друзья́. • Are you leaving today? Вы сего́дня уезжа́ете? • They've been late every day. Они́ опа́здывали ка́ждый день. • He and I have been friends for many years. Мы с ним друзья́ мно́го лет. • I won't be but a minute. Я ухожу́ то́лько на мину́тку. • If he were older, he'd understand. Е́сли бы он был ста́рше, он по́нял бы. • They were afraid we wouldn't get there. Они́ боя́лись, что мы туда́ не попадём. • They will be surprised to see you here. Они́ бу́дут удивлены́, уви́дя вас здесь.

beach бе́рег, пляж. We built a fire on the beach. Мы разложи́ли костёр на берегу́. • прича́лить. Where did they beach the canoe? Где они́ прича́лили ло́дку?

□ Were you at the beach all summer? Вы всё ле́то провели́ на взмо́рье?

beam ба́лка, стропи́ло. The barn is so old that the beams are beginning to rot. Э́тот амба́р тако́й ста́рый, что ба́лки уже́ на́чали гнить. • луч. I was wakened by a beam of light shining through my window. Меня́ разбуди́л луч све́та, прони́кший че́рез окно́. • радиолу́ч. The plane came in on the beam. Самолёт шёл на поса́дку по радиолучу́.

□ She beams every time he speaks to her. Она́ про́сто сия́ет вся́кий раз, когда́ он с ней загова́ривает. • I'm off the beam this morning. У меня́ сего́дня всё идёт вкривь и вкось.

bean боб. Do you have any beans in your garden? У вас в огоро́де расту́т бобы́?

□ kidney bean фасо́ль. Do you like kidney bean soup? Вы лю́бите суп из фасо́ли?

bear (bore, borne) вы́держать. This board will not bear your weight. Э́та доска́ не вы́держит ва́шей тя́жести. • носи́ть. All men who could bear arms were called up. Все спосо́бные носи́ть ору́жие бы́ли при́званы. • дава́ть. This tree bears good peaches. Э́то де́рево даёт хоро́шие пе́рсики. • переноси́ть. He bore the pain bravely. Он му́жественно переноси́л боль. • выноси́ть. I had to bear the blame for his

mistake. Мне пришло́сь выноси́ть упрёки за его́ оши́бки. • роди́ть. She has borne three children. Она́ родила́ трои́х дете́й. • медве́дь. There are bears in these woods. В э́тих леса́х во́дятся медве́ди.

□ I can't bear to see her suffer. Я про́сто не могу́ ви́деть, как она́ страда́ет.

beard *n* борода́.

bearing вы́правка. His military bearing is excellent. У него́ прекра́сная вое́нная вы́правка. • подши́пник. I'm taking the car to the garage because the bearings are worn out. Я везу́ автомоби́ль в гара́ж, у него́ подши́пники стёрлись.

□ to have bearing име́ть отноше́ние. That has no bearing on the matter. Э́то не име́ет отноше́ния к де́лу. □ Let's get our bearings before we go any further. Пре́жде чем идти́ да́льше, на́до вы́яснить, где мы нахо́димся.

beast зверь. The children were frightened by the beasts in the zoo. Де́ти испуга́лись звере́й в зоологи́ческом саду́.

□ He's a beast the way he treats his mother. На́до быть ското́й, что́бы так обраща́ться с ма́терью.

beat (beat, beaten). They were beaten in the game. Они́ бы́ли поби́ты в э́той игре́. • вы́бить. Please beat this carpet. Пожа́луйста, вы́бейте э́тот ковёр. • взбить. Beat the egg before putting it in the soup. Вбе́йте яйцо́ пре́жде чем положи́ть его́ в суп. • би́ться. His heart was beating regularly. Его́ се́рдце би́лось ро́вно. • отбива́ть. He beat time with his foot. Он отбива́л такт ного́й. • ритм. The beat of the music is not clear. Ритм э́той му́зыки нея́сен. • обхо́д. The night watchman is on his beat. Ночно́й сто́рож де́лает обхо́д.

□ to beat back отби́ть. They beat back the enemy. Они́ отби́ли врага́.

beaten (See also **beat**) взби́тый. Add the beaten eggs to the rest of the batter. Приба́вьте в те́сто взби́тые я́йца. • заби́тый. The child has a beaten look about him. У э́того ребёнка заби́тый вид. • чека́нный. The vase is of beaten silver. Э́та ва́за из чека́нного серебра́.

□ beaten path прото́ренная доро́жка. He always sticks to the beaten path. Он всегда́ хо́дит по прото́ренной доро́жке.

beautiful прекра́сный. What a beautiful day! Како́й прекра́сный день! • краси́вый. She is still a beautiful woman. Она́ всё ещё краси́вая же́нщина.

beauty красота́. The beauty of this spot just takes your breath away. Тут така́я красота́, что про́сто дух захва́тывает. • краса́вица. She's a real beauty. Она́ настоя́щая краса́вица.

□ The fish we caught were beauties. Ры́бу мы пойма́ли — красота́!

beaver *n* бобр, бобёр; *adj* бобро́вый.

became See **become**.

because потому́ что. He didn't come because he got sick. Он не пришёл, потому́ что заболе́л.

because of из-за. I postponed my trip because of the bad weather. Я отложи́л свою́ пое́здку из-за плохо́й пого́ды.

become (became, become) стать. His secret has become generally known. Его́ секре́т стал всем изве́стен — He became famous overnight. За одну́ ночь он стал знамени́тостью. — What's become of the original plan? Что ста́ло с первонача́льным пла́ном? — What became of them? Что с ни́ми ста́ло? • случи́ться. What became of the book I lent you? Что случи́лось с кни́гой, кото́рую я вам дал?

☐ **to become smaller** уменьша́ться. His income is becoming smaller. Его́ дохо́ды всё уменьша́ются.
☐ The red dress becomes her. Кра́сное пла́тье ей к лицу́. • That color is very becoming to you. Вам о́чень идёт э́тот цвет. • Her husband died, you know. What's to become of her? Вы зна́ете, что её муж у́мер? Что-то с ней бу́дет?

becoming к лицу́. That hat is very becoming. Эта шля́па вам о́чень к лицу́.
☐ **not becoming** не приста́ло. Your conduct is not becoming to a man of your position. Челове́ку с ва́шим положе́нием не приста́ло так себя́ вести́.

bed крова́ть. I want a room with two beds. Есть у вас ко́мната с двумя́ крова́тями? • посте́ль. When I came he was still lying in bed. Когда́ я пришёл, он ещё лежа́л в посте́ли. — My bed has not been made. Моя́ посте́ль ещё не сде́лана. — Please make my bed. Пожа́луйста, сде́лайте мне посте́ль. • гря́дка. Don't step in the flower bed. Не наступи́те на цвето́чную гря́дку. • площа́дка. The machine is set in a bed of concrete. Маши́на устано́влена на бето́нной площа́дке. • ру́сло. Follow the old river bed for two kilometers. Пройди́те два киломе́тра вдоль ста́рого ру́сла реки́.
☐ **to go to bed** лечь спать. I went to bed very late. Я лёг (спать) о́чень по́здно.
☐ When was this bed last changed? Когда́ в после́дний раз меня́ли посте́льное бельё? • He acts as though he got up on the wrong side of the bed. *Похо́же, что он с ле́вой ноги́ встал.

bedbug *n* клоп.

bedding посте́ль. Air the bedding, please. Прове́трите, пожа́луйста, посте́ль. • подсти́лка. We used straw for bedding for the horses. Мы взя́ли соло́му на подсти́лку для лошаде́й.

bedroom *n* спа́льня.

bee пчела́. I was stung by a bee. Меня́ ужа́лила пчела́. • пчели́ный. There are beehives in that orchard. В э́том саду́ есть (пчели́ные) у́льи.
☐ He made a bee-line for home. *Он стрело́й помча́лся домо́й.

beef говя́дина. The market has fresh beef today. На ры́нке сего́дня есть све́жая говя́дина.
☐ **roast beef** ро́стбиф. I'll take roast beef. Я возьму́ ро́стбиф.

beehive у́лей. The beehives are on the other side of the orchard. У́льи на друго́м конце́ са́да.

been *See* be.

beer пи́во. I don't care for beer. Я не люблю́ пи́ва. — Three beers, please. Три пи́ва, пожа́луйста.

before перед. The question before us is a hard one. Перед на́ми стои́т тру́дный вопро́с. — I'll phone you before I start. Я вам позвоню́ перед ухо́дом (отъе́здом). • до. The telegram should come before evening. Телегра́мма должна́ быть полу́чена до ве́чера. — Before that time she lived alone. До того́ она́ жила́ одна́. • ра́ньше. Do this before anything else. Сде́лайте э́то ра́ньше всего́ (друго́го). — I had never been there before. Я там никогда́ ра́ньше не быва́л.
☐ **before long** ско́ро. They will come before long. Они́ ско́ро приду́т.

long before задо́лго до. We should have gone long before that. Мы должны́ бы́ли бы уйти́ задо́лго до э́того.
☐ He was taken before the judge. Его́ привели́ в суд. • Let me know before you come to Moscow. Предупреди́те меня́ о ва́шем прие́зде в Москву́. • Business before pleasure. *Де́лу вре́мя, поте́хе час.

beg умоля́ть. They begged us to help them. Они́ умоля́ли нас помо́чь им.
☐ **begging** ни́щенство. Begging has been eliminated in our country. В на́шей стране́ ни́щенство ликвиди́ровано.
☐ I beg your pardon. Извини́те, пожа́луйста. • I beg your pardon? Прости́те, я не расслы́шал.

began *See* begin.

beggar *n* ни́щий.

begin (began, begun) нача́ть. We must begin to work right away. Мы должны́ нача́ть рабо́ту сейча́с же. — Haven't you begun yet? Вы ещё не на́чали? — Let's begin with soup. Начнём с су́па. — To begin with, we haven't enough money. Нача́ть с того́, что у нас де́нег недоста́точно. — The building was begun many years ago. Постро́йка э́того зда́ния была́ на́чата мно́го лет тому́ наза́д. — They began the job a week ago. Они́ на́чали э́ту рабо́ту неде́лю тому́ наза́д. — The supplies began to run out. Припа́сы на́чали истоща́ться. • начина́ться. The performance begins at 8:30 P.M. Спекта́кль начина́ется в во́семь три́дцать. — It is beginning to rain. Начина́ется дождь.

beginning *n* нача́ло.

begun *See* begin.

behalf интере́с. His friends will act in his behalf. Его́ друзья́ бу́дут де́йствовать в его́ интере́сах.

behave вести́ себя́. Behave yourself! Веди́те себя́ прили́чно!
☐ The little boy behaved beautifully during the whole trip. Ма́льчик всю доро́гу прекра́сно себя́ вёл.

behavior поведе́ние. Her behavior is very strange. Её поведе́ние о́чень стра́нно.
☐ He was on his best behavior for once. На э́тот раз он прекра́сно себя́ вёл.

behind позади́. The garden is behind the house. Сад нахо́дится позади́ до́ма. • сза́ди. Their seats are behind ours. Их места́ нахо́дятся сза́ди нас. • за. There must be some plan behind it. За э́тим несомне́нно кро́ется како́й-то план.
☐ **to be behind time** запа́здывать. The train is behind time. По́езд запа́здывает.

to fall behind отста́ть. He has fallen behind in his work. Он отста́л в свое́й рабо́те.

to leave behind оста́вить. We had to leave our trunk behind. Нам пришло́сь оста́вить наш сунду́к. • забы́ть (to forget). Have you left anything behind? Вы что́-нибудь забы́ли?

being (*See also* be).
☐ **human being**. Treat him like a human being. Обраща́йтесь с ним по-челове́чески.

belief дове́рие. It's impossible for me to have any belief in what she says. Я не могу́ пита́ть никако́го дове́рия к тому́, что она́ говори́т. • убежде́ние. He has very strong political beliefs. У него́ о́чень твёрдые полити́ческие убежде́ния.

believe ве́рить. Do you believe what he says? Вы ве́рите тому́, что он говори́т? • ду́мать. I believe so. Я так ду́маю.

☐ **to believe in** ве́рить в. Do you believe in his sincerity? Вы ве́рите в его́ и́скренность?

bell ко́локол. The bells of this church are famous. В э́той це́ркви знамени́тые колокола́. • бубе́нчик, колоко́льчик. Do you hear their sleigh bells? Вы слы́шите бубе́нчики на их саня́х?

☐ **doorbell** (дверно́й) звоно́к. Our doorbell is out of order. У нас испо́ртился дверно́й звоно́к.

belong принадлежа́ть. Does this book belong to you? Э́та кни́га принадлежи́т вам? — He belongs to the older generation. Он принадлежи́т к ста́рому поколе́нию.

☐ This old chair belongs in the kitchen. Э́тому ста́рому сту́лу ме́сто в ку́хне. • Who does this belong to? Чьё э́то?

beloved n, adj люби́мый.

below под. Who has the room below me? Кто живёт в ко́мнате подо мно́й? — He works below deck. Он рабо́тает под па́лубой. • Ни́же. The temperature here seldom goes below zero. Температу́ра здесь ре́дко спуска́ется ни́же ноля́. — He is below average height. Он ни́же сре́днего ро́ста. — Try the floor below. Посмотри́те этажо́м ни́же. • внизу́. From the window they could watch the parade below. Из э́того окна́ они́ могли́ смотре́ть на пара́д внизу́.

belt по́яс. Do you wear a belt or suspenders? Вы но́сите по́яс и́ли подтя́жки? • реме́нь. We need a new belt for the machine. Нам ну́жен но́вый реме́нь для маши́ны.

☐ **life belt** спаса́тельный по́яс. Have your life belts ready. Держи́те нагото́ве спаса́тельные пояса́.

bench скаме́йка. We sat down on a bench in the park. Мы се́ли в па́рке на скаме́йку. • стано́к. The worker is at his bench eight hours a day. Рабо́чий стои́т у станка́ во́семь часо́в в день.

bend (bent, bent) согну́ть. Bend this wire into a circle. Согни́те э́ту про́волоку в круг. • гну́ться. How much will this bend without breaking? Как до́лго э́то мо́жет гну́ться не лома́ясь? • погну́ться. These nails are bent too much. Э́ти гво́зди сли́шком погну́лись. • поворо́т. The house is beyond the bend in the road. Э́тот дом нахо́дится за поворо́том доро́ги.

☐ **to bend down** нагну́ться. You'll have to bend down to get through here. Вам придётся нагну́ться, что́бы пройти́ здесь.

☐ In spite of our objections, he is bent on going there. Несмотря́ на на́ши возраже́ния, он твёрдо наме́рен туда́ пойти́.

beneath под. He was buried beneath the tree. Он был похоро́нен под де́ревом.

☐ Don't look on these people as beneath you. Не смотри́те на э́тих люде́й свысока́.

benefit вы́года. The new law gave us very little benefit. От но́вого зако́на нам о́чень ма́ло вы́годы.

☐ He benefited from the medicine. Э́то лека́рство принесло́ ему́ по́льзу.

bent (See also **bend**) скло́нность. He has a bent for painting. У него́ скло́нность к жи́вописи.

berry n я́года.

beside ря́дом. Please put this trunk beside the other one. Пожа́луйста, поста́вьте э́тот сунду́к ря́дом с други́м.

☐ **beside (oneself)** вне себя́. He was beside himself with anger. Он был вне себя́ от гне́ва.

☐ Your answer is beside the point. Вы не отвеча́ете на вопро́с.

besides кро́ме того́. We need all these chairs and two more besides. Нам нужны́ все э́ти сту́лья и, кро́ме того́, ещё два. • к тому́ же. I am not feeling well; besides, I haven't time. Я себя́ пло́хо чу́вствую, к тому́ же, у меня́ нет вре́мени. • кро́ме. Besides me there were ten people there. Кро́ме меня́ там бы́ло ещё де́сять челове́к.

☐ I'm not able to do this; you'll have to get someone besides me. Я не могу́ э́того сде́лать, вы должны́ найти́ кого́-нибудь друго́го.

best са́мый лу́чший. Out of those three projects, we tried to choose the best one. Мы постара́лись вы́брать са́мый лу́чший из э́тих трёх прое́ктов. • са́мое лу́чшее. She always picks out only the best. Она́ всегда́ выбира́ет са́мое лу́чшее. • лу́чше всего́. I work best in the morning. Я лу́чше всего́ рабо́таю по утра́м.

☐ **at best** в лу́чшем слу́чае. At best, we'll suffer no losses. В лу́чшем слу́чае, мы ничего́ не потеря́ем.

☐ We must be careful that he doesn't get the best of us. Мы должны́ остерега́ться, чтоб он нас не перехитри́л. • It's for the best. Э́то к лу́чшему. • We had few supplies, but we made the best of what we had. У нас бы́ло ма́ло припа́сов, но мы постара́лись испо́льзовать их как мо́жно лу́чше.

bet (bet, bet) пари́. When are you going to pay up that bet? Когда́ вы собира́етесь расплати́ться по э́тому пари́? • ста́вить. I bet twenty-five rubles on the black. Ста́влю два́дцать пять рубле́й на вороно́ю.

☐ This team is the best bet. Ста́вьте сме́ло на э́ту кома́нду.

betray преда́ть. He betrayed his country. Он пре́дал свою́ ро́дину.

better (See also **good, well**) полу́чше. I want a better room. Я хоте́л бы ко́мнату полу́чше. • лу́чше. I felt better this morning. Сего́дня у́тром я себя́ чу́вствовал лу́чше. — We had better go before it rains. Нам лу́чше пойти́, пока́ ещё нет дождя́. • улу́чшить. We are trying to better conditions here. Мы стара́емся улу́чшить положе́ние здесь.

☐ **to get better** поправля́ться. The doctor says she is getting better. До́ктор говори́т, что она́ поправля́ется.

to get the better of поби́ть. He certainly will try to get the better of you. *Он, коне́чно, постара́ется поби́ть вас.

☐ We will be better off if we move. Нам бу́дет вы́годнее перее́хать.

between ме́жду. They walked between the buildings. Они́ шли ме́жду зда́ниями. — I will meet you between six and seven. Мы встре́тимся ме́жду шесто́й и седьмо́й.

☐ **between you and me** ме́жду на́ми. This is just between you and me. Э́то то́лько ме́жду на́ми.

☐ He lives five kilometers from the village, and there are no houses between. Он живёт в пяти́ киломе́трах от дере́вни, и по доро́ге нет ни одного́ жилья́.

beyond за. They live beyond the river. Они́ живу́т за реко́й.

☐ He is so ill that he is beyond hope. Он так плох, что нет никако́й наде́жды его́ спасти́. • She is living beyond her means. Она́ живёт не по сре́дствам.

bible n би́блия.

bicycle велосипе́д. My bicycle needs repairs. Мой велосипе́д нужда́ется в почи́нке. • е́хать на велосипе́де. Let's bicycle down to the lake and back. Дава́йте пое́дем на велосипе́дах к о́зеру и обра́тно.

bid (bade or bid, bidden or bid) предложи́ть (це́ну). She bid twenty-five rubles for the rug. Она́ предложи́ла два́дцать пять рублей за ковёр. • объявля́ть. I bid two hearts. Объявля́ю две тре́фы. • прика́зывать. We must do as he bids us. Мы должны́ де́лать то, что он прика́зывает.

bidden *See* **bid.**

big большо́й. They live in a big house. Они́ живу́т в большо́м до́ме. — They will play their big game on Saturday. В э́ту суббо́ту у них состои́тся большо́й матч. • ва́жный. A big man will talk at the meeting. На э́том собра́нии бу́дет говори́ть ва́жное лицо́. ☐ **bigger** бо́льший. We need a bigger box. Нам нужна́ бо́льшая коро́бка. **to talk big** хва́стать. He talks big; don't believe everything he says. Он хва́стает, не всему́ ве́рьте.

bill счёт. They haven't yet sent their bill for the work. Они́ ещё не посла́ли счёта за рабо́ту. — We must pay the bill today. Мы должны́ заплати́ть по счёту сего́дня. • програ́мма. What's on the bill this evening? Что сего́дня в програ́мме? • законопрое́кт. We don't have enough votes to pass the bill. У нас нет большинства́, чтоб провести́ э́тот законопрое́кт. • афи́ша. Post no bills. Ве́шать афи́ши воспреща́ется. • клюв. What a long bill that bird has! Како́й дли́нный клюв у э́той пти́цы! ☐ Can you change a five-ruble bill? Вы мо́жете разменя́ть мне пятирублёвую бума́жку?

bind (bound, bound) привяза́ть. The robber left the night watchman bound to the chair. Граби́тель привяза́л ночно́го сто́рожа к сту́лу. • перевяза́ть. You·should bind up this finger before it gets infected. Перевяжи́те-ка э́тот па́лец сра́зу, а то ра́нка засори́тся. • переплести́. Both volumes of his poetry are bound into one book. Оба то́ма его́ стихо́в переплетены́ в одну́ кни́гу. ☐ **binding** переплёт. This book has a leather binding. Э́та кни́га в ко́жаном переплёте. ☐ How do they bind grain here? Как здесь вя́жут снопы́? • Here's a ruble to bind the bargain. Вот рубль зада́тку, оста́вьте э́то за мной.

bird *n* пти́ца.

birth рожде́ние. They announced the birth of a child. Они́ сообщи́ли о рожде́нии ребёнка. ☐ **by birth** по рожде́нию. I am an American by birth. Я америка́нец по рожде́нию. **to give birth** роди́ть. She has given birth to twins. Она́ родила́ близнецо́в. ☐ What is the date of your birth? Когда́ вы роди́лись?

birthday *n* день рожде́ния.

biscuit *n* бискви́т.

bishop *n* епи́скоп.

bit (*See also* **bite**) кусо́чек. He broke the chocolate bar into bits. Он разлома́л пли́тку шокола́да на ма́ленькие кусо́чки. • немно́жко. They arrived a bit later than the others. Они́ пришли́ немно́жко по́зже, чем други́е. • удила́. This bridle doesn't have a bit. Э́ти пово́дья не име́ют уди́л. • сверло́. I need a bit to drill a hole with. Мне ну́жно сверло́, чтоб просверли́ть дыру́. ☐ **bit by bit** постепе́нно. We learned the story bit by bit. Мы узнава́ли о э́том постепе́нно. ☐ He took the bit between his teeth. *Он пошёл напроло́м. • The mirror was broken to bits. Зе́ркало разби́лось вдре́безги. • May I give you a bit of advice? Мо́жно мне дать вам ма́ленький сове́т?

bite (bit, bitten) куса́ться. Does this dog bite? Э́та соба́ка не куса́ется? • укуси́ть. I bit my lip by mistake. Я

нечая́нно укуси́л себе́ губу́. • уку́с. I have two mosquito bites on my arm. У меня́ на руке́ два комари́ных уку́са. • откуси́ть. I took just one bite of the sandwich. Я откуси́л то́лько оди́н кусо́чек бутербро́да. • клева́ть. The fish are biting well today. Сего́дня ры́ба хорошо́ клюёт. ☐ **biting** е́дкий. She often makes biting remarks. Она́ ча́сто де́лает е́дкие замеча́ния. ☐ I fished all day but didn't get a bite. Я уди́л весь день, но у меня́ ни ра́зу не клю́нуло. • It's a biting cold day! Сего́дня чёртовски хо́лодно!

bitten *See* **bite.**

bitter го́рький. This coffee is too bitter. Э́тот ко́фе сли́шком го́рький. • жесто́кий. He had a bitter quarrel with his brother. У него́ произошла́ жесто́кая ссо́ра с бра́том. ☐ **bitter wind** прони́зывающий ве́тер. A bitter wind was blowing. Дул прони́зывающий ве́тер. **to the bitter end** до са́мого конца́. It was hard, but he stayed to the bitter end. Э́то бы́ло о́чень тяжело́, но он вы́держал до (са́мого) конца́.

black чёрный. Do you have a black dress? У вас есть чёрное пла́тье? — She has worn black since her husband died. С тех пор, как у неё у́мер муж, она́ всегда́ хо́дит в чёрном. • тёмный. The night was very black. Ночь была́ о́чень тёмная. • мра́чный. Black clouds began to come up. Ста́ли надвига́ться мра́чные ту́чи. — Their future is black. Их бу́дущее мра́чно. — He gave me a black look. Он мра́чно взгляну́л на меня́. ☐ **to black out** вы́черкнуть. This line should be blacked out. Э́ту стро́чку на́до вы́черкнуть.

blackbird *n* чёрный дрозд.

blackboard *n* кла́ссная доска́.

blacksmith *n* кузне́ц.

blade *n* ле́звие, клино́к.

blame обвини́ть. He blamed us for carelessness. Он обвини́л нас в небре́жности. • ста́вить в вину́. He didn't blame us for what we said. Он нам не ста́вил в вину́ того́, что мы сказа́ли. ☐ **to take the blame** взять на себя́ вину́. He took the blame for their mistake. Он взял на себя́ вину́ за их оши́бку. ☐ Who is to blame? Кто винова́т? — The taxi driver is to blame for our being late. В на́шем опозда́нии винова́т шофёр такси́.

blank бланк. Have you filled in your application blank? Вы уже́ запо́лнили бланк заявле́ния? • безразли́чный. Does that blank expression mean he's bored? Судя́ по его́ безразли́чному выраже́нию лица́, он, как бу́дто, скуча́ет? ☐ **blank check** бла́нковый чек. Here's a blank check to cover all your expenses. Вот вам бла́нковый чек на покры́тие всех ва́ших расхо́дов. ☐ Fill in the blanks with the missing words. Впиши́те соотве́тствующие све́дения в незапо́лненные места́. • I drew a blank that time. На э́тот раз не вы́шло.

blanket одея́ло. At camp we only had one blanket apiece. В ла́гере у нас бы́ло то́лько по одному́ одея́лу на челове́ка. • о́бщий. I'm sending you a blanket bill for this month's supplies. Я вам посыла́ю о́бщий счёт за поста́вки в э́том ме́сяце. • слой. The ground was covered with a heavy blanket of snow. Земля́ была́ покры́та то́лстым сло́ем сне́га. • оку́тать. A thick fog blanketed the city. Го́род был оку́тан густы́м тума́ном.

blast поры́в. A blast of wind blew my hat off. Поры́вом

17

ветра у меня сорвало шляпу. • **взрыв.** You could hear the blast for kilometers. Взрыв был слышен за много километров. • **взрывать.** From a distance we watched them blasting rocks. Мы издали наблюдали, как они взрывают скалы. • **подорвать.** That scandal blasted her chances for success. Этот скандал подорвал её шансы на успех.

□ **at full blast** полным ходом. The machine was working at full blast. Машина работала полным ходом.

blaze пламя. Isn't that fire giving off a good blaze? Посмотрите какое яркое пламя. • **гореть.** The fire's blazing nicely now. Теперь огонь хорошо горит. • **сверкать.** The Christmas tree was blazing with lights. Ёлка сверкала огнями. • **вспыхнуть.** As soon as you mentioned that incident to him his eyes blazed with anger. Как только вы упомянули об этом инциденте, его глаза вспыхнули от гнева.

□ The theater district is one blaze of lights tonight. Театральный район сегодня сплошное море огней. • That doctor's experiments have blazed the way for new discoveries. Опыты этого врача проложили путь для новых открытий.

bled See **bleed.**

bleed (bled, bled) кровоточить. This cut is bleeding a lot. Этот порез сильно кровоточит. • **обливаться кровью.** My heart bleeds for you. Моё сердце за вас кровью обливается.

bless благословить. The priest blessed the children. Священник благословил детей.

□ God bless you! Благослови вас бог! • He is blessed with a good disposition. Он наделён счастливым характером.

blessing благословение. Go ahead and do it; you have my blessings. Действуйте с моего благословения. • **счастье.** Her coming to stay with us really was a blessing. Её приезд был для нас настоящим счастьем.

blew See **blow.**

blind слепой. This is a home for the blind. Это дом для слепых. — He was almost blind. Он почти слеп. — He was blind to the true facts. Он был слеп и не видел того, что происходило в действительности. • **ослепить.** The lighting blinded me for a while. Молния на мгновение ослепила меня. • **штора.** Please pull down the blinds. Пожалуйста, спустите шторы.

□ **blind alley** тупик. This was only a blind alley. Это был просто тупик.

to be blinded потерять зрение. He was blinded in a railroad accident. Он потерял зрение при крушении поезда.

block кубик. The child was playing with wooden blocks. Ребёнок играл деревянными кубиками. • **задерживать.** That car is blocking traffic. Этот автомобиль задерживает всё движение. • **квартал.** Walk three blocks and then turn right. Пройдите три квартала и потом поверните направо. • **выгладить шляпу.** How soon can you get my hat blocked? Когда вы можете выгладить мою шляпу?

blood кровь. Blood flowed from the wound. Из раны текла кровь. — I have high blood pressure. У меня высокое давление крови. — What is your blood type? Какого типа ваша кровь?

□ **hot-blooded** горячий темперамент. He is a hot-blooded individual. Он человек с горячим темпераментом.

in cold blood хладнокровно. The crime was committed in cold blood. Это преступление было совершено хладнокровно.

□ They are blood relatives. Они близкие родственники.

blossom цветок. The blossoms are falling off the trees. Цветы опадают с деревьев. • **цвести.** The apple trees will probably start to blossom next week. Яблони, вероятно, начнут цвести на будущей неделе. • **расцвести.** My, she's certainly blossomed out the last few years. Батюшки, как она расцвела за последние годы.

blot клякса. This library book is full of ink blots. Эта библиотечная книга вся в кляксах. • **поставить кляксу.** Damn it! I blotted my signature. Чёрт! Я поставил кляксу на свою подпись. • **пятно.** Don't forget it'll be a blot on your record. Помните, это ляжет пятном на вашу репутацию.

□ **to blot out** загораживать. The trees blot out the view from here. Деревья загораживают нам вид отсюда. • **стереть.** After the raid the town was almost completely blotted out. После этого налёта город был почти совершенно стёрт с лица земли.

□ The teacher scolded the little girl for blotting her notebook. Учитель бранил девочку за кляксы в тетради.

blotter n промокательная бумага.

blow (blew, blown) дуть. The wind blew hard all last night. Всю ночь дул сильный ветер. • **гудеть.** The factory whistle has already blown. Фабричный гудок уже гудел.

□ **to blow away** сдуть. The wind can blow away this tent. Ветер может сдуть эту палатку.

to blow one's nose высморкаться.

to blow out потушить. Blow out the lamp before you go. Потушите лампу прежде, чем уйти. • **лопнуть.** The old tire blew out. Старая шина лопнула.

to blow over утихнуть. This storm will blow over soon. Буря скоро утихнет. • **улечься.** Wait until all this blows over. Подождите, пока всё это улежится.

to blow up надуть. Please blow up this tire for me. Пожалуйста, надуйте мне эту шину. • **взорвать.** The enemy tried to blow up the bridge. Неприятель старался взорвать этот мост. — I blew up at his stupid remark. Его глупое замечание меня взорвало.

□ It looks as though a storm will blow up tonight. Похоже, что ночью будет ураган. • Blow the horn three times when you come. Когда вы приедете, дайте три гудка.

blown See **blow.**

blowtorch n паяльная лампа.

blue синий. She always wears blue. Она всегда носит синее. — Do you have blue ink? Есть у вас синие чернила?

□ **to get the blues** впадать в уныние. I get the blues when it rains. Когда идёт дождь, я впадаю в уныние.

□ Why are you so blue? Почему вы хандрите? • He arrived out of the blue. *Он с неба свалился.

blueberry n черника, голубика.

bluefish n американский лосось.

blueprint чертёж. We've been looking over the blueprints of our new house. Мы рассматривали чертежи нашего нового дома.

bluff утёс. We climbed to the top of the bluff to get a good view. Мы взобрались на самую вершину утёса, чтобы лучше видеть. • **враль и хвастун.** Don't pay any attention to him; he's just a big bluff. Не обращайте на него внимания, он просто враль и хвастун. • **грубоватый.** Her father seems very bluff, but he's nice when you get to

18

know him. Её отéц на пéрвый взгляд кáжется грубовáтым, но éсли узнáть егó поблúже, он óчень слáвный.

□ She put on a good bluff, but he could see through it. Онá емý лóвко втирáла очкú, но он её раскусúл. • He bluffed his way through college. Он кóнчил университéт тóлько благодаря томý, что умéл втирáть очкú профессóрам. • When we called his bluff he stopped boasting. Мы егó поймáли на лжи, и тогдá он, наконéц, перестáл хвáстать.

blunder ошúбка. ı made an awful blunder. Я сдéлал ужáсную ошúбку. • блуждáть. I blundered around the front hall trying to find the light switch. Я блуждáл по передней, старáясь нащýпать выключáтель. • натворúть глýпости. His business was a success until he blundered. Егó делá шли успéшно, покá он не натворúл глýпостей.

blunt тупóй. This knife is too blunt. Этот нож óчень тупóй. • рéзкий. There's no need for you to be so blunt about it. Нéзачем говорúть об этом так рéзко. • притупúться. If you use the scissors that way you'll blunt the edge. Éсли вы бýдете так обращáться с нóжницами, то онú скóро притупятся.

blush покраснéть. Your blush gave you away. Вы покраснéли, и этим выдали себя. • краснéть. She blushes easily. Онá легкó краснéет.

board доскá. We need some boards to make the top of the box. Нам нýжно нéсколько досóк, чтоб сдéлать крышку для ящика. — Do you have an ironing board? Есть у вас гладúльная доскá? • столовáться. Are you boarding at your hotel? Вы столýетесь в вáшей гостúнице? — How many people does she board? Скóлько человéк у неё столýется? • дирéкция. The board decided against your request. Дирéкция отвéргла вáшу прóсьбу. • управлéние. The board of health has made an investigation. Санитáрное управлéние произвелó расслéдование.

□ **room with board** кóмната с пансиóном. They rent rooms with board. Онú сдают кóмнаты с пансиóном. □ Is the board good there? А там хорошó кóрмят? □ Can we board the train now? Мóжно ужé садúться в пóезд? • The whistle has blown to get on board. Свистóк, порá садúться.

boast хвáстать. I get fed up hearing you boast about your connections. Мне надоéло слýшать, как вы хвáстаете свóими связями. • расхвáстаться. Your're making some pretty big boasts there. Вы чтó-то бóльно уж расхвáстались! • слáвиться. Our town boasts the finest race horses in the country. Наш гóрод слáвится лýчшими скаковыми лошадьмú во всей странé.

boat лóдка. Will this boat hold all five of us? Мóжем мы все пятеро поместúться в этой лóдке?

□ **steamboat** парохóд. The boat trip will take five days. Поéздка на парохóде продлúтся пять дней. □ We're all in the same boat. Мы все в однóй бедé.

bob подпрыгивать. The child in front of me bobbed up and down all through the picture. Ребёнок впередú меня, не переставáя, подпрыгивал покá шла картúна. • стрúжка. What kind of bob will those hairdressers think up next! Какýю ещё стрúжку выдумают парикмáхеры!

□ **to bob hair** острúчься. When did she get her hair bobbed? Когдá онá острúгла вóлосы?

to bob up являться. He's always bobbing up at my house

at the wrong time. Он всегдá является ко мне в неподходящее врéмя.

body тéло. He has a healthy body. У негó здорóвое тéло. — They buried the two bodies in one grave. Óба тéла были похорóнены в однóй могúле. • тýловище. His legs are too short for his body. Егó нóги слúшком корóтки для егó тýловища. • основнáя часть. The body of his speech was highly technical. Основнáя часть егó рéчи былá чúсто технúческой.

□ **in a body** в пóлном состáве. They all left the meeting in a body. Онú покúнули собрáние в пóлном состáве. □ They couldn't keep body and soul together. У них прóсто не хватáло на хлеб насýщный. • The hotel stands beside a body of water. Эта гостúница стоúт у воды.

boil закипéть. The water will boil in a few minutes. Водá закипúт чéрез нéсколько минýт. • варúть. Please boil the egg for two minutes. Пожáлуйста, варúте это яйцó две минýты. • кипéть. The radiator is boiling. В радиáторе водá кипúт. • вскипéть. His remarks made me boil. Я вскипéл от егó замечáния. • фурýнкул. He is suffering from boils. Он страдáет от фурýнкулов.

□ **to boil over** перекипáть. The coffee is boiling over. Кóфе перекипáет.

boiled варёный. Give me boiled potatoes with my steak. Дáйте мне варёной картóшки к бифштéксу.

□ What does all this boil down to? В чём глáвная суть всегó этого?

bold смéло. He is always bold in the face of danger. Он всегдá ведёт себя смéло в минýты опáсности. • смéлый. They followed a bold policy. Онú велú смéлую полúтику. • развязный. I can't stand bold people. Я не выношý развязных людéй.

bolt болт. The nut is loose on this bolt. На этом болтý развинтúлась гáйка. • задвúжка. Did you push the bolt shut? Вы задвúнули задвúжку? • закрыть на задвúжку. Don't tell me you forgot to bolt the garage door again! Неужéли вы опять забыли закрыть гарáж на задвúжку? • понестúсь. The horse bolted across the field. Лóшадь понеслáсь пó полю. • штýка. She bought half a bolt of linen. Онá купúла пол штýки полотнá. • глотáть, не разжёвывая. Don't bolt your food. Не глотáйте, не разжёвывая.

□ That bolt of lightning came pretty close. Эта мóлния удáрила довóльно блúзко.

bomb бóмба. A bomb was dropped by an unidentified plane this morning. Сегóдня ýтром неизвéстным самолётом былá сбрóшена бóмба. • бомбúть. This factory was bombed many times. Эту фáбрику бомбúли мнóго раз.

bond связь. There's a firm bond of friendship between those two fellows. Этих двух пáрней связывает тéсная дрýжба. • облигáция. You can't invest too heavily in war bonds. Чем бóльше облигáций воéнного зáйма вы кýпите, тем лýчше. • гарáнтия. His word is as good as his bond. Егó слóво лýчшая гарáнтия.

bone кость. He cut his finger to the bone. Он порéзал себé пáлец до кóсти. • вынимáть кóсти. Has this fish been boned? Из этой рыбы вынуты кóсти?

□ **to the bone** до мóзга костéй. I feel chilled to the bone. *Я продрóг до мóзга костéй. □ I have a bone to pick with you. Нам нáдо с вáми объяснúться. • He makes no bones about what he wants. Когдá он чегó-нибудь хóчет, он не церемóнится.

bonfire *n* костёр.

bonnet *n* ка́пор, да́мская шля́па.

book кни́га, кни́жка. I want a book to read on the train. Я хочу́ каку́ю-нибудь кни́жку для чте́ния в по́езде. • кни́жный. Do you know of a good book store? Вы зна́ете хоро́ший кни́жный магази́н? • заказа́ть. Have you booked a ticket on the boat yet? Вы уже́ заказа́ли биле́т на парохо́д? • ангажи́ровать. The singer is booked up two weeks in advance. Этот певе́ц ангажи́рован на (ближа́йшие) две неде́ли.
☐ **to keep books** вести́ бухгалте́рию. • Did he keep books for our business? А он вёл бухгалте́рию в на́шем предприя́тии?

booklet *n* брошю́ра, кни́жечка.

boot сапо́г. You can't get rubber boots anywhere now. Тепе́рь рези́новых сапо́г нигде́ не доста́нешь. • вы́кинуть. I failed all my exams and they booted me out of school. Я провали́лся на всех экза́менах, и меня́ вы́кинули из шко́лы.
☐ **to lick someone's boots** пресмыка́ться. I don't care to get ahead if I have to lick someone's boots for it. Я не хочу́ преуспева́ть в жи́зни, е́сли для э́того ну́жно перед ке́м-нибудь пресмыка́ться.

border грани́ца. Tell me when we reach the border. Скажи́те мне, когда́ мы бу́дем на грани́це. — My home state borders on Canada. Мой родно́й штат—на грани́це Кана́ды. • край. The border of this rug is getting worn. Край ковра́ начина́ет истрёпываться. • грани́чить. His argument borders on the absurd. Его́ до́воды грани́чат с абсу́рдом.

bore (*See also* **bear**) наводи́ть ску́ку. That speech bored me to death. Эта речь навела́ на меня́ смерте́льную ску́ку. • просверли́ть. We'll have to bore a hole through the wall. Нам придётся просверли́ть сте́ну. • ну́дный челове́к. Don't you're going out again with that bore? Неуже́ли вы опя́ть выхо́дите с э́тим ну́дным челове́ком?
☐ **to be born** роди́ться. Were you born in America? Вы родили́сь в Аме́рике?

borne *See* **bear**.

borrow заня́ть, взять взаймы́. I had to borrow five rubles from a friend. Мне пришло́сь заня́ть пять рубле́й у прия́теля. • взять (на вре́мя). May I borrow your dictionary for a few days? Мо́жно взять ваш слова́рь на не́сколько дней? • попроси́ть (на вре́мя) (formal). May I borrow your fountain pen for a minute? Мо́жно попроси́ть на мину́ту ва́ше самопи́шущее перо́?

bosom *n* грудь.

both о́ба. Both roads will take you to the town. Обе э́ти доро́ги веду́т в го́род. — We have asked both soldiers to come. Мы проси́ли прийти́ обо́их солда́т.—Both of us saw it happen. Мы о́ба ви́дели как э́то произошло́.
☐ **both . . . and . . .** и . . . и. It is both good and cheap. Это и дёшево, и хорошо́.

bother беспоко́ить. I'm bothered about what you told me yesterday. Меня́ о́чень беспоко́ит то, что вы мне вчера́ рассказа́ли. • хло́поты. It'll be such a bother to invite them. Если их пригласи́ть, бу́дет ма́сса хлопо́т. • надоеда́ть. You're a big bother today. Вы сего́дня ужа́сно надое́дливы.

bottle буты́лка. The bottle broke in my suitcase. Буты́лка разби́лась у меня́ в чемода́не. — We drank the whole bottle of vodka. Мы вы́пили це́лую буты́лку во́дки. • разли-ва́ть в буты́лки. They bottle the wine and sell it. Они́ разлива́ют вино́ в буты́лки и продаю́т его́.
☐ **to bottle up** сдержа́ть. He bottled up his anger. Он сдержа́л свой гнев.

bottom дно. The potatoes in the bottom of the sack were rotten. На дне мешка́ карто́шка была́ гнила́я. — Set the box on its bottom, not its side. Поста́вьте я́щик дном вниз, а не на бок.
☐ **to get to the bottom of** узна́ть в чём де́ло. His actions are so strange that we must get to the bottom of it. Он ведёт себя́ так стра́нно, что мы должны́ узна́ть в чём тут де́ло.
☐ The bottom of this chair is broken. Сиде́нье сту́ла сло́мано. • Bottoms up! Пей до дна! • He seems cruel, but at bottom he is very kind. Он то́лько ка́жется жесто́ким, а на са́мом де́ле, он о́чень до́брый челове́к.

bough *n* сук.

bought *See* **buy**.

bounce пры́гать. The mother told the child to stop bouncing around. Мать веле́ла ребёнку переста́ть пры́гать. • вы́кинуть. I got bounced from my job today. Меня́ сего́дня вы́кинули с рабо́ты.
☐ **to bounce off** отскочи́ть. The ball bounced off the wall. Мяч отскочи́л от стены́.
to bounce out вы́бросить. That drunk ought to be bounced out of here. Этого пья́ницу сле́довало бы отсю́да вы́бросить.
☐ This tennis ball still has a lot of bounce left in it. Этот те́ннисный мяч ещё доста́точно упру́гий.

bound (*See also* **bind**) прыжо́к. He jumped to safety in one bound. Оди́н прыжо́к — и он был в безопа́сности. • отскочи́ть. The ball bounded from the wall. Мяч отскочи́л от стены́. • направля́ться. Are you bound for America? Вы направля́етесь в Аме́рику? — Where are you bound? Куда́ вы направля́етесь? • черта́. The ball fell out of bounds. Мяч упа́л за черто́й. • грани́ца. When he was promoted, his pride knew no bounds. Когда́ он получи́л повыше́ние, его́ го́рдость не име́ла грани́ц. • грани́чить. The United States is bounded on the north by Canada. На се́вере Соединённые Шта́ты грани́чат с Кана́дой.
☐ She is bound to be late. Она́ обяза́тельно опозда́ет. • The valley was bounded by high mountains. Доли́на была́ окружена́ высо́кими гора́ми.

bow (as in *snow*) лук. Have you ever tried hunting with a bow and arrow? Вы про́бовали когда́-нибудь охо́титься с лу́ком и стре́лами? • бант. That's a pretty bow you have in your hair. Како́й у вас ми́ленький бант в волоса́х.

bow (as in *how*) поклони́ться. He bowed respectfully but coolly. Он поклони́лся почти́тельно, но хо́лодно. • уступа́ть. I generally bow to my father's wishes in matters like this. В таки́х веща́х я обыкнове́нно уступа́ю отцу́. • покло́н. Who was that fellow that greeted you with such a low bow? Кто э́тот тип, кото́рый отве́сил вам тако́й ни́зкий покло́н? • нос. It was fun to stand on the steamer's bow and feel the spray. Бы́ло ве́село стоя́ть на носу́ парохо́да под бры́згами воды́.

box я́щик (wooden). We need a larger box for packing. Нам ну́жен бо́льший я́щик для укла́дки (веще́й). • коро́бка (paper or cardboard). Please put it in a box. Пожа́луйста, положи́те э́то в коро́бку. — This candy is more expensive by the box. В коробках э́ти конфе́ты продаю́тся доро́же. • ло́жа. Our party took a box at the theater. Мы все вме́сте взя́ли ло́жу в теа́тр. • бокс. Do you like boxing? Вы лю́бите бокс? • уложи́ть в я́щик. Box up what is left of the dishes. Оста́вшуюся посу́ду уложи́те в я́щик. • положи́ть в коро́бку. Box up what is left of the candy. Оста́вшиеся конфе́ты положи́те в коро́бку.

☐ The cheap candy is not boxed. Дешёвые конфе́ты не продаю́тся в коро́бках. • He boxes well. Он хоро́ший боксёр.

boy ма́льчик. They have two boys and a girl. У них два ма́льчика и одна́ де́вочка. — That's a boys' school. Это шко́ла для ма́льчиков. • това́рищ. Boy, please bring me some ice water. Това́рищ, принеси́те мне воды́ со льдом.

☐ **boys** ребя́та. The boys are having a game of poker tonight. Ребя́та сего́дня ве́чером игра́ют в по́кер. ☐ Please send a boy up for our baggage. Пошли́те кого́-нибудь за на́шим багажо́м. • Boy, what a beautiful night! Бо́же, кака́я изуми́тельная ночь!

brain мозг. She has a tumor on the brain. У неё о́пухоль в мозгу́. • размозжи́ть го́лову. If you do that again I'll brain you. Е́сли вы э́то опя́ть сде́лаете, я вам го́лову размозжу́.

☐ **to rack one's brain** лома́ть го́лову. I racked my brain for days, and still couldn't find the answer. Уж ско́лько я лома́л себе́ над э́тим го́лову, но всё ника́к не находи́л отве́та.

☐ You haven't got a brain in your head. Головы́ у вас на плеча́х нет, что ли! • I've got that new tune on my brain. Меня́ всё вре́мя пресле́дует э́та но́вая мело́дия.

brake *n* то́рмоз.

branch ве́тка. The wind blew several branches off the tree. Не́сколько ве́ток бы́ли со́рваны ве́тром. • рука́в (реки́). This is only a branch of the river. Это то́лько рука́в реки́. • райо́нный. You can read the newspapers at the branch library. Газе́ты мо́жно чита́ть в райо́нной библиоте́ке. • отделе́ние. Get the stamps at the nearest branch post office. Пойди́те за ма́рками в ближа́йшее почто́вое отделе́ние. • сверну́ть. We branched off from the main road. Мы сверну́ли с большо́й доро́ги. • ответвля́ться. Wait for us where the road branches to the right. Жди́те нас там, где доро́га ответвля́ется напра́во.

brand заклейми́ть. He was branded as a traitor. Он был заклеймён как преда́тель. • сорт. Have you tried that new brand of coffee? Вы про́бовали э́тот но́вый сорт ко́фе? • тавро́. Whose brand is on that cow? Чьё тавро́ на э́той коро́ве? • ста́вить тавро́. We're going to brand the new horses this afternoon. Сего́дня мы бу́дем ста́вить тавро́ на на́ших но́вых лошадя́х.

☐ His whole attitude branded him as unfit for the job. Его́ отноше́ние к де́лу показа́ло, что он не годи́тся для э́той рабо́ты.

brass бро́нза. Here's a brass vase you can use for the flowers. Вы мо́жете взять для цвето́в э́ту бро́нзовую ва́зу. • духовы́е инструме́нты. There's too much brass in the orchestra. В э́том орке́стре сли́шком мно́го духовы́х инструме́нтов. • наха́льство. With all his brass, he should get ahead. С таки́м наха́льством он далеко́ пойдёт.

brave сме́лый. I never knew she was so brave. Я не знал, что она́ така́я сме́лая. • сме́лость (bravery). You cer-

tainly were brave to go there by yourself. Это была́ больша́я сме́лость идти́ туда́ одному́.

bread хлеб. Do you like black bread? Вы лю́бите чёрный хлеб?

☐ How does he earn his bread and butter? Как он зараба́тывает на жизнь?

break (broke, broken) разби́ть. Be careful not to break this glass! Осторо́жно, не разбе́йте э́того стака́на. • разби́ться. The cup didn't break when I dropped it. Я урони́л ча́шку, но она́ не разби́лась. • слома́ть. How did he break his leg? Как он слома́л себе́ но́гу? — I've broken a tooth on this candy. Я слома́л себе́ зуб э́той конфе́той. • лома́ться. Does it break easily? Это легко́ лома́ется? • прерва́ть. He had to break his trip because he got sick. Ему́ пришло́сь прерва́ть путеше́ствие, потому́ что он заболе́л. • порва́ть. He broke with his family. Он порва́л со свое́й семьёй. • нару́шить. He won't break his promise. Он не нару́шит своего́ обеща́ния. • шанс. Let's give him a break. Да́йте ему́ шанс.

☐ **to break down** разби́ть. They broke down his argument. Они́ разби́ли его́ до́воды. • испо́ртиться. The car did not break down until yesterday. До вчера́шнего дня маши́на не была́ испо́рчена.

to break into забра́ться. A thief may break into the house. Вор мо́жет забра́ться в дом.

to break off отлома́ть. Please break off a piece of chocolate for me. Пожа́луйста, отломи́те мне кусо́чек шокола́да. • прерва́ть. They have broken off relations. Они́ прерва́ли сноше́ния.

to break out нача́ться. I was in Boston when war broke out. Когда́ начала́сь война́, я был в Босто́не. • вспы́хнуть. The fire broke out about midnight. Пожа́р вспы́хнул о́коло полу́ночи. — What'll we do if an epidemic breaks out? Что мы бу́дем де́лать, е́сли вспы́хнет эпиде́мия? • вы́сыпать. The child is breaking out with a rash. У ребёнка вы́сыпала сыпь. • сбежа́ть. Five prisoners broke out of jail last week. На про́шлой неде́ле из тюрьмы́ сбежа́ли пять ареста́нтов.

to break the ice разби́ть лёд. They were very formal until a joke broke the ice. Они́ держа́лись о́чень официа́льно, пока́ лёд не был разби́т шу́ткой.

to break up разогна́ть. The police have broken up the meeting. Поли́ция разогна́ла ми́тинг. • расходи́ться. Break it up! Расходи́тесь! • лома́ться. The ice is breaking up. Лёд уже́ лома́ется.

☐ The breaks were against us. *Нам не везло́. — There were three prisoners involved in the jail break. Тро́е аресста́нтов сбежа́ли из тюрьмы́.

breakfast за́втрак. What time is breakfast served? Когда́ подаю́т за́втрак? — What do you have for breakfast? Что у вас есть на за́втрак? • за́втракать. Have you had breakfast yet? Вы уже́ за́втракали?

breast *n* грудь.

breath дыха́ние. Hold your breath to stop the hiccups. Задержи́те дыха́ние, что́бы останови́ть ико́ту.

☐ **out of breath** запыха́ться. She ran up the hill and was out of breath. Она́ вбежа́ла на го́рку запыха́вшись.

to catch one's breath перевести́ дух. Let's stop here and catch our breath. Дава́йте остано́вимся здесь и переведём дух.

☐ You might as well save your breath. Вы с таки́м же

успéхом могли́ бы помолча́ть. • There isn't a breath of air today. Сего́дня нет ни мале́йшего ветерка́.

breathe дыша́ть. He is breathing regularly. Он ды́шит ро́вно.

☐ **breathing spell** переды́шка. When do we get a breathing spell? Когда́ у нас бу́дет переды́шка?

to breathe freely вздохну́ть свобо́дно. Now that he has gone we can breathe freely. Наконе́ц он уе́хал, и мы мо́жем вздохну́ть свобо́дно.

☐ Don't breathe a word of this to anyone. Об э́том никому́ ни сло́ва!

breeze лёгкий ветеро́к. At night we get a nice breeze from the lake. По вечера́м здесь с о́зера ду́ет прия́тный лёгкий ветеро́к.

☐ **to breeze in** влете́ть. Do you know the girl who just breezed into the room? Вы зна́ете де́вушку, кото́рая то́лько что влете́ла в ко́мнату?

bribe взя́тка. The manager was fired for taking bribes. Управля́ющего вы́гнали за взя́тки. • подкупи́ть. You can't bribe him. Его́ нельзя́ подкупи́ть.

brick кирпи́ч. Their house is made of red brick. У них дом из кра́сного кирпича́. • пли́тка. Give me a brick of ice cream, any flavor. Да́йте мне пли́тку прессо́ванного моро́женого, всё равно́ како́го.

bride *n* неве́ста.

bridge мост. We can walk over the bridge in two minutes. Мы мо́жем пройти́ че́рез мост в две мину́ты. — The dentist is making a new bridge for me. Зубно́й врач де́лает мне но́вый мост. • постро́ить мост. They intend to bridge this river. Они́ собира́ются постро́ить мост че́рез э́ту ре́ку. • бридж. Do you play bridge? Вы игра́ете в бридж? • мо́стик (капита́нский). Can you see the captain on the bridge? Вы ви́дите капита́на на мо́стике? • попо́лнить. These books will bridge the gaps in the library. Э́ти кни́ги попо́лнят то, чего́ нехвата́ет в э́той библиоте́ке.

☐ He burned his bridges behind him. *Он сжёг за собо́й корабли́.

brief коро́ткий. Please make your speech brief. Пожа́луйста, говори́те, но бу́дьте коро́тки. — I left him a brief note. Я оста́вил ему́ коро́ткую запи́ску. • дава́ть то́чные инстру́кции. The captain has already briefed the flyers. Команди́р уже́ дал лётчикам то́чные инстру́кции.

☐ **in brief** коро́тко говоря́. In brief, our plan is this. Коро́тко говоря́ — наш план тако́в.

bright я́сный. We had better wait for a bright day. Нам бы лу́чше подожда́ть я́сной пого́ды. — What's that bright yellow flower? Как называ́ется э́тот я́рко-жёлтый цвето́к? • у́мный. He wasn't bright enough to catch the idea. Он был недоста́точно умён, что́бы поня́ть э́ту мысль. • блестя́щий. It's a bright idea. Э́то блестя́щая иде́я (мысль). • весёлый. Everyone was bright and cheerful at the party. На вечери́нке все бы́ли ве́селы и оживлены́.

brilliant я́ркий. You can tell his paintings by the brilliant colors. Его́ карти́ны легко́ узна́ть по их я́рким кра́скам. • блестя́щий. He's the most brilliant man I know. Он са́мый блестя́щий челове́к из всех, кого́ я зна́ю.

bring (brought, brought) привести́. May I bring a friend with me? Мо́жно мне привести́ с собо́й това́рища? • привезти́. I have brought more clothes than I need. Я привёз с собо́й бо́льше оде́жды, чем мне ну́жно. • принести́.

How many sandwiches should I bring? Ско́лько мне принести́ бутербро́дов? • привле́чь. This speaker ought to bring a big crowd. Э́тот ора́тор до́лжен привле́чь ма́ссу наро́да.

☐ **to bring about** доби́ться. We hope to bring about a change soon. Мы наде́емся ско́ро доби́ться переме́ны.

to bring around уговори́ть. At first they did not agree, but we brought them around. Внача́ле они́ не соглаша́лись, но пото́м мы их уговори́ли.

to bring down сни́зить. Do you think they will bring down the prices soon? Вы ду́маете, что они́ ско́ро сни́зят це́ны?

to bring forward внести́. He brought forward a new proposal at the meeting. Он внёс но́вое предложе́ние (на собра́нии).

to bring in вы́нести. Have they brought in a verdict yet? Они́ уже́ вы́несли пригово́р?

to bring on вы́звать. This order will bring on a lot of confusion. Э́тот прика́з вы́зовет ма́ссу недоразуме́ний.

to bring out изложи́ть. He brought out his point clearly. Он я́сно изложи́л свою́ то́чку зре́ния. • ста́вить. They are bringing out a new play. Они́ ста́вят но́вую пье́су.

to bring over убеди́ть. We brought him over to our point of view. Мы убеди́ли его́ приня́ть на́шу то́чку зре́ния. • принести́. Bring it over here. Принеси́те э́то сюда́.

to bring to привести́ в чу́вство. Cold water will bring him to. Холо́дная вода́ приведёт его́ в чу́вство.

to bring up предста́вить. I will bring the plan up at the next meeting. Я предста́влю э́тот прое́кт на сле́дующем собра́нии. • подня́ть. Who brought up this problem? Кто по́днял э́тот вопро́с? • воспи́тывать. Their grandmother brought them up. Их воспи́тывала ба́бушка.

☐ How much will this bring in the market? Почём э́то бу́дет продава́ться? • His joke brought down the house. Его́ шу́тка вы́звала тако́й хо́хот, что сте́ны задрожа́ли.

British брита́нский, англи́йский. He has a British passport. У него́ англи́йский па́спорт. — Please give me the address of the British Consul. Пожа́луйста, да́йте мне а́дрес англи́йского ко́нсула.

broad широ́кий. He's almost as tall as he's broad. Он почти́ так же высо́к, как и широ́к. • свобо́дный. He has very broad views on marriage. У него́ о́чень свобо́дные взгля́ды на брак. • широко́. Look at the matter in its broad aspects. Смотри́те на ве́щи ши́ре.

broke See **break**.

broken See **break**.

brook *n* ручёй.

broom *n* метла́.

brother брат. Do you have any brothers or sisters? Есть у вас бра́тья и́ли сёстры? • това́рищ. Can I bring a brother officer? Мо́жно мне привести́ моего́ това́рища, офице́ра?

brought See **bring**.

brow *n* лоб.

brown кори́чневый. The brown is too dark. Э́тот кори́чневый цвет сли́шком тёмный. — I like the brown bag better than the black one. Кори́чневая су́мка мне нра́вится бо́льше, чем чёрная. • подрумя́ниться. The chicken was browned in the oven. Ку́рица в духо́вке подрумя́нилась.

brush щётка. You may use this brush to clean your suit. Мо́жете почи́стить костю́м э́той щёткой. — This sink has to be scrubbed with a brush. Э́ту ра́ковину ну́жно вы́чистить щёткой. • почи́стить (щёткой). Please brush this

coat for me. Пожа́луйста, почи́стите мне пальто́ — I must brush my teeth. Мне ну́жно почи́стить зу́бы. • отогна́ть. He brushed away the fly. Он отогна́л му́ху. • сбро́сить. I brushed the plate off the table and broke it. Я сбро́сил таре́лку со стола́, и она́ разби́лась. • отмахну́ться. He brushed my protests aside. Он отмахну́лся от мои́х проте́стов. • куста́рник. The workmen are cutting the brush. Рабо́чие расчища́ют куста́рник.
□ **to brush up** освежи́ть в па́мяти. I am brushing up on my French. Я стара́юсь освежи́ть в па́мяти мои́ зна́ния францу́зского языка́.
□ My sleeve brushed against the paint. Я вы́мазал рука́в све́жей кра́ской. • She brushed past us without seeing us. Она́ прошла́ ми́мо, не заме́тив нас.

bubble n пузы́рь.

bucket n ведро́.

bud по́чка. The buds were killed by the late frost. По́здний моро́з поби́л все по́чки.
□ **budding** начина́ющий. He's a budding author. Он начина́ющий писа́тель.
□ Everything is beginning to bud now. Повсю́ду уж набуха́ют по́чки.

bug n жук.

build (built, built) стро́ить. They are building a new house. Они́ стро́ят но́вый дом. • постро́ить. They built a bridge across the river. Они́ постро́или мост че́рез ре́ку. — The ship was well built. Парохо́д был хорошо́ постро́ен.
□ **built-in** вде́ланный. The apartment has built-in bookcases. В э́той кварти́ре есть вде́ланные в сте́ну по́лки для книг.
to build a fire разводи́ть ого́нь. Please build a fire in the fireplace. Пожа́луйста, разведи́те в ками́не ого́нь.
to build a nest вить гнездо́. Some swallows are building a nest under our roof. Ла́сточки вьют гнездо́ под на́шей кры́шей.
to build up созда́ть. He is trying to build up a reputation. Он стара́ется созда́ть себе́ хоро́шую репута́цию.
□ He has a good build. Он хорошо́ сложён.

building зда́ние. What is that building? Что э́то за зда́ние? • постро́йка. Behind the house are three small buildings. За до́мом есть три небольши́х постро́йки. • стро́ить. There's been a lot of building here recently. Здесь в после́днее вре́мя мно́го стро́или.

built See **build**.

bulb (электри́ческая) ла́мпочка. The bulb in the kitchen burned out. В ку́хне перегоре́ла (электри́ческая) ла́мпочка. • лу́ковица. I can send you bulbs if you want to plant tulips. Я пошлю́ вам лу́ковиц, е́сли вы хоти́те сажа́ть тюльпа́ны.

bull n бык.

bullet n пу́ля.

bulletin n бюллете́нь.

bump наткну́ться. He bumped into the chair in the dark. Он наткну́лся на стул в темноте́. • столкнове́ние. You could hear the bump a block away as the two cars collided. Гро́хот от столкнове́ния э́тих двух маши́н был слы́шен за це́лый кварта́л. • ши́шка. Where did you get that bump on your head? Как вы ухитри́лись наби́ть себе́ таку́ю ши́шку на голове́? • наскочи́ть. Guess who I bumped into yesterday? Угада́йте, на кого́ я вчера́ (случа́йно) наскочи́л?

bunch буке́т. I will take two bunches of flowers. Я возьму́ два буке́та цвето́в. • кисть. How much is this bunch of grapes? Ско́лько сто́ит э́та кисть виногра́да? • свя́зка. She has lost a bunch of keys. Она́ потеря́ла свя́зку ключе́й. • сби́ться в ку́чу. The children bunched together in fright. Де́ти от испу́га сби́лись в ку́чу.

bundle паке́т. Is that bundle too heavy to carry? Э́тот паке́т для вас не сли́шком тяжёл?
□ **to bundle off** вы́проводить. We bundled my mother-in-law off to her sister. Мы вы́проводили тёщу к её сестре́.
to bundle up заку́таться. It's cold today; you'd better bundle up. Сего́дня хо́лодно, заку́тайтесь хороше́нько.

burden обу́за. This extra work is such a burden to me! Эта дополни́тельная рабо́та — стра́шная обу́за для меня́.
□ I wish I weren't burdened with so many responsibilities. Если бы то́лько на мне не лежа́ло сто́лько обя́занностей.

bureau комо́д. The bottom drawer of the bureau is stuck. Ни́жний я́щик комо́да не выдвига́ется. • учрежде́ние. My brother got a job in one of the government bureaus. Мой брат получи́л рабо́ту в одно́м из госуда́рственных учрежде́ний.

burn сжечь. They burned their old papers. Они́ сожгли́ свои́ ста́рые бума́ги. • жечь. This mustard burns my tongue. Эта горчи́ца жжёт язы́к. • подгора́ть. This cook often burns the meat. У э́той куха́рки мя́со ча́сто подгора́ет. • вы́жечь. The acid burned a hole in his coat. Кислота́ вы́жгла дыру́ в его́ хала́те. • ожо́г. This burn hurts badly. Этот ожо́г стра́шно боли́т.
□ **to burn down** сгоре́ть дотла́. Their home burned down. Их дом сгоре́л дотла́.
to burn oneself out погуби́ть своё здоро́вье. If he doesn't get more sleep he will burn himself out. Если он не бу́дет спать бо́льше, он погуби́т своё здоро́вье.
to burn out перегоре́ть. This bulb has burned out. Эта ла́мпочка перегоре́ла. • сгоре́ть. The factory was burned out. Эта фа́брика сгоре́ла.
to burn up сгоре́ть. His books were burned up in the fire. Его́ кни́ги сгоре́ли во вре́мя пожа́ра. • сгоре́ть дотла́. This barn burned up last year. В про́шлом году́ э́тот амба́р сгоре́л дотла́.
to get burned up вскипе́ть. I got burned up when he said that to me. Я вскипе́л, когда́ он мне э́то сказа́л.
□ Don't interfere or you'll get your fingers burned. He вме́шивайтесь в э́то де́ло, а то впу́таетесь в неприя́тности. • He was burning with anger. Он весь кипе́л от гне́ва. • The sidewalk is burning hot. Тротуа́р раскалён.

burst (burst, burst) ло́паться. In the winter these pipes often freeze and burst. Зимо́й э́ти тру́бы ча́сто замерза́ют и ло́паются. • ло́пнуть. The tire was old and soon burst. Ши́на была́ ста́рая и ско́ро ло́пнула. • взорва́ться. A bomb had burst in the next block. Бо́мба взорва́лась в сосе́днем кварта́ле. • прорва́ть. Last year the dam burst. В про́шлом году́ э́ту плоти́ну прорва́ло. • взрыв. There was a burst of applause after his speech. По́сле его́ ре́чи разда́лся взрыв аплодисме́нтов.
□ **to burst into** ворва́ться. He burst into the room. Он ворва́лся в ко́мнату.
to burst into flame вспы́хнуть. The airplane burst into flame. Самолёт вспы́хнул и загоре́лся.
to burst out вы́валиться. All the contents burst out of the trunk. Всё содержи́мое сундука́ вы́валилось.
to burst out laughing, to burst into laughter расхохота́ться.

His joke was so funny that everybody burst out laughing. Его шу́тка была́ так остроу́мна, что все расхохота́лись.

bury хорони́ть. They will bury him tomorrow. Его́ бу́дут хорони́ть за́втра. • похорони́ть. Did they bury him at sea? Он был похоро́нен в мо́ре? • зака́пывать. Look, our puppy is burying that bone again. Смотри́те, наш щено́к опя́ть зака́пывает э́ту кость. • засу́нуть. My passport was buried under the other papers. Мой па́спорт был засу́нут среди́ други́х бума́г.

bus авто́бус. Where is the nearest bus stop? Где ближа́йшая остано́вка авто́буса? — Where can I catch the bus? Где я могу́ попа́сть на авто́бус? — The bus driver will tell you where to get off. Води́тель (авто́буса) ска́жет вам, где ну́жно сходи́ть.

bush куст. Go over and wait near that bush. Пойди́те и подожди́те у того́ куста́.

☐ Stop beating around the bush and get to the point. Переста́ньте ходи́ть вокру́г да о́коло, скажи́те пря́мо в чём де́ло.

bushel n бу́шель.

business предприя́тие. He gave us his business address. Он дал нам а́дрес предприя́тия, в кото́ром он рабо́тает. • торго́вое предприя́тие. I sold my business in New York last year. В про́шлом году́ я про́дал моё торго́вое предприя́тие в Нью-Йо́рке. • де́ло. He told us to mind our own business. Он сказа́л нам, что́бы мы не вме́шивались не в своё де́ло. — He has no business to ask such questions. Не его́ де́ло задава́ть таки́е вопро́сы. — It's your business to keep the staff satisfied. Ва́ше де́ло забо́титься о том, что́бы служа́щие бы́ли дово́льны.

☐ What is his business? Чем он занима́ется? • He is in business. Он предпринима́тель. • Let's settle this business right away. Дава́йте поко́нчим с э́тим сра́зу.

busy за́нятый. This morning I was too busy to read the newspaper. Сего́дня у́тром я был так за́нят, что мне не́когда бы́ло прочте́сть газе́ту. • заня́той. He's a very busy man. Он о́чень заня́той челове́к. • за́нято. The operator says that the line is busy. Телефони́стка говори́т, что там за́нято.

☐ They live on a busy street. На их у́лице большо́е движе́ние.

but но. We can go with you but will have to come back early. Мы мо́жем пойти́ с ва́ми, но должны́ бу́дем ра́но верну́ться. • кро́ме. The library is open every day but Sunday. Библиоте́ка откры́та ежедне́вно, кро́ме воскресе́нья. • ещё. He was but a child when his mother died. Когда́ его́ мать умерла́, он был ещё ребёнком.

☐ **all but** чуть не. He was so nervous that he all but wrecked the machine. Он так не́рвничал, что чуть не испо́ртил маши́ны.

☐ It was short but sweet. Э́то бы́ло дёшево и серди́то. • Lord, but it's cold! Бог ты мой — ну и хо́лод!

butcher мясни́к. That butcher sells meat at fair prices. У э́того мясника́ це́ны бо́жеские. • вы́резать. Everybody in that village was butchered. Всё населе́ние э́той дере́вни бы́ло вы́резано. • губи́ть. He really butchers the music. Он про́сто гу́бит э́ту му́зыку. • заколо́ть. They butchered some hogs yesterday. Они́ вчера́ закололи не́сколько свине́й.

butter ма́сло. I want bread and butter with the tea. Я хочу́ к ча́ю хле́ба с ма́слом — How much is butter per kilogram? Ско́лько сто́ит кило́ ма́сла? — They are serving coffee and buttered rolls. Они́ подаю́т ко́фе и бу́лочки с ма́слом. • ма́зать ма́слом. Shall I butter your bread? Пома́зать ваш хлеб ма́слом?

☐ He knows which side his bread is buttered on. *Он зна́ет, где ра́ки зиму́ют.

butterfly n ба́бочка.

button пу́говица. This button has come off. Э́та пу́говица оторвала́сь. • значо́к. He is wearing a Red Cross button. Он но́сит значо́к Кра́сного креста́. • кно́пка. To call the elevator push the button. Для того́, что́бы вы́звать лифт, нажми́те э́ту кно́пку. — When I pressed the button the bell rang. Я нажа́л на кно́пку, и звоно́к зазвони́л.

☐ **to button up** застегну́ть. Button up your overcoat. Застегни́те пальто́.

buy (bought, bought) купи́ть. I'll buy the tickets tomorrow. Я куплю́ биле́ты за́втра. • поку́пка. That's a good buy. Э́то вы́годная поку́пка.

☐ **to buy out.** I bought out my partner and now the car is mine. Я вы́купил у своего́ партнёра его́ до́лю, и тепе́рь автомоби́ль мой.

to buy up скупи́ть. All the available trucks have been bought up by the government. Все на ры́нке име́ющиеся грузовики́ бы́ли ску́плены прави́тельством.

☐ You can't buy off the police here. У нас милиционе́ры взя́ток не беру́т!

buzz жужжа́нье. The buzz of those flies gets on my nerves. Жужжа́нье э́тих мух де́йствует мне на не́рвы. • гул. Through the door we could hear the low buzz of the guests talking. Че́рез дверь доноси́лся сла́бый гул голосо́в госте́й. • жужжа́ть. The mosquitos kept buzzing all night. Комары́ жужжа́ли всю ночь напролёт. • гуде́ть. The audience buzzed with excitement. Зал гуде́л от возбужде́ния.

buzzer n звоно́к, гудо́к, пи́щик.

by по. Can we get there by rail? Мо́жем мы попа́сть туда́ по желе́зной доро́ге? — He is not playing by the rules. Он игра́ет не по пра́вилам. — By order of the police. По распоряже́нию мили́ции. — I just know him by name. Я зна́ю его́ то́лько по и́мени. — It is rented by the hour. Э́то сдаётся по часа́м. • на. Do you sell this by the kilogram? Э́то продаётся на кило́? — The room is five by six meters. Пло́щадь э́той ко́мнаты пять на шесть (ме́тров). • не по́зже. Please return these books by Saturday. Пожа́луйста, верни́те э́ти кни́ги не по́зже суббо́ты. • ми́мо. He passed by me. Он прошёл ми́мо меня́. — The bus went by without stopping. Авто́бус прошёл ми́мо, не остана́вливаясь. • у. The hotel is by the sea. Гости́ница нахо́дится у мо́ря.

☐ **by accident** случа́йно. This happened purely by accident. Э́то произошло́ соверше́нно случа́йно.

by and large в о́бщем. The results were satisfactory by and large. В о́бщем, результа́ты бы́ли удовлетвори́тельны.

by chance случа́йно. We met by chance the other day. Мы встре́тились на-дня́х случа́йно.

by far несравне́нно. This is by far the best hotel in town. Э́та гости́ница несравне́нно лу́чше, чем все други́е в го́роде.

by himself сам. He did that by himself. Он э́то сде́лал сам.

by surprise враспло́х. The rain caught me by surprise. Дождь захвати́л меня́ враспло́х.

by the way кста́ти. By the way, I met a friend of yours

yesterday. Да, кстати — я встретил вчера вашего друга. **close by** поблизости. Is there a restaurant close by? Есть тут поблизости ресторан? **day by day** ежедневно. Turn in your reports day by day. Представляйте отчёты ежедневно. **one by one** по порядку. We will take these matters up one by one. Мы рассмотрим эти дела по порядку. ☐ This book was written by a Frenchman. Эта книга была написана французом. • He came to the country by sea. Он приехал сюда морем. • I'm related to him by marriage. Мы с ним свойственники. • What do you mean by that? Что вы этим хотите сказать? — What did you understand by his remark? Как вы поняли его замечание? • They passed me by. Меня обошли. • We need a map to go by. Нам нужна карта для ориентации. • He should have been here by now. Он уже должен был бы быть здесь.

C

cabbage *n* капуста.

cabin изба. There are many log cabins in these mountains. Здесь в горах немало бревенчатых изб. • каюта. It's so windy on deck I'm going to my cabin. На палубе слишком ветрено, и пойду в каюту. • кабинка. The cabin of that plane is quite small. На этом самолёте очень маленькая кабинка.

cabinet шкаф. She keeps her best dishes in that cabinet. Она держит свою лучшую посуду в этом шкафу. • кабинет. The Cabinet met with the President yesterday. Вчера было заседание кабинета с участием Президента.

cable трос. The bridge collapsed when one of the cables broke. Мост обвалился, когда один из тросов лопнул. • кабель. They're working hard to get the cable laid in time. Они стараются проложить кабель к сроку. • каблограмма. I want to send a cable. Я хочу послать каблограмму. • телеграфировать. Cable me the minute you arrive. Телеграфируйте мне немедленно по приезде.

café кафе. The café is just around the corner. Кафе тут за углом.

cage клетка. They let the bird out of the cage. Птицу выпустили из клетки. ☐ We felt all caged in. Мы себя чувствовали, как в клетке.

cake пирог. I'd like a piece of apple-cake with my coffee. Можно мне кусок яблочного пирога к кофе? • печенье. They serve tea and cakes at four o'clock. В четыре часа подают чай с печеньем. • котлета. Do you have fish cakes today? У вас есть сегодня рыбные котлеты? • кусок. Could I have a towel and a cake of soap? Дайте мне, пожалуйста, полотенце и кусок мыла. • затвердевать. Mud begins to cake as it dries. Высыхая, грязь затвердевает (комками). • сгуститься. The olive oil caked in the cold weather. Прованское масло сгустилось от холода.

calendar календарь. Do you have a calendar? У вас есть календарь? • программа. What activities are there on the calendar of our club this month? Какова программа работы нашего клуба на этот месяц?

calf телёнок. The calf was born this morning. Телёнок родился сегодня утром. • икра. The boots are tight around the calf. Сапоги жмут в икрах. ☐ **calfskin** опоёк. Is that bag made of calfskin? Эта сумка из опойка?

call позвать. Would you call the porter for me? Будьте добры, позовите мне носильщика. • разбудить. Please call me at 7 o'clock. Пожалуйста, разбудите меня в семь часов. • позвонить (по телефону). You can call from the pay station. Вы можете позвонить (по телефону) из будки. — Your friend said he would call back. Ваш друг сказал, что он позвонит вам ещё раз. • заходить. The insurance agent called to see you this morning. Страховой агент заходил к вам сегодня утром. • называться. What do you call this in Russian? Как это называется по-русски? • крик. They didn't hear his call for help. Они не услышали его крика о помощи. • визит. The doctor is out making calls. Доктор поехал на визиты. ☐ **to call a bluff** обнаружить, открыть обман. He said that he was out of money, but I called his bluff. Он сказал, что у него нет денег, но я обнаружил его обман. **to call attention to** обратить внимание на. Please call his attention to any errors that you find. Пожалуйста, обратите его внимание на все ошибки, которые вы найдёте. **to call away** вызвать. I expect to be called away soon. Я ожидаю, что меня скоро вызовут. **to call for** зайти за. Will you call for me at the hotel? Вы зайдёте за мной в гостиницу? **to call in** вызвать (к себе). If your illness becomes worse, call in a specialist. Если состояние вашего здоровья ухудшится, вызовите (к себе) специалиста. • изыматься из обращения. All these notes are being called in. Все эти дензнаки изымаются из обращения. **to call off** вызывать. Has my name been called off yet? Меня уже вызывали? • отменить. The game has been called off for the day. Сегодняшний матч отменён. **to call on** заходить к. Someone called on you while you were out. Кто-то заходил к вам, пока вас не было. • обратиться к. Whenever you need help, feel free to call on me. Когда бы вы ни нуждались в помощи, не стесняйтесь обратиться ко мне. **to call out** вызвать. The fire department has to be called out. Пришлось вызвать пожарную команду. **to call up** позвонить. I intended to call him up, but forgot. Я собирался позвонить ему, но забыл. Don't forget to call me up tonight. Не забудьте позвонить мне сегодня вечером. ☐ I was late and got called down for it. Я опоздал, и мне за это попало. • Were there any calls for me? Меня кто-нибудь вызывал по телефону? • Please put the call through right away. Пожалуйста, соедините меня немедленно. • What does the plan call for? Что нужно для осуществления этого плана? • The doctor will be on call all evening. Доктора можно вызвать в любой час вечером. • I don't call this cheap. Я не нахожу, что это дёшево.

calm спокойный. The sea is calm after the.storm. После бури, море спокойно. • спокойствие. Keep calm, everybody! Сохраняйте спокойствие! • успокоить. She tried to calm the frightened child. Она старалась успокоить испуганного ребёнка.

☐ **to calm down** успокоиться. It took her some time to calm down. Она успокоилась не сразу.

☐ There has been a calm all morning. Всё утро было безветренное.

came See **come**.

camel n верблюд.

camera фотоаппарат. Don't forget to take along the camera. Не забудьте захватить фотоаппарат.

camp лагерь. The children left for camp this morning. Сегодня утром дети отправились в лагерь. — Half the camp went on a hike. Пол лагеря ушло на прогулку. • расположиться лагерем. The regiment camped just outside town. Полк расположился лагерем у самого города.

☐ On our vacation we're going to camp in the woods. На каникулах мы будем жить в лесу под открытым небом.

campaign кампания. The club is campaigning for funds. Клуб проводит кампанию по сбору денег. — He is a veteran of the 1916 campaign in Mexico. Он — участник мексиканской кампании 1916-го года.

can (could) уметь. Can you type? Вы умеете писать на машинке? — He can't read or write. Он не умеет ни читать, ни писать. • мочь. Can you give me some help here? Вы можете мне помочь? — Who could have called while I was out? Кто бы это мог звонить в моё отсутствие? — He did everything he could. Он сделал всё, что мог. — He could get here if he wanted to. Он мог бы прийти сюда, если бы хотел. — When could you start working? Когда вы могли бы начать работать? — You can go now if you wish. Теперь вы можете идти, если хотите. • консервная банка. Is this fruit out of a can? Эти фрукты из консервной банки? • приготовлять консервы. She does her own canning. Она сама приготовляет консервы.

☐ **canned** в консервах. Do you have any canned vegetables? Есть у вас какие-нибудь овощи в консервах? ☐ Can you speak English? Вы говорите по-английски? • I can't understand Russian. Я не понимаю по-русски. • Could I look at that book? Можно мне посмотреть эту книгу? • You can't mean that, can you? Не может быть, чтобы вы действительно так думали! • Can't we have these windows open? Нельзя ли открыть эти окна? • You can't go swimming in this lake. В этом озере нельзя купаться. • He can't see without his glasses. Он ничего не видит без очков. • I don't see how that can be true. Я не понимаю, как это возможно. • I don't know what the trouble could be. Я не знаю, в чём тут загвоздка. • I couldn't think of doing anything like that. Я никогда ничего подобного не сделал бы.

canal канал. Freight traffic over this canal is heaviest in July. В июле грузовое движение по этому каналу очень оживлённое.

cancel отменить. I'm sorry, you'll have to cancel that trip. Очень жаль, но вам придётся отменить эту поездку.

• аннулировать. I'll cancel this check and give you another. Я аннулирую этот чек и дам вам другой.

cancellation аннулирование. We can't accept cancellation of the order. Мы не можем согласиться на аннулирование этого заказа. • отмена. That's the third cancellation this week. На этой неделе это уж третья отмена.

candle свеча. The candles are on the top shelf. Свечи на верхней полке.

☐ **to hold a candle to.** When it comes to painting, he can't hold a candle to my brother. Как художник он и в подмётки не годится моему брату.

candy конфетка. Save me a piece of candy. Оставьте мне конфетку.

☐ That's like taking candy from a baby. Ну, это лёгкого.

can't See **can**.

canvas парусиновый. I've never worn canvas shoes. Я никогда не носил парусиновой обуви. • картина. Who painted that canvas? Кто писал эту картину?

cap фуражка, шапка. He was wearing a cap on his head. На голове у него была шапка. • вершина. We saw the mountain's snow cap from far off. Мы издали увидели снежную вершину горы. • крышечка. Put the cap back on the bottle. Закройте бутылку крышечкой. • закончиться. The national anthem capped the performance. Спектакль закончился исполнением национального гимна.

capable способный. I want a very capable person for the job. Для этой работы мне нужен очень способный человек. • мочь. Is the hall capable of holding so many people? Этот зал может вместить столько народу?

capacity способность. His capacity for learning is quite limited. Он — человек с очень ограниченными способностями. • качество. In what capacity does she serve? В качестве кого она работает?

☐ **to capacity** до отказа. The theater was filled to capacity. Театр был набит до отказа.

cape мыс. I greatly enjoyed my trip around the cape. Поездка вокруг мыса доставила мне большое удовольствие. • пелерина. Wear your coat; the cape isn't warm enough. Наденьте пальто; в пелерине вам будет холодно.

capital столица. Have you ever visited the capital? Вы когда-нибудь были в столице? • большая буква. Do you spell that word with a capital? Это слово пишется с большой буквы? • капитал. How much capital is invested in this business. Сколько капиталу вложено в это предприятие? • деньги. He lost all his capital in that investment. Он потерял все свои деньги на этом деле. • главный. What's the country's capital industry? Какая главная отрасль промышленности в этой стране?

captain капитан. The soldier saluted the captain. Солдат отдал честь капитану. — Let's choose a captain for our team. Давайте выберем капитана для нашей команды.

capture привлечь. He did everything to capture her attention. Он делал всё возможное, чтобы привлечь её внимание. • захватывать. They captured more prisoners than was expected. Было захвачено больше пленных, чем ожидали. • поимка. A five hundred dollar reward was offered for the capture of this criminal. За поимку этого преступника было обещано вознаграждение в пятьсот долларов.

car маши́на. Would you like to ride in my car? Хоти́те пое́хать в мое́й маши́не? • автомоби́ль. They placed a car at our disposal. Они́ предста́вили в на́ше распоряже́ние автомоби́ль.

□ **dining car** ваго́н-рестора́н. This train has no dining car. В э́том по́езде нет ваго́на-рестора́на.

sleeping car спа́льный ваго́н. Where is the sleeping car on this train? Где в э́том по́езде спа́льный ваго́н?

trolley car трамва́й. Which trolley car goes downtown? Како́й трамва́й идёт в центр го́рода?

card откры́тка. Did you get the card I mailed you? Вы получи́ли мою́ откры́тку?

□ **calling card** визи́тная ка́рточка. She wasn't home so I left my calling card. Её не́ было до́ма, так я оста́вил свою́ визи́тную ка́рточку.

□ Let's have a game of cards. Дава́йте сыгра́ем в ка́рты. • It wasn't in the cards for us to win. Нам не суждено́ бы́ло вы́играть. • He's quite a card. Он о́чень заба́вный.

care хране́ние. I shall leave my valuables in your care. Я оставля́ю це́нные ве́щи у вас на хране́ние. • Where can I obtain immediate medical care? Где я могу́ неме́дленно получи́ть медици́нскую по́мощь?

□ **in care of** на попече́нии. My niece was left in my care. Моя́ племя́нница оста́лась на моём попече́нии. • по а́дресу. Send the package to me in care of my hotel. Пошли́те паке́т на моё и́мя по а́дресу гости́ницы.

in care of general delivery до востре́бования. He addressed the letter in care of general delivery. Он посла́л письмо́ до востре́бования.

to take care. Take care not to hurt his feelings. Бу́дьте осторо́жны, постара́йтесь его́ не оби́деть.

to take care of поберечь. Take care of my bag while I'm buying a ticket. Побереги́те мой чемода́н, пока́ я пойду́ за биле́том. • забо́титься. He can't take care of himself. Он не уме́ет забо́титься о себе́.

to take care of oneself. Take care of yourself and don't go out too soon. Побереги́тесь, не выходи́те сли́шком ра́но. □ The children are well cared for. За детьми́ хоро́ший ухо́д. • Do you care for gravy on meat? Дать вам со́уса (к мя́су)? • I don't care to hear your excuses. Я не наме́рен выслу́шивать ва́ших извине́ний. • We could go to the movies, but I don't care to. Мы могли́ бы пойти́ в кино́, но мне не хо́чется. • Do you think they'll care if we are late? Вы ду́маете, что они́ бу́дут недово́льны, е́сли мы опозда́ем? • I don't care what he thinks. Мне безразли́чно, что он ду́мает.

> Mr. P. Smith
> c/o Mr. D. Ivanov
> 27 —— Street, Apt. 3
> Moscow

> Граждани́ну Ива́нову
> для Г-на П. Сми́та
> Москва́
> —— у́лица, дом но́мер 27, кв. 3.

careful осторо́жный. Be careful not to break this. Бу́дьте осторо́жны, не слома́йте э́того. □ Give this matter your careful attention. Отнеси́тесь к э́тому вопро́су с осо́бенным внима́нием. • He got into an automobile accident only because he wasn't careful. Э́та автомоби́льная катастро́фа произошла́ то́лько по его́ неосторо́жности.

careless небре́жность (carelessness). He makes so many careless mistakes. Он де́лает мно́го оши́бок по небре́жности. • небре́жно (carelessly). I've never seen people so careless about their clothes. Я никогда́ не ви́дел, что́бы кто́-нибудь так небре́жно одева́лся!

carpenter пло́тник. We cannot complete the job unless we get a good carpenter. Мы не смо́жем зако́нчить рабо́ту без хоро́шего пло́тника.

carpet ковёр. We took up the carpet for the summer. На́ лето мы сня́ли ковёр. • оби́ть ковро́м. They promised to carpet the hall before we moved in. Нам обеща́ли оби́ть пере́днюю ковро́м до на́шего перее́зда.

□ The boss had him on the carpet again this morning. Нача́льство опя́ть пробира́ло его́ сего́дня у́тром.

carriage экипа́ж. Let's take a ride in a carriage. Дава́йте пойдём поката́ться в экипа́же. • вы́правка. He has the carriage of a soldier. У него́ вое́нная вы́правка.

carrot n морко́вка, морко́вь.

carry перевози́ть. How much freight does this railroad carry a month? Како́е коли́чество гру́за перево́зит э́та желе́зная доро́га в ме́сяц? • понести́. The porter will carry your bags. Носи́льщик понесёт ва́ши чемода́ны. • вы́держать. How much weight will the bridge carry? Каку́ю тя́жесть мо́жет вы́держать э́тот мост? • приня́ть. His motion was carried. Его́ предложе́ние бы́ло при́нято. • захвати́ть. His speech carried the crowd. Толпа́ была́ захва́чена его́ ре́чью.

□ **to carry arms** носи́ть при себе́ ору́жие. Are you carrying arms? Вы но́сите при себе́ ору́жие?

to carry away захвати́ть. She was carried away by the music and forgot all her worries. Му́зыка захвати́ла её, и она́ забы́ла о свои́х забо́тах.

to carry into effect войти́ в си́лу. When will this ruling be carried into effect? Когда́ э́ти пра́вила войду́т в си́лу?

to carry on продолжа́ть. Carry on this work while I'm gone. Продолжа́йте э́ту рабо́ту, пока́ меня́ не бу́дет. • ссо́риться. The way they carry on you'd think they hated each other. По тому́, как они́ ссо́рились, мо́жно поду́мать, что они́ ненави́дят друг дру́га. • весели́ться. Our neighbors gave a party and carried on all night. У на́ших сосе́дей была́ вечери́нка, и они́ весели́лись всю ночь.

to carry oneself держа́ться. In spite of his age, he carries himself well. Несмотря́ на свой во́зраст, он ещё хорошо́ де́ржится.

to carry out вы́полнить. We will try to carry out your plan. Мы постара́емся вы́полнить ваш план. □ His remarks carried great weight. Его́ замеча́ния бы́ли о́чень ве́ски. • Do you carry men's shirts? У вас продаю́тся мужски́е руба́шки? • His suggestion carried the day. Его́ предложе́ние победи́ло.

cart теле́жка. He will bring the groceries in a cart. Он привезёт проду́кты в теле́жке.

□ **to cart away** увезти́. The sand has to be carted away. Песо́к ну́жно увезти́ отсю́да.

carve выреза́ть. Those figures were carved out of wood. Э́ти ста́туи вы́резаны из де́рева. • наре́зать. Will you carve the turkey? Наре́жьте, пожа́луйста, инде́йку.

case я́щик. Leave the bottles in the case. Оста́вьте буты́лки в я́щике. — They export this fruit by the case. Э́ти фру́кты вывозя́т я́щиками. • витри́на. There is a big case of ancient coins in the museum. В э́том музе́е есть больша́я витри́на стари́нных моне́т. • слу́чай. Were there many cases of robbery in this city last year? В про́шлом году́ в э́том го́роде бы́ло мно́го слу́чаев грабежа́? — If that's the case, I'll have to change my plans. В тако́м слу́чае, мне придётся измени́ть мои́ пла́ны. • де́ло. He presented his case well. Он хорошо́ изложи́л своё де́ло — He has lost his case Он проигра́л де́ло. • паде́ж. Am I using the right case? Я употребля́ю пра́вильный паде́ж? ☐ cigarette case портсига́р. I lost my cigarette case. Я потеря́л портсига́р.

in any case во вся́ком слу́чае. In any case, I would follow his advice. Во вся́ком слу́чае, я после́дую его́ сове́ту.

in case в слу́чае. Wait for me in case I'm late. В слу́чае, е́сли я опозда́ю, подожди́те меня́.

in case of в слу́чае. In case of fire walk, don't run. В слу́чае пожа́ра, выходи́те, не торопи́сь. ☐ She's a hopeless case. Она́ — безнадёжный слу́чай. • I read about the case in the newspaper. Я об э́том чита́л в газе́те. • You will have no trouble in making out a case for yourself. Вам не тру́дно бу́дет доказа́ть свою́ правоту́. • The doctor is out on a case. До́ктор пое́хал к больно́му.

cash нали́чные. I'll sell it only for cash. Я прода́м э́то то́лько за нали́чные. — I am able to make a cash payment. Я могу́ заплати́ть нали́чными. • де́ньги. I haven't enough cash with me; may I pay you tomorrow? У меня́ недоста́точно де́нег при себе́, мо́жно заплати́ть вам за́втра? ☐ cash basis нали́чный расчёт. All purchases are on a cash basis. Прода́жа произво́дится то́лько за нали́чный расчёт.

to cash a check вы́дать де́ньги по че́ку. Will you cash this check for me? Вы мо́жете вы́дать мне де́ньги по э́тому че́ку?

cashier n касси́р.

cast заки́нуть. The fisherman cast his line far out. Рыба́к далеко́ заки́нул у́дочку. • отли́ть. This bust will be cast in bronze. Э́тот бюст бу́дет отли́т из бро́нзы. • гипс. They had to put his broken arm into a cast. Его́ (сло́манную) ру́ку пришло́сь положи́ть в гипс. • анса́мбль. The cast of the new play has not been chosen yet. Для но́вой пье́сы анса́мбль ещё не соста́влен. ☐ cast-off поно́шенный. Make a bundle out of this cast-off clothing. Свяжи́те в у́зел э́ти поно́шенные ве́щи.

to cast a vote голосова́ть. I cast my vote yesterday. Я голосова́л вчера́.

to cast off сня́ться с я́коря. The captain says we are ready to cast off. Капита́н сказа́л, что мы мо́жем сня́ться с я́коря. ☐ Who was cast in the leading role in the play? Кто игра́ет гла́вную роль в э́той пье́се?

castle n за́мок.

cat кот, ко́шка.

catalogue n катало́г.

catch (caught, caught) пойма́ть. The police are trying to catch the criminal. Поли́ция стара́ется пойма́ть престу́пника. — He caught the ball. Он пойма́л мяч. — They caught twelve fish. Они́ пойма́ли двена́дцать рыб. • лови́ть. Here, catch this. Вот, лови́те. • уло́в. A good catch was brought to shore. Они́ привезли́ бога́тый уло́в. • схвати́ть. There is danger of catching the flu in this weather. В таку́ю пого́ду, легко́ схвати́ть грипп. • расслы́шать. I didn't catch his name. Я не расслы́шал

его́ и́мени. • защёлка. The catch on the door is broken. Защёлка в дверя́х испо́ртилась. ☐ to catch cold простуди́ться. Be careful not to catch cold. Бу́дьте осторо́жны, не простуди́тесь.

to catch fire загоре́ться. The wood is so dry that it will catch fire easily. Э́то де́рево тако́е сухо́е, что оно́ мо́жет легко́ загоре́ться.

to catch hold взя́ться. Catch hold of the other end and we'll move this trunk. Возьми́тесь за друго́й коне́ц, и мы подви́нем э́тот сунду́к.

to catch on хвата́ться. Catch on to this rope. Хвата́йтесь за э́тот кана́т. • понима́ть. Do you catch on? Вы понима́ете? • принорови́ться. We told him how to do the work and he caught on quickly. Мы объясни́ли ему́, как рабо́тать, и он бы́стро принорови́лся. • приви́ться. That fashion caught on very recently. Э́та мо́да приви́лась неда́вно.

to catch one's eye привле́чь внима́ние. The necktie in the window caught my eye. Э́тот га́лстук в витри́не привлёк моё внима́ние.

to catch on fire загоре́ться. The car caught on fire when it turned over. Автомоби́ль переверну́лся и загоре́лся.

to catch sight of заме́тить. If you catch sight of him, let us know. Е́сли вы его́ заме́тите, да́йте нам знать.

to catch up нагна́ть. We are behind and are trying to catch up. Мы отста́ли и стара́емся нагна́ть. • догна́ть. Go on ahead and I'll catch up with you. Иди́те вперёд, я вас догоню́.

to play catch игра́ть в мяч. Do you want to play catch? Хоти́те игра́ть в мяч? ☐ I have to catch the 5:15 train. Я до́лжен попа́сть на по́езд в пять пятна́дцать. — Hurry up if you want to catch the bus. Поспеши́те, е́сли вы хоти́те попа́сть на авто́бус.

cattle n скот, скоти́на.

caught See catch.

cause причи́на. The cause of his death was heart failure. Причи́ной его́ сме́рти была́ серде́чная боле́знь. • де́ло. He died for a good cause. Он у́мер за вели́кое де́ло. ☐ What is the cause of the delay? Из-за чего́ заде́ржка? • What caused the accident? Отчего́ произошёл несча́стный слу́чай? • Sorry to cause you any inconvenience. Прости́те за беспоко́йство!

caution n осторо́жность.

cave пеще́ра. We lived in caves to avoid the enemy. Мы жи́ли в пеще́рах, что́бы укры́ться от врага́. ☐ to cave in прова́ливаться. Watch out! The roof's caving in! Осторо́жно! Кры́ша прова́ливается! • па́дать с ног. I'm so tired I'm about to cave in. Я так уста́л, что, про́сто, па́даю с ног.

cease v прекраща́ть.

cedar n кедр.

ceiling потоло́к. All these rooms have high ceilings. Во всех э́тих ко́мнатах высо́кие потолки́. — The airplanes took off in spite of the low ceiling. Самолёты вы́летели, несмотря́ на ни́зкий потоло́к. ☐ ceiling prices преде́льные це́ны. This salesman is asking more than ceiling prices. Э́тот продаве́ц запра́шивает вы́ше преде́льных цен.

celebrate пра́здновать. What holidays do you celebrate? Каки́е пра́здники вы пра́зднуете? • отпра́здновать. Let's celebrate it. Дава́йте отпра́зднуем э́то.

cell ка́мера. There were many prisoners in the cell. В ка́мере бы́ло мно́го заключённых. • кле́тка. Let's look at these cells under the microscope. Дава́йте рассмо́трим э́ти кле́тки под микроско́пом.

cellar n по́греб.

cement цеме́нт. Mix more sand into the cement. Примеша́йте ещё песку́ в цеме́нт. • цеме́нтный. The cement walk is still soft. Цеме́нтная доро́жка ещё не затверде́ла. • скле́ить. Don't worry about the cup; we can have it cemented. Не огорча́йтесь, мы мо́жем дать э́ту ча́шку скле́ить. • цементи́ровать. The cellar has just been cemented. Подва́л то́лько что цементи́ровали. • скрепи́ть. The conference cemented friendly relations between the two nations. Э́та конфере́нция скрепи́ла дру́жбу ме́жду обе́ими стра́нами.

cent n цент.

center середи́на. Aim for the center of the target. Це́льтесь в середи́ну мише́ни. • сосредото́чить. All his thoughts were centered on her. Все его́ мы́сли бы́ли сосредото́чены на ней. • центр. Where is the shopping center? Где здесь торго́вый центр? — Who's playing center? Кто игра́ет в це́нтре.

☐ Isn't this city an industrial center? Ра́зве э́тот го́род не промы́шленный центр?

central центра́льный. Does this building have central heating? Есть в э́том до́ме центра́льное отопле́ние? • гла́вный. He has left out the central point. Он пропусти́л гла́вный пункт. • телефо́нная ста́нция. Central doesn't answer the telephone signal. (Телефо́нная) ста́нция не отвеча́ет.

☐ This hotel has a central location near the store. Э́та гости́ница располо́жена в це́нтре го́рода, вблизи́ от магази́нов.

century n столе́тие.

ceremony церемо́ния. Were you present at that ceremony? Вы прису́тствовали на э́той церемо́нии?

☐ **wedding ceremony** венча́ние. Where will their wedding ceremony take place? Где бу́дет венча́ние?

☐ You don't have to stand on ceremony at our house. В на́шем до́ме вы мо́жете держа́ть себя́ соверше́нно свобо́дно.

certain наве́рно. I'm certain that I can come. Я зна́ю наве́рно, что я смогу́ придти́. • уве́ренный. I'm not at all certain that he'll be there. Я совсе́м не уве́рен в том, что он там бу́дет.

☐ **for certain** с уве́ренностью. It's a good book, but I can't say for certain that you'll like it. Э́то хоро́шая кни́га, но я не могу́ с уве́ренностью сказа́ть, что она́ вам понра́вится.

certainly коне́чно. Certainly, I'll do it for you. Коне́чно, я э́то для вас сде́лаю. • действи́тельно. She certainly has a lot of friends. У неё действи́тельно мно́го друзе́й.

certificate удостовере́ние. He has to sign that certificate. Он до́лжен подписа́ть э́то удостовере́ние.

chain цепь. I need a new chain for my bike. Мне нужна́ но́вая цепь для велосипе́да. — They drove along the mountain chain. Они́ е́хали вдоль го́рной це́пи. • цепо́чка. He wears a watch on a gold chain. Он но́сит часы́ на золото́й цепо́чке. • на цепи́. The dog was chained all night. Соба́ка была́ всю ночь на цепи́. • ход. I haven't kept up with the chain of events. Я не следи́л за хо́дом собы́тий. • сеть. He operates a chain of restaurants. Он заве́дует се́тью рестора́нов (одно́й фи́рмы).

chair стул. This is a more comfortable chair. Э́тот стул удо́бнее. — The bedroom has four chairs and one bed. В спа́льне четы́ре сту́ла и одна́ крова́ть. • кре́сло. Please sit down in this (arm)chair. Пожа́луйста, ся́дьте в э́то кре́сло. • председа́тель. Will the chair overrule this motion? Това́рищ председа́тель, прошу́ отбро́сить э́то предложе́ние. • ка́федра. He holds the chair of anthropology at the University of Leningrad. Он занима́ет ка́федру антрополо́гии в Ленингра́дском университе́те.

chairman (chairmen) n председа́тель.

chalk мел. Write with chalk. Пиши́те ме́лом.

☐ **to chalk up** You can chalk that up to experience. За нау́ку прихо́дится плати́ть.

chamber пала́та. I was a member of the chamber of commerce in my home town. Я был чле́ном торго́вой пала́ты в моём родно́м го́роде. — The Supreme Soviet of the USSR consists of two chambers. Верхо́вный сове́т СССР состои́т из двух пала́т. • ка́мерный. The program tonight consists exclusively of chamber music. Програ́мма сего́дняшнего ве́чера состои́т исключи́тельно из ка́мерной му́зыки.

☐ **chamber pot** ночно́й горшо́к. The chamber pot is kept under the wash stand. Ночно́й горшо́к в шка́пчике под умыва́льником.

chance возмо́жность. Give me a chance to explain it to you. Да́йте мне возмо́жность объясни́ть вам э́то. — Is there any chance of catching the train? Есть ещё кака́я-нибудь возмо́жность поспе́ть к по́езду? • шанс. I believe you have a good chance to succeed. Я полага́ю, что у вас (име́ются) больши́е ша́нсы на успе́х. • попро́бовать. He may not be in, but we'll chance it. Возмо́жно, что его́ нет до́ма, но мы всё-таки попро́буем зайти́.

☐ **by chance** случа́йно. I met him by chance. Я встре́тил его́ случа́йно.

to take a chance попыта́ться. Shall we take a chance on doing it ourselves? Не попыта́ться ли нам сде́лать э́то сами́м?

change перемени́ть. We had to change the right front tire. Нам пришло́сь перемени́ть пра́вую пере́днюю ши́ну. • переса́дка. We have to change at the next station. • измени́ть. We may have to change our plans. Возмо́жно, что нам придётся измени́ть на́ши пла́ны. • измени́ться. You have changed a lot since I last saw you. Как я ви́дел вас в после́дний раз, как вы измени́лись с тех пор. • разменя́ть. Can you change a hundred-ruble bill for me? Вы мо́жете разменя́ть мне стору́блёвую бума́жку? • меня́ть. Do you change American money? Вы меня́ете америка́нские де́ньги? • сда́ча. Here's your change. Вот ва́ша сда́ча. • переме́на. They're waiting for a change in the weather. Они́ ждут переме́ны пого́ды.

☐ **to change clothes** переодева́ться. She is changing her clothes now. Она́ сейча́с переодева́ется.

to change hands меня́ть владе́льцев. This house has changed hands several times. Э́тот дом не́сколько раз меня́л владе́льцев.

to change one's mind переду́мать. I had thought of staying here, but I changed my mind. Я собира́лся здесь оста́ться, но переду́мал.

to change one's tune запе́ть на друго́й лад. He used to talk against me, but now he has changed his tune. Он одно́ вре́мя напада́л на меня́, но тепе́рь запе́л на друго́й лад.

channel проли́в. Can you name another channel besides the English Channel? Каки́е ещё проли́вы вы зна́ете, помимо Ла-Ма́нша? • путь. Did you send that application through the proper channels? А вы посла́ли э́то заявле́ние пра́-

вильным путём? ● кана́вка. We dug some channels in the ground so the water would run off. Мы прорыли не́сколько кана́вок для сто́ка воды́.

☐ It takes two hours to cross the channel. Что́бы пересе́чь проли́в тре́буется два часа́.

chapel часо́вня. The chapel is always open. Часо́вня всегда́ откры́та. ● богослуже́ние. We have chapel at college every Thursday. У нас в университе́те по четверга́м быва́ют богослуже́ния.

chapter глава́. I have one more chapter to read in this book. Мне оста́лось проче́сть ещё одну́ главу́ в э́той кни́ге. ● отде́л. The women's chapter of the society meets today. Же́нский отде́л о́бщества собира́ется сего́дня.

character хара́ктер. I was disappointed in his character. Я разочарова́лся в его́ хара́ктере. — He has a strong character. У него́ си́льный хара́ктер. ● геро́й. Who is the principal character in the novel? Кто гла́вный геро́й э́того рома́на?

☐ **in character** в ду́хе. His playing this trick is in character. Э́та вы́ходка в его́ ду́хе.

out of character не в хара́ктере. His fits of anger were out of character. Таки́е вспы́шки гне́ва не в его́ хара́ктере.

☐ That boy has character. У э́того ма́льчика мно́го досто́инств. ● He's a familiar character around here. Его́ здесь все зна́ют. ● He's quite a character! Он тако́й чуда́к!

charge обвиня́ть. They're charging him with murder. Его́ обвиня́ют в уби́йстве. ● проси́ть. You're charging me too much for it. Вы про́сите за э́то сли́шком до́рого. ● записа́ть. Charge this to my account. Запиши́те э́то на мой счёт. ● бро́ситься. Watch out, or the bull will charge at us. Осторо́жно, бык мо́жет бро́ситься на нас. ● заве́дывание. Who took charge after he left? Кто при́нял заве́дывание по́сле его́ ухо́да?

☐ **to be charged** обвиня́ться. What crime is he charged with? В како́м преступле́нии он обвиня́ется?

to be in charge заве́дывать. Mr. —— is in charge of this department. Э́тим отде́лом заве́дует това́рищ ——.

☐ Who is in charge here? Кто здесь заве́дующий (manager)? ● Is there any charge for it? За э́то ну́жно заплати́ть? ● He pleaded guilty to the charge of speeding. Он призна́л себя́ вино́вным в чрезме́рно бы́строй езде́. ● Charge that off to profit and loss. Проведи́те э́то по счёту при́были и убы́тка.

charity ми́лостыня. She wouldn't want to accept charity. Она́ не захо́чет приня́ть ми́лостыню. ● благотвори́тельная цель. He's always contributed lots of money to charity. Он всегда́ же́ртвует на благотвори́тельные це́ли. ● снисхожде́ние. She doesn't deserve to be shown any charity. Она́ недосто́йна снисхожде́ния.

charm очаро́вывать. We were charmed by the beautiful sight. Мы бы́ли очаро́ваны э́тим прекра́сным ви́дом. ● обая́ние. There is a peculiar charm in her voice. В её го́лосе есть осо́бенное обая́ние. ● пре́лесть. It has a charm of its own. Э́то име́ет свою́ осо́бую пре́лесть.

☐ **charming** очарова́тельный. His sister is a charming woman. Его́ сестра́ — очарова́тельная же́нщина.

chase сбе́гать. I've got to chase down to the store before it closes. Мне на́до сбе́гать в ла́вку, пока́ она́ не закры́лась. ● гоня́ться. I've been chasing you all morning. Я гоня́лся за ва́ми всё у́тро. ● пого́ня. We all joined in the chase after the thief. Мы все при́няли уча́стие в пого́не за во́ром.

☐ **to chase out** вы́гнать. Chase him out of here. Вы́гоните его́ отсю́да.

cheap дешёвый. Do you have a cheap room for rent? Не сдаётся ли у вас дешёвая ко́мната? — Are the rates at the hotel cheap? Э́то дешёвая гости́ница? ● дёшево. Do you have anything cheaper than this? У вас нет чего́-нибудь подеше́вле? — This is for sale cheap. Э́то продаётся дёшево. ● вульга́рно. She looked cheap in those clothes. В э́том пла́тье она́ вы́глядела вульга́рно.

☐ His kindness made me feel cheap. Его́ доброта́ меня́ пристыди́ла. ● He played a cheap trick on me. Он сыгра́л со мной глу́пую шу́тку.

cheat обману́ть. Be careful you're not cheated. Смотри́те, что́бы вас не обману́ли. ● наду́ть. At that price they certainly cheated you. Е́сли за сто́лько взя́ли с вас, коне́чно, наду́ли. ● жу́лик. They all know he's a cheat. Они́ все зна́ют, что он жу́лик.

check прове́рить. Please check the oil in my automobile. Пожа́луйста, прове́рьте, доста́точно ли ма́сла в мое́й маши́не. — They've already checked our passports. На́ши паспорта́ уже́ прове́рены. ● воздержа́ться. He was about to speak, but checked himself. Он собира́лся заговори́ть, но воздержа́лся. ● заме́длить. The car checked its speed as it went around the corner. На поворо́те маши́на заме́длила ход. ● чек. I'll send you a check tomorrow morning. Я пришлю́ вам чек за́втра у́тром. — Who shall I make the check out to? На чьё и́мя я до́лжен вы́ставить чек? ● квита́нция. Give your check to the porter. Да́йте ва́шу квита́нцию носи́льщику. ● сдать на хране́ние. Check your hat and coat here. Сда́йте ва́ше пальто́ и шля́пу здесь на хране́ние. — Where can I check my baggage? Где я могу́ сдать бага́ж на хране́ние? ● отме́тить. Check all the points that are important. Отме́тьте все ва́жные пу́нкты. ● совпада́ть. Does this timetable check with the new schedule? Э́то но́вое расписа́ние совпада́ет со ста́рым? ● поговори́ть. Just a moment, until we check with the manager. Подожди́те мину́ту, пока́ мы не поговори́м с управля́ющим.

☐ **checkup** освиде́тельствование. Report to the doctor for a checkup. Яви́тесь к до́ктору для освиде́тельствования.

to check in зарегистри́роваться. Have you checked in at the hotel yet? Вы уже́ зарегистри́ровались в гости́нице? ● явля́ться на слу́жбу. At this office we have to check in at nine o'clock. Здесь мы должны́ явля́ться на слу́жбу в де́вять часо́в.

to check out уезжа́ть. I am checking out; have my bill ready. Я уезжа́ю, пригото́вьте мой счёт.

to check through сдать в бага́ж. I want this trunk checked through to Moscow. Я хочу́ сдать э́тот сунду́к в бага́ж до Москвы́.

to check up проверя́ть. They are checking up on your records now. Они́ сейча́с проверя́ют ва́ши докуме́нты.

☐ There should be a check on this lawlessness. Э́тому беззако́нию до́лжен быть поло́жен преде́л. ● Put a check beside each new price on the bill. Поме́тьте но́вые це́ны на счёте пти́чкой.

cheek щека́. His cheek is swollen. У него́ распу́хла щека́.

☐ He had his tongue in his cheek when he said it. Он сказа́л э́то не без лука́вства. ● She had a lot of rouge on her cheeks. Она́ была́ о́чень накра́шена.

cheer развле́чь. We visit her often to cheer her. Мы ча́сто её навеща́ем, что́бы её развле́чь. ● подбодри́ться. Cheer up! Подбодри́сь! • приве́тствовать. The crowd cheered him like mad. Толпа́ восто́рженно приве́тствовала его́. • бо́дрость. She spreads cheer everywhere she goes. Она́ вно́сит бо́дрость, где бы она́ ни появи́лась. • приве́тственные кли́ки. We could hear the cheers from quite a distance. Уже́ изда́ли мы слы́шали приве́тственные кли́ки.

cheerful приве́тливый. The fireplace makes the room cozy and cheerful. Ками́н придаёт ко́мнате ую́тный и приве́тливый вид.

☐ You seem very cheerful today. Вы сего́дня, ви́дно, в хоро́шем настрое́нии.

cheese сыр. What kind of cheese do you have. Каки́е сорта́ сы́ра у вас есть? — Put some cheese on my bread. Положи́те мне кусо́чек сы́ра на хлеб.

chemical n хими́ческое вещество́; adj хими́ческий.

cherry n ви́шня.

chest грудь. He has a pain in the chest. У него́ боли́т грудь. • я́щик. You'll find the hammer in the tool chest. Молото́к в я́щике с инструме́нтами.

chew v жева́ть.

chicken ку́рица. He raises chickens. Он разво́дит кур. — Roast chicken is on the menu today. Сего́дня на меню́ жа́реная ку́рица. • куря́тина. Give me a chicken sandwich. Да́йте мне бутербро́д с куря́тиной.

chief нача́льник. Where is the office of the chief of police? Где кабине́т нача́льника мили́ции? • гла́вный. What are the chief exports of the Soviet Union? Каки́е гла́вные предме́ты вы́воза из Сове́тского Сою́за? — What are the chief points of interest in this town? Каки́е гла́вные достопримеча́тельности э́того го́рода?

☐ What is your chief complaint? На что вы жа́луетесь в пе́рвую о́чередь?

child ребёнок. They took the child with them. Они́ взя́ли ребёнка с собо́й. — He is acting like a child. Он поступа́ет, как ребёнок. — I am interested in child literature. Я интересу́юсь де́тской литерату́рой.

children де́ти. Are children allowed in here? Де́тям вход разреша́ется?

☐ **children's** де́тский. Where is the children's clothes department? Где здесь отде́л де́тского пла́тья? — Where is the children's playground around here? Где здесь побли́зости де́тская площа́дка?

chill прохла́да. There's a chill in the air tonight. Сего́дня в во́здухе чу́вствуется прохла́да. • остуди́ть. Chill stewed fruit before you serve it. Остуди́те компо́т перед тем, как подава́ть. • продро́гнуть. I'm chilled to the bone. Я продро́г до мо́зга косте́й. • охлади́ть. The news chilled the enthusiasm of the crowd. Эта но́вость охлади́ла восто́рги толпы́. • простуда. I caught a chill out there. Я там схвати́л просту́ду.

chilly adj прохла́дный.

chimney труба́. Smoke is coming out of the chimney. Из трубы́ идёт дым.

chin подборо́док. I cut my chin while shaving. Я поре́зал себе́ подборо́док при бритье́. — The boxer was knocked out by a blow on the chin. Уда́ром в подборо́док боксёр был вы́бит из ма́тча.

china (chinaware) n фарфо́р.

chirp v чири́кать.

chocolate шокола́д. Is this chocolate sweet or bitter? Этот шокола́д сла́дкий и́ли го́рький? — Do you have any chocolate bars? Есть у вас шокола́д в пли́тках? — Would you like a cup of hot chocolate? Хоти́те ча́шку горя́чего шокола́ду? • шокола́дный. Do you want chocolate or vanilla ice cream? Како́го вам моро́женого, шокола́дного и́ли сли́вочного? • шокола́дные конфе́ты. I want to buy a box of chocolates. Я хочу́ купи́ть коро́бку шокола́дных конфе́т.

choice вы́бор. Do you have a choice of desserts? Есть у вас вы́бор сла́дких блюд? — I had no choice in the matter. В да́нном слу́чае у меня́ не́ было вы́бора. • отбо́рный. These are choice cuts of beef. Это отбо́рные куски́ говя́дины.

☐ That's my first choice. Я предпочита́ю э́то всему́ остально́му.

choir n хор.

choose (chose, chosen) вы́брать. They were unable to choose between the candidates. Они́ не могли́ реши́ть како́го из кандида́тов вы́брать. — Have you chosen a hotel for the night? Вы уже́ вы́брали себе́ гости́ницу для ночле́га? — I have to choose the lesser of two evils. Я до́лжен вы́брать ме́ньшее из двух зол. — I chose a few books in the library. Я вы́брал в библиоте́ке не́сколько книг. • выбира́ть. He doesn't know how to choose good assistants. Он не уме́ет выбира́ть хоро́ших сотру́дников. • предпоче́сть. I chose to remain in my room. Я предпочёл оста́ться в свое́й ко́мнате.

chop наколо́ть. Should I chop more wood? Наколо́ть ещё дров? • сруби́ть. That dead tree will have to be chopped down. Это сухо́е де́рево придётся сруби́ть. • накроши́ть. Chop the egg for the baby. Накроши́те яйцо́ для ребёнка. • ру́бленый (chopped). I never eat chopped steak in a restaurant. Я никогда́ не ем ру́бленого мя́са в рестора́не. • отбивна́я котле́та. This chop is all bone. Эта отбивна́я котле́та сплошны́е ко́сти.

☐ The dog licked his chops. Соба́ка облиза́ла свою́ пасть.

chorus хор. I sing in the school chorus. Я пою́ в шко́льном хо́ре. • припе́в. Do you know the words of the chorus? Вы зна́ете слова́ припе́ва? • кордебале́т. She dances in the chorus. Она́ танцу́ет в кордебале́те.

☐ **chorus girl** хори́стка. He goes out with a lot of chorus girls. Он мно́го гуля́ет с хори́стками.

in chorus хо́ром. They answered the questions in chorus. Они́ хо́ром отвеча́ли на вопро́сы.

chose See **choose.**

chosen See **choose.**

Christian христиани́н m, христиа́нка f, христиа́не pl. There are more Moslems than Christians in this town. В э́том го́роде мусульма́н бо́льше, чем христиа́н. • христиа́нский. These monuments date from the first century of the Christian era. Эти па́мятники отно́сятся к пе́рвому ве́ку христиа́нской э́ры.

Christmas Рождество́. Christmas falls on a Wednesday this year. В э́том году́ Рождество́ выпада́ет на сре́ду. • рожде́ственский. We have put the Christmas presents under the tree. Мы положи́ли рожде́ственские пода́рки под ёлку.

church це́рковь. The roof of the church needs repairs. Кры́ша э́той це́ркви тре́бует почи́нки.

☐ **Catholic church** костёл. Where is the Catholic church? Где здесь костёл?

☐ **Orthodox Church** (правосла́вная.) це́рковь. Where is the nearest Orthodox Church? Где бли́жайшая це́рковь?

cigarette папиро́са. Do you have a cigarette? Нет ли у вас

31

папиросы? — Do you carry American cigarettes? У вас есть американские папиросы? • папироска. Have a cigarette. Хотите папироску?
□ **cigarette case** портсигар. I've lost my cigarette case. Я потерял портсигар.

circle круг. Draw a circle. Начертите круг. — I have a small circle of friends here. У меня здесь есть небольшой круг друзей. • описать круг. The plane circled around the field several times. Самолёт описал над аэродромом несколько кругов. • обвести кружками. Please circle the words that are misspelled. Пожалуйста, обведите кружками слова, которые неправильно написаны.
□ We walked around in a circle until we found the way. Мы долго кружили, пока нашли дорогу.

circular винтовой. We reached the attic by means of a circular staircase. Мы взобрались по винтовой лестнице на чердак. • летучка. Airplanes dropped circulars telling the enemy to surrender. Самолёты сбрасывали летучки, призывающие неприятеля сдаваться.
□ The local department store sends out a circular each month. Местный универмаг каждый месяц рассылает рекламные летучки.

circumstance обстоятельство. The circumstances surrounding that accident are still a mystery. Обстоятельства, при которых произошла эта катастрофа, всё ещё не выяснены. — Under those circumstances I could hardly blame her. При таких обстоятельствах я не могу её винить.
□ He's in very good circumstances. Он очень состоятельный человек.

circus *n* цирк.

citizen гражданин *m*, гражданка *f*. I am a citizen of the U.S.A. Я гражданин Северо-Американских Соединённых Штатов. *or* Я американский гражданин. — What country are you a citizen of? Вы гражданин какой страны?

city город. How far is the nearest city? Как далеко отсюда до ближайшего города? — The whole city was aroused by the news. Весь город был взбудоражен этой новостью. • городской. She is not accustomed to city life. Она не привыкла к городской жизни.

civil гражданский. The civil authorities must be consulted on this. Об этом необходимо запросить гражданские власти. • вежливый. At least he was civil to us. По крайней мере, он был вежлив с нами.
□ **civil service** государственная служба. Have you ever been employed in civil service? Вы состояли когда-нибудь на государственной службе?

claim предъявить права на. He claimed the property. Он предъявил права на эту собственность. • иск. I wish to file a claim for damages. Я хочу предъявить иск за убытки. • претензия. They have no claim on us. Они не имеют к нам никаких претензий. • утверждать. He claims that the traffic delayed him. Он уверяет, что опоздал из-за затора на улице. • утверждение (statement). Can you justify your claim? Можете ли вы обосновать ваше утверждение?
□ Where do I claim my baggage? Где я могу получить мой багаж?

clap удар. The clap of thunder frightened us. Удар грома нас напугал. • аплодировать. They clapped until the pianist played an encore. Они аплодировали, пока пианист не сыграл на бис. • посадить. He was clapped into prison quicker than you could say "Jack Robinson." *Он и ахнуть не успел, как его посадили в тюрьму.

clasp застёжка. The clasp on this necklace is broken. У этого ожерелья сломана застёжка.
□ He shook my hand with a firm clasp. Он крепко пожал мне руку.

class группа. Our school organized a class in Russian. В нашей школе организована группа для изучения русского языка. • класс. Do you have first and second class trains? Есть у вас вагоны первого и второго класса? • считать. This case can be classed as finished. Это дело можно считать законченным.
□ We graduated in the same class. Мы одного выпуска. • You can get first-class accommodations in this hotel. В этой гостинице вы можете иметь все удобства.

clause предложение. There's a mistake in grammar in that clause. В этом предложении есть грамматическая ошибка. • статья. Is there a clause in the lease regarding that? А в контракте есть статья, предусматривающая это?

clay глина. He coated the wall with clay. Он вымазал стену глиной. • глинистый. The clay road is impassable because of the rain. Эта глинистая дорога стала от дождя непроходимой.

clean чистый. This plate is not very clean. Эта тарелка не совсем чистая. • чисто. The hotels here are kept unusually clean. Гостиницы содержатся здесь необыкновенно чисто. — I washed the floors clean. Я чисто вымыла полы. • почистить. I have to clean my teeth. Я должен почистить зубы. — These fish were cleaned at the market. Эту рыбу уже почистили на рынке. • убрать. Has she cleaned the room yet? Она уже убрала комнату? • чёткий. I like the clean lines of this building. Мне нравятся чёткие линии этого здания.
□ **to clean house** делать уборку дома. Have you cleaned house this spring? Вы сделали весеннюю уборку дома? • произвести радикальную чистку. The new administration will begin by cleaning house. Новое правительство начнёт с радикальной чистки. **to clean out** разбирать. I'll look for it when I clean out my trunk. Я поищу это, когда буду разбирать мой сундук. **to clean up** привести в порядок. I'd like to clean up before dinner. Я бы хотел перед обедом привести себя в порядок. — The apartment needs cleaning up for the new tenants. Квартиру следует основательно привести в порядок для новых жильцов. • закончить. You may go home when you clean up the work. Вы можете пойти домой, когда закончите всю работу.
□ Where can I have my suit cleaned? Где тут можно отдать костюм в чистку? • My hands are clean in the matter. Я в этом деле не замешан. • He made a clean breast of the whole matter. Он во всём признался. • The prisoner doesn't have a clean record. За арестантом уже числится судимость.

clear прозрачный. The water in this brook is cool and clear. Вода в этом ручье холодная и прозрачная. • безоблачный. The sky is clear today. Небо сегодня безоблачное. • проясняться. Look, the sky is clearing now. Смотрите, проясняется! • ясный. We have had clear weather all week. Всю неделю стояла ясная погода. • ясно. His voice was clear over the radio. Его голос по радио звучал очень ясно. — I don't have a clear idea of what you mean. Мне не совсем ясно, что вы думаете. • свободный. Is the

road clear up ahead? Проезд по этой дороге свободен?
● очистить. Have they cleared the road yet? Дорога уже
очищена? ● проверить. We must wait until the checks are
cleared. Мы должны подождать, пока чеки будут
проверены.

☐ **to clear away** убрать. Ask her to clear away the dishes.
Попросите её убрать посуду (со стола́).
to clear off проясниться. It may clear off this afternoon.
Может быть, после обеда (погода) прояснится.
to clear one's throat откашляться. He cleared his throat
and continued to speak. Он откашлялся и продолжа́л
говорить.
to clear out освободить. Please clear out this closet.
Пожалуйста, освободите этот шкаф.
to clear the air разрядить атмосферу. His joke cleared the
air. Его шутка разрядила атмосферу.
to clear up проясниться. We shall leave as soon as the
weather clears up. Мы отправимся, как только (погода)
прояснится. ● разъяснить. Would you mind clearing up a
few points for me? Будьте добры, разъясните мне некоторые пункты. ● уладить. I want to clear up some
affairs before I leave for Moscow. Я хочу уладить кое-
какие дела́ перед отъездом в Москву.

☐ He got clear away. Ему удалось удрать. ● The prices
there were clear out of reach. Цены там были совершенно
недоступны. ● The plane barely cleared the tree top.
Самолёт чуть-чуть не задел верхушки дерева. ● This
seat has a clear view of the stage. С этого места сцена
хорошо видна. ● Try to keep a clear head. Постарайтесь
сохранить ясность мысли.

clerk продавец. I asked the clerk to show me the list of new
prices. Я попросил продавца́ показать мне новый прейс-
курант. ● служащий. Leave the key with the clerk at the
desk. Оставьте ключ у служащего за конторкой.
● регистратор. The clerk kept all the records of the court.
Регистратор суда́ хранил все документы.

☐ **clerking** конторская работа. She hasn't had much experience in clerking. У неё не было большого опыта в
конторской работе.
clever ловкий. Your friend made a clever play. Ваш друг
сделал ловкий ход (в игре). ● умно. It was clever of you
to tell him that. Это было умно с вашей стороны, что вы
сказали ему об этом.

cliff n скала.
climate климат. The climate here is colder than I expected.
Климат здесь холоднее, чем я предполагал. — I'd like to
live in a warmer climate. Я хотел бы жить в более тёплом
климате.

☐ Is the climate here always so hot? Здесь всегда так
жарко?

climb подниматься, I prefer not to climb stairs. Я предпочитаю не подниматься по лестнице. — The plane began
to climb rapidly. Самолёт начал быстро подниматься.
● взбираться. I haven't climbed this mountain. Я никогда не взбирался на эту гору. ● подъём. The climb
will be steep and difficult. Это будет крутой и трудный
подъём.

☐ **to climb down** слезать. Climb down out of that tree
immediately. Немедленно слезайте с этого дерева.
☐ Is it still a long climb to the top of the mountain? Далеко
ещё до вершины горы?

clip остричь. Clip your nails. Остригите ногти. ● стричь.
Don't clip my hair too short. Не стригите меня слишком
коротко. ● вырезать. If you find the magazine, clip that
article out for me. Если вы найдёте этот журнал, вы-
режьте для меня эту статью. ● пряжка. She wore a gold
clip on her dress. У неё была золотая пряжка на платье.
● скрепка. Do you have a paper clip? Есть у вас скрепка
для бумаги? ● прикрепить. I clipped my picture to the
application. Я прикрепил свою фотографию к заявлению.

cloak n плащ; v скрывать.
clock (See also o'clock) часы. I have checked the clock by the
radio. Я проверил часы по радио.

☐ **alarm clock** будильник. Before I went to bed, I set the
alarm clock for seven. Перед сном, я поставил будильник
на семь часов.
to punch the clock отметиться на контрольных часа́х.
Don't forget to punch the clock this morning. Не забудьте отметиться
на контрольных часах.

☐ What time is it by your clock? Который у вас час?
● We'll clock him while he makes his speech. Мы будем
следить по часам, сколько времени у него уйдёт на эту
речь. ● We clock in at eight-thirty. Мы должны быть на
работе и отметиться в половине девятого утра.

close (as in rose) закрыть. Close the door. Закройте дверь.
— The museum is closed Sundays. По воскресеньям
музей закрыт. — Road closed. Проезд закрыт. — I
intend to close my bank account before I leave. Перед
отъездом я намерен закрыть мой счёт в банке. ● заклю-
чить. The deal was closed this morning. Сделка была
заключена сегодня утром. ● окончание. At the close
of the meeting everybody left. Сразу после окончания
заседания, все разошлись.

☐ **to close up** закрываться. They close up the store at six.
Магазин закрывается в шесть часов.

close (as in dose) близко. The hotel is close to the station.
Эта гостиница близко от вокза́ла. ● близкий. They are
our close neighbors. Они наши близкие соседи. — Do
you have any close relatives here? Есть у вас здесь
близкие родственники? — I am staying with some close
friends. Я живу у близких друзей. ● спёртый. The
air is very close in this room. В этой комнате очень
спёртый воздух.

☐ The car didn't hit me, but it was a close call. Машина
чудом не задела меня. ● I was almost hit by a car this
morning. It was a mighty close shave. Сегодня я был
на волосок от гибели: чуть не попал под автомобиль.
● Give this case your close attention. Отнеситесь к этому
делу с большим вниманием. ● The vote was very close.
Голоса́ разделились почти поровну.

closely внимательно. I examined the whole problem closely.
Я внимательно изучил всю эту проблему.

☐ **to be closely packed** битком набитый. The air-raid
shelter was closely packed. Убежище было битком набито.
closet шкаф. Her closet is filled with new clothes. Её шкаф
полон новых платьев.

☐ She's been closeted in her room all morning. Она всё
утро сидела взаперти у себя в комнате.

cloth материя. Do you have a better quality of cloth? Есть
у вас материя лучшего качества? ● холщёвый. I'll take
one copy in the cloth binding. Я возьму один экземпляр в
холщёвом переплёте. ● тря́пка. Wipe off the car windows

with a clean cloth. Вытрите окна автомобиля чистой тряпкой.

□ **table cloth** скатерть. Please change the table cloth. Перемените, пожалуйста, скатерть.

□ He made the story up out of whole cloth. Он сочинил всё это от начала до конца.

clothe одеть. She needs a lot of money to feed and clothe her six children. Ей нужно много денег, чтоб прокормить и одеть шестерых ребят. • одеваться. You have to keep warmly clothed here. Здесь вам придётся одеваться тепло.

clothes одежда. What clothes shall I take with me? Какую одежду мне взять с собой? • костюм. Evening clothes must be worn to this party. На этом приёме полагается быть в вечернем костюме. • платяной. I found this in the clothes closet. Я нашёл это в платяном шкафу.

□ I want all these clothes cleaned. Я хочу дать все эти вещи в чистку.

clothing n одежда.

cloud облако. The plane is flying above clouds. Самолёт летит над облаками. — The car left in a cloud of dust. Автомобиль тронулся и исчез в облаках пыли. • туча. It got chilly when the sun went behind the clouds. Солнце скрылось за тучами, и сразу стало прохладно. • омрачиться. Her face clouded when I mentioned his name. Её лицо омрачилось, когда я упомянул его имя.

□ **in the clouds** в облаках. One of the brothers is a practical man, but the other has his head in the clouds. *Один из братьев человек практичный, а другой витает в облаках. **to cloud up** заволакиваться тучами. Just after we started on the picnic, it began to cloud up. Едва мы отправились на пикник, как небо стало заволакиваться тучами.

□ The facts are clouded in my memory. Я помню эти факты смутно. — The manager left a year ago under a cloud. Управляющий ушёл год назад после неприятной истории. • Clouds of smoke are coming out of the chimney. Дым из трубы валит клубом.

cloudy облачно. It's quite cloudy out today. Сегодня очень облачно. • мутный. Why is that liquid in the bottle so cloudy? Почему жидкость в бутылке такая мутная?

clover клевер. She spent all day looking for a four-leaf clover. Она целый день провела в поисках четырёхлистного клевера.

□ **in clover** припеваючи. Ever since he wrote that book, he's been living in clover. С тех пор как он написал эту книгу, он живёт припеваючи.

clown клоун. The clown at the circus was the hit of the show. Гвоздём представления в цирке был клоун. • кривляться. He's forever clowning. Он вечно кривляется.

club клуб. Are you a member of this club? Вы состоите членом этого клуба? — The club will meet next Thursday. Собрание в клубе состоится в будущий четверг. — The tennis court is reserved for club members. Эта теннисная площадка предназначена исключительно для членов клуба. • дубинка. The policeman was forced to use his club. Полицейский был принуждён пустить в ход дубинку. • трефа. He took the trick with the ace of clubs. Он взял взятку тузом треф.

□ The police said the victim had been clubbed. В милиции говорят, что жертва была оглушена ударами по голове.

coach тренировщик. He's the best coach that team ever had. У этой команды никогда не было такого хорошего тренировщика, как он. • натренировать. Will your brother

coach us for the race? Ваш брат согласится натренировать нас к гонкам?

□ Are you traveling by coach? Вы едете не в спальном вагоне?

coal уголь. We need more coal for the fire. Нам нужно ещё угля для топки.

□ The ship will stop at the port for coaling. Пароход сделает остановку в этом порту для того, чтобы запастись углём. • He'll rake us over the coals for doing this. *Попадёт нам от него на орехи за это.

coarse грубый. This cloth is too coarse for a dress. Эта материя слишком грубая для платья. — His language was coarse and abusive. Его слова были грубы и оскорбительны.

□ Her hands are coarse from hard work. Её руки огрубели от тяжёлой работы.

coast побережье. So far, we've seen only the coast. До сих пор мы видели только побережье. • берег (моря). A boat is sailing down the coast. Лодка плывёт вдоль берега — Follow the coast road to the next town. Чтобы попасть в город, поезжайте по дороге вдоль берега.

□ Let me know when the coast is clear. *Дайте мне знать, когда воздух будет чист. • Let's try coasting down this hill. Попробуем съехать с этого холма на свободном ходу.

coat (See also **overcoat, raincoat**) пальто. You'll need a heavy coat for winter. Вам нужно будет на зиму очень тёплое пальто. • пиджак. The pants and vest fit, but the coat is too small. Брюки и жилет хороши, но пиджак слишком мал. • слой. The walls need another coat of paint. Стены нужно покрыть ещё одним слоем краски. • покрыть. The automobile was coated with mud. Автомобиль был весь покрыт грязью. • обложить. My temperature is above normal and my tongue is coated. У меня повышенная температура и обложен язык.

cockroach n таракан.

cocktail n коктейль.

cocoa n какао.

coconut n кокосовый орех.

coffee кофе. I'd like another cup of coffee, please. Пожалуйста, дайте мне ещё одну чашку кофе. — Will you have your coffee now or later? Хотите кофе сейчас или позже? — Please give me half a kilogram of coffee. Пожалуйста, дайте мне полкило кофе. • кофейный. Do you have coffee ice cream? Есть у вас кофейное мороженое?

coin монета. What is the smallest coin in the Soviet Union? Какая самая мелкая монета в СССР? • чеканить. The government decided to coin more money this year. Правительство решило чеканить в этом году больше разменной монеты.

□ Let's toss a coin to decide. *Ну, загадаем орёл или решка?

cold холодно. Is it cold for you in this room? Вам не холодно в этой комнате? — It feels cold in here. Здесь холодно. — We received a cold welcome. Нас встретили холодно. • холоднее. The nights are getting colder. Ночи становятся холоднее. • холодный. This lemonade is not cold enough; please put some ice in it. Этот лимонад недостаточно холодный, добавьте, пожалуйста, кусочек льда. • холод. Are you afraid of the cold? Вы боитесь холода? • простуда. I feel that I'm coming down with a cold. Я чувствую, что у меня начинается простуда.

☐ **head cold** на́сморк. Do you have something for a head cold? Есть у вас что́-нибудь про́тив на́сморка?

in cold blood хладнокро́вно. He did it in cold blood. Он сде́лал э́то соверше́нно хладнокро́вно.

to grow cold охладе́ть. After that incident he grew cold toward us. По́сле э́того слу́чая, он к нам охладе́л.

☐ The blow knocked him cold. От уда́ра он потеря́л созна́ние. ● New jobs were assigned, but he was left out in the cold. Бы́ли но́вые назначе́ния, но он оста́лся ни с чем.

collar воротничо́к. What size collar do you wear? Како́го разме́ра воротнички́ вы но́сите? — Do you want your collar starched or soft? Накрахма́лить ваш воротничо́к? ● воротни́к. She has a fur collar on her coat. У неё пальто́ с мехово́м воротнико́м.

collect собра́ть. How much money has been collected so far? Ско́лько де́нег бы́ло со́брано до сих пор? ● собира́ть. I collect stamps. Я собира́ю почто́вые ма́рки. ● отбира́ть. Tickets are collected at the entrance. Биле́ты отбира́ют у вхо́да. ● собра́ться. A crowd collected around the scene of the accident. На ме́сте происше́ствия собрала́сь толпа́.

☐ **to collect oneself** овладе́ть собо́й. He was confused at first, but collected himself quickly. Он смути́лся на мгнове́ние, но пото́м овладе́л собо́й.

to collect one's thoughts собра́ться с мы́слями. Give me a chance to collect my thoughts. Да́йте мне возмо́жность собра́ться с мы́слями.

☐ When is the mail collected here? Когда́ здесь произво́дится вы́емка пи́сем? ● In spite of the danger, he remained calm and collected. Несмотря́ на опа́сность, он сохрани́л споко́йствие и хладнокро́вие.

collection собра́ние. The library has a remarkable collection of books on America. В э́той библиоте́ке име́ется замеча́тельное собра́ние книг об Аме́рике.

☐ **mail collection** вы́емка пи́сем. Mail collections are at 9:00 A.M. and 3:00 P.M. Вы́емка пи́сем произво́дится в де́вять часо́в утра́ и в три часа́ дня.

college вуз (вы́сшее уче́бное заведе́ние). Is there a college in this town? Есть в э́том го́роде вуз?

☐ **college student** студе́нт. Lots of college students come here. Здесь быва́ет мно́го студе́нтов.

colony коло́ния. I didn't know that country had so many colonies. Я не знал, что у э́той страны́ сто́лько коло́ний.

☐ **summer colony** да́ча. There's a large summer colony near here. Здесь побли́зости мно́го дач.

color цвет. We have this pattern in several colors. У нас есть э́та моде́ль в ра́зных цвета́х. — What color eyes does she have? Како́го цве́та её глаза́? ● вы́красить. She wants the walls colored green. Она́ хо́чет, чтоб сте́ны бы́ли вы́крашены в зелёный цвет. ● цвет лица́. She'd be pretty if her color weren't bad. Она́ была́ бы хороше́нькая, е́сли бы не плохо́й цвет лица́.

☐ The news in that paper is generally colored. Но́вости в э́той газе́те о́чень тенденцио́зны. ● The flower added color to the room. Цветы́ оживля́ли ко́мнату.

colored adj цветно́й.

colt n жеребёнок.

column коло́нна. You can recognize the house by its white columns. Вы мо́жете узна́ть э́тот дом по его́ бе́лым коло́ннам. — Whose statue is on top of that column? Чья э́то ста́туя стои́т на верху́шке э́той коло́нны? — The soldiers marched in a column of twos. Солда́ты

марш// марширова́ли в коло́нне по́ два. ● столб. I wonder where that column of smoke comes from. Я хоте́л бы знать, отку́да э́тот столб ды́ма. ● столбе́ц. You'll find it in the third column of the second page. Вы найдёте э́то на второ́й страни́це в тре́тьем столбце́. ● статья́. His column on foreign affairs appears in twenty newspapers. Его́ статьи́ по вопро́сам иностра́нной поли́тики регуля́рно появля́ются в двадцати́ газе́тах.

comb гре́бень, гребешо́к. I left my comb on the dresser. Я оста́вил мой гре́бень на туале́тном столе́. ● со́ты. They have honey in jars but not in combs. У них есть мёд то́лько в ба́нках, в со́тах не́ту. ● причеса́ться. My hair needs combing. Мне ну́жно причеса́ться. ● обыска́ть. We had to comb the city to find him. Нам пришло́сь обыска́ть весь го́род, что́бы найти́ его́.

☐ We are combing out the difficulties one by one. Нам прихо́дится распу́тывать одно́ затрудне́ние за други́м.

combination сочета́ние. That color combination isn't becoming to her. Ей не идёт э́то сочета́ние цвето́в. ● комбина́ция. We're the only ones who know the combination to the safe. То́лько мы зна́ем комбина́цию замка́ от се́йфа.

☐ My reasons for resigning are a combination of many things. Причи́ны мое́й отста́вки дово́льно сло́жные.

combine v сочета́ть.

combine n комбина́т.

come (came, come) прийти́, придти́. Why not come and have supper with us tonight? Почему́ бы вам не прийти́ сего́дня к нам поу́жинать? — I think we'll be able to come to an understanding soon. Я ду́маю, что мы ско́ро смо́жем прийти́ к соглаше́нию. ● прие́хать. When did he come to town? Когда́ он прие́хал в го́род? ● войти́. Come in! Войди́те!

☐ **to come about** произойти́. How did all this come about? Как всё э́то произошло́?

to come after прийти́ за. I've come after my passport. Я пришёл за мои́м па́спортом.

to come along пойти́ (вме́сте). May I come along with you? Мо́жно мне пойти́ (вме́сте) с ва́ми? ● подвига́ться. How is your work coming along? Как подвига́ется ва́ша рабо́та?

to come around поправля́ться. She was very sick but is coming around now. Она́ была́ о́чень больна́, но тепе́рь понемно́гу поправля́ется.

to come back. He retired ten years ago but is now trying to come back. Де́сять лет тому́ наза́д он ушёл от дел, но тепе́рь хо́чет сно́ва взя́ться за рабо́ту.

to come by проходи́ть ми́мо. I was coming by and thought I'd drop in. Я проходи́л ми́мо и реши́л загляну́ть к вам.

to come in поступа́ть. The money due us is coming in slowly. Причита́ющиеся нам де́ньги поступа́ют ме́дленно. ● появи́ться. When did this style come in? Когда́ появи́лась э́та мо́да?

to come in handy пригоди́ться. This tool will come in handy during the trip. Э́тот инструме́нт нам пригоди́тся в доро́ге.

to come off отвали́ться. We can't use this table because a leg has come off. Мы не мо́жем по́льзоваться э́тим столо́м, потому́ что у него́ отвали́лась но́жка. ● сни́ма́ться. Is this lid fastened or does it come off? Э́та кры́шка прикреплена́ и́ли она́ снима́ется?

to come on разрази́ться. A storm came on before we got home. Гроза́ разрази́лась ра́ньше, чем мы успе́ли дойти до́ дому. • идти́. Everything is coming on well, thanks. Всё идёт хорошо́, спаси́бо.

to come out попа́сть. It hasn't come out in the newspapers yet. Это ещё не попа́ло в газе́ты. • выходи́ть. When does the magazine come out? Когда́ выхо́дит э́тот журна́л? • вы́ступить. The chairman came out against the new proposition. Председа́тель вы́ступил про́тив но́вого предложе́ния.

to come over приходи́ть. We have friends coming over this evening. Сего́дня ве́чером к нам прихо́дят друзья́.

to come through вы́жить. The operation was very serious, but he came through. Опера́ция была́ о́чень тяжёлой, но он вы́жил.

to come' to составля́ть. My bill comes to five rubles. Мой счёт составля́ет пять рубле́й.

to come to' приходи́ть в себя́. The woman who fainted is coming to. Эта же́нщина, кото́рая лиши́лась чувств, тепе́рь прихо́дит в себя́.

to come true сбы́ться. Everything he predicted came true. Всё, что он предсказа́л, сбыло́сь.

to come under приходи́ть под. What regulations does this come under? Под како́е пра́вило э́то подхо́дит?

to come up подня́ться. Won't you come up and have a drink? Почему́ бы вам не подня́ться к нам вы́пить стака́нчик? • взойти́. Our tomatoes didn't come up this spring. Этой весно́й на́ши помидо́ры не взошли́. • встава́ть. This problem comes up every day. Этот вопро́с встаёт пе́ред на́ми ежедне́вно.

to come upon натолкну́ться. I came upon the right answer by accident. Я случа́йно натолкну́лся на пра́вильный отве́т.

☐ How did he come by all that money? Отку́да у него́ сто́лько де́нег? — How did you come by that watch? Отку́да у вас э́ти часы́? *or* Как к вам попа́ли э́ти часы́? • Does this point come within the terms of our agreement? Этот пункт предусмо́трен в на́шем соглаше́нии? • When does Easter come this year? Когда́ в э́том году́ па́сха? • Does this cloth come in other colors? Эта мате́рия в други́х цвета́х име́ется? • How did you come to think of this? Как э́то вам пришло́ в го́лову? • How are things coming? Ну, что у вас слы́шно? • Who knows what all this will come to? Кто зна́ет, чем всё э́то ко́нчится? • Come, you really don't mean that! Бро́сьте, вы э́того не ду́маете! • Has the main race come off yet? Гла́вного состяза́ния ещё не́ было? • He disagreed at first, but has now come around to our point of view. Внача́ле он с на́ми не соглаша́лся, но тепе́рь он стал на на́шу то́чку зре́ния. • What's come over you? *Что э́то на вас напа́ло? • Let me know if you come across the magazine. Если вам попадётся э́тот журна́л, да́йте мне знать. • I think I'm coming down with the flu. Я ду́маю, что у меня́ начина́ется грипп.

comfort благополу́чие. The Red Cross looks after their comfort. Кра́сный крест забо́тится об их благополу́чии. • уте́шить. This news may comfort you. Эта но́вость мо́жет вас уте́шить. • удо́бство. They lacked many comforts. Им не хвата́ло це́лого ря́да удо́бств.

☐ **to give comfort** облегча́ть. The medicine gave me little comfort from the pain. Это лека́рство ниско́лько не облегчи́ло мое́й бо́ли.

☐ This couch was not built for comfort. На э́том дива́не не отдохнёшь.

comfortable удо́бный. This chair is soft and comfortable. Этот стул мя́гкий и удо́бный. • удо́бно. I hope you will be comfortable here. Я наде́юсь, что вам здесь бу́дет удо́бно.

☐ He makes a comfortable living. Он хорошо́ зараба́тывает.

comma n запята́я.

command кома́нда. Didn't you hear the command? Ра́зве вы не слы́шали кома́нды? • прика́зывать. We were commanded to take to the lifeboats. Нам бы́ло прика́зано сесть в спаса́тельные ло́дки. • кома́ндовать. Who is in command of this unit? Кто кома́ндует э́той ча́стью? • кома́ндование. A new general has taken command of the division. Но́вый генера́л вступи́л в кома́ндование э́той диви́зией.

☐ **to have command of** владе́ть. Does he have a good command of English? Он хорошо́ владе́ет англи́йским языко́м?

commence v начина́ть.

comment замеча́ние. We'll have no comments from you. Мы не жела́ем слу́шать ва́ших замеча́ний. • о́тзыв. Did you hear all the comments on that book? Вы слы́шали все о́тзывы об э́той кни́ге? • де́лать замеча́ния. She always comments about my clothes. Она́ всегда́ де́лает замеча́ния по по́воду того́, как я оде́т.

commerce n торго́вля.

commercial adj торго́вый.

commission уполномо́чить. I've been commissioned to sell the property. Я уполномо́чен прода́ть э́то иму́щество. • производи́ть. He was commissioned from the ranks. Он был произведён в офице́ры из рядовы́х. • коми́ссия. The commission has promised to take action soon. Коми́ссия обеща́ла в ско́ром вре́мени предприня́ть необходи́мые шаги́. • комиссио́нные. My commission is almost as large as my salary. Мои́ комиссио́нные почти́ равня́ются мое́й зарпла́те.

☐ **in commission** в поря́док. They're putting the boat in commission for our trip. Они́ приво́дят су́дно в поря́док для на́шей пое́здки.

out of commission испо́рченный. The car is out of commission. Автомоби́ль испо́рчен.

commissioner n уполномо́ченный.

commit помести́ть. They finally had to commit her to an asylum. Им пришло́сь в конце́ концо́в помести́ть её в кли́нику для душевнобольны́х. • соверши́ть. He committed many a crime. Он соверши́л нема́ло преступле́ний. • брать на себя́ обяза́тельство. You don't have to commit yourself unless you want to. Вы не должны́ брать на себя́ никаки́х обяза́тельств, е́сли вы не хоти́те.

committee n комите́т.

common распространённый. How common is this practice here? Что, э́то здесь о́чень распространённый обы́чай? • о́бщий. These laws are for our common good. Эти зако́ны для на́шего о́бщего бла́га. • просто́й. He says this is the century of the common man. Он говори́т, что э́то век просто́го челове́ка. • вульга́рный. Her manners were rather common. Её мане́ры бы́ли дово́льно вульга́рны.

☐ **common sense** здра́вый смысл. Use your common sense in that kind of a situation. В таки́х слу́чаях де́лайте, что вам подска́жет здра́вый смысл.

in common сообща́. The three sisters own the house in

common. Три сестры́ владе́ют э́тим до́мом сообща́.

□ It's common knowledge that you can't believe everything he says. Всем изве́стно, что его́ слова́м не всегда́ мо́жно ве́рить.

communicate *v* сообща́ть.

communication конта́кт. We haven't been in communication with them. Мы не́ были с ни́ми в конта́кте. • сообще́ние. The messenger brought two important communications from headquarters. Курье́р привёз из шта́ба два ва́жных сообще́ния.

□ **communication lines** пути́ сообще́ния. All communication lines have been cut. Все пути́ сообще́ния бы́ли пре́рваны.

community населённый пункт. It's seven kilometers to the next community. Отсю́да семь киломе́тров до ближа́йшего населённого пу́нкта. • ме́стное населе́ние. The whole community is behind this plan. Всё ме́стное населе́ние подде́рживает э́тот план.

□ **community center** ме́стный клуб. The dance will be held in the community center. Та́нцы бу́дут в ме́стном клу́бе.

companion попу́тчик. Who were your companions on the trip? Кто бы́ли ва́ши попу́тчики в э́том путеше́ствии? • компаньо́нка. The old American lady was traveling with a companion. Э́та ста́рая америка́нка путеше́ствовала с компаньо́нкой.

□ **traveling companion** спу́тник. My traveling companion turned out to be very pleasant. Мой спу́тник оказа́лся о́чень прия́тным собесе́дником.

company го́сти. I am expecting company this evening. Я жду госте́й сего́дня ве́чером. • о́бщество. I spent a lot of time in his company. Я провёл мно́го вре́мени в его́ о́бществе. • фи́рма. What company do you represent? Каку́ю фи́рму вы представля́ете? • компа́ния. We will have to order this from R. K. Jones and Comapny of New York. Нам придётся заказа́ть э́то в Нью Ио́рке у фи́рмы Р. К. Джонс и Компа́ния. • тру́ппа. The leading actor is good but the rest of the company is poor. Арти́ст, игра́ющий гла́вные ро́ли, хоро́ш, но остальна́я часть тру́ппы никуда́ не годи́тся. • ро́та. The captain will review his company tomorrow. Капита́н сде́лает за́втра смотр свое́й ро́те.

□ You are known by the company you keep. *Скажи́ мне, кто твой друзья́, я скажу́, кто ты.

comparative *adj* сравни́тельный.

compare сравни́ть. We compared the two rooms and chose this one. Мы сравни́ли о́бе ко́мнаты и вы́брали э́ту.

comparison *n* сравне́ние.

compass ко́мпас. This compass will be useful on your trip. Э́тот ко́мпас вам пригоди́тся в доро́ге. • ци́ркуль. This circle was drawn by a compass. Э́тот круг был наче́рчен ци́ркулем. • круг. The compass of his work was limited. Круг его́ де́ятельности был ограни́чен.

compel *v* принужда́ть.

competition *n* соревнова́ние.

complain жа́ловаться. She left work early, complaining of a headache. Она́ ушла́ с рабо́ты ра́но, жа́луясь на головну́ю боль. • пожа́ловаться. We complained to the manager about the noise next door. Мы пожа́ловались управля́ющему на шум у сосе́дей.

complaint жа́лоба. Refer this woman to the complaint department. Напра́вьте э́ту же́нщину в отде́л жа́лоб.

— If it annoys you so much, file a complaint. Е́сли э́то вам так не нра́вится, пода́йте жа́лобу. • недомога́ние. This medicine is good for common complaints. Э́то лека́рство помога́ет при лёгких недомога́ниях.

complete по́лный. I want a complete list of your books. Я бы хоте́л получи́ть по́лный спи́сок ва́ших книг. • весь целико́м. This machine does the complete operation. Э́та маши́на де́лает всю рабо́ту целико́м. • зако́нчить. Be sure to complete the work before you go home. He уходи́те домо́й, пока́ вы не зако́нчите рабо́ту. — Are the arrangements for your trip complete? Все приготовле́ния к ва́шей пое́здке зако́нчены? — The plans for the project are not yet completed. Пла́ны прое́кта ещё не зако́нчены.

complex *adj* сло́жный.

compliance *n* согла́сие.

compliment комплиме́нт. Thanks for the compliment. Спаси́бо за комплиме́нт. • похвали́ть. Let me compliment you on your cooking. Разреши́те похвали́ть ва́шу стряпню́.

comply *v* согласи́ться.

compose состоя́ть. What's it composed of? Из чего́ э́то состои́т? • сочини́ть. He composed that piece several years ago. Он сочини́л э́ту вещь не́сколько лет тому́ наза́д. • овладе́ть. Try to compose yourself. Постара́йтесь овладе́ть собо́й.

composition произведе́ние. What compositions will the orchestra play tonight? Каки́е произведе́ния орке́стр испо́лнит сего́дня ве́чером? • соста́в. Our chemist will analyze the composition of this metal. Наш хи́мик иссле́дует соста́в э́того мета́лла. • набо́р. The printer will need a whole week for composition. Типогра́фии пона́добится для набо́ра це́лая неде́ля.

conceal *v* скрыва́ть.

conceive предста́вить. I can't conceive of her doing that. Я не могу́ себе́ предста́вить, что она́ э́то сде́лала. • приду́мать. Only a genius could conceive such a plan. То́лько ге́ний мог приду́мать тако́й план.

concentrate сосредото́читься. It's hard for me to concentrate today. Мне сего́дня тру́дно сосредото́читься. • сосредото́чить. We were all concentrated in one area. Мы все бы́ли сосредото́чены в одно́м райо́не.

concern каса́ться. This concerns you. Э́то каса́ется вас. • интересова́ть. I am not concerned with the details. Подро́бности меня́ не интересу́ют. • де́ло. She said it was no concern of hers. Она́ сказа́ла, что э́то не её де́ло. • фи́рма. How long have you been with this concern? Давно́ вы рабо́таете в э́той фи́рме?

□ **to be concerned** быть заме́шанным. Who was concerned in the matter? Кто был заме́шан в э́том де́ле? • беспоко́иться. We are concerned about your health. Мы беспоко́имся о ва́шем здоро́вьи.

□ She is showing a great deal of concern over her husband's long absence. Её муж давно́ в отсу́тствии, и она́ о́чень беспоко́ится.

concerning по по́воду. Nothing was said concerning the matter. По э́тому по́воду ничего́ не́ было ска́зано. • относи́тельно. I want information concerning my ticket. Мне ну́жно навести́ спра́вку относи́тельно моего́ биле́та.

concert *n* конце́рт.

conclude *v* заключи́ть.

conclusion вы́вод. What are your conclusions? Како́й же вы де́лаете вы́вод? • заключе́ние. What conclusions did they come to? К како́му заключе́нию они́ пришли́?

☐ At the conclusion of the speech they took up a collection. По́сле ре́чи был произведён сбор.

condemn осужда́ть. You're in no position to condemn her actions. Вы не име́ете пра́ва её осужда́ть. • приговори́ть. He was condemned to death. Он был приговорён к сме́рти.

☐ This building has been condemned. Э́то зда́ние бы́ло при́знано него́дным для жилья́.

condition состоя́ние. The house was in poor condition. Дом был в плохо́м состоя́нии. • усло́вие. I will accept the offer, on the following conditions. Я приму́ э́то предложе́ние на сле́дующих усло́виях. • обусло́вить. His decision was conditioned by several factors. Его́ реше́ние бы́ло обусло́влено ра́зными фа́кторами.

☐ **in condition** в уда́ре. The boxer isn't in condition today. Э́тот боксёр сего́дня не в уда́ре.

☐ She said she would not go there under any conditions. Она́ сказа́ла, что она́ ни в ко́ем слу́чае туда́ не пойдёт.

conduct' води́ть. A guide conducted our party through the museum. Гид води́л на́шу гру́ппу по музе́ю. • вести́. Who conducted the business in his absence? Кто вёл рабо́ту в его́ отсу́тствие? • дирижи́ровать. Who is conducting the symphony tonight? Кто сего́дня дирижи́рует симфо́нией? • провести́. We need a wire to conduct electricity to the barn. Нам нужна́ про́волока, что́бы провести́ электри́чество в амба́р.

☐ **to conduct oneself** держа́ться. He conducted himself with dignity at the trial. Он держа́лся на суде́ с досто́инством.

☐ Conducted tours of the city leave from here. Отсю́да отправля́ются экску́рсии для осмо́тра го́рода.

con'duct поведе́ние. His conduct was beyond reproach. Его́ поведе́ние бы́ло безупре́чно. • ме́тод веде́ния. They constantly criticized the conduct of the war. Они́ постоя́нно критикова́ли ме́тоды веде́ния войны́.

conductor дирижёр. He's a world-famous conductor. Он всеми́рно изве́стный дирижёр. • конду́ктор. Ask the conductor to let us off at the corner. Попроси́те конду́ктора останови́ться на сле́дующем углу́.

☐ Is copper a conductor? Медь хоро́ший проводни́к электри́чества?

cone ко́нус. We studied cones today in the mathematics class. Сего́дня на уро́ке матема́тики мы занима́лись ко́нусом. • ши́шка. There were pine cones lying all over the forest. По всему́ ле́су валя́лись сосно́вые ши́шки.

confer совеща́ться. The President often confers with his advisers. Президе́нт ча́сто совеща́ется со свои́ми сове́тниками.

☐ The general himself conferred the medal on the soldier. Сам генера́л приколо́л бойцу́ меда́ль.

conference конфере́нция. The teachers held a conference to discuss new methods. Для обсужде́ния но́вых ме́тодов была́ со́звана учи́тельская конфере́нция. • заседа́ние. He's in conference just now. Он как раз на заседа́нии.

confess призна́ться. I must confess I haven't read it yet. До́лжен призна́ться, я ещё э́того не чита́л. • созна́ться. The criminal confessed. Престу́пник созна́лся.

confidence уве́ренность. I have full confidence that the work will be done on time. У меня́ есть твёрдая уве́ренность, что рабо́та бу́дет гото́ва к сро́ку. • дове́рие. They have a lot of confidence in his ability. У них большо́е дове́рие к его́ спосо́бностям.

conf dent *adj* уве́ренный.

confine остава́ться в ра́мках. Confine your remarks to the question. Остава́йтесь в ра́мках обсужда́емого вопро́са. • прикова́ть. He's been confined to bed for over a month now. Он уже́ бо́льше ме́сяца прико́ван к посте́ли.

confirm подтверди́ть. No one has confirmed the news yet. Э́то изве́стие ещё не́ было подтверждено́. • укрепля́ть. That only confirms my faith in him. Э́то то́лько укрепля́ет мою́ ве́ру в него́. • конфирма́ция (confirmation). They sent me flowers when I was confirmed. Они́ мне присла́ли цветы́ на конфирма́цию.

confuse сбива́ть с то́лку. All this talking confuses me. Вся э́та болтовня́ сбива́ет меня́ с то́лку.

☐ He must have me confused with someone else. Он меня́, наве́рное, при́нял за друго́го.

confusion ха́ос. The accident threw traffic into confusion. Катастро́фа создала́ ха́ос в у́личном движе́нии. • беспоря́док. Her room is always in such confusion. У неё в ко́мнате всегда́ невероя́тный беспоря́док.

congratulate поздра́вить. Let me be the first to congratulate you. Разреши́те мне пе́рвым вас поздра́вить.

congress *n* конгре́сс.

conjunction связь. In conjunction with what you said, let me present these facts. В свя́зи с тем, что вы сказа́ли, разреши́те мне указа́ть на сле́дующие фа́кты. • сою́з. Make a list of the commonly used conjunctions. Соста́вьте спи́сок наибо́лее употреби́тельных сою́зов.

connect соедини́ть. Please connect these wires to the battery. Пожа́луйста, соедини́те э́ти провода́ с батаре́ей. — Please connect me with the hospital. Пожа́луйста, соедини́те меня́ с больни́цей. • согласова́ться. All trains connect with buses at the station. Все поезда́ на э́той ста́нции согласо́ваны с автобу́сами. • ассоции́ровать. I always connect war with Napoleon. Война́ у меня́ всегда́ ассоции́руется с Наполео́ном.

☐ What firm are you connected with? В како́й фи́рме вы рабо́таете? • The two families are connected by marriage. Э́ти се́мьи в сво́йстве.

connection сообще́ние. Connections with that town are very poor. С э́тим го́родом о́чень неудо́бное сообще́ние. • связь. I don't see the connection between these two statements. Я не понима́ю свя́зи ме́жду э́тими двумя́ заявле́ниями. — I am not clear about their family connections. Мне не совсе́м ясна́ их ро́дственная связь.

☐ **connections** свя́зи. They have extensive commercial connections. У них широ́кие комме́рческие свя́зи.

☐ There is a loose connection somewhere in the engine. В маши́не где́-то уте́чка то́ка. • I can't hear you very well because the telephone operator gave us a bad connection. Я вас пло́хо слы́шу, телефони́стка нас пло́хо соедини́ла. • You can make connections for Moscow at the next station. На сле́дующей ста́нции вы мо́жете сесть на по́езд, иду́щий в Москву́.

conquer *v* завоёвывать.

conscience *n* со́весть.

conscious созна́ние (consciousness). He hasn't been conscious since this morning. Он с утра́ лежи́т без созна́ния.

☐ **to be conscious of** сознава́ть. I wasn't conscious of what I was doing. Я не сознава́л, что де́лаю.

☐ You should make a conscious effort to finish it. Сделайте очевидным, что вы хотите с этим покончить.

consent согласиться. When asked to stay, he consented. Когда его попросили остаться, он согласился. • согласие. If he is under age, the consent of his parents is required. Если он несовершеннолетний, необходимо согласие его родителей.

consequence n последствие.

consequent adj последовательный.

consequently adv следовательно.

consider рассмотреть. We'll consider all the angles of your proposal. Мы всесторонне рассмотрим ваше предложение. • считать. I don't consider him fit for the job. Я считаю, что он не подходит для этой работы. • считаться. He never considered the feelings of others. Он никогда не считался с чувствами других.

considerable немало. I spent a considerable amount of time on it. Я на это потратил немало времени. • значительный. The dangers of such a trip are considerable. Опасности такого рода поездки весьма значительные.

consideration рассмотрение. We will take the matter under consideration. Мы подвергнем это дело рассмотрению. • внимание. They showed us every consideration. Они оказали нам всяческое внимание. — Take into consideration all the money it cost me. Примите во внимание, во что мне это обошлось. • вознаграждение. He will probably expect a consideration for his services. Он, вероятно, будет ждать вознаграждения за свои услуги. • обдумать (to consider). Give it careful consideration before you make up your mind. Обдумайте это хорошенько прежде чем решать.
☐ **in consideration of** в благодарность. We present this to you in consideration of your services. Позвольте преподнести вам это в благодарность за ваши услуги.
☐ You'd think he'd have some consideration for my feelings. Вы думаете, что он пощадил бы мои чувства.

consist состоять. Our lunch consists of fish, vegetables, and coffee. Наш завтрак состоит из рыбы, овощей и кофе.

constant постоянный. Constant rains made the road very muddy. От постоянных дождей на дороге была непролазная грязь. • беспрерывный. The constant noise kept me awake all night. Беспрерывный шум не давал мне спать всю ночь.

constitute v образовать.

constitution организм. She has a strong constitution. У неё крепкий организм. • конституция. The President's actions are in full accord with the Constitution. Действия президента в полном согласии с конституцией.

construct постройка (construction). We're making plans to construct a new building. Мы намечаем планы постройки нового здания.

construction постройка. The construction has to be delayed again. Постройку придётся опять отложить. — Who's in charge of the construction of this bridge? Кто заведует постройкой этого моста? • сооружение. They're working on the new construction. Они работают над новым сооружением.

consult посоветоваться. You should have consulted us before making final plans. Вы должны были посоветоваться с нами, прежде чем окончательно решать.

consume v потреблять.

contact связь. Have you made any new business contacts?

Вы установили какие-нибудь новые деловые связи? • снестись. I'll contact you as soon as I arrive. Я снесусь с вами, как только приеду.
☐ Don't let the clothing come in contact with the wound. Смотрите, чтоб одежда не касалась раны.

contain содержать. How many liters are contained in a gallon? Сколько литров содержит галлон?
☐ What does this package contain? Что в этом пакете? • The newspaper contains some interesting reports. В газете есть несколько интересных сообщений.

contemplate v размышлять.

content' доволен. He was content with what we offered him. Он был доволен тем, что мы ему предложили.

con'tent содержание. I do not understand the content of this letter. Я не понимаю содержания этого письма.
☐ **table of contents** оглавление. I've seen only the table of contents. Я видел только оглавление.
☐ The contents of your trunk must be examined at the customs house. Ваш сундук будет досматриваться на таможне.

con'test соревнование. There was a bitter contest in the election. Во время выборов между кандидатами шло ожесточённое соревнование. • конкурс. Prizes will be given to the winners of the contest. Победители на конкурсе получат призы.

contest' оспаривать. He contested the court's decision. Он оспаривал постановление суда.

continent n материк.

continual adj беспрестанный.

continue продолжать. They continued working after I left. Они продолжали работу после моего ухода. • продолжаться. The performance will continue after a ten-minute intermission. После десятиминутного антракта спектакль будет продолжаться. • следовать. To be continued. Продолжение следует.

continuous adj непрерывный.

con'tract контракт. I refuse to sign the contract as it stands. Я отказываюсь подписать контракт в его настоящем виде. • (контракт) бридж. Do you play contract? Вы играете в (контракт) бридж? • подряд. We made a contract with them to have the building painted. Мы дали им подряд на покраску этого здания.

con'tract, contract' договориться. We contracted with an architect to design our house. Мы договорились с архитектором и он составил нам проект дома.

contract' схватить. He contracted scarlet fever. Он схватил скарлатину. • ссохнуться. His leg contracted as a result of the disease. У него ссохлась нога после этой болезни. • сокращать. Use the contracted form of the word. Употребляйте сокращённую форму этого слова.
☐ I'm not responsible for the debts you contract. Я не отвечаю за ваши долги.

contrary обратный. The results are contrary to my expectations. Результаты оказались противоположными тому, чего я ожидал. • упрямый She's a very contrary child. Она очень упрямый ребёнок. • шиворот на выворот. Everything seems to be going contrary this morning. Сегодня с утра всё идёт шиворот на выворот.
☐ **on the contrary** напротив. On the contrary, nothing could be worse. Напротив, ничего не могло быть хуже.

con'trast оттенять. Red flowers would be a nice contrast with the blue dress. Красные цветы хорошо оттенят это синее платье.

☐ There's quite a contrast in her behavior when she's with her mother. Она совсём инáче себя ведёт, когдá онá с мáтерью.

contrast' оттенять. Do you think these colors contrast well? По-вáшему, эти цветá хорошó оттеняют друг дрýга?

contribute пожéртвовать. I'll contribute ten dollars to charity. Я пожéртвую дéсять дóлларов на благотворúтельные цéли. • писáть. He contributes articles to magazines. Он пúшет статьú для журнáлов. • сотрýдничать. He contributes to several magazines. Он сотрýдничает в ряде журнáлов. • увелúчивать. All this noise just contributes to the confusion. Весь этот шум тóлько увелúчивает неразберúху.

control завéдывать. The assistant manager controls the expenditures. Помóщник управляющего завéдует расхóдами. • владéть. You must learn to control your temper. Вы должны научúться владéть собóй. • обращáться. She is good at controlling children. Онá хорошó умéет обращáться с детьмú. • управлéние. The control of the business has passed to the son. Управлéние предприятием перешлó к сыну. • механúзм управлéния. Are all the controls in order? Механúзм управлéния в пóлном порядке?

☐ The car is out of control. Автомобúль не слýшается управлéния. • Everything's under control. Всё в порядке.

convenience удóбно (convenient). Call me at your convenience. Позвонúте мне, когдá вам бýдет удóбно. • удóбство. Our house in the country has every modern convenience. В нáшем деревéнском дóме есть все новéйшие удóбства.

convenient удóбный. The bus service here is convenient. Здесь удóбное автобýсное сообщéние. • удóбно. Come whenever it is convenient for you. Приходúте, когдá вам это бýдет удóбно. — What place would be most convenient for us to meet? Где нам бýдет удóбнее всегó встрéтиться? • удáчный. It was a convenient way out of the situation. Это был удáчный выход из положéния.

convention съезд. The convention wasn't too successful. Съезд был не слúшком удáчным.

☐ That isn't in accord with convention. Это здесь не прúнято.

conversation n разговóр.

convey возúть. There's the bus that conveys passengers to the station. Вот автóбус, котóрый вóзит пасажúров на вокзáл. • передáть. Convey my thanks to them. Передáйте им мою благодáрность.

convince v убеждáть.

cook варúть. Start cooking the dinner now. Начнúте варúть обéд сейчáс же. • варúться. This needs to cook longer. Это должнó варúться дóльше. • приготóвить. How do you want the meat cooked? Как приготóвить мясо? • кухáрка. This is a specialty of our cook. Это специáльность нáшей кухáрки.

☐ **to cook up** состряпать. They've cooked up a good story for us. Онú состряпали для нас цéлую истóрию.

☐ My wife is a good cook. Моя женá хорошó готóвит.

cookie n печéние.

cool прохлáдно. It gets pretty cool here toward evening. Здесь к вéчеру станóвится довóльно прохлáдно. • прохлáдный. This is the coolest room in the house. Это сáмая прохлáдная кóмната в дóме. • стыть. Don't let this soup cool too long. Не давáйте сýпу стыть слúшком дóлго.

☐ **to cool off** остыть. Stop the engine and let it cool off.

Остановúте машúну и дáйте ей остыть. • освежúться. Let's go out to the porch and cool off. Пойдём на верáнду освежúться немнóго.

to keep cool сохранúть хладнокрóвие. I tried to keep cool when he insulted me. Хотя он меня обúдел, я старáлся сохранúть хладнокрóвие.

☐ Wait until I get into something cooler. Подождúте, покá я надéну чтó-нибудь полéгче.

coop курятник. Several of the chickens got out of the coop. Нéскольким цыплятам удалóсь выбраться из курятника.

☐ **to keep cooped up** держáть взаперти. It's too hot to keep him cooped up in the house today. Сегóдня слúшком жáрко, чтобы держáть егó взаперти.

cooperate v сотрýдничать.

cooperation n сотрýдничество.

copper медь. The chest is lined with copper. Ящик выложен мéдью. • мéдный. Bring me three meters of copper wire. Принесúте мне три мéтра мéдной прóволоки.

copy переписáть. Copy each sentence exactly as it is written. Перепишúте все эти фрáзы совершéнно тóчно. • кóпия. Please make ten copies of this report. Пожáлуйста, приготóвьте дéсять кóпий этого доклáда. • копúровать. She copies the clothes she sees in the movies. Онá копúрует плáтья, котóрые вúдит на экрáне. • подражáть. Stop copying him. Брóсьте подражáть емý. • экземпляр. He sold the magazine at ten cents per copy. Он продавáл журнáл по десятú цéнтов за экземпляр. • рýкопись. Copy has been sent to the printer. Рýкопись пóслана в типогрáфию.

☐ Have you got a copy of this morning's paper? Есть у вас ýтренняя газéта?

cord шпагáт, бичёвка. I don't have enough cord to tie up this package. У меня не хватáет шпагáту, чтобы перевязáть этот пакéт. • шнур. We'll have to get a new cord for the iron. Нам придётся купúть нóвый шнур для утюгá. • сложúть в куб. I'll have to get a man to cord this wood. Мне придётся найтú когó-нибудь, чтобы сложúть дровá в кубы. • 3,63 стéра. Order a cord of wood. Закажúте 3,63 стéра дров.

☐ **spinal cord** позвонóчник. He injured his spinal cord when he fell. При падéнии он повредúл себé позвонóчник.

cordial любéзный. He sent us a cordial invitation to dinner. Он послáл нам любéзное приглашéние на обéд. • благосклóнный. Our plan met with a cordial reception. Наш план встрéтил благосклóнный приём. • ликёр. Of all cordials, I like cherry best. Из всех ликёров я бóльше всегó люблю вишнёвку.

cork прóбка. The cork was pushed into the bottle. Прóбку протолкнýли в бутылку. • Are those soles rubber or cork? Это резúновые úли прóбковые подмéтки? • закýпорить. Cork the bottle before you put it back. Закýпорьте бутылку перед тем как стáвить её на мéсто.

corn кукурýза. They planted corn in some fields and wheat in others. Однú поля засéяны кукурýзой, а другúе пшенúцей. • мозóль. He stepped on my pet corn. Он наступúл мне на любúмую мозóль.

corner ýгол. Please let me off at the next corner. Пожáлуйста, высадите меня на слéдующем углý. — Let's meet at the corner of —— and —— Streets. Давáйте встрéтимся на углý —— и —— ýлицы. — One corner of the trunk was damaged. Одúн ýгол сундукá был повреждён. — His line of argument drove me into a corner. Своéй аргументáцией

40

он загнáл меня́ в ýгол. • загнáть. We chased the mad dog and finally cornered him in an empty barn. Мы преслéдовали бéшеную собáку и, наконéц, загнáли её в пустóй сарáй.

☐ At that time a dealer had cornered the supply of cheese. В э́то врéмя ры́нок сы́ра находи́лся целикóм в зави́симости от одногó торгóвца.

corporation n корпорáция.

correct прáвильный. Is this the correct address? Э́то прáвильный áдрес? • поправля́ть. Please correct my mistakes when I talk Russian. Пожáлуйста, поправля́йте мои́ оши́бки, когдá я говорю́ по-рýсски. • дéлать вы́говор. She was constantly correcting her son. Онá постоя́нно дéлала вы́говоры своемý сы́ну.

☐ What is the correct dress for this ceremony? Что полагáется надевáть в э́том слýчае?

correction попрáвка. Please make the necessary corrections. Пожáлуйста, сдéлайте необходи́мые попрáвки. • прáвка. The correction of the proofs will take three hours. Прáвка корректýры займёт три часá.

correspond подходи́ть. Her gloves correspond with her dress. Её перчáтки подхóдят к её плáтью. • сходи́ться. The criminal laws in these two countries don't correspond. Уголóвное прáво э́тих двух стран не схóдится. • перепи́сываться. I hope you'll correspond with your old friends. Надéюсь, что вы бýдете перепи́сываться с вáшими стáрыми друзья́ми.

correspondence перепи́ска. She doesn't want to continue our correspondence. Онá не желáет продолжáть перепи́ску со мной. • пóчта. I'd like to have my correspondence forwarded while I'm away. Я хотéл бы, чтоб мне пересылáли мою́ пóчту, когдá я бýду в отъéзде. • связь. There's absolutely no correspondence between the two ideas. Мéжду э́тими двумя́ идéями нет никакóй свя́зи.

cost стóимость. The cost of transportation is too high. Стóимость перевóзки сли́шком высокá. • себестóимость. He was forced to sell his stock at less than cost. Он был вы́нужден продáть свой товáр ни́же себестóимости. • стóить. What does it cost? Скóлько э́то стóит? — How much will it cost to have this watch repaired? Скóлько бýдет стóить почи́нка часóв? — His recklessness cost him his life. Егó безрассýдство стóило емý жи́зни. — I'll buy the dress regardless of the cost. Я куплю́ э́то плáтье, скóлько бы онó ни стóило.

☐ **at all costs** во что бы то ни стáло. He decided to do it at all costs. Он реши́л э́то сдéлать во что бы то ни стáло. **at any cost** во что бы то ни стáло. Carry out these instructions at any cost. Вы́полните э́ти инстрýкции во что бы то ни стáло.

☐ The cost of living is rising. Жизнь дорожáет. • He finished his book on time at the cost of his health. Он кóнчил свою́ кни́гу вó-время, но поплати́лся за э́то свои́м здорóвьем.

costly adj цéнный, дорогóй.

costume костю́м. The costumes at the ball were original if nothing else. Костю́мы на балý бы́ли, во вся́ком слýчае, оригинáльны.

cottage n дóмик.

cotton хлóпок. This country imports (exports) —— tons of cotton yearly. Э́та странá ввóзит (вывóзит) —— тонн хлóпка ежегóдно. • бумáжная матéрия. She bought a couple of meters of red cotton. Онá купи́ла нéсколько

мéтров крáсной бумáжной матéрии. • си́тец. Printed cottons are in style this spring. Си́тец в мóде э́той веснóй. • ни́тяный. She was wearing white cotton stockings. На ней бы́ли бéлые ни́тяные чулки́. • бумáжный. Please give me a spool of white cotton thread. Пожáлуйста, дáйте мне катýшку бéлых (бумáжных) ни́ток.

☐ **absorbent cotton** вáта. Buy me a package of absorbent cotton. Купи́те мне пакéтик вáты.

couch кушéтка, дивáн.

cough кáшлять. The baby has been coughing all night. Ребёнок кáшлял всю ночь. — We must be out of gas because the motor is coughing. У нас, ви́дно, вы́шел бензи́н, мотóр кáшляет. • кáшель. A cough drowned out his answer. Кáшель заглуши́л егó отвéт. — Do you have something that's good for a cough? У вас есть чтó-нибудь прóтив кáшля?

could See **can**.

council n совéт.

counsel совéт. I'm in trouble and I need your counsel. Я в бедé и мне нýжен ваш совéт.

☐ He's the counsel for the defense. Он — защи́тник по э́тому дéлу.

count сосчитáть. Have you counted the towels? Вы сосчитáли полотéнца? — The boxer got up on the count of nine. Когдá сосчитáли до девяти́, боксёр подня́лся. • считáть. The bill is five dollars, not counting the tax. Э́то счёт на пять дóлларов, не считáя налóга. • провéрить. Please count your change. Пожáлуйста, провéрьте сдáчу. • подсчёт. The count has not yet been taken. Подсчёт ещё не сдéлан. • имéть значéние. In this broad outline, the details don't count. В э́том óбщем плáне детáли не имéют значéния. • вмéсте с. There are fifteen people here, counting the guests. Вмéсте с гостя́ми здесь пятнáдцать человéк. • пункт. The jury convicted him on three counts. Суд признáл егó вино́вным по трём пýнктам.

☐ **to count on** рассчи́тывать на. We're counting on you. Мы на вас рассчи́тываем.

☐ I count myself lucky to be here. *Мне óчень повезлó, что я попáл сюдá. • I'm in a great hurry; every minute counts. Я óчень спешý, мне кáждая минýта дорогá.

country странá. What country are you a citizen of? Вы граждани́н какóй страны́? — What country were you born in? В какóй странé вы роди́лись? — The whole country is behind him. За ним (стои́т) вся странá. • райóн. This is good wheat country. Э́то пшени́чный райóн. • дерéвня. I'm going to the country for the week end. Я éду в дерéвню на суббóту и воскресéнье. • деревéнский. The country air will do you good. Вам хорошó бýдет подышáть деревéнским вóздухом. • просёлочный. The country roads are in bad shape. ·Просёлочные дорóги в óчень плохóм состоя́нии.

☐ How long have you been in this country (Russia)? Вы давнó в СССР?

county n грáфство.

couple два. I want a couple of eggs. Дáйте мне два яйцá. • нéсколько. There are only a couple of pieces left. Остáлось всегó нéсколько кускóв. • пáра. They make a very nice couple. Они́ — óчень ми́лая пáра. • прицепи́ть. A dining car will be coupled onto the train at the next station. На слéдующей стáнции к пóезду бýдет прицéплен вагóн-ресторáн.

□ He and she are coupled in everybody's mind. Его и её нельзя́ себе́ предста́вить друг без дру́га.

courage му́жество. He showed courage in saying what he did. Он прояви́л му́жество, сказа́вши э́то. • сме́лость. He has the courage of his convictions. Он име́ет сме́лость отста́ивать свои́ убежде́ния.

□ Keep up your courage. *Не па́дайте ду́хом.

course курс. The plane is flying a straight course. Самолёт лети́т по прямо́му ку́рсу. — What courses are being offered in chemistry? Каки́е ку́рсы чита́ются по хи́мии? • тече́ние. The course of the river has been changed by the dam. Плоти́на измени́ла тече́ние реки́. • блю́до. How much is a three-course dinner? Ско́лько сто́ит обе́д из трёх блюд?

in due course своевре́менно. You will be notified in due course. Вас изве́стят своевре́менно.

in the course of в тече́ние. I heard from him twice in the course of the year. В тече́ние го́да я два ра́за получи́л от него́ изве́стие.

main course второ́е (блю́до). What do you want for the main course? Что вы хоти́те на второ́е?

matter of course в поря́дке веще́й. He takes everything as a matter of course. *Что бы ни случи́лось, он счита́ет, что э́то в поря́дке веще́й.

of course коне́чно. Of course I know what you mean. Коне́чно, я зна́ю, что вы име́ете в виду́.

court двор. We have several rooms facing the court. У нас есть не́сколько ко́мнат, выходя́щих во двор. — Dogs are not allowed in the court (yard). Воспреща́ется пуска́ть соба́к во двор. • площа́дка. The court is still too wet for a game. Площа́дка ещё не просо́хла; игру́ нача́ть нельзя́. • суд. The court was in session from eight in the morning to five in the afternoon. Заседа́ние суда́ продолжа́лось с восьми́ часо́в утра́ до пяти́ часо́в ве́чера. — I have to attend court to pay a fine. Я до́лжен яви́ться в суд, что́бы заплати́ть штраф. • заседа́ние суда́. Court is adjourned. Заседа́ние суда́ счита́ется закры́тым. • уха́живать. He used to court her years ago. Он когда́-то за ней уха́живал. • навле́чь на себя́. You'll court trouble with remarks like that. Вы навлечёте на себя́ неприя́тности таки́ми замеча́ниями.

courteous *adj* любе́зный.

courtesy ве́жливость. I'll go out of courtesy, but I'd rather stay home. Я пойду́ из ве́жливости. но предпочёл бы оста́ться до́ма. • одолже́ние. She's always extending small courtesies. Она́ всегда́ де́лает ма́ленькие одолже́ния.

cousin двою́родный брат. The two boys are cousins. Э́ти два ма́льчика — двою́родные бра́тья. • двою́родная сестра́. She is my cousin. Она́ моя́ двою́родная сестра́.

□ **second cousin** трою́родный брат, трою́родная сестра́. She is my second cousin. Она́ моя́ трою́родная сестра́.

cover покрыва́ть. The floor was completely covered by a large rug. Большо́й ковёр покрыва́л весь пол. — The express train covers the distance in two hours. Экспре́сс покрыва́ет э́то расстоя́ние в два часа́. • покры́ть. I think that will cover all his expenses. По-мо́ему, э́то покро́ет все его́ расхо́ды. • прикры́ть. That hole should be filled, not covered. Э́ту дыру́ ну́жно не прикры́ть, а заде́лать. • кры́шка. Where are the covers for these boxes? Где кры́шки от э́тих я́щиков? • чехо́л. The apartment must be cleaned and the covers removed from the furniture. Ну́жно убра́ть кварти́ру и снять чехлы́

с ме́бели. • обло́жка. The cover of this book has been torn off. Обло́жка э́той кни́ги была́ оторвана́. • одея́ло. Give him another cover or he'll be cold tonight. Да́йте ему́ ещё одно́ одея́ло, а то ему́ но́чью бу́дет хо́лодно. • исчерпа́ть. This book covers the subject completely. В э́той кни́ге те́ма исче́рпана по́лностью. • ши́рма. He used his high position as a cover for his crimes. Своё высо́кое положе́ние он испо́льзовал в ка́честве ши́рмы для свои́х преступле́ний.

□ **to cover up** скрыть. He carefully covered up all his mistakes. Он тща́тельно скрыл все свои́ оши́бки.

under cover та́йно. He carried out his plan under cover. Он та́йно вы́полнил свой план.

□ Keep your head covered in this weather. В таку́ю пого́ду необходи́мо что́-нибудь наде́ть на го́лову. • I read the book from cover to cover. *Я прочёл э́ту кни́гу от доски́ до доски́. • He was covered with embarrassment by her remark. Её замеча́ние привело́ его́ в си́льное смуще́ние. • A new mailman has this territory to cover. Э́тот райо́н бу́дет обслу́живаться но́вым почтальо́ном. • He had us covered with a revolver. Он держа́л нас под угро́зой револьве́ра. • Are you covered by insurance? Вы застрахо́ваны? • Take cover! В укры́тие!

cow коро́ва. The milk comes from their own cows. Э́то молоко́ от их со́бственных коро́в. — The cows are milked at six. Коро́в до́ят в шесть часо́в. • запу́гивать. I felt somewhat cowed in his presence. Я чу́вствовал себя́ не́сколько запу́ганным в его́ прису́тствии.

coward *n* трус.

crab краб. Do you like crab? Вы еди́те кра́бов? • брюзга́. Don't be such an old crab! Не бу́дьте таки́м ста́рым брюзго́й!

crack разби́ть. The windows in my room are cracked. В мое́й ко́мнате разби́ты о́кна. • тре́щина. The crack in the dam is getting wider. Тре́щина в плоти́не расширя́ется. • взлома́ть. If we can't open the safe, we'll have to crack it. Е́сли мы не смо́жем откры́ть сейф, нам придётся его́ взлома́ть. • наколо́ть. Please send some cracked ice to my room. Пожа́луйста, пришли́те мне в ко́мнату нако́лотого льду. • вы́стрел. I thought I heard the crack of a rifle. Мне показа́лось, что я слы́шу руже́йный вы́стрел. • е́дкое замеча́ние. He made a crack about her looks. Он сде́лал е́дкое замеча́ние по по́воду её нару́жности.

□ **to crack a joke** отпусти́ть шу́тку. He cracked several jokes before beginning his speech. Пе́ред нача́лом свое́й ре́чи, он отпусти́л не́сколько шу́ток.

to crack up разби́ться. The plane cracked up near the landing field. Самолёт разби́лся близ аэродро́ма. • разби́ть. I was afraid the driver would crack up the car. Я боя́лся, что шофёр разобьёт маши́ну.

□ That's a tough nut to crack. *Э́то твёрдый оре́шек, не разгры́зть! • I don't mean that as a dirty crack. Я не хоте́л э́тим никого́ оби́деть. • Would you like to take a crack at the job? Вы хоти́те попро́бовать ва́ши си́лы на э́той рабо́те? • She is a crack typist. Э́та машини́стка рабо́тает по-уда́рному.

cracker *n* суха́рик.

cradle лю́лька. Put the baby in its cradle. Положи́те ребёнка в лю́льку. • ука́чивать. He cradled the baby in his arms. Он ука́чивал ребёнка на рука́х.

crash гро́хот. What was that loud crash in the kitchen? Что это был за грóхот в кýхне? • крушéние. Was anyone hurt in the plane crash? Никтó не пострадáл при крушéнии аэроплáна?

☐ They removed the wreckage after the cars crashed. Облóмки столкнýвшихся автомобúлей бы́ли ýбраны.

crawl ползти́. Our car crawled up the hill. Нáша машúна ползлá в гóру. • ползать. The baby is just learning to crawl. Ребёнок тóлько начинáет пóлзать. • лезть. He forgot his key so he crawled in through the window. Он забы́л ключ и емý прúшлóсь лезть в окнó. • кишéть. The place is crawling with ants. Тут прóсто кишúт муравьями.

☐ Mystery stories make my flesh crawl. У меня́ при чтéнии детектúвных ромáнов морóз по кóже пробегáет.

crazy дúкий. What a crazy way to do things! Что за дúкий спóсоб!

☐ **to drive crazy** сводúть с умá. This noise is driving me crazy. Этот шум меня́ с умá сводúт.

cream слúвки. Do you take cream with your coffee? Вы пьёте кóфе со слúвками? — Give me a bottle of cream, please. Дáйте мне, пожáлуйста, буты́лку слúвок. • крем. Do you have any facial creams? У вас есть крéмы для лицá? — Apply this cream twice a day. Употребляйте этот крем два рáза в день. • крéмовый. The walls are cream with a blue border. Стéны крéмовые с сúним бордю́ром.

☐ We have a choice of cream of tomato and cream of potato today. У нас сегóдня на вы́бор: томáтовый úли картóфельный суп. • We were shown only the cream of the crop. Нам показáли тóлько сáмое лýчшее.

create v создавáть.

creature существó. Who is that strange creature at the information desk? Что это за стрáнное существó за спрáвочным столóм?

☐ Look at that child; the poor creature is shivering with cold. Посмотрúте на этого ребёнка, бедня́жка дрожúт от хóлода.

credit кредúт. The manager said that my credit was good. Заведующий сказáл, что я могý пóльзоваться кредúтом. — The books show a credit of five rubles in your name. По кнúгам зачúтся кредúт в пять рублéй в вáшу пóльзу. • доверя́ть. Can you credit the reports in that newspaper? Мóжно доверя́ть сообщéниям в этой газéте? • (по)стáвить в заслýгу. We have to credit him with this. Мы должны́ постáвить это емý в заслýгу. • зачёт. He needs three more credits in order to graduate from school. Чтóбы окóнчить шкóлу, емý нýжно еще три зачёта.

☐ **on credit** в кредúт. They are willing to sell us the furniture on credit. Онú соглáсны продáть нам мéбель в кредúт.

to give credit считáть заслýгой. They gave the doctor credit for curing the patient. Онú считáли егó выздоровлéние заслýгой дóктора.

☐ I gave him credit for having more sense. Я считáл егó бóлее разýмным. • He took credit for the plan, although others did the work. Заслýга составлéния проéкта была́ припúсана емý, хотя́ всю рабóту сдéлали другúе. • Will they give us credit at this store? Дадýт нам в долг в этой лáвке? • He is a credit to his family. Егó семья́ мóжет им гордúться.

creek n ручéй.

creep (crept, crept) пóлзать. How old was the baby when it started creeping? Скóлько бы́ло ребёнку, когдá он нáчал пóлзать. • крáсться. He crept slowly up the stairs for fear of waking someone. Он тихóнько крáлся по лéстнице навéрх, чтóбы никогó не разбудúть. • ползтú. You'd better cut those vines; they're creeping all over the wall. Вы бы лýчше подрéзали эти лóзы, онú ползýт по всей стенé.

☐ Just the thought of being alone in this house gives me the creeps. От однóй мы́сли остáться одномý в этом дóме, у меня́ мурáшки по спинé бéгают.

crept See **creep.**

crew комáнда. Several of the ship's crew were lost. Нéсколько члéнов комáнды этого сýдна погúбло. • бригáда. We passed a crew of workmen repairing the road. Мы прошлú мúмо рабóчей бригáды, чинúвшей дорóгу.

cricket сверчóк. At night all you heard was the crickets chirping. Всю ночь тóлько и бы́ло слы́шно что трещáние сверчкóв. • крúкет. The British soldiers tried to teach us to play cricket. Англúйские солдáты старáлись научúть нас игрáть в крúкет.

crime преступлéние. The police are investigating the crime. Милúция заня́та расслéдованием этого преступлéния. — The way he handles that car is a crime. Пря́мо преступлéние, как он обращáется с этой машúной.

criminal n престýпник; adj престýпный.

critic n крúтик.

criticism крúтика. Let's hear your criticism of the lecture. Давáйте послýшаем вáшу крúтику этой лéкции. — She has nothing to offer but criticism. Онá тóлько и знáет, что разводúть крúтику.

crooked крúво. Your hat's on crooked. У вас шля́па крúво надéта. • плут (crook). I wouldn't do business with such a crooked person. Я не стáну вестú дел с такúм плутóм.

crop урожáй. How are the crops around here? Какóв урожáй в этой мéстности? — Have you harvested the crop yet? Вы ужé сня́ли урожáй?

☐ **to crop up** возникнуть. Many new questions are sure to crop up after the war. Пóсле войны́, конéчно, возникнет мнóго нóвых вопрóсов.

☐ A new crop of rumors grew up after the conference. Пóсле этой конферéнции пошлá нóвая волнá слýхов.

cross крест. Do you see the church with the big cross on the steeple? Вы вúдите цéрковь с большúм крестóм на колокóльне? — Put a cross on the map to show where we are. Отмéтьте на кáрте крестóм то мéсто, где мы нахóдимся. — If you can't sign your name, make a cross instead. Éсли вы негрáмотны, постáвьте вмéсто вáшей фамúлии крест. • переходúть. Cross the street at the signal. Переходúте ýлицу по сигнáлу. • перепрáвиться. We can cross the river at the next town. Мы мóжем перепрáвиться чéрез рéку у ближáйшего гóрода.

☐ **to cross one's mind** приходúть в гóлову. It never crossed my mind that he would object. Мне никогдá не приходúло в гóлову, что он бýдет возражáть.

to cross out вы́черкнуть. Cross out the names of those you don't want to invite. Вы́черкните именá всех тех, когó вы не хотúте приглáсить.

☐ Don't ever cross my path again! *Смотрúте, не попадáйтесь мне бóльше на путú!

crossing переéзд. They stopped the car just in time at the railroad crossing. Онú вó-время остановúли машúну у

43

железнодоро́жного перее́зда. • скреще́ние. Our house is near the crossing of the two main highways. Наш дом недалёко от скреще́ния двух больши́х доро́г. • перекрёсток. A policeman was stationed at each street crossing. На ка́ждом перекрёстке стоя́л милиционе́р. • перепра́ва. The river crossing was made possible by a hastily built bridge. Перепра́ва оказа́лась возмо́жной, благодаря́ спе́шно наведённым моста́м.

crow воро́на. Are those crows there? Что э́то там, воро́ны? • петь. I get up soon after the rooster crows. Я встаю́ с петуха́ми. • куда́хтать (to cackle). They're still crowing over their victory. Они́ всё ещё куда́хчут о свое́й побе́де.

☐ **as the crow flies** по прямо́й ли́нии. It's only a short distance from here as the crow flies. По прямо́й ли́нии отсю́да туда́ совсе́м недалеко́.

crowd толпа́. A crowd gathered on the street corner. На углу́ у́лицы собрала́сь толпа́. — Let's follow the crowd. Пойдём за толпо́й. • толпи́ться. A lot of people crowded the square. На пло́щади толпи́лось мно́го наро́ду. • компа́ния. He runs around with a different crowd. У него́ тепе́рь друга́я компа́ния.

☐ The hall was crowded to capacity. *Зал был по́лон до отка́за. • The people crowded against the barrier. Толпа́ напира́ла на барье́р.

crown коро́на. We saw a beautiful crown in the museum. Мы ви́дели в музе́е краси́вую коро́ну. • коро́нка. Tell the dentist to put a gold crown on that tooth. Скажи́те данти́сту, чтобы он вам поста́вил золоту́ю коро́нку на э́тот зуб. • тулья́. The crown of his hat is too high. У него́ сли́шком высо́кая тулья́ на шля́пе.

cruel жесто́кий. I didn't know he was such a cruel man. Я не знал, что он тако́й жесто́кий челове́к. • суро́вый. He didn't deserve such cruel punishment. Он не заслужи́л тако́го суро́вого наказа́ния.

crumb *n* кро́шка.

crush раздави́ть. My hatbox was crushed in transit. Мою́ карто́нку со шля́пами раздави́ли в доро́ге. — We were nearly crushed while leaving the theater. При вы́ходе из теа́тра нас чуть не раздави́ли. • подави́ть. We were crushed by the announcement. Мы бы́ли пода́влены э́тим сообще́нием. • смя́тый. I want this crushed hat blocked. Я хочу́ дать вы́гладить э́ту смя́тую шля́пу. • да́вка. There was a crush when they opened the door. Когда́ откры́ли две́ри, произошла́ да́вка.

crushing удруча́ющий. The telegram contained some crushing news. Телегра́мма содержа́ла удруча́ющие но́вости.

cry запла́кать. She cried when she heard the news. Она́ запла́кала, услы́шав э́то изве́стие. • пла́кать. Stop crying! Переста́ньте пла́кать! • кри́кнуть. "Stop him!" she cried. "Останови́те его́!" кри́кнула она́. • крик. There was a cry of "Man overboard!" Разда́лся крик: "Челове́к за бо́ртом".

☐ **to cry out** вскри́кнуть. The pain was so great that he cried out. Боль была́ так сильна́, что он вскри́кнул. — I thought I heard somebody cry out. Мне показа́лось, что кто́-то вскри́кнул.

☐ These rooms are a far cry from what was promised us. Э́ти ко́мнаты не похо́жи на те, что нам бы́ли обе́щаны. • She had a good cry and felt better. Вы́плакавшись, она́ почу́вствовала себя́ лу́чше.

cultivate возде́лывать. This soil is so poor it isn't worth cultivating. Здесь така́я плоха́я по́чва, что не сто́ит её возде́лывать. • разви́ть. I've never been able to cultivate a taste for some foods. Я никак не могу́ разви́ть в себе́ вку́са к не́которым ку́шаньям. • подде́рживать. It'll be worth your while to cultivate her friendship. Вам сто́ит подде́рживать с ней дру́жбу.

cunning *adj* хи́трый.

cup ча́шка. Will you have a cup of coffee? Хоти́те ча́шку ко́фе? — I have to buy some paper cups. Мне ну́жно купи́ть бума́жных ча́шек. • ку́бок The race for the silver cup will be held this afternoon. Сего́дня по́сле обе́да состоя́тся го́нки на сере́бряный ку́бок.

cupboard *n* шкаф.

cure вы́лечить. You can trust this doctor to cure him. Вы мо́жете быть уве́рены, что э́тот врач его́ вы́лечит. • сре́дство. Is there a cure for this disease? Есть како́е-нибудь сре́дство от э́той боле́зни? • суши́ть. They cure tobacco in these buildings. Они́ су́шат таба́к в э́том зда́нии. • излечи́ть. This will cure him of his bad habit. Э́то изле́чит его́ от скве́рной привы́чки.

☐ **to be cured** вы́здороветь. It will be three weeks before he's cured. Он вы́здоровеет не ра́ньше, чем че́рез три неде́ли. **water cure** водолече́ние. Do you think the water cure would do him any good? Вы ду́маете, водолече́ние мо́жет ему́ помо́чь?

curiosity любопы́тство. My curiosity was aroused by the queer noises in the attic. Стра́нные зву́ки на чердаке́ возбуди́ли моё любопы́тство.

curious любопы́тный. I'm curious to know how everything turned out. Любопы́тно узна́ть, чем всё э́то ко́нчилось. • стра́нный. What a curious-looking bird! Кака́я стра́нная пти́ца!

☐ It's curious that you're both absent at the same time. Стра́нно, что вы о́ба отсу́тствовали одновре́менно.

curl зави́ть. She went to the beauty shop to have her hair curled. Она́ пошла́ к парикма́херу зави́ть во́лосы. • ло́кон. Her curls reach her shoulders. У неё ло́коны до плеч. • клубы́. Curls of smoke are coming out of the chimney. Из трубы́ валя́т клубы́ ды́ма.

☐ **to curl up** сверну́ться клубко́м. The dog curled up and went to sleep. Соба́ка сверну́лась клубко́м и засну́ла.

current тече́ние. Does the river have a strong current here? (У реки́) здесь бы́строе тече́ние? • ток. My electric current has been cut off. У меня́ закры́ли ток. — What type of (electric) current do you have here? Како́й у вас здесь ток? • теку́щий. It is difficult for me to keep up with current events. Мне тру́дно быть в ку́рсе теку́щих собы́тий.

☐ **current issue** после́дний вы́пуск (*or* но́мер). I read that in the current issue of ——. Я прочёл э́то в после́днем вы́пуске —— . **current value** курс. What is the current value of the franc? Како́й сейча́с курс фра́нка?

☐ This story is now current in many papers. Об э́том сейча́с пи́шут во мно́гих газе́тах.

curse руга́тельство. Instead of answering, he muttered a few curses. Вме́сто отве́та, он пробормота́л не́сколько руга́тельств. • вы́ругаться. He cursed when I hit him. Он вы́ругался, когда́ я его́ уда́рил. • прокля́тие. The mosquitoes were a curse. Комары́ бы́ли су́щим прокля́тием. — They say this house has a curse on it.

Говоря́т, что на э́том до́ме лежи́т прокля́тие.
☐ We were cursed with bad weather the whole trip. Во вре́мя всей пое́здки нас преследо́вала скве́рная пого́да.

curtain занаве́ска. I need curtains for all the windows. Мне нужны́ занаве́ски на все о́кна. • заве́са. There was a curtain of smoke over the whole area. Над всей ме́стностью стоя́ла дымова́я заве́са.
☐ The curtain goes up at eight thirty. Нача́ло спекта́кля в полови́не девя́того.

curve поворо́т. Take it easy going around curves. Ле́гче на поворо́тах. — Look out, the road curves suddenly. Осторо́жней, тут круто́й поворо́т.

cushion дива́нная поду́шка. Have the cushions on the sofa cleaned. Дива́нные поду́шки на́до почи́стить.

custom обы́чай. I am not yet familiar with the local customs. Я ещё не осво́ился с ме́стными обы́чаями. • по́шлина. Do we have to pay customs on this? Мы должны́ плати́ть за э́то по́шлину? • тамо́жня. We were delayed by the customs. Нас задержа́ли в тамо́жне. • тамо́женный. Is there a customs inspection at the border? Бу́дет на грани́це тамо́женный осмо́тр?
☐ Is it your custom to eat breakfast early? Вы привы́кли за́втракать ра́но? • He wears only custom-made clothes. Все его́ костю́мы сши́ты на зака́з. • Is there a good custom tailor on this street? Есть на э́той у́лице хоро́ший портно́й?

customer *n* покупа́тель.

cut поре́зать. He cut his hand when he fell. Он поре́зал себе́ ру́ку, когда́ упа́л. • ре́зать. This knife doesn't cut. Э́тот нож не ре́жет. — The bread was dry and did not cut easily. Хлеб был чёрствый, и его́ тру́дно бы́ло ре́зать. • наре́зать. Let's cut the cake now! Дава́йте тепе́рь наре́жем торт! • поре́з. The cut on my finger is nearly healed. Поре́з на моём па́льце почти́ зажи́л. • кусо́к. She buys only choice cuts of meat. Она́ покупа́ет то́лько отбо́рные куски́ мя́са. — What other cuts do you have? У вас есть други́е куски́? • часть, до́ля. When the deal was finished, they asked for their cut. Когда́ де́ло бы́ло зако́нчено, они́ потре́бовали свою́ часть. • мо́да. She always wears clothes of the latest cut. Она́ всегда́ одева́ется по после́дней мо́де. • сре́занный. Should we send her a plant or cut flowers? Посла́ть ей расте́ние в горшке́ и́ли сре́занные цветы́? • сни́зить. These prices will be cut next month. Э́ти це́ны бу́дут сни́жены в бу́дущем ме́сяце. — He asked us to take a salary cut of ten percent. Он предложи́л сни́зить на́шу за́работную пла́ту на де́сять проце́нтов. • оби́деть. They are old friends and I don't want to cut them. Они́ мои́ ста́рые друзья́, и я не хоте́л бы их оби́деть. • пропусти́ть. He had to cut the class in order to meet us. Он до́лжен был пропусти́ть уро́к, что́бы встре́титься с на́ми. • иллюстра́ция. The book contains three cuts. В э́той кни́ге три иллюстра́ции.
☐ **cold cuts** холо́дное мя́со. We are having cold cuts for supper. У нас к у́жину холо́дное мя́со.

loose-cut просто́рный. He wore a loose-cut coat. На нём был просто́рный пиджа́к.

to be cut up быть расстро́енным. He was terribly cut up over the loss of his baggage. Он был ужа́сно расстро́ен поте́рей своего́ багажа́.

to cut cards снять ка́рты. Have you cut the cards yet? Вы уже́ сня́ли ка́рты?

to cut down сруби́ть. They have cut down most of the trees for firewood. Большинство́ дере́вьев бы́ли сру́блены на дрова́. • сократи́ть. The report had to be cut down to half its length. Пришло́сь сократи́ть докла́д наполови́ну. — We are trying to cut down expenses. Мы стара́емся сократи́ть расхо́ды.

to cut in вмеша́ться. We were talking very quietly until he cut in. Мы разгова́ривали о́чень споко́йно, пока́ он не вмеша́лся в разгово́р.

to cut off прерва́ть. The flood has cut off all communication with the next town. Из-за наводне́ния вся́кое сообще́ние с сосе́дним го́родом бы́ло пре́рвано. • разъедини́ть. Operator, I've been cut off. Послу́шайте, ста́нция, нас разъедини́ли.

to cut oneself поре́заться. I cut myself with a razor. Я поре́зался бри́твой.

to cut out прекрати́ть. Tell them to cut out the noise. Скажи́те им, что́бы они́ прекрати́ли э́тот шум.

to cut short прерва́ть. Our trip was cut short by the bad news. На́ша пое́здка была́ пре́рвана из-за плохи́х изве́стий.

to cut through пересека́ть. When we're in a hurry, we cut through the park. Когда́ мы спеши́м, мы пересека́ем парк.

to cut up раздели́ть. The house has been cut up into apartments. Дом был разделён на кварти́ры.
☐ Their ambassador cut a big figure at the conference. Их посо́л был на конфере́нции весьма́ заме́тной фигу́рой. • He was going slow and we cut in ahead of him. Он е́хал ме́дленно, мы пое́хали ему́ напереве́з и обогна́ли его́. • When the speaker finished, they cut loose and raised the roof. Когда́ ора́тор ко́нчил, бу́рный взрыв аплодисме́нтов потря́с зал. • He's not cut out for languages. У него́ нет спосо́бностей к языка́м. • Cut it out! Переста́ньте! • The movie had to be cut in several places. В фи́льме пришло́сь сде́лать не́сколько сокраще́ний. • It will save time to cut across the field. Мы вы́играем вре́мя, е́сли пойдём напрями́к че́рез по́ле. • I must get my hair cut. Мне ну́жно постри́чься. • The job will take only five days, if we cut corners. Э́та рабо́та займёт всего́ пять дней, е́сли не остана́вливаться на подро́бностях.

cute ми́лый. She always says such cute things. Она́ всегда́ так ми́ло говори́т.
☐ **cute girl** ду́шечка. What a cute girl! Что за ду́шечка!

cutting обре́зок. Save me all the cuttings from the dress. Сохрани́те мне все обре́зки мате́рии. • ре́зкий. Why did you make that cutting remark? Почему́ вы сде́лали тако́е ре́зкое замеча́ние?

D

dad оте́ц. My dad phoned me yesterday from Moscow. Вчера́ оте́ц звони́л мне из Москвы́. • па́па. Dad, can you lend me ten rubles? Па́па, ты мо́жешь одолжи́ть мне де́сять рубле́й?

daily ежедне́вный. I'd like to subscribe to a daily newspaper. Я хоте́л бы подписа́ться на ежедне́вную газе́ту. • ежедне́вно. An inspection of passports is made daily. Прове́рка паспорто́в произво́дится ежедне́вно.

dairy *n* молочная. How many men do you have working in the dairy now? Сколько человек работает у вас в молочной?

daisy *n* маргаритка.

damage повреждение. How much damage has been done? Как велики были повреждения. • повреждать. The accident damaged the car. Во время катастрофы машина была повреждена. • убыток. He had to pay damages to the owner of the car. Ему пришлось заплатить владельцу машины за убытки.

damp сырой. It's a rather damp day today. Сегодня довольно сыро. • влажный. The stockings are still damp. Чулки ещё влажные.

dance танцевать. Do you know how to dance the rhumba? Вы умеете танцевать румбу? • танец. May I have the next dance? Позвольте пригласить вас на следующий танец. • танцы. We are invited to a dance at their home. Мы приглашены к ним на танцы. • плясать. The little girl was dancing with joy. Девочка плясала от радости.

dandelion *n* одуванчик.

danger опасность. The doctor says she's out of danger now. Доктор говорит, что она теперь вне опасности. — This trip will be full of danger. Это путешествие полно опасностей.

☐ Danger! Опасно! • We are in danger of being late. Боюсь, что мы опоздаем.

dangerous опасный. It was a dangerous trip. Это была опасная поездка. • опасно. It is dangerous to swim here. Тут купаться опасно.

☐ Is her condition still dangerous? Она всё ещё в опасности?

dare решиться. I didn't dare to leave the baby. Я не решилась оставить ребёнка. • подбить. My friends dared me to do it. Друзья подбили меня на это. • осмелиться. I dare anybody to prevent me from going there. Пусть кто-нибудь осмелится помешать мне пойти туда.

☐ to take a dare рискнуть. He is always willing to take a dare. Он всегда готов рискнуть.

dark тёмный. She wore a dark brown dress. На ней было тёмно-коричневое платье. • темнота. The house is difficult to find in the dark. Этот дом в темноте трудно найти. • мрачный. Those were dark days for me. Это была мрачная пора моей жизни. • смуглый. Не has a dark complexion. Он смуглый.

☐ to get dark темнеть. It gets dark earlier and earlier. Теперь темнеет всё раньше и раньше.

to keep someone in the dark скрывать от. My friend has kept me in the dark about his plans. Мой друг скрывал от меня свои планы.

☐ I am completely in the dark. Я ровно ничего не знаю.

darkness темнота. The wires were cut and we were left in darkness. Провода были перерезаны, и мы остались в темноте. • секрет. They kept their reasons for going in darkness. Они держали причины своей поездки в секрете.

darling *n, adj* дорогой, любимый.

darn штопать. She's out on the porch darning socks. Она сидит на крыльце и штопает носки.

dart *v* кинуться; *n* дротик.

dash плеснуть. She dashed water in his face. Она плеснула ему водой в лицо. • помчаться. He dashed to the corner to mail a letter. Он помчался на угол отправить письмо.

☐ Dash off these letters, will you? Пожалуйста, немедленно же напишите и отправьте эти письма. • A dash of vinegar is all the salad needs. Прибавьте к салату каплю уксуса — и больше ничего. • He won the hundred-yard dash. Он пришёл первым в состязании на сто метров.

data данные, факты. Please collect all the necessary data for my report. Подготовьте, пожалуйста, все данные для моего доклада.

date датировать. The letter was dated April tenth. Письмо датировано десятым апреля. • устареть. His books are dated now. Его книги теперь устарели. • свидание. I have my first date with her tonight. Сегодня вечером у меня с ней первое свидание. • финик. How much are dates by the kilo? Почём кило фиников?

☐ **out of date** старомодный. Her clothes are out of date. Она одевается старомодно. • устарелый. He drives an out-of-date model. Он ездит на машине устарелого образца.

to be up to date быть в курсе. He is fully up to date on this subject. В этом вопросе он вполне в курсе дел.

to date до сих пор. We haven't heard from him to date. Мы до сих пор от него ничего не получили.

up-to-date самый последний. I got the up-to-date news. Я получил самые последние известия.

☐ Who is your date tonight? С кем у вас свидание сегодня вечером? • He's been dating her regularly. У него с ней регулярные свидания. • I am dated up this week. У меня вся неделя заполнена свиданиями. • This church dates from the Eighteenth Century. Эта церковь была построена в восемнадцатом веке. • What were the dates of your last employment? С какого и до какого времени вы пробыли на вашей последней работе? • What is the date of your birth? Когда вы родились? • His style of dancing dates him. Его манера танцовать выдаёт его возраст.

daughter *n* дочь, дочка.

dawn рассвет, заря. I got up at the crack of dawn. Я встал на рассвете. • осенить. It finally dawned on me what he meant. Наконец меня словно осенило и я понял, что он хотел сказать. • начало. The new invention marked the dawn of a new era in weaving. Это изобретение явилось началом новой эпохи в ткацком деле.

day день. I worked all day yesterday. Я вчера весь день работал. — It's been a long day. Этот день тянулся бесконечно. — This is the day of air transport. Наши дни — эпоха воздушного транспорта. — Customs of the present day differ greatly from those of days of old. В наши дни обычаи совсем не те, что встарину. • сутки (24 hours). We spent three days in the country. Мы провели трое суток в деревне. • рабочий день. All employees work an eight-hour day. У всех служащих здесь восьмичасовой рабочий день.

☐ call it a day. Let's stop work and call it a day. Довольно на сегодня, давайте шабашить!

day by day мало-по-малу. Day by day I'm getting used to it. Я мало-по-малу привыкаю к этому.

day in, day out изо дня в день. Day in, day out we are doing the same thing. Изо дня в день мы делаем одно и то же.

from day to day с каждым днём. We are learning more

about the country from day to day. Мы с ка́ждым днём всё бли́же знако́мимся со страно́й.

the other day на-дня́х. I met him the other day. Я его́ на-дня́х встре́тил.

dead у́мер. His father is dead. Его́ оте́ц у́мер. • мёртвый, поко́йник. Can somebody identify the dead? Кто́-нибудь мо́жет опозна́ть поко́йника? • поту́хнуть. The furnace is dead. То́пка поту́хла. • пога́снуть. My cigarette is dead. Моя́ папиро́са пога́сла. • мертво́. It's very dead around here in the summer. Ле́том тут всё мертво́. • смерте́льно ску́чный. The show was pretty dead. Спекта́кль был смерте́льно ску́чный. • глубо́кий. She fell in a dead faint. Она́ упа́ла в глубо́кий о́бморок. • абсолю́тно. Are you dead certain that you can do it? Вы абсолю́тно уве́рены, что смо́жете э́то сде́лать?

☐ **dead-end** тупи́к. This is a dead-end street. Э́то тупи́к.

dead of night глубо́кая ночь. It happened in the dead of night. Э́то случи́лось глубо́кой но́чью.

dead tired смерте́льно уста́лый. I feel dead tired. Я смерте́льно уста́л.

dead weight балла́ст. This baggage is so much dead weight. Э́тот бага́ж то́лько балла́ст.

☐ We came to a dead halt. Мы застопо́рили. • He stopped dead in his tracks. Он останови́лся как вко́панный. • To our honored dead. На́шим па́вшим геро́ям.

deaf глухо́й. He doesn't go to concerts because he is deaf. Он не хо́дит на конце́рты, потому́ что он глух. — He remains deaf to my request. Он остаётся глух к мое́й про́сьбе.

☐ **deaf and dumb** глухонемо́й. The poor child was born deaf and dumb. Бе́дный ребёнок роди́лся глухонемы́м.

deal (dealt, dealt) ве́дать. This bureau deals with passport questions. Э́тот отде́л ве́дает паспорта́ми. • поступи́ть. He dealt fairly with me. Он поступи́л со мной че́стно. • торгова́ть. The store deals in wine. Э́тот магази́н торгу́ет вино́м. • сде́лка. They said the deal was off. Они́ сказа́ли, что сде́лка не состои́тся. • соглаше́ние. If they make a deal we're saved. Е́сли они́ приду́т к соглаше́нию, мы спасены́. • наноси́ть. The new regulation deals a severe blow to my plans. Но́вое постановле́ние нано́сит жесто́кий уда́р мои́м пла́нам. • сдава́ть. Who dealt this hand? Кто сдава́л?

☐ **a good deal** мно́гое. A good deal remains to be done. Ещё мно́гое остаётся сде́лать.

a great deal о́чень мно́го. I smoke a great deal. Я о́чень мно́го курю́. • мно́го. I haven't a great deal of money to spend. У меня́ не так уж мно́го де́нег на расхо́ды.

☐ You can expect a square deal from him. Он вас не подведёт. • The workers say they got a raw deal. Рабо́чие говоря́т, что с ни́ми несправедли́во поступи́ли.

dealer торго́вец. The dealer tried his best to sell me a car. Торго́вец изо всех сил пыта́лся убеди́ть меня́ купи́ть маши́ну.

☐ Who's dealer for this hand? Кому́ сдава́ть?

dealt *See* **deal.**

dear ми́лый. Whatever you say, dear. Как хо́чешь, ми́лый.

☐ My sister is very dear to me. Я о́чень люблю́ мою́ сестру́. • Dear Sir: (when addressing Soviet citizens): Уважа́емый граждани́н н.; (when addressing foreigners): Уважа́емый господи́н н.

death смерть. I was sorry to hear of the death of your friend. Я с больши́м огорче́нием узна́л о сме́рти ва́шего дру́га.

☐ **to death** до сме́рти. I feel worked to death. Я уста́л до сме́рти.

debate обсужда́ться. The question was debated by the entire village. Вопро́с э́тот обсужда́лся все́й дере́вней. • пре́ния. A debate will follow the annual report by the committee. За годи́чным отчётом комите́та после́дуют пре́ния.

debt долг. I will try to pay my debts by the end of the month. Я постара́юсь заплати́ть мои́ долги́ к концу́ ме́сяца.

☐ I owe him a debt of gratitude. Я ему́ мно́гим обя́зан.

decay сгнить. We have to pick those apples now, otherwise they'll decay. Э́ти я́блоки придётся тепе́рь же снять, а то они́ сгнию́т.

deceive обману́ть. His innocent manner deceived us. Он обману́л нас свои́м неви́нным ви́дом.

December *n* дека́брь.

decide реши́ть. It's not easy to decide that question. Э́тот вопро́с нелегко́ реши́ть. — I have decided to go to the theater. Я реши́л пойти́ в теа́тр. • реша́ть. The expense was the deciding factor. Вопро́с о расхо́дах был реша́ющим. — His height gave him a decided advantage in the game. Его́ высо́кий рост дал ему́ реша́ющее преиму́щество в э́той игре́.

decision реше́ние. We haven't come to a decision yet. Мы ещё не пришли́ к реше́нию. • реши́тельность. He showed great decision in carrying out the plan. Он прояви́л большу́ю реши́тельность в проведе́нии пла́на.

deck па́луба. Let's go up on deck. Дава́йте подни́мемся на па́лубу. • коло́да. Do you have a deck of cards? Есть у вас коло́да карт? • украша́ть. The building was decked with flags for the celebration. По слу́чаю пра́здника зда́ние бы́ло укра́шено фла́гами.

☐ **to be decked out** быть усы́панным. She was decked out with cheap jewelry. Она́ была́ усы́пана фальши́выми драгоце́нностями.

declare заяви́ть. He declared himself against the proposal. Он заяви́л, что он про́тив э́того предложе́ния. • предъяви́ть. Do I have to declare these things at the customs? До́лжен я предъяви́ть э́ти ве́щи на тамо́жне? • утвержда́ть. The newspapers are declaring that he is innocent. Газе́ты утвержда́ют, что он невино́вен.

decline отклони́ть. They declined his invitation as politely as they could. Они́ отклони́ли его́ приглаше́ние в са́мой ве́жливой фо́рме. • пошатну́ться. His health has declined a lot recently. Его́ здоро́вье си́льно пошатну́лось в после́днее вре́мя. • у́быль. Has there been any decline in the epidemic? Что, эпиде́мия идёт на у́быль? • склоня́ться. How do you decline this word? Как склоня́ется э́то сло́во?

deed ку́пчая. I received the deed from my lawyer. Я получи́л ку́пчую от моего́ пове́ренного. The land was deeded to its new owner. Земля́ была́ закреплена́ за но́вым владе́льцем. • по́двиг. The soldier was decorated for a brave deed. Солда́т получи́л о́рден за свой по́двиг.

deem счита́ть. He deemed it necessary to consult his parents on the matter. Он счита́л необходи́мым посове́товаться по э́тому по́воду с роди́телями.

deep глубо́кий. This lake is very deep. Э́то о́зеро о́чень глубо́кое. — Is the wound very deep? Что, ра́на о́чень глубо́кая? • глубоко́. They dug deeper and deeper for water. Они копáли всё глýбже и глýбже в пóисках воды́. — He is a man of deep feelings. Он всё глубокó переживáет. • глубинá. This mine is 500 meters deep. Глубинá этой шáхты пятьсóт мéтров. • глубокó. The hotel is located deep in the mountains. Гостúница располóжена глубокó в горáх. • дремýчий. Beyond those mountains are deep forests. За горáми дремýчие лесá. • нúзкий. The singer was at his best in the deep tones. Нúзкие нóты удалúсь певцý лýчше всегó. • слóжный. The subject is too deep for me. Этот вопрóс для меня́ слúшком слóжен.

□ He's given the subject deep study. Он глубокó изучúл этот предмéт. • The sea was a deep blue. Мóре бы́ло тёмно-сúнее. • They are always deep in debt. *Онú всегдá по́ уши в долгáх.

deer n олéнь.

defeat разбúть. We defeated our opponents in the last game. В послéдней игрé мы разбúли протúвников.

□ They're defeating their own purpose. Онú сáми себé вредя́т. • This defeat decided the whole war. Это поражéние решúло исхóд войны́.

defect недостáток. This new model has many defects. Эта нóвая модéль имéет немáло недостáтков.

defective испóрченный. You sold me a defective radio. Вы мне прóдали испóрченное рáдио.

defend защитúть. He issued the report to defend his reputation. Он опубликовáл этот отчёт, чтóбы защитúть свою́ репутáцию. • защищáть. They decided not to defend the town. Онú решúли не защищáть гóрода.

□ He should get a lawyer to defend him. Он дóлжен пригласúть защúтника.

defense оборóна. The defenses of the country have stood the test. Мероприя́тия по оборóне страны́ вы́держали испытáние. • защúта. We lost the game because of our weak defense. Нáша защúта былá слабá и поэ́тому мы проигрáли. • речь в защúту. The lawyer delivered the defense for the accused. Адвокáт произнёс речь в защúту обвиня́емого. • оправдáние. What can you say in your defense? Что вы мóжете сказáть в своё оправдáние?

□ He has a job in a defense plant. Он рабóтает на воéнном завóде.

definite определённый. The plans for the trip are not definite yet. Плáны нáшей поéздки ещё неопределённы. • решúтельный. He was definite in his refusal. Егó откáз был решúтельный.

□ Can you name a definite date? Мóжете вы тóчно указáть дáту?

degree грáдус. At night the temperature sometimes drops ten degrees. По ночáм температýра иногдá пáдает на дéсять грáдусов. — The lines form an angle of 45 degrees. Эти лúнии образýют ýгол в сóрок пять грáдусов. • стéпень. To a certain degree you are right. Вы, до нéкоторой стéпени, прáвы. — The workers have reached a high degree of efficiency. Производúтельность рабóчих достúгла высóкой стéпени. • учёная стéпень. What degree have you received? Какáя у вас учёная стéпень?

□ **by degrees** постепéнно. He is getting closer to the answer by degrees. Он постепéнно подхóдит к разрешéнию вопрóса.

□ He holds a B.A. degree. Он — бакалáвр. • He is accused of murder in the first degree. Он обвиня́ется в убúйстве с зарáнее обдýманным намéрением. • What

degree of progress have you made in English? Как вы успевáете по-англúйски?

delay задержáть. The accident delayed the train for two hours. Катастрóфа в путú задержáла пóезд на два часá. • задéрживать. Don't delay in sending the letter. Не задéрживайте отпрáвку письмá. • отложúть. He'll have to delay the trip for a week. Емý придётся отложúть поéздку на недéлю. • задéржка. The delay caused me to miss the train. Из-за этой задéржки я не попáл на пóезд.

delegate делегáт. All rooms in this hotel have been reserved for the delegates to the convention. Все кóмнаты в этой гостúнице забронúрованы за делегáтами на съезд. • послáть. They delegated me to do this job. Меня́ послáли на эту рабóту.

delicate тóнкий. This wine has a delicate flavor. Какóй тóнкий букéт у этого винá. • нéжный. I think a delicate shade of pink would be nice for the baby's sweater. Помóему нéжно рóзовый цвет бýдет óчень хорóш для дéтской кóфточки. • хрýпкий. She's in very delicate health. У неё óчень хрýпкое здорóвье. • чувствúтельный. The instruments were very delicate. Это бы́ли óчень чувствúтельные прибóры. • изы́сканный. Don't use such delicate language. Не выражáйтесь, пожáлуйста, так изы́сканно. • слáбый. She's too delicate to work. Онá слúшком слáбого здорóвья, чтоб рабóтать. • слóжный. They performed a delicate operation on his brain. Емý былá сдéлана слóжная опéрация в мозгý.

delicious великолéпный. They served us a delicious supper. Нам пóдали великолéпный ýжин.

□ This candy is really delicious. Эти конфéты — пря́мо объедéние.

delight наслаждéние. Buying clothes is her greatest delight. Покупáть плáтья — для неё величáйшее наслаждéние. • привестú в востóрг. The entertainment delighted everyone. Представлéние привелó всех в востóрг.

□ **to be delighted** быть в востóрге. I was delighted with the trip. Я был в востóрге от поéздки.

□ He delights in teasing her. Емý доставля́ет удовóльствие дразнúть её.

delightful восхитúтельный. What delightful weather! Какáя восхитúтельная погóда!

deliver доставля́ть. Please deliver these packages at my hotel. Пожáлуйста, достáвьте эти пакéты мне в гостúницу. • приносúть. The mailman delivers the first mail at nine o'clock. Почтальóн принóсит пéрвую ýтреннюю пóчту в дéвять часóв. • вы́нести. The jury delivered its verdict. Прися́жные вы́несли приговóр.

□ **to be delivered** родúться. The child was delivered last night. Ребёнок родúлся вчерá вéчером.

□ The doctor was called to deliver a child. Дóктора вы́звали на рóды. • He delivered a course of lectures. Он прочёл курс лéкций. • If he tackles the job he's bound to deliver the goods. *Вáлся за гуж, не говорú, что не дюж.

delivery исполнéние. I didn't like the song but her delivery was good. Пéсня мне не понрáвилась, но исполнéние бы́ло хорóшее. • достáвка. I'll pay you the balance on delivery of the goods. Я уплачý вам остáток по достáвке товáра. • разносúть (to deliver). Is there a delivery of mail on Saturday? По суббóтам тóже разнóсят пóчту?

□ Is the doctor in the delivery room? Дóктор в палáте для рожéниц?

demand потре́бовать. He demanded immediate payment. Он потре́бовал, что́бы ему́ заплати́ли неме́дленно. • тре́бовать. This matter demands our immediate attention. Э́то де́ло тре́бует неме́дленного рассмотре́ния. • наста́ивать (на). When she was sick she demanded that we visit her every day. Когда́ она́ была́ больна́, она́ наста́ивала на том, что́бы мы посеща́ли её ка́ждый день. • тре́бование. His constant demands got on our nerves. Его́ постоя́нные тре́бования де́йствовали нам на не́рвы. • спрос. The library is not big enough to supply the demand for books in this town. Библиоте́ка недоста́точно велика́, что́бы покры́ть спрос на кни́ги в э́том го́роде.

☐ He was in great demand as a speaker. Его́ всю́ду приглаша́ли выступа́ть с ре́чами. • They make many demands on our time. Они́ тре́буют, что́бы мы посвяща́ли им мно́го вре́мени.

democracy n демокра́тия.

den ло́говище, ло́гово. He was as scared as if he had walked into a lion's den. Он так перепуга́лся, сло́вно попа́л в льви́ное ло́говище. • кабине́т. We converted the attic into a den. Мы преврати́ли черда́к в кабине́т.

dentist n зубно́й врач, данти́ст.

deny отрица́ть. The prisoner denied all the charges. Аресто́ванный отрица́л все обвине́ния. • отказа́ть. I couldn't deny him such a small favor. Я не мог отказа́ть ему́ в тако́м ма́леньком одолже́нии. • отка́зывать. She never denied herself anything. Она́ себе́ никогда́ ни в чём не отка́зывала.

depart уезжа́ть. When it came time to depart, I was not particularly happy. Когда́ пришло́ вре́мя уезжа́ть, мне бы́ло немно́го не по себе́. • отклони́ться. They departed from the usual procedure in order to speed up the conclusion of the treaty. Они́ отклони́лись от обы́чной процеду́ры, что́бы уско́рить заключе́ние догово́ра.

department отде́л. Smoking not permitted by order of fire department. По распоряже́нию пожа́рного отде́ла кури́ть воспреща́ется. — He works in the shoe department. Он рабо́тает в обувно́м отде́ле. • департа́мент. You'll have to see someone from the State Department (U. S. A.). Вам на́до бу́дет повида́ть кого́-нибудь из госуда́рственного департа́мента (США).

☐ That sort of thing isn't in my department. Э́то не по мое́й ча́сти.

depend положи́ться. Can I depend on him keeping his promise? Могу́ я положи́ться на его́ обеща́ние? • зави́сеть. Our trip depends on whether we can get a visa. На́ша пое́здка зави́сит от того́, полу́чим ли мы ви́зу.

dependent находи́ться в зави́симости. I'm dependent on him for support. Я нахожу́сь в материа́льной зави́симости от него́. • иждиве́нец. Do you have any dependents? Есть у вас иждиве́нцы?

deposit зада́ток. I can't pay it all now, so I'll leave a deposit. Я не могу́ сейча́с всё заплати́ть, я оста́влю зада́ток. • вклад. Do you want to make a deposit? Вы хоти́те сде́лать вклад? • внести́. I'll have to deposit some money before I can write this check. Мне придётся внести́ в банк немно́го де́нег, пре́жде чем я смогу́ вы́писать э́тот чек. • отложе́ние. There's a great deposit of silt at the mouth of the river. В у́стье реки́ — большо́е отложе́ния и́ла. • поста́вить. They just deposited their bags on the floor and went out without a word. Они́ про́сто поста́вили чемода́ны на́ пол и ушли́, не сказа́в ни сло́ва.

depot вокза́л. We're going to the depot to meet the train. Мы идём на вокза́л встреча́ть по́езд. • склад. They found a depot with a year's supply of grain. Они́ нашли́ склад с запа́сом зерна́ на́ год.

depth глубина́. Measure the depth of the pool with this stick. Изме́рьте глубину́ бассе́йна э́той па́лкой.

☐ I feel out of my depth when I talk with him. Он говори́т о таки́х веща́х, кото́рые мне недосту́пны.

descend v спуска́ться.

describe описа́ть. Please try to describe his appearance. Пожа́луйста, постара́йтесь описа́ть его́ нару́жность. • рассказа́ть. Describe the kind of work you have done. Расскажи́те, како́го ро́да рабо́ту вы де́лали.

description n описа́ние.

desert пусты́ня. The desert begins a few kilometers beyond the town. Пусты́ня начина́ется в не́скольких киломе́трах от го́рода. • пусты́нный. We'll soon have to cross a desert region. Нам ско́ро придётся пересе́чь пусты́нную ме́стность.

deserve заслу́живать. Such a steady worker deserves better pay. Тако́й приле́жный рабо́тник заслу́живает бо́лее высо́кой зарпла́ты.

design чертёж. He is working on the design for a new machine. Он рабо́тает над чертежо́м но́вой маши́ны. • рису́нок. The tablecloth had a simple design in the center. В середи́не ска́терти был просто́й рису́нок. • черти́ть. The architect is designing an addition to the building. Архите́ктор че́ртит план пристро́йки. • рисова́ть моде́ль. She designs her own clothes. Она́ сама́ рису́ет моде́ли свои́х пла́тьев.

desirable adj жела́тельный.

desire жела́ние. My desires are easily satisfied. Мои́ жела́ния легко́ удовлетвори́ть. — He has expressed a desire to be introduced to you. Он вы́разил жела́ние познако́миться с ва́ми. • хоте́ть. What do you desire most of all? Чего́ вы сейча́с бо́льше всего́ хоти́те?

desirous adj жела́ющий.

desk пи́сьменный стол. Why don't you put this desk by the window? Почему́ бы вам не поста́вить пи́сьменный стол у окна́? • стол. Hand your application to the secretary at that desk. Переда́йте ва́ше заявле́ние секретарю́ за тем столо́м.

☐ **information desk** спра́вочное бюро́. Ask at the information desk over there. Спроси́те вон там, в спра́вочном бюро́.

despair v отча́иваться; n отча́яние.

desperate отча́янный. Her plight has become desperate. У неё созда́лось отча́янное положе́ние. • закоренелый. He's a desperate criminal. Он закорене́лый престу́пник.

despise v презира́ть.

dessert сла́дкое. There's ice cream for dessert today. Сего́дня моро́женое на сла́дкое.

destination ме́сто назначе́ния. When will the train reach its destination? Когда́ по́езд прибу́дет на ме́сто назначе́ния?

destroy разру́шить. The bridge was destroyed in a bombing. Э́тот мост был разру́шен бомбардиро́вкой. • уничто́жить. The theater was destroyed by fire. Теа́тр был уничто́жен пожа́ром.

☐ This delay will destroy our chances of success. Э́та заде́ржка сво́дит на нет на́ши ша́нсы на успе́х.

destruction разруше́ние. The flood caused a lot of destruction.

Наводне́ние произвело́ стра́шные разруше́ния. • разру́шить (to destroy). The destruction of the bridge was imperative. Разру́шить мост бы́ло необходи́мо.

detail дета́ль. The details of the trip will be arranged by the guide. Что каса́ется дета́лей пое́здки, то об э́том позабо́тится руководи́тель. — That's a mere detail. Это то́лько дета́ль. • подро́бность. Today's paper gives further details of the accident. Сего́дняшняя газе́та даёт дальне́йшие подро́бности происше́ствия. — I won't go into detail if you don't want me to. Я не бу́ду вдава́ться в подро́бности, е́сли вы не хоти́те. • ме́лочь. The director demands great attention to details. Дире́ктор тре́бует большо́го внима́ния к мелоча́м. • наря́д. A detail of six policemen was put in charge. Это бы́ло поручено наря́ду из шести́ милиционе́ров • посла́ть. Policemen were detailed to hold back the crowd. Полице́йские бы́ли по́сланы сде́рживать толпу́.

☐ **in detail** о́чень подро́бно. He loves to talk about his travels in great detail. Он лю́бит о́чень подро́бно расска́зывать о свои́х 'путеше́ствиях.

☐ The story is too long to be detailed here. Это сли́шком дли́нная исто́рия, что́бы расска́зывать её во всех подро́бностях.

determine реши́ть. She is determined to have her way. Она́ реши́ла настоя́ть на своём. • твёрдо реши́ть. We determined to stay on till the end. Мы твёрдо реши́ли вы́держать до конца́. • реша́ть. What was the determining factor in this case? Что бы́ло в э́том де́ле реша́ющим фа́ктором? • вы́работать. We must try to determine the best course of action. Мы должны́ постара́ться вы́работать возмо́жно лу́чший план де́йствий. • намеча́ть. The subject of the lecture is already determined. Те́ма ле́кции уже́ наме́чена. • определи́ть. Can you determine the exact height of this hill? Вы мо́жете то́чно определи́ть высоту́ э́того холма́?

☐ **determined** реши́тельный. He had a determined look about him. У него́ был о́чень реши́тельный вид.

develop развива́ть. These exercises will develop the strength of your fingers. Эти упражне́ния разовью́т вам си́лу в па́льцах. • развива́ться. The events developed very rapidly. Собы́тия развива́лись о́чень бы́стро. • разви́ться. Our children have developed a lot in the last few years. За после́дние не́сколько лет на́ши де́ти о́чень разви́лись. • вы́работать. Our research bureau has developed a new manufacturing process. На́ше иссле́довательское бюро́ вы́работало но́вый проце́сс произво́дства. • прояви́ть. Can you develop these films right away? Мо́жете вы прояви́ть э́ти плёнки сейча́с же?

development разви́тие. The development of this business has been rapid. Разви́тие э́того де́ла пошло́ бы́стрым те́мпом.

☐ If there are any new developments, let me know. Е́сли случи́тся что́-нибудь но́вое, да́йте мне знать.

devil n чорт, дья́вол.

devote посвяти́ть (себя́). She devoted herself to her family. Она́ посвяти́ла себя́ семье́.

dew n роса́.

dialogue n диало́г.

diamond брилья́нт. This is not a diamond; it's just plain glass. Это не брилья́нт, а проста́я стекля́шка. • брилья́нтовый. He gave her a diamond ring. Он подари́л ей брилья́нтовое кольцо́. • алма́з. I need a diamond to cut this glass. Мне ну́жен алма́з, что́бы разре́зать э́то

стекло́. • бу́бны. Did you bid two diamonds? Вы объяви́ли две бу́бны? • площа́дка. The city is building a new baseball diamond. Го́род стро́ит но́вую площа́дку для бейсбо́ла.

diary n дневни́к.

dictate продиктова́ть. He dictated a letter to his secretary. Он продиктова́л свое́й секрета́рше письмо́. • кома́ндовать. I refuse to be dictated to. Я не жела́ю, чтоб мной кома́ндовали.

dictation дикто́вка. Can you take dictation? Вы уме́ете писа́ть под дикто́вку?

☐ Read that dictation back to me. Перечти́те мне то, что я продиктова́л.

dictionary слова́рь. Do you have a small English-Russian dictionary? Есть у вас небольшо́й а́нгло-ру́сский слова́рь?

did *See* **do.**

die умере́ть. He died this morning at two o'clock. Он у́мер сего́дня но́чью в два часа́. • замере́ть. After she came in the conversation died. По́сле того́, как она́ вошла́, разгово́р за́мер. • загло́хнуть. The motor died before we got to the top of the hill. Наш мото́р загло́х пре́жде, чем мы дое́хали до верши́ны холма́.

☐ **to die away** замере́ть. The noise of the train died away in the distance. Шум по́езда за́мер вдали́.

to die down пога́снуть. Don't let the fire die down. He дава́йте огню́ пога́снуть.

to die hard быть живу́чим. We know the truth now, but the old stories die hard. Мы тепе́рь зна́ем пра́вду, но ста́рые ро́ссказни живу́чи.

to die laughing умере́ть со́ сме́ху. I just about died laughing when I heard it. Я чуть не у́мер со́ сме́ху, услы́шав э́то.

to die off вымира́ть. The natives of this island have been dying off slowly. На э́том о́строве тузе́мцы постепе́нно вымира́ли.

to die out вы́мереть. The deer have almost died out around here. Оле́ни тут почти́ соверше́нно вы́мерли. • ожива́ть. This custom has been dying out. Этот обы́чай отжива́ет.

☐ I am dying to find out what he said. Мне до сме́рти хо́чется узна́ть, что он сказа́л. • She's dying for a chance to meet him. Ей смерте́льно хо́чется с ним познако́миться.

differ отлича́ться. They differ in many respects. Они́ мно́гим отлича́ются друг от дру́га.

☐ I beg to differ with you. Извини́те, но я с ва́ми не согла́сен.

different друго́й. He's quite different from what I expected. Я представля́л себе́ его́ совсе́м други́м. • ра́зные, разли́чные. Different people tell different versions of the incident. Ра́зные лю́ди даю́т разли́чные ве́рсии э́того происше́ствия. • необы́чный. This drink has a really different flavor. У э́того напи́тка, действи́тельно, необы́чный вкус.

☐ I saw him three different times today. Я встре́тил его́ сего́дня три ра́за.

difficult тру́дный. The lessons are getting more and more difficult. Уро́ки стано́вятся всё трудне́е и трудне́е. • тру́дно. It's difficult to understand what he means. Тру́дно поня́ть, что он э́тим хо́чет сказа́ть.

difficulty тру́дность. He did it in spite of all the difficulties. Несмотря́ на все тру́дности, он с э́тим спра́вился. • с трудо́м. We had difficulty finding your hotel. Мы с трудо́м нашли́ ва́шу гости́ницу. • затрудне́ние. I had some difficulties with my passport. У меня́ бы́ли затру-дне́ния с па́спортом. • затрудни́тельное положе́ние. He's always getting into difficulties. Он всегда́ умудря́ется попа́сть в затрудни́тельное положе́ние.

☐ If he'd saved his money, he wouldn't be having these difficulties. Сбереги́ он свои́ де́ньги, ему́ не́ было бы сейча́с так тру́дно.

dig вы́копать. Dig this hole a little deeper. Вы́копайте э́ту я́му поглу́бже. • копа́ться. He dug into the books to gather material. Он копа́лся в кни́гах, чтобы найти́ ну́жный материа́л. • шпи́лька. This newspaper is always making digs at the mayor. *Газе́та всё вре́мя пуска́ет шпи́льки по а́дресу городско́го головы́. • ткнуть. If he starts talking too much, give him a dig in the ribs. Е́сли он начнёт сли́шком болта́ть, ткни́те его́ в бок. • копа́ть. These potatoes are ready to dig now. Пора́ копа́ть карто́шку. • вы́рыть. They dug the ditch in an hour. Они́ вы́рыли кана́ву за час.

☐ **to dig in** взя́ться ре́вностно. It's hard work, but he's digging right in. Это тру́дная рабо́та, но он взя́лся за неё ре́вностно. • окопа́ться. Our platoon has had a good chance to dig in here. У на́шего взво́да была́ здесь хоро́шая возмо́жность окопа́ться.

to dig into копа́ться. I have been digging into the history of the town. Я копа́лся в исто́рии го́рода.

to dig up раска́пывать. We can't get through because they're digging up the pavement. Нам не прое́хать, тут раска́пывают мостову́ю. • вы́копать. We'll have to dig up this plant and put it over there. На́до бу́дет вы́копать э́то расте́ние и пересади́ть его́ туда́. • раскопа́ть. See what you can dig up about him. Постара́йтесь раскопа́ть все подро́бности о нём.

di′gest резюме́. Have you read the digest of his latest book? Вы чита́ли резюме́ его́ после́дней кни́ги?

digest′ перевари́ть. Give me time to digest the matter thoroughly. Да́йте мне вре́мя перевари́ть э́то как сле́дует. ☐ I seem to have trouble digesting food. У меня́, как бу́дто, пищеваре́ние не в поря́дке.

digestion n пищеваре́ние.

dignity n досто́инство.

dim adj ту́склый.

dime n моне́та в де́сять це́нтов.

dine обе́дать. They are dining with the ambassador tonight. Они́ сего́дня обе́дают с посло́м.

☐ **to dine out** обе́дать вне до́ма. We always dine out on Sundays. По воскресе́ньям мы всегда́ обе́даем вне до́ма. ☐ Dining on the terrace. Обе́д подаётся на терра́се.

dining room столо́вая. Bring another chair to the dining room. Принеси́те в столо́вую ещё оди́н стул. • рестора́н. The dining room closes at ten o'clock. Рестора́н закрыва́ется в де́сять часо́в.

dinner обе́д. Dinner is ready. Обе́д гото́в. — Come to dinner! Приходи́те к обе́ду! — We are giving a dinner in his honor next Friday. В бу́дущую пя́тницу мы даём обе́д в его́ честь.

☐ **to have dinner** (по)обе́дать. Won't you come over and have dinner with us tomorrow night? Почему́ бы вам не прийти́ к нам за́втра ве́чером (по)обе́дать?

dip окуну́ться. There's still time for a dip in the lake. Ещё есть вре́мя разо́к окуну́ться в о́зере. • покра́сить. I think I'll dip these stockings. Ну́жно бу́дет покра́сить э́ти чулки́. • вычёрпывать. We used a pail to dip the

water out of the boat. Мы вычёрпывали во́ду из ло́дки ведро́м.

☐ Dip your finger in the water to see if it's hot enough. Попро́буйте во́ду па́льцем, она́ уже́ доста́точно горя́чая? • They dipped the flag as they passed the reviewing party. Они́ склони́ли зна́мя, проходя́ ми́мо принима́ющих пара́д.

dipper n ковш.

direct регули́ровать. Ask the policeman who is directing traffic. Спроси́те милиционе́ра, кото́рый регули́рует движе́ние. • указа́ть доро́гу. Can you direct me to the nearest post office? Мо́жете вы указа́ть мне доро́гу к ближа́йшему почто́вому отделе́нию? • веле́ть. I was directed to wait until he returned. Мне веле́ли ждать его́ возвраще́ния. • обрати́ть. May I direct your attention to this rule. Разреши́те обрати́ть ва́ше внима́ние на э́ти правила. • режисси́ровать. Who's directing the play? Кто режисси́рует спекта́кль? • прямо́й. This is the most direct route to the city. Это са́мый прямо́й путь в го́род. — His answers are always direct and to the point. Он всегда́ даёт отве́ты прямы́е и к де́лу. — She is a direct descendant of Tolstoy. Она́ прямо́й пото́мок Толсто́го. • пря́мо. Let's go direct to the hotel. Пойдём пря́мо в гости́ницу. — I shall make a direct appeal to the President. Я обращу́сь пря́мо к президе́нту. — The result is the direct opposite of what we expected. Результа́т получи́лся пря́мо противополо́жный тому́, кото́рого мы ожида́ли.

direction направле́ние. The village is a kilometer away in that direction. Дере́вня в одно́м киломе́тре отсю́да, в э́том направле́нии. • указа́ние. Here are the directions for finding my house. Вот указа́ния, как найти́ мой дом. — Follow the directions printed on the box. Сле́дуйте указа́ниям, напеча́танным на коро́бке. • руково́дство. They have made great progress under his direction. Они́ сде́лали больши́е успе́хи под его́ руково́дством.

directly пря́мо. Go directly to the main office. Иди́те пря́мо в гла́вную конто́ру. • как раз. Our house is directly opposite the store. Наш дом как раз напро́тив ла́вки. • сейча́с. I'll see you directly. Я сейча́с бу́ду к ва́шим услу́гам.

director n дире́ктор.

dirt n грязь.

dirty гря́зный. The floor of my room is dirty. В мое́й ко́мнате гря́зный пол. — Please send my dirty clothes to the laundry. Пожа́луйста, пошли́те моё гря́зное бельё в пра́чечную. • вы́пачкать. All my clothes are dirtied with soot. Всё моё пла́тье вы́пачкано са́жей. • скве́рный. We've been having a stretch of dirty weather. Мы вступи́ли в полосу́ скве́рной пого́ды. • неприя́зненный. He gave us a dirty look. Он бро́сил на нас неприя́зненный взгляд.

☐ **dirty story** са́льность. He likes to tell dirty stories. Он лю́бит расска́зывать са́льности.

disappear исче́знуть. The man disappeared over the hill. Челове́к исче́з за холмо́м. • исчеза́ть. The old houses are disappearing from the city. Ста́рые дома́ в го́роде постепе́нно исчеза́ют.

disappoint разочарова́ть. I was disappointed with the results. Я был разочаро́ван результа́том. • обману́ть ожида́ния. The new play was rather disappointing (to me). Но́вая пье́са обману́ла мои́ ожида́ния.

disappointment n разочарова́ние.

discharge выделе́ния. The doctor inserted a tube to drain off the discharge. Врач ввёл трубку, чтобы выкачать выделения. • расчёт. He was given his discharge from the plant. Он получил расчёт с завода. • выстрел. We heard the discharge of a gun. Мы услышали выстрел. • выписаться. I expect to be discharged from the hospital tomorrow. Надеюсь завтра выписаться из больницы. • выстрелить. The rifle was discharged accidentally. Винтовка случайно выстрелила. • выполнять. He has failed to discharge his duties. Он не выполнял своих обязанностей.

discount скидка. I shop there because I get a discount. Я там покупаю, потому что мне там дают скидку.
□ That rumor has been discounted. Этот слух был опровергнут.

discourage отговорить. He did everything to discourage me from going. Он всё сделал, чтобы отговорить меня от поездки. • обескуражить. The results are so discouraging! Результаты такие обескураживающие!

discover найти. We have discovered a new restaurant that is very good. Мы нашли новый, очень хороший ресторан.
□ There is no truth in this story as far as I can discover. Насколько мне известно, в этой истории правды ни на грош.

discovery *n* открытие.

discuss обсуждать. We were just discussing our plans. Мы как раз обсуждали наши планы. • обсудить. There are lots of things left to discuss. Осталось ещё обсудить массу вещей.

discussion обсуждение. We reached this decision after a long discussion. Мы пришли к этому решению после долгого обсуждения. • дискуссия. There will be a discussion period after the lecture. После лекции будет дискуссия.

disease болезнь. That disease is rather easy to catch. Эту болезнь довольно легко схватить.

disgrace *v* опозорить; *n* позор.

disguise маскарад. His disguise didn't fool anybody. Он никого не обманул своим маскарадом. • изменить. Don't try to disguise your voice. Не пытайтесь изменить ваш голос.

disgust отвращение. He looked at me in disgust. Он посмотрел на меня с отвращением. • тошнить. I'm disgusted with all your goings on. Мне просто тошно делается от вашего поведения.

dish тарелка. He dropped the dish. Он уронил тарелку. • блюдо. What is your favorite dish? Какое ваше любимое блюдо?
□ dishes посуда. Let me help you wash the dishes. Давайте я помогу вам вымыть посуду.

to dish out выдавать. The canteen will start dishing out food at six o'clock. Столовая начнёт выдавать обеды в шесть часов. • накладывать. The cook dished out the food on our plates. Повар накладывал порции нам на тарелки.

to dish up раздавать. The cook is dishing up the food now. Повар сейчас раздаёт еду. • состряпать. The editor has dished up a story for publication. Редактор состряпал статейку.
□ He can dish it out, but he can't take it. Он других критикует, а его самого не тронь.

dishonest *adj* бесчестный.

dishpan *n* таз для мытья посуды.

disinfect *v* дезинфицировать.

disinfectant *n*. дезинфицирующее средство.

dislike антипатия. I can't overcome my dislike for this man. Я не могу преодолеть своей антипатии к этому человеку. • не любить. I dislike traveling by train. Я не люблю ездить поездом. • не нравиться. I dislike the idea of your leaving us so soon. Мне не нравится мысль о том, что вы нас так скоро покинете.

dismiss перестать думать. As far as I'm concerned, I dismissed the matter long ago. Что касается меня, так я давно об этом и думать перестал. • уволить. She'd only been there two weeks when they dismissed her. Её уволили после того, как она проработала там только две недели. • отпустить. At the bell the teacher dismissed her class. Учительница отпустила класс сейчас же после звонка.

display напоказ. I don't care for a lot of display. Не люблю делать всё напоказ. • выставка. At the fair we saw the most beautiful display of flowers. На ярмарке мы видели изумительную выставку цветов. • выставить. Pretty dresses are displayed in the shop window. В этом магазине выставлены красивые платья.

dispose
□ to dispose of покончить. We still have some business to dispose of. Нам ещё надо покончить с кое-какими делами.
— He disposed of our objections in short order. Он быстро покончил с нашими возражениями. • ликвидировать. They will leave as soon as they dispose of their furniture. Они уедут, как только им удастся ликвидировать мебель. • выбрасывать. Where can we dispose of the garbage? Куда тут можно выбрасывать мусор?
□ He was disposed to taking things too seriously. У него была склонность принимать всё слишком всерьёз.
• I found him well disposed towards our suggestion. Я нашёл, что он относится сочувственно к нашему предложению.

disposition характер. She's a pretty girl, but what an awful disposition! Она хорошенькая девушка, но что за несносный характер!
□ What disposition will be made of his belongings? Что делать с его вещами?

dispute спорить. I won't dispute that point with you. Я об этом я с вами спорить не стану. • спор. Will you settle the dispute for us? Хотите разрешить наш спор?

distance расстояние. The distance is too great to walk. Это слишком большое расстояние, чтобы идти пешком.
— We can cover the distance in three hours. Мы можем покрыть это расстояние в три часа.
□ at a distance издали. At a distance the building seems attractive. Издали это здание кажется красивым.
from a distance You can see the tower from a distance. Эта башня видна издалека.
in the distance вдали. The plane disappeared in the distance. Самолёт исчез вдали.
to keep at a distance держаться на известном расстоянии. I wanted to be friends with him, but he always kept at a distance. Я хотел с ним подружиться, но он всегда держался на известном расстоянии.
to keep one's distance держаться подальше. Since our argument he's kept his distance. Со времени нашего спора он держится подальше от меня.

distant отдалённый. My brother lives in a distant part of town. Мой брат живёт в отдалённой части города. • дальний. She is a distant relative of mine. Она моя да́льняя ро́дственница. • отсю́да. The river is five kilometers distant. Река́ в пяти́ киломе́трах отсю́да.

☐ She seems very distant today. Она́ сего́дня де́ржится о́чень хо́лодно.

distinct определённый. There's a distinct difference between them. Ме́жду ни́ми есть я́сно определённая ра́зница. • разбо́рчивый. The signature is not very distinct. По́дпись не о́чень разбо́рчивая.

distress бе́дствие. The ship flashed a distress signal. Су́дно посла́ло сигна́л бе́дствия.

☐ I was distressed to see her so unhappy. Я был о́чень огорчён, когда́ уви́дел, что она́ так несча́стна. • There really isn't any need for such distress. Пра́вда, нет основа́ния так огорча́ться.

distribute распредели́ть. The population of this country is distributed unevenly. В э́той стране́ населе́ние распределено́ неравноме́рно.

distribution распределе́ние. He is in charge of the distribution of relief. Он заве́дует распределе́нием посо́бий.

☐ The distribution of population in that country is uneven. В э́той стране́ населе́ние распределено́ неравноме́рно.

district ме́стность. The town is in a mountainous district. Го́род располо́жен в гори́стой ме́стности. • райо́н. The city is divided into ten administrative districts. Го́род разделён на де́сять администрати́вных райо́нов.

disturb меша́ть. Don't disturb the others. Не меша́йте други́м. • беспоко́ить. I don't want to be disturbed until ten. Не беспоко́йте меня́ до десяти́ часо́в. • перепу́тать. Someone has disturbed all my papers. Кто́-то перепу́тал все мои́ бума́ги. • расстра́ивать. I was disturbed to hear the news. Э́то изве́стие меня́ расстро́ило.

ditch кана́ва. There is a ditch on each side of the road. По обе́им сторона́м доро́ги иду́т кана́вы. • отдела́ться. Let's ditch these people and go home. Дава́йте отдела́емся от э́той пу́блики и пойдём домо́й.

☐ The car was ditched three kilometers up the road. В трёх киломе́трах отсю́да маши́на слете́ла в кана́ву.

dive (dove *or* dived, dived) нырну́ть. Let's dive in. Дава́йте нырнём. • ныря́ть. They dove in one after the other. Они́ ныря́ли оди́н за други́м. • ныро́к. What a beautiful dive! Како́й великоле́пный ныро́к! • ныря́ние. They're having a diving contest this afternoon. Сего́дня днём у них состяза́ние в ныря́нии. • кабачо́к. I'd like to visit some waterfront dives. Я хоте́л бы побыва́ть в портовы́х кабачка́х.

☐ **to go into a dive** нырну́ть. The pilot lost control and the plane went into a dive. Самолёт переста́л слу́шаться управле́ния и нырну́л.

divide дели́ть. A road divides the town in half. Доро́га де́лит го́род на две ча́сти. • разделя́ться. Up ahead the river divides into two streams. В э́том ме́сте река́ разделя́ется на два рукава́. • подели́ть. Divide the money among you. Подели́те э́ти де́ньги ме́жду собо́й. • расходи́ться. They divided on the question of childrens' education. Они́ расходя́тся в вопро́се воспита́ния дете́й. • перева́л. The hotel is on the divide between the two valleys. Гости́ница нахо́дится на перева́ле ме́жду двумя́ доли́нами.

divine *adj* боже́ственный.

division разделе́ние. There's a clear division of authority in that organization. В руково́дстве э́той организа́ции проведено́ стро́гое разделе́ние фу́нкций. • отде́л. What

division of the office do you work in? В како́м отде́ле учрежде́ния вы рабо́таете? • деле́ние. The children haven't studied division yet. Де́ти ещё не проходи́ли деле́ния. • диви́зия. Three divisions of infantry were sent there. Туда́ бы́ли по́сланы три пехо́тные диви́зии.

☐ There was a division of opinion on that subject. По э́тому вопро́су мне́ния разошли́сь.

divorce разво́д. I've finally got my divorce. Наконе́ц то я получи́ла разво́д. • развести́сь. She divorced her husband several years ago. Она́ развела́сь с му́жем не́сколько лет тому́ наза́д. • разойти́сь. He divorced himself from his friends. Он разошёлся со свои́ми друзья́ми.

do (did, done) де́лать. He does all his work at night. Он де́лает всю рабо́ту по ноча́м. — You'd better do as you're told. Вы бы лу́чше де́лали так, как вам ска́зано. — This car only does seven kilometers on a liter. Э́та маши́на де́лает всего́ семь киломе́тров с одни́м ли́тром бензи́на. — I've always written home every week and I still do. Я всегда́ писа́л домо́й ка́ждую неде́лю и продолжа́ю э́то де́лать. — On a bad road like this I can't do more than thirty kilometers an hour. По тако́й скве́рной доро́ге я не могу́ де́лать бо́льше тридцати́ киломе́тров в час. • сде́лать. What can I do with the leftover vegetables? Что мне сде́лать с оста́вшимися овоща́ми? — My pen won't work; what did you do to it? Моё перо́ не пи́шет, что вы с ним сде́лали? — He did his work well. Он сде́лал свою́ рабо́ту хорошо́. — She has done her work well. Она́ сде́лала свою́ рабо́ту хорошо́. — I can't leave before the job is done. Я не могу́ уйти́ пока́ рабо́та не бу́дет сде́лана. • занима́ться. What did you do before you got this job? Чем вы занима́лись пре́жде, чем вы получи́ли э́ту рабо́ту? • исполня́ть. Don't blame him; he's only doing his duty. Не вини́те его́, он то́лько исполня́ет свой долг. • писа́ть. He is doing a magazine article on local customs. Он пи́шет статью́ для журна́ла о ме́стных обы́чаях. • вы́мыть. Could I help you do the dishes? Помо́чь вам вы́мыть посу́ду? • пригото́вить. I'd better do my history lesson next. Мне лу́чше сперва́ пригото́вить уро́к по исто́рии. • убра́ть. The maid wants to do this room now. Го́рничная хо́чет убра́ть э́ту ко́мнату тепе́рь. • подойти́. Do you think this color will do? Вы ду́маете, что э́тот цвет подойдёт? • гото́вый (ready). In ten minutes the potatoes will be done. Карто́шка бу́дет гото́ва че́рез де́сять мину́т.

☐ **to be done for** никуда́ не годи́ться. These tires are done for. Э́ти ши́ны уже́ никуда́ не годя́тся. • пропа́сть. If the boss finds this out, I'm done for. Е́сли хозя́ин об э́том узна́ет, — я пропа́л.

to be done in быть без сил. I'm done in working in all this heat. Я соверше́нно без сил от рабо́ты в э́ту жару́.

to be done with ко́нчить. Are you done with the book yet? Вы уже́ ко́нчили э́ту кни́гу?

to do away with отмени́ть. They plan to do away with most of these regulations. Они́ собира́ются отмени́ть мно́гие из э́тих пра́вил.

to do harm повреди́ть. His unfavorable report did our work a good deal of harm. Его́ отрица́тельный о́тзыв о́чень повреди́л на́шей рабо́те.

to do one's best сде́лать всё возмо́жное. I'll do my best to have it ready on time. Я сде́лаю всё возмо́жное, чтоб э́то бы́ло гото́во во́-время.

to do over переде́лать. Do it over again. Переде́лайте э́то сно́ва.

to do someone out of наду́ть. He did me out of the raise he promised me. Он обеща́л мне приба́вку, и наду́л.

to do up завяза́ть. Do the package up good and tight. Завяжи́те паке́т полу́чше и покре́пче.

to do with пригоди́ться. We could do with a few more chairs in this room. Нам бы о́чень пригоди́лось ещё не́сколько сту́льев в э́той ко́мнате. • име́ть отноше́ние к. That has nothing to do with the question. Э́то не име́ет никако́го отноше́ния к э́тому вопро́су.

to do without обойти́сь без. If we can't get fresh fruit, we'll have to do without. Е́сли мы не мо́жем получи́ть све́жих фру́ктов, нам придётся обойти́сь без них.

well done хорошо́ прожа́ренный. I want the meat well done. Да́йте мне хорошо́ прожа́ренное мя́со.

☐ How do you do? Здра́вствуйте! • Where can I get this laundry done? Куда́ я могу́ дать бельё в сти́рку? • How is your brother doing at his new job? Как идёт рабо́та у ва́шего бра́та на но́вой слу́жбе? • He is out of danger now and is doing as well as can be expected. Он уже́ вне опа́сности, и попра́вка идёт вполне́ норма́льно. • We'll have to make this do. Нам придётся обойти́сь с э́тим. • That'll do now; no more of that! Дово́льно, — и что́бы бо́льше э́того не́ было! • We have to pay more than you do for cigarettes. Нам прихо́дится плати́ть за папиро́сы бо́льше, чем вам. • Do you like the food here? Вам нра́вится зде́шняя еда́? • Does he live here? Он живёт здесь? • Where do you want to go? Куда́ вы хоти́те пойти́? • "Did you buy the ticket?" "Yes, I did." "Вы купи́ли биле́т?" "Да, купи́л". • Don't you think I'm right? Не ду́маете ли вы, что я прав? • I do wish we could finish today. Я, пра́во, хоте́л бы что́бы мы ко́нчили сего́дня. • Didn't you have enough to eat? Ра́зве вас пло́хо (на)корми́ли? • Why doesn't he like this hotel? Почему́ ему́ не нра́вится э́та гости́ница? • Don't you think we ought to wait? Не ду́маете ли вы, что мы должны́ подожда́ть? • Oh, don't go! Пожа́луйста, не уходи́те! • I've got to go downtown and do a little shopping. Мне придётся пойти́ в го́род купи́ть ко́е-что. • A vacation will do you lots of good. Кани́кулы бу́дут вам о́чень поле́зны. • Are you done with these scissors? Вам э́ти но́жницы бо́льше не нужны́? • He's a hard man to do business with. С ним тру́дно име́ть де́ло. • I don't want to trouble you. Я не хочу́ вас беспоко́ить. • No matter what you say, I did see the man. Что́ бы вы ни говори́ли, я, действи́тельно, ви́дел э́того челове́ка. • It won't do any good to complain to the police. Жа́лоба в мили́цию ни к чему́ не приведёт. • It won't do us any harm if we talk the matter over. Он помеша́ло бы нам обсуди́ть э́тот вопро́с. • Do you think this is the right thing to do? Вы ду́маете, что бу́дет пра́вильно так поступи́ть? • It takes her an hour to do her hair. Причёска занима́ет у неё це́лый час. • She does her hair up in a knot. Она́ закла́дывает во́лосы узло́м. • He works harder now than he did last year. Он рабо́тает тепе́рь бо́льше, чем в про́шлом году́. • The secretary does her work well. Э́та секрета́рша хорошо́ рабо́тает. • Why did he say that? Почему́ он э́то сказа́л? • Don't lean out the window. Не высо́вывайтесь из окна́. • If they got caught they'd have to do five years. Е́сли они́ попаду́тся, их засадя́т на пять лет. • He gets up early

and so do I. Он встаёт ра́но, и я то́же. • He left for the country, but I didn't. Он уе́хал в дере́вню, а я нет.

doctor врач, до́ктор. Will you please send for a doctor? Пошли́те, пожа́луйста, за врачо́м? — He is a doctor of philosophy. Он — до́ктор филосо́фии. — Is there a doctor in the house? Есть тут в до́ме до́ктор? • лечи́ть. Who is doctoring you? Кто вас ле́чит? • лечи́ться. I'm doctoring my cold with brandy. Я лечу́сь от просту́ды коньяко́м.

☐ The documents appear to have been doctored up. В э́тих докуме́нтах, пови́димому, что́-то подде́лано.

does See **do.**

dog соба́ка. Have you fed the dog yet? Вы уже́ накорми́ли соба́ку?

☐ He used to be successful but is now going to the dogs. Он когда́-то преуспева́л, но тепе́рь совсе́м пропада́ет. • They came in dog-tired after sightseeing all day. Они́ осма́тривали достопримеча́тельности це́лый день и верну́лись без ног.

doll *n* ку́кла.

domestic дома́шний. I'd rather not do domestic work. Я предпочла́ бы не занима́ться дома́шней рабо́той. • оте́чественный. Most of these products are domestic. Большинство́ проду́ктов здесь оте́чественного произво́дства.

☐ She's always been very domestic. Она́ всегда́ была́ домосе́дкой.

done See **do.**

donkey *n* осёл.

don't See **do.**

door дверь. Please open the door for me. Пожа́луйста, откро́йте мне дверь. — The dining room has two doors. В столо́вой две две́ри.

☐ **out of doors** на дворе́. Let's have the game out of doors. Дава́йте игра́ть на дворе́.

to show (someone) the door указа́ть на дверь. If he becomes insulting, show him the door. Е́сли он начнёт говори́ть де́рзости, укажи́те ему́ на дверь.

☐ His house is three doors down the street from ours. Его́ дом тре́тий от на́шего.

dot горо́шек. Wear the dress with the blue dots. Наде́ньте пла́тье в голубо́й горо́шек. • ро́вно. I'll see you at three on the dot. Я вас уви́жу ро́вно в три. • усе́ять то́чками. The lake was dotted with little boats. Всё о́зеро бы́ло, как то́чками, усе́яно ло́дочками.

☐ Sign on the dotted line. Подпиши́тесь по пункти́ру.

double двойно́й. May I have a double portion of ice cream? Мо́жно мне двойну́ю по́рцию моро́женого? — That word has a double meaning. Э́то сло́во име́ет двойно́е значе́ние. • двойни́к. He looks enough like you to be your double. Он вы́глядит пря́мо как ваш двойни́к. • вдво́е. His income was double what he expected. Его́ дохо́д был вдво́е бо́льше чем он предполага́л. • удво́ить. He's doubled his capital in two years. Он в два го́да удво́ил свой капита́л. — The bid was doubled. За́явка была́ удво́ена. • двуспа́льная. This room has a double bed in it. В э́той ко́мнате двуспа́льная крова́ть. • двуство́рчатая. Double doors open onto the terrace. Двуство́рчатая дверь выхо́дит на терра́су. • завора́чивать. The road doubles back toward the town. Доро́га завора́чивает обра́тно к го́роду.

☐ **double room** ко́мната на двои́х. Only double rooms are left. Свобо́дны то́лько ко́мнаты на двои́х.

to be doubled up кóрчиться. He is doubled up with pain. Он кóрчится от бóли.

to double up раздели́ть. There is only one room, so we must double up. Есть тóлько однá свобóдная кóмната, нам с вáми придётся её раздели́ть.

☐ The porter doubles as waiter. Носи́льщик рабóтает официáнтом по совмести́тельству. • He doubled his fists in anger. Он сжал кулаки́ от гнéва. • You must be seeing double. У вас навéрно двóится в глазáх. • Let's play doubles. Давáйте игрáть в две пáры.

doubt сомневáться. I doubt if the story is true. Я сомневáюсь, прáвда ли э́то. — I don't doubt that in the least. Я ничýть в э́том не сомневáюсь. • сомнéние. There's no doubt about it. В э́том нет никакóго сомнéния.

☐ **no doubt** несомнéнно. No doubt the train will be late. Пóезд несомнéнно придёт с опоздáнием.

doubtful вряд ли. It's doubtful if he'll get well. Вряд ли он попрáвится.

doubtless *adj* несомнéнно.

down вниз. Is this elevator going down? Лифт идёт вниз? — Put on the brakes or the car will roll down the hill. Затормози́те маши́ну, а то онá скáтится вниз с холмá. • пух. This pillow is filled with down. Э́та подýшка на пухý.

☐ **down south** юг. He lived down south two years. Он жил два гóда на ю́ге.

to be down on дýться на. Ever since that incident he's been down on me. Со врéмени э́того инцидéнта он на меня́ дýется.

to go down упáсть. Have the prices of wheat gone up or down? Цéны на пшени́цу подняли́сь и́ли упáли?

to step down спусти́ться. He stepped down from the porch. Он спусти́лся с крыльцá.

to take down записáть. The police took down his statement. В мили́ции записáли егó показáния. • снять. He took the sign down from the wall. Он снял объявлéние со стены́.

up and down взад и вперёд. He was walking up and down the room. Он ходи́л взад и вперёд по кóмнате.

☐ Put the suitcase down here. Постáвьте чемодáн сюдá. • Let's get down to work. Давáйте рабóтать! • The building has burned down. Здáние сгорéло дотлá. • She is loaded down with packages. Онá нагруженá пакéтами. • In winter I go down to the Crimea. Зимóй я éзжу на юг, в Крым. • They live down by the river. Они́ живýт у реки́. • I saw him walking down the street. Я ви́дел, как он шёл по ýлице. • This report needs boiling down to half its length. Э́тот доклáд нýжно сократи́ть наполови́ну. • We went down two in the last hand. В послéдней игрé мы остáлись без двух. • Write down your address here. Напиши́те здесь ваш áдрес. • They want half down and the rest in monthly payments. Они́ хотя́т половину дéнег немéдленно, а остальнóе месячными взнóсами. • How much will the down payment be? Скóлько нýжно заплати́ть немéдленно? • I'm coming down with a cold. У меня́ начинáется простýда. • He downed his drink quickly. Он вы́пил зáлпом. • They used to be well off but now they're down and out. Когдá-то они́ бы́ли состоя́тельными людьми́, но тепéрь они́ прóсто помирáют с гóлоду.

downstairs ни́жний этáж. We'll have the downstairs papered next week. На бýдущей недéле у нас бýдут оклéивать обóями ни́жний этáж. — I'd like to rent a downstairs room. Я хотéл бы снять кóмнату в ни́жнем этажé.

☐ He tripped and fell downstairs. Он оступи́лся и скати́лся с лéстницы.

dozen дю́жина. Please give me a dozen of these handkerchiefs. Дáйте мне, пожáлуйста, дю́жину э́тих носовы́х платкóв.

☐ There are dozens of people in this line of work already. Сóтни людéй рабóтают ужé в э́той óбласти.

Dr. *See* **doctor.**

draft сквозня́к. I am sitting in a draft. Я сижý на сквозня́ке. • тя́га. This chimney doesn't have a good draft. В э́той трубé плохáя тя́га. • отдýшина. Please open the draft of the furnace. Пожáлуйста, открóйте отдýшину в пéчке. • черновúк. I read the draft of his new article. Я читáл егó нóвую статью́ в черновикé. The committee has drafted a message of welcome. Комитéт состáвил привéтственное послáние. • перевóд. The bank will cash this draft for you. Банк вы́платит вам налúчными по э́тому перевóду. • осáдка. This boat has a draft of two meters. У э́того сýдна осáдка в два мéтра. • начертúть. The plans were drafted by the engineers. Плáны бы́ли начéрчены инженéрами.

☐ **draft beer** пи́во из бóчки. Would you rather have draft beer or a bottle? Вы предпочитáете пи́во из бóчки и́ли в буты́лке?

on draft из бóчки. Do you have any beer on draft? Есть у вас пи́во пря́мо из бóчки?

rough draft план. He's made a rough draft of his speech. Он набросáл план своéй рéчи.

to be drafted призывáться. He is due to be drafted next month. Он дóлжен призывáться чéрез мéсяц.

☐ The draft has taken half of our men. Дóбрая половúна нáших мужчи́н прúзвана в áрмию.

drag тянýться. The days seem to drag here. Дни здесь так тя́нутся! • обшáривать. What are they dragging the river for? Для чегó они́ обшáривают дно реки́? • волочи́ться. Your dress is dragging all over the floor. У вас плáтье волочи́тся пó полу. • обýза. He's been an awful drag on the family. Он был ужáсной обýзой для своéй семьи́. • втащи́ть. Drag the trunk in here. Втащи́те сундýк сюдá.

drain осуши́ть. If they'd drain the swamp, there wouldn't be so many mosquitoes here. Éсли осýшат болóто, не бýдет стóлько комарóв. • вы́сохнуть. Let the dishes drain; don't bother drying them. Не вытирáйте посýды, пусть онá вы́сохнет. • слив. The drain is stopped up again. Слив опя́ть засори́лся. • подтáчивать. That illness is draining all her strength. Э́та болéзнь подтáчивает её си́лы. • истощáть. Putting them through college is a drain on our income. Их учéние в университéте истощáет нáши рессýрсы.

drank *See* **drink.**

draw (drew, drawn) набрáть. Go out and draw a bucket of water from the well. Вы́йдите на двор и набери́те ведрó воды́ из колóдца. • вы́вести. They drew different conclusions from the same facts. Они́ вы́вели разли́чные заключéния из тех же фáктов. • I'll have to draw fifty rubles out of the bank. Я дóлжен бýду взять из бáнка пятьдеся́т рублéй. • привлéчь. This concert is sure to draw a big crowd. Э́тот концéрт, несомнéнно, привлечёт мáссу нарóда. • начертúть. He drew a map of the area for us. Он начерти́л нам план мéстности.

* подходи́ть. The train is just drawing into the station. Пое́зд как раз подхо́дит к вокза́лу. — The concert season is drawing to a close. Конце́ртный сезо́н уже́ подхо́дит к концу́. * тяну́ть. This is a good drawing pipe. Э́та тру́бка хорошо́ тя́нет. — Let's draw straws to see who goes first. Дава́йте тяну́ть жре́бий, кому́ идти́ пе́рвым. * погружа́ться. On this river a boat must draw no more than two meters. На э́той реке́ су́дно должно́ погружа́ться не глу́бже, чем на два ме́тра. * вы́тянуть. He drew a winning number. Он вы́тянул вы́игрышный но́мер. * жеребьёвка. The opposing team won the draw. Проти́вная кома́нда вы́играла в жеребьёвке. * тащи́ть. The cart was drawn by two horses. Теле́гу тащи́ли две ло́шади.

□ in a draw в ничью́. The game ended in a draw. Игра́ ко́нчилась в ничью́.

to draw out вы́тянуть. I did my best to draw the whole truth out of him. Я стара́лся вы́тянуть из него́ всю пра́вду.

to draw the line положи́ть преде́л. You have to draw the line somewhere. Пора́ положи́ть э́тому преде́л.

to draw up вы́строить. The men were drawn up for the inspection. Бойцо́в вы́строили для смо́тра. * подъе́хать. Just then a taxi drew up. В э́тот моме́нт подъе́хало такси́. * соста́вить. As soon as I get the information I'll draw up a report. Как то́лько я получу́ све́дения, я соста́влю докла́д.

□ He is a big draw wherever he goes. Где бы он ни появи́лся, он всю́ду привлека́ет пу́блику. * He drew a blank everywhere he looked. Все его́ по́иски бы́ли напра́сны. * When it was over he drew a deep breath. Когда́ э́то ко́нчилось, он глубоко́ вздохну́л.

drawer я́щик. My passport is in the top drawer. Мой па́спорт в ве́рхнем я́щике. * кальсо́ны. He advised me to wear heavy drawers in the winter. Он посове́товал мне носи́ть тёплые кальсо́ны зимо́ю.

drawn See draw.

dread боя́ться. I dread going there alone. Я бою́сь идти́ туда́ оди́н. * страх. The small nation lived in constant dread of war. Ма́ленькая страна́ жила́ в постоя́нном стра́хе войны́.

dreadful стра́шный. A dreadful storm came up before we got back. Ра́ньше чем мы успе́ли верну́ться, разрази́лась стра́шная гроза́. * ужа́сно. She wears dreadful clothes. Она́ ужа́сно одева́ется.

dream (dreamed or dreamt, dreamed or dreamt) сон. I had a funny dream last night. Мне вчера́ присни́лся стра́нный сон. * сни́ться. Last night I dreamed that I was home. Мне вчера́ сни́лось, что я был до́ма. * мечта́. Their new house is a dream. Их но́вый дом — настоя́щая мечта́. * Don't waste time dreaming. Не теря́йте вре́мени в мечта́х. * мечта́ть. I've been dreaming about buying a car. Я мечта́ю о том, чтобы купи́ть маши́ну.

□ I wouldn't dream of doing it. Мне и в го́лову не пришло́ бы э́то сде́лать.

dreamt See dream.

dress пла́тье. She wants to buy a new dress before she leaves. Она́ хо́чет до отъе́зда купи́ть но́вое пла́тье. * оде́ться. It took her a whole hour to dress. Ей поня́добился це́лый час, чтоб оде́ться. * одева́ться. It's time for us to dress for the ball. Нам пора́ одева́ться, чтоб идти́ на бал. * деко-

ри́ровать. We dress the store windows in the evening. Мы декори́руем витри́ны магази́на по вечера́м. * перевяза́ть. When was your wound dressed? Когда́ вам перевяза́ли ра́ну?

□ to dress up приоде́ться. I'll have to dress up to go there. Мне ну́жно бу́дет приоде́ться, чтобы пойти́ туда́.

□ The reception is a dress affair. На э́том приёме полага́ется быть в вече́рнем костю́ме. * Do you sell dressed chickens? У вас продаю́тся о́щипанные и вы́потрошенные ку́ры?

dresser n комо́д.

drew See draw.

drill сверло́. The engineers need another drill. Меха́никам ну́жно друго́е сверло́. * прокла́дывать. The workers are drilling a tunnel here. Рабо́чие прокла́дывают здесь тунне́ль. * сверли́ть. The dentist has to drill this tooth. Зубно́й врач до́лжен сверли́ть э́тот зуб. * буре́ние. They are drilling for oil. Они́ произво́дят разве́дку не́фти буре́нием. * обуча́ть. The officer is drilling his men. Офице́р обуча́ет свои́х солда́т. * (застави́ть) де́лать упражне́ния. The teacher drilled us in Russian grammar today. Сего́дня учи́тель де́лал с на́ми упражне́ния по ру́сской грамма́тике. * упражня́ться. We soldiers drill every day on that field. Солда́ты ежедне́вно упражня́ются на э́той площа́дке. * строево́е обуче́ние. The soldiers have drill at 8 A.M. and 2 P.M. Строево́е обуче́ние солда́т происхо́дит в во́семь часо́в утра́ и в два часа́ дня.

drink (drank, drunk) пить. I drink plenty of milk. Я пью мно́го молока́. — Don't drink too much at the party. Не пе́йте сли́шком мно́го на вечери́нке. * вы́пить. He drank it all himself. Он оди́н всё э́то вы́пил. — Have the children drunk their milk yet? Де́ти уже́ вы́пили своё молоко́?

□ drunk пья́ный. We had trouble with a drunk. У нас бы́ли неприя́тности с одни́м пья́ным.

to drink to вы́пить за. We drank to Russian-American friendship. Мы вы́пили за ру́сско-америка́нскую дру́жбу. * вспры́снуть. Let's drink to his having returned. Дава́йте вспры́снем его́ возвраще́ние.

to get drunk напи́ться. He got drunk at the party. Он напи́лся на вечери́нке.

to have a drink вы́пить. Let's go have a drink. Пойдёмте вы́пить чего́-нибудь.

□ He looks as if he was on a drunk last night. *Похо́же на то, что он вчера́ ве́чером хлебну́л ли́шнего. * May I have a drink of water? Да́йте мне, пожа́луйста, воды́.

drive (drove, driven) вбить. Drive the nail into the wall. Вбе́йте гвоздь в сте́ну. * пра́вить. Can you drive a truck? Вы уме́ете пра́вить грузовико́м? — The car was driven by a woman. Маши́ной пра́вила же́нщина. * е́хать (на маши́не). Let's drive out into the country. Дава́йте пое́дем (на маши́не) за́ город. * прое́зжая доро́га. The drive goes around the lake. Прое́зжая доро́га идёт вокру́г о́зера. * толкну́ть. He was driven to stealing by hunger. Э́то го́лод толкну́л его́ на кра́жу. * эне́ргия. He is a man of considerable drive. Он челове́к большо́й эне́ргии. * кампа́ния. The town was having a drive to raise money for the refugees. В го́роде шла кампа́ния по сбо́ру де́нег для бе́женцев. * отвезти́. My friend drove me home in his new car. Мой прия́тель отвёз меня́ домо́й на свое́й но́вой маши́не. * погна́ть.

The cows were driven to pasture. Коро́в погна́ли на па́стбище.

☐ **to drive away** прогна́ть. Drive the dog away. Прогони́те соба́ку.

to drive back оттесни́ть. The crowd was driven back. Толпу́ оттесни́ли наза́д. • отбро́сить. Our soldiers drove the enemy back. На́ши бойцы́ отбро́сили врага́.

to go for a drive прокати́ться. Would you like to go for a drive in my car? Хоти́те прокати́ться на мое́й маши́не? ☐What are you driving at? *К чему́ вы гнёте? • He drives a hard bargain. Он креме́нь, с ним нельзя́ торгова́ться.

driven See **drive**.

driver шофёр. Where is the driver of the car? Где шофёр (э́той маши́ны)?

driving езда́. That kind of driving causes accidents. При тако́й езде́ происхо́дят катастро́фы.

droop v увяда́ть.

drop ка́пля. Put two drops of medicine in a glass of water. Возьми́те две ка́пли э́того лека́рства на стака́н воды́. — There isn't a drop of water left. Не оста́лось ни ка́пли воды́. — A few drops of rain fell. Упа́ло не́сколько ка́пель дождя́. • леденёц. Lemon drops are my favorite candy. Я бо́льше всего́ люблю́ лимо́нные леденцы́. • вы́пасть. The pencil dropped out of my hand. Каранда́ш вы́пал у меня́ из рук. • урони́ть. I dropped the letter in the street. Я урони́л письмо́ на у́лице. • вы́садить. Please drop me at the corner. Пожа́луйста, вы́садите меня́ на углу́. • пропуска́ть. Drop every other letter to read the code. Чтоб расшифрова́ть код, чита́йте его́, пропуска́я ка́ждую втору́ю бу́кву. • бро́сить. For the time being let's drop the argument. Дава́йте пока́ бро́сим э́тот спор. • па́дать. The temperature dropped very rapidly. Температу́ра о́чень бы́стро па́дала. • свали́ться. He dropped from exhaustion. Он свали́лся от уста́лости. • исключи́ть. If I don't pay my dues, I'll be dropped from the club. Е́сли я не бу́ду плати́ть чле́нских взно́сов, меня́ исключа́т из клу́ба.

☐ **to drop a hint** намекну́ть. She dropped a hint that she wanted to go. Она́ намекну́ла, что хо́чет идти́.

to drop in (over) загляну́ть. Drop in to see me tomorrow. Загляни́те ко мне за́втра.

to drop off свали́ться. I dropped off to sleep immediately. Я свали́лся и засну́л момента́льно.

☐ From the second floor there is a drop of ten meters to the ground. От второ́го этажа́ до земли́ де́сять ме́тров. • He'll fight at the drop of a hat. То́лько заде́нь его́, он уж в дра́ку ле́зет.

drove See **drive**.

drown утону́ть. Many people have drowned at this beach. Тут на взмо́рьи утону́ло не ма́ло наро́да. • топи́ть. Please don't drown the kittens. Пожа́луйста, не топи́те котя́т. • заглуши́ть. The noise drowned out his words. Шум заглуши́л его́ слова́.

drug лека́рство. This drug is sold only on a doctor's prescription. Э́то лека́рство продаётся то́лько по реце́пту врача́.

☐ This year grapes are a drug on the market. В э́том году́ ры́нок зава́лен виногра́дом. • They drugged his coffee. Они́ подсы́пали что́-то в его́ ко́фе. • I felt drugged with sleep. Меня́ неудержи́мо клони́ло ко сну.

drugstore n апте́ка.

drum бараба́н. Can you hear the drums? Вы слы́шите бараба́ны? • бараба́нить. Please stop drumming on the table. Пожа́луйста, переста́ньте бараба́нить по столу́. • вдолби́ть. Those rules have been drummed into me. Мне вдолби́ли в го́лову э́ти пра́вила. • бак. They unloaded six drums of gasoline. Они́ вы́грузили шесть ба́ков бензи́на (or горю́чего).

☐ He's trying to drum up trade. Он стара́ется увели́чить спрос на свой това́р.

drunk See **drink**.

dry сухо́й. It's been a dry summer. Э́то бы́ло сухо́е ле́то. — I'd like a good dry wine. Я бы вы́пил хоро́шего сухо́го вина́. • су́хо. The streets are dry now. На у́лице уже́ су́хо. • вы́сохнуть. Have your clothes dried out yet? Ва́ша оде́жда уже́ вы́сохла? — The paint dried in five hours. Кра́ска вы́сохла за пять часо́в. — The well is dry. Э́тот коло́дец вы́сох. • сушёный. Give me half a kilogram of dried mushrooms. Да́йте мне полкило́ сушёных грибо́в. • вытира́ть. Who is going to dry the dishes? Кто бу́дет вытира́ть посу́ду? • ску́чный. The lecture was so dry, I walked out. Ле́кция была́ така́я ску́чная, что я ушёл.

☐ **dry land** твёрдая по́чва. It's good to be on dry land after such a long trip. Хорошо́ почу́вствовать под собо́й твёрдую по́чву по́сле тако́го дли́нного путеше́ствия.

to dry oneself обсуши́ться. Dry yourself by the fire. Обсуши́тесь у огня́.

to dry up пересыха́ть. The stream dries up every summer. Э́тот ручеёк ка́ждое ле́то пересыха́ет. • заткну́ться. Tell him to dry up! *Скажи́те ему́, чтобы он заткну́лся.

☐ I wore a raincoat and kept dry. На мне был дождеви́к, и я не промо́к. • I'm dry; let's have a drink. У меня́ су́хо в гло́тке, дава́йте вы́пьем! • The cow has been dry for a month. Коро́ва уже́ ме́сяц не даёт молока́. • She certainly has a dry sense of humor. Она́ уме́ет е́дко состри́ть. • She has always been an active dry. Она́ вела́ акти́вную борьбу́ с алкоголи́змом.

duck у́тка. We are having roast duck for dinner. У нас бу́дет к обе́ду жа́реная у́тка. • паруси́на. Lots of summer clothes are made of white duck. Бе́лая паруси́на ча́сто употребля́ется для ле́тних костю́мов. • нагну́ть. Duck your head! Нагни́те го́лову! • окуну́ть. Let's duck him in the water. Дава́йте окунём его́ (в во́ду).

☐ **ducks** паруси́новые брю́ки. He is wearing white ducks. На нём бе́лые паруси́новые брю́ки.

to duck out улизну́ть. Let's duck out of here. Дава́йте-ка улизнём отсю́да!

to take a duck окуну́ться. He took a quick duck in the lake. Он бы́стро окуну́лся в о́зере.

due причита́ться. I have three weeks' pay due me. Мне причита́ется зарпла́та за три неде́ли. • пря́мо. Go due west and you will hit the river. Иди́те пря́мо на восто́к и вы наткнётесь на ре́ку.

☐ **dues** чле́нский взнос. The dues are ten rubles a year. Чле́нский взнос—де́сять рубле́й в год.

to give the devil his due отда́ть справедли́вость. You've got to give the devil his due; he certainly works well. На́до отда́ть ему́ справедли́вость; рабо́тать он уме́ет хорошо́.

☐ The rent will be due next Monday. Срок кварти́рной пла́ты в бу́дущий понеде́льник. • The train is due at noon. По́езд прихо́дит по расписа́нию в двена́дцать часо́в дня. • With due respect to your learning, I disagree. При всём моём уваже́нии к ва́шей учёности, я с ва́ми не согла́сен. • His death was due to malaria. Он у́мер от маляри́и.

dug *See* **dig.**

dull тупо́й. This knife is dull. Э́тот нож тупо́й. — He felt a dull pain in his chest. Он почу́вствовал тупу́ю боль в груди́. • переби́ть. Thanks, no. A cigarette might dull my appetite. Спаси́бо, нет. Папиро́са мо́жет переби́ть мне аппети́т. • ту́склый. The room was lighted by the dull light of a single candle. Ко́мната освеща́лась ту́склым све́том еди́нственной свечи́. • па́смурный. If it's a dull day, let's stay at home. Е́сли день бу́дет па́смурный, дава́йте остане́мся до́ма. • глухо́й. The book hit the floor with a dull thud. Кни́га упа́ла на́ пол с глухи́м сту́ком. • ску́чный. Our neighbors are nice but dull. На́ши сосе́ди ми́лые, но ску́чные лю́ди. • тупи́ца. He is a very dull student. Э́тот учени́к — большо́й тупи́ца.

duly *adv* до́лжным о́бразом.

dumb немо́й. That poor child was born dumb. Бе́дный ребёнок, он роди́лся немы́м. ☐ I knew you'd do something dumb like that. Я так и знал, что вы вы́кинете каку́ю-нибудь глу́пость. • We were struck dumb by the news. Э́та но́вость нас пря́мо ошеломи́ла.

duplicate *v* дубли́ровать. Don't duplicate his work. Не на́до дубли́ровать его́ рабо́ту.

duplicate *n* дублика́т. I haven't got a single duplicate in my collection. У меня́ нет ни одного́ дублика́та в колле́кции.

☐ **in duplicate** в двух экземпля́рах. Fill this out in duplicate. Запо́лните э́ту бума́гу в двух экземпля́рах.

during во вре́мя. I met him during the war. Я познако́мился с ним во вре́мя войны́. ☐ We work during the day. Мы рабо́таем днём.

dust пыль. She swept the dust under the rug. Она́ замела́ пыль под ковёр. — The car raised a cloud of dust. Маши́на подняла́ о́блако пы́ли. • вы́тереть пыль. Please dust my desk. Пожа́луйста, вы́трите пыль на моём пи́сьменном столе́. ☐ **to bite the dust** упа́сть мёртвым. The sniper bit the dust. Сна́йпер упа́л мёртвым.

to throw dust in one's eyes пуска́ть пыль в глаза́. He's throwing dust in her eyes. Он пуска́ет ей пыль в глаза́.

duty долг. He thought it was his duty to visit her. Он счита́л свои́м до́лгом навести́ть её. • обя́занность. Answering the phone is one of my duties. В мои́ обя́занности вхо́дит отвеча́ть на телефо́нные звонки́. • по́шлина. How much duty is there on this tobacco? Кака́я здесь по́шлина на таба́к? ☐ **on duty** дежу́рный. When are you on duty? Когда́ вы дежу́рный?

to go off duty конча́ть дежу́рство. I go off duty at 5:30. Я конча́ю дежу́рство в полови́не шесто́го.

dwell (dwelt, dwelt). Oh, stop dwelling on your own troubles. Да бро́сьте вы ве́чно носи́ться с ва́шими неприя́тностями.

dwelt *See* **dwell.**

E

each ка́ждый. How many beds are there in each room? Ско́лько крова́тей в ка́ждой ко́мнате? — Each one must look out for himself. Ка́ждый до́лжен сам о себе́ забо́титься. • шту́ка. These apples are five kopecks each. Э́ти я́блоки по пяти́ копе́ек шту́ка. ☐ **each other** друг дру́га. We don't understand each other. Мы друг дру́га не понима́ем.

eager ☐ **to be eager** о́чень хоте́ть. I am eager to meet your friends. Я о́чень хочу́ познако́миться с ва́шими друзья́ми. ☐ He is eager to get back to work. Ему́ уж не те́рпится опя́ть взя́ться за рабо́ту.

eagle *n* орёл.

ear у́хо. My ear hurts. У меня́ боли́т у́хо. • слух. I don't have an ear for music. У меня́ нет слу́ха. • поча́ток. He picked a few ears of corn. Он сорва́л не́сколько поча́тков кукуру́зы. ☐ **all ears** весь-внима́ние. Go on with your story; I'm all ears. Продолжа́йте, я весь-внима́ние.

to turn one's ear to the ground держа́ть нос по ве́тру. He has his ear to the ground. *Он де́ржит нос по ве́тру.

early ра́но. Please call me early. Пожа́луйста, разбуди́те меня́ ра́но. — Let's not get there too early. Постара́емся попа́сть туда́ не сли́шком ра́но. • у́тренний. Has the early mail come? Была́ уже́ у́тренняя по́чта? ☐ Let us have an early reply from you. Про́сим вас отве́тить возмо́жно скоре́е.

earn зараба́тывать. How much do you earn a month? Ско́лько вы зараба́тываете в ме́сяц? • зарабо́тать. The boy earned fifty kopeks for delivering the package. За доста́вку паке́та ма́льчик зарабо́тал пятьдеся́т копе́ек. • заслужи́ть. He earned his reputation. Он заслужи́л свою́ репута́цию. — His behavior earned him the respect of everyone. Свои́м поведе́нием он заслужи́л всео́бщее уваже́ние.

earnest серьёзный. Would you call him an earnest man? Вы бы сказа́ли, что он серьёзный челове́к? • че́стно. He made an earnest attempt to deliver the goods on time. Он че́стно пыта́лся доста́вить това́ры к сро́ку.

earth мир. There is nothing on earth like it. Нигде́ в ми́ре нет ничего́ подо́бного. • земля́. These holes must be filled with earth. Э́ти я́мы ну́жно заброса́ть землёй. ☐ **down-to-earth** тре́зво. He has a down-to-earth attitude. Он смо́трит на ве́щи тре́зво. *or* У него́ тре́звый взгляд на ве́щи.

earthquake *n* землетрясе́ние.

ease облегча́ть. This medicine will ease the pain quickly. Э́то лека́рство бы́стро облегчи́т боль. • вы́пустить. This skirt has to be eased at the waist. Э́ту ю́бку на́до вы́пустить в та́лии. ☐ **at ease** непринуждённо. He always puts his guests completely at ease. Го́сти у него́ всегда́ чу́вствуют себя́ непринуждённо.

with ease непринуждённо. He dances with such ease. Он так непринуждённо танцу́ет. ☐ Ease the bureau over on its side. Наклони́те комо́д чуть-чуть на́ бок. • The pressure of work has eased up a little in the past week. С про́шлой неде́ли мы рабо́таем не так напряжённо.

easily легко́. I don't make friends easily. Я не легко́ сближа́юсь с людьми́. — It's easily done. Это легко́ сде́лать. • несомне́нно. That is easily the best I've seen. Это, несомне́нно, лу́чшее из всего́, что я ви́дел. ☐ We are expecting him, but he could easily be late. Мы его́ ждём, но вполне́ возмо́жно, что он опозда́ет.

east восто́к. The plane is north by east of the airport now. Самолёт тепе́рь к се́веро-восто́ку от аэродро́ма. • восто́чный. I lived in the East (of the United States) for ten years. Я жил де́сять лет в восто́чной ча́сти Соединённых Шта́тов. — An east wind usually comes up in the afternoon. По́сле обе́да обы́чно ду́ет восто́чный ве́тер.

Easter *n* па́сха.

eastern *adj* восто́чный.

easy легко́. English would be easy for you. Вам бы́ло бы легко́ научи́ться по-англи́йски.

☐ **easygoing** доброду́шный. He's a pleasant, easygoing fellow. Он сла́вный, доброду́шный па́рень. • беспе́чный. The office was disorganized because he was too easygoing. В его́ конто́ре был беспоря́док, потому́ что он был сли́шком беспе́чен.

on Easy Street в по́лном дово́льстве. He has been living on Easy Street for the past few years. После́дние го́ды он жил в по́лном дово́льстве.

to take it easy не утружда́ть себя́. We've been taking it easy for the last two weeks. После́дние две неде́ли мы себя́ не сли́шком утружда́ли рабо́той. • не усе́рдствовать. Take it easy or you'll work yourself to death. Не усе́рдствуйте так, а то вы себя́ в гроб вго́ните. • не волнова́ться. Take it easy; nothing will happen to him. Не волну́йтесь, с ним ничего́ не случи́тся. • не торопи́ться. Take it easy; we've got plenty of time. Не торопи́тесь, у нас ещё мно́го вре́мени. ☐ Take it easy; you're driving too fast for me. Не гони́те так, я не переношу́ тако́й бы́строй езды́.

eat (ate, eaten) пое́сть. I want something to eat. Я хоте́л бы чего́-нибудь пое́сть. • есть. I haven't eaten for two days. Я уже́ два дня ничего́ не ел. • съесть. I don't feel well; it must be something I ate. Мне что́-то нехорошо́, ве́рно, съел что́-нибудь.

☐ **good to eat** съедо́бный. Are these mushrooms good to eat? Эти грибы́ съедо́бны?

to eat one's heart out грызть себя́. Don't eat your heart out over a trifle. Не грызи́те себя́ из-за пустяко́в. ☐ Shall we eat out tonight? Не пойти́ ли нам поу́жинать в рестора́не сего́дня ве́чером?

eaten *See* eat.

echo э́хо. He shouted and heard the echo. Он кри́кнул и услы́шал э́хо. • разнести́сь э́хом. The sound of the shot echoed through the hills. Звук вы́стрела э́хом разнёсся по холма́м. • подголо́сок. You're just his echo. Вы про́сто его́ подголо́сок. ☐ Quit echoing every word he says. Переста́ньте, как попуга́й, повторя́ть ка́ждое его́ сло́во.

edge окра́ина. They live at the very edge of town. Они́ живу́т на са́мой окра́ине (го́рода). • край. We stood at the edge of the precipice. Мы стоя́ли на краю́ обры́ва. • ле́звие. The edge of this razor is too dull. Ле́звие бри́твы сли́шком ту́пое. • протисну́ться. He edged through the crowd. Он проти́снулся че́рез толпу́. • преиму́щество. I think this is where you have the edge on me. Я ду́маю, что в э́том-то и есть ва́ше преиму́щество передо мной.

☐ **to edge one's way** протисну́ться. I edged my way to the window. Я проти́снулся к окну́.

☐ I want an edge put on this blade. Наточи́те мне э́ту бри́тву.

edition изда́ние. Is the evening edition out yet? Вече́рнее изда́ние уже́ вы́шло? — He collects first editions. Он собира́ет пе́рвые изда́ния.

educate *v* дава́ть образова́ние.

education образова́ние. How much education have you had? Како́е образова́ние вы получи́ли? ☐ Where did you receive your education? Где вы учи́лись?

effect эффе́кт. His speech produced the desired effect. Его́ речь произвела́ жела́емый эффе́кт. • де́йствие. What is the effect of this medicine? В чём выража́ется де́йствие э́того лека́рства? • впечатле́ние. I'm not trying to produce an effect. Я не пыта́юсь произвести́ впечатле́ние. • произвести́. He effected the change without difficulty. Он произвёл э́ту переме́ну без вся́ких затрудне́ний.

☐ **effects** ве́щи. His effects are still in his room. Его́ ве́щи ещё в его́ ко́мнате.

in effect в су́щности. His career began, in effect, when he was twelve. Его́ карье́ра начала́сь, в су́щности, когда́ ему́ бы́ло двена́дцать лет.

to go into effect вступа́ть в си́лу. When does this regulation go into effect? Когда́ э́то пра́вило вступа́ет в си́лу? **to take effect** производи́ть де́йствие. These drinks are beginning to take effect. Эти кре́пкие напи́тки начина́ют производи́ть своё де́йствие.

effective уда́чный. That's a very effective color scheme. Это о́чень уда́чное сочета́ние цвето́в.

☐ **to become effective** вступа́ть в си́лу. This order becomes effective next week. Но́вый прика́з вступа́ет в си́лу на бу́дущей неде́ле. ☐ Effective next week, the speed limit in the city will be thirty kilometers an hour. Начина́я с бу́дущей неде́ли, наибо́льшая ско́рость езды́ в го́роде устана́вливается в три́дцать киломе́тров в час.

effort уси́лие. It was a great effort for me to control myself. Мне сто́ило больши́х уси́лий сдержа́ть себя́. • си́ла. That job will take all your effort. На э́ту рабо́ту уйду́т все ва́ши си́лы. • стара́ние. All her efforts to find him were in vain. Все её стара́ния разыска́ть его́ бы́ли напра́сными. • попы́тка. That book was his first effort in the line of mystery stories. Эта кни́га была́ его́ пе́рвой попы́ткой в о́бласти детекти́вного рома́на.

egg яйцо́. How much are eggs today? Почём сего́дня я́йца?

☐ **fried eggs** (яи́чница) глазу́нья. I'll have fried eggs, please. Да́йте мне, пожа́луйста, (яи́чницу) глазу́нью.

to egg on подстрека́ть. He was egged on by his friends. Друзья́ подстрека́ли его́.

to put all one's eggs in one basket поста́вить всё на одну́ ка́рту. He failed because he put all his eggs in one basket. Он потерпе́л по́лную неуда́чу, потому́ что поста́вил всё на одну́ ка́рту.

eight во́семь. It's eight o'clock. Тепе́рь во́семь часо́в. — We are expecting eight for dinner. Мы ждём к обе́ду во́семь челове́к. ☐ Come at a quarter past eight. Приди́те в че́тверть девя́того.

eighteen *n, adj* восемнáдцать.

eighth *adj* восьмóй.

eighty *n, adj* вóсемьдесят.

either одѝн из двух. Do either of these roads lead to town? Однá из э́тих двух дорóг ведёт к гóроду? • любóй. Either one is satisfactory. Любóй из них подойдёт. • óба. There were trees on either side of the road. По обéим сторонáм дорóги рослѝ дерéвья. • тóже. If you won't go I won't either. Éсли вы не пойдёте, я тóже не пойдý.

☐ **either . . . or** ѝли . . . ѝли. I shall leave either tonight or tomorrow. Я уезжáю ѝли сегóдня вéчером, ѝли зáвтра.

elastic эластѝчный. These new rubber bands are not very elastic. Э́ти нóвые резѝнки не óчень эластѝчны. • резѝнка. Do you need any elastic for the blouse? Вам нужнá резѝнка для блýзки? • гѝбкий. All the rules at our school are very elastic. У нас в шкóле óчень гѝбкие прáвила.

elbow лóкоть. He hit his elbow on the corner of the table. Он ушѝб лóкоть об ýгол столá. • протáлкиваться локтя́ми. She elbowed her way through the crowd. Онá локтя́ми протáлкивалась сквозь толпý. • колéно. We'll have to get a new elbow for the pipe. Придётся купѝть нóвое колéно для э́той трубы́.

elect вы́брать. Have you elected a chai man? Вы ужé вы́брали председáтеля? • избрáть. Who was elected president? Кто был ѝзбран президéнтом? • новоѝзбранный. The president-elect will speak tomorrow. Зáвтра бýдет говорѝть новоѝзбранный президéнт.

election *n* вы́боры.

electric электрѝческий. Are there electric lights in this house? В э́том дóме есть электрѝческое освещéние? — Is there any electric current? Есть тут электрѝческий ток?

electricity *n* электрѝчество.

element элемéнт. How many elements can you name? Назовѝте элемéнты, котóрые вы знáете. • элементáрное прáвило. You don't seem to know even the elements of politeness. Вы, как вѝдно, не знáете элементáрных прáвил вéжливости.

☐ **to be in one's element** быть в своéй стихѝи. He was in his element at the party. На вéчере он себя́ чýвствовал в своéй стихѝи.

☐ That car has been exposed to the elements so long it needs a paint job. Э́та машѝна стóлько былá под дождём, вéтром и сóлнцем, что онá тепéрь нуждáется в покрáске.

elephant *n* слон.

eleven *n, adj* одѝннадцать.

elm *n* вяз.

else ещё. What else can we do? Что ещё мы мóжем сдéлать? — Have you anything else? Есть у вас ещё чтó-нибудь? • другóй. Everyone else has gone. Все другѝе ушлѝ. — There's no one else here. Здесь нет никогó другóго. *or* Здесь бóльше никогó нет. • инáче. How else can I manage? Как же мне спрáвиться инáче?

☐ **or else** а то. Hurry or else we'll be late. Поспешѝте, а то мы опоздáем.

elsewhere в другóм мéсте. You might be able to get some films elsewhere. Мóжет быть вы достáнете плёнки гдé-нибудь в другóм мéсте.

embrace обня́ть. He embraced his mother tenderly. Он нéжно óбнял мать. • охвáтывать. Their plan embraces all aspects of welfare. Их проéкт охвáтывает все вѝды социáльного обеспéчения.

emperor *n* императóр.

empire *n* импéрия.

employ испóльзовать. He employed his time in reading. Он испóльзовал своё врéмя для чтéния.

☐ **to be employed** служѝть. Are you employed here? Вы слýжите здесь?

☐ How many workers are employed here? Скóлько здесь рабóчих? • **In whose employ are you?** У когó вы рабóтаете? • You have to employ caution in crossing this river. Бýдьте осторóжны при перепрáве чéрез рéку.

employee *n* слýжащий.

employer *n* работодáтель.

employment рабóта. What're the chances for employment here? Как здесь насчёт рабóты? — What kind of employment did you finally get? Какýю рабóту вы, в концé концóв, нашлѝ?

empty пустóй. Do you have an empty box? Есть у вас пустáя корóбка? — They were only empty threats. Э́то бы́ли тóлько пусты́е угрóзы. • опорожня́ться. This tank empties in about five minutes. Э́тот резервуáр опорожня́ется приблизѝтельно в пять минýт. • опорожнѝть. Could you empty these closets? Мóжете вы опорожнѝть э́ти шкафы́? • впадáть. This stream empties into a big lake. Э́тот ручéй впадáет в большóе óзеро.

enable дать возмóжность. This letter of recommendation should enable me to get a new position. Э́то рекомендáтельное письмó даст мне возмóжность получѝть нóвую рабóту.

enclose огородѝть. The park is enclosed by a fence. Э́тот парк огорóжен забóром. • приложѝть. Enclose this with the message. Приложѝте э́то к письмý. • прилагáть. Enclosed is the sum you requested. Прилагáю трéбуемую вáми сýмму.

encourage поощря́ть. He encouraged our efforts. Он поощря́л нáши старáния. • увéренный. Do you feel more encouraged now? Вы тепéрь чýвствуете себя́ бóлее увéренным?

end конéц. Is this the end of the street? Тут конéц ýлицы? — I will pay you at the end of the month. Я заплачý вам в концé мéсяца. • кончáться. When does the performance end? Когдá кончáется спектáкль? • закóнчить. The work will be ended next month. Рабóта бýдет закóнчена в бýдущем мéсяце.

☐ **loose ends** детáли. A few loose ends remain to be cleared up. Остáлось вы́яснить ещё нéсколько детáлей.

no end без концá. We had no end of trouble on the trip. В дорóге у нас бы́ло неприя́тностей без концá.

odds and ends безделýшки. The room is full of odds and ends. Кóмната полнá вся́ких безделýшек.

to make an end of положѝть конéц. The new director made an end of the nonsense. Нóвый дирéктор положѝл конéц э́той нелéпости.

to make both ends meet сводѝть концы́ с концáми. It's getting hard for them to make both ends meet. Им станóвится трýдно сводѝть концы́ с концáми.

to put an end to прекратѝть. Please put an end to this quarreling. Пожáлуйста, прекратѝте ссóру.

☐ We have been at our wits' end to find a hotel. Мы никáк не мóжем найтѝ гостѝницу. • Who knows what the end will be? Кто знáет чем э́то кóнчится! • Stand it on its end. Постáвьте э́то стоймя́. • Her father came to an unhappy end. Её отéц печáльно кóнчил.

endeavor старáние. I don't feel that my endeavors have been appreciated. Я чувствую, что мои старания не были оценены. • стараться. He endeavored to live up to his teacher's opinion of him. Он старался оправдать мнение учителя о себе.

endure выдержать. I just can't endure it any more. Я просто больше не могу этого выдержать. • переносить. How can you endure such cold? Как вы можете переносить этот холод?

enemy неприятель (*military*). Where is the enemy? Где (находится) неприятель? • враг. He's a personal enemy of mine. Он мой личный враг. • враждебный. Are there any enemy nationals here? Есть здесь граждане враждебных стран?

energy энергия. A lot of energy will be needed in this work. Эта работа потребует массу энергии. — He is a man of energy. Он человек большой энергии.

engage нанять. I've just engaged a new maid. Я как раз нанял новую домработницу.
□ **to be engaged** занят. I'm sorry the manager won't be able to see you; he's engaged. К сожалению, директор занят и не может вас принять. • принимать участие. He has been engaged in politics for years. Он уже много лет принимает участие в политической деятельности.
to engage the enemy завязать бой с противником. It was two weeks before we were able to engage the enemy. Прошло две недели пока нам удалось завязать бой с противником.
□ How long have they been engaged? Они давно уже жених и невеста?

engine мотор. The engine needs repairing. Мотор нуждается в починке. — Can anyone fix an automobile engine? Кто-нибудь может починить автомобильный мотор? • локомотив. The train has two engines. В этом поезде два локомотива.

engineer инженер. We need an electrical engineer for this job. Нам нужен для этой работы инженер-электротехник. • машинист. The engineer brought the train to a stop. Машинист остановил поезд. • провести. He engineered the scheme very well. Он провёл план очень хорошо. • организовать. Who engineered the robbery? Кто организовал этот грабёж?

English английский. Have you seen any English travelers here? Видели вы тут английских туристов? — He was wearing an English tweed suit. На нём был костюм из английского материала. • английский язык. Do you find English difficult? Вы находите, что английский язык трудный? • по-английски. Do you speak English? Вы говорите по-английски?

enjoy наслаждаться. I enjoyed his wit. Я наслаждался его остроумием.
□ **to enjoy oneself** получить удовольствие. I enjoyed myself very much. Я получил большое удовольствие. • повеселиться. I hope you enjoyed yourself at the party. Я надеюсь, что вы повеселились на этой вечеринке.
□ He enjoys good health as a rule. Обычно его здоровье превосходно.

enlarge объяснять подробно. I don't quite understand that; will you enlarge on it, please. Я не совсем понимаю, объясните подробнее, пожалуйста.

enormous *adj* огромный.

enough достаточно. Do you have enough money? У вас достаточно денег? • довольно. That's enough! (Ну,) довольно! *or* Ну, хватит!

□ Have you had enough or do you want to fight some more? Хватит с вас или хотите продолжать драться? • Are you still hungry or have you had enough? Ну как, поели достаточно, или вы всё ещё голодны?

enter войти. He entered the room without knocking. Он вошёл в комнату, не постучавшись. • поступить в. Do you plan to enter a university? Вы собираетесь поступить в университет? — When did you enter the army? Когда вы поступили на военную службу? • принимать участие. Who is entered in the race? Кто принимает участие в бегах? • внести. I entered his name on the list of candidates. Я внёс его имя в список кандидатов. — The names are entered in alphabetical order. Фамилии внесены в алфавитном порядке.
□ He entered into the spirit of the party very well. Он заразился в нас ... общим весельем.

entertain развлекать. That sort of a play doesn't entertain me at all. Такого рода пьесы меня ничуть не развлекают. • занять. Will you please entertain the guests while I dress? Займите, пожалуйста, гостей, покуда я оденусь.
□ Whatever makes you entertain such an idea? Что даёт вам повод так думать?

entertainer *n* работник эстрады.

entertainment развлечение. Is there any entertainment in this town? Есть в этом городе какие-нибудь развлечения? • программа. When does the entertainment begin? Когда начинается программа (дивертисмент)?

entire весь. The entire trip was pleasant. Вся поездка была очень приятна. • общий. That is the entire cost. Это общая сумма расходов.

entirely совершенно. You're entirely right. Вы совершенно правы.

entitle озаглавить. His latest book is entitled "Russia Today." Его последняя книга озаглавлена "Россия Сегодня".
□ **to be entitled to** иметь право на. You're entitled to two packs of cigarettes a day. Вы имеете право на две коробки папирос в день.

entrance вход. Where is the entrance? Где здесь вход? — Is there an entrance fee? Нужно платить за вход? • появление. Her sudden entrance took us by surprise. Её появление было для нас совершенно неожиданным.

entry записавшийся. When the race started there were only ten entries. К началу гонок было только десять записавшихся. • словарная статья. How many entries are there on each page? Сколько словарных статей на каждой странице?
□ It was clearly a case of unlawful entry. Это явный случай нарушения неприкосновенности жилища.

envelope конверт. This envelope has the wrong address. На конверте неправильный адрес.

envy *v* завидовать; *n* зависть.

epidemic *n* эпидемия.

episode *n* эпизод.

equal одинаковый. All members of our club have equal rights. Все члены нашего клуба пользуются одинаковыми правами. • равный. May I pay in two equal parts? Можно заплатить двумя равными взносами? — It will be hard to find his equal. Будет нелегко найти ему равного. • покрывать. Does this amount equal your losses? Эта сумма покрывает ваши убытки? • быть. How much does that equal in American money? Сколько э́то бу́дет на америка́нские де́ньги? • сравня́ться. It will be hard to equal his record. С ним сравня́ться бу́дет нелегко́. • вы́ровнять. We were behind in the game but we soon equaled their score. Снача́ла мы от них отстава́ли, но вско́ре нам удало́сь вы́ровнять счёт.

☐ **equal to** по си́лам. I don't feel equal to the trip. Я чу́вствую, что э́то путеше́ствие мне не по си́лам.

equally одина́ково. They're both equally to blame. Они́ о́ба одина́ково винова́ты.

equip обору́довать. The camp is equipped with good recreation facilities. Ла́герь хорошо́ обору́дован для спо́рта и развлече́ний.

equipment снасть. Our fishing equipment will all fit into one bag. Вся на́ша рыболо́вная снасть поме́стится в одно́м мешке́.

eraser щётка. Take the eraser and clean the blackboard. Возьми́те щётку и вы́трите (кла́ссную) до́ску. • рези́нка. Where can I buy a good ink eraser? Где мне купи́ть хоро́шую черни́льную рези́нку?

erect пря́мо. Stand erect; you're getting round-shouldered. Сто́йте пря́мо, вы начина́ете суту́литься. • установи́ть. The flagpole was erected in half an hour. Флагшто́к установи́ли в полчаса́. • воздви́гнуть. I was only a child when they erected that monument. Я был ещё совсе́м ребёнком, когда́ был воздви́гнут э́тот па́мятник.

errand n поруче́ние.

error оши́бка. There seems to be an error in the bill. В э́том счёте, ка́жется, есть оши́бка. • ошиби́ться, оши́бка. Pardon, my error. Извини́те, э́то моя́ оши́бка. or Прости́те, я оши́бся. — Please try not to make any errors. Пожа́луйста, постара́йтесь не ошиби́ться. or Пожа́луйста, постара́йтесь не де́лать оши́бок.

escape спасти́сь. Did anyone escape? Удало́сь кому́-нибудь спасти́сь? • избежа́ть. He couldn't escape the consequences. Ему́ не удало́сь избежа́ть после́дствий. • бежа́ть. Did the criminal make good his escape? Удало́сь престу́пнику бежа́ть? • вы́лететь. Her face is familiar but her name escapes me. Её лицо́ мне знако́мо, но и́мя вы́летело из головы́.

☐ We had a narrow escape. *Мы бы́ли на волоске́ от ги́бели. • He goes to the theater as an escape. Он хо́дит в теа́тр, чтобы уйти́ от действи́тельности.

especially осо́бенно. I like his first book especially. Мне осо́бенно нра́вится его́ пе́рвая кни́га. • специа́льно. This is especially for you. Э́то специа́льно для вас.

esquire n господи́н.

essential суще́ственный. Fresh vegetables are essential to a healthy diet. Све́жие о́вощи — суще́ственная часть здоро́вого пита́ния. — Do you consider this essential? Вы счита́ете э́то суще́ственным? • осно́ва. He taught us the essentials of swimming in one lesson. Он научи́л нас осно́вам пла́вания в оди́н уро́к.

establish откры́ть. I'd like to establish an account. Я хоте́л бы откры́ть счёт. • устро́иться. Are you comfortably established here? Вы здесь удо́бно устро́ились? • устана́вливать. His presence was established by several witnesses. Его́ прису́тствие бы́ло устано́влено не́сколькими свиде́телями. • доказа́ть. Can you establish your claim? Вы мо́жете доказа́ть справедли́вость ва́шего тре́бования?

establishment заведе́ние. What kind of an establishment is that? Что э́то за заведе́ние?

estate име́ние. He has a beautiful estate in the country. У него́ прекра́сное име́ние. • иму́щество. His will gave the largest part of his estate to his wife. Он завеща́л бо́льшую часть своего́ иму́щества жене́.

esteem уваже́ние. He earned the esteem of his friends. Он заслужи́л уваже́ние свои́х друзе́й. • цени́ться. Courage is always highly esteemed. Хра́брость всегда́ высоко́ це́нится.

estimate v исчи́слить. He estimated that the damage done by the fire was over a million dollars. Он исчи́слил, что причинённые пожа́ром убы́тки превыша́ют оди́н миллио́н до́лларов.

estimate n приблизи́тельная сме́та. The architect gave us an estimate. Архите́ктор дал нам приблизи́тельную сме́ту. • приблизи́тельная оце́нка. My estimate was pretty close to the exact measurement. Моя́ приблизи́тельная оце́нка оказа́лась о́чень бли́зкой к действи́тельным разме́рам.

etc. и. т. д. (и так да́лее), и. т. п. (и тому́ подо́бное). They have riding, swimming, tennis, etc. У них там мо́жно е́здить верхо́м, пла́вать, игра́ть в те́ннис и. т. д.

eternal adj ве́чный.

eve n кану́н.

even гла́дкий. Is the surface even? Э́то гла́дкая пове́рхность? • чётный. The even numbers are on the other side of the street. Чётные номера́ на друго́й стороне́ у́лицы. • равноме́рный. The train traveled at an even speed. По́езд шёл с равноме́рной ско́ростью. • ро́вный. He has an even disposition. У него́ ро́вный хара́ктер. — The two teams were almost even in strength. Си́лы обе́их кома́нд бы́ли почти́ равны́. • ро́вно. When the last couple arrived we were an even dozen. Когда́ пришла́ после́дняя па́ра, нас ста́ло ро́вно двена́дцать. • да́же. Even a child could understand it. Да́же ребёнок э́то поймёт. • ещё. He can do even better if he tries. Он мо́жет сде́лать ещё лу́чше, е́сли постара́ется. • подравня́ть. Please even the sleeves of this coat. Пожа́луйста, подравня́йте в э́том пальто́ рукава́. • кви́ты. Here's your money; now we're even. Вот ва́ши де́ньги, и тепе́рь мы с ва́ми кви́ты.

☐ **even so** всё-таки. Even so I don't agree with you. И всё-таки я с ва́ми не согла́сен.

even though хотя́. I must say he's an excellent worker, even though I don't like him. Хоть я его́ и не люблю́, я до́лжен призна́ть, что он отли́чный рабо́тник.

to break even оста́ться при свои́х. I lost at first but in the end I broke even. В нача́ле игры́ я был в про́игрыше, но в результа́те оста́лся при свои́х.

to get even расквита́ться. I'll get even with you sooner or later. Я с ва́ми ра́но и́ли по́здно расквита́юсь.

☐ Even if we hurried it would take an hour to get there. Как бы мы ни спеши́ли, ра́ньше чем че́рез час мы туда́ не ..́едем. • Fill it nearly even with the rim. Напо́лните э́то до краёв.

evening ве́чер. The evening passed quickly. Ве́чер прошёл бы́стро. — Good evening! До́брый ве́чер! — He comes in about this time every evening. Он прихо́дит ка́ждый ве́чер приблизи́тельно в э́то вре́мя. — Is this store open evenings? Этот магази́н откры́т по вечера́м? • ве́чером. Will I see you this evening? Мы с ва́ми уви́димся сего́дня ве́чером? • вече́рний. What time does the evening performance begin? В кото́ром часу́ начина́ется вече́рний спекта́кль?

event собы́тие. I always try to keep up with current events. Я всегда́ стара́юсь быть в ку́рсе теку́щих собы́тий. — In this town the arrival of a foreigner is an event. В э́том го́роде прие́зд иностра́нца це́лое собы́тие. • но́мер програ́ммы. The next event is a two-kilometer run. Сле́дующий но́мер програ́ммы—бег на два киломе́тра.

☐ **course of events** обстоя́тельства. A thing like this couldn't happen in the normal course of events. При норма́льных обстоя́тельствах ничего́ подо́бного не могло́ бы случи́ться.

in any event во вся́ком слу́чае. I will be there in any event. Я бу́ду там во вся́ком слу́чае.

☐ In the event of an accident, please notify my father. Если со мной что́-нибудь случи́тся, да́йте, пожа́луйста, знать моему́ отцу́.

ever когда́-нибудь. Have you ever met him before? Вы с ним уже́ когда́-нибудь встреча́лись? — Have you ever been to America? Вы когда́-нибудь бы́ли в Аме́рике? • когда́ бы то ни́ было. I like this more than ever. Мне э́то нра́вится тепе́рь бо́льше, чем когда́ бы то ни́ было.

☐ **ever since** с тех пор как. I've been very lonely ever since she left. С тех пор как она́ уе́хала, я о́чень одино́к.

hardly ever почти́ никогда́. I hardly ever play cards. Я почти́ никогда́ не игра́ю в ка́рты.

☐ Why did I ever get into this? И заче́м то́лько я в э́то впу́тался?

every ка́ждый. Every minute counts. Ка́ждая мину́та дорога́. — Every time I see him he's busy. Ка́ждый раз, когда́ я его́ ви́жу, он за́нят. • все. He had every opportunity to make good. У него́ бы́ли все возмо́жности дости́гнуть успе́ха.

☐ **every day** ежедне́вно. I see my brother every day. Я ви́жусь с мои́м бра́том ежедне́вно.

every now and then or **every once in a while** вре́мя от вре́мени. He takes a drink every now and then. Вре́мя от вре́мени он выпива́ет.

every other ка́ждый второ́й. The police stopped every other car. Мили́ция остана́вливала ка́ждый второ́й автомоби́ль.

every other day че́рез день. They have movies here every other day. У них тут сеа́нсы кино́ че́рез день.

everybody все. Is everybody here? Все здесь? — I'm willing if everybody else is. Если все остальны́е согла́сны, то и я то́же. • вся́кий. Not everybody enjoys this kind of music. Не вся́кому нра́вится тако́й род му́зыки.

everyone все. Everyone had a wonderful time at the picnic. Все о́чень весели́лись на пикнике́.

everything всё. I want to see everything you have about engineering. Я хочу́ всё, что у вас есть по те́хнике. — You can't do everything at once. Нельзя́ де́лать всё сра́зу. — In this business a good start means everything. В э́том де́ле всё зави́сит от уда́чного нача́ла.

everywhere повсю́ду. I've looked everywhere for that book, but can't find it. Я повсю́ду иска́л э́ту кни́гу, но не могу́ её найти́.

evidence доказа́тельство. There was no evidence of any mistreatment of patients. Не́ бы́ло никаки́х доказа́тельств жесто́кого обраще́ния с пацие́нтами. • прояви́ть (to give evidence). She gave no evidence of her sympathy.

Она́ ничем не прояви́ла своего́ сочу́вствия.

evident *adj* очеви́дный.

evidently *adv* очеви́дно.

evil дурно́й. He has such an evil mind. Он во всём ви́дит что́-нибудь дурно́е. • вред. He lectured us on the evils of drink. Он нам прочёл це́лую ле́кцию о вреде́ алкого́ля.

exact то́чный. Please give me exact directions. Пожа́луйста, да́йте мне то́чные указа́ния. — He has a good mind for exact sciences. У него́ есть спосо́бности к то́чным нау́кам. • то́чно. Do you have the exact time? Вы зна́ете то́чно, кото́рый час?

examination экза́мен. How did you make out in your examination? Как прошли́ ва́ши экза́мены? • прове́рка. Is there an examination of passports at the frontier? Бу́дет прове́рка паспорто́в на грани́це? • осмо́тр. You ought to have a thorough physical examination. Вам сле́довало бы подве́ргнуться тща́тельному медици́нскому осмо́тру. • иссле́довать (to examine). I have made a careful examination of the situation. Я тща́тельно иссле́довал положе́ние.

examine осма́тривать. Has the doctor examined you yet? До́ктор вас уже́ осма́тривал? • рассмотре́ть. We should examine the claims made on both sides. Мы должны́ рассмотре́ть тре́бования, предъя́вленные обе́ими сторона́ми. • допро́с (examination). When cross-examined, he denied everything. На перекрёстном допро́се он всё отрица́л.

example приме́р. Could you give me an example? Вы мо́жете мне дать приме́р? — What's the answer to the third example? Како́й отве́т на вопро́с в тре́тьем приме́ре? — You ought to set an example for the others. Вы должны́ служи́ть приме́ром для други́х. • образе́ц. This is a good example of his work. Это хоро́ший образе́ц его́ рабо́ты.

☐ **for example** наприме́р. Take this one, for example. Возьми́те э́то, наприме́р.

☐ Let's make an example of her. Пусть её наказа́ние послу́жит уро́ком для други́х.

exceed переходи́ть. That just about exceeds the limits of decency! Это уже́ перехо́дит грани́цы прили́чия! • превзойти́. This exceeded my fondest hopes. Это превзошло́ мои́ са́мые сме́лые ожида́ния. • превыша́ть. His commissions often exceed his weekly salary. Его́ комиссио́нные ча́сто превыша́ют его́ неде́льную зарпла́ту.

exceedingly исключи́тельно. Your handwriting is exceedingly good. У вас исключи́тельно хоро́ший по́черк.

excellent отли́чный. That was an excellent dinner. Обе́д был отли́чный. • отли́чно. He's an excellent tennis player. Он отли́чно игра́ет в те́ннис. • превосхо́дно, прекра́сно. She gave an excellent performance last night. Она́ превосхо́дно игра́ла во вчера́шнем спекта́кле.

except кро́ме. Everything was fine, except the weather. Всё бы́ло хорошо́, кро́ме пого́ды.

☐ **except for** если бы не. I would have been here sooner except for some trouble on the way. Если бы не не́которые осложне́ния в пути́, я был бы здесь ра́ньше. • за исключе́нием. I like the book pretty well except for the two last chapters. За исключе́нием двух после́дних глав, э́та кни́га мне нра́вится.

exception *n* исключе́ние.

exceptional *adj* исключи́тельный.

excess' изли́шек. Pour off the excess. Отле́йте изли́шек.

☐ **to be in excess of** превышать. The supply is seldom in excess of one hundred pounds per month. Поставки редко превышают сто фунтов в месяц.

to excess слишком много. Don't drink to excess. Не пейте слишком много.

excess', ex'cess сверх нормы. You can't take any excess baggage on the plane. Вы не можете брать с собой в самолёт багажа сверх нормы.

excessive *adj* чрезмерный.

exchange обменять. I'd like to exchange this book for another one. Я хотел бы обменять эту книгу (на другую). • обмениваться. I've been exchanging information with your friend. Я обменивался сведениями с вашим приятелем. • обмен. Prisoners of war may be exchanged within a year. Обмен военнопленных может произойти в течение года. • обменяться. They exchanged ideas before reaching a decision. Прежде чем принять решение, они обменялись мыслями. — The fight began with the rapid exchange of blows. В начале состязания боксёры обменялись быстрыми ударами.

excite волноваться. Don't get excited! Не волнуйтесь! • вызвать. The book is too specialized to excite popular interest. Эта книга слишком специальная, чтобы вызвать общий интерес. • увлекательный. I thought it was an exciting story. Я нашёл, что это увлекательный рассказ.

☐ **to be excited** быть взволнованным. The kids were excited about the arrival of the circus. Детвора была взволнована прибытием цирка.

excitement волнение. What's all the excitement about? Почему такое волнение?

exclaim *v* восклицать.

exclusive для избранных. This is quite an exclusive club. Это клуб для избранных. • исключительный. We have exclusive rights to his invention. У нас исключительные права на его изобретение.

☐ **exclusive of** не считая. He makes ten dollars a day exclusive of commissions. Он зарабатывает десять рублей в день, не считая комиссионных.

excuse извинить. Excuse me! Извините! • простить. Please excuse my bad Russian; I'm just learning the language. Простите, что я так плохо говорю по-русски, но я только недавно начал учиться. • отпустить. He was excused from work yesterday because he was sick. Его вчера отпустили с работы, потому что он заболел. • оправдание. That's not much of an excuse. Это не оправдание.

☐ You may be excused now. Вы можете идти. • What is your excuse for being late? Чем вы можете объяснить ваше опоздание?

execute выполнить. He refused to execute the orders. Он отказался выполнить приказ. • исполнить. The symphony was beautifully executed. Симфония была великолепно исполнена. • казнить. The murderer was executed this morning. Преступника казнили сегодня утром.

☐ The will was never executed. Завещание не было оформлено.

executive ответственный. I'm interested in an executive job. Я хотел бы получить ответственную работу.

☐ **board of executives** совет директоров. The matter is coming up before the board of executives tomorrow. Дело завтра будет обсуждаться на заседании совета директоров.

executive branch of the government правительство. The executive branch of the government has received new power. Правительство получило новые полномочия.

exercise упражнение. Each exercise should be performed fifty times. Каждое упражнение нужно проделать пятьдесят раз. — Do all the exercises at the end of the chapter. Сделайте все упражнения, помещённые в конце этой главы. • моцион. I take a walk for exercise at least three times a week. Я делаю прогулки для моциона, по крайней мере, три раза в неделю. • проезжать. We exercise the horses twice a day. Мы проезжаем лошадей два раза в день. • проявить. He's exercised a good deal of ingenuity on this matter. Он проявил в этом деле большую изобретательность.

☐ **graduation exercise** выпускной акт. The graduation exercise will be held at 10 o'clock. Выпускной акт начнётся в десять часов.

☐ In a job like this it's hard to get enough exercise. На такой работе много двигаться не удаётся.

exhaust истощить. I've exhausted my patience with him. Я истощил с ним всё своё терпение. • исчерпывать. His lectures on modern poetry exhausted the subject. Он прочёл ряд исчерпывающих лекций о современной поэзии. • измучить. I'm exhausted after that long trip. Эта долгая поездка меня измучила. • выхлопной. I'll have to get a new exhaust pipe for the car. Мне надо купить новую выхлопную трубку для автомобиля. • отработанный газ. We could smell the exhaust. Мы чувствовали запах отработанного газа.

exhibit выставка. Is the exhibit open to the public? Эта выставка открыта для публики? • выставлять на показ. His wife loves to exhibit her jewelry. Его жена любит выставлять на показ свои драгоценности.

exist существовать. That doesn't exist except in your imagination. Это существует только в вашем воображении. • жить. How does he manage to exist on what he makes? Как он ухитряется жить на свой заработок?

existence существование. He lives a rather miserable existence. Он влачит довольно жалкое существование.

☐ Further existence of such conditions is intolerable. Нельзя допустить, чтобы подобное положение продолжалось.

exit выход. Don't you see the exit sign over there? Разве вы не видите там надписи "выход"?

☐ **to make an exit** уйти. The heroine made a very awkward exit. Героиня очень неловко ушла со сцены.

☐ I tried to make an inconspicuous exit from the party. Я пытался незаметно улизнуть с вечеринки.

expansion расширение. What's the expansion of this metal under heat? Какой коэффициент расширения этого металла при нагревании?

expect ожидать. I never expected to see him again. Я совершенно не ожидал опять его встретить. • ждать. I'll expect you at 6 o'clock. Я буду вас ждать в шесть часов. • рассчитывать. You can't expect good weather here at this time of year. В это время года здесь нельзя рассчитывать на хорошую погоду.

☐ I expect you had a hard time finding this house. Вам, вероятно, было нелегко найти этот дом. • When do you expect the next train? Когда следующий поезд?

expectation *n* ожидание.

expense расход. I must cut down expenses. Я должен сократить расходы. — He gets a straight salary and expenses in this job. На э́той рабо́те он получа́ет жа́лованье и на расхо́ды.

☐ **at one's own expense** на со́бственные сре́дства. He built the whole thing at his own expense. Он постро́ил всё э́то на со́бственные сре́дства.

to go to expense тра́тить. I don't want to go to much expense for this party. Я не хочу́ мно́го тра́тить на э́ту вечери́нку. • расхо́доваться. Please don't go to any expense on my account. Пожа́луйста, не расхо́дуйтесь на меня́.

☐ We had a good laugh at his expense. Мы над ним здо́рово посмея́лись. • I'd like to buy it but I can't afford the expense. Я хоте́л бы э́то купи́ть, но мне э́то не по сре́дствам.

expensive дорого́й. This apartment is too expensive. Э́та кварти́ра сли́шком дорога́я.

experience о́пыт. I've learned by experience that this is the best way. Я зна́ю по о́пыту, что э́то лу́чший спо́соб. — Is experience necessary? Ну́жен для э́того о́пыт? • приключе́ние. I'll never forget the experience I had yesterday. Я никогда́ не забу́ду мои́х вчера́шних приключе́ний. • стаж. What experience do you have in this field? Како́й у вас стаж в э́той о́бласти? • наткну́ться (to come across). We may experience some difficulties. . Мы мо́жем наткну́ться на не́которые затрудне́ния. • собы́тие. Meeting her was quite an experience for me. Встре́ча с ней была́ для меня́ настоя́щим собы́тием.

experiment испы́тывать. They're experimenting with a new car. Они́ испы́тывают но́вую маши́ну. • о́пыт. We'd like to see the results of the experiment. Нам хоте́лось бы узна́ть результа́ты э́того о́пыта. • производи́ть о́пыты. The laboratory is experimenting with a new chemical. Лаборато́рия произво́дит о́пыты с но́вым хими́ческим препара́том.

expert знато́к. He is considered an expert in his field. Он счита́ется знатоко́м в свое́й о́бласти. • экспе́рт. The experts decided the document was a forgery. Экспе́рты призна́ли докуме́нт подло́жным. • специали́ст. He's an expert at all kinds of games. Он специали́ст по вся́кого ро́да и́грам. • квалифици́рованный. We need an expert mechanic for this job. Нам ну́жен для э́той рабо́ты квалифици́рованный меха́ник.

☐ I need some expert advice. Мне ну́жен сове́т зна́ющего челове́ка.

expire истече́ние (expiration). Are you going to renew your lease when it expires? Вы собира́етесь возобнови́ть контра́кт на кварти́ру по его́ истече́нии?

explain объясни́ть. Could you explain how this machine works? Вы мо́жете объясни́ть, как де́йствует э́та маши́на? — It's hard for me to explain what I mean. Мне тру́дно объясни́ть, что я име́ю в виду́. • объясня́ть. I've already explained it to him many times. Я уже́ объясня́л ему́ э́то мно́го раз.

explanation *n* объясне́ние.

ex'port вы́воз. What are the chief exports of your country? Каки́е гла́вные предме́ты ва́шего вы́воза? — The export of cotton has increased. Вы́воз хло́пка увели́чился.

export, ex'port вывози́ть. We haven't been able to export any aluminum since the war started. Мы не могли́ вывози́ть алюми́ния с нача́ла войны́.

expose разоблача́ть. He made his reputation as a reporter by exposing the scandal. Э́тот репортёр соста́вил себе́ и́мя тем, что разоблачи́л э́тот сканда́л. • де́лать вы́держку. How long did you expose the shot? Каку́ю вы сде́лали вы́держку при э́том сни́мке?

☐ You exposed yourself to a lot of criticism by what you said. Вас бу́дут о́чень критикова́ть за то, что вы сказа́ли.

express выска́зывать. I always want you to feel free to express your opinion. Я хочу́, чтоб вы не стесня́лись и всегда́ свобо́дно выска́зывали своё мне́ние. • спе́шная по́чта. Would you like to send this by express? Вы хоти́те посла́ть э́то спе́шной по́чтой?

☐ **express train** курье́рский по́езд. Can I get an express train here? Могу́ я здесь сесть на курье́рский по́езд?

to express oneself объясня́ться. I have difficulty expressing myself in Russian. Мне тру́дно объясня́ться по-ру́сски.

expression выраже́ние. That sounds like an old-fashioned expression. Э́то выраже́ние ка́жетя устаре́лым. — I can tell what you're thinking by the expression on your face. По выраже́нию ва́шего лица́ я ви́жу о чём вы ду́маете. • знак. I give you this book as a small expression of my gratitude. Прими́те э́ту кни́гу, как сла́бый знак мое́й благода́рности. • чу́вство. He doesn't play the piano with much expression. Он игра́ет (на роя́ле) без вся́кого чу́вства.

exquisite *adj* изы́сканный.

extend тяну́ться. This forest extends for many kilometers in all directions. Э́тот лес тя́нется на мно́го киломе́тров во все сто́роны. • продолжи́ть. They plan to extend the railroad to the border next year. Они́ собира́ются в бу́дущем году́ продо́лжить желе́зную доро́гу до грани́цы. • продолжи́тельный. I hope to return for a more extended visit some day. Я наде́юсь, что когда́-нибудь прие́ду сюда́ на бо́лее продолжи́тельное вре́мя. • продли́ть. I'd like to get this visa extended. Я хоте́л бы продли́ть ви́зу.

☐ May we extend to you our heartiest congratulations? Позво́льте поздра́вить вас от всего́ се́рдца.

extension доба́вочный. We need an extension cord so we can put the lamp over in the corner. Нам ну́жен доба́вочный шнур, чтобы поста́вить ла́мпу в у́гол. — Please connect me with extension seven. Доба́вочный семь, пожа́луйста.

☐ The new extension was opened to traffic today. Сего́дня был откры́т для прое́зда но́вый уча́сток доро́ги. • I plan to take some extension courses next year. В бу́дущем году́ я собира́юсь прослу́шать не́сколько ку́рсов ле́кций для вольнослу́шателей.

extensive *adj* обши́рный.

extent разме́р. What was the extent of damage done by the storm? Каковы́ разме́ры причинённых бу́рей поврежде́ний?

☐ I agree with you to some extent. До изве́стной сте́пени я с ва́ми согла́сен.

extra осо́бо. Do I get extra pay for this job? А мне за э́ту рабо́ту запла́тят осо́бо? • ли́шний. Do you have an extra pencil for me? Есть у вас ли́шний каранда́ш? • стати́ст. He worked for years as an extra before he got his first part. До того́, как он получи́л свою́ пе́рвую роль, он не́сколько лет выступа́л стати́стом.

extraordinary необычайный, необыкновенный. That was the most extraordinary event. Это было совершенно необычайное происшествие.

extreme крайний. Such action is only necessary in extreme cases. Такие меры нужно применять только в крайних случаях. — He was reduced to extreme poverty. Он впал в крайнюю бедность. • экстравагантный. She is very extreme in her tastes. У неё экстравагантный вкус.

☐ **to go from one extreme to the other** впадать из одной крайности в другую. He's always going from one extreme to the other. Он всегда впадает из одной крайности в другую.

to go to extremes впадать в крайности. Let's not go to extremes. Не будем впадать в крайности.

☐ We never have any extremes in temperature. Здесь не бывает ни слишком жарко, ни слишком холодно.

extinguish v гасить.

eye глаз. I have something in my eye. Мне что-то попало в глаз. • петля. This coat fastens at the top with a hook and eye. Это пальто застёгивается у воротника на крючок (и петлю).

☐ **black eye** синяк под глазом. Have you got anything good for a black eye? Есть у вас какое-нибудь средство против синяка под глазом?

to catch one's eye поймать взгляд. I've been trying to catch your eye for the last half hour. Я старался поймать ваш взгляд в продолжение получаса.

to keep an eye on присматривать. Be sure to keep an eye on the children. Не забывайте присматривать за детьми.

to see eye to eye быть согласным. I don't see eye to eye with you on this question. Я не согласен с вами в этом вопросе.

to set eyes on видеть. I never set eyes on her before in my life. До сих пор я её никогда в жизни не видел.

F

face лицо. When he gets angry he turns red in the face. Когда он сердится, краска бросается ему в лицо. — He has an intelligent face. У него умное лицо. • мина. He said it with a straight face. Он сказал это с серьёзной миной. • рожа. Stop making faces at me. Перестаньте строить рожи. • повернуться лицом. Face the light, please. Пожалуйста, повернитесь лицом к свету. • выходить. Our room faces on the street. Наша комната выходит на улицу. • относиться. You should face your troubles like a man. Постарайтесь мужественно относиться к этим неприятностям. • облицевать. The building is faced with red brick. Дом облицован красным кирпичом.

☐ **a long face** вытянутая физиономия. Ever since she lost her job she's been going around with a long face. С тех пор, как она потеряла работу, она ходит с вытянутой физиономией.

at face value буквально. Don't take this news at its face value. Не принимайте это сообщение буквально.

face to face лично. Let's get together and talk the whole thing over face to face. Давайте встретимся и потолкуем обо всём этом лично. • лицом к лицу. Suddenly we came face to face with him. Мы с ним неожиданно столкнулись лицом к лицу.

face value номинальная стоимость. This bond is worth more than its face value. Эта облигация стоит больше своей номинальной стоимости.

on the face of it на первый взгляд. The idea is absurd on the face of it. На первый взгляд, эта мысль кажется абсурдной.

to face the music расхлебать кашу. I guess I better go home and face the music. *Пожалуй, лучше будет мне пойти домой и расхлебать эту кашу.

to one's face в лицо. I'd call him that right to his face. Я б его выругал прямо в лицо.

to show one's face показаться на глаза. I'm so ashamed I won't dare show my face. Мне так стыдно, что я никому на глаза показаться не смею.

☐ Put your cards on the table face down. Положите ваши карты рубашкой вверх.

fact факт. Is this a fact or is it just your opinion? Это факт или это только ваше предположение? • обстоятельство (circumstance). Do you know the facts in the case? Вам известны обстоятельства дела?

☐ **as a matter of fact** собственно говоря. As a matter of fact I couldn't go to Moscow if I wanted to. Собственно говоря, я не мог бы поехать в Москву, даже если бы и захотел.

☐ He does his work in a matter-of-fact manner. Он работает без всякого увлечения.

factory n фабрика, завод.

faculty способности. She has a great faculty for mathematics. У неё большие способности к математике.

☐ I'm having lunch with two members of the faculty. Я сегодня завтракаю с двумя профессорами (университета).

fade полинять. My socks faded in the wash. Мои носки полиняли после стирки. • увянуть. These roses faded so quickly. Эти розы так быстро увяли. • выгорать. Will the sun fade this wallpaper? Эти обои выгорают от солнца?

☐ As we drove off, the sound of the music faded. Мы отъехали, и звуки музыки затихли вдали.

fail провалиться. It will be a real tragedy if the project fails. Если проект провалится, это будет настоящая катастрофа. — Five students of our class failed. Пять учеников из нашего класса провалились. • подвести. I won't fail you. Я вас не подведу. • угасать. The patient is failing rapidly. Больной быстро угасает.

☐ **without fail** во что бы то ни стало. Be there without fail. Вы должны там быть во что бы то ни стало.

☐ Don't fail to do it. Сделайте это обязательно. • The crops failed last year. В прошлом году был неурожай.

failure негодный. He was a complete failure as an executive. Он оказался никуда негодным администратором. • провал. His business venture was a failure. Его деловое предприятие кончилось провалом.

☐ **failure of the crops** неурожа́й. The food shortage was caused by the failure of the crops. Недоста́ток продово́льствия был вы́зван неурожа́ем.

heart failure разры́в се́рдца. He died of heart failure. Он у́мер от разры́ва се́рдца.

☐ His failure to complete the assignment in time lost him his job. Он потеря́л рабо́ту, потому́ что не вы́полнил зада́ния к сро́ку.

faint мале́йший. I haven't even got a faint idea of what he wants. У меня́ нет ни мале́йшего представле́ния о том, чего́ он хо́чет. • бле́дный. This color is too faint. Э́тот цвет сли́шком бле́дный. • упа́сть в о́бморок. You'll faint when you hear this. Вы в о́бморок упадёте, когда́ услы́шите э́то.

☐ I feel faint. Мне ду́рно.

fair справедли́во. They were always fair to me. Они́ всегда́ относи́лись ко мне справедли́во. • схо́дный. That's a fair price. Э́то схо́дная цена́. • по пра́вилам. The other team said he wasn't playing fair. Кома́нда проти́вников нашла́, что он игра́л не по пра́вилам. • посре́дственный. The movie is only fair. Э́тот фильм посре́дственный. • све́тлый. She has blue eyes and fair hair. У неё голубы́е глаза́ и све́тлые во́лосы. • я́сный. Tomorrow will be fair and cool. За́втра бу́дет я́сная и прохла́дная пого́да. • я́рмарка. The fair opens next Monday. Я́рмарка открыва́ется в бу́дущий понеде́льник.

faith ве́ра. I have lost faith in him. Я потеря́л ве́ру в него́.

☐ **good faith** добросо́вестность. He showed his good faith. Он доказа́л свою́ добросо́вестность.

faithful adj ве́рный.

fall (fell, fallen) упа́сть. Did you hear something fall? Вы слы́шали, как бу́дто что́-то упа́ло? — She had a bad fall last winter and broke her leg. Про́шлой зимо́й она́ неуда́чно упа́ла и слома́ла но́гу. — There was a sudden fall in temperature last night. Про́шлой но́чью температу́ра внеза́пно упа́ла. • па́дать. The leaves are beginning to fall. Ли́стья начина́ют па́дать. — The holiday falls on Monday this year. В э́том году́ пра́здник па́дает на понеде́льник. — The sunlight fell directly on his book. Со́лнечный свет па́дал пря́мо на его́ кни́гу. • попа́сть. This letter would cause trouble if it fell into the hands of the wrong people. Э́то письмо́ причини́т неприя́тности, е́сли оно́ попадёт не в те ру́ки. • спасть. It is dangerous to cross the bridge unless the river falls. Пока́ вода́ не спа́ла, ходи́ть че́рез мост опа́сно. • сни́зиться. Let's wait for a fall in prices before we buy. Подождём покупа́ть, пока́ це́ны сни́зятся. • паде́ние. The fall of the fort became a famous event. Паде́ние э́того фо́рта вошло́ в исто́рию. • переходи́ть. His property falls to his wife. Его́ иму́щество перехо́дит к его́ жене́. • о́сень. I saw him last fall. Я ви́дел его́ про́шлой о́сенью. • осе́нний. Is that your new fall overcoat? Э́то ва́ше но́вое осе́ннее пальто́?

☐ **fallen arch** пло́ская ступня́. He wears special shoes because he has fallen arches. Он но́сит специа́льную о́бувь из-за пло́ской ступни́.

fall of snow снегопа́д. We were delayed by a heavy fall of snow. Мы задержа́лись из-за си́льного снегопа́да.

to fall asleep засну́ть. Did you fall asleep? Вы что, засну́ли?

to fall down упа́сть. I fell down. Я упа́л.

to fall for попа́сться на у́дочку. His story sounded convincing, so I fell for it. Его́ расска́з звуча́л так убеди́тельно, что я попа́лся на у́дочку.

to fall in love влюби́ться. They fell in love with each other at first sight. Они́ влюби́лись друг в дру́га с пе́рвого взгля́да.

to fall off свали́ться с. The cover fell off the coffeepot. С кофе́йника свали́лась кры́шка. • уменьша́ться. Their income from farming has been falling off lately. (За) после́днее вре́мя их дохо́д с фе́рмы стал уменьша́ться.

to fall out вы́пасть. All his hair fell out after he was sick last year. По́сле прошлого́дней боле́зни у него́ вы́пали все во́лосы.

to fall to pieces развали́ться. This typewriter is ready to fall to pieces. Э́та пи́шущая маши́нка ско́ро развали́тся.

☐ We can always fall back on our savings. С на́шими сбереже́ниями мы всегда́ смо́жем продержа́ться. • Can you be sure he won't fall down on the job? Вы уве́рены, что он спра́вится с рабо́той? • The dinner fell short of our expectations. Обе́д не оправда́л на́ших ожида́ний. • The plans for our trip fell through. Из на́шего пла́на пое́здки ничего́ не вы́шло. • Where does the accent fall on this word? Где в э́том сло́ве ударе́ние? • The rent falls due next Monday. Срок кварти́рной пла́ты в бу́дущий понеде́льник. • Don't fall behind in your payments. Бу́дьте аккура́тны в платежа́х. • He used to fall behind in his payments. Он запа́здывал с платежа́ми.

fallen See **fall**.

falls водопа́д. There are a lot of falls and rapids on this river. В э́той реке́ мно́го водопа́дов и поро́гов.

false непра́вильный. He gave a false account of the accident. Он дал непра́вильные све́дения о происше́ствии. • ло́жный. Many people get false ideas about New York from the movies. По фи́льмам мно́гие получа́ют ло́жное представле́ние о Нью Йо́рке. — The rumor turned out to be a false alarm. Э́тот слух оказа́лся ло́жной трево́гой. — She got the job under false pretenses. Она́ получи́ла рабо́ту, да́вши о себе́ ло́жные све́дения. • иску́сственный. She's having trouble getting used to her false teeth. Ей тру́дно привы́кнуть к иску́сственным зуба́м.

☐ Is this true or false? Э́то пра́вда и́ли нет?

fame n сла́ва, изве́стность.

familiar знако́мый. It's good to see a familiar face. Прия́тно ви́деть знако́мое лицо́. • обы́чный. This has become a familiar sight nowadays. Э́то ста́ло тепе́рь обы́чным зре́лищем. • быть знако́мым. I am not familiar with your customs. Я не знако́м с ва́шими обы́чаями.

☐ **to get familiar** фамилья́рничать. If you aren't careful with him he's likely to get familiar. Бу́дьте с ним осторо́жны, а то он начнёт с ва́ми фамилья́рничать. ☐ After you've been here a while our system will be familiar to you. Побы́в здесь не́которое вре́мя, вы осво́итесь с на́шей систе́мой.

family семья́. He has a very large family. У него́ о́чень больша́я семья́. — When the family is alone, we eat in the kitchen. Когда́ мы свое́й семьёй, мы еди́м в ку́хне. • семе́йный. That temper of his is a family trait. Его́ вспы́льчивость — семе́йная черта́.

famous знамени́тый. His last book made him famous. Его́ после́дняя кни́га сде́лала его́ знамени́тым.

☐ **to be famous** сла́виться. This road is famous for its views. Э́та доро́га сла́вится свои́ми ви́дами.

fan вентилятор. Turn on the fan. Пустите в ход вентилятор • раздуть. He fanned the spark into a blaze. Он раздул искру в пламя. • расходиться. The roads fanned out from the town in all directions. От города дороги расходились в разных направлениях. • любитель *m*, любительница *f*. She's an enthusiastic baseball fan. Она большая любительница бейсбола.

☐ **to fan oneself** (with something) обмахиваться (чём-нибудь). She sat in the rocker and fanned herself with a handkerchief. Она сидела в качалке и обмахивалась платком.

fancy фантазия. It's just one of her fancies. Это одна из её фантазий. • нарядное. That dress is too fancy to wear to work. Это платье слишком нарядное для работы.

☐ **to have a fancy** любить. I have quite a fancy for chocolate cake. Я очень люблю шоколадный торт.

☐ Fancy meeting you here! Вот уж не воображал что встречу вас здесь!

far далеко. Do you live far from the station? Вы живёте далеко от вокзала? — Is it far away? Это далеко отсюда? — This joke has gone far enough. Довольно, эта шутка зашла слишком далеко. • дальний. Have you ever been in the Far East. Вы были когда-нибудь на Дальнем Востоке? • другой. His house is on the far side of the wood. Его дом на другом конце леса.

☐ **as far as** до. We walked together as far as the gate. Мы дошли вместе до самых ворот.

far into the night до поздней ночи. The meeting lasted far into the night. Собрание затянулось до поздней ночи.

far more гораздо. This is far more important than you realize. Это гораздо важнее, чем вы себе представляете.

so far до сих пор. So far you've been pretty lucky. До сих пор вам везло.

☐ "Are you feeling well now?" "No, far from it." "Вы теперь хорошо себя чувствуете"? "Куда там!" • She is far and away the best cook we ever had. Из всех кухарок, которые у нас были, она, несомненно, самая лучшая. • Far be it from me to criticize, but I don't think you're doing the right thing. Я вовсе не хочу вас критиковать, но по-моему вы поступаете неправильно. • That's not far wrong. Это почти правильно. • You can do what you like as far as I'm concerned. По мне, вы можете делать что вам угодно.

fare проезд. What's the fare? Сколько стоит проезд? • пассажир. How many fares did you have today? Сколько у вас было сегодня пассажиров?

☐ I didn't fare very well on my last job. Мне не повезло с моей последней работой.

farewell прощальный. They gave him a farewell party. Они ему устроили прощальную вечеринку.

farm ферма. My father has a farm in Nebraska. У моего отца ферма в Небраске. • крестьянствовать. Our family has been farming the same piece of land for generations. Наша семья крестьянствует на этой земле с незапамятных времён.

☐ **collective farm** колхоз. Have you ever worked on a collective farm? Вы (когда-нибудь) работали в колхозе?

farmer фермер. My uncle is a farmer. Мой дядя фермер.

☐ **collective farmer** колхозник. The collective farmers bring their vegetables to town every morning. Колхозники привозят каждое утро овощи в город.

farther (*See also* **far, farthest, further**) подальше. The post office is farther down the street. Почта находится на этой улице немного подальше. — Move the chair a little farther from the fire. Отодвиньте стул подальше от огня. • дальше. Your house is farther away from the subway station than mine. Вы живёте дальше от станции метро, чем я. • более отдалённый. They went toward the farther side of the park. Они направились в более отдалённую часть парка.

☐ How much farther do we have to go? Нам ещё далеко идти?

farthest (*See also* **far**) дальше всех. They wanted to see who could throw the ball the farthest. Они хотели посмотреть, кто бросит мяч дальше всех. • дальше всего. Which one of those mountains is farthest away? Какая из этих гор дальше всего отсюда?

☐ It was the farthest thing from my mind. Это мне и в голову не приходило.

fashion мода. Here we don't try to keep up with all the latest fashions. Мы здесь не пытаемся следовать последней моде.

☐ **after a fashion** немного. Yes, I play tennis after a fashion. Да, я немного играю в теннис.

☐ Women gave up the fashion of wearing long dresses long ago. Женщины давно уже перестали носить длинные платья.

fast скорый. If you get a fast train you can get here in two hours. Если вы попадёте на скорый поезд, вы будете здесь через два часа. • поскорей. Give me a cup of coffee and make it fast. Дайте мне чашку кофе, да поскорей. • быстро. Not so fast, please. Пожалуйста, не так быстро. — Don't talk so fast, please. Пожалуйста, не говорите так быстро. • закадычный. They're fast friends. Они закадычные друзья. • крепко. I was fast asleep. Я крепко спал. • пост. Are you keeping the fast? Вы соблюдаете пост? • поститься. Yes, I'm fasting. Да, я пощусь.

☐ **to make fast** привязать. Make the boat fast to the dock. Привяжите лодку к пристани.

☐ You're setting too fast a pace; no one can catch up with you. Вы развиваете слишком большую скорость, никто не может за вами поспеть. • Hurry as fast as you can. Спешите, как только можете. • My watch is ten minutes fast. Мои часы спешат на десять минут. • He travels in fast company. Он проводит время в компании кутил. • Is this color fast? Эта краска не линяет? • The car was stuck fast in the mud. Машина глубоко увязла в грязи.

fat толстый. He's too fat. Он слишком толстый. • жирный. Have you got any fat pork chops? Есть у вас жирные свиные котлеты? • жир. There's too much fat on this meat. На этом мясе слишком много жира. — What is the best fat for frying? На каком жиру лучше всего жарить?

☐ **to get fat** полнеть. I am getting too fat, don't you think? Вы не находите, что я слишком полнею?

fatal роковой. They made the fatal mistake of starting too late. Было роковой ошибкой начать так поздно.

☐ He was the victim of a fatal accident. Он погиб от несчастного случая.

fate *n* судьба.

father отец. How is your father? Как поживает ваш отец? — Father X gave a good sermon at church today. Отец Н. произнёс сегодня хорошую проповедь.

☐ Are your father and mother coming to the concert? Ва́ши роди́тели приду́т на конце́рт?

fault вина́. Sorry, it's my fault. Прости́те, э́то моя́ вина́. • **винова́т** *(guilty)*. It's nobody's fault but his own. Никто́ в э́том не винова́т, кро́ме него́ само́го. • **недоста́ток**. His worse fault is that he talks too much. Его́ гла́вный недоста́ток, что он сли́шком мно́го говори́т. ☐ **to find fault** придира́ться. I don't mean to find fault with you, but that won't do. Я не собира́юсь к вам придира́ться, но э́то, пра́во, не годи́тся.

favor одолже́ние. Would you do me a favor? Сде́лайте мне одолже́ние! • **пойти́ в**. The little boy favors his father in looks. Ма́льчик нару́жностью пошёл в отца́. • **щади́ть**. He's favoring his right leg. Он стара́ется щади́ть свою́ пра́вую но́гу.

☐ **in favor of** быть за. I am in favor of immediate action. Я за то, чтоб де́йствовать неме́дленно.

in one's favor в по́льзу. It speaks in his favor. Э́то говори́т в его́ по́льзу.

☐ Which side do you favor? Вы на чье́й стороне́?

favorable *adj* благоприя́тный.

favorite люби́мый. Red is my favorite color. Мой люби́мый цвет — кра́сный. — This book is a great favorite with children. Э́то люби́мая кни́га ребя́т. • **люби́мец**. The boy is his father's favorite. Ма́льчик — люби́мец отца́. • **фавори́т**. The favorite dropped out of the race early. Фавори́т вы́был из ска́чек в са́мом нача́ле.

fear страх. He doesn't know the meaning of fear. Ему́ не поня́тно чу́вство стра́ха. • **боя́ться**. You have nothing to fear. Вам не́чего боя́ться. — I have no fear for myself, but I'm anxious about my children. Я не бою́сь за себя́, но беспоко́юсь за дете́й.

☐ He went to the station early for fear of missing the train. Он пое́хал на вокза́л ра́но, потому́ что боя́лся опозда́ть на по́езд.

fearful *adj* стра́шный, ужа́сный.

feast пир. That was some feast we had at her house last Sunday. Она́ нам задала́ настоя́щий пир в про́шлое воскресе́нье.

☐ **to feast one's eyes** любова́ться. He feasted his eyes on the beautiful scenery. Он любова́лся прекра́сным ви́дом.

feather перо́. Her new hat has a red feather. У неё но́вая шля́па с кра́сным перо́м. • **пёрышко**. She is as light as a feather. Она́ лёгкая, как пёрышко.

☐ It'd be a feather in his cap if he could win the prize. Э́то бу́дут но́вые ла́вры для него́, е́сли он полу́чит э́тот приз.

feature лицо́. He isn't handsome, but he has pleasant features. Он некраси́в, но у него́ ми́лое лицо́. • **достопримеча́тельность**. This is the main feature of the exhibit. Э́то гла́вная достопримеча́тельность вы́ставки.

☐ **main feature** гла́вный фильм. What time does the main feature go on? Когда́ начина́ется гла́вный фильм? ☐ They're featuring the fall styles early this year. В э́том году́ ра́но на́чали пока́зывать осе́нние моде́ли. • Her article was featured in this magazine. Её статья́ была́ напеча́тана на ви́дном ме́сте в э́том журна́ле. • Do you have a feature role in the play? Вы игра́ете одну́ из гла́вных роле́й в э́той пье́се?

February *n* февра́ль.

fed *(See also* **feed**)

☐ **to be fed up** надое́сть. I'm fed up with this whole business. Мне всё э́то де́ло надое́ло.

federal федера́льный, федерати́вный.

fee гонора́р. The doctor charged a small fee. До́ктор потре́бовал небольшо́й гонора́р.

feeble *adj* сла́бый.

feed (fed, fed) корми́ть. The child refused to let anyone feed her. Ребёнок не позволя́л никому́ себя́ корми́ть. — We were well fed at the hotel. В э́той гости́нице нас хорошо́ корми́ли. • **угоще́ние**. That certainly was a swell feed! Вот э́то бы́ло угоще́ние так угоще́ние! • **корм**. Have you ordered the feed for the chickens? Вы заказа́ли корм для кур? • **подава́ть**. Be careful how you feed the cloth to the machine. Осторо́жней подава́йте мате́рию в маши́ну.

feel (felt, felt) пощу́пать. Feel this. Пощу́пайте э́то. • **каза́ться**. Does the room feel cold to you? Вам не ка́жется, что в э́той ко́мнате хо́лодно? • **почу́вствовать**. He felt a tap on the shoulder. Он почу́вствовал, что кто́-то похло́пал его́ по плечу́. — He didn't feel the full effect of the medicine until much later. Он почу́вствовал де́йствие лека́рства гора́здо по́зже. • **чу́вствовать**. I feel as if I'm catching cold. Я чу́вствую, что у меня́ начина́ется просту́да. • **чу́вствовать себя́**. I feel tired. Я чу́вствую себя́ уста́лым. I felt tired last night. Я чу́вствовал себя́ уста́лым вчера́ ве́чером. — I feel pretty well. Я чу́вствую себя́ дово́льно хорошо́. • **сочу́вствовать**. I really feel for you. Я и́скренне вам сочу́вствую. • **относи́ться**. How do you feel about this? Как вы к э́тому отно́ситесь? • **ду́мать**. I feel that that will be a clever move. Я ду́маю, что э́то бу́дет ло́вкий ход.

☐ **to feel like** хоте́ть. Do you feel like taking a walk? Хоти́те прогуля́ться?

to feel out the situation позонди́ровать по́чву. Let's feel out the situation before we do anything more. Пре́жде чем что́-нибудь предприня́ть, дава́йте позонди́руем по́чву.

to feel up to быть в состоя́нии. I don't feel up to playing tennis right now. Я сейча́с не в состоя́нии игра́ть в те́ннис.

to get the feel of осво́иться с. If you keep practicing, you'll soon get the feel of it. Е́сли вы бу́дете продолжа́ть упражня́ться, вы с э́тим ско́ро осво́итесь.

☐ Do you feel hungry? Вы го́лодны? *or* Вы проголода́лись? • I feel certain of it. В э́том я уве́рен. • I feel a pain here. У меня́ здесь боли́т. • It feels as if it's going to be a nice day today. Похо́же на то, что сего́дня бу́дет хоро́шая пого́да. • I feel like a fool. Я очути́лся в глу́пом положе́нии. • I've never felt so hot. Мне ещё никогда́ не́ было так жа́рко. • I felt sure this would happen. Я был уве́рен, что э́то случи́тся. • I never feel the cold. Мне никогда́ не быва́ет хо́лодно. • It was so dark I had to feel my way around the room. В ко́мнате бы́ло так темно́, что мне пришло́сь пробира́ться о́щупью. • I feel a little uneasy about my brother. Я не совсе́м споко́ен за бра́та. • Do you know how it feels to lose an old friend? Вы зна́ете, что зна́чит потеря́ть ста́рого дру́га? • I don't like the feel of wool. Я не переношу́ ше́рсти. • I feel the need for a little exercise. Мне необходи́мо немно́го размя́ть но́ги. • I feel very strongly about women smoking. Я про́тив того́, чтоб же́нщины кури́ли.

feeling чу́вство. I have a feeling that something important is going to happen. У меня́ тако́е чу́вство, что что́-то ва́жное должно́ случи́ться.

☐ I didn't mean to hurt your feelings. Я не хотел вас обидеть. • I have no feeling in this leg. У меня нога онемела. • Have you no feeling for this poor man? Вы совсем не сочувствуете этому бедняге? • What's your feeling about the idea? А что вы об этом думаете?

feet *See* **foot.**

fell *See* **fall.**

fellow человек. Who's that fellow over there? Кто этот человек вон там? • парень. He's a pretty good fellow when you get to know him. Он, оказывается, славный парень, когда узнаешь его поближе. — There was a young fellow in to see you a half an hour ago. Вас тут один паренёк спрашивал полчаса тому назад.

☐ **fellows** ребята. Do you know all these fellows? Вы знаете всех этих ребят?

little fellow маленький. He was just a little fellow when his folks moved here. Он был совсем маленький, когда его семья переселилась сюда.

poor fellow бедняга. I feel sorry for him, poor fellow. Бедняга! Мне жаль его.

☐ He was a fellow student of mine at school. Он был моим товарищем по школе.

felt (*See also* **feel**) фетр. Is this felt or cloth? Это фетр или сукно? • фетровый. He has an old felt hat he always wears in the rain. У него есть старая фетровая шляпа, которую он всегда носит в дождь.

female *adj* женский.

feminine *adj* женственный, женский.

fence забор. They put a fence around the garden. Они огородили сад забором. • отгородить. They fenced off an area to park cars. Они отгородили участок для стоянки автомобилей. • фехтовать. He fenced at the last match. Он фехтовал на последнем состязании. • скупщик (краденного). The fence was caught with the stolen goods. Скупщика поймали с украденным добром.

fertile *adj* плодородный.

fever жар. Do you have a fever? У вас жар? • лихорадка. He nearly died of yellow fever a few years ago. Он чуть не умер от жёлтой лихорадки несколько лет назад.

☐ The news sent them all into a fever of excitement. Эта новость их всех страшно взволновала.

few несколько. I want to stay here a few days. Я хочу остаться здесь несколько дней. — Say it over a few more times. Повторите это ещё несколько раз. — I can say it in a few words. Я могу это сказать в нескольких словах. — We go around to see him every few days. Мы к нему заходим каждые несколько дней. • немногие. Few people realize it, but it's true. Немногие это понимают, но это так. • мало. Very few children draw as well as he can. Мало кто из детей так хорошо рисует, как он.

☐ **fewer** меньше. Fewer people come here every year. С каждым годом сюда приезжает всё меньше и меньше народу.

quite a few целый ряд. Quite a few people are coming around to that way of thinking. Целый ряд людей переходит на эту точку зрения.

☐ The fish in this river are few and far between. *В этой реке рыбы кот наплакал.

fiction беллетристика. She reads nothing but fiction. Она читает только беллетристику. • выдумка. After she told her story, we could easily distinguish fact from fiction.

Когда она закончила свой рассказ, нам легко было отличить факты от выдумки.

field поле. Let's cut across the field. Давайте срежем дорогу через поле. — We saw a large field of rye. Мы увидели широкое ржаное поле. • область. He's the best man in his field. Он лучший специалист в своей области.

☐ This writer spent several months in the field with the troops. Этот писатель провёл несколько месяцев с армией на фронте. • The teams are coming onto the field. Команды выходят на площадку.

field glasses *n* полевой бинокль.

fierce свирепый. He gave me a fierce look. Он бросил на меня свирепый взгляд. • страшный. How can you stand that fierce heat all day? Как вы можете выдерживать эту страшную жару целый день? • жестокий. You're going to come up against fierce competition. Вам придётся столкнуться с жестокой конкуренцией.

fifteen *n, adj* пятнадцать.

fifth пятый. He's the fifth man in line. Он пятый в ряду. — I'll be there on the fifth of June. Я буду там пятого июня. • пятая часть, одна пятая. We've only done a fifth of what has to be done. Мы сделали только пятую часть того, что нужно было (сделать).

fifty пятьдесят. Will fifty rubles be enough? Пятидесяти рублей хватит? — He's in his fifties. Ему за пятьдесят.

☐ **fifty-fifty** пополам. I'll split it with you fifty-fifty. Мы поделим это с вами пополам.

fight (fought, fought) (по)драться. Have you been fighting with the boy next door again? Ты опять подрался с соседским мальчиком? • сражаться. I know what I'm fighting for. Я знаю, за что я сражаюсь. • спорить (to argue). I think I'm right but I'm not going to fight about it. Я думаю, что я прав, но я не стану спорить. • ссориться (to quarrel). Let's not start a fight. Не будем ссориться. • бороться. You've got to fight that tendency of yours. Вы должны бороться с этой вашей наклонностью. • принимать участие. He fought in the North African campaign. Он принимал участие в Северо-африканской кампании. • оспаривать. I intend to fight that suit. Я буду оспаривать это дело в суде. • сеанс бокса. Was there a big crowd at the fight last night? Вчера было много народу на сеансе бокса?

☐ **to fight back** защищаться. He refuses to fight back. Он отказывается защищаться.

to fight off отбивать. We fought off the enemy for five hours. Мы отбивали противника в продолжение пяти часов. • преодолеть. I fought off my desire to sleep. Я преодолел свою сонливость.

to put up a fight сопротивляться. We put up a good fight but lost anyway. Мы здорово сопротивлялись, но всё-таки проиграли.

☐ He hasn't got any fight left in him. У него нет больше никакого желания бороться.

figure цифра. Add up this column of figures. Сложите эти цифры. • сосчитать. Figure up how much it amounts to. Сосчитайте, сколько это составляет. • думать. I figure it's about time we were going. Я думаю, что нам пора идти. • расчёт (calculation). The way I figure, they should have been here already. По моим расчётам, они должны были бы уже быть здесь. • фигура. She has a nice figure. У неё хорошая фигура. — He's a mighty important figure in this town. Он весьма крупная фигура в нашем городе. • статуэтка. How do you like this little bronze figure? (Как) вам нравится эта бронзовая статуэтка? • рисунок. Figure seven shows all the parts of the motor. На рисунке номер семь изображены все части мотора. • узор. He had on a figured necktie. На нём галстук в узор.

☐ to figure on рассчитывать на. That's something I hadn't figured on. На это я уж никак не рассчитывал. to figure out решить. Can you figure out this problem? Вы можете решить эту задачу? • понять. I couldn't figure out what he was going to do. Я не мог понять, что он собирается делать. • раскусить. I can't figure him out. *Я никак не могу его раскусить.

☐ This didn't figure in my plans. Это не входило в мои планы. • He didn't mean it that way; it was only a figure of speech. Он этого так не думал; это просто такая манера выражаться. • Are you good at figures? Вы сильны в арифметике? • I have to watch my figure. Мне надо стараться не полнеть.

file архивы. Let's move the file over to the other side of the room. Давайте передвинем архивы на другую сторону комнаты. • напильник. Do you have a file in the tool chest? А в вашем ящике с инструментами есть напильник? • положить в папки. Where should I file this correspondence? В какие папки положить эти письма? • ряд. Line up in single file. Станьте в ряд. • идти гуськом. When you hear the air raid signal, file out quickly. Когда вы услышите сигнал воздушной тревоги, быстро выходите гуськом. • подпилить. I'll file my nails while you're dressing. Я подпилю ногти, пока вы одеваетесь.

☐ Do we have your application on file? Вы уже подали нам своё заявление?

fill наполнить. Fill this bottle full of hot water. Наполните эту бутылку горячей водой. • наполнить(ся). The theater was slowly filling with people. Театр постепенно наполнялся. • выполнить. We received the order yesterday but haven't filled it yet. Мы получили заказ вчера, но ещё не выполнили его. • набивать. I fill my pockets with candy when I go to see the kids. Когда я хожу к ребятишкам, я набиваю свои карманы конфетами. • занимать. The sofa just fills that end of the room. Диван занимает весь угол комнаты. • запломбировать. This tooth will have to be filled pretty soon. Этот зуб скоро придётся запломбировать.

☐ to fill in вписать. Fill in your name and address here. Впишите сюда вашу фамилию и адрес. • замещать. I'm just filling in here temporarily. Я здесь только временно замещаю другого работника. • разработать. This is only a sketch; you can fill in the details yourself. Это только набросок; детали вы можете разработать сами.

to fill out заполнить. Fill out this blank. Заполните этот бланк.

to fill up наполнить. Fill up this pail with water. Наполните это ведро водой. • засыпать (solids). Fill up the ditch. Засыпьте эту канаву.

☐ Don't be bashful; go ahead and eat your fill. Не стесняйтесь и ешьте досыта. • I've had my fill of it. С меня хватит. • Does this fill the bill? Это вас устраивает? • "How much gas do you want?" "Fill 'er up." "Сколько вам бензину?" "Сколько войдёт". • There are several

jobs here that need to be filled. Здесь нужно несколько новых работников.

film плёнка. This salve will form a film over the burn and keep the air off. Эта мазь покроет ожог плёнкой и не будет пропускать воздуха. — Do you have any film for this camera? Есть у вас плёнки для этого аппарата? • фильм. I don't particularly like modern films. Мне не очень нравятся современные фильмы.

☐ They filmed the entire ceremony. Они засняли всю церемонию (для кино). • She films well. Она очень фотогенична.

fin n плавник.

final последний. This is the final lecture of the series. Это последняя лекция в этой серии. • окончательный. Is that your final decision? Это ваше окончательное решение?

☐ finals выпускной экзамен. How did you make out on your French finals? Как прошёл ваш выпускной экзамен по-французски? • финальный матч. He was eliminated before he got to the finals. Он выбыл из состязания до финального матча.

☐ There will be no loafing on this job and that's final. Предупреждаю в последний раз — бездельничать здесь нельзя!

finally adv наконец.

financial adj финансовый.

find (found, found) найти. I just found a nickel in the street. Я нашёл только что на улице пятачок. — I can't find my keys anywhere. Я нигде не могу найти моих ключей. — I found what I was looking for. Я нашёл то, что искал. — Can you find your way home all right? Вы наверное сможете (сами) найти дорогу домой? • застать. I found my brother waiting for me when I got home. Вернувшись домой, я застал брата, который меня ждал. • находка. I think this new man is a real find. Я считаю, что этот новый работник настоящая находка. • находить. He manages to find time for almost anything but work. Он ухитряется находить время для всего, кроме работы.

☐ lost and found бюро находок. You may find your umbrella at the Lost and Found. Может быть, вы найдёте ваш зонтик в бюро находок.

to find oneself найти себя. This author hasn't found himself yet. Этот писатель ещё не нашёл себя.

to find out узнать. I finally was able to find out where he lives. Наконец, мне удалось узнать где он живёт.

☐ Put the book back where you found it. Положите книгу обратно на место. • We may find it necessary to leave early. Нам, может быть, придётся рано уехать (or уйти).

finding находка. The finding of the knife solved the mystery. Находка ножа разрешила тайну.

☐ What are the findings in this case? Каковы данные судебного следствия по этому делу?

fine прекрасно. That's fine! Прекрасно! — I had a fine time last night. Я вчера прекрасно провёл вечер. • превосходный. He received the finest education. Он получил превосходное образование. • хорошо. I'm feeling fine, thanks. Спасибо, я чувствую себя хорошо. — That's a fine way to treat a friend! Нечего сказать, хорошо вы обращаетесь с друзьями! • хороший. It's a fine day today. Сегодня хорошая погода. • тонкий. Her hair is so fine it doesn't take a good permanent. У неё такие тонкие волосы, что они не поддаются постоянной завивке. — There's no need of making such fine distinctions. Незачем делать такие тонкие различия. • штраф. If he's convicted, he'll have to pay a fine. Если его признают виновным, ему придётся заплатить штраф. • оштрафовать: The judge fined him five rubles. Судья оштрафовал его на пять рублей.

☐ Grind this coffee to a fine powder. Размелите это кофе в порошок.

finger палец. I hurt my finger. Я ушиб себе палец.

☐ **little finger** мизинец. I cut my little finger peeling potatoes. Я порезал себе мизинец, когда чистил картошку. **to burn one's fingers** обжечься. Watch out you don't burn your fingers. Смотрите, не обожгитесь на этом деле. **to slip through one's fingers** упустить. He had a fine opportunity but he let it slip through his fingers. Он упустил прекрасную возможность.

☐ There's something wrong here but I just can't put my finger on it. Тут что-то не так, но я не могу понять, что именно.

finish кончить. We must finish this job tonight. Мы должны кончить эту работу сегодня вечером. — I'd like to borrow your paper if you're finished with it. Дайте мне вашу газету, если вы её кончили. — I'll be with you as soon as I finish my dinner. Я буду к вашим услугам как только кончу обедать. • кончать. Don't hurry — finish what you're doing. Не спешите, кончайте вашу работу. • финиш. Were you there to see the finish of the horserace? Вы были на скачках при финише? • полировка. This table has a nice finish. У этого стола красивая полировка.

☐ **to finish up** закончить. We need another day to finish this job up. Нам нужен ещё один день, чтобы закончить эту работу.

to put the finishing touches on окончательно отделать. I haven't put the finishing touches on my article yet. Я ещё не окончательно отделал свою статью.

☐ Wait till I finish eating. Подождите, пока я поем.

fire пожар (conflagration). There's a fire in the next block. В соседнем квартале пожар. — Fire! Run for your lives! Пожар! Спасайтесь! — The chimney caught (on) fire and the house burned down. Пожар начался в дымовой трубе, и дом сгорел дотла. — Slow down, Mister. Where's the fire? Потише, гражданин! Что вы спешите, как на пожар? • огонь. The fire in the stove has gone out already. Огонь в печке уже потух. — Wait till they open fire. Подождите пока они откроют огонь. • стрелять. Don't fire! Не стреляйте! • уволить. That fellow was fired last week. Этот парень был уволен на прошлой неделе.

☐ **to be on fire** гореть. Look, the barn is on fire! Смотрите, сарай горит!

to fire away начинать. I'm ready; fire away. Я готов, начинайте!

to make a fire развести огонь. If you're cold I'll make a fire. Если вам холодно, я разведу огонь.

to play with fire играть с огнём. Better be careful; you're playing with fire. Будьте осторожны, вы играете с огнём.

to set fire to поджечь. Be careful; don't set fire to the curtains. Будьте осторожны, не подожгите занавесок.

☐ How much fire insurance do you have? На какую сумму вы застрахованы от пожара? • The scheme has been hanging fire for a couple of weeks. Это дело вот-вот должно решиться, а так тянется уже несколько недель. • Where's the fire? Где горит? • That was no accident; someone set the house on fire. Дом загорелся не случайно; это был поджог. • He fired a couple of shots in our direction. Он сделал несколько выстрелов в нашем направлении.

fireman пожарный. Many firemen were hurt at the fire. Во время пожара пострадало много пожарных. • кочегар. The fireman waved to us as the train went by. Кочегар с проходящего поезда махнул нам рукой. • истопник. The fireman of our house is from the Ukraine. Наш истопник с Украины.

firm устойчивый. Make sure the stepladder is firm. Проверьте устойчива ли эта лестница. • твёрдо. I'm a firm believer in it. Я в это твёрдо верю. • фирма. I represent an American firm. Я представитель американской фирмы.

☐ **a firm stand** твёрдая позиция. We must take a firm stand on this matter. В этом вопросе мы должны занять твёрдую позицию.

☐ Don't use too firm a grip on the wheel. Держите руль полегче.

first первый. Do you remember the first time I came here? Вы помните, как я в первый раз пришёл (or приехал) сюда? — I've got a couple of good seats in the first row of the orchestra. У меня есть несколько хороших мест в первом ряду партера. — I get paid on the first. У меня получка первого числа. — It's the first house after you turn the corner. Это первый дом за углом. — He's always the first one to complain. Он всегда жалуется первым. — That's the first good news we've had in a long time. За долгое время это первое хорошее известие, которое мы получили. • сперва. I have to go to the store first. Я должна сперва зайти в магазин. • прежде всего. First, let me ask you this . . . . Прежде всего, позвольте спросить вас. . . . • в первый раз. Where did you first meet him? Где вы с ним встретились в первый раз?

☐ **at first** сперва. I didn't like him at first. Сперва он мне не понравился.

at first sight на первый взгляд. The idea is better than it looks at first sight. Эта мысль удачнее, чем кажется на первый взгляд.

first aid первая помощь. Do you know anything about first aid? Вы знаете, как оказать первую помощь?

first-aid kit дорожная аптечка. Don't forget to take the first-aid kit. Не забудьте взять с собой дорожную аптечку.

first class мягкий вагон (railroad car with soft seats). He traveled first class. Он ехал в мягком вагоне.

first-class превосходно. He gave a first-class performance. Он превосходно сыграл свою роль.

first of all прежде всего. First of all, you misunderstood me. Прежде всего, вы меня неправильно поняли.

in the first place. во-первых.

(the) first thing первым делом. I'll call you first thing in the morning. Завтра утром первым делом я позвоню вам.

☐ He doesn't know the first thing about bowling. Он не

имеет ни малейшего представления о кеглях. • What is your first name? Как ваше имя?

fish рыба. What kind of fish do you have today? Какая у вас рыба сегодня? — Do you like fish? Вы любите рыбу? • удить. Do you want to go fishing with me? Хотите пойти со мной удить рыбу? — Are you allowed to fish here? Здесь разрешается удить? • напрашиваться. He's always fishing for compliments. Он постоянно напрашивается на комплименты. • обшарить (to fish through). He fished through his pockets for his keys. Он обшарил все карманы в поисках ключей.

☐ He drinks like a fish. *Он пьёт горькую.

fit сидеть. This suit fits you perfectly. Этот костюм отлично на вас сидит. • помещаться. The table fits here perfectly. Стол здесь как раз хорошо помещается. • пригодный. What kind of work is he fit for? Для какой работы он пригоден?

☐ to throw a fit закатить истерику. When she finds out about it she'll throw a fit. Она закатит истерику, когда узнает об этом.

☐ This suit is not a good fit for him. Этот костюм плохо сидит на нём. • The food here isn't fit to eat. Здесь пища совершенно не съедобна. • Have you got a key to fit this lock? У вас есть ключ к этому замку? • We're missing the piece that fits here. Мы не можем найти часть, которой здесь не хватает. • I want to have a new lock fitted on the door. Мне нужен новый замок к двери. • He's very busy today, but he'll try to fit you in somewhere. Он очень занят сегодня, но всё же постарается улучить для вас время.

five n, adj пять.

fix поправить. Can you fix this? Вы можете это поправить? • починить. Where can I have the car fixed? Где здесь можно дать починить машину? • устанавливать. All these prices are fixed by the authorities. Все эти цены официально установлены. • переделка. He's got himself into a terrible fix. И попал же он в переделку!

☐ to fix up наладить(ся). We're having a little trouble now, but it'll be all fixed up soon. У нас теперь маленькое затруднение, но скоро всё наладится.

flag флаг. Didn't you see the red flag? (Разве) вы не заметили красного флага? • сделать знак. See if you can flag a passing car. Попробуйте сделать знак какому-нибудь проходящему автомобилю.

flame огонь. By this time the whole house was in flames. К этому времени весь дом уже был в огне. • пламя. The car turned over and burst into flame. Машина опрокинулась и вмиг была охвачена пламенем.

☐ to flame up разгореться. I blew on the fire until it flamed up. Я раздувал огонь, пока он не разгорелся.

flash блестеть. The windows flashed in the sun. Окна блестели на солнце. • блеснуть. Did you see that flash of lightning? Вы видели, как блеснула молния? • осветить. Flash the light in this corner. Осветите этот угол! • в одно мгновение. It was all over in a flash. В одно мгновение всё было кончено.

☐ An idea just flashed through my mind. Меня только что осенила одна мысль.

flat плоский. He has flat feet. У него плоская стопа. — What's in that flat package? Что в этом плоском пакете? • плашмя. He fell flat on his face. Он упал

плашмя, лицом вниз. • лопнувшая шина. We fix flats. Мы починяем (лопнувшие) шины. • безвкусный. The food lately has been pretty flat. Последнее время еда здесь довольно безвкусная. • бемоль. The next movement is in A-flat. Следующая часть написана в ля-бемоле. • квартира. I just moved into a new flat. Я только что переехал на новую квартиру.

☐ flatcar вагон-платформа. They loaded the tank on the flatcar. Танк погрузили на вагон-платформу.

☐ My prize joke fell flat. Моя лучшая шутка совершенно не имела успеха. • The car has a flat tire. У этой машины лопнула шина. • Her high notes are a little flat. Она немного фальшивит на высоких нотах.

flatter лесть. You won't get anything by flattering us. Лестью вы от нас ничего не добьётесь.

☐ to flatter oneself хвалить себя. He's a good worker, but he's always flattering himself. Он хороший работник, но вечно сам себя хвалит.

fleet флот. The fleet steamed out to sea. Флот вышел в море.

flesh n плоть, тело.

flew See fly.

flight полёт. Her job is to record the flights of planes. На её обязанности лежит запись полётов.

☐ to put to flight обратить в бегство. Our army put the enemy to flight. Наша армия обратила неприятеля в бегство.

☐ The whole district was in flight from the flood. Всё население этого района бежало от наводнения. • This is a very long flight of stairs. Это очень длинная лестница.

float держаться на воде. Will you teach me how to float? Вы меня научите держаться на воде? • сплавить. They floated the logs down the river to the mill. Они сплавляли брёвна по реке на лесопилку. • плот. Let's swim out to the float. Давайте поплывём к плоту.

☐ How big a loan will be floated? На какую сумму выпустят заём?

flock стадо. A flock of sheep was grazing in the fields. В поле паслось стадо овец. • толпиться. They all flocked around the movie star. Они все толпились около звезды экрана.

flood разливаться. That river floods every year. Эта река разливается каждый год. • затоплять. The whole area was flooded when the main burst. Лопнула водопроводная труба и весь район был затоплен. • завалить. We were flooded with applications for the job. Мы были завалены заявлениями желающих получить эту работу. ☐ She wept floods of tears. Она проливала потоки слёз.

floor пол. Put it on the floor. Поставьте это на пол. • этаж. We live on the third floor. Мы живём на третьем этаже.

☐ May I have the floor? Прошу слова.

flour мука. How much is rye flour? Почём ржаная мука?

flow v течь.

flower n цветок.

flown See fly.

flutter развеваться. The flag fluttered in the breeze. Флаг развевался по ветру.

fly (flew, flown) летать. He learned to fly in three weeks. Он в три недели научился летать. — Have you flown before? Вы уже летали когда-нибудь? • лететь. The birds are flying south. Птицы летят на юг. • полететь.

I'd like to fly there if possible. Éсли э́то возмо́жно, я хоте́л бы туда́ полете́ть. • му́ха. The flies around here are terrible. Здесь ужа́сно назо́йливые му́хи.

□ **on the fly** на ходу́. I was late and caught the train on the fly. Я опозда́л и вскочи́л в по́езд на ходу́.

to fly into влете́ть. The pigeon flew in the window. Го́лубь влете́л в окно́.

to let fly бро́сить. He let fly with a few remarks. Он бро́сил не́сколько замеча́ний.

□ What flag is that ship flying? Под каки́м фла́гом идёт э́тот парохо́д? • There's no need to fly into a temper. Не́чего вам выходи́ть из себя́.

foe *n* враг.

fog *n* тума́н.

fold сложи́ть. Help me fold these blankets and put them away. Помоги́те мне сложи́ть и убра́ть э́ти одея́ла. • скла́дка. Straighten out the folds of the curtains. Распра́вьте скла́дки на занаве́сках. • скрести́ть. The teacher folded her arms. Учи́тельница скрести́ла ру́ки.

□ **to fold up** закры́ться. The company folded up last year because of lack of funds. Э́та фи́рма закры́лась в про́шлом году́ из-за недоста́тка средств.

folk

□ **folks** роди́тели. How are your folks? Как пожива́ют ва́ши роди́тели? *or* Как все ва́ши пожива́ют?

follow идти́ за. I think there's somebody following us. Ка́жется, за на́ми кто́-то идёт. • идти́ по. Follow this road till you come to the river. Иди́те по э́той доро́ге до са́мой реки́. • сле́довать. Be sure to follow these instructions exactly. Смотри́те, сле́дуйте то́чно э́тим указа́ниям. • после́довать. The hot weather was followed by several days of rain. За жа́ркой пого́дой после́довало не́сколько дождли́вых дней. • следи́ть за. I haven't been following the news lately. Я не следи́л за новостя́ми в после́днее вре́мя. • сле́дующий. This took place on the following day. Э́то случи́лось на сле́дующий день. • вытека́ть. From what you just said this doesn't necessarily follow. Э́то во́все не вытека́ет из того́, что вы сейча́с сказа́ли. • понима́ть. I can't quite follow your arguments. Я не совсе́м понима́ю ва́ши до́воды.

□ **as follows** сле́дующий. The reasons against this are as follows: До́воды про́тив э́того сле́дующие:

to follow up рассле́довать. We try to follow up every complaint. Мы стара́емся рассле́довать ка́ждую жа́лобу.

following сле́дующее. Be sure to include the following: . . . Не забу́дьте включи́ть сле́дующее: . . . • покло́нники. That singer has a loyal following. У э́того певца́ мно́го ве́рных покло́нников.

folly *n* безрассу́дство, безу́мие.

fond лю́бящий. She has a fond expression in her eyes when she looks at him. Она́ смо́трит на него́ лю́бящими глаза́ми. • люби́мый. It's always been a fond dream of mine to travel around the world. Кругосве́тное путеше́ствие всегда́ бы́ло мое́й люби́мой мечто́й.

□ **to be fond of** люби́ть. I'm very fond of olives. Я о́чень люблю́ масли́ны.

food пи́ща. I'm not used to such food. Я не привы́к к тако́й пи́ще. • еда́. Is the food good there? Еда́ там хоро́шая? *or* Там хорошо́ ко́рмят?

fool дура́к. He's a fool if he believes that story. Он дура́к, е́сли ве́рит э́тим расска́зням. • провести́. If you think you're fooling me, you're mistaken. Вы, ка́жется, меня́ провести́ хоти́те? ошиба́етесь! • дура́читься. It's time you stopped fooling and got down to business. Пора́ вам переста́ть дура́читься и взя́ться за де́ло.

□ **to fool around** дурака́ валя́ть. Quit fooling around and settle down to some serious study. Переста́ньте дурака́ валя́ть и возьми́тесь за учёбу серьёзно.

to fool with балова́ться. Don't fool with that radio while I'm gone. Не балу́йтесь с ра́дио, пока́ меня́ не бу́дет.

□ Let me tell you, I'm nobody's fool. Послу́шайте, меня́ не одура́чишь.

foolish глу́по. That was foolish of him. Э́то бы́ло глу́по с его́ стороны́.

□ **foolish thing** глу́пость. I said a very foolish thing. Я сказа́л большу́ю глу́пость.

□ Don't be foolish! Бро́сьте глу́пости!

foot нога́. He stepped on my foot. Он наступи́л мне на́ ногу. — My feet are sore. У меня́ боля́т но́ги. • заплати́ть. Who's going to foot the bill? Кто запла́тит по счёту? • фут. The American foot equals 30.5 centimeters. Америка́нский фут ра́вен тридцати́ и пяти́ деся́тым сантиме́тра.

□ **at the foot of** в нога́х. Put this blanket at the foot of the bed. Положи́те э́то одея́ло в нога́х крова́ти.

on foot пешко́м. We had to come most of the way on foot. Нам пришло́сь пройти́ бо́льшую часть доро́ги пешко́м.

to be on foot проекти́роваться. I hear that plans are on foot to build a new school. Я слы́шал, что проекти́руется постро́йка но́вой шко́лы.

to be on one's feet стать на́ ноги. He was badly in debt for a while, but he's on his feet again. Одно́ вре́мя он влез в долги́, но тепе́рь стал на́ ноги.

to put back on one's feet поста́вить на́ ноги. A good rest will put him back on his feet again. Хоро́ший о́тдых поста́вит его́ сно́ва на́ ноги.

to put one's foot in it сесть в лу́жу. I really put my foot in that time. На э́тот раз я действи́тельно сел в лу́жу.

to stand on one's own feet стоя́ть на со́бственных нога́х. He's grown up and can stand on his own feet now. Он тепе́рь уже́ взро́слый и мо́жет стоя́ть на со́бственных нога́х.

□ He was sitting at the foot of the stairs. Он сиде́л на ни́жних ступе́ньках ле́стницы. • This has gone far enough; I'm going to put my foot down. Э́то зашло́ сли́шком далеко́; я положу́ э́тому коне́ц.

football *n* америка́нский футбо́л.

for для. Can't you get someone else to do this for you? Вы не мо́жете устро́ить, что́бы кто́-нибудь друго́й сде́лал э́то для вас? — What he says is too deep for me. То, что он говори́т, для меня́ сли́шком мудрено́. — I do this for the fun of it. Я э́то де́лаю для удово́льствия. • за. You'd better send for the doctor. Вы бы лу́чше посла́ли за до́ктором. — I voted for him last year. Я голосова́л за него́ в про́шлом году́. — Are you for or against it? Вы за и́ли про́тив? — How much do you want for this book? Ско́лько вы хоти́те за э́ту кни́гу? — Thank you very much for your kindness. Óчень вам благода́рен за любе́зность. • на. What does he do for a living? Как он зараба́тывает на жизнь? — He was elected for four years. Он был и́збран на четы́ре го́да. — There are three women for every man in this factory. На э́той фа́брике на одного́ мужчи́ну прихо́дится три же́нщины. — How many can I get for a dime? Ско́лько я могу́ получи́ть на гри́венник?

— He works for a large factory. Он рабо́тает на большо́й фа́брике. • у. He works for me as my private secretary. Он рабо́тает у меня́ в ка́честве ли́чного секретаря́. • в. When does the train leave for Moscow? Когда́ ухо́дит по́езд в Москву́? — I saw him yesterday for the first time. Я ви́дел его́ вчера́ в пе́рвый раз. • так как. I think the play will succeed, for it's what the public wants. Я ду́маю, пье́са бу́дет име́ть успе́х, так как э́то то, что нра́вится пу́блике.

☐ for fear of из боя́зни. I kept quiet for fear of getting into trouble. Я молча́л, из боя́зни попа́сть в неприя́тную исто́рию.

for one thing пре́жде всего́. For one thing, he doesn't know the language. Пре́жде всего́, он не зна́ет языка́.

for the time being пока́. That will be enough for the time being. Пока́ э́того бу́дет доста́точно.

to look for иска́ть. I'm looking for my gloves. Я ищу́ свои́ перча́тки.

☐ Is it hard for you to do this? Вам о́чень тру́дно э́то сде́лать? • It's time for us to go home. Нам пора́ идти́ домо́й. • It's time for dinner. Пора́ обе́дать. • Would you like to go for a walk? Хоти́те пойти́ погуля́ть? • I went out for a glass of beer. Я вы́шел вы́пить стака́н пи́ва. • Do you know it for a fact? Вы уве́рены, что э́то факт? • This restaurant is noted for its good food. Э́тот рестора́н сла́вится хоро́шей ку́хней. • We're giving a dinner for him. Мы даём обе́д в его́ честь. • He was named for his grandfather. Его́ назва́ли по де́душке. • For all I know he may be there yet. О́чень возмо́жно, что он и тепе́рь там. • He stayed there for an hour. Он про́был там час. • The road goes straight for about a kilometer and then turns. Снача́ла доро́га идёт пря́мо, приблизи́тельно киломе́тр, а пото́м свора́чивает. • Who's he working for now? Где он тепе́рь рабо́тает? • As for me, I don't care what you do. По мне — де́лайте, что хоти́те!

forbade See forbid.

forbid (forbade, forbidden) воспреща́ться. Smoking is forbidden here. Здесь кури́ть воспреща́ется. • запреща́ть. I forbid you to shout. Я вам запреща́ю крича́ть.

forbidden See forbid.

force си́ла. We had to take him by force. Мы должны́ бы́ли взять его́ си́лой. — I see the force of your arguments. Я ви́жу си́лу ва́ших до́водов. — His orders have the force of law. Его́ приказа́ния име́ют си́лу зако́на. — Is that law still in force? Э́тот зако́н всё ещё в си́ле? • взлома́ть. The door has been forced. Дверь взло́мана. • вы́нудить. We were forced to change our tactics. Мы бы́ли вы́нуждены измени́ть та́ктику. — They finally forced a confession out of him. Наконе́ц, они́ вы́нудили у него́ призна́ние. • вы́нужденный. The plane made a forced landing. Самолёту пришло́сь сде́лать вы́нужденную поса́дку. • заста́вить. We finally forced him to admit it. В конце́ концо́в мы заста́вили его́ призна́ть э́то. • принужда́ть. Don't force yourself to eat if you don't want to. Не принужда́йте себя́ есть, е́сли вам не хо́чется. • соста́в. How large is the police force here? Здесь большо́й соста́в мили́ции?

☐ from force of habit по привы́чке. I go there from force of habit. Я хожу́ туда́ по привы́чке.

in force то́лпами. The students turned out in force. Студе́нты пришли́ то́лпами.

☐ Which branch of the armed forces were you in? В

како́й ча́сти войск вы служи́ли? • The trees were torn up by the force of the storm. Бу́ря вы́рвала дере́вья с корня́ми.

forehead n лоб.

foreign заграни́чный. He studied at a foreign university. Он учи́лся в заграни́чном университе́те. • иностра́нный. Do you speak any foreign languages? Вы говори́те на иностра́нных языка́х? — I don't know much about our foreign policy. Я ма́ло осведомлён в на́шей иностра́нной поли́тике.

foreigner иностра́нец. Are there many foreigners here? Здесь мно́го иностра́нцев?

forenoon n (вре́мя) до полу́дня.

forest n лес.

forever навсегда́. I'm afraid I'll be stuck in the place forever. Бою́сь, что застря́ну здесь навсегда́. • ве́чно. He's forever telling that same old story. Он ве́чно расска́зывает ту́ же ста́рую исто́рию.

forget (forgot, forgotten) забы́ть. It's raining, and we forgot to close the windows. Идёт дождь, а мы забы́ли закры́ть о́кна. — I'm sorry, I've forgotten your name. Прости́те, я забы́л ва́шу фами́лию.

☐ "Thanks a lot". "Forget it." "Большо́е спаси́бо". "Не́ за что".

forgive v проща́ть, прости́ть.

forgot See forget.

forgotten See forget.

fork ви́лка. Could I have a knife and fork, please? Да́йте мне, пожа́луйста, ви́лку и нож. • разветвле́ние. Turn left when you get to the fork in the road. Когда́ дойдёте до разветвле́ния доро́ги, поверни́те нале́во.

form фо́рма. Is this a different word or just another form of the same word? Что э́то, друго́е сло́во и́ли то́лько друга́я фо́рма того́ же сло́ва? — Put your suggestion in the form of a memorandum. Изложи́те ва́ше предложе́ние в фо́рме мемора́ндума. • созрева́ть. A plan was slowly forming in his mind. У него́ ме́дленно созрева́л план. • соста́вить. I haven't formed an opinion on the subject yet. Я ещё не соста́вил себе́ мне́ния по э́тому вопро́су. • бланк. You didn't finish filling out this form. Вы ещё не ко́нчили заполня́ть э́тот бланк.

☐ a matter of form форма́льность. It's just a matter of form. Э́то то́лько форма́льность.

to be in form быть в уда́ре. He usually plays a good game of tennis, but he's not in good form today. Он хорошо́ игра́ет в те́ннис, но сего́дня он не в уда́ре.

to form a line стать в о́чередь. They formed a line to get tickets. Они́ ста́ли в о́чередь за биле́тами.

☐ Do you think this is the best form of government? Вы ду́маете, что э́то са́мый лу́чший о́браз правле́ния?

formal официа́льно. He's quite formal when he meets strangers. При встре́че с чужи́ми он де́ржится о́чень официа́льно. • форма́льный. Did you make a formal agreement with him? Вы с ним заключи́ли форма́льное соглаше́ние?

former бы́вший. He is a former student of mine. Он мой бы́вший учени́к. • пе́рвый. Of your two suggestions, I think I prefer the former. Из ва́ших двух предложе́ний я предпочита́ю пе́рвое.

formerly adv пре́жде.

fort форт. The old fort is at the top of the hill. Ста́рый форт нахо́дится на холме́.

forth

☐ **and so forth** и про́чее. I need a whole new outfit: shoes, ties, shirts, and so forth. Мне ну́жно по́лное но́вое обмундирова́ние: боти́нки, га́лстуки, руба́шки и про́чее.
• **и так да́лее.** He gave me the devil for coming in late, neglecting my work, going out too much, and so forth. Он брани́л меня́ за то, что я по́здно прихожу́, невнима́тельно отношу́сь к рабо́те, мно́го развлека́юсь и так да́лее.

back and forth взад и вперёд. He kept walking back and forth. Он всё ходи́л взад и вперёд.

to come forth вы́ступить. He came forth with a curious statement. Он вы́ступил с любопы́тным заявле́нием.

fortunate *adj* счастли́вый.

fortune сча́стье. It was his good fortune to be there on time. Его́ сча́стье, что он пришёл туда́ во́-время.

forty *n, adj* со́рок.

forward вперёд. Six men stepped forward when their names were called. Шесть челове́к вы́ступили вперёд, когда́ их вы́звали. — Stop walking backwards and forwards. Переста́ньте ходи́ть взад и вперёд. • **пересыла́ть.** Please forward my mail to this address. Пожа́луйста, пересыла́йте мою́ по́чту по э́тому а́дресу.

☐ **to bring foward** внести́. Finally he brought forward a new suggestion. Под коне́ц он внёс но́вое предложе́ние.

☐ I am looking forward to the concert. Я с нетерпе́нием жду э́того конце́рта.

fought *See* **fight.**

foul отврати́тельный. The weather is foul tonight. Сего́дня отврати́тельная пого́да. • **перепу́таться.** The fisherman's lines were all fouled. Лёсы у́дочек все перепу́тались.

☐ **foul odor** вонь. That foul odor is coming from the river. Э́та вонь доно́сится с реки́.

☐ The boxer fouled his opponent. Боксёр нанёс своему́ проти́внику нече́стный уда́р.

found (*See also* **find**) основа́ть. This university was founded in 1843. Э́тот университе́т был осно́ван в ты́сяча восемьсо́т со́рок тре́тьем году́.

foundation фунда́мент. The foundation of this house is beginning to weaken. У э́того до́ма сдаёт фунда́мент.
• **фонд.** He was awarded a scholarship by that foundation. Он получи́л стипе́ндию из э́того фо́нда.

fountain *n* фонта́н.

fountain pen *n* самопи́шущее перо́, ве́чное перо́.

four *n, adj* четы́ре.

fourteen *n, adj* четы́рнадцать.

fourth четвёртый. I'll be there on the fourth. Я бу́ду там четвёртого. • **че́тверть.** Three fourths of the people of this town don't vote. Три че́тверти жи́телей э́того го́рода не голосу́ют.

fowl *n* пти́ца.

fox *n* лиса́.

frame о́стов. The frame of the house should be finished in a day or two. О́стов до́ма бу́дет гото́в денька́ че́рез два.
• **костя́к.** He has a heavy frame. У него́ тяжёлый костя́к. • **вы́работать.** They framed a constitution for the club. Они́ вы́работали прое́кт уста́ва клу́ба.
• **опра́ва.** I would like a plain frame better on these glasses. Я предпочита́ю просту́ю опра́ву для э́тих очко́в.
• **вста́вить в ра́му.** Have you framed those paintings I brought in last week? Вы уже́ вста́вили в ра́мы карти́ны, кото́рые я принёс на про́шлой неде́ле?

☐ **frame of mind** настрое́ние. It's best for her not to be left alone in that frame of mind. Лу́чше её не оставля́ть одну́ в тако́м настрое́нии.

☐ She was framed on a murder charge. Обвине́ние её в уби́йстве бы́ло постро́ено на фальсифици́рованных доказа́тельствах.

frank открове́нный. You're just a little too frank. Вы уж чересчу́р открове́нны.

☐ How many letters did you frank last month? Ско́лько нефранки́рованных пи́сем вы посла́ли в про́шлом ме́сяце?

free освобожда́ть. After the trial they freed the prisoners. По́сле суда́ аресто́ванные бы́ли освобождены́. • **свобо́дный.** You are freed from all responsibility. Вы свобо́дны от вся́кой отве́тственности. — This is a free country. Э́то свобо́дная страна́. — I don't have any free time today. У меня́ сего́дня соверше́нно нет свобо́дного вре́мени.
• **во́льный.** Feel free to do whatever you like. Вы вольны́ де́лать всё, что вам уго́дно. • **беспла́тный.** This is a free sample. Э́то беспла́тный образе́ц.

☐ **a free hand** по́лная свобо́да де́йствий. Will you give me a free hand in this matter? Вы дади́те мне по́лную свобо́ду де́йствий в э́том де́ле?

free-for-all сва́лка. The game ended in a free-for-all. Игра́ ко́нчилась о́бщей сва́лкой.

free from без. The merchandise is free from defects. Э́тот това́р без изъя́нов.

free ticket контрама́рка. Do you have any free tickets? У вас есть контрама́рки?

to let (someone) **go free** отпусти́ть. They held him for a few hours and then let him go free. Они́ задержа́ли его́ на не́сколько часо́в, а зате́м отпусти́ли.

☐ He seems rather free with his insults. Ему́ нипочём оскорби́ть челове́ка. • Did you do it of your own free will? Вы э́то сде́лали по до́брой во́ле?

freedom свобо́да. That doesn't leave me much freedom of action. Э́то не оставля́ет мне большо́й свобо́ды де́йствий.

freeze (froze, frozen) замерза́ть. Do you think the pond is frozen hard enough to skate on? Вы ду́маете, что пруд насто́лько замёрз, что мо́жно ката́ться на конька́х?
• **заморо́зить.** This should be enough ice to freeze the ice cream. Э́того льда хва́тит, чтобы заморо́зить моро́женое. • **окочене́ть.** My feet are freezing. У меня́ но́ги окочене́ли.
• **закрепля́ть.** All jobs are frozen until further notice. Все рабо́ты закреплены́ за предприя́тиями до но́вого распоряже́ния. • **оцепене́ть.** He froze with fear when he saw the snake. Уви́дев змею́, он оцепене́л от стра́ха.
• **замёрзнуть.** All the pipes froze last winter. В про́шлую зи́му замёрзли все водопрово́дные тру́бы.

☐ **to freeze up** запере́ться. She froze up the moment we started to question her and wouldn't answer at all. Когда́ мы ста́ли её допра́шивать, она́ заперла́сь и не отвеча́ла ни сло́ва.

freight груз. That elevator is for freight only. Э́тот лифт то́лько для гру́за. • **пересы́лка.** How much is the freight on this box? Ско́лько за пересы́лку э́того я́щика?

French францу́зский. He's a French citizen. Он францу́зский граждани́н. — Do you like French wine? Вы лю́бите францу́зское вино́? • **по-францу́зски.** Do you speak French? Вы говори́те по-францу́зски?

frequent' посеща́ть. This restaurant is much frequented by artists. Э́тот рестора́н ча́сто посеща́ют худо́жники.

fre′quent ча́стый. I was a frequent visitor. Я там был ча́стым го́стем.

frequently ча́сто. I see him frequently. Я ви́жу его́ ча́сто.

fresh све́жий. Are these eggs fresh? Это све́жие я́йца? — Let's get some fresh air. Иде́мте подыша́ть немно́го све́жим во́здухом. — Let's open a fresh deck of cards. Дава́йте распеча́таем све́жую коло́ду карт. • бо́дрый. After all this work he seems as fresh as when he started. Он ко́нчил всю э́ту рабо́ту, а вид у него́ тако́й бо́дрый, как бу́дто он то́лько начина́ет.

Friday n пя́тница.

friend друг. He's a good friend of mine. Он мой большо́й друг.

☐ **to be friends with** быть дру́жным. Are you still friends with them? Вы всё ещё с ни́ми дру́жны?

to make friends подружи́ться. I did my best to make friends with him. Я о́чень стара́лся с ним подружи́ться.

friendly приве́тливый. He has a very friendly smile. У него́ о́чень приве́тливая улы́бка. • дру́жный. He's pretty friendly with them. Он с ни́ми весьма́ дру́жен. • дру́жественный. Our country has always had friendly relations with yours. На́ша страна́ всегда́ была́ в дру́жественных отноше́ниях с ва́шей (страно́й).

friendship n дру́жба.

fright испу́г. The little boy screamed with fright. Ма́льчик от испу́га закрича́л. • страши́лище. Doesn't she look a fright in that new hat! Ну и страши́лище же она́ в э́той но́вой шля́пе!

frighten v пуга́ть.

frisky adj игри́вый.

frog n лягу́шка.

from из. I just came from my house. Я то́лько что пришёл из до́му. — Take a clean glass from the cupboard. Возьми́те чи́стый стака́н из буфе́та. — I saw it from the window. Я ви́дел э́то из окна́. • с. Take the coat from the hook. Сними́те пальто́ с крючка́. — That's all right from his point of view. С его́ то́чки зре́ния э́то пра́вильно. — I've been studying piano from the age of six. Я учу́сь игра́ть на ро́яле с шестиле́тнего во́зраста. • от. I live ten kilometers from the city. Я живу́ в десяти́ киломе́трах от го́рода. — Can you tell him from his brother? Вы мо́жете отличи́ть его́ от его́ бра́та? — I got this story from a friend of mine. Я слы́шал об э́том от одного́ прия́теля. — He's tired and nervous from overwork. Он уста́л и не́рвничает от чрезме́рной рабо́ты. — This room isn't different from the other one. Эта ко́мната ниче́м не отлича́ется от той.

☐ **from —— to ——** от —— до ——. For children from eight to twelve years of age. Для дете́й от восьми́ до двена́дцати лет.

from bad to worse всё ху́же и ху́же. Things went from bad to worse. Положе́ние станови́лось всё ху́же и ху́же.

from day to day со дня на́ день. The situation changes from day to day. Положе́ние меня́ется со дня на́ день.

from house to house по дома́м. He goes from house to house and buys old clothes. Он хо́дит по дома́м и скупа́ет ста́рое пла́тье.

☐ Where do you come from? Отку́да вы? • From what he says I don't think we should go there. Су́дя по тому́, что он говори́т, я ду́маю, что нам не сто́ит туда́ идти́. • Get away from here. Уходи́те отсю́да. • I won't take such insults from anybody. Я никому́ не позво́лю меня́ так оскорбля́ть.

front фаса́д. The front of the house is painted white. Фаса́д э́того до́ма вы́крашен в бе́лый цвет. • нача́ло. The table of contents is in the front of the book. Оглавле́ние нахо́дится в нача́ле кни́ги. • пере́дний. We can both squeeze into the front seat. Мы мо́жем о́ба вти́снуться на пере́днее ме́сто. • пара́дный. Someone's at the front door. Кто́-то стои́т у пара́дных двере́й. • фронт. He served for three months at the front. Он был три ме́сяца на фро́нте.

☐ **front room** ко́мната на у́лицу. I want a front room, if possible. Я хоте́л бы ко́мнату на у́лицу, е́сли возмо́жно.

in front of впереди́. Who was that sitting in front of you at the movies? Кто э́то сиде́л впереди́ вас в кино́? • перед. The crowd assembled in front of the post office. Перед по́чтой собрала́сь толпа́.

☐ The house fronts on the river. Дом располо́жен фаса́дом к реке́.

frost моро́з. That heavy frost last night killed all the plants. Вчера́ но́чью моро́зом поби́ло все расте́ния. • покры́ть глазу́рью. The cook is busy frosting the cake. Куха́рка сейча́с покрыва́ет торт глазу́рью.

☐ The trees and roofs are heavily frosted this morning. Сего́дня у́тром дере́вья и кры́ши сплошь покры́ты и́неем.

frown неодобри́тельный взгляд. All she gave me was a frown. Она́ ки́нула на меня́ неодобри́тельный взгляд. • хму́риться. My friend frowned as she read the letter. Чита́я письмо́, моя́ прия́тельница хму́рилась.

☐ Her whole family frowned on the match. Вся семья́ была́ недово́льна её бра́ком.

froze See **freeze**.

frozen See **freeze**.

fruit фру́кты. Do you have any fruit? У вас есть каки́е-нибудь фру́кты?

fry зажа́рить. Fry the fish in butter. Зажа́рьте ры́бу в ма́сле.

☐ How do you like your eggs fried? Каку́ю яи́чницу вы хоти́те?

fuel то́пливо. What kind of fuel do you use in your furnace? Како́е то́пливо вы употребля́ете? • ма́сло. The argument added fuel to his resentment. *Он и так был оби́жен, а э́тот спор то́лько подли́л ма́сла в ого́нь.

fulfill вы́полнить. Our kolkhoz fulfilled its scheduie of the delivery of grain. Наш колхо́з своевре́менно вы́полнил план хлебопоста́вок.

full по́лный. Give me a full glass of water. Да́йте мне по́лный стака́н воды́. — The papers carry a full story of the incident. Газе́ты даю́т по́лный отчёт об э́том происше́ствии. — That book is full of mistakes. Эта кни́га полна́ оши́бок. • сы́тый. Thanks, I'm full. Спаси́бо, я сыт. • весь. The moths got into the suit and it's full of holes. Этот костю́м съе́ден мо́лью, он весь в ды́рах. • широ́кий. The dress has a very full skirt. В э́том пла́тье о́чень широ́кая ю́бка.

☐ **full time** по́лная нагру́зка. Are you working full time now? Вы тепе́рь рабо́таете по́лной нагру́зкой?

in full сполна́. The bill was marked, "paid in full." На счёте стоя́ла поме́тка: "опло́чено сполна́".

fully вполне́. Are you fully aware of what you're doing? Вы вполне́ отдаёте себе́ отчёт в том, что вы де́лаете? • не ме́ньше. There were fully two hundred people at the reception. На приёме бы́ло не ме́ньше двухсо́т челове́к.

fun

☐ **for fun** в шу́тку. I said it just for fun. Я сказа́л э́то про́сто в шу́тку. • ра́ди шу́тки. Let's try it, just for fun. Дава́йте попро́буем ра́ди шу́тки.

for the fun of it ра́ди шу́тки. I hid his pocketbook just for the fun of it. Я спря́тал его́ бума́жник то́лько ра́ди шу́тки.

to have fun весели́ться. We were just having a little fun. Мы то́лько немно́жко повесели́лись.

to make fun of смея́ться над. Don't make fun of my pronunciation. Не сме́йтесь над мои́м произноше́нием.

☐ I think fishing is a lot of fun. По-мо́ему уди́ть ры́бу стра́шно ве́село.

function обя́занность. Our function is supervising the work. На́ша обя́занность следи́ть за рабо́той. • де́йствовать. This radio doesn't function. Э́то ра́дио не де́йствует.

fund фонд. They set up a fund for war orphans. Они́ организова́ли фонд для по́мощи де́тям поги́бших на войне́. • капита́л. They were forced to close the store because of lack of funds. Им пришло́сь закры́ть магази́н из-за недоста́тка капита́ла.

funeral *n* по́хороны.

funny смешно́й. That's not a very funny story. Э́то не о́чень смешна́я исто́рия. • заба́вный. I saw a very funny show last night. Я был вчера́ ве́чером на о́чень заба́вном представле́нии. • стра́нный. I have a funny feeling. У меня́ стра́нное чу́вство. • стра́нно. Funny,

but I don't seem to remember. Стра́нно, я что́-то не могу́ вспо́мнить.

fur мех. This fur is very soft. Э́то о́чень мя́гкий мех. • мехово́й. You'll need a fur coat there. Вам там пона́добится (мехова́я) шу́ба.

furnace *n* то́пка.

furnish обста́вить. I haven't furnished my new apartment yet. Я ещё не обста́вила свое́й но́вой кварти́ры. • обставля́ть. The room is well furnished. Э́та ко́мната хорошо́ обста́влена. • меблирова́ть. I want a furnished room. Мне нужна́ меблиро́ванная ко́мната. • снабди́ть. The manager will furnish you with everything you need. Заве́дующий снабди́т вас всем необходи́мым.

furniture *n* обстано́вка, ме́бель.

further (*See also* **far, farther**) да́льше. Let's go on a little further. Пойдём немно́го да́льше. Do you want to discuss it further? Вы хоти́те обсуди́ть э́то подро́бнее. • дальне́йший. Let's go ahead without further argument. Дава́йте продолжа́ть без дальне́йших спо́ров.

future бу́дущее. The future of this type of industry is uncertain. Бу́дущее э́той о́трасли промы́шленности неопределённо. — This business has no future. Э́то предприя́тие не име́ет бу́дущего. • бу́дущий. Introduce me to your future wife. Познако́мьте меня́ с ва́шей бу́дущей женой. ☐ **in the future** впредь. Try to do better in the future. Постара́йтесь впредь де́лать лу́чше. ☐ I don't want this to happen in the future. Что б э́то бо́льше не повторя́лось!

G

gain заслужи́ть. His sincerity gained the confidence of everyone. Свое́й и́скренностью он заслужи́л всео́бщее дове́рие. • увели́читься (to increase). There has been a recent gain in the population of the city. За после́днее вре́мя населе́ние го́рода увели́чилось. • поправля́ться. The doctor reports that the patient is gaining rapidly. До́ктор нахо́дит, что больно́й бы́стро поправля́ется. • вы́игрыш. Their loss is our gain. Их поте́ря — для нас вы́игрыш. • захвати́ть. The soldiers gained the hill beyond the town at dusk. К ве́черу бойцы́ захвати́ли холм за го́родом.

☐ **gains** вы́игрыш. On the last play I lost all my gains. В после́дней игре́ я потеря́л весь мой вы́игрыш.

to gain on нагоня́ть. That horse is gaining on the favorite. Э́та ло́шадь нагоня́ет фавори́та.

gallon галло́н. Give me five gallons of gas, please. Да́йте мне, пожа́луйста, пять галло́нов горю́чего.

game игра́. Do you sell any games here? Здесь продаю́тся каки́е-нибудь и́гры? • заба́ва. He looks upon his work as a game. Он отно́сится к свое́й рабо́те, как к заба́ве. • охо́та. The game laws are very strict here. Здесь о́чень стро́гие пра́вила охо́ты. • дичь. Is there any big game near here? Здесь во́дится кру́пная дичь?

☐ **the game is up** игра́ проиграна. When their secret was discovered they realized the game was up. Когда́ их секре́т был раскры́т, они́ по́няли, что игра́ прои́грана.

☐ Let's play a game. Дава́йте сыгра́ем во что́-нибудь. • He plays a good game of tennis. Он хорошо́ игра́ет в

те́ннис. • I'm a little off my game today. Я сего́дня игра́ю нева́жно. • Their team put up a game fight. Его́ кома́нда здо́рово сража́лась. • I see through his game. Я его́ наскво́зь ви́жу. • He's game for anything. Он до всего́ охо́тник.

gang компа́ния. A whole gang of us are going swimming this afternoon. Мы все́й компа́нией идём купа́ться по́сле обе́да.

garage гара́ж. Put the car in the garage for the night. Поста́вьте маши́ну на́ ночь в гара́ж.

garden сад. These flowers are from our own garden. Э́ти цветы́ из на́шего са́да. — How do I get to the botanical gardens? Как мне пройти́ к ботани́ческому са́ду?

☐ **vegetable garden** огоро́д. I want to plant a vegetable garden. Я хочу́ развести́ огоро́д.

garment *n* оде́жда, пла́тье.

gas газ. Turn off the gas. Вы́ключите газ. — The gas escaped from the balloon. Произошла́ уте́чка га́за из возду́шного шара. — Gas was used only at the end of the war. К га́зам прибе́гли то́лько в конце́ войны́. • га́зовый. They did all their cooking on a gas stove. Они́ гото́вили на га́зовой пли́те. • горю́чее (fuel). He had enough gas for a twenty-kilometer ride. У него́ хвати́ло горю́чего на два́дцать киломе́тров. • о́бщий нарко́з. Did the dentist give you gas? Зубно́й врач дал вам о́бщий нарко́з? • отравля́ть га́зами. He was gassed in the last war. В про́шлую войну́ он был отра́влен га́зами. • га́зы. He was doubled over with gas on the stomach. Га́зы в животе́ вы́звали у него́ таку́ю боль, что он весь скорчи́лся.

□ **to gas up** набра́ть горю́чего. Let's stop at the next station and gas up. На сле́дующей ста́нции мы остано́вимся, чтобы набра́ть горю́чего.

gas mask *n* противога́з.

gasoline бензи́н. Can the spots be removed with gasoline? Мо́жно вы́чистить э́ти пя́тна бензи́ном?

gate кали́тка. As he went out he closed the gate. Он вы́шел и закры́л за собо́й кали́тку. • воро́та. The crowd poured out through the gate. Толпа́ вы́сыпала из воро́т. • шлюз. When the water rises too high, they open the gates. Когда́ вода́ сли́шком поднима́ется, они́ открыва́ют шлю́зы. • сбор (с входны́х биле́тов). The gate totaled three thousand rubles. Сбор (с входны́х биле́тов) — три ты́сячи рубле́й.

□ The game drew a gate of three thousand. На матч собрало́сь три ты́сячи челове́к.

gather собра́ть. He gathered up his things and left. Он собра́л свои́ ве́щи и уе́хал. • собра́ться. The crowd was gathering around the speaker. Вокру́г ора́тора собрала́сь толпа́. • заключа́ть. I gather from what you said that you don't like him. Из ва́ших слов я заключа́ю, что он вам не нра́вится. • набира́ть. The car slowly gathered speed. Маши́на постепе́нно набира́ла ско́рость.

gave *See* **give**.

gay весёлый. There was a gay party going on last night in the apartment next door. Вчера́ ве́чером в сосе́дней кварти́ре была́ весёлая вечери́нка. • разноцве́тный. The street was decorated with gay flags for the parade. По слу́чаю пара́да у́лица была́ укра́шена разноцве́тными фла́гами.

gaze *v* при́стально гляде́ть.

geese *See* **goose**.

gem *n* драгоце́нный ка́мень.

general всео́бщий. A general election will be held next week. Всео́бщие вы́боры бу́дут на бу́дущей неде́ле. • о́бщий. I have a general idea of the problem. У меня́ есть о́бщее представле́ние об э́том вопро́се. • генера́л. The general will take command tomorrow. За́втра генера́л принима́ет кома́ндование.

□ **in general** в о́бщем. In general things are all right. В о́бщем, всё в поря́дке.

□ There is a general feeling of uneasiness about the future. О бу́дущем все ду́мают с трево́гой.

generally *adv* вообще́.

generation *n* поколе́ние.

generous великоду́шный. Be generous and forgive him this time. Бу́дьте великоду́шны и прости́те его́ на э́тот раз. • ще́дрый. He's certainly generous with his money. Он безусло́вно ще́дрый челове́к. • оби́льный. This restaurant serves generous portions. В э́том рестора́не подаю́т оби́льные по́рции.

genius блестя́щие спосо́бности. He has a genius for mathematics. У него́ блестя́щие спосо́бности к матема́тике. • ге́ний. Other artists consider him a genius. Худо́жники счита́ют его́ ге́нием.

gentle мя́гкий. He is an extremely gentle person. Он необыча́йно мя́гкий челове́к. — She spoke to her son in a gentle tone. Она́ говори́ла с сы́ном мя́гким то́ном. • лёгкий. The nurse has very gentle hands. У э́той (мед) сестры́ таки́е лёгкие ру́ки. • ти́хий. The tap on the door was so gentle we hardly heard it. Стук в дверь

был тако́й ти́хий, что мы е́ле его́ услы́шали. • сла́бый. He was rowing against a gentle current. Он грёб про́тив сла́бого тече́ния.

gentleman джентльме́н. He is a gentleman of the old school. Он джентльме́н ста́рой шко́лы. • граждани́н. A gentleman called this morning. Вас сего́дня у́тром спра́шивал како́й-то граждани́н. — This way, gentlemen! Сюда́, гра́ждане!

□ **like a gentleman** по-джентльме́нски. Can't you act like a gentleman? Веди́те себя́ по-джентльме́нски!

genuine настоя́щий. Is the pocketbook made of genuine leather? Э́та су́мка из настоя́щей ко́жи? • неподде́льный. His face showed genuine surprise. Его́ лицо́ выража́ло неподде́льное удивле́ние.

geography геогра́фия. He studied geography for three years. Он изуча́л геогра́фию три го́да. • уче́бник геогра́фии. How many maps are there in your geography? Ско́лько карт в ва́шем уче́бнике геогра́фии?

geometry *n* геоме́трия.

German *adj* неме́цкий; *n* не́мец (*m*); не́мка (*f*).

get (got, got *or* gotten) получи́ть. Did you get my letter? Вы получи́ли моё письмо́? • доста́ть. Can I still get a ticket for tonight's play? Мо́жно ещё доста́ть биле́т на сего́дняшний спекта́кль? — Can you get me another pencil? Вы мо́жете доста́ть мне друго́й каранда́ш? • взять. Wait till I get my hat. Подожди́те я то́лько возьму́ шля́пу. • попа́сть. I got there on time. Я попа́л туда́ во́-время. — I'll get there in an hour. Я попаду́ туда́ че́рез час. *or* Я бу́ду там че́рез час. • доби́ться. I couldn't get him by phone. Я не мог доби́ться его́ по телефо́ну. • доста́вить. Can you get the table here by Monday? Вы мо́жете доста́вить стол сюда́ до поне-де́льника? • понима́ть. Do you get my idea? Вы понима́ете, что я хочу́ сказа́ть?

□ **to get across** сде́лать поня́тным. Finally I was able to get the meaning across. Наконе́ц мне удало́сь сде́лать э́то поня́тным.

to get along устро́иться. I'll get along somehow. Я уже́ ка́к-нибудь устро́юсь. • ужи́ться. Those two do not get along. Э́ти дво́е ника́к не мо́гут ужи́ться.

to get along in years старе́ть. He's certainly getting along in years. Да, он действи́тельно старе́ет.

to get around обойти́. Can you get around that regulation? Мо́жно бу́дет обойти́ э́ти пра́вила?

to get at добра́ться. I can't get at my luggage. Я не могу́ добра́ться до мои́х веще́й. • докопа́ться. Some day I'll get at the real reason. Когда́-нибудь я ещё докопа́юсь до настоя́щей причи́ны.

to get away уйти́. I want to get away from the noise. Я хочу́ уйти́ от э́того шу́ма.

to get away with сойти́ кому́-нибудь с рук. I'm sure I can get away with it. Я уве́рен, что э́то мне сойдёт с рук.

to get back верну́ться. When did you get back? Когда́ вы верну́лись?

to get back at отплати́ть. How can I get back at him? Как мне ему́ отплати́ть?

to get by проскользну́ть. Can I get by the guard? Смогу́ я проскользну́ть ми́мо часово́го? • устро́иться. I'll get by if I have a place to sleep. Я уж ка́к-нибудь устро́юсь, е́сли то́лько бу́дет где спать.

to get going нала́дить. He'll be able to get the work going. Он вполне́ смо́жет нала́дить рабо́ту.

to get in приходи́ть. What time does the train get in? В кото́ром часу́ прихо́дит по́езд? • внести́. Please get the chairs in before it rains. Внеси́те сту́лья (в дом) до дождя́, пожа́луйста.

to get in with сойти́сь. Did you get in with his crowd? Вы сошли́сь с его́ компа́нией?

to get off снять. I can't get my shoe off. Я не могу́ снять башма́к. • сходи́ть. I want to get off at the next stop. Мне сходи́ть на сле́дующей остано́вке. • отде́латься. I got off with very light punishment. Я отде́лался о́чень лёгким наказа́нием. • нача́ть. He got off to a flying start. Он на́чал блестя́ще.

to get old старе́ть. He's getting old. Он старе́ет.

to get on сади́ться. Don't get on the train yet. Ещё ра́но сади́ться в по́езд. • продолжа́ть. Let's get on with the meeting. Дава́йте продолжа́ть собра́ние. • ужива́ться. The three of us get on very well. Мы тро́е хорошо́ ужива́емся.

to get on in years старе́ть. She's getting on in years. Го́ды иду́т—она́ старе́ет.

to get out унести́. Get it out of the house. Унеси́те э́то из дому. • вылеза́ть. Get out of the car. Вылеза́йте из маши́ны! • вы́нести. What did you get out of his lecture? Что вы вы́несли из его́ ле́кции? • вы́пустить. They just got out a new book on the subject. Они́ то́лько что вы́пустили но́вую кни́гу по э́тому вопро́су.

to get out of отде́латься. How did you ever get out of it? Как вам удало́сь от э́того отде́латься? • вы́ручить. How much did you get out of the deal? Ско́лько вы вы́ручили на э́той сде́лке?

to get over опра́виться от. I got over my cold quickly. Я бы́стро опра́вился от просту́ды. • спра́виться с. How did you get over the difficulty? Как вы спра́вились с э́тим затрудне́нием? • втолкова́ть. I finally got the point over. Мне удало́сь, наконе́ц, втолкова́ть им э́то.

to get someone to уговори́ть. Can you get him to come to the theater? Вы мо́жете уговори́ть его́ пойти́ в теа́тр?

to get to be стать. They got to be good friends. Они́ ста́ли больши́ми друзья́ми.

to get together собра́ться. Let's get together tonight at my house. Дава́йте соберёмся у меня́ сего́дня ве́чером. • спе́ться. They never seem to get together on anything. Они́, ка́жется, никогда́ ни в чём не мо́гут спе́ться.

to get up встать. Get up from that chair. Вста́ньте со сту́ла. • встава́ть. I get up at seven every morning. Я встаю́ ка́ждый день в семь часо́в утра́.

to have got to на́до. We've got to go. Нам на́до идти́. — I've got to leave early to catch my train. Мне на́до вы́йти ра́но, что́бы поспе́ть на по́езд.

☐ It is late and I'll have to be getting along. Уже́ по́здно, мне пора́ дви́гать. • I've got lots of work to do. У меня́ ма́сса рабо́ты. • I'll get fired if they find out. Е́сли об э́том узна́ют, меня́ вы́гонят со слу́жбы. • They got him elected chairman. Они́ провели́ его́ в председа́тели. • I don't want to get my feet wet. Я не хочу́ промочи́ть но́ги. • When are you going to get dinner ready? Когда́ у вас бу́дет гото́в обе́д? • For an old man he gets about very well. Э́тот стари́к о́чень подвижно́й для свои́х лет. • He gets around a lot. *Наш постре́л везде́ поспе́л. • The story will get around in a few hours. Че́рез не́сколько часо́в э́то ста́нет всем изве́стно. • She gets around

him. Она́ зна́ет как с ним обраща́ться. • How are you getting on? Ну, как дела́? • We mustn't let this news get out. На́до, что́бы об э́том никто́ не узна́л. • I got angry. Я рассерди́лся. • We've got enough sugar. У нас доста́точно са́хара. • My suit has gotten very dirty since I've been here. За то вре́мя, что я здесь, мой костю́м о́чень загрязни́лся.

ghost привиде́ние. Some people believe there are ghosts in that old house. Говоря́т, что в э́том ста́ром до́ме во́дятся привиде́ния.

☐ He doesn't stand a ghost of a chance of winning the prize. Нет ни мале́йшей наде́жды на то, что́бы он получи́л э́тот приз.

giant велика́н. The new captain of the ship is a giant of a man. Но́вый капита́н су́дна — настоя́щий велика́н. • огро́мный. We had a giant crop of potatoes this year. У нас в э́том году́ огро́мный урожа́й карто́шки.

gift пода́рок. Thank you for your Christmas gift. Спаси́бо вам за рожде́ственский пода́рок. • спосо́бности. He has a gift for drawing. У него́ спосо́бности к рисова́нию.

girl де́вочка. My little girl is three years old. Мое́й де́вочке три го́да. • де́вушка. Are there any pretty girls in town? Есть в э́том го́роде хоро́шенькие де́вушки? — I just got a letter from my girl. Я то́лько что получи́л письмо́ от люби́мой де́вушки. • домрабо́тница. We pay our girl fifty rubles a month. Мы пла́тим на́шей домрабо́тнице пятьдеся́т рубле́й в ме́сяц. • гражда́ночка. Well, girls, it's time to go. Ну, гражда́ночки, пора́ идти́.

give (gave, given) дать. Please give me the letter. Да́йте мне, пожа́луйста, э́то письмо́. — They gave me the wrong information. Они́ да́ли мне непра́вильные све́дения. — I'll give you five rubles for it. Я вам дам за э́то пять рубле́й. — He gave a lot of money to the Red Cross. Он дал ма́ссу де́нег на Кра́сный крест. • дава́ть. We are giving a dinner in his honor. Мы даём обе́д в его́ честь. • подари́ть. What did he give you for your birthday? Что он вам подари́л ко дню рожде́ния? — The watch was given to me by my father. Э́ти часы́ подари́л мне оте́ц. • переда́ть. My mother gave me your message. Моя́ мать передала́ мне ва́ше поруче́ние. • не вы́держать. Be careful; the step might give under your weight. Осторо́жно, ступе́нька мо́жет не вы́держать ва́шей тя́жести. • назна́чить. I must finish in a given time. Я до́лжен ко́нчить к назна́ченному сро́ку.

☐ **to give away** отда́ть. I gave my old clothes away. Я кому́-то о́тдал мои́ ста́рые ве́щи. • вы́дать. Don't give away my secret. Не выдава́йте моего́ секре́та.

to give back верну́ть. Please give me my pen back. Пожа́луйста, верни́те мне моё перо́.

to give in уступи́ть. After a long argument, he finally gave in. По́сле до́лгого спо́ра он наконе́ц уступи́л.

to give out раздава́ть. Who gave out the tickets? Кто раздава́л биле́ты? • конча́ться or истоща́ться. My supply of ink is giving out. Мой запа́с черни́л конча́ется.

to give up бро́сить. She gave up her job. Она́ бро́сила свою́ рабо́ту. — I tried hard, but I had to give up. Я стара́лся изо всех сил, но мне пришло́сь э́то бро́сить. • отказа́ться. He was so ill, the doctor gave him up. Он был так плох, что до́ктор уже́ от него́ отказа́лся. • порва́ть. After the quarrel she gave him up. По́сле э́той ссо́ры, она́ с ним порвала́.

to give way поддаться. The crowd gave way. Толпа поддалась. • провалиться. The bridge gave way. Мост провалился.

□ Too much noise gives me a headache. От сильного шума у меня начинает болеть голова. • The stove gives off a lot of heat. Эта печка хорошо греет. • My old coat still gives me good service. Моё старое пальто ещё вполне годится. • This elastic has a lot of give. Эта резинка очень эластична. • He is given to lying. У него склонность ко лжи. • I don't give a damn! Мне наплевать!

given *See* **give.**

glad рад. I'm glad to hear you're better. Я рад слышать, что вы себя лучше чувствуете.

gladly *adj* радостно, охотно.

glance взгляд. I could tell at a glance that you weren't feeling well. Я с первого взгляда понял, что вы себя плохо чувствуете. • взглянуть. He just had time to glance at the program before the concert started. Он успел только взглянуть на программу перед концертом. • скользнуть. The bullet glanced off his helmet. Пуля скользнула по его шлему.

glass стекло. I cut myself on a piece of glass. Я порезался осколком стекла. — They keep the manuscript under glass. Они хранят рукопись под стеклом. • стакан. I knocked a glass off the table. Я сбросил стакан со стола. — May I have a glass of water? Дайте мне, пожалуйста, стакан воды. • стеклянный. I bought a glass vase. Я купил стеклянную вазу.

□ **glasses** очки. I only wear glasses for reading. Я ношу очки только при чтении.

glitter сверкать. The glitter of the sun on the snow hurts my eyes. Снег так сверкает на солнце, что глазам больно. • блестеть. The pieces of broken glass glittered in the sun. Осколки стекла блестели на солнце.

globe *n* земной шар.

gloomy мрачный. The room is very gloomy. Эта комната очень мрачная. — Why do you have such a gloomy look on your face? Почему у вас такое мрачное лицо?

glorious славный. Our country has a glorious history. У нашей страны славная история. • чудесный. This is certainly a glorious day. Сегодня чудесная погода.

glory *n* слава.

glove *n* перчатка.

glow сиять. His face glowed with happiness. Его лицо сияло от счастья. • зарево. You could see the glow of the fire for miles. Зарево пожара было видно издалека.

go (went, gone) идти. The train is sure going fast. Поезд идёт быстро, что и говорить. — This road goes due south. Эта дорога идёт прямо на юг. — Everything goes wrong when I leave. Когда меня нет, всё идёт вверх дном. — Such old things go for a song. Такие старые вещи идут за бесценок. — I'm going to go right away. Я собираюсь идти немедленно. • пойти. Let's go. Ну, пошли. — This money will go to the Red Cross. Эти деньги пойдут на Красный крест. — That chair goes in the corner. Этот стул пойдёт в тот угол. • уйти. When did he go? Когда он ушёл? • пройти. I hope the incident will go unnoticed. Я надеюсь, что этот инцидент пройдёт незамеченным. • выйти. The sugar is all gone. Сахар весь вышел. • ходить. We always go home together. Мы всегда ходим домой вместе. — Let him go hungry. Пусть ходит голодный. • проходить. The soldiers are going through

severe training. Солдаты проходят тяжёлую тренировку. • ехать. He wants to go by train. Он хочет ехать поездом. • ездить. Do you often go to town? Вы часто ездите в город? • действовать. This typewriter won't go. Эта пишущая машинка не действует. • делать. When you start to swim, go like this. Когда вы начнёте плавать, делайте так. • энергия. For an old man, he has a lot of go. Какая замечательная энергия для человека такого возраста.

□ **to go crazy** сойти с ума. I'll go crazy if this keeps on. Я сойду с ума, если это будет продолжаться.

to go in пойти. Would you like to go in with me on this proposition? Хотите пойти со мной на это дело?

to go in for заниматься. Do you go in for sports? Вы занимаетесь спортом?

to go off проходить. Our meetings go off very smoothly. Наши собрания проходят очень успешно. • выстрелить. The gun suddenly went off. Револьвер внезапно выстрелил.

to go on продолжать. He went on talking. Он продолжал говорить. — Let's go on working. Давайте будем продолжать работать.

to go out погаснуть. Suddenly the lights went out. Огни вдруг погасли. • выйти. Let's go out for awhile. Давайте выйдем на минутку. • уплывать (to swim out). Don't go out too far. Не уплывайте слишком далеко.

to go over проработать. He went over the problem very carefully. Он тщательно проработал этот вопрос. • иметь успех. Do you think this song will go over? Вы думаете, что эта песня будет иметь успех?

to go slow отставать. My watch goes slow. Мои часы отстают.

to go through дать положительные результаты. Do you think the request will go through? Вы думаете, это заявление даст положительные результаты?

to go under прогореть. This business went under last year. Это предприятие прогорело в прошлом году.

to go up вздорожать. Apples have gone up. Яблоки вздорожали. • возрасти. Prices have gone up a lot in the last year. За последний год цены сильно возросли. • подняться. The temperature went up to 90°. Температура поднялась до 90°. • взобраться на (to climb). He went up the ladder to pick some apples. Он взобрался на лестницу, чтобы нарвать яблок.

to go with подходить. The curtains don't go with the other furnishings. Эти занавески не подходят к остальной обстановке.

to let go отпустить. Let go of the rope. Отпустите канат.

to let oneself go разойтись. He's not so shy when he lets himself go. Он совсем не такой застенчивый, когда разойдётся.

□ Don't go to any trouble. Я не хотел бы вас утруждать. • Go slow. Замедлить ход. • Go on! You don't mean that. Бросьте, вы ведь этого не думаете. • Go ahead! Действуйте! *or* Продолжайте! *or* Валяйте! • The tune goes like this —. Вот какой мотив —. • I'm going out tonight to dinner. Я сегодня не обедаю дома. • He's on the go day and night. Он ни днём, ни ночью не знает отдыха. • Whatever he says goes. Всё, что он скажет, исполняется беспрекословно. • I don't go back on my friends. Я остаюсь верен моим друзьям. • That song will go out with the war. Эта песня будет забыта после войны. • Let's

81

not go into that subject now. Не бу́дем пока́ затра́гивать э́того вопро́са. • There is barely enough to go around once. Э́того едва́ хва́тит, чтоб дать всем по одно́й по́рции. • He goes by a false name. Он живёт под чужи́м и́менем. • The roof is going to fall in one of these days. В оди́н прекра́сный день э́та кры́ша прова́лится. • Do you think we can make a go of this magazine? Вы ду́маете, наш журна́л пойдёт хорошо́? • Tell him to go about his own business. Скажи́те ему́, чтобы он не вме́шивался не в своё де́ло. • Let it go at that. Пусть бу́дет так.

goal цель. His goal was to become famous. Он поста́вил себе́ це́лью стать знамени́тостью. • гол. The forward kicked a goal. Фо́рвард заби́л гол.

goat коза́. These goats will ruin your garden. Э́ти ко́зы в коне́ц погу́бят ваш сад. • козёл отпуще́ния (scapegoat). He's always the goat whenever there's any trouble. Что бы ни случи́лось — он всегда́ козёл отпуще́ния.

god бог. The minister gave thanks to God. Свяще́нник возблагодари́л бо́га. — God knows what we'll do next. Бог зна́ет, что с на́ми да́льше бу́дет.

□ By God, I'm not going to let him get away with that. Че́стное сло́во, я ему́ э́того не спущу́. • His admirers have made a god of him. Его́ почита́тели его́ боготворя́т.

gold зо́лото. This watch is solid gold. Э́ти часы́ из чи́стого зо́лота. • золото́й. How much is that gold ring? Ско́лько сто́ит э́то золото́е кольцо́? — Their flag is blue and gold. У них си́не-золото́й флаг.

golden adj золото́й.

gone See go.

good (better, best) хоро́ший. It was a good dinner. Э́то был хоро́ший обе́д. — He gave me good advice. Он дал мне хоро́ший сове́т. • хорошо́. Good! Хорошо́! • лу́чший. Give me a better pencil. Да́йте мне лу́чший каранда́ш. • подходя́щий. He's a good man for the job. Он подходя́щий челове́к для э́той рабо́ты. • поле́зный. The medicine is good for you. Э́то лека́рство вам поле́зно. • ве́рный. He's been a good Republican for several years. В тече́ние мно́гих лет он был ве́рным чле́ном республика́нской па́ртии.

□ a good по ме́ньшей ме́ре. He weighs a good one hundred and twenty kilos. Он ве́сит по ме́ньшей ме́ре сто два́дцать кило́.

a good deal мно́гое. I've learned a good deal from you. Я у вас мно́гому научи́лся.

as good as со́бственно. The job is as good as done. Рабо́та со́бственно зако́нчена.

for good навсегда́. Are you leaving for good? Вы уезжа́ете навсегда́? • раз навсегда́. Fix it for good this time. Ну, тепе́рь приведи́те э́то в поря́док раз навсегда́.

good and —— здо́рово or о́чень. It's good and cold outside today. Сего́дня на дворе́ здо́рово хо́лодно.

to make good возмести́ть. If I break it, I'll make good the damage. Е́сли я э́то слома́ю, я возмещу́ вам убы́тки. • исполня́ть. He always makes good his promises. Он всегда́ исполня́ет свои́ обеща́ния. • име́ть успе́х. She'll make good on the stage. Она́ бу́дет име́ть успе́х на сце́не. □ I'm sure he'll make good in his studies. Я уве́рен, что он бу́дет хорошо́ учи́ться. • Make the tea good and strong. Завари́те нам чай покре́пче. • That watch is good for a lifetime. Э́ти часы́ прослу́жат вам всю жизнь. • He is good for the damages to your car. Он возмести́т

вам убы́тки за поврежде́ния ва́шей маши́ны. • I'd like to go and see him, but what good will it do? Я пошёл бы повида́ть его́, но како́й от э́того бу́дет толк? • Did you have a good time? Вы хорошо́ провели́ вре́мя? • I haven't seen him for a good while. Я его́ уже́ дово́льно давно́ не ви́дел. • Whatever he brings us is to the good. Что бы он ни принёс, пойдёт нам впрок. • Be a good boy. Будь у́мницей.

good-by n, interj до свида́ния.

goodness доброта́. She did it out of the goodness of her heart. Она́ э́то сде́лала по доброте́ душе́вной.

□ My goodness! What have you done! Бо́же мой! Что вы наде́лали!

goods това́ры. The goods on sale are displayed in the store window. Това́ры, предназна́ченные для распрода́жи, вы́ставлены в витри́не.

□ The production of cotton goods increased this year. Произво́дство бума́жных тка́ней повы́силось в э́том году́.

goose (geese) гусь.

got See get.

gotten See get.

govern управля́ть. The President has governed the country well. Президе́нт хорошо́ управля́ет страно́й.

□ It's evident that his ideas are governed by the newspapers he reads. Соверше́нно очеви́дно, что он нахо́дится под влия́нием газе́т, кото́рые он чита́ет. • The judge quoted the law governing the situation. Судья́ процити́ровал зако́н, под кото́рый подхо́дит да́нный слу́чай.

government прави́тельство. All governments will have to cooperate in this matter. Прави́тельства всех стран должны́ бу́дут сотру́дничать в э́том де́ле. — The government just passed a tax bill. Прави́тельство то́лько что провело́ зако́н о нало́гах. • правле́ние. The U.S.A. has a republican form of government. В Соединённых Шта́тах республика́нская фо́рма правле́ния.

governor n губерна́тор.

gown n вече́рнее пла́тье.

grace гра́ция. She has a lot of grace and charm. У неё мно́го гра́ции и обая́ния. • отсро́чка. I've been given thirty days' grace to pay my bills. Мне да́ли отсро́чку на три́дцать дней для упла́ты долго́в.

□ He doesn't seem to know much about the social graces. Он, ка́жется, не уме́ет держа́ться в о́бществе.

graceful adj изя́щный, грацио́зный.

gracious adj любе́зный.

grade ка́чество. We buy the best grade of milk. Мы покупа́ем молоко́ лу́чшего ка́чества. • класс. What grade do you teach? В како́м кла́ссе вы преподаёте? • отме́тка. He received the highest grades in the class. Он получи́л лу́чшие отме́тки в кла́ссе. • гра́дус. The railroad has a three-percent grade. У железнодоро́жного полотна́ укло́н в три гра́дуса. • сортирова́ть. Oranges are graded by size and quality. Апельси́ны сортиру́ют по величине́ и по ка́честву. • вы́ровнять. The laborers graded the airfield. Рабо́чие вы́ровняли аэродро́м. • постепе́нно переходи́ть. The blue graded into green. Голубо́й цвет постепе́нно переходи́л в зелёный.

□ down-grade спуск. There is quite a steep down-grade on the other side of the hill. По той стороне́ холма́ круто́й спуск.

to go down-grade ухудша́ться. Business has been going

down-grade for the last month. За после́дний ме́сяц экономи́ческое положе́ние всё ухудша́лось.

to make the grade брать подъём. The car had trouble making the grade. Маши́на брала́ подъём с трудо́м.
• доби́ться успе́ха. If you work hard you can make the grade. Е́сли вы бу́дете усе́рдно рабо́тать, вы добьётесь успе́ха.

gradual *adj* постепе́нный.

graduate ко́нчить (уче́бное заведе́ние). She failed to graduate from college. Ей не удало́сь ко́нчить ву́за. • распределя́ть. The exams are graduated so that the most difficult ones come last. Экза́мены распределены́ таки́м о́бразом, что са́мые тру́дные прихо́дятся в конце́.

□ **college graduate** челове́к с вы́сшим образова́нием. Only college graduates are eligible for this job. Э́ту рабо́ту мо́гут получи́ть то́лько лю́ди с вы́сшим образова́нием. □ This school will graduate a large class this year. В э́том году́ в э́той шко́ле бу́дет большо́й вы́пуск. • He's doing graduate work in science. Он гото́вится на учёную сте́пень по есте́ственным нау́кам.

graduation выпускно́й акт. The graduation was held in the main auditorium. Выпускно́й акт происходи́л в гла́вном за́ле.

grain зерно́. The barns are full of grain. Амба́ры полны́ зерна́. • гран. How many grains are there in each pill? Ско́лько гра́нов в (ка́ждой) пилю́ле? • крупи́нка. There isn't a grain of truth in his story. В его́ расска́зе нет и крупи́нки пра́вды. • рису́нок. This wood has a beautiful grain. Э́то де́рево име́ет краси́вый рису́нок.

□ **to go against the grain** раздража́ть. Doesn't their loud conversation go against your grain? Вас не раздража́ет их гро́мкий разгово́р? □ The grain is ready for the harvest. Пора́ снима́ть урожа́й. • I have some grains of sand in my shoe. У меня́ в башмаке́ песо́к.

grammar грамма́тика. I've never studied English grammar. Я никогда́ не учи́л англи́йской грамма́тики. — Have you got a good grammar for a beginner? Есть у вас хоро́шая грамма́тика для начина́ющих?

grand великоле́пный. It was grand weather for tennis. Э́то была́ великоле́пная пого́да для игры́ в те́ннис. • замеча́тельный. He is a grand old man. Он замеча́тельный стари́к. • большо́й. They are dancing in the grand ballroom. Они́ танцу́ют в большо́м за́ле. • о́бщий. What is the grand total? Како́в о́бщий ито́г?

grandfather *n* дед, де́душка.

grandmother *n* ба́бушка.

grant субси́дия. The schools are supported by a government grant. Шко́лы получа́ют субси́дию от госуда́рства. • допусти́ть. Let's grant that for the sake of argument. Допу́стим на мину́ту, что э́то так.

□ **to take for granted** принима́ть на ве́ру. Don't take for granted what you read in the newspapers. Не принима́йте на ве́ру всё, что вы чита́ете в газе́тах. • принима́ть как до́лжное. You take too much for granted. Вы сли́шком мно́гое принима́ете как до́лжное. □ Did they grant him permission to leave? Он получи́л разреше́ние уе́хать (*or* уйти́)?

grape *n* виногра́д.

grass трава́. Keep off the grass. По траве́ ходи́ть воспреща́ется.

□ **grass court** лужа́йка. They often play on grass courts. Они́ ча́сто игра́ют в те́ннис на лужа́йке. □ Don't let the grass grow under your feet. *Не откла́дывайте в до́лгий я́щик.

grateful благода́рный. I am grateful to you for your help. Я вам о́чень благода́рен за (ва́шу) по́мощь.

gratitude *n* благода́рность.

grave моги́ла. We covered her grave with a blanket of roses. Мы покры́ли её моги́лу ро́зами. • серьёзный. After the operation, the patient's condition was grave. Положе́ние больно́го по́сле опера́ции бы́ло о́чень серьёзное. • озабо́ченный. Why is she going around with such a grave face? Почему́ она́ хо́дит с таки́м озабо́ченным лицо́м?

gravy *n* мясно́й со́ус.

gray се́рый. Gray goes well with red. Се́рое с кра́сным — хоро́шее сочета́ние. — The sky was gray all morning. Не́бо бы́ло се́рое всё у́тро. — It is a gray stone building. Э́то се́рое ка́менное зда́ние. • седе́ть. He's graying fast. Он бы́стро седе́ет.

great вели́кий. I don't consider him a great man. Я не счита́ю его́ вели́ким челове́ком. • знамени́тый (famous). I heard a great singer last night. Я вчера́ слы́шал знамени́того певца́. • си́льный. I was in great pain. У меня́ бы́ли си́льные бо́ли. • большо́й. The conference wasn't of great importance. Э́та конфере́нция не име́ла большо́го значе́ния.

□ We lived in a great big house. Мы жи́ли в огро́мном до́ме. • He was a great favorite of everybody. Он был о́бщим люби́мцем.

greatly глубоко́. He was greatly insulted by what you said. Он был глубоко́ оскорблён тем, что вы сказа́ли. • о́чень. You're greatly mistaken. Вы о́чень ошиба́етесь.

green зелёный. Green is not becoming to her. Зелёный цвет ей не идёт. — Give me the green book. Да́йте мне э́ту зелёную кни́гу. • незре́лый, зелёный. Don't eat green apples or you'll get sick. Не е́шьте незре́лых я́блок, живо́т заболи́т. • новичо́к. When I started, I was green at teaching. Когда́ я на́чал преподава́ть, я был ещё совсе́м новичко́м.

□ **greens** зе́лень. Let's buy some greens for dinner. (Да́вайте) ку́пим немно́го зе́лени к обе́ду.

to turn green позелене́ть. He turned green with envy. Он позелене́л от за́висти.

greet *v* приве́тствовать.

grew *See* **grow.**

grief го́ре. We have deep sympathy for her grief. Мы глубоко́ сочу́вствуем её го́рю.

grieve *v* грусти́ть, горева́ть.

grind (ground, ground) моло́ть. We grind our coffee by hand. Мы ме́лем ко́фе ручно́й ме́льницей. • наточи́ть. He ground the ax to a sharp edge. Он о́стро наточи́л топо́р. • скрежета́ть. He grinds his teeth in his sleep. Он скрежещет зуба́ми во сне. • руби́ть. The meat was ground fine. Мя́со бы́ло ме́лко ру́блено.

□ He grinds out songs, five a day. *Он пе́сенки как бли́ны печёт — по пяти́ штук в день. • Learning any language is a long grind. Изуче́ние вся́кого языка́ тре́бует до́лгой и упо́рной рабо́ты. • During examinations he turns into a grind. Во вре́мя экза́менов он зу́брит без конца́.

grip кре́пко держа́ть. He held the rope with a firm grip.

Он крепко держал верёвку. • **схватить.** She gripped the child's hand to keep him from falling. Она схватила ребёнка за руку, чтоб он не упал. • **охватить.** We were gripped with fear. Нас охватил страх. • **пожатие.** He has a powerful grip. У него крепкое пожатие. • **чемодан.** Where can I check my grip? Где я могу сдать на хранение мой чемодан?

□ **to lose one's grip** не владеть собой. Since he started drinking, he's been losing his grip on himself. С тех пор как он начал пить, он больше собой не владеет.

groan стон. All night long we heard the groans of the wounded man. Всю ночь мы слышали стоны раненого. • **стонать.** His wounded leg made him groan in pain. Боль в раненой ноге заставляла его стонать.

grocer n бакалейщик.

grocery бакалейная лавка. Stop by at the grocery store and get these things for me. Зайдите в бакалейную лавку и купите мне эти вещи.

gross n гросс.

□ **gross income** валовой доход. His gross income last year was over twenty thousand dollars. В прошлом году он получил свыше двадцати тысяч долларов валового дохода.

ground (See also **grind**) почва. The ground was very rocky. Эта почва очень каменистая. — This ground is not rich enough for a good crop. Эта почва недостаточно плодородна, чтоб дать хороший урожай. • **нижний.** I want a room on the ground floor. Я хочу комнату в нижнем этаже. • **обосновать.** Your opinion is well grounded. Ваше мнение вполне обосновано. • **основание.** What ground do you have for saying that? На каком основании вы это говорите? • **заземлить.** Is the radio grounded? Радио заземлено?

□ **coffee grounds** кофейная гуща. There were coffee grounds left in my cup. На дне моей чашки осталась кофейная гуща.

from the ground up до основания. He changed everything from the ground up. Он изменил всё до основания.

grounds участок (земли). A gardener takes care of the grounds. За этим участком (земли) следит садовник.

to cover ground покрывать расстояние. If I drive, I can cover a lot of ground in one day. Если я сам за рулём, я за день покрываю огромное расстояние.

to cover the ground изучить вопрос. He studied hard and covered the ground thoroughly. Он много работал и изучил вопрос основательно. • **обыскать.** My men covered the ground north of the town. Мои люди тщательно обыскали участок к северу от города.

to gain ground продвинуться вперёд. Our army has gained ground during the past week. За последнюю неделю наша армия продвинулась вперёд.

to give ground уступить. When he insisted, I had to give ground. Когда он стал настаивать, мне пришлось уступить.

to hold (or **stand**) **one's ground** стоять на своём. He held (or stood) his ground against all opposition. Несмотря на сильную оппозицию, он стоял на своём.

□ The plane was grounded by bad weather. Самолёт не мог подняться из-за дурной погоды. • They were well grounded in history. Они знали историю основательно. • The movement lost ground among students. Это движение потеряло популярность среди студентов.

group группа. A group of students stood in the street. На улице стояла группа студентов. — What language group does English belong to? К какой группе языков принадлежит английский? • **кружок.** Our group met every Wednesday. Наш кружок собирался по средам. • **сгруппировать.** Group the words according to meaning. Сгруппируйте слова по смыслу.

grove n роща.

grow (grew, grown) расти. The little boy grew very fast. Мальчик рос очень быстро. — Tall trees grow near the river. У реки растут высокие деревья. • **вырасти.** His practice has grown rapidly. Его практика быстро выросла. • **вырастить.** He grew enormous cabbages in his garden last year. В прошлом году он вырастил у себя на огороде огромные кочаны капусты. • **увеличиваться.** The crowd grew rapidly. Толпа быстро увеличивалась. • **стать.** It grew cold. Стало холодно. • **сеять.** He's grown wheat for many years. Он сеял пшеницу много лет подряд. • **взрослый.** He is a grown man now. Он уже взрослый мужчина.

□ **to grow up** развиваться. His daughter is growing up rapidly. Его дочка быстро развивается. • **стать взрослым.** Your son is quite grown up now. Ваш сын стал уже совсем взрослым. • **создаваться.** A new literature group is growing up in the city. В нашем городе создаётся новая литературная группа.

□ He grew away from his family. Он (постепенно) стал чужим в своей собственной семье. • That music grows on me. Эта музыка мне нравится всё больше и больше.

grown See **grow.**

growth нарост. He has a growth on his arm. У него нарост на руке.

□ He has a two days' growth of beard. Он не брился два дня.

gruff грубый. He shouted at us in a gruff voice. Он на нас грубо прикрикнул.

guarantee гарантия. They sell this clock with a five-year guarantee. Эти часы продаются с гарантией на пять лет. • **ручаться.** I'll guarantee that you'll enjoy this movie. Я вам ручаюсь, что этот фильм вам понравится. • **поручительство.** The bank asked me to give them a guarantee on my friend's loan. Банк потребовал моего поручительства, чтобы выдать моему другу заём. • **гарантировать.** This insurance policy will guarantee you against the loss of your car. Этот страховой полис гарантирует вам возмещение в случае пропажи машины.

guard стеречь. Soldiers guard the place day and night. Солдаты стерегут это место круглые сутки. • **охранять.** They kept close guard over the bridge. Они усиленно охраняли этот мост. • **часовой.** The guard kept me from passing. Часовой меня не пропустил. • **принять меры.** They tried to guard against a spread of the disease. Они старались принять меры против эпидемию. • **предохранитель.** The guard on my pin is broken. У меня на брошке сломался предохранитель.

□ **off-guard** врасплох. You can never catch him off-guard. Его никогда нельзя застать врасплох.

on one's guard настороже. I'm always on my guard against him. Я с ним всегда настороже.

□ For a moment his guard was down. На один момент он забыл о всякой осторожности.

guardian n опекун.

guess угада́ть. Can you guess my age? Угада́йте ско́лько мне лет! • дога́дываться. Did you guess the end of the story? Вы дога́дываетесь, чем э́та исто́рия конча́ется? • предположе́ние. That was a good guess. Э́то бы́ло пра́вильное предположе́ние. • ду́мать. I guess he is sick. Я ду́маю, что он бо́лен.

guest гость. That's no way to treat a guest. С гостя́ми так не обраща́ются. • жиле́ц. The hotel does not permit guests to keep pets. В э́той гости́нице жильца́м не позволя́ют держа́ть ни ко́шек, ни соба́к. ☐ **to be a guest** гости́ть. I was a guest at his house for a week. Я гости́л у него́ неде́лю.

guide провести́. He guided us through the woods. Он провёл нас че́рез лес. • проводни́к. The guide took me around the city. Проводни́к води́л меня́ по го́роду. • путеводи́тель. Where can I buy a guide to the city? Где я могу́ купи́ть путеводи́тель по го́роду? ☐ Don't be guided by his advice. Не слу́шайтесь его́ сове́та.

guilty вино́вный. The prisoner was found guilty. Аресто́ванный был при́знан вино́вным. • винова́тый. The boy has a guilty look. У ма́льчика винова́тый вид. • нечи́стый. I have a guilty conscience. У меня́ со́весть нечиста́.

gulf *n* морско́й зали́в.

gully *n* водосто́чная кана́ва.

gum рези́новый. You'll have to wear gum-soled shoes on the tennis court. На те́ннисной площа́дке вы должны́ носи́ть ту́фли с рези́новой подо́швой. • десна́. My gum is quite sensitive since I had that tooth pulled. По́сле того́ как мне вы́рвали зуб, десна́ в э́том ме́сте о́чень чувстви́тельна. • жева́тельная рези́на. Do you have any gum? Есть у вас жева́тельная рези́на? ☐ **to gum up the works** испо́ртить де́ло. He gummed up the works by saying what he did. Э́тими слова́ми он испо́ртил всё де́ло. ☐ The oil has gummed up the machine. Ма́сло загрязни́ло маши́ну.

gun ору́жие. He spends a lot of time cleaning his gun. Он тра́тит ма́ссу вре́мени на чи́стку ору́жия. • ору́дие (artillery). This gun has a cement emplacement. Э́то ору́дие устано́влено на цеме́нтной площа́дке. ☐ **to stick to one's guns** стоя́ть на своём. He couldn't prove his point, but he stuck to his guns. Он стоя́л на своём, хотя́ и не мог доказа́ть свое́й правоты́. ☐ The ship fired a salute of twenty-one guns. Су́дно отдало́ салю́т в два́дцать оди́н вы́стрел. • He's gunning for you. *Он на вас нож то́чит!

H

habit привы́чка. I'm trying to break myself of the habit. Я стара́юсь отде́латься от э́той привы́чки. — While I was abroad I got into the habit. Я приобрёл э́ту привы́чку, когда́ был заграни́цей. ☐ **to be in the habit** привы́кнуть. I'm in the habit of sleeping late on Sundays. По воскресе́ньям я привы́к встава́ть по́здно.

had *See* have.

hail расхвали́ть. The book was hailed by all the critics. Кри́тика расхвали́ла э́ту кни́гу. • звать. I've been trying to hail a cab for the last ten minutes. Я уже́ де́сять мину́т стою́ и зову́ такси́. • град. The hail storm last week ruined the tobacco crops. Град на про́шлой неде́ле поби́л весь таба́к. — We might as well stay here until it stops hailing. Нам уж лу́чше оста́ться здесь, пока́ град не пройдёт. • The soldiers met the enemy with a hail of bullets. Бойцы́ встре́тили неприя́теля гра́дом пуль. ☐ Where do you hail from? Отку́да вы ро́дом?

hair во́лос. There's a hair on your sleeve. У вас на рукаве́ во́лос. — What color is her hair? Како́го цве́та её во́лосы? • волосо́к. He just missed hitting me by a hair. Он чуть-чуть в меня́ не попа́л, на оди́н волосо́к промахну́лся.

half пол. Bring home half a kilogram of butter. Принеси́те полкило́ ма́сла. • полови́на. I'll give him half of my share. Я дам ему́ полови́ну мое́й до́ли. — We'll be there at half past eight. Мы бу́дем там в полови́не девя́того. ☐ **half an hour** полчаса́. I'll be back in half an hour. Я верну́сь че́рез полчаса́.

half asleep в полусне́. I was lying on the couch half asleep. Я лежа́л на куше́тке в полусне́.

half hour полчаса́. I've been waiting the last half hour. Я жду уже́ полчаса́.

half price полцены́. I got it for half price at a sale. Я купи́л э́то на распрода́же за полцены́.

in half попола́м. Shall I cut it in half? Разре́зать э́то попола́м?

to go halves плати́ть попола́м. Let's go halves. Дава́йте плати́ть попола́м.

one and a half полтора́. This shirt will take a meter and a half of material. На э́ту руба́шку уйдёт полтора́ ме́тра мате́рии.

hall пере́дняя. Please wait in the hall. Пожа́луйста, подожди́те в пере́дней. • коридо́р. It's the second door down the hall. Э́то втора́я дверь по коридо́ру. • зал. There were no seats, so we stood at the back of the hall. Там не́ бы́ло свобо́дных мест, и мы стоя́ли в конце́ за́ла. ☐ **city hall** городска́я ду́ма. He worked in the city hall. Он рабо́тал в городско́й ду́ме.

ham ветчина́. Would you like some ham for breakfast? Хоти́те ветчины́ к за́втраку? • фигля́р. That actor's quite a ham. Э́тот актёр про́сто фигля́р.

hammer молото́к. Could I borrow a hammer? Вы мо́жете дать мне молото́к? • вбить. Hammer the nail in. Вбе́йте гвоздь.

hand рука́. Where can I wash my hands? Где я могу́ вы́мыть ру́ки? — I shook hands with him and left. Я пожа́л ему́ ру́ку и вы́шел. — The business has changed hands. Э́то предприя́тие перешло́ в други́е ру́ки. — The affair is now in his hands. Де́ло тепе́рь в его́ рука́х. — You can see his hand in this. В э́том де́ле видна́ его́ рука́. • дать. Will you hand me that pencil? Да́йте мне э́тот каранда́ш. • рабо́чий. I worked a couple of years as a farm hand. Я был не́сколько лет рабо́чим на фе́рме. • уча́стие. Did you have a hand in this project? Вы принима́ли уча́стие в составле́нии э́того прое́кта? ● аплодисме́нты. The audience gave her a big hand when she came on. Её встре́тили бу́рными аплодисме́нтами.

□ **by hand** на рука́х. All this sewing had to be done by hand. Всё э́то ну́жно бы́ло шить на рука́х.

firsthand из пе́рвых рук. I got this information firsthand. Я зна́ю э́то из пе́рвых рук.

handmade ручна́я рабо́та. This rug is handmade. Э́то ковёр ручно́й рабо́ты.

hour hand часова́я стре́лка. The hour hand is broken. Часова́я стре́лка слома́лась.

on hand под руко́й. He's never on hand when I want him. Его́ никогда́ нет под руко́й, когда́ он мне ну́жен.

on the left hand по ле́вой руке́. My house is on your left hand as you go up the street towards the church. Е́сли вы идёте по направле́нию к це́ркви, э́тот дом бу́дет у вас по ле́вой руке́.

on the other hand с друго́й стороны́. As you say, he's a good man; but, on the other hand, he hasn't had much experience. Я с ва́ми согла́сен, он хоро́ший рабо́тник; но, с друго́й стороны́, у него́ недоста́точно о́пыта.

to get out of hand распуска́ться. Don't let the students get out of hand. Не дава́йте ученика́м распуска́ться.

to hand down передава́ть(ся). The recipe has been handed down in our family for generations. Э́тот реце́пт передава́лся в на́шей семье́ из поколе́ния в поколе́ние.

to hand in пода́ть. I'm going to hand in my resignation tomorrow. Я собира́юсь пода́ть за́втра заявле́ние об отста́вке.

to hand out разда́ть. Take these tickets and hand them out. Возьми́те э́ти биле́ты и разда́йте их.

to hand over передава́ть. Hand over the book. Переда́йте мне кни́гу.

to have one's hands full име́ть рабо́ты по го́рло. He certainly has his hands full with that job. С э́тим у него́ рабо́ты по го́рло.

to lend a hand помо́чь. Would you lend me a hand in moving the furniture? Вы мо́жете помо́чь мне передви́нуть ме́бель?

to take off one's hands изба́вить. Can you take this problem off my hands? Вы не мо́жете изба́вить меня́ от реше́ния э́того вопро́са?

□ They have the situation well in hand. Они́ — по́лные хозя́ева положе́ния. ● We haven't any soap on hand this week. У нас на э́той неде́ле мы́ла не бу́дет. ● I've got a lot of work on my hands today. У меня́ сего́дня ма́сса рабо́ты. ● This is the worst hand I've had all evening. У меня́ сейча́с на рука́х са́мые плохи́е ка́рты за весь ве́чер.

handkerchief n носово́й плато́к.

handle рукоя́тка. This hammer needs a new handle. Для э́того молотка́ нужна́ но́вая рукоя́тка. ● обраща́ться. Handle with care! (Обраща́йтесь!) осторо́жно! — Can you handle a gun? Вы уме́ете обраща́ться с револьве́ром? ● тро́гать. Look all you want to, but don't handle it. Смотри́те ско́лько уго́дно, но не тро́гайте. ● пра́вить. He handles the car very well. Он отли́чно пра́вит маши́ной. ● управля́ть. This car handles well. Э́той маши́ной легко́ управля́ть. ● спра́виться. He handled the situation very well. Он хорошо́ спра́вился с положе́нием. ● держа́ть. We don't handle that brand. Мы не де́ржим э́той ма́рки.

handsome краси́вый. I don't think he is very handsome. Я не счита́ю его́ о́чень краси́вым. ● прили́чный. He

offered her a handsome gift if she would show him around town. Он обеща́л ей прили́чное вознагражде́ние, е́сли она́ пока́жет ему́ го́род. ● кру́гленький (round). He offered me a handsome sum for my farm. Он предложи́л мне кру́гленькую су́мму за мою́ фе́рму.

hang (hung or hanged, hung or hanged) пове́сить. He hung the picture over the fireplace. Он пове́сил карти́ну над ками́ном. — The man was hanged for his crime. Престу́пник был пове́шен. ● опусти́ть. He hung his head in shame. Он опусти́л го́лову от стыда́. ● висе́ть. Is that your hat hanging on the hook? Э́то ва́ша шля́па виси́т на крючке́? ● сиде́ть (sit). The dress hangs well on you. Э́то пла́тье хорошо́ на вас сиди́т. ● сноро́вка. Now he's getting the hang of it. Тепе́рь он приобрета́ет сноро́вку.

□ **to hang around** околе́чиваться. He's always hanging around the race track. Он ве́чно околе́чивается на ипподро́ме.

to hang on держа́ться. I hung on to the rope as tight as I could. Я ухвати́лся за кана́т и держа́лся изо все́х сил.

to hang out высо́вываться. Don't hang out of the window. Не высо́вывайтесь из окна́.

to hang up пове́сить. Hang your hat and coat up here. Пове́сьте здесь ва́ше пальто́ и шля́пу.

□ He hung up on me. Он пове́сил телефо́нную тру́бку (и прерва́л разгово́р со мной). ● Hang on to this money. Постара́йтесь не тра́тить э́тих де́нег.

hanged See hang.

hanging пове́шение. He was sentenced to death by hanging. Он был приговорён к сме́ртной ка́зни че́рез пове́шение.

happen случи́ться. What happened? Что случи́лось? — I couldn't help it; it just happened. Так уже́ случи́лось, я ничего́ не мог поде́лать.

□ **to happen to** случи́ться с. What happened to the typewriter? Что случи́лось с э́той пи́шущей маши́нкой? — A wonderful thing happened to me last night. Замеча́тельная вещь случи́лась со мной вчера́ ве́чером. ● случа́ться с. Everything happens to me. Со мной ве́чно что́-нибудь случа́ется.

□ Were you there when the accident happened? Вы прису́тствовали при катастро́фе? ● I don't happen to agree with you. В да́нном слу́чае я с ва́ми не согла́сен. ● How did you happen to find me? Как вам удало́сь меня́ найти́? ● It happens that we can't do anything about it. Вы́шло так, что мы ничего́ не мо́жем поде́лать в э́том слу́чае.

happily счастли́вый. She seems to live happily. Она́, ка́жется, сча́стлива. ● к сча́стью. Happily, no one was injured in the accident. К сча́стью, в э́той катастро́фе никто́ не пострада́л.

happiness n сча́стье.

happy счастли́вый. This is one of the happiest days of my life. Э́то оди́н из са́мых счастли́вых дней в мое́й жи́зни. — The movie had a happy ending. Э́то фильм со счастли́вой развя́зкой.

□ I don't feel happy about it. Меня́ э́то не ра́дует.

harbor n га́вань.

hard жёсткий. I don't like to sleep on a hard bed. Я не люблю́ спать на жёсткой крова́ти. — You can't wash clothes in such hard water. В тако́й жёсткой воде́ нельзя́ стира́ть. ● жесто́кий. Those are hard words. Э́то жесто́кие слова́. ● туго́й. He tied the rope in a hard knot. Он связа́л верёвку туги́м узло́м. ● мощёный.

After the first few kilometers they came to a hard road. Проехав несколько километров, они добрались до мощёной дороги. • **тяжёлый**. If you like hard work, I'll see that you get it. Если вам нравится тяжёлая работа, я постараюсь, чтоб вам её дали. • **усёрдный**. He's a hard worker and does a good job. Он усёрдный и хороший работник. • **суровый**. He's a hard man. Он суровый человек. • **крéпкий**. He's been training for two months and is as hard as nails. Он прошёл двухмесячную тренировку и теперь крéпок, как сталь.

☐ **hard and fast** строго определённые. We have no hard and fast rules here. У нас здесь нет стрóго определённых прáвил.

hard of hearing тугóй нá ухо. You'll have to speak louder, because he's hard of hearing. Вы должны грóмче говорить, потому что он туг нá ухо.

☐ It was raining hard when he left the house. Когда он вышел из дому, дождь лил во-всю. • I had a hard time getting here because of the fog. Я с трудóм сюда добрался из-за тумáна. • He tried hard to do it right, but failed. Он всячески старался сделать это как следует, но не смог. • He's always hard up before pay day. К концу мéсяца ему всегда приходится тýго. • The ice cream didn't freeze hard. Морóженое не застыло.

hardly едвá. He had hardly begun to speak when he was interrupted. Он едвá успéл начáть говорить, как егó прервáли. • **почти**. There were hardly any people there when the show started. Когда представлéние началóсь, в зáле почти никого нé было.

☐ You can hardly expect me to believe that story. Неужéли вы дýмаете, что я этому повéрю? • I hardly think so. Я сильно сомневáюсь.

hardware n скобяные изделия.

harm обидеть. He gets mad easily but he wouldn't harm a flea. Он óчень вспыльчив, но по существý, он и мýхи не обидит. • **пострадáть** (to be harmed). This dry weather has done a lot of harm to the crop. Урожáй óчень пострадáл от зáсухи.

harmony мир и спокóйствие. We have complete harmony in the office now. У нас в учреждéнии теперь царит мир и спокóйствие.

☐ **to be in harmony** совпадáть. His plans are in harmony with mine. Егó плáны вполнé совпадáют с моими.

harness n упряжь.

harvest n урожáй, жáтва; v собирáть урожáй.

has See have.

haste n спéшка.

hasten v спешить.

hat шляпа. Where can I buy a hat? Где я могý купить шляпу?

hate ненавидеть. She hates him. Онá егó ненавидит. • **нéнависть**. You could see hate in her eyes. Её глазá сверкáли нéнавистью. • **терпéть не мочь**. I hate to get up in the morning. Я терпéть не могý вставáть по утрáм.

haul тащить. They hauled the load with horses. Груз тащили на лошадях. • **улóв**. The fishing boats made quite a haul. Рыбаки вернýлись с большим улóвом.

☐ It was a short haul from the mill to the station. Перевóзка с мéльницы на стáнцию продолжáлась недóлго.

have (had, had). имéть. You haven't the right to do it. Вы не имéете прáва этого делать.

☐ **to have a baby** рожáть. My wife is going to have a baby in June. Моя женá рожáет в июне.

to have a drink выпить. I've had one drink too many. Я выпил лишнего.

to have it in for дýться. They'll have it in for us if we do that. Они бýдут на нас дýться, если мы это сдéлаем.

to have it out объясниться. It's better to have it out with him now than later. Лýчше объясниться с ним срáзу, не откладывая.

to have to нáдо, нýжно. I have to leave early. Мне нáдо бýдет уйти рáно. — She has to go home now. Ей нýжно идти домóй.

☐ I have two tickets to the theater. У меня есть два билéта в теáтр. • Do you have any brothers and sisters? У вас есть брáтья и сёстры? • I have the idea clearly in mind. Эта мысль мне совершéнно яснá. • Now I have him where I want him. Теперь я могý с ним дéлать, что хочý. • He has a fine library. У негó хорóшая библиотéка. • I have a sore foot. У меня болит ногá. • Let's have dinner at six o'clock. Пообéдаем сегóдня в шесть часóв. • I had a hard time getting up this morning. Я с трудóм встал сегóдня ýтром. • We have piano lessons twice a week. У нас урóки мýзыки два рáза в недéлю. • I have my teeth cleaned twice a year. Два рáза в год я хожý к зубнóму врачý снимáть кáмень. • You don't have to do anything you don't want to. Вам нéзачем дéлать тогó, чего вы не хотите. • I won't have noise in this room any longer. Я бóльше шумéть в этой кóмнате не позволяю. • Has he done his job well? Он хорошó сдéлал свою рабóту? • He'll have finished by that time. К томý врéмени он ужé кóнчит. • I had some money with me. У меня было при себé немнóго дéнег. • I had this suit made to order. Мой костюм сдéлан на закáз. • If I had known that, I wouldn't have come at all. Если бы я это знал, я бы совсéм не пришёл. • I had better leave before the rain starts. Мне лýчше бы уйти до дождя. • He has the laundry do his shirts. Он отдаёт рубáшки в прáчечную. • Has he gone home? Он пошёл домóй?

hay сéно. They saw field after field of hay. Перед ними тянýлись бесконéчные лугá с кóпнами сéна.

☐ I'm tired; let's hit the hay. *Я устáл, порá на боковýю! • Let's make hay while the sun shines. *Давáйте ковáть желéзо покá онó горячó.

he он. Who is he? Кто он такóй? — Give this to him. Дáйте это емý. — I've seen him. Я егó видел.

☐ If anyone wants to do it, he can. Если ктó-нибудь хóчет дéлать это, пускáй дéлает.

head головá. My head hurts. У меня болит головá. — I fell head first. Я упáл головóй вперёд. — How many head of cattle are on the farm? Скóлько голóв скотá на этой фéрме? • **голóвка**. We want some nails with larger heads. Нам нужны гвóзди с бóлее крýпными голóвками. — The lettuce is fifty kopeks a head. Голóвка салáта — пятьдесят копéек. • **кочáн** (капýсты). I want two heads of cabbage. Дáйте мне два кочанá капýсты. • **верх**. We'll have to knock in the head of the barrel. Нам придётся пробить верх бóчки. — Begin at the head of the page. Начните с вéрху страницы. • **главá**. Who is the head of the family? Кто главá семьи? — I want to speak to the head of the organization. Я хочý говорить с главóй организа́ции. • проти́вный. A head wind delayed our landing. Проти́вный ве́тер задержа́л на́шу вы́садку. • напра́вить. The pilot headed the plane into the wind. Пило́т напра́вил самолёт про́тив ве́тра. • направля́ться. Where are you headed? Куда́ вы направля́етесь? • кульминацио́нный пункт. Events are coming to a head. Собы́тия подхо́дят к кульминацио́нному пу́нкту. • исто́ки (реки́). How far is it to the head of the river? Как далеко́ до исто́ков реки́?

☐ **at the head** во главе́. He was at the head of the procession. Он шёл во главе́ ше́ствия.

headache головна́я боль. Has your headache gone away? У вас прошла́ головна́я боль?

head man нача́льник. He's the head man. Он — нача́льник.

head over heels по́ уши. My friend is head over heels in love. Мой прия́тель по́ уши влюблён.

heads орёл. Heads I win, tails I lose. Е́сли орёл — я вы́играл, е́сли ре́шка — проигра́л.

out of one's head не в своём уме́. The man is positively out of his head. Э́тот челове́к определённо не в своём уме́.

over one's head вы́ше чьего́-нибудь понима́ния. That problem is over my head. Э́та пробле́ма вы́ше моего́ понима́ния.

to go to one's head вскружи́ть кому́-нибудь го́лову. The success of the play has gone to his head. Успе́х пье́сы вскружи́л ему́ го́лову.

to hit the nail on the head попа́сть не в бровь, а в глаз. You hit the nail on the head that time. На э́тот раз вы попа́ли не в бровь, а в глаз.

to keep one's head сохрани́ть прису́тствие ду́ха. Everyone kept his head when the fire started. Когда́ пожа́р начался́, все они́ сохрани́ли прису́тствие ду́ха.

to lose one's head потеря́ть го́лову. She got angry and lost her head. Она́ так разозли́лась, что совсе́м потеря́ла го́лову.

to make head or tail of разобра́ться. I can't make head or tail of the story. Я не могу́ разобра́ться в э́той исто́рии.

to put heads together обсуди́ть вме́сте. Let's put our heads together and figure it out. Дава́йте обсу́дим э́то вме́сте.

to turn one's head вскружи́ть го́лову. His flattery turned her head. Его́ комплиме́нты вскружи́ли ей го́лову.

☐ I have a headache. У меня́ боли́т голова́. • He has a good head for business. У него́ комме́рческие спосо́бности. • You're at the head of the list. Вы пе́рвый в спи́ске. • The boy heads his class at school. Э́тот ма́льчик пе́рвый (учени́к) в кла́ссе. • It's about time for me to head home. Мне (уже́) пора́ домо́й. • Our maid took it into her head to leave suddenly. На́шей домрабо́тнице вдруг взбрело́ в го́лову уйти́. • It was a head-on collision between two cars. Маши́ны наскочи́ли пря́мо одна́ на другу́ю.

headquarters *n* штаб.

heal зажи́ть. How long do you think it will take this cut to heal? Как вы ду́маете, э́тот поре́з ско́ро заживёт?

health здоро́вье. How's your health? Как ва́ше здоро́вье? — Here's to your health! За ва́ше здоро́вье!

☐ She has been in poor health lately. В после́днее вре́мя она́ всё хвора́ет.

healthy здоро́вый. I feel healthy enough. Я вполне́ здоро́в. — He looks healthier now. У него́ тепе́рь бо́лее здоро́вый вид. *or* Он тепе́рь вы́глядит здорове́е. • подоба́ющее. The pupils showed a healthy respect for their teacher.

Ученики́ проявля́ли подоба́ющее уваже́ние к своему́ учи́телю.

☐ This isn't a healthy climate to live in. Здесь нездоро́вый кли́мат.

heap ку́ча. Don't leave those things in a heap. Разбери́те э́ти ве́щи, не оставля́йте их в ку́че. — Throw all this stuff in the rubbish heap. Вы́бросите э́ти ве́щи в му́сорную ку́чу. • завали́ть. The table was heaped with all kinds of food. Стол был зава́лен вся́кими я́ствами.

hear (heard, heard) слы́шать. I just heard the telephone ring. Я то́лько что слы́шал телефо́нный звоно́к. — I can't hear you very well. Я вас пло́хо слы́шу. — I heard an interesting story yesterday. Я слы́шал вчера́ интере́сную исто́рию. — I hear that the play was a success. Я слы́шал, что э́та пье́са име́ла большо́й успе́х. — I never heard of such a thing. Я никогда́ не слы́шал ничего́ подо́бного. — They offered to put me up for the night, but I wouldn't hear of it. Они́ предложи́ли мне переночева́ть у них, но я и слы́шать об э́том не хоте́л. • слу́шать. I hear good music every night. Я ка́ждый ве́чер слу́шаю хоро́шую му́зыку. — The case was heard in open court. Де́ло слу́шалось при откры́тых дверя́х. • вы́слушать. Hear me to the end. Вы́слушайте меня́ до конца́. • разбира́ть. The judge hears different kinds of cases every day. Судья́ разбира́ет разли́чные дела́ ка́ждый день.

☐ What do you hear from home? Что вам пи́шут из дому?

heard *See* hear.

hearing слух. The old man's hearing is getting poor. У э́того старика́ слух слабе́ет.

☐ **to give a hearing** вы́слушать. The judge gave both sides a hearing. Судья́ вы́слушал о́бе стороны́.

☐ Hearing the good news made me very happy. Э́та хоро́шая но́вость меня́ чрезвыча́йно обра́довала.

heart се́рдце. His heart is weak today. У него́ сего́дня се́рдце пло́хо рабо́тает. — She has a soft heart. У неё мя́гкое се́рдце. • центр. The store is located in the heart of town. Э́тот магази́н нахо́дится в са́мом це́нтре го́рода. • суть. I intend to get to the heart of this matter. Я реши́л докопа́ться до су́ти де́ла.

☐ **after one's own heart** по душе́. He's a·man after my own heart. Он мне о́чень по душе́.

at heart по существу́. At heart he's really a nice fellow. По существу́ он сла́вный па́рень.

by heart наизу́сть. He learned the poem by heart. Он вы́учил э́ти стихи́ наизу́сть.

hearts че́рви. I bid two hearts. (Объявля́ю) две че́рви.

to break someone's heart разби́ть се́рдце. He broke her heart when he left. Свои́м ухо́дом он разби́л её се́рдце.

to do one's heart good се́рдце ра́дуется. It does my heart good to see them happy. *У меня́ се́рдце ра́дуется, когда́ ви́жу, как они́ сча́стливы.

to take to heart принима́ть бли́зко к се́рдцу. Don't take it to heart. Не принима́йте э́того бли́зко к се́рдцу.

☐ I haven't the heart to do it. *У меня́ рука́ не поднима́ется сде́лать э́то. • Have a heart! Сжа́льтесь! • Don't lose heart. Не па́дайте ду́хом.

hearty раду́шный. We were given a hearty welcome at their home. Они́ нас о́чень раду́шно при́няли. • оби́льный. They gave us a hearty meal there. Нас там угости́ли оби́льным обе́дом.

☐ My father's still hale and hearty at sixty. Моему́ отцу́

шестьдеся́т лет, но он ещё о́чень бо́дрый. • He's a hearty eater, but still he's very thin. Он о́чень худо́й, хоть он и ест мно́го.

heat жара́. I can't stand the heat in this room. В э́той ко́мнате невыноси́мая жара́. — In July the heat was intense. В ию́ле была́ си́льная жара́. • отопле́ние. The heat should be turned on. На́до откры́ть отопле́ние. • нагре́ть. She heated the iron. Она́ нагре́ла утю́г. • пыл. In the heat of the argument, he struck him. Он его́ уда́рил в пылу́ спо́ра.

□ **to heat up** согре́ть. I'll heat up the soup for you. Я согре́ю вам суп. □ The heat of the furnace warmed the whole house. Весь дом обогрева́лся одно́й то́пкой.

heaven n не́бо, небеса́.

heavy тяжело́. Is that too heavy for you? Э́то для вас не сли́шком тяжело́? • тяжёлый. He was tired and fell into a heavy sleep. Он уста́л и засну́л тяжёлым сном. — My duties are heavy this week. На э́той неде́ле у меня́ тяжёлая рабо́та. • си́льный. In the morning there was a heavy rain. У́тром был си́льный дождь. • тру́дно. This book is heavy reading. Э́та кни́га тру́дно чита́ется.
□ He is a heavy drinker. Он си́льно пьёт.

hedge живая и́згородь. We planted that hedge around the lawn. Мы посади́ли вокру́г пло́щади живу́ю и́згородь. • уклони́ться. Why are you trying to hedge around this question? Почему́ вы про́буете уклони́ться от отве́та на э́тот вопро́с?

heed сле́довать. You ought to heed the advice of your teacher. Сле́дуйте сове́там ва́шего учи́теля. • следи́ть. Heed the traffic signals. Следи́те за светофо́рами.
□ **to take heed** быть осторо́жным. Take heed when you cross the street. Бу́дьте осторо́жнее при перехо́де че́рез у́лицу.

heel пя́тка. I cut my heel on a stone. Я пора́нил себе́ пя́тку о ка́мень. — There are holes in the heels of these socks. В э́тих носка́х ды́ры в пя́тках. • каблу́к. My shoes are worn down at the heels. В мои́х башмака́х стопта́лись каблуки́. • горбу́шка. Only the heel of this loaf is left. От це́лого хле́ба оста́лась то́лько горбу́шка.
□ **down at the heels** в нужде́. He's been out of work and looks down at the heels. Он без рабо́ты, и ви́дно в нужде́.

height высота́. What is the height of those hills? Какова́ высота́ э́тих холмо́в? — This plane can fly at great heights. Э́тот самолёт мо́жет лета́ть на большо́й высоте́. • верши́на. He has reached the height of success. Он дости́г верши́ны успе́ха. • верх. What he said was the height of stupidity. То, что он сказа́л, бы́ло ве́рхом глу́пости. • возвы́шенность. His house is on the heights. Его́ дом располо́жен на возвы́шенности.
□ The fever has passed its height. (По́сле кри́зиса) температу́ра на́чала спада́ть.

heir n насле́дник.

held See hold.

hell n ад.

hello здра́вствуйте. Hello, how are you? Здра́вствуйте, как пожива́ете?

help помога́ть. Who helps you with your housework? Кто вам помога́ет по хозя́йству? • помо́чь. I helped the old man cross the street. Я помо́г старику́ перейти́ че́рез доро́гу. • домрабо́тница. It's difficult to get help for the house these days. Сейча́с тру́дно найти́ домрабо́тницу. • рабо́чие ру́ки. We're short of help at the factory. У нас на заво́де недостаёт рабо́чих рук.
□ Do you need any help? Помо́чь вам? • Help! Спаси́те! • Can I help you to something? Что мо́жно вам предложи́ть? • Help yourself! Возьми́те, пожа́луйста! or Угоща́йтесь! • Sorry, it can't be helped. К сожале́нию, тут ничего́ не поде́лаешь. • I can't help it. Я ничего́ не могу́ поде́лать. • I couldn't help but tell him. Я не мог удержа́ться, что́бы не сказа́ть ему́.

helper n помо́щник.

helpful n поле́зный.

helping по́рция. Would you like another helping of potatoes? Хоти́те ещё по́рцию карто́шки?

helpless adj беспомо́щный.

hem n рубе́ц; v подруба́ть.

hen n ку́рица.

hence сле́довательно. All the facts are against him; hence you must conclude he is guilty. Все фа́кты про́тив него́, сле́довательно, ну́жно заключи́ть, что он вино́вен.
□ He said he would come a week hence. Он сказа́л, что придёт че́рез неде́лю.

her (See also **she**) её. This is her house. Э́то её дом. — That book is hers. Э́та кни́га её.

herd табу́н. Herds of wild horses were roaming about the plain. Табуны́ ди́ких лошаде́й броди́ли по равни́не. • ста́до. A herd of cattle were grazing in the field. Ста́до пасло́сь в по́ле. • наби́ться. The visitors were herded into the elevator. Посети́тели наби́лись в лифт. • The dogs help herd the cattle. Соба́ки помога́ют пасти́ скот.

here здесь, тут. Meet me here at six o'clock. Мы встре́тимся здесь (or тут) в шесть часо́в. • вот. Here's the book. Вот кни́га. • сюда́. Come here, young man. Иди́те-ка сюда́, молодо́й челове́к!
□ Newspaper stands are scattered here and there throughout the city. Газе́тные кио́ски разбро́саны по всему́ го́роду. • My son here will help you out. Вот мой сын, он вам помо́жет. • Here! (present). Есть! or Здесь! • Only six of the men answered "here." При перекли́чке отозвало́сь то́лько шесть челове́к.

hereafter adv впредь, отны́не, отны́не и впредь.

hero n геро́й.

heroine n герои́ня.

herself сама́. She did it by herself. Она́ сде́лала э́то сама́. • сама́ не своя́ (not herself). She is not herself today. Она́ сего́дня сама́ не своя́.
□ She fell and hurt herself. Она́ упа́ла и уши́блась.

hesitate колеба́ться. He hesitated before making the decision. Он колеба́лся пре́жде чем приня́ть реше́ние. • стесня́ться. Don't hesitate to call if you need me. Не стесня́йтесь обраща́ться ко мне, е́сли я вам понадо́блюсь.

hid See **hide**.

hidden See **hide**.

hide (hid, hidden) спря́тать. He hid his money in a bureau drawer. Он спря́тал свои́ де́ньги в я́щик пи́сьменного стола́. — I hid it somewhere. Я э́то куда́-то спря́тал. • скрыва́ть. Have you hidden anything? Вы ничего́ не скрыва́ете? • скрыва́ться. They are hiding in those woods. Они́ скрыва́ются в том лесу́. • скры́тый. Did he have any hidden reason? Была́ у него́ кака́я-нибудь скры́тая причи́на? • заслоня́ть. This building hides the view.

Это зда́ние заслоня́ет вид. • шку́ра. They are selling hides in the market. Они́ продаю́т шку́ры на ры́нке.

high высо́кий. . This price is too high. Это сли́шком высо́кая цена́. — She sang a high note. Она́ взяла́ высо́кую но́ту. — I have a high opinion of him. Я высо́кого мне́ния о нём. • высоко́. He climbed up so high that we couldn't see him. Он взобра́лся так высоко́, что мы не могли́ его́ бо́льше ви́деть. • си́льный. The airplane met high winds. Самолёт попа́л в полосу́ си́льного ве́тра.

☐ **high and dry** с но́сом. She was left high and dry. *Она́ оста́лась с но́сом.

high and low везде́ и всю́ду. I looked high and low, but couldn't find him. Я иска́л его́ везде́ и всю́ду, но не мог его́ найти́.

high spirits хоро́шее настрое́ние. Why is he in such high spirits today? Почему́ он сего́дня в тако́м хоро́шем настрое́нии?

high tide прили́в. Let's wait till high tide. Подождём прили́ва.

☐ Prices have reached a new high. Це́ны подняли́сь как никогда́. • He shifted into high. Он включи́л тре́тью ско́рость. • The machine operates at a high rate of speed. Эта маши́на рабо́тает с большо́й ско́ростью. • That building is eight stories high. В э́том зда́нии во́семь этаже́й. • The temperature will be pretty high today. Сего́дня бу́дет здо́рово жа́рко.

highly *adv* в вы́сшей сте́пени.

highway *n* больша́к, больша́я доро́га.

hill холм. We must cross a range of hills. Мы должны́ пересе́чь э́ти холмы́. — What's beyond the hill? Что там, за холмо́м?

him *See* **he.**

himself сам. Did he do it himself? Он сам э́то сде́лал? • себе́. He hurt himself in the leg. Он уши́б себе́ но́гу.

☐ He was himself at all times. Он всегда́ остава́лся сами́м собо́й.

hint намекну́ть. He hinted that we should pay for the room. Он намекну́л, что нам сле́довало бы заплати́ть за ко́мнату. — My father hinted that it was time to go to bed. Оте́ц намекну́л, что пора́ ложи́ться спать.

☐ **to give a hint** намекну́ть. Can't you give me a hint as to how the picture ends? Вы бы хоть намекну́ли как конча́ется э́та карти́на.

to take a hint понима́ть намёки. Can't you take a hint? Неуже́ли вы не понима́ете намёков?

hire наня́ть. Let's hire the boat for the day. Дава́йте наймём ло́дку на це́лый день. • взять на рабо́ту. I was only hired temporarily. Меня́ взя́ли на рабо́ту то́лько вре́менно.

☐ **for hire** внаём. Do you have any horses for hire? Вы даёте лошаде́й внаём?

to hire out дава́ть напрока́т. The store hires out bicycles on Sunday. В э́той ла́вке по воскресе́ньям даю́т велосипе́ды напрока́т.

his его́. This is his. Это — его́. — Do you have his address? Есть у вас его́ а́дрес?

history исто́рия. The history of Russia is very interesting. Исто́рия Росси́и о́чень интере́сна. — He is writing a history of aviation. Он пи́шет кни́гу по исто́рии авиа́ции. — His field is history. Его́ специа́льность — исто́рия. — That picture has quite a history. Эта карти́на име́ет свою́ исто́рию.

hit (hit, hit) попа́сть. The ball hit the fence. Мяч попа́л в забо́р. • уда́риться. I hit my knee against the door. Я уда́рился коле́ном о дверь. • уда́рить. The light hit his eyes. Свет уда́рил ему́ пря́мо в глаза́. • уда́р. He won the game with a two-base hit. Он вы́играл игру́ двойны́м уда́ром. • большо́й успе́х. That movie was a hit. Эта карти́на име́ла большо́й успе́х.

☐ **hit-or-miss** как попа́ло. *He works in a hit-or-miss fashion. *Он рабо́тает как попа́ло.

to hit it off пола́дить. They hit it off from the beginning. Они́ пола́дили с са́мого нача́ла.

to hit on напа́сть. How did you hit on that? Как вы напа́ли на э́ту мысль?

☐ The news hit me very hard. Это изве́стие бы́ло для меня́ тяжёлым уда́ром. • He made four hits and missed the rest. Четы́ре ра́за он попа́л в цель, а остальны́е разы́ промахну́лся.

hobby *n* люби́мое заня́тие.

hoe *n* моты́га; *v* моты́жить.

hog свинья́. Do you know where I can buy some good hogs? Вы не зна́ете, где я могу́ купи́ть хоро́ших свине́й? — You're an awful hog. Вы — ужа́сная свинья́.

☐ Don't hog the road. Не бу́дьте свинья́й, да́йте други́м прое́хать. • He went the whole hog and bought the most expensive car he could find. Он размахну́лся и купи́л са́мый дорого́й автомоби́ль.

hold (held, held) держа́ть. She held the baby in her arms. Она́ держа́ла ребёнка на рука́х. — He held the book in his hand. Он держа́л кни́гу в руке́. — She held high C for a long time. Она́ до́лго держа́ла высо́кое до. • держа́ться. That knot will hold. Этот у́зел бу́дет держа́ться. — The pin held her dress in place. Её пла́тье держа́лось на одно́й була́вке. • заде́рживать. He held his breath till he got to the surface. Он заде́рживал дыха́ние, пока́ не всплыл на пове́рхность. • поддержа́ть. Hold him, or he'll fall. Поддержи́те его́, а то он упадёт. • опо́ра. He lost his hold and fell. Он потеря́л опо́ру и упа́л. • вмеща́ть. This bottle holds one liter. Эта буты́лка вмеща́ет оди́н литр. • помеща́ться. The car holds five people. В э́той маши́не помеща́ется пять челове́к. • занима́ть. He held office for a long time. Он занима́л э́тот пост до́лгое вре́мя. • арендова́ть (to lease). They held the land under a ten-year lease. Они́ арендова́ли э́тот уча́сток в тече́ние десяти́ лет. • счита́ть. I hold that your opinion is unsound. Я счита́ю ва́ше мне́ние необосно́ванным. • призна́ть. The court held him guilty. Суд призна́л его́ вино́вным.

☐ **to hold back** воздержа́ться. I wanted to say it, but held myself back. Мне хоте́лось э́то сказа́ть, но я воздержа́лся. • удержа́ться. He was on the point of hitting me, but held himself back. Он уже́ собра́лся уда́рить меня́, но удержа́лся. • осади́ть. Hold that crowd back! Осади́те э́ту толпу́!

to hold on продержа́ться. Try to hold on a little longer. Постара́йтесь продержа́ться ещё немно́го. • подожда́ть. Hold on and let me explain what I mean. Подожди́те! да́йте мне объясни́ть вам, что я име́ю в виду́.

to hold out вы́держать. They held out against all odds. Они́ вы́держали, несмотря́ на всё.

to hold over отложи́ть. Let's hold this over until the next meeting. Дава́йте отло́жим э́то до сле́дующего собра́ния.

to hold up (при)останови́ть. The work was held up for

three weeks. Работа была приостановлена на три недели.
• **ограбить**. I was held up last night. Вчера ночью меня ограбили. • **держаться**. He held up well under the strain. Он держался молодцом, несмотря на страшное напряжение.

☐ He held himself ready for all emergencies. Он всегда был наготове. • The meetings of the club are held once a week. Собрания (членов) клуба происходят раз в неделю. • She held the check for a long time. Она долго не предъявляла чека.

holder владелец. The holder of the number won a set of dishes. Владелец этого билета выиграл сервиз.

☐ **cigarette holder** мундштук. Where can I buy a cigarette holder? Где я могу купить мундштук?

stock-holder акционер. That man is the principal stock-holder in this firm. Этот человек главный акционер этой компании.

hole дыра, дырка. There's a hole in that glove. В этой перчатке дырка. • **дыра**. Don't go to that restaurant; it's just an old hole. Не ходите в этот ресторан — это ужасная дыра. • **нора, норка**. The mouse ran into its hole. Мышь шмыгнула в свою норку.

☐ **to pick holes in** выискивать недостатки. He picks holes in everything I do. Что бы я ни сделал, он во всём выискивает недостатки.

☐ She found herself in the hole financially. Она осталась без гроша за душой. • The trip made a big hole in my funds. Эта поездка порядком порастрясла мой карман.

holiday праздник. Is today a holiday? Сегодня праздник? • **праздничный**. When does the holiday season begin? Когда начинаются праздничные каникулы? • **праздники**. I'll see you during the holidays. Я увижу вас на праздниках. • **отпуск**. I want to take a holiday. Я хотел бы взять отпуск, чтоб отдохнуть.

hollow впалый. Why does he have such hollow cheeks? Почему у него такие впалые щёки? • **рытвина**. The hollows in the road are filled with water from the storm. Рытвины на дороге полны водой после грозы. • **лощина**. The road down into the hollow is slippery when it rains. Во время дождя дорога внизу в лощине скользкая. • **неискренний**. His excuse sounded hollow. Его извинение звучало неискренне.

☐ **hollow place** углубление. The river has carved out hollow places in the rocks. Река выточила углубления в скалах.

☐ The birds have nested in that hollow tree. Птицы устроили гнездо в дупле этого дерева.

holy adj святой.

home дом. They have a beautiful home in the country. У них чудесный дом в деревне. — Our home is always open to you. Наш дом всегда для вас открыт. — There is a home for the aged up on the hill. Там, на горе, дом для престарелых. • **родной**. He went back to his home town. Он вернулся в свой родной город. • **домой**. I have to go home. Мне нужно идти домой.

☐ **at home** дома. I was at home all day yesterday. Вчера я был дома целый день. — Make yourself at home. Будьте как дома.

☐ Where is your home? Откуда вы родом? • Whose home is it? Кто здесь живёт? • They are at home every other Wednesday. Они принимают по средам каждые

две недели. • He drove his point home. Он сумел доказать свою мысль.

homesick
☐ **to be homesick** скучать по дому.

honest честный. Is he honest? Он честный (человек)? • **открытый**. He has an honest face. У него открытое лицо. • **добросовестный**. That's an honest bargain. Это добросовестная сделка. • **точный**. The scale gives honest weight. Эти весы указывают точный вес. • **нечестно** (not honest). That wouldn't be honest. Это было бы нечестно.

honestly adv честно.

honesty n честность.

honey мёд. I'd like some bread and honey. Дайте мне хлеба с мёдом. — The clover is full of bees gathering honey. Рой пчёл собирают мёд в клевере.

☐ That's a honey of a dress! Какое восхитительное платье! or Это платье — просто прелесть!

honor почести. He has won great honor. Он добился больших почестей. • **честь**. He is an honor to his family. Он делает честь своей семье. • — It is an honor to be elected chairman. Это большая честь—быть выбранным в председатели. — I swear on my honor. Клянусь честью. • **в честь**. They gave a dinner to honor the heroes. В честь героев был дан обед. • **уплатить**. We can't honor this check. Мы не можем уплатить по этому чеку.

☐ **honors** отличие. He expects to graduate with honors. Он надеется кончить с отличием.

to be honored быть польщённым. I was honored by the invitation. Я был польщён этим приглашением.

☐ You do the honors tonight. На вас возлагаются сегодня вечером обязанности хозяина. • He is a man of honor. Он глубоко порядочный человек. • I plead guilty, your Honor. Признаю обвинение правильным, гражданин судья.

honorable благородный. It was the honorable thing to do. Это был благородный поступок.

hoof n копыто.

hook крюк. Is there a hook to hang my coat on? Есть тут крюк, чтоб повесить пальто? • **крючок**. Don't forget to put a worm on the hook. Не забудьте насадить червяка на крючок. — This dress is fastened with hooks and eyes. Это платье застёгивается на крючки (и петли). • **поймать** на крючок. I hooked a big fish. Я поймал на крючок большую рыбу. • **застёгиваться на крючок**. This dress buttons; it doesn't hook. Это платье застёгивается не на крючки, а на пуговицы. • **застегнуть** (на крючок). Help me hook this. Помогите мне застегнуть это (на крючок). • **скрепляться крючком**. The two parts of this buckle hook together. Обе части пряжки скрепляются крючком. • **обхватить**. He hooked his arm around the post. Он обхватил рукой столб. • **удар**. He gave him a left hook to the jaw. Он нанёс ему левой рукой удар в челюсть.

hop v скакать.

hope надеяться. I hope you can come. Я надеюсь, что вы сможете придти. — Let's hope for the best. Будем надеяться на лучшее. — It is my hope to go back to school. Я надеюсь, что смогу возобновить учёбу. • **надежда**. Don't give up hope. Не теряйте надежды. — The new player is the only hope of the team. Вся надежда команды на нового игрока.

hopeful многообещающий. That's a hopeful beginning. Это многообещающее начало.

hopeless *adj* безнадёжный.

horn рог. Be careful, the bull has sharp horns. Будьте осторожны, у этого быка острые рога. • труба. Where are the horns placed in the orchestra? Где сидят трубы в оркестре? • лука. He held onto the horn of the saddle. Он держался за луку седла.
☐ **to blow the horn** давать гудок. Drive carefully and don't blow the horn so much. Правьте осторожно и не давайте таких частых гудков.
to horn in on соваться в. Don't horn in on my affairs, please. Прошу в мои дела не соваться.

horrible *adj* ужасный.

horror *n* ужас.

horse лошадь. Where can I get a horse? Где тут можно достать лошадь? • козлы. Put the boards across the horses. Положите доски на козлы.
☐ **horse races** скачки. Let's go to the horse races. Пойдёмте на скачки.

horseback верхом. You can get there quicker on horseback. Вы туда доедете быстрее верхом.

hose носки и чулки. The store is having a sale on men's and women's hose. В этом магазине распродажа носков и чулок. • кишка. Get out the hose and water the garden. Вытащите кишку и полейте сад.

hospital больница, госпиталь. Where is the hospital? Где находится больница (госпиталь)? • больница. You'll have to go to the hospital. Вам придётся лечь в больницу.

host *n* хозяин.

hostess хозяйка. Let's drink a toast to our hostess. Выпьем за хозяйку!

hostile *adj* враждебный.

hot горячий. Do you have hot water? Есть у вас горячая вода? — His forehead is hot. У него горячий лоб. — The dog followed the hot scent. Собака шла по горячему следу. • острый. I don't like hot foods. Я не люблю острой пищи.
☐ He has a hot temper. Он очень вспыльчив. • We thought we were hot on the trail. Мы думали, что мы напали на след. • The sun's hot today. Сегодня солнце печёт.

hotel гостиница. Are there any other hotels? Есть здесь ещё другие гостиницы? — I'm looking for a cheap hotel. Я ищу дешёвую гостиницу.

hour час. I'll be back in an hour. Я вернусь через час. — Chicago is about four hours from New York by plane. Из Нью Иорка до Чикаго приблизительно четыре часа самолётом. • урок (lesson). How many hours of French are you taking? Сколько раз в неделю вы берёте уроки французского языка?
☐ **hours** работа (work). Why don't we meet after hours? Почему бы нам не встретиться после работы? • приёмные часы. You will have to see me during hours. Вам придётся придти в приёмные часы.
☐ When do you take your lunch hour? Когда у вас перерыв на завтрак? • He's the man of the hour. Он — герой дня. • He keeps late hours. Он поздно ложится (спать).

house *n* дом. I want to rent a house. Я хочу снять дом. — The whole house turned out to greet him. Весь дом вышел

его приветствовать. • фирма. What house did you work for in New York? В какой фирме вы работали в Нью Иорке? • магазин. This house sells clothing. Это магазин готового платья. • публика. The whole house enjoyed the play. Пьеса понравилась всей публике. • палата (представителей). The law was just passed by the House. Этот закон только что прошёл в палате (представителей).
☐ **house-to-house** дом за домом. We made a house-to-house search. Мы обыскали дом за домом.
movie house кино. Let's go to the movie house around the corner. Пойдёмте в кино здесь за углом.
to keep house заниматься хозяйством. I'm not used to keeping house. Я не привыкла заниматься хозяйством.

house *v* поместить. Where are the visitors to be housed? Куда поместить гостей? — We can house your car in the barn. Мы можем поместить вашу машину в сарае. • помещение. Can you provide housing for all of us? Вы можете найти помещение для всех нас?

household домочадцы. The household gathered around the radio to hear the news. Все домочадцы собрались у радио послушать новости. • хозяйство. Everyone chipped in and helped with the household tasks. Все приняли участие в работе по хозяйству.

how как. How shall I do it? Как мне это сделать? — How did he get here? Как он сюда попал? — How do you feel? Как вы себя чувствуете? — How is it you didn't come? Как это случилось, что вы не пришли? • почём. How do you sell cheese? Почём вы продаёте сыр?
☐ **how much** сколько. How much did he pay? Сколько он заплатил?
☐ How do you do? Здравствуйте! • How far is it to the river? Какое расстояние отсюда до реки?

however тем не менее. However, forget it. Тем не менее, забудьте это.
☐ However you do it, do it well. Делайте, как хотите, но только хорошо.

howl выть. The trapped animal howled in pain. Пойманный зверь выл от боли. • визжать. The movie was so funny that the audience howled with laughter. Фильм был такой смешной, что публика просто визжала от смеха. • вой. At night you can hear the howl of wolves in the forest. По ночам из лесу доносится вой волков. • крик. His suggestion was greeted with a howl of protest. Его предложение было встречено криками протеста.
☐ **howling success** потрясающий успех. The play was a howling success. Эта пьеса имела потрясающий успех.
☐ The chairman tried to keep order, but he was howled down by the crowd. Председатель старался сохранить порядок, но его слова потонули в криках толпы.

hug *v* обнимать, прижиматься (нежно).

huge *adj* огромный, громадный.

human человек. I'm only human. Я только человек. • люди. There were more animals than humans on the island. Животных на этом острове было больше, чем людей.
☐ This food isn't fit for human beings. Это совершенно не съедобно. • It's only human to make mistakes. Человеку свойственно ошибаться. • This job requires a lot of human sympathy. Эта работа требует подлинного интереса к людям.

humanity *n* человечество.

humble adj поко́рный, смире́нный.

humor ю́мор. There's a great deal of humor in his writing. Его́ произведе́ния полны́ ю́мора. — Keep your sense of humor. Не теря́йте чу́вства ю́мора. • смешно́е. I don't see any humor in the situation. Я не ви́жу в э́том положе́нии ничего́ смешно́го. • настрое́ние. You're in a good humor today. Вы сего́дня в хоро́шем настрое́нии. ☐ You'll have to humor him. Вам придётся его́ ублажи́ть.

hundred n сто, со́тня.

hung See **hang.**

hunger го́лод. This woman fainted from hunger. Э́та же́нщина упа́ла в о́бморок от го́лода.

hungry голо́дный. I'm hungry. Я го́лоден. — The child has a hungry look. У э́того ребёнка голо́дные глаза́. • жа́ждать (to thirst). He's hungry for your friendship. Он жа́ждет ва́шей дру́жбы.

hunt охо́титься. Do you like to hunt? Вы лю́бите охо́титься? • пресле́довать. They hunted the fugitive from city to city. Беглеца́ пресле́довали по пята́м (из го́рода в го́род). • охо́та. Are you going on the hunt? Вы е́дете на охо́ту? • пого́ня. How long has the hunt for the criminal been going on? Ско́лько вре́мени уже́ продолжа́ется пого́ня за престу́пником? • иска́ть. I hunted high and low and couldn't find it. Я иска́л везде́ и всю́ду, но не мог э́того найти́. — What are you hunting for? Что вы и́щете? • обыска́ть (to make a hunt for). I made a thorough hunt for the missing bracelet. Я всё обыска́л, чтоб найти́ пропа́вший брасле́т.

☐ **to hunt down** пойма́ть. They hunted the fugitive down. Беглеца́ пойма́ли.

to hunt up вы́искать. He could always be counted on to hunt up an excuse. От него́ всегда́ мо́жно бы́ло ожида́ть, что он уж вы́ищет каку́ю-нибудь отгово́рку. • разыска́ть. Try to hunt up that telephone number. Попро́буйте разыска́ть э́тот но́мер телефо́на.

hunter n охо́тник.

hurrah interj ура́.

hurry спеши́ть. Don't hurry! Не спеши́те! • торопи́ться. They hurried all the way home. Всю доро́гу домо́й они́ стра́шно торопи́лись. — Don't hurry the decision. Не торопи́тесь с реше́нием. • спех. Is there any hurry? Это к спе́ху? • спе́шка. What's the hurry? Почему́ така́я спе́шка? • поспе́шность. We were surprised at his hurry. Его́ поспе́шность нас удиви́ла.

☐ **to be in a hurry** спеши́ть. I'm in a hurry. Я о́чень спешу́.

☐ Hurry up! Скоре́й! • Hurry the crowd out of here. Заста́вьте толпу́ неме́дленно разойти́сь.

hurt (hurt, hurt) ра́нить. He was hurt in the battle and bled for two hours. Он был ра́нен в бою́ и два часа́ истека́л кро́вью. • ушиби́ть. I hurt my arm badly, but didn't break it. Я си́льно ушиб ру́ку, но не слома́л её. • боле́ть. My arm hurts. У меня́ боли́т рука́. — Where does it hurt? Что у вас боли́т? • огорчённый. She has a hurt look. У неё огорчённый вид. • оби́деть. I hope you weren't hurt by what I said. Наде́юсь вас не оби́дело то, что я сказа́л. • повреди́ть. This will hurt business. Это повреди́т торго́вле и промы́шленности.

☐ Will it hurt if I'm late? Ничего́, е́сли я опозда́ю? • I hope your feelings aren't hurt. Я наде́юсь, что вы не оби́жены.

husband муж. Where is your husband? Где ваш муж?

hush тишина́. A hush came over the hall as the conductor appeared. Как то́лько дирижёр появи́лся, в за́ле воцари́лась тишина́. • ти́ше. Hush! I can't hear a word. Ти́ше! Я ничего́ не слы́шу.

I

I Я. I'll do it now if he asks me to. Я э́то сде́лаю сейча́с, е́сли он меня́ попро́сит. — I hope so. Я наде́юсь. — I'm getting bored. Я начина́ю устава́ть. — Is this for me? Это для меня́? — Give me that book. Да́йте мне э́ту кни́гу.

ice лёд. Put some ice in the glasses. Положи́те льду в стака́ны. — Is the ice strong enough for skating? Лёд доста́точно кре́пок, чтобы ката́ться на конька́х? • моро́женое. I'll have an orange ice, please. Да́йте мне, пожа́луйста, апельси́нового моро́женого. • покры́ть глазу́рью. Ice the cake as soon as it's cool. Как то́лько торт осты́нет, покро́йте его́ глазу́рью.

☐ **to break the ice** разби́ть лёд. She broke the ice by smiling. Она́ улыбну́лась, и лёд был разби́т.

☐ He's certainly skating on thin ice when he says that. *За́чем он э́то говори́т? Он мо́жет здо́рово сесть в лу́жу! • This champagne ought to be iced. Это шампа́нское на́до заморо́зить.

ice cream моро́женое. Would you like ice cream for dessert? Хоти́те моро́женого на сла́дкое?

idea мысль. How did you get that idea? Как э́то вам пришла́ в го́лову така́я мысль? • представле́ние. Do you have any ideas about how to do it? Есть у вас каке́-нибудь представле́ние, как э́то сде́лать?

☐ My idea is to go by car. Я предлага́ю пое́хать на автомоби́ле. • That's the idea. Это оно́ и есть! or Вот и́менно!

ideal идеа́л. His father has always been his ideal. Оте́ц всегда́ был для него́ идеа́лом. • идеа́льный. This is an ideal place for swimming. Это идеа́льное ме́сто для пла́вания.

idiom n идио́м.

idle пра́здный. It's just an idle thought. Это так — пра́здная мысль. Are you idle at the moment? Вы сейча́с безде́льничаете? • напра́сный. Stop tormenting yourself with idle fears. Переста́ньте му́чить себя́ напра́сными стра́хами.

☐ The factory stood idle for years. Эта фа́брика мно́го лет не рабо́тала. • He let the motor idle while he waited. Пока́ он ждал, мото́р рабо́тал в пусту́ю.

idol n и́дол.

if е́сли. If anyone asks for me, say I'll be right back. Если меня́ бу́дут спра́шивать, скажи́те, что я сейча́с верну́сь. • Если б(ы). If I had any suggestions, I'd give them to you. Если б у меня́ бы́ли каки́е-нибудь соображе́ния, я бы их сообщи́л вам. • ли. See if there's any mail for me. Посмотри́те, есть ли для меня́ пи́сьма.

☐ **as if** сло́вно. He talked as if he had been there. Он говори́л так, сло́вно он там был.

even if да́же е́сли. I'll go even if it rains. Я пойду́, да́же е́сли бу́дет дождь.

if . . . only е́сли б(ы). If I could only get there! Е́сли б я то́лько мог туда́ добра́ться (*от* попа́сть).

ignorance *n* неве́жество.

ignorant *adj* неве́жественный.

ill больно́й. He's been seriously ill. Он был опа́сно бо́лен.

☐ **ill at ease** не по себе́. He's ill at ease in such company. Ему́ не по себе́ в тако́м о́бществе.

☐ He can ill afford to quit his job now. Он вря́д ли мо́жет себе́ позво́лить оста́вить рабо́ту тепе́рь.

illness *n* боле́знь.

illustrate нагля́дно объясни́ть. I can illustrate the route better by drawing a map. Я лу́чше начерчу́ ка́рту и нагля́дно объясню́ маршру́т. ● иллюстри́ровать. This book is illustrated with photographs. Э́та кни́га иллюстри́рована фотогра́фиями.

image вы́литый портре́т. She's the image of her mother. Она́ вы́литый портре́т ма́тери.

imagination воображе́ние. Don't let your imagination run away with you. Не дава́йте во́ли ва́шему воображе́нию. ● фанта́зия. His story shows a lot of imagination. Его́ расска́з свиде́тельствует об его́ бога́той фанта́зии.

imagine вообрази́ть. He imagined there was a plot against him. Он вообрази́л, что про́тив него́ ведётся интри́га. ● сообрази́ть. I can't imagine what you mean. Ника́к не могу́ сообрази́ть, что вы име́ете вви́ду.

☐ I imagine so. Я ду́маю, что э́то так. ● She imagined that something had happened to her son. Ей представля́лось, что что́-то случи́лось с её сы́ном.

immediate неме́дленный. We must take immediate action. Мы должны́ приня́ть ме́ры неме́дленно. ● ближа́йший. Our immediate neighbors live in a big house. На́ши ближа́йшие сосе́ди живу́т в большо́м до́ме. ● о́стрый. Our need for medical supplies is immediate. У нас ощуща́ется о́страя нужда́ в медикаме́нтах.

immediately сра́зу. You will recognize him immediately from his picture. Вы его́ сра́зу узна́ете по его́ фотогра́фии. ● непосре́дственно. The next show follows immediately after the newsreel. Сле́дующий фильм идёт непосре́дственно за хро́никой.

immense огро́мный. Our living room has an immense fireplace. В на́шей гости́ной огро́мный ками́н.

immortal *adj* бессме́ртный.

impolite *adj* неве́жливый.

import и́мпорт, ввоз.

☐ **imported** заграни́чный. Is this wine imported or domestic? Э́то вино́ заграни́чное и́ли зде́шнее?

importance ва́жность. This is a matter of great importance. Э́то де́ло большо́й ва́жности. ● значе́ние. Don't put so much importance on this matter. Не придава́йте э́тому так мно́го значе́ния.

important ва́жный. I want to see you about an important matter. Я хочу́ вас ви́деть по ва́жному де́лу. — He was the most important man in town. Он был са́мым ва́жным лицо́м в го́роде. ● ва́жничающий. Who's that important little man that's doing so much talking? Кто э́тот ва́жничающий челове́чек, кото́рый так мно́го болта́ет?

impose навяза́ть. He tried to impose his ideas on us. Он стара́лся навяза́ть нам свои́ иде́и.

☐ **to impose a tax on** обложи́ть нало́гом. They imposed a heavy tax on luxuries. Предме́ты ро́скоши бы́ли обло́жены больши́м нало́гом.

impossible невозмо́жно. It's absolutely impossible. Э́то абсолю́тно невозмо́жно. — Don't try to do the impossible. Не пыта́йтесь де́лать того́, что невозмо́жно. ● невозмо́жный. That man is absolutely impossible. Он соверше́нно невозмо́жный челове́к.

impress производи́ть впечатле́ние. Aren't you impressed? Неуже́ли э́то не произво́дит на вас впечатле́ния? ● убеди́ть. We tried to impress upon him the importance of the job. Мы стара́лись убеди́ть его́ в ва́жности э́той рабо́ты.

impression впечатле́ние. He gives the impression of being intelligent. Он произво́дит впечатле́ние у́много челове́ка. — I got the impression that you didn't like the people here. У меня́ тако́е впечатле́ние, что вам зде́шняя пу́блика не нра́вится. ● отпеча́ток. The police took an impression of the foot-prints. Мили́ция сняла́ отпеча́ток с э́тих следо́в.

improve попра́виться. I think his health has improved. По-мо́ему, он попра́вился. ● улу́чшить. To what extent have they improved their land? В како́й ме́ре они́ улу́чшили свой уча́сток (земли́)?

☐ **to improve on** внести́ улу́чшение в. Can you improve on my suggestion? Вы мо́жете внести́ улу́чшение в моё предложе́ние?

☐ He improved his knowledge of Russian. Он сде́лал успе́хи в ру́сском языке́.

improvement улучше́ние. Has the patient shown any signs of improvement today? Ну как больно́й? Есть сего́дня каки́е-нибудь при́знаки улучше́ния? ● усоверше́нствование. This method still needs improvement. Э́тот ме́тод нужда́ется в усоверше́нствовании.

☐ New improvements will increase the value of the house. Е́сли э́тот дом модернизи́ровать, то его́ це́нность увели́чится. ● These buses are definitely an improvement over the old ones. Э́ти авто́бусы несомне́нно лу́чше ста́рых.

impulse *n* и́мпульс.

in в. There's no heat in my room. В мое́й ко́мнате нет отопле́ния. — There are fifty members in our club. В на́шем клу́бе пятьдеся́т чле́нов. — Are you good in arithmetic? Вы сильны́ в арифме́тике? — I can finish this in a week. Я э́то могу́ зако́нчить в неде́лю. — His boys are in school. Его́ ма́льчики хо́дят в шко́лу. — How can you find him in such a crowd? Как его́ найти́ в э́той толпе́? — Is he in the army? Он в а́рмии? ● по. Say it in English. Скажи́те э́то по-англи́йски. ● че́рез. You can begin this in an hour. Вы мо́жете э́то нача́ть че́рез час.

☐ Write in ink. Пиши́те черни́лами. ● I'm in poor health. У меня́ сла́бое здоро́вье. ● It gets hot here in the daytime. Днём здесь стано́вится жа́рко. ● My brother is in business for himself. Мой брат ведёт самостоя́тельное предприя́тие. ● Who's in? Кто до́ма? ● Cut it in half. Разре́жьте э́то попола́м. ● Come in! Войди́те!

inability *n* неспосо́бность.

inasmuch ввиду́ того́. Inasmuch as the president is out of town, the meeting will have to be postponed. Ввиду́ того́ что президе́нта нет в го́роде, собра́ние придётся отложи́ть.

inch дюйм. This ruler is fifteen inches long. Э́та лине́йка име́ет двена́дцать дю́ймов.

☐ He was beaten within an inch of his life. Он был изби́т

до полусме́рти. • Automobile traffic is inching along today. Автомоби́ли сего́дня едва́ продвига́ются вперёд. • I used up every inch of cloth. Я употреби́л всю мате́рию без оста́тка.

incident происше́ствие. A rather funny incident took place yesterday at school. Вчера́ у нас в шко́ле случи́лось дово́льно заба́вное происше́ствие.

☐ As a result of that incident, he was fired. Из-за э́того инциде́нта его́ вы́кинули с рабо́ты.

incline накрени́ться. Doesn't that tower incline to the right, or did I have a drink too many? Или э́та ба́шня накрени́лась напра́во, и́ли я вы́пил ли́шнее. • скат. This incline is steep. Э́то круто́й скат.

☐ **to be inclined** быть скло́нным. I'm inclined to believe you. Я скло́нен вам ве́рить.

include включи́ть. We forgot to include this number in the program. Мы забы́ли включи́ть э́тот но́мер в програ́мму. • приписа́ть. Include this in my bill. Припиши́те э́то к моему́ счёту.

☐ Everyone came, including his brother. Все пришли́, в том числе́ и его́ брат. • The farm includes five acres. Э́то фе́рма в пять а́кров.

income n дохо́д.

inconvenience n неудо́бство.

increase' возраста́ть. Interest in Russia is increasing in the United States. Интере́с к Росси́и в Соединённых Шта́тах возраста́ет. • увели́чивать. You must increase your steel output. Вы должны́ увели́чить произво́дство ста́ли.

in'crease повыше́ние. Do you expect an increase in salary? Вы ожида́ете повыше́ния зарпла́ты?

indeed коне́чно. Indeed not! Коне́чно нет! — That is very good indeed. Э́то, коне́чно, о́чень хорошо́.

indefinite adj неопределённый.

independent незави́симый. Her interests are independent of her husband's. У неё свои́ интере́сы, незави́симые от интере́сов её му́жа. • самостоя́тельный. My dad used to give me pocket money, but now I'm independent. Я ра́ньше получа́л де́ньги на карма́нные расхо́ды от па́пы, а тепе́рь я соверше́нно самостоя́тельный. • самоуве́ренный. You're getting pretty independent. Вы стано́витесь уж о́чень самоуве́ренным.

indicate пока́зывать. This indicates that I'm innocent. Э́то пока́зывает, что я неви́новен. • быть симпто́мом. This rash might indicate measles. Э́та сыпь мо́жет быть симпто́мом ко́ри.

☐ His expression didn't indicate his feelings. По лицу́ его́ не ви́дно бы́ло, что он чу́вствовал. • The policeman indicated the way traffic was to go. Полицме́йстер регули́ровал у́личное движе́ние.

indifferent равноду́шный. He's completely indifferent to her. Он к ней соверше́нно равноду́шен. • всё равно́. It's indifferent to me where we go tonight. Мне всё равно́, куда́ пойти́ сего́дня ве́чером.

☐ That last book of his is an indifferent piece of work. Его́ после́дняя кни́га не представля́ет из себя́ ничего́ осо́бенного.

indirect око́льный. Why did you take the indirect route? Почему́ вы пое́хали око́льным путём? • ко́свенный. An indirect result of the law was a decrease in production. Ко́свенным результа́том э́того зако́на бы́ло уменьше́ние проду́кции.

individual челове́к. What kind of individual is your new

chief? Что за челове́к ваш но́вый нача́льник? • оригина́льный. She has very individual taste in clothes. Она́ оригина́льно одева́ется.

☐ Everyone had his individual way of solving the problem. Ка́ждый реши́л э́тот вопро́с по-сво́ему.

indoors до́ма. You had better stay indoors today. Вы бы лу́чше оста́лись до́ма сего́дня.

induce v убежда́ть, убеди́ть.

industry промы́шленность. Steel is one of the main industries here. Стальна́я промы́шленность здесь одна́ из гла́вных. • прилежа́ние. You might be promoted if you showed more industry. Вы мо́жете получи́ть повыше́ние, е́сли прояви́те бо́льше прилежа́ния.

infection n инфе́кция, зараже́ние.

inferior бо́лее ни́зкого ка́чества. They are making inferior shoes now. Они́ тепе́рь выпуска́ют о́бувь бо́лее ни́зкого ка́чества. • ху́же. This dress is inferior to the one I bought last time. Э́то пла́тье ху́же того́, кото́рое я купи́ла в про́шлый раз.

infinite adj бесконе́чный.

influence влия́ние. Your friendship has always been a good influence on him. Ва́ша дру́жба всегда́ име́ла на него́ хоро́шее влия́ние. — Does he have any influence with the government? Он по́льзуется каки́м-нибудь влия́нием в прави́тельственных круга́х? • влия́ть. I'm not trying to influence you. Я не пыта́юсь на вас влия́ть.

inform осведомля́ть. He wasn't informed in time. Он не́ был во́-время осведомлён (об э́том).

☐ Under questioning, he informed against his partner. Во вре́мя допро́са он вы́дал своего́ соуча́стника.

information спра́вка. I want some information about train schedules. Мне нужна́ спра́вка о расписа́нии поездо́в. • информа́ция. This catalogue is for the information of students. Э́та програ́мма — для информа́ции студе́нтов.

☐ **information center** спра́вочное бюро́. Where is the information center? Где спра́вочное бюро́?

injure оскорби́ть. She felt injured by his remark. Она́ была́ оскорблена́ его́ замеча́нием.

☐ **to be injured** пострада́ть. How many people were injured in the automobile accident? Ско́лько челове́к пострада́ло при э́той автомоби́льной катастро́фе?

injury ра́на. He still suffers from the injury he received in the last war. Он всё ещё страда́ет от ра́ны, полу́ченной в про́шлую войну́.

ink черни́ла. I need to fill my pen with ink. Мне ну́жно напо́лнить перо́ черни́лами.

☐ **to ink in** зачерни́ть. Ink in the letters on the sign. Зачерни́те бу́квы на вы́веске.

inn n гости́ница.

innocent невино́вный. The court declared him innocent. Суд призна́л его́ невино́вным. • нео́пытный. He's completely innocent as far as business is concerned. Он соверше́нно нео́пытен в комме́рческих дела́х. • безоби́дный. My apparently innocent remark caused a lot of trouble. Моё, каза́лось бы, безоби́дное замеча́ние вы́звало ма́ссу неприя́тностей.

inquire справля́ться. I want to inquire about rooms. Я хочу́ спра́виться относи́тельно ко́мнат. • разузна́ть. Let's inquire into the truth of the matter. Дава́йте разузна́ем всю пра́вду об э́том.

inquiry спра́вка. Have you made any inquiries about the

price of apartments in this neighborhood? Вы наводили справки относительно цен на квартиры в этом районе?

insect насекомое. Are there any poisonous insects here? Тут есть какие-нибудь ядовитые насекомые?

insert помещать. Several new maps have been inserted in the latest editions of the book. В последнем издании книги помещено несколько новых карт.

inside внутри. Leave it inside. Оставьте это внутри. — May I see the inside of the house? Можно мне посмотреть дом внутри? — The apple looked good, but the inside was rotten. На вид яблоко было хорошее, но внутри оказалось гнилым. • за. See that it's done inside of five minutes. Постарайтесь это сделать за пять минут.

☐ **inside out** наизнанку. Don't turn it inside out. Не выворачивайте этого наизнанку.

☐ Let's go inside. Давайте войдём. • Give me an inside room. Дайте мне комнату не на улицу. • The theft must have been an inside job. Повидимому, кражу совершил кто-то из своих.

insist настаивать. I insist that I am innocent. Я настаиваю на том, что я невиновен.

☐ Why do you insist on going? Почему вы обязательно хотите идти (or ехать)?

inspection досмотр. We have to unpack our bags for customs inspection. Надо открыть чемоданы для таможенного досмотра. • ревизия. Who's making an inspection today? Кто сегодня производит ревизию?

inspiration вдохновение. He's got to have inspiration before he can write. Он ждёт вдохновения, чтоб начать писать.

inspire воодушевлять, вдохновлять. Her very presence inspired him. Самый факт её присутствия воодушевлял его. • вдохновить, воодушевить. She inspired most of his great works. Она вдохновила его на большинство его лучших произведений.

install провести. When will they finish installing the electricity? Когда они наконец проведут электричество? • поставить. The telephone hasn't been installed yet. Телефон ещё не поставлен.

☐ The new director was installed in office. Новый директор вступил в исполнение своих обязанностей.

installment взнос. How many more installments do you have to pay on this furniture? Сколько взносов за мебель вам ещё осталось сделать. • часть. The last installment of this story will come out in the next issue. Последняя часть этой повести будет напечатана в следующем номере.

instance случай. In that instance you were right. В этом случае вы были правы. • пример. Can you quote a few instances? Вы можете привести несколько примеров?

☐ **for instance** например. For instance, what would you have done if you were in my place? Что, например, вы бы сделали на моём месте?

instant секунда. Don't wait an instant. Не ждите ни секунды. • немедленный. After your article was published, there was an instant demand for his book. После вашей статьи, начался немедленный спрос на его книгу.

☐ **the instant** как только. Let me know the instant he arrives. Как только он придёт, дайте мне знать.

☐ The play had instant success. Пьеса имела большой успех с самого начала. • Come here this instant. Идите сюда немедленно.

instead вместо. What do you want instead? Что вы хотите вместо этого?

☐ Can I pay tomorrow instead of today? Можно мне заплатить вам не сегодня, а завтра?

institute институт. Who is the director of the Institute of Technology? Кто директор технологического института? • организовать. The city instituted a campaign to keep the streets clean. Городское самоуправление организовало кампанию за чистоту улиц.

institution учреждение. That hospital is one of the oldest institutions in the city. Эта больница — одно из старейших учреждений в этом городе. • обычай. Giving presents on Christmas is a worldwide institution. Обычай дарить подарки к рождеству известен во всём мире.

☐ She was committed to an institution for the insane. Её отправили в дом для умалишённых.

instruct обучать. We were instructed on how to run the machines. Нас обучали как обращаться с машинами. • велеть. The children have been instructed to take their places. Детям велели занять свои места.

instruction инструкция. The instructions are attached to the machine. Инструкции приложены к машине. • обучение. His job is mainly the instruction of new students. Его работа состоит главным образом в обучении новичков.

instrument инструмент. Does anyone here play an instrument? Тут кто-нибудь умеет играть на каком-нибудь инструменте? — That doctor uses the latest surgical instruments. Этот хирург употребляет инструменты новейшего типа.

in'sult обида. She considered it an insult not to be invited to the party. Она сочла за обиду, что её не пригласили на вечеринку.

insult'

☐ **to be insulted** обижаться. Don't be insulted. Не обижайтесь.

insurance страхование. Car owners have to carry accident insurance here. У нас существует принудительное страхование владельцев автомобилей от несчастных случаев. • застраховать (to insure). How much insurance do you carry on your house? Во сколько застрахован ваш дом?

insure застраховать. Are you insured? Вы застрахованы? — My father's life is insured for twenty-five thousand dollars. Мой отец застрахован на двадцать пять тысяч долларов.

☐ Check your tires carefully to insure against blowouts. Проверьте ваши шины хорошенько, чтобы они у вас не лопнули в пути.

intelligence ум. You don't need much intelligence to understand that. Чтобы это понять, большого ума не требуется.

intelligent *adj* умный.

intend намереваться. What do you intend to do? Что вы намерены делать? • предназначить. Is this intended for me? Это предназначено для меня?

intention *n* намерение.

interest доля. I have an interest in my uncle's business in Boston. У меня есть доля в предприятии моего дяди в Бостоне. • процент. How much interest does it pay? Сколько это приносит процентов? • интересы. It's to your interest to do this. В ваших интересах это сделать. • интересовать. That book is of no interest to me. Эта книга меня совершенно не интересует. — Does this interest you? Это вас интересует? • заинтересовать. He tried to interest me in tennis. Он пытался заинтересовать меня игрой в теннис.

□ It's of no interest to me whether we win or lose. Мне абсолютно всё равно, выиграем мы или проиграем.

interesting интересный. That's very interesting. Это очень интересно.

interior *adj* внутренний.

international *adj* интернациональный, международный.

interrupt прерывать. Pardon me for interrupting. Простите, что я вас прерываю. • помешать. Did I interrupt something? Я помешал?

interval *n* промежуток.

interview интервью. The newspapermen arrived for an interview with the new ambassador. Журналисты пришли на интервью с новым послом. • опрашивать. My job is to interview applicants. Моё дело — опрашивать кандидатов.

intimate *adj* близкий. Is that man an intimate friend of yours? Он ваш близкий друг? • интимный. The doctor asked him several intimate questions. Доктор задал ему несколько интимных вопросов.

intimate *v* намекнуть. He intimated that he wanted a raise. Он намекнул, что хотел бы повышения зарплаты.

□ Are you intimating that you don't like your job? Вы хотите этим сказать, что вам ваша работа не нравится?

into в. Get into the car and wait for me. Садитесь в автомобиль и ждите меня. — I got into trouble. Я попал в беду. • на. Can you put that into English? Можете перевести это на английский язык?

introduce внести. He introduced a note of humor into the conversation. Он внёс нотку юмора в разговор. — He's trying to introduce something new in painting. Он пытается внести что-то новое в живопись. • познакомить. I'd like to introduce you to my father. Я хочу вас познакомить с моим отцом. • предложить ввести. Who introduced that law? Кто предложил ввести этот закон?

invent изобрести. Who invented this strange machine? Кто изобрёл эту странную машину? • выдумать. Did you invent that story? Скажите, вы это выдумали?

invention *n* изобретение.

inventory *n* опись.

invest вложить. How much money do you plan to invest in government bonds? Какую сумму вы собираетесь вложить в облигации государственного займа?

investigate расследовать. We'll investigate the matter. Мы расследуем это дело.

investigation *n* расследование.

invitation приглашение. Thank you for your invitation. Спасибо вам за приглашение.

invite пригласить. They invited us to spend the weekend with them. Они пригласили нас к себе на субботу и воскресенье. • вызвать. His painting invited a lot of criticism. Его картина вызвала массу нападок.

□ **inviting** аппетитный. That candy looks inviting. Эти конфеты очень аппетитны.

□ The speaker invited questions. Оратор просил слушателей задавать вопросы.

invoice *n* фактура.

involve вмешивать. I don't want to involve you in this affair. Я не хочу вмешивать вас в это дело. • сложный. They have a very involved system of bookkeeping here. У них тут очень сложная система бухгалтерии. • занятый. All her time is involved in taking care of her children. Всё её время занято детьми.

□ The job involves a lot of traveling. При этой работе приходится много разъезжать.

iron железный. That is an iron gate. Это железная калитка. — He's a man of iron will. Он человек железной воли. • железо. Is it made of iron? Это сделано из железа? • утюг. Have you got an iron I can borrow? Можете вы мне дать утюг? • выгладить. Iron this dress carefully, please. Пожалуйста, выгладите это платье как следует.

□ **to iron out** договориться. We still have a few things to be ironed out. Нам ещё надо кое о чём договориться.

irregular неправильный. The chairs were arranged in irregular rows. Стулья были расставлены неправильными рядами. • странный. His behavior seemed a little irregular to me. Его поведение показалось мне странным.

is *See* **be**.

island остров. They swam out to the island. Они поплыли к острову. • островок (little island). There was a little island of flowers in the middle of the field. Посреди поля был маленький цветочный островок.

issue выходить. When is the paper issued? Когда выходит эта газета? • номер. When does the next issue of the magazine come out? Когда выходит следующий номер журнала? • выпуск. Do you approve of the issue of government bonds? Вы одобряете выпуск государственных облигаций? • результат. We are awaiting the issue of the elections. Мы ожидаем результатов выборов. • предмет спора. I don't want to make an issue of it. Я не хочу делать из этого предмет спора.

□ **to take issue** спорить. Why do you always take issue with what I say? Почему вы вечно со мной спорите?

□ That is the point at issue. Вот об этом-то и идёт спор.

it это. I can't do it. Я не могу этого сделать. — It was a friend of mine who called. Это один мой приятель заходил. • он. This key won't work because it's bent. Этот ключ не годится, потому что он согнут.

□ Is it necessary for us to go? Нам необходимо идти (*or* ехать)? • It's five o'clock. Сейчас пять часов.

Italian итальянец (*m*). Is his uncle Italian too? Его дядя тоже итальянец? • итальянка (*f*). His mother was an Italian. Его мать была итальянка. • итальянский. Do you know of a good Italian restaurant? Вы знаете хороший итальянский ресторан? • по-итальянски (language). He speaks Italian. Он говорит по-итальянски.

item вещь. List all items of clothing. Сделайте список всех носильных вещей. • заметка. Did you see the item in the paper about their wedding? Вы видели в газете заметку об их свадьбе?

its его. Put the cat in its basket. Положите котёнка в его корзинку. • свой. A swallow built its nest under my window. Ласточка свила своё гнездо под моим окном.

□ He studied the problem in all its aspects. Он всесторонне изучил эту проблему.

itself (сам) себя. That speaks for itself. Это само за себя говорит.

ivory *n* слоновая кость.

J

jack домкра́т. I need a jack to change my tire. Мне ну́жен домкра́т, что́бы перемени́ть ши́ну. • вале́т. Play the jack of hearts. Пойди́те с вале́та-черве́й.

☐ **to jack up** подня́ть домкра́том. You'll have to jack up the car. Вам придётся подня́ть маши́ну домкра́том. • подня́ть. Prices were artificially jacked up. Це́ны бы́ли иску́сственно по́дняты.

jail тюрьма́. The judge sentenced the man to six months in jail. Судья́ приговори́л э́того челове́ка к шести́ ме́сяцам тюрьмы́. • посади́ть (в тюрьму́). He was jailed for forging documents. Его́ посади́ли (в тюрьму́) за подде́лку докуме́нтов.

jam наби́ть. The hall was jammed with people. Зал был наби́т наро́дом. • зае́сть. We nearly had an accident when the car brakes jammed. У нас зае́л то́рмоз в маши́не, и чуть бы́ло не произошла́ катастро́фа. • зато́р. What caused the traffic jam down the street? Отчего́ э́то произошёл зато́р там на у́лице? • варе́нье. Help yourself to the strawberry jam. Попро́буйте э́того клубни́чного варе́нья.

January *n* янва́рь.

jar ба́нка. I want a jar of preserves. Да́йте мне ба́нку варе́нья. • растрясти́. Try not to jar this. Постара́йтесь не растрясти́ э́того. • шок. That fall gave me quite a jar. Я получи́л шок при э́том паде́нии.

☐ **to jar one's nerves** раздража́ть. Subway noises jar my nerves. Шум метро́ меня́ раздража́ет.

jaw *n* че́люсть.

jelly варе́нье. I want bread and jelly. Я хочу́ хле́ба с варе́ньем.

jewel драгоце́нность. I have no jewels to sell. У меня́ нет драгоце́нностей на прода́жу. • ка́мень. My watch has seventeen jewels. Мои́ часы́ на семна́дцати камня́х. • драгоце́нный ка́мень. She has a beautiful pair of jeweled earrings. У неё чуде́сные се́рьги с драгоце́нными камня́ми.

job рабо́та. Do you want a job? Вы и́щите рабо́ту? — It's going to be an awful job to file these letters. У нас бу́дет ма́сса рабо́ты с регистра́цией и раскла́дкой э́тих пи́сем. • обя́занность. My job is to wash the dishes. Моя́ обя́занность мыть посу́ду.

join сходи́ться. Where do the roads join? Где э́ти доро́ги схо́дятся? • соедини́ть. Join these pipes together. Соедини́те концы́ э́тих труб. • вступи́ть. When did you join the army? Когда́ вы вступи́ли в а́рмию? • присоедини́ться. Do you want to join us? Хоти́те присоедини́ться к нам?

☐ Everybody join in the chorus. По́йте припе́в хо́ром.

joint стык. The pipe is leaking at the joints. Труба́ течёт в сты́ке. • суста́в. My joints ache. У меня́ ло́мит в суста́вах. • кабачо́к. What's the name of the joint we went to last night? Как называ́ется кабачо́к, где мы бы́ли вчера́ но́чью? • о́бщий. My husband and I have a joint bank account. У нас с му́жем о́бщий счёт в ба́нке.

☐ His arm is out of joint. У него́ вы́вихнута рука́.

joke анекдо́т. He's always telling jokes. Он постоя́нно расска́зывает анекдо́ты. • шути́ть. This is no time for joking. Тепе́рь не вре́мя шути́ть. • шу́тка. They made a joke of the whole thing. Они́ всё э́то свели́ к шу́тке.

☐ **to play a joke** подшути́ть. I was only playing a joke on him. Я то́лько подшути́л над ним.

☐ The joke is on him. Э́то он в дурака́х оста́лся.

journey путеше́ствие. It was a long journey. Э́то бы́ло дли́нное путеше́ствие. • пое́здка. Is it more than a day's journey? Пое́здка туда́ займёт бо́льше це́лого дня?

☐ They journeyed all the way to the coast to meet me. Они́ проде́лали весь путь до побере́жья, что́бы встре́тить меня́.

joy сча́стье. I wish you joy in your marriage. Жела́ю вам сча́стья в бра́ке. • ра́дость. The baby is a joy to watch. Про́сто ра́дость смотре́ть на э́того ребёнка.

joyful *adj* счастли́вый, ра́достный, весёлый.

judge судья́. Where is the judge? Где судья́? — You be the judge of that. Бу́дьте судьёй в э́том де́ле. — I'm no judge of art. Я в иску́сстве не судья́. • жюри́ (jury). The judges haven't yet picked the best book. Жюри́ ещё не вы́несло реше́ния о лу́чшей кни́ге. • быть в жюри́. Who judged the race? Кто был в жюри́ при э́том состяза́нии? • суди́ть. Don't judge me by that translation. Не суди́те обо мне́ по э́тому перево́ду. — Don't judge them too harshly. Не суди́те их сли́шком стро́го.

judgment сужде́ние. The judgment he made was not very sound. Нельзя́ сказа́ть, что́бы его́ сужде́ние бы́ло о́чень здра́во. • мне́ние. In his judgment, you're doing the wrong thing. По его́ мне́нию, вы поступа́ете непра́вильно.

☐ **to pass judgment** суди́ть. Don't pass judgment too quickly. Не суди́те опроме́тчиво.

☐ How large was the judgment against you? Ско́лько вам пришло́сь уплати́ть по суду́? • He always shows good judgment. Он всегда́ су́дит здра́во. • In my judgment you're wrong. По-мо́ему, вы ошиба́етесь.

juice сок. I want some orange juice. Я хочу́ апельси́нового со́ку.

July *n* ию́ль.

jump пры́гнуть. See how high you can jump. Посмо́трим, как высоко́ вы мо́жете пры́гнуть. • подскочи́ть. There's been quite a jump in the temperature. Температу́ра си́льно подскочи́ла. • перепры́гнуть (to jump across). It's quite a jump from one side of the brook to the other. Не так уж легко́ перепры́гнуть э́тот ручёй.

☐ **to jump at** ухвати́ться (обе́ими рука́ми). He jumped at the offer. Он ухвати́лся за э́то предложе́ние (обе́ими рука́ми).

to jump over перепры́гнуть. Jump over it. Перепры́гните че́рез э́то.

to jump up вскочи́ть. He jumped up from his chair. Он вскочи́л со сту́ла.

June *n* ию́нь.

junior моло́же. His brother is three years his junior. Брат моло́же его́ на три го́да. • мла́дший. His brother is now a junior foreman here. Его́ брат слу́жит здесь мла́дшим ма́стером. • предпосле́дний курс. He was in his junior year in college. Он был на предпосле́днем ку́рсе ву́за.

just справедли́вый. Even his enemies admit he's a just man. Да́же его́ враги́ признаю́т, что он справедли́вый челове́к. • то́чный. He gave a just account of the meeting. Он дал то́чный отчёт о собра́нии. • как раз. That's just what I want. Это как раз то, что я хочу. • собственно. Just what do you mean? Что вы, собственно, этим хотите сказать? • только что. Did you just come? Вы только что пришли? • едва. We just got there on time. Мы едва успели попасть туда во-время. • ещё. He's just a little boy. Он ещё маленький мальчик.

□ Just a minute and I'll be with you. Одну минутку! я сейчас буду свободен. • I'm just tired to death. Я смертельно устал. • After everything that had happened, his anger was perfectly just. После всего что произошло, он имел полное право сердиться.

justice справедливость. We must admit the justice of his demands. Мы должны признать справедливость его требований. • суд. He will be brought to justice for his crimes. За свои преступления он предстанет перед судом. • судья. My grandfather was a justice of the peace. Мой дедушка был мировым судьёй.

□ **to do justice** оценить. You didn't do justice to his talents. Вы не оценили его способностей.

□ This portrait doesn't do you justice. Этот портрет вам отнюдь не льстит.

justify оправдываться. He justified his conduct by saying he was upset. Он оправдывался тем, что был очень расстроен. • обосновать. How can you justify your claim? Чем вы можете обосновать свои требования?

K

keen острый. This knife has a very keen edge. У этого ножа очень острое лезвие.

□ **to be keen** увлекаться. He's very keen about his new job. Он очень увлекается своей новой работой.

□ He has a keen mind for mathematics. У него большие способности к математике. • Are you very keen about going with them? Вам очень хочется с ними поехать?

keep (kept, kept) хранить. Can you keep a secret? Вы умеете хранить секрет? • сохранять. Keep cool. Сохраняйте хладнокровие. • оставить. I kept this for you. Я это оставил для вас. • оставить у себя. May I keep this photograph? Можно мне оставить у себя эту карточку? • остаться. Keep in touch with me. Оставайтесь со мной в контакте. • держать. I always keep my word. Я всегда держу слово. • держаться. Do I keep to the left or right? Какой стороны держаться, правой или левой? • содержать. Do you earn enough to keep your family? Вы можете содержать семью на свой заработок? • содержаться. Your garden is well kept. Ваш сад хорошо содержится. • заставлять. Sorry to keep you waiting. Простите, что заставляю вас ждать.

□ **to keep on** оставаться. Keep on the job. Оставайтесь на этой работе. • продолжать. Keep on with what you're doing. Продолжайте свою работу. — Keep on trying. Продолжайте ваши попытки.

to keep up продолжать. Keep up the good work. Очень хорошо, продолжайте в том же духе. • содержание (upkeep). Is it expensive to keep up your car? Вам дорого обходится содержание машины? • не отставать. Did you have any trouble keeping up with the others? Вам трудно было не отставать от других?

to keep watch дежурить. I kept watch over the bed of the sick child. Я дежурил и я стлел больного ребёнка.

□ I'll be a bit late; keep dinner warm for me. Я немножко опоздаю, постарайтесь чтоб мой обед не остыл. • Do you keep chickens? У вас есть куры? • Keep your temper. Не кипятитесь. • Keep moving! Проходите, не задерживайтесь! • Keep him from eating too much. Смотрите, чтобы он не ел слишком много. • Keep a lookout for him. Смотрите, не прозевайте его. • Does your watch keep good time? Ваши часы идут правильно? • What do you keep in stock? Что у вас есть на складе? • Sure, he's worth his keep. Да, он не зря хлеб ест.

kept See **keep.**

kettle котелок. Boil the potatoes in the iron kettle. Сварите картошку в железном котелке.

key ключ. I've lost the key to my room. Я потерял ключ от (моей) комнаты. — Do you know the key to the code? Вам известен ключ к этому коду? • тон. What key is the symphony in? В каком тоне написана эта симфония? • клавиши. The typewriter keys are terribly stiff. У этой машинки ужасно тугие клавиши. • главный. He's the key man in the plant. Он тут на фабрике главный человек.

kick брыкаться. I hope this horse doesn't kick. Надеюсь, эта лошадь не брыкается. • поддать. Kick the ball! Поддайте мяч! • подтолкнуть (ногой). Kick the box this way. Подтолкните эту коробку сюда (ногой). • лягнуть. That horse gave you some kick! Эта лошадь вас здорово лягнула! • удовольствие. He gets a big kick out of sports. Спорт доставляет ему массу удовольствия. • отдача. The kick of the rifle can break your shoulder. Отдача ружья может сломать вам плечо. • жаловаться. He's always kicking about something. Он постоянно на что-нибудь жалуется.

kid козлёнок. We have three goats and a little kid. У нас есть три козы и козлёнок. • лайковый. She got a pair of kid gloves for her birthday. Ко дню рождения она получила пару лайковых перчаток. • шутить. Are you kidding? Вы шутите?

□ **kids** детвора. We'll feed the kids first. Мы сперва накормим детвору.

kill убить. Be careful with that gun; you might kill somebody. Будьте осторожны с револьвером, вы ещё убьёте кого-нибудь. — Let's take a walk to kill some time. Давайте погуляем, чтобы убить время. • отвергнуть. The committee killed the bill. Комиссия отвергла этот законопроект. • погубить. Too much salt will kill the flavor. Пересол весь вкус погубит. • добыча. The hunters brought home the kill. Охотники принесли добычу домой. • прикончить (to finish off). The hunters closed in for the kill. Охотники окружили добычу, чтобы прикончить её.

kilometer километр. How many kilometers is it to the next town? Сколько километров до ближайшего города?

kind добрый. Be kind enough to help me. Будьте добры,

помогите мне. • хороший. You'll find the people here very kind. Вы увидите, что народ тут очень хороший. • род. We have to deal with all kinds of people. Нам приходится иметь дело со всякого рода людьми. • порода. What kind of a dog is he? Какой породы эта собака? • сорт. What kind of fruit grows here? Какие сорта фруктов здесь растут?

□ in kind натурой. That farmer paid his workers in kind. Этот фермер платил рабочим натурой. • той же монетой. Don't get sarcastic with him; he can pay you back in kind. Смотрите, не будьте с ним язвительны, а то он отплатит вам той же монетой.

kind of как-то. I felt kind of sorry for him. Мне было как-то жалко его.

□ What kind of person is he? Что он за человек?

kindle v развести огонь.

kindly милый. Her grandmother is a kindly old lady. Её бабушка — милая старушка. • любезно. You will be treated kindly. С вами будут любезны. • пожалуйста. Kindly mind your own business. Пожалуйста, не вмешивайтесь не в своё дело.

kindness доброта. I'm thankful for your kindness. Я вам очень благодарен за вашу доброту.

king n король.

kingdom n королевство.

kiss поцеловать. I want to kiss you. Я хочу вас поцеловать. — How about a kiss? Можно вас поцеловать? • поцелуй. He covered her with kisses. Он осыпал её поцелуями.

kitchen кухня. Do you mind eating in the kitchen? Вы ничего не имеете против того, чтобы есть на кухне? — Who is in charge of the school kitchen? Кто заведует школьной кухней?

□ You'll find it under the kitchen stove. Это в кухне под печкой.

kitten n котёнок.

knee колено. My knee hurts. У меня болит колено. — When I fell I tore a hole in the knee of my pants. Я разорвал себе брюки на колене, когда упал.

kneel (knelt) v стоять на коленях.

knelt See kneel.

knew See know.

knife (knives) нож. Give me the big knife to cut the bread. Дайте мне большой нож для хлеба. • подколоть. He was knifed in a street fight. Его подкололи в уличной драке.

knit (c)вязать. His girl friend knitted him a sweater. Его подруга (с)вязала ему свитер. • срастись. He has to wear a cast until the bones knit. Ему придётся носить гипсовую повязку, пока кость не срастётся.

knives See knife.

knock постучаться. Knock before you open the door. Не входите, не постучавшись. • стук. Did you hear a knock? Вы слышали стук? • удариться. Try not to knock against the table. Постарайтесь не удариться о стол. • перебой. Do you hear that knock in the motor? Вы слышите перебои в моторе?

□ to knock down сбросить. Be careful not to knock anything down from the shelf. Постарайтесь ничего не сбросить с полки. • разобрать. Knock down the scaffolding. Разберите леса. • сбавить. Can't you knock down the price a couple of rubles? Не можете вы сбавить рубль, другой?

to knock off шабашить. Let's knock off at five o'clock. Давайте шабашить в пять. • спустить. Knock something off the price. Спустите цену маленько.

to knock out выбить нокаутом. He was knocked out in the tenth round. Он был выбит нокаутом на десятом раунде.

□ He was knocked out after one game of tennis. Он совершенно выдохся после одной партии в теннис.

knot узел. Can you untie this knot? Вы можете развязать этот узел? — This steamer makes fifteen knots. Этот пароход делает до пятнадцати узлов. • завязывать. He knotted the rope securely. Он крепко завязал верёвку. • кучка. A knot of people gathered around the accident. У места происшествия собралась кучка людей.

know (knew, known) знать. I'm not guessing; I really know. Это не догадка, я это знаю точно. — I knew you were coming today. Я знал, что вы сегодня придёте. — I know only French and English. Из языков я знаю только французский и английский. — Do you know him by sight? Вы его знаете в лицо? — I knew him very well. Я его знал очень хорошо.

□ known известный. Wait until all the facts in the case are known. Погодите, пока будут известны все обстоятельства дела.

to know how уметь. I don't know how to drive a car. Я не умею править машиной.

knowledge знание. Certainly, my knowledge of Russian is limited. Конечно, моё знание русского языка ограничено.

□ Do you have any knowledge of this matter? Вы что-нибудь об этом знаете? • To the best of my knowledge, no. Насколько мне известно, нет.

known See know.

L

labor работа. How much did you pay for the labor on this? Сколько вы заплатили за эту работу? • рабочий класс. The law was passed in the interests of labor. Этот закон в интересах рабочего класса. • рабочий. Do you know the labor laws? Вы знакомы с рабочим законодательством? • тяжело работать. He labored on his book for three years. Он три года тяжело работал над своей книгой. • напирать. Don't labor the point. He слишком напирайте на это. • роды. She was in labor five hours. Роды у неё продолжались пять часов.

lace зашнуровать. Lace your shoes. Зашнуруйте свои башмаки. • кружево. Where did you get that beautiful lace? Где вы достали это замечательное кружево?

lack отсутствие. We couldn't do it because of the lack of time. Мы не могли этого сделать из-за отсутствия времени.

● нехватáть. He lacks persistence. У негó не хватáет вы́держки.

☐ His lack of knowledge was obvious. Бы́ло совершéнно очеви́дно, что у негó недостáточно знáний.

lad *n* мáльчик, паренёк.

ladder *n* приставнáя лéстница.

lady жéнщина. Who is that lady at the door? Кто э́та жéнщина у дверéй? ● жéнский. Where is the ladies' room? Где жéнская убóрная?

   ☐ **lady of the house** хозя́йка. Do you wish to speak to the lady of the house? Вы хоти́те говори́ть с хозя́йкой дóма?

laid *See* **lay.**

lain *See* **lie.**

lake óзеро. I want to swim across the lake. Я хочý переплы́ть óзеро.

lamb *n* ягнёнок.

lame хромóй. Who's that lame boy? Кто э́тот хромóй мáльчик? ● слáбый. That's a lame excuse for giving up the work. Э́то слáбая отговóрка, для тогó чтоб брóсить рабóту.

   ☐ I was lame after the horseback ride. У меня́ всё тéло болéло от верховóй езды́.

lamp *n* лáмпа.

land пóчва. The land here is poor for farming. Здесь не подходя́щая пóчва для земледéлия. ● земля́. He always wanted to get back to the land. Емý давнó хотéлось вернýться к рабóте на земле́. — He inherited a great deal of land. Он получи́л в наслéдство большóй учáсток земли́. ● бéрег. When do you expect to reach land? Когдá вы рассчи́тываете дости́гнуть бéрега? ● пристáть к бéрегу. The ship should land within the next hour. Парохóд пристáнет к бéрегу не пóзже, чем чéрез час. ● приземли́ться. The pilot landed the plane at night. Лётчик приземли́лся нóчью.

   ☐ **dry land** сýша. I'd like to be on dry land again. Мне хотéлось бы ужé быть на сýше.

   native land рóдина. He had a great love for his native land. Он óчень люби́л свою́ рóдину.

   ☐ The car landed in the ditch. Маши́на очути́лась в канáве.

lane *n* тропи́нка.

language язы́к. I don't know what language he speaks. Я не знáю, на какóм языке́ он говори́т. ● выражéние. Try not to use bad language here. Избегáйте грýбых выражéний.

   ☐ **science of language** языковéдение. He studied the science of language. Он изучáл языковéдение.

lantern *n* фонáрь.

lap вы́лакать. The kitten lapped up the milk. Котёнок вы́лакал молокó. ● круг. How many laps ahead is the first car? На скóлько кругóв пéрвая маши́на впереди́ други́х?

   ☐ She held the baby in her lap. Онá держáла ребёнка на колéнях.

large большóй. He is a man of large sympathies. Он — человéк большóго сéрдца. — I need a large room. Мне нужнá большáя кóмната. ● вели́к. This box isn't large enough. Э́та корóбка недостáточно велика́.

   ☐ The thief has been at large for two days. Престýпник два дня оставáлся непóйманным. ● The country at large is interested in the problem. Э́тим вопрóсом широкó интересýются в странé.

lark жáворонок. Is that a lark over there? Что э́то там, жáворонок?

last послéдний. I spent my last ruble for lunch. Я истрáтил послéдний рубль на зáвтрак. — He was the last to leave. Он ушёл послéдним. — He came last. Он пришёл послéдним. — Did you see the name of the last station? Вы замéтили назвáние послéдней стáнции? — This is my last word. Э́то моё послéднее слóво. ● продолжáться. How long does this show last? Скóлько врéмени продолжáется спектáкль? ● вы́держать. Do you think you can last another kilometer? Вы дýмаете, вы вы́держите ещё оди́н киломéтр? ● хвати́ть. I don't think my money will last till the end of the month. Я не дýмаю, что у меня́ хвáтит дéнег дотянýть до концá мéсяца.

   ☐ **last night** вчерá вéчером. Last night I went shopping. Вчерá вéчером я ходи́л за покýпками.

   ☐ That was the last straw. Э́то переполни́ло чáшу моегó терпéния. ● That was the last thing I expected him to do. Э́того я от негó никáк не ожидáл.

late пóздно. She came late at night. Онá пришлá пóздно нóчью. ● послéдний. It was a late show he went to. Он пошёл на послéдний сеáнс. — You can read the latest news in the afternoon paper. Вы мóжете прочéсть послéдние нóвости в вечéрней газéте. ● пóзже. Should we come at eight P.M. or later? Нам прийти́ вéчером к восьми́ и́ли пóзже? ● покóйный. The late president was fond of sports. Покóйный президéнт люби́л спорт.

   ☐ **to be late** опоздáть. Don't be late for the theater. Не опоздáйте в теáтр.

lately *adv* недáвно.

latter вторóй. Of the two reports, I prefer the latter. Из э́тих двух доклáдов я предпочитáю вторóй.

   ☐ He was very successful in the latter part of his life. К концý жи́зни емý óчень повезлó.

laugh смея́ться. Don't laugh so loud. Не смéйтесь так грóмко.

   ☐ **to laugh at** смея́ться над. He always was afraid that people were laughing at him. Емý всегдá казáлось, что над ним смея́лись.

   to make one laugh рассмеши́ть. Her prank made us laugh. Её вы́ходка нас рассмеши́ла.

   ☐ It's not a laughing matter. Тут нé над чем смея́ться. *or* Э́то вóвсе не смешнó. ● When we found the mistake, he tried to laugh it off. Когдá мы обнарýжили э́ту оши́бку, он стал докáзывать, что э́то пустя́к. ● He has a hearty laugh. Он смеётся от всей души́. ● We had a good laugh over his story. Егó расскáз нас здóрово рассмеши́л.

laughter *n* смех.

laundry прáчечная. Take my shirts to the laundry, please. Отнеси́те, пожáлуйста, мои́ рубáшки в прáчечную. ● бельё. My laundry just came back. Мне тóлько что принесли́ бельё из сти́рки.

law закóн. Who makes the laws in this country? Кто тут издаёт закóны? ● прáво. He is studying law now. Он изучáет прáво.

   ☐ My brother is practicing law. Мой брат адвокáт. ● It's against the law to park here. Стоя́нка маши́н здесь воспрещáется.

lawn *n* лужáйка.

lawyer правозастýпник, адвокáт. Try to find a good lawyer to take the case. Постарáйтесь найти́ хорóшего правозастýпника (для вáшего дéла).

lay (laid, laid) (*See also* **lie**) лежа́ть. He lay on the couch and read the paper. Он лежа́л на дива́не и чита́л газе́ту. ● положи́ть. Lay the book here. Положи́те кни́гу сюда́. — He laid down his life for his country. Он положи́л жизнь за ро́дину. ● приби́ть. The rain laid the dust. Дождь приби́л пыль. ● класть. He didn't lay the bricks carefully. Он клал кирпичи́ неаккура́тно. ● сложи́ть. They laid down their arms and gave up. Они́ сложи́ли ору́жие и сдали́сь. ● соста́вить. They laid their plans carefully, but failed. Их план был соста́влен о́чень тща́тельно, но они́ всё-таки потерпе́ли неуда́чу. ● ста́вить. I lay ten rubles to one that you succeed. Ста́влю де́сять рубле́й про́тив одного́, что вам э́то уда́стся. ● снести́. The hen laid an egg. Ку́рица снесла́ яйцо́.

□ **to lay aside** отложи́ть. He laid aside a good sum of money. Он отложи́л поря́дочную су́мму (де́нег).

to lay blame вини́ть. Don't lay the blame on me. Не вини́те меня́.

to lay claim to предъяви́ть права́. You had better lay claim to the property while you can. Вам бы сле́довало предъяви́ть свои́ права́ на иму́щество, пока́ э́то возмо́жно.

to lay eggs нести́сь. This hen lays a lot of eggs. Э́та ку́рица хорошо́ несётся.

to lay off уво́лить. He laid off ten men today. Он сего́дня уво́лил де́сять челове́к.

to lay waste опустоши́ть. The whole region was laid waste by the storm. Бу́ря опустоши́ла всю о́бласть.

□ He laid the scene of his last play abroad. Он перенёс ме́сто де́йствия свое́й после́дней пье́сы заграни́цу. ● He laid down the law to them. Он веле́л им слу́шаться беспрекосло́вно.

lazy лени́вый. He's a lazy kind of a guy. Он лени́вый па́рень. ● лень (laziness). I'm too lazy to get up. Мне лень встава́ть. ● разлени́ться (to be lazy). One can't help getting lazy in this hot weather. В таку́ю жару́ понево́ле разлени́шься.

lead (as in *feed*) (led, led) провести́. Please lead us to the nearest hotel. Пожа́луйста, проведи́те нас к ближа́йшей гости́нице. ● привести́. The information led to his arrest. Э́ти сведе́ния привели́ к его́ аре́сту. ● отвести́. I'll lead the horse to the brook. Я отведу́ ло́шадь к ручью́. ● вести́. This road leads to town. Э́та доро́га ведёт к го́роду. — He led a wild life. Он вёл бу́рный о́браз жи́зни. ● дирижи́ровать. He led us in singing. Он дирижи́ровал на́шим хо́ром. ● указа́ние. When I was looking for a job, he gave me a good lead. Когда́ я иска́л рабо́ты, он дал мне поле́зные указа́ния. — We followed his lead in making the plans. Составля́я план, мы сле́довали его́ указа́ниям. ● руководя́щая роль. Whenever we discuss politics, he always takes the lead. В на́ших спо́рах о поли́тике он всегда́ берёт на себя́ руководя́щую роль. ● гла́вная роль. She had the lead in the play. Она́ игра́ла в пье́се гла́вную роль.

□ **to lead up to** привести́. What did his talk lead up to? К чему́ привёл его́ разгово́р?

□ I led him to change his plans. Он измени́л свои́ пла́ны под мои́м влия́нием. ● How much of a lead does our candidate have? Наско́лько бо́льше голосо́в у на́шего кандида́та, чем у други́х?

lead (as in *fed*) свине́ц. Is this made of lead? Э́то сде́лано из свинца́? ● пу́ля. They filled him full of lead. Его́ изрешети́ли пу́лями.

leader ста́рший. Who is the leader of the brigade? Кто ста́рший в э́той брига́де? ● вождь. He's a born leader. Он прирождённый вождь. ● дирижёр. Who is the leader of the band? Кто дирижёр э́того орке́стра?

leaf (leaves) лист. The leaves on the trees have already changed color. Ли́стья уже́ желте́ют. ● страни́ца. The leaves of this book are torn. В э́той кни́ге по́рваны страни́цы. ● доска́. Add another leaf to the table. Раздви́ньте стол и вста́вьте ещё одну́ до́ску.

□ **to turn over a new leaf** нача́ть но́вую жизнь. After New Year's, I'm going to turn over a new leaf. Я реши́л нача́ть но́вую жизнь по́сле но́вого го́да.

league *n* ли́га, сою́з.

lean опере́ться. I want to lean on your arm. Я хочу́ опере́ться на ва́шу ру́ку. ● прислони́ть. Lean this chair against the wall. Прислони́те э́тот стул к стене́. ● наклони́ться. If you lean forward, you can see. Наклони́тесь вперёд, тогда́ вы уви́дите. ● худо́й. Who's the tall, lean individual over there? Кто э́тот высо́кий худо́й па́рень? ● нежи́рный. I'd like some lean meat. Я хочу́ нежи́рного мя́са. ● плохо́й (bad). It's been a lean year for farmers. Э́то был плохо́й год для фе́рмеров.

□ **to lean over backward** *лезть из ко́жи вон. He leaned over backward to make himself pleasant. Он лез из ко́жи вон, что́бы понра́виться.

□ She leans on her mother in everything. Она́ без ма́тери ша́гу не сту́пит. ● He leans toward the right in politics. У него́ пра́вые полити́ческие симпа́тии.

leap пры́гнуть. The sailor leaped from the boat to shore. Матро́с пры́гнул с ло́дки на бе́рег. ● перескочи́ть. The horse leaped the fence. Ло́шадь перескочи́ла че́рез забо́р. ● прыжо́к. The frog made a big leap. Лягу́шка сде́лала большо́й прыжо́к.

□ **by leaps and bounds** не по дня́м, а по часа́м. His fame increased by leaps and bounds. Его́ сла́ва росла́ не по дня́м, а по часа́м.

□ It is a seven-meter leap across the brook. Э́тот руче́й ширино́й в семь ме́тров.

learn ознако́миться. I want to learn all about the country. Я хочу́ как сле́дует ознако́миться с э́той страно́й. ● узна́ть. Have you learned of any good restaurant here? Вы узна́ли, есть ли здесь како́й-нибудь хоро́ший рестора́н? ● усва́ивать. He learns quickly. Он всё бы́стро усва́ивает. ● учи́ться. Are you learning how to typ? Вы у́читесь печа́тать на маши́нке? ● вы́учить. She learned the part by heart. Она́ вы́учила свою́ роль наизу́сть.

□ Learning Russian is very difficult for me. Ру́сский язы́к мне даётся с трудо́м.

learned учёный. He gives the impression of being a learned man. Он произво́дит впечатле́ние учёного челове́ка.

learning учёность. The book shows a great deal of learning. Э́та кни́га обнару́живает большу́ю учёность а́втора.

lease контра́кт на наём. Did they sign a lease on the house? Они́ подписа́ли контра́кт на наём до́ма? ● снять. I've leased a cottage from him for the summer. Я у него́ снял да́чу на ле́то. ● сдава́ть. We leased our house to tourists during the World's Fair. Во вре́мя всеми́рной вы́ставки мы сдава́ли наш дом прие́зжим.

□ The good news gave us a new lease on life. Мы воспря́нули ду́хом, получи́вши э́то ра́достное изве́стие.

least (*See also* **little**) кратча́йший. The work has to be done in the least time possible. Эта работа должна быть сделана в кратчайший срок. • **минимум.** That is the least you can do. Это минимум того, что вы можете сделать.

☐ **at least** по крайней мере. You might at least have written to me. Вы могли мне, по крайней мере, написать. — The trip will take three days at least. Поездка будет продолжаться, по крайней мере, три дня.

☐ The least healthy children should be given the milk. Молоко должны получить наиболее слабые дети.

leather кожа. This saddle is made of the best leather. Это седло сделано из самой лучшей кожи. • **кожаный.** I need a leather jacket for the cold weather. Мне нужна кожаная куртка для холодной погоды.

leave (left, left) оставить. May I leave my bags here for a while? Можно оставить здесь на некоторое время мой чемоданы? — I left my coat at home. Я оставил своё пальто дома. — She left her job temporarily. Она оставила работу временно. — She will leave the house to her son. Она оставит дом своему сыну. • **оставлять.** Packages may not be left here overnight. На ночь здесь оставлять пакеты нельзя. • **идти.** I must leave now to catch my train. Мне надо идти сейчас, чтобы попасть на поезд. • **уехать.** I am going to leave Moscow in a month. Я собираюсь уехать из Москвы через месяц. • **уходить.** I'm leaving my job. Я ухожу с работы. • **бросить.** She left her husband. Она бросила своего мужа. • **отпуск.** He took a three months' leave from his job. Он взял отпуск с работы на три месяца.

☐ **to leave out** пропустить. When you copy it, don't leave anything out. Смотрите, не пропустите ничего при переписке. — Leave the first paragraph out. Пропустите первый абзац.

☐ Leave the top off. Не закрывайте крышкой. • Are there any tickets left for tonight? Остались ещё какие-нибудь билеты на сегодняшний вечер?

leaves *See* **leaf.**

lecture лекция. That was a pretty interesting lecture. Это была весьма интересная лекция. • **читать нотации.** Don't lecture me so much, please. Не читайте мне нотаций, пожалуйста.

☐ **to give a lecture** отчитать. My father gave us a lecture for being out so late. Отец нас здорово отчитал за то, что мы так поздно вернулись.

☐ I haven't heard anyone lecture so well in a long time. Я уже давно не слыхал такого хорошего лектора.

led *See* **lead.**

left (*See also* **leave**) левый. Take the other bag in your left hand. Возьмите другой чемодан в левую руку. — He's always been on the left politically. Он всегда был левым. • **налево.** Make a turn to the left at the next corner. На следующем углу поверните налево. — I sat on the speaker's left. Я сидел налево от оратора.

☐ **leftist** левый. This newspaper follows a leftist policy. Эта газета левого направления.

leg нога. I have a pain in my right leg. У меня боль в правой ноге. *or* У меня болит правая нога. • **ножка.** The leg of the chair is broken. У этого стула сломана ножка. • **этап.** We are on the last leg of our journey. Это последний этап нашего путешествия. • **сторона.** Measure the legs of the triangle. Измерьте стороны треу-

гольника. • **штанина.** I've torn the leg of my trousers. Я порвал себе штанину.

☐ He didn't have a leg to stand on. Он не привёл ни одного веского довода.

legal *adj* законный.

leisure досуг. Can you do this for me in your leisure time? Можете вы это для меня сделать как-нибудь на досуге?

☐ **at one's leisure** на досуге. There's no rush; you can write it at your leisure. Это не к спеху, вы можете это сделать на досуге.

lemon *n* лимон.

lend (lent, lent) одолжить. Can you lend me a dollar? Вы можете мне одолжить доллар? — I forgot who I lent the magazine to. Я забыл, кому я одолжил журнал.

length длина. The length of the room is twice its width. Длина этой комнаты вдвое больше, чем ширина. • **отрезок.** We need more than one length of pipe. Одного отрезка трубы нам не хватит.

☐ **at length** со всеми подробностями. He described his trip at length. Он описал свою поездку со всеми подробностями. • **наконец.** We waited for hours, but he came at length. Нам пришлось ждать несколько часов, но наконец он пришёл.

☐ He would go to any length to have his way. Чтобы добиться своего, он ни на что не остановится ни перед чем. • What length of material do you require? Сколько материала вам нужно? • We were surprised at the length of time you were away. Нас удивило ваше долгое отсутствие.

lent *See* **lend.**

less (*See also* **little**) меньше. I have less money with me than I thought. У меня, оказывается, меньше денег при себе, чем я думал. — I have always paid less for such things. Я обычно платил за это меньше. • **за вычетом.** Here's your pay less what you owe me. Вот ваша зарплата, за вычетом того, что вы мне должны.

☐ He is less intelligent than I thought. Он не так умён, как я думал.

lesson урок. He was taking dancing lessons. Он брал уроки танцев. — This failure should be a lesson to you. Эта неудача должна послужить для вас уроком.

☐ **to teach a lesson** проучить. I'll teach you a lesson! Я вас уж проучу!

☐ The experience taught him a great lesson. Этот случай был для него хорошим уроком. • The boy is good at his lessons. Этот мальчик хорошо учится.

let (let, let) сдаваться. Have you rooms to let? У вас сдаются комнаты? • **позволять.** I won't let him say such things. Я не позволю ему говорить такие вещи.

☐ **to let alone** оставить в покое. Please let me alone for a while. Пожалуйста, оставьте меня на некоторое время в покое!

to let by пропустить. Let me by! Пропустите меня!

to let down замедлить. They let down in their work after a week. Неделю спустя они замедлили темп работы. • **подвести.** He let me down badly. Он меня здорово подвёл.

to let go of продавать (to sell). Don't let go of your property yet. Не продавайте пока вашей недвижимости. • **выпускать.** Don't let go of the rope till I tell you. Не выпускайте каната, пока я вам не скажу.

to let off отделаться. The criminal was let off with a light

sentence. Престу́пник отде́лался лёгким наказа́нием. • вы́садить. Please let me off at the next corner. Пожа́луйста, вы́садите меня́ на сле́дующем углу́.
to let out вы́пустить. Let the dog out. Вы́пустите соба́ку.
to let through пропусти́ть. Will the customs officials let us through? А нас пропу́стят на тамо́жне?
☐ Let's go to the theater. Дава́йте пойдём в теа́тр. • Please let me have the menu. Пожа́луйста, да́йте мне ка́рточку (меню́). • The rain hasn't let up for two days. Дождь шёл два дня, не перестава́я.

letter письмо́. Are there any letters for me today? Мне нет сего́дня писе́м? — He gave me a letter of introduction. Он дал мне рекоменда́тельное письмо́. • бу́ква. Have you learned all the letters in the alphabet? Вы вы́учили все бу́квы алфави́та? • выводи́ть бу́квы. Letter the sign carefully. Выводи́те бу́квы на на́дписи о́чень тща́тельно.
☐ **to the letter** буква́льно. Be sure you keep to the letter of the agreement. Смотри́те, выполня́йте догово́р бу́ква́льно.

lettuce n сала́т, лату́к.

level ро́вный. Is the country level or mountainous? Эта ме́стность ро́вная и́ли гори́стая? • снести́. This slope has to be leveled. Этот холм ну́жно снести́. • сравня́ть с землёй. The shelling leveled the town. Бомбардиро́вка сравня́ла го́род с землёй. • у́ровень. The river rose above the level of the dam. Вода́ в реке́ подняла́сь вы́ше у́ровня плоти́ны. — He is below the general level of the class. Он ни́же сре́днего у́ровня своего́ кла́сса. • прице́литься (to aim). She leveled the gun at his head. Она́ прице́лилась ему́ в го́лову. • ватерпа́с. The carpenter tested the surface with a level. Пло́тник прове́рил пове́рхность ватерпа́сом.
☐ The bookcase is level with the table. Кни́жная по́лка и стол одно́й высоты́. • He has a level head in emergencies. Он не теря́ет хладнокро́вия в тру́дные мину́ты.

liberal ще́дрый. She's very liberal with her money. Она́ о́чень ще́драя. • либера́л. I was surprised to learn that the banker was a liberal. Я был поражён, когда́ узна́л, что э́тот банки́р либера́л. • передово́й. He has very liberal views. Он челове́к передовы́х взгля́дов.

liberty свобо́да. Let me show you a picture of the Statue of Liberty. Я покажу́ вам сни́мок со ста́туи свобо́ды.
☐ **at liberty** свобо́дно. Are you at liberty to talk? Вы мо́жете говори́ть свобо́дно?
to take liberties позволя́ть себе́. He took too many liberties when he was here. Он сли́шком мно́го себе́ позволя́л, когда́ был здесь.
☐ The prisoner got his liberty. Аресто́ванного освободи́ли.

lice *See* **louse**.

license разреше́ние. Do you have a license? Есть у вас разреше́ние? • пра́во. That doesn't give you license to do as you please. Это ещё не даёт вам пра́ва де́лать всё, что вам заблагорассу́дится. • He's a licensed liquor dealer. У него́ есть разреше́ние на прода́жу спиртны́х напи́тков.

lid n кры́шка.

lie[1] (lay, lain) лежа́ть. Don't lie on the damp grass. He лежи́те на сыро́й траве́. — Most of the town lies on the right bank of the river. Бо́льшая часть го́рода лежи́т на

пра́вом берегу́. • пролежа́ть. Have you lain there all day? Вы пролежа́ли там весь день?
☐ **to lie around** валя́ться. What are you lying around for? Go for a walk. Чего́ вы валя́етесь? Пошли́ бы погуля́ть! • провали́ться. I just lay around all day yesterday. Я вчера́ весь день провали́лся.
to lie down приле́чь. I want to lie down for a few minutes. Я хочу́ приле́чь на мину́тку.
to lie down on the job рабо́тать спустя́ рукава́. He lay down on the job. Он рабо́тал спустя́ рукава́.
☐ This book's appeal lies in its humor. Успе́х э́той кни́ги объясня́ется тем, что в ней мно́го ю́мора. • The factory has been lying idle for a year. Фа́брика простоя́ла це́лый год.

lie[2] врать. There's no doubt that he's lying about it. Насчёт э́того он несомне́нно врёт. • ложь. Everything he says is a lie! Всё, что он говори́т, — ложь!

life (lives) жизнь. We tried to save him, but there were no signs of life in the child. Мы стара́лись его́ спасти́, но ребёнок не подава́л никаки́х при́знаков жи́зни. — There was no life on the island. На о́строве не́ было никаки́х при́знаков жи́зни. — I find that life in the country is pleasant. Мне нра́вится дереве́нская жизнь. • жить. The average life of a dog is ten years. Соба́ка живёт, в сре́днем, де́сять лет. • биогра́фия. He wrote a life of the President. Он написа́л биогра́фию президе́нта.
☐ **the life of the party** душа́ о́бщества. He was the life of the party. Он был душо́й о́бщества.
☐ He's full of life. Жизнь так и кипи́т в нём. • Many lives were lost in the flood. Во вре́мя наводне́ния бы́ло мно́го челове́ческих жертв. • If you take good care of your car, you will increase its life. Е́сли вы бу́дете бе́режно обраща́ться с ва́шей маши́ной, она́ вам до́льше прослу́жит.

life preserver n спаса́тельный по́яс.

lift подня́ть. It's too heavy to lift. Это тяжело́ — не подни́мешь. — The crowd lifted him to their shoulders. Толпа́ подняла́ его́ на пле́чи. • рассе́яться. The fog lifted quickly. Тума́н бы́стро рассе́ялся. • разго́н. The plane didn't have enough lift to get off the ground. У самолёта не хвати́ло разго́на, что́бы подня́ться (в во́здух).
☐ **to give a lift** подвезти́. They gave him a lift to the station. Его́ подвезли́ к вокза́лу.
☐ His letter really gave me a lift. Его́ письмо́ подняло́ моё настрое́ние.

light (lighted *or* lit, lighted *or* lit) заже́чь. Light the lamp as soon as it gets dark. Зажги́те ла́мпу, как то́лько стемне́ет. — I lit the lamp in my room. Я зажёг ла́мпу в мое́й ко́мнате. • свет. The light was so strong that he had to shut his eyes. Свет был тако́й си́льный, что он до́лжен был закры́ть глаза́. — Please turn on the light so I can see. Пожа́луйста, зажги́те свет, а то я ничего́ не ви́жу. — There is a strong contrast of light and shade in the picture. В э́той карти́не си́льный контра́ст све́та и те́ни. • све́тлый. She has a light complexion. У неё све́тлая ко́жа. • светло́. We can work outdoors only as long as it's light. Мы мо́жем рабо́тать на во́здухе то́лько пока́ светло́. • света́ть. Wake me up as soon as it's light. Разбуди́те меня́ как то́лько начнёт света́ть. • развести́. Light the fire and give us some heat. Разведи́те нам ого́нь, чтоб немно́го согре́ться. • белизна́. The light on the snow was blinding. Белизна́ сне́га ослепля́ла. • горе́ть. Is your cigarette still lit? Ва́ша папиро́са ещё гори́т? •огонёк. Give me a light. Нет ли у вас огонька́? • лёгкий. Please take light packages with you. Пожа́луйста, возьми́те лёгкие паке́ты с собо́й. — Please give me some light wine. Пожа́луйста, да́йте мне немно́го лёгкого вина́. — I prefer light reading after work. По́сле рабо́ты я предпочита́ю лёгкое чте́ние. — She's very light on her feet for such a heavy woman. У неё о́чень лёгкая похо́дка для тако́й по́лной же́нщины. • возду́шный. Your cakes are lighter than usual today. Ва́ши пече́нье сего́дня ещё возду́шнее, чем обы́чно. • незначи́тельный. Our losses in the battle were light. На́ши поте́ри в э́той би́тве бы́ли незначи́тельны. • весёлый. I'm in a light mood today. Я сего́дня в весёлом настрое́нии. • приземля́ться. Airplanes can light on this field now. Тепе́рь самолёты мо́гут приземля́ться на э́том аэродро́ме. • ушиби́ть. When I fell I lit on my shoulder. Я упа́л и уши́б себе́ плечо́.

□ **light blue** све́тло-голуба́я. I want a light-blue hat. Я хочу́ све́тло-голубу́ю шля́пу.

light snow снежо́к. A light snow fell last night. Про́шлой но́чью вы́пал снежо́к.

to bring to light обнару́жить. The investigation brought many new facts to light. Сле́дствие обнару́жило мно́го но́вых фа́ктов.

to light up освеща́ть. The candle lit up the table. Свеча́ освеща́ла стол. • освети́ться. A smile lit up her face. Её лицо́ освети́лось улы́бкой. • заблесте́ть. The children's eyes lit up. У ребя́т глаза́ заблесте́ли.

to see the light поня́ть. At last I've made you see the light. Наконе́ц-то мне удало́сь заста́вить вас поня́ть.

□ I had a light nap this afternoon. Я слегка́ вздремну́л сего́дня по́сле обе́да. • He made light of the danger. Он не при́нял э́той опа́сности всерьёз. • Give me a light bulb. Да́йте мне электри́ческую ла́мпочку. • I made my decision in the light of what I had heard. То, что я услы́шал, заста́вило меня́ приня́ть э́то реше́ние.

lightning n мо́лния.

like люби́ть. This is the kind of country I like. Вот таки́е ме́стности я люблю́. • понра́виться. Did you like this picture? Вам понра́вилась э́та карти́на? • хоте́ть. Would you like another cup of coffee? Хоти́те ещё ча́шку ко́фе? • симпа́тия. She doesn't hesitate to express her likes and dislikes. Она́ выража́ет свои́ симпа́тии и антипа́тии, не заду́мываясь. • похо́ж на. People here are very much like Americans. Зде́шний наро́д похо́ж на америка́нцев. • тому́ подо́бное. I don't go in for dancing and the like. Та́нцы и тому́ подо́бное меня́ не интересу́ют. • как. He ran like mad. Он бежа́л, как сумасше́дший. — He took to it like a duck to water. *Он взя́лся за э́то и почу́вствовал себя́, как ры́ба в воде́.

□ I've never met his like. Тако́го, как он, я ещё не встреча́л. • Do you feel like dancing? Есть у вас охо́та потанцова́ть?

likely возмо́жно. You'll very likely be disappointed. О́чень возмо́жно, что вы бу́дете разочаро́ваны. • похо́же на то. It is likely to rain tonight. Похо́же на то, что сего́дня ве́чером бу́дет дождь.

□ **most likely** по всей вероя́тности. The trip will most likely take three days. Пое́здка продли́тся, по всей вероя́тности, три дня. • That's a likely story! Как бы не так!

likewise adv та́кже.

lily n ли́лия.

limb сук. The lightning split the limb from the tree. Мо́лнией отщепи́ло сук. • коне́чности. His limbs are very long for his body. У него́ дли́нные коне́чности и коро́ткое ту́ловище.

limit грани́ца. Where are the city limits? Где грани́цы го́рода? • ограни́чить. Limit your speech to three minutes. Ограни́чьте ва́шу речь тремя́ мину́тами.

□ You may spend up to a limit of fifty rubles. Вы мо́жете истра́тить не бо́льше пяти́десяти рубле́й. • She lived on a limited diet. Она́ соблюда́ла стро́гую дие́ту.

limitation лише́ние. I didn't realize it would be such a limitation to be without a car. Я не представля́л себе́, что отсу́тствие маши́ны бу́дет таки́м лише́нием. • недоста́ток. He's a nice fellow, but he has great limitations. Он сла́вный па́рень, но у него́ есть больши́е недоста́тки.

□ There are limitations on the amount of baggage a passenger can carry. Коли́чество багажа́, кото́рое пассажи́ры мо́гут взять с собо́ю, ограни́чено.

limited adj ограни́ченный.

line верёвка. Hang the clothes on the line. Пове́сьте бельё на верёвку. • леса́. Is your line strong enough to land a ten-pound fish? Ва́ша леса́ доста́точно крепка́, чтоб вы́держать ры́бу в пять кило́? • ли́ния. Draw a line between these two points. Проведи́те ли́нию ме́жду э́тими двумя́ то́чками. — The building has strong lines. Э́то зда́ние в стро́гих ли́ниях. • черта́. Divide the tennis court with a chalk line. Раздели́те те́ннисную площа́дку попола́м мелово́й черто́й. •стро́чка. Drop me a line if you have time. Черкни́те мне стро́чку, другу́ю, е́сли у вас бу́дет вре́мя. • Set these lines in smaller type. Набери́те э́ти стро́чки бо́лее ме́лким шри́фтом. • ряд. There's a long line of cars ahead of us. Пе́ред на́ми дли́нный ряд автомоби́лей. • о́чередь. I had to stand in line to get cigarettes. Мне пришло́сь стоя́ть в о́череди, что́бы получи́ть папиро́сы. • изборозди́ть. Her face was lined with worry. От забо́т, всё лицо́ её бы́ло изборождено́ морщи́нами. • про́вод. They cut the telephone lines. Они́ перере́зали телефо́нные провода́. • He's in the grocery line. Он рабо́тает по бакале́йной ча́сти. • вы́бор. They have a nice line of children's clothes. У них хоро́ший вы́бор де́тского пла́тья. • план. What line is the defense following? Како́в план защи́ты? • подкла́дка (lining). Her coat is lined with red. У неё пальто́ на кра́сной подкла́дке. • лино́ванный. Use lined paper for the chart. Возьми́те для диагра́ммы лино́ванную бума́гу.

□ **front lines** фронт. He's in the front lines. Он на фро́нте.

in line ро́вно. See whether the wheels are in line. Посмотри́те, ро́вно ли иду́т колёса. • на о́череди. He was next in line for a promotion. Он был пе́рвым на о́череди для повыше́ния.

to bring into line привести́ к соглаше́нию. Try to bring the whole committee into line. Постара́йтесь привести́ чле́нов комите́та к соглаше́нию.

to line up постро́ить в ряд. Line up the boys before we start. Постро́йте ребя́т в ряд, пре́жде чем дви́нуться в путь.

□ The street was lined with people watching the parade. На у́лице лю́ди стоя́ли шпале́рами в ожида́нии пара́да. • Which bus line do you use to go home? Каки́м авто́бусом вы е́здите домо́й? • He has a very successful line of talk. Он зна́ет, как с кем разгова́ривать. • He managed to keep the whole party in line. Ему удавалось поддерживать единство в партии.

linen полотно. This white linen is fine but expensive. Это белое полотно красиво, но дорого. • полотняный. You can buy nice linen handkerchiefs in this store. В этом магазине можно купить хорошие полотняные носовые платки. • бельё. What laundry do you send your linen to? В какую прачечную вы отдаёте бельё?

lion n лев.

lip губа. Your lips are swollen. У вас распухли губы.
□ The lip of the pitcher is broken. У этого кувшина отбит носик. • He only gives lip service to that principle. Он придерживается этого принципа только на словах.

liquid жидкость. What's this blue liquid? Что это за синяя жидкость? • жидкий. Do you have liquid shampoo? Есть у вас жидкий шампунь?

liquor n спиртной напиток, крепкий напиток.

list список. Is my name on the list? Есть моё имя в списке? • перечислить. Please list the places I should visit. Пожалуйста, перечислите мне места, куда стоит пойти.

listen слушать. I like to listen to good music. Я люблю слушать хорошую музыку. • послушать. Listen, I have something to tell you. Послушайте, я хочу вам что-то сказать. • выслушать. Listen to what I have to say. Выслушайте внимательно то, что я хочу вам сказать. • прислушиваться. Listen for the doorbell. Прислушивайтесь к звонку.

lit See light.

literary adj литературный.

literature n литература.

little (less, least) маленький. Give me a little piece of cake. Дайте мне маленький кусочек пирога. • немного. I can speak a little Russian. Я говорю немного по-русски. • не многим. He's little better than a thief. Он не многим лучше настоящего вора.
□ I can walk a little way with you. Я могу пройти с вами несколько шагов. • I rode a little yesterday. Я вчера немного покатался верхом. • I'll come in a little while. Я очень скоро приду. • He has little influence there. Он не пользуется там особым влиянием.

live (as in give) жить. The doctor said that the patient would live. Доктор сказал, что больной будет жить. — Does anyone live in this house? Кто-нибудь живёт в этом доме? • жив(ой). I don't know whether he's living or dead. Я не знаю, жив он или умер. • I expect to live here for two months. Я собираюсь прожить здесь два месяца. — He lived a happy life. Он прожил счастливую жизнь. • существовать. How can they live on this food? Как они могут существовать при таком питании?
□ to live up to оправдать. He did not live up to my hopes. Он не оправдал моих надежд.
□ You've never lived unless you've seen Paris. Тот не жил, кто не бывал в Париже. • It will take years to live down the gossip. Годы пройдут, пока эта сплетня забудется.

live (as in five) живой. Look out! The snake is a live one. Осторожно! Эта змея живая. • боевой. They use live cartridges for practice. Они употребляют боевые патроны при учебной стрельбе. • актуальный. It's a live issue in some places. В некоторых местах это актуальный вопрос.
□ Never touch a live wire. Никогда не дотрагивайтесь

до обнажённого провода. • Roast it over the live coals. Поджарьте это на углях.

lively живой. She has a lively disposition. Она очень живая. or У неё очень живой характер. • ожесточённый. The fight was a lively one. Борьба была ожесточённая. • весёлый. What a lively puppy! Какой весёлый щенок!
□ Step lively! Живо! or Поскорее!

lives See life.

living живой. He's the living image of his grandfather. Он живой портрет своего деда. • прожиточный. Can you make a living wage on this job? Можете вы на этой работе выработать прожиточный минимум?
□ to make a living зарабатывать. Can he make a living for his family? Он в состоянии зарабатывать на семью?

load груз. The load weighs a hundred kilograms. Этот груз весит сто кило. • грузить. Are they loading or unloading the vessel? Что, они грузят или разгружают пароход? — It's time to load the wood onto the wagon. Пора уже грузить дрова на подводу. • нагрузить. They loaded us with work. Нас нагрузили работой. • зарядить. The gun is loaded. Винтовка заряжена.
□ They were loading the hay onto the wagon. Они кидали сено на воз.

loading n погрузка.

loaf хлеб. Slice three loaves for sandwiches. Нарежьте три хлеба на бутерброды. • работать спустя рукава. We've been loafing on the job lately. Последнее время мы работали спустя рукава. • бездельничать. He loafed around all day. Он целый день бездельничал.
□ meat loaf рулет. She made meat loaf for dinner. Она приготовила рулет на обед.

loan заём. It was nice of you to arrange that loan for me. Было очень любезно с вашей стороны устроить для меня этот заём. • одолжить. Can you loan me the book when you finish it? Когда вы прочтёте эту книгу, вы сможете мне одолжить её?

local местный. This is a local custom. Это местный обычай. — You'll need a local anesthetic for that operation. Эту операцию вам надо сделать под местным наркозом. • местный отдел профсоюза. I met him in my local. Я встретил его в местном отделе своего профсоюза.
□ local train поезд местного сообщения. They run local and express trains at all hours. Поезда местного сообщения и скорые ходят во всякое время дня и ночи.

locate находиться. The new store is located not far from the post office. Новый магазин находится недалеко от почты. • найти. We're unable to locate him as yet. Нам пока ещё не удалось его найти. • разыскать. Can you locate this place on the map for me? Вы можете разыскать мне это место на карте?

location местонахождение. Show me the location of your camp on this map. Укажите мне на карте местонахождение вашего лагеря. • положение. What's the exact location of the ship? Дайте мне точное положение судна.

lock замок. The lock on the stable is broken. Замок в конюшне испорчен. • запереть на ключ. Be sure to lock the door when you leave. Не забудьте запереть дверь на ключ, когда уйдёте. • прядь волос. Every lock of her hair was in place. Каждая прядь волос у неё была тщательно уложена. • запереть. Lock the dog in the kitchen. Заприте собаку в кухне. • сцепиться. The cars locked bumpers. Машины сцепились буферами. • шлюз.

The ship had to stay in the locks an hour. Пароход должен был на час остановиться у шлюза. ▢ **to lock up** запереть. Did you lock up the house before we left? Вы заперли дом перед уходом?

lodge сторожка. We stopped at the lodge overnight. Мы провели ночь в сторожке. • сосредоточить. A great deal of power was lodged in his hands. В его руках была сосредоточена большая власть. • застрять. The bullet lodged in his lung. Пуля застряла у него в лёгком. • подать. He lodged his complaint with the manager. Он подал жалобу директору. ▢ He lodges with them. Он их жилец.

log полено. Put another log in the fireplace. Подбросьте ещё одно полено в камин. • бревенчатый. Where is the log house? Где этот бревенчатый домик? • измерять. Don't forget to log the speed. Не забудьте измерять скорость. ▢ **logs** лес. The logs are being floated down the river. Лес сплавляют по реке. **(ship's) log** судовой. There is a complete record of the storm in the ship's log. В судовом журнале есть подробная запись бури. ▢ When will they start logging? Когда они начнут рубить лес?

lone adj одинокий.

lonely одинокий. Aren't you lonely without your friends? Вы не чувствуете себя одиноким без ваших друзей? • уединённый. He's a lighthouse-keeper and leads a lonely life. Он сторож маяка и ведёт уединённую жизнь. ▢ This must be a lonely place in the winter. Зимой тут, наверно, пусто и одиноко.

lonesome adj одинокий.

long длинный. I need a long rope. Мне нужна длинная верёвка. • долго. Don't stay away too long. Не уходите (or уезжайте) надолго. • долгий or длинный. This is a long trip by water. Морем это долгое путешествие. • на много. He got there long after we did. Он попал сюда на много позже нас. ▢ **as long as** раз. As long as you want it, you can have it. Раз вы этого хотите, — пожалуйста. **long ago** давным-давно. The event happened long ago. Это случилось давным-давно. **so long!** пока! ▢ It's still a long way to the top of the mountain. До вершины горы ещё долго идти. • The child cried all night long. Ребёнок проплакал всю ночь. • The play is three hours long. (Эта) пьеса продолжается три часа. • I long to finish that job. Мне ужасно хочется окончить эту работу.

look смотреть. Look at the beautiful sunset! Смотрите, какой чудный закат! • посмотреть. Take a good look. Посмотрите хорошенько. • рассматривать. I enjoy looking at old family pictures. Я люблю рассматривать старые семейные фотографии. • выглядеть. You look fine. Вы хорошо выглядите. • вид. She looked angry when she said that. У неё был сердитый вид, когда она это сказала. • внешность. I don't like his looks. Мне не нравится его внешность. • выходить. The big window looks out on a garden. Это большое окно выходит в сад. ▢ **to look after** смотреть за. Did you get someone to look after the child? Вы нашли кого-нибудь, чтоб смотреть за ребёнком?

to look for искать. I'm looking for a room. Я ищу комнату. **to look forward to** ждать с нетерпением. We're looking forward to our vacation. Мы с нетерпением ждём отпуска. **to look on** смотреть. The others played but he just looked on. Другие играли, а он только смотрел. • считать. Her father looked on her marriage as unfortunate. Её отец считал её замужество неудачным. **to look to** обращаться к. He always looked to his father for help. Он всегда обращался к отцу за помощью. **to look up** заглянуть к. Look me up some time. Загляните как-нибудь ко мне. • справиться в. Have the clerk look up the train schedule. Попросите служащего справиться в расписании поездов. • улучшаться. Things are looking up. Положение улучшается. • поднять глаза. He looked up quickly. Он быстро поднял глаза. **to look up to** уважать. I can't help looking up to him. Я не могу не уважать его. ▢ She looks very pretty today. Она сегодня прехорошенькая. • The police will look into the theft. Милиция займётся расследованием этой кражи. • Look out! Берегитесь! • Look out for the trains. Берегитесь поезда.

looks наружность. I liked her, not for her looks, but for her kindness. Мне нравилась в ней не её наружность, а её доброта. • положение. I don't like the looks of things here. Мне не нравится положение вещей здесь. ▢ I like her looks. По-моему, она очень хорошенькая.

loose приблизительный, свободный. He made a loose translation from the original. Он сделал приблизительный перевод (с оригинала). • не тугой (not tight). Put a loose bandage on his arm. Перевяжите ему руку, но не туго. • развесной. Buy a kilogram of loose coffee. Купите кило развесного кофе. • редкий, реденький. Get me some material with a closer weave. This one is too loose. Дайте мне материю поплотнее, эта слишком реденькая. • на свободе. Why is that dog allowed to go loose? Почему эта собака бегает на свободе? • разойтись. He certainly cut loose at that party. Он, правда, разошёлся в этой вечеринке. ▢ She's known for a loose tongue. Она известна своей болтливостью. • Doesn't that bolt seem loose? А этот болт не шатается? • Look for it among the loose papers on my desk. Поищите его среди бумаг, которые валяются у меня на столе. • He has a loose tooth. У него зуб шатается. • There's a loose button on your shirt. У вас на рубашке пуговица болтается.

lose (lost, lost) потерять. I've lost my purse again. Я опять потерял кошелёк. — I lost the thread of his argument. Я потерял нить его доказательств. — He lost his wife five years ago. Он потерял жену лет тому назад. • терять. Don't lose hope. Не теряйте надежды. — I don't want to lose any more time. Я больше не хочу терять время. • освободиться (to free oneself), потерять. He lost his foreign accent. Он освободился от своего иностранного акцента. • проиграть. Our team lost. Наша команда проиграла. • пропустить. You have lost a good opportunity by delaying. Вы так долго тянули, что пропустили хороший случай. ▢ That speech lost him the election. Из-за этой речи он провалился на выборах. • Don't lose your way home. Не заблудитесь по дороге домой.

loss пропа́жа. I want to report the loss of some jewelry. Я хочу́ заяви́ть о пропа́же драгоце́нностей. • про́игрыш. The team took the loss of the game lightly. Кома́нда легко́ отнесла́сь к своему́ про́игрышу. • поте́ря. The loss of her husband was a great blow. Поте́ря му́жа была́ для неё больши́м уда́ром. — There was no reason for the loss of time. Это была́ нену́жная поте́ря вре́мени. • дефици́т. The company's books have shown a loss for years. Уже́ мно́го лет, как в кни́гах э́той фи́рмы зна́чится дефици́т. ☐ I am at a loss to explain his absence. Я ника́к не могу́ себе́ объясни́ть его́ отсу́тствия.

lost *See* **lose.**

lot гора́здо. She's a lot better than people think. Она́ гора́здо лу́чше, чем о ней ду́мают. • ма́сса. He has a lot of books. У него́ ма́сса книг. • побо́льше. Give me a lot of sauce with my meat. Да́йте мне побо́льше со́усу к мя́су. • уча́сток земли́. He bought a lot at the edge of town. Он купи́л уча́сток земли́ на окра́ине го́рода. • па́ртия. We'll send the textbooks in three different lots. Мы пошлём вам уче́бники тремя́ отде́льными па́ртиями. — The salt is sold in hundred-kilogram lots. Соль продаётся па́ртиями по сто кило́ ка́ждая. • жре́бий. They drew lots to see who would go first. Они́ тяну́ли жре́бий, кому́ идти́ пе́рвым.
☐ There was lots of fun at the dance. На та́нцах бы́ло о́чень ве́село. • They're a fine lot of soldiers. Э́ти солда́ты молодцы́, как на подбо́р.

loud гро́мкий. She has an unpleasant, loud voice. У неё неприя́тный гро́мкий го́лос. • гро́мко. He spoke loud enough to be heard in the other room. Он говори́л доста́точно гро́мко, чтоб его́ мо́жно бы́ло слы́шать из друго́й ко́мнаты. • крича́щий. His ties are always too loud. Он всегда́ но́сит сли́шком крича́щие самовя́зы. • развя́зно. His manners are much too loud. Он ведёт себя́ сли́шком развя́зно. *or* У него́ сли́шком развя́зные мане́ры. • ре́зкий. There were loud criticisms in the press about it. В печа́ти об э́том была́ о́чень ре́зкая кри́тика. • погро́мче. Speak loud enough to be heard. Говори́те, пожа́луйста, погро́мче, так, чтобы вас бы́ло слы́шно.

louse *n* вошь.

love любо́вь. His love probably won't last. Не ду́маю, что его́ любо́вь бу́дет долгове́чной. • люби́ть. He had a great love for the theater. Он о́чень люби́л теа́тр. — He had a great love for his country. Он горячо́ люби́л свою́ ро́дину. — I think he really loves her. Я ду́маю, он её действи́тельно лю́бит. — I love to walk along the river every morning. Я люблю́ гуля́ть по бе́регу реки́ по утра́м. • хоте́ть. I'd love to see this picture. Я бы о́чень хоте́л посмотре́ть э́ту карти́ну. • приве́т. Give my love to all my friends. Переда́йте приве́т всем мои́м друзья́м.
☐ **to fall in love** влюби́ться. He fell in love with the captain's daughter. Он влюби́лся в дочь капита́на.

lovely преле́стный. I've never seen such a lovely girl. Я никогда́ не ви́дел тако́й преле́стной де́вушки. • чуде́сный. There is a lovely view from the bridge. С моста́ открыва́ется чуде́сный вид.

lover люби́тель. He's a lover of nature. Он люби́тель приро́ды. • люби́мый челове́к. Her lover was killed in the war. Её люби́мый челове́к был уби́т на войне́.

low ни́зкий. I prefer low heels. Я предпочита́ю ни́зкие каблуки́. — The temperature is very low today. Температу́ра сего́дня о́чень ни́зкая. — The singer has a very low voice. У э́того певца́ о́чень ни́зкий го́лос. — I consider the price too low. Я нахожу́ что э́то сли́шком ни́зкая цена́. • ни́зко. That plane is flying too low. Э́тот самолёт сли́шком ни́зко лети́т. • невысо́кий. The hill looks low from here. Отсю́да э́тот холм ка́жется невысо́ким. — I have a low opinion of him. Я о нём невысо́кого мне́ния. • сла́бый. She gave a low moan. Она́ испусти́ла сла́бый стон. • ти́хо. Sing low. По́йте ти́хо. • пода́вленный. I feel very low today. Я сего́дня чу́вствую себя́ пода́вленным. • вульга́рный. He has a low type of humor. Его́ шу́тки вульга́рны. • пе́рвая ско́рость. Put the car in low to climb the hill. Переведи́те маши́ну на пе́рвую ско́рость для подъёма на́ гору. • ни́же. Hang this picture a little lower. Пове́сьте э́ту карти́ну немно́го ни́же. • ни́жний. Please give me a lower berth. Да́йте мне, пожа́луйста, ни́жнюю ко́йку.
☐ **low tide** отли́в. The tide is low in the morning now. Отли́в тепе́рь быва́ет по утра́м.

low trick ни́зость. It was a low trick to go on the trip without her. Э́то бы́ло ни́зостью уе́хать без неё.

lower (*See also* **low**) опусти́ть. The crew lowered the body into the sea. Кома́нда опусти́ла те́ло в мо́ре.
☐ Please lower the window. Прикро́йте окно́, пожа́луйста. • Can't you lower your voice? Неуже́ли вы не мо́жете говори́ть поти́ше?

loyal ве́рный. He's a loyal follower of this theory. Он ве́рный после́дователь э́той тео́рии.

luck уда́ча. It was merely a matter of luck. Э́то бы́ло про́сто де́лом уда́чи. • сча́стье. Good luck! Жела́ю вам сча́стья. *or* *Ни пу́ха, ни пера́.
☐ He said his failure was due to bad luck. Он объясни́л свою́ неуда́чу тем, что ему́ не повезло́.

lucky уда́чно. It was very lucky that you came today. Э́то о́чень уда́чно, что вы сего́дня пришли́.
☐ **lucky fellow** счастли́вец. Isn't he a lucky fellow! Вот счастли́вец!

lumber до́ски. Where can I buy lumber and nails? Где мне купи́ть до́сок и гвозде́й? • лес. We need lumber to build a barn. Нам ну́жен лес для постро́йки сара́я. • лесозаго́товки. We do lumbering up the river. Мы произво́дим лесозаго́товки в верхо́вьях реки́.
☐ He lumbered along like an elephant. Он ступа́л тяжело́, как слон.

lump ши́шка. He has a lump on his head where he bumped it. У него́ вскочи́ла ши́шка на голове́ в том ме́сте, где он уши́бся. • кусково́й. Do you have lump or granulated sugar? У вас кусково́й са́хар и́ли песо́к?
☐ **lump sum** вся су́мма. He paid for it in a lump sum. Он сра́зу заплати́л всю су́мму.

lunch за́втрак. What are we going to have for lunch? Что у нас сего́дня на за́втрак? • за́втракать (to eat lunch). It's time for lunch. Пора́ за́втракать. • поза́втракать (to eat lunch). Will you lunch with me? Хоти́те поза́втракать со мной?

lung *n* лёгкое.

luxury *n* ро́скошь.

M

machine маши́на. My mother uses a machine in washing and ironing. Моя́ мать употребля́ет маши́ну для сти́рки и гла́женья. • аппара́т. The machine is backing him in the election. Его́ кандидату́ру подде́рживает парти́йный аппара́т.

machinery маши́ны. The machinery is out of order. Маши́ны не в поря́дке. • организа́ция. There was no machinery to settle the dispute. Не́ было организа́ции, кото́рая могла́ бы ула́дить э́тот конфли́кт.

mad сумасше́дший. He must be mad to take such a chance. На́до быть сумасше́дшим, что́бы так рискова́ть. • без ума́. She was mad about him from the very first. Она́ с пе́рвого взгля́да была́ от него́ без ума́. • безу́мный. That was a mad thing to do. Так поступи́ть бы́ло про́сто безу́мием. • бе́шеный. Watch out for the mad dog. Остерега́йтесь бе́шеной соба́ки. • серди́тый. She is very mad at him. Она́ на него́ о́чень серди́та.
□ **like mad** как сумасше́дший. He drove like mad. Он гнал маши́ну, как сумасше́дший.
to drive mad своди́ть с ума́. The heat's driving me mad. Жара́ меня́ про́сто с ума́ сво́дит.
to get mad серди́ться. That's no reason to get mad. Из-за э́того не сто́ит серди́ться.
to make mad рассерди́ть. What made him mad? Что его́ так рассерди́ло?
□ My boy is mad about ice cream. Мой ма́льчик обожа́ет моро́женое.

madam n мада́м (used only in addressing a foreigner).

made See **make**.

magazine журна́л. Where can I buy a magazine? Где мо́жно купи́ть журна́л?

magic n ма́гия.

magnificent adj великоле́пный.

maid де́ва. Two old maids live there. Там живу́т две ста́рые де́вы. • домрабо́тница. Where can I hire a maid? Где мо́жно наня́ть домрабо́тницу? • го́рничная. There are only five maids in this hotel. В э́той гости́нице то́лько пять го́рничных.

maiden незаму́жняя. I have a maiden aunt. У меня́ есть незаму́жняя тётка. • пе́рвый. This is our ship's maiden voyage. Это пе́рвый рейс на́шего парохо́да.

mail пи́сьма. Did I get any mail this morning? Бы́ли для меня́ пи́сьма сего́дня у́тром? • опусти́ть в я́щик. Where can I mail this letter? Где мо́жно опусти́ть в я́щик э́то письмо́? • по́чта. Will this catch the last mail? Это ещё уйдёт с после́дней по́чтой? — Mail delivery here is twice a day. Здесь разно́сят по́чту два ра́за в день. — The mails were held up by the storm. Из-за бу́ри произошла́ заде́ржка в доста́вке по́чты.
□ **by mail** по по́чте. He promised to send the check by mail. Он обеща́л присла́ть чек по по́чте.

main гла́вный. Where is the main street? Где гла́вная у́лица? • магистра́ль. The water main has burst. Водопрово́дная магистра́ль ло́пнула.
□ **gas main** газопрово́д. The gas mains end at the city line. Газопрово́д конча́ется у городско́й черты́.
in the main в осно́ве. I agree with him in the main. В осно́ве я с ним согла́сен.

main line магистра́ль. The main line runs through Moscow. Магистра́ль идёт че́рез Москву́.

maintain подде́рживать. You'll need more coal to maintain that degree of heat. Вам ну́жно бу́дет бо́льше угля́, что́бы подде́рживать таку́ю температу́ру. — Those countries have maintained peace for twenty years. Эти стра́ны подде́рживали ми́рные отноше́ния в тече́ние двадцати́ лет. • содержа́ть. He needs more money to maintain his family. Ему́ ну́жно бо́льше де́нег, чтоб содержа́ть семью́. • утвержда́ть. I maintain that I am not at fault. Я утвержда́ю, что я не винова́т.
□ He is always careful to maintain his reputation. Он всегда́ забо́тится о свое́й репута́ции.

major гла́вный. The failure of the crops was the major cause of starvation in that region. Плохо́й урожа́й был гла́вной причи́ной го́лода в э́том райо́не. • майо́р. Has anyone seen the major? Кто́-нибудь ви́дел майо́ра? • мажо́р. This piece is in a major key. Эта вещь напи́сана в мажо́ре.
□ What was your major? По како́му отделе́нию вы ко́нчили? • I haven't decided what to major in this year. Я ещё не реши́л, каки́е предме́ты избра́ть свое́й специа́льностью в э́том году́.

majority n большинство́.

make (made, made) сде́лать. He made a bookcase for his apartment. Он сде́лал в свое́й кварти́ре кни́жные по́лки. — Who made the highest score? Кто сде́лал бо́льше всего́ пу́нктов? or У кого́ бо́льше всего́ пу́нктов? • де́лать. He hardly ever makes a mistake. Он почти́ никогда́ не де́лает оши́бок. — That car can make eighty kilometers an hour. Эта маши́на де́лает восемьдеся́т киломе́тров в час. • образе́ц. He has a car of an old make. У него́ маши́на ста́рого образца́. • сорт. What make of coffee do you use? Како́й сорт ко́фе вы употребля́ете? • заключи́ть. Are they willing to make peace? Они́ согла́сны заключи́ть мир? • созда́ть. He made his reputation early in life. Он ра́но созда́л себе́ и́мя. • вести́. We intend to take away their power to make war. Мы хоти́м отня́ть у них возмо́жность вести́ войну́. • заставля́ть. Don't make me do that. Не заставля́йте меня́ э́то де́лать. • зараба́тывать. How much do you make a month? Ско́лько вы зараба́тываете в ме́сяц? • дости́чь. We can make our destination by evening. Мы мо́жем дости́чь ме́ста назначе́ния к ве́черу. • поспе́ть. Do you think we'll make the train? Вы ду́маете, что мы поспе́ем на по́езд? • пройти́ че́рез. Do you think a table this wide can make the doorway? Вы ду́маете, что тако́й широ́кий стол пройдёт че́рез дверь?
□ **to make believe** притворя́ться. She's only making believe that she doesn't know. Она́ то́лько притворя́ется, что не зна́ет.
to make for идти́ к. Let's make for that tall tree. Пойдём-те-ка (по направле́нию) к э́тому высо́кому де́реву.
to make out соста́вить. It's time to make out our annual report. Нам пора́ соста́вить годово́й отчёт. • вы́писать. Have you made out the check yet? Вы уже́ вы́писали чек? • пригото́вить. Please make out our bill. Пожа́луйста, пригото́вьте наш счёт. • запо́лнить. Come back when you've made out this form. Приди́те обра́тно, когда́ вы

заполните этот бланк. • понимать. Can you make out what he means? Вы понимаете, что он хочет сказать? • разобрать. He couldn't make out the sign. Он не мог разобрать, что было написано на вывеске. • справиться. Don't worry; I'll make out all right. Не беспокойтесь, я справлюсь.

to make over передать. Her father made over the farm in her name. Отец передал ей ферму (в собственность). • переделать. She's having her old coat made over. Она дала переделать своё старое пальто.

to make time выиграть время. We can make time if we take the dirt road. Мы выиграем время, если поедем по грунтовой дороге.

to make up составлять. We make up the payroll on the fifteenth of the month. Мы составляем платёжную ведомость пятнадцатого (числа) каждого месяца. • составить. Did he make up the speech himself? Он сам составил эту речь? • заплатить. Collect all you can, and he'll make up the rest. Соберите сколько можете, а он заплатит остальное. — I want to make up my share of the bill. Я хочу заплатить мою часть (счёта). • помириться. Do you know if they've made up yet? Вы не знаете, они уже помирились? • мазаться. She takes a lot of time to make up. Она мажется и тратит на это массу времени. • гримироваться. The actors will need at least half an hour to make up. Актёрам нужно будет по крайней мере полчаса, чтобы загримироваться.

to make up a story сочинить. Is it true or did he make that story up? Это правда, или он это всё сочинил?

to make up for загладить. He's willing to make up for his mistake. Он готов загладить свою ошибку.

to make up one's mind решить. I won't make up my mind until tomorrow. Я этого до завтра не решу. • решиться. It's time to make up your mind. Пора вам, наконец, на что-нибудь решиться.

☐ Don't make off with my hat. Смотрите не стащите моей шляпы. • Can you make room for one more? Здесь найдётся ещё одно место. • Can we make a fire in this wind? Сможем мы разложить костёр при таком ветре? • Has he made his point? Удалось ему доказать то, что он хотел? • He makes a good carpenter. Он хороший плотник. • Does this make sense? Есть в этом какой-нибудь смысл? • He is making a success of his business. Он ведёт своё предприятие очень успешно. • It's hard for them to make both ends meet. *Им нелегко сводить концы с концами. • They made him chairman. Его выбрали в председатели. • What made you sick? Отчего вам стало нехорошо? • The train will make Moscow in five hours. Поезд будет в Москве через пять часов. • Hard work made him. Он добился успеха упорным трудом. • The writer was made by his first book. Первая же книга создала этому писателю имя. • They tried to make out that we were to blame. Они старались свалить вину на нас. • The newspaper is already made up. Газета уже готова к печати. • Four times twenty makes eighty. Четырежды двадцать — восемьдесят.

male самец. Is that dog male or female? Эта собака — самец или самка?

mamma n мама.

man (men) мужчина. Is that tall man this boy's father? Этот высокий мужчина отец этого мальчика? • человек. We need about five men to lift these heavy cases. Нам нужно пять человек, чтоб поднять эти ящики. — What a man he was! Что это был за человек! • мужской. Where is the men's room? Где здесь мужская уборная? • рабочий. I need a man to mow the lawn. Мне нужен рабочий, чтоб скосить траву на лужайке.

☐ **man and wife** муж и жена. Are they man and wife? Они муж и жена?

to a man все до единого. The committee voted for the bill to a man. Все члены комиссии до единого голосовали за этот законопроект.

☐ We'll have to have a man-to-man talk about this. Нам нужно будет об этом поговорить на чистоту. • Man to man, what are the facts? Скажите по совести, что собственно произошло? • A man has to get used to this climate. К этому климату надо привыкнуть. • He's having trouble manning his farm this summer. Этим летом ему трудно найти рабочих для фермы. • Men at work. Тут производятся работы.

manage заведывать. Who manages this department? Кто здесь заведует этим отделом? • управиться. Can you manage the car by yourself? Вы можете управиться с машиной без посторонней помощи? • справиться. Can you manage those packages by yourself? Вы можете сами справиться с этими пакетами? — They say he's difficult, but I think I can manage him. Говорят, он трудный человек, но я думаю, что я с ним справлюсь. — I can manage, thanks. Я справлюсь сам, спасибо. • ухитриться or умудриться. I managed to see him twice last week. Я ухитрился повидать его два раза на прошлой неделе. — How did you manage to get these tickets? Как вы ухитрились получить эти билеты?

management администрация. I wish to complain to the management about the poor service. Я хочу пожаловаться администрации на плохое обслуживание. • управление. The management of the factory is in the hands of three people. Управление заводом в руках трёх человек. • His job is the management of the factory. Его дело — заведывать фабрикой.

manager заведующий. Who is the manager here? Кто здесь заведующий? • хозяйка. He doesn't make much money, but his wife is a good manager. Он зарабатывает не много, но его жена экономная хозяйка.

mankind n человечество.

manly adj мужественный.

manner манера. I don't like his manner of dealing with people. Мне не нравится его манера обращаться с людьми.

☐ **manners** манеры. We must be careful of our manners when we go there. Когда мы там будем, нам надо будет хорошенько следить за нашими манерами. • обычай. The manners in your country are different from ours. У вас здесь обычаи иные, чем у нас.

☐ He answered in a sharp manner. Он ответил резко.

manufacture производить. What do you manufacture here? Что у вас тут производится? — We manufacture cars in this factory. Наш завод производит автомобили. • производство. He's made up a new method of manufacture. Он ввёл новую систему производства. • придумать, сочинить. He'll be able to manufacture a story. Он уж сочинит какую-нибудь историю.

many много. I have many things to do. У меня много дела. — Are there many coming to dinner? Много народу

110

придёт к обе́ду? • мно́гие. I'm sure that many wouldn't agree with you. Я уве́рен в том, что мно́гие с ва́ми не соглася́тся.

□ **a good many** дово́льно мно́го. He knows a good many people in this city. Он зна́ет дово́льно мно́го наро́ду в э́том го́роде. • мно́го. I called you a good many times yesterday. Я звони́л вам вчера́ мно́го раз.

a great many о́чень мно́гие. A great many people buy their food here. О́чень·мно́гие покупа́ют тут проду́кты. • ма́сса. We have a great many things to do before we leave. У нас ма́сса дел перед отъе́здом.

how many ско́лько. How many tickets do you want? Ско́лько биле́тов вам дать?

many a мно́го. I've passed you on the street many a time. Я мно́го раз проходи́л ми́мо вас на у́лице.

map ка́рта. I want a map of this region. Мне нужна́ ка́рта э́той о́бласти. — Can you show me the town on the map? Мо́жете показа́ть мне э́тот го́род на ка́рте? • снять ка́рту. The next job is to map the coast. Сле́дующее де́ло — снять ка́рту береговой полосы́. • соста́влять маршру́т. The guide is mapping out our route now. Проводни́к составля́ет наш маршру́т. • соста́вить. Have you mapped out your schedule yet? Вы уже́ соста́вили своё расписа́ние?

maple *n* клён.

mar *v* по́ртить.

marble мра́морный. There were many marble pillars in the church. В це́ркви бы́ло мно́го мра́морных коло́нн. • ша́рик. The children were playing marbles. Де́ти игра́ли в ша́рики.

march март. I plan to stay here through March. Я собира́юсь остава́ться здесь весь март. • (про)маршировать. Did you see the soldiers march by? Вы ви́дели, как тут промаршировали солда́ты? • выводи́ть на прогу́лку. They march the prisoners in the yard every afternoon. Заключённых выводя́т во двор на прогу́лку ка́ждый день по́сле обе́да. • перехо́д. We had a tough march this morning. У нас был сего́дня у́тром тру́дный перехо́д. • марш. The band started the concert with a march. Орке́стр на́чал конце́рт ма́ршем. • курс. His job makes him keep in close touch with the march of events. В связи́ с его́ рабо́той ему́ прихо́дится быть в ку́рсе собы́тий.

mark знак. This ruble bill has a mark on it. На э́той рублёвке како́й-то значо́к. • ме́тка. Be sure your mark is on your laundry. Не забу́дьте поста́вить ме́тки на ва́шем белье́. • поме́тить. Have you marked your laundry? Вы поме́тили ва́ше бельё? • отме́тить. I've marked the important parts of the article. Я отме́тил наибо́лее ва́жные пу́нкты в э́той статье́. • обознача́ть. I've marked your route on the map. Я обозна́чил ва́шу доро́гу на ка́рте. • цель. Do you think he'll reach the mark he's set for himself? Вы ду́маете, что он дости́гнет свое́й це́ли? • ярлычо́к. What does the price mark say? Кака́я цена́ обозна́чена на ярлычке́? • разме́тить. We must mark these goods today. Мы должны́ разме́тить сего́дня це́ны на э́ти това́ры. • черта́. The river has never gone higher than this mark. Река́ никогда́ ещё не поднима́лась вы́ше э́той черты́. • поста́вить отме́тку. When will you have our papers marked? Когда́ вы поста́вите нам отме́тки за пи́сьменные рабо́ты?

□ **to make a mark** отме́тить. Make a mark after the names of those present. Отме́тьте имена́ прису́тствующих.

to mark down сни́зить це́ны. These coats have been marked down for our sale. Це́ны на э́ти пальто́ бы́ли сни́жены для распрода́жи.

to mark time топта́ться на ме́сте. They're just marking time until their boat leaves. В ожида́нии отплы́тия парохо́да, они́ про́сто то́пчутся на ме́сте.

to mark up повы́сить. He seems to have marked up his prices. Он, ка́жется, повы́сил це́ны.

□ His answers missed the mark every time. Все его́ отве́ты бы́ли невпопа́д. • His guess was wide of the mark. *Он попа́л па́льцем в не́бо. • I'm not feeling up to the mark today. Я сего́дня не совсе́м на высоте́. • On your mark; get set; go! Пригото́вься, внима́ние, пошёл!

market база́р, ры́нок. I bought these eggs at the market this morning. Я купи́л э́ти я́йца на база́ре сего́дня у́тром. — When does the market open? Когда́ открыва́ется ры́нок? • ры́нок. This country is a good market for cotton cloth. Э́та страна́ — хоро́ший ры́нок для сбы́та бума́жных тка́ней. — The coffee market is off today. Цена́ на ко́фе на ры́нке па́дает. • оборо́т. There's a heavy market in machinery here. Здесь происхо́дят кру́пные оборо́ты с маши́нами.

□ She does her marketing in the morning. Она́ хо́дит на ры́нок по утра́м. • Are you in the market for a good car? Вы хоте́ли бы купи́ть хоро́ший автомоби́ль?

marriage сва́дьба. The marriage will take place Sunday afternoon. Сва́дьба состои́тся в воскресе́нье по́сле обе́да. • брак. Their marriage had been very successful. Их брак был о́чень счастли́вым.

marry жени́ться (of a man). He said he wanted to marry her. Он сказа́л, что хоте́л бы на ней жени́ться. • повенча́ть. When will the minister be able to marry us? Когда́ свяще́нник смо́жет нас повенча́ть? • вы́йти за́муж (of a woman). She married a sailor. Она́ вы́шла за́муж за моряка́.

□ **married** жена́т. They've been married over a year. Они́ уже́ жена́ты бо́льше го́да.

□ He's practically married to his work. Он живёт и ды́шит свое́й рабо́той.

marvelous *adj* изуми́тельный.

masculine мужско́й. Is that noun in the masculine gender? Э́то существи́тельное мужско́го ро́да?

mass глы́ба. The mountain is one mass of rock. Э́та гора́ сплошна́я глы́ба ка́мня. • ма́сса. This tax will be felt mainly by the masses. Э́тот нало́г ля́жет гла́вным о́бразом на широ́кие ма́ссы. • столпи́ться. They were all massed around the platform. Они́ все столпи́лись вокру́г эстра́ды. • обе́дня. Are you going to Mass this morning? Вы идёте сего́дня у́тром к обе́дне? • всео́бщий. Our country has made great progress in mass education. На́ша страна́ сде́лала больши́е шаги́ вперёд во всео́бщем обуче́нии.

□ The room was a mass of flowers. Ко́мната была́ зава́лена цвета́ми.

mast *n* ма́чта.

master хозя́ин (host). Is the master of the house in? До́ма хозя́ин? • овладе́ть. He mastered the Russian language very quickly. Он о́чень бы́стро овладе́л ру́сским языко́м. • владе́ть. You must master your feelings. Вы должны́ уме́ть владе́ть свои́ми чу́вствами. • гла́вный. Where is the master switch located? Где нахо́дится гла́вный выключа́тель? • о́бщий. He is drawing up the master schedule **for** the week. Он составля́ет о́бщее расписа́ние на э́ту неде́лю.

mat полови́к. Wipe your feet on the mat. Вы́трите но́ги о полови́к. • спу́таться. My hair is all matted from the wind. У меня́ во́лосы совсе́м спу́тались от ве́тра.

match спи́чка. Have you got a match? Нет ли у вас спи́чки? • сравня́ться. I'm no match for him. Мне с ним не сравня́ться. — We can't match their speed. Мы не мо́жем сравня́ться с ни́ми в ско́рости. • дости́гнуть. He matched the speed record. Он дости́г реко́рдной ско́рости. • гармони́ровать. These colors aren't a good match. Э́ти цвета́ не гармони́руют. • подойти́. I'm sure you'd like her; you two would be a good match. Я уве́рен, что она́ вам понра́вится; вы о́чень друг к дру́гу подойдёте. • подходи́ть. His tie doesn't match his suit. Его́ га́лстук не подхо́дит к его́ костю́му. • броса́ть жре́бий. I'll match you for the drinks. Бро́сим жре́бий — кому́ плати́ть за напи́тки. • матч. Would you like to see a tennis match? Вы хоте́ли бы посмотре́ть те́ннисный матч?

☐ He met his match. Нашла́ коса́ на ка́мень. • Can you match this cloth? Есть у вас мате́рия подходя́щая к э́той?

mate па́ра. Here's a mate to your silver candlestick. Вот вам па́ра к ва́шему сере́бряному подсве́чнику. — She's not a suitable mate for him. Она́ ему́ не па́ра. • подходи́ть друг к дру́гу. They were very well mated. Они́ о́чень хорошо́ подходи́ли друг к дру́гу. • муж. She had a hard time finding a mate. Ей бы́ло тру́дно найти́ себе́ му́жа. • помо́щник. The captain told the mate to take over. Капита́н переда́л кома́нду своему́ помо́щнику.

material материа́л. I'll make the bookcase, but you'll have to supply the materials. Я вам сде́лаю кни́жную по́лку, но вы доста́вьте материа́л. — He is getting together material for a book. Он собира́ет материа́л для кни́ги. • мате́рия. Do you have enough of this material left to make me a suit? У вас оста́лось доста́точно э́той мате́рии, чтоб сде́лать мне костю́м? • принадле́жности. Do you carry writing materials here? Здесь продаю́тся пи́сьменные принадле́жности? • суще́ственный. He said he had nothing material to add. Он сказа́л, что ничего́ суще́ственного приба́вить не мо́жет. • веще́ственный. The police are still looking for material evidence. Мили́ция ещё и́щет веще́ственных доказа́тельств. • материа́льный. They've never had much material comfort Их материа́льные обстоя́тельства никогда́ не́ были осо́бенно хороши́.

☐ **material witness** ва́жный свиде́тель. Who are the material witnesses? Кто тут ва́жные свиде́тели? **raw material** сырьё. The factory is short of raw materials. На э́той фа́брике нехва́тка сырья́.

mathematics n матема́тика.

matter де́ло. Will you look into the matter? Пожа́луйста, ознако́мьтесь с э́тим де́лом. — You are only making matters worse. Вы то́лько ухудша́ете де́ло.

☐ **as a matter of fact** по пра́вде сказа́ть. His handwriting is pretty bad; as a matter of fact, I can't read it at all. У него́ тако́й по́черк, что, по пра́вде сказа́ть, и прочте́сь невозмо́жно. • со́бственно говоря́. As a matter of fact it's the same thing. Со́бственно говоря́, э́то то́ же са́мое. **first-class matter** почто́вое отправле́ние пе́рвого разря́да. This package must go as first-class matter. Э́тот паке́т

придётся посла́ть как почто́вое отправле́ние пе́рвого разря́да.

for that matter со́бственно говоря́. He said the work was no good; and for that matter he's right. Он нашёл, что рабо́та никуда́ не годи́тся и, со́бственно говоря́, он прав. **no matter** ско́лько бы. She wants that coat no matter what it costs. Она́ хо́чет купи́ть э́то пальто́, ско́лько бы оно́ ни сто́ило. **subject matter** содержа́ние. The subject matter of his talk had been heard before. Содержа́ние его́ ле́кции не представля́ло ничего́ но́вого.

☐ You take matters too seriously. Вы ко всему́ сли́шком серьёзно отно́ситесь. • What's the matter? В чём де́ло? or Что случи́лось? • Nothing's the matter. Ничего́ не случи́лось. • It doesn't matter. Э́то нева́жно.

mattress n матра́ц.

mature зре́лый. He seems like a mature sort of person. Он ка́жется зре́лым челове́ком. • возмужа́ть. The boy matured very early. Ма́льчик ра́но возмужа́л. • созре́ть. They didn't act until their plans were fully matured. Они́ не приступи́ли к де́лу, пока́ их пла́ны не созре́ли оконча́тельно.

☐ The bond will be worth twenty-five dollars when it matures. Номина́льная цена́ облига́ции два́дцать пять до́лларов.

may (might) мо́жно. May I leave this with you? Мо́жно оста́вить э́то у вас? • пожа́луй. I may go if my money holds out. Если мой карма́н вы́держит, я, пожа́луй, пойду́ (or пое́ду). • возмо́жно. I may go with you tomorrow night. Возмо́жно, что я пойду́ с ва́ми за́втра ве́чером. • май. I was born in May. Я роди́лся в ма́е.

☐ That may be true. Мо́жет быть э́то и пра́вда.

maybe adv мо́жет быть, быть мо́жет.

mayor n городско́й голова́.

me See I.

meadow n луг.

meal мука́. This pudding is made of corn meal. Э́тот пу́динг — из кукуру́зной муки́. • за́втрак, обе́д, у́жин. Can I get all my meals here? Могу́ я тут получа́ть за́втраки, обе́ды и у́жины?

☐ Where can I get a good meal? Где мо́жно хорошо́ пое́сть? • I take some of my meals at home. Иногда́ я ем до́ма.

mean (meant, meant) означа́ть. What does that poster mean? Что означа́ет э́тот плака́т? • зна́чить. It doesn't mean a thing. Э́то ро́вно ничего́ не зна́чит. • по́дло. It was mean of him to decide our case without hearing the facts. Э́то бы́ло по́дло с его́ стороны́ реша́ть на́ше де́ло, не зна́я всех обстоя́тельств. • отврати́тельно. I'm feeling better now, but I sure felt mean this morning. Мне́ сейча́с лу́чше, но у́тром я, действи́тельно, чу́вствовал себя́ отврати́тельно. • несно́сный. She's a pretty girl, but has a mean temper. Она́ хоро́шенькая де́вушка, но у неё несно́сный хара́ктер. • ма́лый. It is a matter of no mean importance. Э́то де́ло не ма́лой ва́жности. • собира́ться. Do you mean to see him before you go? Вы собира́етесь повида́ться с ним перед отъе́здом? — I meant to call, but I forgot. Я собира́лся позвони́ть, но забы́л. • предназнача́ться. Was this book meant for me? Э́та кни́га предназнача́лась мне?

☐ **to mean well by** жела́ть добра́. Don't worry about what he says, because he really means well by us. He обращайте внимания на его слова, по существу — он нам добра желает. ☐ If I don't come before noon, it means I can't come. Если меня не будет до полудня — значит я не мог придти. ● He makes mistakes, but ·he means well. Он делает ошибки, но у него добрые намерения. ● I'm not joking; I really mean it. Это не шутка, я это всерьёз говорю. ● What do you mean by that? Что вы этим хотите сказать?

meaning смысл. I can't quite get the meaning of this poem. Я не вполне понимаю смысл этого стихотворения. ☐ What's the meaning of this? Что это значит?

means способ. What means will we have to resort to to make him do it? Каким способом можно будет заставить его это сделать?

☐ **by all means** конечно. By all means consider yourself invited. Конечно, считайте, что вас пригласили.

by no means отнюдь не. He's by no means sure of winning the election. Он отнюдь не уверен, что победит на выборах. ● никоим образом. "May I go out?" "By no means, you're still sick." "Мне можно выходить?" "Никоим образом, вы ещё больны".

means to an end средство для достижения цели. He took the job just as a means to an end. Для него эта работа только средство для достижения определённой цели.

of means со средствами. She married a man of means. Она вышла замуж за человека со средствами.

☐ He achieved his success by means of hard work. Он достиг успеха тяжёлым трудом.

meant *See* mean.

meantime

☐ **in the meantime** тем временем. The guests won't arrive for an hour. In the meantime we can set the table. Гости придут только через час, тем временем мы можем накрыть на стол.

meanwhile *adv* между тем, тем временем.

measure измерить. We'll have to measure the room before we buy the rug. Раньше чем купить ковёр, нам нужно будет измерить комнату. ● объём. What is your waist measure? Какой у вас объём талии? ● мера. May I borrow a liter measure from you? Можете вы одолжить мне литровую меру? — We'll have to take strong measures. Нам придётся принять строгие меры. ● закон. Taxes under the new measure will be very high. Новый закон вызовет сильное повышение налогов. ● отмерить. First measure a cup of sugar. Раньше всего, отмерьте чашку сахару. ● степень. The mistake was mý fault in some measure. Ошибка произошла до некоторой степени по моей вине. ● такт. Begin singing after the introduction of four measures. Начинайте петь после четырёх вступительных тактов.

☐ This kitchen measures three by four meters. Площадь этой кухни три на четыре (метра).

measurement мерка. The dressmaker took her measurements. Портниха сняла с неё мерку.

meat мясо. Do you have any meat today? Есть у вас сегодня мясо?

☐ There's very little meat in that book. *В этой книге много воды.

mechanic *n* механик.

medical *adj* врачебный.

medicine лекарство. Did the doctor give you any medicine for your cold? Дал вам доктор лекарство от простуды?

☐ **to practice medicine** заниматься врачебной практикой. He has practiced medicine here for twenty years. Он двадцать лет занимался здесь врачебной практикой. ☐ You started it; now take your medicine. *Сам заварил кашу — сам и расхлёбывай.

medium середина. If we could only strike a happy medium! Если бы только найти золотую середину! ● средний. I want medium-sized pajamas. Дайте мне пижаму среднего размера.

☐ I like my steak medium rare. Я люблю бифштекс не слишком прожаренный.

meet (met, met) встретить. Did you meet anyone on the road? Вы никого не встретли·на дороге? — I met him on the street. Я встретил его на улице. ● встретиться. I will meet you there at eight. Мы встретимся там в восемь (часов). ● встречать. Is anybody going to meet them at the train? Кто-нибудь их встречает на вокзале? ● встречаться. Haven't we met before? Мы, кажется, уже встречались. — We always meet at one o'clock. Мы всегда встречаемся в час дня. ● сходиться. Our fields meet at the fence. Наши участки сходятся у этой изгороди. ● сливаться. The rivers meet below the town. Реки сливаются за этим городом. ● состязание. Are you going to the swimming meet? Вы пойдёте на состязание в плаваньи? ● познакомиться. I'm glad to meet you. Очень рад с вами познакомиться. ● познакомить (to introduce). I'd like you to meet my father. Я хочу вас познакомить с моим отцом. ● уплатить. We have enough to meet this month's bills. В этом месяце у нас хватит денег, чтобы уплатить по всем счетам. ● удовлетворять. Can you meet their demands? Вы можете удовлетворить их требования? ● натолкнуться. I met with a lot of opposition. Я натолкнулся на сильное сопротивление.

☐ Our club meets once a week. Члены нашего клуба собираются раз в неделю. ● The court will not meet again until next week. Новая сессия суда начнётся не раньше будущей недели. ● Will a bus meet the train? К приходу поезда на станции будет автобус? ● The measure met with objections from all sides. Эта мера вызвала всеобщие протесты. ● She met her death in a street accident. Она погибла во время уличной катастрофы.

meeting свидание. I arranged their meeting. Я им устроил свидание. ● встреча. They shook hands warmly, since this was their first meeting in two years. Они обменялись крепким рукопожатием: это была их первая встреча после двухлетней разлуки. ● собрание. Who's going to address the meeting? Кто будет говорить на собрании?

melt таять, растаять. The ice in my glass has all melted. Лёд в моём стакане совершенно растаял. ● рассеяться. The crowd melted away when the police came. Когда появилась милиция, толпа рассеялась.

member член. Members only. Вход только для членов. ☐ What organizations are you a member of? В каких организациях вы состоите?

membership *n* членство.

memoranda *See* memorandum.

memorandum (memorandums *or* memoranda) *n* меморандум.

memory память. My memory for names is not very good. У меня плохая память на имена. — That has never happened before in my memory! На моей памяти такого не бывало! — This plaque was put up in his memory. В память о нём прибита эта доска. ● воспоминание. I'll have pleasant memories of this town. Об э́том го́роде у меня́ оста́нутся прия́тные воспомина́ния.

☐ He has a clear memory of the accident. Он я́сно по́мнит, как э́то случи́лось.

men *See* **man.**

mend почини́ть. Where can I get these pants mended? Где мне могли́ бы почини́ть э́ти брю́ки? • поправля́ться. He's mending slowly after his operation. Он ме́дленно поправля́ется по́сле опера́ции.

☐ **on the mend** идти́ на лад. It looks as if everything is on the mend. Похо́же на то, что де́ло идёт на лад.

to mend one's ways вести́ себя́ ина́че. She told him he'd better mend his ways. Она́ ему́ сказа́ла, что он до́лжен вести́ себя́ ина́че.

mental душе́вный. This is a hospital for mental diseases. Это больни́ца для душевнобольны́х. • у́мственный. It was a great mental effort for him. Это сто́ило ему́ больши́х у́мственных уси́лий.

☐ Your troubles are purely mental. Ва́ши несча́стья — чи́стое воображе́ние.

mention упомяну́ть. He didn't mention the price. О цене́ он не упомяну́л. • назва́ть. Did the teacher mention my name? Учи́тель назва́л моё и́мя?

☐ Have you heard any mention of him recently? Вы что́-нибудь слы́шали о нём за после́днее вре́мя?

menu меню́. What's on the menu for supper? Како́е сего́дня меню́ у́жина?

merchandise *n* това́ры.

merchant торго́вый. Merchant ships usually dock here. Торго́вые суда́ обыкнове́нно причалива́ют здесь. • купе́ц. They were the leading merchants in our town. Они́ бы́ли са́мыми ви́дными купца́ми в на́шем го́роде.

mercy поща́да. He begged for mercy. Он проси́л поща́ды. • ми́лость. They threw themselves on the mercy of the victor. Они́ сда́лись на ми́лость победи́теля.

mere просто́й. It's a mere formality. Это проста́я форма́льность.

merit це́нность. His paintings were of little merit. Его́ карти́ны не представля́ли большо́й це́нности. • досто́инство. I don't deny that there's a certain merit in his work. Я не отрица́ю того́, что его́ рабо́та име́ет не́которые досто́инства. • заслу́живать. I think he merits a raise in salary. Я ду́маю, что он заслу́живает приба́вки.

☐ **on its merits** по существу́. Consider the matter on its merits before you come to a decision. Рассмотри́те де́ло по существу́ перед тем, как принима́ть реше́ние.

merry весёлый. She's a very merry person to have around. Она́ така́я весёлая, с ней никогда́ не ску́чно.

☐ Merry Christmas! С рождество́м христо́вым!

message сообще́ние. We just got a message that he arrived safe in Moscow. Мы то́лько что получи́ли сообще́ние, что он благополу́чно при́был в Москву́.

☐ Is there a message for me? Мне что́-нибудь проси́ли переда́ть? • His book has a strong message. Его́ кни́га прони́кнута глубо́кой иде́йностью.

messenger *n* посы́льный.

met *See* **meet.**

metal мета́лл. What kind of metal is this? Что э́то за мета́лл? • металли́ческий. I'd rather have a metal bed. Я предпочёл бы металли́ческую крова́ть.

meter счётчик. The gas man is here to read the meter. Слу́жащий га́зового заво́да пришёл посмотре́ть на

счётчик. • метр. How many meters are there in a mile? Ско́лька ме́тров в ми́ле?

method ме́тод. I don't understand your method of keeping books. Я не понима́ю ва́шего ме́тода веде́ния книг. • спо́соб. He discovered a new method of casting steel. Он откры́л но́вый спо́соб литья́ ста́ли. • систе́ма. You'll learn the language much quicker by this new method. По э́той но́вой систе́ме вы нау́читесь англи́йскому языку́ гора́здо скоре́е.

mice *See* **mouse.**

mid *adj* сре́дний.

middle сре́дний. You'll find them in the middle room. Вы найдёте их в сре́дней ко́мнате. • посреди́не. Set the vase in the middle of the table. Поста́вьте ва́зу посреди́не стола́. • центр. A fight started and I was in the middle. Я оказа́лся в це́нтре дра́ки. • брюшко́ (belly). He's put on weight around the middle. Он отрасти́л себе́ брюшко́.

☐ He was in the middle of packing. Он был в разга́ре упако́вки.

midnight *n* по́лночь.

might (*See also* **may**) возмо́жно. I might be there. Возмо́жно, что я там бу́ду. • возмо́жно, что (it's possible that). You might have changed your mind if you'd heard all the facts. Возмо́жно, что вы бы измени́ли ва́ше мне́ние, е́сли б узна́ли все обстоя́тельства де́ла. • си́ла. He tried with all his might to move the car onto the road. Он изо всех сил стара́лся вы́толкнуть маши́ну на доро́гу.

☐ You might try to reach him at home. Почему́ бы вам не попыта́ться заста́ть его́ до́ма?

mighty грома́дный. He made a mighty effort to swim over to the boat. Он сде́лал грома́дное уси́лие, чтобы доплы́ть до ло́дки. • ужа́сно. He's done mighty little work today. Он сего́дня ужа́сно ма́ло успе́л. • стра́шно. I'm mighty glad to meet you. Я стра́шно рад с ва́ми познако́миться.

mild мя́гкий. She has a very mild disposition. У неё о́чень мя́гкий хара́ктер. — I prefer a milder climate. Я предпочита́ю бо́лее мя́гкий кли́мат. • нео́стрый. I'm quite fond of mild cheese. Я о́чень люблю́ нео́стрый сыр.

mile *n* ми́ля.

military *adj* вое́нный.

milk молоко́. I want two liters of milk. Да́йте мне два ли́тра молока́. • дои́ть. When do you milk the cows? Когда́ вы до́ите коро́в?

☐ They milked the treasury year after year. Они́ года́ми смотре́ли на казну́, как на до́йную коро́ву.

mill ме́льница. There is a flour mill just across the river. На том берегу́ реки́ есть ме́льница. • моло́ть. The baker here mills his own flour. Этот пе́карь сам ме́лет для себя́ муку́. • заво́д, фа́брика. How many people work in the mill? Ско́лько челове́к рабо́тает на э́том заво́де? • фа́брика. They are building a new cotton mill on the edge of town. На окра́ине го́рода стро́ится но́вая хлопча́то-бума́жная фа́брика. • производи́ть. How much steel does that plant mill a month? Ско́лько ста́ли произво́дит э́тот заво́д в ме́сяц? • толпи́ться. The crowd milled around waiting for the parade to begin. Наро́д толпи́лся в ожида́нии пара́да.

☐ He's gone through the mill already and knows what he's talking about. Он зна́ет, что говори́т, он челове́к быва́лый.

miller *n* ме́льник.

million *n* миллио́н.

mind ум. He has a very quick mind. У него живой ум. • люди (people). Many minds worked out the plans. Над выработкой планов работало много людей. • быть осторожным. Mind how you cross the street. Будьте осторожны при переходе через улицу. • присматривать. Mind the dog while I'm gone. Присматривайте за собакой, пока меня не будет. • память. I planned to write it to him, but it slipped my mind. Я это собирался ему написать, но это у меня совершенно выскочило из памяти. • слушаться. The child just won't mind his mother. Этот ребёнок совершенно не слушается матери. • подчиниться. You have to mind the traffic rules here. Вы должны здесь соблюдать правила уличного движения. • иметь против. Are you sure you didn't mind? Вы действительно ничего не имеете против?

□ **never mind** всё равно. Never mind what they say. Всё равно, что они говорят.

on one's mind на душе. You'll feel better if you tell me what's on your mind. Право же, вам будет легче, если вы мне скажете, что у вас на душе.

to call to mind напоминать. That calls to mind a story I know. Это мне напоминает одну историю.

to change one's mind передумать. I thought I'd go along with them, but I changed my mind. Я собирался пойти с ними, но передумал.

to have in mind собираться. What have you in mind to do with him? Что вы собираетесь с ним делать? • иметь в виду. Have you anyone in mind for the job? Есть у вас кто-нибудь в виду для этой работы?

to keep in mind иметь в виду. I'll keep you in mind. Я буду вас иметь в виду.

to know one's mind знать, чего хочешь. He doesn't know his own mind and needs your advice. Он сам не знает чего хочет, ему нужен ваш совет.

to make up one's mind решить. I've made up my mind to go. Я решил идти (*or* ехать).

to my mind по-моему. To my mind the job will take at least a week. По-моему эта работа займёт по меньшей мере неделю.

to set one's mind on решить во что бы то ни стало. She has her mind set on going shopping today. Она решила во что бы то ни стало пойти сегодня за покупками.

□ She's out of her mind with worry. Она с ума сходит от беспокойства. • My mind isn't clear on what happened. Я не могу ясно вспомнить, что произошло. • She must have had something on her mind all day. Видимо её целый день что-то тревожило. • I've got a good mind to quit. У меня большая охота бросить всё это. • I've a mind to come along. Я не прочь пойти с вами. • Mind your own business. Не вмешивайтесь не в своё дело. • I don't mind going alone. Мне всё равно, я могу пойти один.

mine (*See also* **my**) рудник. When did this mine open? Когда открыли этот рудник? • шахта. We get our coal from the mines around here. Мы получаем уголь из окрестных шахт. • добываться. They've mined iron here for years. Здесь уже много лет добывается железо. • источник. He's a mine of information. Он неистощимый источник информации.

mineral *n* минерал; *adj* минеральный.

minister пастор (Protestant). The minister delivered an interesting sermon. Пастор произнёс интересную пропо-

ведь. • посланник. I want to see the American minister. Я хочу видеть американского посланника.

□ The nurse was always there to minister to the patient's wants. Сиделка всё время была при больном, чтобы делать для него всё необходимое.

minus без. How does the couch look minus the cover? Как этот диван выглядит без чехла? • минус. How much will the ticket cost minus the tax? Сколько будет стоить билет минус налог?

min'ute минута. I'll be back in five minutes. Я вернусь через пять минут. — Don't leave everything to the last minute. Не оставляйте всего на последнюю минуту. — Can you give me a minute of your time? Можете вы уделить мне минуту времени? — The ship is five degrees and forty minutes off its course. Пароход отклонился от своего курса на пять градусов и сорок минут. • протокол. Who's taking the minutes of the meeting? Кто ведёт протокол собрания?

□ **up to the minute** самый последний. The news in this paper is up to the minute. Эта газета сообщает последние новости.

□ Call me the minute your train pulls in. Позвоните мне с вокзала, как только приедете.

minute' мелкий. It's hard to read the minute print in this book. Эту книгу трудно читать, из-за мелкого шрифта. • мельчайший. The engineer knew every minute detail of the new model. Инженер знал все мельчайшие детали новой модели.

mirror зеркало. I'd like to buy a small mirror. Я хотел бы купить маленькое зеркало. • отражать. Do you think that article mirrors the public feeling? Вы думаете, что эта статья отражает господствующие настроения?

mischief проказа. That child is full of mischief. У этого ребёнка вечно проказы на уме.

miserable отвратительный. It was a miserable day for a walk. Это был отвратительный день для прогулки. • скверный. It was a miserable way for things to turn out. Дело приняло очень скверный оборот. • в отчаяньи. The boy was absolutely miserable when his dog ran away. Мальчик был в полном отчаяньи, когда его собака сбежала.

misery *n* несчастье.

miss гражданка, товарищ. Miss Smith, I'd like you to meet Miss Petroff. Мисс Смит, я хочу вас познакомить с гражданкой Петровой. — How do you do, Miss Petroff? Здравствуйте, товарищ Петрова. • гражданка. Will you wait on me, Miss? I'm very hungry. Гражданка, вы здесь подаёте? Пожалуйста скорее, я очень голоден. • промахнуться. His shot missed the bird. Он выстрелил в птицу и промахнулся. • опоздать. Do you think I'll miss my train? Вы думаете, что я опоздаю на поезд? • не застать. I missed him at the hotel. Я не застал его в гостинице. • не найти. You can't miss our house if you follow this street. Вы не можете не найти нашего дома, если пойдёте по этой улице. • не расслышать. I missed what you said. Я не расслышал, что вы сказали. • пропустить. I missed the last two lessons. Я пропустил два последних урока. • пропасть. Is anything missing from your wallet? У вас что-нибудь пропало из бумажника? • нехватать. There are two cases missing. Тут двух ящиков нехватает. • скучать. I'll miss you. Я буду скуча́ть по вас. • пропа́сть без ве́сти. He's been reported missing in action. Он был в бою́ и пропа́л бе́з вести.

□ **a miss is as good as a mile** чуть-чуть не счита́ется. That was a close shave, but a miss is as good as a mile. Э́то чуть-чуть не случи́лось, но чуть-чуть не счита́ется.

to miss a chance упуска́ть слу́чай. He never misses a chance to go to Moscow. Он никогда́ не упуска́ет слу́чая пое́хать в Москву́.

□ The truck just missed hitting the boy in the street. Э́тот грузови́к чуть-чуть не перее́хал ма́льчика (на у́лице). • Don't miss seeing the churches before you leave town. Обяза́тельно осмотри́те це́ркви, пре́жде, чем уе́дете из э́того го́рода.

missing исче́знувший. Where can I find the bureau of missing persons? Где нахо́дится отде́л исче́знувших лиц? • пропа́вший бе́з вести. He was listed among the missing. Он — в числе́ пропа́вших бе́з вести.

mission командиро́вка. He was sent on a mission. Его́ посла́ли в командиро́вку.

mist *n* тума́н.

mistake (mistook, mistaken) ошиби́ться. You can't mistake it. Тут тру́дно ошиби́ться. • ошиба́ться. You must be mistaken. Вы наве́рно ошиба́етесь. • непра́вильно поня́ть. Please, don't mistake me. Пожа́луйста, не пойми́те меня́ непра́вильно. • приня́ть за друго́го. Sorry, I mistook you for someone else. Извини́те, я при́нял вас за кого́-то друго́го. • оши́бка. There must be some mistake. Тут несомне́нно кака́я-то оши́бка.

□ That's the way it is; make no mistake about it. Э́то так, не обма́нывайтесь на э́тот счёт. • Sorry, my mistake. Винова́т, прости́те.

mistaken (*See also* **mistake**) ошибо́чный. That's a mistaken belief. Э́то ошибо́чное представле́ние.

□ It was a case of mistaken identity. Э́то бы́ло недоразуме́ние: его́ при́няли за друго́го.

mistook *See* **mistake.**

misunderstand (misunderstood, misunderstood) *v* непра́вильно поня́ть.

misunderstanding недоразуме́ние. He came too early because of a misunderstanding. Он пришёл сли́шком ра́но по недоразуме́нию. — They haven't spoken since their misunderstanding. По́сле того́ как вы́шло э́то недоразуме́ние, они́ друг с дру́гом не разгова́ривают.

misunderstood *See* **misunderstand.**

mittens *n* рукави́цы.

mix смеша́ть. You'll get a good blend if you mix these two tobaccos. Смеша́йте э́ти два со́рта табаку́ и у вас полу́чится хоро́шая смесь. • заме́шивать. She's mixing the cake now. Она́ заме́шивает те́сто для пирога́. • развести́. Mix this powder with a cup of water. Разведи́те э́тот порошо́к в ча́шке воды́.

□ **to mix in** прибавля́ть. Don't mix too much sand with the concrete. Не прибавля́йте к бето́ну сли́шком мно́го песку́.

to mix up пу́тать. Don't mix me up. Не пу́тайте меня́. • сбить с то́лку. Now you've got me all mixed up. Тепе́рь вы меня́ совсе́м сби́ли с то́лку. • впу́тывать. Don't mix me up in your argument. Не впу́тывайте меня́ в ваш спор.

to mix with сойти́сь. They tried hard to mix with their new neighbors. Они́ прилага́ли все уси́лия, что́бы сойти́сь с но́выми сосе́дями.

□ These two drinks don't mix well. Из э́тих двух напит-

ков хоро́шей сме́си не полу́чится. • Who's mixing the drinks? Кто займётся кокте́йлями?

mixed сме́шанный. The next selection will be sung by a mixed chorus. Сле́дующим но́мером бу́дет выступа́ть сме́шанный — мужско́й и же́нский хор. • ра́зных сорто́в. I'll take two pounds of mixed nuts. Я возьму́ кило́ оре́хов ра́зных сорто́в.

mob толпа́. The police came and broke up the mob. Мили́ция разогнала́ толпу́. • смять (толпо́й). When the singer got off the boat, she was mobbed by her fans. Когда́ певи́ца сошла́ на́ берег, она́ была́ про́сто сми́та толпо́й свои́х покло́нников.

□ There's always a big mob at the theater on Saturday night. В суббо́ту ве́чером в теа́тре всегда́ по́лным полно́.

mock передра́знивать. She mocked his way of talking. Она́ передра́знивала его́ мане́ру говори́ть.

model маке́т. He's making a model of the bridge. Он де́лает маке́т моста́. • образе́ц, моде́ль. That car is last year's model. Э́та маши́на прошлого́днего образца́. • образе́ц. Their boy is a model of good behavior. Их ма́льчик — образе́ц хоро́шего поведе́ния. • образцо́вый. Ours is a model town. Наш го́род — образцо́вый. • взять за образе́ц. We are modeling our plans for the house after that picture. Мы взя́ли э́тот рису́нок за образе́ц для на́шего до́ма.

moderate *adj* уме́ренный. That's a moderate price you paid for the car. Вы заплати́ли о́чень уме́ренную це́ну за э́ту маши́ну. — The climate is more moderate toward the south. К ю́гу кли́мат бо́лее уме́ренный.

moderate *v* пони́зить. Moderate your voice; the children are asleep. Пони́зьте го́лос, де́ти спят.

modern совреме́нный. We are thinking of buying some modern furniture. Мы поду́мываем о том, что́бы купи́ть ко́е-каку́ю ме́бель совреме́нного сти́ля. • но́вый. Who's giving the course in modern history? Кто чита́ет курс по но́вой исто́рии?

□ This is an excellent history of modern times. Э́то прекра́сная кни́га по исто́рии на́шего вре́мени. • Are there any modern conveniences around here? Здесь есть все удо́бства?

modest скро́мный. He's very modest about his achievements. Он о́чень скро́мен, когда́ речь захо́дит о его́ достиже́ниях. — I have a modest request to make. У меня́ скро́мная про́сьба. — They live in that modest little house on the corner. Они́ живу́т в э́том ма́леньком скро́мном до́мике на углу́.

moment моме́нт. I can't answer your question at the moment. В да́нный моме́нт я не могу́ отве́тить на ваш вопро́с. • мину́та. I'll be back in a moment. Я верну́сь че́рез мину́ту. • мину́тка. Wait a moment. Подожди́те мину́тку. • как то́лько. Let me know the moment he arrives. Да́йте мне знать, как то́лько он прие́дет.

□ **in a moment** сейча́с. We'll have your change in a moment. Одну́ мину́тку, я сейча́с дам вам сда́чу.

□ Be ready to leave at a moment's notice. Бу́дьте гото́вы к отъе́зду в любо́й моме́нт.

Monday *n* понеде́льник.

money де́ньги. Where can I change my American money? Где мо́жно обменя́ть америка́нские де́ньги? — How much is that in American money? Ско́лько э́то выхо́дит на америка́нские де́ньги? • валю́та. Do you accept foreign money? Вы принима́ете иностра́нную валю́ту?

☐ **to make money** зараба́тывать. He's taking another job to make more money. Он берёт другу́ю рабо́ту, что́бы бо́льше зараба́тывать.

monkey *n* обезья́на.

month ме́сяц. This job should be finished in a month's time. Эта рабо́та должна́ быть зако́нчена в тече́ние ме́сяца. — They never know where they'll be from month to month. Они́ никогда́ зара́нее не зна́ют, где они́ бу́дут че́рез ме́сяц.

☐ **by the month** поме́сячно. Can we rent this apartment by the month? Мо́жно снять э́ту кварти́ру поме́сячно?

monthly ежеме́сячно. The payments will be due monthly. Взно́сы на́до бу́дет де́лать ежеме́сячно. ● Ежеме́сячник. She writes for a monthly. Она́ пи́шет для ежеме́сячника.

monument *n* па́мятник.

mood *n* настрое́ние.

moon луна́. The moon is hidden by the clouds. Луна́ скры́лась за облака́ми.

☐ **full moon** полнолу́ние. Is there a full moon tonight? Сего́дня полнолу́ние?

new moon молодо́й ме́сяц. The new moon wasn't enough to light up the road. Молодо́й ме́сяц недоста́точно освеща́л доро́гу.

moonlight *n* лу́нный свет.

moral нра́вственный. Everybody knows him as a man of high moral character. Все его́ зна́ют как высоко́-нра́вственного челове́ка. ● нра́вственный усто́й. He is a man without morals. Он челове́к без вся́ких нра́вственных усто́ев. ● нравоучи́тельный. He says he doesn't like movies with a moral. Он говори́т, что не лю́бит нравоучи́тельных фи́льмов. ● мора́ль. I don't get the moral of this story. Я не понима́ю кака́я отсю́да мора́ль. ● мора́льный. The book was banned from the school libraries on moral grounds. Э́та кни́га была́ изъя́та из шко́льных библиоте́к по мора́льным соображе́ниям.

morality *n* нра́вственность.

more бо́льше. I need more money than I have on me. Мне ну́жно бо́льше де́нег, чем у меня́ есть с собо́й. — This costs more than I expected. Э́то сто́ит бо́льше, чем я ожида́л. — The more the merrier. Чем бо́льше, тем лу́чше. — Don't do that any more. Никогда́ бо́льше э́того не де́лайте. ● ещё. Give me two more bottles, please. Да́йте мне, пожа́луйста, ещё две буты́лки. — I'd like to buy three more shirts. Я хоте́л бы купи́ть ещё три руба́шки. — Won't you have some more? Хоти́те ещё немно́го? — Try once more. Попро́буйте ещё раз.

☐ **more or less** бо́лее и́ли ме́нее. I believe that report is more or less true. Я ду́маю, что э́то сообще́ние бо́лее и́ли ме́нее пра́вильно.

what's more бо́льше того́. What's more, he's a liar. Бо́льше того́, он лгун.

☐ There is more to his idea than you'd imagine at first. Его́ мысль значи́тельнее, чем ка́жется на пе́рвый взгляд. ● He's been seeing more and more of her lately. После́днее вре́мя он с ней встреча́ется всё ча́ще и ча́ще. ● This garden seems more beautiful every time I come here. Э́тот сад ка́жется мне с ка́ждым ра́зом всё краси́вее и краси́вее.

moreover *adv* сверх того́.

morning у́тро. He slept all morning. Он проспа́л всё у́тро. — Good morning. До́брое у́тро! *or* С до́брым у́тром. ● у́тренний. Is there a morning train? А есть у́тренний по́езд?

☐ **in the morning** у́тром. I'll see you in the morning. Мы уви́димся у́тром.

mortal *adj* сме́ртный.

mortgage *n* закладна́я; *v* закла́дывать.

mosquito *n* кома́р.

mosquito net *n* се́тка от комаро́в.

most са́мое бо́льшее. That is the most I can pay. Это са́мое бо́льшее, что я могу́ заплати́ть. ● са́мый. This is the most beautiful church I've ever seen. Э́то са́мая краси́вая це́рковь, каку́ю я когда́-либо ви́дел. ● в вы́сшей сте́пени. The conversation was most interesting. Э́тот разгово́р был в вы́сшей сте́пени интере́сен.

☐ **at most** са́мое бо́льшее. The hotel can't be more than four blocks from here at most. Отсю́да до гости́ницы са́мое бо́льшее четы́ре кварта́ла.

most of the time бо́льшей ча́стью. He is away from home most of the time. Бо́льшей ча́стью его́ не быва́ет до́ма.

to make the most of испо́льзовать возмо́жно лу́чше. We're not staying here long, so we'd better make the most of our time. Мы остаёмся здесь не до́лго, так дава́йте испо́льзуем э́то вре́мя как мо́жно лу́чше.

☐ I can pay fifty rubles at the most. Я могу́ заплати́ть ма́ксимум пятьдеся́т рубле́й. ● This is the most fun we've had in a long time. Мы давно́ уже́ так не весели́лись! ● Which room has the most space? Кака́я из э́тих ко́мнат просто́рнее? ● Who has done the most work in this job? Кто сде́лал бо́льшую часть рабо́ты? ● Where's the most convenient place to meet you? Где нам бу́дет удо́бнее всего́ встре́титься? ● The train will go there, but you can get there most easily by bus. По́езд туда́ идёт, но ле́гче всего́ попа́сть туда́ на авто́бусе. ● What do most people do here in the evening? А что тут обыкнове́нно де́лают по вечера́м? ● She's already been to most of the stores in town. Она́ обе́гала уже́ почти́ все магази́ны в го́роде. ● I agree with your plan for the most part. Я почти́ во всём согла́сен с ва́шим пла́ном.

mostly *adv* бо́льше всего́.

mother мать. I'd like to have you meet my mother. Я хоте́л бы, чтоб вы познако́мились с мое́й ма́терью. ● родно́й. What is your mother tongue? Како́й ваш родно́й язы́к?

☐ **mother country** ро́дина. When were you in your mother country last? Когда́ вы бы́ли в после́дний раз на ро́дине? ● She mothered him all through his illness. Всё вре́мя его́ боле́зни она́ уха́живала за ним, как за ребёнком.

motion указа́ть зна́ком. The waiter motioned us to a table. Официа́нт зна́ком указа́л нам сто́лик. ● сде́лать знак. Will you motion to that bus to pick us up? Сде́лайте знак, что́бы авто́бус останови́лся и забра́л нас. ● жест. The policeman's motions caught my eye. Же́сты милиционе́ра привлекли́ моё внима́ние. ● предложе́ние. Your motion was carried. Ва́ше предложе́ние прошло́.

☐ The motion of the boat has made me ill. Меня́ укача́ло на парохо́де.

motive *n* моти́в.

motor мото́р. That motor runs like a top. Э́тот мото́р великоле́пно рабо́тает.

mount взойти́. He mounted the platform slowly. Он ме́дленно взошёл на эстра́ду. ● сесть. He mounted the horse. Он сел на ло́шадь. ● установи́ть. Mount the camera on the tripod before you try to take any pictures. Установи́те аппара́т на трено́жнике, пе́ред тем как нача́ть снима́ть. • гора́ (Mt.). Have you seen Mount Elbrus? Вы ви́дели (го́ру) Эльбру́с?

□ What size guns does that ship mount? Како́го кали́бра ору́дия на э́том су́дне? • The sale of this style dress kept mounting every day. Прода́жа пла́тьев э́того фасо́на увели́чивалась с ка́ждым днём.

mountain гора́. How high is that mountain? Како́й высоты́ э́та гора́? — We are spending a month in the mountains this summer. Э́тим ле́том мы проведём ме́сяц в гора́х. • го́рный. The mountain air will do you good. Го́рный во́здух бу́дет вам поле́зен. • ма́сса, ку́ча. I've got a mountain of work to do next week. У меня́ на бу́дущей неде́ле ма́сса рабо́ты.

mourn v опла́кивать.

mouse (mice) n мышь.

mouth рот. I've got a bad taste in my mouth. У меня́ плохо́й вкус во рту́. • вход. Who is standing there at the mouth of the cave? Кто там стои́т у вхо́да в пеще́ру? • у́стье. How far is it to the mouth of the river? Ско́лько отсю́да до у́стья реки́? • отве́рстие. Wipe off the mouth of the bottle. Вы́трите отве́рстие буты́лки.

□ **from mouth to mouth** из уст в уста́. The story passed from mouth to mouth. Э́та исто́рия передава́лась из уст в уста́. **to be down in the mouth** *пове́сить нос (на кви́нту). Why are you so down in the mouth? Что э́то вы нос (на кви́нту) пове́сили? **to keep one's mouth shut** *держа́ть язы́к за зуба́ми. He can't keep his mouth shut. Он не уме́ет держа́ть язы́к за зуба́ми.

move дви́нуться. I can't move. Я не могу́ дви́нуться. • дви́нуть. The new director has got things moving. Но́вый дире́ктор дви́нул де́ло. • дви́гаться. The train is already moving. По́езд уже́ дви́гается. • (по)шевельну́ться (to stir). I'm so tired I can't move. Я так уста́л, что не могу́ пошевельну́ться. • шевели́ться (to stir). Don't move; I want to take a snapshot. Не шевели́тесь, я хочу́ вас снять. • шаг. He won't make a move without permission. Он ни ша́гу не сде́лает без разреше́ния. • перее́хать. Where can I find someone to help me move? Где мне найти́ кого́-нибудь, кто помо́жет мне перее́хать? • переезжа́ть. Do you know where they're moving to? Вы зна́ете куда́ они́ переезжа́ют? • тро́нуть. I am very much moved by what you say. Я о́чень тро́нут тем, что вы говори́те. • враща́ться. She's been moving in fast company lately. После́днее вре́мя она́ враща́ется в дурно́м о́бществе. • вноси́ть предложе́ние. I move that we accept him as a member. Я вношу́ предложе́ние приня́ть его́ в чле́ны. • идти́. These goods are not moving as they did last year. В э́том году́ э́ти това́ры не так (хорошо́) иду́т, как в про́шлом. • ход. Whose move is it now? Чей тепе́рь ход?

□ **to be on the move** быть в разъе́зде. It's hard to reach me by mail since I'm always on the move. Пи́сьма до меня́ дохо́дят с трудо́м, так как я постоя́нно в разъе́здах. **to move away** отодви́нуть. Move the table away, please. Пожа́луйста, отодви́ньте стол. **to move off** отодви́нуться. He moved a few steps off. Он отодви́нулся на не́сколько шаго́в. □ Move on! Проходи́те! • The police are keeping the crowds moving. Мили́ция не даёт толпе́ заде́рживаться. • My next move will be to get my tickets. Моё сле́дующее

де́ло — пойти́ за биле́тами. • Our train is really moving along now. Тепе́рь по́езд развива́ет настоя́щую ско́рость. • His speech moved the crowd to cheers. Его́ речь вы́звала в толпе́ восто́рженные во́згласы.

movement передвиже́ние. The troop movement was kept a secret. Передвиже́ние войск держа́лось в секре́те. • движе́ние. He'll never make a good dancer because his movements are very awkward. Он никогда́ не бу́дет хоро́шим танцо́ром: у него́ о́чень неуклю́жие движе́ния. — He was active in the labor movement for years. Он мно́го лет принима́л акти́вное уча́стие в рабо́чем движе́нии. • механи́зм. My watch needs a whole new movement. Мне ну́жно перемени́ть механи́зм в мои́х часа́х.

movie кино́. Let's go to a movie. Дава́йте пойдём в кино́. • карти́на. Is there a good movie playing tonight? Идёт где́-нибудь сего́дня ве́чером хоро́шая карти́на?

moving тро́гательный. Her moving story made him cry. Её тро́гательный расска́з довёл его́ до слёз.

□ **moving man** во́зчик. The moving men will be here tomorrow. Во́зчики приду́т за́втра.

Mr. граждани́н, господи́н. "Hello, Mr. Smith." "Hello Mr. Ivanoff." "Здра́вствуйте, господи́н Смит". — "Здра́вствуйте, граждани́н Ивано́в". • граждани́н (formal), това́рищ (informal). Are you Mr. Ivanoff? Вы това́рищ Ивано́в? • граждани́н. Dear Mr. ——. Уважа́емый граждани́н ——.

Mrs. гражда́нка, госпожа́. This is for Mrs. Petroff and that is for Mrs. Smith. Э́то гражда́нке Петро́вой, а э́то госпоже́ Смит. • госпожа́. How do you do, Mrs. Smith? Здра́вствуйте, госпожа́ Смит.

much мно́го. We don't have much time to spend here. У нас вре́мени не мно́го, мы не смо́жем здесь до́лго остава́ться. — Do they travel much? Они́ мно́го путеше́ствуют? • о́чень. I don't care much for that. Я э́то не о́чень люблю́. • гора́здо. I feel much better, thanks. Благодарю́ вас, я чу́вствую себя́ гора́здо лу́чше.

□ **how much** ско́лько. How much will it cost me? Ско́лько э́то мне бу́дет сто́ить? **so much the better** тем лу́чше. If we don't need to pay, so much the better. Е́сли нам не на́до плати́ть, тем лу́чше. □ Thank you very much. О́чень вас благодарю́. or Большо́е (вам) спаси́бо. • It doesn't matter much. Э́то не так ва́жно.

mud n грязь.

multiply v умно́жить.

murder уби́йство. He was charged with murder. Его́ обвини́ли в уби́йстве. • уби́ть. Everyone suspected him of having murdered his rival. Все подозрева́ли, что он уби́л своего́ сопе́рника. • загуби́ть. She murdered that song. Она́ про́сто загуби́ла э́ту пе́сню.

muscle n му́скул.

museum n музе́й.

music му́зыка. What kind of music do you like? Како́го ро́да му́зыку вы лю́бите? — She has studied music for ten years. Она́ у́чится му́зыке уже́ де́сять лет. • но́ты. Has the violinist received the music yet? Скрипа́ч уже́ получи́л но́ты?

□ It's your mistake; now face the music. *Сам завари́л ка́шу, сам и расхлёбывай.

musical музыка́льный. That whole family is musical. Вся э́та семья́ музыка́льна. — Do you play any musical instrument? Вы игра́ете на како́м-нибудь музыка́льном

118

инструме́нте? — There's a good musical comedy on tomorrow. За́втра идёт хоро́шая музыка́льная коме́дия.

must на́до, ну́жно. I must stay late and finish my work. Мне на́до оста́ться попо́зже и зако́нчить рабо́ту. *or* Мне ну́жно оста́ться попо́зже и зако́нчить рабо́ту. — If you must catch an earlier train I'll see you to the station. Е́сли вам ну́жно попа́сть на по́езд, кото́рый идёт ра́ньше, я отвезу́ вас на вокза́л. • до́лжен. She must go there immediately. Она́ должна́ пойти́ туда́ неме́дленно. — We must finish the work by Saturday. Мы должны́ зако́нчить э́ту рабо́ту к суббо́те. • наве́рно. He must be at home; I just left him there. Он наве́рно до́ма, я то́лько что от него́ вы́шел. • вероя́тно. I must have left my wallet home. Я, вероя́тно, оста́вил бума́жник до́ма.

mustache *n* усы́.

mutton *n* бара́нина.

mutual *adj* взаи́мный.

my (mine) мой. Are these my gloves? Э́то мои́ перча́тки? — Give them my best regards. Переда́йте им мой серде́чный приве́т. — Those books are all mine. Все э́ти кни́ги мои́. — Is this tie mine? Э́то мой га́лстук? — Your room is to the right; mine is to the left. Ва́ша ко́мната напра́во, моя́ — нале́во.

myself (я) сам. I'll do this myself. Я сам э́то сде́лаю. • себе́. I'm going to buy myself a pair of new shoes. Я собира́юсь купи́ть себе́ но́вые боти́нки. □ **all by myself** (я) совсе́м оди́н. I took the trip all by myself. Я е́здил совсе́м оди́н. □ I cut myself shaving this morning. Я поре́зался сего́дня при брить́е. • I think I'll have to finish the job by myself. Я ду́маю, что мне придётся ко́нчить рабо́ту самому́. • I can't see myself doing that. Я себе́ не представля́ю, чтоб я мог э́то де́лать. •As for myself, I don't know. Что каса́ется меня́, я, пра́во, не зна́ю. • I'm not myself today. Я сего́дня сам не свой.

mysterious *adj* таи́нственный.

mystery та́йна. Why are you making such a mystery of things? Почему́ вы из всего́ де́лаете таку́ю та́йну? — There's a lot of mystery about the investigation. Всё э́то сле́дствие оку́тано та́йной. • зага́дка. That murder has always remained a mystery. Э́то уби́йство навсегда́ оста́лось зага́дкой. □ **mystery story** детекти́вный рома́н. Do you have any good mystery stories? Есть у вас каки́е-нибудь хоро́шие детекти́вные рома́ны?

N

nail гвоздь. Be careful of the rusty nail that's sticking out of the board. Осторо́жно, из доски́ торчи́т ржа́вый гвоздь. • но́готь. I just broke my nail. Я то́лько что слома́л но́готь. □ **to hit the nail on the head** попа́сть в то́чку. You hit the nail on the head that time. На э́тот раз вы попа́ли в то́чку. **to nail together** сколоти́ть. Have you finished nailing the table together? Вы уже́ сколоти́ли стол?

naked *adj* го́лый.

name и́мя. What name does he write under? Под каки́м и́менем он пи́шет? • репута́ция (reputation). He has a good name. У него́ хоро́шая репута́ция. • назва́ть. We named the dog Fido. Мы назва́ли соба́ку Фи́до. • назва́ть и́мя. Can you name all the players? Вы мо́жете назва́ть имена́ всех игроко́в? • упомяну́ть. He was named in the will. Он был упомя́нут в завеща́нии • сказа́ть (to tell). Name a price. Скажи́те ва́шу це́ну. □ **by name** по и́мени. I know him only by name. Я зна́ю его́ то́лько по и́мени. **in name only** то́лько номина́льно. He is the head of the company in name only. Он то́лько номина́льно глава́ э́той фи́рмы. In the name of . . . и́менем . . . I'm calling you in her name. Я звоню́ вам от её и́мени. **to name after** назва́ть по. The baby was named after his father. Ребёнка назва́ли по отцу́. **to one's name** за душо́й. I haven't a cent to my name. У меня́ нет ни гроша́ за душо́й. □ What's your name? Как вас зову́т?

namely а и́менно. I've traveled in many foreign countries, namely, France, England, and Germany. Я путеше́ствовал по чужи́м стра́нам, а и́менно; по Фра́нции, А́нглии, и Герма́нии.

nap ворс. The nap is all worn off my coat cuffs. У меня́ на обшлага́х пальто́ весь ворс вы́терся. □ **to catch someone napping** заста́ть враспло́х. Don't let them catch you napping. Не да́йте им заста́ть себя́ враспло́х. **to take a nap** вздремну́ть. If I don't take a nap, I won't be able to work tonight. Е́сли я не вздремну́, я не смогу́ рабо́тать сего́дня ве́чером.

napkin *n* салфе́тка.

narrow у́зкий. This is a narrow road. Э́то у́зкая доро́га. — These shoes are too narrow. Э́ти башмаки́ сли́шком узки́. — His decision showed a narrow interpretation of the law. Его́ реше́ние говори́т об у́зком толкова́нии зако́на. • су́живаться. The road narrows just beyond the bridge. Доро́га су́живается сейча́с же за мосто́м. □ **to narrow down** своди́ться. The question narrows down to this: do you trust his honesty? Вопро́с сво́дится к сле́дующему: ве́рите вы в его́ че́стность и́ли нет? □ I had a narrow escape yesterday. Я вчера́ избежа́л большо́й опа́сности.

nation страна́. Five nations were represented at the conference. На конфере́нции бы́ли предста́влены пять стран. — The whole nation celebrated the victory. Вся страна́ пра́здновала побе́ду.

national национа́льный. This area has been set aside as a national park. Э́тот райо́н был объя́влен национа́льным запове́дником. • граждани́н. All consulates require their nationals to register. Все ко́нсульства тре́буют регистра́ции гра́ждан представля́емых и́ми стран.

native тузе́мец. I bought it from the natives of Alaska. Я купи́л э́то у тузе́мцев на Аля́ске. • ме́стный уроже́нец. We had six native guides. У нас бы́ло шесть проводнико́в — ме́стных уроже́нцев. • родно́й. What is your native language? Како́й ваш родно́й язы́к? • врождённый.

She seems to have a native ability for designing. У неё, повидимому, врождённая способность к рисованию.

natural есте́ственный. He died a natural death. Он у́мер есте́ственной сме́ртью. • есте́ственно. It was a natural thing for him to say under the circumstances. При э́тих усло́виях бы́ло вполне́ есте́ственно, что он так сказа́л. • непосре́дственный. He's a very natural person. Он о́чень непосре́дственный челове́к. • врождённый. He has a natural talent for painting. У него́ врождённые спосо́бности к рисова́нию.

□ The picture of you looks natural. Вы на э́той ка́рточке как живо́й.

naturally есте́ственно. She behaved very naturally. Она́ держа́ла себя́ о́чень есте́ственно. • по приро́де. She has a naturally sweet disposition. У неё по приро́де чу́дный хара́ктер. • коне́чно. Naturally, we want you to come. Коне́чно, мы хоти́м, что́бы вы пришли́.

nature хара́ктер. It's not his nature to do a thing like that. Тако́й посту́пок не в его́ хара́ктере. • род. What was the nature of the crime? Како́го ро́да преступле́ние э́то бы́ло?

□ **by nature** по нату́ре. He's a lazy person by nature. Он лени́в по нату́ре.

naughty adj непослу́шный.

navy n военноморско́й флот.

near бли́зко. The station's near enough so that you can walk. Вокза́л так бли́зко, что вы мо́жете пойти́ пешко́м. • о́коло. The store is near the station. Э́тот магази́н о́коло вокза́ла. • поблизости. Is there a hotel near here? Есть тут поблизости гости́ница? • неподалёку. We walked near the river. Мы шли неподалёку от реки́. • бли́зкий. He is a near relative of mine. Он мой бли́зкий ро́дственник.

□ **near at hand** под руко́й. The papers are all near at hand. Все бума́ги под руко́й.

to come near чуть не. I came near forgetting how to get there. Я чуть не забы́л, как туда́ идти́.

to draw near приближа́ться. The harvest season is drawing near. Приближа́ется вре́мя убо́рки урожа́я.

□ Do they sell near-beer? Есть у них лёгкое пи́во? • The time to act is near at hand. Наступа́ет вре́мя де́йствовать.

nearly почти́. It's nearly time for lunch. Уже́ почти́ вре́мя за́втракать.

neat опря́тно. Her dresses are always neat. Она́ всегда́ о́чень опря́тно оде́та. • аккура́тный. He has neat habits. Он о́чень аккура́тный челове́к. • чи́стенький. She looks very neat today. Она́ сего́дня о́чень чи́стенькая. • хоро́шенький. That was a neat trick you played on us. Вы с на́ми сыгра́ли хоро́шенькую шту́ку.

necessary необходи́мо. It is necessary for you to be here at eight o'clock. Вам необходи́мо быть здесь в во́семь часо́в. • ну́жно. It is necessary to have a passport to travel abroad. Для пое́здки заграни́цу ну́жно име́ть па́спорт.

necessity n необходи́мость.

neck шея. He's got a long neck. У него́ дли́нная ше́я. • воротни́к. She wore a dress with a high neck. На ней бы́ло пла́тье с высо́ким воротнико́м. • го́рлышко. The neck of the bottle is too small. У э́той буты́лки сли́шком у́зкое го́рлышко.

necktie n га́лстук.

need потре́бность. The need for more foreign-language teachers here is becoming urgent. Здесь всё остре́е ощу-

ща́ется потре́бность в учителя́х иностра́нных языко́в. • нужда́. Take care of his needs. Позабо́тьтесь обо все́х его́ нужда́х. • на́до. Need you leave now? Вам уже́ на́до уходи́ть? • ну́жно. This underwear needs to be washed. Э́то бельё ну́жно дать в сти́рку. — He needs to get a haircut. Ему́ ну́жно остри́чься.

□ **if need be** е́сли ну́жно. I'll go myself if need be. Е́сли ну́жно, я сам пойду́.

in need в беде́. He's certainly a friend in need. В беде́ — он настоя́щий друг.

to be in need of нужда́ться в. He is in need of a vacation. Он нужда́ется в о́тдыхе.

□ I need money. Мне нужны́ де́ньги. • You need a new hat. Вам нужна́ но́вая шля́па.

needle иго́лка. Have you a needle and thread? Есть у вас иго́лка с ни́ткой? — Change the needle before playing that record. Перемени́те иго́лку, пре́жде чем поста́вите э́ту пласти́нку. • хвоя́. We made a bed of pine needles. Мы устро́или себе́ посте́ль из сосно́вой хво́и. • стре́лка. The needle is pointing toward the north. Стре́лка ука́зывает на се́вер.

□ Who needled him into doing this? Кто подби́л его́ на э́то? • The doctor couldn't give me the injection because the needle was broken. До́ктор не мог сде́лать мне впры́скивание, так как иго́лка была́ сло́мана.

needless adj нену́жный.

negative отрица́тельный. He replied in the negative. Он дал отрица́тельный отве́т. — Was the result of your examination negative? Ну, как? Медици́нское иссле́дование дало́ отрица́тельный результа́т? • оппози́ция. He's on the negative side in the debate. В э́той диску́ссии он на стороне́ оппози́ции. • негати́в. Can you lend me the negative so I can have some copies of the picture made? Одолжи́те мне негати́в, я хочу́ заказа́ть не́сколько ка́рточек. • пессимисти́ческий. Why do you have such a negative approach to life? Почему́ вы так пессими́сти́чески смо́трите на жизнь?

neglect запусти́ть. He neglected his cough and got bronchitis. Он запусти́л свой ка́шель и у него́ сде́лался бронхи́т. — The house shows signs of neglect. Э́тот дом си́льно запу́щен. • забы́ть. I neglected to lock the door. Я забы́л запере́ть дверь. • относи́ться небре́жно. He's been neglecting his work lately. После́днее вре́мя он стал относи́ться к рабо́те небре́жно. • не забо́титься. She's been neglecting her children. Она́ не забо́тится о свои́х де́тях.

Negro n негр; adj негритя́нский.

neighbor сосе́д. We're neighbors of yours, you know. А вы зна́ете, мы с ва́ми сосе́ди.

□ He is my next-door neighbor. Он живёт ря́дом со мной. • The neighbors formed a committee. Жи́тели э́того кварта́ла организова́ли комите́т.

neighborhood сосе́дство. The school is in the neighborhood of the shopping district. Шко́ла нахо́дится по сосе́дству с торго́вой ча́стью го́рода. • райо́нный. I'm tired of going just to the neighborhood theater. Мне надое́ло ходи́ть то́лько в наш райо́нный теа́тр. • райо́н. The whole neighborhood supported the drive. Весь райо́н подде́рживал э́ту кампа́нию.

neither

□ **neither . . . nor** ни . . . ни. I could neither see nor hear the speaker. Я не мог ни ви́деть, ни слы́шать ора́тора.

neither of them ни тот, ни другой. They both wanted to go to Moscow, but neither one of them could get the time off. Они́ о́ба хоте́ли пое́хать в Москву́, но ни тот, ни друго́й не получи́ли о́тпуска.

☐ Neither of us can be there. Никто́ из нас не мо́жет там быть. • Neither statement is true. О́ба э́ти утвержде́ния непра́вильны.

nephew *n* племя́нник.

nerve нерв. The nerve of her right eye is affected. У неё заде́т нерв в пра́вом глазу́. — He must have nerves of steel. У него́ должно́ быть желе́зные не́рвы. • не́рвный. My mother had an attack of nerves. У мое́й ма́тери был не́рвный припа́док.

☐ **to get on one's nerves** де́йствовать на не́рвы. He gets on my nerves. Он мне де́йствует на не́рвы.

☐ I haven't the nerve to watch it. Сил нет на э́то смотре́ть. • He's got a lot of nerve to say that. Как у него́ хвати́ло на́глости э́то сказа́ть.

nervous не́рвный. He's suffering from a nervous disorder. Он страда́ет не́рвным расстро́йством.

☐ **to be nervous** не́рвничать. Why are you so nervous? Отчего́ вы так не́рвничаете?

nest гнездо́. Can you see the nest in the tree? Вы ви́дите гнездо́ на де́реве? • вить гнездо́. The birds aren't nesting here any more. Пти́цы здесь бо́льше гнёзд не вьют. • прито́н. That tavern is a nest of pickpockets. Э́тот тракти́р — прито́н карма́нщиков.

net се́ти. The nets were loaded with fish. Се́ти бы́ли полны́ ры́бы. • по́лог. It's safer to sleep under a mosquito net in this locality. В э́тих края́х лу́чше спать под по́логом: здесь мно́го комаро́в.

☐ **net profit** чи́стая при́быль. What was your net profit last year? Ско́лько у вас бы́ло чи́стой при́были в про́шлом году́?

net weight чи́стый вес. The net weight is two kilograms. Чи́стый вес — два кило́.

to net a profit получи́ть при́быль. They netted a good profit. Они́ получи́ли большу́ю при́быль.

never никогда́. I never said any such thing. Я никогда́ ничего́ подо́бного не говори́л. — I'll never go there again. Я бо́льше никогда́ туда́ не пойду́.

☐ He never even opened the book. Он в э́ту кни́гу и не загля́дывал.

nevertheless *adv* тем не ме́нее.

new но́вый. This building is new. Э́то но́вое зда́ние. — This is a new experience for him. Для него́ э́то не́что но́вое. — A new president has just been elected. То́лько что сообщи́ли об избра́нии но́вого президе́нта. — I'm new at this kind of work. В э́той рабо́те я новичо́к. • друго́й. I feel like a new man. Я чу́вствую себя́ соверше́нно други́м челове́ком. • молодо́й. Do you have any new potatoes? Есть у вас молода́я карто́шка?

☐ **new moon** новолу́ние. There will be a new moon next week. На бу́дущей неде́ле новолу́ние.

☐ The ground was covered with new-fallen snow. Земля́ была́ покры́та све́же-вы́павшим сне́гом.

news изве́стие. What's the latest news? Каки́е после́дние изве́стия? — Who is going to break the news to him? Кто возьмётся сообщи́ть ему́ э́то изве́стие? • но́вость. That's news to me. Э́то для меня́ но́вость.

newspaper газе́та. Do you have an evening newspaper? Есть у вас вече́рняя газе́та?

next сле́дующий. The next house is mine. Сле́дующий дом—мой. — The next train leaves in half an hour. Сле́дующий по́езд идёт че́рез полчаса́. — I'll tell him that the next time I see him. Я ему́ э́то скажу́, когда́ уви́жу его́ в сле́дующий раз. • зате́м. What shall I do next? За что мне взя́ться зате́м?

☐ **next door** ря́дом. Who lives next door? Кто живёт ря́дом с ва́ми?

next door to ря́дом с(о). We live next door to the school. Мы живём ря́дом со шко́лой.

next to ря́дом с. She sat next to me at the theater. Она́ сиде́ла в теа́тре ря́дом со мной.

☐ If you can't give him a job, the next best thing would be to lend him some money. Если вы не мо́жете устро́ить его́ на рабо́ту, то, по кра́йней ме́ре, одолжи́те ему́ де́нег.

nice ми́лый. He has a very nice sister. У него́ о́чень ми́лая сестра́. • сла́вный. He is a very nice man. Он о́чень сла́вный челове́к. • прия́тно. It's nice and warm here. Здесь прия́тно и тепло́.

☐ Did you have a nice time? Вы хорошо́ провели́ вре́мя? • She wears nice clothes. Она́ хорошо́ одева́ется.

nicely ми́ло. They treated us very nicely there. Они́ к нам о́чень ми́ло отнесли́сь.

nickel ни́келевый. The nickel mines are nearby. Ни́келевые рудники́ здесь побли́зости. • пята́к (моне́та в пять це́нтов). Have you two nickels for a dime? Мо́жете разменя́ть мне гри́венник на́ два пятака́?

niece *n* племя́нница.

night ночь. Good night. Споко́йной но́чи. — He spent the night on the train. Он провёл ночь в по́езде. • ве́чером. They're going to the movies tomorrow night. За́втра ве́чером они́ иду́т в кино́.

☐ Let's go to the play and then go dancing and really make a night of it. Дава́йте пойдём в теа́тр, пото́м танцова́ть и вообще́ кутнём как сле́дует.

nightgown *n* ночна́я руба́шка.

nine *n, adj* де́вять.

nineteen *n, adj* девятна́дцать.

ninety *n, adj* девяно́сто.

ninth *adj* девя́тый.

no нет. Answer yes or no. Отвеча́йте: да и́ли нет.

☐ That sign says: "No smoking." Здесь напи́сано: "Кури́ть воспреща́ется". • No sooner said than done. *Ска́зано — сде́лано.

noble благоро́дный. That was a noble thing to do. Э́то был о́чень благоро́дный посту́пок.

nobody никто́. The policeman said that nobody was to leave here. Милиционе́р сказа́л, что никто́ не до́лжен уходи́ть отсю́да.

nod кивну́ть. The policeman nodded to us as we passed. Когда́ мы проходи́ли, милиционе́р кивну́л нам голово́й. • киво́к. He answered us with a quick nod. Он отве́тил нам лёгким кивко́м. • клева́ть но́сом. He began to nod over his book. Он на́чал клева́ть но́сом над кни́гой.

noise шум. I thought I heard a noise just now. Мне показа́лось, что я то́лько что слы́шал како́й-то шум.

☐ **to make noise** шуме́ть. Please don't make so much noise. Пожа́луйста, не шуми́те так!

noisy *adj* шу́мный.

none никто́. None of them spoke to me. Никто́ из них со мной не говори́л. • ни оди́н. He has none of the opportunities you have. У него́ нет ни одно́й из тех возмо́жностей, которые есть у вас. — None of these things will do. Ни одна из этих вещей не подходит.

□ They told him of the plan yesterday, but he'd have none of it. Они вчера сообщили ему свой план, но он и слышать об этом не желает.

nonsense вздор. What he plans to do is sheer nonsense. То, что он собирается делать — чистый вздор.

noon полдень. We eat at noon. Мы обедаем в полдень. • двенадцать часов (дня). He'll be here at noon. Он будет здесь в двенадцать часов (дня). — He is arriving on the noon train. Его поезд приходит в двенадцать часов (дня).

nor (*See also* **neither**) ни. I'm neither for it nor against it. Я ни за, ни против.

normal нормальный. Don't let the child out of bed until his temperature is normal. Не позволяйте ребёнку вставать, пока у него не установится нормальная температура. — He's a perfectly normal child. Он совершенно нормальный ребёнок.

north север. I'm from the North, but my friend is from the South. Я с севера, а мой товарищ с юга. • северный. There's a strong north wind today. Сегодня сильный северный ветер.

northern *adj* северный.

nose нос. He has a big nose. У него большой нос. — The nose of the plane lifted sharply. Самолёт резко задрал нос. □ I have a cold in my nose. У меня насморк. • That reporter has a good nose for news. У этого репортёра хороший нюх.

not не. He's not going to be home today. Сегодня его не будет дома. — Not everyone can go to college. Университет не каждому доступен.

notation отметка. Make a notation on the calendar. Сделайте отметку в календаре.

note заметка. He can't speak without using notes. Он не умеет говорить, не заглядывая в свои заметки. — Today's paper has a note about the ship's arrival. В сегодняшней газете есть заметка о прибытии парохода. • заметить. He noted that there was a mistake. Он заметил там ошибку. • записать. His notes on the lecture are very good. Он хорошо записал лекцию. • записка. He just had time to write a short note. У него как раз хватило времени написать коротенькую записку. • нота. There was a note of anxiety in her voice. В её голосе звучала нотка беспокойства. • нота. She sang the high notes very well. На высоких нотах её голос звучал очень хорошо. • расписка. I took a note for the amount of money he owed me. Я взял у него расписку на одолженные ему деньги.

□ **to compare notes** обменяться наблюдениями. We compared notes on the progress of the work. Мы обменялись наблюдениями о ходе работы.

to make note of отметить. Make a note of the time he left. Отметьте время его ухода.

to take notes делать заметки. I always take notes during the meetings. Я всегда делаю заметки на собраниях.

noted известный. He's a noted scientist. Он известный учёный.

nothing нечего. There is nothing for me to do. Мне (тут) нечего делать. • ничего. I can make nothing out of the book. Я ничего в этой книге не понимаю. — Can nothing be done? Неужели ничего нельзя сделать? — He said

nothing about it to me. Он ничего мне об этом не сказал. • ничто. That's nothing compared to some things I've seen. Это ничто в сравнении с тем, что мне привелось видеть.

□ **nothing less than** просто-напросто. His words are nothing less than a lie. Его слова просто-напросто ложь.

□ He thinks nothing of driving eighty kilometers an hour. Ему нипочём гнать и по восемьдесят километров в час.

notice заметить. I didn't notice that picture before. Я этой картины раньше не заметил. • объявление. The police posted a notice about the missing child. Милиция вывесила объявление о пропавшем ребёнке. • извещение. The office will be closed until further notice. Контора будет закрыта впредь до дальнейшего извещения. • рецензия. Did you see the notices about the new play? Вы видели рецензию на новую пьесу?

□ **at a moment's notice** в любой момент. I can be ready at a moment's notice. Я могу быть готов в любой момент.

to give notice предупредить. You will have to give your employer two weeks' notice before you leave your job. При оставлении работы вы должны предупредить за две недели.

to serve notice объявлять. The store has served notice that all bills must be paid tomorrow. Магазин объявляет, что по всем счетам должно быть уплочено завтра.

to take notice замечать. Was any notice taken of his absence from the meeting? Кто-нибудь заметил его отсутствие на собрании?

□ That paragraph escaped my notice the first time I read the article. Я пропустил этот абзац, когда читал эту статью в первый раз.

notify известить. You might have notified me in time. Вы могли бы известить меня во-время.

notion представление. I haven't the faintest notion of what you're talking about. У меня нет ни малейшего представления, о чём вы говорите. • мысль. Get that notion out of your head. Выбросьте эту мысль из головы.

noun *n* существительное.

novel роман. Have any good novels come out lately? Вышли за последнее время какие-нибудь хорошие романы? • новый. That's a rather novel idea. Это довольно новая идея.

November *n* ноябрь.

now теперь. You must leave now, or you'll miss the train. Вы должны уже идти теперь, а то вы опоздаете на поезд. — From now on the work will be difficult. Вот теперь начнётся трудная работа. — Now we're sure to be late. Теперь мы уж наверняка опоздали. — Now you listen to me! А теперь слушайте, что я вам скажу! • сейчас. The doctor can see you now. Доктор может вас принять сейчас.

□ **just now** только что. I saw him on the street just now. Я только что видел его на улице.

now and then время от времени. I see him now and then. Мы с ним встречаемся время от времени.

now that теперь, когда. Now that you mention it, I do remember seeing her. Теперь, когда вы об этом упомянули, я действительно вспоминаю, что видел её.

□ He ought to be here by now. Он должен был бы быть уже здесь. • Now that the rain has stopped, we can leave. Дождь уже прошёл, и мы можем идти.

number но́мер. What's the number of your house? Како́й но́мер ва́шего до́ма? — Number ten is the best player on the team. Деся́тый но́мер — са́мый лу́чший игро́к кома́нды. — There were five numbers on the program. В програ́мме бы́ло пять номеро́в. • пронумерова́ть. He numbered the pages carefully. Он внима́тельно пронумерова́л страни́цы. • насчи́тываться. The population here numbered two thousand in 1940. В ты́сяча девятьсо́т сороково́м году́ здесь насчи́тывалось две ты́сячи жи́телей. • вы́пуск. The latest number of the magazine arrived today. Сего́дня получи́лся после́дний вы́пуск журна́ла.

□ **a large number** о́чень мно́го. There's a large number of stores on this street. На э́той у́лице о́чень мно́го магази́нов. **a number** мно́го. He owns a number of houses in New York. У него́ мно́го домо́в в Нью Ио́рке. **to have one's number** *раскуси́ть (кого́-нибудь). I've got your number. Тепе́рь я вас раскуси́л.

□ His days here are numbered. Его́ здесь до́лго не проде́ржат. • His number's up. Тепе́рь ему́ кры́шка!

numerous adj многочи́сленный.

nurse (мед)сестра́. I want a nurse. Мне нужна́ медсестра́. — When does the night nurse come on? Когда́ прихо́дит ночна́я сестра́? • ня́ня. The children's nurse has taken them for a walk. Ня́ня повела́ дете́й на прогу́лку. • уха́живать. His sister nursed him through his illness. Его́ сестра́ уха́живала за ним во вре́мя боле́зни. • лечи́ться. I am nursing my cold. Я лечу́сь от просту́ды. • корми́ть. She was nursing the baby when I came in. Когда́ я пришёл, она́ корми́ла ребёнка.

□ We had to nurse the fire carefully to make it burn. Мы до́лго вози́лись, пока́ развели́ ого́нь. • He's nursing a grudge against me. *Он име́ет зуб про́тив меня́.

nut оре́х. That store sells candy and nuts. В э́том магази́не продаю́тся конфе́ты и оре́хи. • га́йка. The board is held in place by a nut and bolt. Э́та доска́ прикреплена́ га́йкой и болто́м. • чуда́к. He's a nut. Он большо́й чуда́к.

□ **to go nuts** обалде́ть. If this keeps up, I'll go nuts. Е́сли э́то бу́дет продолжа́ться, я обалде́ю.

O

oak n дуб.

oats n овёс.

obedient adj послу́шный.

obey подчини́ться. I can't obey that order. Я не могу́ подчини́ться э́тому прика́зу. • повинова́ться (formal). Obey the law. Повину́йтесь зако́ну.

object' возража́ть. I won't object. Я не ста́ну возража́ть. • быть про́тив. Her father objected to her marriage. Её оте́ц был про́тив её бра́ка.

ob'ject предме́т. We found this strange object on the road. Мы нашли́ э́тот стра́нный предме́т на доро́ге. • объе́кт. I hate to be an object of pity. Я ненави́жу быть объе́ктом жа́лости. • цель. My object is to learn to fly. Моя́ цель — научи́ться лета́ть.

□ **object lesson** нагля́дный уро́к. Let this be an object lesson to you. Пусть э́то вам бу́дет нагля́дным уро́ком. □ What's the object of doing that? Заче́м э́то де́лать?

objection возраже́ние. Have you heard his objection? Вы слы́шали его́ возраже́ние?

□ **to have objections** име́ть (что́-либо) про́тив. Have you any objections to my smoking? Я закурю́, вы ничего́ не име́ете про́тив?

obligation обяза́тельство. The firm was unable to meet its obligations. Фи́рма не могла́ вы́полнить свои́х обяза́тельств.

□ **under obligation** обя́занный. I feel under obligation to you for all you've done. Я вам о́чень обя́зан за всё, что вы сде́лали.

oblige услужи́ть. I am always glad to oblige you. Я всегда́ рад вам услужи́ть. • обя́зан. Much obliged. Весьма́ обя́зан (formal).

□ **to be obliged** быть обя́занным. I don't want to be obliged to him for anything. Я не хочу́ ему́ быть обя́занным ни в чём.

□ His promise obliged him to go through with it. Раз он обеща́л, ему́ пришло́сь довести́ де́ло до конца́. • After

his death she was obliged to go to work. По́сле его́ сме́рти ей пришло́сь нача́ть рабо́ту.

observation наблюде́ние. Have your observations led to any new discoveries? Ва́ши наблюде́ния привели́ к каки́м-нибудь но́вым откры́тиям? • иссле́дование. He was sent to the hospital for observation. Он лёг в больни́цу для клини́ческого иссле́дования.

□ I like talking with someone who makes such clever observations. Я люблю́ разгова́ривать с таки́ми у́мными и наблюда́тельными людьми́.

observe заме́тить. Did you observe her reaction? Вы заме́тили, как она́ реаги́ровала на э́то? — "You're late," he observed. "Вы опозда́ли," — заме́тил он. • наблюда́ть. We can observe better from above. Нам лу́чше бу́дет наблюда́ть све́рху. — The students were observing bacteria multiply under the microscope. Студе́нты наблюда́ли размноже́ние бакте́рий под микроско́пом. • соблюда́ть. Be careful to observe all the rules. Смотри́те, соблюда́йте все пра́вила.

obtain доби́ться. We managed to obtain a favorable settlement. Нам удало́сь доби́ться благоприя́тного реше́ния. — He obtained his knowledge through years of hard study. Он доби́лся свои́х зна́ний года́ми упо́рной рабо́ты.

occasion слу́чай. Can this be used for all occasions? Мо́жно э́то употребля́ть во всех слу́чаях? — I haven't had occasion to attend to it. У меня́ не́ было слу́чая э́тим заня́ться. • по́вод. His remark was the occasion of a quarrel. Его́ замеча́ние послужи́ло по́водом для ссо́ры. • вы́звать. Her strange appearance occasioned a great deal of gossip. Её стра́нная вне́шность вы́звала то́лки.

occasional по времена́м. She pays me an occasional visit. Она́ по времена́м захо́дит ко мне.

occasionally иногда́. I go to the movies occasionally. Я иногда́ хожу́ в кино́.

occupation профе́ссия. What is your occupation? Вы кто по профе́ссии? • оккупа́ция. During the occupation of our city we were forced to live in cellars. Всё время оккупа́ции на́шего го́рода нам пришло́сь жить в погреба́х.

occupy занима́ть. The playground occupies three blocks. Спорти́вная площа́дка занима́ет три кварта́ла. • заня́ть. The enemy occupied the town. Неприя́тель за́нял го́род. • за́нятый. Is this seat occupied? Это ме́сто за́нято? — I'm occupied at present. Я тепе́рь за́нят. • жить (to live), занима́ть. Who occupies this room? Кто живёт в э́той ко́мнате? or Кто занима́ет э́ту ко́мнату? • отнима́ть. School occupies all my time. Шко́ла отнима́ет всё моё вре́мя.

ocean n океа́н.

o'clock час. The train leaves at seven o'clock. По́езд отхо́дит в семь часо́в.

October n октя́брь.

odd стра́нный. He's a very odd person. Он о́чень стра́нный челове́к. • нечётный. There's an odd number of people at the table. За столо́м нечётное число́ люде́й. • из ра́зных пар. The box was full of odd gloves. В я́щике лежа́ла ку́ча перча́ток из ра́зных пар. • с лишко́м. It cost thirty odd dollars. Это сто́ило три́дцать рубле́й с лишко́м.

☐ **odd job** случа́йная рабо́та. There are plenty of odd jobs to be done ·around here. Тут бу́дет мно́го вся́кой случа́йной рабо́ты.

of (*See also* **because of, by way of, instead of,** *etc.*) от. He isn't cured of his bronchitis yet. Он ещё не вы́лечился от своего́ бронхи́та. — His father died of a heart attack. Его́ оте́ц сконча́лся от серде́чного припа́дка. • о, об. I've never heard of him. Я никогда́ о нём не слы́шал. — I've been dreaming of this for a long time. Я давно́ об э́том мечта́ю. • в. What is he accused of? В чём его́ обвиня́ют? • из. What's it made of? Из чего́ э́то сде́лано? — None of us have ever been there. Никто́ из нас там никогда́ не́ был. — A few of my belongings are missing. Не́которых из мои́х веще́й не хвата́ет.

☐ Call me at a quarter of eight. Позвони́те мне без че́тверти во́семь. • Do you have any books of short stories? Есть у вас каки́е-нибудь сбо́рники расска́зов? • This is very kind of you, I'm sure. Это, пра́во, о́чень ми́ло с ва́шей стороны́. • I'm ashamed of being so late. Мне сты́дно, что я так опозда́л. • I'm getting tired of this delay. Меня́ э́та заде́ржка начина́ет раздража́ть. • My house is on the other side of the church. Мой дом по ту сто́рону це́ркви. • I met a friend of yours yesterday. Я вчера́ встре́тил одного́ ва́шего прия́теля. • He asked if the lady of the house was in. Он спроси́л, до́ма ли хозя́йка. • Please give me a piece of that cake. Да́йте мне, пожа́луйста, кусо́к э́того пирога́. • Who's the driver of this car? Кто води́тель э́той маши́ны? • He is a man of means. Он весьма́ состоя́тельный челове́к.

off (*See also* **to come off, to show off,** *etc.*) с, со. Please get off of the table. Пожа́луйста, слеза́йте со стола́. — Let me take this thread off your coat. Да́йте я вам сниму́ ни́тку с пиджака́. — Clear everything off the shelf. Сними́те всё с по́лки. — You're off your course. Вы сошли́ с пути́. • от. The ship anchored three kilometers off shore. Парохо́д бро́сил я́корь в трёх киломе́трах от бе́рега.

☐ **a day off** выходно́й день. Are you taking tomorrow off? У вас за́втра выходно́й день?

☐ June is still three months off. До ию́ня ещё три ме́сяца.

• There is a button off your dress. У вас на пла́тье оторва́лась пу́говица. • Keep off the grass. По траве́ ходи́ть воспреща́ется. • Turn the stove off. Потуши́те плиту́. • The power is off. То́ку нет. • They're not so badly off. Им не так уж пло́хо живётся. • How well off is he? Каково́ его́ материа́льное положе́ние? • It is an off year for crops. Этот год неурожа́йный. • He sold us an off grade of eggs. Он нам про́дал я́йца ни́зкого ка́чества. • His figures were way off. Его́ ци́фры далеко́ не верны́. • I'm to have a week off soon. У меня́ бу́дет ско́ро неде́льный о́тпуск. • I've been studying off and on all year. Я весь год то начина́л учи́ться, то броса́л. • How far off is Moscow? Далеко́ отсю́да до Москвы́?

offend оби́деть. I hope I haven't offended you. Наде́юсь, я вас не оби́дел?

offense суди́мость. This was his third offense, so he was put in jail. Это была́ его́ тре́тья суди́мость и его́ посади́ли. • оби́деть (to offend). She didn't mean any offense. Она́ никого́ не хоте́ла оби́деть.

offer предложи́ть. I'm willing to offer one hundred rubles for it. Я гото́в за э́то предложи́ть сто рубле́й. • предложе́ние. Will you keep the offer open? Ва́ше предложе́ние оста́нется в си́ле? • вы́зваться. She offered to preside at the meeting. Она́ вы́звалась председа́тельствовать на собра́нии. • оказа́ть. Did they offer any resistance? Они́ оказа́ли сопротивле́ние?

☐ **to make an offer** предложи́ть. They made him an offer of a good job. Ему́ предложи́ли хоро́шую рабо́ту.

☐ May I offer my congratulations? Разреши́те вас поздра́вить.

office конто́ра, кабине́т, учрежде́ние. See me in my office. Зайди́те ко мне в конто́ру. • конто́ра. Contact the manager's office for that information. Обрати́тесь в конто́ру заве́дующего за э́той спра́вкой. • кабине́т. The chairman's office is to the left. Кабине́т председа́теля нале́во. • учрежде́ние. He arranged a picnic for the whole office. Он устро́ил пикни́к для всего́ учрежде́ния. • пост. What office does he hold? Како́й пост он занима́ет?

☐ **to run for office** выставля́ть кандидату́ру. He hasn't run for office for years. Он уже́ мно́го лет не выставля́л свое́й кандидату́ры.

officer офице́р. Were you an officer in the army? Вы бы́ли офице́ром в а́рмии? • член правле́ния. Yesterday the club elected its officers. Вчера́ в клу́бе бы́ли вы́боры чле́нов правле́ния.

☐ Are you a police officer? Вы принадлежи́те к мили́ции?

official официа́льный. Is this official business? Это официа́льное де́ло?

☐ He's an official of the American Government. Он занима́ет высо́кий пост в америка́нском прави́тельственном учрежде́нии. • Who are the officials here? Кто здесь отве́тственные рабо́тники?

often ча́сто. How often do trains run? Как ча́сто хо́дят поезда́?

oh ах. Oh, when did you arrive? Ах! когда́ э́то вы прие́хали? • вот как! Oh, so you knew it all along? Вот как! Вы, ока́зывается, э́то всё вре́мя зна́ли!

oil ма́сло. Please check my oil. Посмотри́те, есть ли у меня́ ма́сло в мото́ре. — I prefer oils to water colors. Я предпочита́ю ма́сло акваре́ли. • сма́зка. The machine needs oiling. Маши́на нужда́ется в сма́зке. • масляны́е кра́ски. He does his best work in oil. Его́ лу́чшие рабо́ты напи́саны масляны́ми кра́сками.

O.K. в поря́дке. Everything's O.K. now. Тепе́рь всё в поря́дке. • хорошо́. I'll be there at six o'clock; O.K.? Я там бу́ду в шесть, хорошо́?

□ I'd like to go along if it's O.K. with you. Я пойду́ с ва́ми, е́сли вы ничего́ не име́ете про́тив.

old ста́рый. I'm too old for that. Я для э́того сли́шком стар. — I wear my old coat in weather like this. В таку́ю пого́ду я надева́ю ста́рое пальто́. • бы́вший. He's an old student of mine. Он мой бы́вший учени́к.

□ **old man** стари́к. Give your seat to the old man. Уступи́те ме́сто э́тому старику́.

old woman стару́ха, стару́шка. His grandmother is a very old woman. Его́ ба́бушка совсе́м стару́шка.

□ How old are you? Ско́лько вам лет? • He's an old hand at this. *Он на э́том соба́ку съел.

olive *n* масли́на.

omit вы́пустить. Omit the words I've checked. Вы́пустите слова́, кото́рые я отме́тил.

on (*See also* **to count on, to depend, to stand on,** *etc.*) на. Put it on the table. Положи́те э́то на стол. — Do you have a room on the street? Есть у вас ко́мната (с о́кнами) на у́лицу? — Put it on ice. Положи́те э́то на лёд. — The car went around the corner on two wheels. Автомоби́ль обогну́л у́гол на двух колёсах. • в. Do you sell on credit? Вы продаёте в креди́т? — When do you start on your trip? Когда́ вы отправля́етесь в путь? — Who's on the team? Кто в кома́нде? — Are you open on Saturday? У вас в суббо́ту откры́то? • по. What are your ideas on the subject? Что вы ду́маете по э́тому по́воду? • He went on an errand. Он пошёл по де́лу. • о, об. It's a book on animals. Э́то кни́га о живо́тных. • из. I got this on good authority. Я узна́л об э́том из достове́рных исто́чников.

□ **on foot** пешко́м. Can we go on foot? Мо́жем мы пойти́ пешко́м?

□ Have you got your coat on? Вы наде́ли пальто́? • It's on the left. Э́то нале́во. • My hair stood on end. У меня́ во́лосы ста́ли ды́бом. • This is on me. За э́то плачу́ я. • The drinks are on the house. Напи́тки беспла́тно. • The house is on fire! Дом гори́т! • On the contrary. Наоборо́т. • Is the gas turned on? Газ откры́т? • Move on! Дви́гайтесь! • Wait until later on. Подожди́те, пото́м! • Is roast chicken on the menu tonight? Есть у вас сего́дня (на меню́) жа́реная ку́рица? • The bell rings on the hour. Звоно́к звони́т в нача́ле ка́ждого ча́са.

once раз. Let's try to make the call once more. Дава́йте попро́буем позвони́ть ещё раз. — If you once read it, you'll never forget it. Е́сли вы прочтёте — вы уже́ никогда́ э́того не забу́дете. • когда́-то. I was in the army once. Я когда́-то был в а́рмии.

□ **at once** неме́дленно. Come at once. Иди́те сюда́ неме́дленно.

once in a while и́зредка. You might be nice to me once in a while. Пра́во, вы могли́ бы быть хоть и́зредка со мной поласкове́й!

one оди́н. Count from one to a hundred. Счита́йте от одного́ до ста́. — They came in one by one. Они́ входи́ли оди́н за дру́гим. — One of us can buy the tickets. Оди́н из нас мо́жет купи́ть биле́ты. — I have one thought in mind. У меня́ есть одна́ мысль.

□ One at a time, please. Пожа́луйста, не все сра́зу. • I don't like this hat; I prefer the gray one. Мне не нра́вится

э́та шля́па, я предпочита́ю се́рую. • One has to be careful with fire. С огнём на́до обраща́ться осторо́жно.

onion *n* лук.

only то́лько. This is only for you. Э́то то́лько для вас. — If you could only help me! Е́сли бы то́лько вы могли́ мне помо́чь! — I got into town only a week ago. Я прие́хал в го́род то́лько неде́лю тому́ наза́д. • но. I was going to buy it, only she told me not to. Я собира́лся э́то купи́ть, но она́ сказа́ла, чтоб я э́того не де́лал.

□ Am I the only one here who speaks English? Кро́ме меня́, здесь никто́ не говори́т по-англи́йски? • I'd be only too glad to help you. Пове́рьте, мне бу́дет то́лько прия́тно помо́чь вам.

onto на. I saw him just as he stepped onto the platform. Я уви́дел его́ как раз, когда́ он поднима́лся на эстра́ду.

open откры́тый. Is the door open? Дверь откры́та? — He stood at the open window. Он стоя́л у откры́того окна́. — The dining room is not open yet. Столо́вая ещё не откры́та. — When do we reach open country? Когда́ мы вы́едем в откры́тое по́ле? — That's still an open question. Э́тот вопро́с ещё остаётся откры́тым. — Is the park open to the public? Парк откры́т для пу́блики? • откры́то. Open Sundays. Откры́то по воскресе́ньям. • откры́ть. Open the door, please. Пожа́луйста, откро́йте дверь. — They opened the road to traffic. Доро́гу откры́ли для движе́ния. • открыва́ть. What time do you open shop? В кото́ром часу́ вы открыва́ете магази́н? • раскры́ть. The book was open at page five. Кни́га была́ раскры́та на пя́той страни́це. • в си́ле. Is your offer still open? Ва́ше предложе́ние ещё в си́ле? • начина́ться. When will they open the meeting? В кото́ром часу́ начина́ется собра́ние? • распусти́ться. I'd like some roses that are not too far opened. Да́йте мне не́сколько не сли́шком распусти́вшихся роз. • выходи́ть. What do the windows open onto? Куда́ выхо́дят о́кна?

□ **to break open** взлома́ть. We had to break open the door. Нам пришло́сь взлома́ть дверь.

to open up распусти́ться. All the flowers opened up over night. Все цветы́ распусти́лись за ночь. • вскрыть. Open up the package. Вскро́йте паке́т.

□ He is always open to reason. Он всегда́ гото́в вы́слушать разу́мные до́воды. • That's an open secret. Э́то ни для кого́ не та́йна. • Is the road open? Прое́зд свобо́ден? • When is the open season for fishing? Когда́ тут разреша́ется ры́бная ло́вля?

opening отве́рстие. The dog crawled through an opening in the fence. Соба́ка проле́зла в отве́рстие в забо́ре. • вака́нсия. The first opening we get we'll call you. Мы вас вы́зовем, как то́лько откро́ется вака́нсия. • возмо́жность. He never gave us an opening to bring up the subject. Он нам ни ра́зу не дал возмо́жности поговори́ть на э́ту те́му. • There was a full house at the opening. В день откры́тия теа́тр был перепо́лнен.

opera *n* о́пера.

operate обраща́ться. Do you know how to operate this machine? Вы уме́ете обраща́ться с э́той маши́ной? • опери́ровать. She's so ill they're going to have to operate. Она́ о́чень больна́; её придётся опери́ровать.

operation опера́ция. The doctor said she needed an operation. До́ктор сказа́л, что ей нужна́ опера́ция. • рабо́та. He supervises the operation of the machines. Он следи́т за рабо́той маши́н. • де́йствие. They kept the information about the military operations a secret. Сведения о военных действиях держались в секрете.

☐ **to go into operation** начать применяться. When does that rule go into operation? Когда это правило начнёт применяться?

☐ Are the streetcars in operation? Трамваи ходят?

opinion мнение. I have a very good opinion of him. Я о нём прекрасного мнения. — What's your opinion? А каково ваше мнение? • решение. The court handed down its opinion. Суд вынес решение.

opponent *n* противник.

opportunity возможность, случай. This is a big opportunity for you to show what you can do. Это даёт вам блестящую возможность показать, что вы умеете делать.

☐ When will you have an opportunity to see me? Когда вы сможете меня повидать?

oppose противиться. He opposed the new measures. Он противился новым мероприятиям.

opposite противоположный. You should go in the opposite direction. Вам надо пойти в противоположном направлении. • обратный. This is the opposite of what I expected. Это обратное тому, что я ожидал. • напротив. What is that building opposite here? Что это за здание там напротив?

opposition сопротивление. We ran up against a lot of opposition. Мы натолкнулись на сильное сопротивление. • оппозиция. The opposition fought bitterly against the proposal. Оппозиция вела упорную борьбу против этого предложения.

or или. Shall I wait here or come back later? Подождать мне или придти позднее? • а то. Either you act now or you get nothing. Действуйте немедленно, а то ничего не получите. • а не то. Hurry, or we'll be late. Поспешите, а не то мы опоздаем.

orange апельсин. How much are oranges? Почём апельсины? • апельсиновый. Do you have any orange juice? Есть у вас апельсиновый сок? • оранжевый цвет. She wore an orange dress. На ней было платье оранжевого цвета.

orchard *n* фруктовый сад.

orchestra оркестр. The orchestra's tuning up. В оркестре настраивают инструменты. • партер. How much are orchestra seats? Сколько стоят билеты в партер?

order порядок. Try to put these papers in order. Постарайтесь привести эти бумаги в порядок. — You'll have to keep order in this hall. Вам придётся следить за порядком в этом зале. • приказ. The captain gave the order. Капитан дал приказ. • приказать. Who ordered you to do this? Кто вам приказал это сделать? — отдать приказ. He ordered them under arrest. Он отдал приказ об их аресте. • заказ. I want to give an order for some goods. Я хочу сделать заказ на некоторые товары. • заказать. This is not what I ordered. Это не то, что я заказал. — We have it on order and it should be in next week. Это уже заказано и должно быть получено на будущей неделе. • организация. What societies or orders do you belong to in the United States? Вы состоите в каких-нибудь обществах или организациях в Соединённых Штатах? • орден. What order does that monk belong to? К какому ордену принадлежит этот монах? • командовать. Stop ordering me around. Перестаньте (мной) командовать.

☐ **by order of** по приказу. The new regulation was made by order of the military authorities. Новые правила установлены по приказу военных властей.

in order to чтобы. I came all the way just in order to see you. Я проделал весь этот путь, только чтобы повидать вас.

orders начальство. Whose orders are you under? Под чьим вы начальством?

out of order не в порядке. My passport is out of order. Мой паспорт не в порядке. • испортить. The elevator is out of order. Лифт испорчен.

☐ Line up in order of height. Выстройтесь по росту. • The chairman called the meeting to order. Председатель открыл собрание.

ordinary обычный. Is this the ordinary route? Это обычный путь? • обыкновенный. Just give me an ordinary room. Дайте мне самую обыкновенную комнату.

☐ **out of the ordinary** из ряда вон выходящий. This is something out of the ordinary. Это нечто из ряда вон выходящее.

organ орган. She plays the organ in church. Она играет на органе в церкви. • орган. We learned about the working of every organ of the government. Мы ознакомились с работой всех правительственных органов. — This newspaper is the organ of our party. Эта газета орган нашей партии.

☐ **sense organs** органы чувств.

organization организация. Are you a member of any organization? Вы состоите членом какой-нибудь организации? — The organization of the festival was left entirely up to us. Организация праздника была всецело предоставлена нам. • структура. He knows quite a bit about the organization of the government. Он хорошо знаком со структурой правительственного аппарата.

organize организовать. Your work is poorly organized. Ваша работа плохо организована. • основать. My father organized this business many years ago. Мой отец основал это предприятие много лет тому назад. • сорганизоваться. If we get organized we can get something done. Если мы сорганизуемся, мы сможем кое-что сделать.

original оригинал. Is this the original copy? Это оригинал? • оригинальный. That's an original idea. Это оригинальная мысль. • первый. Who were the original people here? Кто были первые обитатели этих мест? • творческий. He has an original mind. У него творческий ум. • подлинник. Have you read this book in the original? Вы читали эту книгу в подлиннике?

originally сначала. I was hired originally to do another job. Сначала меня наняли на другую работу.

☐ My father came from that country originally. Мой отец родом из этой страны.

ornament *n* украшение.

orphan *n* сирота.

other другой. Sorry, I have other things to do. Простите, но у меня есть другие дела. — How do I get to the other side? Как мне попасть на другую сторону? — Give me the other one. Дайте мне не этот, а тот другой. — Have you any other books? Есть у вас какие-нибудь другие книги? • остальные. Where are the others? Где остальные?

☐ **every other** каждые два. Trains leave every other hour. Поезда идут каждые два часа. • каждый второй.

Every other man step forward. Пусть ка́ждый второ́й челове́к вы́ступит вперёд.

the other day на-дня́х. I saw your friend the other day. Я ви́дел на-дня́х ва́шего дру́га.

☐ Use your other hand too. По́льзуйтесь обе́ими рука́ми.

otherwise в други́х отноше́ниях. It's a bit noisy but otherwise it's a nice apartment. Здесь немно́го шу́мно, но в други́х отноше́ниях э́то хоро́шая кварти́ра. • ина́че. Come with me; otherwise I won't go. Пойдём со мной, ина́че я не пойду́.

ouch interj ой!

ought должно́. You ought to be ashamed of yourself. Вам должно́ быть сты́дно. • наве́рно. The cake ought to be done soon. Пиро́г наве́рно бу́дет ско́ро гото́в.

☐ He ought to leave before it rains. Ему́ бы сле́довало уйти́ до дождя́.

ounce у́нция. The baby weighed seven pounds, eight ounces. Ребёнок ве́сил семь фу́нтов и во́семь у́нций.

our (ours) на́ша. Is this our cabin? Это на́ша каю́та? — This is ours. Это на́ше.

ourselves (мы) са́ми. Let's do it ourselves. Дава́йте сде́лаем э́то са́ми. • (мы) сами́х себя́. We could have kicked ourselves for being so stupid. Мы гото́вы бы́ли вы́сечь сами́х себя́ за на́шу глу́пость.

out (See also to fill out, to look out, to turn out, etc.) за. Please don't throw the bottle out the window. Пожа́луйста, не броса́йте буты́лку за окно́. • раскры́ть. Now the secret is out. Тепе́рь та́йна раскры́та. • а́ут. They've made their third out. Они́ в тре́тий раз сде́лали а́ут.

☐ **out-and-out** наскво́зь. He's an out-and-out liar. Он наскво́зь изолга́вшийся челове́к.

out of без. Are you out of work? Вы без рабо́ты? • из. He did it only out of gratitude. Он сде́лал э́то то́лько из благода́рности.

out of spite назло́. Did you do it out of spite? Вы э́то сде́лали назло́?

out of the question не мо́жет быть и ре́чи. My staying here is out of the question. Не мо́жет быть и ре́чи, чтобы я здесь оста́лся.

to be out to собира́ться. He's out to make a record. Он собира́ется поста́вить реко́рд.

☐ We are all out of cigarettes. У нас все папиро́сы вы́шли. • The new number of that magazine is out today. Сего́дня вы́шел но́вый но́мер журна́ла. • Have your tickets out. Приго́товьте биле́ты. • They voted him out. Его́ не переизбра́ли. • The outs hope to get into office in the next elections. Провали́вшиеся на после́дних вы́борах наде́ются победи́ть на сле́дующих. • Where will I be out of the way? Где я не бу́ду меша́ть? • You are out of step. Вы идёте не в но́гу.

outdoors на дворе́. It's cold and windy outdoors. На дворе́ хо́лодно и ве́трено.

☐ Were you outdoors today? Вы сего́дня выходи́ли?

outfit костю́м. I can't afford a new outfit this summer. У меня́ не хва́тит де́нег на но́вый ле́тний костю́м. • гру́ппа. There are many lawyers working with this outfit. В э́той гру́ппе рабо́тает мно́го юри́стов. • обмундиро́вка. The team was outfitted by one of the local stores. Вся обмунди́ро́вка кома́нды была́ ку́плена в одно́м из ме́стных магази́нов.

outline набро́сок. She drew the outline of the building from memory. Она́ по па́мяти сде́лала набро́сок э́того зда́ния.

• обвести́. Outline Moscow on this map with a red pencil. Обведи́те на ка́рте Москву́ кра́сным карандашо́м. • план. Here's a brief outline of my speech. Вот кра́ткий план мое́й ре́чи. • де́лать резюме́. Don't bother to outline every chapter. Не сто́ит де́лать резюме́ ка́ждой главы́.

outside на дворе́. Is it cold outside? На дворе́ хо́лодно? • снару́жи. I like the outside of the house very much. Мне э́тот дом снару́жи о́чень нра́вится. • с кра́ю. I want an outside seat. Я хочу́ ме́сто с кра́ю. • вне. It's outside your jurisdiction. Это вне ва́шей компете́нции.

☐ **outside of** кро́ме. I don't trust anyone outside of you. Я не доверя́ю никому́ кро́ме вас.

☐ Do you have an outside room? Есть у вас ко́мната с о́кнами на у́лицу?

outstanding выдаю́щийся. She's an outstanding actress. Она́ выдаю́щаяся актри́са. • неупла́ченный. They still have many outstanding debts. У них ещё мно́го неупла́ченных долго́в.

oven n духова́я печь, духо́вка.

over над. The fan is over my head. Вентиля́тор у меня́ над голово́й. — We'll laugh over this some day. Когда́-нибудь мы бу́дем над э́тим смея́ться. • че́рез. The horse jumped over the fence. Ло́шадь перескочи́ла че́рез забо́р. — How do I get over the river? Как мне перебра́ться че́рез ре́ку? • с. He almost fell over the cliff. Он чуть не упа́л с утёса. • по. We traveled over a very good road. Мы е́хали по о́чень хоро́шей доро́ге. — He traveled all over the country. Он путеше́ствовал по всей стране́. • из-за. It's silly to fight over it. Глу́по ссо́риться из-за э́того. • бо́льше. It's over three kilometers from here. Отсю́да э́то бо́льше трёх киломе́тров. • конча́ться (to finish). When is the performance over? Когда́ конча́ется представле́ние? • опя́ть. He read it over and over. Он перечи́тывал э́то опя́ть и опя́ть.

☐ **over there** вон там. What is over there? Что э́то, вон там?

to come over прие́хать. When did you come over to Soviet Russia? Когда́ вы прие́хали в Сове́тский Сою́з?

to knock over опроки́нуть. Don't knock the lamp over. Не опроки́ньте ла́мпы.

to look over осмотре́ть. May I look the house over? Мо́жно осмотре́ть дом? • просмотре́ть. Wait until I look this manuscript over. Подожди́те, пока́ я просмотрю́ ру́копись.

☐ Don't fall over the rock. Не споткни́тесь об э́тот ка́мень. • What's left over? Что оста́лось? • It's ten kilometers over that way. Это де́сять киломе́тров (в том направле́нии). • How long will this movie be held over? Ско́лько вре́мени ещё бу́дут дава́ть э́тот фильм? • How many bosses are over you? Ско́лько у вас нача́льников?

overcoat n пальто́.

overcome одоле́ть. She was overcome with jealousy. Её одоле́ла ре́вность. • преодоле́ть. She had to overcome many obstacles before she achieved success. Ей пришло́сь преодоле́ть мно́го препя́тствий, пре́жде чем она́ доби́лась успе́ха.

☐ She was overcome by the heat. От жары́ ей ста́ло ду́рно.

overdue просро́ченный. I didn't realize that his bill was overdue. Я не заме́тил, что его́ счёт просро́чен.

☐ **to be overdue** опа́здывать. The train is about a half-hour overdue. По́езд опа́здывает на полчаса́.

overlook выходи́ть на. Our house overlooks the river. Наш дом выхо́дит на́ реку. • пропусти́ть. We overlooked her name when we sent out invitations. Мы пропусти́ли её, когда́ рассыла́ли приглаше́ния. • смотре́ть сквозь па́льцы. I'll overlook it this time, but don't let it happen again. На э́тот раз я посмотрю́ на э́то сквозь па́льцы, но смотри́те, чтоб э́то не повтори́лось.

oversight опло́шность. He said that the mistake was due to an oversight. Он сказа́л, что э́та оши́бка произошла́ по опло́шности.

owe до́лжен. How much do I owe you? Ско́лько я вам до́лжен?

☐ You owe it to yourself to take a vacation. Вам бы ну́жно бы́ло взять о́тпуск.

owl *n* сова́.

own со́бственный. Are these your own books? Э́то ва́ши со́бственные кни́ги?

☐ Can I have a room of my own? Мо́жно получи́ть отде́льную ко́мнату? • Who owns this property? Кому́ принадлежи́т э́то иму́щество?

ox (oxen) *n* вол.

oxen *See* ox.

oxygen *n* кислоро́д.

P

pace ходи́ть. Why are you pacing up and down? Что э́то вы хо́дите взад и вперёд? • шаг. When it started to get dark, I quickened my pace. Когда́ на́чало темне́ть, я ускорил шаг.

☐ **to keep pace** не отстава́ть. He never has been able to keep pace with the other students. Он всегда́ отстава́л от други́х ученико́в.

pack вьюк. The donkeys were carrying heavy packs. Ослы́ несли́ тяжёлые вью́ки. • па́чка. I want to buy a pack of cigarettes. Я хочу́ купи́ть па́чку папиро́с. • уложи́ть. Have you packed your trunk yet? Вы уже́ уложи́ли сунду́к? — Have you packed your books yet? Вы уже́ уложи́ли свои́ кни́ги? • наби́ть. Several hundred men were packed into the boat. Парохо́д был наби́т со́тнями люде́й. • утрамбо́вывать. They're packing the earth down firmly to make a strong foundation. Они́ пло́тно утрамбо́вывают зе́млю, что́бы постро́ить про́чный фунда́мент. • ста́я. A pack of wolves attacked the traveler. Ста́я волко́в напа́ла на путеше́ственника. • коло́да. Where is that new pack of cards? Где э́та но́вая коло́да карт? • мешо́к. The ice pack made his throat feel better. Когда́ ему́ положи́ли мешо́к со льдом, ему́ ста́ло ле́гче.

☐ **to pack off** спрова́дить. He packed his wife off to the country. Он спрова́дил жену́ в дере́вню.

to pack up уложи́ться. He packed up and left. Он уложи́лся и уе́хал.

☐ The train was really packed. *Поезд был битко́м наби́т. • That story is a pack of lies. Э́то всё сплошна́я ложь.

package посы́лка. Has the mailman delivered a package for me? Почтальо́н не приноси́л для меня́ посы́лки?

pad про́бка. Can I get some pads for the heels of these shoes? Мне нужны́ про́бки к э́тим башмака́м. • подбива́ть. I don't want the shoulders of my coat padded. Не подбива́йте пле́чи в моём пальто́. • разду́ть. They just padded the report to make it look more impressive. Они́ разду́ли отчёт, чтобы произвести́ лу́чшее впечатле́ние. • блокно́т. Write your telephone number down on this pad. Запиши́те ваш телефо́н в э́тот блокно́т.

☐ He was caught padding his expense account. Его́ пойма́ли на составле́нии ду́тых счето́в.

page страни́ца. There are two hundred pages in this book. В э́той кни́ге две́сти страни́ц. — Isn't there a page missing in this book? В э́той кни́ге, как бу́дто, не хвата́ет страни́цы.

☐ If you want me, page me in the dining room. Е́сли я вам пона́доблюсь, попроси́те вы́звать меня́ из столо́вой.

paid *See* pay.

pail *n* ведро́.

pain бо́ли. I have a pain in my side. У меня́ бо́ли в боку́. *or* У меня́ боли́т бок. • боле́ть. The tooth pained me so I couldn't sleep. У меня́ так боле́л зуб, что я не мог спать.

☐ **to take pains** постара́ться. Take pains to do your work well. Вы уже́ постара́йтесь сде́лать рабо́ту полу́чше.

painful *adj* боле́зненный.

paint вы́красить. The house was painted white. Дом был вы́крашен в бе́лый цвет. • кра́ска. There is wet paint on the door. Кра́ска на дверя́х ещё све́жая. • покра́ска. The house needs a new coat of paint. Дом опя́ть нужда́ется в покра́ске. • писа́ть. He paints best in oil. Он лу́чше всего́ пи́шет ма́слом. • написа́ть. He painted a good portrait of his mother. Он написа́л прекра́сный портре́т свое́й ма́тери. • дава́ть описа́ние. The book paints a fine description of the customs of the country. Э́та кни́га даёт прекра́сное описа́ние обы́чаев страны́. • сма́зать. The doctor painted his throat with iodine. До́ктор сма́зал ему́ го́рло ио́дом.

painter маля́р. Which of these painters painted your house? Кто из э́тих маляро́в кра́сил ваш дом?

☐ **portrait painter** портрети́ст. He's a famous portrait painter. Он знамени́тый портрети́ст.

painting карти́на. Is that an original painting? Э́та карти́на оригина́л? • покра́сить (to paint). We'll have to have some painting done in our apartment. Нам на́до бу́дет покра́сить ко́е-где́ в кварти́ре.

pair па́ра. Where can I get a pair of shoes? Где я могу́ доста́ть па́ру боти́нок? — You get two pairs of trousers with this suit. К э́тому костю́му вам полага́ется две па́ры брюк. — He kept a pair of rabbits for breeding. Он держа́л па́ру кро́ликов на разво́д.

☐ **to pair off** раздели́ться на па́ры. The boys and girls paired off for the dance. Па́рни и де́вушки раздели́лись на па́ры для та́нца.

pair of scissors но́жницы. Have you a pair of scissors? Есть у вас но́жницы?

pajamas *n* пижа́ма.

pal прия́тель. We've been pals for years. Мы уже́ мно́го лет прия́тели.

☐ **to pal around** дружи́ть. Who does she pal around with? С кем она́ дру́жит?

palace n дворе́ц.

pale бле́дный. Why are you so pale today? Почему́ вы сего́дня тако́й бле́дный?

palm ладо́нь. I have a splinter in the palm of my hand. У меня́ зано́за в ладо́ни. • па́льма. The hall was decorated with potted palms. Зал был укра́шен па́льмами.

☐ **to palm off on** подсу́нуть. Look at the rotten tomatoes he palmed off on me. Посмотри́те, каки́е гнилы́е помидо́ры он мне подсу́нул.

pamphlet n брошю́ра.

pan кастрю́ля. Put a pan of water on the stove. Поста́вьте кастрю́лю с водо́й на плиту́. • промыва́ть. They're panning for gold. Они́ промыва́ют зо́лото.

☐ **to pan out** удава́ться. My scheme panned out well. Мой план уда́лся.

pant запыха́ться. I'm still panting from that steep climb. Я совсе́м запыха́лся по́сле э́того круто́го подъёма.

pants брю́ки. I bought a suit with two pairs of pants. Я купи́л костю́м с двумя́ па́рами брюк.

papa n па́па.

paper бума́га. Have you got some good writing paper? Есть у вас хоро́шая почто́вая бума́га? • докуме́нт. You must see that your papers are in order before you can leave the country. Е́сли вы собира́етесь уезжа́ть заграни́цу, смотри́те, чтобы ва́ши докуме́нты бы́ли в поря́дке. • газе́та. Where is the morning paper? Где у́тренняя газе́та? • статья́. He's written a very good paper on the production of rubber. Он написа́л прекра́сную статью́ о произво́дстве рези́ны. • окле́ить обо́ями. This room hasn't been papered yet. Э́ту ко́мнату не окле́или (обо́ями). • бума́жный. Could you give me coins for this paper money? Мо́жете вы разменя́ть мне э́ти бума́жные де́ньги на зво́нкую моне́ту? or Мо́жете вы разменя́ть мне э́ти бума́жки на зво́нкую моне́ту?

☐ **on paper** на бума́ге. My profits were just on paper. Мой дохо́ды существова́ли то́лько на бума́ге.

parachute парашю́т. Be sure to fasten your parachute. Не забу́дьте прикрепи́ть ваш парашю́т. • вы́броситься с парашю́том. He parachuted to safety. Он спа́сся, вы́бросившись с парашю́том.

parachutist n парашюти́ст.

parade пара́д. The parade had already begun when we got there. Мы пришли́, когда́ пара́д уже́ нача́лся. • маршировать на пара́де. We're parading this afternoon. Сего́дня по́сле обе́да мы бу́дем маршировать на пара́де. • раструби́ть. He paraded his success all over town. Он раструби́л о своём успе́хе по всему́ го́роду.

paradise n рай.

paragraph n а́бзац.

parallel паралле́льно. The road runs parallel with the river. Доро́га идёт паралле́льно реке́. • паралле́льный. Put the figures between the parallel lines. Пиши́те ци́фры ме́жду э́тими паралле́льными ли́ниями. • паралле́ль. The island is located on the thirty-fourth parallel. Э́тот о́стров нахо́дится на три́дцать четвёртой паралле́ли.

☐ **to draw a parallel** проводи́ть паралле́ль. You can draw an interesting parallel between those two events. Вы мо́жете провести́ интере́сную паралле́ль ме́жду э́тими двумя́ собы́тиями.

parcel паке́т. There's a parcel for you on the table. Там на столе́ лежи́т для вас паке́т. • посы́лка, паке́т. The mailman just delivered a parcel. Почтальо́н то́лько что принёс для вас посы́лку.

☐ All the supplies have been parceled out. Все запа́сы уже́ бы́ли ро́зданы.

pardon прости́ть. Pardon me; could you tell me the time, please? Прости́те, пожа́луйста, вы мо́жете мне сказа́ть кото́рый час? • поми́ловать. The Governor pardoned the criminal. Губерна́тор шта́та поми́ловал престу́пника. • поми́лование. His pardon was granted by the governor. Губерна́тор шта́та распоряди́лся об его́ поми́ловании.

☐ I beg your pardon. Прости́те. or Извини́те.

parent роди́тели (parents). Both my parents are still living. Мой роди́тели ещё жи́вы.

park парк. The city has many beautiful parks. В го́роде мно́го прекра́сных па́рков. • поста́вить. Where can we park the car? Где нам поста́вить маши́ну? • оста́вить. You can park your things here. Вы мо́жете оста́вить ва́ши ве́щи здесь.

☐ **national park** запове́дник. We camped two weeks in the national park. Мы две неде́ли стоя́ли ла́герем в запове́днике.

parking стоя́нка. No parking. Стоя́нка воспреща́ется.

parlor n гости́ная.

part часть. What part of town do you live in? В како́й ча́сти го́рода вы живёте? — His part of the work isn't finished. Он не зако́нчил свое́й ча́сти рабо́ты. — I only work part time. Я рабо́таю то́лько часть дня. — We can divide the work into four parts. Мы мо́жем раздели́ть рабо́ту на четы́ре ча́сти. — Where can I get some new parts for the car? Где я могу́ доста́ть но́вые ча́сти для автомоби́ля? • ча́стью. The fence is part wood and part stone. Э́тот забо́р сде́лан ча́стью из де́рева, ча́стью из ка́мня. • расста́ться. We parted at the corner. Мы расста́лись на углу́. • заста́вить расступи́ться. The soldiers parted the crowd. Солда́ты заста́вили толпу́ расступи́ться. • до́ля. Mix two parts of rum with one part of lemon juice. Смеша́йте две до́ли ро́му с одно́й до́лей лимо́нного со́ка. • сторона́. He always takes his brother's part in an argument. В спо́рах он всегда́ стано́вится на сто́рону своего́ бра́та. • роль. She played her part very well. Она́ хорошо́ сыгра́ла свою́ роль. • пробо́р. The part in your hair isn't straight. У вас неро́вный пробо́р.

☐ **for the most part** бо́льшей ча́стью. For the most part the weather has been nice this summer. Э́тим ле́том бо́льшей ча́стью стоя́ла хоро́шая пого́да.

parts края́, места́. I haven't traveled much in these parts for a long time. В после́днее вре́мя я ре́дко быва́л в э́тих края́х.

to part with отда́ть. I wouldn't part with that book at any price. Я э́той кни́ги не отда́м ни за каки́е де́ньги.

to take part приня́ть уча́стие. He refused to take part in the game. Он отказа́лся приня́ть уча́стие в игре́.

partial части́чный. I can only afford to make a partial payment. Я могу́ сде́лать то́лько части́чный взнос. • неравноду́шный. He's always been partial to macaroni. Он всегда́ был неравноду́шен к макаро́нам. • пристра́стный. Her opinions are too partial to be of any value. Её мне́ние ничего́ не сто́ит: она́ сли́шком пристра́стна.

particular дета́ль. The work is complete in every particular. Рабо́та зако́нчена до после́дней дета́ли. • подро́бность.

We haven't yet learned the particulars of the accident. Мы ещё не зна́ем подро́бностей происше́ствия. • осо́бенно. Is he a particular friend of yours? Вы с ним осо́бенно дру́жны?

☐ **in particular** в осо́бенности. I remember one fellow in particular. Мне в осо́бенности запо́мнился оди́н па́рень. ☐ I can't get a ticket for that particular train. Как раз на э́тот по́езд я не могу́ получи́ть биле́та. • He's very particular about his appearance. Он о́чень забо́тится о свое́й вне́шности. • Are you doing anything in particular tonight? Вы сего́дня чем-нибудь за́няты?

particularly *adv* осо́бенно.

partly отча́сти. What he says is only partly right. То что он говори́т, ве́рно то́лько отча́сти.

☐ It's partly cloudy today, and it looks like rain. Сего́дня что-то облачно, похо́же, что бу́дет дождь.

partner компаньо́н. We can't close the deal until my partner arrives. Мы не мо́жем зако́нчить сде́лки до прие́зда моего́ компаньо́на. • партнёр. My partner and I have been winning every game today. Мы с мои́м партнёром выи́грываем сего́дня все па́ртии.

party гру́ппа. A party of soldiers arrived by car. Гру́ппа солда́т прие́хала на автомоби́ле. • па́ртия. Which party won the last election? Кака́я па́ртия победи́ла на про́шлых вы́борах? • соуча́стник. They couldn't prove he was a party to the crime. Они́ не могли́ доказа́ть, что он был соуча́стником преступле́ния. • сторона́. Both parties in the lawsuit failed to appear. Ни одна́ из двух тя́жущихся сторо́н не яви́лась в суд. • вечери́нка. Let's have a party for him before he goes. Дава́йте устро́им ему́ проща́льную вечери́нку.

☐ **dinner party** зва́ный обе́д. I went to a big dinner party last night. Я вчера́ ве́чером был на большо́м зва́ном обе́де.

pass проходи́ть ми́мо. I pass the bank every day on the way to work. По доро́ге на рабо́ту я ка́ждый день прохожу́ (*or* проезжа́ю) ми́мо ба́нка. • встре́тить. Did you pass him on the road? Вы не встре́тили его́ по доро́ге? • проходи́ть. The days pass quickly when you're busy. За рабо́той не замеча́ешь, как дни прохо́дят. • переда́ть. Will you please pass the bread? Переда́йте, пожа́луйста, хлеб! • пройти́. The torn ruble passed through several hands. Э́та разо́рванная рублёвая бума́жка прошла́ че́рез мно́го рук. — The story passed around that we were to leave immediately. Прошёл слух, что мы должны́ неме́дленно зъе́хать. — The Senate passed the bill yesterday. Законопрое́кт вчера́ прошёл в Сена́те. • вы́держать. Did you pass your examination? Вы вы́держали экза́мен? • прое́хать. We passed through the town without stopping. Мы прое́хали че́рез го́род не остана́вливаясь. • прохо́д. You can't get through the mountain pass in the winter. Зимо́й че́рез э́тот го́рный прохо́д нельзя́ пробра́ться. • вы́нести. The court passed sentence on him today. Суд вы́нес пригово́р по его́ де́лу. • пасова́ть. I had very poor cards and decided to pass. У меня́ бы́ли о́чень плохи́е ка́рты, и я реши́л пасова́ть. • проводи́ть. He passed most of the time fishing. Он проводи́л бо́льшую часть вре́мени за ры́бной ло́влей. • про́пуск. You'll need a pass to get by the gate. Что́бы пройти́ че́рез воро́та, вам ну́жен бу́дет про́пуск.

☐ **to pass away** сконча́ться. Her mother passed away last week. Её мать сконча́лась на про́шлой неде́ле.

to pass off вы́дать за. He tried to pass off an imitation for the original. Он стара́лся вы́дать подде́лку за по́длинник.

to pass out потеря́ть созна́ние. When the gas escaped, several people passed out. Когда́ произошла́ уте́чка га́за, не́сколько челове́к потеря́ли созна́ние.

to pass (something) through пропусти́ть че́рез. Pass the rope through the ring and tie it. Пропусти́те верёвку че́рез кольцо́ и завяжи́те её.

to pass up пропуска́ть. You ought not to pass up an opportunity like that. Вам не сле́дует пропуска́ть тако́й прекра́сной возмо́жности. • посла́ть. The supplies were passed up to the front. Припа́сы бы́ли по́сланы на фронт.

☐ The title to the house passed from father to son. Сын унасле́довал пра́во владе́ния на э́тот дом от своего́ отца́. • He shouldn't have said that, but let it pass. Ему́ бы не сле́довало э́того говори́ть, но бог с ним.

passage коридо́р. Put the light on in the passage. Зажги́те свет в коридо́ре. • прохо́д. The police made a passage through the crowd, so the speaker could get to the platform. Милиционе́ры очи́стили прохо́д в толпе́, что́бы ора́тор мог пройти́ на эстра́ду. • вы́держка. First he read several passages from the bible. Снача́ла он прочёл не́сколько вы́держек из би́блии.

☐ I want to take passage on the next ship. Я хочу́ е́хать со сле́дующим парохо́дом. • We didn't expect the passage of the bill with so little debate. Мы не ожида́ли, что э́тот законопрое́кт пройдёт почти́ без пре́ний.

passenger *n* пассажи́р.

passion стра́стная любо́вь. She tried to conceal her passion for him. Она́ стара́лась скрыть свою́ стра́стную любо́вь к нему́. • страсть. Pocketbooks are a passion with her. Су́мочки — её страсть.

☐ **to fly into a passion** рассерди́ться. He flew into a passion when we refused to go with him. Он стра́шно рассерди́лся, когда́ мы отказа́лись пойти́ с ним.

passive *adj* пасси́вный.

past про́шлый. We've been expecting rain for the past week. Мы жда́ли дождя́ всю про́шлую неде́лю. • про́шлое. I don't know anything about his past. Я ничего́ не зна́ю об его́ про́шлом. • позади́. The worst part of the trip is past. Ху́дшая часть пое́здки уже́ позади́. • исто́рия. That city has a very interesting past. У э́того го́рода о́чень интере́сная исто́рия. • ми́мо. Walk past the church and turn right. Пройди́те ми́мо це́ркви и поверни́те напра́во. • за. It's past noon; let's eat. Уже́ за по́лдень, дава́йте обе́дать.

☐ **in the past** ра́ньше. In the past it's been very difficult to get tickets. Ра́ньше бы́ло о́чень тру́дно достава́ть биле́ты.

☐ I wouldn't put it past him. От него́ и э́того мо́жно бы́ло ожида́ть.

paste кле́йстер. Has anyone seen the paste? Кто́-нибудь ви́дел кле́йстер? • накле́ить. Paste these labels on the jars. Накле́йте э́ти этике́тки на ба́нки.

☐ **toothpaste** зубна́я па́ста. Get me a tube of toothpaste while you're at the store. Когда́ бу́дете в магази́не, купи́те мне тю́бик зубно́й па́сты.

pasture *n* па́стбище.

patch запла́та. Do you think you can cover this tear with a patch? Вы смо́жете положи́ть запла́ту на э́ту проре́ху? • повя́зка. He wore a patch on his eye for several days. Он не́сколько дней ходи́л с повя́зкой на глазу́. • заплата́ть.

Mother had to patch my pants. Ма́тери пришло́сь заплата́ть мои́ штаны́. • прядь. He has a patch of gray in his hair. У него́ седа́я прядь в волоса́х. • гря́дка. She's out digging in the cabbage patch. Она́ сейча́с вска́пывает капу́стную гря́дку.

☐ to patch up кое-ка́к ула́дить. We quarrel a lot, but we always manage to patch things up. Мы мно́го ссо́римся, но нам всегда́ удаётся кое-ка́к ула́дить де́ло.

patent пате́нт. I've applied for a patent on my invention. Я заяви́л пате́нт на своё изобре́тение. • запатентова́ть. You'd better have it patented before you put it on the market. Вы бы лу́чше запатентова́ли э́то до того́ как выпуска́ть на ры́нок.

path тропи́нка. Take the path that runs along the river. Иди́те по тропи́нке вдоль реки́.

☐ We were directly in the path of the storm. Гроза́ надвига́лась пря́мо на нас.

patience n терпе́ние.

patient больно́й. How is the patient this morning? Как больно́й себя́ чу́вствует сего́дня у́тром? • терпели́вый. He'd be a better teacher if he were patient. Он был бы лу́чшим учи́телем, е́сли бы был терпели́вее.

patriotic adj патриоти́ческий.

patron клие́нт m, клие́нтка f. She's been a steady patron of that beauty parlor. Она́ постоя́нная клие́нтка на́шего космети́ческого кабине́та.

pattern узо́р. This rug has a nice pattern. На э́том ковре́ краси́вый узо́р. • вы́кройка. Where did you get the pattern for your new dress? Где вы доста́ли вы́кройку для ва́шего но́вого пла́тья?

to pattern oneself after подража́ть. I've tried to pattern myself after my father. Я стара́лся подража́ть моему́ отцу́.

pause переры́в. There was a brief pause and then the music began. По́сле коро́ткого переры́ва начала́сь му́зыка. • останови́ться. She paused for a moment before continuing with the story. Она́ останови́лась на мину́ту перед тем как продолжа́ть расска́з.

pave замости́ть. They've finally paved our street. На́шу у́лицу наконе́ц замости́ли.

☐ His sister paved the way for him to become a lawyer. Его́ сестра́ сде́лала всё возмо́жное, чтоб он мог стать правозасту́пником.

paw ла́па. You could see the marks of the cat's paws in the snow. На снегу́ бы́ли видны́ следы́ коша́чьих лап. • бить копы́том. The horse pawed the ground. Ло́шадь би́ла зе́млю копы́том.

pay (paid, paid) заплати́ть. How much did you pay for your car? Ско́лько вы заплати́ли за свою́ маши́ну? — When are we going to be paid? Когда́ нам запла́тят? • плати́ть. He pays his debts promptly. Он пла́тит долги́ акура́тно. • зарпла́та. Is the pay good on your new job? У вас на но́вой рабо́те высо́кая зарпла́та? • оплати́ть. The paid bills are listed in this column. Опла́ченные счета́ зано́сятся в э́ту графу́. • окупи́ть. This machine will pay for itself in no time. Э́та маши́на о́чень ско́ро оку́пит себя́.

☐ to pay a visit навести́ть. We ought to pay him a visit before he leaves. Нам бы сле́довало навести́ть его́ до его́ отъе́зда.

to pay back верну́ть. Give me ten rubles now and I'll pay you back Monday. Одолжи́те мне де́сять рубле́й, я вам их верну́ в понеде́льник.

to pay up вы́платить. I'll be all paid up after one more installment. Ещё оди́н взнос, и у меня́ всё бу́дет вы́плачено.

☐ You couldn't pay me to do that. Я не сде́лаю э́того ни за каки́е де́ньги. • It doesn't pay to spend too much time on this work. Не сто́ит тра́тить сли́шком мно́го вре́мени на э́ту рабо́ту. • Pay attention to instructions, and you'll get along all right. Слу́шайте внима́тельно объясне́ние, и вы уж спра́витесь.

payable adj подлежа́щий упла́те.

payment взнос. I have to make three monthly payments of ten dollars each. Я до́лжен сде́лать три ме́сячных взно́са, по десяти́ до́лларов ка́ждый.

☐ Prompt payment will be appreciated. Про́сят уплати́ть по получе́нии счёта.

peace мир. I'll be mighty happy when peace comes. Как я бу́ду сча́стлив, когда́ наконе́ц насту́пит мир! — At last we've got a little peace and quiet in the house. Наконе́ц у нас бу́дет мир и споко́йствие! • ми́рный. In peacetime we worked five days a week. В ми́рное вре́мя мы рабо́тали пять дней в неде́лю.

peach n пе́рсик.

peanut n земляно́й оре́х.

pear n гру́ша.

pearl n же́мчуг.

peas n горо́х.

peasant n крестья́нин.

peculiar со стра́нностями. He's a very peculiar person. Он челове́к со стра́нностями. • характе́рный. A long rainy season is peculiar to this part of the country. До́лгие перио́ды дожде́й характе́рны для э́той ча́сти страны́.

peep подгля́дывать. He peeped through the curtains. Он подгля́дывал из-за занаве́ски. • звук. I don't want to hear another peep out of you! Чтоб я от вас бо́льше ни зву́ка не услы́шал!

☐ to take a peep загляну́ть. Take a peep into the parlor and see if that bore went home. Загляни́те в гости́ную и посмотри́те ушёл ли уже́ э́тот ску́чный челове́к.

peer ра́вный. He has no peers in his profession. Ему́ нет ра́вных в его́ профе́ссии. • выгля́дывать. She was peering out of the window into the street. Она́ выгля́дывала из окна́ на у́лицу.

pen перо́. My pen is dry; can you spare some ink? Моё перо́ вы́сохло, пожа́луйста, да́йте мне немно́го черни́л. • хлев. We'll have to build a pen for the pigs. Мы должны́ постро́ить хлев для свине́й.

☐ to pen up запира́ть в заго́не. We keep the sheep penned up during the night. По ноча́м мы запира́ем ове́ц в заго́не.

pencil каранда́ш. Will you sharpen this pencil for me? Отточи́те мне э́тот каранда́ш, пожа́луйста.

penny пе́нни (моне́та в оди́н цент). He put a penny in the slot. Он бро́сил пе́нни в автома́т. • копе́йка. I don't have a penny to my name. У меня́ нет ни копе́йки.

☐ a pretty penny в копе́ечку. It cost us a pretty penny to fix the car. Почи́нка автомоби́ля влете́ла нам в копе́ечку.

people наро́д. Were there many people at the meeting? Бы́ло мно́го наро́ду на собра́нии? — The natives of this region are a distinct people. Тузе́мцы э́той о́бласти осо́бый наро́д, отли́чный от други́х. — This government is not well supported by the people. Э́то прави́тельство не по́льзуется подде́ржкой наро́да.

☐ Two or three other people have asked me that question. Ещё два и́ли три челове́ка за́дали мне э́тот же вопро́с.

pepper пе́рец. Pass me the pepper, please. Переда́йте мне, пожа́луйста, пе́рец. — I cut some peppers into the salad. Я наре́зала в сала́т немно́го пе́рцу.

☐ **peppered** наперченный. The food was highly peppered. Еда́ была́ о́чень напе́рчена.

per за. How much will you charge me per pair? Ско́лько за па́ру?

☐ How much are eggs per dozen? По чём дю́жина яи́ц?

per cent n проце́нт.

perch насе́ст. The chicken was sitting up on its perch. Ку́рица сиде́ла на насе́сте.

☐ **to perch on top** сиде́ть на верху́шке. He perched on top of the ladder. Он сиде́л на верху́шке ле́стницы.

per'fect прекра́сно. He speaks perfect Russian. Он прекра́сно говори́т по-ру́сски. • соверше́нно. He's a perfect stranger to me. Я его́ соверше́нно не зна́ю.

perfect' усоверше́нствовать. The method hasn't been perfected yet.⁄ Э́тот ме́тод ещё не усоверше́нствован.

perfection n соверше́нство.

perfectly отли́чно. He did it perfectly the first time. Он сде́лал э́то отли́чно с пе́рвого же ра́за. • вполне́. I'm perfectly satisfied with your answer. Я вполне́ удовлетворён ва́шим отве́том.

perform де́лать. The doctor performed a difficult operation. До́ктор сде́лал серьёзную опера́цию. • выступа́ть. She's been performing before large audiences lately. В после́днее вре́мя она́ выступа́ла перед большо́й аудито́рией.

☐ The performing seals come on next. В сле́дующем но́мере выступа́ют дрессиро́ванные тюле́ни.

performance исполне́ние. She's careless in the performance of her duties. Она́ небре́жно отно́сится к исполне́нию свои́х обя́занностей. • представле́ние. Did you enjoy the performance? Вам понра́вилось представле́ние? • поведе́ние. I was shocked at his performance in the restaurant. Я был возмущён его́ поведе́нием в рестора́не.

perhaps adv мо́жет быть.

period эпо́ха. That was a difficult period of American history. Э́то была́ тяжёлая эпо́ха в исто́рии Аме́рики. • уро́к (lesson). We have no classes the third period. У нас сего́дня тре́тий уро́к свобо́дный. • вре́мя. He worked here for a short period. Он прорабо́тал здесь о́чень коро́ткое вре́мя. • то́чка. You forgot to put a period at the end of the sentence. Вы забы́ли поста́вить то́чку в конце́ предложе́ния.

perish поги́бнуть. My whole family perished in the fire. Вся моя́ семья́ поги́бла во вре́мя пожа́ра.

permanent постоя́нный. Is your job permanent? У вас постоя́нная рабо́та? • зави́вка-перма́нент. My hair needs a permanent. Мне ну́жно сде́лать зави́вку-перма́нент.

permission разреше́ние. I got permission to leave early. Я получи́л разреше́ние уйти́ ра́но.

permit' разреша́ть. No one is permitted to enter this building. Никому́ не разреша́ется входи́ть в э́то зда́ние. • допусти́ть. I wouldn't permit such familiarity. Я бы не допусти́ла тако́й фамилья́рности.

☐ Such behavior shouldn't be permitted. Тако́е поведе́ние недопусти́мо.

per'mit про́пуск. You'll have to get a permit to visit that factory. Вам придётся получи́ть про́пуск для осмо́тра э́того заво́да.

perpetual adj ве́чный.

person челове́к. What sort of a person is she? Како́й она́ челове́к?

☐ **in person** ли́чно. Please deliver this to him in person. Пожа́луйста, доста́вьте э́то ли́чно ему́.

personal ли́чный. He asked too many personal questions. Он задава́л сли́шком мно́го вопро́сов ли́чного хара́ктера. • ча́стный. Don't mix personal affairs with business. Не сме́шивайте ча́стных дел с рабо́той.

☐ The author made a personal appearance on the stage. А́втор вы́шел на сце́ну.

personally сам. I'll take care of the matter personally. Я сам займу́сь э́тим де́лом. • ли́чно. Personally, I don't think he has a chance to win. Я ли́чно не ду́маю, что он мо́жет вы́играть.

persuade уговори́ть. See if you can persuade him to come. Попро́буйте, мо́жет быть, вам уда́стся уговори́ть его́ прийти́.

pet люби́мчик. He's the pet of the family. Он люби́мчик всей семьи́. • (дома́шнее) живо́тное. My mother won't let us keep pets in the house. Моя́ мать не позволя́ет нам держа́ть живо́тных в до́ме. • балова́ть. Everybody petted him all his life. Его́ всю жизнь все балова́ли. • ласка́ть. Don't pet the dog, he bites. Не ласка́йте соба́ку, она́ куса́ется.

petal n лепесто́к.

petition пети́ция. Everyone at the meeting signed the petition. Все прису́тствующие на собра́нии подписа́ли э́ту пети́цию. • обрати́ться с про́сьбой. We petitioned the officials for a playground. Мы обрати́лись к властя́м с про́сьбой, что́бы нам предоста́вили площа́дку для игр.

philosophy филосо́фия. He studied philosophy at the university. Он изуча́л филосо́фию в ву́зе. — Live and let live, is his philosophy of life. Живи́ и жить дава́й други́м — вот его́ жите́йская филосо́фия.

phone телефо́н. Was that my phone ringing? Э́то мой телефо́н звони́л? • звони́ть (по телефо́ну). I phoned you twice last night, but your line was busy. Я вам звони́л вчера́ ве́чером два ра́за, но ваш телефо́н был за́нят.

phonograph n граммофо́н, патефо́н.

photograph фотографи́ческая ка́рточка. You'll need a photograph of yourself for identification. Вам нужна́ фотографи́ческая ка́рточка для удостовере́ния ли́чности. • сфотографи́ровать. He photographed these buildings for the exhibit. Он сфотографи́ровал э́ти зда́ния для вы́ставки.

phrase фра́за. You could have omitted that last phrase in your letter. Вы могли́ не писа́ть э́той после́дней фра́зы в письме́. • выраже́ние. That's a very common phrase where I come from. В на́ших места́х э́то выраже́ние в большо́м ходу́. • найти́ выраже́ние. He could have phrased his answer more politely. Он мог бы найти́ бо́лее ве́жливое выраже́ние для отве́та.

physical физи́ческий. I don't have the physical strength to move. У меня́ нет физи́ческих сил дви́нуться с ме́ста. • физи́чески. Climbing that steep mountain is a physical impossibility. Взобра́ться на э́ту круту́ю го́ру физи́чески невозмо́жно.

☐ **physical science** фи́зика. We're studying physical science. Мы изуча́ем фи́зику.

physician *n* врач.

piano *n* рояль.

pick выбрать. You certainly picked a nice time to start an argument. Ну и выбрали же вы время для спора! • кирка. The men were working with picks and shovels. Люди работали кирками и лопатами. • взломать. We'll have to pick the lock to get into the house. Нам придётся взломать замок, чтобы попасть в дом. • сбор. Are the cherries ripe enough to pick? Вишни поспели для сбора? □ **to pick on** обижать. Pick on someone your own size. Стыдно обижать слабых! • выбрать. The boss picked on me to do the job. Начальник выбрал меня для этой работы.

to pick out выбрать. He picked out a very nice bracelet for his wife. Он выбрал чудный браслет для своей жены. — I picked out the gray hat. Я выбрал серую шляпу.

to pick to pieces *разбить в пух и прах. They picked his argument to pieces. Они разбили его доводы в пух и прах.

to pick up подобрать. Please pick up the papers. Пожалуйста, подберите бумаги. — The bus stopped to pick up passengers. Автобус остановился, чтоб подобрать пассажиров. • завести знакомство. He tried to pick up a girl on the train. Он старался завести знакомство с девушкой в поезде. • собрать. He picked up all the information he could. Он собрал все сведения, какие только было возможно. • набрать. The train will pick up speed in a minute. Через минуту поезд наберёт скорость. □ She picked up a good bargain yesterday. Она сделала вчера удачную покупку. • Are you trying to pick a quarrel with me? Вы, что, хотите со мной поссориться?

picnic пикник. The family is planning a picnic at the lake. Они собираются устроить всей семьёй пикник на озере. □ Cleaning up after the party was no picnic. Это было среднее удовольствие убирать после вечеринки.

picture картина. They have some beautiful pictures for sale. Там продаётся несколько прекрасных картин. • кинокартина (movie). I like to see a good picture once in a while. Я люблю иногда посмотреть хорошую кинокартину. • фотография. The picture I took of you last week turned out very well. Ваша фотография, которую я сделал на прошлой неделе, вышла очень удачно. • изображать. The novel pictures life before the revolution. В этом романе изображается жизнь до революции. • представить себе. I can't quite picture you as a politician. Мне трудно представить себе вас в роли политического деятеля. □ **to be in pictures** сниматься для кино. She's been in pictures since she was a baby. Она снималась для кино с раннего детства.

to take a picture снимать. I haven't had my picture taken for years. Я уже не снимался целую вечность.

pie пирог. Have you any apple pie today? Есть у вас сегодня яблочный пирог?

piece кусок. She cut the pie into six pieces. Она разрезала пирог на шесть кусков. — Maybe I can fix it with this piece of wire. Может быть я смогу починить это с помощью этого куска проволоки. • часть. There's a piece missing from the machine. У этой машины нехватает какой-то части. • участок. He owns a small piece of land in the country. Ему принадлежит маленький участок земли в деревне. • листок. Write your name on this piece of paper. Напишите своё имя на этом листке бумаги.

• вещь. What is the name of that piece the orchestra is playing? Как называется вещь, которую оркестр сейчас играет? □ **to pieces** на части. The box just fell to pieces all at once. Ящик сразу развалился на части. □ That was a fine piece of luck. Здорово повезло. • I just found a half-ruble piece. Я только что нашёл полтинник.

pig *n* свинья.

pigeon *n* голубь.

pile груда. There's a pile of letters on my desk that I have to answer. У меня на столе груда писем, на которые надо ответить. • куча. He has piles of money. У него куча денег. • свалить. We piled the wood in the back yard. Мы свалили дрова во дворе. • навалить. The snow was piled up outside the front door. Перед парадным ходом навалило много снегу. • свая. They're replacing the rotting piles under the bridge. Они меняют прогнившие сваи под мостом.

pillow *n* подушка.

pilot лётчик. The pilot wasn't injured when the plane crashed. При падении самолёта лётчик не был ранен. • ввести. The boat was piloted safely into port. Пароход был благополучно введён в гавань.

pin булавка. If you haven't got a safety pin, a straight pin will have to do. Если у вас нет английской булавки, придётся обойтись с простой. — She wore a silver pin on her coat. У неё была серебряная булавка на пальто. • шпилька. I need some hairpins and bobby pins. Мне нужны шпильки и пряжки для волос. — A pin in the machine came loose. В машине ослабла какая-то шпилька. • воткнуть. Pin the flower on your lapel. Воткните цветок в петлицу. □ **to pin under** придавить. The two men were pinned under the wreckage. Эти два человека были придавлены обломками.

pine сосна. That tree looks like a pine to me. Мне кажется, что это сосна.

pink *adj* розовый.

pipe труба. There's a leak in that pipe. Эта труба течёт. • провести. I piped this water here from the spring. Я провёл сюда воду из родника. • трубка. You'll have a hard time getting pipe tobacco here. Вам будет трудно доставать здесь табак для трубки. □ Oh, pipe down! Заткнись!

pit яма. We burned the rubbish in a pit. Мы сожгли мусор в яме. • шахта. I work in one of the pits down at the mine. Я работаю в одной из шахт на этом руднике. • чистить. We pitted cherries for the pie. Мы чистили вишни для пирога. • косточка. Be careful not to swallow the pit. Осторожно, не проглотите косточки. □ **pit of the stomach** под ложечкой. I feel pains in the pit of my stomach. У меня болит под ложечкой.

pitch бросить. Pitch the ball to me. Бросьте мне мяч. • раскинуть. Where shall we pitch the tent? Где нам раскинуть палатку? • качать. The water was rough and the ship pitched the whole trip. Море было бурное и пароход всю дорогу качало. • упасть. The car went out of control and pitched headlong into the river. Машина перестала слушаться руля и на полном ходу упала в реку. • тон. He sounded a note to give the chorus the pitch. Он дал хору тон.

☐ **to pitch in** дружно взяться. Let's all pitch in and get the work done. Давайте, возьмёмся дружно и кончим работу.

to pitch into придираться. Now don't pitch into me just because I've made a little mistake. Ну, не придирайтесь ко мне из-за такой маленькой ошибки.

pitcher кувшин. I dropped the pitcher and it broke. Я уронил кувшин и он разбился. ● подавальщик мяча. He'll be the pitcher for our team this afternoon. Сегодня после обеда он будет подавальщиком мяча в нашей команде.

pity жалость. I don't have any pity for such a fool. У меня нет ни малейшей жалости к такому дураку. — Isn't it a pity that they can't get along with each other? Какая жалость, что они не могут ужиться! ● жалеть. He wants people to pity him. Он хочет, чтобы его все жалели. ● жаль. What a pity! Как жаль!

place место. Be sure to put it back in the same place. Смотрите, положите это на то же место. — This place is ten miles from the railroad. Это место находится в десяти километрах от железной дороги. — The play is weak in several places. Пьеса местами слабовата. — This is hardly the place for dancing. Это едва ли подходящее место для танцев. — Somebody should put him in his place. Кто-нибудь должен поставить его на место. ● поставить. The table can be placed over there for now. Стол можно пока поставить туда. ● устроить. She was placed in this office as a secretary. Её устроили секретаршей в нашем учреждении. ● дело. It's not my place to report it. Не моё дело сообщать об этом.

☐ **in place of** вместо. May I have another book in place of this one? Можно мне получить другую книгу вместо этой?

in the first place во-первых. In the first place it's too expensive, and in the second place I don't like it. Во-первых, это слишком дорого, во-вторых, это мне не нравится.

out of place неуместный. Your remarks are out of place here. Ваши замечания весьма неуместны.

to take place произойти. That must have taken place while I was away. Это, должно быть, произошло, пока меня не было.

to take the place of заменить. Nothing can take the place of an old friend. Никто не может заменить старого друга.

☐ There are two places vacant in the office. В этом учреждении есть две вакансии. ● I'm sure I've met him before, but I can't quite place him. Я уверен, что где-то с ним встречался, но никак не могу вспомнить, где и когда.

plain ясно. It's quite plain that he's going to be late. Совершенно ясно, что он опоздает. ● простой. We have a very small, plain house. У нас простой, маленький домик. — She wore a plain white dress. На ней было простое белое платье. — That hotel serves good plain food. В этой гостинице хороший простой стол.

☐ **plains** степь. I've lived most of my life in the plains where trees and hills are scarce. Я прожил большую часть жизни в степи, где мало деревьев и холмов.

☐ I'll put it in the plainest language I can. Я вам это скажу без обиняков.

plan план. Do you have a plan of the house? Есть у вас план дома? — What are your plans for tomorrow? Каковы ваши планы на завтра? ● предполагать. Where do you plan to spend the summer? Где вы предполагаете

провести лето? ● способ. I have a simple plan for getting him to agree. У меня есть простой способ заставить его согласиться. ● подготовить (to prepare). I planned the whole thing myself. Я сам всё подготовил.

☐ **to plan on** рассчитывать. You'd better not plan on it. Вы лучше на это не рассчитывайте.

plane самолёт. Have you ever been up in a plane? Вы когда-нибудь летали на самолёте? ● рубанок. We borrowed the carpenter's plane. Мы взяли рубанок у плотника. ● уровень. The teaching in the city schools is on a high plane. Преподавание в городских школах стоит на высоком уровне. ● подстругать. The door still sticks, so we'll have to plane it down a bit more. Дверь всё ещё плохо открывается, надо её ещё немножко подстругать.

plant посадить. When did you plant this tree? Когда вы посадили это дерево? ● растение. What kind of plants are these? Что это за растения? ● завод. The manager offered to show me around the plant. Директор предложил показать мне завод.

plate тарелка. Pass your plate and I'll give you some more meat. Передайте вашу тарелку, и я вам дам ещё мяса. — This plate of soup will be enough. Этой тарелки супа будет достаточно. ● лист. The sides of the truck have steel plates on them. Борты грузовика обиты стальными листами.

☐ **gold-plated** позолоченный. My watch is gold-plated. Мои часы позолоченные.

platform эстрада. I was asked to sit on the platform with the speakers. Меня просили сидеть на эстраде вместе с ораторами. ● платформа. We accepted the party's platform. Мы приняли платформу этой партии.

play играть. When are we going to play their team? Когда мы будем играть с их командой? — It's dangerous to play with fire. С огнём играть опасно! — He plays the part of a king. Он играет роль короля. — He plays the violin very well. Он очень хорошо играет на скрипке. ● сыграть. We played a good game of tennis. Мы сыграли хорошую партию в теннис. — He played a joke on his friend. Он сыграл шутку со своим другом. ● игра. The teams have just started to play when it began to rain. Команды только что начали игру, как пошёл дождь. ● пойти (to go). He played his highest card. Он пошёл с самой высокой карты. ● пьеса. I saw a very good play last night. Я вчера видел очень хорошую пьесу.

☐ **to play out** выдыхаться. After a hard day's work he's played out. После дня тяжёлой работы он совершенно выдыхается.

to play up подчеркнуть. He played up the good things about the book. Он подчеркнул всё положительное, что можно было сказать об этой книге.

☐ This is a fine car, but the steering wheel has too much play. Это хорошая машина, но у неё слишком расшатан руль.

player игрок. One of the players was hurt during the game. Один из игроков был ранен во время игры.

plead умолять. We pleaded with her not to go there. Мы её умоляли не ходить туда.

☐ He pleaded not guilty. Он не признал себя виновным.

pleasant приятный. We had a pleasant ride home. Поездка домой была очень приятной.

☐ He asked me in a pleasant manner. Он меня́ о́чень ми́ло попроси́л об э́том.

please пожа́луйста. Please shut the door. Пожа́луйста, закро́йте дверь. • нра́виться. Does this please you, or do you want something else? Э́то вам нра́вится и́ли вы хоти́те что́-нибудь друго́е? • хоте́ть. Do as you please; it makes no difference to me. Де́лайте как хоти́те; мне всё равно́. • угоди́ть. She's a hard person to please. На неё не легко́ угоди́ть.

pleasure удово́льствие. It's a pleasure to be able to help you. Помо́чь вам — для меня́ большо́е удово́льствие. — I got a lot of pleasure out of seeing him. Встре́ча с ним доста́вила мне большо́е удово́льствие.

pledge приня́ть на себя́ обяза́тельство. I made a pledge to give a certain amount of money every week to war relief. Я при́нял на себя́ обяза́тельство дава́ть еженеде́льно определённую су́мму на по́мощь же́ртвам войны́. • обяза́ться. We pledged our support to the candidate. Мы обяза́лись подде́рживать э́того кандида́та.

plenty доста́точно. I have plenty of matches, thanks. Спаси́бо, у меня́ спи́чек доста́точно. • мно́го. Help yourself; there's plenty more in the kitchen. Ку́шайте, не стесня́йтесь, на ку́хне ещё мно́го. • о́чень. You'll be plenty sorry. Вы ещё о́чень пожале́ете.

☐ Give yourself plenty of time to get there. Выходи́те заблаговре́менно, что́бы попа́сть туда́ во́-время.

plot уча́сток. I bought this plot of land very cheap. Я купи́л э́тот уча́сток земли́ по о́чень дешёвой цене́. • за́говор. The police were warned of the plot. Мили́цию предупреди́ли о за́говоре. • устро́ить за́говор. They plotted against the government. Они́ устро́или за́говор про́тив прави́тельства. • сюже́т. Did you find the plot of the play difficult to understand? Вам бы́ло тру́дно поня́ть сюже́т э́той пье́сы?

plow плуг. You need a heavier plow than this. Вам ну́жен плуг потяжеле́е э́того. • па́хота. We started our spring plowing early this year. В э́том году́ мы ра́но приняли́сь за весе́ннюю па́хоту. • вспаха́л. He plowed the whole field in three hours. Он вспаха́л всё по́ле в три часа́. • прота́лкиваться. He plowed his way through the crowd. Он прота́лкивался сквозь толпу́.

☐ to plow under вы́пахать. The weeds have been plowed under. Сорные тра́вы бы́ли вы́паханы.

☐ The ship plowed through the waves. Су́дно продвига́лось вперёд, разреза́я во́лны.

pluck хра́брость. He showed a lot of pluck. Он прояви́л большу́ю хра́брость.

☐ to pluck feathers ощи́пывать. She's busy plucking the feathers from the chicken. Она́ ощи́пывает ку́рицу.

plum *n* сли́ва.

plunge погрузи́ть. He plunged the hot metal into cold water. Он погрузи́л горя́чий мета́лл в холо́дную во́ду. • пры́гнуть. He plunged into the water and swam to the other side. Он пры́гнул в во́ду и поплы́л на другу́ю сто́рону. • ввяза́ться. He plunged into the deal without giving it proper thought. Он ввяза́лся в э́то де́ло, не поду́мав то́лком.

plural *n* мно́жественное число́; *adj* мно́жественный.

plus *prep* плюс.

pocket карма́н. Put it in your pocket. Положи́те э́то в карма́н. • положи́ть в карма́н. He paid the bill and pocketed the change. Он заплати́л по счёту и положи́л

сда́чу в карма́н. • гнездо́. The miner discovered a valuable pocket of gold. Горня́к наткну́лся на це́нное гнездо́ зо́лота.

☐ air pocket возду́шная я́ма. The plane has hit several air pockets. Самолёт не́сколько раз попада́л в возду́шные я́мы.

pocket knife перочи́нный но́жик. Have you got a pocket knife I can borrow? Мо́жете одолжи́ть мне перочи́нный но́жик?

pocketbook *n* су́мочка, су́мка.

poem *n* стихотворе́ние.

poet *n* поэ́т.

poetry *n* стихи́.

point остриё. He broke the point of the knife. Он слома́л остриё ножа́. • показа́ть. Point to the one you mean. Покажи́те мне кого́ вы име́ете в виду́. • предвеща́ть. All the signs point toward a hard winter. Все приме́ты предвеща́ют суро́вую зи́му. • очко́. Our team made twenty-three points in the first half of the game. На́ша кома́нда сде́лала два́дцать три очка́ в пе́рвый получа́с. • то́чка. The decimal point in this number is in the wrong place. В э́том числе́ то́чка, отделя́ющая десяти́чные зна́ки, — не на ме́сте. — The water was heated to the boiling point. Вода́ была́ на́грета до то́чки кипе́ния. • гра́дус. The temperature went down ten points. Температу́ра упа́ла на де́сять гра́дусов. • пункт. He steered several points off the course. Он отклони́лся от ку́рса на не́сколько пу́нктов. — I disagree with your argument on every point. Я расхожу́сь с ва́ми по всем пу́нктам. • сторона́. Don't you think the job has its good points? Вы не ду́маете, что у э́той рабо́ты есть свои́ хоро́шие сто́роны? • суть. His answer shows that he's missed the whole point of the story. Его́ отве́т пока́зывает, что он не по́нял гла́вной су́ти расска́за. • зада́ча. Our point is to get results quickly. На́ша зада́ча доби́ться бы́стрых результа́тов. • купо́н. These points come from the other ration book. Э́ти купо́ны с друго́й продово́льственной кни́жки. • мыс. The steamer we saw has sailed around the point. Парохо́д, кото́рый мы ви́дели, уже́ обогну́л мыс.

☐ on the point of как раз. We were on the point of leaving when he arrived. Мы как раз собира́лись уходи́ть когда́ он яви́лся.

point of view то́чка зре́ния. His point of view is nearly the same as mine. На́ши то́чки зре́ния почти́ совпада́ют.

to be beside the point не относи́ться к де́лу. That's an interesting remark, but it's beside the point. Э́то интере́сное замеча́ние, но оно́ не отно́сится к де́лу.

to make a point of поста́вить себе́ за пра́вило. He makes a point of getting up early. Он поста́вил себе́ за пра́вило встава́ть ра́но.

to point out указа́ть. Point out the place you told me about. Укажи́те то ме́сто, о кото́ром вы мне говори́ли. — Please point out the articles you want to buy. Пожа́луйста, укажи́те те ве́щи, кото́рые вы хоти́те купи́ть.

to stretch a point сде́лать натя́жку. If you stretch a point a bit, I suppose we can agree with him. Е́сли сде́лать небольшу́ю натя́жку, я ду́маю, что мы смо́жем с ним согласи́ться.

to the point к де́лу. His comments are always to the point. Его́ замеча́ния всегда́ к де́лу.

☐ The point of this pencil is not sharp enough. Э́тот каранда́ш недоста́точно о́стрый. • The train stopped at a point halfway between the two stations. Поезд остановился на полпути между станциями.

poison яд. Poison! Яд! • ядовитый. They used poison gas. Они применяли ядовитые газы. • отравить. Their vicious gossip has poisoned our friendship. Их злостные сплетни отравили нашу дружбу. — Our dog has been poisoned. Нашу собаку отравили.

pole столб. He had to climb the pole to fix the telephone wire. Ему пришлось взобраться на столб, чтобы починить телефонный провод. • полюс. It's so cold here, you'd think we were at the North Pole. Тут так холодно, прямо как на северном полюсе.

☐ Our ideas on the subject are as far apart as the poles. Наши взгляды на это диаметрально противоположны.

police милиция. He did not obey the police regulations. Он поступал против правил установленных милицией. — The police were called in to stop the fight. Позвали милицию, чтобы прекратить драку.

policeman n милиционер.

police station отделение милиции. We were all taken to the police station for questioning. Нас всех забрали в отделение милиции для допроса.

policy правило. It is the policy of our company never to cash checks. У нашей фирмы правило никогда не принимать чеков. • тактика. It's a very bad policy to promise more than you can do. Это плохая тактика обещать больше, чем вы можете сделать. • страховой полис. Do you think I'll have any trouble renewing my policy? Вы думаете, что у меня будут затруднения при возобновлении страхового полиса? • политика. The Senate is discussing foreign policy. Сенат обсуждает вопросы иностранной политики.

polish почистить. I didn't have time to polish my shoes this morning. Я не успел утром почистить ботинки. • отполировать (to polish). How did you get such a good polish on that furniture? Как это вам удалось так хорошо отполировать мебель?

☐ **shoe polish** вакса, гуталин. Please lend me your shoe polish when you finish with it. Когда вы кончите чистить ботинки, дайте мне, пожалуйста, вашу ваксу.

☐ I like him because he's so polished. Он мне нравится, у него такие хорошие манеры.

polite вежливо. Do you think it would be polite to leave so soon? Как вы думаете, будет ли вежливо уйти так рано?

political политический. Every citizen has certain political rights. Каждый гражданин имеет определённые политические права. — He is an important political figure. Он крупная политическая фигура.

☐ **political science** государственное право. He's an authority in political science. Он является авторитетом по государственному праву.

pond n пруд.

pony n пони.

pool бассейн. We went down to the pool to take a dip. Мы пошли к бассейну искупаться. • бильярд. Do you want to play a game of pool? Хотите сыграть на бильярде?

☐ **to pool money** сложиться. We pooled our money to buy a car. Мы сложились, чтобы купить автомобиль.

poor бедный. We take up a collection for the poor every year in my home town. В моём городе каждый год бывает сбор на бедных. • плохой, слабый. That's a mighty poor excuse. Это очень плохое извинение.

☐ **poor fellow** бедняга. The poor fellow is totally blind. Он, бедняга, совершенно слеп.

poor people беднота. Many poor people lived in this neighborhood. В этом районе жило много бедноты.

☐ This is poor soil for potatoes. Это неподходящая почва для картошки.

pop хлопнуть (to pop). The pop of the cork made me jump. Пробка хлопнула и я вздрогнул. • заглянуть. He's popped in once or twice to see us since he moved. Он к нам заглянул раз, другой после переезда. • высунуть. She popped her head out of the window. Она высунула голову из окна. • папа. My pop promised to take me to the movies tonight. Папа обещал взять меня сегодня в кино.

popular популярный. He is the most popular singer in the city. Он самый популярный певец в городе. • общедоступный. His book is written in a popular style. Его книга написана общедоступным языком. — The movie will be shown at popular prices later. Фильм будут потом давать по общедоступным ценам. — Is this a popular custom here? Это здесь распространённый обычай? • народный. Our government depends on popular support. Наше правительство не может существовать без народной поддержки.

population население. The population here has been on the increase for the past five years. Население здесь за последние пять лет всё время увеличивалось.

porch n веранда.

pork n свинина.

port порт. When do you expect this ship to get into port? Когда этот пароход прибудет в порт? — This town is one of the principal Pacific ports. Этот город один из главных тихоокеанских портов. • портвейн. Port is my favorite wine. Портвейн моё любимое вино.

☐ **port side** слева. There's a man overboard on the port side of the ship. Человек за бортом слева.

porter носильщик. Get a porter; these bags are too heavy for you. Возьмите носильщика, эти чемоданы для вас слишком тяжелы.

portion доля. You must take some portion of the responsibility. Вы должны взять на себя некоторую долю ответственности. • порция. Please give me another portion of macaroni. Дайте мне пожалуйста, ещё одну порцию макарон.

position пункт. From this position you can see the whole field. С этого пункта вы можете видеть всё поле. • положение. If you're not comfortable change your position. Если вам не удобно, перемените положение. — This places me in a very difficult position. Это ставит меня в очень тяжёлое положение. • место. He has a good position with a wholesale house. У него хорошее место в оптовой фирме.

☐ What's your position in regard to this new law? Как вы относитесь к этому новому закону?

positive уверить. I'm positive that this umbrella isn't mine. Я уверен, что это не мой зонтик. • благоприятный. He made a positive impression on us. Он произвёл на нас благоприятное впечатление.

possess обладать. She possesses considerable knowledge for a young girl. Она обладает большими знаниями для такой молоденькой девушки.

possession владение. The new owner hasn't taken possession yet. Новый хозяин ещё не вступил во владение. — This island is a possession of the United States. Этот остров входит в состав владений Соединённых Штатов. • имущество. He gave away all his possessions before he went in the army. Он роздал всё своё имущество перед поступлением в армию.

possibility n возможность.

possible возможно. Be here by nine if possible. Будьте здесь к девяти, если возможно.

☐ **the best possible** самый лучший. He'll get the best possible care in this hospital. В этой больнице за ним будет самый лучший уход.

☐ We'd better be prepared for a possible shower. Нам надо приготовиться на случай, если будет ливень.

possibly adv возможно.

post кол. The fence needs some new posts. Забор нуждается в нескольких новых кольях. • вывесить. Post it on the bulletin board. Вывесите это на доске для объявлений. • пост. The two soldiers were arrested for being away from their posts. Эти два солдата попали под арест за отлучку с поста. — He has just been appointed to a new post in the government. Он только что был назначен на новый правительственный пост. • гарнизон. The whole post was notified of the change in rules. Весь гарнизон был уведомлен о перемене правил. • поставить. Troops were posted to guard the bridge. Для охраны моста был поставлен военный отряд.

postage почтовая оплата. Do you need any postage on that letter? Это письмо подлежит почтовой оплате?

☐ There's two kopecks' postage due on this letter. За это письмо надо доплатить две копейки.

postal service почта. The postal service here isn't too good. Почта здесь работает неважно.

post office почта. I'll mail your package when I go to the post office tomorrow. Я отправлю ваш пакет завтра, когда пойду на почту.

pot кастрюля. There's a pot of soup on the stove. На плите стоит кастрюля с супом. • горшок. There is a row of flower pots on the porch. На веранде стоит ряд цветочных горшков.

☐ She has a pot of tea ready for us. У неё для нас готов чай.

potato (potatoes) n картофель, картошка.

poultry n домашняя птица.

pound колотить. We pounded on the door for five minutes before they heard us. Мы колотили в дверь пять минут, пока они нас услышали. • разбить. They pounded the rock into small pieces. Они разбили камень на мелкие куски.

pour налить. Please pour me a cup of coffee. Пожалуйста, налейте мне чашку кофе. • хлынуть. The crowd poured out of the theater. Толпа хлынула из театра. • лить. Don't go out; it's pouring. Не выходите: дождь так и льёт.

poverty n бедность.

powder пудра. I need some powder and lipstick. Мне нужна пудра и губная помада. • напудриться. Pardon me, I have to go powder my nose. Простите, мне надо пойти напудриться. • порошок. Try a little of this powder in your shoes. Попробуйте насыпать немного этого порошка в ботинки. • порох. There is enough powder here to blow up the whole town. Здесь достаточно пороху, чтобы взорвать весь город. • пороховой. He

works at the powder plant. Он работает на пороховом заводе.

power сила. I'll do everything in my power. Я сделаю всё, что в моих силах. • мощность. How much power does this machine have? Какова мощность этой машины? • энергия. This factory uses a lot of electric power. Этот завод расходует массу электрической энергии. • власть. That party wasn't in power very long. Эта партия не долго была у власти. • держава. Our nation is one of the world powers. Наша страна одна из великих держав.

☐ His powers of concentration are amazing. Он удивительно умеет сосредоточиться.

powerful adj мощный, сильный.

practical практический. It's a good suggestion, but it's not practical. Это предложение хорошее, но не практическое. • практичный. Your friend is a very practical man. Ваш друг очень практичный человек.

practically собственно говоря. We're practically there now. Мы уже, собственно говоря, приехали. • фактически. He's practically the manager here. Фактически он здесь заведующий. • почти. That's practically the way I would have done it. Я бы это сделал почти так же. • практически. Let's look at things practically. Давайте подойдём к делу практически.

practice практика. The new doctor has only a small practice. У нового доктора очень небольшая практика. • поупражняться. I need a little more practice before I can take you on. Мне надо ещё немного поупражняться, прежде чем бороться с вами. • упражняться. He's practicing his piano. Он упражняется на рояле. • навык. I used to play a good game of tennis, but I'm a little out of practice now. Я когда-то хорошо играл в теннис, но теперь немного потерял навык.

☐ **in practice** по существу (in fact). The law sounds harsh, but in practice it is very fair. Закон кажется строгим, но по существу он очень справедлив.

to practice law заниматься адвокатской деятельностью. How long have you been practicing law? С каких пор вы занимаетесь адвокатской деятельностью?

☐ I'm out of practice because I haven't touched a piano in years. У меня пальцы не идут, я годами не прикасался к роялю. — I make it a practice to get to work early. Я поставил себе за правило начинать работу рано.

praise похвалить. My teacher praised me for my good record. Учитель похвалил меня за хорошие успехи. • похвала. He got a lot of praise for his work. Он получил много похвал за свою работу.

pray v молиться.

prayer n молитва.

preach v проповедовать.

preacher n проповедник.

precious adj драгоценный.

prefer v предпочитать.

premium премия. I pay the premium on my insurance quarterly. Я плачу страховую премию каждые три месяца.

☐ **at a premium** большой спрос. Houses are at a premium where I live. Там, где я живу, на дома очень большой спрос.

☐ I got the lamp as a premium for selling the most magazines. Эту лампу я получил в награду за то, что продал больше журналов, чем все.

prepaid опла́ченный отправи́телем. These books were mailed prepaid. Пересы́лка книг была́ опла́чена отправи́телем.

preparation приготовле́ние. I've taken care of all the necessary preparations for the trip. Я занялся́ все́ми необходи́мыми приготовле́ниями для пое́здки. • сре́дство. Can you recommend a good preparation for dry hair? Мо́жете вы мне порекомендова́ть како́е-нибудь хоро́шее сре́дство для сухи́х воло́с?

prepare гото́виться. They prepared to go abroad. Они́ гото́вились к отъе́зду за грани́цу. • подгото́вить. You'd better prepare him for the news. Вы бы лу́чше подгото́вили его́ к э́тому изве́стию.

preposition n предло́г.

presence прису́тствие. This must be signed in the presence of three witnesses. Э́то должно́ быть подпи́сано в прису́тствии трёх свиде́телей. — He showed considerable presence of mind. Он прояви́л большо́е прису́тствие ду́ха.

pres'ent тепе́решний, ны́нешний. I don't agree with their present policy. Я не согла́сен с их тепе́решней поли́тикой. • прису́тствовать. All members of the club were present at the meeting. На заседа́нии прису́тствовали все чле́ны клу́ба. • тепе́рь. The future can't be any worse than the present. Ху́же чем тепе́рь, во вся́ком слу́чае, не бу́дет. • пода́рок. Did you give him a present for his birthday? Вы ему́ сде́лали пода́рок ко дню рожде́ния?
□ **at present** сейча́с. He's too busy to see you at present. Он сли́шком за́нят, что́бы приня́ть вас сейча́с.
for the present пока́. That will be enough for the present. Пока́ дово́льно.

present' подари́ть. They presented him with a gold watch. Они́ подари́ли ему́ золоты́е часы́. • представля́ть. This assignment presents many difficulties. Э́то зада́ние представля́ет больши́е тру́дности. • привести́. This report presents all the facts. В отчёте приведены́ все фа́кты. • поста́вить. The play was presented by a group of young actors. Пье́са была́ поста́влена гру́ппой молоды́х актёров.

preserve сохрани́ть. She tried everything to preserve her beautiful figure. Она́ де́лала всё, что́бы сохрани́ть свою́ хоро́шую фигу́ру. — We had to smoke our meat to preserve it. Нам пришло́сь копти́ть мя́со, что́бы сохрани́ть его́.

president n президе́нт.

press нажима́ть. Press the button and see what happens. Нажми́те кно́пку и посмотри́те, что из э́того вы́йдет. • напира́ть. The crowd pressed against the gates. Толпа́ напира́ла на воро́та. • наста́ивать. I wouldn't press the matter any further, if I were you. На ва́шем ме́сте я бы на э́том не наста́ивал. • вы́гладить. Where can I get my suit pressed? Куда́ мо́жно отда́ть вы́гладить костю́м? • печа́ть. This book is ready to go to press. Э́та кни́га гото́ва к печа́ти. • представи́тели печа́ти. Will the press be admitted to the conference? Представи́тели печа́ти бу́дут допу́щены на конфере́нцию? • пресс. There are three printing presses in the workshop. В э́той типогра́фии три печа́тных пре́сса. • This play was well received by the press. Э́та пье́са была́ хорошо́ встре́чена пре́ссой. • неотло́жный. I have a pressing engagement elsewhere. У меня́ неотло́жное свида́ние в друго́м ме́сте.

pressure давле́ние. Check the pressure of the tires. Прове́рьте давле́ние в ши́нах. — His work improved after we brought pressure to bear on him. Его́ рабо́та улу́чшилась с тех пор, как мы оказа́ли на него́ давле́ние.
□ **under pressure** с больши́м напряже́нием. We are working under pressure. Мы рабо́таем с больши́м напряже́нием.
□ I can't put any pressure on this foot yet. Я ещё не могу́ как сле́дует ступа́ть на э́ту но́гу.

presume предположи́ть. Let's presume you're right. Предположи́м, что вы пра́вы.

pretend притвори́ться. I pretended to be asleep. Я притвори́лся спя́щим. • выдава́ть себя́ за. She pretended she was her older sister. Она́ выдава́ла себя́ за свою́ ста́ршую сестру́. • претендова́ть. I don't pretend to be a writer. Я не претенду́ю быть писа́телем.

pretty хоро́шенький. She is a very pretty girl. Она́ о́чень хоро́шенькая де́вушка. • краси́вый. That's a pretty tune. Како́й краси́вый моти́в! • дово́льно. He works pretty well. Он дово́льно хорошо́ рабо́тает.

prevail преоблада́ть. Blue is the prevailing color in the pattern. В э́том узо́ре преоблада́ет си́ний цвет.
□ **to prevail upon** убеди́ть. They finally prevailed upon me to go with them. Наконе́ц они́ меня́ убеди́ли пойти́ с ни́ми.

prevent предотврати́ть. We are trying to prevent forest fires. Мы стара́емся предотврати́ть лесны́е пожа́ры. • помеша́ть. The bad weather prevented our ship from arriving on time. Плоха́я пого́да помеша́ла на́шему парохо́ду прибы́ть во́-время.

previous предыду́щий. Refer to my previous article. Сошли́тесь на мою́ предыду́щую статью́. • пре́жний. I was paid well on my previous job. На пре́жней рабо́те мне хорошо́ плати́ли.

previously adv пре́жде.

price цена́. I like the rooms but the price is too high. Ко́мнаты мне нра́вятся, но цена́ сли́шком высо́кая. • прице́ниваться. I priced overcoats today, but found I couldn't afford one. Я сего́дня прице́нивался к пальто́, но они́ все оказа́лись мне не по карма́ну. • оцени́ть. Can you price this diamond for me? Вы мо́жете оцени́ть мне э́тот бриллиа́нт?

pride го́рдость. His pride won't let him admit he's wrong. Го́рдость не позволя́ет ему́ созна́ться в том, что он непра́в. — The new park is the pride of our city. Но́вый парк — го́рдость на́шего го́рода.
□ **to pride oneself on** горди́ться. He prides himself on his ability to speak Russian. Он горди́тся свои́м уме́нием говори́ть по-ру́сски.
□ He takes great pride in his work. Рабо́та даёт ему́ большо́е удовлетворе́ние.

priest n свяще́нник.

primary нача́льный. I teach the primary grades. Я преподаю́ в нача́льной шко́ле. • первостепе́нный. Winning the prize is of primary importance to me. Получи́ть награ́ду — для меня́ де́ло первостепе́нной ва́жности.

prince n принц, князь.

princess n принце́сса, княжна́, княги́ня.

principal гла́вный, основно́й. This is one of the principal arguments against your plan. Э́то одно́ из гла́вных возраже́ний про́тив ва́шего пла́на. • дире́ктор. The principal called the teachers into his office. Дире́ктор позва́л учителе́й к себе́ в кабине́т. • капита́л. You will receive three per cent interest a year on the principal. Вы получите три проце́нта годовы́х на капита́л.

☐ The principals in the case were represented by their lawyers. Тя́жущиеся (сто́роны) бы́ли предста́влены свои́ми правозасту́пниками.

principle при́нцип. What's the principle this machine works by? По како́му при́нципу рабо́тает э́та маши́на? — They criticized the very principles of the party. Они́ подве́ргли кри́тике основны́е при́нципы па́ртии. — He's a man of principle. Он челове́к твёрдых при́нципов.

☐ **in principle** в при́нципе. I agree with you in principle, but I don't like your methods. В при́нципе я с ва́ми согла́сен, но мне не нра́вятся ва́ши ме́тоды.

print печа́тный. A printed notice will be sent out tomorrow. Печа́тное извеще́ние бу́дет разо́слано за́втра. • напеча́тать. How many copies of this book have they printed already? Ско́лько экземпля́ров э́той кни́ги они́ уже́ напеча́тали? • шрифт. The print in this book is too small. В э́той кни́ге сли́шком ме́лкий шрифт. • писа́ть печа́тными бу́квами. Please print your name instead of writing it. Пожа́луйста, напиши́те своё и́мя печа́тными бу́квами. • гравю́ра. The museum has a fine collection of famous prints and paintings. В э́том музе́е прекра́сное собра́ние гравю́р и карти́н. • узо́р. She wore a pretty print dress. На ней бы́ло хоро́шенькое пла́тье с узо́ром. • отпеча́ток. How many prints do you want from this negative? Ско́лько вам сде́лать отпеча́тков с э́того негати́ва?

☐ **cotton print** си́тец. We're selling lots of colored cotton prints. Мы продаём ма́ссу цветно́го ситца́.

in print в прода́же (on sale). Is the book still in print? Э́та кни́га ещё име́ется в прода́же? • в печа́ти. The President's speech has just come out in print. Речь президе́нта то́лько что появи́лась в печа́ти.

to be out of print разойти́сь. That book is hard to get because it's out of print. Э́ту кни́гу тру́дно доста́ть, она́ вся разошла́сь.

☐ The cloth is printed with a flower pattern. Э́та мате́рия в цвето́чках.

prior.

☐ **prior to** до. Prior to her marriage she was a teacher. До заму́жества она́ была́ учи́тельницей.

☐ She couldn't accept the invitation because she had a prior engagement. Она́ не могла́ приня́ть приглаше́ние, потому́ что она́ была́ уже́ приглашена́ в друго́е ме́сто.

prison n тюрьма́.

prisoner ареста́нт. A prisoner has just escaped from jail. То́лько что из тюрьмы́ сбежа́л ареста́нт. • пле́нный. How many prisoners were taken in the last battle? Ско́лько пле́нных бы́ло взя́то в после́днем бою́?

private ча́стный. This is a private beach and only members of the club can use it. Э́то ча́стный пляж, откры́тый то́лько для чле́нов клу́ба. — Is there any private industry at all in the Soviet Union? Есть у вас в Сове́тском Сою́зе ча́стная промы́шленность? • ли́чно. My private opinion is that he's a liar. Я ли́чно ду́маю, что он лгун. • рядово́й. He was a private in the last war. Он был рядовы́м в про́шлую войну́.

☐ **in private** наедине́. I'd like to discuss the matter with you in private. Я бы хоте́л поговори́ть с ва́ми об э́том наедине́.

privilege привилегиро́ванный. Do you think you're a privileged character here? Вы ду́маете, что вы тут на привилегиро́ванном положе́нии? • привиле́гия. Who told you to take so many privileges? Кто вам сказа́л, что вы мо́жете по́льзоваться таки́ми привиле́гиями?

prize пре́мия. There will be a fifty-dollar prize for the best short story. За лу́чший расска́з бу́дет вы́дана пре́мия в пятьдеся́т до́лларов. • премиро́ванный. The prize story was written by a friend of mine. Премиро́ванный расска́з был напи́сан мои́м прия́телем. • лу́чший (best). That's the prize movie of the year. Э́то лу́чший фильм в э́том году́.

☐ This is one of my most prized possessions. Э́то одна́ из мои́х са́мых больши́х драгоце́нностей.

probable вероя́тно. It's probable that there will be a bad storm tonight. Сего́дня ве́чером, вероя́тно, бу́дет си́льная бу́ря.

probably adv вероя́тно.

problem зада́ча. Our problem is how to get there before it's too late. Вся зада́ча в том, чтоб нам попа́сть туда́, пока́ не по́здно. • пробле́ма. We need more time to solve such a big problem. Чтоб разреши́ть таку́ю тру́дную пробле́му, нам ну́жно бо́льше вре́мени.

☐ It's a difficult problem to know how to act under such circumstances. О́чень тру́дно знать, как поступи́ть в тако́м положе́нии.

proceed отпра́виться. Our orders are to proceed to the next town. Нам прика́зано отпра́виться в сосе́дний го́род. • продолжа́ть. After a short interruption they proceeded with their work. По́сле коро́ткого переры́ва, они́ продолжа́ли рабо́тать.

proceeds вы́рученные де́ньги. He sold his house and put the proceeds in government bonds. Он про́дал свой дом и на вы́рученные де́ньги купи́л облига́ции госуда́рственного за́йма.

process спо́соб. They have a special process for cleaning furs. Они́ чи́стят мех осо́бым спо́собом. • обраба́тывать. They process wool at that factory. На э́той фа́брике обраба́тывают шерсть.

procession n проце́ссия.

proclaim v объявля́ть.

procure v доста́ть.

produce' производи́ть. What does this factory produce? Что произво́дит э́тот заво́д? • выпуска́ть. How many planes does the factory produce a month? Ско́лько самолётов выпуска́ет э́тот заво́д в ме́сяц? • дать. The farm ought to produce a good crop this year. Э́та земля́ должна́ дать хоро́ший урожа́й в э́том году́. • предста́вить. Can you produce the facts to prove your statement? Мо́жете вы предста́вить фа́кты, чтобы доказа́ть ва́ше утвержде́ние? • поста́вить. They intend to produce this play after Christmas. Они́ собира́ются поста́вить э́ту пье́су по́сле рождества́.

☐ The purpose of the medicine is to produce perspiration. Э́то лека́рство даётся для того́ чтобы вы́звать пот.

pro'duce проду́кция. There is no market for our produce. Для на́шей проду́кции нет ры́нка.

production произво́дство. Production at the plant has increased. Произво́дство на заво́де увели́чилось. • постано́вка. Who directed the production? Чья э́то постано́вка?

profession профе́ссия. He plans to follow his father's profession. Он собира́ется сле́довать профе́ссии своего́ отца́.

professor n профе́ссор.

profit дохо́д. The profits from the business will be divided equally. Дохо́ды с э́того де́ла бу́дут разделены́ по́ровну. • извле́чь по́льзу. I hope he profits by this experience. Я наде́юсь, что он извлечёт по́льзу из э́того о́пыта.

profitable при́быльный. The business turned out to be rather profitable. Де́ло оказа́лось дово́льно при́быльным. • с по́льзой. Yesterday I spent a very profitable day. Я провёл вчера́ день с по́льзой.

profound глубо́кий. He's a very profound thinker. Он о́чень глубо́кий мысли́тель.

program програ́мма. What's the next number on the program? Како́й сле́дующий но́мер програ́ммы? — There's an interesting program on the radio tonight. Сего́дня ве́чером по ра́дио бу́дет передава́ться интере́сная програ́мма. — He made out a program for the week. Он соста́вил програ́мму на неде́лю.

pro'gress прогре́сс. There's been a great deal of progress in surgery lately. В после́днее вре́мя хирурги́я сде́лала большо́й прогре́сс.

☐ **in progress** продолжа́ться. The work is still in progress but will soon be done. Рабо́та ещё продолжа́ется, но ско́ро бу́дет зако́нчена.

☐ Are you making any progress with your report? Ну, как подвига́ется ваш докла́д?

progress' продви́нуться вперёд. We've progressed a lot since those days. Мы с того́ вре́мени си́льно продви́нулись вперёд.

☐ How are things progressing? Ну, как дела́?

pro'ject прое́кт. We've been working on this project together. Мы вме́сте рабо́тали над э́тим прое́ктом.

project' проекти́ровать. They had no screen so they projected the movies on the wall. У них не́ было экра́на и они́ проекти́ровали фильм пря́мо на сте́ну. • выходи́ть. The stairway projects into the living room. Ле́стница выхо́дит пря́мо в гости́ную.

promise обеща́ние. You've broken your promise. Вы нару́шили своё обеща́ние. • обеща́ть. We promised the child a present. Мы обеща́ли ребёнку пода́рок. — The play promises to be interesting. Э́та пье́са обеща́ет быть интере́сной.

☐ The new planes show great promise. От но́вых самолётов мо́жно мно́гого ожида́ть.

prompt ско́рый. I didn't expect such a prompt reply. Я не ожида́л тако́го ско́рого отве́та. • бы́стро. She sent a prompt reply to my letter. Она́ бы́стро отве́тила на моё письмо́. • аккура́тный. He's prompt in paying his debts. Он аккура́тно пла́тит долги́. • заста́вить. What prompted you to say that? Что вас заста́вило э́то сказа́ть?

promptly *adv* бы́стро.

pronoun *n* местоиме́ние.

pronounce произноси́ться. How do you pronounce this word? Как произно́сится э́то сло́во? • призна́ть. The judge pronounced him guilty of murder. Суд призна́л его́ вино́вным в уби́йстве.

☐ **to pronounce a verdict** вы́нести пригово́р. The court pronounced the verdict. Суд вы́нес свой пригово́р.

pronunciation *n* произноше́ние.

proof доказа́тельство. What proof do you have that he did it? Каки́е у вас есть доказа́тельства, что э́то сде́лал он? • корректу́ра. I've just finished reading proof on my new article. Я то́лько что сде́лал корректу́ру мое́й но́вой статьи́.

☐ **waterproof** непромока́емый. These boots are waterproof. Э́ти сапоги́ непромока́емые.

proper гла́вный. His office is in an annex, not in the building proper. Его́ конто́ра в пристро́йке, а не в гла́вном зда́нии.

☐ **at the proper time** в своё вре́мя. This will be taken care of at the proper time. Э́то бу́дет сде́лано в своё вре́мя.

☐ What is the proper way to address an envelope? Как на́до писа́ть а́дрес на конве́рте?

properly как сле́дует. Iron it properly, please. Вы́гладите э́то как сле́дует, пожа́луйста.

property со́бственность. The things on this desk are my property. Ве́щи на э́том (пи́сьменном) столе́ — моя́ со́бственность. • уча́сток земли́. I own some property near the river. Мне принадлежи́т уча́сток земли́ во́зле реки́. • сво́йство. This salt has the property of absorbing water from the air. Э́та соль облада́ет сво́йством поглоща́ть вла́гу из во́здуха.

prophet *n* проро́к.

proportion пропо́рция. What's the proportion of water to milk here? В како́й пропо́рции вода́ приба́влена здесь к молоку́? — The designs in that wallpaper aren't too well proportioned. В узо́ре на э́тих обо́ях пропо́рции соблюдены́ нева́жно.

☐ **out of proportion** несоразме́рный. His head is out of proportion to the rest of his body. Его́ голова́ несоразме́рна с ту́ловищем. • чрезме́рный. Your demands are entirely out of proportion. Ва́ши тре́бования чрезме́рны.

propose предложи́ть. Who was proposed for chairman? Кого́ предложи́ли в председа́тели? • сде́лать предложе́ние. When did he propose to her? Когда́ он ей сде́лал предложе́ние? • предполага́ть. Do you propose to take a vacation this summer? Вы предполага́ете взять о́тпуск э́тим ле́том?

proposition предложе́ние. Will you consider my proposition? Вы поду́маете о моём предложе́нии? • де́ло. It's been a paying proposition. Э́то оказа́лось сто́ющим де́лом.

prose *n* про́за.

prospect перспекти́ва. The prospect of a swim appeals to me. Перспекти́ва попла́вать мне о́чень улыба́ется. • ви́ды. What are your prospects for the future? Каковы́ ва́ши ви́ды на бу́дущее?

prosperity *n* благосостоя́ние.

protect защища́ть. I wear these glasses to protect my eyes from the dust. Я ношу́ э́ти очки́, что́бы защища́ть глаза́ от пы́ли. — He asked that a lawyer be appointed to protect his interests. Он проси́л назна́чить ему́ правозасту́пника для защи́ты его́ интере́сов.

protection охра́на. We keep a dog in our house for protection. Мы де́ржим соба́ку для охра́ны до́ма. • защи́та. What do you use here as protection against mosquitoes? Что вы де́лаете для защи́ты от комаро́в?

pro'test проте́ст. He ignored her protest. Он не обрати́л внима́ния на её проте́ст.

☐ **under protest** про́тив со́бственного жела́ния. He came, but only under protest. Он пришёл, но про́тив со́бственного жела́ния.

protest' утвержда́ть. The man protested his innocence all through the trial. В тече́ние всего́ проце́сса он утвержда́л, что он невино́вен. • опротестова́ть. The losing team protested the judge's decision. Проигра́вшая кома́нда опротестова́ла реше́ние судьи́. • жа́ловаться. We protested to the neighbors about the noise. Мы пожа́ловались сосе́дям на шум в их кварти́ре. • обрати́ться с проте́стом. We protested to the chairman. Мы обрати́лись с проте́стом к председа́телю. • протестова́ть. The workers protested against the new regulations. Рабо́чие протестова́ли про́тив но́вых пра́вил.

proud го́рдый. He's a very proud person and won't accept any help. Он о́чень го́рдый челове́к и не при́мет никако́й по́мощи. • горди́ться. We're proud of you. Мы горди́мся ва́ми.

☐ **to become proud** возгорди́ться. She's become very proud since she got the prize. Она́ о́чень возгорди́лась с тех пор как получи́ла пре́мию.

prove доказа́ть. I can prove I didn't do it. Я могу́ доказа́ть, что я э́того не сде́лал. • оказа́ться (to prove to be). The movie proved to be very bad. Фильм оказа́лся о́чень плохи́м.

proverb n посло́вица.

provide снабди́ть. We were provided with supplies enough to last two weeks. Нас снабди́ли запа́сами на две неде́ли. • доста́ть (to obtain). If you provide the material, I'll build a garage for you. Е́сли вы доста́нете материа́л, я вам постро́ю гара́ж.

☐ **to provide for** обеспе́чить. The family was provided for in his will. Он обеспе́чил семью́ в своём завеща́нии.

provided (that) с усло́вием (что). I'll come provided you come with me. Я приду́, с усло́вием, что вы пойдёте со мной.

☐ The rules provide that you can't leave the camp without permission. Согла́сно пра́вилам, вы не мо́жете поки́нуть ла́герь без разреше́ния. • Our insurance provides against the loss of our car. В страхо́вке предусмо́трена компенса́ция за поте́рю на́шего автомоби́ля.

province о́бласть. This is the basic industry of our province. Это — основна́я о́трасль промы́шленности в на́шей о́бласти. — Most of our studies have been in the province of natural science. Мы, гла́вным о́бразом, занима́лись иссле́дованиями в о́бласти есте́ственных нау́к.

☐ **in my province** что от меня́ зави́сит. I'll do everything in my province to help you. Я сде́лаю всё, что от меня́ зави́сит, что́бы вам помо́чь.

provision прови́зия. We bought enough provisions to last all summer. Мы накупи́ли прови́зии на це́лое ле́то. • усло́вие. Are you sure you understand all the provisions of the contract? Вы уве́рены, что понима́ете все усло́вия догово́ра?

☐ **to make provision** позабо́титься. His uncle made provision for his education. Его́ дя́дя позабо́тился о том, что́бы он получи́л образова́ние.

public обще́ственный. Public opinion is against him. Обще́ственное мне́ние про́тив него́. • широ́кая пу́блика. Is this building open to the public? Это зда́ние откры́то для широ́кой пу́блики? • пу́блика. He writes for a select public. Он пи́шет для избра́нной пу́блики. — His program reaches a large public. Его́ програ́мма досту́пна широ́кой пу́блике. • откры́тый. This is a public meeting, and admission is free. Это откры́тое собра́ние и вход свобо́дный. • наро́дный. This land is public property. Эта земля́ — наро́дное достоя́ние. • прави́тельственный. He's been assigned to an important public office. Он назна́чен на ва́жный прави́тельственный пост.

☐ **in public** на лю́дях. That's not the way to behave in public. Нельзя́ так вести́ себя́ на лю́дях.

☐ There isn't enough public interest in the election. Пу́блика недоста́точно интересу́ется вы́борами.

publication изда́ние. I read several publications on sports regularly. Я регуля́рно чита́ю не́сколько спорти́вных изда́ний. • вы́пуск. Publication of the magazine will have to be delayed until all the articles are ready. Вы́пуск журна́ла придётся задержа́ть, пока́ не бу́дут гото́вы все статьи́. • печа́ть. He told the reporters that his remarks were not for publication. Он сказа́л репортёрам, что его́ замеча́ния не для печа́ти.

publish изда́ть. Who publishes his new book? Кто издаёт его́ но́вую кни́гу?

puff пыхте́ть. Everybody was puffing as we reached the top of the hill. Мы все пыхте́ли, когда́ добра́лись до верши́ны холма́. • клуб. I saw a puff of smoke coming from their chimney. Я ви́дел клуб ды́ма, поднима́вшийся из трубы́ их до́ма.

pull вы́тащить. We'll have to get a truck to pull the car out of the mud. На́до доста́ть грузови́к, что́бы вы́тащить маши́ну из гря́зи. • вы́рвать. This tooth must be pulled. Этот зуб необходи́мо вы́рвать. • дёрнуть. If you pull this cord, the driver will stop the bus. Е́сли вы дёрнете за э́тот шнуро́к, води́тель остано́вит авто́бус. — If you give too hard a pull, the rope will break. Е́сли вы сли́шком си́льно дёрнете, верёвка ло́пнет. • проте́кция. You have to have a lot of pull to get a job here. Вам нужна́ си́льная проте́кция, что́бы попа́сть на э́ту рабо́ту. • сыгра́ть. He pulled a mean trick on me. Он сыгра́л со мной скве́рную шту́ку.

☐ **to pull down** опусти́ть. Pull the shades down. Опусти́те што́ры. • снести́. They're going to pull the old school down and build a new one. Они́ хотя́т снести́ ста́рую шко́лу и постро́ить но́вую.

to pull in добра́ться. What time do you expect to pull in to town? В кото́ром часу́ вы наде́етесь добра́ться до го́рода?

to pull off провести́. It's a good idea if you can pull it off. Неплоха́я мысль, е́сли, коне́чно, вам уда́стся э́то провести́.

to pull oneself together собра́ться с ду́хом. Pull yourself together and let's get going. Собери́тесь с ду́хом и дава́йте пойдём.

to pull out уйти́. The train pulled out on time, for once. Хоть раз по́езд ушёл во́-время. • вы́йти. The plane pulled out of the dive at two thousand feet. Самолёт вы́шел из пика́ на высоте́ двух ты́сяч фу́тов.

to pull through вы́карабкаться. She was pretty sick, and we were afraid she might not pull through. Она́ была́ о́чень плоха́ и мы боя́лись, что она́ не вы́карабкается.

to pull up вы́рвать. They pulled the flowers up by the roots. Они́ вы́рвали цветы́ с корня́ми. • останови́ться. The car pulled up in front of the house. Маши́на останови́лась перед до́мом.

☐ This hill is a hard pull for an old car. На тако́й ста́рой маши́не бу́дет нелегко́ взобра́ться на э́ту го́ру. • Pull over and show me your driver's licence. Подъезжа́йте сюда́ и покажи́те ва́ше разреше́ние на управле́ние маши́ной. • Don't pull any funny stuff; I'm not kidding. Без штук, пожа́луйста! Я не наме́рен шути́ть. • Pull up a chair.

and we'll talk it over. Возьми́те стул, сади́тесь побли́же и мы потолку́ем.

pump насо́с. We get our water from a pump in the back yard. Мы кача́ем во́ду насо́сом во дворе́. ● накача́ть. You'll have to pump water for a bath. Вам придётся накача́ть во́ду для ва́нны. — Pump up the tire. Нака́чайте ши́ну. ● вы́ведать. He'll try to pump you about where you were last night. Он постара́ется у вас вы́ведать, где вы бы́ли вчера́ ве́чером.

pumpkin *n* ты́ква.

punch уда́р. I ducked just in time to miss the punch aimed at me. Я нагну́лся как раз во́-время, что́бы избежа́ть напра́вленного на меня́ уда́ра. ● прощёлкнуть. The conductor forgot to punch my ticket. Кондуктор забы́л прощёлкнуть мой биле́т. ● щёлкнуть. If you don't keep quiet I'll punch you in the nose. Е́сли ты не замолчи́шь, я тебя́ щёлкну по́ носу. ● пунш. Would you care for a drink of punch? Хоти́те стака́н пу́нша?

□ His speech had a lot of punch to it. Он произнёс о́чень си́льную речь.

punish наказа́ть. I think he's been punished enough. Я ду́маю, он был доста́точно нака́зан.

punishment наказа́ние. What is the punishment for this crime? Что за наказа́ние полага́ется за тако́е преступле́ние?

□ The car took a lot of punishment on its last trip. Маши́на здо́рово пострада́ла во вре́мя после́дней пое́здки.

pupil *n* учени́к (*m*), учени́ца (*f*).

purchase купи́ть, приобрести́. I purchased a new car last year. В про́шлом году́ я купи́л но́вую маши́ну. ● поку́пка. I have a few purchases to make in this store. Мне на́до сде́лать не́сколько поку́пок в э́том магази́не.

pure чи́стый. The dress is pure silk. Э́то пла́тье из чи́стого шёлка. — The water in the spring is very pure. В э́том исто́чнике удиви́тельно чи́стая вода́. ● по́лная. His statement is pure nonsense. Его́ заявле́ние — по́лная бессмы́слица.

purple *adj* лило́вый.

purpose цель. What's his purpose in going to Komsomolsk? С како́й це́лью он пое́хал в Комсомо́льск?

□ **on purpose** наро́чно. I left my coat at home on purpose. Я наро́чно оста́вил пальто́ до́ма.

to serve the purpose подойти́. I guess this desk will serve the purpose until we can get a new one. Я ду́маю, что э́тот стол подойдёт, пока́ мы не доста́нем друго́го.

□ What's the purpose of all this commotion? Заче́м вся э́та сумато́ха?

purposely *adv* наме́ренно.

purse кошелёк. How much money have you in your purse? Ско́лько у вас де́нег в кошельке́? ● приз. The purse was divided among the winners. Приз был разделён ме́жду все́ми вы́игравшими.

pursue пресле́довать. They pursued the enemy as far as the river. Они́ пресле́довали неприя́теля до са́мой реки́. ● продолжа́ть. Do you intend to pursue your education? Вы собира́етесь продолжа́ть своё образова́ние?

push подви́нуть. Push the table over by the window. Подви́ньте стол к окну́. ● втисну́ться. The crowd pushed into the elevator. Толпа́ вти́снулась в лифт. ● вы́толкнуть. They pushed him forward. Его́ вы́толкнули вперёд. ● подтолкну́ть. Give the car a push for me, will you? Подтолкни́те мой автомоби́ль, пожа́луйста.

□ **to push off** отча́лить. The boat pushed off from shore. Ло́дка отча́лила от бе́рега.

□ Don't push your luck. Не искуша́йте судьбу́.

put (put, put) поста́вить. Put your suitcase over here. Поста́вьте свой чемода́н сюда́. — The question was put to the chairman of the meeting. Вопро́с был поста́влен председа́телю собра́ния. ● положи́ть. Put the book back in place. Положи́те кни́гу на ме́сто. ● помести́ть. The notice was put on the front page. Заме́тка была́ помещена́ на пе́рвой страни́це. ● приводи́ть. He's putting his affairs in order. Он приво́дит свои́ дела́ в поря́док. ● изложи́ть. The report puts the facts very clearly. В докла́де фа́кты изло́жены о́чень я́сно. ● ввести́. This will put me to considerable expense. Э́то введёт меня́ в больши́е расхо́ды. ● оцени́ть (to put a value). They've put the value of the estate at fifty thousand dollars. Они́ оцени́ли э́то поме́стие в пятьдеся́т ты́сяч до́лларов.

□ **to put an end** (**a stop**) **to** положи́ть коне́ц. The news put an end to our hopes. Э́то изве́стие положи́ло коне́ц на́шим наде́ждам.

to put aside (**away**) откла́дывать. She's been putting aside a little money each month. Она́ ка́ждый ме́сяц откла́дывала немно́го де́нег.

to put down подави́ть. The revolt was put down with little trouble. Восста́ние бы́ло легко́ пода́влено. ● записа́ть. Put down your name and address. Запиши́те ва́ше и́мя и а́дрес.

to put in прорабо́тать. How many hours did you put in at the office last week? Ско́лько часо́в вы прорабо́тали в конто́ре на про́шлой неде́ле?

to put off отложи́ть. Let's put off the decision until tomorrow. Отло́жим реше́ние на за́втра.

to put on надева́ть. Wait till I put on my coat. Подожди́те, пока́ я наде́ну пальто́. ● притворя́ться. His Southern accent isn't real; it's just put on. Э́тот ю́жный акце́нт у него́ не настоя́щий, он притворя́ется.

to put oneself out беспоко́иться. Don't put yourself out on my account. Не беспоко́йтесь из-за меня́.

to put out потуши́ть. Put out the lights before you leave. Потуши́те свет перед ухо́дом. ● выпуска́ть. This publisher has put out some very good books. Э́то изда́тельство вы́пустило не́сколько о́чень хоро́ших книг.

to put over провести́. You can't put anything over on him. Его́ не проведёшь.

to put through провести́. The bill was put through Congress last week. Законопрое́кт был проведён в Конгре́ссе на про́шлой неде́ле.

to put to bed уложи́ть спать. I have to put the kids to bed. Я должна́ уложи́ть дете́й (спать).

to put to death казни́ть. He's already been put to death. Его́ уже́ казни́ли.

to put up устро́ить. Can you put up some extra guests for the night? Мо́жете вы устро́ить ещё не́скольких госте́й на́ ночь? ● постро́ить. This building was put up in six months. Э́то зда́ние бы́ло постро́ено в шесть ме́сяцев. ● подби́ть. Who put you up to that trick? Кто вас подби́л на э́ту шту́ку?

to put up for sale продава́ться. These desks will be put up for sale this week. Э́ти столы́ бу́дут продава́ться на э́той неде́ле.

to put up with вы́держать. I can't put up with this noise any longer. Я бо́льше не могу́ вы́держать э́того шу́ма.

to stay put не двинуться с места. I'll stay put right here until you get back. Я не двинусь с места, пока вы не вернётесь. ▢ You can be sure this money will be put to good use. Вы можете быть уверены, что эти деньги пойдут на хорошее дело. • Put him off until I have time to think it over. Пусть он подождёт, мне нужно время чтоб это обдумать. • I feel quite put out about it. Это меня очень задело.

puzzle загадка. It's a puzzle to me how such a stupid guy ever got through college. Для меня загадка, как такой дурак мог кончить вуз. — Can you solve these puzzles? Вы можете разгадать эти загадки? • привести в недоумение. His directions had us puzzled. Его указания привели нас в недоумение. ▢ **to puzzle out** разобрать. I can't puzzle out this letter. Я не могу разобрать это письмо.

Q

quality качество. She has many good qualities. У неё много хороших качеств. — The better quality of cloth is more expensive. Материя высшего качества дороже. — The quality of his work has improved lately. Качество его работы за последнее время улучшилось.

quantity *n* количество.

quarrel ссора. They haven't been friends since that quarrel. После этой ссоры они перестали быть друзьями. • ссориться. He and I always quarrel. Мы с ним вечно ссоримся. • спорить (argue). Let's not quarrel about this. Давайте не будем спорить об этом.

quarter четверть. Give me a quarter of a kilo of butter. Дайте мне четверть кило масла. — The train leaves at a quarter of three. Поезд отходит без четверти три. • четвертак. It costs a quarter to get into the show. Вход в театр—четвертак. • поместить. The soldiers were quartered in an old house near the fort. Солдат поместили в старом доме, недалеко от крепости. • нарезать на четвертушки. She quartered the apples for a pie. Она нарезала яблоки на четвертушки для пирога. • квартировать (to quarter). His quarters are near the camp. Он квартирует недалеко от лагеря. ▢ **quarters** круги. He has a very bad reputation in certain quarters. У него очень плохая репутация в некоторых кругах.

queen королёва. This magazine has a picture of the queen. В этом журнале есть фотография королёвы. • дама. I had a jack, a king, and three queens in my hand. У меня были на руках валет, король и три дамы.

queer странный. There are some mighty queer things going on here. Тут происходят какие-то очень странные вещи. • выдать. We were going to sneak out early, but she queered us. Мы хотели рано улизнуть, но она нас выдала.

question вопрос. They asked a lot of questions about my past experience. Они задали мне кучу вопросов о моём стаже. — The question of his ability came up. Встал вопрос об его способностях. • допрос. The prisoner will be held for questioning. Арестованного задержат здесь для допроса. • сомневаться. I question the sincerity of his speech. Я сомневаюсь в искренности его слов. ▢ **beside the question** не относиться к делу. His remarks are beside the question. Его замечания к делу не относятся.

beyond question вне сомнения. His honesty is beyond question. Его честность вне сомнения.

out of the question не может быть и речи. It's out of the question for me to leave my job. Не может быть и речи о том, чтоб я оставил свою работу.

without question безусловно. He'll be there tomorrow without question. Он безусловно завтра там будет.

quick быстро. His answer was quick and to the point. Он ответил быстро и по существу. • скоро. I'll be there as quick as I can. Я постараюсь быть там как можно скорее. • поскорее. Shut that door and be quick about it. Закройте эту дверь, да поскорее. ▢ **to cut to the quick** задеть за живое. His article cut me to the quick. *Его статья задела меня за живое. ▢ She has a very quick temper. Она очень вспыльчивая. • He is a man of quick decisions. Он человек решительный.

quickly *adv* быстро.

quiet тихий. I live in a quiet neighborhood. Я живу в тихом квартале. — He's so quiet you never know he's around. Он такой тихий, что даже не замечаешь, когда он тут. • тишина. We enjoy the quiet of the country. Мы наслаждаемся деревенской тишиной. • успокоить. His speech quieted the crowd. Его речь успокоила толпу. • успокоиться. Quiet down, please. Успокойтесь, пожалуйста. ▢ The stream isn't quiet enough for good fishing. Ручей такой быстрый, что тут трудно удить. • She always dresses in quiet colors. Она не носит ярких цветов.

quilt *n* стёганое одеяло.

quit перестать. Quit it! Перестаньте! • прекратить. Why don't you quit what you're doing and come out for a walk? Почему бы вам не прекратить работу и не пойти погулять? • бросить. He quit his job yesterday. Он вчера бросил работу. ▢ Quits квиты. Here's your money; now we're quits. Вот ваши деньги, теперь мы квиты.

quite вполне, совершенно. I'm quite satisfied with his answer. Я вполне удовлетворён его ответом. • целый. That was quite an experience we had yesterday. С нами вчера случилось целое происшествие. • совсем. That's not quite what I wanted. Это не совсем то, что я хотел. — I live quite near here. Я живу здесь совсем близко. • довольно. He has quite a lot of money in the bank. У него довольно много денег в банке. ▢ Quite so. Совершенно верно. • The movie was quite good. Фильм был совсем не плохой.

quote цитировать. She's always quoting some famous person. Она всегда цитирует какую-нибудь знаменитость. • сослаться. You can quote us all as being in favor of the plan. Можете сослаться на нас: мы все сторонники этого плана. • назначить. Can you quote me a price on the house? Можете назначить мне цену на этот дом?

R

rabbit *n* кро́лик.

race ра́са. He is a mixture of two races. В его́ жи́лах течёт кровь двух рас. • промча́ться. The car raced past the farm. Маши́на промча́лась ми́мо фе́рмы. • (по)бежа́ть на перего́нки. The two boys raced each other home. О́ба ма́льчика побежа́ли на перего́нки домо́й. • гнать (to race). It was a race to get to the station on time. Пришло́сь гнать во-всю́, чтоб попа́сть во́-время на ста́нцию.

☐ **human race** род людско́й. He hates the whole human race. Он ненави́дит весь род людско́й.

☐ Why are you racing the engine? Заче́м вы заставля́ете рабо́тать мото́р на холосто́м ходу́?

rack по́лка. Put our bags up on the rack. Поста́вьте на́ши чемода́ны на по́лку. • стра́шно му́читься. He was racked with pain. Он стра́шно му́чился от бо́ли.

☐ **to rack one's brains** лома́ть себе́ го́лову. I racked my brains for a new idea for an article. Я лома́л себе́ го́лову над те́мой для статьи́.

racket шум. There was such a racket at my house last night, I couldn't sleep. Про́шлой но́чью у нас в до́ме был тако́й шум, что я не мог спать. • жу́льничество. I invested all my money and then found out their business was a racket. Я вложи́л в э́то предприя́тие все свои́ де́ньги, а пото́м оказа́лось, что э́то чи́стое жу́льничество. • раке́тка. Bring your racket and we'll play some tennis. Принеси́те свою́ раке́тку, мы поигра́ем в те́ннис.

radio ра́дио. Do you have a radio here? У вас здесь есть ра́дио? • переда́ть по ра́дио. The news was radioed to us. Изве́стие бы́ло пе́редано нам по ра́дио.

radish *n* реди́ска.

rag *n* тря́пка.

rage я́рость. My father flew into a rage when he found that out. Мой оте́ц пришёл в я́рость, когда́ он э́то узна́л. • бушева́ть. The storm has been raging for three days. Бу́ря бушева́ла три дня.

☐ That dance is the latest rage. Все без ума́ от э́того но́вого та́нца.

rail пери́ла. Hold on to the rail while going down these stairs. Держи́тесь за пери́ла, когда́ бу́дете спуска́ться по ле́стнице.

☐ **by rail** по́ездом. It takes two days to get there by rail. По́ездом туда́ два дня пути́.

to rail off отгороди́ть. Several hectares in the park are railed off for picnicking. Не́сколько гекта́ров в па́рке отгоро́жено для пикнико́в.

railroad желе́зная доро́га. The railroad isn't to blame for the slowness of the mail. Нельзя́ вини́ть желе́зную доро́гу за ме́дленную доста́вку по́чты. — He's a big railroad executive. Он занима́ет высо́кий пост в управле́нии желе́зных доро́г. • железнодоро́жная ли́ния. A new railroad will soon be laid here. Здесь ско́ро бу́дет проведена́ но́вая железнодоро́жная ли́ния. • железнодоро́жный путь. The railroad is torn up beyond the town. За го́родом железнодоро́жный путь разру́шен.

☐ He was railroaded to jail. Его́ упря́тали в тюрьму́. • They railroaded the bill through the house. Они́ спе́шно провели́ законопрое́кт че́рез пала́ту представи́телей.

• The railroad offers a cheap rate on Saturday. По суббо́там железнодоро́жный тари́ф пони́жен.

rain дождь. Only a few drops of rain have fallen. Упа́ло то́лько не́сколько ка́пель дождя́. — The rains started late this year. В э́том году́ дожди́ начали́сь по́здно. — It rained hard during the morning. У́тром шёл си́льный дождь. • до́ждик (light rain). A light rain made the sidewalks wet. По́сле до́ждика тротуа́ры бы́ли мо́кры. • сы́паться дождём. Sparks rained on the street from the burning house. От горя́щего до́ма и́скры дождём сы́пались на у́лицу.

☐ **rainstorm** ли́вень. That's quite a rainstorm. Это настоя́щий ли́вень.

rainbow *n* ра́дуга.

raincoat *n* дождеви́к, непромока́емое пальто́.

rainy *adj* дождли́вый.

raise подня́ть. If you want a ticket, please raise your hand. Кто хо́чет биле́т, пусть поды́мет ру́ку. — The soldier raised the flag. Солда́т по́днял флаг. • приподня́ть. When she came by, he raised his hat. Когда́ она́ прошла́ ми́мо, он приподня́л шля́пу. • повы́сить. Do you think their wages ought to be raised? Вы не ду́маете, что их зарабо́тная пла́та должна́ быть повы́шена? • приба́вка. He asked for a raise in pay. Он попроси́л приба́вки зарпла́ты. • се́ять. This kolkhoz raises wheat. В э́том колхо́зе се́ют пшени́цу. • вы́растить. She raised five children. Она́ вы́растила пятеры́х дете́й. • собра́ть. How large a sum did they raise? Каку́ю су́мму они́ собра́ли?

☐ **to raise an army** созда́ть а́рмию. The country raised a large army in a short time. В коро́ткое вре́мя в стране́ удало́сь созда́ть большу́ю а́рмию.

☐ Don't raise your voice above a whisper. Говори́те то́лько шо́потом.

rake гра́бли. You'll find a rake in the shed. Гра́бли в сара́е. • разрыхли́ть. The soil will have to be raked before we start planting. Пре́жде чем нача́ть поса́дку, на́до бу́дет разрыхли́ть зе́млю. • сгрести́. Rake the leaves into piles and we'll burn them. Сгреби́те ли́стья в ку́чи; мы их сожжём.

☐ **to rake in** загреба́ть. He raked in money during the war. Во вре́мя войны́ он пря́мо лопа́той загреба́л де́ньги.

ran *See* run.

rang *See* ring¹.

range колеба́ться. Prices range from one to five rubles. Це́ны колеблются от одного́ до пяти́ рубле́й. • па́стбище. They drove the cattle out to the range. Они́ вы́гнали скоти́ну на па́стбище. • цепь. We will cross the range of mountains tomorrow. За́втра мы пересечём э́ту го́рную цепь. • броди́ть. Sheep range over this valley. По э́той доли́не бро́дят о́вцы. • стре́льбище (rifle range). You can find him at the rifle range. Вы найдёте его́ на стре́льбище. • плита́. Light the range. Зажги́те плиту́.

☐ **within range** на расстоя́нии вы́стрела. Wait till the animal is within range. Подожди́те, пока́ зверь бу́дет на расстоя́нии вы́стрела.

rank шере́нга. The soldiers fell into rank. Бойцы́ вы́строились в шере́нгу. • чин. He has the rank of captain.

Он — в чи́не капита́на. • воню́чий. That tobacco you're smoking is rank. Что э́то за воню́чий таба́к вы ку́рите! ☐ That university is of the first rank. Э́тот университе́т оди́н из са́мых лу́чших. • This industry ranks low in importance. Э́та о́трасль промы́шленности не име́ет большо́го значе́ния. • He's showing rank ingratitude. Он проявля́ет чёрную неблагода́рность.

rapid бы́стро. There has been a rapid increase in the population here. Населе́ние здесь бы́стро увели́чилось.

rapidly *adv* бы́стро.

rare ре́дко. These flowers are rare for this part of the country. Э́ти цветы́ ре́дко встреча́ются в э́тих края́х. • исключи́тельный. Seeing you is a rare treat. Ви́деть вас — исключи́тельное удово́льствие.

☐ **rare steak** крова́вый бифште́кс. Do you like your steak rare? Вы лю́бите крова́вый бифште́кс?

rat кры́са. The rats are ruining all the grain in the barn. Кры́сы уничтожа́ют весь хлеб в амба́ре. • дрянь. She was a rat to tell on us! Она́ донесла́ на нас — вот дрянь!

rate тари́ф. Is there a special rate for this tour? Для э́той экску́рсии есть льго́тный тари́ф? — What's the postage rate for packages? Како́й тари́ф на почто́вые посы́лки? • счита́ться. He was rated most popular man in his class. Он счита́лся са́мым популя́рным па́рнем в кла́ссе. • заслу́живать. He rates a reward for that. За э́то он заслу́живает вознагражде́ния. • ско́рость. This car can go at the rate of eighty kilometers per hour. Э́та маши́на мо́жет развива́ть ско́рость до восьми́десяти киломе́тров в час. • темп. He's working much too slowly; at that rate he'll never finish. Он рабо́тает сли́шком ме́дленно; при тако́м те́мпе он никогда́ не ко́нчит.

☐ **at any rate** во вся́ком слу́чае. We think this is the best plan; at any rate, we'll try it. Мы ду́маем, что э́тот план са́мый лу́чший; во вся́ком слу́чае мы его́ испро́буем.

third-rate третьесо́ртный. This is third-rate tobacco. Э́то третьесо́ртный таба́к.

☐ You can pay the bill at the rate of five rubles per week. Вы мо́жете заплати́ть по э́тому счёту в рассро́чку по пяти́ рубле́й в неде́лю.

rather дово́льно. It's rather cold on deck. На па́лубе дово́льно хо́лодно. • не́сколько. The play was rather long. Пье́са была́ не́сколько длиннова́та. • верне́е говоря́. I was running or, rather, walking quickly. Я бежа́л и́ли, верне́е говоря́, бы́стро шёл.

☐ **rather than** лу́чше . . . чем, чем . . . лу́чше. We will stay at home rather than get there so late. Уж лу́чше нам оста́ться до́ма, чем придти́ туда́ так по́здно. ☐ It's rather early to decide. Ещё, пожа́луй, ра́но реша́ть. • I don't feel well and would rather stay at home today. Я пло́хо себя́ чу́вствую и предпочёл бы оста́ться сего́дня до́ма. • I'd rather have ice cream. Я предпочёл бы моро́женое. • Would you rather come with us? Вы не хоте́ли бы пойти́ с на́ми?

rave прийти́ в неи́стовство. He got so angry he raved like a madman. Он разозли́лся и пришёл в по́лное неи́стовство. • восторга́ться. At the dance everyone raved about my gown. На балу́ все восторга́лись мои́м пла́тьем.

raw сыро́й. She eats only raw vegetables. Она́ ест то́лько сыры́е о́вощи. • сыре́ц. The ship is carrying raw cotton. Э́то су́дно везёт хлопо́к-сыре́ц. • прони́зывающий. There's a raw wind today. Сего́дня прони́зывающий ве́тер.

☐ **raw materials** сырьё. The raw materials must be shipped in from abroad. Э́то сырьё прихо́дится ввози́ть.

raw soldier новобра́нец. He had only raw soldiers to use for the work. В его́ распоряже́нии бы́ли то́лько новобра́нцы.

☐ Her face is raw because of the wind. У неё обве́трено лицо́. • The horse has a raw place on its back. У ло́шади на спине́ натёртое ме́сто.

ray луч. Not a ray of light could reach the closet. Ни оди́н луч све́та не мог прони́кнуть в э́тот чула́н.

☐ There isn't a ray of hope that he'll live. Нет никако́й наде́жды, что он вы́живет.

razor бри́тва. I cut myself with the razor. Я поре́зался бри́твой.

reach доста́ть. Can you reach the sugar on the top shelf? Мо́жете вы доста́ть са́хар с ве́рхней по́лки? • протяну́ть ру́ку. He reached for his gun. Он протяну́л ру́ку за револьве́ром. • доходи́ть (до). This coat is so long it reaches the ground. Э́то пальто́ тако́е дли́нное, что дохо́дит до са́мого по́лу. • тяну́ться до. The garden reaches to the river. Сад тя́нется до са́мой реки́. • дое́хать до. Tell me when we reach the city. Когда́ мы дое́дем до го́рода, скажи́те мне. • ру́ки. Look what a long reach he has. Смотри́те, каки́е у него́ дли́нные ру́ки. • снести́сь. There was no way of reaching him. С ним ника́к нельзя́ бы́ло снести́сь.

☐ **beyond one's reach** недосту́пный. Such luxury is beyond my reach. Така́я ро́скошь мне недосту́пна.

within easy reach побли́же. Wait till we are within easy reach of home. Подожди́те, пока́ мы бу́дем побли́же к до́му.

☐ Your letter did not reach me until today. Я получи́л ва́ше письмо́ то́лько сего́дня. • Is the toy on the shelf in reach of the child? Смо́жет ребёнок доста́ть игру́шку с э́той по́лки?

reaction реа́кция. What reaction is caused by putting metal and acid together? Кака́я реа́кция произойдёт при соприкоснове́нии мета́лла с кислото́й? • реаги́ровать (to react). You should have heard the family's reaction when I told them the good news. Вы бы посмотре́ли, как реаги́ровала семья́ на э́ту прия́тную но́вость. • реа́кция. His election would be a victory for reaction. Его́ избра́ние бы́ло бы торжество́м реа́кции.

☐ Is fever a common reaction from a chill? Просту́да всегда́ вызыва́ет лихора́дку?

read (as in *feed*) (read, read) прочесть. Please read the instructions. Пожа́луйста, прочти́те инстру́кцию. — She read the letter to him. Она́ прочла́ ему́ э́то письмо́. • чита́ть. I've read somewhere that it's not true. Я где́-то чита́л, что э́то непра́вда. • прочита́ть (to read through). Have you read your mail yet? Вы уже́ прочита́ли ва́шу по́чту? • предсказа́ть (to foretell). He tries to read the future. Он пыта́ется предсказа́ть бу́дущее.

☐ It reads like a fairy tale. Э́то похо́же на ска́зку.

reader чтец. He worked as a reader to the blind. Он рабо́тал в ка́честве чтеца́ для слепы́х. • хрестома́тия. How many readers will you need for your class? Ско́лько хрестома́тий вам ну́жно для ва́шего кла́сса?

readily *adv* охо́тно.

reading чте́ние. These are my reading glasses. Э́то мои́ очки́ для чте́ния. • показа́ние. Give me a reading on

145

that meter near the boiler. Прочтите мне показание счётчика у котла.

☐ This actor's reading of the part was the best heard. Никто ещё не играл этой роли так хорошо, как этот артист.

ready готов. When will dinner be ready? Когда будет готов обед? — I'll be ready to go in ten minutes. Через десять минут я буду готов, чтоб идти. — I'm ready to forgive him. Я готов простить его.

☐ **ready money** свободные деньги. I don't have much ready money. У меня мало свободных денег.

real настоящий. Is this real silk? Это настоящий шёлк? — This is the real thing. Это уже нечто настоящее. — What was the real reason for his refusal? Какова была настоящая причина его отказа? • **подлинный.** Do you know the real facts? Вам известны подлинные факты? • **истинный.** It was a real pleasure to meet him. Встреча с ним доставила мне истинное удовольствие.

realize представлять себе. I didn't realize you were interested in it. Я и не представлял себе, что вы этим интересуетесь. • **отдавать себе отчёт.** I didn't realize how serious the situation was. Я не отдавал себе отчёта в серьёзности положения. • **получить.** He has realized a profit. Он получил прибыль. • **осуществить.** He has never realized his desire to own a house. Ему так и не удалось осуществить своё желание иметь собственный дом.

really действительно. Will the train really start on time? Поезд, действительно, уйдёт по расписанию? — He is really younger than he looks. Он действительно моложе, чем выглядит.

rear встать на дыбы. Her horse reared suddenly and threw her. Лошадь внезапно встала на дыбы и сбросила её. • **вырасти.** He was born and reared on a farm. Он родился и вырос в деревне.

☐ **in the rear** позади. There's an emergency exit in the rear. Здесь позади есть запасной выход.

rear door чёрный ход. You'll have to use the rear door while the house is being painted. Вам придётся ходить с чёрного хода, пока дом красят.

to bring up the rear замыкать шествие. You people go ahead; we'll bring up the rear. Вы идите вперёд, а мы будем замыкать шествие.

reason основание. He had a good reason for wanting to leave the house. У него достаточно оснований, чтоб хотеть уйти из дому. — I have reason to think that we'll never see him again. У меня есть основание думать, что мы его никогда больше не увидим. • **разум.** My reason tells me not to do it. Разумом я понимаю, что я этого не должен делать. • **рассуждать.** He reasons like a child. Он рассуждает, как ребёнок. • **убеждать.** We reasoned with her until she changed her mind. Мы убеждали её пока она не изменила своего решения.

☐ **to bring someone to reason** образумить. He was stubborn, but we brought him to reason. Он упорствовал, но нам удалось его образумить.

to listen to reason образумиться. Please listen to reason. Прошу вас, образумьтесь.

to reason out продумать. I'll try to reason it out. Я постараюсь продумать это.

☐ It stands to reason that he'll refuse to do it now. Ясно, что теперь он откажется это сделать. • I know the reason

you said that. Я знаю, почему вы это сказали. • I can't figure out the reason why he did it. Я не могу понять, почему он это сделал. • If this goes on, I'll lose my reason. Если это будет так продолжаться, я сойду с ума. • Reasoning from experience, I would say the opposite. На основании своего опыта, я сказал бы прямо противоположное.

reasonable умеренный. The prices here are very reasonable. Цены здесь очень умеренные. • **благоразумный.** He's a reasonable man. Он благоразумный человек.

recall вспомнить. Your face is familiar, but I can't recall your name. Ваше лицо мне знакомо, но я не могу вспомнить вашего имени. • **отозвать.** The ambassador was recalled. Посол был отозван. • **снять (с работы).** We heard about his recall from office today. Мы сегодня узнали, что его сняли с работы.

receipt расписка. Be sure to get a receipt when you deliver the package. Не забудьте получить расписку, когда вы доставите пакет. • **квитанция.** Please sign this receipt. Пожалуйста, распишитесь на этой квитанции. • **получение.** He left immediately on receipt of the telegram. По получении телеграммы он немедленно уехал. • **доход.** Our receipts for the month will just pay these expenses. Наш месячный доход как раз покроет эти расходы.

☐ Please receipt the bill. Пожалуйста, распишитесь в получении.

receive получить. Wait until you receive the letter. Подождите, пока вы получите письмо. — Payment received. Получено по счёту. • **принять.** He was well received in the club. Его хорошо приняли в клубе. • **принимать.** Who is going to stay at home to receive the guests? Кто останется дома, чтоб принимать гостей?

☐ The speech was well received by the audience. Слушатели остались очень довольны этой речью. — He received a wound in the battle. Он был ранен в бою. • This book hasn't received the attention it deserves. Эта книга не была оценена по заслугам.

recent *adj* недавний.

recently *adv* недавно.

reception приём. Have you been invited to the reception? Вас пригласили на приём?

☐ His new play got a warm reception. Его новая пьеса была горячо встречена (публикой и прессой).

recite *v* читать наизусть.

reckon подсчитать. He reckoned the cost, and it was more than he could afford. Он подсчитал, во что это обойдётся, и увидел, что это ему не по средствам.

recognize узнать. I recognize him by voice. Я узнал его по голосу. — We recognized it from your description. Мы узнали это по вашему описанию. • **признать, признавать.** They recognized the new government. Они признали новое правительство. — No one recognized his genius while he was alive. При жизни никто не признавал его гениальности.

☐ Wait till the chairman recognizes you. Подождите, пока председатель даст вам слово.

recommend предлагать. I recommend that you take a vote. Предлагаю проголосовать. • **рекомендовать.** Can you recommend a good hotel? Можете вы рекомендовать хорошую гостиницу?

recommendation рекомендация. When I left he gave me a very good recommendation. Когда я уходил с работы, он мне дал о́чень хоро́шую рекоменда́цию. • **сове́т**. If you'd followed the doctor's recommendation you wouldn't be so sick now. Е́сли бы вы слу́шали сове́тов врача́, вам не́ было бы тепе́рь так пло́хо.

re′cord отчёт. The records of our kolkhoz show a large profit for the year. Отчёты на́шего колхо́за пока́зывают больши́е дохо́ды за э́тот год. • (грамофо́нная) пласти́нка. Do you have many jazz records? У вас мно́го (грамофо́нных) пласти́нок с джа́зом? • про́шлое. He has a criminal record. У него́ уголо́вное про́шлое. • реко́рд. He broke all records for speed. Он поби́л все реко́рды ско́рости. • реко́рдный. We had a record crop this year. В э́том году́ у нас был реко́рдный урожа́й.

☐ **on record** зарегистри́рованный. This is the worst earthquake on record. Э́то — са́мое си́льное землетрясе́ние из всех зарегистри́рованных до сих пор.

to keep a record запи́сывать. Keep a careful record of all expenses. Запи́сывайте аккура́тно все расхо́ды.

☐ I want to go on record as being against it. Прими́те к све́дению, я про́тив э́того.

record′ запи́сывать. What company records your songs? Кака́я (грамофо́нная) фи́рма запи́сывает ва́ше пе́ние?

recover опра́виться. How long did it take you to recover from your operation? Ско́лько продолжа́лось, пока́ вы опра́вились по́сле опера́ции? • удержа́ть. He recovered his balance immediately. Ему́ сра́зу удало́сь удержа́ть равнове́сие.

☐ **to recover oneself** овладе́ть собо́й. He lost his temper for a moment, but soon recovered himself. Он вспыли́л, но бы́стро овладе́л собо́й.

recreation развлече́ние. What do you do for recreation around here? Каки́е у вас тут развлече́ния?

red кра́сное. Red is not becoming to her. Кра́сное ей не к лицу́. • кра́сный. Give me a red pencil. Да́йте мне кра́сный каранда́ш. — They say he's always been a Red. Говоря́т, что он всегда́ был кра́сным.

☐ **to get red** покрасне́ть. Her face got red with embarrassment. От смуще́ния она́ покрасне́ла.

Red Cross *n* Кра́сный крест.

reduce потеря́ть в ве́се. I've reduced a lot since I've been on a diet. Я си́льно потеря́л в ве́се, с тех пор как сижу́ на дие́те.

☐ **to be reduced** упа́сть. His temperature was much reduced this morning. У него́ температу́ра си́льно упа́ла сего́дня у́тром.

reduction сниже́ние. We protested against the reduction in wages. Мы протестова́ли про́тив сниже́ния зарпла́ты.

☐ There's been a reduction in personnel at our factory. У нас на заво́де бы́ло проведено́ сокраще́ние числа́ рабо́чих и слу́жащих. • Is there a reduction for servicemen at the hotel? В э́той гости́нице даю́т ски́дку вое́нным?

refer порекомендова́ть. I can refer you to a good book on this subject. Я могу́ вам порекомендова́ть хоро́шую кни́гу по э́тому вопро́су. • упомяну́ть. She got angry when he referred to her friend in that tone. Она́ рассерди́лась, когда́ он упомяну́л о её дру́ге таки́м то́ном. • каса́ться. This law only refers to aliens. Э́тот зако́н каса́ется то́лько иностра́нцев.

reference указа́ние. I copied down several useful references on gardening. Я вы́писал не́сколько поле́зных указа́ний по садово́дству. • относи́тельно. I'll call him up in reference to what you said. Я ему́ позвоню́ относи́тельно

того́, что вы говори́ли. • рекоменда́ция. I can give two of my former teachers as references. Я могу́ предста́вить рекоменда́цию двух свои́х бы́вших учителе́й. — Have you any references from your other employers? Есть у вас каки́е-нибудь рекоменда́ции от други́х ва́ших работода́телей?

☐ **to make references** упомина́ть. He made references to his recent trip. Он упомина́л о свое́й после́дней пое́здке. **without reference** незави́симо. The test is given without reference to age. Испыта́ние произво́дится незави́симо от во́зраста.

refine рафини́ровать. Crude oil is refined at this plant. На э́том заво́де рафини́руют нефть.

☐ She's so refined. Она́ челове́к то́нкой культу́ры и воспита́ния.

reflect отража́ть. What color reflects light the best? Како́й цвет лу́чше всего́ отража́ет лучи́ све́та? • отража́ться. Don't you realize your behavior reflects on all of us? Неуже́ли вы не понима́ете, что ва́ше поведе́ние отража́ется на всех нас? • поразмы́слить. Reflect on it awhile; you'll see I'm right. Поразмы́слите об э́том и вы уви́дите, что я прав.

☐ Change your seat if the light reflects in your eyes. Перемени́те ме́сто, е́сли вам свет бьёт в глаза́.

reflection отраже́ние. The dog kept barking at his reflection in the mirror. Соба́ка, не переставая, ла́яла на своё отраже́ние в зе́ркале. • размышле́ние. After much reflection I decided not to accept the offer. По́сле до́лгих размышле́ний я реши́л не принима́ть э́того предложе́ния.

☐ Her conduct is a reflection on the way she was brought up. Её поведе́ние пока́зывает, как она́ была́ воспи́тана.

reform исправля́ть. Don't try to reform everyone you meet. Не стара́йтесь исправля́ть всех и ка́ждого. • испра́виться. I'm sure he'll reform. Я уве́рен, что он испра́вится. • рефо́рма. Many new reforms have been brought about recently. За после́днее вре́мя бы́ло произведено́ мно́го рефо́рм.

☐ These boys ought to be sent to a reform school. Э́тих ма́льчиков сле́довало бы посла́ть в дом для малоле́тних правонаруши́телей.

refrain воздержа́ться. I prefer to refrain from discussing religion. Я предпочита́ю воздержа́ться от разгово́ров о рели́гии. • подпева́ть. Will everyone please join in on the refrain? Пожа́луйста, подпева́йте все! • припе́в. I don't know the introduction but I can sing the refrain. Я не зна́ю нача́ла, но могу́ спеть припе́в.

re′fund

☐ If you can't exchange this, I'd like a refund. Е́сли вы не мо́жете э́того обменя́ть, верни́те мне, пожа́луйста, де́ньги.

refund′ верну́ть де́ньги. They'll refund your money if you're not satisfied. Е́сли вы бу́дете недово́льны, вам верну́т де́ньги.

regards приве́т. Give my regards to your sister. Переда́йте приве́т ва́шей сестре́.

refuse отказа́ться. I offered him a drink of vodka but he refused it. Я предложи́л ему́ рю́мку во́дки, но он отказа́лся. — We refused to accept his resignation. Мы отказа́лись приня́ть его́ отста́вку.

ref′use му́сор. Throw it out with the rest of the refuse. Вы́бросьте э́то вме́сте с други́м му́сором.

regard счита́ть. He is regarded as a great pianist. Его́ счита́ют больши́м пиани́стом. • рассма́тривать. He regarded the statue carefully. Он внима́тельно рассма́тривал ста́тую. • приве́т. Send my regards to your wife. Переда́йте, пожа́луйста, приве́т ва́шей жене́.

☐ **regarding** относи́тельно. We'll have to have a little discussion regarding that last point. Относи́тельно э́того после́днего пу́нкта нам придётся ещё потолкова́ть.

to show regard for счита́ться с. Show some regard for your parents. Покажи́те, что вы хоть немно́го счита́етесь с роди́телями.

with (in) regard to в отве́т. With regard to your letter of January first ——. В отве́т на ва́ше письмо́ от пе́рвого января́ ——.

☐ In that regard, I agree with you. В э́том я с ва́ми согла́сен.

region n о́бласть.

register кни́га для посети́телей. Have you signed the register? Вы уже́ расписа́лись в кни́ге для посети́телей? • механи́ческая ка́сса (cash register). Is this the latest model (cash) register? Это после́дняя моде́ль механи́ческой ка́ссы?

☐ They're registered in the hotel where we're staying. Они́ останови́лись в той же гости́нице, что и мы. • Be sure to register the letter. Смотри́те, не забу́дьте посла́ть э́то письмо́ заказны́м. • She told me how to do it, but it didn't register. Она́ мне сказа́ла, как э́то де́лать, но я то́лком не по́нял.

regret сожале́ть. I've always regretted not having traveled. Я всегда́ сожале́л, что мне не пришло́сь путеше́ствовать. • раска́иваться (to have regrets). I have no regrets for what I've done. Я не раска́иваюсь в том, что я сде́лал. • раска́яние. I've been tormented by regret. Меня́ му́чило раска́яние.

regular обы́чный. This is the regular procedure. Это — обы́чная процеду́ра. • настоя́щий. It's a regular madhouse here. Здесь настоя́щий сумасше́дший дом. • регуля́рный. Is there regular bus service to the train? Есть тут регуля́рное авто́бусное сообще́ние с го́родом? — He lives a very regular life. Он ведёт о́чень регуля́рный о́браз жи́зни.

☐ He makes a regular thing of this. У него́ э́то вошло́ в привы́чку.

regularly регуля́рно. He's been calling me regularly every evening. Он мне звони́т регуля́рно ка́ждый ве́чер.

reign ца́рствование. During whose reign was that church built? В чьё ца́рствование была́ постро́ена э́та це́рковь? • ца́рствовать. The queen reigned for ten years. Короле́ва ца́рствовала де́сять лет. • цари́ть. Silence reigned during the speech. Во вре́мя ре́чи цари́ло молча́ние.

reject забракова́ть. The army rejected him because of a physical disability. В а́рмии его́ забракова́ли, как физи́чески него́дного. • отклони́ть. They rejected all our plans. Все на́ши пла́ны бы́ли отклонены́.

rejoice v ра́доваться.

relate рассказа́ть. He should have lots of stories to relate after his trip. У него́ наве́рно есть о чём рассказа́ть после пое́здки. • находи́ть связь. I don't see how you can relate such different ideas. Я не понима́ю, каку́ю вы нахо́дите связь ме́жду таки́ми ра́зными веща́ми?

☐ **to be related** быть в родстве́. I didn't know you were related. Я не знал, что вы в родстве́.

relation связь. I don't see any relation between the two problems. Я не ви́жу никако́й свя́зи ме́жду э́тими двумя́

вопро́сами. • отноше́ние. Our relations with our director are excellent. У нас прекра́сные отноше́ния с на́шим дире́ктором. • сноше́ние. The two countries have broken off diplomatic relations. Эти два госуда́рства прерва́ли дипломати́ческие сноше́ния. • ро́дственник. They invited all their friends and relations to the wedding. Они́ пригласи́ли на сва́дьбу всех свои́х ро́дственников и друзе́й.

☐ You must judge his work in relation to the circumstances. Вы должны́ оце́нивать его́ рабо́ту, учи́тывая все обстоя́тельства.

relative относи́тельно. Everything in life is relative. Всё в жи́зни относи́тельно. • ро́дственник. They are close relatives. Они́ — бли́зкие ро́дственники.

release отпусти́ть. He forgot to release the brake. Он забы́л отпусти́ть тормоза́. • освободи́ть. When were you released from the prison camp? Когда́ вы бы́ли освобождены́ из пле́на? • дать в печа́ть (to give to the press). Why was this news released? Почему́ э́то сообще́ние бы́ло дано́ в печа́ть? • разреше́ние на переме́ну рабо́ты. I can't get another job until they give me a release. Я не могу́ получи́ть другу́ю рабо́ту, пока́ мне не вы́дадут разреше́ние на переме́ну рабо́ты.

☐ You're released from any responsibility for that. С вас сня́та вся́кая отве́тственность за э́то.

relief по́мощь. Relief has been sent to the flood sufferers. Пострада́вшим от наводне́ния была́ ока́зана по́мощь. • облегче́ние. Did you get any relief from the medicine I gave you? Лека́рство, кото́рое я вам дал, принесло́ вам хоть како́е-нибудь облегче́ние?

☐ **to go on relief** получа́ть посо́бие. He got sick and had to go on relief. Он заболе́л и ему́ пришло́сь получа́ть (прави́тельственное) посо́бие.

to take one's relief отдыха́ть. I'll finish this work while you take your relief. Я зако́нчу рабо́ту, пока́ вы отдыха́ете.

relieve облегчи́ть. Did that powder relieve your pain? Ну как, порошо́к облегчи́л боль? • замени́ть. Will you relieve me while I go downstairs for a minute? Замени́те меня́, пока́ я сбе́гаю на мину́тку вниз. • скра́сить. What can we do to relieve the monotony? Что мо́жно сде́лать, что́бы скра́сить э́то однообра́зие?

☐ His letter relieved me of a lot of worry. После его́ письма́ у меня́ ка́мень с се́рдца свали́лся.

religion рели́гия. I just got a few interesting books on religion. Я как раз доста́л не́сколько интере́сных книг о рели́гии. • религио́зный (religious). She is very tolerant in her attitude toward religion. В религио́зных вопро́сах она́ проявля́ет большу́ю терпи́мость.

religious религио́зный. He belonged to a religious order. Он принадлежа́л к религио́зному о́рдену. — He works with religious devotion. Он рабо́тает пря́мо с религио́зной пре́данностью. • набо́жный. The Quakers are a religious people. Ква́керы о́чень набо́жные лю́ди.

remain остава́ться. Nothing else remains to be done. Ничего́ друго́го не остаётся де́лать.

☐ These things always remain the same. Эти ве́щи не меня́ются. • This house remained in their family for years. Этот дом принадлежа́л их семье́ в тече́ние мно́гих лет. • That remains to be seen. Ну, мы э́то ещё посмо́трим.

remainder n оста́ток.

remains оста́тки. *Clear away the remains of dinner.* Убери́те со стола́ оста́тки обе́да.
☐ *Where did they bury his remains?* Где его́ похорони́ли?

remark замеча́ние. *That was an unkind remark.* Э́то бы́ло оби́дное замеча́ние. — *Limit your remarks to five minutes.* Ограни́чьте ва́ши замеча́ния пятью́ мину́тами. • сде́лать замеча́ние. *He remarked on her appearance.* Он сде́лал замеча́ние по по́воду её нару́жности. • ука́зывать. *I remarked before that opinions differ on this point.* Я уже́ ука́зывал ра́ньше, что по э́тому пу́нкту мне́ния расхо́дятся.

remarkable *adj* замеча́тельный.

remedy сре́дство. *Try this remedy for your cough.* Попро́буйте э́то сре́дство от ка́шля. • помо́чь. *Complaining won't remedy the situation.* Жа́лобами де́лу не помо́жешь. • попра́вить. *Don't worry, we can remedy the mistake we've made.* Не беспоко́йтесь, мы мо́жем попра́вить на́шу оши́бку.

remember по́мнить. *Do you remember when he said that?* Вы по́мните, когда́ он э́то сказа́л?
☐ *Remember to turn out the lights.* Не забу́дьте потуши́ть свет. • *I'll remember you in my will.* Я не забу́ду вас в своём завеща́нии. • *He always remembers us at Christmas.* Он всегда́ де́лает нам пода́рки к рождеству́.

remembrance *n* воспомина́ние.

remind напомина́ть. *She reminds me of my mother.* Она́ напомина́ет мне мою́ мать. • напо́мнить. *I am reminded of an amusing story.* Мне э́то напо́мнило одну́ заба́вную исто́рию. — *If you don't remind me, I'll forget.* Е́сли вы мне не напо́мните, я об э́том забу́ду.

remit заплати́ть. *I won't be able to remit the balance until the first of the month.* Я не смогу́ заплати́ть оста́тка су́ммы до пе́рвого числа́.

remote *adj* отдалённый.

remove убра́ть. *Remove the lamp from the table.* Убери́те ла́мпу со стола́. • удали́ть. *This growth ought to be removed immediately.* Э́тот наро́ст на́до удали́ть неме́дленно. • снять. *Please remove your hats.* Сними́те, пожа́луйста, шля́пы. • смести́ть. *It's about time the manager was removed.* Э́того заве́дующего давно́ уж пора́ смести́ть.

render оказа́ть. *You have rendered us invaluable service.* Вы оказа́ли нам неоцени́мую услу́гу. • представля́ть. *An account must be rendered monthly.* Отчёт до́лжен представля́ться ежеме́сячно.
☐ *The shock rendered him speechless.* От потрясе́ния он не мог сказа́ть ни сло́ва.

renew *v* обновля́ть.

renewal *n* возобновле́ние.

rent снять. *I rented an apartment next to yours.* Я снял кварти́ру ря́дом с ва́шей. • сдава́ть. *She rents rooms to students.* Она́ сдаёт ко́мнаты студе́нтам. • прока́т. *How much does a typewriter rent for a week?* Ско́лько сто́ит прока́т пи́шущей маши́нки на неде́лю? • взять на прока́т. *He had to rent a costume for the party.* Ему́ пришло́сь взять на прока́т маскара́дный костю́м.
☐ *The rent on these books is ten cents a week.* Абонеме́нтная пла́та за э́ти кни́ги — де́сять це́нтов в неде́лю. • *How much rent do you pay for the apartment?* Ско́лько вы пло́тите за кварти́ру?

repair починя́ть. *Can you repair my shoes in a hurry?* Вы мо́жете спе́шно починя́ть мне боти́нки? • ремо́нт. *The house only needs minor repairs.* Э́тот дом нужда́ется то́лько в небольшо́м ремо́нте. • почи́нка. *My watch needs only minor repairs.* Мои́ часы́ нужда́ются в ма́ленькой почи́нке. • испра́вить. *We can't repair the damage done by his speech.* Вред, причинённый его́ ре́чью, нельзя́ испра́вить.
☐ *in bad repair* в неиспра́вности. *This car is in bad repair.* Э́тот автомоби́ль в неиспра́вности.
in repair в испра́вности. *Try to keep the roof in repair.* Стара́йтесь держа́ть кры́шу в испра́вности.

repeat повтори́ть. *He repeated what he had just said.* Он повтори́л то, что он то́лько что сказа́л. — *The play will be repeated next week.* На бу́дущей неде́ле они́ повто́рят э́тот спекта́кль. • повторя́ть. *Repeat this after me.* Повторя́йте э́то за мной.
☐ *Don't repeat what I have told you.* Не говори́те никому́ того́, что я вам сказа́л.

replace замени́ть. *We haven't been able to get anyone to replace her.* Мы не могли́ найти́ никого́, кто бы её замени́л. • поста́вить обра́тно. *Replace those books on the shelf when you're done with them.* Поста́вьте кни́ги обра́тно на по́лку, когда́ они́ вам бо́льше не бу́дут нужны́.

reply отве́т. *His reply was sound and direct.* Он дал прямо́й и разу́мный отве́т. • отве́тить. *He replied that they would be glad to go.* Он отве́тил, что они́ охо́тно пойду́т (пое́дут). — *What can you say in reply to this?* Что вы мо́жете на э́то отве́тить? • отвеча́ть. *I refuse to reply to these charges.* Я отка́зываюсь отвеча́ть на э́ти обвине́ния.

report доложи́ть. *He reported that everything was in order.* Он доложи́л, что всё в поря́дке. • говори́ть. *It is reported that you're wasting money.* Говоря́т, что вы тра́тите де́ньги зря. • слух. *I've heard a report that you're leaving Moscow.* До меня́ дошёл слух, что вы уезжа́ете из Москвы́. • докла́д. *He gave the report in person.* Он сде́лал докла́д ли́чно. • сде́лать докла́д. *I will report on this matter tomorrow.* Я за́втра сде́лаю об э́том докла́д. • сообщи́ть. *They reported him to the police.* Они́ сообщи́ли об его́ посту́пке в мили́цию. • яви́ться. *Report for duty Monday morning.* Вы должны́ яви́ться на слу́жбу в понеде́льник у́тром.

represent быть представи́телем, быть депута́том. *He's represented us in Congress for years.* Он наш представи́тель в Конгре́ссе уже́ в тече́ние мно́гих лет. • изобража́ть. *What does this painting represent?* Что изобража́ет э́та карти́на? — *He represents himself as more important than he is.* Он изобража́ет себя́ бо́лее значи́тельным лицо́м, чем он на са́мом де́ле есть. • означа́ть. *What does this medal represent?* Что означа́ет э́та меда́ль?
☐ *He doesn't represent the typical college professor.* Он не похо́ж на типи́чного профе́ссора. • *Who represents the defendant?* Кто защища́ет обвиня́емого?

representative депута́т. *Who's the representative from your district?* Кто депута́т от ва́шего райо́на? • представи́тельный. *He's always favored representative government.* Он всегда́ был сторо́нником представи́тельного о́браза правле́ния. • характе́рный. *This sketch is representative of his style.* Э́тот набро́сок характе́рен для его́ сти́ля.

republic *n* респу́блика.

reputation репута́ция. *Just being in his company is enough to ruin her reputation.* Уже́ одного́ того́, что она́ быва́ет в его́ о́бществе, доста́точно, чтобы испо́ртить её репута́цию. • до́брое и́мя. *Don't do it if you care for* your reputation. Не де́лайте э́того, е́сли вы дорожи́те свои́м до́брым и́менем.

□ He has a reputation for being a good worker. Он слывёт хоро́шим рабо́тником.

request попроси́ть. He requested us to take care of his child. Он попроси́л нас присмотре́ть за его́ ребёнком. ● про́сьба. I am writing you at the request of a friend. Я вам пишу́ по про́сьбе моего́ прия́теля. ● заявле́ние. Please file a written request. Пожа́луйста, пода́йте пи́сьменное заявле́ние.

require потре́бовать. They required us to pass an examination. От нас потре́бовали, что́бы мы сда́ли экза́мены. □ Do you require a deposit? Ну́жно оста́вить вам зада́ток? ● This matter requires careful thought. Это ну́жно хорошо́ обду́мать. ● You are required by law to appear in person. Ли́чная я́вка обяза́тельна по зако́ну.

requirement потре́бность. That quantity of coal doesn't meet the requirements of this town. Это коли́чество у́гля не удовлетворя́ет потре́бностей го́рода. ● тре́бование. Our college won't admit him until he meets all the requirements. Его́ не при́мут в наш вуз, е́сли он не бу́дет отвеча́ть всем тре́бованиям.

resemble быть похо́жим. Do you think he resembles his mother? Как вы ду́маете, похо́ж он на свою́ мать?

reserve оста́вленный. Is this seat reserved? Это ме́сто за ке́м-нибудь оста́влено? ● запа́с. We'll have to fall back on our reserves. Нам придётся прибе́гнуть к на́шим запа́сам. ● сде́ржанный. I found him very reserved. Он мне показа́лся о́чень сде́ржанным челове́ком.

□ **without reserve** без стесне́ния. You're among friends so you can speak without reserve. Вы среди́ друзе́й и мо́жете говори́ть без стесне́ния.

residence кварти́ра, дом. The next meeting will be held at his new residence. Сле́дующее собра́ние бу́дет происходи́ть на его́ но́вой кварти́ре (or в его́ но́вом до́ме). ● местожи́тельство. You'll have to establish residence here before you can vote. Вы должны́ име́ть здесь постоя́нное местожи́тельство, пре́жде чем полу́чите пра́во голосова́ть.

resign уйти́ с рабо́ты. He resigned because they refused to give him a raise. Он ушёл с рабо́ты, потому́ что ему́ отказа́ли в приба́вке. ● примири́ться. I'll have to resign myself to being alone while you're away. Мне придётся примири́ться со свои́м одино́чеством, пока́ вас здесь не бу́дет.

resolution реши́мость. I didn't have the strength or resolution to argue with him. У меня́ не́ было ни сил, ни реши́мости спо́рить с ним. ● резолю́ция. The club failed to pass our resolution. На́ша резолю́ция не прошла́ в клу́бе.

□ **to make a resolution** реши́ть. We made a resolution to increase production. Мы реши́ли увели́чить проду́кцию.

resolve v реша́ть.

resort да́ча. We're going to a resort at the seashore this summer. Э́тим ле́том мы е́дем на да́чу к мо́рю. ● прибе́гнуть. If they won't listen to reason we'll have to resort to force. Е́сли разу́мные до́воды на них не поде́йствуют, нам придётся прибе́гнуть к си́ле.

□ **as a last resort** в кра́йнем слу́чае. As a last resort, we can stay at my sister's. В кра́йнем слу́чае мы мо́жем останови́ться у мое́й сестры́.

respect уважа́ть. I respect your opinion. Я уважа́ю ва́ши взгля́ды. ● уваже́ние. He has the respect of everyone here. Он здесь по́льзуется всео́бщим уваже́нием. — Have some

respect for other people's opinions. Име́йте хоть ка́плю уваже́ния к чужо́му мне́нию. ● отноше́ние. In what respect is that true? В како́м отноше́нии э́то пра́вильно? — In one respect I agree with you. В одно́м отноше́нии я с ва́ми согла́сен.

□ They should respect our rights. Они́ не должны́ наруша́ть на́ши права́.

respectful adj почти́тельный.

respectfully почти́тельно. He bowed respectfully to the old lady. Он почти́тельно поклони́лся ста́рой же́нщине. ● уважа́ющий. Sign the letter: "Respectfully yours." Подпиши́те письмо́: "И́скренне уважа́ющий вас".

respective свой. They took their respective places in line. Ка́ждый из них за́нял своё ме́сто в о́череди. ● себе́. We each went to our respective homes. Ка́ждый из нас пошёл к себе́ домо́й.

respond реаги́ровать. How did he respond to that news? Как он реаги́ровал на э́ту но́вость? ● отве́тить. He didn't respond to my latest letter. Он не отве́тил на моё после́днее письмо́.

□ The patient didn't respond to treatment. Лече́ние не оказа́ло на больно́го никако́го де́йствия.

response отве́т. I didn't expect such a nasty response to my question. Я не ожида́л тако́го га́дкого отве́та на мой вопро́с. ● реа́кция. His response to the medicine pleased the doctor. Его́ реа́кция на э́то лека́рство удовлетвори́ла врача́.

responsibility n отве́тственность.

responsible отве́тственный. He is responsible only to the President. Он отве́тственен то́лько перед президе́нтом. — It is a most responsible position. Это — чрезвыча́йно отве́тственный пост.

□ **to be responsible for** отвеча́ть за. You are responsible for books you take out of the library. Вы отвеча́ете за кни́ги, кото́рые вы берёте из библиоте́ки.

□ I consider him a thoroughly responsible individual. Я счита́ю, что на него́ вполне́ мо́жно положи́ться. ● His strategy was responsible for the victory. Побе́да была́ дости́гнута благодаря́ его́ стратеги́ческому иску́сству.

rest отдыха́ть. I hope you rest well. Я наде́юсь, что вы хорошо́ отдыха́ете. ● дать отдохну́ть. Try to rest your eyes. Постара́йтесь дать глаза́м отдохну́ть. ● о́тдых. A little rest would do you a lot of good. Небольшо́й о́тдых вам бу́дет о́чень поле́зен. ● поко́й. There's no rest for the weary. Нет нам, гре́шным, поко́я! ● поста́вить (to put). Rest your foot on the rail. Поста́вьте но́гу на перекла́дину. ● обоснова́ть. This argument rests on rather weak evidence. Этот до́вод дово́льно сла́бо обосно́ван. ● остальны́е. Where are the rest of the boys? Где остальны́е ребя́та?

□ Wait till the pointer is at rest. Подожди́те, пока́ стре́лка остано́вится. ● Rest assured that I will take care of it. Бу́дьте уве́рены, что я об э́том позабо́чусь. ● Put your mind at rest; everything will come out all right. Мо́жете быть споко́йны, всё ко́нчится благополу́чно. ● Let the matter rest for a while. Оста́вим э́то пока́. ● The defense rests. Защи́та отка́зывается от вопро́сов. ● The power rests with him. Власть в его́ рука́х. ● Rest in peace. Мир пра́ху твоему́.

restaurant n рестора́н.

restless adj беспоко́йный.

restore восстанови́ть. They had to call the police to restore order. Им пришлось вызвать милицию, чтобы восстановить порядок. • возвращать. All the stolen goods were restored. Все украденные товары были возвращены. • реставрировать. Do you know an artist who can restore this old picture for me? Не знаете ли вы художника, который мог бы реставрировать эту старую картину?

result результат. The results were very satisfactory. Результаты были вполне удовлетворительны.

☐ **to result in** привести к. That disagreement resulted in a complete break between them. Эти разногласия привели их к полному разрыву.

☐ A lot of trouble resulted from the gossip. Эта сплетня натворила много бед.

resume возобновить. Resume reading where you left off. Возобновите чтение с того места, где вы остановились. • снова занять. You may resume your seats now. Вы теперь можете снова занять свои места.

retail розничный. What is the retail price of eggs? Сколько стоят яйца в розничной продаже?

☐ This coat retails for about thirty rubles. В розничной продаже это пальто стоит около тридцати рублей.

retain запомнить. You need a pretty good memory to retain all these facts. Нужно обладать хорошей памятью, чтобы запомнить все эти факты. • пригласить. We had to retain a lawyer. Нам пришлось пригласить правозаступника.

retire уйти на покой. He decided to sell his business and retire. Он решил продать своё предприятие и уйти на покой. • уйти. He retired from public life. Он ушёл из общественной жизни. • уходить на пенсию. He refuses to retire in spite of his age. Несмотря на свой преклонный возраст, он отказывается уходить на пенсию. • идти спать. It's getting late; I think I'll retire. Становится поздно, я, пожалуй, пойду спать.

return вернуть. Will you return this pen to me when you are through? Верните мне, пожалуйста, перо, когда вы кончите. • вернуться. When did he return? Когда он вернулся? — He returned to this original plan. Он вернулся к своему первоначальному плану. • переизбираться. He has been returned to Congress several times. Он несколько раз переизбирался в Конгресс. • возвращение. I'll take the matter up on my return. Я этим займусь по возвращении. • доход. How much of a return did you get on your investment? Какой доход вы получили на вложенный капитал?

return mail обратная почта. Try to answer these letters by return mail. Постарайтесь ответить на эти письма с обратной почтой.

return ticket обратный билет. I didn't use the return ticket. Я не воспользовался обратным билетом.

returns декларация. When do you have to file the income tax returns? Когда нужно подать декларацию для подоходного налога?

☐ **election returns** результаты выборов. Have the complete election returns come in yet? Известны уже результаты выборов?

☐ Many happy returns of the day! Желаю вам ещё много раз праздновать этот день.

reveal v открывать.

revenge n месть.

revenue n доходы.

reverence n почтение.

reverse противоположный. The facts are just the reverse of what he told you. В действительности произошло совершенно противоположное тому, что он вам говорил. • неудача. Our business met with reverses this year. В этом году в нашем деле было много неудач. • изменить. Do you think the judge will reverse his decision when he hears the new evidence? Вы думаете, что судья изменит решение, когда услышит новые показания? • задний ход. Be sure to put the car in reverse when you park on the hill. Не забудьте перевести машину на задний ход, когда остановитесь на горе.

review просмотреть. We reviewed our notes for the test. Перед экзаменом мы просмотрели наши записки. • повторить пройденное. I hope the teacher gives us a review before the examination. Я надеюсь, что учитель перед экзаменом повторит с нами всё пройденное. • пересмотреть. The court reviewed the evidence carefully. Суд тщательно пересмотрел показания. • рецензировать. Who's reviewing the play for our paper? Кто рецензирует эту пьесу для нашей газеты? • обозрение. We were lucky to get tickets for the new review. Нам удалось достать билеты на новое обозрение.

☐ It took the troops an hour to pass the reviewing stand. Войска на смотру целый час проходили мимо трибуны.

revolution революция. This factory was built right after the revolution. Этот завод был построен вскоре после революции. • переворот. His invention brought about a revolution in the industry. Его изобретение произвело переворот в промышленности. • оборот. How many revolutions per minute does this motor make? Сколько оборотов в минуту делает этот мотор?

reward вознаграждение. You may get it back, if you offer a reward. Может быть, вы получите это обратно, если пообещаете вознаграждение. • награда. He was rewarded with a promotion. В награду он получил повышение.

rhyme стихи. Put this into rhyme. Переложите это на стихи. • рифмоваться. Do you want all these words to rhyme? Вы хотите, чтобы все слова рифмовались?

☐ **without rhyme or reason** ни ладу, ни складу. You do things without rhyme or reason. В том, что вы делаете, нет ни ладу, ни складу.

rhythm n ритм.

rib ребро. She's so thin, you can see her ribs. Она так худа, у неё рёбра торчат.

☐ The inside of the ship was ribbed with steel. Внутренний остов корабля был из стали.

ribbon лента. Give me a meter of this white ribbon. Дайте мне метр этой белой ленты.

rice рис. I'd like a kilogram of rice. Дайте мне кило риса. • рисовый. Shall we have rice pudding for dessert? Не взять ли нам рисовый пудинг на сладкое?

rich богатый. He was adopted by a very rich family. Он был усыновлён очень богатой семьёй. — This is a very rich wheat land. Это — очень богатый пшеничный район. • тяжёлый. I have to be careful about rich food. Мне нужно избегать тяжёлой пищи.

☐ **to strike it rich** разбогатеть сразу. My brother in Philadelphia has struck it rich. Мой брат в Филадельфии разбогател сразу.

☐ This country is rich in natural resources. В этой стране много естественных богатств.

riches n богатства.

rid избавиться. If you'd keep the door closed, we could rid the house of these flies. Если вы будете держать двери закрытыми, мы сможем избавиться от мух. • отделаться. Rest is what you need to get rid of this headache. Отдых — вот что вам нужно, чтобы отделаться от головной боли.

ridden *See* **ride**.

ride (rode, ridden) ехать. We rode in a beautiful car. Мы ехали в прекрасном автомобиле. • ездить. Do you know how to ride a bike? Вы умеете ездить на велосипеде? • ездить верхом. He's ridden horses all his life. Он всю свою жизнь ездил верхом. — We rode a lot last year. Мы много ездили верхом в прошлом году. • идти (to go). This car rides smoothly. Эта машина идёт очень плавно. • издеваться. Oh, stop riding me. Ну, хватит вам издеваться надо мной.
□ **airplane ride** полёт. We went for a ride in an airplane. Мы совершили небольшой полёт.
to give someone a ride подвезти. He gave me a ride the whole way to the station. Он подвёз меня до самого вокзала.
to ride past проехать. I rode past my station. Я проехал свою станцию.
□ It's a short bus ride. Автобусом туда можно быстро проехать.

ridge *n* хребет.

right правильно. Do you think we did right by him? Вы думаете, что мы с ним правильно поступили? — That's right. Правильно. • правильный. That's the right answer. Это — правильный ответ. • прав. You're absolutely right. Вы совершенно правы. • хорошо. You seem to have no idea of right and wrong. Вы, кажется, не понимаете, что — хорошо, что — плохо. • право. I have a right to go wherever I wish. Я имею право идти, куда хочу. — I know my rights. Я свои права знаю. • правый. I've lost my right glove. Я потерял перчатку с правой руки. • подходящий. This one is the right size. Вот это — подходящий размер. • как следует. Do it right or not at all. Делайте это, как следует, или не беритесь за это вовсе. • как раз. Ask him; he's right here in the room. Спросите его, он как раз здесь в комнате. • прямо. Go right in the house. Идите прямо в дом. • выпрямить. Can you right the boat without any help? Вы можете сами выпрямить лодку, или нужно помочь вам?
□ **all right** ладно, хорошо. All right, I'll do it if you want me to. Ладно, если вы хотите, я это сделаю.
on the right направо. Take the road on the right. Сверните направо.
right angle прямой угол. He quickly drew a right angle. Он быстро начертил прямой угол.
right away (off) сейчас же. Let's go right away, or we'll be late. Пойдём сейчас же, иначе мы опоздаем.
right there вон там. The book's right there on the shelf. Эта книга вон там на полке.
□ You haven't been treated right. С вами нехорошо поступили. • It serves him right. Поделом ему. • She didn't do right by him. Она с ним плохо обошлась. • He drove right on. Он поехал дальше. • He's not in his right mind. Он не в своём уме. • I'll be right there. Я буду сию минуту. • Sit right down. Присядьте сюда. • They fought right to the end. Они боролись до самого конца. • The porch runs right around the house. Дом окружён верандой. • The bullet went right through him. Пуля попала в него и прошла на вылет. • The doctor said you'd be all right in a few days. Доктор сказал, что вы поправитесь через несколько дней. • You'll see, everything will turn out all right. Вы увидите, всё обойдётся.

ring¹ (rang, rung) звонить. The phone's ringing. Телефон звонит. • позвонить. Ring the bell again. Позвоните ещё раз. • зазвонить. Just as we came in the phone rang. Телефон зазвонил как раз, когда мы вошли. • звучать. Her laugh is still ringing in my ears. Её смех всё ещё звучит в моих ушах. • звук. That bell has a peculiar ring. У этого звонка странный звук.
□ **to give a ring** позвонить. Give me a ring tomorrow. Позвоните мне завтра.
to ring out раздаться. Two shots rang out. Раздались два выстрела.
to ring up позвонить. Ring him up some night next week. Позвоните ему как-нибудь на будущей неделе вечером.
□ The hall rang with applause. Зал задрожал от рукоплесканий. • Her laughter had a false ring. Её смех звучал фальшиво.

ring² кольцо. Here's a ring for your napkin. Вот кольцо для вашей салфетки. — That's a beautiful ring you're wearing. Какое у вас красивое кольцо. • круг. They stood in a ring. Они образовали круг. • окружать. The valley is ringed with mountains. Долина окружена горами. • ринг. They are building a new boxing ring. Они строят новый ринг для бокса. • банда. They broke up the ring of spies. Они ликвидировали шпионскую банду.
□ There's a ring of trees around the house. Дом окружён деревьями. • He has just retired from the ring. Он только что отказался от карьеры боксёра.

rinse полоскать. Rinse your mouth with salt water. Полощите рот солёной водой. • сполоснуть. Shall I give your hair a cold rinse? Сполоснуть вам волосы холодной водой?

rip разорвать. I ripped my pants climbing over the fence. Я разорвал штаны, когда перелезал через забор. • распороть. Rip the hem and I'll lengthen the skirt for you. Распорите рубец и я вам выпущу юбку. • прореха. Here, I'll sew that rip in your shirt. Постойте, я вам зашью эту прореху в рубахе.

rise (rose, risen) подыматься. The river is rising fast. Вода в реке быстро подымается. — Prices are still rising. Цены всё подымаются. • встать. The men all rose as we came in. Когда мы вошли, все мужчины встали. • подняться. Sugar has risen to twice its old price. Цена на сахар поднялась вдвое. — The bread has risen. Тесто поднялось. — The curtain's already risen. Занавес уже поднялся. • повыситься. There was a sudden rise in temperature today. Сегодня температура неожиданно повысилась. • выдвинуться. He rose to importance at an early age. Он очень выдвинулся ещё в молодые годы. • возвышение. The house is on a little rise. Дом стоит на небольшом возвышении. • подъём. The ground rises a little behind the house. За домом небольшой подъём. • всходить. The sun hasn't risen yet. Солнце ещё не взошло. • возвышаться. The mountain rises a thousand feet. Эта гора возвышается на тысячу футов.
□ **to give rise to** причинить. The rumor gave rise to a lot of unnecessary worry. Эти слухи причинили много ненужных огорчений.

to rise to the occasion быть на высоте положе́ния. You can depend on her to rise to the occasion. Вы мо́жете быть уве́рены, что она́ бу́дет на высоте́ положе́ния.

□ When will the curtain rise? Когда́ начина́ется спекта́кль? • Her voice rose to a scream. Она́ повы́сила го́лос до кри́ка. • He rose to international fame almost overnight. Он приобрёл мирову́ю сла́ву почти́ внеза́пно.

risen See **rise.**

risk рискова́ть. He risked his life to save the bridge. Он рискова́л жи́знью, чтобы спасти́ э́тот мост. • Let's try; it's not much of a risk. Попро́буем, риск тут невели́к.

□ **to run a risk** If you go out in this weather, you run the risk of catching cold. Вы риску́ете простуди́ться, выходя́ в таку́ю пого́ду.

□ I'd risk my life on his honesty. Я за его́ поря́дочность голово́й руча́юсь.

rival конкуре́нт. My rival got the job. Мой конкуре́нт получи́л э́ту рабо́ту. • сопе́рник. She married my rival. Она́ вы́шла за́муж за моего́ сопе́рника. • проти́вник. We beat the rival team for two years straight. Мы уже́ второ́й год бьём кома́нду проти́вника. • сопе́рничать. No one can rival her when it comes to looks. В красоте́ с ней никто́ не мо́жет сопе́рничать.

river n река́.

road доро́га. The road is steadily getting worse. Доро́га постепе́нно стано́вится ху́же. • путь. He's already on the road to recovery. Он уже́ на пути́ к выздоровле́нию.

□ **on the road** в турне́. When does the show go on the road? Когда́ тру́ппа отпра́вится в турне́?

roar рёв. You could hear the roar of the crowd from two kilometers off. Рёв толпы́ был слы́шен за два киломе́тра.

□ They roared with laughter. Они́ про́сто пока́тывались со сме́ху.

roast жа́рить. The chicken should be roasted longer. Э́ту ку́рицу ну́жно жа́рить до́льше. • зажа́рить. Let's roast the potatoes with the meat. Дава́йте зажа́рим карто́шку вме́сте с мя́сом. • жа́реный. Do you like roast duck? Вы лю́бите жа́реную у́тку? • мя́со на жарко́е. Buy a big roast. Купи́те большо́й кусо́к мя́са на жарко́е.

□ **roast beef** ро́стбиф. We had roast beef for dinner. У нас к обе́ду был ро́стбиф.

□ I'm roasting in here; how about you? Я здесь изнемога́ю от жары́, а вы как?

rob огра́бить. I've been robbed. Меня́ огра́били. • обира́ть. They'll rob you of everything you've got. Они́ оберу́т вас до ни́тки.

robber n граби́тель, разбо́йник.

robe хала́т. Put this robe on over your pajamas. Наде́ньте э́тот хала́т пове́рх пижа́мы. • ма́нтия. The judge was wearing his robes. Судья́ был в ма́нтии.

robin n мали́новка.

rock ка́мень. That's no pebble; it's a rock. Э́то не ка́мушек, а це́лый ка́мень. • скала́. The boat was wrecked on a rock. Ло́дка разби́лась о скалу́. • зашата́ться. The explosion made the whole house rock. От взры́ва весь дом зашата́лся.

□ **to rock to sleep** убаю́кать. Rock the baby to sleep. Убаю́кайте ребёнка.

rod па́лка. We need new curtain rods. Нам нужны́ но́вые па́лки для занаве́сок. • сте́ржень. The parts are connected by an iron rod. Э́ти ча́сти соединены́ желе́зным сте́ржнем. • у́дочка. To go fishing you need a rod and

reel. Для ры́бной ло́вли нужна́ у́дочка с лесо́й на кату́шке.

rode See **ride.**

roll кати́ть. Roll the barrel over here. Кати́те-ка бо́чку сюда́. • покати́ться. The ball rolled down the hill. Мяч покати́лся вниз по холму́. • кати́ться. The car rolled smoothly along the road. Автомоби́ль пла́вно кати́лся по доро́ге. • скати́ться. I rolled out of bed last night. Я вчера́ но́чью скати́лся с крова́ти. • укати́ть. The tennis court needs rolling. Э́ту те́ннисную площа́дку ну́жно укати́ть. • крути́ть. He rolls his own cigarettes. Он сам кру́тит себе́ папиро́сы. • руло́н. He used a whole roll of wallpaper. Он употреби́л це́лый руло́н обо́ев. • па́чка (pack). He took out a big roll of bills. Он вы́нул большу́ю па́чку де́нег. • бу́лочка. I like coffee and rolls for breakfast. На за́втрак я люблю́ ко́фе с бу́лочками. • раската́ть. Roll the dough out thin. Раската́йте те́сто потонь́ше. • кача́ть. The ship rolled heavily. Парохо́д си́льно кача́ло. • перекли́чка (roll-call). Have they called the roll yet? Была́ уже́ перекли́чка?

□ **to roll over** поверну́ться. Roll over on your back. Поверни́тесь на́ спину.

to roll up сверну́ть. We rolled up the rug. Мы сверну́ли ковёр. • засучи́ть. Roll up your sleeves. Засучи́те рукава́.

□ Do you have a roll of toilet paper? Есть у вас клозе́тная бума́га? • I get more homesick as the months roll by. С ка́ждым ме́сяцем я всё бо́льше и бо́льше скуча́ю по до́му.

roller ро́лики. We're going to put rollers on the piano, so we can move it easily. Поста́вим роя́ль на ро́лики, тогда́ его́ ле́гче бу́дет передви́нуть. • като́к. We were watching the steam roller smoothing out the road. Мы смотре́ли, как парово́й като́к ука́тывал доро́гу.

Roman adj ри́мский; n ри́млянин m, ри́млянка f

roof кры́ша. The roof of our house is leaking. У нас кры́ша течёт. • нёбо (roof of the mouth). I burned the roof of my mouth. Я обжёг себе́ нёбо.

□ The cottage is roofed with tiles. Кры́ша э́того до́мика покры́та черепи́цей.

room ко́мната. Where can I rent a furnished room? Где мо́жно снять меблиро́ванную ко́мнату? • ме́сто. Is there room for one more? Найдётся здесь ме́сто ещё для одного́? • посели́ться. Shall we room together? He посели́ться ли нам вме́сте? • возмо́жность. I see little room for improvement of the conditions. Я почти́ не ви́жу возмо́жности, как улу́чшить э́ти усло́вия.

□ **room and board** по́лный пансио́н. What do they charge for room and board? Ско́лько тут беру́т за по́лный пансио́н?

rooster n пету́х.

root ко́рень. The roots have to be protected. Ну́жно обере-га́ть ко́рни расте́ний. — He had to have the root of his tooth taken out. Ему́ пришло́сь удали́ть ко́рень зу́ба. — Let's get at the root of the matter. Дава́йте посмо́трим в ко́рень веще́й.

□ **to root out** (up) искорени́ть. It's difficult to root out certain prejudices. Есть предрассу́дки, кото́рые тру́дно искорени́ть.

to take root приня́ться. Has the rosebush taken root yet? Ро́зовый куст уже́ приня́лся?

rope верёвка. Tie him up with this piece of rope. Свяжи́те его э́той верёвкой. • кана́т. He slid down the rope. Он соскользну́л вниз по кана́ту.

☐ **to rope off** отгороди́ть верёвкой. They roped off part of the street. Они́ отгороди́ли верёвкой часть у́лицы.

☐ His father gave him too much rope. Оте́ц сли́шком его́ распусти́л.

rose (*See also* **rise**) ро́за. They presented the singer with a bouquet of roses. Певи́це преподнесли́ буке́т роз. • ро́зовый. How do you like my rosebushes? Как вам нра́вятся мои́ ро́зовые кусты́? — She was wearing a rose dress. На ней бы́ло ро́зовое пла́тье.

☐ **bed of roses** пра́здник. Her life with him was no bed of roses. Её жизнь с ним была́ далеко́ не пра́здником.

rotten гнило́й. The peaches in the bottom of the basket are rotten. Пе́рсики на дне корзи́ны гнилы́е. • га́дкий. Wasn't that a rotten trick he pulled on us? Он, пра́вда, сыгра́л с на́ми га́дкую шу́тку?

rough бу́рный. The sea is pretty rough today. Мо́ре сего́дня о́чень бу́рное. • уха́бистый. How well can this truck take rough ground? А как э́тот грузови́к пойдёт по уха́бистой доро́ге? • шерохова́тый. The bark of this tree is very rough. Кора́ э́того де́рева о́чень шерохова́та. • гру́бо отёсанный. The table is made of rough planks. Стол ско́лочен из гру́бо отёсанных досо́к. • приблизи́тельный. This will give you a rough idea. Э́то даст вам приблизи́тельное представле́ние. • черново́й. Here's a rough draft of my speech. Вот вам черново́й набро́сок мое́й ре́чи. • ре́зкий. His rough manner frightened the children. Его́ ре́зкие мане́ры напуга́ли дете́й. • тя́жко. They had a rough time of it. Им тогда́ пришло́сь о́чень тя́жко.

round кру́глый. They have a round table in the living room. У них в гости́ной (стои́т) кру́глый стол. — I'm speaking in round numbers. Я выража́ю э́то в кру́глых ци́фрах. • обогну́ть. Our ship rounded the cape this morning. Наш парохо́д сего́дня у́тром обогну́л мыс. • заверну́ть (за). As soon as you round the corner you will see the store. Как то́лько вы завернёте за́ угол, вы уви́дите э́тот магази́н. • вокру́г. I'll go round the lake with you. Я обойду́ с ва́ми вокру́г о́зера. • тур. He was eliminated in the second round of the contest. По́сле второ́го ту́ра ему́ пришло́сь вы́йти из состяза́ния. • ра́унд. In what round was the boxer knocked out? На како́м ра́унде э́тот боксёр был вы́бит из ма́тча? • разно́ска. When will the milkman finish his rounds? Когда́ моло́чник зако́нчит разно́ску молока́?

☐ **all the year round** кру́глый год. I live here all the year round now. Я тепе́рь живу́ здесь кру́глый год.

round the corner из-за угла́. He's just coming round the corner. Он как раз вы́шел из-за угла́.

round trip пое́здка туда́ и обра́тно. How much for the round trip? Ско́лько сто́ит пое́здка туда́ и обра́тно?

to round off закругли́ть. Round off the edges a little. Закругли́те слегка́ края́.

to round out попо́лнить. I need this to round out my collection. Мне э́то ну́жно, чтоб попо́лнить мою́ колле́кцию.

☐ He ordered another round of drinks. Он заказа́л ещё по рю́мочке для всех. • Is there enough candy to go round? Хва́тит здесь конфе́т для всех?

roundabout вокру́г да о́коло. He does everything in such a roundabout way. Он ве́чно хо́дит вокру́г да о́коло.

route *n* маршру́т.

row (as in *snow*) ряд. He sat in the third row. Он сиде́л в тре́тьем ряду́. • гряда́. He pulled a whole row of carrots. Он вы́дернул це́лую гряду́ морко́вки. • хвост. They stood in a row waiting their turn. Они́ стоя́ли в хвосте́, ожида́я свое́й о́череди. • грести́. You'll have to row the boat too. Вам то́же придётся грести́.

☐ Row me across the river. Перевези́те меня́ на тот бе́рег.

row (as in *how*) сканда́л. We had quite a row on our block last night. Вчера́ ве́чером на на́шей у́лице разыгра́лся большо́й сканда́л.

royal ца́рский. I received a royal reception when I arrived. Когда́ я прие́хал, мне устро́или пря́мо ца́рскую встре́чу. • The museum took down the picture of the royal family. Из музе́я убра́ли портре́т короле́вской семьи́.

rub натере́ть. Rub her back with alcohol. Натри́те ей спи́ну спи́ртом. • тере́ть. Better rub the napkins hard or they won't get clean. Три́те салфе́тки энерги́чнее, а то вся грязь оста́нется. • потере́ть. Rub two sticks together to get the fire started. Потри́те э́ти па́лочки одну́ о другу́ю, чтобы заже́чь ого́нь. • потира́ть. He rubbed his hands together. Он потира́л (себе́) ру́ки. • би́ться. The rowboat rubbed against the pier. Ло́дка би́лась о мол. • беда́. The rub was that we didn't have enough time. Беда́ была́ в том, что у нас нехвати́ло вре́мени.

☐ **to rub out** стере́ть. You forgot to rub out your name. Вы забы́ли стере́ть своё и́мя.

☐ I know I'm wrong, but don't rub it in. Не пили́те меня́, я зна́ю, что я непра́в.

rubber рези́на. They used a lot of rubber in these tires. На э́ти ши́ны пошло́ мно́го рези́ны. • рези́новый. Take this piece of rubber hose. Возьми́те э́тот кусо́к рези́нового шла́нга. • кало́ша. I lost one of my rubbers yesterday. Я потеря́л вчера́ кало́шу.

rubbish му́сор. Put all the rubbish in the barrel. Положи́те весь му́сор в э́ту бо́чку. • чепуха́. Don't talk such rubbish! Не болта́йте тако́й чепухи́.

rude гру́бый. Don't be so rude! Не бу́дьте так гру́бы.

rug *n* ковёр.

ruin руи́на. That's a very impressive ruin. Э́ти руи́ны произво́дят си́льное впечатле́ние. • разва́лина. They were hunting for bodies among the ruins. Они́ разы́скивали тру́пы среди́ разва́лин. • погуби́ть. The frost will ruin the crop. Э́ти моро́зы погубя́т урожа́й. • испо́ртить. This material is ruined. Э́тот материа́л соверше́нно испо́рчен. • разори́ться. He was ruined in the depression. Он разори́лся во вре́мя кри́зиса.

☐ You'll be the ruin of me. Вы меня́ погу́бите. • He caused the ruin of his family. Он погуби́л всю свою́ семью́.

rule пра́вило. I don't know the rules of grammar very well. Я не осо́бенно хорошо́ зна́ю граммати́ческие пра́вила. • лино́ваный. I want a tablet of ruled writing paper. Да́йте мне, пожа́луйста, блокно́т лино́ваной бума́ги. • власть. This island has been under foreign rule for years. Э́тот о́стров был под чужезе́мной вла́стью в тече́ние ря́да лет.

☐ **as a rule** как пра́вило. As a rule I don't drink. Как пра́вило, я не пью.

to rule out исключа́ть. This doesn't entirely rule out the other possibility. Э́то во́все не исключа́ет друго́й возмо́жности.

☐ Smoking is against the rules here. Здесь кури́ть воспреща́ется. • That sort of thing is the rule around here.

У нас здесь такие порядки. • He's ruled by his emotions. Он — во власти своих чувств.

ruler линейка. Draw a line with a ruler. Проведите эту линию с помощью линейки. • правитель. Who is actually the ruler of your country? Кто является фактическим правителем вашей страны?

rumor слух. Ignore it; it's only a rumor. Не обращайте на это внимания, это только слухи. — Rumor has it that they're going to be married soon. Если верить слухам — они скоро поженятся.

□ **it's rumored** говорят. It's rumored that the conference will be postponed. Говорят, что конференция будет отложена.

run (ran, run) побежать. The child ran to its mother. Ребёнок побежал к матери. — Let's make a run for it. Давайте побежим. • бежать. You'll have to run if you want to catch the train. Бегите, если хотите попасть на поезд. • идти. The ship ran before the wind. Судно шло по ветру. • налететь. The car ran into a tree. Автомобиль налетел на дерево. • привести. He ran the ship into harbor. Он привёл пароход в гавань. • пробег. The truck goes a hundred kilometers on each run. Грузовик проходит по сто километров в каждый пробег. • ползти. Ivy runs all over the wall. Плющ ползёт по всей стене. • проходить. The road runs right by my house. Дорога проходит как раз около моего дома. — This idea runs through his whole book. Эта мысль проходит через всю его книгу. • работать. That engine hasn't run well from the first. Этот мотор с самого начала плохо работал. • вести. I don't think he knows how to run the business. Сомневаюсь, чтобы он умел вести это дело. • обращаться. Can you run a washing machine? Вы умеете обращаться со стиральной машиной? • влезать. He's running into debt. Он влезает в долги. • оставаться в силе. This law runs until next year. Этот закон остаётся в силе до будущего года. • ряд. That run of luck pulled him out of debt. Он вылез из долгов благодаря целому ряду удач. • придти. My horse ran last. Моя лошадь пришла последней. • быть кандидатом. Who ran for president that year? Кто был кандидатом в президенты в том году? • продеть. Run the rope through this loop. Проденьте верёвку через эту петлю. • стекать. The water ran down the rain pipe. Вода стекала в сточную трубу. • линять. These colors are guaranteed not to run. Эти краски с гарантией и не линяют.

□ **in the long run** в конечном счёте. You're bound to succeed in the long run. В конечном счёте вы, несомненно, своего добьётесь.

run-down в плохом состоянии. The house is run-down. Дом в плохом состоянии. • измученный. She looks terribly run-down. Она выглядит ужасно измученной.

to run across (into) встретить. When did you last run across him? Когда вы в последний раз встретили его?

to run aground наскочить. My boat ran aground on a sand bar. Моя лодка наскочила на мель.

to run a risk рисковать. If you say that to him you'll run the risk of losing your job. Если вы ему это скажете, вы рискуете потерять работу.

to run around вращаться. He's running around with a fast crowd. Он связался с непутёвой компанией.

to run away (off) сбежать. My dog ran away. Моя собака сбежала. — My grandmother ran off with a cowboy. Моя бабушка сбежала с ковбоем. • убежать. He ran away when he saw me. Он убежал, когда увидел меня. — Don't let him run away. Не давайте ему убежать. • удрать. He ran away with my best suit. Он стащил мой лучший костюм и удрал.

to run down остановиться. Wind up the clock before it runs down. Заведите часы, а то они остановятся. • переехать. He was run down by a truck. Его переехал грузовик. • очернить. She ran her sister down to all their friends. Она старалась очернить свою сестру в глазах всех друзей.

to run dry высохнуть. This well never runs dry. Этот колодец никогда не высыхает.

to run out выйти. Our supply of sugar has run out. У нас весь сахар вышел.

to run someone out изгнать. They ran him out of the country. Его изгнали из страны.

to run over переливаться через край. The tub is running over. Вода в ванне переливается через край. • просмотреть. Run over your part again before the rehearsal. Просмотрите вашу роль ещё раз до репетиции.

to run up against наткнуться на. He ran up against a lot of opposition from the chairman. Он наткнулся на сильное сопротивление председателя.

□ There's a run in your stocking. У вас спустилась петля на чулке. • What sizes do these dresses run in? На какие размеры делаются эти платья? • These apples run small. Яблоки этого сорта всегда маленькие. • My money is running low. Деньги у меня почти на исходе. • I'm running short of cash. У меня почти не осталось наличных. • The run of that play is amazing. Удивительно, как долго эта пьеса пользуется успехом. • He has a running sore on his foot. У него гнойная язва на ноге. • How does the first line run? Как это в первой строке? • I gave him the run of my house. Я позволил ему распоряжаться у меня, как у себя дома. • Don't let your imagination run away with you. Не давайте воли своему воображению. • He's busy running an errand for his father. Он бегает по делам отца. • We're just letting them run wild. Мы просто даём им полную свободу.

rung (See also **ring**[1]) перекладина. Is the top rung strong enough? Верхняя перекладина достаточно устойчива?

rural adj деревенский.

rush броситься. The blood rushed to his face. Кровь бросилась ему в лицо. • спешка. What's your rush? Почему такая спешка? • большое движение. At five o'clock there's always a rush. В пять часов здесь всегда большое движение. • срочный. It was a rush job. Это была срочная работа. • камыш. That swamp is full of rushes. Это болото заросло камышом.

□ **rush season** горячее время. This is the rush season in our factory. У нас на заводе теперь самое горячее время.

to rush through быстро провести. They rushed the bill through. Они быстро провели законопроект. • спешно выполнить. They rushed through their work. Они спешно выполнили свою работу.

□ Rush him to the hospital. Везите его скорей в больницу.

rust заржаветь. Oil the parts of the motor or they'll rust.

Смажьте части мотора, а то они заржавеют. • ржавчина. The knives are covered with rust. Эти ножи покрыты ржавчиной. — This corn has got the rust. На пшенице появилась ржавчина.

S

sack мешóк. I want a sack of potatoes. Дайте мне мешóк картóшки.

sacred *adj* свящéнный.

sacrifice пожéртвовать. He sacrificed his life for his country. Он пожéртвовал жизнью за рóдину. • жéртвовать. He sacrificed all his spare time in order to finish the job in a hurry. Он жéртвовал всем своим свобóдным врéменем, чтóбы быстро закóнчить эту рабóту.

☐ **at a sacrifice** себé в убыток. I'm selling my car at a sacrifice. Я продаю свой автомобиль себé в убыток.

sad грустно. It makes me sad to see you looking so unhappy. Мне óчень грустно видеть вас таким печáльным. • плохóй. That's a sad excuse. Это плохóе оправдáние.

saddle седлó. Can you ride without a saddle? Вы умéете éздить без седлá? • оседлáть. Let's saddle our horses and go riding. Давáйте оседлáем лошадéй и поéдем катáться. • обременять. I don't see why you saddle me with all your troubles. Я не понимáю, почемý вы меня обременяете своими забóтами.

sadness *n* грусть.

safe безопáсный. We are in a safe place now Мы тепéрь в безопáсном мéсте. • несгорáемый шкаф, сейф. Please put this in the safe. Пожáлуйста, положите это в несгорáемый шкаф. • навернякá (safely). That's a safe guess. Это мóжно сказáть навернякá.

☐ Is the bridge safe? По этому мостý идти (*or* éхать) не опáсно? • You are safe now. Вы тепéрь в безопáсности. • He's safe in jail; he can't hurt anybody else. Наконéц-то его упрятали в тюрьмý, и он никомý бóльше не мóжет повредить.

safely благополýчно. He arrived there safely. Он благополýчно тудá доéхал. • с увéренностью. I can safely say that he'll win now. Я с увéренностью могý сказáть, что он победит.

safety безопáсность. This is being done for your safety. Это дéлается для вáшей безопáсности. — Safety first. Безопáсность прéжде всегó. • безопáсный. I bought a new safety razor. Я купил нóвую безопáсную бритву.

said *See* **say**.

sail пáрус. That boat has pretty sails. У этой лóдки красивые парусá. • отплывáть. When do we sail? Когдá мы отплывáем? • плыть. This boat is sailing too slowly. Эта (пáрусная) лóдка плывёт слишком мéдленно.

☐ **to go for a sail** катáться на пáрусной лóдке. Let's go for a sail. Давáйте покатáемся на пáрусной лóдке. • He's been sailing the seas for years. Он провёл мнóго лет в плáваниях. • Can you sail a boat? Вы умéете управлять парусáми?

sailor *n* матрóс.

saint *n* святóй.

sake рáди. Do it for my sake. Сдéлайте это рáди меня.

salad *n* салáт.

salary *n* зарплáта.

sale продáжа. Our sales doubled this year. В этом годý у нас продáжа увеличилась вдвóе. • распродáжа. When are you holding a sale? Когдá у вас распродáжа? • спрос (market). There is no sale for automobiles now. Тепéрь совершéнно нет спрóса на автомобили.

salesman *n* продавéц.

salt соль. I want some salt for my meat. Дайте мне сóли к мясу. • солёный. Do you have salt pork? Есть у вас солёная свинина? • посолить. Did you salt this? Вы это посолили?

☐ **to salt away** засолить (впрок). We ought to salt this meat away. Это мясо слéдовало бы засолить (впрок). • отложить. I understand he salted away a good deal for his old age. Как я понимáю, он порядочно отложил на стáрость.

☐ **with a grain of salt** с оговóркой. I always take what she says with a grain of salt. Я принимáю всё, что онá говорит, с оговóркой.

☐ I like to swim in salt water. Я люблю плáвать в мóре.

same такóй же. Is this chair the same as the others? Этот стул такóй же, как другие? • тот же. Take the same road home that you came on. Возвращáйтесь домóй по тóй же дорóге, по котóрой вы приéхали. • тот. He's not the same as he was ten years ago. Он ужé не тот, каким был дéсять лет назáд.

☐ **all the same** всё равнó. It's all the same to me. Мне всё равнó. • всё-таки. All the same I want to see it. А всё-таки я хочý это видеть.

☐ I got up and he did the same. Я встал, и он тóже.

sample обрáзчик. Here's a sample of the material I want. Вот обрáзчик матéрии, котóрая мне нужнá. • попрóбовать. Won't you sample some of my wine? Не хотите ли попрóбовать моегó винá?

sand песóк. Let's lie on the sand. Давáйте полежим на пескé.

☐ **sand dune** дюна. Our cottage is beyond the sand dunes. Наш дóмик за дюнами.

sandwich *n* бутербрóд.

sang *See* **sing**.

sank *See* **sink**.

sash кушáк. Who's that girl with the red sash? Кто эта дéвушка с крáсным кушакóм? • рáма. I'll have to get the sash of that window fixed. У этого окнá нáдо бýдет починить рáму.

sat *See* **sit**.

satin *n* атлáс

satisfaction удовлетворéние. He gets a lot of satisfaction from his work. Он получáет бóльше удовлетворéние от своéй рабóты. — It doesn't give me any satisfaction to prove you wrong. Мне не доставляет никакóго удовлетворёнии доказа́ть, что вы непра́вы. — The business was settled to everybody's satisfaction. Де́ло бы́ло ула́жено ко всео́бщему удовлетворе́нию.

satisfactory подходя́щий. After a long search we found a satisfactory room. По́сле до́лгих по́исков мы, наконе́ц, нашли́ подходя́щую ко́мнату. • удовлетвори́тельный. We find his work satisfactory. Мы счита́ем его́ рабо́ту удовлетвори́тельной.

□ Is everything satisfactory? Вы всем дово́льны?

satisfactorily сно́сно. It's taken us two weeks to fix, but at last our car runs satisfactorily. Мы провози́лись две неде́ли с почи́нкой маши́ны, но зато́ она́ тепе́рь идёт сно́сно.

satisfied *See* **satisfy.**

satisfy удовлетворя́ть. Does that answer satisfy you? Вас э́тот отве́т удовлетворя́ет? • утоли́ть. This beer will satisfy your thirst. Э́то пи́во утоли́т ва́шу жа́жду.

□ **to be dissatisfied (not satisfied)** быть недово́лен. I'm dissatisfied with my new apartment. Я недово́лен свое́й но́вой кварти́рой.

to be satisfied быть дово́льным. I'm satisfied with the results of the exams. Я дово́лен результа́тами экза́менов.

□ I'm not satisfied that he's guilty. Я ещё не убеждён в его́ вине́.

Saturday *n* суббо́та.

sauce *n* со́ус.

saucer *n* блю́дце.

savage ди́кий. We were frightened by a savage scream. Нас испуга́л ди́кий крик. • дика́рь. There's a picture about savages at the movies. В кино́ идёт карти́на из жи́зни дикаре́й.

save бере́чь. Save your voice. Береги́те свой го́лос. • отложи́ть (to put aside). Could you save this dress for me? Мо́жете вы отложи́ть для меня́ э́то пла́тье? • оста́вить. Save dinner for me. Оста́вьте мне обе́д. • спасти́. He saved her life. Он спас ей жизнь. • собира́ть. He saves stamps. Он собира́ет ма́рки.

□ Is this seat being saved for anybody? Э́то ме́сто за́нято? • You can save yourself the trouble. Вы мо́жете не труди́ться.

saving (*See also* **save**) эконо́мия. As a saving we cut out desserts at lunch. Из эконо́мии мы отказа́лись от сла́дкого за обе́дом. • сэконо́мить (to make a saving). How much of a saving is it if you buy that at a cooperative? Ско́лько мо́жно сэконо́мить, е́сли купи́ть э́то в кооперати́ве?

□ **at a saving** вы́годно. We bought our house at a great saving. Мы о́чень вы́годно купи́ли наш дом.

savings сбереже́ния. He bought a car out of his savings. Он купи́л маши́ну на свои́ сбереже́ния.

□ The people eagerly supported the paper-saving drive. Пу́блика широко́ поддержа́ла кампа́нию по сбо́ру ста́рой бума́ги. • Her saving graces help you overlook her faults. У неё есть не́которые таки́е прия́тные черты́, благодаря́ кото́рым не замеча́ешь её недоста́тков.

saw (*See also* **see**) пила́. Could I borrow a saw? Мо́жно взять ва́шу пилу́? • распили́ть. He sawed the logs in half. Он распили́л брёвна попола́м.

say (said, said) сказа́ть. What did you say? Что вы сказа́ли? • говори́ть. They say it's going to rain tonight. Говоря́т, что ве́чером бу́дет дождь. • ска́жем (shall we say). I'll give you enough to cover the expenses — shall we

say fifty dollars? Я вам дам доста́точно де́нег на покры́тие расхо́дов: ска́жем, рубле́й пятьдеся́т.

□ I insist on having my say. Я тре́бую, что́бы меня́ вы́слушали. • He has the whole say around here. Он тут по́льзуется реша́ющим авторите́том.

scale соскобли́ть чешую́. Please scale the fish. Соскобли́те чешую́ с ры́бы. • чешуя́. The fish has shiny scales. У э́той ры́бы блестя́щая чешуя́. • весы́. Put the meat on the scales. Положи́те мя́со на весы́. • га́мма. She practiced her scales all day. Она́ це́лый день разы́грывала га́ммы. • взобра́ться. They scaled the cliff with difficulty. Они́ с трудо́м взобра́лись на утёс. • масшта́б. This map has a scale of one centimeter to a thousand kilometers. Масшта́б э́той ка́рты оди́н сантиме́тр на ты́сячу кило́метров. — They've planned the improvements on a large scale. Они́ проекти́ровали улучше́ния в широ́ком масшта́бе.

□ **scale of wages** ста́вки. What is the scale of wages in this factory? Каки́е у вас на фа́брике ста́вки?

to scale down сни́зить. All their prices have been scaled down. Все их це́ны бы́ли сни́жены.

□ That victory turned the scales in our favor. Э́та побе́да поверну́ла сча́стье в на́шу сто́рону.

scarce

□ Is food scarce around here? Здесь тру́дно доста́ть проду́кты? • Apples are scarce this year. В э́том году́ ма́ло я́блок.

scarcely едва́. He had scarcely taken his coat off when they started asking questions. Он едва́ успе́л снять пальто́, как на него́ набро́сились с вопро́сами. • то́лько-то́лько. This just scarcely covers our living expenses. Э́того то́лько-то́лько хвата́ет на жизнь. • вряд ли. I'd scarcely say that. Я вряд ли скажу́ э́то.

scare перепуга́ть. You turned that corner so sharply that you scared the wits out of me. Вы так ре́зко заверну́ли за́ угол, что меня́ на́ смерть перепуга́ли.

□ **to get a scare** перепуга́ться. I got quite a scare when they said you were in the hospital. Я здо́рово перепуга́лся, когда́ мне сказа́ли, что вы в больни́це.

scarf шарф. Put your scarf on; it's cold out. Наде́ньте шарф, на дворе́ хо́лодно. • доро́жка. There was a beautiful scarf covering the piano. На рои́ле лежа́ла краси́вая доро́жка.

scatter разброса́ть. I found everything scattered. Я нашёл всё разбро́санным. • насы́пать. Scatter some food for the pigeons. Насы́пьте ко́рму голубя́м. • рассе́яться. Wait until the crowd scatters. Подожди́те пока́ толпа́ рассе́ется.

scene вид. That's a beautiful scene! Како́й чу́дный вид! • карти́на. This is the third scene of the second act. Э́то тре́тья карти́на второ́го а́кта. • сце́на. Don't make a scene. Но устра́ивайте сце́ны. • вре́мя и ме́сто де́йствия. The scene of the play is Moscow, 1917. Вре́мя и ме́сто де́йствия (в пье́се): — ты́сяча девятьсо́т семна́дцатый год, Москва́.

□ **behind the scenes** за кули́сами. The details of the agreement were worked out behind the scenes. Подро́бности э́того соглаше́ния бы́ли вы́работаны за кули́сами.

schedule расписа́ние. Are local trains included in this schedule? В э́том расписа́нии ука́заны поезда́ ме́стного сообще́ния?

□ No planes are scheduled today because of the bad weather.

Из-за дурно́й пого́ды сего́дня отменены́ все полёты. • My schedule of hours hasn't been made out for next month yet. Распоря́док дня на ближа́йший ме́сяц у меня́ ещё не вы́работан.

scheme прое́кт. He's very much interested in this scheme. Он о́чень заинтересо́ван э́тим прое́ктом. • сочета́ние. What do you think of this color scheme? Как вам нра́вится э́то сочета́ние цвето́в? • стро́ить пла́ны. He's been scheming for years to get enough money to go abroad. Он года́ми стро́ил пла́ны скопи́ть доста́точно де́нег и пое́хать заграни́цу.

school шко́ла. Do you go to school? Вы хо́дите в шко́лу? — The whole school turned out to welcome him back. Вся шко́ла собрала́сь, что́бы поздра́вить его́ с возвраще́нием. — He belongs to a new school of thought in linguistics. Он принадлежи́т к но́вой шко́ле в лингви́стике. • заня́тия в шко́ле. When is school out? Когда́ конча́ются заня́тия в шко́ле? • научи́ть. He schooled himself to be patient. Он научи́л себя́ быть терпели́вым. • институ́т. He went to the school of mines at the university. Он учи́лся в го́рном институ́те. • ста́я. We suddenly sighted a school of fish. Мы вдруг уви́дели ста́ю рыб.

□ **schoolbook** уче́бник. His schoolbooks cost a lot. Его́ уче́бники сто́ят у́йму де́нег.

science нау́ка. He's always been more interested in science than art. Он всегда́ бо́льше интересова́лся нау́кой, чем иску́сством. • уме́ние. There's a science to cooking. И для стря́пни ну́жно уме́ние.

scientific нау́чный. The laboratory is busy now on a new scientific experiment. Лаборато́рия сейча́с занята́ но́выми нау́чными о́пытами.

scissors n но́жницы.

scold v руга́ть.

score партиту́ра. Here's the score of the opera. Вот вам партиту́ра о́перы. • написа́ть. This selection is scored for piano and orchestra. Э́та вещь напи́сана для рояля и орке́стром. • вы́играть (win). He scored five runs. Он вы́играл пять пробе́гов. • со́тни (large number). Scores of people died in the epidemic. Со́тни люде́й у́мерли во вре́мя эпиде́мии.

□ **to pay off (settle) a score** рассчита́ться. He's sure to pay off the score sometime. Он уже́ когда́-нибудь за э́то рассчита́ется.

□ Can you read a score at sight? Вы уме́ете чита́ть с листа́? □ What was the final score in today's game? Ско́лько очко́в сде́лали о́бе кома́нды в сего́дняшней игре́? • How do you score this? Како́й тут ведётся подсчёт?

scorn презре́ние. You could see the look of scorn on his face. Его́ лицо́ выража́ло презре́ние.

□ The judge scorned taking a bribe. Судья́ с негодова́нием отказа́лся от взя́тки.

scout разве́дчик. The captain decided to send out a scout. Капита́н реши́л посла́ть разве́дчика. • поиска́ть. Let's scout around for some wood. Дава́йте, пои́щем круго́м нет ли дров. • па́рень. He's not a bad scout. Он не плохо́й па́рень.

□ **Boy Scout** бойска́ут. When did you become a Boy Scout? Когда́ вы ста́ли бойска́утом?

scrap сдать на слом. The government plans to scrap some of the older planes. Прави́тельство собира́ется сдать на слом часть ста́рых самолётов. • желе́зный лом. We collected ten tons of scrap in the last drive. Во вре́мя

после́дней кампа́нии мы собра́ли де́сять тонн желе́зного ло́ма. • ссо́риться. She's always scrapping with her husband. Она́ ве́чно ссо́рится с му́жем. • кро́шка. There isn't a scrap of food in the icebox. В ле́днике ни кро́шки еды́.

□ **scraps** объе́дки. Give the scraps to the dog. Да́йте объе́дки соба́ке.

to have a scrap ссо́риться. Did you hear the scrap they had last night? Вы слы́шали, как они́ вчера́ ве́чером ссо́рились?

scratch поцара́пать. Be careful not to scratch the furniture. Осторо́жно, не поцара́пайте ме́бели. • цара́пина. Where did you get that scratch on your cheek? Отку́да у вас э́та цара́пина на щеке́? • цара́пать. This pen scratches too much. Э́то перо́ стра́шно цара́пает. • вы́черкнуть. You'd better scratch out that paragraph and type the whole thing over. Лу́чше вы́черкните э́тот абза́ц и перепеча́тайте всё за́ново.

□ **from scratch** из ничего́. You wouldn't believe it but we started this business from scratch. Вы не пове́рите, но мы созда́ли э́то предприя́тие из ничего́.

up to scratch на высоте́. His work hasn't been up to scratch lately. После́днее вре́мя его́ рабо́та не на высоте́.

scream крича́ть. Don't scream! Не кричи́те! • крик. I thought I heard a scream. Мне показа́лось, что я слы́шу крик. • хохота́ть до слёз. Everybody simply screamed at his jokes. Над его́ шу́тками все хохота́ли до слёз.

□ That movie is a scream. Э́тот фильм — пря́мо умо́ра.

screen се́тка. We'd better get the hole in the screen fixed or the house will be full of flies. Сле́довало бы почини́ть дыру́ в се́тке, а то весь дом бу́дет по́лон мух. • ши́рма. You can go over there and change in back of that screen. Вы мо́жете пойти́ вон туда́ и переоде́ться за ши́рмой. • прикры́ть. She screened her face to avoid being recognized. Она́ прикры́ла лицо́, что́бы её не узна́ли. • держа́ть в та́йне. They tried to screen their activities, but the police finally discovered them. Они́ стара́лись держа́ть свою́ де́ятельность в та́йне, но в конце́ концо́в мили́ция обо всём узна́ла. • экра́н. I don't like to sit too close to the screen. Я не люблю́ сиде́ть сли́шком бли́зко от экра́на.

screw винт. These screws need tightening. Э́ти винты́ на́до подтяну́ть. • завинти́ть. Screw it in tight. Завинти́те э́то покре́пче. • сви́нчиваться. These pipes screw together. Э́ти тру́бы сви́нчиваются (вме́сте). • навинчи́ваться. The lid screws onto the jar. Э́та кры́шка навинчи́вается на ба́нку.

sea мо́ре. How far are we from the sea? Мы далеко́ от мо́ря? — Have you ever been to the Black Sea? Вы бы́ли когда́-нибудь у Чёрного мо́ря? — There was a heavy sea the day we went fishing. В тот день, когда́ мы пое́хали рыба́чить, мо́ре бы́ло о́чень бу́рным.

□ **at sea** на мо́ре. They've been at sea for the past three weeks. После́дние три неде́ли они́ провели́ на мо́ре. • в недоуме́нии. Her answers left me completely at sea. Её отве́ты оста́вили меня́ в по́лном недоуме́нии.

to go to sea стать моряко́м. He went to sea before he was twenty. Ему́ и двадцати́ лет не́ было, когда́ он стал моряко́м.

□ When is that boat going to sea? Когда́ э́тот парохо́д ухо́дит?

seal запеча́тать. Let me add a few words before you seal the letter. Да́йте мне приба́вить не́сколько слов, пре́жде чем вы запеча́таете письмо́. • печа́ть. What kind of seal do you have on your ring? Что э́то за печа́тка на ва́шем кольце́? • реши́ть. The last witness sealed the prisoner's fate. Показа́ние после́днего свиде́теля реши́ло судьбу́ заключённого. • тюле́нь. Let's go to the park to see them feed the seals. Пойдёмте в парк посмотре́ть, как ко́рмят тюле́ней.

search иска́ть. I've searched everywhere for a small apartment. Я иска́л ма́ленькую кварти́ру по всему́ го́роду. • о́быск. The chief of police ordered a search made. Нача́льник мили́ции приказа́л сде́лать о́быск. • обыска́ть. We will have to search you. Мы должны́ бу́дем вас обыска́ть. — They searched the house, but found no clues. Они́ обыска́ли весь дом, но не нашли́ никаки́х ули́к.
- □ **in search of** на по́иски. He went out in search of gold. Он отпра́вился на по́иски зо́лота.

season вре́мя го́да. Fall is my favorite season. Моё люби́мое вре́мя го́да — о́сень. • вре́мя. This is the best season for hiking. Это са́мое лу́чшее вре́мя для прогу́лок. — Mushrooms are in season now. Тепе́рь вре́мя грибо́в. • сезо́н. The hotelkeeper said this was their best season in years. Управля́ющий оте́лем сказа́л, что э́то был лу́чший сезо́н за мно́гие го́ды. • о́стрый (sharp). The food is too heavily seasoned. Эта еда́ сли́шком о́страя. • вы́сушить. Has this wood been seasoned long enough? Это де́рево доста́точно вы́сушено?
- □ **holiday season** пра́здники. I'll try to get home during the holiday season. Я постара́юсь попа́сть домо́й во вре́мя пра́здников.
- □ When is the blueberry season? Когда́ поспева́ет голуби́ка? • Those boys are seasoned soldiers. Эти па́рни закалённые бойцы́.

seat ме́сто. You are in my seat. Вы сиди́те на моём ме́сте. — I want two orchestra seats for tonight. Да́йте мне, пожа́луйста, два ме́ста в парте́ре на сего́дняшний ве́чер. • сиде́нье. The seat of the chair needs repairing. На́до почини́ть сиде́нье э́того сту́ла. • сесть. May I be seated? Мо́жно мне сесть? *or* Разреши́те сесть? • рассади́ть. Seat them in order. Рассади́те их по поря́дку. • вмеща́ть. This theater seats several hundred people. Этот теа́тр вмеща́ет не́сколько сот челове́к. • местопребыва́ние. Where is the seat of government? Где местопребыва́ние прави́тельства? • причи́на. What seems to be the seat of the trouble? В чём, со́бственно, причи́на затрудне́ний?
- □ **to take (have) a seat** сесть. Tell him to take a seat. Попроси́те его́ сесть.
- □ The seat of my pants is torn. Я проси́дел свои́ брю́ки. • He has a seat in Congress. Он член конгре́сса (Соединённых Шта́тов).

second второ́й. May I have a second helping? Да́йте мне вто́рую по́рцию, пожа́луйста. • с изъя́ном. These stockings are seconds. Это чулки́ с ма́леньким изъя́ном. • подде́рживать. I second the motion. Я подде́рживаю э́то предложе́ние. • во-вторы́х. First, I can't go; second, I wouldn't go if I could. Во-пе́рвых, я не могу́ пойти́, а во-вторы́х, я не пошёл бы, да́же е́сли бы и мог. • секу́нда. He ran a hundred meters in twelve seconds. Он пробежа́л сто ме́тров в двена́дцать секу́нд.
- □ Wait a second. Подожди́те мину́тку.

second-hand из вторы́х рук. I only heard the story second-hand. Я э́то зна́ю то́лько из вторы́х рук. • поде́ржан-

ный. I got some good second-hand books today. Я купи́л сего́дня не́сколько хоро́ших поде́ржанных книг.

secret секре́т, та́йна. Can you keep a secret? Вам мо́жно дове́рить секре́т? • секре́тный. He came here on a secret mission. Он прие́хал сюда́ с секре́тным поруче́нием. • та́йный. I would never join a secret society. Я бы никогда́ не вступи́л в та́йное о́бщество. • потайно́й. There's a secret drawer in the desk. В э́том столе́ есть потайно́й я́щик. • скры́тый. The story must have a secret meaning. В э́том, наве́рное, есть како́й-то скры́тый смысл.

secretary секрета́рша f, секрета́рь m. I need a secretary. Мне нужна́ секрета́рша. • мини́стр. He knows the Secretary of State. Он знако́м с мини́стром иностра́нных дел. • секрете́р. He bought an antique secretary. Он купи́л стари́нный секрете́р.

section часть. Cut the pipe into equal sections. Разре́жьте трубу́ на ра́вные ча́сти. • гру́ппа. This professor teaches two sections of this course: one in the evening, one in the morning. Профе́ссор чита́ет э́тот курс двум гру́ппам: у́тренней и вече́рней. • райо́н (region). I was brought up in this section. Я вы́рос в э́том райо́не.

secure надёжный. Is this bolt secure? Этот засо́в надёжен? • запере́ть. Secure the door before you leave. Запри́те две́ри перед ухо́дом. • уве́ренно. I feel secure in my new job. Я себя́ уве́ренно чу́вствую на но́вой рабо́те. • обеспе́чить. Be sure that the loan is well secured. Прове́рьте, хорошо́ ли обеспе́чен э́тот заём. • обеспе́чение. How much do you require to secure this loan? Како́й зало́г тре́буется в обеспе́чение э́того за́йма? • заброни́ровать. Can you secure a seat on the airplane for me? Мо́жете вы заброни́ровать за мной ме́сто на самолёте?

security безопа́сность. The policeman in our neighborhood gives us a sense of security. Благодаря́ тому́, что в на́шем райо́не есть милиционе́р, мы чу́вствуем себя́ в безопа́сности. • защи́та. That new alarm system is a good security against burglars. Эта но́вая сигна́льная систе́ма—хоро́шая защи́та от воро́в. • зало́г. I can give you my watch as security. Я могу́ вам оста́вить в зало́г часы́.
- □ **securities** (це́нные) бума́ги. Invest your money in government securities. Вложи́те свои́ де́ньги в госуда́рственные бума́ги.

see (saw, seen) ви́деть. Can you see in this light? Вы мо́жете ви́деть при э́том освеще́нии? — That's the best picture I've seen in ages. Я давно́ уж не ви́дел тако́й хоро́шей карти́ны. — I see what you mean. Я ви́жу, что вы э́тим хоти́те сказа́ть. • посмотре́ть. See what can be done about it. Посмотри́те, что тут мо́жно сде́лать. • вида́ться. I'd like to see more of you. Я бы хоте́л с ва́ми ча́ще вида́ться. • проводи́ть. I'll see you to the gate. Я провожу́ вас до воро́т. • перевида́ть. He's seen a lot in his time. Он в своё вре́мя мно́гое перевида́л. • позабо́титься. Please see that this letter is mailed sometime today. Пожа́луйста, позабо́тьтесь о том, что́бы э́то письмо́ бы́ло отпра́влено сего́дня.
- □ **to see someone off** проводи́ть. Will anyone see me off at the station? Меня́ кто́-нибудь проводи́т на вокза́л?
- **to see through** (по)пыта́ться осуществи́ть. I intend to see the project through. Я наме́рен попыта́ться осуществи́ть э́тот прое́кт. • помо́чь в. They saw her through the trouble. Они́ ей помогли́ в беде́.

to see to позабо́титься. I'll see to all the arrangements. Я позабо́чусь, чтоб всё бы́ло устро́ено.

☐ See you again. До ско́рого (свида́ния). • Come to see me tomorrow. Приходи́те ко мне за́втра. • I don't see the matter that way. Я смотрю́ на э́то ина́че. • These boots have seen plenty of service. Э́ти сапоги́ хорошо́ служи́ли. • I can see through his politeness. Я ви́жу, что кро́ется за его́ ве́жливостью. • Has anything been seen of him in the last two weeks? Его́ кто́-нибудь ви́дел за после́дние две неде́ли? • Thanks for seeing me off. Спаси́бо за про́воды.

seed се́мя. Do you need any seed? Вам нужны́ семена́? • засе́ять. When did you seed the lawn? Когда́ вы засе́яли лужа́йку?

☐ Please seed the melon. Пожа́луйста, вы́ньте се́мечки из ды́ни. • He looks as if he's going to seed. Он на чо́рта похо́ж!

seek (sought, sought) обыска́ть. They sought high and low but couldn't find the ring. Они́ обыска́ли реши́тельно всё, но кольца́ и не нашли́. • иска́ть. I've sought everywhere, but can't find it. Я повсю́ду иска́л, но так и не нашёл э́того. • стара́ться. He sought to persuade her to go. Он стара́лся уговори́ть её пойти́.

☐ They sought his help. Они́ обрати́лись к нему́ за по́мощью.

seem каза́ться. I seem to be interrupting. Я, ка́жется, меша́ю?

☐ How does that seem to you? Как вы ду́маете?

seen See **see.**

seize взя́ться. The driver seized the reins and drove off. Ку́чер взя́лся за во́жжи и тро́нул. • воспо́льзоваться. I must seize this opportunity. Я до́лжен воспо́льзоваться э́тим слу́чаем. • конфискова́ть. You have no legal right to seize my property. Вы не име́ете пра́ва конфискова́ть моё иму́щество. • взять. We seized the town after a short battle. По́сле коро́ткого бо́я мы взя́ли го́род.

seldom adv ре́дко.

select вы́брать. Please select a few of the best oranges for me. Пожа́луйста, вы́берите для меня́ не́сколько са́мых лу́чших апельси́нов. • отбо́рный. These are select peaches. Э́то отбо́рные пе́рсики.

selection вы́бор. This store has the best selection of hats in town. В э́том магази́не лу́чший в го́роде вы́бор шляп.

self.

☐ **self-starting** автоста́ртер. It's a self-starting motor. Э́тот мото́р с автоста́ртером.

☐ His better self won out. В нём взя́ли верх его́ лу́чшие ка́чества. • She's self-supporting. Она́ сама́ на себя́ зараба́тывает.

selfish эгоисти́чно, эгоисти́чный. That was pretty selfish of him not to let you use the car. Э́то бы́ло о́чень эгоисти́чно с его́ стороны́ не дать вам автомоби́ля. • эго́ист. I wouldn't want him as a friend because he's very selfish. Я не хочу́ с ним дружи́ть, он большо́й эго́ист.

sell (sold, sold) прода́ть. Did you sell your old piano? Вы про́дали свой ста́рый роя́ль? • продава́ть. They sell furniture. Они́ продаю́т ме́бель. • продава́ться. How much do the eggs sell for? Почём продаю́тся я́йца?

☐ **to sell out** распрода́ть. They sold out their whole stock of bicycles. Они́ распро́дали весь свой запа́с велосипе́дов. • преда́ть. Who was responsible for selling us out? Кто нас пре́дал?

☐ If you had been more tactful, you might have sold him the idea. Де́йствуя с бо́льшим та́ктом, вы могли́ бы заинтересова́ть его́ э́тим предложе́нием.

semester n семе́стр.

senate n сена́т.

senator n сена́тор.

send (sent, sent) посла́ть. I want to send a telegram. Я хочу́ посла́ть телегра́мму.—Send him in. Пошли́те его́ сюда́.

☐ **to send off** отпра́вить. Send off these letters. Отпра́вьте э́ти пи́сьма.

senior ста́рше. She must be his senior by several years. Она́, наве́рно, ста́рше его́ на не́сколько лет. • ста́рший. My father became senior foreman at the plant. Мой оте́ц стал ста́ршим ма́стером на заво́де.

☐ He has a son who's a senior in college. Его́ сын на после́днем ку́рсе ву́за.

sense ум. He has sense enough to stay out of trouble. У него́ хва́тит ума́ не впу́тываться в неприя́тные исто́рии. • смысл. There's no sense in doing that. Нет никако́го смы́сла э́то де́лать. • чу́вство. He has a good sense of humor. У него́ большо́е чу́вство ю́мора. • чу́вствовать. Do you sense something unusual? Вы не чу́вствуете, что происхо́дит что́-то стра́нное?

☐ In what sense do you mean what you just said? Как понима́ть то, что вы сейча́с сказа́ли? • That doesn't make sense. Э́то соверше́нно бессмы́сленно. • I haven't got a sense of direction. Я не уме́ю ориенти́роваться.

sensible adj разу́мный.

sent See **send.**

sentence фра́за. I didn't understand that last sentence. Я не по́нял после́дней фра́зы. • пригово́р. The sentence was unduly severe. Пригово́р был незаслу́женно суро́в. • приговори́ть. He was sentenced to three years. Его́ приговори́ли к трём года́м тюрьмы́.

sentiment n чу́вство.

separate v раздели́ть. Separate the class into two sections. Раздели́те класс на две гру́ппы. • This partition separates the two rooms. Э́ти две ко́мнаты отделены́ перегоро́дкой. • разня́ть. Separate the two boys who are fighting. Разними́те э́тих двух мальчи́шек — они́ деру́тся. • разлучи́ть. We don't want to be separated. Мы не хоти́м, чтоб нас разлуча́ли. • разойти́сь. When did she separate from him? Когда́ она́ с ним разошла́сь?

separate adj отде́льный. Could we have separate beds? Мы хоте́ли бы име́ть отде́льные крова́ти.

September n сентя́брь.

series ряд. There's been quite a series of accidents lately. За после́днее вре́мя тут был це́лый ряд несча́стных слу́чаев. • се́рия. This is the first volume of a series on modern philosophy. Э́то пе́рвый том се́рии книг о совреме́нной филосо́фии.

serious серьёзный. Why are you so serious? Почему́ вы тако́й серьёзный? — This is a serious matter. Э́то де́ло серьёзное. • серьёзно. Is his illness serious, Doctor? Скажи́те, до́ктор, он серьёзно бо́лен?

☐ Did you make a serious attempt to find him? Вы действи́тельно пыта́лись его́ найти́?

sermon n про́поведь.

servant домрабо́тница (house-maid). I want to hire a servant. Я хочу́ наня́ть домрабо́тницу.

☐ He made his career as a public servant. Он вы́двинулся на обще́ственной рабо́те.

serve пода́ть. Serve the coffee now, please Пода́йте ко́фе тепе́рь, пожа́луйста. • подава́ть. Will someone please serve me? Здесь кто́-нибудь подаёт? • служи́ть. How long did you serve in the army? Вы до́лго служи́ли в а́рмии? • отбыва́ть. He's serving a life term in prison. Он отбыва́ет пожи́зненное заключе́ние. • вручи́ть. He served the summons on me. Он вручи́л мне суде́бную пове́стку. • пода́ча. Whose serve is it? Чья пода́ча? ▢ What will serve as a substitute? А чем э́то мо́жно замени́ть? • It serves you right. Так вам и на́до! or Это вам подело́м!

service обслу́живание. I want to complain about the service. Я хочу́ пожа́ловаться на обслу́живание. • слу́жба. Does she have a civil service job? Она́ на госуда́рственной слу́жбе? • услу́га. Could you do me a small service? Мо́жете вы оказа́ть мне ма́ленькую услу́гу? • богослуже́ние. When do they hold services? Когда́ тут быва́ют богослуже́ния? • вое́нная слу́жба. He enlisted in the service. Он пошёл доброво́льцем на вое́нную слу́жбу. ▢ **at one's service** к услу́гам. I'm at your service. Я к ва́шим услу́гам.

service station запра́вочная ста́нция. Let's stop at the next service station. Дава́йте остано́вимся у сле́дующей запра́вочной ста́нции.

to be of service пригоди́ться. Will this book be of service to you? Пригоди́тся вам э́та кни́га? ▢ I'm leaving my car here to be serviced. Я оставля́ю здесь маши́ну, приведи́те её, пожа́луйста, в поря́док. • Can you use the services of a typist? Вам нужна́ машини́стка?

session се́ссия. This session of Congress has lasted over a year. Эта се́ссия Конгре́сса (С.Ш.А.) продолжа́лась бо́льше го́да. • заседа́ние. Don't go in there now; the court's in session. Не входи́те, там сейча́с идёт заседа́ние суда́. • сме́на. He did all his college work in the evening session. Он учи́лся в ву́зе в вече́рнюю сме́ну.

set (set, set) поста́вить. Set the lamp on the table. Поста́вьте ла́мпу на стол. — I want to set my watch. Я хочу́ поста́вить свои́ часы́. • привести́. This must be set in order. Это должно́ быть приведено́ в поря́док. • назна́чить. He set the price at fifty dollars. Он назна́чил це́ну в пятьдеся́т до́лларов. • служи́ть (to serve). Try to set an example. Постара́йтесь служи́ть хоро́шим приме́ром. • засты́ть. Has the pudding set yet? Что пу́динг уже́ засты́л? • набра́ть (to set type). Has the type for the book been set yet? Эта кни́га уже́ на́брана? • неподви́жный. He has a set expression. У него́ неподви́жное лицо́. • гото́вый. Are you all set to go away on your trip? У вас уже́ всё гото́во к отъе́зду? • захо́д. The sun sets at six o'clock tonight. Захо́д со́лнца сего́дня в шесть часо́в. • поручи́ть. They set him to counting the money. Они́ поручи́ли ему́ подсчёт де́нег. • Can you set this poem to music? Вы мо́жете положи́ть э́ти стихи́ на му́зыку? • собра́ние. Do you have a complete set of his works? Есть у вас по́лное собра́ние его́ сочине́ний? • компа́ния. He doesn't fit into our set. Он не подхо́дит к на́шей компа́нии. • декора́ция. Who designed the sets for the play? Кто де́лал декора́ции к э́той пье́се? • сиде́ть на я́йцах. Is the hen setting? Что, насе́дка уже́ сиди́т на я́йцах?

▢ **to set a plane down** сни́зиться. He set the plane down on the new airfield. Он сни́зился на но́вом аэродро́ме.

to set aside отложи́ть. Set this aside for me. Отложи́те э́то для меня́. • аннули́ровать. The judge's decision was set aside. Реше́ние судьи́ бы́ло аннули́ровано.

to set at liberty освободи́ть. He'll be set at liberty soon. Его́ ско́ро освободя́т.

to set down записа́ть. Set down the main arguments. Запиши́те основны́е пу́нкты. • приписа́ть. He set the mistake down to carelessness. Он приписа́л э́ту оши́бку небре́жности.

to set forth изложи́ть. He set forth his position quite clearly. Он я́сно изложи́л свою́ то́чку зре́ния.

to set in наступи́ть. The rainy season set in early this year. В э́том году́ дождли́вая пого́да наступи́ла ра́но.

to set off отправля́ться. We're setting off on our hike tomorrow morning. За́втра у́тром мы отправля́емся (пешко́м) в экску́рсию. • оттени́ть. That belt sets her dress off nicely. Этот по́яс уда́чно оттеня́ет её пла́тье. • пусти́ть. He set off the rocket. Он пусти́л раке́ту.

to set on натрави́ть. They wouldn't have fought if she hadn't set them on. Они́ бы не подрали́сь, е́сли бы она́ их не натрави́ла друг на дру́га.

to set oneself взять на себя́. We set ourselves the job of cleaning the yard. Мы взя́ли на себя́ чи́стку двора́.

to set oneself up ко́рчить из себя́. He sets himself up as an important fellow. Он ко́рчит из себя́ ва́жную осо́бу.

to set one's heart on настро́иться. I set my heart on going today. Я настро́ился е́хать сего́дня.

to set out отпра́виться. They were lucky enough to set out early. К сча́стью для них, они́ отпра́вились ра́но.

to set the table накры́ть на стол. It only took her a few minutes to set the table. Накры́ть на стол за́няло у неё то́лько не́сколько мину́т.

to set up обзавести́сь. When did they set up housekeeping? Когда́ они́ обзавели́сь свои́м хозя́йством? ▢ Set me straight on this. Объясни́те мне э́то то́лком! • The curtains set well in this room. Занаве́ски о́чень подхо́дят к э́той ко́мнате. • I want a chess set. Да́йте мне ша́хматы. • My radio set needs a new tube. Мне нужна́ но́вая ла́мпа для моего́ ра́дио.

settle обоснова́ться, посели́ться. What part of the country did they settle in? В како́й ча́сти страны́ они́ обоснова́лись? • осе́сть. Wait until the tea leaves settle to the bottom. Подожди́те пока́ чаи́нки ося́дут на дно. — The wall has settled a little bit. Стена́ немно́го осе́ла. • разреши́ть. Can you settle the question? Вы мо́жете разреши́ть э́тот вопро́с? • удовлетвори́ть. All legitimate claims will be settled. Всё зако́нные тре́бования бу́дут удовлетворены́. ▢ **to settle down** остепени́ться. Hasn't he settled down yet? Неуже́ли он ещё не остепени́лся? • взя́ться за. The boy couldn't settle down to his homework. Ма́льчик ника́к не мог взя́ться за уро́ки. **to settle on** договори́ться о. They settled on the terms of the contract. Они́ договори́лись обо всех пу́нктах контра́кта. • обеспе́чить. Her husband settled quite a sum on her. Муж обеспе́чил её кру́пной су́ммой де́нег. **to settle oneself** усе́сться. He settled himself in the armchair. Он усе́лся в кре́сло.

settlement соглаше́ние. What settlement did you arrive at? К како́му соглаше́нию вы пришли́? • посёлок. You'll find a worker's settlement near the factory. Близ заво́да располо́жен рабо́чий посёлок.

seven *n, adj* семь.

seventeen *n, adj,* семнáдцать.

seventh *adj* седьмóй.

seventy *n, adj* сéмьдесят.

several нéсколько. I want to stay for several days. Я хочý остáться нéсколько дней.

severe тяжёлый. I just got over a severe illness. Я тóлько что опрáвился от тяжёлой болéзни. ● основáтельный. This motor will have to undergo a severe test. Этот мотóр нáдо бýдет подвéргнуть основáтельному испытáнию. ● сурóвый. Is it severe in the winter here? Здесь зимá сурóвая? ● стрóгий. Don't be so severe with the child. Не бýдьте так стрóги с ребёнком. — That building has very severe lines. У этого здáния óчень стрóгие лúнии.

sew шить. Do you know how to sew? Вы умéете шить? ● шитьё. She makes her living by sewing. Онá зарабáтывает на жизнь шитьём.

☐ **to sew on** пришúть. Please sew the buttons on. Пожáлуйста, пришéйте пýговицы.

to sew up зашúть. Sew up the seam. Зашéйте этот шов.

sex пол. What sex is the puppy? Какóго пóла этот щенóк?

☐ That actress has a lot of sex appeal. Эта артúстка óчень соблазнúтельная жéнщина.

shade тень. Let's stay in the shade. Давáйте остáнемся в тенú. — Light and shade are well balanced in this painting. На этой картúне свет и тéни хорошó распределенú. ● тенúстый. This is a fine shade tree. Это тенúстое дéрево. ● заслонúть. Shade your eyes from the glare. Заслонúте глазá от этого рéзкого свéта. ● затмевáть (to put in the shade). She puts her sister completely in the shade. Онá совершéнно затмевáет свою сестрý. ● заретушировáть. Shade this part a little more. Заретушúруйте эту часть ещё немнóго. ● оттéнок. I like this shade of red. Мне нрáвится этот оттéнок крáсного. — The wool we carry shades from pink to red. У нас имéется шерсть всех оттéнков, от крáсного до рóзового. ● штóра. Pull down the shades. Опустúте штóры. ● чуть-чуть. This hat is a shade more expensive than I thought. Эта шляпа чуть-чуть дорóже, чем я дýмал.

shadow тень. This tree casts a long shadow in the afternoon. В послеобéденные часы это дéрево бросáет длúнную тень. — He's just a shadow of his former self. От негó однá тень остáлась — There is not a shadow of doubt about the truth of the story. У меня нет и тéни сомнéния в достовéрности этой истóрии. ● следúть (to watch). I had the feeling someone was shadowing me. Мне показáлось, что ктó-то следúт за мной.

shake (shook, shaken) трястú. He took the child by the shoulders and shook him. Он схватúл ребёнка за плéчи и нáчал егó трястú. — He was shaking with fever. Егó тряслó от лихорáдки. ● потрястú. I was deeply shaken by her death. Я был глубокó потрясён её смéртью. ● взбáлтывать. Shake the bottle well before using. Перед употреблéнием — взбáлтывать. ● сорвáть. The wind has shaken all the leaves off the trees. Вéтер сорвáл все лúстья с дерéвьев.

☐ **to shake hands** пожáть рýку. We didn't get a chance to shake hands with the hostess. Нам так и не удалóсь пожáть рýку хозяйке.

to shake off стряхнýть. He finally shook off his depression. Он наконéц стряхнýл с себя унúние.

☐ The mud will shake off your shoes easily when it dries.

Когдá грязь высохнет, онá легкó счúстится с ботúнок. ● The news shook him out of his indifference. Это извéстие вывело егó из состояния безразлúчия. ● He answered "No" with a shake of his head. В отвéт он отрицáтельно покачáл головóй.

shaken *See* **shake.**

shall (*See also* **will**)

☐ Shall I wait? Мне подождáть? ● Shall I close the window? Закрыть окнó? ● Let's have dinner now, shall we? Не пообéдать ли нам тепéрь?

shallow мéлкий. Don't be afraid, the river is shallow here. Не бóйтесь, здесь рекá мéлкая. ● повéрхностный. She is such a shallow person! Онá óчень повéрхностный человéк.

shame стыд. He hid his face in shame. Он спрятал лицó от стыдá.

☐ He puts out such a great quantity of work an hour that he puts us all to shame. Нам прóсто стыдно стáло, когдá мы услышали, скóлько он вырабáтывает в час.

shape очертáние. Isn't the shape of that mountain odd? Не прáвда ли, у этой горы стрáнные очертáния? ● состояние I'm in bad shape today. Я сегóдня в плохóм состоянии. ● порядок. Put the closet in shape. Привéдите шкаф в порядок. ● налáживаться. How are things shaping up? Ну, как у вас всё налáживается?

☐ **to take shape** оформляться. Their plan for the dam is taking shape. План плотúны ужé начинáет у них оформляться.

share часть. You'll have to do your share of the work. Вам придётся сдéлать вáшу часть рабóты. ● дóля. Pay your share of the bill. Заплатúте свою дóлю по счёту. ● подéлить. Let's share the pie. Давáйте подéлим этот пирóг. ● áкция. How many shares of stock do you hold in that company? Скóлько у вас áкций этой фúрмы?

☐ May I share your table? Мóжно мне присéсть к вáшему столý? ● They shared the secret. Онú были посвящены в эту тáйну.

sharp óстрый. Is there a sharp knife in the drawer? В этом ящике есть óстрый нож? — I need a pencil with a sharp point. Мне нýжен óстро отточенный карандáш. — He's got a sharp mind. У негó óстрый ум. — I've had a sharp pain in the side all day. У меня цéлый день былá óстрая боль в боку. ● крутóй. Sharp turn ahead. Впередú крутóй поворóт. ● рéзкий. The wind is rather sharp this morning. Сегóдня довóльно рéзкий вéтер. ● рéзко. Their views are in sharp contrast to what they were before. Их тепéрешние взгляды рéзко отличáются от прéжних. ● рóвно. We have to be there at five o'clock sharp. Мы должны там быть рóвно в пять.

☐ **sharp words** рéзкости. They never let a day go by without some sharp words passing between them. Дня не прохóдит, чтоб онú не наговорúли друг дрýгу рéзкостей.

shave побрúться. I went to the barber for a haircut and shave. Я сходúл к парикмáхеру пострúчься и побрúться. — I have to shave. Мне нáдо побрúться. ● побрúть. He shaved my neck for me. Он мне побрúл затылок. ● остругáть. Use a plane to shave the edge of the door. Остругáйте край двéри рубáнком. ● настругáть. If you shave the soap it will melt faster. Éсли вы мыло настругáете, онó быстрéе растворúтся.

she онá. Where did she go? Кудá онá ушлá? — She's not the one I met. Это я не её встрéтил. — Find out what she wants. Узнайте что ей нужно. — Give this to her. Дайте это ей.

☐ Is the baby a he or a she? Это мальчик или девочка?

shed сарайчик. The toilet is in a shed at the back. Уборная в сарайчике за домом. • Few tears were shed over his death. Мало слёз было пролито после его смерти.

☐ **to shed light on** освещать. This article sheds a lot of light on the problem. Эта статья многое освещает в этом вопросе.

☐ Does your coat shed water? Ваше пальто непромокаемое?

sheep овца. How many head of sheep do you have? Сколько у вас овец?

☐ He is the black sheep of the family. Он в своей семье неудачник.

sheet простыня. Will you change the sheets on this bed, please? Перемените, пожалуйста, простыни на этой кровати. • лист. Could you lend me a couple sheets of paper? Дайте мне, пожалуйста, несколько листов бумаги. • листок. Do you read that dirty sheet? Неужели вы читаете этот грязный листок?

shelf n полка.

shell скорлупа. There are pieces of eggshell in my omelette. У меня в яичницу попала скорлупа. — Come on out of your shell and join the fun. Ну, выйди, наконец, из своей скорлупы и присоединись к общему веселью. • лущить. Will someone help me shell the nuts for the cake? Кто мне поможет лущить орехи для торта? • вышелушить. Are the peas all shelled? Уже весь горох вышелушен? • снаряд. A shell fragment nearly hit him. Осколок снаряда чуть не попал в него. • обстреливать. We shelled the enemy position for hours. Мы часами обстреливали вражеские позиции.

☐ **nutshell** ореховая скорлупа. Who threw the nutshells on the floor? Кто это набросал ореховой скорлупы на пол?

☐ He's just a shell of a man. От него только тень осталась.

shelter убежище. Where is the shelter? Где убежище? • приютить. They sheltered the refugees. Они приютили беженцев.

☐ I want shelter for the night. Где здесь можно переночевать?

shepherd n пастух.

shield козырёк. It's too sunny today to drive without a shield for your eyes. Сегодня слишком много солнца; нельзя править машиной без козырька. • заслонить. You'd better shield your eyes from that bright sun. Солнце такое яркое, заслоните-ка лучше глаза. • пристыдить. Can't you shame him into giving money to the Red Cross? Неужели его нельзя пристыдить и заставить дать пожертвование в пользу Красного креста? • жалость. Isn't it a shame that he couldn't graduate with his class? Какая жалость, что он не мог кончить школу вместе со своим классом. • досадно. It was a shame I had to miss that lecture. Ужасно досадно, что мне пришлось пропустить эту лекцию. • значок. The man flashed his shield to prove he was from the police. Он показал свой значок в доказательство того, что он служит в милиции.

shine (shone or shined, shone or shined) светить. The sun isn't shining very hard today. Сегодня солнце не очень

ярко светит. • посветить. Shine the light over here. Посветите тут. • почистить. I want my shoes shined. Я хочу дать почистить ботинки. • блистать. He shone in his class. Он блистал в своём классе.

☐ We'll come, rain or shine. Мы придём непременно, какая бы ни была погода.

ship пароход. When does the ship leave? Когда пароход отплывает? • отправить. Have the cases been shipped yet? Ящики уже отправлены? • самолёт (plane). He was piloting a big three-motored ship. Он управлял большим трёхмоторным самолётом.

☐ **to ship out** отправиться в плаванье. Has he shipped out yet? Он уже отправился в плаванье?

to ship water черпать. This rowboat ships water. Эта лодка черпает.

shipment n груз.

shirt n рубашка, рубаха.

shock толчок. Earthquake shocks were registered here last year. В прошлом году здесь были отмечены подземные толчки. • удар. His death was a great shock to us. Его смерть была для нас тяжёлым ударом. • скирда. The storm beat down all the shocks of wheat. Бурей разнесло все скирды пшеницы. • шокировать. It seems your joke shocked her. Кажется, ваша шутка её шокировала.

☐ Don't touch that light or you'll get a shock. Не трогайте этой лампочки, а то вас ударит током.

shoe ботинок, башмак. I have to buy a pair of shoes. Мне нужно купить пару ботинок. • подковать. Who is going to shoe the horse? Кто подкуёт эту лошадь?

☐ **in someone else's shoes** в чьей-нибудь шкуре. Try to put yourself in his shoes. *Вообразите себя в его шкуре.

shoes обувь. It's hard to get good shoes these days. Теперь трудно получить хорошую обувь.

shoemaker n сапожник.

shone See **shine.**

shook See **shake.**

shoot (shot, shot) стрелять. Don't shoot! Не стреляйте! — Who are they shooting at? В кого они стреляют? • засыпать. He shot questions at us. Он нас засыпал вопросами. • промчаться. The car shot across the road. Машина промчалась через дорогу. • побег. The new shoots are coming up. Уже появились молодые побеги. • делать снимки. I wish I could learn to shoot action pictures. Я бы хотел научиться делать моментальные снимки. • забить. Just at the last moment he managed to shoot a goal. В самую последнюю минуту ему удалось забить гол.

to shoot up вытянуться. How fast he has shot up in the last year! Как он быстро вытянулся за последний год!

☐ Sharp pains are shooting up and down my leg. У меня острая перемежающаяся боль в ноге.

shop магазин. I'm looking for a tobacco shop. Я ищу табачный магазин. • делать покупки. Where are the best places to shop? Где тут лучше всего делать покупки?

☐ **repair shop** починочная мастерская. You'll have to take them to a shoe-repair shop. Вам придётся снести эти ботинки в починочную мастерскую.

to shop around походить по лавкам. I want to shop around before I buy the lamp. Я хочу немного походить по лавкам, прежде чем купить лампу.

to talk shop говори́ть о свое́й рабо́те.   He's always talking shop.   Он всегда́ и всю́ду говори́т о свое́й рабо́те.

shore бе́рег.   How far is it to the other shore?   Далеко́ до друго́го бе́рега? — Let's pull the boat farther up on shore.   Дава́йте вта́щим ло́дку пода́льше на бе́рег. — I'm on shore leave.   Я в о́тпуску на бе́рег.

□ **seashore** взмо́рье.   I want to go to the (sea) shore for a vacation.   Я хочу́ пое́хать на кани́кулы на взмо́рье.

short коро́ткий.   This coat is too short.   Э́то пальто́ сли́шком коро́ткое.   • покоро́че.   I want my hair cut short.   Стриги́те меня́ покоро́че, пожа́луйста.   • ре́зкий.   You are too short with the child.   Вы сли́шком ре́зки с ребёнком.   • момента́льно.   He stopped short when he saw us.   Как то́лько он нас заме́тил, он момента́льно останови́лся.   • коро́ткое замыка́ние.   Check the radio and see where the short is.   Прове́рьте ра́дио и посмотри́те, где там произошло́ коро́ткое замыка́ние.

□ **in a short time** ско́ро.   I'll be back in a short time.   Я ско́ро верну́сь.

in short ко́ротко говоря́.   I have neither the time nor the inclination; in short, I refuse.   У меня́ нет ни вре́мени, ни охо́ты; ко́ротко говоря́, я отка́зываюсь.

short cut кратча́йший путь.   This is a short cut to the station.   Э́то кратча́йший путь на вокза́л.

short of не доезжа́я до (riding), не доходя́ до (walking).   They stopped just short of the bridge.   Они́ останови́лись, не доходя́ до моста́.   • недоста́точно.   We're short of supplies.   У нас запа́сов недостаётся.

to cut short прерва́ть.   Her mother's illness cut their vacation short.   Им пришло́сь прерва́ть о́тпуск из-за боле́зни её ма́тери.

to run short подходи́ть к концу́.   Our supplies were running short.   На́ши запа́сы подходи́ли к концу́.

to short-weight обве́шивать.   Don't let them short-weight you in the store.   Не позволя́йте себя́ обве́шивать в э́той ла́вке.

□ His action is nothing short of criminal.   Его́ посту́пок — про́сто преступле́ние.   • The picture fell short of our expectation.   Э́тот фильм не совсе́м оправда́л на́ши ожида́ния.   • We ran short of paper.   У нас почти́ вся бума́га вы́шла.

shortage n недоста́ток, нехва́тка.

shortly в ско́ром вре́мени.   I'm expecting a call shortly.   Я жду звонка́ в ско́ром вре́мени.

shot (See also **shoot**) вы́стрел.   Did you hear a shot?   Вы слы́шали вы́стрел?   • вы́стрел, уда́р.   Good shot!   Ме́ткий вы́стрел (with guns)!   or Хоро́ший уда́р (in games)!   • вы́стрелить.   He took a shot at the hare.   Он вы́стрелил в за́йца.   • стрело́к.   He's a good shot.   Он хоро́ший стрело́к.   • сни́мок.   That's a beautiful shot of the mountains.   Вот прекра́сный сни́мок э́тих гор.   • стака́нчик, рю́мочка.   Let's have a shot of vodka.   Дава́йте хло́пнем по рю́мочке (во́дки).

□ **bird shot** дробь.   I loaded the gun with bird shot.   Я заряди́л ружьё дро́бью.

should (See also **would**)

□ I should like to start traveling early.   Я хоте́л бы вы́ехать пора́ньше.   • I told them I should be able to come in time.   Я сказа́л им, что смогу́ прийти́ во́-время.   • How should I know?   Отку́да мне знать?   • What should I do?   Что мне де́лать?

shoulder плечо́.   My shoulder hurts.   У меня́ боли́т плечо́. — I don't want the shoulders of this coat padded.   Не кла́дывайте ва́ты в пле́чи э́того пальто́.   • взвали́ть на пле́чи.   He shouldered the pack.   Он взвали́л тюк на пле́чи.   • взять на себя́.   Who'll shoulder the blame for this?   Кто возьмёт на себя́ вину́?   • обо́чина.   Keep on the pavement; the shoulder is soft.   Держи́тесь мощёной ча́сти доро́ги — обо́чина вя́зкая.

□ **straight from the shoulder** пря́мо, без обиняко́в.   I gave it to him straight from the shoulder.   Я сказа́л ему́ э́то пря́мо, без обиняко́в.

to shoulder one's way проби́ться.   We shouldered our way through the mob.   Мы проби́лись сквозь толпу́.

□ What did you give him the cold shoulder for?   Почему́ вы бы́ли с ним так хо́лодны?

shout крича́ть.   You don't have to shout; I can hear you.   Не́чего вам крича́ть, я вас слы́шу.   • крик.   The speaker was shouted down by the crowd.   Кри́ки толпы́ заста́вили ора́тора замолча́ть. — Did you hear a shout from the lake just now?   Вы слы́шали, вот сейча́с, крик на о́зере?

shovel n лопа́та.

show (showed, shown) указа́ть.   Could you show me the way?   Вы мо́жете указа́ть мне доро́гу?   • видне́ться.   Your slip is showing.   У вас видне́ется ни́жняя ю́бка.   • пока́зывать.   Have you shown this to anyone?   Вы э́то кому́-нибудь пока́зывали?   • оска́лить.   The dog showed his teeth.   Соба́ка оска́лила зу́бы.   • показа́ть.   Show me how to do it.   Покажи́те мне, как э́то де́лать.   • прояви́ть.   He showed me great kindness when I was in trouble.   Он прояви́л большо́е уча́стие ко мне, когда́ я был в беде́.   • обнару́живать.   His work shows a great deal of originality.   Его́ рабо́та обнару́живает большу́ю оригина́льность.   • доказа́ть.   I won't believe it unless it's shown to me.   Я пове́рю, пока́ мне э́того не дока́жут.   • объясни́ть.   He wasn't able to show why he needed this book.   Он не мог объясни́ть, заче́м ему́ понадоби́лась э́та кни́га.   • дава́ть.   What are they showing at the theater?   Что даю́т в теа́тре?   • теа́тр (theater), кино́ (movies).   Did you go to the show last night?   Вы бы́ли в теа́тре вчера́ ве́чером?

□ **to show off** рисова́ться.   Don't you think he shows off a good deal?   Вы не нахо́дите, что он о́чень рису́ется?

to show to good advantage выи́грывать.   The picture shows to good advantage in this light.   Карти́на о́чень выи́грывает при э́том све́те.

to show up прийти́ (to come).   Has my friend shown up yet?   Мой друг уже́ пришёл?   • яви́ться (appear).   He never showed up at the theater.   Он так и не яви́лся в теа́тр.   • выделя́ться.   This color shows up well against the dark background.   Э́тот цвет краси́во выделя́ется на тёмном фо́не.   • разоблачи́ть.   I'm going to show you up.   Я вас разоблачу́.

□ She makes a show of courtesy.   Она́ сли́шком подчёркивает свою́ ве́жливость.

shower ли́вень.   Wait until the shower is over.   Подожди́те, пока́ ли́вень ко́нчится.   • душ.   You can take a shower here after the game.   Вы мо́жете приня́ть здесь душ по́сле игры́.   • дождь.   We were caught in a shower of sparks from the burning building.   Мы попа́ли под дождь искр, лете́вших от горя́щего зда́ния.   • засы́пать.   His friends showered him with presents.   Друзья́ засы́пали его́ пода́рками.

shown See **show.**

shut (shut, shut) закры́ть. Shut the door and sit down. Закро́йте дверь и сади́тесь. — Is it shut tight? Это пло́тно закры́то? • запере́ть. They shut the dog in the house. Они́ за́перли соба́ку в до́ме. • закры́тый. Something is going on behind those shut doors. За э́тими закры́тыми дверя́ми что́-то происхо́дит.

□ **to be shut up** сиде́ть взаперти́. Her work kept her shut up for hours. Она́ должна́ была́ часа́ми сиде́ть взаперти́ из-за свое́й рабо́ты.

to shut off закры́ть. Shut off the water in the kitchen. Закро́йте в ку́хне кран (водопрово́да).

to shut up замолча́ть. Tell him to shut up. Скажи́те ему́, чтоб он замолча́л. • запере́ть. When they went to the country, they shut up their house. Когда́ они́ уе́хали в дере́вню, они́ за́перли свой дом.

□ Don't forget your key, or you'll be shut out of the house. Не забу́дьте ключ, а то вы не попадёте в дом. • How long will the plant be shut down? Ско́лько вре́мени э́тот заво́д не бу́дет рабо́тать?

shy засте́нчивый. Don't be so shy with the girls. Не бу́дьте таки́м засте́нчивым с де́вушками.

□ **to shy away** избега́ть. I shy away from parties. Я избега́ю вечери́нок.

sick больно́й. The child has a sick look. Этот ребёнок вы́глядит больны́м. — This hospital takes very good care of the sick. В э́той больни́це за больны́ми о́чень хоро́ший ухо́д.

□ He's sick in bed with pneumonia. Он лежи́т, у него́ воспале́ние лёгких. • I'm sick of this work. Эта рабо́та мне надое́ла.

sickness n боле́знь.

side бок. The car skidded and turned over on its side. Маши́на соскользну́ла и переверну́лась на́ бок. — I have a pain in my side. У меня́ бо́ли в боку́. • край. I bumped into the side of the table. Я уда́рился о край стола́. • часть. The store is on the east side. Этот магази́н в восто́чной ча́сти го́рода. • боково́й. Please use the side door. Вход (or вы́ход) че́рез боковую дверь. • сторона́. Whose side are you on? На чьей вы стороне́? — Look at every side of the question. Рассмотри́те э́то де́ло со всех сторо́н. — He has no living relatives on his father's side. У него́ не оста́лось в живы́х ни одного́ ро́дственника с отцо́вской стороны́. • бе́рег. They crossed to the other side of the river. Они́ перепра́вились на друго́й бе́рег реки́. • склон. They ran down the side of the hill. Они́ сбежа́ли по склону горы́.

□ **on the side** на стороне́. He makes some money working on the side. Он подраба́тывает на стороне́. • сбо́ку. The label is on the side of the box. Ярлы́к на я́щике сбо́ку.

to side with принима́ть сто́рону. She used to side with us in the argument. Она́ обы́чно принима́ла на́шу сто́рону в э́том спо́ре.

to take sides стать на чью́-нибудь сторону. It's difficult to take sides on this question. В э́том вопро́се тру́дно стать на чью́-нибудь сто́рону.

□ I think you're bringing up only side issues. Я ду́маю, что вопро́сы, кото́рые вы ста́вите, име́ют второстепе́нное значе́ние.

sidewalk n тротуа́р.

sigh вздохну́ть (to sigh). He gave a sigh of relief. Он облегчённо вздохну́л.

sight зре́ние. I have poor sight. У меня́ плохо́е зре́ние.

• взгляд. At first sight I didn't recognize you. Я вас с пе́рвого взгля́да не узна́л. • вид. Don't lose sight of that man. Не теря́йте э́того челове́ка из виду. • показа́ться. At last we sighted land. Наконе́ц показа́лась земля́. • зре́лище. It was a terrible sight. Это бы́ло ужа́сное зре́лище.

□ **sights** достопримеча́тельность. Did you go to see the sights at the fair? Вы ви́дели все достопримеча́тельности вы́ставки?

to catch sight of заме́тить. I caught sight of you in the crowd. Я заме́тил вас в толпе́.

to know by sight знать с ви́ду. I know him only by sight. Я его́ зна́ю то́лько с ви́ду.

to shoot on sight стреля́ть без предупрежде́ния. They had orders to shoot on sight. У них был прика́з стреля́ть без предупрежде́ния.

□ The end is now in sight. Коне́ц уже́ бли́зится. • When do you expect to sight land? Как вы ду́маете, когда́, наконе́ц, пока́жется земля́?

sign вы́веска (signboard). What does the sign on that store say? Что напи́сано на э́той вы́веске? • на́дпись (writing). That sign says we're ten kilometers from town. Эта на́дпись ука́зывает, что мы в десяти́ киломе́трах от го́рода. • знак. The waiter gave us a sign to follow him. Официа́нт сде́лал нам знак, что́бы мы сле́довали за ним. • подписа́ть (to sign something). He forgot to sign the letter. Он забы́л подписа́ть письмо́. • расписа́ться (to put a signature). Sign here. Распиши́тесь здесь. • при́знак. His condition doesn't show any signs of improvement. В его́ состоя́нии нет никаки́х при́знаков улучше́ния.

□ **to sign away** or **to sign over** переписа́ть. He signed away all his property to his son. Он переписа́л всё своё иму́щество на своего́ сы́на.

to sign for расписа́ться. The mailman didn't give me the letter because you have to sign for it yourself. Почтальо́н не дал мне письма́, вы должны́ са́ми расписа́ться.

to sign off прекраща́ть. Radio stations here sign off early in the evening. Радиоста́нции здесь ра́но прекраща́ют вече́рнюю переда́чу.

to sign on набира́ть. The ship in the harbor is still signing on the crew. Этот парохо́д в га́вани ещё набира́ет кома́нду.

to sign up подписа́ться. He signed up for a magazine. Он подписа́лся на журна́л. • поступи́ть доброво́льцем. He signed up for a three-year enlistment. Он поступи́л доброво́льцем на три го́да.

to sign to a contract заключи́ть контра́кт. They signed that actor to a three-year contract. Они́ заключи́ли с э́тим актёром контра́кт на три го́да.

□ Have you seen any sign of my friend? Вы нигде́ тут не ви́дели моего́ прия́теля?

signal знак. I'll give you the signal when I want you. Я вам пода́м знак, когда́ вы мне бу́дете нужны́. • подозва́ть (зна́ком). He signaled for the taxi. Он зна́ком подозва́л такси́. • сигна́льный. Can you see those signal flags from here? Вам отсю́да видны́ сигна́льные флажки́?

signature по́дпись. There's no signature on the letter. На э́том письме́ нет по́дписи.

silence молча́ние. The silence in the room became embarrassing. В ко́мнате воцари́лось нело́вкое молча́ние. • заста́вить замолча́ть. He silenced the audience and went on speaking. Он заста́вил пу́блику замолча́ть и продолжа́л говори́ть.

☐ His silence on the subject surprised us. Нас о́чень удиви́ло, что он об э́том умолча́л. • Silence! Молча́ть!

silent молчали́вый. She's too silent to be good company. Она́ сли́шком молчали́ва, чтобы с ней могло́ быть ве́село. ☐ to be silent *or* to keep silent молча́ть. Why are you silent? Почему́ вы молчи́те?

to keep silent about ума́лчивать. They kept silent about their plans. Они́ ума́лчивали о свои́х пла́нах. ☐ The newspapers were silent about the incident. Газе́ты не упомина́ли об э́том инциде́нте.

silk шёлк. How much is a meter of this red silk? Ско́лько сто́ит метр э́того кра́сного шёлка? — Buy me a spool of silk. Купи́те мне кату́шку шёлку. • шёлковый. He wears silk neckties. Он но́сит шёлковые га́лстуки.

silly *adj* глу́пый.

silver серебро́. Is this sterling silver? Это чи́стое серебро́? — She got beautiful silver for a wedding present. Она́ получи́ла замеча́тельное серебро́ в пода́рок на сва́дьбу. — Give me some silver for these bills. Разменя́йте мне э́ти бума́жки на серебро́. • сере́бряный. She's wearing a silver ring. Она́ но́сит сере́бряное кольцо́. — Her hair is all silver. У неё во́лосы совсе́м серебряные.

similar подо́бный. I had a similar experience once. Со мной ка́к-то раз случи́лось не́что подо́бное. • похо́жий. My desk back home is very similar to this one. Пи́сьменный стол у меня́ до́ма о́чень похо́ж на э́тот.

simple про́сто. His manners are simple. Он о́чень про́сто себя́ де́ржит. — She wears simple clothes. Она́ одева́ется о́чень про́сто. — That's a simple matter. Это о́чень про́сто. • просто́й. The work here is fairly simple. Рабо́та тут дово́льно проста́я. — He had a simple fracture of the arm. У него́ был просто́й перело́м руки́. • глу́пый. I may seem simple, but I don't want to meet him. Это мо́жет показа́ться глу́пым, но я не хочу́ с ним встре́титься. • го́лый. These are the simple facts. Вот вам го́лые фа́кты.

simplicity *n* простота́.

simply про́сто. Answer these questions simply. Отвеча́йте на э́ти вопро́сы про́сто. — For once, she simply had nothing to say. На э́тот раз ей про́сто не́чего бы́ло сказа́ть. • скро́мно. Don't you think she dresses very simply? Не пра́вда ли, она́ о́чень скро́мно одева́ется?

sin *n* грех; *v* греши́ть.

since с. He hasn't been here since Monday. Он тут не́ был с понеде́льника. • с тех пор. I haven't gone to the movies since I got here. Я не́ был в кино́ с тех пор, как прие́хал сюда́. — He broke his leg last year and has limped ever since. В про́шлом году́ он слома́л себе́ но́гу и с тех пор хрома́ет. • раз. Since you don't believe me, look for yourself. Раз вы мне не ве́рите, посмотри́те са́ми.

sincerely и́скренне. Yours sincerely. И́скренне уважа́ющий вас. • от все́й души́. I sincerely hope you'll get well soon. Я от все́й души́ наде́юсь, что вы ско́ро попра́витесь. • действи́тельно. He sincerely believes that story. Он действи́тельно ве́рит э́той исто́рии.

sing (sang, sung) петь. She sings beautifully. Она́ прекра́сно поёт. — I've never sung this before. Я э́того никогда́ ра́ньше не пел. • спеть. How about singing that song for me again? Пожа́луйста, спо́йте мне э́ту пе́сню ещё раз. • свисте́ть (to whistle). Bullets were singing all around us. Вокру́г нас свисте́ли пу́ли.

single оди́н. I didn't understand a single word he said. Я не по́нял ни (одного́) сло́ва из того́, что он сказа́л. • хо-

лосто́й. Do you know whether he's married or single? Вы не зна́ете, он жена́т и́ли хо́лост? ☐ **single room** ко́мната на одного́. I want a single room if possible. Я хоте́л бы ко́мнату на одного́, е́сли мо́жно.

singles сингл. Let's play singles. Дава́йте игра́ть в сингл.

singular еди́нственный. Make the noun singular, not plural. Да́йте э́то существи́тельное в еди́нственном числе́, а не во мно́жественном.

sink (sank, sunk) потону́ть. I'm afraid this boat will sink if we take more than seven people. Я бою́сь, что ло́дка пото́нет, е́сли нас бу́дет бо́льше семи́. • ра́ковина. The sink is full of dirty dishes. Ра́ковина полна́ гря́зной посу́дой. • зайти́. Hurry and take that picture before the sun sinks. Скоре́й сде́лайте э́тот сни́мок, пока́ со́лнце не зашло́. • ухло́пать. He sank all his money in it. Он ухло́пал в э́то все свои́ де́ньги. • просочи́ться. The ground is so hard it'll take water some time to sink in. Земля́ здесь така́я твёрдая, что вода́ просо́чится не ско́ро. • вы́рыть. Can you suggest a good place to sink a well? Вы мо́жете указа́ть хоро́шее ме́сто, где мо́жно бы́ло бы вы́рыть коло́дец? • пони́зить. Her voice sank to a whisper. Её го́лос пони́зился до шёпота. ☐ I hope these words sank into your mind. Наде́юсь, что вы твёрдо запо́мните э́ти слова́. • This is the worst attack yet, and he's still sinking. Это был его́ са́мый тяжёлый припа́док, и его́ положе́ние продолжа́ет ухудша́ться.

sir

☐ Yes, sir. Да. • Yes, sir (in reply to an order)! Есть!

sister сестра́. Do you have any sisters? У вас есть сёстры? ☐ She is my lodge sister. Мы с ней чле́ны одно́й организа́ции.

sit (sat, sat) сиде́ть. They were sitting when we came in. Они́ уже́ сиде́ли, когда́ мы вошли́. — You won't finish today if you just sit there. Вы сего́дня не ко́нчите, е́сли бу́дете сиде́ть сложа́ ру́ки. • стоя́ть (to stand). This vase has been sitting on the shelf for years. Эта ва́за уже́ года́ми стои́т здесь на по́лке. • пози́ровать. She promised to sit for her portrait. Она́ обеща́ла пози́ровать для портре́та. • заседа́ть. The court is sitting. Суд сейча́с заседа́ет. ☐ **to sit down** сесть. Sit down over here, won't you? Пожа́луйста, ся́дьте сюда́.

to sit in on прису́тствовать. He sat in on all the conferences that day. Он в тот день прису́тствовал на всех заседа́ниях.

to sit out досиде́ть до конца́. I couldn't sit that play out. Я не мог досиде́ть до конца́ э́той пье́сы.

to sit up вы́прямиться. He suddenly sat up in the chair. Он неожи́данно вы́прямился на сту́ле. • сади́ться. The baby has been sitting up since he was five months old. Ребёнок на́чал сади́ться с пяти́ ме́сяцев. • просиде́ть. We sat up all night talking. Мы всю ночь просиде́ли за бесе́дой. ☐ Let's sit this dance out. Дава́йте пропу́стим э́тот та́нец и посиди́м. • She sat her horse as if she'd been riding for years. У неё была́ така́я поса́дка, сло́вно она́ всю жизнь е́здила верхо́м.

situated располо́жен. The house is situated on the top of the hill. Дом располо́жен на верши́не холма́.

situation ме́сто. That's a bad situation for a house. Это плохо́е ме́сто для до́ма. • дела́. What's the situation at the factory now? Как обстоя́т дела́ у вас на заво́де?

• положе́ние. The situation at home is getting more unbearable every day. Положе́ние у нас до́ма с ка́ждым днём стано́вится всё бо́лее невыноси́мым. • рабо́та. Are you looking for a new situation? Вы и́щете но́вую рабо́ту?

six *n, adj* шесть.

sixteen *n, adj* шестна́дцать.

sixth *adj* шесто́й.

sixty *n, adj* шестьдеся́т.

size но́мер. I wear size nine stockings. Я ношу́ девя́тый но́мер чуло́к. • разме́р. What size are these shoes? Како́го разме́ра э́ти башмаки́? — Try this for size. Приме́рьте э́то, что́бы посмотре́ть, подхо́дит ли вам э́тот разме́р.
☐ **to size up** сообрази́ть. He sized up the situation at a glance. Он сра́зу сообрази́л, в чём тут де́ло.

skate конёк. Get your skates; the lake is frozen. Достава́йте коньки́, о́зеро уже́ замёрзло. • ката́ться на конька́х. How well can you skate? Вы хорошо́ ката́етесь на конька́х?

sketch приблизи́тельный план. Draw me a sketch of the first floor. Набро́сайте мне приблизи́тельный план пе́рвого этажа́. • (де́лать) эски́з. Sketch this landscape! Сде́лайте эски́з э́того пейза́жа. • скетч. The program will be topped off by a humorous sketch. В конце́ програ́ммы бу́дет поста́влен весёлый скетч.
☐ Give me a sketch of the plot. Расскажи́те мне сюже́т в двух слова́х. • He's quite a sketch. С ним про́сто умо́ра.

skill квалифика́ция. I have no special skill. У меня́ нет никако́й квалифика́ции. • сноро́вка. He has no skill for that type of work. У него́ нет ну́жной для э́той рабо́ты сноро́вки.

skin ко́жа. She has very white skin. У неё о́чень бе́лая ко́жа. — The shoes are made of alligator skin. Э́ти ту́фли из крокоди́ловой ко́жи. • шелуха́. I like baked potatoes in the skin. Я люблю́ печёную карто́шку с шелухо́й. • сдира́ть шку́ру. The hunter was skinning the deer. Охо́тник сдира́л шку́ру с оле́ня.
☐ **by the skin of one's teeth** чу́дом. I made the train by the skin of my teeth. Я чу́дом поспе́л на по́езд.

skip вприпры́жку. The little girl skipped along to meet her father. Де́вочка вприпры́жку побежа́ла навстре́чу отцу́. • пропусти́ть. Skip that chapter; it's pretty dry. Пропусти́те э́ту гла́ву, она́ скучнова́та.
☐ **to skip out** улизну́ть. Let's skip out before she gets back. Дава́йте улизнём, пока́ она́ не верну́лась.

skirt ю́бка. Where did you buy that skirt? Где вы купи́ли э́ту ю́бку? • обогну́ть. Can I skirt the business district? Мо́жно здесь обогну́ть торго́вую часть го́рода?

sky не́бо. The sky is overcast. Не́бо заволокло́ ту́чами.
☐ **out of a clear sky** ни с того́, ни с сего́ *or* соверше́нно неожи́данно. He quit his job out of a clear sky. Он ни с того́, ни с сего́ поки́нул рабо́ту.
to the skies до небе́с. He praised her to the skies. Он её превозноси́л до небе́с.

slave раб. His grandfather was a slave. Его́ дед был рабо́м. • тяжело́ рабо́тать. She slaves all day at the factory. Она́ це́лый день тяжело́ рабо́тает на заво́де.
☐ He's a slave to his work. Он рабо́тает, как ка́торжный.

sled *n* са́нки.

sleep (slept, slept) спать. Did you sleep well? Вы хорошо́ спа́ли? • сон. He fell into a deep sleep. Он засну́л глубо́ким сном.
☐ **to get enough sleep** высыпа́ться. I don't get enough sleep. Я не высыпа́юсь.
to sleep away проспа́ть. He slept the afternoon away. Он проспа́л всё послеобе́да.
☐ He slept off his tiredness. Он вы́спался и его́ уста́лость прошла́.

sleepy *adj* со́нный.

sleeve *n* рука́в.

sleigh са́ни. Pull the sleigh around to the back of the house. Поста́вьте са́ни за до́мом. • ката́ться на са́нках. Let's go sleighing this afternoon. Дава́йте пойдём по́сле обе́да ката́ться на са́нках.

slept *See* sleep.

slide кати́ться. It's been a long downhill slide since we opened this store. С тех пор как мы откры́ли э́тот магази́н, де́ло всё вре́мя кати́лось по накло́нной пло́скости. • отко́с. I can't even stand on skis, much less go down the slide. Я и стоя́ть на лы́жах не уме́ю, не то́лько, что сойти́ по отко́су. • диапозити́в. The lecturer had interesting slides to show. Ле́ктор пока́зывал интере́сные диапозити́вы.
☐ **to let slide** относи́ться спустя́ рукава́. You're letting your work slide too much. Вы отно́ситесь к рабо́те спустя́ рукава́.
to slide in задви́нуть. Can you slide this drawer in? Задви́ньте, пожа́луйста, э́тот я́щик.

slight ма́ленький. There's a slight difference. Есть ма́ленькая ра́зница. • лёгкий. He has a slight cold. У него́ лёгкая просту́да. • хру́пкий. She has a rather slight figure. У неё хру́пкая фигу́ра. • оби́деть. I didn't mean to slight her. Я совсе́м не хоте́л её оби́деть.

slip опусти́ть. He slipped the letter into the box. Он опусти́л письмо́ в я́щик. • поскользну́ться. Don't slip on the ice. Смотри́те, не поскользни́тесь на льду́. • соскользну́ть. See that the knife doesn't slip. Смотри́те, что́бы нож не соскользну́л. • вы́лететь. The matter slipped my mind completely. Э́то у меня́ соверше́нно из головы́ вы́летело. • чехо́л. This dress needs a longer slip. Под э́то пла́тье ну́жен чехо́л подлинне́е. • на́волочка. Please change the pillow slip. Перемени́те, пожа́луйста, на́волочки на поду́шках. • клочо́к. He wrote a message on a slip of paper. Он написа́л запи́ску на клочке́ бума́ги. • черено́к. This rose bush grew from a slip. Э́тот ро́зовый куст вы́рос из черенка́.
☐ **to let slip** упуска́ть. Don't let the chance slip if you can help it. Е́сли то́лько возмо́жно, не упуска́йте э́того слу́чая.
to slip away улизну́ть. Let's slip away quietly. Дава́йте улизнём потихо́ньку.
to slip out сорва́ться. He let the name slip out before he thought. И́мя сорвало́сь у него́ с языка́, ра́ньше чем он успе́л поду́мать. • улизну́ть (из). They quietly slipped out of the room. Они́ потихо́ньку улизну́ли из ко́мнаты.
to slip up промахну́ться. I slipped up badly, didn't I? Я ка́жется, здо́рово промахну́лся?
☐ Wait until I slip into a coat. Подожди́те, пока́ я наде́ну пальто́. • Did I make a slip? Я дал ма́ху?

slipper *n* ту́фля.

slope склон. The hill has a thirty degree slope. Склон горы́ идёт под угло́м в три́дцать гра́дусов. • косого́р. My house is on a slope. Мой дом стои́т на косого́ре.
☐ The floor slopes badly. Э́тот пол ужа́сно пока́тый.

slow ме́дленно. He's driving too slow. Он е́дет сли́шком ме́дленно. • ме́дленный. Cook the soup on a slow fire. Вари́те суп на ме́дленном огне́. • пассажи́рский (passenger). Is it a slow train? Это пассажи́рский по́езд? • отстава́ть. My watch is an hour slow. Мои́ часы́ отстаю́т на час. • тяжёлый. The horses are racing on a slow track today. Сего́дня бега́ происхо́дят на тяжёлой доро́жке.

☐ **to slow down** or **to slow up** затяну́ть. It looks as if he's trying to slow down the negotiations. Похо́же на то, что он хо́чет затяну́ть перегово́ры. • замедля́ть ход. Slow up when you come to a crossing. Замедля́йте ход на перекрёстках. — Slow down! School ahead. Замедля́йте ход! Шко́ла.

☐ Slow down (riding)! Не гони́те так! or Поезжа́йте поти́ше! • She's slow to anger. Её тру́дно рассерди́ть. • She's teaching a slow class this year. В э́том году́ у неё в кла́ссе мно́го отста́лых ученико́в.

slowly ме́дленно. Time passed very slowly this week. На э́той неде́ле вре́мя тяну́лось о́чень ме́дленно. — Can't you drive a little more slowly? Нельзя́ ли е́хать немно́го ме́дленней?

slumber проспа́ть. He slumbered peacefully during the whole lecture. Он ми́рно проспа́л всю ле́кцию.

sly хи́трый. You can't trust him; he's too sly. Ему́ нельзя́ доверя́ть, уж бо́льно он хитёр.

☐ **on the sly** тайко́м. His family suspected what he was doing on the sly. Его́ семья́ подозрева́ла, чем он тайко́м занима́лся.

small ма́ленький. He's still a small boy. Он ещё ма́ленький ма́льчик. • ма́лый or ма́ленький. The room is rather small. Эта ко́мната чуть-чуть мала́. • небольшо́й. A small amount of money will be satisfactory. Небольшо́й су́ммы (де́нег) бу́дет доста́точно. • мелко. Chop it up small. Накроши́те э́то ме́лко. • ме́лкий. He was a small farmer in California. Он был ме́лким фе́рмером в Калифо́рнии. — Print it all in small letters. Напеча́тайте всё э́то ме́лким шри́фтом. • ме́лочно. It was awfully small of him. Это бы́ло о́чень ме́лочно с его́ стороны́.

☐ **small change** ме́лочь. I haven't any small change. У меня́ совсе́м нет ме́лочи.

small wood хво́рост • Please gather some small wood. Пожа́луйста, набери́те хво́росту.

☐ Where we stay overnight is a small matter as long as we can keep warm. Всё равно́ где переночева́ть, лишь бы согре́ться.

smart садни́ть. The cut smarts a bit. Ра́нка немно́го садни́т. • горе́ть. The burn is beginning to smart. Ожо́г начина́ет горе́ть. • жесто́кий. He got a smart slap across the face. Он получи́л жесто́кий уда́р по лицу́. • у́мный. She's a rather smart child. Она́ дово́льно у́мный ребёнок. • изя́щно. Do you think she wears smart clothes? По-ва́шему, она́ изя́щно одева́ется?

smash разби́ть. The side of the car was smashed because of the accident. Весь бок маши́ны был разби́т во вре́мя катастро́фы. • на сма́рку. All our plans went to smash when the crops failed. Все на́ши пла́ны пошли́ на сма́рку из-за неурожа́я. • уда́р. He returned the ball with a forehand smash. Он верну́л мяч прямы́м уда́ром.

smell нюх. The dog has a very keen sense of smell. У э́той соба́ки о́стрый нюх. • за́пах. What is that smell? Что э́то за за́пах? or Чем э́то па́хнет? • чу́вствовать за́пах.

Do you smell smoke? Вы чу́вствуете за́пах ды́ма? • па́хнуть. That perfume smells good. Эти духи́ хорошо́ па́хнут. • воня́ть. The garbage smells to high heaven. Этот му́сор ужа́сно воня́ет. • поню́хать. Smell what's in this bottle. Поню́хайте, что в э́той буты́лке. — Take a good smell and tell me whether you like this perfume. Поню́хайте и скажи́те, нра́вятся ли вам э́ти духи́.

☐ As soon as she mentioned it, I smelled a rat. Как то́лько она́ об э́том упомяну́ла я почу́вствовал, что тут что́-то нечи́сто.

smile улыба́ться. He never smiles. Он никогда́ не улыба́ется. • улы́бка. I like the way she smiles. Мне нра́вится её улы́бка. — You have a pretty smile. У вас очарова́тельная улы́бка.

smoke дым. Where's that smoke coming from? Отку́да э́тот дым? • дыми́ть. That stove smokes too much. Эта печь о́чень дыми́т. • копти́ть. The fishermen around here smoke most of their fish. Здесь рыбаки́ коптя́т бо́льшую часть уло́ва. • кури́ть. Do you smoke? Вы ку́рите? — "No Smoking." "Кури́ть воспреща́ется". — I'm dying for a smoke. Смерть, как кури́ть хо́чется.

☐ Open the windows; there's too much smoke in here. Откро́йте о́кна, тут ужа́сно наку́рено.

smooth ро́вный. Is the road smooth? Эта доро́га ро́вная? • споко́йный. The sea was very smooth. Мо́ре бы́ло о́чень споко́йно. • гла́дко. We had a very smooth ride. На́ша пое́здка прошла́ о́чень гла́дко. — I got a smooth shave. Меня́ гла́дко вы́брили. • не те́рпкий (not sharp). This is a smooth wine. Это вино́ не те́рпкое. • ло́вкий. He's a smooth salesman. Он ло́вкий продаве́ц.

☐ **to smooth out** опра́вить. Smooth out your dress. Опра́вьте пла́тье.

to smooth the way подгото́вить по́чву. We sent him ahead to smooth the way. Мы посла́ли его́ вперёд подгото́вить по́чву.

snake змея́. Are there any poisonous snakes around here? Тут во́дятся ядови́тые зме́и?

snap кно́пка. I have to sew snaps on my dress. Мне на́до приши́ть кно́пки на пла́тье. • ло́пнуть. The wire snapped under the strain. Про́волока ло́пнула от напряже́ния. • треск. The lock shut with a snap. Замо́к с тре́ском захло́пнулся. • сни́мок. Stand by that tree, so I can take a few snaps of you. Ста́ньте у э́того де́рева, я хочу́ сде́лать с вас не́сколько сни́мков. • огрыза́ться. You don't have to snap at me like that. Не́чего вам на меня́ так огрыза́ться.

☐ **to snap out of** встряхну́ться. Snap out of it! You haven't done a thing all week. Встряхни́тесь, вы за всю неде́лю ничего́ не сде́лали.

sneeze чиха́ть (to sneeze). Cover that sneeze with a handkerchief! Прикрыва́йтесь платко́м, когда́ чиха́ете. — He sneezes quite often. He may have hay fever. Он ча́сто чиха́ет, мо́жет быть у него́ сенна́я лихора́дка.

sniff обню́хивать. The dog sniffed suspiciously at the visitor. Соба́ка подозри́тельно обню́хивала го́стя. • поню́хать (to sniff). One sniff of that stuff was enough to make me sick. Я то́лько раз поню́хал и мне сра́зу ста́ло ду́рно.

snow снег. The snow was so thick we couldn't see in front of us. Снег па́дал таки́ми густы́ми хло́пьями, что ничего́ не ви́дно бы́ло впереди́. — It's snowing. Снег идёт.

☐ **to snow in** занести́ сне́гом. They were snowed in for a whole week. Они были занесены снегом в течение целой недели.

☐ We're snowed under by invitations. Нас засыпают приглашениями. ,

so так. It's all right now, and I hope it will remain so. Теперь это в порядке, и я надеюсь, что так и останется. — I think so. Я так думаю. — Not so much pepper, please. Не так много перца, пожалуйста. — "That's not so!" "It certainly is so." "Это не так." "Безусловно это так." — So you've finally come home! Так, так, наконец-то вы домой пожаловали! — And so you think that's a good idea, huh? Так вы думаете, что это удачная мысль? — I'm so glad. Я так рад. — I'd better not go out, my head aches so. У меня так голова болит, что мне лучше не выходить. — такой. Why is he so gloomy? Почему он такой угрюмый? • то и. If I can do it, so can you. Если я могу это сделать, то и вы можете. • как. Is that so? Вот как? • потому. I arrived late, so I didn't hear everything. Я пришёл поздно и потому не всё слышал.

☐ **and so on** и тому подобное. I need some paper, pencils, ink, and so on. Мне нужна бумага, карандаши, чернила и тому подобное.

so as to чтоб, чтобы. I did some of the translation so as to make the work easier for her. Я сделал часть перевода, чтоб облегчить ей работу.

so far пока что. So far I'm bored. Пока что я скучаю.

so far as поскольку. So far as I know, you don't need a pass. Поскольку мне известно, вам пропуска не нужно.

so long ну пока. So long; I'll be seeing you! Ну пока! До скорого!

so . . . (that) так . . . что. He ran so fast he got all out of breath. Он так быстро бежал, что совсем запыхался.

so (that) чтобы. He made it sound good so I'd help him. Он представил это в розовом свете, чтобы я ему помог.

so that так . . . что. I fixed things so that he could stay here. Я так устроил, чтобы он мог здесь остаться.

☐ I've told you so a hundred times. Я это вам сто раз говорил. • Thanks ever so much. Очень вам благодарен. • "I want to go home." "So do I." "Я тоже идти домой?" "Я тоже". • "The door's open." "So I see." "Дверь открыта". "Я вижу". • So what? Ну и что? or Ну так что? • Can you lend me two rubles or so? Можете мне одолжить рубля два-три? • I expect to stay in Moscow a day or so. Я думаю оставаться в Москве денька два.

soak мочить. Soak your hand in lukewarm water. Мочите руку в тепловатой воде. • промокнуть. He was soaked to the skin. Он промок до костей.

soap мыло. I want a cake of soap. Дайте мне кусок мыла.

sober трезвый. He has a sober outlook for a young fellow. Для такого молодого человека у него очень трезвый взгляд на вещи.

☐ **to sober up** протрезвиться. I'm sure he'll sober up by morning. Я уверен, что он к утру протрезвится.

☐ I'm not drunk; I'm as sober as a judge. *Что вы, я не пьян, ни в одном глазу!

social вечеринка. They're having a social at the church tonight. У них сегодня вечеринка в церкви.

☐ Her social life takes up most of her time. Развлечения отнимают большую часть её времени. • All our work is for the social welfare of the people. Вся наша работа для общественного блага.

society общество. He wrote a book on the institutions of primitive society. Он написал книгу об организации примитивного общества. — He's a member of a learned society. Он состоит членом научного общества. • светский. I read that on the society page of the "New York Times." Я прочёл это в отделе светской хроники в Нью-Йоркском Таймсе. • организация. He didn't want to join our society. Он не хотел вступить в нашу организацию.

☐ You owe it to society. Это ваш гражданский долг.

sock носок. I want three pairs of socks. Дайте мне три пары носков. • тумак. If you do that again, I'll sock you. Если вы ещё раз это сделаете, я вам дам тумака.

☐ Give him a sock on the jaw. Дайте ему в зубы.

soft мягкий. This pillow is too soft for me. Для меня эта подушка слишком мягкая. — This lamp gives off a soft light. Эта лампа даёт мягкий свет. — He's too soft to be a good executive. У него слишком мягкий характер, чтоб быть хорошим администратором. • рыхлый. The ground is too soft. Почва слишком рыхлая.

☐ She sang in a soft voice. Она пела вполголоса. • You'll get soft if you don't have any exercise. Если вы не будете заниматься физкультурой, у вас ослабеют мускулы. • Make the radio softer. Приглушите радио.

softly adv тихо.

soil почва. What will grow in this soil? Что может расти на этой почве? • запачкать. Don't let it get soiled. Смотрите, чтобы это не запачкалось.

sold See sell.

soldier солдат. Our captain is a fine soldier. Наш капитан отличный солдат. — Is this club for soldiers or officers? Этот клуб для солдат или для командного состава?

sole единственный (only persons or things). Are we the sole Americans here? Мы здесь единственные американцы? • только. He came for the sole purpose of getting information. Он пришёл только с целью получить информацию. • ступня. There is a pain in the sole of my foot. У меня болит ступня. • подмётка. I need new soles on these shoes. Мне нужны новые подмётки на эти башмаки. — My shoes need to be resoled. Мои башмаки нуждаются в новых подмётках.

solemn adj торжественный.

solid прочный. The ice is solid enough for skating. Лёд уже достаточно прочный, чтоб кататься на коньках. • сплошной. Is the beam solid or hollow? Эта балка сплошная или полая? • твёрдый. The doctor told him not to eat solids for a few days. Врач посоветовал ему не есть твёрдой пищи несколько дней. • целый. He talked to me for a solid hour. Он говорил со мной целый час. • настоящий. This is solid comfort. Вот это настоящий комфорт. • гладкий. I want a solid blue material. Дайте мне гладкую синюю материю. • солидный. This is a solid concern. Это солидное предприятие.

☐ The lake is frozen solid. Озеро совсем замёрзло. • He seems to be a solid sort of person. Он, кажется, человек, на которого можно положиться.

solve v решать.

some несколько. Could I have some towels? Можно мне получить несколько полотенец? • некоторый. I've been working for some time here. Я здесь работаю уже некоторое время. • некоторые. Some of you may disagree with me. Некоторые из вас мо́гут со мной не согласи́ться. — No doubt some people think so. Несомне́нно, что не́которые лю́ди так ду́мают. • кто́-то. Some friend of hers gave it to her. Кто́-то из её друзе́й ей э́то подари́л. • како́й-то. Some fellows were looking for you. Тут вас каки́е-то па́рни иска́ли. • какой-нибудь. There must be some way of finding out. Наве́рное есть какой-нибудь спо́соб разузна́ть. • что за. She's some girl! Что за де́вушка!

☐ some day ка́к-нибудь. I hope I can see you again some day. Я наде́юсь, мы с ва́ми опя́ть ка́к-нибудь встре́тимся. some place где́-то. I've seen you some place. Я вас где́-то ви́дел.

some . . . or other хоть какой-нибудь. Try to get some typist or other to do the job. Постара́йтесь найти́ хоть каку́ю-нибудь машини́стку для э́той рабо́ты. • оди́н из. It's in some book or other on that shelf. Это в одно́й из книг на той по́лке.

some . . . some одни́ . . . други́е. Some are going by train and some by bus. Одни́ пое́дут по́ездом, а други́е на авто́бусе.

☐ Take some meat. Возьми́те, пожа́луйста, мя́са. • Give me some more water. Да́йте мне ещё воды́. • I played with the child some two or three hours. Я игра́л с ребёнком часа́ два-три.

somebody кто́-то. There's somebody who wants to speak to you. Тут вас кто́-то спра́шивает.

☐ She certainly is somebody! Она́ несомне́нно не́что из себя́ представля́ет.

somehow ка́к-нибудь. I'll get there somehow. Я уж ка́к-нибудь туда́ доберу́сь.

☐ somehow or other ка́к-то так. Somehow or other he always seems to be late. Ка́к-то так выхо́дит, что он всегда́ опа́здывает.

someone кто́-нибудь. Is there someone here who can help me? Тут найдётся кто́-нибудь, кто мог бы мне помо́чь?

something ко́е-что. He knows something about medicine. Он ко́е-что понима́ет в медици́не. — There's something in what you say. Ко́е-что пра́вильно в том, что вы говори́те. • что́-нибудь. Did something happen? Что́-нибудь случи́лось? • что́-то. There must be something else I've forgotten. Я ка́жется ещё что́-то забы́л.

☐ something or other что́-то, кто́-нибудь. I'm sure I've forgotten something or other. Я уве́рен, что я что́-то забы́л.

☐ He's something of a pianist. Он посре́дственный пиани́ст. • That's really something! Вот э́то настоя́щее!

sometime ка́к-нибудь. Will you have dinner with me sometime? Хоти́те ка́к-нибудь пообе́дать со мной?

☐ sometime or other ка́к-нибудь. I'd like to read it sometime or other. Я бы хоте́л э́то ка́к-нибудь прочита́ть.

☐ It happened sometime last October. Это случи́лось в октябре́.

sometimes по времена́м, иногда́. Sometimes I wonder if it's worth while to work so hard. По времена́м я спра́шиваю себя́: сто́ит ли так тяжело́ рабо́тать.

somewhat слегка́. This differs somewhat from the usual type. Это слегка́ отлича́ется от обы́чного ти́па. • немно́го. This is somewhat too expensive. Это немно́го дорогова́то.

somewhere где́-то. Haven't I seen you somewhere before? Мы с ва́ми, ка́жется, уже́ где́-то встреча́лись.

☐ She must be somewhere in her fifties. Ей, наве́рно, пятьдеся́т с хво́стиком.

son n сын.

song пе́сня. That's a pretty song. Это преле́стная пе́сня.

☐ for a song за ничто́, да́ром. We bought the chair for a song. Мы э́тот стул купи́ли про́сто за ничто́.

to burst into song запе́ть. The birds burst into song. Пти́цы запе́ли.

soon ско́ро. I'll be back soon. Я ско́ро верну́сь. • поскоре́е. Come again soon. Приходи́те поскоре́е опя́ть. • бы́стро. It's cold in the morning, but it soon warms up. По утра́м тут хо́лодно, но пото́м бы́стро тепле́ет. • вско́ре. He came soon after I left. Он пришёл вско́ре по́сле моего́ ухо́да.

☐ as soon as как то́лько. Let me know as soon as you get here. Да́йте мне знать, как то́лько вы сюда́ прие́дете.

at the soonest са́мое ра́ннее. I won't be back till five at the soonest. Я верну́сь в пять часо́в са́мое ра́ннее.

sooner or later ра́но и́ли по́здно. I'll have to see him sooner or later. Ра́но и́ли по́здно мне придётся с ним уви́деться.

☐ It's too soon to tell what's the matter with him. Сейча́с ещё тру́дно сказа́ть, что с ним тако́е. • I'd just as soon not go to the movies tonight. Я предпочита́ю не идти́ сего́дня в кино́. • I'd just as soon pick the book up for you, but I'm not passing the library. Я бы охо́тно взял для вас э́ту кни́гу, но я не прохожу́ ми́мо библиоте́ки. • He no sooner said her name than she came in sight. Он успе́л он произнести́ её и́мя, как она́ появи́лась.

sore больно́й. Look out for my sore foot. Осторо́жно, не наступи́те мне на больну́ю но́гу. • боля́чка. There is a sore on my foot. У меня́ боля́чка на ноге́. • боле́ть. (to be painful). My throat is sore. У меня́ боли́т го́рло.

☐ to get sore зли́ться. Don't get sore; I didn't mean anything. Не зли́тесь, я пра́во ничего́ тако́го не ду́мал.

sorrow n го́ре, печа́ль.

sorry

☐ sorry-looking жа́лкий. He's a sorry-looking specimen. У него́ жа́лкий вид.

to be sorry жале́ть. I'm not sorry I did it. Я не жале́ю, что сде́лал э́то.

to feel sorry for сочу́вствовать. I feel sorry for you. Я вам о́чень сочу́вствую.

☐ I'm sorry to be late. Извини́те, что я опозда́л.

sort рассортирова́ть. Have these been sorted? Это уже́ рассортиро́вано?

☐ all sorts вся́кого ро́да. They have books of all sorts. У них есть вся́кого ро́да кни́ги.

(a) sort of своего́ ро́да. It's a sort of gift some people have. Это своего́ ро́да тала́нт у не́которых люде́й.

nothing of the sort ничего́ подо́бного. I've said nothing of the sort. Я ничего́ подо́бного не говори́л.

sort of отча́сти. I'm sort of glad things happened the way they did. Я отча́сти рад, что так вы́шло. • дово́льно. She's interesting, sort of. Она́ — дово́льно интере́сный челове́к.

☐ What sort of a man is he? Что он за челове́к? • He's not a bad sort. Он па́рень неплохо́й. • She's not the sort of girl you can forget easily. Она́ не из тех де́вушек, кото́рых легко́ забыва́ешь. • I need all sorts of things. Мне ну́жно мно́го ра́зных веще́й.

sought See seek.

soul душа́. I've heard a lot about the Russian soul. Я

мно́го слы́шал о ру́сской душе́. — Not a single soul knows about it. Ни одна́ душа́ об э́том не зна́ет.

sound звук. What was that sound? Что э́то был за звук? • прозвуча́ть. That shout sounded very, very close. Э́тот крик прозвуча́л где́-то совсе́м бли́зко. • звуча́ть. His name sounds familiar. Его́ и́мя звучи́т знако́мо. — It sounds impossible. Э́то звучи́т соверше́нно невероя́тно. • протруби́ть. The bugle sounded retreat. Горни́ст протруби́л отступле́ние. • кре́пкий. The floor is old but sound. Пол ста́рый, но кре́пкий. • невреди́мый. Did you get home safe and sound? Вы попа́ли домо́й це́лым и невреди́мым? • я́сный. He's weak now, but his intellect is sound. Он слаб тепе́рь, но ум у него́ я́сный. • разу́мный. She gave him sound advice. Она́ дала́ ему́ разу́мный сове́т. • зако́нный. Have you got sound title to the property? Есть у вас зако́нное пра́во на э́ту со́бственность? • кре́пко. I had a sound sleep last night. Сего́дня но́чью я спал кре́пко. • изме́рить глубину́. They sounded the lake. Они́ изме́рили глубину́ о́зера. • проли́в. Let's go for a sail on the sound. Поката́емся на па́русной ло́дке по проли́ву.

☐ **to sound someone out** позонди́ровать. Try to sound him out on the subject. Постара́йтесь позонди́ровать его́ насчёт э́того.

☐ She didn't know we were within sound of her voice. Она́ не зна́ла, что мы бы́ли так бли́зко, что могли́ её услы́шать.

soup n суп.

sour ски́снуть. This milk is already sour. Э́то молоко́ уже́ ски́сло. • ки́слый. How come you've got such a sour expression on your face today? Почему́ э́то у вас сего́дня така́я ки́слая физионо́мия?

☐ I think he's already soured on the whole proposition. Мне ка́жется, что э́то де́ло ему́ уже́ поперёк го́рла ста́ло.

source исто́ки. Where is the source of this river? Где исто́ки э́той реки́? • исто́чник. This book is based on several unpublished sources. Э́та кни́га осно́вана на не́которых неи́зданных исто́чниках.

☐ His success has been a source of great pride to all of us. Его́ успе́хи бы́ли предме́том на́шей го́рдости. • Has the plumber found the source of the trouble? Водопрово́дчик уже́ вы́яснил, что тут не в поря́дке?

south юг. This forest runs about five kilometers from north to south. Э́тот лес тя́нется на пять киломе́тров с се́вера на юг. — We traveled through the south of the Ukraine. Мы путеше́ствовали по ю́гу Украи́ны. — The village is twenty kilometers south of here. Э́та дере́вня в двадцати́ киломе́трах на юг отсю́да. — I want to go south for the winter. На́ зиму я хочу́ пое́хать на юг. • ю́жный. There's a south wind blowing. Ду́ет ю́жный ве́тер.

southern ю́жный. He comes from the southern part of the United States. Он прие́хал из ю́жной ча́сти Соединённых Шта́тов.

☐ I would prefer a room with a southern exposure. Я бы предпочёл ко́мнату с о́кнами на юг.

sow v се́ять.

space простра́нство. How much space does the building occupy? Како́е простра́нство занима́ет э́то зда́ние? — He just sat there staring out into space. Он про́сто сиде́л, гля́дя в простра́нство. — There's a narrow space between our building and the next. Ме́жду на́шим до́мом и сосе́дним — у́зкое простра́нство. • ме́сто (place).

Is there any space for my luggage? Есть здесь ме́сто для моего́ багажа́? • про́пуск. Leave a double space after each sentence. Де́лайте двойно́й про́пуск по́сле ка́ждой фра́зы. • отстоя́ть. The posts are spaced two meters apart. Столбы́ отстоя́т друг от дру́га на два ме́тра.

☐ **in the space of** в тече́ние. He did the work in the space of a day. Он сде́лал э́ту рабо́ту в тече́ние одного́ дня.

spade лопа́та. I have to get this spade fixed. На́до почини́ть э́ту лопа́ту. • вскопа́ть. Will you help me spade my garden? Вы мне помо́жете вскопа́ть сад? • пи́ка. I bid two spades. Две пи́ки.

☐ **to call a spade a spade** называ́ть ве́щи свои́ми имена́ми. Why don't you call a spade a spade? Называ́йте ве́щи свои́ми имена́ми.

spare щади́ть. I'll try to spare your feelings. Я постара́юсь щади́ть ва́ши чу́вства. • пощади́ть. His life was spared. Его́ жизнь пощади́ли. • изба́вить. Spare me the details. Изба́вьте меня́ от подро́бностей. • пожале́ть. I've spared no expense in building the house. Я не пожале́л расхо́дов на постро́йку э́того до́ма. • дать. I can spare you some money. Я могу́ вам дать немно́го де́нег. — Can you spare a cigarette? Вы мо́жете дать мне папиро́ску? or Нет ли у вас папиро́ски? • удели́ть. Can you spare a minute? Вы мо́жете удели́ть мне мину́тку? • свобо́дный. I haven't a spare minute. У меня́ нет ни мину́ты свобо́дной. • запасно́й. Do you have any spare parts fo your radio? Есть у вас запасны́е ча́сти для ва́шего ра́дио? • запасна́я ши́на. Please hand me the spare (tire). Переда́йте мне, пожа́луйста, запасну́ю ши́ну.

☐ **spare time** досу́г. I'll do it in my spare time. Я сде́лаю э́то на досу́ге.

☐ I got to the station with five minutes to spare. Я попа́л на вокза́л за пять мину́т до отхо́да по́езда.

spark и́скра. Sparks were coming out of the chimney. Из трубы́ лете́ли и́скры.

☐ He didn't even show a spark of interest in what I was saying. Он не прояви́л ни ка́пли интере́са к тому́, что я сказа́л.

sparkle v сверка́ть.

sparrow n воробе́й.

speak (spoke, spoken) говори́ть. Do I speak clearly enough? Я говорю́ доста́точно я́сно? — Do you speak English? Вы говори́те по-англи́йски? — I haven't spoken Russian for years. Я уже́ мно́го лет не говори́л по-ру́сски. • поговори́ть. You'll have to speak to the clerk about that. Вам придётся поговори́ть об э́том со служа́щим. • выступа́ть. Who is speaking at the meeting tonight? Кто сего́дня ве́чером выступа́ет на собра́нии? • разгово́рный. The spoken language is quite different from the written. Разгово́рный язы́к о́чень отлича́ется от кни́жного.

☐ **generally speaking** вообще́ говоря́. Generally speaking he's right. Вообще́ говоря́, он прав.

to speak for говори́ть от и́мени. I'm speaking for my friend. Я говорю́ от и́мени моего́ дру́га.

to speak plainly попро́сту говоря́. To speak plainly, he's a thief. Попро́сту говоря́, — он вор.

to speak out вы́сказаться. He wasn't afraid to speak out in the meeting. Он не побоя́лся вы́сказаться на чистоту́ на собра́нии.

to speak up, to speak one's piece выкла́дывать. Go ahead and speak your piece. *Ну ла́дно выкла́дывайте.

speaker n ора́тор.

spear копьё. The actor walked on stage carrying a spear. Артист вышел на сцену с копьём в руке. • бить острогой. We went out spearing fish. Мы поехали бить рыбу острогой.

special особый. I have a special reason. У меня есть особая причина. • определённый. Does this book go in any special place? Есть для этой книги какое-нибудь определённое место? — Have you got anything special in mind for tonight? Есть у вас какие-нибудь определённые планы на сегодняшний вечер? • специальный. He's had special training in this field. У него в этой области специальная подготовка.

specialize v специализироваться.

specify v определить.

speech слова. Sometimes gestures are more expressive than speech. Иногда жесты выразительнее слов. • говор. You can often tell where a person comes from by his speech. Вы часто можете определить, откуда человек, по его говору. • речь. That was a very good speech. Это была очень хорошая речь.

speed скорость. Let's put on a little speed. Давайте прибавим скорость. — Speed limit thirty kilometers per hour. Предельная скорость—тридцать километров. — This car has four speeds forward. У этой машины четыре скорости. □ **to speed up** ускорить. Speed up the work. Ускорьте темп работы. □ We're moving at a good speed now. Теперь мы двигаемся быстро. • No speeding. Быстрая езда воспрещается.

spell писать (to write). How do you spell that word? Как пишется это слово? • приступ. He had a coughing spell. У него был приступ кашля. • заговор. I don't believe in spells and charms. Я не верю в заговоры и чары. • чары. Have you come under her spell? Вы подпали под её чары? □ These hot spells don't last long. Такая жара недолго держится. • He works for short spells now and then. Он работает изредка и понемногу.

spend (spent, spent) истратить. I'm willing to spend a lot for a piano. На рояль я готов истратить большую сумму. — I've spent all my money. Я истратил все свои деньги. • тратить. I haven't much to spend. Я не могу много тратить. • провести. We've spent too much time here. Мы тут провели слишком много времени. or Мы тут оставались слишком долго. • проводить. He spends a lot of time in the library. Он проводит массу времени в библиотеке. • переночевать (to stay overnight). I want to spend the night here. Я хочу здесь переночевать.

spent (See also **spend**) на излёте. He was hit by a spent bullet. Он был ранен пулей на излёте. □ At the end of the race the horse was completely spent. Лошадь окончательно выдохлась к концу пробега.

spider n паук.

spill пролить. Who spilled the milk on the floor? Кто пролил молоко на пол? □ She had a bad spill. Она очень неудачно упала.

spin (spun, spun) прясть. We spin flax at our factory. На нашей фабрике прядут лён. • повернуть. Spin the wheel around. Поверните колесо. • штопор. The airplane went into a spin. Самолёт вошёл в штопор. □ **to go for a spin** покататься. Let's go for a spin around the park. Давайте, покатаемся по парку.

spirit дух. These tales reveal the spirit of the country. Эти сказки отражают дух страны. • подход. You don't go about it in the right spirit. У вас к этому неправильный подход. □ **in spirit** мысленно. I'll be with you in spirit. Мысленно я буду с вами.

spirits настроение. I hope you're in good spirits. Я надеюсь, что у вас хорошее настроение.

spirits of ammonia нашатырный спирт. Give her some spirits of ammonia to smell. Дайте ей понюхать нашатырного спирта. □ That's the right spirit! Вот молодец! • Try to keep up your spirits. Не падайте духом. • I'm in low spirits today. Я сегодня не в духе. • That pup has a lot of spirit. Какой резвый щенок!

spiritual adj духовный.

spit (spit, spit) плевать. No spitting. Плевать воспрещается. • слюна. Put some spit on the back of the stamp. Намочите марку слюной. • вертел. It's good roasted on a spit. Это очень вкусно, если зажарить на вертеле. □ **to spit out** выплюнуть. If it tastes bad, spit it out. Выплюньте, если это невкусно.

spite приносить вред. He spites himself by being so nasty with people. Он вредит себе самому, обращаясь со всеми так дурно. □ **for spite** назло. She just did that for spite. Она это сделала просто назло.

in spite of хоть и. He's a nice guy in spite of the fact that he has a lot of money. Он, хоть и богат, но парень не плохой. • несмотря на. Is he coming in spite of that rain? Как вы думаете, он придёт несмотря на дождь? □ They're just spiting themselves by not coming along. Им же хуже, что они с нами не идут.

splash плескаться. The baby likes to splash in the tub. Ребёнок любит плескаться в ванне. □ **to make a splash** вызвать сенсацию. That incident caused quite a splash in the newspapers. Это происшествие вызвало настоящую газетную сенсацию.

splendid прекрасный. This is splendid weather for swimming. Это прекрасная погода для купанья. • великолепный. The scenery is really splendid. Вид действительно великолепный.

split разделить. Let's split the profits. Давайте разделим прибыль. • раскол. If there hadn't been a split in the party just before elections, we'd have won. Если бы в партии не было раскола перед самыми выборами, мы бы победили. □ **to split hairs** спорить о мелочах. You just complicate the argument when you split hairs that way. Вы только осложняете дело, споря о мелочах. **to split one's sides** лопнуть. I nearly split my sides laughing at his stories. Я чуть со смеху не лопнул, слушая его рассказы. □ I have a splitting headache. У меня голова трещит.

spoil испортить. He spoiled all my plans. Он испортил все мои планы. • испортиться. The meat will spoil quickly in such hot weather. Мясо быстро испортится в такую жару. • портиться. These apples are beginning to spoil. Эти яблоки начинают портиться. • баловать. The little boy is being spoiled by his grandmother. Бабушка слишком балует мальчика.

spoke (See also **speak**) спица. Have you some spare wire spokes for your bicycle? Есть у вас запасны́е спи́цы к ва́шему велосипе́ду?

spoken *See* **speak.**

sponge гу́бка. Get me a sponge for my bath please. Я хочу́ приня́ть ва́нну; да́йте мне, пожа́луйста, гу́бку. • тяну́ть (де́ньги). He's lazy and sponges on his younger brother. Он лентя́й и тя́нет де́ньги с мла́дшего бра́та.

spoon *n* ло́жка, ло́жечка.

sport спорт. Do you like sports? Вы лю́бите занима́ться спо́ртом? • спорти́вный. I love to wear sport clothes. Я о́чень люблю́ носи́ть ве́щи спорти́вного сти́ля. • молоде́ц. He took the news like a real sport. Он при́нял э́то изве́стие молодцо́м.

spot пятно́. Can you get these spots out of my pants? Мо́жете вы́вести э́ти пя́тна на мои́х штана́х? • горо́шина. She had on a white dress with red spots. На ней было́ бе́лое пла́тье в кра́сную горо́шину. • ме́сто. Show me the exact spot you mean. Покажи́те мне то́чно то ме́сто, о кото́ром вы говори́те. • узна́ть. I spotted you in the crowd as soon as I saw your hat. Я узна́л вас в толпе́, как то́лько уви́дел ва́шу шля́пу.

☐ **on the spot** сра́зу. They hired him on the spot. Его́ при́няли на рабо́ту сра́зу. • в тру́дное положе́ние. That really put me on the spot. Э́то действи́тельно поста́вило меня́ в тру́дное положе́ние.

right on the spot как раз там. I was right on the spot when it happened. Я был как раз там, когда́ э́то произошло́. ☐ That was a bright spot in an otherwise dull day. Э́то был еди́нственный прия́тный моме́нт за весь э́тот уны́лый день.

sprang *See* **spring.**

spread (spread, spread) разверну́ть. Spread the rug out, and let me look at it. Разверни́те ковёр и да́йте мне на него́ посмотре́ть. • распространи́ть. Who spread that rumor? Кто распространи́л э́тот слух? • нама́зать. Do you like your bread spread with jam? Нама́зать вам хлеб варе́ньем? • распространи́ться. The fire spread rapidly. Пожа́р бы́стро распространи́лся. • распростране́ние. We tried to check the spread of the rumors. Мы пыта́лись останови́ть распростране́ние э́тих слу́хов. ☐ From the hill we saw the whole valley spread out below us. С горы́ нам видна́ была́ вся доли́на внизу́. • He repaid me in small amounts, spread over several years. Он мне вы́платил долг ма́ленькими су́ммами в тече́ние не́скольких лет.

spring (sprang, sprung) вскочи́ть. He sprang to his feet. Он вскочи́л на́ ноги. • бро́ситься. He sprang at me in a rage. В бе́шенстве он бро́сился на меня́. • пружи́на. This bed has good springs. У э́той крова́ти хоро́шие пружи́ны. • исто́чник. We went to the spring for water. Мы пошли́ за водо́й к исто́чнику. • ключево́й • We had a drink of nice cool spring water. Мы напили́сь холо́дной ключево́й воды́. • объясня́ться (to be explained). His peculiar attitude on the matter doesn't spring from any one cause. Его́ отноше́ние к э́тому вопро́су объясня́ется ра́зными причи́нами. • весна́. We won't be leaving town before spring. Мы не уе́дем из го́рода до весны́. • весе́нний. This is good spring weather today. Сего́дня хоро́шая весе́нняя пого́да.

☐ **to spring up** бы́стро вы́расти. Towns sprang up all along the railroad. Вдоль ли́нии желе́зной доро́ги бы́стро вы́росли города́.

☐ The teacher sprang that test on us without warning. Учи́тель неожи́данно устро́ил нам экза́мен.

sprinkle посы́пать. He sprinkled ashes on the icy sidewalk. Он посы́пал оледене́лый тротуа́р золо́й. • мороси́ть. It's not raining hard; it's just a sprinkle. Дождь не си́льный, чуть мороси́т. • покропи́ть. Sprinkle some water on the flowers. Покропи́те цветы́ водо́й.

sprung *See* **spring.**

spun *See* **spin.**

spy шпио́н. I don't believe he's a spy. Я не ве́рю, что он шпио́н. • шпио́нить. Why ask me to spy on them? Почему́ вы про́сите меня́ шпио́нить за ни́ми?

square квадра́т. He drew a large square. Он начерти́л большо́й квадра́т. • квадра́тный. How many square meters does the building cover? Ско́лько квадра́тных ме́тров занима́ет э́то зда́ние? • Our back yard is twenty meters square. В на́шем дворе́ два́дцать квадра́тных ме́тров. — I want a square box. Да́йте мне квадра́тную коро́бку. • прямо́й. Make all the corners square. Сде́лайте все углы́ прямы́ми. • пло́щадь. How far are we from Red Square? Мы далеко́ от Кра́сной пло́щади? • науго́льник. You ought to have a carpenter's square. Вам бы сле́довало име́ть пло́тничий науго́льник. • поря́дочный. He's a pretty square fellow. Он о́чень поря́дочный па́рень. • справедли́вый. Do you think they gave him a square deal? Вы ду́маете, что с ним поступи́ли справедли́во? • ула́живать. I'll square things with you later. С ва́ми я э́то пото́м ула́жу.

☐ You can get a square meal there for very little money. Вы там мо́жете хорошо́ и дёшево пое́сть.

squeak пи́скнуть. Did you hear a mouse squeak? Вы слы́шали, как пи́скнула мышь? • скрипе́ть. Put some grease on the wheel; it squeaks. Сма́жьте колесо́, оно́ скрипи́т. — My new shoes squeak. Мои́ но́вые башмаки́ скрипя́т.

squeeze пожа́ть. He gave her hand a friendly squeeze. Он дру́жески пожа́л ей ру́ку. • впи́хивать. Don't squeeze any more into the trunk. Не впи́хивайте бо́льше ничего́ в сунду́к. • втисну́ться. We just barely squeezed into the car. Мы е́ле вти́снулись в маши́ну.

squirrel *n* бе́лка.

stable усто́йчивый. She's a pretty stable person. Она́ о́чень усто́йчивый челове́к. • коню́шня. Where are the stables? Где коню́шни?

staff шта́ты. I understand that they're going to increase the staff. Наско́лько я понима́ю, тут собира́ются увели́чить шта́ты. • набира́ть ка́дры. We're trying to staff our factory with good workers. Мы стара́емся набра́ть хоро́шие рабо́чие ка́дры для на́шего заво́да.

stage ста́дия. The disease is only in its first stages now. Боле́знь сейча́с то́лько в нача́льной ста́дии. • сце́на. I can't see the stage from this seat. Отсю́да я не ви́жу сце́ны. — My brother is trying to get on the stage. Мой брат стара́ется попа́сть на сце́ну. • устро́ить. They staged a party for him before he left. Ему́ устро́или вечери́нку пе́ред отъе́здом.

stain пятно́. Have you anything to remove stains? У вас есть что́-нибудь чем выводи́ть пя́тна? • запа́чкать. How did you stain your dress? Как э́то вы запа́чкали пла́тье? • покра́сить. The carpenter can stain the table for you. Столя́р вам мо́жет покра́сить стол.

stairs лестница. Take the stairs to your right. Идите по лестнице направо.

stamp топнуть. She stamped her foot angrily. Она гневно топнула ногой. • потушить (to blow out). Stamp on that cigarette. Потушите окурок (ногой). • поставить печать. Please stamp this: "Glass." Пожалуйста, поставьте на этом печать: "Стекло". • печать. Every letter that goes out of the office must have his stamp. На всех исходящих письмах должна быть печать. • печатка. Please buy me a rubber stamp. Пожалуйста, купите мне резиновую печатку. • марка. I want twenty kopeks' worth of stamps. Дайте мне на двадцать копеек марок. — Give me an airmail stamp, please. Дайте мне, пожалуйста, марку для воздушной почты.

stand (stood, stood) встать. The audience stood and applauded. Публика встала и зааплодировала. • стоять. The ladder is standing in the corner. Лестница стоит в углу. — I'm tired of standing here waiting. Мне надоело тут стоять и ждать. — The old clock has stood on the shelf for years. Эти старые часы уже много лет стоят тут на полке. • простоять. I stood here for twenty minutes. Я простоял тут двадцать минут. • отойти (to move aside). Stand aside a minute. Отойдите в сторону на минуту. • постоять. Let the milk stand over night and skim off the cream. Дайте молоку постоять ночь, а потом снимите с него сливки. • остаться в силе. What I said yesterday still stands. То, что я вчера сказал, остаётся в силе. • отношение. He's changed his stand on modern music several times. Он несколько раз менял своё отношение к современной музыке. • выдержать. This cloth won't stand much washing. Эта материя не выдержит частой стирки. • выносить. I can't stand that man! Я не выношу этого человека! • поставить. Stand the lamp over there. Поставьте лампу туда. • столик. Put your books on the stand. Положите ваши книги на столик.

☐ **to stand a chance** иметь шанс. I'm afraid you don't stand a chance of getting the job. Боюсь, что у вас нет никаких шансов получить эту работу.

to stand by помочь. I'll always stand by you in case of trouble. Я всегда готов помочь вам, если вы попадёте в беду. • сдержать. You can count on him to stand by his word. Вы можете рассчитывать на то, что он сдержит слово.

to stand for переносить. I don't have to stand for such insolence on his part. Я не обязан переносить его нахальство. • заменяться. In their code each number stands for a letter. В их коде каждая буква заменяется цифрой.

to stand on настаивать на. I'm going to stand on my rights. Я буду настаивать на своих правах.

to stand out выделяться. His height makes him stand out in a crowd. Он выделяется в толпе своим ростом. • торчать. His ears stand out from his head. У него уши торчат.

to stand up вставать. Don't bother standing up. He беспокойтесь, не вставайте! • выдержать. Do you think this platform will stand up under such a strain? Вы думаете, что эта площадка выдержит такую тяжесть? — Do you think these shoes will stand up under long wear? Вы думаете, что эти башмаки выдержат долгую носку?

to stand up for постоять за. If we don't stand up for him, nobody will. Если мы за него не постоим, никто другой этого не сделает.

to stand up to перечить, прекословить. He never stands up to his father. Он никогда не перечит своему отцу.

☐ It stands to reason that she wouldn't do that. Само собой разумеется, что она этого не сделает. • I wish I knew where I stood. Я хотел бы знать, что со мной будет. • The front door stood wide open. Парадная дверь была широко открыта. • How much for it as it stands? Сколько это стоит в таком виде, как оно есть? • As things now stand, I'll have to quit my job. При таком положении вещей мне придётся оставить работу. • Where do you stand in this matter? Какова ваша позиция в этом вопросе? • In this opinion I don't stand alone. Не я один такого мнения. • He stood by, doing nothing while the men fought. Он присутствовал при их драке, но не принимал в ней участия. • Stand by for the latest news bulletin. Слушайте, сейчас будет передача последних новостей. • It's difficult to know just what he stands for. Трудно, собственно, понять, каких он убеждений. • Her clothes make her stand out in a crowd. Её всегда легко узнать в толпе по её одежде. • She stood me up after all. Она всё-таки не пришла на свидание.

standard мерка. You can't judge him by ordinary standards. Вы не можете подходить к нему с обычной меркой. • условия (condition). Our standard of living has risen a great deal lately. Условия жизни значительно улучшились здесь за последнее время. • уровень. The standards of education in our schools have risen lately. В последнее время уровень преподавания в наших школах значительно повысился. • установленный. I refuse to pay more than standard rates. Я отказываюсь платить выше установленной цены. • стандарт. There isn't a single country left on the gold standard. Нет сейчас ни одной страны, которая сохранила бы золотой (денежный) стандарт.

star звезда. The sky is full of stars tonight. Небо сегодня всё усеяно звёздами. — There are a lot of stars in that movie. В этом фильме участвуют многие звёзды экрана. • играть главную роль. She's starred in every picture she's been in. Во всех фильмах, в которых она участвовала, она играла главную роль. • отмечать звёздочкой. Omit the starred passages. Пропустите параграфы, отмеченные звёздочкой.

☐ This is my star pupil. Это мой самый блестящий ученик.

start начать. When will we start taking lessons? Когда мы начнём брать уроки? • начинаться. Has the performance started yet? Представление уже началось? • начаться. What started the fire? Из-за чего пожар начался? • Отправляться (to start to go). When do you start for the country? Когда вы отправляетесь в деревню? • пустить. Who started this rumor? Кто пустил этот слух? • начало. It was all a racket, from start to finish. Это было жульничество с начала до конца. • начать карьеру. He got his start as a reporter. Он начал свою карьеру как газетный репортёр.

☐ **to give (one) a start** испугать. You gave me quite a start. Вы меня здорово испугали.

starve v умирать с голоду, голодать.

state состояние. I'm worried about the state of her health. Меня беспокоит состояние её здоровья. • положение.

This is a fine state of affairs! Ну и положе́нье! • госуда́рство. Our railroads are owned by the state. На́ши желе́зные доро́ги принадлежа́т госуда́рству. • штат. He comes from one of the Western states. Он ро́дом из одного́ из за́падных шта́тов Аме́рики. — He was born in the United States. Он роди́лся в Соединённых Шта́тах. • изложи́ть. State your business. Изложи́те ва́ше де́ло. • заяви́ть. She stated that she had been robbed. Она́ заяви́ла, что её обокра́ли.

□ **State Department** (U.S.A.) госуда́рственный департа́мент (С.Ш.А.). He works in the State Department. Он рабо́тает в госуда́рственном департа́менте.

statement спра́вка. Ask the manager to send me a statement of my account. Попроси́те управля́ющего присла́ть мне спра́вку о состоя́нии моего́ счёта. • заявле́ние. He issued an official statement. Он сде́лал официа́льное заявле́ние.

□ **to make a statement** заяви́ть. Have you any statements to make? Вы име́ете что́-нибудь заяви́ть?

□ His statement of the case wasn't clear enough. Он изложи́л де́ло недоста́точно я́сно.

station вокза́л. Where is the railroad station? Где нахо́дится вокза́л? • ста́нция (small station, depot). Get off the train at the next station. Сойди́те на сле́дующей ста́нции. — What stations can you get on your radio? Каки́е ста́нции вы мо́жете слы́шать по ва́шему ра́дио? — There's an agricultural experiment station near here. Недалеко́ отсю́да нахо́дится сельскохозя́йственная о́пытная ста́нция. • остано́вка. I'll meet you at the bus station. Мы встре́тимся у остано́вки авто́буса. • поста́вить. The police stationed a man at the door. У двере́й был поста́влен милиционе́р.

□ **police station** отделе́ние мили́ции. I want the police station. Соедини́те меня́ с отделе́нием мили́ции.

□ Where are you stationed? В како́м вое́нном ла́гере вы нахо́дитесь?

stationary adj неподви́жный.

stationery n писчебума́жные принадле́жности.

statistics n стати́стика.

statue n ста́туя.

status n положе́ние.

stay пробы́ть, оста́ться. I intend to stay for a week. Я ду́маю пробы́ть тут неде́лю. — I'm sorry we can't stay any longer. Жаль, что мы не мо́жем оста́ться здесь до́льше. • остановиться. What hotel are you staying at? В како́й гости́нице вы останови́лись? • гости́ть (for a visit). I'm staying with friends. Я гощу́ у друзе́й. — We had a very pleasant stay at their house. Нам бы́ло о́чень прия́тно гости́ть у них. • жить. I always stay at their house when I'm in town. Я всегда́ живу́ у них, когда́ быва́ю в го́роде.

□ **to stay away** отсу́тствовать. You've stayed away a long time. Вы до́лго отсу́тствовали.

to stay over оста́ться. Can you stay over till Monday? Вы мо́жете оста́ться до понеде́льника?

□ When I fix a thing, it stays fixed. Е́сли я что́-нибудь чиню́, то э́то уж де́ржится кре́пко. • I'll stay out of it. Я в э́том де́ле уча́ствовать не бу́ду. • Don't stay up late tonight. Не ложи́тесь сего́дня спать по́здно.

steady уве́ренный (sure). This needs a steady hand. Здесь нужна́ уве́ренная рука́. • усто́йчивый (stable). Is this ladder steady enough? Э́та ле́стница доста́точно усто́йчивая? • ро́вный (even). We didn't run fast, but kept up a good steady pace. Мы не бежа́ли, но шли хоро́шим ро́вным ша́гом. • постоя́нный. He was a steady customer. Он там был постоя́нным клие́нтом. • непреры́вный. He's made steady progress. Он де́лает непреры́вные успе́хи. • уравнове́шенный. He has a steady disposition. Он уравнове́шенный челове́к.

□ She tried to steady herself by grabbing the railing. Чтоб удержа́ться на нога́х, она́ ухвати́лась за пери́ла.

steal (stole, stolen). укра́сть. I didn't steal anything from you. Я у вас ничего́ не укра́л. — My money has been stolen. У меня́ укра́ли де́ньги. — That melody is a steal from an old folk song. Э́та мело́дия укра́дена из ста́рой наро́дной пе́сни. • прокра́сться. The children stole into the room on tiptoe so as not to waken her. Де́ти прокра́лись в ко́мнату на цы́почках, чтоб не разбуди́ть её.

□ **to steal away** пробра́ться укра́дкой. They stole away through the woods. Они́ укра́дкой пробра́лись че́рез лес.

steam пар. Melt the glue with steam. Растопи́те клей на пару́. — Does this machine run by steam or electricity? Э́та маши́на приво́дится в движе́ние па́ром и́ли электри́чеством? • си́ла (strength). Do you think he can do the job under his own steam? Вы ду́маете, что он спра́вится с э́тим со́бственными си́лами?

□ **steam heat** центра́льное (парово́е) отопле́ние. Is there steam heat in their new house? У них в но́вом до́ме центра́льное отопле́ние?

□ He watched the ship steam out of the harbor. Он смотре́л, как парохо́д выходи́л из га́вани.

steamer n парохо́д.

steel сталь. The bridge is made all of steel. Э́тот мост весь из ста́ли. • стально́й. The bullet glanced off his steel helmet. Пу́ля отскочи́ла от его́ стально́го шле́ма. • сталелите́йный (steel-casting). He worked for a while in a steel mill. Он рабо́тал не́которое вре́мя на сталелите́йном заво́де. • вооружи́ться. Steel yourself for what's coming. Вооружи́тесь (му́жеством) для того́, что предстои́т.

steep круто́й. That slope is steeper than it looks. Э́тот косого́р кру́че, чем он ка́жется. • несура́зно высо́кая. That's a pretty steep price for that house. Для тако́го до́ма э́та цена́ несура́зно высо́кая. • настоя́ться. Let the tea steep a little longer. Пусть чай настои́тся немно́го бо́льше. • погрузи́ться. He's steeped himself in the old legends. Он весь погру́жён в ста́рые леге́нды.

steer управля́ть. This car steers easily. Э́тим автомоби́лем легко́ управля́ть.

□ **to steer clear** держа́ться пода́льше. You'd better steer clear of this part of town. Вам бы лу́чше держа́ться пода́льше от э́той ча́сти го́рода.

□ Is he steering us right? Он даёт нам пра́вильные указа́ния?

steering wheel n рулево́е колесо́.

stem сте́бель. Do you want me to cut the stems off these flowers? Подре́зать вам сте́бли на э́тих цвета́х? • останови́ть. What did they do to stem the flow of blood from your wound? Как вам останови́ли кровотече́ние из ра́ны?

step шаг. He took one step forward. Он сде́лал шаг вперёд. — That was the wrong step to take. Э́то был ло́жный шаг. • влезть. I stepped in a puddle. Я влез в лу́жу. • топта́ть. Don't step on the flowers. Не топчи́те цвето́в. • ступе́нька. He ran up the steps to the porch. Он взбежа́л по ступе́нькам на вера́нду.

☐ **in step** в но́гу. Keep in step with me. Иди́те в но́гу со мной.

step by step постепе́нно. We built up our business step by step. Мы создава́ли на́ше де́ло постепе́нно.

to step back отступи́ть наза́д. Step back a little. Отступи́те немно́го наза́д.

to step in зайти́. I just stepped in for a moment. Я зашёл то́лько на одну́ мину́ту.

to step into вмеша́ться. He stepped into the situation just in time. Он вмеша́лся (в э́то де́ло) как раз во́-время.

to step off сойти́ с. He just stepped off the train. Он то́лько что сошёл с по́езда.

to step over перешагну́ть. Step over the railing. Перешагни́те че́рез пери́ла.

to step up проходи́ть. Step right up for your ticket. Проходи́те пря́мо в ка́ссу за биле́тами. • ускори́ть. Try to step up the work. Постара́йтесь уско́рить темп рабо́ты. • увели́чить. Try to step up the sale of gloves. Постара́йтесь увели́чить сбыт перча́ток.

to take steps приня́ть ме́ры. I'll have to take steps to stop the gossip. Мне придётся приня́ть ме́ры, чтоб прекрати́ть э́ти спле́тни.

☐ He's out of step with the times. Он не идёт в но́гу со вре́менем. • Step aside. Отойди́те в сто́рону. • I don't know the steps of that dance. Я э́тот та́нец не уме́ю танцова́ть. • This is only the first step in the process. Э́то то́лько нача́ло проце́сса. • What's the next step? Что тепе́рь де́лать?

stern стро́гий. You don't have to be so stern with him. Вы не должны́ быть с ним так стро́ги. • корма́. The shell hit toward the stern of the ship. Снаря́д попа́л в парохо́д у кормы́.

stick (stuck, stuck) воткну́ть. Someone stuck a needle in the pillow. Кто́-то воткну́л иго́лку в поду́шку. • уколо́ть. He accidentally stuck her with a pin. Он неча́янно уколо́л её була́вкой. • коло́ть. That pin is sticking me. Э́та була́вка ко́лется. • сова́ть. Don't stick your nose into other people's business. Не су́йте но́са не в своё де́ло. • засу́нуть. Stick it over behind the couch. Засу́ньте э́то за дива́н. • приколо́ть. Stick it to the wall. Приколи́те э́то к стене́. • ли́пнуть. The paper is sticking to my fingers. Бума́га ли́пнет к мои́м па́льцам. • держа́ться. Let's stick together. Бу́дем держа́ться вме́сте. • приде́рживаться. Stick to the original. Приде́рживайтесь оригина́ла. • па́лка. I hit him with a stick. Я уда́рил его́ па́лкой. • пли́точка. Do you want a stick of gum? Хоти́те пли́точку жева́тельной рези́ны?

☐ **stick of candy** ледене́ц. Give him a stick of candy. Да́йте ему́ ледене́ц.

to stick it out потерпе́ть. Try and stick it out a little longer. Потерпи́те ещё немно́го.

to stick out вы́тянуть. He stuck his feet out into the aisle. Он вы́тянул но́ги в прохо́де ме́жду ряда́ми. • торча́ть. There's something sticking out of the window. Там что́-то торчи́т из окна́.

to stick up торча́ть. Watch out for that pipe sticking up over there. Осторо́жно, тут торчи́т труба́.

to stick up for заступа́ться. He always sticks up for you. Он всегда́ заступа́ется за вас.

☐ Stick it together with glue. Скле́йте э́то. • Stick to your work. Не отрыва́йтесь от рабо́ты. • He stuck to his story.

Он упо́рно повторя́л то же са́мое. • Stick out your tongue, please. Покажи́те язы́к.

sticky ли́пкий. My fingers are sticky from the honey. У меня́ па́льцы ли́пкие от мёда.

☐ What a sticky day! Как сего́дня па́рит.

stiff ту́го. How stiff shall I starch your collars? Как вам накрахма́лить воротнички́, ту́го? • жёсткий. Use a stiff brush to scrub this tub. Возьми́те жёсткую щётку, чтоб вы́мыть ва́нну. • чо́порный. Don't be so stiff with people. Не бу́дьте таки́м чо́порным. • кре́пкий. A good stiff breeze sprang up. Подня́лся хоро́ший кре́пкий ве́тер. • покре́пче. Please pour me a stiff drink. Нале́йте мне, пожа́луйста, чего́-нибудь покре́пче. • тру́дный. Is it a stiff examination? Э́то о́чень тру́дный экза́мен? • па́пка (stiff paper). The book is bound in stiff paper. Э́та кни́га переплетена́ в па́пку.

☐ My legs feel stiff. У меня́ но́ги, как деревя́нные. • I'm stiff from that exercise yesterday. У меня́ по́сле вчера́шнего упражне́ния все чле́ны одеревене́ли. • Stir the pudding until it's stiff. Меша́йте крем, пока́ он не загусте́ет.

still неподви́жный. The air is very still. Во́здух совсе́м неподви́жный. • ти́хо. The whole house was still. Во всём до́ме бы́ло ти́хо. • ещё. He built this house while his wife was still alive. Он вы́строил э́тот дом ещё при жи́зни жены́. — I want to go still further up the mountain. Я хочу́ подня́ться ещё вы́ше (на э́ту го́ру). • всё ещё. I'm still waiting to hear from him. Я всё ещё жду от него́ изве́стия. • всё-таки. Still, I think you did the right thing. И всё-таки я ду́маю, что вы поступи́ли пра́вильно.

☐ He's still the same. Он тако́й же, как был. • Hold still a minute. Не шевели́тесь мину́ту. • Here's a still picture from her latest movie. Вот сни́мок из её после́днего фи́льма. • Keep your feet still. Не болта́й нога́ми. • Keep still about this. Ни сло́ва об э́том!

sting (stung, stung) уку́с. The sting of a bee can be very dangerous. Уку́с пчелы́ мо́жет быть о́чень опа́сен. • о́страя боль (stinging pain). Suddenly I felt a sharp sting go through my arm. Я вдруг почу́вствовал о́струю боль в руке́. • ужа́лить. Be careful you don't get stung by a bee. Смотри́те, чтобы вас пчела́ не ужа́лила.

stir сдви́нуться. After that set of tennis, I couldn't even stir from the chair. По́сле э́той па́ртии в те́ннис, я про́сто не мог сдви́нуться с ме́ста. • движе́ние. There was a stir in the crowd when the speaker approached the platform. Когда́ ора́тор прибли́зился к трибу́не в толпе́ произошло́ движе́ние. • помеша́ть. Stir the cereal so it won't stick to the pot. Помеша́йте ка́шу, чтобы она́ не пригоре́ла.

☐ He's always stirring up everybody with his speeches. Свои́ми реча́ми он всегда́ вызыва́ет си́льное возбужде́ние.

stitch шить. This dress was stitched by hand. Э́то пла́тье бы́ло ши́то рука́ми. • простро́чить. It'll be better if you stitch it by machine. Лу́чше простро́чите э́то на маши́не. • приши́ть. I'll stitch your initials on your blouse. Я пришью́ ва́ши инициа́лы к блу́зке. • стежо́к. I just have to make a few more stitches and your skirt will be ready. Ещё не́сколько стежко́в и ва́ша ю́бка бу́дет гото́ва. • шов. What sort of stitch is this? Како́й э́то шов?

☐ I haven't done a stitch of work all day. Я сего́дня це́лый день па́лец о па́лец не уда́рил.

stock склад. I'll look through my stock and see if I have it.

Я посмотрю́ на скла́де, есть ли у меня́ э́то. • запа́с. I want to lay in a stock of soap. Я хочу́ сде́лать запа́с мы́ла. • снабди́ть. They are stocked up for the winter. Они́ снабжены́ всем необходи́мым на́ зиму. • а́кция. He used to buy a lot of stocks in America. В своё вре́мя, в Аме́рике, он покупа́л мно́го а́кций. • поро́да. Are these animals of healthy stock? Э́ти живо́тные хоро́шей поро́ды? • скот. He keeps all kinds of stock on his farm. У него́ на фе́рме есть вся́кий скот.

☐ **in stock** на скла́де. What do you have in stock? Что у вас име́ется на скла́де?

stock market би́ржа. I gave up playing the stock market long ago. Я давно́ уже́ бро́сил игра́ть на би́рже.

stock raising скотово́дство. There's not much money in stock raising now. Скотово́дство тепе́рь ста́ло о́чень невы́годно.

to put stock in доверя́ть. I don't put much stock in what he says. Я не осо́бенно доверя́ю тому́, что он сказа́л.

to take stock де́лать инвента́рь. Next week we're taking stock. На бу́дущей неде́ле мы де́лаем инвента́рь.

☐ That size glove's out of stock. Э́того разме́ра перча́ток у нас бо́льше нет. • The hotel is well stocked with linen. В э́той гости́нице большо́й запа́с белья́.

stocking чуло́к. Are these stockings strong? Э́то кре́пкие чулки́?

☐ **in one's stocking feet** в одни́х чулка́х. She walks around the house in her stocking feet. Она́ расха́живает по до́му в одни́х чулка́х.

stole See **steal**.

stolen See **steal**.

stomach желу́док. Don't drink vodka on an empty stomach. Не пе́йте во́дки на пусто́й желу́док. • живо́т (belly). I have a pain in my stomach. У меня́ боли́т живо́т.

stone ка́мень. Can you lift that stone? Вы мо́жете подня́ть э́тот ка́мень? • You have to declare precious stones. Драгоце́нные ка́мни на́до предъяви́ть на тамо́жне. • ка́менный. The kitchen has a stone floor. В ку́хне ка́менный пол. • ко́сточка. Throw the cherry stones into the garbage can. Бро́сьте вишнёвые ко́сточки в помо́йное ведро́. • ка́мушек (small stone). It's a good stone, but small. Э́то хоро́ший ка́мушек, но ма́ленький.

stood See **stand**.

stoop суту́литься. Walk erect; don't stoop. Держи́тесь пря́мо, не суту́льтесь. • крыльцо́. Our house is the one with the white stoop. Наш дом — вон тот с бе́лым крыльцо́м.

☐ I couldn't believe he'd stoop that low. Я не мог пове́рить, что он так ни́зко падёт.

stop останови́ть. We were stopped by the police. Нас останови́ла мили́ция. — If anyone tries to stop you, let me know. Е́сли кто-нибудь попыта́ется вас останови́ть, да́йте мне знать. • останови́ться. He stopped short and turned around. Он вдруг останови́лся и огляну́лся. — I stopped for a drink on the way. Я останови́лся по доро́ге, что́бы вы́пить чего́-нибудь. • остана́вливаться. This car will stop on a dime. Э́та маши́на остана́вливается, как вко́панная. • остано́вка. We made several stops before we got here. Мы сде́лали не́сколько остано́вок по доро́ге сюда́. — Get off at the next stop. Вам сходи́ть на сле́дующей остано́вке. • помеша́ть. You can't stop me from thinking about it. Вы не мо́жете помеша́ть мне

ду́мать об э́том. • конча́ть. When do you stop work? В кото́ром часу́ вы конча́ете рабо́ту?

☐ **to put a stop** положи́ть коне́ц. We'll have to put a stop to this. Э́тому ну́жно положи́ть коне́ц.

to stop over зае́хать. Why don't you stop over at my place on the way? Почему́ бы вам не зае́хать ко мне по доро́ге?

to stop overnight переночева́ть. We stopped at a farmhouse overnight. Мы переночева́ли в до́ме одного́ колхо́зника.

to stop up заткну́ть. This hole should be stopped up. На́до бы заткну́ть э́ту ды́ру.

☐ He brought the train to a full stop. Он останови́л по́езд. • Can't you stop him from crying? Вы не мо́жете что́-нибудь сде́лать, чтоб он переста́л крича́ть? • I've stopped worrying about it. Э́то меня́ переста́ло волнова́ть. • Has it stopped raining? Дождь уже́ прошёл? • Stop it! Переста́ньте!

stopper n про́бка.

storage склад. We're putting our furniture in storage for the summer. Мы на́ лето сдаём ме́бель на склад. • хране́ние. How much will the storage be on these fur coats? Ско́лько придётся заплати́ть за хране́ние э́тих шуб?

store магази́н. I know a store where you can buy that. Я зна́ю магази́н, где э́то мо́жно доста́ть. — I got it at the hardware store down the street. Я э́то доста́л в хозя́йственном магази́не тут на у́лице. • склад. We've quite a store of food in the cellar. У нас в по́гребе настоя́щий склад прови́зии. • уложи́ть. We've already stored our furs for the winter. Мы уже́ уложи́ли меха́ на́ зиму.

☐ **to set much store** придава́ть значе́ние. I don't set much store by what she says. Я не придаю́ большо́го значе́ния тому́, что она́ говори́т.

☐ I wonder what's in store for us. Хоте́л бы я знать, что нас ждёт впереди́.

storm бу́ря. There was a terrible storm here last week. На про́шлой неде́ле здесь была́ стра́шная бу́ря. • вью́га (snowstorm). There was a meter of snow after the storm yesterday. Вчера́шняя вью́га намела́ сугро́бы вышино́й в метр. • штурмова́ть. We stormed the enemy positions. Мы штурмова́ли неприя́тельские пози́ции.

stormy adj бу́рный.

story исто́рия. Do you know the story of his life? Вы зна́ете исто́рию его́ жи́зни? — It's a plausible story. Э́то правдоподо́бная исто́рия. • расска́з. She wrote a story for the school magazine. Она́ написа́ла расска́з для шко́льного журна́ла. • анекдо́т. Have you ever heard this story? Вы уже́ слы́шали э́тот анекдо́т? • эта́ж. She lives on the second story. Она́ живёт во второ́м этаже́.

☐ The story goes that he knew her before. Говоря́т, что он, её ра́ньше знал.

stout adj то́лстый.

stove плита́. Put the potatoes on the stove. Поста́вьте карто́шку на плиту́. • пе́чка. Let's sit around the stove and have a chat. Дава́йте ся́демте вокру́г пе́чки и поболта́ем.

straight пря́мо. The road is straight for five kilometers. На протяже́нии пяти́ киломе́тров доро́га идёт пря́мо. — Go straight across the square. Иди́те пря́мо че́рез сквер. — Go straight home. Иди́те пря́мо домо́й. — Stand up straight. Сто́йте пря́мо. or Вы́прямитесь. • прямо́й. Draw a straight line through it. Проведи́те тут пряму́ю ли́нию. • ме́тко. Can you shoot straight? Вы ме́тко стреля́ете? • неразба́вленный. I take my vodka straight. Я пью неразба́вленную во́дку. • че́стный. He's always been straight with me. Он всегда́ был со мной че́стен. • подря́д. We worked for fifteen hours straight. Мы рабо́тали пятна́дцать часо́в подря́д. ☐ Is my hat on straight? Я наде́ла шля́пу как сле́дует? • Try to get the story straight. Постара́йтесь узна́ть то́чно, как э́то бы́ло. • My father always votes a straight ticket. Мой оте́ц всегда́ голосу́ет за избира́тельный спи́сок в це́лом. • I can still walk straight. *Я ещё кренделе́й не вывожу́. or Я ещё могу́ по одно́й полови́це пройти́сь.

straighten попра́вить. Why don't you straighten your tie? Попра́вьте га́лстук.
☐ **to straighten out** привести́ в поря́док. It'll take about a week to straighten out my affairs. Мне пона́добится не ме́ньше неде́ли, что́бы привести́ дела́ в поря́док.

strain напряже́ние. I don't think this chain will stand the strain. Цепь, пожа́луй, не вы́держит э́того напряже́ния. • утомля́ть (to strain). This small print is a strain on the eyes. Э́тот ме́лкий шрифт утомля́ет глаза́. • уси́лие. It's a strain for him to think. Ду́мать — для него́ большо́е уси́лие. • надорва́ться. Don't strain yourself on that trunk. Не надорви́тесь с э́тим сундуко́м. • проце́дить. Would you like me to strain your coffee? Процеди́ть вам ко́фе? • черта́. There's a strain of meanness in him. В нём есть по́длые че́рты.
☐ **to strain the truth** преувели́чивать. You always seem to be straining the truth. Вы ка́к-то всегда́ преувели́чиваете.
☐ The dog was straining at the leash. Соба́ка рвала́сь с поводка́.

strange чужо́й. It's good to see you among all these strange faces. Прия́тно вас уви́деть среди́ всех э́тих чужи́х лиц. • стра́нный. There is something strange about this house. В э́том до́ме происхо́дит что́-то стра́нное. • стра́нно. Strange to say, I didn't notice it. Как э́то ни стра́нно, я э́того не заме́тил. — It's strange, but true. Стра́нно, но э́то — пра́вда. • чу́ждо. All this is strange to me. Всё э́то мне чу́ждо.
☐ That's a strange thing to say. Как мо́жно говори́ть таки́е ве́щи!

stranger незде́шний (not from here). It's easy to see he's a stranger here. Сра́зу ви́дно, что он незде́шний. • незнако́мец (not known). Who is that stranger? Кто э́тот незнако́мец? • неизве́стный челове́к. I had dinner with a total stranger. Я обе́дал с каки́м-то соверше́нно неизве́стным мне челове́ком.
☐ He's a complete stranger to me. Я его́ соверше́нно не зна́ю.

straw соло́ма. Bed down the horses with some fresh straw. Подстели́те лошадя́м све́жей соло́мы. • соло́менный. Do you like my new straw hat? Вам нра́вится моя́ но́вая соло́менная шля́па? • соло́минка. Will you ask the waitress to bring me a straw? Попроси́те, пожа́луйста, официа́нтку принести́ мне соло́минку.
☐ **the last straw** после́дняя ка́пля. That's the last straw! Э́то после́дняя ка́пля!

strawberry n клубни́ка.

stream ре́чка. Where can we cross the stream? Где мо́жно перейти́ э́ту ре́чку? • пото́к. There's been a steady stream of cars on the highway all day. Це́лый день по шоссе́ непреры́вным пото́ком кати́ли маши́ны. • вы́сыпать.

Crowds were streaming out of the building. Из зда́ния вы́сыпала толпа́ наро́да.

street у́лица. Be careful when you cross the street. Бу́дьте осторо́жны, когда́ перехо́дите у́лицу. — What street do [get off at? На како́й у́лице мне сходи́ть? — One-way street. Однопу́тная у́лица. • мостова́я (pavement) They're repairing the street. Они́ чи́нят мостову́ю.
☐ **on the street** на у́лице. I ran into him on the street th other day. Я на дня́х столкну́лся с ним на у́лице.

streetcar трамва́й. You can get a streetcar on this corner На э́том углу́ вы мо́жете сесть в трамва́й.

strength си́ла. That's beyond my strength. Э́то свы́ше мои́ сил. • усто́йчивость. He has great strength of character Он челове́к с большо́й мора́льной усто́йчивостью. • соста́в. Our normal strength is fifty men. Наш обы́чны соста́в — пятьдеся́т челове́к.
☐ **on the strength of** благодаря́. He got the job on th strength of your recommendation. Он получи́л рабо́ту благодаря́ ва́шей рекоменда́ции.
☐ I'm afraid this medicine has lost its strength. Бою́сь, чт э́то лека́рство уже́ испо́ртилось.

stretch протяну́ть. She stretched the clothesline between th trees. Она́ протяну́ла верёвку для белья́ ме́жду дере́вьями • потя́гиваться Stop yawning and stretching. Пере ста́ньте зева́ть и потя́гиваться. • растяну́ть. Can yo stretch my shoes a bit? Вы мо́жете немно́го растяну́ть мо башмаки́? • растяну́ться. Will this fabric stretch when wash it? Э́та мате́рия при сти́рке не растя́нется? • ра стя́гиваться. This elastic won't stretch worth two cents Э́та рези́нка соверше́нно не растя́гивается. — Does tha sweater have much stretch? Э́тот сви́тер о́чень растя́ги вается?
☐ **at a stretch** подря́д. He works about nine hours at stretch. Он рабо́тает о́коло девяти́ часо́в подря́д • сра́зу. I can only walk about three kilometers at a stretch Я могу́ пройти́ пешко́м не бо́льше трёх киломе́тро сра́зу.
to stretch out тяну́ться. The wheat fields stretch out fo miles. Пшени́чные поля́ тя́нутся на деся́тки киломе́тров • растяну́ться. He stretched out on the couch. Он рас тяну́лся на дива́не.
☐ I want to get out of the car and stretch. Я хоте́л бь вы́йти из маши́ны и размя́ть немно́го но́ги.

stretcher носи́лки. They carried the injured man out on stretcher. Ра́неного вы́несли на носи́лках. • коло́дка Put those shoes on a stretcher. Поста́вьте э́ти боти́нк на коло́дку.

strict стро́гий. Her father was very strict. У неё был о́чен стро́гий оте́ц. • строжа́йший. I'm telling you this i strict confidence. Я вам э́то говорю́ под строжа́йши секре́том.

strike (struck, struck) уда́рить. I struck him in self-defense Я уда́рил его́, защища́ясь. — That tree's been struck by lightning. В э́то де́рево уда́рила мо́лния. • па́дать This material seems to change color when the light strikes it Когда́ свет па́дает на э́ту мате́рию, она́ ка́жется друго́г цве́та. • проби́ть. I thought I heard the clock strike Мне показа́лось, что проби́ли часы́. • заже́чь. Strik a match and look at the time. Зажги́те спи́чку и посмо три́те, кото́рый час. • наскочи́ть. The ship struck submerged rock. Су́дно наскочи́ло на подво́дны ка́мень. • ка́жется. It strikes me as a bit unusual. Мн ка́жется э́то немно́го необы́чным. • выпуска́ть (to issue). They're striking some new coins in celebration of the event. В ознаменова́ние э́того собы́тия бу́дут вы́пущены но́вые моне́ты. • придти́ в го́лову. It strikes me that he may have taken the wrong train. Мне пришло́ в го́лову, что он, мо́жет быть, сел не в тот по́езд. • найти́ (to find). They struck oil here recently. Здесь неда́вно нашли́ нефтяно́й исто́чник. • бастова́ть. What were the workers striking for? Почему́ э́ти рабо́чие бастова́ли? • забасто́вка. How long did the miners' strike last? Ско́лько вре́мени продолжа́лась забасто́вка шахтёров?

□ **to go on strike** бастова́ть. They promised not to go on strike during the conference. Они́ обеща́ли не бастова́ть во вре́мя съе́зда.

to strike a bargain прийти́ к соглаше́нию. We finally struck a bargain. В конце́ концо́в, мы пришли́ к соглаше́нию.

to strike a chord взять акко́рд. She struck a few chords and then began to play. Она́ взяла́ не́сколько акко́рдов и на́чала игра́ть.

to strike off вы́черкнуть. Strike his name off the list. Вы́черкните его́ и́мя из спи́ска.

to strike one's eye бро́ситься в глаза́ (кому́-нибудь). It was the first thing that struck my eye. Это пе́рвое, что бро́силось мне в глаза́.

to strike out зачеркну́ть. Strike out the last paragraph. Зачеркни́те после́дний пара́граф.

to strike up заигра́ть. The band struck up the national anthem. Орке́стр заигра́л национа́льный гимн.

to strike up a friendship подружи́ться. The two of them struck up a friendship very quickly. Эти дво́е бы́стро подружи́лись.

□ His speech struck a wrong note somehow. Его́ речь звуча́ла ка́к-то фальши́во. • What struck you that you behaved that way? Что на вас напа́ло? Почему́ вы себя́ так стра́нно вели́? • How does his suggestion strike you? Како́е впечатле́ние произво́дит на вас его́ предложе́ние?

string (strung, strung) протяну́ть. They strung the electric wire from pole to pole. Провода́ протяну́ли от столба́ к столбу́. • нани́зать. Where can I have my amber beads strung? Где мне мо́гут наниза́ть мой янта́рь? • верёвка. I'm looking for a piece of string. Мне нужна́ верёвка. • ни́тка. How much is that string of pearls? Ско́лько сто́ит э́та ни́тка же́мчуга? • струна́. One of the piano strings is broken. Одна́ струна́ в роя́ле ло́пнула. • ряд. There's a long string of buses waiting to be filled. Там це́лый ряд авто́бусов ждёт пассажи́ров. — He asked a long string of questions. Он за́дал це́лый ряд вопро́сов.

□ **to string out** расста́вить. The policemen were strung out along the sidewalk. Милиционе́ры бы́ли расста́влены вдоль тротуа́ра.

□ Please help me string the beans. Пожа́луйста, помоги́те мне чи́стить зелёные бобы́. • There are no strings attached to the offer. За э́тим предложе́нием не кро́ется никаки́х за́дних мы́слей. • She has three men on the string. Она́ с тремя́ сра́зу рома́ны кру́тит. • I don't like to pull strings. Я не люблю́ прибега́ть к проте́кции.

strip раздева́ться. Let's strip and swim to the other side. Дава́йте разде́немся и поплывём на другу́ю сто́рону. • очи́стить. The apartment was stripped of all its valuables. Эту кварти́ру очи́стили так, что ничего́ це́нного в ней

не оста́лось. • клочо́к. Who owns that strip of land? Кому́ принадлежи́т э́тот клочо́к земли́?

stroke уда́р. My father had another stroke last night. Но́чью у отца́ опя́ть был уда́р. • погла́дить. Just stroke the dog, and he'll become your friend. Погла́дьте соба́ку, и она́ с ва́ми подру́жится.

□ **stroke of luck** повезти́. It was a stroke of luck for us to get this apartment. Нам повезло́, что мы получи́ли э́ту кварти́ру.

□ She has an excellent swimming stroke. У неё прекра́сный стиль в пла́ваньи. • He hasn't done a stroke of work for months. Вот уже́ не́сколько ме́сяцев, как он па́лец о па́лец не уда́рил.

strong си́льный. He has strong hands. У него́ си́льные ру́ки. — The current is pretty strong. Здесь о́чень си́льное тече́ние. — It made a strong impression on me. Это произвело́ на меня́ си́льное впечатле́ние. • си́льно. The evidence is very strong in her favor. Это свиде́тельство си́льно говори́т в её по́льзу. • кре́пкий. Do you have a strong rope? Есть у вас хоро́шая, кре́пкая верёвка? — This vodka is too strong for me. Эта во́дка для меня́ сли́шком кре́пкая. • мо́щный. He believes in a strong navy. Он сторо́нник мо́щного фло́та.

□ **to get strong** окре́пнуть. He hasn't gotten strong enough yet. Он ещё не доста́точно окре́п.

□ Are you strong enough to swim that far? У вас хва́тит сил плыть так далеко́? • They took a strong stand. Они́ наста́ивали на своём. • She has a strong will. У неё больша́я си́ла во́ли. • He has strong feelings on that subject. Эта те́ма жи́во его́ затра́гивает.

struck See **strike**.

structure зда́ние. You only see structures that high in a city. Таки́е высо́кие зда́ния вы найдёте то́лько в большо́м го́роде.

□ The structure of these houses is excellent. Эти дома́ прекра́сно постро́ены.

struggle n борьба́; v боро́ться.

strung See **string**.

stubborn adj упря́мый.

stuck See also **stick**.

□ She's pretty stuck on herself. Она́ о́чень высо́кого мне́ния о себе́.

student учени́к. This is one of my best students. Это оди́н из мои́х лу́чших ученико́в. • студе́нт (in college). He's a student at the University of Moscow. Он студе́нт Моско́вского Университе́та.

□ He's a serious student of the subject. Он основа́тельно изучи́л э́тот предме́т.

study изучи́ть. We studied the map before we started. Пре́жде чем пусти́ться в доро́гу, мы изучи́ли ка́рту. — I've studied all the literature on the subject. Я изучи́л всю литерату́ру по э́тому вопро́су. • изуче́ние. This book requires careful study. Эта кни́га тре́бует основа́тельного изуче́ния. • обду́мать. I've studied the situation carefully. Я основа́тельно обду́мал положе́ние. • вы́учить. Have you studied your part? Вы вы́учили свою́ роль? • занима́ться. He's busy studying. Он сейча́с занима́ется. • учи́ться. Is he doing well in his high-school studies? Он хорошо́ у́чится в шко́ле? • рабо́та. He has published several studies in that field. Он опубликова́л не́сколько рабо́т по э́тому предме́ту. • кабине́т. You'll find me in the study if you want me. Éсли я вам бу́ду ну́жен, вы меня́ найдёте в кабине́те.

□ He studied under a famous physicist. Егó учи́телем был знамени́тый фи́зик. • I'm studying medicine at the University. Я студе́нт медици́нского факульте́та. • Geometry is his principal study. Он, гла́вным о́бразом, изуча́ет геоме́трию.

stuff наби́ть. She keeps her handbag stuffed full of junk. Её су́мка постоя́нно наби́та вся́ким хла́мом. • пожи́тки. Get your stuff out of my room. Убери́те ва́ши пожи́тки из мое́й ко́мнаты. • хлам. Throw that old stuff away! Вы́бросьте э́тот ста́рый хлам! • мате́рия. He wore a coat of coarse black stuff. На нём бы́ло пальто́ из гру́бой чёрной мате́рии. • те́сто (dough). We'll see what kind of stuff he's made of. *Посмо́трим, из како́го те́ста он сде́лан. • заткну́ть. Stuff your ears with cotton. Заткни́те у́ши ва́той. • заложи́ть. My nose is all stuffed up from my cold. Я просту́жен, и у меня́ нос заложён. • засу́нуть. I stuffed the newspaper under the cushion. Я засу́нул газе́ту под поду́шку. • фарширова́ть. Do you always stuff geese with apples? Вы всегда́ фарширу́ете гуся́ я́блоками? • набива́ть. He stuffs animals for the museum. Он набива́ет чу́чела для музе́я. • фарширо́ванный. We'll have stuffed tomatoes for supper. К у́жину у нас бу́дут фарширо́ванные помидо́ры.

□ **to stuff oneself** объеда́ться. Your piroshki were so delicious, I stuffed myself completely. Ва́ши пирожки́ бы́ли таки́е вку́сные, я про́сто объе́лся и́ми.

□ Stuff and nonsense! Э́то вздор и чепуха́! • Put some of that stuff on your sore hand. Пома́жьте больну́ю ру́ку вот э́тим. • What's that stuff you're eating? Что э́то вы тако́е еди́те? • That book is good stuff! Вот э́то кни́га так кни́га! • I don't like the stuff he's been writing lately. Мне не нра́вится то, что он пи́шет после́днее вре́мя. • That's old stuff. Э́то уже́ ста́рая исто́рия.

stump пень. Be careful not to hit the stump. Смотри́те, не наткни́тесь на пень. • поста́вить втупи́к. This problem has me stumped. Э́та зада́ча поста́вила меня́ втупи́к.

stung See sting.

stupid adj глу́пый.

style мо́да. It's the latest style. Э́то после́дняя мо́да. • мо́дный. Is this dress in style? Э́то пла́тье мо́дное? • стиль. He writes in the style of the last century. Он пи́шет в сти́ле про́шлого столе́тия. • мане́ра. I don't care for her style of speaking. Мне не нра́вится её мане́ра выража́ться.

□ She does everything in elegant style. Она́ всё устра́ивает о́чень пы́шно.

sub'ject предме́т. He's studied this subject thoroughly. Он хорошо́ изучи́л э́тот предме́т. — What subjects did you study in school last year? Каки́е предме́ты вы проходи́ли в шко́ле в про́шлом году́? • вопро́с. I don't know much about that subject. Я о́чень ма́ло зна́ю по э́тому вопро́су. • те́ма. Don't change the subject. Не уклоня́йтесь от те́мы. — What was the subject of his lecture? На каку́ю те́му была́ его́ ле́кция? • по́дданный. He's a British subject. Он брита́нский по́дданный.

□ **to be subject to** подлежа́ть. These prices are subject to change without notice. Э́ти це́ны не подлежа́т контро́лю.

□ All my actions are subject to his approval. Без его́ одобре́ния я ничего́ не могу́ предприня́ть. • Everyone on board was subject to international law. Ко всем пас-

сажи́рам э́того парохо́да применя́ются зако́ны междунаро́дного пра́ва.

subject' подве́ргнуть. He was subjected to severe punishment. Его́ подве́ргли суро́вому наказа́нию.

□ Such behavior will subject you to criticism. За тако́е поведе́ние вас бу́дут осужда́ть.

submit подчини́ться. He refused to submit to her demands. Он отказа́лся подчини́ться её тре́бованиям. • предста́вить. I think I'll be ready to submit my report Monday. Я ду́маю, что смогу́ предста́вить свой отчёт в понеде́льник.

subscription n подпи́ска.

substance су́щность. Tell me what the substance of your article is. Расскажи́те мне, в чём су́щность ва́шей статьи́.

□ **in substance.** по существу́. I agree with you in substance, but I have one objection to make. По существу́ я с ва́ми согла́сен, но у меня́ есть одно́ возраже́ние.

substantial суще́ственный. There's a substantial difference in their points of view. В их взгля́дах есть суще́ственное разли́чие. • про́чный. Their house is substantial enough to weather heavy storms. Их дом доста́точно про́чен, он и си́льные бу́ри вы́держит.

substitute замени́тель. We use this as a substitute for metal. Мы употребля́ем э́то в ка́честве замени́теля мета́лла. • суррога́т. This is a substitute for butter. Э́то суррога́т ма́сла. • замени́ть. They had to substitute beer for wine. Им пришло́сь замени́ть вино́ пи́вом.

succeed уда́ться. Did you succeed in getting him on the phone? Вам удало́сь поговори́ть с ним по телефо́ну? — Our plan didn't succeed. Наш план не уда́лся.

□ Who succeeded him in office? Кто был его́ прее́мником?

success успе́х. Congratulations on your success. Поздравля́ю вас с успе́хом. — His play was an instant success. Его́ пье́са сра́зу име́ла успе́х.

□ **to have success** доби́ться. Did you have any success with him? Вы от него́ чего́-нибудь доби́лись?

successful adj уда́чный.

such тако́й. I've never tasted such soup! Я ещё никогда́ не ел тако́го су́па! — She never says such things. Она́ никогда́ не говори́т таки́х веще́й. — I know there are many such people. Я зна́ю, что есть мно́го таки́х люде́й. — There's no such person here. Тако́го челове́ка здесь нет. • како́й. It's such a nuisance! Кака́я ску́ка! • так. It's been such a long time since we met! Мы уже́ так давно́ не ви́делись! — I had such a nice time! Я так прия́тно провёл вре́мя! • подо́бный. I never heard of such a thing. Я никогда́ не слыха́л ничего́ подо́бного.

□ **as such** настоя́щий (real). They have no hotels as such, in this region. В э́том райо́не нет настоя́щих гости́ниц. • как таково́й. He's acting chairman, and as such has to sign this paper. Он — исполня́ющий обя́занности председа́теля и как таково́й, до́лжен подписа́ть э́ту бума́гу.

such . . . as те . . . кото́рые. I'll give you such information as is necessary. Я дам вам те све́дения, кото́рые вам ну́жны. • тако́й . . . како́й. He's just such a man as I imagined he would be. Он и́менно тако́й челове́к, каки́м я его́ себе́ представля́л.

such as как наприме́р. It's cold here for certain fruit trees, such as the peach. Для не́которых фрукто́вых дере́вьев, как наприме́р, пе́рсиковых, здесь сли́шком хо́лодно.

such . . . that так, что. He said it in such a way that I couldn't help laughing. Он сказа́л э́то так, что я не мог удержа́ться от сме́ха. • тако́й . . . что. He's such a fool that he'll never get anywhere. Он тако́й дура́к, что никогда́ ничего́ не добьётся.

such that тако́й, что. The road is such that it can only be traveled on foot. Доро́га э́та така́я, что по ней мо́жно то́лько пешко́м пройти́.

☐ Don't be in such a hurry. Не спеши́те так! • Put it in such language as to leave no doubt about what you mean. Изложи́те э́то так, что́бы я́сно бы́ло, что вы име́ете в виду́. • Her conduct was such as might have been expected. Она́ вела́ себя́ так, как э́того мо́жно бы́ло ожида́ть. • Such is life! Такова́ жизнь!

sudden неожи́данно. This is so sudden! Э́то так неожи́данно. • внеза́пно. He died a sudden death. Он у́мер внеза́пно.

☐ **all of a sudden** вдруг. All of a sudden I remembered that I had to mail a letter. Я вдруг спохвати́лся, что до́лжен был отпра́вить письмо́.

☐ He turned on us in sudden anger. Он вдруг рассерди́лся и обру́шился на нас.

suffer пострада́ть. All these buildings suffered severely from the flood. Все э́ти зда́ния си́льно пострада́ли от наводне́ния. • страда́ть. Did you suffer much after your operation? Вы о́чень страда́ли по́сле опера́ции?

☐ Are you suffering any pain? У вас что́-нибудь боли́т?

sufficient *adj* доста́точный.

sugar са́хар. Please pass the sugar. Пожа́луйста, переда́йте мне са́хар. • са́харный. Buy me a kilogram each of granulated sugar and powdered sugar. Купи́те мне кило́ са́харного песку́ и кило́ са́харной пу́дры.

suggest предлага́ть. What do you suggest we do tonight? Что вы предлага́ете де́лать сего́дня ве́чером? • напомина́ть. Does this suggest anything to you? Вам э́то ничего́ не напомина́ет? • намека́ть. Are you suggesting that I'm wrong? Вы намека́ете, что я не прав?

suggestion предложе́ние. Everyone agreed with his suggestion to go on a picnic. Все согласи́лись с его́ предложе́нием устро́ить пикни́к. • сове́т. Thanks for the suggestion. Спаси́бо за сове́т. • намёк. He spoke without any suggestion of an accent. Он говори́л без намёка на акце́нт.

suit костю́м. That suit doesn't fit him very well. Э́тот костю́м не осо́бенно хорошо́ на нём сиди́т. • подходи́ть. Do these terms suit you? Э́ти усло́вия вам подхо́дят? — A three-room apartment suits our family nicely. Кварти́ра из трёх ко́мнат как раз подхо́дит для на́шей семьи́. • идти́ (to go). This color doesn't suit you. Э́тот цвет вам не идёт. • приспосо́бить. Try to suit the program to the audience. Постара́йтесь приспосо́бить програ́мму к пу́блике. • де́ло. Who's the lawyer handling the suit? Како́й правозасту́пник ведёт э́то де́ло? • масть. Clubs are his strongest suit. Тре́фы — его́ са́мая си́льная масть.

☐ **to follow suit** ходи́ть в масть. I'm out of hearts; I can't follow suit. У меня́ нет черве́й, я не могу́ ходи́ть в масть. ☐ If he's going home early, I think I'll follow suit. Е́сли он уйдёт домо́й ра́но, я то́же пойду́. • Suit yourself. Де́лайте, как хоти́те.

suitable *adj* подходя́щий.

sum су́мма. I want to deposit a large sum of money to my account. Я хочу́ внести́ на свой счёт кру́пную су́мму.

☐ **sum total** ито́г. Here's the sum total of our work today. Вот ито́г на́шей рабо́ты за сего́дняшний день.

to sum up одни́м сло́вом, ко́ротко говоря́. To sum up,

he's no good at all. Одни́м сло́вом, он никуда́ не годи́тся. • обрисова́ть. He summed up the situation in very few words. Он в не́скольких слова́х обрисова́л положе́ние.

☐ Can you pay me a small sum in advance? Вы мо́жете дать мне небольшо́й ава́нс?

summer ле́то. Does it rain much here during the summer? Здесь ле́том мно́го дожде́й? • ле́тний. I need some summer clothes. Мне нужны́ ле́тние ве́щи.

☐ **summer cottage** да́ча. She invited us to her summer cottage. Она́ пригласи́ла нас к себе́ на да́чу.

summon вы́звать. He was summoned to appear in court. Его́ вы́звали в суд. • набра́ться. He summoned up enough courage to ask for a raise. Он набра́лся сме́лости и попроси́л приба́вки.

sun со́лнце. The sun just went down. Со́лнце то́лько что зашло́. — I've been out in the sun all day. Я был це́лый день на со́лнце.

☐ I sunned myself for a while yesterday. Я вчера́ немно́жко полежа́л на со́лнце.

Sunday *n* воскресе́нье.

sung *See* sing.

sunk *See also* sink.

☐ **to be sunk** пропа́сть. If we don't make town by tonight, we're sunk. Е́сли мы к ве́черу не доберёмся до го́рода, мы пропа́ли.

sunset *n* захо́д со́лнца.

sunshine *n* со́лнечный свет.

superintendent *n* управля́ющий.

superior лу́чший. This suit is made of superior material. Э́тот костю́м сшит из лу́чшего материа́ла чем все други́е. • нача́льник. I'll have to ask my superior before I can hire you. Я до́лжен спроси́ть нача́льника, пре́жде чем взять вас на рабо́ту.

supper у́жин. Supper is ready. У́жин гото́в. • у́жинать. We eat supper about six o'clock. Мы у́жинаем о́коло шести́ часо́в.

supply запа́с. I carried a good supply of books with me. Я взял с собо́й большо́й запа́с книг для чте́ния. • запасти́сь (to supply oneself). We need a fresh supply of tennis balls. Нам ну́жно запасти́сь но́выми те́ннисными мяча́ми. • поставля́ть. That store supplies us with coffee. Э́тот магази́н поставля́ет нам ко́фе.

☐ **(food) supplies** припа́сы. I'm going to town for flour and other supplies. Я иду́ в го́род за муко́й и други́ми припа́сами.

supplies запа́сы. We're running out of supplies. У нас запа́сы истоща́ются.

☐ The store has enough shoes on hand to supply any normal demand. В э́том магази́не доста́точный запа́с о́буви, чтоб удовлетвори́ть норма́льный спрос.

support вы́держать. That bridge isn't strong enough to support so much weight. Э́тот мост не доста́точно про́чный, что́бы вы́держать таку́ю тя́жесть. • подкрепля́ть. That supports my argument. Э́то подкрепля́ет мои́ до́воды. • подде́рживать. Who supports his candidacy? Кто подде́рживает его́ кандидату́ру? • подде́ржка. I haven't got any support for my project. Мой план не встре́тил никако́й подде́ржки. • содержа́ть. He's supporting his family. Он соде́ржит свою́ семью́.

☐ **in support** в подтвержде́ние. Can you offer any evidence in support of what you say? Вы мо́жете привести́ какое-нибудь доказательство в подтверждение ваших слов?

□ The house is supported on piles. Этот дом стоит на сваях. • I've spoken in support of this before. Я уже раньше высказывался за это. • Several relatives depend on him for their support. Он содержит нескольких родственников.

suppose предположить. Let's suppose, for the sake of argument, that you're right. Предположим на минуту, что вы правы. • думать, полагать. I suppose so. Я так думаю. — Do you suppose that this is true? Вы думаете, что это правда? • считать. He is generally supposed to be a rich man. Его все считают богатым человеком.

□ Suppose we go to the movies tonight instead of tomorrow? А что, если нам пойти в кино сегодня, а не завтра? • Suppose you wait till tomorrow? Почему бы вам не подождать до завтра? • I was supposed to leave yesterday. Я, собственно, должен был уехать вчера. • You're supposed to do it yourself. Считается, что вы сами должны это сделать.

supreme *adj* высший.

sure верный. This method is slow but sure. Этот способ медленный, но верный. • уверенный. Are you sure of that? Вы в этом уверены? • знать (to know). "What are you going to do?" "I'm not sure." "Что вы собираетесь делать?" "Я ещё не знаю". • обязательно. Be sure and wear your overcoat. Обязательно наденьте пальто. • обеспеченный. Our final victory is absolutely sure. Наша окончательная победа абсолютно обеспечена. • непременно. He's sure to be back by nine o'clock. В девять часам он вернётся непременно. — I'm sure to forget it if you don't remind me. Я непременно об этом забуду, если вы мне не напомните. • конечно. I'd sure like to see them, but I won't have the time. Я, конечно, рад был бы их повидать, но у меня не будет времени. — Sure, I'll do it. Ну, конечно, я это сделаю. — "Will you be there?" "Why, sure!" "Вы там будете"? "Ну, что за вопрос! Конечно".

□ **for sure** обязательно. Be there by five o'clock for sure. Будьте там к пяти, обязательно. Do you know that for sure? Вы знаете это наверняка?

sure thing верное дело. An investment in beet growing is a sure thing this year. Помещение капитала в культуру сахарной свёклы в этом году верное дело.

to make sure постараться. I'll make sure we never see him again. Я уж постараюсь, чтобы мы никогда его больше не видели. — Make sure he comes. Постарайтесь, чтоб он пришёл непременно. • проверить (to verify). Make sure of your facts before you write the paper. Проверьте все факты, прежде чем писать статью. • удостовериться. Did you make sure he was at home? Вы удостоверились в том, что он дома?

□ Be sure to lock the door before you go to bed. Не забудьте запереть двери, прежде чем идти спать. • Make sure that he's on our side. Выясните, на нашей ли он стороне. • Whatever he tells is sure to be interesting. Что бы он ни рассказывал, это всегда интересно. • As sure as fate, he'll be there. Наверняка он там будет, как пить дать. • You said it would rain and sure enough it did. Вы сказали, что будет дождь, так оно и вышло. • It's bad weather, to be sure, but we've seen worse. Да, погодка сегодня мерзкая, но бывало и похуже.

surely конечно. Surely you don't believe that. Вы, конечно, этому не верите.

surface поверхность. The submarine finally came to the surface. Подводная лодка в конце концов вышла на поверхность. • площадка. I like to play tennis on a cement surface. Я люблю играть в теннис на цементированной площадке.

□ They appear intelligent on the surface. На первый взгляд они кажутся умными.

surname *n* фамилия.

surprise удивляться. Are you surprised that I came? Вы удивлены, что я пришёл? • удивлять. I'm surprised at you! Вы меня удивляете! • удивление. I later learned, to my surprise, that he was right. Я потом узнал, к моему удивлению, что он был прав. • поймать. I surprised him reading my diary. Я поймал его за чтением моего дневника. • сюрприз. I've got a surprise for you in this package. У меня есть сюрприз для вас в этом пакете. — That was a surprise! Вот это был сюрприз! • внезапность. The surprise of attack was the cause of their defeat. Внезапность нашего нападения явилась причиной их поражения.

□ **to take someone by surprise** застать врасплох. His coming too early took me by surprise. Он пришёл слишком рано и застал меня врасплох. □ I got the surprise of my life when I saw him. Меня как громом поразило, когда я увидел его.

surrender сдача. We'll accept nothing less than unconditional surrender. Безусловная сдача! Ни на какие другие условия мы не пойдём. • сдаться. They surrendered to the Allies. Они сдались союзникам.

surround *v* окружать.

sur'vey обзор. Do you know of a good survey of Russian literature? Можете вы мне указать хороший обзор русской литературы?

□ **to make a survey** обследовать. Let's make a survey of the apartment situation. Давайте обследуем, как тут обстоит дело с квартирами.

survey' обмерить. You'd better have the land surveyed before you decide to build on it. Прежде чем строиться вы бы лучше дали обмерить ваш участок.

sus'pect заподозренный. The police are questioning several suspects in this crime. Милиция сейчас допрашивает нескольких заподозренных в этом преступлении.

suspect' подозревать. Who do you suspect stole your wallet? Кого вы подозреваете в краже вашего бумажника? — I suspected long ago he was a fool. Я давно уже подозревал, что он глуп.

sustain содержать. How do you suppose he can sustain such a large family on his salary? Как он может содержать такую большую семью на свою зарплату? • получить. She sustained severe injuries in the accident. Она получила серьёзные поранения во время катастрофы. • поддержать. The judge sustained the lawyer's objections. Судья поддержал возражения правозаступника.

swallow глотать. I have a hard time swallowing with this sore throat. У меня так болит горло, что мне трудно глотать. • принимать за чистую монету. Do you really swallow every story you hear? Неужели вы принимаете за чистую монету всё, что вам рассказывают? • глоток. Just take one swallow of this medicine. Примите один глоток этого лекарства. • ласточка. The swallows are heading north; spring must be near. Ла́сточки летя́т на се́вер, ско́ро весна́.

☐ He had to swallow his pride, because his job was at stake. *Ему́ пришло́сь положи́ть свою́ го́рдость в карма́н: его́ рабо́та была́ поста́влена на ка́рту.

swam See **swim.**

sway кача́ться. Look how the trees sway in that wind. Смотри́те, как дере́вья кача́ются на ветру́. ● переубеди́ть. It's no use; he can't be swayed. Ничего́ не поде́лаешь, его́ не переубеди́шь. ● кача́ть. The sway of the train makes me sick. По́езд так кача́ет, что меня́ тошни́т. ● авторите́т. The father no longer held sway over his children. Оте́ц потеря́л авторите́т у дете́й.

swear кля́сться. She swears she's telling the truth. Она́ кляне́тся, что говори́т пра́вду. ● покля́сться. He says he's swearing off smoking. Он говори́т, что покля́лся не кури́ть. ● руга́ться. He swears too much. Он сли́шком мно́го руга́ется.

☐ **swear in** приводи́ть к прися́ге. Has the witness been sworn in? Свиде́тель уже́ был приведён к прися́ге?

sweat пот. His shirt was soaked with sweat. У него́ руба́шка наскво́зь промо́кла от по́та. — I broke out into a cold sweat. Меня́ в холо́дный пот бро́сило. ● поте́ть. He's sweating like a pig. Он отча́янно поте́ет.

sweater n сви́тер.

sweep (swept, swept) подмести́. Will you sweep up the room? Подмети́те, пожа́луйста, ко́мнату. ● волочи́ться. Your coat is so long it sweeps the ground. Ва́ше пальто́ тако́е дли́нное, что по земле́ волочи́тся.

☐ I hear our team made a clean sweep at the meet yesterday. Я слы́шал, что на́ша кома́нда на вчера́шнем ма́тче одержа́ла по́лную побе́ду.

sweet сла́дкий. The lemonade is too sweet. Этот лимона́д сли́шком сла́дкий. ● прия́тный. Her voice is very sweet. У неё о́чень прия́тный го́лос. — She has a very sweet disposition. У неё о́чень прия́тный хара́ктер. ● ми́ло. How sweet of you! Как э́то ми́ло с ва́шей стороны́!

☐ **sweet cream** сли́вки. Do you have any sweet cream? У вас есть сли́вки?

sweets сла́дости. I don't care much for sweets. Я не большо́й люби́тель сла́достей.

☐ What is that sweet smell? Чем э́то так прия́тно па́хнет? ● Is the milk still sweet? Молоко́ ещё не ски́сло?

sweetheart n люби́мый m; люби́мая f.

swell (swelled, swelled or swollen) распу́хнуть. Your cheek seems to be swelling. У вас, ка́жется, щека́ распу́хла. ● увели́чиваться. Their numbers are swelling fast. Их число́ бы́стро увели́чивается. ● волна́. Does this swell bother your swimming? Вам э́ти во́лны не меша́ют пла́вать? ● чу́дный. That's a swell idea for a comedy. Это чу́дный сюже́т для коме́дии. ● прекра́сный. She's a swell person. Она́—прекра́сный челове́к.

☐ Don't get a swelled head! Не вообража́йте о себе́ сли́шком мно́го!

swept See **sweep.**

swift бы́стрый. He kept up a swift pace and finished his work in time. Он рабо́тал бы́стрым те́мпом и зако́нчил во́время. ● бы́стро. The end was so swift that it took everyone by surprise. Коне́ц наступи́л так бы́стро, что заста́л всех враспло́х.

swim (swam, swum) пла́вать. Do you know how to swim? Вы уме́ете пла́вать? — The meat was swimming in gravy. Мя́со про́сто пла́вало в со́усе. ● проплы́ть. They've swum a long way. Они́ проплы́ли большо́е расстоя́ние. ● переплы́ть. We'll have to swim the river. Нам придётся переплы́ть ре́ку. ● попла́вать (to have a swim). We had a good swim. Мы хорошо́ попла́вали. ● купа́ться (to bathe). Let's go swimming this afternoon. Пойдёмте купа́ться сего́дня по́сле обе́да. — I'm going out for a swim. Я иду́ купа́ться. or Я иду́ пла́вать. ● расплыва́ться. I'm so tired everything is swimming in front of me. Я так уста́л, что у меня́ пе́ред глаза́ми всё расплыва́ется. ● закружи́ться (to go around). The blow made my head swim. От уда́ра у меня́ закружи́лась голова́.

swing (swung, swung) разма́хивать. Do you always swing your arms like that when you walk? Вы всегда́ так разма́хиваете рука́ми при ходьбе́? ● уда́р. A few swings with this ax will be enough to chop that wood. Не́сколько уда́ров топора́ и дрова́ бу́дут раско́лоты. ● кача́ться на каче́лях. The children were swinging in the park. Де́ти кача́лись на каче́лях в па́рке. ● свинг. Do you like swing? Вам нра́вится свинг?

☐ **in full swing** в по́лном разга́ре. Come a little later when the party's in full swing. Приходи́те попо́зже, когда́ вечери́нка бу́дет в по́лном разга́ре.

to swing around поверну́ть. Swing the car around now so you won't have to bother later. Поверни́те маши́ну тепе́рь, что́бы пото́м не на́до бы́ло вози́ться.

☐ I like the way they swing that tune. Мне нра́вится, с каки́м подъёмом они́ э́то игра́ют.

swollen See **swell.**

sword n меч.

swum See **swim.**

swung See **swing.**

syllable слог. The accent is on the second syllable. Ударе́ние на второ́м сло́ге.

sympathy n сочу́вствие.

system систе́ма. We're proud of our school system. Мы горди́мся на́шей систе́мой шко́льного образова́ния. — He's reduced his ideas to a system. Он привёл свои́ иде́и в систе́му. — We use the metric system here. Мы употребля́ем метри́ческую систе́му. ● органи́зм. Your system needs a rest. Ваш органи́зм нужда́ется в о́тдыхе.

☐ **railway system** железнодоро́жная сеть. Our railway system is not very large yet. На́ша железнодоро́жная сеть ещё не о́чень густа́я.

T

table стол. Push the table against the wall. Подви́ньте стол к стене́. ● табли́ца. The figures are given in the table on page twenty. Ци́фры даны́ в табли́це на двадца́той страни́це. ● положи́ть под сукно́. They tabled the motion. Это предложе́ние бы́ло поло́жено под сукно́.

☐ **table of contents** оглавле́ние. Look it up in the table of contents. Поищи́те э́то в оглавле́нии.

□ They set a good table. У них хорошо́ еди́т. • Let's turn the tables on him for a change. Пусть-ка на э́тот раз для разнообра́зия он распла́чивается.

tablecloth *n* ска́терть.

tablet доска́. A tablet in memory of his father was put up on the house. К до́му приби́ли мемориа́льную до́ску в честь его́ отца́. • табле́тка. Buy me some aspirin tablets. Купи́те мне не́сколько табле́ток аспири́ну.

tag ярлы́к. Tie a tag on the package to show its contents. Привяжи́те к паке́ту ярлы́к с указа́нием содержа́ния. • сле́довать по пята́м. The dog tagged along behind the children. Соба́ка сле́довала за детьми́ по пята́м. • пятна́шки. The boys were playing tag. Ма́льчики игра́ли в пятна́шки.

tail хвост. The puppy had a clipped tail. Хвост у щенка́ был обру́блен. • за́дний. I'm having the tail light on my car fixed. Сейча́с приво́дят в поря́док за́дние фонари́ на моём автомоби́ле.

□ tail end са́мый коне́ц. We arrived at the tail end of the first act. Мы пришли́ к са́мому концу́ пе́рвого а́кта.
tails ре́шка. Tails you lose. Ре́шка — вы проигра́ли.
□ His lecture was so confusing we couldn't make head or tail of it. Его́ ле́кция была́ така́я пу́таная, что мы ника́к не могли́ поня́ть, что к чему́. • We'll tail right behind your car. Мы бу́дем е́хать вслед за ва́шей маши́ной.

tailor портно́й. Where can I find a good tailor? Где здесь хоро́ший портно́й? • сшить. This skirt is well tailored. Э́та ю́бка хорошо́ сши́та.

take (took, taken) взять. Take my hand. Возьми́те меня́ за́ руку. — Will you take the baby in your arms? Возьми́те, пожа́луйста, ребёнка на́ руки. — Who took my book? Кто взял мою́ кни́гу? — Here, boy, take my bags. Вот, возьми́те мой бага́ж. — Our soldiers took the town in two hours. На́ши солда́ты за два часа́ взя́ли го́род. — I'll take the room with the bath. Я возьму́ ко́мнату с ва́нной. — Will you let us take your car? Вы разреши́те нам взять ва́шу маши́ну? • взять, приня́ть. I'd like to take a bath now. Я хоте́л бы сейча́с взять ва́нну. — Have you taken your medicine this morning? Вы сего́дня у́тром приня́ли лека́рство? — He took all the blame himself. Он взял всю вину́ на себя́. • брать. I won't take the blame for his mistake. Я отка́зываюсь брать на себя́ отве́тственность за его́ оши́бку. • снести́. Take this letter to the post office. Снеси́те э́то письмо́ на по́чту. • провожа́ть (to accompany). Who's taking her to the station? Кто провожа́ет её на вокза́л? — I hope he took you home early. Наде́юсь, он вас проводи́л домо́й ра́но. • снять (to rent). Let's take a house in the country this summer. Дава́йте э́тим ле́том сни́мем да́чу в дере́вне. • изме́рить (to take a measurement). Did you take his temperature this morning? Вы изме́рили ему́ температу́ру сего́дня у́тром? • победи́ть. Who do you think will take the tennis match? Кто, по-ва́шему, победи́т в э́том те́ннисном состяза́нии? • сбор. What was the take this week at the theater? Како́й был сбор в теа́тре на э́той неде́ле? • уло́в. That fellow always seems to get a good take of fish. У э́того па́рня всегда́ быва́ет большо́й уло́в (ры́бы). • заня́ть (to occupy). Is this seat taken? Э́то ме́сто за́нято? • пропада́ть (to vanish). Has anything been taken from your room? У вас что́-нибудь пропа́ло из ко́мнаты? • де́лать (to do). I haven't taken any photographs. Я не де́лал никаки́х сни́мков. — Are you allowed to take pictures here? Здесь

разрешено́ де́лать сни́мки? • привести́. Where will that road take us? Куда́ нас э́та доро́га приведёт? • отвезти́. When was he taken to the hospital? Когда́ его́ отвезли́ в больни́цу? • продолжа́ться. How long does the trip take? Ско́лько вре́мени продолжа́ется э́та пое́здка?

□ to take advantage of воспо́льзоваться. Thanks; I'll take advantage of your offer. Спаси́бо, я воспо́льзуюсь ва́шим предложе́нием. • злоупотреби́ть. He took advantage of my trust. Он злоупотреби́л мои́м дове́рием.
to take after быть похо́жим на. Who do you take after, your father or your mother? На кого́ вы похо́жи, на отца́ и́ли на мать?
to take a nap вздремну́ть. I like to take a nap after dinner. Я люблю́ вздремну́ть по́сле обе́да.
to take a walk погуля́ть. Would you like to take a walk? Хоти́те погуля́ть?
to take away увезти́, унести́. Have the trunks been taken away yet? Что, сундуки́ уже́ увезли́?
to take back забра́ть. I won't need your book any more, so why don't you take it back? Мне ва́ша кни́га бо́льше не нужна́, мо́жете её забра́ть. • брать наза́д. I take back what I said a minute ago. Я беру́ наза́д то, что я то́лько что сказа́л.
to take care of позабо́титься. I took care of that matter. Я об э́том позабо́тился.
to take charge заве́довать. Who's taking charge of the hotel while you're away? Кто заве́дует гости́ницей в ва́шем отсу́тствии?
to take down снять. Take the picture down from the wall. Сними́те карти́ну со стены́. • записа́ть. Take down this address, please. Запиши́те, пожа́луйста, э́тот а́дрес.
to take for приня́ть за. Sorry; I took you for someone else. Прости́те, я вас при́нял за друго́го.
to take hold of ухвати́ться. Take hold of this rope and help us pull the boat in. Ухвати́тесь за (э́тот) кана́т и помоги́те нам притяну́ть ло́дку к бе́регу.
to take in забра́ть. Will you take this dress in at the waist? Пожа́луйста, забери́те э́то пла́тье в та́лии.
to take it out on сва́ливать на. Well, you don't have to take it out on me; it's not my fault. Почему́ вы э́то на меня́ сва́ливаете? Я вовсе не винова́т.
to take it (that) ви́дно. I take it you're in trouble? У вас, ви́дно, неприя́тности?
to take notes де́лать заме́тки. He's taking notes at the meeting. Он де́лает заме́тки во вре́мя собра́ния.
to take off снять. Take off your hat and stay awhile. Сними́те шля́пу и посиди́те немно́жко. • вылета́ть. When does the plane take off? Когда́ вылета́ет самолёт? • изобрази́ть. My friend can take off almost any actor you name. Мой прия́тель вам како́го хоти́те актёра изобрази́т.
to take offense обижа́ться. You shouldn't take offense at what he said. Вы не должны́ обижа́ться на то, что он сказа́л.
to take on набира́ть. I hear the factory is taking on some new men. Я слы́шал, что заво́д набира́ет но́вых рабо́чих. • взя́ться за. We took on a new job yesterday. Вчера́ мы взя́лись за но́вую рабо́ту.
to take one's time не торопи́ться. Can I take my time? Могу́ я с э́тим не торопи́ться?
to take out вы́нуть. Take the fruit out of the bag. Вы́ньте

184

фру́кты из мешка́. • вы́вести. Can you take the spot out of these pants? Вы мо́жете вы́вести пятно́ с э́тих брюк?
to take place произойти́. Where did the accident take place? Где произошёл э́тот несча́стный слу́чай?
to take sick заболе́ть. When did he take sick? Когда́ он заболе́л? • стать ду́рно. I heard she was taken sick in the theater. Я слы́шал, что ей внеза́пно ста́ло ду́рно в теа́тре.
to take up обсужда́ть (to discuss). We'll take up that plan at the next meeting. Мы бу́дем обсужда́ть э́тот план на сле́дующем собра́нии. • изуча́ть (to study). I'm going to take up Russian this year. В э́том году́ я бу́ду изуча́ть ру́сский язы́к. • лови́ть на сло́ве. I'll take you up on that. Ловлю́ вас на сло́ве.
to take up slack натяну́ть. Take up the slack in that rope. Натяни́те э́ту верёвку.
to take up with води́ться с. I wouldn't take up with those people if I were you. На ва́шем ме́сте я бы не стал води́ться с э́тими людьми́. • обсуди́ть с. You'll have to take up that matter with the chairman. Вам придётся обсуди́ть э́то с председа́телем.
☐ Did the laundryman take my laundry? Из пра́чечной уже́ приходи́ли за мои́м бельём? • I wish you wouldn't keep taking my ties. Я хоте́л бы, чтобы вы переста́ли таска́ть мои́ га́лстуки. • The train will take you there in three hours. По́ездом вы дое́дете туда́ за три часа́. • Take a seat please. Сади́тесь, пожа́луйста. • Take my advice. Послу́шайтесь моего́ сове́та. • Will you take a check for the bill? Мо́жно уплати́ть вам че́ком? • Let's take a chance on him; I'm sure he can do the job. Дава́йте, попро́буем ему́ рабо́ту, я уве́рен, что он спра́вится. • What train are you taking tomorrow? Каки́м по́ездом вы за́втра е́дете? • I take cream with my coffee. Я пью ко́фе со сли́вками. • Should I take the trouble of writing him about it? Сто́ит (мне) написа́ть ему́ об э́том? • How long will it take to press my pants? Ско́лько вре́мени пона́добится, чтобы вы́гладить мои́ брю́ки? • It will take two more men to move this safe. Чтобы передви́нуть э́тот сейф, нужны́ ещё два челове́ка. • Who's taking down the minutes? Кто ведёт протоко́л? • She certainly took him down a peg. Что и говори́ть, она́ сби́ла с него́ спесь. • Let's take in a movie this afternoon. Дава́йте пойдём сего́дня по́сле обе́да в кино́. • We haven't enough time to take in all the sights. У нас не хва́тит вре́мени осмотре́ть все достопримеча́тельности. • How much do you take in a month? Како́й оборо́т вы де́лаете в ме́сяц? • He certainly took us in with his stories. Он нам всё врал, а мы и у́ши разве́сили. • I'll take you on for a game of chess. Дава́йте срази́мся в ша́хматы. • Don't take on so! Не зака́тывайте исте́рику! • Let's take our time about driving there. Пое́дем туда́ потихо́ньку. • When will the wedding take place? Когда́ сва́дьба? • We took to him right away. *Он нам сра́зу пришёлся по душе́. • When we approached, he took to the woods. При на́шем приближе́нии, он бро́сился бежа́ть в лес. • He offered to bet me, but I didn't take him up. Он предложи́л мне пари́, но я отказа́лся. • Have you taken out your passports yet? Вы уже́ получи́ли паспорта́? • I'm glad you took your car. Я рад, что вы на маши́не. • It took a long time for me to come here. Я о́чень до́лго сюда́ шёл (or е́хал).
taken See take.
tale *n* расска́з.

talent *n* тала́нт.
talk разгова́ривать. Don't you think he talks too much? Вам не ка́жется, что он сли́шком мно́го разгова́ривает? • говори́ть. Let's see; what were we just talking about? О чём э́то мы то́лько что говори́ли? • сказа́ть. Why don't you talk sense for a change? Сказа́ли бы вы, хоть для разнообра́зия, что-нибудь де́льное! • речь. His talk was long and dull. Его́ речь была́ дли́нная и ску́чная. • разгово́р. Oh, that's just talk! Ах, э́то то́лько разгово́ры! • то́лки. Her actions have caused a lot of talk. Её поведе́ние вы́звало ма́ссу то́лков.
☐ **to talk back** возрази́ть. For once he dared to talk back to her. Хоть раз он реши́лся ей возрази́ть. • возража́ть. I wouldn't talk back to him, if I were you. На ва́шем ме́сте я не стал бы ему́ возража́ть.
to talk over обсуди́ть. Let's talk this over. Дава́йте обсу́дим э́то.
to talk someone into уговори́ть. Do you suppose we can talk them into coming with us? Вы ду́маете, что нам уда́стся уговори́ть их пойти́ с на́ми?
☐ The new play is the talk of the town. Об э́той пье́се говори́т весь го́род.
tall высо́кий. I've never seen such a tall building. Я никогда́ не вида́л тако́го высо́кого зда́ния.
☐ How tall are you? Како́го вы ро́ста? • That's a pretty tall order, but I'll try to do it. От меня́ тре́буют почти́ невозмо́жного, но я постара́юсь э́то сде́лать. • He came back with a few fish but a tall story. *Ры́бы он принёс ма́ло, но нарассказа́л нам с три ко́роба.
tame ручно́й. The birds are so tame they'll eat out of your hand. Пти́цы таки́е ручны́е, что из рук клюю́т. • приручи́ть. I think this little bear could be tamed. Ка́жется, э́того медвежо́нка мо́жно бу́дет приручи́ть.
☐ **to tame down** присмире́ть. He's tamed down a lot since he left school. Он си́льно присмире́л с тех пор как ко́нчил шко́лу.
☐ The movie is tame compared to the play. Э́тот фильм чрезвыча́йно сде́ржанный по сравне́нию с пье́сой.
tan вы́дубить. These hides will have to be tanned before we can use them. Э́ти шку́ры на́до бу́дет вы́дубить до того́ как пуска́ть в де́ло. • бе́жевый. She wore a tan sweater and a brown skirt. На ней был бе́жевый сви́тер и кори́чневая ю́бка. • загора́ть. She tans very easily. Она́ легко́ загора́ет. • зага́р. Where did you get that beautiful tan? Отку́да у вас тако́й великоле́пный зага́р?
tangle запу́таться. Your request is all tangled up in red tape. Ва́ше заявле́ние завя́зло в бюрократи́ческой волоки́те. • зато́р. It took the police about an hour to straighten out the traffic tangle. Мили́ции пришло́сь вози́ться о́коло ча́су, чтобы ликвиди́ровать зато́р в у́личном движе́нии.
tank бак. The gasoline tank is almost empty. Бак с горю́чим почти́ пусто́й. • танк. A column of tanks led the attack. Во главе́ атаку́ющих шла та́нковая коло́нна.
tap постуча́ть. We tapped on the window to attract their attention. Мы постуча́ли в окно́, чтобы привле́чь их внима́ние. • уда́рить. Don't hammer the nail so hard; just give it a light tap. Не бе́йте по гвоздю́ с тако́й си́лой, уда́рьте слегка́ — и всё тут. • откры́ть. Let's tap a keg of beer. Дава́йте, откро́ем бочо́нок пи́ва. • надреза́ть. They tap these trees every year for sap. Э́ти дере́вья надреза́ют ка́ждый год и собира́ют сок. • вы́сту-

кать. The telegraph operator tapped out a message in code. Телеграфи́ст вы́стукал шифро́ванную телегра́мму. • кран. The tap in the bathtub has been leaking all day. Кран в ва́нной уже́ це́лый день течёт.

☐ Our telephone wires were tapped. На́ши телефо́нные разгово́ры подслу́шивались.

task *n* зада́ние, зада́ча.

taste вкус. This meat has a strange taste. У э́того мя́са стра́нный вкус. — She has good taste in clothes. Она́ одева́ется со вку́сом. — I can't taste a thing with this cold. Я из-за на́сморка никако́го вку́са не чу́вствую. — This wine tastes bitter. У э́того вина́ како́й-то го́рький вкус. • попро́бовать. Just taste this coffee. Вы то́лько попро́буйте э́тот ко́фе. — Give me a taste of that ice cream. Да́йте мне попро́бовать немно́го э́того моро́женого. • чу́вствоваться. This soup tastes too much of garlic. В э́том су́пе сли́шком чу́вствуется чесно́к.

☐ in poor taste беста́ктный (tactless). That remark was in very poor taste. Э́то бы́ло о́чень беста́ктное замеча́ние. ☐ Suit your own taste! Де́лайте, как хоти́те! • She hasn't tasted anything since yesterday. Она́ ничего́ не е́ла со вчера́шнего дня.

taught *See* **teach.**

tax нало́г. I hope I can get my taxes in on time this year. Я наде́юсь, что смогу́ в э́том году́ внести́ нало́ги своевре́менно. — How much is the tax on these cigarettes? Како́в нало́г на э́ти папиро́сы? — I think they're taxing us too much for it. По-мо́ему, нало́г на э́то сли́шком высо́кий. ☐ This heat is taxing my strength. Э́та жара́ меня́ соверше́нно изнуря́ет.

taxi такси́. It cost me quite a bit to take a taxi home from the station. Такси́ от вокза́ла домо́й обошло́сь мне не дёшево. • рули́ть. The plane taxied across the field to the hangar. Самолёт рули́л по́ полю по направле́нию к анга́ру.

tea чай. I'll take tea, please. Мне ча́ю, пожа́луйста. — Will you have lemon or cream with your tea? Вам чай с лимо́ном и́ли со сли́вками? — Let's invite them over for tea Sunday afternoon. Дава́йте пригласи́м их на чай в воскресе́нье.

teach (taught, taught) учи́ть. Will you teach me Russian? Хоти́те учи́ть меня́ ру́сскому языку́? — Is that the way you've been taught to handle tools? Э́то та́к вас учи́ли обраща́ться с инструме́нтами? • научи́ть. You'll have to teach me how to run this machine. Вам придётся научи́ть меня́ как обраща́ться с э́той маши́ной. — Who taught you how to drive a car? Кто вас научи́л пра́вить (маши́ной)?

☐ Would you teach me something about the customs of your country? Расскажи́те мне (что́-нибудь) об обы́чаях ва́шей страны́.

teacher *n* учи́тель *m*, учи́тельница *f*.

teaching преподава́ние. Teaching languages is not considered an easy job. Преподава́ние языко́в счита́ется де́лом нелёгким.

team кома́нда. Our soccer team won every game last season. В про́шлом сезо́не на́ша футбо́льная кома́нда вы́играла все ма́тчи. • гру́ппа. They make a very good team for that work. Они́ — хорошо́ срабо́тавшаяся гру́ппа.

☐ to team up объедини́ться. We'll go places if we team up with them. Мы добьёмся успе́ха, е́сли объедини́мся с ни́ми.

tear (as in *fair*) (tore, torn) разорва́ть. Be careful not to tear your clothes on that nail. Осторо́жно, не разорви́те пла́тья об э́тот гвоздь. • разодра́ть. I tore my pants. Я разодра́л себе́ штаны́. • продра́ться. My shirt is torn at the elbow. У меня́ ло́коть продра́лся на руба́шке. • промча́ться. A police car just tore past the house. Ми́мо до́ма как раз промча́лась полице́йская маши́на. • ды́рка. Can this tear be repaired in a hurry? Мо́жно бы́стро заши́ть э́ту ды́рку?

☐ to tear down снести́. We plan to tear down that old hotel soon. Мы собира́емся ско́ро снести́ э́ту ста́рую гости́ницу.

to tear off содра́ть с. Who tore the label off the bottle? Кто содра́л ярлы́к с буты́лки?

to tear open вскрыть. Who tore this package open? Кто вскрыл э́тот паке́т?

to tear out вы́рвать. I see a page has been torn out of this book. Я ви́жу, кто́-то вы́рвал страни́цу из э́той кни́ги. • вы́лететь (to fly out). He tore out of the house before I could catch him. Он вы́летел и́з дому пре́жде, чем я успе́л его́ останови́ть.

to tear up разорва́ть. I hope you tore up my last letter. Наде́юсь, вы разорва́ли моё после́днее письмо́.

tear (as in *fear*) слеза́. Tears won't do you any good. Слёзы вам не помо́гут.

☐ She breaks out into tears at a moment's notice. *У неё глаза́ на мо́кром ме́сте.

tease подтру́нивать. They've been teasing him about his accent. Они́ подтру́нивали над его́ акце́нтом. • дразни́ть. Stop teasing her; can't you see she's going to cry? Бро́сьте дразни́ть её, ра́зве вы не ви́дите, что она́ вот-вот распла́чется. • насме́шник. Her uncle is an awful tease. Её дя́дя ужа́сный насме́шник.

teaspoon *n* ча́йная ло́жечка.

teeth *See* **tooth.**

telegram телегра́мма. I want to send a telegram. Я хочу́ посла́ть телегра́мму. — Do you take telegrams here? Тут принима́ют телегра́ммы?

telegraph телегра́ф. This news is usually sent by telegraph. Э́ти сообще́ния передаю́тся обы́чно по телегра́фу. • телегра́фный. Where is the telegraph office? Где телегра́фное отделе́ние? *or* Где телегра́ф? • телеграфи́ровать. Telegraph us when you get to Moscow. По прие́зде в Москву́, телеграфи́руйте мне.

telephone телефо́н. Can I use your telephone, please? Мо́жно мне воспо́льзоваться ва́шим телефо́ном? — Do you have a telephone? У вас есть телефо́н? — Could you get my brother on the telephone for me? Позови́те, пожа́луйста, моего́ бра́та к телефо́ну. • звони́ть. Did anyone telephone me? Мне кто́-нибудь звони́л? • позвони́ть. Where can I telephone you this evening? Куда́ мо́жно вам позвони́ть сего́дня ве́чером?

tell (told, told) говори́ть. Did they tell you anything about their plans for this evening? Они́ вам что́-нибудь говори́ли о свои́х пла́нах на сего́дняшний ве́чер? — I told you so. Ведь я вам говори́л! — Are you telling the truth? Вы говори́те пра́вду? • сказа́ть. I wasn't told a thing about it. Мне об э́том ни сло́ва не сказа́ли. — Tell me, what are you doing this morning? Скажи́те, что вы де́лаете сего́дня у́тром? — Can you tell me how to get to Red Square? Скажи́те, пожа́луйста, как мне пройти́ (*or* прое́хать) на Кра́сную пло́щадь? — Could you tell me the time, please? Пожа́луйста, скажи́те кото́рый тепе́рь час?

— Tell the driver to wait for us. Скажи́те шофёру, чтоб он нас подожда́л. • рассказа́ть. Tell me all about it. Расскажи́те мне всё подро́бно. • различа́ть. How do you tell one from another? Как вы их различа́ете? • отличи́ть. I can't tell a White Russian from a Ukrainian for the life of me. Я ника́к не могу́ отличи́ть белору́са от украи́нца. • знать. You never can tell what he's going to pull next. С ним никогда́ не зна́ешь каку́ю шту́ку он вы́кинет.

☐ to tell apart различи́ть. Even if you'd seen them up close, you couldn't have told them apart. Да́же совсе́м вблизи́ их невозмо́жно различи́ть.

to tell off отчита́ть. I'm going to tell him off one of these days. Ка́к-нибудь на-дня́х я его́ как сле́дует отчита́ю.

to tell time смотре́ть на часы́ (to look at the watch). Can your little boy tell time? Ваш ма́льчик уже́ уме́ет смотре́ть на часы́? ☐ Tell me your name. Как вас зову́т? • Don't tell me I'm too late. Неуже́ли я опозда́л?

temper смягча́ть. His hard words were tempered by his kindly manner. Его́ мя́гкий тон смягчи́л суро́вость его́ слов. • хара́ктер. He's an even-tempered man. У него́ о́чень ро́вный хара́ктер.

☐ to control one's temper сде́рживаться. Why don't you learn to control your temper? Вам ну́жно научи́ться сде́рживаться.

to lose one's temper разозли́ться. The boys lost their tempers and started to fight. Ма́льчики разозли́лись и поле́зли в дра́ку. • выходи́ть из себя́. Don't lose your temper over such trifles. Не сто́ит выходи́ть из себя́ из-за таки́х пустяко́в.

☐ This spring is made of tempered steel. Эта пружи́на сде́лана из закалённой ста́ли.

temperature n температу́ра.

temple храм. Did you see that beautiful temple? Вы ви́дели э́тот замеча́тельный храм? • висо́к. The pain in my head seems to be centered around the temples. Моя́ головна́я боль сосредото́чилась в виска́х.

temporary adj вре́менный.

tempt v соблазня́ть, искуша́ть.

temptation n искуше́ние.

ten n, adj де́сять.

tend следи́ть. We hired a boy to tend the furnace. Мы на́няли ма́льчика следи́ть за то́пкой. • заня́ться. Stop talking and tend to your work. Переста́ньте болта́ть и займи́тесь ва́шим де́лом.

☐ The university tends to put more stress on the study of foreign languages today. В университе́те сейча́с есть тенде́нция налега́ть на изуче́ние иностра́нных языко́в.

tendency скло́нность. He has a tendency to exaggerate. У него́ скло́нность к преувеличе́ниям.

tender не́жный. The meat is so tender you can cut it with a fork. Мя́со тако́е не́жное, что ре́жется ви́лкой. — They nursed the child with tender care. Они́ не́жно уха́живали за ребёнком. • чувстви́тельный. His arm is still tender where he bruised it. Его́ рука́ ещё о́чень чувстви́тельна на ме́сте уши́ба.

☐ to tender one's resignation пода́ть в отста́вку. The chairman is planning to tender his resignation. Председа́тель собира́ется пода́ть в отста́вку.

tennis те́ннис. We just have time for a game of tennis before lunch. У нас как раз есть вре́мя для па́ртии в те́ннис перед за́втраком.

tense напряжённый. His face was tense when he heard the news. Он вы́слушал э́ту но́вость с напряжённым лицо́м. • напря́чь. He tensed his muscles and jumped. Он напря́г му́скулы и пры́гнул.

tent n пала́тка.

tenth деся́тый. I get paid on the tenth of the month. У меня́ полу́чка быва́ет деся́того числа́. — It's not one-tenth finished. И деся́той до́ли не сде́лано!

term называ́ть. He is what might be termed a wealthy man. Он, что называ́ется, бога́тый челове́к. • семе́стр. When does the new (school) term begin? Когда́ начина́ется но́вый семе́стр? • се́ссия. The next court term will start in July. Ближа́йшая се́ссия суда́ начнётся в ию́ле.

☐ terms усло́вия. What are your terms on this automobile? На каки́х усло́виях вы продаёте э́тот автомоби́ль? • отноше́ния. I've been on very good terms with that man up until lately. До неда́внего вре́мени я был с э́тим челове́ком в о́чень хоро́ших отноше́ниях.

to bring to terms пойти́ на мирову́ю. Can we bring him to terms, or will we have to go to court? Согласи́тся он пойти́ на мирову́ю и́ли придётся обрати́ться в суд?

to come to terms прийти́ к соглаше́нию. We've been trying to come to terms for months now. Мы уже́ в тече́ние не́скольких ме́сяцев пыта́емся прийти́ к соглаше́нию.

☐ Do you know the term for this part of the machine? Вы зна́ете, как называ́ется э́та часть маши́ны? • People are always speaking of him in flattering terms. О нём всегда́ все о́чень ле́стно отзыва́ются. • We're not even on speaking terms now. Мы с ним тепе́рь да́же не разгова́риваем. • Do you think he deserves another term in office? Вы полага́ете, что он заслу́живает переизбра́ния?

terrible ужа́сный. Wasn't that a terrible storm last night? Кака́я ужа́сная бу́ря была́ сего́дня но́чью! — He was in a terrible automobile accident. Он попа́л в ужа́сную автомоби́льную катастро́фу. • стра́шно. I've got a terrible cold. Я стра́шно просту́жен.

☐ We had a terrible time at their party! Ну и тоска́ же была́ у них на вечери́нке.

territory n террито́рия.

terror n у́жас.

test экза́мен. You will have to take a test before you can get your driver's license. Вам придётся сдать экза́мен, чтобы получи́ть пра́во на управле́ние маши́ной. • прове́рить. Take the machine back to the repair shop and have it tested. Возьми́те маши́ну обра́тно в почи́ночную мастерску́ю, пусть её прове́рят.

☐ to give a test экзаменова́ть. That teacher gives hard tests. У э́того учи́теля тру́дно экзаменова́ться.

☐ His music will stand the test of time. Его́ му́зыка надо́лго переживёт его́.

text текст. He changed the text several times before giving it to the printer. Он не́сколько раз меня́л текст перед сда́чей в типогра́фию.

☐ What is the text of the sermon? На како́й стих э́та про́поведь?

textbook n уче́бник.

than чем. I'd rather stay home than go to that dull play. Мне хоте́лось бы лу́чше оста́ться до́ма, чем идти́ смотре́ть э́ту ску́чную пье́су. — He'll explain it to you better than I will. Он вам объясни́т э́то лу́чше чем я. — She feels worse today than she did yesterday. Она́ сего́дня чу́вствует себя́ ху́же чем вчера́.

□ Have you something better than this? Есть у вас что-нибудь полу́чше? • Can't you work any faster that that? Вы не мо́жете рабо́тать немно́го быстре́е?

thank благодари́ть. Thank you. Благодарю́ вас (formal). *or* Спаси́бо. — I can't thank you enough. Я вам бесконе́чно благода́рен. *or* Я не зна́ю, как вас благодари́ть.

□ **of thanks** благода́рственный. Let's send her a letter of thanks. Дава́йте пошлём ей благода́рственное письмо́.

thanks спаси́бо. Thanks. Спаси́бо. *or* Благодарю́ вас (formal). — Thanks for all you've done for me. Спаси́бо за всё, что вы для меня́ сде́лали. — No, thanks. Нет, спаси́бо. • благода́рность. Accept our thanks for your contribution. Прими́те на́шу благода́рность за ва́ше поже́ртвование.

thanks to благодаря́. Thanks to his carelessness the machine was broken. Маши́на слома́лась, благодаря́ его́ небре́жности.

□ I have only myself to thank for this mess. *Я сам винова́т, что завари́л э́ту ка́шу. • We sent him our thanks for the gift. Мы поблагодари́ли его́ за пода́рок.

thankful *adj* благода́рный.

thanksgiving благодаре́ние.

□ **Thanksgiving Day** день благодаре́ния (америка́нский пра́здник).

that (those) тот. That's what I want. Э́то то, что мне ну́жно. — Give me some of those. Да́йте мне вон тех вот. • э́то. What does that mean? Что э́то зна́чит? — What was that you said a minute ago? Что э́то вы то́лько что сказа́ли? — How do you know that? Отку́да вы э́то зна́ете? • э́тот. That's the book I've been looking for. Вот э́ту-то кни́гу я и иска́л. — Who are those people you were talking to? Кто э́ти лю́ди, с кото́рыми вы разгова́ривали? — Those children are making too much noise. Э́ти де́ти сли́шком шумя́т. • так. Is it that far to the station? Неуже́ли до вокза́ла так далеко́? • кото́рый. Who's the fellow that just said hello to you? Кто э́тот па́рень, кото́рый с ва́ми сейча́с поздоро́вался? • кто. Can we find anybody that knows this town? Нельзя́ ли найти́ кого́-нибудь, кто зна́ет (э́тот) го́род? • что. I'm sorry that this happened. Мне о́чень жаль, что э́то так случи́лось. — The light was so bright that it hurt our eyes. Свет был тако́й я́ркий, что бы́ло бо́льно смотре́ть.

□ **so that** (так) чтоб. Let's finish this today so that we can rest tomorrow. Дава́йте зако́нчим э́то сего́дня, (так) чтоб за́втра мо́жно бы́ло отдохну́ть. **that much** сто́лько, так мно́го. I don't want that much milk. Я не хочу́ сто́лько молока́.

□ That's life for you, isn't it? Такова́ жизнь, ничего́ не поде́лаешь! • I just can't see it that way. По-мо́ему, э́то совсе́м не так. • When was the last time (that) you saw him? Когда́ вы ви́дели его́ в после́дний раз? • Let's meet at the same place that we met last time. Дава́йте встре́тимся там же, где в про́шлый раз.

the э́тот (this). I've been trying to find the hotel all day. Весь день я иска́л э́ту гости́ницу.

□ the . . . the чем . . . тем. The sooner we're paid, the better. Чем скоре́е нам запла́тят, тем лу́чше.

□ That's the man I mean. Э́то тот челове́к, кото́рого я име́л в виду́. • Do you know the man who runs the store? Вы зна́ете заве́дующего магази́ном? • The sky is cloudy today. Сего́дня о́блачно. • He's the man for the job. Он подходя́щий челове́к для э́той рабо́ты.

theater теа́тр. What time does the theater open? Когда́ начина́ют впуска́ть в теа́тр? — Do you like the theater? Вы лю́бите теа́тр? — Who will buy the theater tickets? Кто ку́пит биле́ты в теа́тр?

□ **movie theater** кино́. There's a movie theater on the corner. Там, на углу́, есть кино́.

their (theirs) их. Their house is near here. Их дом тут побли́зости. — Do you know their address? Вы зна́ете их а́дрес? — Are you a friend of theirs? Вы их друг? — Is this boat yours or theirs? Чья э́то ло́дка их и́ли ва́ша? • свой. We decided that we'd go in our car and they'd take theirs. Мы реши́ли е́хать на на́шей маши́не, а они́ пое́дут на свое́й.

□ Our car is rather old, but so is theirs. На́ша маши́на, коне́чно, не из но́вых, но и у них не лу́чше.

theirs *See* **their.**

them (*See also* **they**) они́. Let them decide. Пусть они́ реша́ют. — I don't like the idea of them going without us. Мне совсе́м не нра́вится, что они́ пойду́т без нас.

theme сюже́т. What is the theme of the novel? Како́й сюже́т э́того рома́на? • сочине́ние. The teacher assigned a five-page theme for Friday's class. Учи́тель за́дал на пя́тницу сочине́ние в пять страни́ц.

themselves са́ми. They did it themselves. Они́ са́ми э́то сде́лали. — Did they really do all that work by themselves? Неуже́ли они́ са́ми вы́полнили всю э́ту рабо́ту? • себя́. They worked themselves into a fit. Они́ довели́ себя́ до по́лного исступле́ния.

then пото́м. What do I do then? А что мне пото́м де́лать? • ещё (кро́ме того́). Then there's the trunk; we must have it taken down. (Кро́ме того́) тут ещё сунду́к, его́ ну́жно снести́ вниз. • ну. Well, then, if you want me to I'll do it. Ну хорошо́! Е́сли вы хоти́те, — я э́то сде́лаю. • зна́чит. You didn't expect me today, then? Зна́чит, вы меня́ сего́дня не жда́ли? • тогда́. Then why bother at all? Тогда́ заче́м же вообще́ беспоко́иться?

□ **by then** к тому́ вре́мени. Wait until next Tuesday; I hope to know by then. Подожди́те до бу́дущего вто́рника, я наде́юсь, что к тому́ вре́мени я бу́ду знать. **now and then** иногда́. We go to the movies now and then. Мы иногда́ хо́дим в кино́. • вре́мя от вре́мени. Oh, we see them every now and then. Мы с ни́ми вре́мя от вре́мени ви́даемся.

then and there в э́тот моме́нт. I knew then and there that I could never get along with him. В э́тот моме́нт я сра́зу по́нял, что я никогда́ не смогу́ с ним ужи́ться.

□ Well, then, let's talk it over. Ну что ж, дава́йте обсу́дим э́то.

theory *n* тео́рия.

there там. I've never been there. Я никогда́ там не́ был. • вот. There you are! I've been looking for you for an hour. Вот вы где! А я ищу́ вас уже́ це́лый час. — "Where's my book?" "There you are!" "Где моя́ кни́га?" "Вот она́, пожа́луйста!" — There you are! I told you it'd happen! Вот вам! Я вас предупрежда́л, что так случи́тся. • тут. You're wrong there. Тут вы непра́вы. • туда́ (to there). Can you get there by car? Мо́жно прое́хать туда́ автомоби́лем? • пра́во. There, I wouldn't worry so much.

Пра́во, тут не́чего беспоко́иться. • ну. There, now you've done it. Ну, тепе́рь вы доигра́лись.

□ **here and there** ко́е-где́. Here and there in his book he's got some good ideas. В его́ кни́ге ко́е-где́ попада́ются интере́сные мы́сли.

not all there не все до́ма. Don't be surprised at the way he carries on; he's not all there. Не удивля́йтесь тому́, что он выки́дывает; *у него́ не все до́ма.

□ There are a few good hotels in town. В го́роде есть не́сколько хоро́ших гости́ниц. • Are there any vacancies at your hotel? У вас в гости́нице есть свобо́дные ко́мнаты? • Is there anything I can do? Могу́ я чём-нибудь помо́чь?

therefore поэ́тому. It looks like rain; therefore we'd better stay home. Ка́жется, бу́дет дождь, (поэ́тому) лу́чше оста́немся до́ма.

these *See* **this.**

they они́. Where are they? Где они́? — Are they the people you told me about? Вы э́то о них мне говори́ли? — Please send them my regards. Переда́йте им, пожа́луйста, мой приве́т.

□ When do they open the dining room? Когда́ открыва́ется столо́вая? • They give concerts here in the summer. Ле́том здесь быва́ют конце́рты. • Well, you know what they say. Ну, вы зна́ете, что говоря́т.

thick толщино́й. I need a piece of wood about three inches thick. Мне нужна́ доще́чка в три сантиме́тра толщино́й. • пото́лще (thicker). I want a thick steak. Да́йте-ка мне бифште́кс пото́лще. • кре́пкий. Is the ice thick enough for skating? Что, лёд уже́ доста́точно кре́пкий, чтоб ката́ться на конька́х? • густо́й. I don't like such thick soup. Я не люблю́ тако́й густо́й суп. • си́льный (strong). He has a very thick accent. Он говори́т с си́льным акце́нтом. • тупо́й. He's too thick to know what you're talking about. Он так туп, что не понима́ет, о чём вы говори́те. • разга́р. The candidate withdrew in the thick of the election. Он снял свою́ кандидату́ру в разга́р избира́тельной кампа́нии. • дру́жный. We've been very thick with that family for years. В тече́ние мно́гих лет мы бы́ли о́чень дружны́ с э́той семьёй.

□ **to get thick** сгуща́ться. The fog is getting thick. Тума́н сгуща́ется.

□ It wasn't really his fault, so you needn't lay it on so thick. Не́чего его́ брани́ть, ведь он, пра́вда, в э́том не винова́т. • He stood by us through thick and thin. Во всех на́ших испыта́ниях он был нам ве́рным дру́гом. • Can't I get this through your thick head? Неуже́ли вам так-таки нельзя́ э́того втолкова́ть?

thief (thieves) вор. Stop, thief! Держи́те во́ра!

thin то́нкий. This book is thin enough to slip into your pocket. Э́то така́я то́нкая кни́жка, что её мо́жно всу́нуть в карма́н. — The walls of my room are too thin. У меня́ в ко́мнате сте́ны сли́шком то́нкие. • пото́ньше. Cut the bread thin. Наре́жьте хлеб пото́ньше. • реде́ть. His hair is thinning. У него́ реде́ют во́лосы. • худо́й. You're too thin; you ought to eat more. Вы сли́шком худо́й; вам ну́жно есть побо́льше. • жи́дкий. This soup is too thin. Э́тот суп сли́шком жи́дкий. • сла́бый. His voice was so thin we could hardly hear him. Он говори́л таки́м сла́бым го́лосом, что его́ почти́ не́ было слы́шно. — That's a pretty thin excuse. Э́то весьма́ сла́бое извине́ние.

□ **to get thin** похуде́ть. I was shocked to see how thin he'd gotten. Я ужасну́лся, уви́дя, как он похуде́л.

to thin out пореде́ть. Let's wait until the crowd thins out. Подождём, пока́ толпа́ пореде́ет.

thing вещь. There's been some funny things going on in that house. В э́том до́ме происхо́дят стра́нные ве́щи.

□ **of all things** вот тебе́ и на. Well, of all things, what are you doing here? Вот тебе́ и на! Вы-то тут что де́лаете? **poor little thing** бедня́жечка. You poor little thing! Ах вы, бедня́жечка!

poor thing бедня́жка. When her parents died the poor thing didn't know what to do. Когда́ её роди́тели у́мерли, бедня́жка не зна́ла, что ей де́лать.

things ве́щи. I have to go now; did you see where I put my things? Ну, мне пора́. Вы не ви́дели, куда́ я дева́л мои́ ве́щи? — Have you packed all your things yet? Вы уже́ уложи́ли свои́ ве́щи?

□ What are those things you're carrying there? Что э́то вы тако́е несёте? • I can't see a thing from my seat. С моего́ ме́ста реши́тельно ничего́ не ви́дно. • We haven't done a thing all week. За всю неде́лю мы ничего́ не сде́лали. • I can't think of a thing. Мне ничего́ не прихо́дит в го́лову. • We've heard a lot of nice things about you. Мы слы́шали о вас мно́го хоро́шего. • He certainly knows a thing or two about business. Он, коне́чно, в комме́рческих дела́х ко́е-что понима́ет. • How are things? Ну как дела́? • Things are pretty tough these days. Да, тру́дное вре́мя пережива́ем. • Let's sit down and talk things over. Дава́йте ся́дем и всё обсу́дим. • She says he's in love, and I think it's the real thing. Она́ говори́т, что он влюблён, и я ду́маю, что э́то серьёзно. • I think you've been seeing things ever since that catastrophe. По-мо́ему, вам вся́кое чу́дится со вре́мени э́той катастро́фы. • "What's the matter with you?" "There's not a thing wrong with me." "Что с ва́ми?" "Ничего́, всё в поря́дке".

think (thought, thought) ду́мать. What are you thinking about? О чём вы ду́маете? — I think so. Я так ду́маю. — I thought so! Я так и ду́мал! — What do you think of that guy? Что вы ду́маете об э́том па́рне? • поду́мать. Why don't you think about it for a while before you make up your mind? Вам не меша́ло бы поду́мать немно́го, пре́жде чем реша́ть. • вспо́мнить. I can't think of his address. Ника́к не могу́ вспо́мнить его́ а́дреса.

□ **to think better of** хороше́нько поду́мать. You're taking a big chance, and I'd think better of it, if I were you. Вы о́чень риску́ете; на ва́шем ме́сте я бы хороше́нько поду́мал.

to think over поду́мать. I'll have to think it over. Мне придётся над э́тим ещё поду́мать. • обду́мать. Think it over. Обду́майте э́то.

to think twice хорошо́ обду́мать. I'd think twice about that, if I were you. На ва́шем ме́сте я бы э́то хорошо́ обду́мал.

to think up приду́мать. You'd better think up a good excuse for being late. Вы бы лу́чше приду́мали како́е-нибудь хоро́шее оправда́ние для своего́ опозда́ния. • вы́думать. Who thought this up? Кто э́то вы́думал?

□ I think you're all wrong on that. По-мо́ему, вы в э́том слу́чае глубоко́ ошиба́етесь. • What do you think of going to the movies tonight? Как вы насчёт того́, чтоб пойти́ в кино́ сего́дня ве́чером? • I think I'll go now. Я, пожа́луй, пойду́. *or* Ну, я пошёл. • We think better of him since we've learned the facts. Мы о нём лу́чшего мнёния тепёрь, с тех пор как узнáли éти фáкты. • Think nothing of it. Помúлуйте, не стóит об éтом говорúть. *or* Нé за что. • He's well thought of. О нём все хорошó отзывáются.

third треть. A third of that will be sufficient. Однóй трéти éтого бýдет достáточно. • трéтий. I didn't care for the third act of the play. Трéтий акт пьéсы мне не понрáвился.

thirst жáжда. He was dying of thirst. Он умирáл от жáжды. — He had an unusual thirst for knowledge. У негó былá необыкновéнная жáжда знáния.

thirsty
☐ I'm very thirsty. Мне óчень хóчется пить.

thirteen *n, adj* тринáдцать.

thirty *n, adj* трúдцать.

this (these) éто. What's this? Что éто такóе? — After this I'll be sure to get to the office on time. Пóсле éтого, я уж постарáюсь приходúть на рабóту вó-время. — Is this yours? Это вáше? — Are these bags yours? Это вáши чемодáны? • éтот. Do you know this man? Вы знáете éтого человéка? — These shoes are too small. Эти ботúнки (слúшком) малы. — Have you met all these people? Вы знакóмы со всéми éтими людьмú? — I'd like a half a kilogram of these and a half a kilogram of those. Дáйте мне по полкилó éтих и тех. — I like this room. Мне нрáвится éта кóмната.
☐ **this far** так далекó. As long as we've driven this far, we might as well go on. Ну, раз уж мы заéхали так далекó, так и быть, поéдем дáльше.
this much так мнóго, стóлько. I can't eat this much food. Я не могý так мнóго съесть.
☐ Come here this minute. Идú сюдá сию же минýту.

thorn *n* шип.

thorough основáтельный. I'll make a thorough investigation. Я произведý основáтельное расслéдование.

those *See* **that.**

though хотя, хоть. I'll attend, though I may be late. Я бýду там обязáтельно, хотя, мóжет быть, и опоздáю. — I didn't catch my train, though I ran all the way. Хоть я и бежáл всю дорóгу, но всё-таки на пóезд не попáл. • дáже éсли. Though I may miss my train, I mean to see you before I go. Я обязáтельно повидáюсь с вáми перед отъéздом, дáже éсли я из-за éтого опоздáю на пóезд. • всё же. It may not be the best wine there is; it's pretty good, though. Это не сáмое лýчшее винó, но всё же довóльно прилúчное.
☐ It looks as though it may rain. Кáжется, бýдет дождь.

thought (*See also* **think**) мысль. Have you any thoughts on the subject? У вас есть какúе-нибудь мысли по éтому пóводу?
☐ **to give thought** подýмать. We'll have to give some thought to it. Нам нáдо бýдет немнóго подýмать об éтом.
to show thought подýмать. Can't you show a little thought for others? Неужéли нельзя подýмать чýточку и о другúх?
☐ A penny for your thoughts. О чём éто вы задýмались?

thoughtful внимáтельный. He's always thoughtful of his parents. Он всегдá внимáтелен к своúм родúтелям.
☐ **to be thoughtful** задýматься. He appeared to be thoughtful, but I'm sure he wasn't thinking. Казáлось, что он задýмался, но я увéрен, что он ни о чём не дýмал.

thousand *n, adj* тысяча.

thread нúтка. If you'll get a needle and thread, I'll sew your button on. Éсли вы достáнете игóлку и нúтку, я вам пришью пýговицу. • вдеть нúтку. I'll thread the needle for you. Я вам вдéну нúтку в игóлку. • нарéзка. We can't use this screw, because the thread is damaged. Этот винт не годúтся, на нём нарéзка попóрчена.

threaten угрожáть. He threatened to leave if he didn't get a raise. Он пригрозúл уйтú, éсли емý не дадýт прибáвки. — The city was threatened by the epidemic. Гóроду угрожáла эпидéмия.

three *n, adj* три.

threw *See* **throw.**

thrift *n* эконóмность.

thrill переживáние. We got quite a thrill out of seeing the President. Увúдеть Президéнта было для нас большúм переживáнием. • взволновáть. I was thrilled by the music. Это мýзыка меня глубокó взволновáла.

throat гóрло. I have a sore throat. У меня болúт гóрло. — Every time I think of her I get a lump in my throat. Всякий раз, когдá я дýмаю о ней, у меня слёзы подступáют к гóрлу.
☐ **to jump down someone's throat** набрóситься на когó-нибудь. Don't jump down my throat! Что вы так набрóсились на меня!
to stick in one's throat застрять в гóрле. I tried to apologize, but the words stuck in my throat. Я хотéл извинúться, но словá застряли у меня в гóрле.
☐ He'd cut his own father's throat for a buck. Он за копéйку роднóго отцá продáст.

throne *n* трон.

through чéрез. Can you drive through this street? Мóжно проéхать чéрез éту ýлицу? • в. The rock flew through the open window. Кáмень влетéл в (открытое) окнó. • из-за. Through his negligence we didn't finish the job in time. Из-за егó небрéжности мы не смоглú кóнчить рабóту вó-время. • кóнчить (to be through). Are you through with this book? Вы кóнчили éту кнúгу? — Are you through so soon? Вы так быстро кóнчили? • сквознóй. Is this a through street? Это сквозная ýлица? — That's a through train. Это сквознóй пóезд.
☐ **through and through** óчень основáтельно. He knows his business through and through. Он знáет своé дéло óчень основáтельно.
to fall through провалúться. The plans were drawn up, but the deal fell through. Все плáны были готóвы, но дéло всё-таки провалúлось.
to get through (reading) прочéсть. I think I can get through this book tonight. Я дýмаю, что смогý прочéсть éту кнúгу за сегóдняшний вéчер.
to see through вúдеть насквóзь. I can see through that guy. Я этого пáрня насквóзь вúжу.
☐ Who's the lady who just came through the door? Кто éта жéнщина, котóрая тóлько что вошлá?

throughout по всемý. I've looked throughout the house. Я искáл по всемý дóму. • напролёт. It rained throughout the night. Дождь шёл всю ночь напролёт.
☐ This hotel is famous throughout the world. Это всемúрно извéстный отéль.

throw (threw, thrown) брóсить. Who threw that? Кто брóсил? — She threw a glance at us when we came into the room. Когдá мы вошлú в кóмнату, онá брóсила на нас быстрый взгляд. • забрóсить. Let's see how far you can throw this rock. А ну-ка покажи́те, далеко́ ли вы мо́жете забро́сить э́тот ка́мень! • сбро́сить. Be careful your horse doesn't throw you. Осторо́жней, чтоб ло́шадь вас не сбро́сила. • бросо́к. That was some throw! Вот э́то бросо́к!

□ **to throw away** выбра́сывать. Don't throw away the newspaper; I haven't read it yet. Не выбра́сывайте газе́ты; я ещё не прочёл её. • вы́бросить. He threw the letter away by mistake. Он по оши́бке вы́бросил письмо́.

to throw for a loss поста́вить в тупи́к. His question has thrown me for a loss. *Его́ вопро́с поста́вил меня́ в тупи́к.

to throw off отде́латься от, изба́виться от. I haven't been able to throw off this cold all winter. Всю зи́му я не мог отде́латься от э́той просту́ды.

to throw on наки́нуть. I'll just throw a coat on and go down to the store. Я то́лько наки́ну пальто́ и спущу́сь в ла́вку.

to throw out вы́гнать. We threw the drunk out into the street. Мы вы́гнали э́того пья́ницу на у́лицу. • отбро́сить. They threw his resolution out. Его́ предложе́ние бы́ло отбро́шено.

to throw over переверну́ть. His illness made us throw over our plans for the summer. Его́ боле́знь переверну́ла все на́ши ле́тние пла́ны.

to throw someone over порва́ть с ке́м-нибудь. I hear she's throwing him over. Говоря́т, что она́ собира́ется с ним порва́ть.

to throw up бро́сить. I hear you threw up your job. Говоря́т, что вы бро́сили рабо́ту. • рвать. The child kept throwing up all night. У ребёнка всю ночь ребёнка рва́ло.

□ Throw my things into my bag; I have to catch the train. Су́ньте мои́ ве́щи в чемода́н как попа́ло; мне ну́жно поспе́ть на по́езд. • You'll have to throw that switch to get the machine started. Ну́жно включи́ть ток, чтоб пусти́ть маши́ну в ход. • That's the second time you've thrown it up to me. Вы уже́ второ́й раз броса́ете мне э́тот упрёк.

thrown See **throw.**

thumb большо́й па́лец (руки́). I cut the thumb on my right hand. Я поре́зал себе́ большо́й па́лец на пра́вой руке́.

□ **thumbs down** про́тив. Everybody was thumbs down on the suggestion. Все бы́ли про́тив э́того предложе́ния.

under the thumb of под башмако́м. He's too much under the thumb of his wife. Он о́чень уж под башмако́м у свое́й жены́.

□ I'm so upset today, I'm all thumbs. Я сего́дня так расстро́ен, что у меня́ всё ва́лится из рук.

thunder гром. Are you afraid of thunder? Вы бои́тесь гро́ма? — The speaker couldn't be heard above the thunder of applause. Слова́ ора́тора потону́ли в гро́ме аплодисме́нтов. • греме́ть. It's thundering; it'll be coming down in buckets soon. Уже́ греми́т, сейча́с хлы́нет дождь. • крича́ть, ора́ть. You shouldn't have let him thunder at you like that. Вы не должны́ бы́ли позво́лить ему́ так ора́ть на вас.

□ The train thundered over the bridge. По́езд с гро́хотом промча́лся че́рез мост.

Thursday n четве́рг.

ticket биле́т. Here is your ticket. Вот ваш биле́т. • спи́сок кандида́тов. Are there any women candidates on the ticket? В спи́ске кандида́тов име́ются же́нщины?

□ **round-trip ticket** обра́тный биле́т. I want a round-trip

ticket for ——. Да́йте мне, пожа́луйста, обра́тный биле́т в ——

□ That's the ticket! Вот, что ну́жно!

tickle щекота́ть. Don't tickle the baby. Не щекочи́те ребёнка. — I have an annoying tickle in my throat. У меня́ проти́вно щеко́чет в го́рле. • чеса́ться. The bottom of my foot tickles. У меня́ пя́тка че́шется. • доста́вить удово́льствие. We were tickled to hear the news of your promotion. Нам доста́вило большо́е удово́льствие узна́ть о ва́шем повыше́нии.

tide тече́ние. The tide in the river was so strong that we couldn't swim across. Тече́ние бы́ло тако́е си́льное, что мы не могли́ переплы́ть ре́ку.

□ **high tide** прили́в. High tide is at seven o'clock. Вы́сшая то́чка прили́ва — в семь часо́в.

□ Will this money tide you over until payday? Вы протя́нете с э́тими деньга́ми до полу́чки?

tie га́лстук. Is my tie straight? Что, мой га́лстук в поря́дке?

□ **to be tied down** застря́ть. I'm afraid we'll be tied down in the city all summer. Бою́сь, что мы застря́нем в го́роде на всё ле́то.

to be tied up быть за́нятым. Are you tied up this evening? Вы за́няты сего́дня ве́чером?

to tie down укрепи́ть. Tie the tent down more securely, or the wind will blow it away. Укрепи́те пала́тку хорошо́нько, а то её ве́тер снесёт.

to tie the score сыгра́ть в ничью́. I don't think we can tie the score now. Я сомнева́юсь, чтоб нам удало́сь тепе́рь сыгра́ть в ничью́.

to tie up перевяза́ть. Please tie this up for me. Пожа́луйста, перевяжи́те мне э́то. • привяза́ть. Let's tie the boat up and have our lunch. Дава́йте привя́жем ло́дку и поза́втракаем.

□ Our family ties are very strong. У нас о́чень дру́жная семья́. • Can you tie that record? Вы смо́жете поста́вить тако́й же реко́рд?

tiger n тигр.

tight кре́пко. Hold tight onto the rail, or you'll fall. Держи́тесь кре́пко за пери́ла, а то вы упадёте. • Shut your eyes tight. Зажму́рьте глаза́ покре́пче. • ту́го. Pull the rope tight. Натяни́те верёвку потуже. • у́зкий. This suit is too tight for me. Э́тот костю́м мне сли́шком у́зок. • пло́тно. Shut the lid tight on the jar. Закро́йте э́ту ба́нку пло́тно (кры́шкой). • пья́ный. Boy, was he tight last night after that party! Ну и пьян же он был вчера́ по́сле вечери́нки!

□ **tight spot** переде́лка. I've been in tight spots before. Я уже́ в ра́зных быва́л переде́лках.

to sit tight подожда́ть. Sit tight; I'll only be a minute. Подожди́те, я сию́ мину́ту верну́сь.

□ He's plenty tight with his money. *Он — стра́шная жи́ла.

tile черепи́ца. Does your house have a tile roof? Ваш дом крыт черепи́цей? • изразе́ц. The man is putting new tile in the bathroom. Рабо́чий меня́ет изразцы́ в ва́нной.

till до. I won't be able to see you till next Saturday. Я не смогу́ встре́титься с ва́ми до бу́дущей суббо́ты. — Let's work till ten tonight. Порабо́таем сего́дня ве́чером до десяти́. • пока́. Wait till I come back. Подожди́те пока́ я верну́сь. — We can't begin till he's finished. Мы не мо́жем нача́ть, пока́ он не ко́нчит. • вспа́хивать. That soil hasn't been tilled for at least five years. Эту зе́млю не вспа́хивали пять лет, по кра́йней ме́ре. • ка́сса. How much change is there in the till? Ско́лько у вас ме́лочи в ка́ссе?

timber n лесоматериа́л, лес.

time вре́мя. Where were you at that time? Где вы бы́ли в э́то вре́мя? — It's time to leave. Уже́ вре́мя уходи́ть. or Пора́ уходи́ть. — Time will tell whether he can do the job. Вре́мя пока́жет, смо́жет ли он спра́виться с э́той рабо́той. — I wonder if we'll have time to see them before they go. Я не зна́ю, бу́дет ли у нас вре́мя повида́ть их перед их отъе́здом. — I've got no time for such nonsense. У меня́ нет вре́мени для таки́х глу́постей. • раз. We'll try to do a little better next time. В сле́дующий раз мы постара́емся сде́лать лу́чше. • плани́ровать. From now on we'll have to time our work. С сего́дняшнего дня мы должны́ стро́го плани́ровать на́шу рабо́ту. • зарпла́та (pay). You can get your time at the pay window now. Вы мо́жете сейча́с получи́ть ва́шу зарпла́ту в ка́ссе у того́ око́шка.

☐ **at the same time** в то же вре́мя. I know he's not right, but at the same time I can't get mad at him. Я зна́ю, что он непра́в, в то же вре́мя я не могу́ на него́ серди́ться.

at times по времена́м. At times I work twenty-four hours at a stretch. По времена́м я рабо́таю два́дцать четы́ре часа́ подря́д.

from time to time вре́мя от вре́мени. I'll drop around from time to time. Я бу́ду заходи́ть вре́мя от вре́мени.

in good time к сро́ку. I'll pay you back in good time. Я отда́м вам долг к сро́ку. • во-вре́мя. Don't worry. I'll be there in good time. Не беспоко́йтесь — я бу́ду там во-вре́мя.

in no time момента́льно. We can finish the job in no time at all. Мы мо́жем зако́нчить э́ту рабо́ту момента́льно.

in time со вре́менем. I'm sure we'll come to an agreement in time. Я уве́рен, что со вре́менем мы с ва́ми придём к соглаше́нию.

in time with в такт. He drummed on the table in time with the music. Он бараба́нил по столу́ в такт му́зыке.

on time во-вре́мя. Is the noon express on time? Что, двенадцатичасово́й экспре́сс придёт во-вре́мя? • в рассро́чку. Do you want to buy this radio outright or will you take it on time? Вы хоти́те заплати́ть за э́то ра́дио сра́зу и́ли бу́дете плати́ть в рассро́чку?

time after time ты́сячу (or сто) раз. I've told you time after time not to touch my papers. Я вас ты́сячу раз проси́л не тро́гать мои́х бума́г.

time and again мно́го раз. I've passed that store time and again without realizing you were the manager. Я мно́го раз проходи́л ми́мо э́того магази́на и не подозрева́л, что вы там заве́дующий.

time and time again мно́го раз. You've pulled that trick time and time again. Вы уже́ мно́го раз прибега́ли к э́той уло́вке.

times времена́. I'd like to know more about those times. Мне бы хоте́лось знать (по)бо́льше о тех времена́х. — Times have been tough lately, haven't they? Ну и тяжёлые сейча́с времена́!

to be in time to поспе́ть. Do you think we'll be in time to catch the train? Вы ду́маете мы поспе́ем на по́езд?

to make up time отрабо́тать. We'll have to make up our time on Sunday. Нам придётся отрабо́тать в воскресе́нье.

☐ What time is it? Кото́рый час? • What time do you eat lunch? Когда́ вы за́втракаете? • We are working against time here. Здесь из сил выбива́емся, чтоб поспе́ть с рабо́той к сро́ку. • This is the last time I'll ever come here. *Мое́й ноги́ здесь бо́льше не бу́дет. • It's been a long time since I've seen you. Мы с ва́ми давно́ не вида́лись. • It'll probably be some time before I can come here again. Я, вероя́тно, не ско́ро смогу́ быть здесь сно́ва. • That was before my time. Э́то бы́ло ещё до меня́. • His ideas are way behind the times. У него́ о́чень отста́лые взгля́ды. • I haven't had a moment's time to myself. У меня́ не́ было ни мину́ты свобо́дной для себя́. • Have a nice time last night? Вы хорошо́ провели́ вчера́ ве́чер? • That speech wasn't very well timed, was it? Вам не ка́жется, что э́та речь была́ не своевре́менна? • She timed that entrance beautifully. Она́ прекра́сно вы́брала моме́нт для своего́ появле́ния. • The show is timed to end by eleven. По програ́мме спекта́кль до́лжен око́нчиться в оди́ннадцать часо́в. • Two times two equals four. Два́жды два — четы́ре. • What was the time in the last race? Како́й реко́рд был поста́влен на после́дних го́нках?

timetable расписа́ние. According to the timetable, your train should leave in about twenty minutes. По расписа́нию ваш по́езд ухо́дит приблизи́тельно че́рез два́дцать мину́т.

timid adj ро́бкий.

tin о́лово. A lot of tin is mined in the Far East. На Да́льнем Восто́ке добыва́ется мно́го о́лова. • жестяно́й. Throw away this old tin teapot. Вы́бросьте э́тот ста́рый жестяно́й ча́йник.

☐ **tin can** жестя́нка. What'll I do with these empty tin cans? Что мне де́лать с э́тими пусты́ми жестя́нками? • Give me a tin of sardines. Да́йте мне коро́бку сарди́нок.

tiny adj кро́шечный.

tip ко́нчик. There's a spot of dirt on the tip of your nose. У вас ко́нчик но́са в грязи́. • наклоня́ть. You're apt to fall over if you tip your chair like that. Вы сва́литесь, е́сли бу́дете так наклоня́ть стул. • дать на чай. Did you tip the porter? Вы да́ли на чай носи́льщику? • на чай. How large a tip should I give the waiter? Ско́лько дать на чай официа́нту?

☐ **to tip off** сообщи́ть. The police were tipped off where the gangsters were hiding. Кто́-то сообщи́л в мили́цию, где скрыва́ются банди́ты.

to tip over опроки́нуть. The high waves tipped over our canoe. Си́льные во́лны опроки́нули на́шу ло́дку.

☐ Can you give me a tip on the second race? Вы мо́жете мне сказа́ть, на каку́ю ло́шадь поста́вить во второ́м зае́зде?

tire утоми́ть. I'm afraid that trip will tire her out. Бою́сь, что э́та пое́здка её сли́шком утоми́т. • устава́ть. I tire very easily in this hot weather. Я о́чень бы́стро устаю́ в э́ту жару́. • уста́лый. He has a tired look. У него́ уста́лый вид. • надое́сть. You make me tired. Вы мне надое́ли. — I'm tired of this place! Мне тут надое́ло! • ши́на. Check my tires. Прове́рьте в поря́дке ли мои́ ши́ны. — One of my tires blew out coming down here. По доро́ге сюда́ у меня́ ло́пнула ши́на.

☐ **tiring** утоми́тельный. His talks are always very tiring. Его́ ле́кции о́чень утоми́тельны.

to be tired уста́ть. I'm too tired to go on. Я сли́шком уста́л, чтоб продолжа́ть.

title назва́ние. I don't remember the title of that movie. Я не по́мню назва́ния э́того фи́льма. • зако́нное пра́во.

Do you have title to that property? Есть у вас законное право на это (недвижимое) имущество?

☐ Who do you think will win the tennis title this year? Кто вы думаете будет чемпионом тённиса в этом году?

to до. Is it far to town? До города далеко? • в. Let's go to the movies. Давайте пойдём в кино. • на. He tore the letter to bits. Он разорвал письмо на мелкие клочки. — What do you say to this? Что вы на это скажете? — We won six to two. Матч кончился шесть на два в нашу пользу. • к. Fasten this notice to the door. Прикрепите это объявление к двери. — To our surprise he turned up anyway. К нашему удивлению он всё-таки появился.

☐ to bring to привести в чувство. Have you brought him to yet? Вы его уже привели в чувство?

☐ It's time to go to bed. Пора ложиться спать. • It's ten minutes to four. Теперь без десяти четыре. • Take the first turn to your right. При первом повороте сверните направо. • His work has gone from bad to worse. Он работает всё хуже и хуже. • Explain it to me. Объясните мне это. • Give this to him when he comes in. Дайте ему это, когда он придёт. • You are very kind to me. Вы очень любезны. • Apply this cream to your face. Смазывайте лицо этим кремом. • Two to one you're wrong. Пари, что вы неправы. • To my way of thinking you don't know what you're saying. По-моему, вы сами не знаете, что говорите. • Is this apartment to your liking? Вам нравится эта квартира? • Here comes our food; let's fall to. Вот несут обед, а ну-ка приступим.

toad *n* жаба.

tobacco табак. Do you have any tobacco? У вас есть табак?

today сегодня. What do you have on the menu today? Что у вас сегодня на меню? — Is today payday? Выдают сегодня зарплату? • сейчас. Today's main problem is doing away with war. Сейчас наша главная задача покончить с войной.

toe палец (ноги). My toes are frozen. У меня пальцы на ногах околенели.

☐ on one's toes на чеку. On this job, you've got to be on your toes all day long. На этой работе надо целый день быть на чеку.

☐ I've got a hole in the toe of my sock. У меня продрались носки в пальцах.

together вместе. They work together very well. Они вместе очень хорошо работают. — Do you suppose we can get together some evening? Вы не думаете, что мы могли бы как-нибудь провести вместе вечер?

☐ together with вместе с. The price of this ticket together with tax is fifty-two dollars. Вместе с налогом билет стоит пятьдесят два доллара.

to call together созвать. Let's call them together for a meeting. Давайте созовём их на собрание.

to put together сложить. Try to put these papers together in the right order. Постарайтесь сложить эти бумаги в надлежащем порядке.

toil *n* тяжёлый труд; *v* трудиться.

toilet уборная. Where is the toilet? Где здесь уборная?

told See **tell**.

tomorrow завтра. I'll be back tomorrow. Я вернусь завтра. • I'll see you tomorrow morning. Мы увидимся завтра утром.

ton тонна. This bridge will take a maximum load of ten tons.

Максимальная нагрузка этого моста не должна превосходить десяти тонн.

tone звук. Do you like the tone of the radio? Вам нравится звук этого радио? • тон. She spoke in an angry tone. Она говорила сердитым тоном. — The room was decorated in a soft blue tone. Комната была отделана в нежно-голубых тонах.

☐ to tone down смягчить. He had to tone down his speech a little before he could give it over the radio. Он должен был немного смягчить свою речь, перед тем как передавать её по радио.

tongue язык. How do you hold your tongue to make that sound? В каком положении ваш язык, когда вы произносите этот звук? — I'd like some sliced tongue. Дайте мне, пожалуйста, несколько ломтиков языка. — What's your native tongue? Какой ваш родной язык?

☐ on the tip of one's tongue на языке. Just a minute; I have his name on the tip of my tongue. Погодите, его имя вертится у меня на языке.

☐ Hold your tongue! Молчите!

tonight сегодня вечером. What shall we do tonight? Что мы делаем сегодня вечером? • вечерний. Have you seen tonight's paper? Вы видели вечернюю газету?

too тоже. May I come, too? Можно мне тоже прийти? • также. I'd like a kilogram of sugar, too. Дайте мне также кило сахару, пожалуйста. • слишком. It's too hot to go for a walk. Слишком жарко, чтоб идти гулять. — I think you're asking too much for this hat. По-моему, вы слишком дорого просите за эту шляпу.

☐ Am I too late? Я уже опоздал? • Too bad! Очень жаль!

took See **take**.

tool инструмент. The carpenter brought his tools along. Столяр пришёл со своими инструментами. • орудие. Our mayor was only a tool of the party. Наш городской голова был только орудием в руках своей партии. • тиснение. He's been tooling leather for years. Он давно уже занимается тиснением по коже.

tooth (teeth) зуб. This tooth hurts. У меня болит этот зуб. — I have to get my teeth fixed. Мне нужно полечить зубы. • зубец. This saw has a broken tooth. У этой пилы сломан зубец.

toothbrush *n* зубная щётка.

top вершина. How far's the top of the mountain? Как далеко до вершины горы? • верх. Put the top of your car down. Опустите верх автомобиля. — Boy, am I sitting on top of the world! Господи, это просто верх блаженства! • побить. He topped my score by at least ten points. Он побил меня по крайней мере на десять очков. • перещеголять. Can you top that one? А ну-ка, попробуйте перещеголять! • волчок. The boy got a new top for his birthday. Ко дню рождения мальчик получил новый волчок.

☐ at the top of one's voice во всё горло. You don't have to shout at the top of your voice. Вам незачем кричать во всё горло.

at top speed во весь опор. We drove at top speed on the way down here. По дороге сюда мы гнали машину во весь опор.

from top to bottom сверху донизу. We searched the house from top to bottom. Мы обыскали весь дом сверху донизу.

on top пéрвый. I'm glad you came out on top. Я óчень рад, что вы прошлú пéрвым.

top man глáвный. Who's the top man here? Кто у вас тут глáвный?

□ I'm sure my wallet was on top of the dresser. Я увéрен, что мой бумáжник лежáл на комóде. • Put the package on top of the table. Положúте пакéт на стол. • Let's top off the dinner with some champagne. Давáйте закóнчим наш обéд бокáлом шампáнского. • You're tops with me. Вы для меня верх совершéнства. • I slept like a top all night last night. Я всю ночь проспáл, как сурóк.

topic *n* тéма.

tore *See* **tear** (as in *fair*).

torn *See* **tear** (as in *fair*).

toss брóсить. Toss the ball to him. Брóсьте емý мяч. • ворóчаться. I couldn't sleep; I was tossing all night. Я не мог спать и всю ночь ворочáлся.

total сýмма. What is the total amount of the bill? Скóлько составляет óбщая сýмма счёта? • итóг. Will you figure out the total for me? Пожáлуйста, подведúте мне óбщий итóг. • составлять. His income totals two thousand dollars a year. Óбщая сýмма егó дохóдов составляет две тысячи дóлларов в год.

□ **to total up** подсчитáть. Let's total up our expenses for the month. Давáйте подсчитáем нáши расхóды за мéсяц.

□ Our car was a total loss after the accident. Пóсле этой катастрóфы нáша машúна никудá бóльше не годúлась.

touch трóгать. Please don't touch those books. Пожáлуйста, не трóгайте этих книг. • касáться. Those pants are much too long; they almost touch the ground. Эти брюки слúшком длúнные, онú почтú касáются пóла. — What subjects did he touch on in the lecture? Какúх вопрóсов он касáлся в своéй лéкции? • задéть. He was so tall his head nearly touched the top of the door. Он такóй высóкий, что чуть не задéл головóй притолоку. • заходúть. What ports did your boat touch on your trip? В какúе портú заходúл ваш парохóд во врéмя путешéствия? • прикосновéние. I felt a gentle touch on my arm. Я почýвствовал лёгкое прикосновéние к моéй рукé. • контáкт. Keep in touch with me. Оставáйтесь в контáкте со мной. • чýточку. This soup needs a touch of salt. Нáдо добáвить в суп чýточку сóли. • растрóгать. His story really touched us. Егó расскáз нас óчень растрóгал. • трóгательно. How touching! Как трóгательно!

□ **to lose touch** потеря́ть связь. Have you lost touch with your friends back home? Вы потеряли связь с друзья́ми на рóдине?

to the touch на óщупь. That cloth feels nice to the touch. Эта ткань óчень приятна на óщупь.

to touch off вы́звать. Her remarks touched off a violent argument. Её замечáния вы́звали горя́чий спор.

□ This chair needs a few more touches of paint. Этот стул нáдо ещё немнóго подкрáсить. • My apartment needs touching up. Мою́ квартúру нáдо слегкá отремонтúровать. • I've been out of touch with things for several months now. Эти послéдние мéсяцы я был от всегó оторвáн. • There was a touch of humor in his speech. В егó рéчи звучáли юмористúческие нóтки. • It was touch-and-go for a long time, but we finally came out on top. Дóлго нé было извéстно, на чьей сторонé перевéс, но в концé концóв нáша взялá. • Don't mind him; he's a little

touched. *Не обращáйте на негó внимáния — у негó не все дóма.

tough жёсткий. The meat is too tough to eat. Мя́со такóе жёсткое, что егó есть нельзя́. • трýдный. The editor gave the new reporter a tough assignment to try him out. В кáчестве испытáния редáктор дал нóвому репортёру трýдное задáние. • прóчный. These shoes are made of real tough leather. Эти башмакú из прóчной кóжи.

□ **tough kid** хулигáн мальчúшка. There's a gang of tough kids on this street. На этой ýлице есть бáнда мальчúшек-хулигáнов.

□ That really was a tough break. Вóт это не повезлó!

toward по направлéнию к. Let's walk toward town. Пойдёмте по направлéнию к гóроду.

□ I'll be there toward late afternoon. Я там бýду под вéчер. • I feel very sympathetic toward you. Я вам óчень сочýвствую.

towel полотéнце. Where's my towel? Где моё полотéнце?

tower вы́шка. Lightning struck the tower of the building. Мóлния удáрила в вы́шку этого здáния. • каланчá. He's so tall he towers over everybody. Он такóй высóкий, прóсто каланчá.

□ **water tower** водонапóрная бáшня. That water tower holds a ten-day supply. В этой водонапóрной бáшне запáс водý на дéсять дней.

town гóрод. I won't be in town this Sunday. Меня́ не бýдет в гóроде в это воскресéнье. — The whole town's talking about them. Весь гóрод о них говорúт.

□ **to do the town** кутúть. Let's do the town. Давáйте сегóдня кутúть.

toy игрýшка. Buy some toys. Купúте игрýшек. • игрáть. If you don't care for him, don't toy with his affections. Éсли вы егó не лю́бите, не игрáйте егó чýвством.

trace след. There's not a trace of your wallet here. Здесь нет никакúх слéдов вáшего бумáжника.

□ **without a trace** бесслéдно. He left without a trace. Он бесслéдно исчéз.

□ I smell a trace of liquor on your breath. От вас чуть-чуть спиртны́м пáхнет. • Trace the route on the map in pencil. Начертúте дорóгу на кáрте карандашóм. • I'm going to have that letter traced. Я попрошý, чтоб вы́яснили, кудá девáлось это письмó.

track путь. Your train is on track number five. Ваш пóезд на путú нóмер пять. • полотнó. Wait for the train to pass before you cross the tracks. Подождúте покá пóезд пройдёт, прéжде чем проходúть чéрез полотнó. • вы́следить. The police are trying to track the escaped convict. Полúция старáлась вы́следить сбежáвшего арестáнта. • наслéдить. Clean off your shoes or you'll track up the kitchen. Вытирáйте нóги, а то вы наслéдите в кýхне. • трек. If you want to see the first race, you've got to be at the track at one-thirty. Éсли вы хотúте попáсть к начáлу скáчек, нáдо быть на трéке в половúне вторóго. • след. I'm afraid I've completely lost track of him. Бою́сь, что я окончáтельно потеря́л егó следы́.

□ **on the track** на путú. You're on the right track. Вы на вéрном путú.

to keep track of следúть. I hope you don't expect me to keep track of all the details. Надéюсь, вы не трéбуете от меня́, чтоб я следúл за всéми мелочáми?

□ Could you track that story down for me? Мóжете вы навестú для меня́ спрáвки об этом дéле? • What you say is true, but off the track. То, что вы говорите, совершенно правильно, но дело не в том.

trade торговля. Do you have much trade in the summer? Как у вас идёт торговля летом? • обмен. Let's make a trade. Давайте сделаем обмен. *or* Давайте меняться. • профессия. Why, I'm a butcher by trade, but right now I'm working in a factory. По профессии-то я мясник, но теперь работаю на заводе. • обменять. I want to trade this car in for a new one. Я хочу обменять свой автомобиль на новый. • покупатели. I think our products will appeal to your trade. Я думаю, что наши продукты понравятся вашим покупателям.

☐ She's a poor singer but she's been trading on her looks for years. Она бездарная певица, но она всегда выезжала на своей наружности. • What's your trade? Чем вы занимаетесь?

traffic движение. There's a lot of traffic on the road Sunday night. В воскресенье вечером на этой дороге бывает большое движение.

tragedy трагедия. He's read all of Shakespeare's tragedies. Он читал все трагедии Шекспира. • несчастье. The pilot's death was a terrible tragedy. Смерть этого лётчика — страшное несчастье.

trail волочиться. Your coat is trailing on the ground. Ваше пальто волочится по земле. • следовать. We trailed the car in front of us. Мы следовали за ехавшим впереди автомобилем. • едва волочить ноги. The old horse just trails along. Старая лошадь едва ноги волочит. • след. Bloodhounds were set on the trail of the escaped criminal. Послежку сбежавшего преступника пустили ищеек. • тропа. The trail through the woods is overgrown with bushes. Лесная тропинка заросла кустарником.

☐ **to trail off** замереть. The sound of the train whistle trailed off into the distance. Паровозный свисток замер в дали.

train поезд. When does the train leave? Когда уходит поезд? — The train is late. Поезд опаздывает. • обоз. We had to stop because of a long train of trucks. Нам пришлось остановиться из-за длинного обоза грузовиков. • ход. I don't understand his train of thought. Я не понимаю его хода мыслей. • тренироваться. I hope you've been training for our next tennis match? Надеюсь, что вы тренируетесь для нашего будущего теннисного матча?

☐ I'll see you to the train. Я провожу вас на вокзал. • Have you been trained in law? Вы изучали юридические науки?

training образование. He completed his medical training at one of the best hospitals in the country. Он закончил своё медицинское образование в одной из лучших клиник страны. • тренироваться. The football team is in training for the big game. Футбольная команда тренируется для большого состязания.

tramp топотать. Who's that tramping around in the upstairs apartment? Кто это там топочет в квартире наверху? • прошагать. We tramped ten miles before we stopped for the night. Мы прошагали десять километров, прежде чем расположиться на ночлег. • бродяга. There's a tramp at the back door asking for food. У чёрного крыльца какой-то бродяга есть просит.

transaction *n* сделка.

transfer пересесть. We can transfer to another subway at the next station. На следующей остановке мы можем пересесть в другое метро. • перевести. He asked to be transferred to another school. Он просил, чтобы его перевели в другую школу. • перевод. Have you arranged for my transfer to the new job? Вы устроили мой перевод на новую работу? • пересадочный билет. May I have a transfer, please? Дайте мне, пожалуйста, пересадочный билет.

transit перевозка. The goods were damaged in transit. Товары были испорчены при перевозке. • транспорт. The transit system in that city is the most modern in the world. В этом городе транспортная система организована по последнему слову техники.

translate перевести. How do you translate this? Как вы это переведёте? — That's a difficult expression to translate. Это выражение трудно перевести. I don't know how to translate this from Russian to English. Я не умею переводить с русского на английский.

transport транспортный. Is that big plane a transport? Что это транспортный самолёт? • перевозиться. All our supplies are transported by rail. Всё наше снабжение перевозится по железной дороге.

transportation *n* перевозка, транспорт.

trap поймать в капкан. The hunter showed us skins of animals he had trapped. Охотник показал нам шкуры зверей, которых он поймал в капкан.

☐ (mouse) trap мышеловка. Will you set the trap for that mouse? Поставьте мышеловку, тут есть мышь.

☐ He fell into our trap, and told us just what we wanted to know. Он попался на удочку и рассказал нам всё, что мы хотели знать.

travel поехать. Which is the best way to travel? Как туда лучше всего поехать? • поездка. I want permission to travel. Мне нужно получить разрешение на поездку. • движение. Travel on this road is always light. По этой дороге мало движения. • мчаться. Boy, is this car traveling! Ну и мчится же этот автомобиль!

☐ travels путешествие. Let him tell you about his travels. Пусть он вам расскажет о своих путешествиях.

traveler турист. Are there any other travelers here from America? Есть тут ещё какие-нибудь американские туристы?

tray *n* поднос.

tread походка. He walks with a heavy tread. У него тяжёлая походка. • беговая часть (шины). The tread on the tires has been worn down. Беговая часть шины совсем износилась.

☐ **to tread water** держаться на воде. Just try to keep treading water until help comes. Старайтесь держаться на воде, пока не придёт помощь.

treasure *n* сокровище; *v* высоко ценить.

treasurer *n* казначей.

treasury *n* казна, казначейство.

treat поступать. You aren't treating me fairly. Вы со мной несправедливо поступаете. • лечить. Has the doctor been treating you long? Вас давно лечит этот врач? • трактовать. This book treats current social problems. В этой книге трактуются современные социальные проблемы. • угощать. I insist, the dinner's my treat. Без всяких разговоров, обедом угощаю я. — The treat's on you this time. Ваш черёд угощать. • наслаждение. It's a treat to hear him play the violin.

Просто наслаждение — слушать, как он играет на скрипке.

□ How's the world been treating you? Как вам живётся? You shouldn't treat that as a laughing matter. Это совсем не шутки. ● How about my treating you to a movie? Я вас сегодня приглашаю в кино. Вы согласны?

tree дерево. What kind of a tree is that? Что это за дерево? — I just missed hitting a tree while driving over here. По дороге сюда я чуть не наскочил на дерево.

□ up a tree безвыходное положение. Your question really has me up a tree. Ваш вопрос, действительно, ставит меня в безвыходное положение.

tremble v дрожать.

tremendous adj огромный.

trial испытание. We'll hire you for a week's trial. Мы возьмём вас на неделю на испытание. ● проба. Why don't you give this automobile a trial? Почему бы вам не взять этот автомобиль на пробу? ● несчастье, испытание. It must have been a great trial to lose such a close friend. Я понимаю, какое это было для вас несчастье потерять такого близкого друга.

□ The case comes up for trial next Monday. Это дело будет рассматриваться (в суде) в будущий понедельник. ● You will be given a fair trial. Вас будут судить по всем правилам закона.

triangle n треугольник.

tribe n племя.

trick фокус. He knows some pretty good tricks with cards. Он знает несколько ловких карточных фокусов. — Don't try any tricks! Пожалуйста, без фокусов! ● надуть. Just my luck; tricked again! Моё счастье! Опять меня надули. ● хитрость (slyness). He tried to trick me into saying it. Он хотел хитростью заставить меня сказать это. ● сноровка. There's a trick to making a good pie. Чтоб спечь хороший пирог нужна сноровка. ● штука. That's a mean trick they played on me. Они сыграли со мной подлую штуку. ● привычка (habit). She's got a trick of frowning when she's thinking. У неё привычка хмурить брови, когда она о чём-нибудь думает. ● взятка (cards). Who took that last trick? Кто взял последнюю взятку?

□ Your idea will do the trick. Чудная идея! Это как раз то, что нужно! ● That's a dirty trick! Это подлость!

trifle безделушка. Here's a little trifle I picked up abroad. Вот маленькая безделушка, которую я привёз из-заграницы. ● немного. Had we put in a trifle more effort, the job would have been finished on time. Если бы мы приложили ещё хоть немного усилий, мы бы закончили работу во-время. ● пустяки. This ring only cost a trifle. Это кольцо стоило совсем пустяки. ● шутить. Don't trifle with him today; he's in a bad mood. Не шутите с ним сегодня, у него плохое настроение.

trim подстричь. Trim my hair please. Подстригите мне, пожалуйста, волосы. ● опрятный. I want the house to look nice and trim. Я хочу, чтобы в доме было чисто и опрятно. ● в форме. Are you in trim for the football game? Вы в форме для футбольного состязания? ● украшать. Let's trim the Christmas tree after supper. Давайте украшать ёлку после ужина. ● всыпать. We really trimmed their team last year. В прошлом году мы порядком всыпали их команде.

trip поездка. How was your trip? Как прошла ваша поездка? — How long a trip is it? Сколько продлится

эта поездка? ● оступиться. Don't trip on the stairs. Не оступитесь на лестнице.

□ to trip up напутать. We would have finished on time if you hadn't tripped up somewhere. Мы бы кончили во-время, если б вы тут где-то не напутали.

triumph n торжество; v торжествовать.

troop отряд. A troop of Boy Scouts collected to hunt for the missing child. На поиски пропавшего ребёнка собрался отряд бой-скаутов. ● толпиться. The children are always trooping through our back yard. Детвора вечно толпится на нашем дворе.

□ troops войска. The troops are moving eastward. Войска продвигаются на восток.

trot идти рысью. The horses trotted down the hill. Лошади рысью шли под гору. ● рысь. The horse covered the whole distance at a trot. Лошадь прошла рысью всё расстояние.

□ to trot out вытащить. Trot out those photographs; I want to see what your girl looks like. Вытаскивай карточки, я хочу посмотреть, что у тебя за приятельница.

trouble неприятность. I'm in trouble. У меня неприятности. — I've had trouble with this man before. У меня с этим человеком уже раньше бывали неприятности. ● беспокоить. I've been very troubled about her health lately. Меня очень беспокоит её здоровье последнее время. ● побеспокоить. Will it trouble you much to put us up for Sunday? Мы вас не очень побеспокоим, если приедем к вам на воскресенье и останемся ночевать? ● беспокойство. Sorry to trouble you. Простите за беспокойство.

□ What's the trouble? В чём дело? ● Thanks for your trouble. Спасибо за хлопоты. ● My arm has been troubling me ever since my accident. Со времени этого несчастного случая, я всё время вожусь со своей рукой. ● It was no trouble at all. Не стоит благодарности. ● Will it be any trouble for you to work tonight? Вам было бы не очень трудно поработать сегодня вечером? ● Don't put yourself to any trouble. Я не хотел бы причинять вам хлопот. ● May I trouble you for a match? Простите, можно ли вас получить спичку?

trousers n брюки, штаны.

truck грузовик. Where can I park this truck? Где бы я мог поставить этот грузовик? ● заниматься перевозками. He's trucking for a factory now. Он теперь занимается перевозками для одного завода. ● путаться. If I were you, I wouldn't have any more truck with that guy. Я бы на вашем месте больше с этим парнем не путался. ● огород. He used to be a regular farmer, but now he's growing truck only. Когда-то он был настоящим фермером, а теперь у него остался только огород.

true правда. Is that true? Это правда? — Is it true that you got a new car? Это правда, что у вас новый автомобиль? ● настоящий. He is a true scientist. Он настоящий учёный. ● верный. Clouds like those are always a true sign of rain. Такие тучи — верные предвестники дождя. — You'll find him a true friend. Вы найдёте в нём верного друга. — He's always true to his word. Он всегда верен своему слову.

truly правда. I'm truly sorry for what I said. Мне, правда, жаль, что я это сказал.

□ "Yours truly." "Преданный вам". "Преданная вам".

trumpet труба. How many trumpets does he have in his orchestra? Сколько у него труб в оркестре?

trunk ствол. Nail the notice on the trunk of that tree. Прибе́йте объявле́ние к стволу́ э́того де́рева. • сунду́к. Has my trunk come yet? Мой сунду́к уже́ при́был? — I want to send my trunk by freight. Я хочу́ посла́ть сунду́к ма́лой ско́ростью. • те́ло (body). The spots appeared on his trunk, but not on his arms or legs. Э́ти пя́тна появи́лись у него́ на те́ле, но не на рука́х и не на нога́х.

☐ **trunk line** магистра́ль. Does the trunk line go through your town? Железнодоро́жная магистра́ль прохо́дит че́рез ваш го́род?

trunks тру́сики. These trunks are too tight. Э́ти тру́сики сли́шком у́зкие.

trust доверя́ть. Don't you trust me? Вы мне не доверя́ете? — I don't trust this driver. Я не доверя́ю э́тому шофёру. • дове́рие. I don't have any trust in what he says. У меня́ нет никако́го дове́рия к его́ слова́м. • полага́ться. You shouldn't trust your memory so much. Не полага́йтесь сли́шком на свою́ па́мять. • пове́рить. Can you trust me until payday? Мо́жете вы мне пове́рить до полу́чки? • отве́тственный (responsible). He holds a position of great trust. У него́ о́чень отве́тственный пост. • наде́яться. I trust you slept well. Наде́юсь, что вы спа́ли хорошо́. — You'll be able to come to dinner, I trust. Наде́юсь, что вы смо́жете прийти́ обе́дать.

☐ **on trust** на ве́ру. I guess we've got to take his story on trust. Я ду́маю, что нам придётся приня́ть его́ расска́з на ве́ру.

to hold in trust сохрани́ть. Shall I hold this money in trust for you? Хоти́те, чтоб я сохрани́л э́ти де́ньги для вас?

☐ We trusted the money to his care. Мы ему́ да́ли на́ши де́ньги на хране́ние.

truth пра́вда. That's the truth. Э́то пра́вда! — Are you telling me the truth? Вы пра́вду говори́те?

try постара́ться. Let's try and get there on time. Дава́йте постара́емся попа́сть туда́ во́-время. • стара́ться. I tried to follow your instructions. Я стара́лся сле́довать ва́шим указа́ниям. • попы́тка. He made several tries, but failed each time. Он сде́лал мно́го попы́ток, но ни одна́ из них не удала́сь. • про́бовать. Did you try this key? Вы про́бовали э́тим ключо́м? — I've never tried this dish before. Я никогда́ ещё тако́го блю́да не про́бовал. • попро́бовать. Here, try my pen. Вот, попро́буйте мои́м перо́м. — With his voice he ought to try out for radio. С его́ го́лосом он до́лжен был бы попро́бовать петь для радиопереда́чи. • тяжёлый. This has been a trying day. Э́то был о́чень тяжёлый день. • испы́тывать. Sometimes you try my patience too much. Вы, иногда́, сли́шком испы́тываете моё терпе́ние. • испы́танный. This has been a tried medicine for many years. Э́то давно́ испы́танное лека́рство.

☐ **to try on** приме́рить. I'd like to try that suit on again. Я хоте́л бы ещё раз приме́рить э́тот костю́м.

☐ Let's take another try at getting up this hill. А ну-ка, попыта́емся ещё раз взобра́ться на э́тот холм. • Who's going to try your case? Кто бу́дет выступа́ть по ва́шему де́лу? • He will be fairly tried. Его́ бу́дут суди́ть по всем пра́вилам зако́на.

tub n лоха́нка.

tube трубо́чка. The nurse gave the patient his orange juice through a glass tube. Медсестра́ напои́ла больно́го апельси́новым со́ком че́рез стекля́нную трубо́чку.

• тю́бик. I want a large tube of toothpaste. Да́йте мне большо́й тю́бик зубно́й па́сты.

Tuesday n вто́рник.

tumble скати́ться. The child tumbled down the stairs. Ребёнок скати́лся с ле́стницы. • кувырка́ться. The clown was making everybody laugh with his tumbling. Все смея́лись, гля́дя как кло́ун кувырка́ется.

tune моти́в. I know the tune but I don't know the words. Я зна́ю моти́в, но не зна́ю слов. • мело́дия. That's a pretty tune the orchestra is playing. Каку́ю преле́стную мело́дию игра́ет сейча́с орке́стр. • настра́ивать. They have been tuning the organ all day. Они́ це́лый день настра́ивали орга́н.

☐ **out of tune** фальши́во. She always sings out of tune. Она́ всегда́ фальши́во поёт.

to change one's tune запе́ть друго́е. He'll change his tune when he finds out what's in store for him. Он друго́е запоёт, когда́ узна́ет, что ему́ предстои́т.

to tune in настро́ить. You tuned in the wrong station. Вы настро́или ра́дио не на ту ста́нцию.

to tune up настро́ить инструме́нты. The orchestra is tuning up; the concert will start soon. Орке́стр настра́ивает инструме́нты, ско́ро начнётся конце́рт. • подпра́вить. The mechanic told us that the motor of our car needed to be tuned up. Меха́ник сказа́л, что мото́р на́шего автомоби́ля на́до подпра́вить.

turkey n индю́к m, индю́шка f.

turn поверну́ть. Try to turn the knob. Попро́буйте поверну́ть ру́чку (две́ри). — Let's turn back. Поверни́те наза́д. • переверну́ть. I'll have this cuff turned up. Мне придётся дать переверну́ть э́ти манже́ты. • поверну́ться. The wheels won't even turn in this mud. В тако́й грязи́ колесо́ и не повернётся. — She turned on her heel and walked out of the room. Она́ кру́то поверну́лась и вы́шла из ко́мнаты. • поворо́т. The combination is simple: three turns to the right and then back to zero. Систе́ма о́чень проста́я: три поворо́та напра́во, а пото́м обра́тно к нулю́. • оберну́ться. He turned and beckoned us to follow him. Он оберну́лся и сде́лал нам знак идти́ за ним. • сверну́ть. Turn down this road. Сверни́те на э́ту доро́гу. • заверну́ть за. He just turned the corner. Он то́лько что заверну́л за у́гол. • ве́рсия. I've heard that story before, but you gave it a new turn. Я слы́шал уж об э́той исто́рии ра́ньше, но ва́ша ве́рсия друга́я. • кружи́ть. He's one guy who won't let praise turn his head. Он не из тех, кому́ похвала́ кружи́т го́лову. • зави́сеть. All our plans turn on whether he gets back in time. Все на́ши пла́ны зави́сят от того́, вернётся ли он во́-время. • вы́вихнуть. She turned her ankle on the edge of the sidewalk. Она́ оступи́лась на краю́ тротуа́ра и вы́вихнула себе́ щи́колотку. • обменя́ть (to cash). Of course, you can always turn your bonds into cash. Коне́чно, вы всегда́ мо́жете обменя́ть ва́ши облига́ции на нали́чные. • перейти́. The discussion turned into a brawl. Спор перешёл в дра́ку. • обрати́ться. You can always turn to him for help. Вы всегда́ мо́жете обрати́ться к нему́ за по́мощью.

☐ **to make** (or **take**) **a turn** поверну́ть. Make a left turn at the next corner. На сле́дующем углу́ поверни́те нале́во.

to turn around поверну́ться. The elevator was so packed that you couldn't turn around. Лифт был так наби́т, что невозмо́жно бы́ло поверну́ться. • поверну́ть. Turn the car around. Поверни́те маши́ну. • искажа́ть. You're just turning my words around. Вы совершённо искажáете смысл моих слов.

to turn down отказáть. My application for a visa was turned down. Я подал прошéние о визе, но мне отказáли.

to turn gray седéть. His hair is turning gray. У негó седéют вóлосы.

to turn in отдавáть. We turn in many books to the local library every year. Мы кáждый год отдаём мнóго книг в мéстную библиотéку. • лечь спать. We ought to turn in early tonight. Мы должны сегóдня рáно лечь спать.

to turn off закрыть. I forgot to turn off the gas. Я забыл закрыть газ. — The water is turned off. Водопровóд закрыт.

to turn on напáсть. Why are you turning on me so? Почему вы на меня нападáете?

to turn out выключить, потушить. Turn out the lights. Выключите свет. _or_ Потушите свет. • выгнать. When I mentioned the incident, he nearly turned me out of the house. Когдá я заговорил об этом инцидéнте, он чуть не выгнал меня из дому. • собрáться. A large crowd turned out for the meeting. Огрóмная толпá собралáсь на митинг. • вставáть. What time do you turn out every morning? Когдá вы обыкновéнно встаёте? • оказáться. It turned out very well. Это оказáлось óчень удáчно.

to turn over опрокинуть. He tripped and turned over the table in the dark. Он споткнýлся в темнотé и опрокинул стол. • перевернýть. Turn the egg over. Переверните яичницу. • перевернýться. Watch out; we almost turned over that time. Осторóжно, ведь мы чуть бы́ло не перевернýлись. • передáть. He turned over his business to his son. Он передáл своё коммéрческое предприятие сы́ну.

to turn over a new leaf начáть нóвую жизнь. He promised to turn over a new leaf, but I don't believe him. Он обещáл начáть нóвую жизнь, но я ему не вéрю.

to turn pale побледнéть. She turned pale when she heard the news. Онá побледнéла, когдá услы́шала это извéстие.

to turn sour скиснуть. Don't leave the milk on the table, or it'll turn sour. Не оставляйте молокó на столé — онó скиснет.

to turn the tables отплатить той же монéтой. Let's turn the tables on them for a change and see how they like it. А нý-ка отплáтим им той же монéтой и посмóтрим, как это им понрáвится.

to turn to обратиться к. I have no one to turn to. Мне нé к кому обратиться.

to turn up появляться. He's always turning up where you don't want him. Он всегдá появляется там, где егó мéньше всегó хотят видеть. • подвернýться. Come around next week, and maybe a job will turn up by then. Зайдите на будущей недéле, к тому врéмени какáя-нибудь рабóта (мóжет) подвернётся. • пустить погрóмче. Turn the radio up, will you? Пустите рáдио погрóмче, пожáлуйста.

☐ It looks as if the wind is turning. Вéтер как бýдто начинáет дуть в другóм направлéнии. • Blow your horn when you turn up the drive. На поворóте давáйте гудóк. • She claims she's turning thirty. Онá утверждáет, что ей скóро бýдет тридцать лет. • He was very ill last week, but he's taken a turn for the better. Он óчень болéл всю прóшлую недéлю, а тепéрь стал поправляться. • You gave me quite a turn. Вы меня здорóво испугáли. • I'm afraid

the rolling of the boat will turn my stomach. Боюсь, что от этой кáчки меня начнёт тошнить. • Turn it over in your mind first, before you give me your answer. Рáньше обдýмайте это, а потóм дáйте мне отвéт. • I've been turning this over in my head for months, but I still can't make up my mind. Я над этим дýмал дóлгие мéсяцы и всё ещё не пришёл ни к какóму решéнию. • You're talking out of turn. То, что вы говорите, неумéстно. • The whole argument turns on that fact. Весь спор идёт тóлько об этом однóм фáкте. • Let's take turns at the wheel. Давáйте прáвить автомобилем поочерёдно. • You'll have to wait your turn in line. Вам придётся подождáть в óчереди. • Let's take a turn around the lake. Давáйте пройдёмся вокрýг óзера. • How did the party turn out? Как прошлá вечеринка? • Turn on the shower, will you? Пустите душ, пожáлуйста. • They were given their pay in turn. Они стояли в óчереди и им выдавáли зарплáту. • Did many people turn out? Там бы́ло мнóго нарóду? • The little boy turned tail and ran when he saw his father coming. Мальчишка увидел отцá и давáй бог нóги. • You'll find those figures if you turn to page fifty. Вы найдёте эти цифры на пятидесятой странице.

twelve _n, adj_ двенáдцать.

twenty _n, adj_ двáдцать.

twice два рáза. I've been here twice already. Я здесь ужé был два рáза. • вдвóе. That's twice as much as I want. Это вдвóе бóльше тогó, что мне нýжно.

twig _n_ вéточка.

twin близнéц. I can't tell those twins apart. Я не различáю этих близнецóв.

☐ Most of the rooms in the hotel have twin beds. В большинствé кóмнат этой гостиницы пó две кровáти.

twinkle _v_ мерцáть.

twist ворочáться. He twisted and turned, trying to find a comfortable position. Он ворочáлся с бóку нá бок, стаáрясь найти удóбное положéние. • скрутить. He twisted her arm till she screamed. Он скрутил ей рýку так, что онá закричáла. • скрýчивать. The baker twisted the dough into fancy shapes. Пéкарь скрýчивал тéсто в затéйливые фóрмы. • искажéние. She accused him of twisting her words around. Онá егó обвинила в искажéнии её слов.

two два. I'll stay two or three days. Я пробýду здесь два или три дня.

☐ **by twos** попáрно. Let's go by twos. Давáйте пойдём попáрно.

in two пополáм. Cut it in two. Разрéжьте это пополáм.

☐ That's no problem; it's just like putting two and two together. Ничегó мудрёного тут; это я́сно, как двáжды два четы́ре.

type тип. She's the motherly type. Онá — настоя́щий тип мáтери. • род. What type of hats do you wear? Какóго рóда шля́пы вы нóсите? • печáть. The type in this book is too small. В этой книге слишком мéлкая печáть. • писáть на машинке. Can you type? Вы умéете писáть на машинке? • напечáтать на машинке. Will you type these letters for me, please? Напечáтайте мне, пожáлуйста, эти письма на машинке.

☐ I don't like that type of girl. Мне такие дéвушки не нрáвятся.

typewriter _n_ пишущая машинка.

U

ugly уро́дливый, безобра́зный. He has ugly teeth. У него́ уро́дливые зу́бы. • отврати́тельный. I felt ugly when I got up this morning. Сего́дня у́тром я встал в отврати́тельном настрое́нии. ☐ That dog has an ugly disposition. Это — зла́я соба́ка.

umbrella *n* зо́нтик.

unable
☐ **to be unable** не быть в состоя́нии. I'm sorry I'm unable to give you that information. К сожале́нию, я не в состоя́нии дать вам э́ти све́дения.

unauthorized без разреше́ния. This is an unauthorized translation. Этот перево́д сде́лан без разреше́ния. ☐ **unauthorized absence** прогу́л. They deducted unauthorized absences from his pay. У него́ сде́лали вы́чет за прогу́лы.

uncertain не уве́ренный. We're uncertain whether this plan will succeed. Мы не уве́рены, что из э́того пла́на что-нибудь вы́йдет. • ненадёжный. The weather is very uncertain this time of the year. В э́то вре́мя го́да пого́да о́чень ненадёжная.

uncle *n* дя́дя.

under под. Slip the letter under the door. Подсу́ньте письмо́ под дверь. — You are under oath to tell the truth. Вы под прися́гой и обя́заны говори́ть пра́вду. — I like to swim under water. Я люблю́ пла́вать под водо́й. — He goes under an assumed name. Он живёт под чужи́м и́менем. • по. Under the new law such actions can be punished by a heavy fine. По но́вому зако́ну таки́е де́йствия кара́ются высо́ким штра́фом. ☐ **under control** в ве́дении. The factory is under military control. Этот заво́д нахо́дится в ве́дении вое́нных власте́й. ☐ He was snowed under in the election. Он с тре́ском провали́лся на вы́борах. • The matter is under discussion. Этот вопро́с тепе́рь обсужда́ется. • Is everything under control? Всё в поря́дке?

underneath сни́зу. The engine will have to be fixed from underneath. Эту маши́ну придётся чини́ть сни́зу. • внизу́. There is an opening underneath. Тут внизу́ есть отве́рстие. • низ. The box is wooden on top and iron underneath. У э́того я́щика верх деревя́нный, а низ желе́зный.

understand (understood, understood) понима́ть. I don't understand what you mean. Я не понима́ю, что вы хоти́те э́тим сказа́ть. • поня́ть. He said he didn't understand the instructions. Он сказа́л, что не по́нял инстру́кций. • узна́ть. It takes a long time to understand these people. Чтоб хорошо́ узна́ть э́тих люде́й, ну́жно мно́го вре́мени. • слы́шать (to hear). I understand that you are going away. Я слы́шал, что вы уезжа́ете. • заключа́ть (to conclude). I understand from what he says that he likes his work. Из его́ слов я заключа́ю, что ему́ нра́вится его́ рабо́та. • полага́ть (to suppose), ду́мать. I understood that he would be here, but it seems I was wrong. Я полага́л, что он бу́дет здесь, но, как ви́дно, я оши́бся. • поня́тно. It's understood that you will stay with us. Поня́тно, что вы остано́витесь у нас.

understanding понима́ние. He has a clear understanding of the problem. Он прояви́л большо́е понима́ние вопро́са. • понима́ющий. He's an understanding person. Он челове́к понима́ющий. • соглаше́ние. You and I ought to come to some understanding. Мы с ва́ми должны́ придти́ к како́му-нибудь соглаше́нию.

understood See **understand**.

undertake предприня́ть. I hope you're not planning to undertake such a long trip alone. Наде́юсь, вы не собира́етесь предприня́ть тако́е дли́нное путеше́ствие в одино́честве. • взя́ться. I undertook to finish the report for him. Я взя́лся зако́нчить за него́ докла́д.

underwear *n* ни́жнее бельё.

undoubted *adj* неоспори́мый, несомне́нный.

undoubtedly *adv* несомне́нно.

undress разде́ть. Undress the child and put him to bed. Разде́ньте ребёнка и уложи́те его́ в посте́ль. • разде́ться. Haven't you gotten undressed yet? Как, вы ещё не разде́лись?

unexpected *adj* неожи́данный.

unfortunate неуда́чный. It was unfortunate that I came in just then. Вы́шло о́чень неуда́чно, что я пришёл как раз тогда́. ☐ It's unfortunate, but that's the way things go. К несча́стью, э́то обы́чно так быва́ет. • That was an unfortunate break for you. Вам не повезло́.

unhappy *adj* несча́стный.

uniform одина́ковый. We like all costumes to be uniform. Мы хоти́м, чтобы все костю́мы бы́ли одина́ковые. • ро́вный. They kept the room at a uniform temperature. В ко́мнате подде́рживалась ро́вная температу́ра. • обмундирова́ние. The army plans to issue new uniforms this winter. А́рмия собира́ется э́той зимо́й вы́дать но́вое обмундирова́ние.

unimportant *adj* нева́жный.

union объедине́ние. A strong political party was formed by the union of several small groups. Из объедине́ния не́скольких ме́лких группиро́вок была́ со́здана больша́я полити́ческая па́ртия. ☐ **labor union** профессиона́льный сою́з, профсою́з. Are you a union member? Вы член профсою́за? ☐ Is there a labor union in the factory? На э́том заво́де есть организо́ванные рабо́чие?

unit часть. The work for the year was divided into twelve units. Годово́й план рабо́ты был разби́т на двена́дцать часте́й. • едини́ца. We've been studying the units of weight used by other countries. Мы изуча́ли едини́цы ве́са, употребля́емые в други́х стра́нах.

unite объедини́ть. The outbreak of war united the nation. Объявле́ние войны́ объедини́ло весь наро́д. • объедини́ться. The two clubs decided to unite. Эти два клу́ба реши́ли объедини́ться. ☐ The country is united behind the president. Весь наро́д, как оди́н челове́к, стои́т за президе́нтом.

universal универса́льный. For years she's been using this universal remedy for all aches and pains. Она́ уж мно́го лет употребля́ет э́то универса́льное сре́дство от всех боле́зней.

☐ That movie will have universal appeal. Этот фильм будет иметь огромный успех.

university университет. He graduated from the university at twenty-two. В двадцать два года он кончил университет. — The conference will be held in the university buildings. Конференция будет происходить в здании университета.

unjust *adj* несправедливый.

unknown *adj* неизвестный.

unless если не. Unless it rains, we ought to have a good trip tomorrow. Если не будет дождя, наша завтрашняя поездка обещает быть удачной.

☐ Don't do anything unless you hear from me. Не делайте ничего без моего распоряжения.

unlike не похожий. He's unlike his brother. Он не похож на своего брата.

unmarried *adj* неженатый *m*, незамужняя *f*.

unnecessary *adj* ненужный.

unpaid *adj* неуплаченный, неоплаченный.

unpleasant *adj* неприятный.

until до. It rained until four o'clock. Дождь шёл до четырёх часов. — He will not give his answer until next week. Он не даст ответа до будущей недели. — He waited until everyone had left the train. Он ждал, пока все вышли из поезда. — We won't leave until you're ready. Мы не уйдём, пока вы не будете готовы.

☐ I can hardly wait until his first letter comes. Мне уж не терпится получить от него первое письмо.

unusual *adj* необычный.

up увеличивать. They are upping production by leaps and bounds. Они увеличивают производство с необычайной быстротой. ● поднять, повысить. He's upped his prices since we were here last. Он поднял цены с тех пор как мы были здесь в последний раз. ● наверху. What are you doing up there? Что вы делаете там наверху? ● наверх. Will you carry these packages up the stairs for me? Отнесите, пожалуйста, эти пакеты ко мне наверх. ● вставать (to get up). He wasn't up yet when we called. Он ещё не вставал, когда мы пришли.

☐ **to be up to** замышлять. What are you up to now? Что это вы там замышляете?

up and about на ногах. He was sick last week, but now he's up and about. На прошлой неделе он был болен, но теперь он уже на ногах.

up-and-coming многообещающий. This young fellow is an up-and-coming composer. Этот молодой парень многообещающий композитор.

☐ We invited our friends up for dinner. Мы пригласили к обеду друзей. ● We live up on a hill. Мы живём на холме. ● Your time is up. Ваше время истекло. ● They were coming up the street to meet us. Они шли по улице нам навстречу. ● He walked up the aisle to his seat. Он прошёл по проходу к своему месту. ● What's up? Что тут происходит? ● I knew something was up. Я понял, что что-то случилось. ● He's really been up against it lately. Ему в последнее время действительно тяжело живётся. ● Do you feel up to making this trip? Вы думаете у вас хватит сил для этой поездки? ● It's up to you to decide where we'll go. Это вам решать, куда мы пойдём. ● I told him what you said and he up and hit me. Я повторил ему ваши слова, а он вдруг как вскочит, да как даст мне.

upper верхний. I'll take the upper berth. Я возьму верхнюю койку. — The fire started on one of the upper floors. Пожар начался в одном из верхних этажей.

upright прямо. Stand upright! Станьте прямо! ● честный. She married a fine upright young man. Она вышла замуж за хорошего честного молодого человека.

upstairs наверху. I live upstairs. Я живу наверху. ● наверх. Go upstairs and get your coat. Пойдите наверх и возьмите ваше пальто.

upward вверх. He glanced upward and saw the plane diving. Он взглянул вверх и увидел как самолёт ныряет. ● выше. This tax is paid only by people who made upward of fifteen hundred rubles. Этому налогу подлежит только доход в полторы тысячи рублей и выше.

urge желание. I had an urge to slap his face, but didn't. У меня было большое желание дать ему по физиономии, но я сдержался. ● убеждать. They urged us to study hard for the exams. Они нас убеждали усердно заниматься перед экзаменами. ● упрашивать. They urged us to stay longer. Они упрашивали нас остаться подольше.

us *See* **we.**

use[1] обращаться. Were you taught the proper use of this machine? Вас научили, как обращаться с этой машиной?

☐ **in use** в употреблении. This vacuum has only been in use for a few months. Этот пылесос был в употреблении только несколько месяцев. ● занят. You'll have to wait a minute; the telephone is in use now. Вам придётся подождать минутку, телефон сейчас занят.

to have no use for не выносить. I have no use for that man at all. Я этого человека не выношу.

☐ He's lost the use of his right arm. У него правая рука не действует. ● What possible use can there be for this screw? Для чего, собственно, нужен этот винт? ● What's the use of arguing? К чему спорить? ● There's no use hurrying; we've already missed the train. Не стоит торопиться, мы всё равно опоздали на поезд. ● I used to eat breakfast there every day. Я там в своё время завтракал каждый день.

use[2] воспользоваться. May I use your telephone? Можно мне воспользоваться вашим телефоном?

☐ **to be used to** привыкнуть. I'm used to driving at night. Я привык управлять машиной ночью.

to use up истратить. I have used up all my money. Я истратил все свои деньги. — We used up all our money to get here. Мы истратили все деньги, чтобы попасть сюда.

☐ After climbing the mountain I felt used up for a week. После подъёма на гору, я целую неделю был совсем без сил.

useful полезный. He gave me some useful information. Он дал мне кой-какие полезные справки.

useless *adj* бесполезный.

usual обычный. Let's go home the usual way. Пойдём домой обычной дорогой.

☐ I had lunch at the usual place. Я завтракал там, где всегда.

usually *adv* обычно.

utmost всё возможное. Try your utmost to get it for me. Сделайте всё возможное, чтобы достать это для меня. ● крайне. This is of utmost importance to me. Это для меня крайне важно.

utter полнейший. There was utter confusion when the lights went out. Когда свет погас, началась полнейшая суматоха. ● произнести. He didn't utter one true word. Он не произнёс ни одного праадивого слова.

V

vacancy вака́нсия. There's going to be a vacancy at the office in another week. Че́рез неде́лю в на́шем учрежде́нии открыва́ется вака́нсия. • свобо́дная (ко́мната *or* кварти́ра). We're going to move as soon as we find a vacancy. Мы перее́дем, как то́лько найдём свобо́дную ко́мнату.

vacant свобо́дный. Find me a vacant seat. Найди́те мне свобо́дное ме́сто. • отсу́тствующий. He looked at me with a vacant smile. Он взгляну́л на меня́ с отсу́тствующей улы́бкой.

☐ **to be vacant** пустова́ть. The apartment has been vacant for a week. Кварти́ра уже́ неде́лю пусту́ет.

vacation о́тпуск. When is your vacation? Когда́ ваш о́тпуск? • кани́кулы. When does the summer vacation at the university begin? Когда́ начина́ются ле́тние кани́кулы в университе́те?

vain тщесла́вный. She's such a vain person. Она́ о́чень тщесла́вна. • безуспе́шный. I made vain attempts to reach him by phone. Я де́лал безуспе́шные попы́тки с ним созвони́ться.

☐ **in vain** безуспе́шно. The doctor tried in vain to save the boy's life. До́ктор безуспе́шно пыта́лся спасти́ жизнь ма́льчика.

valley доли́на. The town lies in a valley between the mountains. Го́род лежи́т в доли́не ме́жду двумя́ гора́ми.

valuable це́нный. They gave us valuable information. Они́ да́ли нам це́нные све́дения. • дорого́й (expensive). This ring is very valuable. Э́то о́чень дорого́е кольцо́.

☐ **valuables** це́нные ве́щи, це́нности. You'd better put your valuables in the safe. Вы бы лу́чше положи́ли це́нные ве́щи в сейф.

value оце́нивать. What do you value your car at? Во ско́лько вы оце́ниваете ва́шу маши́ну? — What value do you put on this house? Во ско́лько вы оце́ниваете э́тот дом? • цени́ть. I value his opinion very highly. Я о́чень ценю́ его́ мне́ние.

☐ **of no value** несто́ющий. This book is of no value at all. Э́то соверше́нно несто́ющая кни́га. ☐ Do you have anything of value to declare? Есть у вас це́нные ве́щи, кото́рые подлежа́т по́шлине? • What's the value of an American dollar in this country? Ско́лько здесь даю́т за до́ллар? • Do you think you got good value for the money? Вы полага́ете, что вы э́то вы́годно купи́ли?

vanish *v* исчеза́ть.

vanity *n* тщесла́вие.

vapor пар. The vapor from the radiator clouded the windows of the car. О́кна маши́ны затума́нились от па́ра из радиа́тора. • испаре́ние. The vapors from the ether made me sick to my stomach. Испаре́ния эфи́ра вы́звали у меня́ тошноту́.

variety разнообра́зие. I'm tired of the lack of variety of food in this restaurant. Мне надое́ло есть в э́том рестора́не — тут нет никако́го разнообра́зия. • разнови́дность. We're experimenting with a new variety of corn. Мы произво́дим о́пыты с но́вой разнови́дностью кукуру́зы.

various ра́зные. There are various places we can go. Здесь есть ра́зные места́, куда́ мы мо́жем пойти́.

vary расходи́ться. Our ideas just vary, that's all. Мы про́сто расхо́димся в убежде́ниях, вот и всё! • меня́ться. The wind has been varying all day. Ве́тер весь день меня́ется.

vast *adj* обши́рный.

vegetable о́вощь. I'd like a vegetable salad. Я хоте́л бы сала́т из овоще́й. — What kind of vegetables do you grow here? Каки́е о́вощи вы разво́дите здесь?

☐ We are going to have a vegetable dinner tonight. Сего́дня у нас бу́дет вегетериа́нский обе́д.

vein ве́на. Why do the veins in your arm stick out so? Почему́ у вас так распу́хли ве́ны? • жи́ла. The miners struck a vein of copper. Горнорабо́чие наткну́лись на ме́дную жи́лу.

☐ He only made that remark in a joking vein. Он э́то в шу́тку сказа́л.

velvet *n* ба́рхат.

venture авантю́ра. With his courage he would attempt any venture. С его́ хра́бростью он гото́в на любу́ю авантю́ру. • начина́ние. He's been lucky in most ventures. Ему́ везло́ почти́ во всех его́ начина́ниях. • отва́житься. No one ventured to interrupt the speaker. Никто́ не отва́жился прерва́ть докла́дчика.

verb *n* глаго́л.

verse стихи́. Can you write verse? Вы уме́ете писа́ть стихи́? • строфа́. Do you know the first verse of that poem? Вы зна́ете пе́рвую строфу́ э́того стихотворе́ния?

very о́чень. He is a very easy person to get along with. С ним о́чень легко́ ла́дить. — The bank is not very far from here. Банк не о́чень далеко́ отсю́да. • и́менно, как раз. He is the very man you want. Э́то и́менно тако́й челове́к, како́й вам ну́жен. • как раз. The very day I arrived war was declared. Война́ была́ объя́влена как раз в день моего́ прие́зда. • са́мый. The very thought of leaving is unpleasant to me. Са́мая мысль об отъе́зде мне неприя́тна.

vessel су́дно. The vessel was badly damaged from the storm. Су́дно бы́ло си́льно повреждено́ бу́рей. • сосу́д. A blood vessel in his eye burst. У него́ в глазу́ ло́пнул (кровено́сный) сосу́д.

vest жиле́тка. Do these summer suits have vests? К э́тим ле́тним костю́мам полага́ется жиле́тка?

vice поро́к. Drinking isn't one of his vices. Пья́нство не вхо́дит в число́ его́ поро́ков. • разврат. The police are conducting a drive against vice. Мили́ция ведёт борьбу́ с развра́том.

vicinity *n* окре́стности.

victim же́ртва. He was a victim of unhappy circumstances. Он был же́ртвой несча́стного стече́ния обстоя́тельств.

victory побе́да. The battle ended in a complete victory for our side. Сраже́ние зако́нчилось на́шей по́лной побе́дой.

view вид. You've got a beautiful view from this window. Из э́того окна́ у вас прекра́сный вид. • мне́ние. What are your views on this subject? Каково́ ва́ше мне́ние по э́тому вопро́су?

☐ **in view of** в виду́. In view of present conditions all shipping will probably be stopped. В виду́ созда́вшегося положе́ния вся отпра́вка гру́зов бу́дет, вероя́тно, прекращена́. ☐ He was in full view of the crowd. Вся толпа́ могла́ егó вúдеть. • Many people viewed that possibility with alarm. Мнóгие óчень встревóжены этой перспектúвой.

village дерéвня. This is a village of about five hundred people. Это — дерéвня с населéнием приблизúтельно в пятьсóт человéк. — The whole village gathered to hear the speaker. Вся дерéвня собралáсь послýшать орáтора. • деревéнский. The village post office is a kilometer further on. Деревéнская почтóвая контóра — в киломéтре отсюда.

villain n негодя́й, злодéй.

vine лозá. What kind of grapes do you get from these vines? Какóй виногрáд даёт эта лозá.

vinegar n ýксус.

violence n насúлие.

violent стрáшный. There was a violent explosion in the laboratory yesterday. Вчерá в лаборатóрии произошёл стрáшный взрыв. • óчень сúльный, сильнéйший. She suffers from violent headaches. У неё бывáют сильнéйшие головны́е бóли. • бýрный (stormy). We had a violent argument. У меня́ с ним бы́ло бýрное объяснéние. • насúльственный. He met with a violent death. Он ýмер насúльственной смéртью.

violet фиáлка. They have violets growing in front of the house. У них перед дóмом растýт фиáлки. • фиолéтовый. Do you like that violet dress? Вам нрáвится это фиолéтовое плáтье?

violin n скрúпка.

virtue добродéтель. His one virtue is frankness. Егó едúнственная добродéтель — прямотá.

visible вúдный. On a clear day the island is visible from here. В я́сный день óстров вúден отсюда.

vision зрéние. My vision is very poor. У меня́ óчень плохóе зрéние. • предвúдение. He's a man of great vision. У негó дар предвúдения.

visit навестúть. We planned to visit them during our summer vacation. Мы собирáлись навестúть их во врéмя лéтних канúкул. — While I'm here, I'd like to pay a visit to some friends. Покá я здесь, я хотéл бы навестúть кой-когó из друзéй. • визúт. The doctor charges five dollars a visit. Дóктор берёт пять дóлларов за визúт.

visitor посетúтель. Visitors are not allowed in here at any time. Посетúтели сюдá никогдá не допускáются.

voice гóлос. Her voice grates on your ear. Её гóлос рéжет слух. — She had a bad cold and lost her voice. Онá сúльно простудúлась и совершéнно потеря́ла гóлос. — She has a good voice for popular music. У неё подходя́щий гóлос, чтóбы исполня́ть нарóдные пéсни. • вы́сказать. Everyone was asked to voice an opinion. Попросúли кáждого вы́сказать своё мнéние.

☐ Does he have a voice in the discussion? Мóжет он учáствовать в этой дискýссии?

volume том. How many volumes do you have in your library? Скóлько томóв в вáшей библиотéке? • вместúтельность. What is the volume of the cold-storage room? Каковá вместúтельность этого холодúльника?

☐ Turn up the volume on the radio, please. Пожáлуйста, постáвьте рáдио погрóмче.

voluntary добровóльный. Membership in the organization is purely voluntary. Это óбщество организóвано на добровóльных начáлах.

vote гóлос. He was elected by a majority of two thousand votes. Он был úзбран большинствóм в две ты́сячи голосóв. • голосовáние. The vote proved that the majority of people were against the law. Голосовáние показáло, что большинствó нарóда прóтив этого закóна. • голосá. He'll have to win the labor vote in order to be elected. Чтóбы быть úзбранным, он дóлжен получúть голосá рабóчих. • голосовáть. Who did you vote for yesterday? За когó вы вчерá голосовáли?

☐ to vote down отклонúть большинствóм голосóв. The proposal was voted down. Это предложéние бы́ло отклоненó большинствóм голосóв.

☐ We're voting for a new chairman next month. В бýдущем мéсяце у нас бýдут вы́боры нóвого председáтеля.

vow n обéт; v давáть обéт.

vowel n глáсная.

voyage n морскóе путешéствие.

vulgar вульгáрный. He uses such vulgar language! Он лю́бит употребля́ть вульгáрные выражéния.

W

wage зарплáта. Your wages will be paid the first of each month. Вы бýдете получáть зарплáту пéрвого числá кáждого мéсяца. — What is the wage scale here? Какóй здесь тарúф зарплáты?

☐ to wage war вестú войнý. This country is not capable of waging a long war. Эта странá не в состоя́нии дóлго вестú войнý.

wagon n телéга.

waist тáлия. This suit is too loose in the waist. Этот костю́м слúшком ширóк в тáлии. — She has a very slim waist. У неё óчень тóнкая тáлия.

wait подождáть. Let's wait and see. Подождём — увúдим. — We can let that job wait until tomorrow. С этой рабóтой мóжно подождáть до зáвтра. • ждать. I'll wait for you until five. Я бýду ждать вас до пятú. — I'm sorry to keep you waiting. Извинúте, что я заставля́ю вас ждать. —

There will be an hour's wait before the train gets in. Прихóда пóезда придётся ждать ещё цéлый час. • подавáть (за столóм). Where's the girl who's waiting on this table? Где дéвушка, котóрая подаёт за этим столóм?

☐ to lie in wait подстерегáть. They were lying in wait for us. Онú нас подстерегáли.

to wait up дожидáться. My parents waited up for me last night. Вчерá нóчью родúтели не ложúлись, дожидáясь меня́.

☐ After his leg was broken, he had to have someone wait on him. С тех пор, как он сломáл себé нóгу, емý нýжен был постоя́нный ухóд. • We've waited dinner an hour for him. Мы цéлый час ждáли егó с обéдом.

waiter официáнт. Did you give our waiter the order? Вы ужé дáли закáз официáнту?

waiting room зал ожидáния. Be in the waiting room an

hour before the train leaves. Приходи́те в зал ожида́ния за час до отхо́да по́езда. • приёмная. Find a seat in the waiting room; the doctor will see you shortly. Приси́дьте в приёмной, до́ктор сейча́с вас при́мет.

waitress *n* официа́нтка.

wake (waked *or* woke, waked *or* woken) разбуди́ть. Please wake me at seven o'clock. Пожа́луйста, разбуди́те меня́ в семь часо́в. • просну́ться. The child woke with a start. Ребёнок вздро́гнул и просну́лся.

□ **to wake up** разбуди́ть. Wake me up before you go. Разбуди́те меня́ перед тем как уйти́. • просну́ться. I woke up early this morning. Я сего́дня просну́лся о́чень ра́но. — Wake up! Просни́тесь!

□ It's high time you woke up to the facts. Пора́ уже́ вам откры́ть глаза́ на то, что происхо́дит в действи́тельности. • Our boat was caught in the wake of the steamer. На́ша ло́дка попа́ла под во́лны проходи́вшего парохо́да.

walk ходи́ть. The baby still doesn't know how to walk. Ребёнок ещё не уме́ет ходи́ть. • ходи́ть пешко́м. I always walk to work. Я всегда́ хожу́ на рабо́ту пешко́м. • идти́ пешко́м. It's a long walk from here to the station. Отсю́да до вокза́ла (пешко́м) идти́ далеко́. • ходьба́. It's a ten-minute walk to the depot. Отсю́да до вокза́ла де́сять мину́т ходьбы́. — It takes him twenty minutes to walk home from the office. От его́ конто́ры до́ дому два́дцать мину́т ходьбы́. • прогу́лка. I came back from the walk almost exhausted. Я верну́лся с прогу́лки соверше́нно без сил. • войти́. She walked into the dining room. Она́ вошла́ в столо́вую. • дойти́. Do you think we can walk there in an hour? Вы ду́маете, что мы смо́жем дойти́ туда́ за час? • доро́жка. They planted flowers on both sides of the walk. Они́ посади́ли цветы́ по обе́им сторона́м доро́жки. • похо́дка. You can always tell him by his walk. Его́ мо́жно сра́зу узна́ть по похо́дке. • ша́гом. He slowed the horses down to a walk. Он сдержа́л лошаде́й и пусти́л их ша́гом. • проводи́ть. Walk the horses so they don't get overheated. Проводи́те лошаде́й, что́бы они́ осты́ли.

□ **to go for a walk** пойти́ погуля́ть. Let's go for a walk in the park. Пойдёмте в парк погуля́ть.

to walk across перейти́ че́рез. Let's walk across the bridge. Дава́йте перейдём че́рез мост.

to walk away отойти́. She walked away from the window. Она́ отошла́ от окна́.

to walk out вы́йти. He walked out of the room. Он вы́шел из ко́мнаты.

to walk up взбира́ться пешко́м. The elevator is out of order and we have to walk up. Лифт испо́рчен и нам придётся взбира́ться пешко́м.

to walk up to подойти́ к. He walked up to me and introduced himself. Он подошёл ко мне и предста́вился.

□ He has friends in all walks of life. У него́ есть друзья́ во всех круга́х о́бщества.

wall стена́. Hang the picture on this wall. Пове́сьте карти́ну на э́ту сте́ну. — He built a high wall around his garden. Он огороди́л свой сад высо́кой стено́й. — They've pushed us to the wall. Они́ прижа́ли нас к стене́. • замурова́ть. They've walled up the entrance to the cave. Они́ замурова́ли вход в погреб.

□ **to go to the wall** прогоре́ть. The New York branch of this company has gone to the wall. Нью-Йо́ркское отделе́ние э́той фи́рмы прогоре́ло.

wander *v* броди́ть.

want хоте́ть. I want to go swimming. Я хочу́ пойти́ купа́ться. • потре́бность. My wants are very simple. У меня́ о́чень скро́мные потре́бности. • нужда́. After the war many people were living in want. По́сле войны́ мно́гие жи́ли в большо́й нужде́. • нужда́ться. He has never wanted for enough to live on. Он никогда́ не нужда́лся.

□ I want two sandwiches. Да́йте мне два бутербро́да. • He was wanted by the police for murder. Поли́ция разы́скивала его́ по обвине́нию в уби́йстве. • What do you want with him? Заче́м он вам ну́жен?

war война́. After a long war the country gained its independence. По́сле продолжи́тельной войны́, страна́ доби́лась незави́симости. • вое́нный. How many war planes were produced this year? Ско́лько вое́нных самолётов бы́ло вы́пущено в э́том году́?

□ **to be at war** воева́ть. Our country has been at war for two years. На́ша страна́ вою́ет уже́ два го́да.

warehouse *n* склад.

warm тепло́. It gets very warm here in the afternoon. По́сле обе́да здесь стано́вится о́чень тепло́. • тёплый. Boy, it's good to get into a warm bed. Ах, как хорошо́ очути́ться в тёплой посте́ли! — Put something warm on before you go out. Когда́ бу́дете выходи́ть, наде́ньте что́-нибудь тёплое. — I like the warm colors in this picture. Мне нра́вятся тёплые кра́ски в э́той карти́не. • жа́рко (hot). We were uncomfortably warm at the theater. В теа́тре бы́ло сли́шком жа́рко. • горя́чий. She closed her letter with warm greetings to the family. Она́ зако́нчила своё письмо́ горя́чим приве́том (всей) семье́.

□ **to warm oneself** погре́ться. Come in and warm yourself by the fire. Заходи́те погре́ться у огня́.

to warm up согре́ться. We'll have supper as soon as the soup is warmed up. Как то́лько суп согре́ется, мы бу́дем у́жинать. • упражня́ться. The players are warming up before the game. Игроки́ упражня́ются перед нача́лом игры́.

□ Isn't the sun warm today? Вы не нахо́дите, что со́лнце сего́дня о́чень си́льно печёт? • His kind words warmed our hearts. От его́ ла́сковых слов на нас пове́яло тепло́м. • That isn't the right answer, but you're getting warm. Э́то ещё не совсе́м то, но вы уже́ начина́ете дога́дываться. • He was shy at first, but soon warmed up to us. Внача́ле он стесня́лся, но ско́ро осво́ился с на́ми.

warn предупрежда́ть. I've been warned that this road is dangerous. Меня́ предупрежда́ли, что э́та доро́га опа́сная.

warrant о́рдер. They have a warrant for his arrest. У них есть о́рдер на его́ аре́ст. • заслу́живать. What I said didn't warrant such a rude answer. То, что я сказа́л, не заслу́живало тако́го гру́бого отве́та.

was *See* **be**.

wash мыть. Who's going to wash the dishes? Кто бу́дет мыть посу́ду? • вы́мыть. Wash your hands before dinner. Вы́мойте ру́ки перед обе́дом. • стира́ть. Can this material be washed? Э́та мате́рия стира́ется? • вы́стирать. These shirts need to be washed. Э́ти руба́шки ну́жно вы́стирать. • бельё. The wash hasn't come back from the laundry. Бельё ещё не принесли́ из сти́рки. • помы́ться. Let's wash up before dinner. Пойдём помо́емся перед обе́дом.

☐ **to be washed up** вы́лететь в трубу́ (to fly up the chimney). Our vacation plans are all washed up. *Все на́ши пла́ны на кани́кулы вы́летели в трубу́.

to wash away снести́. Last spring the flood washed away the dam. Прошлой весно́й наводне́нием снесло́ плоти́ну.

☐ A lot of shells were washed up on the beach. Во́лны нанесли́ на бе́рег ма́ссу ра́ковин.

wasp *n* оса́.

waste теря́ть. He wastes a lot of time talking. Он теря́ет ма́ссу вре́мени на разгово́ры. • вы́брошенный. This seems like a waste of money. Это про́сто вы́брошенные де́ньги. • нену́жный. Put the waste paper in the basket. Броса́йте нену́жную бума́гу в корзи́ну. • го́лый. Beyond the mountains the plains are all waste land. За э́тими гора́ми го́лая степь.

☐ **to go to waste** пропа́сть да́ром. It'd be a shame if all this work went to waste. Бу́дет жа́лко, е́сли вся э́та рабо́та пропадёт да́ром.

to lay waste опусто́шить. The enemy laid waste the entire area. Неприя́тель опусто́шил всю э́ту о́бласть.

☐ During her illness she wasted away to only fifty kilograms. За вре́мя боле́зни она́ так похуде́ла, что ве́сила всего́ пятьдеся́т кило́.

watch смотре́ть. We stood and watched the planes at the airport. Мы стоя́ли и смотре́ли, как самолёты спуска́лись на аэродро́м. • заме́тить. I wasn't watching when we drove past that sign. Я не заме́тил э́того зна́ка (на доро́ге), когда́ мы проезжа́ли ми́мо. • постере́чь. Watch my car for me, please. Пожа́луйста, постереги́те мою́ маши́ну. • часы́. I bought a watch yesterday. Я вчера́ купи́л часы́.

☐ **to be on the watch** (**for**) быть наготове́. The police were warned to be on the watch for trouble. Поли́ция получи́ла распоряже́ние быть наготове́ на слу́чай беспоря́дков.

to stand watch стоя́ть на ва́хте. Every sailor on this ship has to stand an eight-hour watch. Ка́ждый матро́с э́того су́дна до́лжен стоя́ть во́семь часо́в на ва́хте.

to watch over охраня́ть. The dog watched over the child all night. Соба́ка всю ночь охраня́ла ребёнка.

☐ Watch how you handle that gun. Обраща́йтесь осторо́жно с э́тим револьве́ром. • Watch your step! Осторо́жно, не оступи́тесь! • Watch out for cars when you cross the street. Смотри́те, не попади́те под автомоби́ль, переходя́ че́рез у́лицу. • Don't worry, he's watching out for his own interests. Не беспоко́йтесь — он не даст себя́ в оби́ду. • What time is it by your watch? Кото́рый у вас час?

water вода́. Please give me a glass of water. Пожа́луйста, да́йте мне стака́н воды́. The water is too cold for swimming today. Сего́дня вода́ сли́шком холо́дная что́бы купа́ться • во́дный. Do you like water sports? Вы лю́бите во́дный спорт? • полива́ть. When did you water the flowers last? Когда́ вы в после́дний раз полива́ли цветы́? • ороша́ть. All these fields are watered by the same river. Все э́ти поля́ ороша́ются одно́й и то́й же реко́й. • слези́ться. The smoke from fire made my eyes water. От ды́ма у меня́ на́чали слези́ться глаза́. • разбавля́ть. He was put in jail for watering his milk. Его́ посади́ли за то, что он разбавля́л молоко́ водо́й.

☐ **by water** во́дным путём. At this time of the year the only way you can get there is by water. В э́то вре́мя го́да туда́ мо́жно попа́сть то́лько во́дным путём.

☐ Don't forget to water the horses before we go. Не забу́дьте напои́ть лошаде́й перед тем как пое́дем. • That cake makes my mouth water. Что за пиро́г! У меня́ про́сто слю́нки теку́т. • Since he got his new job he's managed to keep his head above water. С тех пор как он получи́л но́вую рабо́ту, ему́ ко́е-ка́к хвата́ет на жизнь. • That argument doesn't hold water. Этот аргуме́нт не выде́рживает кри́тики.

wave волна́. During storms the waves here are three meters high. Во вре́мя бу́ри во́лны здесь иногда́ достига́ют трёх ме́тров высоты́. — They say we're going to have a heat wave. Говоря́т, что идёт но́вая волна́ жары́. • развева́ться. They watched the flags waving in the breeze. Они́ смотре́ли на фла́ги, развева́вшиеся на ветру́. • маха́ть. We waved our hands to attract his attention. Мы маха́ли рука́ми, что́бы привле́чь его́ внима́ние. • (с)де́лать знак. He waved at the car to stop at the corner. Он сде́лал маши́не знак останови́ться на углу́.

☐ **hair wave** зави́вка. She was afraid that the rain would spoil her hair wave. Она́ боя́лась, что её зави́вка испо́ртится от дождя́.

permanent wave пермане́нт, постоя́нная зави́вка. Where can I get a permanent wave? Где тут мо́жно сде́лать пермане́нт?

wax *n* воск; *v* натира́ть во́ском.

way путь. Are you going my way? Вам со мной по пути́? • как. I don't like the way he acts. Мне не нра́вится, как он себя́ ведёт.

☐ **across the way** напро́тив. He lives just across the way from us. Он живёт как раз напро́тив нас.

by the way кста́ти. By the way, are you coming with us tonight? Кста́ти, вы пойдёте с на́ми сего́дня ве́чером?

by way of че́рез. We'll come back by way of the mountains. Обра́тно мы пойдём че́рез го́ры.

in a way в не́котором отноше́нии. In a way we're lucky to be here. В не́котором отноше́нии, э́то для нас больша́я уда́ча, что мы здесь.

in some ways в не́которых отноше́ниях. In some ways this plan is better than the other one. В не́которых отноше́ниях, э́тот план лу́чше того́.

on the way по доро́ге. We passed a new restaurant on our way home. По доро́ге домо́й мы прошли́ (*or* прое́хали) ми́мо но́вого рестора́на.

out-of-the-way отдалённый. He lives in an out-of-the-way part of the city. Он живёт в отдалённой ча́сти го́рода.

to be in the way быть поме́хой. They say we'd just be in the way if we tried to help. Они́ говоря́т, что на́ша по́мощь им бу́дет то́лько поме́хой.

to get under way отплыва́ть. The ship will get under way at noon. Парохо́д отплыва́ет в по́лдень. • отпра́виться в путь. We'll get to Moscow tomorrow if we get under way immediately. Мы попадём в Москву́ за́втра, е́сли отпра́вимся в путь неме́дленно.

to give way отступи́ть. When our reinforcements arrived, the enemy was forced to give way. Когда́ подошли́ на́ши подкрепле́ния, проти́вник вы́нужден был отступи́ть. • прорва́ться. When the dam gave way, the river flooded the town. Плоти́на прорвала́сь, и го́род затопи́ло.

to have one's own way де́лать по-сво́ему. She thought she shouldn't let the child have his own way all the time. Она́ считáла, что нельзя́ ребёнку всегдá позволя́ть дéлать по-своему.

to make way дать доро́гу, пропусти́ть. Traffic was forced to make way for the fire engines. Всё движе́ние на у́лице останови́лось, чтобы дать доро́гу пожа́рным.

to pay one's own way плати́ть за себя́. I always pay my own way when I go out with him. Когдá мы с ним куда́-нибудь идём, кáждый плáтит за себя́.

way off вдалеке́. I see them way off in the distance. Я ви́жу их там, вдалеке́.

ways далеко́. The village is still quite a ways off. До дере́вни всё ещё óчень далеко́.

ways and means пути́ и спо́собы. We discussed ways and means of putting the plan into operation. Мы обсуждáли пути́ и спо́собы осуществле́ния э́того плáна.

□ Is this the right way to town? По э́той доро́ге мы попадём в го́род? • These students are a long way from home. Э́ти студе́нты прие́хали издалекá. • He still hasn't found a way to make a living. Он всё ещё не знáет, каки́м о́бразом зарабáтывать на жизнь. • He's in a bad way after the party last night. По́сле вчерáшней вечери́нки он совсе́м раски́с. • They let him go his own way. Они́ не мешáют ему́ де́лать, что он хóчет. • He said it only by way of joking. Он сказáл э́то тóлько шу́тки рáди. • What have you got in the way of typewriters? Какóго рóда пи́шущие маши́нки у вас есть? • They gave him the money to get him out of the way. Они́ дáли ему́ э́ти де́ньги, чтобы от негó отде́латься. • I finally got that back out of the way. Наконе́ц-то я закóнчил и отде́лался от э́той накопи́вшейся рабóты. • We gave their car the right of way. Мы останови́лись, чтобы пропусти́ть их автомоби́ль. • She forced herself not to give way to her emotions. Онá застáвила себя́ овладе́ть свои́м волне́нием. • He didn't go out of his way to help us. Он не сде́лал ничегó осо́бенного, чтобы нам помо́чь. • We went out of our way to make him feel at home. Мы вся́чески стара́лись, чтобы он чу́вствовал себя́ как до́ма. • I can't see my way clear to take a vacation this month. Я не ви́жу, как я смогу́ взять óтпуск в э́том ме́сяце.

we (*See also* **our**) мы. We just arrived. Мы тóлько что прие́хали. — My friend has invited both of us to the concert tonight. Мой прия́тель пригласи́л нас обо́их сегóдня ве́чером на конце́рт.

weak слáбый. He felt very weak after the operation. По́сле опера́ции он был óчень слаб. — That's a weak argument. Э́то слáбый аргуме́нт. — Mathematics is his weakest subject. Он слабе́е всегó в математи́ке. • бесси́льный. Their country has a weak government. У них бесси́льное прави́тельство. • протёртый (worn). The cloth will tear at this weak place. В э́том протёртом ме́сте мате́рия ско́ро порвётся.

□ Don't you think he has a weak character? Вы не ду́маете, что он слабохаракте́рный? • The bridge is too weak to support heavy traffic. Э́тот мост недостáточно про́чен, чтобы вы́держать больше́е движе́ние. • This drink is too weak. Э́то недостáточно кре́пкий напи́ток.

weakness слáбость. A feeling of weakness came over her and she fainted. Онá почу́вствовала слáбость и потеря́ла созна́ние. — He has a weakness for pretty women. У негó слáбость к хоро́шеньким же́нщинам. • недостáток. Her greatest weakness is her inability to concentrate. Её сáмый большо́й недостáток неуме́ние сосредотóчиваться.

wealth богáтство. He inherited most of his wealth from his uncle. Бо́льшую часть своегó богáтства он унасле́довал от своегó дя́ди.

weapon *n* ору́жие.

wear (wore, worn) наде́ть (to put on). What dress are you going to wear tonight? Какóе плáтье вы наде́нете сегóдня ве́чером? *or* В какóм плáтье вы бу́дете сегóдня ве́чером? • носи́ться. This coat has worn well. Э́то пальто́ хорошо́ носи́лось. • обтрёпываться (to fray). The cuffs on my trousers show signs of wear. Отворо́ты на мои́х брю́ках начинáют обтрёпываться.

□ **to be worn down** стере́ться. The record is so worn down we can hardly hear the tune. Э́та пласти́нка так стёрлась, что éле мóжно разобрáть моти́в.

to wear a hole протере́ть дыру́. I wore a hole in the paper with the eraser. Я протёр рези́нкой дыру́ в бумáге.

to wear down опрове́ргнуть. We finally wore down his arguments. В концé концо́в, нам удало́сь опрове́ргнуть его́ аргуме́нты.

to wear off прекрати́ться. The effect of the drug will wear off in a few hours. Де́йствие наркóтика прекрати́тся че́рез не́сколько часо́в.

to wear out изнáшивать. He wears out shoes very fast. Он бы́стро изнáшивает о́бувь.

worn потрёпанный. He looked tired and worn on Monday morning. В понеде́льник у́тром у негó был устáлый и потрёпанный вид.

worn out изму́ченный. He came home from the factory worn out. Он верну́лся домóй с фáбрики соверше́нно изму́ченный.

□ He's wearing a blue suit. На нём си́ний костю́м. *or* Он в си́нем костю́ме. • Does this store sell men's wear? В э́том магази́не продаётся мужско́е плáтье? • There's still a lot of wear left in these ties. Э́ти гáлстуки ещё вполне́ мóжно носи́ть. • The students wore an air of relief when the exams were over. Когдá экзáмены кóнчились, студе́нты вздохну́ли с облегче́нием. • The tires got a lot of wear and tear from the rough roads. Ши́ны óчень пострадáли от э́тих плохи́х доро́г.

weary устáлый. He sounds so weary he probably didn't sleep last night. У негó такóй устáлый гóлос, ви́дно, он всю ночь не спал. • утоми́тельный. It's a long, weary trip. Пое́здка дли́нная и утоми́тельная.

weather погóда. We've had a lot of rainy weather lately. После́днее вре́мя у нас óчень чáсто бывáла дождли́вая погóда. • вы́держать. Our ship weathered the storm. Наш парохо́д вы́держал бу́рю.

□ The gravestones are old and weathered. Надгро́бные кáмни стёрлись от вре́мени и непогóды. • He had been drinking too much and felt under the weather. Он сли́шком мнóго вы́пил, и у негó бы́ло тяжёлое похме́лье. • I feel a bit under the weather today. Я себя́ сегóдня пло́хо чу́вствую.

weave (wove, woven) плести́. The women were weaving mats out of straw. Же́нщины плели́ цыно́вки из соло́мы. • вы́ткать. This piece of linen has a very fine weave. Э́то полотно́ óчень тóнко вы́ткано.

□ The old sailor knows how to weave interesting stories. Э́тот стáрый моря́к замечáтельный расскáзчик.

wedding *n* свáдьба.

Wednesday *n* средá.

weed со́рная травá. The boys have been busy all morning

digging up the weeds in the garden. Ма́льчики це́лое у́тро
поло́ли со́рную траву́ в саду́. • вы́полоть. Can he weed
our vegetable garden now? Мо́жет он вы́полоть наш ого-
ро́д сейча́с?

☐ **to weed out** вы́чистить. The examination was designed to weed out the poor students. Э́тот экза́мен был
устро́ен, чтобы вы́чистить неуспева́ющих студе́нтов.

week неде́ля. It'll be a week before I see you again. Я уви́жу
вас тепе́рь то́лько че́рез неде́лю. — I'm going to start a new
job next week. На бу́дущей неде́ле я приступа́ю к но́вой
рабо́те. — The factory is on a six-day week. Э́та фа́брика
рабо́тает шесть дней в неде́лю.

weekend суббо́та и воскресе́нье. We decided to spend a
weekend at the lake. Мы реши́ли провести́ суббо́ту и вос-
кресе́нье на о́зере.

weekly еженеде́льный. The weekly report comes out every
Wednesday. Еженеде́льный отчёт выхо́дит по среда́м.
• ка́ждую неде́лю. The programs at this theater change
weekly. В э́том теа́тре програ́мма меня́ется ка́ждую не-
де́лю.

weep (wept, wept) v пла́кать.

weigh взве́сить. Please weigh this package for me. Пожа́-
луйста, взве́сьте мне э́тот паке́т. — He weighed his words
carefully before answering. Ра́ньше чем отве́тить, он
хороше́нько взве́сил свои́ слова́. • взве́шивать. I
weighed myself the other day at the doctor's. Я взве́ши-
вался на-дня́х у до́ктора. • ве́сить. This piece of meat
weighs two kilograms. Э́тот кусо́к мя́са ве́сит два кило́.
☐ **to weigh anchor** сня́ться с я́коря. The steamship
weighed anchor at five o'clock. Парохо́д сня́лся с я́коря
в пять часо́в.

to weigh down тяжело́ нагрузи́ть. The canoe was weighed
down with supplies. Ло́дка была́ тяжело́ нагру́жена
припа́сами.

to weigh on тяготи́ть. The responsibility of his job weighs
on him a good deal. Отве́тственность за рабо́ту его́ о́чень
тяготи́т.

to weigh out отве́сить. She asked the storekeeper to weigh
out five kilograms of sugar. Она́ попроси́ла продавца́
отве́сить ей пять кило́ са́хару.

weight вес. The weight of the trunk is a hundred kilograms.
Вес э́того сундука́ — сто кило́. or Э́тот сунду́к ве́сит сто
кило́. — I've lost a lot of weight since I've been here. С тех
пор как я здесь, я мно́го потеря́л в ве́се. • ги́ря. Another
two-kilogram weight should make the scale balance. Для
равнове́сия нужна́ ещё одна́ ги́ря в два кило́. • тя́жесть.
Put a weight over there to keep the door open. Положи́те
каку́ю-нибудь тя́жесть у две́ри, чтобы она́ не закры-
ва́лась. • значе́ние. This isn't a matter of great weight.
Э́то не име́ет большо́го значе́ния. • ка́мень (stone),
тя́жесть. Thanks, you've just lifted a weight off my mind.
Спаси́бо вам, у меня́ сло́вно ка́мень с души́ свали́лся.

☐ **to weight down** нагружа́ть. The mules were weighted
down with heavy packs. Мулы́ бы́ли нагружены́ тяжё-
лыми вью́ками.

☐ Don't attach too much weight to what he says. Не
придава́йте сли́шком большо́го значе́ния тому́, что он
говори́т.

welcome прия́тный. That is the most welcome news I've
heard in months. Э́то са́мая прия́тная но́вость за после́д-
ние ме́сяцы. • добро́ пожа́ловать. Welcome home
again! Добро́ пожа́ловать домо́й! • встре́ча. They

gave us a warm welcome when we came back. По воз-
враще́нии нам была́ устро́ена раду́шная встре́ча.
• приве́тствовать. They welcomed the new members to
the club. Они́ приве́тствовали вступле́ние но́вого
чле́на в клуб.

☐ "Thanks." "You're welcome." "Спаси́бо". "Пожа́луй-
ста". or "Не́ за что". • You are welcome to use my car
today. Мой автомоби́ль сего́дня в ва́шем распоряже́нии.

welfare благополу́чие. He's interested only in his own
welfare. Он ду́мает то́лько о со́бственном благополу́чии.
☐ **public welfare** обще́ственная нужда́. A large sum of
money was set aside for public welfare. Больша́я су́мма
была́ отло́жена на обще́ственные ну́жды.

well хорошо́. They do their work very well. Они́ о́чень
хорошо́ рабо́тают. — It's well that you got here on time.
Хорошо́, что вы пришли́ (прие́хали) во́-время. — Is your
father feeling well these days? Ваш оте́ц тепе́рь хорошо́
себя́ чу́вствует? — How well do you know these roads?
Как хорошо́ вы зна́ете э́ти доро́ги? — Well, just as you say.
Хорошо́, пусть бу́дет по-ва́шему. • значи́тельно. There
were well over a thousand people in the theater. В теа́тре
бы́ло значи́тельно бо́льше ты́сячи челове́к. • коло́дец.
Have you dug the well yet? Вы уже́ вы́рыли коло́дец?

☐ **as well as** и . . . и. This book is interesting as well as
useful. Э́та кни́га и интере́сна и поле́зна. • заодно́ и.
She bought a hat as well as a new dress. Она́ купи́ла
шля́пу, а заодно́ и но́вое пла́тье.

to do well преуспева́ть. He's doing very well in business.
Он преуспева́ет в (комме́рческих) дела́х.

to leave well enough alone оста́вить как есть. I advise
you to leave well enough alone. Сове́тую вам оста́вить э́то
как оно́ есть.

well done хорошо́ прожа́ренный. Do you want your
steak well done? Вы хоти́те хорошо́ прожа́ренный
бифште́кс?

☐ He couldn't very well go by train because he couldn't
get a reservation. Он ника́к не мог е́хать по́ездом, ведь
он не получи́л плацка́рты. • Well, what do you know!
Да неуже́ли! or Да что вы! • She sings, and plays the piano
as well. Она́ и поёт, и игра́ет на рои́ле. • Do you think
well of his work? Вы хоро́шего мне́ния о его́ рабо́те?
• He left his widow well off. Он ещё при жи́зни хорошо́
обеспе́чил свою́ жену́.

went See **go.**

wept See **weep.**

were See **be.**

west за́пад. The road leads to the West. Доро́га ведёт на
за́пад. • за́падный. There's a strong west wind blowing
up today. Сего́дня ду́ет си́льный за́падный ве́тер.

western за́падный. They live in the western part of the
United States. Они́ живу́т в за́падной ча́сти Соединённых Шта́тов.

wet (wet, wet) намочи́ть. The baby has wet its pants.
Ребёнок намочи́л штани́шки. • мо́крый. My shirt's all
wet. Моя́ руба́шка совсе́м мо́края. • полива́ть. They
wet the street down every morning. Тут ка́ждое у́тро
полива́ют у́лицу. • све́жий (fresh). Wet paint! Осто-
ро́жно, све́жая кра́ска! or Осторо́жно, окра́шено!

☐ **to get wet** промо́кнуть. You'll get wet. Вы промо́к-
нете!

☐ He used to live in a wet town. Он жил в го́роде, где
прода́жа спиртны́х напи́тков не была́ запрещена́.

what что. What do you want for supper? Что вы хотите на ужин? — What did you say? Что вы сказали? — What? Что? *or* Что такое? — What else? А что ещё? — We were told what we were expected to do. Нам сказали, что мы должны делать. — She's what you might call odd. Она, что называется, чудачка. — I'll tell you what, let's go to the movies tonight! Знаете что, пойдёмте сегодня вечером в кино! ● какой. Do you know what train we're supposed to take? Вы знаете каким поездом мы должны ехать? — What kind of an apartment are you looking for? Какую квартиру вы ищете? ⊢ We know what ships were in the harbor then. Мы знаем какие суда были тогда в гавани. — What beautiful flowers you have in your garden! Какие чудесные цветы у вас в саду. ● то, что. He always says what he thinks. Он всегда говорит то, что думает. ● что за, какой. What nonsense! Что за вздор! ● как. What! Isn't he here yet? Как! Его ещё здесь нет?

☐ **and what not** и всякая всячина. You can buy supplies and what not at the village store. В деревенской лавке можно купить продукты и всякую всячину.

but what что. I never doubted but what he'd do it. Я и не сомневался, что он это сделает.

what about что, если. What about going to the movies today? А что, если пойти в кино сегодня? ● что с. What about your appointment? Что с вашим свиданием?

what . . . for зачем. What are you hurrying for? Зачем вы так спешите?

what if что, если. What if your friends don't get here at all? А что, если ваши друзья совсем не придут?

what of it ну так что? He doesn't like it? What of it? Ему это не нравится? Ну так что!

what's more больше того. I disagree with him, and what's more, I don't trust him. Я с ним не согласен, больше того, я ему не доверяю.

what with из-за. What with the weather and the heavy load on board the ship was late in getting to port. Из-за дурной погоды и из-за тяжёлого груза пароход пришёл с опозданием.

☐ What of that job you asked for? Ну, что слышно с работой, о которой вы просили? ● It will take you a few weeks to learn what's what in this job. Вы начнёте разбираться в этой работе только, когда поработаете тут несколько недель. ● If I get mad enough, I'll tell him what's what. Если я разозлюсь как следует, я уж ему выложу всё начисто.

whatever всё, что. Do whatever you want; I don't care. Делайте всё, что вам угодно, — мне всё равно. ● чтó бы ни. Whatever you decide to do, be sure to tell me about it. Чтó бы вы ни решили делать, непременно сообщите мне. ● всякий. She lost whatever respect she had for him. Она потеряла к нему всякое уважение.

☐ He has no money whatever. У него совершенно нет денег.

wheat пшеница. Do you raise wheat? Вы сеете пшеницу? — How is the wheat crop this year? Как у вас пшеница уродилась в этом году?

wheel колесо. The front wheels of the car need to be tightened. Передние колёса машины нужно подвинтить. ● руль (steering wheel). Keep both hands on the wheel when you drive. Когда правишь автомобилем, держи руль обеими руками. ● катать. She was wheeling the baby carriage

through the park. Она катала детскую коляску по парку. ● круто повернуться. He wheeled around to speak to me. Он круто повернулся и заговорил со мной.

☐ Let me take the wheel for a while. Дайте мне немножко подержать руль. ● The wheels of the office are turning slowly. В этом учреждении очень медленные темпы.

wheelbarrow *n* тачка.

when когда. When can I see you again? Когда я вас снова увижу? — You can go when the work is done. Когда работа будет сделана, вы можете идти. — There are times when I enjoy being alone. Бывают моменты, когда я люблю оставаться один. ● хотя. They built the bridge in three months, when everyone thought it would take a year. Они построили мост в три месяца, хотя все думали, что на это уйдёт год.

☐ **since when** с каких пор. Since when has he been giving orders? С каких пор он здесь командует?

☐ I feel very uncomfortable when it's hot. Когда жарко, я очень плохо себя чувствую.

whenever когда. Whenever did **you** find time to write? Когда это вы нашли время писать? ● в любое время. Come to see us whenever you have time. Приходите к нам в любое время, когда вы будете свободны.

where где. Where is the nearest hotel? Где ближайшая гостиница? — We found him just where he had said he would be. Мы застали его именно там, где он обещал быть. ● в котором (in which), где. The house where I used to live is on this street. Дом, в котором я (когда-то) жил, находится на этой улице. ● куда (to where). The restaurant where we wanted to go was closed. Ресторан, куда мы хотели пойти, был закрыт. — Where are you going? Куда вы идёте? — Go where you please. Идите, куда хотите. ● откуда (from where). Ask him where the train leaves from. Спросите у него, откуда отходит поезд.

☐ **where from** откуда. Where does your friend come from? Откуда ваш друг?

whereas тогда как. The youngest likes school whereas the oldest always plays hookey. Младший любит школу, тогда как старший вечно удирает с уроков.

whereby при которой. This is the only system whereby we can get the work done on time. Это единственная система, при которой мы сможем закончить работу во-время.

wherever куда бы ни. You'll find good roads wherever you go around here. Куда бы вы тут ни поехали, вы всюду найдёте хорошие дороги.

whether ли. I don't know whether they will come. Я не знаю, придут ли они.

☐ **whether . . . or** ли . . . или. We can't tell whether it will rain or snow. Трудно сказать, пойдёт ли дождь, или выпадет снег.

☐ Do you know whether this is true or not? Вы не знаете, это правда или нет?

which кто. Which of them will be better for the job? Кто из них больше подходит для этой работы? ● какой. Which instrument do you play best? На каком инструменте вы играете лучше всего? ● который. Please return the book which you borrowed. Пожалуйста, верните книгу, которую вы взяли.

☐ When you look at the twins, it's hard to tell which is which. Этих близнецов невозможно различить.

whichever любой. Take whichever seat you want. Садитесь

на любо́е ме́сто. • како́й бы ни. Whichever way you go, it will still take an hour to get there. Каки́м бы путём вы ни пошли́, ме́ньше чем че́рез час вы туда́ не доберётесь.

while пока́. Let's leave while it's light. Дава́йте вы́едем пока́ светло́. — I'll finish the work while you have lunch. Я зако́нчу рабо́ту, пока́ вы бу́дете за́втракать. • хотя́. While I don't like it, I'll do it. Хотя́ мне э́то и не нра́вится, я э́то сде́лаю. • а. I went by train, while he went by car. Я пое́хал по́ездом, а он на автомоби́ле.

☐ You'll have to wait a little while before you can see him. Вам придётся немно́го, подожда́ть пока́ вы смо́жете его́ уви́деть. • It's not worth your while to do this. Не сто́ит (вам) э́того де́лать.

whip кнут. Hand me the whip, please. Переда́йте мне, пожа́луйста, кнут. • стега́ть. No matter how much he whipped the horse it wouldn't budge. Ско́лько он ни стега́л ло́шадь, она́ не дви́галась с ме́ста. • сбить. Whip the cream for the dessert. Сбе́йте сли́вки для сла́дкого. • поби́ть. We whipped the opposing team by a big score. На́ша кома́нда поби́ла проти́вника на большо́е число́ очко́в.

☐ **whip off** ски́нуть. He whipped off his coat and ran after the thief. Он ски́нул пальто́ и помча́лся за во́ром.

whisper шепну́ть. Whisper it to her so no one will hear. Шепни́те ей э́то, что́бы никто́ не слы́шал. • шо́потом. His throat was so sore that he could only speak in a whisper. У него́ так боле́ло го́рло, что он мог говори́ть то́лько шо́потом. • распуска́ть спле́тни. Someone has started a whispering campaign against the director. Кто́-то на́чал распуска́ть спле́тни о дире́кторе.

whistle сви́стнуть. He whistled for his dog. Он сви́стнул соба́ку. • насви́стывать. Do you recognize that tune the boys are whistling? Вы узнаёте моти́в, кото́рый насви́стывают ребя́та? • свисто́к. Can you hear the whistle of the train? Вы слы́шите свисто́к парово́за? • гудо́к. The factory whistle started to blow. Загуде́л фабри́чный гудо́к.

white бе́лый. She was dressed in white. Она́ была́ в бе́лом. — A large number of whites live in this area. В э́том райо́не живёт мно́го бе́лых. • бе́лый цвет. I want the walls painted white. Я хочу́, чтоб сте́ны бы́ли вы́крашены в бе́лый цвет. • бледне́ть. She is able to walk again, but she looks awfully white. Она́ уже́ хо́дит, но ещё ужа́сно бледна́. • бело́к. To make this cake you'll need the whites of four eggs. Для э́того пирога́ вам ну́жно четы́ре белка́. — The white of her eyes has pink spots. У неё на бе́лке кра́сные пя́тнышки.

☐ **to go white** побеле́ть. She went white when she heard this. Она́ побеле́ла, когда́ услы́шала э́то.

☐ Do you think we'll have a white Christmas? Вы ду́маете, что на рождество́ у нас бу́дет снег?

who кто. Who used this book last? Кто по́льзовался э́той кни́гой после́дний? — Do you know who did this? Вы зна́ете, кто э́то сде́лал? • кото́рый. The man who just came in is the manager of the store. Челове́к, кото́рый то́лько что вошёл — заве́дующий магази́ном. — This is the man of whom I was speaking. Это и есть тот челове́к, о кото́ром я говори́л.

whoever кто бы ни. Whoever you are, you'll still have to get a pass. Кто бы вы ни́ были, вам всё равно́ ну́жен про́пуск.

whole це́лый. I intend to stay a whole week. Я наме́рен оста́ться це́лую неде́лю. — I dropped the pitcher, but it's

still whole. Я урони́л кувши́н, но он оста́лся цел. — He caught a whole string of fish. Он науди́л це́лую ку́чу ры́бы.

☐ **as a whole** в це́лом. Look at the matter as a whole. Рассма́тривайте э́тот вопро́с в це́лом. **a whole lot** ма́сса. I ate a whole lot of cookies. Я съел ма́ссу пече́нья. **on the whole** в о́бщем. On the whole, I agree with you. В о́бщем я с ва́ми согла́сен. **whole milk** це́льное молоко́. She's on a diet of whole milk and apples. Её дие́та состои́т из (це́льного) молока́ и я́блок.

☐ The whole office was dismissed at noon. Всех слу́жащих (конто́ры) отпусти́ли в по́лдень. • He told us a whole pack of lies. *Он нам навра́л с три ко́роба.

wholesome adj здоро́вый.

wholly всеце́ло. The decision is wholly up to you. Реше́ние всеце́ло зави́сит от вас. • абсолю́тно, соверше́нно. That is wholly out of the question. Об э́том абсолю́тно не мо́жет быть ре́чи.

whom See who.

whose чей. Whose pencil is this? Чей э́то каранда́ш? — That's the author whose book you praised yesterday. Этот тот са́мый писа́тель, чью кни́гу вы вчера́ хвали́ли. — That's the painter whose picture you want to buy. Это худо́жник, чью карти́ну вы хоти́те купи́ть.

why почему́. Why is the train so crowded today? Почему́ по́езд сего́дня так перепо́лнен? — I can't imagine any reasons why he refused to come. Ника́к не пойму́ почему́ он отказа́лся придти́. • почему́ бы. Why not come along with us? Почему́ бы вам не пойти́ с на́ми? • ну. Why, no — it can't be! Ну, нет! Не мо́жет быть!

☐ **whys and wherefores** отчего́ да почему́. They tried to find out the whys and wherefores of his absence. Они́ гада́ли, отчего́ да почему́ его́ здесь нет.

☐ Why, no, I'm not tired. Нет, я совсе́м не уста́л. • Why, what do you mean? Что вы, со́бственно, хоти́те э́тим сказа́ть?

wicked adj дурно́й. It's a wicked thing to do. Это дурно́й посту́пок. • злой. He said it with a wicked smile. Он сказа́л э́то со злой усме́шкой.

wide широ́кий. Is the road wide enough for two-way traffic? Эта доро́га доста́точно широка́ для езды́ в о́бе сто́роны? — Is the coat wide enough through the shoulders for you? Пальто́ вам доста́точно широко́ в плеча́х? • широко́. This newspaper has a wide circulation. Это широко́ распространённая газе́та. — The baby looked at the kitten with wide-open eyes. Ребёнок смотре́л на котёнка широко́ раскры́тыми глаза́ми. • ширина́ (width). The road is five meters wide at this point. Ширина́ доро́ги в э́том ме́сте — пять ме́тров. • на́стежь. Open the window wide. Откро́йте окно́ на́стежь.

☐ **to go wide of the mark** бить ми́мо це́ли. Your sarcasm went wide of the mark. Ва́ше язви́тельное замеча́ние бьёт ми́мо це́ли.

☐ If you do that you'll leave yourself wide open. *Если вы э́то сде́лаете, на вас бу́дут всех соба́к ве́шать.

widow вдова́. He left a widow and three children. Он оста́вил вдову́ и трои́х дете́й. • овдове́ть. Thousands of women were widowed by the war. Тысячи женщин овдовели во время войны.

width *n* ширина.

wife (wives) жена. Where is your wife? Где ваша жена? — Are their wives permitted to see them? Жёнам разрешается их навещать?

wild дикий. Are there any wild animals in the woods? В этих лесах нет диких зверей? — I hate to waste time on such a wild idea. Это дикая идея — мне жалко на неё время терять! • жестокий. The steamship was wrecked during a wild storm at sea. Пароход потерпел крушение во время жестокого шторма. • пустынное место. They have a farm way out in the wilds. Их ферма (находится) в отдалённом, пустынном месте.

□ **to go wild** неистовствовать. The crowd went wild when the news was announced. Когда огласили это известие, толпа стала неистовствовать.

wild shot промах. He'd play a good game of tennis if he didn't make so many wild shots. Он играл бы в теннис очень хорошо, если бы не делал столько промахов.

wilderness глушь. Just two kilometers past my house is complete wilderness. В двух километрах от моего дома — полная глушь.

will¹ (*See also* be, would)

□ I'll wait for you at the corner at three o'clock. Я буду ждать вас на углу, в три часа. • Will you reserve a room for me for tomorrow? Пожалуйста, сохраните для меня на завтра комнату. • This theater will hold a thousand people. Этот театр вмещает тысячу человек. • The orders read: "You will proceed at once to the next town." Приказ гласит: "Немедленно направиться в соседний город". • We'll go for days without smoking a cigarette. Он по нескольку дней (подряд) совершенно не курит. • This machine won't work. Эта машина не действует. • Won't you come in for a minute? Вы не зайдёте на минутку?

will² завещать. He willed all his property to the city. Он завещал всё своё имущество городу. • завещание. He died without leaving a will. Он умер, не оставив завещания. • велеть. We'll have to do as he wills. Мы должны будем сделать, как он велит. • воля. Only the will to live made him survive the operation. Он перенёс эту операцию только благодаря страстной воле к жизни. • желание. My father sent me abroad against my will. Отец послал меня заграницу против моего желания.

□ **at will** в любое время. The prisoners are free to have visitors at will. Заключённые имеют право принимать посетителей в любое время.

with a will бодро. They set to work with a will. Они бодро взялись за работу.

□ That child certainly has a will of his own. Этот ребёнок очень своевольный.

willing согласен. Are you willing to take a dangerous job like this? Вы согласны взять такую опасную работу? • готов. I'm willing to speak to the director for her. Я готов поговорить о ней с директором. • усердный. The new office boy seems to be a willing worker. Новый мальчик у нас в конторе, кажется, очень усердный.

willow *n* ива

win (won, won) выиграть. I'm going to win this game if it's the last thing I do. Я должен выиграть эту игру во что бы то ни стало.

□ He won first prize in the contest. Он получил первый приз в соревновании.

wind (as in *pinned*) ветер. There was a violent wind last night. Сегодня ночью был страшный ветер. • дыхание. His wind is bad because he smokes too much. У него затруднённое дыхание, оттого что он слишком много курит. • дух. It knocked the wind out of him. У него ударом дух отшибло. • болтовня. There was nothing but wind in what he said. Всё, что он сказал, пустая болтовня.

□ **into the wind** против ветра. He headed the plane into the wind. Он направил самолёт против ветра.

to get winded терять дыхание. He's not a good swimmer because he gets winded too easily. Он неважный пловец, потому что слишком быстро теряет дыхание.

to get wind of пронюхать. I got wind of their plans yesterday. Я вчера кое-что пронюхал об их планах. • почуять. The dogs got wind of the deer. Собаки почуяли оленя.

□ That run upstairs winded me. Я быстро взбежал по лестнице и совсем запыхался. • There's a rumor in the wind that we may get the afternoon off. Носятся слухи, что нас, может быть, отпустят после обеда. • It certainly took the wind out of his sails when he lost his job. У него совсем руки опустились, когда он потерял работу.

wind (as in *lined*) (wound, wound) завести. I forgot to wind my watch. Я забыл завести мои часы. • виться. The road winds through the mountains. Эта дорога вьётся в горах. • обвиться. The snake wound itself around a tree. Змея обвилась вокруг дерева. • намотать. He wound the rope around the post. Он намотал верёвку на столб. • смотать. Wind the string into a ball. Смотайте верёвку в клубок.

□ **to wind up** привести в порядок. He had two weeks to wind up his affairs before leaving town. У него было две недели, чтобы привести в порядок свои дела перед отъездом. • заканчивать. He was just starting to wind up his speech when we got there. Когда мы пришли, он уже заканчивал свою речь.

□ They wound the bandage tightly around his arm. Они туго забинтовали ему руку.

window окно. Which one of you kids broke the window? Признавайтесь, ребята, кто из вас разбил окно?

windy *adj* ветрено.

wine вино. Do you prefer red or white wine with your dinner? Вы какое вино пьёте за обедом: белое или красное?

□ **to wine and dine** угощать. He always wines and dines his guests royally. Он всегда по-царски угощает своих гостей.

wing крыло. The pigeon broke its wing when it hit the window. Голубь ударился об окно и сломал крыло. — The new airplanes have tremendous wings. У новых самолётов огромные крылья. • крылышко. Do you want the wing or the leg? Что вы хотите — крылышко или ножку? • флигель. We're planning to build a new wing to the house. Мы собираемся пристроить к этому дому новый флигель.

□ **on the wing** на лету. He was trying to shoot ducks on the wing. Он пробовал стрелять уток на лету. • на ходу (on the run). He's such a busy person you'll have to catch him on the wing. Он такой занятой человек, что вам придётся ловить его на ходу.

to take someone under one's wing взять кого-нибудь под своё крылышко. She took the newcomer under her wing. Она взяла новичка под своё крылышко.

wings кулисы. He stood in the wings waiting for his cue. Он стоял за кулисами, в ожидании своего выхода.

winter зима. We usually have mild winters here. Обычно у нас здесь бывает мягкая зима. • зимний. It's getting cold enough to wear a winter coat. Становится уже так холодно, что можно надеть зимнее пальто. • провести зиму. Where did you winter last year? Где вы провели прошлую зиму?

wipe вытирать. I'll wash the dishes if you wipe them. Я буду мыть посуду, если вы будете вытирать.

□ **to wipe out** разрушить. The earthquake wiped out a whole town. Землетрясение разрушило весь город.

wire провод. The telephone wires were blown down by the storm. Телефонные провода были сорваны бурей. • проволочный. We put up wire screens to keep out the flies. Мы вставили в окна проволочные сетки против мух. • провести электричество. Our house was just wired for electricity yesterday. У нас в доме только вчера провели электричество. • телеграфировать. He wired me to meet him at the train. Он телеграфировал мне, чтобы я встретил его на вокзале. — I'll wire if I can. Если я смогу, я телеграфирую. • телеграмма. You'll have to send this message by wire. Вам придётся сообщить об этом телеграммой.

□ **to send a wire** телеграфировать. Send him a wire to tell him we're coming. Телеграфируйте ему, что мы приезжаем.

□ He had to pull a lot of wires to get that job. Он пустил в ход разные связи, чтобы получить эту работу.

wisdom n мудрость.

wise мудрый. I think it's a very wise decision. Я нахожу, что это мудрое решение. • умный. He's a pretty wise fellow. Он весьма умный парень.

□ **to put one wise** открыть кому-нибудь глаза. Don't you think we ought to put him wise? Вы не думаете, что мы должны были бы открыть ему глаза?

□ He never got wise to their little scheme. Он так и не раскрыл их маленькой махинации.

wish хотеть. What do you wish for most? Чего бы вам хотелось больше всего? — I wish I could stay here longer. Мне хотелось бы остаться здесь подольше. — I wish you to finish the work by twelve o'clock. Я хочу, чтоб вы кончили работу к двенадцати. • желание. Her wish for a trip abroad came true. Её желание поехать заграницу осуществилось. • пожелать. We wished him luck in his new job. Мы пожелали ему удачи в его новой работе.

□ **to wish off** свалить на. Let's wish this work off on somebody else. Давайте свалим эту работу на кого-нибудь другого.

to wish on навязать. Who wished this job on me? Кто навязал мне эту работу?

wishes пожелание. We sent him our best wishes. Мы послали ему наилучшие пожелания.

□ I've come to wish you good-by. Я пришёл с вами попрощаться.

wit остроумный. He's a real wit. Он замечательно остроумен.

□ **quick wit** сообразительный. He has a very quick wit.

Он очень сообразительный.

to be at one's wit's end ума не приложить. I'm at my wit's end trying to recall where I put my gloves. Ума не приложу, куда я дел перчатки.

to keep one's wits about one не терять головы. If you run into trouble, be sure to keep your wits about you. Если попадёте в беду, старайтесь не терять головы.

□ They scared the poor child out of its wits. Они до смерти перепугали бедного ребёнка.

witch n ведьма.

with с, со. I plan to have dinner with him today. Я собираюсь сегодня с ним обедать. — I want a room with bath. Я хочу комнату с ванной. — I came home with a head cold. Я пришёл домой с насморком. — With those words he left the room. С этими словами он вышел из комнаты. — Your friend talks with an accent. Ваш приятель говорит с иностранным акцентом. — I made all my plans with my parents' permission. Я строил все свои планы с одобрения родителей. — He took a gun with him for protection. Он взял с собой револьвер на всякий случай. — The price of radios went up with the increased demand. С повышением спроса цены на радиоаппараты поднялись. — Why did you break up with him? Почему вы с ним порвали? — He's recently done very valuable work with students. Последнее время он вёл очень ценную работу со студентами. • у. Leave your keys with the hotel clerk. Оставьте ключи у служащего в гостинице. — This actor is more popular with men than with women. Этот артист пользуется большей популярностью у мужчин, чем у женщин. • к. Do you want something to drink with your dinner? Вы возьмёте что-нибудь выпить к обеду? • включая. The price of cigarettes is twenty cents with tax. Папиросы стоят двадцать центов, включая акциз. • для. With him, it's all a matter of money. Для него самое главное — деньги. • несмотря на. With all the work he's done on it, the book still isn't finished. Его книга ещё не закончена, несмотря на то, что он столько над ней работал.

□ **with each other** друг с другом. Since their argument, they've had nothing to do with each other. После их ссоры, они окончательно порвали друг с другом.

with one another друг с другом. They haven't been on speaking terms with one another for a year now. Они уже целый год друг с другом не разговаривают.

□ He chopped down the tree with an ax. Он срубил дерево топором. • Handle with care. Осторожно. • Your ideas don't agree with mine. Мы с вами расходимся во взглядах. • Are you pleased with the view from your windows? Вам нравится этот вид из ваших окон?

withdraw (withdrew, withdrawn) снимать. I withdraw my objection to the resolution. Я снимаю своё возражение против этой резолюции. • удалиться. The candidates withdrew from the room while the election was being held. Пока шла баллотировка, кандидаты удалились из комнаты. • взять. I withdrew some money from the bank today. Я сегодня взял немного денег в банке.

within в. Speeding is forbidden within the city limits. В пределах города быстрая езда воспрещается. • в течение. The letters came within a few days of each other. Письма пришли одно за другим в течение нескольких дней. • через. I'll be back within a few hours. Я вернусь через не́сколько часо́в. • по. He doesn't live within his income. Он живёт не по сре́дствам.

☐ Are we within walking distance of the beach? Мо́жно дойти́ отсю́да до пля́жа пешко́м? • Try to keep within the speed limits. Стара́йтесь не превыша́ть устано́вленной ско́рости.

without без. Can I get into the hall without a ticket? Мо́жно пройти́ в зал без биле́та?

☐ **to do without** обходи́ться без. We had to do without a car during the summer. Нам пришло́сь э́тим ле́том обходи́ться без автомоби́ля.

without delay безотлага́тельно. I want this work finished without delay. Я хочу́, что́бы э́та рабо́та была́ зако́нчена безотлага́тельно.

☐ He walked right in without hesitating. Он вошёл сра́зу, не коле́блясь. • She passed without seeing us. Она́ прошла́ ми́мо, не ви́дя нас.

witness свиде́тель Can you find any witnesses to the accident? Вы мо́жете найти́ свиде́телей э́той катастро́фы?

☐ A huge crowd witnessed the game. На состяза́нии прису́тствовала больша́я толпа́.

wives *See* **wife.**

woe *n* го́ре.

woke *See* **wake.**

woken *See* **wake.**

wolf волк. The wolves have killed three of our sheep. У нас трёх ове́ц во́лки заре́зали. • во́лчий. His coat was lined with wolf fur. У него́ шу́ба на во́лчьем меху́.

woman (women) же́нщина. Who is that pretty woman you were just dancing with? Кто э́та хоро́шенькая же́нщина, с кото́рой вы то́лько что танцова́ли? — Is there a woman doctor here? Здесь есть же́нщина-врач?

☐ **woman hater** женоненави́стник. He's a woman hater. Он женоненави́стник.

women *See* **woman.**

won *See* **win.**

wonder изумле́ние. They watched the airplane with wonder. Они́ смотре́ли на самолёт с изумле́нием. • удиви́тельно. It's a wonder (that) you got here at all. Удиви́тельно, что вы вообще́ сюда́ попа́ли! • спра́шивать себя́. I was just wondering what you were doing. Я как раз спра́шивал себя́, что вы де́лаете.

☐ **no wonder** ничего́ удиви́тельного. No wonder it's cold; the window is open. Ничего́ удиви́тельного, что здесь хо́лодно: окно́ откры́то.

wonders чудеса́. The x-ray treatment has worked wonders with him. Лече́ние рентге́новскими луча́ми про́сто чудеса́ с ним соверши́ло.

☐ I shouldn't wonder if he had a breakdown. Неудиви́тельно бу́дет, е́сли у него́ сде́лается не́рвное расстро́йство.

wonderful чуде́сный. We found a wonderful place to spend the summer. Мы нашли́ чуде́сное ме́сто, где мо́жно провести́ ле́то. • замеча́тельный (remarkable). He has a wonderful stamp collection. У него́ замеча́тельная колле́кция почто́вых ма́рок.

wood де́рево. This kind of wood makes a very hot fire. Это де́рево хорошо́ гори́т. • лес (lumber). How much wood will you need to build this porch? Ско́лько ле́са уйдёт на постро́йку вера́нды? • дрова́ (logs). Pile the wood up behind the house. Сложи́те дрова́ (в штабеля́) за до́мом.

wooden *adj* деревя́нный.

woods лес. Is there a path through the woods? Есть тут тропи́нка че́рез лес?

wool шерсть. Is this blanket made out of pure wool? Это одея́ло из чи́стой ше́рсти? • шерстяно́й. The store is having a sale on wool stockings. В э́том магази́не распрода́жа шерстяны́х чуло́к.

word сло́во. How do you spell that word? Как пи́шется э́то сло́во? — I remember the tune, but I forget the words. Мело́дию я по́мню, но слова́ забы́л. — May I have a word with you? Мо́жно вас на два сло́ва? — He gave his word that he'd finish the job. Он дал сло́во, что он око́нчит рабо́ту. • прика́з. The word was given that we would attack at dawn. Был дан прика́з нача́ть ата́ку на рассве́те. • изве́стие. Have you had any word from your son lately? Бы́ли у вас изве́стия от сы́на в после́днее вре́мя? • соста́вить (compose). How do you want to word this telegram? Как вы хоти́те соста́вить э́ту телегра́мму?

☐ **beyond words** неописуемый. Her beauty is beyond words. Её красота́ про́сто неопису́ема.

by word of mouth у́стно. We got the news by word of mouth. Нам переда́ли э́то изве́стие у́стно.

in a word одни́м сло́вом. In a word, no! Одни́м сло́вом — нет!

the last word после́днее сло́во. She always has to have the last word. После́днее сло́во всегда́ должно́ быть за ней!

to put in a good word for замо́лвить слове́чко за. Will you put in a good word for me with the chairman? Пожа́луйста, замо́лвите за меня́ слове́чко перед председа́телем.

☐ I told him in so many words what I thought of him. Я дал ему́ я́сно поня́ть, что я о нём ду́маю.

wore *See* **wear.**

work рабо́тать. They work forty hours a week at the mill. На э́том заво́де рабо́тают со́рок часо́в в неде́лю. • рабо́та. What kind of work do you do? В чём состои́т ва́ша рабо́та? — He has been out of work since the factory closed. С тех пор, как фа́брика закры́лась, он без рабо́ты. • уси́лие. It took a lot of work to convince him that we were right. Нам сто́ило ма́ссу уси́лий убеди́ть его́, что мы пра́вы. • произведе́ние. All of his works are very popular. Все его́ произведе́ния по́льзуются больши́м успе́хом. — That's a real work of art. Это настоя́щее произведе́ние иску́сства. • де́йствовать. The elevator isn't working. Лифт не де́йствует. • обраща́ться. Do you know how to work an adding machine? Вы уме́ете обраща́ться со счётной маши́ной? • довести́. She worked herself into an hysterical mood. Она́ довела́ себя́ до истери́ческого состоя́ния. • меси́ть. Work the dough thoroughly with your hands. Меси́те те́сто как сле́дует.

☐ **to be at work** чини́ть (to fix). The mechanic is at work on your car now. Меха́ник как раз чи́нит ва́шу маши́ну.

to work at рабо́тать над. He really worked hard at the portrait. Он, действи́тельно, мно́го рабо́тал над э́тим портре́том.

to work into включи́ть. Can you work this quotation into your speech? Вы мо́жете включи́ть э́ту цита́ту в ва́шу речь?

to work on (**upon**) обраба́тывать. We are working on him to give us an extra day off. Мы его́ обраба́тываем, чтоб он дал нам ли́шний выходно́й день.

to work one's way пробива́ться. We worked our way

through the crowd. Мы с трудо́м пробива́лись че́рез толпу́.

to work out вы́работать. We worked out the plan for our trip. Мы уже́ вы́работали план на́шей пое́здки.

to work over би́ться над. I worked over him for an hour before I could revive him. Я би́лся над ним це́лый час, пока́ привёл его́ в чу́вство. • переде́лывать. I worked over this letter half a dozen times before I sent it. Я переде́лывал э́то письмо́ мно́го раз, пре́жде чем отпра́вил его́.

to work up an appetite нагуля́ть себе́ аппети́т. I worked up an appetite playing tennis all morning. Я всё у́тро игра́л в те́ннис и нагуля́л себе́ аппети́т.

☐ He's doing government work. Он рабо́тает в прави́тельственном учрежде́нии. • That bridge is a nice piece of work. Э́тот мост о́чень хорошо́ постро́ен. • He works his employees very hard. Он заставля́ет свои́х слу́жащих тяжело́ рабо́тать. • She's working herself to death. Она́ убива́ет себя́ рабо́той. • We tried to use the plan, but it didn't work. Мы про́бовали примени́ть э́тот план, но из э́того ничего́ не вы́шло. • They finally worked the piano into the room. Им удало́сь, наконе́ц, втащи́ть роя́ль в ко́мнату. • We almost had an accident when the steering wheel worked loose. С на́ми чуть не произошла́ катастро́фа из-за того́, что руль развинти́лся. • He worked his way through college. Когда́ он учи́лся в ву́зе, ему́ приходи́лось зараба́тывать на жизнь. • It took us a long time to work out a solution to the problem. Разреше́ние э́того вопро́са потре́бовало мно́го вре́мени. • How do you think this plan would work out? Как вы ду́маете, что вы́йдет из э́того пла́на?

worker рабо́чий. Most of the workers live near by. Большинство́ зде́шних рабо́чих живёт поблизости.

workman рабо́чий. How many workmen will you need to finish the job? Ско́лько вам ну́жно рабо́чих, что́бы зако́нчить э́ту рабо́ту?

works заво́д. Many people were injured in the explosion at the gas works. При взры́ве на га́зовом заво́де бы́ло мно́го пострада́вших. • механи́зм. The works of this watch are from Switzerland. У э́тих часо́в механи́зм швейца́рского произво́дства.

☐ We told the barber to give him the works. Мы сказа́ли парикма́херу, чтоб он заня́лся им как сле́дует.

workshop n мастерска́я.

world свет. He's traveled all over the world. Он объе́хал весь свет. — There's nothing in the world he wouldn't do for her. Нет ничего́ на све́те, чего́ бы он для неё не сде́лал. • челове́чество. The whole world will benefit by this new discovery. Э́то но́вое откры́тие принесёт по́льзу всему́ челове́честву. • мир. He lives in a narrow world of his own. Он живёт в своём ма́леньком мирке́.

☐ **for the world** низачто́. I wouldn't go there for the world. Я низачто́ не пойду́ туда́.

on top of the world на седьмо́м не́бе (in seventh heaven). He's on top of the world because of his success. Он на седьмо́м не́бе от свое́й уда́чи.

to think the world of быть о́чень высо́кого мне́ния. My father thinks the world of you. Мой оте́ц о вас о́чень высо́кого мне́ния.

☐ Where in the world have you been? Где э́то вы пропада́ли?

worm червь. Do you use worms for bait? Вы употребля́ете

черве́й для прима́нки? • доби́ться. They wormed a confession out of him. Они́ доби́лись от него́ призна́ния. • подле́ц. Only a worm would do something like that to his wife. То́лько подле́ц спосо́бен так поступа́ть со свое́й жено́й.

☐ **to worm one's way** проти́снуться. We wormed our way through the crowd. Мы проти́снулись сквозь толпу́.

worn (*See also* **wear**) потрёпанный. Your overcoat looks worn. Ва́ше пальто́ име́ет потрёпанный вид. • изможждённый. Her face is tired and worn. У неё уста́лое изможждённое лицо́.

worry беспоко́ить. His health worries me a lot. Его́ здоро́вье меня́ о́чень беспоко́ит. • беспоко́иться. We were worried when you didn't get here on time. Мы о́чень беспоко́ились оттого́, что вы не пришли́ во́-время. • забо́та. His biggest worry is his wife's health. Его́ гла́вная забо́та — здоро́вье его́ жены́. — They worry a lot about their children. У них ма́сса забо́т с детьми́.

worse (*See also* **bad**) ху́же. This morning the patient felt worse than he did last night. Сего́дня у́тром больно́й чу́вствовал себя́ ху́же, чем вчера́ ве́чером. — The road got worse as we went along. По ме́ре того́, как мы подвига́лись, доро́га станови́лась всё ху́же.

☐ **to get worse** ухудша́ться. Her condition got worse and worse. Её состоя́ние всё ухудша́лось.

☐ They don't seem any the worse for getting caught in the thunderstorm. Они́ попа́ли в грозу́, но верну́лись как ни в чём не быва́ло.

worship моли́ться. Each one worships God according to his own faith. Вся́кий мо́лится бо́гу по-сво́ему. • боготвори́ть. He worships his mother. Он боготвори́т свою́ мать.

☐ **hero worship** поклоне́ние геро́ям. Our boys don't go in for hero worship. На́ши ребя́та про́тив поклоне́ния геро́ям.

☐ He worships the very ground she walks on. Он гото́в целова́ть зе́млю, по кото́рой она́ хо́дит.

worst (*See also* **bad**) ху́же всего́. The worst of it is, they aren't insured. Ху́же всего́, что они́ не застрахо́ваны. • тяжеле́е всего́ (hardest of all). He felt worst about leaving his children. Тяжеле́е всего́ ему́ бы́ло расста́ться с детьми́. • са́мое ху́дшее. But wait—I haven't told you the worst. Подожди́те, са́мого ху́дшего я вам ещё не сказа́л.

☐ **at worst** в ху́дшем слу́чае. At worst, the storm may last a week. В ху́дшем слу́чае, бу́ря мо́жет продолжа́ться неде́лю.

if worst comes to worst в ху́дшем слу́чае. If worst comes to worst, we can always go away. В ху́дшем слу́чае, мы всегда́ смо́жем уе́хать.

☐ He always thinks the worst of everybody. Он всегда́ ду́мает о лю́дях са́мое плохо́е.

worth сто́ить. That horse is worth five hundred rubles. Э́та ло́шадь сто́ит пятьсо́т рубле́й. • заслу́га. He was never aware of his secretary's worth. Он никогда́ не цени́л свое́й секрета́рши по заслу́гам.

☐ Give me fifty kopecks' worth of candy. Да́йте мне на пятьдеся́т копе́ек конфе́т. • He's worth a cool half a million. У него́ есть ве́рных полмиллио́на! • He hung on the rope for all he was worth. Он изо всех сил держа́лся за кана́т. • He was running for all he was worth. *Он бежа́л, слома́ го́лову.

worthless ничего́ не сто́ит. This painting is a fraud. It's worthless. Эта картина — подделка; она ничего не стоит. • ненужный. This machine is worthless to us. Эта машина нам ненужна. • никудышный. He'll never amount to much. He's a worthless boy. Из него ничего не выйдет, он мальчишка никудышный.

worthy достойный. I don't feel I'm worthy of such an honor. Я, право, не достоин такой чести. • стоить. This plan isn't worthy of further consideration. Этот план не стоит дальнейшего рассмотрения.

would

☐ They hoped their wishes would come true. Они надеялись, что их желания осуществятся. • I thought that would happen. Я так и знал, что это случится! • He would have you consider him a friend. Он хотел бы, чтоб вы считали его своим другом. • She just wouldn't listen to me. Она меня не послушалась. • He would study for hours without stopping. Он занимался часами, не отрываясь. • Do you think this bridge would carry a two-ton truck? Вы думаете, что этот мост выдержит грузовик тяжестью в две тонны? • I wouldn't do that if I were you. На вашем месте я бы этого не делал. • He said he would go if I would. Он сказал, что пойдёт, если я пойду. • He wouldn't take the job for any amount of money. Он не возьмёт этой работы ни за какие деньги. • What would you like to drink? Чего вам дать выпить?

wound (as in *mooned*) рана. It will be a couple of months before the wound in his leg is healed. Пройдёт несколько месяцев, пока его рана заживёт. • ранить. Several men were wounded in the explosion. Во время взрыва было ранено несколько человек. • задеть. She was wounded by his indifference. Его равнодушие её сильно задело.

wound (as in *crowned*) See **wind** (as in *lined*).

wove See **weave**.

woven See **weave**.

wrap \накидка. She just bought a new evening wrap. Она только что купила новую вечернюю накидку. • завернуть. Will you wrap this package as a gift, please? Пожалуйста, заверните этот пакет получше, это подарок.

☐ **to be wrapped up in** уйти с головой. He's all wrapped up in his work and doesn't have time for other things. Он с головой ушёл в работу, у него ни на что другое времени нехватает.

wreath *n* венок.

wreck крушение. The wreck tied up traffic on the railroad for six hours. Из-за крушения железнодорожное движение было приостановлено на шесть часов. • вверх дном. The house was a wreck after the party. В доме всё было вверх дном после вечеринки. • разбить. The automobiles were completely wrecked in the collision. Автомобили были совершенно разбиты при столкновении.

☐ Enemy agents wrecked the munitions train. Неприятельские агенты устроили крушение поезда с боеприпасами.

wretched отвратительный. She felt wretched after her illness. После болезни она чувствовала себя отвратительно.

wrist *n* запястье.

write (wrote, written) писать. Our children already know how to read and write. Наши дети уже умеют читать и писать. —This pen doesn't write well. Это перо плохо пишет. —He promised to write once a week. Он обещал писать раз в неделю. • написать. Write your name at the bottom of the page. Напишите ваше имя внизу страницы. — He wrote a book about his experiences in the Army. Он написал книгу о своих переживаниях на военной службе. — Have you written your family yet? Вы уже написали домой?

☐ **to write down** записать. Write down his address. Запишите его адрес.

to write in вписать. My candidate was not on the ballot, so I had to write in his name. Имени моего кандидата не было в избирательном списке и мне пришлось вписать его самому.

to write off списать. When the company failed, we had to write off their debts. После того, как эта фирма обанкротилась, всю её задолженность пришлось списать в убыток.

to write out выписать. Please write that check out for me before I go. Пожалуйста, выпишите для меня чек до моего ухода.

to write up написать. He wrote up an account of the fire for the local paper. Он написал отчёт о пожаре в местную газету.

☐ When she got through college, she planned to write for a career. По окончании вуза, она собиралась заняться литературным трудом.

writer писатель. I didn't know he was a writer. Я не знал, что он писатель. • автор. The writer of the article was accused of misrepresenting the facts. Автора статьи обвинили в искажении фактов. • писательница. She's a well-known writer of children's stories. Она известная детская писательница.

writing писчий. Where can I buy writing paper? Где мне купить писчей бумаги?

☐ Can you read the writing on the board? Вы можете прочесть, что написано на доске? • Writing is my profession. Литература — моя профессия.

written See **write**.

wrong не тот. I got lost in the woods because I took the wrong path. Я пошёл не по той тропинке и заблудился в лесу. — Did I say the wrong thing? Я не то сказал? • неправильный. That translation is wrong. Это неправильный перевод. • обидеть. She feels that she has been wronged. Она считает, что её обидели.

☐ **to go wrong** испортиться. Something went wrong with the plane, and the pilot decided to land. В самолёте что-то испортилось, и пилот решил приземлиться.

☐ Something is wrong with the telephone. С телефоном что-то неладно. *or* Этот телефон не в порядке. • He admitted he was in the wrong, and paid the fine. Он признал свою вину и заплатил штраф. • I added these figures wrong. Я ошибся в счёте.

wrote See **write**.

wrought чеканный. We gave them a wrought silver teapot for a wedding present. Мы им подарили на свадьбу серебряный чайник чеканной работы. •

Y

yard ярд. In America cloth is usually sold by the yard. В Аме́рике мате́рия обы́чно продаётся на я́рды. • двор. Does this place have a yard for the children to play in? Есть при до́ме двор, где де́ти могли́ бы игра́ть?

☐ **lumber yard** лесно́й склад. You can get that down at the lumber yard. Вы мо́жете получи́ть э́то на лесно́м скла́де.

railroad yard железнодоро́жный парк. The extra coaches are in the railroad yard. Запасны́е ваго́ны стоя́т в железнодоро́жном па́рке.

year год. I hope to be back next year. Я наде́юсь, что бу́ду здесь опя́ть в бу́дущем году́. — What was the year of your birth? В како́м году́ вы родили́сь? — He's thirty years old. Ему́ три́дцать лет. — How long is the school year here? Ско́лько вре́мени здесь продолжа́ется уче́бный год?

☐ **year in, year out** мно́го лет подря́д. He's been at this job year in, year out. Он тут рабо́тает уже́ мно́го лет подря́д.

years го́ды. It will take years to finish this work. Для оконча́ния э́той рабо́ты пона́добятся го́ды.

☐ She's beginning to show her years. Го́ды начина́ют на ней ска́зываться. • I haven't played tennis for years. Я уже́ мно́го лет не игра́л в те́ннис.

yell крик (a yell). We heard someone yelling for help. Мы услы́шали отча́янный крик о по́мощи. • вопль. Do you hear that yell? Вы слы́шите э́тот вопль?

yellow жёлтый. She was wearing a bright yellow dress. На ней бы́ло я́рко-жёлтое пла́тье. • пожелте́ть. These sheets had all yellowed with age. Э́ти про́стыни совсе́м пожелте́ли от вре́мени. • желто́к (yolk). Separate the yellow from the white. Отдели́те желто́к от белка́. • труси́шка. He's yellow. Он труси́шка. • бульва́рный. He used to write for a yellow journal. Он писа́л в како́м-то бульва́рном листке́.

☐ **to turn yellow** стру́сить. He turned yellow and ran away. Он стру́сил и удра́л.

yes да. Yes, I'll be glad to go. Да, я пойду́ с удово́льствием. • подда́кивать. I'm disgusted with the way he always yesses his brother. Мне проти́вна его́ мане́ра ве́чно подда́кивать бра́ту.

yesterday вчера́. I just arrived yesterday. Я прие́хал то́лько вчера́.

yet ещё. He hasn't come in yet. Он ещё не пришёл. — The wind was strong yesterday, but today it's stronger yet.

Вчера́ уже́ был си́льный ве́тер, но сего́дня ещё куда́ сильне́е. • ещё. I'll get him yet. Я до него́ ещё (когда́-нибудь) доберу́сь.

yield дава́ть. This mine yields more ore than any other in the state. Э́тот рудни́к даёт бо́льше руды́, чем все други́е в э́том шта́те. • урожа́й. If we have enough rain, we ought to have a good yield of potatoes this year. Е́сли бу́дет доста́точно дожде́й, у нас бу́дет хоро́ший урожа́й карто́феля. • сда́ться. The enemy finally yielded to our soldiers. Неприя́тель в конце́ концо́в сда́лся на́шим бойца́м.

yonder вот там. He lives over yonder near the station. Он живёт вот там о́коло вокза́ла.

you вы. What do you want? Что вы хоти́те? — This is for you. Э́то для вас.

☐ All you people with tickets, this way! Все у кого́ есть биле́ты, проходи́те сюда́! • To get there, you take a bus. Туда́ на́до е́хать на авто́бусе. • It makes you sick to hear about it. Пря́мо то́шно слу́шать об э́том!

young молодо́й. He's still a young man. Он ещё молодо́й челове́к. — She is very young for her age. Она́ вы́глядит гора́здо моло́же свои́х лет.

☐ **younger days** мо́лодость (youth). I never worked so hard in my younger days. В мо́лодости я никогда́ так тяжело́ не рабо́тал.

☐ The night's still young. Ночь то́лько начала́сь.

your (yours) ваш. — So this is your wonderful teacher! Так э́то и есть ваш замеча́тельный учи́тель! — This hat is yours. Э́то ва́ша шля́па. — He signed the letter "Yours truly." Он подписа́л письмо́: "И́скренне ваш".

☐ All of you, save your ticket stubs! Про́сят всех сохрани́ть корешки́ биле́тов!

yours See **your.**

yourself (вы) са́ми. You yourself must decide. Вы должны́ са́ми реши́ть.

☐ Help yourself. Пожа́луйста, возьми́те. • Watch yourself when you cross the street. Бу́дьте осторо́жны при перее́зде че́рез у́лицу. • Keep this to yourself. Держи́те э́то про себя́.

youth ю́ношеский. He has all the enthusiasm of youth. Он по́лон ю́ношеского пы́ла. • мо́лодёжь. They joined a local youth group. Они́ вступи́ли в ме́стный кружо́к молодёжи.

Z

zero *n* ноль, нуль.
zone *n* зо́на.

zoo *n* зоологи́ческий сад.

PART II
Russian-English

GRAMMATICAL INTRODUCTION

CONTENTS

ABBREVIATIONS USED IN PART II

1, 2, 3	first, second, third person		*ip*	instrumental plural
a	accusative		*is*	instrumental singular
adv	adverb		*iter*	iterative
AF	adjective in feminine form		*l*	locative
AM	adjective in masculine form		*lp*	locative plural
AN	adjective in neuter form		*ls*	locative singular
AP	adjective in plural form		*M*	masculine
ap	accusative plural		*N*	neuter
as	accusative singular		*n*	nominative
cp	comparative		*np*	nominative plural
d	dative		*ns*	nominative singular
dls	dative and locative singular		*P*	plural
dp	dative plural		*p*	past
ds	dative singular		*pap*	past active participle
dur	durative		*pct*	punctual
F	feminine		*pger*	past gerund
g	genitive		*pr*	present
gdls	genitive, dative, locative singular		*prap*	present active participle
gp	genitive plural		*prger*	present gerund
gr	grammatical		*prpp*	present passive participle
gs	genitive singular		*ppp*	past passive participle
i	instrumental		*refl*	reflexive
imv	imperative		*S*	singular
indecl	indeclinable		*sh*	short adjective form
inf	infinitive			

§1. SOUNDS

In indicating pronunciation and in explaining grammatical forms we shall use a modified English alphabet. Everything that is printed in this alphabet is inclosed in square brackets.

We can here give only a very rough description of the sounds of Russian.

Hard and Soft Consonants. Most Russian consonants occur in two varieties: *hard* (or *plain*) and *soft* (or *palatalized*).

In producing a hard consonant the Russian speaker lowers the middle or back of his tongue and slightly thrusts out his lips. This gives the consonant a dull sound; to the English

215

speaker's ear the Russian hard consonant often sounds as if it had a short glide like a *w* after it. Thus, a word like [škóla] шко́ла "school" sounds almost as if it were [škwóla], and a word like [mi] мы "we" sounds as if it were [mwi].

In producing a soft consonant the Russian speaker presses the middle or forward part of his tongue up against the roof of the mouth, much as we do at the beginning of a word like *year*. This gives the consonant a high-pitched sound; to our ear the Russian soft consonants seem to be followed by a short glide like a *y*. We mark the soft consonants in our modified alphabet by writing the sign [j] after them: [bjitj] бить "to beat." The *y*-like glide sound after a soft consonant is shorter than a full [y]; for instance, [sjestj] сесть "to sit down" begins with soft [sj], but [syestj] съесть "to eat up" begins with hard [s] followed by [y].

As to the occurrence of the hard and soft varieties, Russian consonants fall into four sets:

1. The consonants [b, d, f, l, m, n, p, r, s, t, v, z] occur hard or soft, regardless of what sounds may follow.

[b] б, like English *b* in *bat*: [bába] ба́ба "country woman"; [bjélᵃy] бе́лый "white."

[d] д, like English *d* in *den*, but the tip of the tongue touches the upper front teeth: [da] да "yes"; [djádja] дя́дя "uncle."

[f] ф, like English *f* in *fan*: [fakt] факт "fact"; [fjíga] фи́га "fig."

[l] л, like English *l* in *wool*, but with the back of the tongue lowered, so as to give a hollow sound: [lápa] ла́па "paw"; in the soft [lj], on the other hand, the middle part of the tongue is pressed up against the palate, giving an even higher-pitched sound than the *l* of English *least*: [ljist] лист "leaf."

[m] м, like English *m* in *man*: [máma] ма́ма "mama"; [mjot] мёд "honey."

[n] н, like English *n* in *net*, but the tip of the tongue touches the upper front teeth: [nos] нос "nose": soft [nj] sounds much like English *ni* in *onion*, only the *y*-glide is weaker: [njánja] ня́ня "nurse." Russian [n] never has the sound that we have in *sing, finger, sink*: in a word like [bank] банк "bank" the Russian [n] is made with the tip of the tongue touching the upper front teeth.

[p] п, like English *p* in *pen*, but without any puff of breath after it: [pápa] па́па "papa"; [pjatj] пять "five."

[r] р, the tip of the tongue vibrates against the upper gums, as in a telephone operator's pronunciation of *thr-r-ree*: [rak] рак "crab"; [rjat] ряд "row."

[s] с, like English *s* in *see*: [sat] сад "garden"; [sjéna] се́но "hay."

[t] т, like English *t* in *ten*, but the tip of the tongue touches the upper front teeth, and there is no puff of breath after the consonant: [tam] там "there"; [tjótja] тётя "aunt."

[v] в, like English *v* in *van*: [váta] ва́та "cotton batting"; [vjas] вяз "elm."

[z] з, like English *z* in *zero*: [zup] зуб "tooth"; [zjatj] зять "son-in-law."

2. The consonants [g(h), k, x] are always soft before the vowels [e, i] and always hard in all other positions. (There are a very few exceptions: [tkjot] ткёт "he weaves"; [kep] кэб "cab".)

[g] г, like English *g* in *go, get, give*: [nagá] нога́ "foot"; [nógji] но́ги "feet."

[h] г, like English *h* in *ahead*, but voiced (that is, with more of a buzzing sound). This is in Russian merely a variety of

[g]; most speakers use it only in a very few words or phrases: [sláva bóhu, sláva bógu] сла́ва Бо́гу "thank the Lord."

[k] к, like English *c* in *cut* and *k* in *kit*, but with no puff of breath after it: [ruká] рука́ "hand"; [rúkji] ру́ки "hands."

[x] х, a breathy *h*-like sound, made by raising the back of the tongue up against the soft part of the palate (like German *ch* in *ach*, but weaker): [múxa] му́ха "fly"; [múxji] му́хи "flies."

3. The consonants [c (dz), š, ž] occur only hard; they have no soft varieties.

[c] ц, like English *ts* in *hats, tsetse-fly*: [carj] царь "tsar."

[dz] ц, like English *dz* in *adze*, occurs only in rapid speech for [c]; see §3.

[š] ш, like English *sh* in *shall*: [šína] ши́на "tire."

[ž] ж, like English *z* in *azure*: [žába] жа́ба "toad."

4. The consonants [č (j), šč, y, žj] occur only soft; they have no hard varieties.

[č] ч, like English *ch* in *church*: [čas] час "hour."

[j] ч, like English *j* in *judge*, occurs only in rapid speech for [č]; see §3.

[šč] щ, is a long soft *sh*-sound: [pjíšča] пи́ща "food."

[y] й, like English *y* in *yes*: [čay] чай "tea."

[žj] зж, жж is a long soft [ž] sound: [yéžju] е́зжу "I ride."

Clusters. Russian has many *clusters*, which are unbroken sequences of consonants, as in [fstatj] встать "to get up." When the last consonant of a cluster is soft, the preceding ones fluctuate between hard and soft; in general [d, n, r, s, t, z] are most likely to be made soft before a soft consonant: [svjet] свет "light," [dnji] дни "days." Only [l] and [lj] are fully distinct before a soft consonant: [mólnj¹ya] мо́лния "lightning" has hard [l], but [spálnja] спа́льня "bedroom" has soft [lj]. Before a hard consonant the distinction of hard and soft consonants is maintained: [bánka] ба́нка "can, container" has hard [n], but [vánjka] Ва́нька "Johnnie" has soft [nj].

Long Consonants. In English we have long consonants only in phrases and compounds, such as *ten nights, pen-knife*; in Russian there are long consonants in all kinds of positions: [vánna] ва́нна "bathtub," [žžeč] сжечь "to burn up," [sílka] ссы́лка "exile," [s sóljyu] с со́лью "with salt." Note that the consonants [šč, žj] are always long.

Vowels. In Russian, as in English, a word of two or more syllables has one syllable *stressed* (or *accented*) — that is, spoken louder than the rest. In our modified alphabet we put an accent mark over the vowel of the stressed syllable: [múka] му́ка "torment," [muká] мука́ "flour." In Russian, as in English, the vowels of unstressed syllables are slurred and weakened; we shall describe these weakened vowels in §3. Section 4.

Russian vowels, when stressed, before a single consonant that is followed by another vowel are about as long as the vowel of an English word like *bad*: [bába] ба́ба "country woman." Before a final consonant or a cluster they are somewhat shorter: [dal] дал "he gave," [bánka] ба́нка "can." At the end of a word they are quite short, like the vowel of English *bit*: [da] да "yes." Unstressed vowels are still shorter; see §3. Each Russian vowel differs greatly in sound according to the hard or soft sound of the preceding and following consonants. After a hard consonant there is an on-glide like a *w*, and before a hard consonant there is a *w*-like off-glide; after a soft consonant there is a *y*-like on-glide, and before a soft consonant a *y*-like off-glide. Between hard consonants a vowel is made with the tongue drawn back; between soft consonants it is made with the tongue pushed forward. See especially under [e] and [i], below.

There are five vowels: [a, e, i, o, u].

[a] a, я, like English *a* in *father*, but shorter: [kak] как "how"; [dalj] даль "distance," with a *y*-like off-glide before the [lj]; [pjatj] пять "five," tongue drawn forward between the soft consonants; almost like English *a* in *pat*.

[e] э, e, like English *e* in *bet*: [éta] э́то "this." Before soft consonants the tongue is drawn forward and the vowel is almost like English *ai* in *bait*: [yestj] есть "to eat."

[i] ы, и, like English *i* in *will*. After a hard consonant the tongue is drawn back (almost as if one were gagging), so as to produce a dull, hollow sound: [sin] сын "son," [bil] был "he was." At the beginning of a word and after soft consonants the front of the tongue is raised, giving a sharp high-pitched sound, almost like English *ee* in *beet*, but shorter: [íva] и́ва "willow," [pjitj] пить "to drink."

[o] o, e, like the vowel of English *board*, but shorter: [dom] дом "house"; [solj] соль "salt," with a *y*-like off-glide before the [lj]; [tjótja] тётя "aunt," with the tongue drawn forward between the two soft consonants; almost like French *eu* in *peur*.

[u] y, ю, like the vowel of English *put*, *foot*, but with the lips slightly thrust out, so that the sound, though short, resembles the vowel of English *goose*, *soup*: [sup] суп "soup"; [rulj] руль "steering wheel," with a *y*-like off-glide before the [lj].

The variations in the Russian vowel sounds take place in ordinary rapid speech in accordance with consonants in preceding and following words. Thus, [idjót] идёт "he goes" has the sharp initial sound of [i], but in [on idjót] он идёт "he goes" or in [brat idjót] брат идёт "the brother goes," the [i] has its dull sound after the hard consonant. In [fsje] все "all" the [e] is like the vowel of English *bet*, but in [fsje dnji] все дни "all days" the [e] has its fronted sound, resembling the vowel of English *made*, before the soft cluster [dnj].

§2. RUSSIAN WRITING

Russian writing and printing, like English, fails to show the place of the stress. In books like the present one, which are intended for non-Russian students, the stress is indicated by an accent mark, and by two dots over the letter e when it has the value of accented [ó]: му́ка [múka] "torment," мука́ [muká] "flour," ковёр [kavjór] "rug." Two such marks on one word mean that this word is spoken in two ways, with one or the other stress: броня́ "armor" means that they say either [brónja] or [branjá].

The Russian alphabet, with the most usual values of the letters, is as follows:

Capital	Small	Value	Name of Letter
А	а	[a]	[a]
Б	б	[b]	[be]
В	в	[v]	[ve]
Г	г	[g]	[gje]
Д	д	[d]	[de]
Е	e	[e, o]	[ye]
Ж	ж	[ž]	[že]
З	з	[z]	[ze]
И	и	[i]	[i]
Й	й	[y]	[í krátk ªya]
К	к	[k]	[ka]
Л	л	[l]	[elj]
М	м	[m]	[em]
Н	н	[n]	[en]
О	о	[o]	[o]
П	п	[p]	[pe]
Р	р	[r]	[er]
С	с	[s]	[es]
Т	т	[t]	[te]
У	у	[u]	[u]
Ф	ф	[f]	[ef]
Х	х	[x]	[xa]
Ц	ц	[c]	[ce]
Ч	ч	[č]	[če]
Ш	ш	[š]	[ša]
Щ	щ	[šč]	[šča]
Ъ	ъ	[y]	[tvjórdªy znák]
Ы	ы	[i]	[yirí]
Ь	ь	[y]	[mjáxkªy znák]

Capital	Small	Value	Name of Letter
Э	э	[e]	[é abarótnªya]
Ю	ю	[u]	[yu]
Я	я	[a]	[ya]

Vowel Letters. The Russian alphabet has two signs for each vowel sound:

sound:	[a,	e,	i,	o,	u]
letter (1)	а	э	и	о	у
letter (2)	я	е	и	ё	ю

In general, the letters in row (1) simply represent the vowel sound: ад [at] "hell," ба́ба [bába] "country woman." The letters in row (2) represent the vowel sound and in addition indicate that a preceding consonant has the soft sound: ня́ня [njánja] "nurse"; at the beginning of a word or after another vowel letter or after the letters ъ and ь, they indicate that the vowel is preceded by [y]: яд [yat] "poison," шея [šéya] "neck," объя́ть [abyátj] "to embrace," семья́ [sjimjyá] "family." There are various special cases and exceptions, mentioned in the following paragraphs.

At the beginning of a word, the vowel sounds are written а, э, и, о, у: ад [at] "hell," э́то [éta] "this," и́мя [ímja] "name," он [on] "he," ум [um] "intelligence." Note that here и (and not ы) is used; this accords with the fact that at the beginning of a word [i] has its sharp sound, much as after a soft consonant.

Hard and Soft Consonant Spellings. The Russian alphabet has no special signs for the soft consonants other than [č, šč, y] ч, щ, й, which are always soft. There is no letter for the consonant [žj], long soft [ž]; it is written зж or жж: е́зжу [yéžju] "I ride," жжёт [žjot] "he burns."

When a soft consonant comes before a vowel, the vowel letters я, е, и, ё, ю are used to show that the consonant is soft:

ба́ба [bába] "country woman": дя́дя [djádja] "uncle"

сэт [set] "set (of tennis)": вес [vjes] "weight"

сын [sin] "son": винт [vjint] "screw"

дом [dom] "house": лёд [ljot] "ice"

муж [muš] "husband": люблю́ [ljubljú] "I love"

But after some consonant letters a different choice is made. After the letters ж (including зж, жж), ч, ш, щ the vowels are written а, е, и, о, у:

час [čas] "hour," шар [šar] "sphere"

честь [čestj] "honor," шесть [šestj] "six"
щи [šči] "cabbage soup," шина [šina] "tire"
чорт [čort] "devil," дружо́к [družók] "little friend"
хочу́ [xačú] "I want," шум [šum] "noise"

In many words, however, e (which we distinguish as ë) is written for [o] after these consonants: жёны [žóni] "wives," чёрный [čórnªy] "black," шёл [šól] "he went," щёки [ščókji] "cheeks."

After the letter ц they write a, e, ы, o, у: царь [carj] "tsar," це́ны [céni] "prices," отцы́ [atcí] "fathers," кольцо́ [kaljcó] "ring," отцу́ [atcú] "to the father." But in some foreign words they write и: цирк [cirk] "circus."

When a soft consonant is not before a vowel, the letter ь, called мя́гкий знак [mjáxkªy znak] "soft sign," is placed after it: дать [datj] "to give," свадьба [svádjba] "wedding." However, ь is not used after й: чай [čay] "tea," ча́йник [čáynjik] "teapot."

After the letters ч, щ (which represent consonants that are always soft) the ь is written in some words, but not in others: мяч [mjač] "ball," плащ [plašč] "man's cape," but мочь [moč] "to be able" вещь [vješč] "thing."

The letters ж, ш, which represent consonants that are always hard (except for зж, жж [žj]), are nevertheless written in some words with ь after them: нож [noš] "knife," душ [duš] "shower bath," but рожь [roš] "rye," вошь [voš] "louse."

Spellings for [y]. The consonant [y] is indicated in writing as follows:

After a vowel when no vowel follows, [y] is represented by the letter й: чай [čay] "tea," га́йка [gáyka] "screw-nut."

After a vowel when another vowel follows, [y] is indicated by the use of the letters я, e, и, ё, ю for the second vowel: ше́я [šéya] "neck," бое́ц [bayéc] "warrior," стои́т [stayít] "he stands," поёт [payót] "he sings," стою́ [stayú] "I stand."

At the beginning of a word, [y] occurs only before vowels and is indicated by the use of the letters я, e, и, ё, ю for the vowel:

я [ya] "I," ест [yest] "he eats," им [yim] "to them," ёлка [yólka] "Christmas tree," юг [yuk] "the south." Thus the letter и at the beginning of a word is used for both [i] and [yi], but this latter occurs only in a few pronoun forms; see §18.

After consonants, [y] occurs only when a vowel follows. After a soft consonant [y] s indicated by the letter ь and the use of я, e, и, ё, ю for the following vowel: семья́ [sjimjyá] "family," в семье́ [f sjimjyé] "in the family," се́мьи [sjémjyi] "families," пьёт [pjyot] "he drinks," пью [pjyu] "I drink." After the consonant letters ж, ш, the same spelling is used: ру́жья [rúžya] "guns," шьёт [šyot] "he sews," шью [šyu] "I sew." After hard consonants other than ж, ш, the [y] is indicated by the letter ъ, called твёрдый знак [tvjórdªy znak] "hard sign," and the use of я, e, (и), ё, ю for the following vowel: объя́ть [abyátj] "to embrace," объе́зд [abyést] "detour," объём [abyóm] "circumference."

Irregular Spelling. Some words are spelled in misleading ways. In such cases the dictionary indicates the pronunciation in square brackets: дождь [došč] "rain," коне́чно [-šn-] (that is, [kanjéšna]) "of course."

The following are the more important cases of irregular spelling:

The adjective and pronoun ending [-ovo] is spelled with г (instead of в): ничего́ [nyⁱ čivó] "nothing."

The adjective ending [-oy] when unstressed is spelled with ы, и (instead of o): плохо́й [plaxóy] "bad," but ста́рый (stárªy) "old," дикий [djíkªy] "wild."

In some verbs the ending for "they" is usually pronounced [-ut] when unstressed, but it is spelled -ят, -ат: ви́дят [vjídj ᵘt] "they see," слы́шат [slíš ᵘt] "they hear."

In some foreign words e is written for э: тунне́ль [tunélj] "tunnel."

Consonant letters are written double in many words where ordinarily only a single consonant is spoken, especially in foreign words: класс [klas] "class," суббо́та [subóta] "Saturday."

§3. ALTERNATION OF SOUNDS

In this Section we shall describe alternations of sounds that are not shown in the spelling; in §4 we shall describe those which appear also in the spelling of words:

Voiced and Unvoiced Mutes. Certain of the Russian consonants, which we call *mutes*, are classed in pairs. In each pair of mutes one is *voiced* and one is *unvoiced*:

Voiced	Unvoiced
b	p
bj	pj
d	t
dj	tj
dz	c
g	k
gj	kj
h	x
hj	xj
j	č
v	f
vj	fj
z	s
zj	sj
ž	š
žj	šč

The remaining consonants [l, m, n, r, y,] are *non-mutes*.

Final Mutes. At the end of a Russian word, aɜ it is spoken alone, only unvoiced mutes occur. When an unvoiced mute comes to be at the end of a word, it is unchanged: пило́ты [pjilóti] "pilots," пило́т [pjilót] "pilot"; мосты́ [mastí] "bridges," мост [most] "bridge"; ду́ши [dúši] "shower baths," душ [duš] "shower bath." But when a voiced mute comes to be at the end of a word, it is replaced by the corresponding unvoiced mute. This is not shown in the writing: де́ды [djédi] "grandfathers," дед [djet] "grandfather"; поезда́ [pªyizdá] "trains," по́езд [póyist] "train"; ножи́ [naží] "knives," нож [noš] "knife."

But when words belong closely together in a phrase, a final mute is replaced by the corresponding voiced mute, if the next word begins with a voiced mute other than [v]: брат [brat] "brother," брат ушёл [brat ušól] "the brother went away," брат моли́лся [brat maljílsa] "the brother prayed," брат пошёл [brat pašól] "the brother went there," but брат забы́л [brat zabíl] "the brother forgot." Similarly, дед [djet] "grandfather," дед ушёл [djet ušól] "the grandfather went away," but дед забы́л [djet zabíl] "the grandfather forgot"; бог [box] "God," but бог даст [boh dast] "the Lord will grant it." The sound [v] does not produce this effect: брат вошёл [brat vašól] "the brother came in," дед вошёл [djet vašól] "the grandfather came in." This is the only use of the sounds [dz, j]: отéц [atjéc] "father," отéц дýмал [atjédz dúmªl] "the father thought"; дочь [doč] "daughter," дочь забы́ла [doj zabíla] "the daughter forgot."

Clusters of Mutes. Within a word the same habit prevails, and is not shown in the spelling. Thus, beside проси́ть [prasjítj] "to request," there is прóсьба [prózjba] "a request." Similarly, the prefix от- [ot-] appears in отня́ть [atnjátj] "to take away," отбрóсить [adbrósjᵗtj] "to throw off," отда́ть [addátj] "to give back." Before [v] the unvoiced mute remains: отвéт [atvjét] "answer."

Within a word, a voiced mute is replaced by the corresponding unvoiced mute whenever any unvoiced mute immediately follows: трубá [trubá] "tube," but трýбка [trúpka] "pipe"; лóжечка [ložᶦčka] "little spoon," but лóжка [lóška] "spoon"; ля́гу [ljágu] "I shall lie down," but ля́гте [ljáktji] "lie down." This is not shown in the writing; only prefixes that end with з are written with с before unvoiced mutes: разби́ть [razbjítj] "to break," but раскры́ть [raskrítj] "to uncover," расстрóить [rasstróyᵗtj] "to disorder" (from стрóить [stróyᵗtj] "to build"). In some words [g] is replaced by {x] (instead of [k]) before an unvoiced mute: кóготь [kógªtj] "claw," кóгти [kóxtji] "claws"; лёгок [ljógªk] "he is light of weight," лёгкий [ljóxkªy] "light of weight."

Prepositions which end in a mute present a special case, because Russian prepositions are spoken as if they were part of the following word. A preposition which ends in an unvoiced mute follows the general rule: the mute is voiced before voiced mutes other than [v]: от отцá [at atcá] "from the father," от сы́на [at sína] "from the son," от врагá [at vragá] "from the enemy," but от брáта [ad bráta] "from the brother," от дóчери [ad dóčᶦrji] "from the daughter." But a preposition which ends in a voiced mute has an unvoiced mute only before unvoiced mutes and keeps the voiced mute before all other sounds: под столóм [p ªt stalóm] "under the table," but под окнóм [p ªd aknóm] "under the window," под ножóм [p ªd nažóm] "under the knife," под бумáгой [p ªd bumágªy] "under the paper"; similarly, в кóмнате [f kómn ªtji] "in the room," в гóроде [v gór ªdji] "in the city," в áрмии [v ármj ᶦyi] "in the army."

Changes of [s] and [z]. Within a word or when words come together in a phrase, the sounds [s, z] combine with following [č] into the long soft [šč] sound, but this is not shown in the writing: возби́ть [vazjítj] "to cart," but извóзчик [izvóščᶦk] "cabman," чёт [čót] "even number" with prefix с- gives счёт [ščót] "account, bill."

When [s, z] come before [š] they are replaced by [š]: шить [šitj] "to sew" with prefix с- gives сшить [ššitj] "to sew up"; из шёлку [iš šólku] "out of silk" has long [šš]. Before [ž] they are replaced by [ž]: жечь [žᵉč] "to burn" with prefix с- gives сжечь [žžeč] "to burn up"; из журнáла [iž žurnála] "out of a magazine" has lòng [žž].

Change of [č]. The sound [č] before [n] is often replaced by [š]: скучáть [skučátj] "to be bored," but скýчно [skúšna] "tiresome." In less common words the [č] is often kept. In the dictionary we indicate the change in the words where it is most commonly made: скýчно [-šn-].

Weakening of Vowels. In unstressed syllables, vowels are weakened, shortened, and slurred. In all unstressed syllables the distinction between [a] and [o] is lost. The weakening of unstressed vowels is not shown in the spelling, except for a few

instances. The chief exception is this: that the letter o, which is used, when accented, in some words after ж, ц, ч, ш, щ, is never used after these letters when it is unstressed; after these letters only e is written for the stressed varieties of [o]. Thus, the ending [-om] when unstressed is written with o in such forms as ножóм [nažóm] "with a knife," с отцóм [s atcóm] "with the father," but when unstressed it is written with e in such forms as массáжем [masáž ᵊm] "by massage," с пéрцем [s pjérc ᵊm] "with pepper." Except for this, and except for a few special cases, each vowel is written as if it were in a stressed syllable and had its full sound.

Unstressed vowels are weakened in four different positions:

1. At the beginning of a word, unstressed vowels are shortened, and [o] is replaced by short [a]: áдрес [ádrj ᶦs] "address": адресá [adrjisá] "addresses"

экспóрт [éksp ªrt] or [ekspórt] "export"

и́щет [íščᶦt] "he seeks": ищý [iščú] "I seek"

óтпуск [ótp ᵘsk] "leave": отпускáть [atpuskátj] "to grant leave"

ум [um] "intelligence": умéть [umjétj] "to know how"

2. At the end of a word, unstressed vowels are greatly weakened and shortened: [a] and [o] are alike, and [e] and [i] are alike.

After hard consonants, final unstressed [a, o] sound like the final vowel of English words like *sofa*; [e, i] have a short sound like the dull variety of Russian [i]:

ending [-a]: рукá [ruká] "hand," but си́ла [sjíla] "strength"

ending [-o]: селó [sjiló] "village" but слóво [slóva] "word"

ending [-je]: в душé [v dušé] "in the soul," but в дýше [v dúši] "in the shower bath"

ending [-i]: столы́ [stalí] "tables," but лáмпы [lámpi] "lamps"

ending [-u]: идý [idú] "I'm going," but éду [yédu] "I'm riding"

After soft consonants, unstressed [a, o] are fronted, resembling the Russian [e] vowel; [e, i] have a short sound like the sharp variety of [i]:

ending [-a]: семья́ [sjimjyá] "family," but ня́ня [njánja] "nurse"

ending [-o]: ружьё [ružyó] "gun," but пóле [pólja] "field"

ending [-e]: на столé [n ª staljé] "on the table," but на стýле [na stúlji] "on the chair"

ending [-i]: очки́ [ačkjí] "eyeglasses," but рýки [rúkji] "hands"

ending [-u]: даю́ [dayú] "I give," but знáю [znáyu] "I know"

After soft consonants (including ч, щ) and after ж, ц, ш, the letter e is used for final unstressed [o] and for final unstressed [e], although the two sound quite different: пóля [póljª] "field" (sounds exactly like пóля "of the field"), but в пóле [f pólji] "on the field"; сéрдце [sjérca] "heart" (exactly like sérdca "of the heart"), but в сéрдце [f sjérci] "in the heart." In such cases the grammar shows whether the ending is [o] or [e].

3. In the syllable immediately before the stressed syllable, vowels are somewhat shortened.

After hard consonants other than [š, ž], the vowels [a, o] coincide as a short [a] and the vowels [e, i] as a short dull [i]:

стрáны [stráni] "countries": странá [straná] "country"

но́ги [nógji] "feet": нога́ [nagá] "foot"

це́ны [céni] "prices": цена́ [ciná] "price"

был [bil] "he was": была́ [bilá] "she was"

ру́ки [rúkji] "hands": рука́ [ruká] "hand"

After [š, ž], all four of the vowels [a, o, e, i] coincide in a short dull [i] sound, with the lips slightly rounded:

шар [šar] "sphere": шары́ [širí] "spheres"

жёны [žóni] "wives": жена́ [žiná] "wife"

шесть [šestj] "six": шестна́дцать [šisnátcᵃtj] "sixteen"

жил [žil] "he lived": жила́ [žilá] "she lived"

шум [šum] "noise": шуме́ть [šumjétj] "to be noisy"

After soft consonants, [a, o, e, i] coincide in a short sharp [i] sound:

час [čas] "hour": часы́ [čisí] "clock"

сёла [sjóla] "villages": село́ [sjiló] "village"

све́чи [svjéči] "candles": свеча́ [svjičá] "candle"

винт [vjint] "screw": винты́ [vjintí] "screws"

лю́бит [ljúbjⁱt] "he loves": люблю́ [ljubljú] "I love"

4. In all other unstressed syllables (that is, after the stress when not final, and two or more syllables before the stress when not initial), the vowels are extremely short and weak; we write them with small raised letters [ᵃ, ⁱ, ᵘ].

After hard consonants other than [š,ž] the vowels [a, o] here coincide in a very short sound, somewhat like the English *u* in *circus*; [e, i] coincide in a very short dull [i]:

ending [-atj]: чита́ть [čitátj] "to read," but де́лать [djélᵃtj] "to do"

го́ловы [gólᵃvi] "heads": голова́ [gᵃlavá] "head"

це́лый [célᵃy] "whole": целико́м [cⁱljikóm] "entirely"

сын [sin] "son": сыновья́ [sⁱnavjyá] "sons"

ending [-ut]: иду́т [idút] "they are going," but е́дут [yédᵘt] "they are riding"

After [š, ž], the vowels [a, o, e, i] here coincide in a very weak dull [i] sound:

ending [-atj]: меша́ть [mjišátj] "to disturb," but слы́шать [slíšⁱtj] "to hear"

ending [-ot]: стрижёт [strjižót] "he shears," but мо́жет [móžⁱt] "he is able"

жечь [žeč] "to burn": вы́жечь [vížⁱč] "to burn out"

ending [-it]: страши́т [strašít] "he frightens," but слы́шит [slíšⁱt] "he hears"

шум [šum] "noise": шумово́й [šᵘmavóy] "noisy"

In this position, however, [a, o] at the beginning of case endings appear as a weak [ᵃ]: на кры́шах [na kríšᵃx] "on the roofs."

After soft consonants, [a, o, e, i] here coincide in a very short sharp [i]:

ending [-atj]: гуля́ть [guljátj] "to stroll," but чу́ять [čúyⁱtj] "to scent"

ending [-ot]: идёт [idjót] "he is going," but е́дет [yédjⁱt] "he is riding"

ending [-etj]: гляде́ть [gljidjétj] "to look," but ви́деть [vjídjⁱtj] "to see"

ending [-it]: гляди́т [gljidjít] "he looks," but ви́дит [vjídjⁱt] "he sees"

ending [-ut]: узнаю́т [uznayút] "they recognize," but узна́ют [uznáyᵘt] "they will recognize"

Weakening and Loss of [y]. Before [i] the sound [y], when not initial, is weak or drops out entirely: стои́т [stayít] "he stands," сто́ит [stóyⁱt] "it costs." We write it in our modified alphabet, since this simplifies our grammatical statements and causes no ambiguity.

§4. ALTERNATIONS OF SOUND AND SPELLING

In this Section we describe alternations of sound which are shown in Russian writing and accordingly bring it about that some forms of words are spelled in ways that differ from the related forms.

1. Change of [g, k, x]. Within a word, when the sounds [g, k, x] come to stand before the vowels [e, i], they are replaced by their soft varieties [gj, kj, xj]. The writing shows this by using the letters е, и for the vowels. Thus, with вор [vor] "thief," во́ры [vóri] "thieves" compare the following: знак [znak] "sign," зна́ки [znákji] "signs"; плуг [pluk] "plow," плуги́ [plugjí] "plows"; успе́х [uspjéx] "success," успе́хи [uspjéxji] "successes."

2. Insertion of Vowels. When the last consonant of a cluster is [c, g, k, l, lj, n, nj, r, rj, s, sj, y] and comes to stand at the end of a word or before the consonant of a suffix, a vowel is inserted. Thus we have коврѝ [kavrí] "rugs," with the ending [-i], but ковёр [kavjór] "rug," with no ending and an inserted vowel. The choice of the inserted vowel is made as follows:

If either of the two last consonants in the cluster is [g, k, x], the inserted vowel is [o]:

куски́ [kuskjí] "pieces": кусо́к [kusók] "piece"

ко́гти [kóxtji] "claws": ко́готь [kógᵃtj] "claw"

конькѝ [kanjkjí] "skates": конёк [kanjók] "skate"

Otherwise, if the last consonant is [c] or [y], the inserted vowel is [je]; the [j] means that the preceding consonant is made soft if possible:

отцы́ [atcí] "fathers": оте́ц [atjéc] "father"

пе́рцу [pjércu] "some pepper": пе́рец [pjérjⁱc] "pepper"

ручьи́ [ručyí] "brooks": руче́й [ručéy] "brook"

у́льи [úljyi] "beehives": у́лей [úljⁱy] "beehive"

In all other cases the inserted vowel is [jo]; that is, [o] with softening of the preceding consonant were possible:

котлы́ [katlí] "kettles": котёл [katjól] "kettle"

пе́пла [pjépla] "of ashes": пе́пел [pjépjⁱl] "ashes"

смешно́ [smjišnó] "it's funny": смешо́н [smjišón] "he's funny"

стра́шно [strášna] "it's terrible": стра́шен [stráš ⁱn] "he's terrible"

There are quite a few irregularities. Thus, beside во сне́ [va snjé] "in one's sleep," there is сон [son] "sleep," with [o] inserted instead of [jo]. Some words, like блеск [bljesk] "sheen," do not insert a vowel. These irregularities are shown in the dictionary.

Words ending in consonants other than those named do not insert vowels: мост [most] "bridge," чувств [čustf] "of feelings."

3. Spelling of Prefixes. When a prefix ending in a hard consonant combines with a form that begins with [i], this vowel, in accordance with the general habit, gets the dull sound, and this is shown in the spelling: игра́ть [igrátj] "to play"

with prefix c- gives сыгра́ть [sigrátj] "to play off." In the case of prepositions, which are written (but not pronounced) as separate words, the same habit obtains, but the writing does not show it: игра́ [igrá] "game," с игро́й [s igróy] "with the game": [i] here has its dull sound.

When a prefix ending in a hard consonant comes before a form with initial [y], the letter ъ is added, indicating a hard consonant before [y]: есть [yestj] "to eat" with prefix c- gives съесть [syestj] "to eat up."

Prefixes ending with [z] are written with c before unvoiced mutes (§3).

§5. INFLECTION

The parts of speech in Russian are much as in English: noun, adjective, pronoun, verb, adverb, preposition, conjunction, interjection.

Nouns, adjectives, pronouns, and verbs are *inflected*; that is, there are different forms for singular and plural, present and past, and the like. Words are cited in the dictionary in only one of their forms; the others are not given and it is presumed that the reader can recognize them. In order to enable the reader to do so, we here give an outline of Russian inflection.

Inflected forms consist usually of a *stem* and *endings*; thus сли́ва [sljíva] "plum," сли́вы [sljívi] "plums," show a stem [sljiv-] and endings [-a, -i]. We write the sign [j] at the beginning of an ending to indicate that before this ending a hard consonant is made soft if possible. Thus, with ending [-je]: стол [stol] "table," на столе́ [n staljé] "on the table"; стул [stul] "chair," на сту́ле [na stúlji] "on the chair," руль [rulj] "steering wheel," на руле́ [n ruljé] "on the steering wheel," нож [noš] "knife," на ноже́ [n nazé] "on the knife" (because [ž] has no corresponding soft consonant).

In ordinary inflected words the stress is in all forms on the same syllable of the stem or else in all forms on the ending: е́ду, е́дет, е́дем, е́дете, е́дут [yédu, yédjᵗt, yédjⁱm, yédjᵗji, yéd ᵘt] "I am riding, he is riding, we, you, they are riding"; иду́, идёт, идём, идёте, иду́т [idú, idjót, idjóm, idjótji, idút] "I am going, he is going, we, you, they are going"; the stems here are [yéd-] with stress on the stem, and [id-] with stress on the endings, and the endings are in both instances [-u, -jot, -jom, -jotji, -ut].

If the stress of a set of forms is on the endings, then in a form which has no ending the stress is on the last vowel of the stem: каранда́ш [k ᵃrandáš] "pencil," with no ending, belongs to the set карандаши́ [k ᵃr ndaší] "pencils," карандаше́й [k ᵃr ndašéy] "of pencils," and so on. The last vowel may be an inserted vowel: оте́ц [atjéc] "father" belongs to the set отцы́ [atcf] "fathers," отцо́в [atcóf] "of fathers," and so on. Quite a few words, however, have *shifting stress*, now on one syllable, now on another: голова́ [g ᵃlavá] "head," but го́ловы [gól ᵃvi] "heads." All such cases are indicated in the dictionary.

§6. NOUNS

Gender. Nouns are divided into three *genders*, according to the shape of the adjectives, pronouns, and verbs that go with them:

masculine (M): э́тот стол "this table"
feminine (F): э́та кни́га "this book"
neuter (N): э́то перо́ "this pen"

Number. Each noun has forms for two *numbers*: singular (S) and plural (P), much as in English: стол "table," столы́ "tables." Some nouns occur only in the singular: молоко́ "milk"; and some occur only in plural: но́жницы "scissors", черни́ла "ink." The distinctions of gender are absent in the plural: э́ти столы́ "these tables," э́ти кни́ги "these books," э́ти пе́рья "these pens," э́ти черни́ла "this ink."

Case. Each noun has, both in the singular and in the plural, six *case forms*, each of which is used according to the relation of the noun to the other words in the sentence. The cases are *nominative (n)*, *accusative (a)*, *genitive (g)*, *dative (d)*, *instrumental (i)*, and *locative (l)*.

The nominative is a subject, both with and without verbs: брат ушёл "brother has gone away," брат до́ма "brother is at home." It is used also for a predicate noun when neither the beginning nor the end of the state is involved: Ива́н солда́т "John is a soldier."

The accusative is the normal object of verbs: он взял кни́гу "he took the book." It is used in some expressions for duration

and distance traversed: он жил це́лый год в Аме́рике "he lived a whole year in America"; мы прошли́ киломе́тр "we walked a kilometer." A few impersonal expressions have an accusative object: мне на́до э́ту кни́гу "I need this book." A few prepositions have an accusative object; see §31.

A possessor is genitive: кни́га моего́ бра́та "my brother's book," его́ кни́га "his book"; as in English, this includes an object whose part is named: лицо́ моего́ бра́та "my brother's face"; но́жки стола́ "the legs of the table." The genitive forms of the personal pronouns (§21) are not used in this way; instead there are possessive adjectives (§15): моя́ кни́га "my book," он взял свою́ кни́гу "he took his (own) book," but, с ним, он взял его́ кни́гу "he took his (another man's) book." The g is used for a divisible substance or set when only some of it is involved: стака́н воды́ "a glass of water," мно́го де́нег "lots of money," ма́ло вре́мени "little (of) time." It is used for the object of a verb when only a part is involved: да́йте мне хле́ба (са́хару, воды́) "give me some bread (some sugar, some water)." The subject of negative impersonal expressions of existence is g: там нет стола́ "there's no table there." The object of a negated verb is usually g: я не чита́л э́той кни́ги "I haven't read this book." A few verbs take a g object: она́ бои́тся грозы́ "she is afraid of the thunderstorm"; a few have their object in the g when it is indefinite: мы и́щем удо́бной кварти́ры "we are looking for a comfortable apartment," but, with a, мы и́щем кварти́ру граждани́на Ильина́ "we are looking for Citizen Ilyin's apartment." Comparative adjectives have the object of comparison *g*: он ста́рше своего́ бра́та "he is older than his brother" (also, он ста́рше чем брат, with *n* after чем "than"). A few adjectives have a *g* object: карма́н по́лон де́нег "the pocket is full of money." Time when, in a few expressions, is *g*: я прие́хал тре́тьего сентября́ "I arrived on the third of September." Most prepositions take an object in the *g* case; §31. For the *g* with numbers, see §22.

The dative case is used for the second (usually personal) object of verbs that take two objects: он дал кни́гу отцу́ "he gave the book (*a*) to his father (*d*)." Some verbs with one object have it *d*: он помога́ет бра́ту "he helps his brother"; so especially some verbs whose subject is not necessarily personal but whose object is a person: бра́ту нра́вится Москва́ "Moscow pleases my brother; brother likes Moscow"; что вам сни́лось? "what appeared to you in a dream? What did you dream?" With most impersonal expressions, especially predicative adjectives, the person affected is *d*: мне хо́лодно "it's cold to me; I feel cold"; нам на́до де́нег "to us there is need of money; we need some money"; мне со́рок лет "to me forty years; I'm forty years old"; мне пора́ "it's time for me (to go)." A few adjectives have a *d* object: я рад слу́чаю "I'm glad of the opportunity." A few prepositions take a *d* object; §31.

The instrumental case tells the means: он пи́шет карандашо́м "he writes with pencil"; also the respect: он ро́дом ру́сский "he is a Russian by family." A predicate noun is *i* when the beginning or end of the state is involved: он был солда́том "he was (then) a soldier; he has been a soldier," but, with *n*, он был солда́т "he (as, a stranger with whose earlier and later states we are not concerned) was a soldier." The actor of a passive expression is *i*: письмо́ напи́сано отцо́м "the letter was written by my father"; so especially with impersonal expressions: и́збу зажгло́ мо́лнией "it (impersonal) set the hut (*a*) on fire with lightning (*i*); the hut was set on fire by lightning." A few verbs take an *i* object: он пра́вил автомоби́лем "he was driving the automobile." A few expressions of time when are *i*: зимо́й "in winter," днём "in the daytime; in the afternoon." A few prepositions take an *i*.object; §31.

The locative case occurs only as the object of a few prepositions; §31.

Animate and Inanimate. There is a distinction between *animate* nouns, which denote a living being, and *inanimate* nouns, which do not. This distinction appears chiefly in the *a* form: in all plurals and in one large class of masculine singular nouns, the *a* of animates is like the *g*, and the *a* of inanimates is like the *n*. Thus, the *n* is кни́ги "books" and the *a* has the same form: я ви́жу кни́ги "I see the books"; the *n* лю́ди "people" has by its side the *g* люде́й, and the *a* has this latter form: я ви́жу люде́й "I see the people." Only in a few fixed expressions is the *a* plural of animates like the *n*: он пое́хал в го́сти "he went among the guests; he has gone on a visit"; compare: я ви́жу госте́й "I see the guests."

Thus we have for each noun six singular forms and five plural forms: *ns* (nominative singular), *as, gs, ds, is, ls; np* (nominative plural), *gp, dp, ip, lp,* the accusative plural (*ap*) having the same form either as the *np* or as the *gp*.

Declensions. There are four types of noun inflection; we call them *declensions.* Some nouns, however, do not change their form for the various cases and numbers; these nouns are *indeclinable* (*indecl*). Thus, the *N* noun пальто́ "overcoat" is the same for all cases and both numbers.

In all four types of declension the *dp, ip,* and *lp* have the same endings: *dp,* [-am], *ip* [-amji], *lp* [-ax]; when the endings are stressed, the stress is on the [a]: к стола́м "toward the tables," под стола́ми "under the tables," на стола́х "on the tables." Only a very few nouns have a different *ip* ending.

Ordinarily a preposition before its object is unstressed, but in some special expressions a noun stressed on the first syllable loses its stress after a preposition, which receives the stress: он держа́л котёнка за́ голову [zá gᵊlᵊvu] "he held the kitten by its head"; §31.

Certain combinations of prepositions plus noun, usually with special meanings, are run together in writing: верх "top, upper part," наверху́ "on top, upstairs"; муж "husband," за́мужем "married" (of a woman).

Class of Nouns. Nouns are given in the dictionary in the *ns* form: стол "table." The gender and declension are shown as follows by the shape of the *ns* form and the gender marks:

-а, -я, with no gender sign: the noun is *F*, of declension 1: си́ла, пу́ля

-а, -я, with the sign *M*: the noun is *M*, of declension 1: слуга́ *M*, дя́дя *M*

-а, -я, with the sign *M, F*: the noun is of declension 1 and is *M* when it means a male, *F* when it means a female: сирота́ *M*, *F* "orphan"

-я, with the sign *N*: the noun is *N*, of declension 4: и́мя *N*

-о, -е, with no gender sign: the noun is *N*, of declension 3: сло́во, по́ле, ружьё

-о, -е, with the sign *M*: the noun is *M*, of declension 3: доми́ще *M* "big house"

Hard consonant, except ж, ш, with no gender sign: the noun is *M*, declension 2: стол

-й, with no gender sign: the noun is *M*, declension 2: музе́й

-ж, -ч, -ш, -щ, with the sign *M*: the noun is *M*, declension 2: нож *M*, ключ *M*

-жь, -чь, -шь, -щь, with the sign *F*: the noun is *F*, declension 4: рожь *F*, вещь *F*

Soft consonant, with the sign *M*: the noun is *M*, declension 2: руль *M* (except only путь *M* "road," which is *M*, declension 4)

Soft consonant, with the sign *F*: the noun is *F*, declension 4: грязь *F*

Nouns which occur only in plural form are given in the *np* with indication of the *gp* and the sign *P*: но́жницы, -ниц *P* "scissors."

Indeclinable nouns are marked *indecl*, with a gender sign: пальто́ *indecl N*.

In nouns of Declensions 2 and 4 the *ns* form has no ending and therefore fails to show whether the stress in the remaining forms is on the stem or on the endings. When the stress is on the endings we therefore always show the *gs* ending with an accent mark:

факт (all forms stress the stem: *gs* фа́кта, *np* фа́кты, and so on); стол, -а́ (all forms stress the ending: *gs* стола́, *np* столы́, and so on).

The *ns* form of these nouns also fails to show whether the last vowel is an inserted vowel. When the last vowel is an inserted vowel we therefore always show the *gs* form:

кузне́ц, (-а́) "smith" (no inserted vowel: *gs* кузнеца́, *np* кузне-
цы́, and so on);

пе́рец (-рца) (the e is an inserted vowel: *gs* пе́рца, *ds* пе́рцу,
and so on);

оте́ц (-тца́) (the e is an inserted vowel: *gs* отца́, *np* отцы́, and
so on).

Two accent marks mean that the stress is in either place:
бро́ня́ means that in all the forms the word is spoken with
either stress: *ns* бро́ня ог броня́, *np* бро́ни ог брони́, and so on.

Shifting Accent. Quite a few nouns are irregular in their
stress, which is in different places in different forms.

1. Some nouns shift their stress in the *P* forms; we indicate
this by showing the *np* with the sign *P* before it:

сад, *P* -ы́: the *S* forms stress the stem, *gs* са́да, and so on; the
P forms stress the endings, *np* сады́, *gp* садо́в, *dp* сада́м,
and so on;

жена́, *P* жёны: the *S* forms stress the endings, *as* жену́, *gs*
жены́, and so on; the *P* forms stress the stem, *np* жёны, *gp*
жён, *dp* жёнам, and so on.

2. Some nouns stress the stem in the *S* forms and in the *np*,
but the endings in the other *P* forms; for these, we show the *np*
and *gp* with the sign *P* before them:

вещь (*P* -щи, -ще́й): *gs* ве́щи, *is* ве́щью, *np* ве́щи, but *gp* веще́й,
dp веща́м, and so on).

3. Sometimes the *gp* has an irregular stress; then we give
the *np*, *gp*, and *dp*, with the sign *P* before them:

сестра́ (*P* сёстры, сестёр, сёстрам): the *S* forms stress the
endings, *as* сестру́, *gs* сестры́, and so on; the *P* forms stress
the stem, except for the *gp*, which stresses the inserted vowel.

4. Other, less common shifts of stress are indicated by

citation. For instance, some nouns in declension 1 which stress
the endings in the *S* forms stress the stem in the *as*: голова́, *a*
го́лову, *P* го́ловы, голо́в, голова́м.

An irregular accentuation given in parentheses is optional:

приз (*P* -ы́): the *S* forms stress the stem, *gs* при́за, and so on;
the *P* forms are stressed either way, *np* при́зы ог призы́, *gp*
при́зов ог призо́в, and so on.

ру́копись (*P* -си, -сей) *F*: the *S* forms and the *np* stress the
stem, *gs* and *np* ру́кописи, but the remaining *P* forms stress
either way, *gp* ру́кописей ог рукописе́й, *dp* ру́кописям
ог рукописа́м, and so on.

Irregular Forms. The dictionary indicates all irregular forms.

1. Some nouns have a different stem in the *P* forms from
that of the *S* forms; we indicate this by showing the *np*, *gp*, and
dp with the sign *P* before them:

брат, *P* бра́тья, -тьев, -тьям: the *S* forms are regular, *gs*
бра́та, *ds* бра́ту, and so on; the *P* forms are made from a
stem [bratjy-] and the *np* has the irregular ending [-a]; the *gp*
is бра́тьев, *dp* бра́тьям, *ip* бра́тьями, *lp* бра́тьях.

2. Special irregular forms are shown separately;

ло́шадь, *P* -ди, -де́й, *ip* лошадьми́ *F*: the *S* forms are regular,
gs ло́шади; the *P* has shifting stress, *np* ло́шади, but *gp*
лошаде́й, *dp* лошадя́м, *lp* лошадя́х, and the *ip* has the
entirely irregular form, as given.

Irregular forms between slanted lines are optional:

а́дрес (/*P* -а́, -о́в/): the *P* forms are either regular, *np* а́дресы
("speeches"), *gp* а́дресов, and so on, or else they stress the
endings and have the irregular *np* ending [-а́], *np* адреса́
("designations of places"), *gp* адресо́в, *dp* адреса́м, and so
on.

§7. NOUNS WITH ПОЛ-

When nouns are compounded with пол- "half" they have
the endings of the *gs* in the *ns* and *as* form; in all other case
forms they have the usual endings, but пол- then optionally
appears as полу-. Thus, beside дю́жина "dozen," *as* дю́жину,
gs дю́жины, *is* дю́жиной, there is полдю́жины "half dozen,"
as полдю́жины, *gs* полдю́жины ог полудю́жины, *is* полдю́-
жиной ог полудю́жиной, and so on.

In the nouns по́лдень "noon" and по́лночь "midnight,"
пол- has another meaning, and the inflection, though irregular,
is different.

Nouns with the prefix in the form полу- do not have the
above peculiarity; thus, полуо́стров "peninsula" inflects just
like о́стров "island."

§8. ABBREVIATED NOUNS

Abbreviations, such as СССР (for Сою́з Сове́тских Социали-
сти́ческих Респу́блик "Union of Soviet Socialist Republics")
are pronounced by the names of the letters, with stress on the
last: [es-es-es-ér], and are indeclinable nouns. They are *M*
when the name of the last letter ends in a consonant; when the

name of the last letter ends in a vowel they have the gender of
the noun in the full expression: for instance, ВКП [ve-ka-pé],
for Всесою́зная Коммунисти́ческая Па́ртия "All-Russian
Communist Party," feminine because па́ртия is feminine.

§9. VARIATIONS OF SOUND AND SPELLING IN NOUNS

Throughout the declension of nouns the habits of §3 and §4
will apply; we do not mention them specially for each noun.

сад [sat], but *gs* са́да [sáda]

ку́бок [kúbᵊk], but *gs* ку́бка [kúpka]

сад, *np* сады́, but ключ, *np* ключи́; знак *np* зна́ки [-kji];

is with ending [-om]: столо́м, отцо́м, сту́лом, but рулём,
музе́ем, автомоби́лем, пе́рцем

Note especially the insertion of vowels when there is no
ending.

тру́бка [-рк-], *gp* тру́бок [-bᵊk]

ло́жка [-šk-], *gp* ло́жек [-ž¹k]

ку́хня, *gp* ку́хонь

овца́, *gp* ове́ц

сестра́, *gp* сестёр

but, for instance, звезда́, *gp* звёзд; би́тва, *gp* витв, because [d] and [v] are not among the consonants before which a vowel is inserted.

§10. DECLENSION OF NOUNS

First Declension. Nouns of the First Declension have the following endings. Our example shows the stem [yám-] "pit."

Sn	[-a]	я́ма
a	[-u]	я́му
g	[-i]	я́мы
d	[-je]	я́ме
i	[-oy]	я́мой
l	[-je]	я́ме
Pn	[-i]	я́мы
g	[-]	ям
d	[-am]	я́мам
i	[-amji]	я́мами
l	[-ax]	я́мах

The *is* has also a longer form in [-oyu]: я́мою, руко́ю or руко́й.

Most nouns of this declension are *F*. A few, denoting persons, are *M*: судья́ "judge." All those that denote only male persons are *M*: дя́дя "uncle." A few that denote persons are *M* or *F*, according to the sex: сирота́ "orphan": э́тот сирота́ "this (male) orphan," э́та сирота́ "this (female) orphan." Adjectives that modify a *M* noun of this declension in *as* form have the *gs* form (as though the noun belonged to declension 2): *ns* мой дя́дя "my uncle," *gs* моего́ дя́ди, *as* он встре́тил моего́ дя́дю "he met my uncle."

Special Features of Spelling. On stems that end in [iy] the *ds* and *ls* ending is written -и: а́рмия, stem [ármjiy-], *dls* а́рмии. When the inserted vowel in the *gp* comes before й and is unstressed, it is written и: го́стья "female guest," stem [góstjy-], *gp* го́стий.

Irregularities. Some nouns of this declension which stress the endings in the *S* forms, nevertheless shift the stress to the stem in *as* form have the *gs* form (as though the noun belonged to declension 2); in the dictionary we indicate this by giving the *as*: голова́ *a* го́лову: this means that the *gs* is головы́, *dls* голове́, *is* голово́й.

Quite a few nouns of this declension have irregularities of stress in the *np* or the *gp* or both; in all such cases we give the *np*, *gp*, and *dp*; the *ip* and *lp* go like the *dp*: голова́, *a* го́лову, *P* го́ловы, голо́в, голова́м.

Irregular forms occur especially in the *gp*; the dictionary cites them: война́, *gp* войн (no vowel insertion); ба́сня, *gp* -сен (hard [n] instead of soft [nj] at the end of the *gp* form).

Second Declension. Nouns of the Second Declension have the following endings. As an example we take the stem [fakt-] "fact."

Sn	[-]	факт
g	[-a]	фа́кта
d	[u]	фа́кту
i	[-om]	фа́ктом
l	[-je]	фа́кте
Pn	[-i]	фа́кты
g	[-of]	фа́ктов
d	[-am]	фа́ктам
i	[-amji]	фа́ктами
l	[-ax]	фа́ктах

The *as* of inanimates is like the *ns*; the *as* of animates is like the *gs*: я зна́ю э́тот факт "I know this fact," but, with челове́к "person, man," я зна́ю э́того челове́ка "I know this person, this man."

All nouns in this declension are *M*.

Special Features. On stems that end in [iy] the *ls* ending is written with -и: ге́ний "genius," *ls* ге́нии.

Stems ending in a soft consonant other than й, and stems ending in ж, ш have the ending [-ey] in the *gp*: руль, *gp* руле́й; автомоби́ль, *gp* автомоби́лей; нож, *gp* ноже́й; каранда́ш, *gp* карандаше́й; but музе́й, *gp* музе́ев; край, *gp* краёв.

Irregular Forms. Some nouns fail to insert a vowel in the *ns* form: блеск, рубль. Some insert a vowel other than the usual one: сон, *gs* сна, *np* сны, and so on. This appears sufficiently in the *ns* form given in the dictionary.

Most nouns that denote divisible substances have a second *gs* form with the ending [-u], used when a part or quantity of the substance is involved: чай "tea," *gs* ча́я (as, цвет ча́я "the color of tea"), but стака́н ча́ю "a glass of tea," да́йте мне ча́ю "give me some tea." Some other nouns have this second *gs* form in special phrases: бе́рег "shore, bank," *gs* бе́рега, but с бе́регу "down from the bank." This is indicated in the dictionary thus: чай /*g* -ю/.

Some nouns have a second *ls* form with the ending [-ú], always stressed. This form is used after one or both of the prepositions в and на, either always or optionally or in special phrases: лес "woods, forest," *ls* ле́се (о ле́се "about the woods"), but в лесу́ "in the woods." This is indicated by the phrase between slanted lines: лес, *P* -á, /в лесу́/.

Some nouns have the *np* ending [-á] and stress the *P* endings; for these we give the *np* and *gp*: го́род, *P* -á, -óв; а́дрес (*P* -á, -óв), optionally regular.

Third Declension. Nouns of the Third Declension have the following endings; all except *ns*, *np*, and *gp* are the same as in the Second Declension. As an example we take the stem [bljúd-] "dish."

Sn	[-o]	блю́до
g	[-a]	блю́да
d	[-u]	блю́ду
i	[-om]	блю́дом
l	[-je]	блю́де
Pn	[-a]	блю́да
g	[-]	блюд
d	[-am]	блю́дам
i	[-amji]	блю́дами
l	[-ax]	блю́дах

Note that the *ns* ending when unstressed sounds like the *gs* and *np*: [bljúda]; the difference appears under stress: окно́ "window," *gs* окна́. Similarly after soft consonants: *ns* по́ле "field" [pólja] sounds just like *gs* по́ля, but *ns* ружьё [ružyó] "gun" differs from *gs* ружья́ [-žyá]. After soft consonants and ж, ц, ш, the *ns* ending [-o], being written e, looks like the *ls*, though the two differ in sound: *ns* по́ле, се́рдце [pólja, sjérca], but *ls* в поле, в сердце [f pólji, f sjérci]: compare *ns* лицо, *ls* на лице.

The nouns of this declension are *N*, except for some few special types: домище, *M* "huge house," домишко *M* "mean little house," серко *M* "gray horse," подмастерье "apprentice," and some family names, which are optionally indeclinable: Шевченко. The *a* forms are like the *n*: Он встретил Шевченко "he met Shevchenko."

Special Features. On stems ending in [-iy] the *ls* ending is written with и: знание "knowledge," *ls* знании.

Stems ending in consonant plus [y] optionally have *ls* [-i]. In the *gp* these have the inserted vowel spelled и when it is unstressed: предместье, *ls* предместьи or предместье, *gp* предместий.

Stems ending in a soft consonant other than [y] or [šč] have the ending [-ey] in the *gp*: поле, *gp* полей. Note especially that in this declension stems in [šč] do not take the ending [-ey] in the *gp*: кладбище, *gp* кладбищ.

Irregular Forms. Irregularities are indicated as in the other declensions. In many nouns the *P* forms have different stress from the *S*: слово, *P* слова; письмо, *P* письма. When, in addition, there is some irregularity in the *gp*, we give also the *dp* form: окно, *P* окна, окон, окнам.

Fourth Declension. Nouns of the Fourth Declension have the following endings. Our example is the stem [kravátj-] "bedstead, bed."

Sn	[-]	кровать
g	[-i]	кровати
d	[-i]	кровати
i	[-yu]	кроватью
l	[-i]	кровати
Pn	[-i]	кровати
g	[-ey]	кроватей
d	[-am]	кроватям
i	[-amji]	кроватями
l	[-ax]	кроватях

The *ns* is written with the sign ь even after ж, ч, ш, щ, where it is superfluous: вещь "thing"; this distinguishes these nouns in spelling from those of the second declension. All the stems end in a soft consonant or in [š, ž].

The nouns of this declension have the *as* like the *ns*. All are *F*, except for a few irregular *N* words with *ns* in -я: имя "name"; also, there is one *M*, путь "way, road"; it has *is* [-om]: путём.

Irregular Forms. Some of the *ns* forms lack an inserted vowel: жизнь; these also insert no vowel in the *is*: жизнью [žíznjyu]. Only a few insert [o] in the *ns* and *is*: рожь, *gdls* ржи, *is* рожью.

Some nouns which do not stress the *S* endings have a second locative form with stress on the ending [-í], used like the second locative forms of the second declension: грязь "dirt," *gdls* грязи, but в грязи "in the dirt, all covered with dirt." The dictionary indicates this by giving the phrase between slant lines: грязь /в грязи/.

Two nouns, [mátj'rj-] "mother" and [dóč'rj-] "daughter," drop the last syllable in the *ns*: мать, *gdls* матери, *is* матерью.

The few *N* nouns drop the last syllable and take the ending [-a] in the *ns*: [ímjonj-] "name," *ns* имя, *gdls* имени; they have *is* [-om]: именем, and a *P* stem with hard [n] and stress on the endings: *np* имена, *gp* имён, *dp* именам; similarly the old-fashioned word дитя "child," *gdls* дитяти, *is* дитятею, no *P* forms.

§11. ADJECTIVE DECLENSION

Long Forms. The ordinary or *long* form of adjectives has the following endings. Our example is the stem [prjam-] "straight."

Mn	[-oy]	прямой
g	[-ovo]	прямого
d	[-omu]	прямому
i	[-im]	прямым
l	[-om]	прямом
Nn	[-oyo]	прямое
Fn	[-aya]	прямая
a	[-uyu]	прямую
g	[-oy]	прямой
d	[-oy]	прямой
i	[-oy]	прямой
l	[-oy]	прямой
Pn	[-iyi]	прямые
g	[-ix]	прямых
d	[-im]	прямым
i	[-imji]	прямыми
l	[-ix]	прямых

The *a* forms of the *M* and of the *P* are like the *n* when the adjective is applied to an inanimate noun, and like the *g* when it is applied to an animate noun: я нашёл тупой нож "I found a dull knife," я нашёл тупые ножи "I found dull knives," but я встретил молодого человека "I met a young man," я встретил молодых людей "I met the young people."

The *N* has the *a* like the *n*. The remaining *N* forms are like the *M*.

The *Fi* has also a longer form with [-oyu]: прямою.

The unstressed final [o] in the *N* and *Pn* endings is written e, since [y] precedes.

The *M* and *Ng* ending is written with r instead of в.

When regular adjectives stress the endings, the two-syllable endings have the stress on the first syllable, as in the example above.

Special Spelling. When the *Mn* ending [-oy] is unstressed it is spelled with ы instead of о: старый [stár ᵃy] "old"; after г, к, х, and after ж, ш, and after soft consonants it is then spelled with и: дикий [djík ᵃy] "wild," свежий [svjéž ⁱy] "fresh," синий [sjínj ⁱy] "blue."

In the other endings where ы (и) is written the sound is actually [i]: прямым, прямые; плохой "bad": плохим, плохие [plaxjím, plaxjíyi]; старым, старые [stár ⁱm, stár ⁱyi]; диким, дикие [djíkj ⁱm, -kj ⁱyi]; свежим, свежие [svjéž ⁱm, -ž ⁱya]; синим, синие [sjínj ⁱm, -nj ⁱyi].

The accent stays in the same place throughout all the long forms.

Some adjectives are habitually used, in one or another gender or in the plural, without any noun, in noun-like constructions and meanings; these are entered in the dictionary in their *n* form and marked as follows: нищий *AM* "beggar"; столовая *AF* "dining room"; животное *AN* "animal"; лёгкие *AP* "lungs."

Short Forms. Many adjectives have also a set of *short* (*sh*) forms, nominative only, with noun-like endings: красивый "beautiful": *M* красив, *F* красива, *N* красиво, *P* красивы.

225

These are used, beside the long forms, as predicates: она́ краси́ва "she is beautiful," она́ краси́вая rather "she is a beautiful person." The N form is used also as an adverb: хорошо́ "well, nicely," and as an impersonal predicate: хорошо́, "it's good; things are fine; (it's) all right"; мне хорошо́ "I feel fine."

The short M form, having no ending, is subject to vowel insertion: кра́ткий "short": кра́ток "he's short"; го́рький "bitter": го́рек; у́мный "clever": умён; ви́дный "visible": ви́ден; поко́йный "quiet": поко́ен; but, with consonants that take no inserted vowel, мёртвый "dead": мёртв; ве́тхий "decrepit": ветх; жёлтый "yellow": жёлт; твёрдый "hard": твёрд.

Many adjectives whose stem ends in [n] preceded by an unstressed vowel are spelled with нн except in the short M form, which is spelled with н: безнра́вственный [bjiznráfstvj¹-n ᵃу] "immoral": sh M безнра́вствен, F безнра́вственна [-stvj¹na]. Other adjectives end in [nn] preceded by a stressed vowel; these insert a vowel in the short M form: дли́нный [dljínn ᵃу] "long": sh M дли́нен, F длинна́. However, adjectives of both these kinds which are participles of verbs (§24) have only one [n] in the short forms: испо́рченный [ispórč¹n ᵃу] "spoiled": испо́рчен, испо́рчена; поражённый [p ᵃražonn ᵃу] "beaten": поражён, поражена́.

There are many irregularities of accent in the sh forms; these are shown in the dictionary by the sign sh and the endings; many have optional shifts of accent; we place the indications of these between slanted lines:

бе́дный, sh -дна́: the sh forms are бе́ден, бедна́, бе́дно, бе́дны

вели́кий sh /-ка́, -о́, -и́/: the sh forms are вели́к, вели́ка или велика́, вели́ко или велико́, вели́ки или велики́; the forms with accent on the stem mean rather "great"; those with accent on the endings rather "big"

ви́дный, sh -дна́ /-ы́/: the sh forms are ви́ден, видна́, ви́дно, ви́дны или видны́

сухо́й, sh сух, -ха́, су́хо, -хи: the sh forms are сух, суха́, су́хо, су́хи.

Occasionally the sh N form has a different stress in adverbial and impersonal use; we mark this as adv: больно́й, sh бо́лен, -льна́, -о́, -и́; adv бо́льно; this means that the sh forms are бо́лен, больна́, больно́, больны́, and that больно́ means "it is sick," but бо́льно means "painfully" or "it hurts."

Short forms, with noun-like endings, in cases other than n appear only in special phrases; thus, beside пе́рвый "first," there is сперва́ (preposition с with g N) "first of all."

Many adjectives have no sh forms; especially some whose stems end in [nj], such as ве́рхний "upper" and those in [sk],

such as ру́сский "Russian." The latter have adverbs with ending [-i]: дру́жески "in a friendly way," and often with по-prefixed: по-ру́сски "in Russian." Other instances are more isolated: большо́й "big" has no sh forms; those of вели́кий "great" are used instead; ма́ленький "little" has none; those of ма́лый are used instead.

Comparative Forms. Many adjectives have *comparative* (cp) forms. The long cp form is made by adding [-jeyš] with long adjective endings: краси́вый "beautiful": краси́вейший. This form means "very beautiful." With наи- prefixed it has superlative meaning: наикраси́вейший "the most beautiful." In comparative meaning one uses the ordinary long form with бо́лее "more" with the ordinary long form: бо́лее краси́вый "more beautiful." In superlative meaning one uses са́мый "the same, the very" with the ordinary long form: са́мый краси́вый "the most beautiful."

There is only one cp sh form for all three genders and the plural; it has the ending [-jeya], written -ee: она́ краси́вее "she is prettier." This form often has по- prefixed to it, meaning "somewhat more" or "as much as possible" or forming an adverb or used with nouns: поскоре́е "more quickly; rather quickly; as quickly or as soon as possible"; карти́на покраси́вее "a prettier picture." Often the ending is shortened to [-ey]: краси́вей.

The cp forms stress the same syllable as the ordinary form; however, all adjectives that stress any ending in the ordinary long or sh forms have the stress on the first syllable of the cp ending: бле́дный, sh -дна́ "pale" gives cp бледне́йший, бледне́е.

Many adjectives have no cp forms.

There are many irregular cp forms. Most of these have [-auš] in the long forms and [-i], written -e in the short: го́рький "bitter": горча́йший, го́рче [górči]. A few differ entirely from the ordinary forms:

большо́й "big": бо́льше, adv бо́лее [bólj¹ya], бо́льший "bigger"

ма́лый, ма́ленький "small": ме́ньше, adv ме́нее, ме́ньший

молодо́й "young": моло́же; мла́дший

плохо́й "bad": ху́же, пло́ше,: ху́дший

ста́рый "old": ста́рше; ста́рший

хоро́ший "good": лу́чше; лу́чший

These six long forms have comparative meaning; лу́чшая кварти́ра "a better apartment"; also, they, and not the ordinary forms, combine with са́мый in superlative meaning: са́мый лу́чший "the best," also наилу́чший.

Irregular cp forms are given in full in the dictionary.

§12. IRREGULAR ADJECTIVES

Irregular adjectives include some types of special formations and a small number of pronominal adjectives and pronouns. In the dictionary we indicate their irregularities by numbers which refer to the sections here following.

§13. SPECIAL ADJECTIVES

Adjectives whose stem ends in consonant plus [y] have noun-like forms in the nominatives and in the F accusative, and lack sh forms. In the Mn the inserted vowel is written и: stem [trjétjy-] "third": n тре́тий, тре́тья, тре́тье, тре́тьи, Fa тре́тью. The other forms are regular: Mg тре́тьего, Fgdil

тре́тьей, Pgl тре́тьих, and so on. Most of these mean "obtained from" a living being: ры́бий "of fish," бо́жий "of God, divine."

Family names and place names whose stem ends in [-in, -ov] have noun-like forms in the nominatives, the F accusative, and the *M* and *Ng*, *d*, and *l*.; thus, the family name Петро́в has *Fn* Петро́ва, *a* Петро́ву; *Pn* Петро́вы "the Petrov's"; *Mg* Петро́ва, *d* Петро́ву, *l* Петро́ве; the remaining forms are regular, as, *Mi* я говори́л с граждани́ном Петро́вым "I was talking with Citizen Petrov."

§14. PRONOMINAL ADJECTIVES AND PRONOUNS

The pronominal adjectives and pronouns have noun-like forms in the nominatives, short or irregular forms in the *F* accusative, and when they stress the *M* and *Ng* and *d* endings they stress the last syllable: кого́ [kavó] "whose," кому́ "to whom."

§15. POSSESSIVE ADJECTIVES

The *g* forms of the personal pronouns (§21) are not used to denote a possessor; instead, there are pronominal (possessive) adjectives: наш "our," ваш "your," and, with stress on the endings, мой "my," твой "your" (familiar singular, §21), свой "one's own." This last differs in use from the pronoun себя́, §21, in that a possessor of the first or second person who is the same as the subject is often expressed by the ordinary possessive adjective; thus, one always says он взял свою́ шля́пу "he took his (own) hat," for он взял его́ шля́пу means "he took his (the other man's) hat"; but one says indifferently я взял свою́ шля́пу or я взял мою́ шля́пу "I took my hat."

The possessive adjective чей "whose" is used alongside the *g* of кто "who." The stem is (чу-) and the *M* has an inserted vowel: чей, чья, чьё, чьи *Fa* чью, etc.

All these words have [e] instead of [o] in the *Fgdil*.

Mn	наш	мой
g	на́шего	моего́
d	на́шему	моему́
i	на́шим	мои́м
l	на́шем	моём
Nn	на́ше	моё
Fn	на́ша	моя́
a	на́шу	мою́
g, d, l	на́шей	мое́й
i	на́шей, на́шею	мое́й, мое́ю
Pn	на́ши	мои́
g, l	на́ших	мои́х
d	на́шим	мои́м
i	на́шими	мои́ми

In the expression по-мо́ему "in my opinion," по-тво́ему, по-сво́ему the stress is on the stem.

§16. ОДИ́Н, САМ, ВЕСЬ

The pronominal adjective [odn-] "one" inserts [ji] in the *M* nominative, and [vsj-] "all" inserts [je].

Instead of [i] in the endings, [odn-] and сам "he himself" have [ji] and [vsj-] has [e] as for [o] in the *Fgdil*.

All three stress the endings, except сам in the *Pn*. This word has also an irregular *Fa* form with ending [-ayó].

Mn	оди́н	сам	весь
g	одного́	самого́	всего́
d	одному́	самому́	всему́
i	одни́м	сами́м	всем
l	одно́м	само́м	всём
Nn	одно́	само́	всё
Fn	одна́	сама́	вся
a	одну́	самоё	всю
g, d, l	одно́й	само́й	всей
i	одно́й, одно́ю	само́й, само́ю	всей, все́ю
Pn	одни́	са́ми	все
g, l	одни́х	сами́х	всех
d	одни́м	сами́м	всем
i	одни́ми	сами́ми	все́ми

The *P* forms of оди́н are used in the meaning "only," "alone." The pronominal adjective сам stresses the identity: я спроси́л самого́ полко́вника "I asked the colonel himself"; it is different from the regular adjective са́мый "same": я встре́тил того́ са́мого полко́вника "I met that same colonel."

§17. ТОТ, Э́ТОТ

The pronominal adjectives [t-] "that" and [ét-] "this, that" take an ending [-ot] in the *M* nominative. Instead of [i] in the endings [t-] takes [je] and [ét-] takes [ji]:

Mn	тот	э́тот
g	того́	э́того
d	тому́	э́тому
i	тем	э́тим
l	том	э́том
Nn	то	э́то
Fn	та	э́та
a	ту	э́ту
g, d, l	той	э́той
i	той, то́ю	э́той, э́тою
Pn	те	э́ти
g, l	тех	э́тих
d	тем	э́тим
i	те́ми	э́тими

§18. ОН

The pronoun он has this stem in the nominative forms only. All the other forms have a stem [y-]. The *Pn* form has the ending [-ji]. The *Fg* and *a* has the ending [-oyó]. The *F* endings have [e] instead of [o]. All the accusative forms, regardless of gender or animation, are the same as the genitives.

Mn	он
g	его́
d	ему́
i	им
l	(нём)
Nn	оно́
Fg	её
d, l	ей
i	ей, е́ю

Pn	они́
g, l	их
d	им
i	и́ми

After prepositions the stem [y-] is replaced by [nj-]: от него́ "from him," с ним "with him," в нём "in it," and so on; excepted are the g forms as possessors of a noun: от его́ бра́та "from his brother," у её бра́та "at her brother's, in her brother's possession," в их стране́ "in their country."

§19. НЕ́КИЙ, СЕЙ

The pronominal adjective не́кий "some," "a kind of" is used only in writing and in bookish speech. It has some forms from a stem [njék-], some from a stem [njékoy-], and the Pn не́кии from a stem [njékjiy-]: Mn не́кий, g не́коего, d не́коему, i не́ким or не́коим, l не́коем; Nn не́кое; Fn не́кая, а не́кую,

g, d, l не́кой or не́коей; Pn не́кии, gl не́ких or не́коих, and so on.

Another old-fashioned pronominal adjective is сей "this," F сия́, N сие́, P сии́, as F сию́; the remaining forms are from a stem [sj-]; gs M, N сего́, dls F сей, etc. This word survives in a few expressions: сего́дня "today," сейча́с "right away."

§20. КТО, ЧТО

The interrogative pronouns [k-] "who" and [č-] "what" have an ending [-то] in the n forms; before this [č] is replaced by [š], but written ч. The i ending has [e] instead of [i]. There are no distinctions of gender or number:

n	кто	что [što]
a	кого́	что

g	кого́	чего́
d	кому́	чему́
i	кем	чем
l	ком	чём

For compounds of these words see §23.

§21. PERSONAL PRONOUNS

The personal pronouns are я "I," мы "we," вы "you." In addition there is a familiar singular pronoun for "you," used in talking to one child, to one person with whom one is on very familiar terms, or to one non-human being (animal, saint, God). Further, there is a reflexive pronoun, g a себя́ (with no n form), used when an object is the same person as the subject: я ви́жу себя́ "I see myself"; он дал себе́ сло́во "he gave himself his word"; вы говори́те о себе́ "you are talking about yourself (or yourselves)." The g forms are not used for a

possessor; see §15. The inflections are very irregular.

n	я	ты	
a, g	меня́	тебя́	себя́
d, l	мне	тебе́	себе́
i	мной, мно́ю	тобо́й, тобо́ю	собо́й, собо́ю
n	мы	вы	
g, a, l	нас	вас	
d	нам	вам	
i	на́ми	ва́ми	

§22. NUMERALS

The number оди́н "one" has pronominal adjective inflection, §16. After it, nouns and adjectives are inflected in the usual way: оди́н большо́й стол "one big table." When оди́н is the last part of a longer number, the nouns and adjectives are still singular: два́дцать оди́н рубль "21 rubles"; я ви́дел со́рок одного́ ма́льчика "I saw 41 boys." The P forms are used with things that go in pairs, meaning "one pair": у челове́ка одни́ ру́ки "a human being has one pair of hands"; also with nouns that occur in P form only: одни́ часы́ "one watch or clock."

The numbers два "two," три "three," четы́ре "four" are inflected as follows:

n	два, две	три	четы́ре
g, l	двух	трёх	четырёх
d	двум	трём	четырём
i	двумя́	тремя́	четырмя́

The n две is used with F nouns.

The number о́ба "both" has one set of forms for M and N nouns and one for F:

n	о́ба	о́бе
g, l	обо́их	обе́их
d	обо́им	обе́им
i	обо́ими	обе́ими

When an expression with these numbers is in the n case (including the a of inanimates; see below), the noun is in genitive singular form, a pronominal adjective (§§14–17) before the number is in nominative plural form, and an ordinary adjective before or after the number is in genitive plural or nominative plural form: э́ти два больши́х (or больши́е) стола́ "these two big tables." When the expression is in some other case, the numeral and the other words agree, the latter in plural form: на э́тих двух больши́х стола́х "on these two big tables." The a of these expressions is like the n when the noun is inanimate: да́йте мне ва́ши три рубля́ "give me your three

228

rubles"; it is like the *g* when the noun is animate: вы встрéтили э́тих четырёх краси́вых дéвушек? "did you meet those four pretty young ladies?" However, when the numbers 2, 3, 4 are at the end of a longer number, the *a* is even with animates like the *n*: мы ви́дели два́дцать два ма́льчика "we saw 22 boys"; only a pronominal adjective before the number has the *a* like the *g*: мы ви́дели ва́ших два́дцать два ученика́ "we saw your 22 pupils."

The numbers пять "5," шесть "6," семь "7," во́семь "8," дéвять "9," дéсять "10," два́дцать "20," три́дцать "30" inflect like *S* nouns of the fourth declension, with stress on the endings; the e in во́семь is an inserted vowel: *g, d, l* пяти́, восьми́, двадцати́; *i* пятью́, восьмью́, двадцатью́. In multiplication there are also *i* forms stressed on the stem: пя́тью "5 times," во́семью (with inserted vowel) "8 times."

The numbers оди́ннадцать "11," двена́дцать "12," трина́дцать "13," четы́рнадцать "14," пятна́дцать "15," шестна́дцать [šisnatcᵊtj] "16," семна́дцать "17," восемна́дцать "18," девятна́дцать "19" have the same inflection, but stress the stem: *g, d, l* двена́дцати, *i* двена́дцатью.

The numbers пятьдеся́т "50," шестьдеся́т [šᵉzdjisját] "60," сéмьдесят "70," во́семьдесят "80" inflect both parts, with stress on the ending of the first part, but with hard final [t] in the *n* forms: *g, d, l* пяти́десяти, *i* пятью́десятью.

The numbers со́рок "40," девяно́сто "90," сто "100" have the ending [-a] in all forms except the *n*, stressed in со́рок and сто: сорока́, девяно́ста, ста. In noun-like use сто has also *P* forms of the third declension: *n* ста, *g* сот, *d* стам, *i* ста́ми, *l* стах.

The numbers from 200 to 900 contain сто, inflected as a third declension noun; the stress is on the preceding number only when сто is in *S* form. In writing, the two words are usually run together. In the *n* двéсти "200" both parts are irregular in shape. Thus we have *n* три́ста, четы́реста, пятьсо́т, шестьсо́т, семьсо́т, восемьсо́т, девятьсо́т; *g* двухсо́т, восьмисо́т; *d* двумста́м, восьмиста́м; *i* двумяста́ми, восьмью́ста́ми; *l* двухста́х, восьмиста́х.

In *n* expressions with the numbers from 5 to 900, nouns and adjectives are in *gp* form; only a pronominal adjective before the number is *np*: э́ти пять больши́х столо́в "these five big tables." In the other case all the words are in the same case: *g* от э́тих пяти́ больши́х столо́в "from these five big tables"; *l* на э́тих пяти́ больши́х стола́х "on these five big tables." The *a* of these expressions is like the *n* even with animates: я ви́дел пять дéвушек "I saw five young women"; only a pronominal adjective before the number has a like *g* with animates: мы встрéтили э́тих пять дéвушек "we met those five young women."

Compound numbers inflect each part: *n* четы́реста шестьдеся́т во́семь рублéй "468 rubles," *i* с четырьмяста́ми шестьдесятью́ восьмью́ рубля́ми "with 468 rubles."

The number ты́сяча "1,000" is inflected like a *F* noun of declension one, except that the *is* is optionally ты́сячью. Nouns and adjectives that go with it are *gp*; less commonly, when ты́сяча is *d, i,* or *l,* they are in the same case: ты́сяча

рублéй "1,000 rubles"; *i* с ты́сячей (ты́сячью) рублéй (less often рубля́ми) "with 1,000 rubles"; двé ты́сячи рублéй "2,000 rubles"; пять ты́сяч рублéй "5,000 rubles."

Higher units, like миллио́н "million," миллиа́рд "thousand millions" (American "billion"), биллио́н "million millions" (British "billion") are treated as *M* nouns: миллио́н рублéй "a million rubles," с пятью́ миллио́нами рублéй "with 5 million rubles."

A number after its noun is approximate: го́да два "about two years."

Ordinal numbers, such as пéрвый "first," второ́й "second," четвёртый "fourth," пя́тый "fifth," шесто́й "sixth," сороково́й "fortieth," пятидеся́тый "fiftieth," are regular adjectives; only трéтий "third" goes by §13. In compound numbers only the last part is ordinal: в ты́сяча девятьсо́т со́рок пя́том году́ "in the year 1945."

There are *collective numbers* from 2 to 10: дво́е, тро́е, чéтверо, пя́теро, шéстеро, сéмеро, во́сьмеро, дéвятеро, дéсятеро. The *n* forms are like *N* nouns; the other cases have *P* adjective endings, stressed. In *n* and *a* expressions accompanying words are in *gp* form; in the other cases they concord: дво́е бра́тьев "two brothers," *g* двои́х бра́тьев, *d* двои́м бра́тьям. The *a* of animates is like the *g*: он встрéтил двои́х това́рищей "he met two comrades." There are a few special expressions such as втроём "three of them together." The collective numbers are used very largely with animate masculines: чéтверо сынове́й "four sons," beside четы́ре сы́на. They are used with names of things that occur in pairs, meaning "so many pairs": у обезья́н дво́е рук "monkeys have two pairs of hands." They are used with nouns that are *P* only: тро́е часо́в "three watches or clocks"; from 5 on, however, the ordinary numbers are here also used: пя́теро но́жниц "5 pairs of scissors" beside пять но́жниц; in forms other than *n* (and *a*) the ordinary numbers are here more usual: с тремя́ часа́ми "with three watches."

Fractions are полови́на "half," треть "third," чéтверть "quarter," *F* nouns: три чéтверти э́тих людéй "three fourths of these people." The other fractions are the *F* forms of the ordinals (sometimes with часть *F* "part" added): одна́ пя́тая киломéтра "one fifth of a kilometer"; after 2 and higher numbers these are in *gp* form три пя́тых киломéтра "three fifths of a kilometer." One often hears such expressions as два с полови́ной киломéтра "two with a half (that is, two and one half) kilometers."

The number полтора́ "one and a half," *F* полторы́, in the *n* (and *a*) form combines with a noun in *gs* form: полтора́ рубля́ "one and a half rubles," полторы́ недéли "one and one half weeks." In the other cases it is полу́тора: с полу́тора рубля́ми "with one and a half rubles"; о́коло полу́тора ты́сяч "about one and a half thousand, about 1,500."

The number полтораста "150" has in the cases other than *n* (and *a*) optionally the form полу́тораста; nouns are in the *gp* form: полтораста рублéй "150 rubles," с полу́тораста (or с полтора́ста) рубля́ми "with 150 rubles."

For numbers after по, see §31.

§23.   COMPOUNDS OF QUESTION WORDS

The interrogative pronouns кто, что (§20), interrogative adjectives, such as кото́рый "which," како́й "what kind, which," and other question words, such as где "where," куда́ "whereto," отку́да "wherefrom," когда́ "when," как "how,"

ско́лько "how much, how many," are compounded with various other words.

With ни before them they make negatives; the words are run together in writing unless a preposition comes between: никто́ "nobody," ничтó [nji štó] "nothing" (usually in g form, ничегó [nji čivó]), ни с кем "with nobody," никогдá "never," and so on. Verbs take the negative: я никогдá никомý ничегó не говорил об э́том "I've never told anyone anything about this."

With stressed нé there are two meanings. Some combinations have an indefinite meaning: нéсколько "a few," нéкоторый "some or another." Others are predicative, meaning "there is no": нéкого послáть "there's no one to send," нé с кем поговорить "there's no one to have a talk with," нéкогда читáть "there's no time for reading."

With кóе or кой, written with a hyphen, the words mean "one and another," кóе-какие знакóмые "a few acquaintances here and there."

Followed by то, written with a hyphen, they mean "some," implying that there is some notice or identification: ктó-то "somebody" (identified, heard, or otherwise noticed), когдá-то "at a certain time, at some time" (which I can somehow identify).

Followed by нибудь, written with a hyphen, they mean "any" or "some," implying that there is no identification: ктó-нибудь "anybody, anybody at all," кáк-нибудь "in some way or other, in any way." In writing and in bookish speech либо is sometimes used instead: ктó-либо.

§24. VERBS

Verbs are cited in the dictionary in infinitive (*inf*) form: читáть "to read." The forms are made from two stems, a *present stem* (*pr* stem) and an *infinitive stem* (*inf* stem). Some of the forms are lacking and some differ in meaning, according to whether the verb is *durative* (*dur*) or *punctual* (*pct*); see §30. In giving the forms of a verb we often supply a lacking form by taking it from a compound.

Verbs have the following forms:

1. The following forms are made from the present stem.

The *present tense* (*pr*) has forms for actors of the *first*, *second*, and *third* persons, *singular* and *plural*: *S1* читáю "I am reading," *P1* читáем "we are reading," *P2* читáете, "you are reading," *S3* читáет "he (she, it) is reading," *P3* читáют "they are reading." The *S2* form is used where one uses the familiar singular ты, §21, (ты) читáешь "you (as, one child) are reading." In *dur* verbs the *pr* means action now going on; in a few also future action: кудá вы идёте? "where are you going?" or "where are you bound for?" but also: кудá вы идёте сегóдня вéчером? "where are you going (to go) this evening?" In *pct* verbs the *pr* means future action: я прочитáю э́ту книгу "I'll read this book (through)."

The *imperative* (*imv*) gives a command to a second person actor: *S2* читáй "read," *P2* читáйте. *pct* verbs and a few *dur* verbs use the *P1* form, (with -те added as in the imperative) for commands: сдéлаем (or сдéлаемте) э́то "let's do that," идём (идёмте) "let's be on our way, let's go."

The *present active participle* (*prap*) is an adjective: читáющий "(one who is) reading." It is made from *dur* verbs only, and is used almost only in writing and bookish speech.

The *present gerund* (*prger*) is an adverb. In *dur* verbs it means "while doing so and so": читáя "while reading"; in *pct* verbs it means "having done so and so" (the same as the past gerund): прочтя письмó "having read (through) the letter." The *pct* present gerund is used chiefly in writing and bookish speech.

The *present passive participle* (*prpp*) is an adjective; it is made only from *dur* verbs that have an *a* object: читáемая книга "a book that is being read." It is used chiefly in writing.

2. The following forms are made from the infinitive stem.

The *infinitive* (*inf*): читáть "to read."

The *past tense* (*p*) has forms for *M*, *F*, *N*, and *P* actors, without distinction of person:

M: я читáл "I was reading" (man or boy speaking), ты читáл "you were reading" (familiar, to one male), он читáл "he was reading," and so for all *M* nouns: стол стоял в углý "a table was standing in the corner";

F: я читáла "I was reading" (woman or girl speaking), ты читáла "you were reading" (familiar, to one female), онá читáла "she was reading," чáшка стоя́ла на столé "the cup was standing on the table";

N: онó читáло "it was reading," крéсло стоя́ло в углý "the armchair was standing in a corner";

P: мы читáли "we were reading," вы читáли "you were reading" (said to one or more persons), они читáли "they were reading," ученики читáли "the pupils were reading."

The *past active participle* (*pap*) is an adjective: читáвший "one who has been reading," прочитáвший "one who has read (through)." It is used chiefly in writing.

The *past gerund* (*pger*) is an adverb: читáв "after reading," прочитáв "having read (through)."

The *past passive participle* (*ppp*) is an adjective; it is made only from verbs that take an *a* object: прочитанная книга "a book that has been read through." This participle is used in ordinary speech.

Reflexive Forms. To the complete verb forms there is added, in various meanings, a *reflexive* (*refl*) suffix. It has the following shapes:

After vowels, except in participles, [-s], written сь: мóю "I wash," мóюсь [móyus] "I wash myself." Occasionally, especially after [i], the suffix is pronounced [-sj], in accordance with the spelling.

After [t, tj] the suffix is [-ca], written ся; before it [tj] of the infinitive is replaced by [t], but spelled ть: мóет "he washes," мóется [móᶦtca] "he washes himself"; мыть "to wash," мы́ться [mítca] "to wash oneself."

After other consonants, and after all participle forms, the suffix is [-sa], written ся: мóем "we wash," мóемся [móᶦmsa] "we wash ourselves," мыл "he washed," мы́лся "he washed himself."

The meaning of the *refl* form is various: action upon oneself (as above); action of several actors upon one another: мы чáсто видимся "we often see each other"; undergoing of an action: книга читáется "the book is being read." Some verbs occur only in *refl* forms: боя́ться "to be afraid," смея́ться "to laugh."

Preverbs. Verbs occur frequently in composition with *preverbs*, prefixes some of which are like prepositions in form: писáть "to write," подписáть "to sign" (preposition под "under"), вы́писать "to copy out" (there is no independent word corresponding tó this preverb).

§25. REGULAR VERBS

There are four classes of regular verbs. All have a vowel before the *inf* ending -ть. Class One, by far the largest, includes all regular verbs whose *inf* does not end in -овать (-евать), -нуть, or -ить. Class Two contains those in -овать (-евать), Class Three those in -нуть, and Class Four those in -ить.

Class One. The *pr* stem is formed by adding [y] to the *inf* stem: читáть "to read," *inf* stem [čitá-], *pr* stem [čitáy-].

The *pr* has the following endings:

*S*1	[-u]	читáю
2	[-još]	читáешь
3	[-jot]	читáет
*P*1	[-jom]	читáем
2	[-jotji]	читáете
3	[-ut]	читáют

The *S*2 ending is written with ь. The full forms of the endings do not appear here or in Class Two, since the endings are unstressed (and come after [y]); they appear in Class Three.

The *imv S*2 is merely the stem: читáй; the *P*2 adds [-tji]: читáйте.

The *prap* is formed with [-ušč]: читáющий.

The *prger* has the ending [-a]: читáя.

The *prpp* is formed with [-jom]: читáемый.

The remaining forms are made from the *inf* stem.

The *inf* has the ending [-tj]: читáть.

The *p* adds [-l] and then *F* [-a], *N* [-o], *P* [-ji]: читáл, читáла, читáло, читáли. Note that the *P* ending differs from *np* [-i] of nouns and *sh P* [-i] of adjectives.

The *pap* is formed with [-fš]: читáвший.

The *pger* ends in [-fši] or, when the *refl* suffix is not present, in [-f]: прочитáвши, прочитáв.

The *ppp* is formed with [-n] but the long forms are spelled with нн: прочи́танный, *sh* прочи́тан, прочи́тана.

The stress is on the stem and stays on the same syllable in all forms: дéлать "to do," дéлаю; белéть "to get white," белéю; знать "to know," знáю. Only verbs in stressed -áть draw back the stress to the preceding syllable in the *ppp*: читáть, прочи́танный; this happens even in one-syllable verbs that have a preverb with a vowel in it: узнáть "to recognize": ýзнанный; some of these have stress on the *sh F* ending: ýзнан, узнанá, ýзнано, ýзнаны (which is then indicated in the dictionary).

The dictionary makes no comment on regular verbs of Class One, except for a few that end in -овать, -евать as though they belonged to Class Two: здорóваться "to exchange greetings," where the *pr S*1 and *S*3 are given: здорóваться, -ваюсь, -вается; also, there are a few in [-átj] which do not retract the stress in the *ppp*: изваять "to sculpt," изва́янный.

Class Two. The *inf* stem ends in [ova]; in the *pr* stem this is replaced by [uy]: рáдовать "to gladden," *inf* stem [rádova-], *pr* stem [ráduy-]. Otherwise the inflection is exactly as in Class One: *pr* рáдую, рáдует, *imv* рáдуй, *prap* рáдующий, *p* рáдовал, рáдовала, *ppp* обрáдованный.

After soft consonants and ж, ц, ш the spelling goes by the usual rules: переночевáть "to stay overnight."

Verbs in stressed [ovátj] stress the [uy] in the *pr* stem and draw back the stress in the *ppp*: переночýю; образовáть "to educate": образýю, образýет, образýй, образовáл, образовáла, but образóванный "educated."

Class Three. The *inf* stem ends in [nu]; the *pr* stem drops the [u], ending in [n]: ки́нуть "to throw," *inf* stem [kjínu-], *pr* stem [kjín-]: *pr* ки́ну, ки́нешь, ки́нет, ки́нем, ки́нете, ки́нут; note that the four endings which we write with [j] make the [n] soft: [kjínu, kjínj^{i}t].

The *imv* adds [-j]: кинь, ки́ньте. If there is a consonant before the [n], the *imv* adds [-ji]: дёрнуть "to pull," дёрни, дёрните.

P ки́нул, ки́нула, -о, -и.

The *ppp* is formed with [-t]: ки́нутый.

Verbs whose *inf* stem has stressed [nú] stress the endings in the *pr* stem, take [-jí] in the *imv*, and draw back the stress in the *ppp*: вернýть "to bring back," вернý, вернёшь, вернёт, вернём, вернёте, вернýт (here we see the full forms of the *pr* endings [vjirnú, vjirnjót]); верни́, верни́те; вернýл, вернýла; повёрнутый "turned." The dictionary tells whether unstressed е of the stem appears in the *ppp* as é or as ё.

A few verbs of Class Three in stressed [nú] draw back the stress also in the five *pr* forms other than *S*1, and in the *prap*: тянýть "to pull," тянý, тя́нешь, тя́нет, тя́нем, тя́нете, тя́нут; тяни́; тя́нущий; тянýл, тянýла; потя́нутый. The dictionary shows this by giving the *pr S*1 and *S*3: тянýть, тянý, тя́нет.

Class Four. The *inf* stem ends in [i], before which there is always a soft consonant or ж, ш; the *pr* stem drops this [i], but most of its endings contain the vowel [i]: мéрить "to measure." *inf* stem [mjérji-], *pr* stem [mjérj-].

The *pr* has the following endings:

*S*1	[-u]	мéрю
2	[-iš]	мéришь
3	[-it]	мéрит
*P*1	[-im]	мéрим
2	[-itji]	мéрите
3	[-ut, -at]	мéрят

The *P*3 ending is spelled -ят (-at), but is usually pronounced [-^{u}t], as [mjérj^{u}t] rather than [mjérj^{i}t].

The *imv* has no ending after a single consonant, but [-i] after a cluster: мерь, мéрьте, but чи́стить "to clean," чи́сти, чи́стите.

The *prap* is formed with [-ašč]: мéрящий.

The *prger* has [-a]: мéря.

The *prpp* is formed with [-im]: мéримый.

The *p* forms and *pap* and *pger* are made as in the other classes: мéрил, мéрила, -о, -и; мéривший, смéривши or смéрив.

The *ppp* drops [i] and adds [-ɔn], spelled in the long forms with нн: смéренный, смéрен, смéрена.

Verbs whose *inf* stem has stressed [í] have either *fixed* or *shifting* stress.

Those with fixed stress stress the endings in the forms from the *pr* stem and in the *sh* forms of the *ppp*; in the *imv* they have [-í]: весели́ть "to make cheerful": веселю́, весели́шь, весели́т, весели́м, весели́те, веселя́т; the *P*3 ending is pronounced [-át], as spelled: [vj^{i}sjiljját]; весели́, весели́те; веселя́щий, веселя́, веселя́мый; весели́л, весели́ла, -о, -и; весели́вший, развесели́вши or развесели́в; развеселённый, *sh* развеселён, развеселенá, -ó, -ы́.

Those with shifting stress draw back the stress in the five *pr* forms other than *S*1 and in the *ppp*: хвали́ть "to praise": хвалю́, хвáлишь, хвáлит, хвáлим, хвáлите, хвáлят [xválj^{u}t];

хвали́, хвали́те; хваля́щий, хваля́, хвали́мый; хвали́л, хвали́ла; похва́ленный [-lj'n ªy], похва́лен, похва́лена. The dictionary indicates shifting stress by giving the *pr* S1 and S3: хвали́ть, хвалю́, хва́лит.

When verbs in [ítj] are compounded with the stressed preverb вы́-, they keep the ending [-i] in the *imv*: кури́ть "to smoke," курю́, ку́рит, *imv* кури́; вы́курить "to smoke up," *imv* вы́кури.

Before the *pr* S1 ending [-u] and in the *ppp* the final consonant of the stem is replaced as follows:

[bj, fj, mj, pj, vj] add [ij]: люби́ть "to love," люблю́, лю́бишь, лю́бит, лю́бим, лю́бите, лю́бят; люби́; люби́л; возлю́бленный

[dj, zj] are replaced by [ž]: щади́ть "to spare," щажу́, щади́т, пощажённый; рази́ть "to strike down," ражу́, рази́т, поражённый

[sj] is replaced by [š]: бро́сить "to throw," бро́шу, бро́сит, бро́шенный

[stj] is replaced by [šč]: чи́стить "to clean," чи́щу, чи́стит, почи́щенный

[tj] is replaced by [č]: тра́тить "to spend," тра́чу, тра́тит, потра́ченный

[zdj] is replaced by [žj]: е́здить "to ride," е́зжу, е́здит, зае́зженный "worn out by riding."

A few verbs are irregular in replacing [tj] by [šč]: посети́ть "to visit," посещу́, посети́т, посещённый. A few replace [dj] by [ždj] in the *ppp*: награди́ть "to reward," награжу́, награди́т, награждённый; also, with [zdj], пригвозди́ть "to nail on," пригвозжу́, пригвозди́т, пригвождённый. These forms are shown in the dictionary.

§26. IRREGULAR VERBS

Most irregular verbs are peculiar only in that the *inf* stem and the *pr* stem do not match. Thus, держа́ть "to hold" has the *pr* forms as of Class Four: держу́, де́ржит; the dictionary, by showing these forms, tells the whole story: *imv* держи́, *p* держа́л, *ppp* поде́ржанный. Similarly, чу́ять "to scent" has the *pr* stem [čuy-]: чу́ю, чу́ет; this indication suffices: *imv* чуй, *p* чу́ял, чу́яла.

All other irregularities are cited in the dictionary and require no comment here; we name some of the more frequent ones in §§27, 28, 29. When the dictionary cites irregular forms between slanted lines, this means that the regular forms are also used.

§27. IRREGULAR PRESENT

A few verbs have a *pr* stem ending in consonant plus [y]; these insert a vowel in the *imv* form: пить "to drink," пью, пьёт; the *imv* is пей, пе́йте.

Some irregular verbs have the *pr* like Classes One, Two, and Three, but the *pr* stem ends in a consonant other than [n, j]: несу́ "I carry," несёшь, несёт, несём, несёте, несу́т, *imv* неси́, неси́те. All those whose *pr* stem ends in [g] and nearly all whose *pr* stem ends in [k] replace these consonants by [ž] and [č] respectively before the endings that we write with [j]: могу́ "I can," мо́жешь, мо́жет, мо́жем, мо́жете, мо́гут, *imv* помоги́ "help"; пеку́ "I bake," печёшь, печёт, печём, печёте, пеку́т; *imv* пеки́.

The verbs дава́ть "to give," даю́, даёт; -знава́ть (used chiefly in compounds) "to know," -зна́ю, -знаёт; -става́ть (used chiefly in compounds) "to stand," -стаю́, -стаёт, form the *imv* and *prger* as if they were regular verbs: дава́й, дава́йте, дава́я.

Only four verbs are entirely irregular in the present forms:

бежа́ть "to run": бегу́, бежи́шь, бежи́т, бежи́м, бежи́те, бегу́т, *imv* беги́

дать "to give": дам, дашь, даст, дади́м, дади́те, даду́т, *imv* дай

есть "to eat": ем, ешь, ест, еди́м, еди́те, едя́т, *imv* ешь

хоте́ть "to want"; хочу́, хо́чешь, хо́чет, хоти́м, хоти́те, хотя́т, *imv* хоти́

§28. IRREGULAR INFINITIVE AND PAST

Some verbs whose *inf* stem has only one syllable (not counting preverbs) have shifting stress in the *p* forms. Some stress only the F ending: жить "to live," живу́, живёт, *p* жил, жила́, жи́ло, жи́ли. Mostly such verbs draw the stress back to a preverb in the other *p* forms: заня́ть "to occupy," займу́, займёт, *p* за́нял, заня́ла, за́няло, за́няли, and they similarly stress the *ppp* forms: за́нятый "occupied," *sh* за́нят, занята́, за́нято, за́няты. In the *p refl* forms they often stress the last syllable throughout, but in this there is much variation: заня́лся "occupied himself," заняла́сь, заняло́сь, заняли́сь. A few draw the stress back to a preceding не "not": быть "to be," бу́ду, бу́дет, *p* был, была́, бы́ло, бы́ли, but не́ был [njé bºl] "he was not," не была́ [nj' bilá], не́ было, не́ были.
Some few verbs stress all the *p* endings: вёл "he led," вела́, вело́, вели́.
Some irregular verbs make the *ppp* with [-t]: заня́ть "to occupy," за́нятый; дуть "to blow" (otherwise regular: ду́ю,

ду́ет, дуй, дул, ду́ла), наду́тый "puffed up"; брить "to shave," бре́ю, бре́ет, побри́тый; петь "to sing," пою́, поёт (*imv* пой), пе́тый "(one that has been) sung."

Some irregular verbs have the *inf* stem ending in a consonant. This consonant combines in various ways with the *inf* ending [-tj], which here sometimes has a stressed form [-tjí]. In the *p* forms, final [d, t] drop before the [-l]; after other consonants the [-l] drops in the M form. After [r] the *inf* ends in [-étj]. The *ppp*, when not formed with [-t], is made with [-jonn], before which [g, k] are replaced by [ž, č]. The following are typical instances:

stem [vjod-] вести́ "to lead," веду́, ведёт, *p* вёл, вела́, вело́, вели́, поведённый

stem [strjig-] стричь "to shear," стригу́, стрижёт, *imv* стриги́, *p* стриг, стри́гла, стри́гло, -и, стри́женный

232

stem [žg-] жечь "to burn," жгу, жжёт [žjot], *imv* жги, *p* жёг, жгла, жгло, жгли, сожжённый

stem [pjok-] печь "to bake," пеку́, печёт, *p* пёк, пекла́, пекло́, пекли́, печённый

stem [tjor-] тере́ть "to rub," тру́, трёт, *imv* три, *p* тёр, тёрла, тёрло, тёрли, тёртый

stem [njos-] нести́ "to carry," несу́, несёт, *imv* неси́, *p* нёс, несла́, несло́, несли́, понесённый

stem [vjoz] везти́ [vjistjí] "to cart," везу́, везёт, *p* вёз, везла́, везло́, везли́, повезённый

The stem [id-] has *p* forms from a stem [šd-]: итти́ or идти́ [itjí] "to be going," иду́, идёт, *imv* иди́, *p* шёл, шла, шло, шли, *pap* ше́дший. After preverbs the stem is [yd-]: войти́ "to go in," войду́, войдёт, *imv* войди́, *p* вошёл, вошла́, вошло́, вошли́, *pap* воше́дший.

Some verbs in -нуть go by Class Three but drop [nu] in the *p* forms. га́снуть "to be extinguished," га́сну, га́снет, *p* гас, га́сла, га́сло, га́сли.

§29. SPECIAL IRREGULAR FORMS

Irregularities of more special kinds are mentioned in the dictionary. For instance, стоя́ть "to stand," стою́, стои́т optionally draws back the stress in the *prger* сто́й; е́хать "to be riding," е́ду, е́дет, and all its compounds lack an *imv* form; this is supplied from -езжа́ть (used in compounds only): поезжа́й "drive"; уе́хать "to depart," уе́ду, уе́дет, but *imv* уезжа́й. When the dictionary cites irregular forms between slanted lines, this means that the regular forms are also used.

§30. DURATIVE AND PUNCTUAL ASPECT

Russian verbs are divided into *durative* (*dur*, or *imperfective*) and *punctual* (*pct*, or *perfective*); each verb has one or the other of these two *aspects*.

Dur verbs are more general in their meaning, which is two-fold: *actual* and *iterative* (*iter*).

The actual durative means an action which covers a stretch of time during which other things may happen: я писа́л письмо́. "I was writing a letter" (as, "when someone knocked at the door"). It means also actions which cover an appreciable stretch of time: он жил в Москве́ "he lived in Moscow," как вы спа́ли? "how did you sleep?"

The iterative durative means a repeated, habitual, or general action or a complex action (moving in more than one direction, back and forth, or the like): я ча́сто писа́л "I often wrote," вы ему́ писа́ли? "have you ever written to him?" он пи́шет хорошо́ "he writes well."

Most *dur* verbs are used in both actual and iterative meanings, but some verbs of motion have by their side a special iterative verb. Thus, итти́ "to be going" is used only in actual meaning: куда́ вы идёте? "where are you going?" я иду́ в теа́тр "I'm going to the theater"; the *iter* is ходи́ть, as я ходи́л по у́лицам "I walked along the streets" (in more than one direction); я ча́сто хожу́ в теа́тр "I often go to the theater." The dictionary, for a verb like итти́, adds between slanted lines/ *iter*: ходи́ть/; a verb like ходи́ть is described as *iter* of итти́.

The *pr* forms of durative verbs is the only verb form that states an action in present time. A future action of a *dur* verb is expressed by a combination of a *pct* present, usually бу́ду, бу́дет, with the *dur inf*: я бу́ду писа́ть "I shall be writing; I shall write (repeatedly)." A few *dur* verbs also have future meaning in the *pr* form: сего́дня ве́чером мы идём в теа́тр "this evening we're going to the theater."

Punctual verbs are more specialized in meaning. They denote a single action which comes to an end, without regard to any time covered or any repetition: я написа́л письмо́ "I wrote (or have written) a letter"; вы ему́ написа́ли? "have you written to him (now)?" он пошёл в теа́тр "he went to the theater." The *pr* forms of *pct* verbs mean a simple future action: я ему́ напишу́ "I'll write to him," я напишу́ письмо́ "I'll write a letter."

Nearly all simple verbs are *dur*: писа́ть "to write," спать "to sleep." Compounds of a simple verb with a preverb are

pct: подписа́ть "to sign," приписа́ть "to prescribe," вы́писать "to copy out."

Some few simple verbs are *pct*; for instance, дать "to give," бро́сить "to throw," and a number in -нуть meaning a single stroke of action: сту́кнуть "to give a knock." These, like all other *pct* verbs, are marked *pct* in the dictionary; any verb not marked as *pct* in the dictionary is *dur*.

In most, but not all instances, there are pairs of verbs, one *dur* and one *pct*, which differ only in aspect, and otherwise have quite the same meaning. Among the compounds of a simple *dur* verb there is often such a *pct* verb; most usually it is formed with the preverb по-, as теря́ть "to lose" *pct* потеря́ть. If a simple *dur* verb has no such *pct* verb by its side, or if this *pct* verb is made with по-, the dictionary makes no comment: спать "to sleep" (no corresponding *pct*); ду́мать "to think" (a *pct* is made with по-). Under the *pct* verb reference is made to the *dur*: подума́ть (*pct of* ду́мать).

Many simple *dur* verbs have an exactly corresponding *pct* compound with some preverb other than по-; for these pairs the dictionary makes cross-reference: писа́ть "to write" (*pct*: на-); де́лать "to do, to make" (*pct*: с-) and написа́ть, *pct* of писа́ть, сде́лать, *pct* of де́лать. Some simple *dur* verbs have a corresponding simple *pct* verb: дава́ть "to give" (*pct*: дать); стуча́ть "to knock" (*pct*: сту́кнуть). Here, too, the dictionary gives cross-references.

Most *pct* compounds of simple verbs differ in meaning, beyond the mere difference of aspect, from the simple *dur* verb; as подписа́ть "to sign" differs from писа́ть "to write." Almost always there is then a *compound durative* verb, which consists of a longer stem (the *compounding durative* stem) with the same preverb. Thus, the compounding durative stem of писа́ть is -писывать, used in forming подпи́сывать "to sign," *dur* of подписа́ть. Thus, one says я подпишу́ письмо́ "I'll sign the letter," but я подпи́сываю пи́сьма "I sign (or am signing) the letters." Similarly, compound duratives припи́сывать "to prescribe," вы́писывать "to copy out," and so on.

Most compounding duratives are regular verbs, made from the *inf* stem of the simple verb with suffixes [-vá, -já, -á, -iva], разби́ть *pct* "to smash," *dur* разбива́ть; изме́рить *pct* "to measure out," *dur* измеря́ть. There are only a few irregular compounding duratives, as итти́, -ходи́ть (same as the iterative): войти́ *pct* "to go in," *dur* входи́ть.

In some instances the pairing of *dur* and *pct* verbs is quite odd: *dur* говори́ть "to speak, to say," *pct* сказа́ть; *dur* лови́ть "to catch," *pct* пойма́ть; *dur* покупа́ть "to buy," *pct* купи́ть; *dur* брать "to take," *pct* взять; *dur* класть "to put," *pct* положи́ть.

The preverb вы- is stressed in *pct* verbs, but not in compound duratives: вы́нуть "to take out" *pct*, but *dur* вынима́ть.

In addition to compound duratives, some other verbs that contain preverbs are durative: наде́ться "to hope." Compounds with без and не are not *pct*: беспоко́ить "to disturb," *pct* обеспоко́ить; ненави́деть "to hate," compare the *pct* compound verb возненави́деть " to conceive a hatred of."

A few verbs are both *dur* and *pct*: жени́ться "to get married" (of a man), телеграфи́ровать "to telegraph."

§31. PREPOSITIONS

Most prepositions have their object in the *g* case: о́коло до́ма "near the house"; for these the dictionary gives no comment. The commonest are без, для, до, из, от, у, из-за, из-под.

Irregularly, some take their objects in other cases; the dictionary tells with which case they are used. With *a*: про, сквозь, че́рез; with *d*: к, вопреки́; with *i*: ме́жду, над; with *l* при. A few take different cases in different meanings: with *a* and *i*: за, перед, под; with *a* and *l*: в, на, о (об); with *g*, *a*, and *i*: с; with *a*, *d*, and *l*: по.

The meanings differ very much from the meanings of English prepositions; this appears plainly in the dictionary, and we give here only a few general comments.

The chief difference between the use of в, за, на, под with *a* and *l* (в, на) or *i* (за, под) appears in expressions of place. With an *a* object the expression answers the question куда́ "whereto": он вошёл в ко́мнату "he went into the room," он сел на крова́ть "he sat down on the bed," он пое́хал за грани́цу "he went abroad," он бро́сил кни́гу под стол "he threw the book under the table." With the other cases the expression answers the question где "where, in what place": он был в ко́мнате "he was in the room," он сиде́л на крова́ти "he was sitting on the bed," он жил за грани́цей "he was living abroad," кни́га лежа́ла под столо́м "the book was lying under the table."

With most places, в with *a* means "into," в with *l* "in," and из (with *g*) "from (the inside of), out of": мы пошли́ в теа́тр "we went to the theater," мы бы́ли в теа́тре "we were in the theater," мы верну́лись из теа́тра "we came back from the theater." But certain nouns instead use на with *a* and *l* and с with *g*: мы пошли́ на вокза́л "we went to the railway station," мы бы́ли на вокза́ле, мы верну́лись с вокза́ла; similarly конце́рт "concert," ры́нок "market," собра́ние "meeting." With persons one uses к (with *d*), у (with *g*), от (with *g*): к Ильины́м "to the Ilyins'," у Ильины́х "at the Ilyins'," от Ильины́х "from the Ilyins'."

In meanings like "so much apiece, so many each," по is used with numbers as follows. Оди́н is *d* and the noun in concord: он дал им по одному́ рублю́ "he gave them one ruble each"; два, три, четы́ре are *a* with *gs* noun: по два рубля́, по две копе́йки "two kopeks each," по четы́ре я́блока "four apples each." Две́сти, три́ста, четы́реста are *a* with *gp* noun: по две́сти рубле́й. The remaining numbers are *d* with *gp* (occasionally *dp*) noun: по пяти́ рубле́й "five

rubles each"; по сорока́ рубле́й, по́ ста рубле́й. But the hundreds from 500 on have the second part in *gp* form: по пятисо́т рубле́й. With *a* по полтора́ рубля́ "one and a half rubles each," по полтора́ста рубле́й "150 rubles each." The collective numbers also are *a* with *gp* noun, even for animates: по́ двое но́жниц "two pairs of scissors each," по́ трое сане́й "three sleighs in each place or group."

Before vowels, о is replaced by об: о чём? "about what?" об а́рмии "about the army"; before [у] occasionally, especially before possessive их: об их де́ле "about their affair," beside о их де́ле (but, of course, always о них "about them," §18). Before other consonants об is used in some special expressions: об сте́ну [о́р stjⁱnu] "against the wall." A still longer form обо is used in обо мне "about me," обо что́, обо всё and occasionally before other forms of весь (§16).

The prepositions без, в, из, к, над, под, с have longer forms with -о added. These are used before the forms мне, мно́й (мно́ю, §21) and forms of весь that begin with вс- (§16) and before р, л plus consonant: безо всех "without all," во рту́ "in the mouth," ко мне "to me," надо лбо́м "over the forehead." Some are used also before other clusters, either always or optionally. Thus, во is used before [v] and [f]: во-вре́мя "on time," во Фра́нции "in France"; also in some others: во что́ "into what," во дворе́ "in the court," во сне́ "in one's sleep." Similarly ко двору́ "toward the yard," ко сну́ "toward sleep." Before [s, z] со is always used in some combinations: со стола́ "from the table," со сна́ "out of one's sleep," со звездо́й "with a star (medal)," and optionally in others: со слеза́ми "with tears"; before [šč] always: со сча́стьем "with good fortune."

От less commonly has ото: от всех, ото всех "from all."

Of the longer prepositions, перед takes о in передо мно́й "before me" and occasionally before forms of весь: перед всем, передо всем.

The prepositions до, за, из, на, по, под take the stress before some nouns, which then lose their stress: до́ земли "toward the ground," за́ город "outside of town" (whereto), за́ городом "outside of town" (where), и́з лесу "out from woods," на́ пол "onto the floor," по́ двору "along the yard; across the yard," по́д гору "downhill." Similarly, one-syllable numbers after за, на, по: за́ три рубля́ "for three rubles."

Other one-syllable prepositions take the stress in fewer instances: бе́з толку "without sense," о́б пол "against the floor," о́т роду "from birth."

Russian-English

A

a but. Не хо́чется встава́ть, а на́до. I don't want to get up, but I have to. — Я приду́, а она́ нет. I'll come, but she won't. • and. Он бежа́л, а я за ним. He ran, and I ran after him. • while. Я пошёл гуля́ть, а он продолжа́л рабо́тать. I went for a walk, while he continued working. □ **а то** or. Идём скоре́е, а то мы опозда́ем. Let's hurry or we'll be late. □ "Хоти́те пойти́ в теа́тр?" "А вы доста́ли биле́ты?" "Do you want to go to the theater?" "Did you get the tickets?"

абажу́р lampshade. Да́йте мне, пожа́луйста, зелёный абажу́р. Please give me a green lampshade.

абрико́с apricot.

аванга́рд vanguard.

ава́нс advance. Я получи́л ава́нс в счёт зарпла́ты. I received an advance on my salary. □ **ава́нсом** in advance. Колхо́зникам вы́дали ава́нсом по́ два килогра́мма хле́ба на трудоде́нь. The kolkhozniks received two kilograms of grain per workday in advance.

а́вгуст August.

авиа́ция aviation.

аво́сь maybe. Попро́буем, аво́сь уда́стся. Let's try; maybe it'll work out. □ На́до бы́ло заказа́ть ко́мнаты, а не е́хать на аво́сь. We should have reserved rooms and not taken a chance. • *"Аво́сь", "небо́сь", да "ка́к-нибудь" до добра́ не доведу́т. "Maybe's" don't pay off. • *Не наде́йся на аво́сь. Don't count on luck.

автобу́с bus. Лу́чше всего́ туда́ е́хать авто́бусом. The best way to get there is by bus. — Како́й авто́бус туда́ идёт? Which bus goes there?

автома́т machine. Я доста́ну вам папиро́сы в автома́те. I'll get you a pack of cigarettes from the cigarette machine. — Он не челове́к, а автома́т како́й-то! He's more like a machine than a human being.

автомати́ческий automatic. Ва́ша маши́нка с автомати́ческой сме́ной ле́нты? Does your typewriter have an automatic ribbon-reverse? □ У нас неда́вно поста́вили автомати́ческий телефо́н. They put in a dial phone at our place recently.

автомоби́ль (M) automobile, car. Мой автомоби́ль не в поря́дке. My car is out of order. — Вы уме́ете пра́вить автомоби́лем? Do you know how to drive (a car)? □ **грузово́й автомоби́ль** truck.

автоно́мия autonomy.

автоно́мный autonomous. □ **автоно́мная респу́блика**. autonomous republic.

а́втор author. Кто а́втор э́той кни́ги? Who's the author of this book?

аге́нт agent. Он оказа́лся секре́тным а́гентом иностра́нного правительства. He turned out to be a secret agent of a foreign government. □ **аге́нт уголо́вного ро́зыска** police inspector, plain-clothes man. Э́тим де́лом заня́лся аге́нт уголо́вного ро́зыска. The police inspector took charge of this affair.

аге́нтство agency. Он — представи́тель одного́ америка́нского телегра́фного аге́нтства. He's the representative of an American news agency.

агита́тор agitator.

агита́ция drive. Агита́ция за доброво́льную подпи́ску на вое́нный заём име́ла большо́й успе́х. The war bond drive was very successful. □ **вести́ агита́цию** to campaign. Мы ведём агита́цию за уменьше́ние прогу́лов на заво́дах. We are campaigning for a reduction of absenteeism in the factories. — Мы вели́ агита́цию за кандида́та па́ртии. We campaigned for the party candidate.

агити́ровать to campaign. Он неуста́нно агити́ровал за повыше́ние производи́тельности труда́. He campaigned without let-up for the increase of labor productivity. • to propagandize. За э́ту иде́ю ну́жно ещё мно́го агити́ровать. This idea needs plenty of propagandizing.

агре́ссия aggression.

агре́ссор aggressor.

агроно́м scientific farmer. Вы должны́ посове́товаться об э́том с агроно́мом. You ought to consult a scientific farmer about this.

ад (/в аду́/) hell. *До́брыми наме́рениями ад вы́мощен. The road to hell is paved with good intentions.

адвока́т lawyer.

администра́ция management. На́ша заводска́я администра́ция недоста́точно акти́вна. Our factory management is inefficient. • administrative office. Заводска́я администра́ция помеща́ется в осо́бом зда́нии. The administrative office of the plant is in a special building.

а́дрес (/P -а́, -о́в/) address. Э́то где́-то в це́нтре, а то́чного а́дреса я не по́мню. It's somewhere in the center of town, but I don't remember the exact address. — Э́то мой вре́менный а́дрес. This is my temporary address. — Запиши́те мой а́дрес. Take down my address. — А́дрес неразбо́рчив. The address isn't clear. — Отпра́вьте, пожа́луйста, паке́т по э́тому а́дресу. Please send the package to this address. — Напиши́те ему́ на его́ дома́шний а́дрес. Write to him at his home address. □ Ва́ше замеча́ние напра́влено не по а́дресу. You're barking up the wrong tree. • Я сра́зу по́нял, по чьему́ а́дресу э́то бы́ло ска́зано. I knew immediately who your remark was aimed at.

а́збука alphabet. Вы зна́ете ру́сскую а́збуку наизу́сть? Do you know the Russian alphabet by heart? • ABC's. Он не знает даже азбуки инженерного дела. He doesn't even know the ABC's of engineering.

☐ **азбука для слепых** Braille.

Азбука Морзе Morse code.

академия academy.

☐ **академия наук** academy of sciences.

академия художеств academy of arts.

акробат acrobat.

акт act. Первый акт уже начался. The first act has already started.

☐ **обвинительный акт** indictment. Вы читали обвинительный акт? Have you read the indictment in the case?

актёр actor. Сколько актёров в этой труппе? How many actors are there in this company?

актив active members. Наш партийный актив (or партактив) очень помогает заводоуправлению. Our active party members are of great help to the factory management. • credit. Ваша работа в общественных организациях будет записана вам в актив. Your work for social agencies is very much to your credit. • assets. Актив и пассив. Assets and liabilities.

активист active member of an organization.

актриса actress. Она хочет стать актрисой. She wants to become an actress.

аккуратный accurate. Они славятся своей аккуратной работой. They're famous for their accurate work. • on time. Мы рассчитываем на аккуратное выполнение нашего заказа. We're counting on our orders being filled on time. ☐ **аккуратно** regularly. В последнее время почта приходит не аккуратно. Lately the mail hasn't been coming in regularly.

акцент accent. Он говорит по-русски с сильным английским акцентом. He speaks Russian with a thick English accent.

алкоголь (M) alcohol.

аллея path. В конце главной аллеи парка стоит памятник. There's a monument at the end of the main path in the park.

алфавит alphabet. Вы уже выучили русский алфавит? Have you learned the Russian alphabet yet?

☐ **расставить по алфавиту** to alphabetize. Расставьте книги по алфавиту авторов. Alphabetize these books by author.

алюминий aluminum.

амбар barn. Обмолоченное зерно уже в амбаре. The threshed grain is in the barn already.

амбулатория clinic. Амбулатория открыта по утрам. The clinic is open mornings.

Америка America.

американец (-нца) American. Вы—американец? Are you an American?

американка American (F). Он женат на американке. He's married to an American.

американский American. Это касается только американских граждан. This concerns American citizens only. — Где ближайший пункт Американского красного креста? Where's the nearest American Red Cross station?

амнистия amnesty.

ампутация amputation.

ангел angel.

английский English.

☐ **английская булавка** safety pin. Есть у вас английская булавка? Do you have a safety pin?

английская соль Epsom salts.

по-английски English. Я говорю только по-английски. I only speak English.

английский (**язык**) English (language). Я беру уроки английского (языка) два раза в неделю. I take English lessons twice a week.

англичанин (P англичане, -чан, -чанам) Englishman. Вы англичанин или американец? Are you an Englishman or an American?

англичанка Englishwoman. Не правда ли, она похожа на англичанку? She looks like an Englishwoman, doesn't she?

Англия England.

анекдот story. Он рассказал нам хороший анекдот. He told us a good story. — Неужели это правда? Похоже на анекдот! Don't tell me! It sounds like a story. ☐ Со мной вчера случился препренеприятный анекдот. I got into an embarrassing situation yesterday.

анкета questionnaire. Вы должны заполнить анкету. You have to fill out a questionnaire. • poll. Анкета показала, что радиослушатели предпочитают лёгкую музыку. The poll showed that radio listeners prefer light music.

антисептический antiseptic.

антифашистский anti-Fascist.

антракт intermission. Антракт будет после второго действия. The intermission is after the second act.

аппарат apparatus. Вы умеете обращаться с этим аппаратом? Do you know how to use this apparatus? • phone. У аппарата секретарь директора. The director's secretary is on the phone. • device. Это — сложный аппарат. This is a complicated device. • machinery. Как работает советский административный аппарат? How does the Soviet administrative machinery work? ☐ **фотографический аппарат** camera. Я привёз мой фотографический аппарат из Америки. I brought my camera from America.

апельсин orange.

аппендицит appendicitis.

аппетит appetite. Он потерял аппетит. He lost his appetite. ☐ Приятного аппетита! Eat hearty! • Умерьте ваш аппетиты! Don't be so greedy.

аплодировать to applaud. После спектакля мы ещё долго аплодировали артистам. We kept applauding for a long time after the performance.

апрель (M) April.

аптека drugstore. В русских аптеках ни еды, ни напитков получить нельзя. Russian drugstores don't serve food and drinks.

аптекарь (/P -ря, -рей/M) druggist.

аптечка first-aid kit.

арбуз watermelon.

арена ring. На арену (цирка) вывели слонов. They led the elephants into the ring.

арест arrest. Его посадили под арест. He was placed under arrest. ☐ **наложить арест** to attach. Суд наложил арест на его имущество. His property was attached by the court.

арестовать (pct of **арестовывать**; the pr forms are both pc and dur) to arrest.

арестовывать (/pct: **арестовать**/).

арифме́тика arithmetic.

а́рмия army.

   ☐ **Кра́сная А́рмия** Red Army.

арте́ль (*F*) artel (association of owner-producers).

артилле́рия artillery. Он служи́л в артилле́рии. He was in the artillery.

   ☐ *Он пусти́л в ход тяжёлую артилле́рию. He used his ace in the hole.

арти́ст artist. В его́ исполне́нии чу́вствуется большо́й арти́ст. You can sense he's a great artist when he performs.

   ☐ **наро́дный арти́ст** people's artist; **заслу́женный арти́ст** honorary artist. (Official honorary titles given to outstanding singers, actors, ballet dancers, and musicians).

   ☐ Ваш портно́й настоя́щий арти́ст. Your tailor is a real master of his trade.

арти́стка actress. Она́ была́ изве́стной драмати́ческой арти́сткой. She was a famous dramatic actress.

архи́в archives. Эти докуме́нты храня́тся в архи́ве комиссариа́та иностра́нных дел. These documents are kept in the archives of the Commissariat of Foreign Affairs. • records. Я не могу́ найти́ следа́ э́той сде́лки в на́ших архи́вах. I can't find a trace of this transaction in our records.

   ☐ Эти устаре́лые ме́тоды пора́ уже́ сдать в архи́в. It's high time to forget those old methods.

архите́ктор architect.

арши́н (*gp* арши́н) arshin (*See Appendix 2*).

   ☐ *Нельзя́ ме́рить всех на оди́н арши́н. You can't judge everyone by the same yardstick. • *Сиди́т сло́вно арши́н проглоти́л. He's sitting as straight as a ramrod.

асортиме́нт selection. В э́том магази́не хоро́ший асортиме́нт това́ров. This store has a large selection of goods.

аспири́н aspirin.

асфа́льт asphalt.

ата́ка attack.

атеста́т diploma. Что́бы получи́ть э́ту рабо́ту, вам придётся предста́вить ваш шко́льный атеста́т. You'll have to show your school diploma to get that job.

атле́тика athletics. Я ра́ньше мно́го занима́лся атле́тикой. I used to take part in lots of athletics. • exercise. До́ктор запрети́л мне занима́ться тяжёлой атле́тикой. The doctor ordered me not to take part in any heavy exercises.

   ☐ От отличи́лся в состяза́ниях по лёгкой атле́тике. He made a good showing in the track meet.

атмосфе́ра atmosphere. В э́той вла́жной атмосфе́ре тру́дно дыша́ть. It's hard to breathe in this moist atmosphere. — У них в до́ме о́чень прия́тная атмосфе́ра. There's a pleasant atmosphere about their house.

аудито́рия audience. Аудито́рия разрази́лась аплодисме́нтами. The audience broke into applause. • auditorium. В э́той аудито́рии пятьсо́т мест. There are five hundred seats in this auditorium.

а́ут out. Он проигра́л сет со счётом шесть на три, потому́ что он заби́л а́ут после́дним уда́ром. He lost the set, six-three, when he hit the last ball out. • miss. После́дний уда́р был а́утом. The last shot was a miss.

афи́ша poster. Где виси́т афи́ша о сего́дняшнем спекта́кле? Where is the poster about today's performance?

аэродро́м airfield. Самолёт приземли́лся на аэродро́ме. The plane landed on the airfield.

аэропла́н airplane.

Б

ба́бочка butterfly.

ба́бушка grandmother. Моя́ ба́бушка живёт в Ленингра́де. My grandmother lives in Leningrad.

   ☐ *Это ещё ба́бушка на́двое сказа́ла. That remains to be seen.

бага́ж (-á *M*) baggage. Это ваш бага́ж? Is this baggage yours? — Ваш бага́ж бу́дет досмо́трен на грани́це. Your baggage will be inspected at the border.

   ☐ **ручно́й бага́ж** handbags. Ручно́й бага́ж я возьму́ в ваго́н. I'll take my handbags along with me on the train. **сдать в бага́ж** to check through. Носи́льщик, пожа́луйста, сда́йте мой сунду́к в бага́ж на Москву́. Porter, please check my trunk through to Moscow.

бага́жный baggage. Да́йте бага́жную квита́нцию носи́льщику, он принесёт ва́ши ве́щи. Give the baggage check to the porter; he'll bring your baggage. — В э́том по́езде нет бага́жного ваго́на. There's no baggage car on this train. — Вы полу́чите ваш сунду́к в бага́жном отделе́нии. You can get your trunk at the baggage room.

ба́за base. Она́ рабо́тала на авиацио́нной ба́зе. She worked at an air base. • shelter. В двух киломе́трах отсю́да есть экскурсио́нная ба́за. There's a shelter for hikers two kilometers from here.

база́р market. Купи́ть све́жие о́вощи мо́жно на база́ре. You can buy fresh vegetables at the market. — Где тут колхо́зный база́р? Where's the kolkhoz market? — Сего́дня база́ра нет. The market isn't open today.

база́рный market. База́рная пло́щадь — по ту сто́рону моста́. The market square is on the other side of the bridge.

байда́рка canoe.

бак tank. Ско́лько ли́тров горю́чего вхо́дит в бак ва́шего грузовика́? How many liters of gas does the tank of your truck hold? • cask. В столо́вой стои́т большо́й бак с кипячёной водо́й. There's a large cask filled with drinking water in the dining room.

бакале́йный.

   ☐ **бакале́йная ла́вка** grocery (store). У моего́ отца́ была́ ма́ленькая бакале́йная ла́вка. My father had a small grocery (store). **бакале́йные това́ры** groceries. У них большо́й запа́с бакале́йных това́ров. They have a large stock of groceries.

баклажа́н (*gp* баклажа́н) eggplant.

бал (*P* -ы́/ на балу́/) ball. Я приглашён на бал в посо́льство. I've been invited to a ball at the embassy.

   ☐ **бал-маскара́д** masquerade. За́втра бу́дет бал-маскара́д. There's going to be a masquerade tomorrow night.

балери́на ballerina.

бале́т ballet.

ба́лка beam. Кры́ша держа́лась на двух то́лстых ба́лках. The roof was supported by two thick beams.

балко́н balcony. Наш балко́н выхо́дит на пло́щадь. Our

balcony faces the square. — Да́йте мне два биле́та на балко́н пе́рвого я́руса. Give me two tickets in the first balcony.

баллоти́роваться to run (for election). Он уже́ в тре́тий раз баллоти́руется в председа́тели, но всё безуспе́шно. He's run for chairman three times now, but with no success.

баллотиро́вка vote. Ва́ше предложе́ние бу́дет поста́влено на баллотиро́вку. Your proposition will be put to a vote.

банда́ж (/*Р* -а́, -е́й/*M*) bandage.

бандеро́ль (*F*) mailing wrapper. Накле́йте бандеро́ль на э́ти газе́ты. Put a mailing wrapper on the newspapers.

☐ **бандеро́лью** third-class mail. Отпра́вьте э́ти кни́ги бандеро́лью. Send these books by third-class mail.

банк bank.

ба́нка can. Не выбра́сывайте (пусты́х) консе́рвных ба́нок. Don't throw your empty tin cans away. • jar. Да́йте мне ба́нку варе́нья. Give me a jar of jam.

ба́ня steam baths. Я хожу́ в ба́ню ка́ждую суббо́ту. I go to the steam baths every Saturday. — Откро́йте о́кна, здесь настоя́щая ба́ня. Open the windows; it's like a steam bath in here.

☐ **ба́ни** public baths. Ба́ни тут за угло́м. The public baths are around the corner.

☐ *Ну и зада́ли же ему́ ба́ню! They really made it hot for him!

бара́к barracks. Рабо́чие вре́менно живу́т в бара́ках. The workers are temporarily living in barracks.

бара́н ram.

бара́ний (§13) lamb. Да́йте мне бара́нью котле́ту. Give me a lamb chop.

☐ Он купи́л на́ зиму бара́ний тулу́п. For the winter he bought a sheepskin coat.

бара́нина lamb. У нас сего́дня есть жа́реная бара́нина. We have roast lamb (on the menu) today.

бара́шковый sheepskin. Я вам сове́тую купи́ть себе́ бара́шковую ша́пку. I advise you to buy yourself a sheepskin cap.

баррика́да barricade.

баскетбо́л basketball. Я давно́ не игра́л в баскетбо́л. It's been a long time since I've played basketball.

баскетбо́льный basketball.

☐ **баскетбо́льный мяч** basketball. Нет ли тут где́-нибудь магази́на, где мо́жно купи́ть баскетбо́льный мяч? Is there any place around here I can buy a basketball?

ба́сня (*gp* -сен) fable. Я зна́ю наизу́сть мно́го ба́сен Крыло́ва. I know a lot of Krylov's fables by heart. • tall story. Ты мне ба́сен не расска́зывай! Don't tell me any of your tall stories!

бассе́йн basin. Мы пое́хали осма́тривать Доне́цкий ка́менноуго́льный бассе́йн. We went to look around the Donetz coal basin. • pool. В на́шем клу́бе есть бассе́йн для пла́вания. We have a swimming pool at our club.

бастова́ть to go out on strike, to strike.

батаре́я battery. Они́ стреля́ли из замаскиро́ванной батаре́и. They were firing from a camouflaged battery. — В моём фона́рике батаре́я перегоре́ла. My flashlight battery has burned out. • radiator. Поста́вьте ча́йник на батаре́ю. Put the teapot on the radiator. • lot. На столе́ стоя́ла це́лая батаре́я буты́лок. There were a whole lot of bottles standing on the table.

ба́тюшка (*M*) father. Как здоро́вье ва́шего ба́тюшки? How is your father feeling? • priest. Я вас за́втра познако́млю

с на́шим но́вым ба́тюшкой. I'll introduce you to our new priest tomorrow.

☐ Да что вы, ба́тюшка, ерунду́ по́рете. What kind of nonsense is that! • Ах ты, ба́тюшки! Чуть ведь не забы́л переда́ть вам письмо́. Good lord, I almost forgot to give you the letter. • Ба́тюшки, как вы измени́лись! Boy, you've certainly changed!

башма́к (-а́) shoe. Мо́жете вы почини́ть мои́ башмаки́ сейча́с же? Can you repair my shoes right away? — Како́го разме́ра башмаки́ вы но́сите? *or* Како́й но́мер башмако́в вы но́сите? What size shoes do you wear?

☐ *Он под башмако́м у жены́. He's henpecked.

ба́шня (*gp* ба́шен) tower.

бди́тельный alert. У нас повсю́ду организо́вана бди́тельная охра́на урожа́я. An alert guard has been organized to watch the crops. • wide-awake. Вы должны́ быть о́чень бди́тельным на э́той рабо́те. You have to be wide-awake on this job. • constant. Больно́й нужда́ется в бди́тельном ухо́де. The patient needs constant care.

бег (*Р* -а́, -о́в;/на бегу́/) race. Бег на сто ме́тров начнётся в два часа́ дня. The hundred-meter race will be run at two P.M.

☐ **бега́** horse race. Где тут происхо́дят бега́? Where do they hold horse races around here?

бег на конька́х ice skating.

лы́жный бег skiing.

на бегу́ on the run. Она́ схвати́ла на бегу́ пальто́ и бро́силась за ним вдого́нку. She grabbed her coat on the run and raced after him.

бе́гать (*iter of* бежа́ть) to run. Я не уме́ю бе́гать так бы́стро, как вы. I can't run as fast as you can.

☐ При одно́м воспомина́нии об э́том у меня́ мура́шки по спине́ бе́гают. Just thinking about it gives me the creeps. • to chase. Она́ це́лый день бе́гает по го́роду за поку́пками. She chases around the city all day buying things.

бего́м (*is of* бег) by running. Вы смо́жете догна́ть трамва́й то́лько бего́м. You can catch the trolley if you run.

☐ Он бего́м бежа́л, чтоб сообщи́ть вам э́ту но́вость. He sure ran fast to give you the news.

бе́гство flight. Мы обрати́ли неприя́теля в бе́гство. We put the enemy to flight. • escape. Его́ бе́гство из тюрьмы́ бы́ло хорошо́ подгото́влено. His escape from prison was well planned.

бегу́ *See* бежа́ть.

беда́ (*Р* бе́ды) trouble. Он попа́л в беду́. He got into trouble. — Беда́ в том, что у меня́ нет де́нег. The trouble is that I don't have any money. — Беда́ с ним, совсе́м от рук отби́лся. I have a lot of trouble with him; he's gotten completely out of hand. • Это не беда́, что он тра́тит мно́го де́нег. There's no great harm in his spending a lot of money. • misfortune. *Беда́ не прихо́дит одна́. Misfortunes don't come singly.

☐ **на мою́** (его́, *etc*) **беду́** unfortunately for me (him, *etc*). На мою́ беду́, он оказа́лся о́чень оби́дчивым. Unfortunately for me, he turned out to be very touchy.

на свою́ беду́ to bring it on oneself. Я посла́л э́то письмо́ на свою́ беду́. I brought it on myself when I sent that letter.

☐ Не беда́! No harm done! • Он не прие́дет? Ну так что за беда́! He's not coming, huh? So what!

бе́дный (*sh* -дна́) poor. Это сравни́тельно бе́дный колхо́з.

This is a relatively poor kolkhoz. — Кака́я тут бе́дная приро́да! What poor land this is! — У э́того писа́теля бе́дный язы́к. This writer has a poor vocabulary. — Эта о́бласть бедна́ углём. This region is poor in coal. — Бе́дная! Poor thing!

☐ **бе́дно** poorly. Они́ о́чень бе́дно оде́ты. They're very poorly dressed.

бедро́ (*P* бёдра) hip. Я уши́б себе́ пра́вое бедро́. I hurt my right hip. • thigh bone. У него́ перело́м бедра́. He has a fractured thigh bone.

бежа́ть (бегу́, -жи́т, §27;/*iter*: **бе́гать**/) to run. Не беги́те, у нас доста́точно вре́мени. Don't run; we have plenty of time. • to escape. Он бежа́л из ла́геря для военноплённых. He escaped from a prisoner-of-war camp.

бе́женец (-нца) refugee.

бе́женка refugee (*F*).

без without. Он пришёл без шля́пы. He came without a hat. — Это я́сно без слов. That goes without saying. — Я оста́лся без копе́йки де́нег. I was left without a cent. ☐ Без сомне́ния, э́то так. There's no doubt about it. • Без пяти́ шесть. It's five minutes to six.

безвку́сный tasteless. Это жарко́е соверше́нно безвку́сное. This roast is absolutely tasteless.

☐ **безвку́сно** in poor taste. Она́ о́чень безвку́сно одева́ется. She dresses in poor taste.

безвозме́здно free. Медици́нская по́мощь на фа́брике ока́зывается безвозме́здно. Medical care at the factory is free. • for nothing. Я гото́в рабо́тать безвозме́здно. I'm ready to work for nothing.

безгра́мотный illiterate. У вас в Аме́рике ещё есть безгра́мотные? Have you still got any illiterates in America?

безде́лье idleness, inactivity. Безде́лье пло́хо на него́ де́йствует. Idleness is no good for him.

безнадёжный *or* **безнаде́жный** hopeless. Врачи́ счита́ют его́ положе́ние безнадёжным. The doctors consider his condition hopeless. — Вы, я ви́жу, безнадёжный пессими́ст. I see that you're a hopeless pessimist.

☐ **безнадёжно** *or* **безнаде́жно** hopelessly. Он безнадёжно влюблён. He's hopelessly in love. — Заста́ть его́ до́ма — де́ло безнадёжное! It's practically impossible to find him at home.

безнра́вственный immoral.

☐ **безнра́вственно** immorally.

безобра́зие shame. Что за безобра́зие, никого́ из слу́жащих нет на ме́сте! What a shame — not a single employee is at work!

☐ **до безобра́зия** disgustingly. Он напи́лся вчера́ ве́чером до безобра́зия. He was disgustingly drunk last night.

безопа́сность (*F*) safety, security.

безопа́сный safe. Он укры́лся в безопа́сном ме́сте. He hid in a safe place. • safety. Да́йте мне безопа́сную бри́тву. Give me a safety razor.

☐ **безопа́сно** safely. Тепе́рь ходи́ть по мосту́ безопа́сно. You can cross the bridge safely now.

безрабо́тица unemployment.

безу́мие madness. Приня́ть таки́е усло́вия бы́ло бы безу́мием. To accept such conditions would be sheer madness. • distraction. Говоря́т, что он люби́л её до безу́мия. They say he loved her to distraction. • insanity. Это мо́жно бы́ло сде́лать то́лько в припа́дке безу́мия. It could have been done only in a moment of insanity.

безусло́вно undoubtedly. Он сего́дня безусло́вно придёт.

He'll undoubtedly come today. • absolutely. Он безусло́вно че́стный челове́к. He's an absolutely honest man.

бейсбо́л baseball.

бек back. Он был бе́ком в футбо́льной кома́нде. He was a back on our soccer team.

бе́лка squirrel.

беллетри́стика fiction. Она́ чита́ет то́лько беллетри́стику. She only reads fiction.

бело́к (-лка́) white of an eye. У него́ воспалённые белки́. The whites of his eyes are inflamed. • white of an egg. Взбе́йте белки́. Whip up the whites of eggs. • albumen. Ана́лиз показа́л прису́тствие белка́. Analysis showed the presence of albumen.

бе́лый (*sh* бела́/-о́, -ы́/) white. Есть у вас бе́лые руба́шки? Do you have any white shirts?

☐ **бе́лый медве́дь.** polar bear.

бельё underwear. У вас есть тёплое бельё? Do you have any warm underwear? — Вы мо́жете там получи́ть мужско́е и же́нское бельё. You can get both men's and women's underwear there. — Вот два компле́кта белья́ ва́шего разме́ра. Here's two sets of underwear your size. • linen. У неё замеча́тельное столо́вое бельё. She has beautiful table linen. — Пожа́луйста, перемени́те моё посте́льное бельё. Please change my bed linen. *or* Change my sheets, please. • laundry. Вам принесли́ (чи́стое) бельё из пра́чечной. They brought you your laundry. ☐ Корзи́на для гря́зного белья́ стои́т в углу́. The hamper is in the corner.

бензи́н gasoline. Для э́той пое́здки нам ну́жно де́сять ли́тров бензи́на. We need ten liters of gasoline for the trip. • benzine. Эти пя́тна прекра́сно вычища́ются бензи́ном. You can take those spots out easily with benzine.

бе́рег (*P* -а́, -о́в;/*g* -у; на берегу́/) bank. Тут нельзя́ прое́хать — река́ вы́шла из берего́в. You can't pass through there; the river has overflown its banks.

☐ **на берегу́** on the coast. Этот го́род лежи́т на берегу́ Атланти́ческого океа́на. That town is on the Atlantic coast.

на берегу́ (реки́) on the river bank. На берегу́ (реки́) собрала́сь толпа́. A crowd gathered on the river bank.

от бе́рега offshore. Парохо́д затону́л неподалёку от бе́рега. The ship sank not far offshore.

берёг See **бере́чь.**

берёгся See **бере́чься.**

берегу́ See **бере́чь.**

берегу́сь See **бере́чься.**

бережёшь See **бере́чь.**

бережёшься See **бере́чься.**

берёза birch tree.

бере́менность (*F*) pregnancy.

бере́чь (берегу́, бережёт; *p* берёг, берегла́, -о́ -и́) to take care of. Он не бережёт своего́ здоро́вья. He doesn't take care of his health. • to save. Береги́те свои́ си́лы. Save your strength. • to watch. Он бережёт ка́ждую копе́йку. He watches every cent.

-ся to take care of oneself. Е́сли он бу́дет бере́чься, он ско́ро попра́вится. He'll get well quickly if he takes care of himself. • to watch one's step. Береги́тесь, он большо́й плут! Watch your step; he's a tricky guy. • to beware of. Береги́тесь карма́нных воро́в. Beware of pickpockets! • to look out. Береги́сь! Look out!

беру́ See **брать.**

берусь *See* **браться.**

бесе́да conversation. Это была́ чи́сто делова́я бесе́да. It was purely a business conversation. • chat. На́ша бесе́да затяну́лась на це́лый час. Our chat lasted a whole hour. • informal conference. Председа́тель провёл бесе́ду с колхо́зниками. The chairman held an informal conference with the kolkhozniks. • discussion. На́ша бесе́да прошла́ о́чень оживлённо. Our discussion was very lively.

бесе́довать to chat. Мы вчера́ бесе́довали с ва́шим прия́телем. We chatted with your friend yesterday. • to have a discussion. О чём это вы так оживлённо бесе́довали? What did you have such a lively discussion about?

бескла́ссовый classless.
□ бескла́ссовое о́бщество classless society.

беспарти́йный non-party. У нас был вы́ставлен беспарти́йный кандида́т. We nominated a non-party candidate. • non-party man. Он беспарти́йный. He's a non-party man.

беспла́тный free. Вход беспла́тный. Admission Free.
— Вы полу́чите беспла́тную медици́нскую по́мощь. You'll receive free medical care.
□ беспла́тно without charge. Все кни́ги в библиоте́ке выдаю́тся беспла́тно. All library books are loaned without charge.

беспоко́ить (/*pct*: **o-**/) to disturb. Я не хочу́ вас беспоко́ить. I don't want to disturb you. • to trouble. Извини́те, что я вас беспоко́ю. I'm sorry to trouble you. • to worry. Меня́ беспоко́ит его́ высо́кая температу́ра. His high temperature worries me. • to bother. Это меня́ ничу́ть не беспоко́ит. It doesn't bother me at all.
-ся to worry. Обо мне́ не беспоко́йтесь, я здоро́в. Don't worry about me; I'm not sick. — Не беспоко́йтесь, я э́то могу́ сам зако́нчить. Don't worry, I can finish it by myself.

беспоко́йный restless. Больно́й провёл беспоко́йную ночь. The patient spent a restless night. • troublesome. У меня́ о́чень беспоко́йный сосе́д. I have a very troublesome neighbor.
□ беспоко́йно restlessly. Он беспоко́йно ходи́л взад и вперёд. He paced back and forth restlessly.

бесполе́зный useless. Вы де́лаете бесполе́зную рабо́ту. You're doing useless work.
□ бесполе́зно useless. С ним разгова́ривать соверше́нно бесполе́зно. Talking to him is absolutely useless.

беспоря́док (-дка) disorder. Почему́ у вас всегда́ тако́й беспоря́док в я́щике? Why is your desk drawer always in such disorder? • confusion. Эти ве́чные но́вые распоряже́ния создаю́т полне́йший беспоря́док в рабо́те. These constant new orders make for confusion in the work. • mess. У меня́ в ко́мнате ужа́сный беспоря́док. My room is in a terrible mess.

бесси́льный feeble. Он больно́й, бесси́льный челове́к. He's a, sick, feeble man. • powerless. К сожале́нию, мы бесси́льны что́-либо для вас сде́лать. Unfortunately, we're powerless to do anything for you.
□ Я задыха́лся от бесси́льной зло́бы. I was mad as a hornet, but couldn't do anything about it.

бессо́нница insomnia. Я уже́ давно́ страда́ю бессо́нницей. I've suffered from insomnia for some time now.
□ Я мно́го об э́том ду́мал во вре́мя бессо́нницы. I thought about it a long time as I lay awake.

бестолко́вый scatterbrained. Я бою́сь, что он всё перепу́тает: он тако́й бестолко́вый. He's so scatterbrained I'm afraid he'll mix everything up.
□ Он так бестолко́во расска́зывал, что я ничего́ не по́нял. What he said was so mixed up that I didn't understand a thing.

бесце́льный pointless. Я счита́ю э́тот спор соверше́нно бесце́льным. I consider this discussion absolutely pointless.
□ бесце́льно aimlessly. Я вчера́ весь день бесце́льно броди́л по го́роду. I wandered aimlessly around the city all day yesterday.

бето́н concrete.

бето́нный concrete. Этот дом стои́т на бето́нном фунда́менте. That house has a concrete foundation.

бечёвка *See* **бичёвка.**

библиоте́ка library. Вы найдёте э́ту кни́гу в городско́й библиоте́ке. You'll find that book in the public library.
— У меня́ есть хоро́шая экономи́ческая библиоте́ка. I have a good economics library.

библиоте́карша librarian *F.*

библиоте́карь (*M*) librarian.

би́блия bible.

биле́т ticket. Не выбра́сывайте трамва́йного биле́та пока́ не дое́дете до ва́шей остано́вки. Don't throw your trolley ticket away before you reach your station. — Я принёс вам два биле́та на сего́дняшний конце́рт. I've brought you two tickets for tonight's concert. — Ско́лько вре́мени действи́телен э́тот биле́т? How long is this ticket good for? — Ско́лько сто́ит биле́т в Москву́ и обра́тно? How much is a round-trip ticket to Moscow? • card. Покажи́те ваш чле́нский биле́т. Show your membership card.
□ сезо́нный биле́т season ticket.
□ Оста́лись то́лько входны́е биле́ты. Standing room only.

билья́рд pocket billiards, pool.

бино́кль (*M*) opera glasses.
□ полево́й бино́кль binoculars, field glasses.

бинт (-а́) (gauze) bandage. Есть у вас стерилизо́ванные бинты́? Have you any sterilized (gauze) bandages?

бинтова́ть (*dur of* **забинтова́ть**) to bandage. Вам ещё до́лго придётся бинтова́ть но́гу. You'll still have to keep your leg bandaged for a long time.

би́тва battle.

битко́м
□ битко́м наби́тый packed, jammed. Теа́тр был битко́м наби́т. The theater was packed.

биток (-тка́) hamburger. Попро́буйте на́ши битки́ в смета́не. Try our hamburgers with sour cream.

бить (бью, бьёт, *imv* бей;/*pct*: **по-, при-**/) to hit. За что он бьёт мальчи́шку? Why is he hitting the boy? • to strike. Часы́ бьют двена́дцать. The clock is striking twelve.
□ бить баклу́ши to be idle. *Дово́льно вам баклу́ши бить! You've been idle long enough!
□ Не́чего бить трево́гу, ничего́ стра́шного не случи́лось. Don't be an alarmist; nothing terrible has happened.
-ся to struggle. Я уже́ давно́ бью́сь над э́тим вопро́сом. I've been struggling with this problem for a long time. — *Она́ бьётся, как ры́ба об лёд. She's struggling hard to make a living. • to beat. У меня́ си́льно би́лось се́рдце. My heart was beating rapidly. — Его́ убежда́ть — всё равно́, что би́ться голово́й об сте́нку. Trying to

convince him is like beating your head against a stone wall.
• to work over. Я ужé цéлый час бьюсь, никáк не растоплю пéчки. I've worked over the stove for a full hour but just can't get it going.

бифштéкс steak. Дáйте мне хорошó прожáренный бифштéкс. I'd like a steak well-done.

бичёвка (*same as* **бечёвка**) twine, string.

блáго good. Это бы́ло сдéлано тóлько для вáшего блáга. It was done only for your good. • luckily. Пойдём пешкóм, блáго врéмени ещё мнóго. Let's walk; luckily we still have plenty of time.

□ Желáю вам всех благ! The best of luck to you!

благодари́ть to thank. Не за что благодари́ть, я тóлько испóлнил свой долг. You don't have to thank me; I just did what I had to. — Сердéчно вас благодарю́. Thanks a lot.

благодáрность (*F*) gratitude. Не жди́те от негó благодáрности. Don't expect any gratitude from him.

□ **с благодáрностью** gratefully. Он при́нял вáше предложéние с благодáрностью. He accepted your offer gratefully.

□ Не стóит благодáрности. Don't mention it.

благодáрный grateful. Óчень вам благодáрен. I'm very grateful to you.

благодаря́ (/*with d; prger of* **благодари́ть**/) thanks to. Благодаря́ вам я попáл вчерá в теáтр. Thanks to you I got into the theater yesterday. — Благодаря́ вáшему вмешáтельству дéло не дошлó до ссóры. Thanks to your interference it didn't develop into a quarrel.

благополу́чно safely. Самолёт благополу́чно приземли́лся. The plane landed safely. • happily. Всё кóнчилось благополу́чно. Everything ended happily.

благоприя́тный favorable. При благоприя́тных услóвиях, мы закóнчим эту рабóту зáвтра. Under favorable conditions we'll finish this work tomorrow. — Мы получи́ли о нём благоприя́тный óтзыв. We received a favorable report about him.

благорóдный fine. Это был действи́тельно óчень благорóдный постýпок. That was really a fine thing to do. — Он óчень благорóдный человéк. He's a very fine person.

бланк blank. Телегрáфные блáнки лежáт на столé. The telegraph blanks are on the table. • form. Заполни́те этот бланк и приложи́те к вáшему заявлéнию. Fill out this form and attach it to your application.

блéдный (*sh* -днá) pale. Почемý вы сегóдня такóй блéдный? Why are you so pale today?

блеснýть (*pct of* **блестéть**) to flicker. Впереди́ блеснýл огонёк. A light flickered in the distance. • to dawn. У меня́ блеснýла догáдка. The idea just dawned on me. • to show off. Емý предстáвился слýчай блеснýть свои́ми знáниями. He had a chance to show off his knowledge. • to flash. Блеснýла мóлния, сейчáс дождь пойдёт. There was a flash of lightning; it'll rain soon.

блестéть (блещý, блести́шь; *pct:* **блеснýть**/) to shine. Вáши сапоги́ блестя́т как зéркало. Your boots shine like a mirror. — У неё в кýхне всё блести́т. Everything in her kitchen just shines. • to glitter. *Не всё то зóлото, что блести́т. All is not gold that glitters.

□ Он умóм не блéщет. He's not very smart.

блестя́щий (/*prap of* **блестéть**/) sparkling. На ней бы́ли какие-то блестя́щие сéрьги. She was wearing sparkling

earrings. • shining. Ребёнок смотрéл на меня́ блестя́щими глазáми. The child looked at me with shining eyes. • brilliant. Егó стóит послýшать, он блестя́щий орáтор. It's worthwhile listening to him. He's a brilliant speaker.

□ **блестя́ще** brilliantly. Онá блестя́ще вы́держала экзáмен. She passed the exam brilliantly.

□ Егó делá не блестя́щи. He's not doing so well.

блещý *See* **блестéть**.

ближáйший (*cp of* **бли́зкий**).

бли́же *See* **бли́зкий**.

бли́зкий (*sh* -зкá; *cp* бли́же; ближáйший) close. Я наблюдáл это на бли́зком расстоя́нии. I watched it at close range. — Они́ нáши бли́зкие рóдственники. They're close relatives of ours. — Он мой бли́зкий друг. He's a close friend of mine. — Этот перевóд бли́зок к подли́ннику. This translation is close to the original. • near. Ужé бли́зок день нáшего отъéзда. The day we're going to leave is near.

□ **ближáйший** nearest. Где ближáйшая аптéка? Where is the nearest drugstore? • closest. Они́ при́няли ближáйшее учáстие в нáшем сы́не. They took the closest interest in our son.

бли́зко near. Я живý бли́зко от вáшей гости́ницы. I live near your hotel. — Вокзáл совсéм бли́зко отсю́да. The station is quite near here. • intimately. За послéдний год я бли́зко узнáл егó. I've come to know him intimately during the past year.

бли́же closer. Я хочý перебрáться бли́же к цéнтру гóрода. I want to move closer to the center of town. — Егó тóчка зрéния бли́же к мóей, чем вáша. His point of view is closer to mine than yours.

□ Не принимáйте этого так бли́зко к сéрдцу. Don't take it to heart so. • Онá с ним в бли́зких отношéниях. She's having a love affair with him. • Это для меня́ óчень бли́зкая тéма. I feel very keenly about this subject.

близнéц (-á) twin.

близорýкий near-sighted. Он óчень близорýк. He's very near-sighted. • short-sighted. Это — близорýкая поли́тика. This is a short-sighted policy.

блин (-á) pancake. Как вам понрáвились мои́ блины́? How did you like my pancakes?

□ *Онá стихи́ пи́шет, как блины́ печёт. She turns out poems like hotcakes. • *Пéрвый блин вы́шел кóмом, а потóм всё пошлó глáдко. Everything went smoothly after the first unsuccessful attempt.

бли́нчик little pancake. Попрóбуйте эти бли́нчики с варéньем. Try these little pancakes with jam.

блокáда blockade.

блокнóт blockade. Дáйте мне листóк из этого блокнóта. Give me a sheet (of paper) from that pad.

блонди́н blond.

блонди́нка blonde *F*.

блохá (*P* блóхи, блох, блохáм) flea.

блýза smock. Это óчень удóбная рабóчая блýза. This is a very comfortable smock to work in.

блýзка blouse. Вы ви́дите эту дéвушку в бéлой блýзке? Do you see that girl in the white blouse?

блюдо platter. Положи́те жаркóе на блю́до. Put the roast on a platter. • dish. Борщ — моё люби́мое блю́до. Borscht is my favorite dish. • course. У нас был обéд из двух блюд. We had a two-course dinner.

□ дежу́рное блю́до today's special. Дежу́рное блю́до сего́дня — голубцы́. Today's special is stuffed cabbage.

блю́дце saucer.

бля́ха badge. Вы легко́ узна́ете носи́льщика: у них у всех есть бля́хи. You can't miss the porters — they all wear badges.

боб (-а́) bean. Эти бобы́ у нас из своего́ огоро́да. The beans are from our own garden.

□ *Он оста́лся на боба́х. He was left holding the bag.

бог ([box], бо́га [-g-]/*P* -и, -о́в/; *in exclamation* бо́же) God. *На бо́га наде́йся, а сам не плоша́й. God helps those who help themselves. — Сла́ва бо́гу. Thank God. — Не дай бог! God forbid! — Бо́же мой! My god! — С бо́гом! God bless you. *or* Goodbye and good luck.

□ **ей-бо́гу** honest to god. Ей-бо́гу, я э́того не вида́л. Honest to God, I didn't see it. • sure. "Приде́те?" "Ей-бо́гу приду́". "Will you come?" "Sure I'll come."

□ Бог зна́ет! Who knows! • Бог с ним, пусть идёт, е́сли хо́чет. Let him go if he wants to. • Ей-бо́гу! So help me! • Ра́ди бо́га,, что случи́лось? For heaven's sake, what happened?

бога́тство wealth.

бога́тый (*ср* бога́че)/*P* -и, -о́в/; *in exclamation* бо́же) rich. На́ша о́бласть бога́та желе́зом. Our oblast (*or* district) is rich in iron. • wealthy. Он бога́тый челове́к. He's a wealthy man. • abundant. У нас в э́том году́ бога́тый урожа́й. We have abundant crops this year.

□ *Закуси́те с на́ми; чем бога́ты, тем и ра́ды. Won't you have pot luck with us?

бога́че *See* **бога́тый**.

боеприпа́сы (-ов *P*) ammunition.

боец (бойца́) soldier.

□ Бойцы́ Кра́сной а́рмии. Soldiers of the Red Army.

бо́жий (§13) God's. С бо́жьей по́мощью мы спра́вимся с э́тим. We'll manage it with God's help. □ Я ви́делся с ним ка́ждый бо́жий день. I used to see him every single day.

бой (*P* бои́/*g* -ю; в бою́/) battle. Здесь был реши́тельный бой. A decisive battle was fought here. • fight. Де́ло ко́нчилось кула́чным бо́ем. The affair ended in a fist fight.

бок (*P* -а́, -о́в/*g* -у; на боку́/) side. У меня́ ко́лет в боку́. I have sharp pains in my side. — Мы с ним це́лый год прорабо́тали бок о́ бок. He and I worked side by side for a whole year. — Он поверну́лся на друго́й бок и опя́ть засну́л. He turned over on his other side and went to sleep again.

□ **бо́ком** sideways. Он проти́снулся в дверь бо́ком. He edged through the door sideways.

□ У вас га́лстук на́ бок съе́хал. Your tie is crooked. • Апте́ка у вас под бо́ком. The drugstore is just around the corner from you. • Мы пря́мо за бока́ хвата́лись от хо́хота. We shook with laughter.

бокс boxing. В своё вре́мя я увлека́лся бо́ксом. I was quite a boxing fan in my day. • calfskin. Эти башмаки́ из то́лстого бо́кса. These shoes are made of thick calfskin.

боксёр boxer.

боле́знь (*F*) disease. Это серьёзная боле́знь? Is it a serious disease?

□ морска́я боле́знь seasickness. Вы страда́ете морско́й боле́знью? Do you get seasick?

боле́ть[1] (/*only S3, P3*/боли́т) to ache. У меня́ боли́т спина́. My back aches.

□ У неё боли́т го́рло. She has a sore throat.

боле́ть[2] to be sick. Он никогда́ не боле́ет. He's never sick.

□ Он в про́шлом году́ боле́л ти́фом. He had typhus last year. • Я за него́ душо́й боле́ю. My heart aches for him.

боло́то bog, marsh. Вам придётся объе́хать торфяно́е боло́то. You'll have to make a detour around the peat bog. • marshland. В э́той ме́стности мно́го боло́т. There's a lot of marshland around here.

болта́ть to chat. Мы с ним до́лго болта́ли. We chatted with him for a long time. • to chatter. Она́ болта́ет без у́молку. She chatters without let-up. • to talk. Не болта́йте глу́постей! Don't talk nonsense!

□ Ну и лю́бит же он языко́м болта́ть. He sure likes to shoot off his mouth.

-ся to hang. У вас пу́говица болта́ется (на ни́точке). Your button is hanging by a thread. • to hang around. Он до́лго болта́лся без де́ла. He's been hanging around for a long time doing nothing.

боль (*F*) pain. Он почу́вствовал о́струю боль. He suddenly felt a sharp pain.

□ головна́я боль headache. У вас головна́я боль прошла́? Is your headache gone?

зубна́я боль toothache. Да́йте мне что́-нибудь про́тив зубно́й бо́ли. Give me something for a toothache.

больни́ца hospital. Я то́лько вчера́ вы́писался из больни́цы. I was discharged from the hospital just yesterday. — Где ближа́йшая больни́ца? Where is the nearest hospital? — Вам придётся лечь в больни́цу для иссле́дования. You will have to go to the hospital for observation. — Его́ отвезли́ в больни́цу. He was taken to the hospital.

больно́й (*sh* бо́лен, -льна́, -о́, -ы́; *adv* бо́льно) ill. Вы больны́? Are you ill? • sick. Он тяжело́ больно́й челове́к. He's a very sick man. • sore. Не говори́те с ним об э́том, э́то его́ больно́е ме́сто. Don't talk to him about it; it's a sore spot with him.

□ **бо́льно** painful. Это бы́ло о́чень бо́льно. It was very painful. — На него́ бо́льно бы́ло смотре́ть. It was painful to look at him.

□ Мне бы́ло бо́льно э́то слы́шать. It hurt me to hear that. • Мне бо́льно вздохну́ть. It hurts me to breathe. • Это у нас сейча́с са́мый больно́й вопро́с. That's our most troublesome problem now. • *Он лю́бит вали́ть с больно́й головы́ на здоро́вую. He likes to pass the buck. • Он уж бо́льно хитёр! He's much too shrewd!

больно́й (*AM*) patient. Ну как наш больно́й? Well, how's our patient?

□ Отделе́ние для психи́ческих больны́х в осо́бом зда́нии. The psychiatric ward is in a special building.

бо́льше *See* **большо́й, мно́го**.

большеви́зм Bolshevism.

большеви́к Bolshevik.

большеви́стский Bolshevik. У нас настоя́щие большеви́стские те́мпы в рабо́те. We're working at real Bolshevik tempo.

□ **по-большеви́стски** in a true Bolshevik manner. Он упрека́л своего́ това́рища в том, что тот поступи́л не по-большеви́стски. He criticized his friend for not acting in a true Bolshevik manner.

большеви́чка Bolshevik *F*.

бо́льший *See* **большо́й** *and* **вели́кий**.

большинство́ most. Большинство́ мои́х това́рищей так ду́мает. Most of my friends think so. • majority. Он получи́л большинство́ голосо́в. He got a majority of the votes.

большо́й (*the sh forms are supplied from* **вели́кий**/; *ср* бо́льше, бо́лее; бо́льший) big, large. Вот больша́я ко́мната на двои́х. Here's a big double room. • great. Он большо́й арти́ст. He's a great artist. — Они́ придаю́т э́тому большо́е значе́ние. They attach great importance to it.

□ бо́лее more. Он стано́вится всё бо́лее и бо́лее похо́жим на отца́. He's beginning to look more and more like his father.

бо́лее и́ли ме́нее more or less. Э́ти усло́вия рабо́ты бо́лее и́ли ме́нее подходя́щие. These working conditions are more or less satisfactory.

больша́я бу́ква capital letter. Назва́ния дней и ме́сяцев не пи́шутся с большо́й бу́квы. The names of days and months are not spelled with capital letters.

больша́я доро́га highway.

бо́льше larger. Ва́ша ко́мната бо́льше мое́й. Your room is larger than mine.

большо́й па́лец (руки́) thumb. Я уши́б себе́ большо́й па́лец. I hurt my thumb.

не бо́лее и не ме́нее no more and no less. Он тре́бует за э́то сто рубле́й, не бо́лее и не ме́нее. He wants one hundred rubles for it, no more and no less.

побо́льше larger. У меня́ две ко́мнаты: одна́ ма́ленькая, а друга́я побо́льше. I've two rooms: one is small and the other one somewhat larger.

тем бо́лее especially. Я рад бу́ду с ним познако́миться тем бо́лее, что он ваш друг. I'll be glad to meet him, especially since he's your friend.

□ Большо́е вам спаси́бо. Thanks very much. • Когда́ бу́дете в Москве́, непреме́нно побыва́йте в Большо́м теа́тре. When you're in Moscow, don't fail to go to the Bolshoy Theater. • Э́то врач с больши́м о́пытом. This doctor has a great deal of experience. • Положи́те ему́ побо́льше; у него́ хоро́ший аппети́т. Give him a good helping; he has a good appetite. • *Рабо́та — на большо́й па́лец! This is top-notch work!

бо́мба bomb. Бо́мба взорвала́сь, но жертв не́ было. The bomb exploded, but there were no casualties.

□*Он бо́мбой влете́л в ко́мнату. He burst into the room.

бомби́ть to bomb. Они́ безуспе́шно пыта́лись бомби́ть наш го́род. They unsuccessfully tried to bomb our town.

боре́ц (-рца́) wrestler.

борода́ (*a* бо́роду, *P* бо́роды, боро́д, борода́м) beard. Что э́то вам взду́малось бо́роду отпусти́ть? What made you decide to grow a beard? • whiskers. Эй ты, борода́! (very informal). Hey, you with the whiskers!

борона́ (*as* бо́рону, *P* бо́роны, боро́н, борона́м) harrow.

борони́ть (/*pct:* вз-/) to harrow. Они́ на́чали борони́ть на рассве́те. They started to harrow the field at dawn.

борт (*P* -á, -о́в/на борту́/) edge. Борт моего́ зи́мнего пальто́ совсе́м истре́пан. The edge of my winter coat is frayed.

□ Ско́лько у вас пассажи́ров на борту́? How many passengers do you have on board? • Челове́к за бо́ртом! Man overboard! • Я всё э́то де́ло на́чал, а тепе́рь меня́ выбра́сывают за борт. I started all this work and now they're throwing me overboard.

борщ (-á *M*) borscht, beet soup. Да́йте мне, пожа́луйста, борща́ со смета́ной. Give me some borscht with sour cream, please.

борьба́ struggle. За кули́сами конфере́нции шла ожесто-

чённая борьба́. A bitter struggle went on behind the scenes of the conference. • wrestling. Сего́дня в ци́рке сеа́нс борьбы́. There is a wrestling match at the circus today.

босико́м barefoot(ed). Лу́чше не ходи́ть тут босико́м. You'd better not walk around here barefooted.

боти́нок (*P* боти́нки, -нок) shoe. Мне на́до почи́стить боти́нки. I ought to shine my shoes. — Мужски́е боти́нки продаю́тся в друго́м отделе́нии. Men's shoes are in another department.

бо́ты (-тов *P*) overshoes. Наде́ньте рези́новые бо́ты. Put on rubber overshoes.

бо́чка barrel. Нам присла́ли с Кавка́за бо́чку вина́. We received a barrel of wine from the Caucasus.

□*Де́ньги на бо́чку! Cash on the line.

боя́ться (бою́сь, бои́тся) to be afraid. Он бои́тся мале́йшей бо́ли. He's afraid of the slightest pain. — Бою́сь, что по́сле обе́да вы его́ не заста́нете. I'm afraid you won't catch him in the afternoon.

□*Пу́ганая воро́на куста́ бои́тся. Once bit twice shy. • *Волко́в боя́ться, в лес не ходи́ть. Nothing ventured, nothing gained.

брак marriage. Их брак был о́чень счастли́вым. Their marriage was a happy one. — Бра́ки регистри́руются во второ́м этаже́. Marriage registration on the second floor. • defective goods. Коми́ссия установи́ла, что на э́том заво́де проце́нт бра́ка о́чень высо́к. The commission found a high percentage of defective goods in that plant.

бракова́ть (/*pct:* за-/).

брани́ть to scold. Не брани́те его́, он не винова́т. Don't scold him; it isn't his fault.

брасле́т bracelet.

брат (*P* бра́тья, -тьев, -тьям) brother. У меня́ два бра́та. I have two brothers. • friend. Ну, брат, так де́лать не годи́тся. No, my friend, you just don't do it this way.

□ двою́родный брат first cousin.

□ Вот вам по рублю́ на бра́та. Here's a ruble for each of you.

брать (беру́, берёт; *p* брал, -ла́; /*pct:* взять/) to take. Не бери́те э́того сту́ла, он сло́ман. Don't take that chair; it's broken. — Я беру́ у вас тре́тью папиро́су. This is the third cigarette I've taken from you. — Я хоте́л бы брать уро́ки два ра́за в неде́лю. I'd like to take lessons twice a week. — Я беру́ э́тот но́мер на неде́лю. I'll take this room for a week. — Я беру́ свои́ слова́ обра́тно. I take it back.

□ брать верх to have the upper hand. Похо́же, что на́ша кома́нда берёт верх. It looks as if our team has the upper hand now.

брать взаймы́ to borrow money. Я не люблю́ брать взаймы́. I don't like to borrow money.

брать на себя́ to take on. Мне не хоте́лось бы брать на себя́ таку́ю большу́ю рабо́ту. I wouldn't want to take on such a big job.

брать приме́р to follow one's example. Бери́те приме́р с него́ — он никогда́ не опа́здывает. Why don't you follow his example? He's never late.

□ Про́сто доса́да берёт! It just gets my goat!

-ся to take upon oneself. Я не беру́сь э́то сде́лать. I won't take it upon myself to do it. • to guarantee. Он берётся почини́ть ва́шу маши́ну в оди́н день. He guarantees he can fix your car in one day. • to come. Отку́да беру́тся э́ти слу́хи? Where do these rumors come from?

братья *See* **брат.**

бревно (*P* брёвна) log. Они грузили брёвна на платформу. They loaded the logs onto a flat car. — Тут столько работы, а он сидит, как бревно! With so much work to do, he sits around like a log.

бреду *See* **брести.**

брезент tarpaulin.

брёл *See* **брести.**

брести (бреду, -дёт; *p* брёл, брела, -о, -и; *pap* бредший; */iter:* **бродить/**) to wade. Мы брели по колено в воде. We waded up to our knees in water. • to stroll. Мы медленно брели домой. We slowly strolled home.

брею *See* **брить.**

бреюсь *See* **бриться.**

бригада crew. Вся паровозная бригада была награждена за прекрасную работу. The whole locomotive crew was rewarded for their excellent work.

□ **ударная бригада** shock brigade (unit of workers whose function it is to increase efficiency of production). Наша ударная бригада состоит целиком из молодёжи. Our shock brigade is made up entirely of young people.

бригадир brigade leader. Она два года была бригадиром в колхозе. She was a kolkhoz brigade leader for two years.

бритва razor. Есть у вас безопасная бритва? Have you got a safety razor? — У неё язык, как бритва. She has a razor-sharp tongue.

брить (брею, бреет) to give a shave. Этот парикмахер плохо бреет. That barber gives you a poor shave.

-ся to shave oneself. Я бреюсь каждое утро. I shave every morning. — Я предпочитаю бриться дома, а не у парикмахера. I prefer to shave myself rather than go to the barber's.

бритьё shaving. Бритьё занимает у меня не больше пяти минут. Shaving doesn't take me more than five minutes.

бровь (*F*) eyebrow. Он опалил себе брови и ресницы. He singed his eyebrows and eyelashes.

□ **нахмурить брови** to frown. Когда он это сказал, она нахмурила брови. She frowned when he said that.

□ *Вы попали не в бровь, а в глаз. You hit the nail right on the head.

бродить (брожу, бродит; *iter of* **брести**) to wander. Мне нечего было делать, и я просто бродил по улицам. I didn't have anything to do, so I just wandered around the streets. • to walk around. После болезни он еле бродит. He can hardly walk around after his illness. • to ferment. (*iter only*) Это вино уже бродит. The wine is already fermenting.

брожу *See* **бродить.**

бронза bronze.

бронировать (/*pct:* **за-/**).

бронхит bronchitis.

броня armor. У наших новых танков очень крепкая броня. Our new tanks have very heavy armor. • option. Мы получили от жилотдела броню на комнату. We got an option on a room from the housing department.

бросать (/*pct:* **бросить/**) to throw. Не бросайте окурков на пол! Don't throw your cigarette butts on the floor! • to quit. Неужели вы бросаете эту работу? Are you really quitting this job?

бросить (*pct of* **бросать**) to throw. Бросьте это в корзинку. Throw it into the (waste paper) basket. — Горсовет теперь бросил все силы на жилищное строительство. The city soviet is now throwing all its energy into the solution of the housing problem. • to drop. Погодите, я только брошу письмо в почтовый ящик. Wait a minute, I'm just going to drop the letter in the mailbox. • to leave. Он бросил жену и детей на произвол судьбы. He left his wife and children high and dry. • to stop. Бросьте шутить. Stop joking.

бросок (-ска) throw.

брошу *See* **бросить.**

брошюра pamphlet.

брусника cranberry.

брюки (брюк *P*) trousers. Мои брюки нужно выутюжить. My trousers need pressing.

брюнет brunet.

брюнетка brunette *F*.

будильник alarm clock. Поставьте будильник на шесть часов утра. Set the alarm clock for six in the morning.

будить (бужу, -дит;/*pct:* **раз-/**) to wake someone up. Не будите его, он вчера поздно лёг. Don't wake him up; he went to bed late last night.

будка booth. Где здесь телефонная будка? Can I find a telephone booth around here? • box. Солдат стоял у караульной будки. The soldier was standing at the sentry box.

будни (-дней *P*) weekdays. Этот поезд ходит и по будням и по воскресеньям. This train runs on weekdays as well as Sundays.

будто (**бы**) as if, as though. У меня такое чувство будто я вас давно знаю. I feel as though I've known you for a long time. — Он говорил со мной так, будто мы с ним давние друзья. He spoke to me as if we were already old friends. — Будто вы не знаете! As if you don't know!

□ Мне кто-то говорил, будто· его видели в Москве. Someone told me that he was supposed to have been seen in Moscow.

буду *See* **быть.**

будущее (AN/*prap of* **быть/**) future. Будущее покажет, кто виноват. The future will show who's to blame. — От этого зависит всё моё будущее. My whole future depends on it.

будущий (/*prap of* **быть/**) next. Он приезжает в будущий понедельник. He's arriving next Monday. — Мы уезжаем на будущей неделе. We're leaving next week. — Приезжайте опять в будущем году. Come again next year.

буженина pork. На ужин нам подали буженину с картошкой. We had pork and potatoes for supper.

бужу *See* **будить.**

буква letter. Это слово пишется с большой буквы. This word is written with a capital letter. — Он всегда придерживается буквы закона. He always acts according to the letter of the law.

буквальный literal. А буквальный перевод какой? What's the literal translation?

□ **буквально** literally. Люди буквально сидели друг на друге. The people were literally packed on top of each other. — Эту фразу нельзя понимать буквально. You can't take this phrase literally.

букварь (-ря *M*) primer. Вот вам букварь для вашего сынишки. Here's a primer for your little son.

булавка pin.

☐ **англи́йская була́вка** safety pin.

бу́лка loaf of white bread. Да́йте мне це́лую бу́лку. Give me a loaf of white bread.

бу́лочка roll. Купи́те мне, пожа́луйста, бу́лочек. Please buy me some rolls. — Есть у вас сдо́бные бу́лочки? Do you have any butter rolls?

бу́лочная ([-šn-] *AF*) bakery. Бу́лочная в двух шага́х отсю́да. The bakery is just a few steps away.

бульва́р boulevard.

бульо́н (/*g* -у/) consommé. Что вы предпочита́ете, кури́ный бульо́н и́ли борщ? Which do you prefer, chicken consommé or borscht?

бума́га paper. Вот вам почто́вая бума́га и конве́рты. Here's some writing paper and some envelopes. — Ско́лько сто́ит стопа́ (ты́сяча листо́в) пи́счей бума́ги? How much is a ream (a thousand sheets) of writing paper?

☐ **бума́ги** papers. В моём портфе́ле бы́ли ва́жные бума́ги. There were some important papers in my briefcase.

промока́тельная бума́га *or* **пропускна́я бума́га** blotter.

бумагопряди́льня (*gp* -лен) cotton mill.

бума́жник wallet. Я где́-то потеря́л бума́жник. I lost my wallet somewhere.

бума́жный paper. Положи́те э́то в бума́жный мешо́к. Put it into a paper bag. • cotton. Э́то пла́тье из бума́жной мате́рии. This is a cotton dress.

☐ **бума́жные де́ньги** paper money.

буржуази́я bourgeoisie.

☐ **ме́лкая буржуази́я** petty bourgeoisie.

буржуа́зный bourgeois.

буржу́й bourgeois. Смотри́ како́й буржу́й! не мо́жет сам э́того сде́лать. Are you going bourgeois? Can't you do it. yourself?

бурья́н weeds.

бу́ря storm.

бутербро́д sandwich. Возьми́те с собо́й бутербро́д с ветчино́й. Take a ham sandwich with you.

буты́лка bottle. Зака́жем буты́лку вина́. Let's order a bottle of wine.

бу́фер (*P* -а́, -о́в) buffer.

буфе́т cupboard. Поста́вьте посу́ду в буфе́т. Put the dishes in the cupboard. • counter. В буфе́те вы смо́жете, вероя́тно, получи́ть бутербро́ды и чай. You'll be able to get sandwiches and tea at the counter. • lunchroom. Вы мо́жете пообе́дать в буфе́те на вокза́ле. You can have dinner in the lunchroom at the railroad station. • bar. Хоти́те встре́титься в антра́кте в буфе́те? Do you want to meet at the bar during intermission?

буфе́тчик counterman. Спроси́те у буфе́тчика, ско́лько сто́ят э́ти бутербро́ды. Ask the counterman the price of these sandwiches.

буфе́тчица counter girl.

бухга́лтер (/*P* -а́, -о́в; *more common form* бухга́лтеры/) bookkeeper.

☐ **гла́вный бухга́лтер** accountant.

помо́щник бухга́лтера assistant bookkeeper.

бухгалте́рия bookkeeping. Вы зна́ете бухгалте́рию? Do you know bookkeeping?

бу́хта cove.

бы would. Я горди́лся бы таки́м сы́ном. I'd be proud of a son like that. — Я хоте́л бы с ним познако́миться. I'd like to meet him. — Он пришёл бы, е́сли бы знал, что вы здесь. He would have come if he had known you were

here. • could. Кто бы э́то мог быть? Who could it be? • should. Вы бы отдохну́ли немно́го. You should have some rest.

☐ Что бы ни случи́лось, я вам дам знать. I'll let you know, whatever happens

быва́лый

☐ Посове́туйтесь с ним, он челове́к быва́лый. Why don't you ask him? He's been around. • Ничего́, э́то де́ло быва́лое. Don't worry, it's happened before.

быва́ть (*iter of* **быть**) to be. Вы уже́ быва́ли в Москве́? Have you ever been to Moscow? — Он никогда́ не быва́ет до́ма по среда́м. He's never at home on Wednesdays. • to go. Я быва́ю на всех его́ ле́кциях. I go to all his lectures. — Когда́-то он быва́л заграни́цей ка́ждое ле́то. At one time he went abroad every summer. • to take place. Съе́зды враче́й быва́ют здесь раз в два го́да. Medical conventions take place here every two years. • to happen. Ну, зна́ете, чуде́с не быва́ет. Well, you know, miracles just don't happen.

☐ **быва́ло** used to. Он, быва́ло, приходи́л к нам по вечера́м и расска́зывал де́тям ска́зки. He used to come to see us evenings and tell the children stories.

☐ Тут иногда́ быва́ют землетрясе́ния. We sometimes have earthquakes around here. • У неё ча́сто быва́ют головны́е бо́ли. She often has headaches. • Я согла́сен, что он иногда́ быва́ет несправедли́в. I'll admit that he's unjust sometimes. • Вы давно́ у нас не быва́ли. You haven't come to see us for quite a while. • Я при́нял лека́рство — и бо́ли как не быва́ло. After I took the medicine, I felt as though I'd never had any pain at all. • По́сле всей э́той исто́рии, он пришёл к нам как ни в чём не быва́ло. After all that, he walked into our place as if nothing was the matter.

бы́вший (*pap of* **быть**) former, ex-. Э́то портре́т на́шего бы́вшего президе́нта. This is a portrait of our ex-president. — Он мой бы́вший учи́тель. He's my former teacher.

бык (-а́) bull.

бы́стрый (*sh* быстр, -стра́) quick. Он шёл бы́стрым ша́гом. He walked with a quick stride. • swift. Осторо́жно, тут о́чень бы́строе тече́ние. Careful, the current's swift here.

☐ **быстре́е** more quickly. На авто́бусе мы дое́дем туда́ быстре́е, чем на трамва́е. We'll get there more quickly by bus than by trolley.

бы́стро fast. Он шёл так бы́стро, что я едва́ за ним поспева́л. He walked so fast that I could hardly keep up with him. • quickly. Она́ о́чень бы́стро рабо́тает. She works very quickly. • promptly. Он бы́стро при́нял реше́ние. He made his decision promptly.

быть (бу́ду, бу́дет, *p* был, -ла́; не был, не была́, не́ было, -ли; /*iter*: **быва́ть**; *the form* есть[1] *is counted as a kind of pr form of* быть/) to be. Я не знал, что он мо́жет быть таки́м любе́зным. I didn't know he could be so kind. — Он был бо́лен. He was ill. — Она́ была́ о́перной певи́цей. She used to be an opera singer. — Мы уже́ бы́ли в Москве́. We've already been to Moscow. — Мы бу́дем у вас ро́вно в пять. We'll be at your place at five o'clock sharp. — Он бу́дет о́чень рад с ва́ми познако́миться. He'll be very glad to meet you. — Я вам бу́ду о́чень обя́зан. I'll be much obliged to you. — Не будь вас, мы бы не зна́ли что де́лать. If it weren't for you, we wouldn't know what to do.

☐ **бу́дет** enough. Бу́дет с вас! You've had enough!

будь что бу́дет come what may. Будь что бу́дет, я э́то сде́лаю. Come what may, I'll do it.
всё как есть everything. Всё как есть у нас не́мцы забра́ли. The Germans took everything we had.
должно́ быть must be. Вы, должно́ быть, америка́нец? You must be an American.
есть there is, there are. Есть то́лько оди́н спо́соб его́ убеди́ть. There's only one way of persuading him.
мо́жет быть maybe. Мо́жет быть, он уже́ уе́хал. Maybe he's gone away already.
☐ Бу́дьте любе́зны, переда́йте ему́ хлеб. Pass him the bread, please. • Бу́дьте добры́, откро́йте дверь. Would you kindly open the door? • У него́ была́ сестра́. He had a sister. • Так и быть. Well, O.K., then. • *Эх, была́ — не была́! Всё равно́ пропада́ть! Oh, well, let's take a chance; what can we lose? • Я, пра́во, не зна́ю как быть. I really don't know what to do. • Вы мо́жете быть соверше́нно споко́йны, я не опозда́ю. You can rest assured I won't be late. • Есть у вас де́ньги? Have you any money? • У вас есть каранда́ш? Do you have a pencil? • У меня́ есть два биле́та на за́втрашний конце́рт. I have two tickets for tomorrow's concert. • Так оно́ и есть — он уже́ ушёл! Just as I figured — he's already gone! • Есть тако́е де́ло! O.K., I'll do it. • Есть (military). Yes, sir!
бью See **бить**.
бьюсь See **би́ться**.
бэ́кон or **бе́кон** bacon. Хорошо́ бы́ло бы получи́ть на за́втрак яи́чницу с бэ́коном. It would be nice to have bacon and eggs for breakfast.

бюдже́т budget. Я стара́юсь не выходи́ть из своего́ ежеме́сячного бюдже́та. I try not to go beyond my monthly budget. — Мой бюдже́т не мо́жет вы́держать подо́бного расхо́да. My budget can't take this kind of expense.
бюллете́нь (*M*) bulletin. Наш заво́д выпуска́ет ежеме́сячный бюллете́нь. Our plant issues a monthly bulletin.
• chart. Сестра́ подала́ до́ктору больни́чный бюллете́нь пацие́нта. The nurse handed the patient's chart to the doctor. • report. Бюллете́ни пого́ды выпуска́ются тут раз в день. Around here the weather report is given out once a day.
☐ избира́тельный бюллете́нь ballot. Почему́ мне не да́ли избира́тельного бюллете́ня с и́менем беспарти́йного кандида́та? Why wasn't I given a ballot with the name of the independent candidate?
бюро́ (*indecl N*) bureau. Спра́вочное бюро́ в конце́ коридо́ра. The information bureau is at the end of the hall.
☐ бюро́ нахо́док lost and found department. Мо́жет быть, ваш кошелёк лежи́т в бюро́ нахо́док. Maybe your purse is in the lost and found department.
бюро́ повреждённий repair department. Телефо́н не рабо́тает, на́до позвони́ть в бюро́ поврежде́ний. The telephone is out of order. We have to call the repair department.
бюрокра́т bureaucrat.
бюрократи́зм red tape.
бюрокра́тия bureaucracy.

В

в (/with a and l, before some clusters, **во**/) in. В до́ме никого́ нет. There's no one in the house. — Ваш костю́м в шкафу́. Your suit is in the wardrobe. — Кто э́та де́вушка в кра́сном пла́тье? Who's that girl in the red dress? — Положи́те моё пальто́ в чемода́н. Put my overcoat in the suitcase. — Моя́ дочь поступи́ла в университе́т. My daughter enrolled in the university. — Я роди́лся в ты́сяча девятьсо́т два́дцать второ́м году́. I was born in 1922. • into. Он вбежа́л в ко́мнату. He rushed into the room. • to. Мне бы о́чень хоте́лось пое́хать в Москву́. I'd like very much to go to Moscow. • on. В сре́ду мы идём в теа́тр. We're going to the theater on Wednesday. — Он прово́дит бо́льшую часть жи́зни в доро́ге. He spends most of his life on the road. — Он рабо́тает в газе́те. He works on a newspaper. — Когда́ прие́хали пожа́рные, весь дом уже́ был в огне́. When the firemen arrived, the whole house was on fire. • for. Когда́ он уезжа́ет в Сиби́рь? When is he leaving for Siberia? • at. По́езд прихо́дит в пять часо́в. The train arrives at five o'clock. — Вам придётся обрати́ться в бюро́ про́пусков. You'll have to apply at the desk for a pass.
☐ в слу́чае in case. В слу́чае, е́сли меня́ не бу́дет до́ма, попроси́те его́ подожда́ть. In case I'm not at home, ask him to wait.
в тече́ние during. В тече́ние всего́ дня я не мог урва́ть мину́ты, что́бы позвони́ть вам. I didn't have a minute during the whole day to call you. — В тече́ние после́днего го́да он выступа́л три ра́за. He made three public appearances during the last year.

☐ Я хожу́ в о́перу раз в год. I go to the opera once a year.
• Я сказа́л э́то в шу́тку. I was only joking. • Вы игра́ете в те́ннис? Do you play tennis? • Этот заво́д в пяти́ киломе́трах от го́рода. The plant is five kilometers from town.
ваго́н car. Зде́шние трамва́и состоя́т из одного́ и́ли двух ваго́нов. The trolleys here are made up of one or two cars. — Бага́жный ваго́н в нача́ле по́езда. The baggage car is at the head of the train. — Да, в э́том по́езде есть спа́льный ваго́н. Yes, there's a sleeping car on this train. — Есть в э́том по́езде ваго́н-рестора́н? Is there a dining car on this train?
☐ жёсткий ваго́н railroad car with hard seats (third-class). Я получи́л для вас ме́сто в жёстком ваго́не. I got a seat on a third-class car for you.
мя́гкий ваго́н railroad car with soft seats (first-class). Вы хоти́те е́хать в мя́гком ваго́не? Do you want to go first class?
☐ Остано́вка трамва́йных ваго́нов. Trolley stop! • Входи́те скоре́й в ваго́н; по́езд сейча́с тро́нется. Hurry onto the train; it's leaving right away.
вагоновожа́тый (*AM*) motorman. С вагоновожа́тым говори́ть воспреща́ется. Talking to the motorman is prohibited.
ва́жный (sh -жна́) important. У меня́ сего́дня ва́жное свида́ние. I have an important appointment today. — Это для него́ о́чень ва́жно. This is very important to him. —

Не говори́те, что ва́ша рабо́та не ва́жная, вся́кая рабо́та важна́. Don't say your work isn't important; all work is. • significant. Э́то, коне́чно, не о́чень ва́жная оши́бка, но мне всё-таки доса́дно. Of course, it's not a very significant error, but still I feel bad about it. • grave. Э́то мо́жет име́ть ва́жные после́дствия. This may have grave consequences.

□ Почему́ он хо́дит с таки́м ва́жным ви́дом? What is he strutting around like that for? • *Он здесь ва́жная ши́шка. He's a big shot around here.

ва́за vase. Пожа́луйста, поста́вьте цветы́ в э́ту ва́зу. Put the flowers in this vase, please. • bowl. Отнеси́те э́ту ва́зу с фру́ктами в её ко́мнату. Take this bowl of fruit to her room.

вазели́н vaseline.

вака́нсия opening. У нас откры́лась вака́нсия на ме́сто бухга́лтера. There's an opening for a bookkeeper in our office.

ва́кса black shoe polish.

ва́ленки (-ков *P*) felt boots.

валёт jack. Я пошёл с трефо́вого валёта. I played the jack of clubs.

вали́ть (валю́, ва́лит/*pct*: **по-, с-**/) to blow down. Стра́шный ве́тер вали́л дере́вья со́тнями. A terrible wind blew trees down by the hundreds. • to pour. Из трубы́ вали́т дым. Smoke is pouring out of the chimney.

□ *вали́ть с больно́й головы́ на здоро́вую to pass the buck. Что же вы вали́те с больно́й головы́ на здоро́вую? What are you passing the buck for?

вали́ть то́лпами to come in crowds. Наро́д то́лпами вали́л на демонстра́цию. People came to the demonstration in crowds.

□ Снег вали́т хло́пьями. It's snowing hard.

валю́та foreign money, foreign currency. Обме́н иностра́нной валю́ты. Foreign money exchanged here. — В Госба́нке вам обменя́ют сове́тские де́ньги на иностра́нную валю́ту. Gosbank (National bank of USSR) will exchange your Soviet money for foreign currency.

валя́ться to lie around. Кни́ги валя́лись на полу́ це́лую неде́лю. The books were lying around on the floor for a whole week. — Дово́льно вам валя́ться, пойдём погуля́ем! Stop lying around; let's go for a walk.

вам (/*d of* вы/).

ва́ми (/*i of* вы/).

ва́нна bathtub. Вы́мойте ва́нну, пре́жде чем пусти́ть во́ду. Wash the bathtub out before you let the water run. • bath. Я принима́ю горя́чую ва́нну по утра́м. I take a hot bath every morning.

ва́нная (ко́мната) (*AF*) bathroom. Где ва́нная (ко́мната)? Where's the bathroom? • bath. Мо́жно получи́ть ко́мнату с ва́нной? Can I get a room with private bath?

ва́режка (*gp* -жек *pronounced* [-š'k]) woolen mittens.

варе́ник dumpling.

варёный boiled. К обе́ду бы́ло варёное мя́со с карто́фельным пюре́. We had boiled meat and mashed potatoes for dinner.

варе́нье jam, marmalade, preserves.

вари́ть (варю́, ва́рит/*pct*: **с-**/) to cook. Сейча́с обе́д вари́ть не́когда. There's no time to cook dinner now.

-ся to cook. Пока́ карто́шка ва́рится, я успе́ю накры́ть на стол. I'll have enough time to set the table while the potatoes are cooking.

□ Переста́ньте вари́ться в со́бственном соку́. Stop being

so wrapped up in yourself. • Они́ живу́т в те́сном кругу́ друзе́й и ва́рятся в со́бственном соку́. They live in a narrow circle of friends and are getting into a rut.

вас (/*g and l of* вы/).

василёк (-лька́) cornflower.

ва́та cotton. Да́йте мне паке́т стерилизо́ванной ва́ты. Give me a package of sterilized cotton. — Вам ну́жно бу́дет на́ зиму пальто́ на ва́те. You'll need a cotton-padded coat for winter.

ватерклозе́т water closet, toilet.

ватру́шка cheese cake.

ваш (§15) your. Ваш брат до́ма? Is your brother at home? — Э́то ва́ша шля́па? Is this your hat? • yours. Э́то моё пальто́, ва́ше — в шкафу́. This is my coat; yours is in the closet.

□ *и на́шим и ва́шим to play both ends against the middle. Я ему́ не ве́рю; он и на́шим и ва́шим. I don't trust him — he plays both ends against the middle.

□ Я зна́ю всё не ху́же ва́шего. I know it just as well as you do. • Как по-ва́шему? What do you think? • *Ва́ша взяла́. You win.

вбега́ть (*dur of* вбежа́ть) to run into. Ка́ждое у́тро он вбега́ет в ку́хню, прогла́тывает ча́шку ко́фе и убега́ет. Every morning he runs into the kitchen, swallows a cup of coffee, and runs out.

вбегу́ *See* вбежа́ть.

вбежа́ть (вбегу́, вбежи́т, §27; *pct of* вбега́ть) to run into. Я вбежа́л в ко́мнату, схвати́л шля́пу и вы́бежал на у́лицу. I ran into the room, grabbed my hat, and rushed out into the street.

вбива́ть (*dur of* вбить) to hammer. Хозя́йка про́сит не вбива́ть гвозде́й в сте́нку. The landlady asks you not to hammer nails into the wall.

вбить (вобью́, вобьёт, *imv* вбей; *pct of* вбива́ть) to hammer. Вбе́йте ещё оди́н ко́лышек вот сюда́. Hammer one more peg right here.

□ вбить себе́ в го́лову to get into one's head. Он вбил себе́ в го́лову, что бу́дет знамени́тым хиру́ргом. He got it into his head to become a famous surgeon.

вблизи́ near. Э́тот заво́д нахо́дится вблизи́ от го́рода. The factory is near town. • up close. Я хоте́л бы посмотре́ть на э́ту балери́ну вблизи́. I'd like to look at that ballerina up close.

вброд

□ перейти́ вброд to wade across. Здесь мо́жно перейти́ вброд. We can wade across the stream here.

введу́ *See* ввести́.

ввёл *See* ввести́.

вверх (/*cf* верх/) up, upwards. Он посмотре́л вверх и уви́дел, что она́ ма́шет ему́ руко́й. He looked up and saw her waving at him.

□ вверх дном upside down. По́сле его́ отъе́зда у нас всё пошло́ вверх дном. After he left, everything was turned upside down.

вверх по тече́нию upstream. Наш парохо́д шёл вверх по тече́нию. Our ship was going upstream.

вверху́ on the top. Э́то сло́во должно́ быть где́-то вверху́ страни́цы. That word ought to be somewhere on the top of the page.

ввести́ (введу́, введёт, *p* ввёл, ввела́, -о́, -и́; *pap* вве́дший; *pct of* вводи́ть) to bring in. Брат ввёл в ко́мнату како́го-то па́рня. My brother brought some fellow into the room.

☐ **ввести́ в расхо́д** to put someone to expense. Вы ввели́ меня́ в напра́сный расхо́д. You've put me to needless expense.

☐ Пожа́луйста, введи́те но́вого сотру́дника в курс де́ла. Show the new employee the ropes, please.

ввиду́ (/cf вид/) in view of, due to. Ввиду́ того́, что я ско́ро уезжа́ю, я не могу́ взя́ться за э́ту рабо́ту. I can't take on this jób in view of the fact that I'm leaving soon. • because of. Ввиду́ его́ во́зраста ему́ да́ли лёгкую рабо́ту. Because of his age he was given an easy job.

вводи́ть (ввожу́, вво́дит; *dur of* ввести́) to introduce. Он тут вво́дит но́вые поря́дки. He's introducing some new rules here.

☐ **вводи́ть в заблужде́ние** to mislead. Вы его́ вво́дите в заблужде́ние. You're misleading him.

ввожу́ *See* **вводи́ть.**

ввоз import.

вдали́ in the distance. Вдали́ показа́лся дымо́к по́езда. The smoke of the train appeared in the distance. • away from. Он де́ржится вдали́ от други́х ребя́т. He keeps away from the other fellows.

вдво́е (/cf дво́е/) twice. Он вдво́е ста́рше её. He's twice as old as she. — Обе́д в рестора́не вам бу́дет сто́ить вдво́е доро́же, чем до́ма. Dinner in a restaurant will cost you twice as much as at home. • in half. Сложи́те э́ту простыню́ вдво́е. Fold this sheet in half.

☐ **вдво́е бо́льше** double. Я получи́л вдво́е бо́льше, чем ожида́л. I got double what I expected.

вдвоём (/cf дво́е/) both. Не́зачем ходи́ть туда́ вдвоём — я и оди́н спра́влюсь. It isn't worthwhile for both of us to go there; I'll manage it alone. • two. В э́ту игру́ игра́ют то́лько вдвоём. Only two can play this game. • two . . . together. Им всегда́ ве́село вдвоём. The two of them are always happy together.

вдвойне́ on two counts. Я счита́ю, что он вдвойне́ винова́т. I consider him guilty on two counts. • doubly. Вы вдвойне́ непра́вы. You're doubly wrong.

вдоба́вок besides. Нас накорми́ли о́чень пло́хо — да вдоба́вок ещё взя́ли втри́дорога. The food was terrible, and besides we paid altogether too much for it. • to boot. Он глуп, да ещё вдоба́вок болтли́в. He's stupid and talkative to boot.

вдова́ (*P* вдо́вы) widow.

вдове́ц (-вца́) widower.

вдо́воль plenty. У нас всего́ вдо́воль. We have plenty of everything.

☐ Мы вдо́воль посмея́лись. We laughed to our heart's content.

вдого́нку

☐ **крича́ть вдого́нку** to shout after. Я кри́кнул ему́ вдого́нку, что́бы он не забы́л принести́ газе́ту. I shouted after him not to forget to bring back a newspaper.

пусти́ться вдого́нку to start to run after. Я пусти́лся вдого́нку за трамва́ем. I started to run after the street car.

вдоль along. Иди́те по тропи́нке вдоль реки́ Follow the path along the river. — Вдоль у́лицы поса́жены дере́вья. There are trees planted along the street.

☐ **вдоль и поперёк** up and down. Мы изъе́здили страну́ вдоль и поперёк. We've gone up and down the whole country.

вдруг (/cf друго́й/) suddenly. Он вдруг вскочи́л с ме́ста.

Suddenly he sprang from his seat. • at once. Об э́том вдруг не расска́жешь. You can't tell the whole story at once. — Говори́те по о́череди, не все вдруг. Speak in turn — not all at once. • short. Почему́ вы вдруг останови́лись? Why did you stop short?

вегетариа́нский vegetarian.

ведро́ (*P* вёдра) bucket, pail. Принеси́те мне ведро́ воды́. Bring me a pail of water. — *Дождь льёт как из ведра́. It's coming down in buckets.

☐ **помо́йное ведро́** garbage can. Вы́бросьте э́то в помо́йное ведро́. Throw it into the garbage can.

веду́ *See* **вести́.**

ведь but. Вы ведь ему́ всё расска́жете, пра́вда? But you'll tell him everything, won't you? — Ведь э́то ве́рно! But this is right! • well. Да ведь э́то она́! Why that's her! — Ведь он не дура́к, сам поймёт! Why, he's no fool; he'll understand. • well. Да ведь я вам говори́л! Well I told you so!

ве́жливый polite. Он был с на́ми о́чень ве́жлив. He was very polite to us.

☐ **ве́жливо** politely. Я обрати́лся к нему́ ве́жливо, а он мне нагруби́л. I asked him politely and he got rude.

везде́ everywhere. Вы везде́ встре́тите раду́шный приём. You'll get a warm welcome everywhere you go. • wherever. Вы э́то услы́шите везде́ и всю́ду. You'll hear it wherever you go.

везти́ (везу́, везёт; *p* вёз, везла́ -о́, -и́ *pap* вёзший/*iter* вози́ть/) to drive. Вези́те нас на вокза́л, то́лько поскоре́й! Drive us to the station and make it snappy. — Куда́ вас везти́? Where shall I drive you? • to take (by a conveyance). Сунду́к сли́шком тяжёл, носи́льщику придётся везти́ его́ на теле́жке. The trunk is too heavy, so the porter will have to take it on a hand truck. • to be lucky, to have luck. (*impersonal*) Ей всегда́ везёт. She's always lucky. (*impersonal*) Ему́ в после́днее вре́мя ужа́сно не везёт. He's been having a streak of hard luck lately.

век (*P* -а́, -о́в/*g* -у; на веку́/) century. В э́том за́ле со́браны карти́ны девятна́дцатого ве́ка. This room has a collection of Nineteenth Century paintings. • ages. Эта це́рковь была́ постро́ена в сре́дние века́. This church was built in the Middle Ages. — Мы с ва́ми це́лый век не вида́лись! I haven't seen you in ages.

☐ На мой век хва́тит! I have enough to last me the rest of my life. • Век живи́ — век учи́сь. Live and learn.

ве́ко (*P* ве́ки) eyelid. У вас воспалены́ ве́ки. Your eyelids are inflamed.

вёл *See* **вести́.**

веле́ть (велю́, -ли́т; *both dur and pct/the p forms pct only*/) to order. Нам веле́ли ко́нчить рабо́ту как мо́жно скоре́е. We were ordered to finish the work as soon as possible. • to tell. Де́лайте то, что вам ве́лено. Do as you're told.

☐ Нам туда́ не веля́т ходи́ть. We're not allowed to go there.

вели́кий (/sh -ка́, -о́, -и́/; *ср* велича́йший/ *the sh ср form is supplied from* большо́й/) great. Этот институ́т был осно́ван вели́ким учёным. This institute was founded by a great scientist. — Вели́кие держа́вы. The great powers. • large. Эти башмаки́ мне велики́. These shoes are too large for me.

☐ **вели́к** old. Ваш сын сли́шком вели́к для мла́дшей гру́ппы. Your son is too old for the youngest group.

— Э́ту игру́ лю́бят все от ма́ла до вели́ка. Both young and old love this game.

☐ К вели́кому моему́ сожале́нию, я не смогу́ быть у вас на вечери́нке. Much to my regret, I can't come to your party.

велодро́м velodrome.

велосипе́д bicycle. Ско́лько туда́ езды́ на велосипе́де? How long does it take to get there on a bicycle?

велосипеди́ст bicycle rider. Здесь есть специа́льные доро́ги для велосипеди́стов? Are there special roads around here for bicycle riders?

ве́на vein. У неё распу́хли ве́ны на ноге́. The veins on her leg are swollen.

ве́ра faith. Несмотря́ на всё, он сохрани́л свою́ ве́ру в люде́й. He kept his faith in people in spite of everything. • religion. Здесь живу́т лю́ди вся́кой ве́ры. People of all religions live around here. • confidence. Беда́ в том, что он потеря́л ве́ру в себя́. The trouble is that he's lost confidence in himself.

☐ **принима́ть на ве́ру** to take on faith. Я всегда́ принима́л его́ слова́ на ве́ру. I always took his words on faith.

верблю́д camel.

верёвка string. Да́йте мне верёвку, я хочу́ перевяза́ть э́тот паке́т. Give me a piece of string to tie this package up with. • rope. Перевяжи́те сунду́к верёвкой. Tie a rope around the trunk. • line. На верёвке разве́шено бельё. The wash is on the line.

☐ *По нём давно́ верёвка пла́чет. He should have been hanged long ago.

ве́рить to believe. Не ве́рьте слу́хам! Don't believe rumors. — Я не ве́рил свои́м глаза́м. I didn't believe my own eyes. • to trust. Вы мо́жете ему́ ве́рить. You can trust him.

верну́ть (*pct*) to return. Верни́те мне мою́ кни́гу. Return my book. • to give back. Не беспоко́йтесь, вам верну́т все расхо́ды. Don't worry, they'll give you back all your expenses. • to restore. Деньга́ми ему́ здоро́вья не вернёшь. Money can't restore his health.

☐ **верну́ть долг** to repay. Когда́-нибудь, он вам э́тот долг вернёт с лихво́й. Someday he'll more than repay you.
☐ В бюро́ нахо́док мне верну́ли портфе́ль. I got my briefcase back at the lost-and-found department.

-ся to be back. Я ско́ро верну́сь, подожди́те меня́ здесь. I'll be back soon; wait here for me. • to come. Я верну́лся домо́й по́здно но́чью. I came home late last night. • to return. К ней верну́лась её пре́жняя весёлость. Her old-time cheerfulness returned. • to get back. Вернёмся к на́шей те́ме. Let's get back to our topic.

ве́рный (*sh* -рна́) loyal. Хорошо́, что у вас нашёлся тако́й ве́рный друг. It's a good thing you have such a loyal friend. • true. Она́ остала́сь верна́ себе́, She remained true to herself. • right. Мои́ часы́ ве́рные — по вокза́льным. My watch is right according to the station clock. • sure. Э́то ве́рное сре́дство от просту́ды. This is a sure remedy against colds. • certain. Он пошёл на ве́рную смерть. He went to certain death. • steady. У него́ ве́рная рука́ — он не прома́хнётся. He has a steady hand; he won't miss. • reliable. Я об э́том узна́л из ве́рных исто́чников. I found out about it from reliable sources.

☐ **ве́рно** faithfully. Он мно́го лет ве́рно служи́л ро́дине. He has served his country faithfully for many years. • accurately. Он ве́рно изобрази́л положе́ние. He described the situation accurately. • right. Ве́рно! That's right!

• probably. Он, ве́рно, объясни́л вам, что здесь де́лается. He's probably explained what's happening here.

☐ У него́ о́чень ве́рный глаз. He has a good eye for distances. • Я своему́ сло́ву ве́рен. I keep my word. • У него́ ве́рное понима́ние положе́ния. He has a good grasp of the situation.

вероя́тный likely. Како́й, по-ва́шему, са́мый вероя́тный исхо́д э́того де́ла? What in your opinion is the most likely outcome of this affair?

☐ **вероя́тно** probably. Я, вероя́тно, не смогу́ за́втра прийти́. I probably won't be able to come tomorrow. • presumably. Э́то, вероя́тно, тот слу́жащий, с кото́рым ну́жно говори́ть? Presumably that's the clerk we have to talk to.

верфь (*F*) shipyard.

верх (*P* -и́, -о́в/*g* -у; наверху́; ве́рхом, *in adverbial use, is*/) top. Мы взобрали́сь на са́мый верх холма́. We've climbed to the very top of the hill. — Мои́ роди́тели занима́ют весь верх до́ма. My parents occupy the whole top floor of the house. • outside. Верх ва́шего пальто́ ещё хоро́ш, но подкла́дка совсе́м порвала́сь. The outside of your coat is still in good condition, but the lining is all torn. • height. Ну, зна́ете, э́то бы́ло ве́рхом глу́пости. That certainly was the height of stupidity.

☐ **одержа́ть верх** to get the best of. Ему́ бу́дет не легко́ одержа́ть верх в э́том спо́ре. It won't be easy for him to get the best of this argument.

ве́рхний top. Чей э́то чемода́н на ве́рхней по́лке? Whose suitcase is this on the top shelf? • upper. Я бу́ду спать на ве́рхней ко́йке. I'll sleep in the upper berth. — Могилёв располо́жен на ве́рхнем тече́нии Днепра́. Mogilev is on the upper Dnieper.

☐ **ве́рхнее пла́тье** overcoat. Бе́женцы бо́льше всего́ нужда́ются в ве́рхнем пла́тье. The refugees need overcoats more than anything else.

верхо́вный

☐ **Верхо́вный сове́т СССР** Supreme Soviet of the USSR. **Верхо́вный суд** Supreme Court of the USSR.

верхово́й

☐ **верхова́я езда́** riding, horseback riding. Он поме́шан на верхово́й езде́. He's crazy about horseback riding.

верхо́м (/*cf* **верх**/) horseback. Я сего́дня у́тром ката́лся верхо́м. I went horseback riding this morning. • astride. Он сиде́л верхо́м на сту́ле. He sat astride a chair.

верши́на top. Я подня́лся на верши́ну холма́. I climbed to the top of the hill. • peak. К сорока́ года́м он дости́г верши́ны свое́й сла́вы. He reached the peak of his fame when he was forty. — На рассве́те мы уви́дели верши́ны гор. We saw the mountain peaks at dawn. • summit. У Эльбру́са две верши́ны. Mount Elbrus has two summits.

вес (*P* -а́, -о́в/*g* -у; на весу́/) weight. Я хочу́ знать то́чный вес э́того паке́та. I want to know the exact weight of this package. — Его́ сужде́ния име́ют для меня́ большо́й вес. His judgment carries a lot of weight with me.

☐ **ме́ры ве́са** measures of weight (*See appendix* 2).
на вес by the pound. У нас сли́вы продаю́тся на вес. We sell plums by the pound.

весели́ться to enjoy oneself. Прия́тно смотре́ть, как веселя́тся детвора́. It's pleasant to watch the kids enjoying themselves. — Ну, как вы вчера́ весели́лись? Well, did you enjoy yourself yesterday?

□ Кто́ это там так весели́тся? Who's that over there having a high old time?

весёлый (*sh* ве́сел, весела́, ве́село, -ы) cheerful. Он о́чень весёлый па́рень. He's a very cheerful fellow. • fine. Весёлая исто́рия — не́чего сказа́ть! This is a fine situation! • light. Сего́дня (ве́чером) ста́вят весёлую коме́дию. A light comedy is being given tonight.

□ **ве́село** happy. Не понима́ю, почему́ вам ве́село; по-мо́ему, э́то о́чень гру́стно. I don't understand why you're so happy. I think it's very sad. • happily. Они́ так ве́село смея́лись, что невозмо́жно бы́ло на них рассерди́ться. They were laughing so happily that it was impossible to get mad at them.

□ Мы ве́село провели́ вре́мя. We had a good time.

весе́нний spring. Сего́дня совсе́м весе́нняя пого́да. It's spring weather today.

ве́сить to weigh. Ско́лько ве́сит э́тот чемода́н? How much does the suitcase weigh? — Я ве́шу се́мьдесят кило́. I weigh seventy kilograms.

весло́ (*P* вёсла) oar.

весна́ (/*а* весну́/, *P* вёсны) spring. В э́том году́ ра́нняя весна́. It's an early spring this year.

весно́й (/*is of* весна́/) in the spring. Весно́й, в полово́дье, вода́ иногда́ дохо́дит до второ́го этажа́. In the spring the water sometimes rises as high as the second floor. — Весно́ю у нас тут иногда́ быва́ют холода́. We sometimes have stretches of cold weather here in the spring.

весовщи́к (-á) weigher. Весовщи́к! ско́лько ве́су в э́том мешке́? How heavy is this sack, weigher?

вести́ (веду́, ведёт, *p* вёл, вела́, -ó, -и́; *pap* ве́дший/*iter:* **води́ть**/) to lead. Эта доро́га ведёт в го́род. This road leads to town. — Куда́ вы меня́ ведёте? Where are you leading me? • to drive. Шофёр осторо́жно вёл маши́ну по уха́бистой доро́ге. The chauffeur drove the car carefully along the bumpy road. • to drive at. Я не понима́ю к чему́ он э́то ведёт. I don't know what he's driving at. • to carry on. Он ведёт обши́рную перепи́ску. He carries on a wide correspondence. • to keep. Мне прихо́дится вести́ кни́ги. I have to keep books. • to conduct. Суде́бные вла́сти веду́т рассле́дование. The legal authorities are conducting an investigation of the case.

□ **вести́ собра́ние** to preside over a meeting. Кто сего́дня ведёт собра́ние? Who's presiding over the meeting today? **вести́ хозя́йство** to do the housekeeping. Мать сама́ ведёт у нас хозя́йство. Mother does the housekeeping herself.

□ **веди́те себя́ прили́чно!** Behave yourself!

вестибю́ль (*M*) lobby. Я вас бу́ду ждать внизу́ в вестибю́ле. I'll be waiting for you in the lobby.

весы́ (-о́в/*P of* вес/) scales.

весь (§16) whole. Я весь день сиде́л до́ма. I spent the whole day at home. — Вся на́ша шко́ла идёт на э́тот матч. Our whole school is going to see the game. — И всего́-то разгово́ру бы́ло на полчаса́. The whole conversation shouldn't have taken more than half an hour. • all. У меня́ таба́к весь вы́шел. My tobacco is all gone. — Это всё. That's all. — Бо́льше всего́ я люблю́ его́ стихи́. I like his poetry most of all. — Все за одного́, оди́н за всех. All for one; one for all. — Он зна́ет англи́йский язы́к лу́чше нас всех. He knows English better than all of us. • everybody. Все э́то ви́дели. Everybody saw it. • all over. Что с ва́ми? Вы весь дрожи́те. What's the matter

with you? You're shaking all over. — Эти ве́сти разнесли́сь по всей стране́. The news is all over the country.

□ **без всего́** without a thing. По́сле неме́цкого наше́ствия мы оста́лись без всего́. We were left without a thing after the German invasion.

всё everything. Спаси́бо за всё, что вы для меня́ сде́лали. Thank you for everything you've done for me. — Бедня́га, он всего́ бои́тся. Poor guy, he's afraid of everything. — Пи́сьма сы́на бы́ли для неё всем. Her son's letters were everything to her.

всего́ понемно́гу (понемно́жку) a little bit of everything. Да́йте мне изю́му, черносли́ву, оре́хов — всего́ понемно́гу. Give me some raisins, prunes, nuts — oh, a little bit of everything.

всё ещё yet. Уже́ за по́лночь, а вы всё ещё не наговори́лись! It's way past midnight. Haven't you two talked yourselves out yet?

всё же still. А я всё же с э́тим не согла́сен. I still don't agree with it.

всё равно́ anyway. Как бы мы не стара́лись, он всё равно́ бу́дет недово́лен. It makes no difference how hard you try because he won't be satisfied anyway.

□ Я всё стара́юсь поня́ть, почему́ он рассерди́лся. I keep trying to figure out why he got angry. • Он весь вы́мок. He's soaked through and through. • Он закрича́л во весь го́лос. He yelled at the top of his voice. • Он споткну́лся и растяну́лся во весь рост. He stumbled and fell flat. • Я приложу́ все стара́ния, чтоб зако́нчить рабо́ту во́-время. I'll do my very best to finish the work on time. • *Он гнал во-всю́. He really gave it the gun. *Всем, всем, всем! Attention, everybody! **Ну, всего́! Well, so long.

весьма́ pretty. На э́то бы́ли отпу́щены весьма́ значи́тельные су́ммы. Pretty large sums have been appropriated for it.

□ Это весьма́ непло́хо. That's not bad at all.

ве́тер (-тра/*P* -тры, -тро́в; *g* -у; на ветру́/) wind. Подня́лся си́льный ве́тер. A strong wind blew up. — *Он уме́ет держа́ть нос по ве́тру. He knows which way the wind is blowing.

□ *Я таки́х серьёзных обеща́ний на ве́тер не броса́ю. I don't make such promises lightly.

ветерина́р veterinary.

ве́тка branch. Собери́те ве́ток для костра́. Gather some branches for the bonfire. • spur. Железнодоро́жная ве́тка соединя́ет заво́д с го́родом. A railroad spur leads from the city to the factory.

ветчина́ ham.

ве́чер (*P* -á, -о́в) evening. До́брый ве́чер! Good evening! • party. У нас сего́дня ве́чер, приходи́те то́же. We're having a party tonight. Won't you come?

□ **под ве́чер** toward evening. Под ве́чер ста́ло холодне́е. It got colder toward evening.

вечери́нка party. Кого́ вы позва́ли на сего́дняшнюю вечери́нку? Who did you invite to the party tonight?

вече́рний evening. А что сего́дня в вече́рней газе́те? What's in the evening paper today? — Я хочу́ записа́ться на вече́рние ку́рсы. I want to enroll for the evening classes. — Лу́чше пое́хать вече́рним по́ездом. It's better to go by evening train.

ве́чером (/*is of* ве́чер/) in the evening. Ве́чером здесь не так лю́дно. It's not so crowded here in the evening.

□ **сегóдня вéчером** tonight. Я уезжáю сегóдня вéчером. I'll be leaving tonight.

вéчный eternal. Эта горá покрыта вéчным снéгом. This mountain is covered with eternal snows. — Мне надоéли вáши вéчные замечáния. I'm tired of your eternal nagging! • **immortal.** Своими пóдвигами он заслужил себé вéчную пáмять. His heroism earned him immortal fame. • **lasting.** Удáстся ли когдá-нибудь создáть вéчный мир? Will we ever succeed in establishing lasting peace?

□ **вéчное перó** fountain pen. Где вы купили это вéчное перó? Where did you buy your fountain pen?

вéчно constantly. Они вéчно ссóрятся по пустякáм. They're constantly quarreling about trifles.

□ Земля передана нáшему колхóзу в вéчное владéние. The land has been turned over to our kolkhoz for good.

вéшалка coat rack. Повéсьте пальтó в передней, там есть большáя вéшалка. Hang your coat out in the hall; there's a big coat rack there. • **hanger.** Бóльше нет прóволочных вéшалок, возьмите деревянную. There aren't any more wire hangers; use a wooden one. — Я вам пришью вéшалку на пальтó. Let me sew a hanger on your coat.

вéшать (/pct: **повéсить**/) to hang. Вы мóжете вéшать бельё на чердакé. You can hang your wash in the attic. — Во врéмя оккупáции нéмцы вéшали пóйманных партизáн. The Germans hanged captured guerillas during the occupation.

□ *На негó тут всех собáк вéшают. He gets the blame for everything around here.

вéшу See **вéсить.**

вещь (P -щи, -щéй F) thing. У вас с собóй мнóго вещéй? Do you have many things with you? — Нéкоторые вéщи тепéрь трýдно достáть. Some things are hard to buy these days. — Тут происхóдят стрáнные вéщи. Some strange things happen here. • **work.** Пьéса, котóрую вы вчерá видели, лýчшая вещь этого драматýрга. The play you saw last night is the best work by that playwright. • **clothing.** Там óчень хóлодно, вам нáдо бýдет взять с собóй тёплые вéщи. It's very cold there, so you ought to take some warm clothing along. • **something.** Хорóшие щи, — это, брат, вещь! Yes, sir, good cabbage soup is really something!

□ **вéщи** baggage. Носильщик отнёс вáши вéщи в вагóн. The porter took your baggage to the train.

□ Слýшайте, вот какáя вещь: сегóдня вéчером нам придётся поработáть. Do you know what? We've got to do some work tonight.

вéялка winnowing machine.

взаимный mutual. Они пришли к взаимному соглашéнию по этому вопрóсу. — Они разошлись по взаимному соглáсию. They separated by mutual consent.

□ **óбщество взаимной пóмощи** (**взаимопóмощи**). Mutual aid society.

взаймы

□ **дать взаймы** to lend. Мóжете вы дать мне рублéй дéсять взаймы? Could you lend me about ten rubles?

взбáлтывать (dur of **взболтáть**).

взберýсь See **взобрáться.**

взбирáться (dur of **взобрáться**) to climb. Вам не трýдно кáждый день взбирáться на шестóй этáж? Isn't it hard for you to climb six flights every day?

взболтáть (pct of **взбáлтывать**) to shake. Перед употреблéнием взболтáть. Shake well before using.

взборонить (pct of **боронить**).

взвéсить (pct of **взвéшивать**) to weigh. Вы ещё не взвéсили зернá? Haven't you weighed the grain yet? — Взвéсьте этот пакéт и скажите, скóлько наклéить мáрок. Weigh this package and tell me how much postage to put on.

-**ся** to weigh oneself. Я взвéсился пóсле болéзни и оказáлось, что я потерял пять кило. I weighed myself after I was sick and found that I'd lost five kilograms.

взвéшивать (dur of **взвéсить**) to weigh. Где тут взвéшивают товáры? Where do they weigh goods here?

взвéшу See **взвéсить.**

взволновáть (pct of **волновáть**) to excite. Это извéстие нас всех óчень взволновáло. The news excited us a good deal.

-**ся** to get excited. Отчегó вы так взволновáлись? What did you get so excited about?

взгляд glance. Он окинул кóмнату бéглым взглядом. He took the room in at a glance. • **sight.** Это былá любóвь с пéрвого взгляда. It was love at first sight. • **view.** Я не разделяю егó политических взглядов. I don't share his political views. • **opinion.** На мой взгляд это не так. In my opinion it's not so.

□ Эти яблоки на взгляд неказисты, но они óчень вкýсные. These apples aren't much to look at, but they're very tasty.

взглядывать (dur of **взглянýть**) to glance. Онá врéмя от врéмени на негó взглядывала. She glanced in his direction from time to time.

взглянýть (-гляну, -глянет; pct of **глядéть** and of **взглядывать**) to glance. Онá лáсково взглянýла на меня. She glanced at me tenderly. • **to look.** Взгляните на негó, на что он похóж! Look at him; what a sight he is!

вздор (/g -y/) nonsense. Это всё чистéйший вздор. It's just sheer nonsense. — Пóлно вздор молóть! Don't talk nonsense!

вздорожáть (pct of **дорожáть**) to become expensive. За послéдний год всё вздорожáло. Everything has become more expensive this past year.

вздохнýть (pct of **вздыхáть**).

вздыхáть (dur of **вздохнýть**) to pine away. По ком он вздыхáет? Who's he pining away for?

взлáмывать (dur of **взломáть**).

взломáть (pct of **взлáмывать**) to force. Дверь былá взлóмана и докумéнты укрáдены. The door was forced and the documents stolen.

взнос dues. Я ужé заплатил члéнский взнос за сентябрь. I have already paid my membership dues for September. • **fee.** У нас в профсоюзах нет вступительных взнóсов. We have no entrance fees in our unions. • **contribution.** Это мой взнос в дéло побéды рóдине. That is my contribution to my country's effort.

взобрáться (взберýсь, взберётся; p взобрался, взобралáсь, -лóсь, -лись; pct of **взбирáться**) to climb to the top. Уф! Наконéц взобрались! Whew! At last we've climbed to the top.

взойдý See **взойти.**

взойти (взойдý, взойдёт; p взошёл, взошлá, -ó, -и; pap взошéдший, pct of **всходить**) to come up, to rise. Сóлнце ужé давнó взошлó. The sun came up a long time ago.

взорвáть (взорвý, - рвёт; pct of **взрывáть**) to blow up. Отступáя, нéмцы взорвáли этот мост. The Germans blew up this bridge as they retreated. • **to get one mad.** Его́ гру́бое замеча́ние меня́ взорва́ло. His crude remark got me mad. **-ся** to blow up, to explode. Откро́йте кла́пан, а то котёл взорвётся. Open the safety valve or the boiler will explode.

взошёл See **взойти́.**

взро́слый adult. Чита́льня для взро́слых. Reading room for adults. • **grown-up.** Он уже́ взро́слый и до́лжен сам понима́ть. He's already a grown-up and should know better himself.

взрыв explosion. Взрыв бо́мбы потря́с весь кварта́л. The bomb explosion shook the whole block. • **burst.** Арти́ст был встре́чен взры́вом аплодисме́нтов. The actor was greeted by a burst of applause. • **outburst.** Э́то заявле́ние вы́звало взрыв негодова́ния. This declaration caused an outburst of indignation.

взрыва́ть (*dur of* **взорва́ть**) to blow up. Не взрыва́йте моста́ без прика́за. Don't blow up the bridge without orders.

-ся to burst. Со всех сторо́н взрыва́лись снаря́ды. Shells burst all around.

взя́тка bribe. Его́ арестова́ли за взя́тку. He was arrested for taking a bribe. • **trick.** Я взял взя́тку тузо́м. I took the trick with an ace.

взять (возьму́, возьмёт; *p* взял, -ла́; *ppp* взя́тый, *sh* взят, -та́; *pct of* **брать**; **-ся**, *p* взя́лся, взяла́сь, взяло́сь, взяли́сь) to take. Я взял ва́шу кни́гу. I took your book. — Я возьму́ селёдку с лу́ком и борщ со смета́ной. I'll take some herring with onions and borscht with sour cream. — Хорошо́, я возьму́ э́ту ко́мнату. All right, I'll take this room. — Я то́лько что обеща́л сы́ну взять его́ в цирк. I just promised my son I'd take him to the circus. — Вот, возьми́те моего́ бра́та, он ничего́ в му́зыке не понима́ет. Take my brother, for example: he doesn't understand anything about music. • **to get.** С чего́ вы э́то взя́ли? Where did you get that idea?

☐ **взять быка́ за рога́** to take the bull by the horns. *Придётся вам взять быка́ за рога́ и набра́ть но́вый штат сотру́дников. You'll have to take the bull by the horns and pick out a new group of workers. **взять на себя́** to take on (oneself). Кто возьмёт на себя́ э́ту зада́чу? Who'll take on this job? **взять себя́ в ру́ки** to pull oneself together. Возьми́те себя́ в ру́ки. Pull yourself together. **ни дать, ни взять** exactly like. *Смотри́, како́й серди́тый! Ни дать, ни взять, оте́ц. Good Lord, what a temper! Exactly like his father!

☐ Ну, да что с него́ возьмёшь! Well, what can you expect of him? • А он возьми́ да и разорви́ э́то письмо́. He went and tore the letter up. • А я вот возьму́, да расскажу́ ему́ всё! Что тогда́? I'm going to go and tell him everything. What'll you do then? • *На́ша взяла́! We've won! • *Чорт возьми́! Damn it!

-ся to start. Раз уж взяли́сь — доведи́те де́ло до конца́. Once you start something you've got to finish it. • **to get.** Ну, пора́ взя́ться за рабо́ту. Well, it's time to get to work. — Отку́да у вас взяла́сь э́та кни́га? Where did you get that book?

☐ Когда́ ты, наконе́ц, возьмёшься за ум! When will you finally come to your senses?

вид (/*g* -у: в виду́, на виду́/) sight. Парохо́д скры́лся из виду. The ship disappeared from sight. • **view.** Есть у вас ко́мната с ви́дом на ре́ку? Do you have a room with a view of the river? • **look.** У него́ боле́зненный вид. He has a sickly look. — Вид у э́той кварти́ры о́чень опря́тный. This apartment has a very tidy look about it. — На вид он слаб, но здоро́вье у него́ не плохо́е. He looks weak, but his health isn't really bad. • **kind.** Здесь у нас во́дятся вся́кие ви́ды грызуно́в. There are all kinds of rodents around here. • **appearance.** Он хо́дит на симфони́ческие конце́рты то́лько для ви́ду. He goes to the symphony only for appearance's sake. — С ви́ду он прострова́т и да́же глупова́т. In appearance he's rather simple, and even stupid. • **outlook.** Мои́ ви́ды на бу́дущее о́чень неопределённы. The outlook for my future is very uncertain.

☐ **ввиду́** in view of. Ввиду́ того́, что . . . . In view of the fact that . . . . **вида́ть ви́ды** to see a lot. Я вида́л ви́ды на своём веку́. I've seen a lot in my time. **де́лать вид** to pretend. Он де́лает вид, что ему́ всё равно́, но на са́мом де́ле он о́чень беспоко́ится. He pretends he doesn't care, but he really worries a lot. **име́ть в виду́** to keep in mind. Пожа́луйста, име́йте меня́ в виду́, е́сли вам пона́добится перево́дчик. Please keep me in mind if you should need a translator. **ни под каки́м ви́дом** not under any circumstances. Я э́того не допущу́ ни под каки́м ви́дом. I won't allow it under any circumstances. **пода́ть вид** to show. Она́ и ви́ду не подала́, что ей э́то неприя́тно. She didn't even show that it was unpleasant for her. **потеря́ть из виду** to lose track of. Мы когда́-то бы́ли о́чень дружны́, но тепе́рь потеря́ли друг дру́га из виду. At one time we were quite friendly, but we've lost track of each other.

☐ Он сказа́л э́то в пья́ном ви́де. He was drunk when he said it.

вида́ть (*iter of* **ви́деть**) to see. Я не вида́л его́ со вчера́шнего дня. I haven't seen him since yesterday.

☐ *Здесь ни зги не вида́ть. It's pitch dark here. • **Ви́данное ли э́то де́ло?** Have you ever heard of such a thing? **-ся** to see one another. С тех пор мы бо́льше не вида́лись. We haven't seen one another again from that time on.

ви́деть (ви́жу, ви́дит/*pct:* у-; *iter:* **вида́ть**/) to see. Я хоте́л бы ви́деть ва́шего нача́льника. I'd like to see your boss. — Вчера́ я ви́дел большо́й пожа́р. I saw a big fire yesterday. — Вы ви́дели что́-нибудь подо́бное? Have you ever seen anything like it? — Я не ви́жу в э́том никако́го смы́сла. I don't see any sense in it. — *Я его́ наскво́зь ви́жу. I see right through him. — Ви́дите ли, э́то не так про́сто! You see, it's not so simple.

☐ **ви́деть во сне** to dream. Что вы ви́дели сего́дня во сне? What did you dream about last night?

☐ Я хорошо́ ви́жу. I've got good eyesight. **-ся** to see. Мы с ним ви́димся ка́ждый день на рабо́те. We see each other every day at work.

ви́дный (*sh* -дна́/-ы́/) prominent. Он ви́дный инжене́р. He's a prominent engineer. • **conspicuous.** Плака́т был вы́вешен на ви́дном ме́сте. The poster was put in a conspicuous place. • **important.** Он занима́ет ви́дное положе́ние. He holds an important position here. • **fine figure.** Он о́чень ви́дный мужчи́на. He's a fine figure of a man. • **seen.** Из на́шего окна́ видна́ вся пло́щадь. The whole square can be seen from our window.

☐ **ви́дно** seen. Что э́то вас так давно́ не́ было ви́дно? Why haven't we seeen you for such a long time? • obvious По всему́ ви́дно, что у него́ сла́бое здоро́вье. It's obvious to everyone that he's in poor health. • evidently. Он, ви́дно, уже́ не придёт. Evidently he isn't going to come. • sure. Он, ви́дно, лю́бит поку́шать. He sure enjoys eating.

☐ Ну, вам видне́е. Well, I guess you know best. • Вам отсю́да хорошо́ ви́дно? Do you see well from here?

ви́жу See **ви́деть.**

ви́за visa. Где тут выдаю́т выездны́е ви́зы? Where do they issue exit-visas here? — Я получи́л транзи́тную ви́зу в три дня. I got the transit visa within three days. — Я хоте́л бы продли́ть ви́зу ещё на ме́сяц. I'd like to extend my visa for another month.

визи́т call. До́ктор берёт за визи́т де́сять рубле́й. The doctor charges ten rubles a call.

☐ **пойти́ с визи́том** to call. Нам придётся пойти́ к ним с визи́том. We'll have to call on them.

ви́лка fork. У нас нет ни ноже́й, ни ви́лок. We haven't got any knives or forks.

☐ **(штéпсельная) ви́лка** plug. Насто́льная ла́мпа не гори́т, (штéпсельная) ви́лка слома́лась. The table lamp doesn't light because the plug is broken.

вина́ (P ви́ны) fault. Это не их вина́, а их беда́. It's not their fault, but their hard luck. —Это случи́лось не по мое́й вине́. It wasn't my fault that it happened.

☐ Он лю́бит сва́ливать вину́ на други́х. He likes to pass the buck.

вини́ть to blame. Я никого́ не виню́, кро́ме себя́ самого́. I don't blame anyone but myself. • to accuse. Никто́ вас не вини́т. Nobody accuses you.

вино́ (P ви́на) wine. Вы про́бовали на́ши кры́мские и кавка́зские ви́на? Have you tried our Crimean and Caucasian wines?

винова́тый guilty. Я чу́вствовал себя́ винова́тым. I felt guilty. • sorry. Винова́т, я вас неча́янно толкну́л. Sorry; I didn't mean to push you.

вино́вный guilty. Суд призна́л его́ вино́вным. The court pronounced him guilty.

виногра́д (/g -y/) grapes.

виногра́дник vineyard.

винт (-á) screw. В я́щике лежа́ли винты́ и га́йки. There were screws and nuts in the box.

☐ **ви́нтик** screw. *У него́ ви́нтика не хвата́ет. He's got a screw loose somewhere.

винто́вка rifle.

висе́ть (вишу́, виси́т) to hang. Полоте́нце виси́т в ва́нной. The towel's hanging on the rack in the bathroom. — Эта ку́ртка на вас виси́т. That jacket hangs on you. — Наш прое́кт виси́т на волоске́. Our project is hanging by a hair.

☐ **висе́ть в во́здухе** to be groundless. Ва́ши обвине́ния вися́т в во́здухе. Your accusations are groundless.

висо́к (-скá) temple. У него́ виски́ совсе́м поседе́ли. His temples are quite gray.

витри́на (show) window. Да́йте мне э́тот кра́сный га́лстук, кото́рый у вас в витри́не. Give me the red tie that's in your window. • showcase. В музе́е приба́вилось не́сколько но́вых витри́н. A few new showcases were added at the museum. • display. В э́той библиоте́ке интере́сная витри́на кни́жных нови́нок. There's an interesting display of new books in this library. • bulletin board. В витри́не с объявле́ниями вы́вешены но́вые пра́вила по́льзования

телефо́ном. There's a list of instructions for using the phone on the bulletin board.

ви́це- (prefixed to nouns) vice-.

☐ **ви́це-президе́нт** vice-chairman.

вишнёвка cherry cordial. Попро́буйте на́шей дома́шней вишнёвки. Try some of our home-made cherry cordial.

вишнёвый cherry. Хоти́те све́жего вишнёвого варе́нья? Do you want some fresh cherry jam?

ви́шня (gp ви́шен) cherry. Почём кило́ ви́шен? How much is a kilogram of cherries? • cherry tree. Сейча́с у нас ви́шня в цвету́. Our cherry trees are in bloom now.

вишу́ See **висе́ть.**

вклад deposit. У нас о́чень мно́гие де́лают вкла́ды в сберега́тельные ка́ссы (сберка́ссы). Many people here make deposits in savings banks. • contribution. Эта кни́га—це́нный вклад в ру́сскую литерату́ру об Аме́рике. This book is a valuable contribution to Russian literature about America.

вкла́дывать (dur of вложи́ть) to put. Моя́ рабо́та — вкла́дывать пи́сьма в конве́рты. My work consists of putting letters into envelopes.

☐ Не вкла́дывайте в его́ слова́ тако́го неприя́тного смы́сла. Don't read such an unpleasant meaning into his words.

включа́ть (dur of включи́ть) to turn on. Здесь включа́ют ток в семь часо́в ве́чера. They turn on the electric current at seven P.M. here.

☐ **включа́я** including. Библиоте́ка откры́та ежедне́вно, включа́я пра́здники. The library is open every day including holidays.

-ся to be included. Командиро́вочные не включа́ются в зарпла́ту. Your traveling expenses are not included in your pay.

включи́тельно including. Это расписа́ние действи́тельно до пятна́дцатого включи́тельно. This timetable is effective up to and including the fifteenth.

включи́ть (pct of включа́ть) to include. Мы должны́ включи́ть э́тот пункт в усло́вия догово́ра. We have to include this clause in the terms of the contract. • to turn on. Включи́те ра́дио. Turn on the radio.

☐ У вас мото́р включён? Is your motor running?

-ся to enter. Наш заво́д включи́лся в соревнова́ние. Our factory entered into the competition.

ВКП (б) ([ve-ka-pé]; F, See §8).

☐ Всесою́зная коммунисти́ческая па́ртия (большевико́в) All Union Communist Party (Bolshevik).

вкра́тце in a few words. Расскажи́те вкра́тце, что случи́лось. In a few words tell what happened. • briefly. Вкра́тце исто́рия вот кака́я. Beiefly, that's the story.

вкус flavor. Пе́рец придаёт вкус э́тому со́усу. Pepper adds flavor to this sauce. • taste. У э́того хле́ба како́й-то стра́нный вкус. This bread has a funny taste. — Она́ одева́ется со вку́сом. She has very good taste in clothes. — *На вкус и цвет това́рища нет. Everyone to his own taste.

☐ Это замеча́ние пришло́сь ему́ не по вку́су. The remark went against his grain.

вку́сный (sh -снá) tasty. Суп был о́чень вку́сный. The soup was very tasty. • delicious. Како́й вку́сный торт! What a delicious cake!

☐ **вку́сно** tastily. Она́ о́чень вку́сно гото́вит. She cooks very tastily.

владе́ть to own. На́ше жили́щное това́рищество владе́ет двадцатью́ дома́ми. Our housing cooperative owns twenty houses.

☐ **владе́ть собо́й** to control oneself. Он не уме́ет владе́ть собо́й. He doesn't know how to control himself.

☐ Он владе́ет перо́м. He's a good writer. • Мой брат владе́ет не́сколькими языка́ми. My brother speaks several languages fluently.

вла́жный (*sh F* -жна́) humid. Здесь о́чень вла́жный кли́мат. This is a very humid climate. • damp. Вы́трите э́то вла́жной тря́пкой. Wipe it up with a damp cloth.

власть (*P* -сти, -сте́й *F*) power. С ты́сяча девятьсо́т семна́дцатого го́да в Росси́и установи́лась сове́тская власть. The Soviets have been in power in Russia since 1917. — К сожале́нию, не в мое́й вла́сти измени́ть зако́н. Unfortunately it is not in my power to change the law.

☐ **вла́сти** authorities. Вла́сти на места́х приму́т необходи́мые ме́ры. The local authorities will take the necessary steps.

влеза́ть (*dur of* **влезть**) to climb in; to fit into.

влезть (влезу, вле́зет; *p* влез, вле́зла, -о, -и; *pct of* **влеза́ть**) to climb. Я вле́зу на кры́шу и починю́ про́вод. I'll climb to the roof and fix the wire. • to fit into. Вряд ли все ва́ши ве́щи вле́зут в э́тот чемода́н. I doubt whether all your things will fit into this suitcase.

☐ Е́шьте, ребя́та, ско́лько вле́зет! Come on, fellows, eat all you can.

влия́ние influence. Он име́ет большо́е влия́ние на свои́х ученико́в. He has great influence over his pupils.

влия́ть (*dur/pct:* **по-/**) to influence. Не пыта́йтесь влия́ть на его́ реше́ние; пусть поступа́ет как хо́чет. Don't try to influence his decision; let him do as he wants. • to have an effect. Жара́ на меня́ пло́хо влия́ет. The heat has a bad effect on me.

ВЛКСМ ([ve-el-ка-es-ém]; *indecl M*) (**Всесою́зный ле́нинский коммунисти́ческий сою́з молодёжи**) All Union Leninist Young Communist League. *See also* **комсомо́л**.

вложи́ть (вложу́, вло́жит; *pct of* **вкла́дывать**) to put in(to). Вложи́те бума́гу в маши́нку. Put some paper in(to) the typewriter. — Он вложи́л ма́ссу эне́ргии в устро́йство э́того конце́рта.. — Госуда́рство вложи́ло деся́тки миллио́нов в постро́йку э́того комбина́та. The government put many millions into the building of this combine.

влюби́ться (влюблю́сь, влю́бится; *pct of* **влюбля́ться**) to fall in love. Он влюби́лся в неё с пе́рвого взгля́да. He fell in love with her at first sight.

влюбля́ться (*dur of* **влюби́ться**) to fall in love. Я тогда́ был мо́лод и ча́сто влюбля́лся. I was young then and used to fall in love often.

вме́сте (*/see* **ме́сто/**) together. Вы то́же туда́ идёте? Пойдём вме́сте! Are you going there too? Let's go together. — Всё э́то вме́сте взя́тое заста́вило меня́ перемени́ть реше́ние. All this taken together made me change my decision. • along. Пойдёмте вме́сте со мной. Come along with me.

☐ **вме́сте с тем** still. Э́то как раз то, что мне ну́жно; небольшо́й, но вме́сте с тем вмести́тельный чемода́н. It's exactly what I need; a small but still very roomy suitcase.

все вме́сте all at once. Не говори́те все вме́сте. Don't all talk at once.

вмести́ть (*pct of* **вмеща́ть**).

вме́сто in place of. Мо́жно мне пойти́ вме́сто него́? May I go in place of him? • instead of. Мо́жно мне взять ча́ю вме́сто ко́фе? May I have tea instead of coffee?

вмеша́ться (*pct of* **вме́шиваться**) to break into. Како́й-то пассажи́р вмеша́лся в наш разгово́р. Some passenger broke into our conversation. • to interfere. Мили́ции пришло́сь вмеша́ться в э́ту дра́ку. The police had to interfere in the fight.

вме́шиваться (*dur of* **вмеша́ться**) to get mixed up. Я не хочу́ вме́шиваться в спор. I don't want to get mixed up in this argument.

☐ Не вме́шивайтесь не в своё де́ло. Mind your own business.

вмеща́ть (*dur of* **вмести́ть**) to hold. Э́тот зал вмеща́ет три́ста челове́к. This hall holds three hundred people.

вмиг in a jiffy. Я э́то вмиг сде́лаю. I'll do it in a jiffy.

внача́ле (*/See* **нача́ло/**) at first. Внача́ле ему́ тяжело́ бы́ло идти́, пото́м ста́ло ле́гче. At first it was difficult for him to walk, but then it became easier.

вне outside. Те́ннисная площа́дка нахо́дится вне го́рода. The tennis court is outside the town. • beside. Я был вне себя́ от ра́дости. I was beside myself with joy. • out of. Тепе́рь он вне опа́сности. He's out of danger now.

внеза́пный sudden. Его́ речь была́ пре́рвана внеза́пным шу́мом. His speech was interrupted by a sudden noise.

☐ **внеза́пно** suddenly. По́езд внеза́пно останови́лся. The train stopped suddenly.

внести́ (внесу́, внесёт; *p* внёс, внесла́, -о́, -и́; *pct of* **вноси́ть**) to carry. Внеси́те э́тот чемода́н в ваго́н. Carry this suitcase into the car.

☐ **внести́ в спи́сок** to put on a list. Моё и́мя внесли́ в э́тот спи́сок по оши́бке. They put my name on that list by mistake.

внести́ предложе́ние to introduce a motion. Кто внёс э́то предложе́ние? Who introduced this motion?

вне́шний foreign. Мы изуча́ем вне́шнюю поли́тику Сове́тского Сою́за. We're studying the foreign policy of the Soviet Union. • outward. По одному́ вне́шнему ви́ду суди́ть тру́дно. You can't judge by outward appearances alone. • superficial. Его́ доброта́ чи́сто вне́шняя. His kindness is purely superficial.

☐ **вне́шне** outwardly. Он, коне́чно, о́чень беспоко́ится, но вне́шне он споко́ен. Of course he's worried, but he's calm outwardly.

вне́шняя торго́вля foreign trade. Вне́шнюю торго́влю Сове́тского Сою́за ведёт госуда́рство. Foreign trade in the Soviet Union is carried on by the government.

вниз down. Мне прихо́дится бе́гать по ле́стнице вверх и вниз. I have to run up and down the stairs. — Подожди́те, я сейча́с сойду́ вниз. Wait, I'll be right down. — Вы мо́жете спусти́ться вниз на ли́фте. You can take the elevator down. • underneath. Положи́те э́ту кни́гу све́рху, а вот ту вниз под неё. Put this book on top and the other one underneath it.

☐ **вниз голово́й** headfirst. Он нырну́л вниз голово́й. He dived headfirst.

вниз по тече́нию downstream. На́ша ло́дка плыла́ вниз по тече́нию. Our rowboat drifted downstream.

внизу́ below. Они́ живу́т внизу́ под на́ми. They live on the floor below us. • downstairs. Приёмная врача́ внизу́. The doctor's office is downstairs. • at the bottom. Вы мо́жете прочесть на́дпись внизу́ карти́ны? Can you read the inscription at the bottom of the picture?

внима́ние attention. Внима́нию пассажи́ров! Attention passengers! — Не обраща́йте на него́ внима́ния. Don't pay any attention to him. • consideration. Мы э́то при́няли во внима́ние. We took it into consideration. • notice. Я не обрати́л никако́го внима́ния на его́ слова́. I took no notice of what he said.

◻ **оста́вить без внима́ния** disregard. Вы оста́вили мою́ кри́тику без внима́ния. You disregarded my criticism.

внима́тельный careful. Эта оши́бка не ускользнёт от внима́тельного чита́теля. This mistake can't escape a careful reader. • atttentive. Ваш сын всегда́ внима́телен в кла́ссе. Your son is always very attentive at school. • considerate. Он о́чень внима́телен по отноше́нию к нам. He is very considerate of us.

◻ **внима́тельно** carefully. Слу́шайте внима́тельно. Listen carefully.

◻ Я нашёл в нём внима́тельного слу́шателя. I found him a good listener.

вноси́ть (вношу́, вно́сит; *dur of* **внести́**) to bring in. Не сто́ит вноси́ть сту́лья в дом: дождь уже́ прошёл. It isn't worth while to bring in the chairs; the rain's over. • to deposit. Я ка́ждый ме́сяц вношу́ сто рубле́й в сберка́ссу. I deposit a hundred rubles in my savings account every month.

вношу́ *See* **вноси́ть**.

внук grandson.

вну́тренний internal. Он специали́ст по вну́тренним боле́зням. He's a specialist in internal diseases. — Комиссариа́т вну́тренних дел недалеко́ отсю́да. The Commissariat of Internal Affairs is not far from here. • domestic. Тут мо́жно получи́ть информа́цию о вну́тренней торго́вле. You can get the information about domestic trade right here.

◻ Вну́треннее обору́дование заво́да ещё не зако́нчено. The plant's equipment still isn't completely installed.

• Вам ну́жно познако́миться с пра́вилами вну́треннего распоря́дка на́шего заво́да. You have to learn the rules and regulations of our factory.

внутри́ inside. Я откры́л коро́бку, но внутри́ ничего́ не оказа́лось. I opened the box, but there was nothing inside. — У меня́ всё боли́т внутри́. Everything inside me hurts. — Внутри́ э́то я́блоко совсе́м гнило́е. The inside of this apple is quite rotten.

внутрь inside. Они́ вошли́ внутрь до́ма. They went inside the house. • internally. Смотри́те! Э́то лека́рство нельзя́ принима́ть внутрь. Be careful! This medicine musn't be taken internally.

вну́чка granddaughter.

внуша́ть (*dur of* **внуши́ть**) to inspire. Э́тот челове́к внуша́ет уваже́ние. This man inspires respect. • to impress. Я уж давно́ ему́ внуша́ю, что э́то о́чень ва́жно. I've been impressing it on him for a long time that this is very important.

внуши́ть (*pct of* **внуша́ть**) to put into one's head. Он мне внуши́л э́ту мысль. He put that idea into my head.

во (*for* **в** *before some clusters*, §31) in. Он до́лго жил во Фра́нции. He lived in France for a long time.

◻ **во вре́мя** during. Во вре́мя войны́ населе́ние тут о́чень увели́чилось. The population has grown a great deal here during the war.

◻ Во ско́лько оцени́ли э́тот велосипе́д? What price did they set on this bicycle? • Я вас сего́дня ви́дел во сне. I dreamt about you last night.

вобью́ *See* **вбить**.

во́-время in time. По́мощь осаждённым пришла́ во́-время. Relief came to the besieged people in time. • on time. Вы должны́ бы́ли прийти́ во́-время. You had to come on time. • at the right time. Вы останови́ли его́ как раз во́-время. You stopped him just at the right time.

◻ **не во́-время** at the wrong time. Вы не во́-время позвони́ли. You phoned at the wrong time.

во́все (*cf* **весь**) at all. Я э́того во́все не сказа́л. I didn't say that at all. — Он во́все э́того не добива́лся. He wasn't trying for that at all.

во-всю́ full swing. Рабо́та идёт во-всю́. The work is going on full swing.

◻ Он разоше́лся во-всю́: пляса́л, пел, целова́лся со все́ми. He let himself go: dancing, singing, and kissing everybody.

во-вторы́х in the second place (*or* secondly).

вода́ (*a* во́ду, *P* во́ды, вод, во́дам) water. Где тут мо́жно напи́ться воды́? Where can you get a drink of water around here? — Пе́йте то́лько кипячёную во́ду. Drink only boiled water. — В ко́мнате есть холо́дная и горя́чая вода́. There's hot and cold running water in the room. — Нам придётся е́хать водо́й. We'll have to go by water. — *Мно́го воды́ утекло́ с тех пор, как мы с ва́ми в после́дний раз ви́делись. A lot of water has passed under the bridge since we last saw each other.

◻ **вода́ для питья́** drinking water.

вода́ со льдо́м ice water. Мы зимо́й не пьём воды́ со льдо́м, а вам дать? We don't drink ice water in winter, but would you care for some?

минера́льная вода́ mineral water.

◻ *Их водо́й не разольёшь. They're as thick as thieves. • *В его́ ле́кциях мно́го воды́. His lectures don't have much meat to them.

води́тель (*M*) driver. Води́тель не хоте́л остана́вливать маши́ну ли́шний раз. The driver didn't want to stop the car again.

води́ть (вожу́, во́дит; *iter of* **вести́**) to conduct. Моя́ обя́занность води́ть тури́стов по музе́ю. My job is to conduct tourists through the museum.

◻ **води́ть компа́нию.** To associate with. Он тепе́рь во́дит компа́нию с худо́жниками. He associates with artists now.

◻ Ва́ша жена́ мо́жет води́ть дете́й гуля́ть в парк. Your wife can take the children for a walk in the park.

во́дка vodka.

во́дный

◻ **во́дный спорт** water sports.

водока́чка water tower. Мы живём недалеко́ от водока́чки. We don't live far from the water tower.

водола́з diver. Водола́зы поднима́ют затону́вшее су́дно. The divers are raising the sunken ship.

водопа́д waterfall.

водопрово́д plumbing. Позови́те водопрово́дчика, у нас испо́ртился водопрово́д. Call a plumber; our plumbing is out of order. • water supply system. В на́шем го́роде водопрово́д был проло́жен то́лько год тому́ наза́д. The water supply system in out town was put in only a year ago.

◻ В э́той кварти́ре нет водопрово́да. There's no running water in this apartment.

водопрово́дчик plumber. Пришли́те, пожа́луйста, водо-проводника починúть трýбы в вáнной. Please send a plumber to fix the bathroom pipes.

воевáть to be at war. Гермáния воевáла со всей Еврóпой. Germany was at war with all of Europe. ● to scrap. Ужé с сáмого утрá воюете? Are you already scrapping so early in the morning?

военноплённый (*AM*) prisoner of war. Он прóбыл два гóда в лáгере для военноплённых. He spent two years in a prisoner-of-war camp.

воéнный (*AM*) soldier. Мой отéц и дед бы́ли воéнными. My father and grandfather were soldiers. ● war. Мой муж рабóтает на воéнном завóде. My husband works in a war plant. ● military. Он блестя́ще кóнчил воéнную акадéмию. He graduated from the military academy with honors. — Этот райóн в вéдении воéнных властéй. This area is under the control of the military authorities. — Есть у вас áнгло-рýсский воéнный словáрь? Do you have an English-Russian military dictionary?

□ **воéнная промы́шленность** war industry.

воéнная слýжба military service.

воéнное врéмя wartime. В воéнное врéмя, прихóдится рабóтать и в прáздники. In wartime we even have to work on holidays.

воéнное положéние martial law. Наш гóрод был дóлго на воéнном положéнии. Our city was under martial law for a long time.

воéнное сýдно warship. В этом портý стоя́т воéнные судá. Warships are anchored in this harbor.

воéнные дéйствия military operations.

воéнный суд court-martial. Егó судúли воéнным судóм. They tried him by court-martial.

вожáтый (*AM*) leader. Пионéры óчень хвáлят своегó вожáтого. The pioneers praise their leader a great deal. ● motorman. Хорошó, что вожáтый вó-время остановúл трамвáй. It's a good thing the motorman stopped the trolley in time.

вождь (-á *M*) leader.

вожжá (*P* вóжжи, -éй, -áм) rein. Я удáрил вожжóй по лóшади. I slapped the horse with the rein.

□ Бою́сь, что ваш прéжний учúтель немнóго распустúл вóжжи. I'm afraid your former teacher let the class get out of hand a bit.

вожý *See* **водúть, возúть.**

воз (*P* -ы́ *or* -á, -óв/*g* -у; на возý/) carload. Мы вчерá купúли воз дров. We bought a carload of firewood yesterday. ● wagon. К нам мéдленно приближáлся воз с сéном. A hay wagon was slowly coming towards us. ● load. У меня́ для вас цéлый воз новостéй. I have a load of news for you.

□ *Что с вóзу упáло, то пропáло! What's lost is lost.

возбудúть (-бужý, -бýдúт; *ppp* возбуждённый; *pct of* **возбуждáть**) to excite. Я был óчень возбуждён нáшим спóром. Our argument got me very excited. ● to arouse. Он возбудúл моё любопы́тство. He aroused my curiosity.

возбуждáть (*dur of* **возбудúть**) to work up. Это лекáрство возбуждáет аппетúт. This medicine works up your appetite.

возбужý *See* **возбудúть.**

возвратúть (-вращý, -вратúт; *ppp* -вращённый; *pct of* **возвращáть**) to return. Я не могý сегóдня возвратúть вам долг. I can't return today the money I borrowed from you.

□ Кто мóжет нам возвратúть потéрянное врéмя? Who's going to make up the time we've lost?

-ся to come back. Он бóльше сюдá не возвратúтся. He won't come back here any more.

возвращáть (*dur of* **возвратúть**) to return. Кнúги нáдо возвращáть вó-время. The books should be returned on time.

-ся to come back. Он возвращáется кáждый вéчер óколо одúннадцати. He comes back about eleven every night. — Мой сúлы постепéнно возвращáются. My strength is gradually coming back.

возвращéние return. Я бýду ждать вáшего возвращéния. I'll wait for your return.

возвращý *See* **возвратúть.**

воздержáться (-держýсь, -дéржится; *pct of* **воздéрживаться**) to refrain. Он воздержáлся от голосовáния. He refrained from voting.

□ Я лýчше воздержýсь от излúшних подрóбностей. I'd better not go into detail.

воздéрживаться (*dur of* **воздержáться**) to hold back. Я покá ещё воздéрживаюсь от суждéния по этому пóводу. So far, I'm holding back my opinion on this question. ● to keep away. Емý нýжно воздéрживаться от курéния. He has to keep away from smoking.

вóздух (/*g* -у/) air. В вóздухе ужé чýвствуется веснá. Spring's in the air. — Все нáши плáны покá ещё вися́т в вóздухе. All our plans are still up in the air. ● fresh air. Я никогдá не бывáю на вóздухе. I never get out into the fresh air.

□ В этой кóмнате спёртый вóздух. It's stuffy in this room.

воздýшный air. Пошлúте это письмó воздýшной пóчтой. Send this letter by air mail. — Он рабóтает пилóтом на воздýшной лúнии Ростóв-Бакý. He works on the Rostov-Baku air line.

воззвáние appeal. Это воззвáние бы́ло опубликóвано во всех газéтах. This appeal has been published in all newspapers.

возúть (вожý, вóзит; *iter of* **везтú**) to drive. Кто возúл америкáнца на стáнцию? Who drove the American to the station? — Турúстов три часá возúли по гóроду в автомобúле. The tourists were driven around the town for three hours. — Ýтром я возúл товáрища в больнúцу. I drove my friend to the hospital this morning. ● to take (by conveyance). Колхóзники кáждую недéлю вóзят óвощи на ры́нок. The kolkhozniks take their vegetables to the market every week.

вóзле beside. Он стоя́л вóзле меня́. He stood beside me. ● next to. Аптéка вóзле сáмого вокзáла. The drugstore is right next to the station.

возместúть (*ppp* возмещённый; *pct of* **возмещáть**) to pay. Емý возместúли убы́тки? Did they pay him for the damages? ● to pay back. Вам возместя́т все расхóды по поéздке. All your expenses for the trip will be paid back.

возмещáть (*dur of* **возместúть**) to make up. Недостáток знáний он стáрается возмещáть нахáльством. He tries to make up for his lack of knowledge with a brazen attitude.

возмещý *See* **возместúть.**

возмóжность (*F*) possibility. Тут есть две возмóжности, но ни та, ни другáя мне не подхóдит. There are two possibilities but neither one suits me. ● chance. Нет никакóй физúческой возмóжности поспéть к трёхчасовóму поéзду. We haven't got a chance in the world of catching the three-o'clock train. ● opportunity. При пéрвой же возмóжности я пришлю́ вам э́ту кни́гу. I'll send you this book at the first opportunity. □ Я ему́ помогу́ по ме́ре возмо́жности. I'll help him as much as I can.

возмо́жный possible. Э́то еди́нственно возмо́жный отве́т. This is the only possible answer. — Э́то де́ло возмо́жное, е́сли то́лько захоте́ть. It's possible if you really want to do it. — Мы сде́лаем всё возмо́жное. We'll do everything possible.

□ **возмо́жно** as possible. Рабо́та должна́ быть зако́нчена возмо́жно скоре́е. The work has to be finished as soon as possible. • it's possible. Не спо́рю; возмо́жно, что вы пра́вы. I won't argue; it's possible you're right.

возмути́тельный outrageous. Э́то возмути́тельная несправедли́вость. This is an outrageous injustice.

□ **возмути́тельно** outrageously. Он возмути́тельно обраща́ется со свои́м мла́дшим бра́том. He treats his younger brother outrageously.

возмути́ть (-мущу́, -мути́т; *ppp* -мущённый; *pct of* **возмуща́ть**) to resent. Студе́нты бы́ли возмущены́ приди́рками профе́ссора. The students resented the petty criticism of the professor.

возмуща́ть (*dur of* **возмути́ть**) to make mad. Меня́ возмуща́ет его́ нейскренность. His insincerity makes me mad.

возмуще́ние indignation. На́шему возмуще́нию не́ было преде́ла. Our indignation knew no bounds.

возьму́ *See* **взять.**

возьму́сь *See* **взя́ться.**

возмущу́ *See* **возмути́ть.**

вознагражде́ние reward. За возвраще́ние поте́рянных часо́в обе́щано большо́е вознагражде́ние. A big reward has been offered for the return of the lost watch. • pay. Вознагражде́ние за сверхуро́чную рабо́ту дово́льно высо́кое. The pay for overtime work is rather high.

возненави́деть (-ви́жу, -ви́дит; *pct*) to begin to hate. У меня́ там бы́ло сто́лько неприя́тностей, что я возненави́дел э́тот го́род. I had so much trouble there that I began hating that city. — Не понима́ю, за что она́ его́ так возненави́дела. I don't know why she began to hate him so.

возненави́жу *See* **возненави́деть.**

возника́ть (*dur of* **возни́кнуть**) □ У меня́ возника́ют сомне́ния на э́тот счёт. I've started to have my doubts on that score.

возни́кнуть (*p* возни́к, -кла; *pct of* **возника́ть**) to come up. Ме́жду рабо́чими и администра́цией возни́к конфли́кт. A conflict came up between the workers and the management.

возобнови́ть (*pct of* **возобновля́ть**) to resume. Аме́рика и СССР возобнови́ли дипломати́ческие сноше́ния в 1933 году́. America and the USSR resumed diplomatic relations in 1933. • to renew. Я хочу́ возобнови́ть подпи́ску на ваш журна́л. I want to renew my subscription to your magazine. • to start up again. Заво́д возобнови́л рабо́ту два го́да тому́ наза́д. The factory started up again two years ago.

возобновля́ть (*dur of* **возобнови́ть**) to renew. Мне пришло́сь два ра́за возобновля́ть ви́зу. I had to renew my visa twice.

возража́ть (*dur of* **возрази́ть**) to object. Я не возража́ю про́тив его́ уча́стия в пое́здке. I don't object to his going on the trip. • to contradict. Мне ча́сто приходи́лось ему́ возража́ть. I often had to contradict him. • to raise an objection. Я не возража́ю про́тив ва́шего предложе́ния. I have no objections to raise about your suggestion. • to mind. Е́сли вы не возража́ете, я приведу́ с собо́й прия́теля. If you don't mind, I'll bring along a friend.

возраже́ние objection. Он предста́вил де́льные возраже́ния. He made some sensible objections.

возражу́ *See* **возрази́ть.**

возрази́ть (*pct of* **возража́ть**) to object. Он ре́зко возрази́л докла́дчику. He objected sharply to what the speaker said. • to raise an objection. Что вы мо́жете на э́то возрази́ть? What objection can you raise against this? • to answer back. Он возрази́л мне о́чень ре́зким то́ном. He answered back in a sharp tone of voice.

во́зраст age. Она́ одного́ во́зраста со мной. She's my age. — Шестьдеся́т лет — преде́льный во́зраст для рабо́ты в э́той промы́шленности. The age limit in this branch of industry is sixty years.

во́зчик moving man. Во́зчики доста́вили на́шу ме́бель в по́лной сохра́нности. The moving men delivered our furniture safe and sound.

войду́ *See* **войти́.**

война́ (*P* во́йны, войн, во́йнам) war.

во́йско (*P* войска́, войск, войска́м) troops. По́сле двухдне́вного бо́я на́ши войска́ за́няли го́род. After a two-day battle, our troops occupied the city. • army. Вы бы́ли офице́ром в регуля́рных войска́х? Were you a commissioned officer in the regular army?

войти́ (войду́, войдёт; *p* вошёл, вошла́, -о́, -и́; *pap* воше́дший; *pct of* **входи́ть**) to come in. Мо́жно войти́? May I come in? — Войди́те! Come in! — Посмотри́те, кто там вошёл. Look and see who just came in. • to enter. Он вошёл в ко́мнату, не постуча́вшись. He entered the room without knocking. — Гру́ппа иностра́нцев вошла́ в рестора́н. A group of foreigners entered the restaurant.

□ **войти́ в привы́чку** to become a habit. Э́то у нас вошло́ в привы́чку. It became a habit with us. □ Когда́ э́тот зако́н войдёт в си́лу? When will this law go into effect? • Вы ду́маете, что все ва́ши ве́щи войду́т в э́тот чемода́н? Do you think you can get all your things into the suitcase? • Мы вошли́ с ней в соглаше́ние. We made a deal with her. • Э́та фра́за, наве́рное, войдёт в погово́рку. That sentence will probably become a proverb. • Войди́те в моё положе́ние! Put yourself in my place. • Он бы́стро вошёл в роль нача́льника. He quickly assumed the role of boss. • Она́ вошла́ в аза́рт и вы́мыла полы́ во всём до́ме. Once she started, there was no stopping her; she washed all the floors in the house.

вокза́л station. С како́го вокза́ла отхо́дит наш по́езд? What station does our train leave from? — Поезжа́йте, пожа́луйста, на вокза́л. Drive to the station, please. — С како́го вокза́ла вы прие́хали? What station did you arrive at? Они́ уже́ уе́хали на вокза́л. They've already gone to the station.

вокру́г (/*cf* **круг**/) around. Мы до́лго ходи́ли вокру́г до́ма и не реша́лись войти́. We walked around the house for a long time, and couldn't make up our minds to go in.

□ *Бро́сьте ходи́ть вокру́г да о́коло, говори́те пря́мо. Stop beating around the bush; say what you mean.

ВОКС (всесою́зное о́бщество культу́рной свя́зи с заграни́цей) VOKS (Society for Cultural Relations with Foreign Countries) (*See Appendix* 9).

вол (-а́) ox. Пре́жде на Украи́не паха́ли на вола́х. They used to plow with oxen in the Ukraine.
□ Он рабо́тает, как вол. He works like a horse.

волейбо́л volleyball.

волейболи́ст volleyball player.

волк (*P* во́лки, волко́в) wolf. В э́тих леса́х во́дятся во́лки. There are wolves in these woods. — *Бу́дьте с ним осторо́жны, э́то волк в ове́чьей шку́ре. Watch your step with him; he's a wolf in sheep's clothing.
□ *С волка́ми жить — по во́лчьи выть. When in Rome, do as the Romans do. ●*Хозя́йка на меня́ во́лком смо́трит. The landlady is looking daggers at me. ● Он ста́рый морско́й волк. He's an old sea dog.

волна́ (*P* во́лны, волн, волна́м) wave. Сего́дня о́чень си́льные во́лны, не заплыва́йте далеко́. The waves are very high today; don't swim out too far. ● wave length. Я не зна́ю, на како́й волне́ рабо́тает сего́дня Москва́. I don't know what wave length Moscow is working on today.
□ Я попа́л на Ура́л с волно́й бе́женцев. I got to the Urals with a flood of refugees.

волне́ние excitement. От си́льного волне́ния она́ не могла́ произнести́ ни сло́ва. She was in such a great state of excitement that she couldn't utter a single word. ● commotion. Почему́ тако́е волне́ние? What's all the commotion about? ● uprising Где происходи́ли крестья́нские волне́ния, о кото́рых вы расска́зывали? Where did the peasant uprisings you spoke about take place?
□ **приходи́ть в волне́ние** to get excited. Тут не́ из-за чего́ приходи́ть в волне́ние. That's nothing to get excited about.
□ На мо́ре сего́дня большо́е волне́ние. The sea is very rough today.

волнова́ть (/*pct:* вз-/) to excite. Постара́йтесь не волнова́ть его́, а то он не бу́дет спать. Try not to excite him, or he won't fall asleep.

-ся to worry. Переста́ньте волнова́ться по пустяка́м. Stop worrying about trifles.

волоки́та red tape. Я постара́юсь устро́ить ва́ше де́ло без волоки́ты. I'll try to arrange it so you don't have to go through a lot of red tape. ● ladies' man. О, он у нас отча́янный волоки́та. He's a regular ladies' man.

во́лос (*P* во́лосы, воло́с, волоса́м) hair. Подкороти́ть вам во́лосы? Do you want your hair cut shorter? — *У меня́ от стра́ха во́лосы ды́бом ста́ли. I was so scared my hair stood on end. — Он пря́мо во́лосы на себе́ рвал от отча́яния. He practically tore out his hair in desperation.
□ **ко́нский во́лос** horsehair. Я хоте́л бы купи́ть матра́ц из ко́нского во́лоса. I'd like to buy a horsehair mattress.
□ Вы всегда́ но́сите во́лосы ёжиком? Do you always get a crew cut? ●*Э́то не подви́нет де́ла ни на́ волос. That won't help things at all.

волосо́к (-ска́) hair. Мне в глаз волосо́к попа́л. A hair got into my eye. — Не бо́йтесь, у него́ там и волоска́ не тро́нут. Don't worry, they won't touch a hair of his head. — Моя́ судьба́ висе́ла на волоске́. My fate hung by a hair.

во́льный (*sh* во́лен, вольна́, -о, -ы́; *adv* во́льно) free. Я во́льная пти́ца, могу́ де́лать, что хочу́. I'm free as a bird and can do whatever I please. — Э́то уж о́чень во́льный перево́д. This is too free a translation. — Вы вольны́ де́лать, что хоти́те. You're free to do whatever you please.
□ **во́льный уда́р** free kick. На́ша кома́нда вы́играла па́ртию во́льным уда́ром. Our team won the game by a free kick.

во́ля will. У него́ несомне́нно есть си́ла во́ли. No doubt he has will power. — Она́ сде́лала э́то про́тив свое́й во́ли. She did it against her will. ● accord. Он пое́хал на се́вер по свое́й со́бственной во́ле. He left for the North of his own accord.
□ **во́лей-нево́лей** like it or not. Во́лей-нево́лей мне пришло́сь ему́ рассказа́ть всё что случи́лось. Like it or not, I had to tell him everything that happened.

во́ля ва́ша no matter what you say. Во́ля ва́ша, но э́тот молодо́й челове́к ведёт себя́ о́чень стра́нно. No matter what you say, that young man is acting very strangely.
□ Языко́м болта́й, а рука́м во́ли не дава́й. Talk as much as you want to, but keep your hands to yourself. ● Жа́лко бы́ло держа́ть ребя́т в кла́ссе, я их вы́пустила на во́лю. It was a pity to keep the kids in class so I let them out into the fresh air.

вон out. Вон отсю́да! Get out of here! — *С глаз доло́й, из се́рдца вон. Out of sight, out of mind. ● there. Кни́га вон та́м, на столе́. The book is there, on the table. ● over there. Спроси́те вон у той гражда́нки! Ask that woman over there. — Вон ви́дите, за до́мом стои́т та́чка. Look over there; the wheelbarrow's behind the house.
□ **во́н где** that's where. Во́н где вы бы́ли! So that's where you were!
□ Совсе́м из головы́ вон! Ведь я обеща́л вам навести́ спра́вку. I promised to get the information for you and it slipped my mind completely. ●*Э́та рабо́та из рук вон плоха́. This is as poor work as I've ever seen.

вонь (*F*) stink. Здесь ужа́сная вонь. There's an awful stink here.

вообража́ть (*dur of* вообрази́ть) to imagine. Вообража́ю, что там де́лалось во вре́мя пожа́ра. I can imagine what happened there during the fire.
□ **вообража́ть о себе́** to be conceited. Она́ уж о́чень мно́го о себе́ вообража́ет. She is much too conceited.

воображе́ние imagination. Я не знал, что у него́ тако́е бога́тое воображе́ние. I didn't know that he had such a rich imagination.

воображу́ *See* вообрази́ть.

вообрази́ть (*pct of* вообража́ть) to imagine. Он почему́-то вообрази́л, что его́ у нас не лю́бят. For some reason or other he imagines we don't like him. ● to picture. Вообрази́те себе́ то́лько э́ту карти́ну. Just picture this sight.

вообще́ (/*cf* о́бщий/) in general. Вообще́, э́то ве́рно. In general, that's true. — Он, вообще́, челове́к с тяжёлым хара́ктером. In general, he's a hard man to get along with. ● generally. Мы с ним, вообще́, друг дру́га хорошо́ понима́ем. Generally, he and I see eye to eye on things. ● at all. Е́сли так, то я вообще́ не хочу́ с ним име́ть де́ла. If it's so, I won't have anything at all to do with him. — Ну, тепе́рь я вообще́ ничего́ не понима́ю. Now I don't understand anything at all.

вооружу́ (*dur of* вооружи́ть).

вооруже́ние armament.

вооружи́ть (*pct of* вооружа́ть) to arm. У нас бы́ло доста́точно боеприпа́сов, что́бы вооружи́ть три́ста челове́к. We had enough ammunition to arm three hundred people.
□ **вооружённый** armed. У вхо́да стоя́ли вооружённые лю́ди. Armed men were standing at the entrance. —

Партиза́ны бы́ли прекра́сно вооружены́. The partisans were well armed.

-ся to arm oneself. Хорошо́, что мы успе́ли во́-время вооружи́ться. It's a good thing we've armed ourselves in time.

☐ Вам придётся вооружи́ться терпе́нием. You'll have to be patient.

во-пе́рвых in the first place. Во-пе́рвых, я го́лоден, а во-вторы́х, я уста́л. In the first place I'm hungry and in the second place I'm tired. • first of all. Во-пе́рвых, я ничего́ подо́бного не говори́л. First of all, I never said anything like that.

вопреки́ (/*with d*/) against. Э́то бы́ло сде́лано вопреки́ моему́ жела́нию. It was done against my wishes. • in spite of. Он пое́хал вопреки́ всем на́шим сове́там. He went in spite of all our advice.

вопро́с question. Ваш това́рищ задаёт ма́ссу вопро́сов. Your pal asks a lot of questions. — Что за вопро́с? Коне́чно мо́жно! What a question! Of course you can! — Вопро́с с кварти́рой у нас всё ещё не нала́жен. The question of our apartment is still unsettled.—Мы отстро́им наш заво́д — э́то то́лько вопро́с вре́мени. It's only a question of time before we rebuild our plant. • problem. Вопро́с в том, полу́чим ли мы плацка́рты. The problem is whether we'll be able to get train reservations. • matter. Э́то для них вопро́с жи́зни и сме́рти. It's a matter of life and death to them.

☐ под вопро́сом in doubt. К сожале́нию, на́ша пое́здка ещё под вопро́сом. Unfortunately our trip is still in doubt. **подня́ть вопро́с** to raise a question. Нам придётся подня́ть вопро́с о перехо́де на другу́ю рабо́ту. We'll have to raise the question of a transfer to another job.

☐ Каки́е вопро́сы стоя́т в поря́дке дня сего́дняшнего собра́ния? What's on the agenda of today's meeting?

вор (*P* во́ры, воро́в) thief. Мы пойма́ли во́ра с поли́чным. We caught the thief red-handed. — Остерега́йтесь воро́в! Beware of thieves. • burglar. В кварти́ру забрали́сь во́ры. Burglars broke into the apartment.

воробе́й (-бья́) sparrow. Смотри́те, воробе́й влете́л в окно́! Look, a sparrow flew in the window.

☐ *Я ста́рый воробе́й, меня́ на мяки́не не проведёшь. You can't put anything over on an old bird like me. • *Сло́во не воробе́й: вы́летит — не пойма́ешь. You can't take back what you say once you've said it.

ворова́ть (/*pct:* с-/) to steal. Ворова́ть здесь не́кому, да и красть-то не́чего. We've got nothing to steal and there's no one around who'd do it anyway. — Они́ ворова́ли наро́дные де́ньги. They were stealing the taxpayers' money.

воро́на crow. Над на́ми пролете́ла ста́я воро́н. A flock of crows flew over our heads.

☐ Эх ты, воро́на! у тебя́ чемода́н стяну́ли, а ты не ви́дишь. They've stolen your suitcase and you didn't even notice it, you damned fool. • *Переста́нь воро́н счита́ть, следи́ за маши́ной. Stop daydreaming and watch your driving. • Никако́й он не учёный, а то́лько воро́на в павли́ньих пе́рьях. He isn't a scholar at all but just a tramp in a full-dress suit.

воро́нка funnel.

воро́та (воро́т *P*) gate. Отвори́те воро́та! Open the gate! • goal. Голки́пер за́нял своё ме́сто у воро́т. The goalie took his place in front of the goal.

воротни́к (-а́) collar. Он носи́л руба́ху с отложны́м во-

ротнико́м. He wore a shirt with a sport collar. — Вам на́до купи́ть мехово́й воротни́к на пальто́. You ought to buy a fur collar for your coat.

воротничо́к (-чка́) collar. Вам воротнички́ крахма́лить? Do you want your collars starched?

ворча́ть (ворчу́, ворчи́т) to grumble. Э́та стару́ха ве́чно ворчи́т. That old woman is always grumbling. • to mutter. Что он ворчи́т себе́ под нос? What's he muttering about under his breath?

восемна́дцатый eighteenth.

восемна́дцать (§22) eighteen.

во́семь (*g, d, l* восьми́, *i* восьмью́, §22) eight.

во́семьдесят (§22) eighty.

восемьсо́т (§22) eight hundred.

воск (/*g* -у/) wax. Мне ну́жен кусо́чек во́ска. I need a piece of wax.

☐ натира́ть во́ском to wax. Полы́ у нас натира́ют во́ском. They wax the floors here.

☐ Он мя́гкий, как воск. He's like putty.

восклица́ние

☐ восклица́ние с ме́ста interruption. Во вре́мя докла́да бы́ло мно́го вопро́сов и восклица́ний с мест. There were many questions and interruptions during the lecture.

восклица́тельный

☐ восклица́тельный знак exclamation mark.

воскресе́нье Sunday.

воспале́ние inflammation.

☐ воспале́ние лёгких pneumonia.

воспита́ние upbringing. Я стара́лась дать свои́м де́тям хоро́шее воспита́ние. I tried to give my children a good upbringing. • education. Рабо́та в газе́те дала́ ему́ хоро́шее полити́ческое воспита́ние. Working on the newspaper gave him a good political education.

воспита́ть (*pct of* **воспи́тывать**) to develop. Мы воспита́ли в де́тях привы́чку к труду́. We've developed good work habits in our children.

воспи́тывать (*dur of* **воспита́ть**) to bring up. Она́ воспи́тывает дете́й своего́ поко́йного бра́та. She's bringing up her late brother's children.. • to teach. Нас воспи́тывала не шко́ла, а жизнь. School didn't teach us what we know; experience did.

-ся to be brought up. Где вы воспи́тывались? Where were you brought up? — Он воспи́тывался в де́тском до́ме. He was brought up in a children's home.

воспо́льзоваться (*pct*) to take advantage. Я рад воспо́льзоваться э́тим слу́чаем. I'm glad to take advantage of this opportunity. — К сожале́нию, мы не мо́жем воспо́льзоваться ва́шим предложе́нием. Unfortunately, we can't take advantage of your proposition. • to use. Он воспо́льзовался пе́рвым предло́гом, чтоб уе́хать отсю́да. He used the first pretext he could find to leave this place.

☐ Я воспо́льзуюсь пе́рвым удо́бным слу́чаем, что́бы сказа́ть ему́ э́то. I'll tell him that the first chance I get.

воспомина́ние memory. Ва́ши друзья́ оста́вили по себе́ о́чень прия́тное воспомина́ние. Your friends left us with a pleasant memory of them. • recollection. У него́ оста́лось о́чень сму́тное воспомина́ние о случи́вшемся. He has a very hazy recollection of what happened. • memoirs. Генера́л пи́шет свои́ воспомина́ния. The general is writing his memoirs.

воспрети́ть (-щу́, -ти́т; *ppp* -щённый; *pct of* **воспреща́ть**).

воспрещáть (*dur of* **воспретить**) to prohibit, to forbid.

-ся to be prohibited. С вагоновожáтым говорить воспрещáется. Talking to the motorman is prohibited. • to be forbidden. Плевáть воспрещáется. Spitting is forbidden. • to be not allowed. В зоологическом саду посетителям воспрещáется кормить зверéй. Visitors in the zoo are not allowed to feed the animals.

□ **Курить воспрещáется** No Smoking. **Посторóнним вход воспрещáется** No Admittance.

воспрещý *See* **воспретить**.

восстанáвливать (*dur of* **восстановить**) to rebuild. Нам теперь прихóдится восстанáвливать нáшу промышленность. Now we have to rebuild our industry.

восстáние uprising, revolt.

восстановить (-становлю́, станóвит; *pct of* **восстанáвливать**) to restore. Месячный óтдых совершéнно восстановил егó здорóвье. A month's rest restored his health completely. • to regain. Он пытáется восстановить своё дóброе имя. He's trying to regain his reputation. • to resume. Движéние поездóв по этой линии бýдет восстанóвлено чéрез два дня. Train service on this line will be resumed in two days.

□ **восстановить в пáмяти** to refresh one's memory. Я постарáюсь восстановить это происшéствие в пáмяти. I'll try to refresh my memory about this incident. **восстановить прóтив** to turn against. Онá восстановила прóтив негó всех свои́х друзéй. She turned all her friends against him.

восстановлéние rebuilding. Вся нáша странá рабóтает над восстановлéнием нарóдного хозя́йства. The whole country is now working on rebuilding our national economy. • rehabilitation. Восстановлéние разрýшенных областéй потрéбует немáло врéмени. Rehabilitation of the devasted areas will require quite a while.

востóк east. К востóку от дерéвни машинно-трáкторная стáнция. There's a tractor station east of the village. • Orient. Он мнóго путешéствовал по востóку. He traveled a great deal in the Orient.

□ **Дáльний Востóк** Far East. Я дóлго жил на Дáльнем Востóке. I lived in the Far East for a long time.

востóрг delight. Когдá емý это сообщили, он не мог скрыть своегó востóрга. He couldn't hide his delight when they told him about it. — Дать вам взаймы́? С востóргом! Lend you money? I'd be delighted to!

□ **быть в востóрге** be enthusiastic about. Слýшатели бы́ли в востóрге от егó пéния. The audience was enthusiastic about his singing.

востóчный eastern. Это случилось где́-то недалекó от востóчной границы Совéтского Сою́за. It happened somewhere near the eastern border of the Soviet Union. • oriental. Он серьёзно занимáлся востóчными языкáми. He was making a serious study of oriental languages.

вострéбование

□ **до вострéбования** general delivery. Пошлите емý письмó до вострéбования. Send the letter to him general delivery.

восхитить (-хищý, -хитит; *pct of* **восхищáть**).

восхищáть (*dur of* **восхитить**) to delight. Меня́ восхищáет егó скрóмность. He delights me by his modesty.

-ся to be enthusiastic. Я, прáво, не понимáю, чем тут восхищáться! I really don't know what there is to be so enthusiastic about.

восхóд

□ **восхóд сóлнца** sunrise. Мы реши́ли дождáться восхóда сóлнца. We waited up to see the sunrise.

восходить (-хожý, -хóдит; *dur of* **взойти**).

восхожý *See* **восходить**.

восьмёрка eight. У меня́ оставáлась тóлько восьмёрка червéй. I only had the eight of hearts left. — Вы мóжете поéхать на восьмёрке. You can take the number eight (streetcar). — Мы состáвили дрýжную восьмёрку. The eight of us made a friendly group.

вóсьмеро (§22) eight.

восьмидеся́тый eightieth.

восьмóй eighth.

вот here's. Вот вáша кóмната. Here's your room. — А вот и он! Here he is! • there's. Вот вам интерéсный примéр. There's an interesting example for you. • there. Вот вы мне не вéрили, а тепéрь видите, что я прав. There, you didn't believe me; and now you see that I was right. — Вóт тебе и óтпуск! Well, there goes my vacation! • that's. Вот и всё. That's all.

□ **вот-вóт** any minute. Ваш прия́тель вот-вóт придёт. Your friend will be here any minute now. **вóт ещё** well really. Вóт ещё, стáну я с ним разговáривать! Well really, why should I talk to him! **вóт как!** so! Вóт как! Знáчит вы рóвно ничегó не сдéлали. So! You haven't done a thing. **вот тáк и** that's exactly. Вóт тáк и нáдо бы́ло сказáть! That's exactly what you should have said. **вóт что** as follows. Напиши́те емý вóт что: Write him as follows:

□ **Вóт так тáк, он окáзывается опя́ть влюблён!** Well, what do you know, he's in love again! • **Вóт так заня́тие для знамени́того учёного!** That's a hell of a job for a famous scientist! • **Вот этого-то он и не пóнял!** This was exactly what he didn't understand. • *Вóт тебе и нá!* Well, how do you like that!

вошёл *See* **войти́**.

вошь (вши, *i* вóшью *F*) louse.

вою́ю *See* **воевáть**.

впадáть (*dur of* **впасть**) to empty into. (*no pct*) Кудá впадáет эта рекá? What does this river empty into?

□ По-мóему, вы начинáете впадáть в противорéчия. It seems to me that you're starting to contradict yourself. • **Зачéм впадáть в крáйность?** Why go to such an extreme?

впадý *See* **впасть**.

впасть (впадý, впадёт; *p* впал; *pap* впáвший; *pct of* **впадáть**) to sink in. Пóсле болéзни у негó впáли щёки. His cheeks sank in after his illness.

□ Ваш друг чтó-то впал в уны́ние. Your friend looks as if he's down in the mouth.

впервóй the first time. Мне не впервóй не спать ночь напролёт. This isn't the first time I haven't slept all night long.

впервы́е (*/See* **пéрвый**/) the first time. Вы в Совéтском Сою́зе впервы́е? Is this the first time you've been in the USSR?

вперёд forward. Вперёд! Forward! — Доброво́льцы вы́ступили вперёд. The volunteers stepped forward. • ahead. Мы продвигáлись вперёд с больши́м трудóм. We were moving ahead with great difficulty. • in advance. Нам за эту рабóту заплати́ли вперёд. We were paid for this work in advance. • in the future. Вперёд бýдьте осторóжнее. Be more careful in the future. • forth. Он хо́дит взад и вперёд по ко́мнате. He's walking back and forth in the room.

□ За э́ту неде́лю мы сде́лали большо́й шаг вперёд. We made a lot of progress this week. • Вот уж час, как мы тут бьёмся — ни взад, ни вперёд. We've been struggling here for an hour and still haven't gotten anywhere.

впереди́ ahead. Гла́вная рабо́та ещё впереди́. The main work still lies ahead. • ahead of. Он стоя́л впереди́ нас в о́череди. He was ahead of us in line. • up ahead. Кто́ э́то там впереди́? Who is that up ahead?

впечатле́ние impression. Он произво́дит впечатле́ние серьёзного рабо́тника. He gives the impression of being a serious worker. — У меня́ созда́лось впечатле́ние, что вы э́то зна́ли. I was under the impression that you knew it. • influence. Я ещё находи́лся под впечатле́нием вчера́шнего разгово́ра. I was still under the influence of yesterday's conversation.

□ Его́ расска́з произвёл на меня́ удруча́ющее впечатле́ние. His story depressed me terribly.

вплотну́ю (/cf пло́тный/) up close. Я подошёл к нему́ вплотну́ю. I came up close to him.

□ Мы тепе́рь взяли́сь за э́то де́ло вплотну́ю. We really mean business on this job now.

вплоть down to. Он изучи́л де́ло вплоть до мельча́йших дета́лей. He studied the matter down to the last detail.

вполне́ (/cf по́лный/) entirely. Э́то вполне́ поня́тно. That's entirely understandable. • fully. Я с ва́ми вполне́ согла́сен. I fully agree with you. • perfectly. Вы мо́жете быть вполне́ уве́рены, что рабо́та бу́дет сде́лана во́-время. You can be perfectly sure the work will be done on time. • completely. Вы мо́жете на него́ вполне́ положи́ться. You can rely on him completely. • quite. Дире́ктор вполне́ дово́лен ва́шей рабо́той. The manager is quite pleased with your work.

впо́ру (/cf пора́[1]/) fit. Вам э́ти башмаки́ впо́ру? Do these shoes fit you? • suitable. Э́то впо́ру то́лько старика́м. That's only suitable for old people.

впра́во (/cf пра́вый[1]/) to the right. Наш дом впра́во от кни́жной ла́вки. Our house is to the right of the bookstore. — Не доходя́ до па́рка, сверни́те впра́во. Just before you reach the park turn to the right.

впредь (See вперёд) in the future. Впредь бу́дьте осторо́жнее. Be more careful in the future.

впро́чем but then. Я вам не сове́тую е́хать но́чью, впро́чем, как зна́ете. I don't advise you to go at night; but then do as you please. — Мне так ка́жется, впро́чем я не зна́ю то́чно. It seems so to me, but then I don't know exactly. • but then again. Впро́чем я не зна́ю, придёт ли он вообще́. But then again, I don't know whether he'll come after all.

впры́скивание injection.

впуска́ть (dur of впусти́ть) to allow in. Сюда́ никого́ не впуска́ют. No one is allowed in here.

впусти́ть (впущу́, впу́стит; pct of впуска́ть) to let in. Вас но́чью в дом не впу́стят. They won't let you into the house at night.

впусту́ю (/cf пусто́й/) for nothing. Выхо́дит, что я всё э́то вре́мя рабо́тал впусту́ю! It turns out then that I've worked all this time for nothing!

□ Переста́ньте говори́ть впусту́ю, он вам всё равно́ не пове́рит. Don't waste your breath; he won't believe you anyway.

впущу́ See впусти́ть.

враг (-а́) enemy. Да́же зле́йший враг не ска́жет о нём, что он нече́стен. Even his worst enemy wouldn't say he isn't honest. — *Язы́к мой — враг мой! My tongue is my enemy. — Враг напа́л неожи́данно. The enemy attacked suddenly.

вразре́з contrary. То, что вы говори́те, идёт вразре́з с его́ то́чкой зре́ния. What you're saying is contrary to his point of view.

врасплох unawares. Их заста́ли врасплох, и они́ за э́то поплати́лись. They were caught unawares and paid for it. • by surprise. Э́то предложе́ние заста́ло меня́ врасплох. This offer took me by surprise.

врата́рь (-ря́ M) goalkeeper, goalie.

врать (вру, врёт; p врал, -ла́; /pct: со-/) to lie. По́лно врать! Stop lying! — Ври, да не завира́йся! Take it easy. Lie, but don't overdo it.

□ *Ишь врёт, как си́вый ме́рин! He's the damnedest liar.

врач (-а́ M) doctor. Э́тот врач специали́ст по вну́тренним боле́зням. This doctor is a specialist in internal diseases. — Он хоро́ший врач. He's a good doctor. • physician. Кто тут райо́нный врач? Who is the district physician here?

враче́бный medical. Вы должны́ бу́дете яви́ться на враче́бный осмо́тр. You'll have to appear for a medical examination.

враща́ться to revolve. Э́то колесо́ враща́ется при по́мощи ремня́. The wheel revolves by means of a belt. • to center. Разгово́р враща́лся вокру́г после́дних собы́тий. The conversation centered about recent events.

□ Бою́сь, что ваш прия́тель враща́ется в дурно́й среде́. I'm afraid your friend travels in bad company.

вред (-а́) damage. В про́шлом году́ саранча́ причини́ла посе́вам большо́й вред. The locusts did a good deal of damage to the crop last year.

□ принести́ вред to harm. Э́то лека́рство принесёт вам то́лько вред. That medicine will only harm you.

вреди́тель (M) pest. В на́шем фрукто́вом саду́ мно́го вреди́телей. There are a lot of pests in our orchard. • saboteur. Э́тот челове́к был осуждён по проце́ссу вреди́телей. This man was convicted in one of the saboteurs' trials.

вреди́тельство sabotage. Э́та катастро́фа произошла́ не случа́йно, тут бы́ло я́вное вреди́тельство. This catastrophe didn't happen accidentally, but was definitely sabotage.

вреди́ть to hurt. Э́ти разгово́ры вредя́т его́ репута́ции. This talk is hurting his reputation. • to harm. Вреди́ть он вам не бу́дет, но по́мощи от него́ не жди́те. He won't harm you, but don't expect any help from him.

вре́дный (sh -дна́) dangerous. Э́то вре́дная привы́чка. That's a dangerous habit.

□ вре́дное произво́дство hazardous industry. У него́ рабо́чий день коро́че, так как он рабо́тает на вре́дном произво́дстве. His working day is shorter because he works in a hazardous industry.

вре́дно harmful. Ему́ да́же по ле́стнице ходи́ть вре́дно. It's even harmful for him to walk up stairs.

□ Для вас зде́шний кли́мат вре́ден. The climate here is not good for you.

врежу́ See вреди́ть.

времена́ See вре́мя.

времена́ми (/ip of вре́мя/).

врёмени *See* **врёмя.**

врёменный temporary. У меня врёменная рабо́та. I have a temporary job. • provisional. Он был чле́ном врёменного прави́тельства. He was a member of the provisional government.

□ **врёменно** temporarily. Я здесь то́лько врёменно. I'm here only temporarily.

врёмя (врёмени, *i* -нем, *P* времена́, времён, времена́м *N*) time. У меня часы́ иду́т по ленингра́дскому врёмени. My watch is set by Leningrad time. — Я игра́ю в футбо́л в свобо́дное врёмя. I play football in my spare time. — Вы его мо́жете ви́деть в любо́е врёмя. You can see him any time. — Я вам это скажу́ в своё врёмя. I'll tell it to you in due time. — К тому́ врёмени, как он прие́дет, эта кни́га бу́дет напеча́тана. By the time he comes, the book will already be published. — Ничего́, врёмя те́рпит. Never mind, there's plenty of time. — Ско́лько сейча́с врёмени? What time is it? — Мы о́чень хорошо́ провели́ врёмя. We had a very good time. — Ва́ше врёмя истекло́. Your time is up. — В на́ше врёмя всё бы́ло ина́че. In our time everything was different. • date. Врёмя съе́зда ещё не назна́чено. The date of the convention isn't set yet. • season. Во врёмя жа́твы у нас всегда́ не хвата́ет рабо́чих рук. We are always short of farm hands during the harvest season.

□ **взять на врёмя** to borrow. Мо́жно взять на врёмя ва́ши рези́новые сапоги́? May I borrow your rubber boots? **в на́ше врёмя** nowadays. В на́ше врёмя это так бо́льше не де́лается. Nowadays, it's no longer done that way. **во врёмя** during. Во врёмя кани́кул я два ра́за е́здил в Москву́. I was in Moscow twice during my vacation. **во́-время** on time. Когда́ вы нау́читесь приходи́ть во́-время? When will you learn to come on time? **врёмя от врёмени** from time to time. Врёмя от врёмени он приходи́л к нам. He used to come to see us from time to time. **после́днее врёмя** of late. После́днее врёмя я с ним ре́дко встреча́юсь. I haven't been seeing much of him of late. **ра́ньше врёмени** ahead of time. Не́зачем говори́ть ему́ об этом ра́ньше врёмени. There's no use telling him about it ahead of time. **ско́лько врёмени** how long. Ско́лько врёмени у вас уйдёт на этот перево́д? How long will this translation take you? **с того́ врёмени** since. С того́ врёмени, как ввели́ этот зако́н, положе́ние улу́чшилось. The situation has improved since the law was put into effect. **тем врёменем** in the meantime. Почита́йте газе́ту, а я тем врёменем око́нчу письмо́. Read the newspaper and in the meantime I'll finish my letter.

вро́де (/*cf* род/) somewhat like. Моя́ шля́па вро́де ва́шей, но поля́ ши́ре. My hat is somewhat like yours, but the brim is wider. • like. Это фрукт вро́де апельси́на. This fruit is like an orange.

□ На нём была́ ку́ртка вро́де фо́рменной. He wore a jacket that looked like a uniform.

вручну́ю by hand. Тепе́рь нам мно́гое прихо́дится де́лать вручну́ю. We have to do a lot of things by hand now.

вряд ли unlikely. Вряд ли он согласи́тся петь на на́шей вечери́нке. It's unlikely that he'll agree to sing at our party.

□ Вряд ли это так. I doubt if it's so. • Вряд ли вы найдёте такси́ в тако́й по́здний час. I doubt if you'll find a taxi at such a late hour.

вса́дник horseback rider.

все (/*np of* весь/).

всё (/*cf* весь/).

всевозмо́жный all kinds of. В универма́ге вы найдёте всевозмо́жные това́ры. In the department store you can find all kinds of goods. — Он приду́мывал всевозмо́жные предло́ги, что́бы не ходи́ть туда́. He invented all kinds of excuses in order not to go there.

всегда́ always. Он всегда́ быва́ет здесь у́тром. He's always here in the morning. — Я всегда́ в ва́шем распоряже́нии. I'm always at your service. — Он не всегда́ тако́й любе́зный. He's not always so friendly.

всего́ (/*g N of* весь/) altogether. А ско́лько с нас всего́ причита́ется? How much do we have to pay altogether? • only. Я сам всего́ неде́лю как прие́хал сюда́. I've only been here a week myself. — Ему́ всего́ восемна́дцать лет. He's only eighteen. • all. То́лько всего́ и случи́лось. Is that all that happened? — Сто́ит это всего́ на́всего полти́нник. All it costs is fifty kopeks.

вселя́ть (*pct of* вселя́ть) to move into. В ваш дом всели́ли бе́женцев? Did they move refugees into your house?

вселя́ть (*dur of* всели́ть) to move into. Мы не име́ем пра́ва никого́ всели́ть в дом без о́рдера горсове́та. We have no right to move anyone into the house without a permit from the city council.

всенаро́дный national.

□ **всенаро́дная пе́репись** national census.

всесою́зный all-union. Вчера́ откры́лся всесою́зный съезд враче́й. The all-union medical convention was opened yesterday.

всё-таки anyway. Он ведь всё-таки оказа́лся прав. He turned out to be right anyway. • all the same. А я всё-таки вам не ве́рю. All the same, I still don't believe you. • nevertheless. Это бы́ло не легко́, но он всё-таки прие́хал. It wasn't easy, but nevertheless he made the trip.

всеце́ло (/*cf* це́лый/) entirely, completely. Я всеце́ло на ва́шей стороне́. I'm entirely on your side. — Она́ всеце́ло поглощена́ свое́й жи́вописью. She's completely absorbed in her painting.

вскипяти́ть (*pct of* кипяти́ть) to boil. Вскипяти́те, пожа́луйста, молоко́. Boil the milk, please.

вскипячу́ *See* **вскипяти́ть.**

вско́льзь in passing. Он вско́льзь упомяну́л об этом де́ле. He mentioned this matter in passing.

вско́ре (/*cf* ско́рый/) soon. Вско́ре пришли́ и все остальны́е. Soon, all the others came. — Он жени́лся вско́ре по́сле своего́ прие́зда в наш го́род. He married soon after coming to our town.

вскро́ю *See* **вскрыть.**

вскрыва́ть (*dur of* вскрыть) to open. Посы́лки, вероя́тно, вскрыва́ют на по́чте. Parcels are probably opened at the post office.

вскрыть (-кро́ю, -кро́ет; *pct of* вскрыва́ть) to open. Вскры́то вое́нной цензу́рой. Opened by military censor. • to lance. Придётся вскрыть ваш нары́в. Your abscess will have to be lanced. • to bring to light. При реви́зии все эти злоупотребле́ния бы́ли вскры́ты. All these abuses were brought to light at the time of inspection.

вслед (/*cf* след/) right after. Он до́лжен был прийти́ вслед за мной. He was supposed to arrive right after me.

• after. Дети смотре́ли вслед уходя́щим красноарме́йцам. The children looked after the departing soldiers.

посла́ть вслед to forward. Пошли́те э́то письмо́ вслед за ним. Forward this letter to him.

вслепу́ю (/cf слепо́й/) blindly. Я не хочу́ де́йствовать вслепу́ю. I don't want to act blindly. • blindfolded. Чемпио́н игра́л де́сять ша́хматных па́ртий вслепу́ю. The champion played ten chess games blindfolded.

вслух aloud. Прочти́те э́то письмо́ вслух. Read this letter aloud. • openly. Тепе́рь об э́том мо́жно вслух сказа́ть. Now we can say it openly.

всмя́тку soft-boiled. Вы хоти́те яйцо́ круто́е или всмя́тку? Do you want a hard-boiled or soft-boiled egg?

□ *Слу́шайте, ведь э́то про́сто сапоги́ всмя́тку! See here, that's sheer nonsense!

вспаха́ть (-пашу́, -па́шет; pct of вспа́хивать) to plow. Поля́ у нас уже́ вспа́ханы. Our fields are already plowed.

вспа́хивать ([-х ᵃ v-]; dur of вспаха́ть) to plow. Для ра́ннего се́ва необходи́мо вспа́хивать зе́млю не́сколько раз. For the early sowing, it's necessary to plow the earth several times.

вспашу́ See вспаха́ть.

вспомина́ть (dur of вспо́мнить) to recall. Я не хочу́ вспомина́ть об э́том вре́мени. I don't want to recall those times. • to reminisce. Мой сын ча́сто вас вспомина́ет. My son reminisces about you often.

вспо́мнить (pct of вспомина́ть) to remember. Я ника́к не могу́ вспо́мнить, где я его́ ви́дела. I just can't remember where I saw him. • to recall. Постара́йтесь вспо́мнить, кто вам э́то сказа́л. Try to recall who said that to you.

встава́ть (встаю́, встаёт; imv встава́й; prger встава́я; dur of встать) to get up. Не встава́йте, пожа́луйста, у меня́ есть ме́сто. Don't bother getting up; I have a seat. — Я привы́к встава́ть ра́но. I'm used to getting up early.

□ На́шему больно́му лу́чше — он уже́ на́чал встава́ть. Our patient is better and is already up and about.

вста́вить (pct of вставля́ть) to put in. Я хоте́л бы вста́вить э́ту карти́ну в ра́му. I'd like to have this picture put in a frame. • to include. Э́тот пункт вста́влен в догово́р? Has this point been included in the agreement?

□ Она́ вста́вила себе́ зу́бы. She had some false teeth made.

вставля́ть (dur of вста́вить) to put in. Он придёт к вам за́втра вставля́ть стёкла. He'll come over to your place tomorrow to put the window panes in.

встану́ See встава́ть.

встать (вста́ну, вста́нет; pct of встава́ть) to get up. Вста́ньте на мину́ту, я хочу́ подви́нуть кре́сло. Would you get up for a minute? I want to move the chair. — Мы за́втра вста́нем в пять часо́в утра́. We'll get up at five o'clock tomorrow morning.

□ встать гру́дью to stand up (for someone). Все това́рищи за него́ гру́дью вста́нут. All his friends will stand up for him.

□ Пе́ред на́ми встал серьёзный вопро́с. We were faced with a serious problem.

встаю́ See встава́ть.

встре́тить (pct of встреча́ть) to meet. Кто́-нибудь из на́ших встре́тит вас на ста́нции. One of our crowd will meet you at the station. — Мы не встре́тили с его́ стороны́ никако́го сопротивле́ния. We didn't meet any opposition from him. • to greet. Ора́тора встре́тили бу́рными аплодисме́нтами. The speaker was greeted with enthusiastic applause.

-ся to meet. А где мы встре́тимся? Where shall we meet? — Мы встре́тимся у газе́тного кио́ска. We'll meet at the newspaper stand. • to come up against. С настоя́щими затрудне́ниями мне пришло́сь встре́титься то́лько по прие́зде в Москву́. I didn't come up against real difficulties until my arrival in Moscow.

встре́ча welcome. Мы ему́ устро́или пы́шную встре́чу. We gave him a royal welcome. • match. За́втра бу́дет встре́ча футбо́льных кома́нд Москва́ — Оде́сса. There's going to be a soccer match between Moscow and Odessa tomorrow. • meeting. Вот неожи́данная встре́ча! This is an unexpected meeting! — Я вам об э́том расскажу́ при встре́че. I'll tell you about it when we meet. • appointment. Отло́жим на́шу встре́чу до бу́дущей неде́ли. Let's put off our appointment until next week.

□ Э́то была́ о́чень весёлая встре́ча но́вого го́да. That was a very lively New Year's celebration.

встреча́ть (pct of встре́тить) to meet. Кто вас встреча́ет на вокза́ле? Who's meeting you at the station? — Я когда́-то встреча́л ва́шего бра́та в Ленингра́де. At one time I used to meet your brother in Leningrad.

□ Где вы встреча́ете но́вый год? Where will you celebrate New Year's Eve?

-ся to meet. Мы ка́жется встреча́лись. Haven't we met before?

встре́чу See встре́тить.

встре́чусь See встре́титься.

вступа́ть (dur of вступи́ть) to join. До про́шлого го́да он не вступа́л в па́ртию. He didn't join the party until last year. • to start. Не на́до бы́ло вступа́ть с ней в спор. You shouldn't have started an argument with her.

вступи́ть (вступлю́, всту́пит; pct of вступа́ть) to enter. Им удало́сь вступи́ть в го́род то́лько по́сле ожесточённого бо́я. Only after a fierce battle were they able to enter the city.

□ вступи́ть в си́лу to go into effect. Э́тот зако́н ещё не вступи́л в си́лу. This law hasn't gone into effect yet.

вступи́ть в чле́ны to join. Мы все вступи́ли в чле́ны профсою́за. We all joined the union.

всходи́ть (всхожу́, всхо́дит; dur of взойти́) to rise. Встава́йте, со́лнце уже́ всхо́дит. Get up! The sun is already rising. • to come up. Овёс в э́том году́ пло́хо всхо́дит. The oats are coming up poorly this year.

всхожу́ See всходи́ть.

всю́ду anywhere. Его́ мо́жно всю́ду встре́тить. You can meet him anywhere. • everywhere. Меня́ всю́ду хорошо́ принима́ли. I was well received everywhere.

вся (ns F of весь).

вся́кий anyone. Вся́кий мо́жет э́то поня́ть. Anyone can understand it. • any. Нам вся́кая тря́пка пригоди́тся. We could use any old rag. — Мы с ним расста́лись без вся́кого сожале́ния. He and I parted without any regrets. • anybody. Вся́кому прия́тно получи́ть тако́й комплиме́нт. Anybody would be pleased to get such a compliment. • all kinds. Хо́дят тут вся́кие безде́льники. All kinds of loafers hang around here.

□ во вся́ком слу́чае in any case. Я во вся́ком слу́чае приду́. I'll come in any case.

вся́кая вся́чина all sorts of things. Я накупи́л вся́кой вся́чины для до́ма. I bought all sorts of things for the house.

вся́кое anything. Вся́кое быва́ет. Anything can happen.

на вся́кий слу́чай in case. На вся́кий слу́чай возьми́те дождеви́к. Take a raincoat just in case.

вся́ческий all kinds. Они́ ока́зывали ему́ вся́ческое внима́ние. They showed him all kinds of attention.

☐ **вся́чески** every way. Она́ вся́чески стара́лась загла́дить свою́ вину́. She tried every way to right her wrongs.

вторже́ние invasion. Неприя́тельское вторже́ние начало́сь два́дцать пе́рвого ию́ня. The enemy invasion started on June twenty-first. • breaking in. Вы меня́ прости́те за вторже́ние в тако́й необы́чный час. Will you excuse my breaking in on you at such an unusual hour?

вто́рник Tuesday.

второ́й second. Мне недо́лго ждать, я второ́й в о́череди. I won't have to wait long — I'm second in line. — Она́ приезжа́ет второ́го сентября́. She'll arrive on September second. — Она́ мне втора́я мать. She's like a second mother to me. — Нам нужны́ хори́сты для второ́го го́лоса. We need chorus singers for the second voice. — *Он всю жизнь остава́лся на вторы́х роля́х. All his life he's played second fiddle.

☐ **второ́е** entrée. Что у нас сего́дня на второ́е? What do we have as an entrée today?

☐ Уже́ второ́й час, пора́ по дома́м. It's past one; time to go home.

второпя́х in one's hurry. Я второпя́х забы́л биле́т до́ма. In my hurry, I left the ticket at home. • hurriedly. Я прочёл э́то письмо́ второпя́х перед отъе́здом. I read the letter hurriedly before I left.

втро́е three times. Там вы бу́дете зараба́тывать втро́е бо́льше. You'll make three times as much there.

втроём

☐ Мы здесь легко́ помести́мся втроём. Three of us can get in here easily.

втуз (вы́сшее техни́ческое уче́бное заведе́ние) technical college.

вуз (вы́сшее уче́бное заведе́ние) college. Он студе́нт ву́за. He's a college student.

ву́зовец (-вца) college student. Вам бу́дет интере́сно поговори́ть с э́тим ву́зовцем. It'll be very interesting for you to speak with this college student.

ву́зовка (college) co-ed. Эта ву́зовка подру́га мое́й сестры́. This co-ed is my sister's friend.

вход entrance. Жди́те меня́ у вхо́да. Wait for me at the entrance. — Вход в э́ту карти́нную галлере́ю с боково́й у́лицы. The entrance to the picture gallery is on the side street. — Вход напра́во! Entrance on the right. • admission. В э́тот музе́й по воскресе́ньям вход беспла́тный. On Sundays there's no admission fee to this museum.

☐ **Вход воспреща́ется** No Admittance.

входи́ть (вхожу́, вхо́дит; dur of войти́) to get on. Же́нщинам с детьми́ разреша́ется входи́ть с пере́дней площа́дки. Women with children are allowed to get on at the front entrance of the trolley. • to come in. Почему́ вы всегда́ вхо́дите с таки́м шу́мом? Why do you always make such noise when you come in? • to go into. Эти кно́пки легко́ вхо́дят в сте́ну. These thumb tacks go into the wall easily. • to get into. Я постепе́нно вхожу́ в жизнь моего́ заво́да. I'm gradually getting into the swing of things at the factory.

☐ Эта причёска начина́ет входи́ть в мо́ду у на́ших де́вушек. This hair-do is getting to be the fashion with our girls. • В мои́ наме́рения не входи́ло остава́ться здесь

так до́лго. I never intended to stay here so long. • В бак э́того автомоби́ля вхо́дит о́коло восьми́десяти ли́тров горю́чего. The tank of this car holds about eighty liters of gas. • Кто вхо́дит в соста́в сове́та наро́дных комисса́ров? Who is on the council of people's commissars?

вхожу́ See **входи́ть**.

ВЦСПС ([ve-ce-es-pe-és] indecl M) (Всесою́зный центра́льный сове́т профсою́зов) The All-Union Central Soviet of Trade Unions.

вчера́ yesterday. Он прие́хал вчера́. He arrived yesterday. — Он был у нас вчера́ ве́чером. He was in our house yesterday evening. — Я узна́л об э́том вчера́ у́тром. I found out about that yesterday morning.

☐ **вчера́ но́чью** last night. Вчера́ но́чью у нас был пожа́р. There was a fire at our house last night.

вчера́шний yesterday. Да́йте мне вчера́шнюю газе́ту. Give me yesterday's paper.

вши See **вошь**.

въе́ду See **въе́хать**.

въезд entrance. Въезд в тунне́ль закры́т. The tunnel entrance is closed.

☐ Я получи́л разреше́ние на въезд в СССР. I received a permit to enter the USSR.

въезжа́ть (dur of въе́хать) to drive in. В наш двор въезжа́ют с гла́вной у́лицы. You drive into our yard from the main street. • to enter. Смотри́те! Сейча́с мы въезжа́ем в СССР. Look, we're entering the USSR now!

въе́хать (въе́ду, -дет; no imv; pct of въезжа́ть) to enter. Мы сверну́ли с доро́ги и въе́хали в лес. We turned off the road and entered the woods. • to climb. Автомоби́ль бы́стро въе́хал на́ гору. The automobile climbed the hill quickly.

вы (a, g, l вас, d вам, i ва́ми; §21) you. Вы слы́шали, что он сказа́л? Did you hear what he said? — Вы сюда́ надо́лго? Do you expect to stay here a long time? — Я от вас э́того не ожида́л. I didn't expect that from you. — Дать вам ещё борща́? Shall I give you some more borscht? — Мы вас ждём за́втра к у́жину. We expect you for supper tomorrow. — Я так мно́го о вас слы́шал! I've heard so much about you! — Пью за вас и ва́ши успе́хи. Here's to you and your success. — Почему́ он ва́ми недово́лен? Why is he displeased with you? — Бы́ло о́чень прия́тно с ва́ми познако́миться. It was very nice meeting you. — С вас пять рубле́й. You have to pay five rubles.

☐ **вы о́ба** both of you. Я ду́маю, что вы о́ба помести́тесь в э́той ко́мнате. I think you'll find this room large enough for both of you.

вы́беру See **вы́брать**.

выбира́ть (dur of вы́брать) to elect. У нас сего́дня бу́дут выбира́ть но́вого председа́теля. We're going to elect a new chairman today. • to make a choice. Выбира́йте поскоре́й, нам не́когда. Make your choice quickly; we have no time.

вы́бор choice. Я одобря́ю ваш вы́бор. I approve of your choice. — У меня́ нет вы́бора. I have no choice. • selection. В э́том магази́не о́чень хоро́ший вы́бор перча́ток. This store has a large selection of gloves.

☐ **вы́боры** election. О́сенью у нас бу́дут вы́боры в горсове́т. The election to our city soviet will take place in the fall.

вы́бранить (pct) to scold. Вы́браните его́ как сле́дует. Give him a good scolding.

выбра́сывать (dur of вы́бросить) to throw away. Не выбра́-

сывайте газе́ту — я её ещё не прочёл. Don't throw away the newspaper; I haven't read it yet.

вы́брать (-беру́, -берёт; *pct of* выбира́ть) to pick out. Помоги́те мне вы́брать шля́пу. Help me pick out a hat. • to elect. Кого́ вы вы́брали в секретари́? Whom did you elect as secretary? • to choose. Вы вы́брали неподходя́щее вре́мя, что́бы с ним разгова́ривать. You chose a bad time to talk to him.

вы́брею *See* **вы́брить.**

выбрива́ть (*dur of* **вы́брить**).

вы́брить (-брею, брес; *pct of* выбрива́ть) to shave. По́сле боле́зни ему́ вы́брили го́лову на́голо. After his illness they shaved his head.

вы́бросить (*pct of* выбра́сывать) to throw. Вы́бросьте оку́рки в помо́йное ведро́. Throw the cigarette butts into the garbage pail. • to cut out. Из э́той статьи́ придётся вы́бросить не́сколько страни́ц. We'll have to cut out several pages from this article. • to fire. Его́ вы́бросили с фа́брики за прогу́лы. He was fired from the factory because of repeated absences. • to put out. Во вся́ком слу́чае на у́лицу их не вы́бросят. Anyway, they won't be put out into the street. • to throw away. Э́то про́сто вы́брошенные де́ньги! It's just throwing away money!

вы́брошу *See* **вы́бросить.**

вы́буду *See* **вы́быть.**

выбыва́ть (*dur of* **вы́быть**).

вы́быть (-буду, -будет; *pct of* выбыва́ть) to leave. Он вы́был из на́шего до́ма ещё в про́шлом году́. He left our house last year.

вы́весить (*pct of* выве́шивать) to post. Вы чита́ли объявле́ние, вы́вешенное кооперати́вом? Have you read the announcement posted by the cooperative? • to hang out. Я вы́весил на двор зи́мние ве́щи, чтоб прове́трить. I hung my winter things out to air.

выве́шивать (*dur of* **вы́весить**) to post. Не выве́шивайте стенгазе́ты в э́том углу́. Don't post the bulletin board newspaper in that corner.

вы́вешу *See* **вы́весить.**

вы́вих dislocation. У него́ вы́вих коле́на. He has a dislocated knee.

выви́хивать ([-xᵃv-] *dur of* **вы́вихнуть**).

вы́вихнуть (*pct of* выви́хивать) to sprain. Он вы́вихнул себе́ плечо́. He sprained his shoulder.

вы́вод conclusion. А како́й вы из э́того де́лаете вы́вод? What conclusion do you draw from it? • deduction. Он пришёл к соверше́нно пра́вильному вы́воду. He made perfectly correct deductions.

вы́воз export. Вы́воз пшени́цы в э́том году́ бо́льше, чем в про́шлом. This year the wheat export is greater than last.

вы́гладить (*pct of* гла́дить) to iron. Я вам вы́гладила все руба́шки. I ironed all your shirts.

вы́глядеть (-гляжу, гля́дит; *dur*) to look (appear). Вы о́чень хорошо́ вы́глядите. You look very well.

выгля́дывать (*dur of* **вы́глянуть**) to look out. Она́ то и де́ло выгля́дывает из окна́. She looks out of the window every so often.

вы́гляжу *See* **вы́глядеть.**

вы́глянуть (*pct of* выгля́дывать) to look out. Вы́гляньте на у́лицу. Look out into the street.

☐ Со́лнце опя́ть вы́глянуло. The sun has come out again.

вы́гнать (-гоню,-гонит; *pct of* выгоня́ть) to chase out. Е́сли он опя́ть придёт, я вы́гоню его́ без вся́ких разгово́ров.

If he comes around here again, I'll chase him right out. • to fire. За что его́ вы́гнали с рабо́ты? Why was he fired? • to drive. Пасту́х уже́ вы́гнал ста́до в по́ле. The shepherd drove the herd into the fields.

вы́говор accent. У него́ настоя́щий моско́вский вы́говор. He has a real Moscow accent. • talking to. Учи́тель сде́лал нам стро́гий вы́говор. The teacher gave us a good talking to.

вы́года profit. От моло́чной фе́рмы на́шему колхо́зу больша́я бу́дет вы́года. Our kolkhoz will get a large profit from the dairy farm. • benefit. Кака́я вам от э́того вы́года? Of what benefit is this to you? • advantage. Неуже́ли вы не ви́дите всех вы́год э́того ме́тода? Can't you see all the advantages of this method?

вы́годный profitable. Что ж, э́то о́чень вы́годная сде́лка. I'd call this a very profitable bit of business.

☐ **в вы́годном све́те** to advantage. Я постара́юсь вы́ставить вас в са́мом вы́годном све́те. I'll try to fix it so that you'll show to the best advantage.

☐ Он сде́лает э́то то́лько, е́сли ему́ э́то бу́дет вы́годно. He'll do it only if he benefits by it. • Вы э́то вы́годно купи́ли. You got a bargain.

вы́гоню *See* **вы́гнать.**

выгоня́ть (*dur of* **вы́гнать**) to chase. Не выгоня́йте меня́, я сам уйду́. Don't chase me; I'll leave on my own.

выгружа́ть (*dur of* **вы́грузить**) to unload. Мы сего́дня ходи́ли выгружа́ть дрова́. We went to unload the firewood today.

вы́гружу *See* **вы́грузить.**

вы́грузить (*pct of* выгружа́ть) to unload. Приходи́те че́рез два часа́, бага́ж ещё не вы́гружен. Come in two hours; the baggage still isn't unloaded.

выдава́ть (-даю́, -даёт; *imv* -дава́й; *prap* -дава́я; *dur of* **вы́дать**) to distribute. Сего́дня выдаю́т са́хар по пя́тому купо́ну. They're distributing sugar today for ration coupon number five. • to pass off. Он выдаёт себя́ за полко́вника како́й-то иностра́нной а́рмии. He passes himself off as a colonel of some foreign army.

☐ Акце́нт выдаёт в нём иностра́нца. His accent shows that he's a foreigner. • Когда́ бу́дут выдава́ть зарпла́ту? When will we get paid?

-ся to be given out. Спра́вки выдаю́тся внизу́ у вхо́да. Information is given out downstairs, at the entrance. • to stick out. У него́ ску́лы выдаю́тся по-монго́льски. His cheekbones stick out like a Mongolian's. • to stand out. Он уже́ в шко́ле выдава́лся свои́ми ора́торскими спосо́бностями. At school he stood out from the others because of his speaking ability.

вы́дадим *See* **вы́дать.**

вы́дам *See* **вы́дать.**

вы́дать (-дам, -даст, §27; *pct of* выдава́ть) to give. Нам вы́дали по́лное обмундирова́ние. We were given a complete issue of clothing and equipment. • to pass off. Он вы́дал э́ту пе́сню за своё сочине́ние. He passed the song off as his own composition. • to give away. Он нас не вы́даст. He won't give us away.

☐ **вы́дать за́муж** to marry off. Она́ уже́ трёх дочере́й за́муж вы́дала. She has already married off three of her daughters.

☐ Ско́лько зерна́ вам вы́дали в э́том году́ на трудоде́нь? How much grain did you receive per workday this year?

-ся to turn out. Прекра́сный сего́дня денёк вы́дался! What a wonderful day it turned out to be! □ Наконе́ц-то мне вы́дался слу́чай его́ повида́ть. I finally got the chance to see him.

вы́дача issue. Вы́дача ма́сла по э́тому купо́ну за́втра. They'll issue butter on this coupon tomorrow. □ Они́ потре́бовали вы́дачи престу́пника. They demanded that the criminal be surrendered.

выдвига́ть (*dur of* **вы́двинуть**) to pull out. Когда́ у нас го́сти, мы выдвига́ем стол на середи́ну ко́мнаты. When we have company we pull the table out into the middle of the room. • to give opportunity. Его́ о́чень выдвига́ют на рабо́те. They give him every opportunity at his job.

вы́двинуть (*pct of* **выдвига́ть**) to pull out. Вы́двиньте ве́рхний я́щик комо́да. Pull the top drawer out of the chest. • to offer. Вы вы́двинули убеди́тельный до́вод. You offered a convincing argument. • to nominate. Мы вы́двинули его́ кандидату́ру в заводско́й комите́т. We nominated him as a candidate to the factory committee.

вы́делить (*pct of* **выделя́ть**) to single out. Я его́ сра́зу вы́делил среди́ други́х ученико́в. I singled him out immediately from the other pupils. • to make stand out. Вы́делите э́ту стро́чку курси́вом. Use italics to make this line stand out.

выделя́ть (*dur of* **вы́делить**).

вы́держать (-держу́, -держит; *pct of* **выде́рживать**) to stand. По-мо́ему, наш мост тако́й тя́жести не вы́держит. In my opinion our bridge couldn't stand such a heavy load. — Его́ хвалёная хра́брость не вы́держала пе́рвого испыта́ния. His much-talked-of courage didn't stand the first test. • to pass. Вы, несомне́нно, вы́держите экза́мен. No doubt you'll pass the exam. □ Он вы́держал свою́ роль до конца́. He played his part to the end. • Я не вы́держал и расхохота́лся. I couldn't restrain myself and burst out laughing. • Э́ту нали́вку сле́довало бы вы́держать ещё не́сколько неде́ль. This cordial should be allowed to settle for several weeks more. • Молоде́ц! Вы́держал хара́ктер! Good boy! That took a lot of backbone!

выде́рживать (*dur of* **вы́держать**) to stand. Как вы выде́рживаете тако́й шум! How can you stand such noise! • to stand up. Этот прое́кт не выде́рживает кри́тики. This project can't stand up under criticism. • to stand the strain. Мои́ не́рвы э́того не выде́рживают. My nerves can't stand the strain.

вы́драть (*pct of* **драть**).

вы́думать (*pct of* **выду́мывать**) to make up. Он всю э́ту исто́рию вы́думал от нача́ла до конца́. He made up the whole story from beginning to end. □ Ещё что вы́думал! What kind of nonsense is that! • *Он по́роха не вы́думает! He won't set the world on fire!

выду́мывать (*dur of* **вы́думать**) to invent. Он постоя́нно выду́мывает предло́ги, чтоб не рабо́тать. He's constantly inventing excuses not to work. □ Не выду́мывайте, пожа́луйста! никуда́ вы без у́жина не уйдёте. None of that now; you're not going away without supper.

вы́еду *See* **вы́ехать**.

вы́езд exit. Я иду́ получа́ть ви́зу на вы́езд. I'm going to get my exit visa.

выезжа́ть (*dur of* **вы́ехать**) to leave. Они́ выезжа́ют за́втра курье́рским. They're leaving by express train tomorrow. □ Он лю́бит выезжа́ть на чужо́й рабо́те. He likes others to do his work for him.

вы́емка □ **вы́емка пи́сем** mail collection. Вы́емка пи́сем произво́дится три ра́за в день. They have mail collection three times a day here.

вы́ехать (-еду, -едет; *no imv; pct of* **выезжа́ть**) to leave. Он уже́ вы́ехал из Москвы́. He's already left Moscow. • to drive out. Я ви́дел, как он то́лько что вы́ехал на маши́не. I just saw him drive out.

вы́жать (-жму, -жмет; *ppp* **вы́жатый**; *pct of* **выжима́ть**) to wring out. Помоги́те мне вы́жать бельё. Help me wring out the wash. □ **вы́жать си́лы** to wear out. У него́ на э́той рабо́те все си́лы вы́жали. They wore him out on this job.

выжима́ть (*dur of* **вы́жать**) to squeeze. Я не выжима́ю со́ка из апельси́нов, а ем их целико́м. I don't squeeze the juice out of oranges; I eat them whole. • to lift over the head. Он одно́й руко́й шестьдеся́т килогра́ммов выжима́ет. He lifts sixty kilos over his head with one hand.

вы́жму *See* **вы́жать**.

вы́звать (-зову, -зовет; *pct of* **вызыва́ть**) to call out. Пожа́луйста, вы́зовите э́того граждани́на в коридо́р. Please call that man out into the hallway. • to cause. Это вы́звало мно́го недоразуме́ний. It caused a lot of misunderstanding. • to challenge. Сосе́дний колхо́з вы́звал нас на соревнова́ние. The neighboring kolkhoz challenged us to a contest. • to draw out. Мо́жет вам уда́стся вы́звать его́ на открове́нность. Maybe you'll be able to draw him out in a frank talk. • to call for. Команди́р вы́звал охо́тников. The commander called for volunteers. • to call. Вы́зовите мне такси́. Call me a taxi.

выздора́вливать (*dur of* **вы́здороветь**) to recover. Наш больно́й понемно́гу выздора́вливает. Our patient is recovering little by little. • to get well. Выздора́вливайте поскоре́е. Get well as fast as you can.

вы́здороветь (/-влю, вит/; *pct of* **выздора́вливать**) to recover. Мой сын уже́ вы́здоровел. My son has already recovered.

вы́зов challenge. Мы при́няли вы́зов ва́шей брига́ды на состяза́ние. We accepted the challenge of your brigade to a contest. • call. Вы́зов в го́род прерва́л мои́ кани́кулы. A call back to the city cut my vacation short. • summons. Он получи́л вы́зов в суд. He got a summons to appear in court.

вы́зову *See* **вы́звать**.

вызыва́ть (*dur of* **вы́звать**) to summon. Вас вызыва́ют в мили́цию. You're summoned by the police. • to call on. Меня́ сего́дня вызыва́ли по геогра́фии. I was called on in the geography class today. □ По́сле спекта́кля а́втора и актёров мно́го раз вызыва́ли. After the show the author and actors took many curtain calls. • Этот за́пах вызыва́ет у меня́ тошноту́. This odor turns my stomach.

вы́играть (*pct of* **выи́грывать**) to win. Я вы́играла в лотере́ю электри́ческий утю́г. I won an electric iron in a raffle. □ **вы́играть вре́мя** to save time. Поезжа́йте прямико́м че́рез по́ле и вы вы́играете полчаса́. Drive straight across the field and you'll save half an hour.

выи́грывать (*dur of* **вы́играть**) to win. Прие́зжий шахмати́ст выи́грывает у нас одну́ па́ртию за друго́й. The visiting chess player keeps winning one game after another.

□ В э́том освеще́нии портре́т о́чень выи́грывает. The portrait looks much better under this light.

вы́игрыш (M) favor. Мы бы́ли в вы́игрыше, когда́ я поскользну́лся и уши́б себе́ но́гу. The game was in our favor when I slipped and hurt my foot. • prize. Вы́игрыши вы́пали на сле́дующие номера́ се́рий и облига́ций: The following numbered bonds are prize winners:

вы́йду See вы́йти.

вы́йти (-йду, -йдет; p вы́шел, вы́шла; pap вы́шедший; pct of **выходи́ть**) to get out. Вы́йдите отсю́да! Get out! — Пра́во не зна́ю, как мне вы́йти из э́того положе́ния. I really don't know how to get out of this situation. • to leave. Позво́льте вы́йти? May I leave the room? — А почему́ он вы́шел из (коммунисти́ческой) па́ртии? Why did he leave the Communist party? • to come out. Бою́сь, что из э́того ничего́ не вы́йдет. I'm afraid that nothing will come of it. • to come from. Почти́ все на́ши генера́лы вы́шли из рабо́чих и крестья́н. Almost all of our generals come from worker or peasant stock.

□ **вы́йти из терпе́ния** to lose patience. Наконе́ц я вы́шел из терпе́ния. Finally I lost my patience.

□ Чай у нас весь вы́шел. Our tea is all gone. • Он спосо́бный па́рень, из него́ вы́йдет хоро́ший рабо́тник. He's a capable fellow; he'll make a good worker. • Из э́того куска́ мате́рии вы́йдут две руба́шки. Two shirts can be made out of this piece of material.

выка́пывать (dur of вы́копать) to dig up. Отку́да вы то́лько выка́пываете таки́е стари́нные слова́? Where do you dig up such ancient words?

выки́дывать (dur of вы́кинуть) to throw away. Ра́зве мо́жно таки́е хоро́шие башмаки́ выки́дывать? How can you throw away such good shoes? • to fire. У нас без серьёзного основа́ния с заво́да не выки́дывают. We don't fire people without good reason.

□ Не́чего де́ньги на ве́тер выки́дывать. Don't be such a spendthrift.

вы́кинуть (pct of выки́дывать) to throw. Кто э́то вы́кинул мои́ бума́ги в корзи́ну? Who threw my papers into the wastebasket? • to take out. Режиссёр вы́кинул из пье́сы це́лую сце́ну. The director took a whole scene out of the play.

□*Ну и вы́кинул он шту́ку! He sure pulled a fast one! • Вы́киньте э́то лу́чше из головы́. Better get that out of your head.

выключа́тель (M) switch. Выключа́тель в ку́хне не де́йствует. The switch in the kitchen is out of order.

выключа́ть (dur of вы́ключить) to shut off. У нас в до́ме в де́сять часо́в выключа́ют электри́чество. The electricity in our house is shut off at ten o'clock.

вы́ключить (pct of выключа́ть) to take off. Вы́ключите ⅏⅏⅏ ⅏⅏ ⅏⅏⅏ⅾ соотве́тствующих. Take my name off the list of entries in the contest. • to turn off. Не забу́дьте вы́ключить ра́дио. Don't forget to turn off the radio.

вы́копать (pct of выка́пывать) to dig. У нас карто́шку уже́ вы́копали. The potatoes are already dug at our place. • to dig up. Смотри́те, како́е сокро́вище я вы́копал среди́ всего́ э́того хла́ма. Look at the treasure I dug up from all this junk.

вы́красить (pct of выкра́шивать) to paint. Он вы́красил забо́р зелёной кра́ской. He painted the fence green.

выкра́шивать (dur of вы́красить).

вы́крашу See вы́красить.

вы́купать (pct of купа́ть) to bathe. Я вы́купаю дете́й. I'll bathe the children.

-ся to take a bath. Где ва́нная? Я хоте́л бы вы́купаться. Where is the bathroom? I'd like to take a bath.

выку́ривать (dur of вы́курить) to smoke up. Э́то ужа́сно! Он выку́ривает до пяти́десяти папиро́с в день. That's terrible; he smokes as many as fifty cigarettes a day. • to smoke out. Попроси́те его́, он уме́ет выку́ривать клопо́в. Ask him; he knows how to smoke out bedbugs.

вы́курить (pct of выку́ривать) to smoke. Он у меня́ все папиро́сы вы́курил. He smoked all my cigarettes.

□ Вот вы́курю папиро́ску и пойдём. Let me finish my cigarette first and then we'll go. • Я его́ е́ле отсю́да вы́курил. I was hardly able to get him out of here.

вылеза́ть (dur of вы́лезти) to crawl out of. В воскресе́нье я весь день не вылеза́л из посте́ли. I didn't crawl out of bed all day Sunday. • to get out of. Он не вылеза́ет из долго́в. He can't get out of debt. • to fall out. По́сле боле́зни у меня́ во́лосы ста́ли вылеза́ть. My hair began to fall out after my illness.

вы́лезти or **вы́лезть** (-лезу, -лезет; p -лез, -ле́зла; pct of **вылеза́ть**) to creep out. Он вы́лез из кана́вы весь в грязи́. He crept out of the ditch all covered with mud. • to come out. Дава́йте вы́лезем на сле́дующей остано́вке. Let's get off at the next station. • to come out. Бою́сь, что я вы́лез с мои́м вопро́сом некста́ти. I'm afraid that I came out with my question at the wrong time.

вылета́ть (dur of вы́лететь).

вы́лететь (-лечу, -летит; pct of вылета́ть) to take off. Самолёт вы́летел на рассве́те. The plane took off at dawn. • to skip. У меня́ соверше́нно вы́летело из головы́, что я обеща́л вам прийти́. It skipped my mind completely that I promised to come.

выле́чивать (dur of вы́лечить).

вы́лечить (pct of выле́чивать) to cure. До́ктор вы́лечил меня́ о́чень бы́стро. The doctor cured me very quickly.

□ Ваш зуб ещё мо́жно вы́лечить. Your tooth can still be saved.

вы́лечу See вы́лететь.

вылива́ть (dur of вы́лить) to pour out. Не вылива́йте су́па, я его́ ве́чером съем. Don't pour out the soup; I'll eat it this evening.

вы́линять (pct) to fade. Э́ти занаве́ски вы́линяли от со́лнца. The curtains faded from the sun.

вы́лить (-лью, льет; imv -лей; ppp -литый; pct of **вылива́ть**) to pour out. А куда́ тут мо́жно вы́лить во́ду? Where can you pour out water around here?

вы́лью See вы́лить.

вы́мою See вы́мыть.

вымыва́ть (dur of вы́мыть) to wash. Раз в ме́сяц она́ вымыва́ет все о́кна. She washes all the windows once a ⅏⅏⅏⅏.

вы́мыть (-мою, -моет; pct of **вымыва́ть**) to wash. ⅏⅏⅏⅏⅏⅏ ⅏, я хочу́ хороше́нько вы́мыть ру́ки. Wait a moment, I want to wash my hands properly.

-ся to wash (oneself). Пре́жде всего́ я хоте́л бы вы́мыться. First of all I'd like to wash.

вы́нести (-несу, -несет; p -нес, -несла; pct of **выноси́ть**) to take out. Вы́несите мо́крое пальто́ в пере́днюю. Take the wet coat out into the hall. • to carry out. Пожа́рный вы́нес её из до́ма. The fireman carried her out of the house.

□ **вы́нести пригово́р** to pronounce sentence. Суд ещё не

вынес приговóра. The court hasn't pronounced sentence as yet.

вынести решéние to pass a resolution. Собрáние вынесло решéние по этому вопрóсу. The meeting passed a resolution on this question.

☐ Из разговóра с ним я вынес впечатлéние, что он недовóлен вáми. I gathered from my conversation with him that he was displeased with you. • Нас вынесло на́ берег волнóй. We were washed ashore by a wave.

вынимáть (*dur of* **вынуть**) to take out. Не вынимáйте посу́ду из шкáфа. Don't take the dishes out of the cupboard.

выносить (-ношу, -нóсит; *dur of* **вынести**) to carry. Они́ вынóсят всю рабóту на свои́х плечáх. They carry practically all the work on their shoulders.

☐ **выносить** (когó-либо) to stand (someone). Я не выношу́ этого человéка. I can't stand that man.

☐ Я плóхо выношу́ здéшний клúмат. The local climate doesn't agree with me.

выношу́ *See* **выносить.**

вынуть (*pct of* **вынимáть**) to take out. Вам придётся вынуть все вéщи из сундукá. You'll have to take all your things out of the trunk. — Дáйте-ка я вы́ну вáшу занóзу. Let me take this splinter out. — Я ужé вынула зи́мние вéщи. I've already taken out the winter things.

☐ *Захотéлось ему апельси́нового сóка — вынь да полóжь! А откýда я возьму́? He'd like some orange juice right away, but where can I get it?

выпадáть (*dur of* **выпасть**) to fall out. У вас выпадáет стёклышко из часóв. Your watch crystal is falling out. — У меня́ нáчали выпадáть вóлосы. My hair is beginning to fall out.

выпаду *See* **выпасть.**

выпал *See* **выпасть.**

выпасть (-паду, -падет; *p* -пал; *pct of* **выпадáть**) to drop out. Ключ, вероя́тно, вы́пал у меня́ из кошелькá. The key must have dropped out of my purse.

☐ Смотри́те, за́ ночь снег вы́пал! Look, it snowed during the night. • На мою́ дóлю вы́пало большóе счáстье — я рабóтал под руковóдством большóго учёного. It was my good fortune to work under the supervision of a great scientist.

выпивáть (*dur of* **выпить**) to drink. Я выпивáю по три-четы́ре стакáна чáю срáзу. I drink three or four glasses of tea at one sitting.

☐ Он выпивáет. He likes his liquor.

выписать (-пишу, -пишет; *pct of* **выпи́сывать**) to copy. Мне ну́жно вы́писать нéсколько цитáт из этой кни́ги. I have to copy a few quotations out of this book. • to order. Мы выписали нóвые каталóги из Москвы́. We ordered new catalogues from Moscow. • to write for. Я выписала сестру́ из дерéвни. I wrote for my sister to come from the country.

выписка extract. Вам ну́жно предстáвить вы́писку из домóвой кни́ги. You have to present an extract from the house register. • excerpt. Я дéлаю выписки из книг для своéй рабóты. I'm making some excerpts for my research work. • discharge. Он ужé вы́здоровел и ждёт вы́писки из больни́цы. He has already recovered and is waiting for a discharge from the hospital.

выписывать (*dur of* **выписать**) to subscribe. Мы выпи́сываем мнóго газéт и журнáлов. We subscribe to many newspapers and magazines.

выпить (-пью, -пьет; *imv* -пей; *ppp* -питый; *pct of* **выпивáть**) to drink. Кто вы́пил моё пи́во? Who drank my beer? — Вы́пьем за нáшу встрéчу. Let's drink to our meeting. • to have a drink. Пойдём вы́пьем! Let's go and have a drink.

☐ Вы́пейте рю́мку коньяку́. Have a shot of brandy.

выпишу *See* **выписать.**

выплатить (*pct of* **выплáчивать**) to pay. Вам ужé вы́платили за сентя́брь? Have you been paid for September? — Я ужé вы́платил свои́ долги́. I've already paid my debts.

выплáчивать (*dur of* **выплатить**) to pay off. Скóлько врéмени вам придётся выплáчивать эту су́мму? How much time will it take you to pay off this amount?

выплачу *See* **выплатить.**

выплывáть (*dur of* **выплыть**).

выплыть (-плыву, -плывет; *pct of* **выплывáть**) to swim out. Я вы́плыл из бу́хты в откры́тое мóре. I swam out of the bay into the open sea. • to come up. Он нырну́л и вы́плыл с другóй стороны́ плотá. He dove into the water and came up on the other side of the raft.

выполнéние completion. Тепéрь выполнéние плáна обеспéчено. Now the completion of the plan is a certainty.

☐ Скóлько врéмени вам понáдобится для выполнéния этой рабóты? How much time will you need to complete this work?

выполнить (*pct of* **выполня́ть**) to fulfill. Мы вы́полнили прогрáмму к срóку. We fulfilled our quota on time. • to carry out. Наш завóд с чéстью вы́полнил своё обязáтельство. Our factory carried out its pledge with honors.

☐ **выполнить обещáние** to keep a promise. Я вы́полню своё обещáние. I'll keep my promise.

выполня́ть (*dur of* **выполнить**) to carry out. Приказáние нáдо выполня́ть тóчно. The order must be carried out to the letter.

выпуск output. В этом году́ мы предполагáем значи́тельно увели́чить вы́пуск трáкторов. We're planning to increase our output of tractors considerably this year. • graduating class. Пять человéк из моегó вы́пуска стáли врачáми. Five members of my graduating class became doctors.

выпускáть (*dur of* **выпустить**) to skip. Читáйте всё, ничегó не выпускáйте. Read it all. Don't skip anything. • to turn out. Этот втуз выпускáет óчень грáмотных инженéров. This technical school turns out very competent engineers.

☐ **выпускáть на ры́нок** to put on the market. Сейчáс этот завóд выпускáет на ры́нок большóе коли́чество предмéтов широ́кого потреблéния. This factory is now putting a lot of consumer's goods on the market.

☐ Пéрвого января́ прави́тельство выпускáет нóвый заём. The government will float a new loan the first of January.

выпустить (*pct of* **выпускáть**) to let out. Егó вы́пустили на пору́ки. He was let out on bail. — Кто это вы́пустил котá на ýлицу? Who let the cat out into the street? — Éсли в этой ку́ртке вы́пустить швы, онá бу́дет как раз. If the seams are let out in this jacket, it will fit you just right. • to put out. Это издáтельство вы́пустило хорóшее руково́дство по хи́мии. This publishing house put out a good chemistry handbook. • to drain out. Вы вы́пустили всю вóду из бóчки. You drained all the water out of the barrel. • to release. Этого человéка недáвно вы́пустили из тюрьмы́. This man was recently released from jail. • to

268

turn out. Наш завод вы́пустил но́вую па́ртию автомоби́лей. Our factory turned out a new lot of cars.

☐ **вы́пустить из рук** to let go. Я вы́пустил верёвку из рук. I let go of the rope.

☐ Вы с ней поосторо́жней, а то она́ мо́жет коготки́ вы́пустить. Be careful, she may show her nasty side.

вы́пущу *See* **вы́пустить**.

вы́пью *See* **вы́пить**.

вырабáтывать (*dur of* **вы́работать**) to produce, to turn out. Этот завод вырабáтывает лу́чшую сталь в Сою́зе. This mill produces the best steel in the Union. • to make, to earn. Ско́лько он вырабáтывает в ме́сяц? How much does he make a month?

вы́работать (*pct of* **вырабáтывать**) to work out. Коми́ссия вы́работала прое́кт резолю́ции. The commission worked out the text of the resolution. • to produce, to turn out. Я надéюсь в бу́дущем ме́сяце вы́работать две но́рмы. I hope to turn out twice our normal production during the coming month. • to develop. Он не срáзу вы́работал в себé э́ту хоро́шую привы́чку. It took time for him to develop this good habit.

вы́работка output. У нас в цеху́ вы́работка достигáет двухсо́т проце́нтов плáна. The output in our shop is reaching two hundred percent of its quota. • production. Нáши трактори́сты доби́лись реко́рдной вы́работки на пáхоте. Our tractor operators reached record production in plowing.

выражáть (*dur of* **вы́разить**) to express. Это вполнé выражáет мой чу́вства. This expresses my sentiments to a T. • to show. Его́ лицо́ выражáло страдáние. His face showed a great deal of suffering.

-ся to express oneself. Он о́чень неопределённо выражáется. He expresses himself vaguely.

☐ **мя́гко выражáясь** to put it mildly. Онá, мя́гко выражáясь, не сли́шком умнá. To put it mildly, she's not very clever.

☐ В чём выражáется вáше учáстие в э́той рабо́те? What actually is your part in this work? • Про́сят не выражáться! No swearing!

выражéние expression. Это выражéние мне не совсéм поня́тно. I don't quite understand this expression. • look. Выражéние лицá у него́ бы́ло нéсколько сконфу́женное. He had a somewhat embarrassed look on his face.

вы́ражу *See* **вы́разить**.

вы́ражусь *See* **вы́разиться**.

вы́разить (*pct of* **выражáть**) to tell. В ци́фрах э́того вы́разить нельзя́. The figures don't tell the whole story. • to express. Он вы́разил желáние поговори́ть с вáми. He expressed a desire to talk to you.

-ся to express oneself. Он про́сто неуда́чно вы́разился. He just didn't express himself well.

☐ А в чём вы́разилось его́ сочу́вствие? How did he show his sympathy?

вырастáть (*dur of* **вы́расти**) to grow. Мне ужé два рáза снимáли э́ту борода́вку, но онá опя́ть вырастáет. This wart has already been removed twice, but it's growing again. • to become. Он вырастáет в большо́го худо́жника. He's becoming a great artist.

вы́расти (-расту, -растет; *p* вы́рос, вы́росла; *pct of* **вырастáть**) to grow. Как ваш сын вы́рос за э́тот год! Your son sure has grown in a year! — Он о́чень вы́рос в мои́х глазáх, когдá

я узнáл его́ бли́же. My opinion of him grew when I got to know him better.

☐ **вы́расти из** to outgrow. Моя́ до́чка ужé вы́росла из э́того плáтья. My daughter has already outgrown this dress.

вы́рвать (-рву, -рвет; *pct of* **вырывáть¹**) to pull. Ему́ то́лько что зуб вы́рвали. He just had a tooth pulled. • to grab. Онá вы́рвала письмо́ у него́ из рук. She grabbed the letter from his hands. • to throw up. (*impersonal*) По́сле того́ как его́ вы́рвало, ему́ стáло лéгче. He felt better after he threw up.

☐ Мы с трудо́м вы́рвали у него́ обещáние подождáть ещё оди́н день. We had a hard time getting him to promise to wait another day.

-ся to tear (oneself) away. Прости́те, что опоздáл; никáк не мог вы́рваться рáньше. Excuse my being late; I just couldn't tear myself away earlier. • to break out. Я его́ поймáл, но он вы́рвался у меня́ из рук. I caught him, but he broke out of my grip. • to slip out. Это восклицáние вы́рвалось у него́ невóльно. That exclamation just slipped out of him.

вы́резать (-режу, -жет; *imv* -режь *or* -режи; *pct of* **вырезáть** *and* **вырéзывать**) to cut out. Вы́режьте сего́дняшнюю передову́ю и спря́чьте её. Cut out today's editorial and keep it. — Он вы́резал её инициáлы на своём столé. He cut out her initials on his desk.

☐ Фаши́сты чуть ли не всю дерéвню вы́резали. The Fascists murdered almost the whole village.

вырезáть (*dur of* **вы́резать**).

вы́резка clipping.

вырéзывать (*dur of* **вы́резать**).

вы́рою *See* **вы́рыть**.

вы́ругать (*pct of* **ругáть**) to bawl out. Я его́ за э́то вы́ругал как слéдует. I bawled him out good and proper.

вырывáть¹ (*dur of* **вы́рвать**) to tear. Не вырывáйте листо́в из тетрáдки. Don't tear the pages from the notebook. • to uproot. Урагáн вырывáл дерéвья с ко́рнем. The hurricane was uprooting trees.

вырывáть² (*dur of* **вы́рыть**).

вы́рыть (-рою, -роет; *pct of* **вырывáть²**) to dig. Здесь придётся вы́рыть канáву. We'll have to dig a ditch here.

вы́садить (-сажу, -садит; *pct of* **высáживать**) to take out. Помоги́те мне вы́садить его́ из автомоби́ля. Help me take him out of the car. • to put off. Кондýкторша вы́садила буя́на из трамвáя. The conductor put the rowdy off the streetcar.

-ся to land. Мы вы́садились на пусты́нный бéрег. We landed on a deserted shore.

вы́садка landing. Вы учáствовали в вы́садке америкáнцев в Нормáндии? Did you take part in the landing of American troops in Normandy?

высáживать (*dur of* **вы́садить**).

вы́сажу *See* **вы́садить**.

вы́селить (*pct of* **выселя́ть**) to evict. Слáва бо́гу, э́тих шу́мных сосéдей наконéц вы́селили. Thank God, those noisy neighbors were evicted. • to move (one) out. Нам пришло́сь вы́селить из э́того до́ма всех жильцо́в. We had to move all the tenants out of this house.

выселя́ть (*dur of* **вы́селить**).

вы́скажусь *See* **вы́сказаться**.

вы́сказаться (-скажусь, -скажется; *pct of* **выскáзываться**) to speak one's piece. Ти́ше! Дáйте человéку вы́сказаться.

Quiet! Give the man a chance to speak his piece. • to come out for. Де́сять челове́к вы́сказалось за э́то предложе́ние. Ten people came out for this motion.

выска́зываться (*dur of* **вы́сказаться**) to speak on. Кто из них выска́зывался по э́тому вопро́су? Which one of them spoke on this question?

вы́слать (-шлю, -шлет; *pct of* **высыла́ть**) to send. Посы́лка вам уже́ вы́слана. The parcel has already been sent to you. — Меня́ това́рищи вы́слали вперёд. My friends sent me on ahead. • to exile. Он когда́-то был вы́слан в Сиби́рь. He was once exiled to Siberia.

вы́слушать (*dur of* **вы́слушивать**) to listen. Пре́жде всего́ вы́слушайте меня́. First of all, listen to what I have to say. □ Попроси́те врача́ вы́слушать его́ хороше́нько. Ask the doctor to examine him thoroughly.

выслу́шивать (*pct of* **вы́слушать**) to listen. У меня́ нет ни вре́мени, ни терпе́нья выслу́шивать его́ расска́зни. I have neither the time nor the patience to listen to his stories.

вы́сморкать (*pct of* **сморка́ть**).

-ся to blow one's nose. О́чень хо́чется вы́сморкаться. I'm dying to blow my nose.

высо́вывать (*dur of* **вы́сунуть**) to pull out.

-ся to lean out. Не высо́вывайтесь из окна́. Don't lean out of the window.

высо́кий (*sh* -ка́,/-о́, -и́/; *ср* вы́ше; вы́сший, высоча́йший) tall. Како́й он высо́кий! Пожа́луй, вы́ше вас всех. Isn't he tall — just about the tallest of you all! — Наш дом са́мый высо́кий на на́шей у́лице. Our house is the tallest on our street. • high. Певи́ца сорвала́сь на высо́кой но́те. The singer's voice broke on a high note. — Санато́рий располо́жен в высо́кой ме́стности. The sanitarium is situated on a high place. — В э́том магази́не о́чень высо́кие це́ны. Prices are very high in this store. • great. Э́то была́ высо́кая честь получи́ть о́рден Суво́рова. It was a great honor to receive the Order of Suvorov.

□ **вы́ше** above. Сего́дня три́дцать во́семь гра́дусов вы́ше нуля́. Today's temperature is thirty-eight degrees above zero. — См. (смотри́) вы́ше. See above. • beyond. Ну, э́то уже́ вы́ше моего́ понима́ния. Well, that's beyond my understanding. • higher. Самолёт подыма́лся всё вы́ше и вы́ше. The airplane climbed higher and higher all the time. — Кака́я из э́тих двух гор вы́ше? Which of the two mountains is higher?

высоко́ high. Мы живём высоко́ в гора́х. We live high in the mountains. — Как высоко́ летя́т э́ти пти́цы! Those birds sure are flying high!

□ Э́ти папиро́сы са́мого высо́кого со́рта. These cigarettes are of the best quality. • Он о себе́ о́чень высо́кого мне́ния. He has a very high opinion of himself.

высота́ (*P* высо́ты) height. Како́й высоты́ э́то зда́ние? What's the height of this building? • altitude. Мы лете́ли на грома́дной высоте́. We were flying at a high altitude.

□ **быть на высоте́ положе́ния** to rise to the occasion. В мину́ту опа́сности она́ оказа́лась вполне́ на высоте́ положе́ния. At the moment of danger she rose to the occasion.

вы́спаться (-сплюсь, -спится; *pct of* **высыпа́ться**) to get enough sleep. Ну что, вы́спались? Well, did you get enough sleep?

вы́сплюсь *See* **вы́спаться**.

вы́ставить (*pct of* **выставля́ть**) to take down. Пора́ вы́ставить вторы́е ра́мы! It's time to take down the storm windows. • to put out. Вы́ставьте боти́нки за дверь, их вы́чистят. Put the shoes outside of the door; they'll be cleaned. • to throw out. В конце́ концо́в его́ вы́ставили из рестора́на. He was finally thrown out of the restaurant. • to exhibit. Здесь вы́ставлены лу́чшие произведе́ния ру́сской жи́вописи. The best Russian paintings are exhibited here.

□ **вы́ставить возраже́ние** to raise an objection. Он вы́ставил це́лый ряд возраже́ний по э́тому по́воду. He raised a number of objections about this. □ Я хочу́ купи́ть перча́тки, кото́рые у вас вы́ставлены в витри́не. I want to buy the gloves you have on display.

вы́ставка exhibition. Вы уже́ бы́ли на вы́ставке карти́н в Акаде́мии? Have you been to the exhibition of paintings at the Academy yet? • exposition. Они́ встре́тились на сельскохозя́йственной вы́ставке. They met at the agricultural exposition.

выставля́ть (*dur of* **вы́ставить**) to exhibit. Он выставля́ет свои́ карти́ны ка́ждый год. He exhibits his paintings every year. • to put. Я не хочу́ выставля́ть его́ в дурно́м све́те перед нача́льством. I don't want to put him in a bad light with his superiors.

□ **выставля́ть на посме́шище** to make a laughing stock of. Не выставля́йте его́ на посме́шище. Don't make a laughing stock of him. □ Он никогда́ себя́ вперёд не выставля́ет. He never looks for credit.

вы́стирать (*pct of* **стира́ть¹**) to wash. Я вы́стирала ва́ши носовы́е платки́. I washed your handkerchiefs.

выстра́ивать (*dur of* **вы́строить**) to build.

вы́стрел shot. Вы слы́шите? По-мо́ему, э́то вы́стрел. Did you hear that? I think it's a shot.

вы́строить (*pct of* **выстра́ивать**) to build. Э́тот мост был вы́строен в реко́рдный срок. This bridge was built in record time. • to form. Команди́р вы́строил свой отря́д в две шере́нги. The commander formed his detachment in two ranks.

выступа́ть (*dur of* **вы́ступить**) to jut out. Э́тот у́гол сли́шком выступа́ет. The corner juts out too much. • to perform. Сего́дня выступа́ет вся тру́ппа в по́лном соста́ве. The entire company is performing today. • to come out. В горсове́те он выступа́л про́тив э́того прое́кта. He came out against this project in the city soviet.

вы́ступить (*pct of* **выступа́ть**) to step forward. Оди́н из солда́т вы́ступил вперёд. One of the soldiers stepped forward. • to break out. У больно́го вы́ступила тёмнокра́сная сыпь. The patient broke out in a dark red rash.

□ **вы́ступить из берего́в** to overflow. По́сле ли́вня о́зеро вы́ступило из берего́в. The lake overflowed after the heavy downpour. □ Он вы́ступил с проте́стом. He protested.

выступле́ние appearance. Э́то бы́ло моё пе́рвое выступле́ние на сце́не. That was my first appearance on the stage. • speech. Его́ выступле́ние на собра́нии бы́ло о́чень уда́чным. His speech at the meeting was a big success.

□ Ва́ше выступле́ние в его́ защи́ту ему́ соверше́нно не помогло́. Your coming to his defense didn't help him at all.

вы́сунуть (*pct of* **высо́вывать**) to pull out. Она́ вы́сунула ру́ку из карма́на. She pulled her hand out of her pocket.

-ся to stick out. Плато́к вы́сунулся у него́ из карма́на. His handkerchief was sticking out of his pocket.

высу́шивать (*dur of* **вы́сушить**) to dry.

вы́сушить (*pct of* **суши́ть** *and* **высу́шивать**) to dry. Где́ нам вы́сушить на́ши ве́щи? Where shall we dry our things?

вы́считать (*pct of* **высчи́тывать**) to figure out. Вы́считайте, во ско́лько вам обойдётся пое́здка. Figure out how much the trip will cost you.

высчи́тывать (*dur of* **вы́считать**).

высыла́ть (*dur of* **вы́слать**) to send. Мы уже́ ра́за два высыла́ли за ним автомоби́ль на ста́нцию. We sent the car to the station twice for him.

высыпа́ться (*dur of* **вы́спаться**) to get enough sleep. Я никогда́ не высыпа́юсь. I never get enough sleep.

вытя́пливать (*dur of* **вы́топить**).

выта́скивать (*dur of* **вы́тащить**) to drag out. Не выта́скивайте сту́льев в сад. Don't drag the chairs out into the garden.

вы́тащить (*pct of* **выта́скивать**) to take out. Вы́тащите, пожа́луйста, матра́ц на двор. Take the mattress out into the yard, please. • to get out. Ника́к не могу́ вы́тащить зано́зу из па́льца. I just can't get the splinter out of my finger. • to get to go out. Её тру́дно куда́-нибудь вы́тащить. It's difficult to get her to go out any place. • to pick. У меня́ вы́тащили кошелёк из карма́на. They picked my wallet out of my pocket.

вы́тек *See* **вы́течь.**

вытека́ть (*dur of* **вы́течь**) to leak out. Кувши́н надтре́снут, и вода́ вытека́ет. The pitcher is cracked and the water is leaking out of it.

□ (*no pct*) Что же из э́того вытека́ет? Well, what of it?

вы́теку *See* **вы́течь.**

вы́тереть (-тру, -трет; *p* вы́тер, -рла; *ppp* -тертый; *pct of* **вытира́ть**) to mop. Вы́трите пол, кто́-то тут черни́ла проли́л. Mop the floor; someone spilled ink.

□ Я все рукава́ на пиджаке́ вы́тер. I wore the elbows of my coat thin. • Вы́трите но́ги об э́тот полови́к. Wipe your feet on this mat.

вы́терпеть (-рплю, -пит; *pct*) to suffer. Чего́ то́лько они́ не вы́терпели в плену́. They suffered a great deal in captivity.

вы́течь (-теку, -течет; *p* -тек, -текла; *pct of* **вытека́ть**) to leak out. Ма́сло всё вы́текло. All the oil leaked out.

вытира́ть (*dur of* **вы́тереть**) to dry. Вы мо́йте посу́ду, а я бу́ду вытира́ть. You wash the dishes and I'll dry them. • to wipe. Вытира́йте но́ги! Wipe your feet!

вы́топить (*pct of* **вытя́пливать**) to heat. Мы хороше́нько вы́топим ко́мнату к его́ прие́зду. We'll heat the room well for his arrival.

вы́тру *See* **вы́тереть.**

вы́утюжить (*pct of* **утю́жить**) to press. Пожа́луйста, да́йте вы́утюжить мой костю́м. Please have my suit pressed.

выу́чивать (*dur of* **вы́учить**).

вы́учить (*pct of* **выу́чивать**) to teach. Я беру́сь в две неде́ли вы́учить вас танцева́ть. I'll undertake to teach you dancing in two weeks. • to learn. Кто из них вы́учил наизу́сть э́ту ба́сню? Which one of them learned this fable by heart?

-ся to learn. Где́ вы э́тому вы́учились? Where did you learn it?

вы́ход exit. Где́ здесь вы́ход? Where's the exit here? — Есть здесь запасно́й вы́ход на слу́чай пожа́ра? Is there an emergency exit here in case of fire? — Пропусти́те меня́

к вы́ходу! Let me through to the exit! • way out. Нет тако́го положе́ния, из кото́рого бы не́ было вы́хода! There's no situation you can't figure a way out of.

выходи́ть (-хожу́, -хо́дит; *pct of* **вы́йти**) to get off. Воспреща́ется выходи́ть из ваго́на до по́лной остано́вки. It's forbidden to get off the car until it comes to a full stop. — Нам выходи́ть на сле́дующей остано́вке. We have to get off at the next stop. • to leave. Я бо́лен и це́лую неде́лю не выхожу́ и́з дому. I'm sick and haven't left the house for a whole week. — Ваш расска́з у меня́ из головы́ не выхо́дит. Your story won't leave my mind. • to come out. Когда́ выхо́дит но́вая кни́жка журна́ла? When is the new issue of the magazine coming out? • to turn out. Выхо́дит, я опя́ть прав! It turns out that I'm right again. • to overstep. То́лько смотри́те, не выходи́те за преде́лы ва́ших полномо́чий. Only mind you don't overstep the limits of your authority. • to go out. Э́то сло́во начина́ет выходи́ть из употребле́ния. This word is beginning to go out of use. • to open onto. (*no pct*) Как хорошо́ — о́кна выхо́дят в сад! How nice! The windows open onto the garden.

□ **выходи́ть за́муж** to marry (*for a woman*). Моя́ сестра́ выхо́дит за́муж за америка́нца. My sister is getting married to an American. **выходи́ть из себя́** to lose one's temper. Пра́во, из-за таки́х пустяко́в не́чего бы́ло выходи́ть из себя́. Really you shouldn't have lost your temper over such trifles. □ Коне́чная ста́нция! Всем выходи́ть! Last stop! Everybody out! • Ваш брат уже́ тре́тий день не выхо́дит на рабо́ту. This is the third day your brother hasn't come to work. • Моя́ сестри́ца всю жизнь не выхо́дит из долго́в. My sister has been in debt all her life. • Я стара́юсь изо всех сил, но у меня́ ничего́ не выхо́дит. I try very hard, but nothing ever comes of it.

выхожу́ *See* **выходи́ть.**

вы́чет deduction. У вас произвели́ вы́чет из зарпла́ты? Did they make a deduction from your pay?

вы́чистить (*pct of* **вычища́ть**) to clean. Я сейча́с вы́чищу пе́чку и затоплю́. I'll clean the stove and make a fire right away. • to throw out. Его́ вы́чистили из па́ртии. They threw him out of the party.

вычита́ние subtraction.

вычища́ть (*dur of* **вы́чистить**) to clean.

вы́чищу *See* **вы́чистить.**

вы́ше (/*ср of* **высо́кий**/).

вы́шел *See* **вы́йти.**

вышина́ height.

вы́шлю *See* **вы́слать.**

вы́яснить (*pct of* **выясня́ть**) to find out. Вы́ясните, что там случи́лось. Find out what happened. • to clear up. Э́тот вопро́с необходи́мо вы́яснить. This matter has to be cleared up.

выясня́ть (*dur of* **вы́яснить**) to investigate. Кто э́то выясня́ет? Who's investigating the matter?

вяжу́ *See* **вяза́ть.**

вяза́ть (вяжу́, вя́жет; /*pct*: с-/) to bind. У нас тепе́рь снопы́ вя́жут маши́ной. We're binding sheaves by machine now. • to knit. Ба́бушка вя́жет мне но́вый сви́тер. Grandmother is knitting a new sweater for me.

вя́зка tying. Они́ сейча́с за́няты вя́зкой снопо́в. They're busy tying sheaves right now.

Г

га́вань (*F*) harbor. В га́вани сего́дня ма́сса судо́в. There are lots of ships in the harbor today.

гада́ть to guess. Об э́том мо́жно пока́ то́лько гада́ть. In the meantime all you can do is guess at it. • to dream. Вот не ду́мал, не гада́л, что встре́чу вас здесь. I never dreamed I'd meet you here! • to tell a fortune. Она́ уме́ет гада́ть на ка́ртах. She can tell your fortune by cards.

га́дкий (*sh* -дка́; *ср* га́же) vile. Это га́дкий посту́пок. That's a vile thing to do. • nasty. Что за га́дкая пого́да сего́дня! What nasty weather today!

га́же *See* **га́дкий**.

газ gas. Шофёр дал по́лный газ. The driver stepped on the gas. — Как у вас зажига́ется газ в плите́? How do you light the gas range in here?

◻ **отравля́ть га́зом** to gas. Он был отра́влен га́зом в пе́рвую мирову́ю войну́. He was gassed during the First World War.

газе́та paper. Вы чита́ли сего́дняшнюю газе́ту? Have you read today's paper? • newspaper. В на́шем го́роде выхо́дят две ежедне́вные газе́ты. There are two daily newspapers in our town. — Где мо́жно получи́ть иностра́нные газе́ты? Where can you get foreign newspapers? — Он ходя́чая газе́та. He's practically a walking newspaper.

◻ **стенна́я газе́та** bulletin board newspaper.

газе́тчик newsdealer. Купи́те "Пра́вду" внизу́ у газе́тчика. Buy "Pravda" at the newsdealer downstairs.

газоли́н gasoline.

га́йка nut. Га́йка у вас тут развинти́лась, вот что! A nut came loose here. That's the trouble!

галантере́йный

◻ **галантере́йный отде́л** notions department. Ни́тки вы полу́чите в галантере́йном отде́ле. You can get thread in the notions department.

галере́я art gallery. За́втра мы пойдём в Третьяко́вскую галере́ю. We'll go to the Tretyakovsky Art Gallery tomorrow.

га́лстук tie. На нём был мо́дный полоса́тый га́лстук. He had on a fashionable striped tie.

гара́ж (*M*) garage. Ва́шу маши́ну мы поста́вили в гара́ж. We've put your car in the garage. — А при до́ме есть гара́ж? Does the house have a garage?

гара́нтия guarantee.

гардеро́б checkroom. Оста́вьте пальто́ в гардеро́бе. Leave your coat in the checkroom. • closet. Мо́жно пове́сить мой костю́м у вас в гардеро́бе? May I hang my suit up in your closet? • wardrobe. Весь мой гардеро́б состои́т из двух костю́мов и одного́ пальто́. My whole wardrobe consists of two suits and one overcoat.

гармо́ника accordion. А на гармо́нике как он игра́ет — красота́! He plays the accordion wonderfully well!

◻ **губна́я гармо́ника** harmonica. У мно́гих из нас бы́ли губны́е гармо́ники. Many of us had harmonicas.

◻ У меня́ но́вые сапоги́: голени́ща гармо́никой. I have a new pair of boots with pleats at the top.

гаси́ть (гашу́, га́сит) to turn off. Не гаси́те све́та. Don't turn off the light.

га́снуть (*p* гас, га́сла) to die out. Пе́чка га́снет. The fire in the stove is dying out. • to wane. Его́ рве́ние бы́стро га́снет. His enthusiasm is waning rapidly.

гастрономи́ческий delicatessen. Гастрономи́ческий отде́л на второ́м этаже́. The delicatessen department is on the second floor.

гашу́ *See* **гаси́ть**.

гва́рдия guards. Я был сержа́нтом гва́рдии пе́рвого кавалери́йского полка́. I was a sergeant of the first cavalry guards' regiment.

◻ **ста́рая гва́рдия** oldtimers. А кто ещё тут оста́лся из ста́рой гва́рдии? Who's still around of the oldtimers?

гвоздь (-здя́, *P* -зди, -зде́й *M*) nail. Осторо́жнее, не зацепи́тесь за гвоздь. Be careful, don't catch yourself on the nail. • hit. Эта пье́са — гвоздь сезо́на. This play is the hit of the season. • pièce de résistance. Гвоздём у́жина была́ жа́реная у́тка. The roast duck was the pièce de résistance of the supper.

◻ **приби́ть гвоздя́ми** to nail. Пла́нки на кры́шке я́щика на́до приби́ть гвоздя́ми. The planks have to be nailed to the top of the box.

где (/-то, -нибу́дь, -либо, §23/) where. Где вы живёте? Where do you live? — Где вы бы́ли? Where were you?

◻ **где бы то ни́ было** wherever it may be. Я гото́в встре́титься с ним где бы то ни́ было. I'm ready to meet him, wherever it may be.

где́-либо *See* **где́-нибудь**.

где́-нибудь somewhere. Остано́вимся где́-нибудь и пообе́даем. Let's stop somewhere and have dinner.

где́-то somewhere. Он живёт где́-то на Украи́не. He lives somewhere in the Ukraine.

◻ Уж где-где я ожида́л бы вас встре́тить, но не тут! This is the last possible place I would expect to meet you. • Ну, где уж ему́ одному́ подня́ть э́тот стол? How can he possibly lift this table by himself? • Где лу́чше сказа́ть, а где помолча́ть. There's a time for talking and a time for keeping quiet. • Где бы смолча́ть, а он сейча́с в дра́ку. He should have kept quiet, but instead he got into a fight.

где́-либо *See* **где**.

ректа́р hectare (*See appendix* 2).

генера́л general. Почти́ все на́ши генера́лы сравни́тельно мо́лоды. Almost all of our generals are comparatively young.

ге́ний genius.

геогра́фия geography.

геоме́трия geometry.

герб (á) emblem. Госуда́рственный герб СССР состои́т из серпа́ и мо́лота. The hammer and sickle is the national emblem of the USSR.

герма́нский

◻ **герма́нский наро́д** German people.

герои́зм (*See also* **геро́йство**) heroism.

герои́ня heroine.

герои́ческий heroic. Это был не еди́нственный герои́ческий посту́пок в его́ жи́зни. That wasn't the only heroic thing he's done during his lifetime. • drastic. Придётся приня́ть герои́ческие ме́ры, что́бы доби́ться це́ли. We'll have to take drastic measures to gain our ends.

герой hero. Он получи́л зва́ние геро́я Сове́тского Сою́за. He got the honorary title of the Hero of the Soviet Union. • principal character. А кто геро́й э́того рома́на? Who's the principal character of this novel?

☐ **геро́й дня** man of the hour. Он тут геро́й дня. He's the man of the hour here.

геро́й труда́ hero of labor. Оба его́ бра́та геро́и труда́. Both his brothers are heroes of labor.

☐ Он геро́й не моего́ рома́на. He's not my type.

геро́йство heroism. Он прояви́л в бою́ беззаве́тное геро́йство. He showed great heroism in the battle.

ги́бель (F) tragic death. Мы узна́ли об его́ ги́бели из газе́т. We found out about his tragic death through the newspapers. • loss. Сообще́ние о ги́бели экспеди́ции не подтверди́лось. The news of the loss of the expedition hasn't been confirmed.

☐ Тут грибо́в и я́год ги́бель. The place is just brimming over with mushrooms and berries. • В па́рке така́я ги́бель наро́ду, поверну́ться не́где. The park is so mobbed you can't even turn around.

гига́нтский enormous. Стра́шно поду́мать, кака́я перед на́ми гига́нтская рабо́та. It frightens me to think about the enormous job ahead of us.

☐ Восстановле́ние идёт гига́нтскими шага́ми. The reconstruction is going on at a rapid pace.

гигие́на hygiene.

гимн anthem. Спо́йте мне сове́тский гимн. Sing the Soviet anthem for me.

☐ Он вам тут таки́е ги́мны пел! He praised you to the sky.

гимнастёрка military-type blouse.

гимна́стика gymnastics. Мы э́тому научи́лись на уро́ках гимна́стики. We learned that in gymnastics.

гимнасти́ческий gymnastic.

гипс plaster.

ги́ря weight. Он положи́л на весы́ ги́рю в полкилогра́мма. He put a half-kilogram weight on the scales. • dumbbell. Я це́лое у́тро де́лал упражне́ния с ги́рями. All morning long I did exercises with dumbbells.

гита́ра guitar. Вы уме́ете игра́ть на гита́ре? Can you play the guitar?

глава́ (P гла́вы) chief. Кто глава́ э́той организа́ции? Who's the chief of this organization? • head. Он у нас тепе́рь глава́ семьи́. He's now the head of our family. • chapter. Мне оста́лось проче́сть то́лько три главы́. I only have three more chapters to read.

☐ **во главе́** at the head. Во главе́ демонстра́ции шла гру́ппа де́вушек. A group of girls walked at the head of the demonstration.

☐ Он стои́т во главе́ э́того движе́ния. He's the leader of this movement.

гла́вный main. А в чём гла́вная тру́дность э́той рабо́ты? What's the main difficulty in this job? • chief. Э́тим заве́дует наш гла́вный инжене́р. Our chief engineer is in charge of it.

☐ **гла́вный штаб** general staff.

гла́вным о́бразом mainly. Чем вы тепе́рь гла́вным о́бразом занима́етесь? What are you doing mainly now?

са́мое гла́вное most important of all. Са́мое гла́вное поправля́йтесь скоре́е! Most important of all, get well quickly!

Главсбы́т Glavsbit (main sales board of Narkomats and Glavks).

Главсна́б Glavsnab (main procurement board of Narkomats).

глаго́л verb.

гла́дить (/pct: вы́-, по-/) to iron. А кто нам бу́дет гла́дить бельё? Who will iron our wash? • to stroke. Не гла́дьте э́ту ко́шку, она́ цара́пается. Don't stroke the cat or she'll scratch you.

☐ **гла́дить про́тив ше́рстки** to rub the wrong way. Ага́, не лю́бите, что́бы вас про́тив ше́рстки гла́дили! So you don't like being rubbed the wrong way!

гла́дкий (sh -дка́; ср гла́же) smooth. Тепе́рь пойдёт гла́дкая доро́га, ни ры́твин, ни вы́боин. Now we'll ride on a smooth road without bumps or ruts.

☐ **гла́дко** straight. Почему́ вы сего́дня так гла́дко причёсаны? Why is your hair combed so straight today? • smoothly. Он говори́т о́чень гла́дко, но смерте́льно ску́чно. He speaks very smoothly, but he bores you to death. — Сла́ва бо́гу, всё сошло́ гла́дко. Thank God, everything went off smoothly.

гла́же See **гла́дкий**.

гла́жу See **гла́дить**.

глаз (P глаза́, глаз, глаза́м /g -у; в глазу́/) eye. Мне что́-то попа́ло в глаз. I've got something in my eye. — Невооружённым гла́зом э́того не уви́дишь. You can't see it with the naked eye. — Ребя́та с вас глаз не спуска́ют. The kids can't take their eyes off you. — Он пря́мо у меня́ на глаза́х растёт. He's practically shooting up before my eyes. — Она́ на всё смо́трит глаза́ми свое́й ма́тери. She sees everything through her mother's eyes.

☐ **за глаза́** behind one's back. В глаза́ он вас хва́лит, а за глаза́ руга́ет. He praises you to your face and criticizes you behind your back. • sight unseen. Не покупа́йте за глаза́. Don't buy sight unseen.

за глаза́ дово́льно more than enough. Ну, пяти́ рубле́й за э́то за глаза́ дово́льно. Well, five rubles will be more than enough for it.

с глаз доло́й out of sight. *Да, все вы таки́е: с глаз доло́й, из се́рдца вон. You're all like that: out of sight, out of mind.

с гла́зу на́ глаз in private. Э́то вы ему́ лу́чше скажи́те с гла́зу на́ глаз. You'd better tell it to him in private.

смотре́ть во все глаза́ to look all over. Я уж, ка́жется, во все глаза́ смотре́л, но его́ там не заме́тил. I looked all over for him but just didn't spot him.

☐ Я ему́ пря́мо так в глаза́ и скажу́. I'll say it right to his face. • Я ва́шей кни́жки и в глаза́ не вида́л. I never even saw your book. • *Он, ви́дно, сказа́л э́то с пья́ных глаз. He must have been drunk when he said it. • *Тут так темно́, хоть глаз вы́коли. It's so dark here that you can hardly see your hand in front of your face. • *За ним ну́жен глаз да глаз. He needs constant watching.

глазно́й eye. Её на́до посла́ть к глазно́му врачу́. She ought to be sent to an eye doctor.

гли́на clay.

гли́няный clay. Где вы купи́ли э́тот гли́няный кувши́н? Where did you buy this clay pitcher?

глото́к (-тка́) mouthful. Где бы мне получи́ть глото́к воды́? Where can I get a mouthful of water? • gulp. Она́ одни́м глотко́м вы́пила рю́мку во́дки. She tossed off a pony of vodka in one gulp.

глу́бже See **глубо́кий**.

глубина́ (P глуби́ны) depth. На́до изме́рить глубину́ э́того коло́дца. We have to measure the depth of this well.

☐ Сара́й в глубине́ двора́. The shed is toward the back

273

of the yard. • Я был потрясён до глубины́ души́. I was deeply shaken.

глубо́кий (*sh* -ка́/-о́, -и́/; *ср* глу́бже, глубоча́йший) deep. Это о́чень глубо́кая кана́ва. It's a very deep ditch. — Это, коне́чно, не уменьша́ет моего́ глубо́кого уваже́ния к нему́. This, of course, doesn't lessen my deep respect for him. • profound. В его́ кни́ге мно́го глубо́ких мы́слей. There are many profound ideas in his book. • in the dead of night. По́езд пришёл на полуста́нок глубо́кой но́чью. The train arrived at the way station in the dead of night. ☐ **глу́бже** deeper. Дыши́те глу́бже. Breathe deeper. **глубо́кая таре́лка** soup plate. А глубо́кие таре́лки вы поста́вили? Have you laid out the soup plates? **глубоко́** deeply. Вы его́ глубоко́ оби́дели. You hurt him deeply. • deep. Осторо́жнее, тут глубоко́. Look out, the water is deep here. ☐ Он до́жил до глубо́кой ста́рости. He lived to a ripe old age.

глубоча́йший *See* **глубо́кий.**

глу́пость (*F*) stupidity. Её глу́пость про́сто невыноси́ма. Her stupidity is simply unbearable. • nonsense. Бро́сьте глу́пости говори́ть. Stop talking nonsense. — Глу́пости! Nonsense! ☐ Ох, не наде́лал бы он глу́постей! I do hope he doesn't do anything foolish.

глу́пый (*sh* -па́) silly. Кака́я глу́пая де́вочка! What a silly girl! • stupid. Беда́ в том, что он глуп. The trouble is that he's stupid. • foolish. Он то́же уча́ствовал в э́том глу́пом де́ле? Did he take part in that foolish business, too? ☐ **глу́по** stupidly. Он о́чень глу́по себя́ вёл. He behaved very stupidly. ☐ Он не так глуп, что́бы приня́ть э́то за чи́стую моне́ту. He knows better than to take it at its face value.

глухо́й (*sh* глух, -ха́, глу́хо, -хи) deaf. Говори́те гро́мче, он глухо́й. Speak louder; he's almost deaf. — Не кричи́те, не глухо́й. Don't shout; I'm not deaf. — Он был глух к на́шим про́сьбам. He turned a deaf ear to our pleas. ☐ **глуха́я стена́** blank wall. В конце́ са́да глуха́я стена́, че́рез неё на́до переле́зть. You have to climb over the blank wall at the end of the garden. **глуха́я у́лица** lonely street. Вам не стра́шно идти́ одно́й по э́той глухо́й у́лице? Aren't you afraid to walk down that lonely street by yourself? ☐ И в глухо́й прови́нции мо́жно жить интере́сно. You can live an interesting life even in a small town. • Они́ ушли́ отсю́да глухо́й но́чью. They left here in the middle of the night. • Шла глуха́я молва́ о каки́х-то его́ тёмных дела́х. There were vague rumors whispered about his shady dealings.

глухонемо́й deaf-mute. Он роди́лся глухонемы́м. He was born a deaf-mute.

глухота́ deafness.

глу́ше *See* **глухо́й.**

гляде́ть (-жу́, дит; *prger* гля́дя; /*pct*: по- *and* взгляну́ть/) to look. Ну, что вы гляди́те на меня́ с таки́м удивле́нием? Why are you looking at me with such astonishment? — to pay attention. (*no pct*) Не ста́нет он на вас гляде́ть, а сде́лает, что захо́чет. He won't pay any attention to you but will do what he wants to.

☐ **гляде́ть за** to look after. Я тут гляжу́ за се́стриными детьми́. I'm looking after my sister's children. **гля́дя** according to. Мы реши́м э́то, гля́дя по обстоя́тельствам. We'll decide according to the circumstances. **того́ и гляди́** any minute. Тут, того́ и гляди́, ссо́ра начнётся. It looks as if a quarrel will break out here any minute. ☐ *Куда́ вы идёте, на́ ночь гля́дя? Where are you going so late? •*Бра́тец ваш сего́дня гляди́т имени́нником. Your brother looks as if he's in high spirits today. •*Убегу́ я отсю́да, куда́ глаза́ гляди́т. I'll go any place as long as I get out of here.

гляжу́ *See* **гляде́ть.**

гнать (гоню́, го́нит; *p* гнала́/*iter*: **гоня́ть**/) to drive hard. Ви́дно, что лошаде́й стра́шно гна́ли. You can see that the horses have been driven very hard. • to drive fast. Скажи́те ему́, чтоб он не сли́шком гнал маши́ну. Tell him not to drive the car so fast. • to hurry. Не гони́те, успе́ете. Don't hurry; you'll make it. • to chase. Никто́ вас отсю́да не го́нит, сиди́те, ско́лько хоти́те. Nobody is chasing you; stay as long as you like. • to kick. Фо́рвард гнал мяч к го́лу. The forward kicked the ball toward the goal. • to distill. На э́том заво́де го́нят спирт. They distill alcohol in this factory. ☐ Заче́м вы его́ го́ните в го́род в таку́ю пого́ду? Why are you forcing him to go to the city in such weather?

гнев anger.

гнездо́ (*P* гнёзда) nest. А у нас на балко́не воробе́й гнездо́ свил. A sparrow built a nest on our balcony. — Я сло́вно оси́ное гнездо́ развороти́л. It was as though I had walked into a hornet's nest. • cluster. Я нашла́ це́лое гнездо́ грибо́в. I found a whole cluster of mushrooms. ☐ Сейча́с у неё то́лько и забо́ты, что о своём гнезде́. Now her only interest is her own home.

гнило́й (*sh* гнил, -ла́, гни́ло, -ы) rotten. Ва́ша карто́шка совсе́м гнила́я. Your potatoes are absolutely rotten. — В таку́ю гнилу́ю пого́ду у меня́ всегда́ ко́сти ло́мит. My bones always ache in such rotten weather. • putrefied. Это мя́со придётся вы́бросить: оно́ совсе́м гнило́е. That meat is putrefied; it has to be thrown out. ☐ Ну и гнило́й наро́д тепе́рь пошёл! What a bunch of weaklings they are nowadays!

гнить (гнию́, гниёт /*pct*: с- /) to rot. От дожде́й на́ши я́блоки на́чали гнить. Our apples began to rot because of the rains.

гной (/в гною́/) pus. Из нары́ва вы́шла ма́сса гно́я. A great deal of pus came out of the abscess.

гнуть to bend. Си́лы в нём ско́лько — руко́й подко́ву гнёт! He's so strong he can bend a horseshoe with his bare hands. ☐ **гнуть спи́ну** to bow down. Я ни перед кем спины́ не гну. I bow down to no one. ☐ *Я ви́жу, куда́ вы гнёте! I see what you're driving at.

говори́ть (/*pct*: **сказа́ть**/) to speak. (*no pct*) Вы говори́те по-ру́сски? Do you speak Russian? — (*no pct*) Он говори́л мя́гко, но реши́тельно. He spoke gently but firmly. — (*no pct*) Он всегда́ так хорошо́ о вас говори́т. He always speaks so well of you. — (*no pct*) Говори́те гро́мче, я вас не слы́шу. I can't hear you; speak up. — (*no pct*) Я не говорю́ по-англи́йски. I don't speak English. • to tell. Мне говори́ли, что в э́тот музе́й сто́ит пойти́. I was told that it's worthwhile going to that museum. — Он всегда́ говори́т пра́вду. He always tells the truth. — (*no pct*) Говоря́т вам: переста́ньте шуме́ть! I'm telling you: stop that noise! • **to say.** (*no pct*) Что ни говори́те, а он всё-таки са́мый толко́вый из ва́ших ребя́т. Say what you will, he's still the most sensible of all your kids. — (*no pct*) Говоря́т, что вы ско́ро уезжа́ете. They say that you're leaving soon. — (*no pct*) Не́чего и говори́ть, что мы берём с собо́й ребя́т. It goes without saying that we're taking the kids with us. — (*no pct*) Он, как у нас говоря́т, настоя́щий па́рень. As we say here, he's a regular fellow. — И вдруг, не говоря́ худо́го сло́ва, она́ хло́пнула две́рью и ушла́. And suddenly, without saying a word, she slammed the door and walked away. • **to talk.** (*no pct*) Подожди́те немно́го, он сейча́с говори́т по телефо́ну. Wait a minute; he's talking on the phone at the moment.

□ **говори́ть по́пусту** to waste one's breath. (*no pct*) Я чу́вствовал, что говорю́ по́пусту, и замолча́л. I felt I was wasting my breath and stopped talking.

ина́че говоря́ in other words. (*no pct*) Ина́че говоря́, вы отка́зываетесь. In other words, you're refusing.

не говоря́ aside from. (*no pct*) Не говоря́ уже́ об его́ зна́нии де́ла, он о́чень работоспосо́бен. Aside from his knowledge of the business, he's a very hard worker.

открове́нно говоря́ to tell the truth. (*no pct*) Открове́нно говоря́, мне здесь поря́дком надое́ло. To tell the truth, I'm sick of this place.

со́бственно говоря́ as a matter of fact. (*no pct*) Со́бственно говоря́, вам пора́ бы́ло бы взять о́тпуск. As a matter of fact, it's time for you to take vacation.

что и говори́ть it goes without saying. (*no pct*) Что и говори́ть, э́та кварти́ра о́чень хороша́. It goes without saying that this is a very good apartment.

□ И не надое́ло вам постоя́нно говри́ть ко́лкости? Aren't you tired of always being sarcastic? • Говори́те пря́мо, без обиняко́в. Stop beating around the bush and come to the point.

говя́дина beef. Принеси́те мне два кило́ говя́дины. Bring me two kilograms of beef.

год (*P* года́ *or* го́ды, годо́в/*g* -у; в году́; *the Pg is mostly replaced by* лет; *See* ле́то/) year. Мы с ним знако́мы немно́го бо́льше го́да. We've known each other a little over a year. — Я с ним познако́мился в про́шлом году́. I met him last year. — Уче́бный год у нас начина́ется пе́рвого сентября́. Our school year begins September first. — Я прие́хал в СССР три го́да (тому́) наза́д. I came to the USSR three years ago. — Э́то случи́лось не́сколько лет тому́ наза́д. It took place several years ago. — С Но́вым Го́дом! Happy New Year!

□ **го́ды** age. В мои́ го́ды рабо́тать на фа́брике тру́дно. At my age it's hard to work in a factory.

кру́глый год year round. Э́тот дом о́тдыха откры́т кру́глый год. This rest home is open all year round.

ле́та years. Мне два́дцать лет. I am twenty years old.

□ Ско́лько вам лет? How old are you? • *Отку́да ему́ э́то знать, он здесь бе́з году неде́ля. How can he know that? He's only been here a short time.

годи́ться to be good. Э́тот мешо́к ещё годи́тся, не выбра́сывайте его́. This bag is still good. Don't throw it away. — Её шитьё никуда́ не годи́тся. Her sewing is no good at all. • to be suited. К сожале́нию, ваш друг для э́той рабо́ты не годи́тся. Unfortunately, your friend is not suited for this work.

□ Ва́ше пальто́ мне не годи́тся. I can't use your coat. • Э́та маши́нка вам годи́тся? Will this typewriter do?

• Нет, ми́лый мой, так де́лать не годи́тся. No, buddy, that's not the way to do things.

го́дный (*sh* -дна́/ -ы/) fit. Э́та вода́ годна́ для питья́? Is this water fit to drink? — Он, я́сное де́ло, го́ден для вое́нной слу́жбы! It's obvious he's fit for military service. • **valid.** Биле́т го́ден три ме́сяца. The ticket is valid for three months.

годовщи́на anniversary. Седьмо́е ноября́ — годовщи́на Октя́брьской револю́ции. November seventh is the anniversary of the October Revolution. — Сего́дня годовщи́на на́шей сва́дьбы. Today is our wedding anniversary.

гожу́сь *See* годи́ться.

гол goal. Е́сли бы я не упа́л, они́ бы нам не заби́ли го́ла. If I hadn't fallen down they wouldn't have made a goal.

голова́ (*a* го́лову, *P* го́ловы, голо́в, голова́м) head. Положи́те ему́ пузы́рь со льдо́м на го́лову. Put an ice pack on his head. — Ваш вчера́шний расска́з у меня́ из головы́ нейдёт. I can't get the story you told me yesterday out of my head. — Ваш прия́тель — па́рень с голово́й. Your friend has a good head on his shoulders. — Он ей го́лову вскружи́л свои́ми расска́зами. He turned her head with his stories. — Он, коне́чно, голово́й вы́ше други́х ученико́в. He's definitely head and shoulders above the other students. — Ско́лько у вас тут голо́в скота́? How many head of cattle do you have here? — У меня́ от всего́ э́того голова́ круго́м идёт. My head is in a whirl from all this.

□ **голова́ са́хару** loaf of sugar. Он нам притащи́л це́лую го́лову са́хару. He brought us a whole loaf of sugar.

лома́ть го́лову to rack one's brain. Я всё лома́ю себе́ го́лову, как найти́ ме́сто для вас всех в э́той ма́ленькой кварти́ре. I keep racking my brains for a way to find room for all of you in this small apartment.

не теря́ть головы́ to keep one's head. *Са́мое гла́вное в э́том слу́чае — не теря́ть головы́. The main thing in such a case, is to keep your head.

разби́ть на́ голову to rout. Неприя́тель был разби́т на́ голову. The enemy was routed.

□ У меня́ голова́ боли́т. I have a headache. • Я за него́ голово́й руча́юсь. I vouch for him with my life. • *Он бежа́л сломя́ го́лову. He ran like hell. • У меня́ от сла́бости кру́жится голова́. I'm so weak I feel dizzy. • Он с голово́й окуну́лся в рабо́ту. He's deeply engrossed in his work. • Что э́то вы ны́нче го́лову пове́сили? Why are you down in the mouth today? • *Э́то на́до сде́лать в пе́рвую го́лову. This has to be done first of all. • Ох, дала́ я ему́ мой а́дрес на свою́ го́лову. I must have been crazy to give him my address.

го́лод (/*g* -у/) famine. Э́то бы́ло во вре́мя го́лода в ты́сяча девятьсо́т два́дцать второ́м году́. That happened during the famine of 1922. • hunger. Он у́мер с го́лоду. He died of hunger.

□ **мори́ть го́лодом** to starve. Вы что же ребя́т тут го́лодом мори́те? What's the idea? Are you trying to starve the boys?

умира́ть с го́лоду to starve. Я про́сто умира́ю с го́лоду. I'm just starved.

□ У нас тут фо́рменный кни́жный го́лод. There is a real shortage of books here.

голо́дный (*sh* го́лоден, -дна́, го́лодно, -ы) hungry. Я го́лоден, как волк. I'm hungry as a wolf.

□ Он там сидёл на голóдном пайкé. He was on short rations there. • *Сы́тый голóдного не разумéет. The rich don't know how the other half lives.

гололёдица
□ Бýдьте осторóжны, на дворé стрáшная гололёдица. Be careful, it's very icy out.

гóлос (*P* -á, óв) voice. Вас к телефóну — жéнский гóлос. There's a phone call for you; a woman's voice. — Какóй у негó гóлос, баритóн и́ли тéнор? What kind of voice does he have, baritone or tenor? — Онá сегóдня не в гóлосе. She isn't in good voice today. — Мáльчик закричáл во весь гóлос. The boy shouted at the top of his voice. • vote. Жéнщины пóльзуются у нас прáвом гóлоса на вы́борах. Women have the right to vote in all elections in our country. — Секретáрь подсчитáл голосá: бы́ло сóрок пять голосóв за и двенáдцать — прóтив. The secretary counted the votes: there were forty-five for and twelve against.

□ **в оди́н гóлос** unanimously. Все в оди́н гóлос отвéтили "да". They answered "yes" unanimously.

□ Я ви́жу, что он поёт с чужóго гóлоса. I see that he's merely repeating someone else's opinion.

голосовáние vote. Этот вопрóс был постáвлен на голосовáние. This question was put to a vote. • voting. Он воздержáлся от голосовáния. He abstained from voting. • ballot. Вы́боры в завкóм произвóдятся откры́тым голосовáнием. Elections to the trade-union committee of the factory are conducted by open ballot.

голосовáть (*both dur and pct*) to vote. Мы голосовáли за éтого кандидáта. We voted for this candidate.

голубéц (-бцá) stuffed cabbage. Закажи́те для меня́ голубцы́. Order stuffed cabbage for me.

голýбка darling. Не огорчáйся, голýбка. Don't feel so bad, darling.

голубóй light-blue. У неё больши́е голубы́е глазá. She has big, light-blue eyes.

голýбчик dear. Пожáлуйста, голýбчик, поезжáй с нáми. Please come with us, dear. • Mister. Да у вас жар, голýбчик! You sure have a fever, Mister! • smart guy. Я емý, голýбчику, покажý, как совáть нос не в своё дéло! I'll teach that smart guy not to stick his nose into other people's business.

гóлубь (*P* гóлуби, голубéй *M or F*) pigeon.

гóлый (*sh* -лá) nude. Тут так жáрко, что я сплю гóлым. It's so hot here I sleep in the nude. • naked. Мне пришлóсь дóлго стоя́ть гóлым, дожидáясь покá дóктор меня́ осмóтрит. I was standing naked all the time I was waiting for the doctor to examine me. • bare. Неужéли нам придётся спать на гóлом полý? Will we really have to sleep on the bare floor? — Дерéвья ужé совсéм гóлые. The trees are already bare. • barren. У нас тут кругóм гóлая степь. It's barren steppe country around here. • bald. Головá у негó совершéнно гóлая. He's completely bald.

□ Гóлыми ци́фрами ничегó не докáжешь! You can't prove anything with mere figures! • *Егó гóлыми рукáми не возьмёшь. He's as slippery as an eel. • *Я тепéрь гол, как сокóл. I'm dead broke.

гóнка rush. Ну к чемý такáя гóнка? Успéете. What's the rush? You'll be on time.

□ Гóнки race. На послéдних гóнках его маши́на пришлá пéрвой. His car was first in the last automobile race.

гонорáр fee. Вы мóжете послáть дóктору гонорáр по пóчте. You can mail the doctor his fee. — Вам за éту

статью́ полагáется áвторский гонорáр. You're supposed to collect a fee for this article.

гоню́ *See* **гнать.**

гоня́ть (*iter of* **гнать**) to drive. Чéрез éтот луг гоня́ют скот на водопóй. They are driving the cattle over the meadow to water. • to send. Меня́ сегóдня нéсколько раз гоня́ли по порученьям. I was sent on errands a few times today.

□ **гоня́ть лóдыря** to loaf. *Он цéлый день лóдыря гоня́ет. He loafs all day long.

горá (*a* гóру, *P* гóры, гор, горáм) mountain. Что э́то за горá? What mountain is that? • stack. У вас там лежи́т цéлая горá пи́сем. You've a whole stack of letters there.

□ **в гóру** uphill. Мы éхали в гóру. We were riding uphill. **идти́ в гóру** to come up in the world. Ваш прия́тель, я слы́шал, тепéрь в гóру пошёл? I hear your friend is coming up in the world; is it true? **не за горáми** not far off. Ничегó, веснá не за горáми. Never you mind; spring isn't far off. **пóд гору** downhill. Мы сейчáс пойдём пóд гору, провéрьте тормозá. We'll be going downhill in a minute, so try your brakes.

□ *Ваш друг за вас горóй стои́т. Your friend is backing you up with all his strength. • Ух, пря́мо горá с плеч. Boy, that was a load off my mind. • *У них там сейчáс пир горóй! They are having quite a feast there. • Я на вас полагáюсь, как на кáменную гóру. I rely upon you implicitly.

горáздо much. Онá говори́т по-рýсски горáздо лýчше, чем вы. She speaks Russian much better than you. — Он горáздо вы́ше рóстом, чем егó отéц. He's much taller than his father. • much more. На автóбусе вы доéдете горáздо скорéе. You'll get there much more quickly by bus. • by far. Эта дорóга горáздо лýчше. It's by far the better road.

горди́ться to be proud of. Мы горди́мся нáшим товáрищем. We're proud of our friend. • to take pride in. Он óчень горди́тся свои́м сáдом. He takes great pride in his garden. • И чегó он так горди́тся, не понимáю! I don't understand why he's so stuck up.

гóрдость (*F*) pride. Эти племенны́е корóвы — гóрдость нáшего колхóза. These pedigreed cows are the pride of our kolkhoz.

гóре grief. У неё большóе гóре: онá потеря́ла сы́на. She's grief-stricken; she lost her son. — Он пьёт с гóря. He drowns his grief in drink. • worry. Гóре мне с ней! She causes me a lot of worry.

□ Опя́ть на рабóту опоздáешь, гóре моё! You'll be late for work again! You give me a pain in the neck! • У нас кры́ша течёт, а емý и гóря мáло. Our roof is leaking, but he just doesn't give a damn.

горéлка burner. Попрáвьте горéлку в лáмпе. Fix the burner on the lamp. — Мне нужнá нóвая горéлка к при́мусу. I need a new burner for my primus stove.

горéть (-рю́, -ри́т) to burn. Как хорошó горя́т берёзовые дровá! Look how well the birch wood is burning. — У меня́ всё лицó гори́т от вéтра. My face is burning from the wind. • to shine. У ребя́т глазá так и горя́т от востóрга. The kids' eyes are just shining with delight.

□ Гори́м! Fire! • Пéчка ещё гори́т? Is the fire in the stove still going? • Я горю́ желáнием егó уви́деть. I'm very anxious to see him. • Он весь гори́т, он, вéрно, бóлен. He's so hot all over he's probably sick. • *У неё рабóта в

276

руках так и гори́т. Her fingers just fly when she works.

го́рец (-рца) mountaineer.

горжу́сь *See* **горди́ться.**

горизо́нт horizon.

горизонта́льный horizontal.

гори́стый mountainous.

горко́м (городско́й комите́т коммунисти́ческой па́ртии) gorkom (city party committee). Кто у вас секрета́рь горко́ма? Who is the secretary of the gorkom?

го́рло (*gp* горл) throat. У него́ боли́т го́рло. He has a sore throat. — У меня́ в го́рле пересо́хло. My throat's dry. • neck. *Он за́нят по го́рло. He's up to his neck in work. • Спаси́бо, я сыт по го́рло. Thanks, I'm full. • *У меня́ и без вас хлопо́т по го́рло. I have enough to worry about without you bothering me. • Он приста́л ко мне с ножо́м к го́рлу, и я не мог ему́ отказа́ть. He bothered the life out of me about it, so I had to give in. • *Я понима́ю, что он им там поперёк го́рла стал. I understand they're fed up with him up there.

го́рничная ([-šn-] *AF*) maid (hotel). Го́рничная пришла́ на звоно́к. The maid answered the bell.

горнорабо́чий (*AM; See* **горня́к**) miner.

го́рный mountain. Как называ́ется э́та го́рная цепь? What's the name of that mountain range?

□ **го́рное со́лнце** sun lamp. До́ктор сказа́л, что го́рное со́лнце бу́дет ей поле́зно. The doctor said that a sun lamp would do her good.

го́рный инжене́р mining engineer.

горня́к(-á) miner. Населе́ние э́того посёлка состои́т гла́вным о́бразом из горняко́в. The population of this village is made up mainly of miners.

го́род (*P* -á, -óв) city. Он всю жизнь прожи́л в большо́м го́роде. He lived in a big city all his life. • town. Я роди́лся и вы́рос в ма́леньком го́роде на Во́лге. I was born and grew up in a little town on the Volga. — Сра́зу за го́родом начина́ется лес. The woods begin right outside of town. — Пое́дем за́ город. Let's go out of town.

городки́ (-дко́в *P*) gorodki (a Russian game somewhat like bowling).

городско́й city. Он вы́рос в дере́вне, и ему́ тру́дно привы́кнуть к городско́й жи́зни. He grew up in the country and it's difficult for him to get used to city ways.

□ **городско́й тра́нспорт** municipal transportation.

по-городско́му city (style). Вам здесь не́ к чему одева́ться по-городско́му. You don't have to dress here the way you do in the city.

□ Я городско́й жи́тель и в се́льском хозя́йстве понима́ю ма́ло. I live in the city and don't know very much about farming.

горо́х (*g* -у) peas. У нас в огоро́де поса́жено мно́го горо́ха. We planted a lot of peas in our vegetable garden.

□ *С ним говори́ть — всё равно́, что горо́х об сте́ну. You might just as well talk to the wall as try to talk to him.

горо́ховый pea. Горо́ховый суп мне надое́л. I'm tired of pea soup.

□ **чу́чело горо́ховое** scarecrow. Ну и костю́м! Я в нём как чу́чело горо́ховое. What a suit this is! It makes me look like a scarecrow!

шут горо́ховый fool. Охо́та ему́ стро́ить из себя́ шута́ горо́хового. Why does he like to make such a fool of himself?

горо́шек (-шка) green peas. На второ́е — бара́ньи котле́ты с (зелёным) горо́шком. As an entrée, there will be lamb chops with green peas.

горсове́т (*See* **сове́т**) city soviet. Об э́том вам ну́жно спра́виться в горсове́те. You'll have to find out about that at the city soviet.

горсть (*F*, *P* -сти, -сте́й) handful.

го́рче *See* **го́рький.**

горчи́ца mustard.

горчи́чник ([-šnj-]) mustard plaster.

горчи́чница ([šnj-]) mustard pot.

горшо́к (-шка́) pot. Она́ поста́вила на стол горшо́к с ка́шей. She put a pot of hot cereal on the table.

□ **горшо́к с цвета́ми** flowerpot. У неё на о́кнах стоя́т горшки́ с цвета́ми. She has flowerpots on her window sill.

го́рький (*sh* -рька́; *ср* го́рче; горча́йший) bitter. Како́е го́рькое лека́рство! What a bitter medicine! — Это бы́ло го́рькое разочарова́ние! It was a bitter disappointment!

□ **го́рько** bitter. У меня́ во рту го́рько. I have a bitter taste in my mouth. • bitterly. Он го́рько усмехну́лся. He laughed bitterly. • painful. Го́рько мне бы́ло узна́ть, что мой лу́чший друг про́тив меня́. It was painful to learn that my best friend is against me.

□ *Он опя́ть запи́л го́рькую. He's in his cups again. • *Го́рько! Gorko! (Guests shout this at a wedding reception urging the bride and bridegroom to kiss.)

горю́чее (*AN*) fuel. А у вас хва́тит горю́чего? Will you have enough fuel? • gas. У нас хва́тит горю́чего ещё киломе́тров на два́дцать. We have enough gas for about twenty more kilometers.

горю́чий inflammable. Поосторо́жнее с горю́чим материа́лом! Be careful with inflammable material.

горя́чий (*sh* -ча́, -ó, -й) hot. Хорошо́ бы сейча́с вы́пить горя́чего ча́ю. It would be nice to have some hot tea now. — Тут есть горя́чая вода́? Is there hot running water? — Мили́ция пошла́ по горя́чим следа́м. The police followed the hot trail. • quick-tempered. Он па́рень горя́чий и легко́ мо́жет наговори́ть ли́шнего. He's quick-tempered and often says things he shouldn't.

□ **горячо́** dearly. Она́ его́ горячо́ лю́бит. She loves him dearly. • vigorously. Он горячо́ защища́л свой план. He defended his plan vigorously.

□ *То́лько не попада́йтесь ему́ под горя́чую ру́ку. Just don't cross his path when he's angry. • Тепе́рь у нас на заво́де са́мое горя́чее вре́мя. We're working under pressure at the factory now.

Госба́нк Gosbank (national bank of the USSR). В Госба́нке вам обменя́ют ва́ши до́ллары на сове́тские де́ньги. They will change your dollars into soviet money at the Gosbank.

Госизда́т (Госуда́рственное изда́тельство) Gosizdat (state publishing house).

го́спиталь (*M*) hospital (military).

Госпла́н (Госуда́рственная пла́новая коми́ссия) Gosplan (national planning board) (USSR).

господа́ *See* **господи́н.**

го́споди ([hó-]) God. Го́споди, как же э́то случи́лось? My God, how did it happen? — Не дай го́споди! God forbid!

господи́н (*P* господа́, госпо́д, господа́м) Mr. Америка́нский посо́л, господи́н Н., посети́л председа́теля Верхо́вного сове́та. The American ambassador, Mr. X., visited the chairman of the Supreme Soviet. — Господи́н Бра́ун живёт в кварти́ре граждани́на Петро́ва. Mr. Brown lives in Mr. Petrov's apartment.

Госстра́х (Госуда́рственное страхова́ние) Gosstrakh (government insurance board for fire, accident, life, etc.)

гостеприи́мный hospitable. Како́й здесь гостеприи́мный наро́д! The people are really hospitable here.

□ **гостеприи́мно** hospitably. Нас при́няли о́чень гостеприи́мно. We were received very hospitably.

гостеприи́мство hospitality. Благодарю́ вас за гостеприи́мство! Thanks for the hospitality.

гости́ница hotel. Далеко́ от вокза́ла до гости́ницы? Is it far from the station to the hotel? — Э́то лу́чшая гости́ница в го́роде. This is the best hotel in town. — При э́той гости́нице есть рестора́н? Is there a restaurant in this hotel?

гость (*P* -сти́, -стей *M*) guest. Вы у нас всегда́ жела́нный гость. You're always a welcome guest at our home. — Гости́ница так плоха́, что го́сти бегу́т отту́да. The hotel is so bad that guests just run away from there. — Вы к себе́ никого́ в го́сти не ждёте? You're not expecting guests, are you?

□ **идти́ в го́сти** to go visiting. Мы идём сего́дня ве́чером в го́сти к сестре́. We are going to visit our sister tonight.

□ Я хочу́ пригласи́ть его́ к себе́ в го́сти. I'd like to invite him to my house. • Вас там поса́дят на места́ для почётных госте́й. They'll put you in the seat of honor there. • Что э́то ты из госте́й пришёл, а го́лоден? What is this? You just came from a party and you're still hungry!

госуда́рственный government. Э́тот заво́д — госуда́рственная со́бственность. This factory is government property. — Э́тот дом весь за́нят госуда́рственными учрежде́ниями. This house is entirely occupied by government offices. • national. Нас сего́дня води́ли в Госуда́рственный музе́й изя́щных иску́сств. They took us to the National Art Museum. — Э́то де́ло госуда́рственной ва́жности. This affair is of national importance. • public. Он причини́л грома́дный уще́рб госуда́рственным интере́сам. It hurt public interest greatly.

□ **госуда́рственная изме́на** high treason.

госуда́рственное пра́во constitutional law.

госуда́рственный де́ятель statesman. Он был ви́дным госуда́рственным де́ятелем. He was a prominent statesman.

госуда́рственный долг public debt.

госуда́рственный капитали́зм state capitalism.

госуда́рство government. Все опера́ции вне́шней торго́вли в СССР веду́тся госуда́рством че́рез посре́дство Внешто́рга. All external trade of the USSR is controlled by the government through the People's Commissariat for External Trade. • country. Он был посло́м в одно́м из госуда́рств восто́чной Евро́пы. He was ambassador to one of the eastern European countries.

гото́вить (/pct: за-, при-/) to prepare. Он гото́вит докла́д на э́ту те́му. He's preparing a paper on this subject. • to train. Наш вуз гото́вит учителе́й для сре́дней шко́лы. Our college trains high-school teachers. • to do. He меша́йте ему́, он гото́вит уро́ки. Don't disturb him; he's doing his homework. • to get up. Я зна́ю, что они́ нам гото́вят како́й-то сюрпри́з. I know they're getting up some kind of surprise for us. • to cook. Э́та же́нщина бу́дет гото́вить вам обе́д. This woman will cook dinner for you.

-ся to get ready. Мы гото́вимся к отъе́зду. We're getting ready to go away. • to prepare. Они́ гото́вятся к зачётам. They're preparing for their exams. • to be in the making. У вас тут, ка́жется, гото́вятся больши́е переме́ны? I hear that great changes are in the making here.

гото́вый ready. К ве́черу бу́дет гото́во. It will be ready by evening. — Вы гото́вы? Идём! Are you ready? Let's go! — Ра́ди неё он гото́в на любы́е же́ртвы. He's ready to sacrifice anything for her. — Я гото́ва была́ расхохота́ться. I was ready to burst out laughing. • prepared. Всегда́ гото́в! Always prepared!

□ **гото́вое пла́тье** ready-made clothes. Здесь продаётся гото́вое пла́тье? Do you sell ready-made clothes here?

□ Гото́во! Ready! • Чего́ ей беспоко́иться? Живёт она́ на всём гото́вом. What's she worrying about? She has her food and lodging.

грабёж (-жа́ *M*) robbery. Э́то ведь грабёж среди́ бе́ла дня! This is highway robbery! — Э́то бы́ло уби́йство с це́лью грабежа́. It was murder with intent to commit robbery.

гра́бить to rob. Иностра́нные захва́тчики беспоща́дно гра́били населе́ние. The foreign invaders robbed the population without mercy. — А у вас тут по ноча́м не гра́бят? Do you ever have any robberies here at night?

гра́бли (*P*, *g* гра́бель *or* гра́блей) rake.

град hail. Гра́дом поби́ло всхо́ды. The hail destroyed the young crop. • shower. На них посы́пался град камне́й. A shower of stones fell on them.

□ Она́ меня́ оси́пала гра́дом упрёков. She heaped reproaches on my head.

гра́дус degree. Сего́дня де́сять гра́дусов ни́же нуля́. It's ten degrees below zero today. — Э́ти ли́нии схо́дятся под угло́м в три́дцать гра́дусов. These lines form an angle of thirty degrees. • proof. *Конья́к у них был серди́тый — в шестьдеся́т гра́дусов. They had some strong, sixty-proof cognac.

□ *Мы вчера́ бы́ли ма́лость под гра́дусом. We were a little tight yesterday. • В после́дний моме́нт он перемени́л своё мне́ние и сде́лал поворо́т на сто во́семьдесят гра́дусов. He made a complete about-face at the last minute.

гра́дусник thermometer.

гра́ждане *See* граждани́н.

граждани́н (*P* гра́ждане, гра́ждан, гра́жданам) citizen. Я америка́нский граждани́н. I'm an American citizen. • fellow citizen. Гра́ждане, подпи́сывайтесь на вое́нный заём! Fellow citizens, buy war bonds!

□ Подожди́те мину́тку, граждани́н. Wait a minute, Mister.

гражда́нка citizen *F*. Она́ сове́тская гражда́нка. She's a Soviet citizen.

□ Гражда́нка, вы выхо́дите на сле́дующей остано́вке? Are you getting off at the next stop, Madam?

гражда́нский civil. Э́то случи́лось во вре́мя гражда́нской войны́. It happened during the civil war. — Об э́том мо́жно спра́виться в гражда́нском ко́дексе. You can find out all about it in the civil code. • civic. Он прояви́л большо́е гражда́нское му́жество, напеча́тав таку́ю статью́. He showed great courage and civic responsibility in publishing such an article.

гражда́нство citizenship. Он при́нял сове́тское гражда́нство задо́лго до войны́. He acquired his Soviet citizenship long before the war.

☐ Это слóво ужé получи́ло правá граждáнства. This word has already come into common usage.

грамм gram (*See appendix 2*).

граммáтика grammar.

грáмота reading and writing. Ребя́та там у́чатся грáмоте и счёту. The children learn reading, writing, and arithmetic there.

☐ **вери́тельные грáмоты** credentials. Посóл вручи́л свои́ вери́тельные грáмоты. The ambassador presented his credentials.

полити́ческая грáмота *See* **политгрáмота.**

☐ *Ну, э́то для меня́ кита́йская грáмота. Well, that's Greek to me.

грáмотность (*F*) literacy. Грáмотность населéния СССР превышáет девянóсто процéнтов. Literacy among the population of the USSR exceeds ninety per cent.

грáмотный literate. Они́ тут все грáмотные. Everybody here is literate.

☐ Э́то вполнé грáмотный перевóд. This is a fairly good translation. • Онá пи́шет грáмотно. Her spelling is good.

грани́ца (*See also* **заграни́ца**) border. Мы переéхали совéтскую грани́цу на рассвéте. We crossed the Soviet border at dawn. •frontier. Паспортá проверя́ют на грани́це They check passports at the frontier. • limit. Егó нáглость перехóдит все грани́цы! His insolence goes beyond all limits!

☐ **за грани́цей** foreign country. Я учи́лся за грани́цей. I studied in a foreign country. • out of the country. Я никогдá нé был за грани́цей. I've never been out of the country.

за грани́цу to foreign countries. Он получи́л командирóвку за грани́цу. He was sent on a mission to foreign countries.

из-за грани́цы from abroad. Э́то я привёз с собóй из-за грани́цы. I brought this with me from abroad.

графи́н pitcher. Что за безобрáзие, ни в однóм графи́не нет воды́! How do you like that! Not a drop of water in any of the pitchers!

гребёнка comb. Кудá это я положи́л гребёнку? Where did I put the comb?

☐ Остриги́те меня́ под гребёнку. Give me a very short haircut.

гребень (-бня *M*) (*See also* **гребёнка**) comb. Мóжно у вас достáть чáстый гребень? Can I get a fine-tooth comb here? — У вас гребень пáдает, граждáночка. The comb is falling out of your hair, Miss.

☐ Лóдку поднялó на сáмый гребень волны́. The boat was carried in on top of a wave.

гребешóк (-шкá) *See* **гребёнка, гребень.**

грéбля rowing.

гребу́ *See* **грести́.**

грéлка hot water bottle У вас найдётся рези́новая грéлка для нáшего больнóго? Do you have a hot-water bottle for the patient?

☐ **электри́ческая грéлка** electric pad. Возьми́те лу́чше электри́ческую грéлку. Better take an electric pad.

гремéть (-млю́, -ми́т/*pct:* про-/) to rattle. Слы́шите, как онá греми́т посу́дой? Do you hear how she rattles the dishes?

☐ И́мя егó сы́на греми́т на весь Совéтский Сою́з. His son's name is on everyone's lips in the Soviet Union. • Э́то гром греми́т? Is that rumble thunder?

грести́ (гребу́, гребёт; *p* грёб, греблá, -ó, -и́) to row. Ужé пóздно, греби́те к при́стани. It's late now; row to the pier.

греть to heat. Вóду для бритья́ тут прихóдится греть на при́мусе. You have to heat the water here on a primus (stove) for shaving. • to give off heat. Э́та желéзная пéчка совсéм не грéет. This iron stove doesn't give off any heat.

грех (-á) sin. Пóсле такóй рабóты не грех поспáть подóльше. It's no sin sleeping longer after working so hard. • crime. Перед вáми такáя прекрáсная возмóжность, грех éю не воспóльзоваться. You have such a wonderful opportunity before you, it'd be a crime to waste it. • responsibility. Ну, э́тот грех я беру́ на себя́. I'll take the responsibility for it.

☐ Всё идёт глáдко, грех жáловаться. There's nothing to complain about; everything's going smoothly. • *Я сегóдня нездорóв и рабóтаю с грехóм пополáм. I'm not well today and my work's not up to snuff. • У негó мнóго грехóв на сóвести. He has a lot on his conscience. • Прости́те, мой грех! I'm sorry; it's my fault! • "Я ви́жу, вы лю́бите посплéтничать". "Есть такóй грех". "I see you like to gossip?" "I have to admit I do."

гречи́ха buckwheat.

грéчневый ([-šnj-]) buckwheat. Вот, попрóбуйте моéй грéчневой кáши. Here, try some of my buckwheat cereal.

гриб (-á) mushroom.

гри́венник ten kopeks. Дáйте мне на гри́венник леденцóв. Give me ten kopeks' worth of hard candy. •ten-kopek coin. Опусти́те гри́венник в автомáт. Put a ten-kopek coin in the slot.

грипп grippe, flu. У меня́ лёгкий грипп. I have a touch of flu.

гроб (*P* -ы́ *or* á, -óв/в гробу́/) coffin. Гроб несли́ мы вчетверóм. The four of us carried the coffin.

☐ Он, конéчно, кля́лся, что бу́дет вéрен до грóба. Of course, he swore he'd be faithful until death. • Я бу́ду до грóба пóмнить вáшу доброту́. I'll remember your kindness the rest of my life. • Они́ меня́ в гроб сведу́т свои́ми приди́рками. They'll drive me to my grave with their nagging.

грожу́ *See* **грози́ть.**

грозá (*P* грóзы) thunderstorm. Я не бою́сь грозы́. I'm not afraid of thunderstorms.

☐ Наш дирéктор был грозóй шкóлы. Everyone at school was scared of our principal.

грози́ть (/*pct:* при-, по-/) to threaten. Ты мне не грози́! Я тебя́ не бою́сь. Don't threaten me; I'm not afraid of you. — Неужéли ему́ грози́т слепотá? Is he really threatened by blindness?

гром (*P* -ы́, óв) thunder. Вы слы́шали? Что э́то гром и́ли вы́стрел? Did you hear that? What is it: thunder or a shot?

☐ Певи́цу встрéтили грóмом аплодисмéнтов. The singer was greeted with thunderous applause. • *Он ужé, вероя́тно, мéчет прóтив меня́ грóмы и мóлнии. He's probably cursing the life out of me by now. • Он останови́лся, как грóмом поражённый. He stopped as though thunderstruck. • Э́то обвинéние бы́ло для нас как гром среди́ я́сного нéба. The charge against us came out of a clear blue sky.

громáдный huge. Онá мне отрéзала громáдный ломóть хлéба. She cut a huge slice of bread for me. • vast. Он объе́здил весь э́тот грома́дный райо́н. He traveled through all this vast region.

гро́мкий (*sh* -мка́; *ср* гро́мче) loud. У него́ гро́мкий го́лос. He has a loud voice. • sensational. Э́то бы́ло гро́мкое де́ло. It was a sensational case. • famous. Имя у вас гро́мкое! You have a famous name!

□ **гро́мкие слова́** big talk. За э́тими гро́мкими слова́ми ничего́ не кро́ется. There's nothing behind this big talk.

гро́мко loudly. Он так гро́мко храпи́т, что в сосе́дней ко́мнате слы́шно. He snores so loudly that you can hear it in the next room.

□ Уви́дев его́ попра́вки, она́ гро́мко рассме́ялась. When she saw his corrections, she burst out laughing. • Я не слы́шу, говори́те гро́мче. I can't hear you; speak up.

гро́мче *See* **гро́мкий.**

грош (*М*, -а́)

□ Я уже́ втору́ю неде́лю сижу́ без гроша́. This is the second week I've been broke. • Э́ту ска́терть я купи́л за гроши́. I bought this tablecloth for a song. • *По́льзы от э́того ни на грош. It doesn't do any good. • *Мальчи́шки его́ ни в грош не ста́вят. The boys step all over him. • *Все его́ обеща́ния гроша́ ло́маного не сто́ят. His promises aren't worth a damn.

гру́бый (*sh* -ба́) crude. Э́та корзи́на грубо́й рабо́ты. Нет ли у вас чего́-нибудь полу́чше? This basket is rather crude. Don't you have anything better? — Его́ гру́бая шу́тка меня́ о́чень рассерди́ла. His crude joke made me very angry. • coarse. Я от него́ никогда́ гру́бого сло́ва не слы́шала. I never heard a coarse word from him. • bad. Да, э́то оши́бка, и о́чень гру́бая. Yes, this is a mistake, and a bad one at that. • out-and-out. Неуже́ли вам нра́вится така́я гру́бая лесть? Can you stand such out-and-out flattery? • rough. По гру́бому подсчёту э́то обойдётся в де́сять ты́сяч рубле́й. As a rough estimate, it will cost ten thousand rubles.

□ **гру́бо** roughly. Она́ о́чень гру́бо обраща́ется с детьми́. She treats the children very roughly.

гру́да pile.

груди́нка breast. Да́йте мне кило́ теля́чьей груди́нки. Give me a kilo of breast of veal.

грудь (*Р* -ди, -де́й/на груди́/*F*) chest. Пу́ля попа́ла ему́ в грудь. The bullet lodged in his chest. • breast. Она́ ещё ко́рмит ребёнка гру́дью. She still feeds her child from the breast.

гружу́ *See* **грузи́ть.**

груз freight. Спроси́те у нача́льника ста́нции, отпра́влен ли наш груз. Ask the stationmaster if our freight has been shipped. • load. Мо́жет ваш автомоби́ль взять тако́й тяжёлый груз? Can your car take such a heavy load? • cargo. Како́й груз везёт э́тот парохо́д? What kind of cargo is this ship carrying?

грузи́ть (гружу́, гру́зит/*pct*: на-/) to load. Э́ти я́щики бу́дут грузи́ть в ваго́н за́втра. These boxes will be loaded onto the car tomorrow.

грузови́к (-а́) truck. Мы хоти́м наня́ть грузови́к. We want to hire a truck.

грузово́й freight. Грузово́е движе́ние приостано́влено бы́ло на не́сколько часо́в. The freight trains were stopped for a couple of hours.

□ **грузово́й парохо́д** freighter. Э́тот грузово́й парохо́д иногда́ берёт пассажи́ров. This freighter sometimes takes passengers.

гру́ппа group. Я беру́ уро́ки англи́йского языка́ в гру́ппе начина́ющих. I take English lessons in a beginner's group. — На́ша экску́рсия раздели́лась на две гру́ппы. Our excursion broke up into two groups. — Толпа́ начала́ расходи́ться гру́ппами. The crowd began to move off in groups. • grade. Мой сын — учени́к тре́тьей гру́ппы. My son is in the third grade.

гру́стный ([-sn-]; *sh* -стна́) sad. Я сего́дня не хочу́ слу́шать гру́стных пе́сен. I don't feel like listening to sad songs today. • poor. Рабо́тали вы ко́е-ка́к и, есте́ственно, результа́ты получи́лись гру́стные. You worked carelessly, so naturally the results were poor. • blue. Мне что́-то гру́стно сего́дня. I feel somewhat blue today.

□ **гру́стно** sad. Почему́ вы так гру́стно настро́ены? Why are you in such a sad mood?

грусть (*F*) sadness, melancholy.

гру́ша pear. Да́йте мне печёную гру́шу на сла́дкое. Give me a baked pear for dessert. • pear tree. В на́шем саду́ мно́го груш и не́сколько я́блонь. We have many pear trees and several apple trees in our garden.

гря́дка row. В э́том году́ я засе́яла две гря́дки огурцо́в. This year I've planted two rows of cucumbers.

□ **гря́дка с цвета́ми** flower bed. Смотри́те, не наступи́те на гря́дку с цвета́ми. Watch out you don't step on the flower bed.

гря́зный (*sh* грязна́/-ы́/) dirty. У меня́ ру́ки гря́зные, где мо́жно помы́ться? My hands are dirty; where can I wash them? — Куда́ мне дева́ть гря́зное бельё? Where shall I put the dirty wash? — Ох, не пу́тайтесь вы в э́то гря́зное де́ло! Don't get mixed up in this dirty business! • filthy. Они́ живу́т в ма́ленькой гря́зной ко́мнате. They live in a filthy little room. • muddy. Мы е́хали по гря́зной доро́ге. We rode along a muddy road. • smutty. Он всё вре́мя расска́зывал гря́зные анекдо́ты. He told smutty jokes all the time.

□ **гря́зно** dirty. Как тут гря́зно! How dirty it is here! • muddy. Сего́дня о́чень гря́зно — лу́чше наде́ньте кало́ши. It's very muddy today. You'd better put on rubbers.

грязь (/в грязи́/*F*) dirt. Как вы мо́жете жить в тако́й грязи́! How can you live in such dirt? • mud. Надое́ло мне грязь меси́ть. I'm sick of walking in the mud. — У меня́ все сапоги́ в грязи́. I have mud all over my shoes. — Он не критикова́л меня́, а про́сто смеша́л с гря́зью. He didn't just criticize me; he threw mud at me.

□ *Смотри́те, не уда́рьте лицо́м в грязь. Be careful and put your best foot forward.

губа́ (*Р* гу́бы, губ, губа́м) lip. У вас ве́рхняя губа́ в са́же. Your upper lip has soot on it.

□ *У него́ губа́ не ду́ра. He's nobody's fool. *or* He knows a good thing when he sees it.

губи́ть (гублю́, гу́бит) to ruin. Он гу́бит своё здоро́вье. He's ruining his health. — Э́ти непреры́вные дожди́ гу́бят урожа́й. These continuous rains are ruining the crop.

гу́бка sponge. Да́йте мне мы́ло и гу́бку. Give me some soap and a sponge.

гуде́ть (гужу́, гуди́т /*pct*: про-/) to honk. Заче́м шофёр гуди́т? Ведь доро́га свобо́дна. Why is that driver honking? The road is free. • to drone. Це́лый день у нас над голово́й гудя́т самолёты. All day long planes drone overhead.

□ *У меня́ но́ги гудя́т от уста́лости. My dogs are barking.

гудо́к (-дка́) whistle. Мы начина́ем рабо́ту на заво́де по гудку́. We start working in the factory when the whistle blows. — Да, я уже́ слы́шал гудо́к парохо́да. Yes, I've already heard the ship's whistle.

гужу́ *See* **гуде́ть.**

гуля́нье doings. Сего́дня в па́рке большо́е гуля́нье. There's big doings in the park today. • walk. Ра́зве тут до гуля́нья, когда́ рабо́ты по го́рло. How can you think of going for a walk when we're over our heads in work?

гуля́ть to do walking. Вам ну́жно гуля́ть побо́льше. You ought to do more walking. • to go for a walk. Когда́ пойдёте гуля́ть, зайди́те по доро́ге в апте́ку. When you go out for a walk, stop in at the drugstore on your way. • to go with. Она́ с ним уже́ давно́ гуля́ет. She has been going with him for a long time.
▢ Ва́ша соба́ка визжи́т, ви́дно гуля́ть про́сится. Your dog is whining. Evidently he wants to be walked. • Я у него́ на сва́дьбе гуля́л. I was at his wedding party.

гумани́зм humanism.

гума́нность (*F*) humanitarianism. Его́ посту́пок прекра́сный приме́р гума́нности. He's shown a splendid example of humanitarianism.

гума́нный humane.

гу́сеница caterpillar. Гу́сеницы у нас объе́ли все дере́вья. The caterpillars ate the leaves off all our trees. • На доро́ге был ви́ден след от гу́сениц тра́ктора. The caterpillar tracks of the tractor could be seen on the road.

густо́й (*sh* густ, -ста́, гу́сто, -сты; *ср* гу́ще) thick. Кака́я у вас в э́том году́ рожь густа́я! Your rye crop is very thick this year. — Э́тот сиро́п не доста́точно густо́й. That syrup isn't thick enough. — У него́ густы́е во́лосы. He has thick hair. • dense. Мы вошли́ в густо́й лес. We entered a dense forest.
▢ **гу́сто** densely. Э́ти о́бласти гу́сто населены́. These regions are densely populated.
▢ Хоро́ших враче́й у нас тут не гу́сто. We're not overloaded with good doctors here. • У них всегда́ так: ра́зом гу́сто, ра́зом пу́сто. It's always that way with them: kings one day, paupers the next.

гусь (*P* -си, -се́й *M*) goose. Нас угости́ли жа́реным гу́сем. They treated us to roast goose.
▢ *Хоро́ш гусь! He's a shrewd article! • *Уж я его́ браню́, браню́, а с него́ всё как с гу́ся вода́. No matter how many times I've bawled him out it still rolls off like water off a duck's back.

гусько́м in single file. Мы шли гусько́м по железнодоро́жной на́сыпи. We were walking on the railroad embankment in single file.

гутали́н shoe polish.

гу́ща thick. Он стоя́л в са́мой гу́ще толпы́ — я не мог к нему́ пробра́ться. He was standing in the very thick of the crowd and I couldn't force my way to him.
▢ **кофе́йная гу́ща** coffee grounds. Вы́бросьте кофе́йную гу́щу в помо́йное ведро́. Throw the coffee grounds into the garbage pail.
▢ Мы забрали́сь в гу́щу ле́са. We came to the densest part of the forest.

гу́ще *See* **густо́й.**

Д

да yes. "Хоти́те ча́ю?" — "Да, пожа́луйста". "Do you want some tea?" "Yes, please." — "Граждани́н Х?" "Да, в чём де́ло?" "Mr. X?" "Yes, what can I do for you?" • and. Принеси́те мне ча́шку чёрного ко́фе, да покре́пче. Bring me a cup of black coffee and make it good and strong. — Тепе́рь бы стака́н горя́чего ча́ю, да с лимо́нчиком! Wouldn't it be nice now to have a glass of hot tea and some lemon in the bargain? — Кто туда́ пойдёт? Вы да я, а кто ещё? Who's going there? You and I and who else? • but. Попроси́л бы я вас зайти́, да уж по́здно. I'd ask you to come in, but it's too late. • why. Да не мо́жет быть! Why, that's impossible! — Да у вас ру́ки как лёд! Вы больны́? Why, your hands are ice cold! Are you sick? • oh yes. Я его́ знал; да, я его́ о́чень хорошо́ знал. I used to know him; oh yes, I knew him very well. • is that so? "Ваш това́рищ за́втра уезжа́ет". "Да? А я не знал." "Your friend is leaving tomorrow." "Is that so? I didn't even know about it."
▢ **ах да** by the way. Ах да, чуть бы́ло не забы́л, я купи́л для вас биле́т. By the way, I almost forgot, I bought a ticket for you.

да здра́вствует long live. Да здра́вствует дру́жба наро́дов! Long live international friendship!

да и really. Да и де́лать ему́ там не́чего. Really, he hasn't a thing to do there.

да к тому́ же to boot. Мальчи́шка он глу́пый, да к тому́ же о́чень самоуве́ренный. He's a stupid boy and very self-confident to boot.

▢ Что вы! Да он совсе́м не ду́мал э́того утвержда́ть. What's the matter with you! He never claimed anything of the sort. • Да-да-да, вам там придётся потруди́ться. You bet your life you'll have to work hard there. • Да переста́ньте же, я говорю́! Stop it, I say! • Нам когда́-нибудь да запла́тят. Oh well, they'll pay us sometime or other. • Да ну его́! не́чего с ним свя́зываться. Let him alone; there's no use starting up with him. • А она́ пла́чет, да то́лько. She keeps right on crying.

дава́ть (даю́, даёт; *imv* дава́й; *prger* дава́я; /*pct*: **дать**/) to give. Я ему́ я ва́шей кни́ги не дава́л. I didn't give him your book. — Вы мне не даёте отве́тить! You don't give me a chance to answer. — Вы даёте уро́ки англи́йского языка́? Do you give English lessons? • to let. Дава́йте я вам помогу́. Let me help you. — Дава́йте заку́рим! Let's have a smoke.
▢ **дава́ть** (**в теа́тре**) to play (at the theatre). (*no pct*) Что сего́дня даю́т в о́пере? What are they playing at the opera tonight?

дава́ть на жизнь to support. Брат даёт ей на жизнь. Her brother is supporting her.

дава́ть на чай to tip. Не дава́йте ему́ на чай, э́то тут не при́нято. Don't tip him; it isn't done here.

дава́ть показа́ния to give evidence. Вам придётся дава́ть показа́ния по э́тому де́лу. You'll have to give evidence in this case.

дава́ть приме́р to set an example. Он до́лжен был бы дава́ть приме́р други́м. He should set an example for the others.

дава́ть себе́ труд to bother (oneself). Вы про́сто не даёте себе́ труда́ вду́маться в то, что я вам говорю́. You simply aren't bothering to get the meaning of what I'm saying to you. **дава́ть сло́во** to give the floor. Вам никто́ не дава́л сло́ва! Nobody gave you the floor!

☐ Рабо́та даёт мне большо́е удовлетворе́ние. I get great satisfaction out of my work.

-ся

☐ **дава́ться легко́** to come easy. Ру́сский язы́к вам, ви́дно, даётся легко́. Russian apparently comes easy to you.

☐ Тут сто́лько ры́бы, что она́ сама́ в ру́ки даётся. There's so much fish here that you can catch them with your bare hands.

да́вка jam. В трамва́е была́ ужа́сная да́вка. There was a terrible jam on the streetcar.

давле́ние pressure. Не повыша́йте давле́ния в котле́ вы́ше но́рмы, э́то опа́сно. Don't raise the pressure in the boiler above normal: it's dangerous. — А вы уве́рены, что на него́ не́ было произведено́ никако́го давле́ния? Are you sure there was no pressure brought on him?

давно́ long time. Вы давно́ в Сове́тском Сою́зе? Have you been in the Soviet Union a long time? — Я его́ уже́ давно́ не встреча́л. I haven't seen him in a long time.

☐ **давны́м давно́** in a very long time. Мы там давны́м давно́ не́ были. We haven't been there in a very long time.

да́же even. Он так уста́л, что да́же есть не мог. He was so tired he couldn't even eat. — Э́того да́же её роди́тели не зна́ют. Not even her parents know about that.

да́лее See **далёкий**.

далёкий (*sh* -ка́/ -о́, -и́/; *ср* да́льше, да́лее) long. Он гото́вится к далёкому путеше́ствию. He's preparing for a long trip. • a long way. Вы далеки́ от и́стины. You are a long way from being right. • far away. Каки́м далёким всё это тепе́рь ка́жется. How far away it all seems now!

☐ **далеко́** far. Э́то далеко́ отсю́да? Is it far from here? — С таки́ми спосо́бностями он далеко́ пойдёт. He's got a lot of ability and he'll go far. — Э́то далеко́ не то, что вы обеща́ли. This is far from what you promised me.

да́льше farther away. Вы, ка́жется, живёте да́льше от заво́да, чем я? You live farther away from the factory than I do, don't you? • next. Я про́сто не зна́ю, что с ним да́льше де́лать. I simply don't know what to do with him next. — Мы ко́нчили э́ту рабо́ту; что нам де́лать да́льше? We finished this work; what should we do next?

☐ Я далёк от мы́сли, что ваш друг сде́лал э́то наро́чно. It seems far-fetched to me that your friend would do it on purpose. • Мне тут что́-то не нра́вится, пойдём да́льше. Let's go on; somehow I don't like it here. • Ну, расскажи́те, что бы́ло да́льше! Well, tell us what happened after that! • Да́льше идти́ не́куда! That beats everything! • Да́льше! Go on! • До го́рода ещё о́чень далеко́. It's still quite a distance from the town. • Сейча́с уже́ далеко́ за по́лночь. It's way past midnight.

да́льний long. Вы, как я ви́жу, собира́етесь в да́льний путь. I see you're preparing for a long trip. • distant. Он мой да́льний ро́дственник. He's a distant relative of mine.

☐ **Да́льний Восто́к** Far East.

дальнозо́ркий farsighted. У меня́ оди́н глаз дальнозо́ркий. I'm farsighted in one eye.

да́льше (/*ср of* далёкий/).

дам See **дать**.

да́ма lady. Э́та да́ма — жена́ америка́нского посла́. This lady is the wife of the American ambassador. • queen (card). Ва́ша да́ма би́та. This beats your queen. • girl partner (for dancing). Найди́те себе́ да́му и иди́те танцова́ть. Find yourself a girl for a partner and go dancing.

☐ **да́ма се́рдца** sweetheart. Э́та ры́женькая — его́ да́ма се́рдца. This redhead is his sweetheart.

да́нные (*AP*) data. Я собира́ю да́нные для моего́ докла́да. I'm collecting data for my report.

да́нный (*ppp of* дать) present. В да́нный моме́нт он никого́ не принима́ет. At the present moment he isn't seeing anybody. • this. В да́нном слу́чае я ниче́м не могу́ помо́чь. I can't be helpful in this matter.

данти́ст dentist. Да́йте мне а́дрес хоро́шего данти́ста. Give me the address of a good dentist.

данти́стка dentist *F*.

дар (*P* -ы́) gift. Э́ти кни́ги бы́ли полу́чены библиоте́кой в дар от а́втора. These books were received by the library as a gift of the author. — У него́ несомне́нный дар сло́ва. He certainly has a gift for speaking.

дари́ть to give. Он постоя́нно да́рит де́тям игру́шки. He makes a practice of giving toys to children. • to make a present. Он и не ду́мал дари́ть мне э́той кни́ги, он про́сто дал мне её почита́ть. He never thought of making me a present of this book; he just gave it to me to read

дарово́й free. Де́тям там выдаю́т дарово́е обе́ды. Children get free dinners there. — Он слу́жит на желе́зной доро́ге и име́ет пра́во на дарово́й прое́зд. He works on the railroad and gets free transportation.

да́ром (/*is of* дар/) as a gift. Я э́того и да́ром не возьму́. I wouldn't even take that as a gift. • free of charge. Путеводи́тель вам даду́т да́ром. You'll get a guide book free of charge.

☐ **да́ром что** even though. Он да́ром что профе́ссор, а свои́х дете́й не уме́л воспита́ть. Even though he's a professor, he didn't know how to bring up his own children. **тра́тить да́ром** to waste. Не тра́тьте да́ром вре́мени. Don't waste your time. — Он слов да́ром не тра́тит. He doesn't waste your words.

☐ Да́ром ничто́ не даётся. You get nothing for nothing. • Два́дцать рубле́й за э́ту ска́терть? Да ведь э́то про́сто да́ром. They want twenty rubles for this tablecloth? It's just a steal at that price. • Э́то ей не да́ром доста́лось. She had to go through a lot for it. • Слу́шайте, вам э́та на́глость да́ром не пройдёт. See here, you won't get away with such impertinence. • Три го́да в плену́ не прошли́ ему́ да́ром. Three years in prison have left their mark on him.

да́та date. На э́том письме́ не поста́влена да́та. There's no date on this letter. — Укажи́те да́ту его́ сме́рти. Mention the date of his death.

дать (дам, даст, §27; *imv* дай; *p* дал, дала́, да́ло, да́ли; не́ дал, не дала́, не́ дало, -и; *ppp* да́нный, *sh F* дана́; *pct of* дава́ть) to give. Да́йте мне, пожа́луйста, ча́шку ко́фе. Give me a cup of coffee, please. — Да́йте мне, пожа́луйста, спра́вочное бюро́. Give me information, please. — Да́йте ему́ попро́бовать пра́вить самому́. Give him a chance to drive. • to let. Да́йте мне попро́бовать э́того су́па. Let me taste the soup. — Я вам дам знать, как то́лько ви́за бу́дет полу́чена. I'll let you know as soon as the visa arrives. — Да́йте ему́ договори́ть. Let him finish what he has to say.

☐ **дать взаймы́** to lend. Мо́жете вы дать мне взаймы́ рубле́й пятьдеся́т? Can you lend me about fifty rubles?

дать во́лю to let one have one's own way. Дай ему́ во́лю, он тут всё вверх дном поста́вит! If you let him have his own way here, he's sure to turn everything topsy-turvy.

дать зада́ток to leave a deposit. А зада́ток вы да́ли? Did you leave a deposit?

дать кля́тву to swear. Я дал кля́тву, что не бу́ду бо́льше пить. I swore I'd stop drinking.

дать ме́сто to make room. Да́йте, пожа́луйста, ме́сто больно́му. Make room for the sick man, please.

дать отбо́й to hang up (on the telephone). Да́йте отбо́й, вас непра́вильно соедини́ли. You've got the wrong number. Hang up.

дать поня́ть to give to understand. Я дала́ ему́ поня́ть, что бо́льше не хочу́ его́ ви́деть. I gave him to understand that I don't care to see him any more.

дать сло́во to give one's word. Да вы же мне сло́во да́ли! But you gave me your word!

дать телегра́мму to send a telegram. Да́йте ему́ телегра́мму, и он вас встре́тит. Send him a telegram and he'll meet you.

дать тя́гу to skip out. Он, ве́рно, уже́ давно́ тя́гу дал. He must have skipped out long ago.

дать урожа́й to yield a crop. Пшени́ца в э́том году́, ве́рно, даст хоро́ший урожа́й. The wheat will probably yield a good crop this year.

☐ Я дал ему́ пощёчину. I slapped him. ● *(no dur)* Вот я тебе́ дам камня́ми в окно́ швыря́ть! I'll teach you not to throw stones through the windows! ● Не бо́йтесь, он себя́ в оби́ду не даст. Don't worry, he'll know how to take care of himself. ● Вам бо́льше двадцати́ лет никто́ не даст. You don't look more than twenty. ● Да́йте мне три́дцать во́семь со́рок семь. Operator, give me three-eight-four-seven.

-ся

(no dur) ☐ Дался́ же вам э́тот автомоби́ль; дава́йте поговори́м о чём-нибудь друго́м. Why are you so taken with that automobile? Let's talk about something else for a change.

да́ча summer house. Мы сня́ли да́чу на три ме́сяца. We rented a summer house for three months. ● summer home. У них есть да́ча под Москво́й. They have a summer home near Moscow. ● summer resort. Она́ уже́ уе́хала на да́чу. She left for the summer resort.

да́чный.

☐ **да́чная ме́стность** summer colony. Они́ живу́т в да́чной ме́стности. They live in a summer colony.
да́чный по́езд suburban train. Туда́ мо́жно пое́хать да́чным по́ездом. You can get there on a suburban train.

два *(g, l* двух, *d* двум, *i* двумя́, *n F* две, §22) two. С вас два рубля́. That'll be two rubles. — К вам там пришли́ два молоды́х челове́ка и две де́вушки. Two young men and two young girls came to see you. — Я расскажу́ вам об э́том в двух слова́х. I'll tell it to you in two words.

☐ **в два счёта** in a jiffy. Он э́то вам в два счёта сде́лает. He'll do it for you in a jiffy.
☐ Он живёт в двух шага́х от нас. He lives just a few steps away from us.

двадца́тый twentieth.

два́дцать *(g, d, l* -ти́, *i* -тью́, §22) twenty.

два́жды two times. Э́то я́сно, как два́жды два четы́ре. It's as clear as two times two are four.

две *(/n F of* два/).

двена́дцатый twelfth.

двена́дцать *(g, d, l* -ти, *i* -тью, §22) twelve.

две́рца (small) door. Пое́хали! Захло́пните две́рцу (автомоби́ля)! Let's go! Slam the door (of the car).

дверь *(P* -ри, ре́й;/*ip* дверьми́/*F*) door. Не забу́дьте запере́ть вхо́дную дверь на́ ночь. Be sure to lock the door of the house for the night.

☐ **в дверя́х** in the doorway. Что вы стои́те в дверя́х? Why are you standing in the doorway?

две́сти *(g* двухсо́т, §22) two hundred.

дви́гать *(/pct:* дви́нуть/) to move. Не дви́гайте э́того шка́фа — он мо́жет развали́ться. Don't move this locker; it might fall apart.

-ся to move. Ло́дка ме́дленно дви́жется вверх по реке́. The boat is moving slowly upstream. ● to go. *(no pct)* Уже́ по́здно, пора́ дви́гаться. It's late; we should be going. ● to budge. Толпа́ не дви́галась с ме́ста. The crowd didn't budge from the spot.

движе́ние motion. Она́ бы́стрым движе́нием пусти́ла в ход маши́ну. She started the machine with a quick motion. ● traffic. Движе́ние в одно́м направле́нии. One-way traffic. — На у́лице сейча́с бо́льшое движе́ние. There's heavy traffic on the street now. — Вы зна́ете зде́шние пра́вила у́личного движе́ния? Do you know the traffic regulations here? ● movement. Расскажи́те нам о рабо́чем движе́нии в Аме́рике. Tell us about the labor movement in America.

☐ **без движе́ния** motionless. Она́ лежи́т на полу́ без движе́ния. She is lying motionless on the floor.
душе́вное движе́ние impulse. Не́чего стесня́ться, э́то бы́ло вполне́ поня́тное душе́вное движе́ние. There's nothing to be ashamed of; it was a very natural impulse.
трамва́йное движе́ние streetcar service. Трамва́йное движе́ние у нас начина́ется в пять часо́в утра́. The streetcar service in our town begins at five A.M.

☐ Как приво́дится в движе́ние э́та маши́на? How do you make that machine go? ● Сейча́с у нас всё в движе́нии. There's lots doing in our country nowadays.

дви́нуть *(pct of* дви́гать) to push. Но́вый дире́ктор дви́нул рабо́ту вперёд. The new director pushed the work forward.

-ся to budge. *(no dur)* Я отсю́да никуда́ не дви́нусь. I won't budge from here. ● to start. *(no dur)* Мы дви́нулись в путь. We started on our way. ● to move. Ну, я ви́жу, тепе́рь де́ло дви́нулось. Well, I see that things are moving right along now.

дво́е (§22) two. Там вас дво́е америка́нцев спра́шивают. There are two Americans asking for you. — Они́ прие́хали сюда́ на дво́е су́ток. They came here for two days.

☐ Вам нужна́ ко́мната на двои́х? Do you need a double room?

двоето́чие colon. Поста́вьте не то́чку, а двоето́чие. Put a colon, not a period.

двойно́й double. Мне нужна́ мате́рия двойно́й ширины́. I need the double width of this fabric.

☐ **двойны́е ра́мы** storm windows. В ко́мнате нет двойны́х рам, зимо́й вам бу́дет хо́лодно. There are no storm windows in this room; you'll be cold in the winter.

двор (-á) courtyard. Вход со дворá. The entrance is in the courtyard. • back yard. Мы развели́ у себя́ во дворé огорóд. We planted a vegetable garden in the back yard.

□ **на дворé** outside. На дворé стрáшная грязь, а я без калóш. It's very muddy outside, and I haven't got any rubbers. □ Дáйте мне кóмнату с óкнами на двор. Give me a room in the rear. • *Он здесь не ко дворý пришёлся. He doesn't fit in here.

дворéц (-рцá) palace. Бы́вшие цáрские дворцы́ у нас превращены́ в домá óтдыха, санатóрии и музéи. The former tsar's palaces have been converted into rest homes, sanitariums, and museums.

□ **дворéц культýры** community center (a public building where all social and cultural activities are held). Сегóдня во дворцé культýры лéкция с тумáнными картúнами. There's a lecture with slides at the community center today. **дворéц трудá** union building. Заседáние правлéния профсою́за горняков состои́тся зáвтра во дворцé трудá. The board of the miner's union meets tomorrow in the union building.

двóрник janitor.

двою́родный

□ **двою́родная сестрá** first cousin *F*. Эта дéвушка — егó двою́родная сестрá. This girl is his first cousin. **двою́родный брат** first cousin. Он мой двою́родный брат. He's my first cousin.

двубóртный double-breasted.

двугри́венный (*AM*) twenty kopeks. Билéт стóит двугри́венный. The ticket costs twenty kopeks.

двусмы́сленный ambiguous. Я получи́л от негó весьмá двусмы́сленный отвéт. I got quite an ambiguous answer from him.

двухсóтый two hundredth.

девáть (/*pct:* деть/) to put. Кудá вы девáли мою́ кни́гу? Where did you put my book?

□ Дéнег вам, что ли, девáть нéкуда? Can't you find better use for your money?

-ся to become. Я егó не видáл ужé бóльше гóда. Кудá он девáлся? I haven't seen him for more than a year. What's become of him? — Кудá девáлись всé мои́ гáлстуки? What became of all my ties?

□ Ей нéкуда девáться. She has nowhere to go.

дéвочка little girl. Этой дéвочке не бóльше двенáдцати лет. This little girl is not more than twelve.

дéвушка young lady. Ей шестнáдцать лет; она ужé не мáленькая дéвочка, а взрóслая дéвушка. She's sixteen and not a little girl any more, but quite a grown-up young lady. • young girl. У негó есть мнóго знакóмых дéвушек. He knows many young girls here.

девянóсто (§22) ninety.

девянóстый ninetieth.

дéвятеро (§22) nine.

девятисóтый nine-hundredth.

девя́тка nine (cards). У меня́ на рукáх былá тóлько девя́тка пик. I only had the nine of spades in my hand.

девятнáдцатый nineteenth.

девятнáдцать (*g, d, l* -ти, *i* -тью, §22) nineteen.

девя́тый ninth.

дéвять (*g, d, l* -ти́, *i* -тью, §22) nine.

девятьсóт (§22) nine hundred.

дёготь (-гтя |-xtj-| /*g* -ю/*M*) tar.

дед grandfather. Моемý дéду за вóсемьдесят. My grandfather is over eighty. • old man. Спроси́те вон у тогó дéда с седóй бородóй. Ask that old man with the gray beard.

дéдушка (*M*) grandfather. Дéдушка меня́ баловáл. My grandfather used to spoil me.

□ Скажи́те, дéдушка, где правлéние колхóза? Sir, can you tell me where the kolkhoz office is?

дежýрить to be on duty. Я дежýрю чéрез день. I'm on duty every other day.

дежýрный man on duty. Вы здесь дежýрный? Are you the man on duty here? • on duty. Я пойдý спрошý у дежýрного врачá. I'll go and ask the doctor on duty.

□ В этой гости́нице дежýрный срáзу прихóдит на звонóк. In this hotel the bellboy appears as soon as you ring the bell.

дезерти́р deserter.

дезинфéкция disinfection. У нас ужé произвели́ дезинфéкцию. They've already disinfected our place.

дезорганизáция disorganization.

дéйствие action. Эта пьéса сли́шком дли́нная, и в ней мáло дéйствия. This play is too long and has little action in it. • act. Я пришёл в теáтр ко вторóму дéйствию. I arrived at the theater in time for the second act. • effect. Лекáрство ужé оказáло своё дéйствие. The medicine has already begun to take effect. — Вáши словá произвели́ не то дéйствие, котóрого вы ожидáли Your words produced a different effect than you expected.

□ **воéнные дéйствия** hostilities. Да здесь когдá-то происходи́ли воéнные дéйствия. Yes, hostilities once took place here.

стоя́ть без дéйствия to be idle. Маши́на ужé недéлю стои́т без дéйствия. The machine has been idle for a week. • Он ужé знáет все четы́ре дéйствия. He already knows the four fundamentals of arithmetic. • Дéйствие этого закóна распространя́ется на всех. This law applies to all.

действи́тельный actual. Это не вы́думка, а действи́тельное происшéствие. This isn't fiction; it's an actual happening. • valid. Ваш пáспорт действи́телен до концá гóда. Your passport is valid until the end of the year. — На какóй срок действи́телен этот билéт? How long is this ticket valid for?

□ **действи́тельно** really. Неужéли вы, действи́тельно, этому вéрите? Iz it possible that you really believe it? • actually. Окáзывается он, действи́тельно, америкáнец. It turns out that he's actually an American.

дéйствовать to act. Тут нýжно дéйствовать реши́тельно. You have to act decisively here. • to work. Аспири́н на меня́ хорошó дéйствует. Aspirin works well on me. — Электри́ческий звонóк у нас не дéйствует. The buzzer doesn't work. • to impress. Словá на негó не дéйствуют. Words don't impress him. • to go ahead. Дéйствуй, брат! Go ahead, buddy!

□ **дéйствовать на нéрвы** to get on one's nerves. Это мне дéйствует на нéрвы. It gets on my nerves. □ У ребёнка ужé два дня не дéйствует желýдок. The child hasn't moved its bowels for two days. • У негó прáвая рукá не дéйствует. He can't move his right arm.

декáбрь (-бря́ *M*) December.

декáда ten days; decade.

деклара́ция declaration. Америкáнскую деклара́цию о незави́симости он знáет наизýсть. He knows the American Declaration of Independence by heart. • report. Мне, как писáтелю, живýщему на гонорáр, прихóдится подавáть деклара́цию фининспéктору. As a writer who lives on fees, I have to submit a report to the tax collector. • statement. Я хотел бы найти текст советской декларации на этой конференции. I want to find the text of the Soviet statement on this conference.

декрет government decree.

делать (/*pct*: с-/) to do. Что вы делаете? What are you doing? — Он вчера целый день ничего не делал. He wasn't doing anything all day yesterday. — (*no pct*) От нечего делать стали мы в карты играть по вечерам. We had nothing to do, so we started playing cards evenings. • to make. Она сама делает себе шляпы. She makes her own hats. — Эта машина делает пятьдесят километров в час. This car makes fifty kilometers an hour. • to act. Вы умно делаете, что не обостряете конфликта. You're acting very wisely not aggravating the conflict.

☐ **делать вид** to pretend. Почему вы делаете вид, что вы меня не понимаете? Why do you pretend not to understand me?

делать вывод to draw a conclusion. Боюсь, что вы делаете из этого неправильный вывод. I'm afraid you are drawing the wrong conclusion from this fact.

делать опыты to experiment. Они делают опыты с газами. They are experimenting with gases.

делать по-своему to do things one's own way. Она всегда всё делает по-своему. She always likes to do things her own way.

делать успехи to make progress. Ну как ваш ученик, делает успехи? Well, is your pupil making progress?

☐ (*no pct*) Делать нечего, надо ехать. We can't help it, we've got to go. • Довольно разговаривать, надо дело делать. Enough talking; it's time we got down to business.

-ся to become. Теперь это делается понятным. It's becoming clear to me now. • to be made. (*no pct*) Тут делаются лучшие тракторы в Союзе. The best tractors in the Soviet Union are made here. • to go on. (*no pct*) Я зашёл посмотреть, что тут делается. I came to see what's going on here. • to happen. Что ему делается! Он здоров и весел, как всегда. What can happen to him? He's healthy and cheerful as ever.

делегат delegate. На совещание прибыло шестьдесят делегатов. Sixty delegates arrived at the conference.

делегатка delegate *F*.

делегация delegation. В Москву прибыла американская делегация на съезд писателей. The American delegation to the writers' congress arrived in Moscow.

деление division. Умножение правильно, но в делении есть ошибки. The multiplication is correct, but there are mistakes in your division.

делить (/*pct*: раз-/, делит) to divide. Мы привыкли всё делить поровну. We are accustomed to divide everything equally.

-ся to share. Он делился с друзьями всем, что у него было. He shared all he had with his friends. • to divide up. Давай делиться! Let's divide it up! • to take someone into one's confidence. Он всеми своими переживаниями делится с матерью. He takes his mother into his confidence about all his experiences.

☐ Книги у меня в библиотеке делятся на три группы. The books in my library can be divided into three categories.

дело (*P* дела) matter. Это очень спешное дело. This is a very urgent matter. — В чём дело? Чего он хочет? What's the matter? What does he want? — Это совсем другое дело. That's quite another matter. — Вы любите

лук? Что ж, это дело вкуса. You like onions? Well, it's a matter of taste. • business. Я к вам по делу. I came on business. — Просят без дела не входить. Admittance on business only. — Это не ваше дело. It's none of your business. • work. Оставьте его! Видите, человек делом занят. Let him alone; don't you see that the man has work to do. — Ну, довольно болтать! приступим к делу. Enough gabbing, let's get down to work. • duty. Это дело управляющего. That's the superintendent's duty. • fact. Дело в том, что у меня нет денег. The fact is, I have no money. • problem. За пропуском дело не станет. It's no problem getting a pass. • case. Вчера в народном суде слушалось дело о краже. The people's court heard a felony case yesterday. • file. Достаньте, пожалуйста, мне дело сто двадцать шесть. Get me file number a hundred twenty-six, please. • thing. Главное дело, характер у неё очень покладистый. The most important thing is that she's easy to get along with. — Ну, как дела? Well, how're things? — Мы знали, что мы боролись за правое дело, — и это придавало нам силы. We knew we were fighting for a just cause and that gave us strength.

☐ **в самом деле** really. Вы в самом деле уезжаете? Are you really going away?

дела situation. Дела на фронте к тому времени уже очень поправились. The situation on the front had improved greatly by that time.

иметь дело to deal with. С ним очень приятно иметь дело. He's very pleasant to deal with.

не у дел out of the runing. Бедняга, он остался не у дел. Poor fellow, he's out of the running now.

первым делом first of all. Первым делом, надо закусить. First of all, we've got to have a snack.

то и дело every once in a while. Она то и дело подходила к окну. Every once in a while she came to the window.

☐ Дело! Good! • Слушайте, вот какое дело, у нас тут большие непорядки. Look here, I hate to say this, but things are in bad shape here. • У нас так говорят: труд — дело чести. Our slogan is: "Labor is a deed of honor." • Слушайте, это не дело! Look here, this is no way to do things. • "Ну, за чем же дело стало?" "За пропуском!" "Well, what's the hitch now?" "We need a pass." • А теперь дело за нами. And now we have to do our part. • Это плёвое дело. It's easy as pie. • Это, конечно, дело прошлое, но сознайтесь, что вы были неправы. Of course it's all gone and forgotten now, but admit you were wrong. • Дело к зиме идёт, а у него нет тёплого пальто. Winter is coming and he has no warm overcoat. • До меня никому дела нет. Nobody cares for me. • Что ж, дело житейское. It happens in the best of families. • Скажите мне, в чём дело? Может быть, я вам смогу помочь. Tell me what's the trouble. Maybe I can help you. • Я не беспокоюсь, я знаю, что моё дело правое. I'm not worried. I know I'm right. • Не перебивайте его — он дело говорит. Don't interrupt him; he's talking sense. • К делу! Get to the point! • Это к делу не относится. That's beside the point. • Тут холодно, туман, то ли дело у нас на юге! It's cold and foggy here, nothing like our weather down south. • Написать эту записку — дело одной минуты. It'll just take a minute to write this note. • Расскажите толком, как было дело? Tell me clearly how it all happened. • Вы можете повидать его между делом. You can see him when you have a minute to spare. • *Ну вот, де́ло в шля́пе! Well, everything is settled. • Я тепе́рь изуча́ю стеко́льное де́ло. I'm studying glass-making now. • На слова́х э́то легко́, а попро́буйте-ка на де́ле. It's easy to talk about it, but another thing to do it. • Попа́ло тебе́, ме́жду про́чим, за де́ло. As a matter of fact, you did deserve a bawling out. • Прекра́сно! ваш (фото)аппара́т мо́жно сра́зу пусти́ть в де́ло. Fine, we'll use your camera right away. • Я, гре́шным де́лом, об э́том не подýмал To tell the truth, I just didn't think about it.

делово́й business. Все мои́ деловы́е бума́ги в э́том я́щике. All my business papers are in the drawer. — У меня́ в три часа́ делово́е свида́ние. I have a business appointment at three o'clock.

демократи́ческий democratic.

☐ **демократи́ческий о́браз правле́ния** democratic government.

демокра́тия democracy.

демонстра́ция parade. Первома́йские демонстра́ции устра́иваются у нас ежего́дно. We have a May Day parade every year.

денату́рат denatured alcohol.

де́нежный money. Де́нежные перево́ды заграни́цу по по́чте принима́ются то́лько на гла́вном почта́мте. Money orders going abroad are accepted only in the main post office. • financial. Им нужна́ не то́лько де́нежная по́мощь, но та́кже и мора́льная подде́ржка. They need not only financial help, but moral support as well.

де́ну See деть.

де́нусь See де́ться.

день (дня M) day. Он уе́хал де́сять дней тому́ наза́д. He left ten days ago. — Эту рабо́ту легко́ мо́жно сде́лать за оди́н день. This work can easily be done in a day. — Туда́ для хоро́шего ходока́ два дня пути́. It's a two-day walk for a good hiker.

☐ **в день** a day. Я получа́ю де́сять рубле́й в день. I get ten rubles a day.

в дни during. Это произошло́ в дни револю́ции. It happened during the revolution.

выходно́й день day off. Когда́ у вас выходно́й день? When is your day off?

день денско́й all day long. Он день денско́й шата́ется по го́роду и ничего́ не де́лает. He runs around town all day long wasting his time.

день рожде́ния birthday. Когда́ день рожде́ния ва́шего бра́та? When is your brother's birthday?

за день a day before. Предупреди́те меня́ о его́ прие́зде за день. Хорошо́? Let me know a day before he arrives, will you?

рабо́чий день working day. У нас сократи́ли рабо́чий день. Our working day has been shortened.

со дня на день any day. Мы со дня на день ждём прие́зда генера́ла. We're expecting the general any day now. • from day to day. Я откла́дываю э́тот разгово́р со дня на день. I keep postponing this conversation from day to day.

тре́тьего дня the day before yesterday. Он был у нас тре́тьего дня. He was at our house the day before yesterday.

це́лый день whole day. Он тепе́рь по це́лым дням сиди́т в библиоте́ке. Now he spends the whole day in the library.

че́рез день every other day. У нас англи́йские уро́ки че́рез день. We have English lessons every other day.

чёрный день rainy day. Нам не ну́жно откла́дывать на чёрный день. We don't have to save for a rainy day.

де́ньги (де́нег, деньга́м P) money. Это больши́х де́нег сто́ило. It cost a lot of money. — У меня́ не́ было при себе́ таки́х де́нег. I didn't have that amount of money with me. — У него́ де́нег не во́дится. He never has any money. — Я э́того авто́графа ни за каки́е де́ньги не отда́м. I won't part with this autograph for any amount of money. • currency. На парохо́де вы смо́жете плати́ть америка́нскими деньга́ми. On board ship you can pay with American currency.

☐ **ме́лкие де́ньги** change. У меня́ то́лько кру́пные де́ньги, а ме́лких нет. I have only big bills and no change.

нали́чные де́ньги cash. Бери́те с собо́й не то́лько че́ки, но и нали́чные де́ньги. Don't only take checks along with you; take some cash, too.

не при деньга́х short of money. Я тепе́рь не при деньга́х. I'm short of money right now.

при деньга́х in the chips. Пусть он пла́тит, он сего́дня при деньга́х. Let him pay; he's in the chips today.

разме́нные де́ньги change. В ка́ссе не хвати́ло разме́нных де́нег. The cashier was short of change.

депо́ (indecl N) car barn. Уже́ по́здно, все трамва́и иду́т в депо́. It's late and all the trolleys are going to the car barn.

☐ **парово́зное депо́** locomotive shop. Он рабо́тает в парово́зном депо́. He works in the locomotive shop.

депута́т deputy. Он депута́т Верхо́вного Сове́та СССР. He is a deputy of the Supreme Soviet of the USSR. • representative, delegate. Вы́берите свои́х депута́тов и пошли́те их к заве́дующему. Choose your representatives and send them to the manager.

дереве́нский country. Мы, дереве́нские жи́тели, привы́кли ра́но ложи́ться спать. We country people are used to going to bed early.

дере́вня (P дере́вни, дереве́нь, деревня́м) village. Далеко́ ещё до дере́вни? Is it still far to the village? • country. Мы на ле́то постара́емся уе́хать в дере́вню. We'll try to go to the country for the summer.

де́рево (P дере́вья, -вьев, -вьям) tree. У нас в саду́ есть не́сколько фрукто́вых дере́вьев. There are a few fruit trees in our garden.

деревя́нный wooden. Мы живём вот в э́том деревя́нном до́ме. We live in that wooden house over there.

☐ **деревя́нное ма́сло** wood oil (a cheap kind of olive oil).

☐ У него́ бы́ло при э́том соверше́нно деревя́нное лицо́. His face was absolutely expressionless at that moment.

держа́ть (держу́; де́ржит) to hold. Заче́м вы де́ржите ребёнка на рука́х? Здесь есть для него́ ме́сто. Why are you holding the child in your arms? There's room for him over here. — Держи́те го́лову высоко́! Hold your head high. • to keep. Держа́ть соба́к и ко́шек в ко́мнатах воспреща́ется. Guests are requested not to keep cats or dogs in their rooms. — Я держу́ о́кна откры́тыми всю ночь. I keep my windows open all night. — До́ктор веле́л держа́ть его́ в посте́ли, пока́ температу́ра не спадёт. The doctor ordered that he be kept in bed until his fever went down. — Держи́ впра́во! Keep to the right. — Держи́те э́то лека́рство в холо́дном ме́сте. Keep this medicine in a cold place. — Держи́те волну́ (ра́дио). Keep tuned to that station. — Они́ пока́ э́то де́ржат в секре́те They still keep it secret. • to stop. Иди́те, вас никто́ не де́ржит. You're free to go; nobody's stopping you.

□ **держа́ть в ку́рсе** to keep posted. Держи́те меня́ в ку́рсе дел. Keep me posted on how things are going.

держа́ть корректу́ру to proofread. Он сам де́ржит корректу́ру свое́й ре́чи. He's proofreading his speech himself.

держа́ть курс to hold a course. Наш парохо́д держа́л курс пря́мо на се́вер. Our ship held its course due North.

держа́ть пари́ to bet. Держу́ пари́! I'll bet you!

держа́ть путь be headed for. Куда́ путь де́ржите? Where are you headed for?

держа́ть сто́рону to side with. В э́том конфли́кте я держа́л сто́рону на́шего дире́ктора. In that argument I sided with our director.

держа́ть экза́мен to take an exam. Вам придётся держа́ть экза́мен. You'll have to take an exam.

□ Мы де́ржим курс на пониже́ние цен. We're working toward lower prices. • Она́ держа́ла себя́ с больши́м досто́инством. She showed a great deal of poise.

-ся to hold on. Держи́тесь за пери́ла. Hold on to the banister. — У меня́ де́ньги до́лго не де́ржатся. I can't hold on to my money for long. • to hold to. Я держу́сь моего́ пре́жнего мне́ния. I hold to my old opinion. • to keep. Держи́тесь пра́вой стороны́. Keep to the right. • to stick to. Реши́л, так уж держи́сь. Stick to your guns. • to wear. Э́ти башмаки́ ещё хорошо́ де́ржатся. These shoes are still wearing well.

□ **держа́ться вме́сте** to stick together. Мы должны́ держа́ться вме́сте. We have to stick together.

держа́ться на нога́х to stand on one's feet. Он так слаб, что едва́ на нога́х де́ржится. He's so weak he can barely stand on his feet.

держа́ться пря́мо to stand straight. Держи́сь пря́мо, не горби́сь! Stop stooping and stand up straight.

□ Осторо́жно! Э́тот стол у вас е́ле де́ржится. Be careful, this table of yours is likely to fall apart at any time! • В мину́ты опа́сности она́ держа́лась молодцо́м. She was wonderful at the time of danger. • Рабо́тать вас там заста́вят — то́лько держи́сь! They'll really make you work your head off over there.

дерусь See **дра́ться.**

десе́рт (See also сла́дкое) dessert.

десна́ (P дёсны) gum. У меня́ дёсны распу́хли. My gums are swollen.

де́сятеро (§22) ten.

деся́тка ten (cards). Он пошёл с ко́зырной деся́тки. He led with the ten of trumps. • number ten. Здесь деся́тка не остана́вливается. Number ten doesn't stop here.

деся́ток (-тка) ten. Да́йте мне деся́ток я́блок. Give me ten apples.

□ Ему́ уже́ седьмо́й деся́ток пошёл. He's in his sixties • *Он не ро́бкого деся́тка. He's no coward.

деся́тый tenth.

де́сять (g, d, l -ти́, i -тью, §22) ten.

дета́ль (F) detail. Дета́ли э́того де́ла вряд ли мо́гут вас интересова́ть. The details of this case would hardly interest you. • machine part. Э́тот рабо́чий за́нят обрабо́ткой но́вой дета́ли. This worker is working on a new machine part.

□ **вдава́ться в дета́ли** to go into detail. Я не хочу́ вдава́ться в дета́ли. I don't want to go into detail.

де́ти (дете́й, де́тям, i детьми́ P/the S is supplied by ребёнок; in bookish language by дитя́/) children.

де́тский children's. За после́дние го́ды у нас откры́лось мно́го но́вых де́тских домо́в. We've opened many new children's homes in recent years. — Есть у вас в прода́же интере́сные де́тские и́гры? Do you have some interesting children's games for sale? • child's. Э́то для него́ де́тская игра́. It's child's play to him. • baby. Оста́вьте де́тскую коля́ску в подъе́зде. Leave the baby carriage in the hallway.

□ **де́тская** nursery. Она́ в де́тской, ребя́т спать укла́дывает. She's in the nursery putting the kids to bed.

де́тская пе́сенка nursery rhyme. Она́ зна́ет ма́ссу де́тских пе́сенок. She knows lots of nursery rhymes.

де́тский сад kindergarten. Я не хочу́ ходи́ть в де́тский сад; я уже́ большо́й. I don't want to go to kindergarten, I'm a big boy now.

по-де́тски childish. Вы рассужда́ете по-де́тски. Your reasoning is childish.

де́тство childhood. В де́тстве он жил в дере́вне. In his childhood he lived in the country. — Он совсе́м впал в де́тство. He's in his second childhood.

деть (де́ну, де́нет; pct of дева́ть) to put. Не зна́ю, куда́ мне э́то всё деть. I don't know where to put all this.

-ся

□ Куда́ де́лись все карандаши́? Where have all the pencils disappeared to?

дефици́т deficit. Заво́д зако́нчил год с дефици́том. The factory had a deficit at the end of the year. • scarcity. У нас большо́й дефици́т в строи́тельных материа́лах. We have a great scarcity of building materials.

□ Бюдже́т соста́влен без дефици́та. They planned a balanced budget.

дефици́тный losing. Э́то дефици́тное предприя́тие. It's a losing enterprise.

□ **дефици́тный това́р** scarce goods. Наш заве́дующий уме́ет раздобыва́ть дефици́тные това́ры. Our manager always knows how to get scarce goods.

дешёвле See **дешёвый.**

дешёвый (sh дёшев, дешева́, дёшево, -вы; cp деше́вле, дешевле́е) cheap. Э́тот портфе́ль совсе́м дешёвый. This briefcase is quite cheap. — Я не хочу́ быть объе́ктом ва́шего дешёвого остроу́мия. I don't want to be the butt of your cheap jokes. — Э́то о́чень дёшево. It's very cheap. • inexpensive. Здесь побли́зости есть дешёвый рестора́н. There is an inexpensive restaurant near by.

□ **деше́вле** cheaper. Проду́кты ста́ли деше́вле. Food has become cheaper.

дёшево cheap. *Дёшево и серди́то. Cheap but good. • cheaply. Вы э́то пальто́ дёшево купи́ли. You bought this coat cheaply.

дёшево отде́латься to get off lucky. На́ша маши́на переверну́лась, но мы дёшево отде́лались. Our car turned over, but we got off very lucky • Его́ обеща́ния дёшево сто́ят. His promises aren't worth much.

□ Нет ли у вас ко́мнаты подеше́вле? Don't you have a room a bit cheaper?

деятель (M)

□ **госуда́рственный де́ятель** statesman.

заслужённый де́ятель иску́сства meritorious art worker (title, USSR), honored artist (title, USSR).

□ Он ви́дный де́ятель иску́сства. He's prominent in the field of arts.

джéмпер slipover.

диалéктика dialectics.

диáметр diameter.

дивáн sofa.

диéта *or* **диэ́та** diet. Мне ну́жно соблюда́ть диéту. I have to be on a diet.

дизентери́я dysentery.

ди́кий (*sh* дикá) wild. Он вчерá подстрели́л трёх ди́ких ýток. He shot down three wild ducks yesterday. ● savage. А что, в Сéверной Амéрике остáлись каки́е-нибудь ди́кие племенá? Are there any savage tribes left in North America? ● absurd. Что за ди́кая идéя! What an absurd idea! ● peculiar. Я попáл в ди́кое положéние. I got into a very peculiar situation.

□ Он в ди́ком востóрге от вáшего пéния. He's crazy about your singing.

диктáтор dictator.

диктатýра dictatorship.

□ **диктатýра пролетариáта** dictatorship of the proletariat.

диктовáть (/*pct*: **про-**/) to dictate. Не дикту́йте так бы́стро, я за вáми не поспевáю. Don't dictate so fast; I can't keep up with you. — Он напрáсно дýмает, что смóжет диктовáть нам свои́ усло́вия. He's wrong if he thinks he can dictate terms to us.

диктóвка dictation. Сегóдня учи́тель дал нам диктóвку, и я не сдéлал ни однóй оши́бки. The teacher gave us dictation today and I didn't make a single mistake.

□ Это заявлéние напи́сано под егó диктóвку. The statement was dictated by him.

ди́ктор radio announcer.

динами́т dynamite.

диплóм diploma. Я хочý снять кóпию со своегó диплóма. I want to make a copy of my diploma.

□ С университéтским диплóмом емý лéгче бы́ло бы получи́ть э́ту рабóту. He could get this job easier if he were a college graduate.

дипломáт diplomat. Этот посóл — стáрый óпытный дипломáт. This ambassador is an old, experienced diplomat. — Все её друзья́ считáют её тóнким дипломáтом. All her friends consider her a clever diplomat.

дипломати́ческий diplomatic. Дипломати́ческие отношéния мéжду э́тими странáми пóрваны. These two countries severed diplomatic relations. — Дипломати́ческая лóжа сегóдня вéчером полнá. The diplomatic box is full this evening.

□ Мне надоéло слýшать егó дипломти́ческие отвéты. I'm tired of his noncommittal answers.

дирéктор (*P* -á, -óв) director. Дирéктор музéя — извéстный худóжник. The director of the museum is a well-known painter. ● manager. Дирéктора сегóдня до обéда в бáнке не бýдет. The manager won't be at the bank this morning. ● principal. Нет, нáши ученики́ дирéктора не боя́тся. No, our students are not afraid of the principal.

□ **дирéктор завóда** factory manager. Дирéктор завóда уéхал в командирóвку. The factory manager left on an official mission.

дирижёр conductor. И́мя э́того дирижёра хорошó извéстно в музыкáльном ми́ре. The name of this conductor is well known in the musical world.

дирижи́ровать to conduct. Кто дирижи́рует вáшим оркéстром? Who conducts your orchestra?

диску́ссия discussion, debate.

дисципли́на discipline.

дитя́ (дитя́ти, *i* дитя́тей *N/the P is supplied by* **дéти**/) child. Онá рассуждáет, как дитя́. She talks like a child. — Какóе вы ещё дитя́. You're just a child.

дичь (*F*) game. Есть у вас здесь дичь? Is there any game around here? ● wild fowl. Тут на сéвере едя́т мнóго ди́чи. They eat plenty of wild fowl in the North. ● out-of-the-way place. Дичь тут стрáшная, до ближáйшей стáнции сто киломéтров. This is a terribly out-of-the-way place; the nearest railway station is a hundred kilometers away. ● nonsense. Какýю он дичь порёт, прóсто сил нет. What nonsense he's talking! I just can't stand it.

динá length. Измéрьте, пожáлуйста, длинý э́той кровáти. Measure the length of this bed, please. ● long. Мне нýжен большóй стол, не мéньше двух мéтров длинóй. I need a big table, at least two meters long.

ди́нный (/*sh* -ннá/) long. Это плáтье сли́шком дли́нное. This dress is too long. — Это бы́ло дли́нное путешéствие. It was a long trip.

□ **длиннéе** longer. Когдá дни стáнут длиннéе, мы смóжем дéлать больши́е прогýлки. When the days become longer, we'll be able to go for long walks. —Надéюсь, что э́то пальтó вам подойдёт; длиннéе у нас нет. I hope that this coat will fit you; we haven't any longer ones.

длить.

-ся (/*pct*: **про-**/) to last. Карти́на дли́лась три часá. The movie lasted three hours.

для for. Для когó э́ти цветы́? Who are these flowers for? — Это для вас. This is for you. — Для чегó вам нужнá э́та буты́лка? What do you need this bottle for? — Я э́то дéлаю для своегó удовóльствия. I'm doing it for my own pleasure. — Для инострáнца вы говори́те по-рýсски óчень хорошó. You speak Russian very well for a foreigner.

□ **для тогó чтóбы** in order to. Я сказáл э́то, для тогó чтоб егó успокóить. I said it in order to put his mind at ease.

□ Давáйте найдём вагóн для куря́щих. Let's find the smoking car.

дневни́к diary. Он ведёт дневни́к; интерéсно, что он о нас пи́шет. He keeps a diary; I wonder what he's writing about us. ● report card. Опя́ть у негó в дневникé одни́ двóйки да еди́ницы. He's got nothing but bad marks on his report card again.

дневнóй day. Я рабóтаю в дневнóй смéне. I work on the day shift.

□ **дневнóй зáработок** day's wages. Рабóчие нáшего завóда пожéртвовали свой дневнóй зáработок в пóльзу Крáсного крестá. The workers of our factory contributed one day's wages to the Red Cross.

дневнóй свет daylight. Эту матéрию нáдо посмотрéть при дневнóм свéте. You'll have to examine this material in daylight.

дневнóй спектáкль matinee. В суббóту бýдет дневнóй спектáкль по общедостýпным цéнам. There'll be a popular-priced matinee Saturday.

днём (/*is of* **день**/) during the day. Лýчше приходи́те вéчером, днём егó трýдно застáть. It's difficult to catch him during the day. Call in the evening. — □ У меня́ нет поко́я ни днём, ни но́чью. Day or night, I have no rest.

дни *See* **день**.

дно (*P* до́нья, -ньев, -ньям) bottom. На дне стака́на оста́лся са́хар. There's some sugar left at the bottom of the glass. — Парохо́д пошёл ко дну. The ship sank to the bottom. — Пей до дна! Bottoms up!

□ **вверх дном** *See* **вверх**. — □ На́ши места́ бога́тые — золото́е дно! Our part of the country is rich: a real gold mine! — *•*Ах, чтоб ему́ ни дна ни покры́шки! Damn him, I hope he breaks a leg!

дня *See* **день**.

до to. Отсю́да до аэродро́ма полчаса́ езды́. It's half an hour's ride from here to the airport. — До́ктор принима́ет от двух до пяти́. The doctor's office hours are from two to five. — Она́ покрасне́ла до корне́й воло́с. She blushed to the roots of her hair. — Он остава́лся в осаждённом го́роде до са́мого конца́. He stayed in the besieged town to the very end. *•* as far as. Я е́ду с ва́ми до Москвы́. I'm going with you as far as Moscow. *•* for. Что до меня́, то я гото́в. As for me, I'm ready. *•* till. Я вас ждал до пяти́ часо́в. I waited for you till five o'clock. *•* until. Я отложу́ э́то до ва́шего возвраще́ния. I'll postpone it until your return. *•* before. Э́то так бы́ло до револю́ции. It was like that before the revolution. — До отхо́да по́езда оста́лось полчаса́. There's half an hour left before the train leaves. *•* up to. В пионе́ры принима́ются ребя́та до пятна́дцати лет. The Pioneers (Scouts) accept children up to fifteen years of age.

□ **до востре́бования** general delivery. Пиши́те мне до востре́бования. Write me care of general delivery. **до сих пор** still. Как, вы до сих пор не ви́дели на́шего музе́я? How come you still haven't seen our museum? *•* this far. Я прочита́л то́лько до сих пор. I only read this far. — □ Мне в э́тот моме́нт бы́ло не до сме́ха. I was in no mood to laugh at the moment. *•* Мне до э́того де́ла нет. It's none of my business. *•* До чего́ же он умён! Isn't he clever! *•* До свида́ния! Good-by!

доба́вить (*pct of* **добавля́ть**) to add. Доба́вьте к со́усу ещё немно́го пе́рцу. Add a little more pepper to the gravy. — К э́тому не́чего бо́льше доба́вить. There is nothing to be added to this. *•* to supply. Я могу́ доба́вить недоста́ющую су́мму. I can supply the balance of the money. *•* Доба́вьте ещё два хле́ба. Throw in another two loaves of bread.

добавля́ть (*dur of* **доба́вить**).

доба́вочный ([-šn-]) additional. Он получа́л доба́вочный паёк по боле́зни. He got an additional ration because of his illness.

добива́ться (*dur of* **доби́ться**) to seek. Он давно́ добива́лся э́того назначе́ния. He sought this nomination for a long time.

доби́ться (-бью́сь, -бьётся: *imv* -бе́йся; *pct of* **добива́ться**) to get. Он доби́лся своего́. He got what he went after. — От него́ ничего́ не добьёшься. It's impossible to get anything out of him. *•* to obtain. Он не сра́зу доби́лся о́бщего призна́ния. He didn't obtain wide recognition at once.

□ Уверя́ю вас, при жела́нии мо́жно всего́ доби́ться. I

assure you, where there's a will, there's a way. *•* Заве́дующего тут не добьёшься. You can't get to see the manager here.

добро́ good. Он в свое́й жи́зни нема́ло добра́ сде́лал. He has done a lot of good in his lifetime. — Слу́шайте, ведь я вам то́лько добра́ жела́ю! Look, I only mean it for your own good. *•* things. Чьё э́то тут добро́? Whose things are those? *•* junk. Тако́го добра́ нам и да́ром не ну́жно! We wouldn't take such junk even as a gift.

□ **добро́ бы** at least if. Не понима́ю, что она́ в нём нашла́? Добро́ бы ещё был он краса́вец како́й, а то и взгляну́ть не́ на что! At least if he were a handsome man I could understand what she sees in him. But he isn't even anything to look at! — □ Добро́ пожа́ловать! Welcome! *•* Э́то не к добру́! That's a bad sign! *•* *•*Нет ху́да без добра́! Every cloud has a silver lining. *•* *•*От добра́ добра́ не и́щут. Let well enough alone.

доброво́лец (-льца) volunteer. Команди́р вы́звал доброво́льцев. The commander asked for volunteers.

□ Мой брат записа́лся доброво́льцем. My brother enlisted.

доброво́льный voluntary. Его́ ухо́д с рабо́ты был не вполне́ доброво́льным. His leaving the job was not entirely voluntary.

□ **доброво́льное о́бщество** public-service organization. Он состоя́л чле́ном мно́гих доброво́льных о́бществ. He was a member of many public-service organizations.

доброво́льно of one's own free will. Я сде́лал э́то доброво́льно. Меня́ никто́ не заставля́л. Nobody forced me; I did it of my own free will.

добросо́вестный ([-sn-]) conscientious. Он оказа́лся о́чень добросо́вестным рабо́тником. He turned out to be a very conscientious worker.

□ **добросо́вестно** conscientiously. Они́ добросо́вестно вы́полнили зака́з. They carried out the order conscientiously.

доброта́ kindness. Она́ — сама́ доброта́! She's kindness itself. — Э́то был челове́к большо́го ума́ и необыкнове́нной доброты́. He was a very clever and unusually kind person.

до́брый (*sh* добр, добра́, до́бро, -ы) kind. У неё тако́е до́брое се́рдце. She has such a kind heart. — Бу́дьте добры́, укажи́те мне доро́гу. Be so kind as to show me the way. *•* good. Он до́брый ма́лый. He's a good fellow. — Э́то ещё до́брых три ми́ли отсю́да. It's a good three miles from here. — Я не назову́ его́ дру́гом, а скоре́е до́брым знако́мым. I'd call him a good acquaintance rather than a friend. — До́брый ве́чер! Good evening! — С до́брым у́тром! Как вы спа́ли? Good morning! How did you sleep?

□ **до́брое и́мя** reputation. Е́сли вы дорожи́те свои́м до́брым и́менем, не де́лайте э́того. Don't do it if you care about your reputation. — □ В до́брый час! Good luck! *•* Всего́ до́брого! Good-by! *•* Что ж, иди́те! ва́ша до́брая во́ля. Well, go ahead, you're your own boss. *•* Убира́йтесь-ка по добру́ по здоро́ву. Get out of here while the getting's good. *•* Он ещё, чего́ до́брого, заблуди́лся. I'm afraid he might have gotten lost.

добыва́ть (*dur of* **добы́ть**) to mine. В э́том райо́не добыва́ют у́голь и желе́зо. Coal and iron are mined in this district.

☐ **добыва́ющая промы́шленность** mining. У нас разви́та́ и добыва́ющая и обраба́тывающая промы́шленность. Both the mining and the manufacturing industries are well developed here.

☐ Он всегда́ уме́л добыва́ть сре́дства к существова́нию без осо́бого труда́. He always knew how to make a living without too much effort.

добы́ть (-бу́ду, -бу́дет; *p* до́был, -ла́, до́было, -и; *pct of* **добыва́ть**) to get. Ему́ удало́сь добы́ть не́сколько буты́лок ста́рого коньяку́. He was able to get a few bottles of cognac.

добы́ча output. Добы́ча руды́ в э́том ме́сяце о́чень повы́силась. The output of ore increased considerably this month. • loot. Граби́тели поссо́рились при дележе́ добы́чи. The robbers quarreled over the loot. • bag of game. Мы пришли́ с охо́ты с бога́той добы́чей. We came back from the hunting trip with a big bag of game.

дове́ренность (*F*) power of attorney. Он дал мне дове́ренность на получе́ние де́нег. He gave me power of attorney to receive the money.

дове́рие confidence. Он по́льзуется всео́бщим дове́рием. He enjoys everybody's confidence. • trust. Они́ злоупотребля́ют ва́шим дове́рием. They take advantage of your trust in them. • faith. Я не пита́ю большо́го дове́рия к её тала́нтам. I have no great faith in her abilities.

☐ Бу́дьте споко́йны, он челове́к вполне́ заслу́живающий дове́рия. Rest assured that he's a highly trustworthy person.

дове́рить (*pct of* **доверя́ть**) to trust. Мо́жно дове́рить ему́ де́ньги? Can I trust him with money?

до́верху (*/cf* **верх**/) to the top. Не налива́йте котёл до́верху. Don't fill the boiler up to the top.

доверя́ть (*dur of* **дове́рить**) to trust. Я ему́ не доверя́ю. I don't trust him.

☐ Причита́ющиеся мне де́ньги доверя́ю получи́ть граждани́ну Б. Please pay Mr. B. the money due me.

довести́ (-веду́, -ведёт; *p* -вёл, -вела́, -о́, -и́; -вёлся́, -вела́сь, -ло́сь, -ли́сь; *pap* -ве́дший; *pct of* **доводи́ть**).

до́вод argument. Все ва́ши до́воды неубеди́тельны. None of your arguments are convincing. — Мы вы́слушали все до́воды за и про́тив. We listened to all the arguments pro and con.

доводи́ть (-вожу́, -во́дит; *dur of* **довести́**) to take to. Я по утра́м довожу́ дете́й то́лько до трамва́я. In the mornings I take the children as far as the streetcar.

☐ **доводи́ть до конца́** to finish. Он вся́кое де́ло дово́дит до конца́. He finishes everything he starts.

дово́енный prewar. Дово́енные це́ны не могли́ удержа́ться. Prewar prices could not have been maintained.

дово́льный pleased. У него́ дово́льный вид. He looks pleased. • satisfied. Вы дово́льны свое́й ко́мнатой? Are you satisfied with your room?

☐ **дово́льно** enough. Как вы ду́маете, э́того дово́льно? What do you think, will that be enough? • rather. Рабо́та сде́лана дово́льно хорошо́. The work is rather well done. — Он пришёл дово́льно по́здно. He came rather late. • pretty. Она́ дово́льно хорошо́ поёт. She sings pretty well.

☐ Дово́льно вам спо́рить! Stop your arguing!

догада́ться (*pct of* **дога́дываться**) to figure out. Я до́лго не

мог догада́ться, как откры́ть э́тот я́щик. I couldn't figure out for a long time how to open this drawer. • to think of. Я про́сто не догада́лся спроси́ть у вас его́ а́дрес. I simply didn't think of asking you for his address.

дога́дываться (*dur of* **догада́ться**) to realize. Он не дога́дывается, что его́ боле́знь така́я серьёзная. He does not realize that his condition is serious.

догна́ть (-гоню́, -го́нит; *p* -гна́л, -ла́; *pct of* **догоня́ть**) to catch up to. Вы нас низачто́ не догони́те. You'll never catch up to us.

догова́ривать (*dur of* **договори́ть**) to tell everything. Он чего́-то не догова́ривает. He's holding something back.

-ся to make an arrangement. С ним не сто́ит догова́риваться — он всё равно́ забу́дет. No use making any arrangements with him, he'll forget anyhow.

☐ **догова́ривающиеся сто́роны** contracting parties. Догова́ривающиеся сто́роны постанови́ли: The contracting parties agreed:

догово́р contract. Мы заключи́ли с сосе́дним руднико́м догово́р о регуля́рной поста́вке руды́. We concluded a contract with the local mine for a regular supply of ore. • agreement. Но то́лько чур — догово́ра не наруша́ть! Whatever happens, let's stick to our agreement.

договори́ть (*pct of* **догова́ривать**) to finish talking. Да́йте мне договори́ть! Let me finish talking!

-ся to agree. Мы договори́лись встре́титься на ста́нции. We agreed to meet at the station.

догоня́ть (*dur of* **догна́ть**) to catch up. На э́той ста́нции курье́рский по́езд догоня́ет пассажи́рский. The express catches up with the local at this station.

доезжа́ть (*dur of* **дое́хать**) to reach. Не доезжа́я до моста́, вы уви́дите бе́лый до́мик. Just before reaching the bridge you'll see a little white house.

дое́хать (-е́ду, -е́дет; *no imv*; *pct of* **доезжа́ть**) to get (some place). На авто́бусе вы дое́дете гора́здо скоре́е. You'll get there much quicker by bus.

☐ По́езд останови́лся в по́ле, не дое́хав до ста́нции. The train stopped in a field short of the station. • Дое́хали, вылеза́йте! Here we are. All out! • *Дое́хали вы па́рня свои́ми тре́бованиями. You ran the fellow ragged with your demands.

дожда́ться (-жду́сь -ждётся; *p* дожда́лся, дождала́сь, дожда́ло́сь, дожда́ли́сь; *pct of* **дожида́ться**) to wait until. Непреме́нно дожди́тесь его́! Be sure to wait until he comes.

☐ Наконе́ц-то я дожда́лась письма́. I received a letter at last. • Он дождётся того́, что его́ вы́кинут из ву́за. He'll end up being thrown out of college.

дождеви́к ([-žj-]; -á) raincoat.

дождли́вый ([-žjlj-]) rainy. Ле́то бы́ло о́чень дождли́вое. It was a very rainy summer.

дождь (-жда́ [došč, dažjá]; *M*) rain. Мы попа́ли под дождь. We were caught in the rain.

☐ **идёт дождь** it's raining. Посмотри́те, идёт ещё дождь? See if it's still raining.

☐ Дождь льёт, как из ведра́. It's raining cats and dogs. • С утра́ начался́ проливно́й дождь. The downpour began in the morning.

дожида́ться (*dur of* **дожда́ться**) to wait for. До́лго нам ещё дожида́ться по́езда? Do we still have long to wait for the train?

до́за dose.

дозвони́ться (*pct*) to reach by phone. Я ника́к не мог к вам дозвони́ться. I just couldn't reach you by phone.

до́ить to milk. Когда́ тут у вас до́ят коро́в? When do they milk the cows here?

дойду́ *See* **дойти́.**

дойти́ (-йду́, -йдёт; *p* -шёл, шла́, -о́, -и́; *pap* -ше́дший; *pct of* **доходи́ть**) to reach. Мы дошли́ до реки́ уже́ под ве́чер. We reached the river by nightfall. — До меня́ дошли́ неприя́тные слу́хи. Unpleasant rumors reached me. • to get (some place). Я дошёл уже́ до середи́ны кни́ги. I got halfway through the book. • to end up. Де́ло дошло́ до дра́ки. It ended up in a fight.

☐ **дойти́ до того́** to get to the point. Он дошёл до того́, что обруга́л медсестру́. It got to the point where he began calling the nurse names.

дойти́ свои́м умо́м to figure out by oneself. Никто́ ему́ не объясня́л, он свои́м умо́м дошёл. Nobody explained it to him; he figured it out by himself.

☐ Вы смо́жете дойти́ до́ дому пешко́м? Will you be able to walk all the way home?

доказа́тельство proof. В доказа́тельство свое́й правоты́ он показа́л нам её письмо́. He showed us her letter as proof that he was right.

☐ Ти́ше, ти́ше — руга́тельство не есть доказа́тельство. Take it easy — an insult doesn't prove anything.

доказа́ть (-кажу́, ка́жет; *pct of* **дока́зывать**) to prove. Он доказа́л свою́ дру́жбу на де́ле. He proved his friendship by his actions. — Вам бу́дет легко́ доказа́ть свою́ невино́вность. It'll be easy for you to prove your innocence.

дока́зывать (*dur of* **доказа́ть**) to próve. Э́то ещё ничего́ не дока́зывает. That still doesn't prove a thing.

докла́д speech. По́сле докла́да состоя́лись оживлённые пре́ния. After his speech, there was a lively discussion. • lecture. Сего́дня в клу́бе бу́дет интере́сный докла́д. There will be an interesting lecture at the club tonight. • report. В горсове́те сейча́с иду́т пре́ния по докла́ду исполко́ма. At the moment, the city soviet is discussing the report of the executive committee. • paper. Он за́втра чита́ет докла́д на съе́зде исто́риков. Tomorrow he's going to read a paper at the convention of the historical society.

☐ Без докла́да не входи́ть! Don't enter unless announced.

докла́дчик main speaker. Докла́дчик сейча́с зака́нчивает своё заключи́тельное сло́во. The main speaker is making his concluding remarks.

докла́дывать (*dur of* **доложи́ть**) to read a report. Он докла́дывал о своём откры́тии на съе́зде фи́зиков. He read a report about his discovery to the convention of physicists. • to report. Я об э́том докла́дывал дире́ктору. I reported it to the director.

☐ Теа́тр себя́ не окупа́ет, горсове́ту прихо́дится докла́дывать. The theater has a deficit, so the city soviet has to make up the difference.

до́ктор (*P* -а́, -о́в) physician. Он тут лу́чший до́ктор. He's the best physician here. • doctor. Когда́ до́ктор мо́жет меня́ приня́ть? When can the doctor see me? — Он до́ктор филосо́фии. He's a Ph. D.

докуме́нт papers. Она́ пое́хала в го́род, что́бы офо́рмить докуме́нты. She went into town to put her papers in order. • permit. У вас есть докуме́нт на прое́зд? Have you a traveling permit? • document. Э́то име́ет интере́с то́лько как истори́ческий докуме́нт. This has interest only as an historical document.

☐ **оправда́тельный докуме́нт** voucher. У него́ все оправда́тельные докуме́нты в поря́дке. His vouchers are all in order.

долг (*P* -и́) debt. Он тут наде́лал долго́в. He got himself into debt here. — *Он в долгу́, как в шелку́. He's head over heels in debt. • duty. Я э́то счита́ю свои́м до́лгом. I consider it my duty.

☐ **в долг** on credit. В э́той ла́вке даю́т в долг? Do they sell on credit in this store?

взять в долг to borrow. Я взял у него́ де́сять рубле́й. I borrowed ten rubles from him.

госуда́рственный долг national debt.

☐ Спаси́бо большо́е! И по́мните, я у вас в долгу́. Thanks very much! I'm indebted to you. — **Долг платежо́м кра́сен. One good turn deserves another.

до́лгий (*sh* -лга́; *ср* до́льше, до́лее) long. Он до́лгое вре́мя боле́л. He was sick for a long time. — От до́лгого недоеда́ния она́ стра́шно похуде́ла. She got terribly thin from long undernourishment.

☐ **до́лго** long time. Я до́лго не мог э́того забы́ть. I couldn't forget it for a long time.

до́лго ли in no time at all. Тут так ду́ет из окна́, до́лго ли простуди́ться. There's such a draft from the window here that you can catch cold in no time at all.

до́льше longer. Мне сего́дня пришло́сь ждать трамва́я до́льше чем обы́чно. I had to wait for a street car longer than usual today.

☐ *Не откла́дывайте рабо́ту в до́лгий я́щик. Don't put your work off indefinitely.

до́лжен (-жна́, -о́, -ы́) must. Я до́лжен ему́ помо́чь. I must help him. • ought. Вы должны́ заплати́ть э́тот долг. You ought to pay this debt. • to have to. Вы должны́ приходи́ть во́-время. You have to come on time.

☐ **быть до́лжным** to owe. Ско́лько я вам до́лжен? How much do I owe you?

☐ Он до́лжен быть здесь в пять часо́в. He's supposed to be here at five o'clock. • Она́ должна́ была́ вчера́ прие́хать. She was supposed to arrive yesterday.

должно́-быть probably. Гроза́, должно́-быть, ско́ро пройдёт. The storm will probably let up soon. • must. Он, должно́-быть, об э́том узна́л из газе́т. He must have found out about it in the newspaper.

доли́на valley.

до́ллар dollar. Вы мо́жете обменя́ть мне до́ллары на рубли́? Can you exchange my dollars for rubles?

доложи́ть (-ложу́, -ло́жит; *pct of* **докла́дывать**) to inform. Доложи́те, пожа́луйста, дире́ктору, что я пришёл. Please inform the manager that I've arrived. • to add. Командиро́вочных да́ли так ма́ло, что мне пришло́сь свои́х доложи́ть. I got so little in the way of traveling expenses that I had to add some of my own money.

☐ (*no dur*) Ну и исто́рия вы́шла, доложу́ я вам! You ought to hear what happened! It's quite a story.

доло́й down. Доло́й! Down with it! • away. Убери́те весь э́тот хлам доло́й отсю́да. Take all this junk away from here.

долото́ (*P* доло́та) chisel.

до́льше *See* **до́лгий.**

дом (*P* -а́, -о́в/*g* -у́; на дому́/) house. Мы живём в шестиэта́жном до́ме. We live in a six-story house. — Мать це́лые дни хлопóчет по дóму. Mother is busy with the house all day long. — Вам письмó úз дому. You've got a letter from home. — Эта машинúстка берёт рабóту нá дом. This typist does work at home. — Дóктор принимáет на домý от пятú до семú. The doctor has office hours from five to seven at his home.

□ дéтский дом children's home. Он воспúтывался в дéтском дóме. He was raised in a children's home.

дом крестьянина kolkhoznik's hostel.

дом культýры See дворéц культýры.

дом óтдыха rest home. Я провёл мой óтпуск в дóме óтдыха. I spent my vacation in a rest home.

сумасшéдший дом madhouse. Это не учреждéние, а какóй-то сумасшéдший дом! This is more a madhouse than an office.

дóма (/gs of дом/) at home. Егó дóма нет. He's not at home. — Бýдьте как дóма. Make yourself at home. — У нас дóма, в Амéрике, всё инáче. Back (at) home in America everything is different.

□ *В гостях хорошó, а дóма лýчше. There's no place like home. • *Что, у негó не все дóма? I guess he's not all there.

домáшний home. Вы записáли нóмер моегó домáшнего телефóна? Have you written down my home telephone number? — Пошлúте-ка лýчше за дóктором, я боюсь лечéния домáшними срéдствами. You'd better send for a doctor; I'm afraid of home remedies. — Я давнó ужé нé был в домáшней обстанóвке. It's been a long time since I've been in a home atmosphere. • house. Онá былá в прóстеньком домáшнем плáтье. She wore a plain house dress. • domestic. Одолéли меня эти домáшние дрязги. I'm all in from those domestic squabbles.

□ домáшнее хозяйство housework. Домáшнее хозяйство отнимáет у меня мáссу врéмени. Housework takes a lot of my time.

домáшние family. Все мои домáшние вас óчень полюбúли. My whole family took a great liking to you.

домáшние обéды home-cooked meals. Егó мать даёт домáшние обéды óчень недóрого. His mother serves home-cooked meals at very reasonable prices.

домáшняя птúца poultry.

домáшняя хозяйка housewife. Тепéрь я домáшняя хозяйка. I'm a housewife now.

по-домáшнему informal. Вы уж извинúте, у нас здесь по-домáшнему. Excuse us; we're very informal here.

доминó (indecl N) dominoes. Хотúте сыгрáть в доминó? Do you want to play a game of dominoes?

домкóм or домóвый комитéт house committee (in USSR). Обратúтесь к председáтелю домкóма. Ask the chairman of the house committee.

дóмна (дóменная печь) blast furnace. У нас на завóде пустúли пятую дóмну. They started operating a fifth blast furnace at our factory.

домóй home. Идём домóй! Let's go home. — Я не могý найтú дорóгу домóй. I can't find my way home.

домоуправлéние house management. Об этом вам лýчше всегó спросúть в домоуправлéнии. You'd better ask the house management about it.

домохозяйка (домáшняя хозяйка) housewife.

домрабóтница (домáшняя рабóтница) maid. Найтú домрабóтницу (домáшнюю рабóтницу) тепéрь не так прóсто. It's not so easy to find a maid nowadays.

донестú (-несý, -несёт; p -нёс, -неслá, -ó, -ú; pct of доносúть) to carry to. Я вам помогý донестú этот пакéт дó дому. I'll help you carry this package home. • to report. Интерéсно былó бы знать, кто на вас донёс. I'd like to know who reported you.

дóнор blood donor.

доносúть (-ношý, -нóсит; dur of донестú) to report. Предупреждáю вас, что он бýдет доносúть начáльству обо всём, что вы дéлаете. I warn you, he'll report everything you're doing to his superiors. • to wear out. Доносú сначáла стáрые сапогú, а потóм кýпим нóвые. You'll have to wear out your old shoes before I'll buy you new ones.

доношý See доносúть.

доплáта additional charge. Вы перешлú в мягкий вагóн, с вас полагáется доплáта. You changed to a first-class car, so there'll be an additional charge.

□ Вам тут пришлó письмó с доплáтой. You got a letter with postage due.

доплатúть (-плачý, -плáтит; pct of доплáчивать) to pay extra. Вам придётся ещё доплатúть за плацкáрту. You'll have to pay extra for the reservation.

□ Возьмúте лýчше мéсто, я доплачý из своúх. Take a better seat; I'll pay the difference out of my own pocket.

доплáчивать (dur of доплатúть) to pay in addition.

доплачý See доплатúть.

дополнéние addition. В дополнéние ко всем неприятностям у меня ещё появúлась сосéдка певúца. In addition to all my other troubles, a singer moved next door. • appendix. Граммáтические прáвила вы найдёте в дополнéнии к словарю. You'll find the grammatical rules in the appendix of the dictionary.

дополнить (pct of дополнять) to enlarge. Эту статью нáдо бýдет дополнить и проредактúровать. You'll have to enlarge and revise this article.

дополнять (dur of дополнить) to complement. Онú óчень хорошó дополняют друг дрýга. They complement each other very well.

допрáшивать (dur of допросúть) to question. Слéдователь ужé допрáшивал подсудúмого? Has the district attorney questioned the defendant yet?

допрóс questioning. В милúции егó подвéргли допрóсу. He underwent questioning at the police station.

допросúть (-прошý, -прóсит; pct of допрáшивать) to question. Егó допросúли и óчень быстро отпустúли. They questioned him and let him go immediately.

допрошý See допросúть.

допускáть (dur of допустúть) to tolerate. Этого ни в кóем слýчае нельзя допускáть. This shouldn't be tolerated under any circumstances. • to admit. Я не допускáю и мысли о том, что он спосóбен на такýю нúзость. I can't even admit that he's capable of doing such a mean thing.

□ Это постановлéние не допускáет исключéний. There are no exceptions to this order.

-ся to allow. Азáртные úгры тут не допускáются. Gambling is not allowed here.

допустúть (-пущý, -пýстит; pct of допускáть) to admit. Вас допýстят к начáльнику, éсли вы придёте в приёмные часы. You'll be admitted to see the chief if you come during office hours. • to let. Я надéялся, что вы до этого не допýстите. I had hoped that you wouldn't let this happen. • to assume. Допýстим на минýту, что вы прáвы. Let's assume for a moment you're right.

☐ Я не могу́ допусти́ть, что он э́то сде́лал наро́чно. I can't imagine that he did it on purpose. • Допу́стим, что э́то так. Let's take it for granted.

допущу́ See **допусти́ть.**

дореволюцио́нный pre-revolutionary

доро́га road. Куда́ ведёт э́та доро́га? Where does this road lead to? — Ско́ро на́до бу́дет сверну́ть на просёлочную доро́гу. We'll have to turn off to a dirt road soon. — Пока́ мы е́хали по мощёной доро́ге, нас не трясло́. As long as we drove on a paved road, we weren't shaken up. • way. Э́то кратча́йшая доро́га на ста́нцию. This is the shortest way to the station. — Я не могу́ найти́ доро́ги к вокза́лу. I can't find my way to the station. — Он суме́ет проби́ть себе́ доро́гу. He'll be able to make his way in the world. • trip. Мы пробы́ли неде́лю в доро́ге. The trip took us a week. — Закуси́те на доро́гу. Have a bite before you leave on your trip.

☐ **больша́я доро́га** highway. На́ша дере́вня недалеко́ от большо́й доро́ги. Our village is not far from the highway. **по доро́ге** the same way. Нам по доро́ге, я вас подвезу́. We're going the same way. I'll give you a lift. • on the way. По доро́ге домо́й зайди́те в апте́ку. Stop at the drugstore on your way home.

с доро́ги after the trip. Я ещё да́же не успе́л умы́ться с доро́ги. I didn't even have time to wash up after the trip. ☐ Ну, нам пора́ в доро́гу. Well, I guess it's time for us to leave. • Я зна́ю ваш план; нет, нам с ва́ми не по доро́ге. I know what you're up to, but I don't do things that way. • *Его́ посади́ли? Туда́ ему́ и доро́га! Did they put him in jail? That's where he belongs! • *Ска́тертью доро́га! Good riddance! • *Он не по свое́й доро́ге пошёл. He missed his vocation.

дороговизна high cost of living. Я не знал, что тут така́я дороговизна. I didn't know that the cost of living was so high here.

дорого́й (*sh* доро́г, -га́, до́рого, -ги; *ср* доро́же) expensive. Она́ купи́ла дорогу́ю шу́бу. She bought an expensive fur coat. • dear. Дорого́й Ива́н Петро́вич! Dear Ivan Petrovich: — Э́ти кни́ги мне доро́ги, как па́мять. These books are dear to me as remembrances. — Дороги́е мои́, сего́дня я могу́ сообщи́ть вам хоро́шую но́вость. Dear folks, I can give you some good news today.

☐ **до́рого** expensive. В э́той гости́нице всё о́чень до́рого. Everything is very expensive in this hotel.

доро́же dearer. Мой сын мне доро́же всего́ на све́те. My son is dearer to me than anything else in the world.

себе́ доро́же it doesn't pay. В таку́ю жару́ крича́ть и серди́ться — себе́ доро́же. It doesn't pay to make a fuss in such hot weather.

☐ Нет, дорого́й мой, э́то не так! No, my good man, it's not so! • Не меша́йте! Нам ка́ждая мину́та дорога́. Don't disturb us. Every minute counts. • Э́то уме́ние мне до́рого досталось. I worked hard to acquire this skill. • В э́тот моме́нт он до́рого дал бы за глото́к воды́. He'd have given anything for a drink of water at that moment.

дорожа́ть (/*pct*: вз-/) to go up in price. В э́то вре́мя го́да моло́чные проду́кты всегда́ дорожа́ют. This time of the year dairy products always go up in price.

доро́же See **дорого́й.**

дорожи́ть to value. Она́ о́чень дорожи́т э́тими часа́ми. She values that watch of hers a great deal.

☐ Он о́чень дорожи́т ва́шим хоро́шим мне́нием. Your good opinion of him means a lot to him.

доро́жный road. Тепе́рь у нас мно́го сил ухо́дит на доро́жное строи́тельство. We're putting a lot of effort into road-building now. • traveling. Э́то вам на доро́жные расхо́ды. This is for your traveling expenses.

☐ О, вы, я ви́жу, уже́ оде́ты по-доро́жному. Oh, I see, you're already dressed for traveling.

доса́да aggravation. Я чуть не запла́кала с доса́ды. I almost burst into tears from aggravation.

☐ Про́сто доса́да берёт, когда́ ви́дишь, ско́лько там де́нег зря тра́тится. It just gets you to see how much money is wasted there.

доса́дный annoying. Тут вы́шел доса́дный слу́чай. Something annoying happened.

☐ **доса́дно** what a shame. Ах, как доса́дно, что он не мог прийти́! What a shame he couldn't come!

☐ Мне о́чень доса́дно, что я пропусти́л ва́шу ле́кцию. I'm very annoyed that I missed your lecture.

доска́ (*а* до́ску, *Р* до́ски, досо́к, доска́м) board. Мы сколоти́ли скаме́йку из досо́к. We knocked a bench together out of boards. • plaque. На до́ме была́ приби́та па́мятная доска́. There was a memorial plaque put on the house.

☐ **доска́ для объявле́ний** bulletin board. Спи́сок дежу́рных виси́т на доске́ для объявле́ний. The list of those on duty is on the bulletin board.

(кла́ссная) доска́ blackboard. Расписа́ние уро́ков напи́сано на доске́. The class schedule is written on the blackboard.

кра́сная доска́ honor roll. И́мя э́той рабо́тницы уже́ не́сколько ме́сяцев не схо́дит с кра́сной доски́. This worker's name has not been off the honor roll in several months.

от доски́ до доски́ from cover to cover. Я прочита́л э́ту кни́гу от доски́ до доски́. I read this book from cover to cover.

чёрная доска́ blacklist. Он попа́л на чёрную до́ску. He's on the blacklist.

ша́хматная доска́ (chess) board. На ша́хматной доске́ остава́лось всего́ с полдеся́тка фигу́р. Only about five chessmen were left on the board.

☐ *Он па́рень свой, в до́ску, на него́ мо́жно положи́ться. He's really one of us; you can rely on him. • Ну как мо́жно ста́вить их на одну́ до́ску! How can you compare these two?

досло́вный literal. Э́то досло́вный перево́д письма́. This is a literal translation of the letter.

☐ **досло́вно** word for word. Я его́ цити́рую досло́вно. I'm quoting him word for word.

досмо́тр inspection. Пригото́вьтесь к тамо́женному досмо́тру. Get ready for the customs inspection.

достава́ть (-стаю́, -стаёт *imv* -става́й; *prger* -става́я; *dur of* **доста́ть**) to get. Папиро́сы тепе́рь достава́ть тру́дно. It's hard to get cigarettes now. — Где вы тут достаёте иностра́нные газе́ты? Where do you get foreign newspapers here? • to reach. Я не достаю́ до ве́рхней по́лки, да́йте табуре́тку. I can't reach the top shelf; give me a stool.

☐ **не достава́ть** See **недостава́ть.**

-ся.

☐ Мне за э́то ча́сто достава́лось от отца́. I often got a bawling out from my father because of that.

доста́вить (*pct of* **доставля́ть**) to deliver. Ва́ше пальто́ уже́ доста́вили из магази́на. Your overcoat has been delivered from the store. • to get. Не беспоко́йтесь, гражда́нка, Я ва́шу до́чку доста́влю домо́й в це́лости. Don't worry, madam, I'll get your daughter home safely. • to give. Ёлка доста́вила де́тям мно́го ра́дости. The Christmas tree gave the children a lot of pleasure.

доста́вка delivery. За доста́вку (на́ дом) осо́бая пла́та. Extra charge for delivery. • delivery system. Доста́вка сырья́ у нас хорошо́ нала́жена. We have a well-organized delivery system for raw material.

доставля́ть (*dur of* **доста́вить**) to deliver. Вы доставля́ете поку́пки на́ дом? Do you deliver?

доста́точный ([-šn-]) sufficient. У вас нет доста́точных основа́ний для обвине́ния. You haven't got a sufficient basis for accusation.

□ **в доста́точном коли́честве** enough. Маши́ны у нас име́ются в доста́точном коли́честве. We've got enough machinery.

доста́точно enough. У вас доста́точно бума́ги? Have you got enough paper?

□ Спаси́бо, с меня́ доста́точно. Thanks, I've had my fill. • Я с ним доста́точно наму́чилась. I had quite a hard time with him.

доста́ть (-ста́ну, -ста́нет; *pct of* **достава́ть**) to get. Доста́ньте, пожа́луйста, э́тот чемода́нчик из се́тки. Get that small suitcase from the rack, please. • to get hold of. Где вы доста́ли э́ти замеча́тельные ва́ленки? Where did you get hold of these wonderful felt boots? • to raise. Они́ где́-то доста́ли де́нег на устро́йство конце́рта. They raised money for the concert somewhere.

-**ся** (*only S3, P3*).

□ Э́тот костю́м мне доста́лся от уе́хавшего това́рища. I got this suit when my friend left it and went away. • А не доста́нется нам за э́то? Won't we get the devil for it? • Ей доста́лся лу́чший вы́игрыш. She won first prize in the lottery. • Ско́лько доста́нется на бра́та? How much does each of us get?

достига́ть (*dur of* **дости́гнуть** and **дости́чь**) to reach. Ле́том жара́ достига́ет тут шести́десяти гра́дусов (по Це́льсию). The heat around here reaches sixty degrees (centigrade) in the summer. — Ско́рость э́того аэропла́на достига́ет шестисо́т киломе́тров в час. This airplane reaches a speed of six hundred kilometers an hour.

□ Благодаря́ но́вым маши́нам мы достига́ем прекра́сных результа́тов. We've been having wonderful results, thanks to the new machines.

дости́гну *See* **дости́чь.**

дости́гнуть (*p* -сти́г, -сти́гла; *pct of* **достига́ть**) to reach. Он дости́г глубо́кой ста́рости. He reached a ripe old age. — Наконе́ц мы дости́гли бе́рега. Finally we reached shore. • to get. Мы дости́гли хоро́ших результа́тов в рабо́те. We got good results in our work.

достиже́ние achievement. Они́ о́чень горди́тся свои́ми достиже́ниями. They are very proud of their achievements.

□ Э́то велича́йшее достиже́ние в на́шей рабо́те. This is the high-water mark in our work.

дости́чь (/*inf only*/; *pct of* **достига́ть**) to reach. Ему́ не удало́сь дости́чь це́ли. He didn't reach his goal.

достове́рный reliable. Мы получи́ли э́ти све́дения из достове́рного исто́чника. We received this information from a reliable source.

досто́инство good quality. Его́ досто́инств никто́ не отри-

ца́ет. Nobody denies his good qualities. • merit. В чём вы ви́дите досто́инства э́того предложе́ния? What merits do you see in this proposal? • dignity. Отвеча́ть на э́ту ру́гань ни́же моего́ досто́инства. It's beneath my dignity to answer to such bad language.

□ **оцени́ть по досто́инству** to appreciate. Тут вас, наде́юсь, оце́нят по досто́инству. I hope they'll appreciate you here.

□ Челове́к с чу́вством со́бственного досто́инства туда́ не пойдёт. No self-respecting person would go there.

досту́пный accessible. Э́та верши́на доступна́ то́лько ле́том. This mountain top is accessible only in the summer.

□ Что ж, э́та цена́ для меня́ вполне́ доступна́. That's all right; I can easily afford the price. • Его́ ле́кции доступны́ то́лько специали́стам. Only specialists could understand his lectures.

досу́г free time. Он все свои́ досу́ги посвяща́ет рабо́те в огоро́де. He spends all his free time working in his vegetable garden. • leisure. Прочита́йте э́ту кни́жку на досу́ге. Read this book at your leisure.

до́сыта to one's heart's content. Наконе́ц-то нам удало́сь нае́сться до́сыта. Finally we got a chance to eat to our heart's content. • enough. Мы ника́к не мо́жем наговори́ться до́сыта. We just can't get enough of talking to each other.

дота́ция subsidy (government subsidy given to factories, kolkhozes, schools etc).

дохо́д revenue. Мы рассчи́тываем на увеличе́ние госуда́рственных дохо́дов в э́том году́. We're expecting an increase in the state revenue this year. • income. Когда́ бу́дет производи́ться распределе́ние дохо́дов в ва́шем колхо́зе? When will the shares of the income of your kolkhoz be divided? — А каковы́ ва́ши ли́чные дохо́ды? And how much is your private income?

доходи́ть (-хожу́, -хо́дит; *dur of* **дойти́**) to get. Ле́том парохо́ды сюда́ не дохо́дят. In the summer steamers don't get this far. • to reach. Моро́зы тут дохо́дят до пяти́десяти гра́дусов. It often reaches fifty degrees (centigrade) below zero here. — Не доходя́ до па́рка, вы уви́дите наш дом. You'll find our house just before you reach the park. — Ю́бка у неё до коле́н не дохо́дит. Her skirt doesn't reach her knees. • to extend. Степь дохо́дит до Чёрного мо́ря. The steppe extends to the Black Sea.

□ В про́шлом году́ расхо́ды у нас доходи́ли до пятисо́т рубле́й в ме́сяц. Last year our expenses were as high as five hundred rubles a month. • Пи́сьма сюда́ дохо́дят с больши́м опозда́нием. There's a big delay in the mail here. • В пылу́ спо́ра он ча́сто дохо́дит до абсу́рда. In the heat of an argument he'll say things which are absurd.

дохожу́ *See* **доходи́ть.**

до́чери *See* **дочь.**

до́чка *See* **дочь.**

дочь (до́чери, *P* до́чери, дочере́й *i* дочерьми́ *F*) daughter. У меня́ три до́чери, а у мое́й сестры́ шесть дочере́й. I have three daughters, but my sister has six.

дошёл *See* **дойти́.**

до́ярка milkmaid. Моя́ сестра́ — лу́чшая доя́рка у нас в колхо́зе. My sister is the best milkmaid in our kolkhoz.

драгоце́нность (-стей *P*) jewelry. У неё нет драгоце́нностей. She has no jewelry.

□ Э́та карти́на — на́ша са́мая больша́я драгоце́нность. This picture is our most precious possession.

драгоценный precious. Это драгоценный камень или подделка? Is this a precious stone or just an imitation?

□ Как ваше драгоценное здоровье? I hope you're in the very best of health!

дразнить (дразню, дразнит) to tease. Как вам не стыдно дразнить бедную девочку! You ought to be ashamed of yourself for teasing the poor girl! • to kid. Не дразните меня несбыточными обещаниями. Don't kid me by promising what you can't do.

драка brawl. Кто затеял драку? Who started the brawl? • fight. А зачем он полез в драку? Why did he butt into the fight?

драма drama. Я больше люблю драму, чем оперу. I prefer drama to opera. • tragedy. Он ещё не оправился после тяжёлой личной драмы. He still hasn't recovered from a great personal tragedy.

драть (деру, дерёт; p драла; драл ся, драла сь, -лось, -лись/pct: вы-, за-, со-; refl по-/) to beat. Отчим драл его немилосердно. His stepfather used to beat him unmercifully.

□ Ужас, как он дерёт обувь! He's terribly hard on shoes.

-ся to fight. Скажите ему, чтобы он перестал драться. Tell him to stop fighting. — Мы будем драться за осуществление нашего плана. We'll fight to see our plan go through.

древний ancient. Тут есть замечательная древняя церковь. There's a beautiful ancient church here.

□ Он древний старик. He's terribly old.

дремать (дремлю, дремлет) to doze. Я дремал всю дорогу. I dozed through the whole trip.

дробь (F) bird shot. Он вчера купил охотничье ружьё и дробь. He bought a rifle and bird shot yesterday. • fraction. Мой сын проходит теперь дроби. My son is now taking up fractions.

дрова (дров P) firewood. У нас большой запас дров. We have a large supply of firewood.

дрогнуть (pct) to twitch. Его веки слегка дрогнули. His eyelids twitched slightly.

□ Как это вы написали такое, и у вас рука не дрогнула? Are you out of your mind? How could you write such a thing?

дрожать (-жу, -жит) to shiver. Почему вы так дрожите, вам холодно? Why are you shivering? Are you cold?

□ **дрожать над** to worry over. Как вы можете так дрожать над каждой копейкой? How can you possibly worry over every cent you spend?

□ Я дрожу за его судьбу. I'm afraid of what's going to happen to him.

дрожжи ([žj-]; -жжей P) yeast.

друг (P друзья, друзей, друзьям) friend. Позвольте .... моего друга. May I introduce my friend? — У меня здесь совсем нет друзей. I don't have any friends around here. • pal. Слушай, будь другом, позвони им и скажи, что я сегодня не приду. Be a pal and call and tell them I won't come in today.

друг друга See **другой.**

другой other. Есть у вас другие башмаки? Эти мне не годятся. Have you some other shoes? These don't fit me. — Другими словами, вы отказываетесь это сделать? In other words, you refuse to do it. • different. У меня было о нём совсем другое представление. I had an entirely different picture of him. — Вы заметили, что он стал совсем другим в последнее время? Did you notice that he's become entirely different lately? — Это совсем другое дело! That's an entirely different matter! • another. Я скажу вам об этом в другой раз. I'll tell you about that another time. • next. Он обещал прийти на другой день. He promised he'd come the next day. • else. Я точно не знаю, спросите кого-нибудь другого. Ask someone else; I don't know exactly.

□ **денёк, другой** day or two. Полежите в постели денёк, другой, пока ваша простуда не пройдёт. Stay in bed for a day or two until your cold gets better.

друг друга each other. Они любят друг друга. They love each other.

друг другу each other. Естественно, что товарищи друг другу помогают. It's natural for pals to help each other.

другие others. Мало ли что вам удобно — надо и о других подумать. It may be convenient for you, but you've got to think of others.

друг (о) друге each other. Они давно уже ничего не слыхали друг о друге. They haven't heard about each other for a long time.

другое other. Ей вечно нужно то то, то другое. She always needs something or other. • something else. Нет, вы не понимаете, я вас прошу о другом. No, you don't understand; I'm asking you for something else.

ни тот, ни другой neither one. Мне не подходит ни та, ни другая комната. Neither one of these rooms will fill the bill for me.

□ С каких пор вы друг с другом не разговариваете? How long is it that you've not been on speaking terms? • Мне нравится и тот, и другой. I like them both. • Мне всё равно, кто это сделает, — тот или другой. I don't care which one of the two does it. • Посидели, поговорили о том, о другом. We sat and talked for a while about a number of things.

дружба friendship. Их связывает долголетняя дружба. They've a long-standing friendship.

□ Не в службу, а в дружбу: опустите это письмо в ящик. Do a friend a favor and drop this letter into the mailbox.

дружелюбно friendly. Он говорил со мной очень дружелюбно. He spoke to me in a very friendly way.

дружиться (dur of **подружиться**).

дружный (sh -жна) friendly. Я с ним очень дружен. He and I are very friendly. • close. Наша семья всегда была дружной. Our family was always very close. • all of a sudden. Весна в этом году пришла дружная. Spring weather came all of a sudden this year.

□ Дети дружно взялись за очистку двора. The children went at cleaning up the yard hammer and tongs. • Дружными усилиями мы быстро справимся с этой работой. We'll get through with this job in a hurry if we pull together. • Его ответ был встречен дружным смехом. Everybody burst out laughing at his answer. • Мы с братом жили дружно. My brother and I got along very well. • Раз, два — дружно! Ready, heave!

друзья See **друг.**

дуб (p -ы) oak.

дубовый oak. В комнате стояла тяжёлая дубовая мебель. There was heavy oak furniture in the room.

□ **дубовая голова** blockhead. Ах ты, дубовая голова! Oh, you blockhead!

☐ Он перево́дит дово́льно то́чно, но язы́к у него́ дубо́вый. He translates rather accurately but his language is awkward.

ду́мать to think. Что вы ду́маете о после́дних собы́тиях? What do you think about the latest events? — Я и не ду́мал э́того говори́ть. I never even thought of saying it. — И ду́мать не сме́йте уезжа́ть без у́жина. Don't even think of leaving without supper. — Я ду́маю, нам лу́чше идти́. I think we'd better go. • to intend. Я ду́маю ско́ро лечь спать. I intend to go to bed soon.

☐ Он тепе́рь ду́мает ина́че. He sees things differently now. • Он, не до́лго ду́мая, пры́гнул в во́ду. He jumped into the water without a moment's hesitation. • Он сли́шком мно́го о себе́ ду́мает. He thinks too much of himself. • Как вы ду́маете, не вы́пить ли нам ча́ю? What do you say, let's have a glass of tea.

ду́ра fool. Она́ про́сто наби́тая ду́ра. She's just a damned fool.

дура́к (-á) fool. Он совсе́м не дура́к. He's far from being a fool. — Я не тако́й дура́к, что́бы брать на себя́ э́ту рабо́ту. I'm not such a fool that I'd take that job. — *Я́сное де́ло — дурака́м сча́стье. That's plain — fortune favors fools. — *Не валя́й дурака́! Stop making a fool of yourself!

☐ **дура́к дурако́м** like a damn fool. Они́ всё вре́мя сме́ялись, а я сиде́л дура́к дурако́м. They were laughing all the time and I was sitting there like a damn fool.

сваля́ть дурака́ to make a fool of oneself. Ты, мой ми́лый, большо́го дурака́ сваля́л. You've made a big fool of yourself, my friend.

☐ Рабо́тать на таки́х усло́виях! Нет, спаси́бо, ищи́те дурака́. Work under such conditions? No, thank you, not on your life! • *Зна́чит я оста́лся в дурака́х. I suppose I was left holding the bag.

дура́чить (/pct: о-/) to fool. Заче́м вы позволя́ете себя́ дура́чить? Why are you letting yourself be fooled?

дурно́й (sh ду́рен, -рна́, ду́рно, дурны́; adv ду́рно) bad. У меня́ дурна́я привы́чка кури́ть в посте́ли. I have the bad habit of smoking in bed. • nasty. Ай-ай-ай, — така́я хоро́шенькая де́вушка и тако́й дурно́й хара́ктер! Boy oh boy, for such a pretty girl, she certainly has a nasty disposition! • ugly. Она́ дурна́, как сме́ртный грех. She's ugly as sin.

☐ **дурно́е пита́ние** undernourishment. У ва́шего това́рища малокро́вие от дурно́го пита́ния. Your friend is anemic because of undernourishment.

дурно́е поведе́ние misbehavior. Его́ вы́гнали из шко́лы за дурно́е поведе́ние. They expelled him from school because of misbehavior.

ду́рно bad. Здесь ду́рно па́хнет. It smells bad here.

☐ Мне ста́ло ду́рно от жары́. I felt faint from the heat.

дуть (ppp ду́тый) to blow. *Он всегда́ зна́ет, отку́да ве́тер ду́ет. He always knows which way the wind is blowing. — Тут да́же в жа́ркие дни ду́ет ветеро́к с гор. Around here, a breeze blows from the mountains even on hot days.

☐ Я хочу́ пересе́сть, тут ду́ет. I want to change my seat. It's drafty here. • *Обжёгшись на молоке́, бу́дешь дуть и на́ воду. Once burned, twice shy.

-ся to pout. Чего́ она́ на меня́ ду́ется? What is she pouting at me for?

☐ Как вам не сты́дно по це́лым вечера́м в ка́рты ду́ться? Aren't you ashamed of yourself for wasting every evening playing cards?

дух (g -у) mind. Занима́йтесь физкульту́рой. По́мните: в здоро́вом те́ле здоро́вый дух! Exercise your body and remember: A sound mind in a sound body. • spirit. Тако́е толкова́ние бо́льше соотве́тствует ду́ху зако́на. Such an interpretation is more in accordance with the spirit of the law. • morale. Дух Кра́сной А́рмии всё вре́мя был вы́ше вся́ких похва́л. Morale in the Red Army was very high at all times.

☐ **в ду́хе** in a good mood. Стари́к сего́дня был в ду́хе и на всё соглаша́лся. The old man was in a good mood today and agreed to everything.

во весь дух full speed. Я бежа́л во весь дух, что́бы попа́сть на по́езд. I ran full speed to catch the train.

в том же ду́хе in the same way. О́чень хорошо́! Продолжа́йте в том же ду́хе. Very good! Continue in the same way.

не в ду́хе in a bad mood. Он сего́дня не в ду́хе. He's in a bad mood today.

одни́м ду́хом in a jiffy. Не беспоко́йтесь, я одни́м ду́хом слета́ю. Don't worry, I'll be back in a jiffy.

перевести́ дух to catch one's breath. Погоди́те, да́йте дух перевести́. Wait a moment, let me catch my breath.

прису́тствие ду́ха presence of mind. Он прояви́л большо́е прису́тствие ду́ха во вре́мя пожа́ра. He showed great presence of mind at the time of the fire.

собра́ться с ду́хом to get up courage. Собери́тесь с ду́хом и скажи́те ей об э́том. Get up enough courage to tell her about it.

хвати́ть ду́ху to have the heart. У меня́ ду́ху не хвати́ло сказа́ть ему́ э́то. I didn't have the heart to tell him that.

☐ Не па́дайте ду́хом. Don't lose heart! • Так интере́сно, что дух захва́тывает. It's so interesting it holds you spellbound. • Ну, вы э́то говори́те то́лько из ду́ха противоре́чия. You say all that only because you want to contradict. • А о ва́шем прия́теле всё ещё ни слу́ху, ни ду́ху? Is there still no news about your friend? • Э́то вы как — святы́м ду́хом узна́ли? How did you happen to know that? Did a little bird tell you?

духи́ (духо́в) perfume. Духи́ тут покупа́ют не в апте́ке, а в магази́не Тэжэ́. Perfume here is not bought in a drugstore, but in the "Tezhe" (toilet articles) shop.

духове́нство clergy.

духота́ close. Тут стра́шная духота́, откро́йте окно́. It's awfully close in here; open the window.

душ (M) shower. Я хоте́л бы приня́ть душ. I'd like to take a shower.

душа́ (a ду́шу, P ду́ши, душ, душа́м) soul. Вам на́до поня́ть ру́сскую ду́шу. You have to understand the Russian soul. — На у́лице — ни души́. There isn't a living soul on the street. — Кака́я-то до́брая душа́ пригре́ла мои́х ребя́т. Some kind soul took care of my children. — Она́ всю свою́ ду́шу вкла́дывает в преподава́ние. She's putting her whole heart and soul into her teaching. • heart. От души́ жела́ю вам сча́стья! I wish you luck from the bottom of my heart! — Он э́то скрыва́ет, но в душе́ он поэ́т и мечта́тель. He conceals it, but in his heart he's a poet and a dreamer. — *У меня́ от стра́ха душа́ в пя́тки ушла́. I was so scared my heart was in my mouth. • feeling. Она́ поёт без души́. She sings without feeling. • darling. Душа́ моя́, не серди́сь! Don't be angry, my darling! • mind. Чужа́я душа́ — потёмки. Nobody can tell what goes on in another person's mind.

☐ **для души́** as a hobby. Я рабо́таю касси́ршей на желе́зной доро́ге, а для души́ пишу́ акваре́лью. I'm a railroad ticket seller and paint in water colors as a hobby.

душа́ в ду́шу in perfect understanding. Мой сын и неве́стка живу́т душа́ в ду́шу. My son and daughter-in-law live together in perfect understanding.

душа́ о́бщества life of the party. Он пря́мо душа́ о́бщества. He's the life of the party.

ни душо́й, ни те́лом not in the least. Он в э́той поло́мке ни душо́й, ни те́лом не винова́т. This damage is not his fault in the least.

по душа́м heart-to-heart. Дава́йте поговори́м по душа́м. Let's have a heart-to-heart talk.

по душе́ to one's liking. Э́та рабо́та мне не по душе́. This work is not to my liking.

ско́лько душе́ уго́дно to one's heart's content. Вы тепе́рь в отпуску́; мо́жете спать, ско́лько душе́ уго́дно. You're on vacation now, and can sleep to your heart's content.

☐ *Тут не́ с кем ду́шу отвести́. There's no one around here to have a heart-to-heart talk with. • Когда́ я узна́л, что они́ помири́лись, у меня́ сло́вно ка́мень с души́ свали́лся. It was a load off my mind when I found they had made up. • В чём душа́ де́ржится, а как рабо́тает! He's so frail; but look how he works! • Он душа́ всего́ де́ла. He's the guiding light of the business. • Он мне всю ду́шу вы́мотал свои́ми расспро́сами. He nagged the life out of me with his questions. • *Он хоро́ший па́рень — душа́ нараспа́шку. He's a fine fellow — open and aboveboard. • У меня́ к медици́не душа́ не лежи́т. I'm not cut out for medicine. • *Она́ в э́том ма́льчике души́ не ча́ет. That boy is the apple of her eye. • *У меня́ с души́ воро́тит от его́ поуче́ний. His lecturing turns my stomach. • *Я обеща́л и сде́лаю. Не сто́йте у меня́ над душо́й. I promised and I'll do it. Don't keep standing over me.

ду́шный (sh -шна́) stuffy. Заче́м вы сиди́те в ду́шной ко́мнате? Why are you sitting in that stuffy room?

☐ **ду́шно** close. Здесь о́чень ду́шно, откро́йте окно́. It's very close here. Open the window. • stifling. Как ду́шно! Хоть бы гроза́ поскоре́й начала́сь. It's so stifling here, I wish a storm would come up.

дым (/g -у; в дыму́/) smoke. Ко́мната была́ полна́ ды́му. The room was full of smoke. — *Нет ды́ма без огня́. Where there's smoke there's fire.

☐ *Там у них дым коромы́слом. There's quite a rumpus there.

ды́ня melon.

дыра́ (P ды́ры, or ды́рья, -рьев, -рьям) hole. У вас дыра́ на ло́кте. You have a hole in your sleeve at the elbow. • cavity. У вас больши́щая дыра́ в зу́бе. You have a big cavity in your tooth! • dump. Как вы мо́жете жить в тако́й гря́зной дыре́? How can you live in such a filthy dump? • gap. Да, дыр у нас в хозя́йстве мно́го — то́лько знай, затыка́й. Yes, we have lots of gaps in our economy; and we have our hands full closing them up.

☐ В э́той дыре́ ра́дио бы́ло мои́м гла́вным развлече́нием. The radio was my main pleasure in that God-forsaken place.

ды́рка hole.

дыха́ние breath. Мы бежа́ли, не переводя́ дыха́ния. We ran without stopping to catch our breath.

☐ **затаи́ть дыха́ние** with bated breath. Мы слу́шали его́, затаи́в дыха́ние. We listened to him with bated breath.

дыша́ть (дышу́, ды́шит) to breathe. Дыши́те глу́бже. Breathe deeper. — Он е́ле ды́шит, како́й рабо́ты с него́ мо́жно тре́бовать? He's just about got enough strength to breathe; how can you expect him to work?

☐ *Он живёт и ды́шит свое́й рабо́той. His work is food and drink to him.

дю́жина dozen. Ско́лько сто́ит дю́жина э́тих носовы́х платко́в? How much does a dozen of these handkerchiefs cost? — Ста́влю дю́жину пи́ва, знай на́ших! Here's the kind of a guy I am: A dozen bottles of beer on me! — *Таки́х, по трина́дцати на дю́жину даю́т, да и то не беру́т. You can get this kind a dime a dozen, but even then you wouldn't take it.

дюйм inch.

дя́дя (P -ди, -дей, or дядья́, -дьёв, -дьям M) uncle. Я был знако́м с ва́шим дя́дей. I used to know your uncle.

☐ Кто э́тот то́лстый дя́дя в мехово́й ша́пке? Who's that fat old guy in the fur hat?

Е

ева́нгелие New Testament.

Евро́па Europe.

европе́ец (-пейца) European. Европе́йцам тру́дно привы́кнуть к э́тому кли́мату. It's difficult for Europeans to get used to this climate. — Европе́йские поезда́ не похо́жи на америка́нские. European trains aren't like American trains.

его́ (/g, M, N of он/).

еда́ food. Не́сколько дней они́ бы́ли соверше́нно без еды́. They went without a bite of food for several days. — Нам едва́ хвата́ло на еду́. We were scarcely able to buy food.

☐ На еду́ у него́ совсе́м не остаётся вре́мени. He never has time to eat.

едва́ barely. Мы едва́ поспе́ли на по́езд. We barely caught the train. — Ма́ленькая пе́чка едва́ согрева́ла ко́мнату. The small stove barely heated the room. • no sooner than.

Он едва́ косну́лся звонка́, как дверь раскры́лась. He no sooner touched the bell than the door opened.

☐ **едва́-едва́** scarcely. Прови́зии у нас и на свои́х едва́-едва́ хвата́ет. We have scarcely enough food even for our own people.

едва́ ли hardly. "Хва́тит у вас горю́чего?" "Едва́ ли". "Do you have enough fuel?" "Hardly!"

едва́ ли не just about. Он у нас тут едва́ ли не лу́чший перево́дчик. He's just about the best translator we have here.

☐ Едва́ ли я смогу́ э́то сде́лать. Most likely I won't be able to do it.

едини́чный isolated. Пока́ зарегистри́рованы лишь едини́чные слу́чаи э́той боле́зни. Only isolated cases of this disease have been recorded so far.

единогла́сный unanimous. Суд пришёл к единогла́сному реше́нию. The court came to a unanimous decision.

□ **единогла́сно** unanimously. Резолю́ция была́ при́нята единогла́сно. The resolution passed unanimously.

единоли́чник small farmer, independent farmer.

единоли́чный independent. Единоли́чных хозя́йств в на́шем райо́не оста́лось ма́ло. Just a few independent farms remained in our district. • personal. Э́то бы́ло единоли́чное реше́ние дире́ктора. This was the personal decision of the director.

□ У вас на заво́де коллегиа́льное и́ли единоли́чное управле́ние? Is your factory run by a board or by one person?

еди́нственный only. Он был еди́нственным ребёнком в семье́. He was the only child in his family. — Еди́нственная моя́ наде́жда на вас. You're my only hope.

□ **еди́нственное** the only thing. Э́то еди́нственное, что я могу́ вам предложи́ть. This is the only thing I can offer you.

еди́нственное число́ singular. Э́то сло́во не име́ет еди́нственного числа́. This word has no singular.

еди́нственный в своём ро́де unique. Э́тот ковёр еди́нственный в своём ро́де. That certainly is a unique rug.

еди́ный single. Он не произнёс ни еди́ного сло́ва. He didn't utter a single word. • united. Они́ созда́ли еди́ный фронт. They formed a united front.

□ **все до еди́ного** every last. Колхо́зники все до еди́ного ушли́ в по́ле. Every last kolkhoznik has gone out into the field.

е́дкий (sh -дка́; ср е́дче) caustic. Его́ е́дкое замеча́ние о́чень меня́ заде́ло. His caustic remark hurt me very much. • acrid. Ко́мната в оди́н миг напо́лнилась е́дким ды́мом. The room was filled with acrid smoke in no time at all.

е́дкая жи́дкость corrosive liquid. Осторо́жно, не пролейте, э́то о́чень е́дкая жи́дкость. Be careful, this is a very corrosive liquid.

е́ду See **е́хать**.

её (/g and a F of **он**/).

ежего́дный yearly. Како́й здесь ежего́дный приро́ст населе́ния? What's the yearly increase in population here?

□ **ежего́дно** yearly. Съе́зды э́того о́бщества происхо́дят ежего́дно. The meetings of that society take place yearly.

ежедне́вный daily. В го́роде выхо́дят три ежедне́вных газе́ты. Three daily newspapers are put out in the city.

□ **ежедне́вно** every day. Я его́ ежедне́вно встреча́ю на рабо́те. I meet him at work every day.

ежеме́сячный monthly. Профсою́з выпуска́ет ежеме́сячный бюллете́нь. The trade union publishes a monthly bulletin.

□ **ежеме́сячно** every month. Э́тот журна́л выхо́дит ежеме́сячно. This magazine comes out every month.

ежемину́тный

□ **ежемину́тно** every minute. Ежемину́тно кто́-нибудь обраща́ется к нему́ с вопро́сом. Someone turns to him with a question every minute.

еженеде́льный weekly. Я чита́л об э́том в како́м-то еженеде́льном журна́ле. I read about it in some weekly magazine.

□ **еженеде́льно** weekly. Собра́ния у нас быва́ют еженеде́льно по пя́тницам. We have weekly meetings on Fridays.

езда́ driving. Люблю́ бы́струю езду́. I love fast driving. • ride. Отсю́да до го́рода три часа́ езды́ по́ездом. It's a three-hour train ride from here to the city. • riding. У него́

но́ги кривы́е от постоя́нной верхово́й езды́. He's bow-legged from constant horseback riding.

□ **езда́ на велосипе́де** bicycling. Езда́ на велосипе́де разреша́ется то́лько на боковы́х доро́жках. Bicycling is permitted only on bypaths. • Езда́ ша́гом! Drive slow! (for horses) • Замедля́йте езду́! Slow down.

е́здить (iter of **е́хать**) to go (by conveyance). Я е́зжу в Москву́ ка́ждую неде́лю. I go to Moscow every week. — Вы е́здите на рабо́ту трамва́ем и́ли авто́бусом? Do you go to work by trolley or bus? — Я жил в Вашингто́не, но ча́сто е́здил в Нью Ио́рк. I lived in Washington, but often went to New York. • to travel. Он по всему́ све́ту е́здил. He traveled all over the world. • to ride. Вы е́здите верхо́м? Do you ride horseback?

езжа́й See **е́хать**.

е́зжу See **е́здить**.

ей (/d, i, and l F of **он**/).

ел See **есть²**.

е́ле (See also **едва́**) scarcely, hardly. Его́ е́ле мо́жно бы́ло расслы́шать. You could scarcely hear him. — Я е́ле на нога́х держу́сь. I can hardly stay on my feet.

□ Я вас е́ле-е́ле нашёл. I had a hard time finding you. • *Посмотри́ на него́, е́ле-е́ле душа́ в те́ле. Look at him! He's on his last legs.

ёлка fir tree. Здесь в окре́стностях все ёлки вы́рублены. All the fir trees in the neighborhood have been cut down.

□ Вме́сто рожде́ственских ёлок в СССР устра́ивают нового́дние ёлки. In the U.S.S.R. instead of Christmas trees they have New Year's trees.

ем See **есть²**.

ему́ (/d M, N of **он**/).

ерунда́ nonsense. Ерунда́! Не обраща́йте на э́то внима́ния. Nonsense! Don't pay any attention to it. — И охо́та вам слу́шать вся́кую ерунду́! What do you want to listen to that nonsense for?

е́сли if, in case. Е́сли он попро́сит де́нег, да́йте ему́. If he asks for money, give it to him. — Е́сли он придёт, попро́сите его́ подожда́ть. In case he comes, ask him to wait. • if. Е́сли б он мог, он пришёл бы вчера́. He would have come yesterday if he could. • if only. Ах, е́сли б он был сейча́с с на́ми! If only he were with us now!

□ **е́сли бы не** if it weren't for. Е́сли бы не моя́ больна́я нога́, я пошёл бы с ва́ми. If it weren't for my bad leg, I would have gone with you too. • but for. Е́сли бы не он всё у нас прошло́ бы гла́дко. But for him, everythin would have gone smoothly.

□ *Е́сли бы да кабы́. "If" is a big word.

есте́ственный natural. У него́ скло́нность к есте́ственным нау́кам. He has a leaning toward the natural sciences. — Он у́мер есте́ственной сме́ртью. He died a natural death.

□ **есте́ственно** naturally. Э́то вы́шло у неё о́чень есте́ственно. She did it very naturally. • no wonder. По́сле того́ что вы ей сказа́ли, есте́ственно, что она́ на вас се́рдится. After what you said to her, no wonder she's sore at you.

есте́ственное де́ло naturally. Они́ пришли́ по́здно и, есте́ственное де́ло, не доста́ли биле́тов. They came late and naturally couldn't get any tickets.

есте́ственные бога́тства natural resources.

есть¹ (the negative form is **нет**; Compare **быть**).

есть² (ем, ест, §27; imv ешь; p ел, е́ла/pct: съ-/) to eat. У́тром

298

я ем немно́го. I don't eat much for breakfast. — Я не ем ры́бы. I don't eat fish. — Мы всегда́ еди́м в э́том рестора́нчике. We always eat in this little restaurant.

□ *Де́вушки так и е́ли глаза́ми столи́чного певца́. The young girls couldn't take their eyes off the singer from the big city. • *Она́ его́ с утра́ до но́чи поедо́м ест. She nags the life out of him from morning till night.

е́хать (е́ду, е́дет; *imv supplied as* поезжа́й/*iter*: **е́здить/**) to go (by conveyance). Мы хоти́м е́хать по́ездом. We want to go by train. — Куда́ вы е́хали, когда́ я вас встре́тил? Where were you going when I met you? — Ну, езжа́йте! Well, go! • to travel. Мы е́хали три дня по желе́зной доро́ге. We traveled by train for three days. • to drive. Мы е́дем туда́ автомоби́лем. We're driving there by car. • to ride. Я е́хал всю доро́гу в жёстком ваго́не. I rode third class all the way. • to leave. В кото́ром часу́ вы е́дете? What time are you leaving?

ещё some more. Да́йте мне, пожа́луйста, ещё су́пу. Give me some more soup, please. • yet. Биле́тов ещё не продаю́т. They're not selling tickets yet. — Вы ещё не́ были в го́роде? Have you been to town yet? • still. Он ещё до́ма. He's still at home. • else. Что вы ещё об э́том зна́ете? What else do you know about it?

□ ещё бы of course. "Так вы с ним знако́мы?" "Ещё бы!" "Do you know him?" "Of course." ещё оди́н another. Купи́те мне ещё одну́ па́ру носко́в. Buy me another pair of socks. ещё раз once again. Повтори́те, пожа́луйста, ещё раз. Repeat it once again.

□ Вот ещё, ста́ну я с ним разгова́ривать! Do you think for a minute I'd talk to him? • Ещё э́того нехвата́ло! That's all I need to make my day complete! • Вы ещё меня́ учи́ть бу́дете! That's a hot one! You're going to teach me!

ею́ (/*i F of* **он**/).

Ж

ж (*used beside* же *after vowels*).

жа́ба toad.

жа́дный (*sh* -дна́) greedy. Како́й он жа́дный, ему́ всего́ ма́ло. He's so greedy he never gets enough. • intense. Они́ слу́шали ора́тора с жа́дным интере́сом. They listened to the speaker with intense interest.

□ Он жа́дно набро́сился на но́вые газе́ты и журна́лы. He just couldn't get enough of the new newspapers and magazines. • Он жа́дно ел. He gobbled up his food.

жа́жда thirst. Я ника́к не могу́ утоли́ть свою́ жа́жду. I just can't quench my thirst.

□ У э́того ма́льчика необыкнове́нная жа́жда зна́ний. This boy is very eager to learn.

жаке́т jacket. Жаке́т хорошо́ сши́ли, а ю́бку су́зили. The jacket is just right, but they made the skirt too tight.

жаке́тка (woman's) jacket.

жале́ть to feel sorry for. Все его́ жале́ли, но никто́ ему́ не помо́г. Everyone felt sorry for him, but no one helped him. • to be sorry. Я о́чень жале́ю, что не успе́л с ним познако́миться. I'm very sorry I didn't get the chance to meet him. • to regret. Он о́чень жале́ет, что не смо́жет прийти́ к вам за́втра. He regrets very much that he won't be able to come to your home tomorrow. • to spare. Я не жале́л ни труда́, ни вре́мени, чтобы научи́ть его́ говори́ть по-ру́сски. I spared neither time nor effort to teach him to speak Russian. — Не бу́дем жале́ть де́нег и устро́им всё, как сле́дует. Let's spare no expense and arrange everything as it should be.

□ *Не сто́ит жале́ть о том, чего́ не вернёшь. No use crying over spilt milk.

жа́лкий (*sh* -лка́; *ср* жа́льче) pathetic. У него́ тако́й жа́лкий вид. He has such a pathetic look. • sorry-looking. Он произво́дит весьма́ жа́лкое впечатле́ние. He's a sorry-looking sight. • lame. Он привёл дово́льно жа́лкое оправда́ние. He has a rather lame excuse. • miserable. Ах ты, жа́лкий трус! Бои́шься сказа́ть ей пра́вду? You miserable coward, are you afraid to tell her the truth?

□ жа́лко it's a pity. Жа́лко выбра́сывать таку́ю хоро́шую ку́ртку. It's a pity to throw away such a good jacket. — Он так смути́лся, что на него́ жа́лко бы́ло смотре́ть.

He was so embarrased it was a pity to look at him. • sorry. А вам не жа́лко уезжа́ть отсю́да? Aren't you sorry you're leaving?

жа́лоба complaint. Как мне надое́ли её ве́чные жа́лобы! I'm tired of her constant complaints.

□ бюро́ жа́лоб complaint department. кни́га для жа́лоб complaint book.

жа́ловаться to complain. Други́е жильцы́ жа́луются, что вы о́чень шуми́те. The other tenants are complaining that you're making too much noise. — Мы уже́ жа́ловались управдо́му, но ничего́ не помога́ет. We've already complained to the house manager, but it still doesn't help. — На что жа́луется больно́й? What is the patient complaining of? • to grumble. Она́ ве́чно на что́-нибудь жа́луется. She's constantly grumbling about something.

жаль pity. Как жаль, что вы его́ не встре́тили. What a pity that you didn't meet him! • sorry. Мне его́ так жаль! I'm so sorry for him.

□ о́чень жаль too bad. Óчень жаль, что вы не мо́жете прийти́. Too bad you can't come.

□ Для э́того де́ла мне ничего́ не жаль. There's nothing I wouldn't do to get this job done. • Вот челове́к! Ему́ жаль для меня́ пятачка́ на трамва́й. What a guy! He won't even give me a nickel carfare.

жа́льче *See* жа́лко.

жар (*P* -ы́/*g* -у́, в жару́/) fever. У него́ жар. He has fever. — Меня́ про́сто в жар бро́сило, когда́ я э́то услыха́л. It just threw me into a fever when I heard that. • hot. Из э́той пе́чи пы́шет жа́ром. The stove is blazing hot. • enthusiasm. Он с жа́ром приня́лся за рабо́ту. He set to work with great enthusiasm.

□ поддава́ть жа́ру to encourage. Ва́ша похвала́ поддала́ им жа́ру. Your praise encouraged them.

□ *Они́ лю́бят чужи́ми рука́ми жар загреба́ть. They like to have other people pull their chestnuts out of the fire for them.

жара́ heat. Кака́я невыноси́мая жара́. This heat's unbearable! • heat wave. Тут уже́ с неде́лю сто́ит тропи́ческая жара́. We've had a tropical heat wave for about a week now.

жа́реный roast, fried. Я заказа́л жа́реную свини́ну с карто́шкой. I ordered roast pork and potatoes.

жа́рить to broil. Со́лнце ны́нче жа́рит неща́дно. The sun is broiling today. • to roast. Мы покупа́ем ко́фе в зёрнах и са́ми его́ жа́рим. We buy coffee beans and roast them ourselves. • to fry. Что за ужа́сный за́пах! Сосе́дка опя́ть лук жа́рит. What an awful smell! Our neighbor's frying onions again. • to grill. Мы бу́дем жа́рить шашлы́к на ве́ртеле. We grill the shashlik on a spit (or skewer).

☐ жа́рьте fire away! "Сказа́ть вам, что я об э́том ду́маю?" — "Ла́дно, жа́рьте!" "Should I tell you what I think about that?" "Sure, fire away!"

☐ *Жарь на телегра́ф, посыла́й ему́ телегра́мму. Beat it over to the telegraph office and send him this telegram.

● *Ух, как он ли́хо жа́рит на гармо́нике, пря́мо пляса́ть хо́чется. He plays his accordion with such spirit that you just feel like dancing.

жа́ркий (sh -рка́; ср жа́рче) hot. Тако́го жа́ркого дня как сего́дня не быва́ло. It's never been as hot as it is today. • heated. Там шёл жа́ркий спор. A heated discussion was going on there.

☐ жа́рко warm. В э́том пальто́ мне сли́шком жа́рко. I feel too warm in this coat. • hot. Ух, как тут жа́рко! God, it's hot here!

☐ *Я их так изруга́ю, не́бу жа́рко ста́нет. I'll give it to them hot and heavy.

жарко́е (AN) roast. Како́е у нас сего́дня жарко́е? What kind of roast do we have today? • entree. На жарко́е по́дали гу́ся с я́блоками. They served goose with apples as the entree.

жа́рче See жа́ркий.

жа́тва harvest.

жа́тка harvester.

жать[1] (жму, жмёт) to pinch. Э́ти но́вые боти́нки жмут. These new shoes pinch.

☐ жать ру́ку to shake someone's hand. Он до́лго жал мне ру́ку. He shook my hand warmly.

☐ Жму ру́ку! Best regards (salutation often used at the end of a letter).

жать[2] (жну, жнёт/pct: с-/) to reap. Хлеб у нас серпа́ми бо́льше не жнут. We don't reap cereal grains with sickles any more.

жгу See жечь.

жгут See жечь.

жгу́чий burning. У меня́ голова́ разболе́лась от жгу́чего со́лнца. My head began to ache from the burning sun. • smarting. Я почу́вствовал жгу́чую боль в плече́. I felt a smarting pain in my shoulder.

☐ Он был когда́-то жгу́чим брюне́том. His hair was once jet black. • Э́тот жгу́чий вопро́с тре́бует неме́дленного разреше́ния. This urgent problem has to be solved immediately.

ждать (жду, ждёт; p ждала́; dur) to wait. Кого́ вы ждёте? Who are you waiting for? • to await. Мы ждём не дождёмся его́ прие́зда. We're impatiently awaiting his arrival. • to expect. Он не ждал тако́го успе́ха. He didn't expect such success.

☐ того́ и жди any minute. Крыльцо́ на́до почини́ть, а то оно́, того́ и жди, разва́лится. The stoop has to be repaired, or else you can expect it to fall down any minute.

же (after vowels also **ж**) but. Вы же са́ми проси́ли меня́

убра́ть э́то But you yourself asked me to take it away! • and. Э́то наш корре́ктор, он же и метранпа́ж. This is our copy editor, and he's also the make-up man.

☐ всё же nevertheless. Всё же я с ва́ми не согла́сен. Nevertheless, I don't agree with you.

тако́й же ... как as ... as. Он тако́й же рассе́янный, как и вы. He's as absent-minded as you are.

там же at the same place. Он рабо́тает там же, где и я. He works at the same place I do.

тот же са́мый the same. Э́то та же са́мая актри́са, кото́рая игра́ла вчера́? Is it the same actress who played yesterday?

туда́ же to the same place. Я иду́ туда́ же, куда́ и вы. I'm going to the same place you are.

☐ Я же, выхо́дит, винова́т? So the way it turns out, I'm to get the blame after all? • Где же он, э́тот ваш хвалёный перево́дчик? Where the devil is that marvelous translator of yours? • Быва́ют же таки́е неуда́чники! You wouldn't think there was such hard luck in the world! • Ну, ска́жет же тако́е! What an odd thing to say!

жёг See жечь.

жела́ние request. По ва́шему жела́нию докла́д был отло́жен. The report was postponed at your request. • wish. Я гото́в испо́лнить все его́ жела́ния. I'm ready to fulfill all his wishes.

☐ горе́ть жела́нием to be eager. Я горю́ жела́нием уви́деть Москву́. I'm eager to see Moscow.

☐ При всём жела́нии я не мог э́того сде́лать. As much as I wanted to, I couldn't do it.

жела́тельный welcome. Положе́ние тако́е, что ваш прие́зд был бы о́чень жела́телен. The situation is such now that your coming here would be most welcome.

☐ жела́тельно desirable. Жела́тельно, что́бы докуме́нты бы́ли переведены́ на ру́сский язы́к. It's desirable to have the documents translated into Russian.

☐ Жела́тельно бы́ло бы узна́ть, како́е вам до э́того де́ло! I'd like to know just what business this is of yours!

жела́ть to want. Я его́ и ви́деть не жела́ю. I don't even want to see him. — Спекта́кль откла́дывается, жела́ющие мо́гут получи́ть де́ньги обра́тно. The show is being postponed; those who want to can get their money back. • to wish. Не серди́тесь, я вам то́лько добра́ жела́ю. Don't be angry at me; I only wish you well. — Заче́м жела́ть невозмо́жного! What's the sense of wishing for the impossible! — Ребя́та меня́ при́няли прекра́сно — лу́чше и жела́ть нельзя́. The bunch received me so very well that you couldn't wish for anything better.

☐ Жела́ю вам успе́ха! Good luck!

желе́ (indecl N) jelly.

железнодоро́жный railway. Он выступа́л с докла́дом на вчера́шнем ми́тинге железнодоро́жных слу́жащих. He made a speech yesterday at the meeting of railway workers. • railroad. Вдоль железнодоро́жного полотна́ бы́ли расста́влены часовы́е. Guards were posted along the railroad tracks.

☐ железнодоро́жный у́зел junction. Э́то большо́й промы́шленный центр и железнодоро́жный у́зел. This is a large industrial center and railroad junction.

желе́зный iron. В ко́мнате стоя́ли две желе́зные крова́ти. There were two iron beds in the room. — У него́ желе́зные не́рвы. He has nerves of iron. — В шко́ле цари́т желе́зная дисципли́на. Iron discipline is the rule in school.

☐ **двухколéйная желéзная дорóга** double-track railroad.
желéзная дорóга railroad. Эта желéзная дорóга былá пострóена недáвно. This railroad was built recently.
одноколéйная желéзная дорóга single-track railroad.
по желéзной дорóге by train. Часть путú вам придётся éхать по желéзной дорóге. You'll have to go part of the way by train.
узкоколéйная желéзная дорóга narrow-gauge track.
желéзо iron. Этот край богáт желéзом. This region is rich in iron.
желтéть to turn yellow. Лúстья начинáют желтéть. The leaves are turning yellow.
желтóк (-лткá) yolk.
жёлтый (*sh* -лтá/-ó, -ú/) yellow. Скóлько стóят эти жёлтые ботúнки? How much are the yellow shoes?
☐ **жёлтый дом** insane asylum. Ему́ мéсто в жёлтом дóме, а не на отвéтственной рабóте. His place is in an insane asylum, not at a responsible job.
желу́док (-дка) stomach. У вас желу́док рабóтает испрáвно? Is your stomach working right?
☐ **расстрóйство желу́дка** indigestion. У меня́ сúльное расстрóйство желу́дка. I have a bad case of indigestion.
жéмчуг (*P* -á, óв) pearl.
женá (*P* жёны) wife. Это — моя́ женá. This is my wife.
женáтый married (said of a man). Он женáт на ру́сской. He's married to a Russian. — Вы человéк солúдный, женáтый, а дурúте, как мальчúшка. You're a settled married man, but you behave like a boy. — Мы женáты ужé пять лет. We've been married five years now.
женúться (женю́сь, жéнится; *both dur and pct*) to marry (said of a man). Ему́ рáно женúться. He's too young to marry. ● **to get married.** Он недáвно женúлся. He got married recently.
женúх (-á) fiancé. Он — мой женúх. He's my fiancé.
☐ Онú — женúх и невéста. They're engaged.
жéнский female. Во врéмя войны́ жéнский труд широкó применя́лся повсю́ду. Female help was used extensively in time of war. ● **woman's.** Как пройтú в отдéл жéнского плáтья? How do I get to the woman's wear department?
☐ **жéнский род** feminine gender.
☐ Тут у вас, я вúжу, жéнское цáрство. I see there are only women here.
жéнщина woman. Уступúте мéсто жéнщине с ребёнком! Give your seat to that woman and child. — Онá не дéвушка, а заму́жняя жéнщина. She's not a young girl but a married woman. ● **lady.** Кто эта молодáя жéнщина? Who is this young lady?
☐ Для жéнщин Women (sign on ladies' room).
жéнщина врач woman doctor. Больнúцей завéдует жéнщина врач. The hospital is run by a woman doctor.
жеребёнок (-нка, *P* жеребя́та, -бя́т, -бя́там) colt.
жéртва sacrifice. Это для негó бы́ло большóй жéртвой. This was a great sacrifice on his part. ● **victim.** Он — однá из жертв бомбёжки. He's one of the victims of the bombing.
☐ Не дéлайте её жéртвой вáших дурны́х настроéний. Don't take it out on her because you're in a bad mood.
жéртвовать to contribute. Во врéмя войны́ мы жéртвовали на пострóйку самолётов. During the war we contributed money for building airplanes. ● **to sacrifice.** Пишúте граммати́чески прáвильно, но не жéртвуйте для этого жúвостью рéчи. Write grammatically, but don't sacrifice

colloquial speech for it. ● **to give up.** Онú жéртвовали свои́ми удóбствами, чтóбы приюти́ть бéженцев. They gave up certain conveniences in order to shelter the refugees.
жёсткий (*sh* -сткá; *ср* жёстче) hard. Вáша постéль слúшком жёсткая. Your bed is too hard. — В этой жёсткой водé тру́дно стирáть. It's difficult to do laundry in this hard water. ● **tough.** Это мя́со жёсткое, как подóшва. This meat is as tough as leather. ● **coarse.** У неё такúе жёсткие вóлосы, не расчéшишь. She has such coarse hair that it's hard to comb it. ● **strict.** Бюджéт у нас óчень жёсткий, и мы вам дéнег на экску́рсию дать не мóжем. We have a very strict budget and can't give you money for an excursion. ● **harsh.** Её жёсткий отвéт меня́ обúдел. Her harsh answer offended me.
☐ **жёсткий (вагóн)** third-class car. Я éду жёстким, а для жены́ достáл мéсто в мя́гком вагóне. I'm traveling in a third-class car, but I was able to get a first-class seat for my wife.
жестóкий (*sh* -ká; *ср* жесточáйший) severe. Я считáю это наказáние слúшком жестóким. I think this punishment is too severe. ● **cruel.** Тóлько óчень жестóкий человéк мог так поступúть. Only a very cruel man would act like that.
☐ **жестóкий морóз** bitter cold. У нас ужé две недéли стоя́т жестóкие морóзы. It's been bitter cold here for two weeks now.
жестóко brutally. Он был жестóко избúт. He was brutally beaten. ● **badly.** Вы, мúлый мой, жестóко ошибáетесь. Your're badly mistaken, buddy.
☐ Я дéлаю это не для удовóльствия, а по жестóкой необходúмости. I'm not doing this for pleasure, but because it's absolutely necessary.
жёстче *See* **жёсткий.**
жестянóй tin. Придётся купúть жестянóй чáйник. We'll have to buy a tin teapot. — Из жéсти такúх поднóсов не дéлают. Such trays are not made out of tin.
жечь (жгу, жжёт [žjot]; *p* жёг, жгла, -о, -и/*pct:* с/) to burn. Вúдите пéпел, кто́-то жёг бумáгу в пéчке. Do you see the ashes? Someone burned paper in the stove. — Вы жжёте слúшком мнóго дров. You're burning too much firewood. — (*no dur*) Ух, как эта горчúца жжёт! Oh, this mustard sure does burn! ● **to scorch.** Раскалённые кáмни мостовóй жгли нам нóги. The hot pavement just about scorched our feet.
☐ Не жгúте электрú чества зря! Don't waste electricity!
жжёшь *See* **жечь.**
живóй (*sh* жив, -вá, -во, вы) alive. Я тóлько что узнáл, что вáши родúтели живы́. I just found out that your parents are alive. — Я его́ вижу́ перед собóй, как живóго. I can see him in front of me as if he were alive. ● **lively.** Он рабóтним столóм шло живóе обсуждéние недáвних собы́тий. There was a lively discussion on current events at the next table. — Он — живóй, весёлый пáрень. He's a lively, fun-loving fellow. ● **live.** Я купúла на ры́нке живу́ю ры́бу. I bought a live fish at the market today. ● **living.** В такóй температу́ре ни однó живóе существó жить не смóжет. No living creature can exist in such a temperature. — В дóме, вúдно, ни однóй живóй душú не остáлось. Apparently not a living soul is left in the house. — У нас кругóм мнóго живы́х примéров геройзма. We have many living examples of heroism around us. ● **vivid.** У

вас живо́е воображе́ние. You have a vivid imagination. — У него́ живо́й слог. He has a vivid style.

☐ **в живы́х** alive. То́лько мы с ним и оста́лись в живы́х из всей ро́ты. He and I were the only ones in all our company who were left alive.

живо́й портре́т spitting image. Он — живо́й портре́т ста́ршего бра́та. He's the spitting image of his brother.

живо́й язы́к colloquial language. Он говори́т таки́м живы́м языко́м. Ви́дно, что он не по кни́гам учи́лся. He uses such colloquial language it's apparent he didn't learn it from books.● modern language. У нас в шко́ле не проходи́ли ни латы́ни, ни гре́ческого, а то́лько живы́е языки́. They don't teach Latin or Greek in our school, but only the modern languages.

живы́е цветы́ real flowers. Я вам принесу́ живы́х цвето́в, а э́ти бума́жные вы́киньте. I'll bring you real flowers, so throw away the artificial ones.

жи́во snappy. Сбе́гай-ка за пи́вом, жи́во! Go for some beer. Make it snappy!● clearly. Я себе́ жи́во представля́ю, что там произошло́. I can clearly picture what happened there. ● vividly. Я люблю́ его́ слу́шать, он так жи́во расска́зывает. I like to listen to him; he tells stories so vividly.

☐ Э́тим замеча́нием вы его́, ви́дно, заде́ли за живо́е. It's obvious that your remark touched him to the quick. ● Тако́е живо́е начина́ние нельзя́ души́ть форма́льностями. Such a promising beginning shouldn't be stopped by red tape. ● Я вам яи́чницу сооружу́ живы́м мане́ром. I'll fix an omelet for you in no time. ● Э́та статья́ у вас не проду́мана, а срабо́тана на живу́ю ни́тку. You didn't give much thought to this article, but simply threw it together. ● Тут номерко́в не выдаю́т, э́то жива́я о́чередь. They don't call you; you have to wait in line here. ● Ну и жизнь тут, — неде́лями живо́го сло́ва не услы́шишь! What a life! You don't hear a human voice for weeks here. ● Я сижу́ ни жива́, ни мертва́, — а вдруг он меня́ узна́ет? I'm sitting here half scared to death; what if he recognizes me? ● *Ничего́, живы́е ко́сти мя́сом обраста́ют. While there's life there's hope. ● Он весь изра́нен, живо́го ме́ста не оста́лось! He's just covered with wounds; there isn't an unmarked spot left on him.

жи́вопись (F) painting. Его́ интересу́ет ру́сская жи́вопись. He's interested in Russian painting.

жи́вость (F) liveliness. Её жи́вость и есте́ственность заставля́ют забыва́ть, что она́ некраси́ва. Her liveliness and naturalness make you forget that she's homely.

☐ **жи́вость ума́** quick mind. Мне нра́вится в ней жи́вость ума́. I like her quick mind.

живо́т (-á) stomach. У меня́ уже́ второ́й день си́льно боли́т живо́т. This is the second day I've had a bad stomach ache.

животново́дство cattle breeding.

живо́тное (AN) animal.

живу́ See **жить**.

жи́дкий (sh -дка́; ср жи́же) thin. Корми́ли нас там бо́льше жи́дким су́пом. They gave us thin soup there most of the time. ● liquid. Она́ употребля́ет како́е-то жи́дкое мы́ло. She uses a kind of liquid soap. ● flimsy. Кро́ме жи́дкого бре́внышка, друго́й перепра́вы че́рез руче́й не́ было. There was no crossing over the stream except for a flimsy board. ● weak. Не дава́йте ему́ ничего́, кро́ме жи́дкого ча́я. Don't give him anything but weak tea. — Ну, аргуме́нты у вас дово́льно жи́дкие. Well, your arguments are rather

weak. ● thinning. Он пригла́дил свои́ жи́дкие во́лосы. He brushed his thinning hair.

☐ Мои́ но́ги вя́зли в жи́дкой грязи́. My feet were getting stuck in the soft mud.

жи́дкость (F) liquid. Что э́то за жи́дкость в э́той буты́лке? What kind of liquid do you have in this bottle?

жи́же See **жи́дкий**.

жи́зненный vital. Постро́йка но́вого си́лоса име́ет для них жи́зненное значе́ние. The building of a new silo is vital to them.

☐ Да, у него́ большо́й жи́зненный о́пыт. Yes, he's a man of experience.

жизнь (F) life. Он спас мне жизнь. He saved my life. — Я об э́том всю жизнь мечта́л. I dreamt of that all my life. — Ско́лько жи́зни в э́той де́вушке! That girl is full of life. — Мой ма́льчик две неде́ли был ме́жду жи́знью и сме́ртью. My boy hung between life and death for two weeks. — Ну, как вам нра́вится семе́йная жизнь? How do you like family life? — Я ничего́ подо́бного в жи́зни не вида́л. I've never seen anything like it in my life. ● living. Ра́зве э́то жизнь? Do you call this living? — Жизнь в гости́нице дово́льно дорога́. Living in a hotel is rather expensive.

☐ Тут жизнь ключо́м бьёт. There's lots of activity around here. ● И ду́мать не смей — дире́ктор ни в жизнь не согласи́тся. Forget about it; the director will never agree to it in a million years ● Э́то была́ борьба́ не на жизнь, а на смерть. It was a fight to the finish.

жиле́т See **жиле́тка**.

жиле́тка vest. Принесли́ костю́м из чи́стки, но жиле́тки не хвата́ет. They brought the suit from the cleaners; but the vest is missing.

☐ **пла́кать в жиле́тку** to cry on someone's shoulder. Он вчера́ приходи́л и до́лго пла́кал мне в жиле́тку. He came yesterday and cried on my shoulder for a long time.

жиле́ц (-льца́) tenant. Ско́лько у вас жильцо́в в до́ме? How many tenants do you have in your house?

☐ По всему́ ви́дно, что она́ уже́ бо́льше не жиле́ц на э́том све́те. It's evident that she hasn't long to live.

жили́ще dwelling.

жили́щный housing. В пе́рвую о́чередь здесь ну́жно улу́чшить жили́щные усло́вия. Housing conditions have to be improved here first.

жило́й fit to live in. Не похо́же, чтобы э́то была́ жила́я ко́мната. It doesn't look as if this room is fit to live in.

жилпло́щадь (жила́я пло́щадь) (F) floor space. У нас выхо́дит в сре́днем два́дцать квадра́тных ме́тров жилпло́щади на челове́ка. It turns out that we have an average of twenty square meters of floor space per person.

☐ С жилпло́щадью у нас слабова́то. We haven't enough housing facilities.

жир (P -ы́) fat. В ва́шем пита́нии не достаёт жиро́в. There isn't enough fat in your diet. — Нагуля́л ты жи́ру на лёгкой рабо́те. You got fat on your soft job. ● grease. Сма́жьте обморо́женный нос гуси́ным жи́ром, э́то помога́ет. Smear goose grease on your frostbitten nose; it helps.

☐ **ры́бий жир** cod-liver oil. Вам на́до принима́ть ры́бий жир? Do you have to take cod-liver oil?

● *Ничем она́ не больна́, а про́сто с жи́ру бе́сится. She's not sick; it's just that soft living drove her out of her mind.

жи́рный (sh -рна́) fat. Я на его́ жи́рную физионо́мию смотре́ть не могу́. I can't look at that fat face of his. ● fatty. Э́то мя́со сли́шком жи́рное. This meat is too fatty.

• grease. Он верну́л мне кни́гу всю в жи́рных пя́тнах. He returned the book to me all covered with grease spots. • rich. Тако́го жи́рного чернозёма, пожа́луй, нигде́ на све́те нет. Such rich black soil probably can't be found anywhere else in the world.

□ **жи́рный шрифт** boldface. Вы́учите то́лько то, что напеча́тано жи́рным шри́фтом. Learn only what's printed in boldface type.

□ Он хо́чет де́сять рубле́й за э́ту рабо́ту? А не жи́рно э́то бу́дет? He wants ten rubles for the job? Isn't that too much?

жи́тель (*M*) inhabitant. Ско́лько жи́телей в э́том го́роде? How many inhabitants are there in this city? • resident. Он постоя́нный жи́тель э́того го́рода. He's a permanent resident of this city.

жи́тельство

□ **вид на жи́тельство** passport. Предъяви́те ваш вид на жи́тельство, пожа́луйста. Show your passport, please. **ме́сто жи́тельства** address. Укажи́те ва́ше после́днее ме́сто жи́тельства. Indicate your last previous address.

жить (живу́, -вёт; *p* жила́, нé жил, не жила́, нé жило, -и) to live. Доктора́ ду́мают, что ему́ оста́лось жить недо́лго. The doctors don't think he'll live long. — Где́ вы живёте? Where do you live? — Я живу́ в гости́нице. I live in a hotel. — Я не могу́ жить на сто рубле́й в ме́сяц! I can't live on a hundred rubles a month! — Она́ живёт наде́ждой на возвраще́ние сы́на. She lives in hope of her son's return. — Мы восстанови́ли наш колхо́з и тепе́рь живём безбе́дно. We rebuilt our kolkhoz and live comfortably now. — *В после́дние го́ды он жил припева́ючи. He's been living on Easy Street for the past few years.

□ Вы тут, я ви́жу, ве́село живёте! I see you always have a good time here. • Как живёте? How are you? • Мы с това́рищем по ко́мнате живём дру́жно. My roommate and I get along well. • Они́ живу́т на сре́дства отца́. Their father supports them. • Я не хочу́ уезжа́ть, но мне тут жить не́чем. I don't want to leave, but I have no means of support here. • У́мер? Тако́й молодо́й! Ему́ бы жить да жить! He died? And so young too! He died before his time. • Я всегда́ жил и бу́ду жить со́бственным трудо́м. I always made my own living, and I can still do it. • *По прие́зде в Москву́ я год жила́ у них дома́шней рабо́тни-

цей. I worked for them as a domestic for one year after arriving in Moscow.

-ся to get along. Ну, как вам тут живётся? How are you getting along here?

житьё life. Он так ко всему́ придира́ется, житья́ от него́ нет. He makes my life miserable, finding fault with everything. — Не житьё, а ма́сленица! This is the life!

□ Пиши́те мне о ва́шем житьё-бытьё. Write me all about yourself. • Ну что там говори́ть, нева́жное на́ше житьё. What's the use of talking. We've been having it tough.

жму *See* жать.[1]

жне́йка harvester.

жнец (-á) reaper.

жнивьё (*P* жни́вья) stubble *or* stubble field.

жни́ца reaper.

жну *See* жать.[2]

жёлудь (*P* -ди, желуде́й *M*) acorn.

жре́бий lots. Мне э́то доста́лось по жре́бию. I got it by drawing lots. — Вы все хоти́те итти́? Придётся бро́сить жре́бий. So all of you want to go? Well, we'll have to draw lots.

□ **жре́бий бро́шен** the die is cast. Зна́чит жре́бий бро́шен — мы остаёмся здесь навсегда́. Well, the die is cast. We're staying here for good.

жук (-á) beetle.

жура́вль (-вля́ *M*) crane.

журна́л magazine. Да́йте мне почита́ть како́й-нибудь журна́л, пока́ я бу́ду ждать. Give me some magazine to read while I wait. — Мо́жно у вас получи́ть како́й нибудь юмористи́ческий журна́л? Can I get some kind of humor magazine here? • periodical, journal. У нас в библиоте́ке име́ются та́кже иностра́нные нау́чные журна́лы. We also have foreign scientific periodicals in our library.

□ **иллюстри́рованный журна́л** picture magazine.

журнали́ст newspaperman.

журнали́стка newspaperwoman.

жу́ткий (*sh* -тка́) uneasy. Я подходи́л к их до́му с жу́тким чу́вством. I approached their house with an uneasy feeling. • ghastly. Го́род, по́сле ухо́да не́мцев, представля́л собо́ю жу́ткое зре́лище. The city presented a ghastly sight after the Germans left.

□ Мне ка́к-то жу́тко остава́ться одно́й до́ма по вечера́м. Somehow, I'm afraid to stay home alone evenings.

З

за (*with a and i*) beyond. Стадио́н нахо́дится далеко́ за го́родом. The stadium is far beyond the town. — Мы вы́шли за огра́ду па́рка. We walked out beyond the park fence. • behind. Я стоя́л за ним, но он меня́ не заме́тил, I stood behind him, but he didn't notice me. — Поста́вьте э́то за пе́чку. Put this behind the stove. • by. Оди́н за други́м они́ подходи́ли к ора́тору. One by one they came up to the speaker. • for. Пошли́те за ним маши́ну. Send the car for him. — Я зайду́ за ва́ми ро́вно в двена́дцать. I'll call for you at twelve sharp. — За ко́мнату на́до плати́ть вперёд. You have to pay for the room in advance. — Я то́же голосова́л за него́. I too voted for him. — Вы мо́жете расписа́ться за неё. You can sign for her. — Кто мо́жет за вас поручи́ться? Who can vouch for you? — Я вас при́нял за друго́го. I mistook you for somebody

else. — Я рад за него́. I'm happy for him. • during. За обе́дом бы́ло мно́го рече́й. There were a lot of speeches during the dinner. • at. Обе́д гото́в, сади́тесь за стол! Sit down at the table; dinner's ready. • to. Держи́тесь за верёвку. Hold on to the rope. — За ва́ше здоро́вье! To your health! • in. За час я успе́ю туда́ съе́здить. I can get there in an hour. • over. Ему́ за пятьдеся́т. He's over fifty.

□ Она́ тут у нас и за секретаря́ и за казначе́я. She's both secretary and cashier here. • Что он за челове́к? What kind of a man is he? • Он прибежа́л за мину́ту до отхо́да по́езда. He rushed into the station a minute before the train left. • За что он на вас рассерди́лся? Why did he get angry with you? • Прости́те за открове́нность. Do you mind my being frank? • Я сего́дня по́здно взя́лся за рабо́ту. I started work very late today. • Моя́ сестра́ за́мужем за америка́нцем. My sister is married to an American. • Тепе́рь о́чередь за ним. It's his turn now. • За бесе́дой вре́мя прошло́ незаме́тно. We didn't notice the time go by while we were talking. • Не беспоко́йтесь, я присмотрю́ за детьми́. Don't worry; I'll look after the children. • Сбе́гайте за хле́бом. Go down and get some bread.

забавля́ть (*dur*) to amuse. Всю доро́гу он забавля́л нас. He amused us all the way here.

-ся to amuse oneself. Не то́лько де́ти, но и взро́слые забавля́лись э́той игро́й. Grown-ups as well as children amused themselves playing this game.

заба́вный amusing. У меня́ вчера́ бы́ло заба́вное приключе́ние. I had an amusing experience yesterday. • cute. Како́й заба́вный щено́к! What a cute puppy!

□ **заба́вно** amusingly. Он о́чень заба́вно расска́зывает. He tells stories amusingly.

□ Он ужа́сно заба́вный! He's a riot!

забастова́ть to go on strike.

забасто́вка strike.

заберу́ *See* **забра́ть**.

забива́ть (*dur of* **заби́ть**).

забинтова́ть (*pct of* **бинтова́ть** *and* **забинто́вывать**) to bandage. Пожа́луйста, забинту́йте мне ру́ку! Bandage my hand, please.

забинто́вывать (*dur of* **забинтова́ть**).

забира́ть (*dur of* **забра́ть**).

заби́ть (-бью́, -бьёт; *imv* -бе́й; *ppp* -би́тый; *pct of* **забива́ть**) to hammer. Забе́йте кры́шку я́щика. Hammer down the lid of the box. • to cram full. У меня́ голова́ сейча́с так заби́та, что мне не́когда о нём поду́мать. My head is so crammed full that I have no time to think of him. — У нас все шкафы́ заби́ты кни́гами. All our bookcases are crammed full of books. • to outdo. Он тако́й бо́йкий, он вас всех забьёт. He's so clever he'll outdo all of you. • to block. Прохо́ды бы́ли заби́ты наро́дом. The aisles were blocked with people. • to board up. Вам придётся заби́ть э́ти о́кна доска́ми. You'll have to board up all these windows. • to score. Они́ заби́ли нам гол по́сле десятиминутной игры́. They scored a goal after ten minutes of play.

□ **заби́ть трево́гу** to sound the alarm. Вы сли́шком ра́но заби́ли трево́гу. You sounded the alarm too soon.

заблаговре́менно well in advance. Предупреди́те заблаговре́менно о ва́шем ухо́де с рабо́ты. Let us know well in advance when you're quitting your job. • beforehand. Вам придётся позвони́ть до́ктору заблаговре́менно, а то он вас не при́мет. You'll have to phone the doctor beforehand or else he won't see you.

заблуди́ться (-блужу́сь, -блу́дится; *pct*) to get lost. В э́тих переу́лках легко́ заблуди́ться. It's easy to get lost in these narrow streets. • to lose one's way. Возьми́те с собо́й план го́рода, а то заблу́дитесь. Take a map of the town with you or you'll lose your way.

заблужда́ться (*dur*) to be badly mistaken. Вы заблужда́етесь, е́сли ду́маете, что он вам друг. You're badly mistaken if you think he's a friend of yours.

заблужу́сь *See* **заблуди́ться**.

заболева́ть¹ (-ва́ю, -ва́ет; *dur of* **заболе́ть**¹) to get (a disease). В э́том кли́мате мно́гие заболева́ют маляри́ей. Many people get malaria in this climate.

заболева́ть² (/*only S3, P3*/ *dur of* **заболе́ть**²) to begin to ache. От э́того шу́ма у меня́ всегда́ заболева́ет голова́. My head always begins to ache because of that noise.

заболе́ть¹ (*pct of* **заболева́ть**¹) to get sick. Когда́ он заболе́л? When did he get sick?

заболе́ть² (/*only S3, P3*/ *pct of* **заболева́ть**²) to start to hurt. Не зна́ю почему́ у меня́ вдруг заболе́ли глаза́. I don't know why my eyes suddenly started to hurt.

забо́р fence.

забо́та care. Живу́т они́ там споко́йно, без забо́т. They live there quietly without a care in the world. • trouble. Он изму́чен забо́тами и трево́гой. He's worn out with troubles and worry. • bother. У меня́ ма́сса забо́т с э́той соба́кой. My dog is a lot of bother.

□ Э́то не ва́ша забо́та! It's not your headache!

забо́титься (*dur*) to take care of. Хозя́йка так обо мне забо́тится, про́сто замеча́тельно. My landlady takes such good care of me! It's wonderful. • to worry. Не забо́тьтесь о нас, мы ни в чём не нужда́емся. Don't worry about us. We have everything we need.

□ Ну, о зна́ках препина́ния она́ не о́чень то забо́тится. She isn't too careful about her punctuation.

забо́чусь *See* **забо́титься**.

забракова́ть (*pct of* **бракова́ть**) to reject. Мно́го у вас на фа́брике забрако́вано това́ру? Have you had many goods rejected at the factory?

забра́сывать (*dur of* **заброса́ть** *and* **забро́сить**).

забра́ть (-беру́, -берёт; *p* -бра́л, -брала́, -бра́ло, -бра́ли; *ppp* забра́нный, *sh F* -брана́; *pct of* **забира́ть**) to take away. Забери́те у него́ папиро́сы, ему́ нельзя́ кури́ть. Take the cigarettes away from him; he's not allowed to smoke. • to take. Заберу́-ка я вас с собо́й в наш колхо́з. I'd better take you with me to our kolkhoz. — Е́сли он что́-нибудь заберёт в го́лову — вы его́ не отговори́те. If he takes it into his head to do something, you can't do a thing with him. • to take over. Она́ забрала́ весь дом в свои́ ру́ки. She took over the running of the whole household. • to take in. Э́то пла́тье на́до немно́го забра́ть в во́роте. You have to take this dress in a bit at the neck.

заброни́ровать (*pct of* **брони́ровать**) to reserve. Э́ти места́ заброни́рованы для больны́х, отправля́емых на куро́рты. — These seats are reserved for sick people going for a rest cure. — Я наде́юсь, что за мно́й там заброни́ровали ко́мнату. I hope they reserved a room for me there.

заброса́ть (*pct of* **забра́сывать**) to pelt. Лётчиков заброса́ли цвета́ми. The fliers were pelted with flowers.

забро́сить (*pct of* **забра́сывать**) to throw. Осторо́жно, не забро́сьте мяч че́рез забо́р. Careful; don't throw the ball over the fence. • to misplace. Куда́ э́то я мог забро́сить ключи́? Where could I have misplaced my keys? • to neglect. Неуже́ли вы совсе́м забро́сили му́зыку? Did you really neglect your music?

□ Куда́-то нас судьба́ забро́сит? I wonder where we'll be a few years from now?

забро́шу *See* **забро́сить**.

забу́ду *See* **забы́ть**.

забыва́ть (*dur of* **забы́ть**) to forget. Он всегда́ забыва́ет потуши́ть свет в пере́дней. He always forgets to put the light out in the foyer. — Не забыва́йте нас, приходи́те. Don't forget us; come over sometime.

забы́ть (-бу́ду, -бу́дет; *ppp* -бы́тый; *pct of* **забыва́ть**) to forget. Вы не забы́ли закры́ть окно́? You didn't forget to close the window, did you? — Вы, навéрно, забы́ли перчáтки в ресторáне. You probably forgot your gloves in the restaurant. — Он забы́л вы́полнить кой-какúе формáльности. He forgot to observe a few of the formalities. — Не забýдьте написáть мне сейчáс же по приéзде. Don't forget to write me as soon as you arrive. — Повéрьте, я никогдá не забýду вáшего тёплого учáстия. Believe me, I'll never forget your warm sympathy.

□ Он вам э́того оскорблéния никогдá не забýдет. He'll never forgive you for this insult.

завáривать (*dur of* заварúть) to brew.

заварúть (-варю́, -вáрит; *pct of* **завáривать**) to brew. Заварú́те ромáшку и приклáдывайте к о́пухоли. Brew some camomile and apply it to the swollen area. • to make. Заварú́те, пожáлуйста, чай. Make some tea, please.

завéдовать to be in charge. Кто завéдует э́тим учреждéнием? Who's in charge of this office?

заведý *See* завестú.

завéдующий (*AM*) manager. Завéдующий обещáл дать мне другýю ко́мнату. The manager promised to give me another room. — Я хотéл бы ви́деть завéдующего инострáнным отдéлом. I'd like to see the manager of the Foreign Department.

завёл *See* завестú.

завéрить (*pct of* заверя́ть) to witness. Вáшу по́дпись нýжно завéрить. Your signature has to be witnessed.

завернýть (*ppp* завёрнутый; *pct of* **завёртывать**) to wrap. Завернú́те э́ти кнú́ги хороше́нько. Wrap these books well. • to wrap up. Завернú́те мне полдю́жины селёдок. Wrap up a half dozen herrings for me. • to turn off. Вы забы́ли завернýть во́ду. You forgot to turn off the faucet. — Завéрните газ, чай уже́ вскипéл. Turn the gas off; the tea is boiling.

□ Маши́на завернýла зá угол. The car turned the corner. • (*no dur*) Завернú́те к нам кáк-нибудь. Drop in sometime.

завёртывать (*dur of* **завернýть**) to wrap.

заверя́ть (*dur of* **завéрить**) to witness.

завестú (-ведý, -ведёт; *p* -вёл, -велá -ó, -и́; *pap* -вéдший; *pct of* **заводи́ть**) to lead. Кудá вы нас завелú́? Where have you led us? • to drop off (by foot). Мо́жете вы по доро́ге в го́род завестú моего́ мáльчика в шко́лу? Can you drop my boy off at school on your way into town? • to start. Кто завёл здесь э́ти но́вые поря́дки? Who started this new system here? • to strike up. Он завёл знако́мство с сосéдкой. He struck up an acquaintance with the girl next door. • to take in. Онú́ завелú в до́ме ко́шек. They took cats into the house. • to wind. Я забы́л завестú часы́. I forgot to wind my watch.

□ *Ну, завёл кани́тель! Well, we're in for one of those long, tiresome talks.

завещáние testament, will.

завещáть (*both dur and pct*) to bequeath, to will.

зави́довать (*dur*) to be jealous. Неужéли вы зави́дуете его́ успéхам? Are you really jealous of his success? • to envy. Я им не зави́дую. I don't envy them.

зави́сеть (-ви́шу, -ви́сит; *dur*) to depend. А от кого́ зави́сит решéние моего́ дéла? On whom does the decision in my case depend? — Во вся́ком слýчае я бýду знать, что ни от кого́ не зави́шу. Anyway, I'll know that I don't depend on anybody. — Э́то зави́сит от обстоя́тельств. That depends on the circumstances.

□ Я сдéлаю всё от меня́ зави́сящее. I'll do everything in my power.

зáвисть (*F*) envy.

зави́шу *See* зави́сеть.

завко́м *or* **заводско́й комитéт** (*See also* **комитéт**) factory employees' committee.

заво́д factory. Моя́ женá рабо́тает на заво́де. My wife is working at the factory.

□ **гáзовый заво́д** gas works.
лесопú́льный заво́д sawmill.
машинострои́тельный заво́д machine-building factory.
металлургú́ческий заво́д metallurgy plant.
сáхарный заво́д sugar refinery.
сталелитéйный заво́д steel foundry.
трáкторный заво́д tractor plant.

заводи́ть (-вожý, -во́дит; *dur of* **завестú**) to start. Не сто́ит из-за э́того спор заводи́ть. It isn't worth starting an argument about. • to crank. Э́то стáрая маши́на, и мото́р прихо́дится заводи́ть вручнýю. It's an old car, so you have to crank the motor.

□ **заводи́ть знако́мство** to make an acquaintance. Он о́чень легко́ заво́дит знако́мства. He makes acquaintances very easily.

заводоуправлéние factory management, administration. Заводоуправлéние — в до́ме напро́тив. The office of the factory management is across the street.

заво́дский *See* заводско́й.

заводско́й *or* **заводскú́й** factory. У нас в заводско́й библиотéке есть все клáссики. Our factory library has all the classics.

□ **заводско́е обору́дование** factory equipment.
заводско́й комитéт factory committee.

завоевáть (*pct of* **завоёвывать**) to conquer. Э́та о́бласть былá завоёвана три́ста лет томý назáд. This region was conquered three hundred years ago. • to win. Он срáзу завоевáл нáше довéрие. He won our trust right away.

завоёвывать (*dur of* **завоевáть**) to conquer, to win.

завожý *See* заводи́ть.

завою́ю *See* завоевáть.

зáвтра tomorrow. Он зáвтра уезжáет. He's leaving tomorrow. — Я остáвлю вам э́ти котлéты на зáвтра. I'll put these chops away for you for tomorrow.

□ **не ны́нче-зáвтра** before long. Рабо́та э́та не ны́нче-зáвтра ко́нчится. This job won't be over before long.

зáвтрак breakfast. Отнесú́те емý зáвтрак в его́ ко́мнату. Take his breakfast to his room. • lunch. Возьмú́те зáвтрак с собо́й, в э́том по́езде нет ресторáна. Take your lunch with you; there's no dining car on this train. — Я пригласú́л её на зáвтрак. I invited her to lunch.

□ **ýтренний зáвтрак** breakfast. Зáвтрак у нас в во́семь часо́в. We usually have breakfast at eight o'clock.

зáвтракать (*dur*) to have breakfast. Я бýду зáвтракать в гости́нице. I'm going to have breakfast at the hotel. • to eat lunch. Где вы обы́чно зáвтракаете? Where do you usually eat lunch?

завяжý *See* завязáть.

завязáть (-вяжý, -вя́жет; *pct of* **завя́зывать**) to tie. Остáлось завязáть чемодáны, и мы гото́вы. All we have to do is tie our suitcases and we're ready. — Завяжú́те щекý чéм-нибудь тёплым. Tie something around your cheek to keep it warm. • to knot. Ваш гáлстук пло́хо завя́зан. Your tie is poorly knotted.

завя́зывать (*dur of* **завяза́ть**) to tie. Не завя́зывайте э́того паке́та, а положи́те его́ в большо́й конве́рт. Don't tie it up into a package; put it into a big envelope.

□ **завя́зывать знако́мство** to make an acquaintance. Сто́ит ли завя́зывать но́вые знако́мства, когда́ мы уже́ уезжа́ем. It's not worth making new acquaintances when we're leaving so soon.

зага́дка riddle, puzzle.

зага́р tan. Отку́да у вас тако́й прекра́сный зага́р? Where did you get that beautiful tan?

загла́вие title. А вы по́мните загла́вие э́той кни́ги? Do you remember the title of this book?

заглаза́ *or* **за глаза́** (/*cf* глаз/).

загля́дывать (*dur of* **загляну́ть**) to drop in. Что э́то вы никогда́ к нам не загля́дываете? How come you never drop in to see us?

загляну́ть (-гляну́, -гля́нет; *pct of* **загля́дывать**) to look. А вы загляну́ли под шкаф? Did you look under the dresser? • to drop in. Загляни́те неде́льки че́рез две. Drop in in about two weeks.

за́говор plot. Он был уча́стником контрреволюцио́нного за́говора. He was involved in a plot against the government.

заголо́вок (-вка) headline. Я просмотре́л заголо́вки в газе́те. I looked at the headlines.

загора́живать (*dur of* **загороди́ть**) to obstruct. Э́тот сара́й загора́живает вид на парк. This shed obstructs the view of the park.

□ Не загора́живайте мне, пожа́луйста, све́та. Don't stand in my light, please.

загора́ться (*dur of* **загоре́ться**) to burn. Спи́чки отсыре́ли — не загора́ются. The matches are damp and won't burn.

загоре́ться (-горю́сь, -гори́тся; *pct of* **загора́ться**) to start burning. В трубе́ загоре́лась са́жа. The soot in the chimney started burning.

□ Он весь загоре́лся и обеща́л своё соде́йствие. He was very much taken with it and promised to help. • Что э́то вам так загоре́лось е́хать? Why are you so eager to leave? • *Вот из-за э́того то весь сыр бор и загоре́лся. That was at the bottom of the whole trouble.

загороди́ть (-горожу́, -горо́ди́т; *ppp* -горо́женный; *pct of* **загора́живать**) to block. Что вы тут весь коридо́р загороди́ли чемода́нами? Why did you block the hallway with all these suitcases? • to screen. Мы загороди́ли крова́ть. We screened the bed from view.

загорожу́ *See* **загороди́ть**.

загота́вливать (*dur of* **загото́вить**).

загото́вить (*pct of* **заготовля́ть**, **загота́вливать**, *and* **гото́вить**) to stock up. Мы уже́ загото́вили дрова́ на́ зиму. We've already stocked up some firewood for the winter.

загото́вка collection. План загото́вок сельскохозя́йственных проду́ктов сейча́с ещё не вы́полнен. The schedule for the government's collection of agricultural products hasn't been fulfilled yet.

заготовля́ть (*dur of* **загото́вить**).

заграни́ца foreign countries. Я мно́го лет е́здил по заграни́цам. I've traveled in foreign countries for many years.

□ У меня́ больша́я перепи́ска с заграни́цей. I have a wide foreign correspondence.

заграни́цей *See* **грани́ца**.

заграни́цу *See* **грани́ца**.

заграни́чный foreign. Почти́ всё обору́дование э́того заво́да — заграни́чное. Almost all the equipment of this factory is foreign-made. • imported. На нём бы́ли заграни́чные боти́нки. He wore imported shoes.

загреме́ть (-гремлю́, -греми́т; *pct*) to thunder. Загреме́л гром и начался́ ли́вень. It began to thunder and rain.

загс (за́пись а́ктов гражда́нского состоя́ния) zags (government office for registering births, deaths, marriages and divorces). Он пошёл в загс зарегистри́ровать новорождённого сы́на. He went to the zags to register his newly-born son.

задава́ть (-даю́, даёт; *imv* -дава́й; *prger* -дава́я; *dur of* **зада́ть**) to give. Но́вый учи́тель задаёт сли́шком мно́го уро́ков. The new teacher gives too much homework. • to set the style. Он там тон задаёт. He sets the style there.

□ **задава́ть вопро́сы** to ask questions. Мне не на́до бы́ло задава́ть ему́ э́того вопро́са. I never should have asked him that question.

задави́ть (-давлю́, -да́вит; *pct of* **зада́вливать**) to crush to death. Его́ автомоби́ль задави́л. He was crushed to death by a car.

зада́вливать (*dur of* **задави́ть**).

зада́м *See* **зада́ть**.

зада́ние assignment. Они́ успе́шно вы́полнили э́то зада́ние. They carried out their assignment successfully.

зада́ток (-тка) deposit. Внеси́те, пожа́луйста, зада́ток. Leave a deposit, please. — Я дал пять рубле́й зада́тку. I gave five rubles deposit. • promise. У неё в де́тстве бы́ли хоро́шие зада́тки. She gave promise of good character as a child. •

зада́ть (-да́м, -да́ст, §27; *imv* -да́й; *p* за́дал, задала́, за́дало, -и; *ppp* за́данный, *sh F* задана́; *pct of* **задава́ть**) to give. Ну и зада́ли же вы мне зада́чу! That's some problem you gave me! — Вы, я ви́жу, тут настоя́щий бал зада́ли. Well, I see you're giving quite a party. — На́до зада́ть ло́шади ко́рму. We have to give the horse some fodder.

□ *Ну и зададу́т же ему́! They'll make it hot for him!

зада́ча problem. Зада́ча на экза́мене была́ пустяко́вая. The problem on the exam was a cinch. • task. На́ша гла́вная зада́ча — э́то воспита́ние молодёжи. Our main task is youth education. • job. Каки́е зада́чи вы ста́вите себе́ на ближа́йшее вре́мя? What jobs are you setting for yourself in the immediate future?

□ Э́то не вхо́дит в мои́ зада́чи. I'm not concerned with it.

задви́жка bolt.

задержа́ть (-держу́, -де́ржит; *pct of* **заде́рживать**) to detain. Я собира́лся зайти́ к вам, но меня́ задержа́ли. I intended to call on you, but I was detained. • to arrest. Престу́пник был заде́ржан на грани́це. The criminal was arrested at the border. • to hold. Задержи́те его́ на мину́ту, я сейча́с верну́сь. Hold him here a minute. I'll be right back.

-ся to be delayed. Самолёт задержа́лся в пути́. The plane was delayed on route. • to be detained. Прости́те, я немно́го задержа́лся. Pardon me, I was detained.

заде́рживать (*dur of* **задержа́ть**) to detain. Не заде́рживайте его́, ему́ о́чень не́когда. Don't detain him, he's in a great hurry. • to hold back. Иди́те, вас не заде́рживают. You can go; no one's holding you back.

заде́ржка delay. Из-за чего́ произошла́ заде́ржка в доста́вке продово́льствия? What caused the delay in the delivery of the food supplies?

за́дний rear. В трамва́й вхо́дят с за́дней площа́дки. You

enter the trolley at the rear door. • back. Мы сиде́ли в за́дних ряда́х. We sat in one of the back rows.
□ дать за́дний ход to back up. Маши́на дала́ за́дний ход. The car backed up.

за́дняя мысль ulterior motive. *Я, пра́во, сказа́л э́то без вся́кой за́дней мы́сли. I really said that without any ulterior motive.
□ *Тепе́рь легко́ говори́ть — за́дним умо́м кре́пок! It's easy for a Monday-morning quarterback to talk.

задо́лго (/cf до́лгий/) long before. Мы прие́хали на вокза́л задо́лго до отхо́да по́езда. We got to the station long before the train was scheduled to leave.

задохну́ться (/p -до́хся, -до́хлась/; pct of **задыха́ться**) to suffocate. Как здесь наку́рено! Задохну́ться мо́жно. There's so much smoke here that you could almost suffocate.

задра́ть (pct of **драть**).

задрема́ть (-дремлю́, -дре́млет; pct) to start to doze. Я то́лько задрема́л, как разда́лся звоно́к. The bell rang as soon as I started dozing.

задрожа́ть (-жу́, -жи́т; pct) to begin to shake. У меня́ ру́ки задрожа́ли от волне́ния. I was so nervous my hands began to shake.

заду́мать (pct of **заду́мывать**) to intend. Что э́то вы уезжа́ть заду́мали? I understand you intend to leave? • to plan. Он уже́ давно́ заду́мал э́ту пое́здку. He planned this trip for a long time.

заду́мчивый thoughtful, pensive.

заду́мывать (dur of **заду́мать**) to plan, to have in mind.

задыха́ться (dur of **задохну́ться**) to be suffocating. Мы про́сто задыха́емся в э́той комнату́шке. We're simply suffocating in this small room. • to choke. Он буква́льно задыха́лся от гне́ва. He actually choked with anger.

зае́ду See **зае́хать**.

заезжа́ть (dur of **зае́хать**) to stop in. По доро́ге заезжа́йте к нам. Stop in at our place on your way over.

заём (за́йма) loan.
□ **госуда́рственный заём** national loan.

зае́хать (-е́ду, -е́дет; no imv; pct of **заезжа́ть**) to call. Он обеща́л зае́хать за на́ми. He promised to call for us.

зажа́ривать (dur of **зажа́рить**).

зажа́рить (pct of **зажа́ривать**) to roast. Я вам зажа́рила у́тку на за́втра. I roasted a duck for you for tomorrow.

зажгу́ See **заже́чь**.

заже́чь (-жгу́, -жжёт [žjót]; p -жёг, -жгла́, -о́, -и́; pct of **зажига́ть**) to light. Почему́ вы зажгли́ все ла́мпы? Why did you light all the lamps?
□ Зажги́те электри́чество. Turn on the light

зажжёшь See **заже́чь**.

зажива́ть (dur of **зажи́ть**) to heal. Моя́ ра́на всё не зажива́ет. My wound doesn't heal.

зажига́лка cigarette lighter. Мой оте́ц сам сде́лал э́ту зажига́лку. My father made this cigarette lighter himself.

зажига́ть (dur of **заже́чь**) to light. Я не зажига́л свече́й, э́то кто́-то друго́й зажёг. I didn't light the candles, someone else did. • to turn on (a light). Не зажига́йте огня́, ещё светло́. Don't turn on the lights, it's still light.

зажи́точный well off. Колхо́з у нас зажи́точный. Our kolkhoz is well off.

зажи́ть (-живу́, -живёт; p за́жил, зажила́, за́жило, -и; pct of **зажива́ть**) to heal. За́жил уже́ ваш па́лец? Has your finger healed yet?

□ (no dur) По́сле войны́ мы хорошо́ заживём. Once the war is over we'll really begin to live.

заика́ться (dur of **заикну́ться**) to stutter, to stammer. (no pct) Она́ заика́ется с де́тства. She's been stuttering since childhood. — В нача́ле свое́й ре́чи он немно́го заика́лся. He stammered a bit at the beginning of his speech.

заикну́ться (pct of **заика́ться**) to mention. Я его́ вчера́ встре́тил, но он об э́том да́же не заикну́лся. I saw him yesterday but he didn't even mention it.

заинтересова́ть (pct of **заинтересо́вывать**) to interest. Мне удало́сь заинтересова́ть его́ на́шим прое́ктом. I was able to interest him in our project. — Он ли́чно заинтересо́ван в успе́шном исхо́де э́того де́ла. He's personally interested in the successful completion of this matter.

-ся to become interested in. Ваш друг заинтересова́лся мое́й судьбо́й. Your friend became interested in my future.

заинтересо́вывать (dur of **заинтересова́ть**).

зайду́ See **зайти́**.

зайти́ (-йду́, -йдёт; p -шёл, -шла́, -о́, -и́; pap -ше́дший; pct of **заходи́ть**) to drop into. Не мо́жете ли вы по доро́ге зайти́ в ла́вку? Can you drop into the store on your way? • to stop in. Я зайду́ за ва́ми в во́семь часо́в. I'll stop in for you at eight o'clock.

закажу́ See **заказа́ть**.

зака́з order. Зака́з бу́дет вы́полнен в срок. The order will be finished on time.
□ **сде́лать на зака́з** to make to order. Ваш костю́м сде́лан на зака́з? Was your suit made to order?

заказа́ть (-кажу́, -ка́жет; pct of **зака́зывать**) to order. Что вы заказа́ли на сла́дкое? What have you ordered for dessert? — В како́й апте́ке вы заказа́ли лека́рство? In what drugstore did you order the medicine? • to reserve. Позвони́те, пожа́луйста, на вокза́л и закажи́те мне биле́т на за́втра. Please call the railroad station and reserve a ticket for me for tomorrow.

заказно́й registered. Где тут принима́ют заказны́е пи́сьма? Where do they take registered letters here?
□ **заказны́е отправле́ния**. registered mail.

зака́зчик customer. Моско́вский универма́г — лу́чший зака́зчик на́шего заво́да. The Moscow department store is our factory's best customer.

зака́зывать (dur of **заказа́ть**) to order. Вы зака́зывайте обе́д, я сейча́с приду́. You order dinner. I'll be right back.

зака́т (со́лнца) sunset, sundown.

закипа́ть (dur of **закипе́ть**) to start boiling. Вода́ закипа́ет, клади́те скоре́й я́йца. The water is starting to boil; put the eggs in right away.

закипе́ть (-плю́, -пи́т; pct of **закипа́ть**) to boil over. Смотри́те, чтоб ко́фе не закипе́л. See that the coffee doesn't boil over.

закла́дывать (dur of **заложи́ть**) to put away. Не закла́дывайте тёплых веще́й далеко́, они́ ещё мо́гут пона́добиться. Don't put the winter clothing away; we may still need it.

заклеива́ть (dur of **заклеи́ть**) to seal, to paste up, to tape.

заклеи́ть (-кле́ю, кле́ит; ppp -кле́еный; pct of **заклеива́ть**) to stop up. На́до бы заклеи́ть все ще́ли, а то ду́ет. We should stop up all the cracks because it's drafty. • to seal. Я уже́ закле́ил письмо́. I've already sealed the letter.

☐ Закле́йте ра́нку пла́стырем. Put some adhesive tape on the wound.

заключа́ть (*dur of* **заключи́ть**) to conclude. И что же вы из э́того заключа́ете? What do you conclude from it?

☐ **заключа́ть мир** to bury the hatchet. Ну, ребя́та, посерди́лись и дово́льно — на́до заключа́ть мир. Well, fellows, that's enough quarrelling. Let's bury the hatchet.

☐ Из чего́ вы заключа́ете, что я сержу́сь? What makes you think I'm angry?

заключённый (*ppp of* **заключи́ть**) prisoner.

заключи́ть (*pct of* **заключа́ть**) to gather. Из э́того я заключи́л, что мои́ ша́нсы пло́хи. From this I gathered that my chances are poor. ● to close. Он заключи́л свою́ речь то́стом за хозя́ина до́ма. He closed his speech with a toast to the master of the house. ● to conclude. Догово́р был заключён. They concluded a treaty.

☐ **заключи́ть пари́** to make a bet. Они́ заключи́ли пари́ на пять рубле́й. They made a bet of five rubles.

зако́н law. Вам на́до основа́тельно изучи́ть зако́н о подохо́дном нало́ге. You'll have to study the income tax law thoroughly. — Ва́ше сло́во — зако́н. Your word is law.

зако́нный legal. Вам отказа́ли на зако́нном основа́нии. You were refused on legal grounds. — Э́то был вполне́ зако́нный приём игры́. It was a perfectly legal play on his part.

☐ Её возмуще́ние вполне́ зако́нно. She has every reason to be indignant.

закрепи́ть (*pct of* **закрепля́ть**) to knot. Закрепи́те ни́тки, а то швы распо́рются. Knot the thread so the seams don't come apart. ● to fix. Я уже́ прояви́л плёнку и до́лжен то́лько её закрепи́ть. I've already developed the film and just have to fix it. ● to reserve. За на́ми закрепи́ли кварти́ру в но́вом до́ме. An apartment was reserved for us in a newly built house. ● to fasten. Закрепи́те верёвку. Fasten the rope.

закрепля́ть (*dur of* **закрепи́ть**) to freeze. У вас закрепля́ли рабо́чих за заво́дами во вре́мя войны́? Were your war workers frozen in their jobs during the war?

закрича́ть (-чу́, -чи́т; *pct*) to cry out. Он закрича́л со сна. He cried out in his sleep. ● to scream. Он закрича́л от бо́ли. He just screamed with pain. ● to yell. Я её то́лько взял за́ руку, а она́ как закричи́т! All I did was touch her hand, and did she yell!

за́кром (*p* -а́, -о́в) bin.

закрыва́ть (*dur of* **закры́ть**) to close. Воро́та закрыва́ют в шесть часо́в. The gates are closed at six o'clock. — Э́ту вы́ставку ско́ро закрыва́ют. This exposition is going to be closed soon.

-ся to close. Заседа́ние закрыва́ется в пять часо́в ве́чера. The meeting will be closed at five o'clock. — Когда́ здесь закрыва́ются ла́вки? When do the stores close here? — У меня́ глаза́ са́ми собо́й закрыва́ются. My eyes are closing by themselves. — Кры́шка пло́хо закрыва́ется. The lid doesn't close right.

закры́ть (-кро́ю, -кро́ет; *ppp* -кры́тый; *pct of* **закрыва́ть**) to close. Пожа́луйста, закро́йте окно́. Close the window, please. — Путь закры́т. Road closed. — Магази́н закры́т. The store is closed. — Из-за эпиде́мии пришло́сь закры́ть шко́лу. They had to close the school because of the epidemic. ● to shut. Закро́йте зо́нтик, дождь прошёл. Shut the umbrella; the rain has stopped. ● to turn off.

Вы не закры́ли кра́на, и вода́ текла́ всю ночь. You didn't turn off the faucet and the water kept running all night.

-ся to close. Ра́на уже́ закры́лась. The wound has already closed.

☐ Он закры́лся газе́той и ду́мает, что его́ никто́ не ви́дит. He's holding the newspaper in front of his face and thinks no one sees him.

заку́ривать (*dur of* **закури́ть**) to light up. Не заку́ривайте, мы сейча́с бу́дем обе́дать. Don't light up now; we're going to have dinner.

закури́ть (-курю́, -ку́рит; *pct of* **заку́ривать**) to light a cigarette. Он закури́л папиро́су и глубоко́ затяну́лся. He lit a cigarette and inhaled deeply.

закуси́ть (-кушу́, -ку́сит; *pct of* **заку́сывать**) to have a snack. Дава́йте заку́сим. Let's have a snack. ● to bite. Она́ закуси́ла губу́ и е́ле сде́рживала смех. She bit her lip and was just able to hold back her laughter.

☐ **закуси́ть удила́** to take the bit. Ло́шадь закуси́ла удила́ и понесла́. The horse took the bit and bolted.

☐ Да́йте ему́ закуси́ть лека́рство варе́ньем. Give him some jam after his medicine. ● ●Ну, тепе́рь уже́ он закуси́л удила́ — ничего́ с ним не поде́лаешь. Once he gets the bit in his teeth there's no stopping him.

заку́ска appetizer. На заку́ску у нас копчёная селёдка и марино́ванные грибы́. For an appetizer we have kippered herring and pickled mushrooms.

заку́сывать (*dur of* **закуси́ть**) to have a snack. Он пьёт одну́ рю́мку за друго́й не заку́сывая. He's drinking one shot after another without having a snack.

☐ Мы пи́ли во́дку и заку́сывали селёдкой. We drank vodka and had some herring after it.

закушу́ *See* **закуси́ть**.

зал hall. В э́том за́ле хоро́шая аку́стика. This hall has good acoustics. ● room. Карти́ны Рембра́ндта в гла́вном за́ле. The Rembrandts are in the main room. — Я бу́ду в за́ле ожида́ния. I'll be in the waiting room.

☐ **гимнасти́ческий зал** gymnasium.

зал для осмо́тра багажа́ customs room. Пройди́те в зал для осмо́тра багажа́. Go to the customs room.

за́ла *See* **зал**.

заля́ять (-ла́ю, -ла́ет; *pct*) to start barking. Соба́ка вдруг заля́яла. The dog suddenly started barking.

зали́в bay.

зало́г deposit. Е́сли вы хоти́те взять ло́дку, вам придётся оста́вить зало́г. You have to leave a deposit if you want to hire a boat. ● guarantee. Ве́ра в своё пра́во и си́лы — зало́г побе́ды. Belief in your own strength and in the justice of your cause is the guarantee of victory.

заложи́ть (-ложу́, -ло́жит *pct of* **закла́дывать**) to stick. Кто э́то заложи́л газе́ты за шкаф? Who stuck these newspapers behind the dresser? ● to clog. Мне у́ши заложи́ло. My ears are clogged. ● to lay. Вчера́ заложи́ли фунда́мент бу́дущей шко́лы. They laid the cornerstone for the new school yesterday. ● to harness. Они́ заложи́ли са́ни и пое́хали ката́ться. They harnessed the horse to the sleigh and went for a ride.

зам- assistant, vice-, acting.

☐ **замзаве́дующий** acting manager.

замнарко́м vice-people's commissar.

зам *See* **замести́тель**.

зама́жу *See* **зама́зать**.

зама́зать (-ма́жу, -ма́жет; *pct of* **зама́зывать**) to paint out.

Замажьте надпись на двери и сделайте новую. Paint out the sign on the door and make a new one. • to fill. Надо замазать щели в полу. The cracks on the floor will have to be filled. • to cover up. Он старался замазать недостатки в работе завкома. He tried to cover up the faults of the factory committee. • to smear. Я всё пальто краской замазал. I smeared paint all over my coat.

замазывать (*dur of* **замазать**) to putty. У вас тоже замазывают окна на зиму? So you also putty window panes in winter?

замариновать (/*pct of* **мариновать**/).

замедлить (*pct of* **замедлять**) to slow down. Надо замедлить ход. We'll have to slow down.

замедлять (*dur of* **замедлить**) to slow down. Ваш метод очень замедляет процесс. Your method of work slows things down a great deal. — Замедляйте на поворотах. Slow down on the curve.

замена substitution.

заменить (-меню, -менит; *ppp* -менённый; *pct of* **заменять**) to take the place of. Мой помощник меня заменит. My assistant will take my place.

заменять (*dur of* **заменить**) to substitute. Нам теперь часто приходится заменять одни материалы другими. Nowadays we often have to substitute one material for another.

замерзать (*dur of* **замёрзнуть**) to freeze over. Обыкновенно, в это время реки у нас уже замерзают. Usually at this time our rivers are already frozen over.

замёрзнуть (*p* -мёрз, -мёрзла *pct of* **замерзать**) to freeze. У вас тут замёрзнуть можно! You can freeze to death here! □ В моей комнате окна совсем замёрзли. My windows are all covered with frost.

заместитель (*M*) replacement. Я не могу уехать, пока не найду себе заместителя. I can't go away until I find a replacement for myself. • substitute. Мы нашли хороший заместитель для этого редкого металла. We found a good substitute for that rare metal.
□ **заместитель директора** assistant director.
заместитель председателя vice-chairman.

заместить (*pct of* **замещать**) to take someone's place. В настоящее время нам некем его заместить. At present we have no one to take his place.

заметить (*pct of* **замечать**) to notice. Я не заметил, как проехал свою остановку. I didn't notice that I had passed my station. — Вы заметили, как много женщин работает на этом заводе? Have you noticed how many women are working in this factory? • to see. Идите прямо, и вы сразу заметите дом с балконом. Go straight ahead and you'll see a house with a balcony. • to keep in mind. Заметьте себе номер дома. Keep the number of the house in mind. • to make a remark. Оно вы правильно заметили. You made a good remark there.

заметка paragraph. Об этом была заметка в газетах. There was a paragraph in the papers about it. • note. Нельзя делать заметок на полях библиотечных книг. You shouldn't make notes in the margins of library books.
□ **путевые заметки** account of one's travels. Читали вы его путевые заметки? Have you read his account of his travels?

заметный noticeable.

замечание reprimand. Ему было сделано строгое замечание. He received a severe reprimand. • remark. Он

сделал несколько дельных замечаний. He made several appropriate remarks.

замечательный wonderful. Он замечательный человек. He's a wonderful man.
□ **замечательно** wonderful. Она замечательно стряпает. She's a wonderful cook.

замечать (*dur of* **заметить**) to notice. Он никого не замечает. He doesn't notice anyone. — Мы за ним никогда ничего плохого не замечали. We never noticed anything bad about him.

замечу See **заметить.**

замещать (*dur of* **заместить**) to replace. Кто замещает заведующего во время отпуска? Who replaces the manager when he's on vacation?

замещу See **заместить.**

заминка hitch. С вашим разрешением вышла заминка. There's a hitch about your permit.

замок (-мка) lock. Этот замок испорчен. This lock is broken.
□ **под замком** under lock and key. Тут приходится всё держать под замком. You've got to keep everything under lock and key here.

замолкать (*dur of* **замолкнуть** *and* **замолчать**). Спор долго не замолкал. The argument didn't cease for a long time.

замолкнуть (*p* -молк, -молкла; *pct of* **замолкать**).

замолчать (-лчу, -лчит; *pct of* **замолкать**) to become silent. Он вдруг замолчал. Suddenly he became silent. • to be quiet. Замолчите! Не мешайте слушать! Quiet, please! We want to listen.
□ Замолчите, я не могу этого слушать. Stop, I can't listen to it. • Раньше он писал часто, а теперь вдруг замолчал. He used to write frequently and now suddenly he's stopped.

замораживать (*dur of* **заморозить**) to freeze.

замороженный (*ppp of* **заморозить**) frozen.

заморозить (*pct of* **замораживать**) to freeze. Советую вам заморозить это мясо — оно лучше сохранится. I advise you to freeze this meat. It'll keep better. • to put on ice. Не забудьте заморозить шампанское. Don't forget to put the champagne on ice.

заморозки (-зков *P*) slight frost. По утрам ещё бывают заморозки, но весна уже началась. Although it's spring already we still will have slight frosts in the morning.

замуж (/*cf* **муж**/)
□ **выйти замуж** to marry (said of a woman). За кого же она, в конце концов, вышла замуж? Whom did she finally marry?
выходить замуж to get married (said of a woman). Я слыхал, что она выходит замуж. I heard she's getting married.

замужем (/*cf* **муж**/) married (said of a woman). Она замужем за моим другом. She's married to my friend.

занавес curtain. Мы пришли в театр как раз когда занавес поднимался. We arrived at the theater just as the curtain was going up. — Отдёрните занавеску, вам будет светлее. Draw the curtain; there'll be more light for you.

занести (-несу, несёт; *p* -нёс, -несла; -о, -и; *pct of* **заносить**) to drop off. Не забудьте занести ему книгу. Don't forget to drop that book off at his place. • to bring in. Как это вас сюда занесло? What brings you in here? • to put. Проверьте, занесён ли он в список. Check and see if he's been put on the list. — Этот рабочий занесён на красную доску.

This worker has been put on the honor roll. • to take down. Все его показания были занесены в протокол. All his testimony was taken down in the minutes.

□ Дорóгу совершéнно занеслó снéгом. The road is completely snowbound.

занимáть (*dur of* **занять**) to take up. Боюсь, что мы занимáем слишком мнóго мéста. I'm afraid we're taking up too much room. • to occupy. Кто занимáет сосéднюю квартúру? Who occupies the next apartment? • to hold. Он занимáет отвéтственный пост. He holds a responsible position. • to absorb. Этот вопрóс его óчень занимáет. He's very much absorbed in the problem. • to entertain. Он весь вéчер занимáл нас своими расскáзами. He entertained us all evening with his stories.

□ Вы слишком дóлго занимáете телефóн. You've been on the phone too long.

-ся to busy oneself. Онá вчерá занимáлась упакóвкой вещéй. She was busy packing yesterday. • to study. Он на послéднем кýрсе и емý прихóдится мнóго занимáться. He's a senior and has to study hard. • to go in for. Вы занимáетесь спóртом? Do you go in for sports?

□ Чем вы занимáетесь и скóлько зарабáтываете? What do you do for a living and how much do you make?

занóза splinter. Вытащите мне, пожáлуйста, занóзу из пáльца. Please pull the splinter out of my finger.

□ Ну и занóза же вы! You certainly get under a person's skin!

заносить (-ношý, -нóсит *dur of* **занести**) to bring. He заноси́те мне кни́ги, я сам зайдý за ней. Don't bring me the book; I'll go for it myself.

з |ношý *See* **заноси́ть.**

· íнят *See* **зáнятый.**

заня́тие occupation. Род заня́тий? What's your occupation?

— Заня́тие гóрода произошлó невероя́тно быстро. The occupation of the town was accomplished in an unbelievably short time.

□ **заня́тия** classes. Заня́тия в шкóлах начнýтся тóлько в áвгусте. Classes won't start until August.

люби́мое заня́тие hobby. Рыбная лóвля — моё люби́мое заня́тие. Fishing is my hobby.

заня́той busy. Он óчень заня́той человéк. He's a very busy man.

зáнятый (*sh* -тá/*ppp of* **заня́ть/**) busy. Вы óчень зáняты? Are you very busy? — Сегóдня я зáнят весь день. I'll be busy all day today. — Он сейчáс зáнят нóвым проéктом. He's busy on a new project now. — Ваш нóмер всё ещё зáнят. The line is still busy. • taken. Прости́те, э́то мéсто зáнято? Excuse me, is this seat taken?

□ Вам придётся подождáть, телефóн зáнят. You'll have to wait now; somebody's using the telephone. • Онá тóлько собóй заня́та. She's only interested in herself.

заня́ть (займý, займёт; *p* зáнял, заняла́, зáняло, -и; *ppp* зáнятый, *sh F* заня́та; -ся, занялся́ -лáсь, -лóсь, -ли́сь; *pct of* **занимáть**) to reserve. Вы ужé заня́ли стóлик? Have you already reserved a table? • to borrow. Я вчерá зáнял у негó пять рублéй. I borrowed five rubles from him yesterday. • to occupy. Этот гóрод тóже был зáнят неприя́телем. This city was also occupied by the enemy. • to keep busy. Пожáлуйста, займи́те чéм-нибудь ребя́т до ýжина. Please keep the kids busy till supper time.

-ся to take up. Почемý бы вам не заня́ться мýзыкой

серьёзно? Why don't you take up music seriously? • to busy oneself. Займи́тесь чéм-нибудь, не сиди́те без дéла. Get busy with something; don't sit on your hands. • to take care of. Вы должны заня́ться своим здорóвьем. You ought to take care of your health.

заоднó (/*cf* **оди́н**/) while you're at it. Сходи́те в лáвку, и заоднó опусти́те э́то письмó. Go to the store, and while you're at it mail this letter. — Заоднó купи́те мне папирóс. Buy me some cigarettes while you're at it.

□ Он с нáми заоднó. He'll back us up.

зáпад west. К зáпаду от гóрода срáзу начинáются лесá. The woods begin immediately west of town.

зáпадный western. Я дóлго жил в Зáпадной Еврóпе. I lived for a long time in Western Europe.

западня́ (*gp* -дне́й) trap.

запаковáть (*pct of* **запакóвывать**) to pack. Нýжно запаковáть э́тот чемодáн полýчше: мне далекó éхать. Pack the suitcase better. I've got a long ways to go. • to wrap. Вы плóхо запаковáли посы́лку. You wrapped this package badly.

запакóвывать (*dur of* **запаковáть**) to pack.

запáс reserve. Отложи́те э́то про запáс. Put it away as reserve. • stock. Все запáсы сырья́ у нас вышли. We used up our whole stock of raw materials.

□ **запáс прови́зии** food supplies. В захвáченном гóроде оказáлись больши́е запáсы прови́зии. Large stocks of food supplies were found in the captured city.

запáс слов vocabulary. Для инострáнца у негó óчень большóй запáс слов. He has a very large vocabulary for a foreigner.

запасти́ (*dur of* **запасти́**).

-ся to stock up. Не стóит запасáться дровáми, неизвéстно, дóлго ли мы тут пробýдем. It isn't worth while to stock up on firewood, since we don't know how long we'll be here.

запаснóй spare. Ничегó, что прóбочник сломáлся, у нас есть запаснóй. It doesn't matter that this corkscrew is broken; we have a spare one. — У нас в дорóге лóпнула ши́на, но мы в дéсять минýт замени́ли её запаснóй. We had a flat tire on the way but we put on the spare in ten minutes.

□ **запаснóй путь** siding. Наш пóезд перевели́ на запаснóй путь. Our train was switched off onto the siding.

запасти́ (пасý, -пасёт; *p* -пáс, -паслá, -ó, -и́; *pct of* **запасáть**).

-сь to stock up. Вы запасли́сь углём вó-время? Did you stock up with coal in time?

□ Вам придётся запасти́сь терпéнием — отвéта, мóжет быть, дóлго не бýдет. You'll have to have a lot of patience, since the answer may be long in coming. • Я запáсся грýдой рекомендáтельных пи́сем. I armed myself with a pile of letters of recommendation.

зáпах (/*g* -у/) smell, odor. Откýда э́тот чудéсный смоли́стый зáпах? Where does that wonderful pine smell come from? — Какóй неприя́тный зáпах у вáших духóв. What an unpleasant odor your perfume has!

запере́ть (-прý, -прёт; *p* зáпер, заперлá, -лó -ли́; *pap* -пéрший; *ppp* зáпертый, *sh F* запертá; *pct of* **запирáть**) to lock. Не забýдьте запере́ть дверь на замóк. Don't forget to lock the door. — Он зáпер шкаф на ключ. He locked the cupboard.

□ **запере́ть на задви́жку** to latch. Дверь былá запертá на задви́жку. The door was latched.

запечáтать (*pct of* **запечáтывать**) to seal. Я ещё не запечáтал конвéрта. I haven't sealed the envelope yet. — Письмó запечáтано сургучóм, вúдно секрéтное. The letter is sealed with wax; evidently it's secret.

запечáтывать (*dur of* **запечáтать**) to seal. Не запечáтывайте ещё пúсьма, я сдéлаю припúску. Don't seal the letter yet; I want to add a few words.

запирáть (*dur of* **заперéть**) to lock. Он никогдá не запирáет свою кóмнату. He never locks his room. • to close. Парк запирáют в шесть часóв вéчера. They close the park at six o'clock in the evening.

записáть (-пишý, -пúшет; *pct of* **запúсывать**) to write down, to jot down. Вы записáли нóмер егó телефóна? Did you write down his telephone number? — Пожáлуйста, запишúте э́то. Jot it down, please. • to make a list. Я вам записáл всё, что нýжно купúть. I made a list for you of everything that has to be bought.

□ Записáть вас в óчередь на билéт? Should I put you on the waiting list for a ticket? • Я вас записáл на приём к дóктору на четы́ре часá. I made a four-o'clock appointment with the doctor for you.

-ся to join. Я хотéла бы записáться в библиотéку. I'd like to join a public library. • to make an appointment. На приём к дóктору нáдо записáться зарáнее. You have to make an appointment to visit the doctor. • to sign up. Я записáлась в числó учáстников состязáния. I signed up for the contest.

□ записáться добровóльцем to enlist. Он записáлся добровóльцем в áрмию. He enlisted in the army.

запúска note. Он остáвил для вас запúску. He left you a note.

запúсывать (*dur of* **записáть**) to write down. Он запúсывает все рýсские послóвицы, котóрые он слы́шит. He writes down all the Russian proverbs he comes across.

-ся

□ запúсываться в члéны to join, to become a member. Почемý вы не запúсываетесь в члéны нáшего клýба? Why don't you become a member of our club?

запишý *See* **записáть**.

запишýсь *See* **записáться**.

заплáкать (-плáчу, -плáчет; *pct*) to start crying. Онá заплáкала и вы́шла из кóмнаты. She started crying and left the room.

заплáта patch. Éсли постáвить заплáту на лóкоть, кýртку ещё мóжно бýдет носúть. If you put a patch on the elbow you'll still be able to wear the jacket.

заплатúть (-плачý, -плáтит; *pct*) to pay. Я заплатúл за э́ту кнúгу пять рублéй. I paid five rubles for this book. — Вы ужé заплатúли за обéд? Have you paid for the dinner yet?

заплáчу *See* **заплáкать**.

заплачý *See* **заплатúть**.

запóлнить (*pct of* **заполнять**) to fill. Э́тот я́щик запóлнен бумáгами. This box is filled with papers. — Студéнты заполнили весь двор. Students filled the whole yard. • to fill out. Заполните э́тот блáнк. Fill out this blank. • to crowd. Приёмная былá запóлнена посетúтелями. The reception room was crowded with visitors.

□ Моё врéмя запóлнено — скучáть и тосковáть мне нéкогда. I am so occupied I have no time to get bored or lonely.

заполнять (*dur of* **запóлнить**) to fill out. Мне ужé до-

смéрти надоéло заполнять анкéты. I'm already bored to death with filling out questionnaires.

запоминáть (*dur of* **запóмнить**) to memorize. Я когдá-то легкó запоминáл стихú. I used to memorize poetry easily. • to remember. Я плóхо запоминáю именá. I can't remember names well.

запóмнить (*pct of* **запоминáть**) to remember. Нóмер вáшего телефóна легкó запóмнить. You've got an easy phone number to remember. — Старожúлы не запóмнят такóй сурóвой зимы́. Even old-timers can't remember such a severe winter.

зáпонка cuff link.

запóр lock. Все двéри на запóре. All the doors are locked. • constipation. Он страдáет запóром. He suffers from constipation.

запрáшивать (*dur of* **запросúть**) to ask steep prices. Рáзве мóжно так запрáшивать? How can you ask such steep prices? • to inquire. Мы ужé нéсколько раз запрáшивали об э́том посóльство. We've inquired about it at the embassy several times now.

запретúть (-щý, -тúт; *pct* **запрещáть**) to forbid. Дóктор запретúл мне курúть. The doctor forbade me to smoke. • to prevent. Вы не мóжете мне запретúть говорúть то, что я дýмаю. You can't prevent me from saying what I think. • to be not allowed. Емý запрещенó пить. He's not allowed to drink.

запрещáть (*dur of* **запретúть**) to forbid. Мне э́того никтó не запрещáл, я сам не хочý. Nobody forbade me; I just don't want to! • not to let. Я запрещáю вам разговáривать со мной такúм тóном. I won't let you talk to me in this manner.

запрещý *See* **запретúть**.

запросúть (-прошý, -прóсит; *pct of* **запрáшивать**) to make inquiries. Мы запросúли завóд, где он рабóтал, и получúли о нём хорóший óтзыв. We made inquiries at the factory where he worked and got a favorable report. • to inquire. Об э́том нам придётся запросúть наркомáт. We'll have to inquire about this at the people's commissariat.

запрошý *See* **запросúть**.

запрý *See* **заперéть**.

запрягáть (*dur of* **запря́чь**).

запрягý *See* **запря́чь**.

запря́чь ([-prjéč], -прягý, -пряжёт; *p* запря́г [-prjók], -пряглá, -глó, -глú; *pct of* **запрягáть**) to hitch up. Запрягúте лóшадь в сáни. Hitch the horse up to the sleigh.

□ Меня тут основáтельно запряглú в рабóту. They're certainly making me work like a horse here.

запускáть (*dur of* **запустúть**) to neglect. Он запускáет рабóту в послéднее врéмя. He's been neglecting his work lately.

запустúть (-пущý, -пýстит; *dur of* **запускáть**) to neglect. Вы слúшком запустúли свою болéзнь. You've neglected your illness too much.

□ Ещё минýта, и я запустúл бы емý в гóлову чем попáло. One more minute and I'd have thrown something at him.

запущý *See* **запустúть**.

запятáя (*AF*) comma.

зарабáтывать (*dur of* **зарабóтать**) to make, to earn. Онá хорошó зарабáтывает. She makes a good living.

зарабóтать (*pct of* **зарабáтывать**) to make, to earn. Скóлько онú зарабóтали на прóшлой недéле? How much did they make last week?

за́работок (-тка) earnings.

заража́ть (*dur of* **зарази́ть**).

-ся to become infected, to catch (an illness).

заражу́ *See* **зрази́ть**.

зара́з at once. Я не могу́ де́лать два де́ла зара́з. I can't do two things at once.

зара́за infection. Э́та кана́ва — настоя́щий исто́чник зара́зы. This ditch is a real source of infection. — Чтобы не распространя́ть зара́зы, ученико́в распусти́ли. The students were sent home in order not to spread the infection.

зарази́ть (*pct of* **заража́ть**) to give someone an illness. Не подходи́те ко мне, я бою́сь вас зарази́ть гри́ппом. Don't come close to me; I'm afraid of giving you my cold.

□ Он зарази́л остальны́х дете́й скарлати́ной. The other children caught scarlet fever from him. • Он всех нас зарази́л свое́й эне́ргией. We found his unusual energy catching.

-ся to catch (an illness). Я зарази́лся на́сморком от сестры́. I caught a head-cold from my sister. • to become infected. Вы, я ви́жу, зарази́лись его́ пессими́змом. I see you became infected with his pessimism.

зара́зный contagion. Она́ лежи́т в зара́зном бара́ке. She's in the contagion ward. • contagious. Не заходи́те к нему́, у него́ зара́зная боле́знь. Don't visit him; he has a contagious disease.

зара́нее (/*cf* **ра́нний**/) in advance. Постара́йтесь всё пригото́вить к отъе́зду зара́нее. Try to prepare everything in advance for the trip. • beforehand. На́до купи́ть биле́ты зара́нее. We have to get tickets beforehand. • prematurely. Не́чего зара́нее огорча́ться. There's no use eating your heart out prematurely.

□ **убийство с зара́нее обду́манным наме́рением** premeditated murder.

зарегистри́ровать (*pct of* **регистри́ровать**, *which is both dur and pct*) to file. Зарегистри́руйте э́ту бума́гу, пожа́луйста. File this paper, please. • to register. Я иду́ зарегистри́ровать рожде́ние ребёнка. I'm on my way to register the birth of my child. — Вы у нас не зарегистри́рованы. You're not registered here.

-ся to be registered. Вам, вероя́тно, на́до зарегистри́роваться в ва́шем ко́нсульстве. You probably have to be registered at your consulate.

□ Мой брат вчера́ зарегистри́ровался (в за́гсе). My brother got married yesterday.

зарекомендова́ть (*pct*) to prove oneself. Он зарекомендова́л себя́ хоро́шим рабо́тником. He proved himself a good worker. • to acquire a reputation. Он о́чень хорошо́ себя́ зарекомендова́л. He acquired a good reputation for himself.

зарою *See* **зары́ть**.

зарпла́та salary. У вас в учрежде́нии зарпла́та в э́том году́ повы́силась? Were there increases in salary this year at your office?

□ **ме́сячная зарпла́та** monthly pay.

номина́льная зарпла́та nominal wages.

реа́льная зарпла́та real wages.

□ Когда́ у вас на заво́де выдаю́т зарпла́ту? When do you get paid at the factory?

зарыва́ть (*dur of* **зары́ть**) to be buried. Мы пришли́ на кла́дбище, когда́ его́ уже́ зарыва́ли. He was already being buried when we came to the cemetery. • to bury. Жа́лко,

он зарыва́ет свой тала́нт в зе́млю. It's a pity he's burying his talent.

зары́ть (-ро́ю, -ро́ет; *ppp* -ры́тый; *pct of* **зарыва́ть**) to bury. Э́тот му́сор лу́чше всего́ зары́ть в зе́млю. It's best to bury this garbage in the ground.

заря́ (/*а* зо́рю/, *P* зо́ри, зорь *or* зо́рей, зо́рям) dawn. Мы с ним проболта́ли до зари́. We stayed up with him till dawn.

□ **вече́рняя заря́** sunset. А вы вида́ли на́ши се́верные вече́рние зо́ри? Have you seen our northern sunsets?

□ Что э́то вы вста́ли ни свет, ни заря́? Why did you get up at such an unearthly hour?

заря́дка setting-up exercises. Това́рищи, мы сейча́с начнём у́треннюю заря́дку. Friends, we're just starting our morning setting-up exercises.

заса́ривать (*dur of* **засори́ть**).

засева́ть (-ва́ю, -ва́ет; *dur of* **засе́ять**).

заседа́ние conference. Дире́ктор сейча́с на заседа́нии. The director is now in conference. • meeting. Заседа́ние колле́гии назна́чено на два часа́. The committee meeting is set for two o'clock. • session. Э́тот вопро́с бу́дет обсужда́ться в закры́том заседа́нии. This question will be discussed at a closed session.

засе́ивать (*dur of* **засе́ять**).

засе́ять (-се́ю, -се́ет; *pct of* **засева́ть** *and* **засе́ивать**) to sow. Мы в э́том году́ засе́яли бо́льше пшени́цы, чем в про́шлом. This year we've sowed more wheat than last.

заслу́га service. Он был награждён меда́лью "за боевы́е заслу́ги." He was decorated for "outstanding service under fire." — У э́того челове́ка больши́е заслу́ги перед рабо́чим движе́нием. This man has done great service for the workers' movement. • effort. Если рабо́та бу́дет вы́полнена в срок, то э́то бу́дет всеце́ло ва́ша заслу́га. If the work is finished on time it will be entirely due to your efforts.

□ Его́ награди́ли по заслу́гам и да́ли ему́ меда́ль. He got a medal which he certainly deserved. • Ему́ доста́лось по заслу́гам. He got what was coming to him.

заслу́живать (*dur of* **заслужи́ть**) to deserve. Э́тот план заслу́живает внима́тельного обсужде́ния. This plan deserves careful consideration. • to be worthy. Она́ не заслу́живает ва́шей любви́. She's not worthy of your love.

заслужи́ть (-служу́, -слу́жит/*ppp* -служённый/ *pct of* **заслу́живать**) to earn. Он заслужи́л сла́ву лу́чшего сталева́ра на заво́де. He earned the reputation of the best steel smelter in the factory. • to deserve. Я, пра́во, не заслужи́л ва́ших упрёков. Now really, I don't deserve your reproof.

засмея́ться (-смею́сь, -смеётся; *pct*) to burst out laughing. Он засмея́лся, когда́ я ему́ э́то сказа́л. He burst out laughing when I told him about it.

засну́ть (*pct of* **засыпа́ть**) to fall asleep. Мне всю ночь не удало́сь засну́ть ни на мину́ту. I couldn't manage to fall asleep all night.

засори́ть (-сорю́, -со́рит; *pct of* **засоря́ть** *and* **заса́ривать**) to clog up. У нас в ку́хне засорена́ ра́ковина. Our kitchen drain is clogged up.

□ Мне все глаза́ засори́ло. I got my eyes full of dust.

засоря́ть (*dur of* **засори́ть**) to cram. Не засоря́йте себе́ го́лову нену́жными мелоча́ми. Don't cram your head with such trifles.

засо́хнуть (*p* засо́х, -ла, -ло, -ли; *pct of* **засыха́ть**) to wilt. Кака́я жа́лость, все цветы́ засо́хли. What a pity! All the flowers wilted. • to be stale. Хлеб совсем засо́х. The bread is absolutely stale.

заставать (-стаю́, -стаёт; *imv* -става́й; *prger* -става́я; *dur of* **заста́ть**) to find. Я ещё никогда́ не застава́л его́ без де́ла. I've never found him idle yet. — Прихожу́ домо́й и, предста́вьте себе́, кого́ я там заста́ю? I came home and can you imagine who I found there?

заста́вить (*pct of* **заставля́ть**) to make, to force, to compel. Меня́ никто́ не мо́жет заста́вить туда́ пое́хать. No one can make me go there.

заставля́ть (*dur of* **заста́вить**) to force. Не заставля́йте его́ петь, он о́чень уста́л. Don't force him to sing; he's very tired.

заста́ну *See* **заста́ть**.

заста́ть (-ста́ну, -ста́нет; *pct of* **застава́ть**) to find. Я заста́л его́ за рабо́той. I found him at work. • to catch. В э́то вре́мя его́ нельзя́ заста́ть до́ма. You can't catch him at home at that time. — Вы меня́ заста́ли врасплох. You caught me unawares. • to get. Когда́ мо́жно вас заста́ть до́ма? When can I get you at home? • to reach. Его́ мо́жно заста́ть в конто́ре то́лько у́тром. He can be reached at the office only in the morning.

застаю́ *See* **застава́ть**.

застёгивать ([-g°v-] *dur of* **застегну́ть**) to button.

застегну́ть (*pct of* **застёгивать**) to button up. Застегни́те пальто́. Button up your overcoat. • to hook up. Погоди́те, я то́лько застегну́ крючки́ на пла́тье. Wait, I'll just hook up my dress.

засте́нчивый shy.

застона́ть (/-стону́, -сто́нет; *pct*) to start to groan. Он гро́мко застона́л. He started groaning loudly.

застрахова́ть (*pct of* **застрахо́вывать**) to insure. Я застрахова́л свою́ библиоте́ку. I've insured my library.

-ся to take out insurance. Вам сле́довало бы застрахова́ться. You should take out some insurance.

застрахо́вывать (*dur of* **застрахова́ть**) to insure.

заступа́ться (*dur of* **заступи́ться**) to take (someone's) part. Почему́ вы всегда́ за него́ заступа́етесь? Why do you always take his part?

заступи́ться (-ступлю́сь, -сту́пится; *pct of* **заступа́ться**) to stand up for. Он заступи́лся за свою́ сестрёнку. He stood up for his kid sister.

за́суха drought.

засыпа́ть (*dur of* **засну́ть**) to fall asleep. Я ложу́сь ра́но, но засыпа́ю о́чень по́здно. I go to bed early but fall asleep very late.

засыха́ть (*dur of* **засо́хнуть**) to dry up, to become stale, to wilt.

зата́пливать (*dur of* **затопи́ть**) to light. Пе́ред ухо́дом на рабо́ту я зата́пливаю пе́чку. I light the stove before going to work.

затворя́ть (-творю́ -тво́рит; *pct of* **затворя́ть**) to close. Затвори́те окно́. Close the window.

затворя́ть (*dur of* **затвори́ть**) to close. Почему́ вы не затворя́ете две́ри? Ду́ет! Why don't you close the door? There's a draft!

зате́м (/*cf* **тот**/) after that. Зате́м вам на́до бу́дет сходи́ть на по́чту. After that you'll have to go to the post office. • then. Снача́ла распаку́йте ве́щи, а зате́м иди́те знако́миться с пу́бликой. First get unpacked and then come to meet the crowd.

□ Я посла́л его́ зате́м, чтобы предупреди́ть вас. I sent him to warn you. • "Вам нужны́ де́ньги?" "Я зате́м и

пришёл". "Do you need money?" "Yes, that's the reason I came."

затме́ние eclipse.

□ лу́нное затме́ние eclipse of the moon.

со́лнечное затме́ние eclipse of the sun.

зато́ (/*cf* **тот**/) on the other hand. Он рабо́тает ме́дленно, но зато́ о́чень хорошо́. He works slowly, but on the other hand he works very well. • but then. Са́хару у нас ма́ло, зато́ я вам дам варе́нья к ча́ю. We only have a little sugar, but then I can give you some jam with your tea. — Я заплати́л до́рого, но зато́ проду́кты са́мого лу́чшего ка́чества. It cost me a lot of money, but then I got the best product.

затопи́ть (-топлю́, -то́пит; *pct of* **зата́пливать** *and* **затопля́ть**) □ затопи́ть пе́чку to light a stove. Затопи́те здесь пе́чку, а то я совсе́м замёрз. Light the stove in here; I'm absolutely frozen.

затопля́ть (*dur of* **затопи́ть**) to overflow. Ка́ждую весну́ э́та река́ затопля́ет берега́. Every spring the river overflows its banks.

зато́р traffic jam. Подъезжа́я к го́роду, мы попа́ли в большо́й зато́р. We got into a big traffic jam as we were nearing town. • jam. У ка́ссы образова́лся стра́шный зато́р. There was an awful jam near the box office.

затормажива́ть (*dur of* **затормози́ть**).

заторможу́ *See* **затормози́ть**.

затормози́ть (*pct of* **заторма́живать**) to put on the brake. Води́тель затормози́л маши́ну. The driver put on the brake.

затра́та expense. Мы не остано́вимся пе́ред больши́ми затра́тами, чтобы обору́довать мастерску́ю как сле́дует. We'll go to any expense to equip our workshop properly. • expenditure. Обидно, что все э́ти затра́ты себя́ не оправда́ли. It's a shame that this whole expenditure didn't bring proper results.

□ Это де́ло потре́бует большо́й затра́ты эне́ргии. This job will take a great deal of energy.

затрудне́ние difficulty. Гла́вное затрудне́ние в том, что он не зна́ет ру́сского языка́. The greatest difficulty lies in the fact that he doesn't know Russian. • hitch. В чём же тут затрудне́ние? What's the hitch, then? • trouble. Он поговори́л с хозя́йкой кварти́ры и вы́вел меня́ из затрудне́ния. He spoke to the landlady and got me out of trouble.

заты́лок (-лка) back of one's head. Я основа́тельно сту́кнулся заты́лком об пол. I banged the back of my head when I fell.

□ У вас шля́па совсе́м на заты́лок съе́хала. Your hat is sitting way back on your head.

затя́гиваться ([-g°v-] *dur of* **затяну́ться**) to heal. Его́ ра́на уже́ начина́ет затя́гиваться. His wound is already beginning to heal.

□ Зима́ в э́том году́ что́-то затя́гивается. Spring is somewhat late this year.

затяну́ться (-тяну́сь, -тя́нется; *pct of* **затя́гиваться**) to take a puff. Он с наслажде́нием затяну́лся папиро́сой. He took a puff on the cigarette with great pleasure. • to be dragging along. Реше́ние э́того вопро́са затяну́лось. The solution of this matter has been dragging along for a long time.

зау́чивать (*dur of* **заучи́ть**) to memorize. Я э́той пе́сни не зау́чивал, я запо́мнил её сра́зу. I memorized this song in no time at all.

заучи́ть (-учу́, -у́чит; *pct of* **зау́чивать**) to learn. Я хочу́ заучи́ть э́ти стихи́ наизу́сть. I want to learn this poem by heart. • to memorize. Э́ти пра́вила на́до заучи́ть наизу́сть. You have to memorize these rules.

захва́тчик invader.

захвора́ть (*pct*) to take sick. Он внеза́пно захвора́л. He suddenly took sick.

захло́пнуть (*pct of* **захло́пывать**) to slam. Она́ серди́то захло́пнула дверь. She slammed the door angrily.

захло́пывать (*dur of* **захло́пнуть**) to slam, to bang.

заходи́ть (-хожу́, -хо́дит; *dur of* **зайти́**) to call on. Он ча́сто заходи́л к нам. He called on us quite often. • to visit. Почему́ вы никогда́ к нам не захо́дите? Why don't you ever visit us? • to stop. Э́тот парохо́д захо́дит во все порты́. This steamer stops at every port. • to go. Слу́шайте, вы захо́дите сли́шком далеко́ в ва́шей кри́тике. See here now, you're going too far in your criticism. • to set. Со́лнце захо́дит, и стано́вится хо́лодно. The sun is setting and it's getting cold.

захожу́ *See* **заходи́ть**.

захоте́ть (-хочу́, -хо́чет; §27; *pct of* **хоте́ть**) to want. Е́сли он то́лько захо́чет, он жи́во с э́тим спра́вится. If he only wants to, he can manage it easily. • to feel like. Приходи́те, когда́ захоти́те. Come when you feel like it.
-**ся** to feel like. Мне вдруг захоте́лось поговори́ть с ним. I suddenly felt like talking to him. • to want. Е́сли вам захо́чется ча́ю, возьми́те кипятку́ в ку́хне. You'll find boiling water in the kitchen if you should want some tea.

захоти́м *See* **захоте́ть**.

захо́чется *See* **захоте́ться**.

захочу́ *See* **захоте́ть**.

захрапе́ть (-плю́, -пи́т; *pct*) to snore. Он бро́сился на дива́н и сейча́с же захрапе́л. He threw himself down on the couch and was snoring away in no time.

зацвести́ (-цвету́, -цветёт; *p* -цвёл -цвела́; *pap* цве́тший; *pct of* **зацвета́ть**) to start to bloom. На́ша сире́нь уже́ зацвела́. Our lilac bush has started to bloom.

зацвета́ть (*dur of* **зацвести́**).

зачём (/*cf* **что**/) why. И зачём то́лько я не послу́шался ва́шего сове́та! Now, why didn't I listen to your advice? — Спроси́те его́, зачём он пришёл. Ask him why he came. • what for. Зачём вы встаёте так ра́но? What are you getting up so early for?

зачёркивать ([-k°v-]; *dur of* **зачеркну́ть**) to cross out. Не зачёркивайте э́той фра́зы. Don't cross this sentence out.

зачеркну́ть (*ppp* -чёркнутый; *pct of* **зачёркивать**) to cross out. Зачеркни́те его́ ста́рый а́дрес и запиши́те но́вый. Cross out his old address and write in his new one.

зачи́слить (*pct of* **зачисля́ть**) to enroll. Он зачи́слен в вуз. He's enrolled at the university.
□ Вас уже́ зачи́слили в шта́ты? Have you become a member of the staff yet? • Я проси́л зачи́слить меня́ в а́рмию доброво́льцем. I asked to enlist in the army.

зачисля́ть (*dur of* **зачи́слить**).

зашёл *See* **зайти́**.

зашива́ть (*dur of* **заши́ть**) to sew up. Не зашива́йте посы́лку; её бу́дут проверя́ть на по́чте. Don't sew up the package; they will examine it at the post office.

заши́ть (шью, -шьёт; *imv* -ше́й; *ppp* -ши́тый; *pct of* **зашива́ть**) to sew. Да́йте я вам зашью́ проре́ху. Let me sew the tear for you. • to sew up. Врач заши́л ра́ну. The doctor sewed up the wound.

заштопать (*pct of* **заштопывать**) to darn. Попроси́те её заштопать вам носки́. Ask her to darn your socks for you.

заштопывать (*dur of* **заштопать**).

зашуме́ть (-млю́, -ми́т; *pct*) to make noise. Все вдруг зашуме́ли и заговори́ли сра́зу. Suddenly everybody started making noise and talking all at once.

зашью́ *See* **заши́ть**.

защи́та protection. Я не зна́ю, у кого́ мне иска́ть защи́ты. I don't know where to look for protection. • defense. Я хочу́ сказа́ть ещё сло́во в защи́ту моего́ предложе́ния. I still want to say another word in defense of my proposal. — Сейча́с бу́дут говори́ть представи́тели защи́ты. Counsel for the defense will have the floor now. — У их кома́нды защи́та была́ сильне́е. Their team had a stronger defense.

защити́ть (-щищу́, -щити́т; *pct of* **защища́ть**) to protect. Не бо́йтесь, он уж вас защити́т. Don't be afraid, he'll protect you.

защи́тник defender. Спаси́бо, мне защи́тников не на́до. Thank you, I don't need defenders. — Сла́ва защи́тникам Сталингра́да! Glory to the defenders of Stalingrad! • counsel for the defense. Вы слы́шали речь защи́тника? Did you hear the address of the counsel for the defense? • halfback. Я был ле́вым защи́тником в победи́вшей кома́нде. I was left halfback on the winning team.

защища́ть (*dur of* **защити́ть**) to side with. Он всегда́ защища́ет сла́бых. He always sides with the underdog. • to protect. Не бо́йтесь; е́сли на вас нападу́т, он бу́дет вас защища́ть. Don't be afraid; if someone tries to hit you, he'll protect you. • to defend. Она́ с жа́ром защища́ла свою́ то́чку зре́ния. She defended her point of view vigorously. • to stick up for. Вы ещё защища́ете э́того безде́льника! Don't tell me you're still sticking up for that loafer!
□ Э́та шля́па ма́ло защища́ет от со́лнца. This hat hardly keeps the sun out.

защищу́ *See* **защити́ть**.

заяви́ть (-явлю́, -я́вит; *pct of* **заявля́ть**) to give notice. Он заяви́л, что ухо́дит с рабо́ты. He gave notice that he's leaving his job. • to notify. Куда́ на́до заяви́ть о пропа́же де́нег? Whom do I notify about the loss of my money? • to declare flatly. Она́ заяви́ла, что не жела́ет со мной разгова́ривать. She declared flatly that she doesn't want to talk to me any more. • to let know. Я уже́ заяви́л о свое́й поте́ре. I've already let them know about my loss.

заявле́ние application. Я по́дал заявле́ние о приёме на рабо́ту. I made out an application for a job. • statement. Напиши́те заявле́ние о пропа́же ва́ших часо́в. Write out a statement that you've lost your watch. — Как поня́ть ва́ше заявле́ние? How am I to take your statement?

заявля́ть (*dur of* **заяви́ть**) to apply. Я уже́ заявля́л, что хоте́л бы получи́ть другу́ю ко́мнату. I've already applied for another room.

за́яц (за́йца) jack rabbit. Тут мо́жно охо́титься на за́йцев. You can hunt jack rabbits here.
□ На конце́рт я прошёл за́йцем. I sneaked into the concert for nothing. • *Таки́м о́бразом вы убьёте двух за́йцев одни́м уда́ром. In that way, you can kill two birds with one stone. • *За двумя́ за́йцами погони́шься, ни одного́ не пойма́ешь. There's such a thing as having too many irons in the fire.

зва́ние grade. Това́рищ карау́льный, како́е вы но́сите зва́ние? Guard, what's your grade? • title. Ему́ бы́ло присуждено́ зва́ние Геро́я труда́. He was awarded the

314

title of Hero of Labor. — Зва́ние чемпио́на тяжёлого ве́са не присужда́лось до конца́ войны́. The heavyweight title has been set aside until the war ends.

звать (зову́, зовёт; *p* звала́) to call. Кто меня́ звал? Who called me? • **to invite.** Я его́ мно́го раз звал к нам в го́сти, но он не прихо́дит. I've often invited him to visit us, but he never comes.

□ Как вас зову́т? What's your name? • *Он уе́хал и помина́й, как зва́ли. He kicked over the traces.

звезда́ (*P* звёзды) **star.** Не́бо сего́дня всё усе́яно звёздами. The whole sky is dotted with stars tonight. — Он получи́л О́рден Кра́сной Звезды́. He got the Order of the Red Star. — Говоря́т, что он восходя́щая звезда́ в литерату́рном ми́ре. They say that he's an up-and-coming star in the literary world. — Вы, как ви́дно, под счастли́вой звездо́й роди́лись. You evidently were born under a lucky star.

□ Он звёзд с не́ба не хвата́ет. He really isn't too bright.

звёздочка star. На не́бе показа́лась пе́рвая звёздочка. The first star appeared in the sky. • **asterisk.** Сно́ски поме́чены звёздочками. The footnotes are marked by asterisks.

звене́ть (-ню́, -ни́т) to ring. У меня́ в уша́х звени́т. My ears are ringing.

звено́ (*P* зве́нья, -ньев, ньям) **link.** Укороти́те э́ту цепо́чку на не́сколько зве́ньев. Take several links out of this chain. • **detachment.** Мы, пионе́ры пя́того звена́, ничего́ не бои́мся. We pioneers of the fifth detachment are afraid of nothing. — Моя́ жена́ в стаха́новском звене́ (в колхо́зе). My wife is in the Stakhanov detachment of the kolkhoz.

зверь (*P* -ри, -ре́й *M*) **beast.**

звон ringing. Звон колоколо́в и сюда́ доно́сится. The ringing of the bells was even heard here. • **crash.** Таре́лки со зво́ном разби́лись. The plates broke with a crash. • **click.** Мы уже́ в пере́дней услы́шали звон рю́мок. We heard the click of glasses when we came into the foyer.

□ *Ты, брат, слы́шал звон, да не зна́ешь где он. You heard something about it, but you don't know what's going on.

звони́ть to ring. Вы звони́ли? Did you ring?

□ **звони́ть по телефо́ну** to phone. Я ему́ не́сколько раз звони́л (по телефо́ну). I phoned him several times.

звоно́к (-нка́) bell. Где звоно́к к дво́рнику? Where is the janitor's bell? — На звоно́к никто́ не отвеча́ет. No one is answering the bell.

звук sound.

зда́ние building. Дворе́ц культу́ры са́мое высо́кое зда́ние в го́роде. The Palace of Culture is the tallest building in town.

здесь here. Его́ здесь нет. He's not here. — Вы здесь до́лго оста́нетесь? Are you going to stay here for a long time? • **local** (inscription on local mail). • **here, present.** "Ива́н Ивано́в!" "Здесь!" "Джон Ба́бель!" "Здесь!" "Ivan Ivanov!" "Here!" "John Babel!" "Here!"

□ Я здесь, пра́во, не ви́жу ничего́ оби́дного. I really don't see anything insulting in this.

зде́шний local. Я не зна́ю зде́шних обы́чаев. I'm not acquainted with local customs.

□ Я не зде́шний. I'm a stranger here.

здоро́ваться (-ваюсь, -вается) to greet. Они́ да́же переста́ли здоро́ваться друг с дру́гом. They even stopped greeting each other.

здоро́вый¹ healthy. Здесь о́чень здоро́вый кли́мат. The

climate here is very healthy. — Он челове́к здоро́вый и душо́й и те́лом. He's a healthy person in body and mind. • **sound.** Здоро́вая мысль! A sound idea! • **wholesome.** Э́то не о́чень вку́сно, но зато́ здоро́во. It's not very tasty, but it's very wholesome.

□ Бу́дьте здоро́вы! God bless you! • Обруга́л он меня́ так, за здоро́во живёшь. He gave me hell for nothing at all. • Здоро́во! Hello!

здоро́вый² (*sh* -ва́, -во́, -вы́) strong, big.

□ **здо́рово** very, much, properly, well. Я вчера́ здо́рово уста́л. I was very tired yesterday. • Мы вчера́ здо́рово вы́пили. We did a lot of drinking yesterday. • Э́то он здо́рово приду́мал. That was quite an idea of his.

здоро́вье health. Да́же его́ желе́зное здоро́вье не вы́держало. Even with his robust health he couldn't stand it. — За ва́ше здоро́вье! To your health!

здравоохране́ние public health.

□ **Наро́дный комиссариа́т здравоохране́ния** People's Commissariat of Public Health.

здра́вствуйте ([zdrástvᵊytji]) hello. Здра́вствуйте, как пожива́ете? Hello, how are you?

□ Здра́вствуйте! Э́то ещё что за вы́думки! Good night! What kind of nonsense is this?

зева́ть (зева́ю, зева́ет/*pct*: **про-** *and* **зевну́ть**/) to yawn. Что вы так зева́ете? Спать хо́чется? Why are you yawning? Are you sleepy? — Переста́ньте зева́ть, а то хозя́йка оби́дится. Stop yawning before the hostess becomes offended.

□ Не зева́й! Keep your wits about you.

зевну́ть (*pct of* зева́ть).

зелёный (*sh* зе́лен, -на́, зе́лено, -ны) green. Всё вокру́г уже́ зе́лено. The landscape is turning green. — Не е́шьте э́тих я́блок, они́ ещё зелёные. Don't eat these apples; they're still green.

□ **зелёный горо́шек** green peas. Да́йте мне зелёного горо́шку к мя́су. Give me some green peas with meat. • *Мо́лодо - зе́лено! He's still wet behind the ears.

зе́лень (*F*) vegetables. Вам ну́жно есть побо́льше зе́лени. You should eat more vegetables.

□ На́ша да́ча вся в зе́лени. Our summer house is surrounded by trees and shrubs.

земе́льный

□ **земе́льный отде́л** (*See also* **земотде́л**) regional office of commissariat of agriculture.

земледе́лие agriculture.

земледе́льческий agricultural.

землетрясе́ние earthquake.

земля́ (*a* зе́млю, *P* зе́мли) earth. Мы уж вскопа́ли зе́млю в огоро́де. We've already turned the earth over in our vegetable garden. • **land.** Мы, наконе́ц, уви́дели зе́млю. We finally saw land. — А у ва́шего колхо́за мно́го земли́? Does your kolkhoz own much land? — В на́шей стране́ вся земля́ принадлежи́т госуда́рству. In our country all the land belongs to the state. • **soil.** Мы вскопа́ли зе́млю о́коло до́ма и посади́ли карто́шку. We dug up the soil near the house and planted some potatoes. — Они́ сража́лись за ка́ждый вершо́к свое́й земли́. They fought for every foot of their native soil. • **dirt.** На́до засы́пать э́ту я́му землёй. We have to fill up this hole with dirt. • **ground.** Не сиди́те на сыро́й земле́. Don't sit on the damp ground.

• country. Хотéлось бы мне посмотрéть чужи́е зéмли. I would like to visit some foreign countries.

□ **больша́я земля́** continent. Они́ с нетерпéнием жда́ли парохóда с большóй земли́. They impatiently waited for a steamer from the continent.

земля́к (-á) countryman. Он мой земля́к. He's my countryman.

□ Нас там соберётся нéсколько земляков. There will be several of us there from back home. • Эй, земляки́, у когó есть покури́ть? Hey, fellows, who's got a smoke?

земляни́ка wild strawberry.

земля́чка neighbor; fellow countrywoman.

земотдéл land office (regional land office in charge of the agriculture in a region) (See also **земéльный отдéл**).

зéркало (P зеркала́) mirror.

зéркальце pocket mirror. Не оста́вила ли я у вас карма́нного зéркальца? Didn't I leave my pocket mirror at your place?

зернó (P зёрна) grain. Вчерá при́был обóз с зернóм. A train of wagons loaded with grain got in yesterday.

□ **кóфе в зёрнах** unground coffee. Купи́те кóфе в зёрнах. Buy some unground coffee.

зернохрани́лище granary.

зима́ (a зи́му, P зи́мы, зи́мам) winter. Кака́я суро́вая зима́ у нас в э́том году́! What a severe winter we're having this year! — У вас доста́точно дров нá зиму? Have you enough wood for winter?

зи́мний winter. Я о́чень люблю́ зи́мний спорт. I like winter sports very much. — Есть у вас зи́мнее пальто́? Have you a winter coat?

зимóй (/is of зима́/) in the winter. Зимóю здесь без лыж не пройдёшь. You can't go without skis here in the winter.

зимóю See **зимóй**.

зла See **злой**.

зли́ться (/pct: о-, обо-/) to be mad. Женá на негó за э́то цéлую недéлю зли́лась. His wife was mad at him all week because of it.

зло (gp зол) harm. Повéрьте, он вам зла не желáет. Believe me, he doesn't wish you any harm.

злóба ill feeling. Я к немý никакóй злóбы не пита́ю. I have no ill feeling towards him.

□ **злóба дня** topic of the day. Это собы́тие ста́ло злóбой дня. The incident became the topic of the day.

злóбный spiteful. Я не знал, что он такóй злóбный человéк. I didn't know he was so spiteful.

□ **злóбно** wickedly. Он злóбно усмехну́лся. He smiled wickedly.

злой (sh зол, зла, зло, злы) wicked. У неё злой язы́к. She has a wicked tongue. • mean. Она́ хорошéнькая, но лицó у неё злóе. She's pretty, but she has a mean face. • bad. Он совсéм не злой па́рень. He's not a bad guy at all. — Он сказáл э́то без вся́кого злóго у́мысла. He didn't mean anything bad by it. • vicious. Му́хи тут злы́е, прóсто бедá. The flies are so vicious here I just can't stand it. • nasty. Егó ужé две недéли му́чает злой ка́шель. He's had a nasty cough for two weeks. • angry. До чегó я на них зол! I'm so angry at them!

□ **злéйший** worst. В э́том егó и злéйший враг не обвини́т. Even his worst enemy wouldn't accuse him of that.

зло mean. Над ним ктó-то зло подшути́л. Someone played a mean trick on him.

злоупотреби́ть (pct of **злоупотребля́ть**) to take advantage of.

Я не ду́маю, что он злоупотреби́т на́шим довéрием. I don't think that he'll take advantage of our trust.

злоупотребля́ть (dur of **злоупотреби́ть**) to take advantage. Он не из тех, кто злоупотребля́ет свои́м положéнием. He's not the kind to take advantage of his position. • to abuse. Бою́сь, что мы злоупотребля́ем ва́шим гостеприи́мством. I'm afraid we're abusing your hospitality.

змея́ (P змéи) snake. Егó змея́ ужа́лила. He was bitten by a snake. — Он э́то, прáвда, сказáл? Вот змея́! Did he really say it? The snake!

знак mark. Это фабри́чный знак. This is a trade-mark. • decoration. Он получи́л знак отли́чия за уда́рную рабóту. He got a decoration for his outstanding work on an essential job. • token. Я вам дарю́ э́то в знак дру́жбы. I give it to you as a token of our friendship.

□ **дéлать зна́ки** to signal. Он дéлает нам каки́е-то зна́ки: Пойдём спрóсим, в чём дéло. He's signaling to us. Let's see what's the matter.

□ Молча́ние знак согла́сия. Silence means consent.

знакóмить to introduce. Нас никтó не знакóмил. Мы разговори́лись в пóезде. Nobody introduced us; we just started talking on the train.

-ся

□ А вот и моя́ женá. Знакóмьтесь: Here's my wife. I want you to know one another.

знакóмство acquaintance. У нас с ним тóлько ша́почное знакóмство. We're only nodding acquaintances.

□ **завя́зывать знакóмство** to make friends. Он легкó завя́зывает знакóмства. He makes friends easily.

□ У негó обши́рные знакóмства среди́ арти́стов. He has a lot of acquaintances among actors.

знакóмый familiar. Это как бу́дто знакóмый моти́в. That sounds like a familiar tune. • acquaintance. Он мне не друг, а прóсто знакóмый. He's not a friend of mine, just an acquaintance. • friend. Живу́ покá по знакóмым. In the meantime, I'm staying with friends.

□ **быть знакóмым** to know well. Он хорошó знакóм со счетовóдством. He knows bookkeeping very well.

□ Бу́дем знакóмы, това́рищ! Я — Ива́н. Let's get acquainted, buddy! I'm Ivan.

зна́мя See **зна́мя**.

зна́мени See **зна́мя**.

знамени́тый famous.

зна́мя (зна́мени, i -нем, P знамёна, знамён, знамёнам N) banner. Егó брига́да получи́ла переходя́щее Кра́сное Зна́мя. His brigade took over the Red Banner from the previous winner. • flag. Зна́мя Совéтского Сою́за. Flag of the Soviet Union.

зна́ние knowledge. Он человéк больши́х зна́ний. He's a man of considerable knowledge. — Ему́ нехвата́ет зна́ния механики. He doesn't have any knowledge of mechanics.

□ **повéрхностное зна́ние** superficial knowledge. Какóй он специали́ст! У негó óчень повéрхностные зна́ния. What kind of an expert is he? He only has a superficial knowledge.

зна́тный (sh -тна́) noted (honorary official title given to outstanding agricultural and craft workers). А э́то на́ша зна́тная дóярка. This is our noted milkmaid.

□ **зна́тно** darn good. Здесь мóжно зна́тно пообéдать. You can get a darn good meal here.

□ Морóз ны́нче зна́тный! It's unusually cold today.

знать to know. Я её ли́чно зна́ю. I know her personally. — Я знаю его в лицо, но мы с ним не знакомы. I know him by sight, but we're not acquainted. — Откуда мне знать? How should I know? — Дайте мне знать заранее, когда вы приедете. Let me know ahead of time when you're arriving. — Они знают своё дело. They know their business. — Как знать, может быть ему это удастся. Who knows? Maybe he'll be able to do it. — А вы только и знаете, что других критиковать! The only thing you know how to do is criticize others. — Не беспокойтесь, — он уж знает, что делает! Don't worry, he knows what he's doing. — "Где все ваши карандаши"? "А кто его знает!" "Where are all your pencils?" "I'll be darned if I know." — Кто его знает, чего он хочет! Who the devil knows what he wants? — Знаете что, пойдёмте-ка домой. You know what? Let's go home. — Это уж, знаете, прямо безобразие. I want you to know that I think it's an outrage. — Почём знать? Может быть всё это к лучшему. You never know. It may be for the best. • to understand. А он знает, что ему предстоит? Does he understand what's in store for him? • to realize. Вы, вероятно, не знаете с кем вы имеете дело. Apparently you don't realize who you're dealing with. • to be aware of. Он знает за собой этот недостаток. He's aware of this fault of his.

☐ **знать наизусть** to know by heart. Он знает всего Пушкина наизусть. He knows all of Pushkin by heart.

☐ Интересно знать, кто сделал это распоряжение. I wonder who gave that order. • Давайте нам почаще о себе знать! Let us hear from you often. • Она знала в жизни не мало горестей. She's had plenty of trouble in her day. • Ничего не поделаешь! Годы дают себя знать. It can't be helped. The years tell on you. • Я за всех плачу, знай наших! I'm paying for everybody; how do you like that! • Я и знать его больше не желаю. I don't care to have anything to do with him any more.

значение meaning. В другом контексте это слово имеет совершенно иное значение. This word has an entirely different meaning in another context. — Вы совершенно не поняли всего значения его слов. You completely misunderstood the whole meaning of what he said. • importance. Этот завод всесоюзного значения. This plant is of national (Soviet) importance. — Я не придаю его словам никакого значения. I don't attach any importance to his words. — Успех этого концерта имеет для него большое значение. The success of the concert is very important to him.

значительный considerable. Это составит значительную сумму. This will amount to a considerable sum. — В ваше отсутствие тут произошли значительные перемены. Considerable changes took place here while you were away. • important. Я его не считаю значительным человеком. I don't consider him an important person. • significant. Эта часть его речи была самой значительной. This was the most significant part of his speech.

☐ **в значительной степени** to a great extent. Это в значительной степени ваша вина. It was your fault to a great extent.

значительно much. Вы теперь говорите по-русски значительно лучше чем раньше. You speak Russian now much better than before.

значить to mean. Что это значит: "sweetheart"? What does "sweetheart" mean? — Что значит ваше молчание?

What does your silence mean? — Ваша дружба для меня много значит. Your friendship means a lot to me.

☐ **значит** it means. Так значит вы согласны. Does it mean that you agree? • so. Приходит он, значит, ко мне и говорит.... So he comes to see me and says....

☐ Вот что значит не слушаться! That's what you get for disobeying!

значок (-чка) badge. Это комсомольский значок. This is the Komsomol badge. • emblem. Какой значок у вашей команды? What emblem does your team wear? • sign. Что означают эти значки на полях? What do these signs in the margin mean?

знобить (only S3, P3) to feel chills. Меня весь вечер знобило. I had the chills all evening long.

зову See **звать**.

зол See **зло**.

зола ashes.

золовка sister-in-law (husband's sister).

золото gold. Это кольцо из массивного золота. This ring is made of solid gold. — Костюмы хористок все расшиты золотом. The costumes of the chorus girls are embroidered in gold. — *Не всё то золото, что блестит. All that glitters is not gold.

золотой gold. Он когда-то работал на золотых приисках. He once worked in the gold mines. — Я хочу купить золотые часы. I want to buy a gold watch. • darling. Сынок мой золотой! My darling son! — Дорогой, золотой, возвращайся поскорей! Dearest, darling, come back soon! ☐ Это вы золотое слово сказали! You said just the right thing. • *Он мне сулил золотые горы. He promised me the moon. • **У неё просто золотые руки. She's very clever with her hands. • Я избрал золотую середину. I arrived at the happy medium. • Это просто золотой работник. This worker is worth his weight in gold.

зона zone.

зонтик umbrella.

зрачок (-чка) pupil. У вас зрачки очень расширены. Your pupils are very much enlarged.

зрелище sight. Какое ужасное зрелище! What an awful sight!

зрелый (sh -ла) ripe. Этот арбуз зрелый? Is this watermelon ripe? • mature. Он уже не мальчик, а вполне зрелый человек. He's no longer a boy, but quite a mature man.

☐ **зрело** mature. Она очень зрело рассуждает. She shows mature judgment.

зрение sight. У меня ослабло зрение. My sight has gotten weaker.

☐ **точка зрения** point of view. Я не согласен с вашей точкой зрения. I don't agree with your point of view.

угол зрения angle. Я не пробовал смотреть на его поступок под этим углом зрения. I haven't considered his action from that angle.

☐ Это только обман зрения. It's only an optical illusion.

зритель (M) spectator.

зря for no reason at all. Вы зря на него рассердились. You got angry at him for no reason at all. • for nothing. Я зря купил этот билет; у меня нет времени идти в театр. I bought this ticket for nothing; I haven't got any time to go to the theater.

☐ Зря я с вами пошёл, мне тут очень скучно. I shouldn't

have come here with you; I'm bored. ● Не болтáйте зря. Don't talk too much.

зуб (*P* зýбы, зубóв, *or*/ *teeth on machinery*/зýбья, -бьев, -бьям) tooth. У негó тóлько сейчáс прорéзывается зуб мýдрости. His wisdom tooth is just beginning to grow out now. — Ей вчерá вы́рвали зуб. She had a tooth pulled yesterday. — *Ну и хóлод у вас тут! У меня́ зуб нá зуб не попадáет. It certainly gets cold around here! My teeth are chattering. ● fang. Собáка оскáлила зýбы, и ребя́та убежáли. The dog bared its fangs, and the kids ran away. □ **кореннóй зуб** molar. Вам нýжно запломбировáть два коренны́х зýба. You'll have to have two molars filled. □ *До слéдующей полýчки, хоть зýбы на пóлку клади́. We'll have to tighten our belts until the next payday. ● **У негó ужé давнó зуб прóтив меня́. He's had it in for me for a long time. ●*Вы мне зýбы не заговáривайте! Don't pull the wool over my eyes! ●*Я по матемáтике ни в зуб толкнýть. I don't know beans about mathematics. ●*Он не умéет держáть язы́к за зубáми. He just can't keep his mouth shut.

зубнóй tooth. Мне нужнá зубнáя щётка. I need a toothbrush.

□ **зубнáя боль** toothache. Я всю ночь не спал от зубнóй бóли. I didn't sleep all night because of a toothache. **зубнáя пáста** tooth paste. **зубнóй врач** dentist. **зубнóй порошóк** tooth powder.

зубочи́стка toothpick.

зябь (*F*) autumn plowing.

зять (*P* зятья́, -тьёв, -тья́м *M*) son-in-law (daughter's husband), brother-in-law (sister's husband).

И

и and. Я взял с собóй чемодáн и маши́нку. I took a suitcase and typewriter along with me. — Бери́те бумáгу и пиши́те. Take some paper and write. — И вы емý повéрили? And you believed him? ● too. А что, éсли мы и ко вторóму пóезду опоздáем? And what will happen if we're late for the second train too? ● even. Неужéли он и э́того не знáет? Is it possible that he doesn't even know that?

□ **и . . . и** both . . . and. Онá и краси́ва и умнá. She's both beautiful and clever. ● both. И тебé и мне попадёт. Both of us will get a bawling out. □ Я так и знал! I knew it! ● Так емý и нáдо! It serves him right!

и́ва willow.

иглá (*P* и́глы, и́гол *or* игл, и́глам) needle. У вас не найдётся иглы́ потóлще? Haven't you got a bigger needle? — Нáдо купи́ть нóвые и́глы для патефóна. You have to buy some new needles for the phonograph. — С ёлки ужé начинáют опадáть и́глы. The needles have already started falling off the Christmas tree.

□ **хирурги́ческая иглá** surgical needle.

иглóка needle. У меня́ есть с собóй иглóлка, я вам пришью́ пýговицу. I have a needle with me; I'll sew on your button for you. — Он сидéл, как на игóлках. He was on pins and needles. — Одолжи́те у сосéдки игóлку для при́муса. Borrow the needle from the neighbor to clean the primus stove.

игрá (*P* и́гры, игр, и́грам) play. Дéти увлекли́сь игрóй и забы́ли об урóках. The children became so absorbed in their play that they forgot about their lessons. ● game. Я сегóдня проигрываю однý игрý за другóй. I'm losing one game after another today. — Онá руководи́т и́грами на дéтской плóщадке. She's holding the games in the children's playground. — Вы ведёте опáсную игрý. You're playing a dangerous game. ● acting. Как вы нашли́ игрý э́того молодóго актёра? How did you find the acting of this young actor? ● playing. Мне не нрáвится игрá э́того пиани́ста. I don't like that pianist's playing.

□ **азáртные и́гры** gambling. Азáртные и́гры у нас не разрешáются. Gambling is forbidden here.

□ Это тóлько игрá слов. It's just a pun. ● Игрá не стóит свеч. It's not worth the trouble.

игрáть (/*pct:* **сыгрáть**/) to play. Мы вчерá весь вéчер игрáли в кáрты. We played cards all evening yesterday. — Вы лю́бите игрáть в тéннис? Do you like to play tennis? — Я не игрáю на роя́ле. I don't play the piano. — Кто игрáет э́ту роль? Who's playing this part? — Дéти игрáют в пря́тки — не мешáйте им. The children are playing hide and seek; don't disturb them. — (*no pct*) Дéти игрáют на дворé. The children are playing in the back yard. — (*no pct*) Вы игрáете на скáчках? Do you play the horses? — (*no pct*) *Не игрáйте с огнём. Don't play with fire. □ (*no pct*) Слýшайте, брóсьте в молчáнку игрáть; скажи́те, что случи́лось. Look here, stop playing mum; tell me what happened. ● (*no pct*) Брóсьте в пря́тки игрáть — я знáю, в чём дéло. Don't tell me any stories; I know what's up. ● (*no pct*) *Он тут игрáет пéрвую скри́пку. He's the key man around here. ● Это большóй рóли не игрáет. It doesn't make a big difference.

игрóк (-á) player. На тéннисной плóщадке сегóдня мáло игрокóв. There are few players on the tennis courts today. ● gambler. Он пья́ница и игрóк. He's a drunkard and a gambler.

игрýшка toy. Мы недáвно получи́ли игрýшки для сáмых мáленьких детéй. We've recently received toys for tots.

□ Это вам не игрýшки! This is serious business.

идеáл ideal. Нáши полити́ческие идеáлы óчень схóдны. Our political ideals are very much alike. — Онá по-мóему идеáл мáтери и женá. To my mind she's an ideal wife and mother.

идеали́ст idealist.

идеали́стка idealist *F*.

идеáльный ideal. Это не идеáльное решéние вопрóса, но ничегó не подéлаешь. This isn't the ideal solution of the problem, but there isn't anything else you can do about it. — Сегóдня идеáльная погóда для катáнья на лóдке. The weather today is ideal for a boat ride.

□ **идеáльно.** thoroughly. Он идеáльно поря́дочный человéк. He's a thoroughly decent person.

идéйный idealistic. Он идéйный человéк. He's an idealistic person. — Он э́то сде́лал по иде́йным соображе́ниям. He did it out of idealistic motives.

идеоло́гия ideology.

иде́я idea. Иде́я созда́ния э́того о́бщества принадлежи́т ему́. The idea of this organization is his. — Кака́я основна́я иде́я э́того рома́на? What is the underlying idea of this novel? — Что за неле́пая иде́я пришла́ вам в го́лову! Where did you get that silly idea! • principle. Тепе́рь я понима́ю иде́ю э́того механи́зма. Now I understand the principle of this machine.

☐ навя́зчивая иде́я obsession. Э́то ста́ло у него́ навя́зчивой иде́ей. This has become an obsession with him.

идио́т idiot.

идти́ or **итти́** ([itjĭ], иду́, идёт; *p* шёл, шла, -о, -и; *pap* ше́дший /*iter*: **ходи́ть**/) to go. Куда́ вы идёте? Where are you going? — Э́тот трамва́й идёт в ——? Does this trolley car go to ——? — Доро́га в дере́вню шла че́рез лес. The road to the village went through the woods. — Вы идёте сего́дня на конце́рт? Are you going to the concert today? — Занаве́ски иду́т в сти́рку. The curtains go to the laundry. — Он идёт свои́м путём. He goes his own way. — Об э́том уже́ давно́ иду́т разгово́ры. Talk has been going around about it for a long time. — Всё идёт гла́дко. Everything is going smoothly. — Вы сего́дня не идёте на рабо́ту? Aren't you going to work today? — Э́то идёт вразре́з с мои́ми пла́нами. That goes contrary to my plans. • to go on. С утра́ до ве́чера здесь идёт неуста́нная рабо́та. Work goes on here continuously from morning till night. • to walk. Они́ шли гла́вным коридо́ром заво́да. They were walking down the main corridor of the factory. • to come. Де́ло шло к концу́. The business was coming to an end. — На сме́ну нам идёт молодо́е поколе́ние. The new generation is coming to replace us.

☐ идёт a go. "Так зна́чит вы согла́сны?" "Идёт!" "Do you agree then?" "It's a go!"

идти́ в пла́вание to sail. За́втра мы идём в пла́вание. We're sailing tomorrow.

идти́ на компроми́сс to compromise. В э́том вопро́се я не хочу́ идти́ на компроми́сс. I don't want to compromise in this matter.

идти́ пешко́м to walk. Идём пешко́м, тут недалеко́. Let's walk; it's not far from here.

идти́ с to play (a card). Вам на́до идти́ с да́мы. You have to play your queen.

☐ Э́та рабо́та вам, ви́дно, идёт впрок. Apparently this work agrees with you. • Речь шла не об э́том. They weren't talking about that. • Пи́сьма туда́ иду́т о́чень до́лго. Mail takes a long time to get there. • Что сего́дня идёт в о́пере? What's playing today at the opera? • Э́то пла́тье вам о́чень идёт. This dress is very becoming to you. • Э́та кни́га пло́хо идёт. This book is selling poorly. • О чём у вас идёт спор? What's the argument? • Э́ти часы́ иду́т пра́вильно. This watch is right. • У него́ кровь но́сом идёт. His nose is bleeding. • Мы мо́жем положи́ться на тех, кто идёт нам на сме́ну. We can rely on the younger generation. • Она́ о́чень хорошо́ идёт по хи́мии. She's doing well in chemistry.

иду́ See **идти́**.

иждиве́нец (-нца) dependent. Ско́лько у вас иждиве́нцев? How many dependents do you have?

иждиве́ние

☐ У меня́ мать и два бра́та на иждиве́нии. I'm supporting my mother and two brothers.

иждиве́нка dependent *F*.

из from. Она́ вчера́ прие́хала из Ленингра́да. She came from Leningrad yesterday. — Ваш прия́тель то́же из Нью Йо́рка? Is your friend from New York too? — Я об э́том узна́л из газе́т. I found out about it from the newspapers. — Э́то глава́ из его́ кни́ги. This is a chapter from his book. • of. Кто из вас пойдёт со мной? Which of you is going with me? — Ни оди́н из них не мог отве́тить на э́тот вопро́с. Not one of them could answer this question. — Ревизио́нная коми́ссия состоя́ла из трёх челове́к. The investigating committee consisted of three people. — Како́й вы из э́того де́лаете вы́вод? What do you make of it? • out of. Из чего́ э́то сде́лано? What is this made out of? — Вы на э́том наста́иваете то́лько из упря́мства. You're insisting on it only out of stubbornness. — Я не зна́ю, как вы́йти из э́того положе́ния. I don't know how to get out of this situation. — Я ещё не успе́л вы́нуть ве́щи из чемода́на. I just didn't have enough time to take my things out of the suitcase.

☐ К ве́черу я соверше́нно вы́бился из сил. Toward evening I was completely knocked out. • Он то́лько что вы́шел из ко́мнаты. He just left the room. • Э́то сло́во тепе́рь уже́ вы́шло из употребле́ния. This word isn't used any more now.

изба́ (*a* и́збу, *P* и́збы, изб, и́збам) hut, cottage. В э́той дере́вне пришло́сь стро́ить за́ново чуть ли не все и́збы. They had to rebuild almost all the cottages in this village.

☐ **изба́-чита́льня** village reading room. Приходи́те сего́дня ве́чером в избу́-чита́льню. Come to the village reading room this evening.

☐ *В свои́х избе́ и углы́ помога́ют. The home team always has the advantage.

изба́вить (*pct of* избавля́ть) to save. Вы меня́ изба́вили от ли́шних хлопо́т. You saved me a lot of unnecessary trouble. • to deliver. (*no dur*) Изба́ви меня́ бог от таки́х друзе́й! Deliver me from such friends!

☐ Изба́вьте меня́ от э́той рабо́ты. Take this job off my hands. (*no dur*) Иди́те са́ми, а меня́ уж изба́вьте. Go yourself and leave me out of it.

избавля́ть (*dur of* изба́вить) to release. Э́то не избавля́ет вас от отве́тственности. This doesn't release you from responsibility.

избега́ть (*dur of* избежа́ть) to avoid. Он избега́ет говори́ть об э́том. He avoids speaking about it.

избегу́ See **избежа́ть**.

избежа́ть (-бегу́, -бежи́т; §27; *pct of* избега́ть) to avoid. Я хоте́л бы избежа́ть встре́чи с ни́ми. I'd like to avoid bumping into them.

☐ Он едва́ избежа́л сме́рти при автомоби́льной катастро́фе. He had a narrow escape in the automobile accident.

изберу́ See **избра́ть**.

избива́ть (*dur of* изби́ть).

избира́тель voter.

избира́тельный

☐ **избира́тельное пра́во** franchise. Когда́ здесь избира́тельное пра́во бы́ло распространено́ на же́нщин? When was the franchise extended to women here?

избира́ть (*dur of* избра́ть) to choose. Каку́ю вы специа́льность избира́ете? What specialty have you chosen?

изби́тый (/*ppp of* изби́ть/) beaten up. Он пришёл домо́й весь изби́тый. He came home all beaten up. • common-place. Его́ статья́ полна́ изби́тых выраже́ний. His article is full of commonplace expressions. • trite. Э́то о́чень изби́тое сравне́ние. This is a very trite comparison.

изби́ть (/pct of **избива́ть**/) to beat.

и́збранный (/ppp of **избра́ть**/) selected. Я купи́л и́збранные сочине́ния Пу́шкина в одно́м то́ме. I bought the selected works of Pushkin in one volume.

☐ Он пи́шет то́лько для немно́гих и́збранных. He writes only for a select audience.

избра́ть (-беру́, -берёт; p -брала́; pct of **избира́ть**) to elect. Его́ избра́ли депута́том. He was elected delegate. — Он был и́збран единогла́сно. He was elected unanimously.

избы́ток (-тка) surplus. У нас в э́том году́ избы́ток моло́чных проду́ктов. This year we have a surplus of dairy products.

☐ Избы́тка у них нет, но они́ не нужда́ются. They don't have too much, but they get along. • От избы́тка чувств он да́же слегка́ подпева́л. He was so happy he even hummed a little.

изве́стие news. От него́ давно́ не́ было изве́стий. There's been no news from him in a long time. • "Izvestia" (official newspaper). Купи́те мне "Изве́стия". Buy me a copy of "Izvestia."

извести́ть (pct of **извеща́ть**) to announce. Вы должны́ извести́ть о своём прие́зде зара́нее. You ought to announce your arrival beforehand. • to inform. Мы вас извести́м, когда́ бу́дет отве́т. We'll inform you when there's an answer.

изве́стка See **и́звесть.**

изве́стный ([-sn-]) well-known. Он сын изве́стного писа́теля. He's the son of a well-known writer. — Э́то хорошо́ изве́стное явле́ние в хи́мии. This phenomenon is well known in chemistry. • notorious. Он изве́стный скло́чник. He's a notorious trouble-maker. • known. Э́то ско́ро ста́ло изве́стно всем. This was soon known to everyone. — Она́ у нас изве́стна под свое́й де́вичьей фами́лией. She's known here by her maiden name. • certain. Э́тот ме́тод годи́тся то́лько при изве́стных обстоя́тельствах. This method is good only under certain conditions. • some kind of. Необходи́мо установи́ть изве́стный поря́док в на́ших заня́тиях. We have to establish some kind of order in our work.

☐ Наско́лько мне изве́стно, де́ло бы́ло совсе́м не так. As far as I know, it was absolutely not so.

и́звесть (F) lime.

извеща́ть (dur of **извести́ть**) to inform.

извещу́ See **извести́ть.**

извине́ние excuse. Он рассыпа́лся в извине́ниях. He was just spilling over with excuses.

☐ Я у него́ извине́ния проси́ть не ста́ну. I won't ask him to forgive me.

извини́ть (pct of **извиня́ть**) to excuse. Извини́те. Excuse me. — Извини́те за беспоко́йство. Excuse my troubling you. — Его́ поведе́ние ниче́м нельзя́ извини́ть. There's no excuse for his conduct.

-ся to apologize. Пойди́те и извини́тесь перед ним. Go and apologize to him.

извиня́ть (dur of **извини́ть**).

извне́ on the outside. Извне́ маши́на не име́ла никаки́х отличи́тельных при́знаков. The car had no distinctive markings on the outside.

изво́зчик cabby. Ско́лько заплати́ть изво́зчику? How much shall I pay the cabby?

☐ Придётся взять изво́зчика. We'll have to take a carriage.

и́згородь (F) hedge.

издава́ть (-даю́, -даёт; imv -дава́й; prger -дава́я; dur of **изда́ть**) to publish. Кто издаёт э́ту газе́ту? Who publishes this newspaper?

издалека́ (/cf **далёкий**/) from far off. Зда́ние на́шего институ́та ви́дно издалека́. The building of our Institute can be seen from far off.

☐ Он завёл об э́том речь издалека́. He started to speak about it in a very roundabout manner.

изда́м See **изда́ть.**

изда́ние edition. У меня́ есть сочине́ния Ле́рмонтова в худо́жественном изда́нии. I have the works of Lermontov in a fine edition. — Кни́га выхо́дит в испра́вленном и допо́лненном изда́нии. The book is coming out in a revised edition. • printing. Кни́га вы́держала де́сять изда́ний. The book went through ten printings.

изда́тельство publishing house.

изда́ть (-да́м, -да́ст, §27; imv -да́й; p и́здал, издала́, и́здало, -и; ppp и́зданный, sh F -дана́; pct of **издава́ть**) to publish. Он хо́чет изда́ть э́ту кни́гу в э́том году́. He wants to publish this book this year. • to issue. Э́тот декре́т был неда́вно и́здан. This decree was issued not very long ago.

издаю́ See **издава́ть.**

изде́лие product. Гото́вые изде́лия отпра́влены на склад. The finished products were sent to the warehouse.

☐ куста́рные изде́лия handicraft articles. В э́том музе́е о́чень интере́сный отде́л куста́рных изде́лий. There is a very interesting section of handicraft articles in this museum. **промы́шленные изде́лия** industrial products. До́ля промы́шленных изде́лий в о́бщей проду́кции страны́ си́льно увели́чилась. The industrial products of our nation increased considerably.

☐ Э́то стол моего́ изде́лия. I made this table myself.

изжо́га heartburn.

из-за from behind. Она́ вы́глянула из-за ши́рмы. She looked from behind the screen. • from. Мы то́лько что вста́ли из-за стола́. We just got up from the table. • because of. Из-за шу́ма я не мог разобра́ть его́ слов. I couldn't make out what he said because of the noise. • on one's account. Из-за вас я опозда́л в теа́тр. I was late to the theater on your account. • over. Ну сто́ит ли волнова́ться из-за таки́х пустяко́в! It's not worth getting excited over such trifles.

☐ из-за чего́ why. Из-за чего́ у вас вы́шла ссо́ра? Why did you start arguing?

излага́ть (dur of **изложи́ть**) to state. Научи́тесь излага́ть свои́ мы́сли покоро́че. Learn to state your ideas more briefly.

изли́шний unnecessary. Э́то уж изли́шняя ро́скошь! That's an altogether unnecessary luxury.

☐ изли́шне unnecessary. Изли́шне напомина́ть мне об э́том. It's unnecessary to remind me about this.

изложи́ть (-ложу́, -ло́жит; pct of **излага́ть**) to put down. Я всё изложи́л в своём докла́де. I put it all down in my report. • to state. Изложи́те ва́ше де́ло. State your business. • to explain. Он вчера́ изложи́л мне свой план. Yesterday he explained his plan to me.

изме́на treason. Он был обвинён в госуда́рственной изме́не

He was accused of high treason. • unfaithfulness. Изме́на жены́ была́ для него́ тяжёлым уда́ром. His wife's unfaithfulness was a terrible blow to him.

изменя́ть (-меню́, -ме́нит; *ppp* -менённый; *pct of* **изменя́ть**) to be unfaithful. Муж ей изменя́л. Her husband was unfaithful. • to betray. Он измени́л ро́дине. He betrayed his country. • to change. Но́вый заве́дующий соверше́нно измени́л весь план рабо́ты. The new manager completely changed the whole plan of work.

☐ Сча́стье измени́ло ему́. His luck ran out.

изме́нник traitor.

изме́нница traitress.

изменя́ть (*dur of* **измени́ть**) to change. Я не стал бы э́того изменя́ть. I wouldn't change it. • to fail. Зре́ние начина́ет мне изменя́ть. My sight's beginning to fail me. — Е́сли па́мять мне не изменя́ет, я вас где́-то встреча́л. Unless my memory fails me I've met you somewhere before. • to be unfaithful. Она́ ему́ изменя́ет напра́во и нале́во. She's unfaithful to him every chance she gets.

изме́рить (*pct of* **измеря́ть**) to measure. Изме́рьте, пожа́луйста, пло́щадь по́ла в э́той ко́мнате. Measure the size of the floor in this room, please.

☐ Вы уже́ изме́рили ему́ температу́ру? Have you taken his temperature already?

измеря́ть (*dur of* **изме́рить**) to survey. Они́ измеря́ют пло́щадь для постро́йки но́вой фа́брики. They're surveying the land as a site for a new factory.

изна́шивать (*dur of* **износи́ть**) to wear out. Он изна́шивает по три па́ры сапо́г в год. He wears out three pairs of shoes a year.

износи́ть (-ношу́, -но́сит; *pct of* **изна́шивать**) to wear out. Я э́то пла́тье уже́ давно́ износи́ла. I wore out that dress long ago.

-ся to be worn out. Мои́ ва́ленки уже́ совсе́м износи́лись. My felt shoes are completely worn out.

изношу́ *See* **износи́ть**.

изнутри́ on the inside. Ко́мната-то, ока́зывается, заперта́ изнутри́. It seems the room is locked on the inside.

изо (*/for* **из** *before some clusters*, §31/) with. Они́ стара́лись изо всех сил. They tried with all their strength. — Он изо всех сил оттолкну́л ло́дку от бе́рега. He pushed the boat from the shore with all his strength.

☐ **изо дня в день** day in, day out. Изо дня в день мы де́лаем одно́ и то же. We do the same thing day in, day out.

изобрёл *See* **изобрести́**.

изобрести́ (-рету́, -рете́т; *p* -рёл, -рела́, -о́, -и́; *pap* -ре́вший; *ppp* -ретённый; *pct of* **изобрета́ть**) to invent.

изобрета́тель (*M*) inventor.

изобрета́ть (*dur of* **изобрести́**) to invent.

изобрете́ние invention. В ва́шем цеху́ применя́ется мно́го рабо́чих изобрете́ний? Are many workers' inventions used in your shop?

изобрету́ *See* **изобрести́**.

изорва́ть (-рву́, -рвёт; *p* -рвала́; *pct of* **изрыва́ть**) to tear. Я весь костю́м изорва́л об э́ти гво́зди. I tore my suit badly on these nails. — Он рассерди́лся и изорва́л письмо́ в клочки́. He got mad and tore the letter to bits.

из-под from under. Мышь вы́бежала из-под дива́на. The mouse came out from under the couch. — Так хо́лодно, что стра́шно нос из-под одея́ла вы́сунуть. It's so cold I'm afraid to stick my nose out from under the blanket. — У меня́ э́то про́сто из-под но́су утащи́ли. They swiped it

right from under my nose.

☐ Я приспосо́блю для э́того ба́нку из-под консе́рвов. I'll use a tin can for it. • Он рабо́тает то́лько из-под па́лки. You've got to stand over him to make him work.

израсхо́довать (*pct of* **расхо́довать**) to use. Я уже́ израсхо́довал весь свой запа́с бензи́на. I've already used all my gasoline. • to spend. В одну́ неде́лю он израсхо́довал своё ме́сячное жа́лование. He spent his month's salary in one week.

и́зредка (*/cf* **ре́дкий/**) from time to time. Да, мы и́зредка с ним встреча́лись. Yes, I used to meet him from time to time. • now and then. Я и́зредка быва́ю в теа́тре. I go to the theater now and then.

изрыва́ть (*dur of* **изорва́ть**).

изуми́ть (*pct of* **изумля́ть**) to surprise. Что вас так изуми́ло? Why were you so surprised?

изумля́ть (*dur of* **изуми́ть**) to amaze. Меня́ изумля́ют достиже́ния америка́нской те́хники. I'm amazed at the achievements of American techniques.

изуча́ть (*dur of* **изучи́ть**) to study. Он уже́ два го́да изуча́ет ру́сский язы́к. He has been studying Russian for two years now. — Он тут изуча́ет но́вые спо́собы произво́дства иску́сственного каучука́. He's here studying the new ways of manufacturing synthetic rubber.

изучи́ть (-учу́, -у́чит; *pct of* **изуча́ть**) to learn. Он хорошо́ изучи́л э́то ремесло́. He's learned this trade thoroughly.

изю́м (*/g* -у/) raisins. Я хочу́ того́ пече́нья, с изю́мом. I want some of these cookies with raisins.

изя́щный smart. У неё изя́щная фигу́ра. She has a smart figure.

☐ **изя́щная литерату́ра** belles lettres.

ика́ть (*pct:* **икну́ть**) to hiccup. Он ика́л, всхли́пывал, шмы́гал но́сом. He was hiccuping, sobbing and sniffing.

икну́ть (*pct of* **ика́ть**) to hiccup.

ико́на icon.

ико́та hiccup.

икра́[1] (*no P*) caviar. Да́йте мне бутербро́д с икро́й. Give me a caviar sandwich. — Чёрной икры́ у нас нет, то́лько кра́сная. We haven't got any black caviar, only the red.

икра́[2] (*P* и́кры, и́кор *or* икр, и́крам) calf (of a leg).

и́ли or. Вам чаю́ и́ли ко́фе? Would you care for tea or coffee? — Вы е́дете по́ездом и́ли автомоби́лем? Are you going by train or by automobile? — Вы хоти́те почини́ть дверцу ва́шей маши́ны сейча́с и́ли когда́ вернётесь? Do you want the door on your car repaired now or when you return? — Друг ты мне и́ли нет? Are you a friend of mine or not?

иллю́зия illusion.

иллюмина́ция illumination.

иллюстра́ция illustration. Кто де́лал иллюстра́ции к э́той кни́ге? Who did the illustrations for this book?

им (*/dp of* **он/**).

имено́ *See* и́мя.

и́мени *See* и́мя.

имени́нник

☐ Он сего́дня имени́нник. Today is his name-day. • •*Я чу́вствую себя́ пря́мо имени́нником. I feel like a million.

имени́нница

☐ Она́ сего́дня имени́нница. Today is her name-day.

и́менно just. И́менно таки́е лю́ди нам и нужны́. These are just the kind of people we need. — А кто и́менно сказа́л э́то? Just who said that? • namely. У нас тут живу́т лю́ди ра́зных национа́льностей, а и́менно. . . . We have many nationalities in our country, namely. . . . • exactly. "Это дорого обойдётся". "А сколько именно?" "It'll cost a lot." "Exactly how much?"

□ а именно such as. "Это предложение имеет большие преимущества". "А именно?" "This suggestion has many points in its favor." "Such as?"

вот именно that's exactly it. "Значит, вы считаете всё это просто ерундой?" "Вот именно!" "Does it mean that you consider this so much nonsense?" "That's exactly it!"

иметь to have. Вы не имеете права так со мной разговаривать. You don't have the right to talk to me that way. — После этого он ещё имел нахальство прийти сюда. After that he still had the impudence to come here. — Если вы ничего не имеете против, я пойду с вами. If you have no objections, I'll go with you. — Я ещё не имел возможности там побывать. I still haven't had a chance to visit there. — Я к этому имел кое-какое отношение. I had something to do with that.

□ иметь в виду to have in mind. Кого вы, собственно, имели в виду, когда говорили о лентяях? Exactly who did you have in mind when you spoke of loafers? • to keep in mind. Я буду вас иметь в виду. I'll keep you in mind. иметь дело to deal. С ним приятно иметь дело. It's pleasant to deal with him.

иметь значение to matter. Это не имеет значения. It doesn't matter at all.

□ Этот закон ещё имеет силу. This law is still in force. • Дензнаки имеют хождение наравне со звонкой монетой. Paper money has equal value with coins.

ими (*ip* of он).

империализм imperialism.

импорт import.

имущество property. Мы требуем бережного обращения с колхозным имуществом. We're demanding careful handling of kolkhoz property. — Всё это государственное имущество. All this is government property. • belongings. Он забрал всё своё имущество и уехал. He took all his belongings and left.

имя (*i* -нем, *P* имена, имён, именам *N*) name. Пошлите посылку на моё имя. Send the parcel in my name. — Как его имя-отчество? What's his name and patronymic? (father's name). — Проставьте тут ваше имя и фамилию. Fill in your first and last name. — Приветствую вас от имени — ского комсомола! I greet you in the name of the komsomol of ——.

□ доброе имя reputation. Если вы дорожите своим добрым именем, не делайте этого. If you care about your reputation, don't do that.

имя существительное noun. Подчеркните все имена существительные. Underline all the nouns.

Клуб имени Горького. Gorki Club.

□ Он писатель с именем. He's an established writer. • Называйте вещи своими именами! Call a spade a spade.

иначе differently. Он работает иначе, чем все. He works differently from others. • other way. Этого нельзя сделать иначе. There's no other way to do it. • or. Непременно приходите, иначе я рассержусь. Come without fail, or I'll be angry. • otherwise. Говорите правду, иначе худо будет! Tell the truth, otherwise it'll be bad!

□ Свинство! Иначе этого не назовёшь. That's a rotten thing to do. You can't call it anything else. • Так или

иначе, но дело испорчено. Anyway you look at it, the thing is spoiled.

инвалид invalid. Я стар, но ещё не инвалид. I may be old but I'm not quite an invalid.

□ инвалид войны disabled soldier.

инвалид труда disabled worker.

инвентарь (*M*) inventory. Вы уже составили инвентарь? Have you taken an inventory yet?

□ живой инвентарь livestock.

сельскохозяйственный инвентарь agricultural implements.

индустриализация industrialization.

индустриализировать (*both dur and pct*) to industrialize.

индустриальный industrial.

индустрия industry.

индюк (-á) turkey.

индюшка turkey *F*.

иней frost. Деревья все покрыты инеем. All the trees are covered with frost.

инженер graduate engineer.

□ главный инженер technical superintendent. Об этом можно узнать у главного инженера. You can get this information from the technical superintendent.

инженер путей сообщения road and railroad construction engineer.

инженер-строитель civil engineer.

инженер-технолог mechanical engineer.

инженер-электротехник electrical engineer.

инициатива initiative. Руководители нашего завода проявляют большую инициативу. Our factory managers show a great deal of initiative. — Он человек без всякой инициативы. He's a man without any initiative.

□ Это была ваша инициатива? Did you do this on your own?

иногда sometimes. Зимой поезда иногда сильно опаздывают. In the winter the trains are sometimes very much delayed. • occasionally. Он к нам иногда заходит. He drops in occasionally. • once in a while. Сюда иногда приезжают актёры из центра. Once in a while actors from the big city come here. • at times. Он иногда бывает невыносим. He's unbearable at times.

иногородний out-of-town. Иногородние подписчики получают журнал позднее. Out-of-town subscribers receive the magazine a bit later. • out-of-towner. Иногородних отпускают на каникулы на два дня раньше. Out-of-towners start their school vacations two days earlier.

иной someone else. Иному и в голову бы это не пришло. Someone else wouldn't even have thought of it.

□ иной раз at times. Я вообще не пью, но иной раз, в компании, неловко отказаться. I don't drink as a rule, but at times it's awkward to refuse in a crowd.

по-иному in a different way. Я на это смотрю по-иному. I look at this in a different way.

□ Теперь у нас люди стали иные. People have changed a great deal here.

иностранец (-нца) foreigner.

иностранка foreigner *F*.

иностранный foreign. Он знает несколько иностранных языков. He knows several foreign languages. — Народный Комиссариат Иностранных Дел. People's Commissariat of Foreign Affairs.

институт college. Он кончил педагогический институт.

He graduated from a teachers' college. •institute. Нау́чно-иссле́довательский институ́т. Scientific research institute.

инстру́ктор (/P -а́, -о́в/) instructor.

инстру́кция instruction.

инструме́нт instrument. На како́м инструме́нте вы игра́ете? What kind of instrument do you play? •tool. Я сейча́с сбе́гаю за инструме́нтами и починю́ кран. I'll get my tools immediately and fix the faucet.

☐ **хирурги́ческий инструме́нт** surgical instrument.

интеллиге́нция intelligentsia.

интере́с interest. Я прочёл э́ту кни́гу с больши́м интере́сом. I read this book with great interest. — В ва́ших интере́сах пое́хать туда́ поскоре́й. It's to your interest to go there as quickly as possible.

интере́сный interesting. Его́ ле́кции всегда́ интере́сны. His lectures are always interesting. — У неё интере́сное лицо́. She has an interesting face. — Он о́чень интере́сный челове́к. He's a very interesting man.

☐ **интере́сно** interestingly. Он расска́зывает так интере́сно, что его́ мо́жно слу́шать часа́ми. He speaks so interestingly that you can listen to him for hours. •interesting. Вам э́то интере́сно? Do you find it interesting? •I wonder. Интере́сно, куда́ э́то он ушёл. I wonder where he went.

интере́сно знать I wonder. Интере́сно знать, что с ним пото́м ста́ло? I wonder what's happened to him since?

интересова́ть to interest. Э́то вас интересу́ет? Does this interest you?

-ся to be interested in. Я не интересу́юсь те́хникой. I'm not interested in technical subjects. — У нас здесь о́чень интересу́ются поли́тикой. We're very interested in politics here. •to take interest in. Он совсе́м не интересу́ется свое́й рабо́той. He doesn't take any interest in his work.

интернациона́л international. Коммунисти́ческий интернациона́л. Communist International.

интернациона́льный international. Интернациона́льный съезд. International convention.

информа́ция information. Он вам даст подро́бную информа́цию по э́тому вопро́су. He'll give you detailed information about this question.

☐ **Иностра́нная информа́ция** в америка́нских газе́тах о́чень хорошо́ поста́влена. Foreign news is very well presented in American papers.

инциде́нт incident. Тут вчера́ произошёл неприя́тный инциде́нт. An unpleasant incident took place here yesterday. — Инциде́нт исче́рпан! The incident is closed.

иод ([yot]) iodine.

ипподро́м race track (horse).

ирони́ческий ironic.

иро́ния irony.

искажа́ть (dur of искази́ть) to twist. Вы искажа́ете мои́ слова́! You twist my words.

искажу́ See искази́ть.

искази́ть (pct of искажа́ть) to misrepresent. Вы соверше́нно исказили фа́кты в ва́шем отчёте. You completely misrepresented the facts in your report. •to distort. У вас соверше́нно искажённое представле́ние об э́том собы́тии. You have a completely distorted idea about this event.

иска́ть (ищу́, и́щет) to look for. Что́ э́то вы и́щете? What are you looking for? — Я иска́л э́тот переу́лок на пла́не, но не нашёл. I looked for this small street on the map, but I didn't find it. — Я ищу́ кварти́ру. I'm looking for an

apartment. — Вы и́щете рабо́ты? Are you looking for work? •to look around. Я его́ иска́л глаза́ми по всему́ за́лу. I looked around the whole hall for him.

☐ Он давно́ уже́ иска́л слу́чая с ва́ми познако́миться. He's been wanting to meet you for some time now.

исключа́ть (dur of исключи́ть) to expel. Его́ уже́ второ́й раз исключа́ют из шко́лы. This is the second time he's been expelled from school.

исключе́ние expulsion. Ему́ грози́т исключе́ние из сою́за. He's threatened with expulsion from the trade union. •exception. Я э́то сего́дня сде́лаю в ви́де исключе́ния. I'll do it today as an exception. — Нет пра́вил без исключе́ния. Every rule has its exception.

☐ **за исключе́нием** except. Все пришли́ за исключе́нием одного́. Everybody came except one person.

исключи́тельный unusual. Он получи́л разреше́ние, но э́то был исключи́тельный слу́чай. He got the permit, but it was an unusual case.

☐ **исключи́тельно** solely. Мы гото́вим исключи́тельно на сли́вочном ма́сле. We use butter solely in preparing meals. •nothing but. Он чита́ет исключи́тельно приключе́нческие рома́ны. He reads nothing but adventure stories. •exceptionally. Э́то исключи́тельно интере́сный фильм. This is an exceptionally interesting movie.

исключи́ть (pct of исключа́ть) to expel. Его́ исключи́ли из па́ртии. He was expelled from the party.

☐ Така́я возмо́жность соверше́нно исключена́. Such a possibility is out of the question.

и́скра spark. Осторо́жнее, и́скры от костра́ мо́гут заже́чь сухи́е ли́стья. Careful, the sparks from the bonfire may set the dry leaves on fire. •glimmer. Ещё оста́лась и́скра наде́жды. There's still a glimmer of hope.

☐ Уда́р был тако́й, что у меня́ и́скры из глаз посы́пались. The blow was so hard I saw stars.

и́скренний (sh и́скренен or и́скрен, -нна, -о, -ы; adv -нно or -нне) sincere. Прия́тно то, что он прямо́й и и́скренний челове́к. The nice part of it is he's a straightforward and sincere person.

☐ **и́скренно** sincerely. И́скренно сожале́ю, что так произошло́. I sincerely regret that it happened this way. — И́скренно вам пре́данный. Sincerely yours.

иску́сный skillful. Она́ иску́сная портни́ха. She's a skillful seamstress.

☐ **иску́сно** skillfully. Сра́ботано иску́сно, что и говори́ть! This is skillfully done — no question of it.

иску́сственный artificial. Здесь применя́ется иску́сственное ороше́ние. They use artificial irrigation here. •false. Вам придётся вста́вить иску́сственные зу́бы. You'll have to have a set of false teeth made. •forced. У неё кака́я-то иску́сственная улы́бка. She has a kind of forced smile.

иску́сство art. Я интересу́юсь но́выми тече́ниями в иску́сстве. I'm interested in the new trends in art. •skill. Председа́тель с больши́м иску́сством руководи́л пре́ниями. The chairman directed the discussion with great skill.

☐ **прикладно́е иску́сство** applied arts and crafts.

☐ Он за э́то ничего́ не получа́ет, а рабо́тает из любви́ к иску́сству. He doesn't get anything out of it, but does it simply for the love of it.

испа́чкать (pct) to soil. Чем э́то вы так испа́чкали брю́ки? How did you soil your pants so? •to dirty. У вас всё лицо́ испа́чкано. Your face is all dirty.

испёк See испе́чь.

испеку́ See **испе́чь**.

испе́чь (-пеку́, -печёт; *p* -пёк, -пекла́ -ó, -и́; *pct of* **печь²**) to bake. Я вам испеку́ пиро́г. I'll bake a cake for you.

исполко́м (**исполни́тельный комите́т**) executive committee.

исполне́ние performance. Вам понра́вилось исполне́ние э́той сона́ты? Did you like the performance of that sonata? — Эта роль о́чень выи́грывает в его́ исполне́нии. This part gains a lot by his performance. — Я ещё не приступи́л к исполне́нию обя́занностей. I haven't started performing my duties yet. • execution. Нача́льник наста́ивает на то́чном исполне́нии приказа́ний. The chief insists on exact execution of the orders.

☐ Пригово́р приведён в исполне́ние. The verdict has been carried out. • Исполне́ния жела́ний! I hope your wishes come true.

исполни́тельный thorough. Он о́чень исполни́тельный рабо́тник. He's very thorough in his work.

☐ **исполни́тельный комите́т** (**исполко́м**) executive committee.

исполнить (*pct of* **исполня́ть**) to carry out. Приказа́ние бы́ло неме́дленно испо́лнено. The order was carried out immediately.

☐ **исполнить роль** to play a part. Она́ блестя́ще испо́лнила свою́ роль. She played the part brilliantly.

☐ Я с ра́достью испо́лню ва́шу про́сьбу. I'll gladly do what you ask.

исполня́ть (*dur of* **испо́лнить**) to carry out. Ему́ ещё никогда́ не приходи́лось исполня́ть тако́го тру́дного поруче́ния. He never before had such a difficult mission to carry out. • to keep. Он ре́дко исполня́ет свои́ обеща́ния. He rarely keeps his promises.

☐ **исполня́ющий обя́занности заве́дующего** acting manager.

испо́льзовать (*both dur and pct*) to use. Вы мо́жете испо́льзовать э́тот материа́л для ва́шей кни́ги. You can use this material in your book. — Наш заво́д испо́льзует э́ти отхо́ды для произво́дства. Our plant will use these waste products in manufacture. • to employ. Он всё испо́льзует, что́бы доби́ться своего́. He will employ all means at his command to achieve his goal.

испо́ртить (*pct of* **по́ртить**) to ruin. Осторо́жно! Эту маши́ну легко́ испо́ртить. Be careful! It's easy to ruin this machine. • to spoil. Его́ расска́з испо́ртил мне настрое́ние. His story spoiled my good mood. • to corrupt. Его́ тут совсе́м испо́ртили. They completely corrupted him there.

☐ Он мне мно́го кро́ви испо́ртил. He caused me plenty of worry.

испо́рченный (/*ppp of* **испо́ртить**/) ruined. Всё равно́ ве́чер уже́ испо́рчен. It doesn't make any difference; the evening is ruined anyway. — Что мне де́лать с мои́м испо́рченным костю́мом? What'll I do with my ruined suit? • spoiled. Испо́рченный мальчи́шка! Spoiled brat! • broken. Наш патефо́н испо́рчен. Our phonograph is broken. • out of order. У вас, ка́жется, телефо́н испо́рчен. Your telephone must be out of order.

☐ На́ше настрое́ние бы́ло испо́рчено в коне́ц. Our spirits dropped completely.

испо́рчу See **испо́ртить**.

испра́вить (*pct of* **исправля́ть**) to fix. Я сам испра́влю ваш радиоаппара́т. I'll fix your radio myself. • to improve. Он стара́ется испра́вить свой по́черк. He's trying to improve his handwriting. — Я хоте́л бы испра́вить своё англи́йское произноше́ние. I'd like to improve my English pronunciation. • to correct. Я хочу́ испра́вить свою́ оши́бку. I want to correct my mistake.

☐ *Горба́того одна́ моги́ла испра́вит. You can't change him; that's all there is to it.

исправля́ть (*dur of* **испра́вить**) to repair. Рабо́чие спе́шно исправля́ют железнодоро́жный путь. Workers are hurriedly repairing the railroad tracks.

испу́г fright. Она́ побледне́ла от испу́га. She turned pale with fright.

☐ Ло́шадь с испу́гу понесла́. The frightened horse got out of hand.

испуга́ть (*pct of* **пуга́ть**) to scare, to frighten. Ти́ше, вы мо́жете испуга́ть ребёнка. Quiet, you may scare the baby. — Ва́ша телегра́мма испуга́ла меня́ до́ сме́рти. Your telegram scared me out of my wits. — Прости́те, я не хоте́л вас испуга́ть. Excuse me, I didn't mean to frighten you.

-ся to get frightened, to get scared. Уви́дев толпу́ во́зле до́ма, она́ стра́шно испуга́лась. She got terribly frightened when she saw the crowd near the house. • to be scared, to be frightened. Ну, что вы испуга́лись? Ведь там бу́дут то́лько свои́. What are you scared of? Nobody but our gang will be there.

испыта́ть (*pct of* **испы́тывать**) to try out. Вы уже́ испыта́ли но́вый мото́р? Have you tried out the new motor yet?

испы́тывать (*dur of* **испыта́ть**) to try. (*no pct*) Вы испы́тываете его́ терпе́ние! You're trying his patience. • to experience. Я никогда́ ещё не испы́тывал тако́го стра́ха. I've never experienced such fright.

и́стинный real, true. И́стинная суть де́ла такова́. . . . The real meaning of the matter is. . . . — Он мой и́стинный друг. He's a real friend of mine.

☐ И́стинное наказа́ние с ним. He's a pain in the neck.

исто́рия history. Он преподаёт ру́сскую исто́рию. He's teaching Russian history. — Па́мять о них войдёт в исто́рию. History will remember them. • story. Это соверше́нно неправдоподо́бная исто́рия. That's a likely story.

☐ **ве́чная исто́рия** the same old story. Ве́чная исто́рия с ним: он не мо́жет не опозда́ть! It's the same old story with him. He's always late.

☐ Кака́я неприя́тная исто́рия! What an unpleasant situation! • *Вот так исто́рия получи́лась. This is a pretty kettle of fish. • Ску́чная исто́рия! Придётся нача́ть всё снача́ла! We'll have to start all over again; what a bore! • *Об э́том исто́рия ума́лчивает. Things like that are better left unsaid.

исто́чник spring. Наш го́род сла́вится целе́бными исто́чниками. Our town has a name for its health-giving springs. • source. Он получа́ет информа́цию из како́го-то сомни́тельного исто́чника. He gets his information from a doubtful source.

истоща́ть (*dur of* **истощи́ть**) to sap. Эта дие́та его́ стра́шно истоща́ет. This dieting saps his strength.

истощи́ть (*pct of* **истоща́ть**) to exhaust. Я, ка́жется, истощи́л все свои́ до́воды. I think I've exhausted all my arguments. • to be run down. Он о́чень истощён, ему́ на́до пое́хать на попра́вку. He's very much run down; he ought to go for a rest.

истра́тить (*pct of* **истра́чивать**) to spend. Ско́лько вы истра́тили на поку́пку ме́бели? How much did you spend for furniture?

истра́чивать (*dur of* **истра́тить**).

истра́чу *See* **истра́тить.**

исчеза́ть (*dur of* **исче́знуть**) to disappear. Куда́ он исчеза́ет ка́ждый ве́чер? Where does he disappear every evening?

исче́знуть (*pct of* **исчеза́ть**) to disappear. Куда́ исче́зла моя́ су́мка? Where did my pocketbook disappear to?

ита́к *so*. Ита́к, вы нас покида́ете? So you're leaving us, eh? • well. Ита́к, до свида́ния! Well, good-by then. • well then. Ита́к, нам на́до распроща́ться. Well then, we'll have to part.

□ Ита́к, вам тепе́рь поня́тно, что на́до де́лать? You know what you have to do now, don't you?

и. т. д. (*written abbreviation for* **и так да́лее**) *etc*.

ито́г total. Ско́лько у вас получа́ется в ито́ге? What total did you get? • addition. У вас, очеви́дно, кака́я-то оши́бка в ито́ге. Apparently there's some mistake in your addition.

□ **подвести́ ито́ги** to total up. Вот счета́, подведи́те ито́ги. Total up these bills. • to take stock. Мы подвели́ ито́ги на́шему шестиме́сячному пребыва́нию здесь. We've taken stock of our six month's stay.

□ В ито́ге получи́лась ерунда́. It added up to so much nonsense.

итти́ *See* **идти́.**

их (/*gap of* **он**/).

ишь

□ Ишь, како́й пры́ткий! Keep your shirt on. • Ишь-ты, так я тебе́ и скажу́ её а́дрес. So you think I'm going to tell you her address, huh? That's what you think!

ищу́ *See* **иска́ть.**

ию́ль (*M*) July.

ию́нь (*M*) June.

К

к /*with d*/) to Она́ подошла́ к окну́. She came to the window. — Призыва́ю к поря́дку. I call this meeting to order. — К како́й па́ртии он принадлежи́т? What political party does he belong to? — Эта шля́па вам к лицу́. This hat is becoming to you — Они́ пригласи́ли нас к обе́ду. They invited us to dinner. — Его́ стара́ния ни к чему́ не привели́. His efforts came to nothing. — Я не могу́ привы́кнуть к э́тому шу́му. I can't get used to this noise. • against. Не прислоня́йтесь к стене́, кра́ска ещё не вы́сохла. Don't lean against the wall; the paint still isn't dry. • towards. К утру́ потепле́ло. The cold let up towards morning. — Мы к ве́черу бу́дем на ме́сте. We'll be there towards evening. — У него́ я́вная скло́нность к преувеличе́ниям. He has a decided tendency towards exaggeration. • by. К тому́ вре́мени рабо́та бу́дет уже́ зако́нчена. By that time the work will already be finished. • around. Я приду́ к шести́ часа́м. I'll come around six. • for. У нас сего́дня к обе́ду пиро́г с капу́стой. We have cabbage pie for dinner. — Он гото́вится к экза́менам. He's studying for his exams. — Он о́чень тре́бователен к себе́. He sets a high standard for himself. • at. Моя́ маши́на к ва́шим услу́гам. My car is at your disposal.

□ **к несча́стью** unfortunately. К несча́стью, бы́ло уже́ по́здно. Unfortunately, it was too late.

к сожале́нию unfortunately. Я, к сожале́нию, не смогу́ прийти́. Unfortunately, I won't be able to come.

к сро́ку on time. Бою́сь, что мы не спра́вимся к сро́ку. I'm afraid we won't get this work finished on time.

к сча́стью luckily. К сча́стью до́ктор был до́ма. Luckily the doctor was at home.

к тому́ же and besides. К тому́ же, он не осо́бенно умён. And besides, he's not very smart.

к чему́ what for. К чему́ вы э́то говори́те? What are you saying that for?

□ Обрати́тесь к милиционе́ру. Ask a policeman. • Возьми́те пирожо́к к су́пу. Have a pirozhok with your soup. • Приходи́те к нам чай пить. Come over for tea. • У него́ страсть к посло́вицам. He loves to quote proverbs. • Я приму́ ва́ши указа́ния к све́дению. I'll keep your suggestions in mind. • Я присоединя́юсь к ва́шему предложе́нию. I second your motion. • Он к вам о́чень хорошо́ отно́сится. He likes you very much.

-ка (*added to imperatives and some other words*).

□ **ну́-ка** well. Ну́-ка покажи́, чему́ ты у́чишься в шко́ле. Well, let's see what you've learned at school.

• *Уходи́те-ка по-добру́ по-здоро́ву. Get out of here now if you don't want any trouble.

кабачо́к (**-чка́**) squash.

кабине́т study. Лу́чшая ко́мната в до́ме э́то кабине́т отца́. Father's study is the best room in the house. • private office. Э́та ко́мната ря́дом с кабине́том дире́ктора. This room is next to the manager's private office. • laboratory. В на́шей шко́ле замеча́тельный физи́ческий кабине́т. We have a wonderful physics laboratory at school.

□ **космети́ческий кабине́т** beauty parlor. В космети́ческих кабине́тах от посети́тельниц отбо́ю нет. The beauty parlors are full of customers.

каблу́к (**-а́**) heel. У меня́ каблуки́ сто́птаны. My heels are run down. — На высо́ких каблука́х вы там не пройдёте. You won't be able to walk through there on high heels.

кавале́рия cavalry.

Кавка́з Caucasus.

кавы́чки (**-чек** *P*) quotation marks. Здесь не ну́жно кавы́чек. You don't need quotation marks here.

ка́дка barrel. Я напо́лнил ка́дку водо́й. I filled the barrel with water.

ка́дры (**-ов** *P*) personnel. Подгото́вка ка́дров одна́ из важне́йших пробле́м на́шей промы́шленности. The training of personnel is one of the most important problems of our industry.

□ За после́дние го́ды происходи́л бы́стрый рост техни́ческих ка́дров. The number of technicians has grown rapidly in the past few years.

ка́ждый every. Я ка́ждый день встаю́ в шесть часо́в. I get up every day at six in the morning. — Часы́ бьют ка́ждые полчаса́. The clock strikes every half hour. — Не в ка́ждом го́роде есть така́я на́бережная. Not every city can boast of such a waterfront. — Он де́лает нам замеча́ния на ка́ждом шагу́. He lectures us every chance he gets. • everyone. Он говори́т об э́том всем и ка́ждому. He talks about

325

it to everyone. • each. Ка́ждый из вас до́лжен запо́лнить э́тот бланк. Each of you must fill out this form. • each one. Я поговорю́ с ка́ждым из них в отде́льности. I'll talk to each one individually.

□ Я не позво́лю вся́кому и ка́ждому вме́шиваться в мои́ дела́. I won't let every Tom, Dick, and Harry butt into my business.

кажу́сь *See* каза́ться.

каза́к (-а́, *P* казаки́) Cossack.

каза́рма barracks. Каза́рма тепе́рь пуста́я: солда́ты на манёврах. The barracks are empty now; the soldiers are on maneuvers.

каза́ться (кажу́сь, ка́жется) to seem. Рабо́та внача́ле каза́лась тру́дной. At first, the work seemed difficult. • to look. Она́ ка́жется моло́же свои́х лет. She doesn't look her age. • to look like. Смотри́те, проясня́ется, а каза́лось, дождь пойдёт. See, it looked like rain and now it's clearing up. — Она́ ка́жется ребёнком ря́дом с ним. Next to him she looks like a child. • to think. Мне каза́лось, что я сам могу́ с э́тим спра́виться. I thought I could handle it myself. — Каза́лось, он до́лжен был бы ра́доваться ва́шим успе́хам. You'd think he'd be glad you're doing so well.

□ ка́жется seems. Он, ка́жется, о́чень толко́вый па́рень. He seems to be a very capable fellow. • looks. Ка́жется, тако́й тихо́ня, а посмотри́те, как разошёлся. He looks so shy, but see how he's carrying on. • I believe. Вы, ка́жется, из Нью Ио́рка? I believe you're from New York, aren't you?

казначе́й treasurer.

казни́ть (*both dur and pct*) to execute. Престу́пник был казнён. The criminal was executed.

казнь (*F*) execution.

□ сме́ртная казнь capital punishment.

как how. Как вы нас нашли́? How did you find us? — Как вам понра́вилась э́та пье́са? How did you like the play? — Как ва́ше го́рло сего́дня? How is your throat today? — Как пожива́ете? How are you? • what. Как э́то (называ́ется) по-англи́йски? What is that called in English? — Как его́ зову́т? What's his name? — Как ва́ше и́мя-о́тчество? What is your first name and your patronymic? — Как! Вы э́того не зна́ли? What! You didn't know it? — Как! И вы про́тив меня́? What! Are you against me, too? — "Почему́ вы не писа́ли?" "Как не писа́л? Я вам три письма́ посла́л". "Why didn't you write?" "What do you mean I didn't write? I sent you three letters." • that. Удиви́тельно, как вы его́ не заме́тили. It's amazing that you didn't notice him. — Смотри́те, как бы он вас не подвёл! Watch out that he doesn't get you into trouble! • as. Вы, как врач, сра́зу поймёте. You, as a physician, will understand it at once. — Он был со мной хо́лоден, как лёд. He was cold as ice. — Как она́ ни умна́, ей всё же не меша́ет кой-чему́ подучи́ться. Clever as she is, she still has a few things to learn. — Я вам э́то, как друг, сове́тую. I'm advising you as a friend. • but. Нигде́, как в Москве́, я не ел таки́х бу́лок. Nowhere but in Moscow have I eaten such rolls. • like. Мо́ре, как зе́ркало. The sea is like a mirror. • when. Как пойдёте в го́род, прихвати́те кило́ са́хару. When you're in town bring back a kilo of sugar. • as soon as. Как узна́ете что-нибудь, сейча́с же напиши́те мне. As soon as you find out something, write me immediately. • once. Уж он как заупря́мится, никого́

слу́шать не ста́нет. Once he makes up his mind to become stubborn, he won't listen to anybody.

□ **вот как** really. Вот как! А я не знал. Really? I didn't know.

как бу́дто as if. Вы опя́ть посла́ли телегра́мму? Как бу́дто э́то помо́жет! Did you send a telegram again? As if that'll help! • it seems. Он как бу́дто собира́лся прийти́. It seems to me he intended to come.

как бы as if. Он, как бы невзнача́й, прошёл ми́мо неё. He passed her as if it were by chance.

как бы не так I should say not. "Вам э́то да́ром да́ли?" "Да, как бы не так! Три целко́вых пришло́сь заплати́ть". "Did you get it free?" "I should say not; I had to pay three bucks for it." — "Он извини́лся?" "Как бы не так!" "Did he apologize?" "I should say not!"

как бы то ни́ было anyway. Как бы то ни́ было, а я своё обеща́ние испо́лню. I'll keep my promise anyway.

как вдруг when suddenly. Я уже́ собира́лся лечь, как вдруг разда́лся звоно́к. I was already on my way to bed when suddenly the bell rang.

как ви́дно it seems. Как ви́дно, не судьба́ нам вме́сте рабо́тать. It seems it's not in the cards for us to work together.

как же why, yes! "Вы слы́шали после́днюю речь Ста́лина?" "Как же! Коне́чно!" "Did you hear the last speech of Stalin?" "Why, yes! Of course!" • why, certainly. "Вы придёте на собра́ние?" "А то как же?" "Will you come to the meeting?" "Why, certainly."

как мо́жно бо́льше as many as you can. Принеси́те как мо́жно бо́льше карандаше́й. Bring as many pencils as you can.

как мо́жно скоре́е as quickly as possible. Сде́лайте э́то как мо́жно скоре́е. Do it as quickly as possible.

как наро́чно as if on purpose. Как наро́чно, поту́х свет. The light's gone out as if on purpose.

ка́к-нибудь (§23) sometime. Зайди́те ко мне ка́к-нибудь. Drop in to see me sometime. • somehow. Ничего́, я ка́к-нибудь с э́тим спра́влюсь. Never mind; I'll manage somehow.

как-ника́к anyway. Как-ника́к он ваш нача́льник! Anyway, he's your boss!

как раз just. Как раз сего́дня он мне говори́л о вас. Why, he just spoke to me about you today. — Вы пришли́ как раз во́-время, по́езд сейча́с тро́нется. You came just in time; the train will start any minute now. — Ва́ши перча́тки мне как раз. Your gloves just fit me.

ка́к-то (§23) somehow. Он ка́к-то всё уви́ливает от прямо́го отве́та. Somehow he always gets out of giving a straight answer. • once. Я ка́к-то уже́ говори́л об э́том. I once spoke about it.

как то́лько as soon as. Я вы́еду, как то́лько получу́ от вас изве́стие. As soon as I get any news from you, I'll start out. — Как то́лько я его́ уви́дел, я по́нял, что что́-то случи́лось. As soon as I saw him, I understood that something had happened.

ка́к-то раз once. По́мню, ка́к-то раз отпра́вились мы по грибы́ и заблуди́лись. I remember once we went out to pick mushrooms and got lost.

никто́ как no one else but. "Кто бы э́то мог сде́лать?" "Никто́, как ваш сын". "Who could have done it?" "No one else but your own son."

□ Бою́сь, как бы не случи́лось чего́ с ним! I'm afraid that maybe something happened to him. • Как есть ничего не понимаю во всей этой истории. I don't understand a single thing in this story. • Как-то он отнесётся к этому? I wonder how he'll take it. • Мне сегодня как-то не по себе. I don't feel quite myself today. • Как-нибудь хорошего словаря не составишь, над этим нужно серьёзно работать. You can't make a good dictionary in a slipshod manner; you've got to work seriously. • Как уехал, так от него ни слуху ни духу. There's been no word from him since he left. • Уже три года, как её мать умерла. Her mother has been dead three years now. • Как бы ему сообщить это поскорее? I wonder what would be the quickest way of letting him know about it. • Я сам видел, как он опустил письмо в ящик. I saw him drop the letter into the mailbox myself. • Он мечтает о том, как вернётся домой. He dreams of returning home. • Он как вскочит, да как стукнет кулаком по столу. Suddenly he jumped up and banged the table with his fist. • Она, прелесть, как танцует. She dances wonderfully. • Как мне у вас хорошо! You certainly make me feel wonderful in your house. • "Вы не согласны, что она красавица?" "Ну знаете, как на чей вкус!" "You don't agree that she's a beauty?" "Well, you know, everyone to his own taste." • "Это новое расписание очень удобно". "Как кому, мне — нет". "This new timetable is very convenient." "Maybe for some people, but not for me." • *Что вы ходите, как в воду опущенный? Why are you so down in the dumps? • *Исчез, как в воду канул. He's disappeared into thin air. • Как это вы позволяете ему класть ноги на стол? Why do you allow him to put his feet on the table? • Как же мне теперь быть? What am I to do now? • Вот уж целый час, как я вас жду. I've already been waiting for you a whole hour.

какао (indecl N) cocoa.

каков (-ва, -во, -вы/sh forms only/) how. "Ну, какова новая работница?" "Молодец! Ударница!" "Well, how's your new worker?" "Wonderful! She's tops!" — Можете себе представить, каково было моё удивление. You can just imagine how surprised I was.
□ *Каков поп, таков и приход. Like teacher, like pupil. • Вы уже знаете каковы были результаты совещания? Do you already know the results of the conference? • "А какова она собой?" "Красавица!" "What does she look like?" "She's beautiful!"

какой what. На каком пароходе вы приехали? What ship did you arrive on? — Какой у вас ежегодный прирост скота? What is the annual breeding rate of your livestock? — Какой он национальности? What is his nationality? — На какой остановке вы сходите? What stop do you get off at? — Не понимаю, какая тут разница. I don't understand what the difference is. — Какое совпадение! What a coincidence! • which. Какая комната вам больше нравится? Which room do you like better? • any. А не будет ли какой закуски? Won't there be any appetizer?
□ **какой-либо** See **какой-нибудь**.

какой-нибудь (§23) some. Чтоб руководить делом, надо иметь о нём хоть какое-ниб дь представление. You've got to have at least some idea of what it's all about if you want to run the business. • Дайте мне какую-нибудь хорошую русскую грамматику. Give me a good Russian grammar. • any kind. "Какой вы хотите галстук?" "Всё равно, какой-нибудь". "What kind of a tie do you want?" "It makes no difference; any kind will do."

• any. Какой-нибудь дурак ему всякой ерунды наплетёт, а он и поверит. Any fool can tell him any kind of nonsense and he'll believe it immediately. — А вы какие-нибудь русские книги читали? Have you read any Russian books?

какой-то (§23) an. Вас там какой-то американец спрашивает. There's an American there who wants you. • kind of. Он какой-то грустный сегодня. He's kind of sad today. • some. Он изобрёл какое-то новое средство против насморка. He discovered some new drug for colds. — Какая-то добрая душа подобрала меня на дороге. Some kind person gave me a lift on the road.

смотря какой it depends. "Вы пойдёте с нами?" "Смотри какая будет погода". "Will you go with us?" "It all depends on the weather."
□ Написать-то я ему написал, но какой-то будет ответ? Yes, I wrote to him, but I wonder what his answer will be. • Я вам куплю икру самую лучшую, какую только найду. I'll buy you the best caviar I can find. • До деревни осталось всего каких-нибудь два-три километра. We have only about two to three kilometers to go to get to the village. • Ну, какой он учёный! просто шарлатан! He's no scholar; he's just a fake. • Какое тут гулянье? меня работы по горло. I have no time to fool around; I'm up to my ears in work. • "У вас были неприятности?" "Ещё какие!" "Did you have some trouble?" "I'll say I did!" • Она хоть какого женоненавистника очарует. There isn't a woman-hater alive she couldn't get. • Он обиделся неизвестно по какой причине. He took offense for some unknown reason. • *Я не соглашусь ни на какие коврижки. I wouldn't agree to that for all the tea in China. • "Дочитали книжку?" "Какое! И до второй главы не дошёл". "Did you read the book through?" "Lord, no! I didn't even get to the second chapter."

калека (M, F) cripple. Он попал под машину, и теперь калека на всю жизнь. He was run over by a car and now he's a cripple for life.

календарь (M) calendar. На дворе тепло, как в мае, а по календарю февраль месяц. It's as warm as if we were in May, but the calendar shows February.

калоши (калош P) rubbers. Заливка калош. Rubbers repaired.

кальсоны (кальсон P) (men's) drawers.

каменный stone. У нас в деревне только один каменный дом. We've only one stone house in our village. • of stone. Неужели вам не жалко? Прямо каменный какой-то. Have you no pity? You must have a heart of stone.
□ **каменный уголь** coal.
• Что ты стоишь, как каменный? Скажи что-нибудь! Why are you standing there like a statue? Say something!

камень (-мня, P камни, камней) stone. Эту улицу собираются вымостить камнем. They're planning to pave this street with stone. • Он подарил ей кольцо с драгоценным камнем. He gave her a ring with a precious stone. • flint. Мне нужен новый камень для зажигалки. I need a new flint for my lighter.
□ *После бомбёжки в городе не осталось камня на камне. The whole town was a ruin after the bombing. • Я получил письмо, и у меня камень с сердца свалился. It was a load off my mind when I received the letter. • Я в конце концов согласился — сердце не камень. I finally agreed. After all, I've got a heart.

327

ка́мера cell. Они́ в тюрьме́ сиде́ли в одно́й ка́мере. They sat in the same cell in prison. • bladder. В ва́шем (футбо́льном) мяче́ на́до перемени́ть ка́меру. You have to change the bladder in your soccer ball.

☐ Ка́мера хране́ния ручно́го багажа́. Check room for handbags.

ками́н fireplace.

кампа́ния campaign. У нас сейча́с идёт предвы́борная кампа́ния. There's an election campaign going on here right now. — Он был ра́нен в зи́мнюю кампа́нию ты́сяча девятьсо́т со́рок второ́го го́да. He was wounded during the 1942 winter campaign.

кана́ва ditch. Эту кана́ву на́до засы́пать. This ditch should be filled. • drain. Водосто́чная кана́ва прохо́дит че́рез весь уча́сток. The drain runs through the whole lot.

кана́л canal. Эта ба́ржа пришла́ сюда́ че́рез Во́лжский кана́л. This barge came here by the Volga Canal.

кана́т thick rope, cable.

кандида́т candidate. Кандида́т в председа́тели уже́ наме́чен? Has the candidate for chairman already been nominated? — Он получи́л зва́ние кандида́та экономи́ческих нау́к. He received the title of "candidate of economics" (equivalent of college degree in economics). — Он уже́ два го́да состои́т кандида́том в па́ртию. He's been the party candidate for two years now. • choice. Он пе́рвый кандида́т на э́ту рабо́ту. He's the first choice for this job.

кани́кулы (кани́кул *P*) vacation. Мы хоти́м провести́ ле́тние кани́кулы в дере́вне. We want to spend our summer vacation in the country. • holidays. Приходи́те к нам во вре́мя новогодо́них кани́кул. Come to see us during the New Year's holidays.

ка́пать (/ка́плю, -плет//*pct:* **ка́пнуть/**) to drip.

☐ Да у вас тут с потолка́ ка́плет. The ceiling is leaking.

капельди́нер usher. Капельди́нер провёл нас на на́ши места́. The usher showed us to our seats.

капита́л capital. Страна́ вкла́дывает больши́е капита́лы в разви́тие промы́шленности на кра́йнем се́вере. The country is investing large amounts of capital in the industry of the extreme North. — Мы изуча́ем исто́рию отноше́ний ме́жду трудо́м и капита́лом в За́падной Евро́пе. We're studying the relationship between capital and labor in Western Europe. — Како́й основно́й капита́л у э́того тре́ста? What's the fixed capital of this trust?

капитали́зм capitalism.

капиталисти́ческий capitalistic.

капита́н captain.

ка́пля drop. Принима́ть по де́сять ка́пель по́сле еды́. Ten drops to be taken after meals. — Он ка́пли в рот не берёт. He doesn't touch a drop. — Така́я по́мощь — ка́пля в мо́ре. This kind of help is just a drop in the bucket. — Они́ драли́сь до после́дней ка́пли кро́ви. They fought till the last drop of blood.

☐ *Э́ти сёстры похо́жи друг на дру́га, как две ка́пли воды́. These sisters are as alike as peas in a pod.

ка́пнуть (*pct of* **ка́пать**) to drip.

☐ Прости́те, я ка́пнул черни́лами на стол. Excuse me, I got some ink on the table.

капу́ста cabbage. У нас капу́ста из своего́ огоро́да. We have cabbage from our own garden.

☐ **ки́слая капу́ста** sauerkraut.

цветна́я капу́ста cauliflower.

каранда́ш (-а́) pencil. Очини́те, пожа́луйста, каранда́ш. Sharpen the pencil, please.

☐ Напиши́те а́дрес хими́ческим карандашо́м. Write out the address with an indelible pencil.

карау́л guard. С ним мо́жно бу́дет поговори́ть по́сле сме́ны карау́ла. You can talk with him after the changing of the guard.

☐ **стоя́ть на карау́ле** to stand guard. Он сейча́с стои́т на карау́ле. He's standing guard now.

☐ *Тако́е положе́ние, что хоть карау́л кричи́. In such a predicament I just want to scream out for help. • Карау́л! Гра́бят! Help! Thieves!

каре́та carriage.

☐ **каре́та ско́рой по́мощи** ambulance. Неме́дленно вы́зовите каре́ту ско́рой по́мощи. Call an ambulance immediately.

карма́н pocket. Вам, мужчи́нам, хорошо́, у вас сто́лько карма́нов. You men are lucky! You have so many pockets. — Мне придётся плати́ть из своего́ карма́на. I'll have to pay for it out of my own pocket.

☐ *Он за сло́вом в карма́н не поле́зет. He's always got a ready answer. • *Держи́ карма́н ши́ре! Not a chance! • *Э́то мне не по карма́ну. I can't afford it.

ка́рта map. Я купи́л большу́ю ка́рту СССР. I bought a big map of the USSR. • card. Вы игра́ете в ка́рты? Do you play cards? • *Наконе́ц то он раскры́л свои́ ка́рты. Finally he put his cards on the table.

☐ *Вся на́ша рабо́та поста́влена на ка́рту. All our work is at stake. • *Он всё поста́вил на одну́ ка́рту. He put all his eggs in one basket. • *Вы специали́ст, вам и ка́рты в ру́ки. You're the expert; you should know.

карти́на picture. Мне нужна́ ра́ма для э́той карти́ны. I need a frame for this picture. • painting. А где нахо́дятся карти́ны совреме́нных худо́жников? Where are the contemporary paintings? • movie. Вчера́ мы ви́дели в кино́ замеча́тельную карти́ну. We saw a wonderful movie last night.

карто́н cardboard.

карто́фель (/*g* ю/*M*) potatoes. (*See also* **карто́шка**).

карто́фельный

☐ **карто́фельная мука́** potato starch.

карто́фельное пюре́ mashed potatoes.

ка́рточка menu. Посмотри́те на ка́рточку, есть у них сего́дня котле́ты? See if they have hamburgers on the menu today. • ration card. По э́тим ка́рточкам вам вы́дадут са́хар на неде́лю. You can get a week's sugar with these ration cards. • photograph. Да́йте мне на па́мять ва́шу ка́рточку. Could you give me your photograph to remember you by? • card. Вход то́лько по чле́нским ка́рточкам. Admission by membership card only.

карто́шка potato. Да́йте ему́ две печёных карто́шки. Give him two baked potatoes. — Как насчёт карто́шки в мунди́ре с селёдочкой? How about some potatoes boiled in their jackets and some herring?

☐ **жа́реная карто́шка** fried potatoes.

карту́з visored cap.

каса́ться (/*pct:* **косну́ться/**) to touch. Я почу́вствовал, что кто́-то каса́ется моего́ плеча́. I felt that someone was touching my shoulder. • to mention. Не каса́йтесь э́того вопро́са. Don't mention this question. • to concern. Э́то меня́ соверше́нно не каса́ется. This doesn't concern me at all.

☐ (*no pct*) Что касается меня, то я предпочитаю в это не вмешиваться. As for me, I prefer to keep out of it.

касса ticket window. Кассу откроют через полчаса. The ticket window will be open in half an hour. • box office. Билет можно получить в кассе в день концерта. You can get a ticket at the box office the day of the concert. • cash register. В кассе сейчас только сто рублей. There's only a hundred rubles in the cash register now.

кассир cashier.

касторка castor oil.

кастрюля saucepan.

каталог catalogue. Возьмите с собой каталог, когда пойдёте в музей. Take the catalogue with you when you go to the museum. — Посмотрите в каталог и выпишите номер этой книги. Look into the catalogue and take down the code number of this book.

катастрофа catastrophe. В городе произошёл ряд катастроф: наводнение, большой пожар и эпидемия тифа. A series of catastrophes hit the town: a flood, a big fire, and a typhus epidemic. • accident. Он был ранен при автомобильной катастрофе. He was hurt in an automobile accident. • calamity. Если нам сегодня не заплатят, это будет просто катастрофа. If they don't pay us today, it'll be a real calamity.

☐ Пожар принял размеры настоящей катастрофы. The fire assumed catastrophic proportions.

катать (*iter of* **катить**) to roll. Она быстро и ловко катала тесто. She rolled the dough quickly and skillfully. — Дети катали пасхальные яйца по полу. The children rolled Easter eggs on the floor. • to take for a ride. Они нас сегодня на тройке катали. They took us for a ride in a troika today.

-ся

☐ кататься на коньках to skate. Дети до вечера катались на коньках. The children were skating until evening. кататься на лодке to boat. Идёмте кататься на лодке. Let's go boating.

кататься на санях to sleigh-ride. У вас в Америке ещё катаются на санях? Do you still go sleigh-riding in the States?

катить (качу, катит/*iter*: **катать**/) to push. Он катил тяжело нагружённую тачку. He was pushing a heavily loaded wheelbarrow. • to roll. Велосипеды быстро катили по асфальтовым дорожкам. The bicycles rolled swiftly along the asphalt paths.

-ся to roll. Смеётся, а у самой слёзы катятся. She's laughing, but tears are rolling down her cheeks.

☐*Да ты, брат, катишься по наклонной плоскости! Yes, you're on the skids, buddy.

каток (-тка) rink. Берите коньки и бежим на каток. Take your skates and let's run down to the rink.

катушка spool. Купите мне, пожалуйста, катушку белых ниток. Buy me a spool of white thread, please.

качать to shake. Вы чего качаете головой? Вам это не нравится? Why do you shake your head? Don't you like it? • to dangle. Он качал ногой и нечаянно перевернул столик. He was dangling his leg and accidentally kicked over the little table. • to pump. Качай ещё, шина ещё совсем мягкая. Pump some more; the tire is still quite soft. — Тут приходится качать воду из колодца. Water has to be pumped from the well here.

☐ При переезде через океан нас сильно качало. We had rough weather while crossing the ocean. • Качать его! Three cheers for him!

-ся to swing. Кто это там качается на качелях? Who's that swinging on the swing?

качество quality. Наш завод обращает большое внимание на качество продукции. Our factory pays a great deal of attention to the quality of the goods. — Покажите мне, пожалуйста, перчатки лучшего качества. Show me the best quality gloves, please.

качу *See* **катить**.

качусь *See* **катиться**.

каша (cooked) cereal. Что может быть лучше гречневой каши с грибами! What can be better than buckwheat cereal with mushrooms!

☐ манная каша cream of wheat.

Пшённая каша millet cereal.

☐*Сам заварил кашу, сам и расхлёбывай. You made your bed, now lie in it.

кашель (-шля *M*) cough. Его мучил сильный кашель. He was racked with a heavy cough.

кашлять to cough. Кто это так кашляет за стеной? Who's that coughing so hard in the next room?

каштан chestnut.

каюта cabin. Ваша каюта на корме. Your cabin is in the stern. — Вам каюту на одного? Do you want a single cabin?

квадрат square.

квалификация qualification. Какая у него квалификация? What are his qualifications?

квалифицированный (*ppp cf* **квалифицировать**, to qualify) skilled. У нас на заводе не хватает квалифицированных рабочих. We're short of skilled workers in our factory.

квалифицировать (*both dur and pct*) to qualify.

квартал block. Гостиница в двух кварталах отсюда. The hotel is two blocks away from here.

квартира apartment. Вам удалось найти квартиру? Were you able to find an apartment? — Они вчера переехали на новую квартиру. They moved into a new apartment yesterday. — Кто живёт в этой квартире? Who lives in this apartment?

☐ меблированная квартира furnished apartment.

квартплата rent. Квартплату полагается вносить вперёд. The rent for the apartment must be paid in advance.

квас (*P* -ы) kvass (a popular Russian soft drink).

квитанция receipt. Я отправил ваше заказное письмо; вот ваша квитанция. I mailed your registered letter. Here's the receipt. • check. Где ваша багажная квитанция? Where's your baggage check?

кегля (bowling) pin.

☐ играть в кегли to bowl. Вы хорошо играете в кегли? Are you good at bowling?

кем (/*i of* **кто**/).

кепка cap. Купите мне кепку с большим козырьком. Buy me a cap with a large visor.

керосин kerosene.

кивать (/*pct*: **кивнуть**/) to nod. Посмотрите на ту сторону, вам кто-то кивает. Look across the street; somebody is nodding to you.

кивнуть (*pct of* **кивать**) to nod.

кило *or* **килограмм** kilogram.

килогра́мм or **кило́** kilogram (*See Appendix 2*).

кинемато́граф *See* **кино́**.

кино́ (*indecl N*) movies. Пойдём сего́дня в кино́. Let's go to the movies today. • movie theater. В ва́шем го́роде мно́го кино́? Are there many movie theaters in your city?

кинотеа́тр *See* **кино́**.

кио́ск stand. Пойдём к кио́ску и вы́пьем ква́су. Let's go to the stand and have some kvass. — Наш кио́ск получи́л пре́мию на земледе́льческой вы́ставке. Our stand received an award at the agricultural exposition.

☐ газе́тный кио́ск newspaper stand. В э́том газе́тном кио́ске мо́жно найти́ иностра́нные газе́ты. You can get foreign papers at this newspaper stand.

кипе́ть (-плю́, -пи́т) to boil. Завари́те чай, вода́ уже́ кипи́т. Brew some tea; the water's already boiling. • to boil over. Останови́те маши́ну, вода́ в радиа́торе кипи́т. Stop the car; the water in the radiator is boiling over. — Он весь кипе́л от возмуще́ния. He boiled over with indignation.

☐ У нас тут кипи́т рабо́та. Our work is moving along in high gear. • Я тут всё вре́мя, как в котле́, киплю́. I've got my hands full here.

кипяти́ть (/*pct*: **вс-**/) to boil. Я кипячу́ во́ду в э́том большо́м ча́йнике. I boil water in this big tea kettle.

кипято́к (-тка́/*g* -у́/) boiling water. Пойди́те доста́ньте кипятку́ на ста́нции. Go and get some boiling water at the station.

кипячёный boiled. Это кипячёная вода́? Is this water boiled?

кипячу́ *See* **кипяти́ть**.

кирпи́ч (-а́ *M*) brick. Грузови́к привёз па́ртию кирпича́. They delivered a truckload of bricks.

кирпи́чный brick. Большо́е кирпи́чное зда́ние — э́то шко́ла. The big brick building is the school.

кисе́ль (-ля́/*g* -лю́/*M*) kissel (a kind of cranberry dessert).

☐ *Он мне седьма́я вода́ на кисе́ле. He's something like a thirty-second cousin of mine.

кисе́т pouch. Она́ подари́ла мне кисе́т и тру́бку. She gave me a pouch and a pipe.

ки́слый (*sh* -сла́) sour. Эти ви́шни таки́е ки́слые, что их есть нельзя́. These cherries are so sour you can't eat them. — Хоти́те ки́слого молока́? Do you want some sour milk? • bad. У меня́ сего́дня ки́слое настрое́ние. I'm in a bad mood today.

☐ ки́слая капу́ста sauerkraut. Да́йте мне по́рцию соси́сок с ки́слой капу́стой. Give me an order of frankfurters and sauerkraut.

ки́слый вид long face. Почему́ у вас тако́й ки́слый вид? Why do you have such a long face?

☐ Он ки́сло улыбну́лся. He smiled halfheartedly.

ки́сточка brush. Мне нужна́ ки́сточка для брить́я. I want a shaving brush.

кисть (*P* -сти, -сте́й *F*) brush. Кра́ска тут, а ки́сти нет. Here's the paint, but where's the brush? • bunch. Да́йте ему́ кисть виногра́да. Give him a bunch of grapes.

☐ Ему́ оторва́ло маши́ной кисть пра́вой руки́. His whole right hand was torn off by the machine.

кишка́ intestine. У него́ воспале́ние кишо́к. His intestines are inflamed. • hose. Пожа́рная кишка́ вчера́ ло́пнула. The fire hose burst yesterday.

☐ *Он у нас тут все кишки́ вы́мотал. He bothered the life out of us here.

кла́дбище cemetery.

кладова́я (*AF*) pantry. Ма́сло в кладово́й. The butter is in the pantry. • storeroom. Вчера́ в кладовы́х на́шего коопера́тива случи́лся пожа́р. A fire broke out yesterday in the storerooms of our cooperative.

кладу́ *See* **класть**.

клал *See* **класть**.

кла́няться (/*pct*: **поклони́ться**/) to take a bow. Арти́сты мно́го раз выходи́ли кла́няться. The artists came out to take bows many times. • to beg. Кла́няться ему́ я не ста́ну. I'm not going to beg him.

☐ Кла́няйтесь от меня́ ва́шей жене́. Remember me to your wife.

кла́пан valve. Он сма́зал предохрани́тельный кла́пан. He oiled the safety valve. • flap. Сде́лайте мне, пожа́луйста, кла́паны на карма́нах пальто́. Put flaps on my overcoat pockets, please.

класс class. Он вбежа́л в класс, когда́ уро́к уже́ нача́лся. He ran into the class after the lesson had begun. — Он преподаёт по кла́ссу роя́ля. He's teaching a piano class.

☐ *Вот э́то он показа́л класс! He's set a mark for you to shoot at!

класть (кладу́, -дёт/*pct*: **положи́ть**/) to put. Он никогда́ не кладёт ве́щи на ме́сто. He never puts things in their place. — Не клади́те мне так мно́го са́хару в чай. Don't put so much sugar in my tea.

☐ Его́ не́зачем класть в больни́цу. He doesn't have to be sent to a hospital. • (*no pct*) *Ему́ па́льца в рот не клади́! You'd better watch out for him!

кле́вер clover.

клевета́ slander.

клеёнка waterproof cloth. Есть у вас клеёнка для компре́ссов? Do you have a waterproof cloth for the compress? • oilcloth. Положи́те на стол клеёнку. Put an oilcloth on the table.

кле́ить (кле́ю, кле́ит) to glue together. Кто у вас кле́ит э́ти коро́бочки? Who's gluing these boxes together?

клей (/*g* -ю; в клею́/) glue.

кле́йстер white paste.

клещи́ (-ще́й *P*) pincers.

кли́зма enema.

кли́мат climate.

клин (*P* кли́нья, -ньев, -ньям) wedge. Здесь ну́жно вбить клин. A wedge will have to be driven in here.

☐ На́ше по́ле вхо́дит кли́ном в сосе́дний колхо́з. Our field juts into the next kolkhoz. • У него́ борода́ кли́ном. His beard juts out. • *Не горю́й, свет не кли́ном сошёлся, найдёшь другу́ю рабо́ту. Don't worry, the world hasn't come to an end; you can find another job. • *Ну и упря́м же он, е́сли вобьёт себе́ что в го́лову — кли́ном не вы́шибешь. He's so stubborn that once he gets something into his head you can't hammer it out. • *Сове́тую вам клин кли́ном вышиба́ть. My advice to you is to fight fire with fire.

кли́ника clinic. Опера́цию ему́ мо́гут сде́лать в университе́тской кли́нике. He can be operated on in the university clinic.

клозе́т toilet.

клоп (-а́) bedbug. Вы уве́рены, что тут нет клопо́в? Are you sure there are no bedbugs here? — Да́йте мне что́-нибудь про́тив клопо́в. Give me something for bedbugs.

☐ Ишь ты, тако́й клоп, а всё понима́ет! He's still knee-high to a grasshopper and yet he understands everything.

клуб[1] club. Сегодня вечеринка в клубе транспортников. There's a party in the transport workers' club today.

клуб[2] (*P* -ы́, -о́в) puff. Смотрите! Дым валит клубами. Look how the smoke is pouring out in great big puffs. • cloud. Наша машина поднимала клубы пыли. Our car was raising clouds of dust.

клубника (*no P*) strawberries.

ключ (-а́ *M*) key. Ключ от вашей комнаты у швейцара. Your key is with the doorman. — Дайте ключи от ваших чемоданов таможеннику. Give your luggage keys to the customs clerk. — Ключ от этого шкафа потерян. The key to this closet is lost. • can opener. Можно взять ваш ключ? Мне надо открыть банку консервов. May I borrow your can opener? I have to open a can of preserves. □ **запереть на ключ** to lock. Когда будете уходить, заприте дверь на ключ. Lock the door before you go.

французский ключ monkey wrench.

книга book. Это очень интересная книга. This is a very interesting book. — Где телефонная книга? Where is the telephone book? — Он целый день сидит над книгами. He keeps his head in books all day. • volume. Я читал только две первые книги этого романа. I read only the first two volumes of this novel. □ **домовая книга** house register. Домовая книга хранится у управдома. The house register is in the manager's office. **жалобная книга** complaint book. В жалобную книгу иногда интересно бывает заглянуть. It's sometimes interesting to look through the complaint book.

поварённая книга cook book. □ Вы умеете вести бухгалтерские книги? Can you do bookkeeping? • *Вы ведь спец, вам и книги в руки. You're the expert; you should have it at your fingertips.

книжка book. Он всё лето книжки в руки не берёт. He doesn't open a book all summer. — Вы принесли с собой профсоюзную книжку? Did you bring your trade-union membership book with you? — Вот ваша членская книжка. Here's your membership book. □ Вы бы лучше положили деньги на книжку, чем так мотать. Why don't you put your money in a savings bank instead of spending it all?

кнопка button. Я ещё не успел нажать кнопки звонка, как дверь раскрылась. I was about to push the button when the door opened. • snap. Это платье застёгивается на кнопки. This dress has snaps.

кнут (-а́) whip.

ко (/*for* к *before some clusters,* §31/) for. Что подарить ему ко дню рождения? What should we give him for his birthday? □ Меня что-то клонит ко сну. Somehow I feel sleepy.

коалиция coalition.

ковёр (вра́) carpet. Ковёр на вашей лестнице надо почистить. The carpet on your staircase needs cleaning. • rug. Это персидский ковёр? Is this a Persian rug?

когда when. Когда приходит курьерский? When does the express arrive? — Когда вы сможете выгладить мой костюм? When will you be able to press my suit? — Когда у вас в гостинице запираются двери? When do they lock the door in your hotel? — Когда начало спектакля? When does the show start? — Не люблю, когда в комнате беспорядок. I don't like it when the room is all upset. — Было время, когда кулак был полным хозяином деревни. There was a time when the kulak was the complete ruler of the village. • until. Я жду не дождусь, когда смогу поехать в деревню. I can't wait until I can go to the country. □ **когда бы ни** whenever. Мы вам всегда рады, когда бы вы ни пришли. We're always happy to see you whenever you come.

когда . . . когда sometimes . . . sometimes. "Вы пьёте чай или кофе?" "Когда чай, когда кофе". "Do you drink tea or coffee?" "Sometimes tea, sometimes coffee."

когда-либо *See* **когда-нибудь.**

когда-нибудь (§23) ever. Вы когда-нибудь ездили по Волге? Did you ever travel on the Volga? — Перестанут они когда-нибудь шуметь?. Will they ever stop making noise? • sometime or other. Когда-нибудь всё это должно кончиться. This has to come to an end sometime or other. • one of these days. Вы это когда-нибудь узнаете. One of these days you'll find it out. — Когда-нибудь и я поеду путешествовать. One of these days I'll go traveling too.

когда так if that's so. Когда так, то я его знать не хочу. If that's so, then I don't even want to know him. • if so. Когда так, делайте по-вашему. If so, then do it your own way.

когда-то (§23) once. Мы когда-то были друзьями. We were friends once. □ Когда-то нам доведётся ещё раз встретиться! Who knows when we'll have a chance to meet again!

кого (/*ga of* кто/).

коготь (-гтя́ [-xtj-] *P* когти, когтей *M*) claw.

кодекс code. У него собственный моральный кодекс. He's got his own moral code. □ **кодекс законов о труде** labor code. **уголовный кодекс** criminal code.

кое (*prefixed to question words,* §23). □ **кое-где** in some places. Кое-где этот обычай ещё сохранился. In some places they still preserve this custom.

кое-как just about. Мы кое-как добрались до города. We just about made it to town.

кое-какой some. Я хотел бы внести кое-какие поправки. I'd like to make some corrections. — У меня ещё кое-какие дела не закончены. I still have some matters to clean up. • a few. У него тоже есть кое-какие заслуги. He's got a few things to his credit, too.

кое-кто few people. Тут кое-кто этим вопросом интересуется. There are a few people here interested in this problem. • some people. Кое-кого ещё не хватает, но всё равно, начнём. Some people haven't shown up yet, but let's get started anyway.

кое-что something. Я хотел вам кое-что сказать. I wanted to tell you something. — Кое-чему вам придётся верить на слово. You'll have to take some things at their face value. • a thing or two. Я в этой работе кое-что смыслю. I know a thing or two about this work. □ Починил он мне башмаки кое-как. He mended my shoes in a slipshod manner.

кожа skin. У меня очень чувствительная кожа на лице. The skin on my face is very sensitive. — Он страшно исхудал после болезни — просто кожа да кости. He got so thin after his sickness that he was just skin and bones. • leather. Этот бумажник из настоящей кожи. This wallet is made of genuine leather.

☐ гусйная кóжа goose pimples. У неё от хóлода гусйная кóжа, — принесйте ей пальтó. It's so cold she has goose pimples all over; bring her a coat.

☐ *Он из кóжи вон лéзет, чтóбы вам угодйть. He's bending over backwards to please you. ● *Что он в ней нашёл: ни кóжи, ни рóжи. What does he see in her? She looks awful.

кóжаный leather. Кто этот человéк в кóжаной кýртке? Who's that man in the leather jacket?

козá (Р кóзы) goat.

козёл (-злá) goat. Осторóжно, наш козёл бодáется. Be careful, our goat butts.

☐ козёл отпущéния scapegoat.

☐ *Ну, от негó, как от козлá молокá. Well, getting something out of him is like getting blood out of a turnip. ● *Это назывáется: пустйть козлá в огорóд. That's like putting the cat near the goldfish bowl.

кóзлы (-зел Р) box. Мóжно мне сесть на кóзлы рáдом с кýчером? May I sit up on the box with the driver? ● sawbuck. Кóзлы и пилá в сарáе, возьмйте сáми. You'll find a sawbuck and a saw in the barn; take them yourself.

козырёк (-рькá) visor. По-мóему козырёк этой кéпки слйшком велйк. I think the visor on this cap is much too large.

кóзырь (Р -ри, -рéй М) trump.

кой- (prefixed to question words, §23).

кóйка berth. Парохóд отхóдит чéрез два дня, мóжно достáть тóлько вéрхнюю кóйку. The steamer is leaving in two days and we can get only an upper berth. ● bed. Эта больнйца на двéсти кóек. This hospital has two hundred beds. ● bunk. Зáвтра генерáл приезжáет — смотрйте, чтоб все кóйки бйли в порйдке. Tomorrow the general is coming; see that all the bunks are in order. ● cot. Снимáйте ботйнки, когдá ложйтесь на мою кóйку. Take your shoes off when you lie down on my cot.

колбасá (Р колбáсы) sausage. Возьмйте на дорóгу хлéба и колбасй. Take some bread and sausage along on your trip.

☐ лйверная колбасá liverwurst.

чáйная колбасá bologna.

колдоговóр (коллектйвный договóр) agreement reached by collective bargaining.

колебáться (колéблюсь, -блется) to hesitate. На вáшем мéсте я бы не колебáлся. I wouldn't hesitate if I were you. ● to fluctuate. У больнóго всё врéмя колéблется температýра. The patient's temperature is fluctuating. ● to range. Цéны колéблются в предéлах от одногó до пятй рублéй за килó. The prices range between one and five rubles a kilogram.

☐ Он колéблется, пойтй ли емý во втуз йли на медицйнский факультéт. He can't make up his mind whether to go to technical school or medical school.

колéно (Р колéни, -ней, ням) knee. Я ушйб себé колéно и éле хожý. I hurt my knee and can hardly walk. — Ну что мне, на колéни перед ним становйться, что ли? What do you want me to do? Beg him on my knees?

☐ на колéнях on one's lap. Ребёнок сидéл всю дорóгу у менй на колéнях. The child sat on my lap throughout the trip.

по колéно knee-deep. Мы двйгались с трудóм: грязь былá по колéно. The mud was knee-deep and we went ahead with difficulty.

колесó (Р колёса) wheel. Придётся снять передне колесó

и починйть ось. We'll have to remove the front wheel and fix the axle. — Он соскочйл с трамвáя на ходý и попáл под колёса. He jumped from a moving street car and fell under the wheels.

☐ зубчáтое колесó cogwheel.

турýсы на колёсах tall stories. *Он тут нёс такйе турýсы на колёсах! He told us a lot of tall stories.

☐ *Рáзве мóжно рабóтать, когдá нам всё врéмя пáлки в колёса вставлйют? How is it possible for us to work when someone is always throwing a monkey wrench into the works? ● *Онá цéлый день как бéлка в колесé кружйтся. She's busy as a beaver all day long.

колйчество quantity. В этом годý нам удалóсь вйпустить большóе колйчество велосипéдов. We succeeded in putting out a great quantity of bicycles this year. ● amount. Возьмйте одинáковое колйчество сáхару, мукй и мáсла. Take equal amounts of sugar, flour, and butter. ● number. Кóлйчество рабóчих на нáшем завóде сйльно возрослó. The number of workers in our factory has increased greatly.

☐ Тут мóжно получйть послéдние дáнные о колйчестве населéния этой óбласти. You can get the latest figures here on the population of this oblast.

коллéгия board. Вопрóс обсуждáлся в коллéгии наркомюста (нарóдного комиссариáта юстйции). The question was discussed at the board of People's Commissariat of Justice.

☐ коллéгия правозастýпников bar association. Я знакóм с секретарём коллéгии правозастýпников. I know the secretary of the bar association.

коллектйв collective. Коллектйв комсомóла устрáивает для новичкóв чáстые собесéдования. The komsomol collective organizes group discussions for newcomers. — Коллектйв Мáлого теáтра приéхал на гастрóли в наш гóрод. The "Maly" theater collective arrived in our city on its tour. — Мы всем коллектйвом вйработали нóвый план рабóты. The whole collective developed a new plan of work.

коллективизáция collectivization (social reconstruction of Soviet agriculture whereby individual holdings are unified into a kolkhoz).

коллектйвный collective. Мы убежденй в преимýществах коллектйвной организáции сéльского хозййства. We're convinced of the advantages of collective organization in farming. ● combined. Этот расскáз — нáше коллектйвное твóрчество. This story is our combined creation.

☐ коллектйвное хозййство (See also колхóз) collective farming.

коллектйвный договóр (See also колдоговóр) agreement reached by collective bargaining.

коллектйвно collectively. Мы привйкли рабóтать коллектйвно. We're used to working collectively.

коллéкция collection.

колóдец (-дца) well. Мы вйрыли артезиáнский колóдец. We dug an artesian well.

колóния colony. Он встречáется тóлько с члéнами инострáнной колóнии. He sees only the members of the foreign colony. — Мнóгие колóнии хотйт стать самостойтельными госудáрствами. Many colonies want to become independent.

колóнна column. Я бýду вас ждать óколо тогó дóма с колóннами. I'll wait for you near that house with the columns. ● group. Мы шли на демонстрáции в однóй колóнне. During the demonstration we walked in the same group.

кóлос (*P* колóсья, -сьев, -сьям) ear of grain.

колоссáльный colossal.

колóть (колю́, кóлет) to chop. Он сейчáс кóлет дровá. He's chopping wood now. • to break. Лёд мóжно колóть э́тим ножóм. You can break the ice with this knife. • to sting. Вéтер и снег мне щёки кóлют. The wind and snow are stinging my cheeks.

□ У меня́ в боку́ кóлет. I've got a stitch in my side. • *Прáвда глазá кóлет. The truth hurts.

колхóз (**коллектúвное хозя́йство**) kolkhoz. Наш колхóз получúл прéмию за кáчество своéй свёклы. Our kolkhoz received a prize for its beets. (A kolkhoz is a farm owned and worked collectively.)

колхóзник kolkhoznik. Колхóзник повёз на базáр молокó. The collective farmer drove to the market with some milk. (A kolkhoznik is a collective farmer, a member of a collective farm.)

колхóзница collective farmer *F*.

колхóзный kolkhoz.

□ **колхóзные я́сли** kolkhoz nursery.

колхóзный базáр kolkhoz market.

кольцó (*P* кóльца) ring. Он подарúл ей кольцó. He gave her a ring. • flying ring. Мы дéлаем гимнастúческие упражнéния на кóльцах. We're exercising on the flying rings.

ком[1] (*P* кóмья, -мьев, -мьям) lump. Кóмья гря́зи облепúли нáшу машúну. Lumps of dirt stuck all over our car. — У меня́ подступúл ком к гóрлу. I had a lump in my throat.

ком[2] (*l of* **кто**/).

комáнда team. Нáша комáнда получúла приз на весéннем состязáнии. Our team won a prize in the spring meet. • command. Он при́нял комáнду над полкóм. He took over command of the regiment. • brigade. В тушéнии пожáра принимáли учáстие две пожáрных комáнды. Two fire brigades took part in putting out the fire.

□ **футбóльная комáнда** soccer team.

командúр commander. У нас был замечáтельный командúр. We had a wonderful commander.

□ Тóже ещё командúр нашёлся! Who are you to give orders?

командировáть to assign. Его командиру́ют на нóвую рабóту. They're assigning him to a new job. • send on an assignment. Меня́ командиру́ют на сéвер на три мéсяца. They're sending me on an assignment to the North for three months.

командирóвка mission, assignment. Я прúбыл сюдá в командирóвку. I've come here on an assignment.

комáндовать to command. Он комáндовал моúм полкóм. He commanded my regiment. • to order around. Вы здесь, пожáлуйста, не комáндуйте. Stop ordering everybody around.

комáр (-á) mosquito.

комбáйн harvester-combine.

комбáйнер harvester-combine-operator.

комбинáт government-owned vertical trust (USSR).

комбинáция combination. Э́то óчень стрáнная комбинáция. It's a very strange combination. • scheme. Комбинáция крáсок особенно удалáсь худóжнику в э́той картúне.

The color scheme in this picture is very successful. • slip. У неё виднá комбинáция. Her slip is showing.

комбинезóн overalls. Он надéл комбинезóн и приня́лся за почúнку трубы́. He put on his overalls and began to repair the pipe.

комéдия comedy. Вы вúдели э́ту комéдию в Мáлом теáтре? Did you see the comedy at the "Maly" theatre? • farce. Ну и комéдия получúлась! It certainly turned out to be a farce. • act. Не разы́грывайте комéдии! Stop putting on an act!

комиссáр commissar.

□ **нарóдный комиссáр** people's commissar.

Нарóдный комиссáр просвещéния The People's Commissar for Education.

Совéт нарóдных комиссáров (**совнаркóм**) Council of People's Commissars.

комиссариáт commissariat.

□ **Нарóдный комиссариáт инострáнных дел** People's Commissariat for Foreign Affairs.

комúссия committee. Ревизиóнная комúссия утвердúла годовóй отчёт правлéния завóда. The investigating committee approved the annual report of the plant management. • commission. Для расслéдования э́того дéла былá назнáчена специáльная комúссия. A special commission has been appointed to investigate this affair.

□ **Комúссия совéтского контрóля** Soviet Control Committee.

комитéт committee. Он член центрáльного комитéта (коммунистúческой) пáртии. He's a member of the central committee of the (communist) party.

□ **исполнúтельный комитéт** (**исполкóм**) executive committee.

коммунáльный

□ **Отдéл коммунáльного хозя́йства мéстного совéта** Public Utilities Section of the local soviet.

□ В э́том мéсяце у нас большóй счёт за коммунáльные услу́ги. We have a large gas, electric and water bill this month.

коммунúзм communism.

коммунúст communist.

коммунистúческий communist. Он подошёл к вопрóсу с коммунистúческой тóчки зрéния. He argued from the communist point of view.

□ **коммунистúческая пáртия** (*See also* **ВКП (б)**, *Appendix* 9) Communist party.

коммунúстка communist *F*.

кóмната room. У нас есть для вас кóмната. We have a room for you. — Вам кóмнату для одногó? Do you want a single room? — Я ищу́ кóмнату для двоúх. I'm looking for a double room. — У нас есть тóлько большáя кóмната с двумя́ кроватя́ми. We have only a large room with twin beds. — Вáша кóмната на вторóм этажé. Your room is on the second floor. — Дáйте мне кóмнату с окнóм на у́лицу. I'd like a room with a window facing on the street.

□ **меблирóванная кóмната** furnished room.

комóд chest of drawers.

компáния crowd. Я лу́чше пойду́ тудá, где бу́дет нáша компáния. I'd rather go where our crowd goes. • company. Он тебé не компáния! He's no company for you! — Ну, ещё рю́мочку за компáнию! Well, one more for company's sake.

□ **поддержáть компáнию** to be a good sport. Поддержúте

компа́нию, пое́дем с на́ми. Be a good sport; come on with us.

☐ Дава́йте пойдём туда́ всей компа́нией. Come on, the bunch of us will go there.

ко́мпас compass. Ме́стность незнако́мая — придётся идти́ по ко́мпасу. This place is not familiar. We'll have to use the compass.

компо́т stewed fruit.

компре́сс compress. Положи́те ему́ на го́лову холо́дный компре́сс. Put a cold compress on his head. — Положи́те себе́ на го́рло согрева́ющий компре́сс. Put a warm compress on your throat.

комсомо́л (*See also* **ВЛКСМ**, *Appendix 9*) komsomol (Young Communist League).

комсомо́лец (-льца) member of the komsomol.

комсомо́лка member of the komsomol *F*.

комсомо́льский komsomol. Че́стное комсомо́льское сло́во, я вас не подведу́. I give you my word as a komsomol member, I won't let you down.

комсоста́в (**кома́ндный соста́в**) commanding personnel.

кому́ (*d of* **кто**).

конве́рт envelope. Да́йте мне па́чку конве́ртов. Give me a pack of envelopes.

конгре́сс congress. Это пра́вда, что он член Конгре́сса Соединённых Шта́тов? Is it true that he's a member of Congress? ● convention. Междунаро́дный конгре́сс архите́кторов назна́чен на май э́того го́да. The International Convention of Architects is set for May of this year.

конди́терская (*A F*) pastry shop.

конду́ктор conductor. Конду́ктор уже́ проверя́л биле́ты? Has the conductor taken the tickets yet? — Спроси́те у конду́ктора, где вам сходи́ть. Ask the conductor where to get off.

конёк (-нька́) small horse. Сла́вный у вас конёк. That's a nice small horse you have. ● skate. Мне подари́ли го́ночные коньки́. I was given a pair of racing skates.

☐ **ката́ться на конька́х** to skate. Вы уме́ете ката́ться на конька́х? Do you know how to skate?

☐ Ну, тепе́рь он сел на своего́ конька́ — его́ не остано́вишь. Well, now that you're discussing his field, there's no stopping him.

коне́ц (-нца́) end. Возьми́тесь за друго́й коне́ц верёвки. Take hold of the other end of the rope. — Поезжа́йте до конца́ э́той у́лицы и там сверни́те нале́во. Go to the end of the street and turn left there. — Они́ живу́т на друго́м конце́ го́рода. They live at the other end of town. — Прочти́те э́то с нача́ла до конца́. Read this from beginning to end. — До конца́ свои́х дней он мечта́л о возвраще́нии на ро́дину. Until the end of his days he dreamed of returning to his homeland. — Вот и коне́ц доро́ги, сейча́с прие́дем. There's the end of the road; we'll be arriving very soon. — К концу́ дня мы с ног ва́лимся от уста́лости. We are just dead on our feet at the end of the day. — Мы е́ле сво́дим концы́ с конца́ми. We can just about make ends meet. ● trip. Изво́зчик хо́чет три рубля́ в о́ба конца́. The coachman wants three rubles for the round trip.

☐ **без конца́** endlessly. Она́ говори́т без конца́! She talks endlessly!

☐ **в коне́ц** completely. Он меня́ в коне́ц заму́чил свои́ми расспро́сами. He wore me out completely with his questioning.

в конце́ концо́в after all. Мне, в конце́ концо́в, всё равно́. After all, it makes no difference to me.

на худо́й коне́ц if worst comes to worst. На худо́й коне́ц, мы смо́жем повести́ его́ в кино́. If worst comes to worst, we can always take him to a movie.

под коне́ц toward the end. Под коне́ц у меня́ ло́пнуло терпе́ние. I lost my patience toward the end.

☐ Удра́л — и концы́ в во́ду. He disappeared and left a tangle of loose ends behind. ● Да́йте договори́ть до конца́! Let me finish telling it. ● Тако́го конца́ никто́ не ожида́л. Nobody expected it to end that way. ● Он получа́ет пи́сьма со всех концо́в све́та. He gets letters from all over the world. ● Отда́йте ему́ э́ти де́ньги — и де́ло с концо́м! Give him the money and end the whole matter.

коне́чный last. Вам на́до сойти́ на коне́чной ста́нции. You have to get off at the last station.

☐ **коне́чно** [-šn-] of course. "Я наде́юсь, что вы не оби́делись?" "Коне́чно, нет!" "I hope you're not offended." "Why, of course not!" — Да, коне́чно! Вы пра́вы. Yes, of course; you're right. ● certainly. "Мо́жно закури́ть?" "Коне́чно". "May I smoke?" "Certainly."

ко́нница cavalry.

консервати́вный conservative.

консерва́тор conservative.

консервато́рия conservatory of music. Она́ у́чится в консервато́рии. She's studying at a conservatory of music.

консе́рвы (-рвов *P*) canned food.

конститу́ция constitution.

констру́ктор constructor.

ко́нсул consul. Когда́ ко́нсул принима́ет? What are the consul's office hours?

ко́нсульство consulate. Ко́нсульство откры́то ка́ждый день, кро́ме суббо́ты и воскресе́нья. The Consulate is open every day except Saturday and Sunday.

конто́ра office. У на́шего тре́ста есть конто́ра в Москве́. Our trust has an office in Moscow. — Позвони́те в конто́ру заво́да. Call up the factory office. — В госуда́рственной нотариа́льной конто́ре вам заве́рят ко́пию ва́шего свиде́тельства. They'll certify the copy of your certificate at the government notary office.

контраба́нда contraband.

контра́кт contract.

контра́ст contrast.

контролёр ticket inspector. Он рабо́тает трамва́йным контролёром. He's a ticket inspector on the trolleys. ● inspector. Подгото́вьте отчётность для контролёра. Prepare the books for the inspector.

контро́ль (*M*) inspection. Контро́ль обнару́жил больши́е недочёты в рабо́те заво́да. The inspection revealed big defects in the work of the factory. ● supervision. Э́ти цеха́ рабо́тают под непреры́вным контро́лем гла́вного инжене́ра. These shops work under constant supervision of the chief engineer. ● check. Санита́рная инспе́кция произво́дит контро́ль свини́ны. There's a sanitary health inspection as a check on pork.

☐ **госуда́рственный контро́ль** state inspection committee.

☐ Контро́ль биле́тов производи́ли уже́ не́сколько раз. The tickets have been inspected several times.

контрразве́дка military intelligence.

контрреволюцио́нный counter-revolutionary.

конфере́нция conference. Я был на заводско́й конфере́нции.

I was at the conference of the factory personnel. — Это решéние партийной конферéнции. This is the decision of the party conference.

конфéта candy.

концéрт concert. Я хочý пригласить вас на концéрт. I'd like to invite you to the concert.

кончáть (*dur of* **кóнчить**) to finish. Ну, порá кончáть! Well, it's time to finish. • to quit. Когдá у вас кончáют рабóту? What time do they quit work at your place?

кóнчить (*pct of* **кончáть**) to finish. Онá ужé кóнчила эту книгу. She has already finished that book. • to be through. Как тóлько кóнчим рабóту, бýдем чай пить. As soon as we're through with the work we'll have tea. • to end up. Я кóнчу тем, что сбегý отсюда. I'll end up running away from here. — Боюсь, что он плóхо кóнчит. I'm afraid he'll end up badly. — Он и не дýмал, что кóнчит перевóдчиком. He never thought he'd end up as a translator.

□ **кóнчить (учéбное заведéние)** to graduate. Вы кóнчили университéт? Have you graduated from college?

конь (коня, *P* кóни, конéй *M*) horse.

коньки (-ньков *P*) skates.

конюшня (*gp* -шен) stable.

кооператив cooperative store.

кооперáция cooperative movement.

копáть to dig. Земля промёрзла, копáть óчень трýдно. The earth is frozen solid; it's very difficult to dig.

копéйка kopek. Яблоки — по шести копéек штýка. Apples are six kopeks each.

□ Всё сошлóсь — копéйка в копéйку. Everything balanced, penny for penny.

копировáть (*/pct*: с-/) to copy. Онá копирует рисýнок. She's copying the drawing.

кóпия copy. Пожáлуйста, снимите кóпию с этого докумéнта. Please make a copy of this document. — Это тóлько плохáя кóпия знаменитой картины. This is just a poor copy of a famous picture. • carbon. Машинистка принеслá вам оригинáл и три кóпии. The typist brought you an original and three carbons. • carbon copy. Он совершéнная кóпия своегó отцá. He's a carbon copy of his old man.

копнá (*P* кóпны, копён, кóпнáм) rick. Нýжно сгрести сéно в кóпны. The hay has to be raked into ricks. • shock. Ну вам, с вáшей копнóй, такóй гребешóк не годится. You can't get along with such a small comb with your shock of hair.

кóпоть (*F*) soot.

копчёный smoked. Дáйте мне копчёной ветчины. Give me some smoked ham.

копыто hoof.

корáбль (-бля *M*) ship.

кóрень (-рня, *P* кóрни, корнéй) root. У этого сорнякá такие длинные кóрни, егó полóть трýдно. These weeds have such long roots that it's hard to pull them up. — Зубнóй врач вырвал мне два кóрня. The dentist pulled out the roots of two of my teeth. — Онá покраснéла до корнéй волóс. She blushed to the roots of her hair. — В чём же, в концé концóв, кóрень зла? Actually, what's the root of the trouble?

□ **в кóрне** basically. Бедá в том, что у вас в кóрне непрáвильный подхóд к дéлу. The trouble is that basically you have a wrong approach to this matter.

вырвать с кóрнем to uproot. Бýря вырвала с кóрнем нáши липы. The storm uprooted our linden trees.

квадрáтный кóрень square root. А вы ещё не забыли прáвила извлечéния квадрáтного кóрня? You haven't forgotten how to find the square root, have you?

пустить кóрни to take root. Пересáженные кусты ужé пустили кóрни. The transplanted bushes have already taken root. — *Эти америкáнцы приéхали давнó и пустили здесь кóрни. Those Americans arrived a long time ago and have taken root here.

□ Хлебá у нас ещё на корню. The grain hasn't been reaped yet.

корзина basket. Мы купили пóлную корзину пéрсиков. We bought a whole basket of peaches. • straw trunk. Сдáйте корзину в багáж, а чемодáн возьмите в вагóн. Check your straw trunk, and take the suitcase along with you in the car.

корзинка basket. Корзинка для бумáги под столóм. The wastepaper basket is under the table. • (small) basket. Купите землянику, четвертáк корзинка. Buy some strawberries: only a quarter a basket.

коридóр corridor.

коричневый ([-šnj-]) brown. Отдáйте емý мой коричневый костюм. Give him my brown suit. • tan. Он совсéм коричневый от загáра. He's all tan from the sun.

кóрка crust. Кóрка хлéба подгорéла. The bread crust has been burned. • peel. Кто это тут набросáл апельсинных кóрок? Who threw orange peels around here?

□ *Пусть придёт, я егó разругáю на все кóрки. If he comes I'll curse him out.

корм (*P* кормá *or* кормá, кормóв/*g* -у; на кормý/) fodder. Задáли кóрму лошадям? Have you given the horses fodder?

кормá (*P* кóрмы) stern. Он сидéл на кормé лóдки. He was sitting in the stern of the boat.

кормить (кормлю, кóрмит/*pct*: на-/) to feed. Онá кóрмит ребёнка грýдью. She feeds the baby from the breast. — Чем вы кóрмите собáк? What do you feed your dogs? — Он дóлго кормил всю семью. He fed the whole family for a long time. • to give a living. Рáзве эта профéссия когó-нибудь кóрмит? Does this occupation give anybody a living?

□ В этом ресторáне хорошó кóрмят. You can get some good food in this restaurant. • *Её хлéбом не корми, тóлько дай ей поболтáть. She'd rather talk than eat.

корóбка box.

корóва cow.

королéва queen.

корóль (-ля *M*) king.

корóнка crown. Мне сегóдня постáвили золотýю корóнку. I had a gold crown put on my tooth today.

корóткий (*sh* корóток, -ткá, *г*óрóткó, корóтки; *ср* корóче) short. Напишите емý хоть корóткое письмó. Write him at least a short letter. — Рукавá слишком корóтки, их нáдо удлинить. The sleeves are too short; they'll have to be lengthened. — Произошлó корóткое замыкáние и все прóбки перегорéли. There was a short circuit and all the fuses burned out.

□ **корóтко** briefly. Он отвéтил корóтко и сýхо. He answered briefly and dryly. • close. Мы с ним корóтко знакóмы. We are on close terms with him.

коро́тко говоря́ in short. Коро́тко говоря́, мне э́то не нра́вится. In short, I don't like it.

коро́че shorter. А како́й путь коро́че? Which is the shorter road?

покоро́че very short. Подстриги́те меня́ покоро́че. Cut my hair very short.

□ Коро́тко и я́сно: не разреша́ется! In a nutshell — it's forbidden! ●*У меня́ разгово́р коро́ткий! Я его́ про́сто вы́брошу вон. I won't waste time talking to him! I'll just throw him out! ●*Он ничего́ вам не сде́лает — ру́ки коро́тки. Don't worry, he can't do a thing to you.

коро́че (*/ср of* коро́ткий/).

ко́рпус (*Р* -а́, -о́в) building. Краси́льный цех нахо́дится в друго́м ко́рпусе. The dyeing shop is in the other building.

□ **дипломати́ческий ко́рпус** diplomatic corps. Вчера́ на приёме в посо́льстве прису́тствовал весь дипломати́ческий ко́рпус. The diplomatic corps were present at the embassy reception yesterday.

каде́тский ко́рпус military high school.

□ Он наклони́лся всем ко́рпусом. He bent way over.

корреспонде́нция mail. Приём заказно́й корреспонде́нции. Registered Mail Accepted Here. ● correspondence. Я изуча́л комме́рческую корреспонде́нцию — и англи́йскую, и ру́сскую. I studied both English and Russian business correspondence. ● report. Сего́дня в газе́те о́чень интере́сная корреспонде́нция из Нью Йо́рка. There is a very interesting report in the paper today from New York.

коры́то trough.

корь (*F*) measles.

коса́ (*а* ко́су, *Р* ко́сы) scythe. У вас ко́сы отто́чены? Are your scythes sharpened? ● pigtail. Бу́дешь знать, как девчо́нок за́ косы драть! That'll teach you to pull girls' pigtails again! ● braid. Я никогда́ не носи́ла ко́сы. I never wore braids.

коса́рь (-ря́ *M*) one who mows.

ко́свенный indirect.

коси́лка mowing machine.

коси́ть[1] (кошу́, ко́сит/*pct:* с-/) to mow. Когда́ у вас начина́ют коси́ть? When do you start mowing here?

коси́ть[2] to be cross-eyed. По-мо́ему, ваш ребёнок коси́т. I believe your child is cross-eyed.

косну́ться (*pct of* каса́ться) to touch upon. Разгово́р косну́лся совреме́нной му́зыки. The conversation touched upon contemporary music.

косови́ца mowing. С косови́цей мы в э́том году́ задержа́лись. There's been a delay in our mowing this year.

косо́й (*sh* кос, коса́, ко́со, -ы) slant. У неё косо́й разре́з глаз. She's got slant eyes.

□ **ко́со** crooked. Карти́на виси́т ко́со. The picture is hanging crooked.

□ На э́то здесь ко́со смо́трят. They frown on things like that here.

костёр (-стра́) campfire.

кость (*Р* ко́сти, косте́й/в кости́/ *F*) bone. Мы боя́лись, что у него́ перело́м ко́сти. We were afraid that he had a fractured bone. — Он подави́лся ры́бьей ко́стью. He choked on a fish bone.

□ **слоно́вая кость** ivory. Я потеря́л мундшту́к из слоно́вой ко́сти. I lost an ivory cigarette holder.

□ *Опя́ть всё вы́болтала — вот язы́к без косте́й! She gave the secret away again. She sure has a loose tongue.

костю́м suit. Я бы хоте́л костю́м с двумя́ па́рами брюк.

I'd like a suit with two pairs of trousers. — У моего́ костю́ма жаке́тка ещё хороша́, а ю́бка уже́ износи́лась. The jacket of my suit is still in good condition but the skirt is all worn out. ● costume. Обрати́те внима́ние на костю́мы в э́том бале́те. Be sure to notice the costumes in this ballet.

кот (-а́) tomcat. Нам кота́ на́до — мыше́й лови́ть. We need a tomcat to catch the mice.

□ *Де́нег у нас — кот напла́кал. We have no money to speak of.

котёл (-тла́) kettle. Карто́фель лу́чше вари́ть в э́том большо́м котле́. It's better to boil potatoes in this big kettle.

□ **о́бщий котёл** common pool. Уча́стники экспеди́ции сдава́ли в о́бщий котёл всё, что получа́ли и́з дому. All members of the expedition threw everything they got from home into a common pool.

парово́й котёл steam boiler.

котело́к (-лка́) kettle. На столе́ стоя́л котело́к с борщо́м. A kettle of borscht was on the table. ● derby. Э́тот челове́к в котелке́, вероя́тно, иностра́нец. That man wearing the derby is probably a foreigner.

котле́та

□ **отбивна́я котле́та** chop. Да́йте мне отбивну́ю теля́чью котле́ту с жа́реным карто́фелем. Give me a veal chop with fried potatoes.

ру́бленая котле́та hamburger, chopped steak.

кото́рый what. В кото́ром часу́ идёт по́езд? What time does the train leave? ● that. Моё тёплое пальто́ оста́лось в том чемода́не, кото́рый идёт багажо́м. My warm coat is in the suitcase that's been checked. ● who. Э́то тот челове́к, кото́рый тут был вчера́? Is this the man who was here yesterday?

□ Э́то та де́вушка, о кото́рой я вам говори́л. That's the girl I spoke to you about. ● Вы кото́рый в о́череди? Where's your place in line?

ко́фе (*indecl M*) coffee. Да́йте мне ча́шку кре́пкого чёрного ко́фе. Give me a cup of strong, black coffee. — Вам ко́фе с молоко́м и́ли со сли́вками? Do you want your coffee with milk or cream? — Да́йте мне кило́ мо́лотого ко́фе. Give me a kilogram of ground coffee.

кофе́йник coffeepot.

ко́фта woman's blouse.

□ **вя́заная ко́фта** cardigan.

кочега́р fireman. Я пять лет прое́здил на парово́зе кочега́ром. I worked for five years as a fireman on a locomotive.

кошелёк (-лька́) purse. Я нашёл кошелёк с деньга́ми. I found a purse with money in it. — Мой кошелёк из чёрной ко́жи сре́днего разме́ра. My purse is medium size and made of black leather.

ко́шка cat. Они́ живу́т как ко́шка с соба́кой. They fight like cats and dogs.

□ *Ме́жду ни́ми пробежа́ла чёрная ко́шка. They're not on good terms now.

кошу́ *See* коси́ть[1].

краду́ *See* красть.

краево́й regional.

кра́жа theft. Его́ суди́ли за кра́жу. He was tried for theft.

край (*Р* края́, краёв/*g* -ю; на краю́/) edge. Наш дом на са́мом краю́ го́рода. Our house is at the very edge of town. ● brim. Осторо́жно, стака́н по́лон до краёв. Be careful, the glass is filled to the brim. ● verge. Он на краю́ моги́лы. He's on the verge of death. ● country. Вы быва́ли в чужи́х края́х? Have you ever been in any foreign country? □ Э́то где́-то на краю́ све́та. That's in some God-forsaken place. • С тобо́й хоть на край све́та! I'd even go to the ends of the earth with you! • Рабо́те тут конца́ кра́ю нет. There's no end to the work here. • Давно́ вы в на́ших края́х? Have you been in our neck of the woods long? • Я что́-то об э́том слы́шал кра́ем у́ха. I heard something about it. • Ну, зна́ете, э́то вы уже́ че́рез край хвати́ли. Well, you know, this is a little too much!

кра́йний last. У нас места́ в кра́йней ло́же тре́тьего я́руса. Our seats are in the last box on the third tier. • lowest. Э́то на́ша кра́йняя цена́. That's the lowest we can go. • complete. Он дошёл до кра́йнего истоще́ния. He was in a state of complete exhaustion. • drastic. Ну, э́то уж бу́дет са́мая кра́йняя ме́ра. This will be a most drastic measure.

□ **кра́йний срок** deadline. А како́й кра́йний срок пода́чи заявле́ний? What's the deadline for applications? **по кра́йней ме́ре** at least. Сде́лайте по кра́йней ме́ре полови́ну. Do at least half.

кра́йне very. Он произвёл на нас кра́йне неприя́тное впечатле́ние. He made a very unfavorable impression on us. • extremely. Он кра́йне осторо́жен. He's extremely careful. • highly. Э́то кра́йне ва́жно. That's highly important. • badly. Мне де́ньги кра́йне необходи́мы. I need money badly.

□ В кра́йнем слу́чае позови́те меня́. Call me, if there's no other way out. • В э́том нет кра́йней необходи́мости. It's not absolutely necessary. • В са́мом кра́йнем слу́чае придётся отказа́ться от пое́здки. If it comes to the worst we'll have to give up the idea of the trip.

крал See красть.

кран faucet. Умо́йтесь в ку́хне под кра́ном. Wash yourself under the faucet in the kitchen.

□ **подъёмный кран** derrick, crane.

краса́вица beauty. Ах, кака́я краса́вица! Lord, what a beauty!

краси́вый beautiful. Она́ о́чень краси́вая же́нщина. She's a very beautiful woman. • pretty. Э́то был с его́ стороны́ то́лько краси́вый жест. It was only a pretty gesture on his part.

□ **краси́во** beautifully. Он краси́во говори́т. He speaks beautifully.

кра́сить to paint. Маляры́ пришли́ кра́сить кварти́ру. The painters came to paint the apartment. • to dye. На э́той фа́брике кра́сят шерсть. They dye wool in this factory. — Она́ кра́сит во́лосы. She dyes her hair.

кра́ска paint. Све́жая кра́ска! Wet Paint. • dye. Каку́ю кра́ску вы употребля́ете для шёлка? What dyes do you use for silks?

□ Вы рису́ете э́то в сли́шком мра́чных кра́сках. You're painting the situation too dark.

красне́ть to turn red. У меня́ на моро́зе всегда́ красне́ет нос. My nose turns red when it's cold. • to blush. Он врёт и не красне́ет! He lies without blushing!

□ Что э́то там красне́ет среди́ кусто́в? What's that reddish thing in the bushes?

красноарме́ец (-ме́йца) Red-Army soldier.

краснофло́тец (-тца) Red-Navy sailor.

кра́сный (sh -сна́) red. Да́йте мне, пожа́луйста, кра́сный каранда́ш. Give me a red pencil, please. — Мы заказа́ли буты́лку кра́сного вина́. We ordered a bottle of red wine.

— У вас ру́ки совсе́м кра́сные от хо́лода. Your hands are all red from the cold.

□ **Кра́сная а́рмия** Red army.

кра́сная строка́ paragraph. Кра́сная строка́! Start a new paragraph.

Кра́сный крест Red Cross.

кра́сный уголо́к recreation room, reading room.

Кра́сный флот Red Navy.

красота́ (P красо́ты) beauty. Красота́ э́того о́строва про́сто неописуе́ма. The beauty of this island is simply indescribable. — Э́то он приба́вил для красоты́ сло́га. He added this for its beauty of style.

□ Красото́й она́ не бле́щет. She wouldn't win first prize at a beauty contest.

красть (краду́, -дёт; p крал/pct: у-/) to steal.

кра́ткий (sh -тка́; cp кра́тче; кратча́йший) short. В газе́те есть кра́ткий отчёт о вчера́шнем происше́ствии. There's a short report about yesterday's incident in the newspaper.

□ **кра́тко** briefly. Говори́те кра́тко! Speak briefly!

кратковре́менный short-lived. Их дру́жба была́ кратковре́менна. Their friendship was short-lived. • short-term. Э́то кратковре́менная рабо́та. This is short-term work.

крахма́л starch.

крахма́лить (/pct: на-/)

кра́шу See кра́сить.

креди́т credit. В креди́т здесь не продаю́т. They don't sell on credit here.

крем cream. Како́й крем для лица́ вы употребля́ете? What kind of face cream do you use? — Он меня́ проси́л купи́ть ему́ крем для бритья́. He asked me to buy him some shaving cream.

креме́нь (-мня́ M) flint. У меня́ вы́пал креме́нь из зажига́лки. I've lost the flint from my lighter.

□ Ну и хара́ктер! Креме́нь! What a tough son-of-a-gun he is!

Кремль (-мля́ M) Kremlin.

кре́пкий (sh -пка́; cp кре́пче) strong. Мне нужна́ о́чень кре́пкая верёвка. I need a very strong rope. — Подмётки ещё совсе́м кре́пкие, а верх порва́лся. The soles are still quite strong, but the uppers are torn. — Вы пьёте кре́пкий чай? Do you like your tea strong? • steady. У вас, как я погля́жу, о́чень кре́пкие не́рвы. I see you have very steady nerves. • sound. Он тяжело́ заболе́л, но его́ кре́пкий органи́зм вы́держал. He became seriously ill but his sound constitution saw him through.

□ **кре́пкие напи́тки** hard liquor. Он кре́пких напи́тков в рот не берёт. He doesn't touch hard liquor.

кре́пко seriously. Об э́том на́до кре́пко поду́мать. We have to think it over seriously.

кре́пко жму ру́ку warmest regards (friendly closing in letters)

кре́пко спать to sleep soundly. Он всегда́ дли́нно так кре́пко? Does he always sleep so soundly?

целу́ю кре́пко love and kisses.

□ Они́ кре́пко люби́ли друг дру́га. They loved each other dearly.

кре́пче See кре́пкий.

кре́сло armchair, easy chair. Возьми́те кре́сло поудо́бнее. Take a comfortable armchair.

□ **кре́сла** orchestra. Есть ещё места́ в кре́слах на за́втра ве́чером? Do you still have seats in the orchestra for tomorrow evening?

крест (-á) cross. Вы ви́дите крест на верху́шке це́ркви? Do you see that cross on top of the church?
□ **Кра́сный крест** Red Cross.
□ Перевяжи́те э́то лу́чше крест-на́-крест. It's better to tie this crosswise. ● *На нём ещё ра́но ста́вить крест. It's a bit early to cross him off our list.

крестья́нин (*P* крестья́не, крестья́н, крестья́нам) peasant.

крестья́нка peasant woman.

крестья́нский peasant.

криво́й (*sh* крив, -вá, кри́во, -ы) crooked. Смотри́, как ты пи́шешь — все стро́чки кривы́е. Look at the way you're writing — all the lines are crooked. ● blind in one eye. А ло́шадь-то у вас крива́я. Your horse is blind in one eye.
□ *Ничего́, аво́сь крива́я вы́везет! Cheer up, we may get out of it somehow. ● *Тут уже́ на криво́й не объе́дешь. You can't bluff your way out of it this time. ● Он кри́во усмехну́лся. He smirked.

кри́зис crisis.

крик shout. Что э́то там за кри́ки? What are those shouts over there? ● cry. Вы слы́шали крик? Did you hear a cry?
□ **после́дний крик** last word. Её шля́па — после́дний крик мо́ды. Her hat is the last word in style.

кри́кнуть (*pct of* крича́ть) to shout. Он что́-то кри́кнул, но я не расслы́шал. He shouted something, but I didn't hear it.

кри́тика criticism.

критикова́ть to criticize.

крити́ческий critical.

крича́ть (-чу́, -чи́т/*pct*: кри́кнуть/) to shout, to yell. Он кричи́т, что мы не по той доро́ге пое́хали. He's shouting at us that we've taken the wrong road. — Он ужа́сно крича́л на сы́на. He yelled at his son terribly. — Ну, чего́ он кричи́т во всю гло́тку? What's he yelling at the top of his lungs for? ● to scream. (*no pct*) Как, вы не зна́ете? Ведь все газе́ты об э́том крича́т! How come you don't know? All the newspapers are screaming about it.
□ Я не люблю́ таки́х крича́щих цвето́в. I don't like such loud colors.

крова́ть (*F*) bed. У вас найдётся ко́мната с двумя́ крова́тями? Do you have a room with twin beds? ● cot. В э́ту ко́мнату мо́жно поста́вить складну́ю крова́ть. We can put a folding cot in this room.

кро́вный blood. Мы с ним в кро́вном родстве́. He and I are blood relatives. ● thoroughbred. Моя́ соба́ка кро́вный се́ттер. My dog is a thoroughbred setter.
□ **кро́вно** terribly. Вы её кро́вно оскорби́ли. You offended her terribly. ● vitally. Я в э́том кро́вно заинтересо́ван. I'm vitally concerned about this.
□ Я с ним кро́вно свя́зан. He and I are tied together by close bonds. ● Постро́йка э́того заво́да на́ше кро́вное де́ло. The work on the construction of this factory has become a matter of great personal concern to us. ● *Вот купи́л тебе́ коле́чко на свои́ кро́вные. Here, I bought you a ring with my hard-earned money.

кровоостана́вливающее (*AN*) styptic.

кровотече́ние bleeding. Са́мое гла́вное поскоре́е останови́ть кровотече́ние. The important thing is to stop the bleeding as soon as possible.

кровь (*P* -ви, -ве́й/ в крови́/ *F*) blood. Он был весь в крови́. He was covered with blood. — У него́ ни́зкое давле́ние кро́ви. His blood pressure is too low.

□ Я поре́зался до кро́ви во вре́мя бритья́. I cut myself shaving and I'm bleeding. ● У меня́ идёт кровь из па́льца. My finger is bleeding. ● *У меня́ се́рдце кро́вью облива́ется, когда́ я об э́том ду́маю. Just to think of things like that makes me suffer. ● *Ребя́та тут всё здоро́вые — кровь с молоко́м. All the kids here are bursting with health. ● *Бро́сьте ему́ кровь по́ртить. Don't get his goat. ● Хвастли́вость у него́ в крови́. He's naturally boastful.

кроке́т croquet.

кро́лик rabbit.

кро́ме besides. Кро́ме зарпла́ты вы бу́дете получа́ть пре́мию. Besides your regular pay, you'll get bonuses. ● except. Там кро́ме нас никого́ не́ было. There was no one there except us. ● in addition to. Кро́ме пи́сем он привёз с по́чты ещё како́й-то я́щик. In addition to the letters, he brought some kind of a box from the post office.
□ **кро́ме как** except. Я никому́, кро́ме как вам, не доверя́ю. I don't trust anybody except you.
кро́ме того́ besides that. Кро́ме того́ мне придётся ещё дава́ть уро́ки. Besides that, I'll have to give lessons.
кро́ме шу́ток joking aside. Нет, кро́ме шу́ток, неуже́ли э́то пра́вда? No; joking aside, can that be true?
нигде́, кро́ме как nowhere else but. Нигде́ кро́ме как на Украи́не, не еда́л я таки́х ви́шен. Nowhere else but in the Ukraine have I eaten such cherries.

кропотли́вый minute. Это о́чень кропотли́вая рабо́та. This is very minute work.

кро́ткий (*sh F* кротка́) mild. У неё о́чень кро́ткий хара́ктер. She has a very mild disposition. ● meek. Он сего́дня кро́ток как ягнёнок. He looks as meek as a lamb today.

круг (*P* -и́, -о́в/*is* кру́гом, *as adverb*; в кругу́, на кругу́/) circle. Начерти́те круг. Draw a circle. — Это где́-то за поля́рным кру́гом. This is somewhere beyond the Arctic Circle. — У него́ большо́й круг знако́мых. He has a wide circle of friends. — Это де́ло вы́звало мно́го то́лков в парти́йных круга́х. This affair caused much talk in party circles. — Получа́ется како́й-то заколдо́ванный круг. This looks like a vicious circle. ● range. Это вне кру́га мои́х интере́сов. It's out of the range of my interests.
□ **на круг** on the average. Я зараба́тываю на круг о́коло ты́сячи рубле́й в ме́сяц. I'm earning on the average a thousand rubles a month.

спаса́тельный круг life preserver. Бро́сьте ему́ спаса́тельный круг. Throw him a life preserver.

кру́глый (*sh* кругла́, -гла́) round. Мы усе́лись за кру́глый стол. We sat down at a round table. ● complete. Он кру́глый дура́к. He's a complete fool.
□ **кру́глые су́тки** all day and night. Телегра́ф откры́т кру́глые су́тки. The telegraph office is open all day and night.
кру́глый год all year round. Он кру́глый год но́сит одну́ и ту же шля́пу. He wears the same hat all year round.
кру́глым счётом in round figures. Это мне обошло́сь кру́глым счётом в пять рубле́й. In round figures this cost me five rubles.
□ Он кру́глый сирота́. He's an orphan.

круго́м (/*cf* круг/) around. Тут круго́м то́лько пшени́чные поля́. There's nothing but wheat fields around here.
□ Взвод, круго́м! Platoon, about, face! ● Он круго́м винова́т. It's his fault all the way through.

кру́жка mug.

кру́жный roundabout. Придётся идти́ кру́жным путём.

We'll have to go in a roundabout way. — Мы э́то узна́ли кружным путём. We found this out in a roundabout way.

кру́пный (*sh* -пна́/-ы́/) large. Я предпочита́ю рабо́тать на кру́пном предприя́тии. I prefer working for a large enterprise. — Письмо́ бы́ло напи́сано кру́пным по́черком. The letter was written in a large handwriting. • big. У нас лю́бят всё де́лать в кру́пном масшта́бе. We like to do everything in a big way. — У меня́ то́лько кру́пные де́ньги. I have nothing but big bills. • great. В э́том описа́нии чу́вствуется кру́пный писа́тельский тала́нт. You can sense great literary talent in this description.

☐ **кру́пно** big. Они́ кру́пно поспо́рили. They had a big argument.

круто́й (*sh* крут, -та́, кру́то, круты́; *ср* кру́че) steep. Тут круто́й подъём. There's a steep slope here. • sharp. Осторо́жнее, доро́га тут де́лает круто́й поворо́т. Careful, there's a sharp turn in the road here. • hardboiled. Возьми́те с собо́й круты́х яи́ц. Take some hardboiled eggs along. • hard. Хара́ктер у него́ круто́й. He's a hard guy. • drastic. Я бы не хоте́л прибега́ть к круты́м ме́рам. I wouldn't like to resort to drastic measures.

☐ Она́ кру́то замеси́ла те́сто. She made a thick dough.

кру́че *See* **круто́й**.

крыло́ (*P* кры́лья, -льев, -льям) wing. Ребя́та принесли́ воро́ну со сло́манным крыло́м. The kids brought in a crow with a broken wing. — Всё ле́вое крыло́ моего́ само́лёта бы́ло изрешечено́ пу́лями. The whole left wing of my plane was punctured with bullet holes. — Он всегда́ примыка́л к ле́вому крылу́ па́ртии. He was always linked closely with the left wing of the party. — Э́та неуда́ча подре́зала ему́ кры́лья. This failure clipped his wings. • fender. Пра́вое крыло́ на́шего автомоби́ля смя́то. The right fender of our automobile is smashed.

☐ *Лю́бо посмотре́ть, как он тут распра́вил кры́лья. It's nice to see how he came into his own here.

крыльцо́ (*P* кры́льца, крыле́ц, кры́льцам) doorstep. Она́ ждала́ нас на крыльце́. She waited on the doorstep for us.

кры́са rat.

кры́ша roof.

кры́шка lid. Накро́йте кастрю́лю кры́шкой. Cover the pan with a lid. • cover. Где вы де́вали кры́шку от э́той коро́бки? Where did you put the cover of this box? • top. Нажми́те на кры́шку сундука́. Я не могу́ его́ запере́ть. Press down on the top of the trunk; I can't lock it.

☐ *Тепе́рь ему́ кры́шка. His number's up.

крюк (-а́, *P* -и́, *от* крючья, -чьев, -чьям/на крюку́/) hook. Вбе́йте крюк в сте́ну. Hammer the hook into the wall. • detour. Мы заблуди́лись и сде́лали большо́й крюк. We got lost and made a big detour.

крючо́к (-чка́) hook. Пове́сьте ва́ше пальто́ на крючо́к. Hang your coat on a hook. — Мне оста́лось то́лько приши́ть крючки́ к пла́тью. All I have left to do is to sew the hooks on my dress. • (fish)hook. У меня́ ры́ба сорвала́сь с крючка́. The fish got off the hook.

☐ Закро́йте дверь на крючо́к. Latch the door.

кста́ти at the right moment. Он пришёл как раз кста́ти. He came just at the right moment.

☐ **кста́ти о** talking about. Кста́ти о рабо́те: как она́ подвига́ется? Talking about the work, how is it going?

кста́ти сказа́ть by the way. Кста́ти сказа́ть, он был соверше́нно прав. By the way, he was absolutely right.

кто (*ga* кого́, *d* кому́, *i* кем, *l* ком; §20) who. Кто меня́

зовёт? Who's calling me? — Кто тут говори́т по-англи́йски? Who speaks English here? — Кого́ вы хоти́те ви́деть? Who do you want to see? — Кому́ адресо́вано э́то письмо́? Who is this letter addressed to? — К кому́ мне обрати́ться? Who can I ask? — С кем ну́жно об э́том говори́ть? Who do I have to talk to about this? — О ком вы наво́дите спра́вки? Who are you getting the information about? — Тех, кто опозда́л, не впусти́ли в зал. Those who came late weren't let into the hall. • anybody. Е́сли кто позвони́т, скажи́те, что я ско́ро бу́ду. If anybody calls, tell him I'll be back soon.

☐ **кто бы ни** whoever. Кто бы ни пришёл, скажи́те, что я за́нят. Tell whoever comes that I'm busy.

кто́-либо anyone. Он зна́ет э́то лу́чше, чем кто́-либо друго́й. He knows it better than anyone else.

кто́-нибудь any one. Спроси́те кого́-нибудь из них. Ask any one of them. • someone. Скажи́те, кто́-нибо́дь его́ ви́дел? Tell me, did someone see him?

кто́-то someone. Вас тут кто́-то спра́шивал. Someone was asking for you. — Кого́-то я забы́л пригласи́ть, но не могу́ вспо́мнить кого́. I forgot to invite someone, but I can't think who.

☐ Уж кому́-кому́, а ему́ бы на́до э́то знать. He, of all people, should know about it. • Кто пошёл в те́ннис игра́ть, кто купа́ться, а до́ма нет нико́го. One went to play tennis, another went swimming, and nobody's at home. • "Как он мо́жет туда́ ходи́ть?" "Ну, зна́ете, кому́ что нра́вится". "How can he go there?" "Everyone to his own taste." • Кто куда́, а я спать. I don't care what the others do; I'm going to sleep. • Тот, кто вам э́то сказа́л, ничего́ не понима́ет. Whoever told you that doesn't know what he's talking about. • Его́ ма́ло кто знал. Few people knew him.

кто-либо *See* **кто**.

кто-нибудь *See* **кто**.

кто-то *See* **кто**.

ку́бок (-бка) cup. Ку́бок доста́лся кома́нде автозаво́да. The automobile-factory team won the cup.

кувши́н pitcher.

куда́ where. Куда́ вы идёте? Where are you going? — Вы куда́? Where are you going? — Куда́ пошлю́т, туда́ и пое́ду. I'll go where I'm sent. • what for. Куда́ вам сто́лько де́нег? What do you need so much money for?

☐ **куда́ лу́чше** far better. Э́та доро́га куда́ лу́чше той. This road is far better than the other.

куда́-нибудь (§23) someplace. Пое́дем куда́-нибудь. Let's go someplace.

куда́-то (§23) somewhere. Он куда́-то ушёл. He went somewhere.

☐ Он па́рень хоть куда́. He's a swell guy. • Куда́ вам с ним сла́дить! You could never handle him. • *Ну, э́то ещё куда́ ни шло. Well, that could still get by. • **Куда́ ни шло, пое́дем сего́дня. Let's chance it and start out today.

кузне́ц (-а́) blacksmith. Ну́жно отвести́ ло́шадь к кузнецу́. You have to take the horse to the blacksmith. — Он кузне́ц на заво́де. He's the blacksmith at the factory.

кукуру́за corn. Здесь кукуру́за не растёт. Corn doesn't grow here.

кула́к (-а́) fist. Он сжал кулаки́. He clenched his fists. • kulak (rich peasant). Его́ оте́ц был кулако́м. His father was a kulak.

▢ **дойти до кулаков** to come to blows. Спор так разгорелся, что дело, пожалуй, дойдёт до кулаков. The argument is becoming so heated that they may come to blows.

▢ *А он сидит и посмеивается в кулак. He's sitting and laughing up his sleeve.

кулиса

▢ **за кулисами** backstage. Публике вход за кулисы воспрещается. Admission backstage is forbidden to the public. • behind the scenes. Он знает всё, что происходит за кулисами. He knows everything that goes on behind the scenes in this office.

культура civilization, culture. Он читает курс по истории русской культуры. He's teaching the history of Russian civilization. • culture. Она человек высокой культуры. She's a highly cultured person. • cultivation. Культура свекловицы играет здесь большую роль. Cultivation of sugar beets is very important to this area.

▢ **технические культуры** industrial crops.
физическая культура physical culture, sports.

культурный cultural. Мы стремились к поднятию культурного уровня масс. We tried to lift the cultural level of our masses. • cultured. Он сам культурный человек и вполне вас поймёт. He's a cultured person himself and will understand you.

▢ **Всесоюзное общество культурной связи с заграницей.** All-Union Society for Cultural Relations with Foreign Nations.

▢ Граждане, ведите себя культурно. Behave yourselves, folks.

купальный bathing. У меня нет купального костюма. I don't have a bathing suit.

купать (/pct: вы́-/) to bathe. Она сейчас купает ребёнка. She's bathing the child now.

-ся to bathe. С берега купаться воспрещается. Bathing is forbidden offshore. — Ванна готова, идите купаться. The bath is ready, go bathe. • to swim. Вы уже сегодня купались? Have you been in swimming today?

купе (indecl N) compartment. Мы ехали в одном вагоне, но в разных купе. We traveled on the same car, but in different compartments.

купить (куплю, купит; pct of **покупать**) to buy. Купите мне дюжину открыток. Buy me a dozen postcards. — Я это куплю на память о нашей поездке. I'll buy it as a souvenir of our trip.

курение smoking.
куриный chicken.

▢ **куриные котлеты** chicken croquettes.
куриный суп chicken soup.

курительный

▢ **курительная (комната)** smoking room. Он в курительной (комнате). He's in the smoking room.

курить (курю, курит) to smoke. Курить воспрещается. No smoking. — Просят не курить. No smoking, please.

курица (/for the P куры is often used/) chicken. На ужин у нас холодная курица. We're having cold chicken for supper. — Этот колхоз разводит кур и гусей. This kolkhoz breeds chickens and geese. • hen. Мы купили две курицы. We bought two hens.

▢ **жареная курица** roast chicken.
▢ Вот ваша кепка, слепая вы курица. Here's your cap;

you're blind as a bat. • Так ты и не решился её пригласить? Эх ты, мокрая курица! You didn't get up enough courage to invite her? You're just a sissy. • *Это прямо курам на смех. It's enough to make a horse laugh. • *У меня, брат, сейчас денег куры не клюют! I have money to burn!

курс course. Кто у вас читает курс химии для начинающих? Who's giving the chemistry course for beginners? • rate of exchange. Какой сейчас курс доллара? What's the present rate of exchange of the dollar?

▢ **курс лечения** series of treatments. Ему придётся проделать длительный курс лечения. He'll have to undergo a long series of treatments.

курсы school. Она поступила на чертёжные курсы. She's enrolled in a drafting school.

▢ Он перешёл на третий курс. He's just started his junior year at college. • Он ещё не в курсе дела, расскажите ему, что случилось. He doesn't know what's been going on, so let's bring him up to date.

курсив italics. Наберите это курсивом. Run it in italics.

куртка lumberjacket.
куры See **курица**.

курьерский express. Курьерский отходит через час. The express is leaving in an hour.

кусать to bite. Я всю ночь не спал; блохи кусали. I didn't sleep all night; the fleas were biting. — Перестаньте кусать ногти. Stop biting your nails.

-ся to bite. Не бойтесь, собака не кусается. Don't be afraid. The dog doesn't bite.

▢ *Ну зернистая икра теперь, знаете, кусается. Good caviar makes quite a dent in your bankroll nowadays.

кусок (-ска) lump. Я не люблю сладкого чая; одного куска достаточно. I don't like my tea sweet; one lump will be enough. • piece. Можно вам предложить ещё кусок пирога? May I offer you another piece of pie? • plot. Они развели огород на своём куске земли. They planted a vegetable garden on their plot of land. • bolt. Мы купили целый кусок полотна. We bought a bolt of linen. • cake. Когда пойдёте в баню, захватите полотенце и кусок мыла. Be sure to take along a towel and a cake of soap when you go to the public steam bath.

▢ Я так расстроена, у меня кусок в горло нейдёт. I'm so worried I can't eat a thing.

куст (-а) bush. В саду мы посадили кусты малины. We planted raspberry bushes in our garden.

▢ *Вот как! Сам начал, а теперь в кусты? You started it yourself, and now you want to back out?

кустарник bushes. Я весь исцарапался пробираясь через кустарник. I got all scratched going through the thorny bushes.

кустарный handicraft, kustar. Вышитые скатерти вы получите в магазине кустарных изделий. You'll get embroidered table cloths in the handicraft store. — Это кустарные игрушки. These are kustar toys.

▢ **кустарная промышленность** kustar industry, home industry (mainly rural).

кустарь (-ря M) kustar (craftsman, usually peasant).

кухарка woman cook.

кухня kitchen. Отнесите посуду на кухню. Take the dishes to the kitchen.

куча heap. Уберите эти кучи мусора. Take away these

heaps of rubbish. • lot. У меня́ тепе́рь ку́ча неприя́тностей. I've got a lot of trouble. — На вече́ринке была́ ку́ча наро́ду. There were a lot of people at the party.

ку́чер coachman.

ку́шанье dish. Како́е вку́сное ку́шанье! What a tasty dish!

• meal. Иди́те к столу́, ку́шанье осты́нет. Come in and eat or your meal will get cold.

ку́шать (/pct: с-/) to eat. Не жди́те меня́, ку́шайте, пожа́луйста. Please don't wait for me; start eating.

куше́тка couch.

Л

лаборато́рия laboratory.

ла́вка store. Мы покупа́ем проду́кты в ла́вке за угло́м. We buy our groceries at the store around the corner. • bench. Они́ сиде́ли на ла́вке перед до́мом. They were sitting on a bench in front of the house.

ла́герь (M) camp. Мой сын провёл всё ле́то в пионе́рском ла́гере. My son spent the whole summer in a Pioneer camp.
☐ **стоя́ть ла́герем** to camp. Мы тогда́ стоя́ли ла́герем на берегу́ Днепра́. Then we camped on the bank of the Dnieper.

ла́дить to get along. Они́ прекра́сно ла́дят. They get along very well together.

ла́дно well. Ла́дно! O.K.! Very well! • all right. Ну, ла́дно! Well, all right! • in harmony. У нас больша́я семья́, и живём мы все ла́дно. We have a large family and we all live in harmony.

ладо́нь (F) palm. У него́ мозо́ли на ладо́нях от гре́бли. His palms are calloused from rowing.
☐ *Отсю́да весь го́род ви́ден, как на ладо́ни. You can see the whole town spread out before you from here.

ла́жу See **ла́дить**.

лазаре́т (military) hospital. Больны́х солда́т отвезли́ в лазаре́т. The sick soldiers were taken to the hospital.

ла́зить (iter of **лезть**).

лай barking.

лак (/g-у/)
☐ **лак для ногте́й** nail polish.
покрыва́ть ла́ком to varnish. Оте́ц сам покры́л по́лки ла́ком. Father varnished the shelves himself.

ла́мпа lamp. Электри́чество включа́т за́втра; пока́ я вам дам кероси́новую ла́мпу. The electricity will be turned on tomorrow; in the meantime, I'll give you a kerosene lamp.

лампа́дка icon lamp. Лампа́дка поту́хла. The icon lamp went out.

ла́мпочка bulb. На на́шем этаже́ вчера́ ве́чером перегоре́ли все ла́мпочки. All the bulbs on our floor burned out last night.

ла́ндыш (M) lily of the valley.

ла́па paw. Это не моя́ соба́ка, у мое́й — ла́пы бе́лые. That's not my dog; mine has white paws.
☐ Смотри́те, не попади́тесь к нему́ в ла́пы. See to it that you don't fall into his clutches.

ла́поть (-птя, P -пти, -пте́й M) bast shoe. Ле́том мы но́сим ла́пти. We wear bast shoes in summer.

лапта́ lapta (Russian game). Вы уме́ете игра́ть в лапту́? Do you know how to play lapta? • bat. Ма́льчики вы́резали себе́ но́вую лапту́. The boys carved out a new bat for themselves.

лапша́ noodle. Свари́те нам, пожа́луйста, суп с лапшо́й. Make us some noodle soup, please.

ларёк (-рька́) stand. Он подошёл к ларьку́ купи́ть ква́су. He went to the stand to buy some kvass. — Папиро́сы мо́жно купи́ть в ближа́йшем ларьке́. You can buy cigarettes at the next stand.

ла́ска (gp ласк) kindness. Ма́льчик не привы́к к ла́ске. The little boy is not used to kindness.
☐ Ла́ской от него́ всего́ мо́жно доби́ться. If you're nice to him, you can get anything you want out of him.

ласка́ть to pet. Не ласка́йте э́ту соба́ку. Don't pet this dog.

ла́сковый warm. Благодарю́ вас за ла́сковый приём. Thank you for the warm reception.
☐ **ла́сково** kindly. Она́ ла́сково спроси́ла его́ о здоро́вьи. She asked him kindly about his health.
☐ *Ему́ хорошо́: ла́сковый телёнок двух ма́ток сосёт. He gets there by playing up to people.

ла́сточка swallow. Уже́ весна́ — ла́сточки прилете́ли. It's spring! The swallows are here. — *Одна́ ла́сточка ещё не де́лает весны́. One swallow doesn't make a summer.
☐ *Это пе́рвая ла́сточка. Мо́жно ждать больши́х переме́н. This is evidently the first sign of bigger changes to come.

ла́ять (ла́ю, ла́ет) to bark. Всю ночь ла́яли соба́ки. The dogs barked all night.

лба See **лоб**.

лбы See **лоб**.

лгать (лгу, лжёт; p лгала́/pct: со-/) to lie. Вы лжёте! You're lying!

ле́бедь (P -ди, -бедей M/ in poetry also F, fourth declension/) swan.

лев (льва) lion. У нас в звери́нце мно́го львов. We have many lions in our zoo.
☐ На́ши бойцы́ драли́сь, как львы. Our soldiers fought like tigers.

левша́ (gp -ше́й M, F) left-handed person.

ле́вый left. Он пи́шет ле́вой руко́й. He writes with his left hand. — Он когда́-то принадлежа́л к ле́вому крылу́ па́ртии. He was once a member of the left wing of the party. • wrong. Вы наде́ли носки́ на ле́вую сто́рону. You're wearing your socks wrong side out. — *Он сего́дня встал с ле́вой ноги́. He got up on the wrong side of the bed this morning.
☐ У э́той мате́рии пра́вая и ле́вая сторона́ одина́ковы. This material is the same on both sides.

лёг See **лечь**.

леге́нда legend.

лёгкий ([-хк-]; sh -гка́, 6; -гк; cp ле́гче [-хс-]; легча́йший [-хс-]) light. Ваш чемода́н совсе́м лёгкий. Your suitcase is quite light. — Ва́ше пальто́ сли́шком лёгкое для на́ших холодо́в. Your coat is too light for our cold weather. — Ему́ мо́жно дава́ть то́лько лёгкую пи́щу. You can give him only light food. — Есть у вас что́-нибудь для лёгкого чте́ния? Do you have something for light reading? — У него́ о́чень лёгкий сон. He's a very light sleeper. • slight. У него́ была́ лёгкая просту́да. He had a slight cold. • gentle. Дул лёгкий ветеро́к. There was a gentle breeze. • easy. Он привы́к к лёгкой жи́зни. He's used to an easy life. —

Это лёгкая работа. This work is easy. — А вы думаете, я его с лёгким сердцем отпускаю? Do you think it's easy for me to let him go away?

□ лёгкая атлетика track and field sports.

лёгкая индустрия light industry.

легко easy. Легко сказать — переделать всю работу! It's easy to say, "Let's start the work all over." — Вы думаете, мне там легко? Do you think I have it easy there? • easily. Это легко можно устроить. This can be arranged easily. • simple. Это легко найти. It's very simple to find our house. • slightly. Он был легко ранен. He was slightly wounded. • lightly. Вы слишком легко относитесь к его небрежности. You're taking his carelessness much too lightly. • quickly. Удивительно, как он всё легко схватывает. It's amazing how quickly he grasps things.

легче easier. Легче сказать, чем сделать. It's easier said than done.

□ С вашей лёгкой руки дело пошло. You started the ball rolling here. • Час от часу не легче! Теперь мне ещё весь вечер придётся быть переводчиком. It's just one thing after another here. Now I have to act as an interpreter all evening. • Легче на поворотах. Careful! or Watch your step! • *А, лёгок на помине! Speak of the devil! • *У него лёгкая рука. He has a lucky touch.

лёгкое (AN) lung. У него слабые лёгкие. He has weak lungs.

легкомысленный ([-хк-]) thoughtless. Он очень легкомысленный человек. He's a very thoughtless man.

□ легкомысленно thoughtlessly. Вы поступили легкомысленно, чтобы не сказать больше. You acted very thoughtlessly, to say the least.

легче See лёгкий.

лёд (льда/g -у; на льду/) ice. Лёд уже крепкий, можно переходить на другой берег. The ice is strong enough; you can cross the river. — Положите мне в стакан несколько кусочков льда. Put a few pieces of ice in my glass. — Я вам дам пива прямо со льда. I'll give you some beer right off the ice. — Положите ему на голову пузырь со льдом. Put an ice bag on his head. — У вас руки, как лёд. Your hands are like ice.

□ Пароход был затёрт льдами. Our ship was icebound.

леденец (-нца) hard candy.

ледник icebox, ice-cellar.

ледник (-á) glacier.

ледоход ice drifting. На Волге уже начался ледоход. The ice began to drift along the Volga.

ледяной icy. С реки дул ледяной ветер. An icy blast blew in from the river. — Ничто не могло нарушить его ледяного спокойствия. Nothing could disturb his icy calm. • ice-cold. Он привык принимать ледяной душ. He's in the habit of taking ice-cold showers.

лежать (-жу, -жит; prger лёжа) to lie. В воскресенье я целый день лежал на диване и читал старые журналы. On Sunday I was lying on the couch all day, reading old magazines. — Доктор велел мне лежать на спине. The doctor ordered me to lie flat on my back. — *Довольно на боку лежать! That's enough lying around doing nothing. • to be situated. Город лежал в долине. The town was situated in a valley. • to be resting. Вы думаете, что эта крыша лежит на достаточно прочных стропилах? Do you think that the beams the roof is resting on are strong enough?

□ Эта идея лежит в основе его плана. His whole plan is based on this idea. • Хлеб лежит в столовой на столе. The bread is on the table in the dining room. • Полотенца лежат в верхнем ящике. The towels are in the upper drawer. • Это лежит на моей совести. It's on my conscience. • Он лежит уже две недели. He's been confined to bed for two weeks now. • Вся забота о семье лежит на ней. The whole care of the family is on her shoulders. • Для вас на почте лежат три письма. There are three letters waiting for you at the post office.

лежачий

□ *Под лежачий камень вода не течёт. Nothing ventured, nothing gained. • *Лежачего не бьют. Don't hit a man when he's down.

лезвие blade. Мне нужны новые лезвия для бритвы. I need some new blades for my razor.

лезть (лезу, лезет; p лез, лезла/iter: лазить/) to climb. Мне пришлось лезть за чемоданом на чердак. I had to climb to the attic to get the suitcase. • to fall out. У меня волосы лезут. My hair is falling out. • to bother. Не лезь ко мне с пустяками; я занят. Don't bother me with trifles; I'm busy. — Не лезь к нему с нежностями, он этого не любит. Don't bother him with your affections; he doesn't appreciate them.

□ лезть в голову to pop into one's head. Мне сегодня всё время всякая чепуха в голову лезет. All sorts of silly things keep popping into my head today.

лезть в карман to pick pockets. К вам кто-то в карман лезет! Somebody's picking your pocket!

лезть на стену to hit the ceiling. Он был так возмущён — прямо на стену лез. He was so mad he just hit the ceiling. □ Положение такое, что хоть в петлю лезь. Things are so tough now that I'd like to end it all. • Старая куртка на меня не лезет. I just can't get into the old jacket now. • *Он из кожи вон лезет, чтобы ей понравиться. He goes to great lengths to make an impression on her. • Не лезь не в своё дело. Mind your own business. • *Нечего ей в душу с грязными сапогами лезть. Stop it. Your butting in may hurt her.

лейка sprinkler. Достаньте лейку и полейте цветы. Get a sprinkler and water the flowers.

лейтенант lieutenant.

лекарство drug. У нас недостаток в лекарствах. We're short of drugs. • medicine. Принимайте это лекарство два раза в день. Take this medicine twice a day.

лектор lecturer. Кто сегодняшний лектор? Who's the lecturer today?

лекция lecture. Вы пойдёте сегодня на лекцию во дворец культуры? Are you going to the lecture at the community center today?

лён (льна) flax. Девушки чесали лён. The girls were carding flax.

□ У неё волосы как лён. She's towheaded.

ленивый lazy. До чего же ты ленив! Aren't you lazy! • idle. *На ленивых воду возят. The devil finds work for idle hands.

□ лениво lazily. Он очень лениво работает. He works very lazily.

□ Им только ленивый не командует. Everybody pushes him around.

ленинизм leninism.

лениться (ленюсь, ленится) to be lazy. Не ленитесь! проверьте хорошенько, всё ли заперто. Don't be lazy; make sure everything is locked up. • to get lazy. Он что-то в последнее время стал лениться. For one reason or another he started getting lazy recently.

лента ribbon. У неё красная лента на шляпе. She has a red ribbon on her hat. — Лента на моей машинке совсём износилась. My typewriter ribbon is all worn out.

лентяй lazybones. Вот лентяй, опять уроков не выучил! What a lazybones! He didn't do his homework again! • lazy. Он неисправимый лентяй. He's hopelessly lazy.

лень (F) laziness. Ну, поборите лень и идём гулять. Well, shake off your laziness and let's go for a walk.
☐ Его ругают все, кому не лень. Everybody who can talk scolds him. • Такая лень одолела, что руки поднять не хочется. I feel so lazy that I don't care to lift a finger. • *Он никак не может взяться за работу — лень прежде нас родилась! He just can't get started working. He was just born lazy!

лепесток (-стка) petal.

лепёшка cake. Она дала нам на дорогу ржаных лепёшек и крутых яиц. She gave us some small rye cakes and hard-boiled eggs for our trip.
☐ **мятная лепёшка** peppermint. Хотите мятную лепёшку? Would you like a peppermint?
☐ *Я его в лепёшку разобью. I'll knock him as flat as a pancake.

лес (P -á, 6в/g -у; в лесу́/) woods. Здесь в лесах прятались партизаны. Guerrillas used to hide in these woods. • forest. Смотрите, не заблудитесь в лесу. Be careful you don't get lost in the forest. • lumber. Сколько лесу понадобится на этот забор? How much lumber do we need to build the fence? • timber. Мы сплавляем весь лес по реке. We float all our timber down the river.
☐ **леса** scaffolding. Дом почти готов, рабочие уже начали разбирать леса. The workers are pulling down the scaffolding because the house is almost built.
☐ *Лес рубят — щепки летят. You can't make an omelet without breaking the eggs. • *Чем дальше в лес, тем больше дров. The deeper you go into something, the bigger the problems get. • *Слушайте, нельзя же так! Кто в лес, кто по дрова. Look here; you can't do it with everybody going off in different directions. • Я тут совсем как в лесу. I'm completely in the dark here. • *Он за деревьями леса не видит. He can't see the woods for the trees.

леса (P лёсы) fishing line. Он только закинул лесу — рыба сразу клюнула. As soon as he threw his line in he got a bite.

лесной
☐ **лесная промышленность** timber industry. Он работает в лесной промышленности. He works in the timber industry.
лесные заготовки or **лесозаготовки** collection for state lumber stock pile.
☐ Мы шли по лесной тропинке. We walked through a path in the woods.

лесопилка sawmill.

лестница ([-snj-]) stairs. Лифта у нас нет, но лестница не крутая. We don't have an elevator but the stairs aren't steep. • staircase. Выйди на лестницу, посмотри, кто там стучит. Go to the staircase and see who's knocking.

☐ **подниматься по лестнице** to walk upstairs. Мне трудно подниматься по лестнице. I find it hard to walk upstairs.
складная лестница stepladder.

лестный ([-sn-]) favorable. Его книга получила самые лестные отзывы. His book received very favorable notices.
☐ **лестно** flattering. Это очень лестно, но я, право, этого не заслужил. This is very flattering, but really I don't deserve it.

лесть (F) flattery. Это грубая лесть. That's obvious flattery.
☐ Нет, без всякой лести, вы это прекрасно сделали. Without trying to flatter you, I must say you've done a wonderful job.

летá See год.

летать (iter of лететь) to fly. Вы когда-нибудь летали? Did you ever fly? • to dash. *Он целый день летает по городу. He dashes around the city all day.

лететь (лечу, летит/iter: **летать**/) to fly. Я завтра лечу на Кавказ. I'm flying to the Caucasus tomorrow. — Боже, как время летит! My goodness, how time flies!
☐ Наш самолёт вылетел рано утром, летел без остановки и прилетел в Москву во-время. Our plane took off early in the morning and, after a non-stop flight, reached Moscow on schedule • Тут в Москве деньги так и летят! Money simply disappears here in Moscow.

летний summer. У вас есть летнее пальто? Do you have a summer coat?

лето (P летá/the gp лет mostly replaces that of год/) summer. Всё прошлое лето мы провели в деревне. We spent all last summer in the country.

летом (is of лето) in the summertime. Летом большинство театров закрыто. Most of the theaters are closed in the summertime. • in the summer. Летом здесь жарко и сыро. It's hot and damp here in the summer.

летучка leaflet. Самолёт сбросил летучки. The plane dropped some leaflets.

лётчик flier, aviator.

лётчица aviatrix.

лечебница clinic. Отведите ребёнка в глазную лечебницу. Take this child to the eye clinic.

лечить (лечу, лечит) to treat. Этот доктор лечил моего брата. This doctor treated my brother.
-ся to be treated. Он лечится от подагры. He is being treated for gout. • to doctor oneself. Я лечусь домашними средствами. I doctor myself with home remedies.
☐ Вам надо серьёзно лечиться. You're in need of serious medical attention.

лечу See лететь.

лечь (лягу, ляжет; imv ляг; p лёг, легла, -ó, -и; pct of **ложиться**) to lie down. Она легла в постель и заснула. She lay down in bed and fell asleep.
☐ Он лёг поспать перед обедом. He took a nap before dinner. • Пароход лёг на якорь. The ship anchored. — Вся ответственность легла на меня. All the responsibility fell on me.

лжёшь See лгать.

лжи See ложь.

лживый false. В нём всё лживо. Everything about him is false.
☐ Он лживый человек. He's a liar.

ли if. Пожалуйста, спросите, дома ли он. Please ask if he's

343

at home. • whether. Я не зна́ю, возмо́жно ли э́то. I don't know whether this is possible. — Я не зна́ю, говори́т ли он пра́вду. I don't know whether he is telling the truth. — Не зна́ю, посла́ть ли мне э́то письмо́ заказны́м и́ли просты́м. I don't know whether to send this letter by registered or regular mail.

☐ ли . . . ли either . . . or. Вам ли идти́, мне ли — всё равно́, кому́-нибудь идти́ придётся. Either you go or I will, but someone has to go.

☐ Слу́шайте, не найдётся ли у вас рубля́ до за́втра? By the way, can't you let me have a ruble until tomorrow? • Не вы́пить ли нам ча́ю? Shall we have a cup of tea?

либера́льный liberal. Он челове́к либера́льных взгля́дов. He's a man of liberal views.

ли́бо or. Его́ мо́жно повести́ в теа́тр ли́бо в кино́. You can take him to the theater or the movies.

☐ ли́бо . . . ли́бо either . . . or. Он приезжа́ет ли́бо сего́дня, ли́бо за́втра. He'll arrive either today or tomorrow. • or. *Ли́бо пан, ли́бо пропа́л. Sink or swim.

-либо (added to -question words, §23).

☐ кто́-либо, когда́-либо, где́-либо See кто, когда́, где.

либре́тто (indecl N) libretto.

ли́вень (-вня M) downpour. У вас ча́сто быва́ют таки́е ли́вни? Do you have such downpours often?

ли́га

☐ Ли́га на́ций The League of Nations.

ли́дер leader. А кто ли́дер э́той па́ртии? Who's the leader of that party?

ликвиди́ровать (both dur and pct) to put an end to. Мы ликвиди́ровали э́тот неприя́тный инциде́нт. We put an end to that unpleasant incident. • to wipe out. В э́том году́ на́шему колхо́зу уда́стся ликвиди́ровать всю задо́лженность. This year our kolkhoz will be able to wipe out all its debts. — Негра́мотность у нас в райо́не уже́ давно́ ликвиди́рована. In our region all illiteracy has been wiped out.

ли́лия Easter lily.

лило́вый purple.

лимо́н (/g -y/) lemon. Вам ча́ю с лимо́ном и́ли со сли́вками? Do you take lemon or cream in your tea?

☐ К концу́ дня я совсе́м как вы́жатый лимо́н. I'm all worn out at the end of the day.

лимона́д lemon soda; lemonade.

лине́йка ruler. Мне нужна́ лине́йка и ци́ркуль. I need a ruler and a compass.

☐ **бума́га в лине́йку** ruled paper. Купи́те бума́гу в лине́йку. Buy some ruled paper.

ли́ния line. Что он за чертёжник! И прямо́й ли́нии провести́ не уме́ет. He's no draftsman. He can't even draw a straight line. — Здесь скре́щиваются не́сколько авто́бусных ли́ний. Several bus lines cross here. — У нас со́рок четы́ре трамва́йных ли́нии — мо́жно куда́ уго́дно дое́хать. We've got forty-four trolley lines; they'd get you anywhere. — Здесь проходи́ла ли́ния фро́нта. The front line passed through here.

☐ **генера́льная ли́ния па́ртии** general party line. **по прямо́й ли́нии** as the crow flies. По прямо́й ли́нии э́то два́дцать киломе́тров отсю́да. It's twenty kilometers from here as the crow flies.

линя́ть to fade. Эта мате́рия линя́ет. This material fades. • to shed. Моя́ соба́ка тепе́рь линя́ет. My dog is shedding now.

ли́па linden tree.

ли́пкий (sh -пка́) sticky. У меня́ от конфе́т ру́ки ли́пкие. My hands are all sticky with candy.

☐ На́до пове́сить в ку́хне ли́пкую бума́гу от мух. Some flypaper ought to be hung in the kitchen.

лиса́ (P ли́сы) fox. Я ви́дел лису́ в по́ле. I saw a fox in the field. — Посмотри́те, вот купи́л жене́ лису́ на воротни́к. Look at the fox collar I bought my wife.

☐ Вы не смотри́те, что он тако́й лисо́й прики́дывается. Be careful of him; he's not as easygoing as he looks.

лист (-а́, P -ы́/"sheets"/, or ли́стья, -стьев, стья́м/"leaves"/) leaf. Ли́стья уже́ на́чали опада́ть. The leaves have already begun to fall. — Ну что ты дрожи́шь, как оси́новый лист? Тебя́ никто́ не тро́нет. Why are you shaking like a leaf? Nobody's going to touch you. • sheet. Да́йте мне, пожа́луйста, не́сколько листо́в бума́ги. Give me a few sheets of paper, please.

литерату́ра literature. По э́тому предме́ту существу́ет обши́рная литерату́ра. There's extensive literature on this subject. — Неда́вно вы́шла прекра́сная кни́га по исто́рии ру́сской литерату́ры. An excellent book on the history of Russian literature was recently published. — Литерату́ру, спра́вочники и расписа́ние мо́жно получи́ть в Интури́сте. You can get literature, guidebooks, and a timetable at the Intourist.

литерату́рный literary. Приходи́те за́втра на собра́ние на́шего литерату́рного кружка́. Come to the meeting of our literary circle tomorrow.

литр liter.

лить (лью, льёт; imv лей; p лила́) to pour. Не ле́йте в э́тот стака́н, он с тре́щиной. Don't pour it in this glass; it has a crack in it. — Сего́дня с утра́ льёт. It's been pouring all day. • to cast. На на́шем заво́де льют чугу́н. They cast pig iron in our factory.

☐ Осторо́жней! Вы льёте че́рез край. Careful, it's spilling over!

-ся to run. Вода́ не льётся; ве́рно водопрово́д испо́рчен. The water isn't running. There's something wrong with the plumbing.

лифт elevator. Подними́тесь на ли́фте. Take the elevator up.

ли́фчик brassiere.

лихора́дка fever. Я схвати́л боло́тную лихора́дку. I caught swamp fever. — Что ты дрожи́шь, как в лихора́дке? Why are you trembling as if you had a fever?

☐ Ра́зве вы не ви́дите? У па́рня любо́вная лихора́дка. Don't you see the fellow's madly in love?

лицево́й face. У него́ парализо́ваны лицевы́е му́скулы. His face muscles are paralyzed.

☐ **лицева́я сторона́** right side. Кака́я в э́том платке́ лицева́я сторона́? Which is the right side of this kerchief?

лицеме́рный hypocrite. Не ве́рьте ему́, он лицеме́рный челове́к. Don't trust him! He's such a hypocrite.

лицо́ (P ли́ца) face. Его́ лицо́ мне знако́мо. His face is familiar. • person. Все ли́ца, прича́стные к э́тому де́лу, должны́ яви́ться в суд. All persons connected with the case must appear in court.

☐ **в лицо́** by sight. Я его́ зна́ю в лицо́. I know him by sight.

де́йствующее лицо́ character. Ско́лько де́йствующих лиц в э́той пье́се? How many characters are there in this play? **лицо́м к лицу́** face to face. Мы с ним столкну́лись лицо́м к лицу́, и мне пришло́сь с ним поздоро́ваться. We came face to face and I just couldn't avoid greeting him.

подставно́е лицо́ figurehead. Он то́лько подставно́е лицо́, а не настоя́щий руководи́тель. He's not the real leader. He's just a figurehead.

стать лицо́м to face. Ста́ньте-ка лицо́м к све́ту! Face the light!

□ Посмотри́те мне пря́мо в лицо́. Look me straight in the eye. • *Он лицо́м в грязь не уда́рит. He'll give a good account of himself. • *На нём лица́ нет; что случи́лось? He's as pale as a ghost; what happened? • Э́тот костю́м вам к лицу́. This suit looks good on you. • *Он уме́ет показа́ть това́р лицо́м. He can show things in their best light.

ли́чность person. Сто два́дцать седьмо́й пара́граф сове́тской конститу́ции гаранти́рует неприкоснове́нность ли́чности. The hundred and twenty-seventh paragraph of the Soviet Constitution guarantees inviolability of the person. • individual. По-мо́ему, ме́жду интере́сами ли́чности и интере́сами о́бщества нет противоре́чия. In my opinion, there's no contradiction between the interests of the individual and those of society. • figure. Он не вы́думка романи́ста, а истори́ческая ли́чность. He isn't a character out of fiction but an historic figure.

ли́чный personal. В Сове́тском Сою́зе существу́ет ли́чная со́бственность. The Soviet Union recognizes personal property. — Э́то моё ли́чное мне́ние. It's my personal opinion. — Опера́ция вела́сь под ли́чным наблюде́нием профе́ссора. The operation was performed under the personal supervision of the professor.

□ **ли́чный соста́в** personnel. Он заве́дует ли́чным соста́вом на́шего комбина́та. He manages the personnel of our combine.

ли́чно in person. Вам на́до бу́дет яви́ться ли́чно. You'll have to come in person. • personally. Я ли́чно ничего́ про́тив э́того не име́ю. Personally, I have nothing against it.

лиша́ть (/pct: **лиши́ть**/) to deprive. Я не хочу́ лиша́ть его́ за́работка. I don't want to deprive him of his income.
-ся to lose.

лиши́ть (pct of **лиша́ть**) to deprive. За что его́ лиши́ли о́тпуска? Why was he deprived of his vacation? • to deny. Председа́тель лиши́л меня́ сло́ва. The chairman denied me the right to speak.

□ **лиши́ть пра́ва** to deny a right. Посо́льство бы́ло лишено́ пра́ва по́льзоваться ко́дом. The embassy was denied the right of a private code.

□ Он соверше́нно лишён чу́вства ме́ры. He has no sense of proportion.
-ся to lose. Он лиши́лся зре́ния и слу́ха. He lost his sight and hearing. — Я ра́но лиши́лся отца́. I lost my father when I was still young.

□ **лиши́ться чувств** to faint. Она́ лиши́лась чувств от истоще́ния. She fainted from complete exhaustion.

ли́шний unnecessary. Ли́шние ве́щи снеси́те на черда́к. Put the unnecessary things in the attic. — Расска́зывайте без ли́шних подро́бностей. Tell us about it without unnecessary details. • spare. У меня́ ли́шней копе́йки не остаётся. I never have a spare penny. • extra. Нет ли у вас ли́шнего карандаша́? Do you have an extra pencil? • superfluous. Э́то соверше́нно ли́шнее. This is altogether superfluous.

□ **ли́шний раз** once more. Не меша́ет ли́шний раз ему́ об э́том напо́мнить. It wouldn't hurt to remind him of it once more.

с ли́шним odd. Э́то вам обойдётся в две́сти рубле́й с ли́шним. It'll cost you two hundred odd rubles.

□ Я ви́жу, что я здесь ли́шний. I see that I'm in the way here. • Он, ви́димо, вы́пил ли́шнего. He evidently had one drink too many. • Укажи́те ему́ на дверь без ли́шних слов. Don't waste any words; just show him the door.

лишь only. Лишь бы он вы́здоровел! If he'd only get well!

□ **лишь то́лько** as soon as. Лишь то́лько услы́шите что́-нибудь, сейча́с же напиши́те. Write me as soon as you hear something.

□ Вам лишь бы посмея́ться. You'd do anything for a joke. • Не хвата́ет лишь того́, что́бы и он опозда́л! All we need now to make it a complete flop is for him to come late.

лоб (лба/на лбу/) forehead. У него́ весь лоб в морщи́нах. His forehead is all wrinkled.

□ Мне остаётся то́лько пу́лю в лоб пусти́ть. About the only way out for me is to put a bullet through my head. • *Э́то у него́ на лбу напи́сано. It's written all over his face. • *Он семи́ пяде́й во лбу. He's as smart as a whip.

лови́ть (ловлю́, ло́вит/pct: **пойма́ть**/) to catch. Лови́те мяч! Catch the ball! — Наш котёнок ещё мыше́й не ло́вит. Our kitten doesn't catch mice yet. — Я ча́сто ловлю́ себя́ на жела́нии вы́ругать его́ как сле́дует. I often catch myself wishing that I could bawl him out.

□ **лови́ть на сло́ве** to take at one's word. Я вас ловлю́ на сло́ве. I take you at your word.

лови́ть ры́бу to fish. Они́ пошли́ ры́бу лови́ть. They went fishing.

□ (no pct) Лови́ моме́нт! Here's your chance!

ло́вкий (sh -вка́; cp ло́вче, ловче́е) nimble. Чьи́-то ло́вкие ру́ки перевяза́ли его́ ра́ну. Someone with nimble fingers bandaged his wound. • clever. Я не знал, что он тако́й ло́вкий игро́к. I didn't know that he was such a clever player. • shrewd. Его́ ло́вкий отве́т поста́вил меня́ втупи́к. His shrewd answer left me speechless.

□ **ло́вко** smartly. Он ло́вко сиди́т в седле́. He sits smartly in the saddle. • cleverly. Он вас ло́вко провёл. He tricked you cleverly.

□ Он уме́ет ло́вко изворо́чиваться. He knows how to get himself out of tough situations. • Э́то был ло́вкий ход. That was a master stroke.

ло́вкость (F) agility. Он с необыча́йной ло́вкостью вскара́бкался на де́рево. He climbed the tree with remarkable agility.

□ Прия́тно смотре́ть, с како́й ло́вкостью она́ рабо́тает. It's a pleasure to watch how skillfully she works.

лову́шка trap. В на́шу лову́шку попа́ла лиса́. A fox was caught in our trap.

□ Он сли́шком умён, что́бы попа́сться в э́ту лову́шку. He's too smart to fall for that.

ло́вче See **ло́вкий**.

ловче́е See **ло́вкий**.

ло́гика logic.

ло́дка boat. Ло́дка у меня́ есть, но грести́ я не уме́ю. I have a boat, but I don't know how to row.

□ **мото́рная ло́дка** motorboat.

подво́дная ло́дка submarine.

спаса́тельная ло́дка lifeboat. Вы зна́ете но́мер ва́шей спаса́тельной ло́дки? Do you know the number of your lifeboat?

☐ Я люблю катáться на пáрусной лóдке. I like to go sailing.

лóдырь (*M*) loafer.

лóжа box. Дáйте мне два мéста в лóже. Let me have two box seats, please.

лóжечка (little) spoon.

☐ **под лóжечкой** pit of the stomach. У меня под лóжечкой сосёт от гóлода. I'm so hungry I have an empty feeling in the pit of my stomach.

чáйная лóжечка teaspoon. На столé не хватáет чáйных лóжечек. There aren't enough teaspoons on the table.

ложúться (/*pct*: **лечь**/) to lie down. Не ложúтесь на эту кровáть, онá слóмана. Don't lie down on this bed; it's broken. • **to go to bed.** Он вставáл рáньше всех, ложúлся послéдним. He would be the first one up and the last one to go to bed.

☐ **ложúться спать** to go to bed. Ну, порá и спать ложúться. Well, it's time to go to bed.

☐ На эту бумáгу крáска плóхо ложúтся. This paper doesn't have a good surface for painting.

лóжка spoon. Вы положúли на стол столóвые и десéртные лóжки, а разливáтельную лóжку забыли. You've laid out tablespoons and dessert spoons, but you've forgotten the ladle.

☐ **чáйная лóжка** *or* **лóжечка** teaspoon. Принимáйте это лекáрство утром и вéчером по чáйной лóжке. Take a teaspoonful of this medicine every morning and night.

☐ *Это лóжка дёгтю в бóчке мёду. That's the fly in the ointment. • **Вы никогдá не кóнчите этой рабóты, éсли бýдете дéлать чéрез час по столóвой лóжке. You'll never finish this job if you do it piecemeal.

лóжный false. Óчень жаль, что вы повéрили этим лóжным слýхам. It's a pity you believed these false rumors. — Это былá лóжная тревóга. It was a false alarm.

☐ Скажý без лóжной скрóмности, я это дéло понимáю. I don't mind saying that I know this business very well.

ложь (лжи, *i* лóжью *F*) lie. Я уличúл егó во лжи. I caught him telling a lie. — Это нáглая ложь! Я там нé был. It's an out-and-out lie. I wasn't there.

лóзунг slogan. Это у нас сáмый популярный лóзунг. This is our most popular slogan.

локомотúв locomotive.

лóкон curl. У неё головá вся в лóконах. Her head is all covered with curls.

лóкоть (-ктя, *P* -кти, локтéй *M*) elbow. Уберúте лóкти со столá. Take your elbows off the table!

☐ У вас дырки на локтях. You're coming out at the elbows. • **Блúзок лóкоть, да не укýсишь. So near and yet so far.

лом (*P* -ы, -óв) crowbar. Принесúте мне лом и топóр. Bring me a crowbar and an ax.

☐ **желéзный лом** scrap iron. Мы собирáем желéзный лом. We're collecting scrap iron.

ломáть (/*pct*: **с-**/) to break. Нáши товáрищи ломáют вéтки для кострá. Our friends are breaking twigs for a fire. • **to break away.** В его гóды емý бýдет не легкó ломáть жизнь. At his age he'll find it difficult to break away from his old way of living. • **to damage.** Прóсят цветóв не рвать, дерéвьев не ломáть. Don't damage the trees or pick the flowers.

☐ (*no pct*) *Не ломáйте себé гóлову, кáк нибудь всё устрóится. Don't rack your brains over it; it'll be all right.

-ся to break. Линéйка гнётся, но не ломáется. The ruler bends without breaking. — У меня нóгти легкó ломáются. My nails break easily. • **to change.** У негó ломáется гóлос. His voice is changing.

☐ (*no pct*) Спóйте, брóсьте ломáться. Come now, don't be coy; sing something for us.

ломúть (ломлю, лóмит).

-ся to bend. Яблок в этом годý уродúлось стóлько, что сýчья лóмятся. The branches are bending under the weight of the apples this year. • **to break.** Толпá ломáлась в двéри. The crowd was breaking down the door.

☐ Стол так и лóмится под закýсками. The table is piled high with refreshments.

лóмкий (*sh* -мкá) fragile. Это óчень лóмкая посýда. These dishes are very fragile. — Осторóжно! Лóмкое! Handle with care. Fragile.

ломóть (-мтя *M*) thick slice. Мать далá кáждому по большóму ломтю хлéба. Their mother gave every one of them a thick slice of bread.

лóмтик slice. Онá отрéзала тóнкий лóмтик ветчины. She cut off a thin slice of ham.

☐ Бýлка былá нарéзана лóмтиками. The white bread was sliced thin.

лопáта shovel, spade. Он брóсил лопáту землú в яму. He threw a shovelful of dirt into the hole.

лопáтка shovel. Мне нужнá мáленькая лопáтка. I need a small shovel. • **shoulder blade.** Под лопáткой кóлет! I have a sharp pain under my shoulder blade.

☐ Он в одúн миг положúл егó на óбе лопáтки. He pinned him to the canvas in one minute. • **Он брóсился бежáть во все лопáтки. He started to run as fast as he could.

лопáться (/*pct*: **лóпнуть**/) to burst. Онá прямо лóпается от любопытства. She's just bursting with curiosity.

лóпнуть (*pct of* **лопáться**) to break. На гитáре все стрýны лóпнули. All the strings on the guitar broke. — Положúте лóжечку в стакáн, а то он лóпнет. Put a spoon in the glass. It'll keep the glass from breaking. • **to break open.** Не нáдо рéзать, нарыв сам лóпнет. You don't have to lance this boil; it'll break open by itself. • **to burst.** Наш план лóпнул, как мыльный пузырь. Our plan burst like a bubble.

☐ Éсли так бýдет продолжáться, то у меня скóро лóпнет терпéние. If this keeps up I'll lose my patience. • **У нас лóпнула шúна. We have a flat tire. • **Я чуть не лóпнул со смеху. I nearly died laughing.

лоскýт (-á/*P* лоскýтья, -тьев, -тьям/) piece of material. У меня есть подходящий лоскýт, я вам залатáю лóкти. I have a suitable piece of material that I can make elbow patches out of.

лососúна salmon. Не хотúте ли лососúны под бéлым сóусом? Would you care for some creamed salmon?

лотерéя lottery.

лохáнка tub. Принесúте мне лохáнку для мытья посýды. Get me a tub to wash dishes in.

лохáнь *See* **лохáнка.**

лохмóтья (-тьев *P*) tatters. От этого плáтья остáлись однú лохмóтья. This dress is all in tatters.

лóцман pilot. Лóцман ввёл парохóд в порт. The pilot steered the boat into port.

лошадиный horse. Это мотор в сто лошадиных сил. This is a hundred-horsepower motor.

лошадь (*P* -ди, лошадей, *i* лошадьми *F*) horse. К нам надо ехать со станции на лошадях. You'll have to take a horse-drawn carriage at the station to get to our house.

☐ **беговая лошадь** race horse.

верховая лошадь saddle horse. Где тут можно получить верховую лошадь? Where can I hire a saddle horse?

ломовая лошадь truck horse.

луг (*P* -а -ов/на лугу/) meadow. Поблизости от колхоза обширные луга. There are very large meadows near the kolkhoz.

лужа puddle. После дождя на улице стояли глубокие лужи. There were big puddles in the street after the rain. — Дом в ужасном состоянии — крыша протекает, на полу лужи. The house is in terrible condition. The roof leaks and there are puddles on the floor.

☐ *Он пришёл не приготовившись, и сел в лужу. He was poorly prepared and failed miserably.

лук (/*g* -у/) onion. У нас сегодня пирог с луком. We have an onion pie today. — Хотите бифштекс с луком? Would you care for a steak with onions?

☐ **зелёный лук** scallion. Я люблю селёдку с зелёным луком. I like herring with scallions.

луна (*P* луны) moon.

лупа magnifying glass.

луч (-а) ray. Сюда не проникает ни единого луча солнца. Not a single ray of sunshine ever gets in here. • beam. Лётчик пошёл на посадку по радиолучу. The flier came in on the beam.

лучина kindling. Наколите лучины для самовара. Get some kindling ready to heat up the samovar.

лучше See **хороший**.

лучший (/*ср* of **хороший**/).

лыжа ski. Я сломал лыжу. I broke my ski.

☐ **ходить на лыжах** to ski. Они хорошо ходят на лыжах. They ski well.

☐ *Он решил навострить лыжи. He decided to skip out.

лыжник skier.

лысый (*sh* -са) bald. Нет, он не лысый, это у него голова выбрита наголо. He's not bald; it's just that his head is shaved. — Он лыс, как колено. He's as a bald as a billiard ball.

льва See **лев**.

львы See **лев**.

льготный at a reduced rate. Железные дороги дают льготные билеты своим рабочим и служащим. The railroads give all their employees transportation at reduced rates.

льда See **лёд**.

льдина ice floe. Он два дня продержался на льдине, пока не подоспела помощь. He held on to an ice floe for two days until he was rescued.

льды See **лёд**.

льна See **лён**.

льняной flaxen.

льстить to flatter. Ему льстит внимание художников. He feels flattered by the attention artists pay to him. — Он всем льстит. He flatters everybody.

льщу See **льстить**.

лью See **лить**.

любезность (*F*) politeness. Он ничего особенного для вас

не сделал, это была простая любезность. He didn't do anything special for you; he just did it out of politeness. • favor. Окажите мне эту любезность. Do me this favor.

любезный kind. Он всегда очень любезен. He's always very kind. — Будьте любезны, прекратите этот шум! Will you be kind enough to stop that noise! • polite. Он всегда со всеми любезен. He's polite to everyone.

☐ **любезно** graciously. Профессор любезно согласился прочесть лекцию у нас в клубе. The professor graciously consented to lecture at our club. • kindly. Он любезно согласился взять для вас посылку. He kindly agreed to take the package for you.

любимец (-мца) favorite. Он был любимцем матери. He was his mother's favorite.

любимица favorite. *F*. Эта артистка любимица публики. This actress is a favorite with the public.

любимый (/*prpp of* **любить**/) favorite. Он надел свой любимый галстук. He put on his favorite necktie. — Это моё любимое блюдо. This is my favorite dish. • darling. Мой любимый! Darling!

☐ **любимая девушка** sweetheart. Он получил письмо от любимой девушки. He received a letter from his sweetheart.

любимое занятие hobby. Фотография — моё любимое занятие. Photography is my hobby.

любитель (*M*) fan. Я всегда был любителем спорта. I've always been a sports fan. • amateur. Эти любители играют не хуже иных профессионалов. These amateurs are as good as some professionals.

☐ Я не слишком большой любитель грибов. I'm not so crazy about mushrooms.

любить (люблю, любит) to love. Я вас люблю: хотите быть моей женой? I love you. Do you want to marry me? — Они безумно любили друг друга. They loved each other madly. • to like. Я люблю, чтобы в комнате было светло. I like a lot of light in a room. — Я очень люблю Чехова. I like Chekhov very much. — Он любит свою работу. I likes his work. • to be fond of. Я люблю сладкое. I'm fond of sweets.

любовь (-бви, *i* любовью *F*) love. Наша любовь оказалась недолговечной. Our love proved short-lived. — Меня в нём подкупает его бескорыстная любовь к людям. What won me over to him was his unselfish love of people. • Эта девушка — моя первая любовь. This girl was my first love. • devotion. Я только во время войны понял, что такое любовь к родине. Only in wartime did I understand the meaning of devotion to one's country.

☐ Он это сделал так — из любви к искусству. He did this just for the fun of it. • *Любовь зла, полюбишь и козла. Love is blind.

любой any. Приходите к нам в любое время. Come to see us any time you like. — Я этого добьюсь любой ценой. I'll get it done at any cost. • any kind. Любая работа мне подойдёт. Any kind of work will suit me. • any one. Можете выбрать любую из этих книг. You may choose any one of these books.

любопытный curious. Ишь, какой любопытный, всюду свой нос суёт. He's so damned curious he sticks his nose in everywhere. • odd. Это любопытное совпадение. It's an odd coincidence.

☐ **любопытно** curious. Любопытно было бы узнать,

зачём он, со́бственно, прие́хал. I'm curious to find out just why he came.

□ Это любопы́тная кни́га, сто́ит проче́сть. This book is so unusual that it's well worth reading.

любопы́тство curiosity. За́пертая дверь возбуди́ла её любопы́тство. The locked door aroused her curiosity.

лю́ди (люде́й, лю́дям, *i* людьми́ *P/serves as P of* **челове́к**; *the g is in part replaced by* наро́ду; *see* **наро́д**/) people. Это зве́ри, а не лю́ди. They are more like beasts than people. — Что лю́ди ска́жут? What will people say? — Я зна́ю, вы все лю́ди энерги́чные. I know you all as energetic people.

• men. Кого́ посла́ть? У меня́ люде́й нет. Who'll I send? I have no men.

□ **свои́ лю́ди** friends. Мы тут все свои́ лю́ди. We're all friends here.

□ Тяжело́ быть всё вре́мя на лю́дях. It's hard being without privacy all the time. • *На лю́дях и смерть красна́. Misery loves company.

люк trapdoor.

лю́лька cradle.

лю́стра (*gp* лю́стр) chandelier.

ля́гу *See* **лечь**.

M

мавзоле́й mausoleum. Вы ви́дели мавзоле́й Ле́нина? Have you seen the mausoleum of Lenin?

магази́н store. Это мо́жно доста́ть в универса́льном магази́не. You'll find it in a department store. — В э́том кни́жном магази́не есть все после́дние нови́нки. All the latest editions are in this book store. — В куста́рном магази́не мо́жно купи́ть хоро́шие игру́шки. You can buy good toys in the kustar store.

□ **магази́н Тэжэ́** "Tezhe" store (cosmetics store). В магази́нах Тэжэ́ продаётся прекра́сный одеколо́н. You can buy excellent cologne at the "Tezhe" stores.

моло́чный магази́н dairy store.

москате́льный магази́н paint shop. За кра́сками и кле́ем придётся пойти́ в москате́льный магази́н. You'll have to go to the paint shop for your paint and glue.

мясно́й магази́н butcher shop.

овощно́й магази́н vegetable store.

магистра́ль (*F*) main (railroad) line.

магни́тный magnetic.

ма́жу *See* **ма́зать**.

ма́зать (ма́жу, -жет) to smear. Не ма́жьте откры́той ра́ны ио́дом. Don't smear iodine on an open wound. • to smudge. Он ве́чно ма́жет сте́нку гря́зными рука́ми. He always smudges the wall with his dirty hands.

мазь (/на мази́/*F*) ointment. Ци́нковая мазь вам помо́жет. Zinc ointment will help you.

□ **колёсная мазь** axle grease. Я весь испа́чкался колёсной ма́зью. I've got axle grease smeared all over me.

□ *Де́ло на мази́! Things are shaping up.

май May. Я роди́лся в ма́е. I was born in May. — Пе́рвое ма́я большо́й пра́здник в СССР. May Day is a big holiday in the USSR.

ма́йка sport shirt.

мак poppy. Я купи́л буке́т кра́сных ма́ков. I bought a bunch of red poppies. • poppy seed. Да́йте мне бу́лочек с ма́ком. Let me have some poppy-seed buns.

макаро́ны (-ро́н *P*) macaroni.

макре́ль (*F*) mackerel.

ма́ленький small. Её де́ти ещё совсе́м ма́ленькие. Her children are still very small. — В э́той ма́ленькой ко́мнате нам не помести́ться. We won't be able to crowd into such a small room. • little. К нам подошла́ ма́ленькая де́вочка. A little girl came up to us. — Со мной случи́лась ма́ленькая неприя́тность. I had a little trouble. • petty. Он о́чень ма́ленький челове́к. He is a very petty person.

• baby. Я не ма́ленький, сам понима́ю. I'm no baby; I know that.

мали́на raspberry. Ля́гте в посте́ль, вы́пейте горя́чей мали́ны и всё пройдёт. Go to bed, drink some hot raspberry tea, and you'll be well in no time.

□ *У нас тут тепе́рь житьё — мали́на. We're in clover.

ма́ло (/*sh N of* **ма́лый**¹/) few. У нас на заво́де ма́ло прогу́лов. We have few cases of absenteeism at our factory. — Ма́ло кто зна́ет его́. Few people know him. • not much. Я их тепе́рь ма́ло ви́жу. I don't see much of them now.

□ **бо́лее и́ли ме́нее** more or less. Я э́то бо́лее и́ли ме́нее понима́ю. I understand it more or less.

ма́ло-ма́льски halfway. Вся́кий ма́ло-ма́льски поря́дочный челове́к так посту́пит. Any halfway decent person would do the same thing.

ма́ло-пома́лу little by little. Пу́блика ста́ла ма́ло-пома́лу расходи́ться. The crowd started to break up little by little.

ма́ло того́ not only. Ма́ло того́, что он пло́хо слы́шит, он ещё слеп на оди́н глаз. Not only is he deaf but he's also blind in one eye.

ме́ньше less. У вас тепе́рь бу́дет уходи́ть ме́ньше вре́мени на пое́здку. It'll take you less time to travel now.

сли́шком ма́ло not enough, too little. Он сли́шком ма́ло ест. He doesn't eat enough.

□ Ма́ло ли где мы мо́жем встре́титься! Who knows where we might meet! • Мне сто́ило не ма́ло труда́ уговори́ть его́. It was a tough job to persuade him. • Ма́ло ли что он говори́т, я зна́ю сам, что де́лать. I don't care what he says, I know what to do. • Его́ исключи́ли из шко́лы, а ему́ и го́ря ма́ло. He was expelled from school, and doesn't care at all. • Всё э́то мне ма́ло нра́вится. I don't like this very much.

малова́то too little. А не малова́то бу́дет? Isn't that too little?

малокро́вие anemia.

малоле́тний minor. Он малоле́тний и сам реша́ть не мо́жет. He's still a minor and can't decide that matter for himself. • juvenile. Это коло́ния для малоле́тних правонаруши́телей. This is a reformatory for juvenile delinquents.

ма́лый¹ (*sh* -ла́/-о́, -ы́/; *ср* ме́ньший; ме́ньше, *adv* ме́нее) small. Это сыгра́ло не ма́лую роль в его́ реше́нии. This played no small part in his decision. — Эти ту́фли мне малы́. These shoes are small for me. — Эта ко́мната сли́шком мала́.

This room is too small. • little. Ты словно малый ребёнок. You're acting like a little child.

☐ **без малого** just under. Он мне должен без малого сто рублей. He owes me just under a hundred rubles.

малая скорость slow freight. Пошлите свой багаж малой скоростью. Send your baggage by slow freight.

малое little. Она не умеет довольствоваться малым. She can't be satisfied with little.

меньше smaller. Ваша комната гораздо меньше моей. Your room is very much smaller than mine.

меньший smaller. Я возьму меньшую порцию. I'll take the smaller portion. • lesser. Придётся из двух зол выбирать меньшее. It'll be necessary to choose the lesser of two evils.

от мала до велика big and small. В поле вышли все от мала до велика. Everybody, big and small, came out into the field.

по меньшей мере at least. На эту работу уйдёт, по меньшей мере, неделя. This work will take at least a week.

☐ Он с малых лет любит читать. He's been fond of reading since early childhood. • У неё пятеро ребят, мал-мала меньше. She has five children, each one smaller than the next.

малый² (/noun/; fellow/*AM*) fellow. Он славный малый. He's a nice fellow.

мальчик boy. У нас в школе мальчики и девочки учатся отдельно. In our school the boys and girls study separately. • youngster. Он ещё совсём мальчик. He's still a youngster.

маляр (-á) house painter. Он не художник, а маляр. He's more of a house painter than an artist.

малярия malaria.

мама mama.

мандарин tangerine.

мандолина mandolin.

манёвр (*also* манёвр) maneuver. В июле наш полк был на манёврах. Our regiment went on maneuvers in July. • move. Ловкими манёврами он добился своего. He gained his ends by shrewd moves.

манера manner. У него противные манеры. He has an unpleasant manner. • way. Мне нравится его манера спорить. I like the way he argues. • style. У неё своя манера в живописи. She has her own style of painting.

манжета cuff. Осторожнее, вы попадёте манжетой в подливку. Careful, you'll get your cuff in the gravy.

маникюр manicure.

мануфактура textiles.

мариновать (*pct:* за-) to pickle. Она хорошо умеет мариновать грибы. She knows how to pickle mushrooms. — Хотите маринованную селёдку на закуску? Would you like some pickled herring as hors d'oeuvres?

☐ Только, пожалуйста, не маринуйте этой заметки, пустите её сразу. Don't lay aside this bit of news; print it immediately.

марка stamp. Вы забыли наклеить марку на письмо. You forgot to put a stamp on your letter. • make. Какой марки ваш автомобиль? What make is your car? • brand. Это вино известной марки. This is a well-known brand of wine.

☐ **почтовая марка** postage stamp. Купите мне почтовых марок. Please get some postage stamps.

марксизм Marxism.

марксистский Marxian.

марля gauze.

мармелад candy made of fruit.

март March.

марш (*M*) march. Оркестр играл похоронный марш. The orchestra played a funeral march.

☐ Полк прошёл церемониальным маршем по городу. The regiment paraded through the city. • Марш отсюда! Get out!

маршировать to march. Мы сегодня маршировали два часа. We marched for two hours today.

маршрут route. Какой маршрут этого трамвая? What route does this trolley take? • itinerary. Маршрут нашей поездки уже разработан. The itinerary of our trip is already worked out.

маска mask. Возьмите с собой противогазовую маску. Take a gas mask with you.

☐ Наконец-то он сбросил маску. He finally showed his true colors.

масленица carnival.

маслёнка butter dish.

масло (*P* масла, масл *or* масел, маслам) butter. Дайте мне хлеба с маслом. Give me some bread and butter. • oil. Это зажарено на подсолнечном масле. This is fried with sunflower-seed oil. — Подлейте прованского масла в салат. Put some olive oil on the salad. — *Не подливайте масла в огонь. Don't pour oil on the fire.

☐ **касторовое масло** (*See also* касторка) castor oil.

растительное масло vegetable oil.

☐ В вашей машине всё масло вышло. Your car needs oiling. • *У нас всё идёт, как по маслу. Things are running along as smooth as grease.

масса a great deal. У нас в последнее время была масса неприятностей. We've had a great deal of trouble recently. • plenty. У нас ещё масса времени. We still have plenty of time. • lots. У него масса работы. He has lots of work. • very many. У него масса учеников. He has very many pupils. • substance. Вместо каучука на это употребляют новую синтетическую массу. They're using a new synthetic substance in place of rubber.

☐ **массы** masses. Этот лозунг очень популярен в массах. This slogan is very popular with the masses.

массаж (*M*) massage.

мастер (*P* -á, -óв) foreman. Он мастер в нашем цехе. He's the foreman of our shop.

☐ **старший мастер** head foreman. Спросите у старшего мастера. Ask the head foreman.

☐ Он мастер своего дела. He knows his business. • *Он на все руки мастер. He's a jack-of-all-trades. • *Дело мастера боится. It takes an old hand to do a good job.

мастерица skilled worker, *F*. Она работает мастерицей в шляпной мастерской. She's a skilled worker in a hat factory.

☐ Она большая мастерица пироги печь. She's an expert at baking pies.

мастерская (*AF*) department. Сколько человек работает в ремонтной мастерской? How many people work in the repair department? • workshop. Он работает в маленькой кустарной мастерской. He works in a small handicraft (kustar) workshop. • studio. Это помещение не годится для мастерской художника. This place isn't suitable for an artist's studio.

☐ **пошивочная мастерская** tailor shop.

сапожная починочная мастерская shoe-repair shop.

масшта́б ([-ašt-]) scale. Есть у вас ка́рта кру́пного масшта́ба? Have you got a large-scale map? — У нас всё стро́ится в большо́м масшта́бе. We build things on a large scale here.

математика mathematics.

ма́тери *See* **мать.**

материа́л *or* **материя́л** material. Захвати́те с собо́й перевя́зочный матерья́л. Take the first-aid material with you. — Он собира́ет материа́л для кни́ги. He's collecting material for his book. — Это сде́лано из хоро́шего материа́ла. This is made of good material. ● cloth. Он мне присла́л материа́л на пальто́. He sent me some cloth for an overcoat.

материали́зм materialism.

☐ **диалекти́ческий материали́зм** dialectical materialism.

материалисти́ческий materialistic.

материа́льный *or* **матерья́льный** financial. В материа́льном отноше́нии он устро́ился непло́хо. He's fixed pretty well from a financial point of view.

☐ **материа́льный склад** warehouse. Он у нас заве́дует материа́льным скла́дом. He takes care of our warehouses. **материа́льно** financial. Я в э́том де́ле материа́льно не заинтересо́ван. I have no financial interest in this business.

матери́к (-а́) continent.

мате́рия fabric. Эта мате́рия шерстяна́я? Is this a woolen fabric? ● matter. Мне надое́ло говори́ть о высо́ких мате́риях. I'm tired of speaking about such lofty matters. ● subject. Это ужа́сно ску́чная мате́рия. This is a very dull subject.

ма́товый frosted. Да́йте мне две ма́товых ла́мпочки в пятьдеся́т свече́й. I want two frosted fifty-watt bulbs.

☐ А нет ли у вас га́лстука того́ же цве́та, то́лько ма́тового? Have you ties in the same color but somewhat duller?

матра́ц mattress.

матро́с sailor.

матч (*M*) game. Вы пойдёте на футбо́льный матч? Will you come to the soccer game? ● tournament. Я игра́л в заключи́тельном те́ннисном ма́тче. I played in the finals of the tennis tournament.

мать (ма́тери, *P* ма́тери, матере́й *F*) mother. Вы ча́сто пи́шете ма́тери? Do you write to your mother often?

☐ **крёстная мать** godmother. Она́ его́ крёстная мать. She's his godmother.

☐ Мать честна́я, ну и дела́ тут де́лаются! My goodness! What's going on here? ● Потора́пливайся, мать, по́езд отхо́дит. Hurry, ma'am, the train's leaving.

маха́ть (/машу́, ма́шет//*pct:* **махну́ть**/) to wave. Кто э́то ма́шет нам из окна́? Who's that waving to us from the window? ● to wag. Соба́ка ра́достно ма́шет хвосто́м. The dog is wagging its tail happily.

махну́ть (*pct of* **маха́ть**) to wave. Махни́те шофёру, и он остано́вит маши́ну. Wave to the driver and he'll stop the car.

☐ (*no dur*) **махну́ть руко́й** (**на кого́-нибудь**) to give up (on someone). *Мы уже́ давно́ махну́ли на него́ руко́й — он неиспра́вим. We gave up on him long ago. He's impossible.

☐ Дава́йте махнём на Кавка́з. Let's pack up and go to the Caucasus.

махо́рка makhorka (coarse tobacco). Он наби́л тру́бку махо́ркой и с удово́льствием закури́л. He filled his pipe with makhorka and lighted up with great satisfaction.

ма́чеха stepmother.

ма́чта mast.

маши́на machine. Он легко́ научи́лся рабо́тать на но́вой маши́не. He easily learned how to run the new machine. — Да́йте мне э́ти платки́, я их обрублю́ на маши́не. Give me those handkerchiefs. I'll hem them by machine. ● car. Мы зае́дем за ва́ми на маши́не. We'll call for you by car.

☐ **маши́ны** machinery. У нас на заво́де все маши́ны сове́тского произво́дства. All the machinery in our plant was made in the USSR.

парова́я маши́на steam engine.

шве́йная маши́на sewing machine.

машини́ст engineer.

машини́стка typist. Я ищу́ машини́стку-стенографи́стку. I am looking for a typist-stenographer.

маши́нка typewriter. Где бы мне купи́ть поде́ржанную маши́нку? Where can I buy a second-hand typewriter? ● clipper. Он меня́ стриг и но́жницами и маши́нкой. He cut my hair with scissors and a clipper. ● machine. А шве́йной маши́нки у вас нет? Don't you have a sewing machine?

маши́нный machine.

☐ **маши́нное обору́дование** mechanical equipment.

маши́нно-тра́кторная ста́нция. (*See* **MTC**, *Appendix 9*) machine-tractor station.

маши́нные ча́сти machine parts.

машинострое́ние manufacturing of machines.

машу́ *See* **маха́ть.**

мая́к (-а́) lighthouse.

ме́бель (*F*) furniture.

меблиро́ванный (*ppp of* **меблирова́ть**) furnished. Где тут сдаю́тся меблиро́ванные ко́мнаты? Where can I find furnished rooms?

меблирова́ть (*both dur and pct*) to furnish. Кварти́ра у нас есть, но её ещё на́до меблирова́ть. We have an apartment, but we've still got to furnish it.

мёд (*P* меда́/*g* -у, в меду́, на меду́/) honey. У нас есть мёд в со́тах. We have honey in combs here.

☐ *Ва́шими бы уста́ми да мёд пить. I hope to God you're right.

меда́ль (*F*) medal. На́ши сви́ньи получи́ли золоту́ю меда́ль на вы́ставке. Our hogs received a gold medal at the exposition. — Он око́нчил сре́днюю шко́лу с золото́й меда́лью. He received a gold medal when he graduated from high school.

☐ *Это оборо́тная сторона́ меда́ли. This is the dark side of the picture.

медве́дь (*M*) bear. Есть у вас в лесу́ медве́ди? Are there any bears in these woods? ● clumsy. *Ах, како́й я медве́дь! Слома́л ва́шу люби́мую ча́шку. Gosh, I'm clumsy; I broke your favorite cup.

☐ *Не́чего дели́ть шку́ру неуби́того медве́дя. Don't count your chickens before they're hatched.

медици́на medicine.

медици́нский medical. У нас медици́нская по́мощь беспла́тная. We receive free medical care.

☐ **медици́нская сестра́** *See* **медсестра́.**

☐ Принеси́те медици́нское свиде́тельство. Bring a doctor's certificate.

ме́дленный slow. Это о́чень ме́дленный проце́сс. It's a very slow process.

□ мéдленно slowly. Пожáлуйста, говорúте мéдленно. Please speak slowly. — Здесь нýжно éхать мéдленно. You have to drive slowly along here.

мéдный copper.

медперсонáл (медицúнский персонáл) medical staff.

медсестрá nurse. На эту палáту полагáется три медсестрú. Three nurses are supposed to be on duty in this ward.

медфáк (медицúнский факультéт) university medical school.

медь (F) copper. Тут произвóдится добúча мéди. Copper is mined here. — Вам сдáчу серебрóм úли мéдью? Do you want your change in silver or copper? • copper coins. Ничегó, что я вам дам сдáчу мéдью? Do you mind if I give you your change in copper coins?

междомéтие interjection.

мéжду (/with i/) between. Я потерял чемодáн гдé-то мéжду двумя стáнциями. I lost my suitcase somewhere between the two stations. — Бýду у вас мéжду двумя и тремя. I'll be at your place between two and three. — Ну, какóе мóжет быть сравнéние мéжду нúми! There can't be any comparison between them. • among. Мы раздéлим конфéты мéжду всéми детьмú. We'll distribute the candy among all the children.

□ мéжду прóчим incidentally. Мéжду прóчим, вы не забúли отпрáвить письмó? Incidentally, you didn't forget to mail the letter, did you? • by the way. Мéжду прóчим, у вас не найдётся пятёрки до втóрника? By the way, could you let me have five rubles till Tuesday?

□ Мéжду нáми всё кóнчено. I'm through with you. • Пусть это остáнется мéжду нáми. Keep it to yourself. • Егó не любят, а мéжду тем, он не плохóй человéк. People don't like him; but he's not a bad fellow at all. • Я не пианúст, а игрáю так, мéжду прóчим. I'm not a real pianist; I just play when I have the time.

междунарóдный international.

мел (/g -ý; в мелý/) chalk.

мéлкий (sh -лкá; cp мéльче; мельчáйший) small. Онá разорвалá запúску на мéлкие кусóчки. She tore the note into small pieces. • light. Накрáпывает мéлкий дождь. There's a light drizzle. • petty. Онú целикóм ушлú в свои мéлкие интерéсы. They're completely engrossed in their own petty interests.

□ мéлкая тарéлка dinner plate. Дáйте мне полдюжины мéлких тарéлок. Give me half a dozen dinner plates.

мéлкий рогáтый скот goats and sheep.

мéлко shallow. Не бóйтесь плáвать, здесь мéлко. Don't be afraid to swim; it's shallow here.

□ Вот вам пять рублéй на мéлкие расхóды. Here's five rubles for pocket money. • *Чегó это он рассыпáется перед ними мéлким бéсом? Why is he fawning all over them?

мелкобуржуáзный petty bourgeois.

мéлочь (P -чи, -чéй F) detail. У нас óчень подчёркивается, как вáжно внимáние к мелочáм. We make it a point to pay special attention to detail. • change. У меня нет мéлочи. I have no change. • trifle. Не стóит раздражáться из-за такúх мелочéй. It doesn't pay to get excited about such trifles.

□ Онá избáвила меня от забóты о житéйских мелочáх. She took all my everyday worries off my hands. • Он размéнивается на мéлочи. He's wasting his talents.

мель (/на мелú/F) shoals. Нам пришлóсь перетащúть лóдку чéрез мель. We had to drag the boat over the shoals.

□ снять с мéли to set afloat. С большúм трудóм удалóсь

снять парохóд с мéли. It was very difficult to set the ship afloat.

□ *Он ужé трéтий мéсяц сидúт на мелú. He's been on the rocks for the last three months now. • Наш парохóд сел на мель. Our ship ran aground.

мéльник miller.

мéльница mill. Это сáмая большáя паровáя мéльница в гóроде. This is the largest steam-operated mill in the city. — *Это вода на егó мéльницу. That's grist for his mill.

□ ветряная мéльница windmill. В нáшем райóне мнóго ветряных мéльниц. There are many windmills in our region. — *Не стóит воевáть с ветряными мéльницами. There's no sense fighting windmills.

кофéйная мéльница coffee grinder. Где вáша кофéйная мéльница? Where is your coffee grinder?

мéльче See мéлкий.

мелю See молóть.

мéна exchange. Я на эту мéну не соглáсен. I don't want to make that exchange.

мéнее (/cp of мáлый[1]; cf мáло/).

мéньше See мáлый, мáленький, мáло.

мéньший (/cp of мáлый/).

меньшинствó (P меньшúнства) minority. За это предложéние выскáзалось тóлько незначúтельное меньшинствó. Only a small minority spoke in favor of the proposal. — Мы остáлись в меньшинствé. We remained in the minority. — В шкóлах национáльных меньшúнств преподавáние ведётся на роднóм языкé. In the national minority schools, teaching is conducted in their native language.

меню (indecl N) menu.

меня (/ag of я/).

менять to exchange. Где здесь меняют дéньги? Where do they exchange money around here? — Меняю свою кóмнату на кóмнату в другóм райóне. I'd like to exchange my room for one in another neighborhood. • to change. Почемý вы всё врéмя меняете рабóту? Why do you keep changing jobs all the time? — Мне не хóчется менять квартúру. I don't feel like changing apartments. — Он меняет свои убеждéния, как перчáтки. He changes his convictions as he does his gloves.

-ся to change. Вéтер, кáжется, меняется. I think the wind is changing. • to exchange. Хотúте меняться кóмнатами? How about exchanging rooms with me?

мéра measure. Вам было трýдно спрáвиться с нáшими мéрами вéса? Was it hard for you to get used to our measures of weight? (See Appendix 2). • step. Нáдо поскорéй принять мéры, чтобы прекратúть это. It's necessary to take immediate steps to stop this.

□ в значúтельной мéре to a large extent. Это в значúтельной мéре вáша вина. It's your fault to a large extent.

в мéру in moderation. Мы и тарó выпили, но в мéру. We did some drinking yesterday, but in moderation.

в пóлной мéре completely. Я с вáми соглáсен в пóлной мéре. I agree with you completely.

высшая мéра наказáния capital punishment.

мéра предосторóжности precaution. Мы приняли все необходúмые мéры предосторóжности. We took all the necessary precautions.

по крáйней мéре at least. Эта рабóта отнúмет, по крáйней мéре, два дня. This work will take at least two days to do.

по мéньшей мéре at least. Билéт обойдётся вам, по мéньшей мéре, в сто рублéй. The ticket will cost you at least a hundred rubles.

по мéре возмóжности as . . . as possible. Я сдéлал э́тот перевóд, по мéре возмóжности, тóчно. I made the translation as exact as possible.

□ Онá ни в чём мéры не знáет. She goes to extremes in everything. • По мéре тогó как приближáлось окончáние рабóты, её недостáтки становúлись яснéе. As the work neared completion its faults stood out. • Он не в мéру усéрдствует, чтóбы доказáть свою́ лоя́льность. He's leaning over backwards in his anxiety to prove his loyalty.

мерзáвец (-вца) scoundrel.

мéрзкий (sh -зкá) miserable. Не стóит выходúть в такýю мéрзкую погóду. It's not worth going out in such miserable weather. • mean. Кто бы повéрил, что он спосóбен на такóй мéрзкий постýпок! Who'd believe he was capable of doing such a mean thing?

мёрзлый frozen. Земля́ совершéнно мёрзлая. The soil is completelý frozen. — Э́ту мёрзлую картóшку нáдо вы́бросить. These frozen potatoes have to be thrown out.

мёрзнуть (/p мёрз, мёрзла/) to freeze. Вы, навéрно, у нас сúльно мёрзнете. It must be freezing for you here.

мéрить (/pct: c-/) to measure. У нас матéрию мéрят на мéтры. Here we measure cloth by the meter. • to fit. Когдá мне прийтú мéрить костю́м? When shall I come to have my suit fitted?

мéрка measurements. Снимúте с негó мéрку. Take his measurements. • yardstick. Нельзя́ всех мéрить однóй мéркой. You can't judge everybody by the same yardstick.

мероприя́тие measure. Прáвительством вы́работан ряд мероприя́тий по улучшéнию жилúщных услóвий. The government worked out a series of measures for the improvement of housing conditions.

мёртвый (sh -твá/-ó, -ы́/) dead. Он мёртв? Is he dead? — Тепéрь у нас сáмая мёртвая порá. This is our deadest season. — *Я был ни живá, ни мертвá от стрáха. I was so frightened I didn't know whether I was dead or alive.

□ **мёртвая тóчка** deadlock. Не стóит бóльше спóрить, мы на мёртвой тóчке. We're deadlocked; there's no use arguing any more.

мёртвый час siesta. Пóсле обéда у нас в дóме óтдыха мёртвый час. In our rest home we take a siesta after dinner.

на мёртвой тóчке at a standstill. Все егó делá засты́ли на мёртвой тóчке. All his activities are at a standstill.

мертвó dead. Нóчью у нас на ýлицах всё мертвó! Our streets are dead at night.

□ Он как лёг, так и уснýл мёртвым снóм. As soon as he hit the pillow he was dead to the world. • Все егó знáния сейчáс тóлько мёртвый капитáл. All his knowledge is just so much excess baggage now.

местú (метý, метёт; мёл, мелá, -ó, -ú; мётший; метённый; sh -тён, -тенá, -ó, -ы́) to sweep. Не входúте, онá сейчáс как раз метёт кóмнату. Don't walk in now. She's just sweeping the room. • to snow. Лýчше не выходúте, сегóдня сúльно метёт. You'd better not go out. It's snowing too hard.

месткóм (**мéстный комитéт**) trade-union committee (in an office). Я был члéном месткóма нáшего учреждéния. I was a member of the trade-union committee in our office.

мéстность ([-sn-] F) district. Вы знáете назвáние э́той мéстности? Do you know the name of this district? • area,

region. Э́то óчень горúстая мéстность. It's a very mountainous area.

□ **дáчная мéстность** summer resort. Мы живём в дáчной мéстности. We live at a summer resort.

мéстный ([-sn-]) local. У вас часы́ идýт по мéстному врéмени? Is your watch set at local time? — Э́то мéстное выражéние; в Москвé, напримéр, егó не поймýт. This is a local expression. In Moscow, for instance, they wouldn't understand it. — Э́то завóд мéстного значéния. This factory manufactures only for local use. — Э́то вам нýжно спросúть у когó-нибудь из мéстных жúтелей. You'll have to ask one of the local residents about it.

мéсто (P местá) place. Мост провалúлся в двух местáх. The bridge collapsed in two places. — Покажúте мне то мéсто в газéте, где говорúтся о нáшей рабóте. Point out the place in the newspaper where it mentions our work. — Тут не мéсто говорúть о нáших лúчных делáх. This is not the place to talk about personal matters. — И не надоéло вам переезжáть с мéста на мéсто? Don't you ever get tired of moving from one place to another? — Нáдо постáвить её на мéсто. We'll have to put her in her place. — Год и мéсто рождéния. Place and date of birth. • spot. Здесь ры́бное мéсто. This is a good spot for fishing. — Кáжется, математика вáше слáбое мéсто? I believe mathematics is your weak spot, isn't it? • room. У нас в дóме совершéнно нет мéста. We have no room at all at our house. — Тут не мéсто обúдам и оскорблённому самолю́бию. There's no room here for sulking and false pride. • seat. Э́то мéсто зáнято? Is this seat occupied? — Постарáйтесь получúть хорóшие местá на зáвтрашний спектáкль. Try to get good seats for tomorrow's performance. • berth. Я взял мéсто в спáльном вагóне. I took a berth in the sleeping car. • part. Скотовóдство занимáет вúдное мéсто в хозя́йстве э́того колхóза. Cattle breeding plays an important part in the economy of this kolkhoz.

□ **мéсто заключéния** (See also **тюрьмá**) jail.

мéсто назначéния destination. Когдá он прибýдет на мéсто назначéния? When will he arrive at his destination?

населённое мéсто populated place.

óбщее мéсто commonplace. Когó он дýмает убедúть, повторя́я э́ти óбщие местá? Does he think he can convince anyone with such commonplace arguments?

с мéста в карьéр right off the bat. *Я не могý э́того решúть с мéста в карьéр. I can't decide this right off the bat.

ýзкое мéсто bottleneck. Сейчáс у нас на произвóдстве ýзким мéстом окáзывается недостáток рабóчей сúлы. At present the lack of manpower has created a bottleneck in our industry.

□ Скóлько у вас мест (багажá)? How much luggage do you have? • Я родúлся в э́тих местáх. I was born around here. • Положúте кнúгу на мéсто. Put this book where it belongs. • Дорогóму гóстю честь и мéсто! Welcome! We are proud to have you with us. • Он так волнýется, прóсто мéста себé не нахóдит. He's so excited he doesn't know what to do with himself. • Комиссариáт земледéлия тóлько сейчáс послáл инстрýкцию на местá. The Commissariat of Agriculture only just mailed out instructions to all its local offices. • Онú ужé год как тóпчутся на мéсте. They've been marking time for a year. • На вáшем мéсте я бы тудá не ходúл. If I were you I wouldn't go there. • Он был пóйман на мéсте преступлéния. He was caught red-handed. • От негó давнó нет пúсем, у меня́ душá не на мéсте. I'm uneasy because I haven't heard from him for a long time. • Ни с ме́ста, а то стреля́ть бу́ду! Don't move or I'll shoot!

местожи́тельство address. О переме́не местожи́тельства полага́ется сообща́ть неме́дленно. Changes of address should be reported immediately. — Укажи́те ва́ше постоя́нное местожи́тельство. Fill in your permanent address.

местоиме́ние pronoun.

месть (F) revenge, vengeance.

ме́сяц month. Я здесь уже́ пять ме́сяцев. I've been here five months already. — Мы уезжа́ем в конце́ ме́сяца. We're leaving at the end of the month. — Ско́лько вы получа́ете в ме́сяц? How much do you earn a month? — Я быва́ю в теа́тре раз в ме́сяц. I go to the theater once a month. — Мой прия́тель вернётся че́рез ме́сяц. My friend will be back in a month.

ме́сячный monthly. Я бу́ду выпла́чивать оста́ток су́ммы ме́сячными взно́сами. I'll pay out the rest of the sum in monthly installments.

мета́лл metal.

металли́ст metalworker. Мой оте́ц и дед то́же бы́ли металли́стами. My father and grandfather were also metalworkers.

металли́ческий metal. Вы лу́чше возьми́те металли́ческую крова́ть. You'd better take a metal bed. • metallic. В её го́лосе звуча́т металли́ческие но́тки. She has a metallic voice.

металлу́рг

☐ **инжене́р-металлу́рг** metallurgical engineer. Для инжене́ра-металлу́рга у нас всегда́ найдётся рабо́та. A metallurgical engineer can always get work here.

металлурги́ческий metallurgical.

металлу́ргия metallurgy.

мете́ль (F) snowstorm. Весь го́род занесло́ сне́гом по́сле вчера́шней мете́ли. The whole town was buried under snow after yesterday's snowstorm.

ме́тить to aim. Я ме́тил снежко́м в това́рища, а в вас попа́л неча́янно. I aimed the snowball at my friend, but hit you accidentally. • to initial. Ва́ше бельё не ме́чено. Your underwear isn't initialed. • to refer to. Вы понима́ете, в кого́ он ме́тит? Do you know who he's referring to? ☐ По-мо́ему он ме́тит в нача́льники. I think he's got his eye on the chief's job. • *Ме́тил в воро́ну, а попа́л в коро́ву! You're way off the mark!

ме́ткий (sh -тка́) keen. От лётчика тре́буется ме́ткий глаз и уве́ренная рука́. A flyer must have a keen eye and a sure hand.
☐ **ме́тко** appropriate. Он о́чень ме́тко вы́разился на её счёт. He made a very appropriate remark about her.
☐ Э́то был ме́ткий уда́р. That was a bull's eye. • Вот э́то ме́ткое замеча́ние! That was well put. • Он ме́тко стреля́ет. He's a dead shot.

метла́ (P мётлы) broom. Где вы де́ржите метлу́? Where do you keep the broom? — *Но́вая метла́ чи́сто метёт. A new broom sweeps clean.

ме́тод method. Како́й ме́тод применя́ется у вас при преподава́нии иностра́нных языко́в? What method do you use in teaching foreign languages? — Э́тот ме́тод был уже́ испро́бован в на́шем це́хе. This method has already been tested in our shop.

метр meter. Ско́лько ме́тров сукна́ вам отре́зать? How many meters of cloth shall I cut off for you? • ruler. Вот

вам метр, изме́рьте ширину́ окна́. Here's a ruler; measure the width of the window.

метри́ческий metric.

метро́ (indecl N) subway.

метрополите́н See метро́.

мету́ See мести́.

мех (P -а́/"furs"/ or -и́/"bellows"/, -о́в/на меху́/) fur. Мы вывозим меха́ заграни́цу. We export furs. — Она́ но́сит дороги́е меха́. She wears expensive furs.
☐ *Шу́ба у вас на рыбьем меху́, того́ и гляди́ простуди́тесь. That coat is as thin as paper; be careful you don't catch cold. • Я недо́рого купи́л шу́бу на бе́личьем меху́. I got a good buy on a coat lined with squirrel. • *Нельзя́ влива́ть но́вое вино́ в ста́рые мехи́. Don't put new wine in old bottles.

механиза́ция mechanization.

механи́зм mechanism. У э́тих ста́рых часо́в великоле́пный механи́зм. This old watch has a wonderful mechanism. — Я попро́бую вам объясни́ть сло́жный механи́зм на́шей организа́ции. I'll try to explain to you the complicated mechanism of our organization.

меха́ник mechanic.

меха́ника mechanics. Он изуча́ет прикладну́ю меха́нику. He's studying applied mechanics.
☐ Это хи́трая меха́ника. That's a smart set-up.

механи́ческий mechanical. Всё на́ше механи́ческое обору́дование нужда́ется в ремо́нте. All of our mechanical equipment needs a complete overhauling.
☐ **механи́чески** mechanically. Вы, ви́дно, перепи́сывали соверше́нно механи́чески. Evidently you copied it quite mechanically.

мехово́й fur. Запаси́тесь мехово́й ша́пкой с нау́шниками. Get yourself a fur cap with ear flaps.

мече́ть mosque.

мечта́ dream. Все мои́ мечты́ сбыли́сь. All my dreams came true.
☐ Э́то был не у́жин, а мечта́! That was one swell supper!

мечта́тель dreamer.

мечта́ть to daydream. О чём вы мечта́ете? Бери́тесь-ка лу́чше за де́ло. What are you daydreaming about? Get down to work. • to dream. Я мечта́ю о ле́тнем о́тпуске. I keep dreaming about next summer's vacation.

мечу́ See ме́тить.

меша́ть to disturb. Я вам не меша́ю? Am I disturbing you? • to mix. Рабо́чие меша́ли гли́ну с песко́м. The workers mixed sand with clay. • to stir. Она́ меша́ет ка́шу, чтоб не пригоре́ло. She keeps stirring the cereal so it won't burn. • to hinder. Оде́жда меша́ла мне плыть. The clothes hindered me while I was swimming. • to stop. Вам никто́ не меша́ет, де́лайте, что хоти́те. Nobody's stopping you; do what you want.
☐ Вам не меша́ло бы сходи́ть к врачу́. It wouldn't hurt you to see a doctor. • Комары́ меша́ли мне спать. The mosquitoes wouldn't let me sleep. • Самолю́бие меша́ло ему́ призна́ться в свое́й оши́бке. His pride wouldn't let him admit his mistake.

мешо́к (-шка́) sack. Вам привезли́ три мешка́ карто́шки. They brought three sacks of potatoes for you. — Э́тот костю́м на вас мешко́м сиди́т. That suit fits you like a sack. • bag. Продавщи́ца положи́ла мои́ я́блоки в бума́жный мешо́к. The saleslady put my apples into a paper bag.
☐ **похо́дный мешо́к** knapsack. Мы сложи́ли ве́щи в похо́дные мешки́. We packed our things in knapsacks.

353

мещани́н (*P* меща́не, -ща́н, -ща́нам) common person. Куда́ э́тому ограни́ченному мещани́ну поня́ть что тут происхо́дит. How can that narrow-minded, common person understand what's happening here?

меща́нка common person, *F*. Его́ хозя́йка оказа́лась тупо́й, ограни́ченной меща́нкой. His landlady turned out to be a stupid, common person.

ми́гом in no time. Я туда́ ми́гом слета́ю. I'll be back in no time.

☐ Он ми́гом нашёлся, что отве́тить. He had a ready answer.

мизи́нец (-нца) little finger.

☐ **мизи́нец на ноге́** small toe.

микроско́п microscope.

милиционе́р policeman. Вы бы лу́чше спроси́ли у милиционе́ра. (You'd) better ask a policeman. • officer. Граждани́н (*or* това́рищ) милиционе́р, скажи́те, пожа́луйста, как пройти́ по э́тому а́дресу. Officer, can you please tell me how I can get to this address?

мили́ция police (USSR). Позвони́те в мили́цию. Call the police.

☐ **отделе́ние мили́ции** police station. Вас вызыва́ют в отделе́ние мили́ции. They want you at the police station. **прописа́ться в мили́ции** to register with the police. Вам придётся ли́чно прописа́ться в мили́ции. You'll have to register with the police in person.

миллио́н million.

миллио́нный millionth.

ми́лость (*F*) mercy. Они́ сдали́сь на ми́лость победи́теля. They threw themselves on the mercy of the conqueror. • favor. Сде́лайте ми́лость, помолчи́те мину́тку. Do me a favor and keep quiet for a moment. • good graces. Он как-то всегда́ ухитря́ется быть в ми́лости у нача́льства. Somehow he always manages to be in the good graces of his superiors.

☐ **сде́лайте ми́лость** welcome. "Мо́жно бу́дет воспо́льзоваться ва́шим телефо́ном?" "Сде́лайте ми́лость, когда́ хоти́те". "Will you let me use your phone?" "You're welcome to use it any time."

☐ По ва́шей ми́лости мы опозда́ли. It's your fault that we're late. • Ми́лости про́сим к столу́. Dinner is served; please be seated. • Ну, скажи́те на ми́лость, кто так де́лает? For goodness' sake! That's no way to do things! • Смени́те гнев на ми́лость. Come on now; forgive and forget.

ми́лый (*sh* -ла́/-ы́/) nice. Они́ о́чень ми́лые лю́ди. They're very nice people. • kind. У него́ тако́е ми́лое лицо́! He has such a kind face. • dear. Письмо́ начина́ется обраще́нием: "Ми́лый Джо́нни!" The letter begins with these words: "Dear Johnny." • sweetheart. Его́ ми́лая уе́хала. His sweetheart went away.

☐ **ми́ло** nice. Мы о́чень ми́ло провели́ вре́мя. We had a very nice time. • kind. Э́то о́чень ми́ло с ва́шей стороны́. That's very kind of you.

☐ *Ми́лые браня́тся — то́лько те́шатся! It's just a lover's quarrel. Nothing serious! • *Э́того вам за ми́лую ду́шу хва́тит. That'll be more than enough for you. • Ну-ка, ми́лый мой, признава́йся, что ты наде́лал. Well, my fine, feathered friend, what have you been up to?

ми́мо past. Вы ведь прохо́дите ми́мо по́чты, купи́те мне ма́рки. You're going past the post office; buy me some stamps. • by. Как э́то вы прошли́ ми́мо и не зашли́ ко мне? How come you passed by and didn't come to see me?

☐ Что он ни ска́жет, всё — ми́мо. His remarks never hit the point. • Ми́мо! Missed! • Я реши́л пропусти́ть э́ти ко́лкости ми́мо уше́й. I decided to pay no attention to those dirty cracks.

мимохо́дом on the way. Мы мимохо́дом загляну́ли к прия́телю. We stopped at our friend's on the way. • in passing. Он мимохо́дом о вас упомяну́л. He mentioned you in passing.

ми́на mine. Наш парохо́д наскочи́л на ми́ну. Our ship hit a mine. • face. *Не стро́йте ки́слой ми́ны. Now don't make a wry face.

минда́ль (-ля́/*g*-лю́/*M*) almond.

минера́л mineral.

минера́льный mineral.

☐ **минера́льная вода́** mineral water.

минима́льный minimum. Две неде́ли — минима́льный срок для э́той рабо́ты. Two weeks is the minimum time for this work.

ми́нимум minimum. Мы свели́ расхо́ды к ми́нимуму. We cut our expenses down to a minimum. • least. Како́й здесь прожи́точный ми́нимум? What's the least you can live on around here?

минова́ть (*pct*) to pass. Мы уже́ минова́ли го́род. We've already passed that town. • to escape. Ох, не минова́ть нам нахлобу́чки. Well, I guess we can't escape being bawled out. • to avoid, to escape. *Чему́ быть, того́ не минова́ть. You can't escape the inevitable.

мину́та minute. На э́той ста́нции по́езд стои́т два́дцать мину́т. The train makes a twenty-minute stop at this station. — Антра́кт — де́сять мину́т, пойдём поку́рим. There's a ten minute intermission; let's go for a smoke. — Сейча́с три мину́ты пе́рвого. It's three minutes after twelve now. — Одну́ мину́ту! Just a minute! — Прошу́ мину́ту внима́ния. I ask your attention for a minute.

☐ **сию́ мину́ту** in a minute. Скажи́те ему́, что я сию́ мину́ту приду́. Tell him I'll be there in a minute. **с мину́ты на мину́ту** any minute. Мы ждём его́ с мину́ты на мину́ту. We expect him any minute now. • Я сде́лаю э́то в пе́рвую свобо́дную мину́ту. I'll do it the first chance I get.

мир[1] (*P* -ы́;/на миру́/) world. Весь мир об э́том зна́ет. The whole world knows about it.

☐ Он привы́к враща́ться в ми́ре учёных. He's used to spending his time with scientists. • Я никогда́ не́ жил в капиталисти́ческом ми́ре. I've never lived under capitalism. • *Она́ не от ми́ра сего́, она́ хозя́йства вести́ не смо́жет. She can't manage a household; she always has her head in the clouds. • *На миру́ и смерть красна́. Misery loves company. • *С ми́ру по ни́тке, го́лому руба́шка. Every little bit helps.

мир[2] peace. С ни́ми бу́дет тру́дно заключи́ть мир. It will be difficult to make a peace treaty with them. — *Мой де́душка люби́л говори́ть, что худо́й мир лу́чше до́брой ссо́ры. My grandfather used to say that a lean peace is better than a fat victory.

☐ **мир и согла́сие** perfect accord. Сосе́ди жи́ли в ми́ре и согла́сии. The neighbors lived in perfect accord.

мири́ть (/*pct*: при-,по-/) to be a go-between. Я не хочу́ их мири́ть, пусть са́ми помиря́тся. I don't want to be their go-between, let them make up by themselves.

-ся to make up. Они́ ссо́рились и мири́лись по не́скольку раз в день. They'd quarrel and make up several times a day. • **to put up with.** Я не могу мириться с такой несправедливостью. I can't put up with such injustice.

мирный quiet. Мы провели вечер в мирной беседе. We spent the evening in quiet conversation. • **peacetime.** Мы с нетерпением ждали момента, когда нам удастся перейти к мирному строительству. We were eagerly awaiting the time when we would be able to reconvert to peacetime production.

☐ **мирное время** peacetime. В мирное время туда можно было ездить без визы. In peacetime you could get there without a visa.

мирный характер mild disposition. Если б не его мирный характер, он бы там не смог ужиться. He'd never have gotten along there if it weren't for his mild disposition.

мирно in peace. Не дали нам мирно пожить. They wouldn't let us live in peace. • **peacefully.** Она мирно спит. She's sleeping peacefully.

мировоззрение personal philosophy.

мировой world-wide. Он заслужил мировую славу. He deserved world-wide fame. • **world.** Он пишет по вопросам мирового хозяйства. He writes on questions of world economy.

миролюбивый peaceful.

миска bowl. Хозяйка поставила на стол миску с супом. The housewife put a bowl of soup on the table.

миссия mission. Он блестяще справился со своей миссией. He carried out his mission brilliantly. — В Москву прибыла американская военная миссия. An American military mission came to Moscow. • **agency.** Он служит в какой-то иностранной миссии. He works in some foreign diplomatic agency.

митинг rally, public meeting. Сегодня в городском театре состоится большой митинг. There's a big rally at the City Theater today.

мишень (F) target. Он попадает в ста шагах в подвижную мишень. He can hit a moving target at a hundred paces.

младший younger. Я хочу вас познакомить с моим младшим братом. I want you to meet my younger brother.

☐ **самый младший** youngest. Он в семье самый младший. He's the youngest in the family.

мне (/d and l of я/).

мнение opinion. Он очень высокого мнения о себе. He has a very high opinion of himself.

☐ **общественное мнение** public opinion.

☐ По его мнению, из этого ничего не выйдет. He thinks that nothing will come of it. • Остаюсь при особом мнении. I dissent.

мнимый imaginary. Это была только мнимая опасность. The danger was only imaginary.

многий (adv **много,** which see).

☐ **многие** many. Во многих случаях он оказывался прав. He turned out to be right on many occasions. — Многие из них были разочарованы. Many of them were disappointed.

многое a lot. Вам тут многое не понравится. There's a lot around here that you won't like.

много (/adv of **многий;** cf supplied from **большой/**) much. Больному сегодня много лучше. The patient is much better today. — Вы слишком много от него требуете. You ask too much of him. • **a lot.** В нашем учреждении сейчас очень много работы. We have a lot of work in our office now. — Она много об этом знает. She knows a lot about it.

☐ **больше** more. Вам там будут больше платить. They'll pay you more over there. — Нам здесь всё больше и больше нравится. We like it here more and more. — Чем больше, тем лучше! The more the merrier! **больше не** any more. Спасибо, больше не хочу. Thank you, I don't want any more. • **no longer.** Я больше не курю. I no longer smoke.

много-много at the most. Он у нас бывает — много-много — раз в полгода. He visits us at the most once every six months.

много раз many times. Он много раз бывал заграницей. He has been abroad many times.

ни много, ни мало no more, no less. Он требует за это ни много, ни мало — пятьдесят рублей. He's asking fifty rubles for it; no more, no less.

☐ Ему уже много больше сорока. He's well past forty. • Вам нужно как можно больше лежать. You must lie down as much as you can. • Я больше не буду. I won't do it again. • С тех пор я его больше не видел. I haven't seen him since.

многоуважаемый my dear. Многоуважаемый Иван Петрович! My dear Ivan Petróvich!

многочисленный many. Я получаю письма от моих многочисленных учеников. I receive letters from my many students. • **numerous.** У него многочисленное потомство. He has numerous descendants.

множественный

☐ **множественное число** plural.

мной (мною;/i of я/).

мною See **я.**

мну See **мять.**

мобилизация mobilization.

мог See **мочь.**

могила grave. Мы положили цветы на его могилу. We put flowers on his grave.

☐ Этот несносный мальчишка меня в могилу сведёт! That little brat will be the death of me!

могу See **мочь.**

могут See **мочь.**

мода fashion. Это больше не в моде. It's out of fashion. • **in vogue.** Этот художник сейчас в большой моде. This artist is very much in vogue now.

☐ Ну, это ещё что за мода — каждый день за полночь сидеть. What do you think you're doing sitting up all hours of the night?

модный (sh -дна) latest style. На ней было модное платье. She wore a dress of the latest style. • **fashion.** Специальных модных журналов у нас нет. We haven't any fashion magazines.

может быть See **мочь.**

можешь See **мочь.**

можно can. Как можно быть таким рассеянным! How can anyone be so absent-minded! — Я думаю, это можно устроить. I think that can be arranged. — Приходите как можно скорее. Come as soon as you can. • **may, can.** Можно к вам? May I come in?

☐ Можно подумать, что он очень занят. You'd think he was very busy.

мозг (P -и/g -у; в мозгу/) brain. У моей сестры было воспаление мозга. My sister had brain fever. — Телячьи мозги́ — блю́до недорого́е. Calves' brains is an inexpensive dish. — Он па́рень с мозга́ми. He's a brainy fellow. • head. Пошевели́ мозга́ми! Use your head!

□ Она́ испо́рчена до мо́зга косте́й. She's rotten to the core.

мозо́ль (F) corn. У меня́ больша́я мозо́ль на ноге́. I have a large corn on my foot. — Вы наступи́ли на его́ люби́мую мозо́ль. You stepped on his pet corn. • callous. У меня́ от гре́бли все ру́ки в мозоля́х. My hands are all calloused from rowing.

мой (§15) my. Вот мой брат! Here's my brother! — Это моя́ кни́га. That's my book. • mine. Всё э́то моё. All this is mine.

□ **мои́** my folks. Мои́ уже́ давно́ на да́че. My folks have been away in the country for some time now.

по-мо́ему my way. Сде́лайте э́то по-мо́ему. Please do it my way. • I think, in my opinion. По-мо́ему за́втра бу́дет дождь. I think it'll rain tomorrow.

□ *Поживи́те с моё, тогда́ и говори́те. Wait till you're my age before you talk.

мо́крый (sh мокр, -кра́) wet. Я весь мо́крый, хоть вы́жми. I'm dripping wet.

□ *У неё глаза́ на мо́кром ме́сте. She's a cry-baby. • *Не серди́те его́, а то он так уда́рит, что от вас то́лько мо́крое ме́сто оста́нется. Don't get him mad or he'll knock you for a loop.

моли́тва prayer.

моли́ться (молю́сь, мо́лится) to pray. Стару́ха моли́лась за сы́на. The old woman prayed for her son. • to worship. Он про́сто мо́лится на свою́ мать. He simply worships his mother.

мо́лния lightning. Мо́лния уда́рила в сосе́дний дом. The house next door was hit by lightning. — Он с быстрото́й мо́лнии взбежа́л по ле́стнице. He ran up the steps as quick as lightning.

□ **телегра́мма мо́лния** urgent telegram.

молодёжь (F) youth. Вы состои́те в како́й-нибудь организа́ции молодёжи? Do you belong to any youth organizations? • young people. У нас вчера́ собрала́сь молодёжь. Yesterday we had a crowd of young people over.

молоде́ц (-дца́) good boy. Вы уже́ ко́нчили? Молоде́ц! All done? Good boy!

□ Она́ у меня́ молоде́ц. She adds up to quite a girl. • Ну и молоде́ц же он! Good for him! • Полечи́тесь с неде́льку и совсе́м молодцо́м бу́дете. Doctor yourself up for a week and you'll be as good as new.

молодо́й (sh мо́лод, -да́, мо́лодо, -ды; ср моло́же) young. Кто э́тот молодо́й челове́к? Who is that young man? — Кто мо́лод не быва́л! We were all young once! • new. На́ше молодо́е поколе́ние мно́го пережи́ло. The new generation has gone through a great deal. — Хоти́те, я вам сварю́ молоду́ю карто́шку? What do you say I cook you some new potatoes?

□ **молоды́е** newlyweds. На́ши молоды́е ещё не верну́лись. Our newlyweds haven't come back yet.

□ Он моло́же меня́ на́ два го́да. He's two years younger than I. • *Мо́лодо — зе́лено, погуля́ть ве́лено. Youth will have its fling.

мо́лодость (F) youth. Я и не заме́тил, как мо́лодость прошла́. I didn't notice that my youth had slipped away from me.

□ **в мо́лодости** in one's younger days. В мо́лодости он

был хоро́шим пловцо́м. He was a good swimmer in his younger days.

□ Она́ далеко́ не пе́рвой мо́лодости. She's far from young.

моложа́вый young-looking. К сча́стью, она́ о́чень моложа́ва. Luckily she's young-looking.

моло́же See **молодо́й**.

молоко́ milk. У нас сего́дня всё молоко́ ски́сло. All our milk turned sour today. — Я вам не сове́тую пить сыро́е молоко́. I don't advise you to drink raw milk. — Есть у вас ба́нка сгущённого молока́? Do you have a can of condensed milk? — В дере́вне вас бу́дут пои́ть парны́м молоко́м. In the country they'll give you milk fresh from the cow.

□ *Обожжёшься на молоке́, ста́нешь дуть и на́ воду. Once burned twice shy. • *У него́ ещё молоко́ на губа́х не обсо́хло, а то́же сове́ты даёт. He's still a kid and is already handing out advice.

мо́лот hammer. На на́шем заво́де са́мый мо́щный в Сою́зе парово́й мо́лот. Our factory has the most powerful steam hammer in the Union. • sledge hammer. Кузне́ц ло́вко ору́довал мо́лотом. The blacksmith handled his sledge hammer skillfully.

□ *Он оказа́лся ме́жду мо́лотом и накова́льней. He found himself between the devil and the deep blue sea.

молоти́лка threshing machine.

молоти́ть (молочу́, моло́тит/pct: с-/) to thresh.

молото́к (-тка́) hammer. Да́йте мне, пожа́луйста, молото́к и гво́зди. Give me a hammer and nails, please.

□ **кроке́тный молото́к** croquet mallet.

моло́ть (мелю́, ме́лет/pct с-/) to grind. Мы са́ми ме́лем ко́фе. We grind our own coffee.

□ *Он ве́чно вздор ме́лет. He talks a lot of nonsense.

молотьба́ threshing. Молотьба́ у нас ско́ро бу́дет зако́нчена. The threshing will soon be finished at our place.

моло́чник ([šnj]) cream pitcher, milkman.

моло́чница ([šnj]) woman who delivers milk.

моло́чный dairy. Э́тот колхо́з сла́вится моло́чными проду́ктами. This kolkhoz is famous for its dairy products. • milk. У мое́й до́чки вы́пал моло́чный зуб. My daughter lost one of her milk teeth. • milch. Э́то моло́чная коро́ва. It's a milch cow.

молочу́ See **молоти́ть**.

мо́лча (/cf **молча́ть**/) without a word. Он мо́лча вы́шел из ко́мнаты. He left the room without a word. • silently, in silence. Он весь ве́чер просиде́л мо́лча. He sat silently all evening long. — Он всегда́ рабо́тает мо́лча. He always works in silence.

молчали́вый silent. Почему́ вы сего́дня тако́й молчали́вый? Why are you so silent today? — Это бы́ло сде́лано с его́ молчали́вого согла́сия. This was done with his silent consent.

молча́ние silence.

молча́ть (-чу́, чи́т) to be silent. Почему́ она́ всегда́ молчи́т? Why is she always so silent? • to keep silent. Ну, об э́том де́ле лу́чше молча́ть. Well, it's best to keep silent about this matter.

□ Я написа́ла ему́ уже́ три письма́, а он всё молчи́т. I've already written him three letters, and he still hasn't answered.

моль (F/collective, never in P form/) moth.

□ **изъе́ден мо́лью** moth-eaten.

моме́нт moment. Я вы́беру удо́бный моме́нт и расскажу́ ему́ об э́том. I'll wait for the right moment to tell him what happened. • time. Мы потеряли опытного сотрудника в самый критический момент. We lost an experienced coworker at the most critical time.

□ в момент immediately. Я вам это в момент устрою. I'll arrange that for you immediately.

моментально immediately. Передайте ему пакет и моментально возвращайся домой. Hand him the package and come home immediately. • instantly. Смерть наступила моментально. Death came instantly.

монастырь (-ря M) monastery, convent.

монета coin. Эта монета фальшивая. This coin is counterfeit.

□ Она всё принимает за чистую монету. She takes everything at face value. • Смотрите, он вам отплатит той-же монетой. Be careful! He'll pay you back in kind. • Гони монету! Pay up!

монополия monopoly.

монтёр assembler. Он работает монтёром на заводе. He works as an assembler in a factory. • electrician. Позовите монтёра починить электричество. Call the electrician to fix the lights.

мораль (F) morality. Кому уж кому, но не ему говорить о морали. I don't know who is entitled to talk about morality; but he certainly isn't. • moral. Отсюда мораль: не верь никому на слово. The moral of the story is: Don't take anyone at face value.

□ Нечего читать мне мораль! Stop lecturing me!

морда muzzle, snout. Дворняжка подняла свою волосатую морду. The little dog lifted its shaggy muzzle.

море (P моря) sea. Лучше всего туда ехать морем. The best way to get there is by sea. — Мы уже выходим в открытое море. We're already out on the open sea.

□ за-морем overseas. За морем всё по иному. Overseas everything is different.

□ *Ему и море по колено. Nothing fazes him.

морковка carrot.

морковь (F) carrots. А к мясу у нас варёная морковь. We have stewed carrots with our meat course.

мороженный (ppp of морозить) frozen. Эта картошка мороженная. These potatoes are frozen.

мороженое (AN) ice cream. У нас есть разные сорта мороженого: сливочное, шоколадное, клубничное, лимонное. We have several flavors of ice cream: vanilla, chocolate, strawberry, and lemon.

мороз freezing cold. Утром был мороз. It was freezing cold this morning.

□ А у нас в Москве уже мороз. It's freezing weather in Moscow now. • *От этих рассказов просто мороз по коже пробегает. Stories like that send shivers up and down your spine. • Уже неделю стоит трескучий мороз. For the past week it's been bitter cold. • Сегодня десять градусов мороза. · Today the thermometer is ten degrees below zero (centigrade, See appendix 2).

морозить to freeze.

морозный frosty. Какой ясный морозный день! What a clear, frosty day.

□ морозно freezing. Сегодня морозно. It's freezing today.

моросить to drizzle. Сегодня с утра моросит. It's been drizzling since morning.

морской sea. Морской воздух будет вам полезен. The sea air will do you good. • naval. Кто этот морской офицер? Who is that naval officer?

□ морская болезнь seasick(ness). Вы страдаете морской болезнью? Do you get seasick?

морская пехота the Marines.

морфий morphine.

морщина wrinkle. Его лицо покрыто глубокими морщинами. He has deep wrinkles in his face.

моряк (-а) seaman.

московский Moscow. У него московское произношение. He has a Moscow accent.

мост (/-а/, P -ы/g -у; на мосту/) bridge. Эта улица сейчас же за мостом. That street is just beyond the bridge. — А вы видели наш новый мост. Have you seen our new bridge?

мосткй (-стков P) footbridge. Пройдите по мосткам. Please use the footbridge. • dock. Он причалил лодку к мосткам. He moved the boat up to the dock.

мостовая (AF) paved street. У нас в городе теперь повсюду асфальтовые мостовые. All the streets in our town are paved with asphalt now. • street. Идите по тротуару, а не по мостовой. Use the sidewalk instead of the street.

мотив reason. Каковы, собственно, мотивы вашего отказа? Tell me: what reason did you have for refusing? • tune. Вы знаете мотив этой песни? Do you know the tune of this song?

мотор motor. Остановите мотор. Shut off the motor. — Этот автомобиль старый, но мотор в полной исправности. This car is old, but the motor is still in good running order. • car. Я вас подвезу туда на моторе. I'll take you there by car.

мотоциклет See мотоциклетка.

мотоциклетка motorcycle.

мох (мха or моха, P мхи, мхов) moss.

мохнатый hairy. Какие у него мохнатые руки! What hairy arms he has!

□ мохнатое полотенце Turkish towel. У вас есть мохнатое полотенце? Do you have a Turkish towel?

мочалка washcloth (made of bark). Вот вам мыло, полотенце и мочалка. Here's a cake of soap, a towel, and a washcloth.

мочь (могу, может; p мог, могла, -о, -и) to be able, can. He могу понять, о чём вы говорите. I can't understand what you're talking about. — Я делаю всё что могу. I do all I can. — Вы могли бы съездить за меня? Could you go there instead of me? — Мы не можем дать вам разрешения. We can't give you permission.

□ Может быть, вы и правы. You may be right. • Как живёте-можете? How are things? • Не может быть! That's impossible!

мошенник swindler.

мощёный paved.

мощность (F) power. Это мотор большой мощности. This is a high-powered motor.

мою See мыть.

моюсь See мыться.

моя See мой.

мраморный marble. Откуда у вас этот замечательный мраморный стол? Where did you get such a wonderful marble table?

мрачный (sh -чна) dark. Небо такое мрачное, наверно гроза будет. The sky is getting so dark we're sure to have a storm. • gloomy. Она вечно ходит с мрачным лицом. She always goes around with such a gloomy face.

☐ **мра́чно** sullenly. Он мра́чно взгляну́л на нас и ничего́ не отве́тил. He glanced at us sullenly and didn't say a word.

☐ Почему́ у вас тако́е мра́чное настрое́ние? Why are you in such a blue mood today?

мстить (*pct*: **ото-**) to get even. Он покля́лся, что бу́дет мстить всю жизнь. He swore that he would spend his whole life getting even.

МТС ([em-te-és] *indecl M*) (**маши́нно-тра́кторная ста́нция**) Machine Tractor Station.

мудрёный (*sh* -на́, -о́, -ы́) difficult, hard. Это де́ло не мудрёное. It's not a difficult thing to do.

☐ **мудрено́** hard, difficult. На э́ти де́ньги мудрено́ прожи́ть с семьёй. It's hard to support a family on this money.

☐ Он мудрёный челове́к. He's a hard man to figure out. ●*Утро ве́чера мудрене́е. You can think better after a night's sleep. ● Не мудрено́, что вы его́ не узна́ли, он о́чень си́льно измени́лся. It's no wonder you didn't recognize him; he's changed a lot. ● Мудрено́ ли просту́ди́ться в тако́й хо́лод? It's easy to catch cold in such cold weather.

му́дрость (*F*) wisdom.

му́дрый (*sh* мудр, -дра́) wise. Это о́чень му́дрое реше́ние. That's a very wise decision.

☐ **му́дро** wisely. Это вы му́дро рассуди́ли. You judged that wisely.

муж (*P* мужья́, -же́й, -жья́м) husband.

му́жество courage. У меня́ не хвати́ло му́жества сказа́ть ей всю пра́вду. I didn't have the courage to tell her the whole truth.

мужи́к (-а́) muzhik, peasant.

мужско́й men's. Здесь отде́л мужско́го пла́тья. This is the men's clothing department. — Мужска́я убо́рная напра́во. The men's room is to the right.

мужчи́на (*M*) man. Нам нужны́ дво́е мужчи́н и одна́ же́нщина для э́той рабо́ты. We need two men and a woman for this job. — Бу́дьте мужчи́ной! Be a man!

☐ Для мужчи́н Men's Room.

музе́й museum.

му́зыка music. Вы лю́бите му́зыку? Do you like music?

☐ *Вы мне всю му́зыку испо́ртили. You upset the apple cart. ●*Тепе́рь пошла́ совсе́м друга́я му́зыка. It's a different story now.

музыка́льный musical.

музыка́нт musician.

мука́ flour. Возьми́те пшени́чной муки́ то́нкого размо́ла. Take some finely ground wheat flour.

☐ *Ничего́, переме́лется — мука́ бу́дет. Never mind; it'll come out all right.

му́ка suffering. Заче́м мне переноси́ть все э́ти му́ки? Why should I go through all this suffering? ● Му́ка мне с ним! I have so much trouble with him!

мундшту́к (-а́) cigarette holder. Подари́те ему́ сере́бряный мундшту́к. Give him a silver cigarette holder as a gift. ● bit. Попра́вьте мундшту́к у ва́шей ло́шади. Fix the bit in the horse's mouth.

мураве́й (-вья́) ant.

му́скул muscle.

му́сор garbage. А куда́ му́сор выбра́сывать? Where should I put the garbage? ● rubbish. Что э́то за му́сор у меня́ под столо́м? What is all this rubbish under my desk?

му́тный (*sh* -тна́/-тны́/) cloudy. Вода́ в э́том пруде́ му́тная. The water in the pond is cloudy. ● dull. Отчего́ у вас сего́дня таки́е му́тные глаза́? Why is there such a dull look in your eyes today?

☐ *Он лю́бит в му́тной воде́ ры́бу лови́ть. He's always ready to take unfair advantage of a situation. ● У меня́ ка́к-то му́тно на душе́. I feel blue.

му́ха fly. У вас тут о́чень мно́го мух. You certainly have a lot of flies around here. — Он тако́й челове́к, что и му́хи не оби́дит. He's the sort of person that wouldn't hurt a fly.

☐ *Ну что э́то вы из му́хи слона́ де́лаете? Now why do you make a mountain out of a molehill? ●*Ваш прия́тель сего́дня, ка́жется, под му́хой. It looks as if your friend had one drink too many today.

му́чить (/му́чаю, му́чает/) to torture. Ну чего́ вы меня́ му́чаете! Why do you torture me?

☐ Меня́ му́чит жа́жда. I'm terribly thirsty.

-ся to suffer. Она́ всю жизнь му́чилась. She suffered all her life. ● to wrestle. Охо́та вам му́читься над э́тим вопро́сом! Why do you want to wrestle with this problem?

☐ Он му́чился угрызе́ниями со́вести. His conscience bothered him.

мучно́е (*AN*) starchy foods. Вам нельзя́ мучно́го. You mustn't eat starchy foods.

мучно́й of flour.

☐ **мучно́й мешо́к** flour bag.

мха *See* мох.

мчать (мчу, мчит)

-ся to race. По́езд мча́лся с большо́й быстрото́й, нагоня́я опозда́ние. The train raced at great speed to make up for the delay. ● to rush. Куда́ вы мчи́тесь? Where are you rushing to? ● to shoot. Маши́на мча́лась по шоссе́. The car shot up the road.

☐ Как бы́стро мчи́тся вре́мя! How time flies!

мщу *See* мстить.

мы (*gal* нас, *d* нам, *i* на́ми, §21) we. Мы прие́хали сюда́ сего́дня. We arrived here today. — Всё э́то бу́дет испо́лнено на́ми в то́чности. We'll do all this exactly the way it's wanted. — Нас там бы́ло тро́е. There were three of us there. — Нас проси́ли быть в конто́ре в четы́ре часа́. They asked us to be in the office at four o'clock. — Он хо́чет пойти́ с на́ми в теа́тр. He wants to go to the theater with us. — Бу́дете когда́-нибудь вспомина́ть о нас? Will you ever think of us?

☐ Мы с бра́том о́чень похо́жи. My brother and I look very much alike. ● Мы с това́рищем хоте́ли бы у вас останови́ться. My friend and I would like to stay at your place. ● Приходи́те к нам за́втра. Come to our house tomorrow. ● Расскажи́те подро́бно, нам всё интере́сно. Tell us all the details; we'd like to hear all about it.

мы́лить (*pct*: **на-**) to soap. Она́ до́лго мы́лила ру́ки. She soaped her hands for a long time.

мы́ло (*P* мыла́) soap. Вам просто́го мы́ла, и́ли туале́тного? What do you want, kitchen soap or toilet soap? — Вам на́до мы́ться дегтя́рным мы́лом. You have to use tar soap. ● lather. Да́йте ло́шади отдохну́ть, она́ вся в мы́ле. Let the horse rest; he's all covered with lather.

☐ мы́ло для бритья́ shaving soap.

мы́льный soapy. Здесь есть мы́льная вода́, — вам ну́жно? Here's some soapy water. Do you need it?

мыс cape. Сейча́с мы завернём за мыс и вы́йдем в откры́тое мóре. We're rounding the cape now and heading for the open sea.

мыслимый (*prpp of* **мыслить**) possible. Мыслимо ли это? Could that be possible?

мыслить to think.

мысль (*F*) idea. Это хорóшая мысль. That's a good idea. — Я ужé давнó ношýсь с мыслью поéхать в дерéвню. For a long time I've been mulling over the idea of going to the country. — Что подáло вам эту мысль? What gave you that idea? ● thought. Помолчите немнóго, мне нáдо собрáться с мыслями. Keep quiet a minute; I've got to gather my thoughts. ● notion. У меня внезáпно мелькнýла мысль, что он это сдéлал. I suddenly got the notion that he did it.

☐ **зáдняя мысль** ulterior motive. У негó при этом нé было никаких зáдних мыслей. He had no ulterior motive when he did it.

☐ Егó óбраз мыслей мне óчень блúзок. He thinks along the same lines as I do. ● Что вы, я и мысли об этом не допускáю! What do you mean? I wouldn't even think of it. ● У меня и в мыслях нé было егó обúдеть. I didn't have the slightest intention of insulting him.

мыть (мóю, мóет) to wash. У негó рýки такие, слóвно он их никогдá не мóет. His hands look as if they've never been washed. — Не входите в кóмнату, там мóют пол. Don't go into the room. They're washing the floor there.

☐ *Рукá рýку мóет. Crooks always cover up for each other.

-ся to wash oneself. Я всегдá мóюсь холóдной водóй. I always wash myself with cold water.

мытьё washing. На мытьё, стряпню и штóпку ухóдит мáсса врéмени. There's a lot of time spent washing, cooking, and darning.

☐ Какóе тут мытьё, мы и так опáздываем! How can you think of washing now when we're so late? ● *Я от негó этого добьюсь не мытьём, так кáтаньем. I'll get it from him by hook or by crook.

мышелóвка mousetrap. Нýжно купить мышелóвку. We'll have to get a mousetrap.

мышь (*P* -ши, -шéй *F*) mouse. У нас цéлую ночь бéгали мыши. We heard mice running around all night long.

☐ **летýчая мышь** bat. Я боюсь летýчих мышéй. I'm afraid of bats.

мышьяк (-á) arsenic.

мягкий ([-хк-]; *sh* -гкá; *ср* мягче [-хч-]; мягчáйший [-хч-]) soft. *Постéли у нас óчень мягкие. The beds here are very soft. ● mild. Вам нáдо жить в бóлее мягком климáте. You should live in a milder climate.

☐ **мягко** softly. Онá говорила мягко, но решительно. She spoke softly but decisively. ● mildly. Это был, мягко выражáясь, óчень неýмный постýпок. To put it mildly, it wasn't a very intelligent thing to do.

☐ В мягком вагóне мест бóльше нет. We don't have any more seats in the first-class car. ● Он óчень мягкий человéк. He's a very soft-hearted person. ● *Мягко стéлет, да жёстко спать. He pats you on the back and then kicks you in the shin.

мягче *See* **мягкий.**

мяснóе (*AN*) meat. Онá не ест мяснóго. She doesn't eat meat.

мяснóй meat. Мяснáя лáвка здесь поблизости. The meat market is near by.

мясо meat. Я зажáрил большóй кусóк мяса. I roasted a large piece of meat. — Мясо пережáрено. The meat is overdone.

☐ *Все пýговицы у вас вырваны с мясом. Some material came off with your buttons. ● *Это ни рыба, ни мясо. It's neither fish nor fowl.

мятель *See* **метéль.**

мятный mint. Мятные кáпли помогáют от тошноты. Mint drops are good for nausea.

☐ **мятная лепёшка** mint. Дáйте мне мятных лепёшек. Give me some mints.

мять (мну, мнёт; *ppp* мятый) to wrinkle. Не мните скáтерти. Don't wrinkle the tablecloth.

☐ Он дóлго мял глину, прéжде чем приступить к лéпке. He softened the clay for a long time before getting down to work. ● Травý мять воспрещáется. Keep off the grass.

-ся to wrinkle. Этот костюм ужáсно мнётся. This suit wrinkles a lot.

☐ Ну, чегó вы мнётесь? Well, what are you hesitating about?

мяч (-á *M*) ball. Где мóжно купить тéннисные мячи? Where can you buy tennis balls?

Н

на (/*with a and l*/) on. Не садитесь на этот стул. Don't sit on that chair. — Старик опирáлся на пáлку. The old man leaned on his cane. — Он хромáет на лéвую нóгу. He limps on his left leg. — На голóдный желýдок такóй рабóты не сдéлаешь. Such work can't be done on an empty stomach. —Самовáр на столé — идём чай пить. The samovar is on the table. Let's have some tea. — На этой ýлице большóе движéние. There's a lot of traffic on this street. — Мы живём на Тверскóй. We live on Tverskaya Street. — Он тепéрь хóдит на костылях. He walks on crutches now. — Вся отвéтственность лежáла на мне. The entire responsibility lay on my shoulders. — На ней было замечáтельное плáтье. She had a beautiful dress on. ● in. Он тепéрь живёт на Кавкáзе. He lives in the Caucasus now. — Я егó знал, когдá п был на воéнной слýжбе. I knew him when I was in the service. — Все рéбята тепéрь на её попечéнии. All the children are now left in her care. — На людях онá обычно óчень сдéржана. She's usually very reserved in public. — Он слеп на один глаз. He's blind in one eye. ● by. Мы тудá поéдем на автомобиле. We'll drive there by car. — Нéкоторые фрýкты продаются у нас на вес, другие поштýчно. Some fruit is sold by weight, some by the piece. — Для этой кóмнаты нýжен ковёр размéром дéвять на двенáдцать. This room ought to have a nine-by-twelve rug. — Помнóжьте это числó на двáдцать пять. Multiply this number by twenty-five.

• to. Что он вам на э́то отве́тил? What did he answer to this? — Я иду́ на рабо́ту. I'm on my way to work. — Мы сего́дня идём на вечери́нку. We're going to a party tonight. **• at.** Вы мо́жете купи́ть э́то на ры́нке. You can get this at the market. — Он сейча́с на рабо́те и вернётся то́лько ве́чером. He's at work now, and will return only toward evening. — Вы напра́сно на него́ рассерди́лись. You got mad at him for no good reason. — Пообе́даем на ста́нции. Let's have dinner at the station. — Мы провели́ всё ле́то на взмо́рье. We spent the whole summer at the seashore. — Он рабо́тает на заво́де. He's working at the factory. — Мы до́лго смотре́ли на э́ту карти́ну. We looked at the picture a long time. **• into.** Разре́жьте пиро́г на во́семь часте́й. Cut the pie into eight pieces. — Э́то на́до перевести́ на англи́йский (язы́к). It has to be translated into English. **• upon.** Я беру́ э́то на себя́. I take this upon myself. **• with.** Тут гото́вят на сли́вочном ма́сле. They cook with butter here. **• for.** Спаси́бо на до́бром сло́ве! Thanks for the kind word. — Вот вам рабо́та на за́втра. Here's your work for tomorrow. — На когда́ назна́чено заседа́ние? What time is the meeting set for? — Она́ прие́хала на неде́лю. She came to stay for a week. — У нас тут запа́сов на це́лый ме́сяц хва́тит. We have enough supplies for a whole month. — Что у вас сего́дня на обе́д? What do you have for dinner today? — Сохрани́те э́то на чёрный день. Save it for a rainy day. — Э́та ко́мната на двои́х. This room is for two. — Сего́дня мне придётся гото́вить на во́семь челове́к. I'll have to cook for eight people today. — Вам мате́рию на пальто́ и́ли на костю́м? Do you need the cloth for a coat or for a suit? — Ско́лько ассигно́вано на постро́йку заво́да? How much money has been allotted for building the factory? **• here, there. На!** There! — На, возьми́ э́то я́блоко! Here, take this apple.

☐ **на что** what . . . for. На что вам э́та коро́бка? What do you need this box for?

☐ На сле́дующий день мы с ним встре́тились в музе́е. Next day, we met him in the museum. **•** Всё э́то произошло́ на мои́х глаза́х. All this happened in my presence. **•** На про́шлой неде́ле всё вре́мя шёл дождь. It rained all last week. **•** У меня́ тяжело́ на душе́. I have a heavy heart. **•** Что э́то вы? На со́лнышке гре́етесь? What are you doing there? Taking in the sun? **•** У неё шу́бка на бе́личьем меху́. She's got a squirrel-lined coat. **•** Вы игра́ете на скри́пке? Do you play the violin? **•** Вы уме́ете игра́ть на билья́рде? Can you play billiards? **•** Мы с тобо́й ся́дем на вёсла, а она́ на руль. You and I will handle the oars and she'll take the rudder. **•** Он мо́жет быть у вас пока́ на посы́лках. In the meantime, you can use him as an errand boy. **•** Ну, э́то я оставля́ю на ва́шей со́вести. Well, let your conscience be your guide. **• •**У них там дурака́ на дураке́ сиди́т. They're all a pack of fools there. **•** Мы се́ли на парохо́д в Ленингра́де. We boarded the ship at Leningrad. **•** Они́ дви́гались всё да́льше на восто́к. They were going farther and farther east. **•** Отвеча́йте на мой вопро́с. Answer my question. **•** Я спешу́ на по́езд. I'm hurrying to catch the train. **•** На него́ наклевета́ли. They slandered him. **• •**Подожди́, голу́бчик, и на тебя́ упра́ва найдётся! Just wait, buddy, they'll catch up with you one of these days. **•** Подпи́ска на заём протека́ет о́чень успе́шно. The sale of bonds is moving along very successfully. **•** Я получи́л о́тпуск на ме́сяц. I got a

month's leave. **•** Э́тим изобрете́нием он просла́вился на весь мир. This invention made him famous all over the world. **•** На э́тот раз всё сошло́ благополу́чно. This time everything went off smoothly. **•** Вы шуми́те на весь дом! You're making so much noise you can be heard all over the house. **•** Да́йте мне се́мечек на гри́венник. Give me a dime's worth of sunflower seeds. **•** Вы опозда́ли на два часа́. You're two hours late. **•** Биле́т сто́ил на два рубля́ бо́льше, чем я ду́мал. The ticket cost me two rubles more than I expected. **•** Брат моло́же меня́ на пять лет. My brother is five years younger than I am. **•** Почему́ вы не сказа́ли об э́том на неде́лю ра́ньше? Why didn't you mention it a week sooner? **•** На вся́кий слу́чай запиши́те мой а́дрес. Take down my address in case you need it. **•** Мы взя́ли на воспита́ние двух сиро́т. We took two orphans into our home. **•** Возьми́те э́то на па́мять. Take this as a remembrance. **•** На беду́ мы не заста́ли его́ до́ма. Unfortunately we didn't find him at home. **•** На ва́ше сча́стье, я не злопа́мятен. It's a good thing for you that I'm not the sort of man to bear a grudge. **•** Я вам ве́рю на́ слово. I take your word for it. **•** Я вы́зубрил свою́ роль на зубо́к. I memorized my part so that I had it down pat. **•** На всё спосо́бен. He's liable to do anything. **•** Вы зна́ете, что мне пришло́ на ум? Do you know what I just thought of? **• •**Вот тебе́ и на! Well, that's a fine how-do-you-do!

на́бело (/cf **бе́лый**/) clean. Перепиши́те э́ту рукопись на́бело. Make a clean copy of this manuscript.

на́бережная (*AF*) waterfront. Как попа́сть на на́бережную? How do I get to the waterfront?

набива́ть (*dur of* **наби́ть**) to stuff. А пух я спря́чу — поду́шки набива́ть. I'll save the down to stuff pillows. — Не набива́йте так чемода́на — он не закро́ется. Don't stuff the suitcase so full. It won't close.

набира́ть (*dur of* **набра́ть**) to take on. Парово́з набира́ет во́ду. The locomotive is taking on water. **•** В ва́шем учрежде́нии набира́ют но́вых рабо́тников? Are they hiring new workers in your office? **•** to gain. Одна́ко, наш самолёт бы́стро набира́ет высоту́. Our plane is certainly gaining altitude rapidly.

наби́ть (-бью́, -бьёт; *imv* -бе́й; *ppp* -би́тый; *pct of* **набива́ть**) to fill. Погоди́те, пока́ я набью́ тру́бку. Wait a minute while I fill my pipe. **•** to pack. У нас по́греб наби́т льдом — э́то и есть наш ле́дник. Our cellar is packed with ice; it's really our icebox. **•** to shoot. Мы сего́дня наби́ли ма́ссу у́ток. We shot a lot of ducks today. **•** to trounce. На́ши футболи́сты наби́ли прие́зжей кома́нде! Our soccer team trounced the visitors.

☐ Где э́то он наби́л себе́ таку́ю ши́шку? Where did he get that bump? **• •**Он себе́ на э́том ру́ку наби́л. He became an expert in that. **• •**Мне э́ти разгово́ры давно́ оско́мину наби́ли. I've been sick and tired of these discussions for a long time.

-ся to pack. Ско́лько наро́ду наби́лось в ко́мнату! The room is packed to the rafters!

наблюда́ть (*dur*) to watch. Де́ти наблюда́ли за ка́ждым его́ движе́нием. The children watched his every move. **•** to observe. Мне э́того наблюда́ть не приходи́лось. I've never had occasion to observe it.

☐ Кто тут наблюда́ет за поря́дком? Who keeps order here?

набо́р set. Да́йте мне набо́р карандаше́й для раскра́шивания. Give me a set of crayons.

□ Это про́сто набо́р слов. That's just a lot of words put together. • Статья́ уже́ сдана́ в набо́р. The article has already been sent to the printers.

набра́ть (-беру́, -берёт; *p* -брала́; *pct of* **набира́ть**) to pick. Мы набра́ли це́лую корзи́ну грибо́в. We picked a basketful of mushrooms. • to get. Где нам мо́жно бу́дет набра́ть горю́чего? Where will we be able to get some gas? • to set in type. Наш отчёт уже́ на́бран и ско́ро вы́йдет в свет. Our report is already set in type and will be published soon. • to take on. Вы набра́ли сли́шком мно́го рабо́ты. You took too much work on yourself. • to dial. Он подошёл к телефо́ну и набра́л но́мер. He went to the telephone and dialed the number.

□ Он что́-то зна́ет, но молчи́т, как бу́дто воды́ в рот набра́л. He's got something up his sleeve, but won't let on.

набью́ *See* **наби́ть.**

наведу́ *See* **навести́.**

наве́ки (/*cf* век/) forever. Ну, дово́льно, не наве́ки проща́етесь. Come on, cut it out. You're not parting forever.

навёл *See* **навести́.**

наве́рно (/*cf* ве́рный/) probably. За́втра, наве́рно, бу́дет хо́лодно. It'll probably be cold tomorrow. • surely. Зна́чит вы наве́рно придёте? You'll surely come then?

наве́рное (/*cf* ве́рный/) for sure. Вы э́то зна́ете наве́рное? Do you know that for sure? • probably. Наве́рное он собира́ется ско́ро уе́хать. He's probably thinking of going away soon.

наверняка́ definitely. Она́ наверняка́ бу́дет до́ма по́сле обе́да. She'll definitely be home after dinner. • to be sure. Тепе́рь гада́ть нельзя́, на́до де́йствовать наверняка́. This is no time to act by guesswork; you've got to be sure.

□ **бить наверняка́** to bet on a sure thing. Он бьёт наверняка́. He's betting on a sure thing.

наве́рх (/*cf* верх/) upstairs. Пойдём наве́рх, там прохла́днее. Let's go upstairs; it's cooler there. • up. Взгляни́те наве́рх. Look up. — Посла́ть его́ к вам наве́рх? Shall I send him up to you?

наверху́ (/*cf* верх/) upstairs. Сестра́ живёт наверху́, в на́шем же до́ме. My sister lives upstairs in the same house with us.

наве́с shed. Тра́ктор стои́т под наве́сом. The tractor is under the shed.

навести́ (-веду́, -дёт; *p* -вёл, -вела́, -о́, -и́; *pap* -ве́дший; *pct of* **наводи́ть**) to lead. Соба́ка нас навела́ на след лиси́цы. The dog led us on the trail of the fox. • to point. Я навёл на него́ револьве́р. I pointed a gun at him.

□ **навести́ спра́вку** to get information. Я сейча́с наведу́ для вас э́ту спра́вку. I'll get you the information at once. □ Кто навёл вас на э́ту мысль? Who gave you this lead? • Что вас навело́ на э́ту мысль? What made you think of that? • Навёл тут по́лный дом госте́й! He crammed the house full of guests. • Он у вас тут наведёт поря́док. He'll put things in good order here.

навести́ть (*pct of* **навеща́ть**) to go to see. На́до бы нам как-нибу́дь его́ навести́ть. We ought to go to see him sometime.

навеща́ть (*dur of* **навести́ть**) to come to visit. Това́рищи вас иногда́ навеща́ют? Do your friends ever come to visit you?

навещу́ *See* **навести́ть.**

наводи́ть (-вожу́, -во́дит; *dur of* **навести́**)

□ **наводи́ть красоту́** to primp. Она́ ещё це́лый час

бу́дет красоту́ наводи́ть. She'll be primping for another hour now.

наводи́ть ску́ку to bore to death. Э́ти уро́ки всегда́ наводи́ли на меня́ ску́ку. These lessons always used to bore me to death.

□ Э́та пе́сня тоску́ наво́дит. This song gives you the blues. • Э́то наво́дит на размышле́ние. It makes you wonder.

наводне́ние flood.

навожу́ *See* **наводи́ть.**

наво́з manure.

на́волочка pillowcase. Перемени́те на́волочку на поду́шке. Change the pillowcase.

навря́д ли (*See also* **вря́д ли**) it's unlikely. Навря́д ли я успе́ю сего́дня ко́нчить. It's unlikely that I'll finish today.

навсегда́ (/*cf* всегда́/) for good. Я е́ду в Москву́ навсегда́. I'm going to Moscow for good. • forever. Проща́йте навсегда́! Good-by forever!

навстре́чу (/*cf* встре́ча/) toward. Он шёл по доро́ге, пря́мо нам навстре́чу. He walked straight toward us along the road.

□ **пойти́ навстре́чу** to meet halfway. Мы вся́чески постара́емся пойти́ вам навстре́чу. We'll try our best to meet you halfway. □ Вот еду́т го́сти, пойдёмте им навстре́чу. Here come our guests. Let's go meet them.

на́вык experience. У него́ в э́том де́ле большо́й на́вык. He has a lot of experience at this work.

нагиба́ть (*dur of* **нагну́ть**) to bend. Не нагиба́йте так ве́тку, она́ слома́ется. Don't bend the branch so; it'll break.

-**ся** to bend down. Мне тру́дно нагиба́ться, у меня́ спина́ боли́т. It's difficult for me to bend down; my back aches.

на́глухо (/*cf* глухо́й/)

□ Застегни́ пальто́ на́глухо и наде́нь тёплый шарф. Button up your coat well and put on a warm muffler. • Все о́кна на́глухо заколо́чены. All the windows are boarded up.

на́глый (*sh* нагл, -гла́) impudent. Како́й на́глый мальчи́шка! What an impudent boy!

□ **на́гло** insolent. Он вёл себя́ невероя́тно на́гло. His behavior was unbelievably insolent. □ Э́то на́глая ложь! It's an out-and-out lie!

нагля́дный visual. Большинство́ на́ших нагля́дных посо́бий ученики́ де́лают са́ми. Most of our visual aids are made by the students themselves.

□ **нагля́дный приме́р** object lesson. Вот вам нагля́дный приме́р. Here's an object lesson for you. □ Э́то мо́жно показа́ть нагля́дно. This can be demonstrated.

нагну́ть (*pct of* **нагиба́ть**) to bend. Нагни́те го́лову, а то уда́ритесь. Bend your head or you'll hit yourself.

-**ся** to bend down. Нагни́тесь, пожа́луйста, и подними́те э́ту кни́гу. Bend down and pick the book up, please.

нагоня́й bawling out. Я вчера́ получи́л здоро́вый нагоня́й. I got a good bawling out yesterday.

нагото́ве (/*cf* гото́вый/) ready. Держи́те лошаде́й нагото́ве. Keep the horses ready.

□ Бу́дьте нагото́ве, вас мо́гут вы́звать в любо́е вре́мя. Stand by; you may be called any minute.

награди́ть (*ppp* -граждённый; *pct of* **награжда́ть**) to reward. Он наде́ялся, что его́ за э́то награди́т. He hoped that he'd be rewarded for that. • to decorate. Он был неда́вно награждён Óрденом Лéнина. He was decorated with the Order of Lenin recently.

☐ Наградил бог сынкóм, нéчего сказáть! We've got a fine son, I must say!

награждáть (*dur of* **наградить**).

награжý *See* **наградить**.

нагружáть (*dur of* **нагрузить**) to load. Машину тóлько что нáчали нагружáть. They just started to load the car.

нагружý *See* **нагрузить**.

нагрузить (-гружý, -грýзит; /*pct of* **грузить** and **нагружáть**/) to load. Подождите, покá нагрузят парохóд. Wait until they load the ship. • to pile up. Меня сейчáс здóрово нагрузили рабóтой. They sure piled me up with work.

нагрýзка load. Телéга не выдержит такóй нагрýзки. The cart can't carry such a heavy load. • capacity. Наш завóд рабóтает с пóлной нагрýзкой. Our factory is working at full capacity.

☐ У меня большáя нагрýзка. I'm loaded down with work.

над (/*with i*/) over. Самолёт пролетéл над дерéвней. The plane flew over the village. — Я просидéл всю ночь над книгами. I spent the whole night over my books. • above. Над нáми живёт óчень шýмная семья. A very noisy family lives above us. • on. Он ужé год над этим рабóтает. He's already been working on that for a year. • at. Ну зачéм вы над ним смеётесь? Why do you laugh at him?

☐ Сдéлайте над собóй усилие и встáньте вó-время. Make an effort and get up on time.

надевáть (*dur of* **надéть**) to put on. Не надевáйте пальтó, сегóдня теплó. Don't put on your coat; it's warm out today.

надéжда hope. Боюсь, что нет надéжды на егó выздоровлéние. I'm afraid there is no hope of his getting well. — Единственная надéжда, что он об этом не узнáет. The only hope is that he won't find out about it. • expectations. Онá не обманýла нáших надéжд. She lived up to our expectations.

☐ подавáть надéжды to show promise. Он подаёт бóльшие надéжды. He shows great promise.

☐ В надéжде на хорóший обéд я почти не зáвтракал. I expected a good dinner so I had hardly any lunch. • Я возлагáю большие надéжды на сына. I have a lot of faith in my son.

надёжный safe. Бойцы нашли надёжное убéжище. The soldiers found a safe hiding place. • reliable. Он надёжный человéк. He's a reliable man.

надéть (-дéну, -дéнет; *ppp* надéтый; *pct of* **надевáть**) to put on, to wear. Онá надéла своё лýчшее плáтье. She put on her best dress. — Надéньте калóши, идёт дождь. Wear your rubbers; it's raining.

надéяться (надéюсь, надéется; *dur*) to hope. Бýдем надéяться на лýчшее. Let's hope for the best. — Я надéюсь застáть егó дóма. I hope to find him at home.

☐ надéяться на to count on. Мы надéялись на вáшу пóмощь. We counted on your help. • to rely on. Я на негó не надéюсь. I don't rely on him.

☐ Докторá ещё надéются на улучшéние. The doctors still believe he'll get better.

на-днях (/*cf* **день**/) one of these days. Я емý на-днях напишý. I'll write him one of these days. • the other day. Я егó на-днях видел. I saw him the other day. • recently. Я с ним тóлько на-днях разговáривал. It's only recently that I've spoken to him.

нáдо[1] to have to. Мне нáдо забежáть на пóчту. I have to stop at the post office. • should. Он всегдá поступáет не так, как нáдо. He never acts the way he should.

☐ Так вам и нáдо! It serves you right. • Ей ничегó не нáдо. She doesn't need a thing. • Что емý здесь нáдо? What does he want here? • Онá — дéвушка что нáдо! She's quite a girl.

нáдо[2] (/*for* **над** *before some clusters,* §31/) at. Зачéм вы смеётесь нáдо мной? Why are you laughing at me?

нáдобиться (*dur of* **понáдобиться**).

надоедáть (*dur of* **надоéсть**) to annoy. Не надоедáйте гóстю вáшими вопрóсами. Don't annoy the guest with your questions. • to bother. Мне не хóчется вам надоедáть. I don't want to bother you.

надоéл *See* **надоéсть**.

надоéм *See* **надоéсть**.

надоéсть (-éм, -éст, § *27/no imv*/; *p* -éл, -éла) to be tired. Мне надоéло это слýшать, и я ушёл. I was tired of listening to it so I left. — Они надоéли друг дрýгу. They're tired of each other. • to bore. Он мне дó смерти надоéл. He bores me to death.

надóлго (*cf* **дóлго**) for a long time. Эта пьéса надóлго отбила у меня охóту к теáтру. This play killed my desire for the theater for a long time. • for long. Вы сюдá надóлго? Will you be here for long?

нáдпись (*F*) inscription. Я не могý прочитáть нáдпись на этом пáмятнике. I can't read the inscription on this monument. • sign. Что это там за нáдпись на столбé? What does the sign on that post say?

☐ Сдéлайте мне нáдпись на этой книге. Will you write something in this book?

надувáть (*dur of* **надýть**) to trick. Как это емý удаётся всех надувáть? How is it that he's able to trick everybody?

надýть (*ppp* -дýтый; *pct of* **надувáть**) to put air in. Вы ужé надýли шины? Have you already put air in your tires? • to put one over on, to trick. Меня вчерá здóрово надýли. They certainly put one over on me yesterday. • to fool. Егó не надýешь. You can't fool him.

☐ гýбы надýть to sulk. Чтó это вы гýбы надýли? Why are you sulking?

☐ Вам навéрно в ýхо надýло. You probably caught cold in your ear.

наединé in private. Мóжно с вáми поговорить наединé? May I speak to you in private? • alone. Наединé со мной онá былá гораздо разговóрчивее. When she was alone with me she was much more talkative.

нажáть (-жмý, -жмёт; *ppp* нажáтый; *pct of* **нажимáть**) to push. Нажмите кнóпку звонкá. Push the buzzer. • to press down. Нажмите покрéпче, и мы закрóем чемодáн. Press down a little harder and we'll be able to close the suitcase.

☐ Попрóбуйте нажáть на негó. Try using a little pressure on him. • Давáйте нажмём и кóнчим сегóдня. Come on, let's go all out and finish it today.

нажимáть (*dur of* **нажáть**).

нажмý *See* **нажáть**.

назáд back. Переведите часы назáд. Set the watch back. — Пойдёмте назáд. Let's go back. — Положите книгу назáд. Put the book back. — Я никогдá не берý назáд своегó слóва. I never go back on my word. • ago. Я тут был год томý назáд. I was here a year ago.

назвáние title. Как назвáние книги, котóрую профéссор вчерá рекомендовáл? What is the title of the book the pro-

fessor recommended yesterday? • name. Я не зна́ю назва́-
ния э́той ста́нции. I don't know the name of this station.

назва́ть (-зову́, -вёт; *p* -звала́; *pct of* **называ́ть**) to call. Она́
назвала́ меня́ дурако́м. She called me a fool. • to name.
Назови́те мне стра́ны, где вы быва́ли. Can you name the
countries you visited? — Как вы назва́ли ва́шего сы́на?
What did you name your son?

назнача́ть (*dur of* **назна́чить**) to set. Не назнача́йте засе-
да́ния сли́шком ра́но. Don't set the meeting too early.
□ Мне пока́ не хоте́лось бы назнача́ть сро́ка оконча́ния
э́той рабо́ты. I wouldn't like to say as yet when this work
will be finished.

назначе́ние assignment. Он получи́л назначе́ние на кра́й-
ний се́вер. He got an assignment to the Far North. • use.
Како́е назначе́ние э́того рычага́? What's the use of this
lever?
□ **ме́сто назначе́ния** destination. Мы благополу́чно
при́были на ме́сто назначе́ния. We reached our destination
safely.

назна́чить (*pct of* **назнача́ть**) to set. День отъе́зда экспеди́-
ции уже́ назна́чен? Has the date for the start of the expedition been set yet? • to appoint. Его́ назна́чили на э́тот
пост неда́вно. He was appointed to this post recently.
• to assign. Кто назна́чен сего́дня на дежу́рство? Who's
assigned to duty here today? • to make (an appointment).
Она́ мне назна́чила свида́ние в па́рке. She made a date to
meet me in the park.

назову́ *See* **назва́ть**.

называ́ть (*dur of* **назва́ть**) to mention. Не ну́жно называ́ть
его́ и́мени. It's best not to mention his name.
□ **так называ́емый** so-called. Это и есть ваш, так назы-
ва́емый, дворе́ц? And is this your so-called palace?

-ся.
□ В са́мую то́чку, что называ́ется, попа́л. He hit the
nail on the head, as you say.

наи́вный naïve. Он наи́вен, как ребёнок. He's as naïve as a
child. • childish. Это бы́ло о́чень наи́вное предположе́-
ние. That was a childish supposition.
□ **наи́вно** naïvely. Она́ о́чень наи́вно су́дит обо всём.
She judges everything very naïvely.

наизна́нку inside out. У вас чулки́ наизна́нку наде́ты.
You've got your stockings inside out.
□ Он у нас всё учрежде́ние наизна́нку вы́вернул. He
changed everything from A to Z in our office.

наизу́сть by heart. Это на́до вы́учить наизу́сть. You have
to learn this by heart.

найду́ *See* **найти́**.

найду́сь *See* **найти́сь**.

найму́ *See* **наня́ть**.

найти́ (-йду́, -йдёт; *p* ~шёл, шла, -ло́ -й; *pap* ше́дший; *pct of*
находи́ть) to find. Я нашёл э́ти часы́ на у́лице. I found
this watch on the street. — Вы уже́ нашли́ ко́мнату? Have
you found a room yet? — Мы нашли́ но́вый ме́тод обра-
бо́тки ста́ли. We found a new way of processing steel. —
Его́ нашли́ неподходя́щим для э́той рабо́ты. They found
him unsuitable for the work. — Я нашёл его́ в клу́бе за
ша́хматами. I found him at the club playing chess. — До́к-
тор нашёл у него́ туберкулёз. The doctor found that he
had tuberculosis. • to come. Отку́да нашло́ сто́лько
наро́ду? Where did all these people come from?
□ Не понима́ю, что вы в нём нашли́? I can't understand

what you see in him. • И что э́то на неё нашло́, не пони-
ма́ю. What got into her? I don't understand it. • (*no
dur*) *Нашла́ коса́ на ка́мень. He met his match.

-сь to be found. Что, нашли́сь ва́ши бума́ги? By the way,
were your papers found?
□ (*no dur*) Он сра́зу нашёлся, что отве́тить. He had a
ready answer. • (*no dur*) Найдётся у вас де́сять рубле́й?
Could you spare ten rubles?

накажу́ *See* **наказа́ть**.

наказа́ние punishment. Это, по-мо́ему, сли́шком суро́вое
наказа́ние. In my opinion the punishment is too severe.
• penalty. А како́е ему́ грози́т наказа́ние за э́то? What
penalty is he liable to for this?
□ **отбыва́ть наказа́ние** to serve time. Он сейча́с отбыва́ет
наказа́ние за взя́тки. He's now serving time for bribery.
□ Его́ посту́пок заслу́живает наказа́ния. He deserves to
be punished for this. • И за что мне тако́е наказа́ние!
What did I do to deserve this! • Мне с ним су́щее наказа́-
ние! He's a trial to me.

наказа́ть (-кажу́, -ка́жет; *pct of* **нака́зывать**) to punish.
Его́ сле́дует за э́то хороше́нько наказа́ть. He should be
thoroughly punished for that.

нака́зывать (*dur of* **наказа́ть**) to punish. Не нака́зывайте
его́ сли́шком стро́го. Don't punish him too severely.

накану́не the day before. Ещё накану́не он каза́лся сов-
се́м здоро́вым. He seemed quite well just the day before. —
Он заходи́л ко мне накану́не отъе́зда. He dropped in to
see me the day before he left. • before. Накану́не пра́зд-
ников в магази́нах мно́го наро́ду. The stores are crowded
with people before the holidays.
□ Мы — накану́не больши́х собы́тий. Big things are
about to happen.

накача́ть (*pct of* **нака́чивать**) to pump. Накача́йте воды́
из коло́дца. Pump some water out of the well. — Нака-
ча́йте ши́ну! Pump air into the tire!
□ Не бо́йтесь, мы вас накача́ем, и вы сде́лаете прекра́сный
докла́д. Don't worry, we'll coach you and you'll make a
fine report.

нака́чивать (*dur of* **накача́ть**) to pump.

накладна́я (*AF*) bill of lading. Мой груз, вероя́тно, пришёл.
Вот накладна́я. My shipment's probably arrived. Here's
the bill of lading.

накла́дывать (*dur of* **наложи́ть**) to fill. Не накла́дывайте
мне так мно́го. Don't fill my plate so.

наконе́ц (/*cf* коне́ц/) at last. Наконе́ц он пришёл. At last
he's here. — Наконе́ц-то! At last!
□ **наконе́ц-то** finally. Наконе́ц-то я нашёл его́ а́дрес.
I finally found his address.
□ По́дали борщ, свини́ну, наконе́ц компо́т. They served
borscht and pork and finished it off with stewed fruit.

накорми́ть (-кормлю́, ~ко́рмит; *pct of* **корми́ть**) to feed.
Накорми́те ребёнка сейча́с же. Feed the baby at once. —
Накорми́ли нас там на сла́ву! They gave us a royal feed
there!

накрахма́лить (*pct of* **крахма́лить**) to starch. Накрахма́лить
вам руба́шки? Do you want your shirts starched?

накро́ю *See* **накры́ть**.

накрыва́ть (*dur of* **накры́ть**) to set. Обе́д гото́в. Мо́жете
накрыва́ть на стол. Dinner is ready. You may set the
table.

накры́ть (-кро́ю, -кро́ет; *ppp* -кры́тый; *pct of* **накрыва́ть**) to cover. Я накро́ю кувши́н блю́дцем, а то му́хи налетя́т. I'll cover the pitcher with a saucer to keep the flies out.
☐ **накры́ть стол** to set a table. Стол был накры́т на четверы́х. The table was set for four.
☐ Накро́йте стол ска́тертью. Put the tablecloth on.

нала́дить (*pct of* **нала́живать**) to set straight. Вам придётся нала́дить де́ло в э́том цеху́. You'll have to set things straight in this shop.
☐ Дире́ктор бы́стро нала́дил рабо́ту. The manager got things going smoothly in no time.

нала́живать (*dur of* **нала́дить**) to organize. Мы сейча́с нала́живаем произво́дство иску́сственного каучу́ка. We're now organizing the production of artificial rubber.

налажу́ *See* **нала́дить**.

налга́ть (-лгу́, лжёт; *p* -лгала́; *dur*) to lie. Не ве́рьте, он вам налга́л. Don't believe him; he lied to you.

нале́во (/*cf* **ле́вый**/) to the left. Иди́те нале́во, по э́той у́лице. Take that street to the left. — Вы́ход нале́во. The exit is to the left. • to one's left. Посмотри́те нале́во. Look to your left.

налёт air raid. Наш го́род не́сколько раз подверга́лся налётам. We had several air raids in our town. • holdup. При налёте оди́н из банди́тов был ра́нен. During the holdup one of the bandits was wounded. • spot. У него́ больши́е налёты в го́рле. He has big white spots in his throat.
☐ Нельзя́ реша́ть с налёта. You shouldn't rush into it.

налжёшь *See* **налга́ть**.

налива́ть (*dur of* **нали́ть**) to fill. Я налива́л черни́ла в черни́льницу и проли́л на стол. I spilled some ink on the table while I was filling the inkwell.

нали́вка cordial, liqueur.

нали́ть (-лью, льёт; *imv* -ле́й; *p* на́лил, налила́, на́лило, -ли; *ppp* на́литый, *sh F* налита́; *pct of* **налива́ть**) to pour. Нали́ть вам ещё ча́ю? Shall I pour you some more tea? • to fill. Мы на́лили по́лную бо́чку воды́. We filled a barrel full of water.

налицо́ (/*cf* **лицо́**/) present. Все чле́ны месткома́ бы́ли налицо́. All the members of the trade-union committee were present.
☐ Не отпира́йтесь — все ули́ки налицо́. Don't deny it; the evidence is in front of you. • Все запа́сы оказа́лись налицо́. The supplies were all there.

нали́чные (*AP*) cash. Тут ну́жно плати́ть нали́чными. You've got to pay cash here.

нало́г tax. Вы уже́ уплати́ли подохо́дный нало́г? Have you paid your income tax yet? — Это обло́жено высо́ким нало́гом. There's a high tax on it.

наложи́ть (-ложу́, -ло́жит; *pct of* **накла́дывать**) to pack. Она́ мне наложи́ла по́лную корзи́ну прови́зии. She packed a basketful of food for me. • to load. Он наложи́л по́лный воз се́на. He loaded the wagon with hay.
☐ **нало́женный платёж** collect on delivery (C.O.D.).
наложи́ть повя́зку to bandage. Скоре́й наложи́те ему́ повя́зку на ру́ку. Quick! Bandage his arm.
☐ Наложи́те мне побо́льше ка́ши. Give me a big helping of cereal. • Дире́ктор нало́жит резолю́цию. The director will decide. • Го́ды голода́ния наложи́ли на него́ свой отпеча́ток. The years of hunger left their imprint on him.

нам (/*d of* **мы**/).

намажу́ *See* **нама́зать**.

нама́зать (-ма́жу, -ма́жет; *pct of* **нама́зывать**) to spread. Нама́зать вам бу́лочку варе́ньем? Shall I spread some jam on your roll?
☐ **нама́зать ма́слом** to butter. Нама́зать вам хлеб ма́слом? Would you like your bread buttered?
☐ Я не разберу́, что тут нама́зано. I can't make out this scrawl. • Она́ сли́шком нама́зала себе́ гу́бы. She put too much lipstick on.

нама́зывать (*dur of* **нама́зать**).

намёк hint. Он меня́ по́нял с пе́рвого же намёка. He took my hint immediately.
☐ Тут нет и намёка на ро́скошь. This is anything but luxurious.

намека́ть (*dur of* **намекну́ть**) to hint. Вы на что, со́бственно, намека́ете? What are you actually hinting at?

намекну́ть (*pct of* **намека́ть**).

намерева́ться (-ва́юсь, -ва́ется; *dur*) to intend. Что вы намерева́етесь предприня́ть, чтобы прекрати́ть э́то безобра́зие? What do you intend to do to stop these outrages?
☐ Я намерева́лся поговори́ть с ва́ми до ва́шего отъе́зда. I meant to speak to you before you left.

на́ми (/*i of* **мы**/).

намы́лить (*pct of* **мы́лить**).

нанима́ть (*dur of* **наня́ть**) to hire. Ло́дку мо́жно нанима́ть по часа́м. You can hire the boat by the hour.

на́ново (*cf* **но́вый**) over again. Мне пришло́сь написа́ть э́то на́ново. I had to write it over again.

наня́ть (-йму́, -ймёт; *p* на́нял, наняла́, на́няло, -ли; *ppp* на́нятый, *sh F* наня́та; *pct of* **нанима́ть**) to hire. Я хоте́л бы наня́ть дома́шнюю рабо́тницу. I'd like to hire a maid. — Наймём подво́ду и отвезём ве́щи на ста́нцию. Let's hire a horse and wagon to take our things to the station.

наоборо́т (/*cf* **оборо́т**/) the wrong way. Вы, ка́жется, шля́пу наоборо́т наде́ли. I think you've got your hat on the wrong way. • just the opposite. Что ему́ ни ска́жешь, он всё де́лает наоборо́т. He always does the opposite of what he's asked. • on the contrary. "Вам ску́чно?" "Наоборо́т, мне о́чень интере́сно". "Are you bored?" "On the contrary, I'm very much interested." • all different. Мы ду́мали провести́ ле́то хорошо́, а вы́шло совсе́м наоборо́т. We planned to have a good time this summer, but it turned out all different. • the other way around. Это бы́ло не так, как он расска́зывает, а совсе́м наоборо́т. It wasn't as he tells it, but the other way around. • vice versa. Вы мо́жете снача́ла пое́хать в Москву́, а пото́м в Ленингра́д, и́ли наоборо́т. You can go to Moscow first and then to Leningrad, or vice versa.

напада́ть (*dur of* **напа́сть**) to take the offensive. На́ша кома́нда напада́ла. Our team took the offensive. • to pick on. Что вы на него́ всё напада́ете? Why do you always pick on him?

нападе́ние attack. Нападе́ние проти́вника не́ было неожи́данным. The enemy's attack wasn't unexpected. • offensive. По́сле мину́тного замеша́тельства на́ши фо́рварды перешли́ к нападе́нию. After a minute of confusion, our forwards took the offensive.

нападу́ *See* **напа́сть**.

напа́ивать (*dur of* **напои́ть**).

напа́л *See* **напа́сть**.

напа́сть (-паду́, -дёт; *p* -па́л; *dur of* **напада́ть**) to attack. Е́сли враги́ на нас нападу́т, мы суме́ем дать отпо́р. We'll know how to hit back if enemies attack. • to stumble on. Не знáю, прáво, как он напáл на э́ту мысль. I really don't know how he stumbled on this idea.

□ Тоскá на меня напáла. I've got the blues.

напевáть (-пою, -поёт) to hum. Что э́то вы напевáете? What are you humming?

наперекóр for spite. Онá мне всё наперекóр дéлает. She does everything to spite me.

наперечёт scarce. Такие рабóтники, как он, у них наперечёт. Workers like him are scarce around here.

□ Он здесь всех докторóв наперечёт знáет. He knows every one of the doctors here.

напёрсток (-ртка) thimble.

напéть (-пою, -поёт; ppp напéтый; pct of напевáть).

напечáтать (pct of печáтать) to publish. Где напечáтана э́та статья? Where was this article published? • to print. Напечáтайте мне сóтню визи́тных кáрточек. Print a hundred calling cards for me. • to type. Напечáтать вам э́то письмó? Do you want this letter typed?

напивáться (dur of напи́ться) to get drunk. Он чáсто так напивáется. Does he often get drunk like that?

написáть (-пишу́, -пи́шет; pct of писáть) to write. Напиши́те мне, как тóлько приéдете. Write me as soon as you arrive. — Он написáл э́ту кни́гу в полгóда. It took him six months to write this book. • to paint. Кто написáл э́ту карти́ну? Who painted this picture?

напи́ток (-тка) beverage. Что э́то за напи́ток? What is this beverage?

□ **безалкогóльный напи́ток** soft drink. Тóлько безалкогóльные напи́тки? Это óчень ску́чно! Only soft drinks? That's too dull!

крéпкий напи́ток hard liquor. Спаси́бо, я не пью крéпких напи́тков. Thank you, I never take any hard liquor.

прохлади́тельные напи́тки soft drinks. В э́том кио́ске продаю́тся прохлади́тельные напи́тки. They sell soft drinks at this stand.

спиртнóй напи́ток wines and liquors. На вечери́нке спиртны́х напи́тков нé было. There were no wines or liquors at the party.

напи́ться (-пью́сь, -пьётся; imv -пéйся; p напи́лся, напилáсь, -лóсь, ли́сь; pct of напивáться) to get a drink. Нельзя́ ли у вас напи́ться воды́? Could I get a drink of water here?

□ Мы ещё не успéли чáю напи́ться. We haven't had time for tea yet.

напишу́ See написáть.

наплевáть (-плюю́, плюёт; ppp -плёванный; pct) to spit. Насори́ли, наплевáли, — а за ни́ми убирáй! They threw things on the floor; they spit all over; and now they want me to clean it up.

□ А мне наплевáть! I don't give a damn!

напои́ть (-пою́, пóит /imv напóй/; pct of напáивать) to give to drink. Напои́те детéй молокóм и уложи́те их спать. Give the children some milk to drink and put them to bed. • to water. Прéжде всегó нáдо напои́ть лошадéй. First of all, we have to water the horses. • to get someone drunk. Зачéм вы егó напои́ли? Why did you get him drunk?

напóлнить (pct of наполня́ть) to fill. Онá нам наполни́ла корзи́нку прови́зией. She filled our basket with food. — Вéтер наполни́л пáрус, и шлю́пка пошлá быстрéе. The boat went faster as the wind filled the sails.

□ Вагóн был напóлнен шкóльниками. The car was crowded with school children.

-ся to become full. Кóмната напóлнилась ды́мом. The room became full of smoke.

наполня́ть (dur of напóлнить).

наполови́ну (/cf полови́на/) half. Дом наполови́ну готóв. The house is half ready. • halfway. Он всё дéлает наполови́ну. He does everything halfway.

напоминáть (dur of напóмнить) to remind. Вы мне óчень напоминáете моегó брáта. You remind me a whole lot of my brother.

напóмнить (pct of напоминáть) to remind. Напóмните мне зáвтра, а то я обязáтельно забу́ду. Remind me tomorrow, or else I'm sure to forget.

напрáвить (pct of направля́ть) to aim. Он напрáвил на них автомáт. He aimed the tommy gun at them. • to send. Он напрáвлен на рабóту в дерéвню. He was sent to work in the country. — Я вас напрáвлю к хорóшему врачу́. I'll send you to a good doctor. • to refer. Он вас не тудá напрáвил. He didn't refer you to the right place. — Вáше заявлéние напрáвлено в Наркоминдéл. Your request was referred to the Commissariat of Foreign Affairs. • to strop. Вáшу бри́тву порá напрáвить. It's about time you stropped your razor.

□ Нáдо напрáвить все уси́лия на улучшéние кáчества рабóты. We'll have to use every effort to improve our work.

-ся to go. Не знáю, кудá мне тепéрь напрáвиться. I don't know where to go now.

направлéние direction. Вам нáдо идти́ в обрáтном направлéнии. You have to go in the opposite direction. — Охóтники рассы́пались по всем направлéниям. The hunters scattered in all directions. • way. В какóм направлéнии нам éхать? Which way do we have to go? — У вас мысль рабóтает в стрáнном направлéнии. Your mind works in a peculiar way.

□ Вы хоти́те зáвтра éхать? А направлéние вы ужé получи́ли? Do you want to go tomorrow? Have you got your assignment yet?

направля́ть (dur of напрáвить).

-ся to go. Кудá вы направля́етесь? Where are you going?

напрáво (/cf прáвый²/) to your right. Вы́ход напрáво. The exit is to your right. • to the right. Иди́те прямо, а потóм сверни́те напрáво. Go straight ahead and then turn to the right.

□ Он расскáзывает об э́том напрáво и налéво. He talks about it wherever he goes.

напрáсный for nothing. Вы уж меня прости́те за напрáсное беспокóйство. Excuse my bothering you for nothing.

□ **напрáсная тревóга** baseless fear. Это былá напрáсная тревóга. That was a baseless fear.

напрáсно unjustly. Её напрáсно обвиня́ют в лéни. They accuse her unjustly of being lazy. • for nothing. Я напрáсно éздил в гóрод; лáвки сегóдня закры́ты. I went to the city for nothing; the stores were closed today. • useless. Напрáсно старáетесь! егó не переубеди́шь. It's useless to try. You can't make him change his mind.

□ Напрáсно вы не заказáли билéтов зарáнее. It's too bad you didn't order the tickets in advance.

напримéр (/cf примéр/) for example, for instance.

напрокáт for hire. Лóдки напрокáт. Boats for hire.

□ **брать напрокáт** to hire. Он хóчет взять автомоби́ль напрокáт. He wants to hire a car.

взять напрокáт to rent. Где здесь мóжно взять маши́нку напрокáт? Where can I rent a typewriter?

дава́ть **напрока́т** to rent out. Здесь даю́тся велосипе́ды напрока́т. Bicycles are rented out here.

напро́тив (*cf* **про́тив**/) across the street. Он живёт как раз напро́тив. He lives right across the street. • across. Вы сиде́ли за столо́м напро́тив меня́. You were sitting across the table from me. • opposite. Посмотри́те на э́того челове́ка напро́тив. Look at that man opposite. — Его́ ко́мната напро́тив мое́й. His room is opposite mine. • on the contrary. "Я вам помеша́л?" "Напро́тив, о́чень рад вас ви́деть". "Did I disturb you?" "On the contrary, I'm very glad to see you."

напряга́ть (*dur of* **напря́чь**) to strain. Не напряга́йте глаз. Don't strain your eyes.

☐ Как я ни напряга́л слух, я не мог разобра́ть ни одного́ сло́ва. No matter how hard I tried I couldn't make out a word that was said.

напрягу́ *See* **напря́чь**.

напрями́к straight. Иди́те напрями́к по́ по́лю. Go straight ahead across this field.

☐ Говори́те напрями́к. Come right out with it!

напря́чь ([-prjéč], -прягу́, -пряжёт; *p* -пря́г [-prjók], -прягла́, -о́, -и́; *pct of* **напряга́ть**).

☐ **напря́чь все си́лы** to make every effort. Он напря́г все си́лы, что́бы сдать на отли́чно э́тот экза́мен. He made every effort to pass the exam with the highest mark.

напью́сь *See* **напи́ться**.

наравне́ (/*cf* **ра́вный**/) alongside. Ло́дка шла наравне́ с парохо́дом. The rowboat was moving alongside the steamship. • on a par. Он тепе́рь зараба́тывает наравне́ со взро́слыми рабо́чими. His pay is now on a par with all adult workers'. • as . . . as. Стари́к носи́л тя́жести наравне́ с молоды́ми. The old man carried as heavy a load as the young fellows did.

☐ Он бу́дет уча́ствовать в вы́борах наравне́ с други́ми гра́жданами. He'll take part in the elections just like all the other citizens.

нараспа́шку wide open. Тако́й хо́лод, а у него́ пальто́ нараспа́шку. He's got his coat wide open in this bitter cold.

нарасхва́т

☐ Биле́ты раскупа́лись нарасхва́т. The tickets were going like hot cakes.

наре́чие adverb.

нарисова́ть (*pct of* **рисова́ть**) to draw. Нарису́йте мне план ва́шей кварти́ры. Draw a plan of your apartment for me. • to paint. Он нарисова́л нам о́чень соблазни́тельную карти́ну. He painted a very tempting picture for us.

нарко́м (**наро́дный комисса́р**) People's Commissar (*See Appendix 4*).

наро́д (/*g* -у; *in part this g replaces that of* **лю́ди**/) people. Мы чу́вствуем больши́е симпа́тии к америка́нскому наро́ду. We have a very warm feeling for the American people. — Здесь не всегда́ быва́ет так мно́го наро́ду. There are not always so many people here. — У нас тут всё наро́д молодо́й. We have nothing but young people here. • nation. Весь наро́д подня́лся, как оди́н челове́к. The entire nation arose as one man. • nationality. Все наро́ды Сове́тского Сою́за по́льзуются одина́ковыми права́ми. All nationalities living in the Soviet Union enjoy equal rights.

наро́дный people's. Это наро́дное иму́щество. This is the people's property. — Этот го́род нахо́дится в Монго́льской Наро́дной Респу́блике. This city is in the Mongolian People's Republic. • folk. Пойдём сего́дня на конце́рт

украи́нских наро́дных пе́сен. Let's go to the Ukrainian folk-song recital today.

☐ **наро́дное хозя́йство** national economy.

наро́дный заседа́тель juryman.

наро́дный комисса́р (*See also* **нарко́м**) People's Commissar.

наро́дный комиссариа́т People's Commissariat (*See Appendix 4*).

наро́дный суд people's court.

наро́чно ([-šn-]) on purpose. Не серди́тесь! Я, пра́во, э́то сде́лал не наро́чно. Don't be angry; I really didn't do it on purpose. — То́лько мы вы́шли — как наро́чно пошёл дождь. As soon as we went out it began to rain as if on purpose. • purposely. Он э́то говори́т наро́чно, чтоб вас подразни́ть. He says it purposely to tease you.

нарсу́д (*See* **наро́дный суд**).

нару́жность (*F*) appearance. Он челове́к о́чень прия́тной нару́жности. He makes a fine appearance. • looks. Нару́жность ча́сто быва́ет обма́нчива. Looks are often deceiving.

нару́жный outward. Нару́жный вид до́ма мне о́чень понра́вился. I liked the outward appearance of the house very much. — Она́ уме́ла сохраня́ть нару́жное споко́йствие. She knew how to keep an outward calm. • external. Это лека́рство то́лько для нару́жного употребле́ния. This medicine is for external use only.

наруша́ть (*dur of* **нару́шить**) to break. Он нару́шил пра́вила у́личного движе́ния. He broke the traffic regulations. • to go back on. Я никогда́ не наруша́ю своего́ сло́ва. I never go back on my word.

нару́шить (*pct of* **наруша́ть**) to violate. Они́ нару́шили прися́гу. They violated their oath. • to break. Это они́ нару́шили догово́р. They're the ones who broke the agreement. • to upset. Это происше́ствие нару́шило её душе́вное равнове́сие. This upset her equilibrium.

на́ры (нар *P*) wooden bunk.

нары́в abscess.

наря́д outfit (used only for a woman's clothing). Ваш наря́д мне о́чень нра́вится. I like your outfit very much. • squad. Наря́д мили́ции с трудо́м сде́рживал толпу́. The squad of policemen had a hard time keeping the crowd in check.

наряди́ть (-ряжу́, -ря́дит; *pct of* **наряжа́ть**) to dress up. Как вы хорошо́ наряди́ли ребя́т! How nicely you've dressed up the kids!

-ся to dress up. Почему́ это вы так наряди́лись? What are you dressed up for?

наря́дный dressed up. Кака́я вы сего́дня наря́дная! You're all dressed up today! • dressy. Все ва́ши пла́тья сли́шком наря́дные для рабо́ты. All your clothes are too dressy to work in.

☐ **наря́дно** gaily. Зал был наря́дно у́бран цвета́ми и фла́гами. The hall was gaily decorated with flags and flowers.

наряду́ (*cf* **ряд**) side by side. Подро́стки в то вре́мя рабо́тали наряду́ со взро́слыми. At that time minors worked side by side with adults. • besides. Наряду́ с университе́тской библиоте́кой вы мо́жете по́льзоваться публи́чной. Besides the university library, you can use the public library. • as well as. Наряду́ с электри́чеством мы ещё зажига́ем све́чи. We use electricity as well as candlelight.

наряжа́ть (*dur of* **наряди́ть**) to dress up. Не́чего так наряжа́ть дете́й. Don't dress up the children so.

-ся to dress up. Она́ лю́бит наряжа́ться. She likes to dress up.

наряжу́ *See* **наряди́ть.**

наряжу́сь *See* **наряди́ться.**

нас (*gal of* **мы**)

насеко́мое (*AN*) insect. Тут чи́сто, насеко́мых нет. It's clean here; we have no insects.

□ **сре́дство про́тив насеко́мых** insecticide. Пойди́те в апте́ку и купи́те како́е-нибудь сре́дство про́тив насеко́мых. Go get some kind of insecticide at the drugstore.

населе́ние population. Во вре́мя войны́ всё гражда́нское населе́ние бы́ло отсю́да вы́селено. The entire (civilian) population was evacuated from here during the war.

населённый (*ppp of* **насели́ть**) populated. Ближа́йший населённый пункт в двадцати́ киломе́трах отсю́да. The nearest populated place is twenty kilometers from here. — Этот райо́н о́чень гу́сто населён. This is a very thickly populated section.

насели́ть (*pct of* **населя́ть**) to populate.

населя́ть (*dur of* **насели́ть**).

наскво́зь through. Пу́ля проби́ла сте́ну наскво́зь. The bullet went right through the wall. — Бро́сьте притворя́ться, я вас всё равно́ наскво́зь ви́жу. Stop pretending. I see right through you. • through and through. Я вчера́ промо́к наскво́зь. I got soaked through and through yesterday.

наско́лько (/*cf* **ско́лько**/) as far as. Наско́лько я понима́ю, вам здесь не нра́вится. As far as I understand, you don't like it here. • to what extent. Я не зна́ю, наско́лько э́то вас интересу́ет. I don't know to what extent you're interrested in it. • so much. Наско́лько ва́ша ко́мната лу́чше мое́й! Your room is so much better than mine!

□ Наско́лько мне изве́стно, ваш по́езд идёт в два часа́. To the best of my knowledge, your train leaves at two.

на́скоро (*cf* **ско́рый**) quick. Дава́йте на́скоро заку́сим и пойдём в теа́тр. Let's have a quick snack and hurry to the theater. • in a hurry. Сра́зу ви́дно, что э́то сде́лано на́скоро. You can tell right off it was done in a hurry.

наслади́ть (*pct of* **наслажда́ть**).

наслажда́ть (*dur of* **наслади́ть**).

-ся to enjoy. Я наслажда́лся о́тдыхом и приро́дой. I was enjoying myself resting and taking in nature.

наслажде́ние delight. Смотре́ть на них бы́ло настоя́щим наслажде́нием. It was a delight to look at them. • great pleasure. Он с наслажде́нием растяну́лся на ко́йке. He stretched himself out on his cot with great pleasure.

□ Я прочёл ва́шу статью́ с огро́мным наслажде́нием. I enjoyed your article very much.

насле́дство inheritance. Коне́чно, он не оста́вил никако́го насле́дства. Of course, he didn't leave any inheritance. • heritage. Мы тща́тельно храни́м на́ше культу́рное насле́дство. We're careful to preserve our cultural heritage. — Э́ту ме́бель мы получи́ли в насле́дство от роди́телей. This furniture was left to us by our parents. • Он мне всю недоко́нченную рабо́ту в насле́дство оста́вил. I inherited all his unfinished work.

насмеши́ть to make one laugh. Ну и насмеши́ли же вы меня́! You certainly made me laugh.

□ *Поспеши́шь — люде́й насмеши́шь. Haste makes waste.

насме́шка taunt. Я не бою́сь ва́ших насме́шек. I'm not afraid of your taunts.

□ Вы э́то в насме́шку говори́те? Are you saying that to make fun of me?

на́сморк head cold. Где́ э́то вы на́сморк схвати́ли? Where did you get that head cold?

насо́с pump.

на́стежь wide open. Что́ э́то у вас о́кна откры́ты на́стежь? Ле́то сейча́с, что ли? Why do you have all the windows wide open? Do you think it's summer? — Дверь была́ на́стежь откры́та. The door was wide open.

насто́лько (/*cf* **сто́лько**/) so much. Ему́ насто́лько лу́чше, что он уже́ хо́дит без па́лки. He's so much better that he can walk around without his cane now. • so. Он насто́лько близору́к, что никого́ не узнаёт на у́лице. He's so nearsighted he doesn't recognize the people he meets on the street. • that much. Насто́лько-то хоть вы понима́ете по-ру́сски? That much Russian you do understand, don't you?

настоя́щий genuine. Я купи́л портфе́ль из настоя́щей ко́жи. I bought a genuine leather briefcase. • real. Э́то настоя́щее кры́мское вино́. This is real Crimean wine. — Его́ прие́зд для нас настоя́щий пра́здник. His arrival is a real holiday for us. — Он настоя́щий худо́жник. He's a real artist. — Она́ скрыва́ет своё настоя́щее и́мя. She keeps her real name secret. — Акце́нт у него́ не настоя́щий, он дурака́ валя́ет. He hasn't a real accent; he's just kidding around. • present. В настоя́щее вре́мя не сто́ит об э́том говори́ть. There's no need to talk about it at the present time.

□ **по-настоя́щему** really. Вы всё вре́мя рабо́тали ко́е-ка́к, тепе́рь на́до взя́ться за рабо́ту по-настоя́щему. You've been working in a slipshod fashion right along; now you've really got to get down to work. • as a matter of fact. По-настоя́щему, на́до бы отда́ть маши́ну в почи́нку. As a matter of fact, we should put the car up for repairs.

□ Мы из него́ настоя́щего челове́ка сде́лаем. We'll make a human being out of him.

настрое́ние mood. Она́ сего́дня в прекра́сном настрое́нии. She's in a very good mood today. — "Спо́йте что́-нибудь!" "У меня́ нет настрое́ния!" "Sing something!" "I'm not in the mood!" • spirits. Почему́ у вас тако́е плохо́е настрое́ние? Why are you in such bad spirits? • humor. Он сего́дня в тако́м ужа́сном настрое́нии, что с ним говори́ть нельзя́. He's in such a bad humor today that you can't even talk to him. • frame of mind. Для э́той рабо́ты ну́жно подходя́щее настрое́ние. You've got to get into the right frame of mind for a job like that.

наступа́ть (*dur of* **наступи́ть**) to advance. На́ши войска́ наступа́ли в тече́ние це́лой неде́ли. Our armies were advancing during the whole week. • to step on. Вот неуклю́жий како́й! ве́чно всем наступа́ет на́ ноги. He's so clumsy; he's always stepping on somebody's feet. • to begin. Когда́ здесь наступа́ет настоя́щая зима́? When does winter really begin here?

наступи́ть (-ступлю́, -сту́пит; *pct of* **наступа́ть**) to start. Уже́ наступи́ла о́ттепель, и по льду перее́зжать нельзя́. The thaw's started already and it's dangerous to cross the ice. • to step on. Кто́-то наступи́л на э́ту коро́бку и слома́л её. Someone stepped on this box and broke it. — Вы, очеви́дно, кому́-то там наступи́ли на́ ногу! Evidently you stepped on somebody's toes.

□ Ско́ро наступит у́тро. It'll soon be morning.

наступле́ние offensive. На́ши бойцы́ бы́стро перешли́ в наступле́ние. Our soldiers quickly took the offensive.

●campaign. У нас тогдá шло наступлéние прóтив кулáчества. At that time we were conducting a campaign against the Kulaks.

□ Мы с нетерпéнием ожидáли наступлéния весны́. We're waiting impatiently for spring. ●Постарáйтесь прибы́ть тудá до наступлéния темноты́. Try to get there before dark.

насчёт (/cf счёт/) about. Как насчёт рю́мки вóдки? How about a shot of vodka? — У нас óчень стрóго насчёт прáвил у́личного движéния. They're very strict about traffic regulations here. — Насчёт э́того я ничегó не знáю. I don't know anything about it.

нáсыпь (F) embankment. Пойдёмте пря́мо по железнодорóжной нáсыпи. Let's walk straight along this railroad embankment.

наточи́ть (-точу́, -тóчит; pct of **точи́ть**) to sharpen. Наточи́те мне э́тот нож. Sharpen this knife for me.

натощáк on an empty stomach. Принимáйте э́то лекáрство натощáк. Take this medicine on an empty stomach.

натýра nature. Привы́чка — вторáя натýра. Habit becomes second nature.

□ **натýрой** in kind. Бóльшую часть своегó вознаграждéния колхóзники получáют натýрой. The kolkhozniks get the greater part of their pay in kind.

с натýры from life. Вы э́то с натýры писáли? Did you paint this from life?

□ У негó широ́кая натýра. He's very generous.

натурáльный in kind. Колхóзы плáтят госудáрству дéнежный и натурáльный налóги. The kolkhozes pay their taxes to the government both in kind and in cash. ●life-size. Сними́те егó в натурáльную величину́. Make a life-size picture of him.

натя́гивать ([-gᵃv-]; dur of **натяну́ть**).

натяну́ть (-тяну́, -тя́нет; pct of **натя́гивать**) to pull. Он натяну́л одея́ло на гóлову и продолжáл спать. He pulled the covers over his head and went back to sleep. ●to pull in. Возни́ца натяну́л вóжжи. The driver pulled in the reins. ●to get on. Я никáк не могу́ натяну́ть э́ту пeрчáтку. I can't get this glove on. ●to tighten. На э́той балалáйке стру́ны ослабéли, нáдо их натяну́ть. The strings on this balalaika are loose; have them tightened. ●to strain. У нас с ним в послéднее врéмя натя́нутые отношéния. Relations between us have been strained lately.

наугáд
□ Я сказáл э́то наугáд. I just made a guess.

наудáчу (/cf удáча/) at random. Я схвати́л э́ту кни́гу наудáчу и оказáлось, что э́то и́менно то, что ей ну́жно. I picked this book out at random, and it was exactly the one she needed.

□ Я пошёл к ним наудáчу и не застáл их дóма. I took a chance and went to see them, but I didn't find them home. ●Я назвáл наудáчу пéрвое попáвшееся и́мя. I gave the first name that came into my head.

наýка science. Медици́на не тóлько наýка, но и искýсство. Medicine is not only a science, but an art as well. ●lesson. Это вам наýка! в другóй раз не ходи́те без кармáнного фонаря́. Let this be a lesson to you not to walk around without a flashlight.

□ гуманитáрные наýки humanities.
естéственные наýки natural sciences.

социáльные наýки social sciences.

научи́ть (-учу́, -ýчит; pct) to teach. Научи́те меня́ игрáть в шáхматы. Teach me how to play chess.

□ Он тебя́ ничемý хорóшему не научит. You can learn no good from him.

-ся to learn. Вы здесь у нас бы́стро научитесь говори́ть по-ру́сски. You'll learn how to talk Russian in a very short time here. — Вам нáдо научи́ться терпéнию. You have to learn to be patient.

наýчный scientific. У негó чи́сто наýчный подхóд к э́тому дéлу. He has a purely scientific approach to that matter.

□ наýчно-исслéдовательский институ́т research institute.

наýшник ear muff.

нахáл smart aleck. Что мне бы́ло дéлать с э́тим нахáлом? What could I do with such a smart aleck?

нахáльство nerve. И у негó ещё хвати́ло нахáльства придти́ к нам. He actually had the nerve to visit us.

находи́ть (-хожу́, -хóдит; dur of **найти́**) to find. Он всё и́щет э́то письмó и не нахóдит. He keeps looking for that letter but he can't find it.

□ Я нахожу́, что вы неплóхо вы́глядите. I don't think you look bad at all.

-ся to turn up. Ищи́те, ищи́те — ключи́ всегдá нахóдятся. Keep looking; the keys always turn up eventually. ●to be. (no pct) Эта дерéвня нахóдится в двух киломéтрах от гóрода. This village is two kilometers from the city. ●to be located. (no pct) Где нахóдится э́то учреждéние? Where is that office located?

нахóдка find. Это óчень удáчная нахóдка. It's a very lucky find.

□ бюрó нахóдок Lost and Found office. Где тут бюрó нахóдок? Where is the Lost and Found office?

□ Кудá мóжно сдать мою́ нахóдку? Where can I turn in this thing I found?

нахожу́ See **находи́ть**.
нахожу́сь See **находи́ться**.
национализáция nationalization.
национáльность (F) nationality. Кто вы по национáльности? What nationality are you? — Какóй он национáльности? What's his nationality? — Этот вопрóс бýдет постáвлен на заседáнии Совéта национáльностей. This question will be raised at the next meeting of the Council of Nationalities of the Soviet Union.

национáльный national. Вы слы́шали, как он поёт наш национáльный гимн? Have you ever heard him sing our national anthem?

нáция nation, people.
нацмéн (**национáльное меньшинствó**) national minority, a member of a national minority.

начáло beginning. Я вам позвоню́ в начáле бýдущей недéли. I'll call you at the beginning of next week. — Он сам сдéлал всю рабóту от начáла до концá. He did the whole job by himself, from beginning to end. — По начáлу трýдно суди́ть. It's hard to judge from the beginning. ●rise. Эта рекá берёт своё начáло в горáх. This river rises in the mountains. ●start. *Лихá бедá начáло. The start is the hardest part of the job. ●principle. Эта шкóла организóвана на совершéнно нóвых начáлах. This school is set up on entirely different principles. ●basis. Мы мóжем организовáть нóвый теáтр тóлько на начáлах самоокупа́емости. We can organize a new theater only on a self-sustaining basis.

☐ Когда́ нача́ло спекта́кля? When does the performance begin?

нача́льник chief. Кто нача́льник мили́ции э́того райо́на? Who's the chief of police in this district? • head. Я хочу́ говори́ть с нача́льником э́того учрежде́ния. I want to speak with the head of this office. — Он нача́льник вое́нной шко́лы. He's the head of a military school. • boss. Доложи́те обо мне́ ва́шему нача́льнику. Tell your boss that I'm here. • superior. Об э́том позабо́тятся ва́ши нача́льники. Your superiors will take care of it.

☐ **нача́льник ста́нции** station master. Где я могу́ сейча́с заста́ть нача́льника ста́нции? Where can I find the station master?

нача́льный early. У него́ туберкулёз в нача́льной ста́дии. He's in the early stages of tuberculosis. • elementary. Мой сын уже́ ко́нчил нача́льную шко́лу. My son has already finished elementary school.

нача́льство superiors. Его́ нача́льство о́чень одобри́тельно о нём отзыва́ется. His superiors speak of him very favorably. • boss. Что он тут кома́ндует? То́же нача́льство нашло́сь! Where does he get off ordering everybody around here? You'd think he was the boss.

☐ Вы бу́дете под мои́м нача́льством. You'll take orders from me.

нача́ть (-чну́, -чнёт; *p* на́чал, начала́, на́чало, -и; начался́, лась, -ло́сь, -ли́сь; *ppp* на́чатый, *sh* на́чат, начата́, на́чато, -ы; *pct of* **начина́ть**) to begin. Мы на́чали э́ту рабо́ту в о́чень скро́мном масшта́бе. We began this work on a very small scale. — На́чало света́ть. It began to get light. — Нача́ть с того́, что он ча́сто не явля́ется на рабо́ту. To begin with, he often doesn't show up for work. • to start. Дава́йте начнём но́вую буты́лку. Come on, let's start another bottle. • Я хорошо́ на́чал неде́лю. I started out well this week.

☐ Я что́-то на́чал си́льно устава́ть. Somehow or other I've been getting very tired lately. — Вы пе́рвый на́чали об э́том разгово́р. You were the first to talk about it.

-ся to start. Всё де́ло начало́сь с пустяко́в. It all started over a trifle. • to begin. Конце́рт начался́ ро́вно в во́семь часо́в. The concert began at exactly eight o'clock.

начеку́ alert. Когда́ рабо́таешь на э́той маши́не, прихо́дится быть начеку́. When you work on this machine you have to be alert. • on one's guard. С ним на́до быть начеку́. You have to be on your guard with him.

начерти́ть (-черчу́, -че́ртит; *ppp* -че́рченный; *pct of* **черти́ть**) to draw. К уро́ку геогра́фии нам ну́жно начерти́ть ка́рту Аме́рики. We have to draw a map of America for our geography lesson.

начерчу́ *See* **начерти́ть**.

начина́ть (*dur of* **нача́ть**) to begin. Сейча́с уже́ по́здно, не сто́ит начина́ть. It's too late to begin now. • to start. Внима́ние! Начина́ем! Attention! We're ready to start!

☐ Начина́я с сего́дняшнего дня, я бу́ду ра́но ложи́ться. From today on, I'm going to bed early.

-ся to begin. В кото́ром часу́ начина́ется ле́кция? When does the lecture begin?

☐ То́лько что помири́лись, и уже́ опя́ть начина́ется. You've just made up and already you're quarreling again!

наш (§ 15) our. Вот и наш дом! Here's our house at last. • ours. Побе́да бу́дет на́ша! Victory will be ours!

☐ **на́ши** my folks. На́ши за́втра приезжа́ют. My folks are coming tomorrow. • our bunch. Почему́ вы не пришли́ на вечери́нку? Там бы́ли все на́ши. Why didn't you come to the party? Our whole bunch was there.

☐ Тут всё не по-на́шему. This is certainly different from home. • Да, на́ше с ва́ми де́ло пло́хо. Things don't look so bright for us. • Хорошо́ срабо́тано, знай на́ших! What a beautiful job! That's showing them!

нашёл *See* **найти́**.

нашёлся *See* **найти́сь**.

не not. Не пе́йте сыро́й воды́! Don't drink water that hasn't been boiled. — Спаси́бо, я бо́льше не хочу́. Thank you, I don't want any more. — Я не понима́ю. I don't understand. — Вам не жа́рко? Don't you feel warm? — Это не моё пальто́! It isn't my coat. — Скажи́те ему́, что́бы он туда́ не ходи́л. Tell him not to go there. — Это бу́дет сто́ить не ме́ньше пяти́ рубле́й. It'll cost not less than five rubles. — Я здесь никого́ не зна́ю. I don't know anyone here. — А не пора́ ли нам идти́ на ста́нцию? Isn't it time for us to go to the station? — Не по́здно ли? Isn't it too late? — Не пло́хо бы сейча́с искупа́ться. It wouldn't be a bad idea to go swimming now.

☐ Вы не зна́ете, где моё перо́? Do you know where my pen is? • "Спаси́бо!" "Не́ за что!" "Thanks". "Don't mention it!" • Ничего́ из э́того не вы́йдет. Nothing will come of it. • Я не могу́ не согласи́ться с ва́ми. I can't do anything but agree with you. • Здесь всё совсе́м не так, как бы́ло ра́ньше. Everything's different around here now. • Вам не минова́ть неприя́тностей. You're bound to have some trouble.

неаккура́тный careless. Он неаккура́тный рабо́тник. He's a careless worker.

☐ **неаккура́тно** carelessly. Ваш заво́д о́чень неаккура́тно вы́полнил э́ту рабо́ту. Your factory turned this work out carelessly.

небе́с *See* **не́бо**.

небеса́ *See* **не́бо**.

неблагода́рный ungrateful. Нельзя́ быть таки́м неблагода́рным. You shouldn't be so ungrateful. • thankless. Ему́ вы́пала неблагода́рная зада́ча исправля́ть чужу́ю рабо́ту. He got the thankless job of correcting other people's work.

☐ Для сце́ны нару́жность у неё неблагода́рная. She hasn't the looks for the stage.

неблагоразу́мный unwise. Он был о́чень неблагоразу́мен. He was very unwise.

☐ **неблагоразу́мно** not wise. Бы́ло неблагоразу́мно е́хать без запа́сной ши́ны. It wasn't wise to go without a spare tire.

не́бо (*P* небеса́, небе́с) sky. Сего́дня чи́стое, голубо́е не́бо. The sky is a bright blue today. — *Кри́тики превозно́сят э́того скрипача́ до небе́с. The critics are praising this violinist to the skies. • heaven. *Она́ на седьмо́м не́бе от сча́стья. She's so happy she's in seventh heaven.

☐ Ему́ до неё, как не́бу до земли́. He's nowhere near good enough for her. • Как, вы э́того не зна́ете? Вы что́, с не́ба свали́лись? Didn't you know? Where have you been all this time? • Не́бо начина́ет завола́киваться — быть дождю́. It's getting cloudy; it'll probably rain. • Мы спа́ли про́шлую ночь под откры́тым не́бом. Last night we slept out in the open. • *Ну, э́то вы, ба́тенька, па́льцем в не́бо попа́ли. You're way off the mark, pal. • *Дово́льно не́бо копти́ть, — пора́ принима́ться за де́ло! Let's stop loafing and get busy!

нёбо palate.

небольшо́й rather small. У меня́ небольша́я ко́мната и малю́сенькая ку́хня. I have a rather small room and a tiny kitchen. • not great. Я небольшо́й охо́тник до класси́ческой му́зыки. I'm not a great lover of classical music. • short. Нам остава́лось прое́хать о́чень небольшо́е расстоя́ние. There was only a short distance left for us to travel. • little. Тепе́рь у нас остано́вка за небольши́м. There's little to stop us now.

□ Все, за небольши́м исключе́нием, уча́ствовали в сбо́ре. With few exceptions everyone contributed to the collection. • Ему́ лет пятьдеся́т с небольши́м. He's just over fifty.

небо́сь probably. В ва́ших края́х, небо́сь, сейча́с жа́рко. It's probably very hot now where you come from. • surely. Он, небо́сь, зна́ет, что мы его́ ждём. He surely must know we're waiting for him. • I suppose. Небо́сь, уста́ли с доро́ги? I suppose you're tired after the trip.

небре́жность (F) negligence. Э́то про́сто непрости́тельная небре́жность. That's unforgivable negligence. • carelessness. Все её оши́бки — от небре́жности. All her mistakes are due to carelessness.

небре́жный careless. У него́ небре́жный стиль. He has a careless style. • casually. Она́ мне э́то сказа́ла са́мым небре́жным то́ном. She told it to me very casually.

□ **небре́жно** carelessly. Э́то сде́лано о́чень небре́жно. This work was done very carelessly. — Она́ одева́ется о́чень небре́жно. She dresses very carelessly.

нева́жный (sh -жна́) poor. Аппети́т у меня́ нева́жный. I have a poor appetite. • indifferent. Учени́к он нева́жный. He's an indifferent student.

□ **нева́жно** not well. Он нева́жно себя́ чу́вствует. He doesn't feel very well. • not good. Дела́ иду́т нева́жно. Things are not so good. • unimportant. Не беспоко́йтесь: э́то нева́жно. Never mind; it's unimportant. • it doesn't matter. Нева́жно, что он пло́хо говори́т по-ру́сски, е́сли он хоро́ший инжене́р. It doesn't matter that he doesn't speak Russian well as long as he's a good engineer. **о́чень нева́жно** bad. Ко́рмят тут о́чень нева́жно. The food is bad here.

неве́жа (M, F) crude person. Го́споди, что за неве́жа! God, what a crude person he is!

неве́жда (M) ignoramus. Он — кру́глый неве́жда. He's a complete ignoramus.

неве́жественный ignorant. Ну, добро́ бы э́то говори́л неве́жественный челове́к, а ведь он университе́т ко́нчил. It would be bad enough for an ignorant person to have said it, but he's a college graduate.

неве́жливый impolite.

невероя́тный incredible. Они́ мча́лись с невероя́тной быстрото́й. They were moving at incredible speed.

□ **невероя́тно** unbelievably. Ему́ невероя́тно везёт. He's unbelievably lucky.

неве́ста bride. Неве́ста была́ в бе́лом пла́тье. The bride wore a white gown. • fiancée. Где сейча́с ва́ша неве́ста? Where is your fiancée now?

□ Как ва́ша сестрёнка вы́росла, совсе́м неве́ста! Well, your little sister is quite a young lady now!

неве́стка sister-in-law (brother's wife), daughter-in-law.

неви́данный (/as if ppp of **вида́ть**/) not seen. Э́то бы́ло совсе́м неви́данное зре́лище. You've never seen anything like it.

неви́нный innocent. Он оказа́лся тут неви́нной же́ртвой. He turned out to be an innocent victim. • harmless. Э́то была́ неви́нная ложь. — Э́то совсе́м неви́нный напи́ток! That's a perfectly harmless drink.

невозмо́жный impossible. Вы меня́ поста́вили в невозмо́жное положе́ние. You put me in an impossible situation. — У него́ соверше́нно невозмо́жный хара́ктер. He's absolutely impossible. • the impossible. Не тре́буйте от него́ невозмо́жного. Don't ask him to do the impossible.

□ У нас тут стои́т невозмо́жная жара́. We're having a terrible heat wave.

невообрази́мый inconceivable. У них до́ма невообрази́мый беспоря́док. The disorder at their place is inconceivable.

невпопа́д

□ Он на всё отвеча́л невпопа́д. His answers were way off the point.

невреди́мый safe. Э́то про́сто чу́до, что он оста́лся цел и невреди́м. It's nothing short of a miracle that he came out of it safe and sound.

невыноси́мый unbearable. От невыноси́мой жары́ у него́ разболе́лась голова́. The unbearable heat gave him a headache.

не́где (§ 23) no room. У нас не́где поста́вить сто́лько чемода́нов. We have no room for so many valises. • no place. Тут не́где переночева́ть. There's no place to spend the night here. • not . . . anywhere, nowhere. Здесь не́где доста́ть маши́ну, придётся пойти́ пешко́м. You can't get a car anywhere around here, so we'll have to walk.

□ Ну и ко́мната — поверну́ться не́где. What a room! You can't even turn around in it.

него́ See **он**.

него́дный worthless. Материа́л-то, ока́зывается, соверше́нно него́дный. It turns out that the material is altogether worthless. • unfit. Э́та вода́ него́дна для питья́. This water is unfit for drinking. • naughty. Ах ты, него́дная девчо́нка, опя́ть все конфе́ты съе́ла. You naughty girl, you ate up all the candy again.

□ Он соверше́нно него́дный рабо́тник. As a worker he's a total loss.

негодя́й rascal. Он оказа́лся отъя́вленным негодя́ем. He turned out to be an out-and-out rascal.

негра́мотность (F) illiteracy.

негра́мотный illiterate. Моя́ мать была́ негра́мотная. My mother was illiterate.

□ Он медици́нски негра́мотный челове́к. He doesn't know anything about medicine.

неда́вний recent. Неда́вние собы́тия показа́ли всю серьёзность положе́ния. Recent events have shown the seriousness of the situation. — Я расскажу́ вам про оди́н неда́вний слу́чай. I'll tell you about something that happened recently.

□ **неда́вно** recently. Мы познако́мились с ним совсе́м неда́вно. We only met him recently. — Он неда́вно прие́хал в Москву́. He came to Moscow recently. • a while back. Ещё неда́вно тут никто́ не́ жил. Only a while back there was no one living here.

совсе́м неда́вно the other day. Ещё совсе́м неда́вно он говори́л ина́че. Only the other day he spoke differently.

недалеко́ not far. Я живу́ недалеко́ от заво́да. I don't live far from the factory. — За примéром ходи́ть недалекó. You don't have to look far for an example. ● not far off. Ужé и кани́кулы недалекó. Vacation time is not far off.

недáром not for nothing. Знáчит, онá написáла э́то письмó недáром. Then she didn't write this letter for nothing. ● no wonder. Недáром он нас предупреждáл, чтоб мы тудá не éздили. No wonder he warned us not to go there!

недействи́тельный not valid. Ваш прóпуск бóльше недействи́телен. Your pass is not valid any longer.

недéля week. На э́той недéле я óчень зáнят. I'm very busy this week. — Он был у нас на прóшлой недéле. He came to see us last week.

□ **недéлями** for weeks on end. Он, бывáло, недéлями гости́л у нас. He'd often stay with us for weeks on end.

недобросóвестный ([-sn-]) dishonest. Я не считáл егó спосóбным на недобросóвестный постýпок. I didn't think he could do anything dishonest. ● not fair, unfair. Так поступáть — недобросóвестно. It's not fair to act that way.

недовéрие distrust. Они́ встрéтили нас с недовéрием. They met us with distrust. ● doubts. Я отношýсь к э́тому с больши́м недовéрием. I have great doubts about it.

недоедáние undernourishment.

недопусти́мый not permissible. Такáя халáтность на воéнном завóде недопусти́ма. Such a careless attitude is not permissible in a war plant. ● inexcusable. Э́то былá недопусти́мая оши́бка. It was an inexcusable mistake.

□ Он разговáривал недопусти́мым тóном. He spoke in a way you couldn't tolerate.

недоразумéние misunderstanding. Э́то вы́шло по недоразумéнию. It happened through a misunderstanding. — Мéжду нáми произошлó крýпное недоразумéние. We had quite a misunderstanding.

недорогóй (*sh* недóрог, -гá, недóрого, -ги) inexpensive. Я хотéл бы купи́ть недорогóй кни́жный шкаф. I'd like to buy an inexpensive bookcase.

□ **недóрого** inexpensive. Поéздка обошлáсь нам недóрого. The trip proved to be rather inexpensive. ● cheap(ly). Вы, прáвда, недóрого заплати́ли за э́тот ковёр. You certainly bought that carpet cheap.

недоставáть (/*no pr S1*/; -стаёт; *dur of* **недостáть**) to lack. Им недоставáло всегó необходи́мого. They lacked the bare necessities of life. ● to be short. В нáшем дóме вéчно чегó-нибудь недостаёт. We're always short of something at our house. ● to miss. (*no pct*) Приезжáйте скорéй, мне вас óчень недостаёт. Come back soon; I miss you very much.

□ (*no pct*) *Э́того ещё недоставáло! That's all we need! ● (*no pct*) Недостаёт тóлько, чтоб мы опоздáли на пóезд. The only thing we need now to make our day complete is to miss the train.

недостáток (-тка) fault. Его́ глáвный недостáток — лень. His main fault is laziness. ● shortcoming. Я егó люблю́, несмотря́ на все егó недостáтки. I like him even in spite of all his shortcomings. ● defect. Егó не возьмýт в áрмию с таки́м физи́ческим недостáтком. He won't be taken into the army with that physical defect. ● shortage. У нас нет недостáтка в рабóчих рукáх. We have no manpower shortage here. ● deficiency. У негó недостáток желéза в органи́зме. He's suffering from a deficiency of iron.

□ С тех пор, как он получи́л э́ту рабóту, они́ ни в чём не тéрпят недостáтка. Since he got this job they've got everything they want. ● В э́той кóмнате есть оди́н большóй

недостáток, онá тёмная. There's one thing wrong with this room: it's too dark.

недостáть (/*no pr S1*/, -стáнет; *pct of* **недоставáть**) to be short. Нам недостáло нéскольких рублéй, чтóбы заплати́ть за квáртиру. We were a few rubles short on the rent for our apartment.

недостóйный (*sh* -стóин, -стóйна) unworthy. Я недостóин э́той чéсти. I'm unworthy of this honor.

□ Такáя рабóта недостóйна стахáновца. Such work is not up to the standard of a Stakhanovite.

недостýпный inaccessible. Э́та верши́на до сих пор считáлась недостýпной. Until now this mountaintop was considered inaccessible. ● beyond reach. Цéны тут для нас недостýпные. The prices here are beyond our reach.

□ **недостýпно** aloof. Он обыкновéнно дéржит себя́ хóлодно и недостýпно. Generally he's cold and aloof. ● Егó кни́га недостýпна широ́кой пýблике. His book is not for the general public.

неё (§18).

неестéственный artificial. У негó неестéственная улы́бка. He has an artificial smile.

□ **неестéственно** unnaturally. Весь вéчер онá былá неестéственно оживленá. She was unnaturally lively the whole evening.

нéжный (*sh* -жнá) affectionate. Я не знал, что онá такáя нéжная мать. I didn't know that she was such an affectionate mother. ● soft. У неё был нéжный мелоди́чный гóлос. She had a soft, melodious voice. ● delicate. Онá у нас óчень нéжного сложéния. She's very delicate.

□ **нéжно** tender. Онá так нéжно ухáживала за больнóй подрýгой. She took such tender care of her sick girl friend. ● Он питáет к вам нéжные чýвства. He's got a crush on you.

незави́симость (*F*) independence.

незави́симый independent. Э́то — не колóния, а незави́симая странá. It's not a colony, but an independent country. — У негó óчень незави́симый харáктер. He has a very independent nature.

□ **незави́симо** independent. Он дéржит себя́ весьмá незави́симо. He's very independent. ● whether or not. Мы вы́полним задáние незави́симо от тогó, полýчим ли мы нóвые маши́ны и́ли нет. We'll fulfill our plan whether we receive the new machinery or not.

незадóлго (/*cf* **дóлгий**/) not long before. Он ýмер незадóлго до войны́. He died not long before the war. ● shortly before, just before. Я ви́делся с ним незадóлго до егó болéзни. I saw him shortly before his sickness.

незамéтный inconspicuous. Он человéк незамéтный. He's an inconspicuous sort of person. ● hardly noticeable, inconspicuous. Э́та заплáта совершéнно незамéтна. The patch is hardly noticeable.

□ **незамéтно** unnoticed. Он незамéтно вы́скользнул из кóмнаты. He slipped out of the room unnoticed. ● Как незамéтно прошлó врéмя! God, I didn't notice how fast the time has gone.

нéзачем there is no need. Нéзачем вам тудá ходи́ть. There's no need for you to go there.

нездорóвый unhealthy. Здесь нездорóвый сырóй кли́мат. The climate here is damp and unhealthy. — У вас в отдéле нездорóвая атмосфéра. There's an unhealthy atmosphere in your department. ● not well. Я сегóдня нездорóв. I don't feel well today.

незнакомый unfamiliar. Мы ехали по незнакомым мне местам. We passed through places which were unfamiliar to me. — Я совершенно незнаком с американской литературой. I'm entirely unfamiliar with American literature. • unknown. Чувство зависти ей незнакомо. Envy is a feeling unknown to her. • stranger. Я с незнакомыми не разговариваю! I don't speak to strangers.

незначительный unimportant. Он сделал несколько незначительных поправок. He made several unimportant corrections.

неизбежный unavoidable. Доктор думает, что операция неизбежна. The doctor thinks that an operation is unavoidable. • inevitable. Тогда все поняли, что война неизбежна. Then everybody realized that war was inevitable. □ Это неизбежно должно было случиться. It just had to happen.

ней (§18).

нейтральный neutral.

неквалифицированный unskilled. Мы составили бригаду из квалифицированных и неквалифицированных рабочих. We've been organizing a brigade of both skilled and unskilled workers.

некогда (§23) no time. Ему всегда некогда. He never has any time. — Мне сегодня некогда. I haven't got the time today.

некого (§23) no one. Я не знал вашего адреса и мне некого было спросить. I didn't know your address and there was no one to ask. — Мне некому писать. I have no one to write to. — Его некем заменить. There's no one to take his place.

некоторый (§23) certain. Это имеет некоторое значение. This has a certain significance. • some. Некоторые (люди) этого не понимают. Some people just don't understand it! — Некоторые вещи вы должны взять с собой. You'll have to take some things with you. — Тут некоторые дома ещё не отстроены после войны. Some houses around here haven't been rebuilt since the war.
□ некоторое время awhile. Нам придётся подождать некоторое время. We'll have to wait here awhile.

некрасивый homely. У неё есть подруга — некрасивая, но симпатичная. She has a girl friend who is very nice but rather homely.
□ некрасиво not nice. Ей-богу, так поступать некрасиво. Really, now, that's not a nice way to act.

некролог obituary.

некстати out of place. Ваша шутка была некстати. Your joke was out of place. • at the wrong time. Вот уж совсем он некстати пришёл. He certainly came at the wrong time. • not to the point. Эта цитата совсем некстати. That quotation is not to the point.

некто (§23) somebody, someone. Вас спрашивал некто Иванов. Someone by the name of Ivanov was asking for you.

некуда (§23) no place. Тут совершенно некуда ходить. There's no place to go here.
□ Мне торопиться некуда. I'm in no hurry to go anywhere.

некультурный uncultured. Вы говорите, как совершенно некультурная женщина. You speak like an absolutely uncultured woman.
□ Вы, гражданин, ведёте себя некультурно. Mister, you've got bad manners.

некурящий non-smoker. Тут некурящих нет. There are no non-smokers here.

□ Вагон для некурящих. No Smoking in This Car.

нелепость (F) nonsense.

нелепый crazy. Какое здесь нелепое расположение улиц. These streets are laid out in a crazy way.
□ Вот нелепый человек! What a guy! He does everything the wrong way.

неловкий (sh -вка) clumsy. Она кажется неловкой, но вы бы посмотрели её в поле, на работе. She looks pretty clumsy, but you should see her at work in the fields. • awkward. Я попал в очень неловкое положение. I was placed in a very awkward position.
□ неловко embarrassed. Всем стало неловко. Everyone was embarrassed.

нельзя should not, ought not. Доктор сказал, что вам ещё нельзя вставать с постели. The doctor said you shouldn't get out of bed yet. — Нельзя говорить с ней таким тоном. You oughtn't to speak to her in such a tone. — Всё вышло, как нельзя хуже. Things couldn't have turned out worse. — Всё складывается, как нельзя лучше. The way things are turning out couldn't be better.
□ нельзя ли couldn't. Нельзя ли мне прийти завтра? Couldn't I come tomorrow?
нельзя не can't help but. Нельзя не любоваться его работой. You can't help but admire his work.
□ Здесь курить нельзя! No smoking! • Сюда нельзя. You can't come in here.

нём See он.

немедленно immediately. Мы немедленно поедем. We'll go immediately.

немец (-мца) German. Немцы сожгли нашу деревню. The Germans burned our village.

немецкий German. Он говорит с сильным немецким акцентом. He speaks with a heavy German accent.
□ немецкий язык German (language). Он хорошо знает немецкий язык. He knows German very well.
по-немецки German. Вы говорите по-немецки? Do you speak German?

немка German, F.

немного a bit. Я немного устал. I'm a bit tired. — Хорошо бы немного закусить! I wouldn't mind having a bit to eat. • a while. Помолчите немного. Keep quiet for a while. • not much. Он просит очень немного. He's not asking for much.

немножко a little. Отлейте немножко, а то зальёте скатерть. Pour off a little or you'll soil the tablecloth. • trifle. Он немножко запоздает. He'll be a trifle late. • slightly. Он немножко прихрамывает. He limps slightly.

немой (sh -нема) mute. Он немой от рождения. He was born a mute.
□ Это немая карта. This is a blank outline map.

нему See он.

немудрено it's no wonder. После этого немудрено, что он рассердился. After that it's no wonder he got mad.

ненавидеть (-вижу, -видит; dur) to hate. За что вы его ненавидите? Why do you hate him? • to detest. Ненавижу вундеркиндов. I detest child prodigies.
□ Он ненавидит чеснок. He can't stand garlic. • Я ненавижу неискренность. I can't stand insincerity.

ненавижу See ненавидеть.

ненадолго for a short time. Я приехал в Москву ненадолго. I've only come to Moscow for a short time.

ненормáльный abnormal. Онá вы́росла в ненормáльных усло́виях. She grew up under abnormal conditions. • **cracked.** Он какóй-то ненормáльный. He's somewhat cracked.

□ **ненормáльно** abnormally. Цéны ненормáльно высóки. Prices are abnormally high.

ненýжный (*sh* -жнá) unnecessary. Положи́те ненýжные вéщи в шкаф. Put everything unnecessary in the closet.

□ Вы мне сегóдня бóльше ненýжны. I don't need you any more today.

необразóванный uneducated.

необходи́мость (*F*) need. В э́том нет никакóй необходи́мости. There's no need for it.

необходи́мый indispensable. Перевóдчик нам необходи́м. An interpreter is indispensable to us. • **obvious.** Я сдéлал все необходи́мые вы́воды. I came to the obvious conclusion.

□ **необходи́мое** necessary. Возьми́те с собóй тóлько сáмое необходи́мое. Take along only what's absolutely necessary.

необходи́мо it's necessary. Необходи́мо срóчно снести́сь с ним по телефóну. It's necessary that we contact him by phone immediately.

□ Мне совершéнно необходи́мо с вáми поговори́ть. I've just got to talk to you.

необыкновéнный unusual. Со мной случи́лось необыкновéнное происшéствие. Something unusual happened to me.

□ **необыкновéнно** unusually. Э́та кни́га необыкновéнно хорошó напи́сана. This book is unusually well written.

неожи́данность (*F*) surprise. Вот прия́тная неожи́данность! What a pleasant surprise!

неожи́данный unexpected. Егó неожи́данный приéзд перемени́л все мои́ плáны. His unexpected arrival changed all my plans.

□ **неожи́данно** unexpectedly. Мы вчерá неожи́данно попáли в теáтр. We went to the theater yesterday quite unexpectedly. • **suddenly.** Неожи́данно разрази́лась грозá. The thunderstorm broke suddenly.

□ Вот неожи́данный гость! Ми́лости прóсим! I'm surprised to see you. Come in.

неопределённый indefinite. Он уéхал на неопределённое врéмя. He left for an indefinite time.

неопря́тный sloppy. Неприя́тно рабóтать с неопря́тным человéком. It's unpleasant to work with a sloppy person.

неóпытный inexperienced. Ви́дно, что э́то сдéлано неóпытной рукóй. You can see that this was done by an inexperienced hand.

□ Хоть он и неóпытен, но смéтка у негó порази́тельная. He may not have a lot of experience, but he grasps things very quickly.

неосторóжный careless. Из-за вáших неосторóжных слóв мóгут произойти́ больши́е неприя́тности. Your careless talk can cause a lot of trouble. • **reckless.** Нельзя́ быть таки́м неосторóжным. You mustn't be so reckless.

□ **неосторóжно** without caution. Вы поступи́ли неосторóжно. You acted without caution.

неотлóжный urgent. У меня́ к вам неотлóжное дéло. I have an urgent matter to take up with you.

неохóтно reluctantly. Онá неохóтно согласи́лась петь. She reluctantly agreed to sing.

□ Он рабóтает неохóтно и без интерéса. He shows no interest in or real desire for the work.

непогóда bad weather. В такýю непогóду лýчше не выходи́ть. It's better not to go out in such bad weather.

непоня́тный

□ Они́ говори́ли на какóм-то непоня́тном языкé. They spoke in some language I couldn't understand. • В концé егó письмá есть какóе-то непоня́тное слóво. There's a word I can't make out at the end of his letter. • Нóвая учи́тельница непоня́тно объясня́ет. The new teacher doesn't explain things clearly. • Непоня́тно, почемý он не пи́шет. I just can't see why he doesn't write.

непосрéдственный immediate. Кто ваш непосрéдственный начáльник? Who's your immediate boss? • **natural.** Онá óчень ми́ла и непосрéдственна. She's very sweet and natural.

□ **непосрéдственно** direct. Вам нáдо обрати́ться непосрéдственно к дирéктору завóда. You must go direct to the head of the factory.

непрáвда it's not true. Непрáвда, я никогдá э́того не говори́л. It's not true; I never said it. • **lie.** Онá сказáла я́вную непрáвду, я вам докажý э́то. She told an obvious lie and I'll prove it to you.

□ *Он добивáлся своегó всéми прáвдами и непрáвдами. He used to try to get what he wanted by hook or by crook.

непрáвильный wrong. Вы сдéлали непрáвильный вы́вод из егó слов. You drew a wrong conclusion from what he said. • **irregular.** У неё непрáвильные черты́ лицá. She has irregular features. • **incorrect.** Счёт, кáжется, непрáвильный. It seems that the bill is incorrect.

□ **непрáвильно** incorrectly. Вы непрáвильно произнóсите э́то слóво. You pronounce this word incorrectly. • **wrong.** Онá поступи́ла непрáвильно. She acted wrong.

□ Э́то слóво непрáвильно напи́сано. This word is misspelled.

непрáвый (*sh* -вá) wrong. Я дýмаю, что вы непрáвы. I think you're wrong.

непремéнно without fail. Я непремéнно э́то сдéлаю. I'll do this without fail. • **surely.** Вы уви́дите, он непремéнно опоздáет. You'll see, he'll surely be late. • **be sure to.** Непремéнно отпрáвьте э́то письмó сегóдня вéчером. Be sure to mail the letter this evening.

□ Приходи́те непремéнно. Don't fail to come.

непреры́вный continual. Тут идýт непреры́вные дожди́. There are continual downpours here. • **endless.** Цéлый день ми́мо нас шёл непреры́вный потóк демонстрáнтов. All day long an endless parade of demonstrators filed past us.

□ **непреры́вно** continually. Телефóн звони́л сегóдня непреры́вно. The phone was ringing continually today.

□ У нас на завóде непреры́вная недéля (непреры́вка). Our factory operates on a seven-day week.

непричи́ный obscene. Он не употребля́ет непричи́ных слов. He doesn't use obscene language. • **off-color.** Онá не лю́бит непричи́ных анекдóтов. She doesn't care for off-color stories.

□ **непричи́чно** indecently. Он ведёт себя́ крáйне непричи́чно. He acts very indecently.

неприя́тель (*M*) enemy. Неприя́тель нáчал отступáть на всех фронтáх. The enemy began to retreat on all fronts.

неприя́тность (*F*) trouble. У меня́ мáсса неприя́тностей. I have a lot of troubles. • **bad luck.** С ним случи́лась больши́я неприя́тность. He had quite a bit of bad luck.

□ Он лю́бит говори́ть неприя́тности. He likes to say things that will hurt you. • Смотри́те, чтóбы не вы́шло неприя́тности. See that nothing unpleasant comes of it.

неприя́тный unpleasant. У неё неприя́тный го́лос. She has an unpleasant voice. — Со мной произошла́ неприя́тная исто́рия. An unpleasant thing happened to me. • unfavorable. Он произвёл на нас неприя́тное впечатле́ние. He made an unfavorable impression on us. • disagreeable. Его́ брат о́чень неприя́тный челове́к. His brother is a very disagreeable person.

□ **неприя́тно** unpleasant. Что э́то тут так неприя́тно па́хнет? What smells so unpleasant here?

□ Мне о́чень неприя́тно, что я заста́вил вас ждать. I feel very bad about making you wait for me. • Мне бы́ло о́чень неприя́тно сообщи́ть ему́ э́ту но́вость. I didn't like breaking the news to him at all.

непромока́емый waterproof. Ва́ши сапоги́ непромока́емые? Are your boots waterproof?

□ **непромока́емое пальто́** raincoat. Вам на́до бу́дет купи́ть непромока́емое пальто́. You'll have to buy a raincoat.

непрочь not to mind. Я непро́чь снять э́ту ко́мнату. I wouldn't mind renting this room. — Она́ непро́чь поко-ке́тничать. She doesn't mind flirting a little. • to have no objection. "Пойдём, вы́пьем!" "Что ж, я непро́чь". "Come, let's go have a drink." "Sure, I have no objection."

□ Я непро́чь поза́втракать. I could go for some lunch.

нера́з (/also written **не ра́з**/ cf **раз²**) more than once. Ему́ нера́з сове́товали обрати́ться к э́тому хиру́ргу. He was advised more than once to go to this surgeon.

неразбо́рчивый illegible. У неё неразбо́рчивый по́черк. Her handwriting is illegible. • easy to please. Я челове́к неразбо́рчивый, всё ем. I'm easy to please as far as food is concerned.

□ Он неразбо́рчив в сре́дствах. He hasn't any scruples.

нерв nerve. Придётся уби́ть нерв в э́том зу́бе. I'll have to kill the nerve in this tooth. — Э́тот шум мне де́йствует на не́рвы. That noise gets on my nerves.

□ Ну́жно бы́ло име́ть желе́зные не́рвы, чтоб всё э́то вы́держать. You had to be made of iron to stand it. • У меня́ сего́дня что́-то не́рвы расходи́лись. Somehow, I'm all on edge today.

не́рвный nervous. Он о́чень не́рвный челове́к. He's a very nervous man. • nerve. Кто у вас в го́роде лу́чший специали́ст по не́рвным боле́зням? Who's the best nerve specialist in this city?

□ **не́рвно** nervously. Он не́рвно шага́л из угла́ в у́гол. He nervously paced the floor.

нереши́тельный

□ **нереши́тельно** hesitantly. Она́ э́то сказа́ла о́чень нереши́тельно. She said it hesitantly. • timidly. Он нереши́тельно постуча́л в дверь. He knocked at the door timidly.

□ С таки́ми нереши́тельными людьми́ тру́дно име́ть де́ло. It's difficult to deal with people who can't make up their mind. • Он говори́л нереши́тельным то́ном. He spoke as though he weren't sure.

неря́ха (M, F) sloppy (person). Он большо́й неря́ха. He's very sloppy. — Она́ отча́янная неря́ха. She's terribly sloppy.

неря́шливый sloppy. Как вам не сты́дно, у вас тако́й неря́шливый вид. You're so sloppy-looking you ought to be ashamed of yourself. • untidy. Он о́чень неря́шливо рабо́тает. He's very untidy in his work.

несвоевре́менный not on time. Выполне́ние зака́за задержа́лось из-за несвоевре́менного получе́ния сырья́. The completion of the order was delayed because the raw material was not delivered on time. • inopportune. Мои́ поздравле́ния оказа́лись несвоевре́менными. My congratulations turned out to be inopportune.

не́сколько (§23) several. Мне о вас не́сколько челове́к говори́ли. Several people have already spoken to me about you. • a few. Вы мо́жете сдать бага́ж за не́сколько мину́т до отхо́да по́езда. You can check your luggage a few minutes before train time. — Я хочу́ здесь оста́ться на не́сколько дней. I want to stop here for a few days. • somewhat. Я э́то по́нял не́сколько ина́че. I understood this somewhat differently. • a little. Я был не́сколько разочаро́ван его́ но́вой кни́гой. I was a little disappointed in his new book.

неслы́ханный unheard-of. Актёр име́л неслы́ханный успе́х. The actor had an unheard-of success. — Э́то неслы́ханная на́глость. That's unheard-of impudence. • unimaginable. Они́ перенесли́ неслы́ханные муче́ния. They went through unimaginable suffering.

несмотря́ in spite of. Несмотря́ на все мои́ проте́сты, он всё-таки уе́хал. He left in spite of all my protests. — Несмотря́ ни на что, она́ ему́ ве́рит. She still believes him in spite of everything.

несовмести́мый

□ Э́то заня́тие несовмести́мо с мое́й основно́й рабо́той. This activity conflicts with my main work.

несомне́нный no doubt. До́ктор, несомне́нно, прав. No doubt the doctor is right. • decidedly. Он, несомне́нно, превосхо́дный челове́к, но мне с ним смерте́льно ску́чно. He's decidedly a fine fellow, but he bores me to death. • without a doubt. Э́то, несомне́нно, по́длинник, а не ко́пия. This is without a doubt the original and not a copy. • without any question. Э́то, несомне́нно, лу́чшая карти́на на вы́ставке. This is without any question the best picture at the exhibition.

неспосо́бный not gifted. Она́ неспосо́бна к матема́тике. She has no gift for mathematics. • not capable. Я ду́маю, что он неспосо́бен на таку́ю по́длость. I don't think he is capable of doing a thing as mean as that. • slow. Он о́чень неспосо́бный, хотя́ и усе́рдный учени́к. He's a very slow but hard-working student.

несправедли́вый unjust. Э́то бы́ло о́чень несправедли́вое реше́ние. That was a very unjust decision.

□ **несправедли́во** unfairly. Вы поступи́ли несправедли́во. You acted unfairly.

нести́ (несу́, -сёт; p нёс, несла́, -о́, -и́; prap -нёсший; /iter: носи́ть/) to carry. Что вы несёте в э́той корзи́не? What are you carrying in that basket? — Смотри́те, как тече́ние их несёт. Look at the way they're being carried away by the current. • to bear. Вы гото́вы нести́ отве́тственность за э́то реше́ние? Are you prepared to bear the responsibility for this decision? • to lay eggs. (no iter) Э́та ку́рица несёт ка́ждый день по яйцу́. This hen lays an egg a day. • to smell of. (no iter) От него́ несло́ во́дкой. He smelled of vodka.

□ Ну, что он за чепуху́ несёт! What kind of nonsense is he talking! • (no iter) Она́ несёт заслу́женное наказа́ние. She deserves just what she gets.

-сь to rush. Куда́ вы несётесь? Where are you rushing in such a hurry? ● to lay eggs. Эта ку́рица совсе́м переста́ла нести́сь. This hen no longer lays any eggs.

☐ Вса́дники несли́сь во весь опо́р. The horsemen rode hell-bent for election.

несча́стный ([-sn-]) unhappy. Он о́чень несча́стен. He's very unhappy. — Он страда́ет из-за несча́стной любви́. He's miserable over an unhappy love affair. ● unfortunate. Это про́сто несча́стное совпаде́ние. It's just an unfortunate coincidence. ● measly. Не сто́ит волнова́ться из-за э́тих несча́стных пяти́ рубле́й! It doesn't pay to worry about five measly rubles.

☐ **несча́стный слу́чай** accident. На э́той доро́ге пока́ ещё не быва́ло несча́стных слу́чаев. There have never been any accidents on this road.

несча́стье calamity. У нас в го́роде произошло́ ужа́сное несча́стье. An awful calamity hit our city. ● bad luck. Он му́жественно перенёс своё несча́стье. He took the bad luck in his stride. ● trouble. В несча́стьи узнаёшь и́стинных друзе́й. You first learn the value of true friendship when you're in trouble.

☐ **к несча́стью** unfortunately. К несча́стью, у нас не оста́лось бо́льше ни одного́ экземпля́ра э́того путеводи́теля. Unfortunately we haven't a single copy of that guide book left.

☐ У них вчера́ случи́лось ужа́сное несча́стье. A terrible thing happened to them yesterday. ● ●Не быва́ть бы сча́стью, да несча́стье помогло́. It's an ill wind that blows no good.

нет¹ no. "Хоти́те ча́ю?" "Нет, не хочу́". "Would you like some tea?" "No, I don't care for any." — Нет, вы меня́ не понима́ете. No, you don't understand me. — Он жил тогда́ в Москве́ — нет, оши́бся — в Ленингра́де. At that time he lived in Moscow. No, I'm wrong; it was Leningrad.

☐ *Он нет, нет, да и вста́вит слове́чко. Every once in a while he'd put his two cents in. ● ●*Она́ нет, нет, да и бро́сит взгляд в его́ сто́рону. She'd steal a glance at him from time to time.

нет² (/negative form of **есть¹**/) not. Тут его́ нет. He isn't here. — Мы ждём уже́ давно́, а его́ нет как нет. We've been waiting for him a long time now, but he hasn't shown up.

☐ Мы ждём уже́ две неде́ли, а пи́сем от него́ всё нет. We've been waiting for two weeks now, and still no news from him. ● Никого́ нет до́ма. There's no one at home. ● Нет ли у вас папиро́с? Do you have any cigarettes? ● Опя́ть на де́рево поле́з. Нет, что́бы споко́йно постоя́ть. He won't be still a minute. Now he's climbing that tree again. ● ●*На́ша рабо́та, как ви́дно, схо́дит на нет. Evidently our work is petering out. ● ●На нет и суда́ нет. If you haven't got it, you just haven't got it.

нетерпели́вый impatient. Е́сли вы така́я нетерпели́вая, не ходи́те за больны́ми. If you're so impatient, don't go in for nursing.

☐ **нетерпели́во** impatiently. Маши́на позади́ нас нетерпели́во гуде́ла. The car behind us honked its horn impatiently.

нетерпе́ние impatience. Его́ нетерпе́ние всё погуби́ло. His impatience spoiled everything. — Что за нетерпе́ние! Don't be so impatient!

☐ **ждать с нетерпе́нием** to look forward. Я с нетерпе́-

нием ожида́ю о́тпуска. I'm looking forward to my vacation.

☐ Я про́сто сгора́л от нетерпе́ния услы́шать что он ска́жет. I was dying to hear what he had to say.

нетерпи́мость (F) intolerance.

неуда́ча hard luck. Его́ пресле́дуют неуда́чи. He's having a streak of hard luck. ● failure. Мы потерпе́ли неуда́чу с на́шим прое́ктом. Our project was a failure.

неуда́чный unsuccessful. По́сле трёх неуда́чных попы́ток мы, наконе́ц, заста́ли его́ до́ма. We finally found him home after three unsuccessful tries. ● unlucky. У меня́ сего́дня неуда́чный день. This is my unlucky day. ● unfortunate. Это был неуда́чный отве́т. That was an unfortunate answer.

неудо́бный inconvenient. Беда́ в том, что отсю́да о́чень неудо́бное сообще́ние с го́родом. The trouble here is that transportation to the city is inconvenient. ● uncomfortable. Это о́чень неудо́бная кварти́ра. This is a very uncomfortable apartment. ● embarrassing. Я бою́сь вас поста́вить в неудо́бное положе́ние. I'm afraid to put you in an embarrassing position.

☐ **неудо́бно** awkward. Сейча́с с ним неудо́бно об э́том говори́ть. It's a little awkward talking to him about it now.

неуже́ли really. Неуже́ли вы не мо́жете прие́хать хоть на оди́н день? Can't you really come, even for one day? ● does that mean. Неуже́ли я вас бо́льше не уви́жу? Does that mean I won't see you any more?

☐ Неуже́ли! You don't say!

неурожа́й poor crop. У нас в э́том году́ неурожа́й овса́. This year we have a poor crop of oats.

неутоми́мый tireless. Он у нас неутоми́мый плове́ц. He's a tireless swimmer.

☐ С ней не бу́дет ску́чно, она́ неутоми́ма на вся́кие вы́думки. You won't have a dull moment with her. She's always thinking up something new.

нефть (F) oil. Эта о́бласть о́чень бога́та не́фтью. This region is very rich in oil.

нефтяно́й oil. Тут на мно́гих суда́х устано́влены нефтяны́е дви́гатели. Many ships are equipped with oil engines here.

нехвата́ть (dur of **нехвати́ть**) to be short. У нас нехвата́ет учителе́й англи́йского языка́. We are short of English teachers. — Тут пяти́ рубле́й нехвата́ет! This is five rubles short!

☐ Этого ещё нехвата́ло! Тепе́рь они́ на́чали по ноча́м на роя́ле игра́ть! That's the limit! Now they're playing the piano nights!

нехвати́ть (/no pr S1/, - хва́тит; pct of **нехвата́ть**) not to have enough. На пое́здку в Крым у меня́ де́нег нехвати́ло. I didn't have enough money for a trip to the Crimea. — У меня́ нехвати́ло ду́ха отказа́ться. I didn't have enough courage to refuse.

нехоро́ший (sh -ша́, -о́, й) bad. Он нехоро́ший челове́к. He's a bad man.

☐ **нехорошо́** not well. Я что́-то нехорошо́ себя́ чу́вствую. I don't feel so well. — Он нехорошо́ себя́ вёл. He didn't behave well.

нехотя́ (cf **хоте́ть**) reluctantly. Он нехотя́ согласи́лся. He agreed reluctantly. ● unintentionally. Я нехотя́ его́ оскорби́л. I insulted him unintentionally.

неча́янный accidental. Эта неча́янная встре́ча мно́гое измени́ла. This accidental meeting changed things a great deal.

☐ **неча́янно** accidentally, by mistake. Я неча́янно опро-

•

кинул черни́льницу. I accidentally upset the inkwell. — Я неча́янно захло́пнул дверь. I locked the door by mistake. — • **through accident.** Он неча́янно набрёл на ва́жное откры́тие. He made an important discovery through sheer accident.

☐ Не серди́тесь на него́, он сде́лал э́то неча́янно. Don't be angry with him; he didn't mean to do it. • Вот я неча́янно-нега́данно попа́л в геро́и. I suddenly found myself a hero.

не́чего (*g* -чего, *d* -чему, *i* -чем, *l* - не о чём, §*23*) nothing. Мне тут бо́льше не́чего де́лать. There's nothing more for me to do here. — Де́лать не́чего, придётся нам сами́м взя́ться за рабо́ту. Well, I guess there's nothing else to do but get down to work ourselves. — На э́то мне не́чего отве́тить. I have nothing to say to that. — Тут не́чему удивля́ться. There's nothing surprising in that. — Тут не́чего рассужда́ть, е́дем да и всё тут. There'll be nothing more said about it; we're going, and that's that.

☐ Откро́йте окно́, здесь дыша́ть не́чем. Open the window; you can't breathe in here. • Он вам так и не верну́л до́лга — не́чего сказа́ть, хоро́ш! So he didn't pay off his debt; what a fine boy he turned out to be! • ***Завари́ли же вы ка́шу, не́чего сказа́ть. I must say, you've certainly made a mess of things! • Не́чего и пыта́ться. There's no point in even trying.

нечётный odd. Нечётные номера́ на той стороне́ у́лицы. The odd numbers are on the other side of the street.

не́что (§*23*) something. Я то́лько что узна́л от него́ не́что но́вое. I just learned something new from him.

ни[1] not. По́мните, ни сло́ва об э́том! Remember now, not a word about it. — Сего́дня тут ни души́. There's not a soul here today. — Ни в одно́м словаре́ нет э́того сло́ва. This word isn't in any dictionary.

☐ **ни . . . ни** neither . . . nor. Ни я, ни он там не́ были. Neither he nor I was there. — Ни в ло́дке, ни в теле́ге туда́ нельзя́ попа́сть. You can get there neither by boat nor by cart.

что бы ни no matter what. Что́ бы он ни говори́л, я ему́ всё равно́ не пове́рю. I won't believe him, no matter what he says.

☐ Они́ так шуме́ли, что нельзя́ бы́ло разобра́ть ни слов, ни голосо́в. They made so much noise you couldn't make out what was said or who was talking. • "Мо́жно э́то сде́лать?" "Ни-ни! И ду́мать не смей". "Is it all right to do it?" "Not on your life! Don't even think of it." • Смотри́, об э́том никому́ ни-ни. Now remember, don't even breathe a word about it. • Ни о чём я не зна́ю и знать не хочу́. I don't know a thing about it and I don't want to. • •Ну что за челове́к — ни ры́ба, ни мя́со. He's a wishy-washy sort of a guy! • *Куда́ ни кинь, всё клин. You're blocked at every turn.

ни[2] (*prefixed to question words,* §*23*).

нигде́ (§*23*) nowhere. Лу́чшего вина́ вы нигде́ не найдёте. Nowhere will you find a better wine. — Бою́сь, что вы нигде́ э́того не найдёте. I'm afraid you'll find it nowhere.

ни́же (/*cp of* ни́зкий/).

ни́жний lower. В ни́жнем тече́нии река́ о́чень расширя́ется. The river broadens out very much at the lower end.

☐ **ни́жнее бельё** underwear. Ни́жнее бельё в э́том я́щике. The underwear is in this drawer.

ни́жний эта́ж ground floor. Кто живёт в ни́жнем этаже́? Who lives on the ground floor?

ни́жняя че́люсть lower jaw.

ни́жняя ю́бка petticoat.

низ (*P* низы́ /*g* сниз́у; внизу́/) bottom. Как же мо́жно бы́ло класть башмаки́ в са́мый низ? How could you put the shoes at the very bottom? • **lower part.** Весь низ до́ма за́нят скла́дами. The whole lower part of the house is used for storage.

низачто́ (*cf* **что**) under no conditions. Он низачто́ не согласи́тся. He won't agree under any conditions.

☐ Не угова́ривайте, я низачто́ не пое́ду. Don't try to talk me into it. I'm not going. • "Прошу́ вас, пойдёмте с на́ми". "Низачто́!" "I beg you, come with us." "Not a chance!"

ни́зкий (*sh* -зка́; *ср* ни́же; ни́зший, нижа́йший) low. Э́тот стол сли́шком ни́зкий. The table is too low. — У него́ ни́зкий лоб. He has a low forehead. — Здесь у нас ток ни́зкого напряже́ния. We use low-voltage current here. — Я от него́ не ожида́л тако́го ни́зкого посту́пка. I never expected him to do anything as low as that. • **short.** Я сли́шком ни́зкого ро́ста, мне не доста́ть до э́той по́лки. I'm too short to reach the shelf. • **inferior.** Э́то мы́ло бо́лее ни́зкого ка́чества. This is inferior soap.

☐ **ни́же** below. Смотри́ ни́же. See below. — Они́ живу́т в э́том же до́ме, этажо́м ни́же. They live in the same house but on the floor below. — Сего́дня пять гра́дусов ни́же нуля́. It's five degrees below zero today. • **beneath.** Его́ посту́пок ни́же вся́кой кри́тики. His act was so low it was beneath criticism.

ни́зко low. Самолёт лете́л ни́зко над го́родом. The plane flew low over the city. • **down.** Быть дождю́, баро́метр стои́т ни́зко. The barometer is down; it'll probably rain.

ни́зменность (*F*) lowland.

ника́к (§*23*) by no means. Его́ ника́к нельзя́ назва́ть ло́дырем. By no means can you call him a loafer. • **absolutely.** "Мо́жно его́ ви́деть?" "Нет, ника́к нельзя́". "May I see him?" "No, it's absolutely impossible." • **it seems.** Я тут, ника́к, заблуди́лся. It seems I've gotten lost here. • **looks as if.** Да, ника́к, сам хозя́ин идёт. Well, it looks as if the boss himself is coming.

☐ Я ника́к не могу́ уе́хать, не прости́вшись с ни́ми. I just can't go without saying good-by to them. • Ника́к не могу́ поня́ть, почему́ он не пришёл. I just can't understand why he didn't come. • Э́того я уже́ ника́к не ожида́л. This was something I least expected.

никако́й (§*23*) none at all. "Есть у вас возраже́ния?" "Никаки́х". "Have you any objections?" "None at all." • **not any, none.** Я уве́рен, что вы не встре́тите никаки́х затрудне́ний. I'm sure you won't have any difficulties. • **not much.** Худо́жник он никако́й, а карти́ны всё-таки продаёт. He's not much of an artist, but he sells his paintings.

☐ Никако́й он не инжене́р, он экономи́ст. But he's not an engineer, he's an economist. • Его́ нельзя́ убеди́ть никаки́ми до́водами. There's nothing you can say to convince him.

ни́келевый nickel. Э́то моне́та не ни́келевая, а сере́бряная. This isn't a nickel coin; it's made of silver.

никелиро́ванный (*ppp of* **никелирова́ть**) nickel-plated. Я хочу́ купи́ть никелиро́ванный самова́р. I want to buy a nickel-plated samovar.

никелирова́ть (*both dur and pct*) to plate with nickel.

ни́кель (*M*) nickel (metal).

никогда́ (§*23*) never. Он почти́ никогда́ не быва́ет здесь по

утра́м. He's almost never here mornings. — Я никогда́ не
вида́л ничего́ подо́бного. I've never seen anything like it.
□ Она́ сего́дня пе́ла, как никогда́. She sang better than
ever today.

никто́ (*ag* -кого́, *d* -кому́, *i* -ке́м, *l* ни о ко́м, §23) no one. Он
говори́л, но никто́ его́ не слу́шал. He talked, but no one
listened to him. • none. Никто́ из нас там никогда́ не́ был.
None of us have ever been there. • nobody. Об э́том ни-
кому́ неизве́стно. Nobody knows about it. • no one, nobody. Я никого́ здесь не зна́ю. I know no one here.
□ **никто́ друго́й** no one else. Никто́ друго́й на э́то бы не
реши́лся. No one else would have had the courage to do it.
никто́ ино́й no one else. Никто́ ино́й на э́то неспосо́бен.
No one else can do it.
□ Я ни о ко́м не говори́л. I didn't talk about anybody.

никуда́ (§23) no place. Я никуда́ не пое́ду — до́ма лу́чше.
I'm going no place; I like it better at home.
□ Он никуда́ не го́дный челове́к. He's just worthless.
• Его́ рабо́та никуда́ не годи́тся. His work isn't worth a
damn. • Э́то мне никуда́. I've no use for it.

ним See он.

ни́ми See они́.

нипочём (/*cf* ничто́, §23/) no trouble at all. Ему́ нипочём
подня́ть пятьдеся́т кило́. It's no trouble at all for him to
lift fifty kilograms.
□ Ему́ всё нипочём. He finds everything a snap. • Как
его́ ни руга́й, ему́ всё нипочём. You can bawl him out all
you want, but he doesn't care. • Ей нипочём не спать
не́сколько ноче́й. She thinks nothing of going without sleep
for several nights.

ниско́лько (§23) not a bit. Э́то меня́ ниско́лько не беспоко́ит.
That doesn't worry me a bit. • not at all. "Я вам поме-
ша́л?" "Ниско́лько". "Am I intruding?" "Not at all."
— Он э́тим ниско́лько не интересу́ется. He isn't at all
interested in it.

ни́тка thread. Где тут мо́жно купи́ть ни́ток? Where can I
buy some thread around here?
□ Э́то пла́тье сши́то на живу́ю ни́тку. This dress was just
thrown together. • Я промо́к до ни́тки. I got soaked
through and through. • *Во вре́мя войны́ они́ потеря́ли
всё до ни́тки. During the war they lost everything they had.
• *Все их оправда́ния ши́ты бе́лыми ни́тками. The story
they're giving us is full of holes. • *Я е́ду с му́жем: куда́
иго́лка, туда́ и ни́тка. I go with my husband, as the thread
follows the needle.

них See они́.

ничего́ (/*g* of ничто́, §23/) all right. Всё бы́ло бы ещё ни-
чего́, да дождь пошёл. Everything would have been all
right but it began to rain. • that's all right. "Прости́те, я
вас, ка́жется, толкну́л?" "Ничего́". "I'm sorry I pushed
you." "That's all right." • nothing. Ничего́ не подё-
лаешь, придётся уступи́ть ему́. There's nothing to be
done about it; we've got to give in to him. • pretty good.
Пое́дем в э́тот рестора́н, там ничего́ ко́рмят. Let's go to
that restaurant. The food is pretty good there.
□ **ничего́ себе́** so so. "Как дела́?" "Ничего́ себе́".
"How are things?" "So so."
□ Ничего́. It doesn't matter. • Я его́ руга́ю, а ему́ всё
ничего́. I bawl him out but he doesn't seem to mind a bit.
• Ничего́ не попи́шешь, на́до идти́. There's no getting out
of it; we'll have to go.

ниче́й (§§23, 15) nobody's. "Чей э́то зо́нтик?" "Ниче́й,

мо́жешь его́ взять". "Whose umbrella is this?" "Nobody's. You can take it." • no one's. Я не бою́сь ниче́й
кри́тики. I'm afraid of no one's criticism.
□ **в ничью́** in a tie. Футбо́льный матч ко́нчился в
ничью́. The soccer match ended in a tie. • in a draw. Я
вы́играл одну́ па́ртию в ша́хматы, а друга́я вы́шла в
ничью́. I won one chess game, and the other ended in a
draw.

ничко́м flat on one's face. Он споткну́лся и упа́л ничко́м.
He stumbled and fell flat on his face.

ничто́ ([-št-], *g* -чего́, *d* -чему́, *i* -че́м, *l* ни о чём, §23) nothing.
Ничто́ его́ не интересу́ет. Nothing interests him. — Вы
не волну́йтесь: ничего́ стра́шного не случи́лось. Don't
get excited; nothing terrible has happened. — Я бо́льше
ниче́м не удивля́юсь. Nothing surprises me any more. —
Его́ ниче́м не развеселённо́шь. Nothing'll cheer him up.
□ **ничего́ подо́бного** nothing of the kind. "Вы с ним пос-
со́рились?" "Ничего́ подо́бного". "Did you quarrel
with him?" "Nothing of the kind." • not at all. "Вы
оби́делись?" "Ничего́ подо́бного." "Are you offended?"
"Not at all!" • no such thing. Я вам не говори́л ничего́
подо́бного. I told you no such thing.
ничто́ друго́е nothing else. Ничто́ друго́е его́ не зани-
ма́ет. Nothing else interests him.
□ Вы ни о чём не дога́дываетесь? Can't you sense there's
something up?

ничу́ть not a bit. Я ничу́ть не бою́сь. I'm not a bit afraid.
• not at all. "Вы, ка́жется, на меня́ се́рдитесь?" "Ни-
чу́ть не быва́ло". "It seems that you're mad at me?"
"Not at all."

ничьё See ниче́й.

ничьи́ See ниче́й.

ничья́ (*ns F of* ниче́й §§15, 23).

ни́щий (*AM*) beggar.

но but. Но ведь я сказа́л вам, что верну́сь то́лько ве́чером.
But I told you I won't be back before evening. — Она́ не-
краси́ва, но в ней есть что́-то о́чень привлека́тельное.
She's not beautiful, but there's something very nice about her.
— Он о́чень за́нят, но вас он всё-таки при́мет. He's very
busy, but he'll see you nevertheless. — Тут есть ма́ленькое
"но". There's one little "but" in it. — Я соглашу́сь, но с
одни́м усло́вием. I'll agree, but on one condition.
□ Хоть он и винова́т, но не вам его́ суди́ть. Even though
he's at fault, it's not for you to judge him. • Но! Пое́хали!
Giddyap!

нови́нка latest (thing). В э́том магази́не продаю́тся все
кни́жные нови́нки. This store has all the latest books.
• novelty. Так рабо́тать ему́ не в нови́нку. It's not a
novelty for him to work this way.

но́вость (*F*) news. Каки́е сего́дня но́вости? What's to-
day's news? — Э́то для меня́ но́вость. It's news to me.
• Об э́том была́ сего́дня заме́тка в отде́ле "Но́вости в
Нау́ке и Те́хнике". There was a notice about it in the
"Science and Technical News" column. • newness. Но́-
вость де́ла меня́ не пуга́ет. The newness of the job doesn't
frighten me.
□ Э́то что ещё за но́вости! What's the big idea?

но́вый (*sh* -ва́; / -ы́/) new. У нас но́вый учи́тель. We have
a new teacher. — Э́та шля́па ещё совсе́м но́вая. This hat is
still quite new. — Э́та кни́га по но́вому правописа́нию, а та
по ста́рому. This book is in the new orthography and that
one in the old. — Я тут челове́к но́вый и ма́ло кого́ зна́ю.

I'm new here and know very few people. — Где вы встречаете Новый Год? Where are you going to celebrate New Year's Eve? — С Новым Годом! Happy New Year! — Что нового? What's new? — Здесь мне всё ново и незнакомо. Everything here is new and unfamiliar to me. • modern. Кто у вас читает курс по новой истории? Who's teaching the course in Modern History here?

□ **Новая экономическая политика** See НЭП.

Новый Завет (See also евангелие) New Testament.

нога (a ногу, P ноги, ног, ногам) foot. Мне трудно покупать обувь. У меня очень большая нога. It's hard for me to get shoes; I have such large feet. — Перестаньте вертеться под ногами. Stop getting under my feet. — Она с утра до вечера на ногах. She's on her feet from morning till night. — Он, наконец, получил работу и стал на ноги. He found work at last, and got on his feet. — Новый доктор быстро поставил меня на ноги. The new doctor put me on my feet quickly. — Ноги моей здесь не будет! I won't set foot in here again! — После нашей ссоры я к нему ни ногой. I won't set foot in his house after our quarrel. — Я уже одной ногой в могиле стою, я лгать не стану. I've already got one foot in the grave, so I won't start telling lies now. — Он нетерпеливо переминался с ноги на ногу. He was shifting his weight impatiently from one foot to the other. — *Я сегодня без задних ног. I'm so tired I'm dead on my feet. • leg. Вам с вашими длинными ногами тут не улечься. You won't be able to lie down here with your long legs. — У меня от страха ноги подкосились. I was so frightened my legs went limp on me.

□ **вверх ногами** upside down. Вы, кажется, повесили картину вверх ногами. I think you hung the picture upside down.

в ногу in step. Идите в ногу. Keep in step.

□ Дети бросились бежать со всех ног. The children began to run as fast as they could. • Этого старичка едва ноги носят. The old man can just about walk. • *С ним на короткой ноге, мне легче его спросить. I'm friendly with him and can ask him more easily. • *Я у него в ногах валяться не стану. I won't humble myself before him. • *Он бросил камень в окно и давай бог ноги. He threw a stone through the window and then took to his heels. • *Я едва-едва ноги унёс. I escaped by the skin of my teeth. • *Она от радости ног под собой не слышит. She's so happy she's walking on air. • *"Чего моя левая нога хочет" — вот его правила. He acts according to whim. • *Они привыкли жить на широкую ногу. They're used to living in grand style.

ноготь (-гтя [-xtj-], P -гти, -гтей M) nail. Вам надо остричь ногти покороче. You should cut your nails shorter.

нож (-á M) knife. Простите, гражданка, вы мне нож дать забыли. Pardon me, Miss, you forgot to give me a knife. — Это очень тупой нож. This is a very dull knife. — Он умер под ножом. He died under the knife. — *Ох, без ножа зарезали! You might just as well have stuck a knife in me!

□ **бритвенный ножик** razor blade. Где вы купили эти бритвенные ножики? Where did you buy those razor blades?

быть на ножах to be at swords' points. *Я назвал его дураком и с тех пор мы на ножах. I called him a fool and since then we've been at swords' points.

перочинный нож penknife. Можно взять ваш перочинный нож? May I borrow your penknife?

перочинный ножик penknife. Мне подарили новый перочинный ножик. I got a new penknife as a present.

□ И чего вы пристали, как с ножом к горлу? Why are you bothering the life out of me?

ножка leg. Осторожно, у этого стула ножка шатается. Be careful, one of the legs on this chair is shaky.

□ **козья ножка** hand-rolled cigarette.

□ Порядочный спортсмен ножку не подставляет. A clean player won't trip up other players. • *Ему кто-то на работе подставил ножку. Somebody pulled a mean trick on him at work.

ножницы (-ниц P) scissors. У меня были прекрасные стальные ножницы, но я их не могу найти. I had a pair of fine steel scissors, but I can't find them. • clippers. Дайте мне, пожалуйста, ножницы для ногтей. Give me some nail clippers, please.

□ **садовые ножницы** shears. Куда вы положили садовые ножницы? Where did you put the pruning shears?

ноздря (P ноздри, ноздрей, ноздрям) nostril.

нокаут knockout.

ноль or **нуль** (-ля M) zero. Дайте мне, пожалуйста, два-ноль один-два ноля. Give me 2-0-1-0-0, please. • naught. Таким образом, вся польза от его пребывания здесь свелась к нулю. And so all the good of his stay here came to naught. • nonentity. Он совершеннейший ноль. He's a total nonentity.

□ Я ему говорила, но он — ноль внимания. I told him but he didn't pay any attention.

номер (P -á, -óв) number. Запишите номер моего телефона. Take down my telephone number. — Трамвай номер пять довезёт вас до самого дома. The number five trolley will take you right to the house. — Какой номер вашей комнаты? What's the number of your room? • (license) number. Номер моего велосипеда сто пять. The (license) number of my bicycle is 105. • room (in hotel). У нас в гостинице нет ни одного свободного номера. There's not a single vacant room in our hotel. • issue. Нет ли у вас февральского номера этого журнала? Do you have the February issue of this magazine? • size. Какой номер ботинок вы носите? What size shoes do you wear?

□ *Этот номер не пройдёт! You won't get away with it. • *Ну и номер же он выкинул. That was some trick he pulled off!

номерок (-рка) check. Оставьте свой портфель и возьмите номерок. Leave your briefcase and take a check.

норма quota. У нас норма выработки была повышена. Our production quota has been increased. — Она выработала пятьсот процентов нормы. She produced five times her quota.

нормальный normal. У него нормальная температура. His temperature is normal. — При нормальных условиях этого бы не случилось. It wouldn't have happened under normal conditions. — По-моему он вполне нормален. In my opinion he's perfectly normal.

нос (P -ы́, -óв;/g -у, на носу́/) nose. У вас сажа на носу́. There's a bit of soot on your nose. — Что, у вас насморк? Вы в нос говорите. You're speaking through your nose. Have you got a cold? — Он не замечает, что у него под носом творится. He doesn't know what's going on right under his very nose. — Он дальше собственного носа не видит. He can't see any further than his own nose. ● bow. Надо починить нос лодки. The bow of the boat needs repair. — На носу стоят складные кресла, пойдите лягте. There are folding chairs on the ship's bow; go and lie down.

□ Чтó вы там бормóчете под нос? What are you muttering there? ● *Он послéднее врéмя чегó-то стал нос задирáть. He's been putting on airs lately. ● *Зимá ужé на носý. Winter is right around the corner. ● *Не пришли вó-время, вот и остáлись с нóсом. You didn't come on time. That's why you were left out in the cold. ● *Как ей не стыдно егó зá нос водить. She ought to be ashamed of herself for leading him on. ● *Нéчего вам совáть нос не в своё дéло. Mind your own business.

носилки (-лок *P*) stretcher. Вы двóе понесёте егó на носилках в автомобиль. You two take him to the car on a stretcher.

носильщик porter. Носильщик! Вы свобóдны? Porter! Are you busy? — Пошлите мне, пожáлуйста, носильщика! Will you get me a porter, please! — Вы замéтили нóмер вáшего носильщика? Did you notice the number of your porter?

носить (ношý, нóсит; *iter of* нести) to carry. В этой сýмке удóбно носить книги. This case is very handy for carrying books. ● to deliver. Эта жéнщина нóсит нам молокó. This woman delivers milk to us. ● to wear. (*iter only*) Онá всегдá нóсит чёрное. She always wears black.

□ (*iter only*) *Почемý вы не нóсите фамилии мýжа? Why don't you use your husband's name? ● *Кудá это вас нóсит? Вас никогдá дóма нет. What do you with yourself all day? You're never at home. ● (*iter only*) *Они меня прямо на рукáх носили. They made a big fuss over me.

носóк (-ска, *gp* носóк *or* носкóв) sock. Вам шерстяные носки или нитяные? Do you want woolen or cotton socks? — Тут не хватáет однóй пáры носкóв. There's a pair of socks missing. ● toe. Эти ботинки слегкá жмут в носкé. These shoes pinch slightly in the toes.

□ Он лóвко поддáл мяч носкóм. He kicked the ball skillfully.

нóта note. На вéрхних нóтах он всегдá фальшивит. His high notes always sound flat. — Наш посóл обратился с нóтой протéста по этому пóводу. Our ambassador submitted a note of protest on this matter.

□ **нóты** score. Есть у вас нóты этой нóвой пéсни? Do you have the score for this new song? ● В её востóргах чýвствуется какáя-то фальшивая нóта. Her enthusiasm sounds false. ● Смотр физкультýрников прошёл, как по нóтам. The sports parade went off beautifully.

ночевáть (*both dur and pct*) to spend a night. Ночевáть нам придётся в пóле. We'll have to spend the night out in the field. ● to stay overnight. Я бýду ночевáть у знакóмых. I'm staying overnight with my friends.

□ Онá у них днюет и ночýет. She's at their house day and night.

ночнóй night. Постáвьте мне стакáн воды на ночнóй стóлик. Put a glass of water on my night table. — Он тепéрь рабóтает в ночнóй смéне. He's on the night shift now.

ночь (*P* нóчи, ночéй *F*) night. Спокóйной нóчи! Good night!

□ **бéлая ночь** white night. Темнéе не стáнет — у нас в Ленингрáде сейчáс стоят бéлые нóчи. It won't get any darker — we have white nights in Leningrad now. ● Это случилось в ночь под Нóвый Год. It happened New Year's Eve. ● Мы приéдем тудá в два часá нóчи. We'll get there at two o'clock in the morning.

нóчью (*is of* ночь) at night. У негó привычка рабóтать нóчью. It's his habit to work at night. — Нóчью нáша улица плóхо освещенá. Our street is badly lighted at night.

ношý *See* носить.

нóю *See* ныть.

ноябрь (брá *M*) November.

нрав temper. Я боюсь егó бéшеного нрáва. I'm afraid of his nasty temper. ● disposition. У негó крóткий нрав. He has a meek disposition. ● nature. У неё простóй весёлый нрав. She's a plain person with a cheerful nature.

□ **нрáвы** customs. Вы, как видно, ещё не знáете нáших нрáвов. Apparently you don't know our customs yet. ● Вам это, как видно, не по нрáву? Apparently this goes against your grain doesn't it? ● Нрáвы у нас тут пуритáнские. We're very puritanical here.

нрáвиться to like. Мне это не нрáвится. I don't like this. — Им нрáвится подшучивать над ним. They like to poke fun at him. — Онá мне нрáвится, но я в неё не влюблён. I like her but I'm not in love with her. — Вам нрáвится вид из этого окнá? Do you like the view from this window? — Как вам это нрáвится? How do you like this?

ну come on. Ну, скорéй! Come on, hurry up! ● well. Ну, а дáльше что? Well, and then what? — Ну, éсли так, то дéлать нéчего. Well, if that's the way it is, then there's nothing to be done. — Ну, это уж дéло вáше. Well, that's your business. ● what a. Ну и денёк сегóдня выдался. What a day this turned out to be!

□ да ну? not really! "Он ей объяснился в любви". "Да ну?" "He told her he loved her." "Not really!" ● Ну так что? So what? ● Ну, тепéрь я готóв. Now I'm ready. ● Да ну вас, чегó пристáли! Oh, cut it out, don't bother me. ● Ну и угощéние же у них, все уйдýт голóдными. They set a fine table, I must say! Everybody will go home hungry. ● Ну и ну! My, oh my!

нуждá (*P* нýжды) want. Нуждá у нас пóсле войны былá большáя. We were in great want after the war. ● necessary. В слýчае нужды напишите мне. In case it's necessary, write me. ● necessity. Нуждá всемý наýчит. Necessity is the mother of invention. — *Нуждá пляшет, нуждá скáчет, нуждá пéсенки поёт. Necessity will make you do anything.

□ Без осóбой нужды я тудá не пойдý. I won't go there unless it's very important. ● Нужды нет, что тéсно, затó вéсело. We may be a bit crowded but we do have fun.

нуждáться to need. Мы нуждáемся в óпытных инженéрах. We need experienced engineers. — Он нуждáется в деньгáх? Does he need any money?

□ Они, знáете, óчень нуждáются. You know, they're pretty much up against it.

нýжный (*sh* -жнá/-ы/) necessary. Вы сдéлали все нýжные распоряжéния? Did you give all the necessary instructions? — Он не счёл нýжным отвéтить мне на письмó. He didn't consider it necessary to answer my letter. ● need. Эта книга мне бóльше не нужнá. I don't need this book any more. — Скóлько дéнег вам нýжно? How much money do you need?

□ Он у нас тут сáмый нýжный человéк. He's a key man

here. • *Он нам тут ну́жен, как пя́тая спи́ца в колесни́це. We need him like a fifth wheel on a cart.

□ **ну́жно** necessary. Она́ говори́т бо́льше, чем ну́жно. She talks more than necessary. — Е́сли ну́жно, я бу́ду рабо́тать сверхуро́чно. If necessary, I'll work overtime. • to have to. Э́то ну́жно хорошо́ запакова́ть. This has to be packed well. • to want. Что вам здесь ну́жно? What do you want here? • must. Э́то ну́жно сде́лать сего́дня. This must be done today.

ну́-ка come on. Ну́-ка, покажи́те, что э́то у вас? Come on, show me what you have here.

нуль (-ля́ *M*) zero (*See also* **ноль**).

ны́нешний this. Ны́нешнее ле́то жа́ркое. This summer has been very hot. • modern. Мне ны́нешние обы́чаи бо́льше нра́вятся. I prefer modern customs.

□ **ны́нешние времена́** nowadays. По ны́нешним времена́м и тако́й материа́л бу́дет хоро́ш. Nowadays, even material like that will do. — В ны́нешние времена́ шко́льникам то́же прихо́дится мно́го рабо́тать. Nowadays schoolboys, too, have to work hard.

ны́нче today. Ны́нче хо́лодно на дворе́? Is it cold out today? • nowadays. Таки́х, как он, ны́нче немно́го. People like him are scarce nowadays.

нырну́ть (*pct of* **ныря́ть**) to dive. Он нырну́л и вы́плыл далеко́ от бе́рега. He dived and came up quite a way from the shore.

ныря́ть (/*pct* **нырну́ть**/) to dive. Пла́ваете вы хорошо́, а ныря́ть уме́ете? You swim well; can you dive too? — Смотри́те, как э́тот самолёт ныря́ет! Look at that plane dive!

ныть (но́ю, но́ет) to complain. Ве́чно он но́ет. He's always complaining. • to ache. У меня́ что́-то но́ги но́ют, ве́рно, к дождю́. I think it will rain; my feet ache.

НЭП (**Но́вая экономи́ческая поли́тика**) New Economic Policy.

ню́хать to smell. Э́того лека́рства лу́чше не ню́хать, глота́йте сра́зу. You'd better swallow this medicine right away without smelling it.

□ **ню́хать таба́к** to take snuff. Мой де́душка ню́хает таба́к. My grandfather takes snuff.

□ *Он ещё мо́лод, по́роха не ню́хал. He's such a youngster he's still wet behind the ears. • Он, как ви́дно, те́хники и не ню́хал. He evidently doesn't know the first thing about technical subjects.

ня́ня nursemaid. В де́тстве ня́ня была́ для меня́ са́мым бли́зким челове́ком. When I was a child my nursemaid was my best friend. • matron. Ма́льчики бро́сили ня́не свои́ пальти́шки и побежа́ли в класс. The little boys threw their coats to the matron and ran into the classroom. • nurse's aid. Ня́ня умы́ла больно́го. The nurse's aid washed the patient.

O

о (*with a and l; before vowels,* **об**; § *31*) over. Он споткну́лся о поро́г. He stumbled over the doorstep. • against. Вы испа́чкались о сте́нку. You got dirty when you rubbed against the wall. • about. О чём э́то вы говори́те? What is it you're talking about? — Что вы ду́маете о его́ рабо́те? What do you think about his work? • on. Я иду́ на ле́кцию о Толсто́м. I'm going to a lecture on Tolstoy.

□ Я прочла́ статью́ "О Зада́чах Комсомо́ла." I've read an article called "The Tasks Before the Komsomols." • О нём все хорошо́ отзыва́ются. He's well spoken of. • *Ну, зна́ете, э́то па́лка о двух конца́х. Well, you know, this can turn out either way. • *Что ты, о двух голова́х, что ли? What's the matter with you? Do you think you're leading a charmed life?

об (*for o before vowels and in a few set phrases,* § *31*) of. Я об э́том не поду́мал. I didn't think of that. • on. Смотри́те, не уда́рьтесь об у́гол. Be careful; don't bump yourself on that edge. • in. Мы шли рука́ об ру́ку. We walked hand in hand.

□ Вы слыха́ли об их отъе́зде? Have you heard that they left? • *Про́сто хоть голово́й об сте́нку бе́йся. I just feel like throwing in the sponge.

о́ба (§ *22*) both. О́ба её сы́на поги́бли на войне́. Both of her sons were killed in the war. — Я знако́ма с ни́ми обо́ими. I know them both.

□ **смотре́ть в о́ба** to watch closely. *За ним на́до смотре́ть в о́ба. You've got to watch him closely.

обвине́ние charge. Про́тив него́ вы́двинуто обвине́ние в престу́пной небре́жности. They brought suit against him on a charge of criminal negligence. • accusation. Э́то

обвине́ние ни на чём не осно́вано. This accusation is groundless.

□ **представи́тель обвине́ния** prosecution. Представи́тель обвине́ния предста́вил свои́ соображе́ния. The prosecution presented its side.

предъяви́ть обвине́ние to indict. Ему́ предъя́влено обвине́ние в растра́те. He was indicted for embezzlement.

обвини́тель (*M*) prosecutor. Кто обвини́тель по э́тому де́лу? Who's the prosecutor in this case?

обвини́ть (*pct of* **обвиня́ть**) to accuse. Я публи́чно обвини́л его́ во лжи. I publicly accused him of lying.

обвиня́емый (*prpp of* **обвиня́ть**) defendant. Уже́ начался́ допро́с обвиня́емых? Have they begun questioning the defendants yet?

обвиня́ть (*dur of* **обвини́ть**) to charge. В чём его́ обвиня́ют? What is he charged with? • to blame. Я никого́ в э́том не обвиня́ю, кро́ме себя́ самого́. I blame no one but myself for this.

-ся to be charged. Он обвиня́ется в уби́йстве. He's charged with murder.

обгоню́ *See* **обогна́ть**.

обгоня́ть (*dur of* **обогна́ть**) to outrun. Смотри́те, на́ша ло́шадь всех обгоня́ет! Look, our horse is outrunning them all!

обду́мать (*pct of* **обду́мывать**) to think over. Дава́йте снерва́ обду́маем э́то хороше́нько. Let's first think it over carefully.

□ Э́то бы́ло уби́йство с зара́нее обду́манным наме́рением. It was premeditated murder.

обду́мывать (*dur of* **обду́мать**).

óбе (/*F* of **óба,** § *22/*) both. Óбе кни́жки мои́. Both books
are mine.
□ *Я ухвати́лся за э́то предложе́ние обе́ими рука́ми.
I jumped at the proposition.
обе́д dinner. Обе́д гото́в. Dinner's ready. — Мы об э́том
поговори́м за обе́дом. We'll discuss it at dinner. — На́до
их пригласи́ть к обе́ду. We have to invite them to dinner.
— Что́ э́то у вас сего́дня — зва́ный обе́д? Tell me, are
you having a dinner party today? •lunch time. Порабо́-
таем до обе́да! Let's work till lunch time.
□ дома́шние обе́ды home-cooked meals. Здесь мо́жно полу-
ча́ть дома́шние обе́ды. Home-cooked meals are served here.
обе́дать (*dur*) to have dinner. Мы всегда́ обе́даем в два
часа́. We always have dinner at two o'clock. — Вы уже́
обе́дали? Have you had dinner yet? •Пойдёмте
сего́дня обе́дать в рестора́н. Let's dine in a restaurant
today.
обезья́на monkey. В на́шем зоопа́рке двена́дцать обезья́н.
There are twelve monkeys in our zoo. — Смотри́те, како́й
уро́д! настоя́щая обезья́на. Look at him; he's as ugly
as a monkey. — Он вся́кого уме́ет передразни́ть —
чи́стая обезья́на! He's a regular monkey: he can imitate
anybody.
оберну́ть (*pct* of **обёртывать** *and* **обора́чивать**) to wrap.
Оберни́те кни́гу в газе́ту. Wrap your book in a newspaper.
-ся to turn. Он оберну́лся в на́шу сто́рону. He turned in
our direction. •to turn out. Посмо́трим, как э́то ещё
обернётся! Let's see how it'll turn out.
обёртывать (*dur* of **оберну́ть**).
обеспе́чение insurance. Все гра́ждане Сове́тского Сою́за
име́ют пра́во на обеспе́чение ста́рости. All citizens of the
Soviet Union have old-age insurance.
□ социа́льное обеспе́чение social security.
обеспе́чивать (*dur* of **обеспе́чить**).
обеспе́чить (*pct* of **обеспе́чивать**) to provide for. Он хоте́л
обеспе́чить семью́. He wanted to provide for his family.
•to insure. Необходи́мо обеспе́чить своевре́менное выпол-
не́ние э́той рабо́ты. It's necessary to insure the completion of the job on time. •to stock up. Мы на всю зи́му
обеспе́чены дрова́ми. We've stocked up enough firewood
for the whole winter.
обеспоко́ить (*pct* of **беспоко́ить**) to make uneasy. Его́ по-
сле́днее письмо́ меня́ си́льно обеспоко́ило. His last letter
made me very uneasy. •to worry. Я о́чень обеспоко́ена
его́ отсу́тствием. I'm very much worried about his absence.
обеща́ние promise. Он сдержа́л своё обеща́ние. He kept
his promise. — Почему́ вы нару́шили своё обеща́ние? Why
did you break your promise?
обеща́ть (*both dur and pct*) to promise. Он обеща́л прийти́.
He promised to come. — Мне обеща́ли путёвку в дом
о́тдыха. I was promised a vacation in a rest home with all
expenses paid. — Спекта́кль обеща́ет быть интере́сным.
The performance promises to be interesting.
обже́чь (обожгу́, -жжёт [-ž́j]; *p* обжёг, обожгла́, -ó, -и́; *ppp*
обожжённый [-ž́j-]; *pct* of **обжига́ть**) to burn. Где э́то вы
так обожгли́ ру́ку? Where did you burn your hand like
that? — Мне крапи́вой все но́ги обожгло́. My legs burn
from stinging nettles.
□ Эта фигу́ра из обожжёной гли́ны. This statuette is
made of baked clay.
-ся to burn oneself. Я обжёгся о пе́чку. I burned myself

on the stove. •to burn. *Обжёгшись на молоке́, бу́дешь
дуть и на́ воду. Once burned, twice shy.
обжига́ть (*dur* of **обже́чь**).
оби́да insult. Я не ско́ро забу́ду э́ту оби́ду. I won't soon
forget that insult. •offense. Не в оби́ду вам будь ска́-
зано, э́то была́ не о́чень уда́чная речь. No offense
meant, but this speech was not so good.
□ в оби́де angry. Скажи́те пра́вду, вы на меня́ не в
оби́де? Tell the truth; are you angry with me?
□ Не бо́йтесь, я вас в оби́ду не дам. Don't worry, I won't
let anyone take advantage of you. •Он сказа́л э́то с
оби́дой в го́лосе. He said it in an injured tone of voice.
•Ему́ пришло́сь проглоти́ть оби́ду. He had to swallow
his pride.
оби́деть (-и́жу, -и́дит, *pct* of **обижа́ть**) to insult. Неуже́ли
вы не понима́ете, что вы кро́вно оби́дели бе́дного про-
фе́ссора? Don't you understand that you've insulted this
poor professor terribly? •to offend. Ка́к-же! Его́ оби́-
дишь! You'll have a tough time trying to offend him.
•to slight. Её не пригласи́ли, и она́ о́чень оби́жена. She
feels slighted because she wasn't invited.
□ Его́ природа ра́зумом оби́дела. He was left out when
brains were passed out.
оби́дный offensive. Мне ка́жется, что в его́ предложе́нии
нет ничего́ оби́дного. I don't think there's anything offensive in his proposal. •insulting. Это о́чень оби́дное
сравне́ние. That's a very insulting comparison.
□ оби́дно it's a shame. Оби́дно, что э́то так случи́лось.
It's a shame that it happened that way.
□ Мне ста́ло так оби́дно! I was awfully hurt.
обижа́ть (*dur* of **оби́деть**) to take advantage of. Не обижа́йте
его́ — он тут совсе́м оди́н, за него́ заступи́ться не́кому.
Don't take advantage of him. He's here all alone with no
one to take up for him. •to hurt. Я и не ду́мала обижа́ть
его́. I wouldn't think of hurting him.
оби́жу *See* **оби́деть.**
оби́лие abundance. Како́е оби́лие фру́ктов в э́тих края́х!
There certainly is an abundance of fruit in this part of the
country!
оби́льный abundant. В про́шлом году́ тут был оби́льный
урожа́й я́блок. Last year we had an abundant crop of
apples. •hearty. По́сле тако́го оби́льного обе́да хорошо́
бы́ло бы вздремну́ть. It'd be a good idea to take a nap
after such a hearty meal.
обко́м obkom (committee of the Communist Party of an oblast).
Иди́те в обко́м. Go to the obkom.
обкраду́ *See* **обокра́сть.**
обкра́дывать (*dur* of **обокра́сть**).
óблако (*P* облака́, -о́в) cloud. На не́бе сего́дня то́лько
небольши́е облака́. There are only a few small clouds in the
sky today. — За облака́ми пы́ли не ви́дно бы́ло автомо-
би́ля. You couldn't see the car because of the clouds of
dust. — *Она́ ве́чно в облака́х вита́ет. She's always up
in the clouds.
□ Всё не́бо в облака́х, бою́сь дождь пойдёт. I'm afraid
it's going to rain; the sky is all cloudy.
областно́й oblast. На областно́м съе́зде сове́тов бы́ло
мно́го делега́тов. There were many delegates at the oblast
convention of soviets. •local. Это сло́во областно́е.
This word is only used locally.
óбласть (*P* -сти, -сте́й *F*) oblast. (*See Appendix 4*). Эта

автонóмная óбласть вхóдит в состáв РСФСР. This autonomous oblast is part of the RSFSR. — Нáша óбласть слáвится строевы́м лéсом. Our oblast is noted for its timber. — Егó нам прислáли из óбласти. The oblast authorities sent him to us. • field. В э́той óбласти я ничегó не понимáю. I understand nothing about this field.

облáтка wafer. Дáйте мне хини́ну в облáтках. Give me quinine wafers.

облегчáть ([-хč-]; *dur of* **облегчи́ть**) to make easier. Диктофóн óчень облегчáет нам рабóту. The dictaphone makes the work much easier for us.

облегчéние relief. Он при́нял лекáрство и срáзу почýвствовал облегчéние. He took the medicine and immediately felt relief.

облегчи́ть ([-хč-]; *pct of* **облегчáть**) to relieve. Я увéрена, что э́тот компрéсс облегчи́т вáшу боль, I'm sure this compress will relieve your pain. • to ease. Я хочý, чтóбы мне облегчи́ли нагрýзку. I wish they'd ease my load of work. — Разговóр с ним облегчи́л мне дýшу. My conversation with him eased my mind. • to make easier. Вы мóжете облегчи́ть мою задáчу. You can make the job easier for me.

обливáть (*dur of* **обли́ть**) to pour (something over). Егó прихóдится кáждое ýтро обливáть холóдной водóй, и́наче он не встáёт. You've got to pour cold water on him every morning; otherwise he won't get up.

□ *Как мóжно так обливáть грáзью человéка! How can you sling such mud at a man?

-ся.

□ Он весь обливáлся пóтом. He was all sweated up.

облигáция bond. Покупáйте облигáции воéнного зáйма! Buy war bonds!

облисполкóм district executive committee (*See Appendix 4*).

обли́ть (оболью́, -льёт; *imv* облéй; *p* óблил, облилá, óблило, -ли; обли́лся, -лáсь, лóсь, ли́сь; *ppp* óбли́тый, *sh F* обли́тá; *pct of* **обливáть**) to pour on. Я нечáянно óблил скáтерть винóм. I accidentally poured some wine on the tablecloth.

-ся to douse oneself. Облéйтесь холóдной водóй, хмель пройдёт. Douse yourself with cold water; your hangover will pass.

облóжка cover. Эта кни́га в плóтной бумáжной облóжке. This book has a thick paper cover.

обмáн fraud. Он доби́лся э́того обмáном. He accomplished it by fraud. • illusion. Это прóсто обмáн зрéния. It's simply an optical illusion. • bluff. Как вы моглú поддáться на э́тот я́вный обмáн? How could you be taken in by this obvious bluff?

обманýть (-манý, -мáнет; *pct of* **обмáнывать**) to fool. Он обманýл вас, он никогдá не был в Амéрике. He fooled you; he's never been in America. • to cheat. Ведь вы меня́ обманýли! You cheated me! • to deceive. Емý удалóсь нас обманýть свои́ми льсти́выми манéрами. He succeeded in deceiving us by his ingratiating manners. • to let down. Тóлько не обмани́те, приходи́те непремéнно! Don't let me down. Be sure to come.

□ Этот фильм обманýл нáши ожидáния. This movie didn't live up to our expectations.

обмáнчивый deceiving. Нарýжность чáсто бывáет обмáнчива. Appearances are often deceiving. — Сегóдня обмáнчивая погóда, одéньтесь потеплée. Dress warmly; the weather is deceiving today.

обмáнывать (*dur of* **обманýть**) to cheat. Женá егó обмáнывает. His wife cheats on him. • to fool. Её напускнáя весёлость меня́ не обмáнывает. Her forced gaiety doesn't fool me.

обмéн trade. Я вам предлагáю обмéн: дáйте мне вáшу кýртку, а я вам дам пальтó. What do you say we make a trade? Give me your jacket and I'll give you my overcoat. • exchange. Обмéн книг произвóдится по утрáм. Books can be exchanged in the morning. — Пóсле доклáда состоя́лся оживлённый обмéн мнéний. After the report there was a lively exchange of opinion.

□ **обмéн вещéств** metabolism. У негó чтó-то нелáдно с обмéном вещéств. Something is wrong with his metabolism.

обмéнивать (*dur of* **обмени́ть** *and* **обменя́ть**).

-ся to trade. Мы с товáрищем всегдá обмéниваемся учéбниками. My friend and I always trade textbooks.

обмени́ть (-меню́, -мéнит; *pct of* **обмéнивать**).

□ Я обмени́л свою́ шля́пу на чужýю. I took someone else's hat instead of my own.

-ся to switch. Мы с вáми, кáжется, обмени́лись калóшами. It seems that we switched overshoes.

обменя́ть (*pct of* **обмéнивать**) to exchange. Я хотéл бы обменя́ть э́ти перчáтки на другие, бóльшего размéра. I'd like to exchange these gloves for a larger size.

-ся to change. Давáйте обменя́емся местáми. Let's change seats.

□ У меня́ нé было ни минýты врéмени, чтóбы обменя́ться с ним хоть нéсколькими словáми. I didn't have a minute to say even a few words to him.

обмóлвка slip of the tongue. Это простáя обмóлвка. It was just a slip of the tongue.

обмолóт threshing. Мы скóро закáнчиваем обмолóт. We'll be finished with the threshing soon.

óбморок fainting spell. У неё чáсто бывáют óбмороки? Does she have these fainting spells often?

□ **пáдать в óбморок** to faint. Онá упáла в óбморок. She fainted.

обнарýживать (*dur of* **обнарýжить**).

обнарýжить (*pct of* **обнарýживать**) to discover. Я неожи́данно обнарýжил пропáжу бумáжника. I suddenly discovered I'd lost my wallet. • to show. Он обнарýжил большие спосóбности к мýзыке. He showed great musical ability. — Онá обнарýжила пóлное отсýтствие тáкта. She showed a complete lack of tact. • to find. Мы обнарýжили серьёзные оши́бки в рабóте. We found serious mistakes in the work.

обнимáть (*dur of* **обня́ть**) to hug. От рáдости он брóсился нас обнимáть и целовáть. He was so happy he hugged and kissed every one of us.

обнимý *See* **обня́ть**.

обня́ть (-нимý, -ни́мет; *p* óбнял, обняла́, óбняло, -ли; обня́лся, -лáсь, -лóсь, -ли́сь; *ppp* óбнятый, *sh F* -тá; *pct of* **обнимáть**) to hug. Дáйте, я вас обнимý и расцелýю на прощáние. Let me hug you and kiss you good-by. • to take in. Трýдно обня́ть всю эпóху в однóй кни́ге. It's difficult to take in the entire era in one book.

обо (*for* о *before certain forms*, §31) of. Он обо всём позабóтится. He'll take care of everything.

обогнáть (обогню́, обгóнит; *p* обогнáл, -гналá, -гнáло, -и; *pct of* **обгоня́ть**) to head off. Мы обгóним э́тот автомоби́ль. We'll head off this car • to outdistance. Он

382

далеко обогна́л свои́х това́рищей по кла́ссу. He out-distanced his classmates by far.

обо́ев *See* **обо́и.**

обожгла́ *See* **обжёчь.**

обожгла́сь *See* **обжёчься.**

обожгу́ *See* **обжёчь.**

обожгу́сь *See* **обжёчься.**

обо́з transport. Обо́з с зерно́м ушёл ра́но у́тром. The grain transport left early in the morning.

обозли́ться (*pct of* **зли́ться**) to become angry. Чего́ э́то он вдруг так обозли́лся? Why did he become so angry all of a sudden?

обознача́ть (*dur of* **обозна́чить**) to mark. Э́та жи́рная черта́ обознача́ет ю́жную грани́цу лесно́й зо́ны. This thick line marks the southern limits of the wooded zone.

обозна́чить (*pct of* **обознача́ть**) to mark. Как обозна́чены на э́той ка́рте промы́шленные це́нтры? How are the industrial centers marked on this map?

обо́и (обо́ев *P*) wallpaper. Я хоте́ла бы обо́и посветле́е. I'd like lighter wallpaper. — Ко́мнату вам отремонти́руют и окле́ят обо́ями. Your room will be done over and new wallpaper will be hung.

обойду́ *See* **обойти́.**

обойду́сь *See* **обойти́сь.**

обойти́ (-йду́, -йдёт; *p* -шёл, -шла́, -о́, и́; *pap* -ше́дший; *pct of* **обходи́ть**) to by-pass. Войска́ обошли́ го́род. The enemy by-passed the city. • to do the rounds. Он обоше́л все магази́ны, пока́ нашёл э́ту кни́жку. He did the rounds of every store before he got this book. • to leave out. Все получи́ли приба́вку, а его́ почему́-то обошли́. Everybody else got a raise, but he was left out.

-сь to get along. Ничего́, обойду́тся без ле́дника. Never mind, they can get along all right without an icebox. — Они́ не мо́гут обойти́сь без мое́й по́мощи. They can't get along without my help. • to treat (someone). С ним там о́чень пло́хо обошли́сь. He was treated poorly there. • to cost. Э́та пое́здка вам обойдётся не о́чень до́рого. The trip won't cost you very much.

□ **обойдётся** to work itself out. Ничего́, не уныва́йте, ка́к-нибудь обойдётся! Don't worry; it'll work itself out somehow.

обокра́сть (обкраду́, -дёт; *p* обокра́л; *ppp* обкра́денный *or* обокра́денный; *pct of* **обкра́дывать**) to rob. В на́шем отсу́тствии обокра́ли кварти́ру. The apartment was robbed while we were out.

оболью́ *See* **обли́ть.**

обопру́сь *See* **опере́ться.**

обора́чивать (*dur of* **оберну́ть**).

-ся to turn around. Она́ смо́трит на нас, не обора́чивайтесь. She's looking at us; don't turn around. • to manage. И как э́то вы обора́чиваетесь на э́ти де́ньги? How can you manage with so little money?

оборва́ть (-рву́, -рвёт; *p* -рвала́; *pct of* **обрыва́ть**) to pick. Кто́-то оборва́л все цветы́ в саду́. Someone picked all the flowers in the garden. • to tear. Я оборва́л пе́тлю на пальто́. I tore a buttonhole on my coat. • to cut off. Он оборва́л своё объясне́ние на полусло́ве. He cut his explanation off suddenly. • to cut one short. Она́ его́ ре́зко оборвала́. She cut him short.

□ Почему́ он тако́й обо́рванный? Why is he so ragged?

оборо́на defense. Противовозду́шная оборо́на была́ у нас

хорошо́ поста́влена. Our anti-aircraft defenses were well organized.

□ **Сове́т госуда́рственной оборо́ны** Council for National Defense.

оборо́т reverse side. Распиши́тесь на оборо́те. Sign this on the reverse side. — Смотри́ на оборо́те *or* См. на об. See reverse side. • turnover. Како́й годово́й оборо́т э́того синдика́та? What's the yearly turnover of this syndicate? • revolution. Э́тот мото́р де́лает шестьсо́т оборо́тов в мину́ту. This motor makes six hundred revolutions per minute. • circulation. Когда́ бы́ли пу́щены в оборо́т но́вые дензна́ки? When were the new bills put into circulation? • turn. Де́ло принима́ет дурно́й оборо́т. The affair is turning out badly.

обору́дование equipment. Всё обору́дование на́шего заво́да бы́ло эвакуи́ровано на восто́к. All the equipment in our factory was sent to the East. • equipping. Обору́дование ва́шей мастерско́й уже́ зако́нчено? Has the equipping of your workshop already been completed?

обору́довать (*both dur and pct*) to fit out. Э́тот заво́д обору́дован по после́днему сло́ву те́хники. This factory is fitted out with the last word in technical equipment. • to set up. К ле́ту мы обяза́тельно обору́дуем де́тскую площа́дку. We'll set up the children's playground by summer without fail. • to arrange. Ну, э́то мы в два счёта обору́дуем. Well, we'll arrange this in no time.

обошёл *See* **обойти́.**

обошёлся *See* **обойти́сь.**

обою́дный mutual. Вопро́с был ула́жен к на́шему обою́дному удово́льствию. The problem was settled to our mutual satisfaction.

обраба́тывать (*dur of* **обрабо́тать**) to process. Здесь обраба́тывают ко́жу. They process leather here. • to cultivate. Каку́ю пло́щадь обраба́тывает ваш колхо́з? How much land does your kolkhoz cultivate?

обрабо́тать (*pct of* **обраба́тывать**) to bring around. Как э́то вам удало́сь его́ так обрабо́тать? How did you ever manage to bring him around?

обрабо́тка cultivation. Обрабо́тка земли́ в колхо́зах механизи́рована. The cultivation of land in the kolkhozes is done by mechanized means. • adaptation. Э́то обрабо́тка ста́рой наро́дной пе́сни. This is an adaptation of an old folk song.

□ В э́том цеху́ произво́дится обрабо́тка запасны́х часте́й для тра́кторов. This shop finishes spare parts for tractors.

обра́довать (*pct of* **ра́довать**) to make happy. Ну спаси́бо, вы меня́ о́чень обра́довали. Thanks; you made me very happy.

-ся to be happy. Вот он обра́дуется ва́шему прие́зду! He'll be so happy about your arrival!

образ¹ portrayal. Писа́телю о́чень уда́лся о́браз Куту́зова. The author was very successful in his portrayal of Kutuzov. • fashion. Он наду́л меня́ са́мым по́длым о́бразом. He tricked me in the most shameless fashion. • kind. До́лго ли заболе́ть при тако́м о́бразе жи́зни! It won't take long before you get sick leading that kind of life.

□ **гла́вным о́бразом** mainly. Он пи́шет гла́вным о́бразом про́зу. He writes prose mainly.

каки́м о́бразом how. Каки́м о́бразом вы сюда́ попа́ли? How did you happen to get here?

ники́м о́бразом under no circumstances. Ну уж э́того ники́им о́бразом допусти́ть нельзя́. Under no circumstances should this be allowed. • in no way. Э́то ники́им óбразом нельзя́ назва́ть хоро́шей рабо́той. In no way could you call this a good bit of work

□ Таки́м óбразом, выхо́дит, что мы ро́дственники. It turns out then that we're related.

образ² (/Р -á, -óв/) icon. В углу́ висéли образá. Icons were hanging in a corner of the room.

образéц (-зцá) sample. Вот вам хоро́ший образéц на́шей проду́кции. Here's a good sample of our production. • model. Эта кни́га — образéц ру́сской худо́жественной про́зы. This book is a model of Russian prose. — Смастери́те-ка мне я́щик по э́тому образцу́. Build a box for me according to this model. — Его́ поведéние беру́т у нас за образéц. We hold his conduct up as a model. • type. Како́го образцá э́то ружьё? What type of shotgun is this?

образова́ние education. Срéднее образова́ние я получи́л у себя́ на ро́дине, а вы́сшее — в Москвé. I received my high-school education back home, and my college education in Moscow. • training. Благодаря́ своему́ специа́льному образова́нию, он для нас незамени́м. Because of his special training we find him indispensable.

образо́ванный (/ppp of образова́ть/) educated. Он образо́ванный человéк. He's an educated man.

образова́ть (pct of образо́вывать) to add up. В результáте э́то образу́ет дово́льно кру́пную су́мму. Altogether it adds up to quite a sum. • to make. Мы образова́ли о́чень дру́жную гру́ппу. We made a very friendly group.

образо́вывать (dur of образова́ть).

обрати́ть (-ращу́, -рати́т; pct of обраща́ть) to direct. Обрати́те ва́шу кри́тику по друго́му а́дресу. Direct your criticism elsewhere. • to make. Он хотéл обрати́ть э́то в шу́тку. He tried to make a joke of it.

□ **обрати́ть** (чьё-либо) **внима́ние** to draw one's attention to. Обраща́ю ва́ше внима́ние на то, что ва́ши това́рищи ча́сто опа́здывают. I'm drawing your attention to the fact that your friends are coming late too often.

□ Обрати́те внима́ние на э́ту заку́ску. Be sure to try some of this appetizer. • Ну, уж вы-то, навéрно, обрати́те его́ на путь и́стинный. I'm sure you'll be able to put him on the straight and narrow.

-ся to apply to. За разрешéнием на́до обрати́ться в администрати́вный отдéл Моссовéта. You have to apply to the administrative division of the Moscow Soviet for the permit. • to ask. Обрати́тесь к милиционéру, он вам ука́жет. Ask the policeman; he'll show you. • to turn to. Мне нé к кому обрати́ться за по́мощью. I have no one to turn to. • to become. Вы, ка́жется, в пессими́ста обрати́лись. You certainly seem to have become a pessimist.

□ **обрати́ться с про́сьбой** to request. Я обрати́лся с про́сьбой о продлéнии ви́зы. I requested an extension of my visa.

□ Куда́ мне обрати́ться за спра́вкой? Where can I get some information? • Разреши́те обрати́ться, това́рищ полко́вник? May I ask you a question, colonel? • Враг обрати́лся в бéгство. The enemy made a hasty retreat.

обра́тный return. Обра́тный путь показа́лся мне о́чень коро́тким. The return trip seemed very short to me.

□ **обра́тный а́дрес** return address.

обра́тно back. Когда́ я получу́ э́то обра́тно? When will I get it back?

обраща́ть (dur of обрати́ть).

□ **обраща́ть внима́ние** to pay attention. Не обраща́йте на него́ внима́ния! Don't pay any attention to him.

-ся to come. С э́тим вопро́сом ко мне ужé мно́гие обраща́лись. Many people have already come to me with that question. • to treat. Вы должны́ с ним лу́чше обраща́ться. You ought to treat him better. • to handle. Она́ совсéм не умéет обраща́ться с детьми́. She doesn't know how to handle children.

обраще́ние circulation. Эти дензна́ки ужé изъя́ты из обраще́ния. This currency has been taken out of circulation. • salutation. По́сле обраще́ния в письмé мы ста́вим восклица́тельный знак. We put an exclamation point after the salutation in a letter. • appeal. Это обраще́ние к населéнию бы́ло расклéено по го́роду. The appeal to the population was posted throughout the city. • handling. Обраще́ние с э́той маши́ной дéло нелёгкое! Handling this machine isn't easy.

□ Мы трéбуем вéжливого обраще́ния с покупа́телями. We insist on courtesy to our customers.

обращу́ See обрати́ть.

обращу́сь See обрати́ться.

обрéжу See обрéзать.

обрéзать (-рéжу, -рéжет; pct of обреза́ть and обрéзывать) to cut. Почему́ вы обрéзали во́лосы? Why did you cut your hair?

обреза́ть (dur of обрéзать).

обрéзывать (dur of обрéзать).

обры́в precipice.

обрыва́ть (dur of оборва́ть).

обслéдовать (both dur and pct) to inspect. Коми́ссия обслéдовала рабо́ту на́шего заво́да. The commission inspected the work in our factory. • to investigate. Тепéрь они́ слéдуют причи́ны пожа́ра. They are investigating the causes of the fire.

обслу́живать (dur of обслужи́ть) to serve. Эта библиотéка обслу́живает большо́й райо́н. This library serves a big neighborhood. • to operate. Она́ обслу́живает одновремéнно два станка́. She operates two machines at the same time.

обслужи́ть (-служу́, -слу́жит; pct of обслу́живать).

обстано́вка furniture. Как вам нра́вится на́ша но́вая обстано́вка? How do you like our new furniture? • environment. У нас о́чень хоро́шая обстано́вка для рабо́ты. We have a very pleasant working environment.

обстоя́тельство circumstance. Это, конéчно, смягча́ющее обстоя́тельство. This is an extenuating circumstance. — Реши́м, смотря́ по обстоя́тельствам. We'll decide according to circumstances. • reason. Я до́лжен был уéхать по незави́сящим от меня́ обстоя́тельствам. I had to leave for reasons beyond my control.

обстоя́ть (/no pr S1/ -сто́ит; dur) to stand. Я сейча́с узна́ю, как обстои́т дéло. I'll find out right away just where the matter stands.

□ Всё обстои́т благополу́чно. Everything's O.K.

обсуди́ть (-сужу́, -су́дит;/ppp обсуждённый/; pct of обсужда́ть) to talk over. Дава́йте обсу́дим э́тот план вмéсте. Let's talk this plan over together. • to discuss. Дава́йте обсу́дим положéние споко́йно. Let's discuss the situation calmly. • to consider. Мы обсуди́ли ва́ше предложéние. We've considered your proposal.

обсужда́ть (dur of обсуди́ть) to discuss. Мы ужé обсужда́ли э́тот вопро́с. We've discussed this problem already.

обсужде́ние discussion. Отло́жим обсужде́ние э́того вопро́са на за́втра. Let's postpone the discussion of this matter until tomorrow. • **consideration**. Он предста́вил свой прое́кт на обсужде́ние коми́ссии. He presented his project for consideration by the commission.

обсужу́ *See* **обсуди́ть**.

обтира́ние rubdown. Вам на́до де́лать ежедне́вные обтира́ния спи́ртом. You should have an alcohol rubdown daily.

обувь (*F*) shoes.

обуча́ть (*dur of* **обучи́ть**) to teach. Обуча́ть ребя́т гра́моте и счёту де́ло нелёгкое. It's not a simple matter to teach children the three R's.

обучи́ть (-учу́, -у́чит;/*ppp* обу́ченный/; *pct of* **обуча́ть**) to teach. Кто обучи́л вас э́тому ремеслу́? Who taught you this trade?

обходи́ть (-хожу́, -хо́дит; *dur of* **обойти́**) to make the rounds. Врач обхо́дит все пала́ты ка́ждое у́тро. The doctor makes the rounds in all the wards every morning. • **to pass over**. Он обы́чно обхо́дит э́тот вопро́с молча́нием. He usually passes over this question without a word.

-ся to do without. Тут нам прихо́дится обходи́ться без мно́гих привы́чных удо́бств. We have to do without many customary conveniences here. • **to go by**. У них ни оди́н день не обхо́дится без ссо́ры. They won't let one day go by without a quarrel. • **to cost**. Ко́мната и стол обхо́дятся мне в сто рубле́й в ме́сяц. Room and board cost me a hundred rubles a month.

обхожу́ *See* **обходи́ть**.

обхожу́сь *See* **обходи́ться**.

общежи́тие dormitory. Я живу́ в студе́нческом общежи́тии. I live in a student dormitory. • **living quarters**. Мы побыва́ли в общежи́тии строи́тельных рабо́чих. We visited the living quarters of the building-trade workers.

общесою́зный all-union.

обще́ственное public. Обще́ственное мне́ние приве́тствовало заключе́ние догово́ра о ненападе́нии. The public welcomed the nonagression pact. — Обще́ственная со́бственность лежи́т в осно́ве сове́тского стро́я. Public property is the basis of the soviet system.

□ **обще́ственное пита́ние** public kitchen. Сра́зу же по́сле освобожде́ния бы́ло нала́жено обще́ственное пита́ние. Soon after the city was freed, public kitchens were set up.

□ Вечера́ у меня́ за́няты обще́ственной рабо́той. My evenings are taken up with volunteer work.

о́бщество association. Он был чле́ном О́бщества друзе́й СССР в Аме́рике. He was a member of the Association for American-Soviet Friendship. • **society**. Его́ вря́д ли мо́жно назва́ть поле́зным чле́ном о́бщества. You can hardly call him a useful member of society. • **organization**. Он состои́т чле́ном мно́гих нау́чных о́бществ. He's a member of many scientific organizations. • **circle**. Вам на́до побо́льше быва́ть в о́бществе ру́сских. You should travel in Russian circles more often. • **company**. В её о́бществе я никогда́ не скуча́ю. I'm never bored in her company.

о́бщий (*sh* обща́) common. Это на́ша о́бщая со́бственность. This is our common property. • **general**. На сре́ду назна́чено о́бщее собра́ние сотру́дников. A general meeting of employees is fixed for Wednesday. — Сре́дняя шко́ла дала́ ему́ дово́льно хоро́шее о́бщее образова́ние. High school gave him a rather good general education. — О́бщее впечатле́ние от э́того детдо́ма о́чень хоро́шее. The general impression of this children's home is very good.

□ **в о́бщей сло́жности** altogether. В о́бщей сло́жности он прорабо́тал у нас о́коло пяти́ ме́сяцев. He worked here about five months altogether.

в о́бщем all in all. В о́бщем вы́шло о́чень глу́по. All in all, it turned out very stupidly. • **on the whole**. В о́бщем я его́ рабо́той дово́лен. On the whole, I'm satisfied with his work.

□ Мы обе́даем здесь за о́бщим столо́м. We all eat dinner here at one big table. • Мне тру́дно найти́ с ним о́бщий язы́к. He and I don't talk the same language. • Я не жела́ю с ним име́ть ничего́ о́бщего. I don't want to have anything to do with him.

объедине́ние consolidation. Объедине́ние крестья́нских хозя́йств в колхо́зы у нас проведено́ почти́ по́лностью. The consolidation of peasant holdings into kolkhozes is now almost complete. • **union**. Он член Ленингра́дского объедине́ния писа́телей. He's a member of the Union of Leningrad Authors.

объяви́ть (-явлю́, -я́вит; *pct of* **объявля́ть**) to announce. Он объяви́л, что дире́ктор уезжа́ет в Москву́. He announced that the director is leaving for Moscow. • **to advertise**. О пропа́же па́спорта вы должны́ объяви́ть в газе́те. You have to advertise in the newspaper for your lost passport.

□ Председа́тель объяви́л собра́ние откры́тым. The chairman called the meeting to order.

объявле́ние declaration. С мину́ты на мину́ту ожида́лось объявле́ние войны́. A declaration of war was expected at any moment. • **bulletin**. Доска́ для объявле́ний внизу́ в вестибю́ле. The bulletin board is downstairs in the hall. • **ad**. Да́йте в газе́ту объявле́ние о пропа́же. Put an ad in the paper about your lost article. — Театра́льные объявле́ния у нас помеща́ются на после́дней страни́це. Theater ads are on the last page. • **advertisement**. В на́ших газе́тах нет комме́рческих объявле́ний. There aren't any commercial advertisements in our newspapers. • **announcement**. Объявле́ние об э́том собра́нии бу́дет напеча́тано за́втра. The announcement of this meeting will be published tomorrow. • **poster**. На у́лице всю́ду бы́ли объявле́ния о его́ конце́рте. The street was full of posters about his coming concert.

объявля́ть (*dur of* **объяви́ть**) to announce. О больши́х спорти́вных состяза́ниях обыкнове́нно объявля́ют в газе́тах. They usually announce big sports events in the newspapers.

объясне́ние explanation. Це́лый час ушёл на объясне́ние граммати́ческих пра́вил. The explanation of the rules of grammar took a whole hour. • **discussion**. У меня́ бы́ло с ним дли́нное объясне́ние, и мы всё вы́яснили. We had a long discussion and cleared everything up. • **declaration**. Это что? Объясне́ние в любви́? Is this a declaration of love?

объясни́ть (*pct of* **объясня́ть**) to explain. Я вам сейча́с объясню́, как у нас вызыва́ют по телефо́ну. I'll explain to you right away how we make phone calls here. • **to tell**. Объясни́те ему́, как попа́сть к вам. Tell him how to get to your place.

□ Я ника́к не могу́ объясни́ть себе́ его́ молча́ния. I can't understand his silence.

объясня́ть (*dur of* **объясни́ть**) to explain. В шко́ле вам, зна́чит, э́того не объясня́ли? So they didn't explain it to you at school? — Как вы объясня́ете себе́ его́ посту́пок

How do you explain his action? • **to tell.** Нам объясняли, как ехать, да мы забыли. They told us how to go, but we've forgotten.

обыкновенный average. Она самая обыкновенная девушка. She's just an average girl.

□ **обыкновенно** usually. Обыкновенно мы работаем по вечерам. We usually work in the evenings. • **generally.** Обыкновенно я так поздно не выхожу. I don't go out so late generally.

обыск search. В его квартире был произведён обыск. A search was made of his apartment.

обычай custom. Я совсем не знаю здешних обычаев. I'm ignorant of local customs.

□ **в обычае** customary. У нас это не в обычае. It's not customary with us.

обычный usual. Его обычное место у окна. His usual seat is at the window. • **ordinary.** При обычных обстоятельствах это было бы возможно. It would be possible under ordinary circumstances.

□ **обычно** usually. Обычно он приходит домой в пять часов. He usually comes home at five o'clock.

обязанность (F) duty. Я считаю своей обязанностью вас предупредить. I consider it my duty to warn you. • **responsibility.** Вы добровольно взяли на себя эту обязанность? Did you take on this responsibility voluntarily?

□ **временно исполняющий обязанности директора** acting manager.

обязанный.

□ **быть обязанным** to have to. Я не обязан давать вам отчёта в своём поведении. I don't have to give you an account of my behavior. • **to be obligated.** Вы обязаны им помочь. You're obligated to help them. • **to owe.** Он обязан ему всем. He owes him everything.

обязательный compulsory. У нас введено всеобщее обязательное обучение. Compulsory education was introduced here. — Английский язык у нас в школе теперь обязательный предмет. English is now a compulsory subject in our school.

□ **обязательно** surely. Она завтра обязательно приедет. She'll surely arrive tomorrow. • **without fail.** Приходите обязательно. Come without fail. □ Обязательно осмотрите дворец культуры. Don't fail to see the Palace of Culture.

овация ovation. Друзья устроили ему настоящую овацию. His friends staged a real ovation for him. • **applause.** Публика встретила музыканта овацией. The audience greeted the musician with applause.

овёс (овса) oats.

овец *See* овца.

овладевать (-ваю, -вает; *dur of* овладеть).

овладеть (*pct of* овладевать) to take possession. После долгой борьбы мы овладели этим городом. We took possession of the town after a prolonged struggle. • **to master.** Она в совершенстве овладела английским языком. She mastered English perfectly. • **to learn the use of.** Наши ударницы быстро овладели этим станком. Our woman shockworkers learned the use of this lathe quickly.

□ **овладеть собой** to get hold of oneself. Он быстро овладел собой. He got hold of himself quickly.

□ Мною овладел ужас. I was terrified.

овощи (щей *P /of* овощь/ *F*). vegetables. Свежие овощи сейчас очень дороги. Fresh vegetables are very high now.

□ *Всякому овощу своё время. There's a time and place for everything.

овощь (*see* овощи).

овса *See* овёс.

овсянка oatmeal cereal.

овца (*P* овцы, овец, овцам) sheep. Этих овец разводят для шерсти, а не для мяса. They raise these sheep for wool, not for meat.

□ *Паршивая овца всё стадо портит. One rotten apple will spoil a whole barrel.

оглавление table of contents.

оглядываться (*dur of* оглянуться) to look back. Не оглядывайтесь назад. Don't look back.

оглянуться (*pct of* оглядываться) to look back. Я оглянулся и увидел его. I looked back and saw him.

□ Мы и оглянуться не успели, как работа была сделана. The work was finished before we knew it.

огнетушитель (*M*) fire extinguisher. Есть в доме огнетушитель? Is there a fire extinguisher in this house?

огни *See* огонь.

огня *See* огонь.

огонь (-гня *M*) fire. Поставьте чайник на огонь. Put the teapot on the fire. — Противник открыл огонь по нашим позициям. The enemy opened fire on our positions. — Мне удалось потушить огонь. I was able to put the fire out. — *Нет дыма без огня. Where there's smoke, there's fire. — *Я попал между двух огней. I was caught between two fires. • **light.** Отсюда уже видны огни города. You can see the lights of the city from here. — Мы долго сидели на крылечке без огня. We sat on the stoop for a long time without any light.

□ *Мы попали из огня да в полымя! That's what you call out of the frying pan into the fire. *Такого другого и днём с огнём не найдёшь. He's one in a million. • *За своего учителя я готов в огонь и в воду. I'd go through hell for my teacher. • *Ему ничего не страшно, он прошёл огонь, и воду и медные трубы. He can take anything; he's been through the mill.

огораживать (*dur of* огородить) to fence.

огород vegetable garden. У нас овощи из своего огорода. Our vegetables are from our own vegetable garden. • **truck farm.** Колхозные огороды тянутся на несколько километров. The kolkhoz truck farms are several kilometers long.

□ *Это камешек в мой огород? You wouldn't mean me, would you? *Так зачем же было огород городить? What did we have to start it for in the first place?

огородить (-рожу, -родит; *ppp* огороженный; *pct of* огораживать) to fence. Здесь все сады огорожены. All the gardens are fenced here.

огорожу *See* огородить.

огорчать (*dur of* огорчить) to make (one) feel bad. Я не хочу вас огорчать, но нам придётся расстаться. I don't want to make you feel bad, but we'll have to part company. • **to take to heart.** Меня очень огорчает его неудача. I'm taking his failure very much to heart.

огорчить (*pct of* огорчать).

□ **огорчённый** disappointed. Почему у вас такой огорчённый вид? Why do you look so disappointed?

ограниченный limited. Количество рабочих рук у нас очень ограничено. We have a very limited number of workers. — Он о́чень ограни́ченный челове́к. He's a man of limited intelligence.

ограни́чивать (*dur of* **ограни́чить**) to cut down on. Он не уме́ет ограни́чивать себя́ в расхо́дах. He doesn't know how to cut down on his expenses.

-ся to limit oneself. Я не могу́ ограни́чиваться десятью́ папиро́сами в день. I can't limit myself to ten cigarettes a day.

ограни́чить (*pct of* **ограни́чивать**) to limit. Предлага́ю ограни́чить вре́мя ора́торов пятью́ мину́тами. I make a motion to limit the time of the speakers to five minutes.

-ся to limit oneself. Председа́тель ограни́чился кра́ткой ре́чью. The chairman limited himself to a short speech.

□ Вы ду́маете э́тим де́ло ограни́чится? Do you think this will be the end of it?

огро́мный great. Мы прошли́ огро́мное расстоя́ние пешко́м. We walked a great distance on foot. • a great deal. Его́ кни́га вы́звала огро́мный интере́с. His book created a great deal of interest. • huge. Я никогда́ не вида́л тако́го огро́много арбу́за. I never saw such a huge watermelon. • tremendous. Э́тот фильм име́ет огро́мный успе́х. This film is having a tremendous success.

огуре́ц (-рца́) cucumber. Наре́жьте огуре́ц то́нкими ло́мтиками. Slice the cucumber thin.

□ **солёный огуре́ц** dill pickle. У меня́ в э́том году́ солёные огурцы́ удали́сь на сла́ву. This year my dill pickles turned out very well.

огурца́ *See* огуре́ц.

огурцы́ *See* огуре́ц.

одева́ть (*dur of* **оде́ть**) to dress. Вы сли́шком тепло́ одева́ете ва́шего ма́льчика. You dress your boy too warmly.

-ся to dress (oneself). Одева́йтесь поскоре́е. Dress quickly. — Тут в дере́вне мо́жно одева́ться попро́ще. Here in the country you could dress more simply. • to dress up (oneself). Нет, одева́ться не ну́жно, приходи́те как есть. It's not necessary to dress up; come as you are.

оде́жда clothing. Без тёплой оде́жды туда́ е́хать нельзя́. You can't go there without any warm clothing. • clothes. Произво́дственную оде́жду нам выдаёт заво́д. They issue work clothes to us at the factory.

□ **ве́рхняя оде́жда** overcoats. У меня́ нет никако́й ве́рхней оде́жды. I haven't any kind of an overcoat.

одеколо́н eau de cologne. У э́того одеколо́на о́чень прия́тный за́пах. This eau de cologne has a very pleasant odor.

оде́ть (-де́ну, -нет; *ppp* оде́тый; *pct of* **одева́ть**) to dress. Оде́ньте ребёнка и пойдём гуля́ть. Dress the child and let's go for a walk. • to clothe. В семье́ пя́теро ребя́т. Всех оде́ть, обу́ть нелегко́. There are five children in the family and it's not easy to clothe them.

□ Он всегда́ оде́т с иго́лочки. He's always neat as a pin.

-ся to put on (clothing). Они́ оде́лись во все́ но́вое. They put on brand new clothing. • to dress (oneself). Оде́ньтесь потепле́е, сего́дня на дворе́ моро́з. Dress as warmly as possible; it's bitter cold outside today.

одея́ло blanket. Да́йте мне, пожа́луйста, ещё одно́ одея́ло. Give me another blanket, please.

□ **стёганое одея́ло** quilt. Я покрыва́юсь стёганым одея́лом. I usually cover myself with a quilt.

оди́н (§16) one. У них оди́н сын. They have one son. — Это одна́ из его́ лу́чших пьес. This is one of his best plays. • alone. Вы одни́ до́ма? Are you home alone? — То́лько она́ одна́ уме́ет печь таки́е пироги́. She alone can bake

such pies. • only one. Она́ одна́ мо́жет мне помо́чь. She's the only one who can help me. • same. Мы с ним из одного́ го́рода. He and I are from the same town. • by oneself. Я не могу́ оди́н передви́нуть э́тот комо́д. I can't move this dresser all by myself. • nothing but. Что вы мне за жарко́е да́ли — одни́ ко́сти. What kind of roast is this you gave me? It's nothing but bones. • one thing. Одно́ меня́ огорча́ет. I'm sorry for one thing.

□ **все до одного́** to the last man. В на́шей дере́вне все мужчи́ны до одного́ ушли́ в партиза́ны. Everyone in our village to the last man became a guerrilla.

ни оди́н no other. Ни оди́н музыка́нт не исполня́ет э́ту вещь так, как он. There's no other musician who plays this piece quite the way he does.

оди́н-одинёшенек, одна́-одинёшенька all alone. По́сле сме́рти ма́тери она́ оста́лась одна́-одинёшенька. After the death of her mother, she was left all alone.

оди́н раз once. Я там был всего́ оди́н раз. I've been there only once.

одни́м сло́вом in short. Одни́м сло́вом, об э́том не́чего бо́льше разгова́ривать. In short, there's no use talking about it any more.

одно́ из двух one or the other. Нам придётся сде́лать одно́ из двух: и́ли пое́хать сами́м и́ли посла́ть телегра́мму. Either we go ourselves or we send a telegram; we'll have to do one or the other.

одно́ и то же same thing. Ско́лько раз вам на́до повторя́ть одно́ и то же? How many times do I have to repeat the same thing to you?

□ Одно́ из двух: ли́бо мы выхо́дим сейча́с же, ли́бо я остаю́сь до́ма. Take your choice: either we go immediately or I'll stay home.

одина́ковый identical. У нас с ва́ми одина́ковые пальто́. You and I have identical coats.

□ **одина́ково** equally. Все мои́ де́ти мне одина́ково до́роги. All my children are equally dear to me. • in the same way. Он ко всем одина́ково отно́сится. He treats everybody in the same way.

□ Цена́ то одина́ковая, но э́ти сапоги́ лу́чше. The price is the same, but these boots are better.

оди́ннадцатый eleventh.

оди́ннадцать (*gdl* -ти, *i* -тью, §22) eleven.

одино́кий lonely. Он о́чень одино́кий челове́к. He's a very lonely man. • single. Мы сдади́м э́ту ко́мнату то́лько одино́кому. We'll rent this room to a single man only.

□ **одино́ко** lonesome. Ей здесь о́чень одино́ко без дете́й. She's lonesome here without the children.

□ Я люблю́ одино́кие прогу́лки. I like to walk by myself.

одна́ (*nF of* **оди́н**).

одна́жды once. Одна́жды он яви́лся к нам по́здно но́чью. He showed up at our place once late at night.

одна́ко but. Он о́чень измени́лся, одна́ко я его́ сра́зу узна́л. He's changed a great deal, but I recognized him immediately. — Он мно́го обеща́ет, одна́ко наде́яться на него́ нельзя́. He promises a lot, but you can't rely on him. • nevertheless. Он не хоте́л говори́ть о свои́х пла́нах, одна́ко сказа́л, что пробу́дет здесь с ме́сяц. He didn't want to tell me his plans; nevertheless, he told me that he'd stay here about a month. • really. В чём же, одна́ко, де́ло? What's it really all about? • now. Одна́ко, э́то уж сли́шком! Now, that's going a bit too far.

одни́ (*np of* **оди́н**).

одно́ (nN of **оди́н**).

одновре́ме́нный

□ **одновре́ме́нно** at same time. Мы с ним прие́хали в Москву́ одновре́менно. He and I came to Moscow at the same time.

одобре́ние approval.

одо́брить (pct of **одобря́ть**) to approve of. Я уве́рен, что ва́ше нача́льство э́того не одо́брит. I'm sure your boss won't approve of it.

одобря́ть (dur of **одо́брить**) to approve of. Вы одобря́ете наш план? Do you approve of our plan?

одолева́ть (-ва́ю, -ва́ет; dur of **одоле́ть**) to get the upper hand. Наконе́ц, к ве́черу мы на́чали одолева́ть проти́вника. Finally toward evening we began to get the upper hand on the enemy.

□ Под коне́ц меня́ на́чал одолева́ть сон. Towards the end I began to get sleepy.

одоле́ть (pct of **одолева́ть**) to master. Ну тепе́рь я, ка́жется, всю э́ту прему́дрость одоле́л. Well, I guess I've mastered all the ins and outs now. • to overcome. Меня́ одоле́ла лень. I was overcome by laziness.

□ Нас одоле́ли тарака́ны. Our house is overrun with roaches. • Комары́ нас здесь одоле́ли. The mosquitoes just ate us up alive.

одолже́ние favor. Сде́лайте мне одолже́ние. Do me a favor, will you?

□ Сде́лайте одолже́ние, остава́йтесь, ско́лько хоти́те. You're welcome to stay as long as you wish.

одура́чить (/pct of **дура́чить**/).

оживи́ть (pct of **оживля́ть**) to revive.

оживлённый (ppp of **оживи́ть**) lively. Собра́ние бы́ло о́чень оживлённым. It was a very lively meeting. — Он вчера́ был о́чень оживлён. He was in a lively mood yesterday.

□ **оживлённо** excitedly. Он о чём-то оживлённо расска́зывал. He was excitedly describing something.

оживля́ть (dur of **оживи́ть**) to revive.

ожида́ние wait. По́сле до́лгого ожида́ния я получи́л от него́ письмо́. After a long wait I got a letter from him. • expectation. Все мои́ ожида́ния сбыли́сь. All my expectations were realized. — Успе́х превзошёл все на́ши ожида́ния. The success exceeded our highest expectations. — На́ша экску́рсия удала́сь сверх вся́кого ожида́ния. Our excursion was a success in spite of our expectations.

□ зал ожида́ния waiting room. Вре́мя ме́жду поезда́ми я провёл в за́ле ожида́ния. Between trains I stayed in the waiting room.

обману́ть ожида́ния not to live up to expectations. Э́та пье́са обману́ла на́ши ожида́ния. This play didn't live up to our expectations.

ожо́г burn. Он получи́л серьёзные ожо́ги. He suffered serious burns.

озабо́тить (pct of **озабо́чивать**) to worry (someone else).

озабо́ченный (ppp of **озабо́тить**) worried. Почему́ у вас тако́й озабо́ченный вид? Why do you look so worried? — Я о́чень озабо́чен его́ здоро́вьем. I'm very much worried about his health.

озабо́чивать (dur of **озабо́тить**) to worry (someone else).

о́зеро (P озёра) lake. Пойдём купа́ться на о́зеро. Let's go and take a swim in the lake.

ози́мое (AN) winter crop. Когда́ у вас тут всхо́дят ози́мые? When do your winter crops come up?

ози́мый winter crop. Ози́мую пшени́цу мы уже́ сжа́ли. We've already cut the winter wheat.

озли́ться (pct of **зли́ться**).

озно́б chills. У него́ си́льный озно́б. He's got bad chills.

озя́бнуть (p озя́б, озя́бла, -о, -и; pct) to be chilled. Я сего́дня но́чью ужа́сно озя́б. I was chilled through and through last night.

окажу́ See **оказа́ть**.

окажу́сь See **оказа́ться**.

оказа́ть (-кажу́, -ка́жет; pct of **ока́зывать**) to render. Он оказа́л нам большу́ю услу́гу. He rendered us a great service. • to use. Окажи́те на него́ влия́ние и заста́вьте его́ пойти́ к до́ктору. Use your influence on him and make him go to a doctor.

□ Она́ мне оказа́ла о́чень большо́е дове́рие. She showed a lot of confidence in me.

-ся to happen to be. Дверь оказа́лась неза́пертой, и я вошёл в ко́мнату. The door happened to be unlocked and I walked into the room. • to happen. Оказа́лось, что мы е́хали в одно́м по́езде. It happened that we were riding on the same train. • to turn out to be, to prove to be. Она́ оказа́лась о́чень делови́той же́нщиной. She turned out to be a very competent woman. • to find oneself. Я оказа́лся оди́н в незнако́мом го́роде. I found myself alone in a strange city. — Она́ оказа́лась в о́чень нело́вком положе́нии. She found herself in an awkward situation.

□ Дела́ их оказа́лись лу́чше чем я ожида́л. They were better off than I expected.

ока́зывать (dur of **оказа́ть**).

океа́н ocean.

оккупа́ция occupation. Оккупа́ция э́того го́рода была́ тяжёлым уда́ром для страны́. The occupation of this city was a hard blow for the country to take.

оккупи́ровать (both dur and pct) to occupy. Когда́ был оккупи́рован э́тот го́род? When was this city occupied?

окно́ (P о́кна, о́кон, о́кнам) window. У меня́ ко́мната в два окна́. There are two windows in my room. — На́ши о́кна выхо́дят в парк. Our windows face the park. • window sill. Не кла́дите покупок на окно́. Don't put the packages on the window sill.

о́коло next to, by. Ся́дьте тут, о́коло меня́. Sit right down next to me. — Останови́тесь, пожа́луйста, о́коло воро́т. Please stop by the gate. • about. Он тут был о́коло ча́са тому́ наза́д. He was here about an hour ago. — Я заплати́л за э́то о́коло десяти́ рубле́й. I paid about ten rubles for it.

оконча́ние end. Жди́те меня́ по́сле оконча́ния спекта́кля. Wait for me at the end of the show. • finishing. По́сле оконча́ния шко́лы он пошёл на заво́д. After finishing school he started to work in the factory.

□ Оконча́ние в сле́дующем но́мере. Concluded in the next installment. • По оконча́нии рабо́ты они́ хо́дят вме́сте обе́дать. After work they go out together for dinner.

оконча́тельный final. Уже́ изве́стен оконча́тельный результа́т вы́боров? Are the final election returns in? — Это оконча́тельное реше́ние? Is this the final decision? • definite. Он обеща́л нам дать за́втра оконча́тельный отве́т. He promised to give us a definite answer tomorrow.

□ **оконча́тельно** absolutely. Я оконча́тельно и реши́тельно от э́того отка́зываюсь. I absolutely refuse to do it.

око́п trench.

о́корок (P -á, -о́в) a ham.

окра́ина outskirts. Наш дом на окра́ине го́рода. Our house is on the outskirts of town. • border district. На́ши се́верные окраины стали заселяться сравнительно недавно. Our northern border districts began to be settled only a relatively short time ago.

окрестность ([-sn-]; *F*) outskirts. Вы уже побывали в окрестностях города? Have you been to the outskirts of town? • vicinity. А здесь в окрестности доктор найдётся? Can you find a doctor here in the vicinity?

округ (*P* -á, -óв) okrug (a territorial administrative division comprising a national group).

окружать (*dur of* **окружить**) to surround. Её там окружали хорошие люди. She was surrounded by nice people there. ☐ Его окружали всеобщие любовь и уважение. He had everybody's love and respect.

окружить (*pct of* **окружать**) to surround. Девушки окружили американских лётчиков. The girls surrounded the American aviators. — Наш дом окружён забором. A fence surrounds our house.

октябрёнок oktiabrionok (child between the ages of seven and eleven, in the first stages of Communist training).

октябрь (-бря́ *M*) October.
☐ **Октябрь** (**октябрьская революция**) October revolution, 1917. Он произнёс эту речь в двадцать пятую годовщину Октября. He gave that speech on the twenty-fifth anniversary of the October revolution.

октябрьский October. Сегодня годовщина октябрьской революции. Today is the anniversary of the October revolution.

окурок (-рка) (cigarette) butt. Не бросайте окурков! Don't throw (cigarette) butts around!

оладья (/*gp* оладий *or* оладьев/) fritter.

олень (*M*) reindeer.

блово tin.

оловя́нный tin.

омлет omelette.

он (§*18*) he. Подождите заведующего, он вам покажет комнаты. Wait for the manager. He'll show you the rooms. — "Где Иван Иванович"? "Вот он". "Where's Ivan Ivanovich?" "Here he is." — Мы с ним большие друзья. He and I are good friends. — Он страшно ею увлечён. He's very much taken with her. • him. Вы его знаете? Do you know him? — Дайте ему сахару. Give him some sugar. — Предложите ему пойти с нами в театр. Ask him to go to the theater with us. — Я им недоволен. I'm not satisfied with him. — Его считали хорошим специалистом. They considered him an expert in his line. — О нём ходят разные слухи. There are all kinds of rumors about him. • his. Это его портфель. This is his brief case. — Это не его дело. It's none of his business. • it. "Где мой ключ"? "Вот он". "Where's my key?" "Here it is." — "Где карандаш?" "У меня его нет". "Where's my pencil?" "I don't have it."
☐ **ему нужно** he has to. Ему нужно пойти к врачу. He has to go to the doctor.

она (/*nF of* **он**/) she. Она не понимает вашего вопроса. She doesn't understand your question. • her. Не уходите без неё. Don't leave without her. — Я её видел вчера. I saw her yesterday. — Вы уже сказали ей, что уезжаете? Have you already told her that you're leaving? — Не ходите сейчас к ней, она занята. Don't go over to see her now; she's busy. — Вы говорили с ней? Did you speak to her? — Вы знаете её адрес? Do you know her address? • hers. Эта книга не моя, а её. This book isn't mine; it's hers. • it.

"Где моя шапка?" "Я её не видал". "Where's my cap?" "I haven't seen it." — Я не читал этой книги, но о ней были очень хорошие отзывы в печати. I haven't read this book, but it received very good notices.

они (/*np of* **он**/) they. Они большие друзья. They're great friends. — Соседи ими недовольны — они очень шумят. They make so much noise that they annoy their neighbors. • them. Скажите им, что их тут кто-то спрашивал. Tell them that someone was asking for them here. — Что они мешкают, им пора ехать. Why don't they get a move on; it's time for them to leave. — Мы целый вечер проговорили с ними. We spent the whole evening talking to them. — Дайте ему попробовать блинов, он их никогда не ел. Give him some pancakes; he's never tasted them. — Вы видели наши музеи? Что вы о них скажете? Have you seen our museums? What do you think of them? • their. Вы видели их новую квартиру? Have you seen their new apartment? • theirs. Эта машина не наша, это их. This isn't our car; it's theirs.

оно (/*nN of* **он**/) it. "Закройте окно". "Да оно ведь закрыто". "Close the window." "But it's already closed." — Я прочитал это письмо и ничего обидного в нём не нашёл. I read the letter through and found nothing insulting in it. — Так оно и случилось, как вы говорили. It happened just as you said it would. — Вот то-то и оно, надо было быть осторожнее. That's just it; you should have been more careful. — Моё вечное перо испортилось, а я не могу без него обойтись. My fountain pen isn't working and I can't do without it. — Платье у вас красивое, но не мешало ему быть подлиннее. You have a pretty dress on; but it wouldn't hurt if it were a little longer.
☐ Дело было хорошо задумано, а исполняют его плохо. The work was well planned, but badly carried out.

опаздывать (*dur of* **опоздать**) to be late. Он вечно опаздывает. He's always late.

опасаться (*dur*) to be afraid of, to fear. Вот этого-то я и опасаюсь. This is what I'm afraid of. — Доктор опасался, что больной не перенесёт операции. The doctor feared that the patient couldn't stand the operation.

опасность (*F*) danger. Радист подал сигнал опасности. The radio operator sent out the danger signal. — Опасность ещё не миновала. The danger isn't over yet. • risk. Он вытащил её из огня с опасностью для собственной жизни. At the risk of his own life he pulled her out of the fire.
☐ **вне опасности** out of danger. Здесь мы уже вне опасности. We're out of danger here.

опасный dangerous. Это довольно опасное предприятие. This is a rather dangerous undertaking. — Будьте поосторожней, он опасный человек. Be careful with him; he's a dangerous person.
☐ **опасно** dangerously. Он опасно заболел. He became dangerously ill. • dangerous. Здесь купаться опасно. It's dangerous to swim here. — Это лекарство опасно принимать, не посоветовавшись с врачом. It's dangerous to take this medicine without a doctor's advice. • risky. По ночам тут ходить опасно. It's risky to walk here at night.

опера opera. Что сегодня дают в опере? What's being given at the opera today?
☐ *Ну, это совсем из другой оперы! That's a horse of another color!

операция operation. Вам необходима операция. You must

389

have an operation. — Обработка этой части распадается на четыре отдельные операции. This part is manufactured in four separate operations. • function. Какие операции производит Госбанк? What functions are carried on by the Gosbank? (*See appendix 4*).

опереди́ть (*pct of* **опережа́ть**) to get ahead of. Постарайтесь опередить эту машину. Try to get ahead of that car. • to leave behind. Мы их настолько опередили, что я их больше не вижу. We left them so far behind that I can't see them any more. — Он опередил весь класс. He left his whole class behind.

□ Он дал мне опередить себя на десять минут. He gave me a ten-minute head start.

опережа́ть (*dur of* **опереди́ть**).

опережу́ *See* **опереди́ть**.

опере́тка operetta.

опере́ть (обопру́, -прёт; *p* опёр, оперла́; оперся́, -рла́сь, обсь, -йсь; *pap* опёршийся, *pger* оперши́сь; *ppp* опёртый, *sh F* оперта́; *pct of* **опира́ть**).

-ся to lean on. Обопри́тесь о меня́. Lean on me. — Он оперся локтями о подоконник. He leaned on the window sill with his elbows.

опери́ровать (*both dur and pct*) to operate. Его вчера оперировали. They operated on him yesterday. • to handle. Как он легко оперирует такими большими цифрами. He certainly handles large figures easily.

опеча́тка misprint.

опира́ть (*dur of* **опере́ть**).

-ся to lean on. Он опирался на палку. He was leaning on a stick. • to lean against. Не опирайтесь о стену, вы вымажетесь. Don't lean against the wall. You'll soil your clothes.

описа́ние description.

описа́ть (-пишу, -пишет; *pct of* **опи́сывать**) to describe. Можете вы описать его? Can you describe him?

□ *Она такая красавица, что ни в сказке сказать, ни пером описать! Her beauty defies description.

опи́сывать (*dur of* **описа́ть**) to describe. Я вам, кажется, описывал мою встречу с ним. I think I described how I met him.

опишу́ *See* **описа́ть**.

опла́та pay.

оплати́ть (-плачу́, -пла́тит *pct of* **опла́чивать**) to pay. Вам оплатят расходы по поездке. They'll pay your expenses on the trip. — Этот счёт уже оплачен. This bill is already paid.

опла́чивать (*dur of* **оплати́ть**) to pay.

оплачу́ *See* **оплати́ть**.

опло́шность (*F*) blunder. Это непростительная оплошность. It's an unpardonable blunder. • slip. Как это вы допустили такую оплошность? How did you ever make such a slip?

оповести́ть (*pct of* **оповеща́ть**) to let know, to notify. Оповестите всех о собрании. Let everyone know about the meeting.

оповеща́ть (*dur of* **оповести́ть**) to let know, to notify.

оповещу́ *See* **оповести́ть**.

опозда́ние delay. Эти товары будут вам доставлены с некоторым опозданием. There'll be some delay in the delivery of this merchandise.

□ Ещё два опоздания — и он попадёт на чёрную доску. He'll be put on the black list if he's late two more times.

• Поезд приходит с опозданием. The train is coming in late.

опозда́ть (*pct of* **опа́здывать**) to be late. Наш поезд опоздал на три часа. Our train was three hours late. — Вы сильно опоздали с отчётом. You're very late with your report. — Опоздавшие ждали у входа в зрительный зал. Those who were late waited at the entrance of the auditorium. • to be late for. Торопитесь, а то опоздаете на поезд. Hurry or you'll be late for the train.

оппози́ция opposition.

оппортуни́зм opportunism.

оппортуни́ст opportunist.

опра́ва frame. Он заказал себе очки в золотой оправе. He ordered a pair of glasses in a gold frame. • setting. Я хотел бы вставить этот камень в оправу. I'd like to have this stone put in a setting.

оправда́ние justification. Такому поступку не может быть оправдания! There's no justification for doing a thing like that! • excuse. Он приводил всевозможные оправдания. He offered all the excuses he could. • acquittal. Защитник требовал оправдания подсудимого. The attorney for the defense asked for an acquittal.

оправда́ть (*pct of* **опра́вдывать**) to acquit. Подсудимый был оправдан. The defendant was acquitted. • to justify. Он вполне оправдал наше доверие. He completely justified our confidence in him. • to excuse. Я никак не могу оправдать вашего поведения. I just can't excuse your conduct.

□ Эта новая машина уже себя оправдала. This new machine has already paid for itself.

-ся to clear oneself. Вам никак не удастся оправдаться. You certainly won't be able to clear yourself. • to prove correct. Наши предположения оправдались. Our assumptions proved correct.

опра́вдывать (*dur of* **оправда́ть**) to find excuses for. Почему вы всегда его оправдываете? Why do you always find excuses for him?

-ся to justify oneself. Нечего оправдываться, мы вас ни в чём не обвиняем. Why are you trying to justify yourself? We're not accusing you of anything.

определённый (*ppp of* **определи́ть**) definite. Когда же мы получим определённый ответ? When will we get a definite answer? — Неужели вы не понимаете, что его выступление имело определённый политический смысл. Don't you understand? His speech had a definite political meaning. • sure. Ну, это определённый провал. It's a sure flop. • steady. Теперь вы будете иметь определённый заработок. Now you'll have a steady income. • certain. Он может быть использован только в определённых условиях. He can be of use only under certain circumstances.

определи́ть (*pct of* **определя́ть**) to determine. Уже определили местонахождение судна? Have they determined the location of the ship yet? • to fix. Давайте заранее определим день нашей встречи. Let's fix a date beforehand for meeting again. • to diagnose. Врач ещё не определил его болезни. The doctor still can't diagnose his illness. • to form. Я ещё не могу определить своего впечатления от нового сотрудника. I still haven't been able to form an opinion of the new employee.

определя́ть (*dur of* **определи́ть**) to define. Как вы определяете понятие "общество?" How do you define the term "society"?

опроверга́ть (*dur of* **опрове́ргнуть**) to disprove.

опрове́ргнуть (*pct of* **опроверга́ть**) to disprove. Он легко́ опрове́рг предъя́вленное ему́ обвине́ние. He easily disproved the accusation made against him.

опроки́дывать (*dur of* **опроки́нуть**) to tip over. Убери́те отсю́да э́ту ла́мпу, я её всегда́ опроки́дываю. Take away this lamp; I'm always tipping it over. • to down. Погляди́те, как он опроки́дывает одну́ рю́мку во́дки за друго́й. Look at him downing one shot of vodka after another.

опроки́нуть (*pct of* **опроки́дывать**) to tip over, to upset. Волна́ опроки́нула на́шу ло́дку. The wave tipped our boat over. — Тут кто́-то опроки́нул ведро́ с водо́й. Someone upset a pail of water here. • to demolish, to destroy. После́дние собы́тия опроки́нули все ва́ши до́воды. The latest events destroyed all your arguments.

опря́тный neat. У них больша́я опря́тная ко́мната. They have a large, neat room.

☐ **опря́тно** neatly. Она́ всегда́ опря́тно оде́та. She's always neatly dressed.

опубликова́ть (*pct of* **опублико́вывать**) to publish. По-мо́ему, э́ти да́нные необходи́мо опубликова́ть. I think this information should be published. • to announce. Вы́игрыши бы́ли опублико́ваны вчера́. The winning numbers were announced yesterday. • to make public. Э́то постановле́ние бы́ло опублико́вано ме́сяц тому́ наза́д. This rule was made public a month ago.

опублико́вывать (*dur of* **опубликова́ть**).

опуска́ть (*dur of* **опусти́ть**) to lower. Лу́чше не опуска́ть штор. It's better not to lower the shades.

☐ *Не опуска́йте рук, всё ещё мо́жно ула́дить. Don't give up in despair; everything can still be straightened out.

опусти́ть (-пущу́, -пу́стит; *pct of* **опуска́ть**) to drop. Опусти́те письмо́ в я́щик. Drop the letter in the mailbox. • to lower. Он опусти́л глаза́ и ме́длил с отве́том. He lowered his eyes and took his time answering. • to omit, to leave out. Ну, э́ти ме́лочи мо́жно бы́ло бы опусти́ть. Well, these details could be omitted.

☐ *Что ты хо́дишь, как в во́ду опу́щенный? Why do you look so down in the mouth?

опустоше́ние devastation.

опущу́ *See* **опусти́ть**.

о́пыт experience. Для э́той рабо́ты нам нужны́ лю́ди с больши́м администрати́вным о́пытом. We need people with a lot of administrative experience for this work. — Я зна́ю э́то по со́бственному о́пыту. I know it from my own experience. — Нау́ченный го́рьким о́пытом, он бо́льше не пры́гает с трамва́я на ходу́. Bitter experience taught him not to get off a moving streetcar. • experiment. Каковы́ результа́ты ва́ших о́пытов? What are the results of your experiments?

о́пытный experienced. Он о́чень о́пытный врач. He's a very experienced doctor. — Нам нужны́ о́пытные сва́рщики. We need experienced welders. — Тут сра́зу видна́ о́пытная рука́. It's evident at a glance that this is the work of experienced hands. • expert. О́пытный меха́ник суме́ет почини́ть э́ту маши́ну. An expert mechanic will know how to fix this machine. • experimental. Здесь устро́ена о́пытная ста́нция. An experimental station was set up here. • old hand. Тут мно́го о́пытных рабо́тников. There are many workers here who are old hands at this job.

опя́ть again. Вот мы и опя́ть до́ма! Here we are at home again! — Вы опя́ть опозда́ли. You're late again.

ора́нжевый orange (color).

ора́тор speaker.

о́рган organ. Э́та газе́та о́рган на́шего профсою́за. This newspaper is the official organ of our union.

☐ **о́рганы госуда́рственной вла́сти** executive government agencies.

о́рганы чувств sensory organs.

парти́йные о́рганы party agencies.

хозя́йственные о́рганы government economic agencies.

организа́тор organizer. Мы его́ це́ним, как хоро́шего организа́тора. We value him as a good organizer.

организацио́нный organizational.

организа́ция organization. При хоро́шей организа́ции мы могли́ бы сде́лать э́то гора́здо скоре́е. If we had had good organization we'd have finished this work much sooner.

☐ **парти́йная организа́ция** party organization.

хозя́йственная организа́ция economic organization.

☐ На организа́цию де́ла ушло́ о́чень мно́го вре́мени. It took a great deal of time to organize the thing.

организо́ванный (*ppp of* **организова́ть**) organized. Все на́ши рабо́чие организо́ваны в профсою́зы. All of our workers are organized into labor unions. — У нас на заво́де рабо́та хорошо́ организо́вана. The work is well organized in our factory. — Его́ вре́мя о́чень хорошо́ организо́вано. His time is well organized.

☐ **организо́ванно** in an organized way. Э́то на́до де́лать организо́ванно. This has to be done in an organized way.

организова́ть (*/pr forms both dur and pct/*; *pct of* **организо́вывать**) to organize. Ле́том мы ча́сто организу́ем экску́рсии. We often organize excursions in the summer. — Мы реши́ли организова́ть театра́льный кружо́к. We decided to organize a theatrical group.

организо́вывать (*dur of* **организова́ть**).

оргбюро́ (*indecl N*) orgbureau (*See Appendix 4*).

о́рден (*P* -а́, -о́в) order. Молодо́й лётчик был награждён о́рденом сла́вы пе́рвой сте́пени. The young pilot was awarded the Order of Glory, first grade.

☐ **О́рден Кра́сного Зна́мени** Order of the Red Banner.

О́рден Ле́нина Order of Lenin.

о́рдер (*P* -а́, -о́в) coupon. Ей вы́дали о́рдер на боти́нки. She was issued a shoe coupon. • certificate. Я получи́л о́рдер на кварти́ру в но́вом до́ме. I received a certificate entitling me to an apartment in the new house.

орёл (орла́) eagle. Вы когда́-нибудь ви́дели живо́го орла́? Did you ever see a real live eagle?

☐ Орёл и́ли ре́шка? Heads or tails?

оре́х nut. Слу́шайте, э́ти оре́хи все гнилы́е. Look here, all these nuts are rotten. • walnut. Э́то просто́й сосно́вый шкаф, но он разде́лан под оре́х. The wardrobe is plain pine but has a walnut finish.

☐ **гре́цкий оре́х** walnut. Гре́цкие оре́хи гора́здо доро́же песны́х, Walnuts are much more expensive than hazel nuts.

☐ *И разде́лала же она́ его́ под оре́х! She bawled him out good and proper. • *Ну смотри́те, бу́дет вам на оре́хи. Watch out, you're going to get it good.

оригина́л original. Оригина́л э́той карти́ны нахо́дится в Эрмита́же. The original of this picture is in the Hermitage. • character. Ваш прия́тель большо́й оригина́л. Your friend is quite a character.

ориенти́ровать (*both dur and pct*).

-ся to get one's bearings. Вы ещё пло́хо ориенти́руетесь в на́шем го́роде? Do you still have trouble getting your bearings in our town?

☐ Пусть он нас ведёт, он хорошо́ ориенти́руется. Let him

lead; he has a good sense of direction. • Я ещё плóхо ориентíруюсь в э́той нóвой обстанóвке. I'm new here and still haven't gotten into the swing of things.

оркéстр orchestra. У нас при завóде организóван стрýнный оркéстр. We organized a string orchestra at our factory. • band. В пáрке игрáет воéнный оркéстр. A military band is playing in the park.

□ По пя́тницам здесь бывáют концéрты симфонíческого оркéстра. There are usually symphony concerts here on Fridays.

орлá See **орёл**.

орýдие gun. Мы обстреля́ли неприя́теля из тяжёлых орýдий. We fired heavy guns against the enemy. • equipment. У нас нехватáет сельскохозя́йственных орýдий. We haven't enough agricultural equipment. • tool. Я знáю, что он был тóлько орýдием в чьúх-то рукáх. I know that he's been nothing but a tool.

орýжие arms. Вам придётся получúть разрешéние на ношéние орýжия. You'll have to get a permit to carry arms. — Все мужчúны, спосóбные носúть орýжие, бы́ли мобилизóваны. All men able to carry arms were mobilized. • weapon. Тут сейчáс откры́та вы́ставка совремéнного и старúнного орýжия. There's an exhibition here now of ancient and modern weapons.

□ Я побúл егó егó же орýжием. I used his own arguments against him.

осá (P óсы) wasp.

осадúть (-сажý, -сáдит;/ppp осаждённый/; pct of **осаждáть** and **осáживать**) to besiege. Нам удалóсь пронúкнуть в осаждённый гóрод. We managed to get into the besieged city.

□ Осадú назáд! Back up! • Он попрóбовал грубúть, но я егó осадúл. He tried to be rude, but I put him in his place.

осаждáть (dur of **осадúть**) to besiege. Егó осаждáли прóсьбами. He was besieged with requests. • to crowd around. Востóрженная толпá осаждáла артúста. The enthusiastic audience crowded around the artist.

осáживать (dur of **осадúть**).

осажý See **осадúть**.

освáивать (dur of **освóить**) to reclaim. Мы бы́стро освáиваем сéвер. We're reclaiming the north of the USSR rapidly.

-ся to make oneself at home. Он легкó освáивается в нóвой обстанóвке. He makes himself at home readily in new surroundings.

освéдомить (/ppp -млённый/; pct of **осведомля́ть**) to inform. Вас освéдомят о решéнии по вáшему дéлу. You'll be informed of the decision in your case.

-ся to find out. Освéдомитесь о врéмени начáла спектáкля. Find out what time the show starts.

осведомля́ть (dur of **освéдомить**).

-ся to ask about. Он о вас ужé не раз осведомля́лся. He's asked about you several times already.

освéтúть (-свещý, -светúт; ppp освещённый; pct of **освещáть**) to light. Э́тот плакáт нáдо осветúть со всех сторóн. This poster must be lighted from all sides.

□ Вы плóхо освéтили положéние дéла. You didn't make the matter entirely clear.

освещáть (dur of **осветúть**) to give light. Э́та лáмпа плóхо освещáет кóмнату. This lamp doesn't give enough light for the room.

освещéние light. Мне трýдно рабóтать п̣и искýсственном освещéнии. It's difficult for me to work in artificial light. — В э́том дóме электрúческое освещéние. This house has electric light. • lighting. Ýличное освещéние у нас не такóе я́ркое, как в Нью Иóрке. The street lighting is not as bright here as in New York.

освещý See **осветúть**.

освободúть (ppp освобождённый; pct of **освобождáть**) to free. Крáсная áрмия освободúла плéнных, и меня́ в том числé. The Red Army freed me along with the other prisoners. — Пéнсии освобождены́ от налóга. Pensions are tax-free. • to release. Прошý освободúть меня́ от обя́занностей секретаря́. I'm asking to be released from secretarial duties. • to clean out. Освободúте, пожáлуйста, э́тот шкаф, он мне нýжен. Please clean out this closet; I need it. • to give up. Пожáлуйста, освободúте э́то мéсто. Will you give up this place, please? • to exempt. Егó освободúли от воéнной слýжбы. He was exempt from military service.

освобождáть (dur of **освободúть**) to excuse. Егó ужé два рáза освобождáли от дежýрства. He has already been excused from duty twice.

освобождéние liberation. Освобождéние крестья́н в Россúи и чёрных рабóв в Амéрике произошлó почтú одноврéменно. The liberation of peasants in Russia and slaves in America took place almost simultaneously. • release. Пóсле освобождéния из плéна их пришлóсь отпрáвить в гóспиталь. After their release from the prison camp they had to be sent to a hospital.

освобожý See **освободúть**.

освóить (pct of **освáивать**) to get on to. Мы без трудá освóим э́тот мéтод. We'll get on to this system easily enough.

-ся to feel at home. Вы ужé освóились на нóвом мéсте? Do you already feel at home in the new place? • to familiarize oneself. Он ужé освóился со своéй нóвой рабóтой. He's already familiarized himself with his new work.

осёл (ослá) donkey. На Кавкáзе мы éздили на ослáх. We rode donkeys in the Caucasus. • ass. Ах какóй он осёл! What a stupid ass he is!

□ Вот упря́мый осёл! He's as stubborn as a mule.

осéнний autumn. Мы решúли поторопúться с начáлом осéннего сéва. We decided to wait with the autumn sowing. • fall. Какáя погóда! Совсéм осéнняя. This is real fall weather!

□ У вас есть осéннее пальтó? Do you have a topcoat?

óсень (F) autumn, fall. В э́том годý дождлúвая óсень. We've had a rainy autumn this year.

óсенью (is of **óсень**) in the fall. Óсенью здесь грязь по колéно. In the fall the mud here is knee-deep.

оскорбúть (pct of **оскорбля́ть**) to insult. Вы егó оскорбúли, предлагáя емý дéньги. You've insulted him by offering him money.

оскорбля́ть (dur of **оскорбúть**) to offend. Я вóвсе не хотéл её оскорбля́ть. I didn't mean to offend her at all. • to hurt. Не оскорбля́йте егó самолю́бия! Don't hurt his pride.

ослá See **осёл**.

ослáбить (pct of **ослабля́ть**) to weaken. Болéзнь меня́ сúльно ослáбила. The illness weakened me a great deal. — Не прибавля́йте ничегó, э́то тóлько ослáбит впечатлéние. Don't add anything more; it'll only weaken the impression you made. • to loosen. Осла́бьте реме́нь. Loosen the leather strap.

ослабля́ть (*dur of* **осла́бить**) to relax. То́лько смотри́те, не ослабля́йте дисципли́ны. Be careful not to relax the discipline. • to slacken. Мы уже́ ме́сяц как рабо́таем, не ослабля́я те́мпов. We've been working for a month straight now without slackening the pace.

осма́тривать (*dur of* **осмотре́ть**) to examine. Ва́ши ве́щи уже́ осма́тривали? Have they already examined your things? □ Мы це́лый день осма́тривали го́род, и я пря́мо без ног. We spent the whole day sight-seeing in the city and I'm just dead on my feet.

осмо́тр inspection. Пригото́вьте ве́щи для тамо́женного осмо́тра. Prepare your luggage for customs inspection. — Осмо́тр заво́да отло́жен на за́втра. The factory inspection is put off until tomorrow. • examination. Сего́дня у нас в шко́ле был медици́нский осмо́тр. We had a medical examination at school today. • seeing. Начнём экску́рсию с осмо́тра истори́ческого музе́я! Let's start the tour by seeing the historical museum.

осмотре́ть (-смотрю́, -смо́трит; *pct of* **осма́тривать**) to look over. Он осмотре́л меня́ со всех сторо́н. He looked me over from all sides. • to examine. До́ктор вас уже́ осмо́трел? Has the doctor examined you yet? □ У нас бы́ло недоста́точно вре́мени, что́бы осмотре́ть весь музе́й. We didn't have enough time to go through the whole museum.

осно́ва basis. Обще́ственная со́бственность на сре́дства произво́дства — осно́ва сове́тской систе́мы. Public ownership of means of production forms the basis of the Soviet system. — Мы возьмём ва́ше предложе́ние за осно́ву для резолю́ции. We'll accept your proposal as a basis for a resolution. □ осно́вы ленини́зма the fundamentals of Leninism.

основа́ние basis. На како́м основа́нии вы э́то говори́те? What is the basis for your statement? □ разру́шить до основа́ния to level. Неприя́тель хоте́л разру́шить наш заво́д до основа́ния. The enemy was out to level our factory. □ Вы по́мните год основа́ния э́того университе́та? Do you remember the year when this university was founded?

основа́тельный justified. Э́то вполне́ основа́тельное тре́бование. This is a justified demand. □ основа́тельно solidly. Э́тот стул сде́лан о́чень основа́тельно. This chair is solidly built. • thoroughly. Он основа́тельно изучи́л свой предме́т. He studied his subject thoroughly. • hearty. Мы основа́тельно закуси́ли. We had a hearty snack.

основа́ть (-сную́, -снуёт; *ppp* осно́ванный; *pct of* **осно́вывать**) to found. Э́тот го́род был осно́ван две́сти лет тому́ наза́д. This city was founded two hundred years ago. • to establish. На́ша шко́ла была́ осно́вана изве́стным педаго́гом. Our school was established by a well-known teacher. • to set up. Они́ основа́ли но́вый клуб. They set up a new club. • to base on. На чём осно́ваны ва́ши утвержде́ния? What are your arguments based on? □ Э́то обвине́ние ни на чём не осно́вано. This accusation is unfounded.

основно́й basic. Э́то основно́й вопро́с. This is a basic question. • main, principal. Э́то моя́ основна́я рабо́та.

It's my main work. — Основна́я причи́на ва́шей боле́зни — недоеда́ние. The principal cause of your illness is undernourishment. □ в основно́м basically. В основно́м они́ согла́сны. Basically, they agree.

основно́й зако́н *or* **конститу́ция** constitution.

основно́й капита́л fixed capital.

осно́вывать (*dur of* **основа́ть**).

осную́ *See* **основа́ть**.

осоавиахи́м Osoaviakhim (society for the promotion of defense, aviation, and chemical industries).

осо́ба person.

осо́бенный particular. У меня́ нет осо́бенного жела́ния туда́ идти́. I have no particular desire to go there. — "Что вы сейча́с де́лаете?" "Ничего́ осо́бенного". "What are you doing now?" "Nothing in particular." • peculiar. Он како́й-то осо́бенный, я его́ то́лком не понима́ю. He's so peculiar I just can't make him out. • unusual. Не ви́жу я в ней ничего́ осо́бенного. I don't see anything unusual in her. • unusually. В ней есть кака́я то своя́, осо́бенная пре́лесть. There's something unusually sweet about her. • extra-special. Для него́ гото́вят каки́е-то осо́бенные блю́да. They prepare extra-special dishes for him. □ осо́бенно especially. Осо́бенно хороша́ здесь весна́. It's especially nice here in the spring. • exceptionally. Вы сего́дня осо́бенно хорошо́ вы́глядите. You look exceptionally well today.

óспа smallpox.

остава́ться (-стаю́сь, -стаётся; *imv* -става́йся; *dur of* **оста́ться**) to stay. Во вре́мя войны́ моя́ семья́ остава́лась в Ленингра́де. My family stayed in Leningrad during the war. — Вы там по́здно вчера́ остава́лись? Did you stay there late last night? • to remain. Э́тот вопро́с остаётся нерешённым. The problem still remains undecided. • to be left. До отхо́да по́езда вре́мени остаётся о́чень немно́го. Not much time is left before the train leaves. — Мне бо́льше ничего́ не остава́лось де́лать, как ждать сле́дующего по́езда. There was nothing left for me to do but to wait for the next train. □ остава́ться в си́ле to hold good. Зна́чит, на́ше соглаше́ние остаётся в си́ле? So our agreement holds good, doesn't it? □ Ну, мне пора́. Счастли́во остава́ться! I'm going now; keep well!

оста́вить (*pct of* **оставля́ть**) to leave. Я оста́вил пальто́ в маши́не. I left my overcoat in the car. — Обе́д для вас оста́влен. They left dinner for you. — Он оста́вил мне запи́ску? Did he leave a message for me? — Мы его́ оста́вили далеко́ позади́. We've left him far behind. — Поко́йник ле́ва а wife and seven children. — Вопро́с придётся оста́вить откры́тым. We'll have to leave the question open. • to leave alone. Оста́вьте его́, он о́чень уста́л. Leave him alone; he's very tired. • to quit. Я собира́юсь ско́ро оста́вить э́ту рабо́ту. I plan to quit this job soon. • to stop. Оста́вим э́тот разгово́р. Let's stop this discussion. □ оста́вить за собо́й to reserve. Он уе́хал, но ко́мнату оста́вил за собо́й. He left, but reserved the room. □ Его́ оста́вили на второ́й год. He was left back. • Оста́вьте, ну заче́м серди́ться? Come on, why be angry?

оставля́ть (*dur of* **оста́вить**) to leave. Говоря́т, вы нас оставля́ете? I hear you're leaving us; is it so? • to park. Оставля́ть маши́ну здесь стро́го воспреща́ется! It is strictly forbidden to park your car here.

остально́й other. Вас тут то́лько дво́е? А где же все остальны́е (ребя́та)? There's only two of you! Where are all the other fellows?

□ Я вам оставля́ю два́дцать рубле́й, а остальны́е принесу́ за́втра. I'll leave twenty rubles with you and bring the balance tomorrow.

остана́вливать (*dur of* **останови́ть**) to stop. Нельзя́ так ре́зко остана́вливать маши́ну! You shouldn't stop the car so hard!

-ся to stop. Мы всегда́ остана́вливаемся в э́той гости́нице. We always stop at this hotel. — Он ни перед чем не остана́вливается. He'll stop at nothing.

останови́ть (-становлю́, -стано́вит; *pct of* **остана́вливать**) to stop. Часово́й останови́л меня́ и потре́бовал про́пуск. The guard stopped me and asked for my pass. — Раз он реши́л, так его́ уже́ ничто́ не остано́вит. Once he made up his mind, nothing could stop him.

-ся to stop. Маши́на останови́лась у воро́т. The car stopped at the gate. — Пожа́луйста, останови́тесь на сле́дующем углу́. Please stop at the next corner. — Он так увлёкся свои́м расска́зом, что ника́к не мог останови́ться. He became so carried away by his own story that he couldn't stop. — Мы останови́лись на полдоро́ге. We stopped halfway. • to stay. Где вы останови́лись? Where are you staying? • to dwell. Остано́вимся на э́тих фа́ктах поподро́бнее. Let's dwell on these facts in greater detail.

□ Я не знал, на чём останови́ться. I didn't know what to choose.

остано́вка stop. Где остано́вка авто́буса А? Where is the A bus stop? — Вам выходи́ть на сле́дующей остано́вке. You get off at the next stop. — Воспреща́ется выходи́ть из ваго́на до по́лной остано́вки. It's forbidden to get off the trolley before it comes to a full stop.

□ *За чем тепе́рь остано́вка? What's holding things up now?

оста́ться (-ста́нусь, -ста́нется; *pct of* **остава́ться**) to stay, to remain. Вы оста́ньтесь тут, а я пойду́. You stay here, and I'll go. — Он оди́н там оста́лся. He was the only one who remained there. • to be left. Мой чемода́н оста́лся на ста́нции. My suitcase was left at the station. — Я оста́лся без де́нег. I was left without money. — Выхо́дит, что мы оста́лись ни с чем. It looks as if we're left with nothing. — *Он оста́лся с но́сом. He was left out in the cold. — По́сле э́того разгово́ра у меня́ оста́лось неприя́тное чу́вство. I was left with an unpleasant feeling after that conversation. — Неуже́ли у нас совсе́м не оста́лось са́хару? Don't we have any sugar left?

□ **оста́ться в живы́х** to survive. Кто́-нибудь оста́лся в живы́х по́сле э́той катастро́фы? Did anybody survive the accident?

□ Он оста́лся при своём мне́нии. He stuck to his opinion. • Наконе́ц-то мы оста́лись вдвоём! At last we're alone!

остерега́ть (*dur of* **остере́чь**).

-ся to beware. Остерега́йтесь воро́в! Beware of thieves! • to watch out for. Вам на́до остерега́ться сквозняко́в. I advise you to watch out for drafts.

остерегу́сь *See* **остере́чься**.

остережёшься *See* **остере́чься**.

остере́чь (-стерегу́, -стережёт; *p* -стерёг, -стерегла́, -о́, -и́; *pct of* **остерега́ть**).

-ся to be on guard.

осторо́жный careful. Он вас хорошо́ довезёт: он о́чень осторо́жный води́тель. He'll get you there safely; he's a very careful driver. — Бу́дьте осторо́жны при перехо́де че́рез у́лицу. Be careful crossing the street. — Осторо́жнее с э́тими веща́ми — они́ ло́мкие. Careful with these things; they're fragile.

□ **осторо́жно** carefully. Они́ осторо́жно положи́ли ра́неного на носи́лки. They carefully placed the wounded man on the stretcher.

□ Осторо́жно! Be careful! *or* Watch out!

остри́г *See* **остри́чь**.

ост␣ига́ть (*dur of* **остри́чь**).

остригу́ *See* **остри́чь**.

остри́чь (остригу́, остижёт; *p* остри́г, -гла́, -о, -и́; *ppp* остри́женный; *pct of* **острига́ть**) to cut (fingernails, toenails, and hair only). Почему́ вы так ко́ротко остри́гли во́лосы? Why did you cut your hair so short?

о́стров (*P* -а́, -о́в) island.

остроу́мный witty. Он о́чень остроу́мный. He's a very witty man. • clever. Он нашёл о́чень остроу́мный вы́ход из положе́ния. He found a clever way out.

□ **остроу́мно** clever. Э́то вы остроу́мно приду́мали. That's a clever idea. • smart. Вы ду́маете, что э́то о́чень остроу́мно? You think you're smart, don't you?

о́стрый (*sh* остр *or* остёр, остра́/-о́, -ы́/) sharp. Да́йте мне, пожа́луйста, о́стрый нож. Give me a sharp knife, please. — Ну и о́стрый же у вас язычо́к! You certainly have a sharp tongue! — Я вдруг почу́вствовал о́струю боль — меня́ ужа́лила пчела́. I suddenly felt a sharp pain; the bee had stung me. • keen. У него́ о́чень о́строе зре́ние. He has very keen eyesight. • acute. Тут о́стрый недоста́ток сырья́. There's an acute shortage of raw materials here. • witty. Как он сего́дня ве́сел и остёр! How gay and witty he is today! • spicy. Э́то о́чень вку́сно, но сли́шком о́стро. It's very tasty but too spicy.

□ **остро́** cutting. Э́то о́чень о́стро ска́зано. That was a cutting remark.

поостри́ть sharper. Наточи́те ножи́ поостре́е. Make these knives sharper.

□ У него́ о́строе малокро́вие. He has pernicious anemia.

остыва́ть (*dur of* **осты́ть**) to cool off.

осты́ну *See* **осты́ть**.

осты́ть (-сты́ну, -сты́нет; *pct of* **остыва́ть**) to cool off. Пе́ред купа́ньем вам ну́жно осты́ть. You should cool off before taking a swim. — У него́ совсе́м осты́л интере́с к э́тому де́лу. He cooled off to the whole business. • to get cold. Ваш чай осты́л. Your tea got cold.

осуществи́ть (*pct of* **осуществля́ть**) to realize. Наконе́ц-то я осуществи́л своё заве́тное жела́ние. Finally I realized my heartfelt desire. • to carry out. Ему́ бы́ло нелегко́ осуществи́ть свой план. It was not easy for him to carry out his plan.

осуществля́ть (*dur of* **осуществи́ть**).

ось (*P* о́си, осе́й *F*) axle. Ось слома́лась! The axle is broken.

□ **держа́вы о́си** the axis powers.

от from. От Москвы́ до Ленингра́да мы е́хали в спа́льном ваго́не. We had a sleeper from Moscow to Leningrad. —

Это далеко́ от вокза́ла? Is it far from the station? — Я получи́л вчера́ от него́ письмо́. I received a letter from him yesterday. — У меня́ уро́к от девяти́ до десяти́ утра́. I have a lesson from nine to ten in the morning. — Она́ зарази́лась ко́рью от свое́й сестры́. She caught the measles from her sister. • for. От на́шего це́ха вы́ступит това́рищ Петро́в. Brother Petrov will be the speaker for our shop. • of. Вот его́ письмо́ от пя́того а́вгуста. Here is his letter of the fifth of August. — Он у́мер от воспале́ния лёгких. He died of pneumonia. • off. У меня́ оторвала́сь пу́говица от пальто́. A button came off my coat. • to. Куда́ дева́лся ключ от чемода́на? What became of the key to the suitcase? • by. Это его́ сын от пе́рвого бра́ка. This is his son by his first marriage.

☐ Я оконча́тельно отказа́лся от уча́стия в э́том де́ле. I refused to take any part in this matter. • Да́йте мне порошо́к от головно́й бо́ли. Give me a headache powder. • Переда́йте ему́ от меня́ приве́т. Give him my regards. • В нём есть что́-то от де́да. There's something about him that reminds me of his grandfather. • От всей души́ жела́ю вам успе́ха. I wish you all the luck in the world. • Я уже́ от одно́й рю́мки во́дки пьяне́ю. One shot of vodka is enough to get me drunk. • От э́той спе́шки у меня́ голова́ идёт кру́гом. All this hurrying gets me dizzy. • У меня́ в кла́ссе ребя́та в во́зрасте от семи́ до десяти́ лет. The children in my class are seven to ten years old. • Все от ма́ла до вели́ка рабо́тали на убо́рке сне́га. Everyone, young and old, helped clean the snow away. • От добра́ добра́ не и́щут. Let well enough alone.

отберу́ See **отобра́ть.**

отбива́ть (*dur of* **отби́ть**) to beat. Он ве́село напева́л и отбива́л такт ло́жкой. He was singing gaily and beating time with his spoon. • to sharpen. Там кто́-то отбива́ет косу́. Someone's sharpening the scythe.

отбира́ть (*dur of* **отобра́ть**) to take away. Мне ве́чно прихо́дится отбира́ть у дете́й папиро́сы. I always have to take cigarettes away from the children. • to pick. Она́ всегда́ отбира́ет для дете́й лу́чшие куски́. She always picks the best pieces for the children.

отби́ть (отобью́, -бьёт; *imv* отбе́й; *ppp* отби́тый; *pct of* **отбива́ть**) to fight off. Мы успе́шно отби́ли ата́ку. We fought off the attack successfully. • to recapture. Нам удало́сь отби́ть большо́й отря́д пле́нных. We were able to recapture a large detachment of prisoners. • to break off. Я отби́л но́сик у ча́йника. I broke off the spout of the teapot.

☐ **отби́ть охо́ту** to discourage. Её капри́зы отби́ли у меня́ охо́ту встреча́ться с ней. Her moods discouraged me from seeing her.

☐ Смотри́те, что́бы он не отби́л у вас да́му — он изве́стный сердцее́д. Watch out that he doesn't take your girl away from you; he's a well-known lady-killer.

отбо́й all clear. С каки́м облегче́нием мы услы́шали наконе́ц сигна́л отбо́я! It was quite a relief to hear the all clear signal at last.

☐ Да́йте, пожа́луйста, отбо́й. Hang up, please. • От мальчи́шек про́сто отбо́ю нет. There's no getting rid of these kids! • *Ра́зве вы не ви́дите: он уже́ бьёт отбо́й. Can't you see he's backing down?

отведу́ See **отвести́.**

отвезти́ (-везу́, везёт; *p* -вёз, -везла́, -о́, -и́; *pct of* **отвози́ть**) to take (by conveyance). Отвези́те его́ домо́й — ему́

совсе́м ху́до. Take him home; he's quite sick. — Я то́лько отвезу́ бага́ж на ста́нцию и сейча́с же верну́сь за ва́ми. I'll take the luggage to the station and return immediately to get you.

отвёл See **отвести́.**

отверну́ть (*pct of* **отвёртывать**) to turn on. Отверни́те кран! Turn the faucet on. • to pull aside. Он отверну́л полу́ шине́ли и поле́з в карма́н. He pulled aside his coat and dug into his pocket.

-ся to turn away. Он отверну́лся и не хо́чет со мной разгова́ривать. He's turned away and doesn't want to talk to me. — По́сле э́того все друзья́ отверну́лись от него́. After this, all his friends turned away from him.

отве́рстие opening.

отвёртка screwdriver.

отвёртывать (*dur of* **отверну́ть**).

отве́сить (*pct of* **отве́шивать**).

☐ Отве́сьте мне, пожа́луйста, ли́верной колбасы́ три́ста грамм. Let me have three hundred grams of liverwurst, please.

отвести́ (-веду́, -дёт; *p* -вёл, -вела́, -о́, -и́; *pap* -ве́дший; *pct of* **отводи́ть**) to lead to. Отведи́те ло́шадь в коню́шню. Lead the horse into the stable. • to take. Мне придётся отвести́ ребя́т домо́й. I'll have to take the kids home. • to disqualify. Суд отвёл не́скольких свиде́телей. The court disqualified several witnesses.

☐ **отвести́ в сто́рону** to take aside. Отведи́те её в сто́рону и скажи́те ей э́то. Take her aside and tell her. • Я не мог от неё глаз отвести́. I couldn't take my eyes off her. • Вам отвели́ ко́мнату во второ́м этаже́. You got a room on the second floor. • *Наконе́ц-то мне есть с кем ду́шу отвести́! At last I've got somebody I can pour my heart out to. • **Напра́сно вы стара́етесь мне глаза́ отвести́. You can't pull the wool over my eyes.

отве́т answer. Отве́та не бу́дет? Won't there be any answer? — Я ей пишу́, пишу́, а от неё ни отве́та, ни приве́та. I keep writing and writing and she doesn't even answer. • reply. Пошли́те ему́ откры́тку с опла́ченным отве́том. Send him a postcard with a prepaid reply card. • Тут для вас письмо́ с опла́ченным отве́том. There's a prepaid reply envelope for you. — В отве́т он кивну́л голово́й. He nodded his head in reply.

☐ *Всё равно́ — семь бед, оди́н отве́т. All right; we might as well be hung for a sheep as for a lamb.

отве́тить to answer. Он вам уже́ отве́тил на письмо́? Did he answer your letter yet? — Вы за э́ти слова́ отве́тите. You'll have to answer for these words. • to recite. Он отве́тил уро́к без запи́нки. He recited the lesson without stumbling.

отве́тственность (*F*) responsibility. Де́лайте так! я беру́ на себя́ отве́тственность. Do it this way; it's my responsibility.

☐ Вас за э́то мо́гут привле́чь к отве́тственности. You can be held to answer for that.

отве́тственный responsible. Ему́ мо́жно поручи́ть отве́тственную рабо́ту. You can give him responsible work. — С него́, как с отве́тственного рабо́тника, бо́льше спра́шивается. He has more to answer for because he's a responsible worker. — Это сли́шком отве́тственное реше́ние; я не могу́ сра́зу дать отве́т. That's too responsible a decision to make. I can't give an immediate answer.

☐ **отве́тственный реда́ктор** editor-in-chief.

☐ Я мнóго лет был на отвéтственной рабóте. I've held executive positions for many years.

отвечáть (*dur of* **отвéтить**) to answer. Я удивля́юсь, почемý он не отвечáет на моё письмó. I can't understand why he doesn't answer my letter. • to be responsible. Вам придётся самомý за э́то отвечáть. You yourself will have to be responsible for it.

☐ Онá отвечáет вам взаимностью? Does she return your love? • Я за э́то головóй отвечáю. I stake my life on it.

отвéчу *See* **отвéтить.**

отвéшивать (*dur of* **отвéсить**) to weigh out. Нам сейчáс отвéшивают сáхар. They are weighing out the sugar for us now.

отвéшу *See* **отвéсить.**

отводи́ть (-вожý, -вóдит; *dur of* **отвести́**) to lead. Эта тропи́нка отвóдит сли́шком далекó от дорóги. This path leads too far from the road. • to take. Ктó у вас отвóдит детéй в шкóлу? Who takes the children to school here?

отвожý *See* **отводи́ть.**

отвожý *See* **отвози́ть.**

отвози́ть (-вожý, -вóзит; *dur of* **отвезти́**) to drive.

отворáчивать (*dur of* **отвороти́ть**).

-ся to turn one's back. Не отворáчивайся, пожáлуйста, слýшай, что тебé говоря́т. Don't turn your back on me; listen to what I have to say.

отвори́ть (-творю́, -твóрит; *pct of* **отворя́ть**) to open. Отвори́те окнó! Open the window.

отвороти́ть (-рочý, -рóтит; *pct of* **отворáчивать**).

отворя́ть (*dur of* **отвори́ть**) to open. Я звоню́, звоню́, а ворóта всё не отворя́ют! I keep ringing, but they don't open the gate.

отвращéние disgust. Я не мог скрыть своегó отвращéния. I couldn't hide my disgust. • aversion. У меня́ отвращéние к жи́рной пи́ще. I have an aversion to greasy food.

отвыкáть (*dur of* **отвы́кнуть**) to get out of the habit. Я понемнóгу отвыкáю от курéния. I'm beginning to get out of the smoking habit.

отвы́кнуть (*p* -вы́к, -вы́кла; *pct of* **отвыкáть**) to get out of practice. Я отвы́к говори́ть по-рýсски. I got out of practice in my Russian.

☐ Я отвы́к вставáть так рáно. I'm not used to getting up so early any more.

отвяжý *See* **отвязáть.**

отвяжýсь *See* **отвязáться.**

отвязáть (-вяжý, -вя́жет; *pct of* **отвя́зывать**) to untie. Отвяжи́те нá ночь лошадéй. Untie the horses for the night.

-ся to get loose. Как э́то случи́лось, что собáка отвязáлась? How did the dog get loose? • to get rid of. Я никáк не могý от негó отвязáться. I just can't get rid of him.

☐ Отвяжи́тесь! Let me alone!

отвя́зывать (*dur of* **отвязáть**) to untie.

-ся to get loose; to get rid of.

отдавáть (-даю́, -даёт; *imv* -давáй; *dur of* **отдáть**) to devote. Он отдаёт всё своё свобóдное врéмя рабóте в клýбе. He devotes all his free time to work in the club. • to smell of. Эти конфéты отдаю́т мы́лом. This candy smells of soap.

☐ Зуб так боли́т, что в гóлову отдаёт. My tooth aches so that my whole head's throbbing.

отдáм *See* **отдáть.**

отдáть (-дáм, -дáст, §29; *imv* -дáй; *p* óтдал, отдалá, óтдало, -и; отдáлся, -лáсь, -лóсь, ли́сь; *ppp* óтданный, *sh F* отданá; *pct of* **отдавáть**) to return. Вы емý отдáли

кни́гу? Did you return the book to him? • to give. Я óтдал распоряжéние; вас пропýстят. I gave the order; they'll let you through. — Нáдо отдáть емý дóлжное — рабóтать он умéет. You've got to give him credit. He knows how to work. • to pay. Скóлько óтдали за вáленки? How much did you pay for the felt boots? — Отдáй спервá стáрый долг, потóм проси́ ещё. Pay your old debt first; then ask for more. • to send. Пожáлуйста, отдáйте моё бельё в сти́рку. Would you send my things to the laundry? • to send in. Пáспорт я óтдал в пропи́ску. I sent my passport in to be registered.

☐ **отдáть под суд** to take to court. За э́то егó óтдали под суд. They took him to court for it.

☐ Где здесь мóжно отдáть плáтье в чи́стку? Where can I have my clothes cleaned here? • Как он игрáет — отдáй всё, да мáло! He plays so well that it takes your breath away. • Вратáрь в финáле великолéпно óтдал мяч. The goalie made a spectacular save in the final quarter.

отдаю́ *See* **отдавáть.**

отдéл department. А что вам сказáли в спрáвочном отдéле? What did they tell you in the information department? — За сапогáми пройди́те в обувнóй отдéл. Go to the shoe department for your boots. • section. Вы осмотрéли все отдéлы музéя? Did you go through all the sections of the museum? — О вчерáшнем состязáнии былá замéтка в отдéле спóрта. There was a write-up in the sports section about yesterday's match.

☐ **техни́ческий отдéл** technical department.

отделéние branch. Ваш чек при́мут в мéстном отделéнии Госбáнка. They'll accept your check at the local branch of the Gosbank (state bank of USSR). • department. Скажи́те емý, как пройти́ в бельевóе отделéние. Tell this man how to get to the lingerie department. • compartment. Я хочý купи́ть бумáжник с нéсколькими отделéниями. I'd like to buy a wallet with several compartments. • separation. У нас проведенó отделéние цéркви от госудáрства. We have a separation of church and state.

☐ **отделéние мили́ции** police station. Вам придётся зайти́ в отделéние мили́ции. You'll have to go to the police station.

☐ Пóсле доклáда бýдет концéртное отделéние. There will be a concert after the lecture.

отдéльный separate. Положи́те э́ти бумáги в отдéльную пáпку. Put these papers into a separate folder. — Мóжно нам получи́ть отдéльный стóлик? May we have a separate table? • isolated. По нéскольким отдéльным слýчаям суди́ть нельзя́. You can't judge by a few isolated instances. • individual. Не ходи́те к дирéктору с кáждым отдéльным вопрóсом. Don't go to the manager with each individual problem.

☐ **отдéльно** extra. За э́то придётся заплати́ть отдéльно. You'll have to pay extra for this. • away. Я живý отдéльно от роди́телей. I live away from my parents.

отдохнýть (*pct of* **отдыхáть**) to take a rest. Прися́дем отдохнýть. Let's sit down and take a rest. • to rest. Вам нáдо поéхать отдохнýть. You'll have to go away for a rest.

óтдых rest. Он рабóтал весь год без óтдыха. He worked all year round without taking a rest. — Он уéхал на дом óтдыха. He went to a rest home. — Инстрýктор дал емý десяти-минýтный óтдых. The coach took him out of the game for a ten-minute rest. • relaxation. Для меня́ шáхматы прекрáсный óтдых. I find chess a wonderful relaxation.

отдыха́ть (*dur of* **отдохну́ть**) to take a rest. Она́ сейча́с отдыха́ет в дере́вне. She's taking a rest in the country now. • to rest. Тут вам отдыха́ть не придётся. You'll have no time to rest here.

☐ Он отдыха́ет по́сле обе́да. He's having his afternoon nap.

оте́ц (отца́) father. Оте́ц мой был уби́т на войне́. My father was killed in the war. — Это мастерство́ тут переда́ётся от отца́ к сы́ну. This is a skill which is handed down from father to son. — Это зде́шний свяще́нник, оте́ц Иван. This is the local priest, Father Ivan. — Это мой приёмный оте́ц. This is my foster father.

☐ **кре́стный оте́ц** godfather. Я получи́л это в пода́рок от моего́ кре́стного отца́. I got this as a gift from my godfather.

оте́чественный domestic. Эти това́ры оте́чественного произво́дства. These are domestic goods.

оте́чество fatherland.

откажу́ *See* **отказа́ть.**

откажу́сь *See* **отказа́ться.**

отка́з refusal. Я проси́л разреше́ния на пое́здку, но получи́л отка́з. I asked permission for the trip, but got a refusal.

☐ Она́ ему́ отве́тила реши́тельным отка́зом. She gave him an emphatic "No" for an answer. • Мы наби́лись в маши́ну до отка́за. We crowded into the car until it seemed it would come out at the sides.

отказа́ть (-кажу́, -ка́жет; *pct of* **отка́зывать**) to refuse. К сожале́нию, я вам до́лжен в э́том отказа́ть. Unfortunately I have to refuse you this. • to deny. Ему́ нельзя́ отказа́ть в изве́стной после́довательности. You can't deny that he's being consistent, at least.

-ся to turn down. Я принуждён отказа́ться от ва́шего предложе́ния. I'm forced to turn down your proposal. — Он то́лько что отказа́лся от о́чень хоро́шей рабо́ты. He just turned down a very good job. • to give up. Мне придётся отказа́ться от пое́здки. I'll have to give up my trip.

☐ "Во́дки хоти́те"? "Не откажу́сь". "Do you care for some vodka?" "I don't mind if I do."

отка́зывать (*dur of* **отказа́ть**) to deny. Она́ отка́зывает себе́ в са́мом необходи́мом. She denies herself the bare necessities of life.

-ся to refuse. Он отка́зывается отвеча́ть на вопро́сы. He refuses to answer questions. • to go back on. Я от своего́ сло́ва не отка́зываюсь. I don't go back on my word.

☐ Мои́ боти́нки уже́ отка́зываются служи́ть. I just can't get any more wear out of my shoes. • Я соверше́нно отка́зываюсь поня́ть, что ему́ на́до. I completely fail to understand what he wants.

откла́дывать (*dur of* **отложи́ть**) to delay. На ва́шем ме́сте я не стал бы откла́дывать отъе́зда. If I were you, I wouldn't delay going. • to save money. Нет, мне не ну́жно откла́дывать на чёрный день. No, I don't have to save money for a rainy day.

отклони́ть (-клоню́, -кло́нит; *ppp* -клонённый; *pct of* **отклоня́ть**) to decline. Он отклони́л моё предложе́ние. He declined my offer. • to deny. Его́ про́сьба была́ отклонена́. His request was denied.

-ся to get off. Наш парохо́д отклони́лся от ку́рса. Our steamer got off its course. — Ора́тор отклони́лся от те́мы. The speaker got off the topic.

☐ Стре́лка баро́метра отклони́лась вле́во. The hand of the barometer pointed to the left.

отклоня́ть (*dur of* **отклони́ть**) to decline, to deny.

-ся to decline.

открове́нный frank. У нас с ним был открове́нный разгово́р. I had a frank talk with him.

☐ **говоря́ открове́нно** frankly speaking. Говоря́ открове́нно, я ва́ми недово́лен. I'm not satisfied with you, frankly speaking.

☐ **открове́нно** frankly. Скажи́те открове́нно, вы о́чень голодны́? Tell me frankly. Are you very hungry? • outspoken. Он открове́нно вы́сказал своё мне́ние. He was outspoken in expressing his opinion.

открыва́ть (-ся; *dur of* **откры́ть**) to open. Не открыва́йте окна́, мне хо́лодно. Don't open the window; I feel cold. — У нас в го́роде открыва́ют два но́вых ву́за. They are opening two new colleges in our town.

☐ **открыва́ть свои́ ка́рты** to show one's hand. Я ещё не хочу́ открыва́ть свои́ ка́рты. I don't want to show my hand yet.

-ся to open. Магази́н открыва́ется в де́вять часо́в. The store opens at nine o'clock.

☐ С балко́на открыва́ется великоле́пный вид. There's a beautiful view from this balcony. • *А ла́рчик про́сто открыва́лся! It was as simple as all that; it wasn't necessary to make a big problem out of it.

откры́тие discovery. Этот профе́ссор неда́вно сде́лал большо́е откры́тие. This professor made a great discovery recently. — Я э́тим ле́том сде́лал большо́е откры́тие: в сосе́днем пруду́ во́дятся ра́ки. I made a wonderful discovery this summer: there's crayfish in the pond next 'to ours. • opening. На откры́тии вы́ставки бы́ло мно́го наро́ду. There was a big crowd at the opening of the exhibit.

откры́тка (*See also* **почто́вая ка́рточка**) postcard. Напиши́те ему́ хоть откры́тку. At least drop him a postcard.

откры́тый (/*ppp of* **откры́ть**/) open. Вы оста́вили дверь откры́той. You left the door open. — Мы вы́ехали в откры́тое мо́ре. We reached the open sea. — Этот вопро́с ещё остаётся откры́тым. This question still remains open. • low-cut. Она́ была́ в откры́том пла́тье. She wore a low-cut evening gown.

☐ **под откры́тым не́бом** in the open. А не хо́лодно бы́ло ночева́ть под откры́тым не́бом? Wasn't it cold spending the night out in the open?

откры́то openly. Она́ откры́то вы́разила своё недово́льство. She openly expressed her dissatisfaction. • frankly. Он им откры́то сказа́л, что он о них ду́мает. He told them frankly what he thought about them.

☐ Ле́том они́ игра́ют на откры́той сце́не. During the summer they act on an open-air stage.

откры́ть (-кро́ю, -кро́ет; *ppp* откры́тый, *pct of* **открыва́ть**) to open. Ка́сса откры́та от пяти́ до семи́ ве́чера. The box office is open from five to seven in the evening. — Я откро́ю коро́бку сарди́нок. I'll open a can of sardines. — До́ступ в ву́зы откры́т для всех. Admission to the University is open to all. — Откро́йте, пожа́луйста, мою́ ко́мнату. Open my room, please. — Пожа́луйста, откро́йте дверь. Open the door, please. — Я хочу́ откры́ть счёт в э́том ба́нке. I want to open an account in this bank. • to turn on. За́втра в но́вом до́ме откро́ют во́ду и газ. They'll turn on the water and gas in the new house tomorrow. • to discover. Они открыли новый способ производства стекла. They discovered a new method of manufacturing glass. • to reveal. Он открыл мне все свои намерения. He revealed all his intentions to me.

☐ Путь по льду на тот берег уже открыт. The road across the ice is already open. • Подумаешь, открыл Америку! That's old stuff. or That's stale news.

-ся to be opened. В этом году у нас откроются три новых школы. Three new schools will be opened here this year. — Конгресс открылся речью председателя. The convention was opened with the chairman's speech.

откуда (/compare куда/) where from. Откуда вы сейчас? Where are you coming from now? — Откуда вы? Where are you from?— Откуда вы это взяли? Where'd you get that idea from? — Иди откуда пришёл! Why don't you go back where you came from?

☐ откуда-нибудь (§23) somewhere or other, some place or other. Не беспокойтесь, я откуда-нибудь достану денег. Don't worry; I'll get the money somewhere or other.

откуда-то (§23) some place or other. Он откуда-то узнал, что вам нужны работники. Some place or other he found out that you need workers.

☐ Откуда вы это знаете? How do you know that? • Он вернулся в деревню, откуда уехал ещё мальчиком. He returned to the village which he had left as a boy.

откуда-нибудь See откуда.

откуда-то See откуда.

отлив low tide. Отлив начинается в шесть вечера. Low tide is at six P.M. • drain (of a sink). У нас отлив засорился. The drain of our sink is stopped up.

отличать (dur of отличить).

-ся to be different. Чем он отличается от других? What makes him different from others? • to stand out. Она отличается в классе своими большими способностями. She stands out in class because of her great ability.

☐ Она отличается удивительной аккуратностью. She's extremely neat.

отличие contrast. В отличие от брата, он живой и остроумный парень. In contrast to his brother he's a lively and witty fellow.

☐ Он получил несколько знаков отличия за храбрость. He received several decorations for bravery under fire.

отличить (pct of отличать) to tell from. Её не отличишь от сестры. You can't tell her from her sister. • to recognize. Я его сразу отличил, как хорошего работника. I immediately recognized him as a good worker.

-ся to distinguish oneself. Он отличился в этой войне. He distinguished himself in this war.

☐ Он сегодня опять отличился — опоздал на поезд. He did it again; he missed his train!

отличный excellent. Он отличный работник. He's an excellent worker.

☐ отлично perfectly. Ему это отлично известно. He knows that perfectly well. • all right. Отлично, я так и сделаю. All right, I'll do it that way. • highest mark. Он сдал экзамен на отлично. He passed the exam with the highest mark.

отложить (-ложу, -ложит, pct of откладывать) to put aside. Отложите эти книги для меня. Put these books aside for me. • to put off, to postpone. Давайте отложим наш

разговор до завтра. Let's put off our talk until tomorrow. — Они решили отложить экскурсию. They decided to postpone the excursion.

отменить (-меню, -менит; ppp -менённый; pct of отменять) to call off. Спектакль отменён. The performance is called off. • to revoke. Это постановление отменили ещё в прошлом году. That order was revoked last year. • to cancel. Из-за плохой погоды мы отменили поездку. Because of bad weather we canceled our trip.

отменять (dur of отменить) to countermand. Я не могу отменять его приказы. I can't countermand his orders.

отметить (pct of отмечать) to mark. Отметьте красным карандашом те предметы, которые вам нужны. Mark the items you need with a red pencil. — Мне хотелось бы чём-нибудь отметить этот день. I'd like to mark this day out in some way or other. • to mark down. Отметьте это в записной книжке. Mark it down in your notebook. • to note. Сорокалетний юбилей его педагогической деятельности был отмечен в газетах. His fortieth anniversary as a teacher was noted in the newspapers.

отметка mark.

отмечать (dur of отметить) to mark.

отмечу See отметить.

отнести (-несу, -сёт; p -нёс, -несла, -о, -и; pct of относить) to carry. Я отнесу его домой на руках. I'll carry him home. • to carry away. Нашу лодку отнесло течением. The boat was carried away by the stream. • to deliver. Он отнёс пакет вчера вечером. He delivered the parcel last night.

-сь to treat. Они отнеслись ко мне очень сердечно. They treated me very kindly.

☐ отнестись равнодушно to be unaffected by. Он отнёсся совершенно равнодушно к этому известию. He was completely unaffected by the news.

отнимать (dur of отнять) to take up. Эта работа отнимает у меня всё время. This work takes up all my time.

относительно relatively. Это относительно недалеко. It's relatively near. • concerning. У меня нет ещё ответа относительно этого дела. As yet I have no answer concerning that matter.

относить (-ношу, -носит; dur of отнести) to take. Он каждый вечер относит письма на почту. He takes the mail to the post office every evening.

☐ Не относите этого на свой счёт. It wasn't meant for you.

-ся to feel. После этого я больше не мог к нему по-дружески относиться. I couldn't feel friendly toward him after that. • to treat. Она относится к нему пренебрежительно. She treats him with contempt. • to think of. Я всегда к нему относился, как к хорошему товарищу. I always thought of him as a good friend.

☐ К его обещаниям я всегда отношусь недоверчиво. I never have any faith in his promises. • Это к делу не относится. This has nothing to do with it.

отношение attitude. У него несерьёзное отношение к работе. He has a frivolous attitude towards his work. • relations. Наши отношения в последнее время очень улучшились. Our relations have improved a great deal lately. • relation. Это не имеет никакого отношения к делу. This hasn't any relation to the matter at hand. • respect, way. В некоторых отношениях я с вами согласен. In some respects I agree with you. — Он во всех отноше́ниях подходя́щий для э́того челове́к. In every way he's the man for it.

□ в хоро́ших (плохи́х) отноше́ниях on good (bad) terms. Они́ в о́чень хоро́ших отноше́ниях. They're on very good terms.

□ Эта рабо́та мне во всех отноше́ниях подхо́дит. This job suits me fine. • Вы поступи́ли несправедли́во по отноше́нию к нему́. You've been unjust to him.

отношу́ See **относи́ть.**

отношу́сь See **относи́ться.**

отню́дь by no means. Я отню́дь не спо́рю. By no means am I arguing. • not at all. Я отню́дь не разделя́ю ва́шего мне́ния. I don't at all share your view.

отня́ть (отниму́, отни́мет; *p* о́тнял, отняла́, о́тняло, -и; отня́лся́, отняла́сь, -ло́сь, -ли́сь; *ppp* о́тнятый, *sh F* -та́; *pct of* **отнима́ть**) to take away. Отними́те от э́той су́ммы два́дцать рубле́й. Take twenty rubles off this amount. • to amputate. Ему́ о́тняли но́гу. His leg was amputated.

□ **отня́ть от груди́** to wean. Она́ неда́вно отняла́ ребёнка от груди́. She recently weaned her child.

ото (*for* **от** *before certain clusters,* §31) from. Я э́то ото всех слы́шу. I hear it from everyone. — Ему́ день ото дня стано́вится ху́же. He's getting worse from day to day.

отобра́ть (отберу́, -рёт; *p* отобра́л, -брала́; *pct of* **отбира́ть**) to take away. Отбери́те у него́ бараба́н, я бо́льше не могу́. Take the drum away from him; I can't stand it any more. • to collect. Проводни́к уже́ отобра́л биле́ты. The conductor has already collected the tickets. • to pick out. Я отберу́ для вас са́мые кру́пные я́йца. I'll pick out the largest eggs for you.

отобью́ See **отби́ть.**

отовсю́ду (/*compare* **всю́ду**/) from all over. К ме́сту происше́ствия отовсю́ду бежа́л наро́д. People ran from all over to the scene of the accident.

отодвига́ть (*dur of* **отодви́нуть**).

отодви́нуть (*pct of* **отодвига́ть**) to move away. Помоги́те мне, пожа́луйста, отодви́нуть шкаф от стены́. Help me move the cupboard away from the wall, please.

отойду́ See **отойти́.**

отойти́ (-йду́, -йдёт; *p* отошёл, -шла́, -ó, -и́; *pap* -ше́дший; *pct of* **отходи́ть**) to go away from. Отойди́те от окна́, там дует. Go away from the window; it's drafty there. — Мы уже́ отошли́ далеко́ от го́рода. We've already gone quite a distance away from town. • to pull out. По́езд отошёл от ста́нции. The train pulled out of the station. • to come out. Это пятно́ отойдёт в сти́рке. This spot will come out in the laundry. • to get off. Вы отошли́ от те́мы. You got off the subject. • to thaw out. У меня́ ру́ки замёрзли, ника́к отойти́ не мо́гут. My hands are frozen and just won't thaw out. • to drift away. Он давно́ уже́ отошёл от свое́й пре́жней компа́нии. He's been drifting away from his old crowd for some time now.

□ Пусть посе́рдится; всё равно́ ско́ро отойдёт. Let him get angry; he'll soon cool off.

отомсти́ть (*pct of* **мстить**).

отопле́ние heating. В э́том до́ме центра́льное отопле́ние. This house has central heating. • heat. Попро́буйте-ка провести́ це́лую зи́му в на́шем кли́мате без отопле́ния.

Just you try getting along without heat in our climate during the entire winter!

отопру́ See **отпере́ть.**

оторва́ть (-рву́, -рвёт; *p* -рвала́; -рвался́, -рвала́сь, -ось, -и́сь; *pct of* **отрыва́ть**) to tear off. Оторви́те клочо́к бума́ги и напиши́те запи́ску. Tear off a piece of paper and write a note. — У него́ маши́ной оторва́ло два па́льца. The machine tore off two of his fingers. • to tear away. Его́ не оторвёшь от кни́ги. You can't tear him away from a book.

-ся to come off. У вас пу́говица оторвала́сь. Your button came off. • to take off. Самолёт оторва́лся от земли́. The plane took off. • to lose touch. Этот писа́тель оторва́лся от масс. This writer has lost touch with the masses. • to lose contact. Он оторва́лся от семьи́. He's lost contact with his family. • to tear oneself away. Замеча́тельная кни́га, оторва́ться нельзя́. It's a wonderful book; you just can't tear yourself away.

отосла́ть (отошлю́, шлёт; *pct of* **отсыла́ть**) to send. Я отошлю́ вам де́ньги, как то́лько прие́ду домо́й. I'll send you your money as soon as I get home. • to send off. Ва́ше письмо́ уже́ давно́ ото́слано. Your letter was sent off long ago. • to refer. За дополни́тельными разъясне́ниями он меня́ отосла́л к дире́ктору. For further explanation he referred me to the manager.

отошёл See **отойти́.**

отошлю́ See **отосла́ть.**

отпере́ть (отопру́, -прёт; *p* о́тпер, отперла́, о́тперло, -и; отпе́рся, отпе́рла́сь, -ось, -и́сь; *pap* отпёрший; *pger* отпёрши, отпере́в, отпёршись; *ppp* о́тпертый, *sh F* -рта́; *pct of* **отпира́ть**) to unlock. Я ника́к не могу́ отпере́ть э́тот я́щик. I just can't unlock this drawer.

-ся to unlock. Дверь легко́ отперла́сь. The door unlocked easily. • to deny emphatically. Он пото́м отпёрся от свои́х слов. Afterward, he emphatically denied what he had said.

отпира́ть (*dur of* **отпере́ть**) to unlock. Но́чью обы́чно сам хозя́ин отпира́ет мне дверь. At night the landlord himself usually unlocks the door for me.

-ся to unlock. Этот сейф отпира́ется с трудо́м. It's hard to unlock this safe.

отпо́р

□ **дать отпо́р** to drive back. Мы суме́ли дать отпо́р врагу́. We succeeded in driving back the enemy.

отправи́тель (*M*) addresser.

отпра́вить (*pct of* **отправля́ть**) to mail. На́до поскоре́е отпра́вить э́то письмо́. This letter has to be mailed as soon as possible. • to send. Я отпра́вил свою́ семью́ на юг. I've sent my family south.

-ся to go. *Он уже́ отпра́вился на боковую. He's already gone to bed. — За́втра мы с ва́ми отпра́вимся в зоологи́ческий сад. We're going to the zoo with you tomorrow.

отправля́ть (*dur of* **отпра́вить**) to send. Его́ отправля́ют на рабо́ту на Ура́л. He's being sent to work in the Urals.

-ся to go out. Возду́шная по́чта отправля́ется два ра́за в неде́лю. Air mail goes out twice a week. • to get out. Отправля́йтесь отсю́да по добру́, по здоро́ву. Get out of here while you're still in one piece. • to start. Когда́ вы отправля́етесь в путь? When are you going to start on your trip?

отпра́здновать ([-zn-]; *pct of* **пра́здновать**).

о́тпуск leave of absence. Она́ сейча́с в о́тпуску. She's on leave of absence now. • leave. У него́ о́тпуск по боле́зни. He's on sick leave. • vacation. Он прово́дит свой о́тпуск у мо́ря. He spends his vacation at the seashore.

отпуска́ть (*dur of* **отпусти́ть**) to let go. Ребёнок не отпуска́ет мать ни на шаг. The child won't let his mother go a step away from him. — Они́ нас не отпуска́ли, и мы по́здно засиде́лись. They wouldn't let us go and we stayed very late. • to wait on. Спаси́бо, мне уже́ отпуска́ет друго́й продаве́ц. Thank you; another salesman is waiting on me. • to grow. Вы отпуска́ете бо́роду? Are you growing a beard?

отпусти́ть (-пущу́, -пу́стит; *pct of* **отпуска́ть**) to let go. Отпусти́те пти́цу на во́лю; к чему́ она́ вам? Let the bird go. What do you need it for? — Мы вас без ча́ю не отпу́стим. We won't let you go without having tea. • to let up. Боль бы́ло отпусти́ла меня́ немно́го, а тепе́рь опя́ть схвати́ла. The pain let up a little, but now it's seized me again. • to dismiss. Шко́льников сего́дня ра́но отпусти́ли. School was dismissed early today. • to sell. Продаве́ц отпусти́л нам това́р. The salesman sold us the goods. • to appropriate. Кака́я су́мма была́ отпу́щена на э́ту постро́йку? What amount of money was appropriated for this construction? • to loosen. Отпусти́те верёвку! Loosen the rope!

отпущу́ *See* **отпусти́ть.**

отрави́ть (отравлю́, отра́вит; *pct of* **отравля́ть**) to poison. Пе́ред ухо́дом из на́шей дере́вни, не́мцы отрави́ли коло́дец. The Germans poisoned the well in our village before leaving.

-ся to take poison. Он отрави́лся. He took poison. • to be poisoned. Вся семья́ отрави́лась граба́ми. The whole family was poisoned by the mushrooms.

отравля́ть (*dur of* **отрави́ть**) to spoil. Он нам ве́чно отравля́ет всё удово́льствие. He's forever spoiling all our fun.

отража́ться (*dur of* **отрази́ться**) to be reflected. Дере́вья отража́ются в пруду́. The trees are reflected in the pond. — Всё, что он пережива́ет, сра́зу отража́ется на его́ лице́. You can see all he goes through reflected in his face. • to have an effect. Постоя́нные волне́ния скве́рно отража́ются на его́ здоро́вье. The constant excitement has a bad effect on his health.

отражу́сь *See* **отрази́ться.**

отрази́ться (*pct of* **отража́ться**) to show. Переутомле́ние мо́жет отрази́ться на ва́шей рабо́те. Over-fatigue may show in your work.

о́трасль branch. Тепе́рь э́той о́траслью промы́шленности ве́дает друго́й наркома́т. This branch is now under the jurisdiction of another people's commissariat.

отре́жу *See* **отре́зать.**

отре́зать (-ре́жу, -жет; *pct of* **отреза́ть** *and* **отре́зывать**) to cut. Отре́жьте мне кусо́к хле́ба. Cut a piece of bread for me. — Он мне так отре́зал, что я его́ бо́льше ни о чём проси́ть не бу́ду. He cut me so short that I'll never ask him for anything again. • to cut off. Не́сколько дней мы бы́ли отре́заны от всего́ ми́ра. We were cut off from the world for a few days.

□ *Семь раз приме́рь, а оди́н отре́жь. Look before you leap.

отреза́ть (*dur of* **отре́зать**) to cut. Не отреза́йте мне бо́льше трёх ме́тров э́той мате́рии. Don't cut more than three meters of this cloth for me.

отре́зывать (*dur of* **отре́зать**).

отрица́тельный negative.

отрица́ть (*dur*) to deny. Зна́чит, вы отрица́ете своё уча́стие в э́том де́ле? So you deny you had anything to do with this business? — Я не отрица́ю, что он о́чень мно́го для меня́ сде́лал. I don't deny that he did a lot for me.

отрыва́ть (*dur of* **оторва́ть**) to take away. Он не лю́бит, когда́ его́ отрыва́ют от рабо́ты. He doesn't like to be taken away from his work.

-ся

□ Он писа́л це́лый день, не отрыва́ясь. He wrote the whole day without interruption.

отря́д outfit. Мы с ним всю войну́ провели́ в одно́м отря́де. We went through the whole war together in the same outfit. • detachment. Он рабо́тал в санита́рном отря́де. He served with a medical detachment. — Он был сержа́нтом в моём отря́де. He was a sergeant in my detachment. • group. Пионе́рский отря́д е́дет в ла́герь. The Pioneer group is going to camp.

отсро́чивать (*dur of* **отсро́чить**).

отсро́чить (*pct of* **отсро́чивать**) to postpone. Их отъе́зд отсро́чен ещё на две неде́ли. Their departure is postponed for two weeks. • to put off. Они́ реши́ли отсро́чить подписа́ние э́того догово́ра. They decided to put off the signing of this agreement. • to delay. Моё возвраще́ние на фронт бы́ло отсро́чено на неде́лю. My return to the front was delayed for a week.

отстава́ть (-стаю́, -стаёт; *imv* -става́й; *dur of* **отста́ть**) to lag behind. Приба́вьте ша́гу, не отстава́йте от други́х. Speed it up; don't lag behind the others. • to be slow. Ва́ши часы́ отстаю́т. Your watch is slow.

отста́ивать (*dur of* **отстоя́ть**) to defend. Он упря́мо отста́ивал свою́ то́чку зре́ния. He stubbornly defended his point of view. • to stand up for. На́до уме́ть отста́ивать свои́ права́! You've got to know how to stand up for your rights.

отста́ну *See* **отста́ть.**

отста́ть (-ста́ну, -нет; *pct of* **отстава́ть**) to be behind. По-мо́ему, вы безнадёжно отста́ли от ве́ка. In my opinion you're hopelessly behind the times. • to be left behind. Я опозда́л на по́езд и отста́л от свои́х. I was late for the train and was left behind. • to be loosened up. Вы не ви́дите, что здесь штукату́рка отста́ла. Don't you see that the plaster is loosened up here?

□ Отста́ньте! Вы мне надое́ли! Leave me alone! I've had enough of you. • *От одного́ бе́рега отста́л, к друго́му не приста́л. He's caught in midstream.

отстёгивать ([-g•v-]; *dur of* **отстегну́ть**) to unbotton. Не отстёгивайте ве́рхней пу́говицы. Don't unbutton your top button.

-ся to undo. Э́ти кно́пки отстёгиваются с трудо́м. These snaps are hard to undo.

отстегну́ть (*pct of* **отстёгивать**) to unfasten. Я отстегну́ крючо́к. I'll unfasten the hook.

-ся to unhook.

□ У вас крючо́к отстегну́лся. You have a hook unfastened.

отстоя́ть (-стою́, -стои́т; *pct of* **отста́ивать**) to save. Пожа́рным удало́сь отстоя́ть сосе́дний дом. The firemen were able to save the next house.

□ Меня́ собира́лись уво́лить, но мой ма́стер меня́ отстоя́л. They wanted to fire me but my foreman talked them into keeping me.

отступа́ть (*dur of* **отступи́ть**) to retreat. Проти́вник отступа́ет. The enemy is retreating. • to shrink. Я никогда́ не отступа́ю перед тру́дностями. I never shrink from difficulties. • to get off. Вы отступа́ете от те́мы. You've gotten off your topic.

отступи́ть (-ступлю́, -сту́пит; *pct of* **отступа́ть**) to move back. Отступи́те-ка на шаг наза́д! Move back one step! • to break. На э́тот раз я отступлю́ от свои́х пра́вил. This once I'll break my rule. • to indent. Начни́те но́вый абза́ц, отступи́в немно́го от кра́я. Start a new paragraph; indent a bit from the margin.

отсу́тствие absence. Всё э́то произошло́ в моё отсу́тствие. All this happened during my absence. • lack. Уси́дчивостью не возмести́шь отсу́тствие тала́нта. Plugging won't make up for the lack of talent.

☐ За отсу́тствием кво́рума собра́ние не состоя́лось. Since there was no quorum, the meeting didn't take place.

отсыла́ть (*dur of* **отосла́ть**) to send away. Мне не хоте́лось бы отсыла́ть его́ с пусты́ми рука́ми. I wouldn't like to send him away empty-handed.

отсю́да ([atsúda] /*compare* **сюда́**/) from here. *Отсю́да до вокза́ла руко́й пода́ть. It's just a stone's throw from here to the station. • here. Не хо́чется мне уезжа́ть отсю́да. I don't feel like leaving here.

отта́лкивать ([-kᵃv-]; *dur of* **оттолкну́ть**) to repulse. У него́ отта́лкивающая нару́жность. He's repulsive-looking.

о́ттепель (*F*) thaw. Начала́сь о́ттепель. It began to thaw.

оттого́ (/*compare* **тот**/) that's why. Я не знал, что вы сего́дня до́ма, оттого́ и не пришёл. I didn't know you were at home today; that's why I didn't come. • because. Я ему́ не звони́л, оттого́ что вре́мени не́ было. I didn't call him up because I had no time.

оттолкну́ть (*pct of* **отта́лкивать**) to push off. Кто э́то оттолкну́л ло́дку от бе́рега? Who pushed the boat off the shore? • to push away. Он меня́ гру́бо оттолкну́л. He pushed me away roughly. • to repel. Вы оттолкну́ли его́ свое́й ре́зкостью. You repelled him with your rudeness.

отту́да (/*compare* **туда́**/) from there. "Пойдёмте с на́ми в кино́". "Я то́лько что отту́да". "Come with us to the movies." "I'm just coming from there." — Его́ отту́да так ско́ро не отпу́стят. They won't let him go from there so soon.

отхо́д.

☐ До отхо́да по́езда ещё мно́го вре́мени. There's plenty of time before the train leaves.

отходи́ть (-хожу́, -хо́дит; *dur of* **отойти́**) to leave. Когда́ отхо́дит парохо́д? When is the ship leaving?

отца́ *See* **оте́ц**.

отцы́ *See* **оте́ц**.

отча́сти (/*cf* **часть**/) partly. А он отча́сти прав. But he's partly right.

отча́яние despair.

отчего́ (/*compare* **что**/) why. Отчего́ вы вчера́ не пришли́? Why didn't you come yesterday? — Ску́чно мне, сам не зна́ю отчего́. I don't know why, but I feel kind of blue.

☐ **отчего́-то** for some reason or other. Он отчего́-то сего́дня не в ду́хе. He's in a bad mood today for some reason or other.

о́тчество patronymic (middle name which every Russian has, derived from father's first name). Как ва́ше о́тчество? What's your patronymic? — "Ва́шего отца́ зову́т Ива́н, зна́чит, ва́ше о́тчество — Ива́нович"? "Коне́чно!" "Your father's name is Ivan; does that mean your patronymic is Ivanovich?" "That's right."

отчёт report. Кто гото́вит отчёт о рабо́те отде́ла? Who's writing a report on the work of the department? • account. Он предста́вил отчёт о командиро́вке. He presented an account of his mission.

☐ **отдава́ть себе́ отчёт** to realize. Вы отдаёте себе́ отчёт в том, как всё э́то серьёзно? Do you realize the seriousness of all this?

отчётливый clear. У вас о́чень отчётливый по́черк. You have a very clear handwriting.

☐ **отчётливо** distinctly. Он говори́т о́чень отчётливо, и я его́ хорошо́ понима́ю. He speaks very distinctly; I understand him very well.

о́тчим stepfather.

отъе́зд departure. Их отъе́зд назна́чен на за́втра. Their departure is set for tomorrow.

отыска́ть (-ыщу́, -ы́щет; *pct of* **оты́скивать**) to find. Отыска́ли вы, наконе́ц, ва́шего ро́дственника? Did you finally find your relative?

оты́скивать ([-kᵃv-]; *dur of* **отыска́ть**).

отыщу́ *See* **отыска́ть**.

офице́р (/*P* -ы́, -о́в *or* -а́, -о́в/) officer. Он был офице́ром фло́та. He was a naval officer.

официа́льный official. Вам ну́жно официа́льное разреше́ние на пое́здку. You have to have official permission for the trip. • formal. Я ещё не получи́л официа́льного сообще́ния о моём назначе́нии. I still haven't gotten formal notice of my assignment.

☐ **официа́льно** officially. Официа́льно э́то не разреша́ется. This isn't permitted officially.

официа́нт waiter. Скажи́те официа́нту, он принесёт вам ка́рточку. Tell the waiter. He'll bring you the menu.

официа́нтка waitress.

офо́рмить (*pct of* **оформля́ть** *and* **оформля́ть**) to make official. Вы уже́ офо́рмили э́тот догово́р? Have you already made the agreement official? • to make legal. Э́ти докуме́нты придётся офо́рмить. It's necessary to make these papers legal.

офо́рмливать (*dur of* **офо́рмить**).

оформля́ть (*dur of* **офо́рмить**).

охо́та hunting. Они́ пое́хали на охо́ту. They went hunting. • desire. У меня́ соверше́нно пропа́ла охо́та к путеше́ствиям. I lost all desire to travel.

☐ Охо́та вам с ним вози́ться! Why do you bother with him! • *Иди́те купа́ться в таку́ю пого́ду? Вот, охо́та пу́ще нево́ли! Are you going swimming in such weather? Well, once some people make up their minds, there's no stopping them.

охо́титься (*dur*) to hunt. Здесь мо́жно охо́титься на волко́в. You can hunt wolves here. — Я уже́ давно́ охо́чусь за э́тим но́мером журна́ла. I've been hunting for this issue of the magazine for a long time now.

охо́тник hunter. Он охо́тник за кру́пной ди́чью. He's a big-game hunter.

☐ Он большо́й охо́тник до ме́ткого словца́. He likes to say witty things.

охо́тно gladly. Я охо́тно покажу́ вам наш го́род. I'll gladly show you our city. • readily. Он охо́тно при́нял э́то предложе́ние. He readily accepted this offer. • willingly. Она́ охо́тно отвеча́ла на все вопро́сы. She answered all the questions willingly.

☐ **не охо́тно** unwillingly. Он об э́том не о́чень охо́тно говори́т. He speaks very unwillingly about this.

охо́чусь *See* **охо́титься.**

охра́на guard. Ему́ пору́чено бы́ло нала́дить охра́ну урожа́я. It was his job to organize the guard over the crops. • protection. Вы тепе́рь нахо́дитесь под мое́й охра́ной. You're under my protection now.

охрани́ть (*pct of* **охраня́ть**) to keep (someone) away. Мне удало́сь охрани́ть её от э́тих волне́ний. I managed to keep her away from this excitement.

охраня́ть (*dur of* **охрани́ть**) to protect. Мы поста́вили часовы́х охраня́ть склады. We placed guards to protect the warehouse.

оце́нивать (*dur of* **оцени́ть**).

оцени́ть (-цению́, -це́нит; *ppp* -ценённый; *pct of* **оце́нивать**) to appraise. В ювели́рном отде́ле вам оце́нят ва́ше кольцо́. They'll appraise your ring in the jewelry department. • to appreciate. Никто́ не оцени́л её уси́лий. No one appreciated her efforts.

оце́нка appraisal.

очарова́тельный charming.

очеви́дец (-дца) eyewitness.

очеви́дный obvious. Э́то очеви́дное недоразуме́ние. This is an obvious misunderstanding.

☐ **очеви́дно** apparently. Вы меня́, очеви́дно, не по́няли. Apparently you didn't understand me. • evidently. Вы, очеви́дно, оши́блись. You're evidently mistaken.

о́чень very. Я о́чень уста́л I'm very tired. — Он мой о́чень хоро́ший знако́мый. He's a very good friend of mine. • very much. Она́ о́чень хоте́ла туда́ пое́хать. She wanted very much to go there. — О́чень вам благода́рен. Thank you very much. • greatly. Он о́чень дово́лен свое́й кварти́рой. He's greatly pleased with his apartment. • highly. Э́то о́чень возмо́жно. That's highly probable.

о́чередь (*P* -ди, -де́й *F*) line. Кака́я дли́нная о́чередь! What a long line! — За чем э́та о́чередь? What's this line for? — Займи́те для меня́ ме́сто в о́череди. Save a place for me in line. — До меня́ в о́череди пять челове́к. There are five people in line ahead of me. • turn. За́втра бу́дет ва́ша о́чередь. It'll be your turn tomorrow. — Он, в свою́ о́чередь, предста́вил ряд возраже́ний. He, in his turn, offered some objections.

☐ **в пе́рвую о́чередь** first. Э́то на́до сде́лать в пе́рвую о́чередь. This has to be done first.

очи́нивать (*dur of* **очини́ть**).

очини́ть (очиню́, очи́нит; *ppp* очинённый; *pct of* **очиня́ть** *and* **очи́нивать**) to sharpen. Да́йте я очиню́ вам каранда́ш. Let me sharpen your pencil for you.

очиня́ть (*dur of* **очини́ть**).

очи́стить (*pct of* **очища́ть**) to clean. Необходи́мо очи́стить двор как сле́дует. It's necessary to clean the yard thoroughly. • to clean out. Во́ры основа́тельно очи́стили кварти́ру. The thieves cleaned out the apartment. • to peel. Очи́стить вам я́блоко? Can I peel you an apple?

• to vacate. Они́ должны́ очи́стить э́то помеще́ние. They have to vacate these premises.

очища́ть (*dur of* **очи́стить**) to refine. На э́том заво́де очища́ют нефть. This factory refines oil.

очи́щу *See* **очи́стить.**

очки́ (очко́в *P*) glasses. Он наде́л очки́. He put on his glasses.

☐ **шофёрские очки́** goggles. Есть у вас шофёрские очки́? Do you have a pair of goggles?

очко́ (*P* очки́, очко́в, очка́м) point. На ско́лько очко́в вы отста́ли? How many points behind are you? — Я вам дам не́сколько очко́в вперёд. I'll give you a handicap of several points.

☐ *Вы не ду́майте, что ему́ мо́жно очки́ втира́ть. Don't think that you can pull the wool over his eyes.

очко́в *See* **очки́.**

очну́ться (*pct*) to come to. Он очну́лся от о́бморока. He came to.

☐ Он то́лько что очну́лся по́сле нарко́за. He just came out of the anesthetic. • Я до сих пор не могу́ очну́ться от неожи́данности. I haven't gotten over the surprise yet.

очути́ться (/*no pr S1*/, **-чу́тится**; *pct*) to find oneself. Вот не ожида́л когда́-нибудь очути́ться здесь. I never expected to find myself here. — Он очути́лся в о́чень нело́вком положе́нии. He found himself in a very awkward position.

☐ Каки́м о́бразом вы здесь очути́лись? How did you ever get here?

ошиба́ться (*dur of* **ошиби́ться**) to be mistaken. Вы ошиба́етесь, де́ло обстоя́ло совсе́м ина́че. You're mistaken; it wasn't like that at all. — Он ре́дко ошиба́ется в лю́дях. He's rarely mistaken about people.

ошиби́ться (-шибу́сь, -бётся; *p* -ши́бся, -ши́блась; *pct of* **ошиба́ться**) to make a mistake. Я оши́бся в счёте. I made a mistake in counting.

☐ Он, как ви́дно, оши́бся в расчёте. Apparently he didn't figure right.

оши́бка mistake. Его́ письмо́ полно́ орфографи́ческих оши́бок. His letter is full of mistakes in spelling. • error. В ваш отчёт вкра́лась оши́бка. There's an error in your report. — Э́то была́ суде́бная оши́бка. That was a judicial error. • fault. Я созна́ю свою́ оши́бку. I admit it's my fault.

☐ **по оши́бке** by mistake. Я по оши́бке взял чужу́ю шля́пу. I took someone else's hat by mistake.

оши́бочный erroneous.

оштрафова́ть (*pct of* **штрафова́ть**) to fine. Его́ оштрафова́ли за то, что он вошёл в трамва́й с пере́дней площа́дки. He was fined for entering the streetcar through the front door.

оштукату́рить (*pct of* **штукату́рить**) to plaster. Ко́мната то́лько вчера́ была́ оштукату́рена. They plastered this room only yesterday.

о́щупью gropingly. Я о́щупью нашёл дверь. I found the door gropingly.

П

па́дать (/pct: **пасть** and **упа́сть**/) to fall, to drop. Ли́стья па́дают с дере́вьев. The leaves are falling from the trees. — Баро́метр бы́стро па́дает. The barometer is falling fast. — Це́ны на хлеб па́дают. The price of bread is dropping.

☐ **па́дать ду́хом** to lose courage. Не па́дайте ду́хом, всё ула́дится. Don't lose courage; everything will be all right. ☐ Подозре́ние па́дает на вас. You're the one under suspicion. — Я про́сто па́даю от уста́лости. I'm so tired that I'm simply falling off my feet.

паде́ж (-á *M*) case (grammar).

па́дчерица stepdaughter.

паёк (пайка́) ration.

паке́т parcel, package. Тут для вас паке́т пришёл. A parcel just arrived for you. — Свяжи́те мне, пожа́луйста, все э́ти ве́щи в оди́н паке́т. Could you please wrap all these things up into one single package for me?

пакова́ть (pct: **y-**) to pack. Я приду́ помо́чь пакова́ть кни́ги. I'll come to help pack the books.

пала́та ward. Мой друг лежи́т в пала́те но́мер два. My friend is in ward number two.

☐ *У него́ ума́ пала́та! He's got a head on his shoulders.

пала́тка tent. Ле́том тут живу́т пионе́ры в пала́тках. The Pioneers live here in tents in the summer. ● stand. В э́той пала́тке продаётся о́чень хоро́ший квас. They sell delicious kvass at this stand.

☐ **разби́ть пала́тку** to pitch a tent. Дава́йте разобьём здесь пала́тку и остано́вимся на ночле́г. Let's pitch our tent here and camp for the night.

па́лец (-льца) finger. У неё ма́ленькие ру́ки, но дли́нные па́льцы. She has small hands but long fingers. — У меня́ перча́тки в па́льцах продра́лись. The fingers of my gloves are torn. — Пусть они́ посме́ют вас хоть па́льцем тро́нуть! I dare them to lift a finger against you! — *Он для вас и па́лец о па́лец не уда́рит. He won't lift a finger for you.

☐ **безымя́нный па́лец** third (ring) finger.

большо́й па́лец thumb.

па́лец на ноге́ toe.

сре́дний па́лец middle finger.

указа́тельный па́лец index finger.

☐ Оте́ц на все их проде́лки смо́трит сквозь па́льцы. Their father makes light of all the tricks they pull. ● Е́сли вы э́то сде́лаете, на вас бу́дут па́льцем пока́зывать. If you do that you'll be a marked man. ●*Ему́ па́льца в рот не клади́. You've got to watch your step with him. ●*Призна́йтесь, что вы всё э́то из па́льца вы́сосали. Admit that you dreamed this up. ●*Ну и попа́ли па́льцем в не́бо! You're way off the mark! ●*Я э́то зна́ю, как свои́ пять па́льцев. I know it like the palm of my hand.

па́лка stick. Да́йте мне то́лстую па́лку — выбива́ть ковры́. Give me a heavy stick to beat the rugs with. ● cane. Вам придётся ещё не́которое вре́мя ходи́ть с па́лкой. You'll have to walk around with a cane for some time yet.

☐ Он боле́л три ме́сяца и тепе́рь худ, как па́лка. He was sick for three months, and now he's as thin as a rail. ●*Ну, э́то па́лка о двух конца́х. You never can tell how it'll turn out.

па́луба deck. Пойдём на па́лубу. Let's go on deck. — Моя́ каю́та на сре́дней па́лубе. My cabin is on the middle deck.

пальто́ (*indecl N*) (over)coat. У меня́ нет зи́мнего пальто́, я привёз с собо́й то́лько ле́тнее. I haven't got a winter coat. I only took along a summer one.

па́мятник monument.

па́мять (*F*) memory. У него́ порази́тельная па́мять. He's got a marvelous memory. — У меня́ о́чень плоха́я зри́тельная па́мять. My visual memory is very poor. — Е́сли па́мять мне не изменя́ет, он то́же подписа́л э́то заявле́ние. If my memory doesn't fail me, he signed this declaration, too. — У вас, ви́дно, па́мять коро́ткая! You seem to have a short memory. — Я продиктова́л ей э́тот спи́сок по па́мяти. I dictated the list to her from memory. — Кни́га посвящена́ па́мяти его́ учи́теля. The book is dedicated to the memory of his teacher.

☐ **на па́мять** to remember by. Подари́те мне на па́мять ва́шу ка́рточку. Give me your picture to remember you by. **по ста́рой па́мяти** for old times' sake. Я по ста́рой па́мяти зашёл в университе́тскую библиоте́ку. For old times' sake I dropped into the college library.

☐ У меня́ э́то ещё све́жо в па́мяти. It's still fresh in my mind. ● Он от неё про́сто без па́мяти. He's crazy about her.

па́ника panic. Пу́блика в па́нике ки́нулась к вы́ходу. The audience rushed to the exit in a panic. — Не устра́ивайте па́ники; мы бу́дем гото́вы к сро́ку. Don't get panicky. We'll be ready on time.

пансио́н board. Вам бу́дет тру́дно получи́ть ко́мнату с пансио́ном. You'll find it hard to get a room with board.

панталю́ны (-ло́н *P*) bloomers, panties.

па́па (*M*) daddy.

папиро́са cigarette. Э́то америка́нские папиро́сы? Are these American cigarettes? — Каки́е папиро́сы вы ку́рите? What brand of cigarettes do you smoke? — Хоти́те папиро́су? Would you care for a cigarette?

па́пка folder. Что у вас в э́той па́пке? What have you got in that folder? ● cardboard. Э́ти переплёты из па́пки оказа́лись о́чень про́чными. These cardboard covers turned out to be very strong.

пар (*P* -ы́, -о́в /g -у; на пару́/) steam. Поддай́те-ка па́ру! Hey, give us some more steam! (Phrase commonly used in steambaths.)

☐ **на всех пара́х** full steam. Наш по́езд мча́лся на всех пара́х. Our train was going full steam ahead. **под па́ром** fallow. У вас мно́го земли́ оста́влено под па́ром? Is much of your land lying fallow? **разводи́ть пары́** to get up steam. Машини́ст уже́ разво́дит пары́. The engineer is already beginning to get up steam.

☐ При тако́м хозя́йничанье вы на всех пара́х идёте к катастро́фе. The way you're running things you're heading straight for ruin. ●*С лёгким па́ром! I hope you enjoyed the steam bath.

па́ра pair. Мне бы о́чень пригоди́лась но́вая па́ра башмако́в. I could use another pair of shoes. — Э́тот костю́м продаётся с двумя́ па́рами брюк. This suit is sold with two pairs of pants. — Мы вам запряжём па́ру. We'll harness a pair (of horses) to a carriage for you. ● two. Э́ти я́блоки сто́ят гри́венник па́ра. These apples are two for a grivennik (See Appendix 2.) ● couple. Кака́я приме́рная пáра! What a model couple! • suit. Он пришёл в нóвой чёрной пáре. He came in a new black suit. • partner. Все пошли танцовáть, а он остáлся без пáры. Everybody started dancing, but he didn't have a partner.

□ Бýдьте от негó подáльше — он вам совсéм не пáра. Keep away from him. He's no one for you to pal around with. • Давáйте закáжем пáру чáя и колбасы́. Let's get an order of tea and bologna. • Мы распи́ли пáру пи́ва. We finished a bottle of beer. • Мóжно вас на пáру слов? May I speak to you a minute? • Я емý скажý пáру тёплых слов! I'll give him a piece of my mind! • Ну, они́ два сапогá пáра. They're two of a kind, all right.

парáдный dress. Матрóсы бы́ли в парáдной фóрме. The sailors were in dress uniform.

□ **парáдный ход** front entrance. Парáдный ход закры́т, пойдём с чёрного. The front entrance is closed; let's use the back one.

парали́ч (-á M) paralysis.

парашю́т (M) parachute.

пáрень (-рня M) guy, fellow. Ваш друг весёлый пáрень. Your friend's a very cheerful guy. — Он пáрень что нáдо! He's a regular fellow.

пари́ (indecl N) bet. Он съел двáдцать блинóв на пари́. He ate twenty pancakes on a bet.

□ **держáть пари́** to bet. Я с ним держáл пари́, что вы придёте. I bet him you'd come.

□ Пари́? Want to bet?

парикмáхер barber. Мне нýжно пойти́ к парикмáхеру. I ought to go to the barber.

□ **дáмский парикмáхер** hairdresser or beautician.

парикмáхерская (AF) barber shop, beauty parlor.

парикмáхерша beautician. Вáша парикмáхерша настоя́щая мастери́ца. Your beautician is a real artist.

парк park. Я вас бýду ждать на скамéйке у вхóда в парк. I'll wait for you at the bench near the park entrance. — Пойдёмте, мы покáжем вам наш парк культýры и óтдыха. Come on, we'll show you our park of culture and rest.

паровóз locomotive.

паровóй steam. Здесь нет паровóго отоплéния. There's no steam heat here. — У э́той маши́ны паровóй дви́гатель. This machine has a steam engine.

парóм ferry.

парохóд (steam)ship. Каки́м парохóдом вы приéхали? What ship did you come on?

партакти́в active party member. See also **акти́в**.

партéр orchestra. Нáши местá в трéтьем рядý партéра. Our seats are in the third row orchestra.

партнёц (-ти́йца) Communist party member.

партизáн partisan, guerrilla.

партизáнский.

□ **партизáнская войнá** guerrilla warfare.

партизáнский отря́д partisan detachment.

парти́йный party. Парти́йная дисципли́на тут óчень строгá. Party discipline is very strict here. — Он стáрый парти́йный рабóтник. He's an old party worker.

пáртия game. Давáйте сыгрáем до обéда пáртию в шáшки. Let's play a game of checkers before dinner. • (Communist) party. Он член (коммунисти́ческой) пáртии с 1915 гóда. He has been a member of the (Communist) party since 1915.

□ **полити́ческая пáртия** political party.

партком (**парти́йный комитéт**) party committee of basic unit of Communist party.

парторг (**парти́йный организáтор**) party organizer.

парторганизáция (**парти́йная организáция**) party cell (basic unit of Communist party). Её вы́брали секретарём завóдской парторганизáции. She was elected secretary of the party cell in her factory.

пáрус (P -á, -óв) sail. Вéтра нет, нáдо убрáть парусá. There's no wind; we'd better lower the sails.

паруси́на canvas.

пáрусник sailboat.

пáрусный sail.

□ **пáрусная лóдка** sailboat. Они́ поéхали на пáрусной лóдке, а мы на мотóрной. They went by sailboat and we took a motorboat.

пáсмурный cloudy. Сегóдня пáсмурный день. It's cloudy today.

пáспорт (P -á, -óв) passport. Когдá я смогý получи́ть обрáтно свой пáспорт? When can I get my passport back?

пассажи́р passenger. Говори́те поти́ше, други́е пассажи́ры спать хотя́т. Speak a little softer; the other passengers want to sleep.

□ **зал для пассажи́ров** waiting room.

пáста paste.

□ **зубнáя пáста** tooth paste.

пастилá (P пасти́лы) fruit candy.

пастýх (-á) shepherd.

пасть (pct of **пáдать**).

пáсха Easter.

□ **сы́рная пáсха** Easter cheese cake.

пáсынок (-нка) stepson.

патефóн phonograph.

патриóт patriot.

патриоти́зм patriotism.

патриоти́ческий patriotic.

паýк (-á) spider.

паути́на cobweb.

пáхарь (M) plowman.

пахáть (пашý, пáшет) to plow. Пахáть начнём на бýдущей недéле. We'll start plowing next week.

пáхнуть (p пах, пáхла) to smell. Чем э́то так вкýсно пáхнет? — Эти духи́ пáхнут сéном. This perfume smells like hay.

□ *Тут пáхнет бедóй. There's trouble brewing here. • Вы знáете, чем э́то пáхнет? You know what that'll mean, don't you?

пáхота plowing. У них ужé началáсь пáхота. They've already begun the plowing.

пациéнт patient M.

пациéнтка patient F.

пáчка pack. Тут тóлько что лежáла пáчка папирóс. There was a pack of cigarettes here a moment ago. • bunch. Там для вас цéлая пáчка пи́сем. There's a whole bunch of letters for you there. • stack. Он принёс большýю пáчку америкáнских газéт. He brought a large stack of American newspapers.

пáчкать to soil. Осторóжнее, вы пáчкаете плáтье. Careful; you're soiling your dress. • to stain. Моё перó испóртилось и пáчкает пáльцы. My fountain pen leaks and stains my fingers.

пашý See **пахáть**.

паять to solder.

певе́ц (вца́) singer.

певи́ца singer *F*.

педагоги́ческий teachers'. Моя́ дочь у́чится в педагоги́ческом институ́те. My daughter is going to a teachers' college. — У него́ нет никако́й педагоги́ческой подгото́вки. He doesn't have teachers' training.

педа́ль (*F*) pedal. Ле́вая педа́ль моего́ велосипе́да пло́хо де́йствует. The left pedal on my bicycle doesn't work well. — Э́тот пиани́ст сли́шком нажима́ет педа́ль. This pianist uses the pedal too much.

пека́рня (*gp* -рен) bakery.

пе́карь (/*P* -ря́, -ре́й/ *M*) baker.

пеку́ *See* **печь²**.

пе́ние singing. Он у́чится пе́нию у изве́стного профе́ссора. He is studying singing with a well-known teacher. — Меня́ разбуди́ло пе́ние птиц. I was awakened by the birds singing.

пе́пел (-пла) ashes.

пе́пельница ashtray.

пе́рвенство championship. Футбо́льная кома́нда на́шего вуза завоева́ла пе́рвенство СССР. Our college football team won the championship of the USSR.

первома́йский

□ **первома́йская демонстра́ция** May day demonstration.

пе́рвый first. За́втра выхо́дит пе́рвый но́мер на́шего журна́ла. Tomorrow the first issue of our magazine appears. — Я верну́сь в пе́рвых чи́слах октября́. I'll return the first week of October. — Он пе́рвый за́нял э́то ме́сто. He was the first to occupy this seat. — В пе́рвый раз в жи́зни встреча́ю тако́го упря́мца. This is the first time in my life I ever met such a stubborn fellow. — Я ему́ скажу́ об э́том при пе́рвой возмо́жности. I'll tell him about it at the first opportunity. — Он игра́ет пе́рвую скри́пку в орке́стре. He's playing first violin in the orchestra. • best. Он пе́рвый учени́к в кла́ссе. He's the best student in the class.

□ **пе́рвая по́мощь** first aid. Там ему́ оказа́ли пе́рвую по́мощь. That's the place he was given first aid.

пе́рвое вре́мя at first. Пе́рвое вре́мя я его́ пло́хо понима́л. At first I didn't understand him well.

□ Она́ уже́ не пе́рвой мо́лодости. She's far from young.

пе́рвым де́лом *see* де́ло.

перебива́ть (*dur of* переби́ть) to interrupt. Не перебива́йте его́, пожа́луйста. Don't interrupt him, please.

переби́ть (-бью, -бьёт; *imv* -бе́й; *ppp* -би́тый; *pct of* перебива́ть) to break. Я вам тут все ча́шки переби́л. I broke all your cups. • to reupholster. Кому́ мо́жно отда́ть переби́ть э́то кре́сло? Where can I have this armchair reupholstered? • to interrupt. Почему́ вы меня́ переби́ли? Why did you interrupt me?

□ Ско́лько люде́й переби́то! So many people were killed!

перебра́сывать (*dur of* переброси́ть).

переброси́ть (*pct of* перебра́сывать) to throw over. Пожа́луйста, перебро́сьте верёвку че́рез э́тот сук. Please throw the rope over this bough. — Помоги́те мне перебро́сить э́тот мешо́к че́рез плечо́. Help me throw this bag over my shoulder. — Мы перебро́сим до́ску на друго́й бе́рег и перейдём че́рез руче́й. We'll throw a board over the brook and walk across. • to transfer. Его́ перебро́сили в друго́й го́род. He was transferred to another city.

перебро́шу *See* перебро́сить.

перебью́ *See* переби́ть.

переведу́ *See* перевести́.

перевезти́ (-везу́, -везёт; -вёз, -везла́, -о́, -и́; *pct of* перево́зить) to move. За́втра я перевезу́ вас со всем ва́шим багажо́м в другу́ю гости́ницу. Tomorrow I'll move you and all your stuff to another hotel. • take across. Мо́жете вы перевезти́ нас на друго́й бе́рег? Can you take us across the river?

перевёл *See* перевести́.

переве́с advantage. По́сле получа́са игры́ переве́с оказа́лся на на́шей стороне́. After a half hour of play the advantage was on our side.

перевести́ (-веду́, -ведёт; *p* -вёл, -вела́, -о́, -и́; *pap* -ве́дший; *pct of* переводи́ть) to take across. Не беспоко́йтесь, я переведу́ дете́й че́рез доро́гу. Don't worry; I'll take the children across the street. • to switch off. По́езд перевели́ на запасно́й путь. The train was switched off to a siding. • to transfer. Его́ перевели́ в пала́ту для выздора́вливающих. He was transferred to the convalescent ward. • to translate. Вы суме́ете э́то перевести́? Will you be able to translate it?

□ **перевести́ дух** to catch one's breath. Подожди́те, да́йте дух перевести́. Wait a minute; let me catch my breath.

перевести́ наза́д to set back. Ва́ши часы́ спеша́т, их на́до перевести́ наза́д. Your watch is too fast; you have to set it back.

перевести́ по по́чте to send a money order. Переведи́те ему́ э́ти де́ньги по по́чте. Send him a money order.

перево́д translation. Скажи́те, э́то досло́вный перево́д? Tell me, is this a literal translation? • transfer. Он ожида́ет перево́да в друго́й го́род. He's waiting for a transfer to another city. • waste. Э́то пусто́й перево́д вре́мени и бо́льше ничего́. This is just a waste of time.

□ **де́нежный перево́д** money order. Де́нежные перево́ды принима́ются в любо́м почто́вом отделе́нии. Money orders are issued at any post office.

почто́вый перево́д money order. Я вам вы́шлю э́ти де́ньги почто́вым перево́дом. I'll send you a money order for this amount.

переводи́ть (-вожу́, -во́дит; *dur of* перевести́) to transfer. Э́то пра́вда, что ва́шего бра́та перево́дят в Москву́? Is it true that your brother is being transferred to Moscow? • to translate. Он хорошо́ перево́дит. He translates well.

□ Я не беру́сь переводи́ть на англи́йский. I won't take on the translation into English.

перево́дчик interpreter. Хоти́те быть на́шим перево́дчиком? Do you want to be our interpreter? • translator. Ру́сский перево́дчик хорошо́ переда́л стиль э́того рома́на. The Russian translator caught the style of this novel very well.

перево́дчица translator, interpreter *F*.

перевожу́ *See* переводи́ть.

перево́зить *See* перевезти́.

перево́зить (-вожу́, -во́зит; *dur of* перевезти́) to move. В кото́ром часу́ вы начнёте перевози́ть ме́бель? What time will you start moving the furniture?

перевы́полнить (*pct of* перевыполня́ть) to exceed. Мы наде́емся и на э́тот раз перевы́полнить зада́ние. We hope to exceed our quota this time, too.

перевыполня́ть (*dur of* перевы́полнить) to exceed. На́ши стаха́новцы системати́чески перевыполня́ют но́рму. Our Stakhanovites systematically exceed their quota.

перевяжу́ *See* перевяза́ть.

перевяза́ть (-вяжу́, -вя́жет; *pct of* перевя́зывать) to tie.

Перевяжите чемодан ремнём. Tie the suitcase with a leather strap. • to dress. Он перевязал мне рану. He dressed my wound.

перевязка dressing. Он ходит на перевязку через день. He comes for a dressing every other day.

перевязочный

□ **перевязочный материал** material for a dressing.

перевязочный пункт aid station.

перевязывать (*dur of* **перевязать**) to tie. Не перевязывайте корзины, я ещё не всё уложил. Don't tie the straw valise yet; I'm not all packed.

перегнать (-гоню, -гонит; *pct of* **перегонять**) to outdistance. Наша машина сильнее, мы их легко перегоним. Our car is more powerful; we'll easily outdistance them. — Мы начали заниматься английским языком вместе, но он всех нас перегнал. We began studying English together, but he outdistanced all of us. • to surpass. Мы стараемся догнать и перегнать передовые промышленные страны. We're trying to catch up with and surpass the leading industrial countries.

□ Одним ударом он перегнал мяч на другой конец поля. He kicked the ball to the other end of the field.

перегонять (*dur of* **перегнать**).

перегородка partition. Комната была разделена перегородкой. The room was divided by a partition.

перед (/*with i*/) in front of. Перед домом стоял чей-то автомобиль. Someone's auto stood in front of the house. — Вы меня не видели? Я сидел перед вами. Didn't you see me? I sat in front of you. • before. Я видел его перед отъездом. I saw him just before I went away. — Перед уходом закройте все окна. Close all the windows before you leave. — Перед нами встал трудный вопрос. A difficult question came up before us. — Принимайте по одной пилюле перед сном. Take one pill before going to bed. — Я перед ней унижаться не стану. I won't humiliate myself before her.

□ Мне перед ним очень неловко. I feel very much embarrassed to face him. • Вы должны перед ним извиниться. You owe him an apology.

передавать (-даю, -даёт; *imv* -давай; *prger* -давая; *dur of* **передать**) to leave. Нет, он ничего для вас не передавал. No; he left nothing for you. • to tell. Мне передавали, что вы мною недовольны. I've been told that you're dissatisfied with me.

□ **передавать по радио** to broadcast. Его речь передавали по радио. His speech was broadcast.

□ Вы неправильно передаёте его слова. You're repeating his words incorrectly.

передать (-дам, -даст, §29; *imv* -дай; *p* передал, передала, передало, -и; передался, -лась, -лось, -лись; *ppp* переданный, *sh F* передана; *pct of* **передавать**) to give. Вы передали ему моё поручение? Did you give him my message? — Будьте добры передать ему эти деньги и билет. Please give him this money and ticket. — Передайте ему от меня привет. Give him my regards. • to pass. Передайте мне, пожалуйста, сахар. Please pass me the sugar. • to tell. Он передал мне содержание вашего письма. He told me what was in your letter.

□ **передать дело в суд** to sue. Если они не согласятся выехать из квартиры, мы передадим дело в суд. If they won't move out of the apartment we'll sue them.

передача transfer. Сегодня состоится передача переходн-

ного знамени нашему заводу. The ceremony of the transfer of the honorary banner to our factory takes place today. • gear. У меня на велосипеде передача лопнула. I broke the gear on my bicycle.

□ **звуковая передача** radio. Мы об этом узнали из звуковой передачи. We found out about it over the radio.

передвижение transportation. А какие у вас тут средства передвижения? What means of transportation have you got here? • movement. Передвижение войск держалось в секрете. The movement of troops was kept secret.

передвижка

□ **библиотека-передвижка** mobile library.

кино-передвижка mobile movies.

переделать (*pct of* **переделывать**) to alter. Этот костюм необходимо переделать. This suit has to be altered. • to change. Вы его не переделаете! You'll never change him.

переделка alteration. Она отдала платье портнихе в переделку. She gave her dress to the dressmaker for alteration. • fix. Ну и попал же он в переделку! He got himself into a fine fix!

□ Эта пьеса — переделка из романа. This play is from a novel. • В каких только переделках он не бывал! This guy's been through the mill.

переделывать (*dur of* **переделать**) to do over. Уж сколько раз я это делал и переделывал! I've done this over and over again a hundred times!

передний front. Передний вагон переполнен, пойдёмте в задний. The front car is overcrowded; let's go to the rear one. — У нас сломалось переднее колесо. Our front wheel broke.

передник apron.

передняя (*AF*) hall, foyer.

передо (*for* **перед**, §31) before. Передо мной стоял совершенно незнакомый человек. A perfect stranger stood before me.

передовица editorial.

передумать (*pct of* **передумывать**) to change one's mind. Вы ещё не передумали? You haven't changed your mind yet, have you? • to think over. Я многое передумал за эту ночь. I thought over lots of things during the night.

передумывать (*dur of* **передумать**) to mull over in one's mind. Что он всё думает да передумывает? Why is he mulling it over in his mind so much?

передышка breathing spell. Он работал весь день без передышки. He worked all day without a breathing spell.

переезжать (*dur of* **переехать**) to cross. Я уже два раза переезжал через океан. I've already crossed the ocean twice. • to move. Мы сегодня переезжаем на новую квартиру. We're moving to a new apartment today.

переехать (-еду, -едет; *no imv*; *pct of* **переезжать**) to cross. Мы переехали границу рано утром. We crossed the border early in the morning. • to run over. Осторожнее, чтобы вас не переехали. Be careful that you don't get run over. • to move. Комиссариат труда переехал в другое здание. The Commissariat of Labor moved into another building.

□ Она переехала к родителям. She came to live with her parents.

переживать (*dur of* **пережить**) to take. Она тяжело переживает разлуку с мужем. She takes her husband's absence very hard.

пережи́ть (-живу́. -живёт; *p* пе́режи́л, пережила́, пе́режи́ло, -и; *ppp* пе́режи́тый, *sh F* -жи́та́; *pct of* **пережива́ть**) to live through. Она́ не переживёт тако́го уда́ра. She'll never live through such a blow. • to go through. Я о́чень мно́го пережи́л за после́дние два го́да. I've been through a great deal these past two years. — Это не легко́ пережи́ть. It's not easy to go through such an experience. • to outlive. Не гляди́, что он стар — он нас всех переживёт. It doesn't mean a thing that he's so old. He'll outlive us all.

перейти́ (-йду́, йдёт; *p* -шёл, -шла́, -ó, -и́; *pap* -ше́дший; *pct of* **переходи́ть**) to cross. Когда́ перейдёте че́рез мост, сверни́те нале́во. When you cross the bridge turn to your left. • to go over. Войска́ перешли́ в наступле́ние. The army went over to the offensive. • to go. Перейдём в другу́ю ко́мнату. Let's go into another room. • to transfer. Он перешёл из пехо́ты в кавале́рию. He transferred from the infantry to the cavalry. • to change. Он перешёл на другу́ю рабо́ту. He changed to another job. — Наш заво́д тепе́рь вновь перейдёт к произво́дству тра́кторов. Our factory will change back to the manufacture of tractors now.
□ Бою́сь, что их спор ско́ро перейдёт в дра́ку. I'm afraid their argument will lead to blows soon. • Мой брат перешёл на второ́й курс. My brother is now entering his second year at college. • Дава́йте перейдём на "ты"! Let's start using "ti."

перекрёсток (-стка) crossroads. На пе́рвом же перекрёстке сверни́те нале́во. Turn to the left at the first crossroads.

перелета́ть (*dur of* **перелете́ть**).

перелете́ть (-лечу́, -лети́т; *pct of* **перелета́ть**) to fly over. Мы благополу́чно перелете́ли Атланти́ческий океа́н. We flew over the Atlantic Ocean safely.

перело́м fracture. Бою́сь, что у него́ перело́м плеча́. I'm afraid he has a fracture of the shoulder. • change. По́сле его́ жени́тьбы в на́ших отноше́ниях произошёл ре́зкий перело́м. There was a great change in our relationship after his marriage.

переме́на change. Вы заяви́ли о переме́не а́дреса? Did you give notice of a change of address? — Кака́я ре́зкая переме́на пого́ды! What a sharp change in the weather! — Вам нужна́ переме́на обстано́вки. You need a change of scenery. • recess. На большо́й переме́не де́ти игра́ют на дворе́. During the main recess the children play in the yard.

перемени́ть (-меню́, ме́нит; *ppp* -менённый; *pct of* **меня́ть**) to change. Вам на́до переменя́ть передню́ю ши́ну. You have to change your front tire. — Пойди́те скоре́й перемени́те о́бувь, а то просту́дитесь. Hurry up and change your shoes before you catch cold. — Вы хоти́те перемени́ть ко́мнату? Do you want to change your room? — Подожди́те меня́, я то́лько зайду́ в библиоте́ку переменю́ть кни́гу. Wait for me. I'll just go to the library to change my book. • to shift. Дава́йте лу́чше переме́ним те́му. Let's shift the topic of conversation. — Я ви́жу, вы перемени́ли свою́ пози́цию в э́том вопро́се. I see you've shifted your stand on this question.

переменя́ть (*dur of* **перемени́ть**).

переми́рие truce, armistice.

перенести́ (-несу́, -сёт; *p* -нёс, -несла́, -ó, -и́; *pct of* **переноси́ть**) to carry. Помоги́те мне перенести́ сунду́к в пере́днюю. Help me carry this trunk to the foyer. — Мы перенесли́ дете́й че́рез кана́ву. We carried the children over the ditch. • to postpone. Он проси́л перенести́ его́

ле́кцию на друго́й день. He requested that his lecture be postponed to some other day. • to go through. Она́ то́лько что перенесла́ тяжёлую опера́цию. She's just been through a major operation. • to take. Он о́чень сто́йко перенёс э́тот уда́р. He took the shock like a man.

переноси́ть (-ношу́, -но́сит; *dur of* **перенести́**) to move. Вдруг ему́ взду́малось переноси́ть роя́ль в столо́вую! He suddenly decided to move the piano to the dining room. • to stand. Она́ соверше́нно не перено́сит бо́ли. She absolutely can't stand pain.

переночева́ть (*pct of* **переночёвывать**) to stay overnight. Нам придётся переночева́ть в э́той гости́нице. We'll have to stay overnight at this hotel.

переночёвывать (*dur of* **переночева́ть**).

переодева́ть (*dur of* **переоде́ть**) to change. Она́ переодева́ет дете́й. She's changing the children's clothes.
-ся to change clothes. Не сто́ит переодева́ться! It's not worth while changing clothes.

переоде́ть (-де́ну, -нет; *ppp* -де́тый; *pct of* **переодева́ть**) to change one's clothes. Она́ пошла́ переоде́ть пла́тье. She went to change her dress.
-ся to change one's clothes. Я сейча́с переоде́нусь. I'll change my clothes right away.

переписа́ть (-пишу́, -пи́шет; *pct of* **перепи́сывать**) to copy. Пожа́луйста, перепиши́те моё заявле́ние. Will you please copy my application for me?
□ **переписа́ть на маши́нке** to type. Да́йте я вам э́то перепишу́ на маши́нке. Let me type it for you.

перепи́ска correspondence. Она́ ведёт обши́рную перепи́ску. She carries on an extensive correspondence. • copying. Перепи́ска э́той ру́кописи отняла́ у меня́ два дня. The copying of this manuscript took me two days.
□ **перепи́ска на маши́нке** typing. Она́ занима́ется перепи́ской на маши́нке. She does typing.
□ У нас с ни́ми была́ перепи́ска по э́тому вопро́су. We corresponded on this question.

перепи́сывать (*dur of* **переписа́ть**) to copy. Эту ру́копись не́зачем перепи́сывать. There's no need to copy this manuscript.
-ся to correspond. Почему́ вы переста́ли с ним перепи́сываться? Why did you stop corresponding with him?

переплести́ (-плету́, -плетёт; *p* -плёл, -плела́, -ó, -и́; *pap* -плётший; *pct of* **переплета́ть**) to bind. Этот слова́рь необходи́мо переплести́. This dictionary has to be bound.

переплёт binding. Да́йте мне э́ту кни́гу в кра́сном переплёте. Let me have this book in the red binding. — Я о́тдал э́ту кни́гу в переплёт. I left that book for binding.
□ *Ну и попа́л же я в переплёт! Did I get into hot water!

переплета́ть (*dur of* **переплести́**) to bind. Я сам переплета́ю свои́ кни́ги. I bind my books myself.

перепо́лненный (*ppp of* **перепо́лнить**) packed. Премье́ра прошла́ при перепо́лненном за́ле. The opening performance played to a packed house.

перепо́лнить (*pct of* **переполня́ть**) to overcrowd. Зал был перепо́лнен. The hall was overcrowded.

переполня́ть (*dur of* **перепо́лнить**).

переполо́х rumpus. Из-за чего́ подня́лся весь переполо́х? What's all this rumpus about?

перепра́ва crossing. Не́сколько из на́ших поги́бло при перепра́ве. Several of our men were lost in crossing the river. • ferry landing. Мы до́лго жда́ли у перепра́вы. We waited at the ferry landing for a long time.

□ Где переправа через эту реку? Where can I get across this river?

перерыв recess. Председатель собрания объявил перерыв. The chairman of the meeting called a recess. • **break.** Я сделаю это́ во время следующего перерыва. I'll do it during the next break. • **interruption.** После долгого перерыва я опять взялся за изучение английского языка. I took up the English language again after a long interruption.

□ Когда у вас обеденный перерыв? When is your lunch hour?

пересадка changing (said only of conveyances). Я сел не в тот поезд на пересадке. I was changing trains and took the wrong one.

□ У вас будут две пересадки. You'll have to change trains twice.

пересаживаться (dur of **пересесть**) to change. Если мы поедем на трамвае, нам придётся несколько раз пересаживаться. If we go by streetcar, we'll have to change several times.

пересекать (dur of **пересечь**) to cross. Этот автобус пересекает главную улицу. This bus crosses the main street.

пересеку See **пересечь**.

переселиться (pct of **переселяться**) to move. Мы переселились в другой город. We moved to another city.

переселяться (dur of **переселиться**) to move in. Переселяйтесь к нам поскорей. Move in with us as soon as you can.

пересесть (-ся́ду, -ся́дет; p -сёл; pct of **пересаживаться**) to take another seat. Пересядьте поближе к свету. Take another seat closer to the light. • **to change.** Тут вам придётся пересесть в другой поезд. You'll have to change to another train here.

пересечь (-секу́, -сечёт; p -сёк, -секла́; pct of **пересекать**) to cut across. Пересеките площадь и поверните направо. Cut across the square and turn to the right. • **to drive through.** Мы быстро пересекли город на машине. We drove through the city quickly.

переслать (-шлю, -шлёт; pct of **пересылать**) to send. Я хочу переслать деньги по почте. I want to send a money order. — Я переслал ему деньги через банк. I sent him a bank draft.

переставать (-стаю, -стаёт; imv -ставай; dur of **перестать**) to stop. Я не перестаю о нём думать. I never stop thinking about him. — Она говорила целый час, не переставая. She talked without stopping for a whole hour.

перестать (-стану, -нет; pct of **переставать**) to stop. Дождь перестал. It stopped raining. — Перестаньте шуметь! Stop making noise.

□ Оставьте её! посердится — перестанет. Let her alone; she'll be angry for a while, but she'll get over it.

перестраивать (dur of **перестроить**) to rebuild. Мы уже начали перестраивать завод. We've already started rebuilding the factory.

перестроить (pct of **перестраивать**) to do over. Это здание давно пора перестроить. This building should have been done over long ago. • **to reorganize.** Мы собираемся перестроить весь наш аппарат. We intend to reorganize our whole setup.

пересылать (dur of **переслать**) to forward. Не пересылайте мне почты. Don't forward my mail.

пересылка.

□ Эта сумма включает пересылку? Does this sum include postage? • Магазин берёт на себя расходы по пересылке книг. Books are mailed prepaid in this store.

переулок (-лка) alley, small street. Этот переулок такой маленький, что его нет на плане. This alley is so small that it's not even on the map.

переходить (-хожу, -ходит; dur of **перейти**) to cross. Сейчас нельзя переходить улицу. You can't cross the street now. • **to change over.** Он переходит теперь на другое предприятие. He's changing over to another plant now.

перец (-рца) pepper.

□ *Пришёл сердитый и всем нам задал перцу. He came in in a very angry mood and bawled everybody out.

перечница ([-šnj-]) pepper shaker.

перешёл See **перейти**.

перешлю See **переслать**.

перила (перил P) banisters. Осторожно, перила на лестнице только что покрасили. Careful; these banisters have just been painted. • **rail, railing.** Осторожнее, держитесь за перила. Careful; hold on to the rail.

период period. Это был тяжёлый период в его жизни. It was a difficult peroid in his life.

периодический periodical.

□ **периодическое издание** periodical.

перо (P перья, -рьев, -рьям) pen. Там на столе вы найдёте перо и чернила. You'll find pen and ink there on the table. • **feather.** У неё новая шляпа с пером. She has a new hat with a feather.

□ **вечное** or **самопишущее перо** fountain pen.

□ *У него удивительно лёгкое перо. He writes in a free and easy style. • *Ни пуха, ни пера! Good luck!

перрон (station) platform. Мы будем вас ждать на перроне. We'll wait for you on the platform.

персик peach.

перца See **перец**.

перчатка glove. У меня есть для вас пара шерстяных перчаток. I have a pair of woolen gloves for you.

□ **боксёрские перчатки** boxing gloves.

перья See **перо**.

пёс dog.

песня song. Это моя любимая песня. This is my favorite song. — Сегодня вечер песен народов Советского Союза. Today is the festival of national songs of the Soviet Union. — *Это была его лебединая песня. That was his swan song. • **tune.** *Ну, завёл старую песню! Well, it's the same old tune again!

□ *Что же, видно, его песня спета. I guess his goose is cooked. • Ну, это долгая песня. That's a long story!

песок (-ска;/g -у́/) sand. Посыпьте дорожки песком. Cover the walks with sand. — Песок такой горячий — ходить невозможно! The sand is so hot you can't walk on it.

□ **сахарный песок** granulated sugar. У вас есть сахарный песок? Do you have granulated sugar?

пессимизм pessimism.

пёстрый (sh пёстр/-стра́, б, ы́/) mixed. Здесь пёстрый состав населения. There's a mixed population here.

□ Нет, эта материя слишком пёстрая. No, this material has too many colors.

петлица buttonhole of a lapel. Что это за значок у него в петли́це? What's that pin he's got in the buttonhole of his lapel?

пётля stitch. Я вяза́ть не уме́ю, всё вре́мя спуска́ю петли. I don't know how to knit; I keep dropping stitches. • buttonhole. Вы уме́ете обмётывать пе́тли? Can you make buttonholes? • hinge. Дверь соскочи́ла с пете́ль. The door came off the hinges. • eye. Пла́тье гото́во; то́лько пе́тли и крючки́ приши́ть. The dress is finished. All you have to do is put the hooks and eyes on. • loop. Лётчик сде́лал мёртвую пе́тлю. The pilot made a loop. — Завяжи́те верёвку пе́тлей. Make a loop with this rope.

□ У меня́ спусти́лась пе́тля на чулке́. I have a run in my stocking. • *Мы его́ пря́мо из пе́тли вы́нули. We practically saved him from suicide. • *Положе́ние тако́е, что хоть в пе́тлю лезь. I'm in such a spot that I might just as well commit suicide.

петух (-á) rooster. У нас в куря́тнике три петуха́. We have three roosters in our chicken coop. — Мы живём по-дере́вёнски, встаём с петуха́ми. We live like farmers and get up with the roosters.

□ **до петухо́в** till daybreak. Мы проболта́ли всю ночь до петухо́в. We chatted till daybreak.

□ Ишь, како́й задо́рный, пря́мо пету́х! What a guy — always looking for a fight!

петь (пою́, поёт/pct: с-, про-/) to sing. Она́ хорошо́ поёт наро́дные пе́сни. She sings folk songs well. — Он поёт в Большо́м теа́тре. He sings at the Bolshoy theater. — Кто сего́дня поёт Оне́гина? Who's singing the part of Onegin today? — Слы́шите, как самова́р поёт? Listen to the samovar sing!

□ *Брось Ла́заря петь! I'm tired of your hard-luck stories!

пехо́та infantry.

печа́льный sad. Почему́ у вас сего́дня тако́й печа́льный вид? Why do you look so sad today? — Мне не хо́чется вспомина́ть об э́том печа́льном слу́чае. I don't like to recall this sad event. • unpleasant. Он оста́вил по себе́ печа́льную па́мять. He left unpleasant memories behind him.

□ **печа́льно** mournfully. Она́ так печа́льно на меня́ погляде́ла. She looked at me so mournfully! • too bad. О́чень печа́льно, что вы э́того не понима́ете. It's just too bad that you don't understand it.

печа́тать (/pct: на-/).

□ **печа́тать на маши́нке** to type. Она́ пло́хо печа́тает на маши́нке. She types badly.

печа́тник printer.

печа́тный printed. Напиши́те э́то печа́тными бу́квами. Write this out in printed letters.

□ **печа́тное** printed matter.

печа́тный стано́к (printing) press. В э́той ма́ленькой типогра́фии рабо́тают на ручны́х печа́тных станка́х. They work with a hand press in this small printing shop.

печа́ть (F) seal. Удостовере́ние без печа́ти недействи́тельно. The certificate is invalid without a seal. — Печа́ть нахо́дится у секретаря́. The secretary has the seal. • press. Ру́копись по́слана в печа́ть. The manuscript has been sent to press. — Об э́том был ряд стате́й в профсою́зной печа́ти. There was a series of articles in the trade-union press about it. — Печа́ть о́чень хорошо́ отозвала́сь о но́вой пье́се. The new play got a very good press. • papers. Смотри́те, ваш прия́тель попа́л в печа́ть! Look at this;

your friend got his name in the papers. • type. Э́то сли́шком ме́лкая печа́ть. This type is too small. • mark. Го́ды, проведённые на фро́нте, наложи́ли печа́ть на всё его́ тво́рчество. The years he spent at the front left a mark on his works.

□ **периоди́ческая печа́ть** periodicals. Он де́лает обзо́ры периоди́ческой печа́ти. He does reviews of periodicals.

□ Он был делега́том на съе́зде рабо́тников печа́ти. He was a delegate at the journalists' convention. • Э́та кни́га то́лько что вы́шла из печа́ти. This book has just come out.

печёнка liver. Сего́дня дежу́рное блю́до — теля́чья печёнка с лу́ком. Today's special is calves' liver with onions. — Ох, печёнка боли́т! My liver bothers me.

печёный baked. Печёных я́блок не оста́лось, возьми́те кисе́ль. There are no more baked apples; take some kissel.

печень (F) liver. У него́ больна́я пе́чень. He has liver trouble.

пече́нье cookies. Я вам купи́ла минда́льного пече́нья. I bought some almond cookies for you.

пе́чка stove. Затопи́те пе́чку, здесь о́чень хо́лодно. Light the stove; it's very cold in here.

печь[1] (P- чи, чей/на печи́/F; see пе́чка).

печь[2] (пеку́, печёт; p пёк, пекла́, -о́, и́/pct: ис-, с-/) to bake. Она́ вчера́ пекла́ пироги́. She was baking pies yesterday.

□ Сего́дня со́лнце здо́рово печёт. The sun is really beating down today.

пешехо́д pedestrian. Доро́жка то́лько для пешехо́дов. This path is for pedestrians only.

пешко́м on foot. Вы мо́жете идти́ туда́ пешко́м. You can go there on foot. • Я пришёл пешко́м. I walked over. • Я хожу́ на рабо́ту пешко́м. I walk to work.

пиани́но (indecl N) upright piano. В э́ту дверь пиани́но не проле́зет. An upright piano won't pass through this door.

пиани́ст pianist.

пи́во beer. Купи́те дю́жину пи́ва. Buy a dozen bottles of beer.

□ *С ним пи́ва не сва́ришь. You can't do business with him.

пиджа́к (-á) suit-coat.

пижа́ма pajamas.

пила́ (P пи́лы) saw.

пили́ть (пилю́, пи́лит; prap пи́лящий) to saw. Я за́втра приду́ помо́чь вам пили́ть дрова́. I'll come tomorrow to help you saw the wood. • to nag. Переста́ньте его́ пили́ть. Stop nagging him.

пило́т pilot. Он о́пытный пило́т. He's an experienced pilot.

пило́тка overseas cap.

пилю́ля pill. Принима́йте э́ти пилю́ли три ра́за в день. Take these pills three times a day. — *Ему́ не легко́ бы́ло проглоти́ть э́ту пилю́лю. That was a bitter pill for him to swallow.

□ *Как он ни стара́лся позолоти́ть пилю́лю, мне э́то бы́ло всё-таки неприя́тно. As much as he tried to sugarcoat it, I still found it unpleasant.

пионе́р Pioneer (member of the Russian Boy Scout organization "Pioneers," for children ten to sixteen years old). • pioneer. Он был одни́м из пионе́ров рабо́чего движе́ния. He was one of the pioneers in the labor movement.

пионе́рка Pioneer, pioneer F.

пиро́г (-á) pie.

□ **пирог с капустой** cabbage pie.

пирог с мясом meat pie.

пирог с рисом и грибами rice-and-mushroom pie.

пирожное (*AN*) pastry.

пирожок (-жка́).

□ **пирожок с вареньем** pirojok with jam.

пирожок с мясом pirojok with meat.

писатель (*M*) writer. Как, вы его не зна́ете? Это о́чень изве́стный писа́тель! How come you don't know him? He's a well-known writer.

писа́тельница writer *F*. Моя́ мать — писа́тельница. My mother's a writer.

писа́ть (пишу́, -пи́шет/*pct*: на-/) to write. Не пиши́те карандашо́м, возьми́те черни́ла. Don't write in pencil; use ink. — Он пи́шет кни́гу. He's writing a book. — Вы уме́ете писа́ть по-ру́сски? Do you know how to write Russian? — Он пи́шет в газе́тах. He writes for the newspapers. ● to paint. Она́ пи́шет с нату́ры. She paints from life.

□ **писа́ть на маши́нке** to type. Я учу́сь писа́ть на маши́нке. I'm learning how to type.

писа́ть под дикто́вку to take dictation. Она́ хорошо́ пи́шет под дикто́вку. She takes dictation well.

● □ *Дурака́м зако́н не пи́сан. There's no telling what a fool will do. ● *Ну, тепе́рь пиши́ пропа́ло. Well, it's as good as lost. ● *Нет, брат, э́то не про нас пи́сано. Well, brother, it's not for us.

писчебума́жный stationery. Черни́ла мо́жно купи́ть в писчебума́жном магази́не. You can buy ink at the stationery store.

пи́сьменный written. У меня́ за́втра начина́ются пи́сьменные экза́мены. My written examinations begin tomorrow.

□ **пи́сьменный стол** desk. Я хоте́л бы доста́ть пи́сьменный стол с больши́ми я́щиками. I'd like to get a desk with large drawers.

пи́сьменно written. Изложи́те ва́шу про́сьбу пи́сьменно. Put your request in written form.

письмо́ (*P* пи́сьма, пи́сем) letter. Запеча́тайте письмо́ и сра́зу же отнеси́те на по́чту. Seal the letter and take it to the post office immediately. — У меня́ есть рекоменда́тельное письмо́ от ва́шего ста́рого знако́мого. I have a letter of recommendation from an old friend of yours. — Я посла́л ему́ два закры́тых письма́ и не́сколько откры́ток. I sent him two letters and several postcards. — Вам заказно́е письмо́ — распиши́тесь. Here's a registered letter for you; sign for it. — Вы получи́ли мой два письма́ до востре́бования? Did you get my two letters by general delivery? ● writing. Чита́ть он уже́ вы́учился, а вот письмо́ ему́ пока́ не даётся. He's already learned how to read, but he still has trouble with writing.

□ **пи́сьма** mail. Для меня́ нет пи́сем? Is there any mail for me?

письмо́ с допла́той letter with postage due. Для вас получи́лось письмо́ с допла́той в де́сять копе́ек. You've got a letter with ten kopeks postage due.

письмоно́сец (-сца) *See* **почтальо́н.**

пита́ние diet. Э́тому ребёнку необходи́мо уси́ленное пита́ние. This child needs an extra-nourishing diet. ● feeding. Це́лую неде́лю больно́й был на иску́сственном пита́нии. The patient was undergoing artificial feeding for a whole week.

пита́тельный nourishing. Посыла́ть туда́ на́до то́лько са́мые пита́тельные проду́кты. Only the most nourishing foods should be sent there.

пить (пью, пьёт; *imv* пей; *p* пила́; не́ пил, не пила́, не́ пило, -ли) to drink. Вы за за́втраком пьёте чай и́ли ко́фе? Do you drink tea or coffee for breakfast? — Пьём за ва́ше здоро́вье. We're drinking to your health. — Вы пьёте во́дку? Do you drink vodka? — Я тако́го вина́ никогда́ ещё не́ пил. I never drank any wine like that.

□ Ужа́сно хо́чется пить! I'm awfully thirsty. ● Он пьёт запо́ем. He's an habitual drunkard. ● *Как пить дать, из-за э́того бу́дут неприя́тности. We're going to have trouble because of that, sure as you're born. ● Он уме́ет пить. He knows how to hold his liquor.

питьё drinking. Э́то вода́ для питья́? Is this water fit for drinking?

пишу́ *See* **писа́ть.**

пи́ща food. Дава́йте ему́ то́лько лёгкую пи́щу. Give him only light food. — Э́ти ве́сти да́ли но́вую пи́щу то́лкам. The news gave fresh food for gossip.

пищеваре́ние digestion.

пищево́й food. Консе́рвы продаю́тся в пищево́м отделе́нии. Canned goods are sold in the food department.

□ **пищева́я промы́шленность** food industry.

пла́ванье swimming. Он получи́л приз за пла́ванье. He won a prize in swimming. ● cruise. Мы бы́ли в пла́ваньи три ме́сяца. We were on a three-month cruise.

□ *Большо́му кораблю́ большо́е пла́ванье. A big man deserves a big job.

пла́вать (*iter of* плыть) to swim. Вы пла́ваете? Do you swim? — Он пла́вает, как ры́ба. He swims like a fish. — Вы уме́ете пла́вать сажёнками? Do you swim the breast stroke?

□ **пла́вать под па́русом** to sail. Э́тим ле́том мы мно́го пла́вали под па́русом. We sailed a lot this summer.

□ Я всю жизнь пла́вал по́ морю. I've been to sea all my life.

пла́вить to melt.

пла́вка melting.

плака́т poster. Он нарисова́л о́чень хоро́ший плака́т. He made a very good poster.

пла́кать (пла́чу, -чет) to cry. Почему́ вы пла́чете? Why are you crying?

□ *Ну, пла́кали на́ши де́нежки! Well, we can kiss our money good-by!

пла́мени *See* **пла́мя.**

пла́мя (пла́мени, *i* -нем, *P/rare/*пламена́, пламён, пламена́м *N*) flame.

план plan. Коми́ссия вы́работала план рабо́т. The commission made up a plan of work. — Мы вчера́ весь ве́чер стро́или пла́ны на́ лето. We made plans for the summer all last evening. ● map. Я вам доста́ну план Москвы́. I'll get a map of Moscow for you. ● outline. Я наброса́л уже́ план свое́й кни́ги. I've already made an outline of my book. ● quota. Мы обеща́ли не то́лько вы́полнить, но и перевы́полнить план. We promised not only to fill our quota, but to go beyond it. — План вы́полнен уже́ на се́мьдесят проце́нтов. Our quota is already seventy per cent filled.

□ **за́дний план** background. Всё остально́е отошло́ тепе́рь на за́дний план. Everything else has been pushed into the background.

наме́тить план to plan. Вы наме́тили план свое́й рабо́ты? Did you plan your work?

пятиле́тний план (пятиле́тка) five year plan.

согла́сно пла́ну according to plan. Вся промы́шленность в СССР рабо́тает согла́сно о́бщему пла́ну. All industry in the USSR is run according to a master plan.

пла́новый.

□ пла́новое хозя́йство planned economy.

планта́ция.

□ свеклови́чная планта́ция beet plantation.

ча́йная планта́ция tea plantation.

пласти́нка phonograph record. У нас есть все нове́йшие пласти́нки. We have all the latest records. • (photographic) plate. Где бы я мог прояви́ть э́ти пласти́нки? Where could I develop these plates?

пла́стырь (M) adhesive tape. Закле́йте ра́нку пла́стырем. Cover the wound with adhesive tape. • plaster. Положи́те на нары́в вытяжно́й пла́стырь. Put some drawing plaster on the abscess.

пла́та charge. За э́то осо́бой пла́ты не полага́ется. There's no extra charge for it.

□ входна́я пла́та admission. Входна́я пла́та — два рубля́. Admission: two rubles.

за́работная пла́та wages, salary, pay. See also зарпла́та.

пла́та за кварти́ру rent. Пла́та за кварти́ру, включа́я отопле́ние, сто рубле́й в ме́сяц. The rent, including heating, is a hundred rubles a month.

платёж (платежа́ M) payment. В э́том ме́сяце мне предстои́т больши́е платежи́. This month I'll have to make large payments.

□ нало́женный платёж C.O.D. Кни́ги вам вы́сланы нало́женным платежо́м. The books have been sent to you C.O.D.

□ *Долг платежо́м кра́сен. One good turn derserves another.

пла́тина platinum.

плати́ть (плачу́, пла́тит) to pay. Плати́те в ка́ссе. Pay the cashier. — За ко́мнату на́до плати́ть вперёд. You have to pay for this room in advance. — Почём вы плати́ли за сукно́? How much did you pay for the cloth?

□ Я вам плачу́ услу́гой за услу́гу. I'm just returning your favor.

платка́ See плато́к.

пла́тный paid. Туда́ вход пла́тный? Is there paid admission there? — Это пла́тная рабо́та и́ли вы де́лаете её в поря́дке обще́ственной нагру́зки? Are you paid for this work or are you doing it voluntarily?

плато́к (-тка́) kerchief. Я вам дам плато́к го́лову повяза́ть. I'll give you a kerchief to tie around your head. • shawl. Она́ наки́нула тёплый плато́к на пле́чи. She threw a warm shawl over her shoulders.

□ носово́й плато́к handkerchief.

платфо́рма platform. На платфо́рме стои́т толпа́ встреча́ющих. There's a crowd of people on the platform meeting the train. — Вы́борная платфо́рма па́ртии была́ напеча́тана во вчера́шней газе́те. The party's election platform was published in yesterday's paper. • track. По́езд ухо́дит с платфо́рмы но́мер три. The train leaves from track number three. • way station. На на́шей платфо́рме поезда́ ре́дко остана́вливаются. Trains rarely stop at our way station. • flatcar. Маши́ны погрузи́ли на платфо́рмы (по́езда). The machines were loaded on the flatcars. • wagon. У нас бы́ло сто́лько ме́бели, что пришло́сь взять две платфо́рмы. We had so much furniture we had to hire two wagons.

□ К сча́стью, сою́зникам удало́сь найти́ о́бщую платфо́рму для соглаше́ния. Fortunately, the Allies found common ground for agreement.

пла́тье (P пла́тья, -тьев, -тьям) dress. У неё о́чень краси́вое пла́тье. She's wearing a very pretty dress. • clothing. В э́том магази́не вы мо́жете купи́ть и же́нское и мужско́е пла́тье. You can buy men's and women's clothing in this store.

плацка́рта reserved seat. На сего́дняшний по́езд все плацка́рты про́даны. All the reserved seats for today's train are sold out.

плаче́вный deplorable. Результа́ты получи́лись плаче́вные. The results were deplorable. • pitiful. По́сле дра́ки вид у него́ был плаче́вный. He looked pitiful after the fight.

пла́чу See пла́кать.

плачу́ See плати́ть.

плева́ть (плюю́, плюёт/pct: плю́нуть/) to spit. Плева́ть воспреща́ется. No spitting.

□ *Ну как вам не сты́дно це́лый день в потоло́к плева́ть? You ought to be ashamed of yourself for loafing all day. • *Не плюй в коло́дец, пригоди́тся воды́ напи́ться. You can never tell when you'll need a friend. • Мне плева́ть на то, что они́ поду́мают. I don't give a damn what they'll think about it.

плёл See плести́.

племена́ See пле́мя.

пле́мени See пле́мя.

племенно́й.

□ племенно́й скот pedigreed cattle.

пле́мя (пле́мени, i -нем, P племена́, племён, племена́м N) tribe.

племя́нник nephew.

племя́нница niece.

плен (/в плену́/).

□ бежа́ть из пле́на to escape from a prisoner-of-war camp. Ему́ удало́сь бежа́ть из пле́на. He succeeded in escaping from a prisoner-of-war camp. попа́сть в плен to be taken prisoner. Он попа́л в плен под Ки́евом. He was taken prisoner near Kiev.

пле́нный prisoner (of war).

пле́нум plenary session.

пле́сень (F) mold.

плести́ (плету́, плетёт; p плёл, плела́, -о́, -и́, pap плётший) to weave. Вы посмотри́те, как она́ ло́вко плетёт корзи́нку. Look how skillfully she's weaving the basket!

□ *Он про́сто чепуху́ плетёт. He's just talking nonsense.

плету́ See плести́.

плечо́ (P пле́чи, плеч, плеча́м) shoulder. У него́ широ́кие пле́чи. He has broad shoulders. — Он вы́несет всю э́ту рабо́ту на свои́х плеча́х. He has to do all the work all by himself.

плита́ (P пли́ты) tile. Пол был вы́стлан мра́морными плита́ми. The floor was made of marble tiles. • block. Здесь у́лицы вы́мощены ка́менными плита́ми. The streets here are paved with stone blocks. • stove. Разведи́те ого́нь в плите́. Light the stove. — На́ша плита́ стра́шно дыми́т. Our stove smokes something terrible.

□ моги́льная плита́ gravestone. На́дпись на э́той могильной плите́ тру́дно проче́сть. It's hard to read the inscription on this gravestone.

плитка range. У нас га́зовая пли́тка на две горе́лки. We have a gas range with two burners. ● bar. Э́та пли́тка шокола́да для ребя́т. This chocolate bar is for the kids.

пловец (-вца́) swimmer.

пломба filling. У меня́ вы́пала пло́мба из зу́ба. I lost a filling from my tooth.

плоский (*sh* -ска́; *ср* пло́ще, пло́сче) flat. Он живёт вон в том до́ме с пло́ской кры́шей. He lives over there in the house with the flat roof. — Э́то дово́льно пло́ская шу́тка. That's a rather flat joke.

□ **пло́ская пове́рхность** flat surface.

плоскогу́бцы (-бцев *P*) pliers.

плот (-а́) raft. Мы перепра́вились че́рез ре́ку на плоту́. We crossed the river on a raft.

плоти́на dam.

пло́тник carpenter.

плотный (*sh* -тна́) heavy. Така́я пло́тная мате́рия не годи́тся для ле́тнего пла́тья. Such heavy material isn't good for a summer dress. ● thickset. Наш председа́тель вон тот высо́кий пло́тный па́рень. Our chairman is the tall, thickset fellow over there.

□ **пло́тно** tight. Посмотри́те, пло́тно ли закры́ты ста́вни. See whether the shutters are shut tight. ● firmly. На доро́жке снег пло́тно уто́птан. The snow is firmly packed down on the walk. ● hearty. Нет, я у́жинать не бу́ду, я о́чень пло́тно пообе́дал. No, I'm not going to have supper. I had a hearty dinner.

плохой (*sh* плох, -а́, пло́хо, хи; *ср* ху́же; ху́дший) bad. Сши́ли вам костю́м хорошо́ а вот мате́рию да́ли плоху́ю. They made you a good suit, but they used bad material. — Она́ сего́дня в плохо́м настрое́нии. She's in a bad mood today. ● poor. Он плохо́й писа́тель. He's a poor writer.

□ **ху́дший** worst. Вы должны́ пригото́виться к са́мому ху́дшему. You must prepare for the worst. — Ну, что ж! В ху́дшем слу́чае, нас туда́ не пу́стят. The worst that can happen to us is that they won't let us in.

ху́же worse. Больно́му ста́ло ху́же. The patient got worse. — Так пло́хо, ху́же и быть не мо́жет! It's so bad it couldn't be worse.

пло́хо badly. Вы с ним о́чень пло́хо обраща́етесь. You treat him very badly. ● poorly. Бельё пло́хо вы́стирано. The laundry is poorly done.

□ Вы себя́ пло́хо чу́вствуете? Don't you feel well today? ● Он о́чень плох. He's in a critical condition.

площадка platform. Вы́ход то́лько с пере́дней площа́дки. Exit by the front platform only (sign on trolley cars). — По́езд был перепо́лнен и мне всю доро́гу пришло́сь стоя́ть на площа́дке. The train was overcrowded and I had to stand on the platform all the way there. ● landing. Он стоя́л на площа́дке ле́стницы и смотре́л вниз. He stood on the landing looking down.

□ **боксёрская площа́дка** ring, boxing ring.

кроке́тная площа́дка croquet grounds.

те́ннисная площа́дка tennis court.

футбо́льная площа́дка soccer field.

площадь (*P* -ди, -де́й *F*) square. Как называ́ется э́та пло́щадь? What's the name of this square? — Отсю́да недалеко́ до Кра́сной пло́щади. Red Square isn't far

from here. ● area. Каку́ю пло́щадь занима́ет э́тот парк? What's the area of this park?

□ Посевна́я пло́щадь пшени́цы в э́той о́бласти дохо́дит до ста ты́сяч гекта́ров. In this oblast, one hundred thousand hectares have been sown with wheat.

плуг (*P* -и́) plow.

плыву́ See **плыть**.

плыть (плыву́, -вёт; *p* плыла́ /*iter*: **пла́вать**/) to swim. Дава́йте плыть к тому́ бе́регу, посмо́трим, кто пе́рвый доплывёт. Let's swim to the other shore and see who gets there first. — У меня́ всё плывёт перед глаза́ми. Everything is swimming before my eyes. ● to float. Куда́ плыву́т э́ти плоты́? Where are these rafts floating to?

□ Ничего́ не поде́лаешь, прихо́дится плыть по тече́нию. There's nothing else to do. We just have to go along with the tide. ● Ведь сча́стье вам само́ в ру́ки плывёт, а вы и не ви́дите. Here you have a wonderful opportunity right under your nose, and you don't see it!

плюнуть (*pct of* **плева́ть**) to spit. Он плю́нул на́ пол в метро́ и ему́ пришло́сь заплати́ть штраф. He spit in the subway, and had to pay a fine.

□ *Плю́ньте на э́то де́ло! Don't waste your time! ● *Мне э́то сде́лать — раз плю́нуть. I can do it as easy as rolling off a log.

плюс plus.

плюю́ See **плева́ть**.

плясать (пляшу́, пля́шет) to dance. Как чуде́сно пля́шут на́ши ребя́та! How well our kids are dancing! — *Он пля́шет под её ду́дку. He dances to her tune.

по (/*with a, d, and l*/) on. По э́той доро́ге ну́жно е́хать ме́дленно. You have to drive slowly on this road. — Он дру́жески хло́пнул его́ по плечу́. He gave him a friendly slap on the shoulder. — По пра́здникам мы обы́чно выезжа́ем за́ город. On holidays we usually go out of town. ● by. Нам пла́тят за рабо́ту по часа́м. We get paid by the hour. — Туда́ мо́жно е́хать парохо́дом и́ли по желе́зной доро́ге. You can get there by boat or by train. — Он су́дит но нару́жности. Don't judge by appearances. — Я свою́ библиоте́ку уже́ давно́ по кни́жке собира́ю. I've been collecting a library for a long time, volume by volume. ● according to. Мы рабо́таем по пла́ну. We're working according to plan. ● over. Он по всему́ све́ту е́здил. He's been all over the world. ● in. Она́ одева́ется по после́дней мо́де. She dresses in the latest style. ● as for. По мне — де́лайте, что хоти́те. As for me, you can do as you please. ● of. Я сде́лал э́то по со́бственному жела́нию. I did it of my own free will. ● out of. Я говорю́ вам э́то по дру́жбе. I'm telling you that out of friendship. ● because of. Он пропусти́л два дня по боле́зни. He was absent for two days because of sickness. ● for. В после́днее вре́мя он о́чень тоскова́л по до́му. He's been longing for home lately. ● to. Мне э́то и по сего́дняшний день непоня́тно. I can't understand it to this day.

□ **по обыкнове́нию** as usual. В воскресе́нье мы по обыкнове́нию вста́ли по́здно. Sunday we got up late, as usual.

по оши́бке by mistake. Я взял по оши́бке ва́шу шля́пу. I took your hat by mistake.

□ Э́ти я́блоки по пяти́ копе́ек шту́ка. These apples are five cents apiece. ● Ребя́та вы́строились по пяти́ в ряд. The youngsters lined up five in a row. ● Как вас по и́мениóтчеству? What are your first name and patronymic? ● Он мой товáрищ по шкóле. He's a schoolmate of mine. ● Приезжáйте скорéй, мы по вас соскучились. Come back soon; we miss you. ● Позвонúте мне зáвтра по телефóну. Call me tomorrow. ● Этот костюм как раз по вас. This suit fits you just right. ● Он говорúт по-англúйски? Does he speak English? ● По-мóему, вы ошибáетесь. I think you're wrong. ● Эти башмакú мне по ногé. These shoes are a bad fit for me. ● У меня нет врéмени ходúть по знакóмым. I have no time to go visiting. ● Я весь день рабóтала по дóму. I've been doing housework all day. ● По какóй чáсти вы рабóтаете? What line of work are you in? ● Тепéрь, ребя́та, по местáм! Now, children, take your seats! ● По расписáнию пóезд ухóдит в вóсемь часóв. The train is scheduled to leave at eight o'clock. ● У меня в срéду был экзáмен по фúзике. I had a physics examination on Wednesday. ● Нóчью мы шли по звёздам. At night we took our direction from the stars.

по- *(with comparative and adverb forms of adjectives; see §11).*

побéг escape. Их побéг из плéна был организóван партизáнами. Their escape was arranged by the partisans. ● shoots. Куст ужé дал нóвые побéги. There are shoots appearing on the bush.

побéда victory. Мы одержáли блестя́щую побéду. We won a brilliant victory. — Матч кóнчился побéдой приéзжей комáнды. The match ended in a victory for the visiting team.

победúтель (*M*) winner. Победúтель автопробéга оказáлся одúн из шофёров нáшего завóда. The winner of the motorcycle race turned out to be one of the chauffeurs of our factory. — *Победúтелей не судя́т. The winner is always right. ● victorious. Наш нарóд не случáйно вышел победúтелем из этой войны́. It wasn't just a matter of luck that our nation came out of the war victorious.

победúть (*/no pr S1/ppp* побеждённый; *pct of* **побеждáть**) to win. Мы знáли, что победúм врагá. We knew that we'd win over the enemy. — Кто победúл на вчерáшнем состязáнии в плáвании? Who won at yesterday's swimming meet? ● to overcome. (*no dur*) Я победúл свою́ неприя́знь и заговорúл с ним. I overcame my dislike for him and talked to him.
□ Я признáл себя́ побеждённым в этом спóре. I admitted having lost the argument.

побежáть (-бегу́, -бежúт; §27; *pct*) to run. Я побежáл за ним, но он уж скрылся úз виду. I ran after him but he was already out of sight.

побеждáть (*dur of* **победúть**).

побережье coast, shore.

побесéдовать (*pct*) to have a talk. Мы побесéдовали и остáлись друг дру́гом довóльны. We had a talk and were pleased with each other.

побеспокóить (*pct*) to disturb. Мóжно вас побеспокóить? May I disturb you?

побивáть (*dur of* **побúть**).

побúть (-бью, -бьёт; *imv* -бéй; *ppp* -бúтый; *pct of* **бить** *and* **побивáть**) to beat. Мальчúшку здóрово побúли. The boy was badly beaten. — Враг был побúт. The enemy was beaten. ● to smash. Ты этак всю посу́ду побьёшь, тюлéнь! You'll smash all the china that way, you clumsy ox!
□ **побúть рекóрд** to break the record. Он побúл рекóрд

на послéднем состязáнии в плáвании. He broke the record at the last swimming meet.

поблагодарúть (*pct of* **благодарúть**) to thank. Не забу́дьте поблагодарúть егó от моегó úмени. Don't forget to thank him for me.

поблúзости near. Тут поблúзости есть хорóшая гостúница. There is a good hotel near here. ● in the neighborhood. Есть тут поблúзости хорóший дóктор? Is there a good doctor in the neighborhood?

поболтáть (*pct*) to talk a bit. Приходúте! Поболтáем, чайку́ попьём. Drop in; we can talk a bit and have some tea.

побóльше (*/cp of* **большóй/**).

побрéю *See* **побрúть**.

побрéюсь *See* **побрúться**.

побрúть (-брéю, -брéет; *ppp* побрúтый; *pct of* **брить**) to shave. Побрúть вас? Shall I shave you?
-ся to shave. Мне ещё побрúться ну́жно перед ухóдом. I still have to shave before I go out.

побродúть (-брожу́, -брóдит; *pct*) to stroll. Пойдём побродúть по гóроду. Let's go for a stroll around the town. ● to wander. Он не мáло побродúл по бéлу свéту. He's wandered quite a bit over the whole wide world.

поброжу́ *See* **побродúть**.

побу́ду *See* **побы́ть**.

побывáть (*dur*) to visit. Я ещё не успéл ни у когó побывáть. I didn't have time to visit anyone. ● to go see. Побывáйте у них непремéнно. Go see them without fail.

побы́ть (-бу́ду, -дет; *p* пóбыл, побылá, пóбыло, -и; *pct*) to stay. Я тут побу́ду с недéльку. I'll stay here about a week.

побью́ *See* **побúть**.

повалúть (-валю́, -вáлит; *pct of* **валúть**) to blow down. Бу́ря повалúла телегрáфный столб. The storm blew down a telegraph pole. ● to tip over. Смотрúте, не повалúте вéшалки. Be careful you don't tip over the coat rack. ● to pour. Нарóд так и повалúл в теáтр. The people just poured into the theater.
□ Снег повалúл хлóпьями. The snow started to come down heavily.

пóвар (*P* -á, -óв) cook *M.* У нас в больнúце óчень хорóший пóвар. We have a very good cook in our hospital. ● chef. Он рабóтает пóваром в ресторáне. He's a chef in a restaurant.

по-вáшему *See* **ваш**.

поведéние behavior. Вáше поведéние мне совершéнно непоня́тно. Your behavior puzzles me. ● action. Я не соглáсен с егó лúнией поведéния. I don't agree with his line of action. ● conduct. Опя́ть у негó едúница за поведéние. He got a zero for conduct again.

поведу́ *See* **повестú**.

повезтú (-везу́, -зёт; *p* -вёз, -везлá, -ó, -ú; *pct*) to drive. В понедéльник я повезу́ вас в гóрод, I'll drive you to town on Monday. ● to have luck. Мне повезлó: в послéднюю минуту ктó-то вернул свою́ плацкáрту. I had luck; somebody turned in his (train) reservation at the last minute.
□ Бедня́ге не повезлó — он приéхал сюдá и срáзу свалúлся. The poor fellow had tough luck. He came here and got sick immediately.

повéрить (*pct of* **проверя́ть**) to believe. Я этому низачтó не повéрю. I'll never believe it. ● to take one's word for it. Повéрьте мне, сейчáс переходúть рéку по льду опáсно.

Take my word for it, it's dangerous to walk across the frozen river these days.

повернуть (*ppp* -вёрнутый; *pct of* **повёртывать** *and* **поворачивать**) to turn. Идите прямо, потом поверните налево. Go straight ahead; then turn to the left. — Давайте повернём обратно. Let's turn back.

-ся to turn over. Повернитесь-ка на другой бок. Turn over on the other side. • to turn around. (*no dur*) Ну и комната — повернуться негде! What a room! You can't even turn around! • to take a turn. Вот не ожидал, что дело так повернётся. I never expected this matter to take such a turn. ☐ Как у вас язык повернулся сказать такое! How could you ever say such a thing!

повёртывать (*dur of* **повернуть**).

поверх (*cf* **верх**) over. Наденьте дождевик поверх пальто. Put a raincoat over your overcoat.

поверхностный superficial. Нечего беспокоиться, это только поверхностная рана. Don't worry; it's only a superficial wound. — Он поверхностный человек. He's a superficial person.

☐ **поверхностно** superficially. Вы поверхностно об этом судите. You're judging this superficially.

поверхность (*F*) surface.

поверять (*dur of* **поверить**).

повеселиться (*pct*) to have fun. Ну, повеселились и довольно! All right, we've had our fun; now let's stop it.

повесить (*pct of* **вешать**) to hang. Повесьте картину повыше. Hang the picture a little higher. — За такие вещи его повесить мало. Hanging is too good for a man who does such things.

-ся to hang oneself. Он повесился! He hanged himself.

повести (-веду, -дёт; *p* -вёл, -вела, -о, -и; *pap* -ведший; *pct*) to take. Я сегодня поведу вас по другой дороге. I'll take you there by a new way today.

повестка notice. Разошлите повестки на заседание. Send out the notice about the meeting. • agenda. Что сегодня на повестке дня? What's on the day's agenda? • summons. Он получил повестку из суда. He got a summons to court.

повесть (*P* -сти, -стей *F*) story. Вы читали повести Тургенева? Have you read the stories of Turgenev?

повешу *See* **повесить**.

повидать (*pct of* **видать**) to see. Когда я смогу повидать директора? When will I be able to see the director?

-ся to see. Я наверно не успею с ним сегодня повидаться. Most probably I won't be able to see him today.

повидимому (/*cf* **видеть**/) apparently. Поезд, повидимому, опаздывает. Apparently the train is late. • evidently. Вы, повидимому, не понимаете, что тут происходит. You evidently don't understand what's going on here.

повлиять (*pct of* **влиять**).

повод[1] cause. Что дало повод к ссоре? What was the cause of the argument? • reason. По-моему я ему не дал никакого повода так со мной разговаривать. I don't think I gave him any reason to talk to me like that. • score. А что вы по этому поводу скажете? What would you say on that score?

☐ Он раздражается по всякому поводу. He gets excited on the slightest provocation. • Мы поговорим ещё по этому поводу. We'll talk about it further.

повод[2] (*P* поводья, -дьев, -дьям /в поводу, на поводу/) rein. Я слез и повёл лошадь в поводу. I got down and led the horse by the reins.

☐ Разве вы не знаете, что он на поводу у своего секретаря. Don't you know that his secretary leads him around by the nose?

повозка cart, vehicle.

поворачивать (*dur of* **повернуть** *and* **поворотить**).

-ся to turn around. Ну, поворачивайтесь! Come on; turn around.

поворот bend. Их дом сразу же за поворотом. Their house is right around the bend. • curve. Осторожно! Тут крутой поворот! Danger, sharp curve! • turn. В наших отношениях произошёл поворот к лучшему. There's a turn for the better in our relationship.

☐ *Легче на поворотах! Ведь вы не хотите с ним собориться! Watch your step! You don't want to get into a quarrel with him, do you?

поворотить (-рочу, -ротит; *pct of* **поворачивать**).

поворчать (-рчу, -рчит; *pct*) to grumble a little. Он любит поворчать. He likes to grumble a little.

повредить (*ppp* -вреждённый; *pct of* **вредить** *and* **повреждать**) to hurt. Выпейте, это вам не повредит. Have a drink; it won't hurt you. • to do harm. Боюсь, что ваше вмешательство ему только повредит. I'm afraid that your interfering will only do him harm.

повреждать (*dur of* **повредить**).

повреждение injury. У него сильный ушиб локтя с повреждением кости. He's got a big bruise on his elbow and an injury to the bone.

☐ **бюро повреждений** repair office. Телефон не работает, позвоните в бюро повреждений. The telephone is out of order. Call the repair office.

поврежу *See* **повредить**.

повсюду (/*compare* **всюду**/) everywhere. Я повсюду побывал. I've been everywhere. • anywhere. Вы эту газету повсюду найдёте. You'll find this newspaper anywhere. • all over. У нас в Союзе повсюду есть драматические кружки. There are dramatic clubs all over the Soviet Union. • throughout. В этом городе повсюду есть хорошие рестораны. There are good restaurants throughout the city.

повторить (-творю, -творит; *pct of* **повторять**) to repeat. Повторите, пожалуйста, я не расслышал. Repeat it, please; I didn't hear you. • to go over. Урок у меня почти готов, надо только слова повторить. My homework is almost finished. I only have to go over my vocabulary. • to run over. Вам не мешало бы повторить грамматику. It wouldn't hurt you to run over your grammar.

повторять (*dur of* **повторить**) to repeat. Не повторяйте этого — над вами будут смеяться. Don't repeat that; people will laugh at you.

☐ Он только умеет, что повторять чужие слова. All he knows is to parrot what other people say.

повысить (*pct of* **повышать**) to raise. Нам удалось значительно повысить выработку. We were able to raise our output a great deal. • to increase. Эта рецензия повысила интерес к его книге. This review increased the interest in his book.

☐ Цены сильно повышены. Prices have gone up a great deal.

повышать (*dur of* **повысить**) to raise. Прошу вас не повышать голоса! Please don't raise your voice!

повышу *See* **повысить**.

повязка bandage. Когда мне можно будет снять повязку с руки? When can I take the bandage off my arm?

погасáть (*dur of* **погáснуть**).

погасúть (-гашý, -гáсит; *pct of* **гасúть**) to put out. К счáстью, нам удалóсь быстро погасúть пожáр. Fortunately, we were able to put out the fire quickly. — Погасúте свечý. Put the candle out.

погáснуть (*p* -гáс, -гáсла, -о, -и; *pct of* **гáснуть** *and* **погасáть**) to go out. У нас вчерá во всём дóме вдруг погáс свет. Yesterday the lights went out suddenly in our house.

погашý *See* **погасúть**.

погибáть (*dur of* **погúбнуть**) to die. Я здесь прóсто погибáю от скýки. I'm just dying of boredom here. ⟍
  ☐ В вас погибáет большóй комúческий актёр. You're wasting your talent; you should have been a comedian.

погúбнуть (*p* -гúб, -гúбла; *pct of* **погибáть**) to die. Он погúб на фрóнте. He died at the front.

поглáдить (*pct of* **глáдить**) to pet. Мой сын поглáдил собáку, а онá его укусúла. My son was petting the dog and she bit him. • to iron. У меня всё бельё ужé поглáжено. All my wash is already ironed.
  ☐ *Нас за это по головке не поглáдят! They won't thank us for it.

поглядéть (-гляжý, -глядúт; *pct of* **глядéть**) to look. Поглядúте, что онú дéлают! Look at what they are doing! • to watch. (*no dur*) Вы идúте в теáтр, а я погляжý за детьмú. You go to the theater and I'll watch the children. • (*no dur*) Чтó-то тут не лáдно, как я погляжý! It's my impression that something's not right here.

погляжý *See* **поглядéть**.

поговорúть (*pct*) to talk. Вам нýжно поговорúть с дирéктором. You'll have to talk to the manager. — Поговорúли об этом дня два и забыли. They talked about it for about two days and then forgot about it.

поговóрка saying. Это стáрая рýсская поговóрка. It's an old Russian saying.

погóда weather. Всю недéлю стоáла ужáсная погóда. The weather was terrible all week long.
  ☐ *Нельзá сидéть у мóря и ждать погóды, нáдо дéйствовать. Don't let grass grow under your feet. You've got to get out and do something.

погодúть (*pct*) to wait. Погодúте, он сейчáс выйдет. Wait, he'll be out in a minute.
  ☐ **погодú** wait and see. Погодú, достáнется тебé от отцá! Wait and see, you're going to get it from your father!
  ☐ Позвонúте немнóго погодá. Call a little later.

погожý *See* **погодúть**.

поголóвно without exception. В этом виновáты все поголóвно. Everybody, without exception, is guilty.

пограничник frontier guard.

пóгреб (*P* -á, -óв) cellar.

погрозúть (*pct of* **грозúть**).

погрýзка loading. Скóлько человéк вам понáдобится для погрýзки? How many men will you need for loading?

погубúть (-гублю, -гýбит; *pct of* **губúть**) to ruin. Молчúте, вы всё дéло погýбите. Keep quiet — you'll ruin the whole thing.

погулáть (*pct*) to take a walk. Пойдём погуляем. Let's go take a walk.
  ☐ Погулáли и бýдет, а тепéрь за дéло! You've had your fun; let's get down to work now.

под (*/with a and i/*) under. Придётся постáвить чемодáн под кровáть. You'll have to put the suitcase under the bed. — Емý под пятьдесáт. He's just under fifty. — Эти

вéщи хранáтся у меня под замкóм. I keep these things under lock and key. — Онá ужé нéсколько лет нахóдится под наблюдéнием врачá. She's been under a doctor's care for several years now. — Я служúл под его комáндой. I served under his command. — Онá всецéло под его влиянием. She's entirely under his influence. — Он пúшет под псевдонúмом. He writes under a pen name. • below. Онú жúли рáньше под нáми. They used to live a floor below us. • underneath. Надéньте свитер под пальтó. Put a sweater on underneath your overcoat. • near. В то врéмя под Ленингрáдом шли бои. At that time they were fighting near Leningrad. • into. Этот учáсток óтдан под огорóд. This empty lot was made into a vegetable garden. • towards. Я заснýл тóлько под ýтро. I only fell asleep towards morning.
  ☐ **пóд гору** downhill. Дáльше дорóга идёт пóд гору. The road goes downhill now.
под дождём in the rain. Нам пришлóсь простоáть цéлый час под дождём. We had to stand in the rain for an hour.
  ☐ У меня тут всё под рукóй. I have everything handy here. • Мы с ним встрéтились под нóвый год. I met him New Year's Eve. • Что вы понимáете под этим тéрмином? What does that term mean to you? • Он меня пострúг под машúнку. He used clippers on me. • Дáйте, я возьмý вас пóд руку. Let me take your arm. • Егó за это отдáли под суд. He was put on trial for it.

подавáльщица waitress. Онá былá подавáльщицей в столóвой. She was a waitress in a lunchroom.

подавáть (-даю, -даёт; *imv* -давáй; *pap* -давáя; *dur of* **подáть**) to serve. Пожáлуйста, подавáйте поскорéе, мы спешúм на пóезд. Will you serve us quickly please? We have to make a train. — У нас всегдá подаю́т чай в стакáнах. We always serve tea in glasses. • to give. Он не подавáл пóвода к такóму подозрéнию. He gave no cause for suspicion. — Не нáдо было подавáть емý напрáсных надéжд. You shouldn't have given him any false hopes. • to set. Он подаёт вам плохóй примéр. He sets a bad example for you.
  ☐ **подавáть вид** to show. Тóлько не подавáйте вúду, что вы об этом знáете. Be sure to show you know nothing about it.
подавáть надéжды to show promise. (*no pct*) Этот скрипáч подаёт надéжды. This violinist shows promise.
  ☐ Он ужé полгóда не подаёт никакúх прúзнаков жúзни. There wasn't any word from him for six months.

подавúть (-давлю, -дáвит; *pct of* **подавлáть** *and* **подавлúвать**).
-**ся** to choke. Я вчерá за обéдом чуть не подавúлся кóстью. Yesterday at dinner I almost choked on a bone.

подáвливать (*dur of* **подавúть**).

подавлáть (*dur of* **подавúть**).

подáвно all the more reason. Если уж он это сдéлал, то вы и подáвно сумéете. If he's done it, there's all the more reason why you should be able to.
  ☐ Вам тяжелó это слýшать, а ей и подáвно. If you find it's hard to hear, think how much harder it is for her.

подáм *See* **подáть**.

подарúть (*pct of* **дарúть**) to give a present. Что бы мне емý подарúть? I don't know what to give him for a present. • to make a present. Эту кнúгу мне подарúл сам áвтор. The author himself made me a present of this book.

подáрок (-рка) present. Я хочý сдéлать емý хорóший подáрок. I'd like to make him a nice present. ● gift. Это я вам в подáрок принёс. I mean it as a gift.

подáть (-дáм, -дáст, §27; *imv* -дáй; пóдал, подалá, пóдало, -и; подался, -лáсь, лóсь, -лись; *ppp* пóданный, *sh F* -данá; *pct of* подавáть) to serve. В котóром часý подáть вам зáвтрак? What time do you want breakfast served? — Обéд пóдан, пожáлуйте к столý. Dinner is served; come on in, please. ● to give. Вы пóдали хорóшую мысль. You gave us a good idea.

☐ подáть в суд to take to court. Он грозится, что подáст на них в суд. He's threatening that he'll take them to court. подáть мяч to serve a ball. Я пóдал бы мяч лýчше, éсли бы у меня былá лýчшая ракéтка. I'd serve the ball better if I had a better racket.

подáть рýку to shake hands. Пóсле этого я емý рýки бóльше не подáм. After that, I couldn't even shake hands with him.

☐ Подáйте емý пальтó. Help him on with his coat. ● Лóшади пóданы! The carriage is ready.

подберý *See* подобрáть.

подбирáть (*dur of* подобрáть) to pick up. Не подбирáйте яблок с земли. Don't pick these apples up from the ground.

подбородóк (-дка) chin.

подвáл basement.

подведý *See* подвести.

подвезти (-везý, -везёт; *p* -вёз, -везлá, -ó, -и; *pct of* подвозить) to bring up. К счáстью, провизию подвезли вó-время. Fortunately the food supplies were brought up on time. ● to give a lift. Садитесь, подвезý. Get in; I'll give you a lift.

подвёл *See* подвести.

подвергáть (*dur of* подвéргнуть) to expose. Я не хочý вас подвергáть опáсности. I don't want to expose you to danger.

☐ Охóта вам подвергáть себя насмéшкам! I can't understand why you want to be the butt of every joke.

подвéргнуть (*p* -вéрг, -вéргла; *pct of* подвергáть).

☐ подвéргнуть критике to criticize. Егó поведéние былó подвéргнуто сурóвой критике. His conduct was severely criticized.

подвести (-ведý, -дёт; *p* -вёл, -велá, -ó, и; *pap* -вéдший; *pct of* подводить) to lead up. Лошадéй подвели к крыльцý. The horses were led up to the stoop. ● to place under. Хорошó бы под этот дом подвести кáменный фундáмент. It would be a good idea to place a stone foundation under this house. ● to let down. Надéюсь, что он нас не подведёт. I hope he won't let us down. ● to put on the spot. Вы меня óчень подвели своим замечáнием. You put me on the spot with your remark.

☐ подвести итóг to add up. Вы ужé подвели итóг вáшим расхóдам? Did you add up your expenses? подвести итóги to take stock. Зáвтра мы закóнчим рабóту и смóжем подвести итóги. Tomorrow we'll finish the job and we'll be able to take stock.

☐ Желéзную дорóгу подведýт к нáшему гóроду? Will the railroad run to our city? ● Я не знáю, под какýю категóрию егó подвести. I don't know how to type him. ● ●У меня от гóлода живóтики подвелó. I feel faint from hunger.

пóдвиг great deed. Мы никогдá не забýдем пóдвигов нáшей áрмии. We'll never forget the great deeds of our Army.

☐ Выйти в такýю погóду — прóсто пóдвиг с вáшей сто-

рóни. You have a lot of courage to go out in such weather.

подвигáть (*dur of* подвинуть).

-ся.

☐ Ну, как подвигáется вáша рабóта? Well, how's your work coming along?

подвинуть (*pct of* подвигáть) to move. Подвиньте стол поближе к дивáну. Move the table closer to the couch. -ся to move over. (*no dur*) Подвиньтесь-ка, граждáнка, дáйте мне тóже мéсто. Will you move over, miss, and make room for me.

подвóда horse and wagon. Наймите подвóду для перевóзки мéбели. Hire a horse and wagon to move the furniture.

подводить (-вожý, -вóдит; *dur of* подвести) to bring to. Он подводите ребёнка к окнý. Don't bring the child to the window. ● to let down. Рáзве я вас когдá-нибудь подводил? When did I ever let you down?

☐ Онá слишком сильно подводит глазá. She uses too much eye-shadow.

подвожý *See* подводить.

подвóз supply. Сегóдня на базáре был плохóй подвóз овощéй. There was a poor supply of vegetables on the market today.

подвозить (-вожý, -вóзит; *dur of* подвезти).

подвязка garter.

подготáвливать (*dur of* подготóвить).

подготóвить (*pct of* подготáвливать *and* подготовлять) to prepare. (*no dur*) Вы считáете, что ваш мáльчик хорошó подготóвлен к экзáмену? Do you think your boy is well prepared for the exam? ● to get together. Подготóвьте материáл и садитесь за рабóту. Get your material together and get down to work.

☐ Её нáдо подготóвить к этому извéстию. You have to break the news to her gently.

подготовлять (*dur of* подготóвить).

поддавáть (*dur of* поддáть).

пóдданная (*AF* /*ppp of* поддáть/) subject. Онá голлáндская пóдданная. She's a Dutch subject.

пóдданный (*AM*/*ppp of* поддáть/).

☐ британский пóдданный British subject.

пóдданство citizenship, nationality.

поддáть (/*pct of* поддавáть/) to add.

поддéлка imitation. Это настоящий персидский ковёр или поддéлка? Is this a genuine Persian rug or just an imitation? ● forging. Он сидит за поддéлку докумéнтов. He's in prison for forging documents.

поддержáть (-держý, -дéржит; *pct of* поддéрживать) to hold up. Поддержите егó, а то он упадёт. Hold him up or else he'll fall. ● to support. Он поддержáл моё предложéние. He supported my proposal. — Весь цех поддержáл её кандидатýру. The entire shop supported her candidacy. ● to maintain. Он это сдéлал, чтóбы поддержáть свой престиж. He did it to maintain his prestige.

☐ Идёмте с нáми, поддержите компáнию. Be a good sport; come along with us.

поддéрживать (*dur of* поддержáть) to support. Онá поддéрживает своих родителей. She supports her parents. ● to keep. Он здесь поддéрживает порядок. He keeps things in order here. ● to keep going. Мне ужáсно трýдно былó поддéрживать этот разговóр. It was very difficult for me to keep this conversation going.

☐ Мы поддéрживаем с ним знакóмство. We see him every so often.

поддéржка support. Он их единственная поддéржка. He's

their sole support. — Мой план нашёл у него́ по́лную подде́ржку. My plan got his wholehearted support.

подежу́рить (*pct*).

□ Вы мо́жете пойти́, я за вас подежу́рю сего́дня ве́чером. You can go. I'll take over your duty for tonight.

поде́йствовать (*pct of* **де́йствовать**) to have an effect. Э́то лече́ние прекра́сно на меня́ поде́йствовало. This treatment had a wonderful effect on me. •to use one's influence. Постара́йтесь хоть вы на него́ поде́йствовать, что́бы он приходи́л во́-время. Maybe you can use your influence and make him come on time.

поде́лать (*pct*).

□ Ничего́ не поде́лаешь, придётся потесни́ться. It just can't be helped; we'll have to crowd ourselves to make room for others.

подели́ть (-делю́, -де́лит; *ppp* -делённый; *pct*) to divide. Подели́те э́ти де́ньги ме́жду собо́й. Divide this money among you.

-ся to share. Он всегда́ гото́в подели́ться после́дней копе́йкой. He'll share his last penny with you. — Я пришла́ подели́ться с ва́ми свое́й ра́достью. I came to share my good news with you.

поде́лывать (*dur*).

□ Давно́ вас не ви́дел, что поде́лываете? I haven't seen you in a long time. How're you getting along?

подённый

□ **подённо** by the day. Мне пла́тят подённо. I'm paid by the day.

поде́ржанный (*ppp of* **подержа́ть**) secondhand. Хоти́те купи́ть поде́ржанный велосипе́д? Do you want to buy a secondhand bicycle?

подержа́ть (-держу́, -де́ржит; *pct*) to hold. Подержи́те мину́тку мой паке́т. Will you please hold my package a minute?

поджа́ривать (*dur of* **поджа́рить**).

поджа́рить (*pct of* **поджа́ривать**) to fry. Поджа́рить вам карто́шки? Should I fry some potatoes for you?

подзе́мный underground. Здесь был подзе́мный ход. There was an underground passage here.

подира́ть (*dur of* **подра́ть**).

подкла́дка lining. Он купи́л пальто́ на шёлковой подкла́дке. He bought a topcoat with a silk lining.

□ Тепе́рь мне ясна́ вся подкла́дка э́того де́ла. Now I understand what's behind this affair.

подко́ва horseshoe.

по́дле (*See also* **о́коло**.) near, next to. Он стоя́л по́дле меня́. He was standing next to me.

подлежа́ть (-жу́, -жи́т; *dur*) to be subject to. Э́то не подлежи́т обложе́нию по́шлиной. This is not subject to duty.

□ Э́ти све́дения ещё не подлежа́т огла́ске. So far this news is not for publication. •Э́то не подлежи́т никако́му сомне́нию. There's no doubt about it.

подле́ц (-á) rascal.

подли́вка gravy.

по́длинник original. Покажи́те мне по́длинник э́того докуме́нта. Show me the original of this document.

по́длый (*sh* подл, -дла́) low. Он про́сто по́длый челове́к. He's just a low person.

□ **по́дло** mean. Они́ с на́ми по́дло поступи́ли. They did a mean thing to us.

подмёл *See* **подмести́**.

подмести́ (-мету́, метёт; *p* -мёл, -мела́; *pap* -мётший; *pct of*

подмета́ть) to sweep. Не забу́дьте подмести́ перед ухо́дом. Don't forget to sweep before you leave.

подмета́ть (*dur of* **подмести́**) to sweep. Кто сего́дня бу́дет подмета́ть пол? Who'll sweep the floor today?

подмётка sole. Сде́лайте мне подмётки и набо́йки. Put new soles and heels on my shoes.

□ *Он ей и в подмётки не годи́тся. He's not fit to lick her boots.

подмету́ *See* **подмести́**.

подмы́шка.

□ **подмы́шкой** under one's arm. Он всегда́ хо́дит с больши́м портфе́лем подмы́шкой. He always carries a large briefcase under his arm.

поднима́ть (*dur of* **подня́ть**) to lift. Ему́ нельзя́ поднима́ть тя́жести. He mustn't lift anything heavy. •to arouse. Соревнова́ние, несомне́нно, поднима́ет интере́с к рабо́те. Competition undoubtedly arouses interest in work. — Не́чего бы́ло поднима́ть весь дом на́ ноги из-за тако́го пустяка́. There was no sense in arousing everybody in the house over such a trifle.

□ Не поднима́йте сканда́ла по пустяка́м! Don't make a fuss over such a trifle.

-ся to go up. Ему́ бу́дет о́чень тру́дно поднима́ться по ле́стнице It'll be very hard for him to go upstairs. •to come up. В э́том году́ у нас в огоро́де всё прекра́сно поднима́ется. Everything is coming up beautifully in our vegetable garden this year. — Ка́жется, поднима́ется мете́ль. It looks as if a snowstorm is coming up. •to be rising. Баро́метр поднима́ется. The barometer is rising.

□ У него́ рука́ не поднима́ется подписа́ть э́тот прика́з. He just can't sign this order.

подниму́ *See* **подня́ть**.

поднимусь *See* **подня́ться**.

подно́жка running board. Я вскочи́л на подно́жку трамва́я. I jumped on the running board of the trolley.

подно́с tray.

подня́ть (подниму́, подни́мет; *p* по́днял, подняла́, по́дняло, -и; подня́лся, подняла́сь, -ло́сь, -ли́сь; *ppp* по́днятый, *sh F* -нята́; *pct of* **поднима́ть**) to lift. Я не могу́ подня́ть э́того оди́н. I can't lift it by myself. •to pick up. Помоги́те-ка мне подня́ть э́тот я́щик. Will you help me pick this box up. •to raise. Они́ по́дняли америка́нский флаг. They raised the American flag. — Кто из вас по́днял э́тот вопро́с? Which one of you raised this question? •to get someone up. Меня́ сего́дня по́дняли спозара́нку. They got me up very early today. •to boost. Свои́ми шу́тками он по́днял упа́вшее бы́ло настрое́ние. He boosted everybody's spirits with his jokes.

□ **подня́ть на́ смех** to make fun of. Его́ по́дняли на́ смех. They made fun of him.

•подня́ть шум to raise a howl. Газе́ты по́дняли шум вокру́г э́того де́ла. The newspapers raised a howl about it.

□ Ва́ша зада́ча подня́ть их акти́вность. Your task is to make them more active.

-ся to rise. Он подня́лся со сту́ла. He rose from his chair. — У́ровень воды́ си́льно подня́лся. The water level rose sharply. — Те́сто уже́ подня́лось. The dough had already risen. — Подня́лся ве́тер. The wind rose. — Все, как оди́н, подня́лись на защи́ту ро́дины. They rose as one in defense of their country. — У нас подня́лось настрое́ние. Our spirits rose. •to get up. Я сего́дня подня́лся ра́ньше обы́чного. I got up earlier than usual today. •to go up.

У него́ опя́ть подняла́сь температу́ра. His temperature went up again. • to climb. Мы подняли́сь на́ гору. We climbed up the mountain.

□ Она́ уже́ подняла́сь с посте́ли. She's already out of bed.

подо (for под before some clusters, §31) below. Она́ живёт подо мной. She lives on the floor below. • under. Он упа́л и скры́лся подо льдо́м. He fell in and disappeared under the ice.

подо́бный similar. Не́что подо́бное случи́лось с одни́м мои́м прия́телем. A similar thing happened to a friend of mine. • like. Ви́дели вы что́-нибудь подо́бное? Have you ever seen anything like it?

□ и тому́ подо́бное (и.т.п.) and the like. Мне присла́ли из дому варе́нье, пече́нье и тому́ подо́бное. They sent me some jam, cookies, and the like from home.

□ Ничего́ подо́бного! Nothing of the kind!

подобра́ть (подберу́, -рёт; p -подобрала́; -бра́лся, -брала́сь, -ло́сь, -ли́сь; ppp подо́бранный, sh F -брана́; pct of подбира́ть) to pick up. Санита́ры бы́стро подобра́ли ра́неных. The medical corpsmen promptly picked up the wounded. • to gather up. Она́ подобра́ла во́лосы под плато́к. She gathered her hair up under her kerchief. • to match. Я ника́к не могу́ подобра́ть га́лстук к э́тому костю́му. I just can't find a necktie to match this suit. • to select. Она́ подобрала́ подходя́щих люде́й для э́той рабо́ты. She selected a number of suitable people for this work.

□ Постара́йтесь подобра́ть ключ к э́тому замку́. Try to find a key to fit this lock.

подожда́ть (-жду́, -ждёт; p -ждала́; pct of ждать) to wait. Подожди́те меня́. Wait for me. — Подожди́те! Тут, ка́жется, како́е-то недоразуме́ние. Wait, there seems to be some kind of misunderstanding here.

подозрева́ть (-ва́ю, -ва́ет; dur) to suspect. Я его́ ни в чём дурно́м не подозрева́ю. I don't suspect him of anything bad. — Я и не подозрева́л, что вы так хорошо́ говори́те по-англи́йски. I didn't suspect that you speak English so well.

подозре́ние suspicion. Он аресто́ван по подозре́нию в кра́же. He's held under suspicion of robbery. — Это ни на чём не осно́ванное подозре́ние. It's an unwarranted suspicion.

подойду́ See подойти́.

подойти́ (-йду́, -йдёт; p -шёл, -шла́, -ó, -й; pap -ше́дший; pct of подходи́ть) to come near. Он подошёл к окну́. He came near the window. • to approach. Мы подошли́ к грани́це пешко́м. We approached the border on foot. — К э́тому вопро́су на́до подойти́ серьёзно. This matter has to be approached seriously.

подоко́нник window sill.

подоплёка ins and outs. Он-то зна́ет всю подоплёку э́того де́ла. He certainly knows all the ins and outs of this affair.

подо́шва sole. Я купи́л башмаки́ на то́лстой подо́шве. I bought a pair of shoes with thick soles. — У меня́ мозо́ль на подо́шве. I have a corn on the sole of my foot.

□ подо́шва горы́ foot of a mountain.

□ Это жарко́е жёсткое, как подо́шва. This roast is as tough as shoe leather.

подошёл See подойти́.

подписа́ть (-пишу́, -пи́шет; pct of подпи́сывать) to sign. Подпиши́те э́ту бума́гу. Sign this paper. — Мы уже́ подписа́ли контра́кт. We already signed the contract.

-ся to sign. Где мне подписа́ться? Where do I sign? • to subscribe. Я хочу́ подписа́ться на э́тот журна́л. I want to subscribe to this magazine.

подпи́ска subscription. Все почто́вые отделе́ния принима́ют подпи́ску на газе́ты и журна́лы. All post-office branches take magazine and newspaper subscriptions.

□ Подпи́ска на заём прохо́дит успе́шно. The loan is being well subscribed. • Ко дню его́ рожде́ния мы собра́ли по подпи́ске ему́ на пода́рок. We all chipped in for his birthday present.

подпи́сывать (dur of подписа́ть) to sign. Я никогда́ ничего́ не подпи́сываю, не чита́я. I never sign anything without reading it first.

-ся to sign. Вы подпи́сываетесь по́лным и́менем? Do you sign your full name? • to endorse. Я охо́тно подпи́сываюсь под э́тим заявле́нием. I endorse this statement wholeheartedly.

по́дпись (P -си, -се́й F) signature. Это ва́ша по́дпись? Is this your signature? — Это распоряже́ние пошло́ к заве́дующему на по́дпись. This directive was sent to the manager for signature.

подпишу́ See подписа́ть.

подпишу́сь See подписа́ться.

подпо́лье (gp -льев) cellar. Мы спря́тали ору́жие в подпо́лье. We hid the weapons in the cellar. • underground. Во вре́мя оккупа́ции он рабо́тал в подпо́лье. During the occupation he was active in the underground.

подража́ть (dur) to imitate. Не подража́йте ему́. Don't imitate him. • to copy. Они́ подража́ют на́шим ме́тодам. They copy our methods. • to ape. Она́ во всём подража́ет ста́ршей сестре́. She apes her sister in everything.

подразумева́ть (-ва́ю, -ва́ет; dur) to mean. Что вы, со́бственно, под э́тим подразумева́ете? Just what do you mean by that?

подра́ть (-деру́, -дерёт; p -драла́; -дра́лся, -драла́сь, -дра́лось, -дра́лись; pct of подира́ть; refl is pct of дра́ться /refl of драть/).

подро́бность (F) detail. Не вдава́йтесь в изли́шние подро́бности. Don't go into unnecessary details.

□ Мы обсужда́ли вопро́с во всех подро́бностях. We discussed the question at great length.

подро́бный detailed. Он дал подро́бный отчёт о свое́й пое́здке. He gave a detailed report of his trip.

□ подро́бнее in more detail. В сле́дующий раз напишу́ подро́бнее. I'll write you about it in more detail later. подро́бно in detail. Он вам об э́том расска́жет подро́бно. He'll tell you about it in detail.

подру́га friend. Она́ лу́чшая подру́га мое́й сестры́. She's my sister's best friend. • mate. Мы с ней шко́льные подру́ги. We were schoolmates.

□ Она́ всю жизнь была́ ему́ ве́рной подру́гой. She was a good wife to him.

подружи́ться (pct of дружи́ться) to become friends. (no dur) Мы с ним о́чень подружи́лись. We became great friends.

подря́д (/cf ряд/) in a row. Я ему́ сказа́л э́то три ра́за подря́д, аво́сь запо́мнит. I told him that three times in a row; I hope he'll remember it.

□ не́сколько дней подря́д for several days running. Не́сколько дней подря́д я стара́лся доста́ть биле́ты в о́перу. For several days running I've been trying to get tickets to the opera.

□ Дождь идёт ужé нéсколько дней подря́д. It's been raining steadily for several days now.

подсвéчник ([-šnj-]) candlestick.

подсóбный.

□ Мне ну́жен подсóбный зáработок. I need some additional income. • Здесь в цеху́ я покá дéлаю тóлько подсóбную рабóту. For the time being I'm just a helper in this shop.

подсóлнечник ([-šnj-]) sunflower.

подсóлнух sunflower seed. Он тóлько и дéлает что грызёт подсóлнухи. He keeps nibbling sunflower seeds all day.

подстерегáть (*dur of* **подстерéчь**) to be on the watch. Когó э́то вы здесь подстерегáете? Who are you on the watch for here?

подстерегу́ *See* **подстерéчь.**

подстережёшь *See* **подстерéчь.**

подстерéчь (-стерегу́, -стережёт; *p* -стерёг, -стереглá, -ó, -и́, *pct of* **подстерегáть**) to ambush. Мы подстереглú отря́д у сáмого лéса. We ambushed the detachment at the edge of the woods.

подстригáть (*dur of* **подстрúчь**).

подстригу́ *See* **подстрúчь.**

подстрижёшь *See* **подстрúчь.**

подстрúчь (-стригу́, -стрижёт; *p* -стрúг, -стрúгла; *ppp* -стрúженный; *pct of* **подстригáть**) to trim. Вам подстрúчь усы́? Do you want your mustache trimmed?

подсуди́мый (*AM*) defendant. Подсуди́мый отказáлся отвечáть на э́тот вопрóс. The defendant refused to answer the question.

подсчитáть (*pct of* **подсчúтывать**) to figure out. Я подсчитáл расхóды и пришёл в у́жас! I figured out the expenses and was I scared!

подсчúтывать (*dur of* **подсчитáть**).

подтверди́ть (*ppp* -тверждённый; *pct of* **подтверждáть**) to confirm. Подтверди́те, пожáлуйста, получéние э́того письмá. Confirm the receipt of this letter, please. • to back up. Он мóжет подтверди́ть мои́ словá. He'll back up what I say.

подтверждáть (*dur of* **подтверди́ть**) to confirm. Э́то подтверждáет егó показáние. This confirms his testimony. • to bear out. Э́то подтверждáет моё предположéние. This bears out my guess.

подтвержу́ *See* **подтверди́ть.**

подтя́гивать ([-gᵃv-]; *dur of* **подтяну́ть**) to hitch up. Пойду́ надéну подтя́жки, а то всё врéмя прихóдится штаны́ подтя́гивать. I'm going to put on my suspenders or else I'll have to keep hitching my pants up all the time. • to join in. Он нáчал ей подтя́гивать густы́м бáсом. He began to join in with her in his deep bass voice.

подтя́жки (-жек *P*) suspenders.

подтяну́ть (-тяну́, -тя́нет; *pct of* **подтя́гивать**) to tighten. Подтяни́те ремни́ на чемодáне поту́же. Tighten the straps on the suitcase. • to pull up. Подтяни́те лóдку поблúже к бéрегу. Pull the boat up closer to the shore. • to take in hand. Ваш сын óчень лени́в, егó подтяну́ть нáдо! Your son is very lazy; you'll have to take him in hand.

□ Наш цех нáдо подтяну́ть. We'll have to get our shop to work harder.

поду́мать (*pct of* **ду́мать**) to think. Жаль, что я не поду́мал об э́том рáньше. I'm sorry I didn't think of it before. — "Вы э́то должны́ сдéлать". "И не поду́маю!" "You

must do it." "I wouldn't think of it!" — (*no dur*) Поду́майте тóлько, что ему́ пришлóсь пережи́ть. Just think what he had to go through. • to think over. Я поду́маю и дам отвéт зáвтра. I'll think it over and give you an answer tomorrow. • to consider. Мы и не поду́мали об э́той возмóжности. We didn't consider these possibilities.

поду́ть (-ду́ю, -ду́ет; *pct of* **ду́ть**) to blow.

поду́шка pillow. Э́та поду́шка сли́шком твёрдая. This pillow is too hard. — Вы мóжете получи́ть ещё одну́ поду́шку. You can get another pillow. • cushion. У меня́ в кóмнате дивáн с тремя́ поду́шками. I have a couch with three cushions in my room.

подхóд approach. У негó непрáвильный подхóд к дéлу. He has the wrong approach to the subject.

подходи́ть (-хожу́, -хóдит; *dur of* **подойти́**) to approach. Скорéе! Пóезд подхóдит к стáнции. Hurry up! The train's approaching the station. • to suit. Э́та рабóта ему́ вполнé подхóдит. This job suits him perfectly. • to fit. Э́тот ключ не подхóдит. This key doesn't fit. • to go with. Крáсный гáлстук не подхóдит к вáшей шля́пе. The red necktie doesn't go with your hat. • to near. Нáша рабóта подхóдит к концу́. Our work is nearing its end.

□ Лес подхóдит к сáмому дóму. The house is on the very edge of the forest.

подходя́щий (/*prap of* **подходи́ть**/) suitable. Я не нашёл подходя́щей кóмнаты. I didn't find a suitable room. — Э́то подходя́щая ценá. This is a suitable price. • right. Он подходя́щий человéк для э́той рабóты. He's the right man for this job. — Э́то подходя́щее для тогó, чтобы искáть рабóты. This is the right time to look for a job. • proper. Никáк не найду́ подходя́щего выражéния. I just can't find the proper expression.

□ Пускáй он остаётся с нáми, он пáрень подходя́щий. Let him stay with us; he's a regular fellow. • Подходя́ще сдéлано! Well done!

подхожу́ *See* **подходи́ть.**

подчáс (/*cf* **час**/) sometimes. Мне э́то подчáс надоедáет. I get bored with it sometimes.

подчёркивать ([-kᵃv-]; *dur of* **подчеркну́ть**) to underline. Не подчёркивайте э́той фрáзы. Don't underline this sentence.

□ Он óчень лю́бит подчёркивать своё превосхóдство. He likes to make a show of his superiority.

подчеркну́ть (*ppp* -чёркнутый; *pct of* **подчёркивать**) to make a point. Подчеркни́те э́то в письмé к нему́. Make a point of it when you write to him.

□ Он подчеркну́л, что дéлает э́то неохóтно. He made it clear that he's doing it unwillingly.

подштáнники (-ков *P*) (men's) drawers.

подъéзд entrance. Остановúтесь у подъéзда. Stop at the entrance. — Встрéтимся у подъéзда теáтра, хорошó? Let's meet at the theater entrance. O.K.?

подъём slope. С э́той стороны́ крутóй подъём. There's a steep slope on this side. • lifting. Мы пóльзуемся лúфтом для подъёма грýзов. We use elevators for lifting loads. • rise. На э́том столбé отмечáется у́ровень подъёма воды́. The rise of the water level is marked on this post. • instep. У меня́ лéвый башмáк жмёт в подъёме. My left shoe pinches my instep. • boom. Э́то был перúод промы́шленного подъёма. It was the period of an industrial boom. • enthusiasm. Онá сегóдня пéла с больши́м подъёмом. She sang with great enthusiasm today.

☐ Ско́лько продолжа́ется подъём на э́ту го́ру? How long does it take to climb this mountain? ● *Он лёгок на подъём. He thinks nothing of moving at the drop of a hat. ● *Я тепе́рь стал тяжёл на подъём. I've been very sluggish lately.

подыша́ть (-дышу́, -ды́шит; *pct*).

☐ Пойдёмте подыша́ть све́жим во́здухом. Let's go for some fresh air.

поеда́ть (*dʲr of* **пое́сть**).

пое́ду *See* **пое́хать.**

по́езд (*P* -á, -óв) train. Вы е́дете ско́рым по́ездом? Are you taking a fast train?

☐ **курье́рский по́езд** express train, through train.

пассажи́рский по́езд slow passenger train.

почто́вый по́езд mail train. Не е́здите почто́вым по́ездом, э́то сли́шком до́лго продолжа́ется. Don't go by mail train; it'll take too long.

пое́здка ([-sk-]) trip. Мы устра́иваем пое́здку за́ город. We're arranging a trip to the country. ● journey. Пое́здка бу́дет продолжа́ться оди́н день, не бо́льше. It's only a day's journey, not more.

поём *See* **пое́сть.**

пое́сть (-е́м, -е́ст, §27; *imv* -е́шь; *p* -е́л; *pct of* **поеда́ть**) to eat. Нет ли чего́-нибудь пое́сть? Я ужа́сно го́лоден. Is there anything to eat? I'm very hungry. — Больно́й пое́л немно́го су́пу и усну́л. The patient ate a little soup and then went to sleep.

пое́хать (-е́ду, -е́дет; *imv supplied as* поезжа́й; *pct of* **е́хать**) to go (by conveyance). Мы пое́дем туда́ по желе́зной доро́ге. We'll go there by train. — Мы мо́жем пое́хать трамва́ем и́ли авто́бусом. We can go there either by trolley or by bus. ● to go. Ну, пое́хали! Well, let's go! ● to drive. Поезжа́йте пря́мо на вокза́л. Drive straight to the station.

пожале́ть (*pct of* **жале́ть**) to be sorry. Ну, вы ещё об э́том пожале́ете! Well, you'll be sorry about it some day. ● to spare. Он не пожале́л де́нег и угости́л нас на сла́ву. He spared no expense and gave us a royal feed.

пожа́ловаться (*pct of* **жа́ловаться**) to complain. Мне придётся на вас пожа́ловаться. I'll have to complain about you.

пожа́луй perhaps. Что ж он, пожа́луй, прав. Well, perhaps he's right. ● I don't mind. "Хоти́те вы́пить рю́мочку?" "Пожа́луй!" "How about a drink?" "I don't mind."

☐ Он, пожа́луй, рассе́рдится. He may get angry. ● Я, пожа́луй, пойду́ с ва́ми. I think I'll go with you.

пожа́луйста ([-lᵉsta, -lsta]) please.

пожа́р fire. У вас в до́ме пожа́р! There's a fire in your house! — Что э́то он бежи́т, как на пожа́р? What's the matter with him? He looks as though he's running to a fire. — Не на пожа́р, поспе́ете! Where's the fire? You'll make it!

пожа́рный fire. Вы́зовите пожа́рную кома́нду! Call the fire department!

пожа́рный (*AM*) fireman.

пожа́ть (-жму́, -жмёт; *ppp* -жа́тый; *pct of* **пожима́ть**) to shake. Я пожа́л ему́ ру́ку. I shook hands with him. — Мы заста́вили их помири́ться и пожа́ть друг дру́гу ру́ки. We made them make up and shake hands. ● to shrug. Он в недоуме́нии пожа́л плеча́ми. He shrugged his shoulders in perplexity.

пожела́ние wish. Шлю наилу́чшие пожела́ния вам и

ва́шей семье́. My best wishes to your family and yourself. ● suggestion. Обо всех ва́ших жа́лобах и пожела́ниях сообща́йте пря́мо мне. Please come directly to me with all complaints and suggestions.

пожела́ть (*pct of* **жела́ть**) to wish. Пожела́ем на́шему това́рищу успе́ха на но́вой рабо́те. Let's wish our friend success in his new work.

пожелте́ть (/*pct of* **желте́ть**/).

поже́ртвовать (*pct of* **же́ртвовать**) to sacrifice. Он поже́ртвовал жи́знью за ро́дину. He sacrificed his life for his country. ● to give up. Нам пришло́сь поже́ртвовать ча́стью цветника́ для огоро́да. We had to give up some of our flower beds to make room for a vegetable garden.

пожива́ть (*dʲr*) to get on. Как пожива́ет ваш брат? How is your brother getting on?

☐ Как вы пожива́ете? How are you?

поживу́ *See* **пожи́ть.**

пожило́й elderly. Нас встре́тила пожила́я же́нщина. An elderly woman met us.

пожима́ть (*dur of* **пожа́ть**) to shrug. Он то́лько плеча́ми пожима́л, слу́шая э́то. He just listened and shrugged his shoulders.

пожи́ть (-живу́, -вёт; *p* пожи́л, пожила́, по́жило, -и; *ppp* по́житый, *sh F* пожита́; *pct*) to live. Я хоте́л бы пожи́ть на ю́ге. I'd like to live down south for a while.

☐ В мо́лодости он по́жил в своё удово́льствие. He had his fling in his youth. ● Поживём — уви́дим! Time will tell.

пожму́ *See* **пожа́ть.**

позабо́титься (*pct of* **забо́титься**) to look after. Я позабо́чусь о ва́шем сы́не. I'll look after your son. ● to see to it. Позабо́тьтесь, чтоб обе́д был во́-время. See to it that dinner is served on time. ● to see. Не беспоко́йтесь, я позабо́чусь о биле́тах. Don't worry; I'll see about the tickets.

позабо́чусь *See* **позабо́титься.**

позави́довать (*pct of* **зави́довать**) to envy. Ва́шему здоро́вью мо́жно позави́довать. Your good health is to be envied.

☐ Им тепе́рь не позави́дуешь! They're in a bad spot.

поза́втракать (*pct of* **за́втракать**) to have one's breakfast. Вы уже́ поза́втракали? Have you had your breakfast yet?

позавчера́ (/*cf* **вчера́**/) day before yesterday. Позавчера́ мы бы́ли в кино́. We went to the movies the day before yesterday.

позади́ behind. Я сиде́л в теа́тре позади́ вас. I sat behind you in the theater. — Я оста́вил их далеко́ позади́. I left them far behind.

☐ Он всегда́ плетётся позади́ всех. He always brings up the rear.

позва́ть (-зову́, -вёт; *p* -звала́; *pct of* **звать**) to call. Неме́дленно позови́те до́ктора. Call a doctor immediately. — Она́ позвала́ меня́ к столу́. She called me to eat.

☐ Позови́те, пожа́луйста, такси́. Call me a taxi, please.

позволе́ние permission.

позво́лить (*pct of* **позволя́ть**) to allow. Нам позво́лили сего́дня не выходи́ть на рабо́ту. They allowed us to stay away from work today. — Я не позво́лю говори́ть с собо́й таки́м то́ном! I won't allow anyone to talk to me in that tone. ● to give permission. Кто вам позво́лил взять мою́ маши́ну? Who gave you permission to take my car?

• to let. Позво́льте вам сказа́ть, что вы поступи́ли бес-
та́ктно. Let me tell you that you acted without tact.

□ **позво́лить себе́** to afford. Я не могу́ себе́ позво́лить
э́той ро́скоши. I can't afford such luxury.

□ Позво́льте прикури́ть. Will you give me a light from
your cigarette? • Я охо́тно позво́лю вам по́льзоваться
мое́й маши́нкой. You're welcome to use my typewriter.

позволя́ть (*dur of* **позво́лить**) to permit. Моё здоро́вье не
позволя́ет мне взять э́ту рабо́ту. My health doesn't
permit me to take this job.

□ Вы сли́шком мно́го себе́ позволя́ете! You're taking
too much liberty!

позвони́ть (*pct of* **звони́ть**) to ring. Позвони́те и вы́зовите
дежу́рного. Ring for the man on duty. — Пожа́луйста,
позвони́те, е́сли вам что́-нибудь пона́добится. Please
ring if you need anything. • to call. Я вам за́втра позвоню́,
чтоб усло́виться о встре́че. I'll call you tomorrow to make
arrangements to meet. • to call up. Позвони́те мне за́втра
у́тром. Call me up tomorrow morning. • to phone.
Позвони́те по э́тому но́меру. Phone this number.

по́здний ([-znj-]; *ср* по́зже; *adv* по́здно [-zn-]) late. Я рабо́тал
до по́здней но́чи. I worked late into the night. — В э́том
году́ по́здняя весна́. Spring is late this year.

□ **позднее** later. Я приду́ позднее. I'll come later.

по́здно late. Мы пришли́ сли́шком по́здно. We came
too late. — Лу́чше по́здно, чем никогда́. Better late than
never. — Он вчера́ о́чень по́здно лёг спать. He went to
bed very late yesterday.

поздоро́ваться (-ва́юсь, -ва́ется; *pct of* **здоро́ваться**) to say
hello. Иди́те, поздоро́вайтесь с ним. Go say hello to him.

поздра́вить (*pct of* **поздравля́ть**) to congratulate. Ка́жется,
вас мо́жно поздра́вить с приба́вкой? May I congratulate
you on your raise?

поздравле́ние congratulations.

поздравля́ть (*dur of* **поздра́вить**) to congratulate. Вы
вы́держали экза́мен? Поздравля́ю, поздравля́ю! Did
you pass your exam? I congratulate you!

□ Поздравля́ю вас с днём рожде́ния! Happy birthday!
• С чем вас и поздравля́ю! You got luck, but it's all bad!

по́зже *See* **по́здний**.

познако́мить (*pct of* **знако́мить**) to introduce. Идёмте, я
вас познако́млю с э́той ву́зовкой. Come, I'll introduce
you to this co-ed. • to acquaint. Мы вас познако́мим с
на́шими пра́вилами. We'll acquaint you with our rules.

-ся to get to know. Я хоте́л бы познако́миться с ва́шей
сестро́й. I'd like to get to know your sister. • to become
acquainted. Он хоте́л бы познако́миться с постано́вкой
медици́нского де́ла у нас. He'd like to become acquainted
with our medical set up. • to meet. Очень прия́тно с ва́ми
познако́миться, I'm very glad to meet you.

позову́ *See* **позва́ть**.

поигра́ть (*pct*) to play. Пойди́ поигра́й с други́ми ребя́тами.
Go and play with the other kids. — Я то́лько полчаса́
поигра́ю на скри́пке и пойду́. I'll just play the violin for
half an hour and then I'll go.

поинтересова́ться (*pct of* **интересова́ться**) to be interested in.
Вы да́же не поинтересова́лись, есть ли у меня́ де́ньги.
You weren't even interested to know whether I had any
money.

поиска́ть (-ищу́, -и́щет; *pct*) to look for. Поищи́те в я́щике
стола́. Look for it in the desk drawer.

по́ить (пою́, по́ит; *imv* пои́) to water. Он ушёл по́ить лоша-
де́й. He went to water the horses.

□ Она́ пятеры́х дете́й по́ит, ко́рмит. She has five children
to take care of.

поищу́ *See* **поиска́ть**.

пойду́ *See* **пойти́**.

пойма́ть (*pct of* **лови́ть**) to catch. Ух, ско́лько мы сего́дня
ры́бы пойма́ли! Boy, did we catch a lot of fish today!
— А где его́ ле́гче всего́ пойма́ть? Where is the easiest
place to catch him? — Он пойма́л мяч на лету́. He caught
the ball on the fly. — *Его́ пойма́ли с поли́чным. He was
caught red-handed. • to catch hold. Где вы пропада́ете?
Вас ника́к не пойма́ешь! Where do you hide yourself?
It's hard to catch hold of you.

□ **пойма́ть на сло́ве** to take at one's word. Береги́тесь,
я вас могу́ пойма́ть на сло́ве. Be careful; I'm taking you
at your word.

пойму́ *See* **поня́ть**.

пойти́ (-йду́, -йдёт; /*imv* пойди́ *and* поди́/; *p* -шёл, -шла́,
-ó, и́; *pct*) to go. Он пошёл туда́ оди́н. He went there
alone. • Ну, пошли́! Well, let's go! — Пойди́те и скажи́те
ему́, что я жду. Go and tell him I'm waiting. — Он
пошёл рабо́тать на заво́д. He went to work in a factory.
• to go into. Эта карто́шка мо́жет пойти́ в суп. These
potatoes can go into the soup. — Мла́дший сын у нас по
друго́й ча́сти пошёл. Our youngest son decided to go into
another field. • to leave. По́езд пойдёт с друго́го вокза́ла.
The train will leave from another station. • to start. Ну
тепе́рь пошли́ анекдо́ты расска́зывать! There's no
stopping them now that they've started telling jokes. • to
take. На руба́шку пойдёт два с полови́ной ме́тра си́тцу.
It'll take two and a half meters of cotton to make this shirt.
• to resort. Нам пришло́сь пойти́ на хи́трость. We had
to resort to a trick.

□ **пойти́ на у́быль** to get shorter. Дни пошли́ на у́быль.
The days are getting shorter.

пойти́ пешко́м to walk. Мы пойдём пешко́м. We'll walk.

□ Ва́ше заявле́ние пошло́ к нача́льнику. Your application was sent to the chief. • Эта ме́бель пойдёт к вам в
ко́мнату. This furniture will be put in your room. • Тепе́рь
у нас рабо́та пойдёт хорошо́. Now the work will run
smoothly. • *Ну, пошла́, пое́хала! She's at it again!
• Пошёл вон! Get out! • Лёд уже́ пошёл. The ice is
breaking. • Не пойду́ я за него́ за́муж! I won't marry
him. • Вам на́до бы́ло пойти́ с да́мы. You should have
led your queen. • Ну, и наро́д ны́нче пошёл! People
aren't what they used to be!

пока́ for the time being. Пока́ мне э́тих де́нег хва́тит. This
money will be enough for me for the time being. • while.
Пока́ вы колеба́лись, все биле́ты бы́ли распро́даны.
All the tickets were sold while you hesitated. — Пока́ вы
ждёте до́ктора, прочита́йте э́ту статью́. Read this article
while you're waiting for the doctor. • till. Жди́те пока́ я
не верну́сь. Wait till I come back. • until. Я бу́ду
наста́ивать, пока́ не добью́сь своего́. I'll keep on insisting
until I get what I want.

□ **пока́ ещё** as yet. Пока́ ещё мы отве́та не получи́ли.
We've had no answer as yet.

пока́ что for the present. Пока́ что я остаю́сь до́ма. I'm
staying here for the present.

□ Пойдём погуля́ем — пока́ ещё ваш гость придёт!

Let's go for a walk. It'll be some time before your guest arrives. • Пока́! So long!

покажу́ See **показа́ть**.

покажу́сь See **показа́ться**.

пока́з showing. Сего́дня бу́дет пе́рвый пока́з но́вого фи́льма. The first showing of the new film will be today.

показа́ние testimony. Оди́н из свиде́телей дал неожи́данные показа́ния. One of the witnesses gave unexpected testimony. • reading. Она́ запи́сывала показа́ния прибо́ров. She recorded the instrument readings on a chart.

показа́ть (-кажу́, -ка́жет; *pct of* **пока́зывать**) to show. Покажи́те ва́ши докуме́нты. Show your papers. — Покажи́те мне недороги́е носовы́е платки́. Show me some inexpensive handkerchiefs. — На э́той рабо́те вы мо́жете себя́ показа́ть. In this work you'll have a chance to show what you can do. — Он показа́л большу́ю эруди́цию. He has shown great learning. — Я ему́ показа́ла на дверь. I showed him the door. • to point at. Он показа́л на объявле́ние. He pointed at the notice. • to prove. О́пыт показа́л, что но́вая систе́ма лу́чше ста́рой. Experience has proven that the new system is better than the old one. • to teach. Я ему́ покажу́, как груби́ть посети́телям! I'll teach him not to be rude to visitors!

☐ **показа́ть приме́р** to set an example. Он показа́л приме́р добросо́вестного отноше́ния к де́лу. He set an example by his earnest attitude toward his work.

☐ Э́тот пловец́ показа́л хоро́шее вре́мя. The swimmer made good time. • Он хо́чет показа́ть, что он о́чень мно́го зна́ет. He wants to show that he knows a lot.

-ся to seem. Э́тот час показа́лся мне ве́чностью. That hour seemed like an eternity to me. • to appear. Э́то показа́лось мне о́чень стра́нным. This appeared very strange to me. • to come out. Подожди́те, пока́ со́лнце пока́жется. Wait till the sun comes out.

☐ Мне э́то показа́лось вполне́ прие́млемым. I thought it was perfectly acceptable. • По́сле э́того мне сты́дно ей на глаза́ показа́ться. I've been ashamed to meet her ever since. • Никто́ не звони́л, э́то вам то́лько показа́лось. No one rang the bell; it's just your imagination. • Вам не меша́ло бы показа́ться врачу́. It wouldn't hurt you to see a doctor.

пока́зывать (*dur of* **показа́ть**) to show. Он нам вчера́ це́лый день пока́зывал го́род. He was showing us the town all day yesterday. — Он к нам и но́са не пока́зывает. He doesn't show up around here any more. • to point to. Всё э́то пока́зывает, что он не зна́ет де́ла. All that points to the fact that he does not know this work. • to indicate. Баро́метр пока́зывает на дождь. The barometer indicates that we're due for some rain. • to register. Термо́метр пока́зывает три́дцать гра́дусов. The thermometer registers thirty degrees.

☐ **пока́зывать вид** to show. Не пока́зывайте ви́да, что э́то вас интересу́ет. Don't show that you're interested in it.

поката́ться (*pct*).

☐ **(по)ката́ться на са́нках** to go sledding. Хоти́те поката́ться на са́нках? Do you want to go sledding?

покати́ть (-качу́, -ка́тит; *pct*).

-ся to roll. Мяч покати́лся по доро́ге. The ball rolled down the road.

☐ **покати́ться со́ смеху** to roll with laughter. Он так и покати́лся со́ смеху. He was just rolling with laughter.

покача́ть (*pct*) to shake. Она́ укори́зненно покача́ла голово́й. She shook her head reproachfully.

покачу́сь See **покати́ться**.

покло́н greeting. Он мне не отве́тил на покло́н. He didn't answer my greeting. • regards. Покло́н ва́шей жене́. My regards to your wife.

☐ Я к нему́ на покло́н не пойду́. I won't go begging to him.

поклони́ться (-клоню́сь, -кло́нится; *pct of* **кла́няться**) to greet. Вы не заме́тили? Вам кто́-то поклони́лся. Didn't you notice? Somebody greeted you.

☐ Поклони́тесь ему́ от меня́. Remember me to him.

поко́й rest. Больно́му необходи́м по́лный поко́й. The patient needs complete rest.

☐ Оста́вьте меня́ в поко́е! Leave me alone!

поко́йник the deceased.

поко́йница the deceased *F*.

поколеба́ть (-колеблю́, -блет; *ppp* -коле́бленный; *pct of* **колеба́ть**).

-ся to hesitate. Он поколеба́лся с мину́тку, но пото́м реши́л сказа́ть всё, что ду́мает. He hesitated a moment and then decided to say everything that was on his mind.

поколе́ние generation.

покра́сить (*pct of* **кра́сить**) to paint. В како́й цвет покра́сить ваш стол? What color do you want your table painted?

покрасне́ть (*pct of* **красне́ть**) to turn red. Он весь покрасне́л от зло́сти. He was so angry he turned red. • to blush. Она́ покрасне́ла, когда́ вы э́то ей сказа́ли. She blushed when you told her that.

покра́шу See **покра́сить**.

покро́ю See **покры́ть**.

покрыва́ть (*dur of* **покры́ть**) to cover. Произво́дство о́буви у нас всё ещё не покрыва́ет потре́бности страны́. The shoe production still doesn't cover the demand of the country. • to shield. Заче́м вы покрыва́ете вино́вников? Why are you shielding the people who are really guilty?

покры́ть (-кро́ю, -кро́ет; *ppp* -кры́тый; *pct of* **покрыва́ть**) to cover. Покро́йте сунду́к вот э́тим ко́вриком. Cover the trunk with that rug. — Тепе́рь вы ничего́ не уви́дите, всё покры́то сне́гом. Now you won't see a thing; everything is covered with snow. — Мы покры́ли де́сять киломе́тров в полчаса́. We covered ten kilometers in half an hour. — Э́тот полк покры́л себя́ сла́вой. This regiment covered itself with glory.

☐ **покры́ть ла́ком** to varnish. Э́ти по́лки на́до покры́ть ла́ком. These shelves have to varnish these shelves.

покры́ть расхо́ды to pay expenses. Я ду́маю, ва́ше учрежде́ние покро́ет все ва́ши расхо́ды по пое́здке. I think your office will pay all your expenses for the trip.

☐ Я не зна́ю, как нам покры́ть дефици́т. I don't know how to wipe out the deficit.

покуда (/*compare* куда́/) while. Подожди́те, поку́да я сбе́гаю в ла́вку. Wait while I run to the store. — Поку́да вы бу́дете собира́ться, по́езд уйдёт. While you're getting yourself ready, the train will leave.

покупа́тель (*M*) customer. В магази́не бы́ло мно́го покупа́телей. There were many customers in the store. • buyer. Я хоте́л бы прода́ть свой автомоби́ль, но пока́ ещё не нашёл покупа́теля. I would like to sell my car but I haven't found a buyer as yet.

покупа́тельница customer *F*. Она́ здесь постоя́нная покупа́тельница. She's a steady customer here.

покупа́ть (*dur of* **купи́ть**) to buy. Я всегда́ покупа́ю я́йца и ма́сло на ры́нке. I always buy eggs and butter at the market.

поку́пка purchase. Как вам нра́вится моя́ но́вая поку́пка? How do you like my latest purchase? ● buy. Э́то вы́годная поку́пка. It's a good buy.

□ Она́ пошла́ за поку́пками. She went shopping.

покури́ть (-курю́, -ку́рит; *pct of* **кури́ть**) to have a smoke. Дава́йте поку́рим. Let's have a smoke! — Нет ли чего́ покури́ть, това́рищи? Do you have a smoke on you, fellows?

поку́шать (*pct*) to eat. Не хоти́те ли поку́шать? Would you care for something to eat? — Он, ка́жется, лю́бит поку́шать. It seems he likes to eat.

пол[1] (*P* -ы́, -о́в/на полу́/) floor. Я проли́л во́ду на́ пол. I spilled some water on the floor.

пол[2] (*P* -ы́, о́в) sex. Вы должны́ указа́ть в анке́те пол и во́зраст. When you fill out the blank you have to put down your sex and age.

пол[3] half. Да́йте мне полкило́ са́хару. Give me a half kilogram of sugar. — Неуже́ли уже́ пол пе́рвого? Is it actually half past twelve already?

пол-[4] (*prefixed to nouns, §7*).

полага́ть (*dur of* **положи́ть**) to think. Я полага́ю, что нам уда́стся зако́нчить э́ту рабо́ту к сро́ку. I think we'll be able to finish our work on time. ● to guess. Я полага́ю, вам лу́чше уйти́. I guess you'd better go. ● to suppose. На́до полага́ть, он ско́ро вернётся. I suppose he'll be back soon.

полага́ться (*dur of* **положи́ться**) to put stock in. Я бы не стал полага́ться на его́ обеща́ния. I wouldn't put any stock in his promises if I were you. ● to be customary. (*no pct*) Да́йте ему́ сто́лько, ско́лько полага́ется, не бо́льше. Don't give him more than is customary.

□ (*no pct*) Здесь, ка́жется, кури́ть не полага́ется! It seems that you're not supposed to smoke here. ● (*no pct*) Ско́лько вам за э́то полага́ется? How much do I owe you?

полбуты́лки (*§7/cf* **буты́лка/**) half a bottle. Да́йте мне полбуты́лки кра́сного вина́. Give me half a bottle of red wine.

полго́да (полго́да *or* полуго́да *M, §7*) half a year. Я проведу́ полго́да тут и полго́да на Ура́ле. I'll spend half a year here and the other half in the Urals.

□ Я оста́нусь здесь ещё на полго́да. I'll stay here another six months.

по́лдень (полдня *or* полу́дня, *P* по́лдни, полдён, полдня́м/ *See also* пополу́дни/) noon. Я бу́ду там ро́вно в по́лдень. I'll be there exactly at noon. — Я его́ ждал до полу́дня. I waited for him till noon.

полдеся́тка (полдеся́тка *or* полудеся́тка *M, §7*) five (pieces).

полдю́жины (полдю́жины *or* полудю́жины *F, §7*) half a dozen.

по́ле (*P* поля́) field. Э́то по́ле засе́яно гречи́хой. They've sown buckwheat in this field. — Тут перед ва́ми широ́кое по́ле де́ятельности. You have a wide field of activities before you here. ● brim. У меня́ шля́па с широ́кими поля́ми. I have a hat with a large brim. ● margin. Он де́лал заме́тки на поля́х. He made notes in the margins of the book. ● background. Я вы́брал обо́и — си́ние по́лосы по бе́лому по́лю. I chose a wallpaper with a blue stripe on a white background.

полежа́ть (-жу́, жи́т; *pct*) to lie down (for a while). Я хочу́ полежа́ть немно́жко, я о́чень уста́л. I want to lie down for a while; I'm very tired.

поле́зный useful. Э́то о́чень поле́зный спра́вочник. This is a very useful reference book. ● helpful. В конто́ре гости́ницы вам мо́гут дать поле́зные указа́ния. You can receive helpful information in the hotel office.

□ **поле́зно** useful. Э́то поле́зно знать. It's a good thing to know.

□ Переме́на кли́мата бу́дет вам поле́зна. A change of climate will be good for you. ● Чем могу́ вам быть поле́зным? What can I do for you?

поле́но (*P* поле́нья, -ньев, -ньям) log. Он положи́л в пе́чку не́сколько поле́ньев. He put a few logs in the stove.

полёт flight. В полёте у него́ на́чал поша́ливать мото́р. During the flight his motor began to miss.

□ **вид с пти́чьего полёта** bird's-eye view. Я вам наброса́ю вид го́рода с пти́чьего полёта. I'll sketch a bird's-eye view of the city for you.

□ Он предме́та не изуча́л, а рассужда́ет так, с пти́чьего полёта. He didn't study the subject; he's just talking through his hat.

полета́ть (*pct*) to fly. А вам хоте́лось бы полета́ть? How about you? Would you like to fly?

полете́ть (-лечу́, -лети́т; *pct*) to fly. По́ездом вы не успе́ете, вам придётся полете́ть. You won't be able to make it by train. You'll have to fly. ● to take off. Самолёт сего́дня не полети́т, пого́да о́чень плоха́я. The plane won't take off today, because the weather is very bad. ● to fall. Я полете́л с ле́стницы и уши́бся. I fell down the stairs and hurt myself.

полечу́ *See* **полете́ть**.

по́лзать (*iter of* **ползти́**) to crawl. Мой сыни́шка ещё не хо́дит, но по́лзает о́чень энерги́чно. My baby boy doesn't walk yet, but he crawls a lot. — Он по́лзал у нас в нога́х, прося́ поща́ды. He crawled at our feet asking for mercy.

ползти́ (ползу́, -лзёт; *p* полз, ползла́/ *iter:* по́лзать/) to crawl. Смотри́те! По стене́ клоп ползёт. Look! There's a bedbug crawling on the wall. ● to creep. Ра́неный ме́дленно полз че́рез по́ле. The wounded crept slowly across the field. ● to crawl along. Что ты ползёшь, как ули́тка? Why are you crawling along like a snail! — Наш по́езд е́ле ползёт. Our train is just crawling along.

полива́ть (*dur of* **поли́ть**) to water. Мы полива́ем огоро́д ка́ждый день. We water our vegetable garden every day.

поликли́ника polyclinic.

полиня́ть (*pct of* **линя́ть**) to fade. Ва́ше пла́тье в сти́рке о́чень полиня́ло. Your dress came back from the laundry all faded.

политгра́мота (**полити́ческая гра́мота**) elementary political science. Вам сле́довало бы загляну́ть в уче́бник по политгра́моте. You should look into an elementary political science text.

поли́тика politics. У нас поли́тикой все интересу́ются. Everybody is interested in politics here. ● policy. Я вчера́ прочёл статью́ об иностра́нной поли́тике СССР. I read an article yesterday dealing with the foreign policy of the USSR. — Ва́шей поли́тики, пра́вду сказа́ть, я не понима́ю. To tell the truth, I can't understand your policy.

полити́ческий political. Вы обнару́живаете по́лную полити́ческую негра́мотность. You show complete political ignorance.

□ **полити́ческий де́ятель** politician. Он изве́стный и уважа́емый полити́ческий де́ятель. He's a well-known and respected politician.

полити́чески politically. Он полити́чески ма́ло ра́звит. He's politically immature.

поли́ть (-лью́, -льёт; *imv* -ле́й; *p* по́ли́л, полила́, по́ли́ло; по́ли́ли; полился́, -ла́сь, -ло́сь, -ли́сь; *ppp* по́ли́тый *or* политой, *sh* по́ли́т, полита́, по́ли́то, -ты; *pct of* **полива́ть**).

полк (-а́/g -у́, в полку́/) regiment. Мы с ним служи́ли в одно́м полку́. He and I were in the same regiment. — Куда́ вы сто́лько настря́пали? Полк солда́т ждёте, что ли? Why did you prepare so much food? Are you expecting a whole regiment?

□ Вы то́же лю́бите петь? Прекра́сно, на́шего полку́ прибыло́! So you like to sing too? Fine, the more the merrier!

по́лка shelf. Кни́ги стоя́т на по́лке. The books are on the shelf. ● berth. У нас в купе́ есть ещё одна́ свобо́дная ве́рхняя по́лка. One upper berth in our compartment is still vacant.

полко́вник colonel.

полнолу́ние full moon.

полномо́чие authority, power. Коми́ссия получи́ла неограни́ченные полномо́чия. The commission was given unlimited powers. — Я на э́то полномо́чий не име́ю. I have no authority to do that.

по́лностью in full. Я с ним расплати́лся по́лностью. I paid him in full.

по́лночь (по́лночи *or* полу́ночи *F*) midnight. По́езд ухо́дит в по́лночь. The train leaves at midnight. — Мы проболта́ли до полу́ночи. We sat gabbing till midnight.

по́лный (*sh* по́лон, -лна́/ -о́, -ы́/) full. Де́ти принесли́ по́лные корзи́ны я́год. The children brought baskets full of berries. — Ко́мната была́ полна́ наро́ду. The room was full of people. — Маши́на сра́зу же пошла́ по́лным хо́дом. The car started at full speed. — Рабо́та в по́лном разга́ре. The work is in full swing.— Мы тут в по́лном соста́ве. We're here in full force. ● complete. В э́том магази́не вы мо́жете себе́ купи́ть по́лное обмундирова́ние. You can buy a complete outfit in this store. — Хоти́те купи́ть по́лное собра́ние сочине́ний Пу́шкина? Do you want to buy the complete works of Pushkin? — Я отношу́сь к э́тому челове́ку с по́лным дове́рием. I have complete confidence in this man. ● unabridged. Неуже́ли э́то по́лное изда́ние "Войны́ и ми́ра?" Is this really the unabridged edition of "War and Peace"? ● stout. Она́ о́чень по́лная, на неё э́то пла́тье не налезет. She's so stout that she won't be able to get into this dress.

□ **по́лно** enough. Ну, по́лно пла́кать, успоко́йтесь! Come now, enough crying! Calm yourself. — По́лно вам ссо́риться. That's enough quarreling.

□ Не накла́дывайте мне таку́ю по́лную таре́лку. Don't fill up my plate so. ● Жела́ю вам по́лной уда́чи. I wish you every success. ● Она́ по́лная противополо́жность свое́й ма́тери. She's the exact opposite of her mother. ● Наро́ду там наби́лось по́лным-полно́. The people were packed in there to the rafters. ● ●У нас и без того́ хлопо́т по́лон рот. We have enough trouble without that.

полови́к (-а́) mat. Вы́трите но́ги о полови́к у двере́й. Wipe your feet on the mat near the entrance.

полови́на (§22) half. Мы сда́ли полови́ну на́шей кварти́ры.

We rented half of our apartment. — Да́йте мне, пожа́луйста, два с полови́ной кило́ са́хару. Give me two and a half kilograms of sugar, please. — Он уже́ истра́тил полови́ну свои́х де́нег. He's spent half his money already. — Приходи́те в полови́не второ́го. Come at half past one. ● part. Мы его́ ждём во второ́й полови́не ма́я. We expect him the latter part of May.

□ Мы обеща́ли быть там в полови́не девя́того. We promised to be there at eight thirty.

положе́ние situation. Продово́льственное положе́ние у нас значи́тельно улу́чшилось. Our food situation has improved considerably. — Он с че́стью вы́шел из э́того положе́ния. He came through this situation with flying colors. ● condition. На собра́нии говори́ли о положе́нии на места́х. Local conditions were discussed at the meeting. — До́ктор призна́л его́ положе́ние безнадёжным. The doctor declared his condition hopeless.

□ **положе́ние о подохо́дном нало́ге** income-tax rules and regulations.

□ С основны́ми положе́ниями его́ докла́да я вполне́ согла́сен. I agree completely with the main ideas of his speech. ● Она́ в положе́нии, ей нельзя́ брать э́ту рабо́ту. She's an expectant mother, and mustn't take on this work.

положи́ть (-ложу́, -ло́жит; *pct of* **класть** *and of* **полага́ть**) to put. Положи́те кни́гу на стол. Put the book on the table. — Положи́те мне, пожа́луйста, са́хару в чай. Put some sugar in my tea, please. — Я хочу́ положи́ть де́ньги в сберка́ссу. I want to put some money into the savings bank. — Нам придётся положи́ть его́ в больни́цу. We'll have to put him in a hospital. — Пора́ положи́ть э́тому коне́ц. It's time to put an end to this. ● to suppose. (*no dur*) Поло́жим, что я преувели́чиваю опа́сность, но осторо́жность не помеша́ет. Suppose I am exaggerating the danger; it won't hurt to be careful.

□ (*no dur*) **положа́ ру́ку на се́рдце** honestly. Скажи́те мне, положа́ ру́ку на се́рдце, что вы об э́том ду́маете. Tell me honestly what you think about it.

положи́ться (-ложу́сь, -ло́жится; *pct of* **полага́ться**) to rely. На него́ вполне́ мо́жно положи́ться. You can rely on him completely.

полома́ть (*pct*) to damage. Ве́тер полома́л мно́го дере́вьев в на́шем саду́. The wind damaged many trees in our garden. ● to break. Вы́киньте-ка отсю́да э́ти поло́манные сту́лья. Throw these broken chairs out of here.

полоса́ (/a по́лосу/, *P* по́лосы, поло́с, полоса́м) stripe. На ней пла́тье бе́лое с чёрными поло́сами. She has on a white dress with black stripes. ● zone. Здесь в чернозёмной полосе́ мно́го бога́тых колхо́зов. There are many rich kolkhozes here in the black-soil zone. ● spell. На неё иногда́ нахо́дит полоса́ меланхо́лии. Sometimes she gets into spells of melancholy. ● period. Э́то была́ счастли́вая полоса́ в его́ жи́зни. It was a happy period in his life.

□ Ну, тепе́рь пошла́ полоса́ дожде́й. Well, we're in for a siege of rainy weather.

полоса́тый striped. Вот та де́вушка в полоса́том пла́тье — моя́ сестра́. The girl in the striped dress over there is my sister.

полоска́ть (/-лощу́, -ло́щет/; *dur*) to rinse. Пра́чка поло́щет бельё. The laundress is rinsing the linen.

□ **полоска́ть го́рло** to gargle. Вам на́до полоска́ть го́рло три ра́за в день. You have to gargle three times a day.

полотéнце towel. У меня́ полотéнца все гря́зные. All my towels are dirty.

☐ **мохна́тое полотéнце** bath towel.

полотнó (*P* полóтна) linen. Купи́те мне хорóшего полотна́ на руба́шки. Buy me some good linen for shirts. • canvas. Худóжник показа́л мне свои́ послéдние полóтна. The artist showed me his latest canvases.

☐ **полотнó желéзной дорóги** roadbed. Иди́те вдоль полотна́ желéзной дорóги и вы не заблу́дитесь. Walk along the roadbed and you won't get lost.

полотня́ный linen. Да́йте мне полотня́ные носовы́е платки́. Give me linen handkerchiefs.

полощу́ *See* **полоска́ть.**

полпрéд (**полномóчный представи́тель**) ambassador of the USSR.

полпрéдство (**полномóчное представи́тельство**) embassy of the USSR.

полсóтни (полсóтни *or* полусóтни *F*, §7) fifty. В за́ле собрало́сь с полсóтни человéк. About fifty people gathered in the hall. — Мне э́та поéздка стóила óколо полусóтни рублéй. The trip cost me about fifty rubles.

полти́нник poltinnik, fifty kopeks.

полтора́ (§22) one and a half. Да́йте мне полтора́ мéтра рези́нки. Give me a meter and a half of elastic. — Он ушёл полтора́ часа́ тому́ наза́д. He left an hour and a half ago.

☐ Езди́ туда́ óколо полу́тора су́ток. It takes about thirty-six hours to get there.

полтора́ста (§22) one hundred and fifty. Э́тому зда́нию примéрно лет полтора́ста. This building is about one hundred and fifty years old. — Э́то должнó стóить óколо полу́тораста рублéй. This must cost at least one hundred and fifty rubles.

полукру́г semicircle. Скамéйки бы́ли располóжены полукру́гом. The benches were placed in a semicircle.

полуóстров (*P* -á, -óв) peninsula.

получа́ть (-ся; *dur of* **получи́ть**) to receive. Я получа́ю мнóго пи́сем из дóму. I receive many letters from home. — Мы получа́ем америка́нские газéты. We receive American newspapers. • to obtain. Для э́того мы употребля́ем газ, получа́емый при сжига́нии угля́. We use gas obtained from burning coal. • to draw. Я получа́ю пóлное обмундирова́ние в а́рмии. I draw all my clothing from the Army.

☐ **получа́ть дохóд** to get profit. Мы получа́ем большóй дохóд от молóчной фéрмы. We get a large profit from our milk farm.

-ся to be delivered. Пóчта тут получа́ется два ра́за в недéлю. We get mail delivered twice a week. • to be achieved. При э́той систéме получа́ются отли́чные результа́ты. Excellent results are achieved under this system.

получи́ть (-лучу́ -лу́чит; -ся; *pct of* **получа́ть**) to get. Вы ужé получи́ли продовóльственную ка́рточку? Have you gotten your food ration card yet? — Вы получи́ли моё письмó? Did you get my letter? — Получи́те сда́чу! Get your change! — Мóжно получи́ть дéньги обра́тно? Can I get my money back? • to receive. Мы тóлько что получи́ли капу́сту из колхóза. We just received this cabbage from the kolkhoz. — Он получи́л прика́з немéдленно вы́ехать. He received an order to leave immediately. — Он получи́л хорóшее образова́ние. He has received a good education. • to obtain. Он получи́л рабóту по специа́льности. He obtained work in his field.

☐ **получи́ть приз** to win a prize. Он получи́л пéрвый приз на состяза́нии в пла́вании. He won first prize at the swimming meet.

☐ Что у вас мóжно получи́ть на за́втрак? What do you serve for breakfast? • Получи́те ваш портфéль в цéлости и сохра́нности. Here's your briefcase; it's safe and sound. • Он шумéл и получи́л за э́то замеча́ние. He was noisy and was reprimanded for it. • Эта истóрия получи́ла огла́ску. This incident came to light. • Э́тот мéтод получи́л у нас ширóкое распростране́ние. This method became widespread here.

-ся to come. Для вас получи́лась посы́лка. A package came for you. • to come of it. Ничегó из э́того так и не получи́лось! Nothing came of it after all.

☐ Получи́лась óчень глу́пая истóрия. It turned out to be a foolish mess.

полу́чка payday. Я отда́м вам долг пóсле полу́чки. I'll give you what I owe you after payday.

☐ В э́том мéсяце у меня́ больщу́щая полу́чка. I get a very big pay envelope this month.

полуша́рие hemisphere.

полчаса́ (полчаса́ *or* получаса́ *M*, §7) half an hour. До отхóда пóезда остáлось полчаса́. The train leaves in half an hour. • half-hour. Принима́йте лека́рство ка́ждые полчаса́. Take the medicine every half-hour. — До дóма óколо получаса́ езды́. It's about a half-hour ride to the house.

пóльза good. Мне бы тóже хотéлось приноси́ть пóльзу рóдине. I too would like to do some good for my country. — Э́тот урóк послужи́л емý на пóльзу. This lesson did him a lot of good. • profit. Он из всегó умéет извлека́ть для себя́ пóльзу. He can squeeze some profit out of anything. • favor. Я отка́зываюсь в егó пóльзу. I decline in his favor. — Э́то обстоя́тельство говори́т в егó пóльзу. This fact speaks in his favor.

пóльзоваться to use. Он, ка́жется, не умéет пóльзоваться словарём. I don't think he knows how to use a dictionary. • to have use. Вы смóжете пóльзоваться ку́хней. You'll have use of the kitchen. • to enjoy. Он пóльзуется всеóбщим довéрием. He enjoys everyone's confidence.

☐ Эта пьéса пóльзуется у нас больши́м успéхом. This play is a big hit here. • Я не люблю́ пóльзоваться чужи́ми услу́гами. I don't like to have other people do things for me.

польсти́ть (/*pct of* **льсти́ть**/).

полюби́ть (-люблю́, -лю́бит; *pct*) to fall in love. Она́ полюби́ла егó с пéрвого взгля́да. She fell in love with him at first sight. • to become fond of. Я егó óчень полюби́л. I became very fond of him.

☐ *Полюби́ нас чёрненькими, а бéленькими нас вся́кий полю́бит. Take me as I am, the good along with the bad.

пóлюс pole.

поля́рный Arctic.

☐ **поля́рная экспеди́ция** Arctic expedition.

пома́да pomade.

пома́жу *See* **пома́зать.**

пома́зать (-ма́жу, -ма́жет; *pct of* **ма́зать**) to smear. Пома́жьте гу́бы чéм-нибудь жи́рным. Smear your lips with something greasy.

☐ *Ничегó он не сдéлал, а тóлько по гу́бам пома́зал. He did nothing but make promises.

помести́ть (*pct of* **помеща́ть**) to put up. Где бы егó мóжно бы́ло помести́ть? Where do you think we could put him up?

□ Он помести́л не́сколько стате́й в журна́ле. He had several articles printed in magazines.

-ся to be put up. Я пока́ помещу́сь у това́рища. In the meantime, I'll be put up at a friend's house. • to fit. Мои́ ве́щи не поместя́тся в э́том чемода́не. My things will not fit into this suitcase.

помётка note. Де́лайте ва́ши помётки на поля́х. Make your notes in the margins.

помеша́ть (*pct of* **меша́ть**) to prevent. Я хоте́л ко́нчить кни́гу сего́дня, но мне помеша́ли. I wanted to finish the book today, but I was prevented from doing so. • to disturb. Я вам не помеша́ю? Am I disturbing you? • to stir. Помеша́йте ло́жкой, са́хар на дне. Stir it with a spoon; the sugar is still on the bottom.

помеща́ть (*dur of* **помести́ть**) to put. Я помеща́ю свои́ сбереже́ния в сберка́ссу. I put my savings in a savings bank.

□ На́ши газе́ты не помеща́ют ча́стных объявле́ний. Our newspapers don't publish private advertisements.

-ся to fit. В маши́не помеща́ется то́лько шесть челове́к. Only six people can fit in the car. • to be (located). На́ше учрежде́ние (помеща́ется) в большо́м до́ме на окра́ине го́рода. Our office is (located) in a large building at the edge of town.

помеще́ние quarters. Э́то зда́ние мо́жно бу́дет испо́льзовать, как жило́е помеще́ние. This building could be used as living quarters. • place. Э́то неподходя́щее помеще́ние для большо́го собра́ния. This place isn't suitable for a large meeting.

помещу́ *See* **помести́ть.**

помещу́сь *See* **помести́ться.**

помидо́р tomato.

поми́мо (*/cf* ми́мо/) despite. Всё э́то произошло́ поми́мо его́ жела́ния. All this happened despite his wishes. • besides. Поми́мо всего́ про́чего, он мне ещё нагруби́л. Besides everything else, he was rude to me.

помину́тный

□ **помину́тно** every minute. Нам помину́тно кто́-нибудь меша́л. We were disturbed every minute.

помири́ть (*pct of* **мири́ть**) to make peace. Я вас сейча́с помирю́. I'll make peace between you.

-ся to make up. Они́ уже́ давно́ помири́лись. They've made up long ago.

□ Помири́тесь наконе́ц. Kiss and make up!

по́мнить to remember. Вы меня́ по́мните? Мы с ва́ми встреча́лись в про́шлом году́. Do you remember me? We met last year. — Я себя́ по́мню с трёх лет. I remember my life ever since I was three. • to keep in mind. Я об э́том по́мню, не беспоко́йтесь. Don't worry; I'm keeping it in mind.

□ Он себя́ не по́мнил от ра́дости. He was beside himself with joy.

помо́г *See* **помо́чь.**

помога́ть (*dur of* **помо́чь**) to help. Я помога́ю им по ме́ре возмо́жности. I help them as much as I can. • to assist. Я помога́ю профе́ссору в его́ о́пытах. I'm assisting the professor in his experiments.

помогу́ *See* **помо́чь.**

по-мо́ему (*/cf* мой/).

помо́жешь *See* **помо́чь.**

помо́и (помо́ев *P*) slop. Куда́ вы вылива́ете помо́и? Where

do you pour the slop? — Э́то не суп, а помо́и. This isn't soup; it's slop.

помо́йка garbage. Вы́киньте э́то на помо́йку. Throw it in the garbage.

помолча́ть (-чу́, -чи́т; *pct*) to keep quiet. Помолчи́те немно́го! Keep quiet for a while.

помо́чь (-могу́, -мо́жет; *p* -мо́г, могла́, -о́, -и́; *pct of* **помога́ть**) to help. Ему́ уже́ ниче́м нельзя́ помо́чь. He can't be helped any more. — Бу́ду рад вам помо́чь. I'll be glad to help you. • Э́то лека́рство вам помо́жет. This medicine will do you good.

помо́щник ([-šnj]) assistant. Вы бы́ли мне о́чень хоро́шим помо́щником. You were a very good assistant to me. — Он помо́щник реда́ктора. He's assistant editor.

помо́щница ([-šnj-]) assistant *F*. Она́ была́ помо́щницей нача́льницы шко́лы. She was the assistant principal of the school.

по́мощь (*F*) help. Мы слы́шали, как кто́-то звал на по́мощь. We heard someone cry for help. • aid. В тру́дную мину́ту он всегда́ приходи́л мне на по́мощь. He always came to my aid when things were tough. — Кто тут мо́жет оказа́ть пе́рвую по́мощь ра́неному? Which one of you can give first aid to the injured person? — Се́мьям бойцо́в ока́зывалась беспла́тная юриди́ческая по́мощь. Soldiers' families got free legal aid. • assistance. Он уже́ мо́жет встава́ть с посте́ли без посторо́нней по́мощи. He can get out of bed without anybody's assistance.

□ **каре́та ско́рой по́мощи** ambulance. Вы́зовите каре́ту ско́рой по́мощи. Call an ambulance.

помо́ю *See* **помы́ть.**

помо́юсь *See* **помы́ться.**

помы́ть (-мо́ю, -мо́ет; *ppp* -мы́тый; *pct of* **мыть**) to wash. Дава́йте, я помо́ю посу́ду. Let me wash the dishes.

-ся to wash up. Где здесь мо́жно помы́ться? Where can I wash up around here?

понаде́яться (-наде́юсь, -наде́ется; *pct*) to count on. Я понаде́ялся на него́, а он ничего́ не сде́лал. I counted on him but he didn't do a thing.

пона́добиться (*pct of* **на́добиться**) to need. Кака́я су́мма вам пона́добится? How much money will you need? — Э́ти докуме́нты вам мо́гут пона́добиться. You may need these papers. — Е́сли вам пона́добится моя́ по́мощь, я к ва́шим услу́гам. If you should need my help, I'm at your service.

по-на́шему *See* **наш.**

понево́ле against one's will. Мне понево́ле пришло́сь согласи́ться. I had to agree against my will.

□ К э́тому шу́му понево́ле прихо́дится привыка́ть. You've got to get used to this noise whether you like it or not. • Под э́ту му́зыку понево́ле запля́шешь. This music starts your feet tapping.

понеде́льник Monday.

понемно́гу little by little. Наш го́род понемно́гу отстра́ивается. Our city is being rebuilt little by little. — Мы уже́ начина́ем понемно́гу говори́ть по-англи́йски. We're beginning to talk English now little by little. • gradually. Го́сти на́чали понемно́гу расходи́ться. The guests began to leave gradually.

понемно́жку (*/cf* немно́жко/) a little. Он зна́ет обо всём понемно́жку. He knows a little of everything.

□ "Как пожива́ете?" "Спаси́бо, понемно́жку." "How are you?" "Getting along, thanks."

понимать (*dur of* **понять**) to understand. Вы понимаете по-русски? Do you understand Russian? — Я вас плохо понимаю. I don't understand you very well. — Я понимаю только когда говорят медленно. I understand only when you speak slowly. — Я не понимаю, когда говорят так быстро. I don't understand when you speak so quickly. — Мы хорошо понимаем друг друга. We understand each other very well. — Не понимаю, чего вы от меня хотите. I don't understand what you want of me. — Он, понимаете, не хочет больше об этом говорить. He doesn't want to talk about it any more, you understand. — Этот термин можно понимать по-разному. This term can be understood in different ways.

☐ Она меня понимает с полуслова. She knows what I'm going to say before I half finish. • Вот это я понимаю — настоящая дружба! That's what I call a real friendship!

понос diarrhea.

понравиться (*pct*) to like. Скажите правду, она вам очень понравилась? Tell me the truth, did you like her very much?

☐ Они сразу друг другу понравились. They took to each other immediately.

понюхать (*pct of* **нюхать**) to smell. В этой бутылке, кажется, уксус — понюхайте! It seems there's vinegar in this bottle. Smell it!

понятливый bright. Он очень понятливый мальчик. He's a very bright boy.

понятный understandable. Это вполне понятное желание. It's a very understandable desire.

☐ **понятно** clearly. Он говорил просто и понятно. He spoke simply and clearly. • it's apparent. Понятно, почему я согласился на его предложение. It's apparent why I agreed to his proposition.

☐ Эта книжка написана ясным, понятным каждому языком. The book is written in a way everybody can understand. • Она, понятное дело, сейчас же в слёзы. As expected, she immediately burst into tears.

понять (-пойму, -мёт; *p* понял, поняла, поняло, -и; *ppp* понятый, *sh F* -та; *pct of* **понимать**) to understand. Он меня неправильно понял. He understood me the wrong way. — Я что-то не пойму, куда он гнёт. Somehow I can't understand what he's driving at.

☐ **дать понять** to give to understand. Она дала мне понять, что я ей нравлюсь. She gave me to understand that she likes me.

☐ Это расписание составлено так, что ничего не поймёшь. This timetable is so arranged that you can't make head or tail of it.

пообедать (*pct of* **обедать**) to eat dinner. Мы сегодня пообедали в заводской столовой. We ate dinner in the factory dining room today. • to have dinner. Где бы нам пообедать? Where shall we have dinner?

поочерёдно.

☐ Мы будем сидеть в кассе поочерёдно. We'll take turns at the box office.

попадать (*dur of* **попасть**) to hit. Он легко попадает в центр мишени на расстоянии ста метров. He easily hits the center of the target at a hundred meters. • to get. Как вы ухитряетесь так поздно вставать и всё-таки попадать на работу во-время? How do you manage to get up so late and yet get to work on time?

попаду *See* **попасть**.

попал *See* **попасть**.

попасть (-паду, -дёт; *p* -пал; *pct of* **попадать**) to hit. В этот дом попал снаряд. This house was hit by a shell. • to get. Мы попали домой поздно вечером. We got home late at night. — Я не попал в театр. I didn't get to the theater. — Он страшно гордится тем, что его имя попало в газету. He's very proud of the fact that he got his name in the paper. • to find (oneself). На-днях я пошёл гулять и попал в зоологический сад. I went for a walk the other day and found myself at the Zoo. • to step into. Осторожно! Вы попадёте в лужу. Be careful! You'll step into a puddle. • to come across. К счастью, вы попали на порядочного человека. You were lucky to have come across a decent man.

☐ **как попало** hit or miss. Я не подготовился к экзамену и отвечал как попало. I didn't study for my exam and answered hit or miss.

куда попало in any old place. Кладут вещи куда попало, попробуй потом найти! They put things away in any old place; and then just try to find them!

попасть впросак to pull a boner. *Я ничего об этом не знаю и боюсь попасть впросак. I don't know anything about this and I'm afraid of pulling a boner.

попасть в точку to hit right. Это вы в точку попали. You've hit it right.

что попало any old thing. За ним там никто не следит, и он ест, что попало. He eats any old thing because nobody looks after him over there.

☐ Он никак не может попасть им в тон. He's always out of step with them. • Как это вы попали в переводчики? How come you became a translator? • Как вы сюда попали? How did you happen to come here? • Ну и попадёт же ему за это! He'll get it for this! • *Не дай бог попасть ему на зубок. God help you if he starts talking about you. • *Ну и попали пальцем в небо! You're way off the mark!

поперёк crosswise, across. Детей можно будет положить поперёк кровати. You can put the children crosswise on the bed. — Почему вы поставили машину поперёк дороги? Why did you park the car across the middle of the road?

☐ Он изъездил всю страну вдоль и поперёк. He traveled all over the country. • *Эта работа у меня поперёк горла стоит. I'm fed up to here with this job.

попеременно alternative, by turns. Мы попеременно ухаживали за больным товарищем. We took turns caring for our sick friend.

пополам (/*cf* пол³/) in half. Разрежьте яблоко пополам. Cut the apple in half. • half-and-half. Давайте купим радио пополам. Let's go half-and-half on a radio.

☐ У них там продают молоко пополам с водой. They sell milk that's half water. • *Я говорю по-английски с пятого на десятое. I can just manage to make myself understood in English.

пополудни (/*cf* полдень/) Р.М. Пароход уходит ровно в три часа пополудни. The steamer leaves at exactly three P.M.

поправить (*pct of* **поправлять**) to fix. Пошлите нам монтёра поправить электричество. Send us an electrician to fix our electric light. — Поправьте галстук. Fix your tie. • to correct. Этот перевод надо поправить. This translation has to be corrected. • to improve. Вам необходимо поправить здоровье. It's absolutely necessary for you to improve your health. • to straighten out. Теперь уж дела не попра́вишь. Now there's no way to straighten out the matter.

-ся to correct oneself. Он непра́вильно произнёс э́то сло́во, но сра́зу же попра́вился. He pronounced the word the wrong way but immediately corrected himself. • to improve. Когда́ его́ здоро́вье попра́вится, он прие́де. в Москву́. When his health improves he'll come to Moscow.

□ *Уме́л ошиби́ться, уме́й и попра́виться. It's your mistake; now get out of it.

попра́вка correction. Попра́вка тетра́дей отнима́ет у меня́ мно́го вре́мени. Correction of notebooks takes a lot of my time. • amendment. Его́ резолю́ция была́ при́нята с небольши́ми попра́вками. His resolution was accepted with few amendments. • recuperation. Его́ посла́ли в Крым на попра́вку. He was sent to the Crimea for recuperation.

□ Она́ уже́ идёт на попра́вку. She's on the mend now.

поправля́ть (dur of попра́вить) to correct. Я не обижа́юсь, когда́ меня́ поправля́ют. I'm not offended when I'm corrected. — Пожа́луйста, поправля́йте мои́ оши́бки в ру́сском языке́. Please correct my mistakes in Russian.

-ся to get well. Поправля́йтесь и приезжа́йте поскоре́е обра́тно! Get well and come back as soon as you can. • to recover. Больно́й ме́дленно поправля́ется. The patient is slowly recovering.

попре́жнему as before. По́сле возвраще́ния из-за грани́цы у нас всё пошло́ попре́жнему. After we returned from abroad everything went on as before. • still. Вы попре́жнему собира́етесь в клу́бе по воскресе́ньям? Do you still meet in the club Sundays?

□ Мы с ним попре́жнему друзья́. We're friends just as we always were.

попро́бовать (pct of про́бовать) to try. Я попро́бую устро́ить вас на рабо́ту. I'll try to get you a job. — Попро́буйте, мо́жет быть дверь не за́перта. Try it; maybe the door isn't locked. • to taste. Попро́буйте моего́ пирога́! Taste some of my pie.

попроси́ть (-прошу́, -про́сит; pct of проси́ть) to ask. Попроси́те его́ войти́. Ask him to come in.

□ Мо́жно попроси́ть ещё кусо́чек? May I have another piece?

по́просту (/cf просто́й[1]/) simply. Он не бо́лен, а по́просту утомлён. He isn't sick, but simply tired.

□ по́просту говоря́ in plain words. По́просту говоря́, э́то на́глость. In plain words, it's just impudence.

□ Заходи́те к нам по́просту. Drop in to see us; don't stand on ceremony.

попрошу́ See попроси́ть.

попроща́ться (pct of проща́ться) to say good-by. Я пришёл с ва́ми попроща́ться. I come to say good-by to you.

попуга́й parrot. Како́й у вас краси́вый попуга́й. What a beautiful parrot you have! — Что ты, как попуга́й, повторя́ешь одно́ и то же! Why do you keep repeating like a parrot?

по́пусту (/cf пусто́й/).

□ Не́чего по́пусту вре́мя тра́тить. Why waste time?

попу́тчик fellow traveler. Вы то́же в Москву́? Зна́чит, мы попу́тчики. Are you going to Moscow too? Then we're fellow travelers. — Он не член па́ртии, а из тех, кого́ называ́ют попу́тчиком. He's not a party member but what is known as a fellow traveler.

попу́тчица fellow traveler F.

попыта́ться (pct of пыта́ться) to try. Я попыта́юсь доста́ть биле́ты на сего́дняшний спекта́кль. I'll try to get tickets for today's show.

попы́тка attempt. Когда́ была́ сде́лана пе́рвая попы́тка перелете́ть че́рез Атланти́ческий океа́н? When was the first attempt made to fly across the Atlantic Ocean?

□ Я уж не раз де́лал попы́тки с ва́ми созвони́ться. I tried to reach you by phone more than once. • Он был уби́т при попы́тке к бе́гству. He was killed while trying to escape. • *Что ж, попы́тка не пы́тка! It never hurts to try.

пора́[1] (a по́ру) time. Мы жи́ли в ту по́ру ещё в Ки́еве. We still lived in Kiev at that time.

□ до каки́х пор how long. До каки́х пор вы наме́рены э́то терпе́ть? How long are you going to stand for it?

до поры́ до вре́мени for some time to come. До поры́ до вре́мени нам придётся с э́тим примири́ться. We'll have to comply for some time to come.

до сих пор up to now. Я до сих пор об э́том не слы́шал. I haven't heard about it up to now. • up to here. Нам за́дано вы́учить до сих пор. We have to learn it up to here.

на пе́рвых пора́х at the beginning. На пе́рвых пора́х мне здесь бы́ло тру́дно. At the beginning it was difficult for me here.

с тех пор since then. С тех пор я его́ бо́льше не вида́л. Since then I haven't seen him any more.

пора́[2] it's time. Давно́ пора́ бы́ло бы э́то ко́нчить. It's high time this was finished.

□ Ну, мне пора́. Well, I've got to go.

порабо́тать (pct) to work. Я ещё успе́ю немно́го порабо́тать до обе́да. I can still work a bit before dinner.

пора́довать (pct of ра́довать).

□ Ну, чем вы нас пора́дуете? Well, what good news have you for us?

поража́ть (dur of порази́ть) to amaze. Меня́ всегда́ поража́ло его́ споко́йствие. I was always amazed at how calmly he takes things.

пораже́ние defeat. Неприя́тель потерпе́л пораже́ние. The enemy suffered defeat.

□ До́ктор опаса́ется пораже́ния зри́тельного не́рва. The doctor is afraid that the nerve of the eye was damaged.

поражу́ See порази́ть.

порази́тельный striking. Како́е порази́тельное схо́дство! What a striking resemblance! • marvelous. У него́ порази́тельная па́мять. He has a marvelous memory. • wonderful. Её выно́сливость порази́тельна. She has wonderful endurance.

□ порази́тельно remarkably. Он порази́тельно бы́стро овладе́л ру́сским языко́м. He mastered the Russian language remarkably fast.

порази́ть (pct of поража́ть) to surprise. Её отве́т меня́ о́чень порази́л. Her answer surprised me very much.

□ У него́ пораженё ле́вое лёгкое. His left lung is affected.

порва́ть (-рву́, -рвёт; p -рвала́; pct of порыва́ть) to tear. (no dur) Осторо́жно, не порви́те пла́т я — тут гвоздь. Careful, don't tear your dress; there's a nail here. — (no dur) Где э́то вы так порва́ли костю́м? Where did you tear your suit like that? • to break up. Когда́ она́ порвала́ с ним? When did she break up with him? • to sever. Дипломати́ческие сноше́ния ме́жду э́тими стра́нами по́рваны. Diplomatic relations between these countries were severed.

поре́жу See поре́зать.

поре́зать (-ре́жу, -ре́жет; pct) to cut. Я поре́зал себе́ но́гу стеклом. I cut my foot on a piece of glass.

☐ Для начинки порежьте яблоки помельче. Dice the apples for the filling.

порекомендовать (*pct of* **рекомендовать**, which is both *dur and pct*).

поровну (/*cf* ровный/) equally. Разделите шоколад поровну между всеми детьми. Divide the chocolate equally among the children.

порог threshold. Осторожно, тут порог. Careful of the threshold here. • doorstep. *Я порогов у него обивать не стану. I'm not going to camp on his doorstep.

☐ пороги rapids. Вы когда-нибудь Днепровские пороги видали? Have you ever seen the Dnieper rapids?

☐ Его туда и на порог не пустят. They won't even let him in.

порода type. Какой породы это дерево? What type of tree is that?

☐ **чистой породы** thoroughbred. Эта собака чистой породы. This dog is a thoroughbred.

порожний empty. Что вы целый день с порожней телегой разъезжаете? Why are you riding all day with an empty wagon?

☐ Хватит! Нечего переливать из пустого в порожнее. Stop wasting your time in idle chatter.

порой (*is of* пора[1]) on occasion. Он привирает порой. He tells lies on occasion. • sometimes. Мне это порой становится невтерпёж. Sometimes I just can't stand it any more. • at times. Он порой бывает несносен. He's unbearable at times.

порок vice. Ну, какой же ваш главный порок? Well, what is your biggest vice?

☐ Боюсь, что у него порок сердца. I'm afraid he has a heart ailment. • *Бедность не порок. Poverty is no crime.

поросёнок (-нка, *P* поросята, поросят, поросятам) suckling pig. А поросёнка под хреном вы когда-нибудь пробовали? Have you ever tried a suckling pig with horseradish?

порох gunpowder. Осторожно, в этом ящике порох. Be careful; there's gunpowder in this box.

☐ Я ему попробовал возразить, но он сразу вспыхнул, как порох. I tried to contradict him, but he exploded immediately. • *Да, он пороху не выдумает. He won't set the world on fire. • *У вас на это не хватит пороха. You wouldn't have the guts for that. • *Не тратьте пороха, его не переубедишь. Don't waste any effort; he won't change his mind.

порошок (-шка) powder. Доктор прописал ему порошки от кашля. The doctor prescribed some cough powders for him.

— Надо посыпать постель персидским порошком. We have to put some insect powder on the bed. — Дать вам пасты или зубного порошка? Shall I give you tooth paste or powder?

порт (/*P* -ы; в порту/) port. В порту стоит несколько иностранных пароходов. There are a few foreign ships in port.

портить (/*pct:* ис-/) to spoil. Не портите себе глаза, зажгите лампу. Don't spoil your eyes; turn on the lamp. — Боюсь, что эта работа портит мне характер. I'm afraid this work spoils my disposition. • to make a mess of. Лучше помолчите, вы всё дело портите. Better keep quiet; you're making a mess of the whole business. • to bungle. Он вечно всё портит. He always bungles everything he does.

☐ Дружба с ним портит вашу репутацию. Friendship with him ruins your reputation.

портниха dressmaker.

портной (*AM*) tailor.

портрет portrait. Чей это портрет? Whose portrait is this?

портсигар cigarette case. Я оставил портсигар на столе в номере. I forgot my cigarette case on the table in my hotel room.

портфель (*M*) brief case. Я забыл портфель в вагоне. I left my brief case in the coach.

поручать (*dur of* поручить) to trust. Разве можно поручать ему такое ответственное дело? How can you trust him with such a responsible job?

поручение errand. Я охотно исполню ваше поручение. I'll gladly run your errand. • mission. Ему дали ответственное поручение. He was given a responsible mission. • message. Я звоню вам по поручению вашего друга. I'm calling you with a message from your friend.

поручить (-ручу, -ручит; *pct of* поручать) to ask. Мне поручили передать вам эту посылку. I was asked to deliver this package to you. • to charge with. Ему поручено руководство этим учреждением. He's charged with the management of this office. • to put in charge. А кому вы поручите заботу о доме в вашем отсутствии? Who will you put in charge of running your house while you're away?

-ся to vouch. Я могу за него поручиться. I can vouch for him. • to guarantee. А кто мне поручится, что он справится с этой работой? Who'll guarantee that he'll be able to handle this work?

порция portion. Тут хорошо кормят, только порции маленькие. The food is good here, but the portions are small. • helping. Можно мне получить вторую порцию? Can I have a second helping?

порча damage. Отчего произошла порча машины? What caused the damage to the car? • spoilage. Ему придётся отвечать за порчу продуктов. If there's any spoilage of food, he'll be responsible.

порчу *See* **портить.**

порывать (*dur of* порвать).

порядок (-дка) order. У неё в комнате образцовый порядок. Everything in her room is in perfect order. — Поставьте карточки в алфавитном порядке. — Призываю вас к порядку! Order! Order! • arrangement. У нас теперь новый порядок получения отпусков. We have a new arrangement for receiving leaves now. • setup. Вот так тут, я вижу, новые порядки. I see you have a new setup here. — Ну и порядки! What kind of setup do you call this! • way. Вам придётся действовать обычным порядком. You'll have to act in the customary way. • condition. Он вернул книги в полном порядке. He returned the books in perfect condition. • formality. Он нас знает, но всё-таки для порядка попросил показать пропуск. He knows us, but asked us to show our pass anyway for the sake of formality.

☐ **наводить порядок** to put in order. В одну неделю он навёл повсюду порядок. He put things in order everywhere in a week's time.

по порядку step by step. Расскажите по порядку всё, как было. Tell me everything that happened, step by step.

порядок дня agenda. Что у нас сегодня в порядке дня? What do we have on the agenda today?

☐ Эту работу нужно выполнить в срочном порядке. This work must be done in an extra hurry. • Это в порядке

429

вещей. That's quite natural. • Где я могу́ привести́ себя́ в поря́док? Where can I clean myself up? • Всё в поря́дке. Everything's O.K. • Мне пришло́сь э́то сде́лать в поря́дке дополни́тельной нагру́зки. I had to do that aside from my regular work. • Всё э́то явля́ется одного́ поря́дка. All this is in keeping with the rest of it.

поря́дочный considerable. Фрукто́вый сад даёт на́шему колхо́зу поря́дочный дохо́д. The orchard brings our kolkhoz considerable profit. • quite. Мы прошли́ уже́ поря́дочное расстоя́ние. We've already covered quite a distance. • decent. Поря́дочные лю́ди так не поступа́ют. Decent people don't act that way.

□ **поря́дочно** decently. Он поступи́л вполне́ поря́дочно. He acted quite decently. • quite a lot. Он вчера́ поря́дочно вы́пил. He drank quite a lot yesterday.

□ Он дрянь поря́дочная. He's a pretty bad egg. • Он ей, по-ви́димому, поря́дочно надое́л. She's evidently fed up with him.

посади́ть (-сажу́, -са́дит; pct of сади́ть and сажа́ть) to plant. В э́том году́ мы посади́ли мно́го карто́шки. This year we planted a lot of potatoes. • to seat. Меня́ посади́ли ря́дом с хозя́йкой. I was seated next to the hostess. • to put. До́ктор посади́л меня́ на стро́гую дие́ту. The doctor put me on a strict diet. • to lock up. Его́ посади́ли на́ два го́да. They locked him up for two years.

□ **посади́ть на цепь** to chain. Э́ту соба́ку на́до посади́ть на цепь. This dog has to be chained.

□ Хозя́йка то́лько что посади́ла хлеб. The landlady just put the bread into the oven. • Носи́льщик посади́л меня́ в ваго́н. The porter showed me into the train. • Он не знал фарва́тера и посади́л нас на мель. He wasn't acquainted with the river and ran us up on the shoals. • Кто э́то посади́л здесь кля́ксу? Who made the blot here? • *Уж я его́ посажу́ в кало́шу! I'll show him up!

поса́дка planting. Мы уже́ на́чали поса́дку овоще́й. We've begun planting the vegetables. • landing. Самолёту пришло́сь сде́лать поса́дку далеко́ от аэродро́ма. The plane was forced to make a landing some distance from the airfield. • seat. Он е́здит верхо́м с де́тства, вот почему́ у него́ така́я поса́дка. He's been horseback riding since childhood; that's why he has such a good seat. • Поса́дка ещё не начала́сь, пойдём в буфе́т. Passengers aren't allowed on board yet; let's go for a bite.

посажу́ See посади́ть.

посвети́ть (-свечу́, -све́тит; pct) to light. На ле́стнице темно́, я сейча́с вам посвечу́. It's dark on the stairs. I'll light the way for you right away.

посвечу́ See посвети́ть.

по-сво́ему See свой.

посвяти́ть (pct of посвяща́ть) to dedicate. Кому́ посвящено́ э́то стихотворе́ние? Who is this poem dedicated to? • to let in on. Он посвяти́л нас в свои́ пла́ны. He let us in on his plans.

посвяща́ть (dur of посвяти́ть) to devote. Он посвяща́ет всё своё свобо́дное вре́мя чте́нию. He devotes all his leisure time to reading.

посвящу́ See посвяти́ть.

посе́в sowing. Вре́мя посе́ва уже́ приближа́ется. The time for sowing is already near. • crop. У нас посе́вы уже́ всхо́дят. Our crops are coming up already.

посевно́й sowing. У нас регуля́рно печа́таются да́нные о хо́де посевно́й кампа́нии. The results are published regularly during the sowing campaign.

посели́ть (pct of поселя́ть).

-ся to settle. Снача́ла мы посели́лись на се́вере. At first we settled in the North. • to move in. Давно́ они́ здесь посели́лись? How long ago did they move in here?

поселя́ть (dur of посели́ть).

-ся to settle.

посети́тель (M) visitor. Посети́тели допуска́ются в больни́цу то́лько по воскресе́ньям. Visitors are allowed in the hospital only on Sundays. • customer. Он постоя́нный посети́тель на́шего рестора́на. He's a steady customer in our restaurant.

посети́тельница visitor, customer F.

посети́ть (-сещу́, -сети́т; pct of посеща́ть) to visit.

посеща́ть (dur of посети́ть) to visit. В больни́це его́ мо́жно посеща́ть то́лько по воскресе́ньям и четверга́м. You can visit him at the hospital Sundays and Thursdays only. • to attend. Я аккура́тно посеща́ю ле́кции в ву́зе. I attend lectures at college regularly.

посеще́ние visiting. Посеще́ние (больны́х) разреша́ется то́лько от ча́су до трёх. Patients may be visited only from one to three. • attendance. У нас посеще́ние ле́кций обяза́тельно. Regular attendance at the lectures is compulsory.

посещу́ See посети́ть.

посе́ять (-се́ю, -се́ет; pct of се́ять) to sow. Овёс уже́ посе́ян. The oats have already been sown. • to lose. *А где ты ва́режки посе́ял? Where did you lose your mittens?

посиде́ть (-сижу́, -сиди́т; pct) to sit (for a while). Мы посиде́ли ещё часо́к на крыле́чке и пошли́ спать. We sat another hour or so on the stoop and then went to sleep.

□ Куда́ вы торо́питесь? Посиди́те ещё немно́го. What's your hurry? Stay a while longer.

посижу́ See посиде́ть.

поска́льзываться (dur of поскользну́ться).

поскользну́ться (pct of поска́льзываться) to slip. Он поскользну́лся и растяну́лся во весь рост. He slipped and fell flat.

поско́льку (/cf ско́лько/) as far as. Поско́льку э́то от меня́ зави́сит, я сде́лаю всё что могу́. As far as I'm concerned I'll do everything I can. — Поско́льку я зна́ю, его́ там не́ было. As far as I know, he wasn't there.

посла́ть (-шлю, -шлёт; pct of посыла́ть) to send. Пошли́те, пожа́луйста, паке́т ко мне в гости́ницу. Send the package to my hotel, please. — Пошли́те э́то письмо́ заказны́м. Send this letter registered mail. — Его́ посла́ли в командиро́вку. He was sent away on an assignment.

по́сле after. Приходи́те сра́зу по́сле рабо́ты. Come right after work. • later. Мы об э́том поговори́м по́сле. We'll talk about this later.

□ **по́сле обе́да** afternoon. Вы мо́жете приня́ть меня́ за́втра по́сле обе́да? Can you see me tomorrow afternoon? • Он оста́вил по́сле себя́ жену́ и трёх дете́й. He left a wife and three children. • По́сле него́ оста́лось мно́го незако́нченных ру́кописей. He left many unfinished manuscripts.

после́дний last. Проведи́те ваш после́дний ве́чер с на́ми. Spend the last evening with us. — Он е́дет в после́днем ваго́не. He's riding in the last (railroad) car. — Почему́ вы не отве́тили на моё после́днее письмо́? Why didn't you answer my last letter? — Он гото́в подели́ться после́дней копе́йкой. He's ready to share his last penny. • latest. Вы чита́ли после́дние изве́стия? Have you read the latest news?

☐ **в последнее время** lately. В последнее время он очень нервничает. He's been very nervous lately.

☐ Он вернётся в последних числах марта. He'll return late in March. • Он там ругается последними словами. He's over there cursing for all he's worth. • Ну, если добрые друзья начинают ссориться, то это уж последнее дело. Well, if best friends begin to quarrel, that's the worst thing that can happen.

послезавтра (/cf **завтра**/) the day after tomorrow.

пословица proverb. Мы в разговоре часто употребляем пословицы. We use many proverbs in our daily speech. • saying. Где можно достать полное собрание русских пословиц? Where can I get a complete collection of Russian sayings?

☐ Их хитрость вошла в пословицу. Their shrewdness is legendary.

послужить (-служу, -служит; pct of **служить**).

послушать (pct) to listen. Он, конечно, американец, а не англичанин: послушайте, как он произносит слово томато. Of course, he's American and not English; listen to the way he pronounces the word "tomato." — Его послушать, так красивее её никого на свете нет. To listen to him, you'd think there's no one more beautiful than she is. — Послушайте, вы мне сказок не рассказывайте. Listen, don't hand me any stories now.

послушаться (pct of **слушаться**) to obey. Он не послушался учителя и ему попало. He didn't obey the teacher and caught hell for it. • to listen to. Жаль, что я вас не послушался. It's a pity I didn't listen to you.

послушный obedient. Ваш ребёнок слишком послушный, это нехорошо. Your child is much too obedient; that's not good.

☐ **послушно** obediently. Он послушно исполнял все предписания врача. He obediently carried out all the instructions of the doctor.

посметь (pct of **сметь**) to dare. Я не посмел ему об этом сказать. I didn't dare tell him about it. — Посмей только не прийти! Just dare not to come!

посмотреть (-смотрю, -смотрит; pct of **смотреть**) to see. Мне хотелось бы посмотреть этот фильм. I'd like to see that movie. • to see about. (no dur) Ты собираешься завтра ехать? Ну, это мы ещё посмотрим. So you think you're leaving tomorrow? We'll see about that.

☐ Я не посмотрю, что он студент, а отчитаю его, как следует. The fact that he's a college student won't stop me from bawling him out.

пособие aid. Как же я буду преподавать без наглядных пособий? How can I teach without visual aids? • textbook. Это хорошее пособие для начинающих. It's a good textbook for beginners.

☐ **научные пособия** scientific equipment.

пособие по болезни sick-benefits. Спасибо, мне денег не нужно, я буду получать пособие по болезни. Thanks, I don't need any money; I'll get sick-benefits.

посоветовать (pct of **советовать**) to give advice. К сожалению, ничего не могу вам посоветовать. Unfortunately, I can't give you any advice. • to advise. Он мне посоветовал подождать немного. He advised me to wait a while.

☐ Посоветуйте, где мне лучше всего провести отпуск. Can you tell me the best place to spend my vacation? • Посоветуйте, как мне выйти из этого положения. Tell me how I can get out of this fix!

-ся to ask advice. Он это сделал, ни с кем не посоветовавшись. He did that without asking anyone's advice.

посол (-сла) ambassador (only of a foreign country). Посла сейчас нет в Москве. The ambassador is not in Moscow right now.

посольство embassy (only of a foreign country). Скажите, пожалуйста, где американское посольство? Can you please tell me where the American embassy is?

поспать (-сплю, -спит; p -спала; pct) to sleep. Хорошо бы поспать часок, другой. It'd be nice sleeping for an hour or so.

поспевать (-ваю, -вает; dur of **поспеть**) to get ripe. У нас уже поспевают яблоки. Our apples are getting ripe now. • to be ready. Он никогда не поспевает к сроку. He's never ready on time.

поспеть (pct of **поспевать**) to be ready. Обед давно поспел, а их всё нет. Dinner has been ready for quite some time and they're still not here.

☐ Мы должны с этой работой поспеть к первому числу. We must have the work done by the first. • *Наш пострёл везде поспел! He gets around quite a bit!

поспешить (pct) to hurry. Поспешите, а то на поезд опоздаете. Hurry or you'll miss the train.

☐ *Поспешишь, людей насмешишь. Haste makes waste.

поспорить (pct of **спорить**) to get into an argument. Они поспорили из-за пустяков. They got into an argument over a trifle.

☐ Я готов с вами поспорить что это не так. I'm willing to bet you that it isn't so.

посреди in the middle of. Что вы остановились посреди дороги? Why did you stop in the middle of the road?

посредине in the middle. Вы расставили всю мебель у стен, а что вы поставите посредине? You've put all the furniture along the wall; what will you put in the middle?

поссорить (pct of **ссорить**) to make (someone) quarrel. Она поссорила его с его лучшим другом. She made him quarrel with his best friend.

-ся to have a quarrel. Впервые в жизни они всерьёз поссорились. For the first time in their lives they had a serious quarrel. • to quarrel. Я уже не помню из-за чего мы с ним поссорились. I can't remember what we quarreled about.

пост[1] (P -ы, -ов /на посту/) position. Я не знал, что он занимает такой важный пост. I didn't know he occupied such an important position. • office. Он на этом посту уже десять лет. He's been in office for ten years. • post. Часовой стоит на посту. The guard is at his post. — Я его знаю, он не уйдёт со своего поста. I know him; he won't leave his post.

☐ Где здесь ближайший милицейский пост? Where is the nearest policeman stationed?

пост[2] (-а/в посту/) fast days. Она все посты соблюдает. She observes all the fast days.

☐ **великий пост**. Lent.

☐ *Не всё коту масленица, придёт и великий пост. The good years don't last forever.

поставить (pct of **ставить**) to put. Поставьте мебель в эту комнату. Put the furniture in this room. — Это лекарство вас быстро поставит на ноги. This medicine will put you on your feet in no time. — Я поставлю этот вопрос на правлении клуба. I'll put this question before the club presidium. • to set. Он поставил новый рекорд бега на ты́сячу ме́тров. He set a new record for the thousand-meter run. • to organize. Он у нас превосхо́дно поста́вил рабо́ту. He organized the work here excellently. • to assign. Раз его́ поста́вили на таку́ю ва́жную рабо́ту, зна́чит он ко́е-что понима́ет. If he's assigned to this important work, he must know something about it.

□ У него́ прекра́сно поста́вленный го́лос. He has a well-trained voice. • Поста́вьте больно́му термо́метр. Take the patient's temperature. • Ему́ поста́вили па́мятник. They erected a monument to him. • Ему́ поста́вили дво́йку и поде́лом. He got a low mark and deserved it.

поста́вка delivery. Э́тот заво́д взял на себя́ поста́вку ну́жного нам материа́ла. This factory took over the delivery of the necessary material to us.

□ **поста́вка хле́ба** grain due the government. *See also* **хлебопоста́вка**.

постана́вливать (*dur of* **постанови́ть**).

постанови́ть (-становлю́, -стано́вит; *pct* постана́вливать *and* постановля́ть) to decide. Собра́ние постанови́ло посла́ть экспона́ты на се́льско-хозя́йственную вы́ставку. They decided at the meeting to send the exhibits to the agricultural show.

постано́вка setup. Мне не нра́вится вся постано́вка де́ла здесь. I don't like the whole setup here. • production. Но́вая постано́вка обеща́ет быть гвоздём сезо́на. The new production promises to be the hit of the season. • show. Э́то была́ лу́чшая постано́вка в сезо́не. That was the best show of the season.

□ Я счита́ю э́ту постано́вку вопро́са непра́вильной. I don't think you're putting the question right.

постановле́ние decision. Э́то бы́ло сде́лано по постановле́нию о́бщего собра́ния. This has been done in compliance with the decision of the general meeting.

□ **прави́тельственное постановле́ние** governmental decree.

постановля́ть (*dur of* **постанови́ть**) to decide. Э́то постановля́ли уже́ не́сколько раз. This has been decided several times.

постара́ться (*pct of* **стара́ться**) to try. Постара́йтесь прийти́ во́-время. Try to come on time.

постаре́ть (*pct of* **старе́ть**) to age. Он о́чень постаре́л за после́дний год. He's aged considerably in the last year.

постели́ть (-стелю́, -сте́лит; *pct of* **постила́ть**) a bed. Постели́те ему́ у меня́ в кабине́те на дива́не. Make up a bed for him on the couch in my study.

посте́ль (*F*) bed. Я уже́ постла́ла посте́ли. I've already made the beds. — Он ещё не встаёт с посте́ли. He still isn't out of bed.

посте́льный bed. Перемени́те мне посте́льное бельё. Change my bed linen for me.

постепе́нный.

□ **постепе́нно** gradually. Постепе́нно гул самолётов зати́х. Gradually the noise of the planes subsided. — Снача́ла он нас чужда́лся, но постепе́нно стал привыка́ть. At first he was aloof, but gradually he got used to us.

постерегу́ *See* **постере́чь**.

постере́чь (-стерегу́, -стережёт; *p* -стерёг, -стерегла́, -о́, -и́; *pct*) to guard, to watch. Постереги́те на́ши велосипе́ды, мы сейча́с придём. Watch our bicycles; we'll be back in a minute.

постесня́ться (*pct of* **стесня́ться**).

постила́ть (*dur of* **постели́ть** *and* **постла́ть**).

постира́ть (*pct*) to wash.

постла́ть ([-sl-], -стелю́, -сте́лет; *p* -стла́ла; *pct of* **стлать** *and* **постила́ть**) to make (up) a bed. Где вам постла́ть? Where do you want me to make up your bed?

посто́льку (/*cf* **сто́лько**/) then. Поско́льку на́шего мне́ния не спра́шивали, посто́льку мы за э́то не отвеча́ем. Inasmuch as they didn't consult us, then we can't be held responsible for it.

посторо́нний foreign. Рентге́новский сни́мок обнару́жил у него́ в лёгких посторо́ннее те́ло. The X ray showed that a foreign particle was lodged in his chest. • outsider. Посторо́нние э́того не пойму́т. Outsiders won't understand it. • stranger. Вход посторо́нним воспреща́ется. Strangers not admitted. — Не говори́те об э́том при посторо́нних. Don't speak of this in front of strangers.

□ На рабо́те нельзя́ занима́ться посторо́нними дела́ми. You've got to stick to business while you're working.

постоя́нный steady. Я ваш постоя́нный покупа́тель. I'm your steady customer. • constant. Как мне надое́ли ва́ши постоя́нные ссо́ры! I'm sick of your constant quarreling. • permanent. Э́то ваш постоя́нный а́дрес? Is this your permanent address? — Я прие́хал сюда́ на постоя́нное жи́тельство. I came to stay here permanently. • perpetual. Как вы выно́сите э́тот постоя́нный шум? How can you stand this perpetual noise?

□ **постоя́нный жи́тель** resident. Вы постоя́нный жи́тель Нью Йо́рка? Are you a resident of New York?

постоя́нно always. Почему́ ваш ребёнок постоя́нно пла́чет? Why is your child always crying?

□ Вы, как ви́дно, о́чень постоя́нны в ва́ших вку́сах. It's evident your tastes don't change much.

постоя́ть (-стою́, -стои́т; *pct*) to stand. Я постоя́л у воро́т мину́т де́сять и пошёл домо́й. I stood at the gate for about ten minutes and then went home. • to wait. Посто́й, я сейча́с вспо́мню. Wait a minute, it'll come to me.

□ **постоя́ть за себя́** to take care of oneself. Бу́дьте споко́йны, он за себя́ постои́т. Don't worry about it; he'll take care of himself.

□ Посто́йте, отку́да вы э́то зна́ете? Hold on now, how do you know that? • Посто́йте, что э́то вы сказа́ли? Just a minute, what did you say?

пострада́ть (*pct of* **страда́ть**) to suffer. Го́род си́льно пострада́л от прошлого́днего наводне́ния. The city suffered a great deal from last year's flood. — Уж она́-то пострада́ла соверше́нно неви́нно. Of all people, she was the one that suffered, and through no fault of her own.

постро́ить (*pct of* **стро́ить**) to build. Мы постро́или э́тот го́род в реко́рдный срок. We've built this city in record time. — Дом для общежи́тия ещё не постро́ен. The dormitory hasn't been built yet. • to organize. Его́ докла́д о́чень уда́чно постро́ен. His report is very well organized. • Учи́тель гимна́стики постро́ил ма́льчиков в шере́нгу. The gym teacher lined the boys up.

постро́йка building. У нас хва́тит ле́су для э́той постро́йки? Will we have enough lumber for the building?

□ Вы его́ мо́жете уви́деть на постро́йке. You can see him where they're building.

поступа́ть (*dur of* **поступи́ть**) to act. Он глу́по поступа́ет, скрыва́я свою́ оши́бку. He's acting foolishly to hide his mistake. • to come in. Чле́нские взно́сы поступа́ют регуля́рно. The membership dues come in on time.

поступи́ть (-ступлю́, -сту́пит; *pct of* **поступа́ть**) to act. Он поступи́л соверше́нно пра́вильно. He acted absolutely right. •to do. Она́ не зна́ла, как ей поступи́ть. She didn't know what to do. •to start. Когда́ он поступи́л на рабо́ту? When did he start on the job? •to enroll. Мой сын поступи́л в технологи́ческий институ́т. My son enrolled in the technological institute.

посту́пок (-пка) action. Э́тот посту́пок говори́т в его́ по́льзу. This action speaks well for him.

☐ Э́то нече́стный посту́пок. It's a dishonest thing to do.

постуча́ть (-чу́, -чи́т; *pct*) to knock. Постуча́ть ещё раз? Shall I knock again?

посу́да dishes. У вас тут дово́льно посу́ды? Do you have enough dishes here? •set of china. Мне не нра́вится рису́нок на э́той посу́де. I don't like the design on this set of china.

☐ **ку́хонная посу́да** kitchen utensils. Вот э́то шкаф для ку́хонной посу́ды. This is the closet for kitchen utensils.

посыла́ть (*dur of* **посла́ть**) to send. Он посыла́ет жене́ полови́ну своего́ за́работка. He sends half of his pay to his wife. — Мы три ра́за посыла́ли лошаде́й на ста́нцию вас встреча́ть. We've sent a carriage to the station for you three times.

☐ В душе́ я его́ посыла́л к чо́рту. Inwardly I was wishing he'd go to hell.

посы́лка parcel. Вы хоти́те застрахова́ть э́ту посы́лку? Do you want to insure the parcel? •package. Напиши́те на посы́лке: — обраща́ться с осторо́жностью. Write "handle with care" on the package.

посы́льный (*AM*) messenger.

пот (*P -ы́; /g -у; в поту́/*) perspiration, sweat. Его́ от стра́ха в холо́дный пот уда́рило. He broke out into a cold sweat from fear. — Погоди́, дай то́лько вы́тру пот с лба. Wait, just let me wipe the sweat off my brow. — Ну и зада́ча! Пря́мо в пот вогна́ло. That was a job! I really sweated over it.

☐ в поту́ perspiring. Он прибежа́л к нам весь в поту́, задыха́ясь. He came running, all out of breath and perspiring.

потанцова́ть (*pct*) to dance. Пойдёмте, потанцу́ем. Let's dance!

потемне́ть (*pct of* **темне́ть**) to darken. Кра́ски на карти́не потемне́ли от вре́мени. The colors of the painting darkened with age. •to go black. У меня́ от бо́ли в глаза́х потемне́ло. I felt a pain and everything went black.

потепле́ть (*pct of* **тепле́ть**) to get warm. К ве́черу наве́рно потепле́ет. It'll probably get warm towards evening.

потерпе́ть (-терплю́, -те́рпит; *pct*) to be patient. Потерпи́те ещё немно́го — до́ктор конча́ет перевя́зку. Be patient a little while longer; the doctor is almost through bandaging.

☐ **потерпе́ть неуда́чу** to fail. Все на́ши попы́тки потерпе́ли неуда́чу. All our tries failed.

☐ Наш по́езд потерпе́л круше́ние у са́мой ста́нции. Our train was wrecked right near the station.

поте́ря loss. Сообщи́те в мили́цию о свое́й поте́ре. Notify the police about your loss. — Мы обеща́ли убра́ть урожа́й без поте́рь. We promised to take in the crops without loss. — Он тяжело́ перенёс поте́рю жены́. He took the loss of his wife hard. •waste. Э́то напра́сная поте́ря вре́мени. It's an unnecessary waste of time.

☐ Ему́ грозя́т поте́ря трудоспосо́бности. He might become permanently incapacitated.

потеря́ть (*pct of* **теря́ть**) to lose. Я потеря́л бума́жник по доро́ге из теа́тра в гости́ницу. I lost my wallet on my way

from the theater to the hotel. — Я уже́ и счёт потеря́л тем фа́брикам, кото́рые я здесь ви́дел. I've already lost count of the factories I've seen here. — Вы потеря́ете о́чередь, е́сли уйдёте надо́лго. You'll lose your turn if you go away for long. — Мы потеря́ли друг дру́га из ви́ду. We lost touch with one another. — По́сле э́того слу́чая он мно́го потеря́л в мои́х глаза́х. After that he lost much of my respect. — Вы ничего́ не потеря́ете, е́сли спро́сите ещё раз. You won't lose anything by asking again.

потихо́ньку quietly. Войди́те потихо́ньку, чтоб никого́ не разбуди́ть. Go in quietly so you won't wake anyone. •slowly. Нам не́зачем спеши́ть, пойдём потихо́ньку. We don't have to hurry; let's walk slowly. •on the sly. Он взял э́ту кни́жку потихо́ньку, никто́ не заме́тил. He took this book on the sly, and no one noticed it.

пото́к stream. Переходи́те осторо́жно: го́рные пото́ки о́чень бы́стрые. Be careful going across; these mountain streams are very rapid. •flow. Наро́д вали́л с ми́тинга густы́м пото́ком. A heavy flow of people streamed out of the meeting. •conveyer belt. На заво́де ввели́ пото́к и рабо́та пошла́ быстре́е. A conveyer belt was installed at the plant and the work began to go faster.

потолкова́ть (*pct*) to talk over. Дава́йте потолку́ем об э́том всерьёз. Let's talk this over seriously. •to talk. Зайди́те ко мне сего́дня, нам на́до потолкова́ть. Drop in today, I have to talk to you.

потоло́к (-лка́) ceiling. Э́та ко́мната небольша́я, но с высо́ким потолко́м. It's not a large room, but it has a high ceiling.

☐ *Что ж мне тут де́лать? Лежа́ть да в потоло́к плева́ть, что́ ли? What do you want me to do? Twiddle my thumbs?

пото́м (/*cf* **тот**/) later. Мы э́то пото́м сде́лаем. We'll do this later. •afterwards. А пото́м что бы́ло? What happened afterwards? •then. Они́ про́были здесь два дня, а пото́м пое́хали да́льше. They stayed here for two days and then went on.

потому́ (/*cf* **тот**/) therefore. Я его́ не зна́ю и потому́ не могу́ его́ рекомендова́ть. I don't know him and therefore can't recommend him. •because. Я то́лько потому́ вам не отве́тил, что не знал ва́шего а́дреса. I didn't answer you simply because I didn't have your address.

☐ **потому́-то** that's why. Он до́лго жил в Аме́рике, потому́-то он и говори́т с америка́нским акце́нтом. He lived in America for a long time; that's why he speaks with an American accent.

потому́ что because. Мы не попа́ли в теа́тр, потому́ что не смогли́ доста́ть биле́тов. We didn't get into the theater because we couldn't get tickets. — Он прода́л свою́ маши́ну, потому́ что ему́ до заре́зу нужны́ бы́ли де́ньги. He sold his car because he was badly in need of money.

потону́ть (-тону́, -то́нет; *pct of* **тону́ть**) to go under. Ло́дка потону́ла у нас на глаза́х. The boat went under before our very eyes. •to drown. Не заплыва́йте так далеко́ — потоне́те. Don't go so far out; you'll drown.

потопи́ть (-топлю́, -то́пит; *pct of* **топи́ть²**) to sink. Наш флот потопи́л неприя́тельский кре́йсер. Our Navy sank the enemy cruiser. •to drown. Что, вы нас потопи́ть хоти́те? Do you want to drown us?

поторопи́ть (-тороплю́, -торо́пит; *pct of* **торопи́ть**) to hurry up. Поторопи́те его́, а то мы опозда́ем. Hurry him up,

433

or we'll be late. • to hurry. На́до их поторопи́ть с ва́шей ви́зой. You should hurry them about your visa.

-ся to hurry up. Нельзя́ ли ма́лость поторопи́ться? Can't you hurry up a little?

поточный

□ **поточная систе́ма** conveyor system. У нас на заво́де введена́ поточная систе́ма. The conveyor system has been introduced in our factory.

потра́тить (*pct of* **тра́тить**) to spend. На что вы потра́тили э́ти де́ньги? What did you spend this money on?

потра́чу *See* **потра́тить**.

потреби́тель (*M*) consumer.

потреби́тельница consumer.

потре́бовать (*pct of* **тре́бовать**) to demand. Он потре́бовал, чтоб мы неме́дленно к нему́ яви́лись. He demanded that we appear before him immediately.

-ся to be re⌐uired. Е́сли потре́буется, я могу́ предста́вить свой дипло́м. I can present my diploma if it's required. • to need. Позвони́те, е́сли вам что́-нибудь потре́буется. Ring if you need something.

потруди́ться (-тружу́сь, -тру́дится; *pct*) to work. Он нема́ло потруди́лся на своём веку́. He's worked hard in his day.

□ Потруди́тесь встать и закры́ть дверь! Get up out of there and close the door!

потружу́сь *See* **потруди́ться**.

поту́х *See* **поту́хнуть**.

потуха́ть (*dur of* **поту́хнуть**).

поту́хнуть (*p* -ту́х, -ту́хла; *pct of* **ту́хнуть** *and* **потуха́ть**) to go out. Смотри́те, чтобы костёр не поту́х. See that the bonfire doesn't go out.

□ Он ка́к-то весь поту́х, осу́нулся. Somehow, he's lost all his pep and has grown thin.

потуши́ть (-тушу́, -ту́шит; *pct of* **туши́ть**) to put out. He забу́дьте перед ухо́дом потуши́ть электри́чество. Don't forget to put the light out before you leave.

потяну́ть (-тяну́, -тя́нет; *pct*) to pull. Потяни́те ска́терть немно́го в ва́шу сто́рону. Pull the tablecloth a bit toward you.

□ По́сле его́ расска́за меня́ ещё бо́льше потяну́ло домо́й. After listening to his story I felt more eager to get home. • С реки́ потяну́ло прохла́дой. A cool breeze came from the river.

поу́жинать (*pct of* **у́жинать**).

поутю́жить (*pct of* **утю́жить**).

похвала́ praise. Его́ похвала́ для меня́ доро́же всего́. His praise is worth more than anything to me. • compliment. Ваш нача́льник рассыпа́лся в похвала́х вам. Your boss was throwing compliments about you all over the place.

□ **с похвало́й** favorably. Он отзыва́лся о вас с большо́й похвало́й. He spoke very favorably of you.

похвали́ть (-хвалю́, -хва́лит; *pct of* **хвали́ть**) to praise. Его́ мо́жно то́лько похвали́ть за тако́й посту́пок. He deserves nothing but praise for such action.

похлопота́ть (*pct of* **хлопота́ть**).

похлопота́ть (-хлопочу́, -хлопо́чет; *pct of* **хлопота́ть**) to put in a good word. Похлопочи́те за него́ у дире́ктора. Put in a good word with the director for him. • to use one's influence. Похлопочи́те, чтоб нам да́ли поскоре́е пое́сть. Use your influence and have them hurry with our food.

похлопочу́ *See* **похлопота́ть**.

похо́д march. В похо́де удо́бная о́бувь всего́ важне́е. Proper shoes are most important on a march. • campaign.

Мы пошли́ похо́дом про́тив ле́ни, небре́жности, разгильдя́йства. We started a campaign against laziness, carelessness, and sloppiness.

□ Я отве́сил вам два кило́ ма́сла с похо́дом. I weighed off two kilos of butter plus a little extra for you.

походи́ть (-хожу́, -хо́дит; *dur*) to walk. Врач разреши́л мне сего́дня немно́го по ко́мнате походи́ть. The doctor allowed me to walk around the room a bit today.

похо́дный field. Она́ была́ сестро́й в похо́дном лазаре́те. She was a nurse in a field hospital.

□ У меня́ с собо́й похо́дная крова́ть. I have a folding cot with me.

похо́жий like. Вы о́чень похо́жи на бра́та! You're a lot like your brother.

□ **быть похо́жим** to resemble. В э́той семье́ все де́ти о́чень похо́жи друг на дру́га. All the children in this family resemble each other.

похо́же like. Неуже́ли он э́то сде́лал? Э́то на него́ не похо́же. Did he really do that? It's not like him. • it looks as if. Похо́же на то, что я тут остаю́сь. It looks as if I'll be staying here.

□ Слу́шайте, э́то ни на что́ не похо́же! Look here, that's a downright shame!

похожу́ *See* **походи́ть**.

похорони́ть (-хороню́, -хоро́нит;/ *ppp* -хоронённый/; *pct of* **хорони́ть**) to bury. Где его́ похорони́ли? Where is he buried?

по́хороны (-ро́н, -рона́м *P*) funeral.

похуде́ть (*pct of* **худе́ть**) to get thinner. По́сле боле́зни он ужа́сно похуде́л. He got a lot thinner after his illness.

поцара́пать (*pct*) to scratch. Где э́то вы так поцара́пали себе́ ру́ку? Where did you scratch your hand like that?

-ся to get scratched. Осторо́жно, вы поцара́паетесь! Be careful! You'll get scratched.

поцелова́ть ([-cᵃl-]; *pct of* **целова́ть**) to kiss. Да́йте, я вас за э́то поцелу́ю! Let me kiss you for that!

-ся to kiss. Ну, дава́йте поцелу́емся на проща́нье. Come on, let's kiss one another good-by!

поцелу́й ([-cal-]) kiss.

по́чва soil. В э́тих места́х по́чва о́чень плодоро́дна. The soil around here is very fertile. • ground. Я почу́вствовал, что теря́ю по́чву под нога́ми и прекрати́л спор. I felt I was losing ground and stopped arguing.

□ Э́то обвине́ние не име́ет под собо́й никако́й по́чвы. This accusation is groundless.

почём (/*cf* **что**/) how much. Почём я́блоки. How much are the apples? • how. Почём я зна́ю? How should I know?

□ **почём знать** who knows. Почём знать, мо́жет быть он и прав. Who knows, maybe he's right.

почему́ (/*cf* **что**/) why. Почему́ вы не хоти́те пойти́ к до́ктору? Why don't you want to go to the doctor? — Непоня́тно, почему́ ему́ да́ли тако́е поруче́ние. It's hard to understand why they gave him such an assignment. — Почему́ вы так ду́маете? Why do you think so?

□ **вот почему́** that's why. Вот почему́ я э́то сде́лал. That's why I did it.

почему́ бы не why not. Почему́ бы вам не запи́сывать ва́ши впечатле́ния? Why don't you write down your impressions?

почему́-то for some reason or other. Он почему́-то не пришёл. He didn't come for some reason or other.

по́черк handwriting. Како́й, одна́ко, у вас неразбо́рчивый по́черк! Your handwriting is certainly hard to make out

почесáть (-чешý, -чéшет; *ppp* -чёсанный; *pct of* **чесáть**) to scratch. Он почесáл затылок. He scratched his head. **-ся** to scratch oneself. Мне хóчется почесáться, но э́то, кáжется, неприли́чно. I want to scratch myself, but it doesn't seem polite.

почешý *See* **почесáть**.

почешýсь *See* **почесáться**.

почини́ть (-чиню́, чи́нит;/*ppp* починённый/; *pct of* **чини́ть** *and* **починя́ть**) to fix. Где тут мóжно починúть часы́? Where can I get my watch fixed? — Э́тот сапóжник вам почи́нит башмаки́ óчень бы́стро. This shoemaker will fix your shoes very promptly. • to mend. Онá мне почини́ла костю́м. She mended my whole suit.

почи́нка mending. На почи́нку белья́ ухóдит мáсса врéмени. Mending clothes takes a lot of time. • repairs. Ктó бýдет плати́ть за почи́нку? Who's going to pay for the repairs? □ Мне нáдо отдáть рáдио в почи́нку. I have to have my radio fixed.

починя́ть (*dur of* **почини́ть**) to repair. Здесь починя́ют часы́. Watches repaired here.

почи́стить (*pct*) to clean. Ктó э́то так хорошó почи́стил ковёр? Who cleaned the rug so well? — Зубнóй врач прекрáсно почи́стил мне зýбы. The dentist cleaned my teeth very well. • to polish. Хоти́те я вам помогý почи́стить самовáр. If you like, I'll help you polish the samovar. • to shine. Где здесь мóжно почи́стить боти́нки? Where can I have my shoes shined here? • to brush off. Пожáлуйста, почи́стите мне плáтье. Please brush off my clothes. • to peel. Почи́стить картóшку? Shall I peel the potatoes?

почитáть (*pct*) to read. Хоти́те, я почитáю вам всл‧х? If you like I'll read out loud to you.

почищý *See* **почи́стить**.

пóчка kidney. У меня́ пóчки не в порядке. Something is wrong with my kidneys. — Нам дáли теля́чьи пóчки с ри́сом. They served us veal kidney with rice. • bud. Пóчки ужé нáчали распускáться. The buds are beginning to open.

пóчта mail. Когдá разнóсят ýтреннюю пóчту? When do they deliver the morning mail? — Э́то лýчше отпрáвить по пóчте. It's better to send it by mail. • post office. Конéчно, пóчта и телегрáф у нас всегдá в однóм здáнии. Of course, the post office and the telegraph office are always in the same building in our country. — Он рабóтает на пóчте. He works at the post office. • Как пройти́ на пóчту? How do I get to the post office? □ **воздýшная пóчта** air mail. Я хочý послáть э́то письмó воздýшной пóчтой. I want to send this letter air mail.

обрáтная пóчта return mail. Жду отвéта с обрáтной пóчтой. I'm waiting for an answer by return mail.

почтальóн postman.

почтáмт. □ **глáвный почтáмт** main post office. Вéчером пи́сьма принимáют тóлько на глáвном почтáмте. During the evening only the main post office accepts mail.

почти́ almost. Я закóнчил почти́ все свои́ делá. I've almost finished all my business. — Он ужé почти́ здорóв. He's almost well by now. • practically. Онá ещё почти́ ребёнок. She's still practically a kid. • nearly. На э́то ушли́ почти́ все мои́ дéньги. I spent nearly all my money on it.

□ **почти́ что** almost. Я ужé почти́ что закóнчил свою́ рабóту. I've almost finished my work.

почтóвый postal. Он — почтóвый служащий. He's a postal clerk. • postage. Есть у вас почтóвые мáрки? Do you have postage stamps? □ **почтóвая бумáга** writing paper. Дáйте мне почтóвой бумáги. Give me some writing paper.

почтóвая кáрточка postcard.

почтóвая посы́лка parcel-post package.

почтóвое отделéние branch post office. Ближáйшее почтóвое отделéние в двух квартáлах отсю́да. The nearest branch post office is two blocks from here.

почтóвый вагóн mail car.

почтóвый перевóд money order.

почтóвый (пóезд) local (train). Мы éдем почтóвым (пóездом). We go by local (train).

почтóвый штéмпель postmark. Какóе числó на почтóвом штéмпеле? What date is on the postmark?

почтóвый я́щик mailbox. Почтóвый я́щик на слéдующем углý. The mailbox is on the next corner.

почýвствовать ([-čústv-]; *pct of* **чýвствовать**) to feel. Я почýвствовал óструю боль в ногé. I felt a sharp pain in my leg. — Я почýвствовал, что сказáл не то, что нýжно. I felt I didn't say the right thing. □ Я почýвствовал к немý симпáтию с пéрвого взгля́да. I took a liking to him the very moment I saw him.

почýять (-чýю, -чýет; *pct of* **чýять**) to get the scent. Собáки почýяли медвéдя. The dogs have gotten the scent of the bear. • to sense. Я почýял, что тут чтó-то нелáдно. I sensed that something's wrong here.

пошевели́ть (-шевелю́, -шевéлит; *pct of* **шевели́ть**). **-ся** to budge. Нас так сти́снули в толпé, что мы пошевели́ться не могли́. We were so crushed in the crowd we couldn't budge.

пошевельнýть (*pct of* **шевели́ть**).

пошёл *See* **пойти́**.

пóшлина duty. Вам придётся заплати́ть дéсять рублéй пóшлины. You have to pay a duty of ten rubles.

пошлю́ *See* **послáть**.

пошути́ть (-шучý, -шýтит; *pct of* **шути́ть**) to joke. Я тóлько пошути́л. I was only joking.

пошучý *See* **пошути́ть**.

пощади́ть (*pct of* **щади́ть**) to spare. Они́ никогó не пощади́ли — ни детéй, ни старикóв. They spared no one, neither young nor old.

пощажý *See* **пощади́ть**.

пощёчина slap in the face. За таки́е словá емý бы слéдовало дать пощёчину. He deserves a slap in the face for such language.

пощупáть (*pct of* **щýпать**) to feel. Дáйте мне пощýпать ваш пульс. Let me feel your pulse.

поэ́зия poetry.

поэ́т poet.

поэ́тому (/*cf* э́тот/) therefore. Вы тут со всéми поссóрились и, поэ́тому, я дýмаю, вам лýчше уéхать. You're on the outs with everybody here, and therefore I think you'd better leave. • that's why. Я заблуди́лся и, поэ́тому, опоздáл. I've gotten lost and that's why I'm late. • so. Концéрт начинáется рóвно в дéвять, поэ́тому бýдьте там без чéтверти дéвять. The concert starts at nine sharp, so be there at a quarter to.

пою́ *See* **петь**.

появи́ться (-явлю́сь, -я́вится; *pct of* **появля́ться**) to appear. Наконе́ц, появи́лся вино́вник торжества́. Finally the guest of honor appeared. — У неё появи́лись морщи́нки под глаза́ми. Wrinkles have appeared under her eyes.

☐ В на́шем го́роде появи́лся но́вый теа́тр. A new theater opened in our town.

появля́ться (*pct of* **появи́ться**) to show up. Он у нас не появля́лся уже́ це́лый ме́сяц. It's been a month now since he's shown up in this house.

по́яс (*P* -а́, -о́в) belt. Мне нужна́ но́вая пря́жка для по́яса. I need a new buckle for my belt.

пра́вда truth. В том, что он говори́т, нет ни сло́ва пра́вды. There isn't a word of truth in what he says. — По пра́вде сказа́ть, мне бы́ло стра́шно. To tell you the truth, I was afraid. • right. Что пра́вда, то пра́вда. What's right is right. — Ва́ша пра́вда, он действи́тельно нас подвёл. You're right; he really let us down. • really. Он, пра́вда, там был? Was he really there? • it's true. Сам я, пра́вда, при э́том не был, но я зна́ю, что там произошло́. It's true I wasn't present at the time, but I know what happened. — Пра́вда, что они́ пожени́лись? Is it true that they got married? — Это, пра́вда, немно́го да́льше, но зато́ доро́га о́чень прия́тная. It's true that the road is a little longer, but on the other hand it's much pleasanter.

☐ *Он добива́лся э́той командиро́вки все́ми пра́вдами и непра́вдами. He was trying to get the assignment by hook or crook.

пра́вило rule. А на э́тот счёт есть каки́е-нибудь грамма́ти́ческие пра́вила? Is there some sort of grammatical rule about this? — Пра́вила для посети́телей. Rules for visitors. — Нет пра́вила без исключе́ния. There are no rules without exceptions. • regulation. Соблюда́йте пра́вила у́личного движе́ния. Obey traffic regulations.

пра́вильный right, correct. Вы да́ли ему́ пра́вильный а́дрес? Did you give him the right address? — Это совер-ше́нно пра́вильная то́чка зре́ния. That sure is the right point of view. • regular. У неё пра́вильные черты́ лица́. She has regular features. • normal. Уже́ возобнови́лось пра́вильное движе́ние поездо́в. Normal train service has already been resumed.

☐ **пра́вильно** correctly. Вы пра́вильно записа́ли но́мер? Did you take the number down correctly? • right. Вы его́ пра́вильно по́няли? Did you understand nim right? — Вам пра́вильно да́ли сда́чу? Did they give you the right change? — Эти часы́ иду́т пра́вильно? Is this clock right?

☐ Вы соста́вили себе́ пра́вильное представле́ние о том, что произошло́. You have a very accurate idea of what happened. • Он пи́шет по-ру́сски соверше́нно пра́вильно. He writes Russian perfectly.

прави́тельственный government. Об э́том в прави́тель-ственных круга́х уже́ изве́стно. They know about it in government circles already. — Он рабо́тает в прави́тель-ственном учрежде́нии. He works in a government office.

прави́тельство.

☐ сове́тское прави́тельство Soviet Government.

пра́вить to govern. Пра́вить госуда́рством — де́ло не лёгкое. It's not an easy matter to govern a country. • to drive. Кто бу́дет пра́вить маши́ной? Who'll drive the car?

☐ **пра́вить корректу́ру** to read proof. Вы никогда́ не пра́вили корректу́ру? Haven't you ever read proof?

пра́во (*P* права́) right. Всем гра́жданам СССР обеспе́-чивается пра́во на труд. All citizens of the USSR are given the right to work. — Вы име́ете по́лное пра́во тре́бо-вать отве́та. You have every right to demand an answer. — По пра́ву э́та ко́мната принадлежи́т мне. By rights this room belongs to me.

☐ а́вторское пра́во copyright.

госуда́рственное пра́во public law.

сове́тское пра́во Soviet law.

уголо́вное пра́во criminal law.

☐ Этот биле́т даёт вам пра́во на прое́зд туда́ и обра́тно. This ticket is good for a round trip.

пра́во² really. Я, пра́во, не хоте́л вас оби́деть. I really didn't want to offend you.

☐ Како́й вы, пра́во, упря́мый! My, you're stubborn!

правозасту́пник lawyer.

правописа́ние spelling.

правосла́вный (Greek) Orthodox.

☐ правосла́вная це́рковь. (Greek) Orthodox Church.

пра́вый¹ (*sh* -ва́) correct. Вы соверше́нно пра́вы. You're absolutely correct. • right. Я не зна́ю кто прав, кто винова́т, но исто́рия вы́шла пренеприя́тная. I don't know who's right or who's wrong, but I do know it's a pretty mess.

пра́вый² right. Я пра́вым гла́зом не ви́жу. I don't see with my right eye. — Иди́те по пра́вой стороне́, а пото́м свер-ни́те за́ угол. Go along the right-hand side and then turn the corner.

пра́здник ([-znj-]) holiday. По пра́здникам тут всё закры́то. On holidays everything is closed around here.

☐ *Не горю́й, и на на́шей у́лице бу́дет пра́здник. Don't worry, every dog has his day.

пра́здничный ([- nj-]) holiday. У меня́ сего́дня пра́здни́ч-ное настрое́ние. I'm in a holiday mood today.

☐ **пра́здничный день** holiday. По воскре́сным и пра́зд-ничным дням библиоте́ка закры́та. The library is closed on holidays and Sundays.

☐ Он наде́л свой пра́здничный костю́м. He put on his Sunday best.

пра́здновать ([-zn-]/*pct:* **от-**/) to celebrate. Годовщи́ну Октя́брьской револю́ции пра́зднуют седьмо́го ноября́. We celebrate the October revolution on November seventh — Сего́дня мы пра́зднуем двадцатипятиле́тие его́ рабо́ты на э́том заво́де. We're celebrating his twenty-fifth anni-versary in this factory today.

☐ *Тебе́ как бу́дто не полага́лось бы тру́са пра́здновать. I would never expect you to act like a coward.

пра́ктика practice. Я хоте́л бы примени́ть мои́ зна́ния н пра́ктике. I'd like to put my knowledge into practice — Как же я могу́ хорошо́ говори́ть по-англи́йски, когд у меня́ соверше́нно нет пра́ктики? How can I spea English well if I don't get any practice. — У э́того до́ктор есть небольша́я ча́стная пра́ктика. This doctor has small private practice. • experience. У него́ больша́ пра́ктика в э́том де́ле. He has a lot of experience in th field.

☐ Студе́нты горняки́ е́дут на пра́ктику в Донба́ Mining students are going to the Donbass to get practic experience.

практи́ческий practical. Это откры́тие ско́ро найдёт се

практи́ческое примене́ние. This discovery will soon be put to a practical use.

□ Он ничего́ не понима́ет в практи́ческой жи́зни. He doesn't know a thing about everyday living.

практи́чный practical. Как э́то тако́й практи́чный челове́к мог сде́лать таку́ю оши́бку? How could such a practical person make such a mistake? — Э́тот материа́л краси́в, но не так практи́чен, как тот. This cloth is good-looking, but not as practical as that one.

пра́чечная ([-šn-] AF) laundry. У нас при гости́нице своя́ пра́чечная. Our hotel runs its own laundry.

пра́чка laundress. Ва́ше бельё ещё не пришло́ от пра́чки. The laundress hasn't brought your wash yet.

пребыва́ние stay. Срок моего́ пребыва́ния здесь о́чень ограни́чен. My stay here is for a very limited time. — Я прошу́ разреше́ния на вре́менное пребыва́ние в Сове́тском Сою́зе. I'm asking for a temporary permit to stay in the Soviet Union.

превосхо́дный wonderful. Сего́дня превосхо́дная пого́да. We're having wonderful weather today.

□ превосхо́дно excellently. Он превосхо́дно владе́ет тремя́ языка́ми. He knows three languages excellently. •fine. Превосхо́дно! Зна́чит мо́жно е́хать? Fine! Now we can start, can't we?

преврати́ть (-вращу́, врати́т; ppp -вращённый; pct of превраща́ть) to transform. Мы попыта́емся преврати́ть э́тот пусты́рь в огоро́д. We'll try to transform this vacant lot into a vegetable garden. •to make. У́жас — во что они́ преврати́ли э́ту ко́мнату! What a terrible mess they made of this room! •to change. Детдо́м преврати́л э́того ма́ленького хулига́на в хоро́шего парни́шку. The children's home changed this young rowdy into a fine little fellow.

-ся to become. За э́ти го́ды он преврати́лся в старика́. He has become an old man during the years.

превраща́ть (dur of преврати́ть) to make. Не превраща́йте э́того в шу́тку! Don't make a joke of it!

превращу́ See преврати́ть.

превращу́сь See преврати́ться.

предава́ть (-даю́, -даёт; imv -дава́й; prger -дава́я; dur of преда́ть).

предам See преда́ть.

преда́тель (M) traitor.

преда́тельство treachery.

преда́ть (-да́м, -да́ст, §27; imv -да́й; p пре́дал, предала́, пре́дало, -и; преда́лся, -ла́сь -ло́сь, -ли́сь; ppp пре́данный, sh F -дана́; pct of предава́ть) to betray. Он меня́ пре́дал. He betrayed me.

□ преда́ть суду́ to put on trial. Его́ пре́дали суду́. He was put on trial.

□ Она́ о́чень пре́данная мать. She's a very devoted mother.

-ся

□ Он опя́ть предаётся несбы́точным мечта́ниям. He's busy building castles in the air again.

предви́деть (-ви́жу, -ви́дит; dur) to foresee. Вы ведь не могли́ предви́деть, что из э́того полу́чится. But you couldn't foresee the consequences. — Я предви́жу, что из-за э́того вы́йдут больши́е неприя́тности. I can foresee that we'll have a lot of trouble because of it.

предви́жу See предви́деть.

предзавко́м (председа́тель заводско́го комите́та) chairman of the factory employees' committee.

предлага́ть (dur of предложи́ть) to suggest. Предлага́ю пойти́ сего́дня в кино́. I suggest we go to the movies tonight. •to propose. Я предлага́ю тост за на́ших госте́й. I propose a toast to our guests. •to offer. Мы предлага́ем вам на́ше соде́йствие в э́том де́ле. We're offering you our help in this matter.

предло́г[1] pretext. Он как бу́дто и́щет предло́га для ссо́ры. He seems to look for a pretext to start a quarrel. •excuse. Под предло́гом спе́шной рабо́ты он ушёл ра́но. He left early on the excuse of urgent work.

предло́г[2] preposition.

предложе́ние[1] proposal. Никто́ не возража́ет про́тив э́того предложе́ния? Does anyone have any objections to this proposal? •suggestion. У нас на фа́брике поступа́ет от рабо́чих мно́го предложе́ний. The workers of our factory submit many suggestions. •supply. У нас спрос на мно́гие това́ры превыша́ет предложе́ние. In our country the demand exceeds the supply of many goods.

предложе́ние[2] sentence. Он сде́лал три оши́бки в одно́м предложе́нии. He made three mistakes in one sentence.

предложи́ть (-ложу́, -ло́жит; pct of предлага́ть) to offer. Я хочу́ предложи́ть ему́ рабо́ту. I want to offer him a job. — Мо́жно вам предложи́ть стака́н вина́? May I offer you a glass of wine? •to put forward. Его́ предложи́ли в кандида́ты. They put him forward as a candidate. •to present. Кто предложи́л э́ту резолю́цию? Who presented this resolution? •to ask. Ему́ предложи́ли неме́дленно дать отчёт. He was asked to give an accounting of his records immediately. — Мо́жно предложи́ть вам вопро́с? May I ask you a question?

предме́стье suburbs. Он живёт в предме́стье Москвы́. He lives in the suburbs of Moscow.

предме́т subject. Како́й ваш люби́мый предме́т в шко́ле? What's your favorite subject in school? — Э́та исто́рия ещё до́лго бу́дет предме́том то́лков. This event will be the subject of conversation for a long time to come.

□ В темноте́ я наткну́лся на како́й-то предме́т. I bumped into something in the dark. •Сейча́с опя́ть увели́чилось произво́дство предме́тов ширпотре́ба. They've increased the production of consumers' goods again. •Не понима́ю, почему́ он у вас слу́жит постоя́нным предме́том насме́шек. I don't understand why you're always making fun of him.

предостерега́ть (dur of предостере́чь) to warn. Он меня́ предостерега́л от возмо́жных после́дствий. He warned me about the possible consequences.

предостерегу́ See предостере́чь.

предостере́чь (-стерегу́, стережёт; p -стерёг, стерегла́, ся pct of предостерега́ть) to warn. Я хочу́ вас предостере́чь: ему́ нельзя́ доверя́ть. I want to warn you not to trust him.

предписа́ние order. Мы получи́ли предписа́ние из комиссариа́та. We received an order from the commissariat. •instructions. Вам необходи́мо то́чно выполня́ть предписа́ния врача́. You've got to follow the doctor's instructions to the letter.

предполага́ть (dur of предположи́ть) to suppose. Я предполага́ю, что ко вре́мени на́шего прие́зда всё бу́дет гото́во. I suppose that by the time we arrive everything will be in order. •to imagine. Я и не предполага́л, что он э́того не зна́ет. I couldn't even imagine that he didn't know it. ● to intend. Я предполага́ю оста́ться здесь о́коло шести́ неде́ль. I intend to stay here for about six weeks.

предположе́ние supposition. Э́то то́лько моё предположе́ние. It's just a supposition on my part.

предположи́ть (-ложу́, -ло́жит; *pct of* **предполага́ть**) to suppose. Предполо́жим, что он опозда́ет. Что мы тогда́ бу́дем де́лать? Let's suppose that he'll be late. What will we do then? — Предположи́те, что она́ не согласи́тся, кому́ же вы э́то пору́чите? Suppose she doesn't agree; who can you entrust it to then?

предпосле́дний next to the last. Сего́дня наш предпосле́дний уро́к. This is our next to the last lesson.

предпоче́сть (предпочту́, -чтёт; *p* -чёл, -чла́, -о́, -и́; *ppp* -чтённый; *pct of* **предпочита́ть**) to prefer. Он предпочёл пое́хать по желе́зной доро́ге. He preferred to go by train.

предпочита́ть (*dur of* **предпоче́сть**) to prefer. Я предпочита́ю с ним не встреча́ться. I prefer not to meet him.

предпочту́ *See* **предпоче́сть**.

предприму́ *See* **предприня́ть**.

предпринима́ть (*dur of* **предприня́ть**) to undertake. Не предпринима́йте ничего́, не посове́товавшись с ним. Don't undertake anything without consulting him first.

предприня́ть (предприму́, -при́мет; *p* предпри́нял, -приняла́, -при́няло, -и; *ppp* предпри́нятый, *sh F* -нята́; *pct of* **предпринима́ть**) to do. Я хочу́ ко́е-что предприня́ть по э́тому де́лу. There's something I'd like to do with regard to this matter. ● to take. Мы уже́ предприня́ли ко́е-каки́е шаги́. We've already taken certain steps.

предприя́тие plant. Вы уже́ давно́ рабо́таете на э́том предприя́тии? Have you been working at this plant for a long time? ● undertaking. От вас зави́сит успе́х всего́ предприя́тия. The success of this undertaking depends on you. — Ну, э́то риско́ванное предприя́тие. Well, it's a risky undertaking.

председа́тель (*M*) chairman. Кто председа́тель сего́дняшнего собра́ния? Who's the chairman of today's meeting?

☐ **председа́тель Сове́та наро́дных комисса́ров** *or* **председа́тель Совнарко́ма** Chairman of the Council of the People's Commissars.

представи́тель (*M*) representative. Он представи́тель америка́нской фи́рмы. He's a representative of an American firm. ● delegate. Мы посла́ли свои́х представи́телей на э́тот съезд. We sent delegates to this convention.

предста́вить (*pct of* **представля́ть**) to submit. Предста́вьте дире́ктору спи́сок рабо́чих и слу́жащих. Submit the list of workers and clerks to the director. ● to present. Предста́вьте ва́ши докуме́нты. Present your credentials. — Он предста́вил ве́ские доказа́тельства. He presented strong arguments. — В заключе́ние молодёжь предста́вила заба́вную пье́ску. At the end the young people presented an amusing little sketch. ● to introduce. Разреши́те предста́вить вам моего́ дру́га. May I introduce my friend? ● to imagine. Не могу́ себе́ предста́вить, куда́ я дева́л э́ту бума́гу. I can't imagine where I put that paper. ● to recommend. Его́ предста́вили к о́рдену. He was recommended for a decoration.

☐ Э́то не предста́вит для нас осо́бых затрудне́ний. This won't cause us too much trouble. ● Предста́вьте себе́, кого́ я вчера́ встре́тил! Guess who I met yesterday.

представле́ние performance. Пе́рвое представле́ние э́той пье́сы прошло́ с больши́м успе́хом. The first performance of the play went over with great success. ● idea. Я не име́ю об э́том ни мале́йшего представле́ния. I don't have the slightest idea about it.

представля́ть (*dur of* **предста́вить**) to imagine. Я себе́ не представля́ю, что́бы э́то могло́ быть ина́че. I can't imagine that it could be otherwise. ● to represent. Он представля́ет наш сою́з на э́том съе́зде. He's representing our union at this convention.

☐ Для меня́ э́то представля́ет изве́стный интере́с. This has a certain interest for me. ● (*no pct*) Она́ ничего́ из себя́ не представля́ет. She doesn't amount to much. ● Вы себе́ всё э́то соверше́нно непра́вильно представля́ете. You have the wrong idea about it all.

предстоя́ть (-сто́ю, -стои́т; *dur*).

☐ Мне предстои́т о́чень неприя́тный ве́чер. I have a very unpleasant evening ahead of me. ● Вам предстои́т интере́сная пое́здка. You're going to have an interesting trip.

предупреди́ть (*ppp* -преждённый; *pct of* **предупрежда́ть**) to prevent. Мне е́ле удало́сь предупреди́ть ссо́ру. I had a tough time preventing the quarrel. — К сча́стью, удало́сь предупреди́ть эпиде́мию. Fortunately we were able to prevent the epidemic. ● to let know. Предупреди́те меня́ зара́нее о ва́шем прие́зде. Let me know beforehand that you're arriving. ● to tell beforehand. Как же э́то вы меня́ .е предупреди́ли, что вы пригласи́ли госте́й? Why didn't you tell me beforehand that you were expecting guests? ● to warn. Вы должны́ бы́ли нас об э́том предупреди́ть. You should have warned us about it.

предупрежда́ть (*dur of* **предупреди́ть**) to look ahead. Не предупрежда́йте собы́тий. Don't go looking too far ahead! ● to give notice. Об увольне́нии полага́ется предупрежда́ть за две неде́ли. Two weeks' notice is usually given before dismissal.

предупрежу́ *See* **предупреди́ть**.

предусма́тривать (*dur of* **предусмотре́ть**) to provide for. Догово́р э́того не предусма́тривает. The agreement doesn't provide for it.

предусмотре́ть (-смотрю́, -смо́трит; *pct of* **предусма́тривать**) to foresee. Тру́дно всё предусмотре́ть. It's difficult to foresee everything.

предъяви́ть (-явлю́, -я́вит; *pct of* **предъявля́ть**) to show. Предъяви́те про́пуск. Show your pass.

предъявля́ть (*dur of* **предъяви́ть**) to present. Тут докуме́нтов предъявля́ть не на́до. You don't have to present any papers here.

предыду́щий previous. Об э́том я вам говори́л на предыду́щем уро́ке. I spoke to you about this at the previous lesson. ☐ Вы э́того не поймёте, е́сли не зна́ете всего́ предыду́щего. If you don't know everything that took place before, you won't understand it.

пре́жде before. Пре́жде он быва́л у нас о́чень ча́сто. He used to visit us very often before. — Я там был пре́жде всех. I was there before anybody else. ● in the past. Пре́жде тут быва́ло бо́льше наро́да. This place used to be more popular in the past. ● first. Пре́жде всего́ расскажи́те мне о его́ здоро́вье. First of all tell me about his health.

☐ У них всё как пре́жде. Everything there is the same as it was.

пре́жний former. Пре́жний дире́ктор был лу́чше. The former manager was better.

□ **в пре́жнее вре́мя** in the past. В пре́жнее вре́мя у нас в дере́вне шко́лы не́ было. We had no school in our village in the past.

прези́диум presidium. Он — член прези́диума Верхо́вного Сове́та СССР. He's a member of the Presidium of the Supreme Soviet of the USSR. (*See appendix 2.*)

□ Кто сего́дня в прези́диуме? Who are the officers of today's meeting? • Его́ посади́ли за стол прези́диума. He was seated with the officers of the meeting.

презира́ть (*dur*) to have contempt for. Я э́того челове́ка глубоко́ презира́ю. I have nothing but contempt for this man. • Э́того преда́теля все презира́ют. Everybody despises this traitor.

прекра́сный beautiful. Како́й прекра́сный вид из э́того окна́! What a beautiful view you get from this window! • excellent. У него́ прекра́сный аппети́т. He has an excellent appetite. — Он написа́л прекра́сную кни́гу. He's written an excellent book. • fine. В одно́ прекра́сное у́тро они́ к нам яви́лись. One fine morning they dropped in on us. — Он прекра́сный врач. He's a fine doctor.

□ **прекра́сно** perfectly. Он э́то прекра́сно понима́ет. He understands this perfectly. • very well. Она́ прекра́сно поёт. She sings very well. — Прекра́сно, я э́то приму́ к све́дению. Very well, I'll keep it in mind. • fine. Прекра́сно. Я о́чень рад. Fine, I'm very glad.

прекрати́ть (-кращу́, -крати́т; *pct of* **прекраща́ть**) to stop. Пожа́луйста, прекрати́те разгово́ры! Please stop talking! — Предлага́ю прекрати́ть пре́ния. I move we stop the discussion. • to discontinue. Мне пришло́сь прекрати́ть заня́тия из-за войны́. I had to discontinue my studies because of the war.

-ся to cease. Сейча́с у меня́ бо́ли прекрати́лись. My pains have ceased now. • to stop. Прекрати́тся когда́-нибудь э́тот шум? Will this noise ever stop?

прекраща́ть (*dur of* **прекрати́ть**) to stop. Все э́ти го́ды мы не прекраща́ли на́шей перепи́ски. We haven't stopped writing to each other all these years.

-ся to end. В о́ттепель сообще́ние с го́родом почти́ прекра-ща́ется. During the spring thaws, all communication with the city practically ends.

прекращу́ *See* **прекрати́ть**.

преле́стный ([-sn-]) charming. Э́то преле́стный моти́в. It's a charming melody. • cute. Како́й преле́стный ребёнок! Whate a cute child!

□ **преле́стно** charmingly. Она́ преле́стно танцу́ет. She dances charmingly.

премирова́ть (*both dur and pct*) to give a prize. За уда́рную рабо́ту его́ премирова́ли золоты́ми часа́ми. He was given a gold watch as a prize for his top-notch work.

пре́мия prize. Он получи́л Но́белевскую Пре́мию. He received the Nobel Prize. • award. Рабо́чим на́шего заво́да была́ вы́дана пре́мия за перевыполне́ние пла́на. The workers of our factory were given an award for exceeding the quota of the plan.

пренебрега́ть (*dur of* **пренебре́чь**) to pass up. На ва́шем ме́сте я бы не стал пренебрега́ть э́той возмо́жностью. I wouldn't pass up such an opportunity if I were you.

пренебрегу́ *See* **пренебре́чь**.

пренебрежёшь *See* **пренебре́чь**.

пренебре́чь (-брегу́, -брежёт; *p* -брёг, -брегла́, ó, -и́; *pct of*

пренебрега́ть) to disregard. Вы напра́сно пренебрегли́ его́ сове́том. You were wrong in disregarding his advice.

пре́ние.

□ **пре́ния** discussion. По́сле докла́да состоя́лись оживлён-ные пре́ния. After the report there was lively discussion.

преоблада́ть (*dur*) to predominate. В его́ после́дних карти-нах преоблада́ют я́ркие кра́ски. Bright colors predomi-nate in his latest paintings. • На на́шем заво́де преоблада́ет молодёжь. There are mostly young people at our factory.

преодолева́ть (-ва́ю, -ва́ет; *dur of* **преодоле́ть**) to overcome. Не легко́ бы́ло преодолева́ть все э́ти препя́тствия. It was not easy to overcome all these obstacles.

преодоле́ть (*ppp* -до́ленный; *pct of* **преодолева́ть**) to get over. Вы должны́ преодоле́ть свою́ нереши́тельность. You've got to get over your inability to make up your mind. • to overcome. Я наде́юсь, что нам уда́стся преодоле́ть их сопротивле́ние. I hope we'll be able to overcome their resistance.

преподава́ть (-даю́, -даёт; *imv* -дава́й; *prger* -дава́я; *dur*) to teach. Кто у вас преподаёт ру́сский язы́к? Who teaches Russian here?

препя́тствие obstacle. Э́ти препя́тствия меня́ не пуга́ют. These obstacles don't frighten me. • hurdle. Ло́шадь легко́ взяла́ пе́рвое препя́тствие. The horse took the first hurdle easily.

□ **ска́чки с препя́тствиями** steeplechase. Он взял приз на ска́чках с препя́тствиями. He won a prize in a steeplechase. • obstacle race. *Ну, э́то не рабо́та, а кака́я-то ска́чка с препя́тствиями. It's not a job; it's an obstacle race.

препя́тствовать (*dur*) to stand in one's way. Он с э́тим согла́сен, но препя́тствовать вам не бу́дет. He doesn't agree with this, but he won't stand in your way. • to prevent. Недоста́ток сырья́ препя́тствует норма́льной рабо́те заво́да. The shortage of raw materials prevents the work at our plant from running normally.

прерва́ть (-рву́, -рвёт; *p* -рвала́; прерва́лся, -рвала́сь, -рва́лось, -рва́лись; *ppp* пре́рванный, *sh F* -рвана́; *pct of* **прерыва́ть**) to interrupt. Придётся прерва́ть собра́ние. We'll have to interrupt the meeting. • to cut. Телефо́нное сообще́ние с го́родом пре́рвано. Telephone connections with the city have been cut. • to sever. Я давно́ уже́ прерва́л с ни́ми вся́кую связь. I severed all connections with them a long time ago. • to cut short. Он меня́ ре́зко прерва́л и перемени́л те́му. He cut me short and changed the subject.

прерыва́ть (*dur of* **прерва́ть**) to interrupt. Не прерыва́йте, пожа́луйста, рабо́ты из-за меня́. Please don't interrupt your work because of me.

пре́сса press. Он внима́тельно следи́т за сове́тской пре́ссой. He follows the Soviet press very closely.

преступле́ние crime. Кто соверши́л э́то преступле́ние? Who committed this crime? — С таки́ми спосо́бностями да не учи́ться му́зыке — э́то преступле́ние! With such talent it's a crime not to study music.

□ Во́ра пойма́ли на ме́сте преступле́ния. The thief was caught red-handed.

престу́пник criminal *M*.

престу́пница criminal *F*.

преувели́чивать (*dur of* **преувели́чить**) to exaggerate. Мне ка́жется, что вы не́сколько преувели́чиваете. I think you're exaggerating a bit.

преувели́чить (*pct of* **преувели́чивать**) to exaggerate. Вы сѝльно преувелѝчили трýдности э́того де́ла. You've greatly exaggerated the difficulties of this matter.

при (/with l/) at. У неё былá кóмната при шкóле. She roomed at school. — Мы организовáли при завóде я́сли. We organized a public nursery at our plant. — Предъявля́йте биле́ты при вхóде. Show your tickets at the door. • on. У меня́ при себе́ недостáточно де́нег. I haven't enough money on me. • with. При нём всегдá нахóдится медсестрá. There's always a nurse with him. — Я всегдá держý докуме́нты при себе́. I always have my papers with me. — При егó соде́йствии мне бы́стро удалóсь найтѝ кóмнату. With his help I found a room in no time. • in front of. Не говорѝте об э́том при нём. Don't mention it in front of him. — Я э́то готóв повторѝть при свиде́телях. I'm ready to repeat this in front of witnesses. • near. Онá былá при смерти. She was near death.

☐ При мне по глáве э́того учрежде́ния стоя́л другóй челове́к. When I was there, another person was at the head of the institution. • Спросѝте егó об э́том при слýчае. Ask him about it when you get the chance. • Я сде́лаю э́то при пе́рвой возмóжности. I'll do it the first chance I get. • При жела́нии э́то всегдá мóжно сде́лать. You can always do it if you really want to. • Он состоя́л при штáбе Восьмóй Áрмии. He was attached to the headquarters of the Eighth Army. • При чём же я тут? What have I got to do with it? • *Он остáлся не при чём. He was left out in the cold.

прибáвить (pct of **прибавля́ть**) to add. Прибáвьте емý сáхару в чай. Add some sugar to his tea. — К э́тому мне не́чего прибáвить. I have nothing to add to it.

☐ **прибáвить в ве́се** to gain weight. Зá лето он óчень прибáвил в ве́се. He gained a lot of weight during the summer.

прибáвить шáгу to step up one's pace. Прибáвим шáгу, не то опоздáем. We have to step up our pace, or else we'll be late.

прибавля́ть (dur of **прибáвить**).

прибегáть (dur of **прибе́гнуть** and **прибежáть**) to come. Онá прибегáет ко мне кáждый день со свои́ми жáлобами. She comes to me every day with her complaints. • to resort. Я не люблю́ прибегáть к такѝм радикáльным ме́рам. I don't like to resort to such drastic measures.

прибе́гнуть (/p -бе́г, -бе́гла/ pct of **прибегáть**).

☐ Нам придётся прибе́гнуть к егó содéйствию. We'll have to ask him to help us.

прибе́гу See **прибежáть**.

прибежáть (-бегý, -бежѝт, §27; pct of **прибегáть**) to come running. Он прибежáл ко мне рáно ýтром. He came running into me early in the morning.

☐ Я прибежáл на вокзáл за минýту до отхóда пóезда. I got to the station a minute before train time.

прибивáть (dur of **прибѝть**) to nail on. Мне уж тре́тий раз прибивáют э́тот каблýк. This is the third time I've had this heel nailed on.

прибѝть (-бью, -бьёт; imv -бе́й; ppp прибѝтый; pct of **бить** and **прибивáть**) to put up. Прибе́йте сюдá пóлочку. Put a shelf up over here. • to toss. Нáшу лóдку прибѝло к бе́регу. Our boat was tossed ashore. • to beat down. На э́том пóле весь хлеб прибѝло грáдом. The hail has beaten down all the wheat in this field.

приближáть (dur of **приблѝзить**).

-ся to approach. Пóезд приближáется к стáнции. The train is approaching the station. • to get close. Приближáется день нáшего отъе́зда. The day for us to leave is getting close.

☐ Нáша рабóта приближáется к концý. Our work is drawing to a close.

приблѝжусь See **приблѝзиться**.

приблизѝтельный approximate. Приблизѝтельная стóимость э́той маши́ны от трёхсóт до четырёхсóт рубле́й. The approximate value of this machine is three to four hundred rubles. • rough. Сде́лайте приблизѝтельный подсчёт. Make up a rough estimate.

☐ **приблизѝтельно** approximately. Отсю́да до ближáйшей стáнции приблизѝтельно де́сять килóметров. It's approximately ten kilometers from here to the next station. • about. Ну, а во что э́то обойдётся приблизѝтельно? Well, about how much will this cost? • just about. Вот приблизѝтельно всё, что я знáю. That's just about all I know. • by rough count. Пое́здка обошлáсь нам приблизѝтельно в ты́сячу рубле́й. By rough count the trip cost a thousand rubles.

приблѝзить (pct of **приближáть**).

-ся to approach. Когдá мы приблѝзились к дóму мы увидáли у крыльцá большýю толпý. When we approached the house we saw a large crowd near the stoop.

прибóр set. Я вам могý одолжѝть свой брѝтвенный прибóр. I can lend you my shaving set. • place. На скóлько прибóров накры́ть стол? How many places should I set? • instrument. Химѝческая лаборатóрия обору́дована нóвыми прибóрами. The chemical laboratory is equipped with new instruments. • apparatus. Он де́лает упражне́ния на прибóрах. He does exercises on the (gym) apparatus.

прибýду See **прибы́ть**.

прибывáть (dur of **прибы́ть**) to arrive. Поездá тут обы́чно прибывáют вó-время. The trains here usually arrive on time.

☐ Водá бы́стро прибывáет. The water is rising swiftly.

прибы́тие arrival. Прибы́тие и отхóд посадóв. Arrival and departure of trains.

☐ Укажи́те тóчно час прибы́тия вáшего пóезда. State the exact hour of the arrival of your train.

прибы́ть (-бýду, -бýдет; p прѝбыл, прибылá, прѝбыло, -и; pct of **прибывáть**) to come. На-дня́х прибýдет нóвая пáртия товáров. A new lot of goods will come any day now.

прибью́ See **прибѝть**.

приведý See **привестѝ**.

привезý See **привезтѝ**.

привезтѝ (-везý, -зёт; p -вёз, -везлá, -ó, -ѝ; pct of **привозѝть**) to bring (by conveyance). Мне привезлѝ ѝз дому нóвый свѝтер. They brought me a new sweater from home. — Привезѝте мне хорóшего винá. Bring me some good wine.

привёл See **привестѝ**.

привестѝ (-ведý, -дёт; p -вёл, -велá, -ó, -ѝ; prger -ве́дший; pct of **приводѝть**) to bring along. Я привёл с собóй товáрища. I brought a friend along.

☐ **привестѝ в поря́док** to put in order. Пе́ред отъе́здом мне нýжно бýдет привестѝ все делá в поря́док. Before leaving I'll have to put all my affairs in order.

привестѝ в чýвство to bring to. Нам с трудóм удалóсь привестѝ егó в чýвство. We brought him to with difficulty.

☐ Бою́сь, э́то приведёт к большóй путáнице. I'm afraid this will result in a great mixup. • В доказáтельство своей мысли он привёл цитату из статьи Сталина. To prove his point he quoted from an article by Stalin. • Вот привёл бог свидеться! It was meant for us to meet again! • Вот я вам приведу пример. Here, I'll give you an example. • Мы привели машину в полный порядок. We gave the car a complete overhauling. • Нас привели к присяге. They administered the oath to us. • Ну, это к добру не приведёт! I'm sure no good can come of that.

привет regards, love. Привет всем вашим. Give my regards to your family.

☐ С товарищеским приветом! Yours sincerely. *or* Sincerely yours (a formula commonly used at the end of a letter).

приветливый friendly. Какая у неё приветливая улыбка! She has such a friendly smile!

☐ **приветливо** friendly. Он встретил нас очень приветливо. He gave us a very friendly welcome.

приветствие congratulatory message. В начале собрания были заслушаны приветствия. They read the congratulatory messages at the beginning of the meeting. • welcome. Он помахал мне газетой в знак приветствия. He waved to me with his newspaper as a sign of welcome.

приветствовать (*both dur and pct*) to greet. Студенты собрались приветствовать вернувшегося с фронта товарища. The students gathered to greet their friend arriving from the front. • to welcome. Рабочие приветствуют это предложение. The workers welcome this proposal.

прививка vaccination. Вам сделали противотифозную прививку? Did you get a vaccination against typhus?

☐ Эта яблоня после прививки даёт прекрасные яблоки. The tree has been giving excellent apples since the grafting.

привлёк *See* **привлечь.**

привлекать (*dur of* **привлечь**) to attract, to draw. Эта выставка привлекает много народу. The exhibition is attracting a lot of people. — Она привлекает всеобщее внимание. She attracts everyone's attention.

☐ Меня очень привлекает эта поездка. I look forward to the trip with a great deal of pleasure.

привлеку *See* **привлечь.**

привлечь (-влеку, -влечёт; *p* -влёк, -влекла, -о, -и; *pct of* **привлекать**) to draw, to attract. Надо привлечь молодёжь в члены нашего клуба. We'll have to draw some young people into our club membership. • to win over. Надо постараться привлечь его на нашу сторону. We'll have to try to win him over to our side.

приводить (-вожу, -водит; *dur of* **привести**) to bring over. Он несколько раз её к нам приводил. He brought her over to our house several times.

☐ приводить в отчаяние to drive to despair. Её упрямство приводит меня в отчаяние. Her stubborness drives me to despair.

привожу *See* **приводить** *and* **привозить.**

привозить (-вожу, -возит; *dur of* **привезти**) to bring (by conveyance). Табак мне товарищи из дому привозят. Friends bring me tobacco from home. — Постельного белья привозить не нужно, вам его здесь дадут. You don't have to bring bed linen with you. They'll give you some.

привык *See* **привыкнуть.**

привыкать (*dur of* **привыкнуть**) to get used to. Я начинаю привыкать к здешним порядкам. I'm beginning to get used to the customs here.

☐ Ну, мне к этому не привыкать стать! I've gone through all that before!

привыкнуть (*p* -вык, -выкла; *pct of* **привыкать**) to be used to. Я привык вставать рано. I'm used to getting up early. — Он не привык ездить на этой машине. He's not used to driving this car. • to get used to. Я к нему очень привык. I got very much used to him.

привычка habit. У него ужасная привычка грызть ногти. He has a terrible habit of biting his nails. — Привычка — вторая натура. Habit is second nature. — Возвращать книги, видно, не в его привычках. It seems that he's not in the habit of returning books. — Ежедневные встречи с ней вошли у меня в привычку. It became a habit of mine to meet her every day.

привяжу *See* **привязать.**

привязать (-вяжу, -вяжет; *pct of* **привязывать**) to tie. Он привязал лошадь к дереву. He tied the horse to the tree.

привязывать (*dur of* **привязать**) to tie (up). Мы привязываем нашу собаку только на ночь. We only tie up our dog at night.

пригласить (*pct of* **приглашать**) to invite. Я пригласил товарища зайти к нам выпить чаю. I invited my friend over for tea. • to call. Придётся пригласить врача. We'll have to call the doctor. • to ask. Разрешите пригласить вас на вальс. May I ask you for a waltz?

приглашать (*dur of* **пригласить**) to invite. Они меня часто приглашают к себе. They often invite me to their house.

приглашение invitation. Вход на этот концерт по специальным приглашениям. Admittance to this concert is by invitation. — Я получил от приятеля приглашение погостить у него в деревне. I received an invitation to spend some time with my friend in the country. — Вы уже разослали приглашения? Have you sent the invitations out yet?

приглашу *See* **пригласить.**

приговаривать (*dur of* **приговорить**).

приговор sentence. Приговор был приведён в исполнение. The sentence was carried out.

☐ Ему вынесли обвинительный приговор. They pronounced him guilty. • По моему мнению, оправдательный приговор обеспечен. In my opinion, an acquittal is certain.

приговорить (*pct of* **приговаривать**) to sentence. Он приговорён к смертной казни. He is sentenced to death.

пригодиться (*pct*) to be useful. Этот человек может нам очень пригодиться. That man can be very useful to us. • to come in handy. Знание русского языка ему здесь очень пригодилось. His knowledge of Russian came in mighty handy to him here.

пригожусь *See* **пригодиться.**

пригород suburb.

пригородный suburban. Они живут на пригородной даче. They live in a suburban summer house. — Посмотрите в расписании поездов пригородного сообщения. Look at the timetable of the suburban trains.

приготавливать (*dur of* **приготовить**).

приготовить (*pct of* **готовить**, **приготавливать**, **приготовлять**) to prepare, to get (something) ready. Я приготовил всё что вам нужно для работы. I prepared everything you need for work. — Комната вам приготовлена. Your room is prepared for you. — Приготовьте мне тёплую ванну. Get a warm bath ready for me. • to do. Я ещё не приготовил уроков. I still haven't done my homework.

приготовлять (*dur of* **приготовить**) to prepare. Провизию для экскурсии надо приготовлять с вечера. Food for the excursion has to be prepared the night before.

пригрозить (*pct of* **грозить**).

придираться (*dur of* **придраться**) to pick on. В таможне ко мне страшно придирались. They were picking on me something terrible at the customs office.

придраться (-дерусь, -дерётся; *p* -дрался, -дралась, -дралбсь, -дрались; *pct of* **придираться**).

приду *See* **прийти**.

придумать (*pct of* **придумывать**) to think up, to invent. Вы это очень удачно придумали. That was a very clever thing you thought up. — Он придумал новый способ упаковки. He invented a new way of packing. — Ничего лучше придумать нельзя. You couldn't invent anything better than that.

придумывать (*dur of* **придумать**).

придусь *See* **прийтись**.

приеду *See* **приехать**.

приезд arrival. Сообщите нам заблаговременно о вашем приезде. Tell us beforehand when you're going to arrive.

приезжать (*dur of* **приехать**) to come. Он всегда у нас останавливается, когда приезжает в город. He always stays with us when he comes to town. • to arrive. Когда она приезжает? When will she arrive?

приезжий ([-žj-]*AM*) visiting. Сегодня в клубе выступает приезжий лектор. A visiting lecturer is speaking at the club today. • visitor. Вы здешний или приезжий? Do you belong here or are you a visitor? • guest. В этом году на курорте много приезжих. There are many guests at this summer resort this year. • newcomer. Вы приезжий, вы наших порядков не знаете. You're a newcomer and don't know how we do things here.

приём admittance. Приём учащихся в это училище уже прекращён. The admittance of students to this school has already stopped. • welcome. Они оказали нам сердечный приём. They gave us a hearty welcome. • stroke. Выучитесь сперва основным приёмам игры в теннис, а потом записывайтесь на состязание. First learn the basic tennis strokes, and then enter a match.
□ Приём посылок производится до пяти часов вечера. Parcels will be accepted till five o'clock in the evening. • Сегодня приёма нет. No visitors today. • Придите ко мне в часы приёма. Come and see me during visiting hours. • Я вас научу очень простому приёму для этой работы. I'll teach you a simple trick for this work.

приёмная (*AF*) waiting room.

приехать (-еду, -едет; *imv supplied as* **приезжай**; *pct of* **приезжать**) to arrive. Он, вероятно, приедет сегодня. He'll probably arrive today. — Вы приехали поездом или на машине? Did you come by train or by car?

приз (*P* -а́) prize. Он получил первый приз на состязании. He won first prize in the contest.

призвать (-зову, -вёт; *p* -звала; *ppp* призванный, *sh F* -звана; *pct of* **призывать**) to call. Поднялся такой шум, что председатель должен был призвать собрание к порядку. Such a noise arose that the chairman was forced to call the meeting to order.
□ Его призвали на военную службу. He was drafted.

признавать (-знаю, -знаёт; *imv* -знавай; *prger* -знавая; *dur of* **признать**) to recognize. Он не признаёт ничьего авторитета. He doesn't recognize authority.

-ся to confess. Ну, признавайтесь, кто из вас виноват? Come on now, confess; which one of you is guilty?
□ Я этого, признаюсь, не ожидал. Frankly, I didn't expect it.

признак sign. Раненый не подавал признаков жизни. The wounded man didn't show any signs of life. — Он вечно обижается; это первый признак того, что он неумный человек. He always feels insulted; that's the first sign that he's not very clever.

признать (*ppp* признанный, *sh F* -знана; *pct of* **признавать**) to admit. Не упрямьтесь и признайте свою ошибку. Don't be stubborn; admit your mistake. • to find. Доктора признали его положение безнадёжным. Doctors found his condition hopeless.

-ся to admit. Это мне, признаться, не совсем понятно. I must admit, I don't understand it completely. • to tell. Он мне только что признался в любви. He just told me he loved me.

призову *See* **призвать**.

призывать (*dur of* **призвать**) to make an appeal. Горсовет призывает население помогать беженцам. The city soviet is making appeals to the population for aid to the refugees.

прийти (приду, придёт; *p* пришёл, -шла, -о, -и; *pap* -шедший; *pct of* **приходить**) to arrive. Наш поезд пришёл рано утром. Our train arrived early in the morning. • to come in. Посмотрите, кто там пришёл. See who came in. • to come. Вам пришло письмо. A letter came for you. — Как вы пришли к этому выводу? How did you come to this conclusion?
□ **прийти в себя** to come to. *Она уже пришла в себя. She's already come to. • to pull oneself together. Успокойтесь, придите в себя. Calm down; pull yourself together. **прийти в ужас** to be horrified. Я пришёл в ужас, увидев, что он наделал. I was horrified to see what he had done. **прийти в ярость** to have a fit (of anger). Почему он пришёл в такую ярость? Why did he have such a fit all of a sudden? □ Вот уже и зима пришла! Well, winter's finally here! • Не понимаю, как вам это могло прийти в голову. I just can't understand how you got this into your head. • Эта машинка пришла в полную негодность. This typewriter is no longer serviceable.

-сь to have to. Ему придётся ещё немного подучиться. He still has a little more to learn. — Нам пришлось на это согласиться. We had to agree to that. • to fall. Пятое г этом месяце пришлось в субботу. The fifth of this month fell on a Saturday.
□ **как придётся** any way. Поставьте пока книги как придётся, я потом разберусь. Just put the books down any way; I'll straighten them out later.
□ Смотрите, шуба-то как раз по мне пришлась. Look! That fur coat looks as if it was made just for me. • *Как видно, он там ни ко двору пришёлся. It seems that he just couldn't get along there. • Это блюдо вам, видно, пришлось по вкусу. It looks as if that dish appealed to your taste. • Нам без вас туго придётся. It'll be hard for us without you.

прикажу *See* **приказать**.

приказ order. Ну, поймите же, что я только исполняю приказ. You must understand, I'm only carrying out orders. — Этот приказ был вчера опубликован. This order was made public yesterday.

☐ Ва́ше назначе́ние ещё не проведено́ прика́зом. Your appointment has not as yet been approved.

приказа́ние command. Ва́ше приказа́ние бу́дет испо́лнено. Your command will be carried out. • order. Э́то прика-за́ние моего́ нача́льника. This order came from higher up.

приказа́ть (-кажу́, -ка́жет; *pct of* **прика́зывать**) to order. Нам прика́зано вы́ехать на рассве́те. We were ordered to leave at dawn. • to instruct. Мне приказа́ли позабо́тить-ся о том, чтобы вас хорошо́ устро́или. I was instructed to see to it that you get good accommodations.
☐ (*no dur*) Что прика́жете де́лать, когда́ ка́ждый день прихо́дят но́вые распоряже́ния? What can you do when new orders keep coming every day? ● ●*Он приказа́л до́лго жить. He died.

прика́зывать (*dur of* **приказа́ть**) to give orders. Никто́ вам э́того не прика́зывал. Nobody gave you any such orders.

прикладно́й.
☐ прикладно́е иску́сство applied arts.
прикладны́е нау́ки applied sciences.

прикла́дывать (*dur of* **приложи́ть**) to apply. Прикла́-дывайте к гла́зу холо́дные примо́чки. Apply cold com-presses to your eyes.

приклеи́ть (*dur of* **приклеи́ть**).

приклеи́ть (-кле́ю, кле́ит; *pct of* **прикле́ивать**) to paste, to glue. Прикле́йте на две́ри ва́шу визи́тную ка́рточку. Paste your visiting card on the door.

приключе́ние adventure. В доро́ге у нас была́ ма́сса приключе́ний. We had a lot of adventures on the trip. — Да́йте мне како́й-нибудь рома́н приключе́ний. Give me some kind of adventure story.

прикрепи́ть (*pct of* **прикрепля́ть**) to fasten. Не забу́дьте прикрепи́ть рекоменда́тельное письмо́ к ва́шему заявле́-нию. Be sure to fasten your letter of recommendation to your application. • to tack up. Прикрепи́те объявле́ние кно́пкой. Tack the poster up.
☐ Мы вас прикрепи́м к на́шему распредели́телю. We'll arrange for you to get goods from our store.

прикрепля́ть (*dur of* **прикрепи́ть**).

прикро́ю *See* **прикры́ть.**

прикрыва́ть (*dur of* **прикры́ть**) to cover up. Он прикрыва́ет своё неве́жество о́бщими фра́зами. He covers up his ignorance with generalizations. • to put a cover on. При-крыва́йте кастрю́лю кры́шкой, когда́ ва́рите о́вощи. Put a cover on the pan when you cook vegetables.

прикры́ть (-кро́ю, -кро́ет; *ppp* -кры́тый; *pct of* **прикрыва́ть**) to cover. Я его́ прикры́л ещё одни́м одея́лом. I covered him with another blanket. • to close. Прикро́йте дверь, пожа́луйста. Close the door, please.

прику́ривать (*dur of* **прикури́ть**).

прикури́ть (-курю́, -ку́рит; *pct of* **прику́ривать**).
☐ Не туши́те спи́чки, да́йте прикури́ть. Don't put out your match; give me a light. • Разреши́те прикури́ть? May I have a light from your cigarette?

прила́вок (-вка) counter. На прила́вке лежа́ли ра́зные това́ры. There were all kinds of goods lying on the counter. ☐ Он рабо́тает прика́зчиком. He's a salesclerk.

прилага́тельное (*AN*) adjective.

прилага́ть (*dur of* **приложи́ть**) to enclose. Прилага́ю ва́шу распи́ску. I'm enclosing your receipt.

прилежа́ние diligence. Его́ прилежа́ние меня́ про́сто поража́ет. His diligence amazes me.

☐ Он ма́льчик спосо́бный, но вот с прилежа́нием — беда́. He's a capable boy but just doesn't apply himself.

приле́жный hard-working. Како́й приле́жный учени́к! What a hard-working student!
☐ приле́жно very hard. Он приле́жно изуча́ет ру́сский язы́к. He's studying Russian very hard.

прилета́ть (*dur of* **прилете́ть**) to arrive (by air). Когда́ прилета́ет самолёт из Москвы́? When does the plane from Moscow arrive?

прилете́ть (-лечу́, -лети́т; *pct of* **прилета́ть**) to fly in. Мы прилете́ли сего́дня. We flew in today.
☐ Жа́воронки прилете́ли! The skylarks are back!

прилечу́ *See* **прилете́ть.**

приле́чь (-ля́гу, -ля́жет; *imv* -ля́г; *p* -лёг, -легла́, -ó, -и́; *pct*) to lie down. Он прилёг отдохну́ть. He lay down for a rest.

прили́чный decent. Мы мо́жем ему́ гаранти́ровать прили́ч-ный за́работок. We can guarantee him a decent income. • clean. Не бо́йтесь — анекдо́т соверше́нно прили́чный. Don't worry; this story is completely clean.
☐ вполне́ прили́чно pretty well. Рабо́та сде́лана вполне́ прили́чно. The work's been done pretty well.

прили́чно proper. Прили́чно уйти́ не попроща́вшись? Is it proper to leave without saying good-by?
☐ Пальто́, по-мо́ему, ещё совсе́м прили́чное. This coat, in my opinion, is still in quite good shape.

приложе́ние supplement. Мы выпи́сываем э́тот журна́л гла́вным о́бразом из-за приложе́ний. We're taking this magazine mainly because of the supplements you get. • appendix. Э́то сло́во помещено́ в приложе́нии к словарю́. This word is in the Appendix of the dictionary.

приложи́ть (-ложу́, -ло́жит; *pct of* прилага́ть *and* прикла́-дывать) to put on. Приложи́те компре́сс к больно́му ме́сту. Put a compress on the sore spot. • to put. На́до ещё приложи́ть печа́ть. You still have to put your seal on it. — Бою́сь, что ва́шу тео́рию тру́дно бу́дет приложи́ть на пра́ктике. I'm afraid that it'll be difficult to put your theory into practice. • to enclose. Приложи́те к заявле́нию ваш дипло́м и спра́вку с ме́ста пре́жней рабо́ты. Enclose your diploma and a reference from your last place of employment with your application.
☐ приложи́ть стара́ния to do one's best. Я приложу́ все стара́ния чтобы ула́дить э́то де́ло. I'll do my best to settle this matter.
☐ Он приложи́л ру́ку к козырьку́. He saluted.

приля́гу *See* **приле́чь.**

приля́жешь *See* **приле́чь.**

применя́ть (-меню́, -ме́нит; *pct of* **применя́ть**) to make use of. Тут вы смо́жете примени́ть ва́ше зна́ние языко́в. You can make use of your knowledge of languages here. • to apply. Э́то пра́вило здесь не примени́мо. This rule can't be applied here.

применя́ть (*dur of* **примени́ть**) to put. Мы э́тот ме́тод применя́ем на пра́ктике. We're putting this system into practice.

приме́р example. Не бери́те с него́ приме́ра! Don't follow his example. — Я вам э́то объясню́ на приме́ре. I'll explain this to you with an example. — Э́тот приме́р оказа́лся зарази́тельным. This example was catching.
☐ к приме́ру for instance. Взять к приме́ру хотя́ бы моего́ племя́нника. Take my nephew, for instance.

не в приме́р (*or* **невпример**) unlike. Не в приме́р мно́гим матеря́м, она́ зна́ет недоста́тки своего́ сы́на. Unlike many mothers, she knows her son's faults.

примеривать (*dur of* примерить).

примерить (*pct of* примерять *and* примеривать) to try on. Приме́рьте э́ту па́ру боти́нок. Try on this pair of shoes.

примеря́ть (*dur of* примерить) to try on. Он пошёл к портно́му примеря́ть костю́м. He went to the tailor to try on his suit.

примеча́ние notes. Все примеча́ния помещены́ в конце́ кни́ги. All the notes are at the end of the book. • footnote. Э́то ука́зано в примеча́нии. That's indicated in the footnote.

примиря́ть (*pct of* мирить *and* примирять) to reconcile. Я не зна́ю, как примири́ть э́ти две то́чки зре́ния. I just don't know how to reconcile these two points of view.

-ся to reconcile oneself. Я ника́к не могу́ примири́ться с э́той мы́слью. I just can't reconcile myself to this idea.

примиря́ть (*dur of* примири́ть).

примо́чка application. Де́лайте горя́чие примо́чки, и ва́ша о́пухоль ско́ро пройдёт. Apply hot applications and your swelling will soon disappear.

☐ Есть у вас глазна́я примо́чка? Do you have any eyewash?

приму́ *See* приня́ть.

при́мус (/P -а́, -о́в/) primus (kind of kerosene stove). Мы уже́ кото́рый год стря́паем на при́мусе. We've been cooking on a primus stove for many years.

принадлежа́ть (-жу́, -жи́т; *dur*) to belong. Э́тот луг принадлежи́т сосе́днему колхо́зу. This meadow belongs to the next kolkhoz. — К како́му профсою́зу вы принадлежи́те? What union do you belong to?

☐ Я не принадлежу́ к числу́ покло́нников э́того актёра. I'm not one of this actor's admirers.

принёс *See* принести́.

принести́ (-несу́, -сёт; *p* -нёс, -несла́, -о́ -и́; *pct of* приноси́ть) to bring. Вам принесли́ паке́т. They brought you a package. — Принеси́те мне, пожа́луйста, мы́ло и полоте́нце. Bring me some soap and a towel, please.

☐ **принести́ в же́ртву** to sacrifice. Я всё гото́в был принести́ в же́ртву ра́ди э́того. I'm ready to sacrifice everything for that.

☐ Э́то вам принесёт большу́ю по́льзу. It will do you a lot of good. • •*Принесла́ его́ нелёгкая! Why the devil did he have to show up?

принесу́ *See* принести́.

принима́ть (*dur of* приня́ть) to receive. Меня́ повсю́ду о́чень раду́шно принима́ли. I was received very graciously everywhere. — Когда́ ко́нсул принима́ет (посети́телей)? When does the consul receive visitors? • to assume. Всю отве́тственность я принима́ю на себя́. I assume all responsibility for this. • to take. Мы принима́ли прися́гу. We took an oath. — Не принима́йте э́того так бли́зко к се́рдцу. Don't take it so to heart. — Принима́йте лека́рство аккура́тно. Take the medicine regularly. • to accept. Пи́сьма и паке́ты принима́ют в э́том око́шке. Letters and packages are accepted at this window.

☐ **принима́ть больны́х** to see patients. До́ктор принима́ет (больны́х) в амбулато́рии от девяти́ до двена́дцати. The doctor sees patients in the clinic from nine to twelve.

принима́ть дела́ to take over. Но́вый нача́льник сего́дня принима́ет дела́. The new chief is taking over today.

принима́ть уча́стие to take part. Вы принима́ли уча́стие в соревнова́нии? Did you take part in the competition?

приноси́ть (-ношу́, -но́сит; *dur of* принести́) to deliver. Здесь прино́сят молоко́ на́ дом? Do they deliver milk (to your house)? • to offer. Приношу́ вам мою́ глубо́кую благода́рность. I offer you my heartfelt thanks.

☐ **приноси́ть дохо́д** to net a profit. Моло́чная фе́рма прино́сит на́шему колхо́зу большо́й дохо́д. The dairy farm nets a good profit for the kolkhoz.

приноси́ть плоды́ to bear fruit. На́ше воспита́ние начина́ет приноси́ть плоды́. Our education is beginning to bear fruit.

приношу́ *See* приноси́ть.

принуди́тельный compulsory. Заём не принуди́тельный, — хоти́те, подпи́сывайтесь, хоти́те, нет. This is not a compulsory bond sale; you buy only if you want to.

прину́дить (*ppp* -нуждённый; *pct of* принужда́ть) to compel. Обстоя́тельства меня́ к э́тому прину́дили. Circumstances compelled me to do that.

☐ Как мне ни неприя́тно, я принуждён вам э́то сказа́ть. As unpleasant as it is to me, I've got to tell you that.

принужда́ть (*dur of* прину́дить) to force. Вас никто́ не принужда́ет туда́ е́хать. Nobody is forcing you to go there.

принужу́ *See* прину́дить.

приня́ть (приму́, при́мет; *p* при́нял, приняла́, при́няло, -и; приня́лся, -ла́сь, -ло́сь, ли́сь; *ppp* при́нятый, *sh F* -нята́; *pct of* принима́ть) to accept. Я не могу́ приня́ть тако́го дорого́го пода́рка. I can't accept such an expensive gift. — Кто тут мо́жет приня́ть заказно́е письмо́? Who can accept a registered letter here? — Неуже́ли он не при́нял э́того назначе́ния? Didn't he really accept this position? • to take. Хоти́те приня́ть ва́нну? Do you want to take a bath? — Я бы вас никогда́ не при́нял за иностра́нца. I would never have taken you for a foreigner. — Прими́те э́ту пилю́лю. Take this pill. — Ну́жно приня́ть все ме́ры предосторо́жности. We have to take every precaution. — Его́ боле́знь приняла́ дурно́й оборо́т. His illness took a turn for the worse. — Он при́нял ва́ше замеча́ние всерьёз. He took your remark seriously. — Я отли́чно зна́ю: вы при́няли на себя́ чужу́ю вину́. You took the blame for somebody else. I know it very well. • to adopt. Его́ предложе́ние бы́ло при́нято. His motion was adopted. • to admit. Вас при́мут в вуз, е́сли вы вы́держите экза́мен. You'll be admitted to college if you pass the exams. • to see. Гла́вный инжене́р вас сейча́с при́мет. The chief engineer will see you immediately. • to make. Е́сли он при́нял реше́ние, его́ не переубеди́шь. Once he's made a decision, you can't talk him out of it. • to take on. Сего́дня наш го́род при́нял пра́здничный вид. Today our town took on a holiday atmosphere.

☐ **приня́ть во внима́ние** to take into consideration. Прими́те во внима́ние, что он не совсе́м здоро́в. Take into consideration the fact that he's not quite well.

приня́ть к све́дению to take notice. Прими́те к све́дению, что пра́вила тепе́рь изменены́. Take notice of the fact that the rules have been changed.

☐ Мы при́няли ме́бель по спи́ску. We took over the furniture as it was listed. • Его́ при́няли на рабо́ту. He was hired. • Примем за пра́вило — не обижа́ться! Let's make it a point never to take offense. • •*Она́ э́то приняла́ на свой счёт. She thought they meant her.

приобрести́ (-рету́, -тёт; *p* -рёл, -рела́, -о́, -и́; *pap* -ре́вший;

pct of **приобретáть**) to acquire. Нáша библиотéка старáется приобрестú эти кнúги. Our library is trying to acquire these books.

приобретáть (*dur of* **приобрестú**) to acquire. Мы постепéнно приобретáем оборýдование для нáшей лаборатóрии. We're gradually acquiring equipment for our laboratory. • to take on. Это приобретáет всё бóльшее значéние. This takes on greater and greater importance. • to assume. Болéзнь приобретáет харáктер эпидéмии. The disease is assuming the proportions of an epidemic.

приобретý *See* **приобрестú**.

приостанáвливать (*dur of* **приостановúть**) to interrupt. Мы постарáемся не приостанáвливать рабóты на врéмя ремóнта. We'll try not to interrupt the work during repairs.

приостановúть (-становлю́, -станóвит; *pct of* **приостанáвливать**) to stop. Им пришлóсь на врéмя приостановúть пострóйку. They had to stop work on the construction temporarily.

припáдок (-дка) attack. Сегóдня нóчью с ним случúлся сердéчный припáдок. He had a heart attack last night. • fit. Это он мог сказáть тóлько в припáдке раздражéния. He only could have said it in a fit of irritation.

припáсы (-сов *P*) supplies. Мы хранúм съестнúе припáсы в пóгребе. We keep food supplies in the cellar.

□ боевúе припáсы ammunition.

припéв refrain. Я бýду запевáть, а вы подхвáтывайте припéв. I'm going to start singing and you join me in the refrain.

прирóда nature. В этих местáх мáсса сил ухóдит на борьбý с прирóдой. In these parts a great deal of energy must be spent in overcoming nature. — Ничегó не подéлаешь — закóн прирóды! You can't help it; it's a law of nature.

□ По прирóде он человéк не злой. He's not mean at heart. • Я люблю́ сéверную прирóду. I like northern country.

прирóдный natural. Шкóла помоглá развúть егó прирóдные спосóбности. The school helped develop his natural abilities.

присáживаться (*dur of* **присéсть**) to sit down. Присáживайтесь, поговорúм. Let's sit down and have a talk.

присéсть (-ся́ду, -дет; *p* -сéл; *pct of* **присáживаться**) to sit down. Попросúте егó присéсть и подождáть. Ask him to sit down and wait.

прислáть (-шлю́, -шлёт; *ppp* прúсланный, *sh F* -сланá; *pct of* **присылáть**) to send (over). Мы пришлём за вáми машúну. We'll send a car (over) for you. • to send (up). Пришлúте мне, пожáлуйста, зáвтрак навéрх. Send me up my breakfast, please.

прислýшаться (*pct of* **прислýшиваться**) to listen. Прислýшайтесь и вы услúшите шум пóезда. Listen and you'll hear the rumble of the train.

прислýшиваться (*dur of* **прислýшаться**) to listen. Зачéм прислýшиваться к этим разговóрам? Why bother listening to such talk?

приснúться (*pct of* **снúться**) to dream. Вы кричáли во сне, вам приснúлось чтó-нибудь стрáшное? Why did you cry out in your sleep? Did you dream of something terrible? — Это вам, должнó быть, приснúлось. You must have dreamed about it.

присоединúть (*pct of* **присоединя́ть**).

-ся to join. Хотúте присоединúться к нáшей экскýрсии? Do you want to join our excursion?

присоединя́ть (*dur of* **присоединúть**).

-ся to join. Он не хóчет к нам присоединя́ться. He doesn't want to join us.

□ Я всецéло присоединя́юсь к вáшему мнéнию. I fully agree with your opinion.

приспосáбливать (*dur of* **приспосóбить**).

-ся to adapt oneself. Он бúстро приспосáбливается к нóвой обстанóвке. He quickly adapts himself to new surroundings.

приспосóбить (*pct of* **приспосáбливать** *and* **приспособля́ть**) to fit out. Этот чердáк мóжно приспосóбить для жилья́. This attic can be fitted out as living quarters.

-ся to adjust oneself. Вы ужé приспосóбились к здéшним услóвиям? Did you adjust yourself to the local conditions?

приспособля́ть (*dur of* **приспосóбить**).

-ся to adjust oneself. Он плóхо приспособля́ется к нóвой рабóте. He doesn't adjust himself readily to new work.

приставáть (-стаю́, -стаёт; *imv* -ставáй; *prger* -ставáя; *dur of* **пристáть**) to dock. Парохóд пристаёт к бéрегу. The ship is already docking. • to stick to, to stay on. К этому холстý крáски не пристаю́т. Paint won't stay on this canvas. • to bother. Не приставáйте к немý! Don't bother him.

прúстально intently. Он прúстально поглядéл на меня́. He stared at me intently.

□ Я бы вам совéтовал последúть за ним прúстальнее. I'd advise you to watch him more carefully.

пристáну *See* **пристáть**.

прúстань (*P* -ни, -нéй *F*) dock. Пойдём встречáть их на прúстань. Let's go meet them at the dock.

пристáть (-стáну, -нет; *pct of* **приставáть**) to stick. Колю́чки пристáли к плáтью, не отдерёшь! Thorns are stuck to my dress and I can't get them off. • to join up. К концý путешéствия он пристáл к экскýрсии. He joined up with the excursion toward the end. • to bother. К ней сегóдня на ýлице какóй-то нахáл пристáл. Some fresh guy bothered her on the street today. • to put in. Давáйте пристáнем к бéрегу. Let's put in to shore. • to be becoming. (*no dur*) Вам уж никáк не пристáло так выражáться! Such talk isn't becoming to you. — *Ей это пристáло как корóве седлó. It's as becoming to her as a straw hat is to a horse.

□ Лихорáдка ко мне пристáла и никáк не могý от неё отдéлаться. I caught some kind of a fever and just can't get rid of it.

приступáть (*dur of* **приступúть**) to begin, to start. Покá ещё не приступáйте к рабóте. Don't start working yet.

приступúть (-ступлю́, -стýпит; *pct of* **приступáть**) to begin, to start. Мы скóро приступим к постройке грáйн элевáтора. We'll soon begin building a grain elevator. — У сосéдей ужé приступúли к ремóнту. They've already started renovating our neighbor's place.

присудúть (-сужý, -сýдит; *ppp* присуждённый; *pct of* **присуждáть**) to sentence. Егó присудúли к пятú годáм тюрьмú. He was sentenced to five years in jail. • to award, to give. Комý присужденá пéрвая прéмия? To whom was the first prize given?

□ Вас, вероя́тно, присýдят к небольшóму штрáфу. You'll probably get fined a little.

присуждáть (*dur of* **присудúть**).

присужý *See* **присудúть**.

присутствие presence. Мне неловко говорить об этом в его присутствии. I feel awkward speaking about it in his presence. — Ваше присутствие необходимо. Your presence is absolutely necessary. — Он никогда не теряет присутствия духа. He never loses his presence of mind.

присутствовать (dur) to be present. Он присутствовал при вашем разговоре? Was he present during your conversation?

присылать (dur of **прислать**) to send. Ему очень часто присылают из дому посылки. They send him packages from home very often.

присяга oath.

присяду See **присесть**.

притвориться (pct of **притворяться**) to pretend. Он притворился спящим. He pretended to be asleep.

　□ **притвориться мёртвым** to play dead. Он притворился мёртвым, и это его спасло. He played dead, and that saved him.

притворяться (dur of **притвориться**) to pretend. Я ему не верю: он притворяется больным. I don't believe him. He's only pretending to be sick.

приток tributary. У этой реки много притоков. This river has many tributaries.

　□ Нам тут необходим приток новых сил. We need some new blood around here.

притом (/compare **тот**/) besides. Уже поздно идти туда, да и притом ещё дождь идёт. It's already too late to go there, and besides it's raining. ● into the bargain. Она неумна и притом болтлива. She's not clever and she talks too much into the bargain.

притрагиваться ([-gᵃv-]; dur of **притронуться**) to touch. Он так плох, что уж несколько дней не притрагивается к еде. He's been feeling so bad for several days now that he won't touch any food.

притронуться (pct of **притрагиваться**) to touch. Так больно, что притронуться нельзя. It hurts so badly you can't even touch it.

приучать (dur of **приучить**) to teach. Я приучаю его не опаздывать. I'm teaching him not to be late.

приучить (/-учу -учит; ppp учённый/) to get used to. Я давно приучил себя к этой мысли. I got myself used to the idea a long time ago.

　□ Вам нужно приучить его к дисциплине. You've got to discipline him.

приход arrival. Я решил непременно дождаться прихода поезда. I decided to wait for the arrival of the train at all costs. ● parish. Он уже больше десяти лет священником в этом приходе. He's been a priest in this parish for more than ten years now.

　□ **приход и расход** debit and credit. Ну, как у вас в книгах приход с расходом сходится? How are your books? Do the debit and credit sides balance?

　□ После прихода фашистов к власти война стала неминуемой. War was unavoidable after the Fascists came to power. ●*Каков поп, таков и приход. Like teacher like pupil.

приходить (-хожу, -ходит; dur of **прийти**) to come. Он приходит сюда каждый день. He comes here every day. — Приходите завтра вечером. Come over tomorrow evening.

　□ **приходить в голову** to occur. Мне и в голову не

приходит жаловаться. It doesn't even occur to me to complain.

　□ Нечего приходить в отчаяние: письмо, может быть, затерялось. There's no sense giving up; maybe the letter was lost.

-ся (S 3 only) to have to. Как видно, приходится ехать. It seems that I'll have to go.

　□ Им там нелегко приходилось. They didn't have an easy time there. ● (no pct) Кем он вам приходится? What's he to you?

прихожу See **приходить**.

прихожусь See **приходиться**.

причём (/cf **что**/) and. Он приедет только на будущей неделе, причём неизвестно, сможет ли он вас повидать. He'll arrive next week, and it's not all sure that he'll have time to see you.

　□ А я-то тут причём? And what have I to do with it?

причёсывать (-чешу, -чешет; ppp чёсанный; pct of **причесать**) to comb (someone else's) hair. Я сейчас приду, только дочку причешу. I'll come in a minute; I only have to comb my daughter's hair first.

-ся to comb one's hair. Погодите, побреюсь, причешусь, и вы меня не узнаете. Just wait till I get a shave and comb my hair. You won't even recognize me.

причёска hair-do. Вам очень идёт эта причёска. This hair-do is very becoming to you.

причёсывать (dur of **причесать**)

-ся to have one's hair done. Она всегда причёсывается у парикмахера. She always has her hair done at the beauty parlor.

　□ Вы всегда причёсываетесь на косой пробор? Do you always part your hair on the side?

причешусь See **причесаться**.

причина cause. Причины пожара так и не удалось установить. It was impossible to discover the cause of the fire. ●reason. Он не пришёл по уважительной причине. His reason for not coming was satisfactory. — Я сделал этого по той простой причине, что у меня нехватило времени. I didn't do it simply for the reason that I didn't have enough time.

причинить (pct of **причинять**) to cause. Это может причинить нам большие неприятности. This can cause a lot of trouble for us. — Наводнение причинило нам в этом году огромные убытки. The flood caused great damage this year.

причинять (dur of **причинить**) to cause. Я не хотел бы причинять вам беспокойства. I don't want to cause you any trouble.

причитаться (dur) to be due.

　□ Сколько с меня причитается? How much do I owe?

пришёл See **прийти**.

пришёлся See **прийтись**.

пришивать (dur of **пришить**) to sew on. Жена пришивает мне пуговицы, я сам не умею. My wife sews on my buttons for me; I don't know how myself.

пришить (-шью, -шьёт; imv -шей; ppp -шитый; pct of **пришивать**) to sew. Пиджак почти готов, осталось только подкладку пришить. The coat's almost ready; all that's left is to sew the lining.

　□ Он за ней, как пришитый, ходит. He dogs her footsteps.

пришлю See **прислать**.

пришью́ *See* **пришйть.**

прия́тель (*M*) friend. Мы — больши́е прия́тели. We are good friends.

прия́тельница (girl) friend. Моя́ прия́тельница пригласи́ла нас сего́дня к ча́ю. My (girl) friend invited us over for tea today.

прия́тный pleasant. Кака́я прия́тная неожи́данность! What a pleasant surprise! • nice. Он о́чень прия́тный челове́к. He's a very nice person.

  □ **прия́тно** pleasant. Мы о́чень прия́тно провели́ ве́чер. We've had a very pleasant evening. • pleasantly. Я был прия́тно поражён э́тим изве́стием. I was pleasantly surprised by this news.

  □ О́чень прия́тно познако́миться! Pleased to meet you!

про (*/with a/*) about. Я про вас мно́го слы́шал. I heard a lot about you.

пробега́ть (*pct*) to run around. Я пробе́гал весь день понапра́сну. I ran around all day for nothing.

пробега́ть (*dur of* **пробежа́ть**) to run by. Носи́льщики то́лько пробега́ли ми́мо нас, но никто́ не хоте́л на́ми заня́ться. The porters just ran by us, but nobody wanted to take care of us.

пробегу́ *See* **пробежа́ть.**

пробежа́ть (-бегу́, -бежи́т, §27; *pct of* **пробега́ть**) to run. Он пробежа́л э́то расстоя́ние в реко́рдный срок. He ran that distance in record time. — Кто э́то пробежа́л по коридо́ру? Who ran down the hall? • to run up and down. У меня́ моро́з по ко́же пробежа́л. Cold shivers ran up and down my spine. • to glance at. Я успе́л то́лько пробежа́ть заголо́вки в газе́те. I only had time to glance at the headlines.

проберу́сь *See* **пробра́ться.**

пробира́ть (*dur of* **пробра́ть**) to scold. Он уже́ меня́ не раз за э́то пробира́л. He's already scolded me more than once about it.

  □ Ух, стра́сти каки́е! Пря́мо моро́з по ко́же пробира́ет. Oh, how terrible! I just shiver at the thought of it.

  -ся to work one's way toward. Дава́йте пробира́ться к вы́ходу. Let's work our way toward the exit.

про́бка cork. Помоги́те мне вы́тащить про́бку. Help me get the cork out of the bottle. • tie-up. Из-за зано́сов, на ста́нции образова́лась про́бка. Snowdrifts caused a tie-up at the station.

  □ *Он глуп, как про́бка. He's a dumbbell.

пробле́ма problem.

про́бный trial. Когда́ бу́дет про́бный пробе́г но́вых маши́н? When will the new automobiles have their trial run?

  □ **про́бная рабо́та** test. Вам придётся сде́лать про́бную рабо́ту. You'll have to take a test.

про́бовать to try. Вы про́бовали его́ уговори́ть? Did you try to persuade him?

пробо́р part (in hair). У вас пробо́р криво́й. The part in your hair is crooked.

  □ Причеса́ть вас на прямо́й пробо́р и́ли на косо́й? Do you want your hair parted in the middle or on the side?

про́бочник corkscrew. Вот про́бочник, отку́порьте буты́лку. Here's a corkscrew; open the bottle.

пробра́ть (-беру́, -рёт; *p* -брала́; -бра́лся, -брала́сь, -а́ло́сь, -ли́сь; *ppp* про́бранный, *sh F* -брана́; *pct of* **пробира́ть**).

  -ся to get through. Я е́ле пробра́лся сквозь толпу́. I was just barely able to get through the crowd. • to get in. Как бы нам пробра́ться в дом? How can we get into the house?

пробу́ду *See* **пробы́ть.**

пробы́ть (-бу́ду, -дет; *p* про́был, пробыла́, про́было, -и; *pct*) to stay. Ско́лько вы собира́етесь здесь пробы́ть? How long do you intend to stay here?

прова́ливать (*dur of* **провали́ть**) to ruin. Вы, по-мо́ему, прова́ливаете всё де́ло. In my opinion you're ruining the whole business.

  □ (*no pct*) Ну, тепе́рь прова́ливайте! Beat it now!

  -ся to fail. Он два ра́за прова́ливался на экза́мене по геоме́трии. He failed the geometry exam twice.

провали́ть (-валю́, -ва́лит; *pct of* **прова́ливать**) to defeat. Ва́ше предложе́ние бы́ло прова́лено. Your motion was defeated. • to flop. Она́ провали́ла э́ту роль. She flopped in this role. • to flunk. Профе́ссор наверняка́ прова́лит её на экза́мене. The professor will surely flunk her in the exam.

  -ся to fall into. Я вчера́ в темноте́ провали́лся в я́му. Yesterday in the dark I fell into a hole. • to fall in. Тут кры́ша провали́лась. The roof fell in here. • to fail. Я бою́сь, что провалю́сь на экза́мене. I'm afraid I'll fail the examination. • to fall through. Все на́ши пла́ны провали́лись. All our plans fell through. • to disappear. Куда́ он опя́ть провали́лся? Where did he disappear to again? — Все мои́ карандаши́ как сквозь зе́млю провали́лись. All my pencils disappeared into thin air.

  □ Я от стыда́ гото́в был сквозь зе́млю провали́ться. I was so embarrassed I could have gone through the floor. • *Ах, чтоб ему́ провали́ться с его́ инстру́кциями! Damn him and his instructions!

проведу́ *See* **провести́.**

провёл *See* **провести́.**

прове́рить (*pct of* **проверя́ть**) to verify. Э́то сообще́ние на́до прове́рить. This report has to be verified. • to check. Касси́р прове́рил ка́ссу. The cashier checked the register. — Не меша́ло бы прове́рить маши́ну. It would be a good idea to check the car. — Э́ти табли́цы бы́ли тща́тельно прове́рены. These tables were checked carefully.

прове́рка check. Коми́ссия произво́дит прове́рку ли́чного соста́ва учрежде́ния. The commission is making a check of the office personnel. — Сейча́с бу́дет прове́рка паспорто́в. Passports will be checked now. • examination, check. Прове́рка ка́ссы показа́ла, что нехвата́ет шестисо́т рубле́й. An examination of the cash register showed a shortage of six hundred rubles.

  □ **прове́рка инвентаря́** inventory. У нас раз в год быва́ет прове́рка инвентаря́. We take inventory once a year.

проверя́ть (*dur of* **прове́рить**) to check. Кто бу́дет проверя́ть биле́ты? Who's going to check the tickets?

провести́ (-веду́, -дёт, *p* -вёл, -вела́, -о́; *pap* -ве́дший; *pct of* **проводи́ть**[1]) to lead. Он нас провёл прямо́й тропи́нкой че́рез лес. He led us through the forest along a straight path. • to put over. Мы о́чень успе́шно провели́ подпи́ску на заём. We put over our loan drive very successfully. • to put into operation. План был проведён в жизнь. The plan was put into operation. • to pass. Я наде́юсь, что нам уда́стся провести́ э́ту резолю́цию. I hope we'll be able to pass this resolution. — Она́ провела́ два-три ра́за тря́пкой по ме́бели — вот и вся убо́рка! All the housecleaning she did was to pass a rag over the furniture two or three times. • to install. У нас уже́ провели телефон. We've already had our telephone installed. • to draw. Проведите прямую линию. Draw a straight line. • to spend. Я провёл много лет заграницей. I spent many years out of the country. • to fool. (no dur) Провели вы меня, старика! You sure fooled an old man like me!

☐ Эту железную дорогу провели недавно. This railroad has been built recently. • (no dur) Меня не проведёшь! I wasn't born yesterday! • Мы прекрасно провели время. We had a wonderful time. • Ваш платёж, повидимому, ещё не проведён по книгам. Your payment evidently hasn't been entered on the books yet.

провизия food. У нас хватит провизии на шесть человек? Do we have enough food for six people? • provisions. Мы получаем провизию прямо из колхоза. We receive our provisions straight from the kolkhoz.

провиниться (pct of **провиняться**) to do (someone) a bad turn. Я перед вами сильно провинился. I did you a bad turn.

☐ Ну скажите, в чём я опять провинился? Tell me, what have I done this time?

провиняться (dur of **провиниться**).

провод wire. Буря сорвала телеграфные провода. The storm tore the telegraph wires down.

☐ Провода перегорели. The fuses blew out.

проводить[1] (-вожу, -водит; dur of **провести**) to take. Проводите меня, пожалуйста, к заведующему. Take me to the manager, please. • to spend. Она дни и ночи проводит на заводе. She spends days and nights at the factory.

☐ В этой статье он проводит интересную мысль. He presents an interesting idea in this article.

проводить[2] (-вожу, -водит; pct of **провожать**) to see off. А кто его проводит на станцию? Who's going to see him off at the station?

☐ **проводить домой** to see home. Можно вас проводить домой? May I see you home?

проводник (-а) porter. Попросите проводника поднять верхние койки. Ask the porter to make up the upper berths. — Попросите проводника разбудить вас. Ask the porter to wake you up.

провожать (dur of **проводить**[2]) to see off. Мы все пойдём вас провожать на вокзал. We'll all go to see you off at the station.

☐ Она долго провожала меня взглядом. She stared after me for a long time.

провожу See **проводить**.

проволока wire.

проглатывать (dur of **проглотить**) to swallow.

проглотить (-глочу, -глотит; pct of **проглатывать**) to swallow. Позовите доктора, мой мальчик проглотил булавку. Call the doctor; my boy's swallowed a pin. • to gulp. Он наскоро проглотил чашку чаю и убежал. He gulped down a cup of tea quickly and ran out.

☐ Нельзя было проглотить такое оскорбление без протеста. You just couldn't take such an insult lying down. • Когда это вы успели проглотить такую большущую книгу? Where did you get the time to finish reading this huge book? • *Что ты стоишь, точно аршин проглотил? Why are you standing as stiff as a ramrod? • *Что это он молчит, словно язык проглотил? What's the matter with him? Has the cat got his tongue?

проглочу See **проглотить**.

прогнать (-гоню, -гонит; p -гнала; ppp прогнанный, sh F -гнана; pct of **прогонять**) to chase away. Прогоните собаку! Chase the dog away! • to fire. С работы тебя из-за это не прогонят. They won't fire you because of this. • to kick out. Мне надо было работать, и я его прогнала. I had to work and so I kicked him out. • to drive. Стадо уже прогнали через деревню в поле. They had already driven the herd through the village to the field.

проголодаться (pct) to get hungry. Вы не проголодались? Didn't you get hungry?

прогоню See **прогнать**.

прогонять (dur of **прогнать**) to chase. Никто его не прогонял, он сам ушёл. Nobody chased him. He went by himself.

программа program. Программа работ съезда уже опубликована. The program of the convention is already published. — Вы читали программу ВКП? Have you read the program of the Communist Party? — Какой следующий номер программы? What's the next number on the program? • curriculum. Этот предмет входит в программу средней школы. This subject is included in the high-school curriculum.

☐ **производственная программа** production program.

☐ Я не успел пройти к экзамену всю программу по истории. I wasn't able to learn all of the history material for the exam.

прогреметь (-млю, -мит; pct of **греметь**).

прогресс progress.

прогудеть (pct of **гудеть**).

прогул absence without good reason. Если вы завтра не придёте, это будет считаться прогулом. If you're not here tomorrow, it'll be considered an absence without good reason.

☐ **прогулы** absenteeism. У нас на заводе энергично борются с прогулами. We're fighting absenteeism very hard at our factory.

прогулка walk. Они только что вернулись с прогулки. They just came from a walk. • ride. Мы совершили чудесную прогулку на автомобиле. We took a wonderful automobile ride. • airing. Возьмите ребёнка на прогулку. Take the baby out for an airing. • stroll. Это прекрасное место для прогулок. This is a beautiful place for a stroll.

продавать (-даю, -даёт; imv -давай; prger -давая; dur of **продать**) to sell. Где у вас продают молоко? Where do they sell milk here?

-ся to be sold. Ягоды продаются у нас на колхозном базаре. Berries are sold here at the kolkhoz market.

продавец (-вца) salesman. Вот этот продавец, кажется, свободен. I think this salesman is free.

продавщица salesgirl. Мне попалась очень милая продавщица. I was waited on by a very nice salesgirl.

продажа sale. Этого у нас в продаже нет. We don't have these goods for sale.

☐ **оптовая продажа** wholesale. Оптовая продажа производится заводом. You can buy wholesale at the factory. **поступить в продажу** to go on the market. Эти зажигалки только что поступили в продажу. These lighters just went on the market.

продажа марок stamps (on sale).

розничная продажа retail. Этих аппаратов в розничной продаже нет. This apparatus is not sold retail.

☐ Он занимается покупкой и продажей старых вещей. He's a junk dealer.

продам See **продать**.

продáть (-дáм, -дáст, §27; *imv* -дáй; *p* прóдал, продалá, прóдало, -и; продался, -лáсь, лóсь, -лись; *ppp* прóданный, *sh F* -данá; *pct of* **продавáть**) to sell. Я прóдал свою машину. I sold my car.

☐ *Не знáю, так ли это; за что купил, за то продаю. I don't know if it's so, but I'm just passing it on the way I heard it.

продéлать (*pct of* **продéлывать**) to make. Тут нýжно продéлать отвéрстие. We'll have to make an opening here. • to do. Нам пришлóсь продéлать большýю рабóту. We had a big job to do. • to perform. Он продéлал забáвный фóкус. He performed a clever trick.

☐ Мы продéлали весь путь в три часá. The whole trip took us three hours.

продéлка trick. Я егó продéлки знáю! I'm on to his tricks! • prank. Ничегó, это довóльно невинная продéлка. Don't mind it; it's a rather harmless prank.

продéлывать (*dur of* **продéлать**).

продиктовáть (*pct of* **диктовáть**) to dictate. Продиктýйте это письмó машинистке. Dictate this letter to the typist.

продлить (*pct of* **длить**) to extend. Мне продлили óтпуск ещё на пять дней. My furlough was extended five days.

продовóльственный food. Где здесь принимáют продовóльственные посылки? Where do they accept food packages here? — Это сáмый большóй продовóльственный магазин в гóроде. This is the largest food store in the city.

продовóльствие food supplies. Они послáли в гóрод сáнный обóз с продовóльствием. They sent a sled-train to town with food supplies.

продолжáть (*dur of* **продóлжить**) to continue. Продолжáйте вáшу рабóту, я подождý. Continue your work; I'll wait. • to go on. Продолжáйте, продолжáйте! Я хочý знать, чем это кóнчилось. Go on, go on! I want to know how it turned out. • to resume. Пóсле обéда мы бýдем продолжáть рабóту. We'll resume work after dinner.

продолжéние continuation. Вы ещё не знáете продолжéния этой истóрии. You still don't know the continuation of this story.

☐ **в продолжéние** during. В продолжéние всегó вéчера онá не произнеслá ни слóва. During the whole evening she didn't even say a word.

продолжéние слéдует to be continued.

продóлжить (*pct of* **продолжáть**).

продрóгнуть (*p* -дрóг, -дрóгла; *pct of* **дрóгнуть**) to chill. Я сильно продрóг. I was chilled through and through.

продýкт product. Молóчные продýкты мóжно покупáть на колхóзном базáре. You can buy dairy products on the kolkhoz market. • food. При этой жарé, продýкты мóгут испóртиться. The food can spoil in this heat.

продýкция output, production. Продýкция промышленности в этом годý сильно возрослá. Industrial output increased greatly this year.

проéду *See* **проéхать**.

проéзд fare. Я заплачý за проéзд. I'll pay the fare.

☐ Придётся повернýть — здесь нет проéзда. We'll have to turn; there's no road through here. • Проéзд воспрещён. No thoroughfare.

проезжáть (*dur of* **проéхать**) to pass. Я проезжáл чéрез Москвý, но не остановился там. I passed through Moscow but didn't stop there.

проéкт plans. Егó проéкт получил пéрвую прéмию. His plans won first prize. • plan. Они приготóвили проéкт

нóвого устáва союза. They drew up a plan of new regulations for the union.

☐ У негó головá вéчно полнá какими-то проéктами. His head is always full of some kind of plan or other.

проéхать (-éду, -éдет; *imv supplied as* проезжáй; *pct of* **проезжáть**) to pass (in a conveyance). Автóбус проéхал мимо, не остановившись. The bus passed by without stopping. — Мы, кáжется, проéхали нáшу остановку. It seems we passed our station. • to get. Как тудá лýчше всегó проéхать? What's the best way to get there?

☐ Мы ужé полпути проéхали. We're already halfway there.

прожéктор searchlight.

проживáть (*dur of* **прожить**) to spend. Скóлько вы примéрно проживáете в мéсяц? About how much do you spend a month?

проживý *See* **прожить**.

прожить (-живý, -вёт; *p* прóжил, прожилá, прóжило, -и; *ppp* прóжитый, *sh F* -житá; *pct of* **проживáть**) to live. (*no dur*) Я нéсколько лет прóжил на крáйнем сéвере. I've lived in the Far North for several years. — (*no dur*) Пóсле операции он прóжил ещё три дня. He lived for three more days after the operation. • to get by. (*no dur*) Трýдно прожить на такие дéньги. It's difficult to get by on that kind of money.

прозевáть (*pct of* **зевáть**).

прозрáчный transparent. Нет, эта матéрия слишком прозрáчна. No, this material is too transparent. • obvious. Это был довóльно прозрáчный намёк. It was a rather obvious hint.

проигрáть (*pct of* **проигрывать**) to lose. Ну, скóлько же вы проигрáли? Сознáйтесь. Well, admit it; how much have you lost? — Им ужé давнó былó ясно, что войнá проиграна. They knew long ago that the war was lost. — Он óчень проигрáл в моих глазáх, когдá я об этом узнáл. I lost a lot of respect for him when I found that out. • to play. Они весь вéчер проигрáли в шáхматы. They spent the whole evening playing chess.

проигрывать (*dur of* **проигрáть**) to lose. Он сегóдня проигрывает однý пáртию за другóй. He's losing one game after another today.

произведý *See* **произвести**.

произвёл *See* **произвести**.

произвести (-ведý, -дёт; *p* -вёл, -велá, -ó, -и; *pct of* **производить**) to do. Вы ужé произвели подсчёт? Have you already done your figuring? • to make. Какóе он на вас произвёл впечатлéние? What kind of impression did he make on you?

производительность (*F*) efficiency. Мы добьёмся бóлее высóкой производительности трудá. We're striving for higher efficiency of labor.

производить (-вожý, -вóдит; *dur of* **произвести**) to turn out. Скóлько трáкторов вы произвóдите в день? How many tractors do you turn out a day?

☐ **производить раскóпки** to excavate. На этом мéсте сейчáс произвóдят раскóпки. They're excavating at that spot.

произвóдственный production. Мы мóжем взять тóлько человéка с большим произвóдственным стáжем. We can only hire a man with a lot of production experience. — Произвóдственная прогрáмма нáми ужé подготóвлена. We've already prepared a production program.

449

☐ **произво́дственное совеща́ние** production conference. Я сего́дня прису́тствовал на произво́дственном совеща́нии на э́том заво́де. I went to a production conference at this factory today.

произво́дство production. Произво́дство бума́ги у нас всё ещё недоста́точно. We still have an insufficient paper production.

☐ Машинострои́тельному произво́дству у нас придаю́т о́чень большо́е значе́ние. We place a great deal of importance on machinery-building. • Его́ сня́ли с произво́дства и посла́ли на ку́рсы для специализа́ции. They took him from his job in industry and sent him to take a specialist's course. • Все э́ти това́ры сове́тского произво́дства. All these goods are Soviet-made.

произвожу́ See **производи́ть**.

произнёс See **произнести́**.

произнести́ (-несу́, -сёт; p -нёс, -несла́, -ó, -и́; pct of **произноси́ть**) to pronounce. Мне тру́дно произнести́ звук "th". It's hard for me to pronounce the sound "th." • to utter. За весь ве́чер он не произнёс ни сло́ва. He didn't utter a single word all evening.

☐ **произнести́ речь** to deliver a speech. Он произнёс о́чень уда́чную речь. He delivered a very good speech.

произноси́ть (-ношу́, -но́сит; dur of **произнести́**) to pronounce. Я ника́к не научу́сь пра́вильно произноси́ть э́то сло́во. I just can't learn to pronounce this word correctly.

☐ **непра́вильно произноси́ть** to mispronounce. Вы непра́вильно произно́сите э́то сло́во. You mispronounce this word.

произноше́ние pronunciation

произношу́ See **произноси́ть**.

произойти́ (-йду́, -йдёт; p произошёл, -шла́, -ó, -и́; pap происше́дший; pct of **происходи́ть**) to happen. Заде́ржка произошла́ не по мое́й вине́. The delay happened through no fault of mine. • to come about. Как э́то произошло́? How did that come about? • to arise. Ме́жду ни́ми произошло́ како́е-то недоразуме́ние. Some misunderstanding arose between them.

произошёл See **произойти́**.

происходи́ть (-хожу́, -хо́дит; dur of **произойти́**) to take place. (no pct) Собра́ния кружка́ происхо́дят раз в неде́лю по вто́рникам. The meetings of the circle take place once a week, on Tuesdays.

☐ Что тут происхо́дит? What's going on here? • Она́ (происхо́дит) из крестья́нской семьи́. She's of peasant stock.

происхожде́ние origin. Он челове́к пролета́рского происхожде́ния. He's a man of proletarian origin.

происхожу́ See **происходи́ть**.

происше́ствие accident. Мили́ция прибыла́ на ме́сто происше́ствия. The police arrived at the scene of the accident. • occurrence. Э́то бы́ло необыкнове́нное происше́ствие. That was an unusual occurrence.

☐ Со мной случи́лось стра́нное происше́ствие. A strange thing happened to me.

пройду́ See **пройти́**.

пройду́сь See **пройти́сь**.

пройти́ (-йду́, -йдёт; p прошёл, -шла́, -ó, -и́; pap -ше́дший; pct of **проходи́ть**) to walk through. Он прошёл че́рез зал так бы́стро, что я не мог с ним заговори́ть. He walked through the hall so quickly that I couldn't get the chance to talk to him. • to walk. Он прошёл ми́мо, не поклони́вшись.

He walked by without greeting me. — Ско́лько киломе́тров мы мо́жем пройти́ за одну́ ночь? How many kilometers can we walk in one night? • to go. Трамва́й был так по́лон, что прошёл ми́мо, не остана́вливаясь. The trolley was so crowded that it went by without stopping. • to get. Как нам пройти́ к вокза́лу? How can we get to the station? • to go through. Нет, ваш пи́сьменный стол в э́ту дверь не пройдёт. No, your desk will not go through this door. — Моё заявле́ние прошло́ уже́ че́рез все инста́нции. My petition has gone through all the necessary steps. • to pass. Э́то письмо́ прошло́ че́рез цензу́ру. This letter passed the censorship. — Пра́здники прошли́ ве́село. The holidays passed happily. • to move. Пройди́те вперёд! Move to the front! • to go over. Пройди́те-ка ещё разо́к тря́пкой по столу́! Go over the table again with the rag.

☐ **пройти́ ми́мо** to overlook. Я не могу́ пройти́ ми́мо э́того возмути́тельного фа́кта. It's impossible for me to overlook this outrageous thing.

пройти́ пешко́м to walk. Э́то расстоя́ние вам придётся пройти́ пешко́м. You'll have to walk this distance.

☐ Здесь вчера́, ви́дно, прошёл ли́вень. Evidently there was a heavy rain here yesterday. • Не прошло́ и двух ме́сяцев, а он сно́ва на́чал собира́ться в отъе́зд. It's not even two months yet and he's ready to go away again. • Что, прошла́ ва́ша просту́да? Have you gotten rid of your cold? • Что вы прошли́ по а́лгебре? How far have you gone in algebra? • Он прошёл хоро́шую шко́лу. He has had good training. • Резолю́ция прошла́ большинство́м голосо́в. The resolution was passed by majority vote. • *Э́то тебе́ да́ром не пройдёт! You won't get away with this!

-сь to walk. Он прошёлся раз-друго́й по ко́мнате и сел у стола́. He walked around the room a while and then sat down at the table. • to go for a walk. Пойдёмте пройти́сь, пого́да хоро́шая. The weather's nice; let's go for a walk.

☐ *А вы ника́к не мо́жете, чтоб не пройти́сь на его́ счёт! You just can't get along without making some nasty remark about him!

прокипяти́ть (pct) to boil. Прокипяти́те хороше́нько все инструме́нты. Be sure to boil the instruments well.

прокипячу́ See **прокипяти́ть**.

прокла́дывать (dur of **проложи́ть**) to lay. Мы тут прокла́дываем но́вую доро́гу. We're laying a new road here.

прокуро́р prosecuting attorney.

пролетариа́т proletariat.

пролета́рий worker, proletarian. Пролета́рии всех стран, соединя́йтесь! Workers of the world, unite!

пролета́рский proletarian.

пролива́ть (dur of **проли́ть**) to spill. Осторо́жно, вы пролива́ете бензи́н. Careful, you're spilling the gasoline. • to shed. (no pct) Мы за э́то кровь пролива́ли. We shed our blood for it.

проли́ть (-лью, -льёт; imv -ле́й; p про́лил, пролила́, про́лило, -и; ppp про́литый, sh про́лит, пролита́, про́лито, -ы; pct of **пролива́ть**) to spill. Он опроки́нул стака́н и проли́л чай на ска́терть. He upset the glass and spilled the tea over the tablecloth. • to shed. Не ма́ло слёз она́ пролила́ из-за него́. She shed many tears on account of him.

проложи́ть (-ложу́, -ло́жит; pct of **прокла́дывать**) to lay. Здесь бу́дут проло́жены тру́бы. Some pipes will be laid here.

☐ **проложи́ть путь** to pave the way. Его́ о́пыты проложили путь к важным открытиям. His experiments paved the way for important discoveries.

проложить себе путь to make one's way. Я не сомневаюсь, что он сумеет проложить себе путь в жизни. I don't doubt that he'll be able to make his way in life.

пролью *See* **пролить.**

промажу *See* **промазать.**

промазать (-мажу, -мажет; *pct of* **промазывать**) to miss. Опять промазал, ну и стрелок! What a shot! He missed again.

промазывать (*dur of* **промазать**).

промах miss. На последнем уроке стрельбы я четыре раза дал промах. I had four misses during the last shooting lesson. •mistake. Признаюсь, я сделал промах. I admit I made a mistake.

☐ Он стреляет без промаха. He scores a hit every time he fires. •*Он парень не промах. He's nobody's fool.

промачивать (*dur of* **промочить**).

промежуток (-тка) interval. Письма приходят с большими промежутками. Letters have been coming at long intervals.

☐ Постарайтесь его увидеть в промежутке между двумя заседаниями. Try to see him between meetings.

промокать (*dur of* **промокнуть**) to soak through. Нет, к сожалению, моё пальто промокает. Unfortunately, my coat does soak through.

промокнуть (*p* -мок, -мокла; *pct of* **промокать**) to be drenched, to be soaked. Пока мы добежали до дому, мы промокли насквозь. We were drenched by the time we reached home. — Я промок до костей. I was soaked to the skin.

промочить (-мочу, -мочит; *pct of* **промачивать**) to get wet. Смотрите, не промочите ног! See that you don't get your feet wet!

☐ (*no dur*) Я много не пил, только горло промочил. I didn't drink much, just enough to wet my whistle.

промышленность (*F*).

☐ **горная промышленность** mining (industry).

добывающая промышленность mining and petroleum industry.

лёгкая промышленность light industry.

обрабатывающая промышленность manufacturing (industry).

текстильная промышленность textile industry.

тяжёлая промышленность heavy industry.

угольная промышленность coal industry.

промышленный industrial.

проникать (*dur of* **проникнуть**) to get in. Туда не проникает свет. No light gets in there.

проникнуть (*p* -ник, -никла; *pct of* **проникать**) to get in. Как могла проникнуть сюда вода? How did water ever get in there? •to get into. Мы решили во что бы то ни стало проникнуть на это заседание. We decided to get into the meeting at all costs. •to leak out. Слухи об этом не должны преждевременно проникнуть в печать. Rumors about this mustn't leak out in the press prematurely.

пропаганда propaganda campaign. Тут нужна не агитация, а длительная пропаганда. We don't need slogans here, but rather a concerted propaganda campaign.

☐ Мы бросили все силы на пропаганду военного займа. We threw all our forces into bringing the war loan to public attention.

пропадать (*dur of* **пропасть**) to be missing. У нас в гостинице ещё никогда вещи из номеров не пропадали. Things

are never missing from the rooms in our hotel. •to be lost. Когда я всё это вижу, у меня пропадает всякая охота работать. When I see things like this I lose all desire to work. •to lose oneself. Где это вы пропадали? Where did you lose yourself all this time?

пропаду *See* **пропасть.**

пропасть (-паду, -дёт; *p* -пал; *pct of* **пропадать**) to be lost. У меня пропал бумажник. My wallet is lost. •to get lost. Я вашего письма не получил, неужели оно пропало? I didn't get your letter. Could it have gotten lost? •to be missing. Он числится среди пропавших без вести. He's listed among those missing in action. •to disappear. "Где он теперь?" "Не знаю, пропал без вести". "Where is he now?" "I don't know; he just disappeared into thin air."

☐ Если он и дальше будет так пить, у него пропадёт голос. If he keeps drinking like that he'll lose his voice. •Ну, и пьеса! От тоски пропасть можно. What a play! It's boring me to tears. •*Ну, теперь пиши пропало! Nothing will come of this. •Вчерашний день у нас пропал без толку. We wasted the whole day yesterday. •За него я спокоен, он нигде не пропадёт. I'm not worried about him; he'll make a place for himself wherever he is. •Пропади он пропадом! The hell with him! •Какой дождь! Пропала моя шляпа. What a downpour! It'll ruin my hat. •*Что с возу упало, то пропало. What's lost is lost.

пропеллер propeller.

пропеть (пою, -поёт; *ppp* -петый; *pct of* **петь**) to sing. Она пропела припев с особенным воодушевлением. She sang the refrain with much feeling.

прописка registration (with the police). Его паспорт в прописке. His passport is at the police station for registration.

☐ Он здесь живёт по временной прописке. He's registered with the police here as a temporary resident.

проплывать (*dur of* **проплыть**) to swim, to cover (by swimming). Я обычно проплывал это расстояние в полчаса. I used to swim that distance in half an hour.

проплыву *See* **проплыть.**

проплыть (-плыву, -вёт; *p* -плыла; *pct of* **проплывать**) to swim, to cover (by swimming). Вы думаете, что проплывёте это расстояние? Do you think you can swim this distance? •to float. Мимо нас проплыла большая баржа. A big barge floated past us.

пропою *See* **пропеть.**

пропуск (/*P* -а, -ов/) pass. Предъявите пропуска! Show your passes! •password. А пропуск вы знаете? Do you know the password? •cut (omission). Картина идёт тут с большими пропусками. This movie is being shown here with many cuts.

☐ Сделайте пропуск в две строчки. Skip two lines.

пропускать (*dur of* **пропустить**) to let through, to let in. Эта занавеска совершенно не пропускает света. This curtain doesn't let any light through at all. — Мне приказано не пропускать посторонних. I have orders not to let strangers in. •to serve. Наша столовая пропускает около пятисот человек в день. Our dining room serves about five hundred people a day.

пропустить (-пущу, -пустит; *pct of* **пропускать**) to let through. Пропустите эту старушку вперёд. Let this old lady through to the front. •to let in. Я скажу, чтобы вас пропустили на заседание. I'll tell them to let you into the meeting. • to miss. Я пропусти́л не́сколько уро́ков. I missed several lessons. • to leave out. В э́том сло́ве пропу́щена бу́ква. There's a letter left out of this word. • to leave blank. Пропусти́те пока́ э́ту графу́ в анке́те, её мо́жно бу́дет запо́лнить пото́м. Leave this space on the questionnaire blank; you can fill it in later. • to run through. Пропусти́те мя́со че́рез мясору́бку ещё раз. Run the meat through the grinder once again.

☐ Мне пришло́сь пропусти́ть уже́ три авто́буса — все бы́ли перепо́лнены. I had to let three buses go by because they were so crowded. • •*Он пропусти́л э́то ми́мо уше́й. He turned a deaf ear to it.

пропущу́ See **пропусти́ть.**

прораба́тывать (dur of **прорабо́тать**).

прорабо́тать (pct of **прораба́тывать**) to work. (no dur) Я мно́го лет прорабо́тал на э́том заво́де. I worked in that factory for many years. • to work out. Э́тот вопро́с ещё недоста́точно прорабо́тан. This problem hasn't been sufficiently worked out as yet.

просве́рливать (dur of **просверли́ть**).

просверли́ть (-сверлю́, -све́рли́т, ppp -све́рленный; pct of **просве́рливать**) to drill through. Осторо́жно, не просверли́те дверь наскво́зь. Be careful, don't drill a hole through the door.

проси́ть (прошу́, про́сит) to ask. Он проси́л меня́ прийти́ за́втра. He asked me to come tomorrow. — Прошу́ вас, сде́лайте э́то для меня́. I'm asking you to do this for me. — Че́стью вас прошу́, уходи́те. I'm asking you like a gentleman; get out. • to plead. Он о́чень проси́л за своего́ това́рища. He pleaded very strongly for his friend.

☐ Про́сят не кури́ть. No smoking. • Прошу́ сло́ва! May I have the floor? • Прошу́ вас, ку́шайте, не стесня́йтесь. Please, don't be bashful; help yourself! • (no pct) Ми́лости про́сим к нам. We'll be very glad to have you at our home.

просма́тривать (dur of **просмотре́ть**) to look over. Кто у вас просма́тривает ру́кописи? Who looks over the manuscripts here? •

просмотре́ть (-смотрю́, смо́трит; pct of **просма́тривать**) to glance through. Я ещё не успе́л просмотре́ть газе́ту. I haven't had a chance to glance through the paper yet. • to look over. Я просмотре́л счёт; всё в поря́дке. I looked over the bill; everything's O.K.

просну́ться (pct of **просыпа́ться**) to wake up. Я сего́дня просну́лся о́чень ра́но. I woke up very early today. — Что вы замечта́лись? Просни́тесь! What are you daydreaming about? Wake up!

про́со millet.

проспа́ть (-сплю́, -спи́т; p -спала́; pct of **просыпа́ть**) to oversleep. Смотри́те, не проспи́те. See that you don't oversleep. • to sleep. Я проспа́л де́сять часо́в подря́д. I slept for ten hours straight.

☐ Вы проспа́ли свою́ остано́вку. You were asleep and missed your station.

проспе́кт avenue. Как мне попа́сть на Пу́шкинский проспе́кт? How can I get to Pushkin Avenue? • prospectus. Мы ещё не успе́ли ознако́миться с проспе́ктами э́той фи́рмы. We still haven't had time to look into the prospectuses of the firm.

просро́ченный (ppp of **просро́чить**) expired. Ваш па́спорт просро́чен. Your passport has expired.

просро́чивать (dur of **просро́чить**).

просро́чить (pct of **просро́чивать**) to let expire. Я просро́чил свою́ ви́зу. I let my visa expire.

прости́ть (pct of **проща́ть**) to excuse. (no dur) Прости́те! Excuse me — Прости́те за неве́жество, но что э́то, со́бственно, зна́чит? Excuse my ignorance, but what does that mean? • to forgive. Прости́те за нескро́мный вопро́с: ско́лько вам лет? Forgive my indiscreet question, but how old are you? — Мы и э́того никогда́ не прости́м. We'll never forgive them for this.

-ся to say good-by. Ушёл он тако́й серди́тый, что да́же ни с кем не прости́лся. He went away so angry that he didn't even say good-by to anybody.

просто́й[1] (sh прост, -ста́, про́сто, про́сты́; cp про́ще; adv про́сто) simple. Реше́ние э́той зада́чи о́чень просто́е. The solution of this problem is very simple. — Обстано́вка в ко́мнате проста́я, но всё необходи́мое там есть. The furniture in the room is simple, but everything you need is there. — Ну, зна́ете, я не так прост, что́бы э́тому пове́рить. Look, brother, I'm not so simple that I believe that! — Э́то не так про́сто, как вы ду́маете. It isn't so simple as you think. • plain. Кни́га напи́сана о́чень просты́м языко́м. This book is written in a plain style. — Он хоро́ший просто́й па́рень. He's a good, plain fellow. • regular. Отпра́вить ва́ше письмо́ просты́м и́ли заказны́м? Shall I send your letter by regular or registered mail?

☐ **про́сто** simply. Он смо́трит на ве́щи про́сто. He looks at things simply. — Вы куда́-нибудь идёте и́ли про́сто гуля́ете? Are you going somewhere or simply taking a walk? • simple. При ва́ших знако́мствах, вам о́чень про́сто бу́дет э́то узна́ть. With your connections, it'll be very simple to find out. • just. Э́то про́сто ва́ше воображе́ние. It's just your imagination. — Э́то я про́сто так сказа́л; я не ду́мал, что он при́мет э́то всерьёз. I just said it. I didn't think he'd take it seriously.

про́сто-на́просто just. Ему́ про́сто-на́просто де́нег жа́лко, вот что! He just doesn't want to spend any money, that's what!

☐ Э́то про́сто сви́нство! That's a rotten thing to do. • Э́то невозмо́жно рассмотре́ть просты́м гла́зом. You can't see this with the naked eye. • Э́та му́дрость просто́му сме́ртному недосту́пна. That's too complicated for an ordinary person. • Как вы тут накури́ли! Про́сто дыша́ть не́чем. You smoked so much around here that there's no air to breathe.

просто́й[2] shutting down. Из-за дли́тельного просто́я маши́ны нам не удало́сь вы́полнить ме́сячный план. Because of the shutting down of the machine we couldn't fill our monthly quota.

простоква́ша sour milk.

простона́ть (-стону́, -сто́нет; pct of **стона́ть**).

просто́р open. Вот бы сейча́с в дере́вню, на просто́р! It'd be nice to go to the country now, and be out in the open. • space. Как здесь хорошо́! Ско́лько просто́ру! It's really fine here; there's lots of space. • fresh air. Посмотри́те на ребя́т, как хорошо́ им здесь на просто́ре. Look how happy the kids are out in the fresh air.

☐ Тут даду́т по́лный просто́р ва́шей инициати́ве. They'll give your initiative plenty of play here.

просто́рный roomy. У нас тепе́рь хоро́шая просто́рная кварти́ра. We now have a fine, roomy apartment. • loosefitting. Я люблю́ просто́рную оде́жду. I like loose-fitting clothes.

☐ **просто́рнее** more room. Дава́йте соберёмся в шко́ле, там просто́рнее. Let's meet in the school; there's more room there.

просту́да cold. У него́ стра́шная просту́да. He has a terrible cold.

простуди́ть (-стужу́, -сту́дит; *pct of* **простужа́ть** *and* **просту́живать**) to let (someone) catch cold. Смотри́те — не простуди́те ребёнка! Careful — don't let the baby catch cold.

☐ Я си́льно просту́жен. I've a bad cold.

-ся to catch cold. Он си́льно простуди́лся. He caught a bad cold.

простужа́ть (*dur of* **простуди́ть**).

просту́живать (*dur of* **простуди́ть**).

-ся to catch cold. Она́ ве́чно просту́живается. She's forever catching cold.

простужу́сь *See* **простуди́ться**.

простыня́ (*P* про́стыни, просты́нь, простыня́м) (bed) sheet. Про́стыни лежа́т в ни́жнем я́щике. The sheets are in the lower drawer.

просыпа́ть (*dur of* **проспа́ть**) to oversleep. Я уже́ второ́й день просыпа́ю и опа́здываю на рабо́ту. This is the second time that I've overslept and been late to work.

-ся (*dur of* **просну́ться**) to wake up. Вы всегда́ так ра́но просыпа́етесь? Do you always wake up so early?

про́сьба request. По про́сьбе бра́та посыла́ю вам э́ту кни́гу. I'm sending you this book at my brother's request.

☐ У меня́ к вам про́сьба: познако́мьте меня́ с ним. Do me a favor, will you? Introduce me to him. • Про́сьба цвето́в не рвать, по траве́ не ходи́ть. Don't pick the flowers and don't walk on the grass.

протека́ть (*dur of* **проте́чь**) to flow. Здесь где́-то побли́зости протека́ет небольша́я ре́чка. A small stream flows somewhere near here. • to leak. На́ша ло́дка протека́ет. Our boat leaks.

☐ Его́ боле́знь протека́ет вполне́ норма́льно. His sickness is taking its normal course.

протеку́ *See* **проте́чь**.

протестова́ть (*both dur and⁻ pct/pct also* о-/) to protest. Я протесту́ю про́тив подо́бного обраще́ния. I protest against being treated that way. — Они́ протесту́ют про́тив того́, что у них отобра́ли пропуска́. They're protesting their passes being taken from them.

проте́чь (-теку́, -течёт; *p* -тёк, -текла́, -о́, -и́; *pct of* **протека́ть**) to seep. Вода́ протекла́ в мото́р. Water seeped into the motor.

про́тив opposite. За обе́дом мы сиде́ли друг про́тив дру́га. We sat opposite each other at dinner. — Лифт как раз про́тив ва́шей ко́мнаты. The elevator is just opposite your room. • against. Я ничего́ не име́ю про́тив э́того. I haven't got anything against it. — Вы, я ви́жу, про́тив него́ настро́ены. You seem to have something against him. — Кто за? Кто про́тив? Кто воздержа́лся? Who is "for"? Who is "against"? Who is not voting? — Мы шли про́тив ве́тра и грести́ бы́ло тру́дно. We were going against the wind and that's why it was difficult to row. • to. Де́сять ша́нсов про́тив одного́, что де́ло не вы́горит. It's ten-to-one that it won't succeed.

☐ Про́тив тако́го до́вода тру́дно спо́рить. It's a difficult argument to brush aside. • Да́йте мне что́-нибудь про́тив зубно́й бо́ли. Can you give me something for a toothache?

проти́вник opponent. Я проти́вник э́той тео́рии. I'm an opponent of this theory. — Не мудрено́, что я проигра́л: у меня́ был о́чень си́льный проти́вник. It isn't any wonder I lost; I had a strong opponent. • enemy. Партиза́ны помогли́ нам напа́сть на след проти́вника. The guerrillas helped us track down the enemy.

проти́вный nasty. Э́тот проти́вный мальчи́шка опя́ть напрока́зил. That nasty brat has been up to some mischief again.

☐ в проти́вном слу́чае otherwise. Аво́сь э́то лече́ние помо́жет, — в проти́вном слу́чае придётся опери́ровать. Maybe this treatment will help; otherwise, we'll have to operate.

проти́вный ве́тер head wind. Ве́тер проти́вный, лу́чше свернём па́рус. There's a head wind; we'd better pull down our sails.

проти́вно disgusting. Проти́вно смотре́ть, как он лени́во рабо́тает. It's disgusting to watch how lazily he works.

☐ По́сле всего́ случи́вшегося, мне про́сто проти́вно говори́ть с ним. After all that's happened, I just can't stand talking to him.

противога́з gas mask.

противоре́чие contradiction. В его́ показа́ниях бы́ли я́вные противоре́чья. There were evident contradictions in his testimony. • conflicting. У нас с ва́ми очеви́дное противоре́чие интере́сов. Evidently you and I have conflicting interests.

☐ кла́ссовые противоре́чия conflicting class interests.

☐ Я уве́рен, что вы э́то говори́те то́лько из ду́ха противоре́чия. I'm sure that you're saying that just to be contradictory.

противоре́чить (*dur*) to contradict. Он сам себе́ противоре́чит на ка́ждом шагу́. He contradicts himself at every turn. — Вы ему́ лу́чше не противоре́чьте! Ему́ опа́сно волнова́ться. You'd better not contradict him; it's bad for him to get excited.

противоя́дие antidote.

протоко́л minutes. Кто ведёт сего́дня протоко́л? Who's keeping the minutes today? • record. Занеси́те э́то в протоко́л! Put that on record! — Пришёл милиционе́р и соста́вил протоко́л. The policeman came and made a record of what had happened.

протя́гивать ([-g‹v-]; *dur of* **протяну́ть**) to string. Мы протя́гиваем но́вую телефо́нную ли́нию. We're stringing a new telephone line through here.

протяну́ть (-тяну́, -тя́нет; *pct of* **протя́гивать**) to stretch. Протяни́те тут верёвку. Stretch a rope through here. • to last. (*no dur*) Она́ до́лго не протя́нет. She won't last long.

☐ Ну, не серди́тесь, протяни́те ему́ ру́ку. Don't be angry. Why don't you make up and shake hands? • (*no dur*) Éсли вы бу́дете так относи́ться к своему́ здоро́вью, вы ско́ро но́ги протя́нете. If you take ‹‹ little care of your health, you'll soon kick the bucket.

профакти́в active group in trade unions.

профбиле́т trade-union card.

профессиона́льный professional. У меня́ к э́той кни́ге чи́сто профессиона́льный интере́с. I have a professional interest in this book. — Он не люби́тель, а профессиона́льный актёр. He's no amateur; he's a professional actor.

☐ профессиона́льное движе́ние trade union movement.

профессиона́льное заболева́ние occupational disease.

профессиона́льное обуче́ние vocational training.

профессиона́льный сою́з (labor) union. Вы член (профессиона́льного) сою́за? Are you a (labor) union member?

профе́ссия occupation. Кака́я ва́ша основна́я профе́ссия? What is your main occupation?

□ **по профе́ссии** by trade. Он по профе́ссии врач, но рабо́тает учи́телем. He's a physician by trade, but is working as a teacher now.

профе́ссор (*P* -а́, -о́в) professor.

профсою́з *See* **профессиона́льный сою́з.**

профсою́зный trade union.

прохла́дный cool. Сла́ва бо́гу, поду́л прохла́дный ветеро́к. Thank God, a cool breeze blew up.

□ **прохла́дно** cool. Сего́дня прохла́дно. It's cool today. — Он отнёсся к моему́ предложе́нию весьма́ прохла́дно. He was cool toward my proposal.

прохо́д passage. Здесь нет прохо́да. There's no passage through here. • aisle. Не сто́йте в прохо́де, сади́тесь пока́ на свобо́дные места́. Don't stand in the aisle; sit down in one of the empty seats.

□ Он мне прохо́ду не даёт — про́сит взять его́ с собо́ю. He's pestering the life out of me to take him along. • Е́сли мы бу́дем им во всем потака́ть, то от них ско́ро прохо́да не бу́дет. If you give them an inch, they'll take a mile.

проходи́ть (-хожу́, -хо́дит; *dur of* **пройти́**) to pass. Трамва́й прохо́дит здесь ка́ждые де́сять мину́т. A trolley passes here every ten minutes. — Я ежедне́вно прохожу́ ми́мо его́ до́ма. I pass his house every day. • to go along. Э́тот авто́бус прохо́дит по на́шей у́лице. This bus goes along our street. • to go away. Головна́я боль у меня́ уже́ прохо́дит. My headache is already going away. • to go through. Крова́ть не прохо́дит в дверь. The bed won't go through the door. • to study. Вы проходи́ли грамма́тику? Did you study grammar? • to turn out. Вечери́нки у них всегда́ прохо́дят о́чень ве́село. Their parties always turn out very gay.

□ (*no pct*) Больша́я доро́га прохо́дит в двух киломе́трах отсю́да. The highway is two kilometers from here. • Проходи́те, гра́ждане, не толпи́тесь у вхо́да. Keep moving, everybody; don't block the entrance. • Я це́лый день сего́дня проходи́л по го́роду в по́исках папиро́с. I searched for cigarettes all over town today.

прохо́жий (*AM*) passer-by.

прохожу́ *See* **проходи́ть.**

прохрапе́ть (-плю́, -пи́т; *pct of* **храпе́ть**).

проце́нт per cent. План был вы́полнен на девяно́сто пять проце́нтов. The plan was fulfilled ninety-five per cent. • percentage. Проце́нт бра́ка до́лжен быть сни́жен во что бы то ни ста́ло! The percentage of defective goods must be decreased without fail!

проце́сс process. Э́то мо́жет вы́ясниться то́лько в проце́ссе рабо́ты. It can be cleared up only in the process of working it out. — В после́днее вре́мя у нас внесены́ суще́ственные измене́ния в произво́дственный проце́сс. We've been making great improvements lately in the production process.

□ (**суде́бный**) **проце́сс** trial. Когда́ начина́ется э́тот проце́сс? When will this trial start?

□ У него́ проце́сс в лёгких. He has tuberculosis.

прочёл *See* **проче́сть.**

проче́сть (прочту́, -чтёт; *p* прочёл, -чла́, -о́, -и́; *ppp* прочтённый; *pct of* **чита́ть** *and* **прочи́тывать**) to read through. Вы уже́ прочли́ его́ письмо́? Have you read his letter

through yet? • to read. Как он прекра́сно прочёл э́то стихотворе́ние! He really read that poem beautifully.

□ Он прочёл нам дли́нную нота́цию. He lectured us for a long time.

прочита́ть (*pct of* **чита́ть** *and* **прочи́тывать**) to read. Я ещё не прочита́л передово́й. I haven't read the editorial yet. — Прочита́йте нам э́то вслух. Read this to us aloud. — *Я прочита́л э́ту кни́гу от доски́ до доски́. I read this book from cover to cover.

прочи́тывать (*dur of* **прочита́ть** *and* **проче́сть**) to read through. Я всегда́ прочи́тываю газе́ту за у́тренним за́втраком. I read the newspaper through at breakfast every morning.

про́чный (*sh* -чна́) durable. Материа́л хоро́ший, про́чный. This is good, durable material. • fast. Кра́ска безусло́вно про́чная, не слиня́ет. This is a fast color; it won't fade. • strong. Ме́жду ни́ми о́чень про́чная привя́занность. There's a strong attachment between them.

□ **про́чно** solidly. Э́тот дом про́чно постро́ен. This house is solidly built.

□ Вы тут, ви́дно, про́чно осе́ли. It's obvious that you've really settled down here.

прочту́ *See* **проче́сть.**

прочь out. Уходи́те прочь отсю́да! Get out of here.

□ Я не прочь с ни́ми познако́миться. I wouldn't mind meeting them.

проше́дший (/*pap of* **пройти́**/).

□ **проше́дшее вре́мя** past tense.

прошёл *See* **пройти́.**

прошёлся *See* **пройти́сь.**

прошепта́ть (-шепчу́, -ше́пчет; *pct of* **шепта́ть**).

про́шлое (*AN*) bygones. Дава́йте забу́дем про́шлое и поми́римся. Let's let bygones be bygones and make up. • past. У неё всё в про́шлом. She lives in the past. — У него́ тёмное про́шлое. He has a dark past.

□ Ну, э́то де́ло про́шлое. Oh, that's water over the dam.

про́шлый last. Про́шлое ле́то мы провели́ в гора́х. We spent last summer in the mountains. — Э́та постро́йка была́ на́чата в про́шлом году́. This building was started last year. — В про́шлом ме́сяце мы перевы́полнили но́рму. Last month we ran over our quota. • past. На про́шлой неде́ле мы бы́ли в теа́тре три ра́за. This past week we were in the theater three times.

прошу́ *See* **проси́ть.**

прошуме́ть (*pct of* **шуме́ть**).

проща́йте (/*imv of* **проща́ть**/) good-by.

проща́ть (/*pct*: **прости́ть**; *the refl has also pct*: **по-**/) to forgive. На э́тот раз я вас проща́ю. I'll forgive you this time.

-**ся** to say good-by. Он приходи́л проща́ться перед отъе́здом. He came to say good-by before leaving. • to be forgiven. Таки́е ве́щи не так легко́ проща́ются. Such things are not easily forgiven.

про́ще *See* **просто́й.**[1]

прощу́ *See* **прости́ть.**

прощу́сь *See* **прости́ться.**

прояви́ть (-явлю́, -я́вит; *pct of* **проявля́ть**) to reveal. Он прояви́л о́чень больши́е организа́торские спосо́бности. He revealed very good organizing ability. • to develop. Прояви́те мне э́тот сни́мок, пожа́луйста. Develop this snapshot for me, please.

□ В э́том де́ле он прояви́л себя́ с лу́чшей сторо́ны. He's shown his best side in this matter.

проявля́ть (*dur of* **прояви́ть**) to show. Вся их брига́да проявля́ет большо́й интере́с к рабо́те. Their entire brigade shows a great enthusiasm for their work.

проясни́ться (*pct of* **проясня́ться**) to brighten up. Она́ вы́слушала меня́, и лицо́ её проясни́лось. She listened to me and her face brightened up. • to clear up. Нау́тро у меня́ голова́ проясни́лась. In the morning my head cleared up. — Е́сли до ве́чера проясни́тся, матч состои́тся. The match will take place if the weather clears up before evening.

проясня́ться (*dur of* **проясни́ться**) to become clear. Де́ло начина́ет проясня́ться. The situation is becoming clear now.

пруд (Р -ы́, -о́в/на пруду́/) pond. Слы́шите, как лягу́шки ква́кают в пруду́? Do you hear the frogs croaking in the pond?

□ *У неё де́нег, хоть пруд пруди́. She could fill a couple of banks with the money she has.

пружи́на spring. Тут ло́пнула пружи́на. The spring is broken here.

пры́гать (/*pct*: **пры́гнуть**/) to jump. Мне приходи́лось всё вре́мя пры́гать че́рез лу́жи. I had to jump puddles the whole way. — У меня́ се́рдце так и пры́гает от ра́дости. I'm so happy my heart's jumping with joy. • to bounce. Да́йте мне друго́й мяч, э́тот пло́хо пры́гает. Give me another ball; this one doesn't bounce. • to hop. По́лно пры́гать, стой сми́рно! Stop hopping! Stand still for a while!

□ Он хорошо́ пры́гает с шесто́м. He pole-vaults well.

пры́гнуть (*pct of* **пры́гать**) to jump. Во вре́мя пожа́ра он пры́гнул со второ́го этажа́ и си́льно расши́бся. During the fire he jumped from the second story and got badly hurt.

прыжо́к (-жка́) jump. Э́то был его́ пе́рвый прыжо́к с парашю́том. That was his first parachute jump. • leap. Одни́м прыжко́м он очути́лся на друго́й стороне́. He reached the other side in one leap.

□ Он чемпио́н по прыжка́м в высоту́. He's a champion high jumper.

пря́жка buckle. Мне нужна́ но́вая пря́жка для по́яса. I need a new buckle for my belt. • hair clip. Есть у вас пря́жки для воло́с? Do you have any hair clips?

прямо́й (*sh* прям, -а́ /-о́, -ы́/; *adv* пря́мо) direct. Иди́те по шоссе́ — э́то пряма́я доро́га в го́род. Take the paved road; it's the direct route to town. — Не уви́ливайте — да́йте прямо́й отве́т. Don't hedge; give me a direct answer. • straight. Мы спусти́лись к реке́ почти́ по прямо́й ли́нии. We followed an almost straight path down to the river. • straightforward. Он о́чень прямо́й челове́к. He's a very straightforward person.

□ **прямо́й биле́т** through ticket. Вам прямо́й биле́т и́ли переса́дочный? Do you want a through ticket or a transfer? **прямо́й нало́г** direct taxes.

пря́мо straight. Иди́те пря́мо, пото́м сверни́те нале́во. Go straight and then turn left. — Посмотри́те мне пря́мо в глаза́ и повтори́те, что вы сказа́ли. Look me straight in the eye and repeat what you said. • straight out. Не стесня́йтесь — пря́мо так ему́ и скажи́те. Don't be bashful; say it straight out. • directly. Мы прие́дем пря́мо к вам. We'll go directly to your house. • really. Вы зна́ете, я пря́мо поражён его́ терпе́нием. You know, I'm really amazed at his patience. • just. Э́то пря́мо замеча́тельно! This is just wonderful! • right. Он угоди́л пря́мо в лу́жу. He fell right into the puddle.

□ Вам прямо́й расчёт так поступи́ть. It'll be to your advantage to act this way. • Моя́ пряма́я обя́занность предупреди́ть его́. It's my duty to warn him. • Она́ не име́ет пра́ва отка́зываться стенографи́ровать — э́то её пряма́я обя́занность. She can't refuse to take shorthand; that's just what she was hired for.

пря́ник cake. У нас есть пря́ники и медо́вые, и мя́тные. We have both honey cakes and mint cakes.

пря́тать (пря́чу, -чет; /*pct*: **с-**/) to hide. Куда́ э́то она́ пря́чет ножи́? Where on earth does she hide the knives? **-ся** to hide (oneself). Почему́ он от меня́ пря́чется? Why's he hiding from me? • to keep to oneself. Куда́ э́то вы всё пря́четесь? Why are you keeping to yourself?

пря́чу *See* **пря́тать**.

пря́чусь *See* **пря́таться**.

пти́ца bird. Бро́сьте горсть кро́шек, и пти́цы сейча́с слетя́тся. Throw out some crumbs and the birds will come and get them. — *А э́то ещё что за пти́ца? And who's that bird? • poultry. На ры́нке сего́дня бы́ло мно́го пти́цы. There was a lot of poultry at the market today.

пу́блика public. Музе́й откры́т для пу́блики. The museum is open to the (general) public. • audience. Пу́блика гро́мко аплоди́ровала ора́тору. The audience applauded the speaker loudly. • people. На конце́рте бы́ло мно́го пу́блики. There were many people at the concert.

□ своя́ пу́блика one's own bunch. Не стесня́йтесь, здесь всё своя́ пу́блика. Don't be bashful; just our own bunch are here.

публи́чный public. Я не привы́к к публи́чным выступле́ниям. I'm not used to public appearances — Я рабо́таю в публи́чной библиоте́ке. I'm working in a public library.

□ публи́чно publicly. Он в э́том публи́чно созна́лся. He admitted it publicly.

пуга́ть (/*pct*: **ис-** *and* **пугну́ть**/) to scare, to frighten. Не пуга́йте меня́ тру́дностями — я всё равно́ пое́ду. Don't try to scare me with the hardships; I'll go anyway. — Не пуга́йте его́, он и так о́чень встрево́жен. Don't frighten him; he's upset enough as it is.

пугну́ть (*pct of* **пуга́ть**).

пу́говица button.

пу́дра powder. Нет, я пу́дры не употребля́ю. No, I don't use any powder.

пузырёк (-рька́) bottle. Я разби́л пузырёк с ио́дом. I broke the bottle of iodine.

пулемёт machine gun.

пульс pulse. Да́йте мне пощу́пать ваш пульс. Let me take your pulse.

пу́ля bullet.

пункт point. В на́шем догово́ре тако́го пу́нкта нет. There's no such point in our agreement. — Я ему́ возража́л по всем пу́нктам. I raised objections on every point he made. • place. Где назна́чен сбо́рный пункт? Where is the meeting place?

□ санита́рный пункт aid station.

пуск.

□ Всё гото́во к пу́ску но́вого заво́да. Everything in the new plant is ready for operation.

пуска́й let. Пуска́й он придёт ко мне за́втра у́тром. Let him come to me tomorrow morning.

□ Что ж, пуска́й бу́дет по-ва́шему! Well, have it your own way!

пуска́ть (/*pct*: **пусти́ть**/) to let. Закро́йте дверь и не пуска́йте сюда́ никого́. Close the door and don't let anybody in. • **to open.** Мы сего́дня пуска́ем заво́д. We're opening the factory today. • **to start.** Пуска́йте мото́р, пора́! Start the motor; it's time.

-**ся to start.** За́втра с утра́ мы пуска́емся в путь. We're starting on our way tomorrow morning.

пусти́ть (пущу́, пу́стит; *pct of* **пуска́ть**) **to let.** Пусти́те нас ночева́ть. Will you let us spend the night here? — До́ктор не пусти́л меня́ сего́дня к сы́ну. The doctor wouldn't let me see my son today. — Я не пусти́ла сего́дня дочь в шко́лу. I didn't let my daughter go to school today. • **to let into.** По-мо́ему, вас на э́то собра́ние не пу́стят. I think they won't let you into this meeting. • **to start.** Кто, со́бственно, пусти́л э́тот слух? Just who started this gossip?

☐ До́мна бу́дет пу́щена че́рез две неде́ли. The blast furnace will be working in two weeks. • Пе́рвые станки́ уже́ пу́щены в ход. The first lathes are already operating. • Мо́жете пусти́ть э́тот материа́л в рабо́ту. You can put this material to use.

-**ся to start.** Он пусти́лся бежа́ть. He started running.

☐ Он, говоря́т, пусти́лся во все тя́жкие. They say he let down all bars.

пусто́й (*sh* пуст, -ста́, -пу́сто, -сты) **empty.** Мы сли́шком ра́но пришли́, зал ещё пусто́й. We came too early; the hall is still empty. — Ра́ньше пое́шьте, нехорошо́ рабо́тать на пусто́й желу́док. Eat first; it's not good to work on an empty stomach. — Он никогда́ не прихо́дит с пусты́ми рука́ми. He never comes empty-handed. — По-мо́ему, э́то была́ пуста́я отгово́рка. I think those were empty excuses. • **idle.** Ну, э́то всё пуста́я болтовня́. Well, this is all idle talk.

☐ **пу́сто empty.** К концу́ ме́сяца у меня́ в карма́нах всегда́ соверше́нно пу́сто. Toward the end of the month my pockets are quite empty.

☐ Я его́ счита́ю сла́вным, но пусты́м ма́лым. I think he's a nice fellow, but there's nothing much to him. • Ах, чтоб им пу́сто бы́ло! Опя́ть да́ли мне чужи́е руба́шки. Oh, damn them! They gave me somebody else's shirts again. • Вот пуста́я голова́, опя́ть забы́л! Darn that memory of mine! I forgot again! • Э́то всё пусты́е слова́. It's all just talk. • *Как вам не надое́ст перелива́ть из пусто́го в поро́жнее! Don't you ever get tired of talking and saying nothing?

пустота́ (*P* пусто́ты) **emptiness.**

пусты́ня desert. Нам пришло́сь пересе́чь пусты́ню. We had to cross the desert. • **wilderness.** Тут у нас настоя́щая пусты́ня — ни души́ круго́м. There's not a soul here; it's like a wilderness.

пусть let. Пусть он вам ска́жет. Let him tell you. — Пусть он подождёт. Let him wait. — *Пусть его́ развлека́ется! Let him amuse himself! • **may.** Пусть вы с э́тим не согла́сны, вам всё же придётся распоряже́ние вы́полнить. You may not agree with them, but you must carry out these orders.

☐ Он так хо́чет? Ну что же, пусть! Is that the way he wants it? All right, let him have his way. • Пусть так, но я всё-таки не ве́рю, что он э́то сде́лал умы́шленно. It might have been so, but I don't believe he did it on purpose.

пустя́к (-á) **trifle.** Мне не́когда занима́ться таки́ми пустяка́ми. I have no time to bother with such trifles.

☐ Пустяки́! Nonsense!

пу́таница mess. Я ника́к не могу́ разобра́ться в э́той пу́танице. I just can't make head or tail out of this mess. • **confusion.** Он облада́ет спосо́бностью всю́ду вноси́ть пу́таницу. He has the knack of causing confusion wherever he is.

пу́тать to mix up. Я э́тих близнецо́в всегда́ пу́таю. I always mix those twins up. — Ему́ ничего́ нельзя́ поруча́ть — он всё пу́тает. You can't give him any task; he mixes it all up. — Де́лайте что хоти́те, то́лько меня́ в э́то де́ло не пу́тайте. Do what you like; but don't get me mixed up in it. • **to confuse.** Помолчи́те немно́го — вы меня́ то́лько пу́таете. Keep still for a minute; you're only confusing me.

путёвка permit. Я получи́л в сою́зе путёвку в дом о́тдыха. The union gave me a permit for a rest home.

☐ Вы ви́дели фильм "Путёвка в жизнь?" Did you see the movie, "The Road to Life"?

путеводи́тель (*M*) **guide book.** Вы взя́ли с собо́й путеводи́тель? Did you take the guide book with you?

путём (/*is of* **путь**/) **by.** Путём расспро́сов мне удало́сь вы́яснить, в чём де́ло. I was able to find out what the trouble was by asking. • **way.** Таки́м путём ничего́ от него́ не добьётесь. You'll never be able to get anything out of him that way. • **well.** Он ничего́ путём не зна́ет. He doesn't know a single thing well.

путеше́ственник traveler.

путеше́ственница traveler *F*.

путеше́ствие trip. Э́то, ока́зывается, це́лое путеше́ствие. This is turning into a regular trip. • **travel.** Он за́втра чита́ет докла́д о свои́х путеше́ствиях. He's making a report tomorrow about his travels.

путеше́ствовать to travel through. Я с ним вме́сте путеше́ствовал по Кавка́зу. He and I traveled through the Caucasus together. • **to go.** Где э́то вы це́лый день путеше́ствовали? Where have you been going all day long?

путь (пути́, *i* путём, *P* пути́, путе́й *M*) **way.** Како́й ближа́йший путь в э́ту дере́вню? What's the shortest way to the village? — Заезжа́йте к нам на обра́тном пути́! Stop at our house on your way back. — Мы пошли́ в го́род кру́жным путём. We went to town in a roundabout way. — Ну, пора́ в путь-доро́гу! Well, it's time to be on our way. — Нам с ва́ми, ка́жется, по пути́. I think you're going my way, aren't you? — Вы избра́ли тру́дный путь, тре́бующий больши́х жертв. You picked the hard way; it calls for many sacrifices. — Я узна́л э́то око́льным путём. I found it out in a roundabout way. • **path.** Льди́ны прегради́ли путь парохо́ду. The ice blocked the path of the steamer. • **journey.** Всего́ хоро́шего, счастли́вого пути́! So long; pleasant journey!

☐ **пути́ сообще́ния means of communications.** • Провиа́нт нам доставля́ли возду́шным путём. We were getting food supplies by air. • Установи́лся прекра́сный са́нный путь. There's good sleighing there now. • Ваш по́езд поста́влен на запасно́й путь. Your train is being switched to the siding. • Вот кто вас наста́вит на путь и́стинный! Here's the one who will set you straight. • Я ду́маю, что он пошёл по непра́вильному пути́. I think he didn't use the right approach. • Постара́йтесь поко́нчить э́то де́ло ми́рным путём. Try to settle this matter peacefully. • Я́сно, что нам с ва́ми совсе́м не по пути́! It's evident that we travel quite different roads.

пух (/в пуху́/) **down.** Мы собира́ем пух на поду́шки. We're collecting down for pillows.

☐ *По-мо́ему, у него́ то́же ры́льце в пуху́. I think he has a finger in it too. ● *Ишь, разряди́лась в пух и прах! Look at her! She's all dressed up like Mrs. Astor's pet horse!

пучо́к (-чка́) bunch. Я принёс с база́ра два пучка́ реди́ски и пучо́к зелёного лу́ку. I brought two bunches of radishes and one bunch of scallions from the market.

пу́шка cannon.

пущу́ See **пусти́ть**.

пчела́ (P пчёлы) bee.

пшени́ца.

☐ ози́мая пшени́ца winter wheat.

ярова́я пшени́ца spring wheat.

пшённый (sh -льна́) dust. Где у вас пы́льная тря́пка? Where is the dust rag?

пыль (/в пыли́/ F) dust. Ну́жно вы́тереть пыль со стола́. You ought to wipe the dust off this table. — Над доро́гой стоя́ла густа́я пыль. There were clouds of dust on the road.

☐ *Он лю́бит пыль в глаза́ пуска́ть! He likes to put on airs.

пы́льный (sh -льна́) dust. Где у вас пы́льная тря́пка? Where is the dust rag?

☐ пы́льно dusty. Сего́дня на у́лице о́чень пы́льно. It's dusty out in the street today.

пыта́ть to torture. Его́ пыта́ли, но он не вы́дал това́рищей. They tortured him, but he wouldn't betray his comrades.

-ся to try, to attempt. Он не́сколько раз пыта́лся что́-то сказа́ть, но никто́ его́ не слу́шал. He tried to say something several times but no one would listen. — Я пыта́лся его́ убежда́ть, но он и слу́шать меня́ не хоте́л. I tried to persuade him, but he wouldn't even listen. — Не пыта́йтесь да́же за ней уха́живать, э́то безнадёжно. Don't attempt to court her, it's hopeless.

пье́са play. В како́м теа́тре даю́т э́ту пье́су? What theater is this play being given in?

пью See **пить**.

пья́ница (M, F) drunkard. Он го́рький пья́ница. He's a terrible drunkard.

пья́ный (sh -á /-о́, -ы́/) drunk. Ра́зве вы не ви́дите, что он соверше́нно пьян? Can't you see he's absolutely drunk?

☐ Он про́сто пьян от сча́стья. He's just beside himself with happiness. ● *Чего́ он вам там наболта́л с пья́ных глаз? What did he babble about while he was in his cups?

● *Что у тре́звого на уме́, то у пья́ного на языке́. A man will say things when he's drunk that he'll keep to himself when he's sober.

пята́к (-á) piatak (five-kopek piece) (See appendix 2).

пятачо́к (-чка́) piatachok (five-kopek coin) (See appendix 2).

пятёрка number five. Пятёрка тут не прохо́дит. Number five doesn't pass through here. ● five rubles. "Ско́лько да́ли за э́то?" "Пятёрку". "How much did you pay for it?" "Five rubles." ● (grade) A. У него́ по всем предме́там одни́ пятёрки. He got A in all his subjects.

☐ пятёрка треф five of clubs.

пя́теро (§22) five.

пятидеся́тый fiftieth.

пятидне́вка five-day week.

пятиле́тка (пятиле́тний план) Five-Year Plan.

пятиле́тний.

☐ пятиле́тний план Five-Year Plan.

пятисо́тый five hundredth.

пя́тка heel. Я натёр себе́ пузы́рь на пя́тке. My heel is blistered. — У меня́ носки́ в пя́тках порва́лись. The heels of my socks are torn. — *Он удра́л, то́лько пя́тки засверка́ли. He took to his heels.

пятна́дцатый fifteenth.

пятна́дцать (gdl -ти, i -тью, §22) fifteen.

пя́тница Friday.

☐ *У неё семь пя́тниц на неде́ле. She's always changing her mind.

пятно́ (P пя́тна) stain. У вас костю́м весь в пя́тнах, отда́йте его́ в чи́стку. Your suit is all covered with stains; send it to the cleaners. — Чем мо́жно вы́вести э́ти пя́тна? What can I take these stains out with? ● blotch. От волне́ния на её лице́ появи́лись кра́сные пя́тна. Red blotches appeared on her face from the excitement. ● blot. Э́то пятно́ на его́ репута́ции. This is a blot on his reputation.

пято́к (-тка́) Ско́лько сто́ит пято́к яи́ц? How much do five eggs cost?

пя́тый fifth.

пять (gdl пяти́, i пятью́, §22) five.

пятьдеся́т (§22) fifty.

пятьсо́т (§22) five hundred.

Р

раб (-á) slave.

рабо́та work. Рабо́та на фа́брике идёт кру́глые су́тки. The work at the factory goes on day and night. — Я так увлёкся рабо́той, что не заме́тил, как вре́мя пролете́ло. I was so engrossed in my work that I didn't notice how the time flew. — Для челове́ка с ва́шей подгото́вкой э́то лёгкая рабо́та. For a person with your training this is easy work. — У меня́ сро́чная рабо́та. I have some urgent work to do. — Вам уда́стся сдать рабо́ту в срок? Will you be able to finish your work on time? — Его́ рабо́та ско́ро бу́дет напеча́тана. His work will be published soon. ● job. В про́шлом году́ был снят с э́той рабо́ты. He was taken off this job last year. — Я не мог найти́ подходя́щей рабо́ты. I couldn't find a suitable job there.

☐ Здесь иду́т рабо́ты по прокла́дке шоссе́. The road is under construction here. ● Но́вый дире́ктор сра́зу нала́дил рабо́ту. The new manager got things going immediately. ● У нас уже́ начали́сь полевы́е рабо́ты. We've already begun to work in the fields. ● Эта молода́я худо́жница вы́ставила ряд интере́сных рабо́т. This young artist exhibited a number of interesting paintings. ● Это стари́нное кру́жево о́чень то́нкой рабо́ты. This old lace is very finely made.

рабо́тать to work. Я рабо́таю в ночно́й сме́не. I work on the night shift. — Он оди́н рабо́тает на всю семью́. He works for the whole family. — Наш деви́з: кто не рабо́тает, тот не ест. Our slogan is: "If you don't work, you don't eat." — Он рабо́тает в колхо́зе ночны́м сто́рожем. He works as a night watchman at the kolkhoz. — Наш заво́д рабо́тает в три сме́ны. Our factory works in three shifts.

— Он рабо́тает сейча́с над большо́й карти́ной. He's working on a large painting now. — Я почини́л ва́шу зажига́лку, она́ тепе́рь прекра́сно рабо́тает. I fixed your cigarette lighter; now it works fine. — Они́ рабо́тают, не покладая рук. They work without letup.

☐ В на́шем до́ме отопле́ние рабо́тает на угле́. Our house is heated by coal. • Вре́мя рабо́тает на нас. Time is in our favor.

рабо́тник worker. Он о́чень це́нный рабо́тник. He is a very valuable worker.

☐ **рабо́тник прила́вка** salesclerk. Он провёл о́тпуск в до́ме о́тдыха рабо́тников прила́вка. He spent his vacation at a rest home for salesclerks.

рабо́тница woman worker. У мно́гих на́ших рабо́тниц есть де́ти. Many of our women workers have children.

рабо́чий[1] workers'. Рабо́чий посёлок нахо́дится у са́мого заво́да. The workers' settlement is right next to the factory. • working. Я ещё не успе́л снять рабо́чего костю́ма. I haven't had time yet to change my working clothes.

☐ **рабо́чие ру́ки** manpower. У нас недоста́ток в рабо́чих рука́х. We have a manpower shortage here.

рабо́чий день working hours. Во вре́мя войны́ рабо́чий день у нас был удлинён. Our working hours have been lengthened during the war.

рабо́чий класс labor.

рабо́чий скот draft animals. У нас не хвата́ет рабо́чего скота́. We're short of draft animals.

рабо́чий[1] (*AM*) worker. Ско́лько рабо́чих у вас на заво́де? How many workers do you have in the factory? — Большинство́ рабо́чих живёт недалеко́ от заво́да. Most of the workers live not far from the factory. — Большинство́ делега́тов бы́ли рабо́чие от станка́. Most of the delegates were factory workers.

ра́бство slavery.

ра́венство equality. Конститу́ция обеспе́чивает ра́венство всех гра́ждан пе́ред зако́ном. The constitution guarantees equality before the law to all citizens. • equal rights. У нас в СССР осуществлено́ ра́венство всех национа́льностей. All nationalities living in the USSR have equal rights.

☐ **знак ра́венства** equal sign. Ты забы́л поста́вить знак ра́венства. You forgot to put in the equal sign.

равни́на plain. Тут у нас гор нет — сплошь равни́ны. There are no mountains; just plains.

равнове́сие balance. Он потеря́л равнове́сие и упа́л. He lost his balance and fell down.

☐ **душе́вное равнове́сие** composure. Она́ при всех обстоя́тельствах сохраня́ет душе́вное равнове́сие. She never loses her composure.

равноду́шие indifference.

равноду́шный indifferent. Я возмущён их равноду́шным отноше́нием к её несча́стью. I'm angry about the indifferent attitude they're showing to her hard luck.

☐ Я отношу́сь к э́тому соверше́нно равноду́шно. This doesn't bother me one way or the other. • Он к спо́рту равноду́шен. Sports don't mean much to him.

равноме́рный

☐ **равноме́рно** equally. Э́ти това́ры бу́дут равноме́рно распределены́ по магази́нам. These goods will be distributed equally among the stores. • evenly. Тёплая оде́жда была́ равноме́рно распределена́ ме́жду се́мьями пострада́вших от наводне́ния. The warm clothing was evenly distributed among families who were victims of the flood.

равнопра́вие equal rights.

ра́вный (*sh* -вна́, -о́, -ы́) equal. Раздели́те э́тот пиро́г на ра́вные ча́сти. Cut this pie into equal portions. — Он ду́мает, что ему́ нет ра́вных по уму́ и образова́нию. He thinks there's nobody equal to him in intellect and education. — Я люблю́ игра́ть в ша́хматы с ра́вным по си́лам проти́вником. I like to play chess against an equally strong opponent.

☐ **всё равно́** it makes no difference. Пусть се́рдится — мне всё равно́! Let him be mad; it makes no difference to me. • anyway. Я ему́ не скажу́ э́того, он всё равно́ не поймёт. I won't tell him; he wouldn't understand anyway.

☐ Де́лайте как хоти́те, мне всё равно́. Do as you like; I don't care.

рад (*sh forms only*) glad. Я всегда́ рад вас ви́деть. I am always glad to see you. • pleased. Моя́ сестра́ бу́дет о́чень ра́да познако́миться с ва́ми. My sister will be very pleased to meet you.

☐ *Рад не рад, а на́до идти́. Like it or not, I have to go. • Я и сам не рад, что на́чал э́тот разгово́р. I regret ever having started this conversation. • Я бу́ду ра́да — радёхонька, е́сли мне не ну́жно бу́дет де́лать э́ту рабо́ту. I'll be overjoyed if I don't have to do this work.

ра́ди for (someone's) sake. Ра́ди бо́га! For God's sake! — Сде́лайте э́то ра́ди меня́. Do it for my sake.

☐ **чего́ ра́ди** what for. Чего́ ра́ди я туда́ пойду́? What will I go there for?

шу́тки ра́ди for fun. Не серди́тесь, он сде́лал э́то то́лько шу́тки ра́ди. Don't be angry; he only did it for fun.

☐ Вы ду́маете, он сде́лал э́то ра́ди ва́ших прекра́сных глаз? You don't think he did it for love, do you?

радика́льный drastic. В э́том слу́чае придётся приня́ть радика́льные ме́ры. It's necessary to take drastic measures in this case. • thorough. Мы на бу́дущей неде́ле произведём радика́льную чи́стку кварти́ры. We're making a thorough cleaning of our apartment next week. • radical. У нас в учрежде́нии предстоя́т радика́льные переме́ны. There will be some radical changes made in our office.

☐ **радика́льно** radically.

ра́дио (*indecl N*) radio. По вечера́м мы чита́ем и́ли слу́шаем ра́дио. In the evenings we read or listen to the radio.

радиоакти́вный

☐ **радиоакти́вное вещество́** radioactive matter.

радиовеща́ние See **радиопереда́ча**.

радиопереда́ча radio program. Сего́дня о́чень интере́сная радиопереда́ча. Today's radio program is very interesting. • broadcast. В кото́ром часу́ бу́дет сего́дня радиопереда́ча на англи́йском языке́? When is the English-language broadcast tonight?

радиоприёмник radio (receiver.) Где я могу́ починить свой радиоприёмник? Where can I have my radio fixed?

радиосвя́зь (*F*) radio contact. Радиосвя́зь с ни́ми уже́ устано́влена. Radio contact with them is already established.

радиоста́нция radio station. Вы ещё не ви́дели на́шей радиоста́нции? Have you seen our radio station yet?

ра́довать (/*pct*: **об-**/) to make happy. Меня́ ра́дуют его́ успе́хи. His success makes me happy.

☐ Рáдуйте нас почáще такими вестя́ми. Let us hear such news more often.

-ся to be happy. Рáдоваться тут нéчему. There's nothing to be happy about.

рáдостный ([-sn-]) happy. У меня́ сегóдня рáдостный день: сын приéхал! This is a happy day for me. My son has arrived. — Почему́ это у вас такóй рáдостный вид? Why are you looking so happy today?

☐ Нас встрéтили рáдостными восклица́ниями. They greeted us with cheers.

рáдость (*F*) pleasure. Я с рáдостью это для вас сдéлаю. I'll do it for you with pleasure. • joy. Он был вне себя́ от рáдости. He was beside himself with joy. • darling. Рáдость моя́, как я по тебé соску́чился! Darling, I missed you so!

☐ **на рáдостях** in one's joy. Я на рáдостях забы́л передáть вам её поручéние. In my joy I forgot to give you her message.

рáдуга rainbow.

раду́шный hospitable. Они́ óчень раду́шные лю́ди. They are very hospitable people.

☐ **раду́шно** warm. Хозя́ин дóма встрéтил нас óчень раду́шно. The host gave us a warm welcome.

раз[1] (*P* -ы́, раз, разáм; /*g* -у́/) time. Это был пéрвый и еди́нственный раз что я егó ви́дел. That was the first and only time I ever saw him. — В слéдующий раз приходи́те порáньше. Come earlier next time. — Когдá вы ви́дели егó в послéдний раз? When was the last time you saw him? — Я мнóго раз здесь бывáл. I've been here many times. — Он с однóго рáза научи́лся éздить на велосипéде. He learned how to ride a bicycle the first time he was on one. — Скóлько раз я дóлжен повторя́ть вам однó и то же? How many times do I have to repeat the same thing to you? — Я прочитáл этот расскáз три рáза подря́д. I've read this story through three times in a row. • once. Мы хóдим в кинó раз в недéлю. We go to the movies once a week. — Я с ним не раз встречáлся. I've met him more than once. • one. Считáйте: раз, два, три. Count: one, two, three.

☐ **два рáза** twice. Ваш друг ужé два рáза заходи́л к вам. Your friend has already been over to see you twice.

ещё раз again. Спóйте эту пéсню ещё раз. Sing that song again.

ни рáзу never. Я у них ни рáзу нé был. I've never been to see them.

раз навсегдá once and for all. Раз навсегдá говорю́ вам — остáвьте меня́ в покóе. I'm telling you once and for all, leave me alone.

☐ А сапоги́-то мне в сáмый раз. These boots fit me perfectly. • Вот тебé и раз! How do you like that? • *Семь раз отмéрь, оди́н раз отрéжь. Look before you leap. • Ну, скóлько у них в клу́бе члéнов! Раз, два — и обчёлся. They haven't so many members. You can count them on the fingers of one hand.

раз[2] once. Раз, прошлой зимóй, прихóдит он ко мне и говори́т .... Once, last winter, he came to me and said. ... — Он дáже кáк-то написáл статью́ в газéте. He once even wrote an article in the paper. — Раз нáчали рассказывать, то уж продолжáйте. Once you start to tell something, continue. • if. Раз не знáешь, не говори́. If you don't know, don't talk.

☐ **как раз** just. Это как раз то, что мне ну́жно. It's just what I need.

разбáвить (*pct of* **разбавля́ть**) to thin. Похóже, что это молокó си́льно разбáвлено водóй. It looks as if this milk has been thinned quite a bit with water. • to mix. Для обтирáния разбáвьте спирт водóй. For a rubdown, mix the alcohol with water.

разбавля́ть (*dur of* **разбáвить**) to dilute. Не разбавля́йте этого винá — онó не крéпкое. Don't dilute this wine; it's not strong.

разбáливаться (*dur of* **разболéться**).

разбегáться (*dur of* **разбежáться**).

разбежáться (*pr by* §27; *pct of* **разбегáться**) to take a run. Он разбежáлся и перепры́гнул чéрез лу́жу. He took a run and jumped over the puddle. • to run off. Куда́ все ребя́та разбежáлись? Where did all the kids run off to?

☐ У меня́, при ви́де всех этих книг, глазá разбежáлись. When I saw all those books my eyes started wandering all over the place.

разберу́ *See* **разобрáть**.

разберу́сь *See* **разобрáться**.

разбивáть (*dur of* **разби́ть**) to break up. Я не хотéл бы разбивáть вáшу гру́ппу. I wouldn't want to break up your group.

разбирáть (*dur of* **разобрáть**) to sort out. Я вчерá весь вéчер разбирáл стáрые пи́сьма. All last evening I was sorting out my old letters. • to sort. Я сейчáс бу́ду разбирáть пóчту. I'm going to sort the mail now. • to make out. Я не разбирáю егó пóчерка. I can't make out his handwriting.

☐ (*no pct*) Нéчего разбирáть! Бери́те, что даю́т! Don't be so particular! Take what they give you! • Меня́ так и разбирáло ответить ему́ рéзкостью. I was itching to tell him off. • Егó зáвисть разбирáет! He's being eaten up with envy.

-ся to be taken apart. Эту маши́ну легкó бу́дет перевезти́, онá разбирáется на чáсти. It'll be easy to ship this machine; it can be taken apart. • to come up. Это дéло бу́дет разбирáться чéрез недéлю. This case will come up next week. • to judge. Он совершéнно не разбирáется в лю́дях. He's certainly no judge of people.

☐ Повéрьте мне: человéческий органи́зм сам отли́чно разбирáется в том, что ему́ полéзно, что врéдно. Believe me, nature has a way of letting you know what's good for you and what's not.

разби́ть (разобью́, -бьёт; *imv* разбéй; *ppp* -би́тый; *pct of* **разбивáть**) to break. Осторóжно, не разбéйте этой вáзы. Be careful! Don't break the vase. • to break down. Разбéйте ваш отчёт на чáсти. Break your report down into sections. — Я легкó разби́л все егó дóводы. I had no trouble at all breaking down his arguments. • to divide. Я разби́л мой класс на нéсколько групп. I divided my class into several groups. • to break up. Этот неудáчный ромáн разби́л её жизнь. This unhappy love affair ruined her life. • to break up. Нáдо пéрвым дéлом разби́ть эту плóщадь на учáстки. The first thing to do is to break up this lot into plots.

☐ **разби́ть на́ голову** to crush. Враг был разби́т на́ голову. The enemy was completely crushed.

разби́ть палáтки to pitch tents. Мы разби́ли палáтки пря́мо на снегу́. We pitched our tents right in the snow.

разби́ть сад to plant a garden. Дéти сáми разби́ли сад

перед шко́лой. The children themselves planted a garden in front of the school.

☐ В про́шлом году́ его́ разби́л парали́ч. He had a paralytic stroke last year.

-ся to break. Э́то зе́ркало разби́лось при перево́зке. This mirror was broken in moving.

разбо́йник robber; rascal.

разболе́ться (*pct of* **разба́ливаться**) to get sick. Смотри́те — не разболе́йтесь! Be careful you don't get sick!

☐ У меня́ си́льно разболе́лась голова́ от э́того ды́ма. The place was so full of smoke I got a headache.

разбо́р analysis. Мы де́лали разбо́р э́того рома́на на вчера́шнем уро́ке. We made an analysis of this story at yesterday's class. • discrimination. Они́ приглаша́ют всех без разбо́ру. They invite everybody without discrimination.

☐ Мы попа́ли туда́ к ша́почному разбо́ру. We came toward the very end of the gathering. • Он чита́ет всё без разбо́ру. He'll read anything.

разбра́сывать (*dur of* **разброса́ть**).

разброса́ть (*pct of* **разбра́сывать**) to scatter. Вы опя́ть мне все бума́ги разброса́ли. You scattered all my papers again.

разбуди́ть (-бужу́, -бу́дит; *pct of* **буди́ть**) to wake up. Разбуди́те меня́ в во́семь часо́в. Wake me up at eight o'clock.

разбужу́ *See* **разбуди́ть**.

разва́ливать (*dur of* **развали́ть**) to break up. Неуже́ли вам не жа́лко разва́ливать хорошо́ нала́женный аппара́т? Don't you feel sorry for breaking up a good working unit?

-ся to fall apart. Наш дом необходи́мо отремонти́ровать, он совсе́м разва́ливается. Our house needs renovation; it's falling apart.

разва́лина ruin. Когда́ его́ вы́тащили из-под разва́лин, он ещё дыша́л. He was still breathing when they picked him up from the ruins. • wreck. За после́дний год он совсе́м преврати́лся в разва́лину. He's become a physical wreck in the last year.

развали́ть (-валю́, ва́лит; *pct of* **разва́ливать**) to tear down. Э́ту сте́ну придётся развали́ть. We'll have to tear down this wall.

-ся to be broken down. Наш забо́р совсе́м развали́лся. Our fence is all broken down. • to fall to pieces. Мои́ сапоги́ вот-вот разва́лятся. My boots are just about falling to pieces. • to sprawl. Он сиде́л, развали́вшись в кре́сле. He sprawled all over the armchair. • to go to pot. По́сле его́ отъе́зда наш кружо́к развали́лся. After he left, our group went to pot.

ра́зве why. А вы ра́зве э́того не чита́ли? Why, haven't you read it? • really. Ра́зве вы не знако́мы? Don't you really know each other? • maybe. Ску́чно! Ра́зве в кино́ пойти́? I'm bored. Maybe I'll go to the movies. • unless. Я непреме́нно приду́ — ра́зве то́лько заболе́ю. I'll surely come unless I get sick. • possibly. У нас в го́роде вся́кие развлече́ния име́ются, кро́ме, ра́зве, бале́та. We have all kinds of entertainment in our town, except possibly ballet.

☐ Ра́зве вы не мо́жете отложи́ть ва́шей пое́здки? Can't you postpone your trip? • Ра́зве вы не зна́ете, что здесь кури́ть воспреща́ется? You know you're not allowed to smoke here, don't you?

разве́дка reconnaissance. На рассве́те мы отпра́вились в разве́дку. We went out on reconnaissance at dawn. • search. Тут производи́ли разве́дку на нефть. They made a search for oil in this region.

разве́дчик scout. Разве́дчик полз на животе́. The scout was crawling on his stomach.

разведу́ *See* **развести́**.

развёл *See* **развести́**.

разверну́ть (*ppp* -вёрнутый; *pct of* **развёртывать**) to unroll. Разверни́те э́тот кусо́к мате́рии. Unroll this piece of cloth. • to open. Погоди́те, да́йте разверну́ть паке́т. Wait, let me open the package. • to turn around. Тут тру́дно разверну́ть маши́ну — у́лица сли́шком у́зкая. It's hard to turn a car around here; the street is too narrow. • to develop. За э́ти го́ды мы широко́ разверну́ли вое́нную промы́шленность. We developed our war industries extensively during these years. • to outline. Докла́дчик разверну́л огро́мную програ́мму строи́тельства. The lecturer outlined the great building program.

развёрстка distribution.

развёртывать (*dur of* **разверну́ть**).

развести́ (-веду́, -дёт; *p* -вёл, -вела́, -ó, -и́; *pap* -ве́дший; *pct of* **разводи́ть**) to mix. Разведи́те порошо́к в воде́. Mix the powder in water. • to dilute. Они́, ви́дно, забы́ли развести́ э́тот спирт и пря́мо так и по́дали. They evidently forgot to dilute the alcohol and served it that way.

☐ **развести́ мост** to raise a drawbridge. Сейча́с разведу́т мост. They're about to raise the drawbridge. **развести́ ого́нь** to start a fire. Наконе́ц, нам удало́сь развести́ ого́нь и хоть немно́го согре́ться. Finally, we started the fire and warmed ourselves up a bit.

☐ Он развёл дете́й по дома́м. He took the children to their homes. • Парово́з развёл пары́. The locomotive got up steam. • Развели́ в до́ме грязь, сил нет! They made such a mess in the house I just can't stand it. • Он то́лько рука́ми развёл. He made a helpless gesture with his hands.

-сь to divorce. Я разве́лся с жено́й три го́да тому́ наза́д. I divorced my wife three years ago.

☐ Ско́лько тут у вас мыше́й развело́сь — про́сто беда́! It's just awful! You have more mice now than you've ever had.

развива́ть (*dur of* **разви́ть**) to describe. Он мне вчера́ до́лго развива́л свой план расшире́ния заво́да. Yesterday he described to me at great length his plan for enlarging the plant.

-ся to develop. Гражда́нская авиа́ция бы́стро развива́ется за после́дние го́ды. Civilian aviation has developed greatly in the last few years.

разви́лина *See* **разви́лка**.

разви́лка fork of a road.

разви́тие development. Я с волне́нием следи́л за разви́тием собы́тий. I was anxiously watching the development of events. — Она́ поража́ет всех необыча́йным для её во́зраста разви́тием. Her mental development is so unusual for her age that she amazes everyone.

разви́ть (разовью́, -вьёт; *imv* разве́й; *p* развила́; развился, -ла́сь, -ло́сь, -ли́сь; *ppp* разви́тый, *sh F* -вита́; *pct of* **развива́ть**) to develop. Мы предполага́ем в э́том году́ значи́тельно разви́ть произво́дство часо́в. We intend to develop the watchmaking industry greatly this year. — Он блестя́ще разви́л э́ту мысль в своём докла́де. He developed this idea brilliantly in his report.

-ся to develop. От та́нцев у неё о́чень разви́лись му́скулы ног. Dancing developed her leg muscles a great deal. • to mature. Как он разви́лся за после́дний год! He certainly matured this past year. • to shape up. Посмо́трим, как разовью́тся собы́тия.   Let's wait and see how events will shape up.

☐ Под дождём у неё во́лосы развили́сь.   The rain took the wave out of her hair.

развлека́ть *See* **развле́чь.**

развлека́ть (*dur of* **развле́чь**).

-ся to amuse oneself.   У меня́ рабо́ты по го́рло, мне развлека́ться не́когда.   I'm so busy I don't have any time for amusements.

развлеку́ *See* **развле́чь.**

развлече́ние amusement.   Для развлече́ния я стал учи́ться игре́ в ша́хматы.   For amusement, I began to learn chess.   • entertainment.   Эта но́вая игра́ — прекра́сное развлече́ние.   This new game is excellent entertainment. — Развлече́ний тут ма́ло.   There's not much around here in the way of entertainment.   • recreation.   Я чита́ю беллетри́стику по вечера́м — вот и все мои́ развлече́ния.   I read fiction in the evenings; that's my entire recreation.

развле́чь (-влеку́, -влечёт; *p* -влёк, -влекла́ -о́, -и́; *pct of* **развлека́ть**) to entertain.   Пойди́те развлеки́те пу́блику, пока́ не начнётся спекта́кль.   Entertain the audience before the performance starts.   • to cheer up (someone).   Он все грусти́т.   Чем бы его́ развле́чь?   He's been sad lately. How can we cheer him up?

разво́д divorce.   Получи́ть разво́д тепе́рь не так про́сто.   It's not so easy to get a divorce nowadays.

☐ Они́ в разво́де.   They're divorced.   • Где э́то вы купи́ли га́лстук с таки́ми разво́дами?   Where did you buy that figured tie?

разводи́ть (-вожу́, -во́дит; *dur of* **развести́**) to breed.   Этот колхо́з разво́дит поро́дистых свине́й.   This kolkhoz breeds good hogs.   • to raise.   Мы разво́дим кур то́лько для себя́.   We raise chickens only for ourselves.

☐ Что за чепуху́ вы разво́дите!   What nonsense you're saying! — *Де́лайте сра́зу, не́чего кани́тель разводи́ть.   Do it at once; don't drag it out.

-ся to divorce.   Я слыха́л, что они́ разво́дятся.   I've heard they're going to be divorced.

развожу́ *See* **разводи́ть.**

развожу́сь *See* **разводи́ться.**

развяжу́ *See* **развяза́ть.**

развяжу́сь *See* **развяза́ться.**

развяза́ть (-вяжу́, -вя́жет; *pct of* **развя́зывать**) to untie.   Развяжи́те, пожа́луйста, э́тот у́зел.   Untie this knot, please.   • to loosen.   Вино́ развяза́ло языки́, и все на́чали расска́зывать о свои́х приключе́ниях.   Wine loosened their tongues and they all began to talk of their experiences.

☐ Дёрнуло же вас вдруг развяза́ть язы́к!   Why did you open your big mouth?

-ся to be untied.   У вас га́лстук развяза́лся.   Your tie is untied.   • to rid oneself of.   Погоди́те, я развяжу́сь с э́тими посети́телями и мы пойдём.   Wait, I'll get rid of the visitors and we'll go.

развя́зка ending.   Пра́вда, что вы лю́бите фи́льмы то́лько со счастли́вой развя́зкой?   Is it true that you like only pictures with happy endings?

развя́зывать (*dur of* **развяза́ть**).

☐ развя́зывать ру́ки to free someone's hands.   Но́вое распоряже́ние развя́зывает нам ру́ки.   The new ruling frees our hands.

☐ Заче́м развя́зывать чемода́ны, е́сли вы здесь не

остаётесь?   Why unpack your suitcases if you're not staying here?

разгада́ть (*pct of* **разга́дывать**) to solve.   Я не мог разгада́ть э́той зага́дки.   I couldn't solve this puzzle.   • to guess.   Я сра́зу разгада́л его́ наме́рения.   I guessed his intentions immediately.

разга́дка solution.   Разга́дка э́той шара́ды — в воскре́сном но́мере.   The solution to this puzzle is in the Sunday issue.

разга́дывать (*dur of* **разгада́ть**).

разга́р thick.   Он вошёл, когда́ спор был в са́мом разга́ре.   He came in during the very thick of the argument.

☐ по́лный разга́р full swing.   У нас рабо́та в по́лном разга́ре.   Our work is in full swing.

разгляде́ть (-гляжу́, -гляди́т, *pct*) to see clearly.   В темноте́ невозмо́жно бы́ло разгляде́ть но́мер до́ма.   It was impossible to see the number of the house clearly in the dark.

разгля́дывать (*dur*) to look through.   Пока́ вас не́ было, я разгля́дывал ва́ши фотогра́фии.   While you weren't here, I was looking through your photographs.

разгляжу́ *See* **разгляде́ть.**

разгова́ривать (*dur*) to talk.   О чём вы с ним так до́лго разгова́ривали?   What did you talk with him about so long? — Ох, как мно́го у вас тут разгова́ривают!   They talk so damned much around here!

☐ Мы с ни́ми уже́ год как не разгова́риваем.   We haven't been on speaking terms with them for a year now.

разгово́р (/*g* -у/) conversation.   Наш това́рищ вступи́л в разгово́р с шофёром.   Our comrade entered into a conversation with the driver. — Подожди́те, наш разгово́р ещё не ко́нчен.   Wait a minute; the conversation isn't ended yet.   • talk.   У нас был дли́нный разгово́р на э́ту те́му.   We had a long talk on this subject.   • discussion.   Каки́е тут мо́гут быть разгово́ры?   Это ну́жно сде́лать неме́дленно.   This is no matter for discussion. It simply has to be done right away.   • argument.   Иди́ спать без разгово́ров.   Go to bed and no arguments, now.

☐ перемени́ть разгово́р to change the topic.   Я пыта́лся перемени́ть разгово́р, но куда́ там!   I tried to change the topic, but it was no use.

разгово́ры gossip.   Вы бы не так ча́сто с ней встреча́лись, а то пойду́т разгово́ры.   To avoid gossip, you oughtn't to go out with her so often.

телефо́нный разгово́р (telephone) call.   У меня́ вчера́ бы́ло не́сколько иногоро́дних телефо́нных разгово́ров.   I had several long-distance calls yesterday.

☐ У нас с ним был кру́пный разгово́р.   We had words.   • Вы в понеде́льник не уе́дете.   Об э́том и разгово́ру быть не мо́жет!   It's altogether out of the question. You're not going Monday.

разгово́рный colloquial.   Я э́того никогда́ не слыха́л, э́то не разгово́рное выраже́ние.   I never heard this; it just isn't a colloquial expression.

разгово́рчивый talkative.

разгоню́ *See* **разогна́ть.**

разгоня́ть (*dur of* **разогна́ть**).

разгора́ться (*dur of* **разгоре́ться**) to begin to burn.   Дрова́ сыры́е; не разгора́ются.   The firewood is damp; it won't begin to burn.   • to spread.   А пожа́р всё разгора́ется!   The fire keeps spreading!

разгоре́ться (-горю́сь, -гори́тся; *pct of* **разгора́ться**) to run high.   Ну, тепе́рь стра́сти разгоре́лись — де́ло мо́жет ко́нчиться дра́кой. Well, feelings are running high now and it may end up in a fight.

разгро́м destruction. Все газе́ты вы́шли с заголо́вками: "А́рмия проти́вника потерпе́ла по́лный разгро́м." All the newspapers came out with the headline, "Destruction of Enemy Army Achieved."

разгружа́ть (*dur of* **разгрузи́ть**) to unload. Това́рный ваго́н уже́ на́чали разгружа́ть. They've already begun to unload the freight car.

разгружу́ *See* **разгрузи́ть**.

разгрузи́ть (-гружу́, -гру́зит; *pct of* **разгружа́ть**) to unload. Парохо́д ещё не разгружён. The ship isn't unloaded yet. • to relieve. Его́ на́до хоть немно́го разгрузи́ть от рабо́ты. He should be relieved of at least part of his work.

раздава́ть (-даю́, -даёт; *imv* -дава́й; *prger* -дава́я; *dur of* **разда́ть**) to hand out. Иди́те скоре́е, там раздаю́т биле́ты в теа́тр. Go quickly; they're handing out theater tickets there. • to issue. Когда́ раздаю́т пайки́? When are they going to issue the rations?

раздави́ть (-давлю́, -да́вит; *pct of* **разда́вливать**) to crush. Осторо́жно, не раздави́те э́той коро́бки. Be careful not to crush this box.

разда́вливать (*dur of* **раздави́ть**).

разда́м *See* **разда́ть**.

разда́ть (-да́м, -да́ст, §27; *imv* -да́й; *p* ро́здал, раздала́, ро́здало, -и; *pct of* **раздава́ть**) to hand out. Разда́йте э́ти кни́жки ва́шим това́рищам. Hand these books out to your comrades. • to give away. Он ро́здал все свои́ де́ньги друзья́м. He gave away all his money to his friends. • to stretch. Сапоги́ жмут, на́до их разда́ть на коло́дке. My boots pinch; they'll have to be stretched a bit.

разда́ча distribution.

раздева́ть (*dur of* **разде́ть**) to undress. Раздева́я ра́неного, санита́ры затеря́ли его́ докуме́нты. While they were undressing the wounded man, the medical aid men lost his papers.

—**ся** to take off (clothes). Здесь на́до раздева́ться, в зри́тельный зал в пальто́ не впуска́ют. You have to take your coat off here. They won't let you into the auditorium with it on. — Я не раздева́юсь, я на мину́тку. I'm not taking my coat off, I just dropped in for a minute. • to undress. Раздева́йтесь и ложи́тесь спать. Get undressed and go to sleep.

раздели́ть (-делю́, -де́лит; *ppp* -делённый; *pct of* **разделя́ть**) to divide. Вот, раздели́ э́то число́ на пять — ско́лько полу́чится? Divide this number by five. How much is it? • to distribute. Дава́йте разде́лим э́ту рабо́ту ме́жду все́ми сотру́дниками. Let's distribute this work among all our co-workers.

—**ся** to split. На́ша экску́рсия раздели́лась на три гру́ппы. We split our excursion into three groups. • to be divided. По э́тому вопро́су голоса́ раздели́лись. Votes were divided on this question.

разделя́ть (*dur of* **раздели́ть**) to divide. Перегоро́дка разделя́ет на́шу ко́мнату на две ча́сти. A partition divides our room in two. • to share. Я не разделя́ю ва́шего мне́ния. I don't share your opinion.

—**ся** to be divided (into).

разде́нусь *See* **разде́ться**.

разде́ть (-де́ну, -нет; *ppp* -де́тый; *pct of* **раздева́ть**) to undress. Ребёнка на́до разде́ть и искупа́ть. You have to undress the child and bathe him.

—**ся** to take off one's clothes. Разде́ньтесь, до́ктор вас сейча́с вы́слушает. Take off your clothes; the doctor will examine you immediately. • to undress. Он бы́стро разде́лся, лёг и в ту же мину́ту засну́л. He undressed quickly, lay down, and fell asleep almost immediately.

□ Разде́ньтесь в пере́дней. Leave your coat and hat in the hall.

раздобу́ду *See* **раздобы́ть**.

раздобыва́ть (*dur of* **раздобы́ть**).

раздобы́ть (-бу́ду -бу́дет; *pct of* **раздобыва́ть**) to get. Для э́той рабо́ты нам ну́жно раздобы́ть хоро́шего специали́ста. We've got to get a good specialist on this job. — Будь дру́гом, раздобу́дь мне биле́т на э́то заседа́ние. Be a friend and get me a ticket for this meeting.

раздо́лье freedom. Како́е раздо́лье в степи́! What a sense of freedom you feel on the steppes!

□ Вам тепе́рь, небо́сь, раздо́лье без нача́льства? You must have it nice and easy without the boss being around, don't you?

раздража́ть (*dur of* **раздражи́ть**) to annoy. Он меня́ стра́шно раздража́ет. He annoys me terribly. • to irritate. Э́то мы́ло раздража́ет ко́жу. This soap irritates the skin.

раздраже́ние irritation.

раздражи́ть (*pct of* **раздража́ть**).

разду́мать (*pct of* **разду́мывать**) to change one's mind. Я разду́мал и не пойду́ с ва́ми в кино́. I changed my mind and I'm not going to the movies with you.

разду́мывать (*dur of* **разду́мать**) to hesitate. (*no pct*) Он не до́лго разду́мывал и сра́зу согласи́лся. He didn't hesitate long and agreed at once. • to think. (*no pct*) Не́чего разду́мывать, е́дем. What's there to think about? Let's go!

разлага́ть (*dur of* **разложи́ть**).

разли́в overflow. В э́том году́ разли́в начался́ по́здно. This year the overflow of the river started late.

разлива́ть (*dur of* **разли́ть**) to pour. Кто бу́дет разлива́ть чай? Who's going to pour the tea?

—**ся** to overflow, to flood.

разли́ть (разолью́, -льёт- *imv* разле́й; *p* разли́л, -лила́, -ли́ло, -и; *ppp* разли́тый, *sh* -лита́; *pct of* **разлива́ть**) to pour. Разле́йте вино́ по стака́нам. Pour the wine into the glasses. • to spill. Я тут разли́л черни́ла. I spilled some ink here.

—**ся** to overflow. Река́ разлила́сь и залила́ берега́. The river overflowed and flooded the shore. • to flood. Ведро́ опроки́нулось и вода́ разлила́сь по всей ко́мнате. The pail tipped over and the water flooded the whole room.

различа́ть (*dur of* **различи́ть**) to distinguish. Я пло́хо различа́ю цвета́. I don't distinguish colors well. • to see. Я с трудо́м различа́ю доро́гу в э́той темноте́. I can hardly see the road in this darkness.

различи́ть (*pct of* **различа́ть**).

разли́чный various. Тут име́ются разли́чные возмо́жности. There are various possibilities here.

□ **разли́чно** differently. Мы, пови́димому, разли́чно смо́трим на э́тот вопро́с. Evidently we look at this question differently.

□ По разли́чным соображе́ниям, я предпочита́ю туда́ не ходи́ть. I prefer not to go there for several reasons.

разложе́ние decay. Труп был в состоя́нии по́лного разложе́ния. The corpse was in a state of complete decay.

• breakup. В э́то вре́мя в неприя́тельской а́рмии уже́ начало́сь разложе́ние. The breakup of the enemy army had already begun at that time.

разложи́ть (-ложу́, -ло́жит; *pct of* **раскла́дывать** *and* **разлага́ть**) to spread. Ве́тер тако́й си́льный, что ника́к не удаётся разложи́ть ска́терть. There's such a strong breeze that I just can't spread the tablecloth. • to put away. Я разложи́л свои́ ве́щи по я́щикам. I put my things away into their respective drawers. • to break down. У нас в лаборато́рии стара́ются разложи́ть э́то вещество́ на составны́е ча́сти. We're trying to break this down into its component parts.

☐ Помоги́те мне разложи́ть для вас э́ту складну́ю крова́ть. Help me make this folding bed up for you. • Мы разложи́ли костёр. We built a campfire.

-ся to be decomposed. Труп уже́ соверше́нно разложи́лся и мы не могли́ опозна́ть уто́пленника. The corpse was completely decomposed and we couldn't identify the drowned person.

☐ Он пьёт, игра́ет в ка́рты, на рабо́ту не хо́дит — одни́м сло́вом, разложи́лся оконча́тельно! Now he drinks, plays cards, and doesn't want to work; in a word, he's just going to pot.

разлу́ка.

☐ Она́ была́ пять лет в разлу́ке с сы́ном. She's been parted from her son for five years.

разлюби́ть (-люблю́, -лю́бит; *pct of* **разлюбля́ть**) to stop loving. Что́ же, зна́чит разлюби́ла она́ тебя́? Well, does that mean she's stopped loving you?

☐ Я тепе́рь разлюби́л теа́тр. I don't like the theater any more now.

разлюбля́ть (*dur of* **разлюби́ть**).

разма́х (/*g* -у/) extent. Разма́х строи́тельства у нас сейча́с колосса́льный. The extent of our building activities is tremendous. • scale. Он привы́к к большо́му разма́ху. He's used to doing things on a large scale.

☐ Он уда́рил топоро́м с разма́ху. He swung the ax hard. • Я со всего́ разма́ху уда́рился голово́й о ни́зкую прито́локу. I ran into the door full force.

разма́хивать ([-x^v-] *dur*) to wave. Он разма́хивал бе́лым платко́м. He was waving a white flag.

разме́нивать (*dur of* **разменя́ть**).

разменя́ть (*pct of* **разме́нивать**) to change. Где тут мо́жно разменя́ть сторубле́вку? Where can I have this one-hundred-ruble note changed?

разме́р size. Како́й разме́р боти́нок вы но́сите? What size shoe do you wear?

☐ Го́лод тогда́ достига́л ужаса́ющих разме́ров. The famine was reaching tremendous proportions at that time.

размести́ть (*pct of* **размеща́ть**) to place. Не зна́ю, пра́во, где их всех размести́ть. I really don't know where to place them all.

☐ Вас уже́ размести́ли по кварти́рам? Have you been assigned to your respective apartments? • Я е́ле-е́ле размести́ла мою́ ме́бель в э́той ма́ленькой ко́мнате. I could hardly get my things into the little room. • Этот вое́нный заём был размещён о́чень бы́стро. This war loan was subscribed very quickly.

размеща́ть (*dur of* **размести́ть**).

размещу́ *See* **размести́ть**.

размину́ться (*pct*) to miss each other. Кака́я доса́да! Мы с ва́ми размину́лись. What a shame that we missed each

other! • to pass each other. Переу́лок тако́й у́зкий, что двум автомоби́лям тут не размину́ться. This alley is so narrow that two cars can't pass each other.

размо́ю *See* **размы́ть**.

размыва́ть (*dur of* **размы́ть**).

размы́ть (-мо́ю, -мо́ет; *ppp* -мы́тый; *pct of* **размыва́ть**) to wash out. Всю доро́гу размы́ло — не прое́дешь. You'll never get through because the whole road is washed out.

разнести́ (-несу́, -сёт; *p* -нёс, -несла́, -о́, -и́; *pct of* **разноси́ть**) to scatter. Ве́тер разнёс мои́ бума́ги по всей ко́мнате. The wind scattered my papers all over the room. • to shatter. Бо́мба разнесла́ дом. A bomb shattered the house. • to spread. Не говори́те ей; она́ момента́льно всё разнесёт по го́роду. Don't tell her; she'll spread it all over town in no time. • to enter (into books). Эти счета́ на́до бу́дет разнести́ по кни́гам. These bills have to be entered on the books.

☐ Кри́тика его́ разнесла́ беспоща́дно. The critics tore into him mercilessly. • Вас, одна́ко, здо́рово разнесло́. You've gotten as big as a house. • Он разнёс пове́стки по адреса́м. He delivered the announcements to the respective addresses. • Ну и разнёс же он меня́ вчера́! He gave me a good calling down yesterday.

ра́зница difference. Я не ви́жу большо́й ра́зницы ме́жду э́тими двумя́ ме́тодами. I don't see a big difference between these two methods. — Ну, кака́я ра́зница? Пойдёте за́втра. What difference does it make? You'll go tomorrow. — Вы вчера́ переплати́ли, мо́жете получи́ть ра́зницу в ка́ссе. You paid too much yesterday. You can get the difference at the cashier's.

разногла́сие difference of opinion. По э́тому вопро́су у нас нет разногла́сий. There's no difference of opinion among us on this question.

разнообра́зие change. Дава́йте, для разнообра́зия, пойдём за́втра в бале́т. Let's go to the ballet tomorrow for a change. • variety. Это путеше́ствие дало́ мне порази́тельное разнообра́зие впечатле́ний. That trip gave me a remarkable variety of impressions.

разноси́ть (-ношу́, -но́сит; *dur of* **разнести́**) to deliver. Когда́ у вас разно́сят пи́сьма? When do they deliver mail here?

ра́зный different. У нас с ним ра́зные вку́сы. My tastes are different from his. — Туда́ мо́жно прое́хать ра́зными доро́гами. There are different ways of getting there. • unlike one another. Эти сёстры совсе́м ра́зные — одна́ в отца́, друга́я в мать. These sisters are entirely unlike one another. One takes after the father and the other after the mother. • various. Об э́том хо́дят ра́зные слу́хи. There are various rumors spreading around about it.

☐ **по-ра́зному** in different ways. Об э́том мо́жно суди́ть по-ра́зному. You can judge this in different ways.

ра́зно in different ways. Мы с ва́ми, пови́димому, ра́зно смо́трим на ве́щи. Evidently, we look at things in different ways.

☐ Тут оста́лись ра́зные ме́лочи, кото́рые не вошли́ в чемода́н. There still remain a lot of odds and ends that won't go into the suitcase. • Там бы́ло сто́лько ра́зных сорто́в сы́ра, что у меня́ глаза́ разбежа́лись. They had such a large variety of cheese that I didn't know which one to taste first.

разобра́ть (разберу́, -рёт; *p* разобрала́; разобра́лся, -брала́сь, -ло́сь, -ли́сь; *pct of* **разбира́ть**) to take apart. Придётся разобра́ть мото́р. We'll have to take the engine apart.

• **to make out.** Что написано в этом объявлении? Я отсюда не могу разобрать. What's written on that poster? I can't make it out from here. — Что они там наделали — сам чорт не разберёт. The devil himself couldn't make out what they've done there. • **to clear up.** Вот, разберите наш спор. Won't you try to clear up our disagreement? □ Я опоздал — персики уже все были разобраны. I got there late and the peaches were already sold out. **-ся** to figure out. Мне трудно разобраться в их отношениях. It's difficult for me to figure out what their relations are.

разобью *See* **разбить.**

разобьюсь *See* **разбиться.**

разовью *See* **развить.**

разовьюсь *See* **развиться.**

разогнать (разгоню, -гонит; *p* разогнала; *pct of* **разгонять**) to scatter. Проливной дождь мигом разогнал толпу. The downpour scattered the crowd immediately. • **to scare away.** Осторожнее, а то вы тут всех моих цыплят разгоните. Careful or you'll scare all my chickens away. • **to drive away.** Мало-помалу она разогнала всех его друзей. Little by little she drove all his friends away. • **to fire.** Новый заведующий разогнал всех слабых работников. The new manager fired all the poor workers. □ Ну, спасибо! Беседа с вами разогнала моё плохое настроение. Well, thanks; the talk with you pulled me out of my blues. — Сидят до поздней ночи, никак их не разгонишь. They stay far into the night and you just can't get rid of them. • Что это он так разогнал машину? Why did he step on the gas so?

разозлить (*pct*).
-ся to get mad. Он разозлился на меня ни за что, ни про что. He got mad at me for no reason at all.

разойдусь *See* **разойтись.**

разойтись (-йдусь, -йдётся; *p* разошёлся, -шлась, -шлось, шлись; *pap* разошедшийся; *pct of* **расходиться**) to go (said of several persons). Вы опоздали, все уже разошлись. You're late; everybody's gone already. • **to separate.** Она разошлась с мужем. She and her husband have separated. • **to break up.** Мы были когда-то очень дружны, но теперь разошлись. We were once very good friends, but we've broken up now. • **to part company.** Нам с вами лучше разойтись полюбовно. We'd better part company peacefully. • **to be sold out.** Учебники русского языка для иностранцев все разошлись. The textbooks of the Russian language for foreigners are all sold out. • **to let oneself go.** Вы бы посмотрели, как он разошёлся вчера на вечеринке, просто прелесть! It would have done your heart good to see how he let himself go at the party last night. □ Тучи разойдутся, тогда полетим. We'll take off when it clears up. • Деньги все разошлись, я и сам не знаю на что. My money's all gone and I have no idea where it went to. • Осторожнее, не споткнитесь, тут половицы разошлись. Be careful. Don't trip over the loose floor boards.

разолью *See* **разлить.**

разорвать (-рву, -рвёт; *p* рвала; разорвался, -рвалась, -рвалось, -рвались; *pct of* **разрывать**) to tear. Он разорвал письмо на мелкие клочки. He tore the letter into small pieces. • **to tear up.** Она разорвала простыню на бинты. She tore the sheet up for bandages. • **to tear to bits.** Вчера у нас волк овцу разорвал. Yesterday a wolf in our neighborhood tore a sheep to bits.

разоружение disarmament.

разочарование disappointment. Какое разочарование — спектакль отменяется. What a disappointment! The show has been cancelled. □ В вашем возрасте — и разочарование в жизни? Бросьте! Don't tell me that at your age you're disillusioned!

разошёлся *See* **разойтись.**

разрежу *See* **разрезать.**

разрезать (-режу, -жет; *pct of* **разрезать** *and* **разрезывать**, *and of* **резать**) to cut. Она разрезала ленту на две части. She cut the ribbon in two.

разрезать (*dur of* **разрезать**) to cut. Не разрезайте пирога, пока гости не придут. Don't cut the pie before the guests come.

разрезывать (*dur of* **разрезать**) to cut.

разрешать (*dur of* **разрешить**) to let. Вы разрешаете мне прочесть это письмо? Will you let me read that letter? • **to solve.** Это не разрешает вопроса. That doesn't solve the problem.

разрешение permission. Для осмотра дворца вам нужно иметь разрешение. You have to have permission to visit the palace. — А у вас есть разрешение фотографировать? Do you have permission to take pictures? • **solution.** Вот это удачное разрешение вопроса. This is a good solution to the problem. □ С вашего разрешения я закрою окно. If you don't mind, I'll close the window.

разрешить (*pct of* **разрешать**) to permit, to allow. Доктор разрешил ему встать с постели. The doctor permitted him to get out of bed. • **to clear up.** Я надеюсь, что вы разрешите мои сомнения. I hope you'll clear up my doubts. □ Разрешите пройти. May I pass, please?

разруха disorganization. Мы избежали хозяйственной разрухи во время войны. We avoided an economic disorganization during the war.

разрушение destruction.

разрывать (*dur of* **разорвать**).

разряд classification. Я — секретарь и получаю зарплату по пятнадцатому разряду. I'm a secretary and get paid according to the fifteenth classification. • **class.** Он слесарь четвёртого разряда. He's a locksmith, fourth class.

разуметься (*dur*).
□ **разумеется** of course. Разумеется, мы это сделаем, если вы настаиваете. Of course, if you insist we'll do it. **само собой разумеется** it goes without saying. Я, само собой разумеется, сразу согласился. It goes without saying, I agreed at once.

разумный intelligent. Вы человек разумный. Сами знаете, что этого делать нельзя. You're an intelligent person; you ought to know that you mustn't do such things. • **sensible.** Этого я от неё не ожидал, она мне всегда казалась такой разумной девушкой. I didn't expect that of her; I always thought she was such a sensible girl. □ **разумно** wisely. Вы поступили очень разумно, отказавшись туда ехать. You acted wisely in refusing to go there. • **intelligently.** Надо разумно распределять время. You have to divide your time intelligently. □ Наконец-то он сказал нечто разумное. He's finally said something that makes sense.

разъединить (*pct of* **разъединять**) to disconnect. Нас разъединили. We were disconnected. • **to tear apart.** Жизнь нас разъединила. Life tore us apart.

разъединять (*dur of* **разъединить**) to disconnect. Станция, не разъединяйте нас, пожалуйста. Operator, please don't disconnect us.

разъезд railway siding. Поезд стоял на разъезде. The train was standing at the railway siding.

☐ Он вечно в разъездах. He's always on the move.

рай (/в раю/) heaven, paradise. Наш сад летом настоящий рай земной. In summer our garden is a real heaven on earth.

райисполком district executive committee.

райком (**районный комитет**) district committee of the Communist Party.

район region. Это один из самых больших угольных районов. This is one of the largest coal-mining regions. — Его послали на работу в —— район. He was sent to work in the —— region. • district. В каком районе Москвы вы живёте? In what district of Moscow do you live?

райсовет (**районный совет**) regional soviet, district soviet.

рак crawfish. Мы вчера наловили кучу раков. We caught plenty of crawfish yesterday. • cancer. Он умер от рака. He died of cancer.

☐ *Одного рака горе красит. Nobody thrives on trouble. • Он покраснел, как рак. He got red as a lobster. • *Он тебе покажет, где раки зимуют. He'll show you what's what. • *Он знает, где раки зимуют. He knows which side his bread is buttered on. • *Вот я и сижу, как рак на мели. That's why I'm really in a fix. • *На безрыбьи и рак рыба. Any port in a storm. • *Да, мы это получим, когда рак свистнет. Oh sure, we'll get it when hell freezes over.

ракета flare. Сигнал к началу состязания был подан ракетой. A flare marked the beginning of the races.

ракетка racket. Я не могу играть в теннис, моя ракетка куда-то пропала. I can't play tennis; I lost my racket somewhere.

раковина shell. Мы эту раковину будем употреблять как пепельницу. We'll use this shell as an ashtray. • sink. У нас в кухне большая раковина. We have a large sink in our kitchen.

рама frame. Мне нужна рама для этой картины. I need a frame for this painting. — У нас сейчас красят оконные рамы. They're painting our window frames now.

рамка frame. Фотографию надо вставить в рамку. This photograph has to be put in a frame.

☐ Мы введём работу в строгие рамки. We'll organize our work along very strict lines. • Это не укладывается в обычные рамки. This doesn't fit the usual pattern.

рана wound. Сестра сейчас перевяжет вам рану. The nurse will dress your wound right away.

раненый (*AM*) wounded man. Раненых уносили на носилках. The wounded were carried away on stretchers.

ранить (*both dur and pct*) to wound. Он был ранен три раза. He was wounded three times.

ранний (*cp* **раньше**; *adv* **рано**) early. В этом году у нас ранняя зима. We have an early winter this year. — В такой ранний час и уже за работой! Such an early hour and already working!

☐ **рано** early. Они уезжают завтра рано утром. They are leaving early tomorrow morning. — Мы приехали на вокзал слишком рано. We arrived at the station too early. • early in life. Он рано стал самостоятельным. He was on his own early in life.

рано или поздно sooner or later. Рано или поздно он об этом узнает. He'll learn it sooner or later.

раньше earlier. Он тут встаёт раньше всех. He gets up earlier than anyone else here. • ahead. Наш завод выполнил годовой план раньше срока. Our factory carried out the plan ahead of schedule. • before. Раньше она мне больше нравилась. I liked her more before. • first. Раньше надо узнать в чём дело, а потом высказывать своё мнение. First you've got to know what's happened, and then you can give an opinion. — У меня столько дела, не знаешь за что раньше приняться. I have so much to do, I don't know what to do first.

☐ *Он из молодых, да ранний. He may be young but he knows all the answers. • Ему ещё рано читать эту книгу. He's too young to read that book.

раньше *See* **ранний**.

раса race. Вы здесь встретите людей всех рас. You'll meet men of all races here.

раскаиваться (*dur of* **раскаяться**) to be sorry for. Он искренно раскаивается в своём поступке. He's sincerely sorry for what he did.

раскаяться (-каюсь, -кается; *pct of* **раскаиваться**) to regret. Я ему это пообещал и сейчас же раскаялся. I promised him this and immediately regretted it.

раскладывать (*dur of* **разложить**).

раскопка (-пок *P*) excavation. В развалинах разбомбленного дома нашли при раскопке ценные документы. During the excavation of the bombed-out houses, they found important documents.

раскрою *See* **раскрыть**.

раскрывать (*dur of* **раскрыть**) to open.

раскрыть (-крою, -кроет; *ppp* -крытый; *pct of* **раскрывать**) to open. Раскройте все окна. Open all the windows. — Целое лето он не раскрыл книги. He didn't open a book all summer. • to solve. Милиция в конце концов раскрыла это преступление. The police finally solved the crime.

распаковать (*pct of* **распаковывать**) to unpack. Вы уже распаковали вещи? Have you already unpacked your things?

распаковывать (*dur of* **распаковать**) to undo. Не распаковывайте этих пакетов до его прихода. Don't undo these packages before he comes.

распечатать (*pct of* **распечатывать**) to open. Я ещё не успел распечатать пакета. I haven't had time to open this package yet. — Она распечатала письмо. She opened the letter. • to unseal. Эти письма пришли ко мне уже распечатанными. These letters were already unsealed when I got them.

распечатывать (*dur of* **распечатать**) to open. Но я же не могу распечатывать чужие письма! But I just can't open other people's letters!

расписание schedule. Расписание поездов висит на вокзале у кассы. There's a train schedule hanging in the station near the ticket office. — У них вся жизнь идёт, как по расписанию. Their whole life runs as if by schedule. • timetable. По расписанию поезд отходит в три часа. The train leaves at three o'clock according to the timetable.

расписать (-пишу, -пишет; *pct of* **расписывать**).

-ся to sign. Распишитесь, пожалуйста. Sign here, please. • to get married. Знаете, они вчера расписались. You know, they got married yesterday.

☐ Сказа́в э́то, он расписа́лся в со́бственном неве́жестве. When he said that he practically admitted his own ignorance. • Что вы так расписа́лись! Всё э́то мо́жно бы́ло сказа́ть в двух слова́х. Why are you writing there so long? You could have said it all in two words.

расписка receipt. Отда́йте ему́ э́то письмо́ под распи́ску. Give him that letter after you get a receipt. — Я посла́л письмо́ с обра́тной распи́ской. I sent a letter with a return receipt.

распи́сывать (*dur of* **расписа́ть**).

-ся to sign.

распишу́сь *See* **расписа́ться**.

расплати́ться (-плачу́сь, -пла́тится; *pct of* **распла́чиваться**) to pay. Вы уже́ расплати́лись по счёту? Have you paid the bill yet? • to settle. Погоди́те, я ещё с ва́ми расплачу́сь! Wait, I'll settle with you yet.

распла́чиваться (*dur of* **расплати́ться**).

расплачу́сь *See* **расплати́ться**.

располага́ть (*dur of* **расположи́ть**).

☐ Он сра́зу к себе́ располага́ет. He immediately ingratiates himself with you. • (*no pct*) К сожале́нию, я не располага́ю вре́менем. Unfortunately, my time is not my own. • (*no pct*) Вы мо́жете всеце́ло мно́ю располага́ть. I'm at your service at any time.

-ся to settle down. Не сто́ит здесь располага́ться, че́рез час на́до е́хать да́льше. It doesn't pay to settle down for an hour; we have to go on.

расположе́ние layout. В э́том до́ме удо́бное расположе́ние ко́мнат. The layout of the rooms in this house is very convenient.

☐ Он сего́дня в хоро́шем расположе́нии ду́ха. He's in a good mood today.

расположи́ть (-ложу́, -ло́жит; *ppp* -ло́женный *and* -ло́женный; *pct of* **располага́ть**) to situate. Э́тот дом о́тдыха о́чень хорошо́ располо́жен. This rest home is very nicely situated.

☐ Постара́йтесь расположи́ть его́ в на́шу по́льзу. Try to win him over. • Мне хоте́лось бы расположи́ть ме́бель ина́че. I'd like to change the furniture around.

-ся to settle down. Пока́ что, я расположу́сь здесь. In the meantime, I'll settle down here.

☐ На ночёвку мы расположи́лись на поля́не в лесу́. We stayed overnight in a clearing in the woods.

распоряди́ться (*pct of* **распоряжа́ться**) to see to it. Распоряди́тесь, что́бы им да́ли пое́сть. See to it that they get some food.

распоряжа́ться (*dur of* **распоряди́ться**) to supervise. Рабо́тами здесь распоряжа́ются э́ти два инжене́ра. The work here is supervised by these two engineers. • to give orders. Кто тут распоряжа́ется? Who gives the orders here? • to run things. Хва́тит! Она́ уже́ тут дово́льно распоряжа́лась. Enough of that! She's already been running things around here too long.

☐ Да́ли бы мне здесь распоряжа́ться, вы бы уви́дели результа́ты! If they'd only given me a free hand around here, you'd have seen results!

распоряже́ние instructions. Мы ещё не получи́ли распоряже́ний относи́тельно вас. We haven't as yet received any instructions regarding you.

☐ **правительственное распоряже́ние** government directive.

распоряжу́сь *See* **распоряди́ться**.

распределе́ние distribution. Э́та систе́ма распределе́ния

проду́ктов вполне́ оправда́ла себя́. This method of distribution of supplies justified itself completely. • division. В э́том ма́тче неуда́чное распределе́ние сил. There's an unequal division of strength in this match.

распредели́тель (*M*) store. В на́шем заводско́м распредели́теле за́втра бу́дут выдава́ть са́хар. Sugar will be given out at our factory store tomorrow.

распредели́ть (*pct of* **распределя́ть**) to divide. Мы распредели́ли э́ти де́ньги ме́жду собо́й. We divided this money among us. — Вы пло́хо распредели́ли ва́ше вре́мя. You divided your time poorly. • to distribute. Оде́жда была́ распределена́ ме́жду бе́женцами. The clothes were distributed among the refugees. • to assign. По́сле оконча́ния медву́за нас распредели́ли по госпиталя́м. We were assigned to various hospitals after finishing medical school.

распределя́ть (*dur of* **распредели́ть**) to give out. Кто тут распределя́ет рабо́ту? Who gives out the work here?

распродава́ть (-даю́, -даёт; *imv* -дава́й; *prger* -дава́я; *dur of* **распрода́ть**) to sell out.

распрода́м *See* **распрода́ть**.

распрода́ть (-да́м, -да́ст, §27; *imv* -да́й; *p* распро́дал, -прода́ла, -прода́ло, -и; *pct of* **распродава́ть**) to sell out. На сего́дняшний спекта́кль биле́ты распро́даны. All tickets are sold out for today's performance. — Пе́ред отъе́здом мы распро́дали всю ме́бель. We sold out all our furniture before leaving.

распространи́ть (*pct of* **распространя́ть**) to circulate. Э́ту кни́гу сто́ило бы широко́ распространи́ть. This book is worth being circulated widely.

-ся to spread. Изве́стие распространи́лось по го́роду с быстрото́й мо́лнии. The news spread like lightning around town.

распространя́ть (*dur of* **распространи́ть**) to spread. Кто, со́бственно, распространя́ет э́ти слу́хи? Who actually spreads these rumors?

-ся to concern. Э́то постановле́ние не распространя́ется на на́шу о́бласть. This directive doesn't concern our region.

распу́тица spring thaws. В распу́тицу туда́ не добере́шься. You can't get there during the spring thaws.

распу́х *See* **распу́хнуть**.

распуха́ть (*dur of* **распу́хнуть**).

распу́хнуть (/*p* пу́х, -пу́хла, -о, -и/; *pct of* **распуха́ть**) to swell. У него́ распу́хла нога́. His foot swelled up.

рассве́т dawn. Вы выезжа́ете на рассве́те? Do you leave at dawn? • daybreak. Мы подня́лись с рассве́том. We got up at daybreak.

рассерди́ть (-сержу́, -се́рдит; *pct*) to make angry, to anger. Его́ отве́т меня́ о́чень рассерди́л. His answer made me very angry.

-ся to get mad, to get angry. Я на него́ о́чень рассерди́лся. I got very angry at him.

рассержу́сь *See* **рассерди́ться**.

рассе́янность (*F*) absent-mindedness. Во всём винова́та моя́ прокля́тая рассе́янность. All this trouble was caused because I'm so damned absent-minded.

рассе́янный absent-minded. Я о́чень рассе́ян. I'm very absent-minded.

расскажу́ *See* **рассказа́ть**.

расска́з story. Её расска́з произвёл на меня́ большо́е впечатле́ние. Her story made a big impression on me. • account. Мы внима́тельно вы́слушали его́ расска́з об э́том происше́ствии. We listened closely to his account of the incident. • tale. Они́ слу́шали его́ расска́зы, затаи́в дыха́ние. They listened to his tales with bated breath. • short story. Вы непреме́нно должны́ проче́сть э́тот расска́з. Be sure and read this short story.

рассказа́ть (-кажу́, -ка́жет; *pct of* **расска́зывать**) to tell. Вы ему́ рассказа́ли, что случи́лось? Did you tell him what happened?

расска́зывать (*dur of* **рассказа́ть**) to tell. Ты мне ска́зок не расска́зывай, всё равно́ не пове́рю. Don't tell me any stories; I won't believe them anyway. — То́лько никому́ об э́том не расска́зывайте, э́то секре́т. Only see that you don't tell it to anybody; it's a secret.

рассле́довать (*both dur and pct*) to investigate. Ему́ бы́ло пору́чено рассле́довать э́то де́ло. He was assigned to investigate this matter.

рассл́ышать (-слы́шу, -слы́шит, *pct*) to hear. Мы сиде́ли так далеко́, что я ничего́ не рассл́ышал из его́ ре́чи. We sat so far back that I didn't hear any of his speech. • to catch. Прости́те, я не рассл́ышала ва́шей фами́лии. Excuse me, I didn't catch your name.

рассма́тривать (*dur of* **рассмотре́ть**) to look at. Э́то мо́жно рассма́тривать по-ра́зному. You can look at it from different points of view. • to consider. Ва́ше поведе́ние мо́жно рассма́тривать, как нежела́ние ему́ помо́чь. Your behavior could be considered as unwillingness to help him. □ Э́тот бифште́кс на́до рассма́тривать под микроско́пом! You have to use a microscope to see this steak!

рассмотре́ть (-смотрю́, -смо́трит; *pct of* **рассма́тривать**) to see clearly. Ника́к не могу́ рассмотре́ть, что э́то тако́е. I can't see clearly what it is. • to study. Ва́ше заявле́ние уже́ рассмо́трено. Your case has already been studied.

расспра́шивать (*dur of* **расспроси́ть**) to question. Мы его́ до́лго расспра́шивали об его́ пое́здке. We questioned him about his trip for a long time.

расспроси́ть (-прошу́, -про́сит; *pct of* **расспра́шивать**) to question. Расспроси́те его́ об э́том подро́бно. Question him about it in detail. • to ask around. Расспроси́те по сосе́дству, нет ли свобо́дной ко́мнаты. Ask around the neighborhood if there's a vacant room someplace.

расспрошу́ *See* **расспроси́ть**.

рассро́чка installment plan. Мы э́то купи́ли в рассро́чку. We bought this on the installment plan.

расстава́ться (-стаю́сь, -стаётся; *imv* -става́йся; *prger* -става́ясь; *dur of* **расста́ться**) to part. Зна́чит прихо́дится расстава́ться! So we have to part! • to leave. Мне тяжело́ расстава́ться с Москво́й. It's hard for me to leave Moscow.

расстаю́сь *See* **расста́ться**.

расста́ться (-ста́нусь, -ста́нется; *pct of* **расстава́ться**) to part. Вы не по́мните, когда́ вы с ним расста́лись? You don't remember when you and he parted? — Я никогда́ не расста́нусь с э́тим кольцо́м. I'll never part with this ring.

расстёгивать ([-g°v-]; *dur of* **расстегну́ть**).

расстегну́ть (*ppp* -стёгнутый; *pct of* **расстёгивать**) to open, to unbutton. Расстегни́те во́рот руба́шки. Open the collar of your shirt.

расстоя́ние distance. Ско́лько вре́мени ну́жно, что́бы пройти́ э́то расстоя́ние? How long will it take to go this distance? — Он о́чень хо́лоден со мной и де́ржится на расстоя́нии. He's very cool toward me and keeps at a distance. — Я предпочита́ю держа́ться от него́ на почти́-

тельном расстоя́нии. I like to stay at a respectful distance from him. □ Э́ти ста́нции располо́жены на о́чень бли́зком расстоя́нии друг от дру́га. These stations are very close to each other.

расстра́ивать (*dur of* **расстро́ить**) to upset. Не расстра́ивайте её, ей и так тяжело́. Don't upset her; it's hard enough for her as it is.

-**ся** to get upset. Вы зря расстра́иваетесь. You're getting upset unnecessarily.

расстро́ить (*pct of* **расстра́ивать**) to upset. Э́то расстро́ило все мои́ пла́ны. This upset all my plans. — Почему́ вы так расстро́ены? Why are you so upset? — У меня́ расстро́ен желу́док. My stomach is upset. • to ruin. Э́той ночно́й рабо́той он соверше́нно расстро́ил своё здоро́вье. He ruined his health doing this night work. • to be out of tune. Роя́ль у нас расстро́ен. Our grand piano is out of tune.

-**ся** to fall through. Из-за его́ прие́зда все на́ши пла́ны расстро́ились. All our plans fell through because he came.

рассчита́ть (*pct of* **рассчи́тывать**) to figure out. Я пло́хо рассчита́л вре́мя и не око́нчил рабо́ты к сро́ку. I didn't get the work done on time because I didn't figure out the time right. • to figure. Э́тот зал рассчи́тан на сто челове́к. This hall is figured to hold a hundred people. □ Он не рассчита́л свои́х сил. He bit off more than he could chew.

рассчи́тывать (*dur of* **рассчита́ть**) to estimate. Он не уме́ет рассчи́тывать своего́ вре́мени. He doesn't know how to estimate his time. • to expect. (*no pct*) Я не рассчи́тывал встре́тить вас здесь. I didn't expect to meet you here. • to count on. (*no pct*) Вы вполне́ мо́жете рассчи́тывать на мою́ по́мощь. You can safely count on me for help. • to depend. (*no pct*) Я рассчи́тываю на то, что вы там бу́дете. I'm depending on you to be there.

рассы́пать (-сы́плю, -сы́плет; *pct of* **рассыпа́ть**) to scatter. Осторо́жнее, тут по угла́м рассы́пана отра́ва для мыше́й. Be careful — rat poison was scattered in the corners. • to spill. Кто э́то тут рассы́пал са́хар? Who spilled the sugar?

-**ся** to scatter. Охо́тники рассы́пались по́ лесу. The hunters scattered through the forest. • to fall apart. При тако́й пасси́вности чле́нов на́ша организа́ция, есте́ственно, рассы́палась. It's no wonder our organization fell apart; the members didn't take any interest in it.

рассыпа́ть (*dur of* **рассы́пать**).

-**ся**.

□ Он рассыпа́лся в комплиме́нтах. He was throwing compliments all over the place.

раста́ивать (*dur of* **раста́ять**).

раста́ять (-та́ю, -та́ет; *pct of* **раста́ивать**) to melt. Моро́женое совсе́м раста́яло. The ice cream melted completely. □ Она́ ему́ сде́лала гла́зки, а он, дура́к, так и растая́л. She flirted with him, and he fell for it, like a fool.

раство́р solution.

расте́ние plant.

расти́ (расту́, -стёт; *p* рос, росла́, -о́, -и́) to grow. У меня́ во́лосы расту́т о́чень бы́стро. My hair grows very fast. — Пшени́ца тепе́рь растёт и на далёком се́вере. Wheat can grow in the Far North now. — О́пухоль появи́лась у меня́ с ме́сяц наза́д и всё растёт. This tumor appeared about a month ago and has kept growing ever since. • to grow up. Уж кому́ его́ знать, как не мне! Мы с ним вме́сте росли́.

Well, who'd know him if I wouldn't? We grew up together. • **to increase.** Проду́кция ста́ли продолжа́ет расти́. The production of steel continues to increase. • **to develop.** За после́дние десятиле́тия те́хника растёт с удиви́тельной быстрото́й. Technical know-how has developed amazingly in recent decades.

расти́тельность (*F*) vegetation.

расти́тельный vegetables and fruits. Он ест то́лько расти́тельную и моло́чную пи́щу. He only eats vegetables, fruits, and dairy foods.

☐ **расти́тельное ма́сло** vegetable oil.

растя́гивать ([-g°v-] *dur of* **растяну́ть**) to draw out. Он растя́гивает свой докла́д без нужды́. He drew out his speech unnecessarily.

растяну́ть (-тяну́, -тя́нет; *pct of* **растя́гивать**) to stretch. Растяни́те мне, пожа́луйста, э́ти перча́тки. Stretch these gloves for me, please. • **to pull.** Я растяну́л себе́ свя́зку на ноге́. I pulled a tendon in my leg. • **to draw out.** Э́та по́весть сли́шком растя́нута. This story is too drawn out.

-ся to be stretched. Рези́нка растяну́лась и совсе́м не де́ржит. The elastic has been stretched so much that it's no good. • **to stretch out.** Я с наслажде́нием растяну́лся на ко́йке. I stretched out on the cot with the greatest pleasure.

☐ Он упа́л и растяну́лся во весь рост. He fell flat.

расхо́д expense. У нас в после́днее вре́мя бы́ли больши́е расхо́ды. We've had a great many expenses lately. — Мы вам возмести́м расхо́ды по пое́здке. We'll pay your expenses on the trip.

☐ **в расхо́де** out on an errand. У нас сейча́с все курье́ры в расхо́де. All our messenger boys are out on errands now. **госуда́рственные расхо́ды** state expenditure.

расходи́ться (-хожу́сь, -хо́дится; *d*ι *r of* **разойти́сь**) to break up. Уже́ по́лночь, пора́ расходи́ться. It's already midnight — time to break up. • **to vary.** По э́тому вопро́су мне́ния ре́зко расхо́дятся. Opinions vary sharply on this question. • **to disagree.** В э́том пу́нкте я с ва́ми расхожу́сь. I disagree with you on that point.

☐ Тут доро́га расхо́дится. Куда́ нам поверну́ть? There's a fork in the road here. Which way shall we turn?

расхо́довать (*dur/pct:* **из-/**) to use. Они́ тепе́рь научи́лись эконо́мно расхо́довать материа́лы. They've now learned how to use material economically.

расчёт calculation. Тут у вас оши́бка в расчёте. You made a mistake in calculation here. — Мои́ расчёты не оправда́лись. My calculations missed fire.

☐ По мои́м расчётам э́то произойдёт о́чень ско́ро. The way I figure it, it will happen very soon. • **Зна́чит мы с ва́ми в расчёте?** We're even now, aren't we? • **Вы должны́ приня́ть в расчёт все э́ти обстоя́тельства.** You must take all the circumstances into consideration.

расши́рить (*pct of* **расширя́ть**) to make larger. Я хочу́ расши́рить э́то отве́рстие. I want to make this hole larger. • **to let out.** Е́сли э́тот пиджа́к расши́рить в плеча́х, он бу́дет вам как раз впо́ру. If you'd let this jacket out in the shoulders, it would fit you perfectly. • **to broaden.** Путеше́ствие заграни́цу о́чень расши́рило его́ кругозо́р. The trip abroad broadened him a good deal.

расширя́ть (*dur of* **расши́рить**) to enlarge. Мы всё вре́мя расширя́ем сеть нача́льных школ. We're continually enlarging our primary school system. • **to widen.** Э́ту у́лицу сейча́с расширя́ют. They're widening the street now.

ра́унд round. Он был вы́бит нока́утом на пя́том ра́унде. He was knocked out in the fifth round.

рационализа́ция rationalization.

рва *See* **ров**.

рвать (рву, рвёт; *p* рвала́; рва́лся, рвала́сь, рва́лось, рва́лись) to tear. Маши́на рвёт ни́тку. The sewing machine is tearing the thread. — Как ему́ не сты́дно так рвать кни́ги! He ought to be ashamed, tearing the books like that! • **to pull.** Э́тот врач ло́вко рвёт зу́бы. This doctor is very good at pulling teeth. • **to pick.** Рвать цветы́ воспреща́ется. Picking flowers is forbidden. • **to vomit.** Его́ всю ночь рва́ло. He was vomiting all night.

☐ *Он пря́мо рвёт и ме́чет. He's storming all over the place.

рво́та vomiting.

рвы *See* **ров**.

реакцио́нный reactionary.

реа́кция reaction. Раство́р пока́зывает кисло́тную реа́кцию. The solution shows an acid reaction. — Тогда́ мы пережива́ли полосу́ реа́кции. At that time we lived through a period of reaction.

реа́льный realistic. Э́то реа́льная поли́тика. That's realistic politics. • **real.** Реа́льная за́работная пла́та у нас повы́силась. The real wages here are increasing.

☐ **реа́льно** realistically. Бу́дем смотре́ть на ве́щи реа́льно. Let's look at things realistically.

☐ По-мо́ему, э́то соверше́нно реа́льный план. In my opinion, that's quite a practical plan.

ребёнок (-нка, *P* ребя́та, ребя́т, ребя́там/*the P in the meaning "children" is mostly supplied by* **де́ти**/) baby. У неё шестиме́сячный ребёнок. She has a six-month old baby. • **child.** Я уже́ не ребёнок. I'm not a child any more. — У них пя́теро дете́й. They have five children. — Я ви́жу, ребя́та опя́ть напрока́зили. I see that the children pulled off one of their pranks again.

ребро́ (*P* рёбра) rib. От чего́ исхуда́л бедня́га — все рёбра видны́! Poor fellow, how thin he's gotten. His ribs are sticking out all over.

☐ **ребро́м** on edge. Поста́вьте до́ску ребро́м. Stand the board on edge.

☐ Нам придётся поста́вить вопро́с ребро́м. We'll have to put the question point-blank. • *Смотри́, пересчита́ют тебе́ за э́то рёбра! Watch out, they'll break every bone in your body for that.

ребя́та (ребя́т, ребя́там *P/of* **ребёнок**/) fellows, guys. Ну, ребя́та, пошли́! Come on, fellows; let's go! — Хоро́шие они́ ребя́та! They're fine guys!

☐ **свои́ ребя́та** one's own gang. Вчера́ у нас собрали́сь всё свои́ ребя́та. Nobody but our own gang was at our place last night.

реви́зия inspection.

ревмати́зм rheumatism.

ревни́вый jealous. У вас о́чень ревни́вая жена́? Is your wife very jealous?

☐ **ревни́во** jealously. Он ревни́во оберега́ет свою́ свобо́ду. He guards his freedom jealously.

ревнова́ть to be jealous. Муж у неё ничего́, то́лько уж о́чень её ревну́ет. She hasn't got a bad husband, but he's awfully jealous.

ре́вность (*F*) jealousy. Она́ порвала́ с ним из-за его́ ре́вности. She broke up with him because of his jealousy. — Когда́ они́ верну́лись домо́й, она́ ему́ устро́ила сце́ну ре́вности. When they got home, she threw a fit of jealousy.

револьве́р revolver.

революционе́р revolutionary. Мой друг — ста́рый революционе́р. My friend is an old revolutionary.

революцио́нный revolutionary.

револю́ция revolution. Всё э́то — достиже́ния Октя́брьской револю́ции. All these things are accomplishments of the October Revolution. — Э́то откры́тие произвело́ револю́цию в медици́не. This discovery caused a revolution in medicine.

регистра́ция registration. Регистра́ция бра́ков — ко́мната но́мер пять. Marriage registration, room number five.

□ Я сижу́ на регистра́ции, а э́то преску́чная рабо́та. I'm doing filing, and it's a very dull job.

регистри́ровать (*both dur and pct/pct also* **за-**/) to register. Кто у вас регистри́рует вновь поступа́ющих? Who registers the freshmen? • to record. Бра́ки регистри́рует вот э́та слу́жащая. That woman-official over there records marriages.

-ся to register (oneself).

регуля́рный regular. У нас уже́ начали́сь регуля́рные заня́тия. Our regular studies have begun already. — Вам ну́жно вести́ о́чень регуля́рный о́браз жи́зни. You ought to lead a regular life.

□ **регуля́рно** regularly. Нам доставля́ют по́чту регуля́рно. We get the mail regularly. — Мы собира́емся регуля́рно раз в ме́сяц. We meet regularly once a month.

реда́ктор (/*P*-а́, -о́в/) editor.

□ **гла́вный реда́ктор** editor-in-chief.

реда́кция editorial office. Реда́кция этажо́м вы́ше. The editorial office is one flight up.

□ Э́тот перево́д вы́шел под реда́кцией изве́стного учёного. This translation was edited by a famous scientist.

реди́ска radish. Принеси́те мне с ры́нка пучо́к реди́ски. Bring me a bunch of radishes from the market.

ре́дкий (*sh* -дка́; *cp* ре́же; редча́йший) rare. В на́шей о́бласти негра́мотность ста́ла тепе́рь ре́дким явле́нием. Illiteracy in our district has now become very rare. • unusually. Он челове́к ре́дкой доброты́. He is an unusually kind person. • seldom. Он ре́дкий день не позвони́т по телефо́ну. A day seldom goes by that he doesn't telephone. • thin. У меня́ ре́дкие во́лосы. I have thin hair.

□ **ре́дко** seldom. Почему́ вы нам так ре́дко пи́шете? Why do you write to us so seldom? • rarely. Мне ре́дко приходи́лось слы́шать не́что подо́бное. I've rarely heard anything like it.

□ Он говори́т ре́дко да ме́тко. He doesn't talk much but he says something it's to the point.

ре́дька white radish. Я о́чень люблю́ ре́дьку. I like white radishes very much.

□ *Он мне надое́л ху́же го́рькой ре́дьки. I'm as tired of him I can't stand the sight of him. • *Хрен ре́дьки не сла́ще. Six of one, half a dozen of the other.

ре́же *See* **ре́дкий.**

режи́м regime. Э́то всё происходи́ло ещё при ца́рском режи́ме. It all happened during the Czarist regime. • program. У нас устано́влен режи́м эконо́мии. We have a planned conservation program.

□ До́ктор предписа́л мне стро́гий режи́м. On doctor's orders I have to lead a regulated life.

режиссёр stage director.

ре́жу *See* **ре́зать.**

ре́зать (ре́жу, ре́жет; *dur*) to cut. Но́жницы тупы́е, совсе́м не ре́жут. The scissors are so dull they don't cut at all. — Ру́чка чемода́на бо́льно ре́жет ру́ку. The handle of the suitcase cuts my hand badly. • to slice. Хлеб горя́чий, его́ ещё нельзя́ ре́зать. The bread is hot; you can't slice it yet. • to cut open. Па́лец всё нарыва́ет. Как ви́дно, придётся ре́зать. The finger is all infected. Evidently it will have to be cut open.

□ **ре́зать слух** to grate on one's ears. Како́й неприя́тный го́лос! Про́сто слух ре́жет. What an unpleasant voice! It just grates on your ears.

□ Мы ре́зали торф. We were digging peat. • Профе́ссор сего́дня не в ду́хе и ре́жет безжа́лостно. The professor is in a bad mood today and is flunking people right and left. • *Он всегда́ пра́вду в глаза́ ре́жет. He always calls a spade a spade.

рези́на rubber.

рези́нка eraser. Э́та рези́нка стира́ет и каранда́ш и черни́ла. This era er can be used for pencil and ink. • elastic. Есть у вас рези́нка для подвя́зок? Do you have any elastic for garters?

ре́зкий (*sh* -зка́; *cp* ре́зче) biting. Како́й сего́дня ре́зкий ве́тер! What a biting wind today! • shrill. Меня́ раздража́ет её ре́зкий го́лос. Her shrill voice gets on my nerves. • glaring. Наде́ньте абажу́р на ла́мпу! Я не переношу́ ре́зкого све́та. Put a shade on the lamp. I can't stand such a glaring light. • sharp. Он говори́т о́чень ре́зким то́ном. He speaks in a very sharp tone. • gruff. Я не знал, что он тако́й ре́зкий челове́к. I didn't know that he was such a gruff person. • brusque. Он всех отта́лкивает свои́ми ре́зкими мане́рами. People avoid him because of his brusque manner.

□ **ре́зко** sharply. Пого́да ре́зко измени́лась. The weather changed sharply. • harshly. Вы сли́шком ре́зко его́ критикова́ли. You criticized him too harshly.

□ Она́ его́ ре́зко оборвала́. She cut him very short.

резолю́ция resolution. Его́ резолю́ция была́ отве́ргнута. His resolution was turned down. • decision. Заве́дующий до́лжен положи́ть свою́ резолю́цию на э́то заявле́ние. The manager has to make a decision on request.

результа́т result. Я пришёл узна́ть о результа́тах моего́ заявле́ния. I came to find out about the result of my application. — Э́тот о́пыт дал блестя́щие результа́ты. The results of the experiment were brilliant.

□ В результа́те вы́шла ерунда́. Only a lot of nonsense came of it.

ре́зче *See* **ре́зкий.**

река́ (*а* ре́ку *P* ре́ки, рек, река́м) river.

рекоменда́ция reference. У вас есть каки́е-нибудь рекоменда́ции? Do you have any references? • recommendation. Вот вам обра́зчик его́ рабо́ты — э́то лу́чшая рекоменда́ция. Here is a sample of his work. It's his best recommendation.

рекомендова́ть (*both dur and pct/pct also* **по-**/) to recommend. Я горячо́ вам его́ рекоменду́ю. I heartily recommend him to you. • to urge. Я вам о́чень рекоменду́ю прочи́ть э́ту кни́гу. I heartily urge you to read this book. • to present. Вот рекоменду́ю — наш пе́рвый уда́рник. Here, may I present our best shock worker?

реко́рд record. Како́й реко́рд устано́влен для бе́га на сто ме́тров? What's the record for the hundred-yard dash? — В после́днем состяза́нии в бе́ге он поби́л все реко́рды. Не broke all records in the recent track meet. — Други́е рабо́тницы ⟨ оказа́ли таки́е же ́ еко́рды в рабо́те, как она́. The other women workers attained the same record in their work as she did.

реко́рдный record. В э́том полёте наш самолёт дости́г реко́рдной ско́рости. Our plane made record speed in this flight. — Наш заво́д вы́полнил зака́з в реко́рдный срок. Our factory filled the order in record time.

религио́зный religious.

рели́гия religion.

рельс rail, track. Ре́льсы выде́лывают на одно́м из ме́стных заво́дов. Rails are produced in one of the local factories. — Вы ви́дите, впереди́ на ре́льсах что́-то лежи́т. You see, something's lying on the track up ahead.

□ Здесь вчера́ това́рный по́езд с ре́льсов сошёл. A freight train was derailed here yesterday. ● *Тепе́рь де́ло поста́влено на ре́льсы. The whole thing can begin to run smoothly now.

реме́нь (-мня́ *M*) strap. Затяни́те поту́же ремни́ на чемода́не. Tighten the straps on the suitcase. ● belt. У маши́ны перетёрся ре́мень. The belt on the machine is worn out.

реме́сленник craftsman, artisan. У нас ма́ло реме́сленников одино́чек. We have few independent craftsmen. ● trade-school student. На́ши реме́сленники часть дня у́чатся, а другу́ю — рабо́тают на заво́де. Our trade-school students go to school part-time and work in a factory part-time.

реме́сленница trade-school student, artisan *F*.

ремесло́ (*P* ремёсла) trade, craft. Э́тот сапо́жник хорошо́ зна́ет своё ремесло́. This shoemaker knows his trade.

ремешо́к (-шка́) strap. Не найдётся ли у вас ремешка́ и́ли верёвочки? Would you have a strap or a piece of string?

ремо́нт reconditioning. Ремо́нт заво́да почти́ зако́нчен. The reconditioning of the plant is almost finished. ● overhauling. Ва́ша маши́на нужда́ется в основа́тельном ремо́нте. Your car needs a complete overhauling. ● repair. По слу́чаю ремо́нта музе́й закры́т. The museum is closed for repairs. ● repair work. Кто бу́дет плати́ть за ремо́нт до́ма? Who'll pay for the repair work on the house?

□ У меня́ сейча́с идёт ремо́нт кварти́ры. I'm having my apartment renovated.

ремонти́ровать (*both dur and pct*) to repair, to overhaul, to renovate.

ре́па turnip.

репети́ция rehearsal.

репроду́ктор loud-speaker. Го́лос из репроду́ктора на́чал передава́ть но́вости. The news began to come over the loud-speaker.

репута́ция reputation. У него́ репута́ция о́чень спосо́бного челове́ка. He has the reputation of being a very capable man. ● good name. Я дорожу́ свое́й репута́цией. I think a lot of my good name.

ресни́ца eyelash.

респу́блика republic.

рессо́ра spring. У нас в автомоби́ле ло́пнула рессо́ра. Our car broke a spring. — Э́та теле́га на рессо́рах, вас не бу́дет трясти́. This wagon has springs, so you won't be shaken up.

рестора́н restaurant. Пойдёмте обе́дать в рестора́н. Let's go eat in a restaurant. — В э́том рестора́не мо́жно хорошо́ и дёшево пое́сть. You can get a good meal cheaply in this restaurant.

□ **ваго́н-рестора́н** dining car.

рефо́рма reform.

реце́нзия notice. Вчера́ в газе́те была́ реце́нзия на э́ту пье́су. There was a notice about this play in the newspaper yesterday. ● review. Вы чита́ли реце́нзию о его́ кни́ге? Have you read the review of his book?

реце́пт prescription. Отнеси́те э́тот реце́пт в апте́ку. Take this prescription to the drugstore. ● recipe. Я сде́лала пиро́г по ва́шему реце́пту. I made a pie according to your recipe.

речно́й river. По Москве́-реке́ хо́дят речны́е трамва́и. River trolleys run along the Moscow River. (A river trolley is a small steamer that makes stops for passengers every few blocks.) ● fresh-water. Э́то — речна́я ры́ба, в мо́ре она́ не во́дится. This is a fresh-water fish and doesn't breed in the sea.

речь (*P* -чи, -че́й *F*) speech. Мне его́ речь о́чень понра́вилась. I liked his speech very much. — Э́то выраже́ние в живо́й ре́чи не употребля́ется. This expression is not in use in everyday speech. ● address. Он вы́ступит на съе́зде с приве́тственной ре́чью. He'll deliver an address of welcome at the convention. ● conversation. Я не зна́ю, о чём идёт речь. I don't know what the conversation is about.

□ **часть ре́чи** part of speech.

□ И ре́чи быть не мо́жет, что́бы вы ушли́ без у́жина. Don't even think of leaving without first having supper. ● Он опя́ть завёл речь о приба́вке. He started to talk about getting a raise all over again.

реша́ть (/*pct:* реши́ть/) to decide. Он никогда́ не реша́ет сра́зу. He never decides offhand. — Он уже́ не раз реша́л бро́сить пить. He decided more than once to give up drinking. ● to make up one's mind. Реша́йте поскоре́й! Make up your mind quickly.

реша́ющий (*prap of* реша́ть) decisive. Наконе́ц мы нанесли́ проти́внику реша́ющий уда́р. We finally delivered the decisive blow to the enemy.

□ Э́то обстоя́тельство явля́ется для меня́ реша́ющим. This circumstance decides it for me.

реше́ние solution. Реше́ние э́той зада́чи — де́ло не просто́е. The solution of this problem is not an easy matter. ● decision. Э́то реше́ние бы́ло при́нято по́сле дли́тельного обсужде́ния. This decision was taken after prolonged deliberation. — Реше́ние суда́ уже́ изве́стно. The court's decision is already known.

решётка *or* решо́тка bars. В психиатри́ческом отделе́нии на о́кнах желе́зные решётки. There are iron bars on the window at the psychiatric clinic. ● fence. Сад окружён чугу́нной решёткой. The garden is surrounded by an iron fence.

решето́ (*P* решёта) sieve. Просе́йте зерно́ че́рез решето́. Screen the grain through a sieve. — *Ах ты голова́ решето́м! Your head is like a sieve!

□ *Опя́ть переде́лывать? Тут рабо́тать, что во́ду решето́м че́рпать? Do it all over again? Working here is like carrying water in a sieve. ● *Вот чудеса́ в решете́! Он сего́дня пе́рвым на рабо́ту пришёл. Will wonders never cease! He was the first on the job today.

реши́тельный determined. Вы, я ви́жу, челове́к реши́тельный. I see you're a determined man. ● decisive. Э́то был реши́тельный моме́нт в мое́й жи́зни. This was a decisive moment in my life. — Придётся приня́ть реши́-

тельные ме́ры. We'll have to take decisive measures. • definite. Я ещё не могу́ дать вам реши́тельного отве́та. I can't give you a definite answer yet. • flat. Э́то был реши́тельный отка́з. It was a flat refusal.

□ **реши́тельно** definitely. Нет, я реши́тельно от э́того отка́зываюсь. No, I definitely reject this. • absolutely. Мальчи́шка це́лыми дня́ми реши́тельно ничего́ не де́лает. The boy does absolutely nothing all day long. □ Мне реши́тельно всё равно́. I don't care at all. • У него́ в карма́нах мо́жно найти́ реши́тельно всё. You can find practically anything in his pockets.

реши́ть (*pct of* **реша́ть**) to solve. Помоги́те мне реши́ть зада́чу. Help me solve the problem. • to make up one's mind. Я оконча́тельно реши́л е́хать. I definitely made up my mind to go. • to settle. То, что я знал англи́йский язы́к, реши́ло де́ло. The fact that I knew English settled the matter. • to determine. Во́-время прише́дшие та́нки реши́ли исхо́д бо́я. The timely arrival of the tanks determined the course of the battle.

ржа́вчина rust.

ржано́й.

□ **ржано́й хлеб** rye bread.

ржи *See* **рожь.**

рис (*/g* -y/) rice.

риск risk. Э́то сопряжено́ с больши́м ри́ском. It involves a great risk. — Де́лайте, е́сли хоти́те, на свой страх и риск. Do it if you want to, but at your own risk. — Он спас това́рища с ри́ском для со́бственной жи́зни. He risked his life to save his friend.

□ *Что ж, попро́буем! Риск — благоро́дное де́ло. Well, let's try; nothing ventured, nothing gained.

рискну́ть (*pct of* **рискова́ть**) to take a chance. А не рискну́ть ли нам ещё раз? Shall we take another chance? • to chance. Дава́йте рискнём! Let's chance it!

рискова́ть (*dur of* **рискну́ть**) to risk. Он рискова́л жи́знью. He was risking his life. • to run a chance. (*no pct*) Мы риску́ем опозда́ть на по́езд. We're running a chance of missing our train.

рисова́ние drawing. Он у́чится рисова́нию. He's studying drawing.

□ Она́ учи́тельница рисова́ния. She's an art teacher.

рисова́ть (*/pct:* на-/) to draw. Она́ неду́рно рису́ет. She draws rather well. • to paint. Он рисова́л зде́шнюю жизнь в о́чень мра́чных кра́сках. He painted a black picture of life here.

рису́нок (-нка) drawing. Рису́нки э́тих ребя́т о́чень интере́сны. The drawings of these kids are very interesting. • design. Э́ти вы́шивки сде́ланы по стари́нным рису́нкам. This embroidery is copied from old designs. • sketch. Чей э́то рису́нок? Who made this sketch?

ритм rhythm.

ри́фма rhyme.

ро́бкий (*sh* ро́бка) timid.

ров (рва;/во рву́/) ditch. Осторо́жно! Тут нале́во глубо́кий ров. Careful! There's a deep ditch on your left.

ро́вный (*sh* -вна́) smooth. Как вы умудри́лись споткну́ться на ро́вном ме́сте? How did you manage to trip on such a smooth spot? • even. У него́ о́чень ро́вный хара́ктер. He has a very even temper. — Да́йте мне ещё рубль для ро́вного счёта. Give me one more ruble to make it an even figure. • equal. Мы раздели́ли шокола́д на три ро́вные ча́сти. We divided the chocolate into three equal parts.

□ **ро́вным счётом ничего́** absolutely nothing. Я об э́том ро́вным счётом ничего́ не зна́ю. I know absolutely nothing about it.

ро́вно smooth. Доро́га идёт здесь ро́вно. The road is smooth here. • sharp. Приходи́те ро́вно в двена́дцать. Come at twelve sharp. • exactly. Тепе́рь я вам до́лжен ро́вно сто рубле́й. Now I owe you exactly one hundred rubles. • positively. Тепе́рь уже́ я ро́вно ничего́ не понима́ю. Now, I positively don't understand a thing.

рог (*P* -а́, -о́в) horn. Э́тому быку́ пришло́сь подпили́ть рога́. We had to file down the bull's horns. — *Не́чего колеба́ться, возьми́те быка́ за рога́. Don't hesitate; grab the bull by the horns.

□ *Бодли́вой коро́ве бог рог не даёт. He hasn't the bite to back up his bark.

рого́жа matting. Э́ту посу́ду лу́чше упакова́ть в рого́жу. It would be better to pack these dishes in matting.

род (*P* -ы́/*g* -у; на роду́/) kind. Тако́й род заня́тий вам соверше́нно не подхо́дит. This kind of work doesn't suit you at all. — Тако́го ро́да развлече́ния мне не по вку́су. This kind of amusement is not to my taste. — Я привы́к де́лать вся́кого ро́да рабо́ту. I'm used to doing all kinds of work. — Ре́вность, э́то своего́ ро́да боле́знь. Jealousy is a kind of sickness. • sort. Я что́-то в э́том ро́де уже́ чита́л. I've read this sort of thing before. • clan. У э́того пле́мени род игра́ет ещё большу́ю роль. In this tribe the clan still plays a big role. • generation. Э́то иску́сство передава́лось тут из ро́да в род. This art has been handed down from generation to generation.

□ **в не́котором ро́де** after a fashion. Я в э́том в не́котором ро́де то́же заинтересо́ван. I'm interested in this too, after a fashion.

в своём ро́де in their own way. Ка́ждый из них хоро́ш в своём ро́де. They're all good in their own way.

же́нский род feminine gender.

мужско́й род masculine gender.

сре́дний род neuter gender.

□ Вы ро́дом? Where is your place of birth? • Де́ло тако́го ро́да, что вам придётся зако́нчить рабо́ту в спе́шном поря́дке. It's the kind of thing where you've got to finish the job in a hurry. • Он ро́дом из Кроншта́дта. He was born in Kronstadt. • Я о́т роду ничего́ подо́бного не вида́л! I never saw anything like it in my life. • *Ви́дно, ему́ так на роду́ бы́ло напи́сано. I guess it was in the cards for him.

ро́дина native country. А где ва́ша ро́дина? What is your native country? • one's country. Весь наро́д встал на защи́ту ро́дины. The people rose to the defense of their country. • home. Я давно́ уже́ не получа́л пи́сем с ро́дины. It's been a long time since I've had a letter from home.

роди́тели (-лей *P*) parents.

роди́ть¹ (*/pct:* **роди́ть¹/**). Земля́ тут ничего́ не роди́т. The soil here isn't fertile.

-**ся** to grow. Тут пшени́ца хорошо́ роди́тся. Wheat grows well here.

роди́ть² (*p* родила́; роди́лся́, родила́сь, роди́лось, роди́лись; *ppp* рождённый; *pct of* **роди́ть¹**, **рожда́ть**, *and* **рожа́ть**) to give birth. Его́ жена́ вчера́ родила́. His wife gave birth yesterday.

□ *Мы заста́ли его́ в чём мать родила́. We found him in his birthday suit.

-ся to be born. Он роди́лся и вы́рос в дере́вне. He was born and bred in the country. — *Вы, ви́дно, в руба́шке роди́лись. Evidently you were born under a lucky star.

☐ Я не зна́ю, как и когда́ родила́сь у меня́ э́та мысль. I don't know how or when I ever got this idea.

родно́й native. Э́то мне напомина́ет мой родно́й го́род. This reminds me of my native town. — Мой родно́й язы́к — англи́йский. My native language is English. • dear. Мой родно́й Ва́ня! My dear Vania! • relative. У него́ нет родны́х. He has no relatives.

☐ Э́то ваш родно́й брат и́ли двою́родный? Is he your brother or your cousin?

ро́дственник relative. Он наш да́льний ро́дственник. He's a distant relative of ours. • relation. Мы с ним ро́дственники. We're related.

ро́дственница relative F.

ро́ды (-до́в P) childbirth. Она́ умерла́ от родо́в. She died in childbirth.

☐ Ро́ды продолжа́лись три́дцать часо́в. She was in labor for thirty hours. • До́ктор уе́хал на ро́ды. The doctor left to deliver a baby.

рожа́ть (/pct: **роди́ть**²/) to give birth. Она́ рожа́ет ка́ждый год. She gives birth every year.

рожда́ть (/pct: **роди́ть**²/).

-ся to be born. Геро́и ка́ждый день не рожда́ются. Heroes aren't born every day.

☐ У меня́ рожда́ется сомне́ние по отноше́нию ко всему́ э́тому де́лу. I'm beginning to have doubts about the whole matter.

рожде́ние birth. Не забу́дьте указа́ть вре́мя и ме́сто ва́шего рожде́ния. Don't forget to give the date and place of your birth.

☐**день рожде́ния** birthday. За́втра день его́ рожде́ния. Tomorrow is his birthday.

рождество́ Christmas.

рожу́ See **роди́ть**.

рожь (ржи, i ро́жью F) rye.

ро́за rose. Он мне принёс чуде́сные ро́зы. He gave me some beautiful roses.

ро́зничный retail. Ро́зничная прода́жа здесь не произво́дится! No retail trade here!

ро́зовый pink, rosy. Каки́е у вас ро́зовые щёки! What nice rosy cheeks you have! • rose-colored. Бро́сьте смотре́ть на жизнь че́рез ро́зовые очки́. Stop looking at life through rose-colored glasses.

роково́й fatal. Э́то была́ рокова́я оши́бка. It was a fatal mistake.

роль (P -ли, -ле́й F) part. Она́ исключи́тельно хороша́ в э́той ро́ли. She's exceptionally good in this part. • role. Э́то обстоя́тельство сыгра́ло в его́ жи́зни большу́ю роль. That event played a big role in his life. — Она́ бы́стро вошла́ в свою́ но́вую роль. She adjusted herself quickly to her new role. — Он оказа́лся на высоте́ в ро́ли организа́тора. He proved himself to be tops in the role of organizer.

☐ Он здесь на пе́рвых роля́х. He's the leading man here. • Удо́бства для меня́ ро́ли не игра́ют. Modern conveniences are of no importance to me.

ром (/g -y/) rum.

рома́н novel. Вы чита́ли э́тот рома́н? Have you read this novel? • love affair. Весь го́род зна́ет об их рома́не. The whole town knows of their love affair.

роня́ть (dur of **урони́ть**) to drop. Она́ ве́чно роня́ет шпи́льки.

She's always dropping her hairpins. — Осторо́жнее, вы роня́ете бро́шку. Careful, you're dropping your brooch.

рос See **расти́**.

роса́ (as росу́; P ро́сы) dew.

ро́скошь (F) luxury.

Росси́я Russia.

рост (/g -y/) increase. Есть у вас да́нные о ро́сте добы́чи желе́зной руды́? Do you have any figures on the increase in iron-ore production?

☐ **во весь рост** full-length. На э́той фотогра́фии он снят во весь рост. This is a full-length picture of him. • Како́го он ро́ста? How tall is he? • Мой брат о́чень высо́кого ро́ста. My brother is very tall. • Он вы́прямился во весь рост. He stood up at his full height.

ро́стбиф roast beef.

рот (рта /g -у; во рту/) mouth. Закро́йте рот, дыши́те че́рез нос. Close your mouth and breathe through your nose. — В реши́тельный моме́нт он и рта раскры́ть не посме́л. At the decisive moment he didn't dare open his mouth.

☐ *Она́ никому́ не даёт рта откры́ть. She won't let anyone put a word in edgewise. **Вы хоти́те, что́бы вам всё разжева́ли и в рот положи́ли? What's the matter? Aren't you able to think for yourself? • Мне никто́ рта не закнёт; я скажу́ что ду́маю. Nobody's going to stop me from talking; I'll say what I think. • *Он от удивле́ния рот разину́л. His jaw dropped in astonishment. • *Что э́то он сиди́т, как воды́ в рот набра́л? Why does he sit there without saying a word? • *У него́ тут хлопо́т по́лон рот. He's got a million things to attend to here. • Суп сего́дня тако́й, что его́ в рот взять нельзя́. The soup is dishwater today.

ро́та company (military).

ро́ю See **рыть**.

роя́ль (M) grand piano. У нас есть роя́ль, но никто́ на нём не игра́ет. We have a grand piano, but no one plays it.

РСФСР ([er -es -ef -es -ér]; indecl M) (Росси́йская Сове́тская Федерати́вная Социалисти́ческая Респу́блика). Russian Soviet Federal Socialist Republic.

рта See **рот**.

руба́нок (-нка) plane. Да́йте мне пилу́ и руба́нок. Give me a saw and a plane.

руба́ха shirt. Руба́хи мо́жно положи́ть в ве́рхний я́щик. You can put your shirts into the upper drawer.

☐ Он — руба́ха-па́рень. He's a regular guy.

руба́шка shirt. Како́го разме́ра руба́шки вы но́сите? What size shirt do you wear? — По́сле пожа́ра я оста́лся бука́льно в одно́й руба́шке. I was left with only the shirt on my back after the fire. • Russian blouse. Она́ ему́ вы́шила ру́сскую руба́шку. She embroidered a Russian blouse for him.

☐ **ночна́я руба́шка** nightgown. Она́ забы́ла ночну́ю руба́шку в гости́нице. She left her nightgown at the hotel. • *Он в руба́шке роди́лся. He was born under a lucky star.

рубе́ж (-жа́ M) border, boundary.

руби́ть (рублю́, ру́бит) to chop. Он ру́бит дрова́. He's chopping wood. • Мать сейча́с ру́бит капу́сту. Mother is busy slicing up cabbage.

☐ *Лес ру́бят — ще́пки летя́т. You can't make an omelet without breaking the eggs. • Тут нельзя́ руби́ть с плеча́. You shouldn't act rashly in this case.

рубль (-бля́ *M*) ruble.

руга́ть (/*pct*: вы́-, ругну́ть/) to blame. Не́чего други́х руга́ть, когда́ сам винова́т. Why blame others when you're the guilty one? • to scold. Она́ его́ руга́тельски руга́ла. She was scolding him for all she was worth.

ругну́ть (*pct of* руга́ть) to bawl out. Я не удержа́лся и ругну́л его́. I couldn't restrain myself and bawled him out.

руда́ (*P* ру́ды) ore.

□ **желе́зная руда́** iron ore.

ма́рганцевая руда́ manganese ore.

рудни́к (-á) mine. Мы пое́хали осма́тривать ме́дные рудники́. We went to see the copper mines.

ружьё (*P* ру́жья, -жей, -жьям) rifle, gun.

рука́ (*a* ру́ку, *P* ру́ки, рук, рука́м) hand. Они́ пожа́ли друг дру́гу ру́ки. They shook hands. — И я к э́тому де́лу ру́ку приложи́л. I had a hand in this too. — Он здесь пра́вая рука́ нача́льника. He's the chief's right-hand man. — Вы должны́ взять себя́ в ру́ки. You've got to take yourself in hand. — *Пусть они́ то́лько попаду́тся нам в ру́ки! God help them if we ever lay our hands on them! — *Он верну́лся с пусты́ми рука́ми. He came back empty-handed. — Он реши́л взять де́ло в свои́ ру́ки. He decided to take the matter into his own hands. • arm. Она́ держа́ла ребёнка на рука́х. She held the child in her arms. — Мо́жно взять вас под руку? May I take your arm?

□ *Что же вы сиди́те сложа́ ру́ки? Why do you sit around doing nothing? • *Они́ рабо́тают не поклада́я рук. They work their heads off. • *Его́ здесь на рука́х но́сят. They make a big fuss over him here. • *У меня́ на него́ давно́ ру́ки че́шутся. I've had a yen to hit him for a long time now. • *Без вас — я, как без рук! I'm lost without you. • *По́сле э́того лека́рства боль как руко́й сня́ло. This medicine took all the pain away. • *У меня́ сего́дня всё из рук ва́лится. I'm all thumbs today. • Тепе́рь они́ всеце́ло в на́ших рука́х. Now they're completely in our power. • *Это отсю́да — руко́й пода́ть. It's a stone's throw from here. • *Это де́ло его́ рук. That's his handiwork. • *Это мне на́ руку. This fits right in with my plans. • Нам не хвата́ет рабо́чих рук. We're short-handed. •

рука́в (-á, *P* -á, -о́в) sleeve. У меня́ рукава́ на пиджаке́ протёрлись. The sleeves of my jacket are worn through. • branch. У у́стья река́ разделя́ется на рукава́. At its mouth the river divides into branches.

□ **пожа́рный рука́в** fire hose.

спустя́ рукава́ to have a careless attitude. Он отно́сится к де́лу спустя́ рукава́. He's got a careless attitude toward his job.

руководи́тель (*M*) head. Об э́том вам лу́чше поговори́ть с руководи́телем отде́ла. It would be better for you to talk this over with the head of the section. • leader. Кто бу́дет руководи́телем экску́рсии? Who will be the leader of the excursion?

руководи́ть (-вожу́, -во́дит) to conduct. Кто руково́дит у вас практи́ческими заня́тиями? Who's conducting the practice class? • to lead. Брига́да, кото́рой она́ руководи́ла, счита́лась образцо́вой. The brigade which she led was considered a model organization. • to guide. Он руково́дит чте́нием свои́х ученико́в. He guides his pupils' reading. • to manage. Он факти́чески руково́дит це́хом. He actually manages the shop.

руково́дство management. Ему́ пору́чено руково́дство всей мастерско́й. He's responsible for the management of the entire shop. • supervision. Она́ взяла́ на себя́ руково́дство де́тской площа́дкой. She took over the supervision of the playground. • guidance. Реше́ние це́нтра бы́ло сообщено́ нам для руково́дства. The decision of the central administration was sent on to us for our guidance. • leaders. Но́вое руково́дство оказа́лось вполне́ на высоте́. The new leaders rose to the occasion. • textbook. Есть у вас руково́дство по органи́ческой хи́мии? Do you have an organic chemistry textbook?

руковожу́ *See* руководи́ть.

ру́копись (/*P* -си, -сей or -се́й/*F*) manuscript.

руль (-ля́ *M*) wheel. Кто был за рулём, когда́ произошла́ катастро́фа? Who was at the wheel when the accident occurred?

русло́ (*P* ру́сла) bed. Эта река́ уж два ра́за меня́ла ру́сло. This river has already changed its bed twice. • channel. Наконе́ц на́ша жизнь вошла́ в норма́льное ру́сло. At last our life runs in normal channels.

ру́сская (*AF*) Russian.

ру́сские (*AP*) Russians.

ру́сский[1] Russian. Он — америка́нец ру́сского происхожде́ния. He's an American of Russian descent. — Вы давно́ на́чали изуча́ть ру́сский язы́к? Did you start studying Russian a long time ago? — Здесь почти́ во всех дома́х есть ру́сская печь. There's a "Russian stove" in almost every house here. (Built-in oven often found in Russian homes.) — Он всегда́ хо́дит в ру́сской руба́хе. He always wears a Russian blouse. — Ру́сским языко́м вам говорю́: нет у меня́ де́нег. I'm telling you in plain Russian I have no money.

□ **по-ру́сски** Russian. Я не говорю́ по-ру́сски. I don't speak Russian.

ру́сский[2] (*AM*) Russian. Он ру́сский? Я не знал. He's a Russian? I didn't know.

ру́сый light brown. У неё ру́сые во́лосы. She has light brown hair.

руче́й (-чья́) brook. Мы напили́сь воды́ из ручья́. We drank some water from the brook. • stream. Дождь уже́ прошёл, но по мостовы́м ещё текли́ ручьи́. The rain stopped, but there were streams of water on the pavement.

□ *Провожа́я его́, она́ пла́кала в три ручья́. The tears streamed down her face when she saw him off. • Кровь ручьём бры́знула из ра́ны. The blood streamed out of the wound.

ру́чка doorknob. Попро́буйте поверну́ть ру́чку, мо́жет быть, дверь и не за́перта. Try to turn the doorknob; maybe the door isn't locked. • handle. Бою́сь, ру́чка у чемода́на не про́чная. I'm afraid the handle on the suitcase isn't strong enough. — Ну и ча́йник! Без но́са, без ру́чки. What a teapot! It doesn't have a spout or a handle. • penholder. Ру́чка у меня́ есть, но перо́ в ней плохо́е. I have a penholder, but the penpoint is bad. • little hand. Убери́те ма́льчика от самова́ра, а то он себе́ ру́чки обожжёт. Take this boy away from the samovar. He'll burn his little hands.

ручно́й handmade. Эта вы́шивка ручно́й рабо́ты. This embroidery is handmade. • hand. Он перевёз на́ши ве́щи на ручно́й теле́жке. He moved our things in a hand cart. • tame. Не бо́йтесь, э́тот медве́дь ручно́й. Don't be afraid, this bear is tame.

□ **ручна́я шве́йная маши́на** hand-operated sewing machine.

ручно́й бага́ж handbags. У меня́ то́лько ручно́й бага́ж. I've only got handbags with me.

ручны́е часы́ wrist watch.

□ У нас ручна́я телефо́нная ста́нция. We have a manually operated telephone system.

ры́ба fish. У нас сего́дня к у́жину жа́реная ры́ба. We have fried fish for supper tonight.

□ *Он здесь, как ры́ба в воде́. He feels free and easy here.

рыба́к (-á) fisherman.

ры́жий (*sh* -жá) rust-colored. Заче́м вы ку́пили ры́жее пальто́? Why did you buy that rust-colored coat? • redheaded. Эту ры́жую де́вочку в шко́ле совсе́м задразни́ли. They kidded the life out of that redheaded girl at school.

ры́нок (-нка) market. Пойдём на колхо́зный ры́нок за огурца́ми. Let's go to the kolkhoz market and get some cucumbers. — Наш заво́д рабо́тает то́лько на ме́стный ры́нок. Our factory works for the local market only. — Прекрати́те шум! Это учрежде́ние, а не ры́нок. Stop that racket! It's an office, and not a market.

рыть (ро́ю, ро́ет) to dig. У нас ро́ют коло́дец. They're digging a well at our place. — Как тру́дно рыть э́ту камени́стую зе́млю! How difficult it is to dig this rocky ground!

рыча́г (-á) lever.

рю́мка wine glass. Вы вы́мыли рю́мки? Did you wash the wine glasses?

□ Вы́пьем рю́мку во́дки! Let's have a shot of vodka!

ряд (P -ы́/g -у; в ряду́, на ряду́/) row. Они́ сидя́т во второ́м ряду́. They're sitting in the second row. • line. Пе́ред теа́тром стоя́л ряд маши́н. A line of cars stood in front of the theater. • file. Демонстра́нты шли стро́йными ряда́ми. The demonstrators marched in straight files. • number. Я предприня́л э́то реше́ние по це́лому ря́ду причи́н. I arrived at this decision for a number of reasons. — В ря́де учрежде́ний уже́ введена́ ка́рточная систе́ма регистра́ции. We have a card-filing system in a number of offices.

□ **из ря́да вон выходя́щий** extraordinary. Это из ря́да вон выходя́щее собы́тие. This is an extraordinary event. □ Мы его́ охо́тно при́няли в на́ши ряды́. We willingly took him in. • И в шко́ле и на рабо́те он всегда́ был в пе́рвых ряда́х. At school as well as at work he was always among the best.

рядово́й[1] ordinary. Он рядово́й рабо́тник. He's an ordinary worker.

рядово́й[2] (*AM*) private. Он на́чал слу́жбу в а́рмии рядовы́м. He started in the army as a private.

ря́дом (/*is of* ряд/) next to each other. Ся́дем ря́дом. Let's sit next to each other. • next to. Кто э́то стои́т ря́дом с ва́шим бра́том? Who's standing next to your brother? • close by. Это совсе́м ря́дом. It's right close by. • alongside. Они́ живу́т ря́дом с на́ми. They live alongside of us. □ **сплошь да ря́дом** every day. Таки́е ве́щи случа́ются сплошь да ря́дом. Such things happen every day.

С

с (/*with a, g, and i*/) off. Вы мо́жете снять с по́лки э́ту коро́бку? Can you get this box off the shelf? — Их дом с пра́вой стороны́ от доро́ги. Their house is off the road to the right. • from. Он по́здно возвраща́ется с заво́да. He comes home late from the factory. — Эти я́блоки упа́ли с де́рева. These apples fell from the tree. — Принеси́те мне, пожа́луйста, ста́рый чемода́н с чердака́. Please bring me the old suitcase from the attic. — Пе́рвым де́лом я чита́л изве́стия с фро́нта. First of all, I read the news from the front. — С пя́того этажа́ видна́ вся пло́щадь. The whole square can be seen from the fifth floor. — Он су́дит об э́том с практи́ческой то́чки зре́ния. He approaches the matter from the practical point of view. — Что с него́ возьмёшь! What can you expect from a guy like that! — Это перево́д с англи́йского. It's a translation from the English. — Приве́т с Кавка́за! Regards from the Caucasus. • of. Есть у вас сда́ча с черво́нца? Have you got change of a chervonetz? • about. Я пробу́ду там с неде́лю. I'll stay there about a week. • and. В э́том мешо́чке изю́м с оре́хами. There are raisins and nuts in this bag. • on. Я прие́хал с после́дним по́ездом. I arrived on the last train. — Поздравля́ю вас с успе́хом. I congratulate you on your success. • per. Я не зна́ю то́чно, ско́лько пшени́цы они́ собира́ют с гекта́ра. I don't know exactly how much wheat they raise per hectare. • since. Я с утра́ ничего́ не ел. I haven't eaten anything since morning. — Я с де́тства говорю́ по-англи́йски. I've spoken English since I was a child. • to. Когда́ э́то с ним случи́лось? When did it happen to him? — Вы должны́ с ним об э́том поговори́ть. You ought to talk to him about it. • with. С мои́м больны́м коле́ном мне тру́дно спуска́ться с ле́стницы. It's hard for me to go down the stairs with my sore knee. — Я начну́ с ма́ленького предисло́вия. I'll start with a short introduction. — Мо́жно мне пойти́ с ва́ми? Can I go with you? — Пойди́те с носи́льщиком в бага́жное отделе́ние. Go to the baggage room with the porter. — С ним ничего́ не поде́лаешь! You can't do a thing with him. — Что с ва́ми? What's the matter with you? — У него́, что́-то с по́чками нела́дно. Something is wrong with his kidneys. — Я с ва́ми не согла́сен. I don't agree with you. — "Хоти́те ква́су?" "С удово́льствием". "Do you want some kvass?" "With pleasure." — Да́йте ему́ ча́ю с ро́мом. Give him some tea with rum. — Они́ яви́лись с чемода́нами и паке́тами. They arrived with suitcases and packages. — Я взял э́ту кни́гу с его́ согла́сия. I took the book with his permission.

□ Она́ с ка́ждым днём хороше́ет. She gets more beautiful every day. • С одно́й стороны́, мне хо́чется пое́хать тепе́рь; с друго́й стороны́, лу́чше бы́ло бы подожда́ть о́тпуска. On the one hand, I'd like to go now; on the other hand, it would be better to wait for my vacation. • "Ско́лько с меня́"? "С вас пять рубле́й". "How much do I owe you?" "You owe five rubles." — Пройди́те с чёрного хо́да. Use the back entrance. • Шум с у́лицы сюда́ не доно́сится. We don't hear the street noise here. • Бери́те приме́р с него́. Why don't you follow his example? • Я чуть не пла́кал с доса́ды. I was so mad I almost cried. • Подожди́те, я сниму́ с вас ме́рку. Wait a minute; I'll take your measurements. • С чего́ вы взя́ли, что я оби́делся? Where did you ever get the idea that I was offended? • Вы не уста́ли с доро́ги? Aren't you tired after your trip? • Места́ пришло́сь брать с бо́ю. You really had to fight to get a seat. • Он ро́стом с вас. He's as tall as you are. • Поживи́те с моё — тогда́ и рассужда́йте. After you've lived as long as I have you can argue about it. • Ну, зна́ете, с меня́ хва́тит! I've really had enough! • Я встреча́лся с ней у на́ших о́бщих знако́мых. I used to meet her at the homes of common friends. • Вы знако́мы с мои́м бра́том? Do you know my brother? • Она́ разошла́сь с му́жем. She and her husband separated. • С чем э́тот пиро́г? What's that pie got in it? • Она́ слу́шала меня́ с улы́бкой. She smiled as she listened to me. • Спаси́бо, я с удово́льствием приду́. Thank you, I'll be glad to come. • Пошли́те мне э́ту кни́жку с ока́зией. Send me that book when you have the chance. • Я це́лый час провози́лся с ва́шей маши́ной. I worked over your car for a full hour. • Как у вас с деньга́ми? How are you fixed for money?

са́бля saber.

сабота́ж (M) sabotage.

сабота́жник saboteur.

сад (P -ы́ /g -а; в саду́/) garden. Их дом окружён больши́м са́дом. Their house is surrounded by a big garden. — Чай бу́дем пить в саду́. We'll drink the tea in the garden.

　□ **де́тский сад** kindergarten.

зоологи́ческий сад zoo.

фрукто́вый сад orchard.

сади́ть (pct: **посади́ть**).

сади́ться (/pct: **сесть**/) to sit down. Не сто́ит сади́ться, че́рез мину́ту на́до уже́ уходи́ть. It's not worth while sitting down because we have to leave in a minute. — Сади́тесь, пожа́луйста. Please sit down. • to shrink. Э́та мате́рия си́льно сади́тся. This cloth shrinks.

　□ **сади́ться за** to sit down and start. Сади́тесь за рабо́ту сейча́с же. Sit down and start working right away.

садо́вник gardener.

са́жа soot. У вас всё лицо́ в са́же. Your face is covered with soot.

　□ *Дела́ — как са́жа бела́. Things aren't going too well.

сажа́ть (/pct: **посади́ть**/) to seat. Нас повсю́ду сажа́ли в пе́рвый ряд. They seated us in the first row everywhere we went. • to plant. За́втра бу́дем сажа́ть я́блони в на́шем саду́. We're going to plant apple trees in our garden tomorrow.

сажу́сь See **сади́ться**.

саквоя́ж (M) handbag, traveling bag. Что у вас в э́том саквоя́же? What have you got in that handbag?

сала́зки (-зок P) sled. Посмотри́те, каки́е сала́зки я своему́ сыни́шке смастери́л. Look at the sled I made for my little son.

　□ **ката́ться на сала́зках** to go sledding. Ребя́та пошли́ ката́ться на сала́зках. The kids left to go sledding.

сала́т salad. Э́тот сала́т ниче́м не запра́влен. There's no dressing on this salad. — Да́йте мне к мя́су карто́фельного сала́ту. Give me some potato salad with the meat. • lettuce. Купи́те сала́т на база́ре. Buy some lettuce at the market.

сала́тник salad bowl.

са́ло lard. На чём вы жа́рите котле́ты, на ма́сле и́ли на са́ле? Do you fry hamburgers in butter or lard?

　□ Он взял с собо́й в доро́гу кусо́к свино́го са́ла. He took a chunk of pork fat with him on the trip.

салфе́тка napkin. Она́ забы́ла положи́ть салфе́тки на стол. She forgot to put napkins on the table. — Возьми́те из э́того я́щика бума́жные салфе́тки. Take some paper napkins out of the drawer.

салю́т salute. Наш парохо́д был встре́чен салю́том. Our steamer was greeted with a salute.

сам (§16) myself, yourself, himself, herself, etc. Он сам э́то сказа́л. He himself said it. — Я сам спра́влюсь с э́той рабо́той. I'll manage this work by myself. — Вам не́зачем ей объясня́ть, она́ э́то и сама́ зна́ет. You don't have to explain it to her; she knows it herself. — Сде́лайте э́то са́ми! Just do it yourself!

　□ **сам не свой** not —— self. Вы сего́дня сам не свой. Что с ва́ми? You aren't yourself today. What's the matter?

само́ собо́й by itself. Э́то ка́к-то само́ собо́й вы́шло. It just turned out that way by itself.

само́ собо́й разуме́ется it stands to reason, it's obvious. Само́ собо́й разуме́ется, что он бу́дет плати́ть за себя́. It stands to reason that he'll pay for himself.

сам собо́й of —— self. Не беспоко́йтесь, быстрота́ в рабо́те сама́ собо́й придёт. Don't worry; speed in your work will come of itself. • by itself. Наш разгово́р ка́к-то сам собо́й оборва́лся. Our conversation just died out by itself.

сама́ (/ns F of **сам**/).

саме́ц (-мца́) male.

са́мка female.

само́ (ns N of **сам**).

самова́р samovar.

самовя́з tie. На нём был си́ний самовя́з в кра́пинку. He wore a dotted blue tie.

самоде́ятельность (F).

　□ Ве́чер самоде́ятельности вы́шел о́чень уда́чным. The show they put on themselves turned out to be a big success.

самодово́льный self-satisfied. Почему́ у него́ тако́й самодово́льный вид? Why does he look so self-satisfied?

самозащи́та self-defense. Она́ уверя́ет нас, что ра́нила его́ в поря́дке самозащи́ты. She assures us that she wounded him in self-defense.

самокри́тика self-criticism. Самокри́тика помога́ет нам устраня́ть дефе́кты в рабо́те. Self-criticism helps us eliminate the defects in our work.

самолёт airplane, plane. Он сбил со́рок три неприя́тельских самолёта. He shot down forty-three enemy airplanes. — Ваш самолёт вылета́ет в семь часо́в утра́. Your plane is taking off at seven o'clock in the morning.

самолюби́вый touchy. Он о́чень самолюби́вый челове́к. He's a very touchy person.

самолю́бие pride. Ну́жно ду́мать об интере́сах де́ла, а не о ва́шем самолю́бии. You should have the interests of your work at heart and pocket your pride.

　□ Постара́йтесь объясни́ть ему́ его́ оши́бку, не задева́я его́ самолю́бия. Try to explain his mistake to him without hurting his feelings.

самомне́ние conceit. У него́ большо́е самомне́ние. He's very conceited.

самооблада́ние self-control. Она́ прояви́ла большо́е самооблада́ние. She has shown a lot of self-control.

самостоя́тельный.
☐ Он был самостоя́телен уже́ в пятна́дцать лет. He was already on his own at fifteen. • Он уме́ет ду́мать самостоя́тельно. He can think for himself.

самоуби́йство suicide. Он поко́нчил жизнь самоуби́йством. He committed suicide.

самоуве́ренный self-confident. Он сли́шком самоуве́рен. He's too self-confident.

самоуправле́ние self-government.

самоучи́тель (*M*) self-teaching book. Он учи́лся англи́йскому языку́ по самоучи́телю. He used a self-teaching book to learn English.

самочу́вствие ([-ústvj-]) condition. Он уже́ давно́ жа́ловался на плохо́е самочу́вствие. He's been complaining about his condition for a long time.
☐ Ну что, как ва́ше самочу́вствие? Well, how do you feel?

са́мый same. Это та са́мая де́вушка, кото́рая приходи́ла вчера́? Is that the same girl who came yesterday? • very. Этого са́мого челове́ка я встре́тила в заводско́м клу́бе. I met that very person at the factory club yesterday. — Наш дом стои́т на са́мом берегу́ (реки́). Our house is on the very bank (of the river). — Он с са́мого нача́ла наме́тил план рабо́ты. He had a plan of work all laid out at the very beginning. • most. Это — са́мая больша́я достопримеча́тельность на́шего го́рода. That's the most remarkable object in our town.
☐ в са́мом де́ле really. Вы, в са́мом де́ле, реши́ли уйти́? Have you really decided to leave?
☐ Останови́тесь у са́мой при́стани. Stop right at the dock. • Я ничего́ не ел с са́мого утра́. I haven't eaten anything since early morning. • "Это ва́ша прия́тельница?" "Она́ са́мая". "Is this your girl friend?" "No one else but." • Потерпи́те ещё са́мую ма́лость. Could you wait a bit longer?

санато́рий sanitarium. Его́ посла́ли в туберкулёзный санато́рий на два ме́сяца. He was sent to a tuberculosis sanitarium for two months.

са́ндвич (*M*) sandwich.

са́ни (-не́й *P*) sledge, sleigh. Са́ни ждут нас у крыльца́. The sleighs are waiting for us at the stoop. — Хоти́те поката́ться на саня́х? Do you want to take a sleigh ride?

санита́р medical aid man. Санита́р сра́зу перевяза́л ра́неного. The medical aid man dressed the wounded immediately.

санита́рка medical aid woman.

санита́рный sanitary. У нас на заво́де прекра́сные санита́рные усло́вия. The sanitary conditions in our factory are fine.

са́нки (-нок *P*) sled. Пойдёмте со мной в парк ката́ться на са́нках. Let's go to the park to take a ride on a sled. • sleigh. Он сейча́с запряжёт ло́шадь в са́нки и пока́тает нас. He'll hitch up the horse immediately and take us for a ride in his sleigh.

сантиме́тр tape measure. Возьми́те-ка сантиме́тр и сними́те с него́ ме́рку. Take a tape measure and measure him.

сапо́г (-а́) boot. Он наде́л высо́кие сапоги́. He put on high boots.
☐ *Они́ — два сапога́ па́ра. They're two of a kind.

сапо́жник shoemaker. Попроси́те сапо́жника починить мои́ боти́нки поскоре́е. Ask the shoemaker to repair my shoes as soon as he can.

сара́й shed. Принеси́те из сара́я оха́пку дров. Bring an armful of wood out of the shed. • barn. Ко́мната у него́ больша́я и неую́тная — сара́й како́й-то. His room is large and not cozy; it's more like a barn.

сарди́нка sardine.

са́хар (/*g* -у/) sugar. Вы пьёте чай с са́харом? Do you take sugar with your tea?
☐ кусково́й са́хар lump sugar. Я предпочита́ю кусково́й са́хар. I prefer lump sugar.

са́харница sugar bowl.

са́харный sugar. В на́шем го́роде два са́харных заво́да. There are two sugar refineries in our town. — Не са́харный, не раста́ешь. You're not made of sugar; you won't melt.
☐ са́харная боле́знь diabetes.
са́харный песо́к granulated sugar.

сбе́гать (*pct*) to run over. Я сейча́с сбе́гаю за хле́бом. I'll run over for some bread. — Пожа́луйста, сбе́гайте за до́ктором; мой прия́тель заболе́л. Run and get a doctor, please. My friend's sick.

сбега́ть (*dur of* сбежа́ть) to run down. Мне приходи́тся за ка́ждым пустяко́м сбега́ть вниз. I have to run downstairs for every little trifle.
-**ся** to rush. Со всех сторо́н лю́ди сбега́лись на пожа́р. People rushed from all over to see the fire.

сбежа́ть (*pr by* §27; *pct of* сбега́ть) to run down. Ребя́та бы́стро сбежа́ли с холма́. The children quickly ran down the hill. • to run away. Моя́ соба́ка сбежа́ла. My dog ran away.
-**ся.**
☐ На его́ крик сбежа́лись все сосе́ди. All the neighbors came running at his cry.

сберега́ть (*dur of* сбере́чь) to save. Сберега́ть горю́чее — обя́занность тракторист́а. The saving of fuel is the duty of every tractor driver.

сбере́чь (-регу́, -режёт; *p* -рёг, -регла́, -о́, -и́; *pct of* сберега́ть) to save. Сбереги́те для меня́ э́ти докуме́нты. Save those documents for me. — Я сберёг за э́тот год две́сти рубле́й. I saved two hundred rubles this year.

сберка́сса (сберега́тельная ка́сса) savings bank.

сберкни́жка (сберега́тельная кни́жка) savings-bank book.

сбива́ть (*d r of* сбить) to knock off. Не сбива́йте я́блок па́лкой. Don't knock the apples off with a stick. • to whip up. Хозя́йка сбива́ла я́йца для яи́чницы. The housewife was whipping up the eggs for an omelette.
-**ся** to get confused. На допро́се аресто́ванный стал сбива́ться в свои́х показа́ниях. Under questioning the prisoner began to get confused in his testimony.

сбить (собью́, собьёт; *imv* сбей; *ppp* сби́тый; *pct of* сбива́ть) to knock off. Он одни́м уда́ром сбил замо́к с две́ри. He knocked off the padlock with one blow. — В да́вке его́ сби́ли с ног. He was knocked off his feet in the jam. • to knock out. Мы бы́стро сби́ли проти́вника с пози́ции. We quickly knocked our opponent out of position. • to knock together. Нам придётся сбить я́щик из э́тих досо́к. We'll have to knock a box together from these boards.
☐ сбить с то́лку to baffle. Я был сбит с то́лку и не знал, что де́лать. I was baffled and didn't know what to do.
☐ От до́лгой ходьбы́ он сбил себе́ но́ги. His feet were all bruised from walking so long.
-**ся** to slip. У вас повя́зка сби́лась, да́йте попра́влю. Your

bandage has slipped. Let me fix it. • to huddle. Ребя́та в испу́ге сби́лись в ку́чу. The children huddled together in fear.

☐ **сби́ться со счёта** to lose count. Нельзя́ ли поти́ше: я сби́лся из-за вас со счёта. Can't you be quiet? You made me lose count.

☐ В темноте́ я сби́лся с доро́ги. I lost my way in the dark.

сбоку (/cf **бок**/) aside. Ста́ньте сбо́ку, оста́вьте прохо́д свобо́дным. Stand aside. Keep the passage clear. • sideways. Сбо́ку э́тот дом ка́жется у́зким и о́чень высо́ким. The house seems very tall and narrow if you look at it sideways.

сбор gathering. Сбор пионе́ров был назна́чен на во́семь часо́в утра́. The Pioneers set the gathering for eight o'clock. • picking. Когда́ здесь начина́ется сбор виногра́да? When do you start picking the grapes? • collection. Наш колхо́з организова́л сбор на поку́пку та́нка. Our kolkhoz took up a collection to buy a tank.

☐ **сбо́ры** preparations. Сбо́ры к э́той пое́здке продолжа́лись до́льше, чем сама́ пое́здка. The preparations for the trip took longer than the trip itself.

☐ Мы все в сбо́ре, мо́жно начина́ть. We're all here, we can start. • Мы приступи́ли к сбо́рам в доро́гу. We began getting ready for the trip.

сбыт sale. В после́днее вре́мя у нас (в Сою́зе) си́льно увели́чился сбыт велосипе́дов. The sale of bicycles has increased a great deal recently here in the Soviet Union.

сва́дьба (gp сва́деб) wedding. На их сва́дьбе мы танцова́ли до утра́. We danced till morning at their wedding.

☐ *"Что, она́ си́льно уши́блась?" "Ничего́, до сва́дьбы заживёт". "Did she get a bad bump?" "It's nothing; she'll get over it before long."

сва́ливать (dur of **свали́ть**) to shift. Он всегда́ сва́ливает тру́дную рабо́ту на това́рищей. He always shifts the hard work onto his co-workers.

-ся to pile up. Никогда́ ещё на меня́ не сва́ливалось сто́лько забо́т! I never had so many troubles pile up on me in all my life.

свали́ть (свалю́, сва́лит; pct of **вали́ть** and **сва́ливать**) to blow down. Урага́н свали́л у нас в саду́ не́сколько дере́вьев. The storm blew down several trees in our garden. • to dump. Дрова́ мо́жно бу́дет свали́ть в сара́е. The firewood can be dumped into the shed. • to shift. Он не прочь свали́ть вину́ на друго́го. He doesn't mind shifting the blame onto someone else.

-ся to fall. Смотри́те, чтоб э́тот чемода́н не свали́лся вам на го́лову. See that the suitcase doesn't fall on your head.

☐ Поду́майте, како́е несча́стье на них свали́лось! Just think of what bad luck they have! •Я сдал перево́д, и у меня́ как гора́ с плеч свали́лась. I turned in my translation and heaved a sigh of relief.

свари́ть (сварю́, сва́рит; pct of **вари́ть**) to boil. Я вам свари́ла молоду́ю карто́шку. I boiled new potatoes for you.

☐ Свари́те мне, пожа́луйста, два яйца́ всмя́тку. Make two soft-boiled eggs for me, please. ••С ним ка́ши не сва́ришь. You just can't get anywhere with him.

-ся.

☐ Борщ уже́ свари́лся. The borscht is ready now.

сведе́ние information. Отку́да у вас э́ти све́дения? Where did you get that information? — Это распоряже́ние бы́ло пе́редано по ра́дио для всео́бщего све́дения. The order was broadcast for public information.

☐ **приня́ть к све́дению** to take into consideration. Я приму́ ва́ши замеча́ния к све́дению. I will take your criticism into consideration.

све́жий (sh -жа́, -о́ /-и́/) fresh. В э́той бу́лочной по́сле обе́да быва́ет све́жий хлеб. They have fresh bread in this bakery in the afternoon. — На колхо́зном база́ре вы полу́чите све́жие я́йца. You can get fresh eggs at the kolkhoz market. — Нале́йте, пожа́луйста, све́жей воды́ в кувши́н. Please pour some fresh water into the pitcher. — Погоди́те, я сейча́с постелю́ све́жее бельё. Wait, I'll spread some fresh linen. — Вам ну́жно ча́ще быва́ть на све́жем во́здухе. You ought to get out into the fresh air more often. • renewed. Я хорошо́ вы́спался и со све́жими си́лами взя́лся за рабо́ту. I had a good night's sleep and took up my work with renewed strength.

☐ **на све́жую го́лову** with a clear head. *Я э́то сде́лаю за́втра у́тром на све́жую го́лову. I'll do it tomorrow morning with a clear head.

свежо́ cool. Сего́дня на дворе́ свежо́. It's cool out today.

☐ Вы зна́ете са́мую све́жую но́вость? Do you know the latest news?

свёкла beet. Купи́те свёклы и капу́сты для борща́. Buy some beets and cabbage for the borscht.

свёкор (-кра) father-in-law (husband's father).

свекро́вь (F) mother-in-law (husband's mother).

све́рить (pct of **сверя́ть**) to check. Све́рьте, пожа́луйста, э́ту ко́пию с оригина́лом. Please check this copy with the original.

сверли́ть (сверлю́, сверли́т) to bore. Заче́м вы сверли́те э́ту до́ску? Why do you bore holes in this board? • to drill. Не бо́йтесь, я бу́ду сверли́ть вам зуб осторо́жно. Don't be afraid; I'll drill your tooth very carefully.

сверх (/cf **верх**/) above. Наш заво́д произвёл пятьсо́т тра́кторов сверх пла́на. Our factory produced five hundred tractors above its goal. — Я получи́л пятьдеся́т рубле́й сверх норма́льной зарпла́ты. I got fifty rubles above my regular wage.

☐ Это вы́шло сверх ожида́ний уда́чно. It turned out better than expected. • Он рабо́тает сверх сил. He does more work than he can stand.

све́рху (/cf **верх**/) from above. Я смотре́л све́рху на собра́вшуюся толпу́. I was looking at the crowd from above. • on top. Когда́ бу́дете укла́дывать ве́щи, положи́те костю́м све́рху. When you start packing, be sure to put the suit on top. • from higher-ups. Мы сле́довали да́нной све́рху директи́ве. We followed the instructions we got from our higher-ups.

☐ **све́рху до́низу** from top to bottom. Мы обыска́ли дом све́рху до́низу, но кольца́ так и не нашли́. We searched the house from top to bottom, but didn't find the ring.

смотре́ть све́рху вниз (на кого́-нибудь) to look down at (someone). Вы привы́кли смотре́ть на люде́й све́рху вниз. You're in the habit of looking down at people.

сверхуро́чные (AP) overtime (pay). Сверхуро́чные выдаю́т в конце́ ме́сяца. Overtime is paid for at the end of the month.

сверхуро́чный overtime. Он взял сверхуро́чную рабо́ту. He took some overtime work. — Вся сме́на была́ поста́влена на сверхуро́чную рабо́ту. The whole shift was put on overtime.

☐ **сверхуро́чно** overtime. Заво́д рабо́тает сверхуро́чно.

The factory works overtime.

сверчо́к (-рчка́) cricket.

сверя́ть (*dr r of* **све́рить**) to check. Я всегда́ сверя́ю свои́ часы́ с вокза́льными. I always check my watch by the station clock.

свет¹ (*P* -а́, о́в /*g* -у; на свету́/) light. Свет в окне́ пога́с. The light in the window went out. — Да́йте-ка све́ту! Let's have some light! — У меня́ глаза́ устаю́т от электри́ческого све́та. My eyes get tired from the electric light. — Свет от ла́мпы па́дал пря́мо на откры́тую кни́гу. The light from the lamp was falling right on the open book.

☐ **лу́нный свет** moonlight.

со́лнечный свет sunlight.

чуть свет crack of dawn. Я встал сего́дня чуть свет. I got up at the crack of dawn today.

☐ Она́ всё ви́дит в ро́зовом све́те. She looks at everything through rose-colored glasses.

свет² world. На конфере́нцию съе́дутся представи́тели со всех концо́в све́та. Representatives from all over the world will attend the conference.

☐ Он объе́хал весь свет. He's been all over the world. ● Моего́ отца́ давно́ уже́ нет на све́те. My father has been dead a long time. ●●Я гото́в отсю́да удра́ть хоть на край све́та. I'd give anything to get away from here. ● Мы на э́то ни за что на све́те не согласи́мся. We won't agree to it for anything in the world. ●●Он руга́л меня́ на чём свет стои́т. He gave me hell.

свети́ть (свечу́, све́тит) to shine. Луна́ сего́дня осо́бенно я́рко све́тит. The moon is shining very brightly tonight.

све́тло- (*prefixed to adjectives*) light-.

☐ **светлоси́ний** light blue.

све́тлый (*sh* -тла́; *adv* светло́) light. Бери́те э́ту ко́мнату — она́ о́чень све́тлая. Take this room; it's very light. ● clear. С ним прия́тно поговори́ть, он — све́тлая голова́. It's a pleasure to talk to him; he's got such a clear mind. ● bright. День был о́чень све́тлый. It was a very bright day. — Э́то бы́ли са́мые све́тлые мину́ты в мое́й жи́зни. These were the brightest moments in my life. ● light-colored. Она́ сего́дня наде́ла све́тлое пла́тье. She put on a light-colored dress today.

☐ **светло́** light. Уже́ светло́. It's light already. — Не зажига́йте све́та, мне светло́. Don't put the light on; it's light enough for me.

светово́й light. Распоряже́ния передава́лись световы́ми сигна́лами. The orders were transmitted by light signals.

светофо́р light. Вас не на́до учи́ть, что доро́гу переходи́ть то́лько по зелёному светофо́ру? You don't have to be told to cross the street only when the lights are green, do you? — Куда́ вы е́дете? Ра́зве вы не ви́дите кра́сного светофо́ра? Where are you going? Can't you see the red light?

свеча́ (*P* све́чи, свеч *or* свече́й, свеча́м) candle. Он вста́вил свечу́ в подсве́чник. He put the candle into the candlestick. — Игра́ не сто́ит свеч. The game isn't worth the candle. ● watt. Я могу́ вам дать ла́мпочку то́лько в два́дцать пять свече́й. I can only give you a twenty-five-watt bulb. ● spark plug. У меня́ в маши́не перегоре́ла свеча́. A spark plug burned out in my car.

све́чка *See* **свеча́**.

свечу́ *See* **свети́ть**.

свида́ние appointment. Вы сего́дня свобо́дны, и́ли у вас есть како́е-нибудь делово́е свида́ние? Are you free today,

or do you have some sort of business appointment? — Нам придётся отмени́ть на́ше свида́ние. We'll have to cancel our appointment. ● date. У него́ сего́дня свида́ние с о́чень ми́лой де́вушкой. He has a date today with a very nice girl.

☐ До свида́ния. Good-by! ● До ско́рого свида́ния! I'll see you soon!

свиде́тель (*M*) witness. Вы, действи́тельно, бы́ли свиде́телем э́того происше́ствия? Were you really a witness to this accident? — Вас вызыва́ют свиде́телем в суд? Are they summoning you to court as a witness?

свиде́тельница witness *F*. Свиде́тельница отказа́лась дава́ть показа́ния. The witness refused to testify.

свиде́тельство certificate. Есть у вас медици́нское свиде́тельство? Do you have a medical certificate? — Не забу́дьте принести́ свиде́тельство об оспопривива́нии. Don't forget to bring your smallpox-vaccination certificate.

☐ **метри́ческое свиде́тельство** birth certificate. Я потеря́л своё метри́ческое свиде́тельство. I lost my birth certificate.

свина́рник pigpen, sty.

свине́ц (-нца́) lead (metal).

свини́на pork. Хоти́те жа́реной свини́ны с карто́шкой? Do you want roast pork and potatoes?

свиново́дство hog-raising. В э́том райо́не о́чень ра́звито свиново́дство. They do a lot of hog-raising in this region.

свино́й pork. Э́ти свины́е котле́ты пло́хо прожа́рены. These pork chops are not well done.

☐ **свино́й хлев** pigpen, sty.

свинцо́вый lead, made of lead.

свинья́ (*P* сви́ньи, свине́й, сви́ньям) pig, hog. Попроси́те её показа́ть вам на́ших премиро́ванных свине́й. Ask her to show you our prize-winning pigs. — Неуже́ли он э́то сказа́л? Ах, кака́я он свинья́! Did he really say that? What a pig!

☐ *Я бою́сь, что он подло́жит нам свинью́. I'm afraid that he'll play a dirty trick on us.

свире́пый terrifying. Како́й у вас свире́пый вид! Про́сто стра́шно. What a terrifying look you have! It sure scares me. ● bitter. На дворе́ свире́пый моро́з. It's bitter cold outside.

☐ **свире́по** fierce. Она́ так свире́по на меня́ посмотре́ла, что я замолча́л. She gave me such a fierce look that I froze up.

свист whistling. В Аме́рике свист выража́ет одобре́ние, а у нас — наоборо́т. In America whistling denotes approval, while in our country it means the opposite.

свиста́ть (свищу́, сви́щет; *imv* свисти́/*pct*: **сви́стнуть**/) to whistle.

свисте́ть (свищу́, свисти́т /*pct*: **сви́стнуть**/) to whistle. Не свисти́те так гро́мко. Don't whistle so loudly. — Над его́ голово́й свисте́ли пу́ли. The bullets were whistling over his head.

☐ *У меня́ в карма́не свисти́т. I got a pocket full of nothing.

сви́стнуть ([-sn-]; *pct of* **свисте́ть** *and* **свиста́ть**) to whistle. Он сви́стнул соба́ку. He whistled for the dog.

свисто́к (-стка́) whistle. Напра́сно вы да́ли ребёнку свисто́к. You shouldn't have given the child a whistle. — Конду́ктор дал свисто́к: по́езд отправля́ется. The conductor just blew the whistle. The train's leaving.

сви́тер sweater.

свищу́ *See* **свисте́ть**.

свобо́да liberty. Я хоте́л бы повида́ть ста́тую свобо́ды, о кото́рой вы расска́зывали. I'd like to see the Statue of Liberty you told me about. • freedom. По-ва́шему, мы даём де́тям сли́шком мно́го свобо́ды? Do you think we're giving the children too much freedom? — Ра́зве вам не предоста́влена по́лная свобо́да де́йствий? Aren't you permitted full freedom of action? • spare time. Поду́майте на свобо́де над мои́м предложе́нием. Think about my proposal in your spare time.

□ **свобо́да вероиспове́дания** freedom of worship.

свобо́да печа́ти freedom of press.

свобо́да сло́ва freedom of speech.

свобо́да собра́ний freedom of assembly.

свобо́да ста́чек freedom to strike.

свобо́дный free. Э́то свобо́дная страна́. This is a free country. — Когда́ у вас бу́дет свобо́дный день, пойдём погуля́ем. Let's go for a walk when you have a free day. — Вы за́втра свобо́дны? Are you free tomorrow? — Для чле́нов вход свобо́дный. Admission free for members. • vacant. Есть у вас свобо́дная ко́мната? Do you have a vacant room? • empty. Э́то ме́сто свобо́дно? Is that seat empty? • loose. На ней был свобо́дный шерстяно́й капо́т. She wore a loose woolen housecoat.

□ **свобо́дно** free. Он себя́ сли́шком свобо́дно де́ржит. He's too free in his ways. • easily. Все ва́ши ве́щи свобо́дно поместя́тся в э́том чемода́не. All your things can easily be packed in this suitcase. • fluently. Он свобо́дно говори́т по-ру́сски. He speaks Russian fluently. • freely. Наконе́ц-то мы мо́жем вздохну́ть свобо́дно! At last we can breathe freely.

□ Телефо́н свобо́ден? Is the phone being used? • Ви́дать, что у вас мно́го свобо́дных де́нег. It looks as if you have a lot of extra money.

своё See **свой**.

свой (§14).

□ Коне́чно, я вам покажу́ свою́ рабо́ту. Of course I'll show you my work. • Я не ве́рил свои́м глаза́м. I couldn't believe my eyes. • Не забу́дьте захвати́ть свою́ маши́нку. Don't forget to take your typewriter. • Де́лайте э́то на свой страх и риск. Do it at your own risk. • Вы уложи́те то́лько ва́ши ве́щи, а он пусть сам свои́ укла́дывает. Pack all your own things and let him pack his own. • Она́ вам даст свою́ кни́гу. She'll give you her book. • Неуже́ли у э́того старика́ свои́ зу́бы? You mean this old man still has his own teeth? • Они́ поста́вили свои́ чемода́ны на ве́рхнюю по́лку. They put their suitcases on the upper rack. • Как я его́ ни убежда́л, а он всё своё твердит. No matter how I tried to convince him, he still stuck to his own idea. • Он до всего́ свои́м умо́м дошёл. He figured it out all by himself. • *Он весь день был сам не свой. He wasn't himself all day long. • По-мо́ему, он здесь вполне́ на своём ме́сте. In my opinion, he's very well suited to the work he's doing. • Он у нас свой челове́к. He's like one of us. • Вы, я ви́жу, хоти́те настоя́ть на своём. I see you insist on getting your way. • О́тпуск я проведу́ в дере́вне со свои́ми. I'm going to spend my vacation in the country with my family. • У нас на вечери́нке бу́дут то́лько свои́. Only our own group will be at the party.

□ **в своё вре́мя** in due time. Вы полу́чите все ну́жные инстру́кции в своё вре́мя. You'll get all necessary instructions in due time. • once. В своё вре́мя он

был о́чень изве́стен. He was once well known.

• своё homemade. Ку́шайте, варе́нье у нас своё. Eat it; it's homemade jam.

□ *Он у́мер свое́й сме́ртью. He died a natural death.

• *Я его́ не виню́, в конце́ концо́в — своя́ руба́шка бли́же к те́лу. I don't blame him; after all, you've got to think of yourself first.

сворова́ть (pct of **ворова́ть**) to steal.

своя́ченица sister-in-law (wife's sister).

свы́ше (/cf **высо́кий**/) upwards of. На собра́ние пришло́ свы́ше ста челове́к. Upwards of a hundred people came to the meeting.

□ Я перегру́жен рабо́той свы́ше вся́кой ме́ры. I have altogether too much work.

свяжу́ See **связа́ть**.

связа́ть (-вяжу́, -вя́жет; pct of **вяза́ть** and **свя́зывать**) to knit. Кто вам связа́л э́тот сви́тер? Who knitted this sweater for you? • to tie. Свяжи́те все э́ти паке́ты вме́сте. Tie all these packages together. • to bind. Я свя́зан че́стным сло́вом. I'm bound by my word of honor.

□ Моё реше́ние соверше́нно с э́тим не свя́зано. My decision has nothing whatever to do with it. • Он двух слов связа́ть не уме́ет. He can't put two words together.

свя́зывать (dur of **связа́ть**).

□ Не понима́ю, что вас с ним свя́зывает! I don't see what you have in common with him.

связь (/в связи́/F) connection. Нам, вероя́тно, уда́стся ско́ро восстанови́ть телегра́фную связь. We'll probably be able to restore telegraph connections soon. — Я не ви́жу свя́зи ме́жду э́тими двумя́ фа́ктами. I don't see the connection between those two facts. • contact. Я подде́рживаю те́сную связь с това́рищами по университе́ту. I keep in close contact with my former college classmates. • communication. Мы о́ба — рабо́тники свя́зи: я рабо́таю на по́чте, а она́ телефони́стка. We're both communications workers. I work for the post office and she's a telephone operator.

□ **Наро́дный комиссариа́т свя́зи** People's Commissariat of Communications.

□ В связи́ с созда́вшимся положе́нием, все отпуска́ у нас отменены́. All leaves have been cancelled in view of these circumstances.

свяще́нник priest.

сгиба́ть (dur of **согну́ть**) to bend. Заче́м вы так сгиба́ете карто́н? Он мо́жет слома́ться. Why are you bending the cardboard like that? It may break.

сгнить (сгнию́, сгниёт; pct of **гнить**) to rot. От сы́рости вся карто́шка в по́гребе сгнила́. The cellar was so damp the potatoes rotted.

сгора́ть (dur of **сгоре́ть**).

□ Я сгора́ю от любопы́тства. I'm just dying of curiosity.

сгоре́ть (-рю́, -ри́т; pct of **сгора́ть**) to burn up. Всё его́ иму́щество сгоре́ло во вре́мя пожа́ра. Everything he owned burned up in the fire. • to burn out. Он буква́льно сгоре́л на рабо́те. He burned himself out working so hard.

□ Я чуть не сгоре́л со стыда́, когда́ мне указа́ли на мою́ оши́бку. I almost died of shame when they pointed out the mistake to me.

сдава́ть (сдаю́, сдаёт; imv сдава́й; prger сдава́я; dur of **сдать**) to give up. В тече́ние трёх неде́ль они́ не сдава́ли кре́пости. They didn't give up the fort for three whole weeks.

• to yield. Он не сдаёт пози́ций и продолжа́ет спо́рить.

He won't yield from his position and continues to argue. • to hand in. Терпе́ть не могу́ сдава́ть неоко́нченную рабо́ту. I hate to hand in unfinished work. • to turn over. Мы за́втра сдаём госуда́рству зерно́. We're turning over our grain to the government tomorrow. • to take an examination. Сего́дня я сдаю́ хи́мию. I'm taking a chemistry examination today.

□ Моё се́рдце начина́ет сдава́ть. My heart is starting to go back on me. • Он обы́чно сдаёт дежу́рство в де́сять часо́в. He's usually relieved from duty at ten o'clock. • Кому́ сдава́ть? Who deals?

-ся to give up. Сдава́йтесь! Ведь вы ви́дите, что вы проигра́ли. Give up! Don't you see that the game is already lost?

□ Он не сдава́лся ни на каки́е про́сьбы. He was deaf to all pleas. • Я слыха́л, что у них сдаётся ко́мната. I heard they have a room for rent.

сдам *See* **сдать**.

сдать (сдам, сдаст, §27; *imv* сдай; *p* сдал; сда́лся, сдала́сь, -ло́сь, -ли́сь; *pct of* **сдава́ть**) to turn over. Секрета́рь уже́ сдал дела́ своему́ прее́мнику. The secretary has already turned the work over to his successor. • to slow down. Они́ не сда́ли те́мпов и вы́полнили план. They were able to carry out their plan because they didn't slow down the work.

□ **сдать в бага́ж** to check through. Вы уже́ сда́ли ве́щи в бага́ж? Have you checked your baggage through yet?

сдать экза́мены to pass one's exams. Как ва́ши экза́мены? Сда́ли? How were your exams? Did you pass?

□*Бедня́га, он о́чень сдал за после́днее вре́мя. Poor fellow! He's been going to pot lately. • Э́то уже́ давно́ пора́ сдать в архи́в. That's ready for the scrap heap.

-ся to surrender. Отря́д сда́лся по́сле коро́ткого бо́я. The detachment surrendered after a short battle. • to give in. Она́ до́лго не соглаша́лась, но, наконе́ц, сдала́сь на на́ши про́сьбы. She wouldn't agree for a long time, but finally did give in to our coaxing.

сда́ча surrender. Мы тре́бовали безусло́вной сда́чи. We demanded unconditional surrender. • change. Получи́те сда́чу. Here's your change. • turning in. План сда́чи хле́ба был вы́полнен на́ми до сро́ка. The schedule for turning in our grain was met before the deadline.

□*Вы с ним поосторо́жнее, он мо́жет и сда́чи дать. Watch your step with him; he can hit back.

сде́лать (*pct of* **де́лать**) to make. Из чего́ э́то сде́лано? What's this made of? • Мы мо́жем вам сде́лать костю́м на зака́з. We can make you a suit to order. — Вы сего́дня не сде́лали ни одно́й оши́бки. You haven't made a single mistake today. — Он из меня́ челове́ка сде́лал! He's made a human being out of me. • to do. Я сде́лаю всё, что смогу́. I'll do my best. — Сде́лайте э́то, пожа́луйста, поскоре́е. Do it quickly, please. — Де́ло сде́лано. It's done. — Сде́лайте мне одолже́ние. Do me a favor.

□ (*no dur*) *Ска́зано-сде́лано. No sooner said than done. • Мне пришло́сь ему́ сде́лать вы́говор. I had to take him to task. • Нам пришло́сь сде́лать большо́й коне́ц пешко́м. We had to go a long distance on foot. • Она́ сде́лала себе́ но́вое пла́тье на зи́му. She ordered herself a new dress for winter. • Вот, поду́маешь, сде́лали откры́тие! You don't think you made a discovery, do you?

сде́льный.

□ **сде́льная опла́та труда́** piecework pay.

сде́льная рабо́та piecework. Э́то сде́льная рабо́та. This is piecework.

сде́льно piecework. Они́ рабо́тают сде́льно. They do piecework.

сде́льщина piecework. На э́том заво́де уже́ давно́ введена́ сде́льщина. Piecework was introduced long ago in this factory.

сде́ржанный (/*ppp of* **сдержа́ть**/; *adv* -нно) reserved. Он о́чень сде́ржанный челове́к. He's a very reserved person. • pent-up. Он весь дрожа́л от сде́ржанной я́рости. He was shaking all over with pent-up rage.

□ **сде́ржанно** reserved. Кри́тика отнесла́сь о́чень сде́ржанно к но́вой пье́се. The critics were very reserved in their praise of the new play. • mild. Я счита́ю, что вы отве́тили о́чень сде́ржанно на его́ оскорби́тельные слова́. I thought you answered his insulting remark in a rather mild fashion.

сдержа́ть (сдержу́, сде́ржит; *pct of* **сде́рживать**) to hold back. Она́ не могла́ сдержа́ть слёз. She couldn't hold back her tears. — Я с трудо́м сдержа́л лошаде́й. I held the horses back with difficulty. • to keep. Вы не сдержа́ли сло́ва. You didn't keep your word.

-ся to keep in. Я не сдержа́лся и всё ему́ рассказа́л. I couldn't keep it in, so I told him everything. • to restrain oneself. Она́ хоте́ла ему́ отве́тить, но сдержа́лась. She wanted to answer him, but restrained herself.

сде́рживать (*dur of* **сдержа́ть**).

сеа́нс show. Когда́ начина́ется после́дний сеа́нс в кино́? When does the last show begin at the movies?

□ Ещё два сеа́нса, и портре́т бу́дет око́нчен. Two more sittings and the portrait will be finished.

себесто́имость (*F*) cost. Э́ти това́ры продаю́тся по себесто́имости. These goods sell at cost. • cost of production. Какова́ себесто́имость то́нны чугу́нного литья́ на ва́шем заво́де? What's the cost of production of a ton of iron castings in your factory?

себя́ (*a, g/no n form/d,* l себе́, *i* собо́й, собо́ю, §21) myself, yourself, himself, herself, etc. В после́днее вре́мя я сам себя́ не узнаю́. I hardly know myself these days. — Я беру́ э́то на себя́. I'm taking it upon myself. — Убери́те его́, не то я за себя́ не руча́юсь. Take him away, or I won't answer for myself. — Я э́того никогда́ не прощу́. I'll never forgive myself for that. — Вы себя́ совсе́м не жале́ете. You don't spare yourself at all, do you? — Не му́чьте себя́ зря — всё равно́ де́ла не попра́вишь. Stop aggravating yourself; there's nothing you can do about it. — Вы совсе́м за собо́й не следи́те. You don't take care of yourself at all. — Тепе́рь расскажи́те мне всё о себе́. Now tell me all about yourself. — В э́той рабо́те вы мо́жете себя́ показа́ть. You can show yourself to best advantage in this work.

□ **вне себя́** beside oneself. Он был вне себя́ от ра́дости. He was beside himself with joy.

выходи́ть из себя́ to lose one's temper. Не выходи́те из себя́ по пустяка́м. Don't lose your temper over nothing.

о себе́ of (from) me, you, him, her, etc. Он о́чень до́лго не дава́л нам о себе́ знать. We haven't heard from him in a long time.

прийти́ в себя́ to come to. Ей ста́ло ду́рно, но тепе́рь она́ уже́ пришла́ в себя́. She fainted, but she's already come to.

при себе́ with me, you, him, us, etc. Ско́лько у вас при себе́ де́нег? How much money do you have with you?

про себя́ to oneself. Он что́-то пробормота́л про себя́. He muttered something to himself.

само́ собо́й of itself. Не наде́йтесь, что э́то устро́ится само́ собо́й. Don't expect that it will take care of itself.

само́ собо́й разуме́ется it goes without saying. Вы остано́витесь, само́ собо́й разуме́ется, у нас. It goes without saying that you'll stay at our house.

с собо́й with me, you, him, her, etc. Возьми́те его́ с собо́й в теа́тр. Take him to the theater with you.

так себе́ so so. "Как живёте"? "Так себе́". "How are you?" "So so." • just fair. "Э́то хоро́шая пье́са"? "Так себе́". "Is it a good play?" "Just fair."

□ Живём ничего́ себе́, понемно́жку. We're getting along all right. • Мне уже́ це́лую неде́лю не по себе́. I haven't been myself for a whole week now. • Нет, мы с ни́ми не свя́заны, мы са́ми по себе́. No, we're not connected with them in any way. We're by ourselves. • Мы поста́вили себе́ це́лью вы́полнить план до сро́ка. We made it our goal to finish the job ahead of schedule. • Ну, зна́ете, э́то себе́ доро́же! Well, you know, it doesn't pay. • Он сам по себе́ не плохо́й челове́к. He isn't a bad guy at heart. • *Он челове́к себе́ на уме́. He always has something up his sleeve. • Предста́вьте себе́, я э́того не знал. Believe it or not, I didn't know it. • О́чень жале́ю, что не могу́ пригласи́ть вас к себе́, моя́ жена́ больна́. I'm very sorry I can't invite you over because my wife is sick. • Я пе́редал то́чно его́ слова́ и ничего́ от себя́ не доба́вил. I've repeated his exact words without adding anything of my own. • Он у себя́, и сейча́с вас при́мет. He's in and will see you at once. • Он хорошо́ владе́ет собо́й. He has good self-control. • Чле́ны брига́ды распредели́ли ме́жду собо́й рабо́ту. The members of the brigade split up their work. • Она́ недурна́ собо́й. She's not bad looking. • Возьми́те себе́ э́ту кни́гу. You can keep this book. • Вы сли́шком мно́го себе́ позволя́ете. You're taking too many liberties.

сев sowing. Весе́нний сев уже́ начался́. The spring sowing has already begun.

се́вер north. Часть экспеди́ции отпра́вилась на се́вер, друга́я — на юг. Part of our expedition went north, and the other part south. — Э́то о́зеро нахо́дится к се́веру от Москвы́. This lake is located north' of Moscow.

□ На́ши о́кна выхо́дят на се́вер. Our windows have a northern exposure.

се́верный

□ **се́верное полуша́рие** Northern Hemisphere.

се́верное сия́ние Northern Lights.

се́верный по́люс North Pole.

Се́веро-Америка́нские Соединённые Шта́ты United States of America (See also **США**).

се́веро-восто́к northeast.

се́веро-за́пад northwest.

северя́нин (P северя́не, -ря́н, -ря́нам) Northerner. Он настоя́щий и хо́лода не бои́тся. He's a Northerner and isn't afraid of cold.

северя́нка Northerner F.

севооборо́т rotation of crops.

сего́дня ([-sjivó-]) today. Он то́лько сего́дня прие́хал. He just arrived today.

□ **не сего́дня-за́втра** one of these days. Мы не сего́дня-за́втра пое́дем в Крым. We'll go to the Crimea one of these days.

сего́дня ве́чером tonight. Куда́ мы пойдём сего́дня ве́чером? Where will we go tonight?

сего́дня у́тром this morning. Я ви́дел его́ сего́дня у́тром. I saw him this morning.

□ Хва́тит на сего́дня. Let's call it a day.

сего́дняшний ([sjivó-]) today's. Сего́дняшняя пое́здка доста́вила мне большо́е удово́льствие. Today's trip gave me a lot of pleasure.

□ **с сего́дняшнего дня** from now on. Даю́ заро́к с сего́дняшнего дня бо́льше не кури́ть. I promise not to smoke from now on.

седло́ (P сёдла) saddle.

седо́й (sh сед, седа́, се́до, -ы) gray. У него́ седы́е во́лосы. He has gray hair. — Ей всего́ три́дцать лет, а она́ уже́ совсе́м седа́я. She's only thirty and she's all gray.

□ *Доживёте до седы́х воло́с, ина́че заговори́те. You'll change your tune when you get older.

седьмо́й seventh. Его́ ко́мната на седьмо́м этаже́. His room is on the seventh floor. — *Она́ была́ на седьмо́м не́бе. She was in seventh heaven.

□ Я бу́ду ждать вас в че́тверть седьмо́го у остано́вки трамва́я. I'll wait for you at the trolley stop at a quarter past six. • По́езд прибу́дет в полови́не седьмо́го. The train will arrive at six-thirty. • Ему́ уж седьмо́й деся́ток пошёл. He's in his sixties. • *Ну, како́й он мне ро́дственник! Седьма́я вода́ на киселе́. What kind of a relative is he? He'e something like a thirty-second cousin of mine.

сезо́н season. Купа́льный сезо́н ещё не начался́. The swimming season hasn't started yet. — Вы оде́ты совсе́м не по сезо́ну. You're not dressed according to the season. — На сезо́н виногра́да поезжа́йте в Крым. Come to the Crimea for the grape season.

□ **мёртвый сезо́н** slow season. Тепе́рь у нас на куро́ртах мёртвого сезо́на не быва́ет. There's no slow season now at the resorts.

сей (§19)

□ **до сих пор** up to now. Мы до сих пор не получи́ли отве́та. Up to now we haven't received a reply.

□ Я сию́ мину́ту верну́сь. I'll be back right away. • Сию́ секу́нду! Я уж гото́ва. Just a second. I'm ready now.

сейф safe. Дире́ктор спря́тал все бума́ги в сейф. The director put all the papers away in the safe.

сейча́с (/cf час/) in a moment. Он сейча́с придёт. He'll be here in a moment. • shortly. Мы сейча́с дви́немся да́льше. We'll start going again shortly. • right away. Сде́лайте э́то сейча́с же. Do this right away. • right now. Ему́ сейча́с не́когда, он при́мет вас по́зже. He's busy right now, but he'll see you later.

□ **то́лько сейча́с** just this minute. Она́ то́лько сейча́с ушла́. She just left this minute

□ Сейча́с я вам и пове́рил! You don't expect me to swallow that, do you?

секре́т secret. Не беспоко́йтесь, я ва́шего секре́та не вы́дам. Don't worry, I won't give your secret away. — Не́чего из э́того де́лать секре́т — э́то уж все зна́ют. There's no point in trying to keep it secret. Everyone knows about it already. — Не секре́т, что мы с ним не осо́бенно ла́дим. It's no secret that he and I don't get along very well.

□ **по секре́ту** confidentially. Я вам могу́ э́то сказа́ть то́лько по секре́ту. I can only tell this to you confidentially.

секретариа́т administrative office. Она́ рабо́тает в секретариа́те ву́за. She works in the administrative offices of the college. • secretariat. Я звони́л в секретариа́т наркома и проси́л устро́ить для вас интервью́. I called the office of the Narkom secretariat and asked them to arrange an interview for you.

секрета́рша secretary. Секрета́рша даст вам спра́вку. The secretary will give you the information.

секрета́рь (-ря́ *M*) secretary. Дире́ктора нет, хоти́те поговори́ть с его́ ли́чным секретарём? The manager isn't in; would you like to speak to his private secretary?

□ **генера́льный секрета́рь коммунисти́ческой па́ртии** general secretary of the Communist Party.

секре́тка letter card. Я нахожу́, что писа́ть пи́сьма на секре́тках о́чень удо́бно. I find it's very convenient to write a letter on a letter card.

секре́тный secret. Ему́ да́ли секре́тное поруче́ние. He was given a secret mission. — В э́том пи́сьменном столе́ есть секре́тный я́щик. This desk has a secret drawer.

□ **секре́тно** confidential. На письме́ была́ на́дпись: "соверше́нно секре́тно". "Strictly confidential" was written on the letter.

секу́нда second. У него́ вре́мя рассчи́тано до одно́й секу́нды. Every second of his time is taken up. ● moment. Одну́ секу́нду, я сейча́с вспо́мню. Just a moment; it will come to me.

се́кция section. Он секрета́рь драмати́ческой се́кции в сою́зе рабо́тников иску́сства. He's the secretary of the dramatic section of the art-workers' union.

селёдка herring. На заку́ску мы взя́ли селёдку с лу́ком. We had herring with onions as an appetizer.

□ **копчёная селёдка** kippered herring. Я купи́л копчёную селёдку. I bought a kippered herring.

селезёнка spleen.

село́ (*P* сёла) village. От э́того села́ до го́рода всего́ пять киломе́тров. It's only five kilometers from this village to the city.

□ ***Его́ замеча́ние бы́ло ни к селу́ ни к го́роду.** His remark was neither here nor there.

сельдере́й celery.

се́льский rural. Он учи́тель в се́льской шко́ле. He's a teacher in a rural school.

□ **се́льский сове́т** rural soviet.

се́льское хозя́йство agriculture.

сельскохозя́йственный

□ **сельскохозя́йственная вы́ставка** agricultural exhibition. **сельскохозя́йственные маши́ны** agricultural machinery. **сельскохозя́йственные проду́кты** agricultural products. **сельскохозя́йственные рабо́ты** farm work.

сельсове́т village soviet. Он был вы́бран председа́телем сельсове́та. He was elected chairman of the village soviet.

сёмга salmon.

семе́йный family man. Он семе́йный челове́к. He's a family man.

□ **семе́йная жизнь** home life. Его́ семе́йная жизнь сложи́лась о́чень сча́стливо. He has a very happy home life.

□ Он взял о́тпуск по семе́йным обстоя́тельствам. He took a leave for personal reasons. ● Они́ сня́ли кварти́ру и устро́ились по-семе́йному. They took an apartment and set up housekeeping.

семе́йство (*See also* **семья́**) family. Ско́лько семе́йств живёт в э́том до́ме? How many families live in this house? — Приходи́те к нам всем семе́йством. Come to visit us with your whole family.

семена́ *See* **се́мя.**

се́мени *See* **се́мя.**

семёрка Number Seven. Вам лу́чше всего́ е́хать туда́ семёркой. Number Seven will get you there best of all.

□ **семёрка бубён** seven of diamonds. Ходи́те с семёрки бубён. Play the seven of diamonds.

се́меро (§22) seven. Нас се́меро. There are seven of us.

□ ***Се́меро одного́ не ждут.** The majority rules.

се́мечко seed. Я проглоти́л арбу́зное се́мечко. I swallowed a watermelon seed.

□ **се́мечки** sunflower seeds. Вы лю́бите грызть се́мечки? Do you like to nibble on sunflower seeds?

семидеся́тый seventieth.

семисо́тый seven hundredth.

семна́дцатый seventeenth.

семна́дцать (*gdl* -ти, *i* -тью, §22) seventeen.

семь (*gdl* семи́, *i* семью́, §22) seven.

□ ***У него́ семь пя́тниц на неде́ле.** He's just like the weather. ● ***Будь он хоть семи́ пяде́й во лбу, он мне не ука́зчик.** He may be as clever as they come but I prefer to follow my own advice. ● ***У семи́ ня́нек дитя́ без гла́зу.** Too many cooks spoil the broth.

се́мьдесят (§22) seventy.

семьсо́т (§22) seven hundred.

семья́ (*P* се́мьи, семе́й, се́мьям) family. У него́ больша́я семья́. He has a large family. — Мы все́й семьёй отпра́вились на прогу́лку. Our entire family went for a walk. — ***В семье́ не без уро́да.** There's a black sheep in every family.

се́мя (се́мени; *i* -нем, *P* семена́, семя́н, семена́м *N*) grain. Е́сли хва́тит семя́н, мы и э́тот уча́сток засе́ем. If there's enough grain, we'll even sow this strip of land. ● seed. Цвето́чные семена́ мы получи́ли из сосе́днего колхо́за. We got flower seeds from the neighboring kolkhoz.

се́но hay.

сентя́брь (-бря́ *M*) September.

серде́чный warm-hearted. Он о́чень серде́чный челове́к. He's a very warm-hearted person. ● heartfelt. Серде́чное спаси́бо вам за э́то! You have my heartfelt thanks! ● heart. У неё тяжёлая серде́чная боле́знь. She has a serious heart ailment.

□ **серде́чные дела́** love affairs. Я не интересу́юсь его́ серде́чными дела́ми. I'm not interested in his love affairs.

серде́чно warmly. В э́той семье́ нас встре́тили о́чень серде́чно. That family received us very warmly.

серди́тый angry. Что случи́лось? У вас тако́й серди́тый вид. What happened? You look so angry. — Я на вас о́чень серди́т. I'm very angry at you.

□ **серди́то** angrily. Не смотри́те на меня́ так серди́то. Don't look at me so angrily.

□ ***Дёшево, да серди́то.** It's cheap, but good.

серди́ть (-сержу́, -се́рдит) to make angry. Не серди́те его́. Don't make him angry.

-ся to be angry. Она́ се́рдится на вас за ва́ше вчера́шнее поведе́ние. She's angry at you for the way you acted yesterday. — Ну, чего́ вы се́рдитесь! Well, what are you angry about? — Вы на меня́ о́чень се́рдитесь? Are you very angry at me? ● to get angry. Он се́рдится по пустяка́м. He gets angry about trifles.

сёрдце ([-рц-]; *P* сердца́) heart. У меня́ с се́рдцем что́-то нела́дно, придётся пойти́ к до́ктору. Something's wrong with my heart; I'd better go to a doctor. — У меня́ се́рдце так и ёкнуло. My heart skipped a beat. — Наш начáльник стрóгий, но у негó золотóе. сéрдце. Our chief is strict but he has a heart of gold. — *Я уéхал с тяжёлым сéрдцем. I left with a heavy heart. — *Я не мог ей отказáть — сéрдце не кáмень. I couldn't refuse her; I haven't got a heart of stone. — *Не принимáйте э́того так блúзко к сéрдцу. Don't take it so much to heart. — *У негó сéрдце не лежúт к э́той рабóте. His heart isn't in this kind of work.

☐ от всегó сéрдца with all my heart. Повéрьте мне, я э́то дéлаю от всегó сéрдца. Believe me, I'm doing this with all my heart.

☐ *У меня от сéрдца отлеглó, когдá я об э́том узнáл. It was a load off my mind when I found out about it.

сердцебиéние palpitation (of the heart). Он жáлуется на чáстые сердцебиéния. He complains of frequent palpitations of the heart.

серебрó silver. Э́та рудá содéржит серебрó. This ore contains silver. — Дáйте мне, пожáлуйста, сдáчу серебрóм. Please give me my change in silver.

серéбряный silver. А скóлько стóят серéбряные часы́? And how much does a silver watch cost?

середúна middle. Вы доплывёте до середúны рекú? Can you make the middle of the river? — Я не хочу́ бросáть дéло на середúне. I want to quit in the middle. • mid. Мы поéдем на дáчу тóлько в середúне лéта. We go to the country only in midsummer. • medium. *Старáйтесь держáться золотóй середúны. Try to strike a happy medium.

серп (-á) sickle.

☐ серп и мóлот hammer and sickle.

сéрый (sh -рá) gray. Кто э́тот человéк в сéром клéтчатом костю́ме? Who's that man in the gray checkered suit? — У́тро бы́ло сéрое. The morning was gray. • dull. По-мóему, он óчень сéрый человéк. In my opinion, he's a very dull person.

серьёзный serious. Онá óчень серьёзный человéк. She's a very serious person. — Болéзнь óчень серьёзная, её нельзя́ запускáть. The illness is very serious; it ought not to be neglected. • grave. Э́та ошúбка мóжет имéть серьёзные послéдствия. This mistake may have grave consequences. • earnest. У негó серьёзное отношéние к рабóте. He has an earnest approach to his work.

☐ серьёзно seriously. Нам необходúмо поговорúть об э́том серьёзно. We ought to talk about that seriously. — Вы э́то серьёзно говорúте? Are you saying that seriously? — Нет, серьёзно! Вы действúтельно уезжáете? No! Seriously, are you really leaving?

сéссия session. Когдá бу́дет сóзвана очереднáя сéссия Верхóвного Совéта? When will the next session of the Supreme Soviet be called? • term. Сéссия Верхóвного Суда́ открывáется зáвтра. The Supreme Court term is opening tomorrow. • period. Мне придётся отложúть экзáмены до слéдующей (экзаменациóнной) сéссии. I'll have to postpone my exams until the next examination period.

сестрá (P сёстры, сестёр, сёстрам) sister. Приходúте вмéсте с вáшей сестрóй. Come with your sister.

☐ двою́родная сестрá first cousin F. Знакóмьтесь: э́то моя́ двою́родная сестрá Мáша. Meet my cousin Masha.

сестрá (медсестрá, медицúнская сестрá) nurse. (Мед)сестрá сдéлает вам укóл. The nurse will give you an injection.

сесть (ся́ду, -дет; pct of садúться) to sit down. Ся́дьте покá на скамью́ и подождúте меня́. Sit down on the bench for a while and wait for me. — Онá сéла за роя́ль и началá игрáть. She sat down at the piano and began to play. • to sit. Ся́дьте поблúже. Sit closer. — Хотúте сесть за э́тот стóлик? Do you want to sit at this table? • to set. Когдá сóлнце ся́дет, мы двúнемся дáльше. When the sun sets, we'll go farther. • to land. Самолёт сел недалекó от нáшего колхóза. The airplane landed not far from our kolkhoz.

☐ сесть в пóезд to get on a train. Где вы сéли в пóезд? Where did you get on the train?

сесть в трамвáй to take a streetcar. Где мне сесть в трамвáй, чтóбы поéхать в теáтр? Where should I take a streetcar to go to the theater?

сесть нá голову to walk all over (someone). *Éсли вы егó вó-время не одёрнете, он вам нá голову ся́дет. If you don't stop him in time, he'll walk all over you.

сесть на лóшадь to mount a horse. Он сел на лóшадь и ускакáл. He mounted the horse and galloped away.

сесть на парохóд to take (or board) a ship. Мы ся́дем на парохóд в Одéссе. We'll take the ship at Odessa.

☐ *Ну, и сел же он в калóшу со своéй крúтикой! He certainly looked foolish with his criticism.

сет set. Кто вы́играл послéдний сет в тéннисном рóзыгрыше на прóшлой недéле? Who won the last set at last week's tennis finals?

сéтка net. Мой шлем был покры́т камуфля́жной сéткой. My helmet was covered with a camouflage net. — Онá просúла меня́ купúть ей сéтку для волóс. She asked me to buy her a hair net. • screen. Хорошó бы встáвить прóволочную сéтку в óкна, а то му́хи налетáют. It'd be a good idea to put a screen in the window so the flies won't come in.

сеть (P сéти, сетéй/в сетú/F) net. Ры́бы поймáлось так мнóго, что сеть не вы́держала. So many fish were caught that the net broke.

☐ сеть желéзных дорóг network of railways. шкóльная сеть school system.

сéять (сéю, сéет) to sow. Онú сéют мнóго пшенúцы. They sow a lot of wheat. — Мы ужé не сéем ручны́м спóсобом. We don't sow by hand any more.

сжáтый (/ppp of сжать/) concise. Он сдéлал сжáтый толкóвый доклáд. He made a clear, concise report.

☐ сжáтый вóздух compressed air.

сжать (сожму́, -жмёт; ppp сжáтый; pct of сжимáть) to clench. Он сжал кулакú. He clenched his fists. • to press. Онá сжáла гу́бы и ничегó не сказáла. She pressed her lips together and didn't say a thing.

сжать (сожну́, сожнёт; ppp сжáтый; pct of жать²) to reap. Гóлоп ужé сжáта. The rye is already reaped.

сжечь (сожгу́, сожжёт [-žj-]; p сжёг, сожглá, -ó, -ú; ppp сожжённый [-žj-]; pct of сжигáть and жечь) to burn up. Сожгúте э́ти стáрые газéты. Burn up these old newspapers. • to burn. *Я сжёг все своú кораблú. I've already burned my bridges behind me.

сжигáть (dur of сжечь) to burn. Не сжигáйте э́той бумáги, онá пригодúтся. Don't burn this paper; it still can be used.

сжимáть (dur of сжать¹) to clench.

сзáди behind. Он подошёл сзáди и испугáл меня́. He came up behind me and scared me. • in the back. Вáше плáтье сзáди корóче, чем спéреди. Your dress is shorter in the back than in the front.

сигáра cigar.

сигнáл signal. Нáши отрЯды сносúлись мéжду собóй посрéдством световы́х сигнáлов. Our detachments communicated by means of light signals.

☐ **сигнáл бéдствия** distress signal, S O S.

сигнáл тревóги alarm signal.

сидéлка practical nurse. Больнóму нужнá бýдет сидéлка. The patient will need a practical nurse.

сидéние seat. Садúтесь рЯдом со мной, а чемодáн положúте на зáднее сидéние. Put your suitcase on the back seat and sit next to me.

сидéнье (*no P*) staying. Вам не надоéло постоЯнное сидéнье дóма? Aren't you bored with staying at home so much?

сидéть (сижý, сидúт; *prger* сúдя) to sit. В какóм рядý вы сидúте? In what row are you sitting? — Я не люблЮ сидéть в крéсле. I don't like to sit in an armchair. — Рáзве мóжно в такóе врéмя сидéть без дéла? How can you sit around at such a time? — Пошлú бы погулЯть, нельзЯ всё сúднем сидéть. Why don't you take a walk instead of sitting around all day? — Дáйте мне какýю-нибудь рабóту; терпéть не могý сидéть, сложá рýки! Give me some kind of work; I hate to sit idle. • to sit up. Перед сдáчей зачёта емý пришлóсь сидéть по ночáм. He had to sit up nights before taking that exam. • to fit. По-мóему, ýто плáтье на вас плóхо сидúт. I don't think that dress fits you.

☐ **сидéть дóма** to stay at home. Мы по вечерáм сидúм дóма. We stay at home nights.

☐ Я сидéл над ýтим перевóдом до двух часóв нóчи. I worked on this translation till two o'clock in the morning. • Довóльно! Вылезáйте, нельзЯ так дóлго сидéть в водé. That's enough; get out. You can't stay in the water so long. • Онú всегдá сидЯт без дéнег. They're always broke. • Он сидúт в тюрьмé. He's in jail. • •Вот где он у менЯ сидúт! I'm fed up with him.

сúла strength. Для ýтой рабóты нужнá большáя физúческая сúла. You have to have a great deal of physical strength for this job. — Повéрьте мне, емý ýто не по сúлам. Believe me, it's beyond his strength. — Соберúтесь с сúлами: нам предстоúт трýдная поéздка. Save your strength; we have a hard trip ahead of us. — В единéнии сúла! In union there is strength. • power. Для ýтого нужнá большáя сúла вóли. You have to have a lot of will power for that. • force. Все ýти постановлéния остáлись в сúле. All these directives are still in force. • ability. Выбирáйте себé рабóту по сúлам. Choose your work according to your ability. — Он обещáл ýто вы́полнить по мéре сил и возмóжности. He promised to do it to the best of his ability. • might. Толкнúте дверь изо всéй сúлы. Push the door with all your might.

☐ **без сил** exhausted. БеднЯга, онá совершéнно без сил. Poor thing, she's completely exhausted.

вооружённые сúлы armed forces.

вступáть в сúлу to take effect. Когдá ýтот закóн вступáет в сúлу? When does this law take effect?

двúжущая сúла power (energy).

лошадúная сúла horsepower.

набрáться сил to build oneself up. Он мéсяц отдыхáл и

набрáлся свéжих сил. He took a month's vacation and built himself up.

☐ Брóсьте ýто сейчáс, не рабóтайте чéрез сúлу. You're overexerting yourself; better quit working right away. • Емý необходúмо отдохнýть, он совершéнно вы́бился из сил. He has to rest. He's all tired out. • Это свы́ше моúх сил! It's more than I can stand. • Сил нет выслýшивать все ýти ходýльные фрáзы. I can't stand listening to all those clichés. • Я не в сúлах ýтого перенестú. I can't take it. • БоЮсь, что мне ýто не под сúлу. I'm afraid it's too much for me. • Коллектúв нáшего завóда организовáл Ясли сóбственными сúлами. The employees of our factory organized a nursery on their own.

сúлос silo.

сúльный (*sh* -льнá) strong. У вас сúльные рýки, отвинтúте ýту кры́шку. You have strong hands. Unscrew this lid for me. — Он человéк с сúльным харáктером. He has a strong personality. — Воздержúтесь-ка лýчше от сúльных выражéний. Better refrain from using strong language. — Вы, кáжется, не слúшком сильны́ в геогрáфии. It seems you're not too strong in geography. • powerful. Для ýтой поéздки возьмúте сúльную машúну. Use a powerful car for this trip. — Он произнёс óчень сúльную речь. He delivered a powerful speech. • severe. У менЯ сúльные бóли в желýдке. I have severe pains in my stomach. • hard. Пошёл сúльный дождь. It began to rain hard.

☐ **сúльно** powerfully. Эта поýма напúсана óчень сúльно. This poem is very powerfully written. • powerful. Бýдьте осторóжны: ýто сúльно дéйствующее срéдство. Be careful. This is a very powerful drug. • greatly. Ваш план сúльно отличáется от моегó. Your plan differs greatly from mine.

☐ Он сúльно прозЯб и простудúлся. He was thoroughly chilled and caught cold. • Вы, действúтельно, так сúльно ýтого хотúте? Do you really want this so badly? • Я за ýтот год к ним сúльно привязáлся. During the past year, I've become very fond of them.

симпатúчный nice. Он удивúтельно симпатúчный человéк. He's the nicest man you want to meet.

☐ Он вам симпатúчен? Do you like him?

симпáтия sympathy.

симфонúческий

☐ **симфонúческий концéрт** symphony (concert). Вы идёте сегóдня на симфонúческий концéрт? Are you going to the symphony (concert) today?

симфóния symphony.

синдикáт syndicate.

сúний (*sh* -нЯ) blue. Вы хотéли бы сúний костЮм? Would you like a blue suit? — Такóе сúнее нéбо бывáет тóлько на Юге. Only in the South can you see such a blue sky.

синЯк (-á) bruise. Откýда у вас такóй синЯк? Where did you get such a bruise?

☐ ОпЯть у негó синЯк под глáзом! He has a black eye again. • Вы, вúдно, стрáшно устáли — у вас такúе синякú под глазáми. You look very tired; you have such circles under your eyes.

сирéна siren.

сирéневый lilac. У неё сирéневое плáтье. She has a lilac dress.

сирéнь (*F*) lilac.

сирóп syrup.

сирота́ (*P* сиро́ты *M, F*) orphan.

систе́ма system. Вся ва́ша систе́ма организа́ции рабо́т никуда́ не годи́тся. Your entire system of work is no good at all. — Вы ещё не знако́мы с на́шей систе́мой воспита́ния. You still aren't acquainted with our educational system. • type. Это тра́кторы но́вой систе́мы. These tractors are of a new type. • order. Я вам объясню́ по како́й систе́ме на́до раскла́дывать э́ти бума́ги. I'll explain to you what order to put these papers in.

☐ **метри́ческая систе́ма** metric system.

☐ У него́ есть систе́ма в рабо́те. He works systematically.

системати́ческий systematic.

си́тец (-тца) calico print. Она́ купи́ла пять ме́тров си́тца на пла́тье. She bought five meters of calico print for a dress. • chintz. Это кре́сло мо́жно на́ново оби́ть си́тцем. You can reupholster this chair with chintz.

си́течко (*P* -чки, -чек) strainer.

си́то sieve. Просе́йте муку́ че́рез си́то. Run the flour through a sieve.

ситро́ lemonade.

си́тцевый calico. Си́тцевая занаве́ска де́лит ко́мнату на две ча́сти. Calico drapes divide the room in two.

скажу́ *See* **сказа́ть**.

сказа́ть (скажу́, ска́жет; *pct of* **говори́ть**) to tell. На э́тот раз он сказа́л пра́вду. This time he told the truth. — Скажи́те пря́мо, без обиняко́в, что вы об э́том ду́маете? Don't mince words. Tell me what you think of it. — (*no dur*) Не забу́дьте сказа́ть, что́бы вам принесли́ горя́чей воды́. Don't forget to tell them to bring you some hot water. — (*no dur*) Позвони́те им и скажи́те, что вы придёте в пять часо́в. Call them and tell them you'll be there at five o'clock. — (*no dur*) По пра́вде сказа́ть, я ему́ не пове́рил. To tell the truth, I didn't believe him. • to say. (*no dur*) Что вы сказа́ли? What did you say? — (*no dur*) Где э́то ска́зано? Who said so? — (*no dur*) Я его́ счита́ю не о́чень у́мным, челове́ком, что́бы не сказа́ть бо́льше. To say the least, he's not very intelligent. — (*no dur*) Нельзя́ сказа́ть, что́бы его́ отве́т меня́ вполне́ удовлетвори́л. I can't say that his answer satisfied me fully. • to talk. (*no dur*) Зна́ете поговорку: уме́й сказа́ть, уме́й и смолча́ть. You know the saying: You've got to know when to talk and when to keep quiet. — Он до́лго говори́л, но о́чень ма́ло сказа́л. He talked for a long time but said very little.

☐ **к сло́ву сказа́ть** by the way. (*no dur*) К сло́ву сказа́ть, я так и не до́бился объясне́ния. By the way, I was never able to get an explanation.

так сказа́ть so to speak. (*no dur*) Это у нас, так сказа́ть, пара́дная ко́мната. This is, so to speak, our best room.

☐ (*no dur*) Скажи́те, пожа́луйста, где тут по́чта? Will you please tell me where the post office is? • (*no dur*) Скажи́те, кака́я бесстра́шная! Just see how brave she is! • (*no dur*) *Вот так дела́! Не́чего сказа́ть! It's a fine mess, I must say! • (*no dur*) Слу́шайтесь меня́; вы мне за э́то ещё спаси́бо ска́жете. Take it from me; some day you'll thank me for it. • (*no dur*) *Шу́тка сказа́ть, боро́ться про́тив тако́го проти́вника. It's no push-over to fight an enemy like that. • (*no dur*) Вы мне э́то пригото́вьте, ска́жем, к суббо́те. Get this ready for me for Saturday.

ска́зка fairy tale. Это одна́ из мои́х люби́мых ска́зок. This is one of my favorite fairy tales. — Всё э́то выхо́дит совсе́м как в ска́зке. It all turns out just like a fairy tale.

• story. Вы мне ска́зок не расска́зывайте! Stop telling me stories!

☐ *Ну, завели́ ска́зку про бе́лого бычка́! Oh, you're still singing the same old song.

скала́ (*P* ска́лы) rock. Осторо́жно прича́ливайте, здесь ска́лы. Be careful moving the boat, there are rocks here. • cliff. С той скалы́ открыва́ется прекра́сный вид. There's a beautiful view from this cliff.

скаме́йка bench.

скамья́ (*P* ска́мьи, скаме́й, ска́мьям) bench. Принеси́те скамью́ подлинне́е, и мы все на ней уся́демся. Get a long bench and we'll all sit on it.

☐ Мы с ним друзья́ со шко́льной скамьи́. He and I have been friends since our school days. • Ко́нчилось тем, что он попа́л на скамью́ подсуди́мых. He finished up by being put on trial.

сканда́л scandal. Он был заме́шан в како́м-то сканда́ле. He was mixed up in a scandal. • row. Слу́шайте, не устра́ивайте сканда́лов. Look here, don't start a row. • disgrace. Это настоя́щий сканда́л! That's a real disgrace! • shame. Вот сканда́л! Я опя́ть забы́л ему́ позвони́ть. What a shame! I forgot to call him again!

☐ Осторо́жнее, не то нарвётесь на сканда́л. Be careful or you'll get yourself in trouble.

скарлати́на scarlet fever.

ска́терть (*P* -рти, -рте́й *F*) tablecloth. Положи́те чи́стую ска́терть на стол. Put a clean tablecloth on the table.

☐ *Мы вас не заде́рживаем — ска́тертью доро́га! We're not holding you back. Good riddance!

ска́чки (-чек *P*) horse races.

сква́жина crack.

☐ **замо́чная сква́жина** keyhole.

скве́рный (*sh* -рна́) bad. Он скве́рный челове́к. He's a bad man. • nasty. Кака́я скве́рная пого́да! What nasty weather!

☐ "Ну, как дела́?" "Скве́рно!" "How are things?" "Bad!" • По-мо́ему, с ним о́чень скве́рно поступи́ли. I think they gave him a dirty deal.

сквозно́й through. У него́ сквозна́я ра́на. His wound goes clear through. — Это сквозно́й по́езд? Is this a through train?

☐ С э́той у́лицы че́рез сквозно́й двор вы мо́жете пройти́ пря́мо к на́шему до́му. You can go to our house from this street through the yard.

сквозня́к (-а́) draft. Вы сиди́те на сквозняке́. You're sitting in a draft.

сквозь (/*with a/*) through. Я е́ле проти́снулся сквозь толпу́. I could hardly get through that crowd. — Кровь просочи́лась сквозь повя́зку. The blood soaked through the bandage.

☐ *Он как сквозь зе́млю провали́лся. He disappeared into thin air.

ски́дка discount. У нас ски́док нет: це́ны твёрдые. We don't have any discounts, just one price. • reduction. Уча́стники экску́рсии мо́гут получа́ть биле́ты со ски́дкой. Excursion members can get a reduction on their tickets.

скирда́ (*P* ски́рды, скирд, скирда́м)́ rick. Тут ещё мно́го неу́бранных скирд хле́ба. There are lots of ricks of grain here which haven't been put away.

☐ **скирда́ се́на** haystack.

скирдова́ние.

☐ Они́ сейча́с занима́ются скирдова́нием се́на. They're stacking hay now.

склад (/*g* -у/) warehouse. В порту́ постро́ено мно́го но́вых скла́дов. Many new warehouses were built at the docks. • yard. Он рабо́тает на дровяно́м скла́де. He works in a lumber yard. • make-up. *Он челове́к совсе́м осо́бого скла́да. He's got an unusual make-up.

☐ вое́нный склад military warehouse.

железнодоро́жные скла́ды railroad warehouses.

на скла́де in stock. У нас таки́х сапо́г на скла́де нет, но мы мо́жем их заказа́ть. We don't have such boots in stock, but we can order them for you.

☐ На́ша фа́брика рабо́тает уже́ на склад. Our factory is now manufacturing for stock.

скла́дка crease. Смотри́те, каки́е у него́ прямы́е скла́дки на брю́ках! Look at the sharp creases in his trousers! • pleat. На ней была́ ю́бка в скла́дку. She was wearing a pleated skirt. • tuck. Сде́лайте скла́дку на рукава́х, они́ сли́шком дли́нные. Put a tuck in the sleeves; they're too long. • fold. В скла́дках занаве́сок набрало́сь мно́го пы́ли. There's lots of dust in the folds of the curtains.

складно́й folding. Захвати́те с собо́й складно́й стул. Take a folding chair along with you. — Я могу́ вам дать складну́ю крова́ть. I'll be able to give you a folding cot.

скла́дывать (*dur of* сложи́ть) to fold. Я не уме́ю скла́дывать простни́. I don't know how to fold the bedsheets.

ско́бка parenthesis.

сковорода́ (*P* ско́вороды, сковоро́д, сковорода́м) frying pan.

сковоро́дка frying pan. Попроси́те у хозя́йки сковоро́дку, и мы сде́лаем яи́чницу. Ask the landlady for a frying pan so we can fry some eggs.

ско́льзкий (*sh* -льзка́) slippery. Ступе́ньки ско́льзкие, бу́дьте осторо́жны. Be careful; the steps are slippery.

☐ ско́льзко slippery. Сего́дня о́чень ско́льзко. It's very slippery out today.

☐ *По-мо́ему, он стои́т на ско́льзком пути́. In my opinion, he's heading for trouble.

ско́лько how much. Ско́лько сто́ит биле́т в Москву́? How much is a ticket to Moscow? — Вам ско́лько хле́ба? How much bread do you want? — Ско́лько у вас де́нег? How much money have you got on you? — Подсчита́йте, пожа́луйста, ско́лько э́то составля́ет. Will you please see how much this adds up to? • how many. Ско́лько челове́к бы́ло на собра́нии? How many people were there at the meeting? — По ско́льку рубле́й выхо́дит на бра́та? How many rubles is it per person? — Ско́лько ещё киломе́тров до Москвы́? How many more kilometers is it to Moscow?

☐ Ско́лько вам лет? How old are you? • Ско́лько сейча́с вре́мени? What's the time now? • Ско́лько бы он ни стара́лся — всё равно́ ничего́ из э́того не вы́йдет. No matter how hard he tries nothing will ever come of it. • Ско́лько бы вы мне ни дока́зывали, мне тру́дно с э́тим согласи́ться. I can't see it that way in spite of all your arguments. • Ско́лько ни ду́май, лу́чшего не приду́маешь. No matter how you try, you won't think up a better way. • Ско́лько раз я ему́ объясня́л, а он всё не понима́ет. I've explained it to him many times and he still doesn't understand. • Мы все, ско́лько нас ни есть, вас в э́том поддержим. We'll support you to a man. • *Грибо́в здесь — ско́лько душе́ уго́дно. You can find all the mush-

rooms you want here. • *Ско́лько лет, ско́лько зим! It's been a long time!

скопи́ровать (*pct of* копи́ровать).

скорлупа́ (*P* скорлу́пы) shell.

☐ оре́ховая скорлупа́ nutshell.

яи́чная скорлупа́ eggshell.

ско́рость (*F*) speed. Он поста́вил реко́рд ско́рости на две́сти ме́тров. He made a new speed record for two hundred meters. — Кака́я здесь разреша́ется преде́льная ско́рость? What's the speed limit here? — Шофёр разви́л преде́льную ско́рость. The driver went at top speed.

☐ ма́лая ско́рость slow freight. Деше́вле бу́дет посла́ть бага́ж ма́лой ско́ростью. It'll be cheaper to ship this by slow freight.

☐ Переведи́те маши́ну на втору́ю ско́рость. Put the car into second.

ско́рый (*sh* -ра́) prompt. Я рассчи́тываю на ско́рый отве́т. I'm counting on a prompt reply.

☐ в ско́ром вре́мени before long. Она́ собира́ется в ско́ром вре́мени сюда́ прие́хать. She intends to come here before long.

на ско́рую ру́ку in a slipshod fashion. *Пла́тье бы́ло сде́лано на ско́рую ру́ку. The dress was made in a slipshod fashion.

ско́рая по́мощь ambulance. Вы́звали уже́ ско́рую по́мощь? Have they already called the ambulance?

скоре́е sooner. Чем скоре́е вы прие́дете, тем лу́чше. The sooner you come the better.

ско́ро soon. За́втрак ско́ро бу́дет гото́в. Breakfast will be ready soon. — Заве́дующий ско́ро придёт. The manager will be here soon. — Говоря́т, что вы ско́ро уезжа́ете. They say you're leaving soon. — Прямы́м сообще́нием мы туда́ ско́ро дойдём. We'll be there soon if we take the through train. • in the near future. Я ско́ро им напишу́. I'll write them in the near future.

☐ Его́ скоре́е всего́ мо́жно заста́ть ве́чером. You're best able to catch him evenings. • Он скоре́е похо́ж на англича́нина, чем на америка́нца. He looks more like an Englishman than an American. • До ско́рого (свида́ния)! See you soon. • Торопи́сь — не торопи́сь, скоре́е ско́рого не сде́лаешь. Hurry as much as you like; you still won't do it any faster.

скоси́ть (скошу́, ско́сит; *pct of* коси́ть) to mow. Мы уже́ скоси́ли весь луг. We have already mowed the whole meadow.

скот (-а́) livestock.

☐ кру́пный рога́тый скот cattle.

ме́лкий рога́тый скот sheep and goats.

рога́тый скот horned livestock.

скошу́ *See* скоси́ть.

скрипа́ч (-а́ *M*) violinist.

скрипа́чка violinist *F*.

скри́пка violin. Она́ хорошо́ игра́ет на скри́пке. She plays the violin well.

☐ *Он здесь игра́ет пе́рвую скри́пку. He's the key man here.

скро́мный (*sh* -мна́) modest. Все зна́ют, что он о́чень скро́мный челове́к. Everybody knows that he's a very modest person. — Как э́то, при его́ скро́мном за́работке, он ухитря́ется покупа́ть так мно́го книг? How can he manage to buy so many books on his modest income?

□ **скромно** modestly. Он ведёт себя óчень скрóмно. He behaves very modestly.

скрóю See **скрыть.**

скрóюсь See **скрыться.**

скрывáть (*dur of* **скрыть**) to hide. Они дóлго скрывáли рáненого лётчика. They hid the wounded flier for a long time. • to conceal. Вы чтó-то от меня скрывáете! You're concealing something from me!

□ Он не умеет скрывáть своих чувств. He always wears his heart on his sleeve.

-**ся** to hide. Где он всё éто врéмя скрывáлся? Where was he hiding all this time? • to be concealed. За егó словáми чтó-то скрывáется. There's another meaning concealed behind his words.

скрыть (скрóю, скрóет; *ppp* скрытый; *pct of* **скрывáть**) to conceal. Я не мог скрыть своегó возмущéния. I couldn't conceal my indignation. • to keep from. Мы скрыли от неё извéстие о смéрти сына. We kept the news of her son's death from her.

-**ся** to hide. Вот вы кудá скрылись! So that's where you're hiding. • to disappear. Он быстро скрылся за углóм. He quickly disappeared around the corner.

скука bore. Какáя скука вéчно дéлать однó и то же! What a bore, doing the same thing over and over again! • boredom. Он пишет, что он там умирáет от скуки. He writes he's dying of boredom there.

скулá (*P* скулы) cheekbone.

скульптор sculptor.

скульптура sculpture.

скумбрия mackerel.

скупóй (*sh* скуп, -пá, скупо, -ы) stingy. Егó считáют скупым. He's considered stingy. • miserly. Её дед скупóй старик. Her grandfather is a miserly old man. • sparing. Он скуп на похвалы. He's sparing with his praise.

□ **скупо** sparingly. Припáсы были нам отпущены óчень скупо. They gave us supplies very sparingly.

скучáть to be bored. Мне нéкогда скучáть. I don't have time to be bored. • to be lonely. Я скучáю по своим друзьям. I'm lonely for my friends.

□ Вы, небóсь, скучáете по дóму. You certainly are homesick.

скучный ([-šn-]; *sh* -чнá) dull. Я так и не дочитáл éтой скучной книги. I never finished that dull book. • boring. Он удивительно скучный собесéдник. He's extremely boring to talk with. • tedious. Нам ещё остáлось продéлать нéсколько скучных формáльностей. We still have to undergo a few tedious formalities.

□ **скучно** dull. Ему там не бýдет скучно? Won't it be dull for him there? • boring. Он расскáзывал длинно и скучно. His telling of the story was long and boring.

□ Мне чтó-то скучно сегóдня. I feel a little blue today.

скушать (*pct of* **кушать**) to eat. Скушайте ещё кусóчек пирогá. Eat another piece of pie.

слабительное (*AN*) laxative.

слáбость (*F*) weakness. У кáждого есть своя слáбость. We all have our weaknesses. — Он проявил недопустимую слáбость в éтом дéле. He showed inexcusable weakness in this matter. — Балéт — моя слáбость. Ballet is my weakness. • soft spot. По-мóему, вы питáете к нему слáбость. I think you have a soft spot in your heart for him.

□ Знáчит, вы чувствуете большýю слáбость по утрáм? So you feel very weak in the morning, is that it?

слáбый (*sh* -бá) weak. У неё слишком слáбый гóлос для éтого большóго зáла. Her voice is too weak for such a large hall. — Вам крéпкого или слáбого чáю? Do you want strong or weak tea? — Человéк с таким слáбым харáктером не годится для éтого дéла. A man of such weak character is no good for this business. — Вáши аргумéнты показáлись мне весьмá слáбыми. Your arguments seem rather weak to me. — Шахматист он слáбый. He's a weak chess player. — Это егó слáбая струнка. That's his weak point. — Это слáбое мéсто в нáшей рабóте. This is the weak link in our work. • delicate. У вас слáбое здорóвье; вы должны берéчь себя. You're in delicate health and must take care of yourself. • mild. Этот табáк для меня слишком слáбый. This tobacco is too mild for me. • poor. Результáты получились слáбые. The results turned out to be poor. • feeble. Слáбая шýтка! That's a feeble joke!

□ **слáбо** weakly. Он говорил слáбо и неубедительно. He spoke weakly and without persuasion. • poorly. Бригáда рабóтала слáбо. The brigade worked poorly.

слáва glory. Крáсная áрмия окруженá тепéрь ореóлом слáвы. The Red Army has covered itself with glory. • fame. Он, наконéц, добился слáвы. He finally achieved fame. • reputation. У негó слáва прекрáсного рабóтника. He has a reputation as a good worker. — Однá слáва, что учёный, а в éтом дéле ничегó не понимáет. He has the reputation of being a scientist, all right, but actually he doesn't know anything about the field.

□ **слáва бóгу** thank God. Слáва бóгу, приéхали. Thank God we've arrived! — Не орй! Слáва бóгу, не глухие. Don't yell; thank God, we're not deaf!

□ Честь ему и слáва! Hats off to him! • Приходите, угостим на слáву. Come on over; we'll give you a real feast. • *Добрая слáва лежит, а дурнáя по дорóжке бежит.* A good reputation is never heard, but a bad name is broadcast far and wide.

слáвный (*sh* -внá) glorious. У éтого гóрода слáвное прóшлое. This city has a glorious past. • nice. Он óчень слáвный паренёк. He's a very nice little fellow.

слáдкий (*sh* -дкá; *cf* слáще, сладчáйший) sweet. Крымский виногрáд óчень слáдкий. Crimean grapes are very sweet. • sweetened. Вы пьёте чай слáдкий или вприкуску? Do you drink tea already sweetened, or do you sip it through lump sugar?

□ **слáдко** sweetly. Он слáдко улыбнýлся, но ничéм нам не помóг. He smiled sweetly, but didn't help us at all. • Он так слáдко спал, что жаль было егó будить. He was sleeping so blissfully it was a pity to wake him. • Ему от вáших похвáл не слáще. Your praise doesn't make it any easier for him.

□ **слáдкое** На слáдкое вы мóжете получить кисéль или фрукты. For dessert you can have kissel or fruit. — Дáйте мне, вмéсто слáдкого, стакáн чáю. Give me a glass of tea instead of dessert. • sweets. Я предпочитáю солёное слáдкому. I prefer salty things to sweets.

□ **слáдкое блюдо** dessert. Тут большóй выбор слáдких блюд. There's a wide choice of desserts here.

слать (шлю, шлёт) to send. Он шлёт вам поклóн. He sends you his regards. — Он слал ей письмó за письмóм. He sent her one letter after another.

слáще See **слáдкий.**

слéва (/*cf* **лéвый**/) on the left. Постáвьте лýчше стол сле́ва, а крова́ть спра́ва. You'd better put the table on the left and the bed on the right. • on one's left. Займи́те ме́сто у окна́ сле́ва. Take a seat near the window on your left.

слегка́ (/cf **лёгкий**/) slightly. Он слегка́ оби́жен. He's slightly hurt. • lightly. Он то́лько слегка́ косну́лся э́того вопро́са. He just touched on the question lightly.

☐ Он слегка́ навеселе́. He's in his cups today.

след (P -ы́/gs следа́; g -у/) mark. Тут автомоби́ль проезжа́л — ви́дите след шин. An automobile passed here; look at the tire marks. — Неуже́ли всё пережито́е не оста́вило на нём следа́? Is it possible that all he's gone through hasn't left a mark on him? • trail. Наконе́ц-то мы напа́ли на их след. We finally found their trail. • footsteps. Мы шли по следа́м врага́. We were dogging the enemy's footsteps. • track. Тепе́рь уж ему́ ника́к не уда́стся замести́ следы́. Now he'll have no way of covering up his tracks. • clue. По све́жим следа́м вы ещё, пожа́луй, вы́ясните, кто э́то сде́лал. You may be able to find out who did it while the clues are still hot.

☐ Они́ иду́т сле́дом за на́ми. They're following us. • Её и след просты́л. She's disappeared into thin air.

следи́ть (dur) to follow. Я внима́тельно следи́л за э́тим проце́ссом. I followed the trial closely. • to see to it. Вам придётся следи́ть, за выполне́нием э́той рабо́ты. You'll have to see to it that this job is done. • to shadow. Почему́ вы ду́маете, что он за ва́ми следи́т? What makes you think he was shadowing you?

☐ Я внима́тельно слежу́ за америка́нской печа́тью. I read American newspapers and periodicals regularly.

сле́довательно then. Сле́довательно, я прав? I'm right then? • so. Э́то был после́дний по́езд; сле́довательно, нам придётся здесь переночева́ть. This was the last train, so we'll have to spend the night here.

сле́довать to follow. Сле́дуйте за мной! Follow me. — Снача́ла даётся чертёж маши́ны, а зате́м сле́дует её описа́ние. First a sketch of the machine is given, and then its description follows. — Сле́дуйте его́ приме́ру и вы не прогада́ете. Follow his example and you won't go wrong. — Я наде́юсь, что вы сле́дуете предписа́ниям врача́. I hope that you follow the doctor's orders.

☐ Вы зна́ете, куда́ вам сле́дует обрати́ться за разреше́нием? Do you know where you ought to ask for permission? • Вам э́то сле́довало знать. You should have known that. • Ему́ сле́довало бы посети́ть э́тот музе́й. He ought to visit that museum. • Как и сле́довало ожида́ть, гости́ницы бы́ли перепо́лнены. As was to be expected, the hotels were full. • Что же из э́того сле́дует? Well, what's your conclusion? • Вам необходи́мо отдохну́ть как сле́дует. You have to get a good rest. • Всё бы́ло сде́лано как сле́дует. Everything was done exactly as it should have been. • Веди́те себя́ как сле́дует. Behave yourself. • С вас сле́дует пять рубле́й. You have to pay five rubles.

сле́дующий (/prap of **сле́довать**/) next. Е́сли опозда́ем, пое́дем сле́дующим по́ездом. If we're late, we'll go by the next train. — Сле́дующий! Next! • following. Я бы поступи́л сле́дующим о́бразом. I'd act in the following manner.

слеза́ (P слёзы, слёз, слеза́м) tear. У неё слёзы наверну́лись на глаза́. Tears came to her eyes. — Она́ прибежа́ла вся в слеза́х. She came running, all in tears. — Я что́-то отве́тила сквозь слёзы. I replied something through my

tears. — Он до слёз сме́ялся над мои́м расска́зом. He laughed at my story so hard that tears came to his eyes.

☐ **довести́ до слёз** to make (someone) cry. Ва́ши насме́шки довели́ её до слёз. You made her cry when you poked fun at her.

☐ До слёз оби́дно, что вся рабо́та да́ром пропа́ла. It hurts to think that all this work was done for nothing.

слеза́ть (dur of **слезть**) to get off. Я всегда́ слеза́ю с трамва́я на э́том углу́. I always get off the trolley on this corner. — Не слеза́йте с ко́йки, пока́ я не подмету́. Don't get off the cot until I sweep.

☐ Нам слеза́ть! This is our stop!

слезть (слезу, -зет; p слез, сле́зла, -о, -и; pct of **слеза́ть**) to climb down. Скажи́те ему́, что́бы он сейча́с же слез с де́рева. Tell him to climb right down from the tree. • to peel off. С э́той по́лки сле́зла вся кра́ска. All the paint has peeled off this shelf.

слепо́й (sh слеп, -па́, сле́по, -ы) blind. Щеня́та ещё слепы́е. The puppies are still blind. — Он слеп от рожде́ния. He's been blind from birth. — *Вот слепа́я ку́рица! Ведь тетра́дь перед ва́шим но́сом! You're blind as a bat; don't you see the copybook right under your nose? — Что вы, слепо́й? Не ви́дите, что вас обма́нывают? Are you blind or something? Don't you see you're being cheated?

☐ **сле́по.** implicitly. Она́ ему́ сле́по ве́рит. She trusts him implicitly. • blindly. Я не хочу́ сле́по сле́довать ничьи́м указа́ниям. I won't follow anybody's instructions blindly.

сле́сарь (P -ря́, -ре́й M) locksmith.

слета́ть[1] (dur of **слете́ть**).

слета́ть[2] (pct) to fly. За неде́лю я успе́ю слета́ть в Ирку́тск и ула́дить все дела́. In a week I can fly to Irkutsk and back and arrange everything.

слете́ть (слечу́, слети́т; pct of **слета́ть**[1]) to fly. Воробе́й слете́л с кры́ши. The sparrow flew from the roof. • to fall down. Он слете́л с ле́стницы и расши́бся. He fell down a flight of stairs and was hurt. • to get fired. За таки́е дела́ он наверняка́ слети́т. That sort of thing will get him fired.

☐ Будь дру́гом, слета́й вниз, купи́ папиро́с. Be a pal; run down and buy some cigarettes.

сли́ва plum. Купи́те слив на ры́нке. Buy some plums at the market. — У нас сего́дня на сла́дкое компо́т из слив. We have stewed plums for dessert today. • plum tree. Мы посади́ли три сли́вы в саду́. We've planted three plum trees in our garden.

сли́вки (-вок P) (sweet) cream. Кто заказа́л ко́фе со сли́вками? Who ordered coffee with (sweet) cream?

☐ **сби́тые сли́вки** whipped cream.

сли́шком too. Она́ говори́т сли́шком гро́мко. She talks too loud. — Вы сли́шком нетерпели́вы. You're too impatient. — Он сли́шком мно́го себе́ позволя́ет. He takes too many liberties. — Вы не сли́шком уста́ли? Aren't you too tired? • too far. Ну, э́то уж сли́шком! Now, that's going a bit too far!

слова́рь (-ря́ M) dictionary.

сло́вно as if, as though. Что э́то? Сло́вно кто́-то по коридо́ру хо́дит. What's that? It sounds as if someone's walking along the hall. — Он подари́л мне э́ту кни́гу, сло́вно зна́я, что она́ мне нужна́. He made me a present of this book just as though he knew I needed it. • like. Она́ хо́дит за ним, сло́вно ня́нька. She treats him like a nursemaid would a child. — Что это он ходит, словно в воду опущенный. ` Why does he walk around like a lost soul?

слово (*P* слова́) word. Повтори́те э́то сло́во. Repeat that word. — Да́йте мне, наконе́ц, сло́во сказа́ть. At least let me put in a word. — Расскажи́те мне это свои́ми слова́ми. Tell it to me in your own words. — Мы с ним понима́ем друг дру́га без слов. He and I understand each other without saying a word. I didn't understand a single word. — То́лько по́мните, никому́ ни сло́ва! But remember, not a word to anyone. — Я всегда́ держу́ своё сло́во. I always keep my word. — Вы мо́жете ве́рить ему́ на́ слово. You can take his word. — Я вас ловлю́ на сло́ве: вы придёте за́втра. I'm taking you at your word; you're coming tomorrow. — *Да́вши сло́во — держи́сь, а не да́вши — крепи́сь. Don't give your word unless you intend to keep it.

▢ **без да́льних слов** without mincing words. Без да́льних слов, он попроси́л нас оста́вить э́ту кварти́ру. Without mincing words, he asked us to move out of the apartment. **ины́ми слова́ми** in other words. Ины́ми слова́ми, вы оста́лись недово́льны свое́й пое́здкой? In other words, you were dissatisfied with your trip; is that it?

слова́ lyrics. Это рома́нс на слова́ Пу́шкина. The lyrics of this song are from Pushkin.

▢ К сло́ву пришло́сь — я и сказа́л. It was a propos, so I said it. • Прошу́ сло́ва, това́рищ председа́тель! Mister Chairman, may I have the floor? • Пора́ уже́ перейти́ от слов к де́лу. It's time to stop this talk. Something has to be done. • Мне ну́жно сказа́ть вам не́сколько слов. I have a few things to say to you. • *Сло́во — серебро́, молча́ние — зо́лото. Silence is golden. • К сожале́нию, у него́ слова́ обы́чно расхо́дятся с де́лом. Unfortunately he doesn't do what he says he does. • По-мо́ему, э́то то́лько спор о слова́х. I think you're only splitting hairs. • Я взял с него́ сло́во, что он заедет к нам на обра́тном пути́. I made him promise he'd stop in to see us on his way back. • Слов нет, он у́мный па́рень. There's no doubt that he's a clever fellow. • Мне не́когда писа́ть, переда́йте ему́ э́то на слова́х. I have no time to write, so you tell him. • Подсуди́мый отказа́лся от после́днего сло́ва. The defendant waived his final plea.

сложе́ние addition. Ребя́та уже́ усво́или сложе́ние. The children have already learned addition. • constitution. Челове́ку кре́пкого сложе́ния нетру́дно провести́ день без пи́щи. It isn't hard for a man with a strong constitution to go without food for a day.

сложи́ть (сложу́, сло́жит; *pct of* скла́дывать) to arrange. Сложи́те э́ти па́пки поаккура́тнее, пожа́луйста. Arrange these folders neatly. • to fold. Сложи́те салфе́тки вче́тверо. Fold the napkin in four. • to add up. Сложи́те все э́ти ци́фры. Add up all these numbers. • to put. Кни́ги мо́жно сложи́ть в э́тот я́щик. You can put the books in this case. • to make up. Мы про него́ пе́сню сложи́ли. We made up a song about him.

▢ **сложи́ть с себя́** to give up (a duty). Я хоте́л сложи́ть с себя́ обя́занности секретаря́. I'd like to give up the duties of secretary. • to get rid of. Не пыта́йтесь сложи́ть с себя́ отве́тственность. Don't try to get rid of the responsibility.

▢ А он всё не хо́чет сложи́ть ору́жия. He still doesn't want to give up fighting. • (*no dur*) *Что вы сиди́те сложа́ ру́ки? Why are you sitting on your hands?

сло́жность (*F*) problem. Заче́м создава́ть сло́жности там, где их нет? Why do you make problems where none exist?

сло́жный (*sh* -жна́) complicated. Это сло́жный вопро́с. This is a complicated question. • intricate. Я не совсе́м разбира́юсь в э́том сло́жном аппара́те. I haven't quite figured out this intricate device.

▢ **сло́жно** complicated. Он всегда́ говори́т так сло́жно, что ничего́ нельзя́ поня́ть. He always speaks in such a complicated manner that you can't possibly understand a thing.

слома́ть (*pct of* лома́ть) to break. Я, ка́жется, слома́л себе́ ру́ку. I think I broke my arm. — Осторо́жно, не слома́йте сту́ла! Be careful not to break the chair.

▢ *Слома́ешь ты себе́ ше́ю на э́том де́ле! You'll be digging your own grave with this thing.

-ся to break down. На́ша теле́га по доро́ге слома́лась. Our cart broke down on the way.

слон (-а́) elephant. Во вре́мя бомбарди́ровки, одно́й из жертв оказа́лся слон из зоопа́рка. One of the victims of the bombardment was the elephant in the zoo.

▢ *Они́, по обыкнове́нию, де́лают из му́хи слона́. As usual, they're making a mountain out of a molehill. • *Ока́зывается, слона́-то вы и не приме́тили! You've missed the main point.

слу́жащий (*AM /M of prap of* служи́ть/) employee. Ско́лько слу́жащих рабо́тает в э́том учрежде́нии? How many employees work in this office? • clerk. Пошли́те мне в но́мер слу́жащего, кото́рый говори́т по-англи́йски. Send up to my room a clerk who speaks English.

слу́жба service. Действи́тельную слу́жбу я проходи́л во фло́те. I was in active service in the Navy. • work. В кото́ром часу́ он прихо́дит со слу́жбы? What time does he come home from work? • job. Вы дово́льны ва́шей слу́жбой? Are you satisfied with your job? • favor. Сослужи́те мне слу́жбу, отнеси́те ему́ э́тот паке́т. Do me a favor and deliver this package to him.

▢ **сослужи́ть слу́жбу** to serve. Его́ замеча́тельный слух уже́ не раз сослужи́л ему́ хоро́шую слу́жбу. His excellent hearing served him well more than once.

служе́бный office. Я вам дам но́мер моего́ служе́бного телефо́на. I'll give you my office telephone number.

▢ **служе́бное вре́мя** working hours. Я не могу́ занима́ться ча́стными разгово́рами в служе́бное вре́мя. I can't have private conversations during working hours.

служи́ть (служу́, слу́жит; *prap* слу́жащий) to serve. Он слу́жит в а́рмии. He's serving in the Army.

▢ Для чего́ слу́жит э́тот рыча́г? What's this crank for? • Отдохнём немно́го — но́ги отка́зываются служи́ть. Let's rest a while; my feet won't move another step.

слух (/*g* -у/) hearing. По́сле боле́зни у него́ ослабе́л слух. After his illness he became hard of hearing. • rumor. По го́роду хо́дят ра́зные слу́хи. All kinds of rumors are spreading throughout the city.

▢ **по слу́ху** by ear. Он игра́ет по слу́ху. He plays by ear.

▢ *От него́ ни слу́ху ни ду́ху. I've seen neither hide nor hair of him.

слу́чай case. До́ктор рассказа́л интере́сный слу́чай из свое́й пра́ктики. The doctor told about an interesting case in his practice. • occasion. Не́ было ещё слу́чая, чтобы он опозда́л! There wasn't a single occasion when he wasn't late. • accident. Чи́стый слу́чай свёл меня́ с ним.

It was sheer accident that we two met. • chance. Он уж, коне́чно, не упу́стит слу́чая с ней встре́титься. Of course he won't miss the chance of meeting her. • opportunity. Он всегда́ рад слу́чаю вы́пить. He's always glad of an opportunity to drink. • circumstance. Я не зна́ю, как мне поступи́ть в э́том слу́чае. don't know how to act under such circumstances.

□ **в да́нном слу́чае** in that case. В да́нном слу́чае я бы де́йствовал реши́тельно. In that case, I'd act decisively.

в кра́йнем слу́чае if worst comes to worst. В кра́йнем слу́чае, нам придётся снять всю да́чу. If worst comes to worst, we'll have to take the entire summer house.

во вся́ком слу́чае in any event, in any case. Я во вся́ком слу́чае приду́. I'll come in any event.

в слу́чае in case. В слу́чае чего́ — телеграфи́руйте. In case something comes up, wire me. — В слу́чае, е́сли я опозда́ю, не жди́те меня́ с обе́дом. In case I'm late, don't wait for me for dinner.

на вся́кий слу́чай just in case. На вся́кий слу́чай возьми́те с собо́й зо́нтик. Take an umbrella with you just in case.

несча́стный слу́чай accident. Число́ несча́стных слу́чаев у нас на заво́де уменьши́лось. The number of accidents in our factory has decreased.

ни в ко́ем слу́чае under no circumstances. Ни в ко́ем слу́чае не отка́зывайтесь от э́той рабо́ты. Under no circumstances refuse that job.

по слу́чаю secondhand. Здесь продаётся пиани́но по слу́чаю. Secondhand piano for sale. • for. Музе́й закры́т по слу́чаю ремо́нта. The museum is closed for repairs.

удо́бный слу́чай opportunity. Я поговорю́ с ним об э́том, как то́лько предста́вится удо́бный слу́чай. I'll talk to him about it as soon as I get the opportunity.

случа́йность (F) coincidence. Мне удало́сь его́ разыска́ть, то́лько благодаря́ счастли́вой случа́йности. I was able to find him because of a lucky coincidence. • accident. Уверя́ю вас, ва́ше и́мя бы́ло пропу́щено по чи́стой случа́йности. I assure you your name was overlooked through pure accident.

случа́йный unexpected. Случа́йное обстоя́тельство поме́шало мне быть там во́-время. An unexpected event prevented my being there on time. • casual. Их случа́йное знако́мство перешло́ в большу́ю дру́жбу. Their casual acquaintance grew into a great friendship.

□ **случа́йный за́работок** odd job. На э́ти случа́йные за́работки не проживёшь. You can't live on those odd jobs.

случа́йно by chance, accidentally. Они́ случа́йно встре́тились в теа́тре. They met in the theater by chance. — Мы с ним познако́мились случа́йно. We got to know each other accidentally. • by any chance. Вы, случа́йно, не к нам идёте? Are you on the way to our house by any chance?

□ Он случа́йно оказа́лся до́ма. He just happened to be home.

случа́ться (dur of случи́ться) to happen. С ней ве́чно случа́ются необыча́йные происше́ствия. Something unusual is always happening to her.

□ Ему́ случа́лось и ра́ньше опа́здывать. He's been late before. • Вам уже́ случа́лось быва́ть в на́шем го́роде? Have you ever been in our town?

случи́ться (pct of случа́ться) to happen. (no dur) Что случи́лось? What happened? — Вот ви́дите! Случи́лось так, как я предска́зывал. See, it happened the way I said

it would. — Мне ка́к-то случи́лось проезжа́ть тут ле́том. I happened to pass through here once in the summer. — Что бы ни случи́лось, я оста́нусь ва́шим дру́гом. No matter what happens I'll always be your friend.

□ С ни́ми случи́лась больша́я беда́. They had a stroke of very bad luck. • С ним случи́лась ужа́сно неприя́тная исто́рия. He got into an awful mess.

слу́шатель (M) listener. Он внима́тельный слу́шатель. He's an attentive listener.

□ На его́ ле́кциях всегда́ мно́го слу́шателей. His lectures always draw a large crowd.

слу́шать to listen. Вы сего́дня слу́шали ра́дио? Did you listen to the radio today? — Аудито́рия слу́шала его́ с больши́м интере́сом. The audience listened to him with great interest.

□ Слу́шаю; кто у телефо́на? Hello; who's speaking? • Слу́шайте, говори́т Москва́. This is Moscow speaking. -ся to obey. Он тре́бует, что́бы все его́ слу́шались. He demands that everybody obey him.

□ Когда́ слу́шается его́ де́ло? When does his case come to trial?

слы́шать (-шу, -шит; /pct: y-/) to hear. Говори́те гро́мче, я вас не слы́шу. Speak louder; I don't hear you. — Слы́шали но́вость? Did you hear the news? — *Слы́шал звон, да не зна́ет, где он. He heard something, but doesn't quite understand what it's all about.

□ (no pct) На одно́ у́хо он совсе́м не слы́шит. He's absolutely deaf in one ear.

сля́коть (F) slush. Ну, и сля́коть сего́дня! Look at the slush today.

□ Не челове́к, а сля́коть кака́я-то. He's not a man; he's just a jellyfish.

сма́жу See сма́зать.

сма́зать (сма́жу, -жет; pct of сма́зывать) to oil. Необходи́мо сма́зать маши́ну. The car needs oiling. • to paint. Сма́жьте го́рло и́одом. Paint your throat with iodine. • to gloss over. Они́ умы́шленно сма́зали вопро́с. You deliberately glossed over the question.

сма́зка oiling. Како́й сма́зкой вы по́льзуетесь для ва́шей маши́ны? What do you use for oiling your car? • grease. Нам нужна́ сма́зка для колёс. We need some grease for the wheels.

сма́зывать (dur of сма́зать) to grease. Не сма́зывайте мото́р пока́ он не осты́нет. Don't grease the engine before it's cooled off.

сма́лывать (dur of смоло́ть) to grind.

сме́жный adjoining. У них две сме́жные ко́мнаты. They have two adjoining rooms.

сме́лый (sh -ла́) brave. Это был сме́лый посту́пок. It was a brave thing to do. • courageous. Он сме́лый па́рень. He's a courageous fellow. • bold. Бою́сь, что э́то сли́шком сме́лое утвержде́ние. I'm afraid that's too bold a statement to make.

□ сме́ло courageously. Они́ сме́ло бро́сились на врага́. They courageously threw themselves at the enemy. • pluckily. Мальчи́шка отвеча́л сме́ло, без колеба́ний. The boy answered pluckily without hesitation. • easily. Здесь сме́ло мо́гут помести́ться три челове́ка. Three people can get in here easily.

□ Вы сме́ло мо́жете взя́ться за э́ту рабо́ту. You can take this work on without hesitation.

смелю́ See смоло́ть.

смéна shift. В нáшей смéне рабóтают тóлько жéнщины. Only women work on our shift. — Вы рабóтаете в ночнóй смéне? Do you work on the night shift? • change. Вам необходúма смéна впечатлéний. What you need is a change of scenery. — Он взял с собóй тóлько две смéны бельá. He took only two changes of underwear with him. • youth. Мы посвящáем мнóго забóт и внимáния нáшей смéне. We give a lot of care and attention to our youth. □ Мы пришлú вам на смéну. We came to relieve you.

смéрить (pct of **мéрить**) to measure. Смéрьте-ка расстоáние мéжду óкнами. Measure the distance between the windows. • to take. Я вам смéрю температýру. I'll take your temperature. □ Онá егó смéрила взглáдом, и емý стáло нелóвко. She looked him up and down, and he got embarrassed.

смеркáться (dur of **смéркнуться**) to get dark. Начинáет смеркáться. It's getting dark.

смéркнуться (p смéрклось /N form only/; pct of **смеркáться**). □ Ужé смéрклось. It's already dark.

смертéльный fatal. Рáна егó оказáлась смертéльной. His wound proved to be fatal. • mortal. Онú смертéльные врагú. They're mortal enemies. □ **смертéльно** fatally. Он рáнен тяжелó, но не смертéльно. He's badly wounded, but not fatally. • dead. Я смертéльно устáл. I'm dead tired. □ Этот мотúв мне смертéльно надоéл. I'm just fed up with this tune. • Смертéльно! Danger!

смерть (P -рти, -ртéй F) death. Онú знáли, что идýт на вéрную смерть. They knew they were facing certain death. — Вы менá нá смерть напугáли! You scared me to death! — Он прú смерти. He's near death. — Мне дó смерти надоéли егó анекдóты. I'm bored to death with his stories. • Что с вáми? Вы бледнú как смерть. What's the matter with you? You're pale as a ghost. • Онú врагú не на жизнь, а на смерть. They're deadly enemies. • *Что ж, двум смертáм не бывáть, а однóй не миновáть. Well, you only die once. • *Смерть люблю слýшать егó пéсни. I just love to listen to his songs. • Он разбúлся нá смерть. He was smashed to bits. • *Дó смерти курúть хóчется! I'm dying for a smoke!

сметáна sour cream.

сметь to dare. Как вы смéете с ней так разговáривать! How dare you talk to her in that manner? — Не смéйте и дýмать об этом. Don't even dare think about it.

смех (/g -a, -y/) laugh. Какóй у неё заразúтельный смех! What a contagious laugh she has! • laughter. Мы так и покатúлись сó смеху. We just rolled with laughter. • laughing. Брóсьте шýтки, мне не до смéху. Quit kidding; I'm in no mood for laughing. — Мы прóсто помирáли сó смеху. We just died laughing. • fun. Я это сказáл так, смéха рáди. I said it just for the fun of it. □ **поднáть нá смех** to make fun of. Я так и сказáл, а онú пóдняли менá нá смех. I said that, but they made fun of me. □ Он это нá смех написáл, что ли? He was kidding about that, wasn't he?

смешáть (pct of **смéшивать**) to mix. Смешáйте эти две крáски, тогдá полýчится тот цвет, котóрый вы хотúте. Mix these two paints and you'll get the color you want.

смéшивать (dur of **смешáть**) to confuse. Не смéшивайте этих двух понáтий. Don't confuse these two ideas.

смешнóй (sh смешóн, -шнá, -ó, -ú) funny. Я не вúжу в этом ничегó смешнóго. I don't see anything funny about it. —

Онú до смешнóго похóжи друг на дрýга. It's funny how much alike they are. • ridiculous. Вы менá постáвили в смешнóе положéние. You put me in a ridiculous position. • silly. Вот смешнóй! Ведь речь идёт совсéм о другóм. Aren't you silly! We're talking about something altogether different.

□ **смешнó** humorously. Он óчень смешнó описáл вчерáшнюю сцéнку. He described yesterday's incident very humorously. • silly. Смешнó об этом говорúть в такýю минýту. It's silly to talk about this at such a moment. • funny. Вам смешнó? А мне вот плáкать хóчется. Is it funny to you? I feel like crying.

смеáться (смеюсь, смеётся) to laugh. Мы смеáлись до слёз. We laughed fit to cry. — Не смéйтесь! Это óчень серьёзно. Don't laugh. This is a very serious matter. — Над ним все смеются. Everybody's laughing at him. • to kid. Не обижáйтесь! Я, ведь, тóлько смеюсь. Don't get sore; I'm only kidding. □ Посмóтрим, кто бýдет смеáться послéдним. Let's see who'll have the last laugh.

смúрный quiet. Что это ваш сынóк сегóдня такóй смúрный? Why is your little boy so quiet today? • gentle. Бýдьте спокóйны, лóшадь смúрная, не сбрóсит. Rest assured, the horse is gentle and won't throw you. □ **смúрно** still. Сидúте смúрно — снимáю! Sit still; I'm taking your picture. — Онá минýты не мóжет посидéть смúрно. She can't be still even for a moment. □ Смúрно! Attention! (military).

смолáчивать (dur of **смолотúть**).

смолотúть (-молочý, -молóтит; pct of **молотúть** and **смолáчивать**) to thresh.

смолóть (смелю, смéлет; ppp смолóтый; pct of **молóть** and **смáлывать**) to grind. Погодúте, я сейчáс смелю кóфе. Wait, I'll just grind the coffee.

сморкáть (pct: **вы-**).

-ся to blow one's nose. Не сморкáйтесь так грóмко. Don't blow your nose so loudly.

смотр (/на смотрý/) parade. Сегóдня у пионéров смотр. There's a Pioneer parade today. □ **произвестú смотр** to review. Произведём смотр нáшим достижéниям. Let's review our achievements.

смотрéть (смотрю, смóтрит) to look. Смотрúте, какáя красúвая дéвушка! Look! What a pretty girl that one is! — Он на менá вóлком смóтрит. He's looking daggers at me. — Смотрúте, какóй храбрый! Look at that tin-horn hero! • to look after. Онá смóтрит за моúми детьмú, когдá я на рабóте. She looks after my children while I'm at work. • to see. Мы вчерá смотрéли нóвую пьéсу. We saw a new play yesterday. • to attend to. Чегó вы рáньше смотрéли? Тепéрь ничегó не подéлаешь. Why didn't you attend to it before? You can't do anything about it now. □ **смотрúте** be sure. Так смотрúте, не забýдьте, я вас жду зáвтра. Now be sure you don't forget I'm expecting you tomorrow.

смотрá как depending on. А это — смотрá как к этому вопрóсу подойтú. It depends on how you approach the question.

смотрá по depending on. Это мы решúм на мéсте, смотрá по обстоáтельствам. We'll decide this on the spot, depending on the circumstances. □ На все её продéлки он смóтрит сквозь пáльцы. He's tolerant of all her little tricks. • Нам не раз приходúлось смотрéть смéрти в глазá. We came face to face with death

491

more than once. • Вы непра́вильно на э́то смо́трите. You've got the wrong slant on it. • Не смотри́те на него́, он—изве́стный лентя́й. Don't follow his example; everybody knows he's lazy. • На́до смотре́ть в глаза́ фа́ктам. You have to face the facts.

смотря́ (/*prger of* **смотре́ть**/).

смочь (смогу́, смо́жет; *p* смог, смогла́, -о́, -и́; *pct*) to be able, can. Вы смо́жете дойти́ туда́ пешко́м? Will you be able to get there on foot? — Я приду́, е́сли смогу́. I'll come if I can. — Я не ду́маю, что он смо́жет сде́лать э́то без посторо́нней по́мощи. I don't think he'll be able to do it by himself.

смысл meaning. Вы извраща́ете смысл мои́х слов. You're twisting the meaning of my words. — Я с трудо́м ула́вливал смысл его́ докла́да. It was difficult for me to get the meaning of his report. — Э́то — преступле́ние в по́лном смы́сле э́того сло́ва. That's a crime in the full meaning of the word. • **sense.** А како́й вам смысл е́хать тепе́рь на Кавка́з? What's the sense of your going to the Caucasus now? — Я не ви́жу смы́сла в тако́й поспе́шности. I don't see any sense in all this hurry.

☐ **здра́вый смысл** common sense. Вы руково́дствуйтесь не тео́риями, а здра́вым смы́слом — лу́чше бу́дет. It'd be better if you let common sense rather than theory lead you. ☐ Ну, в смы́сле организо́ванности, мы вам, коне́чно, не усту́пим. Well, as regards organization, we're certainly not behind you. • Вы э́то понима́ете в прямо́м и́ли перено́сном смы́сле? Do you mean it literally or figuratively?

смышлёный bright. Э́то необыкнове́нно смышлёный ма́льчик. That boy's unusually bright.

сна *See* **сон**.

снабди́ть (*pct of* **снабжа́ть**) to supply. Он вас снабди́т всем необходи́мым. He'll supply you with what you need.

снабжа́ть (*dur of* **снабди́ть**) to supply. Кни́гами нас снабжа́ет райо́нная библиоте́ка. The branch library supplies us with books.

снабже́ние supply. Как у вас поста́влено снабже́ние сырьём? How's your supply of raw materials?

снабжу́ *See* **снабди́ть**.

снару́жи outside. Вы́мойте о́кна снару́жи то́же. Clean the windows on the outside as well. • **from the outside.** Дверь за́перта на задви́жку снару́жи. The door is bolted from the outside.

снаряди́ть (*pct of* **снаряжа́ть**) to fit out. Вот мы вас и снаряди́ли в путь-доро́гу. Well, we've fitted you out for your trip. • **to equip.** На́ша экспеди́ция уже́ оконча́тельно снаряжена́. Our expedition is now completely equipped.

снаряжа́ть (*dur of* **снаряди́ть**).

снаряжу́ *See* **снаряди́ть**.

снача́ла (/*cf* **нача́ло**/) first. Я снача́ла зако́нчу свою́ рабо́ту. I'll finish my work first. ☐ Придётся нам нача́ть всё снача́ла. We'll have to begin all over again.

снег (*P* -а́, -о́в /*g* -а, -у; в снегу́, на снегу́/) snow. С крыш сбра́сывают снег, осторо́жнее! Watch out! They're cleaning the snow off the roofs. — За́ ночь навали́ло мно́го сне́гу. The snow sure piled up during the night. ☐ идёт снег it's snowing. Сего́дня опя́ть идёт снег. It's snowing again today. ☐ *Он нам как снег на́ голову свали́лся. He barged in on us out of a clear sky. • *Э́то его́ интересу́ет, как прошлого́дний снег. He hasn't the slightest interest in it.

снега́ *See* **снег**.

снежный snow. Из-за сне́жных зано́сов все поезда́ прихо́дят с опозда́нием. All the trains are delayed because of the snowdrifts. — Де́ти вы́лепили сне́жную ба́бу. The children made a snow man.

снести́ (снесу́, -сёт; *p* снёс, снесла́, -о́, -и́; *pct of* **сноси́ть**) to take. Я снесу́ ва́ши пи́сьма на по́чту. I'll take your letters to the post office. — Снеси́те, пожа́луйста, мой бага́ж вниз. Take my baggage downstairs, please. • **to blow off.** У нас ве́тром снесло́ кры́шу. The wind blew our roof off. • **to put up with.** Я не мог снести́ э́той оби́ды. I couldn't put up with such an insult. • **to carry.** (*no dur*) Вам одно́й э́того не снести́, да́йте я вам помогу́. You can't carry it alone; let me help you. • **to lay.** (*no dur*) Ку́рица снесла́ яйцо́. The chicken laid an egg.

сни́зу from below. Сюда́ сни́зу не доно́сится никако́го шу́ма. Up here you won't hear any noise from below. — Сни́зу ужа́сно ду́ет. I feel an awful draft coming from below.

снима́ть (*dur of* **снять**) to take off. Не снима́йте пальто́, тут хо́лодно. Don't take your coat off; it's cold here. • **to rent.** Мы ка́ждый год снима́ем э́ту да́чу. We rent this summer place every year. • **to take a picture.** Я его́ мно́го раз снима́л, но всё неуда́чно. I took his picture many times, but none came out well. • **to skim.** Не снима́йте сли́вок, молоко́ ещё не отстоя́лось. Don't skim the cream off. The milk hasn't settled yet. ☐ Я снима́ю с себя́ отве́тственность за его́ поведе́ние. I'm no longer taking responsibility for his behavior.

сни́мок (-мка) picture. Он сде́лал в доро́ге мно́го интере́сных сни́мков. He took many interesting pictures during the trip. ☐ **рентге́новский сни́мок** X ray (picture). Мы сде́лаем вам рентге́новский сни́мок ноги́ и уви́дим в чём де́ло. We'll take an X ray of your leg and see what the trouble is.

сниму́ *See* **снять**.

сни́ться (/*pct:* **при-**/) to dream. Мне сего́дня сни́лся оте́ц. I dreamed of my father last night. — Мне и не сни́лся тако́й успе́х. I didn't even dream about such a success. ☐ Мне вчера́ сни́лся стра́нный сон. I had a strange dream last night.

сно́ва (/*cf* **но́вый**/) over again. Я сно́ва перечёл Толсто́го. I've read all of Tolstoy over again. • **again.** Я просну́лся среди́ но́чи, но то́тчас же сно́ва засну́л. I awoke in the middle of the night, but went back to sleep again immediately. ☐ **нача́ть сно́ва** to do over again. Рабо́та так плоха́, что придётся нача́ть всё сно́ва. The work's so bad we've got to do it over again.

сноп (-а́) sheaf. Пшени́цу вяза́ли в снопы́. They were tying the wheat into sheaves.

сноро́вка technique. У него́ замеча́тельная сноро́вка в э́том де́ле. He has developed a wonderful technique in this work. ☐ Э́та рабо́та тре́бует большо́й сноро́вки. It's a tricky job.

сноси́ть (сношу́, сно́сит; *dur of* **снести́**) to put up with. Как он сно́сит все э́ти оскорбле́ния! How can he put up with all these insults! • **to carry backwards.** Мы гребём изо всех сил, но нас о́чень сно́сит тече́нием. We're rowing as hard as we can, but the current is carrying us backwards.

сно́сный bearable. Усло́вия жи́зни там не блестя́щие, но вполне́ сно́сные. Living conditions are not too good there, but bearable.

□ **сно́сно** pretty fair. "Как ему́ там живётся?" "Ничего́, сно́сно". "How's he getting along there?" "Oh, pretty fair."

снотво́рное (AN) sleeping medicine.

сны See **сон**.

снять (сниму́, сни́мет; *p* сняла́; сня́лся, сняла́сь, -ло́сь, -ли́сь; *ppp* сня́тый, *sh F* снята́; *pct of* **снима́ть**) to take off. Сними́те э́ти я́щики с грузовика́. Take these boxes off the truck. — Сними́те руба́шку, я вас вы́слушаю. Take your shirt off; I'll examine you. — Его́ сня́ли с рабо́ты. He was taken off his job. • to take down. Помоги́те мне снять саквоя́ж. Help me take down this handbag. • to get off. Мы не могли́ са́ми снять ло́дку с ме́ли. We couldn't get the boat off the shoal by ourselves. • to harvest. Пшени́цу уже́ сня́ли. The wheat has already been harvested. • to pick. Я́блоки уже́ все сня́ты. All the apples have already been picked. • to withdraw. С него́ сня́то обвине́ние в растра́те. They withdrew the charge of embezzlement against him. — Я снял своё предложе́ние. I withdrew my proposal. • to lift. Неприя́телю пришло́сь снять оса́ду с го́рода. The enemy had to lift the siege from the city. • to rent. Я снял для вас ко́мнату в сосе́дней кварти́ре. I rented a room for you at a neighbor's apartment.

□ **снять допро́с** to question. С них уже́ сня́ли допро́с. They've already been questioned.

снять коло́ду to cut a deck. Он снял коло́ду и на́чал сдава́ть. He cut the deck and started dealing.

снять ко́пию to make a copy. Я снял ко́пию с э́того письма́. I've made a copy of this letter.

снять ме́рку to take measurements. Подожди́те, я сейча́с сниму́ с вас ме́рку. Wait, I'll take your measurements.

□ В э́том году́ мы сня́ли хоро́ший урожа́й. We brought in a good harvest this year. • *За э́то мне го́лову сни́мут. They'll chew my head off for that. • Я при́нял порошо́к, и боль как руко́й сня́ло. I took a powder and all the pain disappeared as if by magic.

со (*for* с *before some clusters, §31*) with. Пойдёте со мной в теа́тр? Will you go to the theater with me? — Он пришёл со свое́й скри́пкой. He brought his own violin with him. • from. Вы получи́ли сда́чу со ста рубле́й? Did you get your change from the hundred rubles? — Я откла́дываю э́то со дня на́ день. I'm putting it off from day to day. • off. Убери́те ва́ши ве́щи со сту́ла. Take your things off the chair. • in. Со вре́менем вы э́то поймёте. You'll understand it in time. • to. Со мной таки́х веще́й не случа́ется. Such things don't happen to me.

соба́ка dog. Не бо́йтесь, соба́ка не куса́ется. Don't be afraid; the dog doesn't bite. — Нет, э́то не поро́дистая соба́ка. No, it's not a pedigreed dog. Как вам не сты́дно! Живёте как ко́шка с соба́кой. Aren't you ashamed? Always fighting like cats and dogs! — Я уста́л, как соба́ка. I'm dog tired. — А я что, соба́ка? Я то́же челове́к! What do you think I am, a dog? I'm a human being, too! • hound. Охо́тник сви́стнул соба́к. The hunter whistled to the hounds.

□ У нас у сами́х — актёров, как соба́к нере́занных. We have more actors here than you can shake a stick at. • *Мо́жете на него́ положи́ться, он на э́том соба́ку съел. You can rely on him; he's an old hand at it. • *Вот где соба́ка зары́та! That's the root of the matter.

соберу́ See **собра́ть**.

соберу́сь See **собра́ться**.

собира́ть (*dur of* **собра́ть**) to collect. Я свою́ библиоте́ку два́дцать лет собира́л. I've been collecting this library for twenty years. — Вы собира́ете почто́вые ма́рки? Do you collect stamps? — Я собира́ю материа́л для статьи́ о сове́тском кино́. I'm collecting material for an article on Soviet movies. — Вот э́тот па́рень собира́ет чле́нские взно́сы в профсою́з. This fellow collects the trade-union membership dues. • to pick. У нас тут грибо́в — то́лько собира́й! We've got lots of mushrooms here. All you have to do is to pick them. • to prepare. Хозя́йка собира́ет сынове́й в доро́гу. The landlady is preparing her sons for a trip.

-**ся** to get together. По воскресе́ньям у них всегда́ собира́ется наро́д. People get together at their house every Sunday. • to intend. Куда́ вы собира́етесь ле́том? Where do you intend to go this summer? • to get ready. Пока́ мы собира́лись, по́езд ушёл. The train left while we were getting ready.

□ Что вы собира́етесь де́лать сего́дня ве́чером? What are you going to do tonight? • Собира́ется дождь. It looks like rain.

собо́р cathedral.

собра́ние meeting. Вы бы́ли сего́дня на собра́нии? Were you at the meeting today? • collection. Тут вы найдёте лу́чшее собра́ние карти́н э́того худо́жника. You'll find the best collection of paintings of this artist here.

□ **по́лное собра́ние сочине́ний** complete works. Я купи́л по́лное собра́ние сочине́ний Че́хова. I bought the complete works of Chekhov.

собра́ние сочине́ний collected works. Есть у вас собра́ние сочине́ний Толсто́го? Do you have the collected works of Tolstoy?

собра́ть (-беру́, -рёт; *p* -брала́; -бра́лся, -брала́сь, -брало́сь, -брали́сь; *ppp* со́бранный, *sh F* -брана́; *pct of* **собира́ть**) to gather. Собери́те всех ва́ших ребя́т на дворе́. Gather all your boys together in the yard. — Пла́тье со́брано у во́рота. The dress is gathered at the neck. • to receive. На́ша резолю́ция собрала́ большинство́ голосо́в. Our motion received a majority of the votes. • to assemble. Он разобра́л, почи́стил и сно́ва собра́л мой радиоприёмник. He took apart, cleaned, and reassembled my radio (receiver).

□ Мне пришло́сь собра́ть всё своё му́жество, что́бы сказа́ть ему́ э́то. I had to get up all my courage to tell him that. • Собери́те нам чего́-нибудь пое́сть. Give us something to eat.

-**ся** to gather. Почему́ там собрало́сь сто́лько наро́ду? What are all those people gathered there for? — Собери́тесь с мы́слями и расскажи́те всё по поря́дку. Gather your thoughts and tell everything exactly as it happ n d.

□ Я э́то сде́лаю. Да́йте мне то́лько собра́ться с си́лами. I'll do it. Just give me a chance to get my bearings. • Собери́тесь с ду́хом и скажи́те ему́ всю пра́вду. Get up enough courage to tell him the whole truth.

со́бственность (F)

□ **госуда́рственная со́бственность** national property.

ли́чная со́бственность personal property.

обще́ственная со́бственность public property.

социалисти́ческая со́бственность socialist property.

ча́стная со́бственность private property.

со́бственный own. Э́то моя́ со́бственная маши́нка. This is my own typewriter. — Я (э́то) по со́бственному о́пыту зна́ю. I know it from my own experience.

☐ **по со́бственному жела́нию** voluntarily. Он е́дет по со́бственному жела́нию, никто́ его́ не заставля́ет. Nobody is ordering him to go; he's going voluntarily.

со́бственное и́мя proper name.

со́бственно really. Что он, со́бственно, хо́чет э́тим сказа́ть? What does he really mean by it? • strictly speaking. Он, со́бственно, не америка́нец, но он вы́рос в Аме́рике. Strictly speaking, he's not an American, but he grew up in America.

☐ Смотри́те, переда́йте ему́ э́то в со́бственные ру́ки. Make sure you hand it to him in person. • Со́бственно говоря́, мне совсе́м не хо́чется брать э́ту рабо́ту. As a matter of fact I wouldn't want to take this job at all.

собы́тие event. Неуже́ли вы не понима́ете, како́е э́то вели́кое собы́тие? Don't you realize what a great event it is?

соверша́ть (*dur of* **соверши́ть**) to commit. Он соверша́ет большо́е преступле́ние! He's committing a great crime!

совершенноле́тний of age. Он мо́жет подписа́ть: он совершенноле́тний. He can sign; he's of age.

соверше́нный absolute. Это соверше́нная бессмы́слица. This is absolute nonsense. • perfect. То́лько соверше́нный идио́т мог э́то сказа́ть. Only a perfect fool could have said that. • complete. Это был соверше́нный прова́л. It was a complete failure.

☐ **соверше́нно** completely. Я с ва́ми соверше́нно согла́сен. I completely agree with you. — Он соверше́нно слеп. He's completely blind. • perfectly. Я соверше́нно здоро́в. I'm perfectly healthy. • entirely. Это соверше́нно ли́шнее. It is entirely unnecessary.

☐ Мне э́то соверше́нно ни к чему́. I have no use for it at all. • Соверше́нно ве́рно! That's right!

соверше́нствовать (/*pct*: у-/).

соверши́ть (*pct of* **соверша́ть**) to do. Не вся́кий мо́жет соверши́ть тако́й по́двиг. Not everyone can do something as brave as that.

со́весть (*F*) conscience. Не могу́ — со́весть не позволя́ет! I can't; my conscience won't let me. — У него́ не ма́ло грехо́в на со́вести. He's got a lot on his conscience. — Я ему́ всё-таки позвоню́ для очи́стки со́вести. I'll call him anyway, so my conscience doesn't bother me.

☐ Что и говори́ть — срабо́тано на со́весть. I've got to admit it's very well done. • По со́вести сказа́ть, я в э́том де́ле ма́ло понима́ю. Truthfully speaking, I understand very little about this matter. • Я его́ могу́ вам рекомендова́ть со споко́йной со́вестью. I can recommend him to you without qualification. • • Он рабо́тает не за страх, а за со́весть. He has his heart in his work.

сове́т advice. Мой сове́т — не вме́шивайтесь в э́то де́ло. My advice is not to get yourself mixed up in this matter. — Спроси́те его́, он наве́рно даст вам хоро́ший сове́т. Ask him; he can surely give you good advice. • council. Что они́ пореши́ли на семе́йном сове́те? What did they decide at the family council?

☐ **Верхо́вный Сове́т** Supreme Soviet (*See appendix 4*).

горсове́т (**городско́й сове́т**) town soviet. За разреше́нием обраща́ться в горсове́т. Apply for permits at the town soviet.

педагоги́ческий сове́т faculty meeting. Она́ ушла́ на заседа́ние педагоги́ческого сове́та. She went to her faculty meeting.

Сове́т Наро́дных Комисса́ров (Совнарко́м) Council of People's Commissars (*See appendix 4*).

Сове́т национа́льностей Council of Nationalities (*See appendix 4*).

Сове́т Сою́за Council of the Union (*See appendix 4*).

Техни́ческий сове́т при наркома́те путе́й сообще́ния Technical Council of the People's Commissariat for Communications.

сове́товать to advise. До́ктор сове́тует ему́ пое́хать на юг. The doctor advises him to go south. • to recommend. Я вам не сове́тую с ним ссо́риться. I don't recommend that you quarrel with him.

-ся to consult. Она́ обо всём сове́туется с ма́терью. She consults her mother about everything.

сове́тский Soviet. Он настоя́щий сове́тский челове́к. He's a real Soviet man. — Он бо́льше рабо́тал по профсою́зной и парти́йной, чем по сове́тской ли́нии. He worked more in the trade unions and the party than in the Soviet administration.

☐ **сове́тская власть** Soviet power.

сове́тская литерату́ра Soviet literature.

Сове́тский Сою́з Soviet Union.

совеща́ние conference. Кто прису́тствовал вчера́ на совеща́нии? Who attended the conference yesterday? — Произво́дственное совеща́ние наме́тило ряд но́вых мероприя́тий. The production conference planned a series of new measures.

совмести́ть (*pct of* **совмеща́ть**) to combine. Эти два заня́тия тру́дно совмести́ть. It's difficult to combine these two occupations. • to fit in. Я не могу́ э́того совмести́ть с мои́м представле́нием о нём. I can't fit this in with the way I imagine him.

☐ Интере́сы на́ших стран вполне́ совмести́мы. The interests of our two countries are completely compatible.

совмеща́ть (*dur of* **совмести́ть**) to combine. Он совмеща́ет рабо́ту в кли́нике с чте́нием ле́кций в университе́те. He combines a job at the clinic with lecturing at the university.

совра́ть (-вру́, -врёт; *p* -врала́; *pct of* **врать**) to lie. Вот како́й! Совра́л и не покрасне́л. What a guy! He lied with a straight face.

совреме́нный contemporary. Как вам нра́вится совреме́нная ру́сская жи́вопись? How do you like contemporary Russian painting? • modern. Совреме́нная молодёжь над э́тим ма́ло аду́мывается. Modern youth isn't much interested in that.

совсе́м (/*cf* **весь**/) completely. Он совсе́м рехну́лся. He lost his mind completely. • entirely. У них совсе́м друго́й подхо́д к де́лу. They take an entirely different approach to the matter. • absolutely. Всё э́то на́до бы́ло сде́лать совсе́м ина́че. Everything had to be done in an absolutely different way.

☐ **совсе́м бы́ло** just about. Я совсе́м бы́ло реши́л оста́ться здесь. I've just about made up my mind to stay here. ☐ Совсе́м нет! Nothing of the kind! • Она́ совсе́м расхвора́лась. She's good and sick now. • Я вас не совсе́м понима́ю. I don't quite get you. Я совсе́м не хоте́л вас оби́деть. I certainly didn't want to offend you. • Мне от э́того совсе́м не ле́гче. I'm no better off because of it. • Он совсе́м не так уж её лю́бит. He isn't so much in love with her.

совхо́з sovkhoz, state-operated farm.

согла́сие consent. Вы не мо́жете уе́хать без его́ согла́сия.

You can't leave without his consent. • **harmony.** Они́ прожи́ли мно́го лет в по́лном согла́сии. They spent many years in perfect harmony. • **agreement.** Они́ реши́ли разойти́сь по обою́дному согла́сию. They decided to separate by mutual agreement.

согласи́ть (*pct of* **соглаша́ть**).

-ся to agree. Ника́к не могу́ с ва́ми согласи́ться. I can't agree with you at all. • to consent. Попроси́те его́, мо́жет быть он согласи́тся пойти́ с на́ми. Ask him; perhaps he'll consent to come with us. • to admit. Согласи́тесь, что вы ошиблись. Admit that you've made a mistake.

согласова́ть (*pct of* **согласо́вывать**) to time. Движе́ние авто́бусов согласо́вано с прихо́дом поездо́в. The bus traffic is timed to the arrival of the trains. • to clear. Ва́ше назначе́ние на́до ещё согласова́ть с дире́ктором. Your appointment still has to be cleared with the director.

☐ Тру́дно согласова́ть таки́е ра́зные интере́сы. It's difficult to make such different interests mesh.

согласо́вывать (*dur of* **согласова́ть**) to adjust.

соглаша́ть (*dur of* **согласи́ть**).

-ся to agree. Вы меня́ уговори́ли — соглаша́юсь. You've convinced me — I agree.

соглашу́сь *See* **согласи́ться**.

согну́ть (*pct of* **сгиба́ть**) to bend.

согрева́ть (-ва́ю, -ва́ет; *dur of* **согре́ть**) to warm. Э́та печь совсе́м не согрева́ет ко́мнаты. This stove doesn't warm the room at all.

согре́ть (*ppp* согре́тый; *pct of* **согрева́ть**) to warm. Походи́ по ко́мнате, хоть но́ги согре́ешь. Walk up and down the room; you'll warm your feet, at least. • to warm up. Согре́йте мне немно́го су́пу. Warm up some soup for me.

☐ Согре́ть вам ча́ю? Shall I make you some tea?

содержа́ть (-держу́, -де́ржит) to support. Он соде́ржит свою́ мать. He supports his mother. • to keep. Таку́ю большу́ю кварти́ру тру́дно содержа́ть в чистоте́. It's hard to keep such a big apartment clean.

-ся to be supported. Э́тот де́тский дом соде́ржится на сре́дства на́ших колхо́зников. This children's home is supported by our kolkhozniks.

содра́ть (*pct of* **драть**).

соедине́ние compound. Э́то како́е-то мне неизве́стное хими́ческое соедине́ние. This is some chemical compound I don't know about. • junction. Наш отря́д шёл на соедине́ние со свои́м полко́м. Our unit went ahead to make a junction with our regiment.

соединённый (/*ppp of* **соедини́ть**/).

☐ **Соединённые Шта́ты** United States. Я граждани́н Соединённых Шта́тов. I'm a citizen of the United States.

соедини́ть (*pct of* **соединя́ть**) to connect. Вас всё ещё не соедини́ли со справочным бюро́? Haven't they connected you yet with the information bureau? — Соедини́те меня́, пожа́луйста, с дире́ктором. Connect me with the director, please.

соединя́ть (*dur of* **соедини́ть**) to combine. Он соединя́ет большу́ю эруди́цию с необыча́йной скро́мностью. He combines great learning with unusual modesty.

-ся to unite. Пролета́рии всех стран, соединя́йтесь! Workers of the world, unite! • to be combined. У него́ больши́е спосо́бности соединя́ются со скро́мностью, а э́то быва́ет ре́дко. In him, great ability is combined with modesty, and that's a rare thing, you know

сожале́ние regret. Я уе́хал отту́да без вся́кого сожале́ния. I left there without any regrets.

☐ **к сожале́нию** unfortunately. К сожале́нию, я ничего́ не могу́ для вас сде́лать. Unfortunately, I can't do a thing for you.

сожгу́ *See* **сжечь**.[1]

сожму́ *See* **сжать**.[1]

сожну́ *See* **сжать**.[2]

созва́ниваться (*dur of* **созвони́ться**).

созва́ть (созову́, -вёт; *p* созвала́; *pct of* **созыва́ть**) to call together. Он созва́л всех свои́х друзе́й. He called together all his friends. • to call. Когда́ вы ду́маете созва́ть ми́тинг? When do you think you'll call the meeting?

созвони́ться (*pct of* **созва́ниваться**) to get on the phone. Вам удало́сь с ним созвони́ться? Were you able to get him on the phone?

создава́ть (-даю́, -даёт; *imv* -дава́й; *prger* -дава́я; *dur of* **созда́ть**) to make. Не создава́йте но́вых осложне́ний. Don't make new complications.

созда́м *See* **созда́ть**.

созда́ть (-дам, -даст, §27; *imv* -да́й; *p* со́здал, создала́, со́здало, -и; создался́, -ла́сь, -ло́сь, -ли́сь; *ppp* со́зданный; *sh F* -дана́; *pct of* **создава́ть**) to create. У нас со́зданы благоприя́тные усло́вия для учёных. We have created favorable working conditions for our scientists. • to make. Я не со́здан для э́того де́ла. I'm not made for this work. • to coin. Вот вы со́здали но́вое выраже́ние. You've just coined a new expression.

сознава́ть (-знаю́, -знаёт; *imv* -знава́й; *prger* -знава́я; *dur of* **созна́ть**) to be conscious. Он не сознаёт свое́й вины́. He isn't conscious of his guilt. • to realize. Вы сознаёте, как э́то ва́жно? Do you realize how important this is?

☐ Он так плох, что уже́ ничего́ не сознаёт. He's so sick that nothing registers on him any more.

-ся to confess. Престу́пник до́лго не сознава́лся. The criminal took a long time to confess. • to admit. Созна́юсь, я был непра́в. I admit I was wrong.

созна́ние realization. Его́ му́чило созна́ние свое́й нену́жности. The realization of being unnecessary tortured him. • consciousness. Он уже́ пришёл в созна́ние? Has he already regained consciousness? • sense. В ней о́чень си́льное созна́ние до́лга. She has a strong sense of duty.

созна́тельный responsible. Он уже́ совсе́м взро́слый и созна́тельный челове́к. He's already quite a grown and responsible person. • willful. Э́то созна́тельное уклоне́ние от обя́занностей. This is willful evasion of duty.

☐ **созна́тельно** knowingly. Он де́лал э́то, созна́тельно пренебрега́я интере́сами свои́х друзе́й. He did it, knowingly ignoring the interests of his friends. • conscientious. Он созна́тельно отно́сится к де́лу. He's very conscientious in his work.

созна́ть (*ppp* осо́знанный, *sh F* -знана́; *pct of* **сознава́ть**) to realize. Он созна́л свою́ оши́бку. He realized his mistake.

-ся to confess. Созна́йтесь, вы стяну́ли все мои́ карандаши́? Confess now, didn't you swipe all my pencils? — (*no dur*) На́до созна́ться; э́то бы́ло для меня́ соверше́нной неожи́данностью. I must confess this was a complete surprise to me.

☐ *Он чистосерде́чно созна́лся во всём. He made a clean breast of everything.

созову́ *See* **созва́ть**.

созрева́ть (-ва́ю, -ва́ет; *dur of* **созре́ть**). Когда́ здесь созрева́ет клубни́ка? When are strawberries in season here?

созре́ть (*pct of* **созрева́ть**) to be ripe. Зерновы́е уже́ созре́ли. The grain is ripe already.

созыва́ть (*dur of* **созва́ть**).

сойду́ *See* **сойти́.**

сойду́сь *See* **сойти́сь.**

сойти́ (-йду́, -йдёт; *p* сошёл, -шла́, -ó, -и́; *pap* сше́дший *or* соше́дший; *pct of* **сходи́ть**) to come down. Сойди́те вниз! Come on down! • to get off. Вам на́до сойти́ на сле́дующей остано́вке и пересе́сть в друго́й трамва́й. You have to get off at the next stop and change to another trolley. • to go away. У меня́ ещё не сошёл зага́р. My sun-tan hasn't gone away yet. • to pass. Как вы ду́маете, он сойдёт за специали́ста? Do you think he'll pass as a specialist?

□ **сойдёт** it'll do. Э́то сде́лано нева́жно, но ничего́, сойдёт! This wasn't done well, but it'll do.

□ Трамва́й сошёл с ре́льсов. The trolley jumped the tracks. □ Помоги́те ей сойти́ с авто́буса. Help her off the bus.

-сь to agree. Мы сойдёмся в цене́. We'll agree on a price. • to hit it off. Мы сра́зу о́чень сошли́сь. We hit it off right off the bat.

□ Они́ не сошли́сь хара́ктерами. They were incompatible. • Все свиде́тели сошли́сь в свои́х показа́ниях. All the witnesses gave the same testimony.

сок (/в соку́, на соку́/) juice.

сократи́ть (-кращу́, -крати́т; *pct of* **сокраща́ть**) to cut short. Срок моего́ пребыва́ния здесь о́чень сократи́ли. My stay here was cut very short. • to cut down on. В на́шем учрежде́нии бу́дут сокраще́ны шта́ты. They're going to cut down on the staff in our office. — Мне придётся сократи́ть мой о́тпуск. I'll have to cut down on my vacation.

□ Я чита́л э́тот рома́н в сокращённом ви́де. I read an abridged edition of that novel.

-ся to cut down on expenses. Нам придётся в э́том ме́сяце немно́го сократи́ться. We'll have to cut down on our expenses this month. • to diminish, to fall off. За вре́мя войны́ число́ те́хников си́льно сократи́лось. The number of technicians has greatly diminished during the war.

□ Сократи́сь, не пристава́й. Cut it out; leave me alone.

сокраща́ть (*dur of* **сократи́ть**) to make shorter. Мне не хо́чется сокраща́ть э́ту статью́. I don't want to make this article shorter.

-ся to grow shorter. Дни начина́ют сокраща́ться; поня́тно, что счета́ на электри́чество расту́т. The days are growing shorter. No wonder our electric bills are getting larger. • to get smaller. Расхо́ды у нас не сокраща́ются, пойми́те э́то! You ought to understand that our expenses aren't getting any smaller.

сокращу́ *See* **сократи́ть.**

солга́ть (солгу́, -лжёт; *p* солгала́; *pct of* **лгать**) to lie. Она́ солгала́ умы́шленно. She lied on purpose.

солда́т (*gp* солда́т) soldier.

солёный salty. Суп сли́шком солёный. The soup is too salty. • pickled. Хоти́те солёных огурцо́в и́ли све́жих? Do you want pickled cucumbers or fresh ones?

солжёшь *See* **солга́ть.**

со́лнце ([-онc-]; *gp* со́лнцев) sun. Со́лнце зашло́ и сра́зу ста́ло хо́лодно. It got cold as soon as the sun went down. — Не сиди́те сли́шком до́лго на со́лнце. Don't stay out in the sun too long.

солове́й (-вья́) nightingale. Солове́й поёт, кака́я красота́! A nightingale is singing. What beauty!

□ *Соловья́ ба́снями не ко́рмят. A hungry belly has no ears.

соло́ма straw.

соло́менный straw. Купи́те себе́ соло́менную шля́пу. Buy yourself a straw hat.

□ **соло́менная вдова́** grass widow. Она́ соло́менная вдова́ на две неде́ли. She's going to be a grass widow for two weeks.

солони́на corned beef.

соло́нка salt-shaker.

соль (*P* со́ли, соле́й *F*) salt. Доба́вьте в суп немно́го со́ли. Put a little more salt in the soup. — Уж о́чень они́ о себе́ высо́кого мне́ния! Поду́маешь — соль земли́! They have a very high opinion of themselves. They think they're the salt of the earth!

□ **англи́йская соль** Epsom salts. Мо́жно тут доста́ть англи́йскую соль? Can we get Epsom salts here?

□ В чём же, со́бственно, соль ва́шего расска́за? Exactly what is the essence of your story?

сомнева́ться (-ва́юсь, -ва́ется) to doubt. Сомнева́юсь, что́бы э́то мо́жно бы́ло сде́лать в тако́й коро́ткий срок. I doubt that this can be done in such a short time. — Я никогда́ не сомнева́лся в его́ че́стности. I never doubted his honesty. • to worry. Не сомнева́йтесь, всё бу́дет в поря́дке. Don't worry; everything will be all right.

сон (сна) sleep. В ва́шем состоя́нии сон важне́е всего́. Sleep is the most important thing for a person in your condition. • dream. Я вас вчера́ ви́дел во сне́. I saw you in my dream last night. — Э́то вре́мя промча́лось, как сон. That time was just like a dream. — Я сего́дня весь день, как во сне. I've been going around all day today as if in a dream.

□ У него́ о́чень чу́ткий сон. He's a very light sleeper. • Я слы́шал сквозь сон, как они́ вошли́. I heard them come in while I was half asleep. • Со сна я не понима́л, что мне говоря́т. I didn't understand what they were saying to me; I was still half asleep. • Вы всегда́ чита́ете пе́ред сном? Do you always read before going to sleep? • *Пра́во же, я в э́том ни сном ни ду́хом не винова́т. Really, I've got a clean bill of health in this matter. • *Наш стари́к — сама́ любе́зность. Что сей сон зна́чит? I can't understand what's gotten into the old man today. He's the soul of friendliness.

сообража́ть (*dur of* **сообрази́ть**) to realize. На́до бы́ло сообража́ть что вы де́лаете. You shoul I have realized what you were doing. • to figure out. Не спра́шивай меня́, сообража́й сам! Why ask me? Figure it out for yourself.

□ Как он ме́дленно сообража́ет! What a slow thinker he is!

соображу́ *See* **сообрази́ть.**

сообрази́ть (*pct of* **сообража́ть**).

□ Наконе́ц-то вы сообрази́ли! So you finally got it!

сообща́ть (*dur of* **сообщи́ть**) to let know. Мо́жете не сообща́ть зара́нее, а пря́мо прие́хать. You don't have to let me know in advance; just come. • to report. Наш корреспонде́нт сообща́ет . . . . Our correspondent reports . . . .

сообще́ние information. По ра́дио передава́лись сообще́ния с теа́тра вое́нных де́йствий. They were broadcasting information from a theater of military operations. • word. Мы получи́ли сообще́ние о прие́зде дя́ди. We received word of our uncle's arrival. •connections. У нас тут о́чень удо́бное сообще́ние с це́нтром го́рода. We have very good connections with the center of town.

□ возду́шное сообще́ние air connections. Ме́жду э́тими острова́ми устано́влено возду́шное сообще́ние. There are air connections between these islands.

телегра́фное сообще́ние telegraph communication.

телефо́нное сообще́ние telephone communication.

□ У вас есть расписа́ние поездо́в пригородного сообще́ния? Do you have a timetable for the suburban trains? • Ме́жду го́родом и заво́дом есть трамва́йное сообще́ние. There's a trolley line running from town to the factory.

сообщи́ть (pct of сообща́ть) to let know. Сообщи́те о прие́зде телегра́ммой. Let me know by telegram when you arrive. • to inform. На́до сообщи́ть об э́том его́ родны́м. It's necessary to inform his relatives. • to break the news. Мне пришло́сь сообщи́ть ему́ о сме́рти его́ бра́та. I had to break the news of his brother's death to him. • to tell. Я до́лжен вам сообщи́ть не́что о́чень ва́жное. I must tell you something very important. • to announce. Об э́том то́лько что сообщи́ли по ра́дио. They just announced it on the radio.

сооруже́ние building. Э́ти сооруже́ния занима́ют огро́мную пло́щадь. These buildings take in a tremendous area.

соотве́тственно according. Он поступи́л соотве́тственно ва́шим указа́ниям. He acted according to your directions.

сор (/g -у; в сору́/) rubbish. Куда́ мо́жно вы́нести сор? Where can I put out the rubbish?

□ *То́лько чур, со́ра из избы́ не выноси́ть! We'd better wash our dirty linen at home.

сорва́ть (-рву, -рвёт; p -рвала́; -рва́лся, -рвала́сь, -рва́лось, -рвали́сь; ppp со́рванный, sh F -рвана́; pct of срыва́ть) to tear off. Ра́ньше сорви́те со стены́ ста́рые обо́и. Tear off the old wallpaper first. • to blow off. Ве́тер сорва́л у меня́ шля́пу. The wind blew my hat off. • to pick. Цветы́ у вас, я ви́жу, все со́рваны. I see all your flowers are picked.

□ Э́той вы́ходкой вы мне сорва́ли де́ло. You spoiled the whole thing for me by this trick.

-ся to tear down. Занаве́ска сорвала́сь. The curtain was torn down.

□ Я и сам не зна́ю как у меня́ сорвала́сь э́та гру́бость. I don't know myself how I let such coarse language slip. • Не сто́йте на подно́жке, ещё сорвётесь! Don't stand on the running board; you can fall off! • Он вдруг сорва́лся со сту́ла и вы́бежал в коридо́р. He suddenly jumped up from his chair and ran into the hall. • Из-за недоста́тка угля́ сорва́лся вы́пуск ва́жных дета́лей. Because of the shortage of coal, important machinery parts were not finished.

соревнова́ние competition. Како́й заво́д победи́л в э́том соревнова́нии? Which plant won the competition? • meet. Он за́нял пе́рвое ме́сто на соревнова́нии в пла́вании. He won first place in the swimming meet.

□ социалисти́ческое соревнова́ние socialist competition. На́ше обяза́тельство по социалисти́ческому соревнова́нию бы́ло вы́полнено. Our obligation in the socialist competition was fulfilled.

соревнова́ться to compete. Кто соревну́ется с на́ми? Who's competing with us?

сори́ть (сорю́, со́рит) to mess up. Не сори́те, здесь то́лько что подмели́. Don't mess up this place; it was just cleaned.

□ Чего́ вы деньга́ми со́рите? What do you throw your money around for?

сорня́к (-а́) weed.

со́рок (gdil сорока́, §22) forty.

сороково́й fortieth.

сорт (P -а́, -о́в) quality. А ско́лько сто́ит кило́ табаку́ вы́сшего со́рта? And how much does a kilogram of the best quality tobacco cost? • kind. На база́ре вы смо́жете купи́ть все сорта́ фру́ктов. You can buy all kinds of fruit at the market. — Это остроу́мие невысо́кого со́рта. This is a very low kind of humor.

соса́ть (сосу́, сосёт; dur) to suck. "Что э́то вы сосёте?" "Леденец". "What are you sucking?" "A hard candy."

□ У меня́ от го́лода под ло́жечкой сосёт. I'm so hungry I have an empty feeling in my stomach.

сосе́д (P сосе́ди, -дей, -дям) neighbor. На крик сбежа́лись все сосе́ди. At the scream all the neighbors came running.

□ Он был мои́м сосе́дом по кварти́ре. He lived in the same apartment house with me.

сосе́дка neighbor F.

сосе́дний neighboring. Мы соревну́емся с сосе́дним колхо́зом. We are competing with the neighboring kolkhoz. • next. Они́ живу́т в сосе́днем до́ме. They live in the next house.

соси́ска hot dog, frankfurter. Да́йте мне, пожа́луйста, соси́ску и ча́шку ко́фе. Give me a hot dog and a cup of coffee, please.

соска́кивать ([-k*v-]; dur of соскочи́ть).

соскочи́ть (-скочу́, -ско́чит; pct of соска́кивать) to jump off. Он соскочи́л с трамва́я на ходу́. He jumped off the trolley while it was still moving. • to come off. Колесо́ соскочи́ло с о́си. The wheel came off its axle.

сосна́ (P со́сны) pine tree.

сосредото́чивать (dur of сосредото́чить) to concentrate. Мы сейча́с сосредото́чиваем все на́ши си́лы на восстановле́нии промы́шленности. We're now concentrating all our energy on the reconstruction of industry.

сосредото́чить (pct of сосредото́чивать) to concentrate. Основны́е си́лы а́рмии бы́ли сосредото́чены на грани́це. The main forces of the army were concentrated on the frontier. — Сосредото́чьте ва́ше внима́ние на э́той пробле́ме. Concentrate your attention on this problem.

соста́в composition. Како́й соста́в э́того порошка́? What's the composition of this powder? — Кто вхо́дит в соста́в но́вого прави́тельства? What's the composition of the new government? • compound. Осторо́жней с э́тим соста́вом: он мо́жет взорва́ться. Be careful with this compound; it may explode.

□ подвижно́й соста́в rolling stock.

соста́вить (pct of составля́ть) to compile. Он помо́жет вам соста́вить статисти́ческие табли́цы. He'll help you compile the statistical tables. — Он соста́вил хоро́ший спра́вочник. He compiled a good reference book. • to put together. Соста́вьте э́ти два стола́ и покро́йте ска́тертью. Put these two tables together and cover them with a tablecloth. • to pile. Соста́вьте пока́ ме́бель вот сюда́. Just pile all the furniture here. • to collect. Он себе́ соста́вил поря́дочную библиоте́ку. He collected a rather large library. • to make up. Меня́ попроси́ли соста́вить расписа́ние уро́ков. They asked me to make up the lesson schedule. • to amount to. Э́то соста́вит не ме́ньше ста рубле́й. All this will amount to not less than a hundred rubles. • to form.

Вы уже́ соста́вили себе́ представле́ние об э́том де́ле? Have you formed any ideas about this matter yet?

□ **соста́вить протоко́л** to make a (police) record. Пришёл милиционе́р и соста́вил протоко́л о происше́ствии. The policeman came and made a record of what had happened. **соста́вить себе́ и́мя** to make a name for oneself. Он уже́ соста́вил себе́ и́мя, как худо́жник. He's already made a name for himself as a painter.

составля́ть (*dur of* **соста́вить**) to add up. Всё э́то вме́сте составля́ет не таку́ю большу́ю су́мму. All this together doesn't add up to a large amount.

состоя́ние condition. Эта маши́на ста́рая, но она́ ещё в хоро́шем состоя́нии. This is an old car, but it's still in good condition. — Я так уста́л, что не в состоя́нии шевельну́ть руко́й. I'm so tired that I'm not in any condition to raise a hand. • state. Пока́ не пришла́ телегра́мма, она́ была́ в ужа́сном состоя́нии. Until the telegram came she was in a bad state. • fortune. У его́ де́да бы́ло большо́е состоя́ние. His grandfather had quite a large fortune. • shape. Он верну́лся в ужа́сном состоя́нии. He returned in very bad shape.

□ **быть в состоя́нии** to be capable. Он в состоя́нии наговори́ть вам де́рзостей. He's capable of being rude to you.

□ Его́ здоро́вье в о́чень нева́жном состоя́нии. He's in very poor health.

состоя́ть (-сто́ю, -стои́т; *dur*) to be made up. Наш клуб состои́т гла́вным о́бразом из молодёжи. Our club membership is made up mostly of young people. • to consist of. В чём бу́дут состоя́ть мои́ обя́занности? What will my duties consist of?

□ Я давно́ уже́ состою́ чле́ном профсою́за. I've been a member of the trade union for a long time. • Из кого́ состои́т ва́ша семья́? Who's in your family? • На моём иждиве́нии состоя́т тро́е. I support three people.

-ся to take place. Спекта́кль не состои́тся из-за боле́зни арти́стки. The show will not take place because of the actress's illness.

состря́пать (*pct of* **стря́пать**) to cook. Она́ состря́пала превку́сный обе́д. She cooked a wonderful dinner. • to whip up. Он э́тот докла́д состря́пал в по́лдня, вот и получи́лась ерунда́. He whipped up this report in half a day, and that's why it's such nonsense.

состяза́ние meet. Тут происхо́дят спорти́вные состяза́ния. Sports meets take place here. • contest. Он взял пе́рвый приз на состяза́нии в бе́ге. He won first prize in a sprinting contest.

сосу́д vessel. Эту кислоту́ нельзя́ держа́ть в металли́ческом сосу́де. This acid mustn't be kept in a metal vessel. — У него́ ло́пнул кру́пный кровено́сный сосу́д. One of his large blood vessels burst.

сосчита́ть (*pct of* **счита́ть**[1] *and* **сосчи́тывать**) to count. Вы сосчита́ли прису́тствующих? Did you count those present?

сосчи́тывать (*dur of* **сосчита́ть**) to count.

сотвори́ть (*pct of* **твори́ть**) to create.

со́тня (*gp* -тен) hundred. На собра́ние пришли́ со́тни люде́й. Hundreds of people came to the meeting. — Со́тню заплати́ли за э́то? Did you pay a hundred (rubles) for this?

сотру́ *See* **стере́ть**.

сотру́дник co-worker. Он мно́го лет был мои́м сотру́дником и помо́щником. He was my co-worker and assistant for many years. • contributor. Он сотру́дник э́той газе́ты. He's a contributor to this newspaper.

□ **сотру́дники** personnel. Распоряже́ние каса́ется всех сотру́дников э́того учрежде́ния. The ruling affects all personnel of this office.

сотру́дница co-worker *F*.

со́тый hundredth.

со́ус sauce.

со́усник gravy dish.

сохрани́ть (*pct of* **сохраня́ть**) to keep. Сохрани́те э́то на па́мять обо мне. Keep this to remember me by. — Я э́то сохраню́ для вас. I'll keep it for you.

□ Я сохрани́л о них о́чень хоро́шее воспомина́ние. I have very pleasant memories of them. • Бо́же вас сохрани́ заводи́ть об э́том разгово́р. Under no circumstances start a conversation about it.

-ся to keep. При тако́й жаре́ фру́кты не сохраня́тся. The fruit won't keep in such heat. • to be preserved. Он хорошо́ сохрани́лся для своего́ во́зраста. He's well preserved for his age. • to have (something) left. У нас ещё сохрани́лось прошлого́днее варе́нье. We still have some jam left over from last year.

□ У него́ до ста́рости сохрани́лась хоро́шая па́мять. Even in his old age he has a good memory.

сохраня́ть (*dur of* **сохрани́ть**) to keep. Гра́ждане, сохраня́йте споко́йствие! Ladies and gentlemen, keep calm! — Сохраня́ть в холо́дном ме́сте. Keep in a cold place. — Я сохраня́ю газе́тные вы́резки об э́той конфере́нции. I'm keeping the newspaper clippings on this conference.

-ся to be preserved. Здесь тако́й кли́мат, что мя́со до́лго не сохраня́ется. Meat can't be preserved long in this climate.

социализа́ция socialization.

социали́зм socialism.

социали́ст socialist.

социалисти́ческий socialist.

социа́льный.

□ **социа́льное страхова́ние** social insurance.

социа́льные нау́ки social science.

соцсоревнова́ние (**социалисти́ческое соревнова́ние**) socialist competition.

сочине́ние work. У меня́ есть по́лное собра́ние сочине́ний Турге́нева. I have the complete works of Turgenev. • composition. Учи́тель зада́л нам тру́дное сочине́ние. The teacher gave us a difficult composition to write.

сочини́ть (*pct of* **сочиня́ть**) to compose. Он сочини́л це́лую симфо́нию. He composed a whole symphony. • to write. Он по э́тому по́воду сочини́л недурны́е стихи́. He wrote a pretty good poem about it.

сочиня́ть (*dur of* **сочини́ть**) to make up. Не ве́рьте ему́ он всё сочиня́ет. Don't believe him! He's making it all up.

со́чный (*sh* -чна́) juicy. Осторо́жно, не зака́пайте пла́тье э́то о́чень со́чная гру́ша. Be careful, don't get it on your dress; the pear is very juicy. • rich. Каки́е со́чные кра́ски у э́того худо́жника! What rich colors this artist uses!

сочту́ *See* **счесть**.

сочу́вствие sympathy.

сочу́вствовать (*dur*) to sympathize. Я вам о́чень сочу́вствую. I sympathize with you very much.

□ Он не сочу́вствует чужо́му го́рю. Other people's troubles don't concern him.

сошёл *See* **сойти́**.

сошёлся *See* **сойти́сь**.

сошью́ *See* **сшить**.

Сою́з Soviet Union. Вы давно́ в Сою́зе? Have you been i

the Soviet Union for a long time? • union. Вы член союза? Are you a union member? • alliance. Эти страны заключили оборонительный союз. These countries concluded a defensive alliance. • coalition. Союз демократических держав оказался сильнее фашистской оси. The coalition of democracies turned out to be stronger than the Fascist Axis. • conjunction. Слово "или" это не предлог, а союз. The word "или" is a preposition, not a conjunction.

□ всесоюзный ленинский коммунистический союз (комсомо́л) See appendix 4.
Советский союз The Soviet Union.

союзник ally. Привет американским союзникам! Greetings to our American allies! — Он был моим верным союзником в этой борьбе. He was a faithful ally of mine in this fight.

союзный union. Наша страна состоит из шестнадцати союзных республик. Our country consists of sixteen union republics.

спальный.
□ спальный вагон sleeping car (Pullman). Мы ехали в спальном вагоне. We traveled by sleeping car (Pullman).

спальня (gp -лен) bedroom.

спаржа asparagus.

спасательный rescue. В горы был послан спасательный отряд. A rescue party was sent into the mountains.
□ спасательная лодка lifeboat.
спасательный круг life preserver. Спасательные круги висят на верхней палубе. The life preservers are on the upper deck.
спасательный пояс life belt. Капитан приказал надеть спасательные пояса. The captain ordered everybody to put on life belts.

спасать (dur of спасти́) to rescue. Он кинулся спасать утопающего. He rushed to save the drowning man.
□ Спасайся кто может! Run for your life!

спаси́бо thanks. От него спасиба не дождёшься! You can't expect any thanks from him! • fortunately. Спасибо, на вокзале нашёлся знакомый и дал мне пятёрку взаймы. Fortunately I met a friend of mine at the railroad station and he lent me five rubles.
□ Большое спасибо. Thanks a lot. • Спасибо! Thank you! • Спасибо, с удовольствием. With pleasure, thanks. • Это всё, что нам дали? Ну, что ж, спасибо и на этом. So that's all we got? Well, we've got no kick coming. • Спасибо товарищу, выручил он меня. I must thank my friend; he helped me out.

спасти́ (спасу́, -сёт; p спас, спасла́, -о́, -и́; pct of спасать) to save. Этот доктор многих спас от смерти. This doctor has saved many lives. — Он обратил всё это в шутку и спас положение. He turned this whole thing into a joke and saved the situation.

спать (сплю, спит; p спала́) to sleep. Вы хорошо спите в поезде? Do you sleep well on the train? — Спите спокойно, вас разбудят во-время. Sleep well. They'll wake you on time. • to be asleep. Когда мы пришли, он ещё спал крепким сном. He was still fast asleep when we came. — А вы, что же, спали, когда это происходило? And what were you doing when it happened? Were you asleep? • to dream. Вы что, спите? Чуть на столб не наехали! What's the matter with you? Are you dreaming? You almost ran into a pole.

□ *Он спит и видит, как бы попасть на Кавказ. His one dream is to get to the Caucasus. • Пора спать! It's time to go to bed.

спектакль (M) play. Есть ещё билеты на воскресный спектакль? Are there still tickets for the Sunday play? • show. На этот спектакль цена за вход понижена. The price of admission to the show has been reduced. — У них в школе сегодня любительский спектакль. They're having an amateur show at school today.

спелый (sh спела́) ripe. Эти груши спелые? Are these pears ripe?

сперва (/cf первый/) first. Напейтесь сперва чаю, а потом пойдёте. Have some tea first and then go. • at first. Я вас сперва не узнал. I didn't recognize you at first. — Сперва он мне не понравился, но теперь я вижу, какой он славный. At first I didn't like him, but now I see what a fine person he is.

спереди in front. Спереди пиджак немного узок. The coat is a little too tight in front.

спеть (спою, споёт; ppp спетый; pct of петь) to sing. Спойте нам что-нибудь! Sing something for us!

спец (/-а́/) expert. Он спец по железнодорожному делу. He's an expert on railroad matters.

специалист specialist. Наш завод нуждается в хороших специалистах. Our factory needs good specialists. — Вам нужно пойти к специалисту по сердечным болезням. You ought to go to a heart specialist. • expert. Не могу вам сказать, я в этом деле не специалист. I can't tell you; I'm not an expert in this field.

специальность (F) occupation. А кто он по специальности? What's his occupation? • specialty. Блины печь — это её специальность. Making pancakes is her specialty.

специальный special. Советую вам обратить специальное внимание на этот проект. I advise you to pay special attention to this project. — Для этой работы нужны специальные знания. Special knowledge is needed for this job. — От нашего специального корреспондента. From our special correspondent.
□ специально especially. Я пришёл специально для того, чтобы с вами поговорить. I came especially to talk to you.

спецодежда work clothes. По договору завод обязуется снабжать вас спецодеждой. According to the agreement, the plant has to supply you with work clothes.

спечь (спеку, спечёт; p спёк, спекла́, -о́, -и́; pct of печь²) to bake. Я вам спеку пирог! I'll bake you a pie.

спешить (pct) to hurry. Не спешите, ещё рано. Don't hurry; it's still early. — Делайте это не спеша, тщательно. Don't hurry; do this thoroughly. • to be fast. Ваши часы спешат. Your watch is fast.

спешный . Его вызвали по спешному делу. He was called out on an urgent matter.
□ спешное письмо special delivery letter. Вам спешное письмо. There's a special delivery letter for you.
спешно urgent. Это очень спешно? Is this very urgent? □ Пошлите это спешной почтой. Send this special delivery. • Он спешно собрался в дорогу. He got ready for his trip in no time.

спина (a спину, P спины) back. У меня спина болит. My back aches. — Он стоял к нам спиной. He stood with his back to us. - - Как вам не стыдно делать это за его спиной? Aren't you ashamed of yourself for doing it behind his back?

спинка back. Не люблю стульев с такими высокими спинками. I don't like chairs with such high backs.

спирт (*P* -ы́/*g* -у; в спирту́/) alcohol.

список (-ска) list. Бельё принесли́ из пра́чечной, прове́рьте по спи́ску. They brought your laundry. Check it with your list. — Вот вам спи́сок того́, что на́до купи́ть. Here's a list of things you have to buy. • manuscript copy. Его́ стихи́ ходи́ли по рука́м в спи́сках. His poems were circulated in manuscript copies.

☐ **избира́тельный спи́сок** ballot.

спи́чка match. Мо́жно попроси́ть у вас спи́чку? May I have a match, please? — Он чи́ркнул спи́чкой, но она́ не загоре́лась. He struck the match, but it didn't light. — Купи́те мне коро́бку спи́чек. Buy me a box of matches.

☐ У неё но́ги, как спи́чки. Her legs are like sticks.

сплав alloy. Это сплав о́лова со свинцо́м. This is an alloy of tin and lead.

сплетня (*gp* спле́тен) gossip. Не ста́ну я ве́рить всем э́тим спле́тням. I won't believe all this gossip.

сплошно́й solid. Толпа́ дви́галась сплошно́й стено́й. The crowd moved forward like a solid wall. • continuous. Доро́га прохо́дит че́рез сплошны́е леса́. The road leads through a continuous stretch of woods. • complete. Это сплошно́й вздор! This is complete nonsense!

сплошь straight. Мы рабо́тали две неде́ли сплошь, что́бы зако́нчить рабо́ту во́-время. We worked for two weeks straight to get the job done on time.

☐ **сплошь да ря́дом** very often. Он сплошь да ря́дом ошиба́ется. He very often makes mistakes.

☐ Все сте́ны сплошь бы́ли уве́шаны карти́нами. All the walls were covered with paintings. • Во вре́мя войны́ в на́шей дере́вне вы́горели сплошь все дома́. All the houses in our village were burned down during the war. • У меня́ за́втра весь день сплошь бу́дет за́нят. I won't have a minute to myself tomorrow.

споко́йный calm. Сего́дня мо́ре споко́йное, мо́жно поката́ться на ло́дке. The sea is calm today; we can go boating. — У него́ о́чень споко́йная мане́ра говори́ть. He speaks in a very calm manner. • quiet. Не бо́йтесь, э́то споко́йная ло́шадь. Don't be scared; this is a quiet horse.

☐ **бу́дьте споко́йны** rest assured. Бу́дьте споко́йны, всё бу́дет сде́лано во́-время. Rest assured; everything will be done in time.

споко́йно calmly. Она́ споко́йно отвеча́ла на все вопро́сы. She calmly replied to all the questions.

☐ Споко́йной но́чи! Good night!

сполна́ (/*cf* по́лный/) in full. Он заплати́л долг сполна́. He paid his debt in full.

спор (/*g* -у/) argument. О чём у вас тут спор идёт? What is the argument all about? • discussion. По э́тому по́воду уже́ давно́ идёт спор ме́жду учёными. A discussion has been going on among scholars about this matter for a long time. • debate. Как вам не надое́ли э́ти ве́чные спо́ры? Aren't you tired of these endless debates?

☐ Спо́ру нет, она́ де́вушка неглупа́я. There's no denying that she's a rather clever girl.

спо́рить to argue. Беда́ с ва́ми! Не успе́ли сойти́сь, как сейча́с же спо́рить. It's terrible! The minute you get together you start arguing. — Про́тив э́того нельзя́ спо́рить.

You can't argue against it. • to discuss. С ним не сто́ит об э́том спо́рить, он всё равно́ никого́ не слу́шает. There's no use discussing it with him; he never listens to anybody anyway.

☐ О вку́сах не спо́рят. Everyone to his own taste.

спо́рный controversial. Не сто́ит подыма́ть спо́рных вопро́сов. There's no use raising controversial issues. • debatable. Это спо́рный вопро́с. That's a debatable question.

спорт sport. Како́й ваш люби́мый спорт? What's your favorite sport?

спорти́вный sports. Он не пропуска́ет ни одного́ спорти́вного состяза́ния. He doesn't miss a single sports event.

☐ **спорти́вная площа́дка** athletic field. Вчера́ состоя́лось откры́тие но́вой спорти́вной площа́дки. The opening of the new athletic field took place yesterday.

спорти́вный зал gymnasium. Сбор в спорти́вном за́ле в во́семь часо́в. The meeting is in the gymnasium at eight o'clock.

спо́соб way. Я все́ми спо́собами пыта́лся убеди́ть его́. I've tried to convince him every way. • method. Вы слыха́ли о но́вом спо́собе лече́ния э́той боле́зни? Have you heard about the new method of treating this illness? • manner. Спо́соб употребле́ния э́той жи́дкости сле́дующий: .... The manner in which this liquid is used is as follows: ....

спосо́бность (*F*) ability. У него́ больши́е спосо́бности, но он не уме́ет рабо́тать. He has great ability, but he just doesn't know how to work. — Он соверше́нно потеря́л спосо́бность владе́ть собо́й. He's completely lost the ability to control himself. • flair. У вас хоро́шие спосо́бности к языка́м. You have a flair for languages.

☐ **врождённая спосо́бность** knack. У э́того мальчи́шки врождённые спосо́бности к меха́нике. This boy has a knack for mechanics.

пропускна́я спосо́бность turnover. Кака́я пропускна́я спосо́бность э́той столо́вой? What's the daily turnover in this dining room?

спосо́бный capable. Он о́чень спосо́бный молодо́й учёный. He's a very capable young scholar. — Когда́ он вспыли́т, он спосо́бен наговори́ть вам гру́бости. He's capable of saying nasty things when he flies into a rage. • able. Не вся́кий спосо́бен рабо́тать по пятна́дцати часо́в в су́тки. Not everyone is able to work a fifteen-hour day.

спою́ See спеть.

спра́ва (/*cf* пра́вый/) on the right. Поста́вьте э́тот стол у окна́ спра́ва. Put this table on the right near the window. • to the right. Подъезжа́йте к до́му спра́ва. Drive up to the right of the house. • at (someone's) right. Кто сиди́т спра́ва от хозя́йки? Who is sitting at the hostess's right?

справедли́вость (*F*) justice. Я не тре́бую никаки́х побла́жек, а то́лько справедли́вости. I'm not asking for any favors, only justice. — На́до отда́ть ему́ справедли́вость, он о́чень умён. You've got to do him justice; he's very intelligent. • fairness. По справедли́вости ему́ полага́лось бы уйти́ в о́тпуск ра́ньше всех. In all fairness, he should really go on his vacation before everybody else. • truth. В справедли́вости э́тих слу́хов, к сожале́нию, нет сомне́ния. Unfortunately, there's no doubt about the truth of these rumors.

справедли́вый just. Это соверше́нно справедли́вое тре́бование. That's an entirely just demand. • fair. Он всегда́ справедли́в в свои́х о́тзывах о лю́дях. He's always fair in what he says about people. • justified. Вáши подозрéния оказáлись справедлúвыми. Your suspicions turned out to be justified.

☐ справедлúво right. Совершéнно справедлúво. That's absolutely right. • justly. Он справедлúво разрешúл их спор. He settled their argument justly.

спрáвить (*pct of* **справлять**).

-ся to handle. А вы спрáвитесь с э́той рабóтой? Will you be able to handle this job? — Такóй бедóвый мальчúшка, мне с ним не спрáвиться. What a little devil! I just can't handle him. • to manage. Мать не моглá однá спрáвиться с такúм большúм хозя́йством. My mother couldn't manage such a large household all by herself. • to ask. Позвонúте в кáссу и спрáвьтесь, есть ли билéты. Call the box office and ask if they have any tickets. — Спрáвьтесь в бюрó нахóдок, нет ли там вáшего бумáжника? Ask at the lost-and-found office if your wallet is there. • to inquire. Спрáвьтесь по телефóну, когдá прихóдит пóезд. Inquire by phone when the train arrives.

спрáвка inquiries. Вы мóжете навестú обо мне спрáвку на моём завóде. You can make inquiries about me at my factory. • statement. Принесúте спрáвку из домоуправлéния о числé вáших иждивéнцев. Bring a statement from your house management about the number of your dependents. • note. Дóктор дал мне спрáвку о болéзни. I have a written note from the doctor saying that I am sick.

☐ Наведúте тóчные спрáвки о стóимости поéздки. Find out exactly how much the trip costs.

справлять (*dur of* **спрáвить**).

-ся to manage. Ну, как вы справля́етесь с рабóтой? Well, how do you manage your work? • to ask about. О вас здесь ктó-то справля́лся по телефóну. Someone asked about you over the phone.

спрáвочник ([-šnj-]) guidebook. Где мóжно купúть хорóший спрáвочник — путеводúтель по СССР? Where can I buy a good guidebook of the USSR? • directory. Мне удалóсь раздобы́ть для вас железнодорóжный спрáвочник. I was able to get a railroad directory for you. • handbook. У вас, кáжется, есть америкáнский спрáвочник по металлургúи? I think you have an American handbook on metallurgy.

спрáшивать (*dur of* **спросúть**) to ask. Не спрáшивайте, всё равнó ничегó не скажý. Don't ask me; I won't tell you anything anyway. — (*no pct*) Меня́ ктó-нибудь спрáшивал? Did someone ask for me? — (*no pct*) Вас тут ктó-то спрáшивал. Somebody asked for you.

☐ Что с негó спрáшивать? What can you expect of him?

спрос (/g -y/) asking. Простúте, что я взял ваш журнáл без спрóсу. Pardon me for having taken your magazine without asking — Спрос не бедá! No harm in asking. • demand. У нас огрóмный спрос на кнúги. We have an enormous demand for books.

спросúть (спрошý, спрóсит; *pct of* **спрáшивать**) to ask. Позвóльте вас спросúть, как мне пройтú на вокзáл? May I ask you how I can get to the station? • to inquire. Вы мóжете спросúть в кáссе. You can inquire at the ticket office.

☐ Спросúте, когдá отхóдит наш пóезд. Find out when our train leaves.

спрошý *See* **спросúть**.

спря́тать (спря́чу, -чет; *pct of* **пря́тать**) to hide. Я кудá-то

спря́тал кошелёк и тепéрь не могý егó найтú. I hid my purse somewhere and now I can't find it.

☐ Онú надéялись спря́тать концы́ в вóду. They hoped that they could keep it under their hats.

-ся to hide. Он спря́тался в кустáх. He hid in the bushes.

спря́чу *See* **спря́тать**.

спря́чусь *See* **спря́таться**.

спуск slope. Спуск оказáлся такúм крутúм, что шофёр попросúл нас вы́йти из машúны. The slope was so steep that the driver asked us to get out of the car. • way down. Спуск продолжáлся недóлго. The way down wasn't long.

☐ *Éсли нас кто затрóнет, мы спýску не дадúм. If anyone bothers us, we know how to take care of ourselves.

спускáть (*dur of* **спустúть**) to let down. Спускáйте груз полегóньку. Let the load down carefully.

☐ (*no pct*) Смотрúте, не спускáйте с негó глаз, вы за негó отвечáете. Watch him closely; you're responsible for him. • (*no pct*) Онá не спускáла с негó глаз. She couldn't take her eyes off him.

-ся to climb down. Мы спускáлись с горы́ цéлый час. We were climbing down the mountain for a whole hour. • to come down. Вы когдá-нибудь спускáлись на парашю́те? Did you ever come down in a parachute? • to slope. Ýлица крýто спускáется к рекé. The street slopes sharply to the river.

спустúть (спущý, спýстит; *pct of* **спускáть**) to let down. Спустúте шторы и зажгúте лáмпу. Let the curtains down and light the lamp.

☐ **спустúть нá воду** to launch. Вчерá спустúли нá воду большóй парохóд. They launched a big ship yesterday.

☐ Вы óчень потолстéли, вам слéдовало бы спустúть мáлость. You've gotten very fat. You ought to lose some weight. • Он всю свою́ мéсячную зарплáту в кáрты спустúл. He lost his whole monthly wages playing cards. • Осторóжнее, у них ужé спустúли собáк с цéпи. Be careful, they've let their dogs off the chain. • *За такúе делá с негó слéдовало бы шкýру спустúть. He ought to have his hide tanned for this. • Одúн раз мы емý спустúли егó нáглость, но пусть он бóльше не прóбует. We let him get away with his impertinence once; but he shouldn't try the same thing again. • Éсли он бýдет так продолжáть, он дождётся, что егó спустáт с лéстницы. If he goes on that way, they're sure to throw him out on his ear.

-ся to come down. Подождúте дирéктора, он сейчáс спýстится вниз. Wait for the manager; he'll come down shortly.

спустя́ (/*with a*; *prger of* **спустúть**/) later. Он уéхал из гóрода ребёнком, и я увúдел егó тóлько мнóго лет спустя́. He left our town as a boy, and I didn't see him again until years later. • after. Спустя́ нéкоторое врéмя он увúдел, что онú емý не вéрят. After a while he saw that they didn't believe him.

☐ **спустя́ рукавá** carelessly. Онú рабóтали спустя́ рукавá. They worked carelessly.

спущýсь *See* **спустúться**.

сравнéние comparison. Это óчень удáчное сравнéние. This is a very good comparison. — Какóе же мéжду нúми мóжет быть сравнéние? How can you make a comparison between those two?

☐ **по сравнéнию** in comparison. По сравнéнию с Москвóй Свердлóвск гóрод небольшóй. Sverdlovsk is a very small town in comparison to Moscow.

☐ Егó рабóта не выдéрживает сравнéния с рабóтой егó

предшественника. His work doesn't stand up against that of his predecessor. • Добыча угля в этом году увеличилась втрое по сравнению с прошлым годом. The amount of coal mined this year is triple what it was last year.

сравнивать (*dur of* **сравнить** *and* **сравнять**) to compare. Как можно их сравнивать! How can you compare them?

сравнить (*pct of* **сравнивать**) to compare. Сравните эти два цвета, какой вам больше подходит? Compare these two colors; which one will go better? • to stand up to. По проворству, никого с ним сравнить нельзя. When it comes to speed no one can stand up to him.

сравнять (*pct of* **сравнивать**).

сражать (*dur of* **сразить**).

-**ся** to fight. Они сражались за родину. They fought for their country.

сражение battle.

сражусь *See* **сразиться**.

сразить (*pct of* **сражать**).

-**ся** to fight, to combat. Мне так и не пришлось самому сразиться с врагом. I had no opportunity to fight the enemy myself. □ Хотите, сразимся в шахматы. Do you want to have a game of chess?

сразу (/*cf* **раз**/) immediately. Он не мог сразу ответить на мой вопрос. He couldn't answer my question immediately. • all at once. К нам в комнату ввалились пять человек сразу. Five people barged into our room all at once. • right off. Мы его сразу полюбили. We took to him right off. • at once. Я сразу это понял. I understood it at once. □ **сразу после** right after. Мы придём сразу после обеда. We'll come right after dinner.

среда[1] (*P* среды, сред, средам) environment. Это совсем не подходящая для него среда. This is altogether the wrong environment for him. • set. Я вас введу в среду литераторов. I'll introduce you to the literary set.

среда[2] (*a* среду, *P* среды, сред, средам) Wednesday. Приходите ко мне в среду. Come see me Wednesday. — По средам я работаю в библиотеке. On Wednesdays I work in the library.

среди in the middle of. Среди комнаты стоял круглый стол. A round table stood in the middle of the room. • among. Среди всех этих книг нет ни одной интересной. Among all these books there isn't a one that's interesting. — Среди посетителей было несколько известных художников. Among the visitors there were several well-known artists. □ Кто ходит танцовать среди бела дня? Who goes dancing in broad daylight?

средний middle. Посмотрите в среднем ящике. Look in the middle drawer. — Она — женщина средних лет. She's a middle-aged woman. • medium. Он — среднего роста. He's of medium height. • average. Он человек средних способностей. He's a man of average ability. Какая у вас на заводе средняя зарплата? What's the average pay at your factory? • just fair. Урожай у нас в этом году средний. Our harvest this year is just fair. □ **в среднем** on an average. Я работаю в среднем по девять часов в день. I work on an average of nine hours a day.

средние века Middle Ages.

средняя школа high school. Он уже перешёл в среднюю школу. He's already entered high school. □ Ну, знаете, это удовольствие из средних. Well, you

know, this is a pleasure I can do without. • Это не роман и не рассказ, а нечто среднее. It's neither a novel nor a short story, but something in between.

средство means. У нас не хватает транспортных средств. We don't have enough means of transportation. — У него нет никаких средств к существованию. He has no means of existence. — Они всегда жили не по средствам. They always lived beyond their means. • way. Мы всеми средствами старались его успокоить. We tried to quiet him in every way we could. • remedy. У меня есть хорошее средство против кашля. I have a good cough remedy. □ **средства производства** means of production. □ Дайте мне какое-нибудь средство от головной боли. Give me something for a headache. • Я бы поехал на дачу, но у меня нет на это средств. I'd go to the country but I can't afford it.

срежу *See* **срезать**.

срезать (срежу, срежет; *pct of* **срезать** *and* **срезывать**) to cut. Срежьте жир с мяса. Cut the fat off the meat. — Я сейчас вам срежу несколько роз. I'll cut some roses for you right away.

срезать (*dur of* **срезать**) to cut. Не срезайте сами этой мозоли, пойдите лучше к доктору. Don't cut your corns yourself; better go to a doctor.

срезывать (*dur of* **срезать**).

срок (/*g* -у/) date. К какому сроку вы можете доставить мне костюм? On what date will you be able to deliver my suit? • time. Он обещал починить ваши башмаки в кратчайший срок. He promised to fix your shoes in the shortest possible time. — Дайте срок! Give me time! □ **к сроку** on time. Боюсь, что мы не поспеем к сроку. I'm afraid we won't make it on time. □ Срок моей командировки кончается завтра. My assignment ends tomorrow. • На какой срок вы получили визу? How long is your visa for?

срочный (*sh* -чна) urgent. Завод работает в три смены над срочным заказом. The factory is working three shifts on an urgent order. — Тут для вас срочная телеграмма. There's an urgent telegram for you. □ **срочно** immediately. Его пришлось срочно оперировать. He had to be operated on immediately. □ Я постараюсь уладить ваше дело в срочном порядке. I'll try to straighten out the matter promptly. • Срочно! Urgent!

срывать (*dur of* **сорвать**) to tear down. Не срывайте афиши! Don't tear down the posters. □ Не срывайте вашу злость на других. Why take it out on others?

ссора quarrel. Из-за чего произошла ссора? What brought on the quarrel? • squabble. Сил нет от их вечных ссор и дрязг. I can't stand their constant squabbles. □ **в ссоре** on the outs. Что, вы с ним в ссоре? Say, are you on the outs with him?

ссорить (*dur*).

-**ся** to quarrel. Они вечно ссорятся. They're always quarreling.

СССР ([es-es-es-ér]; *indecl M*) (**Союз Советских Социалистических Республик**) USSR (The Union of Soviet Socialist Republics).

ставить to stand up. Эти бутылки лучше не ставить, а класть плашмя. It's better to lay these bottles down than to stand them up. • to put. Не ставьте столько на стол — мы не очень голодны. Don't put so much on the table;

we're not very hungry. — Вы меня ставите в неловкое положение. You're putting me in an awkward spot. — Вы совершенно неправильно ставите вопрос. You put the question absolutely wrong. • to stage. Эту пьесу ставили уже много раз. This play has already been staged many times.

□ ставить в вину to blame. Я вам этого в вину не ставлю. I don't blame you for it.

□ Его здесь ни за что не ставят. He doesn't mean a thing around here. • *Уж не ставьте каждое лыко в строку. Don't be so exacting.

ставня (gp ставен) shutter. Закройте ставни, уже ночь на дворе. Close the shutters; it's already dark outside.

стадион stadium.

стадо (P стада) herd, flock.

стаж experience. У него очень подходящий стаж для этой работы. His experience fits this job perfectly. — У него большой производственный стаж. He has a lot of experience as an employee in industry.

□ стаж в госпитале internship. Этот молодой доктор проходит стаж в госпитале. This young doctor is going through an internship in the hospital.

стакан glass. Дайте мне стакан воды. Give me a glass of water.

сталкивать ([-kᵃv-]; dur of столкнуть).

-ся to clash. Здесь наши интересы сталкиваются. Our interests clash here. • to run across. Мне никогда не приходилось с ним сталкиваться. I just never ran across him.

сталь (F) steel.

стальной steel.

стандарт standard. Все наши изделия соответствуют стандарту. Our production is according to the standard.

стандартизация standardization.

стандартный standard. Это — стандартная модель машины нашего завода. This is a standard model of our factory cars.

становиться (-новлюсь, -новится; dur of стать) to stand. Становитесь в очередь. Stand in line. — От этих рассказов у меня волосы дыбом становятся. These stories make my hair stand on end. • to get. Становится холодно, закройте окно. It's getting cold; shut the window. • to become. Он становится хорошим работником. He's becoming a good worker. — Наша шахта уже становится известной всей стране. Our mine is becoming known all over the country.

станок (-нка) bench. Я подошёл к станку, за которым он работал. I came near the bench where he was working. • lathe. Ей приходится всю смену ходить от станка к станку. She has to go from one lathe to the other during her shift.

□ печатный станок printing press.

ткацкий станок weaving loom.

□ Он много лет работал у станка. He has been a factory worker for many years.

стану See стать.

станция station. Какая это станция? What station is this? — До станции тут недалеко. It's not far from here to the station. • stop. Вам надо ехать до конечной станции. You have to go to the last stop.

□ лыжная станция skiing resort.

метеорологическая станция weather bureau.

телефонная станция telephone exchange. Вот здание центральной телефонной станции. This is the building of the central telephone exchange.

электрическая станция power works.

стараться to try. Мы изо всех сил старались вытащить машину. We tried with all our might to pull the car out. • to work. Вот кто старался больше всех! He's the one who worked hardest of all!

стареть (/pct: по-, у-/) to age. Он за последнее время начал сильно стареть. He's begun to age rapidly of late.

старик (-а) old man. Он очень славный старик. He's a very nice old man. • old-timer. У нас на фабрике осталось мало стариков, все больше новички. We have only a few old-timers left in the factory; almost all the others are new.

старина the good old days. В старину ещё не такие силачи бывали. In the good old days they had even greater athletes. • old boy, man, fellow, pal. Ну, чего задумался, старина? Why so pensive, old boy?

□ Это обычай далёкой старины. It's an ancient custom.

старинный antique. У них тяжёлая старинная мебель. They have heavy antique furniture. • old. Это старинный русский обычай. This is an old Russian custom. — Я иду на выставку старинных икон. I'm going to the exhibition of old icons.

□ по-старинному old-fashioned. Он говорит немного по-старинному, но мне это нравится. His manner of speaking is a little old-fashioned, but I like it.

старость (F) old age. Он и в старости остался живым и бодрым человеком. He remained a kindly and lively person even in his old age. — Ну, что мне на старости лет танцовать, что ли, идти? What do you want me to do in my old age? Dance a jig?

□ *Да, старость не радость! It's no fun to be old!

старуха old woman. Ах, что вы, какая же вы старуха! Go on, you don't consider yourself an old woman, do you?

□ *Вы уж меня простите — и на старуху бывает проруха! You'll have to have to excuse me. Even the wisest of us can make a mistake.

старше See старый.

старший older. Это мой старший брат. This is my older brother. • oldest. Её старший сын лётчик. Her oldest son is a flier. • senior. Старшие классы взяли на себя заботу о спортивной площадке. The senior class took care of the athletic field. • adult. Старшие ушли в театр, и дети остались одни. The adults went to the theater and the children remained alone.

□ старше older. У него две сестры; одна старше его, другая моложе. He has two sisters, one older and the other younger than he.

□ Эта книга для детей старшего возраста. This book is for older children. • Кто у вас тут за старшего? Who's in charge here?

старый (sh -ра / -о, -ы/; ср старше) old. Он старый и больной человек. He's old and sick. — Он мой старый знакомый. He's an old acquaintance of mine. — Мои старые башмаки сейчас в починке. My old shoes are being repaired now. — Ну, знаете, так было при старом режиме. Oh, well, that's the way it was during the old regime. — Он мне принёс бутылку старого вина. He brought me a bottle of old wine. — Мы больше любили нашего старого учителя. We liked our old teacher better. • old-fashioned. Он — человек старых взглядов. He's a man of old-fashioned ideas.

□ **старше** older. Он кажется старше своих лет. He looks older than his age.

статистика statistics.

статуя statue.

стать (стану, станет; *pct of* становиться) to stand. Станем поближе к выходу. Let's stand nearer the exit. • to stop. Машина вдруг стала посреди дороги. The car suddenly stopped in the middle of the road. — (*no dur*) Мои часы стали. My watch stopped. • to become. Он стал знаменитостью. He became famous. — Очень скоро это стало известно всем. This became known to everybody very soon. — (*no dur*) С каких пор он стал интересоваться техникой? Since when has he become interested in technology? • to begin. (*no dur*) После кризиса он стал быстро поправляться. After the crisis he began to recover rapidly. • to start. (*no dur*) Как станет, бывало, рассказывать, прямо заслушаешься. Once he'd start talking, we couldn't tear ourselves away. • to cost. (*no dur*) *Это вам станет в копеечку. It'll cost you a pretty penny. • to be. Когда я был мальчиком, я мечтал стать лётчиком. When I was a boy, I dreamed of being a flier.

□ **во что бы то ни стало** at any price. Я во что бы то ни стало хочу собрать хорошую коллекцию советских марок. I want a good collection of Soviet stamps at any price. • no matter what happens. Вы должны быть там завтра во что бы то ни стало. You have to be there tomorrow no matter what happens.

стало быть so. Тут тупик — стало быть, надо возвращаться. There's a dead end here, so we'll have to turn back.

стать во главе to head. Во главе этого движения стал молодой рабочий. A young worker headed the movement.

стать на ноги to be on one's feet. Нам прежде было трудно, но теперь мы уже стали на ноги. At first we had a tough time of it, but now we're on our feet again.

стать на работу to start working. Они снова стали на работу сегодня в шесть часов утра. They started working again today at six A.M.

стать с to become of. А что стало с вашим приятелем? What became of your friend?

□ Стало быть не хотите? Ну, и не надо. You don't want to? Well, don't then. • За чем дело стало? What's the hitch? • (*no dur*) *Вот увидите, он ещё будет вас ругать, с него станет. You'll see, he'll still bawl you out. You can expect that from him. • (*no dur*) Ровно в три его не стало. He passed away at three o'clock sharp. • (*no dur*) Он не стал бы говорить, если бы не знал этого точно. He wouldn't have said that if he hadn't known it for sure. • (*no dur*) Река стала. The river is icebound. • Он сразу стал на нашу сторону. He was on our side from the very beginning. • Вы думаете, что шкаф станет между окнами? Do you think the wardrobe will fit in between the windows?

статья article. Я вполне согласен с автором этой статьи. I agree completely with the author of this article. • clause. В какой статье мирного договора это говорится? What clause in the peace treaty deals with it? • item. Это наша главная статья дохода. This item represents our main profit. • matter. Это особая статья. That's an altogether different matter.

□ **передовая статья** editorial. Вы читали передовую статью в сегодняшней газете? Have you read the editorial in today's paper?

по всем статьям in every respect. *Обед был по всем статьям замечательный. It was an excellent dinner in every respect.

стахановец (-вца) Stakhanovite (man who has set a record in the field of production). У нас в цехе все стахановцы. All of us are Stakhanovites in our shop.

стахановка Stakhanovite *F*. Наши стахановки никогда не подведут. Our Stakhanovites will never let us down.

стахановский Stakhanovite. Стахановское движение очень помогло повышению производительности труда. The Stakhanovite movement was very helpful in raising labor productivity.

□ **по-стахановски** like a Stakhanovite. Он работает по-стахановски. He works like a Stakhanovite.

стачка strike.

ствол (-а) trunk. Он вырезал её инициалы на стволе дерева. He carved her initials on the trunk of the tree. • barrel. В ствол винтовки набилась грязь. There's dirt in the barrel of the gun.

стебель (-бля, *P* -бли, -блей *M*) stem. Розы на длинных стеблях стоят дороже. Long-stemmed roses cost more.

стекло (*P* стёкла) glass. Это сделано из небьющегося стекла. This is made of unbreakable glass. • lens. Я ношу очки с сильными стёклами. I wear glasses with strong lenses. • crystal. В моих часах разбилось стекло. I broke the crystal of my watch.

□ **ламповое стекло** lamp chimney. Ламповое стекло закоптилось. The lamp chimney is black with smoke.

оконное стекло window pane. Оконное стекло треснуло. The window pane is cracked.

стеклянный glass. Куда ведёт эта стеклянная дверь? Where does this glass door lead to?

стелю See **стлать**.

стемнеть (*pct of* темнеть; *impersonal*) to get dark. Совсем стемнело. It's gotten dark.

стена (*a* стену, *P* стены, стен, стенам) wall. Что за этой стеной? What's behind this wall? — *Мы его припёрли к стене и ему пришлось уступить. We forced him to the wall and he had to give in.

□ Мы друг за друга стеной стоим. We stand up for each other. • *За ним мы — как за каменной стеной. We're completely secure with him. • **На него можно надеяться как на каменную стену. He's as dependable as the Rock of Gibraltar.

стенгазета (**стенная газета**) bulletin-board newspaper. Я читал об этом в стенгазете. I read about it on the bulletin-board newspaper.

степень (*P* -ни, -ней *F*) grade. Он получил орден "Славы" второй степени. He received the Order of Glory, second grade. • degree. Он получил степень кандидата экономических наук. He received a degree in economics. • extent. Он до известной степени прав. To a certain extent he's right.

□ **в высшей степени** highly. Он в высшей степени ценный работник. He's a highly valuable worker.

сравнительная степень comparative (*gr*).

□ Я не сообразил, до какой степени это трудно. I didn't realize how difficult this was.

степь (*P* -пи, -пей /в степи/ *F*) steppe.

стерегу See **стеречь**.

стере́ть (сотру́, сотрёт; *p* стёр, стёрла, -о, -и; *pger* стёрши *or* стере́в, *ppp* стёртый; *pct of* **стира́ть**[2]) to erase. Почему́ вы стёрли то, что написа́ли? Why did you erase what you wrote? • to rub off. Сотри́те мел с доски́. Rub the chalk off the blackboard.

стере́чь (стерегу́, стережёт; *prger* стережа́; *p* стерёг, стерегла́, -ó, -и́; стерёгся, стерегла́сь, -лóсь) to watch. Эта соба́ка стережёт дом. This dog watches the house. — Все ушли́ в теа́тр, а я оста́лась дете́й стере́чь. Everybody went to the theater, but I stayed home to watch the children.

стесни́ть (*pct of* **стесня́ть**) to inconvenience. Вас не стесни́т, е́сли я оста́влю у вас чемода́н? Will it inconvenience you if I leave my valise here?

☐ В настоя́щий моме́нт, я немно́го стеснён в сре́дствах. Right now I'm a bit hard up for money.

стесня́ть (*dur of* **стесни́ть**).

☐ Остава́йтесь, вы нас соверше́нно не стесня́ете. Why don't you stay? You're not in our way at all.

-ся (*pct:* **постесня́ться**) to be shy. Не стесня́йтесь, бу́дьте как до́ма. Don't be shy; make yourself at home. • to feel shy. Не стесня́йтесь обрати́ться ко мне, когда́ понадо́бится. Don't feel shy about asking me for anything you need.

☐ Он стесня́ется своего́ иностра́нного акце́нта. He's embarrassed because of his foreign accent.

стиль (*M*) style. Ру́сский стиль в архитекту́ре нам был до сих пор незнако́м. We didn't know anything about the Russian style of architecture until now. — Пусть он напи́шет э́то письмо́, у него́ хоро́ший стиль. Let him write this letter; he has a good style. • calendar. Он роди́лся деся́того ма́рта по ста́рому сти́лю, то́ есть, два́дцать тре́тьего по но́вому. He was born on the tenth of March by the old calendar; that is, the twenty-third by the new one.

☐ Меня́ удивля́ет, что она́ так поступи́ла; э́то совсе́м не в её сти́ле. I'm surprised that she acted this way; it's not like her at all.

стира́ть[1] (*pct:* **вы́-**/) to launder. Хозя́йка сего́дня стира́ет. The landlady is laundering today.

стира́ть[2] (*dur of* **стере́ть**) to erase. Эта рези́нка пло́хо стира́ет, да́йте мне другу́ю. This eraser erases badly; give me another one.

сти́рка washing. Она́ берёт бельё в сти́рку. She takes in washing. • washing clothes. Вы, ка́жется, сти́ркой за́няты? I guess you're busy washing clothes.

☐ Куда́ мо́жно отда́ть бельё в сти́рку? Where can I send my laundry?

стихи́ (-хо́в *P*) poem(s). Вы чита́ли его́ после́дние стихи́? Have you read his latest poem(s)? • verse(s). Есть у вас каки́е-нибудь стихи́ для дете́й? Would you have some children's verses?

стихотворе́ние short poem.

стлать (|sl-|; стелю́, сте́лет; *p* стла́ла, стла́ли; *imbtcl* стла́ла) to make up (beds). Я ещё не начина́ла стлать посте́ли. I still haven't started making up the beds.

сто (*dgil* ста, §22) hundred. Мо́жете вы мне разменя́ть сто рубле́й? Can you change a hundred rubles for me? — Он тут оста́лся до́лжен не́сколько сот рубле́й. He left here owing several hundred rubles. — Я вам сто раз говори́л, чтоб вы э́того не де́лали. I told you a hundred times not to do this. — Она́ во́ сто раз умне́е свое́й подру́ги. She's a hundred times cleverer than her friend. — *Сра́ботано на все сто! It's done a hundred-per-cent perfect!

сто́ить to cost. Биле́т сто́ит де́сять рубле́й. The ticket costs ten rubles. — Ско́лько сто́ит э́тот но́мер в день? How much does this room cost a day? • to be worth. *Игра́ не сто́ит свеч. The game isn't worth the candle. — *Овчи́нка вы́делки не сто́ит. It's not worth the trouble. — *Вся э́та исто́рия вы́еденного яйца́ не сто́ит. Forget the whole thing; it isn't worth a damn. • worth while. Не сто́ит туда́ ходи́ть. It is not worth while going there. • worth (while). Этот колхо́з сто́ит осмотре́ть. This kolkhoz is worth seeing. • to be worthy. Он её не сто́ит. He's not worthy of her.

☐ **не сто́ит того́** not worth it. "Вы бы лу́чше переоде́лись." "Ну, сто́ит того́!" "You'd better change your clothes!" "Oh, it's not worth it!"

ско́лько сто́ит how much. Ско́лько сто́ит э́та руба́шка? How much is this shirt?

☐ Это бу́дет сто́ить пять рубле́й. This will come to five rubles. • Мне сто́ило большо́го труда́ доби́ться его́ согла́сия. It gave me a great deal of trouble to get his consent. • Ему́ ничего́ не сто́ит заста́вить люде́й теря́ть вре́мя зря. He doesn't mind wasting other people's time. • *Сто́ит то́лько его́ кли́кнуть, и он тут, как тут. You just have to call and he's here in a flash.

сто́йка counter. Буфе́тчик поста́вил на сто́йку во́дку и селёдку. The counterman put some vodka and salt herring on the counter.

☐ **сто́йка на рука́х** handstands. А вы бы посмотре́ли, как он де́лает сто́йку на рука́х! You should see him do handstands!

сто́йкий (*sh* -йка́; *cp* сто́йче) firm. У э́того челове́ка сто́йкий хара́ктер. This man has a firm character.

☐ **сто́йко** staunchly. Он сто́йко отста́ивал свой прое́кт. He defended his plan staunchly.

сто́йло (*gp* сто́йл) stall.

стол (-á) table. Мо́жно поста́вить стол к окну́? Can I put the table near the window? • meals. Стол здесь здоро́вый и вку́сный. They serve very healthful and tasty meals here.

☐ **а́дресный стол** address bureau.

накры́ть на стол to set the table. Пожа́луйста, накро́йте на стол. Please set the table.

пи́сьменный стол desk. Пи́сьменный стол ему́ необходи́м. He needs a desk badly.

столб (-á) pole. Бу́ря повали́ла телегра́фный столб. The storm knocked down a telegraph pole.

☐ **позвоно́чный столб** spine. У него́ искривле́ние позвоно́чного столба́. He has curvature of the spine.

придоро́жный столб signpost.

фона́рный столб lamppost.

☐ Ра́зве что уви́дишь за э́тими столба́ми пы́ли? You can't see anything through all this dust. • *А он стои́т столбо́м, сло́вно всё э́то его́ не каса́ется. He stands there like a statue, as if it were no concern of his.

столбе́ц (-лбца́) column. Эта кни́га напеча́тана в два столбца́. The pages of this book have been printed in two columns.

столе́тие century. Это костю́м девятна́дцатого столе́тия. This is the dress of the nineteenth century. • hundredth anniversary. В э́том году́ столе́тие со дня его́ сме́рти. This year will be the hundredth anniversary of his death.

сто́лик table. Как, ни одного́ свобо́дного сто́лика? What! Isn't there a single vacant table?

☐ **ночно́й сто́лик** night table. Я поста́влю вам графи́н

воды́ на ночно́й сто́лик. I'll put a pitcher of water on your night table.

столи́ца capital (of a country).

столкнове́ние collision. На э́том углу́ вчера́ произошло́ столкнове́ние трамва́ев. There was a streetcar collision on this corner yesterday. • clash. Газе́ты сообща́ют о вооружённых столкнове́ниях на грани́це. The newspapers report armed clashes on the border. — У нас опя́ть бы́ло столкнове́ние по э́тому по́воду. We had a clash on that score again.

столкну́ть (pct of **ста́лкивать**) to push. Помоги́те мне столкну́ть ло́дку в во́ду. Help me push the boat into the water.
□ Вот судьба́ опя́ть нас столкну́ла. So our paths cross again!
-ся to run into. Наш автомоби́ль вчера́ столкну́лся с авто́бусом. Our automobile ran into a bus yesterday. • to come across. Я впервы́е столкну́лся с э́тим вопро́сом. It was the first time I came across this question.

столова́ться to have meals. Мы столу́емся у друзе́й. We have our meals at a friend's house. • to eat. Вы мо́жете столова́ться в гости́нице. You can eat at the hotel.

столо́вая (F) dining room. У нас о́чень ма́ленькая столо́вая. We have a very small dining room. — Я обе́даю в заводско́й столо́вой. I have my dinner in the factory dining room.

столо́вый
□ **столо́вая посу́да** dinner ware.
столо́вое бельё table linen.

сто́лько so much. Он берёт не сто́лько спосо́бностями, ско́лько насто́йчивостью. He gets there not so much because of his abilities as because of his persistence. — Сын мне про вас сто́лько расска́зывал. My son has told me so much about you. • so many. Здесь сто́лько люде́й не помести́тся. There isn't enough room for so many people here. — Они́ зада́ли мне сто́лько вопро́сов, что я не успе́ю на них отве́тить. They asked me so many questions that I won't have time to answer. • as much. Я бу́ду рабо́тать сто́лько, ско́лько пона́добится. I'll work as much as is needed. • just what. Да, я сто́лько и заплати́л. Yes, that's just what I paid.

столя́р (-а́) carpenter, cabinet maker.

стона́ть (/стону́, сто́нет; pct: про-/) to moan. Что э́то вы сего́дня всю ночь стона́ли? Why were you moaning all last night? • to groan. (no pct) Они́ про́сто сто́нут от тако́го коли́чества рабо́ты. They just groan under the weight of the work.

стопа́ foot. У него́ пло́ская стопа́. He has flat feet. • footstep. Он пошёл по стопа́м отца́. He followed in his father's footsteps. • ream. Ско́лько сто́ит стопа́ э́той бума́ги? How much does a ream of this paper cost?

сто́рож (P -а́, -е́й M) carpenter. Он служи́л ночны́м сто́рожем. He was a night watchman. • guard. Железнодоро́жный сто́рож по́днял шлагба́ум. The railroad guard raised the gate.

сторона́ (a сто́рону, P сто́роны, сторо́н, сторона́м) side. Мы живём по ту сто́рону па́рка. We live on the other side of the park. — Вы́слушайте о́бе сто́роны, пре́жде чем суди́ть. Listen to both sides before you judge. — На меня́ со всех сторо́н набро́сились с расспро́сами. They fired questions at me from all sides. — Э́то мой дя́дя со стороны́ отца́. This is my uncle on my father's side. • part. Чью

сто́рону вы при́няли в спо́ре? Whose part did you take in the argument? • party. Одна́ из сторо́н предложи́ла пойти́ на мирову́ю. One of the parties offered to mediate.
□ **в стороне́** apart. Почему́ вы всегда́ де́ржитесь в стороне́? Why do you always keep apart from us?
в сто́рону aside. Отзови́те его́ в сто́рону и скажи́те ему́. Call him aside and tell him.
□ Держи́тесь пра́вой стороны́! Keep to the right! • А как обстои́т с материа́льной стороно́й де́ла? And what about the money end of it? • Вам в каку́ю сто́рону? Which way are you going? • Перейдёмте на другу́ю сто́рону у́лицы. Let's cross the street. • Э́то о́чень ми́ло с ва́шей стороны́! It's very nice of you. • Шу́тки в сто́рону, неуже́ли э́то так и бы́ло? Quit kidding; did it really happen that way? • А мне то что — моё де́ло сторона́! What do I care? It doesn't concern me. • Конча́йте рабо́ту, а пото́м мо́жете идти́ на все четы́ре сто́роны. Finish your work and then you can go wherever you please. • Постара́йтесь ка́к-нибудь разузна́ть об э́том стороно́й. Try to find out about it in an offhand way.

сторо́нник adherent.

стошни́ть (S3 only, impersonal) to get nauseated. От бы́строй езды́ меня́ стошни́ло. I got nauseated from the fast ride.

стоя́нка stop. Мы возьмём кипятку́ на сле́дующей стоя́нке. We'll get boiling water at the next stop.
□ **стоя́нка такси́** taxi stand. Придётся пройти́ до ближа́йшей стоя́нки такси́. We'll have to walk to the nearest taxi stand.
□ Стоя́нка автомоби́лей воспрещена́. No parking.

стоя́ть (стою́, стои́т; prger сто́я) to stand. Ваш зо́нтик стои́т в пере́дней, в углу́. Your umbrella is standing in the corner of the hall. — Не сто́йте на сквозняке́. Don't stand in the draft. • to be situated. Их да́ча стои́т на берегу́ реки́. Their summer house is situated on the bank of the river. • to last. Весь ме́сяц стоя́ла тёплая пого́да. The warm weather lasted all month. • to be idle. Шум стоя́л тако́й, что ничего́ нельзя́ бы́ло разобра́ть. There was such a racket that you couldn't hear a thing. • to be idle. Заво́д стои́т уже́ це́лый ме́сяц. The factory has been idle for a whole month. • to be stationed. Наш полк стоя́л в э́том го́роде два ме́сяца. Our regiment was stationed in this town for two months.
□ **стоя́ть за** to stand for. Мы стои́м за ра́венство и свобо́ду. We stand for liberty and equality.
стоя́ть на часа́х to be on guard duty. Он стои́т на часа́х. He's on guard duty.
стоя́ть на я́коре to be anchored. Ба́ржа до́лго стоя́ла на я́коре. The barge was anchored in the river for a long time.
□ Он стои́т на ва́шей то́чке зре́ния. He shares your point of view. • *Она́ его́ руга́ла на чём свет стои́т. She bawled hell out of him. • Перед на́ми стои́т ряд сло́жных зада́ч. We have a number of serious problems before us. • Стой! Кто идёт? Halt! Who goes there?

страда́ (P стра́ды) harvest season. Сейча́с страда́ в по́лном разга́ре. The harvest season is in full swing now. • harvest time. В страду́ нам прихо́дится мобилизова́ть и ста́рых, и ма́лых. We have to call on both young and old at harvest time.

страда́ние suffering. Я ви́дел сто́лько страда́ний, что у меня́ уже́ все чу́вства притупи́лись. I saw so much suffering that I'm hardened to it all.

страда́ть to suffer. Он страда́ет бессо́нницей. He suffers from insomnia. — Они́ о́чень страда́ли от недоста́тка воды́. They suffered a lot from lack of water. — На́ша рабо́та страда́ет от недоста́тка о́пытных рабо́тников. Our work is suffering because of a lack of experienced workers.

☐ У него́ грамма́тика страда́ет. His grammar is poor.

страна́ (*P* стра́ны) country. В на́шей стране́ нет безрабо́тных. There are no unemployed in our country. — Мне в чужи́х стра́нах быва́ть не приходи́лось. I never had a chance to visit foreign countries.

☐ **стра́ны све́та** points of the compass.

☐ Он до́лго жил в жа́рких стра́нах. He's lived in the Torrid Zone for a long time.

страни́ца page. В э́той кни́ге три́ста два́дцать страни́ц. There are three hundred and twenty pages in this book. — Вы найдёте оглавле́ние на после́дней страни́це. You'll find the table of contents on the last page.

стра́нный (*sh* -нна́) strange. Со мной произошла́ стра́нная исто́рия. A strange thing happened to me. — Вам э́то мо́жет показа́ться стра́нным, но э́то так. This may seem strange to you, but it's so. • peculiar. У него́ стра́нная мане́ра говори́ть. He speaks in a peculiar manner. • queer. У них в семье́ все немно́го стра́нные. Everybody's a little queer in their family.

☐ **стра́нно** strange. Стра́нно, что вы об э́том ра́ньше не поду́мали. It's strange that you didn't think about this before. • odd. Как стра́нно па́хнут э́ти цветы́! What an odd smell these flowers have!

страсть (*P* -сти, -сте́й *F*) passion. У него́ про́сто страсть к уголо́вным рома́нам. He's really got a passion for crime novels. • temper. Там стра́сти так разгоре́лись, что бою́сь, де́ло дойдёт до дра́ки. They've all worked up their tempers so much there that I'm afraid it'll come to blows.

☐ **до стра́сти** passionately. Он до стра́сти лю́бит свою́ рабо́ту. He loves his work passionately.

☐ Что вы на ночь таки́е стра́сти расска́зываете? Why do you tell such scary stories with night coming on? • Страсть, как хоте́лось бы повида́ть Аме́рику. I want terribly to see America.

страх (/*g* -у/) fright. Он дрожа́л от стра́ха. He shook with fright. • scare. Натерпе́лись мы стра́ху, когда́ на́шу ло́дку переверну́ло. We got an awful scare when our boat overturned! • fear. *У стра́ха глаза́ велики́. Danger always looks bigger through the eyes of fear. — *Он — настоя́щий ры́царь без стра́ха и упрёка. He's a real knight without fear or reproach.

☐ Я сде́лаю э́то на свой со́бственный страх и риск. I'll do it at my own risk. • Он не страх как силён в арифме́тике. He's not very strong at figures.

страхка́сса (страхова́я ка́сса) government insurance office.

страхова́ние insurance. Страхово́й аге́нт даст вам все необходи́мые спра́вки относи́тельно сме́шанного страхова́ния жи́зни. The insurance agent will give you all the particulars about life and accident insurance.

☐ **госуда́рственное страхова́ние** national insurance.

страхова́ть (*dur*) to insure. Моего́ иму́щества страхова́ть не сто́ит. My belongings are not worth insuring.

-ся to take out insurance.

стра́шный (*sh* -шна́) terrible. Како́е стра́шное несча́стье! What a terrible stroke of luck! — Как вы мо́жете рабо́тать в

таку́ю стра́шную жару́? How can you work in such terrible heat?

☐ **стра́шно** terribly. Мне стра́шно пить хо́чется. I'm terribly thirsty.

☐ А вам не стра́шно бу́дет одно́й в пусто́м до́ме? Won't you be scared alone in an empty house?

стрела́ (*P* стре́лы) arrow. Мальчи́шке купи́ли лук и стре́лы, тепе́рь нико́му житья́ нет. The bow and arrow they bought for the kid have become an awful nuisance. • Мото́рка лете́ла, как стрела́. The motorboat was going like a streak.

стре́лка arrow. Стре́лка ука́зывает напра́во. The arrow points to the right. • hand. У меня́ на часа́х слома́лась мину́тная стре́лка. The minute hand of my watch broke. • railway switch. Катастро́фа произошла́ из-за непра́вильно переведённой стре́лки. The accident was caused by a faulty railway switch.

стре́лочник ([-šnj-]) switchman. Её оте́ц всю жизнь прослужи́л стре́лочником на желе́зной доро́ге. Her father was a railroad switchman all his life.

☐ *Зна́чит, опя́ть стре́лочник винова́т! Once again it's the little fellow who gets it in the neck.

стрельба́ (*P* стре́льбы) firing, shooting. На у́лице всю ночь шла стрельба́. There was firing all night on the street. — Вы слы́шали стрельбу́? Did you hear the shooting?

☐ Я всегда́ находи́л, что стрельба́ в цель заня́тие поле́зное. I've always considered target practice a useful pastime.

стреля́ть to shoot. Он хорошо́ стреля́ет. He shoots well.

☐ У меня́ в у́хе стреля́ет. I have a shooting pain in my ear. • *Ну, э́то из пу́шек по воробья́м стреля́ть! Why crush a nut with a steam hammer?

стремена́ *See* стре́мя.

стре́мени *See* стре́мя.

стреми́ться to aim. Он давно́ уже́ стреми́тся попа́сть в Акаде́мию Худо́жеств. He has aimed at getting into the Academy of Arts for a long time. • to be anxious. Я не сли́шком стремлю́сь с ним встре́титься. I'm not too anxious to meet him.

стре́мя (-мени, *P* стремена́, стремя́н, стремена́м *N*) stirrup.

стриг *See* стричь.

стригу́ *See* стричь.

стрижёшь *See* стричь.

стри́жка haircut. Ско́лько тут беру́т за стри́жку и бритьё? What do they charge for a shave and a haircut? • shearing. За́втра мы начина́ем стри́жку ове́ц. Tomorrow we start shearing the sheep.

стричь (стригу́, стрижёт; *p* стриг, -гла, -о, -и; *ppp* стри́женный; *dur*) to cut. Мне прихо́дится стричь во́лосы ка́ждую неде́лю. I have to have my hair cut every week. • to shear. Когда́ у вас стригу́т ове́ц? When do you shear the sheep?

☐ Она́ с са́мого де́тства стрижёт во́лосы. She's worn short hair since childhood. • *Я не собира́юсь всех стричь под одну́ гребёнку. I don't intend to judge all people the same way.

стро́гий (*sh* -га́; *ср* стро́же; строжа́йший) strict. У них о́чень стро́гая мать. They have a very strict mother. — У нас тут о́чень стро́гие пра́вила насчёт купа́нья в о́зере. We have very strict rules here about swimming in the lake.

□ **стро́го** strictly. На э́той тамо́жне ве́щи о́чень стро́го осма́триваются. They inspect your things very strictly in this customs house. — Здесь о́чень стро́го следя́т за соблюде́нием пра́вил у́личного движе́ния. They enforce traffic regulations around here very strictly.

стро́же *See* **стро́го**.

строи́тель *(M)* construction worker. Они́ рабо́тают как строи́тели-доброво́льцы. They're working as volunteer construction workers. • builder. Мы чу́вствуем, что мы строи́тели социали́зма. We feel that we are builders of socialism.

□ **инжене́р-строи́тель** civil engineer.

строи́тельство construction. На строи́тельстве тепе́рь нехвата́ет специали́стов. There's a shortage of experts on construction now. • building up. Все си́лы бро́шены на строи́тельство тяжёлой промы́шленности. All forces are directed toward the building up of heavy industries.

стро́ить to build. Они́ стро́ят со́бственный дом. They are building a new house for themselves. — Мы стро́им но́вую жизнь. We're building a new life. • to construct. Он тепе́рь где́-то на ю́ге стро́ит мосты́ и доро́ги. He's now somewhere in the South constructing bridges and highways.

□ **стро́ить гла́зки** make eyes (at someone). *Она́ ему́ гла́зки стро́ит, а он ноль внима́ния. She's making eyes at him but he won't give her a tumble.

стро́ить пла́ны to make plans. Нам прихо́дится стро́ить пла́ны на не́сколько лет вперёд. We have to make plans for the next few years.

стро́ить ро́жи to make faces. Он ве́чно стро́ит ро́жи и смеши́т весь класс. He's always making faces and causing the whole class to laugh.

строй *(P* стро́й, стро́ев/в строю́/*)* ranks. Не кури́те в строю́! No smoking in ranks!

□ **выбыва́ть из стро́я** to quit. Я ещё не хочу́ выбыва́ть из стро́я. I'm not ready to quit just yet.

□ Ле́вая рука́ вы́шла у него́ из стро́я. His left arm (*or* hand) went bad.

стро́йка construction job. Дире́ктор с утра́ уе́хал на но́вую стро́йку. The manager left for the new construction job early this morning. • construction (work). Пла́ны уже́ гото́вы, а к стро́йке мы ещё не приступи́ли. The plans are all ready but we haven't started construction yet.

□ У нас идёт стро́йка но́вого социалисти́ческого о́бщества. We're now building a new socialist society.

стро́йный shapely. У неё стро́йная фигу́ра. She has a shapely figure. • orderly. Демонстра́нты шли стро́йными ряда́ми. The demonstrators marched in orderly files.

□ Как стро́йно они́ пою́т! They do sing well together!

строка́ *(a* строку́, *P* стро́ки, строк, стро́кам*)* line. Он написа́л всего́ не́сколько строк. He only wrote a few lines. — Ме́жду строк его́ письма́ мо́жно прочита́ть, что ему́ тяжело́. You can read between the lines that he's having a tough time.

□ **кра́сная строка́** paragraph. Начни́те с кра́сной строки́. Begin a new paragraph.

□ *Не вся́кое лы́ко в строку́. You've got to make allowances for mistakes.

стро́чка line. Вот я то́лько дочита́ю три стро́чки и пойду́. Let me read three more lines, and then I'll go.

□ Эта маши́на шьёт кру́пной стро́чкой. This machine sews with a large stitch.

струна́ *(P* стру́ны, струн, стру́нам*)* string. Подтяни́те стру́ны на ва́шей балала́йке. Tighten the strings on your balalaika.

□ Вы пыта́етесь игра́ть на его́ сла́бой струне́? Are you trying to play on his weak spot?

стря́пать *(pct:* **со-**) to cook. Она́ вам бу́дет и стря́пать и стира́ть. She'll do your cooking and washing.

студе́нт *(See also* **ву́зовец**) student. Он студе́нт педагоги́ческого институ́та. He's a student at the teachers' college.

студе́нтка student, co-ed *F*. Студе́нтки Пе́рвого моско́вского госуда́рственного университе́та рабо́тали в го́спитале. The co-eds of the First Moscow State University worked in hospitals.

стук knock, rap. Разда́лся стук в дверь. There was a knock at the door.

сту́кать *(/pct:* **сту́кнуть**/*)*.

сту́кнуть *(pct of* **сту́кать**) to knock. Я сту́кнул в дверь, но никто́ не отозва́лся. I knocked at the door, but nobody answered. • to bang. Он как сту́кнет кулако́м по́ столу. He suddenly banged his fist on the table.

□ *(no dur)* Мне уже́ пятьдеся́т сту́кнуло. Well, I'm already fifty.

стул *(P* сту́лья, -льев, -льям*)* chair. Отодви́ньте ваш стул. Move your chair away.

□ *Мне надое́ло сиде́ть ме́жду двух сту́льев. I'm tired of sitting on the fence.

ступе́нька stoop. Это невысо́кое крыле́чко — всего́ пять ступе́нек. This is a low stoop — just five steps in all.

ступня́ foot. Ему́ ампути́ровали пра́вую ступню́. They amputated his right foot. • bottom of the foot. У меня́ зано́за в ступне́. I got a splinter in the bottom of my foot.

стуча́ть *(-чу́, -чи́т)* to knock. Не стучи́те так гро́мко! Don't knock so loud!

□ У меня́ сего́дня в виска́х стучи́т. My temples are throbbing today.

-ся to knock. Кто там стучи́тся в дверь? Who's knocking at the door?

стыд *(-á)* shame. Я чуть не сгоре́л от стыда́. I almost died of shame. • disgrace. Како́й стыд! What a disgrace!

сты́дный.

□ **сты́дно** ashamed. Мне ста́ло ужа́сно сты́дно за него́. I felt terribly ashamed for him. — Как вам не сты́дно придира́ться ко вся́кой ме́лочи? Aren't you ashamed of picking on every little detail?

стя́гивать *([-g*v-]; dur of* **стяну́ть**)*.

стяну́ть *(стяну́, стя́нет; pct of* **стя́гивать**) to make tight. Стяни́те у́зел поту́же. Make the knot very tight. • to pull off. Стяни́те-ка с него́ одея́ло́. Pull the blanket off him! • to swipe. Смотри́те, чтобы у вас чемода́н-то не стяну́ли. See that they don't swipe your suitcase.

суббо́та Saturday. По суббо́там мы хо́дим в ба́ню. We go to the public bath every Saturday.

суд *(-á)* court. Он по́дал жа́лобу в наро́дный суд. He filed a complaint in the people's court (court of the first instance). — Де́ло дошло́ до суда́. They went to court over it. — Това́рищеский суд призна́л его́ поведе́ние пра́вильным. The honor court of his comrades found his conduct to be entirely in order. • trial. Когда́ состои́тся суд по его́ де́лу? When will his case come to trial?

□ *Пока́ суд да де́ло, мы успе́ем пообе́дать. We could eat in the time it's taking to get this settled. **Что ж, на нет и суда́ нет. Well, if you haven't got it, you just haven't got it.

судить (сужу, судит; *prger* судя) to try. Его судили за растрату. He was tried for embezzlement. • to judge. Как он может судить о моём произношении? Он английского языка не знает. How can he judge my pronunciation? He doesn't know English. — Судя по внешнему виду, он совсем оправился от болезни. Judging by his appearance, he seems to have recovered completely. — Не судите его слишком строго. Don't judge him too harshly. — *Насколько я могу судить, всё дело выеденного яйца не стоит. As far as I can judge, the whole business isn't worth a darn. • to pass judgment. Может быть, он и виноват, но не мне его судить. Maybe he's guilty, but it's not up to me to pass judgment.

□ Нечего об этом так много судить да рядить. There's no need to keep talking about it so much. • Так и не суждено было нам с ним встретиться. It just wasn't in the cards for us to meet him.

судно (*P* суда, -ов, -ам).

□ **военное судно** warship.

грузовое судно freighter.

нефтеналивное судно tanker.

судок (-дка) cruet.

судомойка dishwasher *F*.

судорога cramp. Помогите мне доплыть до берега: у меня судорога в ноге. Help me swim ashore; I have a cramp in my leg.

судоходный navigable.

судьба (*P* судьбы, судеб, судьбам) fate. От исхода этой конференции зависят судьбы всего мира. The fate of the whole world hinges on the outcome of this conference.

□ Благодарим судьбу за то, что это так случилось. We thank our lucky stars that it happened that way. • Какая разная судьба у этих двух братьев! The lives of these two brothers are so different! • Здравствуйте, какими судьбами? Hello, what brings you here? • Видно не судьба мне была здесь остаться. I guess it wasn't in the cards for me to stay here.

судья (*P* судьи, судей, судьям *M*) judge. Я расскажу судье всё, как было. I'll describe everything that took place to the judge. — Я в этом деле не судья. I'm no judge of this sort of thing. • referee, umpire. Судьи все опытные футболисты; они не ошибутся. The referees are all experienced soccer players; they won't make a mistake.

суеверие superstition.

суживать (*dur of* сузить).

сужу *See* судить.

сузить (*pct of* суживать) to take in. Эти брюки нужно сузить. These trousers have to be taken in.

сук (-а/*P* сучья, -чьев, -чьям; в суку, на суку/) bough. Этот сук надо подрезать. This bough should be cut down. • branch. Ветром поломало массу сучьев. The wind broke a lot of branches.

сукно (*P* сукна) cloth. Это сукно идёт на красноармейские шинели. This cloth is for Red Army overcoats.

□ *Моё заявление, как видно, положили под сукно. My application apparently has been pigeonholed.

сумасшедший crazy. Что за сумасшедшая мысль! What a crazy idea! • madman. Он гонит машину, как сумасшедший. He's driving the car like a madman.

□ **сумасшедший дом** madhouse. Я в этом сумасшедшем доме больше работать не желаю. I don't want to work in a madhouse like that any more.

□ Он хохотал, как сумасшедший. He was laughing like mad.

суматоха excitement. В суматохе он забыл взять самые нужные вещи. In the excitement he forgot to take the most important things. • confusion. В доме стоит страшная суматоха. The whole house is in awful confusion. • fuss. К чему вся эта суматоха? Why all this fuss?

сумерки (-рок *or* -рек *P*) dusk. Наступают сумерки, пора возвращаться. It's dusk already — time to go back.

суметь (*pct*) to be able. Сумеете вы это сделать? Will you be able to do it?

сумка pocketbook. Купите ей в подарок кожаную сумку. Buy her a leather pocketbook for a present. • schoolbag. Дети начали укладывать книги и тетради в сумки. The children began to put their textbooks and notebooks into their schoolbags. • mailbag. Почтальон вынул из сумки пачку писем для меня. The postman took a pack of letters for me out of his mailbag.

сумма amount. А какая общая сумма расходов? What's the total amount spent? • sum. Это обойдётся вам в порядочную сумму. That'll cost you a nice little sum.

сундук (-а) trunk. На дне сундука только книги. Only books are at the bottom of the trunk.

суп (*P* -ы/*g* -у/) soup. Суп пересолен. There's too much salt in the soup. • Хотите горохового супу или супу с грибами? Do you want pea or mushroom soup?

сургуч (-а; *M*) sealing wax.

суровый strict. У нас на этот счёт очень суровые правила. We have very strict rules about that. • stern. Его отец очень суровый человек. His father is a very stern man. • severe. Какая суровая зима у нас в этом году! What a severe winter we had this year! • unbleached. Эти простыни из сурового полотна. These sheets are of unbleached linen.

□ **сурово** severely. Он сурово посмотрел на меня. He looked at me severely. • harshly. Вы обошлись с ним слишком сурово. You treated him too harshly.

сустав joint. У меня ломота в суставах. All my joints pain me.

сутки (-ток *P*) day and night. Чтоб получить этот билет, я простоял в очереди целые сутки. To get this ticket I had to stand in line all day and all night. • twenty-four hours. Поездка продолжается двое суток. The trip takes forty-eight hours.

□ **круглые сутки** twenty-four hours straight. Мне иногда приходится работать круглые сутки. Sometimes I have to work twenty-four hours straight.

сухарь (-ря *M*) zwieback. Нарежьте хлеб и насушите сухарей. Cut the bread and make some zwieback. • callous person. Разве от этого сухаря дождёшься сочувствия! Do you think you can get any sympathy from that callous person?

□ **сухари** bread crumbs. Сперва обваляйте котлеты в сухарях. First dip the cutlets in bread crumbs.

сухо dry. На улице совсем сухо, калош можно не надевать. The street's absolutely dry. You don't need rubbers. • parched. У меня что-то сухо в глотке — выпить бы чего! My throat is parched; I'd like something to drink. • coolly. Его приняли там довольно сухо. He was received rather coolly.

□ *Ему удалось выйти сухим из воды. He was able to get out of it with clean hands.

сухой (*sh* сух, -ха́, су́хо, -и; *ср* су́ше) dry. На тебе́ сухо́й ни́тки нет! You haven't got a stitch of dry clothing on! • stale. Они́ ничего́ кро́ме сухо́го хле́ба це́лый день не е́ли. They ate nothing but stale bread all day. • lanky. Он сухо́й и дли́нный, а она́ ма́ленькая и пу́хлая. He's long and lanky, and she's small and chubby. • callous. Како́й он сухо́й челове́к! What a callous person he is!
□ су́ше drier. Как то́лько ста́нет немно́го су́ше, пойдём погуля́ть. We can go for a walk as soon as it's a bit drier out.

сухопу́тный.
□ сухопу́тные войска́ land forces.
сухопу́тный тра́нспорт land transport.

су́чья *See* сук.

су́ша dry land. По́сле трёхдне́вного перее́зда по мо́рю прия́тно бы́ло сно́ва очути́ться на су́ше. After three days on the sea, it's pleasant to be on dry land again.

су́ше *See* сухо́й.

суши́ть (сушу́, су́шит/*pct:* вы́-/) to dry. Где у вас су́шат бельё? Where do you dry your laundry? • to parch. Этот таба́к о́чень су́шит го́рло. This tobacco parches your throat.
□ Её тоска́ су́шит. She's withering inside from grief.

суще́ственный essential. Он внёс суще́ственные попра́вки в на́шу програ́мму. He introduced essential changes into our program.
□ суще́ственным о́бразом essentially. Это суще́ственным о́бразом меня́ет наш план. This changes our plans essentially.
□ Это не име́ет суще́ственного значе́ния. It's not very important.

существи́тельное (*AN*) noun.

существо́ essence. Я́сно, что он не понима́ет существа́ э́того вопро́са. It's obvious that he doesn't understand the essence of this question. • being. Среди́ э́тих развали́н мне не удало́сь найти́ ни одного́ живо́го существа́. I wasn't able to find a single living being among these ruins. • creature, person. Что за проти́вное существо́! What an unpleasant creature!
□ по существу́ in substance. Он, по существу́, прав. He's right in substance.
□ Он говори́т не по существу́. He doesn't speak to the point.

существова́ть to exist. Я, пра́во, не зна́ла, что таки́е чудаки́ существу́ют в приро́де. Truthfully, I didn't know that such strange characters really existed. — Для него́ не существу́ет препя́тствий. Obstacles don't exist for him.
□ На́ша шко́ла существу́ет уже́ де́сять лет. Our school is already ten years old. • *Ника́к не пойму́, чем он, со́бственно, существу́ет. I can't understand how he keeps body and soul together.

сфе́ра field. У него́ тут о́чень широ́кая сфе́ра де́ятельности. He has a wide field of activities here.
□ сфе́ра влия́ния sphere of influence.
□ Я здесь в свое́й сфе́ре. I'm quite at home here.

сфотографи́ровать (*pct of* фотографи́ровать).

схвати́ть (схвачу́, схва́тит; *pct of* схва́тывать *and* хвата́ть) to catch. Во́ра в конце́ концо́в схвати́ли. The thief was finally caught. — Где́ это вы схвати́ли просту́ду? Where did you catch cold?

схва́тывать (*dur of* схвати́ть) to catch on. Он удиви́тельно бы́стро схва́тывает. He catches on awful fast.

схвачу́ *See* схвати́ть.

сходи́ть[1] (схожу́, схо́дит; *dur of* сойти́) to get off. Граждани́н, вам сходи́ть! You get off here, mister.

сходи́ть[2] (схожу́, схо́дит; *pct*) to go. Постригу́сь, а пото́м схожу́ в ба́ню. First I'll get a haircut; then I'll go to the public baths. — Сходи́те, пожа́луйста, на по́чту. Will you go to the post office, please?
□ сходи́ть за (чём-нибудь *or* ке́м-нибудь) to go get (something *or* somebody). Вы мо́жете сейча́с сходи́ть за хле́бом? Can you go get the bread right away?
□ Почему́ бы вам не сходи́ть в кино́? Why don't you take in a movie?

схо́дство similarity. У вас с ним большо́е схо́дство. There's a great similarity between you and him.

схожу́ *See* сходи́ть.

схорони́ть (-роню́, -ро́нит;/*ppp* схоронённый/; *pct of* хорони́ть).

сце́на stage. Сце́на в э́том теа́тре пло́хо освещена́. The stage in this theater is poorly lighted. — Он всю жизнь провёл на сце́не. He spent his whole life on the stage. • scene. Лу́чше всего́ была́ после́дняя сце́на в пе́рвом де́йствии. The last scene in the first act was the best one of all. — Это была́ незабыва́емая сце́на. That was an unforgettable scene. — Пожа́луйста, не устра́ивай сцен. Please, don't make a scene. — Де́ятели про́шлой войны́ давно́ сошли́ со сце́ны. The men prominent in the last war aren't on the scene any more.

сцена́рий scenario.

счастли́вый ([-sļj-]; *sh* сча́стлив, -ва, -во, -вы) happy. Это бы́ли счастли́вые го́ды мое́й жи́зни. Those were the happy days of my life. — Вы лю́бите рома́ны с счастли́вым концо́м? Do you like novels with a happy ending?
□ сча́стливо lucky. Вы ещё сча́стливо отде́лались. You were lucky to get out of it that easily.
□ Счастли́вого пути́! Bon voyage! *or* Pleasant trip! • Счастли́во остава́ться! So long! Lot's of luck! (said by those going on trip to those remaining behind.) • Ну, счастли́во! Вспомина́йте обо мне иногда́. Well, so long! Think of me sometimes. (said by those going on trip to those remaining behind.)

сча́стье happiness. Когда́ сын верну́лся с фро́нта, сча́стью ма́тери не́ было преде́ла. When the son returned from the front his mother's happiness knew no bounds. • luck. Жела́ю вам сча́стья! I wish you luck! Како́е сча́стье име́ть тако́го дру́га! It's a great bit of luck to have such a friend. — Вот вам мой плато́к на сча́стье. Here's my handkerchief for luck. — Ну и сча́стье вам привали́ло! What a lucky break for you!
□ к сча́стью luckily. К сча́стью, он оказа́лся до́ма. Luckily he was at home.
□ на моё (твоё, *etc*) сча́стье luckily for me (you, *etc*). На моё сча́стье у них оказа́лась свобо́дная ко́мната. Luckily for me they had a room available.
□ Ва́ше сча́стье, что он сего́дня в хоро́шем настрое́нии. You're lucky that he's in a good mood today. • *Не быва́ть бы сча́стью, да несча́стье помогло́. It's an ill wind that blows nobody good.

счесть (сочту́, сочтёт; *p* счёл, сочла́, -о́, и́; *pap* счётший; *ppp* сочтённый; *pct of* счита́ть[2]) to consider. Он да́же не счёл ну́жным мне отве́тить. He didn't even consider it necessary to answer me.

счёт (/*P* счета́, -о́в; *g* -у; на счету́/) bill. Я получи́л счёт за телефо́н. I got my phone bill. — Запиши́те на мой счёт. Put it on my bill. • check. Официа́нт, да́йте мне, пожа́луйста, счёт. Waiter, give me my check, please. • score. Матч око́нчился со счётом четы́ре-ноль в по́льзу на́шей кома́нды. The game ended with a score of four to nothing in our favor. — Слу́шайте, сейча́с не вре́мя своди́ть ли́чные счёты. Look here, now isn't the time to settle personal scores. • account. У вас счета́ не в поря́дке. Your accounts are not in order. • count. "Поме́стимся вчетверо́м с ребёнком?" "Ну, ребёнок не в счёт". "Will there be enough room for the four of us and the baby?" "Well, there's no need to count the baby". • expense. Ну, как ему́ не сты́дно жить на чужо́й счёт! But isn't he ashamed to live at somebody else's expense?

□ **без счёту** countless, without end. В э́той ру́кописи оши́бок — без счёту. There are countless mistakes in this manuscript.

в два счёта in a jiffy. Вы ему́ то́лько скажи́те — он вам э́то в два счёта устро́ит. All you have to do is tell him and he'll do it for you in a jiffy.

свести́ счёты to get even. Я когда́-нибудь сведу́ с ним счёты. I'll get even with him some day.

счёты abacus. Подсчита́йте э́то на счётах. Total this on the abacus.

теку́щий счёт checking account. Е́сли вы хоти́те откры́ть теку́щий счёт, — я вас провожу́ в банк. If you want to open a checking account, I'll be glad to take you to the bank.

□ Я его́ рома́нам и счёт потеря́л. I lost count of his love affairs. • Что за счёты ме́жду друзья́ми! What's a little thing like that among friends? • Я возьму́ немно́го де́нег в счёт зарпла́ты. I'll take a small advance on my pay. • На чей счёт бу́дут чини́ть потолки́ в на́шей кварти́ре? Who'll pay for the repair job needed on our ceilings? • Почему́ вы э́то принима́ете на свой счёт? Why do you take it as if it was meant for you? • Непреме́нно верни́те ему́ кни́жку, у него́ ка́ждая брошю́рка на счету́. He keeps track of every single pamphlet, so you better return the book you borrowed. • Э́тот класс на осо́бо хоро́шем счету́ у учителе́й. This class is in very good standing with all the teachers. • Ну, э́то мы оконча́тельно сбро́сили со счето́в. We threw out that possibility. • Э́то вы на мой счёт? Do you mean me?

счетово́д bookkeeping clerk.

счётчик census-taker. Во вре́мя после́дней пе́реписи я рабо́тал счётчиком. I worked as a census-taker during the last census. • meter. У нас оди́н электри́ческий счётчик на всю кварти́ру. We have but one electric meter for the whole apartment.

□ **счётчик такси́** taxi-meter. Счётчик такси́ показа́л де́сять рубле́й. The taxi-meter says ten rubles.

счита́ть¹ (/pct of сосчита́ть/) to count. Он уже́ уме́ет счита́ть до десяти́. He already knows how to count up to ten. — Он пря́мо дни счита́ет до отъе́зда. He's counting the days before he leaves.

□ **не счита́я** not counting. Пое́здка, не счита́я горю́чего, обойдётся рубле́й в два́дцать пять. The trip, not counting the gas, will amount to about twenty-five rubles.

□ До кани́кул оста́лись счи́танные дни. There are only a few days before vacation time.

счита́ть² (pct: **счесть**) to consider. Я счита́ю ну́жным предупреди́ть его́. I consider it necessary to warn him. — Мы всегда́ счита́ли его́ че́стным челове́ком. We always

considered him an honest person. • to think. Я счита́ю, что на́до неме́дленно телеграфи́ровать. I think that we have to send a telegram immediately. — Я счита́ю, что вы непра́вы. I think you're wrong.

□ Его́ уже́, бы́ло, счита́ли поги́бшим. He was already given up for lost.

-ся to be considered. (no pct) Он у нас тут счита́ется пе́рвым спецо́м. He's considered our best specialist. • to take into consideration. (no pct) С э́тим обстоя́тельством необходи́мо счита́ться. It's necessary to take this circumstance into consideration.

США See **Соединённые Шта́ты Аме́рики**.

сшива́ть (dur of **сшить**).

сшить (сошью́, -шьёт; imv сшей; ppp сши́тый; pct of **шить** and **сшива́ть**) to sew. Сше́йте, пожа́луйста, э́ти два куска́ мате́рии вме́сте. Sew these two pieces of material together, please. • to make. Он сошьёт вам сапоги́, хоть куда́! He'll make you the best boots there are.

съеда́ть (dur of **съесть**) to eat. Он всегда́ съеда́ет две таре́лки ка́ши. He always eats two plates of cereal.

съедо́бный edible.

съезд convention. Он выступа́л на профсою́зном съе́зде. He spoke at the trade-union convention.

□ В э́том году́ на куро́рте большо́й съезд. There are many people at the health resort this year.

съе́здить (pct) to take a little trip. Хоти́те съе́здить со мной в го́род? Do you want to take a little trip to town with me?

съезжа́ть (dur of **съе́хать**).

съем See **съесть**.

съесть (-ем, -ест, §27; imv -ешь; p -ел; ppp -е́денный; pct of **есть²** and **съеда́ть**) to eat. Съе́шьте, пожа́луйста, ещё кусо́чек. Eat another piece, please. — Чего́ бы тако́го съесть? Я ужа́сно го́лоден. What should I eat? I'm awfully hungry. • to eat up. Ребя́та съе́ли всё, что бы́ло в до́ме. The boys ate up everything in the house.

□ *Она́ его́, бе́дного, совсе́м съе́ла. She nagged the life out of the poor fellow.

съе́хать (съе́ду, съе́дет; pct of **съезжа́ть**) to ride down. С горы́ мы съе́хали о́чень бы́стро. We rode down the mountain very quickly. • to move out. Он отсю́да давно́ съе́хал. He moved out of here a long time ago.

□ Нам не позво́лили съе́хать на бе́рег. We weren't allowed to go ashore. • У вас шля́па на́ бок съе́хала. Your hat isn't on straight.

съешь See **съесть**.

сыгра́ть (pct of **игра́ть**) to play. Он замеча́тельно сыгра́л э́ту сона́ту. He played the sonata beautifully. — Дава́йте сыгра́ем в ка́рты. Let's play cards. — Ему́ о́чень хо́чется сыгра́ть э́ту роль. He's very anxious to play this role. — *Вы ему́ как раз на́ руку сыгра́ли. You played right into his hands. — (no dur) О́ни таку́ю шту́ку сыгра́ли, что он до́лго бу́дет о ней по́мнить. They played such a trick on him that he won't forget it for a long time.

сын (P сыновья́, -ве́й, -вья́м) son.

сыновья́ See **сын**.

сыпь (F) rash. Э́та сыпь то́лько от жары́, она́ ско́ро пройдёт. This is just a heat rash; it'll go away soon.

сыр (P -ы́/g -у/) cheese. Како́го сы́ра вы хоти́те? What kind of cheese do you want?

□ *Он здесь как сыр в ма́сле ката́ется. He's living off the fat of the land here.

сырóй (*sh* сыр, -рá, сы́ро, -ры) damp. Вам врéдно жить в такóм сы́ром клúмате. It's harmful for you to live in such a damp climate. — Прóстыни ещё сыры́е, их стелúть нельзя́. The sheets are still damp; you can't put them on the bed. • raw. Нет, э́тот бифштéкс совсéм сырóй, я такóго не ем. This steak is completely raw. I can't eat it this way.

□ **сы́ро** damp. Сегóдня óчень сы́ро на дворé. It's very damp out today.

□ Не пéйте сырóй воды́. Don't drink unboiled water. • Э́та статья́ ещё совсéм сыра́я, над ней нáдо поработать. This article still has many rough edges; there's a lot of work to be done on it.

сы́рость (*F*) humidity. Как вы мóжете жить в такóй сы́рости? How can you live in such humidity?

□ Тут пáхнет сы́ростью. It smells damp here. • На стенáх вы́ступили пя́тна от сы́рости. The walls were moldy.

сырьё raw material. Каковó у вас положéние с сырьём?

How's your raw material situation? — Во врéмя войны́ у нас на фáбрике был большóй недостáток сырья́. During the war, there was a scarcity of raw materials in our factory.

сы́тый (*sh* сыта́) full. Вы сы́ты? Are you full? — "Съéшьте ещё чегó-нибудь". "Спасúбо, я сыт по гóрло". "Eat some more." "No, thanks, I'm full up to here."

сы́щик detective.

сэконóмить (*pct of* эконóмить).

сюда́ here. Идúте сюда́! Come here! — Положúте э́то сюда́. Put this here. — Не дýмаю, чтоб он скóро опя́ть сюда́ приéхал. I don't think that he'll come here again soon. • this way. Сюда́, пожáлуйста. This way, please.

□ Нáша машúна застря́ла в грязú — ни туда́, ни сюда́. Our car is stuck in the mud. We can't budge it.

сюжéт plot. Э́то прекрáсный сюжéт для расскáза. That's an excellent plot for a short story.

сюрпрúз surprise. Вот какóй прия́тный сюрпрúз! What a pleasant surprise!

ся́ду *See* **сесть.**

Т

та (*/n F of* тот/).

табáк (-á/*g* -ý/) tobacco. Какóй у вас хорóший табáк! What fine tobacco you've got! — Гúльзы у меня́ есть, но табáк весь вы́шел. I have cigarette paper but all my tobacco's gone.

□ *Выхóдит — нáше дéло табáк! It looks as if our goose is cooked!

таблéтка tablet. Примúте таблéтку аспирúна. Take an aspirin tablet.

таблúца table. Вы найдёте все статистúческие таблúцы в концé книги. You'll find all statistical tables at the end of the book.

таз (*P* -ы́, -óв/в тазý/) washbasin. Таз и кувшúн с водóй стоя́т в углý. A washbasin and pitcher of water are in the corner. • pelvis. У негó оказáлся перелóм тáза. They find that he has a fractured pelvis.

тайнственный secret. Ничегó тайнственного в э́той поéздке нет. There's nothing secret about this trip. • mysterious. Он сказáл э́то с тайнственным вúдом. He looked mysterious when he said it.

□ **тайнственно** mysteriously. О чём это вы так тайнственно шéпчетесь? What are you whispering about so mysteriously?

тайгá taiga (northern virgin forest).

тáйна (*gp* тайн) mystery. Как он сюда́ попáл — для меня́ тáйна! How he got here's a mystery to me. — Онá лю́бит окружáть тáйной всё, что онá дéлает. She likes to do everything with an air of mystery. • secret. Сохранúте э́то в тáйне. Keep it secret. — Э́то воéнная тáйна. This is a military secret.

тáйный.

□ **тáйное голосовáние** secret ballot.

так so. Почемý вы так дýмаете? Why do you think so? — Так знáчит вы решúли здесь остáться? So, I see you've decided to stay here. — Почемý он пришёл так пóздно? Why did he come so late? — Онá так хорошó пéла! She sang so well! — Он так хорошó говорúт по-рýсски, что

прóсто удивúтельно. He speaks Russian so well that it's simply amazing. — Так и вы нас покидáете? So you're leaving us too? • that way. Так сказáть нельзя́. You can't say it that way. • this way. Так э́то продолжáться не мóжет. It can't continue this way. — Я вам сейчáс расскажý. Э́то вы́шло так. . . . I'll tell you right now; it happened this way . . . . • then. Так скажúте емý, что он ошибáется. Tell him that he's wrong, then. • nothing in particular. "Чемý вы улыбáетесь?" "Так, своúм мы́слям". "What are you smiling at?" "Nothing in particular; just at my own thoughts."

□ **и так** by itself. Не нáдо дóктора, и так пройдёт. You don't have to call a doctor; it'll go away by itself. • anyway. Не нáдо егó просúть, он и так сдéлает. You don't have to ask him; he'll do it anyway. • as it is. Не бранúте егó, емý и так óчень тяжелó. Don't scold him, he feels bad enough as it is. — Не объясня́йте — и так я́сно. Don't explain. It's clear enough as it is.

и так дáлее and so on, et cetera. У меня́ ещё тьма рабóты: мне нáдо стря́пать, стирáть, и так дáлее. I still have piles of work. I have to do the cooking, the washing, and so on.

и так и так this way or that. Э́то мóжно сдéлать и так и так. It can be done this way or that.

и так и э́так this way and that. Уж он старáется и так и э́так, а всё не выхóдит. He tries this way and that, but still nothing helps.

так вóт and so. Так вóт, он и остáлся одúн одинёшенек. And so he was left all alone.

так же . . . как as . . . as. Он говорúт по-рýсски так же хорошó, как и вы. He speaks Russian as well as you do.

так и just. Я так и сказáл, что вам нéкогда. That's just what I told him; you're busy. — Я вúжу, он так и рвётся чтó-то сказáть. I see that he's just jumping out of his skin to say something. — Он так и áхнул от изумлéния. He just gasped in astonishment. • simply. На негó так и посы́пались неприя́тности. Trouble simply began to pile up on him. • just what. Онá сейчáс придёт. Ták вы ему́ и скажи́те. She'll be here in no time. That's just what you should tell him.

так и есть what do you know about that? Так и есть! Опя́ть ши́на ло́пнула. What do you know about that? The tire blew out again.

так и знай(те) you can be sure of that. Вам э́того не позво́лят, так и зна́йте. They won't let you do it, you can be sure of that.

так и на́до it serves (one) right. Так ему́ и на́до! Заче́м не в своё де́ло сова́лся. It serves him right for sticking his nose into other people's business.

так как because. Нам пришло́сь сде́лать круг, так как доро́гу чини́ли. We had to make a detour because the road was under repair.

так нет but no. Ему́ бы помолча́ть; так нет, на́чал спо́рить. It would have been better had he kept quiet; but no, he started to argue.

так себе́ just passable. "Она́ о́чень хоро́шенькая?" "Нет, так себе́". "Is she very pretty?" "No, just passable." ● So so. "Как пожива́ете?" "Так себе́!" "How are you?" "So so!"

та́к-таки actually. Неуже́ли он та́к-таки и отказа́л? You mean he actually refused? ● after all. Он та́к-таки раздобы́л биле́ты! He managed to get the tickets after all!

так то́лько just. Э́то вы так то́лько пошути́ли, пра́вда? You were just joking, weren't you?

так что so. У нас рабо́чих рук не хвата́ет, так что у вас есть все ша́нсы устро́иться. We're short of working hands, so you have a good chance of getting a job.

так, что́бы so that. Пове́сьте э́то так, что́бы все ви́дели. Hang it up so that everybody will see it.

□ А я так ду́маю, что на́до бы́ло сказа́ть пра́вду. If you ask me, I think the truth should have been told. ● Э́то вам так не пройдёт! You won't get away with this. ● Он наконе́ц согласи́лся. Давно́ бы так! He finally agreed. He should have done so long ago. ● Он вас дра́знит не со зла, а про́сто так. He's teasing you for the fun of it. ● Ну игра́ть — так игра́ть! If you want to play, let's play. ● Ну уж е́сли идти́, так сейча́с. Well, if we're going, let's go now. ● Я уже́ и так и сяк про́бовал с ним говори́ть — не помога́ет. I've already used every argument I could on him, but nothing helps. ● Так он и ска́жет вам, дожида́йтесь! You can wait till doomsday before he'll tell you! ● Э́то не пальто́, а так что́-то вро́де плаща́. It's not a coat; it's something like a cloak. ● Он живёт в э́той ко́мнате, не так ли? He lives in this room, doesn't he? ● Говори́т он мне: так и так, на́до мне уезжа́ть. So he told me, "To make a long story short, I've got to go." ● Так бы я и вы́кинула его́ отсю́да. God, how I'd like to throw him out of here. ● Так и́ли ина́че, мы с ним наконе́ц пола́дили. In short, we finally came to an agreement.

та́кже also, too. Мо́жете вы мне дать та́кже чи́стые про́стыни? Can you also give me clean sheets? — Я собира́юсь пойти́ за поку́пками, а та́кже загляну́ть на по́чту. I intend to go shopping and also to stop in at the post office.

тако́в (-ва́, -во́, -вы́/sh forms only/) this. Таковы́ фа́кты, а вы́воды де́лайте са́ми. These are the facts. You can draw your own conclusions.

□ Такова́ была́ си́ла уда́ра, что о́ба парово́за бы́ли разби́ты вдре́безги. The force of the collision was so great that both locomotives were smashed. ● *Он бы́стро собра́л

ве́щи и был тако́в. He packed in a hurry and was off. ● Таково́, ока́зывается, положе́ние. So that's how things stand!

тако́й such. В таку́ю пого́ду лу́чше оста́ться до́ма. It's better to stay at home in such weather. — Он тако́й у́мница. He's such a clever man! — Как э́то вы допусти́ли тако́е безобра́зие? How do you allow such goings-on? ● that. В тако́м слу́чае пойдём сейча́с. In that event let's go now.

□ **кто тако́й** who. Кто он тако́й? Who's he?

таки́м о́бразом and so. Таки́м о́бразом, всё ко́нчилось благополу́чно. And so everything turned out all right.

тако́е such things. Мне про вас тако́е говори́ли! I was told such things about you!

тако́й же, как the same as. Возьми́те э́ти боти́нки; они́ таки́е же, как и те. Take these shoes. They're the same as the others.

тако́й же . . . как as . . . as. Она́ така́я же краса́тка, как её мать. She's as beautiful as her mother.

□ Он глуп до тако́й сте́пени, что и объясни́ть ему́ ничего́ нельзя́. He's so stupid you can't explain anything to him. ● Я и не ду́мал, что э́то доста́вит ему́ таку́ю ра́дость. I didn't know he'd be so happy over it. ● "Вы говори́ли с граждани́ном Н——?" "Како́й тако́й Н——?" "Did you talk to Mr. N——?" "Never heard of him." ● "Вы вчера́ не вы́шли на рабо́ту." "Ну и что ж тут тако́го?" "You didn't come to work yesterday." "So what?" ● Э́то уж чорт зна́ет что тако́е! That's a hell of a note! ● Ну что э́то тако́е! Опя́ть нет горя́чей воды́. What is this! Again no hot water!

такси́ (indecl N) taxi, cab. Возьмём такси́. Let's take a taxi. — Позови́те такси́! Call a taxi. — Вы прие́хали на такси́? Did you come by cab?

такти́чный tactful. Ему́ мо́жно э́то поручи́ть, он челове́к такти́чный. You can trust him with it; he's a tactful fellow. — На́до бу́дет ему́ такти́чно намекну́ть на э́то. It'll be necessary to drop him a tactful hint about it.

тала́нт talent.

тала́нтливый talented. Он — тала́нтливый инжене́р. He's a talented engineer.

□ Э́та кни́га о́чень тала́нтливо напи́сана. This book shows that the author has great talent.

та́лия waist.

там there. Кто там был, кро́ме вас? Who was there besides you? — Его́ там не́ было. He wasn't there. — Она́ там провела́ неде́лю, и ей там о́чень понра́вилось. She stayed there a week and liked it very much. ● then. Порабо́тайте с неде́льку, а там уви́дим. Work a week and then we'll see.

□ **там же** in the same place. Он рабо́тает там же, где моя́ сестра́. He works in the same place as my sister.

там и сям here and there. Там и сям в э́той кни́ге попада́ются оши́бки. Here and there you'll find some mistakes in this book.

□ *Там хорошо́, где нас нет. The grass is green on the other side of the fence. ● Там ви́дно бу́дет. We'll see when we get to it.

тамо́женный customs. Тамо́женный досмо́тр на сле́дующей ста́нции. The customs inspection is at the next station.

□ **тамо́женный слу́жащий** customs official.

тамо́жня (gp -жен) customs office. Нас продержа́ли на тамо́жне це́лых два часа́. We were held up a whole two hours at the customs office.

та́нец (-нца) dance. Из всех та́нцев, я бо́льше всего́ люблю́ вальс. Of all the dances, I like the waltz best. — Сего́дня в клу́бе та́нцы. There's a dance at our club today.

танк tank. На́ши та́нки оказа́лись лу́чше та́нков проти́вника. Our tanks proved to be better than the enemy's.

та́нца See **та́нец**.

танцова́ть to dance. Она́ хорошо́ танцу́ет. She dances well.

□ Вы танцу́ете вальс? Do you waltz? • *Он всегда́ танцу́ет от пе́чки. He always has to start off from the very beginning.

та́почка (-чек P) moccasin. В та́почках о́чень удо́бно. It's very comfortable in moccasins.

тарака́н cockroach.

таре́лка plate. Да́йте мне таре́лку су́пу. Give me a plate of soup. — Ме́лкие таре́лки стоя́т на ни́жней по́лке, а глубо́кие на ве́рхней. The service plates are on the lower shelf and the soup plates are on the top one.

□ *Я сего́дня что́-то не в свое́й таре́лке. I'm kind of out of sorts today.

тари́ф rate. У нас устано́влен но́вый почто́вый тари́ф. We have new postal rates.

□ **тамо́женный тари́ф** tariff.

таска́ть (*iter of* **тащи́ть**) to carry. Нам прихо́дится таска́ть во́ду вёдрами из коло́дца. We have to carry water from the well in buckets. • to swipe. Кто э́то постоя́нно таска́ет у меня́ газе́ту? Who's always swiping my newspaper? • to pull. Она́ меня́, быва́ло, за́ уши таска́ла. In the old days she used to pull my ears.

ТАСС (**Телегра́фное Аге́нтство Сове́тского Сою́за**) the Soviet news agency, "Tass." Вы чита́ли после́дние телегра́ммы ТАСС? Have you read the latest "Tass" reports?

та́чка wheelbarrow. Сложи́те сухи́е ли́стья в та́чку. Put the dry leaves into a wheelbarrow.

тащи́ть (тащу́, та́щит/*iter:* **таска́ть**/) to drag. Заче́м вы са́ми та́щите таку́ю тя́жесть? Why do you drag such a heavy thing yourself? — Неуже́ли одна́ ло́шадь смо́жет тащи́ть тако́й тяжёлый груз? How can one horse drag such a heavy load by himself? — Куда́ вы меня́ та́щите? Where are you dragging me to?

та́ять (та́ю, та́ет) to melt. Снег уже́ на́чал та́ять. The snow is melting already. — Како́й пирожо́к — во рту та́ет! What a pirozhok! It just melts in your mouth.

□ Сего́дня та́ет. The thaw is setting in today. • Она́ та́ет на глаза́х. She's falling away to nothing before your very eyes. • Де́ньги у меня́ тут так и та́ют. My money disappears fast around here.

твёрдый (sh -рда́/-о́, -ы́/; cp тверже; adv твёрдо) hard. Э́та поду́шка твёрдая как ка́мень. This pillow is as hard as a rock. • firm. У неё на э́тот счёт о́чень твёрдые при́нципы. She has very firm principles on this matter. • strong. У него́ твёрдый хара́ктер. He has a strong character. — Он не совсе́м твёрд в.исто́рии. He's not so strong in history. • fixed. На́ши колхо́зники получа́ют това́ры по твёрдым це́нам. Our kolkhozniks get goods at a fixed price.

□ **твёрдо** firm. Он твёрдо стоя́л на своём. He was firm in his decision. • steady. Он и по́сле деся́той рю́мки твёрдо стои́т на нога́х. He can have ten shots of liquor and still remain steady on his feet. • well. Запо́мните э́то твёрдо. Remember this well.

□ *Он был в здра́вом уме́ и твёрдой па́мяти. He knew what he was doing.

тверже See **твёрдый**.

твой (§15) yours. Э́то мой биле́т, а э́то твой. Here's my ticket and here's yours. — Твоего́ мне не ну́жно, я хочу́ то́лько своё получи́ть! I don't want anything of yours; I only want what belongs to me. • your. Где твоё пальто́? Where is your coat?

□ **по-тво́ему** your way. Хорошо́, пусть бу́дет по-тво́ему. All right, have it your way.

твои́ your family. Как все твои́ пожива́ют? How's your family?

твори́ть (/pct: **со-**/) to create.

-ся to take place. (no pct) У нас творя́тся больши́е дела́. Big things are taking place in our country.

□ (no pct) Там тако́е сейча́с твори́тся, про́сто у́жас! There are such goings-on there, it's just terrible!

творо́г (-á /g -ý/) pot cheese, cottage cheese.

тво́рческий creative. Рабо́чие на́шего заво́да прояви́ли большу́ю тво́рческую инициати́ву. The workers in our factory showed great creative initiative.

те (/np of **тот**/).

теа́тр theater. Он идёт сего́дня в теа́тр. He's going to the theater today. — Все теа́тры здесь перепо́лнены. The theaters here are all overcrowded. — Что идёт сего́дня в Большо́м теа́тре? What's playing at the Bolshoy Theater today? — Вы уже́ бы́ли в Худо́жественном теа́тре? Have you been to the (Moscow) Art Theater yet?

□ **теа́тр вое́нных де́йствий** theater of operations.

тебе́ (/d and l of **ты**/).

тебя́ (/ga of **ты**/).

тёзка namesake. Вы мой тёзка; — я — Ва́ня, вы Джо́ни. You're my namesake; I'm Vanya; you're Johnny.

текст text. Я вам за́втра принесу́ текст его́ ре́чи. I'll bring you the full text of his speech tomorrow. — Э́ту цита́ту вы найдёте не в те́ксте, а в примеча́нии. You'll find this quotation in the footnotes, not the text.

тексти́льный.

□ **тексти́льная промы́шленность** textile industry.

тексти́льщик textile worker.

теку́ See **течь**.

теле́га horse-drawn cart. Мы е́хали в теле́ге. We traveled in a horse-drawn cart.

телегра́мма telegram, wire, cable. Я жду телегра́ммы из Аме́рики. I expect a cable from America. • dispatch. Чита́ли после́дние телегра́ммы? Have you read the latest dispatches?

□ **ра́дио-телегра́мма** radio-telegram, wireless message.

сро́чная телегра́мма urgent wire. Пошли́те ему́ сро́чную телегра́мму. Send him an urgent wire.

телегра́мма-мо́лния urgent wire.

телегра́мма с опла́ченным отве́том telegram with prepaid reply. Я посла́л ей телегра́мму с опла́ченным отве́том. I sent her a telegram with a prepaid reply.

телегра́ф telegraph office. Телегра́ф и по́чта у нас в одно́м зда́нии. The telegraph office and post office are in the same building in our country.

телеграфи́ровать (both dur and pct) tо wire. Телеграфи́руйте ему́ в Москву́. Wire him in Moscow. • to cable. Мне ну́жно телеграфи́ровать сестре́ в Аме́рику. I have to cable my sister in America.

теле́жка wagon. Носи́льщик повезёт ва́ши ве́щи на теле́жке. The porter will take your things in a wagon.

телёнок (-нка, P теля́та, теля́т, теля́там) calf (animal).

телефо́н phone. Есть у вас телефо́н? Do you have a phone?

— Телефо́н звони́т. The phone's ringing. — Вас про́сят к телефо́ну. Somebody's calling you on the phone. — Снеси́тесь с ни́ми по телефо́ну. Get in touch with them by phone.

☐ автомати́ческий телефо́н dial telephone.

вызыва́ть по телефо́ну to call up. Вас вызыва́ли по телефо́ну. Somebody called you up.

междугоро́дный телефо́н long-distance telephone.

ручно́й телефо́н hand telephone.

телефони́ровать to phone. Телефони́руйте, пожа́луйста, мое́й жене́, что я опозда́ю. Please phone my wife that I'll be late.

телефони́ст telephone operator.

телефони́стка telephone operator F.

телефо́нный telephone. Есть тут где́-нибудь побли́зости телефо́нная бу́дка? Is there a telephone booth somewhere near by?

☐ телефо́нная кни́жка telephone book (directory). Посмотри́те в телефо́нной кни́жке. Look in the telephone book.

телефо́нная ста́нция telephone exchange.

телефонограмма telegram (delivered over the phone). Я при́нял для вас телефонограмму. I took a telegram for you over the phone.

те́ло (P тела́) body. У меня́ бо́ли во всём те́ле. I have pains all over my body.

☐ *Он де́ржит её в чёрном те́ле. He treats her like a slave.

теля́та See телёнок.

теля́тина veal. Я вам дам холо́дной теля́тины с сала́том. I'll give you cold veal cuts and salad.

те́ма subject. Дава́йте переме́ним те́му. Let's change the subject. • topic. Вот вам интере́сная те́ма для статьи́. Here's an interesting topic for an article for you. • theme. Напо́мните мне те́му э́той сона́ты! Hum the theme of that sonata!

темне́ть (/pct: по-, с-/) to tarnish. Этот мета́лл не темне́ет. This metal does not tarnish. • to get dark. Как ра́но темне́ет! How early it gets dark here!

темно- (prefixed to adjectives).

☐ темнокра́сный dark red.

темнота́ (P темно́ты) darkness. Свет пога́с, и мы оста́лись в по́лной темноте́. The lights went out and we were left in complete darkness. — В темноте́ я не мог разобра́ть но́мера до́ма. I couldn't make out the number of the house in the darkness.

☐ Кака́я темнота́! Быть грозе́. Look how dark it is! There must be a storm coming up.

тёмный (sh -темна́, -о́, -ы́) dark. У меня́ о́чень тёмная ко́мната. I have a very dark room. — В э́тих тёмных переу́лках нетру́дно и заблуди́ться. It's not hard to get lost in those dark alleys. — Она́ всегда́ но́сит тёмные пла́тья. She always wears dark dresses. • shady. Говоря́т, что у него́ тёмное про́шлое. They say he has a shady past. • obscure. Это для меня́ са́мая тёмная часть его́ тео́рии. This is the most obscure part of his theory for me.

☐ темно́ dark. Мы вы́ехали, когда́ ещё бы́ло совсе́м темно́. We started off while it was still quite dark.

темп speed of work. Ну́жно уско́рить те́мпы рабо́ты. The speed of work must be increased. • rate of work. У вас на заво́де те́мпы ме́дленные, вот в чём беда́! At your factory the rate of work is slow. That's your trouble. • rate. На́ша промы́шленность развива́ется бы́стрыми те́мпами. Our industry increases at a rapid rate.

температу́ра temperature. У него́ уж тре́тий день повы́шенная температу́ра. This is the third day that his temperature has been above normal. — Вам ну́жно изме́рить себе́ температу́ру. You have to take your temperature.

тени́стый shady. У нас не большо́й, но тени́стый сад. We have a small but shady garden.

те́ннис tennis. Я давно́ уж не игра́л в те́ннис. I haven't played tennis in a long time.

те́ннисный.

☐ те́ннисная площа́дка tennis court.

те́ннисная раке́тка tennis racket.

те́ннисная се́тка tennis net.

те́ннисный мяч tennis ball.

тень (P -ни, -не́й /в тени́/ F) shade. Идёмте ся́дем в тень. Let's sit in the shade. — Сего́дня да́же в тени́ бы́ло о́чень жа́рко. It was very hot even in the shade today. • shadow. От него́ оста́лась одна́ тень. He's a shadow of his former self. — У меня́ нет и те́ни сомне́ния в его́ че́стности. I haven't got a shadow of a doubt about his honesty.

тео́рия theory. Изложи́те основны́е при́нципы э́той тео́рии. Explain the main principles of this theory. — Всё э́то хорошо́ в тео́рии, а на пра́ктике приложи́ть тру́дно. It's all very good in theory, but hard to put into practice. • ideas. У меня́ на э́тот счёт своя́ тео́рия. I have my own ideas on this subject.

тепе́решний modern. Тепе́решняя ру́сская молодёжь интересу́ется исто́рией. Modern Russian youth is interested in history. • present. Я не зна́ю его́ тепе́решнего а́дреса. I don't know his present address.

☐ тепе́решние времена́ nowadays. В тепе́решние времена́ к таки́м спо́собам лече́ния не прибега́ют. They don't use such cures nowadays.

тепе́рь now. Тепе́рь он за́нят, но че́рез час он смо́жет вас приня́ть. He's busy now, but in an hour he'll be able to see you. — Я тепе́рь рабо́таю в ночно́й сме́не. I'm now working on the night shift. — Он был о́чень бо́лен, а тепе́рь попра́вился. He was very sick, but he's getting better now.

☐ тепе́рь же right now. Лу́чше э́то сде́лать тепе́рь же. It's better to do it right now.

тепле́ть to grow warm. Это то́лько по утра́м так хо́лодно, к полу́дню всегда́ тепле́ет. It's only this cold in the mornings, but towards noon it grows warm.

тёплый (sh -пла́, -о́/-ы́/) warm. Это о́чень тёплая кварти́ра. This is a very warm apartment. — У вас есть тёплое пальто́? Do you have a warm overcoat? • cordial. Я получи́л от него́ о́чень тёплое письмо́. I've received a very cordial letter from him.

☐ потепле́е warmly. Оде́ньтесь потепле́е, сего́дня о́чень хо́лодно. Dress warmly; it's very cold today.

тепле́е warmer. Ну вот, затопи́ли! Сейча́с ста́нет тепле́е. Well, now that we've made a fire it'll get warmer.

тепло́ warm. Как у вас тепло́! How warm it is at your place! • hearty. Его́ встре́тили о́чень тепло́. He got a hearty welcome.

☐ Мы прия́тно провели́ ве́чер в тёплой компа́нии. We spent a pleasant evening in good company. • *У них там тёплая компа́ния, они́ друг дру́га покрыва́ют. They're a bad lot; they're just covering up for one another.

термо́метр thermometer.

терпели́вый patient. Он о́чень терпели́вый челове́к. He's a very patient man.

☐ терпели́во patiently. Она́ терпели́во переноси́ла боль.

She bore the pain patiently. — Он терпели́во повтори́л своё объясне́ние. He patiently repeated his explanation.

терпе́ние patience. Я удивля́юсь ва́шему терпе́нию. I'm surprised at your patience. — Е́сли так бу́дет продолжа́ться, моё терпе́ние ско́ро ло́пнет. If it goes on this way my patience will soon come to an end. — С ним никако́го терпе́ния не хва́тит. You can't have too much patience with him.

терпе́ть (терплю́, те́рпит) to suffer along. Ничего́ тут не поде́лаешь, прихо́дится терпе́ть! Nothing can be done about it; we'll just have to suffer along with it. • to suffer. Они́ там терпе́ли и го́лод, и хо́лод. They suffered from both hunger and cold. • to tolerate. Я бы, на ва́шем ме́сте, не стал терпе́ть тако́го безобра́зия. If I were in your place, I wouldn't tolerate such carrying on. • to stand. Не понима́ю, как его́ здесь те́рпят! I don't see how they stand him here. — Я его́ терпе́ть не могу́! I just can't stand him. • to meet. Они́ терпя́т одну́ неуда́чу за друго́й. They meet one failure after another.
☐ Де́ло не те́рпит. The matter can't wait. • Ничего́, вре́мя те́рпит. Take it easy; there's still plenty of time. • *Пиши́те, что хоти́те: бума́га всё те́рпит. Write whatever you like; the paper you write on can't tell the difference.

терра́са terrace.

теря́ть to lose. Вот доса́да! Второ́е перо́ теря́ю. How annoying! This is the second pen I've lost. — Он всё ещё не теря́ет наде́жды получи́ть рабо́ту по специа́льности. He still hasn't lost hope of finding work in his field. — Он легко́ теря́ет самооблада́ние. He loses self-control easily. — Вам на́до бежа́ть, не теря́я ни секу́нды. You've got to run; don't lose a second. — Мне всё равно́ теря́ть не́чего. I've got nothing to lose anyway. — Дава́йте не теря́ть друг дру́га и́з виду. Let's not lose track of one another. • to waste. Не бу́дем теря́ть на э́то вре́мя. Let's not waste time on that. — Он теря́ет на э́то ма́ссу де́нег и труда́, и всё зря. He's wasting lots of money and effort on that for nothing.

те́сный (sh -сна́) narrow. Коридо́р и так те́сный, а вы ещё сундуки́ поста́вили. The hall is so narrow, and still you put your trunks there. • tight. Э́тот пиджа́к мне немно́го те́сен. This jacket is a little too tight for me. • close. У нас с ней о́чень те́сная дру́жба. She and I are very close friends.
☐ те́сно close. Они́ сиде́ли, те́сно прижа́вшись друг к дру́гу. They sat snuggled close to one another. • crowded. Когда́ все собра́лись, в ко́мнате ста́ло те́сно и ду́шно. When everybody came into the room it became crowded and sticky. • cramped. Вам тут не те́сно бу́дет? Won't you be cramped here? • closely. Э́то те́сно свя́зано с мое́й рабо́той. This is closely connected with my work.

те́сто dough.

тесть (M) father-in-law (wife's father).

тётка aunt. С матери́нской стороны́ у меня́ две тётки. I have two aunts on my mother's side. — Она́ мне тётка по отцу́. She's my aunt on my father's side. • woman. К нам подошла́ кака́я-то (незнако́мая) тётка в платке́. Some woman in a shawl whom I didn't know came up to us.
☐ *Го́лод — не тётка! It's no joke to go hungry.

тетра́дь (F) notebook. Мне нужна́ тетра́дь в кле́тку. I need a notebook of graph paper. — У него́ це́лая тетра́дь стихо́в. He has a notebook full of poems.

те́хник technician.

те́хника technique. На на́ших заво́дах применя́ется передова́я те́хника. Modern techniques are used in our plants. — Он хорошо́ овладе́л те́хникой э́того де́ла. He has a good grasp of the technique of this business. — У э́того пиани́ста удиви́тельная те́хника. This pianist has an amazing technique.

те́хникум technical school. Я око́нчил сельскохозя́йственный те́хникум. I graduated from the agricultural technical school.

техни́ческий technical.

техпромфинпла́н (техни́ческо-промы́шленно-фина́нсовый план) over-all annual plan of a factory.

тече́ние current. Не заплыва́йте далеко́, тут бы́строе тече́ние. Don't swim out far; there's a swift current here.
☐ ве́рхнее тече́ние upstream.
в тече́ние during. Я э́то зако́нчу в тече́ние дня. I'll finish it during the day.
ни́жнее тече́ние downstream.
☐ С тече́нием вре́мени вы всё поймёте. In due time you'll understand everything.

течь (теку́, течёт; p тёк, текла́, -о́, и́) to run. Опя́ть вода́ из кра́на не течёт. The water isn't running again. • to leak. Э́то ведро́ течёт. This pail is leaking.
☐ Вре́мя тут течёт стра́шно ме́дленно. Time drags here.

тёща mother-in-law (wife's mother).

тип type. Мне не нра́вятся лю́ди э́того ти́па. I don't like men of this type. — Я никогда́ не вида́л маши́ны э́того ти́па. I never saw a machine of this type. • category. У нас есть два ти́па студе́нтов. We have two categories of students.
☐ Э́то что ещё за тип? Who's that character?

типогра́фия printing shop.

тире́ (indecl N) dash, hyphen.

тиф.
☐ брюшно́й тиф typhoid fever.
возвра́тный тиф recurring typhoid fever.
сыпно́й тиф spotted typhus.

ти́хий (-ха́; ср ти́ше; тиша́йший) low. Он хоро́ший ле́ктор, но у него́ сли́шком ти́хий го́лос. He's a good lecturer but he has a very low voice. • quiet. У нас в распредели́теле сего́дня был ти́хий день. We had a quiet day in our store. — А сосе́ди здесь ти́хие? Are the neighbors quiet here? • calm. Мо́ре сего́дня ти́хое. The sea is calm today.
☐ ти́ше quiet. Ти́ше! Переста́ньте разгова́ривать. Quiet! Stop talking! — Ти́ше! Он то́лько что засну́л. Quiet! He just went to sleep.

ти́хо quietly. Она́ говори́ла ти́хо, но вня́тно. She spoke quietly, but distinctly. • quiet. В э́то вре́мя здесь всегда́ ти́хо. At this time it's always quiet here. • slowly. Е́сли вы бу́дете е́хать так ти́хо, мы наве́рно опозда́ем. If you drive so slowly, we'll certainly be late.
☐ Пое́дем по сле́дующей у́лице — там ти́ше. Let's go down the next street; there's less traffic there.

тихо́нько quietly. Войди́те, то́лько тихо́нько, на цы́почках. Come in, but quietly, on tiptoe. — Шепни́те ему́ тихо́нько, что я ухожу́. Whisper to him quietly that I'm going away.

ти́ше (/ср of ти́хий/).

тишина́ silence. Во вре́мя радиопереда́чи в за́ле должна́ быть по́лная тишина́. There must be absolute silence during the broadcast. • peace. Тишина́ и споко́йствие — вот что мне на́до! Peace and quiet is what I need. • quiet. Прошу́ соблюда́ть тишину́! Quiet please!

ткач (-á *M*) weaver.

ткачи́ха weaver *F.*

то¹ (/*na N of* **тот**/).

то² then. Éсли он к семи́ не придёт, то не жди́те его́ бо́льше. If he doesn't come by seven, then don't wait for him any more. — Раз она́ не хо́чет, то не́чего её угова́ривать. Once she doesn't want to, then there's no sense urging her. — Уж е́сли я обеща́л, то я э́то сде́лаю. If I've already promised, then I'll do it.

☐ **да и то** at that. Я ви́дел его́ всего́ оди́н раз, да и то и́здали. I've seen him once, and at a distance at that.

не то otherwise. Так приходи́те непреме́нно, не то они́ оби́дятся. Be sure to come there; otherwise they'll be offended. • **or else**. Смотри́те, сде́лайте э́то, а не то ху́до бу́дет. You better do it, or else you'll get into trouble.

не то . . . не то either . . . or. Он сказа́л э́то не то с уваже́нием, не то со стра́хом. He said that either with respect or fear in his voice.

то и де́ло every so often. Он то и де́ло выгля́дывал из окна́. Every so often he peered out of the window.

то ли . . . то ли either . . . or. Она́ хо́дит к нам то ли по привы́чке, то ли из ве́жливости. She visits us either out of habit or out of politeness. — То ли ему́ не́когда бы́ло, то ли он забы́л, но он не пришёл. He was either busy or he forgot, but in any case he didn't come.

☐ От неё всё нет письма́, и он то и знай на по́чту бе́гает. There are no letters from her and yet all he does is run to the post office all day. • Он то за одно́ де́ло хвата́ется, то за друго́е, и ничего́ не конча́ет. He starts first one thing and then another and finishes nothing. • Он то брани́т меня́, то превозно́сит до небе́с; не поймёшь его́. He scolds me first, and then praises me to the sky. I can't understand him. • А во́дочку-то мы уже́ всю вы́пили, на́до бы́ло ра́ньше прийти́. Tough luck; we've finished off the vodka. You should have come earlier. • Что́-то он о нас поду́мает? I wonder what he'll think of us.

тобо́й (тобо́ю, /*i of* **ты**/).

това́р (/*g* -у/) goods. В колхо́зную ла́вку при́слана но́вая па́ртия това́ру. There's been a new shipment of goods to the kolkhoz store. • **merchandise**. В э́том магази́не всегда́ хоро́ший това́р. This store always has good merchandise.

☐ Он уме́ет това́р лицо́м показа́ть. He knows how to put his best foot forward.

това́рищ (*M*) friend. Он был мои́м са́мым лу́чшим това́рищем. He was my very best friend. • **comrade**. Това́рищи, соблюда́йте о́чередь! Stay in line, comrades! • **classmate**. Он мой това́рищ по университе́ту. He's an old (college) classmate of mine.

☐ **шко́льный това́рищ** schoolmate. Э́то шко́льные това́рищи моего́ сы́на. They're my son's schoolmates.

☐ Това́рищ милиционе́р, как мне пройти́ к мосту́? Officer, can you tell me the way to the bridge?

това́рищеский comrade. Он поступи́л не по-това́рищески. He didn't act as a comrade. • **friendly**. Това́рищеская встре́ча на́ших футбо́льных кома́нд назна́чена на за́втра. A friendly game between our soccer teams is set for tomorrow.

☐ Нет, э́то не рома́н, у них про́сто хоро́шие това́рищеские отноше́ния. No, that's not a love affair; they're just good friends.

това́рный freight. На ста́нции стоя́ло не́сколько това́рных

поездо́в. Several freight trains were standing at the station.

☐ **това́рная ста́нция** freight station.

това́рный склад warehouse. Това́рный склад нале́во. The warehouse is on the left.

тогда́ at that time. Я жил тогда́ в дере́вне. At that time I lived in the country. • **then**. Я поду́маю и тогда́ дам вам отве́т. I'll think about it and then let you know. — Éсли вам э́то не нра́вится, тогда́ лу́чше не бери́те. If you don't like it, then you'd better not take it.

☐ **тогда́ . . . когда́** when. Отвеча́йте то́лько тогда́, когда́ вас спро́сят. Answer only when you're asked.

то есть that is. Э́то бы́ло в про́шлое воскресе́нье, то есть ро́вно неде́лю тому́ наза́д. It was last Sunday; that is, exactly a week ago.

☐ **то есть как** how come. "В зал бо́льше никого́ не впуска́ют." "Позво́льте, то есть как э́то, у меня́ есть биле́т!" "No one is allowed into the hall." "How come? I've got a ticket!"

то́же too. Я то́же пойду́ с ва́ми. I'll go with you, too. — Я ему́ то́же э́то говори́л, но он и слу́шать не хо́чет. I told him that, too, but he won't even listen. — Вы то́же про́тив меня́? Are you against me, too?

☐ Он, ка́жется, учи́ть меня́ взду́мал! Вот то́же! What do you think of that! He's trying to show me how! • То́же знато́к нашёлся! Что он понима́ет? Since when is he an expert? What does he know about it?

ток current. Наш трамва́й до́лго стоя́л из-за отсу́тствия то́ка. Our trolley was stalled for a long time because the current was cut off. — Ток уже́ вы́ключен. The current is already turned off.

☐ Его́ уби́ло то́ком. He was killed by a live wire.

толка́ть (/*pct*: **толкну́ть**/) to bump into. Прости́те, что я вас всё вре́мя толка́ю. Excuse me for bumping into you all the time. • **to keep after**. Éсли их не толка́ть, они́ вам даду́т спра́вку че́рез год. If you don't keep after them, they won't give you the information in a year.

-ся to push. Не толка́йтесь, пожа́луйста! Don't push, please.

☐ Я здесь уже́ це́лую неде́лю без по́льзы толка́юсь. I've been knocking around here a whole week doing nothing.

толкну́ть (*pct of* **толка́ть**) to push. Толкни́те дверь, она́ не за́перта. Push the door; it's not locked. — Он так меня́ толкну́л, что я чуть не упа́л. He pushed me so hard I almost fell.

☐ Что его́ толкну́ло на тако́й посту́пок? What made him do it?

-ся.

☐ Я толкну́лся бы́ло к его́ ли́чному секретарю́, но и его́ не заста́л. I tried to see his private secretary, but he wasn't in either.

толкова́ть to discuss. Мы с ним об э́том толкова́ли до са́мой но́чи. I discussed this matter with him till nightfall. — Не сто́ит об э́том так мно́го толкова́ть. Why discuss it so much? • **to interpret**. Э́то мо́жно толкова́ть по-ра́зному. You can interpret this several ways. • **to harp**. А она́ всё своё толку́ет. She keeps harping on the same thing.

толпа́ (*P* то́лпы, толп, толпа́м) crowd. Я его́ сра́зу распозна́л в толпе́. I recognized him immediately in the crowd. — С утра́ уже́ то́лпы наро́да ста́ли собира́ться на у́лицах. Crowds have been gathering in the streets since morning.

• swarm. Нас окружи́ла толпа́ шко́льников. A swarm of schoolchildren surrounded us.

то́лстый (*sh* -лста́; *ср* то́лще) stout. Кто э́тот то́лстый седо́й челове́к? Who's that stout, gray-haired man? • chubby. Посмотри́те на э́того то́лстого мальчи́шку! Look at that chubby boy! • thick. Переда́йте мне э́ту то́лстую кни́гу. Hand me that thick book. • plump. Каки́е у неё то́лстые ро́зовые щёчки! What plump pink cheeks she has! • heavy. Ку́ртка сши́та из то́лстого сукна́. The jacket is made out of heavy cloth.

□ **пото́лще** thicker. Нет ли у вас тетра́ди пото́лще? Do you have a thicker notebook?

то́лще *See* **то́лстый.**

толщина́ thickness.

то́лько only. Биле́т в кино́ сто́ит то́лько оди́н рубль. A ticket for the movies only costs a ruble. — Подожди́те мину́ту, я то́лько оде́нусь. Wait a minute. I only have to dress. — Я был там то́лько оди́н раз. I've only been there once. — Э́ти я́блоки не то́лько деше́вле, но и вкусне́е. These apples are not only cheaper but tastier. — То́лько бы он вы́здоровел поскоре́е! If he'd only get well in a hurry! • but. Хорошо́, то́лько снача́ла заедём на по́чту. All right, but let's stop at the post office first. • just. Мы то́лько начина́ем восстанови́тельную рабо́ту на э́том руднике́. We're just beginning reconstruction work on this mine. — То́лько посме́йте! Just try it! • ever. Как вы то́лько могли́ э́то поду́мать? How could you ever think such a thing!

□ **едва́ то́лько** just as soon as. Едва́ то́лько он попра́вился, как сно́ва вы́шел на рабо́ту. He was back at work just as soon as he got well.

как то́лько as soon as. Он вас при́мет, как то́лько освобо́дится! He'll see you as soon as he's free. • as much as. Я ему́ помога́л как то́лько мог. I helped him as much as I could.

то́лько всего́ all. Он пожела́л мне успе́ха — то́лько и всего́. All he did was to wish me luck.

то́лько-то́лько just barely. Я то́лько-то́лько успе́л собра́ть ве́щи. I just barely had enough time to gather my things.

то́лько что just. Он то́лько что звони́л. He just called up. • no sooner than. То́лько что я прие́хал, как меня́ вы́звали обра́тно в Москву́. No sooner had I arrived than they called me back to Moscow.

□ То́лько он вошёл, как все ки́нулись его́ расспра́шивать. The minute he stepped into the room, everybody rushed at him with questions. • Чего́ у нас то́лько нет! There isn't a thing we haven't got. • Пода́й ему́ инде́йки с брусни́кой, да и то́лько! He won't settle for anything less than turkey and cranberry sauce!

том (/*P* -а́, 6в/) volume. Кто взял второ́й том словаря́? Who took the second volume of the dictionary? — Его́ кни́га вы́йдет в двух тома́х. His book will appear in two volumes.

тон (*P* -на́ *or* ны, -но́в) tone. Таки́м то́ном со мной ещё никто́ не разгова́ривал. Nobody has spoken to me in that tone yet! — Карти́на напи́сана в я́рких тона́х. The picture is painted in bright tones. • key. Э́та сона́та напи́сана в мажо́рном то́не. This sonata is written in a major key. • tune. По́сле ва́шего замеча́ния он переме́нил тон. After your remark he changed his tune.

□ **задава́ть тон** to set the style. Она́ там задаёт тон. She sets the style there.

□ Вы взя́ли с ним непра́вильный тон. You took the wrong approach with him.

то́нкий (*sh* -нка́; *ср* то́ньше; тонча́йший) thin. Э́ти ни́тки сли́шком то́нкие, нет ли пото́лще? This thread is too thin; don't you have any stronger? • fine. От неё па́хло то́нкими духа́ми. She smelled of fine perfume. — Э́то кольцо́ о́чень то́нкой рабо́ты. The ring shows very fine workmanship. — Он то́нкий цени́тель жи́вописи. He's a fine judge of paintings. • gentle. Он то́нких намёков не понима́ет. He doesn't understand gentle hints.

□ **пото́ньше** thinner. Да́йте мне бума́гу пото́ньше. Give me some thinner paper.

то́нко thin. Ветчина́ сли́шком то́нко наре́зана. The ham is sliced too thin. • keen. Э́то вы то́нко подме́тили! That's a keen observation of yours.

□ *Где то́нко, там и рвётся. A chain is only as strong as its weakest link

то́нна (*gp* тонн) ton.

тону́ть (тону́, то́нет/*pct:* по-, у-/) to drown. Помоги́те! Челове́к то́нет. Help! Man drowning! • to be over one's head. Он про́сто то́нет в э́тих ста́рых ру́кописях. He's simply over his head in these old manuscripts.

то́пать (/*pct:* то́пнуть/) to stomp. Кто э́то у вас наверху́ всё то́пает? Who's stomping around so upstairs?

топи́ть[1] (топлю́, то́пит) to heat. Чем вы то́пите пе́чи? With what do you heat your stoves? • to give heat. У нас всю зи́му не топи́ли. They didn't give us heat all winter.

топи́ть[2] (топлю́, то́пит/*pct:* по-, у-/) to drown. Не топи́те котя́т. Don't drown the kittens. — Что, брат, то́пишь го́ре в вине́? Are you trying to drown your sorrow in wine, brother? • to doom. Свои́ми показа́ниями он топи́т своего́ соо́бщника. His evidence doomed his accomplice.

то́пливо fuel. Како́е то́пливо вы употребля́ете? What kind of fuel do you use?

□ **жи́дкое то́пливо** fuel oil.

то́пнуть (*pct of* то́пать) to stamp. Она́ серди́то то́пнула ного́й. She stamped her foot angrily.

топо́р (-а́) ax. Возьми́те топо́р и наруби́те дров. Get the ax and chop some wood.

□ *Здесь во́здух тако́й, что хоть топо́р ве́шай. The air is so heavy here you can cut it with a knife.

торгова́ть to sell. Мы не торгу́ем галантере́ей. We don't sell haberdashery here.

□ Ла́вки бо́йко торгова́ли. The stores were very busy.

торго́вец (-вца) merchant. Оте́ц его́ был ме́лким торго́вцем. His father was a small merchant.

торго́вля trade. Че́рез э́тот порт идёт торго́вля с заграни́цей. Trade with foreign countries goes on at this port.

□ **монопо́лия вне́шней торго́вли** foreign-trade monopoly.

торго́вый commercial. Все торго́вые сде́лки с иностра́нными фи́рмами прохо́дят че́рез внешто́рг. All the commercial transactions with foreign firms have to go through the commissariat of foreign trade.

□ **торго́вый флот** merchant marine.

Торгпре́д (Торго́вый Представи́тель СССР) Torgpred (trade representative of USSR).

Торгпре́дство (Торго́вое Представи́тельство СССР) Torgpredstvo (commercial organization representing USSR abroad).

торже́ственный solemn. Даю́ вам торже́ственное обеща́ние не ходи́ть туда́ без вас. I give you my solemn promise not to go there without you. • gala. За́втра торже́ственное откры́тие съе́зда. Tomorrow is the gala opening of the convention.

торможу́ *See* **тормози́ть.**

то́рмоз (*P* -á, -óв) brake. Прове́рьте, в испра́вности ли то́рмоз. Check the brakes.

тормози́ть to put the brakes on. Не тормози́те маши́ну. Don't put the brakes on.

□ На э́том спу́ске ну́жно си́льно тормози́ть. You've got to put a lot of pressure on your brakes going down this hill.

торопи́ть (тороплю́, торо́пит) to hurry. Не торопи́те меня́, а то я наде́лаю оши́бок. Don't hurry me, or I'll make mistakes. • to rush. Они́ нас так торо́пят со сда́чей ру́кописи, что о прове́рке не мо́жет быть и ре́чи. They're rushing us so much to deliver the manuscript that there's no chance of our checking it.

-ся to be in a hurry. Прости́те, я о́чень тороплю́сь. Excuse me, I'm in a great hurry.

торт cake. У нас есть оре́ховый торт к ча́ю. We have a nut cake to go with our tea.

торф peat; turf.

тот (§17) that. В тот раз мне не удало́сь с ним поговори́ть. I didn't get a chance to talk to him at that time. — В ту по́ру мы мно́го натерпе́лись. We suffered a lot at that time. — Апте́ка на том углу́. The drugstore is on that corner. — Тот был нача́льник, а э́то его́ помо́щник. That was the boss; this is his assistant. • that one. Како́й рису́нок вам бо́льше нра́вится, э́тот и́ли тот? Which design do you like better, this one or that one? • other. Э́то по ту сто́рону реки́. It's on the other side of the river. — Э́то други́е карандаши́, те уже́ про́даны. These are different pencils; the others are already sold. • it. Пове́рьте, он того́ не сто́ит. Believe me, he's not worth it. • same. Э́то та де́вушка, кото́рая откры́ла нам дверь. That's the same girl who opened the door for us.

□ **без того́** as it is. Я пойду́ туда́, я и без того́ уста́л. I won't go there. I'm tired enough as it is.

до того́ before. Э́то бы́ло до того́, как вы прие́хали сюда́. It was before you arrived here.

и́менно то exactly what. Вот э́то и́менно то, что мне на́до. That's exactly what I need.

и тому́ подо́бное and so forth. В э́том чемода́не у меня́ чулки́, бельё и тому́ подо́бное. I have stockings, underwear, and so forth in this suitcase.

и тот, и друго́й both. "Каку́ю шля́пу вы берёте?" "И ту и другу́ю". "Which hat are you taking?" "Both of them."

не тот поезд Вы се́ли не в тот по́езд. You took the wrong train. — Да вы не ту кни́гу взя́ли! You're taking the wrong book!

нет того́, что́бы instead of. Он всё кричи́т; нет того́, что́бы объясни́ть то́лком. He yells all the time instead of explaining it as he should.

ни с того́, ни с сего́ for no reason at all. Ни с того́, ни с сего́ он рассерди́лся. He got mad for no reason at all.

оди́н и тот же the same. Нельзя́ де́лать два де́ла в одно́ и то же вре́мя. You can't do two things at the same time.

одно́ и то же the same thing over again. Ско́лько раз на́до повторя́ть вам одно́ и то же! How many times do I have to say the same thing over again to you

тем не ме́нее nevertheless. Тем не ме́нее я не согла́сен. Nevertheless, I disagree.

того́ и гляди́ any minute. Поторопи́тесь, он того́ и гляди́ вернётся. Hurry up; he's liable to be back any minute.

тому́ наза́д ago. Э́то бы́ло мно́го лет тому́ наза́д. It was many years ago.

тот же the same. Вы всё та же, совсе́м не измени́лись. You're the same; you haven't changed at all.

тот са́мый just the. Э́то та са́мая кни́га, кото́рую я и иска́л. That's just the book I was looking for.

□ *Ну, э́то Федо́т, да не тот. That's a horse of another color. • Для того́ я э́то и сказа́л, чтоб ему́ сты́дно ста́ло. I told it to him just so he'd feel ashamed. • В то́м-то и де́ло, что он ру́сского языка́ не зна́ет. That's the trouble; he doesn't know the Russian language. • Он не совсе́м то говори́т! Я вам лу́чше сам объясню́. He's not telling it quite right; I'll explain it to you myself. • Он пришёл с тем, чтоб извини́ться. He came to apologize. • "Пойдём в теа́тр". "Мне не до того́". "Let's go to the theater." "No; I have other things on my mind." • "Что, он опя́ть напи́лся?" "Да, не без того́". "What, did he get drunk again?" "That's about it." • Меня́ о́чень удивля́ет то, что вы говори́те. I'm very much surprised at what you're saying. • С чем пришёл, с тем и ухожу́ — ничего́ не доби́лся. I'm leaving the same way I came — with nothing. • Он не то, что́бы плохо́й челове́к, но безотве́тственный. He's not what you'd call bad; he's just irresponsible.

то́-то (/*compare* **тот**/) that's why. Ах, вы уезжа́ли? То́-то вас нигде́ не́ было ви́дно. Oh, so you were away? That's why you weren't seen anywhere around here.

□ "Тепе́рь я по́нял!" "Ну, то́-то!" "Now I get it!" "It's about time!" • "Я реши́л отказа́ться от своего́ пла́на". "Ну то́-то же!" "I decided to give up my plan." "You'd better."

то́тчас (/*compare* **час**/) at once. Он то́тчас же пое́хал к больно́му. He went to see the patient at once. • instantly. Я то́тчас же заме́тил, что что́-то не в поря́дке. I saw instantly that something was wrong. • on the spot. Я то́тчас вас узна́л. I recognized you on the spot.

точи́ть (точу́, то́чит) to sharpen. Он то́чит бри́тву He's sharpening his razor.

□ *Она́ уже́ на него́ давно́ зу́бы то́чит. She's had it in for him for a long time.

то́чка dot. Поста́вьте то́чку на ка́рте на скреще́нии э́тих доро́г. Put a dot on the map where these two roads cross. • period. Поста́вьте запяту́ю вме́сто то́чки. Use a comma instead of a period. • point. Я ему́ объясни́ла мою́ то́чку зре́ния. I explained my point of view to him. • end. Зна́ете, дава́йте поста́вим то́чку на э́том де́ле. Let's put an end to the matter.

□ **то́чка в то́чку** word for word. Я переписа́л его́ заявле́ние то́чка в то́чку. I copied his petition word for word. □ *Вы попа́ли в са́мую то́чку! You hit the nail right on the head!

то́чно as if, as though. Что вы то́чно на иго́лках сиди́те? Why do you keep jumping up as if you were sitting on pins and needles? — Я слу́шала, то́чно зачаро́ванная. I listened as though enchanted. • like. Ну что вы капри́зничаете, то́чно ма́ленькая! Come now, why are you carrying on like a child?

тóчный (*sh* -чнá) exact. Это тóчный перевóд вáшего удостоверéния? Is this the exact translation of your certificate? • precise. Прия́тно бы́ло следи́ть за лёгкими и тóчными движéниями её рук. It was pleasant to watch the light, precise movements of her hands. • correct. На вокзáльных часáх тóчное врéмя. The correct time is on the station clock.

□ **тóчно** exactly. Это нáдо сдéлать тóчно по инстру́кциям. This has to be done exactly according to instructions. — Это тóчно такúе же ботúнки. These are exactly the same shoes. — Тóчно! Exactly! — Я бы э́то сдéлал тóчно так же. That's exactly how I would do it. • accurately. Перепишúте э́то; тóлько, пожáлуйста, тóчно. Copy this, please; but do it accurately.

точь в точь just like. Он точь в точь отéц. He looks just like his father. • exactly. Онá улыбáется точь в точь, как её мать. She smiles exactly as her mother does. • exactly like. Я сдéлаю э́то точь в точь по образцу́. I'll make it exactly like the original.

тошнúть (*S3* only; *impersonal*) to feel nauseated. Меня́ тошнúт. I feel nauseated.

□ От егó вéчных шу́ток тошнúть начинáет. His constant joking makes me sick.

травá (*P* трáвы) grass. Прóсят по травé не ходúть. Keep off the grass.

□ *Он тепéрь тúше воды́, нúже травы́. You don't hear a peep out of him now. • *Это ужé давнó травóй поросло́. It's all gone and forgotten.

трáктор (/P -á, -óв/) tractor.

тракторúст tractor operator.

тракторúстка tractor operator *F*.

трáкторный

□ **трáкторная вспáшка** plowing by tractor.

трáкторный плуг tractor plow.

трамвáй trolley. Кудá идёт э́тот трамвáй? Where does this trolley go? • streetcar. Тут трамвáй не останáвливается. The streetcar doesn't stop here.

□ Трамвáем тудá éхать óчень дóлго. It takes a long time to go there by streetcar.

трамплúн springboard.

транзúтный transit. У меня́ транзúтная вúза. I have a transit visa.

трáтить to spend. Он трáтит мáссу дéнег на кнúги. He spends a lot of money on books. — Не стóит трáтить на э́то стóлько врéмени. It's not worth while spending so much on this. • to waste. Не трáтьте сил зря. Don't waste your efforts for nothing.

трáчу *See* трáтить.

трéбование demand. Он соглашáется на все нáши трéбования. He agrees to all our demands. • request. Мы послáли трéбование на у́голь, но покá ещё ничегó не получúли. We sent in a request for coal but haven't received it as yet. • requirement. Он отвечáет всем трéбованиям для э́той рабóты. He meets all the requirements for this job. • claim. Я откáзываюсь от свойх трéбований. I'm withdrawing my claim.

□ Вы предъявля́ете к нему́ слúшком больши́е трéбования. You're asking too much of him.

трéбовать to demand. От нас трéбуют, чтоб мы приходúли на рабóту вó-время. They demand that we come to work on time. • to request. Онú трéбуют уплáты по счёту. They're requesting payment of their bill. • to ask. Вы слúшком мнóгого от них трéбуете. You're asking too much of them! • to require. Эта рабóта трéбует большóго внимáния. This work requires a lot of attention.

-ся to be required. Для э́тог никакúх специáльных знáний не трéбуется. This doesn't require any special knowledge.

□ На э́тот завóд трéбуются óпытные электротéхники. This factory needs experienced electrical technicians.

тревóга anxiety. Онá не моглá скрыть своéй тревóги. She couldn't hide her anxiety. • alert. К счáстью, тревóга оказáлась лóжной. Fortunately it turned out to be a false alert.

□ **возду́шная тревóга** air-raid alarm.

с тревóгой anxiously. Я с тревóгой жду егó звонкá. I'm waiting anxiously for his phone call.

тревóжный restless. Больнóй провёл óчень тревóжную ночь. The patient spent a very restless night. • uneasy. Мы пережúли óчень тревóжные минýты. We lived through many uneasy moments.

□ **тревóжный гудóк** warning signal.

□ **тревóжно** anxiously. Онá тревóжно огля́дывалась по сторонáм. She looked about anxiously.

трéзвый (*sh* -звá) sober. Рáзве вы не вúдите, что он не совсéм трезв? Don't you see he's not exactly sober? • sound. Это трéзвый взгляд на вéщи. This is a sound approach to things.

□ **трéзво** soberly. Попрóбуйте судúть об э́том трéзво. Try to judge this soberly.

трéнер (трéнёр) coach, trainer.

тренирóвка training. Чтóбы стать хорóшим теннисúстом, нужнá длúтельная тренирóвка. You've got to have long training to be a good tennis player.

треск crash. Раздáлся треск, и стул под ним сломáлся. We heard the crash of the chair breaking under him. • crack. Мы слúшали треск ружéйных вы́стрелов. We heard the crack of the rifles.

□ Пьéса с трéском провалúлась. The show flopped.

трéснуть (*pct*) to crack. Стеклó трéснуло. The glass cracked. • to split open. У вас пиджáк по швам трéснул. Your jacket split open at the seam.

□ Никáк не могу́ разобрáть э́той пóдписи, хоть треснú! For the life of me I can't make out this signature! • Я егó знáю: трéснет, а не скáжет. I know him; he'd rather die than tell.

трест trust.

трéтий (§*13*) third. Я стоя́л у кáссы трéтьим в óчереди. I was third in line at the ticket office. — Трéтья главá э́той кнúги сáмая удáчная. The third chapter of this book is the best.

□ Я придý к вам в трéтьем часý. I'll come to see you after two.

треть (*P* -ти, -тéй *F*) one third. Мы проéхали ужé треть путú. We've already gone one third of the way.

треугóльник triangle.

трёхсóтый three hundredth.

трещáть (*dur*) to crackle. Слы́шите, как дровá трещáт в пéчке? Listen to how the logs are crackling in the stove. • to chatter away. Онá трещúт без у́молку. She chatters away all the time.

□ Ох, головá трещúт! I've got a splitting headache!

трéщина crack. Осторóжней, чáшка с трéщиной. Careful! There's a crack in the cup. — Нет, э́та доскá не годúтся, онá с трещинами. No, this board isn't good; it has too many cracks in it.

три (*gl* трёх, *d* трём, *i* тремя, §22) three.

трибуна platform. Он сидел на трибуне рядом с председателем. He sat on the platform, next to the chairman. • stand. Трибуны стадиона переполнены. The stadium stands are overcrowded.

тридцатый thirtieth.

тридцать (*gdl* -ти, *i* -тью, §22) thirty.

тринадцатый thirteenth.

тринадцать (*gdl* -ти, *i* -тью, §22) thirteen.

триста (§22) three hundred.

трогательный touching. Это очень трогательная история. This is a very touching story.

  □ **трогательно** touching. Как трогательно! How touching!

трогать (/*pct*: **тронуть**/) to touch. Пожалуйста, не трогайте ничего у меня на столе. Please don't touch anything on my table. — Меня очень трогает ваша заботливость. I'm deeply touched by your thoughtfulness. • to affect. Это меня ни капельки не трогает. It doesn't affect me at all. • to move along. Ну, пора трогать! Well, it's time to move along.

  □ (*no pct*) Трогай! Get the horses going! • Не трогайте его — он сегодня не в духе. Let him alone; he's in a bad mood today.

  -ся to budge. Машина перед нами не трогается с места. The car in front of us isn't budging. • to get going. Ну, нам пора трогаться. Well, we'll have to get going.

трое (§22) three. Возьмите с собой провизии на трое суток. Take enough food along with you for three days. — Нас трое братьев. There are three boys in my family.

тройка troika (team of three horses). Хорошо бы сейчас покататься на тройке. It'd be nice to take a troika ride now.

троллейбус trolley-bus. Вы знаете маршрут этого троллейбуса? Do you know the route of this trolley-bus?

тронуть (*pct* of **трогать**) to touch. Я почувствовал, что меня кто-то тронул за плечо. I felt that somebody had touched me on the shoulder. — Меня очень тронуло ваше внимание. I was very much touched by your attention. — (*no dur*) А ну-ка тронь, попробуй только! Just try to touch me.

  -ся to start moving. Как только поезд тронулся, я улёгся спать. I went to sleep as soon as the train started moving.

тропинка path. Все тропинки в лесу занесло снегом. All the paths in the woods are covered with snow. — Сверните влево по этой тропинке. Take this path on your left.

тротуар sidewalk.

труба (*P* трубы) trumpet. Рядом кто-то заиграл на трубе. Somebody started playing the trumpet near by.

  □ **водопроводная труба** water pipe. У нас тогда лопнула водопроводная труба. Our water pipe burst at that time. • gutter. Мне пришлось спуститься с третьего этажа по водосточной трубе. I had to let myself down from the third story along the rain gutter.

дымовая труба chimney. Кажется, загорелась сажа в дымовой трубе. I think the soot in the chimney is on fire. **заводская труба** stack. Из заводских труб валит дым. Smoke is pouring out of the stacks.

подзорная труба telescope. Он посмотрел в подзорную трубу. He looked through the telescope.

□ *Он прошёл огонь и воду и медные трубы. He's been through an awful lot. • *При ваших методах хозяйничания вы скоро вылетите в трубу. Everything will go up in smoke the way you run things.

трубка receiver. Не могу дозвониться, очевидно, трубка снята. Apparently the receiver is off the hook; I can't get the number. — Повесьте трубку и позвоните ещё раз. Put the receiver back on the hook and call again. • pipe. С каких пор вы курите трубку? How long have you been smoking a pipe?

  □ Бумага свёрнута в трубку. The paper is rolled up.

труд (-а) work. Он вложил много труда в это дело. He put a lot of work in on this job. — У него много учёных трудов. He's credited with many scientific works. • difficulty. Мне с большим трудом удалось раздобыть книгу. I managed to get this book after great difficulty. — Я с трудом сдержал своё раздражение. I held back my anger with difficulty.

  □ **детский труд** child labor.

охрана труда industrial safety regulations.

умственный труд mental work

физический труд physical labor.

трудиться (тружусь, трудится) to work hard. Мы здесь трудимся, а он только мешает. We're working hard here, and he's only disturbing us.

  □ тяжело трудиться to sweat. Он всю жизнь тяжело трудился. He's had to sweat for everything all his life.

  □ Не трудитесь понапрасну! Don't trouble yourself.

трудность (*F*) difficulty. В чём состоит главная трудность этой работы? What is the main difficulty in this work? • hardship. Мы трудностей не боимся. We're not afraid of hardship.

трудный (*sh* -дна) hard. Эта работа трудная, но интересная. This work is hard but interesting. — Вы мне задали очень трудную задачу. You gave me a very hard problem. • difficult. Она очень трудный ребёнок. She's a very difficult child. • trying. Они помогли мне в трудную минуту. They helped me at a trying time. — Он хороший, но трудный человек. He's a good man, but very trying.

  □ **трудно** difficult. Мне трудно долго говорить по-русски. It's difficult for me to speak Russian for any length of time. • with difficulty. Он трудно дышит. He breathes with difficulty.

трудовой worker's. Трудовая книжка у вас при себе? Do you have your worker's identification book with you? • hard-earned. Это всё куплено на мои трудовые сбережения. All this was bought with my hard-earned money.

  □ У него замечательная трудовая дисциплина. He's well-disciplined in his work.

трудодень (-дня *M*) work-day (unit of work). Сколько он выработал трудодней? How many work-days did he compile?

трудоспособность (*F*) capacity for work. Его трудоспособность изумительна. He has an amazing capacity for work.

  □ Что ж, в случае потери трудоспособности я буду получать пенсию. Well, if I'm incapacitated, I'll collect a pension.

трудоспособный able-bodied. Для этой работы нам придётся использовать всех трудоспособных. We'll have to recruit all our able-bodied people for this work. • efficient. Он очень трудоспособный человек. He's a very efficient man.

трудя́щийся (*AM/refl prap of* **труди́ться/**).

□ **трудя́щиеся** working population.
Сове́т депута́тов трудя́щихся Soviet.

труп corpse.

тру́ппа troupe. В э́той пье́се уча́ствует вся тру́ппа. In this play the whole troupe is taking part. • company. В тру́ппе на́шего теа́тра то́лько молоды́е актёры. The company at our theatre only has young actors.

трус coward.

тру́сики (-ков *P*) bathing trunks. Мы идём купа́ться, не забу́дьте взять с собо́й тру́сики. We're going swimming, so don't forget your bathing trunks. • shorts. Одна́ кома́нда была́ в бе́лых тру́сиках, а друга́я в си́них. One team wore white shorts and the other team wore blue.

тру́сость (*F*) cowardice.

тря́пка rag. Вы́трите пол мо́крой тря́пкой. Wipe the floor with a wet rag.

□ У неё то́лько тря́пки в голове́. She's only got clothes on her mind. • *Не бу́дьте тря́пкой, уме́йте настоя́ть на своём. Don't be like putty; insist on your own way.

трясти́ (трясу́, -сёт; *p* тряс [trjas] *or* [trjos], трясла́, -о́, -и́; *pap* тря́сший/*pct*: **тряхну́ть/**) to shake. Не тряси́те стола́. Don't shake the table.

□ **трясти́ ру́ку** to pump someone's hand. Он до́лго тряс мне ру́ку и благодари́л меня́. He pumped my hand for a long time and thanked me.

□ В авто́бусе ужа́сно трясёт. You get terribly shaken up in the bus. • Меня́ трясёт лихора́дка. I'm shivering with fever.

-сь to tremble. Я трясла́сь от стра́ха. I was trembling with fear. • to shake. У него́ ру́ки трясу́тся. His hands are shaking.

тряхну́ть (*pct of* **трясти́**) to nod. Он тряхну́л голово́й. He nodded his head.

□ *Дава́йте-ка тряхнём старино́й — споём на́ши студе́нческие пе́сни. Let's bring back the good old days and sing our college songs.

туберкулёз tuberculosis.

туго́й (*sh* туг, туга́, ту́го, -ги; *cp* ту́же) tight. Э́та пружи́на сли́шком туга́я. This spring is too tight.

□ **ту́го** tightly. Ваш чемода́н сли́шком ту́го наби́т. Your suitcase is too tightly packed. • slowly. Де́ло о́чень ту́го подвига́ется. The work moves along rather slowly.

ту́го-на́туго as tight as you can. Стяни́те э́ти верёвки ту́го-на́туго. Pull these strings together as tight as you can.

□ *Он немно́го туг на́ ухо. He's a bit hard of hearing.

туда́ there. Туда́ мо́жно е́хать и по́ездом и парохо́дом. You can get there by train or boat. — Вы туда́ звони́ли? Did you phone there?

□ **ни туда́, ни сюда́** neither forwards nor backwards. Тепе́рь мы застря́ли! Ни туда́, ни сюда́. We're stuck now! We can't move either forwards or backwards.

туда́ же! what do you know. Языка́ он не зна́ет, а туда́ же за перево́д берётся! He doesn't know the language, and what do you know! He has the nerve to translate.

туда́ и обра́тно there and back. Мо́жно успе́ть съе́здить туда́ и обра́тно в оди́н день? Is it possible to get there and back in one day?

ту́же *See* **туго́й**.

туз (-а́) ace. Вам на́до бы́ло покры́ть туза́ ко́зырем. You ought to have trumped that ace.

ту́ловище body. Ту́ловище у него́ ма́ленькое, а голова́ больша́я. He has a small body but a large head.

тума́н fog. В э́том тума́не ну́жно е́хать о́чень осторо́жно. You've got to drive carefully in this fog. — У меня́ голова́ сего́дня то́чно в тума́не. I'm in a fog today.

ту́ндра tundra.

тунне́ль ([tunélj]; *M*) tunnel.

тупи́к (-а́) dead-end street. Наш дом стои́т в тупике́. Our house is on a dead-end street. • blind alley. *Я чу́вствую, что зашёл в тупи́к. I feel as if I'm up a blind alley.

□ Свои́м вопро́сом он нас поста́вил в тупи́к. He stumped us with his question.

тупо́й (*sh* туп, тупа́, ту́по, -ы) dull. Э́ти но́жницы совсе́м тупы́е. These scissors are much too dull. — У меня́ тупа́я боль в боку́. I have a dull pain in my side. • blunt. Оди́н коне́ц э́той па́лки о́стрый, друго́й — тупо́й. One end of the stick is sharp and the other is blunt.

□ **ту́по** stupidly. Она́ всё ту́по тверди́т своё. She keeps repeating the same thing stupidly.

□ Беда́ в том, что он тупо́й челове́к. The trouble is he's thick.

турби́на turbine.

тури́ст tourist.

тури́стка tourist *F*.

ту́склый (*sh* тускл, -скла́) dim. Как вы мо́жете рабо́тать при тако́м ту́склом све́те? How can you work in such dim light? • dull. От э́того конце́рта у меня́ оста́лось о́чень ту́склое впечатле́ние. This concert made a rather dull impression on me.

тут here. Я тут не оста́вил шля́пы? Did I leave my hat here? — Кто э́то тут тро́гал мои́ бума́ги? Who's been at my papers here? • at that point. Тут да́же он не вы́держал. At that point even he couldn't stand it anymore.

□ **тут как тут** there he (she, etc.) is. То́лько заговори́ли о нём, а он тут как тут! We've just spoken about him and there he is!

□ Кто тут Who's there. • А он молчи́т, да и всё тут. But he just sits there without saying a word.

ту́фли (-фель *P*) shoes. Она́ купи́ла себе́ ту́фли на высо́ких каблука́х. She bought a pair of high-heel shoes.

□ **дома́шние ту́фли** slippers.

ту́хлый rotten. Мне попа́лось ту́хлое яйцо́. I got a rotten egg. — Тут па́хнет чем-то ту́хлым. There's a rotten smell here.

ту́хнуть (*p* тух, ту́хла) to die out. Ла́мпа ту́хнет, долейте кероси́ну. The lamp is dying out. Put some more kerosene in it.

ту́ча cloud. Смотри́те, каки́е ту́чи! Бу́дет дождь. Look at those clouds! It's going to rain. • swarm. Над о́зером ту́ча комаро́в. There are swarms of mosquitoes over the lake.

□ Он уже́ це́лую неде́лю хо́дит мра́чный как ту́ча. He's been walking around for a whole week as if he were going to a funeral.

туши́ть (тушу́, ту́шит) to put out. Не туши́те све́та — я ещё почита́ю. Don't put the light out; I'll read for a while.

тща́тельный careful. Э́тот вопро́с заслу́живает тща́тельного изуче́ния. This problem deserves careful study. • thorough. Мы произвели́ сего́дня в общежи́тии тща́тельную убо́рку. We made a thorough cleaning in the dormitory today.

□ **тща́тельно** with great care. Он вы́полнил свою́

рабо́ту о́чень тща́тельно.　He's done his work with great care.

тще́тный futile.　Все на́ши про́сьбы бы́ли тще́тны.　All our pleas were futile.

☐ **тще́тно** in vain.　Мы тще́тно пыта́лись его́ уговори́ть.　We tried in vain to persuade him.

ты (ga тебя́, dl тебе́, i тобо́й, тобо́ю, §21) you.　Куда́ это ты так торо́пишься?　Where are you going in such a hurry?　— Мы ждём тебя́ за́втра в три.　We expect you tomorrow at three.　— Дать тебе́ ещё ча́ю?　Shall I give you some more tea?　— Тебе́ понра́вилась э́та кни́га?　Did you like this book?　— Тебя́ вызыва́ют по телефо́ну.　Somebody called you on the phone.　— Повтори́, он тебя́ не по́нял.　Repeat it; he didn't understand you.　— Что с тобо́й случи́лось?　What happened to you?　— Мы как раз о тебе́ говори́ли.　We were just talking about you.　— Я по тебе́ соску́чился.　I missed you.

☐ *Вот тебе́ и раз!　That's a fine how-do-you-do!　● Куда́ тебе́!　You've got a fat chance of doing that!

ты́ква pumpkin.

ты́сяча (/is -чью/, §22) thousand.　Э́ту карти́ну оце́нивают в не́сколько ты́сяч рубле́й.　This picture is valued at several thousand rubles.　— Об э́том уже́ писа́ли ты́сячу раз.　It's been written about a thousand times.　— Пе́рвая часть кни́ги в ты́сячу раз интере́снее второ́й.　The first part of the book is a thousand times more interesting than the second.

ты́сячный thousandth.

тюле́нь (M) seal.　Мы ви́дели дрессиро́ванных тюле́ней — каки́е они́ заба́вные!　We saw the trained seals.　How amusing they are!

☐ *Ну ты, тюле́нь, повора́чивайся!　Hey, molasses, get moving!

тюрьма́ (P тю́рьмы) prison, jail.

тя́га draft.　В э́той пе́чке плоха́я тя́га.　There's a bad draft in this chimney.

☐ *Он дал тя́гу.　He took to his heels.

тяжёлый (sh -ла́, -ó, -ы́) heavy.　У меня́ тяжёлые чемода́ны.　My suitcases are heavy.　— Вам нельзя́ тяжёлой пи́щи.　You shouldn't eat heavy food.　— Э́та статья́ напи́сана тяжёлым сло́гом.　This article is written in a heavy style.

— Я шёл туда́ с тяжёлым се́рдцем.　I went there with a heavy heart.　● hard.　Труд тракто́ри́ста тяжёлый, но я рабо́таю охо́тно.　The job of a tractor driver is hard, but I enjoy it.　— У него́ тяжёлый хара́ктер.　He's a hard man to get along with.　● difficult.　Э́то бы́ло тяжёлое вре́мя.　It was a difficult time.

☐ **тяжёлая промы́шленность** heavy industry.

тяжело́ hard.　Он тяжело́ рабо́тает.　He works hard.　— Он о́чень тяжело́ пережи́л смерть дру́га.　He took the death of his friend very hard.　● heavy.　Да́йте я вам помогу́ нести́, а то вам одному́ тяжело́.　Let me help you carry it; it's too heavy for you alone.　● painful.　Мне тяжело́ об э́том говори́ть.　It's painful for me to talk about this.

☐ *Вы тепе́рь ста́ли тяжелы́ на подъём!　It's becoming so difficult to budge you these days.

тя́жесть (F) weight.　Со́бственно говоря́, вся тя́жесть рабо́ты лежи́т на нём.　As a matter of fact, the full weight of the work is on him.　● load.　То́лько бу́дьте осторо́жны — не поднима́йте тя́жестей.　Be careful not to lift heavy loads.

☐ У меня́ сего́дня кака́я-то тя́жесть в голове́.　My head feels kind of heavy today.

тяну́ть (тяну́, тя́нет) to pull.　Парово́з тяну́л за собо́й пятьдеся́т ваго́нов.　The locomotive pulled fifty cars.　● to draw.　Труба́ пло́хо тя́нет — на́до бы позва́ть трубочи́ста.　The chimney draws badly.　We have to call in a chimney sweep.　● to draw out.　Не тяни́те — говори́те коро́че.　Don't draw it out.　Come to the point.　● to put off.　Он всё ещё тя́нет с отве́том?　Is he still putting off his answer?　● to drag.　Он так тя́нет э́ту пе́сню, что то́шно слу́шать.　Oh, how he drags out that song!　It's sickening to listen to.　● to drag along.　"Как живёте" "Да так, всё ещё тяну́!"　"How are you?" "Oh, so so; dragging along".　● to sip.　Она́ тяну́ла холо́дный лимона́д че́рез соло́минку.　She sipped cold lemonade through a straw.

☐ **тяну́ть ля́мку** to drag along.　Я уже́ мно́го лет тяну́ э́ту ля́мку.　I've been dragging along there for many years.

☐ *Меня́ всегда́ ле́том тя́нет в дере́вню.　In the summer I always long to go to the country.　● *Он из меня́ все жи́лы вы́тянул.　He's pressing me very hard.

У

у (§31) by.　Наш дом у са́мой реки́.　Our house is right by the river.　— Ся́дем у окна́.　Let's sit by the window.　● at.　Я бу́ду ждать вас у вхо́да.　I'll wait for you at the entrance.　— Она́ живёт у бра́та.　She's staying at her brother's house.　— Он бу́дет у нас ночева́ть.　He's going to sleep at our place.　● in.　У вас я чу́вствую себя́, как до́ма.　I feel at home in your house.　● from.　У кого́ вы доста́ли э́ту кни́гу?　From whom did you get this book?

☐ Что у вас слы́шно?　What's new with you?　● У вас уже́ есть биле́т?　Did you get your ticket yet?　● У меня́ зуб боли́т.　My tooth aches.　● Спроси́те у милиционе́ра.　Ask the officer.　● У меня́ к вам ма́ленькое де́ло.　I have a little matter to talk over with you.　● У неё тро́е дете́й.　She has three children.　● У вся́кого свой вкус.　Everyone to his own taste.　● Что у вас в э́том чемода́не?　What do

you keep in this suitcase?　● У кого́ вы у́читесь?　Who's your teacher?　● У э́того сту́ла две но́жки сло́маны.　This chair has two broken legs.　● Кака́я она́ у вас у́мница!　How intelligent that girl of yours is!

убега́ть (dur of убежа́ть) to run off.　По утра́м он на́скоро выпива́ет стака́н молока́ и убега́ет в шко́лу.　Every morning he hurriedly gulps a glass of milk and runs off to school.　● to run away.　Смотри́те, ребя́та, не убега́йте далеко́ от до́ма.　Now, children, don't run too far away from the house.

убегу́ See **убежа́ть**.

убеди́ть (/pr S1 not used/, убедя́т; ppp убеждённый; pct of **убежда́ть**) to convince.　Вы меня́ убеди́ли; сдаю́сь!　You've convinced me; I give up.　— Я убеждён в его́ невино́вности.　I'm convinced of his innocence.　● to persuade.　Убеди́те

523

его́ пойти́ с на́ми. Persuade him to come along with us.

-ся to realize. Тепе́рь он сам убеди́лся в том, что был непра́в. Now he himself realizes he was wrong.

убежа́ть (убегу́, убежи́т, §27; *pct of* **убега́ть**) to run off. Куда́ она́ убежа́ла? Where did she run off to? — Что э́то он ны́нче так ра́но убежа́л? Why did he run off so early today?

убежда́ть (*dur of* **убеди́ть**) to urge. Они́ убежда́ли меня́ оста́ться. They urged me to stay.

уберу́ *See* **убра́ть**.

убива́ть (*dur of* **уби́ть**) to kill. В конце́ тре́тьего а́кта он её убива́ет. He kills her at the end of the third act. — Одна́ мысль об э́том меня́ про́сто убива́ет! The very thought of it simply kills me!

уби́йство murder. Он был обвинён в уби́йстве с зара́нее обду́манным наме́рением. He was charged with pre-meditated murder. • manslaughter. Э́то бы́ло уби́йство без зара́нее обду́манного наме́рения. It was manslaughter.

уби́йца (*M, F*) murderer. Уби́йца был заде́ржан. The murderer was caught.

убира́ть (*dur of* **убра́ть**) to clean (a room). Кто бу́дет убира́ть нам ко́мнату? Who'll clean our room? • to harvest. В на́шем райо́не все колхо́зы убира́ют тепе́рь хлеб. All the kolkhozes in our region are harvesting grain now.

уби́тый (/*ppp of* **уби́ть**/) killed. Он был уби́т на войне́. He was killed in the war.

☐ Она́ уби́та го́рем. She's grief-stricken. • Что она́ хо́дит как уби́тая? Why is she so depressed? • Он весь ве́чер молча́л как уби́тый. He didn't say a word all evening. • *Я спал, как уби́тый. I slept like a log.

уби́ть (убью́, убьёт; *imv* убе́й; *ppp* уби́тый) to kill. Чего́ вы бои́тесь? Он вас не убьёт. What are you afraid of? He won't kill you. • to murder. Ночно́го сто́рожа нашли́ уби́тым. The night watchman was found murdered.

☐ Хоть убе́й, не по́мню. I can't remember for the life of me.

убо́рка cleaning. У нас сего́дня генера́льная убо́рка. We're having a general cleaning today.

☐ убо́рка урожа́я harvesting. Мы торо́пимся с убо́ркой урожа́я. We're hurrying with the harvesting.

убо́рная (*AF*) dressing room. Отнеси́те, пожа́луйста, цветы́ в убо́рную э́той арти́стки. Take the flowers to this actress's dressing room. • toilet. Где убо́рная? Where's the toilet? • men's (ladies') room. Мужска́я убо́рная — напра́во, же́нская — нале́во. The men's room is on the right and the ladies' room on the left.

убо́рщица maid. В э́той гости́нице ма́ло убо́рщиц. There aren't enough maids in this hotel.

убра́ть (уберу́, -рёт; *p* убрала́; *ppp* у́бранный, *sh F* убрана́; *pct of* **убира́ть**) to take away. Убери́те отсю́да ва́ши кни́ги. Take your books away from here. • to bring in. Нам на́до убра́ть урожа́й бы́стро и без поте́рь. It'll be necessary to bring the harvest in quickly and without loss. • to store. Се́но ещё не у́брано. The hay hasn't been stored yet. • to decorate. Зал уже́ у́бран к пра́зднику. The hall is already decorated for the festival.

☐ убра́ть со стола́ to clear the table. Пожа́луйста, убери́те со стола́. Please clear the table.

убы́ток (-тка) damage. Пожа́р причини́л больши́е убы́тки. The fire caused great damage. • loss. Они́ гото́вы прода́ть свою́ ме́бель да́же с убы́тком. They're all ready to sell their furniture, even at a loss.

уважа́емый (*prpp of* **уважа́ть**).

☐ Уважа́емый ми́стер Бэ́йбл! Dear Mr. Babal. • Уважа́емый това́рищ! Dear comrade!

уважа́ть (*dur*) to respect. Все его́ уважа́ли, но никто́ не люби́л его́. Everyone respected him, but no one liked him.

☐ Уважа́ющий вас. Respectfully yours.

уваже́ние respect. Тако́й посту́пок заслу́живает уваже́ния Such an act deserves the greatest respect. — Он по́льзуется всео́бщим уваже́нием. Everybody respects him. • appreci-ation. Его́ прости́ли из уваже́ния к его́ пре́жним заслу́-гам. He was forgiven out of appreciation for his past acts.

☐ С уваже́нием ваш. Respectfully yours.

уважи́тельный

☐ Он не пришёл по уважи́тельной причи́не. He had a good reason for not coming.

уве́домить (*pct of* **уведомля́ть**) to inform. О дне его́ прие́зда вас уве́домят своевре́менно. You'll be informed of the day of his arrival in due time. • to notify. Вы должны́ бы́ли уве́домить нас зара́нее о ва́ших пла́нах. You should have notified us ahead of time about your plans.

уведомля́ть (*dur of* **уве́домить**) to give notice. По зако́ну об увольне́нии уведомля́ют за две неде́ли. According to law they have to give you two weeks' notice before dismissal.

увезти́ (увезу́, -зёт; *p* увёз, увезла́, -о́, и́; *pct of* **увози́ть**) to take (by conveyance). Он жил жену́ в дере́вню. He took his wife to the country. — Они́ уже́ увезли́ ва́ши ве́щи на вокза́л. They've already taken your things to the station.

увели́чивать (*dur of* **увели́чить**) to increase. Вы смо́жете постепе́нно увели́чивать до́зу лека́рства. You can gradually increase the dose of this medicine.

-ся to increase. Спрос на шко́льные посо́бия у нас увели́чи-вается с ка́ждым го́дом. The demand for school supplies has been increasing every year. • to grow. Число́ учени-ко́в на́шей шко́лы всё вре́мя увели́чивается. The number of students in our school is growing all the time.

увели́чить (*pct of* **увели́чивать**) to enlarge. Вы мо́жете увели́чить э́ту ка́рточку? Can you enlarge this snapshot? • to increase. Ва́шу нагру́зку придётся увели́чить. You'll have to take on an increased amount of work.

☐ увели́чить вдво́е to double. За после́дний год на́ша фа́брика увели́чила свою́ проду́кцию вдво́е. Our factory doubled its production during the past year.

-ся to grow. Населе́ние э́того го́рода за после́дние го́ды значи́тельно увели́чилось. The population of this town has grown considerably in recent years. • to increase. Интере́с к Аме́рике за вре́мя войны́ о́чень увели́чился. The interest in America increased very much during the war.

уви́деть (уви́жу, уви́дит; *pct of* **ви́деть**) to see. Как то́лько он нас уви́дел, он ки́нулся к нам навстре́чу. He rushed to meet us as soon as he saw us. — Я, вероя́тно, уви́жу его́ сего́дня ве́чером. Probably I'll see him tonight.

-ся to get together. Я расскажу́ вам об э́том, когда́ мы уви́димся. I'll tell you about it when we get together.

уви́жу *See* **уви́деть**.

уви́жусь *See* **уви́деться**.

увлека́ть (*dur of* **увле́чь**)

-ся to be fascinated. Мы все увлека́емся его́ пе́нием. We are all fascinated by his singing.

☐ Вы тóже увлекáетесь тéннисом? Are you also a tennis enthusiast?

увлéчь (увлскý, увлечёт; *p* увлёк, увлеклá, -ó, -и́; *pct of* **увлекáть**).

-ся to be carried away. Он так увлёкся свои́м расскáзом, что прозевáл обéд. He was so carried away with his story that he missed his dinner. • **to be absorbed.** Я так увлёкся рабóтой, что опоздáл в теáтр. I was so absorbed in my work that I was late to the theater. • **to fall in love.** Он éю си́льно увлёкся. He's fallen very much in love with her.

увози́ть (увожý, увóзит; *dur of* **увезти́**) to take away (by conveyance). Не увози́те вáшего сы́на, остáвьте егó у нас. Don't take your son away; let him stay with us. — Кудá вы увóзите мой велосипéд? Where are you taking my bicycle?

уволить (*pct of* **увольня́ть**) to fire. Он был увóлен за прогу́лы. He was fired for absenteeism. • **to discharge.** Он увóлен из áрмии. He's been discharged from the army. • **to spare.** (*no dur*) Ну уж, увóльте! Spare me that, please.

☐ **уволить в запáс** to put on the reserve list. Он бóльше не в áрмии, он увóлен в запáс. He's no longer in the army; he's been put on the reserve list.

увольня́ть (*dur of* **уволить**) to fire. За что их увольня́ют? Why are they being fired?

угадáть (*pct of* **угáдывать**) to guess. Угадáйте, от когó э́то письмó. Guess who this letter is from!

угáдывать (*dur of* **угадáть**) to guess. Он всегдá угáдывает, чегó я хочý. He always guesses what I want.

угáр charcoal gas. Тут гдé-то пáхнет угáром. There's a smell of charcoal gas here.

угловóй corner. Они́ живу́т в угловóм дóме. They live in the corner house. — Мы вам мóжем сдать угловýю кóмнату. We can rent you the corner room.

☐ Я тут живý, как угловóй жилéц. I rent a part of this room.

угова́ривать (*dur of* **уговори́ть**) to urge. Он меня́ дóлго угова́ривал взять э́ту рабóту. He has been urging me to take this job for a long time.

уговори́ть (*pct of* **угова́ривать**) to persuade. Мы уговори́ли егó остáться до воскресéнья. We persuaded him to stay till Sunday.

угоди́ть (*pct of* **угождáть**) to please. Ему́ никáк не угоди́шь! It's impossible to please him. — На всех не угоди́шь! You can't please everybody. • **to hit.** (*no dur*) Он брóсил мяч и угоди́л мне прáмо в глаз. He threw the ball and hit me right in the eye. • **to run into.** (*no dur*) Смотри́те! Не угоди́те в канáву. Careful! Don't run into the ditch.

☐ (*no dur*) Как э́то ты угоди́л в прогу́льщики? How come you became a slacker?

угóдно.

☐ **где угóдно** anywhere. Я готóв жить где угóдно, тóлько не здесь. I'm ready to live anywhere but here.

когдá угóдно at any time. Я могý встрéтиться с вáми когдá вам угóдно. I can meet you at any time.

кто угóдно anybody. Я соглáсен рабóтать с кем угóдно, лишь бы не с ним. I'll agree to work with anybody except him.

что угóдно anything. Я дал бы что угóдно — лишь бы остáться с вáми. I would give anything to stay with you.

☐ Что вам угóдно? What can I do for you? • Вы мó-

жете сесть где угóдно. You can sit where you want to.

• Учи́тельниц вы тут найдёте скóлько угóдно. You'll find just as many women teachers as you want.

угождáть (*dur of* **угоди́ть**) to please. Не старáйтесь всем угождáть. Don't try to please everybody.

угожý *See* **угоди́ть.**

угол (-глá/в углý, на углý/) angle. В э́том мéсте дорóги схóдятся под прямы́м углóм. The roads meet at this spot at a right angle. — Мне не приходи́ло в гóлову рассмáтривать э́тот вопрóс под таки́м углóм. It never occurred to me to look at the question from that angle. • **corner.** Осторóжно, не удáрьтесь об ýгол столá. Careful, don't hurt yourself on the corner of the table. — Их дом сейчáс здесь, за углóм. Their house is just around the corner. — Заверни́те зá угол и иди́те прáмо. Turn that corner there and then go straight. — Почемý вы забились в ýгол? Сáдьте поближе к нам. Why did you stick yourself in the corner? — Онá мечтáла о том, чтóбы имéть, наконéц, свой ýгол. She dreamed of finally having her own little corner.

☐ **загнáть в ýгол** to corner. Они́ меня́ загнáли в ýгол свои́м вопрóсом. They had me cornered with their question.

☐ Что ты хóдишь цéлый вéчер из углá в ýгол? Why are you pacing up and down all evening? • Вот не ожидáл уви́деть рáдио в такóм глухóм углý. I never expected to find a radio in such a godforsaken place. • Дéйствовать из-за углá — не в моём харáктере. It isn't my nature to be underhanded.

уголóвный criminal. Э́то уголóвное дéло. It's a criminal case.

уголóк (-лкá) corner.

☐ **крáсный уголóк** red corner club. Мы с ним встрéтимся сегóдня вéчером в крáсном уголкé. I'll meet him tonight in the "Red Corner Club."

☐ Какóй у вас здесь ую́тный уголóк! What a cozy room you have here!

ýголь (ýгля, *P* ýгли, ýглéй, ýглям, *or* ýголья, -льев) coal, charcoal. У вас есть запáс ýгля нá зиму? Do you have a supply of coal for the winter. — Глазá у негó чёрные, как ýголь. He has coal-black eyes.

☐ **древéсный ýголь** charcoal.

кáменный ýголь coal.

• Он сидéл, как на ýглях. He was sitting on pins and needles.

ýгольный coal. Э́то—крýпный центр ýгольной промы́шленности. It's a large coal center.

угости́ть (*pct of* **угощáть**) to treat. Нас угости́ли вкýсным обéдом. We were treated to a good dinner.

угощáть (*dur of* **угости́ть**) to treat. Чем онá нас тóлько ни угощáла! There was nothing she didn't treat us to!

угощý *See* **угости́ть.**

угрожáть to threaten. Емý угрожáет туберкулёз. He's threatened with tuberculosis.

угрóза threat. Э́то бы́ли тóлько пусты́е угрóзы с их сторóны. These were only idle threats on their part. — Мы не хоти́м бóльше жить под вéчной угрóзой нападéния. We don't want to live under constant threat of invasion any more.

угрю́мый morose. Он неприя́тный, угрю́мый человéк. He's an unpleasant, morose man.

☐ **угрю́мо** sullenly. Что э́то вы на меня́ так угрю́мо смóтрите? Why are you looking at me so sullenly?

удава́ться (удаю́сь, удаётся; *prger* удава́ясь; *imv* удава́йся; *dur of* уда́ться).

удали́ть (*pct of* удаля́ть) to get rid of. Постара́йтесь удали́ть его́, я до́лжен с ва́ми поговори́ть. Try to get rid of him; I have to talk to you. • to send away. Дете́й на́до бу́дет удали́ть отсю́да. You'll have to send the children away from here. • to extract. Э́тот зуб ну́жно удали́ть неме́дленно. You have to have this tooth extracted immediately.
-ся to go out. Суд удали́лся на совеща́ние. The court went out for consultation.

удаля́ть (*dur of* удали́ть).

уда́р blow. Он вбил гвоздь одни́м уда́ром. He drove the nail in with one blow. — Проти́внику был нанесён но́вый тяжёлый уда́р. Another heavy blow was inflicted on the enemy. — Э́то изве́стие бы́ло для них ужа́сным уда́ром. The news was a terrible blow to them. — Она́ потеря́ла сы́на и до сих пор не опра́вилась от э́того уда́ра. She lost a son, and hasn't gotten over the blow yet. • stroke. Год тому́ наза́д с ним случи́лся уда́р. He had a stroke a year ago.
☐ **со́лнечный уда́р** sunstroke.
уда́р гро́ма thunderclap.
☐ *Он, ви́дно, сего́дня не в уда́ре. Evidently he's not at his best today. — **Прекра́сно! Вы таки́м о́бразом одни́м уда́ром двух за́йцев убьёте. Wonderful! That way you'll kill two birds with one stone.

ударе́ние accent. Где ударе́ние в э́том сло́ве? Where is the accent on this word? — Не забу́дьте поста́вить ударе́ния. Don't forget to put the accents on. • stress. Гла́вное ударе́ние на́до ста́вить на ка́чество проду́кции. We have to put the main stress on the quality of our products.

уда́рить (*pct of* ударя́ть) to hit. Неуже́ли он вас уда́рил? Did he really hit you? • to strike. Мо́лния уда́рила где́-то совсе́м бли́зко. The lightning struck somewhere near by.
☐ Ну и моро́зец уда́рил! We're having quite a cold snap. • Вино́, ви́дно, уда́рило в го́лову. The wine apparently went to his head. • Он па́лец о па́лец не уда́рил, чтоб нам помо́чь. He didn't even raise a finger to help us. • *Смотри́те, не уда́рьте лицо́м в грязь. Be sure to put your best foot forward.
-ся to hurt oneself. Я уда́рился о кося́к две́ри. I hurt myself on the frame of the door. • to hit. Ка́мень уда́рился в сте́ну. The stone hit the wall.
☐ Вы опя́ть в кра́йности уда́рились. You're going to extremes again.

уда́рник shock-worker. Гру́ппа уда́рников э́того заво́да была́ делеги́рована на съезд в Москву́. A group of shock-workers from this factory were sent as delegates to the convention in Moscow.

уда́рница shock-worker *F*. У нас на заво́де все рабо́тницы уда́рницы. All the women in our factory are shock-workers.

уда́рный
☐ **уда́рная брига́да** shock brigade. Уда́рная брига́да колхо́за вы́полнила план досро́чно. The shock brigade of the kolkhoz filled the quota ahead of time.
уда́рный инструме́нт percussion instrument. Наш орке́стр состои́т из духовы́х и уда́рных инструме́нтов. Our orchestra consists of wind and percussion instruments.
☐ Э́та рабо́та должна́ быть сде́лана в уда́рном поря́дке. This work has to be done at the highest speed.

ударя́ть (*dur of* уда́рить) to hit.

уда́ться (*pr by* §27; *p* уда́лся, удала́сь, -до́сь, -ди́сь; *pct of* удава́ться) to be successful. Обе́д уда́лся на сла́ву. The dinner was very successful. • to succeed. (*impersonal*) Я уве́рен, что нам уда́стся зако́нчить рабо́ту к сро́ку. I'm sure we'll succeed in finishing the work in time. — (*impersonal*) Ну что, вам удало́сь в конце́ концо́в с ним повида́ться? Well, did you finally succeed in seeing him? — ☐ Пиро́г вам сего́дня осо́бенно уда́лся. Your pie is especially good today.

уда́ча luck. Вы доста́ли биле́ты? Вот уда́ча! You got the tickets, eh? What luck! — Жела́ю вам уда́чи! Good luck!
☐ Тако́й исхо́д де́ла — для них больша́я уда́ча. They're very lucky it turned out that way.

уда́чный successful. Э́то был са́мый уда́чный но́мер програ́ммы. This was the most successful number of the program. • to succeed. Он всегда́ уме́ет вста́вить уда́чное слове́чко. He always knows how to put in the right word. • good. Я сде́лал уда́чную поку́пку. I made a good buy.
☐ **уда́чно** well. Он о́чень уда́чно перевёл э́ти посло́вицы. He translated these proverbs very well. — Вы не нахо́дите, что э́то вы́шло уда́чно? Don't you think it turned out very well?

удержа́ть (удержу́, уде́ржит; *pct of* уде́рживать) to hold. Помоги́те мне, я не могу́ удержа́ть все э́ти паке́ты. Would you help me? I can't hold all these packages. • to keep. Он ещё не здоро́в, но я ника́к не мог удержа́ть его́ в посте́ли. He wasn't well yet, but I couldn't keep him in bed. — Мы постара́емся удержа́ть его́ в числе́ сотру́дников. We'll try to keep him on our staff. • to hold back. Удержи́те его́, а то он глу́постей наде́лает. Hold him back or he'll do something foolish. — Ну, тепе́рь его́ не уде́ржишь. There's no holding him back now.
☐ Я ника́к не могу́ удержа́ть в па́мяти его́ и́мя. His name just won't stick in my mind.
-ся to stay. Он поскользну́лся и едва́ удержа́лся на нога́х. He slipped and barely stayed on his feet. — В после́дних двух состяза́ниях на́ша кома́нда удержа́лась на пе́рвом ме́сте. Our team stayed in first place even after the last two games. • to keep (oneself). Тут я уж ника́к не мог удержа́ться и расхохота́лся. I couldn't keep from laughing then.

уде́рживать (*dur of* удержа́ть) to withhold. У нас из зарпла́ты ничего́ не уде́рживают. They don't withhold anything from our pay. • to hold back. Я е́ле уде́рживал слёзы. I could hardly hold back my tears.
-ся to hold. Он ни на одно́й рабо́те до́лго не уде́рживался. He never held a job long. • to keep (oneself). Я с трудо́м уде́рживался от сме́ха. I had a hard time keeping from laughing.

удиви́тельный amazing. Удиви́тельный слу́чай, про́сто не ве́рится! It's such an amazing case that it's hard to believe. • marvelous. Э́то бы́ло удиви́тельное зре́лище. It was a marvelous sight.
☐ **ничего́ удиви́тельного** no wonder. Нет ничего́ удиви́тельного, что вы простуди́лись в таку́ю пого́ду! It's no wonder you caught a cold in such weather! — Он рассерди́лся? В э́том нет ничего́ удиви́тельного. Did he get mad? No wonder!

удиви́тельно amazing. Удиви́тельно, что вы са́ми не догада́лись э́то сде́лать! It's amazing that you didn't think of doing it without being told. — Про́сто удиви́тельно, как вы хорошо говорите по-русски. It's amazing how well you speak Russian. • wonderfully. Она удивительно держалась во время похорон. She behaved wonderfully at the funeral.

□ Говорят, что в молодости она была удивительно хороша. They say she was stunning when she was young.

удивить (pct of **удивлять**) to surprise. Вас, видно, ничём не удивишь! I guess nothing surprises you! — Я был, признаться, удивлён вашим ответом. I must say I was surprised at your answer.

-ся to be amazed. Я очень удивился, увидев его здесь. I was very much amazed to find him here.

удивление surprise. Ко всеобщему удивлению, она пришла во-время. To everybody's surprise, she came on time. • amazement. Он был вне себя от удивления. He was beside himself with amazement. • astonishment. Его удивление показалось мне деланным. His astonishment struck me as being put on.

□ Пирог вышел на удивление. The pie turned out wonderfully.

удивлять (dur of **удивить**) to astonish. Почему это вас так удивляет? Why does that astonish you so?

-ся to be astonished. Я удивляюсь вашему терпению. I'm astonished at your patience. • to be amazed. Я удивляюсь, что вы мне об этом ничего не сказали. I'm amazed you told me nothing about it.

удить (ужу, удишь; уженный) to fish. Они пошли рыбу удить. They went fishing.

удобный comfortable. Это очень удобная квартира. This is a very comfortable apartment. — У вас удобная кровать? Is your bed comfortable? • convenient. Надо выбрать удобное время для поездки. We have to choose a convenient time for the trip.

□ **поудобнее** more comfortable. Возьмите кресло поудобнее. Take a more comfortable armchair.

удобный случай opportunity. Воспользуйтесь первым удобным случаем и приезжайте к нам в Москву. Come to Moscow to see us at your first opportunity.

удобно convenient. Если это вам удобно, я приеду к вам завтра вечером. I'll come to see you tomorrow night if it's convenient for you. — Вам удобно встретиться со мной в это время? Is it convenient for you to meet me there at that time? • comfortable. Спасибо, мне здесь очень удобно. Thank you, I'm very comfortable here. • all right. Как вы думаете, удобно спросить его об этом? Do you think it's all right to ask him about it?

удобрение fertilizer. Вы употребляете искусственное удобрение? Do you use artificial fertilizer? • fertilization. Почва тут каменистая и без удобрения ничего не растёт. The ground is rocky, and without fertilization nothing will grow here.

удовлетворение satisfaction.

удовлетворительный satisfactory. Его объяснения вполне удовлетворительны. His explanation is completely satisfactory.

□ **удовлетворительно** satisfactorily. Работа исполнена не блестяще, но вполне удовлетворительно. The work wasn't done brilliantly, but quite satisfactorily.

□ По истории я получил удовлетворительно. I got a passing grade in history.

удовлетворить (pct of **удовлетворять**) to satisfy. Обещаниями его не удовлетворишь! You can't satisfy him with

promises! — Ну что, ваше любопытство теперь удовлетворено? Well, is your curiosity satisfied now?

удовлетворять (dur of **удовлетворить**) to satisfy. Это бесполезное занятие совершенно меня не удовлетворяет. This useless occupation doesn't satisfy me at all. — Вас удовлетворяет его ответ? Are you satisfied with his answer?

удовольствие pleasure. Спасибо, я приду к вам с большим удовольствием. Thank you, it'll be a pleasure to come to see you. — Я уже имел удовольствие с вами встречаться. I've already had the pleasure of meeting you. — Провести с ними целый вечер — удовольствие среднее. Spending a whole evening with them is not exactly a pleasure.

□ Поездка доставила нам массу удовольствия! We enjoyed our trip tremendously.

удостоверение certificate. Вам придётся представить удостоверение с места работы. You'll have to show your certificate from your place of work.

□ **удостоверение личности** identification. У вас есть при себе удостоверение личности? Have you some identification with you?

удочка fishing rod. Я вам дам свою удочку. I'll give you my fishing rod.

□ **закидывать удочку** to fish around. *Вы зря закидываете удочку, всё равно ничего не выйдет. What are you fishing around for? Nothing'll come of it.

попасться на удочку to fall for bait. *Как же это вы попались на удочку? How did you fall for such bait?

уеду See **уехать**.

уезжать (dur of **уехать**) to leave. Когда вы уезжаете? When are you leaving? • to go away. Он ещё никогда не уезжал на такой долгий срок. He never went away for such a long time before. — Они всегда уезжают на всё лето. They always go away for the whole summer.

уехать (уеду, -дет; imv supplied as уезжай; pct of **уезжать**) to go away, to leave. Неужели он уехал, не попрощавшись? Is it possible that he went away without saying good-by?

уж See **уже**.

ужас fright. Она дрожала от ужаса. She was shaking with fright. • dismay. К своему ужасу, я увидел, что у меня не осталось больше ни гроша. To my dismay, I found I didn't have a penny left. • terror. В её глазах был написан ужас. You could see the terror in her eyes.

□ **до ужаса** terribly. Он до ужаса глуп. He's terribly stupid.

□ Он придёт в ужас, когда об этом узнает. He'll be horrified when he hears about it. • Ну и шляпка же на ней, прямо ужас! Look at the hat she has! What a horrible sight!

ужасный awful. Они жили в ужасных условиях. They lived under awful conditions. — Какая вы ужасная кокетка! What an awful flirt you are! — Это просто ужасно! It's simply awful! • terrible. Какая сегодня ужасная погода! What terrible weather today! — Он ужасный врун. He's a terrible liar. — Ребята подняли ужасный галдёж. The children raised a terrible racket.

□ **ужасно** awfully. Эту фразу ужасно трудно перевести на английский. This sentence is awfully hard to translate into English. • terribly. Дайте мне чего-нибудь поесть, я ужасно проголодался! Give me something to eat. I'm terribly hungry.

уже́ yet. Он уже́ верну́лся? Is he back yet? • already. Я здесь уже́ давно́. I've already been here a long time.

□ уже́ не any more. Пусть де́лает как хо́чет, он уже́ не ребёнок! Let him do what he wants; he's not a child any more.

□ За свою́ до́лгую жизнь уж где то́лько я не побыва́л! Where haven't I been during my long life! • Вот уж не ду́мал, что встре́чу вас здесь! I never thought I'd meet you here. • В конце́ концо́в, э́то не так уж ва́жно. After all, it isn't so important. • Это уж про́сто безобра́зие! It's really a shame. • Он уж, ви́дно, не придёт. Evidently he's not coming. • Уж мы ходи́ли, ходи́ли, наси́лу вас нашли́. We had a tough time finding you.

у́же See у́зкий.

у́жин supper. У́жин гото́в. Supper's ready. — Купи́те к у́жину ча́йной колбасы́. Buy some bologna for supper. — Приходи́те к нам к у́жину! Come over for supper. — Я приглашён на у́жин. I've been invited out for supper.

у́жинать to have supper. Мы вчера́ у́жинали в рестора́не. We had supper last night in a restaurant.

узда́ (P у́зды) bridle.

у́зел (узла́) knot. Завяжи́те у́зел покре́пче. Tie the knot tighter. — Мы прошли́ сего́дня двена́дцать узло́в. We made twelve knots today. • bundle. Свяжи́те ва́ше гря́зное бельё в у́зел. Make a bundle of your dirty laundry. • junction. Мы подъе́хали к большо́му железнодоро́жному узлу́. We came to a big railway junction.

у́зкий (sh узка́/-о́, -и́/;ср у́же) narrow. Мы броди́ли по у́зким у́личкам. We wandered around the narrow streets. • tight. Это пальто́ мне у́зко в плеча́х. This coat is too tight for me in the shoulders. • limited. В свое́й у́зкой специа́льности он большо́й знато́к. He knows a great deal about his limited specialty. • narrow-minded. Он о́чень у́зкий челове́к, ему́ э́того не поня́ть. He's a narrow-minded person and won't understand it.

узнава́ть (узнаю́, узнаёт; imv узнава́й; prger узнава́я; dur of узна́ть) to recognize. Я его́ всегда́ узнава́л по похо́дке. I always recognized him by his walk. — Что э́то, вы бо́льше не узнаёте ста́рых друзе́й? What's this, don't you recognize old friends any more? • to get news. Он всегда́ после́дний обо всём узнаёт. He's always the last one to get the news. • to find out. Я всегда́ говори́л — друзе́й узнаю́т в беде́. I always said you find out who your friends are when you're in trouble.

узна́ть (ppp у́знанный, sh F узнана́; pct of узнава́ть) to recognize. Его́ про́сто узна́ть нельзя́, так он растолсте́л. He's gotten so fat you just can't recognize him any more. — Извини́те, я вас не узна́л. Excuse me, I didn't recognize you. • to find out. Мы узна́ли об э́том то́лько вчера́. We found out about that only yesterday. — Как мне узна́ть его́ а́дрес? How can I find out his address? — Узна́йте, до́ма ли он. Find out whether he's at home. • to know. То́лько пожи́вши с ним, я узна́л его́ по-настоя́щему. I only got to know him real well after living with him.

□ Я сра́зу узна́л в вас америка́нца. I could tell immediately, you're an American. • (no dur) Пусть то́лько попро́бует, он у меня́ узна́ет! Let him just try. I'll fix him!

уйду́ See уйти́.

у́йма load. Рабо́ты у нас у́йма! We have loads of work! • piles. Он истра́тил на э́то у́йму де́нег. He spent piles· of money for it.

уйти́ (уйду́, уйдёт; p ушёл, ушла́, -о́, -и́; pap уше́дший; pct of уходи́ть) to leave. Наш по́езд ушёл с больши́м опозда́нием. Our train left after a great delay. — Он то́лько что ушёл! He just left. — Моё письмо́ уже́ ушло́? Has my letter already left? • to get away. Не бо́йтесь, э́то от вас не уйдёт! Don't worry; that won't get away from you! • to go. Ско́лько са́хару. ушло́ на варе́нье? How much sugar went into the jam? • to escape. От судьбы́ не уйдёшь! You can't escape your fate.

□ (no dur) С ва́шей нереши́тельностью далеко́ не уйдёшь. You won't get far with your indecisiveness. • Он весь ушёл в чте́ние. He was ngrossed in his reading. • Смотри́те, чтоб молоко́ не ушло́. See that the milk doesn't boil over. • Он ушёл в моряки́. He became a seaman. • Мои́ часы́ ушли́ на два́дцать мину́т вперёд. My watch is twenty minutes fast.

укажу́ See указа́ть.

ука́з decree. Посмотри́те в собра́нии ука́зов прези́диума Верхо́вного Сове́та. Look it up in the decrees of the presidium of the Supreme Soviet.

□ Он мне не ука́з — у него́ положе́ние совсе́м друго́е. Don't regard him as an example. His set-up is entirely different.

указа́ть (укажу́, ука́жет; pct of ука́зывать) to show. Укажи́те нам, пожа́луйста, как пройти́ туда́? Will you kindly show us how to get there? • to point out. Укажи́те, пожа́луйста, э́ту дере́вню на ка́рте. Please point out the village on the map. • to tell. Мы сде́лали так, как нам бы́ло ука́зано. We did as we were told. • to recommend. Мне указа́ли на него́, как на лу́чшего учи́теля в го́роде. He was recommended to me as the best teacher in town.

□ Вы мо́жете указа́ть мне хоро́шего врача́? Do you know of a good doctor?

ука́зывать (dur of указа́ть).

укача́ть (pct of ука́чивать) to rock. Наконе́ц-то ей удало́сь укача́ть ребёнка. She was finally able to rock the baby to sleep. • to get (or be) seasick, to get (or be) airsick. Она́ пошла́ в каю́ту: её укача́ло. She got seasick and went down to her cabin.

ука́чивать (dur of укача́ть).

укла́дывать (dur of уложи́ть) to pack. Вы ещё не на́чали укла́дывать ве́щи? Did you start packing your things yet? • to store. Они́ весь день укла́дывали дрова́. They were storing firewood all day.

-ся to pack. Вам пора́ нача́ть укла́дываться. It's time for you to begin packing.

□ укла́дываться спать (dur of уле́чься) to go to bed. Укла́дывайтесь спать поскоре́е. Go to bed quickly.

уключина oarlock.

укра́сть (украду́, -дёт; p укра́л; ppp укра́денный; pct of красть) to steal. У него́ в доро́ге чемода́н укра́ли. His suitcase was stolen while he was traveling.

у́ксус (/g -у/) vinegar.

укуси́ть (укушу́, уку́сит; pct) to bite. Не бо́йтесь, соба́ка не уку́сит. Don't be afraid of the dog; he won't bite you.

□ *Кака́я му́ха вас сего́дня укуси́ла? What got into you today?

ула́дить (pct of ула́живать) to settle. Не волну́йтесь; всё уже́ ула́жено. Don't worry; everything is settled. • to fix up. Бу́дьте дру́гом, ула́дьте э́то. Be a pal and fix it up.

ула́живать (dur of ула́дить) to settle. Она́ всегда́ ула́живает их спо́ры. She always settles their arguments.

ула́жу See **ула́дить.**

у́лей (у́лья) beehive.

улета́ть (*dur of* **улете́ть**) to fly. Я че́рез час улета́ю в Москву́. In an hour, I'll be flying to Moscow. • to fly away. Э́ти пти́цы улета́ют от нас о́сенью. These birds fly away from here in the fall.

улете́ть (улечу́, улети́т; *pct of* **улета́ть**) to fly. Он вчера́ улете́л в ——. He flew to —— yesterday.
□ Она́ не слу́шает — ви́дно, её мы́сли улете́ли далеко́ отсю́да. She's not listening; evidently her thoughts are far away.

улечу́ See **улете́ть.**

уле́чься (уля́гусь, уля́жется; *p* уле́гся, улегла́сь, -ло́сь, -ли́сь; *pct of* **укла́дываться**) to go to bed. Мы то́лько улегли́сь, как разда́лся телефо́нный звоно́к. The telephone rang as soon as we went to bed. • to blow over. (*no dur*) Бу́ря улегла́сь, мо́жно отправля́ться. The storm has blown over and now we can be on our way. • to calm down. (*no dur*) Тепе́рь стра́сти улегли́сь и мо́жно поговори́ть по делово́му. Now that we've calmed down we can speak in a more businesslike manner.

у́лица street. На како́й у́лице вы живёте? What street do you live on? — На́ша у́лица о́чень шу́мная. Our street is very noisy. — Как пройти́ на —— у́лицу? How do you get to —— street?
□ **на у́лице** outside. Сего́дня на у́лице о́чень хо́лодно? Is it very cold outside today?
□ *Бу́дет и на на́шей у́лице пра́здник. Every dog has his day.

улича́ть (*dur of* **уличи́ть**) to catch. Я ча́сто улича́л его́ во лжи. I've often caught him lying.

уличи́ть (*pct of* **улича́ть**) to prove. Его́ уличи́ли в кра́же. They proved that he was a thief.

у́личный street. У́личный шум не дава́л мне спать. The street noise kept me from sleeping.
□ **у́личное движе́ние** street traffic.

уложи́ть (уложу́, уло́жит; *pct of* **укла́дывать**) to pack. Уложи́те все э́ти кни́ги в я́щик. Pack all these books into a box. • to put to bed. Она́ пошла́ уложи́ть ребя́т и сейча́с вернётся. She went to put the children to bed and will return immediately.
-ся to pack. Я ещё не успе́л уложи́ться. I haven't had time to pack yet. • to fit. Бою́сь, что мой материа́л в ра́мки газе́тной статьи́ не уло́жится. I'm afraid my material can't be fitted into a newspaper article. — Все мои́ ве́щи прекра́сно уложи́лись в чемода́н. All my things fitted into the suitcase perfectly.

улыба́ться (*dur of* **улыбну́ться**) to smile. Что вы улыба́етесь так ирони́чески? Why are you smiling so ironically? — В отве́т он то́лько смущённо улыба́лся. He just smiled shyly in reply.
□ Ва́ше предложе́ние мне о́чень улыба́ется. Your offer appeals to me very much.

улы́бка smile. Вы заме́тили его́ хи́трую улы́бку? Have you noticed his sly smile? • grin. У него́ глу́пая улы́бка ве́чно на лице́. He always walks around with a foolish grin.
□ Его́ физионо́мия расплыла́сь в улы́бку. He grinned from ear to ear.

улыбну́ться (*pct of* **улыба́ться**) to smile. Ну, улыбни́тесь же, наконе́ц! Come on, why don't you smile? — Наконе́ц-то сча́стье нам улыбну́лось. Finally Lady Luck smiled on us.

уля́гусь See **уле́чься.**

ум (-а́) mind. Он челове́к блестя́щего ума́. He has a brilliant mind. — Что э́то я хоте́л сказа́ть — совсе́м из ума́ вон! What was I going to say? It slipped my mind completely. — У него́ что́-то друго́е на уме́! He has something else on his mind. — Он сошёл с ума́ и его́ отвезли́ в психиатри́ческую больни́цу. He went out of his mind and was taken to a psychiatric hospital. — Да что́ вы, с ума́ сошли́? What? Are you out of your mind? — Э́то про́сто уму́ непостижи́мо. My mind can hardly conceive of it. • intelligence. Он осо́бым умо́м не отлича́ется. He doesn't show much intelligence. • head. Я подсчита́л в уме́ во что э́то обойдётся. I figured the cost out in my head. — Э́то не моего́ ума́ де́ло. It's way over my head. • sense. *У него́ ума́ пала́та. He has a lot of sense.
□ **сходи́ть с ума́** to drive oneself mad. Я с ума́ сходи́л от беспоко́йства. I was driving myself mad with worry.
□ *Вот уж ума́ не приложу́, что тут де́лать! I just don't know what to do in this case. • *У меня́ про́сто ум за ра́зум захо́дит. I don't know if I'm coming or going. • *Там вас науча́т уму́-ра́зуму! They'll make you toe the mark there. • *Он то́же — за́дним умо́м кре́пок. It's easy for a Monday morning quarterback to talk. • *Он па́рень себе́ на уме́! He knows what side his bread is buttered on. • Она́ там всех с ума́ свела́. Everybody went mad over her there. • Он от неё пря́мо без ума́. He's crazy about her.

уме́лый skillful. В э́той рабо́те сра́зу чу́вствуется уме́лая рука́. You can immediately sense a skillful hand in this work. • experienced. Он о́чень уме́лый хиру́рг. He's a very experienced surgeon.
□ **уме́ло** skillfully. Он уме́ло пра́вил маши́ной. He handled the car skillfully.

уменьша́ть (*dur of* **уме́ньшить**) to lessen. Э́то ниско́лько не уменьша́ет ва́шей вины́. This doesn't lessen your guilt at all.

уме́ньшить (*ppp* уме́ньшенный; *pct of* **уменьша́ть**) to cut down. Тепе́рь вы мо́жете уме́ньшить до́зу (лека́рства). You can cut down the dose now. — Уме́ньшите ско́рость. Cut down on the speed.

уме́ренный (/*ppp of* **уме́рить**/) moderate. Мы е́хали с уме́ренной ско́ростью. We're driving at a moderate rate of speed. • reasonable. Тут це́ны уме́ренные. The prices are reasonable here.
□ **уме́ренный кли́мат** temperate climate.

уме́ренно moderately. Он пьёт, но о́чень уме́ренно. Yes, he drinks, but very moderately.

умере́ть (умру́, умрёт; *p* у́мер, умерла́, у́мерло, -и; *pap* уме́рший; *pct of* **умира́ть**) to die. Он у́мер от воспале́ния лёгких. He died of pneumonia. — От чего́ он у́мер? What did he die from?

уме́рить (*pct of* **умеря́ть**) to moderate,

умеря́ть (*dur of* **уме́рить**).

уме́стный ([-sn-]) proper. Я счита́ю его́ кри́тику вполне́ уме́стной. I consider his criticism absolutely proper.

уме́ть to know how. Он не уме́ет пра́вить маши́ной. He doesn't know how to drive a car. — Он уме́ет ка́ждого к себе́ расположи́ть. He knows how to make everybody like him. — Уж не взыщи́те — сде́лал, как уме́л. I hope you don't mind; I did the best I knew how. — Она́ соверше́нно не уме́ет обраща́ться с детьми́. She doesn't know how to handle children. • to be able. Куда́ ему́ речь говори́ть!

Он двух слов связа́ть не уме́ет! How can he make a speech when he can't even put two words together?

☐ *Уме́ючи и ве́дьму бьют. It's all in knowing how.

умира́ть (*dur of* **умере́ть**) to die. Они́ зна́ли, за что умира́ли. They knew what they were dying for. — Я умира́ю от жа́жды. I'm dying of thirst. — Мы умира́ли со́ смеху. We died laughing.

☐ **умира́ть с го́лоду** to starve. Я умира́ю с го́лоду. I'm simply starving.

☐ Живём хорошо́ — умира́ть не на́до! We have a wonderful life; couldn't be better.

у́мница (*M*, *F*) bright girl. Кака́я она́ у́мница, что догада́лась нам позвони́ть. She's a bright girl to think of calling us up. • intelligent man. Он большо́й у́мница. He's a very intelligent man.

у́мный (*sh* умён, умна́/-о́, -ы́/; *adv* умно́) intelligent. От тако́й у́мной же́нщины я э́того не ожида́л. I didn't expect that from such an intelligent woman. • smart. Э́то был у́мный шаг с ва́шей стороны́. This was a smart move on your part. • clever. Для свои́х лет мальчи́шка о́чень умён! The boy is very clever for his age.

☐ **умно́** wisely. Вы о́чень умно́ поступи́ли. You acted very wisely.

умру́ *See* **умере́ть**.

умыва́льник washstand. Умыва́льник — в конце́ коридо́ра. The washstand is at the end of the hall.

умыва́ть (*dur of* **умы́ть**) to wash (someone). Ско́лько раз его́ не умыва́й, он всё гря́зный хо́дит. No matter how many times I wash him, he's always dirty.

-ся to wash (oneself). Умыва́ться мо́жно в ва́нной. You can wash (yourself) in the bathroom.

умы́ть (умо́ю, умо́ет; *pct of* **умыва́ть**) to wash (someone). Умо́йте дете́й, пожа́луйста. Wash the children, please.

-ся to wash up (oneself). Вы успе́ли умы́ться и причеса́ться? Have you had time to wash up and comb your hair?

унести́ (унесу́, -сёт; *p* унёс, унесла́, -о́, -и́; *pct of* **уноси́ть**) to take with. Он унёс с собо́й мою́ записну́ю кни́жку. He took my notebook with him. • to carry away. Ве́тер унёс мою́ шля́пу. The wind carried my hat away.

☐ *Он наси́лу но́ги отту́да унёс. He was just about able to get himself away from there.

универма́г (**универса́льный магази́н**) department store.

универса́льный wide. У него́ универса́льные зна́ния. He has wide knowledge.

☐ **универса́льный магази́н** *See* **универма́г**.

университе́т college, university. Он дека́н юриди́ческого факульте́та Моско́вского Университе́та. He's the dean of the Law School at Moscow University. — Университе́т тепе́рь досту́пен ка́ждому. A college education is now within everyone's reach.

унижа́ть (*dur of* **уни́зить**) to humiliate. Заче́м унижа́ть проти́вника в спо́ре? Why do you insist upon humiliating people you argue with?

уни́жу *See* **уни́зить**.

уни́зить (*pct of* **унижа́ть**) to humiliate. Э́тим вы ниско́лько не уни́зите своего́ досто́инства. You won't be humiliating yourself by doing this.

уничтожа́ть (*dur of* **уничто́жить**) to ruin. Э́то распоряже́ние уничтожа́ет всю на́шу рабо́ту. This order ruins all the work we've done. • to exterminate. Уничтожа́йте мыше́й и крыс. Exterminate the rats and mice.

уничто́жить (*pct of* **уничтожа́ть**) to destroy. Пожа́р уничто́жил не́сколько кварта́лов. The fire destroyed several blocks of houses. • to kill. Им удало́сь уничто́жить зара́зу в ко́рне. They managed to kill the infection at the start. • to smash. Мы получи́ли прика́з уничто́жить проти́вника. We received the order to smash the enemy. • to cut out. Необходи́мо уничто́жить прогу́лы на на́шем заво́де. We have to cut out absenteeism in our factory. • Револю́ция ста́вила свое́й це́лью уничто́жить социа́льное нера́венство. The revolution had as its aim the suppression of social inequality. • Коро́бка шокола́да была́ уничто́жена в не́сколько мину́т. The box of chocolates was eaten up in a couple of minutes.

уноси́ть (уношу́, уно́сит; *dur of* **унести́**) to take away. Не уноси́те самова́ра, мы бу́дем ещё чай пить. Don't take the samovar away; we may still drink some more tea.

уношу́ *See* **уноси́ть**.

уны́лый gloomy. Они́ затяну́ли уны́лую пе́сню. They started to sing a gloomy song.

☐ **уны́ло** dejectedly. Он уны́ло покача́л голово́й. He shook his head dejectedly.

☐ Что ты хо́дишь с таки́м уны́лым ви́дом? Why are you walking around with such a long face?

упаду́ *See* **упа́сть**.

упакова́ть (*pct of* **пакова́ть** *and* **упако́вывать**) to pack. Я уже́ упакова́л все свои́ ве́щи. I've already packed all my things.

упако́вка packing. Упако́вка была́ плоха́я, и соль подмо́кла. The packing was bad and the salt got wet.

☐ Упако́вка това́ров произво́дится в ни́жнем этаже́. Goods are packed on the ground floor.

упако́вывать (*dur of* **упакова́ть**) to pack. Не сто́ит упако́вывать ве́щи сего́дня, успе́ем и за́втра. There's no use packing today; we'll have enough time tomorrow. • to wrap. В э́том магази́не пло́хо упако́вывают. Packages are wrapped poorly in this store.

упа́сть (упаду́, -дёт; *p* упа́л; *pct of* **па́дать**) to fall. Сего́дня о́чень ско́льзко; смотри́те, не упади́те. It's very slippery today; see that you don't fall. — Он упа́л с ло́шади и слома́л но́гу. He fell from the horse and broke his leg. — Он упа́л на́взничь. He fell flat on his back. • to drop. Це́ны на мя́со в после́днее вре́мя упа́ли. The price of meat dropped recently. — Сего́дня ему́ ста́ло лу́чше — температу́ра упа́ла. He was better today; his temperature dropped. • to sink. У меня́ се́рдце упа́ло, когда́ я об э́том услы́шал. My heart sank when I heard of it.

☐ **упа́сть в о́бморок** to faint. Она́ в о́бморок упадёт, когда́ услы́шит э́то. She'll faint when she hears it.

☐ По́сле того́, что вы мне рассказа́ли, он о́чень упа́л в мои́х глаза́х. After what you told me, he went down a great deal in my eyes.

уперёть (упру́, упрёт; *p* упёр; *pap* упёрший; *pger* упёрши *or* упере́в; упёршись *or* уперши́сь; *ppp* упёртый; *pct of* **упира́ть**).

☐ Упри́те ло́дку но́сом о бе́рег. Beach the boat, bow first.

-ся to put against. Упри́тесь весло́м о ка́мень и сдви́ньте ло́дку. Put your oar against the rock and shove the boat off. • to get stubborn. Он упёрся, и его́ не переубеди́шь. He's become stubborn and you can't make him change his mind.

☐ **упере́ться глаза́ми** to stare. (*no dur*) Что ты в неё упёрся глаза́ми? Why are you staring at her?

упира́ть (*dur of* упере́ть).

-ся to be stubborn. Ну, что́ вы упира́етесь! Don't be stubborn!

упла́та payment. Он тре́бует упла́ты до́лга. He's demanding payment of the debt. — Профсою́з наста́ивает на акура́тной упла́те чле́нских взно́сов. The union insists on regular payment of membership dues. — При́нято от И. Ива́нова, пятьдеся́т рубле́й в упла́ту за кварти́ру. Received from I. Ivanov, fifty rubles in payment for the apartment.

уплати́ть (уплачу́, упла́тит; *pct of* упла́чивать) to pay. За кварти́ру упла́чено за ме́сяц вперёд. The apartment is paid for a month in advance.— Вы должны́ уплати́ть по э́тому счёту. You have to pay this bill.

упла́чивать (*dur of* уплати́ть).

уплотни́ть (*pct of* уплотня́ть).

□ Нас уплотни́ли, и в кварти́ре тепе́рь о́чень те́сно. They put more roomers in our flat and we're very crowded.

уплотня́ть (*dur of* уплотни́ть).

уполномо́ченный representative. Заво́д посла́л своего́ уполномо́ченного в Москву́. The plant sent its representative to Moscow.

упомина́ть (*dur of* упомяну́ть) to mention. Он не раз упомина́л о вас в свои́х пи́сьмах. He mentioned you more than once in his letters.

упомяну́ть (-мяну́, -мя́нет; *pct of* упомина́ть) to mention. Не могу́ не упомяну́ть и о други́х това́рищах — рабо́тающих с на́ми. I can't help mentioning the others who are working with us also.

□ **упомя́нутый** afore-mentioned.

упомяну́ть вскользь to mention in passing. Он как-то об э́том вскользь упомяну́л. He happened to mention it in passing.

употреби́ть (*pct of* употребля́ть) to use. Он употреби́л э́то вре́мя с по́льзой. He used the time profitably. — Что же, е́сли он до́бром не соглаша́ется, нам придётся употреби́ть си́лу. Well, if he doesn't agree willingly, we'll have to use force.

употребле́ние use. Все э́ти ве́щи то́лько для моего́ ли́чного употребле́ния. All these things are for my personal use only. — Для вну́треннего употребле́ния. For internal use. — Слова́рь от до́лгого употребле́ния соверше́нно истре́пался. The dictionary is completely worn out from long use. — Он мо́жет сде́лать хоро́шее употребле́ние из своего́ зна́ния языко́в. He can put his knowledge of foreign languages to good use.

употребля́ть (*dur of* употреби́ть) to use. Вы како́е мы́ло лю́бит употребля́ть иностра́нные слова́. What kind of soap do you use? — Он лю́бит употребля́ть иностра́нные слова́. He likes to use foreign words.

•to be used. Э́то сло́во бо́льше не употребля́ется. This word isn't used anymore. — А для чего́ э́то употребля́ется? What is it used for?

управдел *See* **управля́ющий дела́ми.**

управле́ние management. При тако́м управле́нии, неудиви́тельно, что заво́д даёт дефици́т. With management like that it's no wonder the plant is running at a deficit. — У вас управле́ние хрома́ет, вот в чём де́ло. Your management leaves much to be desired; that's what the trouble is. •government. По́сле револю́ции управле́ние госуда́рством перешло́ в но́вые ру́ки. After the revolution the government fell into new hands. •controls. Самолёт переста́л

слу́шаться управле́ния. The plane didn't respond to the controls. •direction. Симфо́ния была́ испо́лнена под управле́нием а́втора. The symphony was performed under the direction of the composer. •board. Он рабо́тает в управле́нии по дела́м архитекту́ры. He works on the board of architectural affairs.

□ **гла́вное управле́ние** (*See* гла́вк, *Appendix 4*).

главу́голь (Гла́вное управле́ние у́гольной промы́шленности) Central Board for the Coal Industry.

главхимпро́м (Гла́вное управле́ние хими́ческой промы́шленности) Central Board for the Chemical Industry.

управле́ние дела́ми administrative office. Спра́вьтесь об э́том в управле́нии дела́ми. Get the information from the administrative office.

управля́ть to manage. Ему́ не по си́лам управля́ть таки́м больши́м заво́дом. He's not capable of managing such a big factory. •to govern. Управля́ть страно́й — де́ло не просто́е. Governing a country is not a simple thing. •to drive. Вы уме́ете управля́ть автомоби́лем? Do you know how to drive a car?

управля́ющий (*AM*) manager. Управля́ющий сейча́с в отъе́зде. The manager is out of town now. — Вы должны́ обрати́ться к управля́ющему до́мом. You must go to the house manager about that.

□ **управля́ющий дела́ми** office manager. Управля́ющий дела́ми позабо́тится о том, чтоб вы бы́ли внесены́ в спи́сок сотру́дников. The office manager will see to it that you're put on the list of employees.

управля́ющий тре́стом trust manager. Управля́ющий тре́стом ещё пятна́дцать лет тому́ наза́д стоя́л у станка́. Only fifteen years ago the trust manager was a factory worker.

упражне́ние exercise. Сосе́дская до́чка ка́ждый ве́чер игра́ет упражне́ни. на роя́ле. The neighbor's daughter plays piano exercises every evening. — Каки́е вам предпи́саны гимнасти́ческие упражне́ния? What physical exercises were prescribed for you? — Сде́лайте упражне́ние из пя́того уро́ка. Do the exercises in Lesson Five.

упражня́ть.

-ся to practice. Она́ ка́ждый день не́сколько часо́в упражня́ется на роя́ле. She spends a few hours each day practicing the piano. — Танцо́вщице прихо́дится упражня́ться ка́ждый день. A dancer has to practice every day.

упрёк reproach. Разреши́те вам сде́лать дру́жеский упрёк. Do you mind? This is a friendly reproach. — На нас посы́пался град упрёков. We were showered with reproaches.

□ **с упрёком** reproachfully. Он посмотре́л на нас с упрёком. He looked at us reproachfully.

упрека́ть (*dur of* упрекну́ть) to reproach. Не упрека́йте его́, он не винова́т. Don't reproach him! It's not his fault. •to blame. Смотри́те, не упрека́йте меня́ пото́м. See that you don't blame me later on.

упрекну́ть (*pct of* упрека́ть) to accuse. Меня́ в э́том никак упрекну́ть нельзя́. You can never accuse me of that.

упру́гий elastic.

упря́мый stubborn. Не бу́дьте таки́м упря́мым. Don't be so stubborn. — Я упря́м и добью́сь своего́. I'm just stubborn enough to get what I go after — Он упря́м, как осёл. He's as stubborn as a mule. •headstrong. Учи́телю тру́дно спра́виться с э́тим упря́мым мальчи́шкой. It's

difficult for the teacher to control this headstrong boy.
● willful. Она́ уже́ в де́тстве была́ о́чень упря́ма. She
was very willful even as a child.

упуска́ть (*dur of* **упусти́ть**) to miss. Не упуска́йте удо́бного
моме́нта поговори́ть с ним. Be sure not to miss your
chance to talk to him. — Он не упуска́л слу́чая напо́мнить
мне об э́том. He'd never miss a chance to remind me of that.

упусти́ть (упущу́, упу́стит; *pct of* **упуска́ть**) to let go. Осто-
ро́жно, не упусти́те весло́. Be careful! Don't let the oar go.
☐ **упусти́ть из виду** to overlook. Вы упусти́ли и́з виду
одно́ ва́жное обстоя́тельство. You've overlooked one
important factor.

упущу́ *See* **упусти́ть**.

ура́ hurrah. Ура́! На́ши прие́хали! Hurrah! Our people
arrived!
☐ *Он пошёл сдава́ть экза́мен на ура́. He went to take
the exam on his nerve alone.

уро́дливый ugly. Он невероя́тно уро́длив. He's unbelievably ugly.
☐ Она́ получи́ла о́чень уро́дливое воспита́ние. She received the wrong kind of bringing up.

урожа́й harvest. Мы подсчита́ем на́ши дохо́ды по́сле
убо́рки урожа́я. We'll figure out our profits after the
harvest. ● crop. В э́том году́ хоро́ший урожа́й я́блок.
There's a large apple crop this year.

урожа́йность (*F*) yield. В э́той ме́стности высо́кая уро-
жа́йность пшени́цы. The wheat yield is high in this area.
● crops. Я ду́маю, что урожа́йность мо́жно подня́ть ещё
вы́ше. I think we can increase our crops still more.

урожёнец (-нца).
☐ Я — зде́шний урожёнец. I was born and bred here.

урожёнка.
☐ Моя́ жена́ урожёнка Нью Ио́рка. My wife was born
in New York.

уро́к lesson. Вы бы согласи́лись дава́ть уро́ки англи́йского
языка́? Would you agree to give English lessons? — Я
хоте́л бы брать ру́сские уро́ки два ра́за в неде́лю. I'd
like to take Russian lessons twice a week. — Это бу́дет для
вас уро́ком — не су́йтесь не в своё де́ло! This will be a
good lesson for you; mind your own business! — Он зара-
ба́тывает на жизнь уро́ками. He makes his living giving
lessons. ● homework. Им задаю́т в шко́ле сли́шком
мно́го уро́ков. They give them too much homework in
school. ● class. Он чита́л газе́ту во вре́мя уро́ка и по-
па́лся. He read a newspaper during class and was caught.

урони́ть (уроню́, уро́нит; *ppp* уро́ненный; *pct of* **роня́ть**) to
drop. Я урони́л часы́ и они́ останови́лись. I dropped
the watch and it stopped. ● to shed. Она́ ни одно́й слезы́
не урони́ла. She didn't shed a single tear.
☐ Он ве́чно бои́тся урони́ть своё досто́инство. He's
always afraid of losing his dignity.

ус (*P* усы́, усо́в /*S forms rarely used*/) mustache. За́ лето он
отрасти́л себе́ усы́. He grew a mustache during the summer.
☐ *Натвори́л беды́ и в ус себе́ не ду́ет! He caused plenty
of trouble, but he doesn't give a damn.

уса́дьба (*gp* уса́дьб *or* -деб) privately used plot of farmland.

уса́живаться (*dur of* **усе́сться**) to take seats. Пу́блика
ме́дленно уса́живалась. The audience were slowly taking
their seats. ● to sit down. Уса́живайтесь в э́то кре́сло.
Sit down in that armchair.
☐ Уса́живайтесь поудо́бнее! Make yourself comfortable!

усва́ивать (*dur of* **усво́ить**) to master. Он понемно́гу усва́и-

вает ру́сское произноше́ние. He's gradually mastering
Russian pronunciation.

усво́ить (*pct of* **усва́ивать**) to acquire. Он усво́ил мно́го
плохи́х привы́чек. He acquired a lot of bad habits.
☐ Я ещё не усво́ил как сле́дует про́шлого уро́ка. I still
haven't completely digested the last lesson.

усе́сться (уся́дусь, -дется; *p* усе́лся; *pct of* **уса́живаться**) to
sit down. Он то́лько усе́лся за рабо́ту, как позвони́ли по
телефо́ну. There was a phone call for him as soon as he sat
down to work. ● to be seated. Все усе́лись? Is everybody
seated?

уси́ленный (/*ppp of* **уси́лить**/) increased. Рабо́та у нас идёт
уси́ленным те́мпом. Our work is going on at increased
speed. ● strong. Са́мые уси́ленные про́сьбы не помогли́.
Even the strongest pleading didn't help.
☐ **уси́ленно** intensively. Он уси́ленно гото́вится к
выпускно́му экза́мену. He's working intensively for the
final examination.
☐ Вам необходи́мо уси́ленное пита́ние. You absolutely
must have a nourishing diet. ● Она́ уси́ленно добива́ется
э́той командиро́вки. She's making every effort to be sent
on that assignment.

уси́ливать (*dur of* **уси́лить**).

-ся.
☐ Дождь уси́ливается; лу́чше верну́ться. It's raining
harder now; we'd better go back.

уси́лие effort. Сде́лайте над собо́й уси́лие и проглоти́те э́то
лека́рство. Make an effort and swallow this medicine. —
Я приложу́ все уси́лия что́бы устро́ить вам э́ту встре́чу.
I'll make every effort to arrange this appointment for you.

уси́лить (*pct of* **уси́ливать**) to reinforce. Мы уси́лили на́ши
ка́дры о́пытными специали́стами. We've reinforced our
ranks with experienced specialists. ● to increase. Вам
придётся уси́лить надзо́р за детьми́. You'll have to increase your watchfulness over the children. ● to strengthen.
На э́том уча́стке войска́ бы́ли уси́лены. The army was
strengthened in this sector.
☐ Вы мо́жете уси́лить звук ва́шего ра́дио? Can you turn
up the radio?

-ся to grow stronger. Бо́ли у него́ за́ ночь о́чень уси́лились.
His pains grew stronger during the night.

ускори́ть (*pct of* **ускоря́ть**) to quicken. Уско́рьте шаг!
Quicken your pace! ● to speed up. Мы стара́емся уско́-
рить убо́рку урожа́я. We're trying to speed up our harvesting.
☐ Он вы́нужден был уско́рить свой отъе́зд. He had to
move up his day of departure.

ускоря́ть (*dur of* **ускори́ть**) to speed up. Мы ускоря́ем
рабо́ту, что́бы конча́ть к сро́ку. We're speeding up our
work to meet our deadline.

усло́вие arrangement. По усло́вию, я до́лжен плати́ть за
ко́мнату вперёд. According to the arrangements, I have to
pay for the room in advance. ● condition. Они́ согла-
си́лись на все на́ши усло́вия. They agreed to all our conditions. — Я согла́сен нача́ть рабо́тать при усло́вии, что
я смогу́ вы́писать сюда́ семью́. I agree to start work on
condition that I can send for my family. — Каковы́ там
усло́вия рабо́ты? How're working conditions there?

услови́ться (*pct of* **усло́вливаться, усла́вливаться**) to agree.
Мы усло́вились встре́титься у ка́ссы. We agreed to meet
at the ticket office. — Сде́лаем э́то как мы усло́вились.
Let's do it the way we agreed.

усло́вливаться (*or* **усла́вливаться**) (*dur of* **усло́виться**).

услу́га favor. Окажи́те мне услу́гу. Do me a favor. • service. Че́рез мину́ту — я к ва́шим услу́гам. I'll be at your service in a moment. — Это пла́та за ко́мнату, а за услу́ги вам придётся плати́ть осо́бо. This is the price for the room alone. You'll have to pay extra for service.

☐ Пла́ту за коммуна́льные услу́ги собира́ет управдо́м. Payment for gas, electricity, water, etc. is collected by the house manager. •*Он оказа́л нам медве́жью услу́гу. He meant well, but it turned out wrong. • Я о́чень ценю́ ва́шу услу́гу! I appreciate what you've done for me very much.

услы́шать (-шу, -шит; *pct of* **слы́шать**) to hear. Вы услы́шите сего́дня одного́ из на́ших лу́чших ора́торов. You'll hear one of our best speakers today. — Я пришёл в у́жас, когда́ об э́том услы́шал. I was horrified when I heard about it.

усну́ть (*pct*) to fall asleep. Я до́лго воро́чался с бо́ку на́ бок и ника́к не мог усну́ть. I tossed for a long time and couldn't fall asleep.

☐ Все ва́ши золоты́е ры́бки усну́ли. All your goldfish died.

усоверше́нствовать (*pct of* **соверше́нствовать**) to perfect. Мы усоверше́нствовали ме́тоды обрабо́тки ста́ли. We've perfected the methods of steel processing.

успева́ть (*dur of* **успе́ть**) to find time. Когда́ вы успева́ете сто́лько чита́ть? When do you find time for so much reading? • to manage. Как она́ успева́ет всё э́то де́лать? How does she manage to do all this?

☐ Ма́льчик не успева́ет по арифме́тике. The boy is slow at arithmetic.

успе́ть (*pct of* **успева́ть**) to have time. Я да́же газе́ту не успе́л сего́дня проче́сть. I didn't even have time to read the paper today. • to manage. Éсли успе́ю, я зайду́ к вам ве́чером. I'll drop in to see you tonight, if I can manage it. • to be successful. Он о́чень успе́л в свое́й о́бласти. He's been highly successful in his field.

☐ Я не успе́ю повида́ться с ним перед отъе́здом. I won't be able to see him before I leave. • Мы успе́ем на по́езд? Will we make the train? • Не успе́ешь огляну́ться, как уже́ пора́ идти́ домо́й. Before you know it, it's time to go home.

успе́х success. От души́ жела́ю вам успе́ха! From the bottom of my heart I wish you every success. — Его́ конце́рт прошёл с шу́мным успе́хом. His concert was a great success. — В мо́лодости она́ по́льзовалась больши́м успе́хом. She was a great success in her younger days. — Я пыта́лся её уговори́ть, но без вся́кого успе́ха. I tried to convince her, but without success.

☐ Вы мо́жете с тем же успе́хом пойти́ за́втра. It'll be all the same if you go there tomorrow.

успока́ивать (*dur of* **успоко́ить**) to console. Как я её ни успока́ивал, она́ всё продолжа́ла пла́кать. No matter how I tried to console her, she still cried • to reassure. Меня́ э́то объясне́ние совсе́м не успока́ивает. That explanation doesn't reassure me.

-ся to calm down. Он уже́ начина́ет успока́иваться. He's already started to calm down.

успоко́ить (*pct of* **успока́ивать**) to quiet. Успоко́йте ребёнка. Quiet the child. • to comfort. Ва́ше письмо́ её о́чень успоко́ило. Your letter comforted her very much. • to dull. Порошо́к немно́го успоко́ил мою́ боль. The powder dulled my pain a bit.

-ся to calm down. К утру́ мо́ре успоко́илось. The sea calmed down towards morning. — Успоко́йтесь, нет причи́ны так волнова́ться. Calm down. There's no reason to be so worried! — Он не успоко́ился, пока́ не довёл де́ла до конца́. He didn't calm down until the job came to an end. • to quiet down. Тепе́рь, ребя́та, успоко́йтесь — пора́ нача́ть гото́вить уро́ки. Now kids, quiet down; it's time to start your homework.

уста́в charter. Вы чита́ли уста́в на́шего о́бщества? Did you read the charter of our society? • set of rules. Мы вы́работали но́вый уста́в для на́шего клу́ба. We framed a new set of rules for our club. • rules. *В чужо́й монасты́рь со свои́м уста́вом не хо́дят. You've got to play the game according to local rules.

устава́ть (устаю́, устаёт; *imv* устава́й; *prger* устава́я; *dur of* **уста́ть**) to get tired. Я о́чень устаю́ на э́той рабо́те. I get very tired on this job.

уста́ивать (*dur of* **устоя́ть**).

уста́лость (*F*) weariness.

уста́лый tired. У неё о́чень уста́лый вид. She looks very tired. — Я сего́дня о́чень уста́л. I'm very tired today.

☐ **уста́ло** wearily. Он уста́ло отвеча́л на мои́ вопро́сы. He answered my questions wearily.

устана́вливать (*dur of* **установи́ть**) to install. Сего́дня у нас устана́вливают телефо́н. They're installing a phone at our place today.

установи́ть (-новлю́, -но́вит; *pct of* **устана́вливать**) to install. Но́вые маши́ны уже́ устано́влены. The new machines are already installed. • to make. Кто установи́л э́ти пра́вила? Who made these rules? • to establish. Пре́жде всего́ ну́жно установи́ть фа́кты. First of all, we have to establish the facts. • to determine. Сейча́с ещё тру́дно установи́ть убы́тки. It's still too difficult to determine the damage.

устаре́лый obsolete.

устаре́ть (*pct of* **старе́ть**) to be outdated. Эти ме́тоды рабо́ты уже́ устаре́ли. These working methods are already outdated.

уста́ть (уста́ну, -нет; *pct of* **устава́ть**) to get tired. Мы уста́ли от ходьбы́. We got tired from walking.

у́стный ([-sn-]) oral. У нас быва́ют у́стные, и пи́сьменные экза́мены. We have both oral and written exams.

устоя́ть (устою́, устои́т; *pct of* **уста́ивать**) to manage to keep one's balance. Он е́ле устоя́л на нога́х. He just about managed to stay on his feet. • to resist. Я не устоя́л перед искуше́нием и набро́сился на икру́. I couldn't resist the temptation and made a go for the caviar.

устра́ивать (*dur of* **устро́ить**) to arrange. Мы устра́иваем спекта́кль. We are arranging a show. • to make. Не устра́ивайте из э́того траге́дии! Don't make a tragedy out of it. • to suit. Вас устра́ивает э́то предложе́ние? Does this offer suit you?

устрани́ть (*pct of* **устраня́ть**) to remove. Ему́ удало́сь устрани́ть все препя́тствия. He managed to remove all obstacles. • to do away with. Я хоте́л бы устрани́ть вся́кое посторо́ннее вмеша́тельство в э́то де́ло. I'd like to do away with any outside interference in this matter.

устраня́ть (*dur of* **устрани́ть**) to eliminate. Он приня́лся устраня́ть недоста́тки в рабо́те учрежде́ния. He began to eliminate flaws in the work of our office.

у́стрица oyster.

устро́ить (*pct of* **устра́ивать**) to arrange. Когда́ устро́ю свой дела́ — съе́зжу в Москву́. When I arrange my affairs, I'll take a trip to Moscow. — Я вам устро́ю свида́ние с реда́ктором. I'll arrange an appointment for you with the editor.

☐ За́втра в четы́ре часа́ — вас устро́ит? Will tomorrow at four be convenient for you? • Он смо́жет устро́ить вас на рабо́ту. He'll be able to get you work. • Мы постара́емся вам устро́ить ме́сто в ско́ром по́езде. We'll try to get you a seat on a fast train.

уступа́ть (*dur of* **уступи́ть**) to give in. Е́сли вы бу́дете ему́ всегда́ уступа́ть, он вам на го́лову ся́дет. If you always give in to him he'll take advantage of you. • to give up. Я уступа́ю, де́лайте по-ва́шему. I give up; do as you like in this matter.

уступи́ть (уступлю́, усту́пит; *pct of* **уступа́ть**) to give in. Уступи́, хоть на э́тот раз. Give in this once. • to let have. Уступи́те ме́сто старику́. Let the old man have your seat.

☐ **не уступи́ть** to hold one's own. Ну, он своему́ бра́ту ни в чём не усту́пит! He'll hold his own in anything with his brother.

☐ Е́сли усту́пят, пожа́луй, куплю́. If they'll let me have it for less, I may buy it.

усту́пка concession. Он не идёт ни на каки́е усту́пки. He wouldn't make any concessions.

у́стье (*gp* у́стьев) mouth of a river, estuary.

уся́дусь *See* усе́сться.

утверди́тельный affirmative. Он дал утверди́тельный отве́т. He gave an affirmative answer.

☐ **утверди́тельно** affirmatively. Он кивну́л голово́й утверди́тельно. He nodded affirmatively.

утверди́ть (*ppp* утверждённый; *pct of* **утвержда́ть**) to approve. Когда́ э́тот прое́кт был утверждён? When was this project approved?

утвержда́ть (*dur of* **утверди́ть**) to insist. Он утвержда́ет, что ему́ э́то давно́ изве́стно. He insists that he's known it for a long time.

уте́чка leak. У нас произошла́ уте́чка горю́чего. We have a gasoline leak here.

утеша́ть (*dur of* **уте́шить**) to comfort. Меня́ э́то ниско́лько не утеша́ет. That doesn't comfort me at all.

уте́шить (*pct of* **утеша́ть**) to console. Пойди́те, уте́шьте его́! Go over and console him. • to cheer (someone) up. Мы стара́емся её уте́шить. We're trying to cheer her up!

ути́ль (*M*) waste material. Ребя́та усе́рдно собира́ют ути́ль. The children are steadily collecting waste materials.

☐ *Его́ уже́ пора́ в ути́ль. He's ready for the scrap heap.

утиха́ть (*dur of* **ути́хнуть**) to subside. Эпиде́мия уже́ начина́ет утиха́ть. The epidemic is already beginning to subside.

ути́хнуть (*p* ути́х, ути́хла; *pct of* **утиха́ть**) to quiet down. В до́ме всё ути́хло. Everything in the house quieted down. • to subside. Вью́га ути́хла. The snowstorm subsided.

у́тка duck.

утоли́ть (*pct of* **утоля́ть**) to quench. Да́йте ему́ ещё, оди́н стака́н его́ жа́жды не утоли́т. Give him some more; one glass won't quench his thirst. • to satisfy. Эта небольша́я рабо́та не могла́ утоли́ть его́ жа́жды де́ятельности. That small job couldn't satisfy his desire for activity.

утоля́ть (*dur of* **утоли́ть**) to quench. Напе́йтесь ква́су, он отли́чно утоля́ет жа́жду. Drink some kvass; it will quench your thirst.

утоми́ть (*pct of* **утомля́ть**) to tire out. Эта пое́здка меня́

о́чень утоми́ла. This trip tired me out. • to tire. Како́й у вас утомлённый вид! How tired you look!

утомля́ть (*dur of* **утоми́ть**) to make tired. Меня́ утомля́ет э́тот шум. This noise makes me tired. • to strain. Не утомля́йте глаз, ся́дьте бли́же к све́ту. Don't strain your eyes; sit nearer the light.

утону́ть (-тону́, -то́нет; *pct of* **тону́ть**) to drown. В про́шлом году́ в э́том о́зере утону́л челове́к. Last year a man drowned in this lake.

утопа́ть (*dur of* **утону́ть**) to be swamped. Я утопа́ю в рабо́те. I'm swamped with work.

☐ Убо́рная актри́сы утопа́ла в цвета́х. The actress's dressing room was a mass of flowers.

утопа́ющий (*prap of* **утопа́ть**) drowning person. Он получи́л меда́ль за спасе́ние утопа́ющего. He got a medal for rescuing a drowning person.

утопи́ть (-топлю́, -то́пит; *pct of* **топи́ть²**) to drown (someone). Не хвата́йтесь за мою́ ше́ю, вы меня́ уто́пите. Don't grab me around the neck; you'll drown me.

утопи́ческий utopian.

уто́пия utopia.

у́тренний morning. Я пое́ду пе́рвым у́тренним по́ездом. I'll go by the first morning train. — В у́тренние часы́ лу́чше всего́ рабо́тается. The best work is done in the morning.

☐ **у́тренний за́втрак** breakfast. За у́тренним за́втраком мы пьём чай с молоко́м. We drink tea with milk at breakfast.

у́тро (*P* у́тра, утр, у́трам/*in some phrases gs* утра́, *ds* утру́/) morning. Како́е хоро́шее у́тро! What a nice morning! — По́езд прихо́дит в де́сять часо́в утра́. The train will arrive at ten o'clock in the morning. — Здесь рабо́та кипи́т с утра́ до по́здней но́чи. The work goes on at full speed from early morning to late at night.

☐ **к утру́** toward morning. К утру́ больно́й, наконе́ц, засну́л. The patient finally fell asleep toward morning.

под у́тро early in the morning. Они́ разошли́сь то́лько под у́тро. It wasn't till early in the morning that they broke up and went home.

по утра́м mornings. По утра́м ещё хо́лодно. It's still cold mornings.

та́нцы до утра́ dancing until morning.

у́тром (*/is of* **у́тро/**) in the morning. Приходи́те лу́чше ка́к-нибудь у́тром. Better come some time in the morning. • morning. Мы уезжа́ем за́втра ра́но у́тром. We'll leave early tomorrow morning.

утю́г (-а́) iron. Жаль утюга́ нет, а то я бы вам вы́гладила руба́шку. It's a shame I don't have an iron, or I'd do your shirt for you.

утю́жить (/*pct:* вы́-, по-/) to iron. Вы уме́ете са́ми утю́жить брю́ки? Do you know how to iron your pants yourself?

уха́ fish soup.

уха́живать to look after. Кто у вас уха́живает за цвета́ми? Who looks after the flowers at your place? • to take care. Она́ хорошо́ уха́живает за больны́ми. She takes good care of the patients. • to court. За ней мно́гие уха́живают. Many men are courting her.

у́хо (*P* у́ши, уше́й, уша́м) ear. Он глух на одно́ у́хо. He's deaf in one ear. — Наде́ньте нау́шники, что́бы у́ши не отморо́зить. Put on ear-muffs so you won't get your ears frostbitten. — Я э́то слыха́л свои́ми уша́ми. I heard it with my own ears. — Я заме́тил, что он шепну́л ей что́-то на ухо. I noticed that he whispered something in her ear. — Я просто ушам своим не верю. I can't believe my own ears. — *Что ему ни скажешь, у него в одно ухо входит, в другое выходит. Whatever you say to him goes in one ear and out the other. — *Я слушал во все уши. I was all ears. — Она мне об этом американце все уши прожужжала. She's talked my ears off about that American. — Мне это выражение ухо режет. That expression grates on my ears. — *Перестаньте ерунду болтать, прямо уши вянут. Stop it! My ears can't take any more of that kind of talk. — *Осторожнее, у стен есть уши. Careful! Walls have ears. □ держать ухо востро to watch your step. *С ним надо держать ухо востро! You've got to watch your step with that guy.

навострить уши to perk up one's ears. *Услышав ваше имя, я сразу навострила уши. When I heard your name, I perked up my ears.

□ *Он влюблён по уши. He's head over heels in love. • Она покраснела до ушей. She blushed to the roots of her hair. • Он туг на ухо. He's hard of hearing. • На нём шапка с ушами. He has on a cap with earlaps. ••Его предупреждали, но он и ухом не ведёт. They warned him, but he's paying no attention. ••*Го есть как это им обед не понравился? Ели так, что за ушами трещало. How can you say they didn't like the dinner? They ate like pigs! ••*Не видать вам ордена, как своих ушей. You'll never see the day that you get a decoration! • Я что-то об этом одним ухом слыхал. I heard about it in a half-baked sort of way.

уход leaving (on foot). Что это он вам сказал перед уходом? What did he say to you before leaving? • quitting. Его уход с работы будет для нас большим ударом. His quitting the job will be a great blow to us. • care. В больнице за ним будет хороший уход. He'll receive good care in the hospital.

уходить (-хожу, -ходит; dur of уйти) to leave. Мне пора уходить. It's time for me to leave. — Пароход уходит в три часа. The steamer leaves at three o'clock. • to go away. Уходите-ка от греха подальше. Go away while there's still no trouble. • to pass. Время уходит, а мы так мало успели! Time is passing and we've done so little. □ Торопитесь: время уходит. Hurry, time flies.

ухожу See уходить.

ухудшать (dur of ухудшить) to make worse. Ваше вмешательство только ухудшает дело. Your butting in is only making matters worse.

-ся to get worse. Моё здоровье ухудшается с каждым днём. My health gets worse by the day.

ухудшить (pct of ухудшать) to make worse. Волнение последних дней ухудшило его состояние. The excitement of the last few days made his condition worse.

-ся to become worse, to worsen. Наши отношения с недавних пор очень ухудшились. Lately our relationship has become worse.

уцелеть (pct) to get out safely. У нас был пожар, но к счастью, все уцелели. We had a fire, but fortunately everybody got out safely. • to escape destruction. Уцелело только это здание. Only this building escaped destruction. □ Он чудом уцелел. By some miracle he came out of it in one piece.

участвовать (/dur/) to participate. Наш завод участвует в этом соревновании. Our factory is participating in this

contest. • to take part. Мы все участвовали в выборах. We all took part in the elections. — Она отказалась участвовать в концерте. She refused to take part in the concert. • to share. Я хочу участвовать в расходах по вечеринке. I also want to share the expenses for the party. • to get involved. Он никогда не любил участвовать в наших спорах. He never liked to get involved in our discussions. • to be a party to. Я отказываюсь участвовать в этом обмане. I refuse to be a party to this fraud.

участие part. Он принимал в этой работе деятельное участие. He took an active part in this work. • participation. Ваше участие в работе совершенно необходимо. Your participation in the work is absolutely necessary. — Спектакль пойдёт при участии известных артистов. Noted artists will participate in the program. • sympathy. Он выказал нам большое участие. He showed us a lot of sympathy.

□ **принять участие** to show interest. Они приняли в нас большое участие. They showed a deep interest in us.

участок (-стка) strip of land. Вот это мой участок. This is my strip of land. • land. На участке нашей бригады работают пятнадцать человек. Fifteen people work on the land assigned to our brigade. • part. На этом важном участке работы нам нужны очень опытные люди. We need very experienced people for this important part of our work.

□ **избирательный участок** election district.

учащийся (AM/refl prap of учить/) student.

учебник textbook. Вот хороший учебник русского языка. Here's a good Russian textbook. • manual. Он — автор нескольких учебников по самолётам. He's the author of several airplane manuals.

учение teaching. Это не противоречит христианскому учению. This doesn't contradict the teachings of Christianity. • doctrine. Вы знаете учение Ленина? Do you know the doctrine of Lenin? • drill. Солдаты сейчас на учении. The soldiers are now at drill. • learning. Учение даётся ему с трудом. He has no aptitude for book learning.

□ **учение уроков** homework. Учение уроков отнимает у меня много времени. Doing my homework takes up a lot of my time.

□ Учение начинается в августе. School starts in August.

ученик (-а) student. Он у нас первый ученик в классе. He's the best student in our class. • pupil. Он ученик известного пианиста. He's a pupil of a famous pianist.

ученица student, pupil F.

учёный learned. Это не предмет для учёного спора. That's no subject for a learned discussion. — Она говорит о своей стряпне со страшно учёным видом. She's talking about her cooking with such a learned air.

учёный (AM) scholar. Он очень известный учёный. He's a very famous scholar.

□ *Учёного учить, только портить. There's no sense in trying to teach a man his own job.

учёт inventory. В конце года мы производим учёт всех товаров. We take inventory of all the goods at the end of the year. • register. Его сняли с учёта. They took his name off the register. • accounting. Это не поддаётся учёту. There's no accounting for such things.

училище school. Я тогда ещё был в училище. I was still going to school then.

□ **ремесленное училище** vocational school.

учи́тель (/Р -ля́, -лей/М) teacher. Мы и́щем учи́теля англи́йского языка́. We're looking for an English teacher.

□ Он здесь учи́телем уже́ два го́да. He's already been teaching here for two years.

учи́тельница teacher. Моя́ сестра́ учи́тельница сре́дней шко́лы. My sister is a high-school teacher.

учи́ть (учу́, у́чит) to teach. Кто вас учи́л ру́сскому языку́? Who taught you the Russian language? — Доживёте до мои́х лет, тогда́ и учи́те други́х. When you are as old as I am, then you can teach others. • to instruct. Учи́ его́ не учи́, он всё равно́ по своему́ посту́пит. No matter how you instruct him, he'll still do it his own way. • to learn. Ему́ легко́ учи́ть наизу́сть. It's easy for him to learn by heart.

□ Когда́ ко́нчите учи́ть уро́ки, — пойдём погуля́ть. When you finish doing your homework, we'll go for a walk.

-ся to study. Он у́чится во втузе. He's studying at the technological institute. • to learn. Она́ у́чится лета́ть. She's learning how to fly.

учрежде́ние office. Нача́льник на́шего учрежде́ния принима́ет от трёх до пяти́. The chief of our office receives visitors from three to five. — Сего́дня все госуда́рственные учрежде́ния закры́ты. All government offices are closed today. • institute. Он слу́жит в како́м-то нау́чном учрежде́нии. He works in some kind of scientific institute.

уша́нка cap with earlaps.

ушёл See уйти́.

у́ши See у́хо.

уши́б bruise. У меня́ всё те́ло в уши́бах. My whole body is covered with bruises. • injury. Положи́те примо́чку на уши́б. Put some lotion on the injury.

ушиба́ть (dur of ушиби́ть).

-ся to hit oneself. Я всегда́ ушиба́юсь об э́тот у́гол стола́. I always hit myself on this corner of the table.

ушиби́ть (ушибу́, -бёт; р уши́б, -бла; ppp уши́бленный; pct of ушиба́ть).

-ся to hurt oneself. Я упа́л и си́льно уши́бся. I fell and hurt myself.

уще́лье gorge, ravine.

ую́тный cozy. Кака́я у вас ую́тная кварти́ра. What a cozy apartment you have!

□ ую́тно nicely. Как вы тут ую́тно устро́ились! How nicely you have everything arranged here!

Ф

фабко́м (See also завко́м) factory committee.

фа́брика factory. Я рабо́таю на фа́брике. I work in a factory.

□ тексти́льная фа́брика textile factory, textile mill.

фабрика-ку́хня wholesale kitchen and restaurant.

шокола́дная фа́брика chocolate factory.

фабри́чный factory. Э́та ме́бель фабри́чного произво́дства. This is factory-made furniture. • trade. Э́то их фабри́чное клеймо́? Is this their trade mark?

факт fact. Э́то истори́ческий факт. This is a historical fact. — Тот факт, что он не согласи́лся, уже́ показа́телен. The fact that he didn't agree is significant. — Не искажа́йте фа́ктов. Don't twist the facts.

фальши́вый forged. По́дпись на че́ке фальши́вая. The signature on the check is forged. • counterfeit. Попада́лся вам, когда́-нибудь фальши́вый рубль? Have you ever come across a counterfeit ruble? • false. Не ве́рьте ему́, он фальши́вый челове́к. Don't trust him; he's a very false person.

□ фальши́во false. Он поёт так фальши́во, про́сто сил нет! He sings so many false notes you just can't stand it.

□ Она́ оказа́лась в фальши́вом положе́нии. She found herself in an awkward predicament.

фами́лия last or family name. Подпиши́те ва́ше и́мя и фами́лию. Sign your first and last name.

фанта́зия fantasy.

фа́ра headlight. Автомоби́ль шёл с поту́шенными фа́рами. The automobile rode with its headlights out.

фа́ртук apron. Наде́ньте фа́ртук, когда́ бу́дете мыть посу́ду. Put an apron on when you wash the dishes.

фарфо́р chinaware.

фарширо́ванный (/ppp of фарширова́ть/) stuffed. Её мать замеча́тельно гото́вит фарширо́ванную ры́бу. Her mother fixes wonderful stuffed fish. — А на второ́е да́йте мне фарширо́ванный пе́рец. Give me some stuffed pepper as an entree.

фарширова́ть to stuff.

фасо́ль (F) kidney bean.

фаши́зм Fascism.

фаши́ст Fascist.

фаши́стский Fascist.

февра́ль (-ля́ М) February.

февра́льский.

□ февра́льская револю́ция February Revolution.

федерати́вный.

□ РСФСР (Росси́йская Сове́тская Федерати́вная Социалисти́ческая Респу́блика) RSFSR (Russian Socialist Federative Soviet Republic).

федера́ция federation.

фейерве́рк fireworks.

фе́льдшер (/Р -а́, -о́в/) medical assistant.

фельето́н feature newspaper article.

фе́рма farm. Животново́дческую фе́рму э́того колхо́за вам сто́ит посмотре́ть. It's worth while for you to see the live-stock farm of this kolkhoz. — У них на пти́чьей фе́рме есть и ку́ры, и у́тки. They have chickens and ducks on their poultry farm.

фе́тровый felt. Ты не ви́дел мое́й се́рой фе́тровой шля́пы? Have you seen my gray felt hat?

фигу́ра figure. У неё замеча́тельная фигу́ра. She has a beautiful figure.

физзаря́дка setting-up exercises.

физи́ческий physical. Тут одно́й физи́ческой си́лы недоста́точно. Physical strength alone won't do it.

□ институ́т физи́ческой культу́ры institute of physical culture.

физи́ческая лаборато́рия physics laboratory.

физи́ческий труд manual labor. Вам нельзя́ занима́ться физи́ческим трудо́м. You shouldn't do manual labor.

физкульту́ра physical training. Ему́ бы на́до побо́льше занима́ться физкульту́рой. He should take more physical training. • athletics. У нас обраща́ют большо́е внима́ние на физкульту́ру. We pay a lot of attention to athletics.

физкульту́рник athlete, sportsman.

фикти́вный fictitious. Он ве́чно приду́мывает каки́е-то фикти́вные командиро́вки. He's always inventing fictitious missions.

филиа́л annex. Эта пье́са идёт тепе́рь в филиа́ле Ма́лого Теа́тра. This play is now being given in the annex of the Mally Theater. • branch. Вы мо́жете получи́ть по э́тому че́ку в ме́стном филиа́ле Госба́нка. You can cash this check at the local branch of the state bank.

фило́соф philosopher.

филосо́фия philosophy.

фильм film. Вы ви́дели э́тот фильм? Have you seen this film?

фина́нсовый financial.

фина́нсы (-нсов P).
□ госуда́рственные фина́нсы state finance.

финотде́л (**фина́нсовый отде́л**) finance department (of a local soviet).

фиоле́товый violet, purple.

фи́рма firm. Он рабо́тал в э́той фи́рме три го́да. He worked with this firm for three years. • business house. Мы получи́ли зака́з от большо́й америка́нской фи́рмы. We received an order from a big American business house.

флаг flag. Сего́дня по слу́чаю пра́здника всю́ду вы́вешены фла́ги. The flags are out everywhere because of the holiday. — Мы шли под америка́нским фла́гом. We sailed under the American flag. — Стре́лочник у разъе́зда маха́л кра́сным фла́гом. The signalman at the crossing was waving a red flag.

флане́ль (F) flannel. Доста́точно для руба́шки двух ме́тров флане́ли? Will two meters of flannel be enough for a shirt?

фле́йта flute. Он хорошо́ игра́ет на фле́йте. He plays the flute well.

флот navy.

фойе́ (indecl N) lobby. Мы встре́тимся в антра́кте в фойе́. We'll meet in the lobby during the intermission.

фон background. Я хочу́ вас снять на све́тлом фо́не, ка́рточка бу́дет лу́чше. I want to photograph you against a light background; the picture will turn out better.

фона́рь (-ря́ M) lantern. Не забу́дьте захвати́ть с собо́й фона́рь. Don't forget to take a lantern with you. — Электри́ческий фона́рь всегда́ мо́жет пригоди́ться. We can always use an electric lantern. • light. Когда́ у вас зажига́ют фонари́ на у́лицах? When do they put the street lights on here?
□ карма́нный фона́рь flashlight. Одолжи́те мне ваш карма́нный фона́рь. Will you lend me your flashlight?

фонта́н fountain. Это са́мый замеча́тельный фонта́н в Сою́зе. This is the most beautiful fountain in the USSR.
□ Кровь фонта́ном заби́ла из ра́ны. The blood gushed out of the wound.

фо́рвард forward. Кто был ва́шим ле́вым фо́рвардом во вчера́шнем ма́тче? Who was your left forward in the soccer game yesterday?

фо́рма shape. Она́ всегда́ но́сит шля́пы како́й-то стра́нной фо́рмы. She always wears hats of the most peculiar shape. • mold. Сталь отлива́ется вот в э́тих фо́рмах. Steel is shaped in these molds. — Мне нужна́ фо́рма для то́рта. I need a mold for a cake. • uniform. Это фо́рма ремёсленного учи́лища. This is the trade-school uniform. — Он пришёл в свою́ бы́вшую шко́лу в по́лной пара́дной фо́рме. He came to his former school in full-dress uniform. • form. Кака́я там фо́рма правле́ния? What form of government do they have there? — Основна́я фо́рма опла́ты труда́ у нас сде́льная. Piece rates are the basic form of wages here. — Вы зна́ете в како́й фо́рме пи́шутся э́ти заявле́ния? Do you know in what form these applications are written? — Он спра́шивал моего́ сове́та то́лько для фо́рмы. He asked my advice only as a matter of form. • way. Вы могли́ бы сказа́ть то же са́мое, но в бо́лее ве́жливой фо́рме. You could have said the same thing in a more polite way.

фо́рменный uniform. Мне вчера́ вы́дали но́вое фо́рменное пальто́. I got a new uniform coat yesterday. • downright. Это фо́рменное безобра́зие! This is a downright shame!
□ Она́ фо́рменная исте́ричка. She's really a hysterical woman.

фо́рмула formula.

фо́рточка vent (small hinged pane in a window). Откро́йте фо́рточку. Open the vent in the window.

фото́граф photographer. Вы не зна́ете хоро́шего фото́графа? Do you happen to know a good photographer?

фотографи́ровать (/pct: с-/)

фотографи́ческий photographic. В э́том магази́не мо́жно купи́ть фотографи́ческие принадле́жности. You can buy photographic supplies at this store.
□ фотографи́ческая ка́рточка photo. К заявле́нию на́до приложи́ть три фотографи́ческих ка́рточки. You have to attach three photographs to the application.
□ фотографи́ческий апара́т camera. Разреше́ния на ввоз фотографи́ческого апара́та нену́жно. You don't need a permit to bring cameras in here.

фотогра́фия photography. Он увлека́ется фотогра́фией. Photography is his hobby. • photograph. Я о́чень люблю́ рассма́тривать ста́рые фотогра́фии. I like to look through old photographs.
□ Я пло́хо выхожу́ на фотогра́фии. I don't photograph well.

фра́за sentence. Избега́йте дли́нных фраз. Avoid long sentences. • phrase. Это изби́тая фра́за. This is a commonplace phrase.
□ Всё э́то то́лько фра́зы. It's all just big talk.

францу́з Frenchman. Он францу́з, а жена́ его́ америка́нка. He's a Frenchman, but his wife's American.

францу́зский French. Где мой францу́зский уче́бник? Where's my French textbook?
□ францу́зская була́вка safety pins. Да́йте мне дю́жину францу́зских була́вок. Give me a dozen safety pins.

францу́зский язы́к French (language). У нас шко́ле преподаю́т францу́зский язы́к. They teach French in our school.

по-францу́зски French. Вы говори́те по-францу́зски? Do you speak French?

фронт front. Мы сохрани́ли все его́ пи́сьма с фро́нта. We've saved all his letters from the front. — Мы доби́лись больши́х успе́хов на промы́шленном фро́нте. We've been very successful on the industrial front. — Нам приходи́лось тогда́ боро́ться на два фро́нта. We had to fight on **two** fronts at that time.

☐ **наро́дный фронт** people's front.

☐ Ребя́та бы́ли вы́строены во фронт. The children were lined up shoulder to shoulder. ● Он внеза́пно перемени́л фронт и согласи́лся с на́ми. He suddenly changed his attitude and agreed with us.

фрукт fruit. Мы привезли́ из дере́вни корзи́ну фру́ктов. We brought a basket of fruit from the country.

☐ *Ну и фрукт же он, я вам скажу́! He's a rotten apple, I can tell you that!

фунда́мент foundation. У э́того до́ма бето́нный фунда́мент. This house has a concrete foundation.

функциони́ровать to function.

фу́нкция function. Каки́е фу́нкции он здесь выполня́ет? What are his functions here?

фунт pound. У нас тепе́рь ве́шают не на фу́нты, а на кило́граммы. We weigh by kilograms now, not by pounds.

☐ *Вот так фунт! That's a fine how-do-you-do! ● ● *Я зна́ю, почём фунт ли́ха. I know what trouble tastes like.

фура́ж (-á *M*) fodder.

фура́жка сар. Ва́ша фо́рменная фура́жка немно́го похо́жа на на́шу. Your uniform cap is a little like ours. — Не забу́дьте наде́ть фура́жку. Don't forget to wear your cap.

furу́нкул furuncle, boil. У меня́ вы́скочил фуру́нкул на ше́е. A furuncle suddenly developed on my neck.

фут foot. Вы ещё ме́рите на фу́ты? Do you still measure by feet?

футбо́л soccer.

футболи́ст soccer player.

футбо́льный soccer.

фуфа́йка undershirt. Мне нужны́ две шерстяны́е и три бума́жные фуфа́йки. I need two woolen and three cotton undershirts.

Х

ха́вбек halfback.

хала́т robe. Он мне приве́з великоле́пный шёлковый хала́т. He brought me a beautiful silk robe. ● housecoat. Она́ набро́сила хала́т и подбежа́ла к телефо́ну. She threw a housecoat over her shoulders and ran to the telephone. ● coat. Наде́ньте бе́лый хала́т, нето́ вас в пала́ту не пу́стят. Put on a white coat or else they won't let you into the ward.

☐ **купа́льный хала́т** bathrobe. Бери́те купа́льный хала́т и тру́сики и идём купа́ться. Take your bathrobe and trunks and let's go swimming.

хала́тный.

☐ **хала́тное отноше́ние** carelessness. Тако́е хала́тное отноше́ние к де́лу соверше́нно недопусти́мо. Such carelessness toward things absolutely cannot be allowed.

халту́ра pot-boiler. Э́тот фильм про́сто халту́ра! That film is just a pot-boiler. ● trash. Тала́нтливому писа́телю сты́дно выпуска́ть таку́ю халту́ру. It's a shame for a gifted writer to turn out such trash.

ха́ос chaos.

хара́ктер disposition. Челове́к с таки́м хара́ктером да́же с чо́ртом мо́жет ужи́ться. A man with his disposition can even get along with the devil. ● temper. Ну и хара́ктер у него́! Как это вы с ним ла́дите? What a temper! How can you get along with him? ● nature. Э́та рабо́та но́сит чи́сто нау́чный хара́ктер. This work is of a purely scientific nature.

☐ **вы́держать хара́ктер** to be firm. А вы ду́маете, она́ вы́держит хара́ктер и не разболта́ет? Do you think she'll be firm and reveal this to no one?

☐ Мы с ним не сошли́сь хара́ктерами — вот и всё. We didn't get along, that's all. ● Передава́ть спле́тни — не в моём хара́ктере. I'm not the kind to spread gossip. ● Он своего́ добьётся — э́то челове́к с хара́ктером. He'll get what he goes after; he's a determined man. ● Послу́шайте, ва́ши замеча́ния принима́ют оскорби́тельный хара́ктер. Just a minute; your remarks are becoming insulting.

ха́та (*See also* **изба́**) hut, cottage. На Украи́не мы ча́сто ночева́ли в крестья́нских ха́тах. In the Ukraine we often stopped overnight in peasant huts.

☐ *Моя́ ха́та с кра́ю (ничего́ не зна́ю). It's not my business.

хвали́ть (хвалю́, хва́лит) to praise. Все наперебо́й хвали́ли её стряпню́. Everybody, one after the other, praised her cooking. — (*no pct*) *Вся́кий купе́ц свой това́р хва́лит. Every cook praises his own broth. ● to commend. Вот за э́то хвалю́! I commend you for this!

хва́стать to boast. Хва́стать тут, со́бственно, не́чем! There's nothing to boast about!

-ся to boast. Их брига́да лю́бит хва́статься свои́ми успе́хами. Their brigade likes to boast about their achievements.

хвастли́вый boastful. Терпе́ть не могу́ таки́х хвастли́вых люде́й! I can't stand such boastful people.

хвата́ть (*dur of* **схвати́ть** *and* **хвати́ть**) to grab. Не хвата́йте э́то у меня́ из рук! Don't grab it out of my hands! ● to snatch. Во вре́мя бомбардиро́вки мы хвата́ли что попада́ло под́ руку и бежа́ли в убе́жище. During the bombing we snatched whatever we could and ran to the shelter. ● to have enough. Хвата́ет вам на жизнь? Do you have enough to live on?

☐ **не хвата́ть** *See* **нехвата́ть.**

☐ Как это его́ на всё хвата́ет? How is he able to do all that?

-ся to reach. *Утопа́ющий за соло́минку хвата́ется! A drowning man reaches for a straw.

☐ Он хвата́ется то за одно́, то за друго́е де́ло. Sometimes he tries his hand at one thing, sometimes at another.

хвати́ть (хвачу́, хва́тит; *pct of* **хвата́ть**) to have enough. Спаси́бо, с меня́ хва́тит! Thanks, I've had enough! ● to last. Э́тих запа́сов нам хва́тит на це́лый ме́сяц. These supplies will last us for a whole month. — *При тако́й рабо́те, его́ ненадо́лго хва́тит. He won't last long doing that kind of work.

☐ **не хвати́ть** *See* **нехвати́ть.**

☐ У него́ здоро́вья на двои́х хва́тит. He's as healthy as they come. ● (*no dur*) Хва́тит вам болта́ть! Stop gabbing! ● (*no dur*) Вы меня́ э́тим изве́стием как обу́хом по голове́ хвати́ли! When you told me the news, it hit me like a thunderbolt! ● (*no dur*) Э́то вы далеко́ хвати́ли! That's going too far! • (*no dur*) *Ну, э́то он хвати́л че́рез край! Well, now he's exaggerating a bit!

-ся.

☐ **хвати́ться за ум** to come to one's senses. Он хвати́лся за ум, но уж бы́ло по́здно. He came to his senses a bit too late.

☐ (*no dur*) Придя́ домо́й я хвати́лась де́нег, но их уже́ не́ было. When I got home I went to get the money and found it was gone. • (*no dur*) По́здно хвати́лись — он уже́ полчаса́ как ушёл. You thought of it a bit late! He left half an hour ago.

хвачу́ *See* **хвати́ть.**

хвачу́сь *See* **хвати́ться.**

хво́йный coniferous.

хвора́ть to get sick, to be sick. Вы ча́сто хвора́ете? Do you get sick often? — Он всю зи́му хвора́л. He was sick off and on all winter long.

хвост (-а́) tail. Соба́ка хвосто́м виля́ет — дово́льна! The dog's so happy he's wagging his tail. • rear. Его́ ваго́н в хвосте́ по́езда. His car is at the rear of the train. • line. Я всё у́тро простоя́л в хвосте́ за биле́тами. I stood in line all morning for tickets.

☐ Ну́жно подтяну́ться — вы всегда́ плетётесь в хвосте́. You have to work harder; you're always behind. • У неё це́лый хвост покло́нников. She has a whole flock of admirers. • *Наде́лал глу́постей, а тепе́рь хвост поджа́л. He's made a mess, and now he's walking around like a whipped puppy. • *Бей врага́ и в хвост и в гри́ву! We have to go at the enemy hammer and tongs.

хво́стик little tail. Смотри́те, како́й смешно́й хво́стик у э́той соба́ки. Look what a funny little tail this dog has.

☐ У де́вочки коси́чка торча́ла хво́стиком. The girl's braids stuck up like pigtails. • Ей уже́ лет три́дцать с хво́стиком. She's at the tail end of her thirties.

хи́лый (*sh* -ла́) sickly. Он всегда́ был хи́лым ребёнком. He always was sickly as a child. • feeble. Он преврати́лся в хи́лого старика́. He became a feeble old man.

хи́мик chemist.

хими́ческий chemical. Он це́лыми дня́ми рабо́тает в хими́ческой лаборато́рии. He works in the chemical laboratory all day long.

☐ **хими́ческая промы́шленность** chemical industry. **хими́ческая чи́стка** dry cleaner. Отда́йте э́тот костю́м в хими́ческую чи́стку. Give this suit to the dry cleaner's. **хими́ческий каранда́ш** indelible pencil. Напиши́те а́дрес на посы́лке хими́ческим карандашо́м. Write the address on the package in indelible pencil.

хи́мия chemistry.

хини́н quinine.

хиру́рг surgeon.

хи́трость (*F*) ruse. Нам пришло́сь пусти́ться на хи́трость. We had to use a ruse.

хи́трый (*sh* хитёр, -тра́/ -о́, -ы́/) sly. Он хи́трая лиса́. He's as sly as a fox. • shrewd. Они́ веду́т хи́трую поли́тику. They practice shrewd politics. • complicated. Э́то де́ло не о́чень хи́трое, вы сра́зу нау́читесь. This work isn't so complicated; you'll learn it in no time.

☐ *Голь на вы́думки хитра́. Necessity is the mother of invention.

хладнокро́вный cold-blooded. Уж на что он челове́к хладнокро́вный, но и тот не вы́держал. He's certainly cold-blooded, but even he couldn't stand it.

☐ **хладнокро́вно** calmly. Как вы мо́жете хладнокро́вно смотре́ть на э́то безобра́зие? How can you look on an outrage like that so calmly?

хлеб (/*P* -а́, -о́в *in the meaning "grain"*/) bread. Дать вам хле́ба с ма́слом? Would you like some bread and butter? — *Я не собира́юсь у вас хлеб отбива́ть. I have no intention of taking your bread and butter away from you. — Купи́те кило́ ржано́го хле́ба. Buy a kilogram of rye bread. • loaf of bread. Хозя́йка поста́вила хле́бы в печь. The housewife put the loaves of bread in the oven. • grain. Весь хлеб уже́ у́бран. All the grain has been taken in already.

☐ Я себе́ на хлеб всегда́ зарабо́таю. I'll always be able to make my own living. • *Хлеб да соль! Good appetite! • *Они́ там перебива́ются с хле́ба на квас. They have a tough time of it trying to keep body and soul together. • *Для него́ кни́ги — хлеб насу́щный. He can't get along without books.

хле́бный bread. Попро́буйте на́шего хле́бного ква́са! Try our bread kvass!

☐ **хле́бные проду́кты** grain products. **хле́бный паёк** bread ration. **хле́бный экспо́рт** grain export.

☐ Здесь у нас хле́бные амба́ры. Here is our granary.

хлебозаво́д (заво́д для механизи́рованной вы́печки хле́ба) bread-baking plant.

хлебозагото́вка (загото́вка хле́ба) collection for state grain stock pile.

хлебопоста́вка (поста́вка хле́ба) grain delivery. Их колхо́з пе́рвым вы́полнил план хлебопоста́вок. Their kolkhoz was the first to meet the quota for grain delivery.

хлебосо́льство hospitality.

хлев (/*P* -а́, -о́в/).

☐ **коро́вий хлев** cowshed. **ове́чий хлев** sheephouse. **свино́й хлев** pigsty, hogpen.

хло́пать (/*pct:* по- and хло́пнуть/) to slam. Не хло́пайте дверьми́! Don't slam the doors! • to applaud. Мы до́лго ещё хло́пали певцу́. We applauded the singer for a long time.

☐ **хло́пать глаза́ми** to blink. Он растеря́нно хло́пал глаза́ми. He blinked in confusion.

☐ *Он говори́л, а мы то́лько уша́ми хло́пали. He spoke way over our heads.

хло́пнуть (*pct of* хло́пать) to slap. Он хло́пнул това́рища по плечу́. He slapped his friend on the shoulder. • to bang. Она́ хло́пнула руко́й по столу́ и сказа́ла: дово́льно! She banged the table with her hand and said, "That's enough!"

хло́пок cotton.

хлопота́ть (-почу́, -по́чет) to go to trouble. Он не за себя́ хлопо́чет, а за това́рища. He's going to this trouble not for himself but for a friend. • to try hard. Я до́лго хлопота́л о ви́зе и, наконе́ц, её получи́л. I tried hard to get a visa for a long time and finally got it. • to go to bother. Что вы всё хлопо́чете? Сади́тесь, поговори́м немно́го. Why are you going to all that bother? Sit down and let's talk a bit.

хло́поты (хлопо́т, хлопота́м *P*) trouble. Прости́те, я вам наде́лал сто́лько хлопо́т! Forgive me for causing you so much trouble.

☐ *У меня́ и без него́ хлопо́т по го́рло. I've got my hands full without him.

хлопочу́ *See* **хлопота́ть.**

хлопчатобума́жный cotton.

хны́кать (/хны́чу; -чет/) to whimper. Ну что ты всё хны́чешь? Why are you always whimpering?

хны́чу *See* **хны́кать.**

ход (/*P* -ы́, *or* -а́, -о́в; *g* -у́; в ходу́, на ходу́/) way out. Тут хо́да нет. There's no way out of here. ● passage. Здесь у них был потайно́й ход. They had a secret passage here. ● way. Найди́те мне ход к председа́телю горсове́та. Find a way for me to see the chairman of the city council. ● move. Э́то с его́ стороны́ ло́вкий ход. That's a clever move on his part. — Ваш ход! It's your move. ● development. Мы с интере́сом следи́м за хо́дом де́ла. We watched the development of the affair with interest.

□ **в ходу́** in demand. Ны́нче уче́бники ру́сского языка́ для иностра́нцев в большо́м ходу́. Russian-language textbooks for foreigners are in great demand nowadays.

дать ход to give the chance to get ahead. Мне ка́жется, что ему́ там не даду́т хо́ду. I don't think they'll give him the chance to get ahead.

на ходу́ moving. Он вскочи́л в трамва́й на ходу́. He jumped aboard the moving trolley. ● on the run. Он на ходу́ завя́зывал га́лстук. He was putting on his tie on the run. ● in operation. Заво́д уже́ на ходу́, хотя́ ко́е-каки́е помеще́ния ещё не достро́ены. The factory is already in operation although some of the units are not ready.

по́лным хо́дом full speed. Рабо́та идёт по́лным хо́дом. The work is going on at full speed.

пусти́ть в ход to get started. Я ника́к не могу́ пусти́ть в ход маши́ну. I just can't get the car started. ● to use. Он пусти́л в ход угро́зы, но ничего́ не помогло́. He even used threats, but nothing helped.

хо́ды и вы́ходы ins and outs. Я здесь все хо́ды и вы́ходы зна́ю. I know all the ins and outs here.

чёрный ход rear entrance. Иди́те с чёрного хо́да, пара́дный за́перт. Go through the rear entrance; the front door is locked.

□ Пуска́й маши́ну на по́лный ход! Step on the gas! ● Шофёр дал за́дний ход. The driver backed up the car. ● Грязь на доро́ге меша́ла хо́ду маши́ны. The mud on the road slowed the car down. ● Он дал хо́ду. He beat it out of there.

ходи́ть (хожу́, хо́дит; *iter of* идти́) to walk. Кто э́то там хо́дит по коридо́ру? Who's that walking in the hall? — Ему́ о́чень далеко́ ходи́ть на рабо́ту. He has to walk far to get to work. ● to go. Вы лю́бите ходи́ть в кино́? Do you like to go to the movies? — Туда́ хо́дят и трамва́и и авто́бусы. Both trolleys and buses go there. — Мои́ де́ти ещё не хо́дят в шко́лу. My children still don't go to school. ● to make the rounds. Мы сего́дня весь день ходи́ли по музе́ям. We made the rounds of the museums all day. ● to go out. Не ходи́те без пальто́! You'll catch a cold! ● to run. Торопи́тесь, пока́ парохо́ды ещё хо́дят — ско́ро река́ ста́нет. Better go soon while the boats are still running; the river will be icebound soon. — Поезда́ уже́ хо́дят по ле́тнему расписа́нию. The trains are already running on the summer schedule. ● to pace. Он всю ночь ходи́л по ко́мнате. He paced the floor all night. ● to spread around. По го́роду хо́дят ра́зные слу́хи. Various rumors are spreading around the town. ● to mind. (*no iter*) Её

на́няли ходи́ть за детьми́. She was hired to mind the children. ● to take care of. (*no iter*) Она́ хорошо́ хо́дит за больны́ми. She takes good care of the sick.

□ **ходи́ть вокру́г да о́коло** to beat around the bush. (*no iter*) *Что вы хо́дите вокру́г да о́коло? Говори́те пря́мо! Why are you beating around the bush? Get to the point.

ходи́ть по to wander. Я заблуди́лся и це́лую ночь ходи́л по́ лесу. I got lost and wandered about the woods all night.

ходи́ть с to play (a card). Не ходи́те с туза́! Don't play the ace!

□ (*no iter*) Тут ну́жен ремо́нт — пол так и хо́дит под нога́ми. We need some repairs around here; the boards are loose in the floor. ● (*no iter*) Он ходи́л на парохо́де шту́рманом. He worked as a pilot on a boat. ● *(no iter*) Там тако́е весе́лье — вся ко́мната хо́дит. They're having such a good time there; they're raising the roof. ● (*no iter*) Она́ всегда́ хо́дит в чёрном. She always wears black. ● *(no iter*) Никто́ от него́ не тре́бует, чтобы он ходи́л перед дире́ктором на за́дних ла́пках, но груби́ть то́же не́чего. No one's asking him to lick the manager's boots, but he doesn't have to be rude. ● Эта кни́га хо́дит у нас тепе́рь в общежи́тии по рука́м. This book is being read by everybody in our dormitory.

хо́дкий (*sh* -дка́; *cp* хо́дче) common. Э́то дово́льно хо́дкое выраже́ние. This is a rather common expression.

□ Э́то у нас са́мый хо́дкий това́р. This item is in very great demand.

ходьба́ walk. Ваш заво́д в десяти́ мину́тах ходьбы́ отсю́да. Your factory is a ten-minute walk from here. ● walking. У меня́ но́ги уста́ли от ходьбы́. My feet are tired from walking.

хожу́ *See* **ходи́ть.**

хозрасчёт (**хозя́йственный расчёт**) system of business accountability.

хозя́ин (*P* хозя́ева, хозя́ев, хозя́евам) owner. Кто хозя́ин э́той кварти́ры? Who's the owner of this apartment? ● host. Они́ предложи́ли тост в честь хозя́ина до́ма. They drank a toast to their host. ● master. Он чу́вствовал себя́ хозя́ином положе́ния. He felt that he was the master of the situation.

□ Я ви́жу, ваш председа́тель — хоро́ший хозя́ин. I see your chairman is a good manager. ● Здоро́во, хозя́ин! Нельзя́ ли у вас получи́ть стака́н молока́? Say, mister! Can I get a glass of milk from you?

хозя́йка landlady. Попроси́те у хозя́йки чи́стое полоте́нце. Ask the landlady for a clean towel. ● hostess. Нет, мы без хозя́йки за стол не ся́дем! No, we won't sit down at the table without the hostess. ● housekeeper. Хозя́йка она́ замеча́тельная! She's an excellent housekeeper.

□ **дома́шняя хозя́йка** housewife. Я бо́льше на заво́де не рабо́таю, я тепе́рь дома́шняя хозя́йка. I don't work in the factory any more. I'm a housewife now.

хозя́йский

□ Ва́ше де́ло хозя́йское — вам реша́ть. It's your affair. You decide! ● Он оки́нул заводско́й двор хозя́йским гла́зом. He looked around the factory yard as if he owned the place.

хозя́йственник official in charge of economic functions of government.

хозя́йственный economic. Здесь со́браны да́нные о хозя́йственном разви́тии на́шей о́бласти. The data about the economic development of our oblast is gathered here. • housefurnishings. Электри́ческий утю́г мо́жно доста́ть в хозя́йственном отде́ле. You can get an iron in the housefurnishings department.

□ хозя́йственные о́рганы national agencies running the economy of the country.

хозя́йственный о́рган economic organ.

□ Председа́тель на́шего колхо́за — челове́к хозя́йственный. The chairman of our kolkhoz is a good business man.

хозя́йство economy. Э́тот отчёт даёт я́сное представле́ние о состоя́нии наро́дного хозя́йства. This report gives a clear picture of the condition of the national economy. • household. Я обзавёлся здесь по́лным хозя́йством. I acquired everything needed for the household. • house. Мне ну́жно кое-что купи́ть по хозя́йству. I have to buy a few things for the house. • housekeeping. Она́ це́лый день вози́тся по хозя́йству. She's kept busy with housekeeping all day long.

□ коллекти́вное хозя́йство collective farm. Коллекти́вное хозя́йство сокращённо называ́ется колхо́зом. The abbreviation for collective farm is "kolkhoz."

мирово́е хозя́йство world economy.

моло́чное хозя́йство dairy farming. Наш колхо́з сла́вится моло́чным хозя́йством. Our kolkhoz is famous for its dairy farming.

се́льское хозя́йство agriculture.

холе́ра cholera.

холм (-á) hill. Наш дом вон там, на холме́. Our house is on the hill over there. — Каки́е же э́то го́ры! Про́сто холмы́. How can you call those mountains? They're just hills.

хо́лод (P -á, -о́в/g -у; на холоду́/) cold. Сего́дня соба́чий хо́лод, оде́ньтесь потепле́е. It's bitter cold out; dress warmly. — Затвори́те дверь, не напуска́йте хо́лод в ко́мнату. Shut the door. Don't let the cold in. — Вот так холода́ наступи́ли! Now it's real cold! — Они́ терпе́ли хо́лод и го́лод. They suffered from cold and hunger. — Поста́вьте ма́сло на хо́лод. Put the butter in a cold place.

холоди́льник refrigerator.

холо́дный (sh хо́лоден, холодна́, хо́лодно, -дны) cold. Хоти́те холо́дного борща́ на пе́рвое? Do you want some cold borscht for your first course? — Самова́р уже́ совсе́м холо́дный, нельзя́ ли подбро́сить уголько́в? The samovar is quite cold already; can you add a couple of hot coals? — Он холо́дный и за́мкнутый челове́к. He's a cold, reserved person. — Кавале́рия пусти́ла в ход холо́дное ору́жие. The cavalry attacked with cold steel. — Он чу́вствовал себя́, сло́вно на него́ вы́лили уша́т холо́дной воды́. He felt as though someone had poured a bucket of cold water down his back. — Мне нра́вится зде́шний здоро́вый холо́дный кли́мат. I like this cold, healthy climate. • cool. Сохраня́ть в холо́дном ме́сте. Keep in a cool place.

□ холо́дная зави́вка finger wave.

хо́лодно cold. Здесь ужа́сно хо́лодно, нельзя́ ли затопи́ть пе́чку? It's terribly cold here; can't you start the stove? — Вам не хо́лодно? Don't you feel cold? • coolly. Он говори́л со мной о́чень хо́лодно. He spoke very coolly to me.

холосто́й (sh хо́лост, -ста́, хо́лосто, -сты) bachelor. Мой брат челове́к холосто́й и живёт с на́ми. My brother is a bachelor and stays with us. • blank. Э́то ружьё заря-

жено́ холосты́ми патро́нами. This rifle is loaded with blank cartridges.

хор (P -ы́) chorus. Она́ поёт в хо́ре. She sings in the chorus.

□ хо́ром in chorus. Они́ хо́ром затяну́ли ста́рую солда́тскую пе́сню. They started to sing in chorus an old soldier song. • together. Все хо́ром ста́ли её угова́ривать. They all tried to persuade her together.

хорони́ть (-роню́, -ро́нит/ pct: по-, с-/) to bury. Кого́ э́то хоро́нят? Who's being buried?

□ Меня́ ещё ра́но хорони́ть, я ещё себя́ покажу́! I'm not dead yet, you know. I'll show you what I can do.

хоро́шенький pretty. Кака́я она́ хоро́шенькая! Isn't she pretty! • fine. Хоро́шенькая исто́рия! Не́чего сказа́ть! A fine mess! That's all you can say.

□ Хоро́шенького понемно́жку! You can get too much of a good thing, you know!

хороше́нько completely. Я ещё и сам в э́том хороше́нько не разобра́лся. I didn't understand it completely myself. • good and proper. Вы́ругай его́ хороше́нько! Почему́ он не пи́шет? Bawl him out good and proper for not writing.

хоро́ший (sh -ша́, -о́, -и́; ср лу́чше; лу́чший) good. Я для вас за́нял хоро́шее ме́сто у окна́. I've saved a good seat for you near the window. — Спаси́бо за хоро́ший сове́т! Thank you for the good advice. — Он сего́дня в хоро́шем настрое́нии. He's in a good mood today. — Мы с ним в о́чень хоро́ших отноше́ниях. We're on very good terms. — Как она́ хороша́ в э́той ро́ли! She's real good in that part! — Вам на́до приня́ть хоро́шую до́зу слаби́тельного. You have to take a good dose of laxative. • nice. Весна́ в э́том году́ осо́бенно хороша́. Spring is especially nice this year. — Сего́дня хоро́шая пого́да. The weather is nice today. • beautiful. Она́ была́ в э́тот ве́чер удиви́тельно хороша́. She was especially beautiful that evening.

□ лу́чше better. Моя́ ко́мната лу́чше ва́шей. My room is better than yours. — Лу́чше по́здно, чем никогда́. Better late than never. — Вам лу́чше? Do you feel better now? — Тем лу́чше. So much the better. — Лу́чше не спра́шивайте. You'd better not ask. • best. Лу́чше всего́ у нас весно́й. Spring is the best season of all here. • rather. Чем ходи́ть — позвони́те ему́ лу́чше по телефо́ну. Call him on the phone rather than going over.

лу́чше всего́ best. Туда́ лу́чше всего́ е́хать авто́бусом. It's best to go there by bus.

лу́чшее best. Всё к лу́чшему. It's all for the best. — Э́то лу́чшее, что мо́жно в таки́х усло́виях сде́лать. It's the best that can be done under the circumstances.

лу́чший best. На́до равня́ться по лу́чшим. We'll have to equal the best. — Он лу́чший портно́й в го́роде. He's the best tailor in town.

по-хоро́шему nicely. Поговори́те с ним по-хоро́шему, и он всё сде́лает. Speak to him nicely and he'll do it.

хороша́ собо́й good-looking. Она́ о́чень хороша́ собо́й. She's very good-looking.

хоро́ший знако́мый friend. У меня́ в э́том учрежде́нии есть хоро́ший знако́мый. I have a friend in this office.

хорошо́ nice. Сего́дня о́чень хорошо́ на дворе́. It's nice out today. — Хорошо́ бы сейча́с вы́пить чего́-нибудь горя́чего! It would be nice to have something hot to drink. • good. Хорошо́, е́сли э́то то́лько просту́да! It's good if it's only a cold. • well. Она́ хорошо́ поёт. She sings well. — Больно́й сего́дня хорошо́ себя́ чу́вствует. The patient feels well today. — Вы хорошо́ сде́лали, что туда́ не пошли́. You did very well not to go there. — Вас хорошо́ накорми́ли? Did they feed you well? — Вам хорошо́ вы́гладили костю́м? Did they press your suit well? — Он о́чень хорошо́ зна́ет го́род. He knows the city very well. — Всё хорошо́, что хорошо́ конча́ется. All's well that ends well. • very well. Хорошо́, я приду́ ве́чером. Very well, I'll come in the evening. • all right. Хорошо́, е́сли он сде́ржит обеща́ние! А е́сли нет? It's all right if he keeps his word, but what if he doesn't? — Хорошо́ — я вам э́то припо́мню! All right; you'll see, I'll show you! • okay. Хорошо́, я согла́сен. Okay, I'll agree. • easy. Вам хорошо́ говори́ть! It's easy for you to talk! • safely. Мы хорошо́ дое́хали. We arrived safely.

□ Я о вас слы́шал мно́го хоро́шего. I've heard many pleasant things about you. • Хоро́ш я был бы, е́сли бы согласи́лся! Where would I be if I agreed? • Ну что у вас хоро́шего слы́шно? What's new? • Хоро́ший това́рищ, не́чего сказа́ть! That's some friend for you. • Всего́ хоро́шего! Best of luck! • Перед отъе́здом я хорошо́ закуси́л. I had a nice little snack before leaving. • На него́ мо́жно положи́ться — он хоро́ший това́рищ. You can rely on him; he's a loyal fellow. • Вам же лу́чше бу́дет. It'll be for your own good.

хоте́ть (хочу́, хо́чет, §27) to want. Чего́ вы хоти́те: ча́ю и́ли ко́фе? What do you want, tea or coffee? — Хоти́те папиро́су? Do you want a cigarette? — Я пить хочу́, где тут вода́? I want a drink. Where is the water around here? — Не хоте́л бы я сейча́с быть на его́ ме́сте! I wouldn't want to be in his boots! — Что вы хоте́ли сказа́ть? What did you want to say? — Да, брат, хо́чешь, не хо́чешь, а идти́ на́до! Yes, buddy, you have to go whether you want to or not! — Да, е́сли хоти́те, э́то беста́ктность, но он всё-таки прав. Well, call it tactlessness if you want to, but he's still right. • to wish. "Пойдём в парк". "Как хоти́те!" "Let's go to the park." "As you wish." — Как хоти́те, а она́ мне нра́вится! As you wish, but I like her! • to like to. Он хоте́л бы всем угоди́ть. He'd like to please everybody. • Я хоте́л бы его́ повида́ть сего́дня, I'd like to see him today. • to please. Де́лайте, как хоти́те, — мне всё равно́.. Do as you please; I don't care.

□ Что вы хоти́те э́тим сказа́ть? What do you mean by this? • Я не хоте́л бы затрудня́ть вас. I hate to bother you. • Расска́зывай, кому́ хо́чешь, то́лько не мне! Tell that to somebody who'll believe it, not me.

-ся (*impersonal*) to want. Мне есть хо́чется. I want to eat. — Мне не хоте́лось бы его́ огорча́ть. I wouldn't want to make him feel bad. • to like. Мне хо́чется познако́миться с ним. I would like to meet him. • to be anxious. Ему́ о́чень хоте́лось пойти́ с на́ми в теа́тр. He was very anxious to go to the theater with us.

хоть though. Хоть я и не пью́щий, но с ва́ми вы́пью. Though I don't drink as a rule, I'll have one with you. • even. Я гото́в е́хать хоть сейча́с е́сли ну́жно. I'm even ready to go now if it's necessary. • at least. Мне хоте́лось бы хоть что́-нибудь узна́ть о мои́х бли́зких. I'd like to find out at least something about my close relatives. • just. Мне бы хоть часо́к сосну́ть! Не спал всю ночь. If I could only sleep for just an hour! I didn't sleep all night! • just as well. Он стал так пло́хо рабо́тать, хоть увольня́й его́. His work has been so bad lately that I might just as well fire him. • for example. Взять хоть э́тот слу́чай. Take this case, for example.

□ **хоть бы** I wish. Хоть бы он пришёл! I wish he'd come. • the least. Хоть бы ча́ю да́ли, что ли! The least they could do is give us a cup of tea!

хоть и although Он хоть и жена́тый челове́к, а ведёт себя́, как мальчи́шка. Although he's a married man, he behaves like a school boy.

□ *Хоть убе́й, не по́мню, куда́ я э́то положи́л. I still can't remember for the life of me where I put it. • Он меня́ не слу́шается, хоть бы вы с ним поговори́ли! He won't listen to me. Maybe you should talk to him. • Руба́ха на нём, хоть вы́жми. His shirt is wringing wet. • Хоть сего́дня, хоть за́втра — мне всё равно́. Today or tomorrow — it's all the same to me. • Да вот, хоть его́ спроси́те. Ask anybody about it. Try him. • "Зна́чит вы, действи́тельно, э́то сказа́ли?" "А хоть бы и так!" "Did you really say it?" "What if I did?" • *А ему́ хоть бы что! Nothing bothers him. • Он хоть рабо́тает непло́хо, но квалифика́ции у него́ настоя́щей нет. He tries hard enough but he hasn't the real training for the job. • Хоть бы поскоре́й до́ дому добра́ться! The only thing I want is to get home as soon as possible.

хотя́ although. Хотя́ я то́чно не зна́ю, но я ду́маю, что э́то так. Although I don't know exactly, I think that's so.

□ **хотя́ бы** even if. Непреме́нно поезжа́йте в э́тот колхо́з, хотя́ бы на три дня. Be sure to visit the kolkhoz even if it's only for three days.

хотя́ и although. Он говори́т хотя́ и с акце́нтом, но о́чень бе́гло. Although he speaks with an accent, he speaks very fluently. — Он хотя́ и мил, но с ним лу́чше быть поосторо́жнее. Although he's a nice fellow, you still have to be very careful with him.

□ А хотя́ бы и так! Well, so what!

хохота́ть (хохочу́, хохо́чет) to roar. Почему́ она́ хохо́чет? В чём де́ло? What's she roaring about? What's so funny? □ Слу́шая его́, мы хохота́ли до упа́ду. His stories had us rolling on the floor.

хо́чется *See* **хоте́ться.**

хочу́ *See* **хоте́ть.**

хра́брость (*F*) courage.

хра́брый (*sh* храбр, -бра́) brave. Она́ хра́брая, никого́ не бои́тся. She's brave; she's afraid of no one. — Ну, он не из хра́брого деся́тка! Well, he's not one of the brave few!

храм temple.

хране́ние safekeeping. Могу́ я оста́вить у вас це́нные бума́ги и ве́щи на хране́ние? Can I give you my papers and valuables for safekeeping?

□ **сдать на хране́ние** to check. Мы сда́ли ве́щи на хране́ние на вокза́ле. We checked our things at the station.

храни́ть to keep. Я вам сове́тую храни́ть це́нные ве́щи в се́йфе гости́ницы. I advise you to keep your valuables in the hotel safe.

□ **храни́ть в та́йне** to keep secret. Он обеща́л храни́ть э́то в та́йне. He promised to keep it secret.

-ся to be kept. Ва́жные докуме́нты у нас храня́тся в несгора́емом шкафу́. Our important documents are kept in the safe. • to keep. Негати́вы храня́тся! We keep the negatives!

храпе́ть (-плю́, пи́т/*pct:* **про-/**) to snore. Он храпи́т во сне. He snores in his sleep. • to wheeze. (*no pct*) Почему́ ва́ша ло́шадь храпи́т? Why is your horse wheezing?

хребе́т (-бта́) mountain range. Мы перевали́ли че́рез

Ура́льский хребе́т. We've topped the Ural Mountain Range.

☐ го́рный хребе́т mountain range.

спинно́й хребе́т spine.

хрен horse radish. Обяза́тельно попро́буйте осетри́ну под хре́ном. You just have to try sturgeon with horse radish.

☐ Ах ты, ста́рый хрен! Why, you old bat!

хри́плый (sh хрипл, -пла́) husky. У неё ни́зкий хри́плый го́лос. She has a low, husky voice. ● hoarse. У него́ хри́плый го́лос от просту́ды. His voice is hoarse because he has a cold. ● scratchy. У ва́шего граммофо́на хри́плый звук. Your phonograph has a scratchy sound.

хрома́ть to limp. Он хрома́ет. He limps.

☐ *Англи́йский у него́ си́льно хрома́ет. His English leaves a lot to be desired.

хромо́й (sh хром, хрома́, хро́мо -ы) lame. Ему́ прихо́дится зака́зывать специа́льные боти́нки для свое́й хромо́й ноги́. He has to order a special shoe for his lame leg. — Он хотя́ и хромо́й, но о́чень выно́слив. He's lame, but he can take a lot.

☐ Поло́манный стол, да хромо́й стул — вот и вся на́ша ме́бель. Our furniture consists entirely of a broken chair and a broken table.

хрони́ческий chronic. У неё хрони́ческая боле́знь пе́чени. She has chronic liver trouble. — Есть здесь отделе́ние для хрони́ческих больны́х? Is there a division here for chronic cases?

худе́ть to get thin. Отчего́ вы так худе́ете в после́днее вре́мя? Why have you been getting so thin lately?

худо́жественный art. Он ко́нчил худо́жественную шко́лу. He finished art school.

☐ МХАТ (Моско́вский худо́жественный [академи́ческий] теа́тр) Moscow (academic) Art Theater.

☐ Это настоя́щее худо́жественное произведе́ние. This is real art.

худо́жник artist. Меня́ бо́льше всего́ интересу́ют ру́сские худо́жники. Russian artists interest me most of all. ● painter. Среди́ приглашённых бы́ли писа́тели, худо́жники и арти́сты. Among those invited were writers, painters, and actors. ● writer. Коне́чно, Толсто́й вели́кий худо́жник. Of course, Tolstoy is a great writer.

худо́й (sh худ, худа́, ху́до, -ды; ср ху́же, худе́е; ху́дший) lean. Он худо́й, но си́льный. He's lean but strong. ● thin. Он худ, как ще́пка. He's as thin as a rail. ● bad. До нас дошли́ худы́е ве́сти. The bad news reached us. ● torn. Сапоги́ у меня́ худы́е: протека́ют. My boots are torn and water seeps in. ● wrong. Что же в э́том худо́го? What is wrong with it?

ху́до unhappily. Ему́ там ху́до живётся. He's living there unhappily. ● bad. Ей ста́ло ху́до от жары́. She felt bad from the heat. ● sad. Вот уви́дите, э́то ху́до ко́нчится. You'll see, it'll have a sad ending.

☐ Не говоря́ худо́го сло́ва, он собра́лся и уе́хал. Without saying a word, he packed his things and left.

ху́дший See плохо́й.

ху́же See плохо́й.

хулига́н ruffian.

Ц

цара́пать to scratch. Это перо́ ужа́сно цара́пает! This pen scratches terribly. ● to scrawl. Он не пи́шет, а цара́пает. He doesn't write. He just scrawls.

-ся to scratch. Не бо́йтесь! Моя́ ко́шка не цара́пается. Don't be afraid; my cat doesn't scratch.

цара́пина scratch. Ну э́то пустяки́ — цара́пина. Oh, it's nothing — just a scratch.

цари́ть to prevail. В до́ме цари́л стра́шный хаос. A terrible state of chaos prevailed in the house.

ца́рствовать to reign.

царь (-ря́ M) czar.

☐ Царь небе́сный. Lord, our God. ● *Он без царя́ в голове́. It sure looks as though he doesn't know whether he's coming or going. ● *Таки́е пла́тья, мо́жет быть, при царе́ Горо́хе носи́ли. Those dresses look as though they came out of the Ark.

цвёл See цвести́.

цвести́ (цвету́, -тёт; p цвёл, цвела́, -о́, -и́; pap цвету́щий) to bloom. Я́блони уже́ цвету́т? Are the apple trees blooming already? — Прия́тно смотре́ть на вас — вы пря́мо цветёте! It's a pleasure to look at you; you're actually blooming!

цвет (P -á, -о́в) color. Мне нра́вится цвет ва́ших глаз. I like the color of your eyes. — Како́го цве́та её во́лосы? What's the color of her hair?

цвет² (/в цвету́/; S only) bloom.

☐ во цве́те лет in the prime of life. Он поги́б во цве́те лет He died in the prime of life.

в цвету́ in bloom. Все дере́вья в цвету́. All the trees are in bloom.

цвет лица́ complexion. У неё о́чень хоро́ший цвет лица́. She has a very clear complexion.

☐ В э́ту войну́ поги́б цвет европе́йской молодёжи. The cream of Europe's youth died in this war.

цветно́й colored. К ле́ту я себе́ сде́лаю одно́ бе́лое и одно́ цветно́е пла́тье. I'll make myself one white and one colored dress for the summer.

☐ цветна́я капу́ста cauliflower. Хоти́те к мя́су цветну́ю капу́сту? Do you want some cauliflower with your meat?

цветна́я фотогра́фия color photography.

цветны́е мета́ллы non-ferrous metals.

цвето́к (-тка́, P цветки́ and цветы́) flower. Воткни́те э́тот цвето́к в петли́цу. Put this flower in your buttonhole. — Эти три цветка́ я засушу́, остальны́е цветы́ поста́вьте в во́ду. I'll press these three flowers; put the rest of them in water. — Про́сьба цвето́в не рвать. Don't pick the flowers.

цвету́ See цвести́.

целе́бный medicinal. Ребя́та собира́ют целе́бные тра́вы. The kids are gathering medicinal herbs.

☐ В на́шем райо́не мно́го целе́бных исто́чников. We have many mineral springs in our district.

целесообра́зный expedient. Это са́мое целесообра́зное

распределе́ние рабо́ты. This is the most expedient division of labor.

це́лить to aim. Цель пря́мо в центр! Aim straight for the center.

-ся to aim. Я вы́стрелил, не це́лясь. I fired without aiming.

целова́ть ([cᵊl-]) to kiss. Я всегда́ целу́ю дете́й перед сном. I always kiss the children when they go to sleep.

-ся to kiss. Ну, дово́льно целова́ться, по́езд уже́ тро́гается. Enough kissing; the train is beginning to move.

це́лый (*sh* -ла́) whole. Мы вдвоём вы́пили це́лую буты́лку вина́. The two of us drank a whole bottle of wine. — Я был бо́лен це́лую неде́лю. I was sick a whole week. — У меня́ для вас це́лая ку́ча новосте́й. I've got a whole lot to tell you. • unbroken. Здесь нет ни одно́й це́лой таре́лки. There isn't one unbroken plate here. • safe. Не беспоко́йтесь, все ва́ши ве́щи це́лы. Don't worry, all your things are safe. • intact. Прия́тно бы́ло узна́ть, что моя́ библиоте́ка цела́. It was good to know that my library was left intact. • good. У меня́ не оста́лось ни одно́й це́лой па́ры носко́в. I don't have a single good pair of socks left.

☐ **в о́бщем и це́лом** on the whole. В о́бщем и це́лом, я с ним согла́сен. On the whole, I agree with him.

цел и невреди́м safe and sound. Он верну́лся цел и невреди́м. He returned safe and sound.

це́лое unit. Многонациона́льный Сове́тский Сою́з представля́ет собо́й еди́ное це́лое. The Soviet Union with its many nationalities is still one unit.

це́лый ряд a great many, a lot. Мы должны́ обсуди́ть це́лый ряд вопро́сов. We have to discuss a great many questions.

це́лый хлеб loaf of bread. Неуже́ли вы оди́н съе́ли це́лый хлеб за обе́дом? Did you really eat a whole loaf of bread by yourself during dinner?

☐ Мальчи́шка по це́лым дням ничего́ не де́лает. The boy doesn't do a thing for days on end.

цель (*P* -ли, -ле́й *F*) target. Пойдёмте стреля́ть в цель. Let's go do some target shooting. • objective. Заво́д наш был гла́вной це́лью неприя́тельской бомбарди́ровки. Our factory was the main objective of the enemy's bombing. • purpose. У меня́ при э́том была́ соверше́нно определённая цель. I had a definite purpose in mind for this. — У нас в це́лях эконо́мии сократи́ли штат. For the purpose of economy, they cut down on personnel. — С како́й це́лью он прие́хал в Сове́тский Сою́з? What was his purpose in coming to the Soviet Union? • goal. Он поста́вил себе́ це́лью вы́работать не ме́ньше двух норм. He set a goal for himself of at least doubling his daily quota. aim. Да, тру́дно рабо́тать без определённой це́ли. Yes, it's hard to work without a definite aim in view.

☐ **без це́ли** aimlessly. Я це́лый день без це́ли броди́л по го́роду. I strolled aimlessly around town all day.

це́льный (*sh* -льна́) one. Сде́лайте э́ти занаве́ски из це́льного куска́. Make these curtains out of one piece.

☐ **це́льная нату́ра** well-adjusted person. Ре́дко мо́жно встре́тить таку́ю це́льную нату́ру. You rarely meet such a well-adjusted person.

це́льное молоко́ whole milk.

цеме́нт cement.

цена́ (*P* це́ны) price. Не сли́шком ли э́то высо́кая цена́? Isn't this price too high? — Они́ не име́ют пра́ва продава́ть по це́нам вы́ше устано́вленных. They have no right to

sell at prices above the official ones. — Купи́те, е́сли цена́ схо́дная. Buy it if the price is right. • value. Он зна́ет цену́ деньга́м. He knows the value of money. — Я не придаю́ большо́й цены́ его́ слова́м. I don't put much value on what he says.

☐ **опто́вая цена́** wholesale price.

ро́зничная цена́ retail price.

☐ Он себе́ це́ну зна́ет. He knows what he's worth. • Э́тому па́рню цены́ нет! That guy's priceless! • *Грош ему́ цена́ — вот что! He's not worth his salt. • Зна́ние люде́й доста́лось ей дорого́й цено́й. She learned about people the hard way.

цени́ть to value. Во ско́лько це́нят э́ту карти́ну? How much is this picture valued at? • to rate. Его́ там це́нят, как хоро́шего рабо́тника. He is rated a good worker there. • to appreciate. При жи́зни его́ не цени́ли. They didn't appreciate him during his lifetime. • to regard. Я о́чень ценю́ ва́шу дру́жбу. I regard your friendship very highly.

це́нный valuable. Он нам дал це́нную информа́цию. He gave us some valuable information. — Он о́чень це́нный рабо́тник и я о́чень не хоте́л бы его́ отпуска́ть. He's a very valuable worker; I'd hate to let him go.

☐ **це́нная посы́лка** insured parcel. Я хочу́ отпра́вить э́тот паке́т це́нной посы́лкой. I want to send this package as an insured parcel.

центр center. Мы живём в са́мом це́нтре го́рода. We live in the very center of the city. — Она́ оказа́лась в це́нтре всео́бщего внима́ния. She found herself the center of attention. — В каки́х кру́пных промы́шленных це́нтрах вы успе́ли побыва́ть? Which of the large industrial centers did you have time to visit? • capital. Наш городо́к далеко́ от це́нтра. Our town is far away from the capital. • central office. Все э́ти вопро́сы реша́ются в це́нтре. All these questions are decided in the central office.

☐ **центр тя́жести** center of gravity.

централиза́ция centralization.

центра́льный central. Он прие́хал из Центра́льной Евро́пы. He came from Central Europe. • main. Э́то, по-мо́ему, центра́льный вопро́с. This, in my opinion, is the main question.

☐ **центра́льное отопле́ние** central heating. У нас в до́ме нет центра́льного отопле́ния. We don't have central heating in our house.

Центра́льный Комите́т Па́ртии Central Committee of the Party.

цепля́ться to hold on. При подъёме на э́ту го́ру всё вре́мя приходи́лось цепля́ться за вы́ступы. We had to hold on to crags all the way while we were climbing this mountain.

цепо́чка chain. Подари́те ему́ часы́ с цепо́чкой — он бу́дет о́чень дово́лен. Give him a watch and chain; he'll be very pleased.

цепь (*P* -пи, -пе́й/на цепи́/ *F*) chain. Цепь, пожа́луй, не вы́держит э́того напряже́ния. I wonder whether the chain will stand the strain. — Тут о́чень ско́льзко, обмота́йте колёса це́пью. It's very slippery here; put chains on your wheels.

☐ **го́рная цепь** mountain range.

на цепи́ on a chain. Не бо́йтесь, соба́ка на цепи́! Don't be afraid; the dog is on a chain.

сорва́ться с цепи́ to break loose. Соба́ка сорвала́сь с цепи́. The dog broke loose.

□ *Что э́то он сего́дня то́чно с цепи́ сорвался́? What's he all worked up about today?

цéрковь (цéркви, *i* цéрковью, *P* цéркви, церкве́й, церква́м *F*) church.

цех (/*P* -á, -óв; в цеху́/) factory workshop.

□ **кузне́чный цех** blacksmith shop.

механи́ческий цех machine shop.

монта́жный цех assembly shop.

цивилиза́ция civilization.

цирк circus.

ци́ркуль (*M*) compass (for drawing).

ци́фра (*gp* цифр) figure. Бу́дем счита́ть для простоты́ в кру́глых ци́фрах. For the sake of simplicity let's work with round figures.

□ **ара́бские ци́фры** Arabic numerals.

ри́мские ци́фры Roman numerals.

ЦК ВКП (б) ([це-ка́ ve-ка-ре́]; *indecl N*).

□ **Центра́льный Комите́т Всесою́зной Коммунисти́ческой Па́ртии (большевико́в)** Central Committee of the Communist Party of the Soviet Union.

цыплёнок (-нка, *P* цыпля́та, цыпля́т, цыпля́там) spring chicken. Вы уже́ ви́дели на́ших цыпля́т? Have you seen our spring chickens?

□ *Цыпля́т по о́сени счита́ют. Don't count your chickens before they're hatched.

цыпля́та *See* **цыплёнок.**

Ч

чаевы́е (*AP*) tips. У нас не даю́т чаевы́х. They don't give tips here.

чай (*P* чаи́/*g* -ю, в чаю́/) tea. Вам ча́ю с молоко́м и́ли с лимо́ном? Do you want lemon or milk with your tea? — Завари́те чай покре́пче! Make the tea very strong!

□ **на чай** tip. Здесь при́нято дава́ть на чай? Is it the custom here to give tips?

ча́йная (*AF*) tearoom. В э́той ча́йной всегда́ мо́жно закуси́ть и вы́пить рю́мку во́дки. You can always get a snack and a drink of vodka in this tearoom.

ча́йник teakettle, teapot. Не забу́дьте взять с собо́й в доро́гу ча́йник. Don't forget to take a teakettle with you on the trip. — Поста́вьте ча́йник на самова́р. Put the teapot on the samovar.

ча́йный tea. Есть у вас ча́йная ло́жечка? Do you have a teaspoon? — Мне о́чень нра́вится э́тот ча́йный серви́з. I like this tea set very much.

□ **ча́йная колбаса́** bologna. Сде́лать вам бутербро́д с ча́йной колбасо́й? Shall I make you a bologna sandwich?

час (*P* -ы́/*gs after numbers* часá; *g* -у; в часу́/) time. Кото́рый час? What time is it? — В кото́ром часу́ вы придёте? What time are you coming? — До кото́рого ча́са откры́т сего́дня музе́й? Until what time is the museum open today? — Мы в 6 ждём с ча́су на час. We're expecting him any time now. • one o'clock. Приходи́те туда́ в час. Be there at one o'clock. — Мы обе́даем ро́вно в час We have dinner at one o'clock sharp. • o'clock. Ско́ро пять часо́в. It will soon be five o'clock. • hour. Когда́ у него́ приёмные часы́? When are his office hours? — Я прожда́л вас це́лый час. I've been waiting for you a whole hour. — Торопи́тесь, по́езд ухо́дит че́рез че́тверть ча́са. Hurry; the train is leaving in a quarter of an hour.

□ **час вре́мени** an hour. У вас остаётся ещё час вре́мени. You still have an hour left.

□ Ну, в до́брый час! Well, good luck! • Мальчи́шка растёт не по дням, а по часа́м. The (little) boy is shooting up as fast as a beanstalk. • *Ну пора́ опя́ть принима́ться за рабо́ту. Де́лу вре́мя, поте́хе час. Well, it's time to go back to work. Business before pleasure. • Час от часу не ле́гче! Things are getting worse every minute. • *Неро́вен час, с ним что́-нибудь случи́тся — что тогда́ де́лать?

There's a chance that something might happen to him what'll we do then?

часово́й[1] (*AP*) hour. У меня́ слома́лась часова́я стре́лка. My hour hand broke. • watch. Како́й тут са́мый лу́чший часово́й магази́н? What's the best watch-repair shop around here? — Мой оте́ц был часовы́х дел ма́стером. My father was a watchmaker.

часово́й[2] (*AM*) sentry. Когда́ тут сме́на часовы́х? When do they change the sentry here?

часовщи́к (-á) watchmaker.

части́чный ([-sn-]).

□ **части́чно** partly. Рабо́та на́ша вы́полнена то́лько части́чно. Our work is only partly finished.

ча́стный ([-sn-]) private. Фа́брики и заво́ды не мо́гут быть у нас ча́стной со́бственностью. Factories and plants in our country can't be private property. — Я к вам по ча́стному де́лу. I've come to you on private business. • personal. В его́ ча́стные дела́ я не вме́шиваюсь. I don't interfere in his personal affairs.

□ **ча́стным о́бразом** privately. Я вам об э́том расскажу́ ча́стным о́бразом. I'll tell you about this privately.

ча́стый (*sh* -стá; *cp* ча́ще) frequent. Он у нас ча́стый гость. He's a frequent guest at our house.

□ **ча́стый гре́бень** fine-tooth comb. Где мо́жно купи́ть ча́стый гре́бень? Where can I buy a fine-tooth comb?

поча́ще more often. Пожа́луйста, пиши́те мне поча́ще. Please write me more often.

ча́сто often. Вы ча́сто быва́ете в теа́тре? Do you go to the theater often? — Я дово́льно ча́сто встреча́юсь с ним. I meet him rather often. • frequently. В э́ти часы́ трамва́и хо́дят ча́сто. During these hours the streetcars run frequently.

часть (/*P* -сти, -сте́й; в части́/*F*) part. Бо́льшая часть на́ших рабо́чих живёт недалеко́ от заво́да. The greater part of our workers live not far from the factory. — У вас доста́точно запасны́х часте́й к э́той маши́не? Do you have enough spare parts for this machine? — Э́то опи́сано во второ́й ча́сти рома́на. That's described in the second part of the novel. • field. Э́то не по мое́й ча́сти — спроси́те кого́-нибудь друго́го. This is not my field; ask somebody else.

□ **бо́льшей ча́стью** most of the time. Бо́льшей ча́стью он прихо́дит по́здно. He comes late most of the time.

во́инская часть outfit. В како́й (во́инской) ча́сти вы слу́жите? What outfit are you in?

материа́льная часть supplies. Кто заве́дует материа́льной ча́стью? Who's in charge of the supplies?

часть ре́чи part of speech. Кака́я э́то часть ре́чи? What part of speech is this?

часть све́та part of the world. А в како́й ча́сти све́та э́тот о́стров? What part of the world is this island in?

□ Его́ там пря́мо рвут на ча́сти. He's very much in demand there.

часы́ (-о́в *P of* час) watch. Э́то ва́ши часы́? Is this your watch? — Ва́ши часы́ отстаю́т. Your watch is slow. — Мои́ часы́ спеша́т. My watch is fast. — Мои́ часы́ останови́лись. My watch stopped. — Купи́те лу́чше ручны́е часы́, они́ гора́здо удо́бнее карма́нных. Better buy a wrist watch; it's much more convenient than a pocket watch. □ **стенны́е часы́** clock. На стенны́х часа́х без че́тверти час. It's a quarter to one by the wall clock.

чахо́тка consumption.

чахо́точный ([-šn-]) consumptive.

ча́шка cup. Приходи́те к нам на ча́шку ча́я. Come over and have a cup of tea with us. — Переда́йте мне, пожа́луйста, ча́шку. Hand me a cup, please.

ча́ще *See* ча́стый.

чей (§15) whose. Чей э́то биле́т? Whose ticket is this? — Чья э́та соба́ка? Whose dog is this? — О чье́й статье́ вы сейча́с говори́ли? Whose article were you talking about? • anyone's, someone's. Уж е́сли с чьим мне́нием я счита́юсь, то э́то с ва́шим. If there's anyone's opinion I respect it's yours.

чек check. Мо́жно плати́ть че́ком? May I pay by check? • sales check. Това́р без че́ка не выдаётся. Merchandise will not be given out without a sales check.

челове́к (*gp* челове́к/ *except for the gp after numbers, the P is supplied by* лю́ди/) human being. В конце́ концо́в я челове́к, а не маши́на! After all I'm a human being, not a machine. • people. У нас в драмати́ческом кружке́ пятна́дцать челове́к. We have fifteen people in our dramatic group. • person. Он прекра́сной души́ челове́к. He's a person of excellent character. — Она́ миле́йший челове́к. She's the nicest sort of person. — Что он за челове́к? What kind of a person is he? • man. Он ещё молодо́й челове́к. He's still a young man. — Я его́ счита́ю выдаю́щимся челове́ком. I consider him an outstanding man. — Вы зна́ете э́того челове́ка? Do you know this man? □ Я жду тут одного́ челове́ка. I'm waiting for somebody. • Вы ведь здесь но́вый челове́к. You're new around here. • Вот надое́дливый челове́к! What a pest he is! • Да́йте же челове́ку сло́во сказа́ть. Give him a chance to say something.

челове́ческий human. Они́ как бу́дто утра́тили все челове́ческие чу́вства. It seems as if they haven't any human feelings left. — При раско́пках здесь нашли́ челове́ческие ко́сти. Human bones were found here during excavations. □ **по-челове́чески** humanely. Мы́-то с пле́нными обраща́лись по-челове́чески! We on our part treated prisoners humanely! □ Ничего́ не понима́ю — говори́те по-челове́чески! I don't understand a thing you're saying. Talk like a man.

• Вчера́ в на́шем райо́не был большо́й пожа́р с челове́ческими же́ртвами. Yesterday there was a big fire in our neighborhood; there were many casualties. • Никаки́х челове́ческих сил нет переноси́ть э́ту жару́! This heat's just unbearable.

че́люсть (/*P* сти, -сте́й/*F*) jaw. Он, ка́жется, вы́вихнул себе́ че́люсть. It looks as though he's sprained his jaw. □ **вставна́я че́люсть** set of false teeth. Вам придётся сде́лать вставну́ю че́люсть. You'll have to have a set of false teeth made.

чем (/*compare* что/) than. Лу́чше по́здно, чем никогда́. Better late than never. — Он э́то сде́лает лу́чше, чем вы. He'll do it better than you. • rather than. Чем е́хать но́чью, переночу́ем лу́чше здесь. Let's stay here rather than travel at night. • instead. Чем сме́яться, вы бы лу́чше помогли́ нам вы́тащить маши́ну. Instead of laughing you'd better help us pull the car out. □ **чем . . . тем** the . . . the. Чем ра́ньше вы придёте, тем лу́чше. The earlier you come the better.

чемода́н suitcase. Да́йте, я помогу́ вам нести́ чемода́н. Let me help you carry your suitcase. — Ваш чемода́н пло́хо закрыва́ется: он сли́шком ту́го наби́т. Your suitcase is too full and won't close. — Откро́йте, пожа́луйста, ва́ши чемода́ны. Open your suitcases, please. • bag. Пришли́те, пожа́луйста, чемода́ны ко мне в ко́мнату. Send my bags up to my room, please.

чемпио́н champion. Он чемпио́н СССР по ша́хматам. He's the chess champion of the USSR.

черво́нец (-нца) chervonets (*See Appendix 2*).

червя́к (-а́) worm.

черда́к (-а́) attic. Он живёт на чердаке́. He lives in an attic. • loft. Се́но сло́жено на чердаке́. The hay is piled in the loft.

чередова́ть.

-ся to take turns. Я череду́юсь с ней на дежу́рстве у э́того больно́го. She and I take turns staying with this patient.

че́рез (/*with a*/) across. Мы прошли́ че́рез весь парк. We cut across the park. • by way of. Мы е́дем че́рез Москву́. We go by way of Moscow. • through. Он влез че́рез окно́. He climbed through the window. — На́ша бесе́да шла че́рез перево́дчика. We spoke through an interpreter. • in. Я верну́сь че́рез полчаса́. I'll be back in half an hour. — Я вам дам отве́т че́рез не́сколько дней. I'll give you an answer in a few days. — Че́рез год я прие́ду сюда́ опя́ть. I'll be back again in a year. □ Переходи́те че́рез доро́гу поосторо́жнее. Be careful how you cross the road. • Я дежу́рю че́рез день. I'm on duty every other day.

че́реп (*P* -а́, -о́в) skull.

черепа́ха turtle. Мой сыни́шка пря́мо обожа́ет свою́ черепа́ху. My little boy just adores his turtle. • snail. Что вы плетётесь, как черепа́ха? Why are you moving at a snail's pace?

чересчу́р too. Вы чересчу́р мно́го рабо́таете. You work too hard. • too far. Ну, зна́ете, э́то уж чересчу́р! Well, that's going a bit too far.

черни́ка huckleberry.

черни́ла (-ни́л *P*) ink.

черни́льница inkstand.

черносли́в (/*g* -у/) prunes. Свари́ть вам компо́т из черносли́ва? Should I stew some prunes for you?

чёрный (*sh* -рна́, -о́, -ы́) black. Да́йте мне чёрного хле́ба.

Give me some black bread. — У моего сына чёрные волосы. My son has black hair. — Она была вся в чёрном. She was dressed in black from head to toe. • gloomy. Откуда у вас такие чёрные мысли? How do you get such gloomy ideas?

☐ чёрный ход back entrance. Где здесь чёрный ход? Where is the back entrance?

☐ *Отложите эти деньги на чёрный день. Put this money away for a rainy day. • Я сам это читал чёрным по белому. I myself read it in black and white.

чёрствый (*sh* -ства/-о, -ы/) stale. Почему хлеб такой чёрствый? Why is the bread so stale? • hardhearted. Не ждите от него помощи, — он чёрствый человек. Don't expect any help from him; he's a hardhearted man.

черта line. Проведите здесь черту. Draw a line here. — Сейчас мы уже за чертой города. We're already beyond the city line now. • trait. У него есть одна очень неприятная черта. He has one very unpleasant trait.

☐ в общих чертах in generalities. В общих чертах он мне это уже рассказал. He told me about it in generalities.

черта лица feature. У неё неправильные черты лица. She has irregular features.

чертёж (-á *M*) blueprint. Чертёж машины уже готов. A blueprint of the machine is ready.

чертёжник draftsman.

чертить (черчу, чертит/*pct*: на-/) to make a blueprint. Он сейчас чертит план кондитерской фабрики. He's now making a blueprint for a candy factory.

черчу See чертить.

чесать (чешу, чешет) to comb. Она чешет ребёнку голову. She's combing the child's hair. • to scratch. Только не чешите — и сыпь у вас быстро пройдёт. Just don't scratch and the rash will go away quickly.

-ся to itch. У меня всё тело чешется. I itch all over. • to scratch oneself. Собака опять чешется. The dog is scratching himself again.

чеснок (-á/*g* -у/) garlic.

чествовать to celebrate in honor. Мы сегодня чествуем наших героев труда. Today we're celebrating in honor of the heroes of labor.

честный (*sh* -стна́) honest. Всякий честный человек сделал бы то же. Any honest man would do the same thing.

☐ честно honestly. Он честно признался в своей вине. He honestly admitted that he was guilty.

☐ Честное слово! On my word of honor!

честь (/в чести́/*F*) honor. Я сделаю это сам — это для меня вопрос чести. I'll do it myself; it's a question of honor for me. — С кем имею честь (разговаривать)? Whom do I have the honor of addressing? • credit. Такой поступок делает ему честь. Such an act does him credit.

☐ в честь in honor. Сегодня устраивается банкет в честь наших иностранных гостей. They're giving a banquet today in honor of our foreign guests.

отдавать честь to salute. Кому это вы только что отдали честь? Who did you just salute?

☐ Она с честью вышла из этого положения. She got out of a tight situation neatly. • Уже поздно — пора и честь знать! It's getting late; time to go home. • Честью вас просят — уйдите! You'd better leave now if you know what's good for you. • Он у нас не в чести. We don't have a high regard for him.

четверг (-á) Thursday. Я приду к вам в четверг. I'll come to your place Thursday.

☐ *Ну да, позвонит он ей! После дождика в четверг! He said he'd ring her up? I know him; she'll hear from him when hell freezes over.

четвёрка number four. "Какой трамвай туда идёт?" "Четвёрка". "What number trolley goes there?" "Number four." • four. Мы всей четвёркой вошли в эту бригаду. All four of us joined this brigade.

четверо (§22) four. У них четверо детей. They have four children.

четвёртый fourth.

четверть (*P* -рти, -ртей *F*) quarter. Эти часы бьют каждые четверть часа. This clock strikes every quarter hour. — Мы должны выйти из дому в четверть восьмого. We have to leave the house a quarter after seven. — Сейчас без четверти два. It's a quarter to two now. — Теперь три четверти шестого. It's now a quarter to six. — Дайте мне, пожалуйста, четверть кило масла. Give me a quarter of a kilogram of butter, please. • term. В первой четверти у него были отличные отметки. He had good marks for the first term.

чёткий (*sh* -тка́) clear. У вас очень чёткий почерк. You have a very clear handwriting. •

☐ чётко clearly. Старайтесь писать более чётко. Try to write more clearly.

чётный even. На этой стороне чётные номера домов. The even numbers are on this side of the street.

четыре (*gl* -рёх, *d* -рём, *i* -рьмя, §22) four.

четыреста (§22) four hundred.

четырёхсотый four-hundredth.

четырнадцатый fourteenth.

четырнадцать (*gdl* -ти, *i* -тью §22) fourteen.

чешу See чесать.

чешусь See чесаться.

чинить (чиню, чинит/*pct*: по-, о-/) to mend. У вас в прачечной чинят бельё? Do they mend at your laundry? • to sharpen. Я чиню карандаш бритвенным лезвием. I sharpened my pencil with a razor blade.

числительное (*AN*) numeral.

число (*P* числа) number. Число членов нашего клуба быстро растёт. The number of members in our club is growing rapidly. • date. Какое сегодня число? What's today's date? • day. Мы уезжаем в последних числах августа. We're leaving the last few days in August.

☐ без числа́ innumerable. Народу там было без числа́. There were innumerable people there.

в том числе including. Мы туда пойдём все, в том числе и он. We're all going there, including him.

в числе among. В числе гостей было много музыкантов. There were many musicians among the guests.

единственное число singular (*gr*)

множественное число plural (*gr*)

☐ В первых числах сентября я возвращаюсь в Москву. I'll be back in Moscow the first week of September.

чистить to clean. Вы чистите зубы порошком или пастой? Do you clean your teeth with paste or powder? — Мы все сегодня чистили ягоды для варенья. We were all cleaning berries for jam today. • to shine. Мне нечем чистить башмаки. I have nothing to shine my shoes with.

чистка cleaning. Я был занят целый день чисткой двора. The cleaning of the back yard took me all day. • cleaner's.

Пошлите костюм в чистку. Send your suit to the cleaner's. • purge. Мы произвели основательную чистку нашей организации. We made a complete purge of our organization.

чистый (*sh* -стá; *ср* чище) clean. Можно мне получить чистое полотенце? Could I have a clean towel? — Найдётся у вас чистый лист бумаги и конверт? Have you a clean sheet of paper and an envelope? • fresh. После города так приятно подышать здесь чистым воздухом! It's so pleasant to breathe this fresh air after the city. • clear. Небо сегодня чистое, безоблачное. Дождя не будет. The sky is clear and cloudless today. It won't rain. • pure. Это чистый спирт, его надо разбавить водой. It's pure alcohol. You have to dilute it with water. • sheer. Слушайте, да ведь это же чистый вздор! Listen, that's sheer nonsense!

☐ **чистая правда** naked truth. Уверяю вас, это чистая правда! I assure you, this is the naked truth.

чистая прибыль net profit. Пасека приносит колхозу больше десяти тысяч чистой прибыли. The beehives give the kolkhoz more than a ten-thousand-ruble net profit.

чистый вес net weight. Чистый вес посылки — пять кило. Net weight of the package — five kilos.

чисто clean. В этой гостинице очень чисто. It's very clean in this hotel. • neatly. Она шьёт очень чисто. She sews very neatly. • mere. Он сделал это открытие чисто случайно. He made this discovery by mere accident.

чисто-начисто spotlessly clean. Она вымела комнату чисто-начисто. She swept the room spotlessly clean.

☐ Вы очень чисто говорите по-русски. You speak Russian without an accent. • Поверьте мне, я это делаю от чистого сердца. Believe me, I am doing this with the best intentions. • Эта шкатулка из чистого серебра. This box is made of sterling silver. • Это же (было) чистое недоразумение. It is a misunderstanding pure and simple. • Чистое наказанье с этим мальчишкой! I have a devil of a time with this child!

читальня (*gp* -лен) reading room.

читатель (*M*) reader. Кто, читатели вашего журнала? Who are the readers of your magazine? — Я его усердный читатель. I'm a faithful reader of his articles. — В этом зале свободно помещается сто читателей. This room easily accommodates a hundred readers.

читать (/*pct*: про- *and* прочесть/) to read. Вы читали его письмо? Did you read his letter? — (*no pct*) Он рано научился читать. He learned how to read early. — (*no pct*) Вы читаете по-французски? Do you read French? — (*no pct*) Что вы теперь читаете? What are you reading now?

☐ **читать вслух** to read aloud. Он чудесно читает вслух. He reads aloud wonderfully well.

читать курс to teach a course. Он читает курс русской истории в университете. He teaches a course in Russian History at the university.

читать лекцию to give a lecture. Сегодня он читает публичную лекцию. He's giving a public lecture.

читать между строк to read between the lines. Я умею читать его письма между строк и вижу, что он недоволен. I can read between the lines of his letters and I see that he's not satisfied.

читать нотации to lecture (someone). Ну что вы ему вечно нотации читаете? Why do you keep lecturing him so?

читать стихи to recite. Он хорошо читает стихи. He recites well.

☐ Ну, это называется читать в сердцах! You must be a mind reader! • Он читает запоем. He's a voracious reader.

чихать (/*pct*: чихнуть/).

чихнуть (*pct of* чихать) to sneeze. Он чихнул, и все хором сказали: "Будьте здоровы!" He sneezed and we all said "God bless you!" together.

чище *See* **чистый.**

чищу *See* **чистить.**

член member. Сколько у вас в клубе членов? How many members have you in your club? — Она член (коммунистической) партии? Is she a member of the (Communist) Party? — Он член коллегии защитников. He's a member of the bar.

членский.

☐ **членский билет** membership card. Вы должны предъявить членский билет. You have to show a membership card.

членский взнос membership fee.

чорт (*P* черти, чертей, чертям/*gs phrasal* ни черта/) devil. Он чорт знает что болтает, а вы ему верите. The devil only knows what he's talking about; and you fall for it. — К чорту! Я больше об этом и слышать не хочу. The devil with it! I don't want to hear any more about it. • damn. Чорт возьми! Вот это работа! Damn it! But that's real good work! — Ко всем чертям! Damn it all! — Чорт бы его побрал! Damn him! — Вся эта работа ни к чорту не годится. This whole job isn't worth a damn. — Я ни черта не понимаю. I don't understand a damn thing. — Ну это уж чорт знает что такое! Now that's going too damn far! • damn it. Чорт, опять опоздал! Damn it, late again! • hell. Чорт его знает, где он! Who the hell knows where he is now? — На кой чорт это вам нужно? What in hell do you need this for? — *Как же, напишет он вам! Чорта с два! Do you think he'll write a letter? The hell he will! — Чорт с ним! Не хочет — не надо! To hell with him! If he doesn't want it, he doesn't want it. — Чорт меня дёрнул туда пойти! Why the hell did I go there! — Занёс же меня чорт в этот город! Why the hell did I ever come to this city!

☐ **к чорту** to hell. Ну вас к чорту! Go to hell!

что за чорт damn it. Что за чорт! Кажется, все лампочки перегорели. Damn it! It looks as if all the bulbs are burned out.

☐ *Ему теперь сам чорт не брат. He's the cock of the walk now. • *Ну и человек! Ни богу свечка, ни чорту кочерга. What kind of a man is he anyway? He's neither good, bad, nor indifferent! • *Не так страшен чорт, как его малюют. Things are never as black as they're painted. • Что это вы, черти, тут натворили? What've you done here, you bums? • Тут ещё работы до чорта. There's still a hell of a lot of work around here. • *Они живут у чорта на куличках. They live in a godforsaken place. • *Чем чорт не шутит — мы еще там с ним встретимся. It'll just be our luck to run into him again! • *Насорили тут так, что чертям тошно. They made such a mess here it could turn your stomach. • *Ничего не понимаю, тут сам чорт ногу сломит. I don't understand a thing; I can't make head or tail of it.

чрезвыча́йный extra. У нас в э́том ме́сяце бы́ли чрезвыча́йные расхо́ды. We had some extra expenses this month. • special. Нам придётся созва́ть чрезвыча́йное заседа́ние президиума. We have to call a special meeting of the Presídium. • tremendous. Пье́са име́ла чрезвыча́йный успе́х. The play was a tremendous success.

□ **чрезвыча́йно** extremely. Э́то чрезвыча́йно интере́сно! This is extremely interesting! • most. Чрезвыча́йно ва́жно написа́ть э́то письмо́ сейча́с же. It's most important to write this letter immediately.

чте́ние reading. Чте́ние вслух бу́дет вам о́чень поле́зно. I think that reading aloud is good practice for you. — Что у вас тут есть для чте́ния? Have you anything to read here?

что ([što]; *g* чего́ [čivó]; *d* чему́, *i* чем, *l* чём, §20) what. Что э́то тако́е? What is that? —Что с ва́ми? What's the matter with you? — Чего́ тебе́? What do you want? —Чему́ вы ра́дуетесь? What are you so happy about? — Что сто́ит э́тот костю́м? What does this suit cost? — Что то́лку с ним разгова́ривать! What's the use of talking to him! — А что, е́сли он не придёт? And what if he doesn't come? • who. Э́то тот па́рень, что вчера́ нам пока́зывал коро́вник. He's the guy who showed us the cowbarn yesterday. • anything. Его́ о чём ни попроси́, он всё сде́лает. He'll do anything you ask him. — В слу́чае чего́ — телеграфи́руйте! In case anything happens, wire me. — Посмотри́те, не забы́ли ли чего́. See whether you forgot anything. • how. Что ва́ша рука́, поправля́ется? How is your hand? Is it getting better? • how much. Что он возьмёт, чтобы отвезти́ нас в го́род? How much will he charge to take us to town?

□ **а что**? why? "Вы ухо́дите?" "А что?" "You're leaving?" "Why do you ask?"

вот что the following. Вам на́до сде́лать вот что: . . . . You have to do the following: . . . .

не́ за что don't mention it. "Спаси́бо!" "Не́ за что". "Thank you." "Don't mention it."

ни за что́ not for anything. Не проси́те! Я ни за что не пойду́. Don't even ask me; I wouldn't go there for anything. • for nothing. Не де́лай э́того — пропадёшь ни за что́! Don't do it; you'll be sticking your neck out for nothing.

ни за что́, ни про что́ for no reason at all. Обруга́л он меня́ ни за что́, ни про что́. He bawled me out for no reason at all!

ни к чему́ of no use. Э́тот зо́нтик мне совсе́м ни к чему́. This umbrella is of no use to me at all.

ну что well. Ну что́, получи́ли разреше́ние? Well, did you get the permit?

с чего́? where. С чего́ вы э́то взя́ли? Where did you get that idea?

с чего́ бы why. С чего́ бы э́то ему́ так расхвора́ться? I wonder why he became so ill.

уж на что́ what more. Я об э́том в америка́нском техни́ческом спра́вочнике чита́л — уж на что верне́е! I read about this in an American technical handbook. What can you find more reliable than that?

что вы! why. Что вы! Ваш бага́ж давно́ уже́ ушёл. Why! Your luggage left long ago.

что до меня́ as far as I'm concerned. Что до меня́, то я согла́сен. As far as I'm concerned, I agree.

что же well. Что ж! Я не возража́ю. Well, I don't

object! • why. Что́ же э́то вы так недо́лго у нас гости́ли? Why did you stay so short a time with us? — Что же вы молчи́те? Why don't you say something?

что за what kind. Это ещё что за вы́думки? What kind of nonsense is that?

что куда́ where it belongs. Скажи́те ему́, что куда́ положи́ть. Tell him to put the things just where they belong

чтó ли? maybe. Во́дки вы́пить, то́ ли? Maybe a shot of vodka will do it?

чтó-либо (§23) something. Е́сли найдётся чтó-либо подходя́щее, я куплю́. If there's something worthwhile, I'll buy it.

чтó-нибудь (§23) something. Принеси́те мне чего́-нибудь пое́сть, я о́чень го́лоден. Give me something to eat; I'm very hungry. — Я наде́юсь, что из э́того чтó-нибудь да вы́йдет. I hope something will come of it.

чтó-то (§23) something. Тут чего́-то нехвата́ет. There's something missing here. — Он что́-то сказа́л об отъе́зде, но я не по́мню что и́менно. He said something about going away, but I don't remember what exactly. • somewhere. Это обошло́сь мне чтó-то рубле́й в со́рок. This cost me somewhere around forty rubles.

□ Я скоре́й возьму́ э́то, чем чтó-либо друго́е. I would rather take this than anything else. • Я-то тут не при чём. I have nothing to do w th it. • У неё о́тец бо́лен. А ей хоть бы что́! Пошла́ танцова́ть. Her father is sick but it doesn't mean a thing to her — she goes out dancing. • Уж на что́ он у́мный челове́к, а и то ма́ху дал. He's as clever as they come, but even he made a mistake. • За чем же де́ло ста́ло? What's in the way now? • Чего́, чего́ у них там то́лько нет! There isn't a thing they haven't got. • Инстру́кции таки́е пу́таные — не понима́ю, что к чему́. The instructions are so confusing I can't make head or tail out of them. • "Я броса́ю рабо́ту!" "Ну что вы вы́думали!" "I'm quitting my job." "You don't mean it, do you?" • Гони́ что есть ду́ху! Drive like all hell. • Чего́ то́лько в жи́зни не быва́ет! Life is full of surprises. • Чуть что, он уже́ обижа́ется. He gets offended at the slightest thing. • *Он руга́лся на чём свет сто́ит. He was cursing to beat the band. • А чем он не жени́х? What's wrong with him as a future husband • Да что об э́том говори́ть! He fooled us! • Я оста́лся не при чём. I was left out in the cold. • Чем это он вам не угоди́л? How did he rub you the wrong way? • Я туда́ не пое́ду. Чего́ я там не вида́л? I won't go; there's nothing there for me.

что² that. Я наде́юсь, что мы ещё встре́тимся с ва́ми. I hope that we'll meet again. — Мы так весели́лись, что разошли́сь то́лько под у́тро. We had such a good time that we didn't part till morning.

□ **что твой** as though. Он говори́т по-англи́йски — что твой америка́нец. He speaks English as though he were a native American.

что . . . что whether . . . or. Мне всё равно́ когда́ е́хать — что сего́дня, что за́втра. I don't care whether we go today or tomorrow.

□ У нас тут что ни рабо́тница, то геро́иня труда́. There isn't a woman worker of ours who isn't a hero of labor. • Он не мо́жет сло́во, что гру́бость. He can't open his mouth without being insulting.

чтобы *or* **чтоб** so that. Мы спеши́м, чтобы не опозда́ть на по́езд. We're hurrying so that we won't miss the train.

• **in order to.** Чтóбы попáсть к дóктору, мне пришлóсь прождáть егó óколо чáсу. I had to wait for an hour in order to see the doctor. ☐ Я хочý, чтоб ы мне всё рассказáли. I wish you'd tell me all about it. • Скажите, пожáлуйста, в контóре, чтóбы мне дáли счёт. Please tell the clerk to give me my bill. • Вы не мóжете, чтоб не состри́ть! Why must you always try to be funny? • Сомневáюсь, чтобы вам э́то удалóсь. I doubt whether you'll be able to do it. • Чтоб я э́того бóльше не слы́шал! I never want to hear that again!

чтó-либо (See что, §23).

чтó-нибудь (See что, §23).

чтó-то (See что, §23).

чýвство ([-ústv-]) feeling. От э́того разговóра у меня остáлось какóе-то неприя́тное чýвство. I was left with an unpleasant feeling after that conversation. — Её чýвство к немý не остыло, несмотря́ на разлýку. Her feelings toward him didn't cool in spite of their being apart. • **sense.** У негó большóе чýвство ю́мора. He has a good sense of humor.

☐ **лиши́ться чувств** to faint. Он от слáбости лиши́лся чувств. He was so weak he fainted.

чýвство жáлости pity. Он сдéлал э́то тóлько из чýвства жáлости. He did it only out of pity.

☐ Он питáет к ней нéжные чýвства. He has a soft spot in his heart for her. • Тóлько чéрез час нам удалóсь привести́ её в чýвство. It took us an hour to bring her to.

чýвствовать ([čústv]) to feel. Я чýвствую, что от меня чтó-то скрывáют. I feel that they are hiding something from me. — Ну, как вы себя́ чýвствуете на нóвом мéсте? Well, how do you feel in your new place? — Я себя́ отврати́тельно чýвствую. I feel terrible. — Вы чýвствуете, как дýет из-под дверéй? Do you feel a draft coming under the door?

☐ Вы не чýвствуете, как тут пáхнет гáрью? Don't you smell something burning? • Я чýвствую к немý большóе довéрие. I have a lot of faith in him.

чугýн (-á) cast iron, pig iron.

чугýнный cast iron, pig iron.

чудесá See чýдо.

чудéсный beautiful. Посмотри́те, какóй чудéсный вид из нáших óкон! Look at the beautiful view we have from our windows!

☐ **чудéсно** beautifully. Онá чудéсно поёт! She sings beautifully. • **fine.** Он соглáсен? Чудéсно! Does he agree? Fine!

чуднóй (sh чуднá, -днá, -ó, -ы́).

☐ Какóй вы, прáво, чуднóй! Почемý вы мне не довéряете? Aren't you strange! Why don't you trust me?

чýдный (sh -днá) wonderful. С ней легкó ужи́ться, у неё чýдный харáктер. It's easy to get along with her; she has a wonderful disposition. • **beautiful.** Ах, какие чýдные цветы́! What beautiful flowers!

☐ **чýдно** grand. Мы чýдно провели́ врéмя. We had a grand time.

чýдо (P чудесá, чудéс, чудесáм) miracle. Эта дерéвня чýдом уцелéла во врéмя войны́. This village by some miracle remained intact during the war. — Этот мост — чýдо тéхники. This bridge is a technical miracle.

☐ *Вот так чýдо! Смотри́те, кто идёт! Well, I'll be darned! Look who's coming! • Там чýдо как хорошó! It's just wonderful there!

чужóй someone else's. Я взял по оши́бке чужýю шля́пу. I took someone else's hat by mistake. • **stranger.** Тóлько не говори́те об э́том при чужи́х. Don't speak of this in front of strangers, please. — Мы с брáтом совершéнно чужи́е лю́ди. My brother and I are almost like strangers. • **foreign.** Хотéлось бы мне посмотрéть чужи́е крáя. I'd like to see some foreign countries.

☐ Я знáю э́то тóлько с чужи́х слов. I know this only second hand.

чулáн closet. Чемодáн постáвьте в чулáн. Put the suitcase in the closet. • **pantry.** Картóшка и лук лежáт в чулáне. The potatoes and onions are in the pantry.

чулóк (-лкá, gp чулóк) stocking. Надéньте лýчше шерстяны́е чулки́ — хóлодно. Better put some woolen stockings on; it's cold!

чумá plague.

чýткий (sh -ткá) light. У меня óчень чýткий сон. I'm a very light sleeper. • **sympathetic.** Онá необычáйно чýткий человéк. She's an unusually sympathetic person.

чуть hardly. Они́ пéли чуть слы́шно. They sang so low that we could hardly hear. • **almost.** Он чуть не плáкал. He almost cried. — Я чуть бы́ло не проговори́лся. I almost spilled the beans. • **nearly.** Я там чуть не ýмер со скýки. I nearly died there of boredom.

☐ **чуть-чуть** very nearly. Я чуть-чуть не упáл. I very nearly fell.

☐ *Чуть-чуть не считáется. A miss is as good as a mile. • Да вы чуть ли не сáми мне э́то сказáли! It seems to me that you told me yourself. • Чуть что у неё заболи́т, онá сейчáс же бежи́т к дóктору. She runs to the doctor with every little thing.

чутьё sense. Я всегдá прислýшиваюсь к егó мнéнию: у негó хорóшее худóжественное чутьё. I always listen to his opinion; he has a wonderful artistic sense.

☐ У э́той собáки óчень тóнкое чутьё. This dog picks up the scent wonderfully well.

чýять (чýю, чýет) to smell. Ви́дите — кóшка чýет мышь. You see, the cat smells the mouse.

☐ Чýет моё сéрдце — ничегó хорóшего из э́того не вы́йдет. My heart tells me that nothing good will come of it. • *Чýет кóшка, чьё мя́со съéла. He looks like the cat who swallowed the canary.

чьё (/na N of чей/).

чьи See чей.

чья (/n F of чей/).

Ш

шаблóнный trite. Не говори́те шаблóнных фраз! Don't make such trite remarks!

шаг (P -и́/gs after numbers шагá; g -у; в шагý, на шагý/) step. Отступи́те на шаг назáд. Move one step back. — Я услы́шал чьи́-то шаги́ у дверéй. I heard someone's step at the door. — Больнóй не отпускáл сестрý ни на шаг.

The patient didn't let the nurse move a step from him. — Ни шáгу дáльше! Not a step farther! — Шáгу ступúть нельзя́ без тогó, чтоб он не дéлал вам замечáний! You can't take a step here without his making some remark. ● расс. Прибáвьте-ка шáгу, ребя́та! Step up the pace, boys! ● move. Без знáния языкá там и шáгу ступúть нельзя́. You can't make a move there without knowing the language. ● stride. Восстановлéние гóрода идёт быстрыми шагáми. They're making great strides in the reconstruction of the city. ● advance. Я не бýду дéлать пéрвого шáга; я дýмаю, что он бóльше винóват. I won't make the first advance; I think he's more at fault than I am.
□ пéрвые шагú beginning. Тепéрь всё налáдилось, но пéрвые шагú бы́ли óчень трýдны. It was very difficult at the beginning, but now everything is running smoothly. шаг за шáгом step by step. Он шаг за шáгом опровéрг все мой дóводы. He disproved my arguments step by step.
□ Парк в нéскольких шагáх отсю́да. The park is a stone's throw from here. ● В егó статьé противорéчия на кáждом шагý. There are contradictions in almost every line in his article.

шáгом (/is of шаг/) at a walk. Лóшади шли шáгом. The horses moved along at a walk.

шáйка[1] gang. Пéред тем как попáсть в дéтский дом, он был в воровскóй шáйке. He used to run around with a gang of thieves before he went into a children's home.

шáйка[2] small wooden tub. Мы́ло, мочáлку и шáйку вам дадýт в бáне. You'll get soap, a washcloth, and a small wooden tub in the bathouse.

шампýнь (F) shampoo. Что в э́той буты́лке — одеколóн úли шампýнь? What's in the bottle, cologne or shampoo?

шáпка cap. Возьмúте мою́ меховýю шáпку с наýшниками. Take my fur cap with the earlaps.
□ *Éсли так бýдешь рабóтать, скóро полýчишь по шáпке. If you're going to work like that, they'll fire you in a hurry. ● *Посмотрúте, как он покраснéл! На вóре шáпка горúт. Look how red he's getting! A thief can't hide his guilty feeling.

шар (P -ы́/gs after numbers шарá/) ball. Шар свалúлся с бильярдá. The ball fell off the billiard table. ● balloon. *Это был тóлько прóбный шар. This was just a trial balloon.
□ воздýшный шар balloon.
земнóй шар globe. На всём земнóм шáре вы не найдёте лýчшего мéста. You couldn't find a better place on the face of the globe.
□ *Пришлú гóсти, а у меня́ в дóме хоть шарóм покатú. The guests arrived, and there wasn't even a crust of bread in the house.

шарф scarf, muffler.

шатéн brown-haired man.

шатéнка brown-haired woman.

шáткий shaky. Осторóжней! Ступéньки шáткие. Be careful! The steps are shaky. ● weak. Не садúтесь на э́тот шáткий стул. Don't sit on the chair; it's weak. ● flimsy. Ну, вáши доказáтельства весьмá шáткие. Your arguments are very flimsy. ● not secure. Моё положéние на рабóте óчень шáткое. My job is not very secure.

шáхматы (шáхмат P) chess.

шáхта mine. Мы спустúлись в шáхту вмéсте с глáвным инженéром. We went down into the mine with the chief engineer.

□ ýгольная шáхта coal mine.

шахтёр miner.

шва See шов.

швéйный sewing. Есть здесь у когó-нибудь швéйная машúна? Does anyone here have a sewing machine?
□ швéйная промы́шленность needle trade.

швейцáр doorman. У швейцáра есть для вас письмó. The doorman has a letter for you.

швы See шов.

швырнýть (pct of швыря́ть) to throw. Он швырнýл портфéль на стол и брóсился к телефóну. He threw his brief case on the table and rushed to the telephone.

швыря́ть (/pct: швырнýть/) to throw. Кто из них швыря́л камня́ми в наш сад? Which one of them was throwing stones in our garden? ● to throw away. Рáзве мóжно так швыря́ть деньгáми? How can you throw away money like that?

шевелúть (-велю́, -вéлит/pct: по-, шевельнýть, пошевельнýть/).
□ *Я из э́того и пáльцем не шевельнý. I wouldn't even raise a finger for it. ● *Вéчно давáй емý совéты — не умéет сам шевелúть мозгáми! You always have to advise him; he can't think for himself.
-ся to move. Не шевелúтесь, снимáю. Don't move, I'm taking your picture. ● to get a move on. Шевелúсь, шевелúсь, врéмени остáлось мáло. Get a move on; we haven't much time left.

шевельнýть (pct of шевелúть).

шёл See идтú.

шёлк (P -á, -óв/g -у; на шелкý/) silk. Дáйте мне четы́ре мéтра э́того сúнего шёлка на плáтье. Let me have four meters of this blue silk for a dress. — У неё пальтó на шелкý. Her coat is silk-lined. ● silk thread. У меня́ не хвáтит шёлку для э́той вы́шивки. I won't have enough silk thread for this embroidery.
□ искýсственный шёлк rayon. Это искýсственный шёлк. This is rayon.
□ *Я в долгý, как в шелкý. I'm up to my ears in debt.

шёлковый silk.
□ шёлковые чулкú silk stockings.
□ *Я егó вы́ругал, и тепéрь он стал шёлковым. I scolded him and now he's like a little lamb.

шелухá skin. ● Я люблю́ есть я́блоки с шелухóй. I like to eat apples with the skin on. ● peels. Картóфельную шелухý бросáйте в э́то ведрó. Throw the potato peels into this pail.

шепнýть (pct of шептáть) to whisper. Я емý шепнýл нá ухо, что я ухожý. I whispered in his ear that I am leaving.
□ Шепнúте емý об э́том при слýчае. Mention it to him on the Q.T. when you get the chance.

шептáть (шепчý, шéпчет/pct: про- and шепнýть/) to whisper. Что вы ей шéпчете? What are you whispering to her?

шепчý See шептáть.

шерсть (F) wool. Этих овéц разводúли для шéрсти. These sheep were raised for wool. — Мне нужнá сéрая шерсть для штóпки. I need some gray darning wool. ● woolen material. Пришлúте мне шéрсти на плáтье. Send me some woolen material for a dress.

шерстянóй woolen. У вас есть шерстяны́е носкú? Do you have any woolen socks? ● wool. Шерстяны́е фáбрики работают на ме́стном сырьё. The wool factories use local raw materials.

шест (а́) pole. Прикрепи́те флаг к э́тому шесту́. Attach the flag to this pol».

ше́ствие procession.

шестёрка number six. Шестёрка не идёт на заво́д. Number Six doesn't go to the factory. • six. У меня́ на рука́х ни одно́й ка́рты вы́ше шестёрки. I don't have a single card in my hand higher than a six.

ше́стеро (§22) six.

шестидеся́тый sixtieth.

шестисо́тый six-hundredth.

шестна́дцатый ([-sn-]) sixteenth.

шестна́дцать ([-sn-], gdl -ти, i -тью, §22) sixteen.

шесто́й sixth.

шесть (gdl -сти́, i -стью, §22) six.

шестьдеся́т ([-zdj-], §22) sixty.

шестьсо́т ([-ss-] or [-sts-], §22) six hundred.

шеф sponsor. Наш колхо́з получи́л э́ти маши́ны от на́шего шефа — тра́кторного заво́да. Our kolkhoz got these machines from our sponsor, the tractor factory. (See шефство, Appendix 4.)

ше́фство.
□ Автомоби́льный заво́д при́нял на себя́ **ше́фство** над э́тим детдо́мом. The automobile factory is sponsoring this children's home. (See Appendix 4.)

шея neck. Я не могу́ поверну́ть ше́ю. I can't turn my neck. — Он ра́достно бро́сился мне на ше́ю. He was so happy he threw his arms around my neck.
□ *Я хочу́ рабо́тать, а не сиде́ть на чужо́й ше́е. I want to work; I don't want to live off anyone. • Если он придёт, гони́ его́ в ше́ю. If he shows up, throw him out on his ear.

ши́на tire. Наду́йте мне, пожа́луйста, ши́ны. Put some air in my tires. • splint. Вам придётся наложи́ть ши́ну на ру́ку. They'll have to put your arm in a splint.

шине́ль.
□ к расноарме́йская **шине́ль** Red Army overcoat.

шип (а́) thorn. Осторо́жно, на ве́тке шипы́. Careful! There are thorns on this branch.

шипу́чий sparkling. Да́йте мне хоро́шего шипу́чего ква́су. Give me some good sparkling kvass.

ши́ре See широ́кий.

ширина́ width. Како́й ширины́ э́тот ковёр? What's the width of this carpet?
□ Есть у вас мате́рия ширино́й в два ме́тра? Do you have any material two meters wide?

ши́рма screen. Поста́вьте э́ту ши́рму перед умыва́льником. Put the screen in front of the washstand. • shield. Я не жела́ю служи́ть ши́рмой для ва́ших про́делок. I don't want to be a shield for your tricks.

широ́кий (sh -ка́/ -о́, -и́/; ср ши́ре, широча́йший) broad. Это широ́кая у́лица, грузовики́ разъе́дутся свобо́дно. This is a broad street; the trucks will pass one another easily. — Бою́сь, что э́то сли́шком широ́кое толкова́ние. I'm afraid that's too broad an interpretation. • wide. Пиджа́к мне немно́го широ́к. The suitcoat is somewhat wide for me. — Тут име́ются широ́кие возмо́жности для хоро́шего рабо́тника. There are wide possibilities for a good worker here. • big. У нас на бу́дущий год широ́кие пла́ны. We have big plans for next year. • widely. Он по́льзуется широ́кой изве́стностью. He's widely known.
□ **поши́ре** wider. Я хоте́л бы крова́ть поши́ре. I'd like

a wider bed. • as wide as possible. Раствори́те окно́ поши́ре. Open the window as wide as possible.

предме́ты широ́кого потребле́ния consumer's goods. На́ши рабо́чие доста́точно снабжены́ предме́тами широ́кого потребле́ния (ширпотре́ба). Our workers are now sufficiently supplied with consumers' goods.

широко́ wide. Две́ри бы́ли широко́ раскры́ты. The doors were open wide. — Она́ широко́ раскры́ла глаза́. She opened her eyes wide. • large. Наш теа́тр широко́ посеща́ется. The attendance at our theater is very large.
□ Его́ кни́ги досту́пны широ́ким ма́ссам. His books are easily understood by the general public. • У него́ широ́кая нату́ра. He likes to do things in a big way.

широковеща́ние broadcasting.

ширпотре́б (широ́кое потребле́ние) See широ́кий.

шить (шью, шьёт; imo шей; /pct: с-/) to sew. Она́ вчера́ це́лый день ши́ла ва́шу руба́шку. She was sewing your shirt all day yesterday. — (no pct) Вы уме́ете шить на маши́не? Do you know how to sew by machine?
□ Он уже́ второ́й костю́м шьёт у того́ портно́го. He's already having his second suit made by that tailor.

ши́шка cone. Дава́йте наберём сосно́вых ши́шек для костра́. Let's gather some pine cones for our campfire. • bump. Отку́да у вас така́я ши́шка на лбу? Where did you get that bump on your forehead?
□ *На бе́дного Мака́ра все ши́шки ва́лятся. Everything happens to him.

шкап See шкаф.

шкаф (/в шкафу́/).
□ кни́жный **шкаф** bookcase (with doors).

платяно́й шкаф wardrobe.

стенно́й шкаф (wall) closet.

шко́ла school. Он о́чень взволно́ван — за́втра в пе́рвый раз в шко́лу идёт. He's very excited; he's going to school for the first time tomorrow. — Собра́ние бу́дет в зда́нии шко́лы. The meeting will take place in the school building. • schooling. У неё хоро́ший го́лос, но шко́лы никако́й. She has a nice voice, but she hasn't had any schooling.
□ **вы́сшая шко́ла** college, university.

нача́льная шко́ла primary school.

сре́дняя шко́ла high school.

шко́льник schoolboy.

шко́льница schoolgirl.

шко́льный school. Это мне изве́стно ещё со шко́льной скамьи́. I've known it since my school days. — Он мой шко́льный това́рищ. He's my schoolmate.

шку́ра skin. Он мне привёз не́сколько ове́чьих шкур на полушу́бок. He brought me several sheepskins for a short coat. — *На него́ рассчи́тывать нельзя́ — он сли́шком дрожи́т за свою́ шку́ру. You can't count on him; he's much too concerned about his own skin. — *Он пыта́лся спасти́ свою́ шку́ру. He tried to save his own skin.
□ *Там у них, говоря́т, по три шку́ры деру́т. They say that they just fleece you over there. • *Побыва́ли бы в мое́й шку́ре! If you were only in my shoes!

шлюз sluice.

шля́па hat. Купи́те соло́менную шля́пу, в фе́тровой ходи́ть жа́рко. Buy a straw hat; it's 'oo hot to wear a felt one.
□ *Де́ло в шля́пе! It's in the bag! • Эх ты, шля́па! Oh, you jackass!

шов (шва) seam. У вас на рукаве́ шов распоро́лся. The seam on your sleeve is open. — *А де́ло на́ше, ка́жется, трещи́т по всем швам. It looks as if our affair is coming apart at the seams. • stitch. Пришло́сь наложи́ть швы на ра́ну. They had to put stitches in the wound.

шокола́д (/g -у/) chocolate. Я вам принёс не́сколько пли́ток шокола́да. I brought you a few bars of chocolate. — Хоти́те ча́шку шокола́да? Do you want a cup of hot chocolate?

шо́пот whisper.

шоссе́ (indecl N) highway.

шофёр driver (of a car). Сади́тесь ря́дом с шофёром. Sit next to the driver.

шпи́лька hairpin. Есть у вас шпи́льки-невиди́мки? Do you have small hairpins?

□ *Она́ уме́ет подпусти́ть шпи́льку! She's good at needling people.

шпина́т spinach.

шпио́н spy.

шприц syringe.

шрам scar. У него́ на лбу шрам. He has a scar on his forehead.

шрифт type. Э́та кни́га напеча́тана сли́шком ме́лким шри́фтом. This book is printed in too small a type.

штаны́ (-но́в P) trousers, pants.

штат staff. Его́ ещё не зачи́слили в штат. He still hasn't received permanent status on the staff. — В на́шем учрежде́нии произведено́ сокраще́ние шта́тов. The staff has been reduced in our office.

□ **Соединённые Шта́ты Аме́рики** United States of America.

шта́тский civilian. Я уже́ отвы́к носи́ть шта́тское пла́тье. I've already forgotten how to wear civilian clothes.

ште́мпель (M) stamp. Где мо́жно заказа́ть каучу́ковый ште́мпель? Where can I order a rubber stamp?

□ **почто́вый ште́мпель** postmark. Вы мо́жете разобра́ть почто́вый ште́мпель на э́том конве́рте? Can you make out the postmark on this envelope?

ште́псель (/P -ля́, -ле́й/M) socket. Ла́мпа-то у меня́ есть, но ште́псель ещё не поста́влен. I have the lamp, but the socket hasn't been installed yet. — Ште́псель испо́ртился, ви́лка не влеза́ет. The socket is broken; you can't put the plug in.

што́пать to darn. Кто вам што́пает носки́? Who darns your socks?

што́пор corkscrew.

што́ра shade. Опусти́те што́ры, со́лнце сли́шком я́ркое. Draw the shades; the sun is too bright.

штраф fine. Его́ присуди́ли к небольшо́му штра́фу. He was given a small fine.

штрафно́й penalty. Нам забили гол штрафны́м уда́ром. They scored a goal against us on a penalty kick.

штрафова́ть (/pct: о-/).

шту́ка piece. Э́ти карандаши́ по десяти́ копе́ек шту́ка. These pencils are ten kopeks apiece. • bolt. Мы купи́ли шту́ку полотна́ на про́стыни. We bought a bolt of linen for bed sheets. • trick. Они́ на вся́кие шту́ки пуска́ются. They tried all sorts of tricks. • point. В том то и вся штука! That's the whole point. • thing. Там и заку́ска была́ ра́зная, и во́дка, и вся́кая така́я шту́ка. They had quite a snack there; hors d'oeuvres, vodka, and all sorts of things. • thingumajig. Что э́то за шту́ка у вас на столе́ лежи́т? What's that thingumajig you have on the table?

□ Ну, э́то всё шту́ки! It's all put on. • Вот так шту́ка! А я ду́мал, что вы давно́ уе́хали. What do you know! I thought you left long ago.

штукату́рить (/pct: о-/).

штукату́рка plaster. Тут штукату́рка с потолка́ обвали́лась. The plaster fell down from the ceiling here.

штык (-а́) bayonet.

шу́ба fur coat. Вам нра́вится моя́ шу́ба? Do you like my fur coat?

□ Мой брат даст вам свою́ ста́рую медве́жью шу́бу. My brother will give you his old bearskin coat. • *Что мне шу́бу шить из его́ извине́ний, что ли? What good are excuses? The damage is already done.

шум (/g -у/) noise. У́личный шум сюда́ соверше́нно не доно́сится. You can't hear street noises here. • racket. У вас всегда́ тако́й шум во вре́мя переме́н? Do you always have such a racket between classes? • din. Из-за шу́ма его́ почти́ не́ было слы́шно. You could hardly hear him speak above the din. • uproar. Э́та исто́рия наде́лала когда́-то мно́го шу́му. At one time that event created quite an uproar.

шуме́ть (-млю́, -ми́т/pct: про-/) to make noise. Нельзя́ ли попроси́ть сосе́дей не шуме́ть? Could we ask the neighbors not to make so much noise?

□ Ребя́та шумя́т и протесту́ют. The boys are raising the roof in protest. • Его́ и́мя когда́-то шуме́ло на весь мир. At one time his name was on everybody's lips all over the world. • По́сле вчера́шней попо́йки у меня́ ещё шуми́т в голове́. I've still got a big head from yesterday's drinking party.

шу́мный noisy. Они́ живу́т на о́чень шу́мной у́лице. They live on a very noisy street.

□ **шу́мно** noisy. В ко́мнате ста́ло ве́село и шу́мно. The room became gay and noisy.

шу́рин brother-in-law (wife's brother).

шурша́ть (-шу́, -ши́т) to rustle. Переста́ньте шурша́ть газе́той. Stop rustling the paper.

шути́ть (шучу́, шу́тит) to joke. Вы шу́тите! You're joking! — Ну не серди́тесь, я сказа́л э́то шутя́! Don't be angry. I was only joking! — Э́тим не шу́тят! That's no joke! • to fool around. Вы с ним не шути́те — он уже́ в шко́лу хо́дит. You just don't fool around with him; he's already going to school.

□ *Чем чорт не шу́тит! Попро́бую и я срази́ться с ва́ми. Well, I'll take my chances and play a game with you too. • Не шути́те с огнём! Don't play with fire! • Мне говори́ли: с моско́вскими моро́зами не шути́! I was told that the bitter cold in Moscow is no joke!

шу́тка joke. Ну не серди́тесь, я сказа́л э́то в шу́тку. Come on, don't be angry; I said it as a joke. — До́лжен вам сказа́ть, что э́то была́ глу́пая шу́тка. I don't mind telling you, it was a stupid joke. — Бро́сьте глу́пости, мне не до шу́ток. Stop fooling around; I'm in no mood for joking.

□ Он рассерди́лся не на шу́тку. He really got angry. • Шу́тки в сто́рону, дава́йте поговори́м серьёзно. Enough kidding; let's talk seriously. • Посиди́те до́ма, ва́ша просту́да не шу́тка. Stay at home. You've really got a cold. • Шу́тка сказа́ть — в его́ го́ды сто́лько рабо́тать! It's really something for a man of his age to work so hard. • Шу́тки шу́тите? Are you kidding? • Истра́тить сто

553

рубле́й — для нас не шу́тка. It's no small matter for us to spend a hundred rubles.

шутли́вый joking. Они́ вели́ шутли́вый разгово́р. They carried on a joking conversation. • funny. Ему́ да́ли шутли́вое про́звище. They gave him a funny nickname.

шучу́ *See* **шути́ть.**

шью *See* **шить.**

Щ

щаве́ль (-ля́ *M*) sorrel, sour green.

щади́ть to have mercy on. Они́ не щади́ли да́же дете́й. They didn't have mercy even on children. • to spare. Он не щади́т свои́х сил. He doesn't spare himself.

щажу́ *See* **щади́ть.**

щеголя́ть to strut around. Она́ лю́бит щеголя́ть в но́вых наря́дах. She likes to strut around in a new outfit. • to parade around. Что́ это вы в тако́й моро́з в ле́тнем пальто́ щеголя́ете? Why are you parading around in a spring coat on such a cold day? • to show off. Он щеголя́ет свои́м зна́нием ру́сского языка́. He's showing off his knowledge of Russian.

ще́дрый (*sh* щедр, -дра́) generous. Он сде́лал ще́дрый взнос в по́льзу Кра́сного креста́. He made a generous contribution to the Red Cross. — Вот кака́я ще́драя же́нщина! What a generous woman she is! • liberal. Он щедр на обеща́ния. He's liberal with his promises. • lavish. Он щедр на похвалы́. He's lavish with his praise.

□ **ще́дро** generously. Он ще́дро раздаёт папиро́сы. He gives out cigarettes generously.

щека́ (*P* щёки, щёк, щека́м) cheek. У меня́ щека́ распу́хла. My cheek is swollen.

□ ***упи́сывать за о́бе щеки́** to gulp down. Ви́дно щи ему́ нра́вятся — ишь, как упи́сывает за о́бе щеки́! He must like cabbage soup. Look how he's gulping it down!

□ Он уда́рил ма́льчика по щеке́. He slapped the boy in the face.

щёлкать (/*pct:* щёлкнуть/) to chatter. Он щёлкает зуба́ми от хо́лода. His teeth are chattering from the cold. • (*no pct*) to crack. Вы лю́бите щёлкать оре́хи? Do you like to crack nuts?

щёлкнуть (*pct of* **щёлкать**) to snap shut. Я слы́шал, как щёлкнул замо́к. I heard the lock snap shut.

щель (*P* -ли, -ле́й *F*) slit. Возьми́те до́ску и заколоти́те щель в забо́ре. Take a board and nail up the slit in the fence. • crevice. Они́ зама́зывали все ще́ли в стене́. They were filling in all the crevices in the wall. • cranny. Тут изо всех щеле́й ду́ет. There are drafts from every nook and cranny here. • peephole. Де́ти смотре́ли на футбо́льное состяза́ние сквозь щель в забо́ре. The children were watching the soccer game through a peephole in the fence. • crack. Заде́лайте э́ту щель в перегоро́дке. Fix the crack in that partition.

щено́к (-нка́/*P* щеня́та, -ня́т, -ня́там/) puppy. На́ша соба́ка принесла́ шестеры́х щеня́т. Our dog had a litter of six puppies.

щепети́льный correct. Не бу́дьте сли́шком щепети́льны! Don't be so damned correct!

□ **щепети́льно** scrupulously. Я его́ зна́ю как щепети́льно че́стного челове́ка. I know him as a scrupulously honest man.

ще́пка kindling. Наколи́те щепо́к для самова́ра. Chop some kindling for the samovar.

□ Он худо́й, как ще́пка. He's as thin as a rail.

щепо́тка pinch. Щепо́тки со́ли бу́дет доста́точно. Just a pinch of salt will be enough.

щётка brush. Вот вам щётка, почи́стите себе́ костю́м. Here, use this brush on your suit.

□ **зубна́я щётка** toothbrush. Я, как всегда́, забы́л свою́ зубну́ю щётку. I forgot my toothbrush, as usual.

щётка для ногте́й nailbrush. Да́йте мне, пожа́луйста, ва́шу щётку для ногте́й. Give me your nailbrush, please.

щи (щей *P*) schi, cabbage soup. У нас сего́дня к обе́ду све́жие щи. We're having fresh cabbage soup for dinner today.

щипцы́ (-пцо́в *P*) nutcracker. Не щёлкайте оре́хов зуба́ми, вот вам щипцы́. Don't crack the nuts with your teeth; here's a nutcracker. • forceps. Он и а́хнуть не успе́л, как врач наложи́л щипцы́ и вы́дернул зуб. Before he knew it, the dentist stuck the forceps into his mouth and pulled out the tooth.

□ **щипцы́ для зави́вки** curling irons.

щи́пчики (-ков *P*).

□ **щи́пчики для са́хара** sugar tongs.

щит (-а́) shield. Это стари́нный щит. This is an ancient shield. • (display) board. Не забу́дьте посмотре́ть щит с фотогра́фиями у вхо́да на вы́ставку. Be sure to look at the photograph board at the entrance to the exhibition.

□ **распредели́тельный щит** switchboard.

щу́ка pike. Я пойма́л огро́мную щу́ку. I caught an enormous pike.

щу́пать to touch. Когда́ я щу́паю э́ту о́пухоль, я чу́вствую си́льную боль. When I touch this swollen spot, I feel pain.

□ Не́чего щу́пать его́ пульс, я и так ви́жу, что у него́ жар. There's no sense taking his pulse; I can see he has a fever.

Э

эвакуа́ция evacuation.

эвакуи́ровать (*both dur and pct*) to evacuate. Де́ти и старики́ бы́ли эвакуи́рованы в пе́рвую о́чередь. The children and the aged were the first to be evacuated. — Мы эвакуи́ровали заво́ды вглубь страны́. We evacuated factories into the interior.

эволю́ция evolution.

эго́ст egoist.

эгойстка egoist *F*.

экзамен examination, exam, test. Вы выдержали экзамены? Did you pass the exams? — Я очень боюсь провалиться на экзамене. I'm very much afraid that I'll flunk the exam.

экземпляр copy. У нас не осталось ни одного экземпляра этого словаря. We haven't even got one copy of this dictionary left. — Перепишите, пожалуйста, эту бумагу в двух экземплярах. Make two copies of this document, please. • specimen. Не потеряйте этой марки, это очень редкий экземпляр. Don't lose this stamp. It's a very rare specimen.

экипаж (*M*) carriage. Это старинный экипаж. That's an old-fashioned carriage. • ship's crew. Большая часть экипажа сейчас на берегу. Most of the ship's crew went ashore.

экономика economics.

экономить (/*pct:* с-/) to economize. Мы всячески стараемся экономить. We're trying to economize every way we can. — Экономьте на чём угодно, только не на еде. Economize on whatever you want, but not on food. • to save. Нам придётся экономить топливо. We have to save on fuel.

экономический economic. Он читает курс экономической географии. He gives a course in economic geography.

☐ **экономические науки** economics. Я интересуюсь экономическими науками. I'm interested in economics.

экономический кризис depression. У вас в стране тогда, кажется, был экономический кризис? Was there a depression in your country at that time?

экономия saving. Этим способом вы добьётесь большой экономии времени. There's a big saving of time by this method.

☐ **режим экономии** anti-waste program. На всех заводах был введён строжайший режим экономии. An anti-waste program of the strictest sort was carried on in all factories.

☐ Теперь надо вводить режим экономии, а то не дотянем до получки. We've got to count our pennies· otherwise we won't be able to make both ends meet until payday. • Ей приходится соблюдать экономию. She has to be very thrifty.

экономный thrifty. Она экономная хозяйка. She's a thrifty housewife.

☐ **экономно** economically. Моя мать ведёт хозяйство очень экономно. My mother runs the household very economically.

экран screen. Сядем поближе к экрану. Let's sit closer to the screen. — Она известная звезда экрана. She's a well known screen star.

экскурсия trip. Мы едем на три дня в экскурсию в горы. We're going on a three-day trip into the mountains. • excursion. Не хотите ли вы присоединиться к нашей экскурсии? Would you like to come on our excursion?

эксплоататор exploiter.

экспорт export.

экстренный extra. У меня были экстренные расходы, и все деньги ушли. I had some extra expenses and all my money is gone.

☐ **экстренное издание** extra (newspaper). В этот день газета выпустила экстренное издание. The paper put out an extra that day.

экстренно urgently. Зачем он вам так экстренно понадобился? Why do you need him so urgently? • at

once. Мне необходимо экстренно выехать. I have to leave town at once.

элеватор grain elevator.

электрический electric.

☐ **электрическая лампочка** electric bulb.

электрическая станция *See* электростанция.

электрический утюг electric iron.

электричество electricity. У вас квартира с электричеством? Does your apartment have electricity? • light. Потушите электричество! Turn the light off. — Зажгите электричество. Turn the light on.

электростанция power house, power station.

элемент element.

эмиграция emigration. Эмиграция из России в Америку шла главным образом в конце девятнадцатого века. Emigration from Russia to America was at its height toward the end of the Nineteenth Century. • exile. Многие из нынешних советских политических деятелей до революции жили в эмиграции. Many of the present-day Soviet political leaders lived in exile before the Revolution. • emigrés. Эта книга пользуется большим успехом среди русской эмиграции в Америке. This book is widely read by the Russian emigrés in America.

энергичный energetic. Он человек энергичный. He's an energetic person. • strong. Пришлось принять энергичные меры. We had to take strong measures.

☐ **энергично** vigorously. Они энергично взялись за дело. They went at the matter vigorously.

энергия energy. Он посвящает этому делу всю свою энергию. He devotes all his energy to this matter. • vigor. Он полон сил и энергии. He's full of vim and vigor.

☐ **электрическая энергия** electrical energy, electric power.

эпидемия epidemic.

эпоха epoch, period.

эстрада platform. Оратор вышел на эстраду. The speaker came up on the platform.

эта (/*n F of* этот/).

этаж (-а́ *M*) floor. В нашем доме пять этажей. There are five floors in our house. — На каком этаже ваша комната? What floor is your room on? — Я живу в верхнем этаже. I live on the top floor.

☐ **нижний этаж** ground floor.

этажерка bookcase. Поставьте книги на этажёрку. Put the book in the bookcase. • rack. А в этот угол вы можете поставить этажёрку для нот. You can put your sheet-music rack in this corner.

эти (/*np of* этот/).

этикетка label. На бутылке есть этикетка с надписью: яд. There's a label on the bottle with "poison" written on it.

этичный ethical. Это был не совсем этичный поступок. That wasn't a very ethical thing to do.

☐ **этично** ethical. С нашей точки зрения это не этично. It's not very ethical from our point of view.

это¹ (/*na N of* этот/).

это² that. Кто это с вами поздоровался? Who's that who greeted you? — Кто это приехал? Who's that who arrived? • this. Ну, что это такое! What the devil is this?

☐ Куда это вы собрались? Where are you bound for? • Что вы так развеселились? What are you so happy about? • Вы что же это? Всю работу нам испортить хотите? What's the matter with you? Do you want to spoil all our work? ● И заче́м это я впу́тался в э́то де́ло! Why did I ever let myself get mixed up in this affair? ● Ка́к бы это повида́ться с ним? How can I get to see him?

э́тот (§17) this, that. Э́тот перево́д никуда́ не годи́тся. This translation is absolutely no good. — Я э́того челове́ка не зна́ю. I don't know this man. — Я ду́маю после́довать э́тому сове́ту. I think I'll follow this advice. — Э́тим карандашо́м невозмо́жно писа́ть. It's impossible to write with this pencil. — Они́ живу́т в э́том до́ме. They live in this house. — Э́та рабо́та мне по душе́. This work agrees with me. — Я э́той кни́ги не чита́л. I didn't read this book. — Э́то пла́тье вам не идёт. This dress doesn't become you. — Э́тим ле́том мы пое́дем к мо́рю. This summer we're going to the seashore. — Э́тим вы ещё ничего́ не доказа́ли. You haven't as yet proved anything by this. — Э́ти америка́нцы то́лько вчера́ прие́хали. These Americans arrived only yesterday. — Да́йте мне э́ти пи́сьма, пожа́луйста. Give me these letters, please. — Без э́тих словаре́й я не могу́ продолжа́ть рабо́ту. I can't get my work done without these dictionaries. —

Я э́тим слу́хам не ве́рю. I don't believe those rumors. — С э́тими рекоменда́циями вас наве́рно при́мут на рабо́ту. You'll certainly get the job with those recommendations. — Э́то вы́ так ду́маете! That's what you think! ● this one. Каку́ю ко́мнату вы берёте, э́ту и́ли ту? Which room are you taking, this one or the other? — Здесь две крова́ти. Я бу́ду спать на э́той, а мой сын — на той. Here are two beds. I'll sleep on this one and my son on that one. — Те уста́ли, э́ти за́няты — ничего́ не вы́йдет из на́шей вечери́нки! Those are tired; these are busy — there won't be any party. ● it. Я об э́том не слыха́л. I haven't heard about it. — Ничего́ с э́тим не поде́лаешь! Nothing can be done about it. — На э́том мы и пореши́ли. We decided on it then. — Э́то то́лько и́здали так ка́жется. It only looks like that at a distance.

  □ **при э́том** as well. Он и умён да при э́том ещё упря́м. Not only is he unintelligent, but he's stubborn as well.

  □ Ох, уж э́ти мне профессора́! That's just like a professor!

э́хо echo.

Ю

юбиле́й anniversary. Сего́дня двадцатипятиле́тний юбиле́й его́ рабо́ты на заво́де. Today is his twenty-fifth anniversary at the factory.

ю́бка skirt. В ю́бке рабо́тать неудо́бно. It's not comfortable to work in a skirt. — Не слу́шайте его́, он за вся́кой ю́бкой гото́в бе́гать. Pay no attention to him; he'll chase any skirt.

  □ *Он привы́к держа́ться за ма́менькину ю́бку. He's tied to his mother's apron strings.

юбо́к See **ю́бка**.

юг south. Сего́дня ве́тер ду́ет с ю́га. The wind is blowing from the south today. — По́сле боле́зни его́ посла́ли на юг. They sent him south after his illness.

  □ Э́то окно́ выхо́дит на юг. This window has a southern exposure.

ю́жный southern. Я не привы́к к ю́жному со́лнцу. I'm not used to the southern sun. — У него́ ю́жный акце́нт. He has a southern accent.

ю́мор humor. Беда́ в том, что у него́ нет чу́вства ю́мора. The trouble is, he has no sense of humor. — Вы уже́ понима́ете ру́сский ю́мор? Do you already understand Russian humor?

юмористи́ческий humor. Э́то юмористи́ческий журна́л. This is a humor magazine.

  □ А вы бы отнесли́сь к э́тому юмористи́чески! Why don't you just laugh it off?

ю́ноша (gp -шей M) young fellow. Кто э́тот ю́ноша? Who's this young fellow?

ю́ный (sh -на́) young.

  □ **ю́ные пионе́ры** young pioneers.

юрисконсу́льт legal adviser. Я до́лжен поговори́ть с на́шим юрисконсу́льтом. I have to speak to our legal adviser.

юри́ст lawyer. Пуска́й об э́том юри́сты спо́рят. Let the lawyers argue about this.

Я

я (ga меня́, dl мне, i мной, мно́ю, §21) I. Я сего́дня уезжа́ю. I'm leaving today. — *Не я бу́ду, е́сли не добью́сь от него́ объясне́ния. I'm going to get an explanation from him if it's the last thing I do. — Мне сего́дня вы́рвали зуб. I had a tooth pulled today. — Меня́ кло́нит ко сну. I feel sleepy. — Мне не хо́чется туда́ идти́. I don't feel like going there. — Отку́да мне знать? How should I know? — Сего́дня ве́чером меня́ не бу́дет до́ма. I won't be home tonight. — Мне э́то совсе́м не нра́вится. I don't like it at all. — Мне нездоро́вится. I don't feel well. — Мно́ю руководи́ло чу́вство жа́лости. I only did it out of pity. ● me. Все ва́ши друзья́, и я в том числе́, кла́няются вам. All your

friends, including me, send you their greetings. — Вы ко мне? Have you come to see me? — Не тро́гайте меня́ сего́дня, я не в ду́хе. Don't bother me today; I'm not in a good mood. — Е́сли вы мной недово́льны, почему́ же не ска́жете пря́мо? If you aren't satisfied with me, why don't you say so? — Не беспоко́йтесь обо мне́. Don't worry about me. — Иде́мте со мно́й! Come with me! — Не говори́те мне о нём. Don't speak to me about him.

  □ **у меня́** I have. У меня́ сего́дня стра́шная головна́я боль. I have a terrible headache today. ● in my house. Он вчера́ был у меня́. He was in my house yesterday.

у меня́ есть I have. У меня́ уже́ есть биле́т. I have a ticket already.

у меня́ нет I haven't. У меня́ нет ни гроша́. I haven't got a cent.

я́блоко (*P* я́блоки, я́блок *or* я́блоков, я́блокам) apple. Я вам оста́вила не́сколько печёных я́блок. I left a few baked apples for you.

□ *Тут я́блоку упа́сть не́где. It's so crowded here you just can't get anyone else in.

я́блоня apple tree. Приезжа́йте к нам в ма́е, когда́ у нас я́блони в цвету́. Come visit us in May, when our apple trees are in bloom.

□ *Я́блочко от я́блони недалеко́ па́дает. He's a chip off the old block.

яви́ться (*pct of* явля́ться) to appear. Вы должны́ обяза́тельно яви́ться в суд. You must positively appear in court. • to come. Его́ прие́зд яви́лся для меня́ большо́й неожи́данностью. His arrival came as a big surprise to me. • to show up. Он яви́лся в после́дний моме́нт. He showed up at the last moment.

□ У меня́ яви́лась блестя́щая мысль. I was struck with a brilliant idea.

я́вка attendance. Репети́ция в два часа́, я́вка обяза́тельна. The rehearsal is at two o'clock. Attendance is compulsory.

явля́ться (/*dur of* яви́ться/) to report. Пора́ бы́ло бы знать, что на слу́жбу ну́жно явля́ться во́-время. It's about time you knew that you've got to report for work on time.

я́вный evident. Не огорча́йтесь, тут я́вное недоразуме́ние. Don't worry; that's evidently a misunderstanding. • sheer. Э́то я́вная небре́жность. It's sheer carelessness. • downright. Он говори́т я́вную ерунду́. He's talking downright nonsense. • obvious. Слу́шайте, да ведь э́то же я́вная ложь. Look here, this is an obvious lie.

□ я́вно obviously. Он нас я́вно избега́ет. He's obviously avoiding us.

ягнёнок (-нка, *P* ягня́та, ягня́т, ягня́там) lamb.

я́года berry. Что э́то за я́года? What kind of berries are these?

□ ви́нная я́года dried fig. Да́йте мне свя́зку ви́нных я́год. Give me a string of dried figs.

по я́годы to pick berries. Де́ти пошли́ в лес по я́годы. The children went into the forest to pick berries.

□ *Сра́зу ви́дать — он с ним одного́ по́ля я́года. Birds of a feather flock together.

яд poison. На буты́лке напи́сано — яд. This bottle is marked poison. • venom. Ско́лько я́ду в ва́ших слова́х! Your words are just dripping venom.

ядови́тый poisonous. Не бо́йтесь, э́ти грибы́ не ядови́тые. Don't be afraid; these mushrooms aren't poisonous.

□ Он ядови́то усмехну́лся. He sneered.

язви́тельный sarcastic. Не обраща́йте внима́ния на его́ язви́тельные замеча́ния. Don't pay any attention to his sarcastic remarks.

язы́к (-а́) tongue. Како́й ваш родно́й язы́к? What is your native tongue? — Осторо́жнее с ним, у него́ дли́нный язы́к. Be careful with him; he has a long tongue. — Опя́ть я что́-то сболтну́л! Ох, язы́к мой — враг мой! Oh, my tongue is my worst enemy; I let something slip again. — Что вы, язы́к проглоти́ли? Has the cat got your tongue? • language. Вы, ви́дно, спосо́бны к языка́м. You evidently

have a gift for languages. — *Пока́ вы не заговори́те его́ языко́м, он не поймёт. You've got to talk his language to make him understand.

□ держа́ть язы́к за зуба́ми to keep things to oneself. *Не беспоко́йтесь, он уме́ет держа́ть язы́к за зуба́ми. Don't worry. He knows how to keep things to himself.

копчёный язы́к smoked tongue. Вы лю́бите копчёный язы́к? Do you like smoked tongue?

□ Он объясня́лся со мной на ло́маном ру́сском языке́. He talked to me in broken Russian. • Не́чего языко́м чеса́ть! Enough of this idle talk! • Злы́е языки́ говоря́т, что ва́шего прия́теля вы́гнали за неспосо́бность. The gossip is that your friend was fired for lack of ability. • У меня́ язы́к не повернýлся сказа́ть э́то. I couldn't bring myself to say it.

яи́ц *See* яйцо́.

яи́чница ([-šnj-]).

□ яи́чница болту́шка scrambled eggs.

яи́чница глазу́нья fried eggs.

яйцо́ (*P* я́йца, яи́ц, я́йцам) egg.

□ яйцо́ вкруту́ю hard-boiled egg.

яйцо́ в мешо́чек three-minute egg.

яйцо́ всмя́тку soft-boiled egg.

□ Всё э́то вы́еденного яйца́ не сто́ит! All that isn't worth a damn!

я́корь (/*P* -ря́, -ре́й/*M*) anchor. А мо́жно тут бро́сить я́корь? Can you drop anchor around here?

□ Ря́дом стоя́ло на я́коре не́сколько рыба́чьих ло́док. Several fishing boats were anchored near by. • Мора́льная подде́ржка ста́рых друзе́й оказа́лась для него́ я́корем спасе́ния. The moral support of his friends helped see him through the crisis.

я́ма pit. Осторо́жно, не свали́тесь в я́му. See that you don't fall into the pit. • trap. *Не рой друго́му я́мы, сам в неё попадёшь. Careful you don't fall into your own trap.

янва́рь (-ря́ *M*) January.

я́ркий (*sh* -рка́; *ср* я́рче; ярча́йший) bright. Я не люблю́ я́рких цвето́в. I don't like bright colors.

□ я́рко brightly. Отчего́ э́то его́ дом так я́рко освещён? Why is his house so brightly lighted? • colorfully. Его́ после́дний рома́н о́чень я́рко напи́сан. His latest novel is very colorfully written.

ярлы́к (-а́) label. Прове́рьте, на всех ли чемода́нах накле́ен ярлы́к: "Досмо́трено Тамо́жней". See if all the bags have this label: "Customs Inspected." — Да́йте мне вон ту буты́лку, с си́ним ярлыко́м. Give me that bottle over there with the blue label.

я́рмарка fair. Я купи́ла э́тот плато́к на я́рмарке. I bought this kerchief at the fair.

□ Что э́то тут за я́рмарка? Прекрати́те шум. What is this, a boiler factory? Cut out that noise.

ярово́й

□ ярова́я пшени́ца spring wheat.

яровы́е spring crop.

я́рус

□ второ́й я́рус second balcony. Ско́лько сто́ит ло́жа второ́го я́руса? How much does a box in the second balcony cost?

пе́рвый я́рус first balcony.

я́рче *See* я́ркий.

я́сли (я́слей *P*) trough. Почему́ нет се́на в я́слях? Why isn't there hay in the trough? • day nursery. При на́шем заводе организованы ясли. They've organized a day nursery at our factory.

ясный (*sh* -сна́) clear. Кака́я сего́дня я́сная моро́зная ночь. What a clear, cold night it is! — Ещё бы не поня́ть по́сле тако́го я́сного объясне́ния! How could I possibly not understand it after such a clear explanation? — У вас о́чень я́сный по́черк. You have a very clear handwriting. • clearly. Ну, я́сное де́ло, э́то его́ рабо́та. Well, it's clearly his doing.

☐ **я́сно** bright. Сего́дня на дворе́ я́сно. It's a bright day today. • clearly. Тепе́рь я я́сно ви́жу свою́ оши́бку. Now I see my mistake clearly. • clear. Тепе́рь мне всё я́сно. Now everything is clear to me.

ячме́нь (-ня́ *M*) barley. Мы сбем мно́го ячменя́. We saw lots of barley.

☐ У него́ ячме́нь на глазу́. He has a sty in his eye.

я́щик drawer. Все бума́ги — в ни́жнем я́щике пи́сьменного стола́. All the papers are in the lower drawer of the desk. — Положи́те бельё в ве́рхний я́щик комо́да. Put the linen in the top drawer of the chest. • case. Я сдал в бага́ж чемода́н и я́щик с кни́гами. I checked through a suitcase and a case of books. • box. Что в э́том большо́м я́щике? What's in this big box?

☐ **му́сорный я́щик** garbage can. Где тут му́сорный я́щик? Where's the garbage can?

☐ Не сове́тую откла́дывать э́того де́ла в до́лгий я́щик. I'm advising you not to put this thing off indefinitely.

APPENDIX 1

Gazetteer

A. CONTINENTS AND PEOPLES

Австра́лия	Australia	австрали́йский	Australian (adjective)	австрали́ец	Australian (person)
А́зия	Asia	азиа́тский	Asiatic	азиа́т	Asiatic
Аме́рика	America	америка́нский	American	америка́нец	American
Се́верная Аме́рика	North America	се́веро-америка́нский	North American	——	——
Центра́льная Аме́рика	Central America	——	——	——	——
Ю́жная Аме́рика	South America	ю́жно-америка́нский	South American	——	——
А́фрика	Africa	африка́нский	African	африка́нец	African
Евро́па	Europe	европе́йский	European	европе́ец	European

B. COUNTRIES AND PEOPLES

А́встрия	Austria	австри́йский	Austrian	австри́ец	Austrian
Аля́ска	Alaska	аля́скский	Alaskan	——	——
А́нглия	England	англи́йский	English	англича́нин	Englishman
Ара́вия	Arabia	ара́бский	Arabian, Arabic	ара́б	Arabian, Arab
Аргенти́на	Argentina	аргенти́нский	Argentinian	аргенти́нец	Argentinian
Афганиста́н	Afghanistan	афга́нский	Afghan	афга́нец	Afghan
Бе́льгия	Belgium	бельги́йский	Belgian	бельги́ец	Belgian
Би́рма	Burma	бирма́нский	Burmese	бирма́нец	Burmese
Болга́рия	Bulgaria	болга́рский	Bulgarian	болга́рин	Bulgarian
Боли́вия	Bolivia	боливи́йский	Bolivian	боливи́ец	Bolivian
Брази́лия	Brazil	брази́льский	Brazilian	брази́льнец	Brazilian
Великобрита́ния	Great Britian	брита́нский	British	брита́нец	Briton
Ве́нгрия	Hungary	венге́рский	Hungarian	венге́рец	Hungarian
Венецуэ́ла	Venezuela	венецуэ́льский	Venezuelian	венецуэ́лец	Venezuelian
Герма́ния	Germany	неме́цкий	German	не́мец	German
Голла́ндия	Holland	голла́ндский	Dutch	голла́ндец	Dutchman
Гре́ция	Greece	гре́ческий	Greek	грек	Greek
Да́ния	Denmark	да́тский	Danish	датча́нин	Dane
Еги́пет	Egypt	еги́петский	Egyptian	египтя́нин	Egyptian
Ира́к	Iraq	——	——	——	——
Ира́н	Iran, Persia	ира́нский, перси́дский	Iranian, Persian	ира́нец, перс	Iranian, Persian
Ирла́ндия	Ireland	ирла́ндский	Irish	ирла́ндец	Irishman
Исла́ндия	Iceland	исла́ндский	Icelandic	исла́ндец	Icelander
Испа́ния	Spain	испа́нский	Spanish	испа́нец	Spaniard
Ита́лия	Italy	италья́нский	Italian	италья́нец	Italian
Кана́да	Canada	кана́дский	Canadian	кана́дец	Canadian
Кита́й	China	кита́йский	Chinese	кита́ец	Chinese
Колу́мбия	Columbia	колумби́йский	Columbian	колумби́ец	Columbian
Люксембу́рг	Luxemburg	люксембу́ргский	Luxemburgian	люксембу́ржец	Luxemburgian
Манчжу́рия	Manchuria	манчжу́рский	Manchurian	манчжу́р	Manchurian
Ме́ксика	Mexico	мексика́нский	Mexican	мексика́нец	Mexican
Монго́лия	Mongolia	монго́льский	Mongol	монго́л	Mongol
Норве́гия	Norway	норве́жский	Norwegian	норве́жец	Norwegian
Пана́ма	Panama	пана́мский	Panamian	пана́мец	Panamian
Парагва́й	Paraguay	парагва́йский	Paraguayan	парагва́ец	Paraguayan
По́льша	Poland	по́льский	Polish	поля́к	Pole
Португа́лия	Portugal	португа́льский	Portuguese	португа́лец	Portuguese

559

Россия (СССР)	Russia (USSR)	русский	Russian	русский	Russian
Румыния	Rumania	румынский	Rumanian	румын	Rumanian
Соединённые Штаты Америки (США)	United States	американский	United States, American	американец	American
Турция	Turkey	турецкий	Turkish	турок	Turk
Уругвай	Uruguay	уругвайский	Uruguayan	уругваец	Uruguayan
Финляндия	Finland	финляндский, финский	Finnish	финляндец, финн	Finn
Франция	France	французский	French	француз	Frenchman
Чехословакия	Czechoslovakia	чехословацкий	Czechoslovak	———	———
Чили	Chile	чилийский	Chilean	чилиец	Chilean
Швейцария	Switzerland	швейцарский	Swiss	швейцарец	Swiss
Швеция	Sweden	шведский	Swedish	швед	Swede
Эквадор	Ecuador	эквадорский	Ecuadorian	эквадорец	Ecuadorian
Югославия	Yugoslavia	югославский	Yugoslav	———	———
Япония	Japan	японский	Japanese	японец	Japanese

C. ISLANDS

Аландские острова	Aland Islands	Новая земля	Novaya Zemlya
Алеутские острова	Aleutian Islands	Сахалин	Sakhalin

D. BODIES OF WATER

Адриатическое море	Adriatic Sea	Карское море	Kara Sea
Азовское море	Azov (the Sea of)	Каспийское море	Caspian Sea
Аральское море	Aral Sea	Красное море	Red Sea
Атлантический океан	Atlantic Ocean	Ладожское озеро	Lake Ladoga
Байкал	Baikal (*lake*)	Ледовитый океан (Северный)	Arctic Ocean
Балкаш	Balkash (*lake*)		
Балтийское море	Baltic Sea	Онежское озеро	Lake Onega
Баскунчакское озеро	Baskounchak (*lake*)	Северное море	North Sea
Белое море	White Sea	Средиземное море	Mediterranean Sea
Берингово море	Bering Sea	Тихий океан (Великий океан)	Pacific Ocean
Берингов пролив	Bering Strait		
Босфор	Bosporus	Чёрное море	Black Sea
Дарданеллы	Dardanelles	Чукотское море	Chukot Sea
Ильмень	Lake Ilmen	Эльтон озеро	Elton Lake

E. RIVERS

Аму-Дарья	Amu Darya	Кубань	Kuban
Амур	Amur	Кура	Kura
Ангара	Angara	Лёна	Lena
Березина	Beresina	Нева	Neva
Буг	Bug	Нёман	Niemen
Висла	Vistula	Обь	Ob
Волга	Volga	Ока	Oka
Десна	Desna	Онега	Onega
Днепр	Dnieper	Печора	Pechora
Дон	Don	Прут	Prut
Донец	Donetz	Рейн	Rhine
Дунай	Danube	Северная Двина	North Dvina
Енисей	Yenisei	Сыр-Дарья	Syr Darya
Западная Двина	Western Dvina	Терек	Terek
Иртыш	Irtish	Тобол	Tobol
Кама	Kama		

F. MOUNTAINS

Алтай	Altai	Кавказ	Caucasus
Альпы	Alps	Казбек	Kasbek
Благодать	Blagodat	Карагандские горы	Karaganda Mountains
Валдайская возвышенность	Valdai Hills	Кара-Кум	Karakum

Карпа́тские го́ры	Carpathian Mountains	Та́тры	Tatra Mountains
Кры́мские го́ры	Crimean Mountains	Те́нгра пик	Tengra (peak)
Пами́р	Pamir	Тянь-Ша́нь	Tian-Shan
пик Ле́нина	Lenin (peak)	Ура́л	Ural
пик Ста́лина	Stalin (peak)	Эльбру́с	Elbrus
Пирене́и	Pyrenees		

G. CITIES, TOWNS, ETC.

Russian Cities

А́лма-Ата́	Alma-Ata	Майко́п	Maikop
Андижа́н	Andizhan	Маке́евка	Makeevka
Армави́р	Armavir	Минск	Minsk
Арте́мовск	Artemovsk	Минусси́нск	Minussinsk
Арха́нгельск	Archangel	Мичури́нск	Michurinsk
А́страхань	Astrakhan	Москва́	Moscow
Барнау́л	Barnaul	Мурма́нск	Murmask
Бату́ми	Batum	Нахичева́нь	Nakhichevan
Белосто́к	Belostock	Никола́ев	Nikolaev
Берди́чев	Berdichev	Никопо́ль	Nikopol
Благове́щенск	Blagoveshensk	Но́вгород	Novgorod
Брянск	Briansk	Новоросси́йск	Novorossisk
Ви́льна	Vilna	Новосиби́рск	Novosibirsk
Ви́тебск	Vitebsk	Оде́сса	Odessa
Владивосто́к	Vladivostok	Омск	Omsk
Во́логда	Vologda	Орёл	Orel
Воро́неж	Voronezh	Оре́хово-Зу́ево	Orechovo-Zuyevo
Ворошиловогра́д	Voroshilovgrad	О́рша	Orsha
Го́мель	Gomel	Переко́п	Perekop
Го́рький	Gorky	Пермь	Perm
Гро́зный	Grozny	Петрозаво́дск	Petrozavodsk
Днепродзержи́нск	Dnieprodzerzhinsk	Пинск	Pinsk
Днепропетро́вск	Dniepropetrovsk	Полта́ва	Poltava
Ессентуки́	Esentuki	Росто́в-на-Дону́	Rostov-on-Don
Железново́дск	Zheleznovodsk	Ряза́нь	Riazan
Жито́мир	Zhitomir	Сара́тов	Saratov
Запоро́жье	Zaporozhe	Свердло́вск	Sverdlovsk
Ива́ново	Ivanovo	Севасто́поль	Sevastopol
Иошка́р-Ола́	Ioshkar-Ola	Семипала́тинск	Semipalatinsk
Ирку́тск	Irkutsk	Смоле́нск	Smolensk
Каза́нь	Kazan	Со́рмово	Sormovo
Кали́нин	Kalinin	Сталинаба́д	Stalinabad
Калу́га	Kaluga	Сталингра́д	Stalingrad
Ка́менец-Подо́льск	Kamenets-Podolsk	Ста́лино	Stalino
Каши́рская электро-ста́нция	Kashira Power Station	Ста́линск	Stalinsk
		Сыктывка́р	Siktivkar
Керчь	Kerch	Ташке́нт	Tashkent
Ки́ев	Kiev	Тобо́льск	Tobolsk
Ки́ров	Kirov	Томск	Tomsk
Кировогра́д	Kirovograd	Ту́ла	Tula
Кисловодск	Kislovodsk	Улья́новск	Ulanovsk
Комсомо́льск	Komsomolsk	Ура́льск	Uralsk
Красноя́рск	Krasnoyarsk	Уфа́	Ufa
Криво́й Рог	Krivoy Rog	Хаба́ровск	Khabarovsk
Кроншта́дт	Kronstadt	Ха́рьков	Kharkov
Ку́йбышев	Kuibishev	Херсо́н	Kherson
Кузне́цк	Kuznetsk	Челя́бинск	Cheliabinsk
Курск	Kursk	Черни́гов	Chernigov
Ленингра́д	Leningrad	Чита́	Chita
Либа́ва	Libau	Чка́лов	Chkalov
Льво́в	Lvov	Шату́рская эле́ктро-ста́нция	Shatura Power Station
Магнитого́рск	Magnitogorsk		

Эмба	Emba	Ялта	Yalta
Энгельс	Engels	Ярославль	Yaroslavl
Якутск	Yakutsk		

Other Cities

Анкара	Ankara	Кливленд	Cleveland
Асунсион	Asuncion	Копенгаген	Copenhagen
Афины	Athens	Ла Паз	La Paz
Багдад	Bagdad	Лиссабон	Lisbon
Базель	Basel	Лондон	London
Балтимора	Baltimore	Лос Анжелес	Los Angeles
Белград	Belgrade	Люблин	Lublin
Берлин	Berlin	Мадрид	Madrid
Берн	Berne	Мексико	Mexico City
Бирмингам	Birmingham	Милан	Milan
Богота	Bogota	Монреаль	Montreal
Братислава	Bratislava	Монтевидео	Montevideo
Брюссель	Brussels	Нью Иорк	New York
Будапешт	Budapest	Осло	Oslo
Бухарест	Bucharest	Оттава	Ottawa
Буэнос-Айрес	Buenos Aires	Париж	Paris
Варшава	Warsaw	Пекин	Peking
Вашингтон	Washington	Прага	Prague
Вена	Vienna	Рим	Rome
Гаага	The Hague	Рио-де-Жанейро	Rio de Janeiro
Гамбург	Hamburg	Сант-Яго	Santiago
Гельсинки	Helsinki	Сан Франциско	San Francisco
Глазго	Glasgow	София	Sofia
Детроит	Detroit	Стокгольм	Stockholm
Дублин	Dublin	Тегеран	Teheran
Кайр	Cairo	Токио	Tokyo
Калькута	Calcutta	Филадельфия	Philadelphia
Канбера	Canberra	Чикаго	Chicago
Каракас	Caracas	Чункинг	Chunking
Квито	Quito	(*See also* pp. 564 ff.	

APPENDIX 2

Weights and Measures; Money

A. MEASURES OF LENGTH

Metric System	Old Measures Still in Use or Referred to
метр....................meter (39.37 inches)	верста............................verst (0.66 mile)
сантиметр...............centimeter (0.39 inch)	сажень.............sazhen (7 feet)
миллиметр. ....millimeter (0.04 inch)	аршин.............................arshin (28 inches)
километр..................kilometer (0.62 mile)	вершок.............vershok (1.75 inches)
	фут.............................fut (1 foot)
	дюйм............................dyuim (1 inch)

B. MEASURES OF AREA

Metric System	Old Measure Still Referred to
гектар......................hectare (2.47 acres)	десятина......................desyatina (2.7 acres)

C. MEASURES OF WEIGHT

Metric System	Old Measures Still in Use or Referred to
килограмм.....................kilogram (2.2 pounds)	фунт..................................funt (0.9 pound)
грамм...........................gram (0.04 ounce)	пуд......................................pud (36.07 pounds)
тонна............................ton (2,204 pounds)	

D. LIQUID MEASURES

литр ....liter (1.05 liquid quarts)

E. COMPARATIVE TABLE OF TEMPERATURES

Centigrade	Fahrenheit	Centigrade	Fahrenheit	Centigrade	Fahrenheit	Centigrade	Fahrenheit	Centigrade	Fahrenheit	Centigrade	Fahrenheit
−50	−58	−9	15.8	3.3	38	16	60.8	28.9	84	42	107.6
−45	−49	−8.9	16	4	39.2	16.7	62	29	84.2	42.2	108
−40	−40	−8	17.6	4.4	40	17	62.6	30	86	43	109.4
−35	−31	−7.8	18	5	41	17.8	64	31	87.8	43.3	110
−34.4	−30	−7	19.4	5.6	42	18	64.4	31.1	88	44	111.2
−28.9	−20	−6.7	20	6	42.8	18.9	66	32	89.6	44.4	112
−25	−13	−6	21.2	6.7	44	19	66.2	32.2	90	45	113
−23.3	−10	−5.6	22	7	44.6	20	68	33	91.4	45.6	114
−17.8	0	−5	23	7.8	46	21	69.8	33.3	92	46	114.8
−17	1.4	−4.4	24	8	46.4	21.1	70	34	93.2	46.7	116
−16.7	2	−4	24.8	8.9	48	22	71.6	34.4	94	47	116.6
−16	3.2	−3.3	26	9	48.2	22.2	72	35	95	47.8	118
−15.6	4	−3	26.6	10	50	23	73.4	35.6	96	48	118.4
−15	5	−2.2	28	11	51.8	23.3	74	36	96.8	48.9	120
−14.4	6	−2	28.4	11.1	52	24	75.2	36.7	98	49	120.2
−14	6.8	−1.1	30	12	53.6	24.4	76	37	98.6	50	122
−13.3	8	−1	30.2	12.2	54	25	77	37.8	100	51	123.8
−13	8.6	0	32	13	55.4	25.6	78	38	100.4	52	125.6
−12.2	10	1	33.8	13.3	56	26	78.8	38.9	102	53	127.4
−12	10.4	1.1	34	14	57.2	26.7	80	39	102.2	54	129.2
−11.1	12	2	35.6	14.4	58	27	80.6	40	104	55	131
−11	12.2	2.2	36	15	59	27.8	82	41	105.8	100	212
−10	14	3	37.4	15.6	60	28	82.4	41.1	106		

F. MONEY

червóнец..........chervonets (monetary unit of the USSR)
бумáжный червóнец..paper chervonets (2-dollar bill*)
рубль...............ruble (1/10 chervonets)
копéйка.............kopek (1/100 ruble)

---

*U. S. Equivalent.

Nickel-bronze Coins

копéйка (1-kopek piece)	kopek
две копéйки (2-kopek piece)	
три копéйки (3-kopek piece)	
пятачóк, пытáк (5-kopek piece)	piatachok

Silver Coins

грúвенник (10-kopek piece)	grivennik
пятнáдцать копéек (15-kopek piece)	
двáдцать копéек (20-kopek piece)	
полтúнник (50-kopek piece)	poltinnik
рубль (1-ruble piece)	ruble

Gold Coin

| червóнец (1-chervonets piece) | chervonets |

Paper Money

рублёвая бумáжка (1-ruble bill)
трёхрублёвка (3-ruble bill)
пятирублёвка (5-ruble bill)
десятирублёвка (10-ruble bill)
червóнец (1-chervonets bill)
бумáжка в два червóнца (2-chervonets bill)
бумáжка в три червóнца (3-chervonets bill)
бумáжка в пять червóнцев (5-chervonets bill)
бумáжка в дéсять червóнцев (10-chervonets bill)
бумáжка в двáдцать пять червóнцев (25-chervonets bill)
бумáжка в пятьдесáт червóнцев (50-chervonets bill)

APPENDIX 3

Territorial and Administrative Structure of the USSR

(BY DECISIONS OF THE SUPREME SOVIET, 1940, 1941, 1944)

The USSR (the Union of Soviet Socialist Republics; Capital—Moscow) is a federation of twelve independent Union Republics, as follows:

Союзные Респýблики	Столúцы	Union Republics	Capitals
1. Россúйская Совéтская Федератúвная Социалистúческая Респýблика	Москвá	Russian Soviet Federated Socialist Republic (RSFSR)	Moscow
2. Украúнская ССР	Кúев	Ukrainian SSR	Kiev
3. Белорýсская ССР	Минск	Belorussian SSR	Minsk

Союзные Республики	*Столицы*	*Union Republics*	*Capitals*
4. Казахская ССР	Áлма-Áта	Kazakh SSR	Alma-Ata
5. Туркменская ССР	Ашхабáд	Turkmen SSR	Ashkhabad
6. Киргизская ССР	Фрýнзе	Kirghiz SSR	Frunze
7. Узбéкская ССР	Ташкéнт	Uzbek SSR	Tashkent
8. Таджикская ССР	Сталинабáд	Tadzhik SSR	Stalinabad
9. Грузинская ССР	Тбилиси	Georgian SSR	Tiflis
10. Азербайджáнская ССР	Бакý	Azerbaidzhan SSR	Baku
11. Армянская ССР	Еревáн	Armenian SSR	Erivan
12. Карéло-Финская ССР	Петрозавóдск	Karelo-Finnish SSR	Petrozavodsk

Some of the Union Republics are federations of autonomous republics, autonomous provinces, and national regions.

РСФСР

RUSSIAN SFSR

А. Шестнáдцать Автонóмных ССР

A. Sixteen Autonomous Soviet Socialist Republics (ASSR)

Респýблики	*Столицы*	*Republics*	*Capitals*
1. Татáрская АССР	Казáнь	Tatar ASSR	Kazan
2. Башкирская АССР	Уфá	Bashkir ASSR	Ufa
3. Дагестáнская АССР	Махáч-Калá	Dagestan ASSR	Makhach-Kala
4. Бурято-Монгóльская АССР	Улáн-Удэ	Buriat-Mongol ASSR	Ulan-Ude
5. Кабардино-Балкáрская АССР	Нáльчик	Kabardino-Balkarian ASSR	Nalchik
6. Калмыцкая АССР	Элиста	Kalmyk ASSR	Elista
7. Кóми АССР	Сыктывкáр	Komi ASSR	Syktyvkar
8. Крымская АССР	Симферóполь	Crimean ASSR	Simferopol
9. Марийская АССР	Йóшкар-Олá	Mari ASSR	Yoshkar-Ola
10. Мордóвская АССР	Сарáнск	Mordvian ASSR	Saransk
11. АССР Нéмцев Повóлжья	Энгельс	Volga-German ASSR (abolished September, 1941)	Engels
12. Сéверо-Осетинская АССР	Орджоникидзе	North Ossetinian ASSR	Ordzhonikidze
13. Удмýртская АССР	Ижéвск	Udmurt ASSR	Izhevsk
14. Чечéно-Ингýшская АССР	Грóзный	Checheno-Ingush ASSR	Grozny
15. Чувáшская АССР	Чебоксáры	Chuvash ASSR	Cheboksary
16. Якýтская АССР	Якýтск	Yakut ASSR	Yakutsk

Б. Шесть автонóмных областéй

B. Six Autonomous Provinces (Oblasts)

1. Адыгéйская	Майкóп	Adygey	Maikop
2. Еврéйская	Биробиджáн	Jewish	Birobidzhan
3. Карачáевская	Микоя́н-Шахáр	Karachaev	Mikojan-Shachar
4. Ойрóтская	Ойрóт-Турá	Oirot	Oirot-Tura
5. Хакáсская	Абакáн	Khakass	Abakan
6. Черкéсская	Черкéс	Cherkess	Cherkess

В. Дéсять национáльных окрýгов

C. Ten National Regions (Okrugs)

1. Коря́кский	Коря́к	Koriak	Koriak
2. Чукóтский	Анадырь	Chukot	Anadyr
3. Таймырский	Дудинка	Taimyr	Dudinka
4. Эвенкийский	Туринск	Evenkis	Turinsk
5. Остя́ко-Вогýльский	Самарóво	Ostiako-Vogul	Samarovo
6. Ямáло-Ненéцкий	Салешáр	Yamalo-Nienetz	Salechard
7. Агинский Бурят Монгóльский	———	Aginski-Buriat-Mongol	———
8. Усть-Ордынский Бурят-Монгóльский	———	Ust-Ordyn (Buriat-Mongol)	———
9. Кóми-Пермя́цкий	Кудымкáр	Komi-Permyak	Kudimkar
10. Ненéцкий	Нарья́н-Мар	Nienetz	Naryan-Mar

Республики	Столицы	Republics	Capitals
УЗБЕКСКАЯ ССР		**UZBEK SSR**	
Кара-Калпакская АССР	Турткул	Kara-Kalpak ASSR	Turtkul
ТАДЖИКСКАЯ ССР		**TADZHIK SSR**	
Горно-Бадахшанская Автономная Область	Хорог	Gorno-Badakhshan Autonomous Oblast	Khorog
ГРУЗИНСКАЯ ССР		**GEORGIAN SSR**	
Абхазская АССР	Сухуми	Abkhazian ASSR	Sukhum
Аджарская АССР	Батуми	Adzharian ASSR	Batum
Южно-Осетинская Автономная Область	Сталинир	South-Ossetian Autonomous Oblast	Stalinir
АЗЕРБАЙДЖАНСКАЯ ССР		**AZERBAIDZHAN SSR**	
Нахичеванская АССР	Нахичевань	Nakhichevan ASSR	Nakhichevan
Нагорно-Карабахская автономная область	Степанакерт	Nagorno-Karabakh autonomous oblast	Stepanakert

All other republics include no autonomous republics, regions, or national districts. They are divided into routine administrative units, "krai" and "oblast," which are subdivided into "rayon."

APPENDIX 4

Glossary of Special Soviet Terms

автономная область autonomous oblast. An autonomous part of a union or autonomous republic; it is populated by a national minority, and represented in the Council of Nationalities.

автономная советская социалистическая республика Autonomous Soviet Socialist Republic (ASSR). An ASSR is usually a part of a Union Republic. Its population is usually a national minority. ASSR's have their own constitution, and enjoy internal autonomy.

аул aul. Mountain village in the Caucasus or the Crimea.

верховный прокурор chief prosecutor, attorney general. Chief prosecutor of the USSR.

Верховный совет СССР Supreme Soviet of the USSR. Highest governing body of the Soviet Union, elected by the entire population. There are two chambers: the Council of the Union, and the Council of Nationalities.

верховный суд СССР Supreme Court of the USSR. Highest judicial body of the Soviet Union.

внешторг See наркомат внешней торговли.

Всесоюзная коммунистическая партия (большевиков) All-Union Communist (Bolshevik) Party.

Всесоюзный ленинский коммунистический союз молодёжи All-Union Leninist Young Communist League. See also комсомол.

герой Советского Союза Hero of the Soviet Union. Highest distinction conferred by the Presidium of the Supreme Soviet.

герой труда Hero of Labor. Highest distinction conferred on workers.

главк Glavk. An administrative body having control of an industry.

госбанк Gosbank. Government bank of the USSR.

госплан national planning board

госстрах Gosstrakh. Government insurance service of the USSR.

госторг Gostorg. National organization for retail trade.

интурист Intourist. Government travelers' office.

исполком совета executive committee of a Soviet.

кишлак kishlak. Type of village in Central Asia.

комиссариат commissariat. See also наркомат.

комиссия советского контроля Soviet control commission. Agency of government control and supervision.

коммунистическая партия Communist Party.

компартия Communist Party.

комсомол Komsomol. See also Всесоюзный ленинский коммунистический союз молодёжи.

край krai (territory). Large administrative and territorial unit within a Union Republic.

крайисполком executive committee of the soviet of a krai.

нарком See народный комиссар.

наркомат See народный комиссариат.

наркомат внешней торговли People's Commissariat for Foreign Trade.

наркомат внутренней торговли People's Commissariat of Internal Trade.

наркомат внутренних дел People's Commissariat for Internal Affairs.

наркомат водного транспорта People's Commissariat for River Transport.

нарком́ат землед́елия People's Commissariat for Agriculture.

нарком́ат иностр́анных дел People's Commissariat for Foreign Affairs.

нарком́ат л́егкой пром́ышленности People's Commissariat of Light Industry.

нарком́ат легпр́ом See нарком́ат л́егкой пром́ышленности.

нарком́ат лесн́ой пром́ышленности Peoples' Commissariat of Forestry.

нарком́ат обор́оны People's Commissariat for Defense.

нарком́ат пищев́ой пром́ышленности People's Commissariat of Food Industries.

нарком́ат пут́ей сообщ́ения People's Commissariat of Communication. Supervises railroads and roads.

нарком́ат св́язи People's Commissariat of Communication (mail, telegraph, telephone, etc.).

нарком́ат совх́озов People's Commissariat For Sofkhozes.

нарком́ат тяж́елой пром́ышленности People's Commissariat for Heavy Industry.

нарком́ат тяжпр́ом See нарком́ат тяж́елой пром́ышленности.

нарком́ат фин́ансов People's Commissariat of Finances.

наркомвнешт́орг See нарком́ат вн́ешней торѓовли.

наркомвнуд́ел See нарком́ат вн́утренних дел.

наркомз́ем See нарком́ат землед́елия.

наркоминд́ел See нарком́ат иностр́анных дел.

нар́одный комисс́ар People's Commissar. Equivalent to a head of a government department or to a member of the President's Cabinet in the USA.

нар́одный комиссари́ат People's Commissariat. Government department in the USSR.

национ́альный ́округ national okrug. Territorial division somewhat smaller than an autonomous oblast.

обќом obkom, provincial committee of the Communist Party.

областн́ой исполн́ительный комит́ет See облисполќом.

областн́ой комит́ет See обќом.

́область Oblast. Basic administrative and territorial unit in most of the Union Republics.

облисиолќом oblispolkom, oblast executive committee.

организаци́онное бюр́о See оргбюр́о.

оргбюр́о Organizational Bureau of the Executive Committee of All-Union Communist Party.

политбюр́о Political Bureau of the Central Committee of the Communist Party.

полит́ическое бюр́о ЦКВКП (б) See политбюр́о.

през́идиум Верх́овного сов́ета Presidium of the Supreme Soviet.

райќом district committee of the Communist Party.

рай́он rayon. Small administrative and territorial division of an oblast.

рай́онный комит́ет See райќом.

сельсов́ет, с́ельский сов́ет town soviet, village soviet.

Сов́ет госуд́арственной обор́оны Council for National Defense.

сов́ет нар́одных комисс́аров See совнарќом.

Сов́ет национ́альностей Council of Nationalities. One of the two chambers of the Supreme Soviet. Representative body of Union Republics, autonomous republics, and autonomous oblasts of the USSR.

Сов́ет Со́юза Council of the Union. One of the two chambers of the Supreme Soviet. Elected by the entire population of the USSR.

совнарќом Council of People's Commissars. Analogous to the Cabinet in the United States. Includes the heads of all people's Commissariats.

со́юзная респ́ублика Union Republic. Constituent part of the USSR.

стан́ица Cossack village.

финотд́ел Finotdel; Department of finance. The same term applies also to financial division of any public body or institution.

центр́альный комит́ет Всесо́юзной коммунист́ической п́артии (большевиќов) Central Committee of the All-Union Communist (Bolshevik) Party.

ш́ефство adoption system. This system is widely used to encourage efficiency of factories and kolkhozes. An institution or a factory adopts a kolkhoz or another factory, and encourages it to do better work by giving it all possible assistance, and also by means of presents, visits, etc.

Эконом́ический сов́ет Economic Council. See also Эконом-сов́ет.

Экономсов́ет Econmsoviet. Division of the Soviet Government whose functions include coordination of the activity of the People's Commissariats in the field of national economy.

APPENDIX 5

Names of the Days and Months

DAYS OF THE WEEK

воскрес́енье.......Sunday	вт́орник.......Tuesday	четв́ерг.........Thursday	субб́ота..........Saturday
понед́ельник......Monday	сред́а..........Wednesday	п́ятница.........Friday	

MONTHS OF THE YEAR

январь.........January	апрель............April	июль..........July	октябрь.......October
февраль........February	май...............May	áвгуст.........August	ноябрь........November
март...........March	июнь..............June	сентябрь.......September	декабрь........December

APPENDIX 6

National Holidays

Нóвый год	New Year's Day (Jan. 1)
соединённое прáзднование пáмяти Лéнина и годовщи́ны 9-го января́ (1905г.)	Joint celebration of Lenin's memory and of the anniversary of "January 9th" (Jan. 22)
день Рабóче-Крестья́нской Крáсной Áрмии и Воéнно-морскóго Флóта	Red Army and Navy Day (Feb. 23)
сверже́ние самодержáвия	February revolution of 1917 (March 12)
день Пари́жской коммýны	commemoration of the Paris commune (March 18)
Пéрвое мáя	May Day (May 1)
годовщи́на Октября́	anniversary of the October Revolution (Nov. 7)
день конститýции	Constitution Day (Dec. 5)

APPENDIX 7

Russian Foods

1. ЗАКÝСКИ—APPETIZERS

балы́к	smoked sturgeon back	картóфельный салáт	potato salad
ветчинá	ham	колбасá	sausage
грибы́	mushrooms	чáйная колбасá	bologna
икрá	caviar	ли́верная колбасá	liverwurst
па́юсная икрá	pressed caviar	сухáя колбасá	salami
зерни́стая икрá	fresh caviar	селёдка	herring
кéтовая (крáсная) икрá	red caviar	сёмга	smoked salmon
баклажáнная икрá	chopped eggplant	стýдень	galantine

2. СУПЫ́—SOUPS

борщ (украи́нский)	Ukrainian borscht, beet soup	сбóрная сели́нка	meat and vegetable selianka
бульóн	consommé, broth		
картóфельный суп	potato soup	суп с лапшóй	noodle soup
окрóшка	okroshka, cold kvas soup	ухá	fish soup, chowder
перлóвый суп с грибáми	barley and mushroom soup	щи	shti, cabbage soup
рассóльник	rassolnik, kidney soup with pickles	зелёные щи	sorrel shti
		щи со сметáной	shti with sour cream
сели́нка	selianka, fish (meat) and cabbage soup		

3. МЯ́СО—MEATS

битóк	hamburger	пельмéни (гриби́ки инс)	Siberian ravioli with meat
бифштéкс	steak	пожáрские котлéты	chicken cutlet
беф-стрóганов	beef á la stroganoff	поросёнок жáреный	roast young pork
голубцы́	stuffed cabbage	рóстбиф	roast beef
котлéта	hamburger steak	рулéт	meat loaf
отбивнáя котлéта	chop	свини́на	pork
(барáнья)	mutton chop	жáреная свини́на	roast pork
(свинáя)	pork chop	теля́тина	veal
(теля́чья)	veal chop	жáреная теля́тина	roast veal
мя́со (говя́дина)	beef	шашлы́к	shaslik, broiled lamb
варёное мя́со	boiled beef	шни́цель, отбивнóй	schnitzel
тушёное мя́со	beef stew	рýбленый	chopped veal steak

4. ПТЍЦА—FOWL

курица	chicken	цыплёнок в сухаря́х	breaded young chicken
варёная ку́рица	boiled chicken	у́тка, жа́реная	roast duck (ling)
жа́реная ку́рица	roast (fried, broiled) chicken	гусь с я́блока́ми	roast goose stuffed with apples

5. РЫ́БА—FISH

заливна́я ры́ба	fish in jelly	осетри́на	sturgeon
кара́сь в смета́не	carp fried in sour cream	ра́ки	crayfish
карп	carp	сте́рлядь	sterlet
лещ	bream	суда́к по-по́льски	perch in yellow sauce
мари́но́ванная ры́ба	fish marinade		

6. О́ВОЩИ И ЗЕ́ЛЕНЬ—VEGETABLES AND GREENS

баклажа́н	eggplant	лук	onions
бобы́, зел: ные	string beans	зелёный лук	scallion
горо́шек, зелёный	peas, green	морко́вка	carrots
кабачки́	squash	огурцы́	cucumbers
капу́ста	cabbage	помидо́ры	tomatoes
ки́слая капу́ста	sauerkraut	сала́т, зелёный	green salad
цветна́я капу́ста	cauliflower	свёкла	beets
карто́фель	potatoes	фасо́ль	beans (white)
варёный	boiled	шпина́т	spinach
жа́реный	home-fried	щаве́ль	sorrel
печёный	baked		

7. СЛА́ДКОЕ—DESSERT

бли́нчики с варе́ньем	blinchiki, small thin pancakes with jam	ри́совая запека́нка	rice pudding
		запека́нка из лапши́	noodle pudding
ватру́шка	vatrushka, cheese pastry	кисе́ль	kissel, Russian fruit jello
запека́нка — с подли́вкой	sort of pudding with sweet sauce	компо́т	compote, stewed fruit
		ола́дьи	fritters

8. РА́ЗНЫЕ БЛЮ́ДА—MISCELLANEOUS

баклажа́ны, фарширо́ванные	stuffed eggplant	пиро́г	pirog, Russian pie
блины́	blini, pancakes (buckwheat)	с гриба́ми	with mushrooms
варе́ники с творого́м (укра́инские)	Ukrainian curd dumplings	с капу́стой	with cabbage
		с лу́ком	with onions
кабачки́, фарширо́ванные	stuffed squash	с мя́сом	with meat
ка́ша	kasha, cereal	с ри́сом	with rice
гре́чневая	buckwheat gruel	пирожо́к (с гриба́ми капу́стой, лу́ком, мя́сом, ри́сом)	pirozhok, Russian individ-ual pie (with mushrooms, cabbage, onions, meat, rice)
ма́нная	farina		
ри́совая	rice		
кулебя́ка	kulebiaka (Russian pie), with meat, fish, or cabbage	форшма́к	forshmak, herring (or meat), and potato hash

9. НАПИ́ТКИ—BEVERAGES

A. Безалкого́льные—Soft Drinks

гази́рованная вода́	soda water, seltzer water	минера́льные во́ды	mineral waters
гази́рованная вода́ с фру́ктовым со́ком	soda water, seltzer water with fruit juices	боржо́м	borzhom
		ессентуки́	essentuki
кака́о	cocoa	нарза́н	narzan
квас (хле́бный, фрукто́вый)	kvas (bread kvas and fruit kvas)	молоко́	milk
		ситро́	lemonade
кефи́р	buttermilk	чай	tea
ко́фе	coffee		

568

B. Спиртны́е—Alcoholic Beverages

вино́	wine	во́дка	vodka
бе́лое	white	зубро́вка	zubrovka
кра́сное	red	ру́сская го́рькая	Russian bitter
портве́йн	port	насто́йка	fruit brandy
шампа́нское абра́у-дюрсо́	champagne abrau-durso	вишнёвая	cherry brandy
		пи́во	beer

10. ПРИМЕ́РНЫЕ МЕНЮ́—SAMPLE MENUS

1. украи́нский борщ

   котле́ты с гарни́ром

   кисе́ль
2. бульо́н с кулеба́кой

   варёное мя́со с хре́ном и ки́слой капу́стой
   сы́рники
3. щи со смета́ной
   шашлы́к
   ри́совая запека́нка
4. карто́фельный суп с гренка́ми
   сиби́рские пельме́ни

   компо́т
5. селёдка с лу́ком
   зелёные щи с пирожка́ми

1. Ukrainian borscht (beet soup)
   hamburger steak with garniture
   kissel (berry jello)
2. consommé with kulebiaka (Russian pie)
   boiled beef, horse radish, and sauerkraut
   cheese dumplings
3. shti with sour cream
   shashlik (broiled lamb)
   rice zapekanka (pudding)
4. potato soup with rusks
   Siberian pelmeni (meat ravioli)
   stewed fruit
5. herring with onions
   sorrel shti and pirozhok

   цыпля́та с сухаря́ми
   сла́дкий пиро́г
6. перло́вый суп с гриба́ми

   отбивны́е (теля́чьи) котле́ты с гарни́ром
   бли́нчики с варе́ньем
7. блины́ со смета́ной

   заку́ска (селёдка, икра́ сёмга и т.д.)

   десе́рт
8. уха́
   фарширо́ванные кабачки́
   ватру́шки
9. рассо́льник

   заливна́я ры́ба
   карто́фельные ола́дьи

   breaded young chicken
   sweet pirog (pie)
6. barley and mushroom soup
   veal chops, trimmings

   blinchiki with jam
7. blini (buckwheat pancakes and sour cream)
   hors d'oeuvres (herring caviar, smoked salmon, etc.)
   dessert
8. fish soup
   stuffed squash
   vatrushka (cheese pastry)
9. rassolnik (kidney soup with pickles)
   fish in jelly
   potato fritters

APPENDIX 8

Military Ranks and Grades

NOTE: Parentheses in the right-hand column indicate a Russian rank for which there is no American equivalent.

ма́ршал Сове́тского сою́за	(marshal of the Soviet Union)	ста́рший лейтена́нт	first lieutenant
генера́л а́рмии	general	лейтена́нт	second lieutenant
генера́л-полко́вник	(colonel general)	мла́дший лейтена́нт	(junior lieutenant)
генера́л-лейтена́нт	lieutenant general	старшина́	master sergeant, first sergeant
генера́л-майо́р	major general	ста́рший сержа́нт	technical sergeant
полко́вник	colonel	сержа́нт	sergeant, staff sergeant
подполко́вник	lieutenant colonel	мла́дший сержа́нт	sergeant
майо́р	major	ефре́йтор	private first class
капита́н	captain	красноарме́ец	private

APPENDIX 9

Abbreviations

OFFICIAL ABBREVIATIONS

Амто́рг торго́вое представи́тельство СССР в США. Amtorg Trading Corporation, commercial representative of the USSR in the United States.

Арткино́ сове́тская кинематографи́ческая организа́ция для экспо́рта. Artkino, Soviet cinematographic organization for export.

АССР Автоно́мная Сове́тская Социалисти́ческая Респу́блика. Autonomous Soviet Socialist Republic.

АТС автомати́ческая телефо́нная ста́нция. Dial telephone exchange.

БССР белору́сская сове́тская социалисти́ческая респу́блика. Belorussian Soviet Socialist Republic.

ВКП (б) всесоюзная коммунисти́ческая па́ртия (большеви́ков). All-Union Communist (Bolshevik) Party.

ВЛКСМ всесою́зный ле́нинский коммунисти́ческий сою́з молодёжи. Komsomol, Leninist Young Communist League of the Soviet Union.

ВОКС всесою́зное о́бщество культу́рной свя́зи с заграни́цей. Voks, All-Union Society for Cultural Relations with Foreign Countries.

врид вре́менно исполня́ющий до́лжность. acting, pro tem.

втуз вы́сшее техни́ческое уче́бное заведе́ние. Vtuz, college of engineering.

вуз вы́сшее уче́бное заведе́ние. Vuz, college or university.

ВЦСПС Всесою́зный центра́льный Сове́т Профессиона́льных Сою́зов. All-Union Central Council of Trade Unions.

госизда́т госуда́рственное изда́тельство. Government publishing House.

госстро́й центра́льная Госуда́рственная строи́тельная организа́ция. Central government building agency.

гто Гото́в к труду́ и оборо́не! Ready for Labor and Defense! (slogan)

гэс госуда́рственная электри́ческая ста́нция. Government power station.

жакт жили́щно-аре́ндное кооперати́вное това́рищество. Tenants' Cooperative Association.

женотде́л же́нский отде́л ВКП (б). Women's section of the Communist Party.

загс отде́л за́писи а́ктов гражда́нского состоя́ния. Registry office.

КВЖД Кита́йская Восто́чная желе́зная доро́га. Chinese Eastern Railroad.

КИМ Коммунисти́ческий интернациона́л молодёжи. KIM, Young Communist International.

ликбе́з комите́т по ликвида́ции безгра́мотности. Committee for the fight against illiteracy.

МКХ моско́вское коммуна́льное хозя́йство. Moscow public utilities.

могэс Моско́вское объедине́ние госуда́рственных электри́ческих ста́нций. Government power stations system, Moscow branch.

МТС маши́нно-тра́кторная ста́нция. Machine tractor station.

МХАТ Моско́вский Худо́жественный Академи́ческий теа́тр и́мени Го́рького. Moscow Art Theater.

НКВД наро́дный комиссариа́т вну́тренних дел. Narkomvnudel, People's Commissariat for Internal Affairs.

НКВНТ наро́дный комиссариа́т по вне́шней торго́вле. Vneshtorg, People's Commissariat for Foreign Trade.

НКВну́торг наро́дный комиссариа́т вну́тренней торго́вли. People's Commissariat of Internal Trade.

НКЗ наро́дный комиссариа́т земледе́лия. Narkomzem, People's Commissariat of Agriculture.

НКИД наро́дный комиссариа́т иностра́нных дел. Narkomindel, People's Commissariat for Foreign Affairs.

НКЛес наро́дный комиссариа́т лесно́й промы́шленности. Narkomles, People's Commissariat of Forestry.

НКПС наро́дный комиссариа́т путе́й сообще́ния. Narkomput, People's Commissariat of Means of Communication (roads and railroads)

НКТ наро́дный комиссариа́т вну́тренней торго́вли. People's Commissariat of Internal Trade.

НКФ наро́дный комиссариа́т фина́нсов. Narkomfin, People's Commissariat of Finance.

Облсою́з областно́й сою́з се́льских кооперати́вов. Union of rural cooperatives of an oblast.

огиз объедине́ние госуда́рственных изда́тельств. Central Government Publishing House.

ОСТ общесою́зный станда́рт. Bureau for standardization of industrial production.

политпросве́т полити́ческо-просвети́тельное управле́ние. Board of Political Education.

продма́г продово́льственный магази́н. Food store.

промба́нк промы́шленный банк. Industrial Bank.

промкоопера́ция промысло́вая коопера́ция. Association of craftsmen.

рабко́р рабо́чий корреспонде́нт. Worker correspondent.

райсою́з райо́нный сою́з се́льских кооперати́вов. District union of rural cooperatives.

РККА рабо́че-крестья́нская Кра́сная а́рмия. Red Army.

РСФСР Росси́йская Сове́тская Федерати́вная Социалисти́ческая Респу́блика. RSFSR, Russian Soviet Federative Socialist Republic.

селько́р се́льский корреспонде́нт. Village correspondent.

СНК сове́т наро́дных комисса́ров. Council of People's Commissars.

СССР Сою́з Сове́тских Социалисти́ческих Респу́блик. USSR, Union of Soviet Socialist Republic.

США Соединённые Шта́ты Аме́рики. United States of America.

Турксиб Туркеста́нско-сиби́рская желе́зная доро́га. Turkestan-Siberian railroad.

угрозы́ск уголо́вный ро́зыск. Criminal Investigation department.

УССР Украи́нская Сове́тская Социалисти́ческая Респу́блика. USSR Ukrainian Soviet Socialist Republic.

фзк фабри́чно-заводско́й комите́т. Factory committee.

ЦКВКП(б) Центра́льный комите́т всесою́зной коммунисти́ческой па́ртии (большевико́в). Central Committee of the All-Union Communist (Bolshevik) Party.

ЦСУ центра́льное статисти́ческое управле́ние. Central Statistical Board.

COMMON ABBREVIATIONS

бух. бухга́лтер. bookkeeper, accountant.

в. восто́к. east.

га. гекта́р. hectare.

гл. обр. гла́вным о́бразом. chiefly, mainly, principally.

гр. грамм. gram.

др. дóктор. doctor, M.D.

ед. ч. едúнственное числó. singular.

ж.д. желéзная дорóга. railroad.

з. зáпад. west.

и пр. и прóчее. and the like.

и т.д. и так дáлее. and so on, and so forth.

и т.п. и томý подóбное. et cetera.

кг. килогрáмм. kilogram.

км. киломéтр. kilometer.

м. метр. meter.

мм. миллимéтр. millimeter.

мн. ч. мнóжественное числó. plural.

напр. напримéр. for instance.

ó-во. óбщество. society, company, Co.

разг. разговóрное слóво. colloquial.

с. сéвер. north.

см. сантимéтр. centimeter.

см. смотрú. see, refer to.

с.-х. сéльское хозяйство, сельскохозяйственный. agriculture, agricultural.

т. тóнна. ton.

т.е. тó-есть. that is.

т. наз. так называемый. so-called.

т. обр. такúм óбразом. so that.

ю. юг. south.

APPENDIX 10
Important Signs

БИЛÉТНАЯ КÁССА	TICKET WINDOW
ВОКЗÁЛ	RAILROAD STATION
ВСКÁКИВАТЬ И СОСКÁКИВАТЬ НА ХОДÝ СТРÓГО ВОСПРЕЩÁЕТСЯ	GETTING ON OR OFF WHILE CAR IS IN MOTION IS STRICTLY FORBIDDEN
ВХОД	ENTRANCE
ВХОД ВОСПРЕЩÁЕТСЯ	NO ADMITTANCE, KEEP OUT
ВЫХОД	EXIT
ГРУНТОВÁЯ ДОРÓГА	DIRT ROAD
ДЕРЖÁТЬСЯ ПРÁВОЙ (ЛÉВОЙ) СТОРОНЫ	KEEP TO THE RIGHT (LEFT)
ДЛЯ ЖÉНЩИН	WOMEN
ДЛЯ МУЖЧÚН	MEN
ДОРÓГА В ПЛОХÓМ СОСТОЯНИИ	ROAD IN BAD CONDITION
ДОРÓГА РЕМОНТÚРУЕТСЯ	ROAD UNDER REPAIR
ЖЕЛЕЗНОДОРÓЖНЫЙ ПЕРЕÉЗД	RR CROSSING
ЗАКРЫТО	CLOSED
ЗАМÉДЛИТЬ ХОД	SLOW DOWN
КРУТÓЙ ПОВОРÓТ	SHARP CURVE
КРУТÓЙ СПУСК	SHARP SLOPE
КУРÚТЬ ВОСПРЕЩÁЕТСЯ	NO SMOKING
МÉДЛЕННАЯ ЕЗДÁ	DRIVE SLOWLY
МОСТ	BRIDGE
ОБЪÉЗД	DETOUR
ОПÁСНО	DANGER
ОСТАНÓВКА ВАГÓНОВ	STREETCAR STOP
ОСТОРÓЖНО	CAUTION
ОТДЕЛÉНИЕ МИЛÚЦИИ	POLICE STATION
ОТКРЫТО	OPEN
ПЕРЕКРЁСТОК	STREET CROSSING, ROAD CROSSING, CROSSROADS
ПЕРЕСЕЧÉНИЕ ДОРÓГ	ROAD CROSSING
ПЕРЕХОДÚТЕ ÝЛИЦУ ТÓЛЬКО НА ПЕРЕКРЁСТКАХ	CROSS THE STREET AT CORNERS ONLY
ПЛЕВÁТЬ ВОСПРЕЩÁЕТСЯ	NO SPITTING
ПОЖÁРНАЯ ЛÉСТНИЦА	FIRE ESCAPE
ПОЧТÓВОЕ ОТДЕЛÉНИЕ	POST OFFICE
ПРЕДÉЛЬНАЯ СКÓРОСТЬ ——— КМ. В ЧАС	SPEED LIMIT ——— MPH
ПРОÉЗД В ОДНÝ СТÓРОНУ	ONE-WAY TRAFFIC
ПРОÉЗД ЗАКРЫТ	ROAD CLOSED
ПУТЬ СВОБÓДЕН	ROAD OPEN
РАЗГОВÁРИВАТЬ С ВАГОНОВОЖÁТЫМ СТРÓГО ВОСПРЕЩÁЕТСЯ	TALKING TO CONDUCTOR PROHIBITED
СКВОЗНÓЙ ПРОÉЗД ЗАКРЫТ	NO THOROUGHFARE
СПРÁВКИ	INFORMATION BUREAU
СТÁНЦИЯ СКÓРОЙ ПÓМОЩИ	FIRST AID STATION
СТОЙ!	STOP!

СТОЯ́НКА ВОСПРЕЩА́-ЕТСЯ	NO PARKING	ХОДИ́ТЬ И Е́ЗДИТЬ ПО ПУТЯ́М СТРО́ГО ВОСПРЕЩА́ЕТСЯ	ALL PERSONS ARE FORBIDDEN TO ENTER OR CROSS THE TRACKS
ТЕЛЕГРА́Ф	TELEGRAPH OFFICE		
ТОК ВЫСО́КОГО НАП-РЯЖЕ́НИЯ	HIGH TENSION LINE	ХОДИ́ТЬ ПО ТРАВЕ́ ВОСПРЕЩА́ЕТСЯ	KEEP OFF THE GRASS
ТУПИ́К	DEAD END	ША́ГОМ	GO SLOW
УБО́РНАЯ	TOILET	ШОССЕ́	PAVED ROAD

APPENDIX 11

Given Names

MALE

Full Names	Diminutives	Full Names	Diminutives
Алекса́ндр	Са́ша, Шу́ра, Са́ня	Константи́н	Ко́стя
Алексе́й	Алёша	Лев	Лёва
Андре́й	Андрю́ша	Макси́м	———
Бори́с	Бо́ря	Михаи́л	Ми́ша
Васи́лий	Ва́ся	Никола́й	Ко́ля
Влади́мир	Воло́дя, Во́ва	О́сип	О́ся
Григо́рий	Гри́ша	Па́вел	Па́ша, Па́влик
Дми́трий	Ми́тя, Ди́ма	Пётр	Пе́тя
Евге́ний	Же́ня	Семён	Се́ня
Его́р	Его́рушка	Серге́й	Серёжа
Ива́н	Ва́ня	Степа́н	Стёпа
И́горь	———	Фёдор	Фе́дя
Илья́	Илью́ша	Ю́рий	Ю́ра
Ио́сиф	О́ся	Я́ков	Я́ша

FEMALE

Full Names	Diminutives	Full Names	Diminutives
Алекса́ндра	Са́ша, Шу́ра	Ли́дия	Ли́да
Анаста́сия	На́стя	Любо́вь	Лю́ба
А́нна	А́ня, Аню́та, А́ннушка	Людми́ла	Лю́ба, Ми́ла
Валенти́на	Ва́ля	Мари́я	Ма́ша, Ма́ня
Варва́ра	Ва́ря	Ма́рфа	Марфу́ша
Ве́ра	———	Наде́жда	На́дя
Да́рья	Да́ша	Ната́лья	Ната́ша, На́та
Екатери́на	Ка́тя	Ни́на	
Еле́на	Ле́на, Лёля	О́льга	О́ля
Елизаве́та	Ли́за	Со́фья	Со́ня
Ири́на	И́ра	Тама́ра	
Зинаи́да	Зи́на, И́да	Татья́на	Та́ня
Ксе́ния	Ксю́ша		

APPENDIX 12
Numerals

Cardinal		*Ordinal*		*Cardinal*		*Ordinal*
оди́н (one)	1	пе́рвый (first)		три́дцать	30	тридца́тый
два	2	второ́й		три́дцать пять	35	три́дцать пя́тый
три	3	тре́тий		со́рок	40	сороково́й
четы́ре	4	четвёртый		пятьдеся́т	50	пятидеся́тый
пять	5	пя́тый		шестьдеся́т	60	шестидеся́тый
шесть	6	шесто́й		се́мьдесят	70	семидеся́тый
семь	7	седьмо́й		во́семьдесят	80	восьмидеся́тый
во́семь	8	восьмо́й		девяно́сто	90	девяно́стый
де́вять	9	девя́тый		сто	100	со́тый
де́сять	10	деся́тый		сто оди́н	101	сто пе́рвый
оди́ннадцать	11	оди́ннадцатый		сто пятьдеся́т	150	сто пятидеся́тый
двена́дцать	12	двена́дцатый		сто се́мьдесят два	172	сто се́мьдесят второ́й
трина́дцать	13	трина́дцатый		две́сти	200	двухсо́тый
четы́рнадцать	14	четы́рнадцатый		три́ста	300	трёхсо́тый
пятна́дцать	15	пятна́дцатый		четы́реста	400	четырёхсо́тый
шестна́дцать	16	шестна́дцатый		пятьсо́т	500	пятисо́тый
семна́дцать	17	семна́дцатый		шестьсо́т	600	шестисо́тый
восемна́дцать	18	восемна́дцатый		семьсо́т	700	семисо́тый
девятна́дцать	19	девятна́дцатый		восемьсо́т	800	восьмисо́тый
два́дцать	20	двадца́тый		девятьсо́т	900	девятисо́тый
два́дцать оди́н	21	два́дцать пе́рвый		ты́сяча	1,000	ты́сячный
два́дцать пять	25	два́дцать пя́тый		миллио́н	1,000,000	миллио́нный

☆ U. S. GOVERNMENT PRINTING OFFICE: 1945—647037

A CATALOGUE OF SELECTED DOVER BOOKS
IN ALL FIELDS OF INTEREST

A CATALOGUE OF SELECTED DOVER
BOOKS IN ALL FIELDS OF INTEREST

RACKHAM'S COLOR ILLUSTRATIONS FOR WAGNER'S RING. Rackham's finest mature work—all 64 full-color watercolors in a faithful and lush interpretation of the *Ring.* Full-sized plates on coated stock of the paintings used by opera companies for authentic staging of Wagner. Captions aid in following complete Ring cycle. Introduction. 64 illustrations plus vignettes. 72pp. 8⅝ x 11¼. 23779-6 Pa. $6.00

CONTEMPORARY POLISH POSTERS IN FULL COLOR, edited by Joseph Czestochowski. 46 full-color examples of brilliant school of Polish graphic design, selected from world's first museum (near Warsaw) dedicated to poster art. Posters on circuses, films, plays, concerts all show cosmopolitan influences, free imagination. Introduction. 48pp. 9⅜ x 12¼. 23780-X Pa. $6.00

GRAPHIC WORKS OF EDVARD MUNCH, Edvard Munch. 90 haunting, evocative prints by first major Expressionist artist and one of the greatest graphic artists of his time: *The Scream, Anxiety, Death Chamber, The Kiss, Madonna,* etc. Introduction by Alfred Werner. 90pp. 9 x 12. 23765-6 Pa. $5.00

THE GOLDEN AGE OF THE POSTER, Hayward and Blanche Cirker. 70 extraordinary posters in full colors, from Maitres de l'Affiche, Mucha, Lautrec, Bradley, Cheret, Beardsley, many others. Total of 78pp. 9⅜ x 12¼. 22753-7 Pa. $5.95

THE NOTEBOOKS OF LEONARDO DA VINCI, edited by J. P. Richter. Extracts from manuscripts reveal great genius; on painting, sculpture, anatomy, sciences, geography, etc. Both Italian and English. 186 ms. pages reproduced, plus 500 additional drawings, including studies for *Last Supper,* Sforza monument, etc. 860pp. 7⅞ x 10¾. (Available in U.S. only) 22572-0, 22573-9 Pa., Two-vol. set $15.90

THE CODEX NUTTALL, as first edited by Zelia Nuttall. Only inexpensive edition, in full color, of a pre-Columbian Mexican (Mixtec) book. 88 color plates show kings, gods, heroes, temples, sacrifices. New explanatory, historical introduction by Arthur G. Miller. 96pp. 11⅜ x 8½. (Available in U.S. only) 23168-2 Pa. $7.50

UNE SEMAINE DE BONTÉ, A SURREALISTIC NOVEL IN COLLAGE, Max Ernst. Masterpiece created out of 19th-century periodical illustrations, explores worlds of terror and surprise. Some consider this Ernst's greatest work. 208pp. 8⅛ x 11. 23252-2 Pa. $5.00

TONE POEMS, SERIES II: TILL EULENSPIEGELS LUSTIGE STREICHE, ALSO SPRACH ZARATHUSTRA, AND EIN HELDEN-LEBEN, Richard Strauss. Three important orchestral works, including very popular *Till Eulenspiegel's Marry Pranks,* reproduced in full score from original editions. Study score. 315pp. 9⅜ x 12¼. (Available in U.S. only) 23755-9 Pa. $7.50

TONE POEMS, SERIES I: DON JUAN, TOD UND VERKLARUNG AND DON QUIXOTE, Richard Strauss. Three of the most often performed and recorded works in entire orchestral repertoire, reproduced in full score from original editions. Study score. 286pp. 9⅜ x 12¼. (Available in U.S. only) 23754-0 Pa. $7.50

11 LATE STRING QUARTETS, Franz Joseph Haydn. The form which Haydn defined and "brought to perfection." (*Grove's*). 11 string quartets in complete score, his last and his best. The first in a projected series of the complete Haydn string quartets. Reliable modern Eulenberg edition, otherwise difficult to obtain. 320pp. 8⅜ x 11¼. (Available in U.S. only) 23753-2 Pa. $6.95

FOURTH, FIFTH AND SIXTH SYMPHONIES IN FULL SCORE, Peter Ilyitch Tchaikovsky. Complete orchestral scores of Symphony No. 4 in F Minor, Op. 36; Symphony No. 5 in E Minor, Op. 64; Symphony No. 6 in B Minor, "Pathetique," Op. 74. Bretikopf & Hartel eds. Study score. 480pp. 9⅜ x 12¼. 23861-X Pa. $10.95

THE MARRIAGE OF FIGARO: COMPLETE SCORE, Wolfgang A. Mozart. Finest comic opera ever written. Full score, not to be confused with piano renderings. Peters edition. Study score. 448pp. 9⅜ x 12¼. (Available in U.S. only) 23751-6 Pa. $11.95

"IMAGE" ON THE ART AND EVOLUTION OF THE FILM, edited by Marshall Deutelbaum. Pioneering book brings together for first time 38 groundbreaking articles on early silent films from *Image* and 263 illustrations newly shot from rare prints in the collection of the International Museum of Photography. A landmark work. Index. 256pp. 8¼ x 11. 23777-X Pa. $8.95

AROUND-THE-WORLD COOKY BOOK, Lois Lintner Sumption and Marguerite Lintner Ashbrook. 373 cooky and frosting recipes from 28 countries (America, Austria, China, Russia, Italy, etc.) include Viennese kisses, rice wafers, London strips, lady fingers, hony, sugar spice, maple cookies, etc. Clear instructions. All tested. 38 drawings. 182pp. 5⅜ x 8. 23802-1 Pa. $2.50

THE ART NOUVEAU STYLE, edited by Roberta Waddell. 579 rare photographs, not available elsewhere, of works in jewelry, metalwork, glass, ceramics, textiles, architecture and furniture by 175 artists—Mucha, Seguy, Lalique, Tiffany, Gaudin, Hohlwein, Saarinen, and many others. 288pp. 8⅜ x 11¼. 23515-7 Pa. $6.95

A MAYA GRAMMAR, Alfred M. Tozzer. Practical, useful English-language grammar by the Harvard anthropologist who was one of the three greatest American scholars in the area of Maya culture. Phonetics, grammatical processes, syntax, more. 301pp. 5⅜ x 8½. 23465-7 Pa. $4.00

THE JOURNAL OF HENRY D. THOREAU, edited by Bradford Torrey, F. H. Allen. Complete reprinting of 14 volumes, 1837-61, over two million words; the sourcebooks for *Walden*, etc. Definitive. All original sketches, plus 75 photographs. Introduction by Walter Harding. Total of 1804pp. 8½ x 12¼. 20312-3, 20313-1 Clothbd., Two-vol. set $50.00

CLASSIC GHOST STORIES, Charles Dickens and others. 18 wonderful stories you've wanted to reread: "The Monkey's Paw," "The House and the Brain," "The Upper Berth," "The Signalman," "Dracula's Guest," "The Tapestried Chamber," etc. Dickens, Scott, Mary Shelley, Stoker, etc. 330pp. 5⅜ x 8½. 20735-8 Pa. $3.50

SEVEN SCIENCE FICTION NOVELS, H. G. Wells. Full novels. *First Men in the Moon, Island of Dr. Moreau, War of the Worlds, Food of the Gods, Invisible Man, Time Machine, In the Days of the Comet.* A basic science-fiction library. 1015pp. 5⅜ x 8½. (Available in U.S. only) 20264-X Clothbd. $8.95

ARMADALE, Wilkie Collins. Third great mystery novel by the author of *The Woman in White* and *The Moonstone.* Ingeniously plotted narrative shows an exceptional command of character, incident and mood. Original magazine version with 40 illustrations. 597pp. 5⅜ x 8½. 23429-0 Pa. $5.00

MASTERS OF MYSTERY, H. Douglas Thomson. The first book in English (1931) devoted to history and aesthetics of detective story. Poe, Doyle, LeFanu, Dickens, many others, up to 1930. New introduction and notes by E. F. Bleiler. 288pp. 5⅜ x 8½. (Available in U.S. only) 23606-4 Pa. $4.00

FLATLAND, E. A. Abbott. Science-fiction classic explores life of 2-D being in 3-D world. Read also as introduction to thought about hyperspace. Introduction by Banesh Hoffmann. 16 illustrations. 103pp. 5⅜ x 8½. 20001-9 Pa. $1.50

THREE SUPERNATURAL NOVELS OF THE VICTORIAN PERIOD, edited, with an introduction, by E. F. Bleiler. Reprinted complete and unabridged, three great classics of the supernatural: *The Haunted Hotel* by Wilkie Collins, *The Haunted House at Latchford* by Mrs. J. H. Riddell, and *The Lost Stradivarius* by J. Meade Falkner. 325pp. 5⅜ x 8½. 22571-2 Pa. $4.00

AYESHA: THE RETURN OF "SHE," H. Rider Haggard. Virtuoso sequel featuring the great mythic creation, Ayesha, in an adventure that is fully as good as the first book, *She.* Original magazine version, with 47 original illustrations by Maurice Greiffenhagen. 189pp. 6½ x 9¼. 23649-8 Pa. $3.00

AN AUTOBIOGRAPHY, Margaret Sanger. Exciting personal account of hard-fought battle for woman's right to birth control, against prejudice, church, law. Foremost feminist document. 504pp. 5⅜ x 8½.

20470-7 Pa. $5.50

MY BONDAGE AND MY FREEDOM, Frederick Douglass. Born as a slave, Douglass became outspoken force in antislavery movement. The best of Douglass's autobiographies. Graphic description of slave life. Introduction by P. Foner. 464pp. 5⅜ x 8½. 22457-0 Pa. $5.00

LIVING MY LIFE, Emma Goldman. Candid, no holds barred account by foremost American anarchist: her own life, anarchist movement, famous contemporaries, ideas and their impact. Struggles and confrontations in America, plus deportation to U.S.S.R. Shocking inside account of persecution of anarchists under Lenin. 13 plates. Total of 944pp. 5⅜ x 8½.

22543-7, 22544-5 Pa., Two-vol. set $9.00

LETTERS AND NOTES ON THE MANNERS, CUSTOMS AND CONDITIONS OF THE NORTH AMERICAN INDIANS, George Catlin. Classic account of life among Plains Indians: ceremonies, hunt, warfare, etc. Dover edition reproduces for first time all original paintings. 312 plates. 572pp. of text. 6⅛ x 9¼. 22118-0, 22119-9 Pa.. Two-vol. set $10.00

THE MAYA AND THEIR NEIGHBORS, edited by Clarence L. Hay, others. Synoptic view of Maya civilization in broadest sense, together with Northern, Southern neighbors. Integrates much background, valuable detail not elsewhere. Prepared by greatest scholars: Kroeber, Morley, Thompson, Spinden, Vaillant, many others. Sometimes called Tozzer Memorial Volume. 60 illustrations, linguistic map. 634pp. 5⅜ x 8½.

23510-6 Pa. $7.50

HANDBOOK OF THE INDIANS OF CALIFORNIA, A. L. Kroeber. Foremost American anthropologist offers complete ethnographic study of each group. Monumental classic. 459 illustrations, maps. 995pp. 5⅜ x 8½.

23368-5 Pa. $10.00

SHAKTI AND SHAKTA, Arthur Avalon. First book to give clear, cohesive analysis of Shakta doctrine, Shakta ritual and Kundalini Shakti (yoga). Important work by one of world's foremost students of Shaktic and Tantric thought. 732pp. 5⅜ x 8½. (Available in U.S. only)

23645-5 Pa. $7.95

AN INTRODUCTION TO THE STUDY OF THE MAYA HIEROGLYPHS, Syvanus Griswold Morley. Classic study by one of the truly great figures in hieroglyph research. Still the best introduction for the student for reading Maya hieroglyphs. New introduction by J Eric S, Thompson. 117 illustrations. 284pp. 5⅜ x 8½. 23108-9 Pa. $4.00

A STUDY OF MAYA ART, Herbert J. Spinden. Landmark classic interprets Maya symbolism, estimates styles, covers ceramics, architecture, murals, stone carvings as artforms. Still a basic book in area. New introduction by J. Eric Thompson. Over 750 illustrations. 341pp. 8⅜ x 11¼.

21235-1 Pa. $6.95

HOLLYWOOD GLAMOUR PORTRAITS, edited by John Kobal. 145 photos capture the stars from 1926-49, the high point in portrait photography. Gable, Harlow, Bogart, Bacall, Hedy Lamarr, Marlene Dietrich, Robert Montgomery, Marlon Brando, Veronica Lake; 94 stars in all. Full background on photographers, technical aspects, much more. Total of 160pp. 8⅜ x 11¼. 23352-9 Pa. $5.00

THE NEW YORK STAGE: FAMOUS PRODUCTIONS IN PHOTO-GRAPHS, edited by Stanley Appelbaum. 148 photographs from Museum of City of New York show 142 plays, 1883-1939. *Peter Pan, The Front Page, Dead End, Our Town,* O'Neill, hundreds of actors and actresses, etc. Full indexes. 154pp. 9½ x 10. 23241-7 Pa. $4.50

MASTERS OF THE DRAMA, John Gassner. Most comprehensive history of the drama, every tradition from Greeks to modern Europe and America, including Orient. Covers 800 dramatists, 2000 plays; biography, plot summaries, criticism, theatre history, etc. 77 illustrations. 890pp. 5⅜ x 8½. 20100-7 Clothbd. $10.00

THE GREAT OPERA STARS IN HISTORIC PHOTOGRAPHS, edited by James Camner. 343 portraits from the 1850s to the 1940s: Tamburini, Mario, Caliapin, Jeritza, Melchior, Melba, Patti, Pinza, Schipa, Caruso, Farrar, Steber, Gobbi, and many more—270 performers in all. Index. 199pp. 8⅜ x 11¼. 23575-0 Pa. $6.50

J. S. BACH, Albert Schweitzer. Great full-length study of Bach, life, background to music, music, by foremost modern scholar. Ernest Newman translation. 650 musical examples. Total of 928pp. 5⅜ x 8½. (Available in U.S. only) 21631-4, 21632-2 Pa., Two-vol. set $9.00

COMPLETE PIANO SONATAS, Ludwig van Beethoven. All sonatas in the fine Schenker edition, with fingering, analytical material. One of best modern editions. Total of 615pp. 9 x 12. (Available in U.S. only) 23134-8, 23135-6 Pa., Two-vol. set $13.00

KEYBOARD MUSIC, J. S. Bach. Bach-Gesellschaft edition. For harpsichord, piano, other keyboard instruments. English Suites, French Suites, Six Partitas, Goldberg Variations, Two-Part Inventions, Three-Part Sinfonias. 312pp. 8⅛ x 11. (Available in U.S. only) 22360-4 Pa. $5.50

FOUR SYMPHONIES IN FULL SCORE, Franz Schubert. Schubert's four most popular symphonies: No. 4 in C Minor ("Tragic"); No. 5 in B-flat Major; No. 8 in B Minor ("Unfinished"); No. 9 in C Major ("Great"). Breitkopf & Hartel edition. Study score. 261pp. 9⅜ x 12¼. 23681-1 Pa. $6.50

THE AUTHENTIC GILBERT & SULLIVAN SONGBOOK, W. S. Gilbert, A. S. Sullivan. Largest selection available; 92 songs, uncut, original keys, in piano rendering approved by Sullivan. Favorites and lesser-known fine numbers. Edited with plot synopses by James Spero. 3 illustrations. 399pp. 9 x 12. 23482-7 Pa. $7.95

THE DEPRESSION YEARS AS PHOTOGRAPHED BY ARTHUR ROTH-STEIN, Arthur Rothstein. First collection devoted entirely to the work of outstanding 1930s photographer: famous dust storm photo, ragged children, unemployed, etc. 120 photographs. Captions. 119pp. 9¼ x 10¾.
23590-4 Pa. $5.00

CAMERA WORK: A PICTORIAL GUIDE, Alfred Stieglitz. All 559 illustrations and plates from the most important periodical in the history of art photography, Camera Work (1903-17). Presented four to a page, reduced in size but still clear, in strict chronological order, with complete captions. Three indexes. Glossary. Bibliography. 176pp. 8⅜ x 11¼.
23591-2 Pa. $6.95

ALVIN LANGDON COBURN, PHOTOGRAPHER, Alvin L. Coburn. Revealing autobiography by one of greatest photographers of 20th century gives insider's version of Photo-Secession, plus comments on his own work. 77 photographs by Coburn. Edited by Helmut and Alison Gernsheim. 160pp. 8⅛ x 11.
23685-4 Pa. $6.00

NEW YORK IN THE FORTIES, Andreas Feininger. 162 brilliant photographs by the well-known photographer, formerly with Life magazine, show commuters, shoppers, Times Square at night, Harlem nightclub, Lower East Side, etc. Introduction and full captions by John von Hartz. 181pp. 9¼ x 10¾.
23585-8 Pa. $6.00

GREAT NEWS PHOTOS AND THE STORIES BEHIND THEM, John Faber. Dramatic volume of 140 great news photos, 1855 through 1976, and revealing stories behind them, with both historical and technical information. Hindenburg disaster, shooting of Oswald, nomination of Jimmy Carter, etc. 160pp. 8¼ x 11.
23667-6 Pa. $5.00

THE ART OF THE CINEMATOGRAPHER, Leonard Maltin. Survey of American cinematography history and anecdotal interviews with 5 masters—Arthur Miller, Hal Mohr, Hal Rosson, Lucien Ballard, and Conrad Hall. Very large selection of behind-the-scenes production photos. 105 photographs. Filmographies. Index. Originally Behind the Camera. 144pp. 8¼ x 11.
23686-2 Pa. $5.00

DESIGNS FOR THE THREE-CORNERED HAT (LE TRICORNE), Pablo Picasso. 32 fabulously rare drawings—including 31 color illustrations of costumes and accessories—for 1919 production of famous ballet. Edited by Parmenia Migel, who has written new introduction. 18pp. 9⅜ x 12¼. (Available in U.S. only)
23709-5 Pa. $5.00

NOTES OF A FILM DIRECTOR, Sergei Eisenstein. Greatest Russian filmmaker explains montage, making of Alexander Nevsky, aesthetics; comments on self, associates, great rivals (Chaplin), similar material. 78 illustrations. 240pp. 5⅜ x 8½.
22392-2 Pa. $4.50

THE EARLY WORK OF AUBREY BEARDSLEY, Aubrey Beardsley. 157 plates, 2 in color: *Manon Lescaut, Madame Bovary, Morte Darthur, Salome,* other. Introduction by H. Marillier. 182pp. 8⅛ x 11. 21816-3 Pa. $4.50

THE LATER WORK OF AUBREY BEARDSLEY, Aubrey Beardsley. Exotic masterpieces of full maturity: *Venus and Tannhauser, Lysistrata, Rape of the Lock, Volpone,* Savoy material, etc. 174 plates, 2 in color. 186pp. 8⅛ x 11. 21817-1 Pa. $4.50

THOMAS NAST'S CHRISTMAS DRAWINGS, Thomas Nast. Almost all Christmas drawings by creator of image of Santa Claus as we know it, and one of America's foremost illustrators and political cartoonists. 66 illustrations. 3 illustrations in color on covers. 96pp. 8⅜ x 11¼. 23660-9 Pa. $3.50

THE DORÉ ILLUSTRATIONS FOR DANTE'S DIVINE COMEDY, Gustave Doré. All 135 plates from Inferno, Purgatory, Paradise; fantastic tortures, infernal landscapes, celestial wonders. Each plate with appropriate (translated) verses. 141pp. 9 x 12. 23231-X Pa. $4.50

DORÉ'S ILLUSTRATIONS FOR RABELAIS, Gustave Doré. 252 striking illustrations of *Gargantua and Pantagruel* books by foremost 19th-century illustrator. Including 60 plates, 192 delightful smaller illustrations. 153pp. 9 x 12. 23656-0 Pa. $5.00

LONDON: A PILGRIMAGE, Gustave Doré, Blanchard Jerrold. Squalor, riches, misery, beauty of mid-Victorian metropolis; 55 wonderful plates, 125 other illustrations, full social, cultural text by Jerrold. 191pp. of text. 9⅜ x 12¼. 22306-X Pa. $6.00

THE RIME OF THE ANCIENT MARINER, Gustave Doré, S. T. Coleridge. Dore's finest work, 34 plates capture moods, subtleties of poem. Full text. Introduction by Millicent Rose. 77pp. 9¼ x 12. 22305-1 Pa. $3.00

THE DORE BIBLE ILLUSTRATIONS, Gustave Doré. All wonderful, detailed plates: Adam and Eve, Flood, Babylon, Life of Jesus, etc. Brief King James text with each plate. Introduction by Millicent Rose. 241 plates. 241pp. 9 x 12. 23004-X Pa. $5.00

THE COMPLETE ENGRAVINGS, ETCHINGS AND DRYPOINTS OF ALBRECHT DURER. "Knight, Death and Devil"; "Melencolia," and more—all Dürer's known works in all three media, including 6 works formerly attributed to him. 120 plates. 235pp. 8⅜ x 11¼. 22851-7 Pa. $6.50

MAXIMILIAN'S TRIUMPHAL ARCH, Albrecht Dürer and others. Incredible monument of woodcut art: 8 foot high elaborate arch—heraldic figures, humans, battle scenes, fantastic elements—that you can assemble yourself. Printed on one side, layout for assembly. 143pp. 11 x 16. 21451-6 Pa. $5.00

THE COMPLETE WOODCUTS OF ALBRECHT DURER, edited by Dr. W. Kurth. 346 in all: "Old Testament," "St. Jerome," "Passion," "Life of Virgin," Apocalypse," many others. Introduction by Campbell Dodgson. 285pp. 8½ x 12¼. 21097-9 Pa. $6.95

DRAWINGS OF ALBRECHT DURER, edited by Heinrich Wolfflin. 81 plates show development from youth to full style. Many favorites; many new. Introduction by Alfred Werner. 96pp. 8⅛ x 11. 22352-3 Pa. $4.00

THE HUMAN FIGURE, Albrecht Dürer. Experiments in various techniques—stereometric, progressive proportional, and others. Also life studies that rank among finest ever done. Complete reprinting of Dresden Sketchbook. 170 plates. 355pp. 8⅜ x 11¼. 21042-1 Pa. $6.95

OF THE JUST SHAPING OF LETTERS, Albrecht Dürer. Renaissance artist explains design of Roman majuscules by geometry, also Gothic lower and capitals. Grolier Club edition. 43pp. 7⅞ x 10¾ 21306-4 Pa. $2.50

TEN BOOKS ON ARCHITECTURE, Vitruvius. The most important book ever written on architecture. Early Roman aesthetics, technology, classical orders, site selection, all other aspects. Stands behind everything since. Morgan translation. 331pp. 5⅜ x 8½. 20645-9 Pa. $3.75

THE FOUR BOOKS OF ARCHITECTURE, Andrea Palladio. 16th-century classic responsible for Palladian movement and style. Covers classical architectural remains, Renaissance revivals, classical orders, etc. 1738 Ware English edition. Introduction by A. Placzek. 216 plates. 110pp. of text. 9½ x 12¾. 21308-0 Pa. $7.50

HORIZONS, Norman Bel Geddes. Great industrialist stage designer, "father of streamlining," on application of aesthetics to transportation, amusement, architecture, etc. 1932 prophetic account; function, theory, specific projects. 222 illustrations. 312pp. 7⅞ x 10¾. 23514-9 Pa. $6.95

FRANK LLOYD WRIGHT'S FALLINGWATER, Donald Hoffmann. Full, illustrated story of conception and building of Wright's masterwork at Bear Run, Pa. 100 photographs of site, construction, and details of completed structure. 112pp. 9¼ x 10. 23671-4 Pa. $5.00

THE ELEMENTS OF DRAWING, John Ruskin. Timeless classic by great Viltorian; starts with basic ideas, works through more difficult. Many practical exercises. 48 illustrations. Introduction by Lawrence Campbell. 228pp. 5⅜ x 8½. 22730-0 Pa. $2.75

GIST OF ART, John Sloan. Greatest modern American teacher, Art Students League, offers innumerable hints, instructions, guided comments to help you in painting. Not a formal course. 46 illustrations. Introduction by Helen Sloan. 200pp. 5⅜ x 8½. 23435-5 Pa. $3.50

DRAWINGS OF WILLIAM BLAKE, William Blake. 92 plates from Book of Job, *Divine Comedy, Paradise Lost,* visionary heads, mythological figures, Laocoon, etc. Selection, introduction, commentary by Sir Geoffrey Keynes. 178pp. 8⅛ x 11. 22303-5 Pa. $4.00

ENGRAVINGS OF HOGARTH, William Hogarth. 101 of Hogarth's greatest works: *Rake's Progress, Harlot's Progress, Illustrations for Hudibras, Before and After, Beer Street and Gin Lane,* many more. Full commentary. 256pp. 11 x 13¾. 22479-1 Pa. $7.95

DAUMIER: 120 GREAT LITHOGRAPHS, Honore Daumier. Wide-ranging collection of lithographs by the greatest caricaturist of the 19th century. Concentrates on eternally popular series on lawyers, on married life, on liberated women, etc. Selection, introduction, and notes on plates by Charles F. Ramus. Total of 158pp. 9⅜ x 12¼. 23512-2 Pa. $5.50

DRAWINGS OF MUCHA, Alphonse Maria Mucha. Work reveals draftsman of highest caliber: studies for famous posters and paintings, renderings for book illustrations and ads, etc. 70 works, 9 in color; including 6 items not drawings. Introduction. List of illustrations. 72pp. 9⅜ x 12¼. (Available in U.S. only) 23672-2 Pa. $4.00

GIOVANNI BATTISTA PIRANESI: DRAWINGS IN THE PIERPONT MORGAN LIBRARY, Giovanni Battista Piranesi. For first time ever all of Morgan Library's collection, world's largest. 167 illustrations of rare Piranesi drawings—archeological, architectural, decorative and visionary. Essay, detailed list of drawings, chronology, captions. Edited by Felice Stampfle. 144pp. 9⅜ x 12¼. 23714-1 Pa. $7.50

NEW YORK ETCHINGS (1905-1949), John Sloan. All of important American artist's N.Y. life etchings. 67 works include some of his best art; also lively historical record—Greenwich Village, tenement scenes. Edited by Sloan's widow. Introduction and captions. 79pp. 8⅜ x 11¼. 23651-X Pa. $4.00

CHINESE PAINTING AND CALLIGRAPHY: A PICTORIAL SURVEY, Wan-go Weng. 69 fine examples from John M. Crawford's matchless private collection: landscapes, birds, flowers, human figures, etc., plus calligraphy. Every basic form included: hanging scrolls, handscrolls, album leaves, fans, etc. 109 illustrations. Introduction. Captions. 192pp. 8⅞ x 11¾. 23707-9 Pa. $7.95

DRAWINGS OF REMBRANDT, edited by Seymour Slive. Updated Lippmann, Hofstede de Groot edition, with definitive scholarly apparatus. All portraits, biblical sketches, landscapes, nudes, Oriental figures, classical studies, together with selection of work by followers. 550 illustrations. Total of 630pp. 9⅛ x 12¼. 21485-0, 21486-9 Pa., Two-vol. set $14.00

THE DISASTERS OF WAR, Francisco Goya. 83 etchings record horrors of Napoleonic wars in Spain and war in general. Reprint of 1st edition, plus 3 additional plates. Introduction by Philip Hofer. 97pp. 9⅜ x 8¼. 21872-4 Pa. $3.75

THE ANATOMY OF THE HORSE, George Stubbs. Often considered the great masterpiece of animal anatomy. Full reproduction of 1766 edition, plus prospectus; original text and modernized text. 36 plates. Introduction by Eleanor Garvey. 121pp. 11 x 14¾.   23402-9 Pa. $6.00

BRIDGMAN'S LIFE DRAWING, George B. Bridgman. More than 500 illustrative drawings and text teach you to abstract the body into its major masses, use light and shade, proportion; as well as specific areas of anatomy, of which Bridgman is master. 192pp. 6½ x 9¼. (Available in U.S. only)
22710-3 Pa. $2.50

ART NOUVEAU DESIGNS IN COLOR, Alphonse Mucha, Maurice Verneuil, Georges Auriol. Full-color reproduction of *Combinaisons ornementales* (c. 1900) by Art Nouveau masters. Floral, animal, geometric, interlacings, swashes—borders, frames, spots—all incredibly beautiful. 60 plates, hundreds of designs. 9⅜ x 8-1/16.   22885-1 Pa. $4.00

FULL-COLOR FLORAL DESIGNS IN THE ART NOUVEAU STYLE, E. A. Seguy. 166 motifs, on 40 plates, from *Les fleurs et leurs applications decoratives* (1902): borders, circular designs, repeats, allovers, "spots." All in authentic Art Nouveau colors. 48pp. 9⅜ x 12¼.
23439-8 Pa. $5.00

A DIDEROT PICTORIAL ENCYCLOPEDIA OF TRADES AND IN-DUSTRY, edited by Charles C. Gillispie. 485 most interesting plates from the great French Encyclopedia of the 18th century show hundreds of working figures, artifacts, process, land and cityscapes; glassmaking, paper-making, metal extraction, construction, weaving, making furniture, clothing, wigs, dozens of other activities. Plates fully explained. 920pp. 9 x 12.
22284-5, 22285-3 Clothbd., Two-vol. set $40.00

HANDBOOK OF EARLY ADVERTISING ART, Clarence P. Hornung. Largest collection of copyright-free early and antique advertising art ever compiled. Over 6,000 illustrations, from Franklin's time to the 1890's for special effects, novelty. Valuable source, almost inexhaustible.
Pictorial Volume. Agriculture, the zodiac, animals, autos, birds, Christmas, fire engines, flowers, trees, musical instruments, ships, games and sports, much more. Arranged by subject matter and use. 237 plates. 288pp. 9 x 12.
20122-8 Clothbd. $13.50

Typographical Volume. Roman and Gothic faces ranging from 10 point to 300 point, "Barnum," German and Old English faces, script, logotypes, scrolls and flourishes, 1115 ornamental initials, 67 complete alphabets, more. 310 plates. 320pp. 9 x 12.   20123-6 Clothbd. $13.50

CALLIGRAPHY (CALLIGRAPHIA LATINA), J. G. Schwandner. High point of 18th-century ornamental calligraphy. Very ornate initials, scrolls, borders, cherubs, birds, lettered examples. 172pp. 9 x 13.
20475-8 Pa. $6.00

ART FORMS IN NATURE, Ernst Haeckel. Multitude of strangely beautiful natural forms: Radiolaria, Foraminifera, jellyfishes, fungi, turtles, bats, etc. All 100 plates of the 19th-century evolutionist's *Kunstformen der Natur* (1904). 100pp. 9⅜ x 12¼. 22987-4 Pa. $4.50

CHILDREN: A PICTORIAL ARCHIVE FROM NINETEENTH-CENTURY SOURCES, edited by Carol Belanger Grafton. 242 rare, copyright-free wood engravings for artists and designers. Widest such selection available. All illustrations in line. 119pp. 8⅜ x 11¼.
23694-3 Pa. $3.50

WOMEN: A PICTORIAL ARCHIVE FROM NINETEENTH-CENTURY SOURCES, edited by Jim Harter. 391 copyright-free wood engravings for artists and designers selected from rare periodicals. Most extensive such collection available. All illustrations in line. 128pp. 9 x 12.
23703-6 Pa. $4.00

ARABIC ART IN COLOR, Prisse d'Avennes. From the greatest ornamentalists of all time—50 plates in color, rarely seen outside the Near East, rich in suggestion and stimulus. Includes 4 plates on covers. 46pp. 9⅜ x 12¼. 23658-7 Pa. $6.00

AUTHENTIC ALGERIAN CARPET DESIGNS AND MOTIFS, edited by June Beveridge. Algerian carpets are world famous. Dozens of geometrical motifs are charted on grids, color-coded, for weavers, needleworkers, craftsmen, designers. 53 illustrations plus 4 in color. 48pp. 8¼ x 11. (Available in U.S. only) 23650-1 Pa. $1.75

DICTIONARY OF AMERICAN PORTRAITS, edited by Hayward and Blanche Cirker. 4000 important Americans, earliest times to 1905, mostly in clear line. Politicians, writers, soldiers, scientists, inventors, industrialists, Indians, Blacks, women, outlaws, etc. Identificatory information. 756pp. 9¼ x 12¾. 21823-6 Clothbd. $40.00

HOW THE OTHER HALF LIVES, Jacob A. Riis. Journalistic record of filth, degradation, upward drive in New York immigrant slums, shops, around 1900. New edition includes 100 original Riis photos, monuments of early photography. 233pp. 10 x 7⅞. 22012-5 Pa. $6.00

NEW YORK IN THE THIRTIES, Berenice Abbott. Noted photographer's fascinating study of city shows new buildings that have become famous and old sights that have disappeared forever. Insightful commentary. 97 photographs. 97pp. 11⅜ x 10. 22967-X Pa. $4.50

MEN AT WORK, Lewis W. Hine. Famous photographic studies of construction workers, railroad men, factory workers and coal miners. New supplement of 18 photos on Empire State building construction. New introduction by Jonathan L. Doherty. Total of 69 photos. 63pp. 8 x 10¾.
23475-4 Pa. $3.00

THE STANDARD BOOK OF QUILT MAKING AND COLLECTING, Marguerite Ickis. Full information, full-sized patterns for making 46 traditional quilts, also 150 other patterns. Quilted cloths, lame, satin quilts, etc. 483 illustrations. 273pp. 6⅞ x 9⅝. 20582-7 Pa. $3.95

ENCYCLOPEDIA OF VICTORIAN NEEDLEWORK, S. Caulfield, Blanche Saward. Simply inexhaustible gigantic alphabetical coverage of every traditional needlecraft—stitches, materials, methods, tools, types of work; definitions, many projects to be made. 1200 illustrations; double-columned text. 697pp. 8⅛ x 11. 22800-2, 22801-0 Pa., Two-vol. set $12.00

MECHANICK EXERCISES ON THE WHOLE ART OF PRINTING, Joseph Moxon. First complete book (1683-4) ever written about typography, a compendium of everything known about printing at the latter part of 17th century. Reprint of 2nd (1962) Oxford Univ. Press edition. 74 illustrations. Total of 550pp. 6⅛ x 9¼. 23617-X Pa. $7.95

PAPERMAKING, Dard Hunter. Definitive book on the subject by the foremost authority in the field. Chapters dealing with every aspect of history of craft in every part of the world. Over 320 illustrations. 2nd, revised and enlarged (1947) edition. 672pp. 5⅜ x 8½. 23619-6 Pa. $7.95

THE ART DECO STYLE, edited by Theodore Menten. Furniture, jewelry, metalwork, ceramics, fabrics, lighting fixtures, interior decors, exteriors, graphics from pure French sources. Best sampling around. Over 400 photographs. 183pp. 8⅜ x 11¼. 22824-X Pa. $5.00

Prices subject to change without notice.

Available at your book dealer or write for free catalogue to Dept. GI, Dover Publications, Inc., 180 Varick St., N.Y., N.Y. 10014. Dover publishes more than 175 books each year on science, elementary and advanced mathematics, biology, music, art, literary history, social sciences and other areas.